〔清〕阮元 校刻

十三經注疏

二

周禮 儀禮

（清嘉慶刊本）

中華書局

目録

四　周禮注疏

五　儀禮注疏

重栞宋本周禮注疏附挍勘記

嘉慶二十年江西南昌府學開雕

太子少保江西巡撫兼提督揚州阮元審定武寧縣貢生盧宣旬校

欽定四庫全書總目周禮注疏四十二卷

漢鄭元注，唐賈公彦疏。元有易注已著錄。公彦洺州永年人，永徽中官至太學博士，事蹟具舊唐書儒學傳。周禮一書上自河閒獻王，於諸經之中其出最晚，其眞僞亦紛如聚訟，不可縷舉。惟横渠語錄曰周禮是的當之書，然其閒必有末世增入者。鄭樵通志引孫處之言曰周公居攝六年之後書成歸豐，而實未嘗行。蓋周公之爲周禮亦猶唐之顯慶開元禮，預爲之以待他日之用，其實未嘗行也。

惟其未經行，故僅述大略，俟其臨事而損益之。故建都之制不與召誥洛誥合，封國之制不與武成孟子合，設官之制不與周官合，九畿之制不與禹貢合云云（案此條所云惟召誥洛誥孟子顯相舛異，至禹貢乃唐虞之制，武成周官乃梅賾古文尚書，王制乃漢文帝博士所追述，皆不足以爲難，其說蓋離合參半）。其說差爲近之，然亦未盡也。夫周禮作於周初，而周事之可考者不過春秋以後。其東遷以前三百餘年，官制之沿革，改典之損益，除舊布新，不知凡幾。其初去成康未遠，不過因其舊章稍爲改易，而改易之人不皆周公也，於是以後世之法竄入之，其書遂雜。其後去之愈遠，時移勢變，不可行者漸多，其書遂廢。此亦如後世律令條格，率數十年而一脩，脩則必有所附益。特世近者可考，年遠者無徵，其增刪之迹遂靡所稽，統以爲周公之舊耳。迨乎法制既更，簡編猶在，好古者留爲文獻，故其書閱久而仍存。此又如開元六典、政和五禮，在當代已不行用，而今日尚有傳本，不足異也。使其作僞，何不全僞六官而必闕其一，至以千金購之不得哉？且

作僞者必剽取舊文，借眞者以實其贋，古文尚書是也。劉歆宗左傳，而左傳所云禮經皆不見於周禮。儀禮十七篇皆在七略所載古經七十篇中，禮記四十九篇亦在劉向所錄二百十四篇中。而儀禮聘禮賓行饔餼之物，禾米芻薪之數，籩豆簠簋之實，鉶壺鼎甕之列，與掌客之文不同；又大射禮天子諸侯侯數侯制，與司射之文不同；禮記雜記載子男執圭，與典瑞之文不同；禮器天子諸侯席數，與司几筵之文不同。如斯之類，與二禮多相

矛盾歆果贗託周公爲此書又何難牽就其文使與經傳相合以相證驗而必留此異同以啟後人之攻擊然則周禮一書不盡原文而非出依託可概睹矣考工記稱鄭之刀又稱秦無廬鄭封於宣王時秦封於孝王時其非周公之舊典已無疑義南齊書稱文惠太子鎮雍州有盜發楚王冢獲竹簡書青絲編簡廣數分長二尺有奇得十餘簡以示王僧虔僧虔曰是科斗書考工記則其爲秦以前書亦灼然可知雖不足以當冬官然百工爲

九經之一共工爲九官之一先王原以制器爲大事存之尚稍見古制俞庭椿以下紛紛割裂五官均無知妄作耳鄭注隋志作十二卷賈疏文繁乃析爲五十卷新舊唐志並同今本四十二卷不知何人所併元於三禮之學本爲專門故所釋特精惟好引緯書是其一短歐陽脩集有請校正五經劄子欲刪削其書然緯書不盡可據亦非盡不可據在審別其是非而已不必竄易古書也又好改經字亦其一失然所注但曰當作某耳尚不似北宋以後連篇累牘動稱錯簡則亦不必苛責於元矣公彥之疏亦極博核足以發揮鄭學朱子語錄稱五經疏中周禮疏最好蓋宋儒惟朱子深於禮故能知鄭賈之善云

周禮正義序

唐朝散大夫行太學博士弘文館學士臣賈公彦等奉
勅撰

夫天育蒸民無主則亂立君治亂事資賢輔但天皇地皇之日無事安民降自燧皇方有臣矣是以易通卦驗云天地成位君臣道生君有五期輔有三名注云三名公卿大夫又云燧皇始出握機矩表計寘其刻曰。蒼牙通靈昌之成。孔演命明道經注云拒。燧皇謂人皇在伏羲前風姓始王天下者斗機云所謂人皇九頭兄弟九人别長九州者也是政教君臣起自人皇之世至伏羲因之故文耀鉤云伏羲作易名官者也又案論語撰考云黄帝受地形象天文以制官伏羲已前雖有三名未必具立官位至黄帝名位乃具是以春秋緯命厤序云有九頭紀時有臣無官位尊卑之别燧皇伏羲既有官則其間九皇六十四民。有官明矣但無文字以知其官號也案左傳昭十七年云秋郯子來朝公與之宴昭子問焉曰少皞氏鳥名官何故也杜氏注云少皞金天氏黄帝之子已姓之祖也郯子曰吾祖也我知之昔者黄帝氏以雲紀故爲雲師而雲名注云黄帝軒轅氏姬姓之祖也黄帝受命有雲瑞故以雲紀事百官師長皆以雲爲名號縉雲氏蓋其一官也炎帝氏以火紀故爲火師而火名注云炎帝神農氏姜姓之祖也亦有火瑞以火紀事名百官也共工氏以水紀故爲水師而水名注云共工以諸侯霸有九州者在神農前大皞後亦受水瑞以水名官也大皞氏以龍紀故爲龍師而龍名注云大皞伏羲氏風姓之祖也有龍瑞故以龍命官也我高祖少皞摯之立也鳳鳥適至故紀於鳥爲鳥師而鳥名又云鳳鳥氏歷正之類又以五鳥五鳩九扈五雉並爲官長亦皆有屬官但無文以言之若然則自上以來所云官者皆是官長故皆云師以目之又云自顓頊以來不能紀遠乃紀於近是以少皞以前天下之號象其德百官之號象其徵顓頊以來天下之號因其地百官之號因其事事即司徒司馬之類是也若然前少皞氏言祝鳩氏爲司徒者本名祝鳩言司徒者以後代官況之自少皞以上官數略如上說顓頊及堯官數雖無明說可略而言之矣案昭二十九年魏獻子曰社稷五祀誰氏之五官蔡墨對曰少皞氏有四叔曰重曰該曰脩曰熙實能金木及水使重爲句芒該爲蓐收脩及熙爲玄冥世不失職遂濟窮桑此其三祀也注云窮桑帝少皞之號也顓頊氏有子曰犂爲祝融共工氏有子曰句龍爲后土此其二祀也后土爲社稷田正也有烈山氏之子曰柱爲稷自夏以上祀之周棄亦爲稷自商以來祀之故外傳犂爲高辛氏之火正此皆顓頊時之官也案鄭語云重犂爲高辛氏火正故堯典注高辛氏之世命重爲南正司天犂爲火正司地以高辛與顓頊相繼無隔故重犂事顓頊又事高辛若稷契與禹事堯又事舜是以昭十七年服注顓頊之下云春官爲木正夏官爲火正秋官爲金正冬官爲水正中官爲土正高辛氏因之故傳云遂濟窮桑窮桑顓頊所居是度顓頊至高辛也若然高辛時之官唯有重犂及春之木正之等不見更有餘官也至於堯舜官號稍改楚語云堯復育重犂之後重犂之後即羲和也是以堯典云乃命羲和注云高辛之世命重

爲南正司天犂爲火正司地堯育重犂之後羲氏和氏之子賢者使掌舊職天地之官亦紀於近命以民事其時官名蓋曰稷司徒是天官稷也地官司徒也又云分命羲仲申命羲叔分命和仲申命和叔使分主四方注仲叔亦羲和之子堯既分陰陽四時又命四子爲之官掌四時者字曰仲叔則掌天地者其曰伯乎是有六官案下讙兜曰共工注共工水官也至下舜求百揆禹讓稷契暨咎繇帝曰棄黎民阻饑汝后稷播時百穀注稷棄也初堯天官爲稷又云帝曰契百姓不親汝作司徒又云帝曰咎繇汝作士此三官是堯時事舜因禹讓述其前功下文云舜揄伯夷爲秩宗舜時官也以先後參之唯無夏官之名以餘官約之夏傳云司馬在前又後代況之則羲叔爲夏官是司馬也故分命仲叔注云官名蓋春爲秩宗夏爲司馬秋爲士冬爲共工通稷與司徒是六官之名見也鄭玄分陰陽爲四時者非謂時無四時官始分陰陽爲四時但分高辛時重黎之天地官使兼主四時耳而云仲叔故云掌天地者其曰伯乎若然堯典云伯禹作司空四時官不數之者鄭云初堯冬官爲共工舜舉禹治水堯知其有聖德必成功故改命司空以官名寵異之非常官也至禹登百揆之任捨司空之職爲共工與虞故曰垂作共工益作朕虞是也案堯典又云帝曰疇咨若時登庸鄭注云堯末時羲和之子皆死庶績多闕而官廢當此之時讙兜共工更相薦舉下又云帝曰四岳湯湯洪水有能俾乂鄭云四岳四時之官主四岳之事始羲和之時主四岳者謂之四伯至其死分岳事置八伯皆王官其八伯

唯驩兜共工放齊鮌四人而已其餘四人無文可知案周官云唐虞稽古建官惟百内有百揆四岳則四岳之外更有百揆之官者但堯初天官爲稷至堯試舜天官之任謂之百揆舜即眞之後命禹爲之即天官也案尚書傳云惟元祀廵狩四岳八伯注云舜格文祖之年堯始以羲和爲六卿春夏秋冬者并掌方岳之事是爲四岳出則爲伯其後稍死

驩兜共工求代乃置八伯元祀者除堯喪舜即眞之年九州言八伯者據畿外八州鄭云畿内不置伯鄉遂之吏主之案明堂位云有虞氏官五十夏后氏官百殷二百周三百鄭注云有虞氏官蓋六十夏百二十殷二百四十周三百六十不得如此記也昏義云三公九卿二十七大夫八十一元士鄭云蓋夏制依此差限故不從記文但虞官六十唐則

未聞堯舜道同或皆六十并屬官言之則皆有百故成王周官云唐虞建官惟百也若然自高陽已前官名略言於上至於帝嚳官號略依高陽不可具悉其唐虞之官惟四岳百揆與六卿又堯典有典樂納言之職至於餘官未聞其號夏官百有二十公卿大夫元士具列其數殷官二百四十雖未具顯案下曲禮云六大五官六府六工之等鄭皆云殷

法至於屬官之號亦蔑云焉案昏義云三公九卿者六卿并三孤而言九其三公又下兼六卿故書傳云司徒公司馬公司空公各兼二卿案顧命太保領冢宰畢公領司馬毛公領司空别有芮伯爲司徒彤伯爲宗伯衛侯爲司寇則周時三公各兼一卿之職與古異矣但周監二代郁郁乎文所以象天立官而官益備此即官號沿革粗而言也

序周禮廢興

周公制禮之日禮教興行後至幽王禮儀紛亂故孔子云諸侯專行征伐十世希不失鄭注云亦謂幽王之後也故晉侯趙簡子見儀皆謂之禮孟僖子又不識其儀也至於孔子更脩而定之時已不具故儀禮注云後世衰微幽厲尤甚禮樂之書稍稍廢棄孔子曰吾自衛反於魯然後樂正雅頌各得其所謂當時在者而復重雜亂者也惡能存其亡者乎至孔子卒後復更散亂故藝文志云昔仲尼沒微言絕七十二弟子喪而大義乖諸子之書紛然散亂至秦患之乃燔滅文章以愚黔首又云禮經三百威儀三千及周之衰諸侯將踰法度惡其周亡滅去其籍自孔子時而不具至秦大壞漢興至高堂生博士傳十七篇孝宣世后倉最明禮戴德戴聖慶普皆其弟子三家立於學官案儒林傳漢興高堂生傳禮十七篇而魯徐生善爲容孝文時徐生以容爲禮官大夫而瑕丘蕭奮以禮至淮陽太守孟卿東海人也事蕭奮以授后倉后倉說禮數萬言號曰后氏曲臺記授戴德戴聖鄭云五傳弟子則高堂生蕭奮孟卿后倉戴德戴聖是爲五也此所傳者謂十七篇即儀禮也周官孝武之時始出秘而不傳周禮後出者以其始皇特惡之故也是以馬融傳云秦自孝公已下用商君之法其政酷烈與周官相反故始皇禁挾書特疾惡欲絕滅之搜求焚燒之獨悉是以隱藏百年孝武帝始除挾書之律開獻書之路既出於山巖屋壁復入于秘府五家之儒莫得見焉至孝成皇帝達才通人劉向子歆校理秘書始得列序著于錄略然亡其冬官一篇以考工記足之時衆儒並出共排以爲非是唯歆獨識其年尚幼務在廣覽博觀又多銳精于春秋末年乃知其周公致太平之迹迹具在斯奈遭天下倉卒兵革並起疾疫喪荒弟子死喪徒有里人河南緱氏杜子春尚在永平之初年且九十家于南山能通其讀頗識其

說鄭衆賈逵徃受業焉衆逵洪雅博聞又以經書記轉○相證明爲解逵解行於世衆解不行兼攬二家爲備多所遺闕然衆時所解說近得其實獨以書序言成王既黜殷命還歸在豐作周官則此周官也失之矣逵以爲六鄉大夫則冢宰以下及六遂爲十五萬家緪千里之地甚謬焉此比多多吾甚閔之久矣六鄉之人實居四同地故云緪千里之地者誤矣又六鄉大夫冢宰以下所非者不著又云多多者如此解不著者多又云至六十爲武都守郡小少事乃述平生之志著易尙書詩禮傳皆訖惟念前業未畢者唯周官年六十有六目瞑意倦自力補之謂之周官傳也案蓺文志云成帝時以書頗散亡使謁者陳農求遺書于天下詔光禄大夫劉向校書經傳諸子詩賦向輒條其篇目撮其指意錄而奏之會向卒哀帝復使向子歆卒父業歆於是揔羣書奏其七略故有六藝七略之屬歆之録在於哀帝之時不審馬融何云至孝成皇帝命劉向子歆考理祕書始得列序著於錄略者成帝之時蓋劉向父子並被帝命至向卒哀帝命歆卒父所脩者故今文乖理則是也故鄭玄序云世祖以來通人達士大中大夫鄭少贛名興及子大司農仲師名衆故議郎衛次仲侍中賈君景伯南郡太守馬季長皆作周禮解詁又云玄竊觀二三君子之文章顧省竹帛之浮辭其所變易灼然如晦之見明其所彌縫奄然如合符復析斯可謂雅達廣攬者也然猶有參錯同事相違則就其原文字之聲類考訓詁捃祕逸謂二鄭者同宗之大儒明理于典籍觕識皇祖大經周官之義存古字發疑正讀亦信多善徒寡且約用不顯傳于世今讚而辨之庶成此家世所訓也○其名周禮爲尙書周官者周天子之官也書序曰成王既黜殷命滅淮夷還歸在豐作周官是言蓋失之矣案尙書盤庚康誥說命泰誓之屬三篇序皆云某作若干篇今多者不過三千言又書之

所作據時事爲辭君臣相誥命之語作周官之時周公又作立政上下之別正有一篇周禮乃六篇文異數萬終始辭句非書之類難以屬之時有若茲焉得從諸又云斯道也文武所以綱紀周國君臨天下周公定之致隆平龍鳳之瑞然則周禮起於成帝劉歆而成于鄭玄附離之者大半故林孝存以爲武帝知周官末世瀆亂不驗之書故作十論七難以排棄之何休亦以爲六國陰謀之書唯有鄭玄徧覽羣經知周禮者乃周公致大平之迹故能荅林碩之論難使周禮義得條通故鄭氏傳曰玄以爲括囊大典網羅衆家是以周禮大行後王之法易曰神而化之存乎其人此之謂也

附釋音周禮注疏卷第一

朝散大夫行太學博士弘文館學士臣賈公彥等奉

敕撰

國子博士兼太子中允贈齊州刺史吳縣開國男臣陸德明釋文

天官冢宰第一

○陸德明音義曰本或作冢宰上非餘卷放此。[疏]天官冢宰鄭目錄云象天所立之官冢大也宰者官也天者統理萬物天子立冢宰使掌邦治亦所以摠御衆官使不失職不言司者大宰摠御衆官不主一官之事也○釋曰鄭云象天者周天有三百六十餘度天官亦摠攝三百六十官故云象天也云官者亦是管攝爲號故題曰天官也鄭又云冢大宰官也者下注對大宰則云冢者大之上此不對大宰故云冢大也宰者調和膳羞之名此冢宰亦能調和衆官故號大宰之官鄭又云不言司者大宰摠御衆官不主一官之事者此官不言司對司徒司馬司寇司空皆云司以其各主一官不兼羣職故言司此天官則兼攝羣職故不言司也若然則春官亦不言司者以其祭祀鬼神鬼神非人所主故亦不言司也其地官鄭云象地所立之官彼言象地實主地事此天官言天直取摠攝爲言全無天事天事又並入於春官者言象天自取摠攝爲名象地自取掌物爲號各取一邊爲義理無嫌也○第一者第次也一者數之始也次第之中處一故云第一也鄭氏者漢大司農北海郡鄭沖之孫名玄字康成注者於經之下自注已意使經義可申故云注也孔君王肅之等則言傳傳者使可傳述若然或云注或言傳不同者立意有異無義例也

周禮　鄭氏注

惟王建國　建立也周公居攝而作六典之職謂之周禮營邑於土中七年致政成王以此禮授之使居雒邑治天下司徒職曰日至之景尺有五寸謂之地中天地之所合也四時之所交也風雨之所會也陰陽之所和也然則百物阜安乃建王國焉○王如字干寶云王天子之號三代所稱雒音洛水名也本作洛後漢都洛之陽改爲雒景京領反下皆同[疏]惟王建國○釋曰自此以下至以爲民極五句六官之首同此序者以其建國設官爲民不異故也王者臨統無邊故首稱惟王明事皆統之於王王既位矣當擇吉土以建國爲先故次言建國於中辯四方正宮廟之位復體國經野自近及遠也於是設官分職助理天工衆人取中以爲治體列文先後次第應然其實建國之初豈未設官分職也直以作序之意主在設官分職爲民極耳故終言之惟王建國者言惟謂若尚書云惟三月之類皆辭不爲義建立也惟受命之王乃可立國城於地之中必居地中者案尚書康誥云惟三月哉生魄周公初基作新大邑于東國洛鄭注云岐鎬之域處五岳之外周公於政不均故東行於洛邑令諸侯謀作天子之居據鄭此言則文武所居爲非地中政教不均故居地中也案桓二年左氏傳云昔武王克商遷九鼎於洛邑則居洛本是武王之意至成王周公時恐天下爲疑更與諸侯謀定之也若然五帝以降堯治平陽舜治安邑唯湯居亳得地中以外皆不得地中而政令均天下治者其時雖不得地中並在五岳之內又以民淳易治故不要在地中以周則不在五岳之內故鄭云岐鎬處五岳之外也○注建立至國焉○釋曰云周公居攝而作六典之職謂之周禮者案禮記明堂位云周公攝政六年制禮作樂頒度量於天下又案書傳亦云六年制禮作樂所制之禮則此周禮也又云而作六典者下文大宰之職掌建邦之六典天官治典地官教典春官禮典夏官政典秋官刑典冬官事典是六典之職也又云營邑於土中者即召誥云王來紹上帝自服於土中是也又云七年致政成王者明堂位文必七年者洛誥云誕保文武受命惟七年鄭注以文武受命七年而崩周公不敢過其數也又云以此禮授之使居雒邑治天下者此鄭解周公制禮必兼言建國於洛邑之意案尚書洛誥云周公曰孺子來相宅亂爲四方新辟是使居洛邑也下云惠篤叙無有遘自疾是授以此禮使行之也又案書傳云一年救亂二年伐殷三年踐奄四年建侯衛五年營成周六年制禮作樂七年致政成王鄭用此文則四年封康叔於衛爲建侯衛案康誥云周公初基作新大邑洛謂初爲基阯之處至五年內營之是以書傳云五年營成周成周與王城同時營則五年營洛邑與孔安國爲營洛邑封康叔制禮作樂同是攝政七年異又引司徒職曰日至之景尺有五寸謂之地中彼先鄭注云土圭之長尺有五寸以夏至之日立八尺之表其景適與土圭等謂之地中今潁川陽城地爲然天地之所合者則禮記郊特牲云天地合萬物生謂天地配合萬物以生是也四時交者則尚書云宅南交孔云夏與春交舉一隅若然則秋與冬交冬與春交可知也又云風雨之所會者謂若禮記禮器云風雨時即謂風雨會時也陰陽之所和者謂若昭四年申豐云冬無愆陽夏無伏陰二氣和順也然則百物阜安者阜盛也然猶如是如是於地中得所故百物盛安也

乃建王國者於百物盛安之處乃立王國王國則洛邑王城是也鄭引此者破賈馬之徒建國爲諸侯國此六官同序皆云建國豈王國未立先建諸侯國乎明不可也

辨方正位

辨別也鄭司農云別四方正君臣之位君南面臣北面之屬玄謂考工匠人建國水地以縣置埶以縣視以景爲規識日出之景與日入之景晝參諸日中之景夜考之極星以正朝夕是別四方召誥曰越三日戊申太保朝至于雒卜宅厥既得卜則經營越三日庚戌太保乃以庶殷攻位於雒汭越五日甲寅位成正位謂此定宮廟○辨本亦作辯徐邈劉昌宗皆方免反一音平勉反別彼列反下同縣音玄下同埶魚列反下同召誥上上詔反下古報反大音泰汭人銳反

疏 辨方正位○釋曰謂建國之時辨別也先須視日景以別東西南北四方使有分別也正位者謂四方既有分別又於中正宮室朝廷之位使得正也○注辨別至宮廟○釋曰辨別也此直訓不釋者司農云別四方義當矣故康成訓之也鄭司農者鄭衆字仲師但周禮之内鄭康成所存注者有三家司農之外又有杜子春鄭大夫者鄭少贛二鄭皆康成之先故言官不言名字杜子春非已宗故指其名也司農云正君臣之位君南面臣北面之屬者案易緯乾鑿度云不易者天在上地在下君南面臣北面父坐子伏司農據而言焉玄謂者大略一部之内鄭玄若在司農諸家上注者是玄注可知悉不言玄謂在諸家下注者即稱玄謂以別諸家又在諸家前注者是諸家不釋者也又在諸家下注者或增成諸家義則此司農云別四方於文不足引考工記以證之是也或有破諸家者則此司農正位謂正君臣面位引召誥爲宮室朝廷之位破之是也考工匠人建國水地以縣者謂水平之法在地曰槷以繩縣於槷上然後從傍以水望縣即知地之高下而平之也又云置槷以縣者既平得地欲正其東西南北之時先於中置一槷恐槷下不正先以縣正之槷正乃視以景景謂於槷端自日出晝之以至日入即得景爲規識之故云爲規識日出之景與日入之景規之交處即東西正也又於兩交之間中屈之指槷又知南北正也仍恐不審晝參諸日中之景夜考諸北極之星以正朝夕乃審矣引召誥以下者案召誥惟太保先周公相宅越若來三月惟丙午朏越三日戊申太保朝至于洛汭卜宅此言越三日戊申者從三月丙午朏朏明生之名月三日也則越三日戊申月五日召公至洛汭也又云越三日庚戌太保乃以庶殷攻位于洛汭月七日也越五日甲寅位成月十一日也皆通本數之也宮室朝廷之位皆成也引之者證正位謂此宮室位破司農爲君臣父子之位以其國家草創下論體國經野理應先定宮廟等位豈有宮廟等位未成先正君臣面位乎又與匠人建國次第不合故鄭依匠人之次及召誥之文爲定宮室之位案左氏莊公傳云水昬正而栽知是十月始興土功今於三月爲洛邑者左傳用十月是尋常法今建王城遠述先君之志是典作大事不可以常法難之也

體國經野

體猶分也經謂爲之里數鄭司農云營國方九里國中九經九緯左祖右社面朝後市野則九夫爲井四井爲邑之屬是也○體鄭云體猶分也干寶云體形體朝直遥反

疏 體國經野○釋曰體猶分也國謂城中也分國城之中爲九經九緯左祖右社之屬經謂爲之里數此野謂二百里以外三等采地之中有井田之法九夫爲井井方一里之等是也○注體猶至是也○釋曰言體猶分者謂若人之手足分爲四體得爲分也經謂爲之里數者此據野中而有井方一里之等故經爲里數解之司農云營國方九里已下並冬官考工記匠人文彼云營國方九里旁三門旁謂四方方三門則王城十二門門有三道三三而九則九道南北之道謂之經東西之道謂之緯經緯之道皆九軌又云左祖右社者此據中門外之左右宗廟是陽故在左社稷是陰故在右面朝後市者三朝皆是君臣治政之處陽故在前三市皆是貪利行刑之處陰故在後也又言野則九夫爲井此是地官小司徒職文彼云乃井牧其田野九夫爲井四井爲邑四邑爲丘四丘爲甸四甸爲縣四縣爲都也井方一里邑方二里丘方四里甸方八里縣方十六里都方三十二里引彼文略故云之屬兼之也案載師職云家邑任稍地小都任縣地大都任畺地是畿内鄉遂及四等公邑皆爲溝洫法無此方里爲井之事家邑小都大都三等采地乃有方里爲井之屬但郊外曰野大揔言耳散文國外則曰野故鄉大夫職云國中七尺野自六尺是城外則經中野對國言之謂國外則曰野但鄭據小司徒成文而言

設官分職

鄭司農云置冢宰司徒宗伯司馬司寇司空各有所職而百事舉

疏 設官分職○釋曰既體國經野此須立官以治民故云設官分職也○注鄭司農至事舉○釋曰此謂設天地四時之官即六卿也既有其官須有司職故云各有所職職謂主也天官主治地官主教春官主禮夏官主政秋官主刑冬官主事六官官各六十則合有三百六十官官各有主故云百事舉

以爲民極

極中也令天下之人各得其中不失其所○令力呈反

疏 以爲民極○釋曰一日人無主不散則亂是以立君治之君不獨治也又當立臣爲輔極中也言設官分職者以治民令民得其中正使不失其所故也○注

極中也至其所○釋曰極中也爾雅文案尚書洪範云皇建其有極惟時厥庶民於汝極謂皇建其有中之道庶民於之取中案尚書洪範云皇建其有極於下人各得其中不失所也

乃立天官冢宰使帥其屬而掌邦治以佐王均邦國

掌主也邦治王所以治邦國也佐猶助也鄭司農云邦治謂摠六官之職也故大宰職曰掌建邦之六典以佐王治邦國六官皆摠屬於冢宰故論語曰君薨百官摠已以聽於冢宰言冢宰於百官無所不主爾雅曰冢大也冢宰大宰也○鄭云宰主也干云濟其清濁和其剛柔而納之中和曰宰治直吏反注邦治下治官皆同大宰音泰注及後放此

【疏】乃立至邦國○釋曰六官皆云乃立者以作序之由本序設官之意故先云以為民極次云所設之官故皆云乃立騰上起下之辭也天官冢宰者據下注而言則此言冢宰者據摠攝六職若據當職則稱大宰也使帥其屬案小宰六屬而言則此屬唯指六十官之屬也掌邦治者掌主也言主治則兼六官以其五官雖有教禮政刑事不同皆是治法也云佐王均邦國者以大宰掌均節財用故也周禮以邦國連言者據諸侯也單言邦單言國者多據王國也然不先均王國而言均邦國者王之冢宰若言王國

恐不兼諸侯今言邦國則舉外可以包內也○注掌主至宰也○釋曰玄云邦治王所以治邦國也者此即司農所引大宰職佐王治邦國一也但司農雖引之不指釋此經邦治故玄就足之司農引論語者欲見天子冢宰兼百官之義言百則三百六十亦一也且論語言君薨據諸侯言冢宰百官據天子互言之者欲見天子諸侯君死世子居喪使大臣聽政同也冢宰大宰者言不異人也

治官之屬大宰卿一人小宰中大夫二人宰夫下大夫四人上士八人中士十有六人旅下士三十有二人

變冢言大進退異名也百官摠焉則謂之冢列職於王則稱大冢大之上也山頂曰冢旅眾也下士治眾事者自大宰至旅下上轉相副貳皆王臣也王之卿六命其大夫四命士以三命而下為差○貳徐音二

【疏】治官至二人○釋曰上經所陳立官所掌有異此經陳官有尊卑多少轉相副貳之事也言治官之屬者此為六十官之首別言治官之屬一句與下六十官為目以摠是治官不釋唯指此一經至旅下士三十有二人而已凡官尊者少卑者多以其卑者宜勞尊者宜逸是以下士稱旅以其理眾事

故特言旅也小宰與大宰同名大小為異故鄭注禮記王制引此六卿下中大夫十二人為十二小卿以其宰夫是大宰之考謂若地官之考為鄉師春官之考為肆師夏官之考為軍司馬秋官之考為士師冬官之考為匠師以其掌事不與大官同故異大官也宰者調和之名夫者治也以其治此一官所主事也○注變冢至為差○釋曰變冢言大者上唯云冢宰此唯云大宰是變冢言大也云進退異名者即百官摠焉謂貳王治事摠攝三百六十官則謂之冢是進異名也列職于王則謂之大者不摠百官與五卿並列各自治六十官則退異名也若然摠百官則稱冢以其天官象天覆萬物案經大宰職曰凡邦之小治冢宰聽之是專國小治而稱冢也司書職曰掌六典八法八則之貳以詔王及冢宰是貳王事也又摠眾職而稱冢也又宰夫職曰乘其財用之出入凡失財用物辟名者以官刑詔冢宰而誅之是摠眾官誅賞而稱冢也又司會職曰以周知四國之治以詔王及冢宰廢置是摠四國之治而稱冢也若主當官不兼他職則言大者謂若下文大喪贊贈玉含玉賓客贊玉几玉爵祀五帝則涖卜如此之類與諸官並有事則稱大也云冢大之上也者以其大宰與五官同名大今又別稱冢是冢在大之上也又引爾雅山頂曰冢者欲見山則大矣冢又在頂證冢在大上之意也又云

旅眾也下士治眾事者欲見尊官逸卑官勞之意也又云自大宰至旅下士轉相副貳皆王臣也者大卿一人小卿則二人已下皆去上一倍者是轉相副貳也言王臣者自士以上得王簡策命之則為王臣也對下經府史胥徒不得王命官長自辟除者非王臣也又云王之卿六命其大夫四命者典命文大夫無中下之別案序官則有中下大夫則四命大夫自分為中下似若侯伯同七命子男同五命則有高下不同也士以三命為差但典命直見公卿大夫命爵者欲見有出封之事故彼云其出封皆加一等士爵卑無出封之理故不言也彼士之命數既不言知三命以下者正見序官有上士中士下士三等典命除六命四命無三命二命一命鄭則約之上士為三命中士為再命下士為一命若然王朝三公八命卿六命大夫四命皆為陰爵以待出封為諸侯乃為陽爵九命七命五命士既不得出封故在王朝有三命一命亦為陽爵無嫌也

府六人史十有二人

府治藏史掌書者凡府史皆其官長所自辟除

【疏】府至二人○釋曰府治府藏史主造文書也○注府治至除○釋曰案下宰夫八職云五曰府掌官契以治藏六曰史掌官書以贊治故鄭云府治藏史掌書又云官長所自辟除者官長謂一官之長若治官六十其下府史皆大宰

辟召除其課役而使之非王臣也周禮之内府史大例皆府少而史多而府又在史上唯有御史百有二十人特多而在府上鄭云以其掌贊書數多也又有府兼有史以其當職事繁故也或空有史而無府者以其當職事少得史即足故也至於角人羽人等直有府無史以其當職文書少而有稅物須藏之故直有府也腊人食醫之等府史俱無者以其專官行事更無所須故也周禮之内唯有天府一官特多於史以其所藏物重故也

胥十有二人徒百有二十人此民給徭役者若今衛士矣胥讀如諝謂其有才知爲什長○胥鄭徐劉思叙反戚思餘反下皆同徭音遥諝劉思叙反

【疏】胥十至十人○釋曰胥有才智爲什長徒給使役故一胥十徒也○注此民至什長○釋曰案下宰夫八職云七曰胥掌官叙以治叙八曰徒掌官令以徵令鄭云治敘次序官中如今侍曹伍伯傳吏朝也徵令趨走給召呼案禮記王制云下士視上農夫食九人祿足以代耕則府食八人史食七人胥食六人徒食五人祿其官並亞士故號庶人在官者也鄭云若今衛士者衛士亦給徭役故舉漢法況之又云胥讀如諝謂其有才智爲什長者案周室之内稱胥者多謂若大胥小胥胥師之類雖不爲什長皆是有才智之稱彼不讀從諝從此讀可知唯有追胥胥是伺捕盜賊非有才智也易歸妹六二以須注云須才智之稱天文有須女屈原之姊名女須彼須字此與異者蓋古有此二字通用俱得爲有才智也周禮上下文有胥必有徒胥爲什長故也腊人之類空有徒無胥者得徒則足不假長帥故也食醫之類胥徒並無者以其專官行事不假胥徒也

宮正上士二人中士四人下士八人府二人史四人胥四人徒四十人正長也宮正主宮中官之長○宮正此以下鄭總列六十職序于注則各於其職前列之

【疏】宮正至十人○釋曰上大宰至旅下士總馭羣職故爲上首自此宮正已下至夏采六十官隨事緩急爲先後故自宮正至宮伯二官主宮室之事安身先須宮室故爲先也自膳夫至腊人皆供王膳羞飲食饌具之事人之處世在安與飽故食次宮室也自醫師已下至獸醫主療疾之事有生則有疾故醫次食饌也自酒正至宮人陳酒飲肴羞之事醫治既畢須酒食養身故次酒肴也自掌舍至掌次安不忘危出行之事故又次之自大府至掌皮並是府藏計會之事既有其餘理須貯積或出或内宜計會之故相次也自内宰至屨人陳后夫人已下内教婦功婦人衣服之事君子明以訪政夜以安息故言婦人於後也夏采一職記招魂以其死事故於末言之也此宮正并下宮伯雖俱訓爲長其義則異若宮正則主任三宮卿大夫士之身故爲宮中官之長故其職云以時北宮中之官府故宮伯所掌者亦掌之故言正長也宮伯云長者直主宮中卿大夫士之適子庶子行其秩叙授其舍次之事亦得爲長故云伯長也宮正上士二人爲官首中士四人爲之佐下士八人理衆事府二人主藏文書也史四人主作文書胥四人爲什長徒四十人給徭役諸官體例言府史胥徒之義皆然不可文文重釋他皆放此周禮之内宗伯之類諸言伯者伯長也以尊長爲名縣師之類言師者皆取可師法也諸稱人者若輪人車人腊人鼈人之類即冬官鄭云其曰某人者以其事名官言氏者有二種謂若桃氏爲劍築氏爲削之類鄭注冬官族有世業以氏名官若馮相氏保章氏師氏保氏之類鄭注引春秋官有世功則有官族是也諸稱司若司裘司市之類言司者皆是專任其事事由於已故以司言之也諸典婦功典絲典枲之類言典者出入由已課彼作人故謂之爲典也諸稱職者謂若職幣職内職歲財不久停職之而已凡云掌者有三義一者他官供物已則暫掌之而已若幕人供帷幕幄帟掌次張之也二則掌徵斂之官若掌皮掌染草之類是也三者掌非已所爲則掌節掌固掌疆本非已造廢壞修之而已也自外不稱典司職掌者皆是逐事立名以義銓之可曉也凡六官序官之法其義有二一則以義類相從謂若宮正宮伯同主宮中事膳夫庖人外内饔同主造食如此之類皆是類聚羣分故連類序之二則凡次序六十官不以官之尊卑爲先後皆以緩急爲次第故此宮正之弟士官爲前内宰等大夫官爲後也

宮伯中士二人下士四人府一人史二人胥二人徒二十人伯長也

膳夫上士二人中士四人下士八人府二人史四人胥十有二人徒百有二十人膳之言善也今時美物曰珍膳膳夫食官之長也鄭司農以詩說之曰仲允膳夫○膳上戰反

【疏】註膳之至膳夫○釋曰言膳夫食官之長者謂與下庖人内外饔亨人等爲長也司農引詩云者是小雅刺幽王詩膳夫仲允爲之引證與此膳夫爲一事也

庖人中士四人下士八人府二人史四人賈八人胥四人徒四十人庖之言苞也裹肉曰苞苴賈主市買知物賈○庖徐扶交反賈八人鄭徐音古劉音嫁下放此裹音果苴子餘反物賈音嫁

疏注庖之至物賈○釋曰言庖者今之廚轉作包者欲取庖人主六獸六禽以供庖廚有裹肉之意也又云裹肉曰包苴者詩云野有死麕白茅包之禮記內則云炮取豚若將編萑以苴之皆是裹肉之物故云裹肉曰苞苴也又云賈市買知物賈者下文九職鄭注行曰商處曰賈賈乃在市而處者故知物賈此特有賈人者庖人牲當市之故也

內饔中士四人下士八人府二人史四人胥十人徒百人饔割亨煎和之稱內饔所主在內○饔鄭於容反亨普庚反劉普孟反稱尺證反

疏注饔割至在內○釋曰饔和也熟食曰饔熟食須調和故號曰饔其職云掌王及后世子之割亨割亨則須煎和故云割亨煎和之稱又云所主在內者以其掌王及后世子及宗廟皆是在內之事

外饔中士四人下士八人府二人史四人胥十人徒百人外饔所主在外

疏注外饔所主在外○釋曰案其職云掌外祭祀及邦饗孤子耆老割亨皆是在外之事故云所掌在外也此饔有內外可對故云內外饔至於內宰內豎內司服自掌婦人之事而稱內不對外爲名也

亨人下士四人府一人史二人胥五人徒五十人主爲外內饔煑肉者○亨劉普庚反爲于僞反下爲主同

疏注主爲至肉者○釋曰其職云給外內饔亨事故云爲外內饔煑肉也

甸師下士二人府一人史二人胥三十人徒三百人郊外曰甸師猶長也甸師主共野物官之長○甸田遍反共音恭下皆同

疏注郊外至之長釋曰案載師云任近郊遠郊之地次即云公邑之田任甸地甸地即在百里遠郊外天子藉田又在南方甸地故稱此官爲甸師也然此官主地事不在地官者以其供野之薦又給薪蒸以供亨餁故在此次亨人也又云主供野物官之長或云與地官掌葛掌炭掌蜃委人等同掌供野物故與彼官爲長若然彼屬地官此屬天官越分相領恐理不愜此甸師當與下獸人已下亦供野物爲長也故下數職注不言長明甸師與之爲長但獸人等中士此爲下士下士得與中士爲長者如大史下大夫內史中大夫鄭云大史史官之長彼下大夫與中大夫爲長此下士亦與中士爲長有何嫌也徒三百人特多者天子藉田千畝藉借此三百人耕耨故多也

獸人中士四人下士八人府二人史四人胥四人徒四十人

疏獸人○釋曰案其職云掌罟田獸冬獻狼夏獻麋供膳羞故在此也

𩽹人中士二人下士四人府二人史四人胥三十人徒三百人○𩽹音魚本又作魚亦作𩽹同又音御

疏𩽹人○釋曰案其職云掌以時𩽹爲梁春獻王鮪亦供魚物故在此也徒亦三百人者馬融云池塞苑囿取魚處多故也

鼈人下士四人府二人史二人徒十有六人○鼈必列反

疏鼈人○釋曰案其職云祭祀供蠯蠃蚳亦是供食物故在此也

腊人下士四人府二人史二人徒二十人腊之言夕也○腊音昔

疏腊人○釋曰注腊之言夕也乾曰腊朝曝於夕乃乾故云腊之言夕或作夊字夊乃乾成義亦通也以其供脯腊膴胖食物故亦在此色也

醫師上士二人下士四人府二人史二人徒二十人醫師衆醫之長○醫意其反

疏醫師○釋曰案其職云掌醫之政令聚毒藥以供醫事諸醫皆在此者醫亦有齊和飲食之類故設在飲食之間也

食醫中士二人食有和齊藥之類○和胡卧反又音禾齊才計反

疏食醫釋曰案其職云春多酸夏多苦之等皆須齊和與藥故同鄭云食有和齊藥之類故在醫官之內也

疾醫中士八人 [疏]疾醫○釋曰案其職云掌養萬民之疾病故連類在此

瘍醫下士八人 瘍創癰也○瘍音羊創初良反 [疏]瘍醫○釋曰案其職云掌腫瘍潰瘍之等故亦連類在此○注瘍創癰也○釋曰案禮記上曲禮云頭有創則沐身有瘍則浴案其職有腫瘍等四種之瘍注潰則未必有膿也故亦連類在此也

獸醫下士四人 獸牛馬之類 [疏]注獸牛馬之屬○釋曰案爾雅在野曰獸在家曰畜畜獸異矣而言獸牛馬者但此職云主治牛馬未必治其野獸而以牛馬爲獸者對文則畜獸異散文通故爾雅又云兩足而羽謂之禽四足而毛謂之獸既不別釋畜則獸中可以兼牛馬是其牛馬亦有畜稱故云獸牛馬也

酒正中士四人下士八人府二人史八人胥八人徒八十人 酒正酒官之長 [疏]酒正至十人○釋曰案其職云掌酒之政令以式法授酒材與膳食相將故在此○注酒正酒官之長○釋曰此酒正與下酒人漿人爲長注雖不言漿文略也

酒人奄十人女酒三十人奚三百人 奄精氣閉藏者今謂之宦人月令仲冬其器閎以奄女酒女奴曉酒者古者從坐男女沒入縣官爲奴其少才知以爲奚今之侍史官婢或曰奚官女○奄於撿反劉於驗反徐於劒反奚如字又胡禮反坐才臥反 [疏]酒人至百人○釋曰奄十人以其與女酒及奚同職故用奄人奄不稱士則此奄亦府史之類以奄爲異也言女酒三十人則女酒與奚爲什長若胥徒也奚三百人以其造酒故須人多也○注奄精至宦女○釋曰案月令冬三月皆云其氣閟以奄獨引仲冬者以其十一月一陽爻生以其奄人雖精氣閉藏猶少有精氣故也又云女酒女奴曉酒者云云鄭依秋官司厲從坐男女沒入縣官爲奴則奴者男女同名以其曉解作酒有才智則曰女酒其少有才智給使者則曰奚已下云曉者謂曉解當職之物不復重釋之也侍使官婢舉漢法言之又云或曰官女者漢時有此別號按左氏晉惠公之女名妾稱爲宦女謂宦事秦公子亦云宦女也

漿人奄五人女漿十有五人奚百有五十人 女漿女奴曉漿者○漿子良反 [疏]漿人○釋曰在此者案其職云掌供王之六飲入于酒府飲是酒類故在此也

凌人下士二人府二人史二人胥八人徒八十人 凌冰室也詩云二之日鑿冰沖沖三之日納于凌陰○凌力證反字從冰或力升反 [疏]凌人至十人○釋曰凌人在此者案其職云掌冰凡外內饔之膳羞鑑焉以供爲膳羞故連類在此也○注凌冰至凌陰○釋曰引詩曰二之日者案詩之所釋謂周之二月夏之十二月之日鑿冰者謂於深山窮谷固陰沍寒之處於是乎取之沖沖鑿冰之意三之日謂周之三月夏之建寅之正月納冰於陵陰室中案彼又云四之日其蚤獻羔祭韭啓冰之時也鄭荅志以夏十二月取冰二月開冰四月班冰是其常也藏之既晚出之又早晚者建寅乃藏與此周禮十二月藏冰校一月故出之早者四月夏之二月出冰與周禮同今豳土寒故納冰可用夏正月也引之者證凌陰即此冰室爲一物也

籩人奄一人女籩十人奚二十人 竹曰籩女籩女奴之曉籩者 [疏]籩人至十人○釋曰在此者案其職云掌四籩之實亦是薦羞之事故在此也○注竹曰至籩者○釋曰知竹曰籩者更無異文見竹下爲之即知以竹爲之故云竹曰籩也

醢人奄一人女醢二十人奚四十人 醢豆實也不謂之豆此主醢豆不盡于醢也女醢女奴曉醢者○醢呼在反盡津忍反 [疏]醢人至十人○釋曰案其職云掌四豆之實亦是薦羞故在此也○注醢豆至醢者○釋曰云不謂之豆者決上籩人不以籩中之實爲名而以籩爲官號此即以豆中之實爲官號不謂之豆人此是問辭鄭還自荅豆不盡於醢者其豆之所盛非止此職中四豆之實而已天子豆百二十上公豆四十侯伯豆三十二子男豆二十四上大夫二十下大夫十六彼有膷臐膮胾炙膾之屬其數甚多是豆不盡盛醢而已若言豆人恐彼並掌之此醢人惟掌此四豆之實而已故不得言豆人而言醢人也

醯人奄二人女醯二十人奚四十人 女醯女奴曉醯者○醯本又作醯呼西反 [疏]醯人○釋曰醯人在此者案其職云掌共五齊七菹以供醯物則與醢人職通醢人惟主作醢但成齊菹必須醯物乃成故醯人兼言齊菹而連類在此也

鹽人奄二人女鹽二十人奚四十人女鹽女奴曉鹽者

疏 鹽人○釋曰在此者案其職云掌鹽之政令以供百事之鹽鹽所以調和上食之物故亦連類在此也

冪人奄一人女冪十人奚二十人以巾覆物曰冪女冪女奴曉冪者○冪莫歷反

疏 冪人○釋曰冪人在此者案其職云掌供巾冪所以覆飲食之物故次飲食後

宮人中士四人下士八人府二人史四人胥八人徒八十人

疏 宮人○釋曰宮人在此者案其職云掌王之六寢之脩又供王沐浴掃除之事是安息王身故在此也

掌舍下士四人府二人史四人徒四十人舍行所解止之處○解佳賣反

疏 掌舍至十人○釋曰云在此者案其職云掌王之會同之舍設梐枑再重亦是安王身之事故亦在此○注舍行至之處○釋曰案其職云設車宮壇壝宮帷宮之等並是解脫止息之處故云解止之處也

幕人下士一人府二人史二人徒四十人幕帷覆上者○幕武博反

疏 幕人至十人○釋曰在此者案其職云掌帷幕幄帟綬之事亦是安王身之事故在此也○注幕帷覆上者○釋曰案下職中鄭注云在旁曰帷在上曰幕是其幕乃帷之覆上者也

掌次下士四人府四人史二人徒八十人次自脩正之處

疏 掌次至十人○釋曰在此者案其職云掌王次之法以待張事幕人供之掌次張之故連類在此也○注次自脩正之處○釋曰案其職云張大次設重帟重案皆是自脩止○故云自脩止之處也

大府下大夫二人上士四人下士八人府四人史八人賈十有六人胥八人徒八十人大府爲王治藏之長若今司農矣

疏 大府至十人○釋曰在此者案其職云掌大貢九賦受其貨賄之入頒其貨賄于諸府之事案尚書洪範云一曰食二曰貨已上皆言飲食此次言貨賄故大府在此也有賈者府官須有市買并須知物貨善惡故也○注大府至農矣○釋曰大府與下諸府官爲長故以大夫爲之云若今司農矣者漢時司農主治藏故史游章云司農少府國之淵

玉府上士二人中士四人府二人史二人工八人賈八人胥四人徒四十有八人工能攻玉者

疏 玉府至八人○釋曰玉府在此者案其職云掌王之金玉玩好兵器凡良貨賄之藏以玉爲主故與大府同在此有工八人者以其使攻玉故也有賈者使辨玉之善惡貴賤故也○注工能攻玉者○釋曰工謂作工案詩云他山之石可以攻玉故須工

內府中士二人府一人史二人徒十人內府主良貨賄藏在內者○賄呼罪反

疏 內府○釋曰內府在此者案其職云掌九貢九賦九功之貨賄良兵良器故在此也

外府中士二人府一人史二人徒十人外府主泉藏在外者

疏 外府至十人○釋曰外府在此者案其職云掌邦布之出入以共百事故在此也○注外府至外者○釋曰泉布本是外物無在內府故對內府爲外也

司會中大夫二人下大夫四人上士八人中士十有六人府四人史八人胥五人徒五十人會大計也司會主天下之大計計官之長若今尚書○會古外反注同尚音常

疏 司會至十人○釋曰在此者案其職云掌邦之六典八法八則之貳以逆邦國都鄙官府之治主天下大計貨賄亦須計會故與大府連類在此也○注會大至尚書○釋曰言會大計者案宰夫職日計曰成月計曰要歲計曰會故知會大計也云主天下之大計者其職云逆邦國都鄙官府是句考徧天下云若今尚書者漢之尚書亦主大計故舉以況之也

司書上士二人中士四人府二人史四人徒八人司書主計會之簿書○簿步古反後簿書皆同

疏 司書至簿書○釋曰司書在此者會計之事

司書主之故其職云凡上之用財用必攷于司會故連類在此也注言簿書者古有簡策以記事若在君前以笏記事後代用簿簿今手版故云吏當持簿簿則簿書也

職内上士二人中士四人府四人史四人徒二十人職内主入也若今之泉所入謂之少内○少詩照反【疏】職内至十人○釋曰在此者案其職云掌邦之賦入辨其財用之物而執其總入太府者皆由職内亦有府義故鄭云受藏之府若職内故其職在此也○注若今至少内○釋曰漢之少内亦主泉所入案王氏漢官解云小官嗇夫各擅其職謂倉庫少内嗇夫之屬各自擅其條理所職主由此言之少内藏聚似今之少府但官卑職碎以少爲名

職歲上士四人中士八人府四人史八人徒二十人○主歲計以歲斷○斷丁亂反【疏】職歲○釋曰在此者案其職云掌邦之賦出以貳官府都鄙之財出賜之數以待會計而考之揔斷一歲之大計故與司會同在此也

職幣上士二人中士四人府二人史四人賈四人胥二人徒二十人【疏】職幣○釋曰在此者案其職云掌式法以斂官府都鄙與凡用邦財者之幣以待上之賜予與職歲通職故連類在此也若然此三職皆有府義不得名府者以財不久停故也

司裘中士二人下士四人府二人史四人徒四十人【疏】司裘○釋曰在此者案其職云掌爲大裘并掌皮亦有此府義故在此

掌皮下士四人府二人史四人徒四十人【疏】掌皮○釋曰在此者案其職云掌秋斂皮冬斂革春獻之亦有府義故連類在此也

内宰下大夫二人上士四人中士八人府四人史八人胥八人徒八十人内宰宫中官之長【疏】内宰至十人○釋曰名内宰者對大宰治百官内宰治婦人之事故名内宰然則大宰不稱外者爲兼統内也案其職云掌治王内之政令又教后已下婦德之事以王事少暇故次在此也○注内宰至之長○釋曰内宰與下女史已下爲長故鄭云官中官之長

内小臣奄上士四人史二人徒八人奄稱士者異其賢【疏】内小至八人○釋曰在此者案其職云掌王后之命正其服位案夏官大僕職云出入王之大命正其服位則此小臣侍后職與大僕侍王同亦是佐后之事故在此用奄者以其所掌在内故○注奄稱士者異其賢○釋曰案上酒人漿人等奄並不稱士則非士也獨此云以其有賢行命爲士故稱士也案詩巷伯奄官也注云巷伯内小臣小臣於宫中爲近故謂之巷伯必知巷伯與小臣爲一人者以其俱名奄又言巷亦宫中爲近又稱伯長也内小臣又稱士亦是長義故知一人也

閽人王宫每門四人囿游亦如之閽人司昏晨以啓閉者刑人墨者使守門囿御苑也游離宫也○閽音昏囿音又斿本亦作游音由【疏】閽人至如之○釋曰在此者以其掌守中門之禁王宫在此故亦在此周禮之内有同官別職則此閽人每門及囿遊同名閽人而職別山虞澤虞云每大澤大山及川衡林衡亦是別職同官也別官同職者唯有官連耳○注閽人至宫也○釋曰云閽人司昏晨以啓閉者此釋名閽人之意昏時閉門則此名閽人也晨時啓門則論語謂之晨人也皆以時事爲名耳又云刑人墨者使守門此秋官掌戮職文鄭彼注云黥者無妨於禁禦欲使守門案其職云掌守中門之禁言中門則唯雉門耳而言每門者彼言中門据有禁守者言之其實王之五門皆使墨者守之或解以爲王有五門四面皆有中門故言每門義亦通也案禮記云古者不使刑人守門彼鄭注謂夏殷時公羊云閽殺吳子餘祭近刑人輕死之道彼據人君加之寵故云近刑人輕死之道若君有防衛不親近則非近刑人其劓者使守關以其醜惡遠之不得約彼即以十二門皆使墨者也詩云昏椓靡共箋云皆奄人彼据后宫門故使奄者也又云囿御苑者案詩云王在靈囿注所以養禽獸天子百里諸侯四十里案孟子齊宣王問孟子云文王之囿方七十里猶以爲小寡人囿方四十里猶以爲大何也孟子荅文王之囿芻蕘者往焉雉兔者往焉與民同之故以爲小不亦宜乎君之囿民殺其麋鹿者如殺人之罪民以爲大不亦宜乎則文王之囿方七十里者大

於諸侯小於天子故也白虎通又云天子百里大國四十里次國三十里小國二十里與孟子不同者白虎通細別言之也又云游離宮者囿是大苑其門皆使閽人守之也此離宮即囿游之獸禁故彼鄭云謂囿之離宮小苑觀處也或以爲游亦謂城郭中興公所爲者也

寺人王之正內五人 寺之言侍也詩云寺人孟子正內路寢

疏 寺人至五人○釋曰在此者案其職云掌王之內人及女宮之戒令故在此○注寺之至路寢○釋曰云寺之言侍者欲取親近侍御之義此奄人也知者見僖二十四年晉文公既入呂郤欲焚公宮寺人披請見公使讓之且辭焉披曰齊桓公置射鉤而使管仲相君若易之行者甚衆豈唯刑臣彼寺人披自稱刑人明寺人奄人也若然寺人既掌內人不掌男子而秦詩云欲見國君先令寺人而掌男子者彼秦仲宣王命作大夫始大有車馬其官未備故寺人兼小臣是以寺人得掌男子詩云寺人孟子者引證經寺人孟子同也又云正內路寢者寺人既不得在王之路寢而云內正五人者謂在后之路寢耳若王之路寢不得稱內以后宮故以內言之故先鄭下注后六宮前一後五前一則路寢

內豎倍寺人之數 豎未冠者之官名○冠古亂反

疏 內豎至之數○釋曰在此者案其職云掌內外之通令凡小事故與寺人連類在此也○注豎未至官名○釋曰春秋左氏傳叔孫穆子幸庚宗婦人而生牛以爲豎官則亦童豎未冠者必使童子爲之者鄭於其職注云使童豎通王內外之命給小事者以其無與爲禮出入便疾也

九嬪 嬪婦也昏義曰古者天子后立六宮三夫人九嬪二十七世婦八十一御妻以聽天下之內治以明章婦順故天下內和而家理也不列夫人于此官者夫人之於后猶三公之於王坐而論婦禮無官職○嬪符真反治直吏反

疏 九嬪○釋曰在此者以其有婦德其職云掌婦學之法以教九御同是內官之官故亦在此○注嬪婦也至官職○釋曰引昏義者彼是周之婦官之數與此經婦人數同故引以爲證案禮記上檀弓云舜葬蒼梧蓋三妃未之從鄭注云帝嚳時立四妃象后妃四星其一明者爲正妃其三小者爲次妃帝堯因焉至舜不告而娶不立正妃但三夫人而已夏后氏增以三三而九爲十二人殷人又增以三九二十七合三十九人周人上法帝嚳而立正妃又三二十七爲八十一人以增三十九并后合百二十一人其位后也夫人也九嬪也二十七世婦也八十一女御也又云不列夫人于此惟有九嬪已下是無三夫人之數也又云夫人之於后猶三公之於王坐而論婦禮無官職者謂三百六十官無三公之官案大司徒職云二卿則公一人鄭注云三公者內與王論道中參六官之事外與六卿之教又案冬官考工記云坐而論道謂之王公注云天子諸侯然則公中合有三公坐而論道無正職故云中參外與而已三夫人亦然故云坐而論禮無官職故不列之也

世婦 不言數者君子不苟於色有婦德者充之無則闕

疏 注不言至則闕○釋曰在此者案其職云掌祭祀賓客喪紀帥女宮而濯溉故亦在此九嬪言數而世婦女御不言數者君子不苟於色有婦德乃充之不言王而云君子者謂君子爲王乃能不苟色也九嬪言數者欲見世婦女御有德亦充若九嬪無德亦與世婦女御同闕故特互其文令義兩得見耳

女御 御昏義所謂御妻御猶進也侍也

疏 注昏義至侍也○釋曰彼不云女御而云御妻御進也故彼引爲一物也又云御猶進也侍也者凡后下御皆是后宮進在王寢侍息宴故女御職云掌御敘于王之燕寢是以訓御云進也侍也

女祝四人奚八人 女祝女奴曉祝事者○祝之六反鄭又之又反

疏 女祝至八人○釋曰在此者案其職云掌王后之內祭祀凡內禱祠之事故在此也○注女祝至事者○釋曰言女奴曉事謂識文者爲之也

女史八人奚十有六人 女史女奴曉書者

疏 女史○釋曰在此者案其職云掌王后之禮職內治之貳亦女奴曉文者爲之其職與王之大史掌禮同故在此也

典婦功中士二人下士四人府二人史四人工四人賈四人徒二十人 典主也典婦功者主婦人絲枲功官之長

疏 典婦○釋曰在此者案其職云掌婦式之法以受嬪婦及內人女功之事齎故鄭注云典主也典婦功者主婦人絲枲功

官之長其職中𪇘是也云賈四人者以其絲枲有善惡貴賤之事故須賈人也

典絲下士二人府二人史二人賈四人徒十有二人 疏 釋曰在此者案其職云掌絲入而辨其物須絲于外內工皆以物授之因婦功亦在此也

典枲下士二人府二人史二人徒二十人。枲絲里反 疏 典枲。釋曰枲麻也案喪服傳云牡麻者枲麻也則枲是雄麻對苴是麻之有蕡實者也在此者與典婦功亦連類在此也

內司服奄一人女御二人奚八人 內司服主宮中裁縫官之長有女御者以衣服進或當於王廣其禮使無色過。縫戚奉容反徐扶用反下同 疏 內司至八人。釋曰以其掌后已下六服言內司服者非是對春官司服男子服爲內但是男子之物不言外者在外是其常也故不須言外而外自顯但以婦人在內故婦人之事多言內若不言內無以得見婦人之物不與春官司服同處者以從內官之例故在此有奄一人者以其衣服事多須男子兼掌以與婦人同處故用奄也。注內司服至色過。釋曰言主宮中裁縫官之長者謂其下文縫人爲長又云有女御者以衣服進或當於王廣其禮使無色過者以此女御還是女奴曉進御衣服者故與女酒女祝女史同號女也以衣服進謂進衣于王王見之或當王意廣其禮得與八十一女御同名欲見百二十人外兼有此女御之禮王合御幸之使王無淫色之過故名女御也

縫人奄二人女御八人女工八十人奚三十人 女工女奴曉裁縫者。縫劉扶用反 疏 縫人至十人。釋曰在此者案其職云掌王宮縫線之事以縫王及后之衣服故在此也奄二人亦是縫線事多須有男子故也有女御者義同於上也有女工者謂女奴巧者鄭云曉裁縫者也

染人下士二人府二人史二人徒二十人。染如豔反劉而儉反 疏 染人。釋曰在此者案其職云掌染絲帛因婦人衣服故亦連類在此也

追師下士二人府一人史二人工二人徒四人 追治玉石之名。追丁回反一曰雕 疏 追師至四人。釋曰在此者職云掌王后之首服爲副編次追衡笄亦因婦人衣服連類在此。注追治玉石之名。釋曰詩云追琢其璋璋是玉爲之則追與琢皆是治玉石之名也若然男子首服在夏官弁師者以其男子是陽義又取夏時萬物長大長大乃冠故在夏官此婦人直取首服配衣故與衣連類在此若然首反處下者以冠履自相對不與服爲先後故不在上也

屨人下士二人府一人史一人工八人徒四人。屨紀具反 疏 屨人。釋曰在此者案其職云掌王及后之服屨故從內官衣服亦連類在此若然追師專掌婦人首服此屨人兼男子屨舄在下體賤故男子婦人同在此官也

夏采下士四人史一人徒四人 夏采夏翟羽色禹貢徐州貢夏翟之羽有虞氏以爲緌後世或無故染鳥羽象而用之謂之夏采。夏戶雅反注同翟雉名采如字或作菜翟音狄緌如誰反 疏 夏采至四人。釋曰在此者其職云掌大喪以冕服復于大祖以乘車建緌復于四郊喪事是終故在末職也。注夏采至夏采。釋曰案爾雅云伊洛而南素質五采皆備成章曰翬江淮而南青質五采皆備成章謂之鷂此則夏翟之羽色也又案禹貢徐州云羽畎夏翟是徐州貢夏翟之羽也又云有虞氏以爲緌者明堂位云有虞氏之旂夏后氏之緌注云有虞氏當言緌夏后氏當言旂彼據虞氏始有緌故云有虞氏以爲緌也又云後世或無者案冬官考工記有鍾氏染羽若有自然鳥羽何須染之乎故云後世或無則據此周時而言也故染鳥羽而用之謂之夏采者夏即五色也此職中注及彼注皆云緌謂注旄於干首不云翟羽者盡注文不具耳

附釋音周禮注疏卷第一　知南昌府張敦仁署鄱陽縣候補知州周澍栞

周禮注疏挍勘記序

阮元撰盧宣旬敬録

有杜子春之周禮有二鄭之周禮有後鄭之周禮周禮出山巖屋壁間劉歆始知爲周公之書而讀之其徒杜子春乃能略識其字建武以後大中大夫鄭興大司農鄭衆皆以周禮解詁著而大司農鄭康成乃集諸儒之成爲周禮注葢經文古字不可讀故四家之學皆主於正字其云故書者謂初獻於祕府所藏之本也其民間傳寫不同者則爲今書有云讀如者比擬其音也有云讀爲者就其音以易其字也有云當爲者定其字之誤也三例既定而大義乃可言矣說皆在後鄭之注唐賈公彥等作疏發揮殊未得其肎綮元於此經舊

有挍本且合經注疏讀之時闚見其一二因通挍經注疏之譌字更屬武進監生臧庸蒐挍各本併及陸氏釋文元復定其是非凡言周制言漢學者容有藉於此其目録列於左方

阮元記

引據各本目録

單經本

唐石經周禮十二卷每官分下篇醫師起爲天官下載師起爲地官下大司樂起爲春官下司士起爲夏官下布憲起爲秋官下玉人起爲冬官下

石經考文提要周禮一卷

經注本

經典釋文周禮音義二卷

錢孫保所藏宋本周禮注十二卷宋槧小字本附載音義春官夏官冬官余仁仲本天地二官別一宋本秋官以俗本抄補非佳者臧庸據宋刻大字本秋官二卷挍補

嘉靖本周禮注十二卷分卷及款式悉與唐石經同每頁十六行每行十七字卷一末記經四千二百五十九字注八千五百一十二字卷二經三千六百八十八字注一萬三百五十七字卷三經五千五十六字注八千四百一十四字卷四經四千五百一十八字注一萬二字卷五經四千七百七十九字注一萬二千三百三十六字卷六經四千五百五十四字注一萬七千九百九十一字卷七經三千六百一十五字注七千四百三十二字卷八經三千五百二十八字注七千三百八十三字卷九經四千二百六十二字注七千五百二十字卷十經三千九百八十七字注八千七百三十二字卷十一經三千五百六十二字注七千六十三字卷十二經三千五百七十四字注七千二十四字按此不附音義而勝於宋槧余氏岳氏等本當是依北宋所傳古本也

注疏本

惠挍本周禮注疏四十二卷盧文弨曰東吳惠士奇暨子棟以宋注疏本挍疏以余氏萬卷堂本挍經注音義書於毛氏本何焯云康熙丙戌見內府宋板元修注疏本粗挍一過惠棟云盧見曾嘗得宋槧余仁仲周禮經注挍閱一過書共十二卷卷一之末記肆阡貳伯伍拾陸字注捌阡伍伯肆拾叁字音義叁阡陸拾壹字余氏刊于萬卷堂卷二經叁阡陸伯捌拾字注壹萬叁伯伍拾壹字音義叁阡貳伯叁拾貳字仁仲比挍記卷三記經伍阡伍拾伍字注捌阡肆伯貳拾捌字音義壹阡玖伯廿壹字余仁仲刊于家塾卷四記經肆阡柒伯貳拾柒字注壹萬貳伯肆拾貳字音義貳阡柒伯伍拾捌字卷伍記經肆阡柒伯柒拾陸字注壹萬貳阡叁伯捌拾叁字音義叁阡肆拾壹字卷六記經肆阡伍伯伍拾伍字注壹萬捌阡叁拾伍字音義肆阡壹伯捌拾伍字余氏刊于萬卷堂卷七記經叁阡陸伯壹拾貳字注柒阡肆伯叁拾捌字音義貳阡貳伯捌拾陸字卷八記經叁阡伍伯貳拾伍字注柒阡肆伯玖拾字音義貳阡伍伯伍拾字余氏刊於萬卷堂卷九卷十卷十一字數闕卷十二記經叁阡伍伯柒拾字注柒阡叁拾口字音義口阡叁拾壹

字余仁仲刊于家塾

附釋音周禮注疏四十二卷 每頁二十行經每行十七字注疏夾行每行二十三字因兼載釋文故稱附釋音因每半頁十行故今稱十行本以別於閩監毛注疏本每半頁皆九行也內補刻者極惡劣凡閩監毛本所不誤者補刻多誤

閩本周禮注疏四十二卷

監本周禮注疏四十二卷

毛本周禮注疏四十二卷

引用諸家

周禮注疏正誤十卷 嘉善浦鏜撰

禮說十四卷 東吳惠士奇撰天官二卷地官三卷春官四卷夏官二卷秋官二卷考工記一卷

周禮漢讀考六卷 金壇段玉裁撰每官爲一卷

周禮注疏序校勘記　阮元撰盧宣旬摘録

其刻日 浦鏜云日誤曰○按緯書古奧其刻日三字未得其注解未必爲王佚切之字也今本易緯通卦驗日作白

昌之成 禮記禮運正義引易緯作昌之成運○按此用靈成經爲韻語運乃衍文也

拒燧皇 浦鏜云拒衍

斗機云 浦鏜云疑作運斗樞

則其間九皇六十四民 案小學紺珠氏族類作六十四氏○按民是也春官都宗人注九皇六十四民古本皆作民俗本作氏者誤都宗人疏云按史九皇六十四民並是上古無名號之君既無名號則古史謂之民宜也

以後代官況之 閩監毛本況改况非下準此

帝少皞之號也 案杜注無帝字此衍

序周禮廢興 所見閩本闕此篇

又以經書記轉相證明爲解 案轉當作傳

庶成此家世所訓也 盧文弨云舊本此下皆圈隔非此段皆康成序

周禮注疏序校勘記終

南昌袁泰開校

周禮注疏卷一挍勘記

阮元撰盧宣旬摘錄

附釋音周禮注疏卷第一　閩監毛本刪附釋音三字此本列名銜提行如前又並署國子博士兼太子中允贈齊州刺史吳縣開國男臣陸德明釋文閩本亦如是後刻改爲漢鄭氏注唐賈公彥疏陸德明釋文毛本承之無陸德明釋文五字監本又兼列明國子監奉勑蔽刊奉旨重修職名○唐石經此題周禮卷第一宋余仁仲本明嘉靖翻刻宋本同此本閩監毛本並刪

天官冢宰第一　唐石經余本嘉靖本同此本及閩監毛本冢誤家下同

亦所以摠御衆官　閩本摠改揔監毛本改總非下準此

下註對大宰　監毛本同閩本註作注是也通書準此

天事又並入於春官者　惠挍本無又字此衍

故云第一也鄭氏者　惠挍本云作爲閩監毛本割鄭氏者云云一段附鄭氏注之下

鄭冲之孫　閩本冲作沖案後漢書本傳云八世祖崇此誤記

或言傳　惠挍本言作云

周禮　鄭氏註　監本同岳本毛本刪周禮二字閩本註作注與唐石經宋本余本嘉靖本合此從言非又宋本余本嘉靖本此五字列天官冢宰第一下唐石經鄭氏注三字另行○按凡標題必先云天官冢宰第一次云周禮次云鄭氏注小題在上大題在下古經典皆然今本多割裂舛錯

使居雒邑　釋文雒水名也本作洛後漢都洛陽改爲雒段玉裁漢讀考云豫州之川字作雒雍州之浸字作洛自魏以前劃然分別魏文帝始亂之其詳見尚書古文撰異

辯四方正宮廟之位　閩監毛本同案辯當作辨下辨方正位疏皆作辨賈疏或本作辯此其改之未盡者

作新大邑于東國洛　閩監本同毛本于改於非下引尚書準此

周公於政不均　孫志祖云案大司徒大司樂疏並引注云周公爲其於政不均是也此疑脫爲其二字

下文大宰之職　毛本大改太非

使居雒邑治天下者　閩本同監本雒改洛非毛本先作洛後改雒按此引注當作雒疏文盡用洛字

四時交者　毛本交誤郊案當作四時之所交者

辨方正位　唐石經諸本同

置槷以縣視以景　余本嘉靖本毛本槷作槷釋文同惠挍本疏中亦從執此從執誤浦鏜云視當依本文作眡案記用古字作眡注改今字作視浦說非

太保朝至于雒　余本太作大下同今尚書雒改洛疏中同

鄭少贛　閩監毛本贛作竷非

太保朝至于洛汭卜宅　浦鏜云汭衍

一日人無主不散則亂　惠挍本作百人無主此百字誤分爲一日二字盧文弨曰書大禹謨正義亦有百人無主不散則亂之語

又當立臣爲輔　惠挍本無爲字

庶民於之取中案尚書洪範云皇建其有極於下　案尚書十一字複上文當衍讀庶民於之取中於下句絕

冢宰大宰也　余本嘉靖本毛本同閩本監本此下以釋文鄭云宰主也二十二字誤入注中

然不先均王國　惠挍本先作言此誤當訂正

恐不兼諸侯　惠挍本恐作悉此誤

言百則三百六十亦一也　惠挍本無亦此衍當删

治官之屬　唐石經余本屬作屬

旅下士三十有二人　唐石經三十作卅下二十作廿全書同

不釋唯指此一經至旅下士三十有二人而已　閩本同誤也監毛本釋改得當據以訂正惠挍本作不得惟

史十有二人　毛本十有倒

腊人食醫之等府史俱無者　浦鏜云腊人食醫當是食醫疾醫之

此民給徭役者　閩本徭作傜載釋文傜音遙此本疏中云衞士亦給傜役作傜字又下宮正疏云徒四十八給傜役此本閩本同作傜

胥讀如諝　段玉裁周禮漢讀考云說文諝知也凡易其本字曰讀爲此讀爲各本作讀如誤也大行人注胥讀爲諝象胥謂象之有才知者也可據以正此矣

如今待曹伍伯傳吏朝也　浦鏜云侍誤待

腊人之類　惠挍本腊人上有醫人此脫

宮正　釋文此以下鄭摠列六十職序干注則各於其職之前列之臧琳經義雜記曰康成於每官前摠列六十職序當是古本如此干氏於各職前列之蓋亦如詩三百篇序別爲卷毛公冠於每篇之前書百篇序馬鄭王爲一卷僞孔移於每篇首皆變亂舊章非其本真也

主宮中官之長　余本嘉靖本毛本同閩本監本此下○改曰又誤以釋文官正此以下二十二字爲注

故宮伯所掌者亦掌之　閩本同監毛本掌者誤長者惠挍本作掌者

財不久停　惠挍本作則不用久停孫志祖云下職幣疏亦有財不久停之語文理本明似不必改

皆以緩急爲次弟　閩監毛本弟改第非古次第字止作弟

故此宮正之弟　惠挍本弟作等此誤

轉作包者　案包當作苞下引詩同

又云裹肉曰包苴者　閩本同監毛本包作苞當據以訂正下言包苴同注及釋文皆作苞

腊之言夕也　疏云夕或作久義亦通惠棟九經古義云說文昔乾肉也从殘肉日以晞之昔夕古字通穀梁傳日入至於星出謂之昔管子旦昔從事楚辭章句引詩樂酒今昔是皆以昔爲夕腊之爲物經夕乃乾故言夕或作久久猶昔也○按久者夕之誤也

瘍醫　毛本倒作醫瘍

註潰則未必有膿也　閩監毛本註作注當據以訂正此注疏本多改註故注病字亦誤爲註

獸牛馬之類　閩監毛本同賈疏標注作獸牛馬之屬余本岳本嘉靖本同案疏中引注但言獸牛馬幷無下二字

是其牛馬亦有畜稱　浦鏜云獸誤畜

以式法授酒材　閩本法改灋非

注雖不言獸　案雖當衍此本雖字剜改

或曰奚宮女　余本嘉靖本閩監毛本皆作宦女爲是玉海漢制考作官女引疏亦同皆誤耳疏以左傳宦女釋注文宦女不得改爲官也奄爲宦人故女奴曰奚宦女

注奄精至宦女　案此宦亦當作官

以其十一月一陽爻生　閩監毛本爻作初

或曰官女者　漢制考所引同閩本監本毛本官誤宦

按左氏晉惠公之女名妾稱爲宦女 漢制考按作案此非下疏多用案字

惠挍本無爲此衍

鄭荅志以夏十二月取冰 閩本同監毛本荅改答非下並同

與此周禮十二月藏冰校一月 毛本校改挍○按毛晉避所諱全書皆然

女奴之曉籩者 案注上下文多云女奴曉某者無之字此衍

豆不盡于醓也 案疏云豆不盡於醢者此作于非

彼有膷臐膮胾炙膾之屬 閩毛本同監本膮誤燒此本胾誤餓今訂正

則與醓人職通 案醓當作醢醢人云以五齊七菹實之

必須醓物乃成 諸本同浦鏜云醓當醢字之誤非也案醢人職注云齊菹醬皆須醢成味

冪人 唐石經諸本同說文幎幔也从巾冥聲周禮有幎人

掌供供巾冪 閩監毛本作掌供巾冪此衍

設楃梧再重 閩監毛本梧作桓此誤

幕人 唐石經余本嘉靖本同

次自脩正之處 余本岳本嘉靖本同此本疏中標注亦作脩正閩監毛本正誤止

皆是自脩止 案止當作正下同

掌大貢九賦 浦鏜云九貢誤大貢

已上皆言飲食此次言貨賄 惠挍本次作說此誤

漢時司農主治藏 惠挍本治作府案漢制考亦引作府藏此因注誤改

是句考徧天下 閩監毛本句改勾非

司裘 唐石經余本嘉靖本閩本同監毛本裘作裘

亦有此府義故在此 浦鏜云上此字衍

閽人 釋文閽音昬與此囿府石經作閽諸本因之此本經注作閽疏中作閽

囿游亦如之 唐石經余本嘉靖本閩監毛本同釋文斿本亦作游音由○按斿遊皆游之俗字

司昬晨以啓閉者 諸本昬作昏疏中準此下並同

則此閽人每門及囿遊 閩監毛本遊改游蓋釋文作游賈疏作遊後人據釋文以改賈疏此其改之未盡者

別官同職者唯有官連耳 閩監毛本連改聯非案大宰官聯注鄭司農云聯讀爲連此作官連從鄭讀耳

則論語謂之晨人也 浦鏜云門誤人

据有禁守者言之 閩監毛本据作據此本據据錯出作据俗省耳○按公羊注作据

不列夫人于此官者 案于當作於注皆用於字毛本并下夫人之於后亦改爲于矣

與此經婦人數同 此本同誤曰據閩監毛本訂正

殷人又增以三九二七口合三十九人 此本二七下闕一字閩監毛本改爲二十七又字閩本同監毛本誤有

以增三十九并后合百二十一人 閩監毛本三十九誤二十九浦鏜因删改此文云以增之合百二十一人誤甚案三十九并八十一爲一百二十合后爲百二十一人也

然則公中合有三公 此本補刻上公誤云下闕入字凡補刻有闕誤而閩監毛本不誤者不具著

故云坐而論禮無官職 浦鏜云脫婦字案三夫人坐而論禮猶三公坐而論道也此引注作坐而論禮無婦字今注有婦蓋衍文

故特互其文　此本實闕今從閩本補監毛本改迴互非

御進也　惠挍本作猶進后法也案此釋御爲進釋妻爲后也當據以訂正此本實闕以字數計之亦止有三字

進在王寢待息宴　案侍誤待

言女奴曉事謂識文者爲之也　閩本識文改爲女浦鏜云曉下脫視

內治之貳　浦鏜云上脫掌

典絲　余本閩本同嘉靖本監毛本絲作絲案唐石經作絲此本疏中釋曰上脫典絲二字閩監毛本同

典枲　唐石經余本枲作枲

內司服女御二人　沈彤云當作四人考女御之凡當七十二人而內司服之女御於王后九嬪外內命婦之服無不掌則二人不足也

主宮中裁縫官之長　此本上下皆誤官監本上下皆誤官

謂進衣于王　案于當作於

染人　葉鈔釋文唐石經嘉靖本皆作染人說文染字在水部此及閩監毛本作染非

連類在此　惠挍本下有也

若然首反處下者　閩監本同毛本若改也上屬浦鏜反據之誤甚

故男子婦人同在此官也　毛本同閩本作同在此也監本官也二字剜改原刻當與閩本同

周禮注疏卷一挍勘記終

南昌袁泰開校

附釋音周禮注疏卷第二

鄭氏注　賈公彥疏

大宰之職掌建邦之六典以佐王治邦國一曰治典以經邦國以治官府以紀萬民二曰教典以安邦國以教官府以擾萬民三曰禮典以和邦國以統百官以諧萬民四曰政典以平邦國以正百官以均萬民五曰刑典以詰邦國以刑百官以糾萬民六曰事典以富邦國以任百官以生萬民

大曰邦小曰國邦之所居亦曰國典常也經也灋也王謂之禮經常所秉以治天下也邦國官府謂之禮灋常所守以爲灋式也常者其上下通名擾猶馴也統猶合也詰猶禁也書曰度作詳刑以詰四方任猶傳也生猶養也鄭司農云治典冢宰之職故立其官曰使帥其屬而掌邦治以佐王均邦國教典司徒之職故立其官曰使帥其屬而掌邦教以佐王安擾邦國禮典宗伯之職故立其官曰使帥其屬而掌邦禮以佐王和邦國政典司馬之職故立其官曰使帥其屬而掌邦政以佐王平邦國刑典司寇之職故立其官曰使帥其屬而掌邦禁以佐王刑邦國此三時皆有官唯冬無官又無司空以三隅反之則事典司空之職也司空之篇亡小宰職曰六曰冬官其屬六十掌邦事○邦國于云國天子諸侯所理也邦疆國之境治典直吏反注下治典邦治治官治職之治皆同擾而小反鄭而昭反徐李尋倫反諧戸皆反詰起一反禁也于云彈正糾察也馴似倫反度待洛反傳側吏反下同猶立也

【疏】大宰至以生萬民○釋曰自此以下至職末分爲二段從此職首至以富得民一段十條明經國之大綱治政之條目自正月之吉以下至職末明須宣前灋依事而施言掌建邦之六典者謂大宰揔御羣職故六典俱建也以佐王治邦國者以六典是王執治邦國王不獨治故云佐王也一曰治典以經邦國至六曰事典皆云邦國者邦國皆謂諸侯之國但治典云經者所以經紀爲名故云經教典云安者地道主安故云安禮典云和者禮之用和爲貴故云和政典云平者司馬主六軍以平定天下故云平刑典云詰者以其刑者有所詰禁天下故云詰事典云富者作事所以富國家故云富也又治典教典云官府禮典已下四典皆云百官者尊天地二官不局其數故不云百官而云官府也若然六官其屬各六十得稱百官者舉全數故云百官也且天官言治官府地官云教官府夏官云以正百官秋官云刑百官皆依本職而言之至於春官主禮不可云禮百官禮所以統叙萬事故云統百官也冬官不可云事百官故變事云任任謂任使任使即事也又天官主治治所以紀綱天下故云紀萬民也地道主民故云擾萬民擾則馴順之義也春官主禮禮所以諧和故云諧萬民夏官主政九畿職方制其貢有貢賦之事故云均萬民秋官主刑刑者所以糾正天下故云糾萬民也冬官主事作事者所以生養萬民故云生萬民也然天子曰兆民諸侯曰萬民此天子之禮不言兆民而言萬民者但兆民據天子而言之今言萬民以畿外封諸侯惟有畿内不封故以畿内據近而言○注大曰至掌邦事○釋曰周禮凡言邦國者皆是諸侯之國此言大曰邦小曰國者止據此文邦在上國在下故為此解案儀禮覲禮云同姓大國異姓小邦則邦國大小通也又云邦之所居亦曰國即據王國而言故上云惟王建國匠人營國方九里與典命國家皆是邦之所居亦曰國也又云典常也經也灋也者爾雅釋詁云典常也孫氏云禮之常也釋言云典經也又云灋者以其經常者即是法式又云王謂之已下鄭所解也云王謂之禮經常所秉以治天下也者凡言經者以經紀天下故王言禮經常所秉以治天下也云邦國官府謂之禮法者凡言灋者下灋於上故邦國官府謂之禮灋常所守以爲灋式也云常者上下通名者經據在上灋據在下至於王與邦國官府俱有常義故云常者上下通名也又云擾猶馴也者案地官注訓擾爲安此言馴不同者馴是順之義順即安義亦通也云統猶合也者統者相統同故爲合詰猶禁也者弟詰即禁止之義也引尚書曰度作詳刑以詰四方此尚書呂刑文是呂侯訓夏贖刑以詳審詰禁四方引證詰爲禁之義也云任猶傳也者傳猶立也東齊人物立地中爲傳蒯通說范陽令曰天下之人所以不敢傳刃於公之腹者畏秦灋也欲使百官皆立其功也云生猶養也者若直云生萬民則諸官皆生萬民彼何異也於義不安故轉爲養冬官主土地所以養民故也云鄭司農云治典冢宰之職者及下教典司徒之職禮典宗伯之職六典皆言之職此並是序官之下次有此文故立其官曰使帥其屬而掌邦治此以下六者皆是六官之首有此文司農揔引以釋六典也云此三時皆有官唯

冬無官者謂各六十官唯冬無云無司空者對餘官有大宰司徒宗伯司馬司寇此則無司空鄉也云以三隅反之者凡物不圓則方方則四隅既有三隅明有四隅以言既有春夏秋三時之官明有冬時之官可知則事典司空之職是也云司空之篇亡者謂六國時亡其時以考工記代之引小宰職者欲見當有冬官之屬也

以八灋治官府一曰官屬以舉邦治二曰官職以辨邦治三曰官聯以會官治四曰官常以聽官治五曰官成以經邦治六曰官灋以正邦治七曰官刑以糾邦治八曰官計以弊邦治

百官所居曰府弊斷也鄭司農云官屬謂六官其屬各六十若今博士大史大宰大祝大樂屬大常也小宰職曰以官府之六屬舉邦治一曰天官其屬六十是也官職謂六官之職小宰職曰以官府之六職辨邦治一曰治職二曰教職三曰禮職四曰政職五曰刑職六曰事職官聯謂國有大事一官不能獨共則六官共舉之聯讀爲連古書連作聯聯謂連事通職相佐

助也小宰職曰以官府之六聯合邦治一曰祭祀之聯事二曰賓客之聯事三曰喪荒之聯事四曰軍旅之聯事五曰田役之聯事六曰斂弛之聯事官常謂各自領其官之常職非連事通職所共也官成謂官府之成事品式也小宰職曰以官府之八成經邦治一曰聽政役以比居二曰聽師田以簡稽三曰聽閭里以版圖四曰聽稱責以傅別五曰聽祿位以禮命六曰聽取予以書契七曰聽賣買以質劑八曰聽出入以要會官法謂職所主之法度官職主祭祀朝覲會同賓客者則皆自有其法度小宰職曰以灋掌祭祀朝覲會同賓客之戒具官刑謂司刑所掌墨辠劓辠宮辠刖辠殺辠也官計謂三年則大計羣吏之治而誅賞之玄謂官刑司寇之職五刑其四曰官刑上能糾職官計謂小宰之六計所以斷羣吏之治○灋古法字聯音連弊必世反鄭蒲計反徐劉府世反斷丁亂反下同弛尹氏反比毗志反鄭扶利反稽古奚反鄭又音啓版音板傅別音附下彼列反契苦計反劑子隨反爾雅云劑翦齊也要於妙反徐於召反後不音者放此朝直遙反凡言朝覲皆同辠古罪字劓魚冀反刖音月又五刮反

疏 以入至邦治○釋曰此入灋雖不云建亦有建義故鄭注大史職云六典入灋入則冢宰所建以治百官大史又建焉是也上六典云治邦國此入灋云治官府官府在朝廷之官府也一曰官屬以舉邦治以下皆單言邦據王國而言之言官屬者謂六官各有六十官之屬也長官有屬官官事得舉故云以舉邦治二曰官職以辨邦治者謂六官各有職若天官治職之等官各有職辨別也官事有分別故云以辨邦治也三曰官聯以會官治者聯即連也一官不能獨共則衆官共舉之然後事得合會故云以會官治四曰官常以聽官治者官常非連事通職各自於當官常職而聽治之故云以聽官治也五曰官成以經邦治者官成者謂官自有成事品式依舊行之以經紀邦治也六曰官法以正邦治者官法謂常職所主舊灋度將此灋度是正邦之治政也七曰官刑以糾邦治者言官刑非尋常五刑謂官中之刑以糾察邦治八曰官計以弊邦治者官計謂平治官府之計也弊斷也謂就計會之中有失者斷之故云弊邦治也此入灋皆云邦治官常官聯二者不云邦而云官者其官聯言官欲取會合衆官乃始得治官常言官欲取官有常職各自治其官故二者不言邦而云官也及小宰還從治○注百官至之治○釋曰言百官所居曰府者欲以官府爲一事解與上府史之府別彼府主藏文書此府是百官所居處皆是府聚之義也鄭司農引官屬謂六官其屬各六十下引小宰所云者是也云若今博士云云屬大常也者司農據漢百官年表漢始叔孫通

爲奉常後改爲大常博士官刑先鄭謂司刑所掌墨辠劓辠宮辠刖辠殺辠此是正五刑施于天下非爲官中之刑故後鄭不從之也官計謂三年大計羣吏之治而誅賞者此爲三年一考乃一計之此官計每歲計之故後鄭亦不從之玄謂官刑司寇之職五刑其四曰官刑上能糾職是專施于官府之中於義爲當也官計謂小宰之六計所以斷羣吏之治羣吏之治即是官中之計於義亦當矣故引破司農也

以八則治都鄙一曰祭祀以馭其神二曰灋則以馭其官三曰廢置以馭其吏四曰祿位以馭其士五曰賦貢以馭其用六曰禮俗以馭其民七曰刑賞以馭其威八曰田役以馭其衆

都之所居曰鄙則亦法也典法則所用異異其名也都鄙公卿大夫之采邑王子弟所食邑周召毛聃畢原之屬在畿内者祭祀其先君社稷五祀法則其官之制度廢猶退也退其不能者舉賢而置之祿若今月奉也位爵次也賦口率出泉也貢功也九職之功所稅也禮俗昏姻喪紀舊所行也鄭

司農云士謂學士○馭魚慮反賦貢于云賦上之所求於下貢下之所納於納於上采音菜召上照反聃乃甘反奉符用反本或作俸率徐劉音類戚音律一音所律反下同稅舒銳反疏以八至其衆○釋曰則亦瀆也以八則治三等采地之都鄙也一曰祭祀以馭其神者采地之中祭祀宗廟社稷五祀下注云凡云馭者所以毆之內之於善則於祭祀之中宗廟先祖則無可去取至社稷配食者若取句龍后稷上功有功是內之善也○一曰瀆則以馭其官者瀆則謂官之制度制度與在官爲法則使不僭差亦所以毆之使入善也○三曰廢置以馭其吏者謂有罪則廢退之有賢則舉置而贊之亦所以毆人於善也○四曰祿位以馭其士者士謂學士學士有賢行學業則詔之以爵位祿賞亦是毆之於善也○五曰賦貢以馭其用者采地之民口率出泉爲賦有井田之法一夫之田稅入於官官得之節財用亦是使人入善故云以馭其用也○六曰禮俗以馭其民者俗謂昏姻之禮舊所常行者爲俗還使民依行使之入善故云以馭其民○七曰刑賞以馭其威者謂有罪刑之有功賞之使人入善畏威故云以馭其威○八曰田役以馭其衆者謂采地之中得田獵使役於民皆當不奪農時使人入善故云以馭其衆也據此文則鄉大夫得田獵而春秋左氏傳鄭大夫豐卷請田

子産不許者彼常田之外臨祭取鮮唯人君耳大夫唯得常田故禮云大夫不掩羣亦是常田豐卷亦僭取鮮故子産云唯君用鮮明大夫不合也○注都之至學士○釋曰上言邦國則諸經有邦國別言之者故解爲大曰邦小曰國此采地云都鄙諸文無或言都或言鄙別號故鄭云都之所居曰鄙大司徒云凡造都鄙鄭云其界曰都鄙所居也春秋傳曰遷鄭焉而鄙留是鄙所居不遷也云則亦法也典法則所用異異其名也者謂典法則三者相訓其義既同但邦國言典官府言法都鄙言則是所用處異故別言之其實義通也云都鄙公卿大夫之采邑者載師職云家邑任稍地則大夫之采也小都任縣地則六鄉之采也大都任畺地則三公之采也云王子弟所食邑者親王子母弟與公同處而百里次疏者與六卿同處而五十里次疏者與大夫同處二十五里案禮記禮運云天子有田以處其子孫鄭注中庸云同姓雖恩不同義必同也尊重其祿位所以貴之不必授以官守然則王子母弟雖食采也未必別有官有官則依公卿大夫食邑不假別言也云周召毛聃畢原之屬者僖二十四年左傳召穆公云管蔡郕霍魯衞毛聃部雍曹滕畢原豐郇文之昭也邘晉應韓武之穆也今鄭直云周召毛聃畢原之屬在畿內者其餘或在畿外故不盡言也引之者證王子弟有采邑也云

祭祀其先君社稷五祀者案孝經大夫章不云社稷則諸侯卿大夫也若王子母弟及三公稱諸侯者五廟五祀三社三稷故云祀先君社稷五祀也云法則其官之制度者謂官室車旗衣服之等皆不得僭也云祿若今月奉也者古者祿皆月別給之漢之月奉亦月給之故云若今月奉也云位爵次也者言朝位者皆依爵之尊卑爲次則經云位據立故云爵次也云賦口率出泉也者下文九職九賦相繼而言故知賦即九賦口率出泉也云貢功也九職之功者亦約下文言九賦即上言九職九職任之九賦斂之是以大府云九賦九功九功即九職之功故鄭於此以貢爲功是九職之功出稅也云禮俗昏姻喪紀者曲禮云君子行禮不求變俗若不醮醮用酒是其一隅也云鄭司農云士謂學士者經云祿位以馭其士使進受祿位故知士學士也

以八柄詔王馭羣臣一曰爵以馭其貴二曰祿以馭其富三曰予以馭其幸四曰置以馭其行五曰生以馭其福六曰奪以馭其貧七曰廢以馭其罪八曰誅以馭其

過

柄所秉執以起事者也詔告也助也爵謂公侯伯子男卿大夫士也詩云誨爾序爵言教王以賢否之第次也班祿所以富臣下書曰凡厥正人既富方穀幸謂言行偶合於善則有以賜予之以勸後也生猶養也賢臣之老者王有以養之成王封伯禽於魯曰生以養周公死以爲周公後是也五福一曰壽奪謂臣有大罪沒入家財者六極四曰貧廢猶放也舜殛鯀于羽山是也誅責讓也曲禮曰齒路馬有誅凡言馭者所以毆之內之於善○柄兵命反行下孟反注同殛紀力反鯀古本反毆起俱反疏以八柄至其過○釋曰大宰以此八柄詔告于王馭羣臣餘條皆不言詔獨此與下八統言詔王者餘並羣臣職務常所依行歲終致事乃考知得失此乃王所操持王不獨執羣臣佐之而已故特言詔也言馭者此八者皆是毆羣臣入善之事故皆言馭也○一曰爵以馭其貴者司士云以德詔爵有賢乃受爵是馭之以貴也○二曰祿以馭其富者司士云以功詔祿祿所以富臣下故云以馭其富○三曰予以馭其幸謂言語偶合於善有以賜予之故云以馭其幸○四曰置以馭其行者有賢行則置之于位故云以馭其行○五曰生以馭其福者生猶養也臣有大勳勞者使子孫享養之是福祐之道也故云以馭其福○六曰奪以馭其貧者謂臣有大罪身殺奪其家資故

云以馭其貧。七曰廢以馭其辠者廢放也謂臣有大罪若不忍刑殺放之以遠故云以馭其辠。八曰誅以馭其過者臣有過失非故爲之者誅責也則以言語責讓之故云以馭其過也此經八事自五曰已下皆是善事則大善者在前小善者在後自六曰已下皆是惡事則大惡者在前小惡者在後案內史亦言此八柄之事唯一曰爵二曰祿與此同三曰廢四曰置五曰殺六曰生七曰予八曰奪文亂與此不同者彼欲見事起無常故所言不次也又彼變誅言殺欲見爲惡不止則殺之或可見此過失則圜土之刑人也出圜土則殺之故內史變誅言殺也且此中爵與祿廢與置皆別文以王德爲大能明辨之四者設文有別八則中爵祿及廢置皆共文者以其德小不能辨故也。注柄所至於善。釋曰柄者謂八者若斧斤之柄人所秉執以起事故以柄言之也云爵謂公侯已下者欲見周法爵及命士不言孤者卿中含之故考工記云中有九室九卿朝焉九卿謂三孤六卿是卿中含孤也引詩誨爾序爵者大雅桑柔詩序是先後次第之言誨教也故鄭云言教王以賢否之第次也又引書者是尚書洪範之文云凡厥正人既富方穀者厥其也方道也穀善也凡其正直之人既以爵祿富之又以善道接之引之者證以馭其富也云成王封伯禽於魯曰生以養周公死以爲周公後

是也者此並文公十三年公羊傳文彼云周公拜乎前魯公拜乎後曰生以養周公死以爲周公主此云爲周公後不同者鄭以義言之又云五福一曰壽者此亦洪範文引之者證賢臣老養之是五福一曰壽故曰以馭其福也云六極四曰貧亦洪範文引之者證大罪奪之家貲以馭其貧也云廢猶放也舜殛鯀于羽山者鯀治水九載績用不成殛誅也羽山東裔也云曲禮曰齒路馬有誅者齒謂年之路馬君之所乘馬轍年之則有誅責引之者證誅爲言語責之非有刑罪也

以八統詔王馭萬民一曰親親二曰敬故三曰進賢四曰使能五曰保庸六曰尊貴七曰達吏八曰禮賓統所以合牽以等物也親親若堯親九族也敬故不慢舊也晏平仲久而敬之賢有善行也能多才藝者保庸安有功者尊貴尊天下之貴者孟子曰天下之達尊者三曰爵也德也齒也祭義曰先王之所以治天下者五貴有德貴貴貴老敬長慈幼達吏察舉勤勞之小吏也禮賓賓客諸侯所以示民親仁善鄰〔疏〕以八統至禮賓。釋曰鄭云統所以合牽以等物也此八者民與在上同有物事也謂牽下民使與上合皆有以等其事上行之下效之也故以萬民爲主也。一曰親親者君與民俱親九族之親。二曰敬故者君與民皆須恭敬故舊朋友。三曰進賢者有賢在下君當招之民當舉之是君民皆進賢也。四曰使能者下有技能君民共舉任之。五曰保庸者保安也庸功也有功者上下俱賞之以祿使心安也。六曰尊貴者臣有貴者君民共尊敬之。七曰達吏者吏勤勞在民間在下位不能自達者進之於上而用之也。八曰禮賓者天子待朝聘之賓在下皆當禮於賓客此八者先親親後賓客亦是先後之次也。注統所至善鄰。釋曰云親親謂若堯親九族也者堯典云克明俊德以親九族則堯能任用俊德之賢以自輔乃能親九族上至高祖下及玄孫之親旁及五服民亦效之而親九族也云敬故不慢舊也引晏平仲久而敬之者謂他人久敬平仲由平仲敬於他人善在平仲故親親引堯敬故引平仲欲見上下通有是以伐木詩是文王敬故也云賢有善行也能多才藝者案鄉大夫云興賢者出使長之興能者入使治之是賢有六德六行者能者直六藝而已云尊貴尊天下之貴者者謂天下有貴皆尊之云孟子曰天下之達尊者三謂三者天下通達行之三者即爵德齒也爵即經云賢者爲大夫能者爲士皆是用德爲爵諸經任賢能也云齒也者謂若黨正飲酒之禮六十已上在堂

上以齒此連引之於經無所當也云祭義曰先王之所以治天下者五貴有德者即舉賢者也貴貴即尊貴也貴老敬長慈幼者三者於經無所當亦連引之耳云達吏察舉勤勞之小吏也者小吏在民間謂若比長閭胥之等雖小吏堪任大官故察舉用之云禮賓賓客諸侯者謂若大行人上公侯伯子男之禮皆爲等級以禮之是賓客諸侯也云所以示民親仁善鄰者親仁善鄰左氏隱公六年陳五父之辭親仁善鄰則當禮賓故引以證禮賓也

以九職任萬民一曰三農生九穀二曰園圃毓草木三曰虞衡作山澤之材四曰藪牧養蕃鳥獸五曰百工飭化八材六曰商賈阜通貨賄七曰嬪婦化治絲枲八曰臣妾聚斂疏材九曰閒民無常職轉移執事任猶傳也鄭司農云三農平地山澤也九穀黍稷秫稻麻大小豆大小麥八材珠曰切象曰瑳玉曰琢石曰磨木曰刻金曰鏤革曰剝羽曰析閒民謂無事業者轉移爲人執事若今傭

貨也玄謂三農原隰及平地九穀無秫大麥而有粱苽樹果蓏曰圃園其樊也虞衡掌山澤之官主山澤之民者澤無水曰藪牧牧田在遠郊皆畜牧之地行曰商處曰賈阜盛也金玉曰貨布帛曰賄嬪婦人之美稱也堯典曰釐降二女嬪于虞臣妾男女貧賤之稱晉惠公卜懷公之生曰將生一男一女男爲人臣女爲人妾生而名其男曰圉女曰妾及懷公質於秦妾爲宦女焉疏材百草根實可食者疏不熟曰饉○圃布古反又音布毓古育字藪速苟反牧牧養之牧徐音目劉音茂蕃扶元反飭音勑賈音古下注同閒音閑秫音述瑳七何反琢陟角反鏤婁豆反爲人于僞反傭音容賃女鴆反苽音瓜彫胡也字或作菰蓏力果反樊如字又方元反畜許又反又許六反稱尺證反下同釐力之反圉魚呂反養馬曰圉質猪二反疏不色居反菜也劉音蘇饉其靳反

疏 以九職至執事○釋曰此九者皆是民之職業故云萬民也○一曰三農生九穀者言三農謂農民於原隰及平地三處營種故云三農生九穀也○二曰園圃毓草木者此圃即載師所云場圃任園地謂在田畔樹菜蔬果蓏者故云毓草木也○三曰虞衡作山澤之材者謂在山澤之民所作事業材木而已○四曰藪牧養蕃鳥獸者謂在藪牧之民事業使之長養蕃滋飛鳥走獸而已○五曰百工飭化八材者謂百種巧作之工所爲事業變化八材爲器物○飭之而已飭勤也勤力以化八材○六曰商賈阜通貨賄者謂商賈之家所爲事業通貨賄使之阜盛○七曰嬪婦化治絲枲者嬪婦謂國中婦人有德行者治理變化絲枲以爲布帛之等也○八曰臣妾聚斂疏材者謂男女貧賤號爲臣妾者所爲事業聚斂百草根實而已○九曰閒民無常職轉移執事者其人爲性不營已業爲閒民而好與人傭賃非止一家轉移爲人執事以此爲業者耳○注任猶至曰饉○釋曰云任猶傳也者傳謂立也使民之業得立云鄭司農云三農平地山澤也者以其積石曰山水鍾曰澤不生九穀故後鄭不從之也云九穀黍稷秫稻麻大小豆大小麥者此九者後鄭以爲無秫大麥而有粱苽八材云珠曰切之下並爾雅文皆是治器用之名也然今爾雅云骨曰切者蓋司農讀爾雅本作珠也云玄謂三農原隰及平地者爾雅高平曰原下溼曰隰原及平地可種黍稷之等隰中可種稻麥及苽也云九穀無秫大麥而有粱苽者以秫爲赤粟與稷黏疏爲異故去之大麥所用處少故亦去之必知有粱苽者下食醫云凡膳食之宜有犬宜粱魚宜苽故知有粱苽也且前七穀之中依月令麥屬東方黍屬南方麻屬西方豆屬北方稷屬中央故知有黍稷麻豆麥稻與小豆所用處多故知有稻有小豆也必知有黍大豆者生民詩云蓺之荏菽荏菽大豆后稷之所殖故知有大豆也云樹果蓏曰圃園其樊者案漢書食貨志云田中不得有樹用妨五穀環廬樹桑麻菜茹瓜瓠果蓏應劭曰木曰果草曰蓏張晏曰有核曰果無核曰蓏臣瓚曰木上曰果地上曰蓏劭與瓚義同晏獨異也案載師云場圃任園地則圃在園中故鄭云樹果蓏曰圃園其樊是以詩云折柳樊圃謂與圃爲樊樊其蕃蔽也云虞衡掌山澤之官主山澤之民者衍原嫌○案地官掌山澤者謂之虞掌川林者謂之衡則衡不掌山澤而云虞衡作山澤者欲互舉以見山澤兼有川林之材也鄭既云虞衡掌山澤之官復云山澤之民者欲見虞衡是官非出稅之人以山澤之民無名號故借虞衡之官以表其民所任者任山澤之萬民山虞澤虞之官非是以任出稅之物但主山澤之民也云澤無水曰藪者地官澤虞云大澤大藪藪澤別言詩云叔在藪火烈具舉藪若有水不得田獵故知澤無水曰藪也云牧牧田在遠郊知者見載師云牧田賞田任遠郊之地云皆畜牧之地者謂藪牧皆是畜牧之地案載師職鄭注牧田畜牧者之家所受田也非畜牧之地此解違者但牧六畜之地無文鄭約與家人所受田處即有六畜之地故云在遠郊也云行曰商處曰賈者諸官之下有賈人無行法故曰處易復象曰至日閉關商旅不行是行曰商也云金玉曰貨者案

食貨志王莽居攝更作金銀龜貝錢布之器名曰寶貨是自然之物曰貨也聘禮曰賄用束紡是人所爲曰賄也若然王制云錦文珠玉不粥于市此商賈得通之在市者彼據珠玉有錦文者或彼異代禮也案左氏襄十五年宋人獻玉于子罕子罕寘諸其里使玉人爲之攻之富而後使復其所服氏云富賣玉得富是其得粥玉也云嬪婦人之美稱也者此是國中婦人有德行故稱嬪引堯典釐降二女嬪于虞者欲見嬪是婦人美稱之義耳云臣妾男女貧賤之稱者戎奴戮之餘肖或背德之質子晉衛之男女皆是故引晉惠以釋之也云晉惠已下皆左氏傳僖十七年夏晉大子圉爲質于秦云惠公之在梁梁伯妻之梁嬴孕過期卜招父與其子卜之其子曰將生一男一女招曰然男爲人臣女爲人妾及生男曰圉女曰妾注養馬曰圉不聘曰妾後子圉西質妾爲宦女是也此鄭與文異者鄭以義增之也云疏材百草根實者百草或取根謂若蓤芡之屬或取實謂若榛栗之屬皆是根實可食也云疏不熟曰饉者爾雅云穀不熟爲飢疏不熟爲饉疏穀皆不熟則曰大荒

以九賦斂財賄一曰邦中之賦二曰四郊之賦三曰邦甸之賦四曰家削之賦五

曰邦縣之賦，六曰邦都之賦，七曰關市之賦，八曰山澤之賦，九曰弊餘之賦。

財泉穀也鄭司農云邦中之賦二十而稅一各有差也弊餘百工之餘玄謂賦口率出泉也今之筭泉民或謂之賦此其舊名與鄉大夫以歲時登其夫家之衆寡辨其可任者國中自七尺以及六十野自六尺以及六十有五皆征之遂師之職亦云以徵其財征皆謂此賦也邦中在城郭者四郊去國百里邦甸二百里家削三百里邦縣四百里邦都五百里此平民也關市山澤謂占會百物弊餘謂占賣國中之斥弊皆末作當增賦者若今賈人倍筭矣自邦中以至弊餘各入其所有穀物以當賦泉之數每處爲一書所待異也○削本亦作稍又作郁所教反徐所召反弊鄭婢世反于必世反名與音餘鄉大夫劉音香處昌慮反後可以意求

［疏］以九至之賦○釋曰云以九賦斂財賄者此賦謂口率出泉其處有九故云九也既云賦得口率出泉則財賄非泉而云斂財賄者計口出泉者取財賄以當筭泉之賦故云斂財賄也○一曰邦中之賦者謂國中之民出泉也○二曰四郊之賦者計遠郊百里之内民所用出泉也○三曰邦甸之賦者謂郊外曰甸百里之外二百里之

内民所出泉也○四曰家削之賦者謂二百里之内地名削其中有大夫采地謂之家故名家削大夫采地中賦稅入大夫家但大夫家采地外其地爲公邑之内其民出泉入王家故舉家稍以表公邑之民也○五曰邦縣之賦者四百里地名縣有小都賦入采地之主其中公邑之民出泉入王家也○六曰邦都之賦者其五百里中有大都大都采地其賦入主外爲公邑其中民所出泉入王家也○七曰關市之賦者王畿四面皆有關門及王之市廛二處其民之賦口稅所得之泉也○八曰山澤之賦者謂山澤之中財物山澤之民以時入而取之出稅以當邦賦所稅得之物貯之而官未用○有人占會取之爲官出息此人口稅出泉謂之山澤之賦也○九曰弊餘之賦者謂爲國營造用物有餘並歸之於職弊得之不入府藏則有人取之爲官出息此人亦口稅出泉謂之弊餘之賦然關市山澤弊餘不出土六處而特言者以其末作當增賦故也○注財泉至異也○釋曰知財得爲泉者見外府云掌邦布之出入賜予之財用以此知財中有泉也又知財中有穀者案禮記喪大記云納財朝一溢米米即是穀故知財中有穀也云鄭司農云邦中之賦二十而稅一各有差也者先鄭約載師國廛二十而一近郊十一遠郊二十而三故云各有差後鄭不從者以關市山澤弊餘之賦皆無地稅即上云邦中四郊之等亦非地稅故不從也云弊餘百工之餘後鄭不從者若是百工之餘當歸之職弊何有稅乎云玄謂賦口率出泉也者案大府云九貢九賦九功各別又見司會云以九貢致邦國之財用以九賦令田野之財用以九功令民職之財用貢賦及功各別賦爲口泉也是以鄭君引漢法民年二十五已上至六十出口賦錢人百二十以爲筭故鄭於此注亦云今之筭泉民或謂之賦此其舊名與又引鄉大夫以歲時登其夫家已下及遂師職者欲見征賦爲一皆是口率出泉破司農爲地稅也云邦中在城郭已下至五百里此皆約載師所云遠郊甸地削地縣地畺地之等遠近之差云此平民也者謂六曰已上皆是平善之民先王以農爲本故謂之平民也對七曰已下非農民者爲末作也云關市山澤謂占會百物者謂關上以貨出入有稅物市若泉府廛布總布之等亦有稅物山澤民人入山澤取財亦有稅物此人占會百物爲官出息弊餘謂占賣國中斥弊斥弊謂此物不入大府指斥出而賣之故名斥弊云當增賦者謂口率出泉增於上農民故云若今賈人倍筭矣云自邦中以至弊餘各入其所有穀物以當賦泉之數者以經云斂財賄財賄即是穀物取之以當賦泉之數若漢法人百二十云每處爲一書所待異也者此九賦所得財物給下九式之用九

式用處不同故此九賦分爲九處是以每一處爲一書以待其出式謂用財之節度是所待異也

以九式均節財用：一曰祭祀之式，二曰賓客之式，三曰喪荒之式，四曰羞服之式，五曰工事之式，六曰幣帛之式，七曰芻秣之式，八曰匪頒之式，九曰好用之式。

式謂用財之節度荒凶年也羞飲食之物也工作器物者幣帛所以贈勞賓客者芻秣養牛馬禾穀也鄭司農云匪分也頒讀爲班布之班謂班賜也玄謂王所分賜羣臣也好用燕好所賜予○羞服干云羞飲食也服車服也服或作膳芻初俱反頒鄭音班徐音墳好呼報反注同勞力報反

［疏］以九至之式○釋曰云以九式均節財用者式謂依常多少用財法式也○○一曰祭祀之式者謂若大祭次祭用大牢小祭用特牲之類○○二曰賓客之式者謂若上公饔餼九牢飧五牢五積之類○三曰喪荒之式者喪謂若諸侯諸臣之喪含襚贈奠賻賵之類王家之喪所用大非此所共也荒謂凶年穀不孰有所施與也○四曰羞服之式者謂王之膳羞衣服所

用也○五曰工事之式者謂百工巧作器物之法○六曰幣帛之式者謂若贈勞賓客也○七曰芻秣之式者謂牛馬禾穀也○八曰匪頒之式者謂若分賜羣臣也○九曰好用之式者燕好所施予也此九者亦依尊卑緩急爲先後之次也○注式謂至賜予○釋曰云荒凶年也者曲禮云歲凶年穀不登是凶年也云羞飲食之物也者謂若膳夫飲用六清食用六穀饍用百有二十等之類云工作器物者若考工所作器物也云幣帛所以贈勞賓客者謂若司儀職上公三問三勞之等皆有束帛聘禮賄用束紡云芻秣養牛馬禾穀者謂若聘禮致饔餼芻禾之等也云玄謂王所分賜羣臣者就足司農班賜之義也云好用燕好所賜予者以其言好則知是燕飲有所愛好自因歡樂則有賜予也

以九貢致邦國之用一曰祀貢二曰嬪貢三曰器貢四曰幣貢五曰材貢六曰貨貢七曰服貢八曰斿貢九曰物貢

嬪故書作賓鄭司農云祀貢犧牲包茅之屬賓貢皮帛之屬器貢宗廟之器幣貢繡帛材貢木材也貨貢珠貝自然之物也服貢祭服斿貢羽毛物貢九州之外各以其所貴爲摯肅愼氏貢楛矢之屬是也玄謂嬪貢絲枲器貢銀鐵石磬丹漆也幣貢玉馬皮帛也材貢櫄幹栝柏篠簜也貨貢金玉龜貝也服貢絺紵也游讀如圂游之游斿貢燕好珠璣琅玕也物貢雜物魚鹽橘柚○嬪鄭音頻司農音賓贄音至本亦作贄楛音戶櫄勑倫反幹古旦反篠西了反簜大黨反絺勑其反紵直呂反璣徐音畿劉音其既反一音機琅音郎玕音干柚羊救反一音羊受反或音喩

疏 以九貢至物貢○釋曰云致邦國之用者謂此貢諸侯邦國歲之常貢則小行人云今春入貢是也大行人云侯服歲一見其貢祀物彼謂因朝而貢與此別也但諸侯國內得民稅大國貢半次國三之一小國四之一所貢者市取當國所出美物則禹貢所云厥篚厥貢之類是也○注嬪故至橘柚○釋曰言故書者鄭注周禮時有數本劉向未校之前或在山巖石室有古文考校後爲今文古今不同鄭据今文注故云故書作賓此九貢皆是諸侯賓之所貢不得特以一事爲賓貢賓貢者非也若言嬪貢謂絲枲堪爲婦人所作是也鄭司農云祀貢犧牲包茅之屬者按禮記禮器云三牲魚腊九州之美物故知祀貢有犧牲也案僖公四年齊責楚包茅不入王祭不共無以縮酒故知祀貢中有包茅云賓貢皮帛之屬後鄭從嬪不從賓如上釋也云器貢宗廟之器者大行人因朝而貢者得有成器此歲之

常貢不得有成器故後鄭不從也云幣貢繡帛者禹貢有厥篚織貝及玄纖縞之等故知幣貢中有繡帛也云材貢木材也者案禹貢中有惟木故知材貢中有木材也云貨貢珠貝自然之物也者亦据食貨志爲說云服貢祭服者後鄭亦不從以大行人因朝而貢有祭服此歲之常貢不得有成服云游貢羽毛者亦不從者以其游據人宴好不得據物上生稱故不從也云物貢九州之外各以其所貴爲摯又引肅愼氏貢楛矢之屬後鄭不從者以其九州之外世一見無此歲之常貢之法也云玄謂嬪貢絲枲者絲枲青州所貢此破先鄭爲賓貢云器貢銀鐵石磬丹漆也者銀鐵梁州所貢漆兗州所貢石即礪砥荆州所貢磬即泗濱浮磬徐州所貢云幣貢玉馬皮帛也者禹貢堯時無貢馬法覲禮諸侯享禮云匹馬卓上九馬隨之周則有之玉即球琳皮即熊羆狐狸並雍州所貢帛即織貝之類楊州所貢此增成先鄭之義云材貢櫄幹栝柏篠簜也者並荆州所貢此亦增成先鄭之義云貨貢金玉龜貝也者亦增成先鄭之義龜出九江荆州所貢玉即球琳亦雍州所貢金即金三品及貝楊州所貢云服貢絺紵也者豫州所貢云斿讀爲圂游之游游貢燕好珠璣琅玕也者此破先鄭物上生名爲羽毛也珠即蠙珠徐州所貢璣即璣組荆州所貢琅玕雍州所貢云物貢雜物魚鹽橘柚者此亦破先鄭之義魚即暨魚徐州所貢鹽青州所貢橘柚荆楊所貢已上所貢之物皆據禹貢而言

以九兩繫邦國之名一曰牧以地得民二曰長以貴得民三曰師以賢得民四曰儒以道得民五曰宗以族得民六曰主以利得民七曰吏以治得民八曰友以任得民九曰藪以富得民

兩猶耦也所以協耦萬民繫聯綴也牧州長也九州各有封域以居民也長諸侯也一邦之貴民所仰也師諸侯師氏有德行以教民者儒諸侯保氏有六藝以教民者宗繼別爲大宗收族者鄭司農云主謂公卿大夫世世食采不絕民稅薄利之玄謂利讀如上思利民之利謂以政教利之吏小吏在鄉邑者友謂同井相合耦耡作者孟子曰鄉田同井出入相友守望相助疾病相扶持則百姓親睦藪亦有虞掌其政令爲之厲禁使其地之民守其材物以時入于王府頒其餘於萬民富謂藪中材物○繫音計治直吏反下注王治凡治賦治皆同藪千云宜作叟行下孟反耡音助

疏 以九

至得民○釋曰言邦國即據諸侯及萬民而言謂王者於邦國之中立法使諸侯與民相合耦而聯綴不使離散有九事故云以九兩繫邦國之民也○一曰牧以地得民者謂畿外八州之中州別立一州牧使侯伯有功德者爲之使統領二百一十國以有一州土地集安萬民故云牧以地得民也○二曰長以貴得民者謂一國立諸侯與民爲君長是一國之貴民所仰效而民歸之故云以貴得民也○三曰師以賢得民者謂諸侯已下立教學之官爲師氏以有三德三行使學子歸之故云以賢得民民則學子是也○四曰儒以道得民者諸侯師氏之下又置一保氏之官不與天子保氏同名故號曰儒掌養國子以道德故云以道得民民亦謂學子也○五曰宗以族得民者謂大宗子與族食族燕序以昭穆故云以族得民民即族人也○六曰主以利得民者主謂大夫宜君政教以利得民民則采邑之民也○七曰吏以治得民者吏在民間若比長閭胥有以治政之所得民○八曰友以任得民者言以任則非同門之朋友謂在田里之間相佐助以任相任使而得民即鄰伍聚居者○九曰藪以富得民者以上八者皆據人而言此一者不據人而言藪者見民之所居之處利益於人澤藪之中多有材物以富得民擧藪而言則山澤十等皆有材物民居可知也○注兩猶至材物○釋曰訓兩猶耦者欲取在上與民相協耦聯綴使不離散也云牧州長也者禮記王制云二百一十國以爲州州有伯伯則長故云牧州長也鄭注下曲禮云選賢侯爲之云九州各有封域以居民也者詩云帝命式于九圍九圍則九州各有封疆界也言此者證以地得民云長諸侯也者對則大夫稱長諸侯稱君今此上言牧下言長故據諸侯也云師諸侯師氏者此一經皆據諸侯又經云以賢得民是諸侯師氏也云有德行者師氏職云以三德三行教國子故知有德行也云儒諸侯保氏有六藝者以經云以道得民保氏職云掌養國子以道教之六藝故知諸侯保氏不可同天子之官故變保言儒儒亦有道德之稱也宗繼別爲大宗收族者見禮記大傳云繼別爲大宗對繼禰爲小宗故云大宗又云敬宗故收族族食族燕是所以收族也鄭司農云主謂公卿大夫世世食采不絶民稅薄利之者先鄭意以薄稅爲利後鄭不從者稅法有常故孟子云若輕之於堯舜大貉小貉重之於堯舜大桀小桀是不得有輕重皆以什一爲正何得薄稅以利民乎故不從也云玄謂利讀如上思利民之利者謂以政教利之者上思利民忠也此左氏傳隨季良之辭也云吏小吏在鄉邑者謂若比長閭胥或在鄉或在公邑采邑皆是云友謂同井相合耦耡作者鄭意經意非謂同師曰友正是同在井邑之閭共居若里宰職合耦于耡注云合耦使相佐助者也云孟子曰鄉田同井出入相友守望相助疾病相扶則百姓親睦引孟子鄉田同井者以證友是同井之友但鄉遂爲溝洫不爲井田而云鄉田同井者鄉遂雖不爲井田亦三三相任以出稅與井田同故云同井或解同井水義亦通也云藪亦有虞者地官澤虞職云每大澤大藪中士二人是藪有虞也云掌其政令已下皆澤虞職文云富謂藪中材物者謂有薪蒸蒲葦藪中所有之物也

正月之吉始和布治于邦國都鄙乃縣治象之灋于象魏使萬民觀治象挾日而斂之

正月周之正月吉謂朔日大宰以正月朔日布王治之事於天下至正歲又書而縣于象魏振木鐸以徇之使萬民觀焉小宰亦帥其屬而往皆所以重治法新王事也凡治有故言始和者若改造云爾鄭司農云象魏闕也故魯災季桓子御公立于象魏之外命藏象魏曰舊章不可忘從甲至甲謂之挾日凡十日○縣音玄注同挾子協反字又作浹同于本作帀子合反鐸待洛反徇辭俊反

【疏】正月至斂之○釋曰自此已下皆謂施前事條謂建子周之正月言之吉謂朔日也始調和上六典入法已下之事和訖當月即須布此治職文書于諸侯邦國鄉大夫都鄙言乃縣者乃緩辭至建寅之正月乃縣治象之法于雉門象魏使萬民共觀治象挾日者從甲至甲凡十日斂藏之于明堂於後月月受而行之謂之告朔也○注正月至十日○釋曰知正月是周之正月者下文乃縣是建寅明上云正月是周正月知吉是朔日者論語鄉黨云吉月必朝服而朝是吉謂朔日禮記玉藻云諸侯皮弁聽朔于大廟或云吉或云朔聽朔在月一日是知吉爲朔日也云大宰以正月朔日布王治之事于天下者言天下即經邦國都鄙是畿外畿內徧天下即鄉大夫職云正月之吉受法於司徒退而頒之於其鄉吏是司徒布教法從六鄉已下出則此大宰布法亦從六鄉已下出也云至正歲又書而縣于象魏者此鄭釋經中乃縣必知乃縣是正歲建寅之月者下小宰所以佐大宰彼云正歲縣之與此乃縣爲一事故至正歲縣也鄭知振木鐸者約小宰而知也云凡治有故言始和者若改造云爾者上六典已下至九兩國法常定今云始和似更新其事改造云爾其實不改鄭司農云象魏闕也者周公謂之象魏雉門之外兩觀闕高魏魏然孔子謂之觀春秋左氏定二年夏五月雉門災及兩觀是也云觀者以其有教象可觀望又謂之闕者闕去也仰視治象闕去疑事或解闕中通門是以莊二十一年云鄭伯

享王于闕西辟注闕象魏也案公羊傳云子家駒謂昭公云諸侯僭天子大夫僭諸侯久矣公曰吾何僭矣哉子家駒曰設兩觀乘大路何氏云天子兩觀諸侯臺門則諸侯不合有觀也若然雉門災及兩觀及禮運云遊於觀之上有觀亦是僭也云故魯災季桓子御公立于象魏之外命藏象魏曰舊章不可忘者此哀公三年左氏傳辭案彼桓僖廟災天火曰災謂桓僖廟被天火所燒舊章象魏在大廟中恐火連及故命藏之若然象魏縣教治也以其象魏建寅之月縣之十日藏之大廟中季桓子曰與公立於雉門象魏之外觀舊縣之處命藏大廟中象魏引之者證象魏是教象之法又云從甲至甲謂之挾日凡十日者破諸家從甲至癸謂之挾日遍也若從甲至癸仍有癸日不得遍挾故以從甲至甲言之

乃施典于邦國而建其牧立其監設其參傅其伍陳其殷置其輔乃者更申勑之以侯伯有功德者加命作州長謂之牧所謂入命作牧者監謂公侯伯子男各監一國書曰王啓監厥亂爲民參謂卿三人伍謂大夫五人鄭司農云殷治律輔爲民之平也玄謂殷衆也謂衆士也王制諸侯上士二十七人其中士下士各居其上之三分輔府史庶人在官者○參七南反干云三公也傅戚音附徐方慕反監古銜反爲于僞反平音評

【疏】乃施至其輔○釋曰上以言六典治邦國更言施典于邦國故鄭云乃者更申勑之所施者典則建其牧已下是也建立也每一州之中立一牧立其監者每一國之中立一諸侯使各監一國設其參者謂諸侯之國各立三卿傅其伍者謂三卿下各立五大夫陳其殷者三卿下各陳士九人三九二十七置其輔者謂三卿下各設府史胥徒○注乃者至官者○釋曰鄭云以侯伯有功德者加命作州長謂之牧者案下曲禮云州牧於外曰侯伯即是先取侯有功德者爲牧若無賢侯伯亦得故連言侯伯有功德者云加命作州長者以其侯伯七命州牧八命故云加命作州長云所謂八命作牧者案大宗伯職云七命賜國八命作牧是也若殷之牧下天子使大夫三人爲三監至周使伯佐牧不使大夫故詩旄丘序云旄丘責衞伯也鄭云衞康叔之封爵稱侯今曰伯者時爲州伯也周之法使伯佐牧即僖公四年五侯九伯五侯是州牧九伯是牧下之伯云監謂公侯伯子男各監一國引書曰王啓監厥亂爲民者此是尚書梓材之篇周公封康叔而勑之證監是諸侯之義也云參謂卿三人者案左氏傳杜泄云吾子爲司徒夫子爲司馬孟氏爲司空則諸侯三卿司徒司馬司空也云伍謂大夫五人者謂司徒下二大夫一大夫

周禮疏二　十七

爲司徒大夫一大夫爲大宰大夫司空下二大夫一大夫主司空事一大夫爲司寇大夫司馬事省闕一大夫故五人鄭司農云殷治律輔爲民之平也者謂置官主法律輔爲人之平者謂置輔是平斷此先鄭蓋是後代之法故後鄭易之云玄謂殷衆也謂衆士者士稱殷與旅司並是衆義故鄭玄謂衆士也又引王制諸侯上士已下者按彼注大國之士爲上次國之士爲中小國之士爲下言數各居其上之三分者此謂盟會立位之序大國之士爲上北面前行上九中九下九次國之士爲後行上士當大國之中士中士當大國之下士下士當其空小國之上士當大國之下士中士當次國之下士下士當其空故云數各居其上之三分引之爲破司農殷爲治律云輔府史庶人在官者破司農輔爲民之平若然建立陳置其義可知其伍言傅者謂大夫上有卿下有士受上政傳於下受下政傳於上故獨云傅

乃施則于都鄙而建其長立其兩設其伍陳其殷置其輔長謂公卿大夫王子弟食采邑者兩謂兩卿不言三卿者不足于諸侯鄭司農云兩謂兩丞

【疏】乃施至其輔○釋曰上已言入則治都鄙更令施則於都鄙故言乃亦是更申勑之義建其長謂公卿王子弟爲采邑之主以是一邑之長故言建其長立其兩者謂每采地之中立其兩卿設其伍陳其殷置其輔義與上邦國同○注長謂至兩丞○釋曰云長謂公卿大夫者案典命云三公八命其卿六命其大夫四命案大宗伯云六命賜官彼注王六命之卿賜官者使得自置其臣治家邑如諸侯則此云長唯據公卿已上大夫四命不合立官此鄭云長謂公卿大夫并言大夫者以其大夫雖立官不與公卿同亦得稱長是廣解長義其實大夫不合有兩卿五大夫當與諸侯之卿同官事當相兼也云王子弟食采邑者謂親王子弟食邑與三公同在五百里畺地各百里其次疏者在四百里縣地各五十里與六卿同已上二者得立兩卿五大夫之等其次更疏者在三百里稍地各食二十五里與大夫同不得立兩卿五大夫亦職相兼也云兩謂兩卿不言三卿者不足於諸侯以畿外諸侯南面爲尊故得申而立三卿天子三公六卿雖尊以其在天子之下故屈而立兩卿不足於諸侯鄭司農云兩謂兩丞者以其兩卿丞副其長先鄭以後代之官況之故云兩丞也此中唯有都鄙無家邑之名故都鄙中含有公卿大夫春官都宗人家宗人都家並有故公卿人都宗人中大夫則入家宗人中以其公卿雖有大都小都之別而同名都故大夫不得都名直有宗稱故在家宗人也至於夏官都司馬家司馬又

周禮疏二　十八

與家宗人都宗人異故鄭注都司馬唯云三公與王子弟其卿又入家司馬中以其司馬辨尊卑六卿卑又自使其臣爲司馬若叔孫氏之臣名鬷戾王家不爲之立司馬故卿入中若然都鄙之内其號有三若得諸侯之號唯三公王子弟故司裘諸侯熊侯豹侯卿大夫麋侯是卿不入諸侯也若立臣如諸侯即此文卿與公同者稱長可及大夫亦此注含大夫是也

乃施灋于官府而建其正立其貳設其攷陳其殷置其輔正謂冢宰司徒宗伯司馬司寇司空也貳謂小宰小司徒小宗伯小司馬小司寇小司空也考成也佐成事者謂宰夫鄉師肆師軍司馬士師也司空亡未聞其考

【疏】乃施至其輔○釋曰案上官府在都鄙上此文在都鄙下者欲見都鄙置臣與諸侯同又見諸侯下亦有都鄙之義故進都鄙在上使文承邦國之下也已上言八法治官府今更言施法于官府言乃者亦是更申勑之也而建其正正長也亦是一官之長若大宰之等云立其貳者謂小卿副貳大卿即小宰之等設其考者考成也佐成事者宰夫之等也殷輔義與前同○注正謂至其考○釋曰宰夫已下並是五官之長云司空亡未聞其考者案鄉師云及葬執纛以與匠師御匶注云匠師事官之屬

其於司空若鄉師之於司徒若然鄉師是司徒之考則匠師亦司空之考而此云未聞者彼文以義約之司空考匠師也無正文故此云未聞也

凡治以典待邦國之治以則待都鄙之治以灋待官府之治以官成待萬民之治以禮待賓客之治成八成禮賓禮也

【疏】凡治至之治○釋曰以其天官主治故以曰之六典本以治邦國故云以典待邦國之治八則本以治都鄙故云以則待都鄙之治八法本以治官府故云以法待官府之治八成本以治萬民故云以官成待萬民之治禮者本以接賓客故云以禮待賓客之治據上文官成在八法治官府中今特出之者以其八成本待萬民不待官府若不特出之則無此待萬民之事在八法官府者欲見官府執行故禮記云誰能秉國成成則八成也以禮待賓客本在八統今特見之者以上親親敬故進賢使能保庸尊貴達吏皆是王行之於朝以示於民使民觀之入善不必更別有禮唯禮賓特別有禮若聘禮之類也此皆言以者當別有篇卷使人執持施行之知然者以周禮六官皆邦國之治則六官掌事不可專主邦國故知別有篇卷但在三百之中亡逸也○注成八至禮也○釋曰八成小宰職掌掌禮賓禮者若聘禮覲禮掌客之等是也

祀五帝則掌百官之誓戒與其具脩祀五帝謂四郊及明堂誓戒要之以刑重失禮也明堂位所謂各揚其職百官廢職服大刑是其辭之略也具所當共脩埽除糞洒○要一遥反糞弗運反洒色賣反

【疏】祀五至具脩○釋曰祀五帝則掌百官之誓戒者謂祭前十日已前誓戒百官則大宰掌之以其具脩者使百官供祭祀之具及脩之埽除也○注祀五至糞洒○釋曰五帝者東方青帝靈威仰南方赤帝赤熛怒中央黄帝含樞紐西方白帝白招拒北方黑帝汁光紀依月令四時迎氣及季夏六月迎土氣於南郊其餘四帝各於其郊并夏正祭所感帝於南郊故云祀五帝於四郊也鄭云及明堂者揔饗五帝於明堂依月令秦用季秋鄭云未知周以何月案下曲禮云大饗不問卜鄭云祭五帝於明堂莫適卜也彼明堂不卜此下經云帥執事而卜日則此祀五帝不含有明堂鄭云及明堂者廣解祀五帝之處其實此處無明堂云誓戒要之以刑重失禮者言要之以刑則服大刑是也言重失禮者以失禮爲重故要之以刑引明堂位彼在祭祀之下陳之謂祭日此是未祭前引之者欲見祭前誓戒還用祭日之辭以勑之故

或前或後其辭同云是其辭之略者謂誓戒之時其辭應多不應唯有此言故云辭之略也又云具所當供者祭祀之連事祭祀之具百官共供故云具謂所當供又云脩埽除糞洒者案宫人云掌六寢之脩守祧云其廟有司脩除之是其脩埽除糞洒也

前期十日帥執事而卜日遂戒前期前所諏之日也十日容散齊七日致齊三日執事宗伯大卜之屬既卜又戒百官以始齊○前如字于本同徐昨見反本或作先如字又悉薦反諏子須反謀也散悉但反齊西但反下側皆反下同

【疏】前期至遂戒○釋曰前期者謂祭日前夕爲期云前期十日者即是祭前十一日大宰帥宗伯大卜之屬執事之人而卜日又言遂戒者謂祭前十日遂戒百官始齊○注前期至始齊○釋曰云前期前所諏之日者此依少牢所諏之日即祭日也○凡祭祀謂於祭前之夕爲期今言前期十日者明祭前十一日卜卜之後日遂戒使散齊致齊故云十日容散齊七日致齊三日案禮記祭統云散齊七日以定之致齊三日以齊之云執事宗伯大卜之屬者大宗伯職云凡祀大神享大鬼祭大示帥執事而卜日謂宗伯涖卜又案大卜云大祭祀視高命龜故知執事中有宗伯大卜之屬中含有小宗伯及卜師故言之屬但四時迎氣冬至夏至郊天等雖有常時常

日猶須審愼仍卜日故表記云不犯日月不違卜筮注日月謂冬夏至正月及四時也所不違者日與牲尸也假令不吉改卜後日故箴膏肓云天子郊以夏正上旬之日魯之卜三正下旬之日是雖有常時常日猶卜日也

及執事眡滌濯

執事初爲祭祀前祭日之夕滌濯謂漑祭器及甑甗之屬。眡音視本又作視後皆同滌直歷反濯直角反漑古愛反甗魚善反徐音彥一音言本又作甗音歷

疏 及執事眡滌濯。釋曰及猶至也謂至祭前夕大宰眡滌濯案春官小宗伯大祭祀眡滌濯大宗伯亦云宿眡滌濯彼二官親眡滌濯大宰尊亦往涖之注云執事初爲祭祀前祭日之夕知者案下經及納亨者是祭日此云眡滌濯儀禮特牲亦云前祭日之夕視壺濯及豆籩士卑得與人君同少牢大夫禮當祭日摡祭器者下人君也注又云滌濯謂摡祭器及甑甗之屬知然者案少牢雍人摡鼎匕俎廩人摡甑甗司宮摡豆籩及勺爵此不言匕俎豆籩勺爵者之屬中含之

及納亨贊王牲事

納亨納牲將告殺謂鄉祭之晨既殺以授亨人凡大祭祀君親牽牲大夫贊之。亨普庚反注同劉普孟反鄉許亮反

疏 及納至牲事。釋曰及猶至也至納亨者案禮記明堂位君肉袒迎牲于門卿大夫贊君及殺訖納

與亨人故言納亨云贊王牲事者即是卿大夫贊幣一人也。注納亨至贊之。釋曰云納亨納牲將告殺者謂牽牲入時也禮器云納牲詔于庭殺訖毛以告純血以告殺腥其俎肫解而新之以此訖乃納與亨人爓祭此言納亨者以牽牲也云謂爓祭之晨者案檀弓云周人大事以日出故知納亨是爓祭之晨此祭天無祼故先迎牲若宗廟之祭有祼而後迎牲也云既殺以授亨人者案亨人職職外內饔之爨亨謂腥其俎後云凡大祭祀君親牽牲大夫贊之者此明堂位文彼魯侯用天子禮故還以引證天子法

及祀之日贊玉幣爵之事

日旦明也玉幣所以禮神玉與幣各如其方之色爵所以獻齊酒不用玉爵尚質也三者執以從王至而授之。齊才計反。

疏 及祀至之事。釋曰及猶至也至祭日謂質明贊助也執此玉幣爵三者助而授王也。注日旦至授之。釋曰案特牲少牢皆質明行事故知旦明云玉幣所以禮神玉與幣各如其方之色者上云祀五帝以爲迎氣於四郊之外案大宗伯以玉作六器以禮天地四方又云青圭禮東方赤璋禮南方白琥禮西方玄璜禮北方季夏六月迎土氣於南郊亦用赤璋下云牲幣彼雖幣不是禮神之幣亦云各放其器之色是其禮神幣與玉亦各如其方色也云爵所以獻齊酒者案幂人云疏布幂八尊八尊者五齊三酒之尊以其祭天無祼故無彝尊也云不用玉爵尚質也者對下經享先王用玉爵尚文此祭天不用玉爵故云尚質云三者執以從王至而授之者謂至此祀圜丘方澤祭所而授之王親自執玉幣奠於神坐親酌以獻尸

祀大神示亦如之

大神祇謂天地。示本又作祇音機

疏 祀大至如之。釋曰云祀大神謂冬至祭天於圜丘云祀大祇謂夏至祭地於方澤亦如之者從掌百官誓戒已下贊玉幣爵之事已上皆如祀五帝之禮。注大神祇謂天地。釋曰此天謂大天對五帝爲小天此地謂大地對神州之地爲小地故云天地也

享先王亦如之贊玉几玉爵

玉几所以依神天子左右玉几宗廟獻用玉爵。享許兩反劉音向注享幣同

疏 享先至玉爵。釋曰亦如之下別言贊玉几玉爵則天地不用玉几玉爵其言亦如之者謂亦贊王牲事已上不云大者欲見宗廟六享同然。注玉几至玉爵。釋曰云天子左右玉几者此是司几筵文彼所云者謂王受諸侯朝覲會同所設今此享先王鬼神之几亦與王平生同故引爲證此享先王有玉几玉爵天地有爵但不用玉飾祭宗廟用玉几天地亦應有質几不言之者文不具云宗廟獻用玉爵者

按明堂位獻用玉琖謂王朝踐饋獻醑尸時若祼則用圭瓚也

大朝覲會同贊玉幣玉獻玉几玉爵

助王受此四者時見曰會殷見曰同大會同或於春朝或於秋覲舉春秋則冬夏可知玉幣諸侯享幣也其合亦如小行人所合六幣云玉獻獻國珍異亦執玉以致之玉几王所依也立而設几優尊者玉爵王禮諸侯之酢爵王朝諸侯立依前南面其禮之於阼階上。見賢遍反下同朝直遙反下文同酢音昨依於豈反本亦作扆

疏 大朝至玉爵。釋曰諸侯四時常朝不稱大今朝覲稱大者諸侯爲大會同而來故稱大朝覲贊助也助王受此玉幣玉獻玉几玉爵也。注助王至階上。釋曰云時見曰會者此大宗伯文案彼注時見者言無常期諸侯有不順服者其順服者皆來會以師助王討之故云時見曰會云殷見曰同者亦大宗伯職文殷猶衆也謂十二歲王如不巡狩諸侯衆來同見天子故曰殷見曰同云大會同或於春朝或於秋覲者大會雖無常期當春來即是春朝當秋來即是秋覲當夏來即是夏宗當冬來即是冬遇若大同則有常期春東方六服盡來夏南方六服盡來秋冬司農云舉春秋即冬夏可知者經直云大朝覲不言宗遇有宗遇可知在國行朝禮訖乃皆爲壇於國外而命事焉云玉幣

諸侯享幣也者，諸侯會同皆依四時常朝，亦春夏受贄于朝，受享幣者於廟，秋冬一受之於廟，受覿既訖乃受享獻國所有珍異，其行享之時亦璧琮加束帛以致之。云其合亦如小行人所合六幣云者，案小行人所合六幣，圭以馬，璋以皮，璧以帛，琮以錦，琥以繡，璜以黼。據彼鄭注，五等諸侯享天子用璧以帛，享后用琮以錦，則圭以馬璋以皮者，謂二王之後享天子用圭以馬，享后用璋以皮，則琥以繡璜以黼者，子男自相享法。但小行人所云者，謂四時常朝，不見大朝覲會同法，約與四時常朝同，無正文，故言云也。云玉獻獻國珍異亦執玉以致之者，謂三享之外別有獻國珍異，亦如三享執玉以致之，故言玉獻，謂以玉致獻也。云玉几王所依也者，謂王所馮依。云立而設几優尊者，知立而設几者，案司几筵云大饗射凡封國命諸侯王位設黼依，依前南鄉左右玉几，是立而設几也。但春夏受享，秋冬一受之於廟，廟中則有扆前設几法，几爲坐設，今立而設几，故云優至尊也。云玉爵王禮諸侯之酢爵者，案大行人云上公再祼而酢，侯伯一祼而酢，子男一祼不酢。此祼時大宗伯攝祼，非冢宰所贊，但諸侯酢王用玉爵，則冢宰贊王受之，故云贊玉爵。云王朝諸侯立扆前南面者，此約司几筵知之，謂秋冬朝時。云其禮之於阼階上者，言禮之謂祼諸侯是也。知王在阼階上者，當依賓主之禮，案燕禮主君在阼，賓在牖戶之間，故知禮之王在阼階上也。

大喪，贊贈玉、含玉。助王爲之也。贈玉，既窆所以送先王。含玉，死者口實，天子以玉。雜記曰：含者執璧將命曰：寡君使某含。則諸侯含以璧。鄭司農云：含玉，璧琮。○含，本又作唅，戶暗反，後同。窆，彼驗反，徐補贈反。琮，才宗反。

疏 大喪至含玉○釋曰：大喪謂王喪，贊王爲此二者也。○注助王至璧琮○釋曰：大喪既是王喪，云助王爲之也者，謂助嗣王也。云贈玉既窆所以送先王者，案既夕士禮既窆，謂下棺訖，主人贈用玄纁以入壙，王喪雖無文，應更有加，亦當以玄纁爲主也。所贈亦既窆之時也。云含玉死者口實者，案士喪禮用貝三，鄭注左右齻及中央象齧堅。王含用玉，義亦然也。又檀弓云飯用米貝，不忍虛也，故云口實也。云天子以玉者，此云含玉，玉府、典瑞皆直云玉，無異物之稱，對大夫已下不用玉，其實亦爲璧形，故引雜記，復引先鄭爲璧琮之形也。但含玉始死用之，贈玉於葬乃用，此文後云含玉者，用之則有先後，此作文先後無義例。典瑞并云飯玉，此不云者，文不具也。

作大事，則戒于百官，贊王命。助王爲教令。春秋傳曰：國之大事，在祀與戎。

疏 作大至王命○釋曰：上已云祀五帝及大神祇祭祀大事戒百官訖，則此云作大事戒于百官，唯戎事也。○注助王至與戎○釋曰：春秋傳者，成十三年，劉康公、成肅公會諸侯伐秦，成子受脤于社，不敬。劉子曰：國之大事，在祀與戎。祀有執膰，戎有受脤，神之大節也。今成子惰，棄其命矣，其不反乎。引之者，證經大事是戎事，連引在祀耳。

王眡治朝，則贊聽治。治朝在路門外，羣臣治事之朝，王視之則助王平斷。

疏 注治朝至平斷○釋曰：王有三朝，必知此是路門外朝者，但外朝是斷疑獄之朝，路寢庭朝圖宗人嘉事，二者並於事簡，非正朝，故知治朝是路門外司士所掌者也。

眡四方之聽朝，亦如之。謂王巡守在外時。○守音狩，本亦作狩，後巡守皆放此。

疏 注謂王至外時○釋曰：經云四方聽朝，故知巡狩時。此鄭據依常者而言，征伐外亦有聽朝法，以非常法，故不言也。

凡邦之小治，則冢宰聽之。待四方之賓客之小治。大事決於王，小事冢宰專平。

疏 凡邦至聽之○釋曰：重出冢宰之名者，據百官摠焉，故特云冢宰也。

歲終，則令百官府各正其治，受其會。正，正處也。會，大計也。

疏 注正正至計也○釋曰：言正正處也者，經云令百官府各正其治，謂正處其所治文書，大宰乃受其計會也。云會大計者，一歲計會，即宰夫職云歲計曰會是也。

聽其致事，而詔王廢置。平其事來至者之功狀而奏白王。

疏 聽其至廢置○釋曰：百官致其治政功狀，與冢宰聽斷其所置之功狀文書，而詔告于王，有功者置之，進其爵，有罪者廢之，退其爵也。

三歲，則大計羣吏之治而誅賞之。事久則聽之。大無功不徒廢，必罪之；大有功不徒置，必賞之。鄭司農云：三載考績。

疏 三歲至賞之○釋曰：三年一閏，天道小成，則大計會百官羣吏之治功文書，上計當年已有廢成，令三年上大計，大無功不徒廢，更加罪；大有功不徒置，更加賞也。○注鄭司至考績○釋曰：此尚書舜典文。彼云三載考績，黜陟幽明，彼三年一考，與此同，故引證三歲大計也。

附釋音周禮注疏卷第二

知南昌府張敦仁署鄱陽縣候補知州周澍栞

周禮注疏卷二挍勘記　阮元撰盧宣旬摘録

鄭氏注　賈公彦疏此非舊式依例止當署賈氏名銜閩監毛本又上增漢唐字亦非

大宰

典常也經也灋也閩本同余本嘉靖本監毛本灋皆作法案經用古字作灋注用今字作法此仍作灋非疏及下悉準此或法灋錯見不具著

常者其上下通名案疏曰云常者上下通名者又故云常者上下通名也兩引此注皆無其字

弟誥卽禁止之義也閩本同監毛本弟改第非

三曰官聯唐石經嘉靖本閩本同釋文官聯音連監毛本聯作聮非說文聯从絲絲卽絲之省而非从絲

其四曰官刑監本官誤宫

及小宰還從治閩監毛本同案此有誤

後改爲大常博士盧文弨云博士二字衍案漢制考引此疏無此二字

周召毛聃畢原之屬嘉靖本閩監本聃作聃毛本作聃皆誤疏中準此案釋文毛聃乃甘反字从耳

禮祀昏姻喪紀閩監毛本同誤也余本嘉靖本祀作俗疏中引注亦作禮俗當訂正

所以敺之内之於善閩本同監毛本敺改毆下並同

至社稷配食者閩本同監毛本至作是誤惠挍本亦作至

上功有功惠挍本作上公此誤

然則王子母弟雖食采也惠挍本作采邑當據以訂正或改作采地非

則經云位據立盧文弨云疑作位據朝位

云貢功也九職之功者監本貢誤九者上當有所稅

舜殛鯀于羽山是也余本鯀作鮌案釋文葉鈔本極紀力反段玉裁尚書撰異云古經典多作極其説甚詳今本此注皆改殛非當據釋文訂正

所以敺之内之於善釋文敺起俱反案此本疏云皆是敺羣臣入善之事是本作敺也嘉靖本亦先作敺後改敺

謂臣有大罪身殺奪其家貲閩本同監毛本罪改古辠字非此賈疏自言與下文引經不同當作罪惠挍本身作有此本貲誤管今據閩監毛本訂正

彼欲視事起無常惠挍本視作見此誤

輙年之則有誅責惠挍本輙作輒

統所以合牽以等物也余本岳本嘉靖本同閩監毛本牽作牽誤此本上作牽而下從牛是本作牽也今訂正

賢有善行也浦鏜云注本作賢有德行者從集注挍今本德作善者誤也疏内同案疏引六德六行以釋此句是賈疏本作德行淺人臆改爲善行耳以下句能多才藝者文法例之也當本作者

六曰尊貴者惠挍本同閩監毛本貴誤賢

聚斂疏材唐石經諸本同釋文音注疏色居反不孰菜也劉音蘇案説文艸部無蔬字云部云疏通也从㐬从疋疋亦聲鄭注疏不孰曰饉本釋天文今爾雅作蔬

象曰瑳余本嘉靖本同閩監毛本瑳改磋案釋文作瑳

九穀無秫大麥而有粱苽閩監毛本同疏中粱作梁嘉靖本作梁釋文出粱苽字從木案食醫犬宜粱字從米則作梁訛

謂在山澤之民惠挍本在作任此誤下文謂在藪牧之民事業句同

飭之而已惠挍本飭上有而

主山澤之民者　此本下衍○閩監毛本不衍

胥衞之男女皆是　浦鏜云惠誤衞

妾爲官女是也　閩監毛本作宦女是

謂若蔆芡之屬　閩監毛本蔆作菱非案蔆當作菱

三曰郊甸之賦　閩監毛本同誤也唐石經余本岳本嘉靖本皆作邦甸之賦當訂正注云邦甸二百里疏云三曰邦甸之賦者皆不誤石經考文提要云宋本九經宋纂圖互注本宋附釋音本皆作邦甸○今依訂正

四曰家削之賦　唐石經以下諸本同釋文家削本亦作稍又作鄁案疏云畢家稍以表公邑之民蓋經用古字作家削注及疏用今字作家稍有釋文賈疏可證而今本注及疏並依經作削矣○按依說文則當作鄁

今之筭泉　余本岳本嘉靖本閩本同監毛本筭改算非下及疏悉準此○按古書多用筭少用算者

遂師之職亦云以徵其財征　浦鏜云經無其字

四曰家削之賦者謂二百里之內　監本賦誤富案二百里當作三百里

六曰邦都之賦者其五百里　浦鏜云其下脫國中四百里外六字從儀禮經傳通解續挍○按六字可不增即增之國中當作邦縣

口稅所得之泉也　此本及閩本口誤曰今據監毛本訂正案注云口率出泉疏亦屢云口稅出泉

先鄭約載師圜廛二十而一　浦鏜云園誤圜

何有稅乎　毛本稅改賦非疏皆言稅以釋賦

山澤民入入山澤取材亦有稅物　閩本同監本材下剜擠物字毛本遂排入

四曰羞服之式　唐石經以下諸本同釋文羞服干云羞飲食也服車服也服或作膳經義雜記曰疏云羞服之式者謂王之膳羞衣服所用也據此則晉干注本唐賈疏本皆作羞服釋文同或作膳係亥改案大府關市之賦以待王之膳服注云膳服即羞服也此經本作羞服之證

七曰芻秣之式　秣从末此本秣作秣从未誤今據唐石經諸本訂正○按秣說文作䬴从食末聲

荒謂凶年穀不孰　閩監毛本孰改熟此古字之僅存者上聚斂疏材注中亦改爲熟矣釋文猶作孰可證

醬用百有二十等之類　閩本同監本依經改等爲罋毛本承之

聘禮賄用束紡　聘舊誤職今訂正

致饔餼芻禾之等也　閩監毛本作芻秣非

斿貢羽毛　余本嘉靖本閩監毛本同漢讀考改作羽旄云今本作毛誤旄者旄牛尾也

各以其所貴爲摯　岳本摯作贄宋本載釋文贄音至本亦作摯今本釋文以摯爲正字

材貢櫄幹栝柏篠簜也　余本同釋文幹古旦反與此合嘉靖本閩監毛本幹作榦俗書也嘉靖本篠作篠釋文同惠挍本疏中亦作篠從竹從條此本及閩監毛本作篠非

游讀如囿游之游斿貢燕好珠璣琅玕也　閩本同監毛本作斿讀如囿游之游斿貢皆非嘉靖本作斿讀如囿游之游游貢當據以訂正疏引注作斿讀爲囿游之游游貢爲最是蓋經作斿貢司農如字讀故訓爲羽毛康成則改斿爲游漢讀考云燕好珠璣琅玕皆游觀之物是也漢時旌旗之流字作斿游觀字作游此注改其義而兼改其字非僅擬其音也當從賈疏作讀爲不當作讀如○按依說文旌旗之流字作游从㫃汓聲假借爲出游之游出游字或作遊則俗字也先鄭云游貢羽旄游之本義也後鄭云游貢燕好珠璣琅玕游之引申假借之義也易其字之本義故曰讀爲囿游之游其字皆从水凡作斿不从水者亦俗字也凡讀如讀爲皆有仍用本字之例殊之於其義也

王祭不共　閩本同監毛本共改供

云游貢羽毛者　閩本同誤也當從監毛本作斿貢◎按旌旗之流其字本作游作斿者俗省

以其游據入宴好不得據物上生稱　此當從游閩監毛本游改斿非物舊作爲今據閩監毛本訂正惠校本作鳥蓋亦爲字之譌

皮卽熊羆狐狸　閩毛本同監本狸作貍

楊州所貴　閩本同監毛本楊作揚下並同

所以協耦萬民　嘉靖本同閩監毛本協作恊閩本疏中亦作恊从心

疾病相扶持　嘉靖本作疾病相扶無持字案疏中引注正作疾病相扶今諸本有持字者淺人據今本孟子所增當刪正

使其地之民守其材物以時入于王府頒其餘於萬民　諸本同案澤虞職云使其地之人守其財物以時入之于玉府頒其餘于萬民此王爲玉字之誤於亦當作于

有以治政之所得民　疑作有政治之所以得民

則山澤十等　案十當作之

云友謂同井相合耦耡作者鄭意經意非謂同師曰友　此本經誤非今據閩本訂正監本以非意二字不可通遂剜空二字毛本依監本所刪排勻字數不可考矣

乃縣治象之灋于象魏　唐石經余本嘉靖本閩本同監毛本灋改法非周禮凡經皆作灋凡注皆作法

挾日而斂之　唐石經諸本同釋文挾日又作浹同千本作帀惠士奇禮說云左傳成九年浹辰之間而楚克其三都正義曰浹周帀也從甲至癸爲十日古挾浹通詩曰使不挾四方毛傳挾達也謂方皇周浹於天下故曰達案挾古浹字周禮毛詩用字正同千本作帀係以意改非也

振木鐸以徇之　余本岳本嘉靖本同閩監毛本徇作狥非釋文作徇

故魯灾　此本疏中引注同諸本灾作災閩本疏中災字剜改

舊章不可忘　諸本同案左傳哀三年忘作亡惠校本作亡云萬卷堂本仍作忘○按棟依左傳改字未妥

聽朔于大廟　此本朔誤朝據閩監毛本訂正

正月之吉受法于司徒　浦鏜云受下脫教

是司徒布教法從六鄉已下出則此大宰布法亦從六鄉已下出也　閩本同監毛本鄉作鄕誤案地官序官鄉老注云王置六鄉又云三公中參六官之事外與六鄉之教是當作六鄉明甚

雉門災及兩觀是也　案春秋經作雉門及兩觀災

季桓子曰與公立於雉門象魏之外　浦鏜云日疑衍案與當作御○按日當依左傳作至

命藏大廟中象魏　惠校本命上有故

破諸家從甲至癸謂之挾日通也　案通字當衍

置其輔　唐石經此輔字原刻作傅後磨改作輔

上以言六典治邦國　浦鏜云已誤以

所施者典則建其牧已下是也　浦鏜云之誤者案已當作以此已與上以蓋互誤

若殷之牧下　案下字誤

士稱殷與旅司　浦鏜云司疑同誤

故鄭元謂衆士也　案元當云之誤

受上政傳於下受下政傳於上　閩監毛本傳作傅按此本作傳大誤賈疏釋經

傳字之義也傳皆音附

不足于諸侯　案于當作於疏引注作不足於諸侯

大夫則入家宗人中　此本則入二字實闕閩監毛本作大夫入家宗人中案惠挍本大夫下有則與此本字數正合今據補

若叔孫氏之臣名駿戾　惠挍本同與左傳合閩監毛本駿誤駿

並是五官之長　案長當考字之誤

以官成待萬民之治　唐石經諸本同案經當本作以成待萬民之治與上下文以典以則以灋以禮句法正同賈疏釋成爲官成因誤竄入經矣注云成八成此經作成不作官成之證八成在小宰官成在大宰八灋○按前說非也大宰八法中之官成鄭以小宰官府之八成釋之是本無二事故此注亦曰成八成此經必言官成者謂以治官府之八成待萬民之治也又欲見此官成卽從八法中別出也聖人文字精嚴如此安得去官字取整齊哉賈疏不誤

八成本以治萬民　案疑作八成本以經邦治

八成小宰職掌掌　案疑作小宰職所掌

脩掃除糞灑　閩監毛本同余本嘉靖本掃作埽此本疏中引注亦作埽當據以訂正

旣卜又戒百官以始齊　浦鏜云遂誤又

謂於祭前之夕爲期　毛本夕誤日

故箴胥盲云　閩本同監毛本盲誤肓

當祭日摡祭器者　閩本同監毛本摡改溉非下四摡字同少牢禮作摡○按據此可知注中溉本作摡說文曰摡滌也鄭君注禮多作溉凡經注从手之摡俗本多譌从水

司宮摡豆籩及勺爵　浦鏜云儀禮無及字

以爲迎氣於四郊之外　此本外字實闕今據閩本補監毛本作等非

案冪人云疏布冪八尊　此本冪誤幕今據閩監毛本訂正此頁係明正德間補刊故錯誤特多

大神祇　諸本皆誤作祗敬字惟余本作祇今據訂正葢經作示注作祇岳本注中作示此依經改注也釋文云神示本又作祇當先有依注改經者凡經用古字注用今字段玉裁漢讀考中舉其例

從掌百官誓戒已畢下　閩本畢作至皆非當從監毛本作

謂亦贊王牲事已上　諸本王誤玉今據經訂正

其順服者皆來會以師　惠挍本以作京此誤

但春夏受享　浦鏜云當作但春夏受贄於朝受享於廟脫六字

則家宰贊王受之　此本王誤玉據閩監毛本訂正

象齧堅　浦鏜云齒誤齧案儀禮注云象齒堅○按齧字不誤今儀禮注齒字誤也記云柱右齻左齻者齒盡處古云牙車今云牙牀是也齧堅物非此處不能故左右各實一貝以像生時齧堅中一貝則像齧物而已不得云齧堅也今注云象齒堅義短

典瑞幷云飲玉　飲當作飯

小事冢宰傳平　閩監毛本同誤也余本岳本嘉靖本傳作尃當據以訂正

事夕則聽之　閩監毛本同誤也余本岳本嘉靖本夕作久當據以訂正

附釋音周禮注疏卷第二　每卷末準此下不具著

周禮注疏卷二校勘記終

南昌袁泰開挍

附釋音周禮注疏卷第三

鄭氏注　賈公彥疏

小宰之職掌建邦之宮刑以治王宮之政令凡宮之糾禁杜子春云宮皆當爲官玄謂宮刑在王宮中者之刑建明布告之糾猶割也察也若今御史中丞○宮刑鄭如字干同杜作官〔疏〕注杜子至中丞○釋曰後鄭以宮刑宮中之刑不從子春官刑者見秋官司寇已云四曰官刑此小宰不往貳之則不須重掌又見下文觀治象乃退以宮刑憲禁于王宮故知宮刑明矣云建明布告之者上冢宰尊所云建六典之等爲建立之義小宰卑云建者則明布告使知而已云糾猶割也察也者既言糾謂糾舉其非事已發者依法斷割之事未發者審察之云若今御史中丞者應劭云秩千石朝會獨坐副貳御史大夫內掌蘭臺圖籍外督刺史糾察百寮故舉漢法況之

掌邦之六典八灋八則之貳以逆邦國都鄙官府之治逆迎受之鄭司農云貳副也○治直吏反下及注皆同〔疏〕掌邦至之治○釋曰大宰本以六典治邦國今還以六典逆邦國之治逆謂迎受句考之也大宰本以八法治朝廷官府今還以八法句考官府之治大宰本以八則治都鄙今還以八則句考都鄙之治皆句考使知功過所在也

執邦之九貢九賦九式之貳以均財節邦用〔疏〕執邦至邦用○釋曰此三者並大宰所掌者以其冢宰制國用九貢九賦斂財賄九式用之事之大者故小宰副貳之然大宰有九職小宰不貳之者以其九職云任萬民小宰若云貳謂任使亦貳之故不言其實九職任之使之出貢用之則小宰亦貳之九貢中兼之矣以其九職亦有九貢故也以均財節邦用者以九式並舊有法式多少不得增減故云均節也

以官府之六敘正羣吏一曰以敘正其位二曰以敘進其治三曰以敘作其事四曰以敘制其食五曰以敘受其會六曰以敘聽其情敘秩次也謂先尊後卑也治功狀也食祿之多少情爭訟之辭○爭爭鬭之爭〔疏〕以官府至其情○釋曰凡言敘者皆是次敘先尊後卑各依秩次則羣吏得正故云正羣吏也○一曰以敘正其位者謂若卿大夫士朝位尊卑次列○二曰以敘進其治者謂卿大夫士有治職功狀文書進于上亦先尊後卑也○三曰以敘作其事者謂有所執掌走事亦先尊後卑也○四曰以敘制其食者謂制祿依爵命授之亦先尊後卑也○五曰以敘受其會者謂歲終進會計文書受之亦先尊後卑也○六曰以敘聽其情者情謂情實則獄訟之情受聽斷之時亦先尊後卑也○注敘秩次也○釋曰云秩次者謂尊卑之常各有次敘也

以官府之六屬舉邦治一曰天官其屬六十掌邦治大事則從其長小事則專達二曰地官其屬六十掌邦教大事則從其長小事則專達三曰春官其屬六十掌邦禮大事則從其長小事則專達四曰夏官其屬六十掌邦政大事則從其長小事則專達五曰秋官其屬六十掌邦刑大事則從其長小事則專達六曰冬官其屬六十掌邦事大事則從其長小事則專達大事從其長若庖人內外饔與膳夫共王之食小事專達若宮人掌舍各爲一官六官之屬三百六十象天地四時日月星辰之度數天道備焉前此者成王作周官其志有述天授位之義故周公設官分職以法之○達于云達決也〔疏〕以官府至專達○釋曰六屬舉邦治者謂官盛任使立長官必當以屬官佐之邦治得舉是以六官各有其屬六十故云官府之六屬舉邦治也一曰天官謂大宰之官其屬六十謂宮正至夏采皆掌治職故云掌治也云大事則從其長者謂若膳夫鄭注云膳夫食官之長也則下庖人內外饔亨人有事皆來諮白膳夫故云大事從其長也小事則專達者謂若宮人掌舍無大事無長官可諮自專行事以下五官皆此類也○注大事至法之○釋曰云大事從其長若庖人內外饔與膳夫共王之食者此並共王食是同事故庖人已下諮膳夫長官也云小事專達者若宮人掌舍直掌王之行設梐枑

之等二官並是小事又不立長官當官行事故云各爲一官是事達也鄭直舉天官之内其事顯者各言其一餘官若大府鄭云治藏之長地官司市鄭云市官之長春官大司樂鄭云樂官之長夏官司甲鄭云兵戈盾官之長如此之類其事甚多不可具陳也小事則專達天官甚衆亦不可具言也云六官之屬三百六十象天地四時日月星辰之度數者依周髀七曜皆云周天三百六十五度四分度之一舉全數亦得云三百六十也言地則與天配合四時言周天亦是地之數十二月亦是周天之數日日行一度月日行十三度十九分度之七日月所行亦在周天之數星辰謂二十八宿十二次亦在周天數内皆不離三百六十五度四分度之一耳天地四時日月星辰之度數所從言之異耳故尚書洪範云五紀一曰歲二曰月三曰日四曰星辰皆别言之下以歷數揔結之亦是類也云天道備焉者以此三百六十官是天道備矣云前此者成王作周官其志有述天授位之義者鄭依書傳云周公攝政三年踐奄與滅淮夷同時又按成王周官成王既黜殷命滅淮夷還歸在豐作周官則成王作周官在周公攝政三年時周公制禮在攝政六年時故云前此者謂成王前於此時作周官其志謂成王志意有述天授位之義即彼周官云唐虞稽古建官惟百夏商倍之今予小子訓廸厥官

以立太師太傅太保茲惟三公論道經邦燮理陰陽下又云立三孤及天地四時之官是其志有述天地三百六十官位之義故周公設官分職法之也此鄭義不見古文尚書故爲此解若孔據古文尚書多士已下並是周公致政後成王之書周公攝政時淮夷奄與管蔡同作亂成王即政後又叛成王親征之故云滅淮夷還歸在豐作周官用人之法則彼周官在此周禮後與鄭義異也

以官府之六職辨邦治一曰治職以平邦國以均萬民以節財用二曰教職以安邦國以寧萬民以懷賓客三曰禮職以和邦國以諧萬民以事鬼神四曰政職以服邦國以正萬民以聚百物五曰刑職以詰邦國以糾萬民以除盜賊六曰事職以富邦國以養萬民以生百物　懷亦安也賓客來共其委積所以安之生百物者司馬主九畿職方制其貢各以其所有○委於僞反下賙委同積子賜反

【疏】以官至百物○釋曰云以官府六職辨邦治者六官者各有職若天官治職地官教職其職不同邦事得有分辨故云以辨邦治也○一曰治職者謂以平爲義也云以節財用者亦以制國用故也○二曰教職以安邦國以寧萬民者安邦國與教典同彼云擾萬民此云寧萬民不同者上擾爲馴馴則寧義無異也云懷賓客者以有委積故賓客懷安也三曰禮職以和邦國以諧萬民者此與上禮典同也云以事鬼神者以其主祭祀當職之事也○四曰政職以服邦國以正萬民者上政典云平邦國均萬民不同者服由平定使之然則服亦平也均與正義亦一也云以聚百物者鄭云司馬主九畿職方制其貢貢即百物也○五曰刑職以詰邦國以糾萬民此與上刑典文同云除盜賊者有寇則罪之盜賊得除故云除盜賊也○六曰事職以富邦國以養萬民者上事典以生萬民生則養也與上同此六職不云官府百官與六典不同者以六職皆當職行事義不及遠故與六典文異也○注懷亦至所有○釋曰教典共其委積者大司徒下有遺人掌十里有廬廬有飲食之等故云共委積也云司馬主九畿并引職方者司馬直主九畿無貢物之事故引其屬職方也

以官府之六聯合邦

治一曰祭祀之聯事二曰賓客之聯事三曰喪荒之聯事四曰軍旅之聯事五曰田役之聯事六曰斂弛之聯事凡小事皆有聯　鄭司農云大祭祀大宰贊玉幣司徒奉牛牲宗伯視滌濯涖玉鬯省牲鑊奉玉齍司馬羞魚牲奉馬牲司寇奉明水火大喪大宰贊贈玉含玉司徒帥六鄉之衆庶屬其六紖宗伯爲上相司馬平士大夫司寇前王此所謂官聯杜子春弛讀爲施玄謂荒政弛力役及國中貴者賢者服公事者老者疾者皆舍不以力役之事奉牲者其司空奉豕與○弛戶氏反劉本作施音弛杜作施涖音利又音類鬯勑亮反鑊戶郭反齍音資鄉音香屬其音燭紖徐音肩劉音引本或作引相息亮反豕與音餘

【疏】以官府至有聯○釋曰云以官府之六聯合邦治者謂官府之中有六事皆聯事通職然後國治得會合故云合邦治也○一曰祭祀之聯事三曰喪荒之聯事此二者鄭注具以其二者顯著故特言之○二曰賓客之聯事者鄭雖不言案大宰大朝覲會同贊玉幣玉獻大司徒令野脩道委積大宗伯朝覲會同則爲上相大司寇云凡朝覲會同

前王唯大司馬不見有事司空又亡○四曰軍旅之聯事者以六軍軍將皆命卿田役亦然且大司徒云大軍旅大田役以旗致萬民大司馬云大師建大常比軍衆中春教振旅之事○六曰斂弛之聯事者並大宰任九職九貢九賦司徒制貢小司徒令貢賦若通數小官則多矣云凡小事皆有聯者謂司關云掌國貨之節以聯門市之類是也○注鄭司至豕與○釋曰司農雖解祭祀及大喪二事皆不言司空司空亡故也大祭祀唯大宰尊不奉牲宗伯不言奉雞司馬直言奉馬不兼言奉羊司寇不言奉犬皆略不言可知杜子春弛讀爲施者若依施施是施惠事不必連若爲弛則於事廣矣故後鄭不從之玄謂荒政弛力役者此經二曰喪荒荒謂年穀不熟大司徒有荒政十二其中四曰弛力弛力役謂廩人歲不能人二釜則令移民就穀是時弛力役也鄉大夫云國中貴者謂有官爵者賢者謂有德行者服公事者謂若庶人在官者老者謂國中六十者疾者謂癈疾不堪役者皆舍不以力役之事也云奉牲者其司空奉豕與者司空職亡案五行傳云聽之不聰時則有豕禍豕屬北方又說卦云坎爲豕是豕屬水故知司空奉豕無正文故云與以疑之也

以官府之八成經邦治一曰聽政役以比居二

曰聽師田以簡稽三曰聽閭里以版圖四曰聽稱責以傳別五曰聽祿位以禮命六曰聽取予以書契七曰聽賣買以質劑八曰聽出入以要會

鄭司農云政謂軍政也役謂發兵起徒役也比居謂伍籍也比地爲伍因內政寄軍令以伍籍發軍起役者平而無遺脫也簡稽士卒兵器薄書簡猶閱也稽猶計也合也合計其士之卒伍閱其兵器爲之要簿也故遂人職曰稽其人民簡其兵器國語曰黃池之會吳陳其兵皆官師擁鐸拱稽版戶籍圖地圖也聽人訟地者以版圖決之司書職曰邦中之版土地之圖稱責謂貸予傳別謂券書也聽訟責者以券書決之傳傳著約束於文書別別爲兩兩家各得一也禮命謂九賜也書契符書也質劑謂市中平賈今時月平是也要會謂計最之簿書月計曰要歲計曰會故宰夫職曰歲終則令羣吏正歲會月終則令正月要傳別故書作傅辨鄭大夫讀爲符別杜子春讀爲傳別玄謂政謂賦也凡其字或作政或作正或作征以多言之宜從征如孟子交征利云傳別謂爲大手書於一札中字別之書契謂出予受入之凡要凡薄書之最目獄訟之要辭皆曰契春秋傳曰王叔氏不能舉其契質劑謂兩書一札同而別之長曰質短曰劑傳別質劑皆今之券書也事異異其名耳禮命禮之九命之差等○政役鄭音征司農如字比毗志反注同傳音附注同別彼列反注同要會古外反凡要會會計之字皆放此卒子忽反下同閱音悅貸他代反著直略反賈音嫁月平劉音病

疏以官至要會○釋曰以官府之中有八事皆是舊法成事品式依時而行之將此八者經紀國之治政故云經邦治也○一曰聽政役以比居者八事皆聽者舊事爭訟當斷之也政謂賦稅役謂使役民有爭賦稅使役則以地比居者共聽之○二曰聽師田以簡稽者稽計也簡閱也謂師出征伐及田獵恐有違法則當閱其兵器與人並筭足否○三曰聽閭里以版圖者在六鄉則二十五家爲閭在六遂則二十五家爲里閭里之中有爭訟則以戶籍之版土地之圖聽決之○四曰聽稱責以傳別者稱責謂舉責生子彼此俱爲稱意故爲稱責於官於民俱是稱也爭此責者則以傳別券書決之○五曰聽祿位以禮命者謂聽時以禮命之其人策書之本有人爭祿之多少位之前後則以禮命文書聽之也○六曰聽取予以書契者此謂於官直貸不出子者故云取予若爭此取予者則以書契券書聽之○七曰聽

賣買以質劑者質劑謂券書有人爭市事者則以質劑聽之○八曰聽出入以要會者歲計曰會月計曰要此出入者正是官內自用物有人爭此官物者則以要會簿書聽之○注鄭司至差等○釋曰政軍政後鄭不從者若軍政自在大司馬聽之何得在此乎云比居謂伍籍也者即司徒職五家爲比出軍即五人爲伍云因內政寄軍令者謂在家五家爲比五比爲閭四閭爲族五族爲黨五黨爲州五州爲鄉若出軍則家出一人則還五人爲伍是一比長還爲伍長領之二十五人爲兩是一閭閭胥即爲兩司馬領之以此言之至一鄉出一軍軍將還是鄉大夫爲之是因內政寄軍令此管子文彼云作內政司農云因內政者讀字不同云簡稽士卒兵器薄書者士卒謂車別甲士三人步卒七十二人兵器謂弓矢殳矛戈戟皆有薄書故引遂人以證之也云國語曰黃池之會者吳語吳晉爭長吳人令曰伏兵甲陳士卒百人爲徹行頭官師擁鐸拱稽名籍也先鄭爲計計謂據名籍計之義合故引之也云版戶籍者後鄭下注亦云鄉戶籍圖謂民之地圖故引司書版圖以證之云責謂貸子者謂貸而生子者若今舉責即地官泉府職云凡民之貸者以國服爲之息若近郊民貸則一年十一生利之類是也云傳傳著約束於文書別者各得其一二家別釋後鄭不從者名爲券書即是傳著於文

書可知後鄭傳別二字共爲一事解之云禮命謂九賜也者後鄭不從者九賜之言出自禮緯含文嘉入命已上乃有九賜此所聽斷何得取入命已上解之云書契符書也者謂官券符璽之書此據官予民物何得爲符璽之書解之故後鄭不從也云質劑謂市中平賈今時月平是也後鄭不從者地官質人云大市曰質小市曰劑若今月平賈不合有兩名故不從也云月計曰要歲計曰會者官之出入有要會薄書計管故引宰夫證之也鄭大夫讀傳別爲符別後鄭不從又云傳別故書作傳辨不從古書也玄謂政謂賦也賦則口率出泉且與役同文皆是利稅之事也云凡其字或作政者此經政役是也或作政者其字或有作正字者或作征者即孟子云交征利及鄉大夫云皆征之是也云征處多故鄭從征也孟子交征利者案孟子云孟子見梁惠王王曰叟不遠千里而來亦將有以利吾國乎對曰何必曰利亦有仁義而已矣王則曰何以利吾國大夫曰何以利吾家士庶人曰何以利吾身上下交征利則國危矣引之以證征是口稅之法云傳別謂爲大手書于一札中字別之者謂於券背上大作一手書字札字中央破之爲二段別之云書契謂出予受入之凡要者此予則取予謂若泉府云凡賒者祭祀無過旬日喪紀不過三月及旅師云春頒秋斂賒取官物後還無生利之事凡要亦是薄書也云凡薄書之最目獄訟之要辭皆曰契者薄書之要目曰契即取予以書契是也獄訟之要辭曰契即鄭引春秋傳者是也其春秋王叔氏事在襄十年彼云王叔陳生與伯輿爭政晉侯使士匄平王室使王叔氏與伯輿合要王叔氏不能舉其契此即獄訟之要辭曰契云質劑謂兩書一札同而別之長曰質短曰劑者案地官質人云大市曰質小市曰劑鄭注大市人民馬牛之屬用長券小市兵器珍異之物用短券言兩書一札同而別之者謂前後作二券中央破之兩家各得其一背無手書字異於傳別故鄭云傳別質劑皆今之券書也云禮命禮之九命之差等者謂若大宗伯九儀從一命受職以至九命作伯差等有九是也

以聽官府之六計弊羣吏之治一曰廉善二曰廉能三曰廉敬四曰廉正五曰廉灋六曰廉辨聽平治也平治官府之計有六事弊斷也既斷以六事又以廉爲本善善其事有辭譽也能政令行也敬不解于位也正行無傾邪也法守法不失也辨辨然不疑惑也杜子春云廉辨或爲廉端○弊必世反治也如字下文治其弛舍同斷丁亂反下同解佳賣反邪似嗟反【疏】以聽至廉辨○釋曰言六計弊羣吏之治者六計謂善能敬正法辨六者不同既以廉爲本又計其功過多少而聽斷之故云六計弊羣吏之治也○注聽平至廉端○釋曰云皆以廉爲本者此經六事皆先言廉後言善能之等故知將廉爲本廉者絜不濫濁也云善善其事有辭譽也者謂有善事四方令聞辭譽也云能政令行也者謂雖無辭譽所行政令得行也云敬不解于位也者謂敬其職位恪居官次也云正行無傾邪也者以其行正直言公正無私也云法守法不失也者謂依法而行無有錯失也云辨辨然不疑惑也者謂其人辨然於事分明無有疑惑之事也杜子春云廉辨或爲廉端者經本或爲廉端後鄭不從者若爲端端亦正與廉正爲重故不從引之在下者不苟違之亦得爲一義故也

以灋掌祭祀朝覲會同賓客之戒具軍旅田役喪荒亦如之法謂其禮法也戒具戒官有事者所當共七事者令百官府共其財用治其施舍聽其治訟七事謂先四如之者三也施舍不給役者七事故書爲小事杜子春云當爲七事書亦爲七事○共音恭禮本供字皆作共可以意求之【疏】以灋至治訟○釋曰言以法掌祭祀已下七者皆是上六聯百官聯事通職者以其衆官共故經云令百官府共其財用也然六聯之中不言朝覲會同者以彼賓客中可以兼之以其朝覲會同還是諸侯賓客之事此七事不言斂弛以其非七事中之大事故退之在下○注法謂至當共○釋曰言禮法謂七者皆有舊法依行若九式曰祭祀之式云戒具戒官有事所當共也者此七事在大宰入法中六曰官法彼在八曰官計上者以其彼有數故在上此官法無數故退在六計下也○注上七事至七事○釋曰七事先四謂從祭祀至賓客云如之者三也者從軍旅至喪荒也云施舍不給役○上六聯注引鄉大夫國中貴者老者疾者服公事者是也云七事故書爲小事者與經不相當故杜子春從經爲正也

凡祭祀贊王幣爵之事祼將之事又從大宰助王也將送也祼送送祼謂贊王酌鬱鬯以獻尸謂之祼祼之言灌也明不爲飲主以祭祀唯人道宗廟有祼天地大神至尊不祼莫稱焉凡鬱鬯受祭之啐之奠之○祼古亂反爲于僞反稱尺證反啐寸對反【疏】注又從至奠之○釋曰案大宰職云祀五帝贊玉幣爵今此又云祭祀贊此三者謂小宰執以授大宰大宰執以授王是相贊助故云又從大宰助王也云將送也祼送送祼謂贊王酌

鬱鬯以獻尸者上云贊玉幣爵據祭天而下引云祼將是據祭宗廟且上大宰不言贊祼將則大宰不贊之故此注云贊王酌鬱鬯也云明不爲飲主以祭祀者朝踐已後尸乃飲二祼爲奠不飲故云不爲飲主以祭祀云唯人道宗廟有祼天地大神至尊不祼者據大宰祀五帝及大神亦如之皆不言祼此文又祼將在玉幣爵之下明宗廟有祼天地無祼且大宗伯祀天言禋祭社言血享大神不灌者不用降神無妨用秬鬯必若然天地用八尊直有五齊三酒不言秬鬯尊者以其冪人職天地八尊者以與宗廟六彝相對爲文鬯人職秬鬯不入彝尊則別有尊矣不言者略耳不祼者覆載之德其功尤盛欲報之德無可稱焉故無祼直加敬而已其牲用特其器陶匏皆是質略之事故鄭云莫稱焉云凡鬱鬯受祭之啐之奠之者謂王以圭瓚酌鬱鬯獻尸后亦以璋瓚酌鬱鬯獻尸尸皆受灌地降神明爲祭之向口啐之啐之謂入口乃奠之於地也祭天地既言無灌案宗伯涖玉鬯又案禮記表記云親耕粢盛秬鬯以事上帝上帝得有秬鬯者案春官鬯人職掌共秬鬯下所陳社稷山川等外神皆用秬鬯不用鬱廟言灌且亦天地無祼也天地無人職用鬯者唯有宗廟及祼賓客耳

凡賓客贊祼凡受爵之事凡受幣之事

唯祼助宗伯其餘皆助大宰王不酌賓客而有受酢大宗伯職曰大賓客則攝而載祼

疏　凡賓至之事○釋曰凡賓客贊祼者案大行人云上公再祼而酢侯伯一祼而酢子男一祼不酢謂諸侯來朝朝享既畢王禮之有此灌酢之禮也云凡受爵之事者謂上公與諸侯酢王之爵王受之云凡受幣之事者謂廟中行三享享時璧以帛琮以錦致享時有此受幣之事皆言凡者謂諸侯非一故言凡以廣之也○唯祼至載祼○釋曰言唯祼助宗伯者後引宗伯職者是也云其餘皆助大宰者謂受爵幣二者皆助大宰賓客酢王之時大宰於賓處受而授王王飲訖大宰受爵以授小宰受幣之時亦王親受受以授大宰大宰以授小宰也云王不酌賓客而有受酢者案燕禮使宰夫爲主人是君不酌臣於諸侯亦然受酢是飲酒之事臣不可代君飲酒故有受酢之事也又引大宗伯職曰大賓客則攝而載祼者案彼鄭注云載爲也言爲者攝酌獻耳拜送則王也若然大宗伯非直攝王祼若上公再祼兼有后祼之時大宗伯亦代后祼也拜送則后也拜乃恭敬之事亦不可使臣代之故也

喪荒受其含襚幣玉之事

春秋傳曰口實曰含衣服曰襚凶荒有幣玉者賓客所賻委之禮○襚音遂賻音周

疏　喪荒至之事○釋曰喪謂王喪諸侯諸臣有致含襚幣玉之事荒謂凶年諸侯亦有致幣玉之事上大宰不言則此小宰專受之案禮記少儀云臣致襚於君則曰致廢衣於賈人則諸侯臣皆得致含也○注春秋至之禮○釋曰云春秋傳者公羊文其含襚所用在死之時若既殯之後亦容有致之法故禮記雜記殯後諸侯遣使致含襚賵之禮主人受之雖不及事容致厚意是以春秋左氏秦人來歸僖公成風之襚亦在踰年後春秋不譏也云凶荒有幣玉者賓客所賻委之禮者案小行人云若國凶荒則令賻委之彼謂王家賻委諸侯法此謂諸侯賻委王家法也

月終則以官府之敘受羣吏之要

主每月之小計

疏　月終至之要○釋曰月計曰要故每月月終則使官府致其簿書之要受之當先尊後卑故言敘○注主每月之小計○釋曰言小計對下經歲會爲大計也若大會則下文冢宰平之

贊冢宰受歲會歲終則令羣吏致事

使齎歲盡文書來至若令上計○齎子兮反上時掌反下同

疏　贊冢至致事○釋曰贊助也歲計曰會言冢宰則據百官摠焉謂助冢宰受一歲之計云歲終則令羣吏致事者謂使六官各致一年功狀將來考之故也○注使齎至上計○釋曰漢之朝集使謂之上計吏謂上一年計會文書及功狀也

正歲帥治官之屬而觀治象之灋徇以木鐸曰不用灋者國有常刑

正歲謂夏之正月得四時之正以出教令者審也古者將有新令必奮木鐸以警衆使明聽也木鐸木舌也文事奮木鐸武事奮金鐸○夏戶雅反後放此

疏　正歲至常刑○釋曰此則大宰周之正月之吉始和布之於天下至此建寅正歲之正月懸之於象魏其小宰亦助大宰帥治官六十官之屬及萬民而觀治象之法使知當年治政之法也其時小宰徇以木鐸以警衆曰不用法者國有常刑欲使之用命不犯刑也○注正歲至金鐸○釋曰知正歲是夏之正月者見凌人云正歲十有二月令斬冰若正歲是見子周正即今之十月冰未堅不得斬之言正歲得四時之正周殷則不得以此推之諸言正歲者皆四時之正是建寅之月云古者將有新令必奮木鐸以警衆者案禮記檀弓云自寢門至於庫門振木鐸曰舍故而諱新彼及此文皆是有命奮木鐸警衆使明聽之事也云木鐸木舌者鐸皆以金爲之以木爲舌則曰木鐸以金爲舌則曰金鐸也云文事奮木鐸者此文乃檀弓并明堂位曰振木鐸於朝天子之禮皆是也又云武事奮

金鐸者鼓人云金鐸通鼓大司馬云兩司馬振鐸是也 乃退以宮刑憲禁于王宮 憲謂表縣之若今新有法令云〔疏〕注憲謂至令云○釋曰凡刑禁皆出秋官今云憲禁者與布憲義同故小宰得秋官刑禁文書表而縣之於宮內也 令于百官府曰各脩乃職攷乃灋待乃事以聽王命其有不共則國有大刑 乃猶女也〔疏〕令于至大刑○釋曰此經於職末當稟于大宰而令百官謹于此數事以結之也 宰夫之職掌治朝之灋以正王及三公六卿大夫羣吏之位掌其禁令 治朝在路門之外其位司士掌焉宰夫察其不如儀○治直吏反注及下之治贊治官掌其治皆同朝直遙反後皆同〔疏〕宰夫至禁令○釋曰言掌治朝之法以正王及三公六卿大夫羣吏之位者案司士云正朝儀之位辨其貴賤之等王南鄉三公北面東上孤東面北上卿大夫西面北上王族故士虎士在路門之右南面東上大僕從者在路門之左南面西上此羣吏即羣士是其位也掌其禁令即察其不如儀耳○注治朝至如儀○釋曰知此治朝在路門外者燕朝在路寢庭外朝在庫門外其事希簡非常治政之所此云治朝是常治事之朝故知是路門外夏官司士所掌者知察其不如儀者宰夫與司士俱是下大夫非贊治朝又見經云禁令知察其不如儀式者也 直 敍羣吏之治以待賓客之令諸臣之復萬民之逆 恒次敍諸吏之職事三者之來則應使辨理之鄭司農云復請也逆迎受王命者宰夫主諸臣萬民之復逆故詩人重之曰家伯維宰玄謂復之言報也反也反報於王謂於朝廷奏事自下而上曰逆逆謂上書〔疏〕敍羣至之逆○釋曰此宰夫次敍羣吏諸臣等之治職即以待賓客已下三事使之應荅不關於事也言以待賓客之令此一者謂若大宗伯朝覲會同則爲上相肆師云大朝覲佐儐及大小行人掌客掌訝委人遺人之屬皆是待賓客之官使辨理之也云諸臣之復此其二者案夏官小臣職云掌三公及孤卿之復逆復逆並掌之此不言逆者但宰夫直次之不掌事故於文略也又案夏官大僕職云掌諸侯之復逆此諸臣中兼之此宰夫恒敍大僕小臣等辨理此復逆之事也云萬民之逆此三也者案夏官御僕職掌羣吏庶民之復逆彼羣吏與此繆羣吏爲羣臣別故鄭彼注羣吏府史以下此不言羣吏及復亦是文略也此宰夫次敍御僕使辨理府史萬民復逆也○注恒次至上書○釋曰鄭司農云復請也逆迎受王命者復是報白之義不得爲請故後鄭不從又王命既出在下受而受而行之不得云逆逆者向上之言不爲向下之義故後鄭亦不從云宰夫主諸臣萬民之復逆故詩人重之曰家伯維宰者知彼宰非大宰而當此宰夫者維宰在司徒下膳夫上故知是宰夫也此先鄭以官次第當宰夫案鄭彼注冢宰掌建邦之六典皆卿也不從司農者諸經單稱宰者皆大宰若宰夫無單言宰者故爲大宰解之若然大宰在司徒下者彼以權寵爲次不以尊卑故內史中大夫在膳夫上士之下師氏中大夫在趣馬下士之下玄謂復之言報也反也者謂羣臣受王命使臣行之訖反報於王故云朝廷奏事也云自下而上曰逆者謂自上而下曰順故自下而上曰逆也言上書者則今之上表也若然據夏官諸侯諸臣萬民皆復逆並有則此亦皆有上書奏事耳司農於此注復爲請逆爲迎受王命後鄭不從及至夏官大僕先鄭注云復謂奏事逆謂受下奏即與後鄭義同故彼後鄭從之若然是先鄭兩解也案內豎云掌外內之通令凡小事鄭注云內后六宮外卿大夫也使童豎通王內外之命給小事者以其無與爲禮出入便疾內外以大事聞王則大事侯朝而自復若然何須更有小臣等復逆乎然者一日萬機或有侯朝自復有大事急促不得待朝即須非時通傳使聞徹在上者也 掌百官府之徵令辨其八職一曰正掌官灋以治要二曰師掌官成以治凡三曰司掌官灋以治目四曰旅掌官常以治數五曰府掌官契以治藏六曰史掌官書以贊治七曰胥掌官敍以治敍八曰徒掌官令以徵令 別異諸官之八職以備王之徵召所爲正辟於治官則冢宰也治要若歲計也師辟小宰宰夫也治凡若月計也司辟上士中士治目若今日計也旅辟下士也治數每事多少異也治藏藏文書及器物贊治若今起文書草也治敍次序官中如今侍曹伍伯傳吏朝也徵令趨走給召呼○藏才浪反注治藏同別彼列反辟於音譬本亦作譬下皆同傳直專反〔疏〕掌百至徵令○釋曰言掌百官府之徵令辨其八職者謂摠王朝三百六十官

以備王之所徵召及施令若不分別其職則徵召無所指斥故須分辨三百六十職也○一曰正者正長也六鄉下各有屬六十故六鄉稱正也云掌官法者掌當官之法也以治要者要謂大計要也○注別異至召呼○釋曰自正已下爲八職皆備王召呼則正亦備王召呼及所爲也言正辟於治官則冢宰也者以其六鄉異目或稱大宰或稱司徒之等尊卑相似正長也每職各爲一官之長故摠謂之正也以其六者非一相比辟故以辟言之今舉天官一官言之餘可知云治要若歲計也者案下文歲終云會月終云要旬終云成此歲云要者但六鄉下云要不云會以要當會處故以治要爲歲計也云師辟小宰宰夫也者以下文四曰旅是下士諸官皆名旅其下士之上有上士中士向上差次當三曰司上士之上向上差次有小宰宰夫故知二曰師當小宰宰夫也言辟者亦是六鄉之下皆有此二者若司徒之下小司徒鄉師之類故亦言辟也二者同名師者亦是六者異目尊卑相次故同名師也云治凡若月計者上要既當歲會故治凡當月計曰要之處也云司辟上士中士者此亦是題目有異若大司馬之下上士曰輿司馬中士曰行司馬與諸官上士中士不同尊卑相似故摠謂之司馬以其各有職司也六官之下同名司故亦云辟也云治目若今日計也者從治要向下以次

差之此治目當日計曰成之處故云今日計也云旅辟下士也者此下士既無所兼故存本號曰旅亦是六官下同號曰旅故亦曰辟也云治數每事多少異也者以上治目當日計此治數無數當下士稱旅理衆事故以治數爲每事多少解之云治藏藏文書及器物者其名曰府府者主以藏物故藏當司文書及當司器物也云贊治若今起文書草也者起文書草乃後判決是爲贊治之法故稱贊治也云治敘次序官中者既有才智爲什長當次序官中須人驅役之處則科次其徒故云次敘官中也云如今侍曹五伯傳吏朝也者漢時五人爲伍伯長也是五人之長言傳吏朝者傳在朝羣吏諸官事務於朝也胥爲什長亦然故舉漢法況之也云徵令趨走給召呼者其徒止爲在朝趨走供給官人召呼使役之事也

掌治灋以考百官府羣都縣鄙之治乘其財用之出入凡失財用物辟名者以官刑詔冢宰而誅之其足用長財善物者賞之　羣都諸采邑也六遂五百家爲鄙五鄙爲縣言縣鄙而六鄉州黨亦存焉乘猶計也財泉穀也用貨賄也物畜獸也辟名詐爲書以空作見文書與實不相應也官刑在司寇五刑第四者○辟名徐芳石反劉芳益反于云不當也畜許又反見賢遍反

疏　掌治至賞之○釋曰宰夫是句考之官故以治法考百官府及羣都縣鄙鄉遂之內治功善惡也言乘計其財用之出入者謂上數處用官物者當乘計其用財之出入知其多少云凡失財用物辟名者謂失官家財及用與物三者而辟名者以官刑詔告冢宰長官誅責之也有足用之能足長財財又能長善物物又能善如此者賞之○注羣都至四者○釋曰云羣都諸采邑也者謂大都小都家邑三處也云六遂五百家爲鄙五鄙爲縣者遂人文云六鄉州黨亦存焉者六遂在外尚考之六鄉在內考之可知不言者舉外以包內也云乘猶計也者計者筭法乘除之名出於此也云財泉穀也者上九賦斂財賄已釋訖云用貨賄也者案內府云掌受九貢九賦九功之貨賄以待邦之大用故知用中有貨賄也云物畜獸也者案獸人云掌罟田獸辨其名物及春秋獻獸物又牧人云掌牧六牲而阜蕃其物以此知物中有畜有獸也云辟名詐爲書以空作見文書與實不相應也者其人失財用物者則詐爲文書以空物作見在文書與實物不相應是罪人也云官刑在司寇五刑第四者彼司寇掌五刑其四曰官刑上能糾職是也

以式灋掌祭祀之戒具與其薦羞從大宰而眡滌濯　薦脯醢也羞庶羞內羞　疏　以式至滌濯○釋曰言式法者謂祭祀大小皆有舊法式依而戒敕使共具之云與其薦羞者謂亦戒具之也云從大宰而眡滌濯者上大宰職已云祀五帝眡滌濯此宰夫又從大宰眡之也○注薦脯至內羞釋曰案儀禮鄉飲酒鄉射燕禮諸單言薦者皆是脯醢故知此薦亦脯醢云羞庶羞內羞者庶羞謂天子入豆諸侯六豆之等內羞謂祭祀食後所加言內者少牢所謂房中之羞糗餌粉餈是也

凡禮事贊小宰比官府之具　比校次之○比如字注同戚眡志反　疏　注比校次之○釋曰上小宰於七事已言以法掌戒具此宰夫贊小宰校次之使知善惡足否也

凡朝覲會同賓客以牢禮之灋掌其牢禮委積膳獻飲食賓賜之飧牽與其陳數　牢禮之法多少之差及其時也三牲牛羊豕具爲一牢委積謂牢米薪芻給賓客道用也膳獻禽羞俶獻也飲食燕饗也鄭司農云飧夕食也春秋傳曰飧有陪鼎牽牲牢可牽而行者春秋傳曰餼牽竭矣

玄謂飧客始至所致禮。凡此禮陳數存可見者，唯有行人掌客及聘禮、公食大夫。○委積上於僞反，下子賜反，此二字相連皆同此音。飲鄭徐於鴆反，注同。食音嗣，注飲食、公食同。飧音孫。牽一本作實，賜掌其飧牽，干本同。俶昌六反。

疏凡朝至陳數。○釋曰：上大宰云大朝覲會同，彼言大朝覲爲會同而來，今此朝覲不言大，則朝覲自是四時常朝，及會同皆有賓客也。云以牢禮之法者，五等諸侯來朝，天子待之自有常法，若大行人、掌客者也。云掌其牢禮者，下別言委積之等，則此牢禮謂饗食之禮。若然，委積是賓未至時在道所設，聘禮云聘日致饔，則饔餼是朝日致之矣。今在委積之上者，以饔餼是禮之大者，故先言之。且委積非直賓來時共之，賓去亦共之，在下亦共宜。若然，飧牢皆殺，而云飧牽者，以掌客云積視飧牽，據積而言之也。○注牢禮至大夫。○釋曰：云牢禮之法多少之差者，案大行人上公饗餼九牢，饗禮九獻，食禮九舉，此等其侯伯降二等，以七爲節，子男又降二等，以五爲節也。又掌客云上公飧五牢五積，侯伯飧四牢四積，子男飧三牢三積，是其數也。云及其時也者，案聘禮云賓至，大夫帥至于館，即言宰夫朝服設飧，又云聘日致饔，即天子待諸侯亦然。其委積者，從來至去在道而設之，並是時也。若然，此等之禮並是掌客所主，今此復言之者，此宰夫雖非正職，以

其主陳之，當知其數，故言之耳。云三牲牛羊豕具爲一牢者，此依聘禮卿韋弁歸饔餼於館之時，有五牢：餁一牢設於西階，腥二牢設於東階，牽二牢陳于門內之西，北首，以牛一、羊一、豕一稱牢。此既以經牢禮爲饔餼，故還引聘禮順饔餼以證之也。云委積謂牢米薪芻給賓客道用也者，依掌客云積視飧牽，飧有芻薪及米，明委積在道所設亦有芻米薪蒸也。且地官遺人云十里有廬，廬有飲食；三十里有宿，宿有委；五十里有市，市有積。是其委積給客道用也。云膳獻禽羞俶獻也者，此聘禮記文，彼注云禽羞謂成孰有齊和者，俶獻四時珍美新物也。俶，始也，言其始可獻也。聘義謂之時賜是也。云飲食燕饗也者，鄭以燕饗解飲食，即是飲人燕饗中，不解經中食爲食禮者，經中言食則食禮自明。令云飲食燕者，欲見飲人燕禮可知，饗中又兼燕與食，以其饗有米有酒故也。司農云飧夕食也者，先鄭以飧字下爲之，即爲夕食。但客至即設，不要待夕，故後鄭不從也。云春秋傳曰飧有陪鼎者，左氏昭五年楚遠啓彊曰宴有好貨，飧有陪鼎，是也。云春秋傳曰餼牽竭矣者，左氏僖三十三年鄭皇武子辭秦客杞子等云唯是脯資餼牽竭矣，是也。玄謂飧客始至所致禮者，此亦先鄭案聘禮客始至，大夫帥至于館，宰夫朝服設飧，不待至夕也。云凡此禮陳數存可見者，唯有行人、掌客及聘禮、公食大夫者，以儀禮三千條內具有諸侯之禮，偶亡滅者多，今存可見者，周禮之內有大行人、掌客，是待諸侯之禮；儀禮之內有聘禮、公食大夫，是待聘客之法，皆有陳數，考校可知也。

凡邦之弔事，掌其戒令，與其幣器財用凡所共者。弔事，弔諸侯諸臣。幣所用賻也。器所致明器也。凡喪，始死弔而含襚，葬而賵贈，其間加恩厚，則有賻焉。春秋譏武氏子來求賻。○賻音附。

疏凡邦至共者。○釋曰：弔謂王使人弔諸侯，自弔諸臣，須從王行者，并有贈喪之具，百官當共，故宰夫揔戒令之，與其幣器財用凡所共者也。○注弔事至求賻。○釋曰：案大宗伯云以喪禮哀死亡，禮記檀弓曰君臨臣喪，巫祝桃茢執戈，惡之也。天子之禮弔諸臣之法，春秋左氏王使榮叔歸含且賵，是有弔法，故云弔諸侯諸臣也。云幣所用賻也者，案公羊傳口實曰含，車馬曰賵，衣服曰襚，幣不入含襚賵中，故知是賻也。云器所用致明器也者，案儀禮既夕禮云若就器則坐奠于陳，注云就猶善也，贈無常，唯翫好，則此贈與人亦是賓客就器，而云明器者，相對言之，則檀弓云竹不成用，瓦不成味，木不成斲，琴瑟張而不平之等，是主人之明器；賓客所致者謂之就器，就，成也，謂善作之名爲就器。揔而言之，皆是神明死者之器，故此就器亦名

明器也。云凡喪始死弔而含襚，葬而賵贈，其間加恩厚則有賻焉，言此者，欲見賻非正禮，其賻乃是於死者恩厚乃加之，故禮記云弔喪不能賻，不問其所費，是恩厚之義也。云春秋譏武氏子來求賻者，隱公三年公羊文。案公羊云武氏子來求賻，何以書？譏。何譏爾？喪事無求，求賻非禮。何休云：禮本爲有財者制，有則送之，無則致哀而已，不當求，求則皇皇傷孝子心。蓋通於下。何休云云爾者，嫌天子財多不當求，下財少可求，故明皆不當求。鄭引此者，見王於諸侯諸臣有歸則爾，諸侯諸臣亦不得求也。顏路請子之車，孔子不與，亦是不合求，故抑之也。

大喪小喪，掌小官之戒令，帥執事而治之。大喪，王后世子也。小喪，夫人以下。小官，士也。其大官則冢宰掌其戒令。治謂共辦。○辦蒲莧反。

疏大喪至治之。○釋曰：其小官士以下，則此宰夫戒令諸官有事者也。○注大喪至共辦。○釋曰：大宰云大喪贊贈玉含玉，宗伯云朝覲會同則爲上相，大喪亦如之，鬱人、鬯人俱云大喪之渳，典瑞云大喪共飯玉含玉，彼皆據喪。唯司寇云大喪前王，以爲嗣王，皆不爲后世子喪者，彼皆不對小喪，此大喪對小喪，亦王所弔服，故注爲王后世子也。此不言庶子，文不具。云小官士也者，宰夫下大夫，所掌而言小官，明是士可知。云

其大宫則冢宰掌其戒令者冢宰不言者文不具云治謂共辦者謂當職合共者供辦之三公六卿之喪與職喪帥官有司而治之凡諸大夫之喪使其旅帥有司而治之旅冢宰下士疏三公至治之○釋曰三公六卿喪尊故宰夫與春官職喪帥其於喪家有事官有司而治之治之亦謂共辦之大夫之喪卑宰夫不自爲使在已之下其旅三十有二人帥有事於喪家之有司而治之治之亦謂共辦之也歲終則令羣吏正歲會月終則令正月要旬終則令正日成而以攷其治治不以時舉者以告而誅之歲終自周季冬正猶定也旬十日也治不時舉者謂違時令失期會○會如字疏歲終至誅之○釋曰言周之歲終十二月則令羣吏羣吏則六十官正歲會正猶定也謂一年會計文書揔句考之歲計曰會也月終則令正月要者謂每月終則令羣吏正其月要月要謂月計曰要也旬終謂每旬終則令羣吏正其日成日成謂日計曰成也云而以攷其治者

言會要成揔考之云治不以時舉者謂文書稽滯者故鄭云違時令失期會也云以告而誅之者謂告冢宰而誅責之也○注歲終至期會○釋曰知歲終是周之季冬者以其正月之吉始和彼正月是周之正月始和布治于天下至今歲終考之是一歲之終故知非夏之歲終也云正猶定者以其文書定乃可攷之故爲定也云旬十日也者上文云前期十日少牢云旬有一日旬與十日正同故知旬十日也正歲則以灋警戒羣吏令脩宮中之職事警勑戒之言鄭司農云正歲之正月以法戒勑羣吏○警京領反疏正歲至職事○釋曰正歲乃夏之正月是其歲始故以法警戒羣吏令脩宮中之職事以謹勑之也書其能者與其良者而以告于上良猶善也上謂小宰大宰也鄭司農云若今時舉孝廉賢良方正茂才異等疏書其至于上○釋曰上云令脩宮中之職事則此謂宮中諸吏也正歲之正月則豫選之擬至歲終當舉之也○注良猶至異等○釋曰知上是小宰大宰者以其承上文歲始未是賞時且長自告于王知上非王是小宰大宰先鄭云若今舉孝廉者謂孝弟廉潔賢良即經中良者謂有賢行而良善也云方正者人雖無

別行而有方幅正直者也云茂才者漢光武諱秀時號爲茂才即經云能者也云異等者四科不同等級各異故云異等此經據宮中子弟先鄭所云不要宮中之人引之況義耳

宮正掌王宮之戒令糾禁糾猶割也察也疏注糾猶至察也○釋曰案下經王宮中有官府故掌王宮之戒令之事有過失者已發則糾而割察之其未發則禁之也以時比宮中之官府次舍之衆寡時四時比挍次其人之在否官府之在宮中者若膳夫玉府內宰內史之屬次諸吏直宿若今部署諸廬者舍其所居寺○比徐方履反一音毗志反注下並同宿戚如字劉息就反下同疏以時至衆寡○釋曰以四時挍比官中見在在王宮中者之官府及宿衛者次舍之衆寡也○注時四至居寺○釋曰此時是尋常事故爲四時解之案地官鄉師云以歲時巡國及野而賙萬民之囏阨鄭彼注時隨其事之時不爲四時解者彼據囏阨非常故爲隨其事之時不得爲四時也云官府之在宮中者若膳夫玉府等者以其言在宮中之官府是執掌重事美物及飲食乃得在王官故知是此人等云次諸吏直宿若今時部署諸廬者此次

謂若匠人云外有九室九卿治之即詩云適子之館兮鄭云卿士所之之館在天子之宮中如今部署諸廬彼二者與此次爲一物此據宮中之官府下宮伯云授八次八舍鄭注衛王宮者彼據官中官府子弟去舍其所居寺者寺即舍也是官府退息之處爲之版以待鄭司農云爲官府次舍之版圖也待待比也玄謂版其人之名籍待待戒令及比疏爲之版以待○釋曰版謂宿衛人名籍爲官正執籍校比之也○注鄭司農至及比○釋曰先鄭以版爲官府次舍之版圖者先鄭於八成注云版名籍圖地圖此注連言圖其版即名籍與後鄭義同後鄭以爲八名籍者增成先鄭義也夕擊柝而比之夕莫也莫行夜以比直宿者爲其有解惰離部署鄭司農云柝戒守者所擊也易曰重門擊柝以待暴客春秋傳曰魯擊柝聞於邾○柝吐各反莫音暮本亦作暮行下孟反爲于僞反下注皆同解佳賣反惰徒帥反離力智反重直龍反聞音問又如字疏夕擊柝而比之○釋曰既得名籍至夕莫擊柝而比之恐其解惰也○注夕莫至於邾○釋曰後鄭云莫行夜以比直宿者謂直宿即坐持更之人則行夜者擊柝校比直宿人故先鄭云柝戒守者所擊也易曰者是易繫辭文彼又云蓋取諸豫鄭玄注云豫坤下震上九四體

震又互體有艮艮爲門震日所出亦爲門重門象艮又爲手巽爻也應在四皆木也手持二木也手持二木以相敲是爲擊柝擊柝爲守備警戒也四又互體爲坎坎爲盜五離爻爲甲冑戈兵盜謂持兵是暴客也又以其卦爲豫有守備則不可自逸是也云春秋傳曰者左氏哀七年秋魯伐邾茅成子請告于吳不許曰魯擊柝聞於邾吳二千里不三月不至何及於我引之證擊柝之義也

國有故則令宿其比亦如之鄭司農云故謂禍災令宿宿衛王宮春秋傳曰忘守必危況有災乎玄謂故凡非常也文王世子曰公有出彊之政庶子以公族之無事者守於公宮正室守大廟諸父守貴宮貴室諸子諸孫守下宮下室此謂諸侯也王之庶子職掌國子之倅國有大事則帥國子而致於大子唯所用之者令宿之事蓋亦存焉○守手又反又音手疆居良反倅七內反 疏 國有至如之○釋曰有故有災禍及王時出行不在皆是也云則令宿其比亦如之者亦如比夕擊柝已上之事與平常同也○注鄭司至存焉○釋曰先鄭引春秋傳者左氏昭十八年夏五月宋衛陳鄭災子產授兵登陴子大叔曰晉無乃討乎子產曰小國忘守則危況有災乎彼爲則先鄭云必讀字不同也玄謂故凡非常也文王世子曰公有出疆之政者謂出朝覲

也云庶子以公族之無事者守於公宮者此言與下爲目庶子謂諸侯庶子之官掌卿大夫士之適子并掌公家之事云正室守大廟者謂公族之內適子名爲正室使守大廟大廟尊故也云諸父守貴宮貴室者謂同族諸爲父行者貴宮貴室同爲路寢路寢對大廟生人之尊也云諸子諸孫者亦謂同族之內諸爲子行孫行者也云守下宮下室者下宮謂親廟四下室謂燕寢也云此謂諸侯也者謂文王世子文是諸侯法也云王之庶子職掌國子之倅已下者是夏官諸子職文云庶子者諸庶一也於諸侯即爲庶子於天子則爲諸子今因諸侯言庶子其實夏官所云是諸子職也彼鄭注倅謂副倅之倅國子謂諸侯卿大夫士之子者云國有大事則帥國子而致於太子唯所用之者彼云大事寇戎之事卿大夫士之子屬太子故唯太子所使用也彼是甲兵不云宿衛故鄭云令宿之事蓋亦存焉存焉者宿衛之事亦在唯所用中引之言欲見國有故中有王出疆巡守征伐皆須令宿增成先鄭義也

辨外內而時禁鄭司農云別外人內人禁其非時出○別彼列反 疏 辨外內而時禁○釋曰先鄭云分別外人內人禁其非時出入者謂住在王宮中有卿大夫士等外人謂男子內人謂婦女皆是也此男女自相對爲外人內人其內人非謂

宰職所云內人是刑女在宮中者也

稽其功緒糾其德行稽猶考也計也功吏職也緒其志業○行下孟反 疏 稽其至德行○釋曰緒業也宮正考計其宮中卿大夫士功狀及職業多少糾察其在身爲德施之爲行二者也

幾其出入均其稍食鄭司農云幾其出入若今時宮中有罪禁止不能出亦不得入及無引籍不得入宮司馬殿門也玄謂幾荷其衣服持操及疏數者稍食祿稟○荷呼可反又音何操七曹反數音朔稟彼錦反 疏 注鄭司至祿稟○釋曰先鄭引今時者謂漢法言引籍者有門籍及引人皆得出入也又云司馬殿門者漢宮殿門每門皆使司馬一人守門比千石皆號司馬殿門也玄謂幾荷其衣服持操及疏數者案閽人云喪服凶器不入宮潛服賊器不入宮奇服怪民不入宮殿門云幾出入不物者謂衣服視占不與衆同及所操物不如品式者職雖不同皆是守禁此經直云幾其出入明知漢有此呵其衣服持操及疏數此增成司農義也云稍食祿稟者稍則稍稍與之則月俸是也則下士食九人中士倍下士上士倍中士大夫倍上士之類其祿與之米稟故云祿稟也

去其淫怠與其奇衺之民民宮中吏之家人也淫放濫也怠解慢也奇衺譎觚非常○去起呂反奇音羈徐去宜反衺似嗟反亦作邪譎古穴反觚音孤 疏 注民宮至非常○釋曰此一經並是吏之民云淫放濫也怠解慢也爲此惡行也云民宮中吏之家人也者吏即宅在宮中卿大夫士其家人爲此惡行也者使之不爲即是去也此民謂若秋官隸民之類云奇衺譎觚非常者兵書有譎觚之人謂譎詐桀出觚角非常也

會其什伍而教之道義五人爲伍二伍爲什會之者使之輩作輩學相勸帥且寄宿衛之令鄭司農云道謂先王所以教道民者藝謂禮樂射御書數○會如字注同教道徒報反下道導同 疏 注五人至書數○釋曰宮正掌宮中卿大夫士亦兼掌子弟會謂會合其宮中子弟使之以五人爲伍二伍爲什必會合之者欲使之宿衛時語言相體服容相識是其輩作也及其學問又相親及切瑳琢磨是其輩學捴是相勸帥也云且寄宿衛之令者管子云因內政寄軍令在家時五家爲比在軍還五人爲伍之類此亦五人爲伍二伍爲什使之輩學似若在家也因使之宿衛以寄軍令也先鄭云道謂先王所以教道民者謂若保氏云掌養國子以道而教之六藝道則師氏三德三行也藝謂禮樂射御書數亦保氏職文也

月終則會其稍

食歲終則會其行事行事吏職也疏月終至行事。釋曰稍食謂宮中官府等月禄故至月終會計之歲終則會計行事吏職當考知功過也凡邦之大事令于王宮之官府次舍無去守而聽政令使居其處待所爲疏凡邦至政令。釋曰邦有大事謂國之大事在祀與戎則令于王宮之官府次舍無去守謂使之皆在次舍不得去部所守而聽待政令須有所爲春秋以木鐸脩火禁火星以春出以秋入因天時而以戒疏春秋至火禁。釋曰春謂季春秋謂季秋二時火星出入之時以木鐸警衆使脩火禁也。注火星至以戒。釋曰火星則心星也公羊謂之大辰服注春秋云火出於夏爲三月於商爲四月於周爲五月故云以春出也季秋昏時伏於戌火星入故云以秋入云因天時而以戒者此火謂陶冶鑄銅之火因天出火民則爲之因天入火民則休之故云因天時戒之也此施火謂宮正於宮中特宜慎火故脩火禁夏官司爟云掌行火之政令四時變國火以救時疾下又云時則施火令爲焚萊之時故脩火禁也秋官司烜云中春以木鐸脩火禁于國中注云爲季春將出火也

火禁謂用火之處及備風燥是二月預脩之三月重掌事各有所爲不相妨也凡邦之事蹕宮中廟中則執燭鄭司農讀火絶之云禁凡邦之事蹕國有事王當出則宮正主禁絶行者若今時衛士填街蹕也宮中廟中則執燭宮正主爲王於宮中廟中執燭玄謂事祭事也邦之祭社稷七祀於宮中祭先公先王於廟中隸僕掌蹕止行者宮正則執燭以爲明春秋傳曰有大事於大廟又曰有事於武宮○蹕音畢徐又音痺讀戚如字徐音豆填音田街音佳疏凡邦至執燭。釋曰凡邦之事謂祭祀之事王當出入來往時隸僕與王蹕止行人於宮中及廟中也王出向二處當侵晨而行爾時則宮正爲王執燭爲明也。注鄭司至武宮。釋曰先鄭讀火絶之則火字向上爲句也其禁自與凡邦之事蹕共爲一句宮正既不掌蹕事若如先鄭所讀則似宮正爲王蹕非也云宮中廟中則執燭者若不以邦之事與此宮中爲一事則宮中廟中何爲事而遣宮正執燭乎亦非也又云若今時衛士填街蹕也者漢儀大駕行幸使衛士填塞街巷以止行人備非常也玄謂事祭事也者謂在宮中廟中二處皆有祭事也云邦之祭社稷七祀於宮中者小宗伯云左宗廟右社稷在宮中中門之外也依祭法王爲羣姓立七祀曰司命曰中霤曰國行曰國門曰泰厲曰戶曰竈祭法又云王自爲立七祀者此則禱祀在宮中者也云春秋傳曰有大事于大廟者左氏文二年秋八月丁卯大事于大廟是也云又曰有事于武宮者昭十五年春二月癸酉有事于武宮鄭引此者欲見隸僕蹕于宮中亦得兼廟中故公羊云魯公稱世室羣公稱宮則天子之廟亦有宮稱也大喪則授廬舍辨其親疏貴賤之居廬倚廬也舍堊室也親者貴者居倚廬疏者賤者居堊室雜記曰大夫居廬士居堊室○倚於綺反疏大喪至之居。釋曰大喪謂王喪臣子皆爲之斬衰則同廬舍所居則異也云授廬舍者揔諸臣而辨其親疏貴賤之居異也。注廬倚至堊室。釋曰廬倚廬也者謂於路門之外東壁倚木爲廬云舍堊室也者舍對廬故爲堊室堊室者兩下爲之與廬異故名堊室也云親者貴者居倚廬者親謂大功以上貴謂大夫以上者居倚廬云疏者賤者居堊室者疏謂小功緦麻賤謂士二者居堊室知義如此者以其經云辨其親疏貴賤明當如此解之也又引雜記者彼是諸侯之臣其大夫居廬士居堊室彼注士居堊室亦謂邑宰也朝廷之士亦居廬引之者證貴者居廬賤者居

堊室一邊之義耳其實爲諸侯禮不辨親疏貴賤而別其遠近並爲天子之臣也宮伯掌王宮之士庶子凡在版者鄭司農云庶子宿衛之官版名籍也以版爲之今時鄉戶籍謂之戶版玄謂王宮之士謂王宮中諸吏之適子也庶子其支庶也○適音丁歷反疏宮伯至版者。釋曰宮伯掌王宮中卿大夫之適子庶子士之適子也凡在版者子弟皆有名籍以擬校比也。注鄭司至庶也。釋曰鄭司農云庶子宿衛之官謂若夏官諸子職後鄭不從者彼諸子是下大夫此宮伯中士不合掌之故不從也玄謂王宮之士謂宮中諸吏之適子也者吏謂卿大夫士之揔號云庶子其支庶也者以其宮正掌宮中官府宮伯掌其子弟故也案大司馬云王弔勞士庶子文與此同鄭彼注云弔其死者勞其傷者庶子卿大夫之子從軍者彼士爲卿大夫士庶子爲卿大夫之子則兼適庶與此不同者彼更無弔勞卿大夫士身故上爲卿大夫庶子中兼適庶是鄭望文以爲義故注與此不同也掌其政令行其秩敘作其徒役之事秩祿稟也敘才等也作徒役之事大子所用疏掌其至之事。釋曰宮伯既掌士庶子所

以有政令盡掌之也行其秩敘者秩謂依班秩受祿敘者才藝高下爲次第以作其徒役者士庶子屬大子隨其所用使役之也

授八次八舍之職事 衞王宮者必居四角四中於徼候便也鄭司農云庶子衞王宮在內爲次在外爲舍玄謂次其宿衞所在舍其休沐之處○徼古弔反便婢面反 【疏】注衞王至之處

釋曰言衞王宮者必居四角四中者以其言八似若八方爲四方四維然以四角四中解之必於八所以爲次舍者相徼察來往候望皆便故次舍皆八也司農云庶子衞王宮在內爲次在外爲舍者庶子義上已破訖先鄭意內次外舍有所隔絕故后鄭不從也玄謂次其宿衞所在者謂宿衞之處稍在前爲之館也舍者若掌舍之舍亦舍息休止之處故鄭爲休沐之處也

若邦有大事作宮衆則令之 謂王宮之士庶子於邦有大事或選當行 【疏】若邦至令之○釋曰事亦謂寇戎之事作起也謂起宮中之衆使士庶子行則宮伯戒令之

月終則均秩歲終則均敘以時頒其衣裘掌其誅賞 頒讀爲班班布也衣裘若今賦冬夏衣○頒音班 【疏】月終至誅賞○釋曰月終則均其秩

周禮疏卷三　二十三

秩祿稟則與宮正均稍食亦一也歲終則均敘與宮正則異彼宮中官府故會其行事此其子弟故均其敘敘即上注才等也以時頒其衣裘夏時班衣冬時班裘掌其誅賞者士庶子有功則賞之有罪即誅之也○注若今賦冬夏衣○釋曰賦班也班之與賦皆賜授之義

附釋音周禮注疏卷第三

南昌盧氏宣旬校定

大清嘉慶二十年重栞

知南昌府張敦仁署鄱陽縣候補知州周澍栞

周禮注疏卷三挍勘記

阮元撰盧宣旬摘錄

小宰

宮皆當爲官 嘉靖本閩本同監本毛本作當皆爲官誤倒○惠棟云以官刑憲禁于王宮而令于百官府且曰國有大刑則宮刑當作官刑明矣案經首云掌建邦之宮刑以治王宮之政令末云以宮刑憲禁于王宮宮正宮伯等職皆言王宮經無有言王官者則官刑之非官刑審矣

若今御史中丞 惠士奇云劉昭注續漢志引小宰職于賓注若御史中丞是于注非鄭注也案此當是干用鄭注賈疏本有之

已云四曰官刑 閩監毛本誤官刑

應劭云 惠挍本同與漢制考合閩監毛本劭改邵○按應邵古書多作劭以說文邵高也定之名邵故字仲遠作邵則大誤

周禮注疏卷三挍勘記　一

九貢中兼之矣 監毛本同此本矣誤人閩本誤又今訂正

謂宮正至夏采 閩本同監毛本采誤宋

此並共王食是同事 宋同爲大之誤

天官甚衆 浦鏜云天當六字誤

周公攝政三年滅奄 惠挍本作踐奄此誤○按十行本是踐字不誤

然則服亦平也 此本則誤賊今據監毛本訂正閩本然則誤糾賊

以官府之六聯合邦治 唐石經嘉靖本閩本皆作聯宋本作聅監毛本作聅並非○按依說文从耳从絲省

六曰斂弛之聯事 余本閩監毛本同唐石經宋本嘉靖本弛作弛石經考文提要云宋本九經宋纂圖互注本宋附釋音本皆作斂弛案釋文斂弛劉本作施音弛杜作施然則經文本作斂施有杜子春劉昌宗本可據劉音

弛從注讀而淺人遂據以改經耳小司徒遂人遂師遂大夫士均施舍字凡五見注皆云施讀爲弛可證漢讀考云蓋杜易施爲弛而鄭發明其義今本恐是依注改經作弛復依經改注作弛讀爲施耳

屬其六紖　余本閩監毛本同嘉靖本紖作引釋文六紖徐音允劉音引本或作引案大司徒職作屬其六引鄭司農云六引謂引喪車索也六鄉主六引六遂主六紼蓋彼經作引此注作紖有劉音可據說文紖牛系也嘉靖本依經作引與陸云或本

杜子春弛讀爲施　余本宋本嘉靖本同閩監毛本弛作弛非

皆舍不以力役之事　宋本舍作捨

杜子春引讀爲施者　浦鏜云弛誤引

不必連　案下當脫斂

簡稽士卒兵器薄書　諸本薄作簿

簡猶閱也　釋文出簡閱二字則陸本無猶字

皆官師擁鐸拱稽　浦鏜云國語師作帥擁作擁案浦據俗本國語如此耳明道本作行頭皆官師擁鐸拱稽與此合

責謂貸予　諸本同釋文出貸予二字皆誤也疏引注云責謂貸予者謂貸而生子者若今舉責卽地官泉府職云凡民之貸者以國服爲之息是也又釋經云稱責謂舉責生子則予爲子字之誤無疑當訂正

傳傳著約束於文書　此本疏中引注作傳傳著約於文書後剜擠束字蓋注本無束字

傳別謂爲大手書於一札中字別之　案大手書疑當作下手書司市注云質劑謂兩書一札而別之也若今下手書言保物要還矣疏云漢時下手書卽今畫指券大字蓋誤○按謂爲大手句絶卽今俗語所謂手摹腳印也傳別是一札而剖之分執質劑是兩札各執其一不必援司市注以改此

謂聽時以禮命之其人策書之本　浦鏜云上之字疑在其人下

此謂於官直貸不出子者　閩監毛本子改予蓋因取予字致誤也

皆是利稅之事也　閩本同監毛本作科稅

引之以證征是口稅之法　此本及閩毛本皆作曰稅今从監本訂正

凡賒者祭祀無過旬日　監本賒改賖俗字下同

簿書之要目曰契　案要當從注作最○按最古作冣此以要釋冣耳毛本作最目曰契是也

辨辨然不疑惑也　疏云辨辨然於事分明無有疑惑之事惠棟云辨然不不讀爲否漢官儀解博士云士者辨於然否是也疏讀非案釋文亦無音○按古人不字多讀平聲者今人但於詩句用之

令百官府共其財用治其施舍　唐石經諸本同毛本官府誤倒案上注聽平治也釋文治如字下文治其弛舍同凡經云施舍注皆讀施爲弛此注不言讀爲蓋經本作弛字或經作施舍注云弛舍陸氏本注讀也

書亦爲七事　漢讀考謂當作書亦或爲七事

云施舍不給役　閩本同監毛本下增者

贊王幣爵之事　唐石經嘉靖本閩監毛本同宋本余本王作玉宋岳珂九經三傳沿革例云諸本王皆作玉惟越注疏及建大字本作王大宰贊玉幣爵上文有贊王牲事則玉幣爵不得再言王小宰職畢不獲贊牲事且此上文未有王字故言玉幣爵注所謂從大宰助王其義甚明案疏云大宰職祀五帝贊玉幣爵今此又云祭祀贊此三者謂小宰執以授大宰大宰執以授王故云又從大宰助王也是賈疏本作王字注云從大宰助王當從疏義岳說非段玉裁漢讀考言之備矣

而下引云祼將　浦鏜云別誤引

大賓客則攝而載祼　浦鏜云經作果注果讀爲祼案鄭既於彼注改讀故於此引經竟從其所讀三禮注皆如是

使齎歲盡文書來至　監本齎作賫非釋文亦誤賫葉鈔本作齎○按依說文則監本不誤

而觀治象之灋徇以木鐸曰不用灋者　監毛本灋改法徇作狥非疏中同

此文乃檀弓并明堂位　浦鏜改乃爲及非

各修乃職　唐石經嘉靖本修作脩諸本皆作修非當訂正○按經典多用脩罕用修者

宰夫之職　閩監毛本誤連上文不跳行

王族故士虎士　虎士舊誤處功今據經訂正

宰夫主諸臣萬民之復逆　宋本萬作万

在下受而受而行之　（補）案受而二字誤重

然者一日萬機　惠挍本然下有王此脫

如今侍曹伍伯　余本嘉靖本閩監毛本同宋本伍作五此本疏中引注及漢制考皆作五百案疏云漢時五人爲伍伯長也是五人之長然則訓伍爲五訓伯爲長不得竟作五也一作五非

云如今侍曹五伯傳吏朝也者　閩監毛本作伍伯此作五非

其徒止爲在朝趨走　監本止誤上

賓賜之飧牽　釋文唐石經飧作飱從夕釋文云一本作賓賜掌其飱牽○案此本注內及疏文並作飱

俱亡滅者多　浦鏜云俱當但字誤

木不成斵　惠挍本同閩監毛本作斲非

何休云云爾者　浦鏜云當衍一云

彼皆據喪　案據下當脫王

歲終自周季冬　浦鏜云是誤自案此字當衍

則令羣吏羣吏則六十官　此本補刻下羣吏誤羣臣今據閩監毛本訂正

宫正

若今部署諸廬者　疏引注作若今時部署諸廬者案時字當有注中屢言若今時

夕擊柝而比之　唐石經柝作析此本作拆訛今訂正

故謂禍灾　諸本灾作災此蓋俗省疏中灾災錯出此本補刻多不足據

則師國子而致於大子　閩監毛本同誤也宋本余本嘉靖本師作帥當訂正又此本及閩監毛本疏中皆作帥不誤

亦如比夕擊柝已上之事　惠挍本比作上此誤

引之言欲見國有故中　惠挍本言作者此誤

禁止不能出　閩監毛本同誤也宋本余本嘉靖本能作得當訂正

不得入宫司馬殿門也　諸本同案殿字疑衍顔師古注漢書元帝紀云司馬門者宫之外門也衛尉有八屯衛候司馬主衛士徼巡宿衛每面各二司馬故謂宫之外門爲司馬門此因賈疏云司馬門者漢宫殿門遂衍殿字矣○按疏明言云司馬殿門者是有殿字可知漢官儀云公車司馬掌殿司馬門司馬殿門郎殿司馬門也

元謂幾荷其衣服持操　宋本余本嘉靖本同監毛本荷作呵非閩本呵字剜改蓋本作荷葉鈔釋文漢制考皆作荷六經正誤云呵亦作荷呼何反又音何漢書責問作呵芙渠作荷惠棟云漢書守荷禮不作呵萬卷堂本是

皆得出入也　惠挍本皆作乃此誤

元謂幾荷其衣服持操　閩監毛本荷改呵此本下仍作呵非

殿門云幾出入不物者　浦鏜云司誤殿

稍則稍稍與之　惠挍本句首有言

則下士食九人　惠挍本作食則下士九人非也

與其奇衺之民　釋文衺亦作邪案經作衺注作邪見地官司救音義

怠解慢也　宋本余本嘉靖本閩本同監毛本解改懈而疏中仍作解

禁凡邦之事蹕　嘉靖本邦作國惠挍本亦作國云萬卷堂本仍作邦

宮正主爲王於宮中廟中執燭　嘉靖本執燭上有則

何爲事而遣宮正執燭乎　盧文弨曰何爲疑當作爲何

宮伯

謂王宮中諸吏之適子也　疏引注無王此衍

故上爲卿大夫　惠挍本上作士此誤

秩祿稟也　宋本稟作廩誤稟筆錦反賜也

周禮注疏卷三挍勘記終

南昌袁泰開挍

附釋音周禮注疏卷第四

鄭氏注　賈公彦疏

膳夫掌王之食飲膳羞以養王及后世子食飯也飲酒漿也膳牲肉也羞有滋味者凡養之具大略有四○食音嗣注及下食用公食同飯扶萬反依字作飰 疏 膳夫至世子○釋曰云膳夫掌王之食飲者此一經以其職首故略舉其目下別敘之云以養王及后世子者舉尊者而言其實羣臣及三夫人已下亦養之○注食飯至有四○釋曰云食飯也者即下文云食用六穀是也云飲酒漿也者即下文飲用六清是也下文不言酒文略也云膳牲肉也者即下文云膳用六牲是也云羞有滋味者即下文云羞用百有二十品是也下文仍有珍用八物醬用百有二十甕不言之者此舉大者珍醬是饋之小者略而不言故鄭云凡養之具大略有四是舉以爲目也

凡王之饋食用六穀膳用六牲飲用六清羞用百二十品珍用八物醬用百有二十甕進物於尊者曰饋此饋之盛者王舉之饌也六牲馬牛羊豕犬雞也羞出於牲及禽獸以備滋味謂之庶羞公食大夫禮内則下大夫十六上大夫二十其物數備焉天子諸侯有其數而物未得盡聞珍謂淳熬淳母炮豚炮牂擣珍漬熬肝膋也醬謂醯醢也王舉則醢人共醢六十甕以五齏七醢七菹三臡實之醯人共齏菹醯物六十甕鄭司農云羞進也六穀稌黍稷粱麥苽苽彫胡也六清水漿醴䣼醫酏○甕徐劉音瓮屋貢反饌仕眷反壺律恐反淳之純反下同熬五刀反毋莫胡反一音武由反炮步交反牂作郎反擣丁老反膋力彫反齏作西反臡劉奴兮反徐耳齊反稌音杜徐他古反苽古吳反䣼本又作涼力羊反徐力放反醫於美反徐於計反酏以支反劉書支反 疏 注進物至醫酏○釋曰鄭云進物於尊者曰饋者據此文云王之饋及少牢特牲皆云饋食是進物於尊者曰饋鄭注玉府云通行曰饋者彼對獻是進物於尊則饋是通行也云此饋之盛者王舉之饌者下文云王日一舉鼎十有二是王舉之饌也云六牲馬牛羊豕犬雞者此依爾雅釋畜亦是將用之曰牲也云羞出於牲及禽獸者釋經羞用百有二十品此羞庶羞皆出於牲及禽獸案公食大夫下大夫十六豆中從腳臐膮已下皆出於牲不見有出禽獸者上大夫加以雉兔鶉鴽此則出禽獸也以其有牲及禽獸故云備滋味謂之庶羞也引公食大夫禮及内則二文俱言十六豆是下大夫禮内則云雉兔鶉鴽四豆添前十六則二十是上大夫禮云其物備數焉者此上下大夫禮其物備有焉云天子諸侯有其數者此經云百有二十者是天子有其數掌客云上公食四十侯伯三十二子男二十四是諸侯有其數也又云而物未得盡聞者言未盡聞則少有聞所聞者謂天子諸侯之數皆從上大夫二十豆上加之則二十豆聞之矣内則云牛脩及爵鷃蜩范芝栭已下三十一物鄭注云皆人君燕食所加庶羞也周禮天子羞用百有二十品記者不能次錄亦是有其物未盡聞也云珍謂淳熬已下皆内則文案内則淳熬煎醢加于陸稻上沃之以膏曰淳熬淳母煎醢加于黍食上沃之以膏曰淳母母模也炮取豚若牂刲之刳之實棗於其腹中編萑以苴之塗之以墐塗炮之塗皆乾擘之濯手以摩之去其皽爲稻粉糔溲之以爲酏以付豚煎諸膏膏必滅之鉅鑊湯以小鼎薌脯於其中使其湯毋滅鼎三日三夜毋絕火而後調之以醯醢擣珍取牛羊麋鹿麕之肉必脄每物與牛若一捶反側之去其餌孰出之去其皽柔其肉漬取牛羊肉必新殺者薄切之必絕其理湛諸美酒期朝而食之以醢若醯醷爲熬捶之去其皽編萑布牛肉焉屑桂與薑以洒諸上而鹽之乾而食之施羊亦如之肝膋取狗肝一幪之以其膋濡炙之舉焦其膋不蓼也是爲八珍彼有糝與餰彼是羞豆之實非珍故不取云醬謂醯醢也者醬是揔名知醬中兼有醯醢者經云百有二十甕醢人共醢六十甕醯人共醯物六十甕故鄭注醢人兼引之其五齏七醢等就醢人具釋鄭司農云六穀知有稌黍稷粱麥苽者據食醫而知云苽彫胡也者南方見有苽米一名彫胡異方語云六清水漿醴䣼醫酏者漿人文也

王日一舉鼎十有二物皆有俎殺牲盛饌曰舉王日一舉以朝食也后與王同庖鼎十有二牢鼎九陪鼎三物謂牢鼎之實亦九俎○朝如字下奉朝同陪徐蒲來反 疏 王日至有俎○釋曰言王日一舉者謂一日一大牢云鼎十有二者案禮記郊特牲鼎俎奇而籩豆耦者謂正鼎九陪鼎三即是奇數揔而言之即十二云物皆有俎者俎據正鼎而鼎各一俎○注殺牲至九俎○釋曰殺牲盛饌曰舉知非舉樂者以其言鼎十有二膳夫主飯食故知舉是殺牲盛饌云王日一舉以朝食也者一日食有三時同食一舉案玉藻云皮弁以日視朝遂以食日中而餕餕者餕朝之餘則遂以食之謂朝之食明知先朝食次乃日中而餕云后與王同庖案玉藻云夫人與君同庖鄭注云不特殺明后亦與王同庖可知

云鼎十有二牢鼎九陪鼎三者案聘禮致饔餼注云飪一牢鼎十有二是也牢鼎九在西階前云牛羊豕魚腊腸胃同鼎後膚鮮魚鮮腊云陪鼎三者當内兼膷臐膮並陪牛羊豕鼎後是也云物謂牢鼎之實者言實即牛羊豕之類也云亦九俎者陪鼎三膷臐膮者謂庶羞在於豆唯牢鼎之物各在俎故云亦九俎案趙商問王日一舉鼎十有二是爲三牲備焉商案玉藻天子日食少牢朔月太牢禮數不同請聞其説鄭荅云禮記後人所集據時而言或以諸侯同天子或以天子與諸侯等禮數不同難以據也王制之法與禮違者多當以經爲正若然此周禮周公太平法玉藻據衰世或是異代故與此不同

以樂侑食膳夫授祭品嘗食王乃食侑猶勸也祭謂刌肺脊也禮飲食必祭示有所先品者每物皆嘗之道尊者也○授祭品干云祭五行六陰之神與民起居刌寸本反劉音忖沈寸没反徐倉典反疏以樂至乃食○釋曰上言王日一舉此云以樂侑食即是王制云天子食日舉以樂案論語微子云亞飯三飯四飯鄭云皆舉食之樂彼諸侯禮尙有舉食之樂明天子日食有舉食之樂可知案大司樂云王大食皆令奏鍾鼓彼大食自是朔食日舉之樂大司樂或不令奏故不言之矣無妨日食自有舉食之樂云膳夫授祭者謂王將食必祭先膳夫授之云品嘗食者玉藻云火孰者先君子鄭注云備火齊不得也故膳夫品物皆嘗之王乃食也○注侑猶至者也○釋曰殷祭肝周祭肺但祭肺有二種一者名爲舉肺亦名離肺此爲食而有也二者名爲祭肺亦名刌肺此爲祭而有也但舉肺離而不絶祭肺則絶之今此膳夫授祭爲食而授即舉肺也鄭云祭謂刌肺脊也者以經直云祭不言舉又不言離直云祭故鄭云祭謂刌肺也以優至尊故與祭祀同刌肺也若然鄉飲酒鄉射無連言脊今兼言脊者依士虞特牲皆言授肺脊故鄭依之而言云禮飲食必祭示有所先者凡祭皆祭先造食者曲禮云殽之序徧祭之今徒言祭肺者略舉其首者也

卒食以樂徹于造造作也鄭司農云造謂食之故所居處也已食徹置故處也疏卒食至于造○釋曰卒終也天子食終徹器之時作樂以徹之但天子祭祀歌雍以徹徹食器之時樂章未聞也○注造作也至故處○釋曰後鄭云造作也先鄭云徹置故處二鄭義同皆謂造食之處即厨是也案内則云天子之閣左達五右達五彼亦是置食處今此不徹於閣者但閣内別置新饌案文王世子未有原即此亦不重進故徹于造

王齊日三舉鄭司農云齊必變食疏王齊日三舉○釋曰齊謂散齊致齊齊必變食故加牲體至三大牢案玉藻云朔食加日食一等則於此朔食當兩大牢不言之者文不具齊時不樂故不言以樂侑食也齊必變食論語文

大喪則不舉大荒則不舉大札則不舉天地有烖則不舉邦有大故則不舉大荒凶年大札疫癘也天烖日月晦食地烖崩動也大故寇戎之事鄭司農云大故刑殺也春秋傳曰司寇行戮君爲之不舉○札側八反徐音截杜注左傳大死曰札烖音災疫音役癘音厲爲于僞反疏大喪至不舉○釋曰臣子一皆爲王喪啜粥故大喪不舉也大荒則不舉巳下皆爲自貶損○注大荒至不舉○釋曰言大荒凶年者則曲禮云歲凶年穀不登君膳不祭肺是也云大札疫癘也者即春秋天昏札瘥民有疫癘爲之不舉自貶也云天烖日月晦食者月食在望日食在晦朔今揔云日月晦食者案春秋唯書日食故以是不言月之望食日食由月故連言月也云地烖崩動也者左氏書地震及梁山崩是也云大故寇戎之事者據此經唯言大喪大荒大札天地有烖故知大故是寇戎先鄭云大故刑殺引之在下者欲見大故中含有刑殺之事春秋傳曰司寇行刑者案莊公二十年王子頽享五大夫樂及徧舞又云王子頽歌舞不倦是樂禍也夫司寇行戮君爲之不舉不舉者謂不舉樂此經數事不舉司農意亦謂不舉樂故引以爲證但此膳夫云不舉在食科之中不舉即是不殺牲引司農義在下者不舉之中含有不舉樂

王燕食則奉膳贊祭燕食謂日中與夕食奉膳奉朝之餘膳所祭者牢肉疏王燕至贊祭○釋曰案上王日一舉鄭云謂朝食則此云燕食者謂日中與夕相接爲三時云奉膳者奉朝之餘膳云贊祭者助王祭牢肉○注燕食至牢肉○釋曰案玉藻天子與諸侯相互爲三時食故燕食以爲日中與夕云奉膳奉朝之餘膳者則一牢分爲三時故奉朝之餘餕也云所祭者牢肉者案玉藻諸侯云夕深衣祭牢肉鄭注云天子言日中諸侯言夕天子言餕諸侯言祭牢肉互相挾則天子諸侯朝皆祭肺日中與夕皆祭牢肉故言所祭者牢肉也

凡王祭祀賓客食則徹王之胙俎膳夫親徹胙俎胙俎最尊也其餘則其屬徹之賓客食而王有胙俎王與賓客禮食主人飲食之俎皆爲胙俎見於此矣○見賢遍反下文及注同疏凡王至胙俎○釋曰云凡王祭祀謂祭宗廟有胙俎者謂若特牲少牢主人受尸酢戶東西面設主人俎於席前王受尸酢禮亦當

然賓客食謂王與賓客禮食於廟賓在戶牖之間王在阼階上各有饌皆設俎故亦有胙俎此二者皆名胙俎膳夫徹之故云則徹王胙俎也○注膳夫至此矣○釋曰云膳夫親徹胙俎胙俎最尊也者以其胙者酢也王與尸賓相荅酢故遣膳夫親徹云其餘則其屬徹之者以其經膳夫徹王之胙俎明非王胙俎則其屬徹之可知膳夫是上士則其屬中士已下是也云賓客食而王有胙俎王與賓客禮食者以其賓客與祭祀同科故知是禮食非是凡平燕食案公食大夫主君與聘大夫禮食賓前有食君前無食退俟於廂今此天子與諸侯禮食王前有食俎者天子於諸侯其禮異於諸侯與聘大夫故王前有俎云主人飲食之俎皆爲胙俎見於此矣者案特牲少牢主人之俎雖爲胙俎直是祭祀不兼賓客此則祭祀賓客俱有故云主人飲食之俎皆爲胙俎見於此飲據祭祀食據賓客故雙言之也

凡王之稍事設薦脯醢鄭司農云稍事爲非日中大舉時而間食謂之稍事膳夫主設薦脯醢玄謂稍事有小事而飲酒○間劉古莧反戚如字 疏 凡王至脯醢○釋曰案下經燕飲酒謂大事與臣飲酒則此云王之稍事是王小事而飲酒故空設薦脯醢若大飲與食則有牲體○註鄭司農至飲酒○釋曰先鄭云稍事謂非日中大舉時而

間食謂之稍事膳夫主設薦脯醢者先鄭意旦起日中食牲牢日中後空食脯醢後鄭不從者玉藻諸侯猶云夕深衣祭牢肉則天子夕食牢肉可知又脯醢者是飲酒肴羞非是食饌若大夫已下燕食有脯無膾設脯無嫌若王之日食不得空薦脯醢故以爲小事飲酒

王燕飲酒則爲獻主鄭司農云主人當獻賓則膳夫代王爲主君不敵臣也燕義曰使宰夫爲獻主臣莫敢與君亢禮 疏 王燕至獻主○釋曰謂王與臣以禮燕飲則膳夫爲獻主案儀禮使宰夫爲主人此天子使膳夫爲獻主皆是飲食之官代君酬臣○注鄭司至亢禮○釋曰言當獻賓則膳夫代王爲主此約燕禮而知案燕禮主人酌酒獻賓賓酢主人主人酌酒獻君君酢主人主人酬賓以後爲賓舉旅又引燕義臣莫敢與君亢禮者飲酒之禮使大夫爲賓遣宰夫爲主人獻酢相亢荅若君爲主人則是臣與君相亢故云臣莫敢亢禮

掌后及世子之膳羞亦主其饌之數不饋之耳 疏 掌后至膳羞○釋曰上云王日一舉注后與王同庖不言世子則世子與王別牲亦膳夫所掌故云掌后及世子之膳羞○注亦主至之耳○釋曰案上文凡王之饋食用六穀已下言饋則膳夫親饋之故云品嘗食按內饔共后及世子之膳羞則是后世子內饔饋之故鄭云亦主其饌之數不饋之耳

凡肉脩之頒賜皆掌之鄭司農云脩脯也 疏 凡肉至掌之○釋曰謂王以肉及脩脯頒賜羣臣則膳夫皆掌之○注鄭司至脯也○釋曰言脩脯也者謂加薑桂鍛治者謂之脩不加薑桂以鹽乾之者謂之脯則脩脯異矣先鄭云脩脯者散文言之脩脯通也

凡祭祀之致福者受而膳之致福謂諸臣祭祀進其餘肉歸胙于王鄭司農云膳夫受之以給王膳 疏 凡祭至膳之○釋曰云凡祭祀者言凡則諸臣自祭家廟祭訖致胙肉於王謂之致福膳夫受之以爲王膳故云受而膳之○注致福至王膳○釋曰云致福者謂諸臣祭祀進其餘肉歸胙于王者案禮記少儀云膳於君子曰膳案玉藻膳於君葷桃茢彼謂諸侯之臣禮此王之臣亦應云致膳而云致福者凡祭祀主人受福若與王受福然故云致福知諸臣有致胙法者案春秋左氏昭十六年子產云祭有受脤歸脤彼注云受脤謂君祭以肉賜大夫歸脤謂大夫祭歸肉於公也今彼雖據諸侯禮王之臣致胙亦然故云歸胙於王也

以摯見者亦如之鄭司農云以羔鴈雉爲摯見者亦受以給王膳 疏 以摯至如之釋曰謂卿大

夫以下新任爲臣者卿執羔大夫執鴈士執雉來見王故云以摯見者言亦如之者先鄭云亦受以給王膳也

歲終則會唯王及后世子之膳不會不會計多少優尊者其頒賜諸臣則計之 疏 歲終至不會○釋曰此膳夫所掌膳羞是其正故世子亦不會至下庖人王及后不會則世子會之彼禽獻是其加故會之○注不會至計之○釋曰依宰夫職會是歲計故云不會計多少云優尊者謂若計則似限尊者有多少若不計則任所用故云不會是優尊者也云其頒賜諸臣則計之者經云王及后世子不會則上經肉脩之頒賜諸臣則計之可知

庖人掌共六畜六獸六禽辨其名物六畜六牲也始養之曰畜將用之曰牲春秋傳曰卜日曰牲鄭司農云六獸麋鹿熊麕野豕兔六禽鴈鶉鷃雉鳩鴿玄謂獸人冬獻狼夏獻麋又內則無熊則六獸當有狼而熊不屬六禽於禽獻及六摯宜爲羔豚犢麛雉鴈凡鳥獸未孕曰禽司馬職曰大獸公之小禽私之○畜許又反注同六獸司農云麋鹿熊麕野豕兔鄭云有狼無熊于注麏作麇熊作貆六禽鄭云羔豚犢麛雉

鴈也司農及于鴈鶉雉鳩鴿鷃麢本又作麖亦作麐君倫反麈也鶉音純鷃於諫反鴿古合反麢音迷鹿子孕以證反一音乘 疏 庖人至名物○釋曰云掌共六畜者馬牛羊豕犬雞謂夏官校人地官牛人春官雞人秋官犬人冬官豕人摠送六畜與此庖人六獸六禽即下獸人送之此庖人得此六畜六獸六禽共與膳夫內外饔故云掌共六畜六獸六禽此禽獸等皆有名號物色故云辨其名物○注六畜至私之○釋曰云六畜六牲也者謂雞此云六畜即是膳夫六牲一也所以彼言牲此言畜者鄭即解其不同之意始養之曰畜將用之曰牲膳夫共王之膳羞即是將用之故言牲云春秋傳曰者此是左氏僖公三十一年傳辭彼經云四卜郊不從乃免牲未卜日曰牛卜得吉日乃號爲牲僖公既卜得吉日名牛作牲乃更卜可郊以否不從乃免牲是其怠慢引之者證將用曰牲鄭司農云六獸麋鹿熊麢野豕兔六禽鴈鶉鷃雉鳩鴿者此先鄭意取爾雅文四足而毛謂之獸兩足而羽謂之禽故爲此解玄謂獸人冬獻狼又內則爲餰食有狼臅膏故云當有狼而熊不屬此破司農有熊無狼云六禽於禽獻及六摯宜爲羔豚犢麛雉鴈者下文禽獻之內取羔豚犢麛大宗伯六摯之內亦取羔及雉鴈破司農六畜之內有鶉鷃鳩鴿四者於經無所據司農雉鴈即六摯雉鴈同故從

之不破云凡鳥獸未孕曰禽鄭言此者見爾雅四足而毛曰獸兩足而羽曰禽是對文例若散文則通其獸未孕時雖曰四足亦曰禽是以名爲禽獻其中亦有羔豚犢麛又云以禽作六摯禽中亦有羔是其未孕者也謂若爾雅飛曰雄雌走曰牝牡亦是對文案詩云雄狐綏綏走亦曰雄尚書云牝雞無晨飛亦曰牝並是散文通義云司馬職曰大獸公之小禽私之者欲見雖曰四足而毛未孕亦曰禽此並破司農禽中不得有四足之義

凡其死生鱻薧之物以共王之膳與其薦羞之物及后世子之膳羞 凡計數之薦亦進也備品物曰薦致滋味乃爲羞王言薦者味以不褻爲尊鄭司農云鮮謂生肉薧謂乾肉○鱻悉然反薧苦老反數色柱反下校數同褻息列反 疏 凡其至之義○釋曰云凡其死生鱻薧之物者此四者或死或生新殺爲鱻乾者爲薧並獸人以與膳夫內外饔以共王之膳云與其薦羞之物者薦進也謂羞之所進即備品物曰薦亦進于王耳及后世子之膳羞者此共后世子之羞故不言薦而言膳是致滋味者也○注凡計至乾肉釋曰云凡計數之者上經云治要治凡並是計筭之稱此凡亦是計數之名死生鱻薧須知其數故言凡摠計之云備品物曰薦者以經羞言薦對后世子羞言膳故云備品物曰薦致滋味乃爲羞以其不言薦即是致滋味之羞若然備品物者謂王舉則共醢六十甕以五齏七醢七菹三臡實之醢人共齏菹醢六十甕是其備品物及三牲之俎皆是也致滋味乃爲羞百有二十品者故鄭云羞出於牲及禽獸以備滋味謂之庶羞故公食云宰夫自東房薦豆六又云士羞庶羞云王言薦者味以不褻爲尊者對后世子不言薦是其褻味者也

共祭祀之好羞 謂四時所爲膳食若荊州之鮺魚青州之蟹胥雖非常物進之孝也○好呼報反鮺側雅反蟹戶買反胥息徐反劉音泰字林先於反蟹醬也 疏 共祭祀之好羞○釋曰尋常所共者並在內外饔今言好羞則是非常之物謂美魚之屬也○注謂四時至孝也○釋曰云四時所爲膳食者謂四時之間非常美食云若荊州之鮺魚青州之蟹胥者鄭見當時有之又見禮記禮器云大饗其王事與三牲魚腊四海九州之美味苟可薦者莫不咸在且禹貢徐州貢蠙珠曁魚荊州無魚文是文不備是知好羞皆是魚也

共喪紀之庶羞賓客之禽獻 喪紀喪事之祭謂虞祔也禽獻獻禽於賓客獻古文爲獸杜子春云當爲獻 疏 共喪至禽獻○釋曰凡喪未葬已前無問朝夕奠及

大奠皆無薦羞之法今言共喪紀庶羞者謂虞祔之祭乃有之云賓客之禽獻者謂若掌客上公乘禽日九十雙侯伯七十雙子男五十雙之類是也○注喪紀至爲獻○釋曰云喪紀喪事之祭謂虞祔也者天子九虞後作卒哭祭虞卒哭在寢明日祔於祖廟今直云虞祔不言卒哭者舉前後虞祔則卒哭在其中共庶羞可知云獻古文爲獸杜子春云當爲獻者但賓客之禽由主人獻之若直言賓客禽獸於義無取也

凡令禽獻以灋授之其出入亦如之 令令獸人也禽獻不可久處賓客至將獻之庖人乃令獸人取之必書所當獻之數與之及其來致禽亦以此書校數之至于獻賓客又以此書付使者展而行之掌客乘禽於諸侯各如其命之數聘禮乘禽於客日如其饔餼之數士中日則二雙○令力呈反使所吏反乘繩證反下同 疏 凡令至如之釋曰凡朝聘賓客至並致館與之賓客既在館此庖人乃書所共禽獻之數令於獸人以數授之故云凡令禽獻以法授之也云其出入亦如之者既以數授獸人依數以禽入庖人是入也庖人得此禽還依數付使者送向館是出也亦如之者亦依法授之故云其出入亦如之若然入先出後不言入出而言出入者便文也○注令令至二雙○釋曰知令獸人者案獸人云

凡祭祀喪紀賓客共其死獸生獸故知令獸人云禽獸不可人處以下至與之以上解經令禽以法授之云及其來致禽亦以此書校數之解經入亦如之云至于獻賓客又以此付使者展而行之解經出亦如之言展而行之者展猶省視也行去也謂將向客館之時省視禽牲然後去云掌客乘禽於諸侯各如其命之數者謂上公九命日九十雙之等又引聘禮乘禽於客日如其饔餼之數者言此臣禮不依命數公侯伯之卿三命子男之卿再命皆以爵卿也饔餼五牢日五雙故言日如其饔餼之數云士中日則二雙者謂作介時士爵一日則一雙禽獻不以命數中間也故言間日則二雙言此者釋經以法授之法則數也

凡用禽獻春行羔豚膳膏香夏行腒鱐膳膏臊秋行犢麛膳膏腥冬行鱻羽膳膏羶　用禽獻謂煎和之以獻王鄭司農云膏香牛脂也以牛脂和之腒乾雉鱐乾魚膏臊豕膏也以豕膏和之杜子春云膏臊犬膏膏腥豕膏也鮮魚也羽鴈也膏羶羊脂也玄謂膏腥雞膏也羔豚物生而肥犢與麛物成而充腒鱐暵熱而乾魚鴈水涸而性定此八物者得四時之氣尤盛爲人食之弗勝是以用休廢之脂膏煎和膳之牛屬司徒土也

雞屬宗伯木也犬屬司寇金也羊屬司馬火也○膏香禮記作薌音同腒其居反鱐所留反臊素刀反杜云犬膏也司農及干云豕膏也腥音星杜云豕膏鄭干云雞膏也或作雉膏鱻羽鄭云鮮魚也羽鴈也杜云鮮羽鴈也羶書然反羊脂也和胡臥反下文同暵呼旱反劉呼旦反涸胡洛反徐戶格反爲于僞反　疏　凡用至膏羶○釋曰言凡用禽獻者四者不同故言凡也煎和謂之用故言凡用禽獻也云春行羔豚膳膏香者言行者義與用同春用羔豚者草物始生羔豚食而肥膳膏香者謂牛膏春木王火相土死羔豚爲其太盛牛屬中央土故以死之脂膏殺其氣夏行腒鱐膳膏臊者腒謂乾雉鱐謂乾魚膏臊犬膏腒鱐夏之暵熱而乾故食之爲其太盛夏時金死犬屬西方金故用死之脂膏煎和之云秋行犢麛膳膏腥者秋時草物有實犢麛食之而肥故秋用犢麛膏腥謂雞膏雞屬東方木時木死故用死之脂膏煎和之云冬行鱻羽膳膏羶者鮮謂魚羽謂鴈冬魚之性定鴈又新來故用食之膏羶謂羊膏羊屬南方火冬時火死魚鴈食之大盛故用死之脂膏煎和之五行不言北方豕之脂膏者以其中央土王分於四時土賊水但無中央食法故不言豕之脂膏也○注用禽至火也○釋曰云用禽獻謂煎之以獻主者殺牲謂之用煎和謂之膳用膳相將之言故以煎和解

用上言賓客之禽獻此用禽以王爲主故言獻王鄭司農云膏香牛脂也者案內則鄭注釋者曰膏凝者曰脂彼是相對之義通而言之脂膏一也故司農以脂解膏云腒乾雉者以士相見云冬用雉夏用腒故知腒乾雉也云鱐乾魚者籩人職云魚鱐此鱐腒同是夏用之腒既是乾雉明鱐是乾魚云膏臊豕膏也者經云夏行腒鱐膳膏臊此經四時所膳者皆取所賊死之脂膏火賊金即膏臊犬膏也不得云北方豕膏又杜子春云膏臊犬膏者於義是也云膏腥豕膏也者於義非也以其秋行犢麛秋時金王金剋木雞屬東方木則膏腥雞膏也不得爲豕膏云鮮魚也羽鴈也者尚書益稷云與稷決川而鮮食鮮出於川故知鮮魚也又此鮮對羽故知鮮是魚知羽是鴈者以其禽摯中有羔雉鴈此禽獻中已有羔雉明亦有鴈故以羽爲鴈也玄謂膏腥雞膏也者破子春豕膏云魚鴈水涸而性定者依周語云天根見而水涸鄭注月令云天根見九月末是水涸在九月末十月初云是以用休廢之脂膏者五行王相相剋春木王火相土死金囚水爲休廢夏火王土相金死水囚木爲休廢已下推之可知王所勝者死相所勝者囚新謝者爲休廢若然向來所膳膏者皆是死之脂膏鄭云休廢者相對死與休廢別散則死亦爲休廢故鄭以休廢言之也云牛屬司徒土也者鄭於司徒注云牛能

任載地之類故屬土云雞屬宗伯木也者雞爲貌雞又知時象春故屬木云犬屬司寇金也者金爲言犬亦言屬金云羊屬司馬火也者火爲視羊亦視故屬火

歲終則會唯王及后之膳禽不會　膳禽四時所膳禽獻加世子可以會之　疏　注膳禽至會之○釋曰上膳夫職所掌者是其正此禽獻者是其加世子可以會故歲終則唯王及后之膳不會世子則會之矣

内饔掌王及后世子膳羞之割亨煎和之事

辨體名肉物辨百品味之物　割肆解肉也亨煮也煎和齊以五味體名脊脅肩臂臑之屬肉物胾燔之屬百品味庶羞之屬言百舉成數○亨普庚反注及下同肆託歷反齊才細反胾側吏反膰音燔本亦作燔　疏　注割肆至成數○釋曰知割肆解肉者謂士虞禮云四肆去蹄此明割是肆解肉云煎和齊以五味者凡言和者皆用酸苦辛鹹甘云體名脊脅肩臂臑之屬者案少牢解羊豕前體肩臂臑後體肫骼又有正脊脡脊橫脊又有短脅正脅代脅是其體十一體云肉物胾燔之屬者案公食大夫禮十六豆有胾胾謂切肉又案少牢主

婦獻尸以燔從傳火曰燔云百品味庶羞之屬案膳夫職庶羞百有二十品今言百故鄭云舉成數

陳其鼎俎以牲體實之取於鑊以實鼎取於鼎以實俎實鼎曰脀實俎曰載王舉則○脀職升反

【疏】王舉至實之○釋曰言陳其鼎俎者陳鼎有二處初陳鼎於鑊西後陳鼎於阼階下其俎皆陳於鼎西南云以牲體實之者其牲體入鑊時已解訖今言實者有兩處一者取於鑊實於鼎據在鑊所二者取於鼎實於俎○注取於至曰載○釋曰實鼎曰脀者脀升也案少牢司馬升羊實於一鼎是實鼎曰脀案特牲云卒載加匕於鼎是其實俎曰載案少牢云升羊載右胖升豕其載如羊又有司徹亦云乃升鄭云升牲體於俎若然實鼎唯有升名無載稱若實俎升載兩有

選百羞醬物珍物以俟饋先進食之時恒選擇其中御者

【疏】選百至俟饋○釋曰百羞者則庶羞百二十醬物者即醬用百二十甕珍物者諸八珍之類俟待也內饔恒預選知當王意所欲者以得饋王

共后及世子之膳羞膳夫掌之是乃共之

【疏】共后至膳羞○釋曰后世子直言共不言饋者膳夫饋王不饋后世子此內饔言共是親饋故鄭云膳夫掌之是乃共之

辨腥臊羶香之不可食者牛夜鳴則庮羊泠毛而毳羶犬赤股而躁臊鳥皫色而沙鳴貍豕盲眡而交睫腥馬黑脊而般臂螻腥臊羶香可食者是別其不可食者則所謂者皆臭味也泠毛毛長緫結也皫失色不澤美也沙凘也交睫腥腥當爲星聲之誤也肉有如米者似星般臂臂毛有文鄭司農云庮朽木臭也螻螻蛄臭也杜子春云盲眡當爲望視○庮音由徐餘柳反干云病也泠音零徐郎年反躁早到反皫本又作皫芳表反又符表反又芳老反徐又孚趙反沙如字一音所嫁反或蘇他反貍音鬱徐於弗反盲亡亮反眡視二反又音視睫音接一音將業反般音班臂如字徐本作辟音方紙反螻音樓如螻蛄蟲臭也干音漏內病也此依禮記文別彼列反凘音西蛄音姑

【疏】辨腥至臂螻○釋曰言辨腥臊者依庖人職注腥謂雞也臊謂犬也羶謂羊也香謂牛也以腥臊羶香表見云牛羊犬雞也言不可食者牛夜鳴則庮者其牛無事夜鳴其肉必庮庮惡臭也云羊泠毛而毳羶者泠毛謂毛長也而毳謂毛別聚結者此羊肉必羶也云犬赤股而躁臊者言赤股者股裏無毛謂之赤股非謂肉赤謂若禮記檀弓流矢在白肉非謂肉白而走又躁疾犬有如此者其肉必臊故云而躁臊云鳥皫色而沙鳴貍者皫失色也沙凘也鳥毛失色而鳴又凘其肉氣必鬱鬱謂腐臭云豕盲眡而交睫腥者豕乃聽物不合望眡此豕眼睫毛交故云豕望眡而交睫豕有如此其肉必如星腥當爲星其肉如米然驗當時有如此者也云馬黑脊而般臂螻者謂馬脊黑前脛般般然其馬如此其肉螻蛄臭此一經皆是不利人故禁之也○注腥臊至望視○釋曰云腥臊羶香可食者即上庖人職所云是也云是別不可食者則此是也則所謂者皆臭味也者言所謂者所謂論語鄉黨色惡不食臭惡不食云交睫腥腥當爲星聲之誤也者此經腥有二字鄭不破腥臊之腥宜破交睫腥之腥故連取交睫以解云般臂臂毛有文者鄭荅泠剛童牛之梏牛在手曰梏牛無手以前足當之此馬亦然故言般臂鄭司農云庮朽木臭也者驗今朽木其氣實臭故云朽木臭也案內則注引左氏春秋一薰一蕕此司農以其朽木臭即與一薰一蕕同故鄭不引之云螻螻蛄臭也者以內則螻爲漏脫字於義無所取故轉爲螻蛄字螻蛄則有臭杜子春盲視當爲望視者以其盲則無所覩見不得視內則爲遥望之字故子春從內則爲正也

凡宗廟之祭祀掌割亨之事凡燕飲食亦如之凡掌共羞脩刑膴胖骨鱐以待共膳掌共共當爲具羞庶羞也脩鍛脯也胖如脯而腥者鄭司農云刑膴謂夾脊肉或曰膺肉也骨鱐謂骨有肉者玄謂刑鉶羹也膴牒肉大臠所以祭者骨牲體也鱐乾魚○共羞共依注音具膴火吳反徐凶武反胖普半反鍛丁亂反牒直輒反又之涉反鉶音刑臠力轉反○

【疏】凡宗至共膳○釋曰內饔不掌外神故云宗廟之祭祀言凡者謂四時及祫禘并月祭等皆在其中掌其割亨之事上王后言薦和此不言薦和者鬼神尚質不貴褻味故不言薦和云燕飲食亦如之者謂王及后世子自燕飲食皆須割亨故云亦如之○注掌共至乾魚○釋曰云掌共共當爲具者據經共字有二以待共膳不破掌共共字則破之矣故云掌共共當爲具言具者具羞脩刑膴已下云羞庶羞也者庶羞則百二十品是也云脩鍛脯也者謂加薑桂鍛治之若不加薑桂不鍛治者直謂之脯云胖如脯而腥者乾則爲脯不乾而腥則謂之胖鄭司農云刑膴謂夾脊肉者刑膴爲二物有明文先鄭以爲刑膴夾脊肉故後鄭不從云或曰膺肉也者無所出後鄭亦不從云骨鱐謂骨有肉者骨自是牲體鱐自是乾魚先鄭合爲一故後

鄭亦不從玄謂刑鉶羹也者案特牲有鉶羹謂鉶器盛豕䏶設於薦南故名鉶羹云膴牒肉大臠所以祭者膴魚肉捴有也公食大夫禮云庶羞皆有大謂大臠據肉而言案有司徹云主人亦一魚加膴祭于其上此據魚而言也膴又詁爲大故云膴牒肉大臠所以祭者也云骨牲體也者謂若體解二十一雖據骨而言皆擬所食故云骨有肉云鱐乾魚者前云夏行腒鱐與彼同故爲乾魚 凡王之好賜肉脩則饔人共之好賜王所善而賜也。好呼報反注同。疏凡王至共之。釋曰言好賜者謂羣臣王所愛好則賜之肉脩饔人共之

外饔掌外祭祀之割亨共其脯脩刑膴陳其鼎俎實之牲體魚腊凡賓客之飧饔饔食之事亦如之飧客始至之禮饔既將幣之禮致禮於客莫盛於饔。食音嗣疏外饔至如之。釋曰云掌外祭祀之割亨者謂天地四望山川社稷五祀外神皆掌其割亨云共其脯脩刑膴者如上釋云陳其鼎俎實之牲體魚腊者謂若鼎十有二者也云凡賓客之飧饔饔食之事亦如之者謂所陳之數如宰夫職所云者也皆以外饔共之故言亦如之。注飧客至於饔。釋曰言飧客始至之禮者宰夫職以釋訖云饔既將幣之禮者案聘禮記云聘日致饔鄭注云急歸大禮鄭云將幣者即是聘享也若諸侯來朝亦朝日致之也云致禮於賓客莫盛於饔者以其饔之中有飪有腥有牽又有酒有米兼蒸與食其中芻薪米禾又多故朝聘之日致之是以鄭云急歸大禮故云莫盛於饔也。

邦饗耆老孤子則掌其割亨之事饗士庶子亦如之孤子者死王事者之子也士庶子衛王宮者若今時之饗衛士矣王制曰周人養國老於東膠養庶老於虞庠疏邦饗至如之。釋曰云邦饗耆老者謂死事者之父祖兼有國老庶老云孤子者謂死王事者之子云饗士庶子者謂若宮伯注云士謂王宮中諸吏之適子也庶子其支庶也云饗者即鄭云士庶子衛王宮者若今時之饗衛士矣是也。注孤子至虞庠。釋曰死事者之子謂若左氏哀公二十三年晉知伯親禽顏庚至二十七年齊師將興陳成子屬孤子三日朝設乘車兩馬繫五邑焉召顏庚之子而賜之是其禮孤子之法云王制曰周人養國老於東膠養庶老於虞庠者周立太學王宮之東膠膠之言糾也所以糾察王事周立小學於西郊爲有虞氏之庠制故曰虞庠國老謂卿大夫致仕者庶老謂士之致仕者經直言耆老對孤子則耆老者死事者之父祖可知但此不見饗國老庶老之文故鄭解耆老謂國老庶老 師役則掌共其獻賜脯肉之事獻謂酌其長帥。帥色類反疏師役至之事。釋曰云師役者謂出師征伐及巡狩田獵掌共其獻者謂獻其將帥并賜酒肉之事並掌之。注獻謂至長帥。釋曰以經獻謂獻酒非獻肉故鄭謂酌其長帥長帥軍將已下至五長有功者饗獻之 凡小喪紀陳其鼎俎而實之謂喪事之奠祭疏凡小喪至而實之。釋曰言小喪紀者謂夫人已下之喪云陳其鼎俎者謂其殷奠及虞祔之祭皆有鼎俎故鄭云喪事之奠祭也

亨人掌共鼎鑊以給水火之齊鑊所以煮肉及魚腊之器既孰乃脀于鼎齊多少之量。齊才細反注同疏注鑊所至之量。釋曰云鑊所以煮肉及魚腊之器者案少牢爨在廟門外之東大夫五鼎羊豕腸胃魚腊各異鑊鑊別有一鼎鑊中肉孰各升一鼎故鄭云既孰乃脀于鼎云齊多少之量者此釋經給水火之齊謂實水於鑊及爨之以火皆有多少之齊 職外內饔之爨亨煮辨膳羞之物職主也爨今之竈主於其竈煮物。爨七亂反疏職外至之物。釋曰亨人主外內饔爨竈亨煮之事云辨膳羞之物者膳羞則牛鼎之物是也。注職主至煮物。釋曰云爨今之竈者周禮儀禮皆言爨論語王孫賈云寧媚於竈禮記祭法天子七祀之中亦言竈若然自孔子已後皆言竈故鄭云爨今之竈 祭祀共大羹鉶羹賓客亦如之大羹肉湆鄭司農云大羹不致五味也鉶羹加鹽菜矣。羹音庚又音衡下同湆去及反疏祭祀至如之。釋曰云祭祀共大羹者大羹肉湆盛於登謂大古之羹不調以鹽菜及五味謂鑊中煮肉汁一名湆故鄭云大羹肉湆云鉶羹者皆是陪鼎膷臐膮牛用藿羊用苦豕用薇調以五味盛之於鉶器即謂之鉶羹若盛之於豆即謂之庶羞即公食大夫十六豆膷臐膮等也云賓客亦如之者謂若致饔餼及飧禮皆有陪鼎則鉶羹也饗食亦應有大羹故云賓客亦如之

甸師掌帥其屬而耕耨王藉以時入之以共

齍盛其屬府史胥徒也耨芸芓也王以孟春躬耕帝藉天子三推三公五推卿諸侯九推庶人終於千畝庶人謂徒三百人藉之言借也王一耕之而使庶人芸芓終之齍盛祭祀所用穀也粢稷也穀者稷爲長是以名云在器曰盛○耨乃豆反齍音資芸音云徐音運本或作耘芓音子徐音茲推出誰反又他回反 疏 釋曰言掌帥其屬者謂除府史有胥三十人徒三百人而耕種耘耨於王之藉田言以時人之者謂麥則夏孰禾黍秋孰則十月穫之送入地官神倉故云以時入之云以共齍盛者六穀曰粢在器曰盛以共祭祀故云以共粢盛○注其屬至曰盛○釋曰云其屬府史胥徒也者敘官知之云耨芸芓也者詩云或芸或芓芸薅芓擁本是也云王以孟春至諸侯九推並是月令文言躬耕帝藉者天子親耕三推是也言帝藉者藉田之穀衆神皆用獨言帝藉者舉尊言之云天子三推者三推而一發云三公五推者五推而三發卿諸侯九推者九推而五發故周語云王耕一發班三之云庶人終於千畝亦周語文天子藉田千畝在南郊自天子三推已下示有恭敬鬼神之法又示帥先天下故暫時耕終之者庶人也鄭解周語庶人者謂此序官徒三百人也云粢稷也者爾雅文云穀者稷爲長是以名云者此釋經及爾雅特以粢爲號知稷爲五穀長者案月令中央土云食稷與牛五行土爲尊故知稷爲五穀長及爾雅以稷爲粢通而言之六穀皆是粢故小宗伯云辨六粢之名物是也

祭祀共蕭茅鄭大夫云蕭字或爲莤莤讀爲縮束茅立之祭前沃酒其上酒滲下去若神飲之故謂之縮縮浚也故齊桓公責楚不貢苞茅王祭不共無以縮酒杜子春讀爲蕭蕭香蒿也玄謂詩所云取蕭祭脂郊特牲云蕭合黍稷臭陽達於牆屋故既薦然後焫蕭合馨香合馨香者是蕭之謂也茅以共祭之苴亦以縮酒苴以藉祭縮酒泲酒也醴齊縮酌○莤所六反滲所鴆反浚荀閏反劉思順反焫如悅反苴音租又子餘反藉在夜反泲子禮反齊才細反 疏 祭祀共蕭茅○釋曰此祭祀共蕭茅者蕭謂香蒿據祭祀宗廟時有之若共茅外內之神俱用故云祭祀共蕭茅也○注鄭司農至縮酌○釋曰鄭大夫云蕭字或爲莤莤讀爲縮鄭大夫必讀爲縮者欲以蕭茅共爲一事解之云束茅立之祭前者此鄭大夫之意取士虞禮束茅立几東所以藉祭此義蕭茅共爲一則不可若束茅立之祭前義得通又引齊桓公責楚謂左氏僖公四年傳辭彼齊桓使管仲責楚云爾貢包茅不入王祭不共無以縮酒寡人是徵楚伏其罪云敢不共給是也杜子春讀爲蕭於義爲是故後鄭從之云玄謂詩所云取蕭祭脂見用蕭之時有脂又引郊特牲者欲見非直有脂亦有黍稷云臭陽達於牆屋者謂饋獻之後陰厭之節取蕭與脂及黍稷焫燒之取香氣上聞故云既薦然後焫蕭合馨香云茅以共祭之苴者則士虞禮束茅長五寸立於几東謂之苴者是也云亦以縮酒者左氏管仲辭是也云苴以藉祭者亦指士虞禮也云縮酒泲酒也者鄭君解義語云醴齊縮酌者司尊彝職文此官共茅司巫云祭祀共蒩館茅以爲蒩兩官共共者謂此甸師共茅與司巫司巫爲苴以共之此據祭宗廟也鄉師又云大祭祀共茅蒩者謂據祭天時亦謂甸師氏送茅與鄉師爲苴以共之若然甸師氏直共茅而已不供苴耳

共野果蓏之薦甸在遠郊之外郊外曰野果桃李之屬蓏瓜瓞之屬○蓏力果反瓞大結反 疏 注甸在至之屬○釋曰鄭言甸在遠郊之外者案載師公邑之田任甸地在二百里中司馬職百里爲遠郊今言甸在遠郊外則是二百里中云郊外曰野者釋經野野在郊外云果桃李之屬蓏瓜瓞之屬者案食貨志臣瓚以爲在樹曰果在地曰蓏不辨有核無核張晏以有核曰果無核曰蓏今鄭云果桃李之屬即是有核者也蓏瓜瓞之屬即是無核者也此從張晏之義

喪事代王受眚烖粢盛者祭祀之主也今國遭大喪若云此黍稷不馨使鬼神不逞于王既殯大祝作禱辭授甸人使以禱藉田之神受眚烖弭後殃○眚生景反 疏 喪事至眚烖○釋曰言喪事者謂王喪既殯後甸師氏於大祝取禱辭禱藉田之神眚過也代王受過災云若云黍稷不香使鬼神不逞故令王死斂喪事代王受災此禱事於死王無益欲止後殃故爲此禱也○注粢盛至後殃○釋曰言粢盛者祭祀之主也者以其遭王喪遣甸師氏禱意甸師種粢盛祭祀之具以黍稷爲主故云今國遭大喪若云此黍稷不馨逞快也使鬼神不快於王令使王死云既殯大祝作禱辭授甸人者知大祝作禱辭在既殯後者見大祝職云授甸人禱辭在大斂後大斂則殯故知在既殯後

王之同姓有辠則死刑焉鄭司農云王同姓有罪當刑者斷其獄於甸師之官也文王世子曰公族有死罪則磬於甸人又曰公族無宮刑獄成致刑于甸人又曰公族無宮刑不踐其類也刑于隱者不與國人慮兄弟○斷丁亂反踐音翦 疏 王之至刑焉○釋曰周姓姬言同姓者絕服之外同姓姬者有辠者謂凡五刑則刑殺不於市朝於此死刑焉謂死及肉刑在甸師氏必在甸師氏者甸師氏在疆場多有屋舍以爲隱處故就而刑焉案掌囚云凡有爵者與王之同族奉而適甸師氏以待刑殺此中不云其凡有

爵者文不具。注鄭司至兄弟。釋曰云王同姓有罪當刑者斷其獄於甸師之官者此斷獄自是秋官罪定斷訖始適甸師氏而刑殺之若然斷獄不在甸師後鄭不破之者案掌囚云凡有爵者與王之同族奉而適甸師氏以待刑殺此經亦云死刑焉甸師氏不斷獄顯然不破之者見司農引文王世子爲證於義是故不復於中破之文王世子已下云公族有死罪則磬於甸人者鄭彼注云縣縊殺之曰磬云又曰公族無宮刑獄成致刑於甸人又曰公族無宮刑不踐其類也者覆解上公族無宮刑之義云刑于隱者不與國人慮兄弟者若刑兄弟於市朝則是與國人慮兄弟令於隱處者則是不使國人慮兄弟彼是諸侯法引之以證王之同姓刑於甸師亦是刑隱者也

帥其徒以薪蒸役外內饔之事役爲給役也木大曰薪小曰蒸疏帥其至之事。釋曰其徒三百人耕耨藉田千畝其事至閑故兼爲外內饔所役使共其薪蒸。注木大曰薪小曰蒸。釋曰此築要文又左氏傳云其父析薪即大木可析曰薪自然小者曰蒸也

獸人掌罟田獸辨其名物罟罔也以罔搏所當田之獸。罟音古搏音博劉音付後同疏獸人至名物。釋曰云掌罟田獸者罟罔也謂以罔搏取當田之獸云辨其名物者野獸皆有名號物色案夏官四時田獵春用火夏用車秋用羅冬用徒四時各有其一以爲主無妨四時兼有罔取當田之獸

冬獻狼夏獻麋春秋獻獸物狼膏聚麋膏散聚則溫散則涼以救時之苦也獸物凡獸皆可獻也及狐狸疏冬獻至獸物。釋曰云冬獻狼者狼山獸山是聚故狼膏聚聚則溫故冬獻之云夏獻麋者麋是澤獸澤主銷散故麋膏散散則涼故夏獻之云春秋獻獸物者春秋寒溫適故獸物皆獻之。注狼膏至狐狸。釋曰云以救時之苦者夏苦其大熱故獻麋冬苦其大寒故獻狼案內則取稻米與狼臅膏以爲餰狼之所用惟據取膏爲餰食若麋之所用則多矣云及狐狸者案內則狐去首狸去正脊二者並堪食之物故知獸物中兼獻

時田則守罟備獸觸攫攫。俱縛反又俱碧反又作擭華霸反疏時田則守罟。釋曰守罟者謂四時田獵獸人守罟備獸觸攫而攫者則取之

及弊田令禽注于虞中弊仆也仆而田止鄭司農云弊田謂春火弊夏車弊秋羅弊冬徒弊虞中謂虞人釐所田之野及弊田植虞旗於其中致禽而珥焉獸人主令田衆得禽者置虞人所立虞旗之中當以給四時社廟之祭故曰春獻禽以祭社夏獻禽以享礿秋獻禽以祀祊冬獻禽以享烝又曰大獸公之小禽私之公之謂輸之於虞中珥焉者取左耳以致功若斬首折馘故春秋傳曰以數軍實。弊如字徐蒲計反注之樹反仆普卜反一音芳豆反又音赴釐音來本亦作萊植直吏反又時力反徐音栽珥徐如志反享許丈反劉音向後皆放此禴由若反祊音方折之舌反馘古獲反數色主反一音所疏及弊至虞中。釋曰及弊田者弊仆也謂田止令禽注於虞中者田止虞人致旌旗於田處之中央注猶聚也獸人則令所田之衆大獸公之小禽私之者輸之聚於旌旗之所故言注於虞中。注弊仆至軍實。釋曰鄭司農云弊田謂春火弊夏車弊秋羅弊冬徒弊並大司馬職文引之者證弊田爲田止之事云虞中謂虞人釐所田之野已下地官山虞職文言虞人萊所田之野者謂於教戰之所芟治草萊云及弊田植虞旗於其中者熊虎爲旗山多虎故用熊虎及弊田田止虞人植虞旗於中引之者證經虞中之事云致禽而珥焉者謂田衆大獸公之者各割取左耳以擬效功云春獻禽以祭社至小禽私之亦司馬職文言春獻禽以祭社者鄭彼注春土方施生云夏獻禽以享礿者夏陰氣始起鄭云

象神之在內云秋獻禽以祀祊者鄭注祊當爲方謂祭四方之神云冬獻禽以享烝者冬陽氣始起亦象神之在內此祭並非四時常祭以田獵得禽牲因享祭之耳云大獸公之者謂已孕曰獸輸之於公小禽私之者未孕曰禽謂田衆得之以自入云若斬首折馘者田獵象戰伐田獵之時取禽左耳以效功若征伐之時於陳斬首折取左耳謂之馘亦以擬效功故云若斬首折馘又引春秋傳曰者案襄二十四年楚薳啓彊如齊聘齊侯祭社蒐軍實使客觀之注云蒐數軍實兵甲器械與隱公傳三年而治兵數軍實一也引之者證斬首折馘爲軍實若然注傳兵甲器械與斬首折馘不同者兵甲器械自爲軍實至於斬首折馘亦是軍實仍於生執囚俘亦爲軍實是以僖公三十三年晉捨秦囚先軫曰墮軍實是也

凡祭祀喪紀賓客共其死獸生獸共其完者

凡獸入于腊人當乾之疏凡祭至腊人。釋曰凡此所共者於庖人云凡其死生鱻薨之物以共王之膳。注共其完者。釋曰知其完全者下經云凡獸入於腊人是其不完者故知此是完者

皮毛筋角入于玉府給作器物。筋音斤疏皮毛至王府。釋曰獸人所得禽獸其中皮毛筋角擇取

堪作器物者送入於玉府擬給百工飾作器物 **凡田獸者掌其政令** 疏 凡田至政令。釋曰謂田獵取獸禽者所有政令獸人掌之以其知田獵之法故

𩺰人掌以時𩺰爲梁 月令季冬命漁師爲梁鄭司農云梁水偃也偃水爲關空以笱承其空詩曰敝笱在梁。偃於建反徐本作匽一返反空戚音孔下同 疏 𩺰人至爲梁。釋曰言以時𩺰爲梁者謂一歲三時取魚皆爲梁以時取之故云以時漁爲梁。注月令至在梁。釋曰案月令季冬云命漁師始魚天子親往此注云季冬命漁師爲梁文句不同者鄭以此經有梁字故於月令以義取之非是月令正文鄭司農梁水偃也偃水爲關空以笱承其空者謂偃水兩畔中央通水爲關孔笱者葦簿以簿承其關孔魚過者以簿承取之故詩云敝笱在梁彼齊詩云弊敗之笱在於魚梁其魚唯唯過者無制彼喻文姜與襄公淫通來往不制又魚麗詩云魚麗于罶鱨鯊注云罶曲梁寡婦之笱笱即曲簿也引之者證梁以笱爲之

春獻王鮪 王鮪鮪之大者月令季春薦鮪于寢廟。鮪位軌反 疏 春獻王鮪。釋曰謂季春三月春鮪新來言王鮪鮪之大者云獻者獻於廟之寢故鄭注引月令云爲鮪於寢廟取魚之法歲有五案月令孟春云獺祭魚此時得取矣一也季春云薦鮪於寢廟即此所引者二也又案鼈人云秋獻龜魚也王制云獺祭魚然後虞人入澤梁與孝經緯援神契云陰用事木葉落獺祭魚同時是十月取魚四也獺則春冬二時祭魚也案潛詩云季冬薦魚與月令季冬漁人始魚同五也是一歲三時五取魚唯夏不取案魯語云宣公夏濫於泗淵以其非時里革諫之乃止

辨魚物爲鱻薧以共王膳羞 鮮生也薧乾也。薧本又作槁苦老反 疏 辨魚至膳羞。釋曰此所共者共於膳夫以共王

凡祭祀賓客喪紀共其魚之鱻薧凡𩺰者掌其政令凡𩺰征入于玉府 鄭司農云漁征漁者之租稅漁人主收之入于玉府 疏 凡祭至玉府。釋曰云凡祭祀賓客喪紀共其魚之鱻薧者此所共者共內外饔以其膳夫即不掌祭祀之事云凡𩺰者掌其政令者凡取魚者所有政令皆漁人掌之以其知取之時節及處所云凡漁征入于玉府者言漁征者謂近川澤之民於十月獺祭魚之時其民亦得取魚水族之類其中鬢骨之事堪飾器物者所有征稅漁人主收之送入于玉府以當邦賦也

鼈人掌取互物 鄭司農云互物謂有甲𤔲胡龜鼈之屬。互戶故反干云對也𤔲莫干反 疏 注鄭司至之屬。釋曰此文與下爲目所取之物者即下經所云是也

以時簎魚鼈龜蜃凡貍物 蜃大蛤鄭司農云簎謂以杈刺泥中搏取之貍物龜鼈之屬自貍藏伏於泥中者玄謂貍物亦謂鱴刀含漿之屬。簎戚𥻘角反劉倉伯反徐倉格反沈槍昔反簎莊子云冬則擉鼈於江擉音义角反義與此同今從彼讀蜃上軫反干云鮪類貍莫皆反杈音义

春獻鼈蜃秋獻龜魚 此其出在淺處可得之時魚亦謂自貍藏 疏 以時至龜魚。釋曰言以時者即下經春獻鼈蜃共然簎魚鼈據所取下經據所獻其時一也。注蜃大至之屬。釋曰蜃大蛤者即月令云雉入大水化爲蜃者是也對雀入大水化爲蛤爲小蛤鄭司農云簎謂以杈刺泥中搏取之者司農意以簎爲刺此經魚鼈龜蜃皆在泥中水中故以杈刺取之貍物龜鼈之屬者案經龜鼈自顯別言貍物司農貍物中更言龜鼈者但經或所言貍物者總龜鼈之等故司農重以龜鼈爲貍物玄謂貍物亦謂鱴刀含漿之屬者案爾雅刀魚鱴刀也蜂含漿觀此鄭意鱴刀爲一物蜂爲含漿亦一物孫氏注爾雅刀魚與鱴別非鄭意。注此其至貍藏。釋曰鄭云魚亦謂自貍藏者若不自貍藏則在上漁人取之矣故知此魚與龜鼈是自貍藏者也

祭祀共蠯蠃蚳以授醢人 蠃螔蝓鄭司農云蠯蛤也杜子春云蠯蜯也蚳蛾子國語曰蟲舍蚳蝝。蠯薄佳反徐又父幸反蠃即戈反蚳直其反徐長黎反蚳蜉子螔音夷又音移蝓音由又音榆蜯字又作蚌蒲項反又蒲杏反蛾宜綺反舍音捨蝝悅全反字林允絹反 疏 祭祀至醢人。釋曰案醢人有蠯醢蠃蚳醢故以此三者授醢人。注蠃螔至蚳蝝。釋曰蠃螔蝓者一物兩名司農云蠯蛤也者杜子春云蠯蜯也者蜯即蛤亦一物云蚳蛾子者謂蟻之子取白者以爲醢國語曰蟲舍蚳蝝者此亦是國語諫宣公之言謂夏蟲內捨去蚳蝝蚳此經蚳也蝝謂蝗也與蚳別連引之也

掌凡邦之簎事

腊人掌乾肉凡田獸之脯腊膴胖之事 大物解肆乾之謂之乾肉若今涼州烏翅矣薄折曰脯棰之而施薑桂曰鍛脩腊小物全乾。肆勑力反棰之蘂反 疏 腊人至之

事○釋曰云掌乾肉已下文者並是獸人所共獸人云凡獸入於腊人○注大物至全乾○釋曰云若今涼州烏翅者解肉乾之狀也云小物全乾者案特牲云陳鼎于門外枋在其南南順實獸于上又云宗人舉獸尾告備是其全者士用兔是其小物全乾少牢用麋不云舉獸尾則未全若然則天子諸侯之所用雖無文其獸必大亦不必全今云全者據有全者耳趙商問腊人掌凡乾肉而有膴胖何鄭荅雖鮮亦屬腊人**凡祭祀共豆脯薦脯膴胖凡腊物**脯非豆實豆當為羞聲之誤也鄭司農云膴膺肉鄭大夫云胖讀為判杜子春讀胖為版又云膴胖皆謂夾脊肉又云禮家以胖為半體玄謂公食大夫禮曰庶羞皆有大者此據肉之所擬祭者也又引有司曰主人亦一魚加膴祭于其上此據主人擬祭者膴與大亦一也內則曰麋鹿田豕麕皆有胖足相參正也大者胾之大臠膴者魚之反覆膴又詁曰大二者同矣則是膴亦牒肉大臠胖宜為脯而腥胖之言片也析肉意也禮固有腥臉爓雖其有為孰之皆先制乃亨○豆音羞胖普半反杜音版夾戚古洽反劉古協反食音嗣膴京倫反覆芳服反臉而甚反爓徐廉反亨普庚反**疏**注脯非至乃亨○釋曰知脯非豆實者案籩人職有栗脯則脯是籩實故云脯非豆實也知豆當為羞者案籩人職云凡祭祀共其籩薦羞之實鄭云未飲未食曰薦已飲已食曰羞羞薦相對下既言薦脯明上當言羞脯也鄭司農云膴膺肉鄭大夫胖讀為判杜子春讀胖為版又云膴胖皆謂夾脊肉又云禮家以胖為半體者文無所出皆非也玄謂公食大夫禮曰庶羞皆有大者此據肉之所擬祭者也又引有司曰主人亦一魚加膴祭於其上者此據主人擬祭者也膴與大亦一也內則曰麋鹿田豕麕皆有拌足相參正者引有司并公食大夫二處證膴是大臠引內則明胖與膴不同故云足相參正云大者胾之大臠者玄解公食大夫云膴者魚之反覆者反覆謂魚生時在腹下今加之於上云膴又詁曰大者據爾雅釋詁文云二者同矣者大共膴同是一則膴是牒肉大臠同將祭先也云胖宜為脯而腥謂肉薄不煮者云胖之言片析肉意者此解胖是薄義云禮固有腥臉爓雖其有為孰之者祭祀之禮肫解而腥之又有體解而爓之又有薦孰之禮禮經固有此三者皆當先制為胖言此者證胖與膴不同破諸家之意**賓客喪紀共其脯腊凡乾肉之事****疏**賓客至之事○釋曰此所共者共內外饔也

○附釋音周禮注疏卷第四終

周禮注疏卷四校勘記

阮元撰盧宣旬摘錄

腊夫

羞用百二十品 唐石經作羞用百有廿品宋本余本嘉靖本毛本百下皆有有字疏中引經同此本及閩監本脫石經考文提要云宋本九經宋纂圖互注本宋附釋音本余仁仲本皆有有字

醢人共齏菹醢物六十甕 嘉靖本閩本同監毛本醢誤醓疏中云醢人共醢物六十甕案醢人職作齊菹醢人注云齊當為齏故注引作齏

稌黍稷梁麥苽 宋本同誤也余本嘉靖本閩監毛本梁作粱從米當訂正此本疏中亦從米

水漿醴䣼醫酏 釋文䣼本又作涼酏作醷案醫當作醷釋文亦訛

此羞庶羞口出於牲及禽獸 閩本亦實闕一字監毛本作皆是也

編萑以苴之 此本苴誤塗據閩監毛本訂正

塗之以墐塗 此本墐誤瑾據閩本訂正監毛本誤墐

漬取牛羊肉 今內則無羊字

以酒諸上而鹽之 閩監毛本酒改灑

舉焦其膋 閩監毛本焦改燋非案今內則作燋釋文舉焦字又作燋陸賈所據本正合焦字下已從火更加火旁俗作也○按說文有燋字

彼有糝與餰 浦鏜云內則餰作酏注云此酏當從餰案醢人注引內則已作餰

鼎俎奇而籩豆耦者 閩監毛本耦作偶依今本郊特牲改

明知先朝食 惠校本明作則此誤

案聘禮致饔餼注云 浦鏜云注衍

云牛羊豕魚腊腸胃同鼎 云當衍

當內兼腳膘膮此本兼誤廉據閩監毛本訂正

案論語微子云亞飯三飰四飯閩監毛本飰改飯今論語同案此引論語三飯字當皆作飰此改之未盡者耳

以樂徹于造唐石經諸本同禮說云大祝注故書造作竈然則古文造竈通吳越春秋勒馬銜枚出火于造吳語造作竈所謂係馬舌出火竈龜策傳灼鑽之處亦以造名注造音竈本此

案文王世子未有原監毛本同浦鏜云末誤未案嘉靖本禮記作末釋文正義皆作末

案玉藻云朔食加日食一等盧文弨云此約玉藻文云當衍

齊時不樂故不言以樂侑食也浦鏜云者誤時從儀禮經傳通解續按毛本侑誤侑

春秋傳曰司寇行刑者浦鏜云戮誤刑案賈疏所據鄭注本蓋作刑故注云大故刑殺也

主人飲食之俎皆爲胙俎諸本同宋本爲作有案上云賓客食而王有胙俎又此疏云特牲少牢主人之俎雖爲胙俎直是祭祀不兼賓客此則祭祀賓客俱有然則爲當作有矣

稍事爲非日中大舉時而閒食孫志祖云爲當作謂疏作謂可證

若大夫已下燕食有脯無會閩監毛本已作以浦鏜云膾誤會

庖人

破司農六畜之內案畜爲禽之誤

味以不褻爲尊葉鈔釋文褻作䙝監毛本疏中亦作䙝此從執

凡其至之義閩監毛本作凡其至膳羞此誤

云賓客之禽獻者謂若掌客上之乘禽日九十雙閩本同監毛本獻誤獸浦鏜云掌客上公公誤之

解經令禽以法授之浦鏜云禽下脫獻

又以此付使者浦鏜云此下脫書

夏行腒鱐膳膏臊漢讀考云說文鱐作鱅魚部云鱢魚臭也引周禮膳膏鱢而肉部云臊豕膏臭也然則周禮作膏臊臊非魚膏明矣魚部鱢下當云讀如周禮膳膏臊案周禮諸本不同說文引經每兼存異本蓋膏臊一作膏鱢而其義爲魚臭與鄭以爲豕膏杜以爲犬膏俱互異說文於鱢下引周禮於臊下止存豕膏臭一義則許氏所據古文本作鱢禮說云晏子春秋曰食魚無反惡其鱢也凡鮏鱢從魚者皆言魚則許氏以膏鱢爲魚膏矣案內則釋文云鱐本又作鱅與說文引周禮合

云用禽獻謂煎之以獻案煎下脫和

唯王及后之膳禽不會唐石經諸本同宋本后下有世子二字係妄增案注云世子可以會之故經不言世子也

內饔

肉物胾燔之屬諸本同宋本燔作膰案釋文膰音燔本亦作燔宋本與釋文合是也賈疏引注作燔

謂士虞禮云四肆去蹄浦鏜云喪誤虞閩本闕下二字

實鼎曰脀宋本脀作脀非諸本皆作脀從丞從肉釋文脀職升反

以得饋王案上云俟待也此得爲待之誤

烏麃色而沙鳴唐石經諸本同釋文犥本又作麃案玉篇麃白色犥牛色不美澤又牛黃白色說文犥牛黃白色从牛麃聲白部無麃字鄭注云牛色不澤美則當从陸本作犥石經作麃非惠按本作犥據釋文也今禮記內則作麃而釋文作麃云本又作麃知麃爲俗字

馬黑脊而般臂螻唐石經諸本同釋文臂徐本作辟惠按本般作般以意改非九經古義云北山經諸

吡之水其中多水馬其狀如馬文臂牛尾郭璞注臂前脚也周禮曰馬黑脊而斑臂膢案釋文般音班注云臂毛有文是亦讀般爲斑也古般斑通郭氏以今字讀之故引作斑

泠毛毛長總結也　宋本嘉靖本同此絲總字與皆揔字有別閩監毛本揔總二字並改作總矣浦鏜云總結也上脫毳字案疏釋經曰云羊泠毛而毳羶者泠毛謂毛長也而毳謂毛別聚結者則浦説是也○按浦説非也賈疏添毳字誤耳説文曰毳者獸細毛也泠毛謂毳之長而總結長而總結自是釋泠非釋毳也經文此句法若云其毳也乃泠毛而毳毳者獸所同泠毛而毳則所異耳内則注亦云泠毛毳毛別聚於不解者也可以相證彼疏云泠謂毛本稀泠毳謂毛頭毳結其誤同此疏

腥當爲星　漢讀考云許叔重説胜爲犬膏之臭腥爲星見食豕令肉中生小瘜肉故其字從肉星星亦聲則腥爲正字而胜爲周禮腥臊之正字許所據周禮與鄭所據不同

肉有如米者似星　漢讀考云似星當作曰星謂肉有如米者謂之星如飯之糪也案爾雅米者謂之糪郭注云飯中有腥亦以腥爲正字

言辨腥臊者　浦鏜云脫羶香二字

以腥臊羶香表見云牛羊犬雞也　案云衍

云是別不可食者則此是也　閩本同監毛本則改卽非浦鏜云別下脫其

宜破交睫腥之腥　浦鏜云宜當直字誤

牛在手曰牿　浦鏜云木誤牛

凡掌共羞脩刑膴胖骨鱐　説文肉部膴下引周禮有膴胖案此注云胖如膴而腥者許蓋讀胖爲判以爲半體肉也腊人薦脯膴胖鄭大夫胖讀爲判與許同杜子春云禮家以胖爲半體鄭君云胖之言片也皆與判義相近

外饔

凡賓客之飧饔饗食之事亦如之　唐石經嘉靖本飧作飱

致禮於客　疏引注作致禮於賓客惠挍本據增云余本仍無賓字

宰夫職以釋訖　浦鏜云以當已字誤

至五長有功者　浦鏜云五當伍誤

謂其殷奠及虞祔之祭　浦鏜云其衍

亨人

大羹肉湇　宋本余本嘉靖本並同釋文肉湆去及反浦鏜云湇誤湆六經正誤云湇肉汁也从泣聲也从肉義也非從聲音之音案經典及釋文多作湆自有毛居正説俗人每改湇爲湆矣

皆是陪鼎膷臐膮　浦鏜云謂誤皆從儀禮通解續挍

甸師

耨芸芓也　宋本芸作秐案釋文芸音云本或作秐疏云耕種秐耨於王之藉田蓋釋文作芸賈疏作秐今本注及疏作芸係依釋文改

齍盛祭祀所用穀也粢稷也　案齍亦當爲粢肆師表齍盛注粢六穀也在器曰盛是經作齍盛注皆作粢盛疏云六穀曰粢在器曰盛以共祭祀故云粢盛易齍盛爲粢盛本注也此及舂人注同經作齍非漢讀考云小宗伯辨六齍之名物注曰齍讀爲粢六粢謂六穀黍稷稻粱麥苽全經内齍字當以此例之案甸師注粢盛者祭祀之主也

三推而一癹　案癹爲墢字之誤浦鏜云墢誤發下並同是也閩監毛本並改發

示有恭敬鬼神之法　惠挍本有作相

縮浚也　諸本同釋文浚也荀順反劉思順反浦鏜改浚爲滲云滲誤浚謬甚浦鏜之書多不可據者

不貢苞茅　嘉靖本苞作包此本疏引左傳亦作包閩監毛本改苞案苞苴苞裹字多從艸而左傳及説文

菑下引春秋傳皆作包茅蓋从省○按版本多依舊不同作包未爲非也

杜子春讀爲蕭漢讀考云爲當作從凡二本字異而用一廢一曰從

故旣薦然後焫蕭岳本閩本同與禮記合嘉靖本監毛本及釋文焫作爇誤郊特牲作故旣奠注云謂薦孰時也此以義引之故作薦

縮酒泲酒也葉鈔釋文嘉靖本閩本皆作泲此本誤沛今訂正監毛本泲作沛

注鄭司農至縮酌閩本同監本剜改大夫二字則本作司農也毛本則竟作大夫矣案賈本注鄭大夫蓋作鄭司農此本疏中亦俱作鄭大夫惟此標起至處改之未盡

司馬職百里爲遠郊惠挍本職作法此誤

代王受過災云浦鏜云云疑者字誤

令使王死惠挍本令作今

釋曰周姓姬閩本姓字模糊監毛本誤作禮

甸師氏在疆場惠挍本場作埸此誤

獸人

罟罔也閩毛本同監本罔改網

以救時之苦也宋本無也非

備獸觸攫諸本同釋文觸攫俱縛反又作擭華霸反案作擭非也此本補刻攫下衍擭疏中觸罔而攫攫誤擭

謂虞人釐所田之野釋文釐所音來本亦作萊案山虞職作萊山田之野此作釐所蓋以義引之作萊者依彼經所改疏云言虞人萊所田之野者謂於教戰之所芟治草萊是賈本作萊也

夏獻禽以享禴秋獻禽以祀祊浦鏜云大司馬職禴作礿下獻作致

若斬首折馘宋本下有也

蒐數軍實兵甲器械閩本同監毛本數誤藪浦鏜云案杜注閱數軍器此所引蓋服氏注

𩾖人

梁水偃也釋文水堰徐本作匽案說文匸衺徯有所俠藏也从匸上有一覆之匽匿也人部偃云僵也是水偃字當從徐本作匽

故云以時漁爲梁閩監毛本漁改魚

命漁師始魚浦鏜云始漁誤始魚下疏同

笱者葦簿閩監毛本簿作下及曲簿同

此時得取矣一也此本一誤○據閩監毛本訂正

里革諫之乃止閩監毛本同魯語作里革○按里革郎史克克革古音同部華字非也

以其膳夫即不掌祭祀之事浦鏜云膳夫下脫共王之膳羞五字從儀禮通解續挍案此類蓋後人以意增足非賈疏本文

鼈人

謂有甲䕕胡閩監毛本同誤也宋本余本嘉靖本䕕作蔄當訂正釋文䕕莫干反禮說云月令其蟲介高誘注介中也象冬閉固皮漫胡也䕕漫音義同

以時簎魚鼈龜蜃唐石經諸本同說文手部簎刺也從手籍省聲周禮曰簎魚鼈禮說云魯語矠魚鼈以爲夏犒作猎莊子冬則擉鼈於江作擉列子牢籍庖廚之物作籍殷敬順釋文謂籍本作簎案作簎爲正字作籍爲聲借字說文謂簎從手籍省聲故列子竟省手作籍也

簎謂扠刺泥中搏取之宋本嘉靖本閩監毛本扠作杈宋本作扠從手釋文通志堂作杈宋本載音義作扠此本補刻扠誤挍今訂正

皆在泥中水中　閩監毛本無上中

但經惑所言貍物者　監毛本同誤也閩本惑字實闕或作意

案爾雅刀魚鱭刀也　惠挍本刀魚作鮤此誤又分爲二字

案醢人有蠯醢蠃蚳醢　浦鏜云蠃下脫醢

蜯即蛤　惠挍本下有也此脫

此亦是國語諫宣公之言　案國語當作里革

腊人

凡田獸之脯腊膴胖之事　唐石經諸本同案膴胖之事四字疑衍文下經薦脯膴胖膴字胖字始有注若於此先言膴胖二鄭杜氏康成當於此下注矣釋文出胖字音於豆脯之下則陸本尚未誤衍儀禮士冠禮疏引腊人云掌乾肉凡田獸之脯腊鄭注云大物解肆乾之云云無膴胖之事四字此爲誤衍之明證此疏引趙商問腊人掌凡乾肉而有膴胖何亦據下文言之

若今涼州烏翅矣　諸本及漢制考同惠士奇云烏當作鳥盧文弨案士冠禮加爵弁如初儀疏引此注作鳥翅誤本耳

庶羞皆有大者此據肉之所擬祭者也又引有司曰主人

亦一魚加膴祭于其上此據主人擬祭者膴與大亦一也　余本岳本閩監毛本同宋本上下有者案此皆因疏語誤衍也嘉靖本庶羞皆有大下無者此據肉十二字加膴于其上下無此據主人十三字當據此刪正

胖之言片也　玉篇肉部引作胖之言半也非下云析肉意三十九皆同

杜子春讀胖爲版　監本版作販

元解公食大夫　惠挍本作重解此誤

禮經固有此三者　此本經誤堅據閩監毛本訂正

附釋音周禮注疏卷第四　唐石經周禮卷第一宋本余本嘉靖本同此本及閩監毛本刪此題下悉準此不復出

周禮注疏卷四挍勘記終

南昌袁泰開挍

附釋音周禮注疏卷第五

天官冢宰下 ○陸曰本亦作天官冢宰下

鄭氏注　賈公彥疏

醫師掌醫之政令，聚毒藥以共醫事。毒藥，藥之辛苦者。藥之物恒多毒。孟子曰：若藥不瞑眩，厥疾不瘳。○瞑，眠見反，徐亡千反。眩，玄見反，徐音玄，劉音虎縣反。瘳，勑留反。

疏 醫師至醫事○釋曰：醫師者，衆醫之長，故掌醫之政令。言聚毒藥以共醫事者，謂所有藥物並皆聚之，以供疾醫、瘍醫等，故言以供醫事。○注毒藥至不瘳○釋曰：言毒藥，藥之辛苦者，細辛、苦參雖辛苦而無毒，但有毒者多辛苦，故云毒藥之辛苦者。又云藥之物恒多毒者，藥中有毒者謂巴豆、狼牙之類是也，藥中有無毒者謂人參、芎窮之類是也。藥之無毒亦聚之，直言聚毒藥者，以毒爲主，故鄭云藥之物恒多毒。又引孟子者，案孟子滕文公爲世子，將之楚，過宋見孟子，而謂之云：今滕國絕長補短，將五十里，可以爲善國乎？書曰：藥不瞑眩，厥疾不瘳。注云：逸書也。藥使人瞑眩悶亂，乃得瘳愈，猶人敦德惠乃治也。引之者，證藥中有毒之意。此是古文尚書說命之篇，高宗語傅說之言也。不引說命而引孟子者，鄭不見古文尚書故也。

凡邦之有疾病者、疕瘍者造焉，則使醫分而治之。疕，頭瘍，亦謂禿也。身傷曰瘍。分之者，醫各有能。○疕，咸匹婢反，徐芳鄙反，劉芳指反，一音芳夷反。瘍音羊，身創也。造，七報反。

疏 凡邦至治之○釋曰：國中有疾病者，謂若疾醫所云者是也。疕瘍者，謂若瘍醫所云者是也。云造焉者，此二者皆來造醫師也。云醫師則使醫分而治之者，疾病者付疾醫，疕瘍者付瘍醫，故云分而治之。下有食醫、獸醫，亦屬醫師，不來造醫師者，食醫主齊和飲食，不須造醫師；獸醫畜獸之賤，便造獸醫，故亦不須造醫師。○注疕頭至有能○釋曰：言疕頭瘍者，案下瘍醫腫瘍、瘍等不言疕，此特言疕者，腫瘍等可以兼之，故云疕，頭瘍，謂頭上有瘡含膿血者。又云亦謂禿也者，禿含膿血者則入疕中，禿而不含膿血者，疕中可以兼之，故云亦謂禿也。云身傷曰瘍者，曲禮云身有瘍則浴是也，即瘍醫所云腫瘍已下亦是。云分之者醫各有能者，疾醫知疾不知瘍，瘍醫知瘍不知疾，故云醫各有能。

歲終則稽其醫事，以制其食。十全爲上，十失一次之，十失二次之，十失三次之，十失四爲下。食，祿也。全猶愈也。以失四爲下者，五則半矣，或不治自愈。○稽，古兮反，考也，後皆放此。

疏 歲終至爲下○釋曰：言歲終者，謂至周之歲終。云則稽其醫事者，謂疾醫等歲始已來治病有愈有不愈，並有案記，今歲終摠考計之，故言稽其醫事。云以制其食，據所治愈不愈之狀而制其食祿，而制五等之差。云十全爲上者，謂治十還得十，制之上等之食。云十失一次之者，謂治十得九，制祿次少於上者。云十失二次之者，謂治十得八，制祿次少於九者。十失三次之者，謂治十得七，制祿次少於八者。十失四爲下者，謂治十得六，制祿次於得七者。○注食祿至自愈○釋曰：食祿也者，食即月俸，故以祿解食。依序官，疾醫中士，瘍醫下士。案禮記王制，下士視上農夫食九人祿，中士倍下士，十八人祿。若然，中士祿食有常，今差爲五等者，但功適中者守本祿，功高者益之，功下者損之，欲勉勵醫者，故爲此五等之差。云失四爲下者，五則半矣，或不治自愈者，案漢書藝文志云：神農黃帝食藥七卷。云寒溫疾病之淺深，辨五苦六辛，致水火之齊，以通閉結，反之於此，乃失其宜者，以熱益熱，以寒益寒，積氣內傷，是以獨失。故諺云：有病不治，恒得中醫。若然，此經失四之類，亦是以寒益寒，以熱益熱，言有病不治，恒得中醫，故鄭云五則半矣，或不治自愈，釋經所以不言十失五之意。

食醫掌和王之六食、六飲、六膳、百羞、百醬、八珍之齊。和，調也。○食音嗣，下食齊同。齊，才細反，下皆同，徐蔣細反。

疏 食醫至之齊○釋曰：言掌和王之六食以下者，此等並是膳夫所掌，此食醫調和而已。其六食、六飲等之義，並在膳夫。

凡食齊眡春時，飯宜溫。○眡音視。羹齊眡夏時，羹宜熱。醬齊眡秋時，醬宜涼。飲齊眡冬時。飲宜寒。

疏 凡食至冬時○釋曰：言凡食齊眡春時者，言凡者，摠與下四時爲目，故言凡以該之。言食者，即上六食，則內所云食齊一也。言飯之齊和，眡猶比也，四時常溫，比於春時，故鄭云飯宜溫。羹齊眡夏時者，謂大羹、鉶羹、菜羹等，其所齊和，四時常熱，故云眡夏時，羹宜熱也。云醬齊眡秋時者，案醢人醯人唯有醢醯，不言醬，即豆醬也。案公食大夫，公親設醬，醬者食之主，言醬則該諸豆實，四時皆須涼，故言醬齊眡秋

時又云飲齊眡冬時者謂若漿人六飲水漿之等四時皆須寒故言飲齊眡冬時飲宜寒故也

凡和春多酸夏多苦秋多辛冬多鹹調以滑甘 各尚其時味而甘以成之猶水火金木之載於土內則曰棗栗飴蜜以甘之堇荁枌榆娩槁滫瀡以滑之○和胡卧反飴以之反堇音謹荁音桓枌符云反娩音問槁苦老反滫劉思酒反徐相幼反瀡相藥反

【疏】凡和至滑甘○釋曰言凡和者亦與下四時爲目言春多酸者東方木味酸屬春調和食酸多於餘味一分故云春多酸云夏多苦者南方火味苦屬夏夏時調和食苦亦多於餘味一分故云夏多苦秋多辛者西方金味辛屬秋秋時調和食辛亦多於餘味一分故云秋多辛冬多鹹者北方水味鹹屬冬冬時調和食鹹亦多於餘味一分故言冬多鹹調以滑甘者中央土味甘屬季夏金木水火非土不載於五行土爲尊於五味甘爲上故甘揔調四味滑者通利往來亦所以調和四味故云調以滑甘此五味之言出洪範及月令○注各尚至滑之○釋曰言各尚其時味者多一分者也必多其時味者所以助時氣也又引內則曰棗栗飴蜜以甘之者證經甘之所用物也又云堇荁枌榆娩槁滫瀡以滑之者證經滑之所用之物鄭君注內則荁堇類榆白曰枌

娩新生者槁乾也齊人溲曰滫秦人滑曰瀡謂將此堇已下和溲以滑之

凡會膳食之宜牛宜稌羊宜黍豕宜稷犬宜粱鴈宜麥魚宜苽 會成也謂其味相成鄭司農云稌稉也爾雅曰稌稻苽彫胡也○稌音杜又他杜反苽音孤稉本亦作秔音庚彫劉本作凋音彫

【疏】凡會至宜苽○釋曰凡會膳食之宜者謂會成膳食相宜之法言牛宜稌者依本草素問牛味甘平稻味苦而又溫甘苦相成故云牛宜稌羊宜黍者羊味甘熱黍味苦溫亦是甘苦相成故云羊宜黍豕宜稷者豭豬味酸牝豬味苦稷米味甘亦是甘苦相成故云豕宜稷犬宜粱者犬味酸而溫粱米味甘而微寒亦是氣味相成故云犬宜粱又云鴈宜麥者鴈味甘平大麥味酸而溫小麥味甘微寒亦是氣味相成故云鴈宜麥云魚宜苽者魚味寒魚族甚多寒熱酸苦兼有而云宜苽或同是水物相宜故云魚宜苽○注會成至胡也○釋曰云稌稉也者亦方俗異名云爾雅曰稌稻也苽彫胡也者今南方見有苽米是也

凡君子之食恒放焉 ○放猶依也放甫往反

【疏】凡君至放焉○釋曰上六食六飲一經據共王不通放下凡食春多酸已下至魚宜苽已上齊和相成之事雖以王爲主君子大夫已上亦依之故云恒放焉

疾醫掌養萬民之疾病四時皆有癘疾春時有痟首疾夏時有痒疥疾秋時有瘧寒疾冬時有漱上氣疾 癘疾氣不和之疾痟酸削也首疾頭痛也漱欬也上氣逆喘也五行傳曰六癘作見○痟音消痒以掌反疥音介漱西豆反本亦作欶上時掌反注同欬苦代反喘昌兗反見音賢遍反下同

【疏】疾醫至氣疾○釋曰言掌養萬民之有疾病者此主療治疾病而云養者但是療治必須將養故以養言之疾病兩言之者疾輕病重故注論語云疾甚曰病謂疾病俱療故兩言之此直言萬民不言王與大夫醫師雖不言或可醫師治之云四時皆有癘疾者此言亦與下爲目云春時有痟首疾者春是四時之首陽氣將盛惟金沴木故有頭首之疾言痟者謂頭痛之外別有酸削之痛云夏時有痒疥疾者四月純陽用事五月已後陰氣始起惟水沴火水爲甲疥有甲故有疥痒之疾云秋時有瘧寒疾者秋時陽氣漸銷陰氣方盛惟火沴金兼寒兼熱故有瘧寒之疾云冬時有嗽上氣疾

者冬時陰氣盛陽氣方起惟土沴水以土壅水其氣不通故有嗽上氣之疾○注癘疾至作見○釋曰言癘疾氣不和之疾者癘謂癘疫人君政教失所則有五行相剋氣敘不和癘疫起故云氣不和之疾云痟酸削也者人患頭痛則有酸嘶而痛酸削則酸嘶也云嗽欬也者謂若內則不敢噦欬之欬故言嗽欬也云上氣逆喘也者向上喘息謂之逆喘引五行傳曰六癘作見案五行傳云五福乃降用彰於下六沴作見一曰貌之不恭是謂不肅惟金沴木又曰言之不從是謂不乂惟火沴金又曰眡之不明是謂不哲惟水沴火又曰聽之不聰是謂不謀惟土沴水又曰思之不睿是謂不聖惟木金水火沴土此其五沴也言六沴者天雖無沴案洪範六極又案書傳致六極之由皆由身之五事一曰凶短折思不睿之誅二曰疾眡不明之誅三曰憂言不從之誅四曰貧聽不聰之誅五曰惡貌不恭之誅六曰弱皇不極之誅據此六極皇極爲屬天王者不極亦有痾疾病併前五者爲六沴彼言沴此鄭注言癘者言沴謂五行相乘沴此言癘癘氣與人爲疫故不同若據五事所貫言之四時之疾皆據眡之不明者也

以五味五穀五藥養其病 養猶治也病由氣勝負而生攻其羸養其不足者五味醯酒飴蜜薑鹽之屬五穀麻黍稷麥豆也五藥草

木蟲石穀也其治合之齊則存乎神農子儀之術云○贏音盈後不音者同合如字又音閤下同

【疏】注養猶至術云○釋曰言養猶治也者病者須養之故云養猶治也云病由氣勝負而生者假令夏時熱病者體寒即是水水贏而勝也火氣負而不足也故言猶氣勝負而生云攻其贏養其不足者夏時病者則五味中食甘五穀中食稷以甘稷是土之穀味土所剋水是攻其贏也土生於火土是火之子食甘稷爲子養母之道故云養其不足也云五味醯酒飴蜜薑鹽之屬者醯則酸也酒則苦也飴蜜即甘也薑即辛也鹽即鹹也此即五味酸苦辛鹹甘也鄭不言五味酸鹹等而言醯酒之屬者當時醫方見用醯酒之等故舉以言焉又云五穀麻黍稷麥豆也者此依月令五方之穀此五穀據養疾而食之非必入於藥分又云五藥草木蟲石穀也者草謂麻黃勺藥之類是也木謂厚朴杜仲之類是也蟲謂吳公贏蠪之類是也石謂磁石白石之類是也穀謂五穀之中麻豆之等有入藥分者是也云其治合之齊則存乎神農子儀之術云者案劉向云扁鵲治趙太子暴疾尸蹷之病使子明炊湯子儀脉神子術案摩又中經簿云子義本草經一卷儀與義一人也若然子義亦周末時人也並不說神農案張仲景金匱云神農能嘗百藥則炎帝者也言此二人能合和此術耳

以五氣五聲五色眡其死生三者劇易之徵見於外者五氣五藏所出氣也肺氣熱心氣次之肝氣涼脾氣溫腎氣寒五聲言語宮商角徵羽也五色面貌青赤黃白黑也察其盈虛休王吉凶可知審用此者莫若扁鵲倉公○易以鼓反藏才浪反下文及注同徵張里反王往況反扁本亦作鶣蒲典反徐抗忍反鵲漢書音義云扁鵲魏桓侯時醫人史記云姓秦名少齊越人倉公史記云姓淳于名意臨淄人爲齊太倉令漢文帝時人

【疏】以五至死生○釋曰上文三五所以治療此經三五觀其死生故云眡其死生○注三者至倉公○釋曰云三者劇易之徵見於外者此經三者並是人之病者氣與聲色其病在內人所不覩見其聲色則知增劇及簡易故云劇易之徵見於外者也云五藏所出氣也者言五藏謂氣之所藏故知五氣出於五藏云肺氣熱者此已下並據月令牲南首而言肺在上當夏故云肺氣熱云心氣次之者心在肺下心位當土心氣亦熱故言次之云肝氣涼者肝在心下近右其位當秋故云肝氣涼此三藏並在膈上云脾氣溫者於藏值春故云溫云腎氣寒者腎位在下於藏值冬故言寒此二者在膈下此五藏寒熱等據月令成文而說及其醫方之術心屬南方肝屬東方肺屬西方脾屬中央腎屬北方此並據五色而言不據氣之寒熱也云五聲言語宮商角徵羽也者宮數八十一配中央土商數七十二配西方金角數六十四配東方木徵數五十四配南方火羽數四十八配北方水此五聲數多者聲濁數少者聲清人之言語似之故云言語宮商角徵羽也云五色面貌之青赤黃白黑也者此據五方東方木色青南方火色赤中央土色黃西方金色白北方水色黑病者面色似之云察其盈虛休王吉凶可知者假令冬時面色黑其氣寒聲應羽此是盈而王吉可知若冬時其色黃其氣熱聲應宮此得中央土來剋已此是虛而休凶可知若得東方青色等則子來助已亦吉云審用此者莫若扁鵲倉公者依漢書藝文志大古有岐伯榆附中世有扁鵲秦和漢有倉公若然扁鵲在周時倉公在漢世此二人知氣色之候者也

兩之以九竅之變參之以九藏之動兩參之者以觀其死生之驗竅之變謂開閉非常陽竅七陰竅二藏之動謂脉至與不至正藏五又有胃旁胱大腸小腸脉之大候要在陽明寸口能專是者其唯秦和乎岐伯榆柎則兼彼數術者○竅音苦弔反秦和左傳昭元年晉平公疾秦伯使醫和爲之即此人也岐伯其宜反榆羊朱反本亦作俞柎劉音附徐音鈇岐伯榆柎皆黃帝時醫人

【疏】兩之至之動○釋曰上經觀其氣色此經驗其脉候故以參兩言之○注兩參至術者○釋曰云參兩之者觀其死生之驗者言兩者謂九竅與所眡爲兩兩與九藏爲參云竅之變謂開閉非常者九竅之開是其常或開或閉即是非常故云開閉非常也云陽竅七者在頭露見故爲陽也陰竅二者在下不見故爲陰云藏之動謂脉至與不至者謂九藏在內其病難知但診脉至與不至即知九藏之動故云藏之動謂脉至與不至也又云正藏五者謂五藏肺心肝脾腎並氣之所藏故得正藏之稱不數之者上已有注云又有胃旁胱大腸小腸者此乃六府中取此四者以益五藏爲九藏也六府胃小腸大腸旁胱膽三焦以其受盛故謂之爲府亦有藏稱故入九藏之數然六府取此四者案黃帝八十一難經說胃爲水穀之府小腸爲受盛之府大腸爲行道之府旁胱爲津滴之府氣之所生下氣象天故寫而不實實不滿若然此則正府也故入九藏其餘膽者清淨之府三焦爲孤府非正府故不入九藏也云脉之候要在陽明寸口者但醫者診脉諸脉皆可據若脉之大候取其要者在於陽明寸口二處而已陽明者在大拇指本骨之高處與第二指間寸口者大拇指本高骨後一寸是也云能專是者其唯秦和乎者秦和在中世如前說云岐伯榆柎則兼彼數術者此二人在大古如前說但上神農子

儀扁鵲倉公秦和等各專一能此二人兼上數術之耳

凡民之有疾病者分而治之死終則各書其所以而入于醫師少者曰死老者曰終所以謂治之不愈之狀也醫師得以制其祿且爲後治之戒○少詩照反疏凡民至醫師○釋曰以疾醫中士二人醫各有能故使分治之也云死終者謂民之有病不問老少皆治之不愈少死則曰死似不得壽終然少曰死老者則曰終謂雖治不愈似得壽終故曰終也云則各書其所以者謂書錄其不愈之狀云而入于醫師者醫師得之以制其祿則上十全爲上已下是也

瘍醫掌腫瘍潰瘍金瘍折瘍之祝藥劀殺之齊腫瘍癰而上生創者潰瘍癰而含膿血者金瘍刃創也折瘍踠跌者祝當爲注讀如注病之注聲之誤也注謂附著藥劀刮去膿血殺謂以藥食其惡肉○折劉本作斯同時設反祝之樹反出注劀音刮徐工滑反齊才細反創初良反踠於阮反徐烏卧反跌待結反徐徒紇反劉徒沒反著音豬略反去羌呂反疏瘍醫至之齊○釋曰瘍醫掌腫瘍已下四種之瘍瘡而含膿血者祝注也注藥於瘡乃後刮殺而言齊者亦有齊量之宜也○注腫瘍至惡肉○釋曰腫瘍癰而上生瘡者謂癰而有頭未潰者潰瘍癰而含膿血已潰破者云祝當爲注讀者疾醫非主祝說之官爲祝則義無所取故破從注注謂注藥於中食去膿血耳

凡療瘍以五毒攻之止病曰療攻治也五毒五藥之有毒者今醫人有五毒之藥作之合黃堥置石膽丹砂雄黃礜石慈石其中燒之三日三夜其煙上著以雞羽掃取之以注創惡肉破骨則盡出○堥本又作[illegible]劉音武又音無徐音毋又音務沈武侯反礜音豫著直略反疏凡療至攻之○釋曰言凡則兼上四瘍故云凡療瘍以五毒攻治之也○注止病至盡出○釋曰言止病曰療者治病之名言治之則病止故云止病曰療也言合黃堥者謂內則有敦牟卮匜鄭注云敦牟黍稷器不言黃此言黃者見今時合和丹藥者皆用黃瓦甈爲之亦名黃堥事出於古也

以五氣養之以五藥療之以五味節之既刮殺而攻盡其宿肉乃養之也五氣當爲五穀字之誤也節節成其藥之力○五氣氣音穀出注疏以五至節之○釋曰云以五穀養之者亦當據病所宜釋善而用之故云以五穀養之云以五藥療之者義如前注以五味節之者五味亦酸苦辛鹹甘亦當據病所宜食之以節成藥力者也○注既刮至之力○釋曰鄭云既刮殺而攻之盡其宿肉乃養之也者以經五藥在五穀之下恐人以五穀養之乃用五藥療之故鄭解之若然此五藥在五穀下者以上已言五毒攻之用此五穀養之則此五穀爲前五毒攻之乃後用五穀養之於理爲順此文重言五藥者爲下五味節成此藥故須更言五穀也云五氣當爲五穀者以其氣非養人之物又疾醫之有五味五藥五穀相將之物故破氣從穀也云節節成其藥之力者即下文以酸養骨之類是也

凡藥以酸養骨以辛養筋以鹹養脉以苦養氣以甘養肉以滑養竅以類相養也酸木味木根立地中似骨辛金味金之纒合異物似筋鹹水味水之流行地中似脉苦火味火出入無形似氣甘土味土含載四者似肉滑滑石也凡諸滑物通利往來似竅疏凡藥至養竅○釋曰上云以五味節之此即經酸苦之等是也今云凡藥以酸養骨藥味合言者欲見五味節成五藥故上注云節成藥力故合言之○注以類至似竅○釋曰云以類相養也者謂若酸與骨辛與筋之等是也云酸木味之等並依洪範及月令爲說也云木立地中似骨者謂似人之骨立肉中者故以酸養之云辛金味金之纒合異物似筋者人之筋亦纒合諸骨故云似筋而以辛養之也云鹹水味水之流行地中似脉者血脉在人亦流行不定故云似脉而以鹹養之也云苦火味火出入無形似氣者火乃人所覩見似若有形攬之不得亦是無形故云似氣故以苦養之也甘土味土含載四者似肉者金木水火非土不載故云含載四者似人之肉亦含載筋骨氣脉故云似肉也故以甘養之也云滑滑石者以五味酸苦辛鹹甘養骨筋氣脉與肉相配訖前食醫云調以滑甘平常調食五味之外有滑彼滑用堇荁枌榆今此養病五味之外亦宜有滑但於藥分之中慎滑則不得如平常用堇荁等故以滑石解之凡諸滑物通利往來似竅故以滑養之也若然此經五味不以生成爲次而以木金與火水相對者此若洪範以木曰曲直金曰從革火曰炎上水曰潤下以類相對而言也

凡有瘍者受其藥焉疏凡有至藥焉○釋曰藥即上五藥是也凡國中有瘍不須身來者並於瘍醫取藥焉

獸醫掌療獸病療獸瘍畜獸之疾病及瘍療同醫○畜許又反下同疏

注畜獸至同醫。釋曰此醫唯療家畜不療野獸但畜獸義通今以畜解獸故當獸連言之也云畜獸之疾病及瘍療同醫者以上之人疾與瘍別醫今此畜病之與瘍同在一醫者重人賤畜故略同在一醫也

凡療獸病灌而行之以節之以動其氣觀其所發而養之療畜獸必灌行之者爲其病狀難知灌以緩之且強其氣也節趨聚之節也氣謂脉氣既行之乃以脉視之以知所病。爲于僞反聚本亦作驟同仕救反疏凡療至養之。釋曰獸必先灌之者鄭云爲其病狀難知故先灌而知緩之以其瘦弱且強其氣力也

凡療獸瘍灌而劀之以發其惡然後藥之養之食之亦先攻之而後養之。食音嗣疏注亦先至養之。釋曰亦上瘍醫以五穀養之養彼注先刮殺盡乃養之此亦然故云亦先攻而後養之也

凡獸之有病者有瘍者使療之死則計其數以進退之疏凡獸至退之。釋曰上醫師云十全爲上者唯據疾醫與瘍醫不據獸醫故此云計其數而進退之進退

亦謂據功過進退其祿也

酒正掌酒之政令以式灋授酒材式法作酒之法式作酒既有米麴之數又有功沽之巧月令曰乃命大酋秫稻必齊麴蘖必時湛饎必潔水泉必香陶器必良火齊必得鄭司農云授酒人以其材。沽音古酋將由反下同秫音述齊戚才細反下皆同一讀此如字蘖魚列反湛接廉反饎音昌志反疏酒正至酒材。釋曰酒正辨四飲則漿之政令亦掌之今直言掌酒之政令不言漿之政令者但據酒之尊者而言其實漿亦掌之云以式法授酒材者式法謂造酒法式謂米麴多少及善惡也酒材即米麴蘖授與酒人使酒人造酒既言兼掌漿人則漿之法式及漿材亦授之不言者亦舉尊言也。注式法至其材。釋曰云作酒既有米麴之數者謂此爲法式也云又有功沽之巧者功沽謂善惡善惡亦是法式也引月令者十一月之令言乃命大酋監之者彼注酒孰曰酋於周禮則爲酒人案下注昔酒今之酋久白酒則酋者久遠之稱則是久熟者善故名酒官爲大酋若然彼注爲酒人此酒正引之者此酒正以法式及酒材授與酒人使造酒故引酒人云秫稻必齊者必使齊孰麴蘖必時者造之必得時湛饎必絜者湛漬饎炊也謂清米炊釀之時必須絜淨水泉必香者謂漬麴漬米之水必須香美陶器必良者酒甕陶中所燒器者必須成熟不津云火齊必得者謂釀之時生熟必宜得所也

凡爲公酒者亦如之謂鄉射飲酒以公事作酒者亦以式法及酒材授之使自釀之。釀女亮反疏凡爲至如之。釋曰言凡爲公酒者謂爲公事而作酒言凡非一謂若鄉飲酒鄉射之等言亦如之者亦以式法授酒材。注謂鄉至釀之。釋曰言鄉射飲酒者謂鄉飲酒鄉射飲酒鄉飲酒中有黨正飲酒賓賢能飲酒鄉射飲酒中有州長春秋習射於序又有鄉大夫三年賓賢能後以五物詢衆庶用州長射禮並是鄉射飲酒若然州長黨正飲酒而謂之鄉者或是鄉大夫所居州黨或是鄉大夫親來臨禮並得鄉名故謂之鄉此數事者皆爲國行禮不可橫斂於民故得公酒其百家爲族不得公酒族祭步神之時合錢飲酒

辨五齊之名一曰泛齊二曰醴齊三曰盎齊四曰緹齊五曰沈齊泛者成而滓浮泛泛然如今宜成醪矣醴猶體也成而汁滓相將如今恬酒矣盎猶翁也成而翁翁然葱白色如今鄭白矣緹者成而紅赤如今下

酒矣沈者成而滓沈如今造清矣自醴以上尤濁縮酌者盎以下差清其象類則然古之法式未可盡聞杜子春讀齊皆爲粢又禮器曰緹酒之用玄酒之尚玄謂齊者每有祭祀以度量節作之。泛芳劒反盎烏浪反緹音體醪魯刀反翁烏動反下同一音於勇反鄭白即今之白醝酒也宜作醝作一音鄭假借也在何反差初賣反疏辨五至沈齊。釋曰言辨五齊之名者酒正不自造酒使酒人爲之酒正直辨五齊之名知其清濁而已云一曰泛齊者泛讀如泛泛揚州之泛言泛者謂此齊孰時滓浮在上泛泛然二曰醴齊者醴體也此齊孰時上下一體汁滓相將故名醴齊又此醴齊作時恬於餘齊與酒味稍殊故亦入於六飲三曰盎齊已下其類可知。注泛者至作之。釋曰言泛者成而滓浮者此五齊皆言成者謂酒孰曰成云如今宜成醪矣者宜成說以爲地名故曹植酒賦曰宜成醪醴蒼梧縹清若馬融所云今之宜成會稽稻米清似宜成以爲酒名故劉杳要雅亦以宜成爲酒名二者未知孰是今鄭云宜成醪矣亦未知鄭意酒名地名類下鄭白則爲地名云如今恬酒矣者但於五齊中爲恬故以恬酒況之云如今鄭白矣者漢時蕭何所封南陽地名鄭云如今下酒矣者下酒謂曹床下酒其色紅赤故以緹名之案鄭下注五伯緹衣亦赤黑色也云如今造清矣者漢時

造清兟則滓沈故以泲沈齊也云自醴巳上尤濁縮酌者言自醴以上唯有泛齊泛齊滓浮則濁于醴齊汁滓相將者此二者皆以茅泲之故司尊彝云醴齊縮酌郊特牲云縮酌用茅明酌也謂以事酒之上清明者和醴齊以茅泲之使可酌鄭彼注云泛從醴是二者皆縮酌故云自醴巳上尤濁縮酌也云盎以下差清者案司尊彝云盎齊涚酌鄭注涚清也謂以清酒泲之則不用茅以其盎巳清故也鄭彼注又云泛從醴緹沈從盎則亦用清酒泲之云其象類則然者謂五者皆舉漢法況之是其象類則然者也云古之法式未可盡聞者雖舉漢法漢承周後多得古之法只可略聞故云未可盡聞也杜子春讀齊皆爲粢云禮器曰緹酒之用玄酒之尚者子春意見禮運云粢醍在堂又見禮器云醴酒之用又粢穀爲醍酒則其餘四齊皆以粢穀爲之故讀齊皆爲粢玄謂齊者每有祭祀以度量節作之謂祭有大小齊有多少謂若祫祭備五齊禘祭備四齊時祭備二齊是以度量節作之不從子春爲粢者禮運唯有醍齊稱粢於此五者皆稱齊子春破五齊從一粢於義不可故鄭於禮運注粢當爲齊破一粢從五齊於義可也此五齊與下三酒及春官鬯人所造鬯酒所以異者五齊三酒俱用秫稻麴蘖又三酒味厚人所飲者也五齊味薄所以祭者也是以下經鄭注云祭祀必用五齊者至

敬不尚味而貴多品五齊對三酒酒與齊異通而言之五齊亦曰酒故禮坊記云醴酒在室醍酒在堂是也其鬯酒者自用黑黍爲之與此別也

辨三酒之物一曰事酒二曰昔酒三曰清酒

鄭司農云事酒有事而飲也昔酒無事而飲也清酒祭祀之酒玄謂事酒酌有事者之酒其酒則今之醳酒也昔酒今之酋久白酒所謂舊醳者也清酒今中山冬釀接夏而成○醳音亦徐音昔

疏　辨三酒至清酒○釋曰辨者豫先之名物者財也以三酒所成有時故豫給財令作之也言一曰事酒者此三酒並人所飲故下云共王四飲三酒也但事酒酌有事人飲之故以事上名酒也二曰昔酒者久釀乃熟故以昔酒爲名酌無事之人飲之三曰清酒者此酒更久於昔故以清爲號祭祀用之此昔酒清酒皆以酒上爲名也○注鄭司至而成○釋曰先鄭云有事而飲者謂於祭祀之時乃至卑賤執事之人祭末並得飲之昔酒無事而飲者亦於祭末羣臣陪位不得行事者並得飲之清酒祭祀之酒者亦於祭祀之時賓長獻尸尸酢賓長不敢與王之臣共器尊同酌齊故酌清以自酢故云祭祀之酒故司尊彝云皆有罍諸臣之所酢此三酒皆盛於罍尊在堂下但此清酒受尸酢故以祭祀言之玄謂事酒酌有事者之酒者先鄭云有事而飲據有事時飲之後鄭云酌有事者之酒謂有事之人但是有事之人雖不當祭時亦酌酒與之是就足先鄭義也云其酒則今之醳酒者事酒冬釀春成以漢之醳酒況之云昔酒今之酋久白酒者言昔爲久酋亦遠久之義故以漢之酋久白酒況之但昔酒對事酒爲清若對清酒則爲白故云酋久白酒也故晉語云味厚寔昔毒酒久則毒也云所謂舊醳者案禮記郊特牲云猶明清與醆酒于舊醳之酒也彼上注云明酌者事酒之上也醆酒盎齊泲于舊醳之酒三酒除事酒清酒則云舊醳是昔酒可知也對事酒爲新醳昔酒爲舊醳清酒不得醳名云清酒今中山冬釀接夏而成者以昔酒爲久冬釀接春明此清酒久於昔酒自然接夏也中山郡名故魏都賦云醇酎中山流湎千日

辨四飲之物一曰清二曰醫三曰漿四曰酏

清謂醴之泲者醫內則所謂或以酏爲醴凡醴濁釀酏爲之則少清矣醫之字從殹從酉省也漿今之截漿也酏今之粥內則有黍酏酏飲粥稀者之清也鄭司農說以內則曰飲重醴稻醴清湑黍醴清湑粱醴清湑或以酏爲醴漿水臆后致飲于賓客之禮有醫酏糟糟音聲與湑相似醫與臆亦相似文字不同記之者各異耳此皆一物○醫於巳反徐於計反注同酏以支反

泲子禮反下同殹烏兮反徐爲倒反本或作翳省所景反截昨再反粥之六反劉音育稀音希糟音糟下同沈子由反臆本又作醷於紀反徐於力反

疏　辨四至曰酏○釋曰案漿人有六飲此言四者以漿人注酒正不辨水涼者無厚薄之齊故此唯辨四飲之物也云一曰清則漿人云醴清也二曰醫者謂釀粥爲醴則爲醫三曰漿者今之截漿四曰酏者即今薄粥也○注清謂至一物○釋曰言清謂醴之泲者此鄭據漿人解之漿人云醴此云清故云清謂醴之泲者云醫內則所謂或以酏爲醴者按內則上言飲下云重醴清糟又云或以酏爲醴彼酏爲醴在飲中而在清糟下此醫又在清下故知酏爲醴當此醫云凡醴濁釀酏爲之則少清矣者謂經中醫釀粥爲之與醴少異也又云醫之字從殹從酉省也者從殹省者去羽從酉省者去水故云從殹從酉省也云漿今之截漿也者此漿亦是酒類故其字亦從截從酉省截之言載米汁相載漢時名爲截漿故云今之截漿也云酏今之粥內則有黍酏酏飲粥稀者之清也者案內則黍酏在飲中故知此酏當內則黍酏以其爲飲故知粥稀者之清也鄭司農說以內則曰飲重醴稻醴清至或以酏爲醴穗當此經一曰清云漿當此經中漿水於此經無所當連引之耳醷當此經中醫云后致飲于賓客之禮有醫酏糟此引下文欲

取糟與內則醷一物故云糟音聲與醷相似云醫與醷亦相似者與此經醫爲一物云文字不同記之者各異耳此皆一物者內則彼云醷此云糟內則云醷此云醫是其文字不同皆一物也內則云重醴者清糟並設則稻醴清糟黍醴清糟粱醴清糟是其重醴也向者後鄭解或以酏爲醴爲醫今先鄭以爲醴共重醴爲一物又後鄭於內則注醷爲梅漿亦與先鄭不同以無正文故引之在下亦得爲一義故也

掌其厚薄之齊以共王之四飲三酒之饌及后世子之飲與其酒

后世子不言饌其饋食不必具設之五齊正用醴爲飲者取醴恬與酒味異也其餘四齊味皆似酒

〔疏〕掌其至其酒○釋曰言掌其厚薄之齊者從五齊已下非酒正所造並是酒人漿人所作故云直辨其厚薄之齊云以共王之四飲三酒之饌者謂饌陳具設之也云及后世子之飲與其酒者不言四飲三酒直言飲與酒復不言饌鄭云不必具設之是以不言饌與數也○注后世至似酒○釋曰云五齊正用醴爲飲者取醴恬與酒味異也者鄭意五齊之中不用餘四齊以其醴恬故取入六飲其餘四齊味皆似酒者三酒味厚五齊味薄故言似酒醴恬全與酒味別也

凡祭祀以灋共五齊三酒以實八尊大祭三貳中祭再貳小祭壹貳皆有酌數唯齊酒不貳皆有器量

酌器所用注尊中者數量之多少未聞鄭司農云三貳三益副之也大祭天地中祭宗廟小祭五祀齊酒不貳爲尊者質不敢副益也杜子春云齊酒不貳謂五齊以祭不益也其三酒人所飲者益也弟子職曰周旋而貳唯嗛之視玄謂大祭者王服大裘袞冕所祭也中祭者王服鷩冕毳冕所祭也小祭者王服希冕玄冕所祭也三貳再貳一貳者謂就三酒之尊而益之也禮運曰玄酒在室醴醆在戶粢醍在堂澄酒在下澄酒是三酒也益之者以飲諸臣若今常滿尊也祭祀必用五齊者至敬不尚味而貴多品○貳徐音二下同爲于僞反嗛苦簟反袞古本反鷩必列反徐劉方利反毳充芮反希本又作絺同張里反醆側産反粢才許反醍音體本亦作緹飲於鴆反○

〔疏〕凡祭至器量釋曰言凡祭祀者謂天地及宗廟等揔目之言云以法共五齊三酒者但祭有小大齊有多少各有常法故云以法共五齊三酒云以實八尊者五齊五尊三酒三尊故云以實八尊此除明水玄酒若五齊加明水三酒加玄酒此八尊爲十六尊不言之者舉其正尊而言也云大祭三貳者大祭謂王服大裘袞冕所祭者也三貳者貳副也就三酒人所飲者三度副益之云中祭再貳者中祭謂王服鷩冕毳冕所祭者也再貳亦謂就三酒之中再度益之云小祭壹貳者小祭謂王服希冕玄冕所祭者也云皆有酌數者謂三酒之祭副益等尊皆有酌器盛酒益尊故言皆酌云數者謂多少之數有□齊酒不貳者齊酒所祭祀非人所飲故不副益之皆有器量者器謂酌齊酒注於尊中量謂皆有多少之量○注酌至品○釋曰云酌器者釋經皆有酌器一者所用注五齊三酒於尊中云數量之多少未聞者數之與量皆是多少之言但未聞升數耳鄭司農云三貳三益副之也者先鄭之意注酒於尊中爲副子春後鄭亦與之同云大祭天地等者先鄭意天地爲大祭宗廟爲中祭五祀爲小祭其實天地自有大祭小祭宗廟亦有次小云齊酒不貳爲尊者質不敢副益也者以其主獻尸所用少故不副益杜子春引弟子職者是管子書弟子職篇謂弟子□□□飲酒之時弟子用注周旋而貳者欲副益酒尊之時嗛謂不滿唯酒尊不滿者視之更益玄謂大祭者王服大裘袞冕所祭已下至玄冕所祭並據司服六冕差之冕服有六天地宗廟各有三等故以六冕配之按司服王祀昊天上帝則服大裘而冕祀五帝亦如之祀先王則袞冕祭地亦用大裘是天地宗廟皆有大祭一也云中祭者王服鷩冕

毳冕所祭也是按司服先公則鷩冕四望山川則毳冕是地與宗廟次祭二也但天之次祀不見衣服者日月是天之次祀以其大報天主日配以月服大裘故春分朝日秋分夕月兼服玄冕故天之次祀中不見衣服云小祭者王服希冕玄冕所祭也者按司服社稷五祀則希冕羣小祀則玄冕鄭彼注山林川澤之屬鄭雖不言風師雨師等之屬中兼之也惟見天地小祭不見宗廟小祭馬融以爲宗廟小祭謂祭殤是也祭殤之時或可亦用玄冕若然則禮器云一獻質謂祭羣小祀當玄冕三獻文謂祭社稷五祀當希冕五獻察謂祭四望山川當毳冕七獻神謂祭先公當鷩冕雖不言九獻下云大饗其王事與大饗謂祫祭先王爲九獻當袞冕禮器下文云大饗不足以大旅大旅當大裘據此一獻至九獻以此獻數約之故六服差爲三按司服山川服毳冕五獻社稷服希冕三獻社稷在山川下按大宗伯以血祭祭社稷五祀五嶽而社稷在五嶽上者五嶽與土地異形若畿外諸侯服獻則尊於王朝之臣社稷號曰土神似若王朝之臣服獻則卑於五嶽而在五嶽上者似若王人雖微猶叙諸侯之上按王制宗廟之牛角握國語山川之牛角尺社稷尊於五嶽者彼自從國中之神莫貴於社故與宗廟同用握引禮運曰玄酒在室者謂鬱鬯在室中而玄酒即明水也配鬱鬯故在室醴醆在戶者醴謂醴齊醆謂盎齊並在戶也粢醍在堂者

粢當爲齊齊醍在堂也澄酒在下者澄謂沈齊酒謂三酒二者並在堂下也云澄酒是三酒也者案鄭志趙商問禮運注澄是沈齊今此注澄酒是三酒何鄭荅今解可去澄字若然鄭本於此注時直云酒是三酒無澄字有澄字者誤當云酒是三酒云盎之者以飲諸臣者言盎之解經中貳案司尊彝云皆有罍諸臣之所酢是飲諸臣也云若今常滿尊也者言盎之故常滿故以漢法況之云祭祀必用五齊者至敬不尚味而貴多品者鄭意五齊味薄於三酒而數多但鬼神享德不享味故須至極敬而已是云○引郊特牲云至敬不尚味而貴多品也

共賓客之禮酒共后之致飲于賓客之禮醫酏糟皆使其士奉之　禮酒王所致酒也王致酒后致飲夫婦之義糟醫酏不泲者泲曰清不泲曰糟后致飲無醴醫酏不清者與王同體屈也亦因以少爲貴士謂酒人漿人奄士【疏】共賓至奉之○釋曰云共賓客之禮酒者謂王有故不親饗燕傳人致酒於客館云共后之致飲于賓客之禮醫酏糟者言致飲之中取二飲以致之云醫酏糟者謂醫酏不泲者也云皆使其士奉之者酒使酒人漿使漿人皆奄士故云使其士奉之○注禮酒至奄士○釋曰言禮酒王所致酒也者下酒

人云賓客之陳酒彼言陳謂若致饔餼列陳於客館中言禮酒不言陳謂饗燕之酒王當親饗燕王有故則使人就館以酬幣致之云王致酒后致飲夫婦之義者酒是陽故王致之飲是陰故后致之是陰陽相成故云夫婦之義云后致飲無醴醫酏不清者與王同體屈也者言后致飲無醴醫酏不清者對下漿人共夫人致飲於賓客之禮清醴醫酏糟而奉之謂夫人卑於后致三飲醫酏糟上加之以清醴今后尊唯有醫酏二飲無清醴既無清醴醫酏當清今皆不清者以其后尊夫妻片合與王同體故屈夫人卑與王不同體得申故加之以清醴也云亦因以少爲貴者案禮器云有以少爲貴者天子無介祭天特牲是以少爲貴則夫人三飲后二飲是因以少爲貴云士謂酒人漿人奄士者案序官酒人奄十人漿人奄五人皆不言士此經注皆士者爲官首當是士但非賢故不言士內小臣是奄而稱士鄭云異其賢

凡王之燕飲酒共其計酒正奉之　共其計者獻酬多少度當足也故書酒正無酒字鄭司農云正奉之酒正奉之也○度徒洛反【疏】凡王至奉之○釋曰謂王與羣臣燕飲之酒共其計者謂計羣臣多少以足爲度酒正奉之者以其共王故酒正自奉之

凡饗士庶子饗耆老孤子皆共其酒無酌數　要以醉爲度【疏】凡饗至酌數○釋曰言饗士庶子謂若宮伯宿衞王宮者士適子庶子其支庶云饗耆老孤子者謂外饔注耆老謂國老孤子者謂死王事之子王皆饗養之則共其酒

掌酒之賜頒皆有灋以行之　灋尊卑之差【疏】掌酒至行之○釋曰云賜頒皆有法以行之者謂以酒頒羣臣也皆有法以行之者尊者得多卑者得少多少皆有常法言以行之者謂依法給之

凡有秩酒者以書契授之　鄭司農云有秩酒者給事中寺之酒秩常也常受酒者國語曰至于今秩之玄謂所秩者謂老臣王制曰七十不俟朝八十月告存九十日有秩○朝直遥反【疏】凡有至授之○釋曰秩常也謂若老臣年九十已上常與之酒云以書契授之者謂酒正授使者酒書之多少以爲契要而與之故云以書契授之○注鄭司至有秩○釋曰鄭司農云有秩酒者給事中寺之酒秩常也常受酒者司農之意謂在朝羣臣親近於王揔名給事中王常以酒與之故云常受酒者又引國語者案楚語云鬬且廷見令尹子常聞子常畜貨聚馬鬬且廷以爲非遂陳令尹子文之行云昔鬬子文三舍令尹無一日之積成

王聞子文行於是每朝設脯一束糗一筐以羞子文至於今秩之後鄭皆不從之者給事中與之酒不言秩因朝而羞子文又非酒故不從之矣引王制曰七十不俟朝者謂不待朝事畢即去八十月告有者謂月月使報告老人有否九十日有秩者謂日日有秩膳即此經秩酒是也故引以爲證

酒正之出日入其成月入其要小宰聽之　出謂授酒材及用酒之多少也受用酒者日言其計於酒正酒正月盡言於小宰【疏】酒正至聽之○釋曰言酒正之出者謂授酒材與酒人及出酒與人云日入其成者謂酒人用多少日計所用酒以此成入於酒正云月入其要者謂酒正得酒人日計文書日計其月要至月盡以月計文書入於小宰故云月入其要小宰聽之者小宰得酒正文書聽斷之知其得失○注出謂至小宰○釋曰言出謂授酒材者謂若共人以其材酒正職首所言者是也及用酒之多少者謂五齊三酒以下是也云受用酒者日言其計於酒正者受用酒謂用酒多少是酒人也故曰言其計於酒正也云酒正月盡言於小宰者釋經月入其要

歲終則會唯王及后之飲酒不會以酒式誅賞　誅賞作酒之善

惡者〔疏〕歲終至誅賞。○釋曰：直言唯王及后不會，不云世子，以其酒與膳異，膳羞食之正，則世子亦不會膳飲食之，加世子會之酒，亦爲加，故亦會之。以酒式誅賞者，作酒有舊法式，依法善者則賞之，惡者則誅責之。

酒人掌爲五齊三酒，祭祀則共奉之，以役世婦。世婦謂宫卿之官，掌女宫之宿戒及祭祀比其具。共酒因留與其奚爲世婦役，亦官聯。○比戚必履反，又毗志反，徐扶利反。〔疏〕酒人至世婦。○釋曰：言爲五齊三酒者，爲猶作也。云祭祀則共奉之者，謂酒人共而奉之。云以役世婦者，屬春官宫卿官也。酒人以奚送酒至世婦，因爲世婦所役使。○注世婦至官聯。○釋曰：云世婦謂宫卿之官者，所謂春官云每宫卿一人，故云世婦謂宫卿之官也。云掌女宫之宿戒者，此亦世婦職文。引此者，其職云及祭比其具，則此酒等是，故送酒以往，爲世婦所役。言亦官聯者，即小宰云祭祀之聯事是也。**共賓客之禮酒、飲酒而奉之。**酒正使之也。禮酒，饗燕之酒。飲酒，食之酒。此謂給賓客之稍，王不親饗燕，不親食，而使人各以其爵，以酬幣、侑幣致之，則從而以酒往。○親食音嗣。侑音又。〔疏〕共賓至奉之。○釋曰：云共賓客之禮酒、飲酒者，此二者酒正使酒人奉授賓客。○注酒正至酒往。○釋曰：知酒正使之者，酒正云共賓客之禮酒，使其士奉之，士即此酒人也。彼不言飲酒者，禮酒中可以兼之矣。云禮酒饗燕之酒者，謂饗燕食賓之酒也。云飲酒食之酒者，謂食時有酒者。曲禮云酒漿處右，則此非獻酬酒，是酳口之酒也。云此謂給賓之稍者，此禮酒、飲酒揔言，王若不親燕飲食，則使人致之於客館，任賓客稍稍用之，故云給賓客之稍。云王不親饗燕，不親食者，謂王有故，不得速賓親行此三者。云使人各以其爵，以酬幣、侑幣致之者，此並聘禮文。案彼云若不親食，使大夫各以其爵朝服致之以侑幣，致饗以酬幣亦如之。彼雖無致燕法，案鹿鳴燕羣臣嘉賓，有實幣帛，則致燕亦以酬幣致之，與饗同。云各以其爵者，則諸侯來朝，遣三公致饗；卿來聘，遣卿大夫致饗燕以酬幣，致食以侑幣，故云酬幣、侑幣致之。云則從而以酒往者，謂酒人以酒從使人，欲往客館授與賓客。

凡事共酒而入于酒府。入于酒正之府者，是王燕飲之酒，酒正當奉之。〔疏〕凡事至酒府。○釋曰：此謂酒正所奉者，則酒正云凡王之燕飲酒，酒正奉之，并共王之四飲三酒之饌，亦是酒正奉之。以其事非一，故言凡事共酒入於酒正之府。

凡祭祀共酒以往。不言奉，小祭祀。〔疏〕凡祭至以往。○釋曰：上云祭祀共奉之，謂大祭、次祭。此不言奉，謂小祭祀，王玄冕所祭者，故云共酒以往。

賓客之陳酒亦如之。謂若歸饔餼之酒，亦自有奉之者，以酒從往。〔疏〕賓客至如之。○釋曰：謂上公饔餼九牢之等。案聘禮云卿韋弁歸饔餼牲牢及芻薪米禾等，並歸於客館，彼入壺設於西序北上。天子致禮於諸侯，亦當陳於西序，故云賓客之陳酒亦如之者，亦以酒從使人往。○注謂若至從往。○釋曰：經直云賓客陳酒，不指斥言饔餼，鄭不敢正言，故言若饔餼之酒。云亦自有奉之者，謂使卿韋弁歸之者是也。云以酒從往者，謂卿韋弁歸饔餼等之時，亦使人以此酒從往致之。

漿人掌共王之六飲：水、漿、醴、涼、醫、酏，入于酒府。王之六飲，亦酒正當奉之。醴，醴清也。鄭司農云：「涼，以水和酒也。」玄謂涼，今寒粥若糗飯雜水也。酒正不辨水涼者，無厚薄之齊。○糗，丘酉反，又昌紹反。〔疏〕漿人至酒府。○釋曰：言入於酒府者，亦入於酒正之府，與三酒同以共酒正奉之故也。○注王之至之齊。○釋曰：云王之六飲亦酒正當奉之者，亦如酒人共酒入於酒府，酒正奉之，故此云亦酒正當奉之。言當者，酒正所云有不自奉者，唯共王乃奉之，故云當。云醴醴清也者，酒正辨四飲，言清不言醴，彼鄭云清醴之泲者。此漿人六飲言清，謂醴之不泲，清濁雖殊，本是一物，故云醴清也。鄭司農云涼以水和酒也者，和水非人所飲，又且若以酒和水，即是厚薄之齊，酒正何因不辨之乎？故後鄭不從。玄謂涼今寒粥若糗飯雜水也者，案内則飲内有濫無涼，彼鄭云以周禮六飲校之，則濫涼也，紀莒之間名諸爲濫。言諸者，非一之義。内則名涼爲濫，參驗相當，故鄭云涼今寒粥若糗飯雜水也。云酒正不辨水涼者無厚薄之齊者，此文六飲并有水涼，酒正辨四飲無水涼，以其水則臨時取用，涼則至用乃和，二者並不須豫辨，故言無厚薄之齊。

共賓客之稍禮。稍禮，非飧饔之禮，留間王稍所給賓客者。漿人所給亦六飲而已。○間如字，餘音間。〔疏〕注稍禮至而已。○釋曰：云稍禮非飧饔之禮，留間王稍所給賓客者，謂賓未去，留間王稍稍所給賓者也，故以稍言之。云漿人所給亦六飲而已者，漿人不主酒齊，唯主飲，故知此稍禮所給六飲而已。

共夫人致飲于賓客之禮，清醴醫酏糟而奉之。亦酒正使之。三物有清有糟。夫人不體王，得備之禮。飲醴用柶者，糟也。不用栖者清也○栖音四疏共夫至奉之○釋曰夫人謂三夫人致飲於賓客之禮助王養賓亦致於客館清醴醫酏糟者清醴之泲者即酒正所云一曰清是也醫酏糟者謂醫酏不泲者此二飲與后同而奉之者亦使漿人奄士奉之○注亦酒至清也○釋曰云亦酒正使之者亦謂酒正使酒人漿人奄士也故酒正云醫酏使其士奉之彼注士酒人漿人奄士故知亦酒正使之云三物有清有糟夫人不體王得備之者對后體王屈故醫酏糟而無清醴也云禮飲醴用栖者糟也者案士冠禮禮子用醴有栖是用栖者糟也但栖只爲糟設醴既泲而清則不假栖則此經清醴是也故云不用栖者清也

凡飲共之謂非食時疏凡飲共之○釋曰上共王六飲食時以共訖此又云凡飲共之故云謂非食時

凌人掌冰正歲十有二月令斬冰三其凌正歲季冬火星中大寒冰方盛之時春秋傳曰火星中而寒暑退凌冰室也三之者爲消釋度也故書正爲政鄭司農云掌冰政主藏冰之政也杜子春讀掌冰爲主冰也政當爲正正謂夏正三其凌三倍其冰疏凌人至其凌○釋曰言掌冰者謂凌人揔掌藏冰出冰之事故云掌冰也云正歲十有二月令斬冰者正歲謂夏之建寅爲正十有二月謂建丑之月冰堅腹厚之時令入山斬冰三其凌者凌謂冰室之中三倍納冰備消釋度故也○注正歲至其冰○釋曰云正歲季冬者周雖以建子爲正行事皆用夏之正歲若據殷周則十二月冰未堅若據夏之十二月冰則堅厚故正歲據夏也云火星中大寒冰方盛之時者火星中謂十二月平旦火星中於十二月小寒節大寒中是冰方盛之時也引春秋傳曰火星中而寒暑退者此左氏昭公三年鄭游吉如晉送少姜之葬張趯見之云自今子其無事矣譬如火焉火中而寒暑乃退注云火星季冬十二月平旦正在南大寒退季夏六月黄昏火中暑退此其極也能無退乎引此者證十二月寒退之時冰最盛故取之云故書正爲政者政是政教字故先鄭從之云掌冰政主藏冰之政後鄭不從先鄭故引子春讀掌冰爲主冰言正謂夏正於下還從經正歲向下爲義後鄭依子春改者若歲字向下即是周之十二月冰未厚故從子春也又云三其凌三倍其冰者謂應十石加至四十石即是三倍其冰也

春始治鑑鑑如甀大口以盛冰置食物于中以禦溫氣春而始治之爲二月將獻羔而啟冰○鑑胡暫反本或作監音同甀直僞反與縋音同盛音成爲于僞反疏春始治鑑○釋曰春謂正月始治鑑者鑑是盛冰之器春豫治之爲二月將出冰○注鑑如至啟冰○釋曰鑑如甀者漢時名爲甀即今之甕是也故云如甀大口以盛冰云春而始治之爲二月將獻羔而啟冰者案月令仲春云獻羔而開冰先薦寢廟七月詩亦云四之日其蚤獻羔祭韭是二月出冰者公始用之

凡外內饔之膳羞鑑焉凡酒漿之酒醴亦如之酒醴見溫氣亦失味酒漿酒人漿人也疏凡外至如之○釋曰言凡外內饔之膳羞鑑焉者謂王后及世子并饗耆老孤子之等以下文云祭祀此經直云膳羞明非祭祀也二月之後皆須鑑以盛冰故云鑑焉云凡酒漿之酒醴者酒謂酒人之酒謂三酒五齊舉酒而言漿人之醴謂六飲舉醴而言云亦如之者亦以鑑盛冰

祭祀共冰鑑賓客共冰不以鑑往嫌使停膳羞疏祭祀至共冰○釋曰此云祭祀者謂天地社稷及宗廟之等皆共鑑云賓客共冰者謂諸侯來朝王禮之以飧及饔餼直共冰以往無鑑也○注不以至膳羞○釋曰冰若有鑑則冰不銷釋食得停久故鄭云不以鑑往嫌使停膳羞

大喪共夷槃冰夷之言尸也實冰于夷槃中置之尸牀之下所以寒尸尸之槃曰夷槃牀曰夷牀衾曰夷衾移尸曰夷于堂皆依尸而爲言者也漢禮器制度大槃廣八尺長丈二尺深三尺漆赤中○釋云廣八尺長丈二深三尺凡度長短曰長直亮反度淺深曰深尸鴆反度廣狹曰廣光曠反度高下曰高古到反相承用此音或皆依字讀後放此漆赤中用朱漆其中疏大喪共夷槃冰○釋曰亦謂三月已後遭大喪則共夷槃及冰舉王喪共后世子及三夫人已下小喪亦共之但王及后有夷槃自外當與諸侯已下同大槃等其世婦已上有冰則與大夫同女御與士同無冰見賜乃有也○注夷之至赤中○釋曰喪大記云君設大槃造冰焉大夫設夷槃造冰焉士併瓦盤無冰下又云設牀襢笫有枕含一牀襲一牀是實冰置尸牀之下以寒尸也云牀曰夷牀者儀禮既夕禮文云夷衾者喪大記云自小斂已後用夷衾是也云移尸曰夷于堂者亦喪大記云既小斂男女奉尸夷于堂是皆依尸而爲言也云漢禮器制度云云者叔孫通前漢時作漢禮器制度多得古之周制故鄭君依而用之也依制度云天子大槃廣八尺長丈二尺深三尺漆赤中此經雖云夷槃無形制故依焉若然此周謂之夷槃漢謂之大槃是別大異名案喪大記君設大盤者彼諸侯不敢與天子同名夷盤故名大盤彼大夫云夷盤者卑不嫌得

與天子同名其制則小也

夏頒冰掌事暑氣盛王以冰頒賜則主爲之春秋傳曰古者日在北陸而藏冰西陸朝覿而出之。覿直歷反疏夏頒冰掌事。釋曰夏頒冰者據頒賜羣臣言掌事者謂主此賜冰多少合得不合得之事。注暑氣盛王以冰頒賜則主爲之春秋傳曰古者日在北陸而藏冰西陸朝覿而出之。釋曰謂二月之時蠅蟲已生公始用之四月已後暑氣漸盛則賜及羣下云春秋傳曰者左氏昭四年正月大雨雹季武子問于申豐曰雹可禦乎對曰聖人在上無雹雖有不爲災古者日在北陸而藏冰西陸朝覿而出之其藏之也深山窮谷固陰沍寒於是乎取之其出之也朝之祿位賓食喪祭於是乎用之其藏之也黑牡秬黍以享司寒其出之也桃弧棘矢以除其灾其出入也時食肉之祿冰皆與焉大夫命婦喪浴用冰祭寒而藏之獻羔而啟之公始用之火出而畢賦服氏云火出於夏爲三月於商爲四月於周爲五月自命夫命婦至於老疾無不受冰爾雅云北陸虛也服氏云陸道也北陸言在謂十二月日在危一度西陸朝覿不言在則不在昴謂二月在婁四度謂春分時奎婁晨見東方而出冰是公始用之今此鄭注引朝覿而出之謂經夏頒冰則西陸爾雅曰西陸昴也朝覿而出冰羣臣用之若然日體在昴在三月內得爲

夏頒冰者據三月末之節氣故證夏頒冰此言夏據得夏之節氣春秋言火出者據周至於七月詩二之日鑿冰三之日納於淩室四之日其蚤獻羔祭韭孫皓問藏之既晚出之又早何鄭荅曰士晚寒故夏正月納冰夏二月仲春大蔟用事陽氣出地始温故禮應開冰先薦寢廟是公始用之也

秋刷刷清也鄭司農云刷除冰室當更內新冰玄謂秋涼冰不用可以清除其室。刷所劣反清如字又才政反下同疏注刷清至其室。釋曰先鄭云刷除淩室當更納新冰者先鄭直云除舊納新不言秋涼而冰不用於理未當經言故後鄭云秋涼冰不用可以清除其室至十二月自然更納新冰也

籩人掌四籩之實籩竹器如豆者其容實皆四升疏籩人至之實釋曰言四籩謂下經朝事饋食加籩羞籩是也云之實者謂掌此四種籩中所實之物麷蕡白黑之等是也。注籩竹至四升。釋曰鄭知籩是竹器者以其字竹下爲之亦依漢禮器制度而知也云如豆者皆面徑尺柄尺亦依漢禮知之也云其容實皆四升者據其籩之所受則曰容據其所實麷蕡等則曰實故云容實皆四升亦約與豆四升同也

朝事之籩其實麷蕡白黑形鹽膴鮑魚鱐蕡枲實也鄭司農云朝事謂清朝未食先進寒具口實之籩故麥曰麷麻曰蕡稻曰白黍曰黑築鹽以爲虎形謂之形鹽故春秋傳曰鹽虎形玄謂以司尊彝之職參之朝事謂祭宗廟薦血腥之事形鹽鹽之似虎者膴牒生魚爲大臠鮑者於楅室中糗乾之出於江淮也鱐者析乾之出東海王者備物近者腥之遠者乾之因其宜也今河間以北煑穜麥賣之名曰逢燕人膾魚方寸切其腴以啗所貴。麷芳弓反徐又芳勇反或郎第反蕡符文反徐蒲悶反膴火吳反鱐所求反枲思里反牒戚章涉反又直輒反楅皮逼反本又作楅同糗幹音乾又作乾析幹同穜直龍反又音童腴音臾啗劉徒覽反徐徒暫反疏朝事至魚鱐。釋曰此言朝事謂祭宗廟二灌之後祝延尸於戶外后薦此入籩入籩者則麷爲熬麥一也蕡爲麻子二也白爲熬稻米三也黑爲熬黍米四也形鹽鹽似虎形五也膴以魚肉爲大臠六也鮑以魚於楅室糗乾之七也鱐爲乾魚八也。注蕡枲至所貴。釋曰云蕡枲實也者案喪服云苴經子夏傳云苴麻之有蕡蕡是麻之子實也又案疏衰裳齊牡麻経子夏傳云牡麻者枲麻也則枲麻謂雄麻也若然枲麻無實而解蕡爲枲實者舉其類耳謂若圓曰簞方曰笥不同

鄭注論語云簞笥舉類義同也鄭司農云朝事謂清朝未食先進寒具口實之籩者此先鄭不推上下文勢祭祀爲義直以爲生人所食解之故後鄭不從也云熬麥曰麷字從麥知麷爲熬麥也云麻曰蕡者已釋訖云稻曰白者以其稻米見白云黍曰黑者爾雅有秬黑黍故知黑是黍二者亦皆熬之乃可也已上後鄭從之云築鹽以爲虎形又引春秋傳曰者左氏僖三十年冬王使周公閱來聘饗有昌歜白黑形鹽服氏云昌歜昌本之菹辭曰國君文足昭也武可畏也則有備物之饗以象其德薦五味羞嘉穀鹽虎形服云剋形非是築剋爲之故後鄭不從也玄謂以司尊彝之職參之朝事謂祭宗廟薦血腥之事者案司尊彝職除二灌有朝踐饋獻爲食前二節彼又有朝獻再獻食後酳尸爲一節又參少牢主人酬尸宰夫羞房中之羞復爲一揔四節亦據祭宗廟故鄭云然也祭宗廟無血鄭云薦血腥者鄭注論語亦云禘祭之禮自血腥始皆謂毛以告純血以告殺是爲告殺時有血與朝踐薦腥同節故連言血耳非謂祭血也云形鹽鹽之似虎形者以爲自然似虎形此破先鄭築鹽爲虎形也云膴牒生魚爲大臠者牒已釋訖云鮑者於楅室中糗乾之出於江淮也者鄭以目驗知之言楅室者謂楅土爲室云鱐者析乾之出東海者上云夏行腒鱐鱐已釋訖言出東海者亦目驗知之

云王者備物近者腥之膴是也遠者乾之鮑及鱐是也因其宜者近宜濕遠宜乾也若然經鮑鱐二者魚在於中明二物皆魚云今河間以北炙穜麥賣之名曰逢引漢法證麷亦是熬煑之麥云燕人膾魚方寸切其腴以啗所貴者亦引時事證膴膴亦是腹腴以擬祭與啗貴者同也

饋食之籩其實棗㮚桃乾蓩榛實饋食薦孰也今吉禮存者特牲少牢諸侯之大夫士祭禮也不祼不薦血腥而自薦孰始是以皆云饋食之禮乾蓩乾梅也有桃諸梅諸是其乾者榛似栗而小○蓩音老徐力到反榛則巾反劉士隣反少牢詩詔反凡言少牢皆放此祼古亂反【疏】饋食至榛實○釋曰此謂朝踐薦腥後堂上更體其犬豕牛羊亨孰之時后先謂之饋食之籩也其八籩者其實棗一也栗二也桃三也乾蓩謂乾梅四也榛實五也其於八籩仍少三案乾蓩既爲乾梅經中桃是濕桃既有濕桃乾梅明別有乾桃則注引内則桃諸鄭云是其乾者既有濕桃明有濕梅可知以乾梅濕梅二者添五者爲七籩案桃梅既並有乾濕則棗中亦宜有乾濕復取一添前爲八也必知此五者之中有八者案儀禮特牲少牢士二籩二豆大夫四籩四豆諸侯宜六天子宜八醢人饋食之豆有八此饋食之籩言六不類又上文朝事之籩言八下加籩亦八豈此饋食在其中六乎數事不可故以義參之爲八若不如此任賢者裁之也○注饋食至而小○釋曰云饋食薦孰也者謂於堂上饋孰之時后薦之云今吉禮存者吉禮謂祭祀以其天子諸侯祭祀之禮亡故云存者云特牲少牢諸侯之大夫士祭禮也者以天子大夫大牢祭今用特牲少牢故知諸侯大夫士祭禮也云不祼不薦血腥者若天子諸侯則有室中二祼堂上朝踐薦血腥之禮大夫則無此二者也云而自薦孰始是以皆云饋食之禮者天子諸侯大夫士雖同名饋食仍有少别何者天子諸侯尸食前仍有饋獻二是饋孰陰厭陰厭後尸入室食乃獻大夫士則饋孰與黍稷爲陰厭陰厭前無饋獻以此爲異耳云乾蓩乾梅也者以經乾蓩上有桃故知乾蓩乾梅也云有桃諸梅諸者内則文而鄭引之者證乾蓩中有乾桃乾梅故云是其乾者云榛似栗而小者今居山者見食之似栗而小亦目驗知之

加籩之實蔆芡㮚脯蔆芡㮚脯加籩謂尸既食后亞獻尸所加之籩重言之者以四物爲八籩蔆芰也芡雞頭也栗與饋食同鄭司農云蔆芡脯脩○蔆音陵芡音儉㮚古栗字重直用反芰其寄反【疏】加籩至㮚脯○釋曰此加籩當尸食後王酳尸后亞王酳尸於時薦之四物重言之則八籩○注加籩至脯脩○釋曰知籩是尸既食后亞獻尸所加之籩者案春官内宗云掌宗廟之祭祀薦加豆籩以其内宗所薦明主於后又見特牲主婦獻尸云宗婦執兩籩於戶外主婦受設於敦南主人獻尸之時不見有設籩之事故知唯主於后也少牢主婦不設籩者以其當日賓尸故也其下大夫不賓尸者亦與士同也云蔆芰也者屈到嗜芰即蔆角者也云芡雞頭也者俗有二名今人或謂之鴈頭也先鄭云蔆芡脯脩者先鄭意惟饋食重言故爲脩替栗得爲一義故引之在下也

羞籩之實糗餌粉餈羞籩謂若少牢主人酬尸宰夫羞房中之羞于尸侑主人主婦皆右之者故書餈作茨鄭司農云糗熬大豆與米也粉豆屑也茨字或作餈謂乾餌餅之也玄謂此二物皆粉稻米黍米所爲也合蒸曰餌餅之曰餈糗者擣粉熬大豆爲餌餈之黏著以粉之耳餌言糗餈言粉互相足○餌而志反餈疾資反餅必領反爲餌于僞反下文同黏女廉反著直略反【疏】羞籩至粉餈○釋曰此當王酬尸内饔進之於尸侑等者也云糗餌粉餈者此爲二籩糗與粉爲一物恐餌餈黏著籩故分于二籩之下○注羞籩至相足○釋曰言羞籩謂若少牢主人酬尸宰夫羞房中之羞于尸侑主人主婦皆右之者天子祭祀之禮亡故取少牢大夫禮解之案有司徹上大夫當日賓尸正祭不設内羞故於賓尸設之此天子之禮賓尸在明日則祭祀日當設之案少牢下大夫不賓尸者賓長致爵受酢云宰夫羞房中之羞司士羞庶羞于尸祝主人主婦内羞在右庶羞在左天子之禮賓長受酢後亦當設此内羞庶羞于尸祝及王與后然鄭不引不賓尸而引賓尸者以其設内羞之禮同故秪引其一但正祭設於尸祝賓尸於侑又賓尸主人酬尸後正祭賓長受酢後爲異耳云故書餈作茨者此宜從食不得從草故先鄭破之從經爲正鄭司農云糗熬大豆與米也粉豆屑也並於義是但於義不足故後鄭增成之云茨字或作餈者謂故書亦有作次下食者云謂乾餌餅之也者餅之曰餈未正乾之言故後鄭不從玄謂此二物皆粉稻米黍米所爲者據當時目驗而知云合蒸曰餌餅之曰餈者謂粉稻米黍米合以爲餌餌既不餅明餅之曰餈今之餈餻皆解之名出於此云糗者擣粉熬大豆者此與司農義同司農不言擣故後鄭增成之云餌言糗餈言粉互相足者此本一物餌言糗謂熬之亦粉之餈言粉擣之亦糗之凡言互者據兩物相互今一物之上自相互直是理不足明故言互相足内則注擣熬穀穀則大豆也穀揔名也

凡祭祀共其籩薦羞之實薦羞皆進也未食未飲曰薦既食既飲曰羞【疏】

凡祭至之實○釋曰祭祀言凡者謂四時禘祫等皆共其籩籩則薦羞之實是也○注薦羞至曰羞○釋曰云未食未飲曰薦者先薦後獻祭祀也據朝踐饋獻時未獻前所薦籩豆朝事饋食之籩是也云既食既飲曰羞者謂尸食後酳尸訖所進羞即加籩之實是也**喪事及賓客之事共其薦籩羞籩**喪事之籩謂殷奠時〔疏〕喪事至羞籩○釋曰喪事謂大奠時賓客之事謂享燕時亦共其薦籩羞籩○注喪事至奠時○釋曰殷尤大也大奠朔月月半薦新祖奠遣奠之類也**爲王及后世子共其內羞**於其飲食以共房中之羞〔疏〕注於其至之羞○釋曰言凡共后世子飲食之時用房中之羞**凡籩事掌之**

附釋音周禮注疏卷第五

大清嘉慶二十年重刊
用文選樓藏本校定

武寧盧氏宣旬校

知南昌府張敦仁署鄱陽縣候補知州周澍栞

周禮注疏卷五挍勘記　阮元撰盧宣旬摘錄

附釋音周禮注疏卷第五　唐石經周禮卷第二宋本余本嘉靖本同此本及閩監毛本刪此題下準此不具著

天官冢宰下　諸本同釋文作天官下云本亦作天官冢宰下唐石經作天官冢宰下第二非

周禮　鄭氏注　唐石經宋本余本嘉靖本同此本刪周禮二字增賈公彥疏四字閩監毛本同鄭字賈字上又增漢唐字每卷準此

醫師

若藥不瞑眩厥疾不瘳　閩監毛本同岳本嘉靖本作藥不瞑眩厥疾無瘳宋本作藥不瞑眩厥疾弗瘳惠棟云余本仍有若字不瘳作無瘳音義同案賈疏作藥不瞑眩厥疾不瘳葉鈔釋文作無瘳以多者言之若衍不當作無

惠乃治也　惠挍本治作洽此誤

疕瘍者　唐石經作有疕瘍者石經考文提要云下獸醫凡獸之有病者有瘍者亦疊有字惠棟云宋王與之周禮訂義有有字宋本注疏無

云以制其食　浦鏜云下當脫者

神農黃帝食藥七卷　浦鏜云禁誤藥

以通開結反之於此乃失其宜者　盧文弨云閉誤開下脫解半誤此及誤乃

惠棟云宋本誤皆同

積氣內傷　案漢書積作精此誤

食醫

堇荁枌榆娩槁　浦鏜云娩槁內則作免薨案釋文免字音問注同新生曰免薨字又作槀苦老反

也當作娩音問新生曰免稿字又作槀據羣經音辨女部云娩栥之新生者也亾運切禮娩橋滫瀡鄭康成讀是賈氏所見禮記釋文本作娩槁也橋當槁字形近之譌。按詩山有橋松鄭讀爲槁松賈所見內則釋文作橋也

娩新生者槁乾也齊人溲曰滫秦人滑曰瀡 今禮記注娩作免槁作藁齊秦字互易皆非也當據此正之

犬宜粱 唐石經嘉靖本閩本同余本監本毛本粱作梁非疏中從米不誤

疾醫

四時皆有癘疾 唐石經諸本同岳本癘改厲非

冬時有漱上氣疾 唐石經諸本漱作嗽案說文無嗽字此本注及疏仍作嗽釋文嗽本亦作欶字按作欶爲是

痟酸削也 說文痟酸痟頭痛从疒肖聲周禮曰春時有痟首疾案許鄭義同酸痟頭痛當作酸削頭痛

六癘作見 毛本六誤大

惟火沴金 盧文弨云火當作木此是衝氣不論生尅不知疏家誤改抑挍刊之失當以本書及漢五行志正之

惟土沴水 盧文弨云土當作火

若據五事所置言之 浦鏜云置當致誤

病由氣勝負而生 宋本由作猶案疏云故言猶氣勝負而生生皆由之誤

攻其羸 余本羸作嬴載音義同釋文其嬴音盈此本疏云羸而勝也羸即嬴之誤今本注疏悉改作羸矣

即是水水羸而勝也 閩監毛本羸作嬴惠棟本作水嬴此誤

草謂麻黃勺藥之類是也 閩監毛本勺改芍案詩溱洧作勺藥

子義本草經一卷 閩本同監毛本義改儀非

則炎帝者也 浦鏜云者當是之誤

五藏所出氣也 諸本同釋文五藏才浪反下文及注同嘉靖本作五臟俗字

肺氣熱 余本同誤也嘉靖本作肺氣熱閩監毛本亦作肺當據正

心位當土 閩本同監毛本土誤上案此言心位當中央土也

云五色面貌之青赤黃白黑者也 惠挍本貌作皃

大古有岐伯榆附 閩監毛本作榆柎浦鏜云漢志作俞柎

又有胃旁胱 宋本岳本嘉靖本同閩監毛本旁改爲膀俗字疏中準此

大腸爲行道之府 案素問作傳導之府

旁胱爲津滴之府 閩本亦作津滴監毛本滴改液

下氣象天故故寫而不實 惠挍本同閩本上故實闕監毛本作

以疾醫中士二人 浦鏜云八誤二

似不得壽終然少曰死 浦鏜云少當故字誤

瘍醫

折瘍之祝藥 唐石經諸本同釋文折瘍劉本作㔂同經義雜記云說文艸部㔂斷也从斤斷艸譚長說㔂籀文斲从艸在仌中仌寒故斲折篆文斲从手然則今用折字者從小篆也劉昌宗本作斲爲古文當從之禮說云墨子非攻中篇曰今有醫於此和合其祝藥之於天下之有病者而藥之萬人食此若醫四五人得利焉猶謂之非行藥也然則祝藥猶行藥也俗本墨子刪祝字

祝當爲注讀如注病之注 禮說云釋名注病一人死一人復得氣相灌注也古文假借多取音同函人甲屬匠人水屬注皆云屬讀爲注左傳韎韋之跗注賈服皆云注屬也祝屬通

刮刮去膿血 嘉靖本同閩監毛本上刮依經改劀非釋文劀音刮本注也說文劀刮去惡創肉也周禮

曰剢殺之齊亦訓剢爲刮與鄭義同。按說文剢倒異義鄭君謂爲一字

今醫方有五毒之藥 此本補刻方誤人今據諸本訂正

合黃埶置石膽丹砂 釋文埶本又作𤼵嘉靖本砂作沙惠士奇云內則敦牟注牟讀曰埶也

皆用黃瓦缻爲之 惠挍本缻作甂案甂蓋甗之誤。按缻者唐人所用俗缶字缶瓦器也今之瓶耳惠棟多有自出己意而非是者

五氣當爲五穀 禮說云史記軒轅治五氣本內經岐伯曰天食人以五氣地食人以五味五氣入鼻藏於心肺五味入口藏於腸胃味有所藏以養五氣氣和而生津液相成神乃自生九經古義云內經五穀爲養五果爲助五菜爲充故鄭據此

此即經酸苦之等是也 浦鏜云此卽當誤倒

平常調食 惠挍本作服食此誤

獸醫

故當獸連言之也 惠挍本作畜獸此誤

故先灌而知緩之 浦鏜云知當和字誤

酒正

麴糱必時湛饎必潔 此本糱誤蘗今據諸本訂正余本嘉靖本潔作絜浦鏜云饎月令作熾。按漢人祇用絜無用潔者

鄭司農云授酒人以其材 余本嘉靖本鄭司農云下有授酒材三字宋本亦無

則是久熟者善 惠挍本熟作孰

成而翁翁然葱白色 宋本嘉靖本同閩監毛本葱作蒽非

如今下酒矣 諸本同盧文弨云初學記引作若下酒是也西京雜記載鄒陽酒賦亦有程鄉若下語則今湖州之上若下若也

又禮器曰緹酒之用 宋本嘉靖本又下空闕一字浦鏜云禮器緹作醍

泛讀如泛泛楊州之泛 閩本同毛本州改舟是也監毛本楊作揚非也

謂曹床下酒 閩監本同毛本床改牀惠挍本曹作漕案漢制考作曹牀

案鄭下注五伯緹衣 浦鏜云伍誤五

物者財也 浦鏜云財疑材下給財同

故晉語云味厚寔昔毒 案周語下作厚味寔腊毒韋解腊讀若昔

洗湎千日 魏都賦作流湎此誤閩監毛本改沈湎非惠挍本亦作沈。按作沈是也今文選作流誤字也沈湎者貌其大醉作流則無義矣初學記引韓詩曰齊顏色均衆寡曰沈閉門不出客曰湎今本初學記奪客字李善於此注引韓詩章句曰均衆謂之流閉門不出容謂之湎譌舛不可讀當以初學記正之初學記少客字當以毛詩音義補之

醫之字從殹從酉省也 釋文殹本或作毉惠挍本酉作酒經義雜記云賈疏云從殹省者去羽從酉省者去水則賈疏本作從殹從酉省也說文酉部云醫治病工也醫之性得酒而使从酉酒所以治病也周禮有醫酒

稻醴清𦵔黍醴清𦵔粱醴清𦵔 漢讀考云今內則𦵔作糟疑是用周禮改也司農云糟音聲與𦵔相似謂之相似則非一字也𦵔之本義當是艸類從艸酒聲故沈重音子由反糟曹聲古讀如揫同在第三部糟是正字𦵔是假借字

漿水臆 宋本嘉靖本臆作醷下同惠棟云萬卷堂本此仍作臆下作醷案葉鈔釋文云臆本又作醷宋本注載音義云醷本又作臆內則釋文作醷本又作臆漢讀考云醫是正字臆是假借字今本內則作醷者俗製也

醫與臆亦相似 宋本嘉靖本臆作醷又宋本無亦字

醷當此經中醫　閩本同與宋本注正合監毛本醷改臆下云醫與醷亦相似又內則醷準此

內則彼云灊此云糟　當作內則彼云糟此云灊

大祭三貳　唐石經諸本同毛本大作太非

元酒在室醴醆在戶粢醍在堂澄酒在下澄酒是三酒也　釋文醍本亦作緹賈疏云鄭注趙商問禮運注澄是沈齊今此注澄酒是三酒何鄭荅今解可去澄字若然鄭本此注直云酒是三酒無澄字有者誤漢讀考云注謂澄酒之酒是三酒以別於上文元酒之酒鄭荅趙商蓋忘其有澄字之意矣賈云本無澄字誤也

擧其正尊而言也　惠挍本正作在

謂三酒之祭副益酒尊　惠挍本酒作等此非此本下四字實闕閩監毛本臆作事昔齊尊今據惠挍宋本補

故言皆酌　惠挍本作皆有酌

有口齊酒不貳者　閩本同監毛本作言惟齊酒不貳者

之皆有器量者　惠挍本之作云此誤又闕器量二字據閩監毛本補

注酌至品　案當作注酌器至多品

三貳三益副之也皆　浦鏜云者誤皆

子春後鄭亦與之同　此本同誤國據惠挍本訂正閩監毛本改辨非

宗廟亦有次小　此本下二字實鈌今據惠挍本補閩監毛本改大祭非

謂弟子口口口　閩本同鈌下三字監本毛本作事師師浦鏜疑作事師長

弟子用注周旋而貳者　惠挍本用注作來往此誤

不見宗廟小祭　惠挍本下有者

若然則禮器云　惠挍本則作按

按司服山川服毳冕五獻　惠挍本司服下有四望二字

故與宗廟同用握　惠挍本作角握

是云引郊特牲云　浦鏜云上云當作以

謂若致饗餼　惠挍本饗作饔

夫妻片合　浦鏜云片當作胖語本喪服傳○按喪服傳本作片合今本作胖乃俗人以片半二字合而爲之此疏云夫妻片合正可據以挍正

灋尊卑之差　閩監毛本同宋本余本嘉靖本灋作法此非

八十月告存　此本存誤有今據諸本訂正疏中同

謂日日有秩　監本誤日月

酒人

謂宮卿之官掌女官之宿戒　宋本作謂宮卿之宮掌女官之宿戒誤也

云以役世婦者屬春官宮卿官也　惠挍本閩本同監毛本云誤因此本春官誤春宮今訂正

而使人各以其爵以酬幣侑幣致之　宋本余本嘉靖本閩本同監本各誤名侑幣誤作弊毛本亦誤

云此謂給賓之稍者　浦鏜云賓客二字誤賓

謂酒人以酒從使人欲往客館　浦鏜云欲疑而字誤

漿人

醫酏使其士奉之　浦鏜云醫酏下脫糟皆二字

凌人

掌冰正歲十有二月　唐石經諸本同漢讀考云此鄭君用杜說改政爲正下屬也考周禮全書凡言正歲者皆謂夏正也言正歲者皆謂寅月言歲終十有二月者皆謂丑月此言歲十二月爲夏正已明不必加正字以混全書司農從故書掌冰政爲長

謂應十石加至四十石　案注三倍其冰則應十石者三倍之爲三十石云四十石誤也

此經直云膳羞　閩本同監毛本云作言

王禮之以飱及饔餼　閩監本同毛本闕饔○按飱當作飧

實冰于夷盤中　案于當作於監毛本于誤干

皆依尸而爲言者也　案宋本無者案疏云是皆依尸而爲言也亦無者諸本蓋衍

喪大記云君設大槃　浦鏜云記槃作盤案閩本此下三槃字皆先作盤後改槃此本下句

士併瓦盤盤字從皿此改之未盡者監毛本則盡作槃矣○按槃从木小篆也盤從皿籀文也本是一字

不敢與天子同名夷盤　閩本同監毛本盤改槃下大槃夷盤同

籩人

鮑者於楅室中糗乾之　宋本余本嘉靖本同閩監毛本楅作福非疏中同案漢制考引此注作楅葉鈔釋文及宋本注載音義云楅本又作煏同今通志堂本作福非釋文糗幹音乾又作乾析幹同案賈疏本亦作乾經乾蘛字作乾陸本作幹殆非○按說文作䵂籀作𩞁作楅作煏皆省而譌作福則更譌矣

服云㓞形非是築刻爲之　閩本同監毛本刻改尅○按此處有譌

言楅室者謂楅土爲室　漢制考同閩監毛本楅改福

云今河間以北灸穜麥賣之　閩監毛本灸作煑案灸當炙字之誤賈疏所據注蓋本作炙穜麥也監毛本穜作秋誤

二是饋孰陰厭　浦鏜云一訛二

蔆芡稟脯　監毛本同唐石經余本嘉靖本閩本蔆皆作蔆從水此從冫非釋文蔆音陵此本注中仍作蔆

鄭司農云蔆芡脯脩　漢讀考云司農云下脫當言二字謂蔆芡栗脯當作蔆芡脯脩栗與饋食複故易之

賓尸設於侑　此本設誤故今據閩監毛本訂正

今之餈餻皆解之名出於此　閩監毛本餻作糕案玉篇食部餻古刀切餻糜此賈疏舉唐制以釋注也段玉裁云解當餅字之誤

周禮注疏卷五挍勘記終

南昌袁泰開挍

附釋音周禮注疏卷第六

鄭氏注　賈公彥疏

醢人掌四豆之實朝事之豆其實韭菹醓醢昌本麋臡菁菹鹿臡茆菹麇臡醓肉汁也昌本昌蒲根切之四寸爲菹三臡亦醢也作醢及臡者必先膊乾其肉乃後莝之雜以粱麴及鹽漬以美酒塗置甀中百日則成矣鄭司農云麋臡麋骭髓醢或曰麋臡醬也有骨爲臡無骨爲醢菁菹韭菹鄭大夫讀茆爲茅茅菹茅初生或曰茆水草杜子春讀茆爲卯玄謂菁蔓菁也茆鳬葵也凡菹醢皆以氣味相成其狀未聞○韭音久菹莊魚反醓吐感反本又作盜或一音昌審反臡乃兮反又人齊反菁作寧反又音精茆音卯北人音柳麇京倫反膊普博反莝倉臥反骭戶諫反徐戶幹反蔓音萬又莫干反徐音鑾

〔疏〕醢人至麇臡○釋曰言四豆之實者豆與籩並設節數與四籩同時亦謂朝事饋食加豆羞豆之實是也言朝事之豆者亦謂朝踐節云其實韭菹醓醢者於豆內韲菹之類菜肉通全物若牒爲菹細切爲韲又不言菹者皆是韲則昌本之類是也言昌本本根也昌蒲根爲韲言麋臡麇臡者以麋肉爲醢以其幷骨爲之則曰臡菁菹鹿臡茆菹麇臡爲八豆並后設之○注醓肉至未聞○釋曰言醓肉汁者醢者以肉爲之醢汁即是肉汁云昌本昌蒲根者本訓根云切之四寸爲菹者但菹四寸無正文蓋以一握爲限一握則四寸也即是全物若牒云作醢及臡已下者鄭以當時之法解之案王制云一爲乾豆鄭注云謂腊之以爲祭祀豆實也脯非豆實亦謂作醢始得在豆與此先膊乾其肉義合鄭司農云麋臡麋骭髓醢此義後鄭不從云或曰麋臡醬也有骨爲臡無骨爲醢後鄭從之又菁菹韭菹者以菁爲韭菁於義不可後鄭不從若爲菲字菲則蔓菁於義爲是後鄭不應破之明本作韭不作菲也鄭大夫讀茆爲茅茅菹茅初生者茅草非人可食之物不堪爲菹或曰茆水草後鄭從之杜子春讀茆爲卯於義亦是玄謂菁蔓菁者破司農爲韭菁云茆鳬葵也者增成子春等義云凡菹醢皆以氣味相成其狀未聞者經云韭菹醓醢已下兩兩相配者皆是氣味相成之狀不可知故云其狀未聞

饋食之豆其實葵菹蠃醢脾析蠯醢蜃蚳醢豚拍魚醢蠃螔蝓蜃大蛤蚳蛾子鄭司農云脾析牛百葉也蠯蛤也鄭大夫杜子春皆以拍爲膊謂脅也或曰豚拍肩也今河間名豚脅聲如鍛鎛○蠃力禾反脾婢支反徐蒲佳反析星歷反蠯蒲加反徐薄雞反蜃音市軫反拍音博螔音移又音夷蝓音揄又音由蛤音閤蛾音魚綺反膊音博下鎛同

〔疏〕饋食至魚醢○釋曰言饋食之豆者亦與饋食之籩同時而薦其實葵菹蠃醢者此八豆之內脾析蜃豚拍三者不言菹皆韲也○注蠃螔至鍛鎛○釋曰言蠃螔蝓蜃大蛤蚳蛾子皆爾雅文鄭司農云脾析牛百葉也者無正文可破故後鄭從之云蠯蛤也者謂小蛤亦於蠶人釋訖鄭大夫杜子春皆以拍爲膊謂脅也者此釋經豚拍謂豚脅也云或曰豚拍肩也者謂豚肩也云今河間名豚脅聲如鍛鎛者此子春等二人雖復爲豚肩解之仍從前豚脅爲義故云聲如豚拍

加豆之實芹菹兔醢深蒲醓醢箈菹鴈醢筍菹魚醢芹楚葵也鄭司農云深蒲蒲蒻入水深故曰深蒲或曰深蒲桑耳醓醢肉醬也箈水中魚衣故書鴈或爲鶉杜子春云當爲鴈玄謂深蒲蒲始生水中子箈箭萌筍竹萌○芹音勤徐又音謹說文作菦云菜類蒿也音謹箈音迨爾雅作箈同司農云水中魚衣也當徒來反沈云北人音禿改反又文之反未知所出筍息尹反蒻音若

〔疏〕加豆至魚醢○釋曰此加豆之實亦與加籩之實同時設之深蒲醓醢者深蒲謂蒲入水深以爲韲醓醢與朝事之豆同箈菹者謂以箈箭萌爲菹也云筍菹者謂竹萌爲菹也○注芹楚至竹萌○釋曰芹楚葵出爾雅鄭司農云深蒲蒲蒻入水深故曰深蒲者史游急就章云蒲蒻藺席蒲蒻只堪爲席不可爲菹故後鄭不從云或曰深蒲桑耳者既名爲蒲何得更爲桑耳故後鄭亦不從云箈水中魚衣者此箈字既下爲之非是水物不得爲魚衣故後鄭不從玄謂深蒲蒲始生水中子者此後鄭以時事而知破先鄭也云箈箭萌者一名篠者也筍竹萌者一名簜者也萌皆謂新生者也見今皆爲菹

羞豆之實酏食糝食鄭司農云酏食以酒酏爲餅糝食菜餗蒸玄謂酏餈也內則曰取稻米舉糔溲之小切狼臅膏以與稻米爲餈又曰糝取牛羊豕之肉三如一小切之與稻米稻米二肉一合以爲餌煎之○酏食音嗣下同糝素感反餗音速餈之然反糔思柳反劉相早反徐相幼反溲所柳反臅昌蜀反一音粟

〔疏〕羞豆至糝食○釋曰此羞豆之實亦與羞籩之實同特設之言酏食者謂餈與糝食爲二豆○注鄭司至煎之釋曰司農云酏食以酒酏爲餅者酏粥也以酒酏爲餅若今起膠餅文無所出故後鄭不從云糝食菜餗蒸者若今煮菜

謂之蒸菜也亦文無所出後鄭亦不從玄謂䤈餈也者案雜問志云内則餈次糝周禮䤈次糝又䤈在六飲中不合在豆且内則有餈無䤈周禮有䤈無餈明䤈餈是一也故破䤈從餈也又引内則曰取稻米舉糔溲之者案彼上注舉猶皆也糔溲博異語謂取稻米皆糔之云小切狼臅膏者彼注狼臅膏臆中膏也云以與稻米爲餈者彼鄭云若今膏𩞁云又曰糝取牛羊豕之肉三如一者三肉等分云小切之者謂細切之云與稻米稻米二肉一者謂米二分肉一分合以爲餌煎之也餈糝二者皆有肉内則文故不從先鄭然則上有糗餌彼餌無肉則入籩此餌米肉俱有名之爲糝即入豆案易鼎卦九四鼎折足覆公餗其刑渥凶鄭注云糝謂之餗震爲竹竹萌曰筍筍者餗之爲菜也是八珍之食臣下曠官失君之美道當刑之於屋中案上膳夫注八珍取肝膋不取糝鄭注易糝又入八珍中者以其糝若有菜則入八珍不須肝膋若糝無菜則入羞豆此文所引是也入珍則數肝膋故注不同

凡祭祀共薦羞之豆實賓客喪紀亦如之爲王及后世子共其内羞王舉則共醢六十罋以五齊七醢七菹三臡實之齊當爲齏五齏昌本脾析蜃豚拍深蒲也七醢醓嬴䗅蚳魚兔鴈醢七菹韭菁茆葵芹菭筍菹三臡麋鹿麇臡也凡醢醬所和細切爲齏全物若牒爲菹少儀曰麋鹿爲菹野豕爲軒皆牒而不切麇爲辟雞兔爲宛脾皆牒而切之切葱若薤實之醢以柔之由此言之則齏菹之稱菜肉通○爲王于僞反齊徐劉子西反下同沈才細反牒直輒反少儀時照反軒音獻皆牒之涉反本或作膗下同辟必亦反又音檗宛於阮反又音於月反醓呼兮反稱尺證反

疏凡祭至食之○釋曰凡祭至内羞一與籩人同上已釋訖王舉則共醢六十罋此已下與籩人異以其王舉不共籩實唯有豆實王舉謂王日一舉鼎十有二則醢人共醢六十罋以醢爲主其實有五齏七菹等○注齊當至内通○釋曰五齏昌本至深蒲此據豆内不言菹者皆是齏以次數之有此五而已七醢從醓醢至鴈醢加豆朝事醢有二唯取一則合此七也七菹者亦從朝事至加豆已上有七三臡者唯朝事之豆有此三云凡醢醬所和者據此五齏七菹皆須醢醬所和據醢人所掌五齏七菹是也云細切爲齏全物若牒爲菹者據上朝事饋食加豆之内有齏菹不同鄭君欲引少儀爲證故先言此云少儀曰麋鹿爲菹野豕爲軒皆牒而不切者既言牒而不切則野豕爲軒亦菹類云麇爲辟雞兔爲宛脾皆牒而切之者此謂報切餌皆齏類云切葱若薤實之醢以柔之者謂殺其氣云由此言之則齏菹之稱菜肉通者鄭案三豆之内七菹皆菜無肉五齏之内菜肉相兼若據少儀齏菹之稱菜肉通也

賓客之禮共醢五十罋致饔餼時凡事共醢

疏賓客至共醢○釋曰賓客謂五等諸侯來朝也天子致饔餼與之醢故鄭云致饔餼時也案掌客上公之禮醯醢百有二十罋侯伯百罋子男八十罋此共醢五十罋并醢人所共醢五十罋共爲百罋此據侯伯饔餼之禮舉中言之明兼有上公與子男若然上公百二十罋與王數同者據二王之後王所尊敬者而言其同姓諸侯唯魯得與二王後同其餘同姓雖車服如上公從侯伯百罋而已又案掌客上公已下並是諸侯自相待法天子待諸侯亦與之同又案聘禮待聘臣亦云醯醢百罋得與諸侯同者彼別爲臣禮禮有損之而益故子男之卿百罋其數多於君

醯人掌共五齊七菹凡醯物以共祭祀之齊菹凡醯醬之物賓客亦如之齊菹醬屬醯人者皆須醯成味○齊子兮反下之齊共齊醬齊皆同王舉則共齊菹醯物六十罋其后及世子之醬齊菹賓客之禮共醯五十罋凡事共醯

疏醯人至共醯○釋曰云掌共五齊七菹凡醯物者此乃是醯人所掌豆實今在此者鄭云齊菹醬皆須醯成味故與醯人共掌云以共祭祀之齊菹凡醯醬之物者醯人連言醬者并豆醬亦掌言賓客亦如之者下經云賓客之禮據饔餼此云賓客據饗食致之云王舉則共齊菹醯物六十罋者并醢人六十罋者并醯人六十罋即膳夫醬用百有二十罋是也云共后及世子之醬齊菹者案醢人共其内羞不言齊菹此云齏菹以其與醢人共掌齏菹須醯故就醯人爲言云賓客之禮共醯五十罋者與醢人五十罋摠共爲百罋亦據侯伯舉中言之

鹽人掌鹽之政令以共百事之鹽政令謂受入教所處置求者所當得

疏注政令至當得○釋曰政令謂受入教所處置者謂四方鹽來鹽有數種處置不同故云受入教所處置也

祭祀共其苦鹽散鹽杜子春讀苦爲盬謂出鹽直用不湅治鄭司農云散

鹽湅治者。玄謂散鹽，鬻水爲鹽。○苦音盬，工戶反，出注。散，悉但反，下同。湅音練，下同。齊，才細反。鬻音煮。盬音古。〔疏〕祭祀至散鹽。○釋曰：苦當爲盬，盬謂出於鹽池，今之顆鹽是也。散鹽，煮水爲之，出於東海。○注杜子至爲鹽。○釋曰：杜子春讀苦爲盬者，鹽鹹非苦，故破苦爲盬，見今海傍出鹽之處謂之盬。云直用不湅治者，對下經鬻鹽是湅治者也。鄭司農云散鹽湅治者，下經自有鬻鹽是湅治，故後鄭不從。

賓客共其形鹽、散鹽。形鹽，鹽之似虎形。〔疏〕注形鹽至虎形。○釋曰：此形鹽即左氏傳鹽虎形是也，籩人已釋訖。

王之膳羞，共飴鹽，后及世子亦如之。飴鹽，鹽之恬者，今戎鹽有焉。〔疏〕鹽飴鹽至有焉。○釋曰：言飴鹽，故云鹽之恬者。云今戎鹽有焉者，即石鹽是也。

凡齊事，鬻鹽以待戒令。齊事，和五味之事，鬻鹽湅治之。〔疏〕注齊事至治之。○釋曰：言齊事者，謂若食醫春多酸、夏多苦之類是也。今湅治鹽以待戒令，則齊和之。

冪人掌共巾冪。共巾可以覆物。○冪，莫歷反。〔疏〕冪人掌共巾冪。○釋曰：巾者，則下經王巾皆黼是也。冪者，則冪八尊之類是也。○注共巾可以覆物。○釋曰：據經巾冪俱有，鄭唯言共巾可以覆物，不言冪者，但冪唯祇覆物，其巾則兼以拭物，故特解巾可以覆物者也。

祭祀，以疏布巾冪八尊，以疏布者，天地之神尚質。〔疏〕祭祀至八尊。○釋曰：祭天無灌，唯有五齊三酒實於八尊。疏布者，大功布爲冪，覆此八尊，故云疏布冪八尊。此據正尊而言，若五齊加明水，三酒加玄酒，則十六尊皆以疏布冪之也。○注以疏至尚質。○釋曰：鄭知此經祭祀是天地之神者，以其下經畫布冪六彝是宗廟之祭用六彝，即知此疏布冪八尊無祼是天地可知。又見禮器云「大路素而越席，疏布冪」，彼皆據祭天，則疏布是祭天地可知。舉天地，則四望、山川、社稷、林澤皆用疏布，皆是尚質之義也。

以畫布巾冪六彝。宗廟可以文。畫者，畫其雲氣與。○與音餘。〔疏〕以畫至六彝。○釋曰：言六彝者，雞彝、鳥彝、斝彝、黃彝、虎彝、蜼彝。此六彝皆盛鬱鬯，以畫布冪之，故云畫布冪六彝。此舉六彝對上經八尊無鬱鬯，以言宗廟有鬱鬯，其實天地亦有秬鬯之彝，用疏布；宗廟亦有八尊，亦用畫布，互舉以明義也。○注宗廟至氣與。○釋曰：言宗廟可以文者，以其用畫布，對上疏布爲質，故言宗廟可以文。云畫者畫其雲氣與者，三禮通例所言畫者，解畫皆以爲畫雲氣，謂畫爲五色之雲，俱無正文，故言與以疑之。

凡王巾皆黼。四飲三酒皆畫黼。周尚武，其用文德則黻可。○黼音甫。〔疏〕凡王巾皆黼。○釋曰：凡王之覆物之巾，皆用黼文覆之。言凡，非一，四飲三酒之外，籩豆俎簋之屬皆用之。○注四飲至黻可。○釋曰：言四飲三酒皆畫黼者，鄭據酒正之文而言。其實酒飲之外，巾皆用黼。黼者，白與黑，作斧文，取今斧斷割之義。云周尚武者，周以武得天下，故云尚武，故用黼也。云其用文德則黻可者，謂若夏以揖讓得天下，是文定天下，則當用黑與青謂之黻，兩已相背也。若然，易云湯武革命，殷亦以武得天下，則亦用黼耳。

宮人掌王之六寢之脩。六寢者，路寢一，小寢五。玉藻曰：「朝，辨色始入。君日出而視朝，退適路寢聽政，使人視大夫，大夫退，然後適小寢釋服。」是路寢以治事，小寢以時燕息焉。春秋書魯莊公薨于路寢，僖公薨于小寢，是則人君非一寢明矣。○脩，劉音修，本亦作修。朝，直遙反。辨如字，本又作別，彼列反。〔疏〕宮人至之脩。○釋曰：案守祧職，其廟則有司脩除之，其祧則守祧黝堊之，鄭注云「脩除、黝堊，互言之」。此雖不主脩，亦是掃除。○注六寢至明矣。○釋曰：云六寢者，路寢一，小寢五者，路寢制如明堂以聽政。路，大也，人君所居皆曰路。又引玉藻曰朝辨色始入者，謂羣臣昧爽至門外，辨色始入應門。云君日出而視朝者，尊者體盤，故日出始出路門而視朝。退適路寢聽政者，謂路門外朝罷，乃退適路寢以聽政。云使人視大夫，大夫退，然後適小寢釋服者，朝罷，君退適路寢之時，大夫各鄉治事之處，君使人視大夫，大夫退還舍，君然後適小寢，釋去朝服，服玄端。又引春秋者，左氏莊公三十二年「公薨于路寢」，得其正；僖公三十三年「公薨于小寢」，譏其即安。云是則人君非一寢明矣，言此者，時有不信周禮，故引諸文以證之。若然，所引者皆諸侯法。天子六寢，則諸侯當三寢，亦路寢一、燕寢一、側室一，內則所云者是也。

爲其井匽，除其不蠲，去其惡臭。井，漏井，所以受水潦。蠲猶絜也。詩云：「吉蠲爲饎。」鄭司農云：「匽，路廁也。」玄謂匽豬，謂霤下之池，受畜水而流之者。○匽，於建反，徐音傴。蠲音圭，又古玄反。去，起呂反。饎，大志反。霤，力救反。畜，勑六反。〔疏〕爲其至惡臭。○釋曰：謂於宮中爲漏井以受穢，又爲匽豬，使四邊流水入焉。井、匽二者，皆所以除其不蠲潔，又去其惡臭之物。○注井漏至之者。○釋曰：引詩云「吉蠲爲饎」，案秋官蜡氏云「大祭祀，令州里除不蠲」，注云「蠲讀如吉圭惟饎之圭圭絜也此云蠲彼注云圭不同者彼蓋是三家詩故與此不同司農云匽路廁後鄭不從者以其匽字與覲匽豬同故不從後鄭以爲霤下之池受畜水乃後流去之

共王之沐浴沐浴所以自絜清○清戚才性反本亦作清〔疏〕共王之沐浴○釋曰宮人掌絜清之事沐用潘浴用湯亦是自絜清之事

凡寢中之事埽除執燭共鑪炭凡勞事勞事勞褻之事

四方之舍事亦如之從王適四方及會同所舍〔疏〕四方至如之○釋曰爲王巡守征伐及會同所舍之處言亦如之者亦如上掌凡勞褻之事

掌舍掌王之會同之舍設梐枑再重故書枑爲柜鄭司農云梐榱梐也柜受居溜水涑橐者也杜子春讀爲梐枑梐枑謂行馬玄謂行馬再重者以周衞有外內列○梐步禮反枑戶故反重直龍反下同柜音矩下同徐胡故反榱音衰戚疏闕反居舉慮反留力救反涑徐劉色溝反戚色胄反橐當洛反〔疏〕掌舍至再重○釋曰言掌王之會同之舍者王會同者謂時見曰會殷見曰同皆爲壇於國外與諸侯相

見而命以致禁之事焉王至壇所舍息也云設梐枑再重者梐枑謂行馬再重者謂外內兩重設之○注故書至內列○釋曰掌舍掌閑衞不掌絜淨之事又行止之處未即有蟲可涑先鄭輒依故書拒而爲溜水涑橐又拒非必是受溜水之物於義未可故後鄭不從從子春爲行馬也案虎賁氏云舍則守王閑注云閑梐枑此梐枑是周衞之具耳此梐枑所施唯據下文車宮壇宮止宿而言其帷宮無宮暫止之間未必有此梐枑也

設車宮轅門謂王行止宿阻險之處備非常次車以爲藩則仰車以其轅表門○藩方元反〔疏〕設車宮轅門○釋曰鄭云王行止宿阻險之處備非常次車以爲藩則仰車以其轅表門鄭知在險阻之處者下文爲壇壝宮是平地有土可掘則爲壝宮明此無土可以爲壝故知此山間險阻爲此車宮也言仰車以其轅表門者謂仰兩乘車轅相向以表門故名爲轅門

爲壇壝宮棘門謂王行止宿平地築壇又委壝土起堳埒以爲宮鄭司農云棘門以戟爲門杜子春云棘門或爲材門○壝戚唯季反劉欲鬼反徐羊誰反一音待果反又時累反埒徐音劣〔疏〕注謂王至材門○釋曰知王行止宿平地者以下文二者非止宿之事唯有此壝宮及上文車宮爲止宿但險阻平地二所不同故知是止宿平地也云委壝土起堳埒者止宿之間不可築作牆壁宜掘地爲宮土在坑畔而高則堳埒也鄭司農云棘門以戟爲門知棘是戟者見左氏隱十一年鄭欲伐許授兵于大宮子都與鄭考叔爭車子都拔棘以逐之故知棘即戟也杜子春云棘門或爲材門者閔二年衞文公居楚丘國家新立齊桓公共門材先令豎立門戶故知棘門亦得爲材門即是以材木爲門也

爲帷宮設旌門謂王行晝止有所展肆若食息張帷爲宮則樹旌以表門〔疏〕注謂王至表門○釋曰知王行晝止有所展肆者見下曲禮云君命大夫與士肆鄭云肆習也君有命大夫則與士展習其事則此亦王與羣臣晝止有所展習云若食息者非直有展習亦有食息之時則張帷爲宮樹立旌旗以表門案司常云會同賓客置旌門注引此掌舍爲帷宮設旌門則旌門司常置之掌舍主當之若然則轅門之等皆彼他官置之掌舍直主當取其云旌門則司常所云析羽爲旌者也

無宮則共人門謂王行有所逢遇若住遊觀陳列周衞則立長大之人以表門〔疏〕注謂王至表門○釋曰鄭知此是王行有所逢遇者一則據上三者見夜宿晝止訖今復云無宮共人門是非常之事二則云無宮及人門是暫駐之事非久停止此知是有所逢遇若有住遊觀

陳列周衞非如上三者爲宮則立長大之人以表門也

凡舍事則掌之王行所舍止

幕人掌帷幕幄帟綬之事王出宮則有是事在旁曰帷在上曰幕幕或在地展陳于上帷幕皆以布爲之四合象宮室曰幄王所居之帷也鄭司農云帟平帳也綬組綬所以繫帷也玄謂帟王在幕若幄中坐上承塵幄帟皆以繒爲之凡四物者以綬連繫焉○幄烏學反帟音亦綬音受〔疏〕幕人掌至之事○釋曰云掌王帷在傍施之像土壁也幕則帷上張之像舍屋也幄帷幕之內設之帟者在幄幕內之丞塵綬者條也以此條繫連帷幕幕人掌此五者王出宮則送與掌次張之○注王出至繫焉○釋曰言在旁曰帷在上曰幕則帷在下幕在上共爲室今之設幕則無帷在下爲異也云或在地展陳於上者案聘禮云管人布幕官陳幣史展幣皆於幕上聘禮又賓入境至館皆展幕是幕在地展陳於上又云帷幕皆以布爲之知者案既夕禮云明衣裳用幕布其帷在幕下明亦用布故知二者皆用布至於覆棺之幕則用繒故禮記檀弓云布幕衞也綃幕魯也明天子亦用繒覆棺不張設故用繒也云四合象宮室曰幄知四合象宮室不上屬據帷幕爲句者見顏延之纂要云曰合象宮曰幄故四合向下據幄爲句也鄭

司農云帟平帳後鄭不從者見下王喪張帟三重之等皆據承塵又幄已是帳又言帟明帟非帳也先鄭又云綬組綬所以繫帷者此語未足故後鄭增成其義玄謂帟王在幕若幄中坐上承塵者云在幕謂下掌次云師田則張幕設重帟是王在幕設帟之事若幄中有帟者掌次云朝日祀五帝則張大次小次設重帟次即幄是幄中坐上有承塵也云幄帟皆以繒爲之者以其布帷幕之内宜細密又案喪大記有素錦褚褚即幄彼喪用錦明此用繒可知云凡四物者以綬連繫焉者此增成先鄭也

凡朝覲會同軍旅田役祭祀共其帷幕幄帟綬共之者掌次當以張〔疏〕凡朝至帟綬○釋曰此一經皆供與掌次使張之此云朝覲會同即掌次云諸侯朝覲會同是也此云軍旅田役即掌次云師田彼師即此軍旅彼田即此田役是也此云祭祀即掌次云大旅及朝日祀五帝是也此數事皆共帷幕幄帟綬與掌次是以鄭云共之者掌次當以張也

大喪共帷幕帟綬爲賓客飾也帷以帷堂或與幕張之於庭帟在柩上〔疏〕注爲賓至在柩上○釋曰云爲賓客飾者王喪而有賓客者謂若顧命成王喪諸侯來朝而遇國喪故康王之命云畢公率東方諸侯入應門右召公率西方諸侯入應門左并有二王之後皆是賓客故爲之飾也云帷以帷堂者謂若喪大記及士喪禮始死帷堂小斂徹之及殯在堂亦帷之也云或與幕張之於庭者案尚書顧命云出綴衣於庭鄭云連綴小斂大斂之衣於庭中爾時在庭應設此帷幕無正文故云或也有解者云爲王襲經在庭故有帷幕按喪大記諸侯蹋阼階下襲經於序東雖王禮亦當哭踊在阼階下何因反來庭中襲經乎恐不可也云帟在柩上者即掌次云凡喪王則張帟三重是也

三公及卿大夫之喪共其帟唯士無帟王有惠則賜之檀弓曰君於士有賜帟〔疏〕注唯士至賜帟○釋曰掌次云諸侯再重孤卿大夫不重則此云三公不云諸侯與孤掌次云諸侯與孤不云三公者三公即是諸侯再重此不云孤孤與卿大夫同不重幕人不張故略不言鄭云唯士無帟者此經及掌次俱不云士有帟明無也引檀弓者欲見有賜則有帟非常法

掌次掌王次之灋以待張事法大小丈尺○張事劉音帳戚如字下邦之張事同〔疏〕掌次至張事○釋曰言掌王次之法者次者次則舍也言次謂次止言舍謂舍息言以待張事者王

出宮則幕人以帷與幕等送至停所掌次則張之故云以待張事○注法大小丈尺○釋曰言法大小者下文有大次小次是也云丈尺者既言大小當時應有丈尺之數但其未聞

王大旅上帝則張氈案設皇邸大旅上帝祭天於圜丘國有故而祭亦曰旅此以旅見祀也張氈案以氈爲牀於幄中鄭司農云皇羽覆上邸後版也玄謂後版屏風與染羽象鳳皇羽色以爲之○邸徐當禮反一本作皇羽邸版徐音坂屏薄刑反〔疏〕王大至皇邸○釋曰云王大旅上帝者謂冬至祭天於圜丘則張氈案氈案者案謂牀也牀上著氈即謂之氈案設皇邸者邸謂以版爲屏風又以鳳皇羽飾之此謂王坐所置也○注大旅至爲之○釋曰大旅上帝祭天於圜丘知者見下經別云祀五帝則知此是昊天上帝即與司服及宗伯昊天上帝一也即是大司樂冬至祭天於圜丘之事也云國有故而祭亦曰旅者案大宗伯國有大故則旅上帝及四望是國有故而祭謂之旅云此以旅見祀者但此下文五帝見正祀其旅見於大宗伯大宗伯昊天不云旅故此見此文不言正祀故鄭以因旅見之欲見有故昊天亦旅之故云以旅見祀云張氈案以氈爲牀於幄中者據鄭云於幄中則知不徒設氈案皇邸而已明知并有大次小次之幄與下祀五帝互見之也司農云皇羽覆上者見經皇是鳳皇之字故知以皇羽覆邸上玄謂後版屏風與者此增成司農義言後版者謂爲大方版於坐後畫爲斧文言屏風者據漢法況之無正文故言與以疑之云染羽象鳳皇羽色以爲之者案尚書禹貢羽畎夏翟謂羽山之谷貢夏翟之羽後世無夏翟故周禮鍾氏染鳥羽象鳳皇色以爲之覆於版上明堂位及司几筵皆云黼扆此不在寢廟無扆故不得云黼扆故別名皇邸

朝日祀五帝則張大次小次設重帟重案合諸侯亦如之朝日春分拜日於東門之外祀五帝於四郊次謂幄也大幄初往所止居也小幄既接祭退俟之處祭義曰周人祭日以朝及闇雖有強力孰能支之是以退俟與諸臣代有事焉合諸侯於壇王亦以時休息重帟復帟重案牀重席也鄭司農云五帝五色之帝○朝直遥反注朝日同重直龍反注下同〔疏〕朝日至如之○釋曰言朝日者謂春分朝日祀五帝者謂四時迎氣則張大次小次者次謂幄帳也大幄小幄但幄在幕中既有幄明有幄幕可知設重帟者謂於幄中設承塵云重案者案則牀也牀言重謂牀上設重席不言氈及皇邸亦有可知上氈案不言重席亦有重席可知互見爲義云合諸侯亦如之者謂

諸侯會同亦設重帟重案故云亦如之○注朝日至之帝○釋曰知朝日春分者祭義云祭日於東故鄭約用春分也云拜日於東門之外者謂在東郊覲禮文云祀五帝於四郊者案外宗伯祀五帝於四郊是也此謂四時迎氣案月令立春於東郊立夏於南郊季夏於六月迎土氣亦於南郊立秋於西郊立冬於北郊謂祭靈威仰之屬云次謂幄也大幄初往所止居也小幄既接祭退俟之處者此兩次設幄者大幄謂王侵晨至祭所祭時未到去壇壝之外遠處設大次王且止居故云大幄初往所止居也接祭者與羣臣交接相代而祭去壇宜近置一小帷退俟之處云祭義曰周人祭日以朝及闇引此已下者欲見王與臣接祭之時須有小幄也言孰能支之者謂一日之間雖有強力誰能支持乎云合諸侯於壇者案司儀合諸侯爲壇三成是也云重帟複帟者謂兩重爲之云重案牀重席者案司几筵莞筵繅席次席三重此言重席亦當有此三重帟重帟不同鄭司農云五帝五色之帝者謂東方青帝靈威仰南方赤帝赤奮若中央黃帝含樞紐西方白帝白招拒北方黑帝汁光紀竝依文耀鉤所說

師田則張幕設重帟重案

不張幄者於是臨誓衆王或迴顧占察

【疏】師田至重案○釋曰言師田者謂出師征伐及田獵則幄幕者爲王

設坐不言帷者亦有可知重帟重案者如上說

諸侯朝覲會同則張大次小次

大次亦初往所止居小次即宮待事之處

【疏】諸侯至小次○釋曰此謂與諸侯張之若四時常朝在國內今言朝覲會同爲會同而來故在國外與大宰大朝覲會同一也言則張大次小次也者亦如上文大小次丈尺則減耳故鄭云大次亦初往所止居小次即宮待事之處鄭云初往止居者謂宮外也即居者應是宮內言宮即司儀所云宮方三百步壝土爲之是也言待事者欲於幄中待事辦否及府○

師田則張幕設案

鄭司農云師田謂諸侯相與師田玄謂此掌次張之諸侯從王而師田者

【疏】師田至設案○釋曰文承上諸侯謂諸侯從王師田即張幕設案者也不言重則無重席亦應有單席於牀也○注鄭司至田者○釋曰後鄭不從先鄭者以其天子掌次不合與諸侯國內張幕故云掌次張之以明非諸侯相與師田也此至下所云次者謂以繒爲帷幄案聘禮記所云次或以帷或及席皆得與此掌次所云次別也

孤卿有邦事則張幕設案

有邦事謂以事從王若以王命出也孤王之孤三人副三公論道者不言公公如諸侯禮從王祭祀合諸侯張大次小次師田亦張幕設案

【疏】孤卿至設案○釋曰與上諸侯所設同○注有邦至設案○釋曰言有邦事謂以事從王者謂若上王大旅上帝朝日祀五帝合諸侯及師田等數事王親行則從王往也云若以王命出者若祭祀則容王有故不視羣臣攝之若諸侯使臣時聘殷覜王不親行則於國外使羣臣受之是王命出也云孤王之孤三人副三公論道者案尚成王周官云立大師大傅大保茲惟三公論道經邦燮理陰陽又云立少師少傅少保曰三孤貳公弘化寅亮天地是副三公論道者也云不言公公如諸侯禮者謂如上諸侯之禮中唯有會同師田無言祭祀鄭云祭祀者王於會同與祭祀同云亦如之則諸侯從王祭祀亦與會同同若然三公從王祭祀亦與從王會同同也

凡喪王則張帟三重諸侯再重孤卿大夫不重

張帟柩上承塵

【疏】凡喪至不重○釋曰喪言凡者以其王以下至孤卿大夫兼有后及三夫人已下故言凡以廣之也后與王同三重世子三夫人與諸侯再重九嬪二十七世婦與孤卿大夫同不重一而已八十一御妻與士同無帟有賜乃得帟也此諸侯謂三公王子母弟若畿外諸侯掌次不張之○注張帟柩上承塵○釋曰鄭知帟柩上承塵見上文帟

皆在幄中爲承塵此言喪王則張帟三重明是張於柩上也

凡祭祀張其旅幕張尸次

旅衆也公卿以下即位所祭祀之門外以待事爲之張大幕尸則有幄鄭司農云尸次祭祀之尸所居更衣帳○爲于僞反

【疏】凡祭祀張其旅幕張尸次○釋曰祭祀言凡者天地宗廟外內祭祀皆有羣臣助祭其臣既多不可人人獨設故張旅幕旅衆也謂衆人共幕諸祭皆有尸尸尊故別張尸次○注旅衆也公卿以下即位至衣帳○釋曰鄭云公卿以下即位所祭祀之門外以待事者若宗廟自有廟門之外若外神於郊則亦有壝宮之門門外並有立位言爲之張大幕者以其言旅故知大幕也司農云更衣帳者未祭則常服至祭所乃更去常服服祭服也故言更衣

射則張耦次

耦俱升射者次在洗東大射曰遂命三耦取弓矢于次

【疏】射則張耦次○釋曰天子大射六耦在西郊賓射亦六耦在朝燕射三耦在寢此六耦三耦據諸侯射者若衆耦則多但無常數耳○注耦俱至于次○釋曰耦俱升射者案大射鄉射耦皆兩兩揖讓升自西階鄉兩楹之間履射物南面而射射訖又兩兩揖讓降自西階云次在洗東者大射文又引大射曰遂命三耦取弓矢于次者證次中有弓矢其耦立位在次北西面至射

乃命三耦入次取弓矢引之者以天子之次無文雖六耦不同設次則與諸侯同也儀禮鄉射乃是州長射士禮其中兼有鄉大夫詢衆庶之射並無次故堂西比耦也

掌凡邦之張事

大府掌九貢九賦九功之貳以受其貨賄之入頒其貨于受藏之府頒其賄于受用之府

九功謂九職也受藏之府若内府也受用之府若職内也凡貨賄皆藏以給用耳良者以給王之用其餘以給國之用或言受藏或言受用又雜言貨賄皆互文○藏才浪反注受藏言受藏同【疏】大府至之府○釋曰言掌九貢九賦之貳者大宰掌其正此官掌其副貳者以其物入大府故也九功之貳者謂九職之功大宰以九職任之成孰斂其稅則是九功也亦大宰掌其正物入大府故亦掌其副貳也云以受其貨賄之入者九貢謂諸侯九貢自然有金玉曰貨布帛曰賄九賦謂畿内之九賦口率出泉九職如三農園圃之類亦有不出貨賄者皆言受其貨賄之入者雖以泉穀爲主民欲得出貨賄者則取之以當邦賦之數故大宰云九賦斂財賄是其不要取泉也須其貨于受藏之府者言大府雖自有

府其物仍分置於衆府受藏之府者鄭云謂若内府是也須其賄於受用之府者鄭云謂若職内是也○注九功至互文釋曰九功謂九職也者以其九職任萬民謂任之使有職事故大宰云九職大府斂貨賄據成功言之故云九功其本是一故云九功九職也云受藏之府若内府也者以其經云頒其貨于受藏之府金玉曰貨物之善者藏之於内府近王掌之以給王用故也云受用之府若職内也者府不在内經云須其賄于受用之府賄賤於貨故知入職内以給國家所用云凡貨賄皆藏以給用耳者鄭欲以藏用互文貨言藏者以其善物賄言用者以其賤物其實皆藏皆用故言凡貨賄皆藏以給用耳云良者以給王之用者覆解入内府意云其餘以給國之用者覆解入職内意云或言受藏或言受用又雜言貨賄皆互文者言受藏謂内府言受用謂職内皆藏以給用言藏亦用言用亦藏是互文也雜言貨賄者言貨兼有賄言賄亦兼有貨亦是互文但二者善惡不同故别言之耳

凡官府都鄙之吏及執事者受財用焉【疏】凡官至用焉○釋曰言凡官府者謂王朝三百六十官有事須用官物者云都鄙之吏者謂三等采地吏謂羣臣等有事須取官物者及執事者謂爲官執掌之事須有營造合用官物者皆來於大府處受財用焉

凡頒財以式灋授之關市之賦以待王之膳服邦中之賦以待賓客四郊之賦以待稍秣家削之賦以待匪頒邦甸之賦以待工事邦縣之賦以待幣帛邦都之賦以待祭祀山澤之賦以待喪紀幣餘之賦以待賜予

待猶給也此九賦之財給九式者膳服即羞服也稍秣即芻秣也謂之稍稍用之物也喪紀即喪荒也賜予即好用也鄭司農云幣餘使者有餘來還也玄謂幣餘占賣國之斥幣○秣音末好呼報反下同使色吏反斥音尺徐虫柘反【疏】凡頒至賜予○釋曰言凡頒財者大宰云九賦斂財賄九式用之此大府頒與九式用之但事相因故二處别言九賦之物也此所頒之財即大宰斂財賄一也云以式法授之者謂以舊法式多少授與九式故云以式法授之云關市之賦以待王之膳服者自此已下並與九式事同但文有交錯與九賦不次案九賦先邦中之賦次四郊次邦甸

次家稍次邦縣次邦都次關市次山澤次幣餘此先言關市在邦中上此家稍又在邦甸上所以次第不同者見事起無常○注待猶至斥幣○釋曰云待猶給也者謂大宰斂得九賦之財給九式之用待來則給之故云待猶給非是訓待爲給云此九賦之財給九式者以其此經九事與大宰九式相當此九賦又與大宰九賦一也故云九賦之財給九式也云膳服即羞服也者此言膳服大宰九式云羞服膳羞是一故云膳服即羞服也自此已下事與九式是一但文有不同皆就九式合而解之故云稍秣即芻秣也謂之稍稍用之物也者彼九式云芻秣此改芻爲稍以其稍稍用之故也此云喪紀即九式喪荒一也此云賜予即九式好用一也鄭司農云幣餘使者有餘來還也者案大宰司農注幣餘百工之餘與此注不同者蓋是司農互舉以相足後鄭不從者聘使之物禮數有限何得有餘來還又且有餘來還何得有賦故後鄭不從玄謂幣餘占賣國之斥幣者後鄭之意百官所用官物不盡歸入職幣職幣得之不入本府恐久藏朽蠹則有人占賣依國服出息謂之斥幣者謂指斥與人故謂之斥幣也

凡邦國之貢以待弔用

此九貢之財所給也給弔用給凶禮之五事

凡萬民之貢以充府庫

此九

職之財充猶足【疏】凡邦至府庫。釋曰上文大府掌九貢九賦九功受得三者之財各各用之上文九式已用九賦之財訖故此云邦國之九貢以待給於弔用下文萬民之貢以充府庫即上九功也。注此九貢至五事。釋曰云給凶禮之五事者案大宗伯云凶禮哀邦國之事下云有喪禮荒禮弔禮禬禮恤禮五禮皆須以財貨哀之故云給凶禮之五事。注此九職至猶足。釋曰知此萬民之貢是九職者案大宰云九職任萬民此上文又云九功此貢即是九職之功所稅故知此是九職之財也案大行人六服諸侯因朝所貢之物與大宰九貢歲之常貢雖曰時節不同貢物有異要六服之貢與九貢多同亦入弔用之數又且九貢言入弔用九賦言入九式有餘財亦入府庫是以上文掌九貢九賦受其貨賄須於受藏受用之府也

凡式貢之餘財以共玩好之用謂先給九式及弔用足府庫而有餘財乃可以共玩好明玩好非治國之用言式言貢互文【疏】凡式至之用。釋曰式謂九式貢謂九貢及萬民之貢有餘財以供玩好器物之用。注謂先至互文。釋曰經言餘財明知先給九式及弔用足府庫之餘也經言式貢者式即上文九賦之財給九式之餘也貢即上文邦國之貢及萬民之貢也言式言貢互文者式謂九賦貢謂九貢及萬民之貢但賦言式據用而言其實亦有賦貢據貢上爲名亦有用故云互文也

凡邦之賦用取具焉賦用用賦【疏】凡邦至具焉。釋曰上有九貢九賦九功此特言賦明兼有九貢九功亦取具焉

歲終則以貨賄之入出會之【疏】歲終至會之。釋曰貨賄之人者謂九貢九賦九功入來至大府言出者大府以貨賄分置於衆府及給九式之用亦是至歲終摠會計之

玉府掌王之金玉玩好兵器凡良貨賄之藏良善也此物皆式貢之餘財所作其不良又有受而藏之者。好呼報反及內府皆同藏才浪反注同【疏】玉府至之藏。釋曰云掌王之金玉玩好兵器者言玉府以玉爲主玉外所有美物亦兼掌之。注良善至之者。釋曰言此物皆式貢之餘財所作者案上大府云式貢之餘財以共玩好之用彼玩好之中兼有金玉兵器故知式貢餘財也云其不良又有受而藏之者即上大府云受藏受用之府是也

共王之服玉佩玉珠玉佩玉者王之所帶者玉藻曰君子於玉比德焉天子佩白玉而玄組綬詩傳曰佩玉上有葱衡下有雙璜衡牙蠙珠以納其間鄭司農云服玉冠飾十二玉。蠙劉薄田反徐音頻一音父賓反【疏】注佩玉至二玉。釋曰佩玉者王之所帶者謂佩於革帶之上者也玉藻曰君子於玉比德焉者詩云言念君子溫其如玉是比德於玉引此者證王必服玉之意云天子佩白玉而玄組綬者此亦玉藻文所佩白玉謂衡璜琚瑀玄組綬者用玄組絛穿連衡璜等使相承受引詩傳曰謂是韓詩佩玉上有葱衡者衡橫也謂葱玉爲橫梁下有雙璜衡牙者謂以組懸於衡之兩頭兩組之末皆有半璧曰璜故曰雙璜又以一組懸於衡之中央於末著衡牙使前後觸璜故言衡牙案毛詩傳衡璜之外別有琚瑀其琚瑀所置當於懸衡牙組之中央又以二組穿於琚瑀之內角斜繫於衡之兩頭於組末繫於璜云蠙珠以納其間者蠙蜯也珠出於蜯故言蠙珠納其間者組繩有五皆穿珠於其間故云以納其間鄭司農云服玉冠飾十二玉者案弁師掌五冕袞冕十二旒鷩冕九旒毳冕七旒絺冕五旒玄冕三旒皆十二玉冕則冠也弁師又有皮弁韋弁冠弁亦皆十二玉故云冠飾十二玉也

王齊則共食玉玉是陽精之純者食之以禦水氣鄭司農云王齊當食玉屑【疏】王齊則共食玉。釋曰謂王祭祀之前散齊七日致齊三日是時則共王所食玉屑。注玉是至玉屑。釋曰知玉是陽精之純者但玉聲清濁則屬陽又案楚語云王孫圉與趙簡子言曰玉足以庇蔭嘉穀使無水旱之災則寶之珠足以禦火則寶之服氏云珠水精足以禁火如是則玉是火精可知云食之以禦水氣者致齊時居於路寢思其笑語思其志意之類恐起動多故須玉以禦水氣也鄭司農云王齊當食玉屑者其玉屑研之乃可食故云當食玉屑也

大喪共含玉復衣裳角枕角柶角枕以枕尸鄭司農云復招魂也衣裳生時服招魂復魄于太廟至四郊角柶角匕也以楔齒士喪禮曰楔齒用角柶楔齒者令可飯含玄於復於四郊以綴。含戶暗反枕尸之鴆反楔先結反令力呈反飯扶晚反【疏】大喪至角柶。釋曰大喪謂王喪共含玉者含玉璧形而小以爲口實此不言贈玉飯玉者文不備復衣裳者王始死招魂復魄之衣裳不在司服者司服所掌是尋常衣服玉府所掌皆王之美物其衣服美者亦玉府掌之但所復衣裳用死者上服故玉府供之角枕者所以枕尸角柶者將以楔齒。注角枕至以綴。釋曰鄭司農云復招魂也者人之死者魂氣上歸於天形魄仍在欲招取其魂復於魄內

故離騷有招魂篇云招魂復魄于大廟至四郊者王有七廟及寢皆復焉獨言太廟語雖不足義猶可又言至四郊後鄭不從之云角柶角匕也者案既夕禮楔貌如軛上兩末狀如枇杷拔屈中央楔齒玄謂復於四郊以綏者案夏采云以冕服復於太廟以乘車建綏復於四郊故鄭云復於四郊以綏言此者破先鄭於四郊亦以衣服**掌王之燕衣服衽席牀笫凡褻器**。燕衣服者巾絮寢衣袍襗之屬皆良貨賄所成笫簀也鄭司農云衽席單席也褻器清器虎子之屬○衽而甚反又而鴆反笫側美反徐側皺反襗劉音澤徐待各反簀音責

【疏】掌王至褻器○釋曰言掌王之燕衣服者謂燕寢中所有衣服之屬衽席者亦燕寢中臥席牀笫者謂燕寢中所牀簀也凡褻器者亦謂燕寢中以燕字爲目衣服已下至褻器皆是燕○注燕衣至之屬○釋曰云燕衣服者巾絮者案內則左佩紛帨紛帨即巾也又婦事舅姑佩有線纊此絮則纊也云寢衣者論語鄉黨云必有寢衣長一身有半鄭注云今小臥被是也又言袍襗之屬者案毛詩云豈曰無衣與子同袍與子同襗是也言之屬者寢衣之內所言不盡故言之屬以廣之云皆良貨賄所成者見上文云凡良貨賄之藏故知此良貨賄所成鄭司農云衽席單席也者案曲禮云請衽

何趾鄭注云衽臥席又案斯干詩云下莞上簟內則云斂枕篋簟席襡器而藏之司農云單席則臥之簟席云褻器清器虎子之屬者既在燕寢之中私褻之器故知清器虎子之屬案內豎及葬執褻器以從遣車彼褻器振飾頮沐之器彼褻器與此注不同彼從葬於死者不用清器故爲頮沐之器**若合諸侯則共珠槃玉敦**。敦槃類珠玉以爲飾古者以槃盛血以敦盛食合諸侯者必割牛耳取其血歃之以盟珠槃以盛牛耳尸盟者執之故書珠爲夷鄭司農云夷槃或爲珠槃玉敦歃血玉器○敦音對徐丁雷反注同盛音成下同歃色洽反徐霜臘反

【疏】若合至玉敦○釋曰合諸侯者謂時見曰會若司儀所云爲壇十有二尋王與諸侯殺牲歃血而盟則供珠槃玉敦○注敦槃至玉器○釋曰言敦槃類者按明堂位有虞氏之兩敦鄭玄云制之異同未聞此云槃類者以經云玉敦與珠槃相將之物故云槃類其制猶自未聞也云珠玉以爲飾者此槃敦應以木爲之將珠玉爲飾耳云古者以槃盛血以敦盛食者案特牲少牢皆敦盛黍稷以槃盛血雖无文郊血及血以告殺當以槃盛血也云合諸侯者必割牛耳取其血歃之以盟珠槃以盛牛耳者祭祀之時有黍稷故敦中盛黍稷今盟無黍稷敦中宜盛血牛耳宜在槃云尸盟者執之者案左氏哀公十七年公會齊侯盟于蒙孟武伯問於高柴曰諸侯盟誰執牛耳季羔曰鄫衍之役吳公子姑曹發陽之役衛石魋武伯曰然則彘也注云彘武伯名也魯於齊爲小國故曰彘也是盟小國執牛耳尸猶主也小國主盟故使執牛耳也知此珠槃玉敦爲盟而設者案戎右云盟則以玉敦辟盟遂役之贊牛耳桃茢彼注云役之者傳敦血授當歃者割牛耳取血助爲之及血在敦中以桃茢沸之是以知珠槃玉敦爲盟而設若然執牛耳是小國尸盟者也若以歃血則大國在先故哀公十七年吳晉爭先國語曰吳公先歃晉亞之既言爭先是以知大國當在先若諸侯相與盟則大國戎右執牛耳也**凡王之獻金玉兵器文織良貨賄之物受而藏之**。謂百工爲王所作可以獻遺諸侯古者致物於人尊之則曰獻通行曰饋春秋曰齊侯來獻戎捷尊魯也文織畫及繡錦○織音志一音至又如字爲于僞反遺唯季反下同

【疏】凡王至藏之○釋曰言凡王之獻金玉者謂金玉已下皆是擬王獻遺諸侯故云受而藏之○注謂百至繡錦○釋曰云謂百工爲王所作者謂金玉已下皆是百工爲王所作者可以獻遺諸侯也云古者致物於人尊之則曰獻者名正法上於下曰饋下於上曰

獻若尊敬前人雖上於下亦曰獻是以天子於諸侯云獻案月令后妃獻繭鄭注謂獻於后妃知此王之獻金玉非是獻金玉於王者案下內府職凡四方之幣獻之金玉彼是諸侯獻王入內府藏之不得在此故知金玉是獻遺諸侯者也況諸侯中兼有二王之後二王之後王所尊敬自然稱獻也若王肅之義取家語曰吾聞之君取於臣曰取與於臣曰賜臣取於君曰取與於君謂之獻以此難鄭君鄭君弟子馬昭之等難王肅禮記曰尸飲五君洗玉爵獻卿況諸侯之中有二王之後何得不云獻也云通行曰饋者言通行者上於下下於上及平敵相於皆可云饋康子饋藥陽貨饋孔子豚皆是上於下曰饋膳夫職云王饋用六穀及少牢特牲稱饋食之禮並是於尊者曰饋朋友之饋雖車馬不拜是平敵相饋故鄭云通行曰饋春秋曰齊侯來獻戎捷尊魯也者案莊公三十一年公羊云齊侯來獻戎捷齊大國也曷爲親來獻戎捷威我也左傳云非禮也凡諸侯有四夷之功則獻于王中國則否穀梁云齊侯來獻捷者內齊侯也注云泰曰齊桓內救中國外攘夷狄親倚之情不以齊爲異國故不稱使若同一國也然三傳皆不解獻義今鄭引者以齊大國專言來獻明尊之則曰獻朱必要卑者於尊乃得言獻**凡王之好賜共其貨賄**

【疏】凡王

至貨賄○釋曰此謂王於羣臣有恩好因燕飲而賜之貨賄者也

內府掌受九貢九賦九功之貨賄良兵良器以待邦之大用大用朝覲之頒賜〔疏〕內府至大用○釋曰掌受九貢九賦九功者此九貢以下而言受案彼大府所云九貢已下頒之於受藏之府是也即是注云受藏之府若內府也則此九貢等由大府而來內府皆受藏之也云良兵良器者此是冬官百工所作亦由大府而來良兵謂弓矢殳矛戈戟五兵之良者良器謂車乘及禮樂器之善者云以待邦之大用者謂諸侯來朝覲所頒賜者也○注大用至頒賜○釋曰掌給九式及幣用是大府所給也玩好之用玉府所給也此又言以待邦之大用明是朝覲頒賜可知

凡四方之幣獻之金玉齒革兵器凡良貨賄入焉諸侯朝覲所獻國珍〔疏〕凡四至入焉○釋曰云凡四方之幣獻者謂四方諸侯來朝覲及遣卿大夫來聘問將幣三享貢獻珍異有此金玉及齒革之等金者謂若禹貢惟金三品之類玉者謂若禹貢球琳琅玕之類齒謂若象牙之類革謂若犀皮之類兵器者禹貢無貢兵器之法此周時有之凡良貨賄其不良者入於職內給國之用此良者入內府以給王之用○注諸侯至國珍○釋曰諸侯朝聘所獻國珍者覲禮所云一馬卓上九馬隨之龜金竹箭分為三享是也諸侯遣臣聘所獻國珍者謂若聘禮束帛加璧庭實乘皮之等是也此因朝聘而貢先入於掌貨賄入其要於大府乃始通之於內府也

凡適四方使者共其所受之物而奉之王所以遺諸侯者○使所吏反〔疏〕凡適至奉之○釋曰言凡適四方使者謂使公卿大夫聘問諸侯若大行人所云間問省覜之等共其所受之物謂使者受將行之物則內府奉而與之○注王所至侯者○釋曰即上王之獻金玉兵器已下是也彼據藏之此據用之

凡王及冢宰之好賜予則共之冢宰待四方賓客之小治或有所善亦賜予之治直吏反〔疏〕注冢宰至予之○釋曰云冢宰待四方賓客之小治者大宰職文云凡邦之小治則冢宰專平之以其冢宰貳王治事或有所善亦得賜予之云所善釋經中好也

外府掌邦布之入出以共百物而待邦之用凡有灋者布泉也布讀為宣布之布其藏曰泉其行曰布取名於水泉其流行無不徧入出謂受之復出之共百物者或作之或買之待猶給也有法百官之公用也泉始蓋一品周景王鑄大泉而有二品後數變易不復識本制至漢惟有五銖久行王莽改貨而異作泉布多至十品今存於民間多者有貨布大泉貨泉貨布長二尺五寸廣寸首長八分有奇廣八分其圜好徑二分半足枝長八分其右文曰貨左文曰布重二十五銖直貨泉二十五大泉徑一寸二分重十二銖文曰大泉直十五貨泉貨泉徑一寸重五銖右文曰貨左文曰泉直一也○徧古遍字下同復扶又反徐音服數音朔奇紀宜反枝字一音奇〔疏〕外府至灋者○釋曰云掌邦布之入出者邦者國也布如泉也謂國之所有泉皆來入外府是其邦布之入也國之用泉者皆外府出與之是邦布之出也故摠云邦布之入出此言與下為目云以共百物者謂共國家器物之泉也而待邦之用者謂國家非常所用亦出泉與之也凡有灋者謂在朝官府依常法用之者亦出泉與之○注布泉至一也○釋曰布泉也者此言布地官泉府云泉是布泉一也云布讀為宜布之布者此謂如秋官布憲彼布是宣布之布此布亦是宣布故讀從之云其藏曰泉其行曰布者此鄭欲解泉布一物兩名之意地官泉府不言外不言布據其所藏為名此官言外言布取名於其流行於外為稱故鄭即云取名於水泉其流行無不徧無不徧即布之義也云共百物者或作之或買之者或作之謂出物使百工所營作或買之以充國用也云泉始蓋一品者即此經泉布是也云周景王已下並漢書食貨志文案彼周景王時患泉輕將更鑄大泉單穆公曰不可王不聽鑄大泉文曰寶貨漢興為秦泉重難用更令民鑄榆莢錢至孝文有司言榆莢三銖輕易姦詐請鑄五銖至王莽居攝變漢制更造大泉徑寸二分重一十二銖文曰大泉直五十又造契刀形如錢直五百又造錯刀以黃金錯其文曰一刀直五千與五銖錢凡四品並行至莽即真罷五銖錢異作泉公多至十品其中有大布次布弟布壯布中布差布厚布幼布公布小布是為貨十品也其泉十品者莽居攝作大泉錯刀契刀即真作小錢幺錢幼錢中錢壯錢元鳳年更造貨布與貨錢為十品莽以劉有金刀罷契刀錯刀若然鄭云後數變易不復識舊本制者據秦漢至莽已前而言也云唯有五銖久行者從漢孝文作五銖錢至莽世數既多故云久行也云今存於民間多者有貨布大泉已下者是從莽至漢末鄭君時見行此三者故云今存於民間也案彼文其貨布直云長二寸五分廣寸首長八分圜好徑二分無有奇廣八分半足支長八

分等十一字今鄭言之者此並鄭言目所覩見以義增之耳又案彼大泉直五十不云五十言十五者亦誤當從五十爲正也且王莽之大泉蓋與景王所鑄大泉亦異也共王及后世子之衣服之用凡祭祀賓客喪紀會同軍旅共其財用之幣齎賜予之財用齎行道之財用也聘禮曰問幾月之齎鄭司農云齎或爲資今禮家定齎作資玄謂齎資同耳其字以齊次爲聲從貝變易古字亦多或○齎音咨注同一音祖係反幾徐舉豈反 疏 共王至財用○釋曰從王至軍旅所須財用皆外府供其泉也云幣齎之財用謂王使公卿已下聘問諸侯之行道所用則曰幣齎云賜予之財用者謂王於羣臣有所恩好賜予之也○注齎行至多或○釋曰問幾月之齎者案聘禮記使者既受行出遂見宰問幾月之資注云資行用也古者君臣謀密草創未知所之遠近問行用常知多少而已是其問幾月之資鄭司農云齎或爲資今禮家定齎作資者齎資義一何得言禮家定作資故後鄭不從齎資兩字直是齊次爲聲從貝變易耳凡邦之小用皆受焉皆來受 疏 凡邦至受焉○釋曰但外府所納泉布所積既少有小用則給之若大用即取餘府歲終則會唯王及后之服不會 疏 歲終至不會○釋曰言王及后不會以衣服異於膳羞與所加禽獸故通世子可以會之也

司會掌邦之六典八灋八則之貳以逆邦國都鄙官府之治逆受而鉤考之○會古外反下同治直吏反注同 疏 司會至之治○釋曰云掌六典八灋八則之貳者案大宰云六典治邦國八法治官府八則治都鄙但司會是鉤考之官還以六典逆邦國之治八法逆官府之治八則逆都鄙之治逆皆謂鉤考知得失以九貢之灋致邦國之財用以九賦之灋令田野之財用以九功之灋令民職之財用以九式之灋均節邦之財用掌國之官府郊野縣都之百物財用凡在書契版圖者之貳以逆羣吏之治而聽其會計郊四郊去國百里野甸稍也甸去國二百里稍三百里縣四百里都五百里書謂簿書契其最凡也版戶籍也圖土地形象田地廣狹 疏 以九至會計○釋曰言以九貢之法致邦國之財用者九貢即是大宰九貢其所貢之物出於諸侯邦國言之財用謂諸侯於其民什一取之既取得民物大國貢半次國三之一小國四之一所貢之物皆市取土毛貢於天子則禹貢所云厥篚厥貢是也故云致邦國之財用此即小行人云春令入貢是謂歲之常貢大行人因朝而貢者所貢無常不應使司會致之云以九賦之法令田野之財用此九賦即大宰所云九賦斂財賄是也言法者謂口率出錢多少有其定法令田野之財用者九賦之內惟有關市幣餘國中非田野自外四郊邦甸家稍邦縣邦都山澤盡是田野據多言之故言令田野之財用云以九功之法令民職之財用者九功即是大宰九職之功所稅言之法者亦是稅法什一爲常言令民職之財用者以其九職任萬民使之出稅故云令民職之財用云以九式均節邦之財用者九式所以用九賦使均平有節故云均節邦之財用云掌國之官府者案大宰九賦一曰邦中二曰四郊此不言邦中而言官府者以官府在邦中故舉官府以表邦中其賔官府不出賦也云郊野縣都之百物財用者以其民之出賦不必皆使出泉以百物當之亦得故大宰云九賦斂財賄則此百物財用一也但九式用九賦大宰均節而用之此司會主鉤考故亦言之矣凡在書契版圖者之貳者此書契版圖下文司書掌其正此司會主鉤考故掌其副貳云以逆羣吏之治者羣吏謂朝廷官府下及郡都縣都羣臣之治皆逆而鉤考之云而聽其會計者謂羣吏以會計文書送於司會者司會皆聽斷之○注郊四至廣狹○釋曰此九式一用九賦故以郊野已下依此大宰九賦次第以釋之彼九賦一曰邦中之賦當此官府此郊當彼四郊之賦據遠郊言之故云去國百里郊外曰野大總之言故此野當彼三曰邦甸去國二百里又當彼四曰家稍故鄭云甸去國二百里稍三百里也此經縣當彼五曰邦縣之賦故云縣四百里此經都即彼六曰邦都之賦故云都五百里云書謂簿書者漢時以簿書記事至於餘物記事亦謂之簿書故舉漢法而言也契其最凡也者此之書契即小宰八成取予以書契之類最凡謂計要之多少以爲契要云版戶籍也者漢之戶籍皆以版書之故以漢法況云圖土地形象田地廣狹者下司書云土地之圖有其形象即是民之田地廣狹多少皆在於圖也以參互攷日成以月要攷月成以歲會攷歲成

參互謂司書之要貳與職内之入職歲之出故書互爲巨杜子春讀爲參互。玫音考【疏】以參至歲成。釋曰以參互考日成者司會鉤考之官以司書之等相參交互考一日之成一日之中計筭文書也以月要考月成者月計曰要亦與諸職參互考一月成事文書也以歲會考歲成者歲計曰會以一歲之會計考當歲成事文書。注參互至爲參互。釋曰言參互謂司書之要貳者案司書職云凡稅斂掌事者受法焉及事成則入要貳焉又案職内云掌邦之賦入又案職歲云掌邦之賦出云參互鉤考明知有此三官出内事共鉤考之

以周知四國之治以詔王及冢宰廢置周猶徧也言四國者本逆邦國之治亦鉤考以告【疏】以周至廢置。釋曰周徧也四國謂四方諸侯之國徧知諸侯之治者以是鉤考之官須知諸侯得失以此治職文書以詔王及冢宰有功者升進而置之有罪者黜退以廢之所詔告及冢宰者以其冢宰者副貳王之治事故并告之。注周猶至以告。釋曰言四國者本逆邦國之治者案上云掌邦之六典以逆邦國之治逆即鉤考也故云亦鉤考以告也

附釋音周禮注疏卷第六

南昌盧氏宣旬校正

皇清嘉慶二十年重栞宋本[illegible]禮藏本校

知南昌府張敦仁署鄱陽縣候補知縣周澍栞

周禮注疏卷六挍勘記

阮元撰盧宣旬摘錄

附釋音周禮注疏卷第六

醢人

昌本麋臡 唐石經余本嘉靖本毛本同閩監本麋誤麇

茆菹麋臡 嘉靖本麋誤麇

雜以粱麴及鹽 嘉靖本粱作梁此從木訛

塗置甀中 閩監毛本同宋本余本岳本嘉靖本甀作瓶當據以訂正公食大夫禮疏引此亦作甀

麋骭髓醢 宋本余本岳本嘉靖本閩本同監毛本骭誤肝疏中不誤釋文骭字有音

菁菹韭菹 賈疏本作菁菹韭菁一本韭字作菲今本作韭菹者涉上經誤也故疏云以菁爲韭菁於義不可此賈疏作韭菁之證又云若爲菲字菲則蔓菁於義爲是後鄭不應破之明本作韭不作菲也此一本韭字作菲字之證。按韭菹已見上不當以韭菹釋菁菹漢讀考據說文菁韭華也云司農注作韭華菹今奪華字是也又考疏云以菁爲韭菁於義不可後鄭不從據此是先鄭作菁菹韭菁菹也韭華謂之韭菁漢人語尚如此後人奪下菁字賈時不誤疏内當作又菁菹韭菁菁菹者而轉寫亦奪菁字

今河間名豚脅聲如鍛鎛 嘉靖本毛本同釋文膊音博下鎛同閩監本誤作鎛疏中同

故云聲如豚拍 浦鏜云鍛鎛誤豚拍

芹菹 唐石經諸本同釋文芹說文作菦云菜類蒿也案說文菦从艸近聲周禮有菦菹是故書當作菦今本省作芹

箈菹 唐石經諸本同釋文箈爾雅作箈同釋草箈箭萌注引周禮曰箈菹鴈醢疏云彼文作箈鄭注箈箭萌字雖異音義同漢讀考謂經及司農作菭後鄭忽易爲箈注應有菭當爲箈四字。按箈字最譌

此箈字既下爲之 浦鏜云既字下當脫竹字

以與稻米爲餈 今内則餈作酏者誤也當據此注訂正彼注引周禮酏食云此酏當從餈此者此周

禮也謂周禮酏食之酏當從內則作餈也後人未識此酏指周禮因誤改內則作酏矣詳見漢讀考

小切之與稻米　監毛本與誤爲

同特設之　此本閩本特字牛旁剜改浦鏜云時誤特

謂餈與糝實爲二豆　浦鏜云食誤實

麋鹿爲菹　嘉靖本麋作麇誤案少儀作麋鹿

皆牒而不切　浦鏜云牒記作聶注聶之言牒也

麋爲辟雞　閩監毛本同宋本嘉靖本麋作麇此本疏中引注亦作麇誤也少儀作麕

從醯醢至鴈醢　毛本醯誤醢

此謂報切節皆齏類　浦鏜云節疑即字誤

并醯人所共醯五十罋　閩本同監毛本下醯誤醢

醯人

下經云賓客之禮據饔餼　浦鏜云上誤下

鹽人

對下經鬻鹽是湅治者也　毛本同閩監本鹽誤盬下鬻鹽同

鬻鹽以待戒令　唐石經宋本余本嘉靖本毛本同閩本監本鹽誤盬注中同

今湅治鹽以待戒令　惠挍本閩本同監毛本今誤命

冪人

三酒加元酒　監本三誤二

籩豆俎簋之屬　浦鏜云俎當簠字誤

宮人

匽猪謂霤下之池　宋本同閩監毛本猪作豬嘉靖本豬字剜改。按猪者豬之俗古書皆作豬

皆所以除其不蠲潔　惠挍本潔作絜

與親匽猪同　惠挍本親作規此誤閩監毛本猪作豬。按規匽豬見左傳襄公二十五年今左傳作偃其義略同皆謂汙下之地鄭君實用左氏也

掌舍

勞事勞褻之事　余本嘉靖本褻作䙝閩監毛本訛作䙝疏中同

故書枑爲柜　嘉靖本柜作拒下同此本疏中亦作拒葉鈔釋文拒音矩

柜受居溜水涑橐者也　嘉靖本橐作槖釋文亦作槖此上從士非

杜子春讀爲梐枑　說文木部枑行馬也从木互聲周禮曰設梐枑再重柜下不引周禮是與杜義同不從故書作柜也

未卽有蟲可湅　此本及閩本蟲字剜改蓋本作蠹釋文本作湅橐賈疏本作湅蠹

先鄭輒依故書拒　惠挍本輒作輙此誤閩監毛本拒作柜下同

宜掘地爲宮　惠挍本地作塹此本地字剜改

土在坑畔而高　毛本坑誤塌

子都與鄭考叔爭車子都扳棘以逐之　惠挍本鄭作潁扳當作拔

君命大夫與士肄鄭云肄習也　毛本同閩監本肄改肆案禮記釋文大夫與士肄本又作肆同古肄習字多作肆此與釋文又作本合。按疏文之例當用肄

掌舍主當之　浦鏜云當蓋掌字誤下當取同

幕人

主在幕若幄中坐上承塵　閩監毛本同誤也宋本余本嘉靖本主作王此本及惠挍本疏

中引注亦作王當據以訂正浦鏜云王誤主從集注挍

在幄幕内之丞塵　閩監毛本丞作承此本下文張帟疏亦作丞塵

綃幕魯也　浦鏜云綃檀弓作縿注縿讀如綃

是王在幕設帟之事　惠挍本同閩監毛本王誤主

此增成先鄭也　浦鏜云先鄭下當脫義字非也

掌次

法大小丈尺　宋本嘉靖本同閩監毛本法改灋疏同

則張氈案　閩監毛本同唐石經宋本余本嘉靖本氈作氊注及疏準此此本注中疏中皆作氊

設皇邸　唐石經諸本同邸從邑閩本作邸非釋文皇邸一本作皇羽邸案此因注云皇羽覆上經亦誤衍羽字疏云見經皇是鳳皇之字故知以皇羽覆邸上是賈疏本不衍羽字也

朝日祀五帝　嘉靖本祀誤祝

既接祭退俟之處　宋本嘉靖本同閩監毛本既誤謂疏中引注仍作既不誤

重帟復帟　閩監毛本同宋本余本復作複疏中引注同

明有幄幕可知　浦鏜云帷誤幄

案外宗伯祀五帝於四郊是也　浦鏜云小誤外兆誤祀案宗伯以下此本閩本闕今據監本毛本補下闕者準此

季夏六月　惠挍本同監本夏下剜擠於字毛本排入此本及閩本缺然以字數計之不衍也

此兩次設幄者　此本缺據閩監毛本補惠挍本此作必當訂正

置一小帷　此本閩本闕據監毛本補惠挍本帷作幄此非

帟重帟不同　此本閩本闕今據監毛本補浦鏜云與重席不同誤帟重帟不同從儀禮通解續挍

南方赤帝赤奮若　此本闕據閩監毛本補浦鏜云奮若當熛怒之誤

則幄幕者　浦鏜云張誤幄

即司儀所云宮方三百步壝土爲之是也　閩監本土誤士此本毛本誤上今訂正浦鏜云注誤所案義疏家引經注往往不加區別

欲於幄中待事辨否及府　閩監毛本辨作辦此本作办惠挍本作辦今訂正浦鏜云及府當衍

案聘禮記所云次或以帷或及席　此本缺據監毛本補浦鏜云上或字衍或及席三字非記文疑有訛按上或字或及席三字閩本實闕

案尚成王周官云　閩監毛本尚下有書

鄭知帟柩上承塵　惠挍本下有者

升自西階　監本西誤兩

云次在洗東者大射文　此大射注

故堂西比耦也　監本比誤北

大府

口率出泉　此本毛本口誤曰今據閩監本訂正

占賣國之斥幣　嘉靖本斥作斥釋文作斥

玉府

下有雙璜衡牙　岳本嘉靖本衡作衝此本疏中引注亦作衝牙作衡者涉上葱衡而誤按毛詩傳亦作衝牙釋文衝牙昌容反狀如牙

下有雙璜衝牙者　閩監毛本衝改衡非下有末晉衝牙同

使前後𩦎璜故言衝牙　惠挍本作衡牙此誤

珠足以禦火則寶之　蒲鏜云國語火下有災字按賈疏連引服氏注云珠亦精足以禁火蓋古本無災字

角柶角匕也　宋本嘉靖本同此本及閩監毛本匕誤七今訂正

元謂復於四郊以綏　段玉裁云綏鄭當作緌

但所復衣裳　閩本同監毛本復誤服

以冕服復於大廟　毛本於誤以蒲鏜云廟經作祖

凡䙝器　余本同唐石經嘉靖本閩監毛本䙝作褻字從埶非從執也當據以訂正注及疏準此

今小臥被是也　惠挍本小作之此誤

敦槃類　嘉靖本槃作盤非下仍作槃

當以槃盛血也　閩監毛本槃作盤下珠盤同

贊牛耳桃茢　監毛本贊作賛

以桃茢沸之　惠挍本沸作拂此誤

故哀公十七年　惠挍本作十三年○按依左傳是十七年惠所據宋本注疏誤耳

名正法上於下曰饋　惠挍本名作若饋作賜當訂正

臣取於君曰取　惠挍本下取作假此誤

以齊大國專　惠挍本國專作於魯此非

內府

朝覲之頒賜　岳本嘉靖本頒作班注皆用班字

案彼大府所云　惠挍本作卽是大府所云此本卽是二字實闕閩監毛本改作案彼非

卽是注云　惠挍本作案彼注云此本案彼二字實闕閩監毛本改作卽是與上文正互誤

由大府而來　惠挍本由下有此

諸侯朝覲所獻國珍　此本疏中釋經亦作朝覲下釋注仍作朝聘案宋本余本嘉靖本閩監毛本皆作聘字賈疏引覲禮以釋朝引聘禮以釋聘明聘字是也

覲禮所云一馬卓上九馬隨之龜金竹箭分爲三享是也　蒲鏜云經一作匹龜金以下約覲禮四享節注

謂使公卿大夫聘問諸侯　惠挍本作公卿以下此本以下二字實闕閩監毛本改作大夫

大宰職文云　閩本同監毛本文誤云

凡邦之小治則冢宰專平之　惠挍本作大事決於王小事則冢宰專平之此本脫誤

外府

布讀爲宣布之布　諸本同漢制考作讀如案疏云此讀如秋官布憲彼布是宣布之布此布亦宜布故讀從之然則賈疏本亦作讀如也漢時布帛宣布蓋兩讀此擬其音而義卽隨之同一布字不必改也○按此當作讀爲凡讀爲下用本字者皆同字同音而義不同也

不復識本制　賈疏本作不復識舊制○按此賈改字以申其義耳

至漢惟有五銖久行　宋本嘉靖本及漢制考惟皆作唯案賈疏亦作唯

貨布長二尺五寸　岳本嘉靖本漢制考賈疏皆作二寸五分此誤當訂正

足枝長八分　此本疏中枝作支誤

右文曰貨左曰泉　宋本嘉靖本漢制考同閩監毛本左下衍文案此本右下文字剜擠蓋上云右

文曰貨布文曰布此蒙上故云右曰貨左曰泉二文字皆衍

邦者國也布如泉也　惠挍本作邦國也布泉也此衍

此謂如秋官布憲　惠挍本謂作讀此誤

至孝文有司言榆莢三銖輕　漢制考云武帝鑄五銖䟽謂孝文作五銖誤也

形如錢　漢制考作形如刀此本刀字實闕閩監毛本改作錢

以黃金錯其文曰一刀直直五千　惠挍本漢制考同直字不複衍閩監毛本錯誤鏤五誤一

異作泉布　惠挍本異作直當訂正漢制考亦誤

其中有大布次布　漢制考中作布

元鳳年更造貨布　惠挍本漢制考元作天此誤

幷以劉有金刃　惠挍本漢制考刃作刀此誤

不復識舊本制者　此本本字剜擠閩監毛本幷入惠挍本無舊

見行此三者　漢制考三誤二

足支長八分等十一字　漢制考同閩監毛本支改枝○按枝是

此並鄭言目所覿見以義增之耳　浦鏜云今漢志與鄭注同豈賈君所見本異邪案唐初本漢書當如賈䟽所言今本多者蓋依鄭注增加

共其財用之幣齎　閩毛本同釋文監本齎作齎唐石經作齎從齊從貝嘉靖本省作齎

從貝變易　此本及閩監本貝誤具嘉靖本毛本不誤今訂正

問行用常知多少而已　浦鏜云當誤常

司會

言之財用謂諸侯於其民　閩監毛本財用改濟者非下文故云致邦國之財用承此言之

春令入貢　惠挍本作令春閩監毛本令誤合

盡是田野　惠挍本同閩監毛本田誤四

下及羣都縣鄙羣臣之治　惠挍本同閩監毛本上羣作郡

周禮注疏卷六挍勘記終

南昌袁泰開挍

附釋音周禮注疏卷第七

鄭氏注　賈公彦疏

司書掌邦之六典八灋八則九職九正九事邦中之版土地之圖以周知入出百物以敘其財受其幣使入于職幣九正謂九賦九貢正稅也九事謂九式變言之者重其職明本而掌之非徒相副貳也敘猶比次也謂鉤考其財幣所給及其餘見爲之簿書故書受爲授鄭司農云授當爲受謂受財幣之簿書也玄謂亦受錄其餘幣而爲之簿書使之入于職幣幣物當以時用之久藏將朽蠹○正音征注同比毗志反見賢遍反下同簿步故反下同蠹都路反〔疏〕司書至職幣○釋曰言掌邦之六典已下至周知入出百物已上所掌與司會同者以其司會主鉤考司書掌書記之司書所記司會鉤考之故二官所掌其事通焉九職即司會九功也九正即司會九賦九貢也九事即司會九式也邦中之版土地之圖即司會版圖也周知入出百物者即司會百物財用一也云以敘其財者敘謂比次其財知用多少云受其幣者百官所用餘財送來與司書司書受其幣使入於職幣之官不入本府○注九正至朽蠹○釋曰知九正謂九賦九貢者案上司會有九賦九貢此司書則有九正無九賦九貢故知九正則是九賦九貢也言九正者謂此二者之財皆出於正稅故鄭云正稅也又云九事謂九式者云式據用財言之九事據用財所爲之事其理一也云變言之者重其職謂變九賦九貢言九正變九式言九事也重以其職明本而掌之非徒相副貳也其相副貳者謂司會八法八則之貳是也云所給及其餘見爲之簿書者司書周知入出百物以敘其財明知敘其財者所給諸官餘不盡者即以餘見爲之簿書擬與司會鉤考之玄謂亦受錄其餘幣而爲之簿書者此增成先鄭受謂受財幣之簿書云幣物當以時用之久藏將朽蠹者釋經百官餘幣不入於本府而入於職幣之意若入本府即是久藏將恐朽爛蠹敗故入職幣使人占賣之本在生利也　凡上之用財用必攷于司會上謂王與冢宰王雖不會亦當知多少而關之司會以九式均節邦之財用〔疏〕注上謂至財用○釋曰知上謂王與冢宰者案内府職云凡王及冢宰賜與則共之明此上中有冢宰可知云王雖不會亦當知多少而關之者案上膳夫庖人及外府等皆言王及后不會此經上之用財必考於司會者此之所考但知多少而關之非是會計與王爲限云司會以九式均節邦之財用者欲見司書用財必考於司會之意　三歲則大計羣吏之治以知民之財器械之數以知田野夫家六畜之數以知山林川澤之數以逆羣吏之徵令械猶兵也逆受而鉤考之山林川澤童枯則不稅○械戸戒反畜許又反〔疏〕三歲至徵令○釋曰言三歲者三年一閏天道小成考校羣吏須有黜陟故云三歲則大計羣吏之治羣吏則百官也以知民之財用器械之數者民之財用謂幣帛多少器謂禮樂之器械謂兵器弓矢戈殳戟矛此等則器械之數皆知之以知田野謂百畝之田在野夫家者謂男夫婦女六畜者謂馬牛羊豕犬雞之數又云以知山林川澤之數者案大司徒地有十等不言丘陵墳衍原隰者略言之也又云以逆羣吏之徵令者逆謂鉤考也此司書知民之財器已下川澤已上恐其羣吏濫徵斂萬民故夂此本數乃鉤考其徵令也○注械猶至不稅○釋曰山林川澤童枯則不稅者山林不茂爲童川澤無水爲枯所稅者稅其有今山林不茂則無材木川澤無水則無魚鼈蒲葦故不稅之　凡稅斂掌事者受灋焉及事成則入要貳焉法猶數也應當稅者之數成猶畢也○斂力驗反〔疏〕凡稅至貳焉○釋曰言凡稅斂者謂若地官閭師旅師徵斂之官所欲稅斂掌事者皆來司書處受法焉及事成收斂畢入要寫一通副貳文書名爲要入司書故云入要貳焉必來受法又入要貳者以司書知財器已下之數擬後鉤考之也○注法猶至畢也○釋曰云應當稅者之數即上田野夫家之等是其本出稅者之數也　凡邦治攷焉考其法於司書〔疏〕凡邦治攷焉○釋曰邦之所治有善惡皆來考於司書者以司書大計羣吏之治知其功過故也

職内掌邦之賦入辨其財用之物而執其總以貳官府都鄙之財入之數以逆邦國之賦用辨財用之物處之使種類相從總謂簿書之種別與大凡官府之有財入若關市之屬○種章勇反〔疏〕

職內至賦用○釋曰云掌邦之賦入者謂九職九貢九賦之稅入皆掌之獨云賦入者賦是總名下言賦者皆此類也辨其財用之物凡所稅入者種類不同須分別之而執其總者總謂稅入多少總要簿書又云以貳官府都鄙之財入之數者官府財入謂若關市之稅都鄙之財入都鄙謂三等采地采地之稅四之一言貳者謂職內受取一通副貳文書擬鉤考以逆邦之賦用之者職內既知財入之數鉤考用賦多少知其得失○注辨財至之屬○釋曰言辨財用之物使種類相從者但賦之所入先由職內始至大府大府分致於衆府以是分別使衆類相從云官府之有財入若關市之屬者司關司市皆屬地官關市皆有出稅故知官府之有財入若關市也言之屬者兼有城十二門亦有稅入

凡受財者受其貳令而書之 受財受於職內以給公用者貳令者謂若今御史所寫下本奏王所可者書之若言某月某日某甲詔書出某物若干給某官某事○寫戸嫁反 疏 凡受至書之○釋曰其有官府合用官物而受財者竝副寫一通勑令文書與職內然後職內依數付之故云受其貳令書之○注受財至某事○釋曰云貳令謂若今御史所寫下本奏王所可者案御史職云掌贊書彼注云王有令則以書致之則贊爲辭

若今尚書作詔文是其用官財者先奏白於王王許可則御史贊王爲辭下職內是其貳令職內則書之爲本案然後給物與之若然職內主入職歲主出職內分置於衆府所以得有物出與入者職內雖分置衆府職內亦有府貨賄留之者故得出給故大府職云頒其賄於受用之府鄭注云受用之府若職內是也

及會以逆職歲與官府財用之出 亦參互鉤考之 疏 及會至之出○釋曰言會者謂至歲終會計以逆職歲者逆謂鉤考也職歲主出職內主入以己之入財之數鉤考職歲出財之數又云與官府財用之出者謂職歲出財與官府所用之數竝鉤考之○注亦參互鉤考之○釋曰鄭云參互鉤考者案司會以參互考之鄭彼注云參互謂司書之要貳職內之入職歲之出以三官相鉤考此職內逆職歲明兼有司書之要貳故言參互言亦者亦如大府也

而敘其財以待邦之移用 亦鉤考今藏中餘見爲之簿移用謂轉運給他○藏才浪反 疏 而敘至移用○釋曰案司書云以敘其財鄭彼注云敘猶比次謂鉤考其財幣所給及其餘見爲之簿書入職幣也此言敘財亦謂比次職內藏中餘見爲簿書以待邦之移用更給他官若然職內既非常府其所藏者唯當歲所用故用不盡者移用之也

職歲掌邦之賦出以貳官府都鄙之財出賜之數以待會計而攷之 以貳者亦如職內書其貳令而編存之○編必緜反又必連反一音方千反 疏 職歲至攷之○釋曰云掌邦之賦出者職內主入職歲主出職內所入於衆府所用之多少皆主之故云掌邦之賦出但九貢九賦九功之用皆主之特言賦者亦如職內云賦賦是總稱也云以貳官府都鄙之財出賜之數者職內云以貳官府都鄙之財入之數此職歲以貳官府都鄙之財出賜之數二官一入一出皆書其貳其相鉤考故職內云以逆邦之賦用此職歲云以待會計而考之其事通也○注以貳至存之○釋曰云亦如職內書其貳令而編存之者職內云凡受財者受其貳令而書之此官主出所出亦皆由上令所出前後不同亦皆書其貳令編存爲案以待會計而考之也

凡官府都鄙羣吏之出財用受式灋于職歲 百官之公用式灋多少職歲掌出之舊用事存焉 疏 凡官至職歲○釋曰官府都

鄙出財用皆來受灋者以其出財用皆爲有事事有舊灋用有常職歲出財皆有舊灋式在於職歲故須受灋於職歲也

凡上之賜予以敘與職幣授之 敘受賜者之尊卑 疏 凡上至授之○釋曰上謂王與冢宰所有小賜予之事則職幣所云小用賜予是也故云以敘與職幣授之

及會以式灋贊逆會 助司會鉤考羣吏之計 疏 及會至逆會○釋曰案司會以逆羣吏之治而聽其會計此官主式灋出財用及至也至歲終會計之時則以式法贊助司會鉤考會計之事故云以式灋贊逆會

職幣掌式灋以斂官府都鄙與凡用邦財者之幣 幣謂給公用之餘凡用邦財者謂軍旅 疏 職幣至之幣○釋曰職幣主餘幣給諸官之用亦依式灋與之故云掌式灋以斂官府已下之幣幣則餘幣也○注幣謂至軍旅○釋曰云幣謂給公用之餘者以其此官主斂餘幣故知幣謂給公用之餘知凡用邦財是軍旅者見經斂官府都鄙別言用邦財故知用邦財謂國之大事唯有軍

旅振掌事者之餘財振猶拼也，檢也。掌事，謂以王命有所作爲，先言斂幣，後言振財，互之。○拼音拯。【疏】振掌至餘財。○釋曰：振者拼也，檢也。以財與之謂之拼，知其足剩謂之檢。掌事，奉王命有所造爲，故職幣檢掌事者有餘則受取，故云振掌事者之餘財。○注振猶至互之。○釋曰：知掌事謂以王命有所作爲者，以其上經官府已下是其國家常事，此別言掌事，是王命有所作爲。又云先言斂幣，後言振財，互之者，凡用國家財物皆先振而後斂，今於上文直言斂，不言振，亦振之，下言振財，有餘亦斂之可知，故言互之也。皆辨其物而奠其録，以書楬之，以詔上之小用賜予。奠，定也。故書録爲禄，杜子春云禄當爲録，定其録籍。鄭司農云楬之若今時爲書以著其幣。○楬，其列反。著，直略反，徐張恕反。【疏】皆辨至賜予。○釋曰：上經既斂得幣，皆當辨其物，知其色類及善惡，而奠其録者，謂定其所録簿書，色別各入一府，以書楬之者，謂府別各爲一牌，書知善惡價數多少，謂之楬。又云以詔上之小用賜予者，詔猶告也，職幣既知府内，則告上之王與冢宰小用賜予之事。此謂常賜予，玉府所云凡王之好賜，共其貨賄，及内府云凡王冢宰之好賜，此二者非常賜與外府及典絲枲三官言賜予者，與此職幣同，亦是國家常賜予。歲終，則會其出。【疏】歲終則會其出。○釋曰：以其職幣主出，故歲終與司會會之。下贊之，亦謂贊司會會之事也。凡邦之會事，以式灋贊之。

司裘掌爲大裘，以共王祀天之服。鄭司農云：大裘，黑羔裘，服以祀天，示質。【疏】司裘至之服。○釋曰：言爲大裘者，謂造作黑羔裘。裘言大者，以其祭天地之服，故以大言之，非謂裘體侈大，則義同於大射也。云以共王祀天之服者，謂四時所有祭天之事皆共之，不限六天之大小，直言祀天。案孝經緯鉤命決云祭地之禮與天同牲，玉皆不同，言同者，唯據衣服，則知崐崘神州亦用大裘可知。○注鄭司至示質。○釋曰：先鄭知大裘黑羔裘者，祭服皆玄上纁下，明此裘亦羔裘之黑者，故知大裘黑羔裘。又云服以祀天示質者，以其袞已下皆有采章，爲。此大裘更無采章，故云質。案鄭志大裘之上又有玄衣，與裘同色，亦是無文采。中秋獻良裘，王乃行羽物。良，善也。中秋鳥獸毨，毨因其良時而用之。鄭司農云：良裘，王所服也。行羽物以羽物飛鳥賜羣吏。玄謂良裘，玉藻所謂黼裘與？此羽物，小鳥鶉雀之屬，鷹所擊者。中秋鳩化爲鷹，中春鷹化爲鳩，順其始殺與其將止，而大班羽物。○中音仲，注同。毨音毛，毨先典反。與音餘。鶉音淳。【疏】中秋至羽物。釋曰：良，善也。仲秋所獻善裘者，爲入月誓獮田所用，故獻之。王乃行羽物者，行賜也，以羽鳥之物賜羣臣，以應秋氣也。○注良善至羽物。○釋曰：云中秋鳥獸毨毨者，此是尚書堯典文，案彼注毨理也，毛更生整理。引之者，證仲秋有良裘意，故鄭云因其良時而用之也。司農云良裘王所服者，先鄭意良裘王所服，故仲秋獻之，羣臣所服裘在下經季秋獻功裘是也，後鄭不從之者，月令云孟冬天子始裘，此良裘若是王之所服裘，何得在仲秋？故後鄭不從。玄謂良裘玉藻所謂黼裘與者，案彼文云唯君有黼裘以誓獮，獮是仲秋田獵之名，彼獮用用黼裘，與此仲秋獻良裘同時，皆不爲寒設，故知此良裘則與彼黼裘一也。但無正文約與之同，故言與以疑之也。言黼裘者，白與黑謂之黼，謂狐白與黑羔合爲黼文，故謂之黼裘。秋氣嚴猛，取斷割之義，故用黼。謂之良裘者，下經功裘之等臣所服，見人功麤，良裘與大裘皆君所服，針功細密，故得良裘之名。又云此羽物小鳥鶉雀之屬鷹所擊者，案夏官羅氏仲春羅春鳥行羽物，彼注云羽物若今南郡黄雀之屬，彼黄雀即此雀之屬。此鶉與雀亦是鷹所擊，故連言鶉也。云仲秋鳩化爲鷹，仲春鷹化爲鳩者，此並月令文。引此者，證此仲秋行羽物與月令仲秋鳩化爲鷹殺物之時是順其始殺也，故行羽物。又云仲春鷹化爲鳩者，證羅氏仲春行羽物與月令仲春鷹化爲鳩止殺之時，故云與其將止。云班羽物者，揔結春秋二時皆大班行羽物。

季秋，獻功裘，以待頒賜。功裘，人功微麤，謂狐青麛裘之屬。鄭司農云：功裘，卿大夫所服。○麛音迷。【疏】季秋至頒賜。○釋曰：案詩云七月流火，九月授衣。此季秋則是九月授衣之節，以季秋獻功裘以待頒賜者，功裘之内有羣臣所服之裘，故言以待頒賜。○注功裘至所服。○釋曰：言功裘人功微麤者，此對良裘與大裘人功微密，此裘人功麤，故名功裘。又云謂狐青麛裘之屬者，案玉藻君子狐青裘豹褎，麛裘青豻褎，彼云君子，鄭云君子大夫士也。以其彼云豹褎、青豻褎，用雜，故爲大夫士，若君則用純。引此者，證功裘中有此狐青麛裘，以待頒賜。玉藻仍有羔裘、狐裘，亦是臣之所服，裘不引之者，之屬中含之矣。若然，狐青裘者，鄭玉藻注云蓋玄衣之裘，天子下士玄端之服，皆服之。又云麛裘者，鄭彼注引孔子素衣麛裘，謂是君臣視朔之服。彼云羔裘，注引孔子緇衣羔裘，鄭注論語云君之視朝之服，亦卿大夫士祭於君之服。若然，卿大夫助祭用冕服士用爵弁君朝服冕服羔裘卿大夫士弁冕用羔裘至於朝服亦用羔裘即是君臣祭服朝服同服羔裘也又云狐裘者鄭注玉藻引孔子黃衣狐裘謂是十月農功畢臘祭先祖之服據鄉來所解四種之裘君臣同有以其經云以待頒賜唯據其臣若據天子諸侯除大裘之外亦入此功裘之中案玉藻乃有狐白裘據天子之朝大夫已上所服亦入此功裘之中鄭司農云功裘卿大夫所服者先鄭之意以良裘王所服故此功裘是卿大夫所服後鄭引之在下者經云以待頒賜據臣而言司農云功裘卿大夫所服得爲一義故引之在下

王大射則共虎侯熊侯豹侯設其鵠諸侯則共熊侯豹侯卿大夫則共麋侯皆設其鵠

大射者爲祭祀射王將有郊廟之事以射擇諸侯及羣臣與邦國所貢之士可以與祭者射者可以觀德行其容體比於禮其節比於樂而中多者得與於祭諸侯謂三公及王子弟封於畿內者卿大夫亦皆有采地焉其將祀其先祖亦與羣臣射以擇之凡大射各於其射宮侯者其所射也以虎熊豹麋之皮飾其側又方制之以爲𩫖謂之鵠著于侯中所謂皮侯王之大射虎侯王所自射也熊侯諸侯所射豹侯卿大夫以下所射諸侯之大射熊侯諸侯所自射豹侯羣臣所射卿大夫之大射麋侯君臣共射焉凡此侯道虎九十弓熊七十弓豹麋五十弓列國之諸侯大射大侯亦九十參七十干五十遠尊得伸可同耳所射正謂之侯者天子中之則能服諸侯諸侯以下中之則得爲諸侯鄭司農云鵠鵠毛也方十尺曰侯四尺曰鵠二尺曰正四寸曰質玄謂侯中之大小取數於侯道鄉射記曰弓二寸以爲侯中則九十弓者侯中廣丈八尺七十弓者侯中廣丈四尺五十弓者侯中廣一丈尊卑異等此數明矣考工記曰梓人爲侯廣與崇方參分其廣而鵠居一焉然則侯中丈八尺者鵠方六尺侯中丈四尺者鵠方四尺六寸大半寸侯中一丈者鵠方三尺三寸少半寸謂之鵠者取名於鳱鵠鳱鵠小鳥而難中是以中之爲雋亦取鵠之言較較者直也射所以直已志用虎熊豹麋之皮示服猛討迷惑者射者大禮故取義衆也士不大射士無臣祭無所擇故書諸侯則共熊侯虎侯杜子春云虎當爲豹○鵠古毒反爲祭于僞反以與音預下得與同行下孟反比毗志反下同而中丁仲反下天子中之以下中之而難中以中皆同所射食亦反下自射所射共射皆同𩫖諸允反本亦作準著直略反又張略反參桼感反干五五旦反劉音鳱本又作犴遠于萬反正音征下同鳱音干劉音鴈一音岸

【疏】王大至其鵠○釋曰言王大射者王將祭祀選助祭之人故於西郊小學之中王與諸侯及羣臣等行大射之法故云王大射也則共虎侯熊侯豹侯者虎侯者謂以虎皮飾其側九十步之侯王自射之也熊侯者以熊皮飾其側七十步之侯諸侯射之也豹侯者謂以豹皮飾其側五十步之侯孤卿大夫已下射之也云設其鵠者其鵠還以虎熊豹皮爲之方制之三分其侯鵠居其一故云設其鵠也云諸侯則共熊侯者謂畿內諸侯三公王子母弟熊侯亦如王之熊侯諸侯自射之豹侯者亦如王之豹侯羣臣共射之也卿大夫者謂王朝卿大夫則共麋侯者亦五十步以麋皮飾其側君臣共射之云皆設其鵠者熊侯已下亦以熊豹麋之皮爲鵠三分其侯鵠居一焉故云設其鵠也○注大射至爲豹○釋曰知大射爲祭祀射者見禮記射義云天子大射謂之射侯既云天子將祭必先習射故知大射是將祭而射也云王將有郊廟之事者郊謂祭五天帝於四郊不言圜丘祭昊天亦有可知廟謂祭先王先公皆是也云以射擇諸侯至得與於祭皆禮記射義文案彼云天子以射擇諸侯卿大夫士即云是故古者天子之制諸侯歲獻貢士於天子試之射宮其容體比於禮其節比於樂而中多者得與於祭而中少者不得與於祭是其大射擇諸侯羣臣貢士得與祭之事也云諸侯謂三公及王子弟封於畿內者若六命賜官及建其長立其兩可得及卿此經卿與大夫同麋侯明諸侯之內唯有三公王子弟也言封畿內者此謂王子弟無官直得采地而已言封畿內者對魯衛晉鄭之等封在外爲諸侯者也云卿大夫亦皆有采地焉者案載師大都任疊地是此諸侯也又云小都任縣地家邑任稍地是其卿大夫亦皆有采地焉云其將祀其先祖亦與其羣臣射以擇之者諸侯亦與畿外諸侯同五廟卿大夫亦三廟此經不云孤孤六命亦與卿同是其祀先祖之事也云凡大射各於其射宮者謂從王已下至大夫大射各自於其西郊之學射宮之中知然者案儀禮大射云公入驁自外而來入明王已下皆於郊學也云侯者其所射也者以其雖有正鵠之別侯是總名故云侯者所射也云以虎熊豹麋之故飾其側者侯中上下俱有布一幅夾之所飾者唯有兩傍之側故云飾其側也云又方制之以爲𩫖謂之鵠著于侯中者梓人爲侯廣與崇方故云方制之質者正也所射之處故名爲質三分其侯鵠者於侯中云所謂皮侯者所謂梓人張皮侯而棲鵠云王之大射虎侯王所自射也者遠近三等人有尊卑分爲三節尊者射遠卑者射近故知王射虎侯諸侯卑於天子其自射射熊侯明助王祭亦射熊侯卿大夫卑於諸侯以其自家射射麋侯五十步明助王亦射

豹侯五十步故知射豹侯卿大夫更言已下者兼有士亦射豹侯諸侯之大射熊侯諸侯所自射豹侯羣臣所射以其唯有二侯故分爲二等云卿大夫之大射麋侯君臣共射焉者以其唯有一侯故也云凡此侯道虎九十弓至五十弓並約鄉射記案鄉射記云鄉侯侯道五十弓案大射大侯糝侯豻侯直言九十七十五十不云弓故注鄉射記云大侯九十弓糝侯七十弓豻侯五十弓並約鄉侯有弓字則大射所云九十者九十弓七十者七十弓五十者五十弓可知也天子三侯與彼畿外諸侯同但用皮別耳故此注虎侯九十弓熊侯七十弓豹麋五十弓云列國之諸侯大射大侯亦九十參七十豻五十者大射所云者是也鄭注大射云大侯者豻侯也糝侯者糝雜也豹鵠而麋飾下天子大夫也豻侯者豻鵠豻飾也云遠尊得伸可同耳者對此經畿內諸侯之近尊不得同於天子三侯云所射正謂之侯者天子中之已下皆禮記射義文鄭司農云鵠鵠毛也者先鄭意以鵠字與鵠鵠字同故爲鵠毛解之案梓人云張皮侯而棲鵠毛非可棲之物故後鄭不從云方十尺曰侯者此先鄭之意見鄉侯五十弓弓二寸以爲侯中侯中一丈故云十尺此先鄭唯解五十步侯於義則可若九十七十五十其侯揔方一丈則不可故後鄭不從云四尺曰鵠者案梓人三分其侯鵠居一焉則無此方

四尺曰鵠故後鄭亦不從云二尺曰正者案梓人張皮侯而棲鵠大射之侯也又云張五采之侯遠國屬賓射之侯也若然賓射射正大射射鵠此旣大射正鵠雜言故後鄭亦不從也云四寸曰質者言質即詩云發彼有的及鵠皆是一物其鵠不止四寸而已故後鄭亦不從玄謂侯中之大小取數於侯道者其侯道則去侯遠近之道故引鄉射記鄉射記曰弓二寸以爲侯中者二寸據把中側骨中身也弓別取二寸以爲侯身也則九十弓者侯中廣丈八尺者據虎侯也又云七十弓者侯中廣丈四尺者據熊侯也五十弓者侯中廣一丈也者據豹侯麋侯也云尊卑異等此數明矣者破司農揔方十尺曰侯之言云考工記曰梓人爲侯廣與崇方者崇高也上下爲崇橫度爲廣如鄉者侯中丈八丈四一丈皆方故云廣與崇方也云參分其廣鵠居一焉者謂三分丈八丈四一丈之侯各取一分而爲鵠故云三分其廣鵠居一焉又云然則侯中丈八尺者鵠方六尺自此已下皆重釋鵠居一焉之義以其侯中丈八三六十八故鵠居六尺侯中丈四尺者鵠方四尺六寸大半寸者以其侯中丈四尺取丈二尺三四十二得四尺有二尺在又取尺八寸三六十八又得六寸有二寸在寸各爲三分二寸併爲六分取二分名爲三分寸之二即是大半寸也故云鵠方四尺六寸大半寸也侯中一丈者

鵠方三尺三寸少半寸者一丈取九尺三三而九得三尺一尺在又取九寸得三寸仍有一寸分爲三分得一分名爲少半寸故云鵠方三尺三寸少半寸云謂之鵠者此鄭釋鵠還是虎豹等皮名爲鵠意故云謂之鵠者取名於鳱鵠鳱鵠者案淮南子鳱鵠知來俗云鳱鵠是小名捷黠者也故云鳱鵠小鳥而難中云亦取鵠之言較較者直也射所以直己志者案禮記射義云循聲而發不失正鵠若然正鵠相對之物若鵠爲鳥正亦爲鳥若鵠爲直正則爲正直之正故射義云射者內志正外體直是正鵠之名各有二義又云用虎熊豹麋之皮示伏猛討迷惑者虎熊豹是猛獸將以爲侯侯則諸侯也是示能伏得猛厲諸侯麋者迷也將以爲侯示能討擊迷惑諸侯云射者大禮故取義衆也者以其祭者是大事射者觀德故爲大禮故於三侯之上取義衆多云士不大射士無臣祭無所擇者案孝經云天子諸侯大夫皆言爭臣士則言爭友是無臣也大射者所以擇臣士則無臣可擇故經不言士之大射士自無大射之禮得與天子大射者以其得助祭故也是以鄭注云豹侯卿大夫已下所射已下即士也至於賓射士自爲賓射故射人云士豻侯二正不得與天子賓射是以鄭射人注云此與諸侯射士不與是也云故書諸侯則共熊侯虎侯杜子春云虎當爲豹不從故書者虎侯是天子

大侯不宜在諸侯熊侯之下故不從也

大喪廞裘飾皮車皮車遣車之革路故書廞爲淫鄭司農云淫裘陳裘也玄謂廞興也若詩之興謂象飾而作之凡爲神之偶衣物必沽而小耳○廞許金反又火飲反遣弃戰反興虛譍反下同

【疏】大喪至皮車○釋曰大喪謂王喪廞猶興也興象生時裘而爲之謂明器中之裘即上良裘功裘等云飾皮車者亦謂明器之車以皮飾之○注皮車至小耳○釋曰皮車遣車之革路者案冬官考工記飾車欲侈棧車欲弇除棧車之外皆用革鞔即此皮車非專革路鄭特云皮車革路者此司裘所飾唯革路而已云故書廞爲淫鄭司農云淫裘陳裘也者此周禮一部之內稱廞者衆多故書皆爲淫先鄭皆爲陳後鄭皆破從興興謂興象生時之物而作之必知爲陳非爲興是者車僕云大喪廞革車圉人云廞馬亦如之即是所廞車馬又禮記檀弓云竹不成用瓦不成味琴瑟張而不平竽笙備而不和皆是興象所作明器非陳設之理故不從先鄭玄謂廞興也若詩之興謂象似而作之者象似生時而作但麤惡而小耳云凡爲神之偶衣物必沽而小耳者案禮記檀弓孔子云謂爲俑者不仁鄭以俑爲偶也故鄭云神之偶衣謂作送死之衣與生時衣服相似又云物沽而小者沽麤也謂其物沽略而又小即竹

不成用瓦不成味是也凡邦之皮事掌之歲終則會唯王之裘與其皮事不會

掌皮掌秋斂皮冬斂革春獻之皮革踰歲乾久乃可用獻之獻其良者於王以入司裘給王用〔疏〕掌皮至獻之○釋曰云秋斂皮冬斂革春獻之者許氏說文獸皮治去其毛曰革秋斂皮者鳥獸毛毨之時其皮善故秋斂之革乃須治用功深故冬斂之乾久成善乃可獻故春獻之也○注皮革至王用○釋曰知良者入司裘者以其司裘掌爲王大裘以下故知良者入司裘也遂以式灋頒皮革于百工式灋作物所用多少故事〔疏〕遂以至百工○釋曰上文獻良者入司裘其餘入百工因上事故云遂也百工者即冬官六十官主作器物若裘氏韋氏函人之類用皮者也○注式灋至故事○釋曰云式灋作物所用多少故事者作若裘氏作裘函人作甲冑謂皮革皆有用物多少之數有舊法者也共其毳毛爲氈以待邦事當用氈則共之毳毛毛細縟者○毳尺稅反縟音辱〔疏〕共其至邦事○釋曰鄭云當用氈則共之謂若掌次張氈案是當其用氈則掌皮共毳毛與冬官使作氈與掌次也歲終則會其財齎財斂財本數及餘見者齎所給予人以物曰齎今時詔書或曰齎計吏鄭司農云齎或爲資○見賢遍反〔疏〕歲終至財齎○釋曰歲終周之十二月則會計其皮之本數之財及出與人物之齎計知多少也○注財斂至爲資○釋曰經云財與齎二者並據皮革而言也言斂財本數者謂四方所有皮革之入掌皮之數是本數也云及餘見者謂出給不盡見在庫者也云予人以物曰齎者齎有兩義上外府注行道曰齎此皮革無行道所用之義故齎爲出給與人物解之也云今時詔書或曰齎計吏者漢時考使謂之計吏有詔賜與之則曰齎引之證齎是與人物也鄭司農云齎或爲資先鄭意一部書齎或爲資也

內宰掌書版圖之灋以治王內之政令均其稍食分其人民以居之版謂宮中閽寺之屬及其子弟錄籍也圖王及后世子之宮中吏官府之形象也政令謂施閽寺者稍食吏祿稟也人民吏子弟分之使衆者就寡均宿衛〔疏〕注版謂至宿衛○釋曰內宰既職當內事與大宰主外事相似故知版之所書者謂宮中閽寺之屬并宮中官之子弟皆屬內宰書之於版焉既主內事故知所圖者不出王及后世子之宮中吏官府之形象也又知政令謂施閽寺者以其閽人主中門之禁寺人掌王之內人之戒令內宰爲之長故知政令者施之於閽人寺人也不言內小臣及內豎者蓋亦施之也云稍食吏祿稟也者吏即閽寺弟子宿衛后宮者宮正所均謂宿衛王宮者以米稟爲祿之月俸均之者當知見在空闕也云人民吏子弟者以其所均稍食是吏之子弟明所分宿衛還是吏之子弟也以陰禮教六宮鄭司農云陰禮婦人之禮六宮後五前一王之妃百二十人后一人夫人三人嬪九人世婦二十七人女御八十一人玄謂六宮謂后也婦人稱寢曰宮宮隱蔽之言后象王立六宮而居之亦正寢一燕寢五教者不敢斥言之謂之六宮若今稱皇后爲中宮矣昏禮毋戒女曰夙夜毋違宮事〔疏〕以陰禮教六宮○釋曰先鄭意以陰禮婦人之禮教六宮之人自后已下至女御後鄭意以婦人之禮教后一人六宮即后也○注鄭司至宮事○釋曰先鄭知陰禮婦人之禮者以其將用教婦人故知陰禮是婦人之禮也云六宮後五前一者天子謂之六寢宮人所云者是也后亦象王立宮亦後五前一在王六寢之後爲之南北相當耳云王之妃百二十人至八十一人此是禮記昏義之文彼據周法引之者先鄭意欲見內宰教此六宮之人也玄謂六宮謂后不從先鄭者若此文兼后至女御應言及與凡殊之下別自教三夫人已下此文既在於上明專教后一人而已云若今稱皇后爲中宮矣者漢舊儀有此事也引昏禮者證婦人稱宮之意也以陰禮教九嬪教以婦人之禮不言教夫人世婦者舉中省文○省所景反〔疏〕注教以至省文○釋曰司農意上文教六宮之人訖此復教九嬪者先鄭意以九嬪掌婦學之法使之教九御故內宰既更別教之也後鄭意下文別教九御故知此教三夫人已下不言三夫人世婦者舉中以見上下省文以婦職之灋教九御使各有屬以作二事正其服禁其奇衺展其功緒婦職謂織紝組紃縫線之事九御女御也九九而御于王因以號焉使之九九爲屬同時御又同事也正其服止踰侈奇衺若今媚道展猶錄也緒業也故書二爲三杜子春云當爲二二事謂絲枲之事○奇紀宜反衺似嗟反本亦作邪紝女金反組音祖紃似倫反線仙戰反字亦作綫〔疏〕

以婦至功緒○釋曰内宰以婦人職業之法教九御上文世婦已上皆直言陰禮不言職此言職者以其世婦以上貴無絲枲等職業之法故也云使各有屬者女御八十一人九人爲一屬屬猶聚也九人同時御又同爲絲枲之事○注婦職至之事○釋曰婦職謂織紝織紝爲一事組紃又爲一事縫線又爲一事三者皆婦職也案詩注云王后織玄紞公侯夫人紘綖卿之内子大帶大夫命婦成祭服士妻朝服庶士以下各衣其夫貴賤皆有職者彼示雖貴無得遊乎率先之意非如此絲枲二事責其功緒也又云九御女御也者序官云女御故就而釋之也云九九而御于王因以號焉者案下女御職云掌御敘于王之燕寢此云九御是九九而御于王因以號焉云使之九九爲屬同時御又同事也者此鄭釋九人爲屬之意也云正其服止踰侈者女御褖衣是正不得踰侈服展衣以上也云奇衺若今媚道者案漢書漢孝文時婦人蠱惑媚道更相呪詛作木偶人埋之於地漢法又有官禁云敢行婦道者若然媚道謂道妖衺巫蠱以自衒媚故鄭舉漢法證經奇衺也

大祭祀后祼獻則贊瑤爵亦如之　謂祭宗廟王既祼而出迎牲后乃從後祼也祭統曰君執圭瓚祼尸大宗執璋瓚亞祼此大宗亞祼謂夫人不與而攝耳獻謂王薦腥薦孰后亦從後獻也瑤爵謂尸卒食王既酳尸后亞獻之其爵以瑤爲飾○祼古亂反瑤音遥不與音預酳士靳反劉侯吝反又音胥

【疏】大祭至如之○釋曰大祭祀謂祭宗廟也后祼者謂室中二祼后亞王祼尸獻謂朝踐饋獻后以玉爵亞王而獻尸則贊者此三事内宰皆佐后祼時以璋瓚授后獻時以玉爵授后故云則贊也瑤爵亦如之者謂尸卒食王酳尸后亞王而酳尸則内宰以瑤爵授后后親酌盎齊以酳尸云瑤爵亦如之者亦贊之也○注謂祭至爲飾○釋曰以其天地山川社稷等外神后夫人不與又天地無祼此云祼故知經云大祭祀者據宗廟而言也但宗廟之祭四時與禘祫六享皆有此祼獻瑤爵之事故揔言宗廟也云王既祼而出迎牲后乃從後祼也者案郊特牲云既灌而出迎牲彼據君而言則知王既祼而出迎牲后乃從祼也案司尊彝注后亞王灌訖乃出迎牲者以郊特牲云既灌而出迎牲以既灌之中不言無后灌是以鄭云后灌後乃迎牲此云迎牲後后乃祼鄭以迎牲是王事欲取王事自相亞故退后祼於迎牲後也又引祭統己下者彼雖諸侯禮欲見后有從王亞祼之事與諸侯同也又云獻謂王薦腥薦孰后亦從後獻也者案禮記禮運云腥其俎孰其殽鄭云腥其俎謂豚解而腥之孰其殽謂體解而孰之是其薦腥薦孰也此二者是堂上朝踐饋獻之節室中二灌訖王出迎牲時祝延尸於戶外之西南面后薦八豆八籩王牽牲入以血毛告訖以此腥其俎薦於神前王以玉爵酌醴齊以獻尸后亦以玉爵酌醴齊以獻尸也朝踐訖乃孰其殽薦於神前王以玉爵酌盎齊以獻尸后亦玉爵酌盎齊以獻尸名爲饋獻云瑤爵謂尸卒食王既酳尸后亞獻之者案儀禮鄭注云諸侯尸十三飯天子尸十五飯尸食後王以玉爵酌朝踐醴齊以酳尸謂之朝獻后亦於後以瑤爵酌饋獻時盎齊以酳尸謂之再獻故云后亞獻也云其爵以瑤爲飾者鄉來所解知后以瑤爵亞酳尸者約明堂位云爵用玉醆仍彫加以璧散璧角食後稱加彼魯用王禮即知王酳尸亦用王醆后酳尸用璧角賓長酳尸用璧散彼云璧此云瑤不同者瑤玉名瑤玉爲璧形飾角口則曰璧角角受四升爵爲揔號故鄭云其爵以瑤爲飾也

正后之服位而詔其禮樂之儀　薦徹之禮當與樂相應位謂房中戶内及阼所立處

【疏】正后至之儀○釋曰云正后之服位者服謂若内司服褘衣已下六服皆正之使服當其用位謂后助祭之位正之使不失其所而詔其禮樂之儀者后之行禮之時皆合于樂節各當其威儀皆内告后使依於法度故云詔其禮樂之儀也○注薦徹至立處○釋曰案九嬪職云贊后薦徹豆籩是后薦徹也天子之禮薦時歌清廟及徹歌雍是薦徹皆有樂節但内宰所詔唯詔禮耳經兼云樂者禮樂相應也云位謂房中戶内及阼所立處者但天子諸侯祭禮亡今云位謂房中者案儀禮特牲云主婦亞獻尸尸拜受主婦北面拜送主婦北面拜者避内子及尸酢主婦主婦適房中南面祭酒及主人致爵于主婦亦於房中南面拜受爵至於少牢主婦入戶西面獻尸及酢主婦無入房之文即此云位謂房中戶内者據特牲士禮而言也云及阼所立處者案少牢有司徹云主人位于阼階上獻尸侑訖主婦乃洗爵于房中出實爵尊南西面獻尸尸拜于筵上受主婦西面于主人席北拜送爵云主人席北即當阼階故云阼所立處此約有司徹而言也

贊九嬪之禮事　助九嬪贊后之事九嬪者贊后薦玉齍薦徹豆籩○齍音咨

【疏】注助九至豆籩○釋曰贊助也鄭云助九嬪贊后之事者以經云贊九嬪之禮事則助九嬪經自明矣知九嬪贊后者即鄭所引九嬪職贊后爲后薦玉齍薦徹豆籩等是九嬪贊后之事即是内宰助九嬪九嬪贊后也

凡賓客之祼獻瑤爵皆贊　謂王同姓及二王之後來朝覲爲賓客者祼之禮亞王而禮賓獻謂王饗燕亞王獻賓也瑤爵所以亞王酬賓

也坊記曰陽侯殺穆侯而竊其夫人故大饗廢夫人之禮 疏 凡賓至皆贊○釋曰賓客則王同姓及二王後以其非一故云凡以廣之云祼者謂行朝覲禮訖即行三享之禮享訖乃賓於戶牖之間獻謂饗燕酬賓客后亦助王獻賓瑤爵謂王饗燕酬賓時后亦助王酬賓皆贊助于后也○注謂王至之禮○釋曰鄭知賓客是王同姓及二王之後者見大行人云上公之禮再祼而酢侯伯一祼而酢子男一祼不酢則是上公乃有再祼王先一祼次后再祼按孝經緯云二王之後稱公則知二王之後有后祼也又案巾車云同姓金路鄭云王子母弟雖爲侯伯畫服如上公則此云王之同姓亦謂爲侯伯得與上公同再祼亦有后祼可知者同姓爲子男者則與異姓同一祼無后祼也故鄭云謂王同姓及二王之後來朝覲爲賓客者但祼時大宗伯代后至于拜送則后則內宰亦贊后拜送爵云祼之禮亞王而禮賓者案聘禮有以醴禮賓之言故鄭依而言之若據大行人則云祼也云獻謂王饗燕亞王獻賓也者后之祼者饗燕亦與焉案大行人云上公三饗三食三燕侯伯再饗再食再燕子男一饗一食一燕無飲酒之禮唯有饗燕耳饗者亨大牢以飲賓立行禮在廟獻依命數爵盈而不飲燕禮其牲狗行一獻之禮四舉旅降脫屨升坐其爵以醉爲度饗燕皆有獻賓酬賓后亦助王獻賓

酬賓之事內宰皆贊后也引坊記者陽國之侯來朝於穆侯穆侯饗陽侯之時穆侯夫人亦助君獻酬于賓其時陽侯見穆侯夫人色美遂殺穆侯而竊其夫人歸國故大饗廢夫人之禮引之者證古者諸侯夫人助君饗賓明天子后亦有助王饗燕賓故經云后祼獻之事也

致后之賓客之禮謂諸侯來朝覲及女賓之賓客 疏 注謂諸至賓客○釋曰致后之賓客之禮者謂若酒正云致后之賓客之禮其掌客致夫人之禮彼諸侯夫人致禮于賓客法明后亦致牢禮於賓鄭注掌客凡夫人禮皆使下大夫致之則此內宰亦下大夫也云女賓之賓客者謂畿內同姓諸侯夫人有會見王后之法故亦致禮焉

凡喪事佐后使治外內命婦正其服位使使其屬之上士內命婦謂九嬪世婦女御鄭司農云外命婦卿大夫之妻王命其夫后命其婦玄謂士妻亦爲命婦 疏 凡喪至服位○釋曰喪言凡則王及后世子已下皆是以其皆有服位故云凡以廣之凡有喪事內宰皆佐后使其屬官治外內之命婦正其服之精麤位之前後也○注使使至命婦○釋曰以外內命婦卑故內宰不自治之故經云使明使其屬之上士治之云內命婦謂九嬪世婦女御者以其對外命婦故知內命婦是九嬪已下可知也不言三夫人者三夫人從后不在治限故不言也司農云王命其夫后命其婦者先鄭見禮記玉藻曰君命屈狄是子男夫人彼是后命之明王朝之臣亦王命其夫后命其婦可知玄謂士妻亦爲命婦者夏殷之禮爵命不及於士周之禮上士三命中士再命下士一命夫尊于朝妻榮于室明士妻亦爲命婦可知若然喪服命其命婦皆據大夫不舍士者彼據降服不降服爲識故唯據大夫爲命夫其妻爲命婦不及士也

凡建國佐后立市設其次置其敘正其肆陳其貨賄出其度量淳制祭之以陰禮市朝者君所以建國也建國者必面朝後市王立朝而后立市陰陽相承之義次司次也敘介次也陳猶處也度丈尺也量豆區之屬鄭司農云佐后立市者始立市后立之也祭之以陰禮者市中之社先后所立社也故書淳爲敦杜子春讀敦爲純純謂幅廣也制謂匹長玄謂純制天子巡守禮所云制幣丈八尺純四只與陰禮婦人之祭禮○淳劉諸允反注皆同徐音純朝直遙反下同介音界或作分非純諸允反下同只音紙與音餘 疏 凡建至陰禮○釋曰王者建國非一所隨世而遷謂若自契至湯八遷大王

遷岐文王遷豐武王遷鎬成王營洛皆是建國故云凡以該之也凡建國內宰佐后立市設其次謂司市所居置其敘謂胥師賈師等所居正其肆謂諸行列肆之等陳其貨賄貨賄爲有諸物皆陳列之也出其度量謂內宰佐后出度之丈尺量之斗斛及出淳之幅廣狹并制之丈八尺又於市中祭之以陰禮謂婦人之祭禮也○注市朝至祭禮○釋曰云市朝者君所以建國也者謂建國必須有市朝故鄭即囊釋云建國者必面朝後市面朝後市乃冬官匠人文云王立朝者即三朝皆王立之也而后立市者即此文是也云陰陽相成之義者朝是陽王立之市是陰后立之獨陽不生獨陰不成故云陰陽相成之義也云次思次也者地官司市云思次介次彼注破思爲司字解之云敘介次也者亦司市文介副也謂若胥師賈師等所居也案司市注次謂吏所治舍思次介次也若今市亭然敘肆行列也與此注不同者鄭望文解之彼經無肆文故以敘爲行列并思次介次共爲一所解之此文自有肆文故分思次介次別釋也云陳猶處也者謂處置其貨賄也云度丈尺也者律歷有分寸尺丈引五度今只言丈尺略言之也云量豆區之屬者此案左氏昭公傳晏子云齊舊四量豆區釜鍾又案律歷五量籥合升斗斛此獨言豆區者之屬中含之又云祭之以陰禮者市中之社先后所立社

也者市乃先后所立故以陰禮爲市中之社亦先后所立社也云故書淳爲敦杜子春讀敦爲純純謂幅廣也制謂匹長玄謂純制天子巡守禮所云制丈八尺純四𦇛與此二者並增成子春義趙商問云天子巡守禮制丈八尺純四𦇛何荅云巡守禮制丈八尺咫八寸四咫三尺二寸又大廣四當爲三三八二十四二尺四寸幅廣也古三四積畫是以三誤爲四也

中春詔后帥外內命婦始蠶于北郊以爲祭服蠶于北郊婦人以純陰爲尊郊必有公桑蠶室焉○中音仲【疏】中春至祭服○釋曰云中春詔后帥外內命婦始蠶于北郊者內宰以仲春二月詔告也告后帥領外命婦諸臣之妻內命婦三夫人已下始蠶於北郊云以爲祭服者禮記祭義亦云蠶事既畢遂朱綠之玄黃之以爲祭服此亦當染之以爲祭服也○注蠶于至室焉○釋曰云蠶於北郊婦人以純陰爲尊者案禮記祭統云天子親耕於南郊鄭以諸侯爲少陽是天子以純陽爲尊則后蠶于北郊純陰爲尊也云郊必有公桑蠶室焉者案月令三月后妃親東鄉躬桑此云二月與彼不同者案馬職云禁原蠶者彼注天文辰爲馬引蠶書曰蠶爲龍精月值大火則浴其種是蠶與馬同氣故此亦仲春始蠶蠶者亦謂浴種至三月臨生蠶之時又浴種乃生之故設文異也

歲終則會內人之稍食稽其功事內人主謂九御【疏】歲終至功事○釋曰歲終亦謂周之季冬內宰則會計內人女御之稍食稍食則月請是也云稽其功事者稽計也又當計女御絲枲二者之功事以知多少○注內人主謂九御○釋曰知內人主是女御者案典婦功授嬪婦及內人女功之事齎嬪婦既是九嬪世婦明內人是九御也

佐后而受獻功者比其小大與其麤良而賞罰之獻功者九御之屬鄭司農云烝而獻功玄謂典婦功曰及秋獻功【疏】佐后至罰之○釋曰佐后而受獻功者謂內宰佐助后而受女御等獻絲枲之功布帛等云比其小大與其麤良者布帛之等纑小者則細良纑大者則麤惡今言麤不云惡言良不云細者互見爲義也云而賞罰之者良則賞之麤則罰之以示懲勸也○注獻功至秋獻功○釋曰鄭知獻功是九御之屬者上文云以婦職之法教九御明所受獻功還是九御之屬可知司農云烝而獻功謂冬獻功玄引典婦功職秋獻功不從先鄭者以其內宰佐后受明是婦官所造還是典婦功女御等秋獻功也

會內宮之財用計夫人以下所用財【疏】會內宮之財用○釋曰以其云內宮是揔六宮之內所有財用皆會計之故鄭云計夫人以下所用財也

正歲均其稍食施其功事憲禁令于王之北宮而糾其守均猶調度也施猶賦也北宮后之六宮謂之北宮者繫于王言之明用王之禁令令之守宿衛者○調徒弔反度待洛反或如字【疏】正歲至其守○釋曰正歲謂建寅之月歲始故揔均宮中所受稍食月俸之人因歲始又施其女功絲枲之事憲禁令于王之北宮者亦以歲始憲謂表縣禁令于王之北宮北宮則后宮而糾其守者謂宿衛之子弟糾其情慢者也○注均猶至衛者○釋曰鄭以均爲調度者受月請者尊卑各有常度今均之者謂調之使依常度云謂之北宮者係於王言之明用王之禁令令之者欲見王有六寢后有六宮各自不同必繫王而言者婦人有三從之義后雖自有六宮必資王之禁令故繫王而言也云守宿衛者謂若宮伯所掌士庶子者也

上春詔王后帥六宮之人而生穜稑之種而獻之于王六宮之人夫人以下分居后之六宮者古者使后宮藏種以其有傳類蕃孳之祥必生而獻之示能育之使不傷敗且以佐王耕事共禘郊也鄭司農云先種後孰謂之穜後種先孰謂之稑王當以耕種于藉田玄謂詩云黍稷穜稑是也夫人以下分居后之六宮者每宮九嬪一人世婦三人女御九人其餘九嬪三人世婦九人女御二十七人從后唯其所燕息焉從后者五日而沐浴其次又上十五日而徧云夫人如三公從容論婦禮○穜直龍反本或作種音同案如字書禾旁作重是穜稑之字作童是穜殖之字今俗則反之稑音六本又作穋同之種章勇反注藏種同傳直宣反下同蕃音煩孳音茲又作滋又上時掌反而徧云音遍絕句從容如字【疏】上春至于王○釋曰上春者亦謂正歲以其春事將興故云上春也內宰以上春建寅之月又詔告王后帥領六宮之人而生穜稑之種而獻之于王者一則助王耕事二則示於宮內無傷敗之義也○注六宮至婦禮○釋曰云古者使后宮藏種以其有傳類蕃孳之祥者王妃百二十人使之多爲種類藏種者亦是種類蕃孳之祥故使藏種也云必生而獻之示能育之使不傷敗者生此種乃獻之非直道此種不傷敗示於宮內懷孕者亦不傷也云且以佐王耕事者王親耕后親蠶皆爲祭事今后雖不耕藏種獻之者亦是佐王耕事云共禘郊也者禘謂祭廟郊謂祀天舉尊言之其實山川社稷

等皆用之也鄭司農云先種後孰謂之穜後種先孰謂之稑者今世見有此先種後孰後種先孰目驗可知也玄謂詩云黍稷穜稑是也此增成先鄭義亦以其先鄭直云先種後種不見穀名後鄭意黍稷皆有穜稑云夫人以下分居后之六宮者此已下亦是增成鄭義所分居者唯據九嬪以下三夫人不分居而云三夫人以下則餘三夫人亦得爲三夫人以下也云每宮者后六宮故云每此言與下爲目也九嬪一人者九嬪九人六宮各一人則三人在也世婦三人者世婦二十七人六宮每宮三人則九人在也女御九人者女御八十一人六宮各九人餘二十七人在也其餘謂不分者故云其餘九嬪三人世婦九人女御二十七人也云從后唯其所燕息焉者后不專居一宮須往即停故云唯其燕息焉云從后者五日而沐浴者凡侍尊者須潔淨故須沐髮浴身體也其次又上十五日而徧云者鄭所分居六宮九嬪以下皆三分之一分從后兩分居宮假令月一日一分從后至月五日從后者五日滿則右邊三宮之中舊居宮者來替此從后者從后者又來入右邊三宮從后者至十日又滿則左邊三宮者來替此從后者從后者來居左邊三宮又至十五日則三番揔遍故云十五日而遍云者無正文鄭以意配之故言云以疑之云夫人如三公從容論婦禮者王后六宮夫人有三

分居不遍因卿尊之三公坐與王論道三夫人尊卑與三公同三公侍王三夫人亦侍后故取並爲者以證三夫人不分居宮之義也

內小臣掌王后之命正其服位命謂使令所爲或言王后或言后通耳○令力呈反【疏】內小至服位○釋曰敘官云奄上士四人案夏官大僕云掌正王之服位出入王之大命則大僕掌王命及服位此小臣亦云掌正王后之命正其服位則小臣侍后與大僕侍王同也○注命謂至通耳○釋曰云命謂使令所爲者以其后無外事明云命者是使令所爲云或言王后或言后通耳者以此經及上經皆云王后下文則皆云后鄭恐人以爲別有義意故云通耳無義例也

后出入則前驅道之【疏】后出至前驅○釋曰此小臣是奄人與后導道是其常也

若有祭祀賓客喪紀則擯詔后之禮事相九嬪之禮事正內人之禮事徹后之俎擯爲后傳辭有所求爲詔相正者異尊卑也俎謂后受尸之爵飲于房中之俎○道音導相息亮反注同爲后于僞反【疏】若有至之俎○釋曰云若有祭祀賓客喪紀則擯者此三者事至無常故云若若不定之辭也則擯者此三者后皆有事九嬪以下從后往也三事皆與后爲擯贊也云詔后之禮事相九嬪之禮事正內人之禮事者詔相正皆是上擯但據尊卑不同故以詔相別之云徹后之俎者謂后於東房中受尸酢之俎內小臣徹之○注擯爲至之俎○釋曰言擯爲后傳辭有所求爲者后爲上三事須物則小臣擯贊而傳辭與諸司求物供所爲也云詔相正者異尊卑也者后尊云詔詔告而已九嬪稍卑則言相相佐助之言也女御卑直正之而已云俎謂后受尸之爵飲於房中之俎者天子諸侯祭禮亡案特牲薦俎乃受尸之酢矣主婦酳尸尸酢主婦於東房中受尸之酢亦有薦俎后之俎小臣所徹亦約與士禮主婦之俎同也

后有好事于四方則使往有好令於卿大夫則亦如之后於其族親所善者使往問遺之○好呼報反下同遺唯季反【疏】注后於至遺之○釋曰后於其族親者后有族親在四方謂畿外諸侯於王有親謂若魯衞晉鄭之等也於卿大夫亦謂同姓族在朝廷者也王后意行所善遺小臣往以物問遺之四方諸侯言事卿大夫言令

者后雖無正令施與卿大夫特有言教至焉故云令也后於畿外全無言教所及故以事言之也

掌王之陰事陰令陰事羣妃御見之事若今掖庭令晝漏不盡八刻白錄所記推當御見者陰令王所求爲於北宮○見賢遍反下同掖劉音亦【疏】注陰事至北宮○釋曰云陰事羣妃御見之事者謂若九嬪職後鄭所云者是也又云陰令王所求爲於北宮者王於北宮求爲謂若縫人女御爲王裁縫衣裳及絲枲織紝之等皆是王之所求索王之所造爲者也言北宮者對王六寢在南以后六宮在北故云北宮也

閽人掌守王宮之中門之禁中門於外內爲中若今宮闈門鄭司農云王有五門外曰皋門二曰雉門三曰庫門四曰應門五曰路門路門一曰畢門玄謂雉門三門也春秋傳曰雉門災及兩觀○觀古亂反【疏】閽人至之禁○釋曰言閽人者墨者使守門閽人守王宮中門耳中門者王有五門雉門爲中門掌守雉門之禁譏其出入之者也○注中門至兩觀○釋曰中門於外內爲中者雉門外有皋庫內有應路故云於外內爲中也鄭司農云王有五門庫門在雉門內爲中門路門一曰畢門者取尚書顧命云二人爵弁立於畢門之內言路

門者路大也人君所居皆曰路以大爲名言畢門者從外而入路門爲終畢玄謂雉門爲三門者破先鄭雉門爲二門必知雉門爲中門者凡平諸侯三門有皐應路詩云乃立皐門皐門有亢乃立應門應門將將者是也若魯三門則有庫雉路故明堂位說魯制三兼四云庫門天子皐門則庫門向外兼皐門矣又云雉門天子應門則雉門向內兼應門矣既言庫門向外兼皐門雉門向內兼應門則天子五門庫門在雉門外明矣又引春秋傳者定公二年夏五月壬辰雉門及兩觀災公羊傳曰曷爲不言雉門災及兩觀主災者兩觀也主災者兩觀則曷爲後言之不以微及大也今鄭所引不與彼傳同者鄭勘傳非彼正文也引之者證魯有三門雉門有兩觀爲中門則知天子五門雉門亦爲中門有兩觀矣**喪服凶器不入宮潛服賊器不入宮奇服怪民不入宮**喪服衰絰也凶器明器也潛服若褻甲者賊器盜賊之任器兵物皆有刻識奇服衣非常春秋傳曰尨奇無常怪民狂易○衰徐音崔識式志反又音式尨士江反易以豉反徐音陽〔疏〕注喪服至狂易○釋曰鄭云喪服衰絰也者案下曲禮云苞屨扱衽厭冠不入公門苞屨謂杖齊衰扱衽斬衰初死服厭冠緦小功冠檀弓云士唯公門脫齊衰服問云大功免絰鄭云衰絰義出於彼也云凶器明器也者案士喪禮主人所造曰明器賓客所致曰就器此經凶器亦應兼有就器而云凶器明器者以主人明器爲主也云潛服若褻甲者謂若襄公二十七年將盟于宋西門之外楚人衷甲是也云兵物皆有刻識者案定十年侯犯以郈叛叔孫氏之甲有物是也云奇服衣非常春秋傳曰尨奇無常者案閔二年晉使大子申生伐東山皐落氏衣以偏衣佩之金玦罕夷曰尨奇無常金玦不復先丹木曰狂夫阻之是也**凡內人公器賓客無帥則幾其出入**三者之出入當須使者符節乃行鄭司農云公器將持公家器出入者幾謂無將帥引之者則苛其出入○帥色類反注同使色吏反將帥子匠反苛本又作呵呼河反又音何徐黑嗟反〔疏〕注三者至出入○釋曰云當須使者符節者道路用旌節乃得行耳**以時啓閉**時漏盡〔疏〕時漏盡○釋曰漏盡者謂若夏至晝則日見之漏六十刻夜則四十刻冬至晝則日見漏四十刻夜則六十刻就時之間大判九日校一刻**凡外內命夫命婦出入則爲之闢**辟行人使無干也內命夫卿大夫士之在宮中者○爲于僞反闢本又作辟婢亦反避也注同〔疏〕注辟行至中者○釋曰內命夫卿大夫士之在宮中者謂若宮正所掌者也對在朝卿大夫士爲外命夫鄭雖不解外內命婦其外命婦則摠外內命夫之妻內命婦即三夫人已下也**掌埽門庭**門庭門相當之地○埽素報反〔疏〕注門庭至之地○釋曰閽人掌中門則門相當之地唯中門外之地謂之門庭也若餘門庭則各有守門者埽之也**大祭祀喪紀之事設門燎蹕宮門廟門**燎地燭也蹕止行者廟在中門之外○燎力召反又力弔反〔疏〕大祭至廟門○釋曰喪紀設門燎蹕宮門廟門者大喪以下朝廟及出葬之時宮中及廟門皆設門燎蹕止行人也○注燎地至之外○釋曰燎地燭也者燭在地曰燎謂若天子百公五十侯伯子男皆三十所作之狀蓋百根葦皆以布纏之以蜜塗其上若今蠟燭矣對人手爇者爲手燭故云地燭也又云廟在中門之外者謂若小宗伯云左宗廟右社稷**凡賓客亦如之**〔疏〕凡賓至如之○釋曰賓客在宮中廟謂若饗食在廟燕在寢皆爲設門燎及蹕止行人

寺人掌王之內人及女宮之戒令相道其出入之事而糾之內人女御也女宮刑女之在宮中者糾猶割察也○相息亮反下及注同道徒報反後同〔疏〕注內人至察也○釋曰女宮刑女之在宮中者謂男女沒入斯宮爲婢者也**若有喪紀賓客祭祀之事則帥女宮而致於有司**有司謂宮卿世婦〔疏〕注有司至世婦○釋曰知有司是宮卿世婦者案春官宮卿世婦云掌樂宮之宿戒及祭祀比其具此既言致於有司明是男子官宮卿所掌女宮也非是下文世婦之帥女宮者也**佐世婦治禮事**世婦二十七世婦〔疏〕注世婦至世婦○釋曰上云有司是宮卿世婦恐此亦是彼世婦故鄭云二十七世婦以寺人是奄者故得佐世婦治喪事禮事即世婦所掌祭祀賓客喪紀之事是也**掌內人之禁令凡內人弔臨于外則帥而往立于其前而詔相之**從世婦所弔若哭其族親立其前者賤也賤而必詔相之者出入於王宮未可以關於禮

○臨良鴆反後同〔疏〕注從世至於禮○釋曰鄭知從世婦不自弔臨者此直言凡內人弔臨于外不指斥其事故知不自弔臨案世婦職云掌弔臨于卿大夫之喪故內人得從之也云若哭族親者世婦所掌弔唯云弔卿大夫云哭族親據理而言王后有哭族親之法則內人女御亦往哭之

內豎掌內外之通令凡小事內后六宮外卿大夫也使童豎通王內外之命給小事者以其無與爲禮出入便疾內外以大事聞王則俟朝而自復○便婢面反朝直遙反下同〔疏〕注內后至自復○釋曰鄭知豎是童子者謂若春秋左氏叔孫穆子於庚宗婦人生牛牛能奉雉使爲豎也又知童子無與爲禮者案禮記玉藻云童子無事則立於主人之南北面云內外以大事聞王則俟朝而自復者經云凡通小事復自也明大事待朝自復不使內豎也

若有祭祀賓客喪紀之事則爲內人蹕內人從世婦有事於廟者內豎爲六宮蹕者以其掌內小事○爲于僞反注下同〔疏〕若有至人蹕○釋曰此豎爲祭祀賓客喪紀三事爲內人蹕者皆謂在廟時若然祭祀在廟謂禘祫四時之祭祀也賓客在廟謂饗食時也喪紀在廟謂喪朝廟爲祖奠遣奠時也皆爲內人蹕止行人也○注內人至小事○釋曰鄭知內人從世婦者內人卑不專行事案下世婦職云掌祭祀已下三事與此經三事同明此內人從世婦而濯摡及爲粢盛也云內豎爲六宮蹕者以其掌內小事者以其蹕止行人人既是小事故還使內豎掌小事者蹕也

王后之喪遷于宮中則前蹕及葬執褻器以從遣車喪遷者將葬朝于廟褻器振飾頮沐之器○遣棄戰反後遣車皆放此頮呼內反〔疏〕王后至遣車○釋曰后喪遷於宮中謂七月而葬將葬而朝七廟則亦使內豎在車前蹕止行人也云及葬執褻器以從遣車者謂朝七廟訖且將行在大祖廟中爲大遣奠苞牲取下體天子大牢苞九箇遣車九乘后亦同使人持之往如墓則此內豎執褻器從遣車之後以其遣車載牲體鬼神依之故使執褻器從之若生時亦執褻器從也○注喪遷至之器○釋曰鄭知喪遷是將葬朝於廟者以其喪柩遷在宮中唯有朝廟時故禮記檀弓云周朝而遂葬是也云褻器振飾頮沐之器者以其從遣車若生時從后后之私褻小器唯有振飾頮沐之器故爲此解也若然玉府云凡褻器鄭注以爲清器虎子不爲振飾頮沐器者彼據生時故與牀笫等連文但死者器物雖皆不用仍法其威儀者故此注褻器爲振飾頮沐之器不爲清器虎子也知其振飾頮沐器者案特牲爲尸而有槃匜并有簞巾巾爲振飾槃匜爲盥手明其頮面沐髮亦有之故既夕禮用器之中有槃匜是送葬之時有褻器也

九嬪掌婦學之灋以教九御婦德婦言婦容婦功各帥其屬而以時御敘于王所婦德謂貞順婦言謂辭令婦容謂婉娩婦功謂絲枲自九嬪以下九九而御於王所九嬪者既習於四事又備於從人之道是以教女御也教各帥其屬者使亦九九相與從於王所息之燕寢御猶進也勸也進勸王息亦相次敘凡羣妃御見之法月與后妃其象也卑者宜先尊者宜後女御八十一人當九夕世婦二十七人當三夕九嬪九人當一夕三夫人當一夕后當一夕亦十五日而徧云自望後反之孔子云日者天之明月者地之理陰契制故月上屬爲天使婦從夫放月紀○婉於阮反娩音晚見賢遍反月上時掌反放方往反〔疏〕九嬪至王所○釋曰云掌婦學之灋者謂婦人所學之法即婦德已下是也言以時御敘于王所者謂月初甲者爲始望後尊者爲先是也○注婦德至月紀○釋曰鄭知婦德謂貞順已下義如此者但此經雖有四事之言無事別目案內則云姆教婉娩聽從執麻枲治絲繭織紝組紃故鄭此注婦德謂貞順當彼聽從此云婦容謂婉娩還當彼婉娩也此云婦功謂絲枲還當彼執麻枲已下惟婦言注與彼少異此注以婦言謂辭令彼內則注以婉爲言語娩之言媚也謂容貌也不同者以彼經無四事之言故分婉娩爲二事以充四德此有四事之言故并婉娩爲容貌別以辭令解婦言然彼以婉娩亦兼婦言者以其言語婉順亦得爲容貌故也云自九嬪以下九九而御於王所者欲見三夫人及后各當一夕不爲九御也言此者釋經稱女御爲九御之意云九嬪者既習於四事又備於從人之道是以教女御也者釋經使九嬪教女御之意云既習於四事即經婦德之等是也云又備於從人之道謂御序之事即經各帥其屬以時御敘於王所是也云各帥其屬者使亦九九相與從於王所息之燕寢者此釋經以時御敘于王所之事云亦九九相與從王者亦上居宮及以作二事皆九人相配故以亦之也云御猶進也勸也進勸王息者案左傳云君子晝以訪問夜以安身女者定男於夜節宣其氣故云勸王息也云亦相次敘者亦上居宮有次敘也云凡羣妃

御見已下無正文鄭以意消息婦人者陰象月紀故月與后妃其象也云卑者宜先尊者宜後者案禮運云三五而盈三五而闕后以下法之故從微者卑者宜先從著御微卑者宜後也云亦十五日而徧云者言亦者亦上居宮言云者亦無正文故以云疑之也云孔子云已下者孝經援神契文但彼是孔子所作故言孔子云也云日者天之明者本合在天云月者地之理者本合在地今以陽尊而陰卑月乃爲天契制所使故云陰契制上屬爲天使是以月上屬於天隨日而行云婦從夫放月紀者解后已下就王燕寢而御之意

凡祭祀贊玉齍贊后薦徹豆籩玉齍玉敦受黍稷器后進之而不徹故書玉爲王杜子春讀爲玉○齍音咨劉音祖稽反敦音對○〔疏〕凡祭至豆籩○釋曰言凡祭祀者后無外事唯有宗廟禘祫與四時月祭等故云凡祭祀贊玉齍者但祭祀之時男子進俎婦人設豆籩齍簋贊助也助后薦玉齍也云贊后薦徹豆籩者豆籩之薦與徹皆助后也○注玉齍至爲玉釋曰云玉齍玉敦受黍稷器者案明堂位云有虞氏之兩敦周之八簋則周用簋特牲少牢大夫士用敦今周天子用玉敦者明堂位盟魯得兼用四代之器用敦明天子亦兼用可知云玉敦者謂以玉飾敦謂若玉府云珠盤玉敦但彼以珠

槃盛牛耳玉敦盛血此玉敦盛黍稷爲異耳云后進之而不徹知者豆籩云贊薦徹玉齍直贊不云薦徹明直贊進之而已案禮器云管仲鏤簋注云天子飾以玉此直云玉敦則簋亦飾以玉而不云者但玉敦后親執而設之故特言之其簋則九嬪執而授后后設之若少牢主婦親受韭菹醓醢其餘婦贊者授主婦主婦設之故不言也

若有賓客則從后當贊后事〔疏〕注當贊后事○釋曰后之有事於賓客者唯有諸侯來朝王親饗燕后當助王饗燕時九嬪從后往也

大喪帥敘哭者亦如之亦從后帥猶道也后哭衆之次敘者乃哭〔疏〕大喪至如之○釋曰大喪謂王喪帥敘哭者謂若外內命婦哭時皆依尊卑命數在后後爲前後列位哭之故須帥導使有次敘也

附釋音周禮注疏卷第七

長白盧氏宣旬校定

知南昌府張敦仁署鄱陽縣候補知州周澍栞

周禮注疏卷七校勘記

阮元撰盧宣旬摘錄

附釋音周禮注疏卷第七

司書

久藏將朽蠹　余本嘉靖本蠹作蠧葉鈔釋文同

云式據用財言之　閩毛本同案云當作九監本云下剜擠九字非

重以其職　監本以改於

謂司會八法八則之貳是也　此本法作灋據閩監毛本訂正

本在生利也　惠校本作中正生利也

掌事者受灋焉　諸本同監本灋誤法唐石經闕

法猶數也　此本閩本法誤灋今據嘉靖本監毛本訂正疏中準此

要寫一通副貳文書　惠校本要下有謂

考其法於司書　此本閩監毛本法誤灋今據宋本余本嘉靖本訂正

職內

而執其總　唐石經宋本嘉靖本閩本同監毛本總改緫

總謂簿書之種別與大凡　諸本同盧文弨云上種類釋文云種章勇反當有下同二字此種別當音彼列反今皆不著則陸所見本當是總謂簿書之大凡無種別與三字種別之與大凡義正相反注疏本係誤衍觀賈氏所釋亦似無此三字案賈疏釋上經注字云種類不同須分別之又云分別使衆類相從釋此經注總字云總謂稅入多少總要簿書是此注之言種別爲衍文無疑○按財用物既種類相從則簿書有種別有種別因有大凡辨謂處物總謂簿書刪去三字則失其義矣

賦是總名　閩監毛本揔作緫案緫揔同字後人分別緫字從糸揔字從手義疏舊本揔凡字皆

從手此因唐石經作緫故經字皆作糸旁而賈疏自釋之辭仍用手旁以區別之其實一字也

故云受其貳令書之　浦鏜云令下脱而

彼注云王有令　盧文弨云御史注令作命

所以得有物出與入者　盧文弨云入當作人

釋曰言會者　惠校本言作及此誤

以巳之入財之數　閩本巳作已此誤

謂轉運給他　宋本他作也案疏云更給他官

職歲

以待會計而攷之　唐石經諸本同宋本攷作考非案經作攷用古字注作考用今字

及至也至歲終會計之時　惠校本無至也

職幣

振猶拼也檢也　宋本嘉靖本檢作撿案唐人書檢字多從手此作木旁蓋由近人所改

以書楬之　唐石經余本閩監毛本同釋文亦作楬從木宋本嘉靖本漢制考作揭字從手注中同○按從木者是

司裘

爲此大裘　惠校本爲作惟此誤

仲秋鳥獸毴毨　釋文毴音毛毨先典反九經古義云毴當爲髦字之誤也鄭氏尚書云中秋鳥獸髦毨中冬鳥獸毴髦涉下而誤耳

唯君有黼裘以誓獮　浦鏜云玉藻獮作省注云省當爲獮

人功微麤　宋本麤作麁俗字此本疏中亦作人功微麁○麤今並訂正

鄭彼注引孔子素衣麛裘　此與禮記注合閩監毛本麛作麑依今論語所改○按說文作麛俗作麑

又方制之以爲𦎫　諸本多誤余本岳本𦎫作𦎧當訂正釋文爲𦎧諸允反本亦作準惠校本疏中亦作𦎧○按說文作埻正字也

著于侯中　余本于當於當訂正釋文標著於二字

參七十干五十　宋本余本嘉靖本閩本同岳本亦作干監毛本參改糝干改豻案釋文參七素感反干五劉音鴈本又作豻今本作糝作豻非參七十干五十大射文注云參讀爲糝干讀爲豻

故書諸侯則共熊侯虎侯　宋本余本嘉靖本閩本同監毛本熊侯誤熊虎漢讀考云說文侯天子射熊虎豹諸侯射熊虎此從故書以熊侯爲最貴天子諸侯同之射人王以六耦射三侯鄭司農云三侯熊虎豹也與許云天子射熊虎豹合然則經文本作王大射則共熊侯虎侯豹侯作義疏者因司農說虎侯王所自射熊侯諸侯所射因升虎於熊上耳司常熊虎爲旗熊在虎上射人注熊虎豹余仁仲本如是作疏者亦易爲虎熊豹

既云天子將祭必先習射　浦鏜云卽誤既

天子以射擇諸侯卿大夫士　惠校本擇作選

糝七十豻五十者大射所云者是也　惠校本作參七十干五十與大射合此本因下云糝侯者糝雜也遂改參爲糝閩監毛本作糝作豻

大侯者豻侯也　閩監毛本作熊侯也與大射注合

先鄭意以鵠字與鳱鵠字同　閩本同誤也監毛本作鳱鵠字同當不誤

見鄉侯五十弓　閩本同監本剜擠複出鄉射二字毛本遂排入

謂象飾而作之　諸本皆作象似疏云象似生時而作此作飾涉經飾皮車致誤

凡爲神之偶衣物必沽而小耳　案賈疏讀凡爲神之偶衣句絕物必沽而小耳句絕

惠士奇云物當屬上句○按惠說是

掌皮

式灋作物所用多少故事　余本嘉靖本灋作法下疏同當訂正

行道曰齎　蒲鏜云行道下脫之財用三字

先鄭意一部書　案書下當脫內

內宰

稍食吏祿稟也　宋本嘉靖本稟作廩非祿稟與倉廩絕不同

吏即閽寺弟子　惠挍本作子弟此誤倒

故內宰口更別教之也　閩本亦實闕一字監毛本補作特○按此當是復字扶又反上經教皇后此經教夫人九嬪世婦而省文畢舉九嬪

漢法又有官禁云　漢制考同閩監毛本官作宮○按當是宮字

謂道妖衺巫蠱　漢制考蠱作術

大祭祀后祼獻則贊瑤爵亦如之　唐石經瑤爵上更有贊字今本脫案下云凡賓客之祼獻瑤爵皆贊承此經言之則此經當灌獻言贊瑤爵言贊也○按亦如之者謂亦贊也正下文所謂皆贊也若瑤上復有贊字則不可通唐石經非

謂王薦腥薦孰　宋本余本嘉靖本閩本同監毛本孰改熟疏是其薦腥薦孰也同

其爵以瑤爲飾　此本其誤瑤今據諸本訂正

室中二灌訖王出迎時　蒲鏜云牲誤時

皆內宰告后　此本脫宰據閩監毛本補

陽侯殺穆侯而竊其夫人　蒲鏜云坊記穆作繆

乃賓於戶牖之間　惠挍本賓上有禮此脫

畫服如上公　惠挍本作車服今巾車注亦作畫蓋誤

者同姓爲子男者　蒲鏜云若同姓誤者

案大行人云上公三饗　蒲鏜云掌客誤大行人監本三誤二

四舉旅降脫屨升坐　蒲鏜云四疑至字誤

明后亦致牢禮於賓　惠挍本賓下有客此脫

禮記玉藻曰　惠挍本曰作云

喪服命其命婦　惠挍本其作夫此誤

彼據降服不降服爲識　閩本同監毛本識作說訂正

陰陽相承之義次司次也　閩監毛本同宋本余本嘉靖本承作成司作思賈疏本同蒲鏜云釋曰彼處破思爲司字解之則此仍作思字也

故書淳爲敦杜子春讀敦爲純　漢讀考云此子春易敦爲純鄭依所據本作淳稱天子巡狩禮以爲證也質人淳制杜亦云淳當爲純禮說云丈尺縳制見管子君臣篇斗斛敦概見荀子君道篇杜讀爲純義本淮南墬形訓門間四里里間九純純丈五尺注云純量名

此案左氏昭公傳　蒲鏜云昭公下當脫三年

五量籥合升斗斛　惠挍本籥作龠此誤

案馬職云　蒲鏜云質誤職

故設文異也　惠挍本文下有有字

稍食則月請是也　案月請乃月俸之誤下經均其稍食疏云所受稍食月俸之人可證此本俸字缺壞似請閩監毛本遂誤作請下節疏受月請者同

會内宮之財用唐石經諸本同方苞云内宮當作内官文誤也周語内官不過九御案疏云内宮是摠六宮之内所有財用皆會計之然則内宮猶宮内也與國語義別女史逆内宮注云鉤考六宮之計此經作内宮之證方亦以爲當作官非也

施猶賦也浦鏜云頒誤賦從注按。按鏜誤也古凡以物分布曰賦國語社而賦事烝而獻功說文斂賦事也吳都賦方雙轡而賦珍羞注參改而鏜從之

繫于王言之疏引注于作於此非

係於王言之案係當依注作繫下云必繫王而言者作繫可證

共禘郊也此本禘作帝誤今據諸本訂正

王當以耕種于藉田宋本余本嘉靖本閩本同監毛本藉作籍誤

此已下亦是增成鄭義案鄭上當脫先字

故云十五日而遍。此引注遍當作徧賈疏自釋用遍字按徧者說文字遍者唐人俗字

內小臣

遺小臣往以物問遺之浦鏜云上遺當遣字誤

后於畿外全無言教所及此本畿誤幾今據閩監毛本訂正

白錄所記推當御見者宋本岳本嘉靖本漢制考同閩毛本白誤日監本誤目宋本記下空闕一字蓋本作白所記錄。按漢官舊儀有此條作白錄所記

閽人嘉靖本閩本同唐石經宋本監毛本作閽注及疏諸本皆作閽釋文閽人葉鈔本作閽

若今宮闇門閩監本同誤也宋本嘉靖本毛本作宮闕門當據以訂正

二曰雉門三曰庫門衆本作二曰庫門三曰雉門誤

皋門有亢浦鏜云伉誤亢按詩釋文有伉本又作亢與此正合非誤也

則爲之闢唐石經諸本同釋文闢本又作辟婢亦反避也注同案釋文知經本作辟孟子行辟人可證此注云辟行人使無干也經作闢蓋非。按經典多作辟然古經用字不一例未可謂闢爲非也

蹕宮門廟門唐石經諸本同漢讀考云說文走部趩止行也從走畢聲足部無蹕字今周禮皆作蹕惟大司寇釋文作趩

寺人

對人手藝者爲手燭浦鏜云執誤藝非也

謂男女沒入斯宮爲嬪者也惠挍本作男女沒入縣官爲奴者也此誤

掌樂宮之宿戒惠挍本作女宮

故得佐世婦治喪事惠挍本喪作禮此誤

凡内人弔臨于外唐石經宋本岳本嘉靖本閩本同監毛本于誤於

內豎

則立於主人之南北面浦鏜云南北字誤倒

以其蹕止行人毛本同閩本人字複衍監本先衍後刊落

執褻器以從遣車余本同唐石經宋本嘉靖本閩監毛本褻作褻唐石經下載九嬪職連書不提行後磨刮此句重刻空一字原刻車字尚隱然可辨故每行皆十字此行獨十一字

天子大牢苞九箇惠挍本箇作个

知其振飾頮沐器者惠挍本其作有

九嬪

明堂位盟魯得兼用四代之器閩本同監本剜改盟作賜毛本從之

衆之次敘者乃哭宋本余本岳本同嘉靖本作衆之次序者乃哭經作敘注作序須人易曉是也

閩監毛本衆之誤倒作之衆

周禮注疏卷七校勘記終

南昌袁泰開校

附釋音周禮注疏卷第八

鄭氏注　賈公彥疏

世婦掌祭祀賓客喪紀之事帥女宮而濯摡爲齍盛摡拭也爲猶差擇。摡古愛反拭音式清也〔疏〕世婦至齍盛。釋曰此婦人所掌祭祀謂祭宗廟賓客謂饗食諸侯在廟喪紀謂大喪朝廟設祖奠與大遣奠時爲此三事則帥女宮而濯摡案少牢饔人摡鼎俎廩人摡甑甗司宮摡豆籩皆使男子官不使婦人者彼以大夫家無婦官及無刑女故并使男子官此天子禮有刑女及婦官故與彼異也。注爲猶差擇。釋曰祭祀黍稷舂人舂之饎人炊之皆不使世婦故此爲非舂非炊是差擇可知也

及祭之日涖陳女宮之具凡內羞之物涖者臨也。內羞謂房中之羞。涖音利又音類〔疏〕及祭至之物。釋曰案春官世婦官卿云掌女宮之宿戒及祭祀比其具此官直臨之而已云凡內羞之物者謂糗餌粉餈案少牢皆從房中而來故名爲內羞是以鄭云內羞房中之羞也

掌弔臨于卿大夫之喪王使往弔〔疏〕注王使往弔。釋曰案內宗云凡卿大夫之喪掌其弔臨注云王后弔臨諸侯而已是以言掌卿大夫云文同而注異者彼上文云王后有事則從大喪序哭者哭諸侯亦如之彼文與后事相連彼主於后此上文無后故知此王使往可知也若然后無外事彼弔諸侯謂三公王子母弟若畿外諸侯則后不弔以其王爲三公六卿錫衰諸侯緦衰后不弔畿外諸侯既輕於王之卿卿既后不親弔畿外諸侯不親弔可知若然喪大記諸侯夫人弔卿大夫士之喪者以其諸侯臣少故不分別尊卑夫人皆弔之也案司服公卿大夫皆王親弔之此文使世婦往弔者此蓋使世婦致禮物但弔是大名雖致禮亦名爲弔是以大僕云掌三公六卿之弔勞注云王使往小臣云掌士大夫之弔勞注云致禮同名爲弔是其事也此所弔不言三公與孤者文不具也

女御掌御敘于王之燕寢言掌御敘防上之專妬者於王之燕寢則王不就后宮息〔疏〕注言掌至宮息。釋曰鄭云掌御敘防上之專妬者鄭解不使九嬪世婦掌房之意若使在上掌之則有妬疾自專之事今使女御掌之官卑不敢專妬故也云于王之燕寢則王不就后宮息者破舊說云王就后宮者故

鄭云此也以歲時獻功事絲枲成功之事〔疏〕注絲枲成功之事。釋曰上內宰云教九御使各有屬以作二事即此獻功之事故知此經獻功事是絲枲爲布帛成而獻之也凡祭祀贊世婦助其帥涖女宮〔疏〕注助其帥涖女宮。釋曰上世婦職云掌祭祀賓客喪紀帥女宮及祭之日涖女宮之具故知此贊者助其涖女宮也大喪掌沐浴王及后之喪〔疏〕注王及后之喪。釋曰王及后喪沐用潘浴用湯始死爲之於南牖下但男子不死於婦人之手今王喪亦使女御浴者案士喪禮浴時男子抗衾則不使婦人今王喪沐或使婦人而浴後之喪持朱必婦人或亦使給湯物而已亦得謂之掌也

翣翣棺飾也持而從柩車。翣所甲反〔疏〕后之喪持翣。釋曰案禮器云天子八翣又漢制度皆戴辟后喪亦同將葬向壙之時使此女御持之左右各四人故鄭云持而從柩車也從世婦而弔于卿大夫之喪從之數蓋如使者之介云。使所吏反介音界〔疏〕注從之至介云。釋曰王之妃妾三夫人象三公九嬪象孤卿二十七世婦象六夫女御象元士但介數依命數爲差則王之大夫四命世婦之從亦四人以無正文故言蓋言云以疑之也

女祝掌王后之內祭祀凡內禱祠之事內祭祀六宮之中竈門戶禱疾病求瘳也祠報福。禱丁考反一音都報反〔疏〕注內祭至報福。釋曰依祭法王立七祀有戶竈中霤門行泰厲司命后亦與王同今鄭直云內祭祀竈門戶者以其婦人無外事無行與中霤之等其竈與門戶人所出入動作有由后亦當祀之故言竈與門戶也案月令春祀戶夏祀竈秋祀門后祀之時亦當依此也云禱疾病求瘳也祠報福者以其后無外事禱祠又是非常之祭故知唯有求瘳報福之事也

掌以時招梗禬禳之事以除疾殃鄭大夫讀梗爲亢謂招善而亢惡去之杜子春讀梗爲更玄謂梗禦未至也除災害曰禬禬猶刮去也卻變異曰禳禳攘也四禮唯禳其遺象今存。梗古猛反徐依鄭音亢禬古外反又戶外反禳如羊反去起呂反下同〔疏〕掌以至疾殃。釋曰云掌以時招梗禬禳者此四事並非常求福去殃之事云以時者謂隨其事時不必要在四時也云招者招取善祥梗者禦捍惡之未至禬者除去見在之災禳者推卻見在

之變異此四者皆與人爲疾殃故云以除疾殃也。注鄭大至今存。釋曰鄭大夫以梗爲亢惡去之玄不從以爲禦未至者以禬禳二者已是去惡復以梗爲亢惡去之文煩而無禦未至之事故不從鄭大夫爲亢惡也鄭大夫云招善者玄從之也杜子春云讀梗爲更義無所取玄亦不從之也云四禮唯禳其遺象今存者此四禮至漢時招梗及禬不行唯禳一禮漢日猶存其遺象故云遺象今存也

女史掌王后之禮職掌內治之貳以詔后治內政內治之法本在內宰書而貳之。治直吏反注同【疏】女史至內政。釋曰案上敘官鄭注云女史女奴曉書者是以掌王后禮之職事。注內治至貳之。釋曰云內治之法本在內宰者案內宰職云掌書版圖之法以治王內之政令今此云掌內治之貳故知內治之灋本在內宰掌此女史書而貳之也

逆內宮鉤考六宮之計【疏】逆內宮。釋曰逆謂逆而鉤考之言內宮亦對王之六寢爲內宮謂六宮所有費用財物及米粟皆當鉤考之也

書內令后之令【疏】注后之令。釋曰內令亦對王令爲內故鄭云后之令謂書而宣布

於六宮之中也

凡后之事以禮從亦如大史之從於王【疏】注亦如至於王。釋曰案大史職云大會同朝覲以書協禮事及將幣之日執書以詔王鄭注云告王以禮事此女史亦執禮書以從后故云如大史之於王

典婦功掌婦式之灋以授嬪婦及內人女功之事齎婦式婦人事之模範灋其用財舊數嬪婦九嬪世婦言及以殊之者容國中婦人賢善工於事者事齎謂以女功之事來取絲枲故書齎爲資杜子春讀爲資鄭司農云內人謂女御女功事資謂女功絲枲之事。齎音咨本亦作資【疏】注婦式至之事。釋曰云法其用財舊數者此即典絲典枲所授絲枲多少並有舊數依而授之云嬪婦九嬪世婦者案內宰以作二事及婦功唯據九御而言不見九嬪世婦有絲枲之事此言嬪婦者但三夫人無職九嬪已下皆有之但女御四德不備須教之九嬪世婦素解不須教之其實有婦職也是以魯語云王后織玄紞公侯夫人紘綖卿之內子大帶則貴賤皆職事也云言及以殊之者容國中婦人賢善工於事者案下內司服注言及言凡殊貴賤也此云言及容國中婦人者此云及非直破貴賤亦含國中婦人故云容也必知有國中婦人者以下典絲云頒絲于外內工注云外工外嬪婦也故大宰九職云嬪婦化治絲枲是其國中婦人有嬪婦之稱也云事齎謂以女功之事來取絲枲者以其行道曰齎經云女功事齎故知以女功之事來取絲枲也故書齎爲資杜子春讀爲資案上玄注以齊次爲聲從貝變易則兩字俱得今不破子春者從上注義可知不復重言也

凡授嬪婦功及秋獻功辨其苦良比其小大而賈之物書而楬之授當爲受聲之誤也國中嬪婦所作成即送之不須獻功時賈之者物不正齊當以泉計通功鄭司農苦讀爲盬謂分別其縑帛與布紵之麤細皆比方其大小書其賈數而著其物若今時題署物。授音受出注苦音古賈音嫁注下同楬其列反別彼列反紵音佇著直略反徐張庶反【疏】注授當至署物。釋曰鄭知授當爲受者以其上文已授女功故知此爲受云國中嬪婦所作成即送之不須獻功時者以其經受嬪婦功在秋獻功上故不待秋獻功也云賈之者物不正齊當以泉計通功者婦人雖等受絲枲作有麤細善惡故以泉計而通爲功布絹惡者盡其材猶不充功

布絹善者少送以充功直故云泉計通功也司農云苦讀爲盬已下云云者司農之意以典婦功是都司總掌故分別布帛其典絲即唯主絲絲爲良者也典枲唯主布布爲苦者也若後鄭之義即以典婦功主良典絲典枲主苦者又以絲枲之中各自有苦良若然經云苦謂就良中苦者也云皆比方其大小者謂比方其細小者復比方其麤大也

以共王及后之用頒之于內府【疏】以其至內府。釋曰此於典絲典枲處受其良好者入此典婦功藏之以待王及后之用故藏之於內府也

典絲掌絲入而辨其物以其賈楬之絲入謂九職之嬪婦所貢絲【疏】典絲至楬之。釋曰云辨其物者典絲唯受絲入而云辨其物謂絲有善惡麤細不同非謂別有餘物也。注絲入至貢絲。釋曰后宮所蠶之絲自於后宮用之以爲祭服不入典絲其歲之常貢之絲若禹貢兗州貢漆絲之等且餘官更無絲入之文亦當入此典絲也

掌其藏與其出以待興功之時絲之貢少藏之出之可同官也時者若溫煖宜縑帛清涼宜文繡【疏】注絲之至文繡。釋

曰案經餘官内府玉府等皆不云掌其藏與其出此官獨云掌其藏與其出故云絲之貢少藏之出之可同官也云時者若温煖宜縑帛清凉宜文繡者鄭以目驗知之文繡必於凊凉者以其文繡染絲爲之若於夏暑損色故待秋凉爲之也

頒絲于外内工皆以物授之外工外嬪婦也内工女御疏頒絲至授之。釋曰言以物授之者若縑帛則授之以素絲若文繡則授之以綵絲故以物而言也。注外工至女御。釋曰上典婦功云凡授嬪婦功并有九嬪世婦此注内功不言嬪婦直云女御者案内宰職教女御以作二事及九嬪職教九御以婦職則女御專於絲枲也九嬪世婦四德自備不常爲絲枲假使爲之以其善事所造唯典婦功以共王及后所用不在典絲典枲故鄭注内工中不言也

凡上之賜予亦如之王以絲物賜人疏凡上至如之。釋曰云亦如之者亦以物授之謂王以絲物賜人者也

及獻功則受良功而藏之辨其物而書其數以待有司之政令上之賜予良當爲苦字之誤受其麤盬之功以給有司之公用其良功者典婦功受之以共王

及后之用鄭司農云良功絲功縑帛。良音苦出注疏注良當至縑帛。釋曰鄭破良爲苦者以其典絲典枲授絲枲使外内工所造縑帛之等良者入典婦功以共王及后之用故典枲直有苦者而無良者明典絲亦不得有良者故破良爲苦必從苦者見典婦功有良苦之字故破從苦苦即麤盬者也先鄭言良功絲功縑帛者先鄭之意以爲絲功爲良枲功爲盬故不破良爲苦玄既不從引之在下者亦得爲一義故也

凡祭祀共黼畫組就之物以給衣服冕旒及依盟巾之屬白與黑謂之黼采色一成曰就。依音於豈反盟音管疏凡祭至之物。釋曰言凡祭祀者謂祭祀天地宗廟社稷山川之等故言凡以廣之云共黼畫者凡祭服皆畫衣繡裳但裳繡須絲衣畫不須絲而言共絲者大夫已上裳皆先染絲則玄衣亦須絲爲之乃後畫故兼衣畫而言之也組就者謂以組爲冕旒之就故組就連言之云之物者謂絲之物色共之。注以給至曰就。釋曰云以給衣服者經云共據王而言注云給據臣而言鄭欲見尊卑皆授絲物也言衣物。釋經黼畫但周之冕服九章衣五章裳四章龍衮已下直言黼者據美者而言謂若詩云玄衮及黼商書云麻冕黼裳之類云冕旒者釋經組就謂若弁師云十二就之等云及依者亦釋經黼此據祭祀謂若掌次大旅上帝設皇邸邸即屏風爲黼文云盟巾者亦釋經黼謂若幂人職云王巾皆黼之類云之屬者殯有加斧於椁上及綃黼丹朱之類也云白與黑謂之黼者繢人職文云采色一成曰就者謂若典瑞云五采五就弁師十二就之等皆是采色一成爲就也

喪紀共其絲纊組文之物以給線縷著盱口綦握之屬青與赤謂之文。纊音曠劉古曠反線似戰反著直畧反下同徐猪畧反盱香于反綦劉音其沈音忌握烏學反劉烏豆反疏注以給至之文。釋曰此鄭並據士喪禮而言云以給線縷者謂所裁縫皆用線縷釋經絲也云著盱口綦握之屬者釋經纊組案士喪禮握手玄纁裹著組繫案喪大記屬纊以俟絕氣内則云屨著綦鄭云綦屨繫是用纊組之事也云青與赤謂之文繢人職文繡之屬亦用絲故連言也

凡飾邦器者受文織絲組焉謂茵席屏風之屬。織音志茵音因疏注謂茵至之屬。釋曰上既言祭祀喪紀所用絲纊訖今復云飾邦器故知此據生人所飾器物言茵者謂若少儀云枕几茵穎之等鄭云茵著褥是也云席者謂席之四緣若司几筵云紛純畫純黼純之等是也屏風者即上文注黼依也重言之者上

據祭祀時此據爲王所用謂若司几筵云扆前者是也云之屬者謂國家所用文織絲組處皆受之故云之屬以廣之

歲終則各以其物會之種別爲計鄭司農云各以其所飾之物計會傳著之。會舊古外反戚戶外反傳音附疏注種別至著之。釋曰言種別爲計者自上經所用掌其藏與其出及黼畫已下各別爲計故司農云各以其所飾之物計會傳著者謂此物之多少作文書使相傳著共一簿也

典枲掌布緦縷紵之麻草之物以待時頒功而授齎緦十五升布抽其半者白而細疏曰紵雜言此數物者以著其類衆多草葛蕢之屬故書齎作資。數色主反一音所蕢苦迴反又曰穎反劉枯熒反疏典枲至授齎。釋曰云掌布緦縷紵之麻草之物者欲見布緦縷用麻之物紵用草之物布中可以兼用葛蕢之草爲之云以待時頒功而授齎者上典絲鄭注解時者用絲有四時之別此鄭不解麻草所爲四時皆得故不釋也云授齎者亦如典婦功注謂以女功事來取者。注緦十至作資。釋曰鄭知緦十五升布抽其半者禮記雜記文白而細疏曰紵者鄭目驗而知之

及獻功受苦功

以其賈楬而藏之以待時頒其良功亦入於典婦功以共王及后之用鄭司農云苦功謂麻功布紵○苦功音古（疏）及獻至時頒○釋曰獻功者即上典婦功云秋獻功是也云以待時頒者即下又頒衣服及賜予是也○注其良至布紵○釋曰云其良功亦入於典婦功者亦欲見典絲典枲良功皆入典婦功苦功自入故此與典絲同爲此解也司農云苦功謂麻功布紵者先鄭意絲功爲良故彼注不破良字云良功縑帛也此典枲云苦功謂麻功爲盬麤之功玄引之在下亦見得通一義也

頒衣服授之賜予亦如之授之授受班者帛言待有司之政令布言班衣服互文（疏）注授之至互文○釋曰言授受班者謂王賜無常云帛言待有司之政令布言班衣服者帛謂典絲布謂典枲據成而言待知爲互文者以其典絲典枲俱不爲王及后之用皆將頒賜故知互見爲義也

歲終則各以其物會之（疏）歲終至會之○釋曰鄭無注者以其義與典絲同彼已注故於此略也

內司服掌王后之六服褘衣揄狄闕狄鞠衣展衣緣衣素沙鄭司農云褘衣畫衣也祭統曰君卷冕立于阼夫人副褘立于東房揄狄闕狄畫羽飾展衣白衣也喪大記曰復者朝服君以卷夫人以屈狄世婦以襢衣屈者音聲與闕相似襢與展相似皆婦人之服鞠衣黃衣也素沙赤衣也玄謂狄當爲翟翟雉名伊雒而南素質五色皆備成章曰翬江淮而南青質五色皆備成章曰搖王后之服刻繒爲之形而采畫之綴於衣以爲文章褘衣畫翬者揄翟畫搖者闕翟刻而不畫此三者皆祭服從王祭先王則服褘衣祭先公則服揄翟祭羣小祀則服闕翟今世有圭衣者蓋三翟之遺俗鞠衣黃桑服也色如鞠塵象桑葉始生月令三月薦鞠衣于上帝告桑事展衣以禮見王及賓客之服字當爲襢襢之言亶亶誠也詩國風曰玼兮玼兮其之翟也下云胡然而天也胡然而帝也言其德當神明又曰瑳兮瑳兮其之展也下云展如之人兮邦之媛也言其行配君子二者之義與禮合矣雜記曰夫人服稅衣揄狄又喪大記曰士妻以禒衣言禒者甚衆字或作稅此緣衣者實作禒衣也禒衣御于王之服亦以燕居男子之禒衣黑則是亦黑也六服備於此矣褘揄狄展聲相近緣字之誤也以下推次其色則闕狄赤揄狄青褘衣玄婦人尚專一德無所兼連衣裳不異其色素沙者今之白縳也六服皆袍制以白縳爲裏使之張顯今世有沙縠者名出于此○褘音暉揄音遥鞠居六反又巳六反展張彦反注同緣或作禒同吐亂反卷古本反下同朝直遥反屈音闕禕張彦反翬音暉見王賢遍反亶丹但反玼音此劉倉我反本亦作瑳與下瑳字同倉我反展如字媛音援行下孟反税劉吐亂反縳劉音絹聲類以爲今作絹字説文云鮮色也居援反徐升卷反沈升絹反張如字徐音帳（疏）內司至素沙○釋曰云掌王后之六服者自褘衣至緣衣是六褘衣者亦是翟而云衣者以其衣是服之首故自言衣也褘當爲翬即翬雉其色玄也揄狄者揄當爲搖狄當爲翟則搖雉其色青也闕狄者其色赤上二翟則刻繒爲雉形又畫之此闕翟亦刻爲雉形不畫之爲彩色故名闕狄也此三翟皆祭服也鞠衣者色如鞠塵色告桑之服也展衣者色白朝王及見賓客服緣衣當爲禒禒衣者色黑御於王服也素沙者此非服名六服之外別言之者此素沙與上六服爲裏使之張顯但婦人之服不殊裳上下連則此素沙亦上下連也王之吉服有九韋弁已下常服有三與后鞠衣已下三服同但王之祭服有六后祭服唯有三翟者天地山川社稷之等后夫人不與故三服而已必知外神后夫人不與者案內宰云祭祀裸獻則贊天地無裸言裸唯宗廟又內宗外宗佐后皆云宗廟不云外神故知后於外神不與

是以白虎通云周官祭天后夫人存與者以其婦人無外事若然哀公問云夫人爲天地社稷主者彼見夫婦一體而言也○注鄭司至于此●釋曰司農云褘衣畫衣也者先鄭意褘衣不言狄則非翟雉知畫衣者以王之冕服而衣畫故知后衣畫也又引祭統者彼據二王後夫人助祭服褘衣與后同也揄狄闕狄畫羽飾者以其言狄是翟羽故也云展衣白衣也者見鞠衣黃以土色土生金金色白展衣文承鞠衣之下故知展衣白也引喪大記證闕狄與展衣爲婦人服故也彼君以卷據上公而言夫人以屈翟據子男夫人復時互見爲義云世婦以襢衣者彼亦據諸侯之世婦用襢衣復之所用也云鞠衣黃衣也素沙赤衣也者先鄭意以素沙爲服名又以素沙爲赤色義無所據故後鄭不從之玄謂狄當爲翟者破經二狄從翟雉之翟也伊洛而南已下至曰搖皆爾雅文言伊洛而南有雉素白爲質兼青赤黃黑五色皆備成其文章曰翬雉云江淮而南青質五色皆備有以成文章曰搖雉玄引此者證褘揄爲雉也又云翬衣畫翬者以先鄭褘衣不言翟故增成搖狄畫搖者亦就足先鄭之義云闕翟刻而不畫者此無正文直以意量之言翟而加闕字明亦刻繒爲雉形但闕而不畫五色而已云此三者皆祭服者對鞠衣已下非祭服也云從王祭先王則服褘衣祭先公則服揄翟祭

羣小祀則服闕翟鄭言此者欲見王后無外事唯有宗廟分爲二與王祀先王衮冕先公鷩冕同差羣小祀王玄冕故后服闕翟云今世有圭衣者蓋三翟之遺俗者漢時有圭衣刻爲圭形綴於衣是由周禮有三翟别刻繒綴於衣漢俗尚有故云三翟遺俗也云鞠衣黄桑服也者謂季春將蠶后服之告先帝養蠶之服云色如鞠塵者麴塵不爲麴字者古通用云象桑葉始生者以其桑葉始生即養蠶故服色象之引月令者證鞠衣所用之事故云告桑事也云展衣以禮見王及賓客之服知義然者以其鞠衣在上告喪之服褖衣在下御於王之服展衣在中故以爲見王及賓客之服但后雖與王體敵夫尊妻卑仍相朝事與賓同諸侯爲賓客於王后助王灌饗賓客則后有見賓客之禮是以亦服展衣也云字當爲襢襢之言亶亶誠也者案禮記作襢詩及此文作展皆是正文鄭必讀從襢者二字不同必有一誤襢字衣傍爲之有衣義且爾雅展亶雖同訓爲誠展者言之誠亶者行之誠貴行賤言襢字以亶爲聲有行誠之義故從襢也又引詩者鄘風刺宣姜淫亂不稱其服之事云其之翟也胡然而天也胡然而帝也言其德當神明又曰其之展也展如之人兮邦之媛也言其行配君子云二者之義與禮合矣者言服翟衣尊之如天帝比之如神明此翟與彼翟俱事神之衣服展則邦之

爲媛助展衣朝事君子之服是此禮見王及賓客服故云二者之義與禮合若然内則注夫人朝於君次而褖衣也者彼注謂御朝也引雜記記及喪大記者欲破緣衣爲褖衣之事云字或作稅者或雜記文故雜記云夫人稅衣又云狄稅素沙並作稅字亦誤矣故云此緣衣者實褖衣也云褖衣御于王之服亦以燕居者案尚書多上傳云古者后夫人侍於君前息燭後舉燭至於房中釋朝服然後入御於君注云朝服展衣君在堂大師雞鳴于簷下然後后夫人鳴珮玉于房中告燕服入御以此而言云釋展衣朝服告以燕服然後入御明入御之服與燕服同褖衣以其展衣下唯有褖衣故知御與燕居同褖衣也以其御與燕居同是私褻之處故同服云男子之褖衣黑則是亦黑也者男子褖衣黑禮雖無文案士冠禮陳服於房爵弁服皮弁服玄端服至於士喪禮陳襲事于房亦云爵弁服皮弁服褖衣褖衣當玄端之處變言之者冠時玄端衣裳别及死襲時玄端連衣裳與婦人褖衣同故雖男子之玄端亦名褖衣又見子羔襲用褖衣纁袡譏襲婦服纁袡與玄衣相對之物則男子褖衣黑矣男子褖衣既黑則是此婦人褖衣亦黑可知鄭言此者以六服之色無文欲從下向上推次其色以此爲本故言之也云六服備於此矣者經傳云婦人之服多矣文皆不備言六服唯此文爲備故言六服備於此矣鄭言此者亦欲推次六服之色故也云褘揄狄展聲相近者褘與翬揄與搖狄與翟展與襢四者皆是聲相近故云誤也云緣字之誤也者緣與褖不得爲聲相近但字相似故爲字之誤也云以下推次其色則闕翟赤揄翟青褘衣玄者王后六服其色無文故須推次其色言推次者以鞠衣象麴塵其色黄褖衣與男子褖衣同其色黑二者爲本以五行之色從下向上以次推之水色既黑褖衣象之水生於金褖衣上有展衣則展衣象金色白故先鄭亦云展衣白衣也金生於土土色黄鞠衣象之土生於火火色赤鞠衣上有闕翟則闕翟象之赤矣火生於木木色青闕翟上有揄翟象之青矣五行之色已盡六色唯有天色玄褘衣最在上象天色玄是其以下推次其色也云婦人尚專一德無所兼連衣裳不異其色者案喪服上云斬衰裳下云女子髽衰三年直言衰不言裳則連衣裳矣又昏禮云女次純衣亦不言裳是其婦人連衣裳裳衣既連則不異其色必不異色者爲婦人尚專一德無所兼故也云素沙者今之白縳也者素沙爲裏無文故舉漢法而言謂漢以白縳爲裏以周時素沙爲裏耳云六服皆袍制以白縳爲裏使之張顯者案雜記云子羔之襲繭衣裳則是袍矣男子袍既有衣裳今婦人衣裳連則非袍而云袍制者正取衣復不單與袍制同不取衣裳别爲

義也云今世有沙縠者名出于此者言漢時以縠之衣有沙縠之名出于周禮素沙也

辨外内命婦之服鞠衣展衣緣衣素沙　内命婦之服鞠衣九嬪也展衣世婦也緣衣女御也外命婦者其夫孤也則服鞠衣其夫卿大夫也則服展衣其夫士也則服緣衣三夫人及公之妻其闕狄以下乎侯伯之夫人揄狄子男之夫人亦闕狄唯二王後禕衣

【疏】辨外至素沙○釋曰上言王后六服此論外内命婦不得有六服唯得鞠衣已下三服尊卑差次服之而已亦以素沙爲裏故云素沙也○注内命至禕衣○釋曰鄭以内命婦無過三夫人已下外命婦無過三公夫人已下但經云鞠衣以下則三夫人三公夫人同皆得闕狄以下則此命婦之中無三夫人及三公夫人矣故内命婦從九嬪爲首也鄭必知九嬪已下服鞠衣已下者但九嬪下有世婦女御三等鞠衣已下服亦三等故知鞠衣以下九嬪也展衣以下世婦也褖衣女御也云外命婦者其夫孤也則服鞠衣其夫卿大夫也則服展衣其夫士也則服褖衣者此約司服孤絺冕卿大夫同玄冕士皮弁三等而言之孤已下妻其服無文故以此三等之服配三等臣之妻也孤妻亦如九嬪三服俱得也卿大夫妻亦如世婦展衣褖衣俱得也士妻褖衣而已但

司服孤卿大夫士文承諸侯之下皆據諸侯之臣而言若然諸侯之臣妻亦以次受此服是以玉藻云君命闕狄再命禕衣一命襢衣士褖衣注云此子男之夫人及其卿大夫士之妻命服也禕當爲鞠諸侯之臣皆分爲三等其妻以次受此服若然五等諸侯之臣命雖不同有孤之國孤絺冕卿大夫同玄冕無孤之國則卿絺冕大夫玄冕其妻皆約夫而服此三等之服其天子之臣服無文亦得與諸侯之臣服同是以此外命婦服亦得與諸侯臣妻服同也云三夫人及公之妻其闕狄以下乎者婦人之服有六從下向上差之内命婦三夫人當服闕狄外命婦三公夫人亦當闕狄若三夫人從上向下差之則當褕狄是以玉藻云王后禕衣夫人褕狄注夫人三夫人若三公夫人不得過闕狄知者射人云三公執璧與子男執璧同則三公亦毳冕玉藻君命屈狄據子男夫人則三公之妻當闕狄三夫人其服不定三公夫人又無正文故摠云乎以疑之也云侯伯之夫人褕狄子男夫人亦闕狄唯二王之後禕衣者玉藻云夫人褕狄夫人三夫人亦侯伯之夫人鄭必知侯伯夫人褕狄者以玉藻云君命闕狄再命鞠衣一命襢衣夫並是子男之國闕狄既當子男夫人以上差之侯伯夫人自然當褕翟二王後夫人當禕衣矣案喪大記云復君以卷注云上公以袞則夫人用禕衣又案隱五年

公羊云諸公者何天子三公稱公若然天子三公有功加命服袞冕其妻亦得服禕衣矣此注直云二王後不云三公之内上公夫人者以其八命則毳冕夫人服闕翟不定故不言若然喪大記注云公之夫人容三公夫人兼二王後夫人矣明堂位云夫人副禕是魯之夫人亦得禕衣故彼鄭注副禕王后之上服唯魯及王者之後夫人服之以此而言則此注亦含有九命上公夫人與魯夫人同也

凡祭祀賓客共后之衣服及九嬪世婦凡命婦共其衣服共喪衰亦如之

凡者凡女御與外命婦也言及言凡殊貴賤也春秋之義王人雖微者猶序乎諸侯之上所以尊尊也臣之命者再命以上受服則下士之妻不共也外命婦唯王祭祀賓客以禮佐后得服此上服自於其家則降焉○衰七雷反上時掌反

〔疏〕凡祭至如之○釋曰上陳尊卑以次受服之事此文陳所用之時云凡祭祀者婦人無外事言凡祭祀唯據宗廟大小祭祀云賓客者謂后助王灌饗諸侯來朝者云共后之衣服者祭祀共三翟賓客共展衣云九嬪世婦者謂助后祭祀賓客時云凡命婦者兼外内命婦也云喪衰亦如之者外命婦喪衰謂王服齊衰於后無服若九嬪已下及女御於王服斬衰於后服齊衰也○注凡者至降焉○釋曰鄭知此中内命婦唯有女御者據上文外内命婦服唯有鞠衣已上此經上已云九嬪世婦則内命婦中唯有女御也其外命婦中則有孤妻以下云言及言凡殊貴賤也者欲見九嬪賤於后言凡者欲見外命婦及女御賤於世婦也云春秋之義王人雖微者猶序於諸侯之上所以尊尊也者以其内命婦中女御卑於世婦可以言凡以殊之於外命婦中有公孤卿大夫之妻尊於女御而使外命婦摠入女御中言凡以殊之者案僖公八年春王正月公會王人齊侯宋公以下盟於洮傳曰王人者何微者也曷爲序乎諸侯之上先王命也是以微者即士以其天子中士已上於經見名氏天子下士名氏不見今直云人是天子下士序在諸侯上是尊王命若九嬪雖卑於三公夫人世婦卑於孤卿妻言凡以殊之在上亦是尊尊此王之嬪婦也云臣之命者再命以上受服則下士之妻不共也者此約大宗伯男子之服彼云一命受職再命受服則天子上士三命中士再命乃受服天子下士一命則不受故鄭云下則不共也云外命婦唯王祭祀賓客以禮佐后得服此上服者案此上經士妻褖衣大夫妻展衣案特牲主婦纚笄綃衣少牢主婦髲鬄衣侈袂士妻不衣褖衣大夫妻侈綃衣袂不衣展衣如其夫自於家祭降服是自於其

家則降上經祭祀賓客共后之服是外命婦助后祭祀賓客乃服上服也

后之喪共其衣服凡内具之物

内具紛帨線纊鞶袠之屬○紛本又作蚡芳云反帨如銳反佩巾徐音歲鞶步于反袠陳乙反

〔疏〕后之至之物○釋曰后喪所共衣服者正謂襲時十二稱小斂十九稱大斂百二十稱及内具之物○注内具至之屬○釋曰知内具之物是紛帨線纊鞶袠之屬者案内則婦事舅姑有紛帨線纊鞶袠故死者入壙亦兼有數物言之屬者案内則更有刀礪小觽之等故云之屬以摠之也

縫人掌王宮之縫線之事以役女御以縫王及后之衣服

女御裁縫王及后之衣服則爲役助之宫中餘裁縫事則專爲焉鄭司農云線縷也

〔疏〕縫人至衣服○釋曰云掌王宫之縫線之事者謂在王宫須裁縫者自縫人縫之以役女御以縫王及后之衣服者役女御謂爲女御所使役而縫王及后衣服也○注女御至線縷○釋曰云女御裁縫王及后之衣服則爲役助之者釋經以役女御縫王及后之衣服之文也云宫中餘裁縫事則專爲焉者釋經云王宫之縫線之事也

喪縫

棺飾焉孝子既啓見棺猶見親之身既載飾而以行遂以龍帷三池振容黼荒火三列黻三列素錦褚加僞荒纁紐六齊五采五貝黼翣二黻翣二畫翣二皆戴圭魚躍拂池君纁戴六纁披六此諸侯禮也禮器曰天子八翣諸侯六翣大夫四翣漢禮器制度飾棺天子龍火黼黻皆五列又有龍翣二其戴皆加璧故書焉爲馬杜子春云當爲焉○褚張呂反僞荒鄭注禮記改僞爲帷纁許云反翣本又作篓所甲反披彼僞反 疏 喪縫棺飾焉○釋曰此喪以王爲主但是王家后世子已下亦縫棺飾焉○注孝子至爲焉○釋曰云孝子既啓見棺猶見親之身者鄭欲釋與棺爲飾之意云既載飾而以行遂以葬者案既夕禮日側遂匠納車於階閒卻柩而下載之於蜃車之上乃加帷荒飾棺訖乃還車向外移柩車去載處設祖奠明日旦乃更徹祖奠設遣奠苞牲取下體乃引向壙故云既載飾而以行遂以葬也云若存時居於帷幕而加文繡者幕人共帷幕幄帟綬鄭注云在傍曰帷在上曰幕是存時居於帷幕而云加文繡者生時帷幕無文繡今死恐衆惡其親更加文繡即所引喪大記已下是也云君龍帷者鄭彼注畫龍爲帷云三池者鄭云象生時有承霤以竹爲之闕於天子故有前及左右而已云振容者謂於竹池之

內畫揺雉於絞繒之上垂之於下車行振動以爲容儀云黼荒者鄭云荒蒙也謂車上蒙覆之黼白黑文於荒之四畔也火三列黻三列黑與青謂之黻兩已相背火形如半環然列行也爲火形三行謂兩已相背三行云素錦褚謂幄帳諸侯以素錦爲幄帳以覆棺上云加僞荒者僞即帷也既覆棺以褚乃加帷加荒於其上云纁紐六者紐謂繫連帷荒以纁色爲之左右各三紐并之六耳云齊五采五貝者謂於荒之中央以五采繒爲之綴具絡其上形如瓜瓣然黼翣二黻翣二畫翣二者案彼注引漢禮翣方扇以木爲匡廣二尺兩角高二尺四寸柄長五尺以布覆之爲白黑文則曰黼翣以青黑文則曰黻翣爲雲氣則曰畫翣云皆戴圭者謂置圭於翣之兩角爲飾也云魚躍拂池者謂於池內懸銅魚車行振動以拂池云纁戴六纁披六者謂於車輿兩廂各豎三隻軨子戴值也謂以纁爲值軨其軨子各使相值因而繫前後披兩廂各使人持制之以備車之傾側也其實兩廂各三而云六者人君禮文圖數而傍言六耳云此諸侯禮也者天子無文故取諸侯法以推天子禮也云禮器天子八翣已下者欲明天子加數之意云漢禮器制度者以明天子加數與喪大記不同之義也

衣翣柳之材必先纏衣其才○乃以張飾也柳之言聚諸飾之所聚書曰分命和仲度西曰柳穀故書翣柳作接檳鄭司農云接讀爲歰檳讀爲柳皆棺飾檀弓曰周人牆置歰春秋傳曰四歰不蹕○衣於既反注同度西音宅古文宅與度字相似因此而誤接檳劉上所中反不因柳歰所甲反一音所立反 疏 衣翣柳之材○釋曰翣即上注方扇是也柳即上注引喪大記帷荒是也二者皆有材縫人以采繒衣纏之乃後張飾於其上故云衣翣柳之材也○注必先至不蹕○釋曰云柳之言聚諸飾之所聚者即龍帷黼荒火三列黻三列之屬是也書曰者是濟南伏生書柳○文故云度西曰柳穀見今尚書云宅西曰昧谷度亦居也柳者諸色所聚日將沒其色赤兼有餘色故云柳穀引之者見柳有諸色又云春秋襄二十五年左氏傳齊崔杼弑莊公側之於北郭丁亥葬諸士孫之里四翣不蹕下車七乘是也引之者證有翣義也

掌凡內之縫事

染人掌染絲帛凡染春暴練夏纁玄秋染夏冬獻功暴練練其素而暴之故書纁作䌉鄭司農云䌉讀當爲纁纁謂絳也夏大也秋乃大染玄謂纁玄者謂始可以染此色者玄纁者天地之色以爲祭服石染當及盛暑熱潤始湛研之三月而後可用考工記鍾氏則染纁術

也染玄則史傳闕矣染夏者染五色謂之夏者其色以夏狄爲飾禹貢曰羽畎夏狄是其總名其類有六曰翬曰揺曰鶅曰甾曰希曰蹲其毛羽五色皆備成章染者擬以爲深淺之度是以放而取名焉○暴步卜反劉步落反注同秋染如琰反注染夏同一夏戶雅反後除春夏之字皆同可以意求不復重出䌉音勳一音鬱湛徐子廉反劉慈鴆反畎古犬反翟直劉反劉音壽徐音酬蹲音存徐祖混反一音遵希如字劉張履反放方往反 疏 染人至獻功○釋曰云凡染春暴練者以春陽時陽氣燥達故暴曬其練夏纁玄者夏暑熱潤之時以朱湛丹秫易可和釋故夏染纁玄而爲祭服也秋染夏者夏謂五色至秋氣涼可以染五色也冬獻功者纁玄與夏摠染至冬功成並獻之於王也○注暴練至名焉○釋曰云暴練練其素而暴之者素即絹也先練乃暴之此謂國家須練而用者非謂祭服若祭服則先染絲乃織之不得爲練也司農云纁謂絳也者絳即爾雅及鍾氏所云三入爲纁者是也云夏大也秋乃大染後鄭不從者下文有夏采及禹貢羽畎夏狄皆謂夏爲五色之翟玄謂纁玄者謂始可以染此色者以其石染當及夏日乃可爲故云始可也云玄纁天地之色者案易九事章云黃帝堯舜垂衣裳蓋取諸乾坤乾坤即天地之色但天玄地黃而玄纁者土無正位託位南方

火火色赤與黃共爲纁也凡六冕之服皆玄上纁下故云以爲祭服即祭義云玄黃之者是也云石染當及盛暑熱潤始湛研之三月而後可用者並約考工記鍾氏職而言故彼云以朱湛丹秫三月而熾之是以鄭云考工記鍾氏則染纁術也鄭意以染纁鍾氏有其法術欲推出染玄無正文故云染玄則史傳闕矣染玄雖史傳闕推約則有之故鄭注鍾氏及士冠禮云玄則六入與是也云染夏者染五色者謂夏即與五色雖同名夏故知染五色也故鄭即云謂之夏者其色以夏狄爲飾是以繢人職云五色備謂之繡也引禹貢曰以下者山谷也羽山之谷有夏之五色之翟雉貢焉云夏狄是其揔者直云夏狄不別云雉名故知是其揔也云其類有六以下者是爾雅釋鳥文云其毛羽五色皆備成章者即爾雅云伊洛之南素質五色皆備成章曰翬江淮之南青質五色皆備成章曰搖舉此二者餘四者亦然是其五色皆備成章也云染者擬以爲深淺之度是以放而取名焉者但夏狄五色是自然之色今染五色者準擬以爲深淺之度染五色與雉同名故云是放而取名也

掌凡染事

追師掌王后之首服爲副編次追衡笄爲九

嬪及外內命婦之首服以待祭祀賓客鄭司農云追冠名士冠禮記曰委貌周道也章甫殷道也牟追夏后氏之道也追師掌冠冕之官故并主王后之首服副者婦人之首服祭統曰君卷冕立于阼夫人副禕立于東房衡維持冠者春秋傳曰衡紞紘綖玄謂副之言覆所以覆首爲之飾其遺象若今步繇矣服之以從王祭祀編編列髮爲之其遺象若今假紒矣服之以桑也次次第髮長短爲之所謂髲髢服之以見王王后之燕居亦纚笄總而已追猶治也詩云追琢其璋王后之衡笄皆以玉爲之唯祭服有衡垂于副之兩旁當耳其下以紞縣瑱詩云玼兮玼兮其之翟也鬒髮如雲不屑髢也玉之瑱也是之謂也笄卷髮者外內命婦衣鞠衣襢衣者服編衣褖衣者服次外內命婦非王祭祀賓客佐后之禮自於其家則亦降焉少牢饋食禮曰主婦髲鬄衣移袂特牲饋食禮曰主婦纚笄宵衣是也昏禮女次純衣攝盛服耳主人爵弁以迎移袂褖衣之袂凡諸侯夫人於其國衣服與王后同○追丁回反下及注同編步典反又必先反注同冠禮古亂反後冠禮同毋追音牟卷古本反紞丁敢反紘音宏綖以然反徐羊戰反繇以招反本或作搖紒音計髲皮寄反髢本又作鬄大計反劉音地以見賢遍反纚所買反又所綺反琢丁角反縣音玄瑱它見反鬒之忍反鬄大計反下同沈音剃卷髮眷免反劉羌權反衣鞠於既反下衣褖同移昌氏反下同純側其反徐如字

【疏】追師至賓客○釋曰云掌王后之首服者對夏官弁師掌男子之首服首服則副編次也云追衡笄者追治玉石之名謂治玉爲衡笄也云爲九嬪及外內命婦之首服者此云及則與上內司服同亦是言及殊貴賤九嬪下不言世婦文略則外命婦中有三公夫人卿大夫等之妻內命婦中唯有女御也云以待祭祀賓客者亦謂助后而服之也○注鄭司至后同○釋曰司農云追冠名者見士冠禮夏后氏牟追故引士冠爲證云追師掌冠冕之官故并主王后之首服者此鄭意以追師掌作冠冕弁師掌其成法若縫人掌縫衣別有司服內司服之官相似故有兩官共掌男子首服也後鄭不從者此追師若兼掌男子首服亦當如下屨人職云掌王及后之服屨兼王爲文今不云王明非兩官共掌此直掌后已下首服也又引祭統者證副是首飾又引春秋者是桓二年臧哀伯辭彼云衡紞紘綖則據男子之衡引證此者司農意男子婦人皆有衡後鄭意亦爾但後鄭於此經無男子耳玄謂副之言覆所以覆首爲之飾者副者是副貳之副故轉從覆爲蓋之義也云其遺象若今步繇矣漢之步繇謂在首之時行步繇動此據時目驗以曉古至今去漢久遠亦無以知之矣案詩有副笄六珈謂以六物加於副上未知用何物故鄭注詩云副既笄而加飾古之制所有未聞是也云服之以從王祭祀者鄭意三翟皆首服副祭祀之中含先王先公羣小祀故以祭祀摠言之也云編編列髮爲之者此鄭亦以意解之見其編是編列之字故編列髮爲之云其遺象若今假紒矣者其假紒亦是鄭之目驗以曉古至今亦不知其狀也云服之以桑也者上注鞠衣以告桑此下注及鄭荅志皆云展首服編此直據鞠衣服之以桑不云展衣者文略其編亦兼於展衣也云次次第髮長短爲之者此亦以意解之見其首服而云次明次第髮長短而爲之云所謂髲髢者所謂少牢主婦髲髢即此次也言髲髢者鬄髮也謂翦鬄取賤者刑者之髮而爲髢鄭必知三翟之首服副鞠衣展衣首服編褖衣首服次者王之祭服有六首服皆冕則后之祭服有三首服皆副可知昏禮女次純衣純衣則褖衣褖衣而云次則褖衣首服次可知其中亦有編明配鞠衣展衣也云服之以見王者上注展衣云以禮見王則展衣首服編以禮見王此又云次以見王者則見王有二一者以禮朝見於王與見賓客同則服展衣與編也一者褖衣首服次接御見王則褖衣與次則此注見王是也故二者皆云見王耳云王后之燕居亦纚笄總而已者案士冠禮纚

長六尺以韜髮笄者所以安髮總者既繫其本又總其末燕居謂不至王所自在燕寢而居時也案雞鳴詩云東方明矣朝既昌矣毛云東方明則夫人纚笄而朝但諸侯夫人於國衣服與王后同而得服纚笄而朝者此經云副編次以待祭祀賓客明燕居不得著次自然著纚笄而毛云著纚笄朝者毛更有所見非鄭義若然彼鄭不破之者以其纚笄燕居無正文故且從毛也其實朝王時首服編也引詩追琢其璋者證追是治玉石之名云王后之衡笄皆以玉爲之者以弁師王之笄以玉故知后與王同用玉也弁師云諸公用玉爲瑱詩云玉之瑱也據諸侯夫人夫人與君同用玉瑱明衡笄亦用玉矣其三夫人與三公夫人同服翟衣明衡笄亦用玉矣其九嬪命婦等當用象也云唯祭服有衡知者見經后與九嬪以下別言明后與九嬪以下差別則衡笄雖施於翟衣取鞠衣以下無衡矣又見桓二年哀伯云衮冕黻珽帶裳幅舄衡紞紘綖並據男子之冕祭服而言明婦人之衡亦施於三翟矣故鄭云唯祭服有衡也鞠衣已下雖無衡亦應有紞以懸瑱是以著詩云充耳以素以青以黃是臣之紞以懸瑱則知婦人亦有紞以懸瑱也云垂于副之兩旁當耳其下以紞懸瑱者傳云衡紞紘綖與衡連明言紞爲衡設矣笄既橫施則衡垂可知若然衡訓爲橫既垂之而又得爲橫者其笄言

橫據在頭上橫貫爲橫此衡在副旁當耳據人身豎爲從此衡則爲橫其衡下乃以紞懸瑱也引詩者彼鄘風注云玼鮮明貌鬒黑髮如雲言美長也屑用也髢髲也引之者證服翟衣首有玉瑱之義故云是之謂也其紞之采色瑱之玉石之別者婦得服翟衣者紞用五采瑱用玉自餘鞠衣以下紞則三采瑱用石知義然者案著詩云充耳以素鄭彼注云謂從君子而出至於著君子揖之時也我視君子則以素爲充耳謂所以懸瑱者或名爲紞織之人君五色臣則三色而已此言素者目所先見而云下云尚之以瓊華注云美石彼下經又云充耳以青充耳以黃據臣三色故云人君五色矣詩云玉之瑱據君夫人云用玉則臣之妻與夫同美石彼毛注以素爲象瑱鄭不從者若素是象瑱文何以更云瓊華瓊英之事乎故鄭以爲紞也云笄卷髮者鄭注喪服小記亦去笄帶所以自卷持云外內命婦衣鞠衣襢衣服編衣褖衣者服次知者案昏禮云女次純衣純衣則褖衣據士服爵弁親迎攝盛則士之妻服褖衣首服次亦攝盛褖衣既首服次三翟首服副則鞠衣襢衣首服編可知云外內命婦非王祭祀賓客佐后之禮自於其家則亦降焉知者大夫妻服襢衣首服編士妻服褖衣首服次少牢特牲是大夫士妻特牲云主婦纚笄宵衣少牢云主婦髲鬄衣移袂但大夫妻移袂爲異又不

服編故知自於其家則降是以即引少牢爲證耳云移袂褖衣之袂者此鄭覆解少牢主婦衣移袂者是移褖衣之袂上既云移袂今又云移褖衣之袂不同者但士之妻服綃服褖衣助祭及嫁時不移其袂今大夫妻綃衣移而以褖衣袂者以大夫妻與士妻綃衣名同不得言移於綃衣之袂故取褖衣也云凡諸侯夫人於其國衣服與王后同者以其諸臣之妻有助后與夫人祭之事諸侯夫人無助后之事故自於本國衣服得與王后同也所同者上公夫人得褘衣已下至褖衣褘衣從君見大祖褕翟從君祭羣廟闕翟從君祭羣小祀鞠衣以告桑展衣以禮見君及賓客褖衣以接御侯伯夫人得褕翟已下褕翟從君見大祖及羣廟闕翟已下與上公夫人同子男夫人得闕翟已下闕翟從君見大祖及羣廟與羣小祀鞠衣已下與侯伯同並纚笄綃衣以燕居也二王之後與魯夫人亦同上公之禮故明堂位云季夏六月以禘禮祀周公於大廟夫人褘衣是也

喪紀共笄經亦如之

屨人掌王及后之服屨爲赤舄黑舄赤繶黃繶青句素屨葛屨　屨自明矣必連言服者著服各有屨也複下曰舄襌下曰屨古人言

屨以通於複今世言屨以通於襌俗易語反與舄屨有絇有繶有純者飾也鄭司農云赤繶黃繶以赤黃之絲爲下緣士喪禮曰夏葛屨冬皮屨皆繶緇純禮家說繶亦謂以采絲礫其下玄謂凡屨舄各象其裳之色士冠禮曰玄端黑屨青絇繶純素積白屨緇絇繶純爵弁纁屨黑絇繶純是也王吉服有九舄有三等赤舄爲上冕服之舄詩云王錫韓侯玄衮赤舄則諸侯與王同下有白舄黑舄王后吉服六唯祭服有舄玄舄爲上褘衣之舄也下有青舄赤舄鞠衣以下皆屨耳句當爲絇聲之誤也絇繶純者同色今云赤繶黃繶青絇雜互言之明舄屨衆多反覆以見之凡舄之飾如繢之次赤繶者王黑舄之飾黃繶者王后玄舄之飾青絇者王白舄之飾言繶必有絇純言絇亦有繶純三者相將王及后之赤舄皆黑飾后之青舄白飾凡屨之飾如繡次也黃屨白飾白屨黑飾黑屨青飾絇謂之拘著舄屨之頭以爲行戒繶縫中紃純緣也天子諸侯吉事皆舄其餘唯服冕衣翟著舄耳士爵弁纁屨黑絇繶純尊祭服之屨飾從繢也素屨者非純吉有凶去飾者言葛屨明有用皮時○繶於力反句音劬一音美踰反著服徐丁庶反一知略反與音餘絇音劬有純章允反下同緣悅面反下同礫音歷覆芳服反以見賢遍反之拘戚如字劉音拘著舄知略反又直略反紃音巡衣翟於既反非純如

字去起呂反下皆同【疏】屨人至葛屨。釋曰云掌王及后之服屨者但首服在上尊又是陽多變是以追師與弁師男子婦人首服各別官掌之屨舃在下卑又是陰少變故男子婦人同官掌之也云爲赤舃以下謂掌而營造之故云爲也赤舃者男子冕服婦人闕翟之舃也黑舃者天子諸侯玄端服之赤舃繶已下云繶云句者欲言繶絇以表見其舃。赤繶者是天子諸侯黑舃之飾黃繶者與婦人爲玄舃之飾也青句者與王及諸侯爲白舃之飾凡屨舃皆有絇繶純三者相將各言其一者欲互見其屨舃故多舉一邊而言也素屨者大祥時所服去飾也葛屨者自赤舃以下夏則用葛爲之若冬則用皮爲之在素屨下者欲見素屨亦用葛與皮故也。注屨自至皮時。釋曰云屨自明矣必連言服者著服各有屨也者屨舃從裳色裳既多種故連言服也云複下曰舃禪下曰屨者下謂底複重底重底者名曰舃禪底者名曰屨也無正文鄭目驗而知也云古人言屨以通於複者首直云屨人不言舃及經舃屨兩有是言屨通及舃周公即古人也故云古人言屨以通於複也云今世言屨以通於禪者謂漢時爲今世但漢時名複下者爲屨并通得下禪之屨故云俗易語反與云與者無正文鄭以意解之故云與以疑之也云舃屨有絇有繶有純者飾也者言繶是牙底相接之縫綴條於其中言絇謂屨頭以

絛爲鼻純謂以絛爲口緣經不云純者文略也鄭司農云赤繶黃繶以赤黃之絲爲下緣者此即牙底相接之縫也引士喪禮者證繶爲下緣云皆繶緇純者葛屨皮屨皆有繶也緇純純用緇則繶絇亦用緇色也玄謂凡屨舃各象其裳之色者屨舃與裳俱在下體其色同制舃屨與裳色同也引士冠禮者驗屨同裳色云玄端黑屨者凡玄端有上士玄裳中士黃裳下士雜裳今云黑屨者據玄裳爲正也云青絇繶純者屨飾從繢次也云素積白屨者皮弁服素積以爲裳故白屨也云緇絇繶純者亦飾從繡次也云爵弁纁屨黑絇繶純者鄭云尊祭服飾從繢次言是也者是屨從裳色之義也云王吉服有九者則司服六冕與韋弁皮弁冠弁是也云舃有三等者謂赤舃黑舃白舃也云赤舃爲上冕服之舃者此經先言赤舃是舃中之上是六冕之舃也引詩者是韓侯之詩也玄衮者冕服皆玄上纁下而畫以衮龍云赤舃者象纁裳故也引之者證諸侯得與王同有三等之舃赤舃爲上也云下有白舃黑舃者白舃配韋弁皮弁黑舃配冠弁服案司服注韋弁以韎韋爲弁又以爲衣裳則韋弁其裳以韎之赤色韋爲之今以白舃配之其色不與裳同者鄭志及聘禮注韋弁服皆云以素爲裳以無正文鄭自兩解不定故得以白舃配之冠弁服則諸侯視朝之服是以燕禮記云燕朝服鄭云諸

侯與其羣臣日視朝之服也謂冠玄端緇帶素韠白屨也白屨即與皮弁素積白屨同今以黑舃配之不與裳同色者朝服與玄端大同小異皆玄端緇布衣而裳有異耳若朝服則素裳白屨若玄端之裳則玉藻云韠君朱大夫素士爵韋是韠從裳色則天子諸侯朱裳大夫素裳皆不與裳同色者但天子諸侯舃有三等玄端既不得與祭服同赤舃若與韋弁皮弁同白則黑舃無所施故從上士玄裳無正而黑舃也大夫玄端素裳亦從玄裳黑屨矣云王后吉服六惟祭服有舃者以王舃有三后舃不得過王故知后舃亦三等但冕服有六其裳同故以一舃配之后翟三等連衣裳而色各異故三翟三等之舃配之云玄舃爲上禕衣之舃也下有青舃赤舃者玄舃配禕衣則青舃配揄翟赤舃配闕翟可知云鞠衣以下皆屨耳者六服三翟既以三舃配之且下文命夫命婦唯言屨不言舃故知鞠衣以下皆屨也云句當爲絇知者以此屨舃無取句之義案士冠禮皆云絇故知當爲絇云絇繶純者同色知者案士冠禮三冠絇繶純各自同色故也云今云赤繶黃繶青繶雜互言之明舃屨衆多反覆以見之者以其男子有三等屨舃婦人六等屨舃若具言其屨舃於文煩故雜互見之明其衆多也云凡舃之飾如繢之次者無正文此約皮弁白屨黑絇繶純白黑北方爲繡次爵弁纁屨黑絇繶

純黑與繶南北相對尊祭服故對方爲繢次也以此而言則知凡舃皆不與屨同而爲繢次可知云赤繶者王黑舃之飾者以其黑飾從繢之次赤是南方火色與北方黑對方更無青屨取赤爲繶知是王黑舃之飾也云黃繶者王后玄舃之飾者以其天玄與地黃相對爲繢次故知是王后玄舃之飾也上公夫人得服褖衣者亦得玄舃也云青絇者王白舃之飾者亦以對方飾之亦得與褖衣黑屨爲飾但據舃尊者而言王亦與諸侯白舃爲飾也云言繶必有絇純言絇亦有繶純三者相將者以士冠禮三冠各有絇繶純故知三者相將但經互見故各偏舉其一耳云王及后之赤舃皆黑飾后之青舃白飾者以舃皆對方以繢次爲飾故義然也云凡屨之飾如繡次也者亦約士冠禮白屨黑絇繶純之等而知也云黃屨白飾白屨黑飾黑屨青飾者此據婦人之屨鞠衣已下之屨故有黃屨黑屨也以屨從繡次爲飾故知義然也云絇謂之拘著於舃屨之頭以爲行戒者鄭注士冠亦云絇之言拘也以爲行戒狀如刀衣鼻在屨頭言拘取自拘持爲行戒者謂使抵目不妄顧視也云其餘唯服冕衣翟著舃耳者服冕謂后以下婦人也云素屨者非純吉有凶去飾者下經注散屨與此素屨同是大祥時則大祥除衰杖後身服素縞麻衣而着此素屨故云非純吉言去飾者經素屨不云繶純故

知去飾無絇繶純也云言葛屨明有用皮時者士冠禮云夏葛屨冬皮屨此經云葛屨據夏而言若冬明用皮故鄭云有用皮時也

辨外内命夫命婦之命屨功屨散屨

命夫之命屨纁屨命婦之命屨黃屨以下功屨次命屨於孤卿大夫則白屨黑屨九嬪内子亦然世婦命婦以黑屨爲功屨女御士妻命屨而已士及士妻謂再命受服者散屨亦謂去飾○散素但反注同

【疏】辨外至散屨○釋曰上明王及后等尊者舃屨訖此明臣妻及嬪已下之屨也言外内命夫案肆師職云禁外内命男女之衰不中法者鄭彼注外命男六鄉以出也内命男朝廷卿大夫士也其妻爲外命女彼外内命男則此外内命夫若然此外内命夫其妻爲外命婦鄭雖不注亦與彼同也内命婦自是九嬪以下也○注命夫至去飾○釋曰云命夫之命屨者以其經不云舃唯云屨大夫以上衣冠則有命舃無命屨故知命屨中唯有屨而已士之命服爵弁則纁屨故云命屨纁屨而已云命婦之命屨黃屨以下者以其外命婦孤妻已下内命婦九嬪已下不得服舃皆自鞠衣以下故云黃屨以下言以下者兼有卿大夫妻及二十七世婦皆展衣白屨士妻與女御皆禄衣黑屨故云以下以廣之云功屨次命屨於孤卿大夫則白屨黑屨者案司服孤希冕卿大夫玄冕皆以赤舃爲命舃以下仍有韋弁白屨冠弁黑屨故云次命屨命屨據婦人而言其實孤卿大夫身則功屨次命舃也云九嬪内子亦然者九嬪與孤妻内子既以黃屨爲命屨功屨之中有襢衣白屨禄衣黑屨故云亦然云世婦以黑屨爲功屨者以其皆以襢衣白屨爲命屨其功屨唯有禄衣黑屨也云女御士妻命屨而已者以二者唯有禄衣黑屨爲命屨故云命屨而已云士及士妻謂再命受服者案大宗伯云一命受職再命受服但公侯伯之士一命子男之士不命及王之下士皆受職不受服王之中士再命上士三命已上乃受服受服則弁得此屨故云再命受服者也云散屨亦謂去飾者據臣言散即上之素皆是無飾互換而言故云謂去飾者也鄭志趙商問司服王后之六服之制目不解請圖之荅曰大喪衮衣鷩衣毳衣絺衣玄衣此六服皆纁裳赤舃韋弁衣以韎皮弁衣以布此二弁皆素裳白舃冠弁服黑衣裳而黑舃冠弁玄端禕衣玄舃首服副從王見先王褕翟青舃首服副從王見先公闕翟赤舃首服副從王見羣小祀鞠衣黃屨首服編以告桑之服襢衣白屨首服編以禮見王之服禄衣黑屨首服次以御於王之服后服六翟三等三舃玄青赤鞠衣以下三屨黃白黑婦人質不殊裳屨舃皆同裳色也○

凡四時之祭祀以宜服之

祭祀而有素屨散屨者唯大祥時○

【疏】凡四至服之○釋曰言以宜服之者謂各以尊卑所宜之服服之○注祭祀至祥時○釋曰鄭知此經四時祭祀含有素屨散屨者以此經四時祭祀揔結上文諸屨故知有此二屨也云唯大祥時者此據外内命夫爲王斬衰而言初死著菅屨卒哭與齊衰初死同疏屨既練與大功初死同繩屨大祥與小功初死同吉屨無絇吉屨無繶純是以上經注云非純吉故云唯大祥時也但上經據卑云散散與素一也

夏采掌大喪以冕服復于大祖以乘車建綏復于四郊

求之王平生常所有事之處乘車玉路於大廟以冕服不出宮也四郊以綏出國門此行道也鄭司農云復謂始死招魂復魄士喪禮曰士死于適室復者一人以爵弁服升自東榮中屋北面招以衣曰皐某復三降衣于前受用篋升自阼階以衣尸喪大記曰復男子稱名婦人稱字唯哭先復言死而哭哭而復冀其復反故檀弓曰復盡愛之道也望反諸幽求諸鬼神之道也北面求諸幽之義也檀弓又曰君復於小寢大寢小祖大祖庫門四郊喪大記又曰復者朝服君以卷夫人以屈狄大夫以玄赬世婦以襢衣士以爵弁士妻以稅衣雜記曰諸侯行而死於館則其復如於其國如於道則升其乘車之左轂以其綏復大夫死於館則其復如於家死於道則升其乘車之左轂以其綏復喪大記又曰爲賓則公館復私館不復夏采天子之官故以冕服復于大祖以乘車建綏復于四郊天子之禮也大祖始祖廟也故書綏爲禭杜子春云當爲綏禭非是也玄謂明堂位曰凡四代之服器魯兼用之有虞氏之旂夏后氏之綏則旌旂有是綏者當作緌字之誤也緌以旄牛尾爲之綴於橦上所謂注旄於干首者王祀四郊乘玉路建大常今以之復去其旒異之於生亦因先王有徒緌者士冠禮及玉藻冠緌之字故書亦多作綏者今禮家定作蕤○乘繩證反注乘車皆同綏而誰反注下同依字作緌誤作綏耳適丁歷反榮如字劉音營衣尸於既反復扶又反朝直遥反卷古本反屈音闕赬勑貞反禭音維徐音遂橦直江反

【疏】夏采至四郊○釋曰大喪謂王喪也云以冕服復于大祖者謂初死屬纊絕氣之後即以冕服自衮冕以下六冕及爵弁皮弁之等復謂招魂復者各依命數天子則十二人各服朝服而復於六祖之廟當升自東霤北面履危西上云皐天子復如是者三乃卷衣投於前有司以篋受之升自阼階入衣於尸復

而不蘇乃行死事也故云復於大祖也云以乘車建綏復於四郊者以冕服不出宮旌旗之綏又是行道之物故乘玉路之乘車建綏而復於四郊也必於大祖四郊者欲死者復蘇故於平生有事之處皆復也○注求之至作緌○釋曰云求之王平生常所有事之處者鄭欲廣解所復之處故云平生以揔之天子七廟此經直云大祖大廟則后稷廟也餘六廟此不云復案祭僕云大喪復于小廟注云小廟高祖以下是親廟四也其五寢則隸僕復故隸僕職云大喪復於小寢大寢注小寢高祖以下廟之寢也始祖曰大寢唯二祧無復文者案祭法親廟四與大祖皆月祭二祧享嘗乃止無月祭則不復也禮記檀弓云復於小祖大祖庫門四郊周禮不言庫門者文不具云乘車玉路者案巾車云玉路以祀祭天地於郊用玉路明於四郊復乘玉路可知云于四郊者實小宗伯云兆五帝於四郊平生在四郊郊事神之處故復之也云於大廟以冕服不出宮也者鄭欲見於四郊不用冕服之意也云四郊以綏出國門行道也者案巾車云一曰玉路建大常十有二斿以祀故云以綏出國門此行道對在廟用冕也鄭司農云復謂始死招魂復魄者精氣爲魂耳目聰明爲魄人死魂氣上去故招之而復之於魄也自士喪以下至私館不復引此諸文者先鄭意禮記諸言復皆與此經復事同故皆引爲證也云士死於適室者適室則適寢也大夫士謂之寢天子諸侯謂之路寢也云復者一人者命士不命之士皆一人若大夫以上皆依命數也云以爵弁者凡復者皆用上服故用士助祭之服云升自東榮者升屋從東榮而上天子諸侯言東霤皐謂長聲而言又引喪大記復男子稱名婦人稱字者男子稱名據大夫士若天子稱天子復諸侯稱某甫臣不名君故也引喪大記云君以卷夫人以屈狄者彼注云君以卷謂上公也夫人以屈狄謂子男夫人若上公夫人用褘衣子男則用襢互見之者欲揔五等諸侯及夫人也云大夫以玄赬世婦以襢衣者赬赤也謂纁裳則玄冕也世婦謂君之世婦不言命婦與姪娣亦互見爲義也玄謂引明堂位凡四代之服器魯兼用之者鄭欲推出綏是有虞氏旌故也云有虞氏之旂夏后氏之綏者彼注云有虞氏當言綏夏后氏當言旂云則旌旂有是綏綏當作緌字之誤也者旌旂有是綏謂系邊著安此非字之體故破之云當作緌爲系邊著委故云字之誤也云緌以旄牛尾爲之綴於橦上所謂注旄於干首者爾雅云注旄於干首是也案鍾氏染鳥羽以爲王后之車飾亦爲旌旗之緌則旌旗亦有鳥羽獨云旄牛尾舉一邊而言其實兼有也云王祀四郊乘玉路建大常者此巾車文云今以之復去其旒異之於生者生時有旗有緌有旒今死去旒是異有虞氏也徒空也有虞氏空綏未有在下旒旄故云徒綏也云士冠禮及玉藻冠綏之字者欲見二冠綏之字與此旌旗之綏字同也云故書亦多作綏者謂作系傍委也云今禮家定作蕤者謂今說禮之家定作蕤謂爲蕤賓之蕤必定綏作蕤者蕤賓在午月一陰方生陰氣委蕤於下故旌旗之綏亦定作蕤也

附釋音周禮注疏卷第八

大清嘉慶二十年用文選樓藏本校

知南昌府張敦仁署鄱陽縣候補知州周澍栞

泰和盧氏宣旬校正

周禮注疏卷八挍勘記　阮元撰盧宣旬摘錄

附釋音周禮注疏卷第八

世婦

涖者臨也內羞謂房中之羞　閩監毛本同宋本余本嘉靖本無者字謂字是也岳本無謂字有者字

宗春官世婦官卿云　盧文弨云官誤官

謂糗餌粉餈　毛本同誤也閩監本糗作糗

故知此王使往可知也　浦鏜云可知衍

此文使世婦往弔者　浦鏜云又誤文非也

掌三公六卿之弔勞　浦鏜云經作孤卿

注云致禮同名爲弔　盧文弨云今小臣注脫致禮二字當據此補之

女御

則有妒疾自專之事　按疾當嫉字誤

涖女宮之具　浦鏜云涖下脫陳

又漢制度皆戴辟　縫人注辟作璧此誤

女祝

杜子春讀梗爲更　禮說云管子四時篇謹禱弊梗弊當作幣左傳襄九年祈以幣更續漢志云周人木德以桃爲梗言氣相更也風俗通云梗者更也歲終更始受介祉也則梗即更明甚

女史

卻變異曰禳　嘉靖本閩本同惠挍本䟽中亦作卻監本毛本作郤從邑誤

故知内治之灋　按灋當作法

典婦功

灋其用財舊數　閩監毛本同宋本嘉靖本灋作法當訂正

故書齎爲資杜子春讀爲資　漢讀考云此故書作資子春易爲齎而鄭君從之也今本作杜子春讀爲資誤釋文事齎音資本亦作資按亦作資者乃依注改經之本也

非直破貴賤　閩本同誤也監本毛本破作殊當訂正

物書而楬之　唐石經余本閩監毛本同宋本嘉靖本漢制考楬作揭從手宋本載音義亦從手下典絲揭字諸本從木按此字在釋文木部從手者後人寫亂之

典絲

自於后宮用之　閩本同監毛本后誤後

敎九御以婦職　盧文弨云當作婦功按此類皆義疏家約略引之不必盡依本文

言衣物釋經黼畫　惠挍本作云衣服此誤

以給線縷著旴口綦握之屬　宋本閩監毛本同誤也余本岳本嘉靖本旴作盱按釋文盱口香于反亦從目當訂正疏中引注惟毛本誤從日此本及閩監本皆從目不誤

茵著褥是也　浦鏜云少儀注褥作蓐此俗字

謂若司几筵云扆前者是也　浦鏜云經扆作依

典枲

草葛蕢之屬　此本宋本蕢誤蕡今據諸本訂正釋文蕢苦迴反

授受班者　諸本同浦鏜云頒誤班非也此經作頒注作班通書準此

内司服

褘衣　唐石經諸本同宋本嘉靖本褘作禕宋元人寫衣旁示旁往往無別誤也說文衣部褘蔽厀也从衣韋聲周禮曰王后之服褘衣謂畫袍與先後鄭義合

緣衣　唐石經諸本同釋文緣衣或作褖同吐亂反漢讀考云案毛詩綠衣鄭注云綠當爲褖故作褖轉作綠字之誤也正義云此綠衣與內司服綠衣字同內司服掌王后之六服五服不言色唯綠衣言色明其誤也此注云褘揄狄展聲相近綠字之誤也釋曰綠與褖不得爲聲相近但字相似爲字之誤也然則賈孔所據周禮皆作綠衣自開成石經誤作緣而今本承之

揄翟畫搖者　宋本翟作狄非上注狄當爲翟已改狄爲翟

色如鞠塵　疏云麴塵不爲麴字者古通用

三月薦鞠衣于上帝　宋本余本岳本嘉靖本同閩監毛本上作先依今禮記改

玼兮玼兮其之翟也　釋文玼音此劉倉我反本亦作瑳與下如字同倉我反詩君子偕老釋文玼音此本或作瑳此是後文瑳兮然舊本皆前作玼後作瑳按玼瑳聲相近說文瑳玉色鮮白玼玉色鮮也義亦同然一書之中不當玼瑳錯出毛詩瑳兮下傳箋王肅皆無說明與前章同作玼也此注玼亦作瑳劉昌宗音倉我反蓋毛詩前後皆作玼禮注據魯韓詩前後皆作瑳今本合并合一以前後區別之非也亦詳段玉裁詩經小學

又曰瑳兮瑳兮其之展也　此本無又曰二字後擠入

夫人服稅衣揄狄　閩毛本同宋本監本服作脫皆誤也嘉靖本作復與詩正義所引合當據以訂正復謂招魂所用也按今本雜記喪大記皆作稅衣據此注所引知本作褖衣下云字或作稅當兼雜記喪大記言之賈疏云或雜記文蓋賈所據雜記已作稅矣雜記其餘如士注云其餘如士之妻則亦用稅衣正義本稅衣作褖衣與此注正合稅脫褖皆聲相近

言褖者甚衆　詩綠衣正義引作言褖衣者甚衆此脫衣字

婦人尚專一　按一當作壹

今之白縳也　釋文白縳劉音絹聲類以爲今作絹字嘉靖本縳作縛

褘衣者亦是翟　惠挍本閩本同監毛本翟作翬

此素沙與上六服爲裏　此本裏誤裹據閩監毛本訂正

韋弁已下常服有三　閩監毛本已作以下句同

周官祭天后夫人有與者　按有當作不盧文弨云今白虎通無此語

展則邦之爲媛助　按媛當作援監本媛字剜改蓋本作援

大師雞鳴于簷下　浦鏜云雞上脫奏

然後后夫人鳴珮玉于房中告　浦鏜云后衍字告下脫去○按傳文后夫人侍於君前此云然後后夫人鳴珮玉非有衍字也

云緣字之誤也者緣與褖不得爲聲相近　盧文弨云二緣字皆當作緣

正取衣復不單　閩監毛本復作複

此約司服孤絺冕　浦鏜云經作希注希讀爲絺

鄭知此中內命婦唯有女御者　惠挍本此作凡此誤

唯有鞠衣已上　惠挍本上作下此誤

亦是尊尊此王之嬪婦也　宋本尊字不複此衍

案特牲主婦纚笄綃衣　惠挍本作宵衣與禮記合注云宵綺屬也是讀宵爲綃但未改字

少牢主婦髲鬄衣侈袂　閩監毛本作移袂下仍作侈按少牢饋食禮釋文侈袂本又作移唐石經羣經音辨皆作移此本作侈蓋非下侈字亦當作移浦鏜云經作被錫注云被錫讀爲髲鬄

縫人

鄭司農云線縷也 閩監毛本同宋本余本岳本嘉靖本無也按賈疏標起止云注女御至線縷亦無也字

謂兩已相背三行 浦鏜云爲誤謂

云素錦褚 惠棟挍本下有者此脫

綴其絡其上 浦鏜云貝誤具

以木爲匡廣二尺 浦鏜云記注匡作筐此二爲三字之誤

以青黑文則曰黻翣爲雲氣則曰畫翣 惠挍本上爲作以下有也字

衣翣柳之材 唐石經諸本同漢讀考云此司農易接爲翣而引檀弓及春秋傳以證翣之義司農所據記傳字作翣今本記傳則皆作翣矣喪祝注亦云四翣牆置翣翣者翣之假借字也經文翣字當亦作翣而後人改之

必先縿衣其木 宋本嘉靖本閩本同監毛本木作材此本作才爲木之誤今訂正

周人牆置翣 宋本余本岳本嘉靖本同閩監毛本翣作翣依今禮記所改非也

諸節之所聚者 閩監毛本節作飾此誤

是濟南伏生書柳文 漢制考柳作傳此誤

染人

故書纁作窾鄭司農云窾讀當爲纁 漢讀考云此以窾不見於他經傳而易其字也窾聲在十四部熏聲在十三部聲略相倣說文黑部有黖字云黑有文也從黑冤聲讀若飴盌之盌黖卽窾字故書假借爲纁字也

三月而後可用 宋本嘉靖本後作后按注當用後字

羽甽夏狄 宋本嘉靖本毛本同閩監本甽作畎依今尚書所改釋文羽甽古犬反按甽或作甽誤惟宋本不誤

引禹貢曰以下者山谷也 惠挍本以作巳山作甽此誤

云夏狄是其總者 浦鏜云揔下脫名

故云是放而取名也 浦鏜云是下脫以

追師

牟追夏后氏之道也 諸本同釋文毋追音牟此作牟非按士冠禮釋文亦作毋追音牟

君今步繇矣 閩本同嘉靖本監毛本繇作繇此本及閩監毛本載釋文作繇按作繇者誤字書無此字釋文步繇本或作搖从竹者乃俗字耳

服之以桑也 詩君子偕老正義及雞鳴正義皆引作服之以告桑也此脫告字

追琢其璋 諸本同浦鏜云章誤璋非此當據魯韓詩玉篇辵部引詩亦作璋

主婦髲鬄衣移袂 宋本余本嘉靖本皆作袳袂下同

亦謂助后而服之也 惠挍本后上有王此脫

其中亦有編 惠挍本亦作唯

取鞠衣以下無衡矣 浦鏜云取當餘字誤

又見桓二年哀伯云 惠挍本哀上有臧此脫

鄘風注云玼鮮明貌 今鄘風傳作鮮盛貌非鄘風新臺傳云玼鮮明貌與此合

云外內命婦衣鞠衣襢衣服編 浦鏜云襢衣下脫者

二王之後 此本脫王據閩監毛本補

屨人

屨自明矣 宋本自作目是屨目卽經之某舃某屨也

禪下曰屨　監本禪誤襌

王錫韓侯　諸本同嘉靖本錫作賜按王氏詩考引周禮注王賜韓侯是宋本作賜作錫者依今詩所改

絇謂之拘　諸本同釋文之救戚如字劉音拘漢讀考云絇謂之救者爾雅釋器文儀禮注絇之言拘也鄭自爲說故云之言此引爾雅云謂之

又是陽口變　此本空闕一字閩本作少監毛本作多

屨舄在下畢　此本畢誤黒據閩監毛本訂正

欲言繶絇以表見其舄　閩本同監本舄下剜擠耳毛本排入

驗屨同裳色　惠挍本驗作證

故從上下元裳無正而黒舄也　浦鏜云爲誤無從儀禮通解續挍

云今云赤繶黄繶青繶　浦鏜云青絇誤青繶

黒與繶南北相對尊祭服故對方爲繢次也　惠挍宋本繶作纁此誤監本方誤万繢誤續毛本同

以其黒飾從繢之次　浦鏜云舄誤黒

上公夫人得服褖衣者　浦鏜云禕誤褖

不云繶純　浦鏜云繶上脫絇

彼外內命男則此外內命夫若然此外內命夫　浦鏜云三內字衍儀禮通解續挍

內命婦九嬪已下　閩本同監毛本已作以

案司服孤希冕　閩監毛本希作絺

此據外內命夫　浦鏜云下脫命婦

夏采

故書緌爲襚杜子春云當爲緌　漢讀考云釋文襚音維徐音遂據徐音疑本作䍁或作旞說文㫃部旞卽旞字全羽爲旞古羽旄多互言言羽而旄見言旄而羽見經云旞猶禮記云緌皆謂無旄也杜易爲緌似未解此

夏后氏之緌　明堂位作綏注云綏當爲緌按此仍當爲綏下始云當作緌

則旌旂有是綏者　漢讀考是作徒云作是誤徒緌去旒也按下注云亦因先王有徒緌者疏云徒空也有虞氏空緌未有在下旂旒

緌以旄牛尾爲之　宋本旄作毛

故書亦多作綏者　閩監毛本同宋本岳本嘉靖本綏作緌漢讀考云作緌誤

云以乘車建緌　惠挍本緌作綏此誤

祭天地於郊用玉路　浦鏜云地衍

實小宗伯云　浦鏜云實當案字誤

旌旂有是綏謂系邊著殳　惠挍本綏下有者字系邊作系傍此誤下系邊同

云綏以旄牛尾爲之　惠挍本綏作緌此誤

一陰方生　惠挍本漢制考方作夂此誤

周禮注疏卷八挍勘記終

南昌袁泰開挍

附釋音周禮注疏卷第九

地官司徒第二 疏 鄭目錄云象地所立之官司徒主衆徒地者載養萬物天子立司徒掌邦教亦所以安擾萬民○釋曰既言象地所立則此六十官皆法地與天官言象天義異矣

鄭氏注　賈公彥疏

惟王建國辨方正位體國經野設官分職以爲民極 疏 釋曰六官皆有此敘者欲見六官所主雖異以爲民極是同故也 乃立地官司徒使帥其屬而掌邦教以佐王安擾邦國 教所以親百姓訓五品有虞氏五而周十有二焉擾亦安也言饒衍之 疏 乃立至邦國○釋曰此經所云爲立官之意六官亦同有此語唯地官司徒與安擾之字不同欲見所主雖曰有殊佐王之事是一故也○注教所至衍之○釋曰云教所以親百姓者案尚書舜典云帝曰契百姓不親五品不遜汝作司徒敬敷五教在寬彼舜欲使契布五教親百姓遜五品是鄭君所取義也但五教據所施而言五品據人品列有五所從言之異其義一也云有虞氏五而周十有二焉者有虞氏五即舜典所云敬敷五教又文十八年云舜臣堯舉八元使敷五教于四方父義母慈兄友弟恭子孝是也而周十有二者據司徒之職云一曰以祀禮教敬以下是也案成王周官云司徒敷五典擾兆民則周亦有五教而云至周十有二者鄭據此周禮之文言十二以對於虞其實五中雖不含十二亦含有五云擾亦安也言饒衍之者以言饒益衍長亦是安義以其民爲邦本不安則散特須安而復安故云擾亦安也案天官教典鄭注擾爲馴者以其司徒主教教使馴順馴亦是安之義也 教官之屬大司徒卿一人小司徒中大夫二人鄉師下大夫四人上士八人中士十有六人旅下士三十有二人府六人史十有二人胥十有二人徒百有二十人 師長也司徒掌六鄉鄉師分而治之二人者共三鄉之事相左右也○鄉師音香下以意求之長丁丈反後皆同左音佐右音

又 疏 教官至十人○釋曰上經說立官之意此經說立官尊卑相副貳云教官之屬者自此以下至槀人揔六十官皆是教官之屬若然教官揔目於下也云大司徒卿一人六命小司徒中大夫二人四命鄉師下大夫四人與小司徒同四命分爲中下上士八人三命中士十有六人再命旅下士三十有二人一命自此已上皆得王命謂之王臣以卑佐尊尊少卑多各與上一倍云府六人主藏文書史十有二人主作文書胥十有二人爲什長徒百有二十人給徭役此四者皆不得王命官長所自辟除者也○注師長也至右也釋曰此鄉師司徒之老謂之鄉師者謂佐司徒主六鄉亦與在下民臣爲長故云師長也云司徒掌六鄉者案下云鄉老二鄉則公一人已下是主六鄉之事云鄉師分而治之者以其鄉師佐司徒主六鄉故言分而治之以鄉有六其人有四故二人共三鄉云相左右者左右助也以其二人共主三鄉不得各專其鄉事故相助而已

鄉老二鄉則公一人鄉大夫每鄉卿一人州長每州中大夫一人黨正每黨下大夫一人族師每族上士一人閭胥每閭中士一人比長五家下士一人 老尊稱也王置六鄉則公有三人也三公者內與王論道中參六官之事外與六鄉之教其要爲民是以屬之鄉焉州黨族閭比鄉之屬別正師胥皆長也正之言政也師之言師也胥有才知之稱載師職曰以官田牛田賞田牧田任遠郊之地司勳職曰掌六鄉之賞地六鄉地在遠郊之內則居四同鄭司農云百里內爲六鄉外爲六遂○比毗志反徐扶二反注下同稱尺證反下同爲民于僞反師所類反 疏 鄉老至下士一人○釋曰鄉老者謂三公案下曲禮三公於諸侯曰天子之老此鄭注云老尊稱未必是年老二鄉則公一人者在朝三公八命即典命云三公八命是也分陝而治則九命則大宗伯云九命作伯是也鄉大夫每鄉卿一人者六鄉則卿六人各主一鄉之事然揔屬司徒非六官典兼鄉大夫知者以鄭注大司馬云軍吏選於六官六鄉之吏爲之既六官六鄉並言故知別置州長每州中大夫一人者每鄉有五州州長以中大夫爲之亦四命黨正每黨下大夫一人者五黨爲州黨正使下大夫爲之亦四命族師每族上士一人者五族爲黨族師使上士一人爲之亦三命閭胥每閭中士一人者

四閭爲族巷門爲閭胥有才智之稱閭胥使中士一人爲之亦再命比長五家下士一人者五比爲閭比長使下士一人爲之亦一命特言五家者明閭胥已上至鄉皆有家數故其職云五家爲比五比爲閭四閭爲族五族爲黨五黨爲州五州爲鄉從少至多故於比言五家爲本也○注老尊至六遂釋曰言老尊稱也者以其天子所父事三老者同名故云老尊稱也云王置六鄉則公有三人也者於周禮不見公之人數六鄉之數周禮有其文此經云二鄉則公一人明知公有三人案成王周官立太師太傅大保茲惟三公亦是公有三人之事云三公者內與王論道者成王周官云茲惟三公論道經邦考工記云坐而論道謂之王公鄭雖言天子諸侯公中亦含三公是其內與王論道也云中參六官之事者案書傳云天子三公一曰司徒公二曰司馬公三曰司空公彼注云周禮天子六鄉與大宰司徒同職者則謂之司徒公與宗伯司馬同職者則謂之司馬公與司寇司空同職者則謂之司空公一公兼二鄉舉下以爲稱是其中參六官之事云外與六鄉之教即此經是也云其要爲民所以屬之鄉焉者三公無正職是以三百六十官之中不見三公之任唯此六鄉之內而言三公故云屬之鄉焉不言三孤者以其佐公論道三公有事之所亦有三孤故不言之云州黨族閭比鄉之屬別者五者皆屬於鄉而名號有別也云正師胥皆長也者自州已下至比長五官州比自稱長矣唯有黨正族師閭胥不言長故鄭云正師胥皆長也云正之言政也者取施政教者先自正故也云師之言師也者以其帥領百家故言帥也云胥有才智之稱者此釋閭胥以其有才智故爲中士以領一閭雖不稱長亦有長義引載師職云賞田任遠郊之地又引司勳職言掌六鄉之賞地者欲見賞地在六鄉之中同在遠郊之內云六鄉地在遠郊之內則居四同者案司馬法王城百里爲遠郊於王城四面則方二百里開方之二二如四故云居四同言此者破賈馬六鄉之地在遠郊五十里內五十里外置六遂鄭司農云百里內爲六鄉外爲六遂者司徒掌六鄉在百里內上以釋訖百里外爲六遂以其遂人掌六遂案遂人職云掌邦之野郊外曰野故知百里外爲六遂

封人中士四人下士八人府二人史四人胥六人徒六十人聚土曰封謂壝堳埒及小封疆也○堳音眉埒音劣疆居良反【疏】封人至十人○釋曰封人在此者以其掌設王之社壝及畿封又大司徒設社稷壝相左右故在地官而爲職首也胥徒多者以其畿封事廣故也

鼓人中士六人府二人史二人徒二十人【疏】鼓人○釋曰鼓人在此者以其主教六鼓四金以是教官故在此也

舞師下士二人胥四人舞徒四十人舞徒給繇役能舞者以爲之○繇音遙【疏】舞師至十人○釋曰舞師在此者以其主教野人之舞亦是教官之類故也若然樂師亦教舞不在此者彼教國子學樂必須合於禮故入春官也○注舞徒至爲之○釋曰餘官直言徒此官徒言舞者徒是給繇役之人今兼云舞即徒中使能舞者以充徒數也

牧人下士六人府一人史二人徒六十人牧人養牲於野田者詩云爾牧來思何蓑何笠或負其餱三十維物爾牲則具○牧牧養之牧徐音目何胡可反又音河下同蓑素禾反笠音立餱音侯乾食【疏】牧人至十人○釋曰牧人在此者以其掌牧六牲以供祭祀亦是地事故也○注牧人至則具○釋曰鄭云養牲於野田者對充人養牲於國中又云詩曰者謂無羊詩美宣王之事也爾宣王牧人來之時荷揭蓑之與笠蓑所以禦雨笠所以禦暑或負其餱糧也三十唯物物色也異毛色者三十爾宣王牲則備矣引之者以證牧人牧六牲之事也

牛人中士二人下士四人府二人史四人胥二十人徒二百人主牧公家之牛者詩云誰謂爾無牛九十其犉犉者九十其餘多矣○犉而純反一音而專反黃牛黑脣曰犉【疏】注主牧至多矣○釋曰主牧公家之牛者亦是地事又鄭下注云牛能任載地之類故在此也詩云者亦無羊詩言誰謂爾宣王無牛九十其犉黃牛黑脣曰犉云犉者九十其餘多矣者證經牛多故徒有二百人牧之也

充人下士二人史二人胥四人徒四十人充猶肥也養繫牲而肥之【疏】充人至十人○釋曰祭祀之牲本以諸官堪入祭祀者送付牧人至祭前三月選入充人

芻之使之肥充故其職云祀五帝則繫于牢芻之三月故與牧人連類在此也

載師上士二人中士四人府二人史四人胥六人徒六十人載之言事也事民而稅之禹貢曰冀州既載載師者閭師縣師遺人均人官之長〔疏〕載師至十八人○釋曰案其職云掌任土之法以物地事皆是土地之事故在此○注載之至之長○釋曰鄭知事民而稅之者案其職上云任土之法下云近郊什一之等是其任民而稅之者也云禹貢曰冀州既載引之者彼是禹治洪水訖事而稅之引之證此事民之類也云載師者閭師縣師遺人均人官之長者以其閭師縣師徵斂之官所斂之賦有入遺人者均人主當地守地職皆與載師事通故載師與之爲長

閭師中士二人史二人徒二十人主徵六鄉賦貢之稅者鄉官有州黨族閭比正言閭者徵民之稅宜督其親民者凡其賦貢入大府穀入倉人〔疏〕注主徵至倉人○釋曰知主徵六鄉賦貢之稅者案其職云任農以耕事貢九穀任圃以樹事貢草木六鄉之内有二十五家爲閭今以閭爲名故

知閭師主徵六鄉賦貢者也云鄉官有州黨族閭比正言閭者徵民之稅宜督其親民者鄉官有五者之名正取二十五家爲閭以爲徵斂之官號者徵民之稅恐不能細委其民故以近民之官爲號云凡其賦貢者此貢非是大宰九貢正是九職之貢即其職云任農以耕事貢九穀之類是也此云賦謂大宰九賦之内則國中四郊二者是也故其職云掌國中及四郊之人民六畜之數又云凡無職者出夫布是其九職之内故云凡其賦貢入大府故大府職云掌九賦九貢九功之貳以受其貨賄之入焉云穀入倉人者案倉人云掌粟入之藏故知穀入倉人也

縣師上士二人中士四人府二人史四人胥八人徒八十人主天下土地人民已下之數徵野賦貢也名曰縣師者自六鄉以至邦國縣居中焉鄭司農云四百里曰縣〔疏〕注主天至曰縣○釋曰主天下土地人民已下之數者案其職云掌邦國都鄙稍甸郊里之地域辨其夫家六畜車輦是其主天下土地人民已下之數人民之外仍有六畜車輦故言已下云徵野賦貢也者案其職云以歲時徵野之賦貢郊外曰野以其二百里外至邦國以其地廣縣師徵之旅師斂之徵斂別官百里

之内六鄉之中閭師徵之閭師斂之以其地狹徵斂同官又云名曰縣師者自六鄉以至邦國縣居中焉自百里以至邦國分爲五等二百里曰甸三百里曰稍四百里曰縣五百曰都畿外邦國是其縣居中焉以其徵外内之賦舉中爲名鄭雖言自六鄉六鄉仍舊郊内據六鄉已外而言鄭司農云四百里曰縣者據載師職小都任縣地在四百里中故云四百里曰縣此縣師與閭師並在此者以其徵斂地稅故與載師連類在此

遺人中士二人下士四人府二人史四人胥四人徒四十人鄭司農云遺讀如詩曰棄予如遺之遺玄謂以物有所饋遺○遺人維季反注饋遺同司農音維〔疏〕遺人至十八人○釋曰在此者案其職云掌邦之委積以待施惠故與徵斂之官連類在此○注鄭曰至饋遺○釋曰先鄭云遺讀如詩曰棄予如遺之遺者此小雅谷風詩彼謂朋友道絶相棄如遺忘物玄謂以物有所饋遺者此是將物與人非是遺忘之事故不從先鄭也

均人中士二人下士四人府二人史四人胥

四人徒四十人均猶平也主平土地之力政者〔疏〕均人至十八人○釋曰均人在此者案其職云掌均地政均地守均地職皆是均地之事故在此○注均猶至政者○釋曰知平土地之力政者案其職均地職已下更有均人民牛馬車輦之力政是其平土地力政者也

師氏中大夫一人上士二人府二人史二人

胥十有二人徒百有二十人師教人以道者之稱也保氏司諫司救官之長鄭司農云詩云楀維師氏○楀俱禹反〔疏〕師氏至十八人○釋曰師氏在此者以其主教與地官掌十二教同故亦在此以其教國子有道藝故使中大夫尊官爲之也其徒百有二十人者以其國子人多使役處衆故其徒多矣○注師教至師氏○釋曰案其職云以三德教國子一曰至德以爲道本是其教人以道者爲稱也云保氏司諫司救官之長者以其保氏佐師氏教國子以其司諫諫萬民司救救萬民皆是教之義故師氏與爲長鄭司農云詩云楀惟師氏者此詩小雅刺幽王之詩其臣氏曰楀者惟作師氏之官引之者證與此師氏同也

保氏下大夫一人中士二人府二人史二人胥六人徒六十人保安也以道安人者也書叙曰周公爲師召公爲保相成王爲左右聖賢兼此官也。召上照反相息亮反【疏】保氏至十人。釋曰保氏在此者以其佐師氏教國子亦是教官故在此既與師氏同教國子官與府史別者以其教國子雖同館舍別所故置官有異。注保安至官也。釋曰云以道安人者也者人則是國子也案其職云掌教國子以道人有道則安故云以道安人者也此師氏保氏皆稱氏者案鄭下注云官有世功則以官族此二官父祖以來皆以道教國子世爲師氏保氏之官則賜之以氏曰師氏保氏自此已下官稱氏者皆此類也云書叙曰周公爲師召公爲保相成王爲左右者此是尚書君奭篇叙云聖賢兼此官也者召公爲賢周公爲聖此二人爲三公分陜以其周公聖下兼此師氏官召公爲賢下兼此保氏官故云聖賢兼此官此鄭君之意謂三公之號無師保之名兼此二官得師保之稱鄭志趙商問案成王周官立大師大傅大保茲惟三公即三公之號自有師保之名成王周官是周公攝政三年事此周禮是周公攝政六年時則三公自名師保起之在前何也鄭荅曰周公左召公右兼師保初時然矣若如此解周公兼師在成王周官前故成王周官稱三公爲大師大傅大保若然大傅者畢公爲之兼世子之官故稱大傅是以文王世子云大傅在前少傅在後若孔君之義三公之號自名師保不由兼師氏保氏

司諫中士二人史二人徒二十人諫猶正也以道正人行。行下孟反【疏】司諫至十人。釋曰司諫在此者案其職云掌糾萬民之德勸之朋友正其行而強之道藝此官則主諫萬民亦是教之義此官徒二十人無胥者以得徒則了不假長帥上下文有徒無胥者皆此類故無胥也。注諫猶至行人。釋曰鄭訓諫爲正言以道正人行者案其職云正其行故鄭就而解之

司救中士二人史二人徒二十人救猶禁也以禮防禁人之過者也【疏】注救猶禁也以禮防禁人之過者也。釋曰案其職云掌萬民之衺惡過失而誅讓之以禮防禁而救之是其以禮防禁人之過者亦是教之類故在此

調人下士二人史二人徒十人調猶和合也【疏】調人釋曰言調人者鄭云調猶和合也人相殺傷共其難者此調人和合之在此者會赦之後設教使之相避是教官之類故在此

媒氏下士二人史二人徒十人媒之言謀也謀合異類使和成者今齊人名麴麩曰媒。媒劉音梅麴起六反麩魚列反又五結反徐去稷反【疏】媒氏至十人。釋曰媒氏在此者集名云配儷男女取地道生息故在此也。注媒之至曰媒。釋曰言謀合異類使和成者異類謂別姓三十之男二十之女和合使成婚姻云今齊人名麴麩曰媒。麴麩和合得成酒醴名之曰媒言此者欲見謀合異姓得名爲媒之意

司市下大夫二人上士四人中士八人下士十有六人府四人史八人胥十有二人徒百有二十人司市市官之長【疏】司市至十人。釋曰案其職云掌市之治教政刑量度禁令以其事治教即教官之類又市以聚人猶地之容衆故在此以其市官之長經紀事大故使下大夫尊官爲之也屬官及胥徒又衆也。注司市市官之長。釋曰市官謂質人已下至泉府司市與之爲長也

質人中士二人下士四人府二人史四人胥二人徒二十人質平也主平定物賈者。賈音嫁下物賈及賈八人同【疏】質人釋曰在此者案其職云掌成市之貨賄人民牛馬鄭彼注成平也此注質平也主平定物賈者故亦與司市連類在此

廛人中士二人下士四人府二人史四人胥二人徒二十人故書廛爲壇杜子春讀壇爲廛說云市中空地玄謂廛民居區域之稱。廛直連反徐長戰反【疏】廛人至十人。釋曰在此者案其職云掌斂市之絘布總布質布罰布廛布五種之泉入于泉府故與司市連類在此也。注故書至之稱。釋曰子春讀壇爲廛不從故書於義是也又說云市中空地以解廛則於義非也故後鄭不從玄謂廛民居區域之稱者見遂人云夫一廛田百畝及載師廛里任國中之地皆是民之所居區域又其職有廛布謂貨賄停儲邸舍之稅即市屋舍名之爲廛不得爲市中空地

胥師二十肆則一人皆二史賈師二十肆則一人皆二史司

虣十肆則一人司稽五肆則一人胥二肆則一人肆長每肆則一人

自胥師以及司稽皆司市所自辟除也胥及肆長市中給繇役者胥師領羣胥賈師定物賈司暴禁暴亂司稽察留連不時去者○賈音古辟必亦反徐方歷反【疏】胥師二十肆則一人皆二史○釋曰自胥師至司稽皆是府史之類非是命士已上其職云平其貨賄胥者有才智之稱師長也肆謂行列胥師二十肆則一人皆有二史副之助作文書○賈師至每肆則一人○釋曰賈師知物賈者其職云凡國之賣儥各帥其屬而嗣掌其月亦二十肆則一人亦二史副之司虣司猶主也主在市虣亂十肆則一人司稽一司主也主在市稽留之人不時去者五肆則一人胥二肆則一人者此謂市中給繇役少有才智者屬胥師肆長謂行頭每肆則一人亦是市中給繇役者○注自胥至去者○釋曰知胥師及司稽皆司市所自辟除者以其胥師越賈師等領羣胥則知胥師等並非官賈師與胥師同二十肆則一人二史賈師非官明胥師亦非官也故知皆司市所自辟除也又知胥及肆長是給繇役者以其司稽已上是府史之類明此二者與胥徒同是給繇役者也又知胥師領羣胥者以其同名爲胥

二肆則一人其數衆多明有所所屬故一胥爲胥師所領也

泉府上士四人中士八人下士十有六人府四人史八人賈八人徒八十人

鄭司農云故書泉或作錢【疏】泉府至十人○釋曰在此者案其職云掌以市之征布故與司市連類在此○注鄭司至作錢○釋曰泉與錢今古異名故後鄭引之得通一義

司門下大夫二人上士四人中士八人下士十有六人府二人史四人胥四人徒四十人每門下士二人府一人史二人徒四人

司門若今城門校尉主王城十二門○校胡孝反【疏】司門至徒四人○釋曰司門在此者案其職云正其貨賄凡物犯禁者舉之以其掌貨賄與司市相連故亦在此○注司門至二門○釋曰案經有每門下士二人據在門開閉者此司門鄭云若今城門校尉則是都司摠監十二門官故舉漢法況之知王城有十二門者案匠人云營國九里旁三門四面各三門是有十二門鄭注云十二門以通十二子十二子則十二辰也

司關上士二人中士四人府二人史四人胥八人徒八十人每關下士二人府一人史二人徒四人

關界上之門【疏】司關至徒四人○釋曰在此者案其職云掌國貨之節以連門市故同與市連類在此此司關亦是摠檢校十二關所司在國內下云每關下士二人者自在關門關閉○注關界上之門○釋曰王畿千里王城在中面有五百里界首面置三關則亦十二關故云關界上門也

掌節上士二人中士四人府二人史四人胥二人徒二十人

節猶信也行者所執之信【疏】掌節至十人○釋曰案其職云掌守邦節辨其用在此者以其節連於門市故亦連類在此○注節猶至之信○釋曰案其職云邦國之使節山國虎節凡節者皆

行道所用無節者不達有節乃得行故云行者所執之信

遂人中大夫二人遂師下大夫四人上士八人中士十有六人旅下士三十有二人府四人史十有二人胥十有二人徒百有二十人

遂人主六遂若司徒之於六鄉也六遂之地自遠郊以達于畿中有公邑家邑小都大都焉鄭司農云遂謂王國百里外【疏】遂人至十人○釋曰遂人主六遂如司徒主六鄉但官卑校一節司徒六命卿一人小司徒中大夫二人鄉師下大夫四人此遂人中大夫二人當小司徒處遂師下大夫四人當鄉師處但無六命卿一人以其六鄉爲正六遂爲副故尊卑不同以主事相似故上士已下其數與司徒同自此已下至旅師皆是地事故在此○注遂人至里外○釋曰鄭知遂人主六遂若司徒之於六鄉者既名遂人下文承以遂大夫遂官之等似若大司徒下即有鄉大夫鄉官之等故知遂人主六遂若司徒之於六鄉也云六遂之地自遠郊以達于畿者案其職云遂人掌邦之野下文以達于畿是其義也

云中有公邑家邑小都大都焉但六遂之地只在二百里內亦有公邑故載師職云公邑之田任甸地其公邑自二百里以出至五百里皆有焉家邑大夫采地在稍地三百里小都卿之采地在縣地四百里大都三公王子弟在畺地五百里故載師職云家邑任稍地小都任縣地大都任畺地遂人雖專六遂以其言掌野郊外曰野大揔之言以言達于畿故知兼掌此等焉鄭司農云遂謂王國百里外者以其在一百里中故知百里外

遂大夫每遂中大夫一人縣正每縣下大夫一人鄙師每鄙上士一人酇長每酇中士一人○酇作管反里宰每里下士一人鄰長五家則一人縣鄙酇里鄰遂之別屬也

疏遂大至則一人○釋曰此遂大夫於六遂各主一遂以鄉大夫各主一鄉但遂大夫已下其官皆卑於鄉官命數皆減一等是以遂大夫每遂中大夫一人不使鄉爲之差次至鄰長五家則一人者是不命之士爲之其鄉內比長亦五家一人彼使下士爲之○注縣鄙至別也○釋曰以其鄰長已上至縣正皆屬於遂大夫故言遂之屬別與上文州黨族閭比鄉之屬別相似

旅師中士四人下士八人府二人史四人胥八人徒八十人主斂縣師所徵野之賦穀者也旅猶處也六遂之官里宰之師也正用里宰者亦斂民之稅宜督其親民

疏旅師至十人○釋曰六鄉之內所有賦稅閭師徵之閭師斂之此二百里以外至五百里其地廣故縣師徵之旅師斂之徵斂別官故官屬與胥徒多也○注主斂至親民○釋曰案其職云掌聚野之鋤粟屋粟間粟言野故知主斂縣師所徵野之賦穀者也云旅猶處也六遂之官里宰之師也者里訓爲居旅者衆也衆之所處即與里義同故鄭云里宰之師也遂官之內縣鄙已下正用里宰爲徵斂之官名者亦是斂民之稅宜督其親民若似六鄉之中取閭名爲徵斂之官故鄭云亦謂亦閭師也

稍人下士四人史二人徒十有二人主爲縣師令都鄙丘甸之政也距王城三百里曰稍家邑小都大都自稍以出焉○爲于僞反甸繩正反又如字

疏稍人至有二人○釋曰其官在此者其職云掌令丘乘之政令言丘乘即三等采地也故與縣師遂人等連類在此○注主爲至出焉○釋曰云主爲縣師令都鄙丘甸之政也者案其職云若有會同師田行役之事則以縣師之法故云主爲縣師令都鄙丘甸之政也云距王城三百里曰稍者案載師家邑任稍地在三百里內故知三百里曰稍云家邑小都大都自稍以出焉者以其家邑在三百里小都在四百里大都在五百里從三百里向外故言自稍以出

委人中士二人下士四人府二人史四人徒四十人主斂甸稍芻薪之賦以共委積者也○委烏僞反注同

疏注主斂至者也釋曰案其職云掌斂野之賦斂薪芻凡疏材木材凡畜聚之物故鄭云主斂甸稍薪芻之賦共與遺人在道以供賓客故云以供委積者也亦與徵斂之官連類在此

土均上士二人中士四人下士八人府二人史四人胥四人徒四十人均猶平也主平土地之政令者也

疏

土均至十人○釋曰土均在此者案其職云掌平土地之政均地守均地事均地貢並是徵斂土地之事故在此宜也○注均猶至者也○釋曰案其職云掌平土地以均地守故云均猶平也是主平土地之政令也

草人下士四人史二人徒十有二人草除草

疏草人○釋曰在此者案其職云掌土化之法以物地相其宜而爲之種又云凡糞種騂剛用牛之等皆是土地之事故在此宜也案其職唯有糞種之文無殺草之事鄭云草除草者無糞種者殺草然後種之職雖不言殺草名爲草人明知除草故鄭云除草也

稻人上士二人中士四人下士八人府二人史四人胥十人徒百人

疏稻人○釋曰在此者案其職云掌稼下地又云澤草所生種之芒種是土地之事故在此胥徒多者以其弃遺營種稻田

土訓中士二人下士四人史二人徒八人鄭司

農云訓讀爲馴謂以遠方土地所生異物告道王也爾雅云訓道也玄謂能訓說土地善惡之勢。訓如字司農音馴馴似遵反劉音訓徐餘倫反道音導〔疏〕土訓至入人。釋曰在此者案其職云掌道地圖以詔地事亦是土地之事故在此。注鄭司至之勢。釋曰司農云訓讀爲馴又引爾雅訓道也玄謂能訓說土地善惡之勢不從先鄭者案其職云道地圖道地慝道自是道說不得更訓以爲道故後鄭以爲訓說土地善惡

誦訓中士二人下士四人史二人徒八人能訓說四方所誦習及人所作爲久時事〔疏〕誦訓至八人。釋曰在此者案其職云掌道方志以詔觀事以知地俗亦是土地之事故在此。注能訓至時事。釋曰知能訓說四方所誦習事者其職云掌道方志謂所識四方久遠之事是其能訓說四方所誦習者也云及人所作爲久時事者案其職云以知地俗鄭注云博事也謂博知古事是其人所作爲久時事者也

山虞每大山中士四人下士八人府二人史四人胥八人徒八十人中山下士六人史二人胥六人徒六十人小山下士二人史一人徒二十人虞度也度知山之大小及所生者。度徒洛反下同〔疏〕山虞至十人。釋曰山虞在此者案其職云掌山林之政令物爲之厲而爲之守禁山林亦是土地之事在此宜也。注虞度也至生者。釋曰言度知山之大小者但山之大小里數雖曰無文據當時量度知其大小然後設官分職使掌之經文有中山鄭唯言大小者略言之耳云及所生者山中所出金玉錫石禽獸草木或有或無是也

林衡每大林麓下士十有二人史四人胥十有二人徒百有二十人中林麓如中山之虞小林麓如小山之虞衡平也平林麓之大小及所生者竹木生平地曰林山足曰麓。麓本亦作蔍音鹿〔疏〕林衡至小山之虞。釋曰云大林麓下士十有二人者案上山虞中士四人下士八人相併亦十二人但山虞尊使中士爲官首下士爲之佐此林衡卑故下士自爲官首胥徒多於山虞者以其林麓在平地盜竊林木多者故須巡行者衆以是胥徒特多也中林麓如中山之虞小林麓如小山之虞胥徒不多者以其大林麓據特大者故胥徒特多中小已下自如尋常法故如山虞自此已下至澤虞皆是地事故在地官。注衡平至曰麓。釋曰云衡平也平林麓之大小者經有中林麓鄭不言者亦略言也云竹木生平地曰林者對山中之林自是山虞掌此別言林衡故知竹木生平地者云山足曰麓者爾雅文山足亦有林木與山虞別官

川衡每大川下士十有二人史四人胥十有二人徒百有二十人中川下士六人史二人胥六人徒六十人小川下士二人史一人徒二十人川流水也禹貢曰九川滌源。滌徒歷反〔疏〕川衡至十人。釋曰川衡者平知川之遠近寬狹及物之所出官及胥徒多者以其川路長遠巡行勞役故也中川小川之等自若常法故差少。注川流至滌源。釋曰言川流水也者對澤爲停水又引禹貢九川滌源者爲禹治洪水已訖九州之川已滌除泉源無擁塞矣引之者證川是流水

澤虞每大澤大藪中士四人下士八人府二人史四人胥八人徒八十人中澤中藪如中川之衡小澤小藪如小川之衡澤水所鍾也水希曰藪禹貢曰九澤既陂爾雅有八藪。藪素口反陂彼宜反〔疏〕澤虞至小川之衡。釋曰虞亦度也度知澤之大小及物之所出用中士尊於川衡者以其澤之所出物衆多胥徒少者以其巡行處近故也中澤小澤已下皆如川衡者自是常法。注澤水至八藪。釋曰澤水所鍾者鍾聚也謂聚水於其中更無所注入案周語虞大子晉云山土之聚澤水之鍾纂要亦云水所鍾曰澤故知澤水所鍾也云水希曰藪者希乾也案鄭詩云叔在藪火列具舉舉藪中田獵明知無水又案爾雅藪在釋地之篇不入釋水故知水希曰藪以其藪與澤也有水無水爲異故於經別立官掌之案職方澤藪曰具區之

類及毛傳云藪澤皆同爲一者以其有水則爲澤無水則爲藪元是一物故同解之引禹貢曰九澤既陂者亦謂禹治洪水既詑九州之澤既已陂障無決溢矣引爾雅有八藪者禹貢九澤通畿內一州則有九爾雅云八藪除畿內一州而言引此二文者證藪澤有異案爾雅釋有十者以其周秦同在雍州秦有楊紆周有焦護一州有二故十又爾雅秦有楊陓職方冀州有楊紆蓋異所而同名也

迹人中士四人下士八人史二人徒四十人　迹之言跡知禽獸處〔疏〕注迹之至獸處○釋曰案其職云掌邦田之政亦是地事故在此

卝人中士二人下士四人府二人史二人胥四人徒四十人　卝之言礦也金玉未成器曰礦○卝徐音礦虢猛反劉候猛反礦音虢猛反〔疏〕注卝之至曰礦○釋曰經所云卝是捴角之卝字此官取金玉於卝字無所用故轉從石邊廣以其金玉出於石左形右聲從礦字也云金玉未成器曰礦以其此官不造器物直取金錫玉石以供冬官百工故言金玉未成器曰礦

金玉之等出於地故在此也

角人下士二人府一人徒八人〔疏〕角人○釋曰案其職云掌以時徵齒角凡骨物於山澤之農以其是徵斂之官故亦在此

羽人下士二人府一人徒八人〔疏〕羽人○釋曰案其職云掌以時徵羽翮之政于山澤之農亦是徵斂之官故在此

掌葛下士二人府一人史一人胥二人徒二十人〔疏〕掌葛○釋曰案其職云掌以時徵絺綌之林于山農亦是徵斂之事故在此

掌染草下士二人府一人史二人徒八人　染草藍蒨象斗之屬○蒨千見反象本或作橡音同〔疏〕注染草至之屬○釋曰案其職掌以春秋斂染草之物亦徵斂之官故在此藍以染青蒨以染赤象斗染黑案其職注云染草茅蒐橐蘆豕首紫茢之屬二注不同者染草既多言不可盡故互見略言耳

掌炭下士二人史二人徒二十人〔疏〕掌炭○釋曰案其職掌灰物炭物之徵令以時入之以其徵斂之官故亦在此

掌荼下士二人府一人史一人徒二十人　荼茅莠○荼音徒徐音餘莠劉音酉毛詩注作秀〔疏〕注荼茅莠○釋曰案其職云掌以時聚荼以共喪事徵野疏材以其徵斂之官故亦在此

掌蜃下士二人府一人史一人徒八人　蜃大蛤月令孟冬雉入大水爲蜃○蜃上忍反蛤古荅反〔疏〕注蜃大至爲蜃○釋曰案其職云掌斂互物蜃物以共闉壙之蜃亦徵斂之官故在此言蜃大蛤者對雀入大水化爲蛤者爲小蛤引月令雉入大水爲蜃者案國語大水淮也

囿人中士四人下士八人府二人胥八人徒

八十人　囿今之苑○囿音又〔疏〕囿人至十人○釋曰案其職云掌囿游之獸禁囿是地之用故在此注囿今之苑○釋曰此據漢法以況古古謂之囿漢家謂之苑

場人每場下士二人府一人史一人徒二十人　場築地爲墠季秋除圃中爲之詩云九月築場圃十月納禾稼○墠音善圃音補又音布〔疏〕場人至十人○釋曰言每場者以其九穀別場故言每以殊之場亦地之用故在此○注場築至禾稼○釋曰除地曰墠築堅始得爲場故云場築地爲墠也云季秋除圃中爲之者以其春夏爲圃以種菜蔬至季秋始爲場引詩曰九月築場圃十月納禾稼者此七月詩引之證圃中爲場之意

廩人下大夫二人上士四人中士八人下士十有六人府八人史十有六人胥三十人徒三百人　藏米曰廩廩人舍人倉人司祿官之長○廩力甚反倉也盛音成〔疏〕廩人至百人○釋曰

此官使下大夫爲官首徒三百人又多者以其米廩事重出納又多故也故其職云掌九穀之數以其米穀地之所長咸故在此。注藏米至之長。釋曰藏米曰廩者對下倉人藏穀曰倉云廩人舍人倉人司祿官之長者以其舍人已下同掌米穀之事皆以士爲之故廩人下大夫與之爲長

舍人上士二人中士四人府二人史四人胥四人徒四十人舍猶宮也主平宮中用穀者也【疏】舍人至十人。釋曰在此者案其職云掌平宮中之政分其財守以法掌其出入謂平宮中米穀多少故與廩人倉人連類在此。注舍猶至者也。釋曰鄭訓舍爲宮者案其職云掌平宮中之政故就職內主平宮中用穀解之

倉人中士四人下士八人府二人史四人胥四人徒四十人【疏】倉人。釋曰案其職云掌粟入之藏如廩人米粟地之所成故也

司祿中士四人下士八人府二人史四人徒四十人主班祿【疏】注主班祿。釋曰在此者其職既闕未知所掌云何但班祿者用粟與之司祿職次倉人明是班多少之官故鄭云主班祿故與倉人連類在此

司稼下士八人史四人徒四十人種穀曰稼如稼女以有所生【疏】注種穀至所生。釋曰云種穀曰稼者對收斂曰穡也在此者其職云巡野觀稼出斂法亦是徵斂地事故連類在此

舂人奄二人女舂抌二人奚五人女舂抌女奴能舂與抌者抌抒臼也詩云或舂或抌。奄於檢反劉於驗反抌音由又音揄或羊笑反抒時女反【疏】舂人至五人。釋曰有奄者以其與女奴同處故也在此者與倉人廩人饎人連事故亦連類在此其職云掌祭祀賓客牢禮之米所共多矣而舂人少者蓋舉其能者亦應兼有別奚於其中矣。注女舂至或抌。釋曰引詩或舂或抌者證舂抌之事也

饎人奄二人女饎八人奚四十人鄭司農云饎人主炊官也特牲饋食禮曰主婦視饎爨故書饎作饎。饎尺志反注饎同爨七亂反【疏】饎人至十人。釋曰在此者其職云凡祭祀共盛共王及后之六食凡賓客共其簠簋不在天官而在此者以其因舂人又因地道之成故在此

槀人奄八人女槀每奄二人奚五人鄭司農云槀讀爲犒師之犒主冗食者故謂之犒。槀注音犒同苦報反冗如勇反【疏】槀人至五人。釋曰案其職云掌共外內朝冗食者之食所共處多故有奄八人又女槀每奄二人奚五人也。注鄭司至之犒。釋曰案左氏春秋僖三十三年秦人將襲鄭鄭商人弦高將市於周遇之以乘韋先牛十二頭犒秦師遂詐之云鄭使我犒勞軍師引之者以在朝之人不得歸家亦枯槁以須犒勞之故名其官爲犒人亦同廩人連類在此

附釋音周禮注疏卷第九

大清嘉慶二十年重刊
用文選樓藏本校

知南昌府張敦仁署鄱陽縣候補知縣周澍栞

周禮注疏卷九挍勘記　阮元撰盧宣旬摘錄

附釋音周禮注疏卷第九

地官司徒第二 唐石經作第三非

其實五中雖不含十二 浦鏜云下當脫十二中三字

自此以下至槀人 閩本同槀字從木監毛本作稾從禾誤

教官揔目於下也 此本目誤自據閩監毛本訂正

此鄉師司徒之老 盧文弨云老當作考○按此據冢宰設其考之注而言確不可易

謂佐司徒主六鄉 此本佐誤在據閩監毛本訂正

胥有才知之稱 釋文才知音智惠棟云互注本作智余本作知

二鄉則公一人者 惠棟云此下有脫文

以其天子所父事二老者同名 惠挍本二作三此誤

坐而論道謂之王公 閩監毛本王誤三

云其要爲民所以屬之鄉焉者 注所以作是以

上以釋詁 浦鏜云以當巳字誤

鼓人史二人 唐石經諸本同集注作史四人誤

或負其餱 宋本餱作糇載音義糇音侯此本疏中亦作糇案釋文其糇音侯○按此亦餱之俗字

又云詩曰者 此本云誤充據閩本訂正監毛本改引

冀州既載 閩監毛本同宋本嘉靖本冀作兾此本疏中引注亦作兾

是其任民而稅之者也 浦鏜云事誤任○按此等非誤

鄉官有州黨族閭比正 岳本鄉官下有則

掌九賦九貢九功之貳 浦鏜云賦貢字當依經互易○按注文作賦貢

三百里曰稍四百曰縣 惠挍本作四百里曰縣

皆是均地之事 閩本同監本剜改作土地毛本從之

禂維師氏 釋文以下諸本維字从糸此淺人據毛詩所改賈疏引注作惟當訂正

以其國子人多 惠挍本閩本同監毛本多作衆與下句複

是其教人以道者爲稱也 浦鏜云之誤爲

掌教國子以道 浦鏜云養誤敎

自此巳下 惠挍本閩本同監毛本巳改以非

以其周公聖 案聖上脫爲

媒之言謀也謀合異類 監本言媒誤謀漢制考異類作異姓非

集名云配儷男女 惠挍本作集略云此誤

云今齊人名麴麩曰媒 惠挍本下有者此脫

故書廛爲壇 九經古義云管子五輔篇曰辟田疇利壇宅荀卿子云定廛宅是古廛字皆作壇也○按此等鄭君謂之古文假借字

胥師二十肆則一人 宋本不提行即接廛人注下與此本合唐石經嘉靖本閩監毛本皆另提行○按不提行者誤也

少有才智者 案此本少字係剜擠蓋本作有才智者

掌國貨之節以連門市 閩監毛本連改聯非此本及監本門誤關今據閩毛本訂正

遂師下大夫四人 余本閩監毛本同皆連上遂人唐石經宋本岳本嘉靖本皆另提行下遂大夫縣正鄙師酇長里宰鄰長各自提行準此○按準鄉老至閭胥之式則遂人至鄰長亦當合爲一條

里宰每里下士一人 諸本同唐石經作二人誤

以鄉大夫各主一鄉 浦鏜云以當似字誤

不使鄉爲之 浦鏜云卿誤鄉

草人○釋曰在此者 惠挍本釋曰下有草人二字此脫

訓讀爲馴 九經古義云訓與馴古今字史記五帝本紀云堯能明馴德徐廣曰馴古訓字殷本紀帝舜命契曰百姓不親五品不馴後漢書作訓萬石君傳馴行孝謹亦作訓易馴致其道徐音訓漢讀考云此經作馴司農易爲訓又引爾雅以證成之今經作土訓注作訓讀爲馴蓋其始或用注改經作訓其旣也復用已改之經改注凡經典內如此者致多

胥十有二人 毛本二誤一

以其林麓在平地盜竊林木多者 毛本平誤乎惠挍本林作材浦鏜云多者二字當誤倒

云山足曰麓者爾雅文 浦鏜云爾雅無文見劉氏釋名

官及胥徒多者 閩監毛本誤作師徒

案周語虞大子晉云 閩本同監毛本語誤禮浦鏜云虞疑衍案惠挍本無此字

以其藪與澤也有水無水爲異 案也當有字之誤

周有焦護 惠挍本護作穫與爾雅釋文正合今本作護非

築堅始得爲場 此本堅字剜擠蓋本作築始得爲場

藏米曰廩 賈疏本同釋文盛米音成與賈異監本廩作稟非下同○按賈本作藏是

如嫁女以有所生 浦鏜云之訛以從洪範疏挍

故書饎作𩟄 漢讀考云案說文饎或從巸作𩜾疑今周禮作𩟄巸下訛多火也特牲饋食禮注曰古文饎作糦周禮作𩟄

槀人 宋本閩本同葉鈔釋文及宋本載音義作槁人唐石經嘉靖本監毛本通志堂釋文作稾下從禾下及注并疏準此蓋經文作禾稾字爲假借故司農讀作枯槁也小行人注云故書槁爲稾鄭司農云稾當爲槁與此正合唐石經序官作稾人者非也槁人職及牛人共其槁牛小行人則令槁禬之字皆從木者是也本或作槀槁稾一字經注有從牛者蓋非盧文弨曰注疏本槁或作犒此習於俗用而遂改易舊文不知古並無犒字觀疏以枯槁爲言則唐人尚未誤也

鄭使我犒勞軍師 此本犒誤槁據閩監毛本訂正

故名其官爲犒人 當從閩本作槁人監毛本作稿人亦誤

周禮注疏卷九挍勘記終

南昌袁泰開挍

附釋音周禮注疏卷第十

鄭氏注　賈公彥疏

大司徒之職，掌建邦之土地之圖與其人民之數，以佐王安擾邦國。土地之圖若今司空郡國輿地圖〔疏〕大師至邦國○釋曰司徒既欲佐王安擾邦國故先須知土地之圖人民之數○注土地至地圖○釋曰案漢蕭何收秦圖籍以知天下阨塞廣遠至後漢乃有司空郡國地圖輿者車輿其前牙曲地形不可正方故云輿地圖也案職方亦云掌天下之圖注直云如今司空輿地圖不云郡國者彼以司馬主九畿并夷狄而言故不得云郡國此經云主人民之數則唯據九州之中郡國在九州之內故此注云郡國也

以天下土地之圖，周知九州之地域廣輪之數，辨其山林川澤丘陵墳衍原隰之名物。周猶徧也九州揚荊豫青兗雍幽冀并也輪從也積石曰山竹木曰林注瀆曰川水鍾曰澤土高曰丘大阜曰陵水崖曰墳下平曰衍高平曰原下溼曰隰名物者十等之名與所生之物○廣古曠反墳扶云反原本又作邍徧音遍雍於用反從子容反〔疏〕以天至名物○釋曰上經云土地圖爲人民之數而言之此經云土地圖據十等土地而說也故云周知九州之地域廣輪之數馬融云東西爲廣南北爲輪案王制南北兩近一遙東西兩遙一近是南北長東西短謂知此數也又辨其山林川澤以下十等形狀名號及所出之物也○注周猶至之物○釋曰九州揚荊以下據職方周之九州而言故有幽并無徐梁禹貢據夏以前九州故有徐梁無幽并也云輪從也者據南北義與馬同不釋廣者東西可知云積石曰山者案詩云節彼南山維石巖巖鄭云巖巖積石貌鄭據此而言案爾雅山丘別釋則丘是純土其山皆石亦有兼土者故曰石戴土謂之崔嵬又周語云夫山土之聚是其山有土也云竹木曰林者謂生平地以其山林川澤別官故知竹木生平地曰林云注瀆曰川者案釋水云注川曰谿注谿曰谷注谷曰溝注溝曰澮注澮曰瀆彼注云皆以小注大大小異名言注澮曰瀆者謂以澮中水注入瀆中使有所去此云注瀆曰川者爾雅無此言鄭以義增之耳謂以瀆中水注入川案職方九州皆直川故知從瀆入川此瀆與四瀆義異四瀆則亦川

故職方云其川三江其川江漢也云水鍾曰澤者周語虞大子晉之言也云土高曰丘者爾雅山丘別釋則丘無石者也云大阜曰陵者案爾雅釋地云高平曰陸大陸曰阜大阜曰陵大陵曰阿可食者曰原是陵與丘高下異稱皆無石者也其有石者亦曰陵故左氏僖三十二年云殽有二陵南陵夏后皋之墓也其北陵文王之所避風雨是有石者也云水崖曰墳者案爾雅云重崖岸墳大防是墳爲崖岸之峻者故知水崖曰墳故詩云遵彼汝墳是汝水之大防亦是水崖曰墳也云下平曰衍者此十地皆兩兩相對爲名墳既水崖而高明衍爲下平此下平又與下溼曰隰者別也云高平曰原者案爾雅云廣平曰原高平曰陸不云高平曰原此言高平曰原者對下溼曰隰而言其實高平即廣平者也爾雅高平曰陸者據山傍平者故下云可食者曰原也云下溼曰隰者爾雅釋地文若然禹貢云大陸既作注大陸地者爾雅釋地八藪晉有大陸彼是藪澤之地稱與高平曰陸者別也云十等之名者山林以下十等名異也云與所生之物者即下文土會之法以下是也

而辨其邦國都鄙之數，制其畿疆而溝封之，設其社稷之壝而樹之田主，各以其野之所宜木，遂以名其社與其野。千里曰畿疆猶界也春秋傳曰吾子疆理天下溝穿地爲阻固也封起土界也社稷后土及田正之神壝壇與埒也田主田神后土田正之所依也詩人謂之田祖所宜木謂若松柏栗也若以松爲社者則名松社之野以別方面○壝維癸反別彼列反下同〔疏〕而辨至其野○釋曰云辨其邦國者謂分別畿外諸侯邦國多少之數謂若王制云畿外八州州二百一十國也云辨其都鄙之數者謂分別畿內三等采地之數謂若王制畿內九十三國也云制其畿疆者王畿內千里中置王城面有五百里其邦國都鄙亦皆有畿界也云而溝封之者謂於疆界之上設溝溝。爲封樹以爲阻固也云設其社稷之壝者謂於中門之外右邊設大社大稷王社王稷又於廟門之屏設勝國之社稷其社稷外皆有壝埒於四面也云而樹之田主者謂藉田之內依樹木而爲田主云各以其野之所宜木者王之田主唯一而已不得云各今云各者摠據邦國都鄙并王者而言也云遂以名其社與其野者謂假令以松爲社則名松社之野餘皆放此也○注千里至方面○釋曰云千里曰畿者職方文云春秋傳曰吾子疆理天下者案左氏傳成二年鞌之戰齊侯使國佐賂晉師晉人不許曰使齊之封內盡東

其畝國佐對云先王疆理天下物土之宜故詩云我疆我理南東其畝今吾子疆理諸侯彼云先王疆理天下又云吾子疆理諸侯此云吾子疆理天下不同者鄭以義言之非傳之正文也云溝穿地爲阻固也者謂穿地爲深溝即是阻固也云封起土界也者穿溝出土於岸即皆爲封封即起土界也云社稷后土及田正之神者鄭義依孝經緯社者五土之總神以句龍生時爲后土官有功於土死配社而食稷是原隰之神宜五穀五穀不可遍擧稷者五穀之長立稷以表神名故號稷棄爲堯時稷官立稼穡之事有功於民死乃配稷而食名爲田正也故云社稷后土及田正之神雙言之耳云壝壇與堳埒也者經直云壝壝即堳埒不云壇以壝在壇之四面爲之明中有壇可知故鄭兼云壇也案禮記郊特牲云君南面於北墉下鄭注云北墉社內北牆彼社雖無室壇外四面有壁壁外乃有壝耳若然封人云設王之社壝者彼官卑主設之此大司徒尊官直主其制度而已云田主田神后土田正之所依也者此田主當在藉田之中依樹木而爲之故云各以其土地所宜木云田主田神者謂郊特牲云先嗇與神農一也若然鄭意以田主爲神農則無后土及田土之神直以神農爲主祭尊可以及卑故使后土田正二神憑依之同壇共位耳田正則郊特牲所云司嗇一也又引詩人謂之

田祖者詩云以御田祖毛云田祖先嗇箋章亦云凡國祈年于田祖鄭云田祖始耕田者謂神農也引之者證田主是神農也云所宜木謂若松栢栗也者是論語哀公問社於宰我對云夏后氏以松殷人以栢周人以栗彼三代所都異處所宜之木不同夏居平陽宜松殷居亳宜栢周居鎬京宜栗此經雖據周一代而言其邦國都鄙異處所宜之木亦復不同故云若松栢栗也云若以松爲社者則名松社之野者此取松爲社假設而言耳云以別方面者但四方宜木面各不同或一方宜松則以松爲社以別餘之方面耳

以土會之灋辨五地之物生一曰山林其動物宜毛物其植物宜早物其民毛而方二曰川澤其動物宜鱗物其植物宜膏物其民黑而津三曰丘陵其動物宜羽物其植物宜覈物其民專而長四曰墳衍其動物宜介物其植物宜莢物其民皙而瘠五曰原隰其動物宜臝物其植物宜叢物其民豐肉而庳

會計也以土計貢稅之法因別此五者也毛物貂狐貒貉之屬縟毛者也鱗物魚龍之屬津潤也羽物翟雉之屬核物李梅之屬專圜也介物龜鼈之屬水居陸生者莢物薺莢王棘之屬皙白也瘠臞也臝物虎豹貔貐之屬淺毛者叢物萑葦之屬豐猶厚也庳猶短也杜子春讀生爲性鄭司農云植物根生之屬皁物柞栗之屬今世間謂柞實爲皁斗膏物謂楊柳之屬理致且白如膏玄謂膏當爲櫜字之誤也蓮芡之實有櫜韜○會古外反注同早音皁本或作皁注同鱗劉本作麟音鱗津如字一本作瀸音同覈音核專徒丸反注同長如字下注長於土圭同介音界莢古協反皙音錫白色也臝力果反叢才東反肉如字劉而樹反庳音婢貂音彫貒吐官反貉胡洛反依字作貈縟音辱一音如勇反圜音圓又徒丸反臞其俱反又作臞音稍與考工記燿後音同貔音毗一音房私反貐勑宜反萑音丸葦于鬼反柞于洛反致直記反櫜古毛反劉古到反芡音儉韜吐刀反

〔疏〕以土至而庳○釋曰云會計也以土地計會所出貢稅之法貢稅出於五地故須說五地所生不同也故云以土會之法也云辨五地之物生者但天之所覆地之

所載地有五等所生無過動植及民耳故云辨五地之物生上經云十等此云五地不同者上經細別而言則十等以類相并而言故五等其實一也一曰山林者此五地以高下相對故一曰山林山林高之極者二曰川澤川澤下之極者故以爲對也又五地之內以民之資生取於動植之物故先言動植後言民也山林之中其動物宜毛物其植物宜皁物其民毛而方此五地人物之等皆方以類聚物以羣分及民之所生皆因地氣所感不同故使形類有異也○注會計至櫜韜○釋曰案宰夫職云歲計曰會故云會計也鄭知以土計貢稅之法者以五地中而云會計者唯有貢稅之法故鄭云以土計貢稅之法因別此五者也云毛物貂狐貒貉之屬者依爾雅而言耳案爾雅云貍狐貒貉同文此云貉狐不言貍者鄭君所讀爾雅者爲貂不爲貍也言之屬者山林之中毛者甚衆故以之屬揔之也言縟毛者謂毛之細縟者也云鱗物魚龍之屬者案月令春云其蟲鱗鄭云蛇不言魚者有足曰蟲無足曰豸經云其蟲鱗魚無足故不言魚其實魚入鱗內可知也此經云川澤宜鱗物鱗物以魚爲主有魚龍有蛇可知故不言蛇也云津潤也者以其民居澤近水故有津潤但入水見日則黑故民黑津也云羽物翟雉之屬者案禹貢徐州貢羽畎夏翟則翟雉也以雉乃羽中之貴物故丘陵所

宜羽物者是翟雉也云核物李梅之屬者鄭以丘陵阪險宜棗杏及李梅等目驗可知故云李梅之屬中有棗杏也云專圜也者此丘陵地氣使之然也云介物龜鼈之屬水居陸生者此陸生謂陸地生子及生訖即入水而居故云水居陸生也五行傳云貌之不恭則有龜孽注云龜蟲之生於水者亦謂生居在水中非謂初生在水彼生與此鄭云陸生之生義異也又云莢物薺莢王棘之屬者薺莢即今人謂之皁莢蓋誤云皁當言薺也王棘即士喪禮云王棘若檡棘者是也棘雖無莢蓋樹之枝葉與薺莢相類故并言之也云皙白也者此民居於墳衍地氣宜白又見詩云楊且之晳晳爲白可知也云瘠臞也者案爾雅釋言云臞脉瘠也注云齊人謂瘠瘦爲脉則臞爲瘦小之貌故鄭云瘠也云蠃物虎豹貔貙之屬者考工記梓人職說大獸而云厚脣弇口出目短耳大胷燿後若是者謂之蠃屬又爾雅有虎有豹故知蠃物有虎豹也但爾雅及諸經不見有貙曲禮云載貔貅此鄭云貔貙貙即貅也云淺毛者若以淺毛言之則入蠃蟲中故月令中央土其蟲蠃鄭云虎豹之屬恒淺毛若據有毛言之即爲毛蟲故白虎入西方毛蟲之長也云叢物萑葦之屬者詩云萑葦淠淠是二者各以類聚也杜子春讀生爲牲牲亦訓爲生義既不殊故後鄭不破之也鄭司農云植物根生之屬先鄭對動非植生爲號也皁物柞栗之屬者柞實之皮得染皁故引今世猶謂柞實爲皁斗爲證其栗雖不得染皁其皮亦皁斗之類故與柞同爲皁物也云膏物謂楊柳之屬理致且白如膏者先鄭以物色上解之後鄭不從者以其上下云動植者皆不以色上爲名先鄭獨此一者取義於色故後鄭易之玄謂膏當爲櫜者經云膏是脂膏之膏於植物義無所取直是字誤故破從櫜也云蓮芡之實有櫜韜者以其是川澤所生故知是蓮芡之實皆有外皮櫜韜其實者也案大司樂一變而致川澤之示先言川澤後云山林者彼取神之易致爲先故先言川澤此取尊卑高下相對故先言山林也又彼云五變而致土示注云土祇原隰及平地此中不見平地者亦原隰中可以兼之也

因此五物者民之常而施十有二教焉一曰以祀禮教敬則民不苟二曰以陽禮教讓則民不爭三曰以陰禮教親則民不怨四曰以樂禮教和則民不乖五曰以儀辨等則民不越六曰以俗教安則民不偷七曰以刑教中則民不虣八曰以誓教恤則民不怠九曰以度教節則民知足十曰以世事教能則民不失職十有一曰以賢制爵則民慎德十有二曰以庸制祿則民興功

陽禮謂鄉射飲酒之禮也陰禮謂男女之禮昏姻以時則男不曠女不怨儀謂君南面臣北面父坐子伏之屬俗謂土地所生習也愉謂朝不謀夕恤謂災危相憂民有凶患憂之則民不解怠度謂宮室車服之制世事謂士農工商之事少而習焉其心安焉因教以能不易其業慎德謂矜其善德勸爲善也庸功也爵以顯賢祿以賞功故書儀或爲義杜子春讀爲儀謂九儀○爭爭鬬之爭愉音偷又音揄虣薄報反解佳賣反少詩照反

［疏］因此至興功○釋曰上經云五地之物生動植及民生處不同是其常法今此十二教亦因民之所常生之處施之故云因此五物者之常而施十二教也云一曰以祀禮教敬則民不苟者凡祭祀者所以追養繼孝事死如事生但人於死者不見其形多有致慢故禮云祭極敬也是以一曰以祀禮教敬死者尚敬則生事其親不苟且也○二曰以陽禮教讓則民不爭者謂鄉飲酒之禮酒入人身散隨支體與陽主分散相似故號鄉射飲酒爲陽禮也鄉飲酒即黨正飲酒之類是也黨正飲酒之時五十者堂下六十者堂上皆以齒讓爲禮則無爭故云以陽禮教讓則民不爭也○三曰以陰禮教親則民不怨者以陰禮謂昏姻之禮不可顯露故曰陰禮也男女本是異姓冕而親迎親之也親之也者親之也使之親已是昏禮相親之義昏姻及時則男女無有怨曠故云以陰禮教親則民不怨也○四曰以樂禮教和則民不乖者自一曰至三曰已上皆有揖讓周旋升降之禮此樂亦云禮者謂饗燕作樂之時舞人周旋皆合禮節故樂亦云禮也凡人乖離皆由不相和合樂主和同民心故民不乖也○五曰以儀辨等則民不越者儀謂以卑事尊上下之儀有度以辨貴賤之等故云以儀辨等也民知上下之節不敢踰越故云則民不越也○六曰以俗教安則民不偷者俗謂人之生處習學不同若變其舊俗則民不安而爲苟且若依其舊俗化之則民安其業不爲苟且故云以俗教安則民不偷偷苟且也○七曰以刑教中則民不虣者刑者禁民虣亂今明刑得所民得中正不爲虣亂故云以刑教中則民不虣也○八曰以誓教恤則民不

怠者民有厄喪教之使相憂恤則民不懈怠也。九曰以度教節則民知足者度謂衣服宮室之等尊卑不同以此法度教之使知節數民知禮節自知以少爲足故云則民知足也。十曰以世事教能則民不失職者父祖所爲之業子孫述而行之不失本職故云以世事教能則民不失職也。十有一曰以賢制爵則民慎德者人有賢行制與之爵民皆謹慎矜矜於善德以求榮寵故云以賢制爵則民慎德也。十有二曰以庸制祿則民興功者庸功也人有功則制祿與之民皆興其功業故云則民興功也此十二教以重急者爲先輕緩者爲後。注陽禮謂鄉射飲酒之禮也陰禮謂男女之至九儀。釋曰云陽禮謂鄉射飲酒之禮者以是陽禮而云教讓其鄉射是州長射禮鄉飲酒是黨正飲酒皆有正齒位飲酒爲敬讓之事故知陽禮是二事若然鄉中有鄉射鄉飲酒以其州長黨正皆屬於鄉大夫或鄉大夫所居州黨故雖州長射黨正飲酒亦號曰鄉也云陰禮謂男女之禮者以其言陰又云不怨故知是男女昏姻之禮也云昏姻以時則男不曠女不怨者此約雄雉詩序文軍旅數起大夫久役男女怨曠注云國人久處軍役之事故男女多怨曠也男曠而苦其事女怨而望其君子此經直云不怨據女而言文不具顯故鄭兼言曠也若然彼詩據舊成夫婦此文據配合得時時雖不

同若失時怨曠不異故引爲證也云儀謂君南面臣北面父坐子伏之屬者案易乾鑿度云不易也者其位天在上地在下君南面臣北面父坐子伏此其不易也鄭依此言其不易也仍有天地不易不言故云之屬以兼之也云俗謂土地所生習也者謂若下曲禮云君子行禮不求變俗居喪之禮哭泣之位皆如其國之故而審行之是其故俗所習也云偷謂朝不謀夕者案春秋左氏襄公三十一年穆叔至自會見孟孝伯語之曰趙孟將死矣其語偷又孝伯曰人生幾何誰能無偷朝不及夕將焉用樹穆叔出而告人曰孟孫將死矣吾語諸趙孟之偷也而又甚焉昭元年天王使劉定公勞趙孟於潁館於洛汭劉子曰美哉禹功明德遠矣微禹吾其爲魚乎吾與子弁冕端委以治民臨諸侯禹之力也子盍遠績禹功而大庇民乎對曰老夫罪戾是懼焉能恤遠吾儕偷食朝不謀夕何其長也劉子歸以語王曰諺所謂老將智而耄及之者以此而言之鄭似依昭元年傳也云恤謂災危相憂民有凶患憂之則不懈怠者災危凶憂謂若遭水旱之災歲凶年穀不登有無相濟是其相憂令不懈怠也云度謂宮室車服之制者謂若典命云上公九命國家宮室車旗衣服禮儀及侯伯子男已下各依命數是其制度也云世事謂士農工商之事少而習焉其心安焉因教以能不易其業者案齊語云桓公曰成民之事若何管子曰四民者勿使雜處雜處則亂昔聖王處士就閑燕處工就官府處商就市井處農就田野又云士之子恒爲士工之子恒爲工商之子恒爲商農之子恒爲農少而習焉其心安焉是世事也云慎德謂矜其善德勸爲善者民能矜矜然求其善德又相勸爲善也云庸功也者此經云以庸制祿司士云以功詔祿庸即功其理同也云故書儀或爲義杜子春讀爲儀者不從故書讀從大宗伯九儀一命至九命作伯也

以土宜之灋辨十有二土之名物以相民宅而知其利害以阜人民以蕃鳥獸以毓草木以任土事

十二土分野十二邦上繫十二次各有所宜也相占視也阜猶盛也蕃蕃息也育生也任謂就地所生因民所能。相息亮反注同毓音育分扶問反

【疏】以土至土事。釋曰云以土宜之法辨十有二土之名物者十二土各有所宜不同所出之物及名皆異故云以土宜之法辨十有二土之名物也云以相民宅者謂既知十二土之所宜以相視民居使之得所也云而知其利害者十二土之中利處居之害處遠之以阜盛人民以蕃息鳥獸以毓生草木者皆由知利害

使之然也云以任土事者辨十有二土任人性居之。注十二至所能。釋曰十二土分野十二邦上繫十二次各有所宜也者案保章氏以星土辨九州之地注云星土星所主土也又云大界則曰九州州中諸國之封域於星亦有分焉其書亡矣堪輿雖有郡國所入度非古數也今其存可言者十二次之分也星紀吳越也玄枵齊也娵訾衛也降婁魯也大梁趙也實沈晉也鶉首秦也鶉火周也鶉尾楚也壽星鄭也大火宋也析木燕也如是天有十二次日月之所躔地有十二土王公之所國又周語伶州鳩云昔武王伐商歲在鶉火又云歲之所在則我之分野故知分野十二邦上繫十二次各有所宜也若然唐虞及夏萬國殷周千七百七十三國皆依附十二邦以繫十二次若吳越同次之類也凡繫星之法皆因王者所命屬焉故昭元年左傳云晉侯有疾鄭公孫僑如晉聘且問疾叔向問焉曰寡君之疾病卜人曰實沈臺駘爲祟史莫之知敢問此何神也子産曰昔高辛氏有二子伯曰閼伯季曰實沈居於曠林不相能也日尋干戈以相征討后帝不臧遷閼伯於商丘主辰商人是因故辰爲商星遷實沈於大夏主參唐人是因以服事夏商又云及成王滅唐而封大叔焉故參爲晉星又襄九年晉士弱云陶唐氏之火。正閼伯居商丘祀大火相土因之故商主大火是皆先王命

祀之法也案元命包云國君王者封上應列星之位注云若角亢爲鄭房心爲宋比其餘小國不中星者以爲附庸若然附庸不繫星其餘皆繫星也又云任謂就地所生因民所能者地之所生出物不同民之所資事業有異謂若居山者利其金玉錫石禽獸材木居澤者利其魚鹽居陸者利其田蠶是其任謂就地所生因民所能而居之也

辨十有二壤之物而知其種以教稼穡樹蓺

壤亦土也變言耳以萬物自生焉則言土土猶吐也以人所耕而樹蓺焉則言壤壤和緩之貌詩云樹之榛栗又曰我蓺黍稷蓺猶蒔也○種章勇反榛則人反蒔時至反

［疏］辨十至樹蓺○釋曰此十二壤即上十二土上經論居人物之事此經辨其種殖所宜故變其文云辨十二壤之物者分別物之所生而知其所殖之種遂即以教民春稼秋穡以樹其木以蓺其黍稷也○注壤亦至蒔也○釋曰上經既欲居民不必皆須樹蓺故云土取萬物自生爲名此經據樹蓺而言故變云壤取和緩爲義故鄭云變言耳詩云樹之榛栗是定之方中詩引之證經樹是植木又曰我蓺黍稷是楚茨之詩引之證經蓺是黍稷也

以土均之灋辨五物九等制天下之地征以作民職以令地貢以斂財賦以均齊天下之政

均平也五物五地之物也九等騂剛赤緹之屬征稅也民職民九職也地貢貢地所生謂九穀財謂泉穀賦謂九賦及軍賦○騂雖營反緹音低

［疏］以土至之政○釋曰以土均之法辨五物者即上山林川澤之等是也云九等者據五地之內分爲九等之地騂剛赤緹之屬其種所宜不同也云制天下之地征者言天下則并畿外邦國所稅入天子而言也此地征與下爲目也以作民職者民有職業乃可稅之云以令地貢者地貢即九職之稅也云以斂財賦者斂財即大宰九賦斂財賄一也既言財又別言賦者欲見財既爲九賦斂財賦中又兼有軍賦故財賦殊言之云以均齊天下之政者大司徒以法均齊之天下皆使依法故云均齊天下之政也○注均平至軍賦○釋曰九等知是騂剛之屬者但地或云十等或云五地或云十二土皆無云九等者案草人職云騂剛赤緹之屬有九等皆是地勢所宜糞種之法故鄭以騂剛赤緹之屬解之云地貢貢地所生謂九穀者案大宰以九職任萬民即云一曰三農生九穀此經云以作民職爲九職即云令地貢明貢是九穀可知云財謂泉穀者案大宰云以九賦斂財賄彼注亦云財泉穀則以

泉穀當賦泉之數也云賦謂九賦及軍賦者以經云財賦不得爲一事解之今鄭以賦爲軍賦者則賦中兼軍賦謂甲士三人步卒七十二人之等

以土圭之灋測土深正日景以求地中日南則景短多暑日北則景長多寒日東則景夕多風日西則景朝多陰

土圭所以致四時日月之景也云測猶度也不知廣深故曰測故書求爲救杜子春云爲求鄭司農云測土深謂南北東西之深也日南謂立表處大南近日也日北謂立表處大北遠日也景夕謂日跌景乃中立表處大東近日也景朝謂日未中而景中立表處大西遠日也玄謂晝漏半而置土圭表陰陽審其南北景短於土圭謂之日南是地於日爲近南也景長於土圭謂之日北是地於日爲近北也東於土圭謂之日東是地於日爲近東也西於土圭謂之日西是地於日爲近西也如是則寒暑陰風偏而不和是未得其所求凡日景於地千里而差一寸○深尺鴆反景如字本或作影非下及注同度待洛反下同近附近之近下同遠日于萬反跌待結反

［疏］以土至多陰○釋曰案玉人職云土圭尺有五寸周公攝政四年欲求土中而營王城故以土圭度日景之法測度也度土之深深謂日景長短之深也正日景者夏日至晝漏半表北得尺五寸景正與土圭等即地中故云正日景以求地中也日南則景短多暑者周公度日景之時置五表五表者於潁川陽城置一表爲中表中表南千里又置一表中表北千里又置一表中表東千里又置一表中表西千里又置一表今言日南景短多暑者據中表之南而言亦晝漏半立八尺之表表北得尺四寸景不滿尺五寸不與土圭等是其日南是地於日爲近南景短多暑不堪置都之事北云日北者據中表之北表而言亦晝漏半表北得尺六寸景是地於日爲近北是其景長多寒之事也云日東則景夕多風者據中表之東表而言亦於晝漏半中表景得正時東表日已跌矣是地於日爲近亦晝漏半已得夕景故云景夕多風云日西則景朝多陰者爲中表之西表而言是地於日爲近西亦於晝漏半中表景得正時西表日未中乃得朝時之景故云日西則景朝多陰此經皆未得所求耳解洪範之義依五行傳風屬中央雨屬東方今西方云多陰東方云多風者土爲木妻木爲金妻從妻所好故月離於箕風揚沙月離於畢俾滂沲故此東方多風西方多陰陰即雨也○注土圭至一寸釋曰案馮相氏云冬夏致日春秋致月皆以土圭度之是以冬官考工記云土圭尺

有五寸以致日鄭云土圭所以致四時日月之景也云測猶度。不知廣深故曰測者廣深踰遠近以經云測土深故鄭云廣深也鄭司農云測土深謂南北東西之深也者先鄭據經云日南日北日東日西皆以土圭測度之先鄭又云日南謂立表處大南近日云云先鄭之意日於地中而在南故以南表爲近日北表爲遠日日出東方而西流故以東表爲近日西表爲遠日云景夕謂日跌景乃中者於晝漏半東表日跌中表景乃中又云景朝謂日未中而景中者亦於晝漏半西表日未中而中表景乃中也玄謂晝漏半而置土圭表陰陽審其南北者後鄭釋景長短之意度景之法冬至夏至皆可爲之皆據晝漏半者以取日正午乃得其端直也云表陰陽者東方西方是陰陽故別云審其南北也又云景短於土圭謂之日南是地於日爲近南云。後鄭之義與先鄭不殊更云是地於日爲近南已下者先鄭云近日遠日恐人以爲南方東方地高爲近日北方西方地下爲遠日有此地高下之嫌故後鄭增成先鄭之義。取云是地於日爲近北於日爲近東於日爲近西四方之表皆去中表千里而云是立表之處其地於天下之日爲近南爲近北爲近東爲近西也云如是則寒暑陰風偏而不和是未得其所求者此言對下經地中是陰陽風雨和會爲得所求也云凡日景於地千里而差一寸

者案三光考靈耀云四游升降於三萬里中下云日至之景尺有五寸謂之地中則是半三萬里而萬五千里與土圭等是千里差一寸筭法亦然言此者欲見經日南日北之等皆去中表千里爲術景長景短皆差一寸耳知表皆高八尺而以晝漏半者以其通卦驗云冬日至樹八尺之表日中視其晷是以知用八尺表而以晝漏半度景也

日至之景尺有五寸謂之地中天地之所合也四時之所交也風雨之所會也陰陽之所和也然則百物阜安乃建王國焉制其畿方千里而封樹之

景尺有五寸者南戴日下萬五千里地與星辰四遊升降於三萬里之中是以半之得地之中也畿方千里取象於日一寸爲正樹樹木溝上所以表助阻固也鄭司農云土圭之長尺有五寸以夏至之日立八尺之表其景適與土圭等謂之地中今潁川陽城地爲然

〈疏〉日至至樹之。釋曰上經置五表於四方四表未得所求今於中表夏日至亦晝漏半立八尺之表表北得景尺有五寸景與土圭等謂之地中於此地中之所天地之所合也者天地不合萬物不生天地配合萬物乃生故樂記云天地訢合是也四時之所交也者即尚書所云宅南交孔云言夏與春交舉一隅以見之則秋與夏交冬與秋交春與冬交可知故云四時所交也風雨之所會也者風雨所至會合人心謂若禮器云饗帝於郊風雨寒暑時是也陰陽之所和也者謂若昭四年左氏申豐云冬無愆陽夏無伏陰是其陰陽和也然則百物阜安者揔結上句所合已下然九如是阜盛也如是四事得所則百物盛安也乃建王國焉者建立也於此盛安之處乃立王之國城焉制其畿方千里者王畿千里以象日月之大中置國城面各五百里制畿界而封樹之者於畿封之上而作深溝土在溝上謂之爲封封上樹木以爲阻固故云而封樹之。注景尺至爲然。釋曰云景尺有五寸者欲釋經景尺有五寸得地中之意云南戴日下萬五千里者景一寸差千里故於地中尺五寸景去南戴日下萬五千里云地與星辰四游升降於三萬里之中者考靈耀文言四游升降者春分之時地與星辰復本位至夏至之日地與星辰東南游萬五千里下降亦然至秋分還復正至冬至地與星辰西北游亦萬五千里上升亦然至春分還復正進退不過三萬里故云地與星辰四游升降於三萬里之中是以半之得地之中也云畿方千里取象於日一寸爲正者鄭注

王制象日月之大亦取晷同此云取象於日一寸爲正不言象日月之大者略不言之矣云一寸爲正者即是景一寸地千里與王制注晷同一也案元命包云日圓望之廣尺以應千里故鄭注王制云象日月之大也又案考靈耀曰從上臨下八萬里天以圓覆地以方載河圖括地象曰天不足西北地不足東南西北爲天門東南爲地戶天門無上地門無下又云極廣長南北二億三萬三千五百里東西二億三萬三千里又云天左動起於牽牛地右動起於畢廣雅云天圜南北二億三萬三千五百里七十五步東西短減四步周六億十萬七百里二十五步從地至天億一萬六千七百八十七里半下度地之厚與天高等天度云東方七宿七十五度南方七宿百一十二度西方七宿八十度北方七宿九十八度四分度之一四方三百六十五度四分度之一度二千九百三十二里二十八宿間相距積百七萬九百一十三里徑三十五萬六千九百七十里鄭司農云潁川陽城地爲然者潁川郡陽城縣是周公度景之處古跡猶存故云地爲然也案春秋左氏武王克商遷九鼎於洛邑欲以爲都不在潁川地中者武王欲取河洛之間形勝之所洛都雖不在地之正中潁川地中仍在畿內若然武王已遷鼎於洛欲以爲都周公又度景求地中者武王雖定鼎詎周公更度之者所以審慎

故案書傳云四年建侯衛五年營成周建侯衛者在尚書康誥封康叔是也案康誥云惟三月哉生魄周公初基作新大邑于東國洛四方之民大和會注云岐鎬之域處五岳之外周公爲其於政不均故東行於洛邑合諸侯謀作天子之居四方民聞之同心來會樂即功作劾其力焉是時周公居攝四年也又案召誥惟三月丙午朏注云是時周公居攝五年越三日戊申大保朝至於洛卜宅厥既得卜則經營之若然洛邑在攝政四年初爲基址至五年乃正營之也

凡建邦國以土圭土其地而制其域諸公之地封疆方五百里其食者半諸侯之地封疆方四百里其食者參之一諸伯之地封疆方三百里其食者參之一諸子之地封疆方二百里其食者四之一諸男之地封疆方百里其食者四之一

土其地猶言度其地鄭司農云土其地但爲正四方耳其食者半公所食租稅得其半耳其半皆附庸小國也屬天子參之一者亦然故魯頌曰錫之山川土地附庸奄有龜蒙遂荒大東至于海邦論語曰季氏將伐顓臾孔子曰先王以爲東蒙主且在邦域之中是社稷之臣此非七十里所能容然則方五百里四百里合於魯頌論語之言諸男食者四之一適方五十里獨此與今五經家說合耳玄謂其食者半參之一四之一者土均均邦國地貢輕重之等其率之也公之地以一易侯伯之地以再易子男之地以三易必足其國禮俗喪紀祭祀之用乃貢其餘若今度支經用餘爲司農穀矣大國貢重正之也小國貢輕字之也凡諸侯爲牧正帥長及有德者乃有附庸爲其有祿者當取焉公無附庸侯附庸九同伯附庸七同子附庸五同男附庸三同進則取焉退則歸焉魯於周法不得有附庸故言錫之也地方七百里者包附庸以大言之也附庸二十四言得兼此一等矣○疆居良反下同顓之宣反臾音榆率音律又音類後注同正之音征字如字一音茲爲其于僞反

【疏】凡建至之一○釋曰上經既陳天子之國并畿內千里此經說諸侯邦國故云凡建邦國以土圭土其地土猶度也以土圭度其地假令封上公五百里國北畔立八尺之表夏至晝漏半得尺五寸景與土圭等南畔得尺四寸五分其中減五分一分百里五分則五百里減四分則四百里封侯減三分則三百里封伯減二分則二百里封子減一分則一百里封男是土其地之法而制其域者自上公五百里已下境界皆有營域封圻云諸公之地封疆方五百里其食者半云者言天子封公以五百里之地其一國之稅天子食其半云諸侯之地封疆方四百里其食者參之一者謂三分之天子食其一分云諸伯之地封疆方三百里其食者參之一者亦與侯同云諸子之地諸男之地皆云四之一者謂摠得一國之稅四分之天子食其一分故云其食者四之一其天子所食者皆謂諸侯市取美物以貢天子即大宰九貢是也其公之稅有半侯伯有三之二子男有四之三皆自入充國家畜積禮俗喪紀之用也○注土其至等矣○釋曰土其地猶言度其地者案上經以土圭之法測土深測猶度也此經云以土圭土其地以土正當測處故云土其地猶言度其地也司農云土其地但爲正四方耳者司農意案上經天子度取土中此封諸侯但正四方而已不求土中故云但爲正四方謂五百里四百里之等云其食者半公所食租稅得其半耳其半皆附庸小國也屬天子參之一亦然者司農意以經云其食者半與參之一四之一皆自食其餘並入天子故云其食者半公所食租稅得其半耳其半皆附庸小國也屬天子參之一亦然也先鄭雖不云四之一司農意亦四分分之三分

入天子一分自食司農之義於經文雖似通若然則大國貢輕次國小國貢重非字小之法於義不可故後鄭不從引魯頌曰錫之山川已下至社稷之臣此司農之意上公已下盡有附庸魯雖侯爵受五百里之國明堂位云七百里者五百里外並是附庸即公五百里者亦半爲附庸故上注云其半皆附庸是也云此非七十里所能容者司農之意見孟子何休之徒言周之制無五百里四百里國魯國唯有七十里而已故破諸家據魯頌論語非七十里之所能容也云然則方五百里四百里合於魯頌論語之言者司農據此經公五百里侯四百里與魯頌論語合亦是破諸家之意云諸男食者四之一適方五十里者司農意男國百里開方得五十里者四經云其食者四之一謂三分入天子一分自食所食者唯有五十里云獨此與今五經家說合耳者五經家謂若張苞何休孟子等皆以爲周法公侯方百里伯七十里子男五十里子男五十里故男食五十里是與五經家說合若自子已上以百里七十里國於此經二百里已上四之一三之一不合故直舉男地而言玄謂其食者半參之一四之一者土均均邦國地貢輕重之等者案下土均云均地貢即此所均征稅邦國地貢輕重是也云其率之也公之地以一易侯伯之地以再易子男之地以三易者其民受地有一易再易故

此諸侯之地據貢入天子以耕之者入諸侯者以易而不耕者故以公之地貢半似二百畝佃半也侯伯之地三之一貢入天子似家三百畝佃百畝留二分似荒廢者也子男之地以三易四之一貢與天子似家得四百畝佃百畝留三分似三百畝不耕者也民但家無三易之地直以況義耳云必足其國禮俗喪紀祭祀之用乃貢其餘者後鄭意釋公國貢半已下漸少之意言公受地廣稅物多但留半自用即足其國俗喪紀及畜積之用故以半爲餘貢入天子其侯伯受地差少則其稅亦少故三分之二留自用乃足其國以一分爲餘貢入天子其子男受地又少其稅轉少故四分之乃足其國亦以一分爲餘貢入天子注雖不言畜積但言足其國明畜積注中乃得云足故王制云國無九年之畜曰不足是也云若今度支經用餘爲司農穀矣者度支經用似國家喪紀所用餘爲司農穀矣者入天子故據漢法以況之云大國貢重正之也小國貢輕字之也者謂若四之一是也字愛也謂愛小國之法若然三之一者是不輕不重後鄭言此者破先鄭其食者四之一三分貢與天子三之一者二分貢與天子非字小之法又見采地之稅四之一一分貢與天子故不從先鄭之義云凡諸侯爲牧正帥長及有德者乃有附庸者案王制云五國以爲屬屬有長十國以爲連連有帥三十國以爲

卒卒有正二百一十國爲州州有伯伯即牧也此牧正帥長皆是有功諸侯乃得爲之有功即有附庸又諸侯有德雖不爲牧正帥長亦得有附庸故鄭總云諸侯牧正帥長及有德者乃有附庸焉云爲其有祿者當取焉者謂取間田爲附庸以爲祿也云公無附庸者以其天子畿方千里上公五百里地極故無附庸也云侯附庸九同者以其侯有功進受公地但公五百里開方之方百里者五五二十五侯四百里開方之四四十六加九同則爲二十五同與公等故知侯附庸九同云伯附庸七同者伯地三百里三三而九加七同則爲十六同與侯等故知伯附庸七同也云子附庸五同男附庸三同者以其子有功進受伯地加五同與伯等男有功受子地男本一同加三同與子等開方之皆可知云進則取焉退則歸焉者進則取焉謂附庸者退則歸焉者謂爲間田者也故王制一州之內二百一十國其餘以爲附庸間田併言之矣云魯於周法不得有附庸故言錫之也者魯雖爲侯爵以其王子母弟雖爲侯伯畫服如上公受五百里之地與上公等成王以周公制典法之勳賜魯以侯伯子男四等附庸故明堂位云地方七百里鄭云方七百里者包附庸以大言之也又云附庸二十四言得兼此四等矣者魯本五百里四面各加百里四五二十即二十同四角又各百里爲四同故云附庸二十四言周公有德兼侯九同伯七同子五同男三同故云兼此四等矣凡言同者皆百里地百里則爲國周法不滿百里乃爲附庸今皆名附庸爲同者但附庸實不滿百里積集附庸成同并數之矣假令男附庸三同附庸國則多矣據成周而言三耳自餘五同七同已上其義可知也

凡造都鄙制其地域而封溝之以其室數制之不易之地家百晦一易之地家二百晦再易之地家三百晦

都鄙王子弟公卿大夫采地其界曰都鄙所居也王制曰天子之縣內方百里之國九七十里之國二十有一五十里之國六十有三此蓋夏時采地之數周未聞矣春秋傳曰遷鄭焉而鄙留城郭之宅曰室詩云嗟我婦子曰爲改歲入此室處以其室數制之謂制丘甸之屬王制曰凡居民量地以制邑度地以居民地邑民居必參相得鄭司農云不易之地歲種之地美故家百晦一易之地休一歲乃復種地薄故家二百晦再易之地休二歲乃復種故家三百晦○畝本亦作古晦字同劉常證反復扶又反下同○

【疏】凡造至百晦○釋曰上言王畿及諸侯邦國至此更言畿內都鄙三等采地云凡造都鄙制其地域者案載師職家邑任稍地小都任縣地大都任畺地又下文小司徒職云四丘爲甸四甸爲縣四縣爲都家邑二十五里小都五十里大都百里是造都鄙制其地域也云而封溝之者謂三等采地四境界上皆有溝封而樹之以爲阻固云以其室數制之者其室在都邑之內而云制之者依其城內室數於四野之中制地與之謂若九夫爲井四井爲邑四邑爲丘四丘爲甸四甸爲縣四縣爲都之等是也云不易之地家百晦者此謂上地年年佃之故家百晦云一易之地家二百晦者謂年別佃百晦廢百晦云再易之地家三百晦者以其地薄年年佃百晦廢二百晦三年再易乃徧故云再易也○注都鄙至百晦○釋曰言都鄙王子弟公卿大夫采地者公在大都卿在小都大夫在家邑其親王子母弟與公同在大都次疏者與卿同在小都次更疏者與大夫同在家邑故揔云都鄙王子弟公卿大夫采地也云其界曰都鄙所居也者三等采地皆有城郭是其鄙所居也據其四境即是其界曰都又引王制曰天子之縣內方百里之國九云云又云此蓋夏時采地之數者案殷周皆稱畿內王制云縣內疑是夏時故云此蓋夏時采地之數也云周未聞矣者案洛誥傳云天下諸侯入來進受命於周退見文武之尸者千七百七十三諸侯注云入州州立二百一十國畿內九十

三國云畿內九十三國即此都鄙之數有文矣而云未聞者以無正文故疑焉或未可聞其大國次國小國各有畿國故云未聞其實揔數則聞之矣云春秋傳曰遷鄭焉而鄙留者案桓十一年夏五月鄭伯寤生卒秋七月葬鄭莊公九月宋人執鄭祭仲公羊云祭仲者何鄭相也何以不名賢乎祭仲以爲知權也其爲知權奈何古者鄭國處於留先鄭伯有善於鄶公者通乎夫人以取其國而遷鄭焉而野留莊公死已葬祭仲將往省于留塗出於宋宋人執之謂之曰爲我出忽而立突祭仲不從其言則君必死國必亡從其言則君可以生易死國可以存易亡是以謂之權也野鄙不同者何鄭所見傳異也案玄發墨守云鄭始封君曰桓公者周宣王之母弟國在宗周畿內今京兆鄭縣是也桓公生武公武公生莊公遷易東周畿內國在虢鄶之間今河南新鄭是也武公生莊公因其國焉留乃在陳宋之東鄭受封至此適三世安得古者鄭國處於留祭仲將往省留之事乎是鄭君不從公羊所引之者直取鄭所居爲義也其鄭居留之事猶自不取也所謂文取而義不取也云城郭之宅曰室又引詩者是七月詩取證室在城內於其室數制城外井邑又云制之謂制丘甸之屬者案下小司徒云四井爲邑以至丘甸縣都是也又引王制者欲見邑在城外居在城內外內多少必參相得之事

乃分地職奠地守制地貢而頒職事焉以爲地灋而待政令分地職分其九職所宜也定地守謂衡麓虞候之屬制地貢謂九職所稅也頒職事者分命使各爲其所職之事○奠劉音定

疏注分地至之事○釋曰分地職分其九職所宜也者上經既授上中下地此經云分地職故知分地職者是分九職所宜九職則大宰云一曰三農生九穀是也所宜謂若孝經注高田宜黍稷下田宜稻麥之類是也云定地守謂衡麓虞候之屬者案昭二十年左氏傳晏子云山林之木衡麓守之澤之萑蒲舟鮫守之藪之薪蒸虞候守之海之鹽蜃祈望守之注云衡麓舟鮫虞候祈望皆官名也守之令民不得取之不共利時景公設此守以致疾故晏子所非非其不與民同鄭引之者以正地守之官若然此地官唯有衡虞無舟鮫祈望者此周禮舉其大綱左氏言其細別故詳略不同云制地貢謂九職所稅也者此地貢文承地職之下明非諸侯地貢是其九職任之九稅斂之若三農生九穀則稅九穀園圃毓草木則稅草木之類是也云頒職事者分命使各爲其所職之事者分命之言案尚書堯典分命羲仲宅嵎夷申命羲叔宅南郊分命和仲宅西曰昧谷申命和叔宅朔方此間頒職事亦是分命使各爲其所職之事典田之官各有所掌以荒政十有二聚萬民一曰散利二曰薄征三曰緩刑四曰弛力五曰舍禁六曰去幾七曰眚禮八曰殺哀九曰蕃樂十曰多昏十有一曰索鬼神十有二曰除盜賊荒凶年也鄭司農云救飢之政十有二品散利貸種食也薄征輕租稅也弛力息繇役也去幾關市不幾也眚禮掌客職所謂凶荒殺禮者也多昏不備禮而娶昏者多也索鬼神求廢祀而修之雲漢之詩所謂靡神不舉靡愛斯牲者也除盜賊急其刑以除之飢饉則盜賊多不可不也杜子春讀蕃樂爲藩樂謂閉藏樂器而不作玄謂去幾其稅耳舍禁若公無禁利眚禮謂殺吉禮也殺哀謂省凶禮○弛式氏反舍音捨殺所界反徐所例反注同蕃方袁反

疏以荒至盜賊○釋曰言以荒政十有二者上經見分地職則有年穀不熟之時恐民離散故以救荒之政十有二條以聚萬民使不離散一曰散利者謂豐時聚之荒時散之積而能散使民利益故云一曰散利二曰薄征者薄輕也

征稅也謂輕其稅三曰緩刑者謂凶年犯刑緩縱之四曰弛力者弛放其力役之事五曰舍禁者山澤所遮禁者舍去其禁使民取蔬食六曰去幾者幾謂呵禁謂關市去稅而幾之七曰眚禮者謂吉禮之中眚其禮數八曰殺哀者謂凶禮之中殺其禮數九曰蕃樂者蕃謂閉藏樂器而不作十曰多昏者謂凶荒殺禮昏者多十有一曰索鬼神者謂凶年禱祈搜索鬼神而禱祈之十有二曰除盜賊者凶年盜賊多急其刑以除之○注荒凶至凶禮○釋曰下曲禮云歲凶年穀不登即此一荒也故云荒凶年也鄭司農云救飢之政十有二品者年穀不熟而民飢故設政教以救之故云救飢之政十有二品十二品即十二條各有品列而不同云散利貸種食也者謂豐時斂之凶時散之其民無者從公貸之或爲種子或爲食用至秋熟還公據公家爲散據民往取爲貸故云散利貸種食云薄征輕租稅也者案司稼云巡野觀稼出斂法注云豐年從正儉有所殺若今十傷二三實除減半是輕租稅也云弛力息繇役也者案均人云豐年則公均用三日中年則公均用二日無年則公均用一日此云弛力謂人食不能二鬴之歲則移民就穀無力役之事故均人又云凶札則無力政財賦是也云去幾關市不幾者此役鄭不從以其雖凶年猶幾呵但去稅而已云眚禮掌客職所謂凶荒殺禮者也

則後鄭不從者掌客所云凶荒殺禮其總目語無所指斥故鄭以爲昏吉禮云多昏不備禮而娶昏者多也者昏禮有六并有玄纁束帛凶荒爲昏不可備行此禮使有女之家得減口數有男之家易得其妻故娶昏者多也云索鬼神求廢祀而修之者年有凶災鬼神不佑經云索鬼神謂搜索鬼神而祭之是求廢祀而修之即雲漢之詩靡神不舉是也連引靡愛斯牲者見索鬼神是祈禱之事須牲體以薦之案左氏莊二十五年傳云天災有幣無牲此詩云靡愛斯牲者若天災之時祈禱無牲災成之後即有牲體故云靡愛斯牲云除盜賊急其刑以除之饑饉則盜賊多不可不除也者上文既言緩刑其餘盜賊用急刑乃上下文爲妨故鄭云饑饉則盜賊多不可不除故須急其刑以除之杜子春云讀蕃樂爲藩樂謂閉藏樂器而不作者經云蕃者是蕃育之字故讀從藩藩是藩閉之字案大司樂云大凶大裁令弛縣注云弛釋下之若令休兵鼓之爲彼又云日月食四鎮五嶽崩諸侯薨令去樂注云去樂藏之引春秋傳曰壬午猶繹萬入去籥萬言入則去者不入藏之可知彼之二文云令弛縣據路寢常縣之樂釋下之去樂據廟中祭時暫縣之樂去而藏之此云藩樂謂閉藏樂器據廟中祭祀藏去樂器而不作若然祭祀不作明路寢常縣亦釋下之互見其義玄謂去幾去其稅耳者破先鄭之義全不幾後鄭必直去其稅猶幾之者案司關云國凶札則無門關之征猶幾明知司農之義非云舍禁若公無禁利者案左傳襄公九年冬公會晉侯伐鄭同盟于戲晉侯歸謀所以息民魏絳請施舍輸積聚以貸自公以下苟有積者盡出之國無滯積亦無困人公無禁利杜注云與民共是也云眚禮謂殺吉禮也云殺哀謂省凶禮者此破司農之義司農引掌客職凶荒殺禮證眚禮後鄭之意凶荒殺禮是摠目之言不專於吉禮鄭知眚禮專是吉禮者以其下有殺哀與眚禮相對故知眚禮專是吉禮也案襄公二十四年冬大饑穀梁傳云五穀不升爲大饑一穀不升謂之嗛二穀不升謂之饑三穀不升謂之饉四穀不升謂之康五穀不升謂之大侵大侵即大饑一也又案廩人云人食四鬴上也三鬴中也二鬴下也若食不能人二鬴則令移民就穀不能人二鬴之歲即是大饑年也此云荒政者亦據大凶年爲義案均人云凶札無力政財賦此既據大饑猶云薄征者此經雖主大饑兼記一穀二穀不熟之歲故有輕稅也此鄭云荒凶年則荒與凶一也案大司樂大札大荒大凶荒凶則亂其實凶荒是一故宗伯云以荒禮哀凶札是凶荒不異司農凶荒別文者以凶爲凶年以荒爲荒亂兼見斯義故凶荒別文也

以保息六養萬民一曰慈幼二曰養老三曰振窮四曰恤貧五曰寬疾六曰安富

保息謂安之使蕃息也慈幼謂愛幼少也產子三人與之母二人與之餼十四以下不從征養老七十養於鄉五十異粻之屬振窮拼捄天民之窮者也窮者有四曰矜曰寡曰孤曰獨恤貧貧無財業稟貸之寬疾若今癃不可事不筭卒可事者半之也安富平其繇役不專取○少詩照反拼音拯捄音救本亦作拯救矜古頑反癃音隆卒子忽反

疏 以保至安富○釋曰上經既陳凶荒不安之事故此經陳安養萬民之道云以保息六養萬民者民不安即不得蕃息安則蕃息保安也民使蕃息有六條以養萬民故云以保息六養萬民也○保息至專取○釋曰云產子三人與之母二人與之餼皆是越語范蠡欲速報吳爲此權禮使國民衆多故令國人壯者無取老婦老者無取壯妻女子十七不嫁父母有罪丈夫二十不娶亦罪其父母生丈夫三壺酒一犬生女子一壺酒一豚生三人公與之母生二人與之餼引之者見其愛幼少之法不必盡如其禮云十四以下不從征者案鄉大夫職國中七尺野自六尺皆不從征案論語云可以託六尺之孤注云六尺謂年十五則十五從征十四以上不從征可知亦是愛幼之事也云養老七十養於鄉者案王制云五十養於鄉六十養於國七十養於學彼謂大夫士也王制又云凡三王養老皆引年注云已而引戶校年當行復除也老人衆多非賢者不可皆養故食貨志云七十已上所養也此云七十養於鄉亦謂有賢行者也云五十異粻之屬者是王制文禮記常法庶人食稷士兼食黍大夫又加以粱今雖庶人至五十或與士大夫同食黍粱故云異粻云振窮拼救天民之窮者也窮者有四曰矜曰寡曰孤曰獨者案王制云老而無妻者謂之矜老而無夫者謂之寡少而無父者謂之孤老而無子者謂之獨鄭依此而言此四者天民之窮而無告者也皆有常餼故曰振窮云恤貧貧無財業稟貸之者案旅師云凡用粟春頒而秋斂之注云困時施之饒時收之是其恤貧之法故云無財業稟貸之云寬疾若今癃不可事不筭卒者漢時癃病不可給事不筭計以爲士卒若今廢疾者也云可事者半之也者謂不爲重役輕處使之取其半功而已似今殘疾者也是其寬饒疾病之法云安富平其繇役不專取者言繇役均平又不專取則富者安故云安富也

以本俗六安萬民一曰媺宮室二曰族墳墓三曰聯兄弟四曰聯師儒五

曰聯朋友六曰同衣服本猶舊也美善也謂約椓攻堅風雨攸除各有攸宇族猶類也同宗者生相近死相迫連猶合也兄弟昏姻嫁娶也師儒鄉里教以道藝者同師曰朋同志曰友同猶齊也民雖有富者衣服不得獨異。媺音美聯兄弟一本作聯兄弟椓陟角反〔疏〕以本至衣服。釋曰上經陳養萬民之法此經說安民庶之道以本俗六安民者本舊也不依舊俗創立制度民心不安若依舊俗民心乃安故以本俗六條以安民也。注本猶至獨異。釋曰云謂約椓攻堅風雨攸除各有攸宇者此斯干美宣王之詩也案彼詩云約之閣閣約謂搯土椓之橐橐椓謂築之橐橐用力是其約椓攻堅攸所也能使風雨所除宇居也君子小人各有所居引之者證美宮室也經云媺宮室明不使華美故以攻堅解之云族猶類也同宗者生相近死相迫者案左氏傳云非我族類其心必異族類是一故云族猶類也經云族墳墓是死相迫明生時居住相近可知故鄭云同宗者生相近死相迫也云連猶合也兄弟昏姻嫁娶也者案爾雅釋親云父之黨爲宗族母與妻黨爲兄弟則兄弟之名施於外親爲正又案喪服記兄弟皆有外邦及與兄弟居彼皆據同宗小功已下知此兄弟是昏姻非是同宗者見上云族墳墓是同宗明此兄弟施於外姓昏姻故爾雅又云婦之黨爲昏兄弟夫婦相名亦爲兄弟故曾子問曰不得嗣爲兄弟是以知兄弟是婚姻也云師儒鄉里教以道藝者以其鄉立庠州黨及遂皆立序致仕賢者使教鄉閭子弟鄉閭子弟皆相連合同就師儒故云連師儒也又案保氏職掌養國子以道故云教以道藝也云同師曰朋同志曰友者案學而云有朋自遠方來是朋者在學之稱此友與朋連文則亦是在學之稱且此朋友之文復在師儒之下但朋疏而多友親而少故云同師曰朋同志曰友此朋友據在學案尚書泰誓武王云我友邦冢君是謂諸侯爲友洛誥云孺子其朋謂羣臣爲朋朋友之文所施廣矣鄭君皆望文爲義是以所注不同也云同猶齊也民雖有富者衣服不得獨異者士已上衣服皆有采章庶人皆同深衣而已故云民雖有富者衣服不得獨異並皆齊等也

正月之吉始和布教于邦國都鄙乃縣教象之灋于象魏使萬民觀教象挾日而斂之乃施教灋于邦國都鄙使之各以教其所治民正月之吉周正月朔日也司徒以布五教至正歲又書教法而縣焉。縣音玄注同挾于協反〔疏〕正月至治民。釋曰正月之吉者謂建子之月一日也始和者從十二教已下於此月之時始調和也政教皆有故法依舊而行之言始和者若改造云爾其實不改造也始以對終對下縣之是在建寅之月爲終也云布教於邦國都鄙者於此正月之時調和教典訖即布於邦國諸侯及畿內二鄙公卿大夫等云乃縣教象之法於象魏者言乃者緩辭是建寅之月乃縣教象之法於象魏闕上云使萬民觀教象者謂使萬民來就雉門象魏之處觀教象文書使知一年教法云挾日而斂之者縣之從甲至甲爲挾日而後斂藏之於明堂月月乃更受而行之謂之聽朔者也云乃施教法于邦國都鄙者案大宰六典八法八則之等正月前陳之正月之下不復言施之者以其並是當職之事故不復言所施且直言施教法於邦國都鄙則亦含上數事可知云使之各以教其所治民者若據邦國使諸侯教所治民若據都鄙則使公卿大夫教所治民。注正月至縣焉。釋曰言正月朔日者周禮凡言正歲者則夏之建寅正月直言正月者則周之建子正月也吉者月朔也故云正月之吉周正月朔日也司徒以布王教者案大宰注云布王治之事於天下此不言天下注文略邦國都鄙則亦天下也云至正歲又書教法而縣焉者釋經乃縣是正歲縣之必知縣在正歲者亦取義於小司徒云正歲則帥其屬而觀教法之象故知縣在正歲也

令五家爲比使之相保五比爲閭使之相受四閭爲族使之相葬五族爲黨使之相救五黨爲州使之相賙五州爲鄉使之相賓此所以勸民者也使之者皆謂立其長而教令使之保猶任也救救凶災也賓賓客其賢者故書受爲授杜子春云當爲受謂民移徙所到則受之所去則出之又云賙當爲糾謂糾其惡玄謂受者宅舍有故相受寄託也賙者謂禮物不備相給足也閭二十五家族百家黨五百家州二千五百家鄉萬二千五百家。比毗志反下同賙音周足劉子喻反〔疏〕令五至相賓。釋曰此經說大司徒設比閭至於州鄉等第家數各立其官長教勸於民大司徒主六鄉故令六鄉之內使五家爲一比則有下士爲比長主之使五家相保不爲罪過五比爲閭者二十五家爲一閭立中士爲閭胥使之相受者閭胥使二十五家有宅舍破損者受寄託四閭爲族使之相葬者百家立一上士爲族師使百家之內有葬者使之相助送故云使之相葬五族爲黨使之相救者五百家立一

下大夫爲黨正民有凶禍者使民相救助故云使之相救五黨爲州使之相賙者二千五百家爲州立一中大夫爲州長民有禮物不備使賙給之五州爲鄉使之相賓者萬二千五百家爲鄉立一六命卿爲鄉大夫鄉內之民有賢行者則行鄉飲酒之禮賓客之舉貢也故云使之相賓○注此所至百家○釋曰云此所以勸民者也者此經相保相受相救相賙相賓等皆是民閒之事故云所以勸民也云使之者皆謂立其長而教令使之者民不獨治必須君長故云皆謂立其長而教令使之立長謂若比長閭胥至鄉大夫等杜子春云當爲受謂民移徙所到則受之所去則出之者案比長職云五家相受相和親與此文同皆謂一閭之內無出入之法比長職又云徙於國及郊則從而授之注云徙謂不便其居也或國中之民出徙郊或郊民入徙國中彼是出鄉閭外與此閭內自相容受不同故後鄭易之以爲宅舍有故相受寄託解之子春又云賙當爲糾謂糾其惡後鄭不從者此一經相保相受之等皆是相勸爲善無相糾惡之事故後鄭存賙字謂禮物不備相給足解之云閭二十五家云云知之者案此經五家爲比五州爲鄉轉相增故其家數可知

頒職事十有二于邦國都鄙使以登萬民一曰稼穡二曰樹蓺三曰作材四曰阜蕃五曰飭材六曰通財七曰化材八曰斂材九曰生材十曰學藝十有一曰世事十有二曰服事鄭司農云稼穡謂三農生九穀也樹蓺謂園圃毓草木作材謂虞衡作山澤之材阜蕃謂藪牧養蕃鳥獸飭材謂百工飭化八材通財謂商賈阜通貨賄化材謂嬪婦化治絲枲斂材謂臣妾聚斂疏材生材謂閒民無常職轉移執事學藝謂學道藝世事謂以世事教能則民不失職服事謂爲公家服事者玄謂生材養竹木者○飭音敕注同賈音古閒音閑

【疏】頒職至服事○釋曰大司徒主天下人民之數故須下民之職事十有二條於天下邦國及畿內都鄙使以登成萬民此經不言鄉遂及公邑者舉外以包內司徒親主鄉遂公邑須之可知云一曰稼穡已下至八曰斂材已上即大宰九職中八者是也大宰既掌之此又重掌者以大宰尊官揔知其數此司徒是主民之官親自須行義各有異也云一曰稼穡者種之曰稼斂之曰穡二曰樹蓺者樹謂植木謂若樹之榛栗蓺謂種黍稷謂若蓺麻如之何我蓺黍稷之類是也案大宰有九職此八曰斂材已上與太宰同太宰有九此唯八者太宰言任萬民隨意所云故有九九曰閒民無常職轉移執事此司徒云頒職事不可頒之使民轉移執事故闕之唯有八也九曰生材已下加此四事者以其司徒主民此四事者是民之事業及學問故別增之也○注鄭司至木者○釋曰鄭司農云稼穡謂三農生九穀也者自此已下至聚斂疏材皆與太宰同但文有詳略其言異耳九穀須稼穡故變言稼穡耳樹蓺與園圃毓草木者同草木須樹蓺故亦變言樹蓺耳云作材謂虞衡作山澤之材者此文有詳略耳云阜蕃謂藪牧養蕃鳥獸者但養蕃不言阜此言阜字者欲見非直蕃息又使阜盛云飭材謂百工飭化八材者此亦文有詳略耳云通財謂商賈阜通貨賄者貨賄即財也亦文有詳略耳云斂材謂臣妾聚斂疏材者此亦文有詳略耳此八者之義以具釋於太宰故此亦不復重言云生材謂閒民無常職轉移執事者司農之意此閒民在第九當太宰九曰閒民無常職故以閒民解生財也但周公制禮太宰任民無常職於此頒職事不可須無常職使民行之故後鄭易之以爲養竹木解之云學藝謂學道藝者案保氏職云掌養國子以道乃教之六藝故以藝中兼有道也云世事謂以世事教能則民不失職者案管子書云工之子恒爲工士之子恒爲士商之子恒爲商農之子恒爲農是以世事教民能則民不失職也云服事謂爲公家服事者謂若府史胥徒庶人在官者是公家服事者也玄謂生材養竹木者此後鄭破司農之義案太宰事典云以生萬民小宰事職云以養萬民則知生爲養山虞林衡別官則知此生材養竹木在於平地林衡所掌是也

以鄉三物教萬民而賓興之一曰六德知仁聖義忠和二曰六行孝友睦婣任恤三曰六藝禮樂射御書數物猶事也興猶舉也民三事教成鄉大夫舉其賢者能者以飲酒之禮賓客之既則獻其書於王矣知明於事仁愛人以及物聖通而先識義能斷時宜忠言以中心和不剛不柔善於父母爲孝善於兄弟爲友睦親於九族婣親於外親任信於友道恤振憂貧者禮五禮之義樂六樂之歌舞射五射之法御五御之節書六書之品數九數之計○知音智行下孟反婣音因

【疏】以鄉至書數○釋曰物事也司徒主六鄉故以鄉中三事教鄉內之萬民也興舉也三物教成行鄉飲酒之禮尊之以爲賓客而舉之三物者則下一曰二曰三曰是也○注民三至之計○釋曰云民三事教成鄉大夫舉其賢者能者以飲酒之禮賓客

之既則獻其書於王矣者此並鄉大夫職又云知明於事者謂於前事不惑若四十而不惑也云仁愛人以及物者仁者内善於心外及於物謂若行葦詩美成王云敦彼行葦牛羊勿踐履是愛人及於葦葦即物也云聖通而先識者案襄二十二年臧武仲如晉雨過御叔御叔在邑將飲酒曰焉用聖人何休云説左氏傳者曰春秋之志非聖人孰能脩之言夫子聖人乃能脩之御叔謂臧武仲爲聖人是非獨孔子玄箴之曰武仲者述聖人之道魯人稱之曰聖今使如晉過御叔御叔不説學見武仲而雨行傲之云焉用聖人爲左氏傳載之者非御叔不説學不謂武仲聖與孔子同若然此云聖亦與武仲同是皆述聖人之道云義能斷時宜者義宜也謂斷割合當時之宜也云忠言以中心者此以字解之如心曰恕如下從心中心曰忠中下從心謂言出於心皆有忠實也云和不剛不柔者謂寬猛相濟者也云善於父母爲孝善於兄弟爲友者案爾雅云張仲孝友善父母爲孝善兄弟爲友彼不言於此鄭云善於父母善於兄弟言於者凡言孝友非直甘脊先奉昏定晨省而已謂若禮記祭義云孝者先意承志諭父母於道國人稱之曰幸哉有子若是如此美行乃所爲父母兄弟所善故鄭云善於父母爲孝善於兄弟爲友也云睦親於九族者堯典云九族既睦是睦親於九族也九族者上至高祖下至玄孫旁及緦麻之内也云婣親於外親知婣是親於外親者上云睦施於九族明此婣是親於外親也左傳云士踰月外姻至亦據外親之等外親者則妻族母族是也此婣對睦施於外親若不對睦亦施於内親故論語云因不失其親喪服傳云與因母同此皆施於内親也云任信於友道者謂朋友有道德則任信之故論語云信則人任焉是也云恤振憂貧者者恤訓爲憂振訓爲救故知恤振憂貧者也云禮五禮之義自此已下至九數皆取義於保氏案保氏職掌養國子以道教之六藝一曰五禮二曰六樂三曰五射四曰五御五曰六書六曰九數案彼注云五禮者玄謂吉凶賓軍嘉六樂者玄謂雲門大咸大韶大夏大濩大武五射者先鄭云白矢參連剡注襄尺井儀五御者先鄭云鳴和鸞逐水曲過軍表舞交衢逐禽左六書者先鄭云象形會意轉注處事假借諧聲九數者先鄭云方田粟米差分少廣商功均輸方程贏不足旁要此九章之術是也彼注又云今有重差夕桀句股此經直陳六藝保氏各有其數故注保氏其釋之注此直取保氏經以釋之五禮言義者以其吉凶之等各有其義樂言歌舞者以其作樂時有升歌下舞射言法者以其有升降揖讓之法御言節者四馬六轡有進退之節書言品者形聲處事差品不同數言計者有多少筭計各逐義強生稱

以鄉八刑糾萬民一曰不孝之刑二曰不睦之刑三曰不婣之刑四曰不弟之刑五曰不任之刑六曰不恤之刑七曰造言之刑八曰亂民之刑糾猶割察也不弟不敬師長造言訛言惑衆亂民亂名改作執左道以亂政也鄭司農云任謂朋友相任恤謂相憂○弟音悌注同

【疏】以鄉至之刑○釋曰上設三物教萬民民有不從教者則設刑以刑之故言以鄉八刑糾萬民也云一曰不孝之刑者有不孝於父母者則刑之孝經不孝不在三千者深塞逆源此乃禮之通教二曰不睦之刑者不相親睦亦刑之三曰不婣之刑者不親外親亦刑之四曰不弟之刑者不敬師長亦刑之五曰不任之刑者謂不信任於朋友亦刑之六曰不恤之刑者謂見災危而不憂恤亦刑之七曰造言之刑者有造浮僞之言者亦刑之八曰亂民之刑者謂執左道亂政則刑之○注糾猶至相憂○釋曰云糾猶割察也者謂察取鄉中八種之過斷割其罪云不弟不敬師長者此不弟即上六行友是也上文在睦婣之上此變言弟退在睦婣之下者上言友專施於兄弟此變言弟兼施於師長故退在睦婣之下云造言訛言惑衆者案王制行僞而堅言僞而辨與此造言一也是訛言惑衆也云亂民亂名改作執左道以亂政也者亂名已下皆王制文案彼注亂名改作謂變易官與物之名更造法度左道若巫蠱及俗禁並是亂政之民也上三物有六德六行六藝六德六藝不設刑獨於六行設刑者鄭注師氏云在身爲德施之爲行德爲在身不施於物六藝亦是在身之能不施於人故二者不設刑其行並是施之於人故禁其恐有愆負故設刑以防之也造言亂民民中特害故六行之外別加此二刑

以五禮防萬民之僞而教之中禮所以節止民之侈僞使其行得中鄭司農云五禮謂吉凶賓軍嘉

【疏】以五至之中○釋曰以五禮防萬民之僞而教之中者案禮記樂記云禮者著誠去僞故以禮防萬民之僞而教之使得中正也○注禮所至軍嘉○釋曰禮者辨尊卑別貴賤皆有上下之宜不得奢侈僭僞故云禮所以節止民之侈僞也使其行得中者上不逼下下不僭上得其中正是也鄭司農云五禮謂吉凶賓軍嘉者春官大宗伯文也

以六樂防萬民之情而教之和樂所以蕩正民之情思使

其心應和也鄭司農云六樂謂雲門咸池大韶大夏大濩大武○思悉吏反應應對之應招上朝反本亦作韶濩音護本亦作護【疏】以六至之和○釋曰案樂記云大樂與天地同和孝經云移風易俗莫善於樂故大司徒云云樂防萬民之情而教之使應和也○注樂所至大武○釋曰案樂記云在閨門之內父子兄弟同聽之莫不和親故云樂所以蕩正民之情思使其心應和也鄭司農云六樂雲門已下皆大司樂文至彼具釋案前云六藝禮樂射御書數不覆申射御書數而獨申禮樂二事但化民以禮樂爲急故樂記云心中斯須不和不樂而鄙詐之心入之矣外貌斯須不莊不敬而易慢之心入之矣故樂也者動於內者也禮也者動於外者也是致禮樂以治內外之急也又孝經云安上治民莫善於禮移風易俗莫善於樂是禮樂爲化民之急也故特言禮樂耳

凡萬民之不服教而有獄訟者與有地治者聽而斷之其附于刑者歸于士

不服教不厭服於十二教貪冒者也爭罪曰獄爭財曰訟有地治者謂鄉州及治都鄙者也附麗也士司寇士師之屬鄭司農云與有地治者聽而斷之與其地部界所屬吏共聽斷之士謂主斷刑之官春秋傳曰士榮爲大士或謂歸于圜土圜土謂獄也獄城圜○治直吏反注及下正治并注同斷丁亂反注同厭於涉反或於驗反【疏】凡萬至于士○釋曰上以禮樂化民而萬民不厭服十二教則鬬爭起有獄訟者將斷割之時恐其獄訟不審故與其有地治者謂治民之官共聽而斷之若有小罪則司徒決之其附於五刑則歸於士使秋官士師之等斷之○注不服至城圜○釋曰云不服教不厭服於十二教貪冒者也者上以十二教教民使不貪冒其民有不厭服於十二教即是貪冒之人也厭有二種有嫌厭有厭飫之厭謂若祭禮有陰厭之類是也此言不厭服十二教者謂不厭飫服行十二教也又云爭罪曰獄爭財曰訟者案秋官大司寇云以兩造禁民訟以兩劑禁民獄訟相對故獄爲爭罪訟爲爭財若獄訟不相對則爭財亦爲獄其義具在秋官釋之云有地治者謂鄉州及治都鄙者也者司徒主六鄉明知有鄉州也案上經布教於都鄙明地治之內兼有都鄙可知云附麗也者案秋官云麗於法案尚書呂刑越茲麗刑故以附爲麗云士司寇士師之屬者案秋官有士司鄉士遂士縣士並主獄訟之事故云士師之屬也司農云春秋傳曰者僖公二十八年衛侯出奔及其反國誤射殺弟叔武元咺訴於晉衛侯與元咺訟晉使士榮爲大士而聽斷之引此者欲見有獄必有訟有訟者不必有獄故彼是爭罪之事而言衛侯與元咺訟云或謂歸於圜土圜土謂獄也者司農之意此經士或爲土字因即解士爲圜土圜土即獄也云獄城圜者更解圜土之意圜土之義具在秋官司圜職也

祀五帝奉牛牲羞其肆

牛能任載地類也奉猶進也鄭司農云羞進也肆陳骨體也玄謂進所肆解骨體士喪禮曰肆解去蹄○肆託歷反注肆解肆去同司農音四注肆陳同【疏】祀五至其肆○釋曰云祀五帝者謂五時迎氣於四郊及摠享五帝於明堂即大司徒奉牛牲又云羞其肆者羞進也肆解也謂於俎上進所解牲體於神坐前○注牛能至去蹄○釋曰鄭解司徒奉牛之意故云牛能任載地類也故屬地官司徒鄭司農云羞進也肆陳骨體也者骨體肩臂脊脅之屬司農以肆爲四音讀之故云肆陳也謂陳牲體於俎上即體解折節爲二十一體是也故云陳骨體也玄謂進所肆解骨體者後鄭之意以肆爲擿音讀之肆解骨體者爲七體解之故引士喪禮曰肆解去蹄案士喪禮曰特豚四鬄去蹄彼注云四解之殊肩髀彼言殊肩髀與此骨體一也但彼云四鬄此云肆解其字不同者鄭直以義讀之非彼正文此云殺當彼鬄也後鄭必不從先鄭爲肆陳骨體爲二十一體者案禮運云腥其俎孰其殺彼注云腥其俎謂豚解而腥之也孰其殺謂體解而爓之祭祀之法先豚解後體解經云奉牛牲謂初牽入時即言羞其肆明先豚解又案國語禘郊之事則有全烝明知不得先有體解若然則禘郊之事先全烝始後豚解也若宗廟之祭則無全烝先豚解次體解禮運所云者是也

享先王亦如之

【疏】享先至如之○釋曰享先王不辨祭之大小彼大宗伯四時及禘祫六者皆稱享云亦如之者亦如上祀五帝奉牛牲羞其肆又不言祭地者祭地之禮與天同

大賓客令野脩道委積

令令遺人使爲之也少曰委多曰積皆所以給賓客【疏】大賓至委積○釋曰案大行人諸侯朝稱賓卿大夫來聘稱客彼對文散文賓客通此云大賓客者唯據諸侯來朝大司徒令遺人於野路之上脩治道塗及委積芻薪米禾之等以待賓客○注令令至賓客○釋曰令令遺人使爲之也少曰委多曰積者案遺人云十里有廬廬有飲食三十里有宿宿有路室路室有委五十里有候館候館有積故知義然也

大喪帥六鄉之衆庶屬其六引而治其政令

衆庶所喪役也鄭司農云六引謂引致至索也六鄉主六引六遂主六紼○引如字又音胤紼音弗【疏】

大喪至政令。釋曰大喪謂王喪至七月而葬大司徒帥六鄉之衆庶取一千人屬其六引挽柩鄉廣而治其政令者大司徒則檢校挽柩之事。注衆庶至六綍。釋曰云衆庶所致役也者但六鄉七萬五千家進取一千人致之使爲挽柩之役故云所致役也司農云六鄉主六引則此經是也云六遂主六綍者案遂人職云大喪帥六遂之役而致之掌其政令及葬帥而屬六綍在棺曰綍見繩體行道曰引見用力互文以見義也

大軍旅大田役以旗致萬民而治其徒庶之政令旗畫熊虎者也徵衆刻日樹旗期於其下〔疏〕大軍至政令。釋曰凡征伐田獵所用民徒先起六鄉之衆故云大軍旅大田役以旗致萬民司徒主六鄉田即治其徒庶之政令。注旗畫至其下。釋曰案司常云熊虎爲旗故鄭云旗畫熊虎者也云徵衆刻日樹旗期於其下者凡起徒役不令而誅謂之虐故徵衆庶預刻集日至日樹旗期民於其下衆皆至弊旗誅後至者也

若國有大故則致萬民於王門令無節者不行於天下大故謂王崩及寇兵也節六節有節乃得行防姦私〔疏〕若國至天下。釋曰若國有大故者大故是非常之事故言若也則致萬民於王門者以待任用故也云令無節者不行於天下者大故之時恐有姦寇節者用爲行道之信故無節者不行於天下所以防姦私也。注大故至姦私。釋曰言大故知是王崩及寇兵者下經別云大荒大札故知大故中有王崩寇兵二事也云節六節者爲掌節山國用虎節土國用人節澤國用龍節門關用符節貨財用璽節道路用旌節也

大荒大札則令邦國移民通財舍禁弛力薄征緩刑大荒大凶年也大札大疫病也移民辟災就賤其有守不可移者則輸之穀春秋定五年夏歸粟於蔡是也○札側八反〔疏〕大荒至緩刑。釋曰大荒謂大凶年大札謂大疫病則令邦國者謂令天下諸侯邦國也移民通財者此謂兩事移民謂分口往就賤財是米穀也其有留守不得去者則賤處通穀米與之舍禁者謂山澤之內舊遮禁不聽人入者令皆舍而不禁容民取蔬食也○力者謂弛力役之事薄征者若據大荒則全無征稅今言薄征者容有小荒仍有征稅案司稼注云豐年從正儉有所殺若今十傷二三實除減半者也緩刑者謂有刑罰寬而放之。注大荒至是也。釋曰大荒大凶年也者謂若曲禮云歲凶年穀不登言大者穀梁云五穀不熟謂之大侵與此一也大札大疫病也者謂若左氏傳云天昏札瘥云其有守不可移者則輸之穀者釋經通財也又引春秋定五年夏輸粟於蔡是也者案彼傳定四年楚死伐蔡五年夏歸粟於蔡彼雖非荒札之事直取歸粟一道證經通財之義

歲終則令教官正治而致事歲終自周季冬也教官其屬六十正治明處其文書致事上其計簿○上時掌反簿蒲戶反注同〔疏〕歲終至致事。釋曰歲終則令教官者其屬六十官也云正治而致事者謂正直治理其文書不得濫失以爲公狀然後致其職事以待考。注歲終至計簿。釋曰知歲終是周季冬者以其正月之吉始和是周之歲始明此致事之時亦是周之歲終云致事上其計簿者漢時考吏謂之計吏計吏據其使人也此言計簿據其文書也

正歲令于教官曰各共爾職脩乃事以聽王命其有不正則國有常刑正歲夏正月朔日〔疏〕正歲至常刑。釋曰正歲令于教官者以其歲始當除舊布新各共爾之職脩汝之事爾乃皆汝也以聽王命者聽待也其不正則國有常刑者謂文書不正直而濫失則有常刑常刑者謂二千五百條各依輕重而受刑法。注正歲至朔日。釋曰周禮上下凡言正歲者皆是夏之正月又知是朔日者以其正月之吉是朔日此雖不言之吉亦是朔日爲始可知也

附釋音周禮注疏卷第十

吳縣盧氏宣旬校定

大清嘉慶二十年書
用文選樓藏本校

知南昌府張敦仁署鄱陽縣候補知州周澍栞

周禮注疏卷十挍勘記

阮元撰盧宣旬摘錄

附釋音周禮注疏卷第十

大司徒

辨其山林川澤丘陵墳衍原隰之名物 唐石經諸本同釋文原本亦作邍案周禮原隰字多作邍此當本作古字因注作原而改

九州揚荊豫青兗雍幽與并也 閩本揚作楊諸本與改冀

水崖曰墳 宋本崖作涯

下濕曰隰 嘉靖本閩本同監毛本濕改溼疏中準此

形狀名號 監本號作貌

案職方九州皆直川 案直當爲有字之誤

溝爲封樹 惠挍本溝下有上此脫

經直云壝壇卽埒 案壇亦當作壝

君南面於北墉下 浦鏜云鄉誤面案面或向之訛

故云各以其土地所宜木 惠挍本土地作野之此非

則無后土及田土之神 閩本同誤也當從監毛本作田正

其植物宜早物 岳本同唐石經宋本嘉靖本閩監毛本早皆作皁此本注及疏亦作皁釋文早物音皁本或作皁注同案皁俗早字據唐石經已作皁知今本作早者後人依釋文改從正字也○按皁者草之俗字說文草者草斗櫟實也自人用草爲艸木字乃別製皁爲草斗字岳本作早與釋文合周禮用假借字也

其動物宜鱗物 唐石經諸本同釋文鱗物劉本作鼈音鱗○按盧文弨曰釋文云劉本作鱉故集韻云鱗通作鱉本釋文也今本釋文作鼈乃譌字

其民晳而瘠 釋文晳而音錫白色也唐石經亦作晳下從白今諸本作晳下從曰訛

其植物宜叢物 諸本同釋文亦出叢物二字唐石經作藂物○按藂者叢之俗字不見於說文

核物李梅之屬 宋本閩本監本同毛本核作覈爲依經所改非也嘉靖本作梅李之屬

虎豹貔貙之屬 宋本余本岳本嘉靖本閩本同葉鈔釋文亦作䝙監毛本作貙非疏中準此○按其字正作离俗作䝙誤作貙

理致且白如膏 宋本致誤置○按致者今之緻字

此云貉狐不言貍者 毛本同誤也當從閩監本作貂狐

臞脉瘠也 閩監毛本脉誤脈下同

土祇原隰及平地 諸本祇誤秖今改正

則民不偷 閩監本同疏中改偷爲愉毛本經作愉注及疏又偷愉錯見案釋文不偷音偷又音揄唐石經宋本余本岳本嘉靖本皆作愉注疏本或改作偷俗字也

愉謂朝不謀夕 宋本余本岳本嘉靖本同閩毛本愉作偷監本先作偷後改愉○按此亦當是經用古字注用今字之例經作愉从心注作偷从人爲是鄭箋山有樞云愉讀曰偷

謂鄉飲酒之禮 浦鏜云鄉下脫射

六曰以俗教民則民不偷者 閩監毛本作教安此誤

則民不偷偷苟且也 閩本作則民不愉當據以訂正監毛本上下皆作偷後並改爲愉

將焉月樹 閩監毛本焉作安

諺所謂老將智而耄及之者 毛本耄作髦

憂之則不懈怠者 案注作則民不解怠賈本注蓋無民字

育生也 嘉靖本育作毓非惠挍本亦作毓云余本仍作育○按此段玉裁經用古字注用今字之例

星土星所主土也 諸本主誤生今據保章氏注訂正

又周語伶周鳩云 惠挍本作州鳩此誤

陶唐氏之火○正 案○誤衍

欲見財旣爲九賦斂財賦 閩本同監毛本斂誤故浦鏜云財賄誤財賦

云測猶度也 閩監毛本同誤衍也宋本余本岳本嘉靖本皆無云字

故書求爲救 九經古義云救當作𣪏古文求字說文引虞書云旁𣪏孱功蔡邕石經般庚云器非𣪏舊皆以𣪏爲求

杜子春云爲求 閩監毛本同宋本余本岳本嘉靖本云下有當字此脫

立表之處大東 閩監毛本同宋本嘉靖本無處字此誤衍

案土八職云 浦鏜云玉誤土

據中表之南而言 浦鏜云南下脫表

爲中表之西表而言 惠挍本爲作據此誤

月離於畢俾滂沲 閩監毛本沲作沱

云測猶度 惠挍本下有也此脫

是地於日爲近南云 浦鏜云下當脫一云

故後鄭增成先鄭之義取云 惠挍本取作而此誤

今穎川陽城地爲然 監毛本同嘉靖本穎作潁岳本閩本誤穎

風雨寒暑時是也 惠挍本風雨下有節此脫

南北二億三萬二千五百里 宋本作一千閩監毛本作三千誤盧文弨曰御覽卷三十一亦作一千五百里

天圜南北二億 浦鏜云圓誤圜

初爲基止 閩毛本止作址監本誤扯

土地附庸 宋本余本閩監毛本同岳本嘉靖本地作田

諸男食者四之一 惠挍本諸男上增諸子二字云余本無案賈疏本亦無諸子二字故云直舉男地而言惠以意增非

其食者參之一者亦與侯同 閩本同監毛本參改三毛本侯改諸

卽足其國俗喪紀及畜積之用 惠挍本國下有禮此脫

不易之地家百晦 唐石經諸本同釋文作百畝云本亦作古晦字

上言王已及諸侯邦國 補閩監毛本王已作王畿此誤

進受命於周退見文武之戶者 宋本無命戶爲尸之誤

先鄭伯有善於鄒公者 補閩本鄒作鄶是也監毛本作鄭亦誤

遷易東周畿內 惠挍本易作居此誤

宅南郊 案郊當作交

七日眚禮 唐石經諸本同監毛本眚誤肯閩本誤青注及疏準此

救飢之政 嘉靖本飢作饑此非○按依說文則饑年字當从幾飢餓字作飢

飢饉則盜賊多 宋本嘉靖本飢作饑當據以訂正

卽此一荒也 浦鏜云一荒當誤倒非

若令休兵鼓之爲 惠挍本令作今此誤

案大司樂大札大荒大凶荒凶則亂 惠挍本作凶荒別者此作則亂誤也

案大司樂無大荒

司農凶荒別文者　案農當爲樂字之誤

若今癰不可事不筭卒　宋本嘉靖本閩本同監毛本筭改算䟽同葉鈔釋文癰作⿸疒逢

若今廢疾者也　漢制考作癈疾○按漢制考是也經典癈字多爲淺人改作廢

三曰聯兄弟　唐石經諸本同釋文聯兄弟一本作聚兄弟案注云聯猶合也兄弟昬姻嫁娶也鄭訓聯於兄弟上則作聚者非

各有攸宇　宋本宇作芋蓋依今本毛詩改非

連猶合也　宋本余本閩監本同嘉靖本毛本連作聯依經改注非也䟽中同○按亦段玉裁經用古字注用今字之證

兄弟皆有外邦　浦鏜云在他誤有外○按此惟在誤有耳

是以知兄弟是婚姻也　閩監毛本作昬姻

鄉閭子弟皆相連合　毛本連改聯

案尚書泰誓武王云　此本武字係剜擠

司徒以布五教　閩監毛本同誤也宋本嘉靖本作王教此本䟽中引注亦作王教當據以訂正

二曰樹蓺　宋本余本嘉靖本閩本同唐石經監毛本蓺作藝注及䟽準此○按唐人之例樹蓺如此作道藝六藝如此作

謂園圃毓草木　閩監毛本同宋本作謂園圃育草木嘉靖本毓作育惠挍本亦作圃育云互注本余本作圃毓○按毓育亦經用古字注用今字之證也

藝謂種黍稷　案此藝字亦當作蓺

九曰閒民無常職轉移執事　毛本誤職事據監本訂正自八曰斂財起至下節䟽舉其賢者能者以飲酒之禮賓客止此本及閩本缺一頁今據監毛本補挍

云阜蕃謂藪牧養蕃鳥獸者　監本藪誤數據毛本正

恤振憂貧者　宋本振下有於蓋因上誤衍惠挍本亦有於字云互注本余本無

此並鄉大夫職又　浦鏜云文誤又

非直甘肴先奉　閩監毛本肴作殽

喻父母於道　惠挍本同閩監毛本喻作諭

方程羸不足　閩監毛本同惠挍本羸作贏

故注保氏其釋之　浦鏜云其當具字誤

亂民亂名改作　諸本同惠挍本名一作民云互注本余本作名

禮所以節止民之侈僞　宋本余本嘉靖本毛本同閩監本止作正誤

故云禮所以節止民之侈僞也　惠挍本毛本同閩監本止誤正

皆大司樂文　毛本誤大司徒

不厭服於十二教　此本䟽中引注厭作猒又賈䟽有嫌猒猒飫陰猒字皆作古猒字是賈氏所據鄭注作猒也○按依說文猒飫如此作厭服如此作鄭云厭服則其字當从厂其音當於瓤切釋文不作音䟽也

此經士或爲土字　監毛本士誤土閩本士亦誤土九經古義云世本作篇曰相士作乘馬卽相土也呂覽任地云后稷曰子能使吾士靖而甽浴士乎高誘曰士當爲土周物敦亦以士爲土

進所解牲體於神坐前　閩本同監毛本坐改座俗字

此云殺當彼鬄也　惠挍本殺作肆此誤閩監毛本作解亦非盧文弨曰通考作肆

卽言羞其肆　惠挍本言作云

挽樞鄉廣　閩監本同誤也當從毛本作鄉壙

進取一千八致之　惠挍本進作雉此誤

主文以見義也　浦鏜云互誤主

防姦私　宋本嘉靖本姦作姧○按姧者姦之俗字

云節六節者爲掌節　惠挍本爲作案此誤

舍禁弛力　毛本舍誤含

歲終自周季冬也　浦鏜云是誤自盧文弨曰自疑目案自當爲者之誤

周禮注疏卷十挍勘記終

南昌袁泰開挍

附釋音周禮注疏卷第十一

鄭氏注　賈公彥疏

小司徒之職掌建邦之教灋以稽國中及四郊都鄙之夫家九比之數以辨其貴賤老幼廢疾凡征役之施舍與其祭祀飲食喪紀之禁令 稽猶考也夫家猶言男女也鄭司農云九比謂九夫爲井玄謂九比者冢宰職出九賦者之人數也貴謂爲卿大夫賤謂占會販賣者廢疾謂癃病也施當爲弛○比毗志反注下皆同施式氏反 疏 小司徒至禁令○釋曰小司徒副貳大司徒之事大司徒已掌十二教故此小司徒又掌建邦之教法言建者非但副貳大司徒亦得專其事云以稽國中及四郊都鄙者大司徒掌邦國都鄙此小司徒亦掌之稽考也故亦考其國中及四郊但國中與四郊皆是六鄉之民所居也併言都鄙者司徒是主土地之官故亦兼主采地之法云之夫家九比之數者謂國中及四郊都鄙之内夫家男女九賦校比人民之數云辨其貴賤老幼廢疾者辨猶別也謂別其貴賤老幼廢疾合科役者科役之云凡征役之施舍者征謂稅之役謂繇役施舍者貴與老幼廢疾不科役故言弛也云與其祭祀者謂鄉中州祭社黨祭禜族祭步飲食者謂若行鄉飲酒及族食喪紀者謂若四閭爲族使之相葬之等禁令者祭祀已下皆有禁令不使失禮法○注稽猶至爲弛○釋曰夫家猶言男女者夫是丈夫則男也春秋傳曰云男有室女有家婦人稱家故以家爲女鄭司農云九比謂九夫爲井後鄭不從者以經掌國中及四郊即是六鄉之内但鄉與公邑並爲溝洫無井田之法故後鄭不從玄謂九比者冢宰職出九賦者之人數也者案大宰云九賦斂財賄一曰邦中之賦二曰四郊之賦三曰邦甸之賦四曰家稍之賦五曰邦縣之賦六曰邦都之賦與此文國中四郊都鄙其事相當故知此九比出九賦者之人數云貴謂爲卿大夫賤謂占會販賣者鄭解諸文貴賤相對皆以爲貴謂卿大夫賤謂士獨此賤爲占會販賣者以其此經論九賦之事案大宰九賦有幣餘之賦幣餘謂占賣國之斥幣此經貴與老幼廢疾皆弛舍無賦唯此賦當彼幣餘之賦故爲販賣者解之云施當爲弛者周禮上下但言爲弛舍者皆經爲施字鄭皆破從弛○乃頒比灋于六鄉之大夫使各登其鄉之衆寡六畜車輦辨其物以歲時入其數以施政教行徵令 登成也成猶定也衆寡民之多少物家中之財歲時入其數若今四時言事○畜許六反後六畜皆同○ 疏 乃頒至徵令○釋曰言乃頒比法于六鄉之大夫者比法謂若下經五人爲伍五伍爲兩是也六鄉大夫皆六命卿爲之小司徒爲校比之法須與六鄉大夫又云使各登其鄉之衆寡六畜車輦者衆寡據人民六畜者馬牛羊豕犬雞車謂革車及大車輦人挽行又辨其物者謂辨其家中財物多少以歲之四時具錄其數人小司徒以施政教者小司徒所施政教依其數而施行之云以行徵令者以徵索於民及所施政令亦據民物等數而行之故云行徵令也○注登成至言事○釋曰云登成也者人畜衆寡其數不恒家家條錄數而比之則得成故登爲成也定也云衆寡民之多少者謂六口已上爲多五口已下爲少云物家中之財云財者經既言六畜車輦下別云辨其物明物是家中之財云歲時入其數若今四時言事者漢承周後皆四時入其數今時白役簿皆在於冬代異時殊故有革別也 及三年則大比大比則受邦國之比要 大比謂使天下更簡閱民數及其財物也受邦國之比要則亦受鄉遂矣鄭司農云五家爲比故以比爲名今時八月案比是也要謂其簿○ 疏 及三至比要○釋曰三年一閏天道有成及至也每至三年則大案比戶口大比之時則天下邦國送要文書來入小司徒故大比則受邦國之比要也○注大比至其簿○釋曰云大比謂使天下更簡閱民數及其財物也者上經須比法每歲之四時簡閱衆寡及其物等此經三年大比并天下邦國而言故鄭云大比謂使天下更簡閱民數及其財物鄭不言六畜車輦者文略亦簡閱可知云受邦國之比要則亦受鄉遂矣者此經但受邦國比要上經直言須比法於六鄉以歲時入其數不言三年大比故知此文含鄉遂也故云亦受鄉遂矣鄭司農云五家爲比故以比爲名者凡言比者是按比之言但五家爲比者案比之法從少至多以五家爲始故以比爲名云今時八月案比是也者漢時八月案比而造籍書周以三年大比未知定用何月故司農以漢法八月況之云要謂其簿者謂若今之造籍戶口地宅具陳於簿也○乃會萬民之卒伍而用之五人爲伍五伍爲兩四兩爲

卒五卒爲旅五旅爲師五師爲軍以起軍旅以作田役以比追胥以令貢賦用謂使民事之伍兩卒旅師軍皆衆之名兩二十五人卒百人旅五百人師二千五百人軍萬二千五百人此皆先王所因農事而定軍令者也欲其恩足相恤義足相救服容相别音聲相識作爲也役功力之事追逐寇也春秋莊十八年夏公追戎于濟西胥伺捕盜賊也貢嬪婦百工之物賦九賦也鄉之田制與遂同○卒子忽反注及下皆同别彼列反【疏】乃會至貢賦釋曰小司徒佐大司徒以掌六鄉六軍之士出自六鄉故預配卒伍百人爲卒五人爲伍也而用之者即軍旅田役是也五人爲伍者下文云凡起徒役無過家一人六鄉之内有比閭族黨州鄉一鄉出一軍六鄉還出六軍今言五人爲伍者五家爲比家出一人則是一比也在家爲比在軍爲伍伍者聚也五伍爲兩者在鄉五比爲閭閭二十五家也在軍伍伍爲兩兩二十五人也四兩爲卒者在鄉四閭爲族族百家也在軍四兩爲卒卒百人也五卒爲族者在鄉五族爲黨黨五百家在軍五卒爲旅旅五百人也五旅爲師者在鄉五黨爲州州二千五百家在軍亦五旅爲師師亦二千五百人也五師爲軍者在

鄉五州爲鄉鄉萬二千五百家在軍五師爲軍軍亦萬二千五百人也以起軍旅者謂征伐也以作田役者謂田獵役作皆是也以比追胥者追謂逐寇胥謂伺捕盜賊以令賦貢者依鄉中家數而施政令以貢賦之事○注用至遂同○釋曰用謂使民事之者謂使人爲事即卒旅田役是也云兩二十五人已下案經五人爲伍轉相增數從五人爲伍至五師爲軍數可知也云此皆先王所因農事而定軍令者也者案管子書云因内政寄軍令謂在鄉五家爲比以營農事比長領之及其出軍家出一人五人爲伍則爲伍長領之在家閭胥領一閭在軍則爲兩司馬領之在家爲族師在軍爲卒長在家爲黨正在軍爲旅師在家爲州長在軍爲師帥在鄉爲大夫在軍爲軍將自伍長已上全與此文不同者鄭君以義言之非彼正文也云欲其恩足相恤至音聲相識言此者解因内政寄軍令之意不使異人間雜於中也云役功力之事者鄭意欲解經文役與田不同也云追逐寇也又引春秋莊公十八年夏公追戎于濟西者案彼傳戎侵魯公追之出境服氏云桓公爲好莊公獨不能脩而見侵濟西曹地穀梁云其不言戎之伐我何也以公之追之不使戎邇於我也于濟西者大之也引之者證追是逐寇也云胥伺捕盜賊也者以追既爲逐寇胥爲伺捕盜賊可知云貢嬪婦百工之物者案大宰九賦之貢有九此貢獨云嬪婦百工二者此六鄉之貢不論地事則所令之貢亦不及地貢也故以此二事當之云賦九賦也者案大宰九賦一曰邦中二曰四郊二者之賦在六鄉之内此經既論六鄉之賦不得有三曰邦甸已下若然此唯有二賦而云九賦者二賦是九賦中物故總云九賦也云鄉之田制與遂同者此經之内不見田制案遂人職云夫間有遂遂上有徑十夫有溝溝上有畛百夫有洫洫上有涂千夫有澮澮上有道萬夫有川川上有路是其遂制也故云鄉之田制與遂同案鄭注遂之軍法如六鄉者以其遂内不見出軍之法唯有田制而已故知遂之軍法如六鄉若然彼此各舉一邊互見爲義

乃均土地以稽其人民而周知其數上地家七人可任也者家三人中地家六人可任也者二家五人下地家五人可任也者家二人均平也周猶徧也一家男女七人以上則授之以上地所養者衆也男女五人以下則授之以下地所養者寡也正以七人六人五人爲率者有夫有婦然後爲家自二人以至於十爲九等七六五者爲其中可

任謂丁強任力役之事者出老者一人其餘男女強弱相半其大數○徧音遍七人以上時掌反【疏】乃均至二人○釋曰言乃均土地者以其佐大司徒掌其土地人民之數故制上地下地等使得均平故云均土地也云以稽其人民者既給土地則據土地計考其人民可任不可任之事云而周知其數者而周遍知其人數云上地家七人者凡給地有九等此據中地三等而中地之上所養者七人云可任也者家三人者七人之中一人爲家長餘六人在強弱半強而可任使者家三人云中地家六人者此謂中地之中所養者家六人云可任也者二家五人者六人之内一人爲家長餘五人在強弱半不可得言可任者二人半故取兩家併言可任者二家五人云下地家五人者謂中地之下所養者五人云可任也者家二人者五人之内一人爲家長餘四人在強弱半故云可任者家二人○注均平至大數○釋曰云正以七人六人五人爲率者有夫有婦然後爲家自二人以至於十爲九等七六五者爲其中者案王制百畝之分上農夫食九人其次食八人其次食七人其次食六人其次食五人彼言五等此云七六五三等其人不同故鄭爲九等計之此經皆云家故鄭云有夫有婦乃成家從此二人爲一等至十人則爲九等自二人三人四人是下地之三等也五人六人七

人是中地之三等八人九人八十人是上地之三等此經唯言七六五者據中地之三等則知有上地下地之三等故鄭云七六五者爲其中若然王制不云上上之地食十人又不云其次食四人其次食三人其次食二人直言自九以至五不言九等者彼欲取下士視上農夫食九人自府史胥徒四者食八人七人六人五人五等人與此五等農夫相當故不言其餘四者又襄公二十五年楚蔿掩書土田度山林鳩藪澤辨京陵表淳鹵數疆潦規偃豬町原防牧隰皋井衍沃以授子木禮也此九等是楚之地善惡有九等與此不同鄭注尚書云賦之差上上出九夫稅上中出八夫稅爲九等者以九州出賦多少不同有九等故鄭君以井田美惡爲九等計之非是貢地之差也云出老者一人其餘男女強弱相半其大數者但一家之內二人至十人或男多女少或女多男少不可齊準今皆以強弱半者周公設法據其大數故鄭云其大數也

凡起徒役毋過家一人以其餘爲羨唯田與追胥竭作　鄭司農云羨饒也田謂獵也追追寇賊也竭作盡行○毋音無羨錢面反〔疏〕凡起至竭作○釋曰云凡起徒役毋過家一人者謂起民徒役作之毋過家一人以其餘爲羨者一家兄弟雖多除一人

爲正卒正卒之外其餘皆爲羨卒云唯田與追胥竭作者田謂田獵追謂逐寇胥謂伺捕盜賊竭盡也作行也非直正卒一人羨卒盡行以其田與追胥之人多故也此謂六鄉之內上劑致甿一人爲正卒其餘皆爲羨卒若六遂之內以下劑致甿一人爲正卒一人爲羨卒其餘皆爲餘夫饒遠故也

凡用衆庶則掌其政教與其戒禁聽其辭訟施其賞罰誅其犯命者　命所以誓告之〔疏〕凡用至命者○釋曰言凡用衆庶者則上經所云是也其衆庶皆是六鄉之民小司徒主教六鄉六鄉衆是已民故用衆庶之時則掌其政教與其戒禁又聽斷其賞罰又誅責犯命者○注命所以誓告之○釋曰所誓告者謂若大司馬羣吏聽誓於陳前司徒北面以誓之小子斬牲左右以徇陳曰不用命者斬之是其誓告之事也○

凡國之大事致民大故致餘子　大事謂戎事也大故謂災寇也鄭司農云國有大事當徵召會聚百姓則小司徒召聚之餘子謂羨也玄謂餘子卿大夫之子當守於王宮者也○〔疏〕凡國至餘子○釋曰凡國之大事者謂有兵戎之大事出征之時云致民者謂有兵戎大事於六鄉之內發起民徒云大故致餘子者謂有災寇之事餘子卿大夫之子弟當大故之時則致餘子與大子使宿衛也○注大事至者也○釋曰知大事謂戎事者見左氏成公傳云國之大事在祀與戎此言致民明非祭祀是戎事可知故云大事謂戎事也云大故謂災寇也者經云致餘子明大故非三喪是水火之災及其兵寇司農云餘子謂羨也者以其羨卒唯田與追胥竭作乃使之此經大故不合使羨故鄭不從之玄謂餘子卿大夫之子當守於王宮者也知義然者以經云大故當宿衛王宮案書傳云餘子皆入學則餘子不得爲羨是宿衛之人故云餘子卿大夫之子當守於王宮者也是破司農之義

乃經土地而井牧其田野九夫爲井四井爲邑四邑爲丘四丘爲甸四甸爲縣四縣爲都以任地事而令貢賦凡稅斂之事　此謂造都鄙也采地制井田異於鄉遂重立國小司徒爲經之立其五溝五塗之界其制似井之字因取名焉孟子曰夫仁政必自經界始經界不正井地不均貢祿不平是故暴君姦吏必慢其經界經界既正分田制祿可坐而定也鄭司農云井牧者春秋傳所謂井衍沃

牧隰皋者也玄謂隰皋之地九夫爲牧二牧而當一井今造都鄙授民田有不易有一易有再易通率二而當一是之謂井牧昔夏少康在虞思有田一成有衆一旅一旅之衆而田一成則井牧之法先古然矣九夫爲井者方一里九夫所治之田也此制小司徒經之匠人爲之溝洫相包乃成耳邑丘之屬相連比以出田稅溝洫爲除水害四井爲邑方二里四邑爲丘方四里四丘爲甸甸之言乘也讀如衷甸之甸甸方八里旁加一里則方十里爲一成積百井九百夫其中六十四井五百七十六夫出田稅三十六井三百二十四夫治洫四甸爲縣方二十里四縣爲都方四十里四都方八十里旁加十里乃得方百里爲一同也積萬井九萬夫其四千九十六井三萬六千八百六十四夫出田稅二千三百四井二萬七百三十六夫治洫三千六百井三萬二千四百夫治澮井田之法備於一同今止於都者采地食者皆四之一其制三等百里之國凡四都一都之田稅入於王五十里之國凡四縣一縣之田稅入於王二十五里之國凡四甸一甸之田稅入於王地事謂農牧衡虞也貢謂九穀山澤之材也賦謂出車徒給繇役也司馬法曰六尺爲步步百爲畮畮百爲夫夫三爲屋屋三爲井井十爲通通爲匹馬三十家士一人徒二人通十爲成成百井三百家革車一乘士十人徒二十人十

成爲終終千井三千家革車十乘士百人徒二百人十終爲同同方百里萬井三萬家革車百乘士千人徒二千人○句繩證反出注注同夫仁音扶少康詩照反洫況逼反爲除于僞反乘繩證反下同澮古外反【疏】乃經至之事○釋曰此小司徒佐大司徒掌其都鄙都鄙則三等采地是也匠人營溝洫於田掌其經界故云乃經土地經謂爲之里數在土地之中立其里數謂井方一里邑方二里之等是也云而井牧其田野者井方一里兼言牧地是次田二牧當上地一井授民田之時上地不易家百畝中地一易家二百畝下地再易家三百畝通率三家受六夫之地一家受二夫與牧地同故云井牧其田野此與下爲揔目云九夫爲井者井方一里九夫之田四井爲邑者邑方二里四邑爲丘者丘方四里四丘爲甸者甸方八里旁加一里則爲十里之成今不言十里成而言八里甸者成閒有洫井閒有溝旁加一里者使治溝洫不出稅舉其八里之甸據實出稅者而言四甸爲縣者縣方十六里四縣爲都都方三十二里以任地事者謂若大宰九職任萬民謂任役萬民使營地事云而令貢賦者貢則九職之貢賦謂軍賦出車徒之等云凡稅斂之事者采地之中皆爲井田之法一井之田一夫稅入於官故云稅斂之事○注此謂至千人○釋曰鄭知此謂造都鄙者鄉遂公邑之中皆爲溝洫之法此經爲井田之法故知謂造都鄙也云采地制井田異於鄉遂者案遂人夫間有遂之等是溝洫法鄉田之制與遂同此經與匠人爲井田法其制與鄉遂不同故云采地制井田異於鄉遂也此雖不言異於公邑公邑亦與遂同故注匠人云異於鄉遂及公邑是也云重立國小司徒爲經之立其五溝五塗之界者此鄭意匠人於都鄙之中營造溝洫此小司徒又經之立五溝五塗之界則經丘甸縣都並據境界而言但此都鄙是畿內之國小司徒與匠人共掌之云其制似井之字因取名焉者此解經井字謂正方一里之內方三百步百步爲一截縱亦二截橫亦二截則爲九夫夫各百步其中爲井字故云似井字因取名焉名爲井田也云孟子曰已下至坐而定也者案孟子滕文公使大夫畢戰問孟子井田之法孟子對此辭孟子云經界者則此經九夫爲井已下四縣爲都以上故引以證之鄭司農云井牧者春秋傳所謂井衍沃牧隰皐者也司農引春秋者襄公二十五年楚蔿掩書土田之事井衍沃者衍沃謂上地下平曰衍饒沃之地九夫爲一井牧隰皐者下濕曰隰近皐澤之地司農之意經有井牧故引以當之玄謂隰皐之地九夫爲牧二牧而當一井今造都鄙授民田有不易者家百畝有一易家二百畝有再易者家三百畝通率二而當一者是三家受六

夫之地是隰皐之地二牧始當一井故云二而當一云是之謂井牧者此就足司農之義云昔夏后少康在虞思有田一成有衆一旅者此是哀公元年左氏傳伍員云昔過澆滅夏后相后緍方娠逃出自竇歸於有仍生少康爲仍牧正澆使椒求之逃奔有虞爲之庖正虞思於是妻之以二姚而邑諸綸有田一成有衆一旅是其事也言有田一成有衆一旅則地以上中下爲率者以爲其成方十里九百夫之地一旅五百夫故知是通率之通率之法正應四百五十人言一旅舉成數也亦容不易者多云一旅之衆而田一成則井牧之法先古然矣者鄭言此者井牧之法自夏而有非秪於周云九夫爲井者方一里九夫所治之田也者一井之內地有九夫假令盡是上地不易家有百畝中一夫入於公四畔八夫家治百畝尚無九夫所治況其中或有一易再易所取數更少今鄭云方一里九夫所治之田鄭據地有九夫而言非謂有九家也云此制小司徒經之者即此文乃經土地是也云匠人爲之溝洫者案匠人云井間有溝成間有洫同間有澮是匠人爲之溝洫也云相包乃成耳者司徒立其界匠人爲其溝相包含乃成其事耳云邑丘之屬者之屬中含有甸及縣都云相連比以出田稅者從井邑至縣都從內向外界相連比井稅一夫故言以出田稅云溝洫爲除水害者尚書益稷云濬畎澮距川是其從畎遂溝洫次第入澮入川故云爲除水害也云四井爲邑方二里四邑爲丘方四里四丘爲甸甸之言乘也者欲見甸中出長轂一乘云讀如衷甸之甸者案哀十七年衛侯爲虎幄於藉圃成求令名者而與之始食焉大子請使良夫良夫乘衷甸兩牡紫衣狐裘而至袒裘不釋劍而食大子數之三罪而殺之鄭依此而言也引之者證甸得爲乘之義云甸方八里旁加一里則方十里爲一成者欲就匠人解之匠人云成方十里此言四丘爲甸甸與成其實一也故鄭覆解成與甸相表裏之意云積百井九百夫者但一成之內方十里開方之得百井井有九夫故云九百夫云其中六十四井五百七十六夫出田稅者此就甸方八里而言八里之內開方之八八六十四故云六十四井井有九夫故五百七十六夫井稅一夫故云出田稅云三十六井三百二十四夫治洫者此據甸方八里之外四面加一里爲成而言成有百井中央八里除六十四井餘有三十六井井有九夫故三百二十四夫治洫不使稅鄭言此者見經四丘爲甸據實出稅而言故不言成也若然方里爲井井間有溝溝廣四尺深四尺方十里爲成成間有洫廣八尺深八尺治溝洫者皆不出稅獨言治洫者據外而言其實治溝亦不出稅揔在六十四井之內以洫言之矣云四甸爲縣方二十里者

甸方八里縣應方十六里云方二十里據通治洫旁加一里爲成而言云四縣爲都方四十里者縣方二十里四縣爲都故方四十里云四都方八十里者自此已上並據通治洫而言云旁加十里乃得方百里爲一同也者案匠人方百里爲同同間有澮今言乃得方百里爲一同者就匠人爲同解之云積萬井九萬夫者據百里開方而言百里者縱橫各百一行方一里者百百行故萬井一井有九夫故有九萬夫云其四千九十六井三萬六千八百六十四夫出田稅者此據從甸方八里出田稅四甸爲縣縣方十六里四縣爲都都方三十二里四都方六十四里據六十四里之内開方之縱橫各一里一截爲六十四截行別有六十四井六十四行計得四千九十六井井有九夫四千九十六井計得三萬六千八百六十四夫是實出田稅者云二千三百四井二萬七百三十六夫治洫者此據甸方八里旁加一里爲成是不出稅治洫之夫而言之也從四成積爲一縣縣方二十里四縣爲都都方四十里四都方八十里開方之縱橫各一里一截爲八十截一行八十井八八六十四爲六千四百井就裏除四千九十六井其餘二千三百四井在井有九夫二千三百四井爲二萬七百三十六夫不出稅使之治洫也云三千六百井三萬二千四百夫治澮者此據四成爲縣縣方二十里二十里更

加五里即爲大夫家邑也縣方二十五里四縣是小都五十里是六卿之采地四都爲方百里一同即爲三公王子母弟之大都也但據百里開方之即爲萬井就萬井之内除去六千四百井其餘三千六百井在井有九夫則爲三萬二千四百夫不出稅使之治澮云井田之法備於一同者案匠人云井間有溝成間有洫同間有澮是井田之法備於一同也云今止於都者采地食者皆四之一者解此四縣爲都一據小都五十里而言是止於都也以皆采地食者其四分之一稅入天子故云采地食者皆四之一也案上諸男之地亦四之一故云采地食者皆四之一云其制三等者謂家邑小都大都云百里之國凡四都一都之田稅入於王者百里國謂大都也四都謂方五十里者四小都成一大都一都之田稅入王其餘三都留自入云五十里之國凡四縣一縣之田稅入於王者五十里之國謂小都一縣田稅入於王餘三縣留自入云二十五里之國凡四甸一甸之田稅入於王者二十五里之國謂家邑也四甸之中以一甸之稅入於王其餘三甸留自入鄭具言此者欲見四丘爲甸是家邑據稅於王者而言四甸爲縣是小都亦據一縣稅入於王者而言四縣爲都是大都亦據一都稅入於王者而言故鄭云井田之法備於一同今止於都者采地之稅四之一故以此解之云地事謂農

牧衡虞也者謂采地之中亦有九職農則三農生九穀牧則藪牧以蕃鳥獸衡虞則虞衡作山澤之材九職唯言此三者以其經言地事故舉以言之其餘六者略而不言矣云貢謂九穀山澤之材也者此貢還出於農衡地事既無九職則貢中亦無九貢也云賦謂出車徒給繇役也者以其采地之内無口賦出錢入天子之法故以賦爲軍賦解之若然大宰九賦四曰家稍之賦五曰邦縣之賦六曰邦都之賦者謂三等采地之外皆有公邑公邑之内口率賦錢入於王家但公邑無名故以三等之號以表之故禮雜問志云稍縣都鄙地有公邑之民口率出泉於王也邦國都無口率之賦唯有軍賦革車匹馬士徒而已是也故此鄭引司馬法證之司馬法者齊景公時大夫田穰苴作司馬法至六國時齊威王大夫等追論古法又作司馬法附於穰苴言晦百爲夫謂一夫之地方百步夫三爲屋屋具也具出穀稅屋三爲井者謂九夫爲井以井字云井十爲通者據一成之内一里一截從横各十截爲行一行十井十行據一成一畔通頭故名井十爲一通通爲匹馬者十井之内井有九夫十井爲九十夫之地宫室塗巷三分去一唯有六十夫地在不易一易再易通率三夫受六夫之地三十夫受六十夫之地唯三十家使出馬一匹故云通爲匹馬云士一人徒二人三十家出三人士謂甲士

徒謂步卒云通十爲成成百井三百家革車一乘士十人徒二十人者一成之内有十通言三百家者亦如前通率法一成之内地有九百夫宫室塗巷三分去一不易一易再易通率二而當一故一成唯有三百家革車一乘士十人徒二十人此謂天子畿内采地法鄭注論語道千乘之國亦引司馬法彼是畿外邦國法彼革車一乘甲士三人步卒七十二人甲士少步卒多此士十人徒二十人比畿外甲士多步卒少外内有異故也云十成爲終者謂同方百里之内十里一截爲縱横各十截爲十行行別十成言十成爲終據同一畔終頭而言云終千井者十成成百井故千井三千家革車十乘士百人徒二百人云十終爲同同方百里者謂之爲同者取象雷震百里所聞同故名百里爲同故云十終爲同同方百里萬井也云三萬家革車百乘士千人徒二千人者所計皆如上一成爲法其餘可知凡出軍之法先六鄉賦不止次出六遂賦猶不止徵兵於公邑及三等采賦猶不止乃徵兵於諸侯大國三軍次國二軍小國一軍此軍等皆出於鄉遂賦猶不止則諸侯有遍境出之法則千乘之賦是也

乃分地域而辨其守施其職而平其政分地域謂建邦國造都鄙制鄉遂也辨其守謂衡虞之屬職謂九職也政

稅也。政當作征。故書域爲邦。杜子春云：當爲域。○政，依注音征。〔疏〕乃分至其故。○釋曰：小司徒佐大司徒主土地，言分地域者，謂建邦國之等各有營域遠近疆界。辨其守者，謂邦國都鄙之內所有山川，使衡虞守之，故云辨其守也。施其職者，謂施民者之職。平其政者，天下所有征稅皆均平之。○注分地至爲域。○釋曰：鄭知分地域謂建邦國造都鄙制鄉遂者，案大司徒職掌天下土地之圖，周知人民之數，小司徒佐之，明分地域者亦普及天下也。是以知分地域之中有畿外邦國，畿內都鄙，及六鄉六遂。鄭雖不言公邑，地域之中亦含有四等公邑可知。云辨其守謂衡虞之屬者，以其山林川澤皆使其地之民守之，故其官川衡林衡山虞澤虞之官主當。云職謂九職者，此經皆論地事，故知職是九職任萬民者也。云政稅也者，以其經文承九職之下而云平其政者，即是平九職之稅，故云政稅也。但經云政教之政，故云政當作征，以爲征字也。云故書域爲邦，杜子春云讀爲域者，故書云分地邦，非其義意，故子春還從域。

凡小祭祀，奉牛牲，羞其肆。小祭祀，王玄冕所祭。○肆，託歷反。〔疏〕凡小至其肆。○釋曰：大司徒云祀五帝奉牛牲羞其肆，今於小祭祀則小司徒奉牛牲羞其肆。○注小祭至所祭。○釋曰：案司服職云羣小祀則玄冕，

彼注云小祭祀林澤百物，其於天神亦有小祀，則風師雨師之等。小祭祀既用牛，則王之祭祀無不用牛者。案酒正注以六冕差之，絺冕所祭亦入小祀中，今鄭不言之者，以其社稷五祀於祭餼之事人次祀中，故宗伯云血祭祭社稷五祀五嶽，故於此奉牛牲不言絺冕矣。

小賓客，令野脩道委積。小賓客，諸侯之使臣。○使，所吏反。〔疏〕小賓至委積。○釋曰：案大司徒職，大賓客令野脩道委積，謂五等諸侯來朝者。此小賓客，諸侯使卿大夫來聘，故小司徒令野脩道委積。大司徒注令令遺人，此雖無注，亦與彼同。

大軍旅，帥其衆庶。帥帥而致於大司徒。〔疏〕注帥帥至司徒。○釋曰：案大司徒職，大軍旅以旗致萬民，明此大軍旅帥其衆庶者，小司徒於六鄉之內帥其衆庶致與大司徒可知。

小軍旅，巡役，治其政令。巡役，小力役之事，則巡行之。○行，下孟反。〔疏〕小軍至政令。○釋曰：案大司徒大軍旅大田役而治其徒庶之政令，故此小軍旅巡役小司徒治其政令。○注巡役至行之。○釋曰：此經小軍旅謂使臣征伐，對大軍旅天子親行。此經巡役文承小軍旅下，故知小功役之事則巡行之，若大功役則大司徒巡行之。

大喪，帥邦役，治其政教。喪役，正棺、引、窆、復土。○窆，彼驗反，劉補鄧反。復，劉音福，一音服。〔疏〕大喪至政教。○釋曰：云大喪者，謂王喪。帥邦役者，邦國也，帥領國民，謂六鄉衆庶役使之事，因即治其政教。○注喪役至復土。○釋曰：鄭解經大喪所役，不據初死，以其初死所役無多，故據葬時而言。言正棺者，謂若七月而葬，朝廟之時正棺於廟。引謂葬時引柩車自廟至壙。窆謂下棺於坎，天子六綍四碑，皆碑撓引而下棺。云復土者，掘坎之時掘土向外，下棺之後反復此土以爲丘陵，故云復土也。

凡建邦國，立其社稷，正其畿疆之封。畿，九畿。〔疏〕凡建至之封。○釋曰：言邦國者，謂立畿外諸侯。邦國立其社稷者，諸侯亦有三社三稷，謂國社、侯社、勝國之社，皆有稷配之。言立其社稷，謂以文書法度與之，不可國國身往也。正其畿疆者，謂九畿，畿上皆有疆界封樹以爲阻固也。○注畿九畿。○釋曰：案司馬除王畿以外仍有九畿，謂侯甸男采衛要以內六服爲中國，其外更言夷鎮蕃三服爲夷狄，王畿四面皆有此九畿，相去各五百里，故云畿謂九畿。

凡民訟，以地比正之。鄭司農云：以田畔所與比正斷其訟。○斷，丁亂反。**地訟，以圖正之。**地訟，爭疆界者。

圖，謂邦國本圖。〔疏〕凡民至圖正之。○釋曰：民訟，六鄉之民有爭訟之事，是非難辨，故以地之比鄰知其是非者，共正斷其訟。地訟以圖正之。○注地訟至本圖。○釋曰：言地訟爭疆界者，謂民於疆界之上橫相侵削者也。圖謂邦國本圖者，凡量地以制邑，初封量之時即有地圖在於官府，於後民有訟者，則以本圖正之。

歲終，則攷其屬官之治成而誅賞。治成，治事之計。○治，直吏反。注治成反，下文同。〔疏〕歲終至誅賞。○釋曰：歲終者，謂周之歲終建亥之月，則考其屬官之治成者。屬官謂教官六十。成謂計簿，正所治計會文書。而誅賞者，據其考狀，有罪則誅責之，有功則賞之。○注治成治事之計。○釋曰：知治成是治事之計者，案宰夫職歲計言會，月計言要，日計言成，故知此成是治事之計也。

令羣吏正要會而致事。〔疏〕釋曰：云令羣吏正要會者，羣吏謂當職六十官，此亦是歲終之時。正要會而致事者，上經成據日小成之計，此言要會，謂是月計歲計揔爲簿書，而致其事之功狀，以待考也。

正歲，則帥其屬而觀教灋之象，徇以木鐸，曰：不用灋者，國有常刑。令

羣吏憲禁令脩灋糾職以待邦治憲表縣之【疏】正歲至邦治。釋曰大司徒以正月之吉始和十二教之等正歲建寅之月縣之此小司徒佐大司徒於正歲縣教象之時率其六十官之屬於雉門之外而觀教法之象也徇以木鐸已下者謂觀教象之時恐衆人雜合不聽用其教而徇行振以木鐸使靜聽之告之曰不用法者國有常刑言此者使人懼而用之又令羣吏憲禁令者謂禁人使行不爲非憲謂表縣之也謂若小宰縣禁令文書使百官用云修法糾職者謂修其法制糾察職事以待邦治者以待國家有治則供之。注憲表縣之。釋曰此憲與布憲之字同彼是表縣刑禁以示人此憲亦是將以示人故云憲表縣之也

及大比六鄉四郊之吏平教治正政事攷夫屋及其衆寡六畜兵器以待政令四郊之吏吏在四郊之內主民事者夫三爲屋屋三爲井出地貢者三三相任【疏】及大至政令。釋曰言及大比者亦是三年大校比戶口云六鄉四郊之吏者謂是六鄉之內比長閭胥已上布列在於四郊云平教治者以其三年大比之時大黜陟之禮故斷其教治文書正政事者復須正直其政事公狀考夫屋者考練其三夫爲屋出地貢之時以相保任不得隱誤及其衆寡者謂人民多少六畜兵器者謂民之資生及征伐之器以待政令者以待國家政令所須則供之也。注四郊至相任。釋曰四郊之吏吏在四郊之內主民事者遠郊之外爲六遂內爲六鄉六鄉之民非直在城中亦在四郊故比長閭胥六鄉之吏等布在四郊之吏主民事者也云三夫爲屋屋三爲井者鄉遂之吏既不爲井田而爲溝洫之法今云夫三爲屋屋三爲井者以其溝洫雖爲貢出貢之時亦三三相保任以出穀稅故鄭云出地貢者三三相任也一井之內九夫三夫爲屋是一屋三夫自相保任故云三三相任據一井而言也似一井田之法亦入家耡一夫稅入於公相保任以出穀者也

鄉師之職各掌其所治鄉之教而聽其治聽謂平察之。治直吏反下六鄉之治同【疏】鄉師至其治。釋曰云各掌其所治鄉之教者鄉師四人其鄉有六二人共主三鄉故言各掌其所治鄉之教也云而聽其治者自鄉大夫以下至伍長各自聽斷其民今鄉師又聽其治者恐鄉官有濫失審察之故鄭云聽謂平察之

以國比之灋以時稽其夫家衆寡辨其老幼貴賤癈疾馬牛之物辨其可任者與其施舍者掌其戒令糾禁聽其獄訟施舍謂應復免不給繇役。復音福【疏】以國至獄訟。釋曰云以國比之灋者案小司徒職云九比之數以辨其貴賤老幼癈疾此鄉師以小司徒國比之灋云以時稽其夫家衆寡者謂四時稽考其夫家男女衆寡多少云辨其可任者謂上地家七人可任者家三人之等云與其施舍者鄭云謂應復免不給繇役即上云癈疾老幼者是也。

大役則帥民徒而至治其政令既役則受州里之役要以攷司空之辟以逆其役事而至至作部曲也既已也役要所遣民徒之數辟功作章程逆猶鉤考也鄭司農云辟法也。辟婢亦反【疏】大役至役事釋曰言大役者謂築作堤防城郭等大役使其民鄉師則於當鄉之內帥民徒而至至謂至作所也云治其政令者於所帥民徒之中政令也云既役則受州里之役要者所役之民出於州里今欲鉤考作所功程須得所遣民徒本數故云既役則受州里之役要役要則役人簿要云以考司空之辟者辟謂功程司空主役作故將此役要以鉤考司空之功程云以逆其役事者逆則鉤考也鉤考役事者恐有濫失。注而至至作部曲也至法也。釋曰云而至至作部曲也者所營作之處皆有部曲分別故云部曲也云辟功作章程者功作之事日日錄其程限謂之章程鄭司農云辟法也考功作章程則是法於義得通故引之在下

凡邦事令作秩敘事功力之事秩常也敘猶次也事有常次則不偏匱。偏鄙力反匱其位反【疏】凡邦至秩敘。釋曰邦國也凡國家有功作之事故云邦事也令作秩敘者秩常也功作之處皆出政令使多少有常事有次敘故云令作秩敘。注事功至偏匱。釋曰言事有常次則不偏匱者謂營作之事多少有常事有次敘則民不爲偏迫又不匱乏之故云不偏匱

大祭祀羞牛牲共茅蒩杜子春云蒩當爲菹以茅爲菹若葵菹也鄭大夫讀蒩爲藉謂祭前藉也易曰藉用白茅无咎玄謂蒩士虞禮所謂苴刌茅長五寸束之者是也祝設于几東席上命佐食取黍稷祭于苴三取膚祭祭如初此所以承祭既祭蓋束而去之守祧職云既祭藏其隋是與。蒩子都反一音子餘反或云杜側魚反鄭將呂反菹側魚反藉如字下皆

慈夜反苴子都反又將呂反刌音忖而去羞呂反祧他彫反隋戚吁恚反劉相恚反與音餘〔疏〕大祭至茅蒩○釋曰案大司徒職云奉牛牲此又云羞牛牲者鄉師佐大司徒故此云羞牛牲也云共茅蒩者案甸師職共蕭茅彼直共茅與此鄉師鄉師得茅束而切之長五寸立之祭前以藉祭故云茅蒩也○注杜子至是與○釋曰杜子春云蒩當爲菹以茅爲菹若葵菹者但茅草不堪食故後鄭不從鄭大夫讀蒩爲藉謂祭前藉此後鄭從之又引易曰藉用白茅无咎者大過初六爻辭引之者證蒩爲藉之義玄謂蒩士虞禮所謂苴刌茅長五寸束之者是也引之者欲見其蒩爲祭之藉此增成鄭大夫之義又云祝設于几東至所以承祭解所以藉祭之意云既祭蓋束而去之弁引守祧職者欲見此是祭神之餘不可虛棄必當藏之所藏者即守祧職既祭藏其隋是也言隋者謂祭黍稷三及膚祭如初皆隋減以祭之故名爲隋以其無正文故言蓋與以疑也

大軍旅會同正治其徒役與其輂輦戮其犯命者輂駕馬輦人輓行所以載任器也止以爲蕃營司馬法曰夏后氏謂輦曰余車殷曰胡奴車周曰輜輦輦一斧一斤一鑿一梩一鉏周輦加二版二築又曰夏后氏二十人而輦殷十八人而輦周十五人而輦故書輦作連鄭司農云連讀爲輦○輂九玉反人輓音晚梩里其反○〔疏〕大軍至命者○釋曰云大軍旅者謂王行征伐云大會同者謂王於國外與諸侯行時會殷同也云正治其徒役者謂六軍之外別有民徒使役皆出於鄉故鄉師治其徒役云與其輂輦者輂駕馬所以載輜重輦所以載任器亦鄉師治之故云與其輂輦也云戮其犯命者謂徒役之中有犯教命者亦鄉師刑戮之○注輂駕至爲輦○釋曰知輂是駕馬者以其輦是人輓行故輂是駕馬可知知輂不駕牛者以其牛唯駕大車柏車等云所以載任器也者謂任使之器則司馬法所云者是也引司馬法曰夏后氏謂輦曰余車殷曰胡奴車者胡則北狄是也周曰輜輦以其載東輜重云一梩者或解以爲插也或解以爲鍬也鍬插亦不殊云周輦加二版二築者築者築杵也謂須築軍壘壁又曰夏后氏二十人而輦以下亦是司馬法文以上說所載任器以下說輓人多少前代寬質無版築輓人多後代挾劣加版築輓人少引之者證周輦即此經輦一也又并見所載之器

大喪用役則帥其民而至遂治之治謂監督其事〔疏〕注治謂監督其事○釋曰言大喪用役謂若喪時輓六引之等等鄉之大夫既主鄉民役用鄉民之時鄉師遂治之云治謂監督者謂監當督察其事

及葬執纛以與匠師御匶而治役匠師事官之屬其於司空若鄉師之於司徒也鄉師主役匠師主衆匠共主葬引雜記曰升正柩諸侯執綍五百人四綍皆銜枚司馬執鐸左八人右八人匠人執翿以御柩天子六引禮依此云鄭司農云翿羽葆幢也爾雅曰纛翳也以指麾輓柩之役正其行列進退○纛桃報反劉音毒匶音舊綍音弗翿劉音桃戚徒報反羽音雨幢直江反行戶剛反下行列同○〔疏〕及葬至治役○釋曰言及葬者及至葬引向壙執纛者纛謂葆幢也鄉師執葆幢却行在柩車之前以與匠師御柩謂在路恐有傾覆故與匠師御正其柩而治役者亦謂監督役人也○注匠師至進退○釋曰匠師事官之屬者以其事官是主工匠之職此官又名匠師故知匠師事官之屬官也云其於司空若鄉師之於司徒也者地官之考稱鄉師春官之考稱肆師秋官之考稱士師唯有天官之考稱宰夫夏官之考稱軍司馬自外皆稱師此經鄉師是司徒考明匠師亦是司空考故云其於司空若鄉師之於司徒案天官注冬官亡未聞其考此云匠師冬官考者彼據冬官亡故云未聞其考此據匠師與鄉師相對以義約之故云匠師冬官考也云鄉師主役匠師主衆匠共主葬引者冬官亡雖無文以其主匠即知其葬也雜記曰升正柩者案彼注謂將葬朝於祖正棺於廟云諸侯執綍五百人鄭彼注云一黨之民云四綍皆銜枚者謂引之時銜枚所以止讙囂云執鐸左八人右八人者謂夾柩車匠師執翿羽葆幢此諸侯之禮引之者以天子無文引以況天子之法案彼鄭注天子千人與言執翿羽葆幢者彼文雖有執翿無羽葆幢之言今云羽葆幢者鄭因釋翿是羽葆幢又引爾雅曰纛翳也以指麾輓柩之役正其行列進退者天子六綍千人輓之執翿者柩車恐傾側執翿者指麾輓柩之役人役人治喪者使柩車令不傾側又千人輓柩以持六綍恐行列進退失所皆以翿指麾之故云正其行列進退也雜記諸侯禮匠師執翿此天子禮鄉師執翿尊卑不同也

及窆執斧以涖匠師匠師主豐碑之事執斧以涖之使戒其事故書涖作立鄭司農云窆謂葬下棺也春秋傳曰日中而堋禮記所謂封者立讀爲涖涖謂臨視也○堋補鄧反封彼驗反○〔疏〕及窆至匠師○釋曰及至也窆是下棺也至壙下棺之時鄉師執斧以涖匠師匠師主衆匠恐下棺不得所須有用斧之事故執斧以臨視之○注匠師至視也○釋曰云匠事主豐碑之事者案檀弓云公室視豐碑三家視桓楹鄭彼注天子斲大木爲之豐大也天子六

綍四碑前後各一碑各重鹿盧兩畔各一碑皆單鹿盧天子千人分置於六綍皆背碑負引擊鼓以爲縱舍之節匠師主當之故云匠師主豐碑之事也云執斧以涖之使戒其事者鄉師執斧以臨之者恐匠師不戒其事須有用斧之處故執斧助之使匠師戒其事又云故書涖作立者於義取後鄭讀還從涖司農云窆謂葬下棺也者三禮及諸文但言窆者皆是下棺故引春秋傳也案左氏昭十二年三月鄭簡公卒將葬司墓之室有當道者毀之則朝而堋弗毀則日中而堋子大叔請毀之子產遂不毀日中而葬又引禮記所謂封者案王制庶人縣封而葬喪大記亦云以鼓封皆爲封字堋封及此經窆字雖異皆是下棺之事云立讀爲涖涖謂臨視也者謂臨視匠師也

凡四時之田前期出田灋于州里簡其鼓鐸旗物兵器脩其卒伍田法人徒及所當有

疏 凡四時至卒伍○釋曰言四時之田者謂春蒐夏苗等凡田獵人徒等皆出於州里故未田獵之前須鼓鐸旗物之器故預簡閱云修其卒伍者謂百人爲卒五人爲伍皆須修治預爲配當○注田法人徒及所當有○釋曰云人徒者即經卒伍是也及所當有者則經鼓鐸旗物兵器是也

及期以司徒之大旗致衆庶而陳之以旗物辨鄉邑而治其政令刑禁巡其前後之屯而戮其犯命者斷其爭禽之訟司徒致衆庶者以熊虎之旗此又以之明爲司徒致之大夫致衆當以鳥隼之旟陳之以旗物以表正其行列辨別異也故書巡作述屯或爲臀鄭大夫讀屯爲課殿杜子春讀爲在後曰殿謂前後屯兵也玄謂前後屯車徒異部也今書多爲屯從屯○斷丁亂反明爲于僞反下爲州長爲鄉大夫爲州黨同隼雖允反旟音餘別彼列反殿都遍反下同

疏 及期至之訟○釋曰云及期謂至田獵之期日云以司徒之大旗致衆庶者鄉師爲司徒致衆庶故還用司徒之大旗言致衆庶者謂植旗期民於其下云而陳之以旗物者陳列衆庶之時亦植旗於行首云辨鄉邑者田獵之時非直有六鄉之衆亦有公邑之民分別之云而治其政令刑禁者鄉師治其民庶政令及刑禁等云巡其前後之屯者謂兵衆屯聚各有車徒各於前後而巡行之而戮其犯命者但民庶之等各有軍將教命犯命者則戮之又云斷其爭禽之訟者田獵得大獸公之小禽私之有爭禽之訟鄉師斷之○注司徒至從屯○釋曰云司徒致衆庶者以熊虎之旗者司常職云熊虎爲旗此經云司徒大旗故知司徒自致衆庶以熊虎爲旗也云此又以之明爲司徒致之者此鄉師也經云以司徒大旗明用司徒大旗故知爲司徒致之也云大夫致衆當以鳥隼之旟者案司常陳九旗之次云日月爲常交龍爲旂通帛爲旜雜帛爲物熊虎爲旗鳥隼爲旟又云孤卿建旜大夫士建物大司徒旣是卿官尋常建旜在軍建熊虎卿旣是大夫官尋常建物在旜下明在軍當以鳥隼之旟在熊虎下可知云鄭大夫讀屯爲課殿者未知鄭大夫所讀更出何文或謂當時俗有課殿之語故讀從之云杜子春讀爲在後曰殿者謂軍在前曰啓在後曰殿玄謂前後屯兵也者屯兵則是殿兵也玄謂前後屯車徒異部也者謂大司馬云險野人爲主易野車爲主是車徒異部也云今書多爲屯從屯者謂故書之內爲殿者少爲屯者多以多言之宜從屯

凡四時之徵令有常者以木鐸徇於市朝徵令有常者謂田狩及正月命脩封疆二月命雷且發聲○朝直遥反下同○

疏 凡四至市朝○釋曰云凡四時徵令有常者鄉師各於其鄉內以木鐸警戒巡於市朝使民知之○注徵令至發聲○釋曰徵令有常者謂田狩春蒐夏苗秋獮冬狩四時田獵獨言狩

者略舉冬言之云及正月命脩封疆者案月令孟春之月命脩封疆謂田之界分也云二月命雷且發聲者案月令仲春之月先雷三日奮木鐸以令兆民曰雷將發聲有不戒其容止者生子不備必有凶災言此等政令皆有常時故引之以證徵令有常者也

以歲時巡國及野而賙萬民之囏阨以王命施惠歲時者隨其事之時不必四時也囏阨饑乏也鄭司農云賙讀爲周急之周○囏古艱字本亦作艱

疏 以歲至施惠○釋曰以歲之困阨之時鄉師巡於國及至野外賙給萬民之有囏阨者云以王命施惠者言於其時以王命施布恩惠於下民也○注歲時至之周○釋曰言歲時者隨其事之時不必四時也者鄭知不是四時者以其囏阨是非常之事故不得爲四時解之鄭司農云賙讀爲周急之周者讀從論語周急不繼富之周○

歲終則攷六鄉之治以詔廢置

疏 釋曰云歲終者謂周之季冬云則攷六鄉之治者謂鄉師責其治政文書考其功過云以詔廢置者有功則置之有過則廢之詔告也告王與冢宰廢置之

正歲稽其鄉器比共吉凶二服閭共祭器

族共喪器，黨共射器，州共賓器，鄉共吉凶禮樂之器。

吉服者祭服也，凶服者弔服也，比長主集爲之。祭器者簠簋鼎俎之屬，閭胥主集爲之。喪器者夷槃素俎楬豆輁軸之屬，族師主集爲之。此三者民所以相共也。射器者弓矢楅中之屬，黨正主集爲之，爲州長或時射於此黨也。賓器者尊俎笙瑟之屬，州長主集爲之，爲鄉大夫或時賓賢能於此州也。吉器若閭祭器者也，凶器若族喪器者也，禮樂之器若州黨賓射之器者。鄉大夫備集此四者，爲州黨族閭有故而不共也。此鄉器者，旁使相共，則民無廢事，上下相補，則禮行而教成。○楬，苦瞎反。輁，九勇反。軸音逐。楅音福，又音逼。【疏】正歲至之器○釋曰：正歲稽鄉器者，此一句與下爲揔目。正歲謂建寅之月。稽，考也。鄉師各自考校當鄉之器服。云比共吉凶二服者，五家爲比，比長一人主集合五家相共吉凶二服。云閭共祭器者，二十五家爲閭，閭胥一人主集合祭器使相共。云族共喪器者，百家爲族，族師一人主集合喪器使相共。云黨共射器者，五百家爲黨，黨正一人主集合射器以共州長之射。云州共賓器者，二千五百家爲州，州長一人主集合賓器以共卿大夫行鄉飲酒之禮。云鄉共吉凶禮樂之器者，萬二千五百家爲鄉，鄉大夫主集此四器，恐州黨已下有故不能自共，即旁相共也。○注吉服至教成○釋曰：云吉服者祭服也者，當比内無祭事，其於族祭酺、黨祭禜、州祭社之等，無過用朝服。又知凶服是弔服者，若人衰裳是常服，主人自共，其弔服是暫服，可以相共，故知是弔服。其庶人弔服，無過素冠與深衣而已。云比長主集爲之者，雖五家之内亦當有官首，若非比長主集，民不自謀，故知比長主集爲之。云祭器者簠簋者，案特牲同姓用簋，少牢皆用敦，同姓者乃用簋，今言簋者，況義耳。云喪器者夷槃者，案喪大記，士併瓦盤，大夫乃用夷盤，今庶人實不得用夷盤，引之者，以況喪器，非謂庶人得用夷盤也。云素俎楬豆者，案士喪禮，小斂有素俎，大斂有楬豆兩籩無縢，此不言籩無縢者，文畧也。云輁軸之屬者，案既夕禮，士朝廟用輁軸以載柩，此庶人無輁軸引之者，亦以況義。知非族内有大夫士得用夷盤輁軸者，以其大夫自有祿位，不在共限，故知引以況義。不言棺椁，椁亦主人自共之也。故閭師云不樹者無椁，此三者並是罰物所爲。知者，案載師職云宅不毛者有里布，田不耕者有屋粟，鄭玄云罰之以共吉凶二服及喪器。鄭不云祭器，文畧，有祭器可知。鄭知必用罰物不用官物爲之者，以其不爲官事，明不用官物可知。云射器者弓矢楅中之屬者，案鄉射、大射皆云執長弓、挾乘矢，楅在庭中，射訖，命弟子取矢置于楅，以八筭置于中，士則鹿中之等是也。云之屬者，之屬中容有侯乏等。云爲州長或時射於此黨也者，一州管五黨，州長春秋二時射於序學，要有一黨之中，故云或時射於此黨。又云賓器者尊俎笙瑟之屬者，案鄉飲酒，三年貢士之時行飲酒之禮，即有酒尊俎實，二人鼓瑟在堂，笙入在於堂下，故言尊俎笙瑟。言之屬者，更有籩豆之等。云爲鄉大夫或時賓賢能於此州也者，一鄉管五州，鄉大夫行鄉飲禮之時，必在一州之内，此州則共之，故云或時賓賢能於此州也。云吉器若閭祭器者也，凶器若族喪器者也者，以其鄉大夫備集此四器，恐閭族已下有故不得自共，故知還是閭族黨州所當共者也。故云吉器若閭祭器者也，凶器若族喪器者也。云禮樂之器若州黨賓射之器者，連州黨并言之者，以其州黨射器賓器二者皆有禮器樂器，故州黨并言之。自射器已下，皆爲國行禮，得官物所爲，不出民物，故酒正云凡爲公酒者亦如之，注云謂鄉射飲酒以公事作酒者，亦以式法及酒材授之，使自釀之。酒材尚得公物，明此器等亦出官物可知，以其爲官行禮故也。云上下相補者，自比共吉凶二服至州共賓器已上，是下之相補；鄉共吉凶禮樂之器者，是上之相補，故云上下相補。云禮行而教成者，庶民乏於財物，闕於禮義，教化不成，今以器服共之，即禮行而教成也。

若國大比，則攷教、察辭、稽器、展事，以詔誅賞。

考教，視賢能以知道藝與不。察辭，視吏言事知其情實。展，猶整具。【疏】若國至誅賞○釋曰：若國大比者，謂三年大比之時，則鄉師考教學之官，知其道藝進不。云察辭者，視官中之吏辭之虛實。云稽器者，謂考鄉中禮樂兵器之等。云展事者，謂行事展省視之，知其善惡，詔告之在上，善者賞之，惡者誅之。

附釋音周禮注疏卷第十一

臣盧宣旬校

知南昌府張敦仁署鄱陽縣候補知州周澍栞

周禮注疏卷十一挍勘記　阮元撰盧宣旬摘録

附釋音周禮注疏卷第十一

小司徒

掌建邦之教灋　唐石經宋本余本岳本嘉靖本閩本同監毛本灋改法非下頒比灋教灋用灋脩灋及鄉師職準此

以辨其貴賤老幼廢疾　唐石經宋本岳本廢作癈注中同凡興廢字與癈疾字劃然有别此作廢非嘉靖本辨作辯亦誤唐石經宋本皆作辨也下及鄉師職等悉準此

謂鄉中州祭社黨祭禜　監毛本禜誤宗閩本作崇

皆弛舍無賦　閩本同監毛本弛改施非賈疏依注用弛字

今時白役簿　惠挍宋本同閩監毛本白作日是也

公追戎于濟西　此本注及疏濟皆誤齊今據諸本訂正

案大宰九賦　惠挍本同閩監毛本賦誤職

故鄭不從之　惠挍本故下有後

貢祿不平　宋本嘉靖本同余本閩監毛本貢作穀蓋依今本孟子所改

二萬七百三十六夫治洫　宋本嘉靖本毛本同疏引注亦作二萬閩監本誤一萬

一甸之田稅入於王　毛本於誤乎

地事謂農牧衡虞也　諸本同惠挍本作虞衡云余本仍作衡虞

云四井爲邑方三里　浦鏜云二誤三

據稅於王者而言　惠挍本作據一甸稅入於王者而言

牧則數牧以蕃鳥獸　浦鏜云藪誤數

故農三等之號以表之　農疑舉之譌

謂施民者之職　浦鏜云者之疑之九誤案注云職謂九職也

故其官川衡林衡山虞澤虞之官主當　浦鏜云當疑掌譌

杜子春云讀爲域者　惠挍本讀作當

帥帥而致於大司徒　浦鏜云師帥誤帥師

故知小功役之事　浦鏜云力役誤功役下同

皆碑挽引而下棺　浦鏜云背誤皆

謂國社侯勝國之社　浦鏜云侯下脱一社

其外更言夷鎮蕃三服爲夷狄　浦鏜云言當有字誤

有功則賞之　惠挍本作則賞賜之

徇以木鐸　唐石經宋本余本嘉靖本同閩監毛本徇作狗譌疏及鄉師職準此

正歲建寅之月懸之　閩監毛本懸改縣下同

云修法糾職者　閩監毛本修作脩此與經中作脩異下同

鄉師

辨其老幼貴賤癈疾馬牛之物　唐石經宋本同此職疏中亦作癈疾嘉靖本閩監毛本作癈非

掌其戒令糾禁　毛本戒誤刑

謂築作堤防城郭等　閩本同監本堤誤提毛本改隄

士虞禮所謂苴　案苴當從諸本作苴此涉上文誤

故書輦作連　禮說云古連輦通車從夫雙引爲輦車從辵步挽爲連一象形一會意也破連爲輦變古

從今失之易蹇六四往蹇來連虞翻曰連輦也管子立政篇畜連乘車海王篇服連軺輦則古輦皆作連矣

及葬執纛 閩監毛本同唐石經宋本嘉靖本纛作翿釋文執纛桃報反葉鈔本作執翿然則作纛者非注中同

四縴皆銜枚 閩監毛本同余本嘉靖本銜作衘惠挍本疏中同

翿羽葆幢也 葉鈔釋文作橦也○按作橦是也爾雅音義引作纛羽葆幢也此可證纛即翿古通用

銜枚所以止讙嚻 閩監毛本嚻作囂

匠師執翿羽葆幢 經義雜記曰匠人作匠師訛當改正案下引雜記同誤

又千人輓柩以持六紼 毛本千作二壞字

日中而堋 閩監毛本同宋本堋作傰載音義同嘉靖本堋字土旁改刻蓋本作傰釋文而堋葉鈔本作傰

出田灋于州里 唐石經宋本岳本嘉靖本閩本同監毛本灋改法

鄭大夫讀屯爲課殿 漢讀考云鄭大夫杜子春皆從作臀之本鄭君則曰今書多爲屯從屯今注作鄭大夫讀屯誤

釋曰云及期 惠挍本下有者此脫

元謂前後屯兵也者 首一字當衍

而賙萬民之囏阨 釋文囏古艱字本亦作艱案經當作囏注當作艱

囏阨飢乏也 嘉靖本飢作饑當據訂正

若州黨賓射之器者 嘉靖本下有也字此脫當補

執長弓挾乘矢 惠挍本長作張此誤

以八筭置于中士則鹿中之等是也 監毛本八筭誤人筭士誤上閩本八筭二字不誤

關於禮義 浦鏜云儀誤義據儀禮通解續挍

謂考鄉中禮樂兵器之等 惠挍本作禮器此作樂誤

周禮注疏卷十一挍勘記終

南昌袁泰開挍

附釋音周禮注疏卷第十二

鄭氏注　賈公彥疏

鄉大夫之職各掌其鄉之政教禁令鄭司農云萬二千五百家爲鄉〔疏〕鄉大至禁令○釋曰六鄉大夫各掌其鄉之政令及十二教與五禁號令皆掌之○注鄭司至爲鄉釋曰案上文五州爲鄉故知萬二千五百家爲鄉正月之吉受教灋于司徒退而頒之于其鄉吏使各以教其所治以攷其德行察其道藝其鄉吏州長以下○治直吏反下考治下治所治處同行下孟反下及注德行之行六行皆同〔疏〕正月至道藝○釋曰言正月之吉者謂建子之月月朔之日云受法於司徒者謂若大司徒職十二教已下其法皆受於司徒而來云退而頒之于其鄉吏者謂已於司徒受得教法遂分與州長已下至比長云使各以教其所治者亦謂州長已下至比長各教所治也云攷其德行者謂鄉大夫以鄉三物教萬民遂考校其萬民有六德六行之賢者云察其道藝者謂萬民之中有六藝者並擬賓之○注其鄉吏州長以下○釋曰以其比長以上至州長皆屬鄉大夫故知鄉吏州長以下至比長以歲時登其夫家之衆寡辨其可任者國中自七尺以及六十野自六尺以及六十有五皆征之其舍者國中貴者賢者能者服公事者老者疾者皆舍以歲時入其書登成也定也國中城郭中也晚賦稅而早免之以其所居復多役少野早賦稅而晚免之以其復少役多鄭司農云征之者給公上事也舍者謂有復除舍不收役事也貴者謂若今宗室及關內侯皆復也服公事者謂若今吏有復除也老者謂若今八十九十復羨卒也疾者謂若今癃不可事者復之玄謂入其書者言於大司徒○復音福下同〔疏〕以歲至其書○釋曰云以歲時者謂歲之四時登猶成也定也夫家謂男女謂四時成定其男女多少云辨其可任者謂分辨其可任使者云國中自七尺以及六十者七尺謂年二十知者案韓詩外傳二十行役與此國中七尺同則知七尺謂年二十云野自六尺以及六十有五者六尺謂年十五故論語云可以託六尺之孤鄭注云六尺之孤年十五已下彼六尺亦謂十五鄭言已下者正謂十四已下亦可以寄託非謂六尺可通十四已下鄭必知六尺年十五者以其國中七尺爲二十對六十野云六尺對六十五晚校五年明知六尺與七尺早校五年故以六尺爲十五也云皆征之者所征稅者謂築作挽引道渠之役及口率出錢若田獵五十則免是以祭義云五十不爲甸徒若征伐六十乃免是以王制云六十不與服戎彼二者並不辨國中及野外之別云其舍者謂不給繇役則國中貴者已下是也云以歲時入其書者此上所云皆歲之四時具作文書入於大司徒故云歲時入其書也○注登成也至司徒○釋曰云登成也定也者以其夫家衆寡若不作文書則多少齒歲不定若作文書多少成定故云登成也定也云國中城郭中也者以其對野故知國中是城郭中也云晚賦稅而早免之者以其經云七尺及六十對野中六尺至六十五是其晚賦稅而早免之云以其所居復多役少者以此經云國中貴者至疾者皆舍據國中而言是其國中復多役少也鄭司農云四事皆若今者並舉漢法況之玄謂入其書者言於大司徒知者以其上云受法於司徒故知入其書者言於大司徒三年則大比攷其德行道藝而興賢者能者鄉老及鄉大夫帥其吏與其衆寡以禮禮賓之賢者有德行者能者有道藝者衆寡謂鄉人之善者無多少也鄭司農云興賢者謂若今舉孝廉興能者謂若今舉茂才賓敬也敬所舉賢者能者玄謂變舉言興者謂合衆而尊寵之以鄉飲酒之禮禮而賓之〔疏〕三年至賓之釋曰三年一閏天道小成則大案比當鄉之內云考其德行道藝者德行謂六德六行道藝謂六藝云而興賢者則德行之人也能者則道藝之人也云鄉老及鄉大夫帥其吏者謂州長以下云與其衆寡者謂鄉中有賢者皆集在庠學云以禮禮賓之者以用也用鄉飲酒之禮以禮賢者能者賓客之舉○注賢者至賓之○釋曰云賢者有德行者欲見賢與德行爲一在身爲德施之爲行內外兼備即爲賢者也云能者有道藝者鄭亦見道藝與能爲一上注云能者政令行其身有道藝則政教可行是能者也云衆寡謂鄉人之善者無多少也者案鄉飲酒堂上堂下皆有衆賓不言其數此經衆寡兩言無問多少皆來觀禮故云無多少也鄭司農云若今舉孝廉及茂才者孝悌廉絜人之德行故以孝廉況賢者茂才則秀才也才人之

技藝故以況能者也玄謂變舉言興者案禮記文王世子云或以事舉或以言揚故今責人皆稱舉今變舉言興云謂合衆而尊寵之者合衆即此經云鄉老及鄉大夫已下是也云鄉飲酒之禮者則儀禮篇飲酒賓舉之法是也

厥明鄉老及鄉大夫羣吏獻賢能之書于王王再拜受之登于天府内史貳之厥其也其賓之明日也獻猶進也王拜受之重得賢者王上其書於天府天府掌祖廟之寶藏者内史副寫其書者當詔王爵禄之時○上其時掌反藏才浪反

[疏]厥明至貳之○釋曰厥明者謂今日行鄉飲酒之禮也至其明日表奏於王○注厥其至之時○釋曰云天府掌祖廟之寶藏者是春官天府職文也引之者欲見天府掌寶物賢能之書亦是寶物故藏於天府云内史副寫其書者貳副也内史副寫一通文書擬授爵禄案内史職有策命諸侯羣臣之事故使内史貳之

退而以鄉射之禮五物詢衆庶一曰和二曰容三曰主皮四曰和容五曰興舞以用也行鄉射之禮而以五物詢於衆民鄭司農云詢謀也問於衆庶寧復有賢能者和謂閨門之内行也容謂容貌也主皮謂善射射所以觀士也故書舞爲無杜子春讀和容爲和頌謂能爲樂也無讀爲舞謂能爲六舞玄謂和載六德容包六行也庶民無射禮因田獵分禽則有主皮主皮者張皮射之無侯也主皮和容興舞則六藝之射與禮樂與當射之時民必觀焉因詢之也孔子射於矍相之圃蓋觀者如堵牆射至於司馬使子路執弓矢出誓射者又使公罔之裘序點揚觶而語詢衆庶之儀若是乎○寧復扶又反下猶復同皮射之食亦反樂與音餘矍俱縛反本或作瞿音同相息亮反堵丁古反觶支豉反

[疏]退而至興舞○釋曰言退者謂獻賢能之書於王退來鄉内云以鄉射之禮者州長春秋二時習射於序名爲鄉射今鄉大夫還用此鄉射之禮云五物詢衆庶者物事也一曰二曰已下是也○注以用也至是乎○釋曰行鄉射之禮者案今儀禮鄉射云豫則鉤楹内堂則由楹外又云序則物當棟堂則物當楣堂謂鄉學據鄉大夫所行射禮也豫謂州長春秋二時習射於序司農云和謂閨門之内行也者以其父子主和故和謂閨門之内行也云容謂容貌也者以其容是容儀故知容貌也後鄭不從此義杜子春讀和容爲和頌謂能爲樂也者與舞即舞樂今又以和容謂能爲樂故後鄭亦不從玄謂和載六德容包六行也者破司農子春之義案大司徒以鄉三物教萬民教成則興之明此詢者還是三物之内不是三物之外別有和容又且主皮興舞是六藝之内明此和容是六德六行之中在下謂之載和在六德之下故云和載六德云容包六行者在上謂之包容則孝也孝在六行之上故云容包六行必知容得爲孝者案漢書高堂生善爲容容則禮也善爲孝者必合於禮之容儀故以孝爲容者也云庶民無射禮者天子至士有大射燕射賓射之等庶人則無此射禮故云無射禮也云因田獵分禽則有主皮者案大司馬職大獸公之小禽私之者至舍更與在日之人射則取之則有云主皮主皮者張皮射之無侯也者自士已上張皮侯采侯獸侯庶人主射此皮故云主皮無侯也云主皮和容興舞則六藝之射與禮樂與者以此三者當之故以主皮當射和容當禮興舞當樂若然三物之中其事一十有八今六德之中唯問和六行之中唯問容六藝之中唯問禮樂獨問此者既貢賢於王其餘則未能盡備故略舉五者以問之六德是其大者故問下之和者六行是其小者故問上之孝者也六藝之中禮以安上治民樂以移風易俗男子生設弧於門左射則是男子之事此者人行之急故特言之自餘略而不說又云當射之時民必觀焉因詢之也者案鄉射記唯君有射于國中其餘則否注云臣不習武事於君側以其鄉射在城外衆庶皆觀焉故得詢此五物云孔子射於矍相之圃已下者此是禮記射義文天子諸侯射先行燕禮鄉大夫士射先行鄉飲酒之禮時孔子爲鄉大夫鄉射之禮先行飲酒禮故云孔子射於矍相之圃矍相地名以其臣不得在國射故射於矍相之圃蓋觀者如堵墻者以其鄉内衆庶皆集在射所故云觀者如堵墻云射至於司馬者以其飲酒之禮必立司正於將射變司正爲司馬也案鄉射大射司射執弓矢今此云子路執弓矢則子路爲司射也云子路出誓者以其衆庶多不可盡與之射故誓去之云又使公罔之裘序點揚觶而語者案鄉飲酒之禮一人舉觶爲旅酬始二人舉觶爲無算爵始射在無算爵前今誓在無算爵後者但射實在無算爵前今未射之前用此無算爵禮二人舉觶之法以誓衆庶耳非謂此射在無算爵後云詢衆庶之儀若是乎者孔子謂諸侯鄉大夫此經是天子鄉大夫引彼以證此故云乎以疑之

此謂使民興賢出使長之使民興能入使治之言是乃所謂使民自舉賢者因出之而使之長民教以德行道藝於外也使民自舉能者因入之而使之治民之貢賦田役之事於内也言爲政以順民爲本也書曰天聰明自我民聰

明天明威自我民明威老子曰聖人無常心以百姓心爲心如是則古今未有遺民而可爲治〔疏〕此謂至治之○釋曰言此謂使民興賢者謂上經賓舉者皆民中舉之還使治民故云此謂使民興賢出使長之謂使鄉外與民爲君長云使民興能入使治之者謂能者復來入鄉中治民之貢賦○注言是至爲治○釋曰云使民自舉賢者因出之而使之長民教以德行道藝於外也者以賢者德大故遣出外或爲都鄙之主或諸侯皆可也以其自有德行道藝故還使之教民以德行道藝云使民自舉能者因入之而使之治民之貢賦田役之事於內也者以其能者德小不可以爲大夫諸侯等故還入鄉中量德大小以爲比長鄰長已上之官治民之貢賦田役於內也云言爲政以順民爲本也者禮記云上酌民言則下天上施上不酌民言則下不天上施故言爲政以順民爲本也書曰天聰明已下是尚書咎繇篇之文也自用也言天雖聰明視聽既遠不自用己之聰明用民之聰明民之歸者則授之以天位謂若湯武是也天明威自我民明威者威畏也天雖明察可畏不自用己之明威用我民明威民所叛者則討之謂若桀紂是也云老子曰聖人無常心以百姓心爲心者但聖人形如枯木心若死灰空洞無我故無常心以百姓之心爲心引之者證順民爲本之意云如是則古

人未有遺民而可爲治者天聰明是古老子與此文爲今皆順民爲治故云古今未有遺民而可爲治也

歲終則令六鄉之吏皆會政致事會計也致事言其歲盡文書〔疏〕年終至致事○釋曰年終將考其得失則令六鄉之吏州長之官皆計會教政之功狀致其所掌之事於鄉大夫鄉大夫以下致與大司農然後考之

正歲令羣吏攷灋于司徒以退各憲之於其所治之國〔疏〕釋曰正歲建寅之月鄉大夫令州長已下羣吏令使考法於司徒正謂受而考量行之故云以退各憲之於其所治憲者表縣之也

大詢于衆庶則各帥其鄉之衆寡而致於朝大詢者詢國危詢國遷詢立君鄭司農云大詢于衆庶洪範所謂謀及庶民〔疏〕大詢至於朝○釋曰國有大事必順於民心故與衆庶詢謀則六鄉大夫各帥其鄉之衆寡而致於朝謂外朝三槐九棘之所其詢謀之○注大詢至庶民○釋曰知大詢詢國危詢國遷詢立君者案小司寇職云掌外朝之政以致萬民而詢焉一曰詢國危巳安庶民云國大詢于衆庶而致於朝故知大詢者詢國危之等此三者皆是國之大事故稱大詢小司寇雖不云大大卜云大貞即此詢國危之等也鄭司農云大詢於衆庶引洪範所謂謀及庶民者彼謀及庶民即大詢於衆庶一也故引爲證

國有大故則令民各守其閭以待政令使民皆聚於閭胥所治處〔疏〕國有至政令○釋曰大故謂災變寇戎之等警急須人故鄉大夫令州長已下使民各守其閭胥所治處以待國之政令○注使民至治處○釋曰二十五家爲閭中士爲閭胥則有治政之處以聚其民

以旌節輔令則達之民雖以徵令行其將之者無節則不得通〔疏〕以旌至達之○釋曰國有大事故恐有姦寇故使民徵令出入來往皆須得旌節輔此徵令文書乃得通達使過故鄭云民雖以徵令行其將之者無節則不得通

州長各掌其州之教治政令之灋鄭司農云二千五百家爲州論語曰雖州里行乎哉春秋傳曰鄉取一人焉以歸謂之夏州〔疏〕州長至之灋○釋曰一鄉管五州事大夫一人爲州長故云州長各掌其州之教也教謂十二教之外所施政令皆治之○注鄭司至夏州○釋曰二千五百家爲

州者雖無正文約則有之案上文五家爲比五比爲閭四閭爲族五族爲黨五黨爲州州二千五百家也又引春秋傳曰巳下者案左氏宣公十一年傳曰楚子伐陳遂入陳殺夏徵舒因縣陳申叔時諫乃復封陳鄉取一人焉以歸謂之夏州注云言取討夏徵舒之州引此者以證有州之義也

正月之吉各屬其州之民而讀灋以攷其德行道藝而勸之以糾其過惡而戒之屬猶合也聚也因聚衆而勸戒之者欲其善○屬音燭注下皆同〔疏〕正月至戒之○釋曰謂建子之月一日也各屬其州之民者屬猶合也聚也謂合聚一州之民也而讀法者謂對衆讀一年政令及十二教之法使知之云以考其德行道藝而勸之者謂考量民之六德六行及六藝之道藝而勸勉之使之勤脩云以糾其過惡而戒之者民有過惡糾察與之罪而懲戒之○注屬猶至其善○釋曰言因聚衆而勸戒之者謂欲勸戒之必須聚衆故言因聚衆而勸戒之欲其善也

若以歲時祭祀州社則屬其民而讀灋亦如之春秋以禮會民而射于州

序序州黨之學也會民而射所以正其志也射義曰射之爲言繹也繹者各繹己之志。會如字注同

〔疏〕若以至州序○釋曰上云歲時皆謂歲之四時此云歲時唯有歲之二時春秋耳春祭社以祈膏雨望五穀豐熟秋祭社者以百穀豐稔所以報功故云祭祀州社也云則屬其民而讀法亦如之者凡讀法皆因即會以聚民今既祭因聚民而讀法故云亦如之云春秋以禮會民而射于州序者州長因春秋二時皆以禮會聚其民而行射禮于州之序學中言以禮者亦謂先行鄉飲酒之禮乃射故云以禮也○注序州至之志○釋曰此知序州黨學者案下黨正亦云飲酒于序故知州黨學同名爲序若鄉則立庠故禮記鄉飲酒義云主人迎賓于庠門之外彼鄉大夫行賓賢能非州長黨正所行故知庠則鄉學也云會民而射所以正其志也者凡禮射皆須存其志意故鄭即引射義曰射之爲言繹也繹者各繹己之志繹陳也言各陳己志者謂若射義云射者內志正外體直乃能中之是也

凡州之大祭祀大喪皆涖其事大祭祀謂州社稷也大喪鄉老鄉大夫於是卒者也涖臨也

〔疏〕凡州至其事○釋曰云凡者以其大祭大喪非一故云凡也云州之大祭祀大喪者則非國家祭祀喪事謂州之大祭唯有春秋祭社也州之大喪者三公鄉大夫之喪也云皆涖其事者二州長皆臨其事也○注大祭至臨也○釋曰言大祭祀謂州社稷者以上文云歲時祭祀州社此經又因言州之大祭祀故知還是上文州社也知有稷者以其天子諸侯三社皆稷對之故知兼有稷也言州社者若言大社國社之類又對黨祭禜族祭酺故此特言州社也云大喪鄉老鄉大夫者以其遠郊之內置六鄉鄉老與鄉大夫死不出六鄉要在一鄉一州一黨一族一閭之內今據州而言故云於是卒者也

若國作民而師田行役之事則帥而致之掌其戒令與其賞罰致之致之於司徒也掌其戒令賞罰則是於軍因爲師帥

〔疏〕若國至賞罰○釋曰言若者不定之辭若如也如有國家作起其民師謂征伐田謂田獵行謂巡狩役謂役作此數事者皆須徵聚其民州長則各帥其民而致之于司徒也云掌其戒令與其賞罰者州長既致其民還自領已民爲師帥故還使州長掌之也○注致之至師帥○釋曰云致之於司徒也者謂州長致與小司徒小司徒乃帥而致與大司徒故小司徒職云大軍旅帥其衆庶是也云因爲師帥者若衆屬軍吏別有軍吏掌之何得還自掌之故知因爲師帥也但在鄉爲

州長已管其民在軍還領己民爲師帥即是因內政寄軍令也

歲終則會其州之政令正歲則讀教灋如初雖以正月讀之至正歲猶復讀之因此四時之正重申之。重直用反

〔疏〕歲終正如初○釋曰既不言正歲之終周禮之內直言歲終者皆是周之歲終也言則會其州之政令者謂會計當州黨正己下政令文書將以考課也云正歲則讀教法如初者以其建寅之月得四時之正於教令審故又讀教法言如初者亦當屬民讀之也

三年大比則大攷州里以贊鄉大夫廢興廢興所廢退所興進也鄭司農云贊助也

〔疏〕三年至廢興○釋曰州長至三年大案比之日則大考州里者謂年年考訖至三年則大考之言大者時有黜陟廢興故也

黨正各掌其黨之政令教治鄭司農云五百家爲黨論語曰孔子於鄉黨又曰闕黨童子○治直吏反族師治令同

〔疏〕黨正至教治○釋曰言各者一鄉有二十五黨故各掌其黨之政令及十二教與治職文書○注鄭司至童子○釋曰先鄭知五百家爲黨者以其五家爲比五比爲閭四閭爲族五族爲黨故知也引論語者證有黨義也

及四時之孟月吉日則屬民而讀邦灋以糾戒之以四孟之月朔日讀法者彌親民者於教亦彌數○數音所角反

〔疏〕及四至戒之○釋曰及至也黨正四時孟月吉日則屬民而讀邦法者因糾戒之如州長之爲也○注以四至彌數○釋曰云以四孟之月朔日讀法者彌親民者於教亦彌數者上文州長唯有建子建寅及春秋祭社四度讀法此黨正四孟及下文春秋祭禜并正歲一年七度讀法者以其鄉大夫管五州去民遠不讀法州長管五黨去民漸親故四讀法黨正去民彌親故七讀法鄭云彌親民者則非直徒辭黨正而已案下族師十四教讀法彌多於此故鄭揔釋云彌親民者於教亦彌數也

春秋祭禜亦如之禜謂雩禜水旱之神蓋亦爲壇位如祭社稷云○禜榮敬反

〔疏〕春秋至如之○釋曰黨正不得與州同祭社故亦春秋祭禜神也○注禜謂至稷云○釋曰鄭知祭。謂雩禜水旱之神者案禮記祭法云雩禜祭水旱案昭公元年左氏傳子產云水旱癘疫之不時於是乎禜之皆是禜祭水旱神也云蓋亦爲壇位如祭社稷云者以其大司徒及封人等皆云社稷有壝又祭法王宮祭日及雩禜祭

水旱等皆是壇名故知亦如社稷有壇位無正文故言云以疑之也**國索鬼神而祭祀則以禮屬民而飲酒于序以正齒位壹命齒于鄉里再命齒于父族三命而不齒**國索鬼神而祭祀謂歲十二月大蜡之時建亥之月也正齒位者鄉飲酒義所謂六十者坐五十者立侍六十者三豆七十者四豆八十者五豆九十者六豆是也必正之者爲民三時務農將闕於禮至此農隙而教之尊長養老見孝悌之道也黨正飲酒禮亡以此事屬於鄉飲酒之義微失少矣凡射飲酒此鄉民雖爲卿大夫必來觀禮鄉飲酒鄉射記大夫樂作不入士既旅不入是也齒于鄉里者以年與衆賓相次也齒于父族者父族有爲賓者以年與之相次異姓雖有老者居於其上不齒者席于尊東所謂遵○蜡仕詐反依字作䄍爲于僞反隙去逆反本又作郤弟音悌下同

疏 國索至不齒○釋曰黨正行正齒位之禮在十二月建亥之月爲之非蜡祭之禮而此云國索鬼神而祭祀者以其正齒位禮在蜡月故言之以爲節耳當國索鬼神而祭祀之時則黨正屬聚其民而飲酒于序學中以行正齒位之法當正齒位之時民內有爲一命已上必來觀禮故須言其坐之處云一命齒于鄉里者此黨正是天子之國黨正則一命亦天子之臣若有一命之人來者即于堂下鄉里之中爲齒也云再命齒于父族者謂父族爲賓即與之爲齒年大在賓東年小在賓西三命而不齒者若有三命之人來者縱令父族爲賓亦不與之齒若非父族是異姓爲賓灼然不齒位在賓東故云不齒也若然典命雖不見天子之士命數序官有上士中士下士則上士三命中士二命下士一命則此一命謂下士再命謂中士三命謂上士也○注國索至謂遵○釋曰云國索鬼神而祭祀謂歲十二月大蜡之時是禮記郊特牲文建亥之月者是鄭君解義語言此者謂行正齒位之禮亦在此月也云正齒位者鄉飲酒義所謂六十者坐至六豆者並是彼文案彼文謂五十者立侍六十者乃於堂上而坐禮年六十已上籩豆有加故不得籩豆稱而云六十者三豆七十者四豆八十者五豆九十者六豆若然則堂下五十立者二豆而已引之者證此經與彼同是正齒位之法也云必正之者爲民三時務農將闕於禮至此農隙而教之尊長養老見孝弟之道也者春夏秋三時務在田野闕於庠序之節隙閑也至此十月農事且閑而教之言尊長養老即五十已上至九十正齒位是也但孝弟施于家內今行尊長養老則是孝弟之道通達于外者也云黨正

飲酒禮亡者儀禮篇卷並在之日別有黨正飲酒之禮見今十七篇內無黨正飲酒之禮故云亡也云以此事屬于鄉飲酒之義微失少矣者但儀禮未亡之時篇內論正齒位之禮其義具悉今將此經之事連屬於鄉飲酒義則鄉飲酒義雖有五十已上豆數之言此經唯有一命已下觀禮之事二處相兼比於儀禮篇中鄉飲酒法義理乃未足微失於少故云微失少矣云凡射飲酒者謂州長春秋行社黨正十二月行飲酒二事俱同故兼言射也云此鄉民雖爲卿大夫必來觀禮者證此經一命以至三命齒與不齒之人來在位之法也又引鄉飲酒鄉射記者證二事俱有一命已下觀禮來入時節案彼經鄉大夫皆作樂前入士未旅前入故云大夫樂作不入鄭彼注云後樂賢也云士既旅不入注云後正禮也若然大夫士來觀禮者皆爲樂賢行禮而至故大夫樂作不入士既旅不入也云齒于鄉里者以年與衆賓相次也者謂在堂下與五十已下衆賢賓客相次以其一命若據天子之國一命爲下士若據諸侯之國一命爲公侯伯之士若據子男之士不命固在堂下以其士立于下故也云齒于父族者父族有爲賓者以年與之相次者以其賓在戶牖之間南面若賓是同姓父族則與之齒也云異姓雖有老者居於其上者既言齒于父族明異姓非父族不齒可知云不齒者席于尊東所謂遵者案鄉飲酒鄉射皆酒尊在室戶東房戶西賓主夾之鄉人爲鄉大夫來觀禮爲鄉人所遵法謂之爲遵席位在酒尊東公三重大夫再重故知不齒者席于尊東也云所謂遵者所謂鄉射鄉飲酒之遵也案鄭注鄉飲酒云此篇無正齒位之事焉者彼是三年一貢士直行飲酒之禮賢者爲賓其次爲介其次又爲衆賓賓而貢之如此無黨正正齒位之事案彼注又云天子之國三命者不齒於諸侯之國爵爲大夫則不齒矣者以其賓賢能年幾必小於卿大夫等是以天子之國三命士及公侯伯之卿三命大夫一命子男之卿再命大夫一命但是大夫以上無問命數皆不齒以其大夫已上爵尊故也但諸侯之卿當天子之上士故天子之國一命乃不齒天子士再命已下及諸侯之士則皆齒以其士卑立于下故在堂下與鄉人立者齒也彼是賓賢能禮若黨正飲酒之禮則此文是天子黨正飲酒法則一命齒于鄉里在堂下與鄉人齒再命齒于父族父族爲賓在堂上則天子再命之士亦在堂上與彼賓賢能鄉飲酒義異者案鄉射記云大夫與則公士爲賓則此黨正飲酒有一命已上觀禮則亦以公士爲賓但公家之士其年必大故天子之士再命者亦與之齒若然賓賢能天子之士再命不齒者彼賓賢能非正齒位法別爲一禮故與黨正正齒位禮異也**凡其**

黨之祭祀喪紀昏冠飲酒教其禮事掌其戒禁其黨之民。冠古亂反〔疏〕凡其至戒禁。釋曰此一經並是民之所行上州之祭祀大喪義異此祭祀已下雖是民之所行民者冥也非教不可故黨正皆教其禮事也因掌其戒命督禁之。注其黨之民。釋曰經云凡其黨之祭祀之等言凡是廣及之言故云其黨之民也凡作民而師田行役則以其灋治其政事亦於軍因爲旅帥〔疏〕注亦於至旅帥。釋曰此亦如上釋非衆屬軍吏者黨正在鄉各管五百家出軍之時家出一人則五百人爲旅黨正還爲旅帥亦如州長因爲師帥也歲終則會其黨政帥其吏而致事〔疏〕釋曰黨正以一黨之內有族師以下諸官等故歲終則會計一黨政治功狀則帥其族師以下之吏致其所掌之事於州長州長又致與鄉大夫鄉大夫致與大司徒而行賞罰也正歲屬民讀灋而書其德行道藝書記之〔疏〕注書記之。釋曰黨正於正歲建寅朔日聚衆庶讀法因即書其德行道藝鄭解書書記之者以其三年乃一貢今每年正歲皆書記勸勉之三年即貢之也以歲時涖校比涖臨也鄭司農云校比族師職所謂以時屬民而校登其族之夫家衆寡辨其貴賤老幼癈疾可任者及其六畜車輦如今小案比〔疏〕以歲時涖校比。釋曰案族師職以歲之四時校比此黨正管五族至校比之時黨正往臨之恐其有差失故以也。注涖臨至案比。釋曰鄭司農所云者並族師職文以其黨正所臨臨族師故還引族師校比之法以證成其義也云如今小案比者此舉漢法言小案比對三年大比爲小耳及大比亦如之〔疏〕釋曰及至也族師至三年大案比黨正亦涖之

族師各掌其族之戒令政事政事邦政之事鄭司農云百家爲族〔疏〕族師至政事。釋曰云各掌其族之戒令政事。以其族師主百家各自受法于上而掌其族戒令政事也。注政事至爲族。釋曰云政事邦政之事者謂國之征役皆是也先鄭云百家爲族者亦約五家爲比五比爲閭四閭爲族故知族百家也月吉則屬民而讀邦灋書其孝弟睦婣有學者月吉每月朔日也故書上句或無事字杜子春云當爲正月吉書亦或爲戒令政事月吉則屬民而讀邦法〔疏〕月吉至學者。釋曰此族師亦聚衆庶而讀法因書其孝弟睦婣有學者黨正直書德行道藝具言此云孝弟睦婣惟據六行之四事有學即六藝也計族師所書亦應不異黨正但文有詳略故所言有異但族師親民故析別而言耳。注月吉至邦法。釋曰云月吉每月朔日也者以其彌親民教亦彌數故十二月朔皆讀之云故書上句或無事字者則月與上政字連政又爲正字故杜子春云當爲正月吉旦族師親民讀法宜數若爲正月之吉則與黨正同於義不可云書亦或爲戒令政事月吉則屬民而讀邦法者此義還與經同於義爲得後鄭從之故引之在下也春秋祭酺亦如之酺者爲人物烖害之神也故書酺或爲步杜子春云當爲酺玄謂校人職又有冬祭馬步則未知此世所云蝝螟之酺與人鬼之步與蓋亦爲壇位如雩禜云族長無飲酒之禮因祭酺而與其民以長幼相獻酬焉。酺音步或音蒲校戶教反蝝悅全反螟覓經反酺與音餘下步與同禜禜敬反本亦作禜下黨禜同〔疏〕春秋祭酺亦如之。釋曰族師於春秋祭祀酺神之時亦如上月朔讀法也。注酺者至酬焉。釋曰鄭知酺者爲人物烖害之神者凡國之祈祭者皆恐與人物爲烖害謂若州長黨正所祭社禜亦爲水旱與物爲烖害明此亦是恐與人物爲烖害之神也云故書酺或爲步杜子春云當爲酺者校人職云馬步亦爲行步之字而子春破之從酺者子春亦無正文直以此經今文爲正故依之也玄謂校人職又有冬祭馬步者彼是與馬爲害故祭之引之者證此酺亦與人物爲害云則未知此世所爲蝝螟之酺與人鬼之步與者但此經云酺不知何神故舉漢法以況之但漢時有蝝螟之酺神又有人鬼之步神未審此經酺定當何酺故兩言之以無正文故皆云與以疑之也云蓋亦爲壇位如雩禜云者上黨正雩禜鄭云雩禜亦爲壇位如祭社稷云已疑禜爲壇位今此文約與雩禜同故言云以疑之云族長無飲酒之禮者案上州長春秋習射有飲酒禮黨正十月農功畢亦有飲酒禮皆得官物爲之今此族卑不得官物爲禮故云族無飲酒禮也云因祭酺而與其民以長幼相獻酬焉者鄭必知因祭酺有民飲酒之禮者案禮記禮器云周旅酬六尸曾子曰周禮其猶醵與鄭注彼云合錢飲酒爲醵旅酬相酌似之也即引明堂禮乃命國醵鄭據禮器明堂禮皆有醵法醵即合錢飲酒以不得官酒故須合錢耳以邦比之灋帥四閭之吏以時屬

民而校登其族之夫家衆寡辨其貴賤老幼癈疾可任者及其六畜車輦

登成也定也〔疏〕以邦至車輦◎釋曰云以邦比之法者案比之法國家有常故據其常法以案比之故云以邦比之法也云帥四閭之吏者族師管四閭閭胥皆中士又有二十比比長皆下士是帥四閭之吏也云以時屬民而校者謂屬聚其民而校比之也云登其族之夫家衆寡者夫家即男女也有夫有婦乃成家自二人以至十人爲九等七六五者爲其中若然則六口爲中七口已上爲衆五口已下爲寡云辨其貴賤老幼者貴謂卿大夫賤謂占賣國之斥幣販易之人也癈疾謂癈於人事疾病若今癃不可事者也云可任者謂若國中七尺以及六十野自六尺以及六十五皆征之則可任也者及其六畜馬牛羊豕犬雞車駕牛馬輦人挽行皆辨之也

五家爲比十家爲聯五人爲伍十人爲聯四閭爲族八閭爲聯使之相保相受刑罰慶賞相及相共以受邦職以役國事以相葬埋

相共猶相救相賙◎葬如字劉才郎反埋本或作貍莫皆反〔疏〕五家至葬埋◎釋曰云五家爲比十家爲聯又云五人爲伍十人爲聯者在家爲有五家爲比比長領之無十家爲聯相管之法今云十家爲聯者以在軍之時有十人爲什本出於在家故并二比爲十家爲聯擬入軍時相并故覆云五人爲伍十人爲聯明是在軍法耳云四閭爲族八閭爲聯者張逸問族百家安得有八閭鄭荅并之爲聯耳若然亦如二比爲聯之類也云使之相保者謂相保不爲恣負云相受者謂宅舍有故相受寄託云刑罰慶賞相及者案趙商問族師之義鄰比相坐康誥之說門內尚否書禮是錯未達旨趣鄭荅族師之職周公新制禮使民相共勑之法康誥之時周法未定又新誅三監務在尚寬以安天下先後異時各有云爲乃謂是錯◎注相共至相賙◎釋曰案大司徒職云五族爲黨使之相救五黨爲州使之相賙此所戒勑亦與彼同故引爲證也

若作民而師田行役則合其卒伍簡其兵器以鼓鐸旗物帥而至掌其治令戒禁刑罰

亦於軍因爲卒長〔疏〕若作至刑罰◎釋曰若作民而師田行役

則合其卒伍者族師主百家家出一人即爲一卒卒長還使族師爲之故鄭云亦因爲卒長也云簡其兵器者在軍即有弓矢殳矛戈戟云以鼓鐸旗物者案大司馬春辨鼓鐸王執路鼓諸侯執賁鼓軍將執晉鼓師帥執提旅帥執鼙卒長執鐃兩司馬執鐸公司馬執鐲又司常云王建大常已下是鼓鐸旗物也帥而至者族師以帥士卒具備帥至於御師以致司徒也注亦於軍因爲卒長者亦釋經掌其治令已下亦非衆屬軍吏還是自爲卒長者也

歲終則會政致事

閭胥各掌其閭之徵令

鄭司農云二十五家爲閭〔疏〕注鄭司至爲閭◎釋曰先鄭知二十五家爲閭者以其五家爲比五比爲閭故知閭二十五家也而云各掌其閭之徵令者徵令即下文歲時以下之事是也

以歲時各數其閭之衆寡辨其施舍凡春秋之祭祀役政喪紀之數聚衆庶既比則讀灋書其敬敏任恤者

祭祀謂州社黨禜族酺也役田役也政若州射黨飲酒也喪紀大喪之事也四者及比皆會聚衆民因以讀法以勑戒之故書既爲暨杜子春讀政爲征暨爲既◎數色主反政役如字杜音征會如字下會同暨其器反又斤乙反〔疏〕以歲至恤者◎釋曰言以歲時者謂歲之四時云各數其閭之衆寡者閭胥各自數當閭之內戶口多少云辨其施舍者亦謂國中七尺以及六十野自六尺以及六十有五皆征之已外施舍不役云凡春秋之祭祀役政喪紀之數聚衆庶者謂州長黨正族師祭祀及役政與王家喪紀閭胥皆爲之聚衆庶以待驅使也云既比則讀法者上族師已上官尊讀法雖稀稠不同皆有時節但閭胥官卑而於民爲近讀法無有時節但是聚衆庶比之時節讀法故云既比則讀法云書其敬敏任恤者以上書其德行道藝今此閭胥親民更近故除任恤六行之外兼記敬敏者也◎注祭祀至爲既◎釋曰知祭祀謂州社黨禜族酺者以其黨鄉之內所有祭祀無過此三者而已故知義然也云役田役也者上文師田行役並言則役是役作但田是國之常事田重於功作此文不云田故知役是田役也知政是州射黨飲酒者政與上祭祀連文聚衆庶故知若州射及黨飲酒也云喪紀大喪之事也者此大喪王之喪也知者以其聚衆庶明非上州之大喪故以王之喪解之

凡事掌其比

髕撻罰之事髕撻者失禮之罰也髕用酒其爵以兕角爲之撻扑也故書或言髕撻之罰事杜子春云當言髕撻罰之事○髕古橫反撻吐達反扑普卜反〔疏〕凡事至之事○釋曰言凡非一則是鄉飲酒及鄉射飲酒有失禮者須罰之故云凡事云掌其比者八聚則有校比之法皆掌之云髕撻罰之事者凡有失禮者輕者以髕酒罰之重者以楚撻之故雙言髕撻罰之事○注髕撻至之事釋曰鄭知髕用酒者以其古者失禮之罰罰用酒又知其爵以兕角爲之者見詩云兕觥其觩故知用兕牛角爲髕爵也云撻扑也尚書云扑作教刑孔云扑榎楚故知此撻亦扑也云故書或言髕撻之罰事杜子春云當言髕撻罰之事者子春之意以髕罰在之上於義爲切故從經爲正者也

比長各掌其比之治五家相受相和親有辠奇衺則相及衺猶惡也○治在吏反辠本亦作罪衺似嗟反〔疏〕比長至相及釋曰比長管五家下士爲之家數雖少亦有治法故各掌其比之治云五家相受者宅舍有故崩壞相寄託云相和親者案尚書云爾室不睦爾唯和哉五家之內有不和親則使之自相和親云有辠奇衺則相及者五家有罪惡則連及欲使不犯故注云衺猶惡也

徙于國中及郊則從而授之徙謂不便其居也或國中之民出徙郊或郊民入徙國中皆從而付所處之吏明無罪惡○便婢面反〔疏〕徙于至授之○釋曰五家之內人有不便其居須徙者則使伍長從而授之○注徙謂至罪惡○釋曰云徙謂不便其居也者古者三歲大比之年民有願獻於本居之處不便則任民遷徙故云不便其居也周法遠郊百里內并國中共爲六鄉此國中及郊所徙者並不離當鄉之內言或國中之民出徙郊者先從近向遠釋經徙于郊之文也云或郊民入徙國中者卻釋經徙于國中之文也云皆從而付所處之吏明無罪惡者釋經則從而授之之文也若有罪惡則下文無授無節圜土內之其人私逃有何付授之也今伍長自往付授明無罪惡直是不便其居耳若徙于他則爲之旌節而行之徙于他謂出居異鄉也授之者有節乃達〔疏〕若徙至行之○釋曰上經是當鄉之內遷徙直須伍長送付彼吏今此經言徙于他是出向外鄉則當爲旌節乃行之○注徙於至乃達○釋曰言徙于他對上經直言國中及郊爲鄉內此言徙于他明是出居異鄉也云授之者有節乃達者鄭欲見上經鄉內徙者有授無節此徙外鄉非直有授兼亦有節乃可行故鄭言此有節亦授之者也此節即道路用旌節一也若無授無節則唯圜土內之鄉中無授出鄉無節過所則呵問繫之圜土考辟之也圜土者獄城也獄必圜者規主仁以仁心求其情古之治獄閔於出之○呵呼何反又音何〔疏〕若無至內之○釋曰揔結上二經故鄭云鄉中無授出鄉無節此皆罪人故當唯圜土內之也○注鄉中至出之○釋曰上釋出鄉有授兼節此注釋鄉中無授出鄉無節以出鄉空有節而全無授者以其出鄉雖兼有授直舉有節似對鄉內有授何妨有節兼有授也若直有節而無授何以分別罪惡之人云過所則呵問繫之圜土考辟之也者謂所過之官司見即呵問之必知有呵問之者若不呵問窮詰則虛實難明故知呵問也繫之圜土考辟之者謂繫在獄中辟法也考量以法推問無授無節之由也云圜土者獄城也獄必圜者規主仁以仁心求其情者案禮記深衣有規矩權衡規配東方仁矩配西方義但獄斷獄之法有義有仁雖以義斷使合宜仍以仁恩閔念求得情實閔念出之故獄城圜也

封人掌詔王之社壝爲畿封而樹之壝謂壇及堳埒也畿上有封若今時界矣不言稷者稷社之細也〔疏〕封人至樹之○釋曰云掌設王之社壝者謂王之三社三稷之壇及壇外四邊之壝皆設置之直言壝不云壇舉外以見內內有壇可知也云爲畿封而樹之者謂王之國外四面五百里各置畿限畿上皆爲溝塹其土在外而爲封又樹木而爲阻固故云爲畿封而樹之○注壝謂至細也○釋曰壝謂壇及堳埒也者堳埒即壝經不言壇故鄭兼見之也云畿上有封若今時界矣者漢時界上有封樹故舉以言之云不言稷者稷社之細也者案大司徒及下文皆社稷俱言此獨言社不言稷故解之案孝經緯社是五土揔神稷是原隰之神原隰即是五土之一耳故云社稷之細舉社則稷從之矣故言社不言稷也稷既是原隰之神但原隰宜五穀五穀不可遍敬稷又爲五穀之長故立稷以表名孝經注直云社謂后土者舉配食者而言耳

凡封國設其社稷之壝封其四疆封國建諸侯立其國之封〔疏〕凡封至四疆○釋曰言凡封國者封五等之國非一故云凡以廣之云設其社稷之壝者案禹貢徐州貢五色土孔注云王者封五色土爲社建諸侯則各割其方色土與之使立社燾以黃土苴以白茅茅取其潔黃取王者覆四方是封乎諸侯立社稷之法也云

封其四疆者諸侯百里以上至五百里四邊皆有封疆而樹之故云封其四疆也。注封國至之封。釋曰封國建諸侯者若典命云三公八命其卿六命大夫四命其出封皆加一等是建諸侯也云立其國之封者封則經云四疆是也

造都邑之封域者亦如之 疏 釋曰云造都邑者謂大都小都家邑三等采地有百里五十里二十五里皆有四邊封域故云之封域也云亦如之者亦如上諸侯有四疆也

令社稷之職 將祭之時令諸有職事於社稷者也郊特牲曰唯爲社事單出里唯爲社田國人畢作唯爲社丘乘共粢盛所以報本反始也。唯爲于僞反下同單音丹乘繩證反 疏 令社稷之職。釋曰春秋祭社皆有職事令之者使各依職司而行故須令之也。注將祭至始也。釋曰言將祭之時者春秋祭社日皆用甲未祭之前令諸有職事于社稷者也云唯爲社事單出理者單盡也盡往助祭于州長此據六卿之中又云唯爲社田國人畢作者畢亦盡也國人盡行鄭云非徒羨謂在六遂之中以下劑致甿當家之內一人爲正卒一人爲羨卒其餘爲餘夫但田與追胥竭作餘夫亦行故云非徒羨也云唯爲社丘乘共粢盛者此據三等采地之中故有丘甸井田之法案小司徒職云九夫爲井四井爲

邑四邑爲丘四丘爲甸甸方八里旁加一里則爲一成成百井九百夫一井之地九夫八家各治一夫自入其治一夫稅入於君以共粢盛而祭社故云丘乘共粢盛也云所以報本反始也者社稷爲土神是民之本句龍后稷是民之始反亦報也命民其之者所以報本反始也引之者證祭社各有職事

凡祭祀飾其牛牲設其楅衡置其絼共其水稾 飾謂刷治潔清之也鄭司農云楅衡所以楅持牛也絼著牛鼻繩所以牽牛者今時謂之雉與古者名同皆謂夕牲時也杜子春云楅衡所以持牛令不得抵觸人玄謂楅設於角衡設於鼻如椵狀也水稾給殺時洗薦牲也絼字當以豸爲聲。楅音福絼本又作紖持忍反稾古老反清如字又才性反著直略反令力呈反抵丁禮反椵音加沈一音瑕豸直氏反 疏 凡祭至水稾。釋曰言凡祭祀謂王之天地宗廟先大次小之祭祀非一故云凡以廣之云飾其牛牲者祭祀尙潔淨故飾治使淨也設其楅衡者恐抵觸人故須設楅于角牽時須易制故設衡于鼻置絼當牽行故亦置之于鼻也須洗薦牲體故共其水稾也。注飾謂至爲聲。釋曰司農云楅衡所以楅持牛也者司農意以衡爲持故云所以楅持牛以楅衡共一物解之與子春同後鄭不從之矣云絼著牛鼻繩所以牽牛者今時謂之雉與古者名同者若然自漢以前皆謂之絼案禮記少儀云牛則執紖紖則絼之別名今亦謂之爲紖也云皆謂夕牲時也者但夕牲在祭前之夕正祭在厥明二時皆有此事明據在前夕牲時而言也杜子春云楅衡所以持牛令不得抵觸人者子春意楅衡唯設于角與司農義同後鄭亦不從也玄謂楅設于角者楅者相楅迫之義故知設於角云衡設於鼻者衡者横也謂横木於鼻今之驪猶然故知設於鼻破先鄭子春之義云如椵狀者漢時有置于大之上謂之椵故舉以之爲況衡者也云水稾給殺時洗薦牲也者其牛將殺不須飼之又充人已飼三月不得將殺始以水稾飲飼水所以洗牲稾所以薦牲故雙言洗薦牲也云絼字當以豸爲聲者爾雅有足曰蟲無足曰豸但牛紖以麻爲之從絲爲形以豸爲聲故云絼字當以豸爲聲

歌舞牲及毛炮之豚 謂君牽牲入時隨歌舞之言其肥香以歆神也毛炮豚者爛去其毛而炮之以備八珍鄭司農云封人主歌舞其牲云博碩肥腯。炮薄交反爛似鹽反去起呂反腯徒忍反 疏 歌舞至之豚。釋曰言歌舞牲者謂君牽牲入時封人隨後歌舞云博碩肥腯也云及毛炮之豚者謂造炮豚之時則爛去其毛以炮之也。注謂君至肥腯。釋曰案

禮記祭義云君牽牲穆荅君卿大夫序從是君牽牲入時也云隨歌舞之言其肥香以歆神也者解封人隨牲後歌舞之時節及使神歆享之意云毛炮豚者爛去毛而炮之者經直云毛炮恐人以弁毛炮之案禮記內則有炮豚炮牂皆編萑以苴之塗之以墐塗熟乃擘去之彼雖炮亦不言去毛炮之鄭知去毛者牂豚之毛於牲無用空以汙損牲體故知凡炮者皆去毛也云以備八珍者彼內則八珍之中有炮豚此炮豚與彼同故知此炮豚以備足八珍也鄭司農云封人主歌舞其牲云搏碩肥腯者此左氏桓公傳隨季良之辭彼云奉牲以告曰博碩肥腯引之者證封人歌舞牲時有此辭也

凡喪紀賓客軍旅大盟則飾其牛牲 大盟會同之盟 疏 凡喪至牛牲。釋曰言凡凡此下四事王之喪紀有牲者除朝夕奠用脯醢以外大小斂朔月月半薦新奠祖奠大遣等皆有牲牢賓客有殺牲之者唯據致飱及饔餼饗食皆有殺牲之事軍旅殺牲者謂饗獻軍吏大盟謂天子親往臨盟此一經皆用牛牲故摠云飾其牛牲也。注大盟會同之盟。釋曰案覲禮及司儀諸侯時見曰會殷見曰同王皆爲壇于國外行盟誓之法故鄭依而言焉

鼓人掌教六鼓四金之音聲以節聲樂以和軍旅以正田役音聲五聲合和者【疏】鼓人至田役。釋曰言掌教者必教他官案眡瞭職發首云掌凡樂事播鼗擊頌磬笙磬下又云掌大師之縣鼗愷獻亦如之雖不云擊鼓上下文參之其五鼓是眡瞭擊之則此所教者當教眡瞭也其晉鼓當教鎛師故其職云掌金奏之鼓此下文云以晉鼓鼓金奏故彼鄭注云主擊晉鼓是也又云六鼓四金之音聲者六鼓四金與音聲和合故連言音聲也云以節聲樂者下云雷鼓靈鼓路鼓晉鼓皆是也以和軍旅者下云以鼖鼓鼓軍事是也云以正田役者下云以鼛鼓鼓役事是也田獵所以習戰則田鼓當與軍事同案大司馬云王執路鼓諸侯執賁鼓軍將執晉鼛之等是也此一經是與下文摠目之語也。注音聲五聲和合者。釋曰案禮記學記云鼓無當於五聲五聲不得不和則五聲須鼓乃和故鄭云五聲合和者鄭不解音者單出曰聲和比曰音音聲相將之物故釋五聲則合得音故不重云音也

教爲鼓而辨其聲用教爲鼓教擊鼓者大小之數又別其聲所用之事。別彼列反【疏】注教爲至之事。釋曰鄭云教爲鼓教擊鼓者大小之數者則雷鼓八面之等云而辨其聲用用鄭云又別其聲所用之事則下文雷鼓及四金聲之所用各不同是也

以雷鼓鼓神祀雷鼓八面鼓也神祀祀天神也【疏】以雷至神祀。釋曰天神稱祀地祇稱祭宗廟稱享案下靈鼓鼓社祭又案大司樂以靈鼓鼓祭鐸中之方丘大地祇與社同鼓則但是地祇無問大小皆用靈鼓則此雷鼓鼓神祀但是天神皆用雷鼓也。注雷鼓至神也。釋曰鄭知雷鼓八面者雖無正文案韗人爲皐陶有晉鼓鼖鼓皐鼓三者非祭祀之鼓皆兩面則路鼓祭宗廟宜四面靈鼓祭地祇尊於宗廟宜六面雷鼓祀天神又尊於地祇宜八面故知義然也

以靈鼓鼓社祭靈鼓六面鼓也社祭祭地祇也【疏】以靈鼓社祭。釋曰郊特牲云社祭土神地之道則孝經緯云社是五土之摠神是地之次祀故舉社以表地祇大宗伯亦云血祭祭社稷五祀亦舉社以表地祇其實地之大小之祭皆用靈鼓也

以路鼓鼓鬼享路鼓四面鼓也鬼享享宗廟也。享許丈反劉虛讓反牛人職同【疏】以路鼓鼓鬼享。釋曰案大宗伯宗廟有六享則禘祫鼓四時皆言享先王則皆是大祭縱有享先公爲次祀祭殤爲小祀皆用此路鼓以其天神地祇大小同鼓故也

以鼖鼓鼓軍事大鼓謂之鼖鼖鼓長八尺。鼖扶云反【疏】以鼖鼓鼓軍事。釋曰案大司馬云春執鼓鐸王執路鼓諸侯執賁鼓軍將執晉鼓鄭注云王不執鼖鼓尚之於諸侯門社軍以鼖鼓爲正無妨兼有路鼓晉鼓之等也。注大鼓至八尺。釋曰云大鼓謂之鼖是訓鼖爲大此雅兩面而已而稱大者此不對路鼓已上以其長八尺直對晉鼓八尺六寸者爲大耳鼖鼓長八尺韗人文

以鼛鼓鼓役事鼛鼓長丈二尺。鼛音羔【疏】以鼛鼓鼓役事。釋曰案緜詩云鼛鼓弗勝鄭云鼛彼不能止之此云鼓役事謂擊鼓起役事與彼不同者但起役止役皆用鼛鼓兩處義得相兼耳。注鼛鼓長丈二尺。釋曰丈二尺韗人文此既丈二尺大於鼖鼓不得大名但鼖鼓長八尺尙對晉鼓爲鼖明鼛鼓亦大可知不可同名爲鼖故別以鼛鼓爲號也

以晉鼓鼓金奏晉鼓長六尺六寸金奏謂樂作擊編鐘。編必先反【疏】以晉鼓鼓金奏。釋曰凡作樂則先擊鐘故鐘師以鐘鼓奏九夏鄭云先擊鐘次擊鼓金則鐘也奏則擊也則是擊鐘後即擊鼓故云晉鼓鼓金奏。注晉鼓至編鐘。釋曰晉鼓長六尺六寸亦韗人文云金奏謂樂作擊編鐘者案磬師云擊編鐘鄭注云磬亦編於鐘言之者鐘有不

編不編者鐘師擊之若然則磬師擊編鐘鐘師擊不編鐘又案鎛師云掌金奏之鼓鄭注云主擊晉鼓則此晉鼓和金奏但鐘之編與不編作之皆是金奏晉鼓皆和之矣鄭雅言編鐘據磬師而言其實不編者亦以晉鼓和之故鐘師云以鐘鼓奏九夏鄭云先擊鐘次擊鼓是不編之鐘亦有鼓鼓即晉鼓也

以金錞和鼓錞錞于也圜如碓頭大上小下樂作鳴之與鼓相和。錞音淳碓音對本又作椎直追反【疏】以金錞和鼓。釋曰謂作樂之時以此金錞和於鼓節也。注錞錞至相和。釋曰錞錞于也者錞于之名出于漢之大予樂官弁云其形圜如碓頭大上小下並出彼文而知之又云樂作鳴之與鼓相和此鄭以意解之案下三金皆大司馬在軍所用有文此金錞不見在軍所用明作樂之時與鼓相和故云和鼓也

以金鐲節鼓鐲鉦也形如小鐘軍行鳴之以爲鼓節司馬職曰軍行鳴鐲。鐲直角反鉦音征【疏】以金鐲節鼓。釋曰此謂在軍之時所用節鼓與鼓爲節也。注鐲鉦至鳴鐲。釋曰鄭云鐲鉦也者案詩有鉦人伐鼓就而解之彼注鉦以靜之此解以爲軍行所用不同者義亦一也以其動靜俱用故也云形如小鐘者亦據漢法而言也云軍行鳴之以爲鼓節此依大司馬文而釋故引彼文云軍行鳴鐲對

上金錞作樂爲節案彼是公司馬所執也以金鐃止鼓鐃如鈴無舌有秉執而鳴之以止擊鼓司馬職曰鳴鐃且卻。鐃女交反秉兵政反本又作柄下同卻起略反〔疏〕以金鐃止鼓。釋曰此案春秋左氏傳曹劌云一鼓作氣再而衰三而竭哀公傳陳書曰吾聞鼓而已不聞金矣是進軍之時擊鼓退軍之時鳴鐃。注鐃如至且卻。釋曰云鐃如鈴無舌者亦約漢法而知也云有秉執而鳴之者案大司馬云卒長執鐃故知執而鳴之也又引司馬職鳴鐃且卻者欲見軍卻退時鳴之是止鼓時所用也以金鐲通鼓鐲大鈴也振之以通鼓司馬職曰司馬振鐲。鐲待洛反鈴音零〔疏〕以金鐲通鼓。釋曰此是金鈴金舌故曰金鐲在軍所振對金鈴木舌者爲木鐸施令時所振言通鼓者兩司馬振鐸軍將已下即擊鼓故云通鼓也。注鐲大至振鐸。釋曰鐲大鈴亦約漢法知之引司馬職者案彼兩司馬執鐸所引司馬振鐸即兩司馬也凡祭祀百物之神鼓兵舞帗舞者兵謂干戚也帗列五采繒爲之有秉皆舞者所執。帗音拂劉音弗〔疏〕凡祭至舞者。釋曰上文神祀社祭鬼享文局不及小神故此更廣見小神之事故云凡祭祀百物之神也云鼓兵舞帗

舞者天地之小神所舞不過此兵舞帗舞二事案下舞師山川用兵舞社稷用帗舞今此小神等若義近山川者舞兵舞義近社稷者舞帗舞故六舞之中唯言此二舞而已。注兵謂至所執。釋曰兵謂干戚也者案司馬云祭祀授舞者兵鄭亦云授以朱干玉戚必知兵舞是干戚者見禮記樂記云干戚之舞非備樂祭統又云朱干玉戚並是大武之舞是知兵舞干戚也又知帗舞列五采繒爲之有秉者案樂師注帗五采繒今靈星舞子持之是舉今以曉古故知之也凡軍旅夜鼓鼜鼜夜戒守鼓也司馬法曰昏鼓四通爲大鼜夜半三通爲晨戒旦明五通爲發昫。鼜千歷反昫本又作胊亦作煦休具反劉休武反或況家反〔疏〕凡軍旅夜鼓鼜。釋曰在軍警戒急在於夜故軍旅於夜鼓其鼜鼓以警衆也。注鼜夜至發昫。釋曰言鼜者聲同憂戚取軍中憂懼之意故名戒守鼓爲鼜也引司馬法曰昏鼓四通爲大鼜者欲取從初夜即爲警戒之意故擊鼓四通使大憂戚也云夜半三通爲晨戒者警衆使嚴備侵早當行云旦明五通爲發昫者旦明五通晨昫之時當發故云發昫也軍動則鼓其衆動且行〔疏〕軍動則鼓其衆。釋曰尋常在道欲行之時所擊之鼓則上注五通發昫是也今別言軍動則據將

臨陳之時軍旅始動則擊鼓以作士衆之氣故曹劌云一鼓作氣鄭云動且行謂行前向陳時也田役亦如之〔疏〕釋曰田獵圍合之時必擊鼓象對敵故大司馬職云鼓遂圍禁是也救日月則詔王鼓救日月食王必親擊鼓者聲大異春秋傳曰非日月之眚不鼓。眚生領反〔疏〕救日至王鼓。釋曰謂日月食時鼓人詔告于王擊鼓聲大異以救之案大僕職云軍旅田役贊王鼓鄭注云佐擊其餘面又云救日月食亦如之大僕亦佐擊其餘面鄭既云佐擊其餘面則非只兩面之鼓案上解祭日月與天神同用雷鼓則此救日月亦宜用雷鼓八面故大僕與戎右俱云贊王鼓得佐擊餘面也案莊二十五年左氏傳夏六月辛未朔日有食之鼓用牲于社非常也唯正月之朔慝未作日有食之於是乎用幣于社伐鼓于朝若然此救日食用鼓惟據夏四月陰氣未作純陽用事日又太陽之精於正陽之月被食爲災故有救日食之法也月似無救理尚書胤征季秋九月日食救之者上代之禮不與周同諸侯用幣于社伐鼓于朝退自攻責若天子法則伐鼓于社昭十七年昭子曰日食天子伐鼓于社是也。注救日至不鼓。釋曰救日月食王必親擊鼓者聲大異者但日月食始見其微兆未有災驗故云異也引春秋傳

者亦莊二十五年傳辭彼傳云秋大水鼓用牲于社于門亦非常也凡天災有幣無牲非日月之眚不鼓譏其爲大水用鼓引之證其日月得有用鼓法春秋不記救月食者但日食是陰侵陽臣侵君之象故記之月食是陽侵陰君侵臣之象非逆事故略不記之也大喪則詔大僕鼓始崩及窆時也〔疏〕注始崩及窆時也。釋曰案大儀職云大喪始崩戒鼓傳達于四方窆亦如之是鄭所據也

舞師掌教兵舞帥而舞山川之祭祀教帗舞帥而舞社稷之祭祀教羽舞帥而舞四方之祭祀教皇舞帥而舞旱暵之事羽析白羽爲之形如帗也四方之祭祀謂四望也旱暵之事謂雩也暵熱氣也鄭司農云皇舞蒙羽舞書或爲翌或爲義玄謂皇析五采羽爲之亦如帗。暵呼但反翌音皇〔疏〕舞師至之事。釋曰云掌教兵舞謂教野人使知之國有祭山川則舞師還帥領往舞山川之祀已下皆然案春官樂師有六舞并有旄舞施于辟雍人舞施于宗廟此無此二者但卑者之子不得舞宗廟之酎

祭祀之舞亦不得用卑者之子彼樂師教國子故有二者此教野人故無旄舞八舞。注羽析至如帗。釋曰但羽舞用白羽帗舞用五色繒用物雖異皆有柄其制相類故云形如帗也云四方之祭祀謂四望也知者若以四方連百物則四方不止四望今單云四方四望五岳四瀆亦布在四方故知四方即四望也云旱暵之事謂雩也者春秋所云雩者皆釋旱又祭法云雩禜祭水旱故知旱暵謂雩祭也云暵熱氣也者以其旱時多熱氣又此暵字以日爲形以漢爲聲省故知暵熱氣也鄭司農云皇舞彖羽舞者先鄭之意蓋見禮記王制有虞氏皇而祭皇是冕爲首服故以此皇爲鳳皇羽蒙于首故云蒙羽舞自古未見蒙羽于首故後鄭不從之矣云書或爲翌或爲義者禮本不同故或爲翌或爲義皆不從之矣玄謂皇析五采羽爲之亦如帗者鍾氏染鳥羽象翟鳥鳳皇之羽皆五采此舞者所執亦以威儀爲飾言皇是鳳皇之字明其羽亦五采其制亦如帗舞若然帗舞羽舞皇舞形制皆同也

凡野舞則皆教之 野舞謂野人欲學舞者 疏 凡野至教之。釋曰案序官舞徒四十八其數有限今云皆教之者數雖四十餘者有能學皆教之以待其闕耳

凡小祭祀則不與舞 小祭祀王玄冕所祭者與猶作也 疏 注小祭至祭者。釋曰案上文云凡祭祀百物之神鼓兵舞帗舞又案司服云羣小祀則玄冕注云羣小祀林澤墳衍四方百物之屬如是則小祭祀有兵舞帗舞而云不與舞者小祭祀雖同玄冕若外神林澤之等則有舞若宮中七舞之等則無舞此文是也

附釋音周禮注疏卷第十二

知南昌府張敦仁署鄱陽縣候補知州周澍栞

周禮注疏卷十二挍勘記　阮元撰盧宣旬摘錄

附釋音周禮注疏卷第十二

鄉大夫

若今癃不可事者　宋本余本嘉靖本毛本同閩監本癃作癈當由臆改

案韓詩外傳　盧文弨曰外衍字

敬所舉賢者能者　嘉靖本敬作賓非惠挍本亦一作賓云余本仍作敬

以禮賢者能者賓客之舉　閩本同此本舉字剜擠蓋本作賓客之無舉字監毛本改作賓客舉之非

其身有道藝　惠挍本上有以字此脫

故書舞爲無　九經古義云古無武同音又武舞通禮器詔侑武方注云武當爲無聲之誤也論語射不主皮馬融注用此文作五曰興武漢武梁祠堂畫象秦武陽今史記作秦舞陽

必知容得爲孝者　閩監毛本知誤和

射則是男子之事　惠挍本無則此衍

鄉大夫士射先行鄉飲酒之禮　此鄉大夫當作鄉大夫

則令六鄉之吏州長之官　惠挍本作州長已下此誤

各憲之於其所治之國　閩本毛本同宋本岳本嘉靖本無之字國字下屬與賈疏合余本衍之字唐石經於其所下損闕三字以字數計之當有之字監本刊落之字而誤併去國字石經考文提要無之字云從宋附釋音本周禮句解

知大詢詢國危　閩監毛本知誤如

一曰詢國危巳安庶民云國大詢于衆庶而致於朝　宋本

作一日詢國危已下此亦云國大詢于衆庶而致於朝閩監毛本已改以於朝改于朝非唐石經已作於朝

州長

教謂十二教之外所施政令皆治之閩本同監毛本教謂十二之下有教云治正令之法者謂十二教共十二字當由臆增○按監毛本是他本誤也賈意於經教字一逗然黨正云政令教治則賈讀非也

唯有歲之二時春秋耳惠校本作唯謂此誤

此知序州黨學者浦鏜云此知字疑誤倒

則帥而致之唐石經諸本同余本致作置誤

黨正

一年七度讀法者閩監毛本七誤十

鄭知祭謂雩禜水旱之神者惠校本祭下有禜此脫

壹命齒于鄉里唐石經余本岳本嘉靖本同閩監毛本壹作一非

見孝悌之道也閩監毛本同宋本岳本嘉靖本悌作弟案釋文及賈疏引注皆作孝弟加心旁者俗字

比鄉民雖爲卿大夫余本閩本同宋本嘉靖本比作此監本作比鄉民雖爲鄉大夫毛本作此鄉民雖爲鄉大夫案賈疏引注作此鄉民雖爲卿大夫作比及鄉大夫者誤也

民內有爲一命已上惠校本一作壹此非下並同

禮年六十巳上惠校本同閩監毛本巳作以非下文有一命巳上覲禮同

以其一命毛本一字空缺惠校本作壹

年幾必小於卿大夫等案幾疑歲之誤○按年幾即今俗語云年計唐人語巳如此

掌其戒禁唐石經諸本同岳本毛本戒禁誤倒

上州之祭祀大喪義與浦鏜云上疑與字誤

州長又致與卿大夫閩監毛本作鄉大夫此誤下同

以歲時涖校比唐石經諸本同毛本校改挍注及下同五經文字手部云挍經典及釋文或以爲比挍字字書無文○按以夏官校人注律之則經當作校注當作挍

辨其貴賤老幼廢疾可任者宋本岳本作癈疾

族師宋本周禮疏卷第十三

釋曰云各掌其族之戒令政事惠校本下有者此脫

各自受法于上毛本于作如如蓋於之訛

黨正直書德行道藝具言浦鏜云直疑所字誤

則月與上政字連毛本字誤事

且族師親民讀法宜數惠校本且作但此誤

則與黨正同按黨正字乃州長之誤

則未知此世所云蝝螟之酺與監本未誤不毛本蝝誤蟓

亦爲水旱與物爲裁害惠校本物上有人此脫

直以疑之今此爲正閩本正作酺餘與此同監毛本改作直以此經今文爲正

云則未知此世所爲蝝螟之酺與惠校本爲作云此誤

癈疾謂癈於人事疾病閩監毛本癈皆改廢○按賈云廢疾謂廢於人事疾病是賈本作廢字乃賈之誤耳說文云癈固病也

則可任也者閩本同監毛本改作者也

以相葬埋唐石經諸本同釋文埋本或作貍案經當用貍字此淺人以俗字改之

門内尚否惠挍本同閩監毛本改作尚寬非

故鄭云亦因爲卒長也惠挍本云作言

閭胥

以勑戒之嘉靖本監本毛本同宋本勑作勅閩本作勅

故書既爲暨漢讀考作故書暨爲既下作杜子春讀既爲暨經既比作暨比今本係以注改經又以經改注誤甚○按注以及訓暨則段玉裁是既不訓及

以觵罰在之上宋本同疑觵當衍閩監毛本增作觵撻罰

故從經爲正者也宋本無者此衍

比長

民有願獸於本居之處閩監毛本獸改厭○按所改非也以字義則獸飽獸倦是一字惟獸飽斯獸倦也與厭字義各殊

郤釋經徙于國中之文也閩本同監毛本郤誤欲○按郤當作卻俗作却經文先國中後郊注則先郊後國中故云却

則呵問葉鈔釋文作則荷嘉靖本呵字剜改蓋本作荷

閔於出之諸本同言所憐閔在於出獄也浦鏜據疏語改作閔念非

但獄斷獄之法閩本同監本剜刊上斷字毛本無上獄字

封人

是封乎諸侯立社稷之法也宋本無乎此衍

共其水槀唐石經宋本同宋本載音義及葉鈔釋文皆作槀下從木岳本嘉靖本閩監毛本及通志堂釋文作槀下從禾注及疏準此

飾謂刷治潔清之也嘉靖本潔作絜○按此古飾字正解說文云飾㕞也㕞飾也今人多昧於此義

凡祭至水槀閩監毛本槀改稾下並同

楅者相楅迫之義案楅迫當爲逼迫

漢時有置于犬之上謂之椵漢制考此句下有音加二小字當亦賈疏本文

故舉以之爲況衡者也閩本剜改以之作之以監毛本從之非也案爲字疑衍

賓客有殺牲之者浦鏜云之當衍字

鼓人

案眡瞭職發首云宋本首作言

下云以鼖鼓鼓役事是也惠挍本作鼛鼓此誤

則田鼓當與軍事同宋本同閩本剜改事作士監毛本承之

和比曰音閩監毛本作雜比

以雷鼓鼓神祀唐石經諸本同余本上作鼔下作鼓非下同○按宋八鐘鼓作鼔鼓擊作鼔誤認說文攴部之録切之鼔爲擊鼓妄改經典叚爲紕繆

則禘祫鼓四時浦鏜云及誤鼓據儀禮通解續挍

門社軍以鼖爲正惠挍本門社作則在此誤

以鼛鼓鼓役事說文鼓部鼛字下引周禮作皐鼓

謂樂作擊編鍾葉鈔釋文作編鐘

釋曰凡作樂則先擊鍾監本釋誤鄭惠挍本則作皆此誤

並出彼文而知之　惠挍本及漢制考下有也此脫

無舌有秉　釋文秉本亦作柄案秉古柄字

帗五采繒　惠挍本帗下有析此脫

昏鼓四通爲大鼜　說文壴部云鼜夜戒守鼓也从壴蚤聲禮昏鼓四通爲大鼓夜半三通爲戒晨旦明五通爲發明讀若戚案此注云鼜夜戒守鼓也同許說說文壴鼓異部鼜字從壴蚤聲今禮經注釋文皆從鼓作鼜訛戒晨今注作晨戒誤倒當從此所引大鼓爲大鼜之誤發明爲發昫之誤當從禮注挍正

動旦行　余本嘉靖本閩監毛本同宋本岳本旦作且賈疏亦作且字案上夜鼓鼜注云旦明五通爲發昫故此以軍動爲旦行也動即行而云且行恐誤

鄭云動且行　閩監毛本同惠挍本且作旦

則非只兩面之鼓　惠挍本同閩監毛本只改止

鼙大異者　惠挍本作聲大異言聲大異者此脫

舞師　閩監毛本師誤帥

𦏲舞蒙羽舞書或爲𦏲　漢讀考作𦏲舞蒙羽舞書或爲皇

不得舞宗廟之酎　毛本舞誤武監本宗字空缺閩本酎字實缺是也

以漢爲聲者　宋本作聲省此誤

皇舞象羽舞者　惠挍本象作蒙此誤

若宮中七舞之等則無舞　浦鏜云七祀誤七舞

周禮注疏卷十二挍勘記終　南昌袁泰開挍

附釋音周禮注疏卷第十三

鄭氏注　賈公彦疏

牧人掌牧六牲而阜蕃其物以共祭祀之牲牷

六牲謂牛馬羊豕犬雞鄭司農云牷純也玄謂牷體完具。蕃音煩牷音全

疏　牧人至牲牷。釋曰云掌牧六牲而阜蕃其物者阜盛也蕃息也物謂毛物言使肥盛蕃息各有毛物謂五官各有牛人羊人犬人豕人之等擇取純毛物者以供牧人牧人又供與充人芻之三月以祭祀故云以共祭祀之牲牷也。注六牲至完具。釋曰案爾雅所釋六畜有馬牛羊豕犬雞故鄭依而釋之案膳夫供六牲鄭注云始養之曰畜將用之曰牲則此云牲亦據將用爲言也司農云牷純也後鄭不從者尚書云犧牷對犧不得爲純色其純下文毛之者是也故玄易之云牷體完具也

凡陽祀用騂牲毛之陰祀用黝牲毛之望祀各以其方之色牲毛之

騂牲赤色毛之取純毛也陰祀祭地北郊及社稷也望祀五嶽四鎮四瀆也鄭司農云陽祀春夏也黝讀爲幽幽黑也玄謂陽祀祭天於南郊及宗廟。黝於糾反司農音幽

疏　凡陽至毛之。釋曰言凡與下陽祀陰祀望祀等爲目故云凡以廣之也。注騂牲至宗廟。釋曰騂牲知是赤色者見明堂位周人騂剛檀弓云周人牲用騂周尚赤而云用騂故知騂是赤也云毛之取純毛也者對下文云尨是雜色則此經云毛之者皆是取純毛也云陰祀祭地北郊及社稷也并陽祀祭天於南郊及宗廟者但天神與宗廟爲陽地與社稷爲陰案大宗伯云蒼璧禮天黃琮禮地謂圜丘方澤下云牲幣各放其器之色則昊天與崐崙牲用蒼用黃四時迎五方天帝又各依其方色牲則非此騂牲黝牲惟有郊天及宗廟社稷之祭一等不見牲色在此陽祀陰祀之中可知案郊特牲云郊之祭也大報天而主日兆于南郊就陽位也牲用騂是南郊用騂也檀弓云殷尚白周尚赤是祭宗廟時赤也據此而言則祭天於南郊及宗廟用騂也郊特牲云社祭土而主陰氣也是社稱陰孝經緯鉤命決云祭地于北郊就陰位彼對郊天就陽位則是神州之神在北郊而稱陰以是知陰祀中有祭地于北郊及社稷也不從先鄭陽祀春夏者周祭宗廟四時同用騂夏至祭地方澤牲用黃春夏迎氣牲各隨方之色明不得同用騂故不從也又知望祀是四望者以其言望與四望義同故知是四望五嶽等也云黝讀爲幽幽黑也者以其幽是北方故從幽爲黑也後鄭先解陰祀後釋陽祀者陽祀待先鄭釋訖隨後破之故也

凡時祀之牲必用牷物

時祀四時所常祀謂山川以下至四方百物

疏　凡時至牷物。釋曰時言凡者山川已下非一故亦言凡以廣之也必用牷物者牷物者對上方色是隨其方色下用尨尨是雜色則此牷物者非方非雜雖不得隨方之色要於一身之上其物色須純其體須完不得雜也假令東方或純黃純黑南方或純白純青皆得也。注時祀至百物。釋曰如時祀是山川以下至四方百物者案司服山川羣小祀林澤四方百物在四望下此上文云天地四望此時祀又在四望下又四方山川之等亦依四時而祀故知時祀是山川至百物鄭唯據地之時祀若天之時祀日月已下亦在此時祀中也

凡外祭毁事用尨可也

外祭謂表貉及王行所過山川用事者故書毁爲甈尨作龙杜子春云甈當爲毁龙當爲尨尨謂雜色不純毁謂副辜侯禳毁除殃咎之屬。尨亡江反貉莫霸反甈已例反副普逼反辜音孤禳如羊反

疏　凡外至可也。釋曰外祭毁事其神非一故云凡以廣之也。注外祭至之屬。釋曰知外祭中有表貉者據上文外神之中已云天地至四方百物依時而祭者已盡此別言外祭則外祭中唯有表貉之等案大司馬田獵之時立表而貉祭司几筵亦云貉用熊席又知外祭中有王行所過山川用事者案校人云凡將事于四海山川則飾黃駒大祝云大會同過大山川則用事焉亦是非常外祭之事若然此云尨校人用黃駒者從地色黃亦據尨中有黃色者用之不必純注云毁謂副辜侯禳毁除殃咎之屬者此文承子春之下不言玄謂當是子春所解也案宗伯云疈辜祭四方百物而引九門磔禳又案小祝職云將事侯禳皆是禱祈除殃咎非常之祭用尨之類故引以爲證也

凡祭祀共其犧牲以授充人繫之

犧牲毛羽完具也授充人者當殊養之周景王時賓起見雄雞自斷其尾曰雞憚其爲犧。憚特旦反

疏　凡祭至繫之。釋曰牧人養牲臨祭前三月授與充人繫養之故云凡祭祀共其犧牲以授充人繫之。注犧牲至爲犧。釋曰云犧牲毛羽完具也者云犧牲不云牷則惟據純毛者而鄭云完具者祭祀之牲若直牷未必純若犧則兼牷可知故鄭以完具釋犧云授充人者當殊養之者牧人之牲未用祭者揔在一處不殊今將以祭者則殊別繫養之云周景王時者此春秋左氏傳昭二十二年王子朝賓起

有寵於景王王與賓孟說之欲立之又云賓孟適郊見雄雞自斷其尾問之侍者曰自憚其犧也遽歸告王且曰雞其憚爲人用乎人異於是注犧者以喻人之有純德實宜爲君彼直云自憚其犧不云雞鄭以義增之耳引之者證犧是純色之意也

凡牲不繫者共奉之謂非時而祭祀者疏注謂非至祀者○釋曰云不繫者謂若上文凡外祭毀事用尨可也是非時而祭祀者也

牛人掌養國之公牛以待國之政令公猶官也疏牛人至政令○釋曰云掌養國之公牛以待國之政令者政令則諸侯所須牛及牧人之事則供送之也○注公猶官也釋曰訓公爲官者恐有公君之嫌但王家之牛若公廨之牛故須訓公爲官是官牛也

凡祭祀共其享牛求牛以授職人而芻之鄭司農云享牛前祭一日之牛也求牛禱於鬼神祈求福之牛也玄謂享獻也獻神之牛謂所以祭者也求終也終事之牛謂所以繹者也宗廟有繹者孝子求神非一處職讀爲樴樴謂之杙可以繫牛樴人者謂牧人充人與芻牲之芻牛人擇於公牛之中而以授養之○職戚音特或餘式反劉之式反注樴同繹音亦徐音夕杙餘式反劉餘則反疏凡祭至芻之○釋曰云凡祭祀者祭祀非一故亦言凡以廣之云享牛者謂正祭之牛云求牛者謂繹祭之牛云以授職人而芻之者謂授充人繫養者也○注鄭司至養之○釋曰先鄭云享牛前祭一日之牛也者若以此爲祭前一日夕牲時而言仍是正祭牛則不應以正祭而云前祭一日若不據祭祀以爲齊時所食齊則十日不應惟止一日而已其言無據故後鄭不從也云求牛禱於鬼神祈求福之牛也者案上文凡牲不繫者共奉之謂非時而祭則不繫之此經授職人繫之明非禱祈非時祭者故後鄭亦不從也玄謂享獻也獻神之牛謂所以祭者也者以其宗伯祭宗廟六者皆云享則享是正祭可知破先鄭爲前祭一日之牛也云求終也終事之牛謂所以繹者也者今日正祭于廟明日繹祭在門外之西室故鄭云孝子求神非一處以解求中爲繹祭之牛也故郊特牲云祭于祊尚曰求諸遠者與是名繹祭爲求也云職讀爲樴者凡官皆有職直云職人無所指斥但職樴聲相近誤爲職故讀從樴充人置樴入地之時樴樴然作聲故以聲名其官也云樴謂之杙者爾雅釋宮文郭注云橜也云樴人者謂牧人充人與者與疑辭疑之者凡牲堪祭祀者則牛人選入牧人臨祭之前牧人乃授充

人充人乃繫養之今若即以樴人爲充人則嫌牧人故連牧人而言之明先至牧人乃至充人經據後而言之耳云牛人擇於公牛之中而以授養之者鄭直言養之者則養者之中還兼有牧人充人也

凡賓客之事共其牢禮積膳之牛牢禮殯饔也積所以給賓客之用若司儀職曰主國五積者也膳所以間禮賓客若掌客云殷膳太牢○積子賜反注同殯音孫。疏凡賓至之牛○釋曰言凡賓客者謂五等諸侯來朝兼有臣來聘皆共牢積禮膳之牛也○注牢禮至太牢○釋曰鄭知牢禮殯饔者此一經皆謂致與賓客者下云饗食是速賓之禮也案大行人掌客皆云上公殯五牢饔餼九牢五積侯伯殯四牢饔餼七牢四積子男殯三牢饔餼五牢三積積之多少各視殯牢其膳則五等諸侯皆大牢故云牢禮殯饔也云積所以給賓客之用者謂行道之用遺人所云者是也又引司徒職曰王國五積者據上公而言也云膳所以間禮賓客者謂賓客未去之間致禮也又引掌客云殷膳大牢彼注云殷中也中間未去即是間禮賓客也

饗食賓射共其膳羞之牛羞進也所進賓之膳燕禮小臣請執幂者與羞膳者至獻賓而膳宰設折俎王之膳羞亦猶此○食音嗣下文同幂民狄反折之設反疏饗食至之牛○釋曰饗者亨大牢以飲賓獻依命數食者亦亨大牢以食食禮九舉七舉五舉亦依命數無酒獻酬耳皆在於廟以速賓射者謂大射及與賓客射于朝天子諸侯射先行燕禮皆有殽俎故有牛也云共其膳羞之牛者謂獻賓時宰夫所進俎是也○注羞進至猶此○釋曰引燕禮小臣請執幂者與羞膳者至獻賓而膳宰設折俎者案燕禮立賓後公卿大夫升就席小臣阼階下北面請執幂者與羞膳者注云執幂者執瓦大之幂也方圜壺無幂羞膳者羞於公謂庶羞云云至主人獻賓賓西階上拜筵前受爵反位主人賓右拜送爵膳宰薦脯醢賓升筵膳宰設折俎此王與賓饗及賓射設俎時節及設人無文故云王之膳羞亦猶此也若然饗食有牛俎至於射禮天子諸侯皆先行燕禮其牲猶得有牛者但天子諸侯雖用燕禮直取一獻之禮未旅而行射節其用牲則左傳云公當饗雖然燕禮亦用牛與饗同若然云膳羞則庶羞也不言正俎之牛者據庶羞而言其實兼正俎矣

軍事共其槁牛鄭司農云槁師之牛○槁苦報反注同疏軍事共其槁牛○釋曰謂將帥在軍枯槁之賜牛謂之槁牛也○注鄭司至之牛○釋曰案左氏傳僖公三十三年秦師襲鄭鄭商人弦高將市於周遇之以

乘韋先牛十二犒師雖非已之軍師亦是犒師之牛故引以爲證也

喪事共其奠牛謂殷奠遣奠也喪所薦饋曰奠○遣棄戰反〔疏〕注謂殷奠遣奠也○釋曰喪中自未葬已前無尸飲食直奠停置于神前故謂之爲奠朝夕之奠無尊卑皆脯醢酒而已無牲體殷大也唯有小斂大斂朔月月半薦新祖奠及遣奠時有牲體大遣奠非直牛亦有馬牲耳故鄭云謂殷奠遣奠也鄭云喪所薦饋曰奠以無尸故也

凡會同軍旅行役共其兵車之牛與其牽徬以載公任器牽徬在轅外輓牛也人御之居其前曰牽居其旁曰徬任猶用也○徬薄浪反注同〔疏〕凡會至任器○釋曰會同軍旅兼言行役謂王行巡守皆六軍從也云共其兵車之牛者但兵車駕四馬之外別有兩轅駕牛以載任器者亦謂之爲兵車故云兵車之牛也○注牽徬至用也○釋曰云牽徬在轅外輓牛也者上云兵車之牛據在轅內者別言與其牽徬故云在轅外輓牛也若然轅外在前者曰牽在旁者曰徬故鄭覆云人御之居其前曰牽居其旁曰徬言人御之者以其在轅外將御爲難故特言人御之也云任猶用也者謂在軍所須之器物皆是也

凡祭祀共其牛牲之互與其盆簝以待事鄭司農云互謂楅衡之屬盆簝皆器名盆所以盛血簝受肉籠也玄謂互若今屠家縣肉格○互劉音護徐音牙簝音寮劉魯討反盛音成縣音玄〔疏〕注鄭司至肉格○釋曰先鄭上文楅衡共爲一物後鄭已不從合以互與楅衡共一彌不可玄謂互若今屠家縣肉格其義可知但祭祀殺訖即有薦爛薦孰何得更以肉縣于互乎然當是始殺解體未薦之時且縣于互待解訖乃薦之故得有互以縣肉也故詩云或剝或亨或肆或將注云肆陳也謂陳於互者也

充人掌繫祭祀之牲牷祀五帝則繫于牢芻之三月牢閑也必有閑者防禽獸觸齧養牛羊曰芻三月一時節氣成〔疏〕充人至三月○釋曰云充人掌繫祭祀之牲牷者但祭祀之牲皆體牷具故以牷言之也云祀五帝者上云掌繫祭祀之牲牷則揔養天地宗廟之牲下別言祀五帝則略舉五帝而已其實昊天及地祇與四望社稷之等外神皆繫之也○注牢閑至氣成○釋曰云牢閑也者校人養馬謂之閑此養牛羊謂之爲牢言閑見其閑衛言牢是其牢固所從言之異其實一物也云必有閑者防禽獸觸齧者案春秋有郊牛之口傷鼷鼠食其角自外恐更有禽獸觸齧故鄭揔云焉云養牛羊曰芻者此經云繫于牢芻之惟據牛羊若犬豕則曰豢又不繫之矣云三月一時節氣成者釋必以三月之意案宣三年公羊云帝牲在于滌三月何休云滌宮名養帝牲三牢之處也三牢者各主一月取三月一時足以充天牲是其三月之義也

享先王亦如之〔疏〕享先王亦如之○釋曰上經天地外神已別于上故今以先王亦如之亦繫于牢芻之三月也

凡散祭祀之牲繫于國門使養之散祭祀謂司中司命山川之屬國門謂城門司門之官鄭司農云使養之使守門者養之○散素但反注同〔疏〕凡散至養之○釋曰云散祭之牲直言繫于國門使養之不言三月則或一旬之內而已不必三月也案楚昭王問于觀射父曰芻豢牲則不必三月其諸侯祭祀養牲幾何對曰遠不過三月近不過浹日孔注云遠牛羊豕近犬雞之屬則諸侯祭祀養牲亦得三月及旬則天子亦有浹日之義若然此散祭祀亦可浹日而已○注散祭至養之○釋曰鄭知散祭祀謂司中司命山川之屬者見上文陽祀陰祀望祀皆云毛之社稷四望已入毛之科內下別云凡時祀用牷物其中無社稷四望唯有天神司中司命

以上地神山川以下此散祭祀則上時祀之神也故知散祭祀是司中以下言之屬者其中兼有林澤百物之等也云國門謂城門司門之官者司門揔主王城十二門皆別有下士及府史胥徒今養牲者是十二門而云司門之官者揔官首而言之其實非司門自養則先鄭云使守門者養之是也

展牲則告牷鄭司農云展具也具牲若今時選牲也充人主以牲牷告展牲者也玄謂展牲若今夕牲也特牲饋食之禮曰宗人視牲告充舉獸尾告備近之○近附近之近〔疏〕注鄭司至近之○釋曰先鄭以爲選牲時後鄭不從者若是選牲時應在牧人牧人選牲訖始付充人今既在繫養之下乃言展牲則告牷明非初選牲故不從玄謂展牲若今夕牲也者此舉漢法以況之又引特牲禮者以其天子禮亡故舉此言焉案彼宗人視牲告充亦謂祭前之夕夕牲時云舉獸尾者士用兔腊言獸尾止謂兔也言近之者彼謂士禮引之證天子法故云近之

碩牲則贊贊助也君牽牲入將致之助持之也春秋傳曰故奉牲以告曰博碩肥腯〔疏〕碩牲則贊○釋曰上經夕牲時此經據正祭時言碩牲者謂君牽牲入廟卿大夫贊幣而從皆云博碩肥腯此充人既是養牲之官當助持牛紖而牽之○注贊助至肥腯○釋曰鄭知有君牽牲者見祭義

云君牽牲穆荅君卿大夫序從天子亦當然又引春秋傳者此春秋左氏傳楚武王侵隨隨少師請追楚師季梁止之曰天方授楚楚之羸其誘我也臣聞小之能敵大也小道大淫又云今民餒而君逞欲祝史矯舉以祭臣不知其可也公曰吾牲牷肥腯粢盛豐備何則不信對曰夫民神之主也是以聖王先成民而後致力於神故奉牲以告曰博碩肥腯謂民力之普存是其事也

地官司徒下

載師掌任土之灋以物地事授地職而待其政令任土者任其力勢所能生育且以制貢賦也物物色之以知其所宜之事而授農牧衡虞使職之

疏載師至政令。釋曰此經與下經爲目言任土之法者任謂任其力勢所能生育即下經云廛里任國中之地以下是也云以物地事者此文還於任其力勢而物色之知其種植所宜何種云授地職者既知地勢所宜而授有職事於地者云而待其政令者謂因其職事使出賦貢即下經園廛二十而一以下是。注任土至職之。釋曰云任土者任其力勢所能生育者力勢生育即下文物色是也云且以制貢賦也者地勢所能生育本以字民但百姓足君孰與不足故因民九職以制貢故云且以制貢賦也但地之所出唯貢而已口率出錢及軍法乃名賦鄭并言賦者以民有地貢即有錢賦及軍賦故鄭兼言賦也且禹貢地貢亦名賦故云厥賦唯上上之等也云物物色之以知其所宜之事者此言出於孝經緯故孝經緯援神契云五岳藏神四瀆含靈五土出利以給天下黄白宜種禾黑墳宜種麥蒼赤宜種菽汚泉宜種稻所宜處多故鄭云之屬也但草人所云物地者據觀形色布種所宜故二處皆云物地也云而授農牧衡虞使職之者既物地知所宜須有職事案大宰職九職皆主營地以出貢山虞澤虞川衡林衡亦主地以出稅故知授地職中有此農牧衡虞之等但九職中略舉農牧二者案小司徒職云分地域而辨其守施其職彼守職文具故彼鄭注守謂衡虞職謂九職此經無守惟有地職故鄭以地職中兼見衡虞之守也

以廛里任國中之地以場圃任園地以宅田士田賈田任近郊之地以官田牛田賞田牧田任遠郊之地以公邑之田任甸地以家邑之田任稍地以小都之田任縣地以大都之田任畺地故書廛或作壇郊或爲蒿稍或作削鄭司農云壇讀爲廛廛市中空地未有肆城中空地未有宅者民宅曰宅宅田者以備益多也士田者士大夫之子得而耕之田也賈田者吏爲縣官賣財與之田官田者公家之所耕田牛田者以養公家之牛賞田者賞賜之田牧田者牧六畜之田司馬法曰王國百里爲郊二百里爲州三百里爲野四百里爲縣五百里爲都杜子春云蒿讀爲郊五十里爲近郊百里爲遠郊玄謂廛里者若今云邑里居矣廛民居之區域也里居也圃樹果蓏之屬季秋於中爲場樊圃謂之園宅田致仕者之家所受田也士相見禮曰宅者在邦則曰市井之臣在野則曰草茅之臣士讀爲仕仕者亦受田所謂圭田也孟子曰自卿以下必有圭田圭田五十畮賈田在市賈人其家所受田也官田庶人在官者其家所受田也牛田牧田畜牧者之家所受田也公邑謂六遂餘地天子使大夫治之自此以外皆然二百里三百里其上大夫如州長四百里五百里其下大夫如縣正是以或謂二百里爲州四百里爲縣云遂人亦監焉家邑大夫之采地小都卿之采地大都公之采地王子弟所食邑也畺五百里王畿界也皆言任者地之形實不方平如圖受田邑者遠近不得盡如制其所生育賦貢取正於是耳以廛里任國中而遂人職授民田夫一廛田百畮是廛里不謂民之邑居在都城者與凡王畿內方千里積百同九百萬夫之地也有山陵林麓川澤溝瀆城郭宮室涂巷三分去一餘六百萬夫又以田不易一易再易上中下相通定受田者三百萬家也遠郊之內地居四同三十六萬夫之地也三分去一其餘二十四萬夫六鄉之民七萬五千家通不易一易再易一家受二夫則十五萬夫之地其餘九萬夫廛里也場圃也宅田也士田也賈田也官田也牛田也賞田也牧田也九者亦通受一夫焉則半農人也定受田十二萬家也食貨志云農民戶一人已受田其家衆男爲餘夫亦以口受田如比士工商家受田五口乃當農夫一人今餘夫在遂地之中如此則士工商以事入在官而餘夫以力出耕公邑甸稍縣都合居九十六同八百六十四萬夫之地城郭宮室差少涂巷又狹於三分所去六而存一焉以十八分之十三率之則其餘六百二十四萬夫之地通上中下六家而受十三夫定受田二百八十八萬家也其在甸七萬五千家爲六遂餘則公邑。廛直連反場直良反圃布古反又音布賈音古注同畺居良反吏爲于僞反蓏力果反州長丁丈反後

皆同監古銜反盡律忍反者與音餘麓音鹿涂音以廛徒去起呂反下同如比徐方二反坴音律又音類疏至畺地○釋曰此一經論任土之法但天子畿內千里中置國城四面至畺各五百里百里爲一節封授不同今則從近向遠發國中爲始也但自遠郊百里之內置六鄉七萬五千家自外餘地有此廛里以至牧田九等所任也云以公邑之田任甸地者郊外曰甸甸在遠郊之外其中置六遂七萬五千家餘地既九等之人所受以爲公邑也但自此以至畿畺四處皆有公邑故據此而言也云以家邑之田任稍地者謂天子大夫各受采地二十五里在三百里之內也云以小都之田任縣地者謂天子之卿各受五十里采地在四百里縣地之內也云以大都之田任畺地者謂三公及親王子母弟各受百里采地在五百里畺地之中也名三百里地爲稍者以大夫地少稍稍給之故云稍也四百里爲縣者以四百里采地之外地爲公邑主之者尊卑如縣正故司馬法亦名四百里爲縣也五百里爲畺者以外畔至五百里畿畺故以畺言之○注故書至公邑○釋曰云故書廛或作壇已下先鄭及子春等不從故書者以其壇與萬削義無所取故也鄭司農云廛市中空地未有肆城中空地未有宅後鄭不從者以其廛者廛緜於中里又訓爲居不得爲空地若空地何因有二十而稅乎且司農又不釋里之與廛義異故後鄭以爲民居之區域與孟子五畝之宅及遂人夫一廛一物解之也司農云民宅曰宅宅田以備益多也者司農意以宅本一夫受一區恐後更有子弟國中不容故別受宅田於近郊以備於後子弟益多出往居之後鄭不從者依士相見禮致仕者有宅在國宅在野二者依彼稱宅與此宅田文同故不從先鄭不依彼解之司農云士田者士大夫之子得而耕之田也後鄭不從者以此士字言之不得兼大夫又禮記士之子不免農大夫之子免農矣不得爲大夫子得而耕之田故後鄭破此士爲仕仕謂鄉大夫以下仕官得田依孟子圭田解之司農云賈田者吏爲縣官賣財與之田後鄭不從者依周禮之內云賈人者皆仕在官府史之屬受祿於公家何得復受田乎故後鄭以爲買人其家所受田也司農云官田者公家之所耕田後鄭不從者下云近郊十一皆據此士官田之等若官田是公家所耕何得有稅乎故後鄭以爲府史之等仕在官家人所受田也司農云牛田者以養公家之牛後鄭不從者若是養公家牛何得下文有稅故後鄭亦爲牛人之家所受田也司農云賞田者賞賜之田此即夏官司勳云賞田一也故後鄭從之司農云牧田者牧六畜之田司農意此即牧人掌牧六牲者也後鄭不從者若是牧人牧六牲則是公家放牧之

地何得下文有稅乎故後鄭亦云牧人家人所受田也司農引司馬法已下者證經遠郊百里四百里爲縣五百里畺爲即都一也無取於州與野之義連引之耳子春云五十里爲近郊後鄭義亦然故書序云周公既没命君陳分正東郊成周鄭注云天子之國五十里爲近郊今河南洛陽相去則然是近郊五十里之驗也子春又云遠郊百里此與司馬法同故後鄭從之也玄謂里居也案爾雅釋言云里邑也今云里居者但里居城邑之中故爾雅云里邑不謂訓里爲邑故鄭云里居也云圃樹果蓏之屬者此謂田首之界家有二畝半以爲井竈葱韭者故得種樹果蓏之屬云季秋於中爲場者七月詩云九月築場圃是也云樊圃謂之園者大宰九職有園圃毓草木幷園言之詩折柳樊圃故云樊圃謂之園也引士相見者破先鄭以爲宅田爲民宅之義也云士讀爲仕者後鄭之意單士恐不兼卿大夫故破從仕仕之仕云所謂圭田也者所謂王制夫圭田無征復是殷法故圭田無稅入天子法故言無征此是周法故有近郊十一而稅引孟子者證圭田卿大夫士皆有之義也云賈田已下至畜牧者之家所受田也者皆是不從司農之義云公邑謂六遂餘地者欲見六鄉之外有九等之田無公邑之意云天子使大夫治之者以其四等公邑非鄉遂又非采地不見有主治之以司馬法云二百里曰州四百里曰縣言之故知天子使大夫治之也云自此以外皆然者以大宰九賦有邦甸家稍邦都之賦非采地是公邑可知又三百里以外其地既廣三等采地所受無多故唯九十三國明自外皆是餘地爲公邑也若然是公邑之地有四處也云二百里三百里其大夫如州長四百里五百里其大夫如縣正者此約司馬法二百里曰州四百里曰縣而言則從二百里向外有四百里二百里爲一節故二百里三百里大夫治之尊卑如州長中大夫也四百里五百里尊卑如縣正下大夫也云是以或謂二百里爲州四百里爲縣云者此還據司馬法而言無正文約與彼同故言或又言云以疑之也云遂人亦監焉者案遂人云掌野鄭云郊外野大揔言之則自百里外置六遂爲野自百里外至五百里畿皆曰野是以彼下又云夫間有遂云云而言以達于畿但鄉遂及公邑皆爲溝洫法是以遂人亦監焉云家邑大夫之采地小都卿之采地大都公之采地者此經有家邑小都大都之文小司徒有四丘爲甸四甸爲縣四縣爲都彼據稅入天子而言此揔據采地大小而言則家邑二十五里大都百里通治溝洫及澮而言也云王子弟所食邑也者王子弟者據春秋之義兄言弟者皆王之同母弟則母弟與王之庶子與公同食百里地在畺稍疏者與卿同食五十里地在縣又

疏者與大夫同食二十五里地在稍故在下別言王子弟所食邑云皆言任者地之形實不方平如圖者上經注任土者任其力勢所能生育彼并言土故云任言任其生育此經皆單言任故以任其曲直高下形實解之言任義得兩含也云受田邑者遠近不得盡如制者地既不可方平如圖明受田受邑者不得盡如制制還是圖也云其所生育賦貢取正於是耳者此鄭還釋任義非直任其形實兼解任其生育貢賦取正也是以上注云任其生育且以制貢賦也云以廛里任國中而遂人職受民田夫一廛田百畮引之者覆破司農謂廛爲空地故云是廛里不謂民之邑居在都城者與言正是民之邑居在都城者并解之也云凡王畿內方千里者據大司徒大司馬皆云王畿千里而言也云積百同者王畿千里開方之方千里爲方百里者百百里爲一同故云積百同云九百萬夫之地也者一同百成成九百夫十成九千夫百成九萬夫百同故九百萬夫之地也云有山陵林麓川澤溝瀆城郭宮室涂巷三分去一餘六百萬夫者案大司徒注積石曰山大阜曰陵注瀆曰川水鍾曰澤爾雅釋山山足曰麓此瀆非四瀆其溝亦非田間廣深四尺之溝直是通水之溝瀆也城謂方十二里郭謂郛郭宮室謂城郭之內官民宮室涂巷謂城內九經九緯及民間街巷之等三分去一謂九百萬夫之中三分去一故云餘六百萬夫也案洛邑千里之中山林之等多於平地而鄭以三分去一據大較而言也云又以田不易一易再易上中下相通者此相通三家受六夫之地也云定受田者三百萬家也者亦據六百萬夫相通而言也云遠郊之內地居四同三十六萬夫之地也者以其遠郊百里內置六鄉四面相距二百里二二而四故四同每同有九萬夫四九三十六故知三十六萬夫之地云三分去一其餘二十四萬夫者前文揔據畿內方千里三分去一此更據四同之內山陵之等三分去一故其餘二十四萬夫也云六鄉之民七萬五千家者鄉有萬二千五百家六鄉故七萬五千家云通不易一易再易一家受二夫則十五萬夫之地者此亦相通而言也云其餘九萬夫者據二十四萬夫除十五萬夫故餘九萬夫也云廛里已下至半農人也鄭意九者未必各整萬家以大抵九者各爲萬家解之據整數而言耳云亦通受一夫焉者其中亦有不易一易再易相通而各受一夫焉云半農人也者農人相通各受二夫之地此受一夫故云半農人也云定受田十二萬家也者此鄭揔計六鄉七萬五千家此九者二夫爲一夫九萬爲四萬五千四萬五千添七萬五千爲十二萬夫據實受地爲定數故云定也云食貨志云農民戶一人已受田其家衆男爲餘夫亦以口受田如比引

之者證六鄉七萬五千家家以七夫爲計餘子弟多三十壯有室其合受地亦與正夫同故遂人云夫一廛田百畮餘若亦如之是其餘衆男爲餘夫亦以口受田如正夫之比類不然案孟子云圭田五十畝餘夫二十五畝彼餘夫與正夫不同者彼餘夫是年二十九已下未有妻受口田故二十五畝若三十有妻則受夫田百畝故鄭注內則云三十受田給征役鄉大夫注亦云有夫有婦乃成家何休亦云一夫一婦受井田百畝云士工商家受田五口乃當農夫一人者此謂士與工商之家丈夫成人受田各受一夫則上云半農人者是也其家內無丈夫其餘家口不得如成人故五口乃當農夫一人矣云今餘夫在遂地之中者謂百里內置六鄉以九等受地皆以一夫爲計其地則盡至於餘夫無地可受則六鄉餘夫等並出耕在遂地之中百里之外其六遂之餘夫並亦在遂地之中受田矣故揔云今餘夫在遂地之中也云如此則士工商以事入在官而餘夫以力出耕公邑者案食貨志士農工商四民有業學以居位曰士闢土殖穀曰農作巧成器曰工通財鬻貨曰商聖王量能授事四民陳力受職故地無曠土又云農民戶一人已受田其家衆男爲餘夫亦以口受田如比又云士工商家受田五口乃當農夫一人此謂平土可以爲法又見齊語管子對桓公亦云昔者聖王處士以閑燕處工就官府處商就市井處農就田野皆云少而習焉其心安焉據此二文皆有四民但民農已於上鄉遂公邑受地故此雖說士工商三者也其身得祿免農其子不免農故禮記問士之子長曰能耕矣大夫已上之子則免農矣故禮運云大夫有田以處其子孫然士既有祿沾及子弟故其家田亦五口乃當農夫一人也其工商比農民爲賤故其家人亦五口乃當農夫一人此工商則與上賈人別彼賈人仕在官若府史但異名耳此工商有事時復爲官所使故云以事入在官云餘夫以力出耕公邑者還是五口之內有丈夫非士工商之身即曰餘夫百里內既置六鄉及九等無地可居故知亦出耕公邑也云甸稍縣都合居九十六同八百六十四萬夫之地者經有任甸稍縣都遠郊之內已入六鄉與九等故此特據甸地已外至五百里但王畿千里揔計有百同已取四同爲百里內故餘有九十六同同有九萬夫百同則九百萬夫其中除四同三十六萬夫故餘爲九十六同八百六十四萬夫之地也云城郭宮室差少涂巷又狹者鄭欲解於三分所去而存二之意但百里之外雖有公邑采地城郭宮室比百里之內爲狹少耳云於三分所去六而存一焉以十八分之十三率之者但百里之內則三分所去六不存一今於此三分所去之中六內而存取其一則十八分之十三

率之是也言十八分之十三率之者若不六而存一則十八分之三六十八去一分有十二存今於所去六中存一取其一以益十二則所去者五所存者十三故云十八分之十三率之也案張逸問注十八分之十三率之何謂鄭荅曰六鄉之民上地不易家百畝一易家二百畝再易家三百畝相通三夫六百畝六遂之民上地家百畝萊五十畝中地家百畝萊百畝下地家百畝萊二百畝相通三夫而六百五十畝以三分去一之法當餘十二遂地以有五十畝萊於三分去一乃得十三若據此而言則於三分所去六而存一雖據上地有萊五十畝而說而鄭云城郭官室差少涂巷又狹者但六而存一指據六夫受十三夫地而言今言城郭少涂巷狹者鄭意遂郊外上地有萊五十畝故言於城郭少涂巷狹中出此萊地焉云則其餘六百二十四萬夫之地通上中下六家而受十三夫定受田二百八十三萬家也者三分所去六而存一之法即於同上計之先取九十同更别借取九十同添爲百八十同是十八分之十三率之所得者百三十所去者五十向者借半今於百三十中還半餘有六十五同存仍有六同未分於六同别借取十二同添六爲十八同三分所去六而存一則得十三同所去者五同向借十二同是三分借二分今還他二分則十三同中取十二同還他八同得四同一同者分爲九萬夫還他六萬夫得三萬夫將此四同三萬夫添前六十五同摠爲六十九同三萬夫矣一同九萬夫取六十同六九五十四爲五百四十萬夫又有九同同有九萬夫九九八十一又爲八十一萬夫通前三萬夫爲八十四萬夫又添五百四十萬夫摠爲六百二十四萬夫之地故云十八分之十三率之則其餘六百二十四萬夫也云上中下者上地家百畝萊五十畝中地家百畝萊百畝下地家百畝萊二百畝云六家而受十三夫者以上地有萊五十畝故三夫受六夫半六夫受十三夫矣云定受田者二百八十八萬家也者以六家受十三夫則六十萬家受百三十萬夫百二十萬家受二百六十萬夫之地又倍之二百四十萬家受五百二十萬夫之地餘有四十八萬家於上借十二萬家爲六十萬家是五分借一整數計之則六十萬家受百三十萬夫之地向五分借一今還五分除一六十除十二餘有四十八萬家在地亦五分除一百三十除二十六萬夫餘有一百四萬夫地在將此四十八萬家添前二百四十萬爲二百八十八萬家又將此一百四萬夫地添前五百二十萬夫摠爲六百二十四萬夫矣云其在甸七萬五千家爲六遂餘則公邑者鄭摠計畿內遠郊之外說别更計二百里之中者以三百里已外封三等采地采地多少不定不可計其六遂與六鄉相對故特計之以其六遂家數與六鄉相似但六鄉之內餘地有九等所居六遂餘地無九等故以餘地爲公邑也但邦畿千里雖民所止若東都地中言之東面雖有平地至於三面山林雜有今鄭所計雖三分去豈有二分平土乎且六鄉之民雖可以數計之其九等之地豈各萬夫爲定乎但鄭欲以開悟後人聊以整數爲筭法耳

凡任地國宅無征園廛二十而一近郊十一遠郊二十而三甸稍縣都皆無過十二唯其漆林之征二十而五

征稅也言征者以共國政也鄭司農云任地謂任土地以起稅賦也國宅城中宅也無征無稅也故書漆林爲桼林杜子春云當爲桼林玄謂國宅凡官所有宮室吏所治者也周稅輕近而重遠近者多役也園廛亦輕之者廛無穀園少利也古之宅必樹而疆場有瓜〇桼本又作漆音七

【疏】凡任地至十而五〇釋曰上經言任地所在此經言出稅多少不同之事云國宅無征者征稅也謂城內官府治處無稅也云園廛二十而一者園即上經場圃任園地廛即上經廛里任國中之地并言之者以其出稅同故也云近郊十一者即上經宅田士田賈田任在近郊者同十一而稅也云遠郊二十而三即上經官田牛田賞田牧田任遠郊之地同二十而稅三也云甸稍縣都皆無過十二者即上經公邑之田任甸地已下至任畺地四處皆無過十而稅二但此四處出稅不同據上文直言公邑之田任甸地則甸地之中兼有六遂矣其稍縣都上文推言家邑小都大都三等采地爲井田助法不見公邑則三者之中皆有公邑故上注云自此已外皆然若然則此云十二者除三等采地而言以其鄉遂公邑皆爲夏之貢法故也云漆林之征二十而五者上之三等爲輕近重遠法此漆林之稅特重以其漆林自然所生非人力所作故也〇注征稅至有瓜〇釋曰司農云國宅城中宅也無征無稅也者先鄭意廛既爲空地非民宅則此國宅城中宅謂民宅也後鄭不從者後鄭意以廛里既爲民宅則此國宅非民宅是以爲官府治事處解之玄謂國宅凡官所有宮室吏所治者也者吏即卿大夫等則匠人云外有九室九卿治之是也故無征也云周稅輕近而重遠近者多役也者以其城內及城外近城者給公吏使役多於稅上輕而優之遠城者役少故於稅上重而苦之故不任十一而稅唯近郊之內當十一耳云園廛亦輕之者廛無穀園少利也者以其廛則五畝之宅在國中則孟子云五畮之宅樹之以桑麻是廛無穀也園少利者此園則百晦田畔家各二晦半以

爲井竈種怱韭及瓜是園少利故亦輕之云古之宅必樹者即孟子桑麻是也云疆場有瓜者是信南山詩云中田有廬疆場有瓜鄭云中田田中作廬以便其事於其畔種瓜瓜成又入其稅天子剝削淹漬以爲菹獻之皇祖是其園廛皆有稅之事也異義第五田稅今春秋公羊說十一而稅過於十一大桀小桀減於十一大貉小貉十一稅天子之正十一行而頌聲作故周禮國中園廛之賦二十而稅一近郊十二稅一遠郊二十而稅三有軍旅之歲一井九夫百畮之賦出禾二百四十斛芻秉二百四十六釜米十六斗案公羊十一稅遠近無差漢制收租田有上中下與周禮同義玄之聞也周禮制稅法輕近而重遠者爲民城道溝渠之役近者勞遠者逸故也其授民田家所養者多與之美田所養者少則與之薄田其調均之而是故可以爲常法漢無授田之法富者貴美且多貧者賤薄者少美薄之收不通相倍從而上中下也與周禮同義未之思也又周禮六篇無云軍旅之歲一井九夫百畮之稅出禾芻秉釜米之事何以得此言乎若然周禮稅法據王畿公羊稅法據諸侯邦國諸侯邦國無遠近之差者以其國地狹少役賦事暇故無遠近之差也

凡宅不毛者有里布凡田不耕者出屋粟凡民

無職事者出夫家之征鄭司農云宅不毛者謂不樹桑麻也里布者布參印書廣二寸長二尺以爲幣貿易物詩云抱布貿絲抱此布也或曰布泉也春秋傳曰買之百兩一布又廛人職掌斂市之次布儳布質布罰布廛布孟子曰廛無夫里之布則天下之民皆說而願爲其民矣故曰宅不毛者有里布民無職事出夫家之征欲令宅樹桑麻民就四業則無稅賦以勸之也故孟子曰五畝之宅樹之以桑則五十者可以衣帛不知言布參印書者何見舊時說也玄謂宅不毛者罰以一里二十五家之泉空田者罰以三家之稅粟以共吉凶二服及喪器也民雖有閒無職事者猶出夫稅家稅也夫稅者百畝之稅家稅者出士徒車輦給繇役○儳劉音讒徐才鑒反皆說音悅令力呈反以衣於既反下同閒音閑

疏 凡宅至之征○釋曰以草木爲地毛民有五畝之宅廬舍之外不樹桑麻之毛者罰以二十五家之稅布謂口率出泉漢法口百二十也云凡田不耕者出屋粟者夫三爲屋民有百畝之田不耕墾種作者罰以三家之稅粟云凡民無職事者出夫家之征者此則大宰閒民無常職轉移執事之人雖不事當家田宅無可賦稅仍使出夫稅家稅之征以勸之使樂業也○注鄭司至繇役○釋曰先鄭云不毛者謂不樹桑麻據孟子爲說也云里布至抱此布此說非故先鄭自破之也云或曰布泉以下至廛布此說合義也云春秋傳曰買之百兩一布此昭公二十六年左氏傳文案彼文齊侯以師欲納昭公申豐從女賈以幣錦二端以適齊師謂子猶之人高齮能貨子猶爲高氏後高齮以錦示子猶子猶欲之齮曰魯人買之百兩一布杜注云言魯人買此甚多布陳之以百兩爲數杜以爲布爲陳不爲布泉此先鄭以彼布與此布及外府邦布皆爲泉與杜義異也云廛人職掌斂市之次布已下彼注先鄭云次布列肆之稅布總布後鄭云總謂如租總之總總布謂守斗斛銓衡之布質布謂質人所罰犯質劑者之布罰布者謂犯市令者之泉廛布者貨賄諸物邸舍之稅彼諸布皆是泉故引以爲證也引孟子廛無夫里之布亦謂口率出泉宅不毛無一里之罰布天下民願爲之民矣云欲令民就四業則無稅賦以勸之者案閭師四業畜也耕也樹也蠶也或說以四時之業也玄謂宅不毛者罰以一里二十五家之泉者此就足司農之義空田者罰以三家之稅粟者以夫三爲屋以三夫解屋也云以共吉凶二服及喪器也者案鄉師職云比共吉凶二服閭共祭器族共喪器黨共射器州共賓器但射器賓器等爲國行禮故出官物爲之惟吉凶二服及喪器是民自共用不可出官物故比族主集此罰物爲之故鄭雖據此

二事而言也云夫稅者百畝之稅知者以家稅爲士徒故知是一夫之田所稅粟也云家稅者出士徒車輦給繇役知者案縣師云若將有軍旅會同作其衆庶及馬牛車輦故知家稅是士徒車輦也趙商問載師職凡宅不毛乃罰以一里布田不耕者罰屋粟商以田不耕其罪莫重宅不毛其罰當輕宅不毛乃罰以二十五家之布田不耕則罰之三家之稅粟未達罰之云爲之旨輕重之差鄭荅此法各當罰其事於當其有故何以假他輕重乎

以時徵其賦

疏 以時徵其賦○釋曰閭師徵斂六鄉之賦貢遂師旅師斂六遂已外之賦貢自有常官但徵斂事重以載師既掌畿內地事因亦徵其賦相左右也案下閭師注賦謂九賦及九貢則此賦貢含有也至於里布屋粟及閭民夫家之征亦可斂之

閭師掌國中及四郊之人民六畜之數以任其力以待其政令以時徵其賦國中及四郊是所主數六鄉之中自廛里至遠郊也掌六畜數者農事之本也賦謂九賦及九貢

疏 閭師至其賦○釋曰閭師徵斂百里內之

賦貢故云掌國中及四郊之人民及六畜之數以其人民是出賦之數其六畜是營作之本故須知數也云以任其力者謂以人民六畜任使其力也云以待其政令者政令謂賦役皆是也以時徵其賦者賦貢所徵當順其四時故云以時也○注國中至九貢。○釋曰云國中及四郊是所主數者以其六鄉之民居在國中及四郊其政教自有鄉大夫以下施之今閭師主徵斂直知其人數而已故云是主數也云六鄉之中自廛里至遠郊也者此鄭重解國中及四郊之義據上言廛里至任遠郊之地其中含有六鄉七萬五千家故鄭指六鄉而言也云掌六畜數者農事之本也者六畜謂馬牛羊豕犬雞則唯牛可爲農事而鄭揔云農事之本者羊馬犬雞雖不用爲農事皆是人之相資藉以爲用故揔入農事之中是以閭師主徵斂亦揔知其數也云賦謂九賦者案下又陳貢故知賦中兼有貢經直言賦者以賦爲主耳賦謂口率出泉若然案大宰九賦從邦中以至幣餘爲九等此國中及四郊於九賦之中惟有二賦而言九賦者亦大揔而言也其九貢又與大宰别彼九貢者與小行人春入貢爲一謂諸侯之九貢即大宰九職之貢與下文貢九穀之等是一也

凡任民任農以耕事貢九穀任圃以樹事貢草木任工以飭材事貢器物任商以市事貢貨賄任牧以畜事貢鳥獸任嬪以女事貢布帛任衡以山事貢其物任虞以澤事貢其物

貢草木謂葵韭果蓏之屬。○飭音勑以畜許又反下同

疏 凡任至其物。○釋曰案太宰以九職任萬民謂任使萬民各有職事有職事必有功有功即有貢故此論貢之法也言凡任民謂任使萬民使出貢與下爲目云任農以耕事貢九穀者案太宰職云一曰三農生九穀故此還使貢九穀九穀之數太宰已注訖云任圃以樹事貢草木者太宰云二曰園圃毓草木故還使貢草木謂菜蔬果蓏之屬云任工以飭材事貢器物者大宰云五曰百工飭化八材故八材飭治以爲器物故此還使貢之也云任商以市事貢貨賄者大宰云六曰商賈阜通貨賄故還使貢貨賄也云任牧以畜事貢鳥獸者大宰云四曰藪牧養蕃鳥獸故還使貢鳥獸也云任嬪以女事貢布帛者大宰云七曰嬪婦化治絲枲故還使貢布帛女即彼嬪婦也云任衡以山事貢其物者大宰云三曰虞衡作山澤之材材即物也以其山澤所出物多故云物若禹貢云海物然也序官山澤稱虞川林稱衡此文云任衡以山事山不稱虞者欲見山中可以兼川林亦貢物故互見爲義也此文次第與大宰不同者彼依事大小爲次此不依彼爲次者欲見事無常故也且彼有九職仍并山澤爲一此文分山澤爲二唯有八者任九職有臣妾及閒民此無者以周公設經任之則有臣妾使得自生若貢稅則無以其聚斂疏材無可稅故也其閒民轉師已見出夫家之征故於此不言之矣其分山澤爲二者以山澤山貢不同故分爲二以充八通閒民爲九耳。○注貢草至之屬。○釋曰案大宰注疏材百草根實與此注不同者但百草根實即葵韭果蓏百草中可以兼木矣

凡無職者出夫布

獨言無職者掌其九賦。

疏 凡無至夫布。○釋曰無職非一故言凡此無職即大宰閒民無常職轉移執事者也轉移執事即是有職而言無職者爲有職者執事當家廛地不事即無職也云出夫布者亦使出一夫口稅之泉也。○注獨言至九職。○釋曰云獨言無職者掌其九賦者上皆論貢不言賦惟此無職之人言夫布夫布即賦也以其掌九賦者上雖直云貢九賦亦掌之故云掌其九賦案劉玫問載師職云凡民無職事者出夫家之征閭師職云凡無職者出夫布夫家之征與夫布其異如何鄭荅云夫家之征者田稅如今租矣夫布者如今筭斂在凡賦中者也以此言之若今租即夫征不得兼言家鄭連言家挾句耳劉玫又問閭師職云凡任民任農以耕事貢九穀下至任虞凡八貢不道九賦下言凡無職者出夫布注云獨言無職者掌其九賦若此者豈上八貢者復出八賦與無職所出夫布凡爲九將自布賦不同重計八貢未之能審也鄭荅曰讀天官冢宰職則審矣無職在九賦中今此不言其餘獨言此者此官掌斂賦嫌無職者不審出筭故言耳鄭云讀天官冢宰則審者案冢宰職九職九賦別九賦自邦中以至邦都六也加以關市山澤及幣餘爲九九職不言服數或一服之中而有職安得八賦依八貢出之乎言審矣者審八賦不依九職爲九可知故云審矣若然無職在賦中其句下讀爲義不連於上也欲明無職之人非直在九職中亦在九賦中故云無職在九賦中也

凡庶民不畜者祭無牲不耕者祭無盛不樹者無椁不蠶者不帛不績者不衰

掌罰其家事也盛黍稷也椁周棺也不帛不得衣帛也不衰喪不得衣衰也皆所以恥不勉。○衰七回反下同

疏 凡庶至不衰。○釋曰云庶人不畜者祭無牲者案孟子云庶人五母雞二母彘無失其時是以不畜

者當罰之故死後祭無牲也庶人用牲之法若王制云韭以卵麥以魚黍以豚稻以鴈注云庶人無常牲取以新物相宜而已是也云不耕者祭無盛者黍稷曰盛耕者所以殖黍稷今惰農自安不殖黍稷故死後祭之無盛也云不樹者無椁者庶人五畝之宅樹以桑麻今宅不毛非直罰以里布死後又無五寸之椁也云不蠶者不帛者蠶則得帛孟子云五十可以衣帛以不蠶故身不得衣帛云不績者不衰者緝績者得布其衰裳以布為之其婦人不績其麻者死則不為之著衰裳以罰之也

縣師掌邦國都鄙稍甸郊里之地域而辨其夫家人民田萊之數及其六畜車輦之稽三年大比則以攷羣吏而以詔廢置郊里郊所居也自邦國以及四郊之內是所主數周天下也萊休不耕者郊內謂之易郊外謂之萊善言近○比毗志反後放此

【疏】縣師至廢置○釋曰云掌邦國據畿外諸侯言都鄙據畿內五百里四百里大都小都言稍據三百里家邑言甸據二百里六

遂言郊里據從遂郊至國中六鄉之民也從外向內而說之言地域者從邦國至六鄉各有地域廣狹云而辨其夫家人民田萊之數者夫家猶言男女人民謂奴婢田萊見田及荒不耕者之萊其數皆知故云之數也云及其六畜車輦之稽者六畜馬牛羊豕犬雞車所以駕馬輦人挽行之稽計也謂所計之數皆知之云三年大比則以攷羣吏而以詔廢置者古者亦三年一大案且戶口則考校主民之羣吏校其功過以詔告在上有功者置之以進爵位有過者廢退之○注郊里至言近○釋曰云郊里郊所居也者謂六鄉之民布在國中外至遠郊故有居在郊者也案遺人云鄉里之委積又云郊里之委積彼云鄉里據國中云郊里據在郊與此同也必知鄉民有居在郊者見比長云徙于國中及郊則從而授之若徙于他則為之旌節而行之國中及郊不云他明郊與國中同是鄉民也云自邦國以及四郊之內是所主數者其義若閒師耳云周天下也者邦國則六服四郊則兼國中故云周徧天下也云萊休不耕者詩云田卒汙萊注云下者汙高者萊是萊謂草萊之萊若上地萊五十晦之類也云郊內謂之易郊外謂之萊善言近者郊外言萊即此經田萊據郊而言遂人亦云萊五十晦百晦之類是萊為草萊穢污之稱也郊內謂之易無文案大司徒云凡造都鄙制其地域云上地不易中地一易下地再易司徒主六鄉則六鄉之地從易可知不言萊直言易者善言近也

若將有軍旅會同田役之戒則受灋于司馬以作其衆庶及馬牛車輦會其車人之卒伍使皆備旗鼓兵器以帥而至受法於司馬者知所當徵衆寡○卒子忽反

【疏】若將至而至○釋曰云若將有軍旅者言若謂若有若無不定之辭將有謂事未至軍旅謂征伐會同謂時見殷見田役謂四時田獵之戒者謂有此數事則豫戒令之云受法于司馬者司馬主將事故先於司馬處受出軍多少及法式也云以作其衆庶者謂於司馬處得法乃作起其庶衆已下云會其車人之卒伍者謂會合車人人則百人為卒五人為伍車亦有卒伍云使皆備旗鼓兵器者旗謂若司馬云秋辨旗物王載大常已下鼓謂司馬云春辨鼓鐸王執路鼓已下兵器謂弓矢殳矛戈戟也以帥而至者鄉師云以旗致萬民此云而至者謂帥而至鄉師也

凡造都邑量其地辨其物而制其域物謂地所有也名山大澤不以封○量音良

【疏】凡造

至其域○釋曰言造都謂大都小都邑謂家邑也云量其地者家邑二十五里大都百里小都五十里也云辨其物者三等之地所有不同云制其域者域即疆域大小是也○注物謂至以封○釋曰云物謂地所有也者若地物無所有不得耕墾若山澤者不授之故引王制云名山大澤不以封也

以歲時徵野之賦貢謂甸稍縣都也所徵賦貢與閒師同○

【疏】以歲至賦貢○釋曰以郊內賦貢閒師徵斂郊外曰野所有賦貢縣師徵之遂師旅師斂之故云徵野之賦貢○注野謂至師同○釋曰知野舍有甸稍縣都者以其縣師并掌天下既邦國與畿內不同明野中雖含有此四者也云所徵賦貢與閒師同者但閒師徵六鄉賦貢并斂之此縣師所徵四處賦貢與閒師同若徵野之賦貢是遂師旅師也故直云徵之同明斂則異也

遺人掌邦之委積以待施惠鄉里之委積以恤民之囏阨門關之委積以養老孤郊里之委積以待賓客野鄙之委積以待羇旅縣都

之委積以待凶荒委積者廩人倉人計九穀之數足國用以其餘共之所謂餘法用也職內邦之移用亦如此也皆以餘財共之少曰委多曰積鄉里鄉所居也艱阨猶困乏也門關以養老孤人所出入易以取饒廩也羇旅過行寄止者待凶荒謂邦國所當通給者也故書艱恤民㨷阨羇作寄杜子春云㨷阨當爲艱阨寄當爲羇○遺唯季反劉音遂施惠式豉反後施惠皆同廩良甚反易以豉反㨷音艱又音謹 疏遺人至凶荒○釋曰此官主施惠故掌邦之委積以待施惠此與下爲揔目也云鄉里之委積以恤民之囏阨者此下數者皆謂當年所稅多少揔送帳於上在上商量計一年足國用外則隨便留之以爲恤民之囏阨之等也囏阨謂年穀不熟民有困乏則振恤之云門關之委積以養老孤者門謂十二國門關十二關門出入皆有稅所稅得者亦送帳多少足國用之外留之以養老孤故司門云以其財養死政之老與其孤注云財所謂門關之委積也是其所留之財也云郊里之委積以待賓客者里居也郊民所居即六鄉之民所居郊里者其委積留之以賓客者其賓客至郊與主國使者交接因即與之廩餼便欲以待賓客也云野鄙之委積以待羇旅者上既言郊里據遠郊則此野鄙據六遂在郊外曰野六遂中有五百家鄙故以鄙表六遂耳則野鄙中可以兼得公邑在甸地者也旅客也謂客有羇縶在此未得去者則於此惠之但羇旅處處皆有獨於此見惠者但甸地在二百里中於外內有羇旅皆得取之故獨見於此也云縣都之委積以待凶荒者縣謂四百里都謂五百里不見稍三百里則縣都中可以兼之凶荒謂年穀不熟則曲禮云歲凶年穀不登是也特於此三處見凶荒其凶荒則畿內畿外皆有若畿外凶荒則入向畿內取之畿內凶荒則向畿外取之是以鄭君通給解之故於近畿三百里之外言待凶荒之事也○注委積至爲羇○釋曰倉人主藏穀廩人主藏米自計九穀之數至餘法用皆約倉人文案倉人云辨九穀之物以待邦用若穀不熟則止餘法用有餘則藏之以待凶而頒之注止年穀餘法用謂道路之委積所以豐優賓客之屬又案廩人云掌九穀之數以待國之匪頒謂若委人之職諸委積以稍聚待賓客以甸聚待羇旅是廩人亦云委積若然穀不足止餘法用則此鄉里已下皆無入委積之事故云止餘法用也雖無新物以入委積其舊委積所藏者則給囏阨老孤之等故倉人云藏之以待凶而頒之掌客云凶荒則殺禮者謂除道路委積之外也云職內邦之移用亦如此也者職內所云亦謂本司所用有餘乃移於他處故云亦如此也云少曰委多曰積者據此文三十里言委五十里言積相對而言若散文則多亦曰委委人所云薪蒸亦曰委是也云囏阨猶困乏也者案書傳云行而無資謂之乏居而無食謂之困

凡賓客會同師役掌其道路之委積

凡國野之道十里有廬廬有飲食三十里有宿宿有路室路室有委五十里有市市有候館候館有積廬若今野候徙有庌也宿可止宿若今亭有室矣候館樓可以觀望者也一市之間有三廬一宿○庌劉音雅 疏凡賓至有積○釋曰上經委積隨其所須之處而委積此經所陳委積據會同師役行道所須故分布於道路遠處須多故有積近處須少故有飲食及委也○注廬若至一宿○釋曰云廬若今野候徙有庌也者此舉漢法以況義漢時野路候迎賓客之處皆有庌舍與廬相似云宿可止宿若今亭有室矣者案漢法十里有亭亭有三老人皆有宮室故引以爲況也云一市之間有三廬一宿者十里二十里有廬三十里有宿四十里又有一廬五十里有市是其一市之間三廬一宿凡廬有四義十里有廬一也中田有廬二也易剝之上九云君子得輿小人剝廬注云小人傲狠當剝徹廬舍而去三也公劉詩云於時廬旅鄭云廬舍安民館舍施教令四也

凡委積之事巡而比之以時頒之 疏凡委至頒之○釋曰言凡委積上二文委積之事是也以時頒之則以待者是也

附釋音周禮注疏卷第十三

知南昌府張敦仁署鄱陽縣候補知州周澍栞

周禮注疏卷十三挍勘記　阮元撰盧宣旬摘錄

附釋音周禮注疏卷第十三

牧人

騂牲赤色　監本作色赤誤倒

望祀五嶽　賈疏本望祀下有四望二字

黝讀爲幽幽黑也　漢讀考作幽讀爲黝黝黑也經黝牲作幽牲謂今本是經注互改之故

謂圜丘方澤　閩本同監毛本圜改圓

是祭宗廟時赤也　浦鏜云用誤時

下用尨　惠挍本同閩監毛本下誤不

故書毀爲甈尨作龙　閩監毛本作尨作尨亦非宋本余本岳本嘉靖本作龙作龍當據以訂正下尨當爲尨據余岳嘉靖本亦作龍當爲尨又此及閩監本甈舊作甈訛今訂正

毀謂副辜侯禳　監毛本侯誤候疏中同閩本此字空闕毛本辜作辜訛

不必純注云　閩本同監毛本純下衍黄

䘔辜祭四方百物　閩本同監毛本䘔改副

則惟據純毛者　閩本同監毛本惟據作唯東井

牛人

祈求福之牛也　宋本祈作所案上云求牛禱於鬼神此復云祈求福祠意煩複宋本作所是也

明非禱祈非時祭者　此本此句剜擠當有誤

謂所以繂者也者　宋本無上者

經據後而言之耳　惠挍本之下有中蓋涉下之中誤衍

膳所以間禮賓客　宋本余本嘉靖本毛本同此本及閩監本間誤問疏中同今訂正

皆共牢積禮膳之牛也　閩本同監毛本作牢禮積膳此誤倒

是速賓之禮也　毛本是字誤爲客走二字

王國五積者　浦鏜云主誤王

亨大牢以飲賓　監毛本亨誤享下同

軍事共其犒牛　唐石經余本同釋文犒牛苦報反注同葉鈔本作槁牛余本及此本載音義同是經注皆從木作槁當據以訂正宋本嘉靖本閩監毛本作犒牛注及疏同非也案賈疏云謂將帥在軍枯槁之賜牛謂之槁牛此經文從木明證賈疏未誤也序官稾人疏亦云以在朝之人不得歸家亦枯槁以須槁勞之故名其官爲槁大

謂將帥在軍枯槁之賜牛　閩本同監毛本枯槁誤枯犒下槁字同○謂槁而槁之一上一去猶勞而勞之一平一去也

亦是犒師之牛　案此犒字亦當作槁

無尸飲食飲食直奠告于神前　閩監毛本作無尸飲食直奠傳置于神前此誤複飲食二字係剜擠○按此當複無尸二字而誤複飲食二字也

合以互與楅衡共一　浦鏜云今誤合

充人

皆體牷具　毛本牷誤牲

釋曰云散祭之牲　惠挍本祭下有祀此脫

展牲則告牷　毛本牷誤牲

君牽牲入　此本及閩監本牽誤率今據宋本余本嘉靖本毛本訂正

慱碩肥腯　宋本下有也字諸本慱作溥從十疏中同

季梁止之曰天方授楚　毛本梁誤良止誤正閩監本方誤子

謂民力之普存　惠挍本下有也此脫

地官司徒下　唐石經周禮卷第四宋本余本嘉靖本同宋本周禮疏卷第十四閩監毛本仍卷十三與此本同

載師

故因民九職以制貢　毛本以字誤倒九職上

故云厥賦唯上上之等也　惠挍本云作名名蓋言之誤

以家邑之田任稍地　說文𨛰國甸大夫稍稍所食邑从邑肖聲周禮曰任𨛰地在天子三百里之內案許君以稍稍訓𨛰則稍地字當以從邑作𨛰爲正稍其義訓也

稍或作削　漢讀考云說文邑部引周禮任𨛰地疑削即𨛰之訛大宰家削之賦音義云本又作𨛰

周禮注疏卷十三挍勘記　三

禮讀爲廛　閩監本同誤也宋本余本嘉靖本毛本皆作壇讀爲廛當訂正

若今云邑里居矣　岳本嘉靖本作邑居里案當作若今云邑居矣里衍文下云民之邑居在都城者可證

圭田五十晦　宋本晦作畝下田百晦同案注多用晦字不當岐出

二百里三百里其上大夫如州長四百里五百里其下大夫如縣正　宋本閩監毛本同嘉靖本無上下二字惠挍本亦無此二字云據諸家本無此二字宋本亦無獨萬卷堂本有案賈疏引注云二百里三百里其大夫如州長四百里五百里其大夫如縣正亦無上下二字今本蓋據下疏云其尊卑如州長中大夫其尊卑如縣正下大夫遂妄增

受田邑者　岳本受作授誤

取正於是耳　宋本岳本嘉靖本同閩監毛本耳改爾非案賈疏引注亦作耳

而遂人職授民田　諸本同賈疏引注亦作而惠挍本作如遂人云余本仍作而

餘六百萬夫　宋本萬作万下並同

亦以口受田如比　宋本余本岳本同與漢書合嘉靖本閩監毛本比作此誤釋文如比徐方二反疏云如正夫之比類可證

如此則士工商以事入在官　諸本同浦鏜云此亦當作比非賈疏亦作如此文屬下

十萬五千家爲六遂　閩監本同誤也宋本余本嘉靖本毛本皆作七萬當據以訂正疏引注亦作七

餘地既九等之人所受以爲公邑也　浦鏜云既當即字訛

故破從仕宦之仕　閩監毛本宦作官誤上云仕宦得田可證

兄言弟者皆王之同母弟　浦鏜云凡誤兄

周禮注疏卷十三挍勘記　四

而遂人職受民田　惠挍本受作授此誤

聲解之也　惠挍本同聲字疑誤閩監毛本改作并

鄭意九者未畢各整萬家　閩監本同誤也毛本畢作必當據正

餘肚亦如之　惠挍本作餘夫此誤

亦以口受田如比又云　閩本同監毛本比作此非

則三分所去六不存一　閩監毛本同浦鏜云而訛不

萊易家二百畝　閩本同監毛本作一易

鄭揔計畿內遠郊之外訖　惠挍本鄭下有既

六遂餘地無九等　惠挍本地下有既

山林雜有　惠挍本作徧有

唯其漆林之征　唐石經諸本同釋文桼林本又作漆漢讀考云經當作桼林注當作故書桼林爲漆林杜子春云當爲桼林

當爲桼林　閩監毛本同宋本余本岳本嘉靖本作漆林

而疊場有瓜　釋文疊場音亦諸本場多誤場

此經言出稅多少不同之事　此本出誤也今據惠挍本訂正閩監毛本改也爲地

給公吏使役多　閩監毛本改公家

則五畝之宅在國中　宋本作園中此誤

五晦之宅　閩本同監毛本晦改畝閭師疏同

近郊十二稅一　惠挍本二作而此誤

其調均之而是　閩監毛本是作足非

不通相倍從而上中下也　惠挍本從作蓰此誤疑而下脫云也當衍○按莊述祖云無也見其所集異義

謂不樹桑麻也　宋本脫麻

五畝之宅　宋本閩監本毛本同余本岳本嘉靖本畝作晦下同

罰以三家之稅粟　閩本同監毛本家作夫

以幣錦二端　閩監毛本改二兩

總謂如租稯之稯　浦鏜云讀誤謂

亦可斂之　閩監毛本斂改徵

閭師

云賦謂九賦者案下又陳貢　浦鏜云謂九賦下當脫及九貢三字毛本又誤文此本及閩監本皆作又

故八材飭治以爲器物　惠挍本故作但

以山澤山貢不同　浦鏜云山貢當所貢之誤

其異如何　漢制考作何如

縣師

善言近　宋本近下有之當衍

古者亦三年一大案且戶口　毛本者誤云惠挍本且作此此誤

是萊謂草萊之萊　惠挍本作之地此誤

是萊爲草萊汚穢之稱也　惠挍本作汚惡毛本爲作是汚穢倒

有戒有此數事　惠挍本無有戒二字此衍閩監毛本改作者謂○按者謂是也疏摘經文之戒二字而發明之

域卽疆域大小是也　惠挍本無上域

若徵野之賦貢　惠挍本徵作斂此依經改非○按毛本作徵

遺人

艱阨猶困乏也　宋本岳本嘉靖本同閩監毛本艱作囏下同按此亦段玉裁經用古字注用今字之證

故書艱阨作㨷阨　釋文作㨷音艱又音謹宋本閩監毛本作㨷岳本嘉靖本作槿宋本載音義作僅皆非

寄當爲羇　毛本云當作羇失其舊

關十二關門　惠挍本十上有謂此脫

若穀不熟　浦鏜云足誤熟

廬若今野候徒有房也　閩監毛本同誤也宋本岳本嘉靖本徒作徒當據以訂正漢制考亦引作徒疏中同

周禮注疏卷十三挍勘記終

南昌袁泰開挍

附釋音周禮注疏卷第十四

鄭氏注　賈公彥疏

均人掌均地政，均地守，均地職，均人民牛馬車輦之力政。政讀爲征地征謂地守地職之稅也地守衡虞之屬地職農圃之屬力征人民則治城郭涂巷溝渠牛馬車輦則轉委積之屬○政音征出注下同〔疏〕均人至力政○釋曰均人所均地政已下揔均畿內鄉遂及公邑云均地政者謂均地守地職二者之稅使皆十一而出稅又均人民已下力征之事○注政讀至之屬○釋曰鄭破政爲征者以經政是政教之政非征稅之征故破之也鄭又知地征是地守地職之稅者以其出稅無過地守地職二者故知之也云地守衡虞之屬者亦謂畿內川衡林衡山虞澤虞皆遣其地之民守護之及其入山林川澤取之者使出稅以當邦賦云地職農圃之屬者此即大宰九職云一曰三農二曰園圃之屬以九職任之因使出稅也云力征已下并車輦並是力之征稅若然土均云掌平地之政以均地守以均地事以均地貢注云所平之稅邦國都鄙也與此

鄉遂及公邑別彼又云地貢鄭云謂諸侯之九貢與此九職之貢又不同也

凡均力政，以歲上下。豐年則公旬用三日焉，中年則公旬用二日焉，無年則公旬用一日焉。豐年人食四鬴之歲也人食三鬴爲中歲人食二鬴爲無歲歲無贏儲也公事也旬均也讀如營營原隰之營易坤爲均今書亦有作旬者○上時掌反鬴房甫反營音均又舒均反又音旬聶氏常純反〔疏〕凡均至日焉○釋曰此所均力政者即上人民之力征不通牛馬車輦故禮記王制云用民之力歲不過三日是此亦據人而言也云以歲上下者上即豐年下即儉年也豐年則公旬用三日者公事也旬均也謂爲事均用三日也○注豐年至旬者○釋曰鄭知豐年人食四鬴已下者案廩人云人四鬴上也人三鬴中也人二鬴下也而知之彼又云不能人二鬴則令邦移民就穀此時則無力征矣若然此食二鬴而言無年者鄭云無贏儲仍未移民就穀此無年與彼不能人二鬴之歲不同彼不能人二鬴自然無贏儲也云公事也者此天子之法非諸侯之禮不得爲公君解之故從公事而釋也云旬均也者王制既云用民歲不過三日明不得爲旬十日解之故破從均恐不平故云均也云讀如營營原隰之營者彼詩營營是均田之意故讀從之云易坤爲均今書亦有作旬者彼易坤爲地地德均平是以均爲義今書今易書有作旬字者旬與均旬與均俱有均平之意故引爲證也

凶札則無力政，無財賦。無力政恤其勞也無財賦恤其乏困也財賦九賦也〔疏〕凶札至財賦○釋曰凶謂年穀不孰札謂天下疫病作無此力征及財賦二事此即廩人云不能人二鬴之歲○注無力至賦也○釋曰云財賦九賦也者此即大宰九賦謂口率出泉知賦中惟是九賦者以下文有地守地職故此惟有九賦也若然上均地政不言均九賦亦均之可知

不收地守、地職，不均地政。不收山澤及地稅亦不平計地稅也非凶札之歲當收稅乃均之耳

三年大比，則大均。有年無年大平計之若久不脩則數或闕〔疏〕注有年至或闕○釋曰經既云大均明知有年及無年皆須大平均計之也云久不脩則數或闕者三年一闕是其久久不脩謂不大平計則其中間不知其數不知其數則是數闕也

師氏掌以媺詔王。告王以善道也文王世子曰師也者教之以事而諭諸德者也○媺音美〔疏〕師氏至詔王○釋曰媺美也師氏掌以前世美善之道以詔告於王庶王行其美道也○注告王至者也○釋曰引文王世子者彼是師氏教世子禮引爲詔王者但詔

王以道無文彼教世子與教王同故取以爲證也諭曉也諸於也彼謂教世子以君臣父子長幼之事而曉之以德今詔王亦曉之以德也

以三德教國子：一曰至德，以爲道本；二曰敏德，以爲行本；三曰孝德，以知逆惡。教三行：一曰孝行，以親父母；二曰友行，以尊賢良；三曰順行，以事師長。德行內外之稱在心爲德施之爲行至德中和之德覆燾持載含容者也孔子曰中庸之爲德其至矣乎敏德仁義順時者也說命曰敬孫務時敏厥脩乃來孝德尊祖愛親守其所以生者也孔子曰武王周公其達孝矣乎夫孝者善繼人之志善述人之事者也孝在三德之下三行之上德有廣於孝而行莫尊焉國子公卿大夫之子弟師氏教之而世子亦齒焉學君臣父子長幼之道○行下孟反下及注同知音智稱尺證反燾徒報反說音悅孫音遜夫音扶〔疏〕以三

至師長。釋曰以此三德教國子王大子已下至元士之適子也云一曰至德以爲道本者至德謂至極之德以爲行道之本也二曰敏德以爲行本者謂敏達之德以爲行行之本也三曰孝德以知逆惡者善父母爲孝以孝德之孝以事父母則知逆惡不行也此上三德皆在心而行不見故鄭云在心爲德也云一曰孝行以親父母者行善事父母之行則能親父母冬溫夏凊昏定晨省盡愛敬之事也云二曰友行以尊賢良者此行施於外人故尊事賢人良人有德行之士也云三曰順行以事師長者此亦施於外人行遜順之行事受業之師及朋友之長也。注德行至之道。釋曰云德行內外之稱在心爲德施之爲行者案禮記云恥有其德而無其行則德在內行在外也又見經至德敏德道行爲本道行是施之於外之名又孝德行知逆惡亦是在外之事則知三德皆在內與外行爲本又三行云親父母之等故云施之爲行也云至德中和之德者案禮記中庸云致中和天地位焉故知至德是中庸之德也云覆燾持載含容者也者此至德即中庸所云至誠一也彼說至誠無息不息則久久則徵徵則悠遠悠遠則博厚博厚則高明博厚所以載物高明所以覆物是至德若天地覆燾持載含容者也云孔子曰中庸之爲德其至矣乎者此是論語雍也之文引之者證此至德與中

庸之德爲一之意云敏德仁義順時者也者人君施政春夏行賞爲仁秋冬行罰爲義是仁義順時敏疾爲德者也又引說命曰敬遜務時敏厥脩乃來者尚書說命之篇傳說告高宗以學問之事孫順也敏疾也厥其也爲君之法當恭敬順道務在順時疾而行之則其德之脩乃從學而來引之者證仁義順時之義也云孝德尊祖愛親守其所以生者也者孝德不如上二德直能善父母爲孝施德於親而已故云守其所以生者也又引孔子曰武王周公其達孝矣乎至之事是禮記中庸文言二人通達行孝者也云夫孝者善繼人之志善述人之事者案中庸上文云無憂者其惟文王乎父作之子述之則善繼人之志據周公以武王時未大平不得制禮作樂周公攝政六年大平乃制作禮樂爲善繼文王之制則尚書云考朕昭子刑乃單文祖德是也善述人之事者據武王能述父以伐紂之事則尚書序云惟十有一年武王伐殷是也云孝在三德之下三行之上德有廣於孝而行莫尊焉者欲見至德敏德五帝已上所行直明在心爲德而已不見其行孝德是三王已下所行德行兼見之矣故三德以孝德爲下故云德有廣於孝則至德敏德是二德廣於孝德也而行莫尊焉者三行之中孝行施於父母爲上順行友行施於外人爲下故云而行莫尊焉莫無也無尊於事父母也云國

有公卿大夫之子弟者此經直言國子案禮記王制云春秋教以禮樂冬夏教以詩書下文云王大子王子羣后之大子卿大夫元士之適子皆造焉故知國子之中有卿大夫之子也鄭不言王大子及元士之適子者略言之其實皆有也王制惟言大子適子不言弟鄭知兼有弟者大司樂及此下文皆云教國子弟連弟而言故鄭兼言弟也云師氏教之而世子亦齒焉學君臣父子長幼之道者此約文王世子文也案彼云行一物而三善皆得者惟世子而已其齒於學之謂也故世子齒於學國人觀之曰將君我而與我齒讓何也曰有父在則禮然然而衆知父子之道矣其二曰將君我而與我齒讓何也曰有君在則禮然然而衆著於君臣之義矣其三曰將君我而與我齒讓何也曰長長也然而衆知長幼之節矣是世子與國人學生齒焉之事案此經有至德敏德孝德老子亦有三等之德案老子道經云道可道非常道河上公云謂經術政教之道非自然長生之道常道當以無爲養神無事安民含光藏曜滅跡匿端不可稱以道又案德經云上德不德凡以有德河上公注云上德大古無名號之君德有無上故言上德不德言不以德教民因循自然其德不見故言不德是以有德者也又云下德不失德是以無德注云下德謂號謚之君德不及上德故言不失德以其德見其功稱

是以謂之無德又云失道而後德失德而後仁失仁而後義失義而後禮注云道衰德化德衰而仁愛見仁衰而忿爭明義衰而聘行玉帛又案握河紀堯曰皇道帝德非朕所專又中候義明云洞五九禮闕郵注云闕止郵過言五帝後洞三王之世其治各九百歲當以禮止過也案此諸文言之此至德覆燾持載含容之德同於天地與老子常道及上德不德爲一物皆是燧皇已上無名號之君所行故河上公云上德無名號之君所行也此敏德則老子云可道之道非常道下德不失德之德亦一也故河上公云政教經術有名號之君所行以其三皇五帝爲政皆須仁義順時故鄭云敏德仁義順時也若然老子云失道而有德失德而有仁者是三皇行可道之道五帝行下德不失德之德即堯云皇道帝德亦謂此道德於此經同爲敏德也其三王同行孝德耳其老子又云失德而有仁失仁而有義失義而有禮禮專據三王之時故云洞五九禮闕郵若然仁義在禮前德後則五帝與三王俱有仁義故禮記云堯舜率天下以仁而民從之又云禹立三年百姓以仁遂焉是以仁義關在五帝三王之間者也若然禮記云生乎今之世反古之道謂不行今之法全行古之道故非之也

居虎門之左司王朝虎門路寢門也王日視朝於路寢門外畫虎焉以明

勇猛於守宜也司猶察也察王之視朝若有善道可行者則當前以詔王○朝直遥反注及下皆同【疏】居虎至王朝○釋曰言師氏之官既知三德三行故居路門之左晝虎之處司察王朝若有善事可行者則前告王有所改爲也○注虎門至詔王○釋曰鄭知虎門是路寢門者其路寢庭朝及庫門外之朝非常朝之處司士所掌路門外是常朝日所朝之所經云司王朝明據此朝故鄭以路寢門外解之此即上文以美詔王之義也**掌國中失之事以教國子弟**教之者使識舊事也中中禮者也失失禮者也故書中爲得杜子春云當爲得記君得失若春秋是也○中丁仲反注中中禮者同杜音得【疏】掌國至子弟○釋曰以其師氏知德行識其善惡得失故掌國家中禮失禮之事以教國之子弟國之子弟即王大子已下言弟即王庶子以其諸侯已下皆以適子入國學庶子不入故知也○注教之至是也○釋曰云教之使識舊事也者即中失之事是也云中中禮也又引子春之義從古書中爲得謂得禮者中與得俱合於義故兩從之言若春秋者玉藻云動則左史書之言則右史書之是記君得失之事故云若春秋也此春秋即魯史是也謂記君之事也

凡國之貴遊子弟學焉貴遊子弟王公之子弟遊無官司者杜子春云遊當爲猶言雖貴猶學【疏】凡國至學焉○釋曰言凡國之貴遊子弟即上國之子弟言游者以其未仕而在學游暇習業○注貴游至猶學○釋曰云王公之子弟者此即王制云王大子王子羣后之大子卿大夫元士之適子公卽三公羣后卿大夫元士之子略言之也云游無官司者官司則事繁不得爲游故鄭以無官司解之鄭既以游爲無官司又引子春游當爲猶言雖貴猶學者亦義得兩通故引之在下也**凡祭祀賓客會同喪紀軍旅王舉則從**舉猶行也故書舉爲與杜子春云當爲與謂王與會同喪紀之事○從才用反與音預下同【疏】凡祭至則從○釋曰祭祀則郊廟及山川社稷總是也賓客謂諸侯及卿大夫來朝聘或在朝或在廟會同亦或在畿內或在畿外軍旅謂出畿外征伐王舉者舉行也此數事王行之時師氏則從以王所在皆須詔王以美道故也○注舉猶至之事○釋曰既訓舉爲行又引子春從故書爲與者亦義得兩通故亦引之在下也**聽治亦如之**謂王舉於野外以聽朝○治直吏反下同【疏】聽治亦如之○釋曰即上數事王所在皆有朝以聽治之故從王亦如上虎門之左同故云亦如之

使其屬帥四夷之隸各以其兵服守王之門外且蹕兵服旃布弓劒不同也門外中門之外蹕止行人不得迫王宮也故書隸或作肆鄭司農云讀爲隸○蹕音畢【疏】使其至且蹕○釋曰云使其屬者屬卽序官師氏中大夫之下有屬官上士二人并有府史胥徒之等使此人帥四夷之隸若秋官蠻隸之等各使四夷隸以其本國之兵器及其服以守王之門外以衛王并使蹕止行人故云且蹕也○注兵服至爲隸○釋曰云兵服旃布及弓劒者東方南方其服布其兵劒西方北方其服旃其兵弓矢云門外中門之外者案閽人掌中門之禁則中門內也人不得入明在中門之外**朝在野外則守內列**內列蕃營之在內者也其屬亦帥四夷之隸守之如守王宮【疏】朝在至內列○釋曰云朝在野外即上文聽治是也○注內列至王宮○釋曰云內列蕃營之在內者言蕃營之在內謂若司戈盾云及舍設蕃盾者也案司隸職云守野舍之厲禁上文云使其屬帥四夷之隸則二處皆帥四夷隸守之故云其屬亦帥四夷之隸守之如守王宮也

保氏掌諫王惡諫者以禮義正之文王世子曰保也者慎其身以輔翼之而歸諸道者也【疏】保氏掌諫王惡○釋曰掌諫王惡者師氏掌三德三行以美道詔王保氏以師氏之德行審喻王王有惡則諫之故云掌諫王惡○注諫者至者也○釋曰云諫者以禮義正之者君臣主義故知諫者以禮義諫正王也引文王世子者彼亦是教世子法以教世子法保護王身同故引之以其保者是保安之義故使王謹慎其身而歸於道**而養國子以道乃教之六藝一曰五禮二曰六樂三曰五射四曰五馭五曰六書六曰九數乃教之六儀一曰祭祀之容二曰賓客之容三曰朝廷之容四曰喪紀之容五曰軍旅之容六曰車馬之容**養國子以道者以師氏之德行審諭之而後教之以藝儀也五禮吉凶賓軍嘉也六樂雲門大咸大韶大夏大濩大武也鄭司農云五射白矢參連剡注襄尺井儀也五馭鳴和鸞逐水曲過

君表舞交衢逐禽左六書象形會意轉注處事假借諧聲也九數方田粟米差分少廣商功均輸方程贏不足旁要今有重差夕桀句股也祭祀之容穆穆皇皇賓客之容嚴恪矜莊朝廷之容濟濟蹌蹌喪紀之容滌滌翔翔軍旅之容闞闞仰仰車馬之容顛顛堂堂○玄謂祭祀之容齊齊皇皇賓客之容穆穆皇皇朝廷之容濟濟翔翔喪紀之容纍纍顛顛軍旅之容暨暨詻詻車馬之容匪匪翼翼○馭音御德行下孟反下文及注同剡羊某反注之樹反下同襄音讓本作讓諸音非差初佳反又初宜反下同重直龍反夕桀音的沈祥易反此二字非鄭注嚴如字又音儼濟子禮反蹌七良反闞呼檻反仰本又作卬五剛反濟皇上子禮反又音齊下于況反又音往纍纍顛上律悲反下音田又如字暨其器反詻五格反匪芳非反

【疏】而養至教之○釋曰此道即上師氏三德三行故鄭云以師氏之德行審喻之乃教之六藝已下此乃保氏所專教也○注養國至翼翼○釋曰案文王世子云大傳審父子君臣之道以示之少傳奉世子以觀大傳之德行而審喻之之師也者教之以事而喻諸德者也保也者慎其身以輔翼之而歸諸道者也不云保氏以師氏之德行審喻之者鄭以義約之少傳既以大傳之德審喻之明保氏亦以師氏之德行審喻之可知故鄭言之耳云五禮吉凶賓軍嘉大宗

伯文六樂雲門已下大司樂文先鄭云五射白矢已下無正文或先鄭別有所見或以義而言之云白矢者矢在侯而貫侯過見其鏃白云參連者前放一矢後三矢連續而去也云剡注者謂羽頭高鏃低而去剡剡然云襄尺者臣與君射不與君並立襄君一尺而退云井儀者四矢貫侯如井之容儀也云五馭者馭車有五種云鳴和鸞者和在式鸞在衡案韓詩云升車則馬動馬動則鸞鳴鸞鳴則和應先鄭依此而言云逐水曲者無正文先鄭以意而言謂御車隨逐水勢之屈曲而不墜水也云過君表者謂若毛傳云褐纏旃以爲門裘纏質以爲槸間容握驅而入轚則不得入穀梁亦云艾蘭以爲防置旃以爲轅門以葛覆質以爲槷流旁握御轚者不得入是其過君表即褐纏旃是也云舞交衢者衢道也謂御車在交道車旋應於舞節云逐禽左者謂御驅逆之車逆驅禽獸使左當人君以射之人君自左射故毛傳云故自左膘而射之達于右腢爲上殺又禮記云佐車止則百姓田獵是也云六書象形之等皆依許氏說文云象形者日月之類是也象日月形體而爲之云會意者武信之類是也人言爲信止戈爲武會合人意故云會意也云轉注者考老之類是也類一首文意相受左右相注故名轉注云處事者上下之類是也人在一上爲上人在一下爲下各有其處事得其宜故名處事也名假借者令長之類是也一字兩用故名假借也六曰云諧聲者即形聲一也江河之類是也皆以水爲形以工可爲聲但書有六體形聲實多若江河之類是左形右聲鳩鴿之類是右形左聲草藻之類是上形下聲婆娑之類是上聲下形圃國之類是外形內聲闕闠衢衒之類是外聲內形此聲形之等有六也依鄭義案孝經緯援神契三皇無文則五帝已下始有文字故說者多以蒼頡爲黃帝史而造文字起在黃帝於後滋益而多者也云九數者方田已下皆依九章筭術而言云今有重差夕桀句股也者此漢法增之馬氏注以爲今有重差夕桀夕桀亦是筭術之名與鄭異案今九章以句股替旁要則旁要句股之類也云祭祀之容穆穆皇皇至堂堂者皆是先鄭以意所釋不依經典故後鄭不從後鄭云祭祀之容齊齊皇皇賓客之容穆穆皇皇朝廷之容濟濟翔翔已上皆禮記少儀文喪紀之容纍纍顛顛軍旅之容暨暨詻詻禮記玉藻之文車馬之容匪匪翼翼亦少儀文故鄭少儀注還引此六儀以證彼也

凡祭祀賓客會同喪紀軍旅王舉則從聽治亦如之使其屬守王闈闈宮中之巷門○闈音韋

【疏】凡祭至王闈○釋曰言亦如之已上與師氏同

從王之事其屬守王闈者亦謂在國其師氏守中門外此保氏守王闈門

司諫掌糾萬民之德而勸之朋友正其行而強之道藝巡問而觀察之以時書其德行道藝辨其能而可任於國事者朋友相切磋以善道也強猶勸也學記曰強而弗抑則易巡問行問民間也可任於國事任吏職○強其丈反注同易以豉反

【疏】司諫至事者釋曰以時書其德行道藝者此萬民時所習即大司徒所云以鄉三物教萬民一曰六德知仁聖義忠和二曰六行孝友睦婣任恤此德行也彼又云三曰六藝禮樂射御書數即此道藝也云辨其能而可任於國事者案鄉大夫職云興賢者能者賢謂德行能謂道藝彼則賢能俱興此直云辨其能可任於國事不言賢者既辨其能則賢者自然亦辨而舉之可知也○注朋友至吏職○釋曰案鄭注論語同門曰朋同志曰友則彼其其在學者切磋以道義此勸萬民爲友朋則若孟子所云守望相助出入相友者同故鄭云切磋以善道也云任吏職者案鄉大夫所舉者謂鄉民之有德行道藝云辨其能爲吏職

者亦謂以人治之若然任吏職者謂使爲比長閭胥族師之類是也以攷鄉里之治以詔廢置以行赦宥因巡問勸強萬民而考鄉里吏民罪過以告王所當罪不○行下孟反注同【疏】注因巡至罪不○釋曰司諫考鄉里之治者由上文巡問即察官民善不也云而考鄉里吏民罪過者以巡問觀察萬民則知吏之治不故鄭兼吏民摠言之

司救掌萬民之衺惡過失而誅讓之以禮防禁而救之衺惡謂侮慢長老語言無忌而未麗於罪者過失亦由衺惡酗醟好訟若抽拔兵器誤以行傷害人麗於罪者誅誅責也古者重刑且責怒之未即罪也○救如字劉音拘衺似嗟反注作邪同酗況付反醟音詠好訟呼報反【疏】司救至救之○釋曰云掌萬民之衺惡過失而誅讓之者此經與下文二經爲摠目也則云衺惡謂坐嘉石之罷民不入圜土者過失謂不坐嘉石入圜土者也云而誅讓之者即下二文三讓是也云以禮防禁而救之者此衺惡及過失皆去冠飾其過失者又使入圜土耳云救之者皆使困苦而令改惡從善是救之也○注衺惡至罪

也○釋曰衺惡云未麗於罪者謂未附於圜土之罪也云酗醟者孔注尚書曰以酒爲凶曰酗此據字酒旁爲凶是因酒爲凶者也若然醟者榮下作酉小人飲酒一醉日富亦因酒爲榮俱是酒之省水之字也云麗於罪者謂附圜土罪者也云古者重刑且責怒之未即罪也者鄭云古者重刑者據周時爲古云責解經誅怒之解經罰也云未即罪者各有所對此圜土對五刑之刑人則是未即罪也以其未入五刑之罪且役之耳鄭必知過失亦由衺惡者司寇職云以嘉石平罷民又云圜土收教罷民二者同名罷民以其爲惡大者皆因小以致大故知過失之重亦因衺惡之輕也凡民之有衺惡者三讓而罰三罰而士加明刑恥諸嘉石役諸司空罰謂撻擊之也加明刑者去其冠飾而書其衺惡之狀著之背也嘉石朝士所掌在外朝之門左使坐焉以恥辱之既而役諸司空使事官之作也坐役之數存於司寇○去起呂反著直略反一音丁略反【疏】凡民至司空○釋曰此一經論衺惡嘉石之罷民也云三讓而罰者凡欲治罰人者皆先以言語責讓之乃行治罰云三罰而士加明刑三罰既訖乃送司寇使朝士於外朝坐嘉石恥之也云役諸司空者坐訖乃送司空使役之也

○注罰謂至司寇○釋曰云加明刑者去其冠飾者案司圜云凡害人者弗使冠飾彼據過失入圜土者但冠尊不居肉袒之體豈嘉石之罷民而著冠乎明其去冠飾也知書其罪狀以其稱明刑既不虧體明知書其罪狀著於背爲明刑也云嘉石朝士至外朝之門左並朝士職文故彼云左嘉石平罷民也云役諸司空使事官作之也者以其司空主事故也云坐役之數存於司寇者司寇云重罪旬有三日坐朞役其次九日坐九月役其次七日坐七月役其次五日坐五月役其下罪三日坐三月役是其坐役之數也其有過失者三讓而罰三罰而歸於圜土圜土獄城也過失近罪晝日任之以事而收之夜藏於獄亦如明刑以恥之不使坐嘉石其罪已著未忍刑之○近附近之近【疏】其有至圜土○釋曰此經論圜土三之刑人云三讓而罰者亦如上三度責讓乃治罰之三罰訖乃歸與司寇使納之圜土也○注圜土至刑之○釋曰云過失近罪者謂對衺惡未近罪此圜土之刑人近五刑之罪故入圜土也云晝日任之以事者亦使司空使之云收之者以其罪重使人收斂之不使漫游云夜藏於獄者此與嘉石者異云亦加明刑者亦如嘉石以書其罪狀著於背以恥之云不使坐嘉石其罪已著者彼坐嘉

石者罪輕未著須坐嘉石使衆人知之此等罪重已著不須坐嘉石也云未忍刑之者比五刑之罪又輕故未忍刑之也

凡歲時有天患民病則以節巡國中及郊野而以王命施惠天患謂烖害也節旌節也施惠賙恤之【疏】注天患至恤之○釋曰天患謂烖害也者謂天與人物爲烖害謂水旱之烖及疫病之害也知節是旌節者道路用旌節此經巡國及郊野是道路之事故知旌節也

調人掌司萬民之難而諧和之難相與爲仇讎諧猶調也【疏】調人至和之○釋曰此一經與下經爲總目言萬民之難即下經凡和難已下是也○注難相與爲仇讎○釋曰言仇讎者案左氏桓公傳云怨耦曰仇則仇是怨也讎謂報也即下文父之讎已下皆是怨當報之故云仇讎也凡過而殺傷人者以民成之過無本意也成平也鄭司農云以民成之謂立證佐成其罪也一說以鄉里之民共和解之春秋傳曰惠伯成之之屬【疏】凡過至成之○釋曰此謂非故心是過誤攻殺或傷於人者成

平也既非故心故共鄉里之民共和解之。注過無至之屬。釋曰先鄭雖爲兩說後鄭以後說爲是故下注云上說立證佐成其罪似非也此過失即司刺云再宥曰過失是也引春秋者左氏文七年傳云魯穆伯娶於莒曰戴己其娣聲己戴己卒又聘於莒莒人以聲己辭則爲襄仲聘焉又云且爲仲迎及鄢陵登城見之美自爲娶之仲請攻之公將許之叔仲惠伯諫曰臣聞兵作於内爲亂於外爲寇寇猶及人亂自及也今臣作亂而君不禁以啓寇讎若之何公止之惠伯成之注云平二子使仲舍之公孫敖反之復爲兄弟如初是其事也

鳥獸亦如之過失殺傷人之畜産者。畜許又反

疏鳥獸亦如之。釋曰亦謂過誤殺傷人之鳥獸若鷹隼牛馬之屬亦以民平和之案今殺傷人牛馬之等償其價直耳和之使辟於此不得就而佽之

凡和難父之讎辟諸海外兄弟之讎辟諸千里之外從父兄弟之讎不同國君之讎眡父師長之讎眡兄弟主友之讎眡從父兄弟和之使辟於此不得就而佽之九夷八蠻六戎五狄謂之四海主大夫君也春秋傳曰晉荀偃卒而視不可含宣子盥而撫之曰事吳敢不如事主。辟音避下同從才用反眡音視盥音管

疏凡和至兄弟。釋曰云父之讎辟諸海外已下皆是殺人之賊王法所當討即合殺之但未殺之間雖以會赦猶當使離鄉辟讎也是以父之讎辟之海外兄弟之讎辟諸千里之外從父兄弟之讎不同國別國即得云君之讎眡父者謂同國人殺君眡猶比比父亦辟之海外云師長之讎眡兄弟者師長謂見受業師與兄弟同云主友之讎眡從父兄弟者注云主大夫君也此經略言其不言者皆以服約之伯叔父母姑姊妹女子子在室及兄弟子衆子一與兄弟同其祖父母曾祖父母高祖父母其孫承後皆斬衰皆與父同其不承後者祖與伯叔同曾祖高祖齊衰三月皆與從父兄弟同以其同繩屨故也自外不見者據服爲斷也其兄弟及從父兄弟師長主友皆爲無子復無親於已者故據已親疏爲遠近若有子及親於已則自從親爲斷。注和之至事主。釋曰云和之使辟於此者此謂海外千里外之等云九夷之等據職方明堂位而言案漢時徐州刺史荀文若問玄周禮父之讎辟之海外今青州人讎在遼東可以王法縱不討乎當問之時玄已年老昏耄意忘九夷八蠻六戎五狄謂之四海然則周禮在四海之外辟之如是亦是遠矣近則青州遼東作難未達周公聖意所趣若文若之難海水爲四海故今辨之然讎近東夷之人當辟之西戎餘皆放此引春秋者襄十八年左氏晉荀偃伐齊十九年反荀偃癉疽生瘍於頭濟河及著雍病目出士匄請見不納請後曰鄭甥可甲寅卒而視不可含宣子盥而撫之曰事吳敢不如事主是也趙商問調人職稱父之讎諸海外君亦然注使辟於此不得就而讎之商以春秋之義子不復讐非子臣不討賊非臣楚勝之徒猶言鄭人在此讎不遠矣不可以見讎而不討於是伐之臣感君恩孝子思其親不得不報和之而已子夏曰居父母之仇如之何孔子曰寢苦枕干不仕不與共天下遇諸市朝不反兵天下尙不反兵海内何爲和之豈宜不達二禮所趣小子曰惑少蒙解說鄭荅曰讎在九夷之東八蠻之南六戎之西五狄之北雖有至孝之心能往討不乎子之所云偏於此義案楚勝平王之孫子木之子平王爲子木聘女於秦而自納之子木奔鄭子木爲鄭人殺之案哀十六年云子木其子勝在吳子西召之使處境爲白公請伐鄭子西曰楚未節也不然吾不忘也他日又請許之未起師晉人伐鄭楚救之與盟勝怒曰鄭人在此讎不遠矣又云秋七月殺子西子期于朝是其事也若然鄭云雖有至孝之心能往討之不乎者欲明孝子雖會赦恒有復讎之心故逆之海外使絶忠臣孝子心

使無往之緣其孔子云寢苦枕干不仕者可通之會赦之後恒然其君亦然恐來入中國則殺之也復讎之法依異義古周禮說復讎可盡五世五世之内五世之外施之於已則無義施之於彼則無罪所復者惟謂殺者之身乃在被殺者子孫可盡五世得復之鄭從之也

弗辟則與之瑞節而以執之瑞節玉節之剡圭也和之而不肯辟者是不從王命也王以剡圭使調人執之治其罪

疏弗辟至執之。釋曰此經使辟者其人戀鄉不肯辟是違王命之大則在上與調人瑞節執而付秋官與之罪也。注瑞節至其罪。釋曰鄭知瑞節是琰圭者案典瑞云琰圭以和難故知是琰圭也鄭又知司調人執瑞節不使死家執之者此王法知之明使調人之官執之也

凡殺人有反殺者使邦國交讎之反復也復殺之者此欲除害弱敵也邦國交讎之明不和諸侯得者即誅之鄭司農云有反殺者謂重殺也。重直用反

疏凡殺至讎之。釋曰云有反殺者反復也謂既殺一人其有子弟復殺之恐後與已爲敵而害已故鄭云欲除害弱敵也云邦國交讎之者其殺人者或逃向鄰國所之之國得則讎之故云邦國交讎之也

凡殺人而義者不

同國令勿讎讎之則死義宜也謂父母兄弟師長甞辱焉而殺之者如是爲得其宜雖所殺者人之父兄不得讎也使之不同國而已〔疏〕注義宜至而已○釋曰論語云見義不爲無勇也彼義則此有義者也故云義宜也謂父母兄弟師長三者甞辱焉子弟及弟子則得殺之是得其宜也云雖所殺者人之父兄不得讎也者直言父兄不言子弟略之也古者質故三者被辱即得殺之也

凡有鬬怒者成之不可成者則書之先動者誅之鬬怒辨訟者也不可成不可平也書之記其姓名辨本也鄭司農云成之謂和之也和之猶令二千石以令解仇怨後復相報移徙之此其類也玄謂上言立證佐成其罪似非○復扶又反下不復聽同〔疏〕凡有至誅之○釋曰言鬬怒則是言語忿爭未至毆擊故成之若相毆擊則當罪之也故鄭云鬬怒謂辯訟也○注玄謂至似非○釋曰云上言立證者即經云過而殺傷人者以民成之司農於彼注兩解之初解成謂立證佐成其罪復一解成爲和平之義此注先鄭復云成之謂和之以和解成則上文云立證佐成其罪似非取以破前也

媒氏掌萬民之判判半也得耦爲合主合其半成夫婦也喪服傳曰夫妻判合鄭司農云主萬民之判合〔疏〕注判半至判合○釋曰云得耦爲合者始雖以萬民爲主上至天子皆得耦爲合主於萬民而言但士以上兼妾媵爲異耳引喪服傳者證判爲合義

凡男女自成名以上皆書年月日名焉鄭司農云成名謂子生三月父名之○上時掌反〔疏〕凡男至民焉○釋曰此經論媒氏之官合男女必先知男女年幾故萬民之男女自三月父名之以後皆書年月日及名以送與媒氏媒氏官得之以勸男二十女二十配成夫婦也○注成名至名之○釋曰子生三月父名之禮記內則文案內則三月之末父執子右手孩而名之又云夫告宰名宰辯告諸男名書曰某年某月某日某生而藏之注引桓六年九月丁卯子同生是也

令男三十而娶女二十而嫁二三者天地相承覆之數也易曰參天兩地而奇數焉○奇於豈反本或作倚音同〔疏〕注二三至數焉○釋曰云二三者天地相承覆之數也者比二十女三十男法天地相承覆之數也云易曰參天兩地而奇數焉者案易繫辭云天一地二天三地四天五地六是就奇數之中天三度生地二度生象天二覆地二故云天地相承覆之數也

凡娶判妻入子者皆書之書之者以別未成昏禮者鄭司農云入子者謂嫁女者也玄謂言入子者容媵姪娣不聘之者○別彼列反下同〔疏〕凡娶至書之○釋曰云凡者以其此經摠說天子已下娶妻及媵之事故云凡以廣之○注書之至之者○釋曰媒氏以男女既有未成昏之籍書其已成昏者以別未昏以待後昏也先鄭云入子者謂嫁女後鄭不從者經判妻已是嫁女後更言入子明非嫁女也故後鄭云玄謂言入子者容媵姪娣不聘之者也案成公九年春二月伯姬歸于宋夏晉人來媵是媵也姪娣而書者謂待年於父母者也隱二年冬伯姬歸于紀七年春三月叔姬歸于紀何休云叔姬者伯姬之媵也至是乃歸者待年父母國也婦人八歲備數十五從嫡二十承事君子媵賤書者後爲嫡終有賢行鄭君或與何休異如是言娶判妻姪娣後去者則存焉故入子謂媵與姪娣後去者也案昏禮云雖無娣媵先則媵與姪娣一也此鄭云媵姪娣不止是一者既言媵又云姪娣故知別且媵與姪娣相對則姪娣無媵稱係莊公十九年秋公子結媵陳人之婦于鄄公羊云媵者何諸侯娶一國則二國往媵之以姪娣從是其義也媒氏掌萬民之判得有媵與姪娣者庶人或無妾亦容有者且媒氏所掌雖以萬民爲主亦容有尊者娶法故鄭云容媵姪娣不聘也知不聘者見內則云聘則爲妻奔則爲妾故也王肅曰周官云令男三十而娶女二十嫁謂男女之限嫁娶不得過此也三十之男二十之女不待禮而行之所奔者不禁娶何三十之限前賢有言丈夫二十不敢不有室女子十五不敢不有其家家語魯哀公問於孔子男子十六精通女子十四而化是則可以生民矣聞禮男三十而有室女二十而有夫豈不晚哉孔子曰夫禮言其極亦不是過男子二十而冠有爲人父之端女子十五許嫁有適人之道於此以往則自昏矣然則三十之男二十之女中春之月者所謂言其極法耳昭曰禮記本命曰中男三十而娶女二十而嫁合於中節大古男五十而有室女三十而嫁尚書大傳曰孔子曰男三十而娶女二十而嫁通於織紝紡績之事黼黻文章之美不若是則上無以孝於舅姑而下無以事夫養子穀梁傳曰男子二十而冠冠而列丈夫三十而娶尹更始云男三十而娶女十五許嫁笄二十而嫁曲禮三十曰壯有室盧氏云三十盛壯可以娶女內則三十而有室始理男事女子十五笄二十而嫁有故二十三而嫁經有夫婦之長殤舊說三十而娶而有夫婦長殤者何關盛衰一說關畏獸溺而傷之盧氏以爲衰世

之禮也張融從鄭及諸家說又春秋外傳越王勾踐蕃育八民以速報吳故男二十而娶女子十七而嫁如是足明正禮男不二十娶女不十七嫁可知也

中春之月令會男女中春陰陽交以成昏禮順天時也

【疏】中春至男女。釋曰：王肅論云吾幼爲鄭學之時爲謬言尋其義乃知古人可以於冬自馬氏以來乃因周官而有二月詩東門之楊其葉牂牂毛傳曰男女失時不逮秋冬三星參也十月而見東方時可以嫁娶又云時尚暇務須合昏因萬物閉藏於冬而用生育之時娶妻入室長養之母亦不失也孫卿曰霜降逆女冰泮殺止詩曰將子無怒秋以爲期韓詩傳亦曰古者霜降逆女冰泮殺止士如歸妻迨冰未泮爲此驗也而玄云歸使之來歸於己謂請期時來歸之言非請期之名也或曰親迎用昏而曰旭日始旦何用哉詩以鳴鴈之時納采以感時而親迎而周官中春令會男女之無夫家者於是時奔者不禁則昏姻之期非此日也孔子家語曰霜降而婦功成嫁娶者行焉冰泮而農業起昏禮殺於此又曰冬合男女秋班時位也詩曰有女懷春吉士誘之春日遲遲女心傷悲綢繆束芻三星在隅我行其野蔽芾其樗倉庚于飛熠燿其羽詩殷頌曰天命玄鳥降而生商月令仲春玄鳥至之日以大牢祠于高禖天子親往玄鳥

生乳之月以爲嫁娶之候天子重之而祀焉凡此皆與仲春嫁娶爲候者也夏小正曰二月冠子嫁女娶妻之時秋以爲期此淫奔之詩。夏小正曰二月綏多士女交昏於仲春易泰卦六五帝乙歸妹以祉元吉鄭說之五爻辰在卯春爲陽中萬物以生生育者嫁娶之貴仲春之月嫁娶男女之禮福祿大吉易之咸卦柔上剛下二氣感應以相與皆說男下女召南草蟲之詩夫人待禮隨從在塗見采蕨者以詩自興又云士如歸妻迨冰未泮舊詩云士如歸妻我尚及冰未。定納其篇義云嫁娶以春陽氣始生萬物嫁娶亦爲生類故管子篇時令云春以令男女融謹案春秋魯送夫人嫁女四時通用無譏文然則孔子制素王之法以遺後世男女以及時盛年爲得不限以日月家語限以冬不附於春秋之正經如是則非孔子之言嫁娶也以仲春著在詩易夏小正之文且仲春爲有期之言秋冬春三時嫁娶何自違也家語冬合男女窮天數之語詩易禮傳所載咸泰歸妹之卦國風行露綢繆有女懷春倉庚于飛熠燿其羽春日遲遲樂與公子同歸云歌小雅我行其野蔽芾其樗之歎此春娶之證也禮諸侯越國娶女仲春及冰未散請期乃足容往反也秋如期往淫奔之女不能待年故設秋迎之期標有梅之詩殷紂暴亂娶失其盛時之年習亂思治故戒。文王能使男女得及其時陳晉棄

周禮爲國亂悲傷故刺昏姻不及仲春玄說云嫁娶以仲春既有羣證故孔晁曰有女懷春毛云春不暇待秋春日遲遲女心傷悲謂蠶事始起感事而出蔽芾其樗喻遇惡夫熠燿其羽喻嫁娶之盛飾三星在隅孟冬之月參見東方舉正昏以刺時此雖用毛義未若鄭云用仲春爲正禮爲密也是以詩云匏有苦葉濟有深涉箋云匏葉苦而渡處深謂八月時陰陽交會始可以爲昏禮納采問名又云士如歸妻迨冰未泮箋云歸妻使之來歸於己謂請期冰未散正月中以前二月可以爲昏然則以二月爲得其實惟爲有故者得不用仲春

於是時也奔者不禁重天時權許之也

【疏】注重天至之也。釋曰：云於是時謂是二月既是娶女之月若有父母不娶不嫁之者自相奔就亦不禁之但人而無禮胡不遄死以當禮乃可得爲配言奔者不禁者鄭云權許之其實非正禮也

若無故而不用令者罰之無故謂無喪禍之變也有喪禍者娶得用非中春之月雜記曰己雖小功既卒哭可以冠子娶妻。冠古喚反

【疏】注無故至娶妻。釋曰：言令者即上中春之月令會男女男女有喪禍之故得不用中春令無故不用令則罪罰之也注引雜記者證喪禍之故於月數滿雖非中春可以嫁娶也云己雖小功者彼上文有父小功之末可以冠娶故云己雖小功也

司男女之無夫家者而會之司猶察也無夫家謂男女之鰥寡者

【疏】司男至會之。釋曰：上文己云令會男女謂無夫家者也今又言司察男女無夫家是皆己有匹配故鄭云無夫家謂男女之鰥寡者也

凡嫁子娶妻入幣純帛無過五兩純實緇字也古緇以才爲聲納幣用緇婦人陰也凡於娶禮必用其類五兩十端也必言兩者欲得其配合之名十者象五行十日相成也士大夫乃以玄纁束帛天子加以穀圭諸侯加以大璋雜記曰納幣一束束五兩兩五尋然則每端二丈。純則其反依字從糸才

【疏】注純實至二丈。釋曰：凡嫁子娶妻舍尊卑但云緇帛文主庶人耳注純實緇字也古緇以才爲聲者緇以絲爲形才爲聲故誤爲純字但古之緇有二種其緇布之緇糸旁甾後不誤故禮有緇布冠緇布衣存古字若以絲帛之緇則糸旁才此字諸處不同絲理明者即破爲色此純帛交祭義蠶事以爲純服故論語云麻冕禮也今也純儉如此之類皆絲理自明即爲色解之昏禮云女次純衣鄭云純衣絲衣以昏禮直云純衣絲理不明故爲絲衣解之也云五兩十端者古者二

端相向卷之共爲一兩五兩故十端也云十者象五行十日相成者左傳云天有六氣降生五行行各有二日東方木爲甲乙南方火爲丙丁中央土爲戊已西方金爲庚辛北方水爲壬癸是十日言相成者木八爲金九妻火七爲水六妻土十爲木八妻金九爲火七妻水六爲土五妻所尅者爲妻是夫妻相成之數云士大夫乃以玄纁束帛者案士昏禮玄纁束帛大夫昏禮而有攷娶者依士禮用玄纁故云士大夫用玄纁云天子加以穀圭諸侯加以大璋者玉人文謂加於玄纁束帛之上以行禮引雜記者證五兩兩五尋四十尺之意云納幣一束束五兩兩五尋者尋八尺則一兩四十尺五兩四五二十揔二百尺故鄭玄云然則每端二丈若餘行禮則用制幣丈八尺取儉亦共此昏禮每端二丈取誠實之義故以二丈整數爲之也

禁遷葬者與嫁殤者遷葬謂生時非夫婦死既葬遷之使相從也殤十九以下未嫁而死者生不以禮相接死而合之是亦亂人倫者也鄭司農云嫁殤者謂嫁死人也今時娶會是也

疏禁遷至殤者○釋曰遷葬謂成人鰥寡生時非夫婦死乃嫁之嫁殤者生年十九已下而死死乃嫁之不言殤娶者舉女殤男可知也

凡男女之陰訟聽之于勝國之社

其附于刑者歸之于士陰訟爭中冓之事以觸法者勝國亡國也亡國之社奄其上而棧其下使無所通就之以聽陰訟之情明不當宣露其罪不在赦宥者直歸士而刑之不復以聽士司寇之屬詩云牆有茨不可埽也中冓之言不可道也所可道也言之醜也○冓古候反棧士板反劉才產反或士諫反茨音疾私反

疏注陰訟至醜也○釋曰云陰訟爭中冓之事者謂若詩之中冓以觸法也云勝國亡國也者此社有四名若此往勝得彼國將社來謂之勝國即此文是也若據彼國喪亡則謂之亡國之社引公羊傳者是也又名喪國之社郊特牲云喪國之社必屋之是也據其地則曰亳社則左傳云亳社烖是也故云勝國亡國也故鄭引公羊傳云勝國亡國也云亡國之社者公羊傳文云奄其上者即郊特牲屋之不受天陽者是也云棧其下者謂於下著柴以棧之使不通陰故也故云使無所通也云就之以聽陰訟之情明不當宣露者以其勝國社上下不通是不宣露中冓之言亦不宣露故就而聽之也若然案詩召伯聽男女之訟於小棠之下不在勝國社者彼謂周公未制禮前此據制禮之後故不同云其罪不在赦宥者直歸士而刑之不復以聽釋經附於刑者歸於士若然○赦宥者媒氏聽之云士司寇之屬者案司寇有士師之等屬司寇故云之屬是以鄭注詩亦云士師所當審也詩者邶詩刺衞宣公之詩引之者證經所聽者是中冓之言也○

司市掌市之治教政刑量度禁令量豆區斗斛之屬度丈尺也○治直吏反下及大治小治同區烏侯反

疏司市至禁令○釋曰此經與下文爲揔目云掌市之治者下文云聽大治小治是也教即此下文以次敘分地之等謂教之處置貨物是也政者即下文云以政令禁物靡等是也刑者即下文云以刑罰禁虣是也量度即下文云以量度成賈是也禁令者即下文云以賈民禁僞是也○注量豆至尺也○釋曰豆區斗斛之屬者豆區即昭三年晏子云齊舊四量豆區釜鍾是也云斗斛即律歷志云龠合升斗斛是也此不言釜鍾與龠升者之屬中兼之也

以次敘分地而經市次謂吏所治舍思次介次也若今市亭然敘肆行列也經界也○行戶剛反下行列同

疏以次至經市○釋曰司市之官以次敘二事分地而置之而以經界其市使各有處所不相雜亂也○注次謂至界也○釋曰云次謂吏所治舍者吏即下文司市賈師泚思次介次者是也云若今市亭然者舉漢法而言云敘肆行列也者以其言敘即行肆之列故爲行列解之案內宰職云設

其次置其敘正其肆注云次思次敘介次不爲行列與此注違者彼云次與敘下更云正其肆則肆爲行列故分次爲思次以敘爲介次也此文不具直有次敘無言正其肆故以并思次同名爲次敘爲行列此鄭望文爲義故注不同

以陳肆辨物而平市陳猶列也辨物物異肆也肆異則市平

疏以陳至平市○釋曰陳列也謂行列其廛肆而辨其物物異則市賈平故云平市也

以政令禁物靡而均市物靡者易售而無用禁之則市均鄭司農云靡謂侈靡也○易以豉反下之易同售受又反

疏釋曰司市出政令而禁其物貨細靡者但物貨細靡人買之者多貴而無用令使麤物買之者少而賤使市賈不平令禁之則市物均平故云均市也

以商賈阜貨而行布通物曰商居賣物曰賈阜猶盛也鄭司農云布謂泉也○賈音古注曰賈下商賈賈師皆同

疏以商至行布○釋曰鄭知通物曰商者易云至日閉關商旅不行除至之日商旅則行故鄭注大宰云行曰商行商則是通物者也鄭知居賣物曰賈者商既通物明賈則在市而居賣物者也故鄭注大宰云處曰賈也由此二等商賈或通貨或在市賣之故貨賄阜盛而布泉得行故云阜

貨而行布也　以量度成賈而徵儥徵召也儥買也物有定賈則買者來也○成賈音嫁注下不音者皆同聶氏及沈云成賈奠物賈其賈平大賈小賈賤恒賈而故賈凡十二音嫁餘音古價劉音育聶氏音笛字林他竺反〔疏〕以量至徵儥○釋曰量以量穀粟之等度以度布絹之等成定也二物以量度以定物賈徵召也儥買之物賈定則召買者來故云徵儥也○注徵召也儥買也物有定賈則買者來也○釋曰知儥爲買者以言徵召買者故以儥爲買此字所訓不定案下文所云貴儥者鄭注貴賣之鄭亦望文爲義故注不同也

以質劑結信而止訟質劑謂兩書一札而別之也若今下手書言保物要還矣鄭司農云質劑月平○劑子隨反平皮命反下月平同〔疏〕以質至止訟○釋曰質劑謂券書恐民失信有所違負故爲券書結之使有信也民之獄訟本由無信既結信則無訟故云止訟也○注質劑至月平○釋曰下質人云大市以質小市以劑故知質劑是券書是以鄭云兩書一札而別之古者未有紙故以札書小宰職注云兩書一札同而別之此不云同明亦有同義也鄭云若今下手書者漢時下手書即今畫指券與古質劑同也先鄭云質劑月平小宰先鄭注亦如此解

以爲月平若今之市估文書亦得爲一義故後鄭每引之在下也　以賈民禁僞而除詐賈民胥師賈師之屬必以賈民爲之者知物之情僞與實詐○賈民劉音嫁聶沈音古注賈民同〔疏〕以賈至除詐○釋曰司市之官用賈民知物眞僞者使禁物之僞而除去人之詐虛也○注賈民至實詐○釋曰知賈民是胥師賈師之屬者案下胥師職云察其詐僞飾行儥慝者而誅罰之故知此賈民禁僞是胥師賈師之屬謂屬胥師賈師受其役使也云知物之情僞與實詐者直依經解之情則眞也情僞既據物而言則言實詐據人而説也

以刑罰禁虣而去盜刑罰憲徇扑○虣薄報反去起呂反扑普卜反下文同〔疏〕以刑至去盜○釋曰刑期於無刑以殺止殺故以刑罰禁虣亂之人又去其相盜竊也○注刑罰憲徇扑○釋曰知刑罰是憲徇扑者司市所施惟施於市中者故下云小刑憲罰中刑徇罰大刑扑罰其附於刑者歸於士故知惟有此三者也

以泉府同貨而斂賒同共也同者謂民貨不售則爲斂而買之民無貨則賒貰而予之○賒傷蛇反共如字爲于僞反下爲民同貰音世貸也劉傷夜反一時夜反〔疏〕以泉至斂賒○釋曰下文有泉府職掌於市之罰布之等藏之今司市之官以泉府所藏之布物與民同行其貨而民無財者賒而予之後斂取其直故云同貨而斂賒也○注同共至予之○釋曰云同者謂民貨不售則爲斂而買之者民賣物不售則以泉府之物買取之民釋經同貨也民無貨則賒貰而予之者此謂所買得之物民有急須而無貨者則貰予之有時斂取其直釋經斂賒也但賒貰二字通用也

大市日昃而市百族爲主朝市朝時而市商賈爲主夕市夕時而市販夫販婦爲主日昃昳中也市雜聚之處言主者謂其多者也百族必容來去商賈家於市城販夫販婦朝資夕賣因其便而分爲三時之市所以了物極衆鄭司農云百族百姓也○昃音側本又作昗販方萬反便皮面反〔疏〕大市至爲主○釋曰案下文市朝一夫各方百步就百步而分爲三時之市恐不可若然則一夫者據市亭置次與敘司市及賈師胥師聽事之處取其列行肆之處則居地多矣今經有三時之市不先言朝市夕市而先言日昗者據向市人多而稱大市故先言之此三市皆於一院內爲之大市於中朝市於東偏夕市於西偏郊特牲所云是也○注日昃至姓也○釋曰

云日昃昳中也者昃者傾側之義昳者差昳之言故以昳解昃也是以尚書無逸云文王至於日中昃不遑暇食是中後稱昃也云市雜聚之處言主者謂多者也者謂言百族爲主則兼有商賈販夫販婦云商賈爲主則兼有百族販夫販婦云販夫販婦爲主則兼有百族與商賈也云百族必容來去者百族或在城內或在城外者容其來往故於日昃以後主之云商賈家於市城者行曰商居曰賈即賈家於市今并言者其商雖行通物亦容於市也云朝資夕賣者資若冬資絺夏資絺之類則資者朝買資之至夕乃賣故以資言之云所以了物極衆者以分爲三市者欲了其所賣之物極盡其衆也先鄭云百族百姓也者欲見此百姓異於秋官司寇戒於百族彼百族是府史以下此據市人稱百族明據天下百姓亦非百官百姓對則正姓與氏族異通而言之氏族則庶姓故以百姓爲百族

凡市入則胥執鞭度守門市之羣吏平肆展成奠賈上旌于思次以令市市師涖焉而聽大治大訟胥師賈師涖于介次而聽小治小訟凡市入謂三時之市市者入也胥守

門察僞詐也必執鞭度以威正人衆也度謂殳也因刻丈尺耳羣吏胥師以下也平肆平賣物者之行列使之正也展之言整也成平也會平成市物者也奠讀爲定整勑會者使定物賈防誑豫也上旌者以爲衆望也見旌則知當市也思次若今市亭也市師司市也介次市亭之屬别小者也故書涖作立杜子春云奠當爲定鄭司農云思辭也次市中候樓也立當爲涖涖視也玄謂思當爲司字聲之誤也。奠音定又田見反上時掌反注同殳音殊誑九況反【疏】注凡市至誤也。釋曰鄭知凡市入是上三時之市者以其言凡明揔三時之市云胥守門察僞詐也者以其執度之故也云必執鞭度以威正人衆也者鞭以威人衆度以正人衆故并言之也云度謂殳也者案下文廬人云轂兵同強注云改句言轂容殳無刃此文鞭度連言則一物以爲二用若以繫鞘於上則爲鞭以長丈二因刻丈尺則爲度知羣吏胥師以下者見下司稽職云執鞭度而巡其前此亦執鞭度故知是胥師以下敘官云胥師二十肆則一人胥二肆則一人鄭云胥師領羣胥則胥師已下非直巡行肆亦更來守門故鄭揔云胥師以下知平肆是平賣物者之行列使之正者以是經直云平肆肆是行列恐其行肆不正以正之也云展之言整也成平也會平成市物者也云奠讀爲定者鄭以爲平成市整敕

會者使定物價恐有豫爲誑欺故云防誑豫先鄭云思辭也後鄭以爲思則司字聲之誤也者下云介次不爲辭明思不得爲辭直是思司聲同故誤爲思也此思司聲同不得爲字誤今有本云字聲之誤兼有字者讀當云思當爲司字字絶讀之乃合義也

凡萬民之期于市者辟布者量度者刑戮者各於其地之敘

期謂欲賣買期決於市也量度者若今處斗斛及丈尺也故書辟爲辭鄭司農云辭布辭訟泉物者也玄謂辟布市之羣吏考實諸泉入及有遺忘【疏】凡萬至之敘。釋曰云凡萬民之期于市有此已下三事有辟布者度量者刑戮者各於其地之敘則諸物行肆之所也。注期謂至遺忘。釋曰云期決於市也者謂人各自爲期限使了市事於市也云若今處斗斛及丈尺者謂斗斛處置於米粟之肆處置丈尺於絹布之肆案前注量豆區斗斛此中不云豆區前注廣解量名此略云市所用故注不同案律歷志度量衡皆起於黃鍾之律故彼云以子穀秬黍中者一黍一分九十黍黃鍾之長則一黍爲一分十黍爲寸十寸爲尺十尺爲丈十丈爲引五度審矣又云子穀秬黍中者千二百黍其實一龠十龠爲合十合爲升十升爲斗十斗爲斛五量嘉矣先鄭從故書辟布爲辭訟之布後鄭不從而爲羣吏考實諸泉入者若辭訟之布當歸其本主何得各有地之敘乎明不得爲辭訟之布也云考實諸泉入者辟法也謂民將物來於肆賣者肆長各考量物數得實稅入於市之泉府知民將物來於市有稅者案下文云國凶荒市無征明不凶荒有征矣其實者則宜置於地之敘欺者没入官是其法也云及有遺忘者謂羣吏考實泉之處有遺忘者便歸令本主識認之下文得貨賄六畜之等是依列肆失者與此文别也

凡得貨賄六畜者亦如之三日而舉之

得遺物者亦使置其地貨於貨之肆馬於馬之肆則主求之易也三日而無職認者舉之没入官【疏】凡得至舉之。釋曰此謂在列肆遺忘闌失者吏各歸本肆吏主識認取之

凡治市之貨賄六畜珍異亡者使有利者使阜害者使亡靡者使微

利利於民謂物實厚者害害於民謂物行苦者使有使阜起其賈以徵之也使亡使微抑其賈以卻之也侈靡細好使富民好奢微之而已鄭司農云亡者使有無此物則開利其道使之有。物行遐孟反又如字聶胡剛反苦音古卻起略反好呼報反【疏】注利至之有。釋曰云使有使阜者揔釋經亡者利者云起其賈者謂增起其賈引物自然來故使有使阜盛也云微之而已謂少抑其賈使微少不絶而已先鄭云亡者使有無此物則開利其道使之有與後鄭起其賈義異引之者義得兩通故後鄭亦從之也

凡通貨賄以璽節出入之

璽節印章如今斗檢封矣使人執之以通商以出貨賄者王之司市也以內貨賄者邦國之司市也【疏】凡通至入之。釋曰金玉曰貨布帛曰賄其璽節餘物亦通而直云通貨賄者以物之貴及民之所用多者莫過貨賄故舉以言之無妨餘物亦通之。注璽節至市也。釋曰云璽節印章如金斗檢封矣者案漢法斗檢封其刑方上有封檢其內有書則周時印章上書其物識事而已云使人執之以通商者以其商旅主通貨賄故知執璽節者是通商也云出貨賄者王之司市也者以其商旅買貨賄於市以出向邦國故知是王之司市給璽節也云內貨賄者邦國之司市也者以其貨賄從邦國來當入王畿故知還是邦國之司市給璽節也此經直云入之鄭雖云內貨賄者邦國之司市亦容有從畿內入市者故下掌節云貨賄用璽節鄭云變司市言貨賄者貨賄非必由市或資於民家若然商資於民家得出向邦國若資於民家亦容入來向王市

賣之則璽節受之於門關矣國凶荒札喪則市無征而作布有災害物貴市不稅爲民乏困也金銅無凶年因物貴大鑄泉以饒民【疏】國凶至作布○釋曰凶荒謂年穀不熟札謂疫病喪謂死喪恤其乏困故市無征也○注金銅無年○釋曰以其凶年穀則貴金銅凶年亦賤故云無凶年是以諺云豐年粟儉年玉因云○物貴者其物止謂米穀餘物並賤也凡市僞飾之禁在民者十有二在商者十有二在賈者十有二在工者十有二鄭司農云所以俱十有二者工不得作賈不得粥商不得資民不得畜玄謂王制曰用器不中度不粥於市兵車不中度不粥於市布帛精麤不中數幅廣狹不中量不粥於市姦色亂正色不粥於市五穀不時果實未熟不粥於市木不中伐不粥於市禽獸魚鱉不中殺不粥於市亦其類也於四十八則未聞數十二焉○賈音古注同粥音育下同中丁仲反下同狹音洽數色主反【疏】凡市至有二○釋曰云凡僞飾之禁此與在民以下爲總目故云凡以廣之○注鄭司至二焉○釋曰先鄭云所以俱十有二者工不得作以下云云謂民與商賈及工

四者皆同十二云工不得作者工匠主營作故云不得作云賈不得粥者以其處曰賈賈主賣粥故云不得粥云商不得資者商主通貨賄貨賄皆當豫貯故云不得資云民不得畜者萬民非作非粥非資故以畜聚而言也玄謂王制曰用器不中度不粥於市者案彼鄭注云用器弓矢耒耜耒耜長六尺弓長六尺六寸之等矢長三尺之類皆有長短度數也云兵車不中度不粥於市者案考工記輪人爲兵車乘車之輪崇六尺六寸成出革車一乘出於民間故民亦有粥兵車之法云布帛精麤不中數廣狹不中量不粥於市布之精麤謂若朝服十五升斬衰三升齊衰有三等或四升或五升或六升大功已下有七升八升九升小功有十升十一升十二升緦麻有十五升抽去半其帛之升數禮無明文云廣狹不中量者布幅則廣二尺二寸其繒幅則依朝貢禮廣二尺四寸云姦色亂正色不粥於市者論語孔子惡紫之奪朱則朱是南方正色紫是北方姦色紫奪朱色是姦色亂正色故孔子惡之君然自餘四方皆有姦色正色若紅綠及碧等皆有亂正色之義也云五穀不時果實未熟不粥於市鄭彼注云皆謂不利人木不中伐不粥於市者鄭彼注引山虞職云仲冬斬陽木仲夏斬陰木以爲證是非此時則木不中伐云禽獸魚鼈不中殺不粥於市者案鼈人職云秋獻鼈蜃冬獻龜魚案禮記

王制云獺祭魚然後虞人入澤梁豺祭獸然後殺是殺禽獸魚鼈之時得粥於市非此時則不可也云亦其類也者王制所云不中度之類是在上者不中數不中量姦色亂正色是在商者不時及未熟是在農者此等亦兼有在賈者故云亦其類也云於四十八則未聞數十二者王制之文從用器爲一兵車爲二布三帛四姦色五五穀六果實七木八禽九獸十魚十一鼈十二是聞之十二矣於四十八則未聞三十六故云未聞數十二也市刑小刑憲罰中刑徇罰大刑扑罰其附于刑者歸于士徇舉以示其地之衆也扑撻也鄭司農云憲罰播其肆也故書附爲柎杜子春云當爲附○柎劉方符反沈音附【疏】市刑至于士○釋曰附於刑者歸於士者此刑各有所對言之市刑雖輕亦名爲刑若對五刑則五種者爲刑故云附於刑歸於士士謂秋官士師鄉士遂士之屬其人屬彼者各歸之使刑官斷之也○注徇舉至爲附○釋曰徇舉以示其地之衆也者徇者徇列之名故知舉其人以示其地肆之衆使衆爲戒也云扑撻也者大射云司射搢扑尚書云扑作教刑皆是笞撻爲扑故云扑撻也先鄭云憲罰播其肆也者憲是表顯之名徇既將身以示之則此憲是以文書表示於肆若

布憲之類也國君過市則刑人赦夫人過市罰一幕世子過市罰一帟命夫過市罰一蓋命婦過市罰一帷謂諸侯及夫人世子過其國之市大夫內子過其都之市也市者人之所交利而行刑之處君子無故不遊觀焉若遊觀則施惠以爲說也國君則赦其刑人夫人世子命夫命婦則使之出罰異尊卑也所罰謂憲徇扑也必罰幕帟蓋帷市者衆也此四物者在衆之用也此王國之市而說國君以下過市者諸侯之於其國與王同以其足以互明之○幕劉音莫帟音亦觀古亂反下同或音官爲說如字解說也聶如銳反【疏】注謂諸至明之○釋曰云大夫內子者大夫中含有卿內子卿之妻含大夫之妻命婦也故經云命婦注云內子也若然此經大夫命婦是諸侯科中不見天子卿大夫則天子卿大夫與諸侯卿大夫及命婦亦是互見爲義也云所罰謂憲徇扑也者其憲徇刑之輕者而赦之使出帷幕難備之物者出物雖重而無恥憲徇雖輕而有愧故以出物爲輕也案幕人云掌供帷幕幄帟綬帷幕用布幄帟用繒在上曰幕在旁曰帷帟承塵其蓋當是於衆中障暑雨之蓋未必是輪人所作蓋弓二十有八在車

者也云諸侯之於國與王同以其足以互明之者此王國之市若直見王后世子過市則不見諸侯已下今以王國之市而見諸侯已下過市足得互見王已下過市故云互明之也**凡會同師役市司帥賈師而從治其市政掌其賣價之事**市司司市也價買也會同師役必有市者大衆所在來物以備之【疏】凡會至之事。釋曰王與諸侯行會同及師役征伐之等或在畿內或在畿外皆有市則市司帥賈師而從以其知物賈故使從不帥胥師者胥師不知物賈於事緩故不從也

附釋音周禮注疏卷第十四

大清嘉慶二十年重刊宋本
用文選樓藏本校

知南昌府張敎仁署鄱陽縣侯補知縣周澍栞

周禮注疏卷十四校勘記　阮元撰盧宣旬摘錄

附釋音周禮注疏卷第十四

均人

並是力征之稅　惠挍本作力之征稅

易坤爲均　監本坤字空闕

恤其乏困也　宋本作困乏

師氏　宋本周禮疏卷第十五

冬温夏凊　監本凊誤清今據毛本正此本及閩本皆缺一頁

釋曰云德行內外之稱　監本倒作外內今據毛本正

考朕昭子刑　監毛本子誤予今訂正

故書中爲得杜子春云當爲得　九經古義云三蒼中得也封禪書康后與王不相中周勃傳勃子勝之尚公主不相中皆訓爲得呂覽禹爲司空以通水潦顏色黎黑步不相過竅氣不通以中帝心高誘曰中猶得然則中失猶得失故鄭用杜說而不改字

謂得禮者　惠挍本謂上有得此脫

卽上國之子弟言游者　閩監毛本游作遊下並同此惟國之貴遊子弟作遊蓋淺人所改賈疏蓋本作貴游子弟與唐石經不同。按游爲正字遊爲俗字

使此人帥四夷之隸　惠挍本閩本同監毛本帥改率

保氏

白矢參連剡注襄尺　釋文襄音讓本作讓禮說云廣韻白矢作白匀襄尺作讓尺參連作參遠賈疏云臣與君射不與君並立襄君一尺而退則襄讀爲讓新序云左把彈右攝丸定操持審參連吳越春秋云射

之道從兮望敵合以參連連誤爲遠失其義矣

過君表　諸本同浦鏜云㝁誤君疏同

六書象形會意轉注　宋本余本岳本嘉靖本閩本同監毛本注改註非疏中同釋文上劉注字出音云下同

贏不足旁要　諸本同漢制考贏作贏古多用通借字

今有重差夕桀句股也　諸本同釋文夕桀沈祥易反此二字非鄭注經義雜記曰疏云馬氏注以爲今有重差夕桀夕桀亦筭術之名與鄭異今九章以句股替旁要禮記少儀正義引此注云今有重差句股馬融干寶等更云今有夕桀未知所出據此知鄭注本云今有重差句股馬干注云今有重差夕桀鄭有句股無夕桀馬干有夕桀無句股沈重陸德明本則與馬干同故皆爲夕桀作音釋文云此二字非鄭注是宋以來校者之辭非陸語蓋後人據賈疏本以校釋文而附著之今注疏中句股上有夕桀二字又後人據釋文所加困學紀聞所據本已如是

擊則不得入　閩監本同誤也毛本擊作轚當據以訂正

御轚者不得入　毛本同閩監本轚誤擊

建類一首　此本及閩本脫建據監毛本補

闕闠衡衙之類　閩本同監毛本闕作闋

云九數者方田已下　惠挍本閩本同監毛本已改以

司諫

辨其能而可任於國事者　此本及閩本辨誤辦今據唐石經諸本訂正疏中此本及閩監毛本皆誤

司救

袤惡謂侮慢長老　釋文出經之袤二大字云似嗟反注作邪同此經作古袤字注作今邪字之明證今本皆依經改作袤矣下文亦由袤惡同

孔注尚書曰　惠挍本曰作云

使事官之作也　閩監本同宋本嘉靖本毛本皆云使事官作之也此誤倒當據以訂正疏中不誤

知書其罪狀以其稱明刑　閩本同監本狀下剜增者字毛本遂排入○按有者字是

三罰而歸於圜土　閩監毛本同唐石經宋本余本嘉靖本於作于當據正

晝曰任之以事而收之　宋本余本嘉靖本毛本同此本及閩監本晝誤書今訂正監本疏中不誤

施惠賙恤之　監本恤作賉訛疏中同

調人

雖以會赦　浦鏜云以當已字誤

比父亦辟之海外　此本亦字剜擠閩監毛本排入

元巳年老昏旄　閩本同監毛本旄改耄○按耄是也唐人作疏不當用古文假借字

故今明之　閩本同監毛本明改辨

故逆之海外　浦鏜云逆當避字誤

玉節之剡圭也　按剡圭字當依典瑞玉人作玉圭此非經用古字注用今字之例直是僞字耳下王以剡圭同

鄭知瑞節是玉圭者　閩本同監毛本依注玉改剡非賈疏蓋本用玉字下並同○按疏內三剡字皆當作玉疏當引典瑞云玉圭以易行以除慝而誤云玉圭以和難考典瑞但有穀圭以和難之文

此王法知之　閩本同監毛本作治之

辨本也　余本閩本同宋本監毛本嘉靖本辨皆作辯

猶令二千石以令解仇怨　閩監本同誤也宋本余本嘉靖本毛本作猶今當訂正

媒氏

天地相承覆之數也　閩本同諸本丞皆作承疏中同

參天兩地而奇數焉　釋文奇本作倚案釋曰就奇數之中天三度生地之度生象天三覆地二則作倚非也

不聘之者　宋本嘉靖本聘作娉

媒氏以男女既有未成昏之藉　浦鏜云籍誤藉

然則三十之男二十之女中春之月者　浦鏜云中春之月四字疑衍文

中男三十而娶　補經義雜記曰中下脫古字據大戴禮記

經有夫婦之長殤　通典嘉禮四引作夫姊之長殤此作婦譌當據正○按喪服經緦麻章有爲夫之姊妹之長殤引之者謂三十而娶則不當有姊也

以感時而親迎　經義雜記作以昏時云感字誤

秋班時位也　經義雜記作春班爵位云舊作秋班時位誤也家語作春頒爵位東門之楊正義所引同

熠熠其羽　監本熠誤熠下同

夏小正曰二月冠子嫁女娶妻之時　經義雜記云曰字衍今夏小正無嫁女娶妻作娶婦

此淫奔之詩　惠挍本詩作時此誤

鄭說之五爻辰在卯　通典嘉禮四引作舊說六五爻辰在卯此誤

在塗見采髓者　閩本同監毛本髓改蕨非

舊詩云　經義雜記作舊說云此誤

尙及冰未定納　經義雜記作及冰未泮此脫泮字

故管子篇時令云　闕經義雜記曰當作時令篇云令管子

且仲春爲有期之言秋冬春三時嫁娶　經義雜記曰當作無仲春爲期盡之言又春秋四時嫁娶毛本改作有譏之言誤甚

何自違也家語冬合男女窮天數之語　經義雜記曰也字當在之語下

故戒文王能使男女得及其時　經義雜記曰戒當作嘉

感事而出　經義雜記作感事而悲此誤

娶得用非中春之月　宋本余本嘉靖本毛本同閩監本中改仲非疏中仍作中春

此純帛及祭義蠶事以爲純服故論語云　此本及字剜改作交閩監毛本承其誤今據惠挍本訂正浦鏜云故當又之誤

木八爲金九妻　閩監毛本木誤水

依士禮用元纁　惠挍本作依此禮此作士誤

不可埽也　余本嘉靖本同閩監毛本埽作掃非

於小棠之下　閩本同監毛本改甘棠非

赦有者媒氏聽之　惠挍本赦上有在此脫

司市

彼云次與敘下　惠挍本作彼文此誤

故并思次同名爲次　案思次當爲思介

明賈者在市而居賣物者也此本者字實缺據惠挍本補閩監毛本作則非

由此二等之人此本之人二字實缺據惠挍本補閩監毛本作商賈非

物有定賈岳本嘉靖本閩本同宋本監毛本賈作價俗字疏中監本作賈毛本作價

量以量穀粱之等浦鏜云粱誤梁

以賈民禁僞而除詐禁鈔釋文賈氏劉音嫁聶沈音古注賈氏同

刑罰憲徇扑宋本作憲徇朴監毛本徇作狥非○按扑是朴非支之譌變爲扑才卽又也扑訓擊因而名擊之之物曰扑凡經典扑改朴者非

以泉府同貨而斂賒唐石經宋本余本嘉靖本閩本同監毛本賒改賖俗字注及疏準此○按賒从貝余聲余上从入

掌於市之罰布之等藏之浦鏜云以誤於征誤罰

則貰予之毛本同閩監本予改與

日仄而市唐石經諸本同釋文仄本又作昃案此本疏中作日昃

日仄昳中也諸本同案大司徒注云日跌景乃中此昳當作跌賈疏云仄者傾側之義跌者差跌之言今諸本俱誤爲差昳矣○按跌昳二字上正下俗大司徒注作跌可證

而先言日昃者閩本同監毛本昃改仄

百族或在城內毛本內誤由

資若冬資絺夏資緜之類閩監毛本改冬資綿夏資絺誤甚

欲見此百姓異於秋官司寇戒於百族惠挍本百姓作百族此誤

奠讀爲定整勑會者宋本定下空缺一字此本疏中勑作敕

以長丈之一因剋丈尺閩本同監毛本剋作刻

鄭以爲平成市整敕會者閩監毛本敕作敕非

何得各有地之敘乎浦鏜云有當於字誤

謂物行苦者閩監毛本同宋本岳本嘉靖本苦作沽

抑其賈以卻之也監毛本卻誤郤

釋曰云使有使阜者閩監毛本脫釋曰

如今斗檢封矣諸本同毛本檢改撿非

因云物貴者浦鏜云因云字當誤倒

布帛精麄不中數岳本嘉靖本麄作麤○按从三鹿者正字也作麄者俗字也

乘車之輪崇六尺六寸浦鏜云兵誤乘字按浦鏜誤疏固兼引考工記兵車乘車之輪皆崇六尺六寸矣

成出革車一乘出於民間閩監毛本成誤戍監本間誤閞

故書附爲柎宋本余本嘉靖本毛本同閩監本柎作祔宋本載音義亦作柎

足得互見王已下過市毛本同閩監本足作是誤

周禮注疏卷十四挍勘記終

南昌袁泰開

附釋音周禮注疏卷第十五

鄭氏注　賈公彦疏

質人掌成市之貨賄人民牛馬兵器珍異平成也會者平物賈而來主成其平也人民奴婢也珍異四時食物 疏 質人至珍異。釋曰此質人若今市平準故掌成平市之貨賄已下之事。注成平至食物。釋曰云會者平物賈而來主成其平也者會謂古人會聚買賣止爲平物而來質人主爲平定之則有常估不得妄爲貴賤也此知人民奴婢也者以其在市平定其賈故知非良人是奴婢也云珍異四時食物者見下廛人云凡珍異之有滯者斂而入于膳府即果實及諸食物依四時成熟者也

凡賣儥者質劑焉大市以質小市以劑鄭司農云質劑月平賈也質大賈劑小賈玄謂質劑者爲之券藏之也大市人民馬牛之屬用長券小市兵器珍異之物用短券。長如字 疏 注鄭司至短券。釋曰先鄭以質劑爲月平大小賈若今市估文書先鄭注小宰聽賣買以質劑亦如此解後鄭以爲券書者上文成市之貨賄之等已是市平文書則此經云大市以質小市以劑及小宰云聽賣買以質劑文勢不得爲月平故以券書可知也玄謂大市人民馬牛已下鄭以意分之爲大小就大者而言若人民則未成亂已下牛馬未著齒已前亦得爲小者也

掌稽市之書契同其度量壹其淳制巡而攷之犯禁者舉而罰之稽猶考也治也書契取予市物之券也其券之象書兩札刻其側杜子春云淳當爲純純謂幅廣制謂匹長也皆當中度量玄謂淳讀如淳尸盥之淳。其淳音准廣光曠反長直亮反中丁仲反淳尸劉章純反下同 疏 注稽猶至之淳。釋曰云稽猶考也治也者并取治質劑并解之故兼云治也書契取予市物之券者并案小宰職云聽取予以書契經既云書契故知與彼同并上質劑之市買者也云其券之象書兩札刻其側者小宰注云兩書一札同而別之云刻其側若今畫指也杜子春云淳當爲純純謂幅廣制謂匹長也者即丈八尺後鄭從之後鄭不從杜子春純者純止可爲絲爲繒不得爲幅廣狹故讀從士虞禮淳尸盥之淳故內宰注依巡守禮淳四咫鄭荅志咫八寸四當爲三三咫謂二尺四寸也

凡治質劑者國

中一旬郊二旬野三旬都三月邦國朞期內聽期外不聽謂齎券契者來訟也以期內來則治之後期則不治所以絕民之好訟且息文書也郊遠郊也野甸稍也都小都大都。朞如字本或作基同好呼報反 疏 注謂齎至大都。釋曰云謂齎券契者來訟也者云此經揔上質劑與書契來訴者知郊是遠郊者以其內有國中外云野野遠郊之外明知郊是遠郊也知野是甸稍者郊外曰野是大揔之言下有都都是四百五百里明此是二百里甸三百里稍可知又知都中含大都小都者此質人揔聽畿外明此都兼大小二都可知

廛人掌斂市絘布總布質布罰布廛布而入于泉府布泉也鄭司農云絘布列肆之稅布杜子春云總當爲儳謂無肆立持者之稅也玄謂總讀如租穟之穟穟布謂守斗斛銓衡者之稅也質布者質人之所罰犯質劑者之泉也罰布者犯市令者之泉也廛布者貨賄諸物邸舍之稅。絘音次本或作次總劉依杜音讒鄭音揔儳音讒穟音揔 疏 注布泉至之稅。釋曰知布泉一物者此布皆入泉府故知泉布一也是以外府云掌布注云取其水泉流通無不徧也先鄭云絘布列肆之稅布者謂在行肆坐賣物之常稅也杜子春云總當爲儳儳謂無肆立持者之稅也者後鄭不從爲守斗斛銓衡者之稅也者此經廛人掌依行肆者故不得爲無肆立持故破從租穟之穟穟布是守斗斛銓衡之稅下肆長云斂其總布是無肆立持故注從子春總當爲儳也云質布者質人所罰犯質劑者之泉也者謂犯質劑違券書罰泉也云罰布者犯市令者之泉也者謂司市有教令其人犯之使出泉云廛布者貨賄諸物邸舍之稅者謂在行肆官有邸舍人有置物於中使之出稅故云廛布也

凡屠者斂其皮角筋骨入于玉府以當稅給作器物也其無皮角及筋骨不中用亦稅之 疏 凡屠至玉府。釋曰云屠者謂屠殺豕羊之類其人亦有地稅因其屠即取皮角筋骨堪飾器物者使入玉府也。注以當至稅之。釋曰知以當稅者謂若山虞澤虞之等所出稅皆云以當邦賦邦賦即地稅之類是也云無皮角及筋骨不中用亦稅之謂若羊牛有皮角及筋骨其豕則無之類是不中用亦使出物之稅以當邦賦之處

凡珍異之有滯者斂而入于膳府

故書滯或作廛鄭司農云謂滯貨不售者官爲居之貨物沈滯於廛中不決民待其直以給喪疾而不可售買賤者也廛謂市中之地未有肆而可居以畜藏貨物者也孟子曰市廛而不征法而不廛則天下之商皆説而願藏於其市矣謂貨物儲藏於市中而不租稅也故曰廛而不征其有貨物久滯於廛而不售者官以法爲居取之故曰法而不廛玄謂滯讀如沈滯之滯珍異四時食物也不售而在廛久則將瘦臞腐敗爲買之入膳夫之府所以紓民事而官不失實○官爲于僞反下同畜勑六反説音悦儲知呂反本或作貯又作褚皆同藏如字劉本作葬音同瘦本又作膄所又反臞其俱反又作臞音稍紓音舒劉常汝反 疏 凡珍至膳府○釋曰云凡珍異之有滯者謂四時珍美異味買者遂少沈滯不售者也云斂而入于膳府者謂官以泉府之財買取之入於膳夫之府以供官食○注故書至失實○釋曰先鄭云謂滯貨不售者官爲居之經直爲珍異非貨物先鄭以貨物解之故後鄭不從也先鄭又云廛謂市中之地未有肆而可居以畜藏貨物者但廛雖非肆是官之邸舍不得爲空地故後鄭不從引孟子市廛而不征者周則廛有征上文廛布是也云法而不廛則與此經同故先鄭引之後鄭增成其義也云久則將瘦廛腐敗者考工記梓人云大胷

臞後臞是細小之義故云瘦臞腐敗是以爲買之

胥師各掌其次之政令而平其貨賄憲刑禁焉 憲表縣之○縣音玄 疏 胥師至禁焉○釋曰案序官云胥師二十肆則一人故云各掌其次之政令云憲刑禁焉者刑謂市中之刑憲徇扑禁謂市中之禁謂司當時設禁令非士師五禁也鄭云憲謂表縣之則經憲非爲憲徇扑之憲

察其詐僞飾行儥慝者而誅罰之 鄭司農云儥賣也慝惡也謂行且賣姦僞惡物者玄謂飾行儥慝謂使人行賣惡物於市巧飾之令欺誑買者○行下孟反慝他得反巧苦教反又如字令力呈反下文同 疏 注鄭司至買者○釋曰鄭云儥賣也者此經云飾行儥慝明儥爲賣不得爲買上文每云賣儥儥不得爲賣故爲買是鄭望文爲義故不定也先鄭云謂行且賣姦僞惡物以且間之則行是行步之行不爲行濫之行故後鄭不從以爲行濫解之

聽其小治小訟而斷之 ○治直吏反下之治同斷丁亂反 疏 聽其至斷之○釋曰上司市已云胥師賈師涖於介次而聽小治小訟上揔言之此止當

職故申敘之也

賈師各掌其次之貨賄之治辨其物而均平之展其成而奠其賈然後令市 辨別也○賈音古下注賈師同奠音定別彼列反 疏 賈師至令市○釋曰案序官云賈師二十肆則一人與胥師數同故云各掌其次之貨賄之治也云辨其物而均平之者此與胥師所掌同云展其成而奠其賈者則與胥師異以其知物價故也

凡天患禁貴儥者使有恒賈 恒常也謂若儲米穀棺木而睹久雨疫病者貴賣之因天災害阸民使之重困○重直用反 疏 注恒常至重困○釋曰鄭云謂若儲米穀棺木者以其天患無過凶荒札喪故鄭知富人豫儲米穀以擬凶荒豫儲棺木以擬死而睹久雨疫病賣之也

四時之珍異亦如之 薦宗廟之物 疏 四時至如之○釋曰此珍異亦是富人賤時豫儲而後貴時賣之○注薦宗廟之物○釋曰案月令四時有珍異之物皆云先薦寢廟故鄭以爲薦宗廟舉重而言也

凡國之賣儥各帥其屬而嗣掌其月 儥買也故書賣爲買鄭司農云謂官有所斥令賣賈師帥其屬而更相代直月爲官賣之均勞逸○更音庚爲官于僞反 疏 注儥買至勞逸○釋曰先鄭云謂官有所斥賣者斥謂指斥出之故鄭注大宰亦云幣餘謂占賣國之斥幣義與此同也云賈師帥其屬而更相代者賈師之下有羣賈亦二肆則一人者使之更互相代也

凡師役會同亦如之 疏 凡師至如之釋曰此亦從行所在當有爲官賣買也

司虣掌憲市之禁令禁其鬭囂者與其虣亂者出入相陵犯者以屬遊飲食于市者 囂讙也鄭司農云以屬遊飲食羣飲食者○囂五羔反又許驕反讙音歡 疏 注囂讙至食者○釋曰此屬遊飲食謂聚而羣遊飲食者禁之若不羣遊則得飲

若不可禁則搏而戮之 ○搏音博下同

司稽掌巡市而察其犯禁者與其不物者而

搏之不物衣服視占不與衆同及所操物不如品式○操七曹反〔疏〕注不物至品式○釋曰案大司徒民當同衣服今有人衣服不與衆人同又視占亦不與衆人同及所操物不如品式此皆違禁之物故搏之也

掌執市之盜賊以徇且刑之○徇辭俊反〔疏〕掌執至刑之○釋曰上司市市中之刑無過憲徇扑附於刑者歸於士此掌執市之盜賊以徇且刑之亦無過小盜徇扑而已故云以徇且刑之若直徇者不必有刑其刑者必徇故徇刑兩言之也

胥各掌其所治之政執鞭度而巡其前掌其坐作出入之禁令襲其不正者作起也坐起禁令當市而不得空守之屬故書襲爲習杜子春云當爲襲謂掩捕其不正者〔疏〕胥各至正者○釋曰案序官胥二肆則一人故亦云各掌其所治之政則一人掌二肆者也云執鞭度而巡其前者此鞭度亦如上文守門者謂以殳爲鞭而量物也○注作起至正者○釋曰杜子春從襲不從古書習者習是習學之習襲是掩襲之義故從襲是以左氏公羊皆有不聲鍾鼓爲襲是掩其不備也

凡有罪者撻戮而罰之罰之使出布〔疏〕注罰之使出布○釋曰此罰布即上廛人職云罰布一也故彼注云罰布者犯市令之布也

肆長各掌其肆之政令陳其貨賄名相近者相遠也實相近者相爾也而平正之爾亦近也俱是物也使惡者遠善善自相近鄭司農云謂若珠玉之屬俱名爲珠俱名爲玉而賈或百萬或數萬恐農夫愚民見欺故別異令相遠使賈人不得雜亂以欺人心○附近之近遠于萬反注同數色主反令力呈反賈音古〔疏〕肆長至正之○釋曰此肆長謂一肆立一長使之檢技一肆之事若今行頭者也○注爾亦至欺人○釋曰云俱是物也者即司農云俱名爲珠俱名爲玉之類是也云使惡者遠善者釋經名相近者相遠也云善自相近者釋經實相近者相爾也先鄭云謂若珠玉之屬已下直釋經名相近者相遠不釋實相近者其義可知故也先鄭雖舉珠玉貴者而餘物亦爾

斂其總布掌其戒禁杜子春云總當爲儳〔疏〕注杜子至爲儳○釋曰此肆長各主一肆故罰其無肆立持之布故後鄭引而從之也

泉府掌以市之征布斂市之不售貨之滯於民用者以其賈買之物楬而書之以待不時而買者買者各從其抵都鄙從其主國人郊人從其有司然後予之故書滯爲癉杜子春云癉當爲滯鄭司農云物楬而書之物物爲揃書書其賈楬著其物也不時買者謂急求者也抵故賈也主者別治大夫也然後予之爲封符信然後予之玄謂抵實柢字柢本也本謂所屬吏主有司是也○楬音竭抵音帝又都禮反癉音旦又丁左反揃音牋又舍廉反著直略反治直吏反〔疏〕泉府至予之○釋曰云掌以市之征布者即上廛人絘布已下之布並入泉府而藏之故總云征布也云各從其抵者抵謂本主所屬之吏乃付之即都鄙從其主國人郊人是也云都鄙者可兼大小都及家邑云國人者謂住在國城之內即六鄉之民也云郊人者即遠郊之外六遂之民也○注故書至司是○釋曰先鄭云抵故買也後鄭不從者假令官前買時貴後或賤今依故賈與之即損民故不得依故賈以解抵也先鄭云主者別治大夫也者義或然以其公卿大夫常在王朝其都鄙則遣人治之若季氏費宰公山弗擾之輩天子都鄙蓋亦然先鄭云爲封符信然後予之者封符信謂有符信文書皆封題之計買者得主及有司然後賣不須封信文書但於理無害故後鄭不破之也後鄭破抵從柢者經是抵欺之抵故破從木傍柢柢得爲本義也云本謂所屬吏主有司是者鄭欲解柢與主有司爲一云主有司是也

凡賒者祭祀無過旬日喪紀無過三月鄭司農云賒貰也以祭祀喪紀故從官貰買物〔疏〕注鄭司至買物○釋曰先鄭之意以祭祀喪紀二者事大故賒與民不取利

凡民之貸者與其有司辨而授之以國服爲之息有司其所屬吏也與之別其貸民之物定其賈以與之鄭司農云貸者謂從官借本賈也故有息使民弗利以其所賈之國所出爲息也假令其國出絲絮則以絲絮償其國出絺葛則以絺葛償玄謂以國服爲之息以其於國服事之税爲息也於國事受園廛之田而貸萬泉者則朞出息五百王莽時民貸以治產業者但計贏所得受

息無過歲什一。之貸音待注不出者同別彼列反貸民音吐代反本賈音嫁。一音古所賈音古令力呈反償時亮反〔疏〕凡民至之息。釋曰貸者即今之舉物生利與上文不同云與其有司辨而授之者謂別其所授之物以與之云以國服爲之息者所出之利各以國服而爲息也。注司至什一。釋曰云有司其所屬吏也者此則上文有司也若然此經不言都鄙主者有司中兼之故上注亦云本所屬吏是柢本中兼二者云與之別其貸民之物者但泉府中所藏之物種類不同欲授民之時先當分別又當定其賈數以與之先鄭以所賈之國所出爲息已下後鄭不從者凡言服者服事爲名此經以民之服事唯出稅是也則載師云二十而一已下是也是以鄭引載師受園廛之田而貸萬泉者則朞出息五百萬泉出息五百計當二十而取一若然近郊十一者萬泉朞出息一千遠郊二十而三者萬泉朞出息一千五百甸稍縣都之民萬泉朞出息二千鄭直云園廛者略舉以言之也云王莽時民貸以治產業者但計贏所得受息無過歲什一者此則與周少異周時不計其贏所得多少據本徵利王莽時雖計本多少爲定及其徵科唯據所贏多少假令萬泉歲還贏萬泉徵一千贏五千徵五百餘皆據利徵什一也

凡國之財用取具焉歲終則會其出入而納其餘會計也納入也入餘於職幣。會古外反後放此〔疏〕凡國至其餘。釋曰云凡國事之財用取具焉者言事謂有司爲國家之事與作用財物者皆來向泉府取財爲具焉泉府財盡乃於餘府別取焉云歲終則會其出入出謂出府會計用財入謂於廛人斂取紋布己下云納其餘者若國家來取財不盡而有餘則納與天官職幣職幣別出與人故云納其餘也

司門掌授管鍵以啓閉國門鄭司農云鍵讀爲蹇管謂籥也鍵謂牡。鍵其展反又其偃反司農音蹇居免反籥羊略反〔疏〕司門至國門。釋曰云掌授管鍵以啓閉國門者謂用管籥以啓門用鍵牡以閉門故雙言以啓閉國門則王城十二門者也。注鄭司至謂牡。釋曰先鄭讀鍵爲蹇者欲取其蹇澀之意云管謂籥也者即月令注管籥搏鍵器是也云鍵謂牡者以入爲牡容者爲牝者若爾雅走曰牝牡也

幾出入不物者正其貨賄凡財物犯禁者舉之不物衣服視占者不與衆同及所操物不如品式者正讀爲征征稅也犯禁謂商所不資者舉之沒入官。正其音征〔疏〕

注不物至入官。釋曰鄭知不物是衣服之等者見王制云關執禁以幾禁異服識異言閽人云潛服賊器不入宮奇服怪民不入宮明此司門亦然故鄭以不物衣服之等解之但鄭釋不物之中有三事一者衣服二者占視皆不與衆同三者手所操持不如尋常品式以其特異於人此三者皆須訶問所以也云正讀爲征征稅也者下文云國凶札無關門之征明無凶札之時有征稅故讀從征稅之字也云犯禁者謂商所不資者商所資者謂若國語云冬資絺夏資縣之類是商所豫資待時而賣者乃不爲犯其商所不資謂非民常用之物則舉之沒入官也

以其財養死政之老與其孤財所謂門關之委積也死政之老死國事者之父母也孤其子〔疏〕注財所至其子。釋曰云財所謂門關之委積也者即上遺人云門關之委積以養老孤云死政之老死國事者之父母也孤其子者即外饔云邦饗耆老孤子義與此同

祭祀之牛牲繫焉監門養之監門門徒。毄音計本又作繫監古銜反注同〔疏〕注監門門徒。釋曰牧人六牲至祭前三月則使充人繫而養之若天地宗廟則繫於牢芻之三月若其散祭祀之牲則不在牢遺此監門門徒養之不必三月也

凡歲時之門受其餘鄭司農云受祭門之餘〔疏〕凡四至其餘。釋曰凡歲時之門者歲之四時祭門非一故云凡以摠之若月令秋祭門者是祭廟門此門亦謂國門十二者除四時祭外仍有爲水祈禱故左氏莊公二十五年秋大水有用牲于門之事

凡四方之賓客造焉則以告造猶至也告告於王而止客以俟逆。造七到反注同〔疏〕凡四至以告。釋曰謂四方諸侯來朝覲至關關人告王至郊郊人告王至國門門人告王王得告皆遣人往迎故先鄭云止客以俟逆也

司關掌國貨之節以聯門市貨節謂商本所發司市之璽節也自外來者則案其節而書其貨之多少通之國門國門通之司市自內出者司市爲之璽節通之國門國門通之關門參相聯以檢猾商。猾音滑〔疏〕注貨節至猾商。釋曰案下文掌節云貨賄用璽節則璽節主通貨賄若然璽節亦可先從王司市而出。鄭今解經璽節先從邦國向內而言者以其司關在境而先云掌國貨之節後云以聯門市是從外向內之言故鄭亦順經先從邦國司市解之也。云案其節而書其貨之多少通之國門國門通之司市者將送商人而執節者

別有過所文書，若下文節傳，當載人年幾及物多少。至關至門，皆別寫一通，入關家、門家，乃案勘而過。其自內出者，義亦然。云參相連以檢猾商者，司市與關及門三處相連，恐姦猾商人或以多爲少，或隱而不出而避稅，故相連以檢括之也。其遠郊近郊雖不置官掌之，亦應有人幾問，但無稅法，故不言耳。

司貨賄之出入者

掌其治禁與其征廛　征廛者，貨賄之稅與所止邸舍也。關下亦有邸客舍，其出布如市之廛。治，直吏反。〔疏〕司貨至征廛。○釋曰：司，主也。主貨賄出入，謂上經以臨門市者是也。云與其征廛者，征謂稅，廛謂邸舍，二事雙言也。○注征廛至之廛。○釋曰：云關下亦有邸客舍，其出布如市之廛者，案上文廛人有廛布，鄭云廛，邸舍。此關亦有邸舍，商人於關停止，則有稅，故云如市之廛也。

凡貨不出於關者，舉其貨，罰其人　不出於關，謂從私道出辟稅者，則沒其財而撻其人。辟音避，一音芳益反。〔疏〕注不出至其人。○釋曰：注云沒其財者，解經舉其貨；撻其人者，解經罰其人。案上憲罰之等，皆是撻，但舉其貨已是罰物，故知罰其人是撻之可知也。

凡所達貨賄者，則以節傳出之　商或取貨於民間，無璽節者，至關，關爲之璽節及傳出之。其有璽節，亦爲之傳。傳，如今移過所文書。傳，張戀反，注下皆同。〔疏〕凡所至出之。○釋曰：此文重釋上國貨之節。上直云璽節，此經兼有傳，傳則過所文書。○注商或至文書。○釋曰：鄭云商或取貨於民間，無璽節者，至關，關爲之璽節者，若本由王市而出，則司市爲之璽節。商或於民間者，或在郊內關內民間買得物貨，不得向司市取璽節，故因向關外，則便於關取節而出。若在城內民間貿貨者，司關爲璽節以出之。授節節者，即授傳與之。

國凶札，則無關門之征，猶幾　鄭司農云：凶謂凶年饑荒也。札謂疾疫死亡也。越人謂死爲札。春秋傳曰：札瘥夭昏。無關門之征者，出入關門無租稅。猶幾，謂無租稅，猶苛察，不得令姦人出入。孟子曰：關幾而不征，則天下之行旅皆說而願出於其塗。札，側八反，又音截。瘥，才何反，病也。苛，呼多反，又音何。令，力呈反。說音悅。〔疏〕國凶至猶幾。○釋曰：此司關所掌，兼言門者，門關同類，無征是同，司門既不言，故於關并言門也。○注鄭司至其塗。○釋曰：上注札爲疫病，此司農以札爲死，則札因病而死，義得兩兼，是以引越人謂死爲札也。云春秋傳者，昭十九年左氏云：鄭駟偃卒，其父兄立子瑕。子產曰：寡君之二三臣札瘥夭昏。注云：大死曰札，小疫曰瘥，短折曰夭，未名曰昏。又洪範云：六極，一曰凶短折。注云：未亂曰凶，未冠曰短，未昏曰折。並無正文，望經爲說耳。引春秋者，證札爲大疫也。引孟子者，案孟子云：尊賢使能，俊傑在位，則天下之士皆說而願立於朝矣；市廛而不征，法而不廛，則天下之商皆說而願藏於市矣；關幾而不征，則天下之行旅皆說而願出於其塗矣；耕者助而不稅，則天下之民皆說而願耕於其野矣；廛無夫里之布，則天下之民皆說而願爲之民矣。信能行此五者，則鄰國之民仰之如父母矣。率其子弟以攻其父母，自有生民已來，未有能濟者也。如是則無敵於天下，無敵於天下，然而不王者，未之有也。此陳正法，與周異。引之者，彼正法不征商旅，則有說。此經有故不征，亦所以說民，故取一邊爲證也。

凡四方之賓客敂關，則爲之告　謂朝聘者也。敂關，猶謁關人也。鄭司農說以國語曰：周之秩官有之曰：敵國賓至，關尹以告，行理以節逆之。敂音叩，苦狗反。爲，于僞反。朝，直遥反。〔疏〕凡四至之告。○釋曰：敂猶至也。畿外諸侯來朝，使卿大夫來大聘、小聘，但至關門，皆先謁關人，關人止客，則奔告王，王使小行人逆勞於畿也。○注謂朝至逆之。○釋曰：案小行人云：凡諸侯入王，則逆勞於畿。聘禮使者至，謁關人。此經亦摠云賓客

敂關，則爲之告，是以鄭云謂朝聘者也。云叩關猶謁關人者，猶聘禮關人也。先鄭說以國語曰周之秩官有之者，案國語，定王使單襄公聘於宋，遂假道於陳以聘楚。候不出疆，司空不視塗。單子歸告於王曰：陳侯不有大咎，國必亡矣。又云：周之秩官有之曰：敵國賓至，關尹以告，行理以節逆之。韋昭注云：理，吏也。行理，小行人，掌國賓客禮，以待四方使，逆賓客，候人爲導，卿出郊勞，司里授館。引之者，國語云關尹以告，則此經司關爲之告，一也。云行理以節逆之者，證關尹告王，王使小行人以節逆之也。

有外內之送令，則以節傳出內之　有送令，謂奉貢獻及文書以常事往來。環人之職所送迎通賓客，來至關，則爲之節與傳以通之。〔疏〕有外至內之。○釋曰：此雙言之。云有外之送令者，則以節傳內之，謂從諸侯之國畿外而入者，則關人以節及傳內之至王。又云有內之送令，則以節傳出之者，謂有王命從王國而出，則亦以節傳出之，送至畿上也。○注有送至通之。○釋曰：案秋官環人職云：掌送逆邦國之通賓客，以路節達諸四方。注云：路節，旌節也。四方，圻上。與此義同，故引以言之。

掌節掌守邦節而辨其用，以輔王命　邦節者，珍圭、牙璋、穀

圭琬圭琰圭也王有命則別其節之用以授使者輔王命者執以行爲信。別彼列反下相别同使所吏反下之使注使節使者同〔疏〕掌節至王命。釋曰此一經論王國之節對下文邦國是諸侯故此王國文單言邦也。注邦節至爲信。釋曰云邦節者珍圭之等皆約典瑞言之案典瑞云珍圭以徵守以恤凶荒牙璋以起軍旅以治兵守穀圭以和難以聘女琬圭以治德以結好琰圭以易行以除慝是其邦節也不數自外璧羨以起度之等以其彼是王國所用非使者之節故不言之云王有命則別其節之用以授使者此釋經而辨其用故典瑞注亦皆云王使之瑞節也

守邦國者用玉節守都鄙者用角節謂諸侯於其國中公卿大夫王子弟於其采邑有命者亦自有節以輔之玉節之制如王爲之以命數爲小大角用犀角其制未聞〔疏〕注謂諸至未聞。釋曰云謂諸侯於其國中者釋經守邦國者用玉節云公卿大夫王子弟於其采邑者釋經守都鄙者用角節畿內公卿大夫亦是畿內之國但對畿外諸侯爲尊故公卿已下言都鄙也云有命者亦自有節以輔之者亦如上文王有命有節以輔之者玉節之制如王爲之以命數爲小大者以邦國與王同稱玉節故知邦國亦有數等之節亦皆以玉爲之以其諸侯國內亦有徵守好難起軍旅之等故知與王同知以命數爲小大者以其命圭之等依命數故知亦以九以七以五爲節也其天子玉節自以大小爲數故琬圭琰圭俱同九寸穀圭牙璋俱七寸唯有珍圭無文鄭云大小當與琬琰相依云角用犀角者案釋獸云犀似豕注云角在鼻上犀角是角中之貴故知不得用玉者當用犀角云其制未聞者以其邦國之玉節可以約王之玉節都鄙之角節無可依約既無舊制故云其制未聞此云都鄙用角節注謂公卿大夫王子弟於其采邑是都鄙之主案小行人都鄙用管節注謂公之子弟及卿大夫之采地之吏也故用管節與此不同彼諸侯采地亦同用管節亦異外內也若天子公卿大夫采邑之吏下注約入道路用旌節

凡邦國之使節山國用虎節土國用人節澤國用龍節皆金也以英蕩輔之使節使卿大夫聘於天子諸侯行道所執之信也土平地也山多虎平地多人澤多龍以金爲節鑄象焉必自以其國所多者於以相别爲信明也今漢有銅虎符杜子春云蕩當爲帑謂以函器盛此節或曰英蕩畫函。蕩如字又吐黨反帑吐黨反盛音成〔疏〕注使節至畫函。釋曰云使節使卿大夫聘於天子諸侯行道所執之信也者大聘使卿小聘使大夫或於天子或於諸侯故並言之也云土平地也者對山澤非平地也云山多虎者若晉國之類也云平地多人者若衞國之類也云澤多龍者若鄭國之類也云以金爲節鑄象焉者釋經皆金也云必自以其國所多者於以相别爲信明也者山澤與平地人虎龍皆雜有今言山國用虎澤國用龍土國用人皆據多者相别爲信以自明也引漢有銅虎符者證周時節用銅之意也杜子春云蕩當爲帑者音以蕩反之今人猶言帑也帑則函故云謂以函器盛此節也云或曰英蕩畫函者其函猶是蕩但以英華有畫義故更云畫函也經云輔之者以函輔此法使不壞損也案昭二十九年公在鄆賜公衍羔裘使獻龍輔於齊侯注龍輔玉名所以輔龍節與此別也

門關用符節貨賄用璽節道路用旌節皆有期以反節門關司門司關也貨賄者主通貨賄之官謂司市也道路者主治五涂之官謂鄉遂大夫也凡民遠出至於邦國邦國之民若來入由門者司門爲之節由關者司關爲之節其商則司市爲之節其以徵令及家徙則鄉遂大夫爲之節雖時事而行不出關不用節也變司市言貨賄者璽節主以通貨賄貨賄非必由市或資於民家爲變鄉遂言道路者容公邑及小都大都之吏皆主治五塗亦有民也符節者如今宮中諸官詔符也璽節者今之印章也旌節今使者所擁節是也將送者執此節以送行者皆以道里日時課如今郵行有程矣以防容姦擅有所通也凡節有法式藏於掌節。郵音尤字從垂作郵誤〔疏〕注門關至掌節。釋曰鄭知門關是司門司關者以其人之出入必由門由關而授節者非門關之官不可輒授故知主守門及關者故以司門司關解之也云貨賄者主通貨賄之官謂司市也者以其貨賄所得皆由於市乃得通之於外亦非官不可輒授故知貨賄用璽節必是王之司市也云道路者主治五溝五涂之官謂鄉遂大夫也謂以其授節非官不可言路即遂人徑畛涂道路之涂也鄉之田制與遂同故知旌節是鄉遂大夫所授也云凡民遠出至於邦國邦國之民若來入由門者司門爲之節由關者司關爲之節者據此注凡民出至邦國若宅在國城中先由則司門授之節若宅在關內者則由關司關授之節也若邦國之民來入則先由關司關授之節若然邦國之民入其節直由關不由門亦云由門者因王國之民出由門故摠言之於義無妨也云其商則司市爲之節者此王之掌節而言貨賄用璽節明是王之司市非邦國之司市其實家徙從邦國來即邦國司市

爲節故上司關注云貨節謂商本所發司市之璽節自外來者即案其節是邦國之璽節也云其以徵令及家徙則鄉遂大夫爲之節者知徵令有節者見鄉大夫云國有大故以旌節輔令則達之注云民雖命行其將之者無節不得通是徵令有節之事又知家徙有節者見比長云若徙於他則爲之旌節而行之是家徙有節也又云唯時事而行不出關不用節也者時事行若比長云徙於郊徙於國當鄉徙及非徵令皆不須節兼言不出關者關内當都當邑當行不出關皆不須節也云變司市言貨賄者司市本出璽節授商令不言市而變言貨賄故鄭云璽節主以通貨賄貨賄非必由市或資於民家則由門者司門與之節由關者司關授之節故變言貨賄也云變鄉遂言道路者容公邑及小都大都之吏皆主治五涂亦有民也者鄉遂公邑爲溝洫法三等采地爲井田法井田與溝洫雖俱爲溝洫稀稠有異皆有五涂以官主當其民出入皆受旌節故變鄉遂而言道路以容此等之官云之吏者以其都鄙之主在王朝唯吏在都鄙故以吏言之也云符節已下周法無文故皆約漢法況之案太史公本紀漢文帝二年九月初與郡國守相爲銅虎符竹使符應劭曰銅虎符第一至第五國家當發兵遣使者至郡國合符符合乃聽受之竹使符者皆以竹箭五枚長五寸鐫刻篆書第一至

第五張晏曰符以代古之圭璋從簡易也鄭引之者欲明漢時銅虎符本出於此也

凡通達於天下者必有節以傳輔之必有節言達行無有不得節而出者也輔之以傳者節爲信耳傳說所齎操及所適【疏】凡通至輔之○釋曰此經揔解上經門關諸有節并有傳輔成信驗或有節無傳或有傳無節或節傳俱無則不得通達於天下也

無節者有幾則不達圖土内之【疏】無節至不達○釋曰此亦揔解上門關已下應有節傳令無節者非直破幾又不通達前所也○注圖土内之○釋曰知圖土内之者見比長云無節無授圖土内之故也

遂人掌邦之野郊外曰野此野謂甸稍縣都【疏】注郊外至縣都釋曰遂在遠郊百里之外即遂人所掌之野在郊外曰野之中故鄭云郊外曰野鄭又知此野謂甸稍縣都者從二百里至五百里皆名野者此遂人不言掌遂又見下文云以達于畿明遂人掌野通至畿疆也但遂人雖專掌二百里之中乃兼掌三百里以外其有溝洫井田之法皆知之也

以土地之圖經田野造縣鄙形體之灋五家爲鄰五鄰爲里四里爲酇五酇爲鄙五鄙爲縣五縣爲遂皆有地域溝樹之使各掌其政令刑禁以歲時稽其人民而授之田野簡其兵器教之稼穡經形體皆謂制分界也鄰里酇鄙縣遂猶郊内比閭族黨州鄉也鄭司農云田野之居其比伍之名與國中異制故五家爲鄰玄謂異其名者示相變耳遂之軍法追胥起徒役如六鄉○酇作管反後同分扶問反又如字下分制同比毗志反下同追如字劉張類反【疏】以土至稼穡○釋曰遂人以土地之圖據圖以經界其田野田謂田在百里之外野中所經界者即造縣鄙已下是也云造縣鄙者此與下五家爲鄰之等爲揔目五家已下有六等略言二者耳云皆有地域溝樹之者從五家已下據地境界四邊營域爲溝溝上而樹之也云使各掌其政令刑禁者五家則鄰長施政令五鄰則里宰施政令已上皆施之云以歲時稽其人民者稽計也人民猶言夫家夫家男女也以歲之四時計其所管男女多少而損益之云授之田野者若下文一

廛田百晦云簡其兵器者若族師旗鼓兵革云教之稼穡者亦若計耦耕事○注經形至六鄉○釋曰云經形體皆謂制分界也者以田野云經縣鄙云造形體之法明是爲田野云經緯爲縣鄙云形體二者同實而異名朗俱爲分界處所也云鄰里酇鄙縣遂猶郊内比閭族黨州鄉以家數相對是同故云猶郊内也先鄭云田野之居其比伍之名與國中異制者田野之居釋經田野比伍之名謂夫一廛田百晦也言比五則經中言五皆是也名與國中異制亦異以其六遂之内上地有萊五十晦并下劑致甿並異也玄謂異其名者示相變耳者此後鄭直增成先鄭家數雖同其名異之意云遂之軍法追胥起徒役如六鄉者案小司徒云乃會萬民之卒伍而用之五人爲伍五伍爲兩四兩爲卒五卒爲旅五旅爲師五師爲軍以起軍旅以作田役以比追胥以令貢賦注云鄉之田制與遂同但彼鄉中唯見出軍無田制此遂人唯見田制無出軍法故鄭彼注云鄉之制與遂同此遂之軍法追胥起役如彼六鄉互見其義明彼此皆有也但彼此雖相如據大較而言細論之仍有少異以其六鄉上劑致民六遂下劑致甿六鄉上地無萊六遂上地有萊有萊是其稍異也○

凡治野以下劑致甿以田里安甿以樂昬擾

甿以土宜教甿稼穡以興耡利甿以時器勸甿以彊予任甿以土均平政變民言甿異外內也甿猶懵懵無知貌也致猶會也民雖受上田中田下田及會之以下劑爲率謂可任者家二人樂昏勸其昏姻如媒氏會男女也擾順也時器鑄作耒耜錢鎛之屬彊予謂民有餘力復予之田若餘夫然政讀爲征土均掌均平其稅鄭大夫讀耡爲藉杜子春讀耡爲助謂起民人令相佐助○甿亡耕反耡音助李又音鉏彊其良反懵本又作懜莫崩反又音蒙李武冰反猶會古外反下一字同率音律又音類錢音翦劉音踐鎛音博復扶又反

疏凡治至平政○釋曰云以下劑致甿者對六鄉之中其家一人爲正卒已下皆爲羡卒此六遂之中家一人爲正卒第二者爲羨卒自外並爲餘夫家取二人爲下劑致甿也云以田里安甿者田則爲百畮之田里則五畮之宅民得業則安故云安甿也以樂昏擾甿者男女人所樂故云樂昏飲食男女人之大欲存焉故配以昏姻即順民意也以土宜教甿稼穡者高田種黍稷下田種稻麥是教之稼穡云以興耡利甿者耡助也興起其民以相佐助是與民爲利故云利甿也○注變民至佐助○釋曰此案大司徒小司徒生六

鄉皆云民不言甿此變民言甿者直是異外內而已無義例以其民者冥也甿者懵懵皆是無知之皃也云雖受上田中田下田者即此下文夫一廛以下是也云以下劑爲率謂可任者家一人者則其外爲餘夫是也云耒耜錢鎛之屬者詩云庤乃錢鎛仍有茲基之等故云之屬鄭大夫讀耡爲藉藉借也謂借民力所治之田民相於無此事故後鄭謂相佐助從子春也

辨其野之土上地中地下地以頒田里上地夫一廛田百畮萊五十畮餘夫亦如之中地夫一廛田百畮萊百畮餘夫亦如之下地夫一廛田百畮萊二百畮餘夫亦如之萊謂休不耕者鄭司農云戶計一夫一婦而賦之田其一戶有數口者餘夫亦受此田也廛居也楊子雲有田一廛謂百畮之居也玄謂廛城邑之居孟子所云五畮之宅樹之以桑麻者也六遂之民奇受一廛雖上地猶有萊皆所以饒遠也王莽時城郭中宅不樹者爲不毛出三夫之布○令力呈反晦音畝萊音來數色主反奇居宜反

疏辨其至如之○釋曰此據在六遂之中爲野故以野言之并上地中地下地以頒其田里此皆與已下爲總目也此直言上中下地亦當如小司徒云上地家七人中地家六人下地家五人也○注萊謂至之布○釋曰案詩云田卒汙萊注高者萊下者汙是萊謂休不耕者也先鄭引楊子雲有田一廛謂百畝之居也後鄭不從以爲廛與孟子五畮之宅同者此經上中下地皆云夫一廛田百畮百畮與一廛別言之則此廛與廛人皆謂廛緜於其中則此乃是廛里在國中之地一也不得同爲百畝之田詩所云三百廛兮者自是三百家之稅故亦廛表稅也云六遂之民奇受一廛者釋經餘夫亦如之則餘夫皆有田有廛是餘夫奇別更受廛備後離居之法故奇受一廛也云雖上地猶有萊者對六鄉不言餘夫之廛上地又無萊故云皆所饒遠也引王莽時事者證廛是城郭中言

凡治野夫間有遂遂上有徑十夫有溝溝上有畛百夫有洫洫上有涂千夫有澮澮上有道萬夫有川川上有路以達于畿十夫二鄰之田百夫一酇之田千夫二鄙之田萬夫四縣之田遂溝洫澮皆所以通水于川也遂廣深各二尺溝倍之洫

倍溝澮廣二尋深二仞徑畛涂道路皆所以通車徒於國都也徑容牛馬畛容大車涂容乘車一軌道容二軌路容三軌都之野涂與環涂同可也萬夫者方三十三里少半里九而方一同以南畝圖之則遂從溝橫洫從澮橫九澮而川周其外焉去山陵林麓川澤溝瀆城郭宮室涂巷三分之制其餘如此以至于畿則中雖有都鄙遂人盡主其地○畛之忍反劉音真洫況域反澮古外反乘繩證反從子容反下同去起呂反盡津忍反

疏凡治至于畿○釋曰遂人所掌即六遂之中爲溝洫之法遂地在郊外田野之中故云凡治野云夫間有遂已下五溝所以通水入川五涂所以通道向都及國城也○注十夫至其地○釋曰云十夫二鄰之田已下以遂之中有鄰里酇鄙縣遂故十夫以下還以鄰酇鄙縣地當之鄭知遂廣深各二尺溝倍之洫倍溝澮廣二尋深二仞者此雖溝洫法與井田異制其遂溝洫澮廣深亦與井田溝澮廣深同故鄭還約匠人井田之法而言也鄭知徑容牛馬之等義如此者此從川上有路差之凡道皆有三塗川上之路則容三軌道容二軌塗容一軌軌皆廣八尺其畛差小可容大車一軌軌廣八尺自然徑不容車軌而容牛馬及人之步徑是以春秋有牽牛蹊蹊即徑也云都之野涂與環涂同可也者案匠人云環涂以爲諸侯經涂野涂以爲都經涂

鄭注云經亦謂城中道諸侯環涂五軌其野涂及都環涂皆三軌彼注亦與此注同皆以爲都之野涂與環涂同依內民云道有三涂男子由右女子由左車從中央是以鄭解川上之路及都之野涂皆容三軌也云萬夫者方三十三里少半里者此解經萬夫有川之意從西北隅北畔至東頭有十洫一洫百夫十洫千夫千夫萬步萬步有三十三里百步百步是少半里以九澮揔而言之則萬夫矣故言萬夫者三十三里少半里矣云九而方一同者案匠人云廣尺深尺謂之甽以至方百里爲同同間廣二尋深二仞彼井田法溝澮稀少而云同此雖溝洫法溝澮稠多與彼井田相準擬而言也云以南畮圖之遂從溝橫洫從澮橫九澮而川周其外焉者案詩有今適南畝又云南東其畝故以南畝圖之其田南北細分者是一行隔爲一夫十夫則於首爲橫溝十溝即百夫於東畔爲南北之洫十洫則於南畔爲橫澮九澮則於四畔爲大川此川亦人造雖無丈尺之數蓋亦倍澮耳此川與匠人澮水所注川者異彼百里之間一川謂大川也云去山林之等其餘如此者鄭注載師亦以此等三分去一皆大判而言之耳是以田之法一成九百夫亦三分去一以其餘通計出稅故每云三百家也云以至于畿則中雖有都鄙遂人盡主其地者遂人注六遂與司徒主六鄉同唯在二百里以內

令經云以達于畿明畿以內之中雖有都鄙作井田之法遂人亦盡主其地明不可細主井田倘主公邑之中爲溝洫之法與鄉遂人盡主之可知也

以歲時登其夫家之衆寡及其六畜車輦辨其老幼癈疾與其施舍者以頒職作事以令貢賦以令師田以起政役

登成也猶定也夫家猶言男女也施讀爲弛職謂民九職也分其農牧衡虞之職使民爲其事也載師職云以物地事授地職互言矣貢九貢也賦九賦也政役出士徒役○施式氏反下施舍皆同政音征注同

【疏】以歲至政役○釋曰云以歲時以主其夫家已下亦如族師所云以歲之四時成定男女之等○注登成至徒役○釋曰云施讀爲弛者以其文承老幼癈疾之下下又別云以起政役明此不得爲施政役破施爲弛謂弛捨其政役也云職謂民九職也者以其頒職而作事是民之九職使之作事而遣出九貢也云分其農牧衡虞之職者農即三農牧即藪牧衡虞即虞衡作山澤之材不言商賈嬪婦臣妾之等者略之也云載師職云以物地事授地職互言矣者彼云物地事不云貢此云令貢賦不云物地事授地職事地事貢賦當相互皆有也云貢九貢也者即九職之九貢非諸侯之九貢也賦者即亦大宰九賦一田邦中之賦二曰四郊之賦之等是也云政役出士徒役者即上注遂之軍法如六鄉者是也

若起野役則令各帥其所治之民而至以遂之大旗致之其不用命者誅之

役謂師田若有功作也遂之大旗熊虎

【疏】若起至誅之○釋曰此文起野役若小司徒凡起徒役毋過家一人之類也云則令各帥其所治之民而至者謂令縣正已下縣正云若將用野民師田行役移執事則帥而至治其政令是縣正受遂人之令也云以遂之大旗致之者以其遂人雖是大夫合用鳥隼之旗致衆今遂人掌衆與大司徒同故致衆得用熊虎爲旗也○注役謂至熊虎○釋曰知役謂師田若功作也者以其縣正所云用野民師田行役移執事爲此事致之明此役與彼同其云功作則移執事之等是也云大旗熊虎者司常職文

凡國祭祀共野牲令野職

共野牲入於牧人以待事也野職薪炭之屬

【疏】注共野至之屬○釋曰云共野牲入於牧人以待事也者謂牛羊豕在六遂者故曰野牲牧人云掌牧六牲以待祭祀故

知此野牲牧又云掌牧六牲以待祭祀故知此野牲亦入牧人以待事也云野職薪炭之屬者此官令之委人斂之故下委人云掌斂野之賦又云斂薪芻凡疏材木材凡畜聚之物言之屬者兼此諸物也

凡賓客令脩野道而委積

委積於廬宿市

【疏】凡賓至委積○釋曰案大司徒云令野脩道委積彼謂揔令遺人此於百里外野道又令之故注云委積於廬宿市是亦令遺人也

大喪帥六遂之役而致之掌其政令及葬帥而屬六綍及窆陳役

致役致於司徒給墓上事及竁也綍舉棺索也葬舉棺者謂載與說時也用綍旁六執之者天子其千人與陳役者主陳列之耳匠師帥監之鄉師以斧涖焉大喪之正棺殯啓朝及引六鄉役之載及窆六遂役之亦即遠相終始也鄭司農云窆謂下棺時遂人主陳役也禮記謂之封春秋謂之塴皆葬下棺也聲相似○屬音燭綍音弗竁劉昌絹反穿也本作窆戚彼驗反與注相應與說始銳反人與音餘朝直遙反之封彼驗反或如字塴補鄧反

【疏】注致役至相似○釋曰鄭知致役致於司徒給墓上事及竁也者以其殯及引皆六鄉役之其墓上事及竁等六遂役之故知致役

給墓上墓上則說載下棺之等竁謂穿壙之等不言在廟載事亦六遂役之不言者略也必致於司徒者司徒雖主六鄉以其地官之卿掌徒庶之役亦兼掌六遂之役故也云紼舉棺索者以其據在棺則曰紼據在道則曰引六遂之役不在道故據在棺而言紼也云葬舉棺者謂載與說時也者以其經云屬六紼不據在道故知在廟載時及在壙說時也云用紼旁六執之者天子其千人與者案雜記諸侯執紼五百人大夫三百人以此約之天子千人無正文故云與以疑之云陳役者主陳列之耳者以其經云及窆窆謂下棺下棺之時千人執紼背碑負引須陳列其人故知謂陳列之也云匠師帥監之鄉師以斧涖焉者案其鄉師職知之云大喪之正棺殯啓朝及引六鄉役之載及窆六遂役之知義然者案大司徒職云大喪帥六鄉之衆庶屬其六引此遂人云帥六遂之役屬六紼及窆陳役鄭據此二文言之以六鄉近使主殯及啓朝爲始在祖廟之中將行載棺於蜃車屬六紼則六遂爲終也至於在道言引則還使六鄉爲始至壙窆之下棺則還使六遂爲終以二處合自其爲終始故云即遠相終始也是以大司徒注云六鄉主六引六遂主六紼也云禮記謂之封者據檀弓云庶人縣棺而封及喪大記下棺亦云封是也春秋謂之塴者左氏葬鄭簡公有司墓之室當道毀之則朝而

塴是也窆塴封三者字雖不同皆是下棺也云聲相似者窆封塴皆以去聲言之故云聲相似也

凡事致野役而師田作野民帥而至掌其政治禁令○治直吏反下治訟皆同〔疏〕凡事至禁令○釋曰此居職末揔結之言也

遂師各掌其遂之政令戒禁以時登其夫家之衆寡六畜車輦辨其施舍與其可任者經牧其田野辨其可食者周知其數而任之以徵財征作役事則聽其治訟施讀亦弛也經牧制田界與井也可食謂今年所當耕者也財征賦稅之事〔疏〕遂師至治訟○釋曰以遂師下大夫四人所掌六遂亦如鄉師主六鄉亦二人共主三遂故云各掌其遂之政令戒禁并以時登其夫家衆寡六畜已下皆如鄉師之職但鄉師云輦又云老幼貴賤廢疾此不言之此云經牧其田野之等彼不言之皆是互換爲義故設文不同也云周知其數而任之以徵財征者謂

周徧知其夫家六畜及田野之等任之據人民之數徵財征據田野之數也云作役事則聽其治訟者役事中可兼軍役田獵功作之等皆聽其治訟也○注施讀至之事釋曰云施讀亦弛也者此注與鄉師同以其與其可任者對而言明施不得爲施功之事故讀爲弛與舍同爲捨放之事云經牧制田界與井也者但六遂制溝洫法上文所云者是令以爲制界與井也又爲井田法者以其遂人兼掌采地故上云掌野鄙兼言稍縣都以采地有井田法故此經云經牧其田野與小司徒文同故鄭亦兼言井也云可食謂今年所當耕者也者六遂以外上地亦有萊中下之地自然皆有萊不耕者故云今年所當耕者也云財征賦稅之事者征是賦稅財是地稅故云財征賦稅之事也雖以地稅爲正其中亦兼有口率出泉也

巡其稼穡而移用其民以救其時事移用其民使轉相助救時急事也四時耕耨斂艾芟地之宜晚早不同而有天期地澤風雨之急○耨奴豆反艾音刈〔疏〕巡其至時事○釋曰遂師各自巡其春種曰稼秋斂曰穡○注移用至之急○釋曰云地之宜晚早不同者其地有宜早種早收有宜晚種晚收故云晚早不同云而有天期地澤風雨之急者山出雲雨大風有隧皆由天期而有故以天期而言此

並須移用其民救其時事故并言之也

凡國祭祀審其誓戒共其野牲審亦聽也〔疏〕凡國至野牲○釋曰案冢宰職云大祭祀掌百官之誓戒大司寇涖誓百官并戒百族此官主審其戒戒遂之民故不同也

入野職野賦于玉府民所入貨賄以當九職九賦中玉府之用者〔疏〕注民所至用者○釋曰云野職謂民九職之貢野賦謂民九賦自邦甸家稍縣都之等口率出泉以其在遠郊之外故皆以野言之也云中玉府之用者亦是遂師自當徵其穀稅泉以入大府分之衆府也若然案大府職云式貢之餘財以共玩好之用入於玉府彼入玉府者是式貢之餘財財之美者由大府乃入玉府此經入玉府者非財之美不堪王之玩好者也

賓客則巡其道脩庀其委積巡其道脩行治道路也故書庀爲比鄭司農云比讀爲庀庀具也○庀又作庀匹爾反具也劉副美反一音芳米反脩行下孟反〔疏〕賓客至委積○釋曰巡其道脩者大司徒云野脩道委積據國外曰野在六鄉之中者此據六遂之中者

大喪使帥其屬以幄帟先道野役及窆抱磿。

共丘籠及蜃車之役使以帷帟先者大宰也其餘司徒也帷帟先所以爲葬窆之間先張神坐也道野役帥以至墓也丘籠之役䉛復土也其器曰籠蜃車柩路也柩路載柳四輪迫地而行有似於蜃因取名焉行至壙乃説更復載以龍輴蜃禮記或作槫或作輇役謂執綍者鄭司農云抱磨磨下車也玄謂磨者適歷執綍者名也遂人主陳之而遂師以名行校之○磨劉音歷籠力董反蜃市軫反以爲于僞反坐才臥反復音服或音福乃說始銳反或吐活反更復扶又反輴勑倫反槫市專反李徒官反輇市專反適音的又音釋〔疏〕大喪至之役○釋曰大喪謂王喪也云使帥其屬以帷帟先者謂大宰官使其屬以帷帟先行至壙云道野役者謂司徒導引野中之役出國城至壙云及窆抱磨者及至也謂柩車至壙窆下棺也下棺之時遂師帥其執綍者之人名歷適而校數之也云共丘籠者土曰丘謂共爲丘之籠器以盛土也云及蜃車之役者謂祖廟中將行共蜃車以載柩之役人也○注使以至校之○釋曰知使以帷帟先是大宰者以其天官幕人掌共帷幕帷帟綬屬大宰故知使幕人以帷帟先是大宰也云其餘司徒也者以其司徒主衆庶故知野役之徒皆司徒令之也云帷帟先所以爲葬窆之間先張神坐也者謂柩至壙脫載除飾

柩則在地未葬窆之間須有凶靈神坐之所故知大幕之下宜有幄之小帳小帳之內而有帟之承塵以爲神坐也云道野役帥以至墓也者以其云導導是帥引之言故知從廟帥引往至墓所也云丘籠之役䉛復土也者䉛謂穿地復土謂下棺之後以壙上土反復而爲丘壟皆須籠器以盛土也云蜃車柩路也者人君所居皆曰路故云柩路也云柩路載柳四輪迫地而行者謂在祖廟中遂匠納車於階間郤而上載載之乃加帷荒帷荒即柳也四輪迫地而行即輇車以二軸而貫四輪四輪即許氏説文云無輻曰輇者也云似於蜃因取名焉者此解名爲蜃車之意云行至壙乃説更復載以龍輴者以其天子諸侯殯時用輴車即檀弓所云菆塗龍輴以天子之禮是也諸侯不龍其輴而已殯既用輴明葬時用輴可知云蜃禮記或作槫或作輇者案雜記云載以輲車鄭注云輲讀爲輇或作槫彼經作輲一部禮記作輇或作槫彼經不爲輇者但輲輇字雖異其義同故此云或作輇也但爲槫者非車之體不從之字取其輲字或有作團字團又轉誤爲國字者故既夕記云遂匠納車於階間注云車載柩車周禮謂之蜃車雜記謂之團車喪大記又謂之國車也先鄭云抱磨下車也者於義無所當故後鄭不從也後鄭云適歷執綍者名也者謂天子千人分布於六綍之上謂之適歷者分布稀

疏得所名爲適歷也云遂人主陳之者案上遂人云及窆陳役是也云而遂師以名行校之者但執綍之人背碑負引而退行遂師抱持版之名字巡行而校録之以知在否故云抱磨也

軍旅田獵平野民掌其禁令比敘其事而賞罰平謂正其行列部伍也鄭司農云比讀爲庀○比敘匹爾反出注行列戶剛反〔疏〕軍旅至賞罰○釋曰軍旅謂征伐田獵謂四時田云平野民者謂遂師平正六遂之民故云平野民也云比敘其事而賞罰者遂師校比次敘其行伍而行賞罰也○注平謂至爲庀○釋曰周禮之內云比者後鄭皆爲校比先鄭皆爲庀庀爲具得通一義故引之在下也

遂大夫各掌其遂之政令以歲時稽其夫家之衆寡六畜田野辨其可任者與其可施舍者以教稼穡以稽功事掌其政令戒禁聽其治訟施讀亦爲弛功事九職之事民所以爲功業〔疏〕遂大至治訟○釋曰此一經與遂師職意同但

互見其義耳○注施讀至功業○釋曰云功事九職之事民所以爲功業者大宰以九職任萬民彼云任即此功事謂任之使有功者也

令爲邑者歲終則會政致事不言其遂之吏而言爲邑者容公邑及卿大夫王子弟之采邑政令戒禁遂大夫亦施焉〔疏〕注不言至施焉○釋曰言之者若直言遂之吏則不容公邑與采邑今遂大夫不言遂之吏變云爲邑則遂中可以兼公邑采邑二者故云政令戒禁遂大夫亦施焉以其遂人云掌野又云以達于畿故知亦施政令戒禁

正歲簡稼器脩稼政簡猶閱也稼器耒耜鎡基之屬稼政孟春之月令所云皆脩封疆審端徑術善相丘陵阪險原隰土地所宜五穀所殖以教道民必躬親之○術音遂相息亮反道音導〔疏〕注間猶至親之○釋曰云稼器耒耜鎡基之屬者其器中含有錢鎛之等故云之屬也云稼政孟春之月令所云皆脩封疆審端徑術者此是月令鄭注彼封疆謂田首之分界也云審端徑術者鄭彼注術當爲遂引遂人職云夫間有遂遂上有徑當審之使脩理也云善相丘陵阪險原隰者土之高者曰丘大阜曰陵坡者曰阪險下濕者曰隰高平曰原也云土地所宜者即丘陵已下若高田種黍稷下田種稻麥丘陵阪險種桑棗是也云以教

道民必躬親之者彼約束與田大夫必身親檢校之以證稼政之事

三歲大比則帥其吏而興甿明其有功者屬其地治者興甿舉民賢者能者如六鄉之爲也興猶舉也屬猶聚也又因舉吏治有功者而聚勑其餘以職事○比甿志反下徵比及注同屬音燭聚也注同治直吏反〔疏〕三歲至治者○釋曰云三歲大比已下若鄉大夫三歲大比興賢者能者其義同變之耳云帥其吏者則遂大夫已下縣正至鄰長○注興甿至職事○釋曰云興甿舉民賢者能者如六鄉之爲也者此文不具故鄭就鄉大夫解之彼以鄉飲酒興賢能者厭明獻賢能之書於王王拜而受之登於天府內史貳之此職亦然也云興猶舉也屬猶聚也者謂當興舉之時因舉治民之吏鄰長以上吏之有功者而升之又聚其地治鄰長以上勑之以職事使之不慢也

凡爲邑者以四達戒其功事而誅賞廢興之四達者治民之事大通者有四夫家衆寡也六畜車輦也稼穡耕耨也旗鼓兵革也〔疏〕凡爲至興之○釋曰此言爲邑者義如上不言遂之吏而言爲邑者容公邑及采邑也云以四達戒其功事者達通也謂將四通之事以

戒勑其功事功事即上注九職之功業也云而誅賞廢興之者此亦如天官注大有功不從興又賞之大無功不從廢又誅之故誅賞廢興連言之也○注四達至輦也○釋曰鄭知四達是夫家已下者此無正文唯約上下文而知義爾案遂師云夫家衆寡六畜車輦此遂大夫亦云夫家衆寡以教稼穡鄰長云以旗鼓兵革帥而至又云趨其耕耨鄭據而言故以四事當此四達

縣正各掌其縣之政令徵比以頒田里以分職事掌其治訟趨其稼事而賞罰之徵徵召也比案比○趣如字李君苟反本又作趨音促〔疏〕縣正至罰之○釋曰以一遂有五縣故云各掌其縣之政令徵比者謂政教號令徵發按比之等也云以頒田里者亦如上文夫一廛田百畮也云以分職事者即九職之功事也

若將用野民師田行役移執事則帥而至治其政令移執事移用其民鄭司農云謂轉相佐助〔疏〕若將至政令○釋曰云若將用野民者言將事未至之時預徵召野民也言師田謂出師征伐及田獵也言行役謂若巡狩及功役言移執事謂移徙用民以執事也

既役則稽功會事而誅賞〔疏〕既役至誅賞○釋曰此經結上文功役之事事訖乃稽考其功多少當計會其事之可否而有功者賞無功者誅也

鄙師各掌其鄙之政令祭祀祭祀祭禜也○禜音詠〔疏〕鄙師至祭祀○釋曰五鄙爲縣五百家爲鄙故云各掌其鄙之政令也○注祭祀祭禜也○釋曰知鄙祭禜者鄙與六鄉黨同黨祭禜故知此鄙所祭祀謂祭禜也

凡作民則掌其戒令作民謂起役也〔疏〕注作民謂起役也○釋曰知作民是起役者案下鄰長云若作其民而用之則以旗鼓兵革帥而至又上文每云野役故知此作民亦是起役事也

以時數其衆庶而察其媺惡而誅賞時四時也○數色主反下同媺音美〔疏〕注時四時也○釋曰知時四時者見鄉師職云凡四時之徵令則凡言歲時者皆是四時唯鄉師云賙萬民之囏阨而云歲時巡國及野者鄭注云隨其事之時不必四時囏阨非常故也

歲終則會其鄙之政而致事

酇長各掌其酇之政令以時校登其夫家比其衆寡以治其喪紀祭祀之事校猶數也〔疏〕酇長至之事○釋曰以其一鄙五酇故云各當其酇之政令也云以治其喪紀者謂民之喪紀若鄉師所云族共喪器之類治其祭祀者謂若族祭酺之類若然縣當祭社與州同縣正鄙師酇長皆不言所祭神者六遂與六鄉互見其義也

若作其民而用之則以旗鼓兵革帥而至若歲時簡器與有司數之簡器簡稼器也兵器亦存焉有司遂大夫〔疏〕若作至數之○釋曰言作其民而用之者謂師田及巡守之等直言以旗鼓兵革不言車輦文不具○注簡器至大夫○釋曰云簡器簡稼器也者見遂大夫職云正歲簡稼器脩稼政則此官與遂大夫共簡之故注云有司遂大夫也知兵器亦存焉者以遂大夫云簡稼器此不言稼直云器故知器中兼有兵器旗鼓兵革亦有在其中也

凡歲時之戒

令皆聽之趨其耕耨稽其女功聽之受而行之也文功絲枲之事〔疏〕凡歲至女功○釋曰此鄰長彌親民故趨其耕耨并稽考女功之事○注聽之受至之事○釋曰鄭知聽之爲受而行之非聽斷之者以鄰長中士官惟承受遂人已下之事不得專聽斷故知聽謂受聽而行之也知女功絲枲者案禮記內則論女功云執麻枲治絲繭故知此女功亦治絲枲以爲布帛

里宰掌比其邑之衆寡與其六畜兵器治其政令邑猶里也〔疏〕里宰至政令○釋曰里宰二十五家不言各者文承遂師以下皆言各掌此亦各掌可知○注邑猶里也○釋曰邑是人之所居之處里又訓爲居故云邑猶里也以歲時合耦于耡以治稼穡趨其耕耨行其秩敘以待有司之政令而徵斂其財賦考工記曰耜廣五寸二耜爲耦此言兩人相助耦而耕也鄭司農云耡讀爲藉杜子春云耡讀爲助謂相佐助也玄謂耡者里宰治處也若今街彈之室於此合耦使相佐助因放

而爲名季冬之月令命農師計耦耕事脩耒耜具田器是其歲時與合人耦則牛耦亦可知也秩敘受耦相佐助之次第○治處直吏反街音佳彈如字一音丹放沈方往反〔疏〕以歲至財賦○釋曰云歲時者亦謂歲之四時云合耦于耡者耡助也謂合兩兩相佐助於里宰處云以治稼穡者謂治理其民使爲春稼秋穡之事云趨其耕耨者謂使民趨時以春耕夏耨云行其秩敘者謂民使行共合耦使有次第云以待有司之政令而徵斂其財賦者以六遂之賦稅縣師徵之旅師斂之則此財賦言待有司徵斂者謂縣師旅師也○注考工至次第○釋曰鄭引考工記者欲證合耦爲二人共發一尺之地乃成畎以通水之意也先鄭云耡讀爲藉者藉借也非相佐助之義故後鄭不從之也杜子春讀耡爲助謂相佐助也於義合但文不足故後鄭增其義也玄謂耡者里宰治處也若今街彈之室者鄭以漢法況之漢時在街置室檢彈一里之民於此合耦使相助佐因放而名耡也引月令者證歲時合耦之事秦周政令或異故云是其歲時與言與以疑之也云合人耦則牛耦亦可知也者周時未有牛耦耕至漢時搜粟都尉趙過始教民牛耕今鄭云合牛耦可知者或周末兼有牛耦至漢趙過乃絶人耦專用牛耦故鄭兼云焉云秩敘受耦相佐助之次第者或家有一夫二夫共耦

若長沮桀溺耦而耕或先後次第相佐助爲之也

鄰長掌相糾相受相糾相舉察〔疏〕鄰長至相受○釋曰鄰長不命之士爲之各領五家使五家有過各相糾察宅舍有故又相容受也凡邑中之政相贊長短使相補助〔疏〕凡邑至相贊○釋曰云邑中者亦謂一里之內有上政令徵求則五鄰共相贊助此則以長補短故鄭云長短使相補助也徙于他邑則從而授之從猶隨也授猶付也〔疏〕徙于至授之○釋曰古者三年大比民或於是徙謂不便其居則徙於他遷向他遂非直從授之明無罪過亦當以旌節將行如六鄉比長云徙於他則以旌節而行之出鄉無節則唯圜土內之是也

附釋音周禮注疏卷第十五

大清嘉慶二十年重
用文選樓藏本校

知南昌府張敦仁署鄱陽縣候補知州周澍栞

周禮注疏卷十五挍勘記

阮元撰盧宣旬摘錄

附釋音周禮注疏卷第十五

質人

會謂古人會聚買賣　閩本同監毛本作市是也

此知人民奴婢也者　浦鏜云此知二字當誤倒案人民下當脫爲

質劑月平賈也　余本嘉靖本閩監本同毛本也誤九宋本岳本無也

淳當爲純　九經古義云經淳制管子作綧制制分篇云衡石一稱斗斛一量丈尺一綧制戈兵一度○按綧字不見於說文未可從也

云其券之象書兩札刻其側者　毛本同閩監本札改劄○按此可證宋人用劄爲札

邦國朞　唐石經諸本同釋文國基如字本或作朞同案儀禮士虞禮注云古文朞皆作基周禮古文與儀禮正同此當從陸本○按近人以朞年字別於期會直是俗字然自廣韻已如此分別矣凡經典如此分別者非也

廛人

掌斂市絘布總布　唐石經宋本嘉靖本同閩監毛本緫改總非注及疏同釋文絘布音次本或作次案經當作絘注當作次

總讀如租稯之稯　漢讀考云租稯當是組緫之訛見巾車職

質布者質人之所罰　余本閩監毛本同宋本岳本嘉靖本無之案賈疏引注亦無之字有者衍文

謂貨物⿱宀者藏於市中　釋文諸本作貯又作褚藏劉本作葬案葬也者藏也故以⿱宀者葬釋藏○按⿱宀者从宁者聲宁之或字也宁者辨積物也

久則將瘦臞腐敗　釋文瘦本又作膄臞其俱反又作臞音稍案賈疏本作瘦臞○按臞之義在考工梓人

云久則將瘦臞腐敗者　閩本同監毛本臞改臞非下同

胥師

憲長縣之　余本同誤也宋本嘉靖本閩監毛本長作表當據正

謂司當時設禁令　閩本同監本司上剜擠市字毛本遂排入

此止當職　宋本當字缺浦鏜云止蓋正之誤

賈師

謂官有所斥令賣　余本閩監毛本同宋本岳本嘉靖本無令字案賈疏引注云謂官有所斥賣則有令者衍文

肆長

掌其戒禁　唐石經宋本余本嘉靖本毛本同閩監本禁作令非石經考文提要云宋本九經宋纂圖互注本宋附釋音本余仁仲本皆作禁

泉府

貨之滯於民用者　漢讀考於作于

物楬而書之物物爲揃　嘉靖本閩本楬作揭毛本揃作⿰木前皆訛

元謂抵實柢字柢本也　宋本柢皆作抵誤監本上柢誤抵

主有司是也　余本閩監毛本同宋本嘉靖本無也案此本疏標起止云注故書至司是則賈疏本無也有者衍文

注故書至司是　閩監毛本因注中衍也字因改此作故書至是也

云主有司是也 浦鏜云云上當脫故

凡賖者 監毛本賖改賒注及疏同

凡國事之財用取具焉 唐石經宋本嘉靖本毛本同監本國事倒作事國此本及閩本脫事字今補正

凡國至其餘 閩毛本同監本國改事

司門

鍵讀爲蹇 漢讀考云經本作蹇注本作蹇讀爲鍵此以注改經復以經改注之一也案此易蹇爲鍵故下云鍵謂牡賈疏云先鄭讀爲蹇者欲取其蹇澁之意然則唐初本已誤

欲取其蹇澁之意 閩本同監毛本澁作澀

衣服視占 宋本余本嘉靖本毛本同閩監本占改瞻疏中同按作瞻非也視占謂司占驗處

祭祀之牛牲繫焉 唐石經諸本同釋文繫作毄云本又作繫案古繫字多作毄易繫辭本作毄

故左氏莊公二十五年 閩監毛本作左傳

司關

參相聯以檢猾商 賈疏引注作參相連以檢猾商注當本用連此改聯非宋本檢作撿此本疏中檢撿錯出

關下亦有邸客舍 諸本同段玉裁云當作舍客謂以邸舍客也

二事雙言也 惠挍本二作一此誤

此關亦有邸舍 惠挍本關下有旁此脫

授節節者卽授傳與之 監本剜去一節字此衍

凶謂凶年饑荒也 宋本嘉靖本饑作飢非

猶苛察不得令姦人出入 釋文苛呼多反又音何姦作奸嘉靖本猶誤循案苛監本作荷謂呵問審察也○按古呵問字或作苛或作荷此作苛不誤

敂關猶謁關人也 宋本嘉靖本敂作叩案賈疏引注作叩關是注本用叩字此仍依經改敂非○按叩乃俗字古祇作敂不當云經敂注叩也

猶聘禮關人也 惠挍本禮下有謁

敵國賓至關關尹以告 惠挍本無上關此衍

則此經司關爲之告一也 惠挍本無一

掌節

守邦國者用玉節 說文卪部作守國者用玉卪云卪象相合之形

玉節之制如王爲之以命數爲小大 此本王誤土嘉靖本誤玉今據諸本訂正

通典七十五引作以命數爲大小浦鏜改作以玉爲之云據儀禮經傳通解挍案賈疏云以邦國與王同稱玉節亦皆以玉爲之以其諸侯國內亦有徵守好難起軍旅之等故知與王同然則注正作如王浦鏜輕據他書竄改誤甚

可以約王之玉節 惠挍本無以此衍

凡邦國之使節山國用虎節土國用人節澤國用龍節 說文卪部云使山邦者用虎卪土邦者用人卪澤邦者用龍卪國字皆作邦爲異

入由門者司門爲之節由關者司關爲之節 宋本司門爲之節下有也入二字司關爲之節下有也故二字並衍

其以徵令及家徒 余本同誤也宋本嘉靖本閩監毛本皆作家徙當訂正案賈疏引注作家徙又引比長若徙於他則爲之旌節而行之以證

非門關之官不可輒授 監本輒訛輙下同

云道路者主治五溝五涂之官謂鄉遂大夫也謂浦鏜云下謂當作者

若宅在國城中先由則司門授之節閩本則改門監毛本承之案則上當有門字惠挍本門則二字並有

鐫刻篆書閩監毛本鐫作鎸

遂人

此野謂甸稍縣都宋本余本岳本嘉靖本同閩監毛本謂誤爲下節注皆謂制分界也同

五家已下有六等閩監毛本已改以

田百畮也閩監毛本畮改畝

言比五則經中言五皆是也浦鏜云比伍誤比五

上地有萊有萊盧文弨曰下有萊疑衍

以下劑致甿漢讀考云宋本周禮音義詩衛風正義白帖宋刻卷廿二廿三引周禮甿皆作氓知開成石經作甿以氓爲亡民而改之也

以樂昏擾甿宋本余本嘉靖本同唐石經閩監毛本昏作昬注中準此

以興耡利甿說文耒部云耡商人七十而耡耡耤稅也从耒助聲周禮曰以興耡利萌案鄭大夫注讀耡爲藉與許君訓耡爲藉意同

以彊予任甿閩監毛本同誤也唐石經宋本余本嘉靖本彊皆作疆當訂正注中同釋文亦誤作彊余本載音義作疆

甿猶懵懵無知貌也釋文懵懵本又作懜宋本嘉靖本貌作皃此本疏中亦作皃漢讀考云說文引周禮以興耡利萌漢人謂民爲萌注當云變民言萌萌猶懵懵艸木始生曰萌故訓曰懵若氓則毛傳說文訓爲民也

詩云跱乃錢鎛惠挍本同閩監毛本跱改庤

故云皆所饒遠浦鏜云所下脫以

十夫二鄰之田毛本隣改鄰此本誤都今據諸本訂正

以南畝圖之閩監毛本同宋本作而南畮圖之余本岳本嘉靖本畝皆作畮此本疏中引注亦作畮當訂正

軌廣八尺惠挍本作九尺○按惠棟誤也軌無容九尺者

環涂以爲諸侯經涂惠挍本閩本同監毛本經誤徑下同○按毛本此二行三經字皆譌爲徑

辨其老幼癈疾監本癈誤廢疏中同

及窆陳役釋文作及竁云劉昌絹反穿也本作窆彼驗反與注相應案陸從劉昌宗作竁與注乖當從彼本作窆今本是也

給墓上事及竁也宋本竁誤毳

春秋謂之塴宋本塴作傰載音義同葉鈔釋文亦作傰

遂師

施讀亦弛也諸本同案亦下當脫爲土均注云施讀亦爲弛也可證浦改作施讀爲弛非此承上遂人注施讀爲弛言之故云亦

謂周徧知其夫家六畜及田野之等任之此本之等二字剜擠閩監毛本遂拼入

云地之宜晚早不同者閩監毛本晚早誤倒

此經入玉府者　惠挍本經作徑此誤

及窆抱磨　閩監毛本同誤也余本嘉靖本磨作磿注中同當據正葉鈔釋文抱磿劉音歷通志堂本亦誤磨困學紀聞云遂師抱磿音歷史記樂毅書故鼎反乎磿室徐廣注磿歷也戰國策新序作歷室蓋古字通用

禮記或作縛　余本岳本閩監本同釋文亦作縛音市專反宋本嘉靖本誤作摶毛本誤作槫

謂祖廟中將行　惠挍本謂下有在此脫

脫載除節　閩本同監毛本節作飾○按飾是

或作摶　閩本同監毛本摶改博下但爲摶者同案宋本注作摶當卽摶之訛

遂大夫

施讀亦爲弛　宋本弛作弛

耒耜鎡基之屬　嘉靖本鎡基作茲其從金從土蓋後人所加此本疏中引注作鎡其

審端徑術　諸本同釋文亦出徑術二字岳本徑作經誤

引遂人職云　惠挍本引上有卽此脫

勑之以職事　惠挍本勑作勅下節疏同

縣正

云須田里者　閩本同監本云下剜擠以字毛本遂排入

鄙長

夫一廛田百晦也　監本晦改畝

并稽考女功之事　惠挍本之下有等

里宰

趨其耕耨　毛本耨誤耕

但文今不足故後鄭增其義也　閩監毛本增改從文今疑誤

鄰長

徙于他邑　嘉靖本徙誤徒

周禮注疏卷十五挍勘記終

南昌袁泰開挍

附釋音周禮注疏卷第十六

鄭氏注　賈公彥疏

旅師掌聚野之耡粟屋粟閒粟野謂遠郊之外也耡粟民相助作一井之中所出九夫之稅粟也屋粟民有田不耕所罰三夫之稅粟閒粟閒民無職事者所出一夫之征粟○閒音閑注同〈疏〉旅師至閒粟○釋曰此旅師斂六遂之稅六遂在野故云掌聚野之耡粟之等○注野謂至征粟○釋曰云野謂遠郊之外也者案鄉大夫野自六尺彼野謂城外此野據遠郊之外六遂之中也云耡粟民有相助作一井之中所出九夫之稅粟也者六鄉六遂與公邑三處皆爲溝洫法三等采地乃爲井田今此六遂之中鄭云一井之中出九夫之稅粟以爲井田與例違者但鄉遂之中雖爲溝洫法及其出稅亦爲井田稅之是以小司徒職云考夫屋注云夫三爲屋屋三爲井出地貢者三三相任是出地稅亦取井有九去三三相保而稅之故以井言之云屋粟民有田不耕所罰三夫之稅粟閒粟閒民無職事者所出一夫之征粟者此並載師職文但彼云出夫家之征彼注云夫稅者百畮之稅家稅者出士徒車輦此經云粟無取於家征之義故略不言也

而用之以質劑致民平而讀爲若聲之誤也若用之謂恤民之艱阨委積於野如遺人於鄉里也以質劑致民案入稅者名會而貸之與積所與之積謂三者之粟也平頒之不得偏頗有多少縣官徵聚物曰興今云軍興是也是粟縣師徵之旅師斂之而用之以賙衣食曰惠以作事業曰利均其政令者皆以國服爲之息○而用而音若出注積子賜反注同〈疏〉而用至政令○釋曰若用謂用上者之粟也○注而讀至之息○釋曰鄭必讀而爲若者所聚之粟民有艱阨乃用之無則貯待凶年則若爲不定之辭其而字無義例故鄭轉爲若也云若用之謂恤民之艱阨者案遺人云鄉里之委積以恤民之囏阨此六遂即鄉里也故鄭云委積於野如遺人之於鄉里也云以質劑致民案入稅者名會而貸之者所聚之粟還擬凶年振恤所輸入之人欲與之粟還案入稅者之人名會計多少以貸之簿書若市券有長短故云質劑也云縣官徵聚物曰興者六遂已外縣師徵之故云縣官徵聚物曰興云今云軍興是也者鄭舉漢法況之興皆是積聚之義也云是粟縣師徵之者案上縣師職云歲時徵野之賦貢故知也云旅師斂之者即上文聚三等粟是也云而用之則若用之是也云以賙衣食曰惠知者以衣食先當時用不生其利故云惠所爲事業後即有利故云利此對文惠利兩有故爲此釋若通而言之惠利爲一故論語孔子云因民所利而利之不亦惠而不費是惠利通也云均其政令者皆以國服爲之息者亦如泉府凡民之貸者以國服爲之息鄭彼注云以其於國服事之稅而出息也於國事受園廛之田而貸萬泉者則朞出息五百若然近郊之田貸萬泉朞出息一千已外遠郊甸稍縣都皆依國可知

頒其興積施其惠散其利而均其政令

凡用粟春頒而秋斂之困時施之饒時收之〈疏〉凡用至斂之○釋曰上經所云是貸而生利此經所云是直給不生利也官得舊易新民得濟其困乏官民俱益之也

凡新甿之治皆聽之使無征役以地之媺惡爲之等新甿新徙來者也治謂有所求乞也使無征役復之也王制曰自諸侯來徙家期不從政以地美惡爲之等七人以上授以上地六口授以中地五口以下授以下地與舊民同旅師掌斂地稅而又施惠散利是以屬用新民焉○治直吏反注同復音福期音基上時掌反〈疏〉注新甿至民焉○釋曰云新甿新徙來者也者即上徙於他者是也云治謂有所求乞也者此無正文鄭以意解之以其無征役可治又新來未有業次故知治是求乞也引王制自諸侯來徙於家期不從政者彼仍有自家徙於諸侯三月不從政不引之者略引之以證有復除之法云以地美惡爲之等七人以上授之以上地已下者此皆據小司徒職文此三等據中地而言故注云有夫有婦乃成家自二人以至十人爲九等七六五者爲其中但彼六鄉上地無萊此據六遂上地有萊五十畮已外中地下地外內同皆三百畮耳

稍人掌令丘乘之政令丘乘四丘爲甸甸讀與惟禹敶之之敶同其訓曰乘由是改云是掌令都鄙脩治井邑丘甸縣都之溝涂云丘甸者舉中言之溝涂之人名井井別邑異則民之家數存焉○丘乘繩證反注丘乘曰乘丘甸井爲甸甸讀禹敶之敶皆同音〈疏〉稍人至政令○釋曰云掌令丘乘之政令者四井爲邑四邑爲甸甸出長轂一乘故云丘乘不言令井邑者舉中而言也言令者謂三等采地之中爲溝涂之法耳○注丘乘至存焉○釋曰丘乘四丘爲甸據小司徒而言之也云甸讀與惟禹敶之之敶同者案毛詩云惟禹甸之不言敶者

鄭先通韓詩此據韓詩而言敶敶是軍陳故訓爲乘言由是改云者由甸出車一乘可以爲軍故改云乘不爲甸也云是掌令都鄙脩治井邑丘甸縣都之溝涂云丘甸者舉中言之者此據小司徒職云四井爲邑四邑爲丘四丘爲甸四甸爲縣四縣爲都而言也知直令爲溝涂者以下文云若有會同則以縣師之法作其同徒彼是令軍法明此惟令治溝涂而已云溝涂之人名井別邑異則民之家數存焉者謂甸方八里其中六十四井使出田稅外加一里三十六井使治溝洫不出稅云民之家數存者假令上地一井地有九夫中央一夫助入公傍八夫各治一夫以自入則一井地有九夫家則有八四井爲邑三十二家據一成而言則三十六井使治溝涂各有人名故云溝涂之人名井別邑異民之家數存在於一成之中矣

若有會同師田行役之事則以縣師之灋作其同徒輂輦帥而以至治其政令以聽於司馬有軍旅會同田役之戒縣師受法於司馬邦國都鄙稍甸郊里唯司馬所調以其法作其衆庶及馬牛車輦會其車人之卒伍使皆備旗鼓兵器以帥而至是以書令之耳其所調若在家邑小都大都則稍人用縣師所受

司馬之法作之帥之以致於司馬也同徒司馬所調之同凡用役者不必一時皆徧以人數調之使勞逸遞焉○輂居録反卒伍子忽反調徒弔反下同偏音遍遞徒禮反又音弟本又作適音釋〔疏〕若有至司馬○釋曰云若者此等或有或無故云若爲不定之辭也云會同者謂時見曰會殷見曰同云師田者謂出師征伐及田獵云行役者謂巡守及興役云則以縣師之法作其同徒者稍人屬縣師縣師屬大司馬大司馬得王進止縣師即受法於司馬縣師既得法稍人又受法於縣師故云以縣師之法作其同徒也既作同徒乃致與大司馬故云以聽於司馬也○注有軍至遞焉○釋曰有軍旅會同田役之戒縣師受法於司馬邦國都鄙稍甸郊里唯司馬所調者縣師注云郊里郊所居也謂六鄉之民布在國中外至遠郊故有居在郊者也云以其法作其衆庶及馬牛車輦會其車人之卒伍使皆備旗鼓兵器以帥而至者並縣師職云其閒云縣師及邦國都鄙稍甸郊里唯司馬所調以其法並鄭所加加之者欲見縣師受法於司馬稍人又受法於縣師之意也云是以書令之耳者此鄭君之言是以此稍人書而令作其同徒之事云其所調若在家邑小都大都則稍人用縣師所受司馬之法作之帥之以致於司馬也者此鄭取縣師之文合於此經共文此稍人受法於縣師所受司馬之法云同徒司馬所調之同者此即縣師受法於司馬者也云凡用役者不必一時巳下此釋其同徒同其勞逸遞等也

大喪帥蜃車與其役以至掌其政令以聽於司徒蜃車及役遂人共之稍人者野監是以帥而致之既夕禮曰既正柩賓出遂匠納車于階間則天子以至于士柩路皆從遂來〔疏〕大喪至司徒○釋曰此經釋天子之喪將葬使稍人帥蜃車及役人使至之事云以聽於司徒者以其司徒地官卿掌徒庶之政令故稍人帥衆以聽於司徒也○注蜃車至遂來○釋曰鄭知蜃車及役遂人共之者案遂人職云大喪帥六遂之役而致之又云及葬帥而屬六綍又遂師職亦共丘籠及蜃車之役故知遂人共之也云稍人者野監是以帥而致之者此欲釋得在稍人之意以其監三等采地是野監故得并監六遂蜃車之事也云天子以至于士柩路皆從遂來者此經上舉天子既夕下舉士則其中有諸侯卿大夫之喪蜃車柩路皆從遂人而來可知

委人掌斂野之賦斂薪芻凡疏材木材凡畜聚之物野謂遠郊以外也所斂野之賦謂野之園圃山澤之賦也凡疏材草木有實者也凡畜聚之物瓜瓠

葵芋禦冬之具也野之農賦旅師斂之工商嬪婦遂師以入玉府其牧則遂師又以共野牲○斂力豔反畜勅六反注同芋于附反〔疏〕注野謂至野牲○釋曰委人所斂皆據六遂以外至王畿故鄭云野謂遠郊以外摠言之也云所斂野之賦謂野之園圃山澤之賦也者此則九職所出貢賦通言之九職之中有園圃毓草木又有虞衡作山澤之材故以園圃山澤言之也云凡疏材草木有實者也者疏是草之實材是木之實故鄭並言之九職中有臣妾聚斂疏材鄭彼注云疏材百草根實不以木解材文略也彼臣妾聚斂雖無貢法要知此疏材亦是草木有根實者鄭不言根亦略言之也云凡畜聚之物瓜瓠葵芋禦冬之具也者七月詩有八月斷壺壺瓠也有甘可食者信南山詩疆場有瓜士喪禮又有葵菹芋故知畜聚物中有瓜瓠葵芋之等但士喪禮籩豆差之葵菹芋芋爲長菹不得爲芋子其南方有芋子堪食與士喪禮芋別也云野之農賦旅師斂之者即上旅師所云聚野之勑粟之等是也云工商嬪婦遂師以入玉府者案遂師云入野職野賦于玉府雖不言工商嬪婦但遂師既入野之賦貢明嬪婦工商之賦也知者以其玉府掌玩好之物其工商嬪婦所作堪爲玩好故入玉府者工商嬪婦也云其牧則遂師又以共野牲者上遂師云凡國祭祀共其野牲是知九職

之中藪牧養鳥獸者遂師共之也

以稍聚待賓客以甸聚待羈旅

聚凡畜聚之物也故書羈作奇杜子春云當爲羈。聚俗裕反下文同〔疏〕以稍至羈旅。釋曰委人掌斂野賦故以三百稍地之聚二百里甸之聚以待羈旅過客之等。注聚凡至爲羈。釋曰鄭知聚是凡畜聚者見上文凡畜聚之物故知此聚亦是畜聚之物

凡其余聚以待頒賜

余當爲餘聲之誤也餘謂縣都畜聚之物〔疏〕注余當至之物。釋曰知餘聚是縣都者以其委人掌斂野物從二百里至王畿上已云甸稍明此言餘聚是縣四百里都五百里中畜聚之物如上稍甸畜聚之物也

以式灋共祭祀之薪蒸木材賓客共其芻薪喪紀共其薪蒸木材軍旅共其委積薪芻凡疏材共野委兵器與其野囿財用

式法故事之多少也薪蒸給炊及燎麤者曰薪細者曰蒸木材給張事委積薪芻者委積之薪芻也軍旅又有疏材以助禾粟野委謂廬宿止之薪芻也其兵器謂守衛陳兵之器也野囿之財用者苑

囿藩羅之材。蘿音羅本亦作羅〔疏〕以式至材用。釋曰此一經以委人掌斂野賦故所有委積皆供之。注式法至之材。釋曰云式法故事之多少也者揔此一經皆當依舊法式用之故以法式目之也云薪蒸給炊及燎者以其祭祀所用薪蒸無過炊米與燔燎也知麤者曰薪細者曰蒸者左氏傳云其父析薪薪既云析明其大者曰薪其蒸不言析明其細也云木材給張事者以其祭祀而云木材等更無用木材之處案掌次云張大次小次及幕並須木材明據此所用故云給張事云委積薪芻者委積之薪芻也者案大行人掌客皆有委積委積之中有牲牢米禾薪芻之等委人所供惟供薪芻鄭恐委積之中有米牲牢亦供之故云委積薪芻是委積之中供薪芻以別之也云軍旅又有疏材以助禾粟者以其疏材是百草根實可得助禾粟以供馬牛故云助禾粟也云野委謂廬宿止之薪芻也者案遺人云十里有廬廬有飲食三十里有宿宿有委五十里有市市有積委積之中有芻薪在野外故云野委也其六鄉之廬宿委積薪芻自六鄉供之云其兵器謂守衛陳兵之器也者其文承野委之下明與野委同爲賓客所用故知是守衛賓客陳兵之器也云野囿之財用者苑囿藩羅之材者委人所爲皆據二百里上經稍聚待賓客據二百里此囿故知在野故鄭以野囿言之古者田獵皆在囿故書傳云獮之取於囿是勇力取今之取於澤是揖讓取若然田在澤澤中有囿田在山山中有苑其苑囿藩羅以遮禽獸故云野囿野用也

凡軍旅之賓客館焉

館舍也必舍此者就牛馬之用〔疏〕凡軍至館焉。釋曰言軍旅賓客者謂諸侯以軍旅助王征討者故謂之軍旅之賓客也

土均掌平土地之政以均地守以均地事以均地貢

政讀爲征所平之稅邦國都鄙也地守虞衡之屬地事農圃之職地貢諸侯之九貢。之政音征出注〔疏〕注政讀至九貢。釋曰鄭破政爲征者不取於政教之政故破從征稅之征也云所平之稅邦國都鄙也者案下文云以和邦國都鄙者故知此平者亦據邦國都鄙也若六鄉六遂及公邑征稅自均人平之云地守虞衡之屬者案下文山虞澤虞川衡林衡之屬皆云守故知地守是虞衡之屬也云地事農圃之職者九職任萬民使民事之故知地事是九職三農園圃之職也云地貢諸侯之九貢者此土均邦國都鄙而云均地貢明據大宰九貢而言但諸侯九貢是歲之常貢則小行人春令入貢者是也其諸侯九貢皆民之地稅不貢王市取美物若禹貢厥篚厥貢之類是也

以

和邦國都鄙之政令刑禁與其施舍禮俗喪紀祭祀皆以地媺惡爲輕重之灋而行之掌其禁令

施讀爲弛也禮俗邦國都鄙民之所行先王舊禮也君子行禮不求變俗隨其土地厚薄爲之制豐省之節耳禮器曰禮也者合於天時設於地財順於鬼神合於人心理於萬物。爲于僞反省所景反〔疏〕以和至禁令。釋曰土均主調即是和義故土均以和畿外邦國畿內都鄙之政令及五刑五禁與其施舍不役之等並須調和之使之得所也云禮俗喪紀祭祀皆以地媺惡爲輕重之法而行之者自禮俗喪紀祭祀三事皆以地之美惡輕重者地美則重行之地惡則輕行之故以其禮許儉不非無故也云掌其禁令者恐有借踰與下過故禁令也。注施讀至萬物。釋曰云施讀亦爲弛也者上遂人注已云施讀爲弛故此云亦云禮俗邦國都鄙民之所行先王舊禮也者此土均和邦國都鄙禮俗者續也續代不易是知先王舊禮故引曲禮君子行禮不求變俗以證之謂若周公封康叔於殷墟其民還行殷之禮俗者也云隨其上地厚薄爲之制豐省之節耳者以厚薄解經媺惡豐省解經爲輕重之法也云禮器曰禮也者

合於天時者天有四時四時生者則將爲禮是合於天時也云設於地財者土地有財爲禮是所設依於地之財也云順於鬼神者鬼神享德不享味若不合天時不設地財而爲禮則鬼神不享若能合天時設地財則鬼神享之是順於鬼神也云合於人心者若不合天時不設地財則不合人心若合天時設地財則合人心也云理萬物者若順鬼神合人心則萬物得其道理故可以理萬物也引之證行禮依地美惡之義

草人掌土化之法以物地相其宜而爲之種 土化之法化之使美若氾勝之術也以物地占其形色爲之種黄白宜以種禾之屬○相息亮反種章勇反注除種禾以外並同氾芳劒反李又音凡 疏 下經所云糞種是化土使和美○注土化至之屬○釋曰云化之使美者謂若騂剛用牛糞種化騂剛之地使美也云若氾勝之術也者漢時農書有數家氾勝爲上故月令注亦引氾勝故云氾勝之術也云黄白宜以種禾之屬者鄭依孝經緯援神契而言也

凡糞種騂剛用牛赤緹用羊墳壤用麋渴澤用鹿鹹潟用貆勃壤用狐埴壚用豕彊㯺用蕡輕爂用犬 凡所以糞種者皆謂煑取汁也赤緹縓色也渴澤故水處也潟鹵也貆貒也勃壤粉解者埴壚黏疏者彊㯺強堅者輕爂輕脆者故書騂爲挈墳作盆杜子春挈讀爲騂謂地色赤而土剛強也鄭司農云用牛以牛骨汁漬其種也謂之糞種墳壤多盆鼠也壤白色蕡麻也玄謂墳壤潤解○糞粉運反本亦作糞緹音抵李它奚反鼂吐弟反墳符粉反麋音眉渴其列反潟音昔一音鵲貆呼丸反又音丸李一音喜元反埴時力反一音職壚音盧李一音閭㯺其兩反注同㯺本又作堅呼覽反劉音檻蕡扶云反一音蒲悶反爂孚照反李音婞堯反縓七絹反鹵音魯貒它官反解胡買反下同盆符粉反 疏 凡糞至用犬○釋曰案禹貢冀州云白壤青州云白墳兖州云黑墳徐州云赤埴墳楊州荆州云塗泥豫州云墳壚梁州云青黎雍州云黄壤九等與此騂剛之屬爲九等不同者以禹貢自是九州大判各爲一等此九等者無妨一州即有此九等之類故不同也○注凡所至潤解○釋曰云凡所以糞種者皆謂煑取汁也者雖無正文以意量之用牛羊之類不可以骨肉明煑取汁和種也云赤緹縓色也者爾雅云一染謂之縓故以縓赤當之也云渴澤故水處也者以水鍾曰澤今澤云渴明是故時停水今乃渴故云故水處也云潟鹵也者送水之處水以寫去其地爲鹹鹵故云潟鹵也云貆貒也者案爾雅云貒子貒或曰貆故以貆貒爲一也云勃壤粉解者壤是和緩故爲粉解也云埴壚黏疏者以埴爲黏以壚爲疏故云黏疏也云彊㯺彊堅者以㯺爲監故爲彊堅云輕爂輕脆者爂脆聲相近故知爂即脆也先鄭云用牛以牛骨汁漬其種也者此與後鄭義合也云墳壤多盆鼠也壤白色後鄭皆不從者餘八等之地皆據地之形色唯此墳壤以盆鼠外物爲名於義不可故還從墳爲正謂潤解也又禹貢有黄壤則此壤不得專據白色解之故不從壤白色也

稻人掌稼下地 以水澤之地種穀也謂之稼者有似嫁女相生 疏 稻人掌稼下地○釋曰以下田種稻麥故云稼下地

以瀦畜水以防止水以溝蕩水以遂均水以列舍水以澮寫水以涉揚其芟作田 鄭司農説豬防以春秋傳曰町原防規偃豬以列舍水列者非一道以去水也以涉揚其芟以其水寫故得行

其田中舉其芟鉤也杜子春讀蕩爲和蕩謂以溝行水也玄謂偃豬者畜流水之陂也防豬旁隄也遂田首受水小溝也列田之畦埒也澮田尾去水大溝作猶治也開遂舍水於列中因涉之揚去前年所芟之草而治田種稻○畜勑六反注同蕩如字李吐黨反列祿計反注同澮古外反寫如字劉殤故反芟所銜反町徒頂反去起吕反下同畦劉音圭又下圭反埒音劣 疏 以豬至作田○釋曰所爲防豬之法皆具鄭注○注鄭司至種稻○釋曰春秋傳者事在襄二十五年楚蔿掩書土田法以授子木之事彼云町原防規偃豬是楚之惡地有防豬之法與此防偃同故引爲證也先鄭云以列舍水列者非一道去水也者以舍爲舍去之舍後鄭以爲止舍之舍以澮是寫去水以舍爲止水於其中故不從也先鄭

凡稼澤夏以水殄草而芟夷之 殄病也絶也鄭司農説芟夷以春秋傳曰芟夷薀崇之今時謂禾下麥爲荑下麥言芟刈其禾於下種麥也玄謂將以澤地爲稼者必於夏六月之時大雨時行以水病絶草之後生者至秋水涸芟之明年乃稼○荑音夷薀紆粉反或憂䓟反涸胡洛反 疏 注殄病至乃稼○釋曰春秋傳者隱六年五月鄭伯侵陳大獲往歲鄭伯請成於陳陳侯不許五父諫云周任有言曰爲國家

者見惡如農夫之務去草焉芟夷薀崇之注云芟刈薀積崇聚也絶其本根勿使能殖引之者證芟夷爲刈殺之義也玄謂必於夏六月之時大雨時行者此月令文引之證經夏以水殄草之義也云至秋水涸芟之者解經芟夷之義也

澤草所生種之芒種 鄭司農云澤草之所生其地可種芒種芒種稻麥也○芒種章勇反注芒種同〔疏〕澤草至芒種○釋曰澤草所生種之芒種者但水鍾曰澤有水及鹹鹵皆不生草即不得芒種故云草所生

旱暵共其雩斂 稻人共雩斂稻忌水者也鄭司農云雩事所發斂○暵呼但反斂力驗反注同〔疏〕旱暵共其雩斂○釋曰此旱雩據夏五月已後脩雩云暵者旱之熱氣若四月龍見而雩未必旱暵也然二種雩皆供雩斂也○注稻人至發斂○釋曰鄭意餘官不言共雩斂於此官特言共者以稻是水穀急須水故旱時特使共雩之發斂也

喪紀共其葦事 葦以闉壙禦濕之物○闉音因〔疏〕注葦以至之物○釋曰春秋左氏有井闉闉塞也鄭知葦以闉壙所以約之爲塞壙言禦水之物則在棺下用之或以抗席即是禦土與禦水義乖恐非也

土訓掌道地圖以詔地事 道說也說地圖九州形勢山川所宜告王以施其事也若云荆揚地宜稻幽并地宜麻○麻如字一本作麋李及聶氏亡皮反劉沈皆作麋音紀倫反○案注辨土所宜荆揚皆言穀幽并不應論獸紀倫之音恐非〔疏〕注道說至宜麻○釋曰其九州地圖乃是諸國所獻以入職方今土訓乃於職方取九州地圖依而說向正使依而責其貢獻之物云若云荆揚地宜稻幽并地宜麻者案職方荆揚之州實宜稻幽并之州並不言宜麻者鄭以目驗見宜麻職方不言麻乃非民所要用故也

道地慝以辨地物而原其生以詔地求 地慝若障蠱然也辨其物者別其所有所無原其生生有時也以此二者告王之求也地所無及物未生則不求也鄭司農云地慝地所生惡物害人者若虺蝮之屬○慝他得反虺虛鬼反蝮孚目反〔疏〕注地慝至之屬○釋曰云若障蠱然也者謂土地所生惡物障即障氣出於地也蠱即蠱毒人所爲也云別其所有所無者若職方九州所有所無也云原其生生有時也者雖是當州所有而生有時也云以此二者告王之求也者謂辨地物原其生者告王求地所有也地所無及物未生則不求也先鄭云地慝所生惡物害

人者若虺蝮之屬者此與後鄭障蠱義不同引之在下亦得爲一義也

王巡守則夾王車 巡狩行視所守也天子以四海爲守○行下孟反〔疏〕注巡守至爲守○釋曰夾王車者亦在國掌道地圖已下之事鄭云行視所守也者此解諸侯爲天子守土云天子以四海爲守者此解天子自守天下之義若巡守之中含此二義

誦訓掌道方志以詔觀事 說四方所識久遠之事以告王觀博古所識若魯有大庭氏之庫殽之二陵〔疏〕誦訓至觀事○釋曰云掌道方志者志即今之識也謂道四方所記識久遠之事以告王也云以詔觀事者謂告王觀博古之事也○注說四至二陵○釋曰左氏傳昭十八年宋衛陳鄭皆火梓慎登大庭氏之庫以望之注云大庭氏古國之君在黃帝前其處高顯殽之二陵僖三十二年秦之蹇叔子見師襲鄭哭而送之曰晉人禦師必於殽殽有二陵焉其南陵有夏后皋之墓也其北陵文王之所避風雨也並所識久遠之事故引之以證方志之義

掌道方慝以詔辟忌以知地俗 方慝四方言語所惡也不辟其忌則其方以爲苟於言語也知地俗博事也鄭司農云以詔辟忌不違其俗也曲禮曰君子行禮不求變俗○辟音避注同惡烏路反〔疏〕掌道至地俗○釋曰誦訓又掌說四方言語所惡之事以詔告令王避其忌惡所以然者使王博知地俗言語之事故鄭云博事也○注方慝至變俗○釋曰引曲禮君子行禮不求變俗者上土均云禮俗注亦引此文彼謂先王舊俗是禮事不變之此引不求變俗謂不變其鄉俗所嫌惡皆是不求變俗各證一邊之義故不同也

王巡守則夾王車〔疏〕王巡至王車○釋曰此亦與土訓同各以所掌以告王也

山虞掌山林之政令物爲之厲而爲之守禁 物爲之厲每物有蕃界也爲之守禁爲守者設禁令也守者謂其地之民占伐林木者也鄭司農云厲遮列守之○爲守者于僞反下爲久同〔疏〕山虞掌至守禁○釋曰案下文林自有衡官掌之今山虞兼云林者彼林是竹木生平地者林衡掌之此山林并云者自是山內之林即山虞兼掌之○注物爲至守之○釋曰但山內林木金玉錫石禽獸所有不同每物各有藩界設禁亦不同云守者謂其地之民占伐林木者也者案下澤虞職云使其地之人守其財物以時入之于玉府頒其餘于萬民彼是其地之民占取澤物者守之明此山虞所守亦然是以此下文亦令萬民時斬材有期日

明是守山林之人也**仲冬斬陽木仲夏斬陰木**鄭司農云陽木春夏生者陰木秋冬生者若松柏之屬玄謂陽木生山南者陰木生山北者冬斬陽夏斬陰堅濡調○濡如兗反又音柔〔疏〕注鄭司至濡調○釋曰先鄭云陽木春夏生者陰木秋冬生者若松柏之屬後鄭不從以爲山南爲陽木北爲陰木者案月令十一月日短至伐木取竹箭竹箭秋冬生不用仲夏斬之故知先鄭之義非也**凡服耜斬季材以時入之**季猶稺也服與耜宜用稺材尚柔忍也服牝服車之材○忍音刃〔疏〕凡服至入之○釋曰服謂牝服即車平較皆有鑿孔以轂子貫之故謂之牝服也耜謂耒耜隨曲長六尺六寸車人所造者二木皆須堅刃故斬季材少木爲之云時入者以其須堅故須依上文仲冬仲夏之時也**令萬民時斬材有期日**時斬材斬材之時也有期日入出有日數爲久盡物〔疏〕令萬至期日○釋曰案禮記王制云草木零落然後入山林彼據萬民伐木之時謂十月之中此云萬民時斬材亦謂十月時○注時至盡物○釋曰鄭云時斬材斬材之時也者正在十月也云有期日入出有日數爲久盡物者經直云有期日鄭云有日數蓋當有日數多少但無文不知幾日爲限也

凡邦工入山林而掄材不禁掄猶擇也不禁者山林國之有不拘日也○掄魯門反又音倫拘音俱本亦作佝音同〔疏〕凡邦至不禁○釋曰上文云仲冬斬陽木仲夏斬陰木彼據堅刃之極時但國家須材不要在仲冬仲夏故此邦工入山林不禁又不言時節須即取足之故也○注掄猶至日也○釋曰此對萬民不得非時入入又有日數**春秋之斬木不入禁**非冬夏之時不得入所禁之中斬木也斬四野之木可〔疏〕注非冬至木可○釋曰上經云邦工入山林不禁此又云春秋之斬木不入禁與上違者上文據國家使工取擇木故非冬夏亦得入山林此據萬民取木故十月入山春秋之斬木不入禁故鄭云斬四野之木可雖斬四野木至於三月不得伐桑柘故月令季春云無伐桑柘彼注愛蠶食也**凡竊木者有刑罰**竊盜也〔疏〕凡竊至刑罰○釋曰此謂非萬民人山之時而民盜山林之木與之以刑罰**若祭山林則爲主而脩除且蹕**爲主主辨護之也脩除治道路場壇○壇徒丹反或音禪〔疏〕若祭至且蹕○釋曰此山林在畿內王國四方各依四時而祭云則爲主者謂主當祭事者也而脩除者謂掃除糞灑云且蹕者且復蹕止行人也○注爲主至場壇○釋曰云爲主主辨護之也者案中候握河紀堯受河圖云帝立壇磬折西向禹進迎舜契陪位稷辨護注云辨護者供時用相禮儀則此云辨護者亦謂共時用相禮儀者也云脩除治道路場壇者案守祧職云其廟則有司脩除之鄭云有司恒主脩除謂掃除糞灑場謂墠即除地之處壇神位之所也

若大田獵則萊山田之野及弊田植虞旗于中致禽而珥焉萊除其草萊也弊田田者止也植猶樹也田上樹旗令獲者皆致其禽而校其耳以知獲數也山虞有旗以其主山得畫熊虎其仞數則短也鄭司農云珥者取禽左耳以效功也大司馬職曰獲者取左耳○植時力反又音值珥如志反又音耳○〔疏〕若大至珥焉○釋曰言大田獵者謂王親行若田在山則山虞芟萊草木於可陳之處故云萊山田之野又及弊田植虞旗于中使民得禽牲者望見之致禽於其所而珥焉珥當爲衈謂輸禽者割取左耳以效功也○注萊除至左耳○釋曰云萊除其草萊也者謂於防南擬教戰之處芟去草萊南北二百五十步東西步數雖未聞廣狹可容六軍三三而居一偏耳云山虞有旗以其主山得畫熊虎其仞數則短也者案司常云師都建旗大夫建物此山虞是士不建物而建旗者以其主山山多熊虎故得有旗禮緯旌旗之杠天子九仞諸侯七仞大夫五仞士三仞若軍吏是卿大夫則杠長五仞今山虞是士雖有熊虎爲旗仞數則短宜三仞必取左耳者以其聽鄉任左故皆取左耳也

林衡掌巡林麓之禁令而平其守平其守者平其地之民守林麓之部分○麓音鹿分扶問反下同〔疏〕林衡至其守○釋曰此林衡兼麓者以爾雅山足曰麓雖連於山山虞不掌以麓上有林故屬林衡也○注平其至部分○釋曰經直言平其守明不平其稅而平均其守而已故云平其地之民守林麓之部分謂部伍有多少遠近之分也**以時計林麓而賞罰之**計林麓者計其守之功也林麓蕃茂民不盜竊則有賞不則罰之○蕃扶袁反〔疏〕以時至罰之○釋曰此時考校而計林麓以行賞罰者林衡之官既平民之守護林麓而會計民有功者賞之損麓之財者罰之故注云不則罰之也○**若斬木材則受灋于山虞而掌其政令**法萬民入

出時日之期疏若斬至政令○釋曰上山虞官尊故設之是以此林衡若斬木材期於虞邊受焉○注法萬至之期○釋曰案山虞云仲冬仲夏及春秋是時之期號令萬民斬材有期日是日之期也

川衡掌巡川澤之禁令而平其守以時舍其守犯禁者執而誅罰之舍其守者時案視守者於其舍申戒之○疏川衡至罰之○釋曰川注瀆者皆是也水鍾曰澤澤與川不同官令川衡兼云澤者澤與川連者則川衡兼掌之謂若濟水溢爲滎澤滎澤則與濟連則管濟川者兼滎澤掌之如此之類皆是○注舍其至戒之○釋曰此舍其守謂川衡之官時復巡行所守之民當案視其所守守人當於其舍中重戒勅之也

祭祀賓客共川奠川奠籩豆之實魚鱐蜃蛤之屬○奠音電下同鱐所留反蜃上忍反蛤古荅反疏注川奠至之屬釋曰鄭此注皆據醢人及籩人而言案籩人職云朝事之籩有麷蕡白黑形鹽膴鮑魚鱐醢人云饋食之豆有蜃醢蚳醢蜃蠯是蛤則魚鱐及蜃皆川中所生之物故引爲證川奠也言之屬者其有蠯醢亦是川奠故云之屬

澤虞掌國澤之政令爲之厲禁使其地之人守其財物以時入之于玉府頒其餘于萬民其地之人占取澤物者因以部分使守之以時入之于玉府謂皮角珠貝也入之以當邦賦然後得取其餘以自爲也入出亦有時日之期○當丁浪反後文皆同爲于僞反下注同疏澤虞至萬民○釋曰案上山虞林衡川衡皆不言國獨澤虞云國澤者周公設經二虞二衡文有不同皆是互見爲義故也此澤虞云以時入之于玉府頒其餘于萬民亦據中所出入玉府者多故特言之無妨山虞川衡之等亦入玉府亦是互見其義也○注其地至之期○釋曰以時入之于玉府者但萬民入澤雖無正文案王制獺祭魚然後虞人入澤梁草木零落然後入山林則萬民入澤可同時云謂皮角珠貝也者澤中所出無過此四物皮謂犀皮角麋角犀角珠出於蜯蛤蜯蛤在澤其貝亦出澤水故知之也云出入亦有時日之期者亦如山虞職所云也

凡祭祀賓客共澤物之奠澤物之奠亦籩豆之實芹茆蔆芡之屬○芹音勤茆音卯蔆音陵芡音儉疏注澤物至之屬○釋曰案籩人職加籩之實有蔆芡朝事之豆有茆菹加豆之實有芹菹是皆澤中所出故引證澤物之奠也言之屬者兼有深蒲昌本之等故云之屬

喪紀共其葦蒲之事葦以闉壙蒲以爲席疏注葦以至爲席○釋曰蒲以爲席者謂抗席及禮記云虞卒哭芐翦不納者是也

若大田獵則萊澤野及弊田植虞旌以屬禽屬禽猶致禽而珥焉澤虞有旌以其主澤澤鳥所集故得注析羽疏若大至屬禽○釋曰萊所田之野一如山虞之職也○注屬禽至析羽○釋曰云屬禽猶致禽者案山虞致禽之義謂輸之於公當致之於虞旗之中而珥焉以效功此云屬禽者謂百姓致禽訖虞人屬聚之別其等類每禽取三十焉若然則致禽與屬不同而鄭云屬禽猶致禽者鄭欲明山虞澤虞文皆不足故互見爲義彼此有其事故云屬禽猶致禽而珥焉云澤虞有旌以其主澤澤鳥所集故得注析羽者以澤是鳥之所集故得建析羽之旌

迹人掌邦田之地政爲之厲禁而守之田之地若今苑也疏迹人至守之○釋曰迹人主迹知禽獸之處故知掌邦田之地政云爲之厲禁而守之者有禽獸之

處則爲苑囿以林木爲藩羅使其地之民遮厲守之故鄭云田之地若今苑也

凡田獵者受令焉令謂時與處也疏注令謂時與處也○釋曰云時與處者謂若仲春仲夏仲秋仲冬是其時云處者謂山澤也其受令者謂夏官主田獵者

禁麛卵者與其毒矢射者爲其夭物且害心多也麛麑鹿子○麛音迷卵力管反疏注爲其至多也○釋曰此謂四時常禁案月令孟春云不麛不卵又王制云國君春田不圍澤大夫不掩羣士不麛不卵者彼以春時先乳特禁之其月令季春云餧獸之藥毋出九門者彼亦崇其春時彼鄭注云凡諸罝及毒藥禁其出九門明其常有時不得用耳云爲其夭物釋經禁麛卵者且害心多釋毒矢射者也

丱人掌金玉錫石之地而爲之厲禁以守之錫鈏也○丱革猛反又虢猛反劉侯猛反沈工猛反錫星歷反鈏以忍反劉常忍反疏丱人至守之釋曰此金玉錫石四者皆在於山言地者即山也爲之厲禁亦謂使其地之民遮護守之

若以時取之則

物其地圖而授之物地占其形色知鹹淡也授之教取者之處。啖音直覽反本亦作淡〔疏〕若以至授之。釋曰取此四者雖無四時之文當取之日應亦有時故云以時取之。注物地至之處。釋曰經云物故以占其形色言之云知鹹淡者鄭以當時有人採者嘗知鹹淡即知有金玉故以時事言之也巡其禁令行其禁明其令

角人掌以時徵齒角凡骨物於山澤之農以當邦賦之政令山澤出齒角骨物大者犀象其小者麋鹿〔疏〕角人至政令釋曰角人止應徵角物兼言齒骨者以其齒骨並是角類以細小之事因類兼掌之云以當邦賦者言農則皆有夫田出稅今以此農近山澤山澤有此骨角及齒此三者國之所須故使以時入採而稅之以當地稅民益國之事者自此已上皆不言以當邦賦者皆文不具舉此一事餘可知並是省文之義也。注山澤至麋鹿。釋曰鄭言齒角骨物者欲見不言川林直言山澤以其不出川林故特言山澤也云大者犀象其小者麋鹿者無正文鄭以意目驗而知之犀牛有角而象有牙是其

大者也月令十一月麋角解五月鹿角解是其小者也以度量受之以共財用骨入漆浣者受之以量其餘以度度所中。浣戶翫反度度上如字下待洛反

羽人掌以時徵羽翮之政于山澤之農以當邦賦之政令翮羽本。翮戶革反〔疏〕羽人至政令。釋曰此羽人所徵羽者當入於鍾氏染以爲后之車飾及旌旗之屬也。凡受羽十羽爲審百羽爲摶十摶爲縳審摶縳羽數束名也爾雅曰一羽謂之箴十羽謂之縳百羽謂之緷其名音相近也一羽有名蓋失之矣。摶除轉反注同劉徒端反縳劉古本反沈除轉反箴之林反緷古本反劉音渾一音戶本反李又基遠反近附近之近〔疏〕注審摶至之矣。釋曰鄭引爾雅乃云名音相近也一羽有名蓋失之矣者規爾雅誤意所以爾雅一羽則有名者只由一者十數之始十爲百數之始是名相近旣有十百故誤一羽遂有名也

掌葛掌以時徵絺綌之材于山農凡葛征徵草貢之材于澤農以當邦賦之政令草貢出澤蕡紵之屬可緝績者。蕡苦迫反緝七入反。〔疏〕掌葛至政令。釋曰所以徵絺綌於山農者以其葛出於山故也凡葛征者其徵絺綌之材即葛是也又云凡葛征者總結之也云徵草貢之材于澤農者以蕡紵出於澤故也經直言草貢不言蕡紵者設文以互換爲義故以其絺綌亦以葛草草貢亦是蕡紵者也以權度受之以知輕重長短也故書受或爲授杜子春云當爲受〔疏〕以權度受之。釋曰上角人齒骨與角不須稱直言度量此經葛草等不須量故以權度受之使知斤兩長短故也

掌染草掌以春秋斂染草之物染草茅蒐橐蘆豕首紫茢之屬。茅如字劉音妹蒐所留反茅蒐蒨也橐音託又音妒茢音列劉間計反或音例。〔疏〕注染草至之屬。釋曰案爾雅茹蘆茅蒐郭注云今之蒨也可以染絳橐盧者爾雅無文豕首者爾雅云茢薽豕首郭注云本草曰彘盧一名蟾蠩蘭今江東呼豨首可以煼蠶蛹郭氏雖有此注不言可染何色則此橐蘆豕首未審鄭之所據也紫茢者爾雅云藐茈草郭注云

可以染紫一名茈莀廣雅云即此紫茢也言之屬者更有藍皁象斗之等衆多故以之屬兼之也以權量受之以待時而頒之權量以知輕重多少時染夏之時。染夏如琰反〔疏〕注時染夏之時。釋曰案天官染人云春暴練夏纁玄秋染夏夏爲五色至秋染五色故鄭云染夏之時時謂秋時也。

掌炭掌灰物炭物之徵令以時入之灰炭皆山澤之農所出也灰給澣練炭之所共多。〔疏〕注灰炭至所出。釋曰灰炭旣出山澤不云徵于山澤之農者義可知經略而不言也。以權量受之以共邦之用凡炭灰之事

掌荼掌以時聚荼以共喪事共喪事者以著物也既夕禮曰茵著用荼〔疏〕注共喪至用荼。釋曰云共喪事者以著物也者即引旣夕禮茵著用荼是也案旣夕禮爲茵之法用緇翦布謂淺黑色之布各一幅合縫著以荼柩未入壙之時先陳於棺下縮二於下横三於上乃下棺於茵上是也徵野疏材之物以待邦事凡畜聚之物荼茅莠疏材之類也

因使掌焉徵者徵於山澤入於委人○畜勑六反莠音秀劉音酉○〔疏〕注荼茅至委人○釋曰知掌荼所徵入委人者以其委人掌斂野之賦凡疏材木材所斂者衆故知此掌荼所徵亦入委人也

掌蜃掌斂互物蜃物以共闉壙之蜃互物蚌蛤之屬闉猶塞也將井椁先塞下以蜃禦濕也鄭司農說以春秋傳曰始用蜃炭言僭天子也○互戶故反蚌蒲項反御魚呂反本亦作禦〔疏〕掌蜃至之蜃○釋曰斂互物者以其互物是蜃之類故因類使兼掌之又云蜃物者共百事之蜃與下共闉壙之蜃別○注互物至子也○釋曰云互物蚌蛤之屬者案鼈人云掌取互物先鄭云互物謂有甲萬胡龜鼈之屬此後鄭互物爲蚌蛤者彼下文別有䗪䗪即蛤故從先鄭爲龜鼈至此別爲蚌蛤亦是有甲萬胡故也云將井椁先塞下以蜃禦濕也者案士喪禮筮宅還井椁於殯門之外注云既哭之則往施之竁中是未葬前井椁材乃往施之壙中則未施椁前已施蜃灰於椁下以擬禦濕也引春秋者是成公二年宋文公卒始厚葬用蜃炭雖二王之後不得純如天子亦用蜃故被譏引之者證天子之宜也○**祭祀共蜃器之蜃**飾祭器之屬也鬯人職曰凡四方山川用蜃器春秋定十四年秋天王使石尚來歸蜃蜃之器以蜃飾因名焉鄭司農云蜃可以白器令色白○白器如字劉薄霸反〔疏〕注飾祭至色白○釋曰經直云蜃器之蜃鄭揔云祭器之屬不辨宗廟及社稷之器則宗廟社稷皆用蜃飾之知義然者案此注引左氏云石尚來歸蜃公羊以爲宜社之肉以蜃器而盛肉故名肉爲蜃是祭社之器爲蜃也大行人云歸脤以交諸侯之福彼則宗廟社稷之器物謂之爲脤是其宗廟社稷之器皆蜃灰飾之事也

共白盛之蜃盛猶成也謂飾牆使白之蜃也今東萊用蛤謂之叉灰云〔疏〕注盛猶至灰云○釋曰言白成謂飾牆使白之蜃也案爾雅云地謂之黝牆謂之堊黝黑也堊白也若然此經所云白盛主於宗廟堊牆也云今東萊用蛤謂之叉灰云者蜃蛤在泥水之中東萊人叉取以爲灰故以蛤灰爲叉灰云也

囿人掌囿游之獸禁囿游囿之離宮小苑觀處也養獸以宴樂視之禁者其蕃衛也鄭司農云囿游之獸游牧之獸○觀古亂反樂音洛〔疏〕注囿游至之獸○釋曰鄭云囿游囿之離宮小苑觀處也者案孟子文王之囿七十里芻蕘者往焉天子之囿百里並是田獵之處又書傳云鄉之取於囿是勇力取今之取於澤是揖讓取是爲蒐狩之常處也今此云禁故知非大囿是小苑觀處也云禁者其蕃衛也者即非守門者也其守門則墨者故閽人云王宮每門四人囿游亦如之鄭云墨者使守門是也言離宮者謂於王宮之外於苑中離別爲宮故名離宮以宮外爲客館亦名離宮也先鄭云囿游之獸游牧之獸者此與後鄭義異謂獸之游非人游觀引之在下亦得爲一義故也

牧百獸備養衆物也今掖庭有鳥獸自熊虎孔雀至於狐狸鳧鶴備焉○鶴戶各反又作鸛古亂反〔疏〕牧百獸○釋曰此於小囿中牧養百獸言百者舉成數而言雖以百獸爲主其中亦有飛鳥故鄭注引漢之掖庭有鳥獸自熊虎孔雀至於狐狸鳧鶴備焉爲證也

祭祀喪紀賓客共其生獸死獸之物

場人掌國之場圃而樹之果蓏珍異之物以時斂而藏之果棗李之屬蓏瓜瓠之屬珍異蒲桃枇杷之屬○枇蒲梨反或房迷反杷白加反〔疏〕場人至藏之○釋曰場圃連言場圃同地耳春夏爲圃秋冬爲場其場因圃而爲之故並言之也○注果棗至之屬○釋曰張晏云有核曰果無核曰蓏臣瓚以爲在地曰蓏在樹曰果則不辨有核無核則鄭不指定言不知義從何者案閭師云任圃以樹事貢草木此場人又掌之者此據祭祀喪紀賓客者場人徵斂藏之其餘則閭師徵斂之也

凡祭祀賓客共其果蓏享亦如之享納牲○享許丈反劉凡享皆音向後放此○〔疏〕注享納牲○釋曰享納牲謂祭祀宗廟二灌後君迎牲納之於庭時后夫人薦朝事之豆籩豆籩中有果蓏之物故云享亦如之若然上言祭祀餘祭祀也

稾人掌九穀之數以待國之匪頒賙賜稍食匪讀爲分分頒謂委人之職諸委積也賙賜謂王所賜予給好用之式也稍食祿稟○匪頒上音分下如字下音班食音嗣注同好呼報反○〔疏〕稾人至稍食○釋曰稾人掌米倉人掌穀今稾人云九穀者以稾人雖專主米亦兼主穀故以九穀言之也○注匪讀至祿稟○釋曰破匪爲分者米穀非是匪所盛之物又以爲廬宿市在道分頒義合故不爲匪也云分頒謂委人之職諸委積也者委人委積之文具於彼云賙賜謂王所賜予給好用之式也者此即九式之中九

曰好用之式是也故彼注好用燕好所賜予也云稍食祿稟者此卽司士以功詔祿又王制云下士視上農夫九人祿中士倍下士之類是也○源繼法有數名春秋桓十四年八月御廩災天子亦有御廩單云廩則平常藏米之廩此不言御廩則廩中可以兼之矣明堂位魯有米廩有虞氏之學以有虞氏尚孝合藏粢盛之委故名學爲米廩非御廩稱也詩云亦有高廩又云萬億及秭注云廩所以藏粢盛之穗以其萬億及秭數多非藏米之數故以藏穗言之與常廩御廩又異**以歲之上下數邦用以知足否以詔穀用以治年之凶豐**數猶計也司祿職同○上下時掌反數色主反注同〔疏〕以歲至凶豐○釋曰上下卽豐凶廩人之官以歲之豐凶得稅物多少之帳計國之用以知足否若歲凶稅物少而用多則不足廩人既知多少足否乃詔告在上用穀之法以治年之凶豐此則王制云制國用必於歲之杪者是也**凡萬民之食食者人四鬴上也人三鬴中也人二鬴下也**此皆謂一月食米也六斗四升曰鬴〔疏〕凡萬至下也○釋曰此謂給萬民糧食之法故云凡萬民之食食者謂民

周禮疏卷十六　十九

食國家糧食者人四鬴上也上謂大豐年也人食三鬴中也謂中豐年人食二鬴下也謂少儉年此雖列三等之年以中年是其常法鬴當今六斗四升卽今給請亦然○注此皆至曰鬴○釋曰知此皆謂一月食米者計中歲須祿人食三鬴不得爲數月古今皆月月給請故知此皆一月食米也六斗四升曰鬴昭公傳晏子辭**若食不能人二鬴則令邦移民就穀詔王殺邦用**就穀就都鄙之有者殺猶減也○殺所界反下注同〔疏〕若食至邦用○釋曰此卽穀梁傳所云五穀不熟謂之大侵謂大凶年之時用如此法也○注就穀至有者○釋曰知就都鄙之有者此據天子畿內六鄉六遂及公邑純屬天子與三等采地不同若民有不能人二鬴之歲移民就賤當先鄉都鄙三等采地之中都鄙亦凶乃出鄉畿外也故知就都鄙之有者也○**凡邦有會同師役之事則治其糧與其食**行道曰糧謂糒也止居曰食謂米也○糒音備〔疏〕凡邦至其食○釋曰此會同師役皆有軍人給糧食故須治之使均給之也○注行道至米也○釋曰案書傳云行而無資謂之乏居而無食謂之困是止居曰食謂此廩人米也詩云乃裹糇糧是行道曰糧謂糒也者卽尚書費誓云峙乃糗糧卽糒也**大祭祀則共其接盛**接讀爲一扱再祭之扱扱以受舂人舂之大祭祀之穀藉田之收藏於神倉者也不以給小用○接依注音扱扱初洽反劉初輒反又差及反李聶創陟反〔疏〕注接讀至小用○釋曰此卽廩人兼掌御廩所藏藉田之收以供祭祀之用者也鄭必讀接爲一扱再祭之扱者此𪎭米與舂人舂之當須扱與舂人無取於接義故讀如特牲少牢云藏於神倉者也者據月令而言知不給小用者祭義云天子藉田千畝諸侯藉田百畝以事天地社稷先公敬之至也是不給小用也

舍人掌平宮中之政分其財守以灋掌其出入政謂用穀之政也分其財守者計其用穀之數分送宮正內宰使守而須之也而行出於廩人其有空缺則計之還入○〔疏〕舍人至出入○釋曰舍人摠主給米之事而掌平宮中之政謂平其給米多少不得特多特少也云分其財守者財卽米也故喪大記云納財朝一溢米亦謂米爲財謂分米與宮正內宰守禁之所使須與所使守之人云以法掌其出入者出謂米出於廩人以出給入謂其有空缺則還入廩人皆當以法不可虛也○注政謂至還入○釋

周禮疏卷十六　二十

曰必送米與宮正內宰者此二官皆有宿衞之人須米料之數故也**凡祭祀共簠簋實之陳之**方曰簠圓曰簋盛黍稷稻粱器○簠音甫或音蒲李又方于反〔疏〕凡祭至陳之○釋曰祭祀言凡則天地宗廟大次小祭皆有黍稷於簠簋實之陳之故云凡以廣之也○注方曰至粱器○釋曰云方曰簠圓曰簋皆據外而言案孝經云陳其簠簋注云內圓外方受斗二升者直據簠而言若簋則內方外圓知皆受斗二升者旊人云爲簋實一觳豆實三而成觳豆四升三豆則斗二升可知但外神用瓦簋宗廟當用木故易損卦云二簋可用享損卦以離巽爲之離爲日日圓巽爲木木器圓簋象是用木明矣云盛黍稷稻粱器者案公食大夫簠盛稻粱簋盛黍稷故鄭揔云黍稷稻粱器也**賓客亦如之共其禮車米筥米芻禾**禮致饔餼之禮○筥姜呂反又音呂〔疏〕賓客至芻禾○釋曰云亦如之者亦有簠簋實之陳之事故亦如祭祀也言實之陳之則據饔餼及饗食之時也云共其禮車米筥米芻禾者鄭云禮致饔餼之禮案聘禮曰致饔使卿韋弁歸饔餼米百筥設于中庭車米三十車陳於門外禾三十車芻薪倍禾又案掌客上公米百有二十筥車米四十車禾五十車芻薪

倍禾侯伯米百筥車米三十車禾四十車芻薪倍禾子男米八十筥車米二十車禾三十車芻薪倍禾皆言陳是其饔餼車米筥米芻禾所陳多少之事

喪紀共飯米熬穀

飯所以實口不忍虛也君用粱大夫用稷士用粱皆四升實者唯盈熬穀者錯于棺旁所以惑蚍蜉也喪大記曰熬君四種八筐大夫三種六筐士二種四筐加魚腊焉○飯扶晚反注同熬五羔反錯七故反蚍鼻夷反蜉音孚種章勇反下同〔疏〕注飯所至腊焉○釋曰云飯所以實口不忍虛也者案檀弓云飯用米貝不忍虛也不以食道用美焉爾故云不忍虛也故君用粱大夫用稷士用粱者此喪大記文彼據沐時所用今引證飯者但飯米沐米一與重鬲所盛用米皆同是以士喪禮云貝三實于笲稻米一豆實於筐據飯含所用下卽云祝淅米管人受潘煑于垼外御者沐又云鬻餘飯盛以二鬲是其三者用米同故引沐法以證飯也但喪大記注士沐粱蓋天子之士以其士喪禮諸侯之士沐稻喪大記注又云差率而上天子沐黍與則天子飯用黍也云皆四升者用米不同別貴賤但人口大小同故知皆四升也云實者惟盈者士喪禮文故彼云主人左扱米實于右三實一貝左中亦如之又實米惟盈是也云熬穀者錯于棺旁所以惑蚍蜉也者解穀所以熬之將殯設之者將熬穀以惑蚍蜉又有魚腊香蚍蜉欲向棺值此惑之故云所以惑蚍蜉也引喪大記者見尊卑用筐穀多少不同之意云熬君四種八筐大夫三種六筐士二種四筐加魚腊焉鄭彼注引士喪禮曰熬黍稷各二筐又曰設熬旁一筐大夫三種加以粱君四種加以稻四筐則首足皆一其餘設於左右若然天子當加麥苽六種十筐首足亦各一筐其餘亦設於左右也

以歲時縣種稑之種以共王后之春獻種

縣之者欲其風氣燥達也鄭司農云春王當耕于藉則后獻其種也后獻其種見內宰職○縣音玄注下同種稑直龍反下音六司農職同見賢遍反〔疏〕以歲至獻種○釋曰內宰注云先種後熟謂之種後種先熟謂之稑彼內宰上春后獻種示不敗壞且助王耕事此云歲時縣者從納禾治得子即縣之以至春獻之是以先鄭云春王當耕于藉則后獻其種也

掌米粟之出入辨其物

九穀六米別爲書〔疏〕掌米至其物○釋曰大宰九職有九穀月令有五穀今正言粟者粟即粢也爾雅釋草粢稷也稷爲五穀之長故特舉以配米也其實九穀皆有○注九穀至爲書○釋曰九穀之名已見大宰注今云六米者九穀之中黍稷稻粱苽大豆六者皆有米麻與小豆小麥三者無米故云九穀六米別爲書釋經辨其物也

歲終則會計其政

政用穀之多少

倉人掌粟入之藏

九穀盡藏焉以粟爲主〔疏〕注九穀至爲主釋曰案月令首種不入鄭注引舊記首種謂稷即種粟是五穀之長下文辨九穀此云粟是以粟爲主也

辨九穀之物以待邦用若穀不足則止餘灋用有餘則藏之以待凶而頒之

止猶殺也殺餘法用謂道路之委積所以豐優賓客之屬〔疏〕注止猶至之屬○釋曰知殺餘法用是道路之委積者案上遺人注委積者廩人倉人計九穀之數足國以其餘共之所謂餘法用也則彼委積是法用以此餘者爲之是豐優賓客者今倉人穀不足故止彼餘法用故鄭據遺人而言焉鄭云之屬者彼遺人注云職內邦之移用亦如此也今穀不足亦止之故云之屬

凡國之大事共道路之穀積食飲之具

大事謂喪戎〔疏〕注大事謂喪戎○釋曰案左氏成公傳國之大事在祀與戎不言喪事今此喪戎不言祀者此經云共道路惟軍戎及喪在外行於道路故據而言焉祭祀遠無過在近郊之內無在道共糧之事故不言祭祀也

司祿

闕

司稼

司稼掌巡邦野之稼而辨穜稑之種周知其名與其所宜地以爲灋而縣于邑閭

周猶徧也徧知種所宜之地縣以示民後年種穀用爲法也○種章勇反注知種同徧音遍下同〔疏〕司稼至邑閭○釋曰云巡邦野之稼者謂秋熟之時觀之矣若然春稼秋穡不云穡而云稼者穡由稼而有故本之言稼也

巡野觀稼以年之上下出斂灋

斂法者豐年從正凶荒則損若今十傷二三實除減半○斂力驗反注同〔疏〕巡野至斂法○釋曰此觀稼亦謂秋熟時觀稼善惡則知年上下豐凶以此豐凶而出稅斂之法○注斂法至減半○釋曰鄭云豐年從正者年雖豐與中平一皆從正法十一而稅之也云凶荒則損者凶荒謂年穀不熟

則減於十一而稅之云若今十傷二三實除減半者鄭舉漢法以況義十傷二三者謂漢時十分之內傷二分三分餘有七分八分在實除減半者謂就七分八分中爲實在仍減去半不稅於半內稅之以凶荒所優饒民可也

掌均萬民之食而賙其急而平其興均謂度其多少賙稟其艱阨興所徵賦〔疏〕釋曰詩云缾之罄矣維罍之恥詩刺王不能富分貧以是司稼既知民之禾稼多少則使之均萬民之食減取多者以賙給其急困者云平其興者興謂徵賦當各計十一而稅不得特多特少是平其興也

舂人掌共米物米物言非一米〔疏〕釋曰案上文倉人稾人言物者據米穀多者而言故鄭言米物言非一米是也

祭祀共其齍盛之米齍盛謂黍稷稻粱之屬可盛以爲簠簋實〔疏〕釋曰器實曰齍則黍稷稻粱是也在器曰盛則簠簋是也故鄭總言齍盛謂黍稷稻粱之屬屬中兼有麥苽可盛以爲簠簋之實也

賓客共其牢禮之米謂可以實筐筥〔疏〕釋曰下別言饗食則此言牢禮謂饔餼之米鄭云實筐筥知非車米者以其公車米四十侯伯車米三十子男車米二十非舂人所供故

知惟謂筐筥者也若然車米出於民稅故禹貢云五百里納米是也

凡饗共其食米饗有食米則饗禮兼燕與食〔疏〕釋曰燕禮無食米食禮無飲酒若饗禮有飲酒有食米故云饗禮兼燕與食也者若然經云共食米則饗禮俱供食米也

掌凡米事

饎人掌凡祭祀共盛炊而共之〔疏〕釋曰鄭知炊而共之者以其饎人主以炊米而盛之共王及后之六食於器今云共盛明炊而共之

共王及后之六食六食六穀之飯〔疏〕釋曰案醫師云和王六食六食即飯也膳夫云饋六穀六穀即六食故鄭合而解之

凡賓客共其簠簋之實謂致飧饔〔疏〕釋曰鄭知是致飧饔者下云饗食亦如之故知此是飧饔也

饗食亦如之

稾人掌共外內朝宂食者之食外朝司寇斷獄弊訟之朝也今司徒府中有百官朝會之殿云天子與丞相舊決大事焉是外朝之存者與內朝路門外之朝也宂食者謂留治文書若今尚書之屬諸直上者〔疏〕釋曰天子三朝路寢庭朝是圖宗人嘉事之朝大僕掌之又有路門外朝是常朝之處司士掌之又有外朝在皐門內庫門外三槐九棘之朝是斷獄弊訟之朝朝士掌之今言外內朝明據三槐與路門外二者以其路寢庭非常朝之處也鄭引今司徒府已下說義也二宂食者謂留治文書若今尚書之屬諸直上者亦引漢法說之謂以次當直留在朝宿不還須以食供之宂食者宂散也外內朝上直諸吏謂之宂吏亦曰散吏以上直不歸家食稾人供之因名宂食者

若饗耆老孤子士庶子共其食士庶子卿大夫士之子弟宿衛王宮者〔疏〕釋曰耆老謂死王事者之父孤子謂死王事者之子國家春饗孤子秋食耆老及士庶子謂若宮正宮士謂適子庶子其支庶宿衛王宮者國家饗養之則亦稾人供其食也

掌豢祭祀之犬養犬豕曰豢不於饎人言其共至尊雖其潘瀾戔餘不可褻也〔疏〕釋曰養犬曰豢此經是也知養豕亦曰豢者見禮記樂記云豢豕作酒非以爲禍是養豕曰豢也云不於饎人言其共至尊雖其潘瀾戔餘不可褻也者以其饎人所炊米爲祭祀及共王與后並是至尊故雖米之潘瀾戔餘亦不得褻之與犬故於此言之也

附釋音周禮注疏卷第十六

武寧盧氏宣旬校定

大清嘉慶二十年書
用文選樓藏本校

知南昌府張敦仁署鄱陽縣候補知州周澍同栞

周禮注疏卷十六挍勘記　阮元撰盧宣旬摘錄

附釋音周禮注疏卷第十六

旅師

云夫稅者百畮之稅　閩監毛本畮改畝

而讀為若　宋本為誤實

以質劑致民案入稅者名　毛本以誤若宋本名誤各

遷擬凶年振恤所輸入之人　閩本同監毛本振誤賑浦鏜云遷當選之誤○按振正字賑俗字

自諸侯來從家　閩本同宋本余本嘉靖本監毛本從下有於賈疏引注同

稍人

甸讀與惟禹敶之之敶同　宋本嘉靖本同閩監毛本惟改維案賈疏引注亦作惟

帥之以致於司馬也　宋本致誤至

同徒司馬所調之同　賈疏余本嘉靖本同閩監毛本同徒誤司徒此本調誤謂閩本先誤謂後剜改作調今訂正

共文此稍人受法於縣師　惠挍本作共釋

委人　委人職當提行此本誤連上稍人職閩監毛本承之○今訂正

故鄭並言之　惠挍本閩本同監毛本並改并非

苑囿藩羅之材　賈疏余本嘉靖本同閩監毛本羅作蘿宋本作苑圃藩蘿之材案釋文作藩蘿云本亦作羅○按依疏則囿是圃非

云野囿之財用者　閩監毛本財改材

上經稍聚待賓客據二百里　案二當作三

土均　閩監毛本誤連上委人職不提行

施讀為弛也　岳本閩本同宋本余本嘉靖本監毛本施讀下有亦字當據補賈疏有申釋亦字之文

理於萬物　賈疏岳本嘉靖本皆無於有者衍文案禮器本無於字

皆以地之美惡輕重者　閩監毛本美改媺非下並同

草人

凡糞種　唐石經諸本同

勃壤用狐　唐石經諸本同閩監毛本勃作㪍訛

彊檃用蕡　唐石經宋本余本嘉靖本同閩監毛本彊作疆注及疏同案釋文羣經音辨皆誤作疆從土宋本載音義作彊不誤釋文檃本又作墍

輕爂用犬　唐石經諸本同釋文爂作㶣○按釋文是也㶣與篆體合

強檃強堅者　宋本同嘉靖本作彊檃強堅者

墳壤多蚡鼠也　諸本同漢讀考作蚡壤云司農依故書作蚡如其字解之故云多蚡鼠今各本云墳壤誤鄭君則依今書作墳

元謂墳壤潤解　宋本潤作閏

故以縓赤當之也　浦鏜云赤當色字誤

以騂為監　段玉裁云監當作檃

則此壤不得專據白色解之故不從壤白色也　惠挍本上白色作色白監本下白誤日

稻人

以瀦畜水　余本閩監毛本同唐石經宋本嘉靖本瀦作豬此本注及疏皆作豬

以涉揚其芟作田　唐石經宋本余本嘉靖本同閩監毛本揚改楊誤注中同

夏以水殄草而芟夷之　宋本同唐石經余本嘉靖本閩監毛本夷作薙釋文作薙音夷宋本注無案秋官薙氏經注皆作夷漢制考引此經芟夷注爲夷皆與宋本同

芟夷蘊崇之　宋本余本嘉靖本監毛本同岳本閩本蘊作薀非案釋文亦作薀○按蘊者薀之俗字

今時謂禾下麥爲荑下麥　宋本嘉靖本荑作夷○按唐石經宋刻本凡麥字皆作麥下从夂今人作麦从夕始於前明不可不正

土訓

若云荆揚地宜稻　余本嘉靖本同閩監毛本揚改楊

幽并地宜麻　釋文麻如字一本作麋李及聶氏亡皮反劉沈皆作麇音紀倫反恐非漢讀考云以李聶反語訂之當云一本作䕷或省作糜是以誤麇及麋也

地慝若障蠱然也　余本岳本嘉靖本同宋本閩監毛本障改瘴俗字疏中同

誦訓　閩監毛本誤連上文不提行

謂告王觀博古之事也　監毛本古誤占當從閩本作博古○今訂作古

並所識久遠之事　閩本同監毛本並改并

不辟其忌　余本岳本嘉靖本同閩監毛本辟作避非釋文音經辟忌云音避注同可證注本作辟也

山虞

謂其地之民　宋本謂誤爲

厲遮列守之　禮說云厲古列字厲禁玉藻所謂山澤列而不賦也列山氏一作厲山氏詩垂帶如厲左傳鞶厲游纓康成皆訓厲爲裂漢郊祀歌泄萬里晉灼曰泄古列字讀爲厲○按說文作迾迾者遮也列厲皆叚借字

堅濡調　釋文堅濡戚如兖反又音柔案據戚兖音如兖反則濡本作耎考工記需字如兖反陸氏皆本戚音又音柔則仍濡字之音

凡服耜　監毛本耜誤耜注及疏同

季猶穉也　宋本岳本穉作稚下同

尙柔忍也　岳本嘉靖本忍作刃案疏中堅刃字作刃釋文柔忍音刃

皆有鑿孔以軨子貫之　浦鏜云軫譌軨從集注挍○按軨字不誤或妄改作軫知其疏於車制矣軨車闌也

田止樹旗　此本止作上閩監毛本同誤也據宋本余本嘉靖本訂正

林衡

掌巡林麓之禁令　唐石經諸本同釋文麓作禁案序官釋文云麓本亦作禁

民不盜竊　嘉靖本同宋本閩監毛本作竊盜

川衡

申重戒勑之也　惠挍本同閩監毛本勑改飭

蜃蠯是蛤　閩監毛本蜃改蜄失其舊

澤虞

其具亦出澤水　監毛本同誤也當從閩本作其貝

芹茆蔆芡之屬　余本嘉靖本同釋文亦作蔆閩監毛本作菱非

迹人

故得注析羽　監毛本注作註疏中同

故知掌邦田之地政　惠挍本知作云

以林木爲藩羅　惠挍本林作材此誤

且害心多也　宋本同嘉靖本閩監毛本心作必蓋心字誤○按心字是此聖人教天下以仁心也疏內正作心

丱人　余本同釋文唐石經諸本作卝人

角人

以當地稅民缾國之事者　此句當有脫誤

以共財用　監本財誤則

骨人漆浣者　釋文亦作漆浣段玉裁云浣乃垸之譌以桼和灰丸而髹也

羽人

一羽有名　宋本岳本嘉靖本羽下有則字此脫疏同

掌葛

使知斤兩長短故也　惠挍本作便知

掌染草　唐石經葉鈔釋文染作涤

茅蒐槖蘆豕首紫蔛之屬　余本嘉靖本同閩監毛本槖作槖非嘉靖本首誤目

更有藍皁象斗之等　此本誤早閩監毛本改皁是也今依訂正

掌荼　釋文唐石經諸本同宋本荼作茶非注並同

掌蜃

以蜃禦濕也　釋文作御濕云本亦作禦○按漢人多用御爲禦

云互物蜯蛤之屬者　惠挍本蜯作蚌下同毛本下作蚌

此後鄭互物爲蚌蛤者　閩本同監毛本蚌作蜯

是成公二年　儀禮通解所載同閩監毛本二年作之時非

飾祭器之屬也　宋本飾誤飭

釋曰言白成　閩監毛本成改盛

囿人

掌囿游之獸禁　唐石經諸本同岳本游改遊注同

注囿遊至之獸　閩監毛本遊作游此本下並作游

場人

蒲桃枇杷之屬　宋本岳本嘉靖本同余本閩監毛本桃改萄非

稾人

稍食祿稟　嘉靖本稟作稾當據正此本疏中引注亦作祿稾

倍下士之類是也口口法有數名　補是也下此本空缺二字毛本補稾字

必於歲之抄者是也　浦鏜云杪誤抄

大祭祀則共其接盛　釋文則接依注音扱案陸本則共其二字爲衍

接讀爲一扱再祭之扱　余本嘉靖本一作壹非鄭於注中皆不用古字釋文作一扱可證

當湏扱與舂人　惠挍本湏作須此誤

舍人　此本誤連上職不提行○今訂正

士用粱　岳本粱作稻非監本粱誤梁

倉人

貝三實于筭　閩監毛本貝誤具下同

鄭注引舊記　案記當說之誤

計九穀之數足國　惠挍本下有用此脫

司祿

闕　困學紀聞云孟子諸侯惡其害己也而皆去其籍趙氏注今周禮司祿之官無其職是諸侯皆去之故不復存

司稼

凶荒則損　諸本同浦鏜云大司徒職疏兩引皆作儉有所殺

以凶荒所優饒民可也　此本及閩本缺一頁今據監毛本互挍漢制考可作法

掌均萬民之食　監毛本誤提行○今訂正

賙稟其艱阨　嘉靖本同宋本岳本稟作廩非

舂人

𩜁盛謂黍稷稻粱之屬　釋文音經其𩜁音資注同本亦作粢案經作𩜁注作粢此當作粢盛

饎人　嘉靖本作饎人與序官合余本舂人音義引此同小宗伯注亦作饎人

謂致飱饔　余本岳本嘉靖本同監毛本飱譌飧今訂正釋文致飱音孫

槀人　監毛本同釋文唐石經宋本余本作槁人漢制考困學紀聞所引同岳本改作犒人非嘉靖本作槀人與序官唐石經合是也禮說云司農讀槀為犒蓋本書序槀飫篇服虔曰以師枯槁故饋之飲食潤澤謂之犒猶存謂之徂治謂之亂故謂之今古語皆然也小行人國有師役則令槁襘之大戴禮朝事儀亦作槁古文也兩傳皆作犒似後人所改而古無之故說文不載○今訂作槀

不還須以食供之　漢制考還作復

不於饎人言其　宋本余本監毛本同誤也岳本嘉靖本其作者當據以訂正

雖其潘瀾戔餘不可褻也　釋文潘本或作蕃戔本亦作殘嘉靖本褻作䙝

終

附釋音周禮注疏卷第十七

春官宗伯第三

（疏）釋曰：鄭目録云象春所立之官也。宗，尊也。伯，長也。春者出生萬物，天子立宗伯使掌邦禮，典禮以事神爲上，亦所以使天下報本反始。不言司者，鬼神示人之所尊，不敢主之故也。

鄭氏注　賈公彦疏

惟王建國，辨方正位，體國經野，設官分職，以爲民極。乃立春官宗伯，使帥其屬而掌邦禮，以佐王和邦國。

禮謂曲禮五，吉凶賓軍嘉，其別三十有六。鄭司農云：宗伯，主禮之官。故書堯典曰：帝曰：咨四岳，有能典朕三禮？僉曰：伯夷。帝曰：俞，咨伯，汝作秩宗。宗官又主鬼神，故國語曰：使名姓之後，能知四時之生，犧牲之物，玉帛之類，采服之宜，彝器之量，次主之度，屏攝之位，壇場之所，上下之神祇，氏姓之所出，而率舊典者，爲之宗。春秋禘于大廟，躋僖公，而傳曰：夏父弗忌爲宗人。又曰：使宗人釁夏獻其禮。禮特牲曰：宗人升自西階，視壺濯及豆籩。然

則唐虞歷三代，以宗官典國之禮與其祭祀，漢之大常是也。○僉，七潛反，皆也。俞，羊朱反，然也。李一音由。女，秩音汝。氏姓，如字，劉音紙。大廟，音泰，下放此。躋，本又作𨇨，子兮反，升也。父，音甫。釁，虛覲反。

（疏）「惟王至邦國」○釋曰：云「掌邦禮，以佐王和邦國」者，樂主和同，禮主簡別。案樂記云「樂勝則流，禮勝則離」，鄭云「離謂析居不和」，恐其不和，是以禮言和。論語云「禮之用，和爲貴」也。○注「禮謂」至「是也」○釋曰：云「禮謂曲禮五」者，案禮序云「禮者，體也，履也」，一字兩訓，益有以也。統之於心名爲體，周禮是也；踐而行之名曰履，儀禮是也。既名儀禮，亦名曲禮，故禮器云「經禮三百，曲禮三千」，鄭玄云「經禮謂周禮也，曲猶事也，事禮謂今禮也。其中事儀三千」。若然，則儀禮爲曲禮。今此鄭云禮謂曲禮五者，對文則儀禮是曲禮，周禮是經禮；散文此周禮亦名曲禮，是以藝文志云「帝王世有損益，至周曲爲之防」，是指此周禮爲曲禮也。云「吉凶賓軍嘉，其別三十有六」者，並據下文而知。鄭司農云「宗伯，主禮之官」，而引書堯典「帝曰」者，謂舜咨四岳曰：有能典朕三禮？三禮者，謂天地人之禮也。云「僉曰伯夷」者，四岳同辭而對，共舉伯夷也。云「帝曰俞」者，俞，然也，然其所舉。云「咨伯，女作秩宗」者，帝舜命伯夷使爲秩宗。秩，次也，言宗伯主次序鬼神之事。案彼虞書云脩五禮，下又云典朕三禮，三五不同者，鄭義上云脩五禮

與下五玉連文，五玉是諸侯所執玉，則五禮非吉凶賓軍嘉之五禮，故鄭云五禮，公侯伯子男之禮。是以禮論云唐虞有三禮，至周分爲五禮。若然，云三禮不言五禮，則三禮中含有五禮矣。引國語者，是楚昭王問於觀射父，觀射父對此辭。言名姓之後者，孔、服注以爲聖人大德之後。云「能知四時之生，犧牲之物」者，孔、服皆以爲生謂粢盛，犧謂純毛色，牲謂牛羊豕。云「玉帛之類」者，孔、服皆以爲禮神玉帛，謂若宗伯云蒼璧黃琮，牲幣各放其器之色是也。云「采服之宜」者，服氏云：祭祀之所服色，謂若司服袞冕以下是也。云「彝器之量」者，服云：量，數也，祭祀之器皆當其數。云「次主之度」者，服云：次，大廟主之尊卑先後遠近之度。云「屏攝之位」者，服氏云：屏猶并也，謂攝主不備，并之。其位不得在正主之位，即引曾子問云「若宗子有罪，居于他國，庶子爲大夫，其祭也，祝曰：孝子某使介子某執其常事」，又云「攝主不厭祭，不旅，不假，不綏祭，不配」，是其攝主并之事。左氏昭十八年夏五月，宋、衞、陳、鄭災，時鄭子產使子寬、子上巡羣屏攝，彼鄭司農云：東茅以爲屏蔽，祭神之處，草易然，故巡行之。此屏攝義與國語異。云「壇場之所」者，孔云：去廟爲祧，去祧爲壇，去壇爲墠。孔又云：場，祭道神，曾子問「道而出」是也。云「上下之神祇」者，孔氏云：上謂凡在天之神，天及日月星；下謂凡在地之神，謂地、山林、川谷、丘陵也。云「氏姓之所

出，而率舊典者，爲之宗」者，孔氏云：既非先聖之後，又非名姓之後，但氏姓所出之後子孫，而心常能循舊典者，則爲大宗。大宗者，於周爲宗伯。云「春秋禘於太廟」者，是文二年秋八月。公羊云「大事者何？大祫也。大祫者何？合祭也。其合祭奈何？毀廟之主陳於大祖，未毀廟之主皆升，合食於大祖，列昭穆，序父子」。云「躋僖公」者，案左氏云「逆祀也」，時夏父弗忌爲宗人。逆祀者，弗忌云「吾見新鬼大，故鬼小」，躋，升也，謂升僖公主於閔公之上。引之者，證宗是宗人主鬼神也。云「又曰使宗人釁夏獻其禮」者，此哀公二十四年，公子荆之母嬖，將以爲夫人，使宗人釁夏獻其立夫人之禮，對曰「無之」。公怒曰：「汝爲宗司，立夫人，國之大禮也，何故無之？」對曰：「周公及武公娶於薛，孝、惠娶於商，自桓以下娶於齊，此禮也則有；若以妾爲夫人，則固無其禮也。」公卒立之。引之者，亦證宗人主禮也。又引禮特牲者，此特牲饋食禮，是宿賓之明夕，視濯，主人與衆兄弟及賓入，即堂下位，宗人升自西階，視壺濯及豆籩，反降，東北面告濯具。注云「東北面告，緣賓意欲聞也」。引此者，亦證宗人主禮也。云「唐虞歷三代，以宗官典國之禮與其祭祀」者，所云虞書是虞法，并云唐者，堯舜道同，故引虞則唐亦與虞同也。言歷三代者，上舉唐虞，下舉周法，則其中夏殷亦宗官掌禮可知，故摠以三代言之也。云「則漢時大常是也」者，以代異法殊禮

有沿革故至漢時祭祀之禮使大常主之故云漢之大常是也但此宗伯主禮并下文主鬼神自分明必引諸文爲證者當時張包周孟子何休等不信周禮是周公所制以爲六國時陰謀之書故先鄭以諸文爲證也

禮官之屬大宗伯卿一人小宗伯中大夫二人肆師下大夫四人上士八人中士十有六人旅下士三十有二人府六人史十有二人胥十有二人徒百有二十人肆猶陳也肆師佐宗伯陳列祭祀之位及牲器粢盛〔疏〕肆師至十人○釋曰此一經與下五十九官爲長此官大宗伯小宗伯肆師並別職上士已下即三職同有此官可謂別職同官者也大宗伯則總掌三十六禮之等小宗伯副貳大宗伯之事肆師主陳祭位之等此並亦轉相副貳之事也○注肆猶至粢盛○釋曰鄭知肆師佐宗伯陳列祭祀之位者案小宗伯云掌建邦之神位肆師云立大祀用玉帛牲牷之等故知佐宗伯陳列祭祀之位也知亦陳牲器粢盛者案其職云大祭祀展犧牲繫于牢頒于職人又云祭之日表齍盛

告絜展器陳告備是其陳牲器粢盛之事也

鬱人下士二人府二人史一人徒八人鬱鬱金香草宜以和鬯○鬱於物反〔疏〕注鬱鬱至和鬯○釋曰凡敘官不以官尊爲先後有以緩急急者爲先鬱人爲首者祭祀宗廟先灌灌用鬱故其職云掌陳器故宜先陳也鄭云鬱鬱金香草者王度記謂之鬯鬯即鬱金香草也云宜以和鬯者鬯人所掌者是秬米爲酒不和鬱者若祭宗廟及灌賓客則鬯人以鬯酒入鬱人鬱人得之築鬱金草煑之以和鬯酒則謂之鬱鬯也

鬯人下士二人府一人史一人徒八人鬯釀秬爲酒芬香條暢於上下也秬如黑黍一稃二米○鬯勑亮反秬其許反李其盧反稃音孚〔疏〕注鬯釀至二米○釋曰鬯人在此者案其職云掌其秬鬯祭社禜門先用鬯故宜先言未有鬱條暢得名云條暢於上下也者若宗廟及賓客以灌地此雖無鬱至於下經用鬯祭祀者亦尸所飲以灌地灌地者其汁下入於地其氣上升於天故云條暢於上下也云秬如黑黍一稃二米者案爾雅云秬黑黍秠一稃二米此爾雅上文云秬黑黍是一米之秬直以秬爲名下文云秠一稃二米亦是黑黍但無黑黍之名但二米之秬貴此鬯酒用二米者故鄭云秬如黑黍此據爾雅下文二米之秬其狀如上文黑黍者若然爾雅云秠一稃二米不言黑黍者爾雅主爲釋詩案生民詩云維秬維秠爾雅云秬黑黍即是維秬者爾雅云秠一稃二米即是維秠者也若然爾雅及詩云秠者即黑黍之皮以皮而見秬是以鄭志張逸問云鬯人職注云秬如黑黍一稃二米案爾雅秠一稃二米未知二者同異鄭荅云秠即其皮稃亦皮爾雅重言以曉人更無異稱也鄭云重言者秠既是皮復云稃亦皮是重言也恐人不知秠是皮故重言稃稃秠是一還是秬故云更無異稱也

雞人下士一人史一人徒四人〔疏〕雞人○釋曰雞人在此者案雞人職云共雞牲大祭祀夜呼旦雞又屬木在春故列職於此也

司尊彝下士二人府四人史二人胥二人徒二十人彝亦尊也鬱鬯曰彝彝法也言爲尊之法也〔疏〕司尊彝○釋曰在此者案職云掌六彝六尊之位尊彝是祭祀之事故列職於此也○注彝亦至法也釋曰彝亦尊者以其同是酒器但盛鬱鬯與酒不同故異其名耳云鬱鬯曰彝彝法也者祭宗廟在室先陳後乃向外陳齊酒之尊以彝爲法故名此鬱鬯曰彝也是以鄭云言爲尊之法也

司几筵下士二人府二人史一人徒八人筵亦席也鋪陳曰筵藉之曰席然其言之筵席通矣○鋪普吳反又音孚藉在夜反〔疏〕司几筵○釋曰在此者凡祭祀先設席故其職云掌五几五席辨其用與其位故列職於此也○注筵亦至通矣○釋曰云鋪陳曰筵藉之曰席者設席之法先設者皆言筵後加者爲席故其職云設莞筵紛純加繅席畫純假令一席在地或亦云筵儀禮少牢云司宮筵於奧是也是先設者爲鋪陳曰筵藉之曰席也云然其言之筵席通矣者所云筵席惟據鋪之先後爲名其筵席止是一物故云然其言之筵席通矣

天府上士一人中士二人府四人史二人胥

二人徒二十人府物所藏言天者尊此所藏若天物然〔疏〕天府○釋曰天府在此者其職云掌祖廟之守藏大祭祀則出而陳於廟庭故亦列職於此也○注府物至物然○釋曰云府物所藏者鄭揔解府義府聚也凡物所聚皆曰府官府在人身中飲食所聚謂之六府詩云叔在藪火烈具舉注藪澤禽之府也大府王府外内府泉府自是藏財貨鄭云藏財貨曰府亦是物所藏也云言天者尊此所藏若天物然者案其職云凡國之玉鎮大寶器藏焉是尊此所藏若天物然故名此府爲天府也

典瑞中士二人府二人史二人胥一人徒十人瑞節信也典瑞若今符璽郎〔疏〕典瑞○釋曰在此者案其職云掌玉瑞玉器之藏下又云王搢大圭執鎮圭以朝日則是玉瑞祭時所執玉器所以禮神雖有餘事以事神爲主在此宜也○注瑞節至璽郎○釋曰云瑞節信也者其天子所執者若受天之應瑞然其諸侯所執者若受得玉瑞亦如天之應瑞故云節信也云典瑞若今符璽郎者鄭意周時典瑞似漢時符璽郎故舉漢法而況之

典命中士二人府二人史二人胥一人徒十人命謂王遷秩羣臣之書〔疏〕典命○釋曰在此者案其職云掌諸侯之五儀諸臣之五等之命凡官之所屬義有多種以宗伯主禮及祭祀之事故凡是祭祀及禮事皆屬焉此典命遷秩羣臣亦是禮事又爵命屬陽故禮記云古者於禘也發爵賜服賞以春夏不於夏官者貴始故於春見之在此○注命謂至之書○釋曰凡言命者皆得簡策之命秩次也命出於王故云命謂王遷秩羣臣之書書即簡策是也

司服中士二人府二人史一人胥一人徒十人〔疏〕司服○釋曰在此者案其職云掌王之吉凶衣服公羊傳云命者何加我服也再命已上得命即得服故司服列職於典命之下也

典祀中士二人下士四人府二人史二人胥四人徒四十人〔疏〕典祀○釋曰在此者案其職云掌外祭祀之兆守皆有域掌其禁令若以時祭祀則帥其屬而脩除以其職祭事故列職於此也

守祧奄八人女祧每廟二人奚四人遠廟曰祧周爲文王武王廟遷主藏焉奄如今之宦者女祧女奴有才知者天子七廟三昭三穆奚女奴也○祧他堯反奄於檢反劉於驗反爲于僞反知音智昭上招反說文作佋〔疏〕守祧○釋曰遠廟爲祧案其職掌先王先公之廟祧若將祭祀則各以其服授尸故列職在此有奄八人者以其與女祧及奚婦人同處故須奄人通姜嫌爲八廟廟一人故八人也○注遠廟至奴也○釋曰遠廟曰祧者案祭法云遠廟爲祧有二祧享嘗乃止鄭云祧之言超也超上去意也云周爲文王武王廟遷主藏焉者案王制及祭法云王立七廟有二祧之文鄭知周之二祧是文武者鄭義二祧則祖宗是也故祭法云祖文王而宗武王鄭云祖宗通言爾是祖其有德宗其有功其廟不毀故云祧也知遷主藏焉者以其纘考已下其廟毀不可以藏遷主文武既不毀明當昭者藏於武王廟當穆者藏於文王廟可知故云遷主藏焉若文武已上父祖不可入下子孫之廟宜藏於后稷之廟祖文武既爲二祧后稷爲大祖廟不可復稱祧故不變本名稱大祖也諸侯既不可與天子

同有二祧其遷主則揔藏於大祖廟則謂大祖廟爲祧故聘禮云不腆先君之祧既拚以俟矣是也云奄如今之宦者漢以奄人爲内官則名奄人爲宦故舉以況之也云女祧女奴有才智者亦若天官云女酒女漿女祝下文云女史之類皆女奴有才智者爲之無才智者即入奚類也云天子七廟已下並王制文七廟者據周而言若殷人巳下依禮緯唐人五廟夏亦五廟殷六廟與周不同也

世婦每宮卿二人下大夫四人中士八人女府二人女史二人奚十有六人世婦后宮官也王后六宮漢始大長秋詹事中少府大僕亦用士八人女府女史女奴有才知者○少詩照反〔疏〕世婦○釋曰名世婦者以其主婦人之事王后巳下至女御言世婦舉中以爲名也在此者案其職云掌女宮之宿戒及祭祀比其具是祭祀故列職於此也云每宮卿二人者王后有六宮每宮卿二人則十二人也此主婦人則卿大夫士並奄人爲之若然天官云内小臣奄上士四人鄭云奄稱士異其賢似卿大夫不用奄人者案彼天官之内職内有婦人者皆用奄人獨此宮卿大夫士與下女

府女史奚同居不用奄非其宜但此經不言奄故鄭亦不言奄其實是奄可知是以賈馬皆云奄卿也然鄭云漢始大長秋亦見周時用奄之義也但天官惟有小臣是上士用奄人鄭即云奄稱士異其賢也若然小臣上士言奄此不言奄者但上天官共婦人同職皆巳言奄於此略而不言耳案王之六卿皆六命十二小卿皆四命此六官十二卿不言命數亦可當小宰小司徒等十二小卿同用四命中大夫爲之以其同十二人故也

內宗凡內女之有爵者內女王同姓之女謂之內宗有爵其嫁於大夫及士者凡無常數之言疏內宗○釋曰在此者案其職云掌宗廟之祭祀薦加豆籩並是助祭之人故列職於此也○注內女至之言○釋曰言內女明是王之族內之女故云王同姓之女爲內宗也云有爵其嫁於大夫及士者但婦人無爵從夫之爵今言內女有爵明嫁與卿大夫及士周之法爵亦及士故兼言士也不言數而言凡故鄭云凡無常數之言以其王之族內之女無定數故也

外宗凡外女之有爵者外女王諸姑姊妹之女謂之外宗疏外宗

釋曰在此者案其職云掌宗廟之祭祀佐王后薦玉豆眡豆籩亦是助祭祀之人故亦列職於此也○注外女至外宗○釋曰鄭知外宗是王諸姑姊妹之女者以其稱外明非巳族故稱外宗外女也鄭不解有爵者巳於內宗注訖明此亦是嫁與大夫及士可知也言凡亦是無常數之言也

冢人下大夫二人中士四人府二人史四人胥十有二人徒百有二十人冢封土爲丘壠象冢而爲之疏冢人○釋曰在此者案其職云掌公墓之地辨其兆域以昭穆爲左右雖非祭祀亦是禮事故亦列職於此也○注冢封至爲之○釋曰冢封土爲丘壠者案其職云以爵等爲丘封之度注云王公曰丘諸臣曰封此臣云丘不言封亦有封可知案禮記云適墓不登壠是聚土亦爲壠故兼云壠也又禮記云古者墓而不墳又有墳稱秦漢巳下天子之丘亦謂之陵也云象冢而爲之者案爾雅山頂曰冢故云象、冢而爲之也若然云丘陵亦是象丘陵爲之也

墓大夫下大夫二人中士八人府二人史四人胥二十人徒二百人墓冢塋之地孝子所思慕之處○塋音營疏墓大夫○釋曰案其職去墓凡邦墓之地域令國民族葬是掌天下萬民之墓地也不云冢云墓者禮記云庶人不封不樹故不言冢而云墓墓即葬地故鄭云墓冢塋之地孝子所思慕之處也在此者死葬之以禮亦是禮事故列職於此也

職喪上士二人中士四人下士八人府二人史四人胥四人徒四十人職主也疏職喪○釋曰以其主公卿大夫之喪亦是禮事故列職於此也

大司樂中大夫二人樂師下大夫四人上士八人下士十有六人府四人史八人胥八人徒八十人大司樂樂官之長○長丁丈反後皆放此疏大司樂○釋曰大司樂掌教國子六樂六舞等在此者以其宗伯主禮禮樂相將是故列職於此但樂師教國子小舞與大司樂職別而同府史亦謂別職同官者也○注大司至之長○釋曰以其與樂師巳下至鞮鞻氏巳上爲長者

大胥中士四人小胥下士八人府二人史四人徒四十人胥有才知之稱禮記文王世子曰小樂正學干大胥佐之○稱尺證反疏大胥○釋曰在此者案其職云掌學士之版以待致諸子與大司樂教樂同類是亦禮事故列職在此但小胥掌樂縣之法亦與大胥別職而同官者也

大師下大夫二人小師上士四人瞽矇上瞽四十人中瞽百人下瞽百有六十人眡瞭三百人府四人史八人胥十有二人徒百有二十人凡樂之歌必使瞽矇爲焉命其賢知者以爲大師小師晉杜蒯云曠也大師也眡讀爲虎眡之眡瞭目明者鄭司農云無目眹謂之瞽有目眹而無見謂之矇有目無眸子謂之瞍○矇音蒙眡音視鄭常至反瞭音了又力小反

字林同云明也杜蒯如字劉音屠下苦怪反眣直忍反本又作瞓或作眣劉又音瞠瞍本又作瞍素口反說文云無目也字林云目有眣無珠子也先久反〔疏〕大師○釋曰案其職云掌六律六同之等亦是樂事故在此此下直云瞽矇三百人無府史胥徒者以其無目不須人使是以有眡瞭三百人而已○注凡樂至之瞍○釋曰云凡樂之歌必使瞽矇爲焉者此鄭欲解作樂使瞽矇之意以其無目無所覩見則心不移於音聲故不使有目者爲之也云命其賢知者以爲大師小師者此乃師曠之徒亦無目者故引爲證也就瞽之中命大賢知爲大師其次賢知小者爲小師也其餘爲瞽矇也云眡讀爲虎眡之眡者易頤卦六四云虎眡眈眈其欲逐逐无咎是也云眡瞭目明者以其工故使有目者爲之也先鄭云無目眣謂之瞽已下案詩有矇瞍案尚書有瞽瞍於此云有瞽矇據此三文皆文不具司農參取三處而爲三等解之諸文皆瞽在上而矇瞍在下先鄭即以瞽爲無目眣當第一無目眣謂無目之眣眣脉謂之瞽有目眣而無見謂之矇謂矇然有眣脉而無見也云有目無眸子謂之瞍者謂目精黑白分明而無眸子人者謂之瞍案其職大師少師及瞽矇眡瞭四者皆別職又無府史而并言之者以其大師少師爲長故連類言之

典同中士二人府一人史一人胥二人徒二十人同陰律也不以陽律名官者因其先言耳書曰協時月正日同律度量衡大師職曰執同律以聽軍聲○〔疏〕典同○釋曰在此者案其職云掌六律六同以爲樂器亦是樂事故列職於此○注同陰至軍聲○釋曰同陰律也者對律而爲陽律也云不以陽律名官者謂其官不名典律而云典同也云因其先言耳者謂諸文皆先云同後云律若陰陽亦先云陰之類故以同名官也引書曰者堯典之篇彼據舜之巡守於方岳之下命史官協時月者協合也謂合四時節氣之早晚及月之大小定分云正日同律度量衡者謂正定日之甲乙陰同陽律之長短及正度之丈尺量之斗斛衡之斤兩六者皆正定之使依法又引大師職曰執同律以聽軍聲者所引之文皆證同在律上之義若然無取於時月日又度量衡連文引之耳案孔注尚書律爲法制當齊同之則同不爲陰律與鄭義別也

磬師中士四人下士八人府四人史二人胥四人徒四十人〔疏〕磬師○釋曰在此者案其職云掌教擊磬擊編鍾并教縵樂亦是樂事故列職於此也

鍾師中士四人下士八人府二人史二人胥六人徒六十人〔疏〕鍾師○釋曰在此者案其職云掌金奏而奏九夏以其樂事故列職於此也

笙師中士二人下士四人府二人史二人胥一人徒十人〔疏〕笙師○釋曰在此者案其職云掌教吹竽笙塤籥已下亦是樂事故列職在此

鎛師中士二人下士四人府二人史二人胥二人徒二十人鎛如鍾而大○鎛音博〔疏〕鎛師○釋曰在此者案其職云掌金奏之鼓亦是樂事故亦列職在此○注鎛如鍾而大○釋曰如鍾而大者以其形如鍾而大獨在一簴

韎師下士二人府一人史一人舞者十有六人徒四十人鄭司農云以明堂位曰韎東夷之樂讀如味飲食之味杜子春讀韎爲菋莖著之菋玄謂讀如韎韐之韎○韎韐莫拜反劉李音妹味食飲之味如字又莫介反菋莫戒反又音味莖直基反劉直梨反李音姪著直居反李張慮反韐古洽反又音閤〔疏〕韎師○釋曰在此者案其職云掌教韎樂亦是樂事故列職於此也案鞮韈氏掌四夷之樂今此特掌韎樂是周以木德王又見樂爲陽春是陽長養之方故特建此一官也○注鄭司至之韎○釋曰引明堂位者證韎是東夷之樂云讀如味食飲之味杜子春讀韎爲菋莖著之菋者讀從爾雅也此後鄭皆不從之後鄭云讀爲韎韐之韎者欲取韎爲赤色是以禮記檀弓云周人大事斂用日出鄭云日出時亦赤則東夷之樂名韎者取色赤東方之意

旄人下士四人舞者衆寡無數府二人史二人胥二人徒二十人旄旄牛尾舞者所持以指麾〔疏〕旄人○釋曰在此者案其職云掌教舞散樂舞夷樂亦是樂事故列職於此也經云舞者衆寡無數其職云凡四方之以舞仕者屬焉以其能

爲四夷之舞者即爲之故無數也○注旄旄至指麾○釋曰案山海經有獸如牛四節有毛是也其牛尾可爲旌旗之旄也云舞者所持以指麾者案樂師掌小舞有旄舞是舞者所持以指麾則此旄人舞夷樂而云旄人是亦舞者所持以指麾者若然下鞮鞻氏云主四夷之樂兩官共掌者但鞮鞻氏掌而不教此旄人教而不掌故二官共其事也

籥師中士四人府二人史二人胥二人徒二十人

籥舞者所吹春秋宣八年壬午猶繹萬入去籥傳曰去其有聲者廢其無聲者詩云左手執籥右手秉翟○籥餘若反繹音亦祭之明日又祭也字書作釋去起呂反下同〔疏〕籥師○釋曰在此者案其職云掌教國子舞羽吹籥則此籥師所掌以教國子文樂左手執籥右手秉翟故名官爲籥師也○注籥舞至秉翟○釋曰案公羊宣八年傳文辛巳有事于大廟仲遂卒于垂壬午猶繹萬入去籥傳曰去其有聲者廢其無聲者張逸問籥師注春秋傳曰去其有聲者廢其無聲者何謂鄭荅廢置也於去者爲廢故曰廢若然辛巳日有事於大廟仲遂卒卿佐卒輕於正祭則重於繹祭則不停正祭合停繹祭至於明日壬午仍爲繹祭故孔子爲經加猶以九之但宣公乃有慙心於作樂之時去其有聲者用其無聲者也詩云左手執籥右手秉翟引之與詩者證籥師教國子舞羽吹籥之事也

籥章中士二人下士四人府一人史一人胥二人徒二十人

籥章吹籥以爲詩章〔疏〕籥章○釋曰在此者案其職云掌土鼓豳籥亦是樂事故列職於此○注籥章至詩章○釋曰案其職有豳詩豳雅豳頌是吹籥以爲詩章故官名籥章也

鞮鞻氏下士四人府一人史一人胥二人徒二十人

鞻讀如屨也鞮屨四夷舞者所屝也今時倡蹋鼓沓行者自有屝○鞮丁兮反許慎云屨也鞻九具反又力具反呂忱云鞮革屨也鞻者幹鞻屝房味反蹋徒臘反李吐臘反沓它荅反又如字〔疏〕鞮鞻氏○釋曰在此者案其職云掌四夷之樂與其聲歌亦是樂事故列職於此也○注鞻讀至有屝○釋曰此鄭讀從屨人之屨也案鄭注曲禮云鞮鞻無約之屝也此鞮鞻亦是無約之屝彼爲大夫欲去國行喪禮之屨此爲四夷舞者所屝其屨無約一也云今時倡蹋鼓沓行者自有屝者謂漢時倡優作樂蹋地之人并擊鼓沓沓作聲者行自有屝屨引之者證四夷舞者亦自有屝與中國不同也

典庸器下士四人府四人史二人胥八人徒八十人

庸功也鄭司農云庸器有功者鑄器銘其功春秋傳曰以所得於齊之兵作林鍾而銘魯功焉〔疏〕典庸○釋曰在此者案其職掌藏樂器庸器亦是樂事故列職於此○注庸功至功焉○釋曰先鄭所引春秋者左氏襄十九年季武子與晉師伐齊所以得齊之兵作林鍾而銘魯功焉臧武仲謂季孫曰非禮也夫銘天子令德諸侯言時計功大夫稱伐今稱伐則下等也計功則借人也言時則妨民多矣何以爲銘引之者見其庸器之義

司干下士二人府二人史二人徒二十人

干舞者所持謂楯也春秋傳曰萬者何干舞也○楯食允反又音允〔疏〕司干○釋曰在此者案其職云掌舞器祭祀授舞器亦是樂事故列職於此也○注干舞至舞也○釋曰云干舞者所持者謂若樂師云干舞則小舞也其夏官司兵云掌五兵祭祀授舞者兵則五兵俱掌但無干耳然彼注云謂朱干玉戚者鄭連言朱干耳

大卜下大夫二人卜師上士四人卜人中士八人下士十有六人府二人史二人胥四人徒四十人

問龜曰卜大卜卜筮官之長〔疏〕大卜○釋曰此大卜有卜師及卜人皆士官而卜人無別職者以其助大卜卜師行事故也其卜師則與大卜別職亦是別職同官在此者案其職曰掌三兆三易之等但著龜卦兆有生數成數之鬼神是鬼神之事故列職於此也○注問龜至之長○釋曰卜赴也赴來者之心故曰卜對筮問也謂有疑來問於蓍二者互見爲義卜言赴來問之心亦先問乃赴筮言問者後亦赴來者之心也云卜筮官之長者謂與下龜人菙氏占人筮人等爲之長也

龜人中士二人府二人史二人工四人胥四人徒四十人

工取龜攻龜〔疏〕龜人○釋曰在此者與卜人連類在此○注工取龜攻龜○釋曰案其職云取龜用秋時甲成之時也攻龜用春時風氣燥達之時故也

菙氏下士二人史一人徒八人燋焌用荆菙之類○菙時髓反燋哉灼反焌音俊又子寸反〔疏〕菙氏○釋曰在此者鑽龜用燋焌故與大卜連類在此○注燋焌用荆菙之類○釋曰案其職云掌共燋契即士喪禮云楚焞是也楚即荆故云用荆云菙之類者菙所以抯笞人馬用荆竹爲之此亦用荆故云菙之類也

占人下士八人府一人史二人徒八人占蓍龜之卦兆吉凶○蓍音尸〔疏〕占人○釋曰在此者案其職云掌占龜筮亦占筮之類故列職於此也

簭人中士二人府一人史二人徒四人問蓍曰筮其占易〔疏〕簭人○釋曰在此者案其職云掌九簭簭有生成數之鬼神故亦列職在此○注問蓍曰筮其占易○釋曰云問蓍曰筮者鄭意以筮爲問故易蒙卦云初筮告再三瀆瀆則不告是筮爲問也云其占易即易之九六爻辭是也

占夢中士二人史二人徒四人〔疏〕占夢○釋曰在此者案其職云以日月星辰占六夢之吉凶夢是精神所感并日月星辰等是鬼神之事故列職於此

眡祲中士二人史二人徒四人祲陰陽氣相侵漸成祥者魯史梓慎云吾見赤黑之祲○祲子鴆反李且祍反〔疏〕眡祲○釋曰在此者案其職云掌十煇之法以觀妖祥辨吉凶亦是陰陽鬼神之事故列職於此

大祝下大夫二人上士四人小祝中士八人下士十有六人府二人史四人胥四人徒四十人大祝祝官之長〔疏〕大祝○釋曰大祝與小祝別職而同官故共府史胥徒在此者案其職云掌六祝之辭以事鬼神示亦是事鬼神之法故列職於此也○注大祝祝官之長○釋曰以其與下小祝喪祝甸祝詛祝等爲長也

喪祝上士二人中士四人下士八人府二人史二人胥四人徒四十人〔疏〕喪祝○釋曰在此者案其職云掌大喪勸防之事及辟令啟亦是禮事及事鬼神之法故列職於此也

甸祝下士二人府一人史一人徒四人甸之言田也田狩之祝○甸音電後不音者同〔疏〕甸祝○釋曰在此者案其職云掌四時之田表貉之祝從事鬼神之事故列職於此

詛祝下士二人府一人史一人徒四人詛謂祝之使沮敗也○詛側慮反祝之又反沮在呂反沇音敘〔疏〕詛祝○釋曰在此者案其職云掌盟詛類造攻說禬禜之祝號亦事鬼神故列職於此注云詛謂祝之使沮敗也者凡言盟者盟將來詛者詛往過故云祝之使沮敗也

司巫中士二人府一人史一人胥一人徒十人司巫巫官之長〔疏〕司巫○釋曰在此者案其職云若國大旱則師巫而舞雩亦是事鬼神之事故列職於此○注司巫巫官之長○釋曰案其職云掌羣巫之政令與下男巫女巫神士等爲師故云巫官之長

男巫無數女巫無數其師中士四人府二人史四人胥四人徒四十人巫能制神之處位次主者〔疏〕注巫能至主者釋曰巫與神通亦是鬼神之事故列職於此案神士職云凡以神士者掌三辰之法以猶鬼神示之居注引孝經緯及國語並是制神之處位及次第主之事神士還是男巫爲之故引彼以解此

大史下大夫二人上士四人小史中士八人下士十有六人府四人史八人胥四人徒四十人大史史官之長〔疏〕大史○釋曰在此者案其職云讀禮書祭之日執書以次位常是禮事及鬼神之事也故列職於此也小史與大史別職而同官故共府史也○注大史史官之長○釋曰謂與下內史外史御史等爲長若然內史中大夫大史下大夫大史得與內史爲長者以大史知天道雖下大夫得與內史中大夫爲長是以稱大也

馮相氏中士二人下士四人府二人史四人徒八人馮乘也相視也世登高臺以視天文之次序天文屬大史月令曰乃命大史守典奉法司天日月星辰之行宿離不貸○馮音憑相息亮反注同宿劉息就反一音夙離力計反貸吐得反或音二疏馮相○釋曰在此者以其與大史同主天文故其職云掌歲月星辰之位故與大史連類在此○注馮乘至不貸○釋曰云世登高臺以視天文之次序者以其官有世功則以官名氏故云也其天子有靈臺諸侯有觀臺皆所以視天文故云登高臺也云之次序者馮相氏掌天文不變保章氏掌天文之變變則不依次序不變則如常有次序故以次序言之也云天文屬大史者案周語單子謂魯成公曰吾非瞽史焉知天道是大史知天道之事引月令曰乃命大史者證大史掌天文之事云宿離不貸者鄭彼注云離耦也謂其屬馮相氏保章氏掌天文者也謂其相與宿耦當審候伺不有差忒

保章氏中士二人下士四人府二人史四人徒八人保守也世守天文之變疏保章氏○釋曰在此者案其職云掌天星以志星辰日月之變

動以觀天下之遷故與馮相氏連類在此也○注保守至之變○釋曰以其稱氏也故稱世守天文之變也

內史中大夫一人下大夫二人上士四人中士八人下士十有六人府四人史八人胥四人徒四十人疏內史○釋曰在此者案其職云掌八枋執國法及國令之貳策命羣臣皆禮事故列職於此也

外史上士四人中士八人下士十有六人胥二人徒二十人疏外史○釋曰在此者案其職云掌書外令及三皇五帝之書亦禮書之類故列職於此

御史中士八人下士十有六人其史百有二十人府四人胥四人徒四十人御猶侍也進也其史百有二十人以掌贊書人多也疏御史○釋曰在此者案其職云掌贊書凡數多政者皆亦禮事故列職於此也○注御猶至多也○釋曰其職云凡治者受法令焉并掌贊書故其史特多復在府上也

巾車下大夫二人上士四人中士八人下士十有六人府四人史八人工百人胥五人徒五十人巾猶衣也巾車車官之長○巾如字劉居覲反衣於既反疏巾車○釋曰在此者案其職云掌公車之政令辨其用與其旗物皆是禮事故列職於此也○注巾猶至之長○釋曰巾猶衣也者謂玉金象革等以衣飾其車故訓巾猶衣也云巾車車官之長者謂與下典路車僕等爲長也

典路中士二人下士四人府二人史二人胥二人徒二十人路王之所所乘車疏典路○釋曰在此者案其職云掌王及后之五路亦是禮事故列職於此也○注路王至乘車○釋曰路大也若人君所居皆稱路故有路寢路門路馬之等皆稱路也

車僕中士二人下士四人府二人史二人胥二人徒二十人疏車僕○釋曰在此者案其職五戎之倅各有差等亦是禮事故亦列職於此也

司常中士二人下士四人府二人史二人胥四人徒四十人司常主王旌旗疏司常○釋曰在此者案其職云掌九旗之物名亦各有差等亦是禮事故亦列職於此也○注司常主王旌旗○釋曰九旗之別自王已下尊卑所建不同不專主於王鄭云司常主王旌旗者以王爲主何妨尊卑皆掌

都宗人上士二人中士四人府二人史四人胥四人徒四十人都謂王子弟所封及公卿所食邑疏都宗人○釋曰在此者案其職云掌都祭祀之禮凡都祭祀致福于國皆是事鬼及禮事故列職於此○注都謂至食邑○釋曰案載師云家

邑任稍地小都任縣地大都任畺地則大夫采地不得稱都故據大都小都而言之下文家據大夫而説也此既掌祭祀不云伯而云宗人者避大官名夏官都家稱司馬得與大官同名者以其軍事是重故與大官同名也秋官都家以稱士者以其主都家萬民之獄訟以告方士故謂之士士者察也取其察審之義也

家宗人如都宗人之數家謂大夫所食采邑疏家宗人○釋曰在此者案其職云掌家祭祀之禮凡祭祀致福亦是共鬼之事故亦列職於此

凡以神士者無數以其藝爲之貴賤之等以神士者男巫之俊有學問才知者藝謂禮樂射御書數高者爲上士次之中士又次之爲下士疏凡以至之等○釋曰此神士還是上羣巫中有學問者抽入神士以其能處置神位故以神爲名無數者有即入之故無常數在都家之下者欲見都家神亦處置之在此者案其職云掌三辰之法當處置神之位次故列職於此

附釋音周禮注疏卷第十七

大清嘉慶二十年重刊宋本
用文選樓藏本校

知南昌府張敦仁署鄱陽縣候補知州周澍栞

周禮注疏卷十七校勘記　阮元撰盧宣旬摘録

附釋音周禮注疏卷第十七唐石經周禮卷第五

春官宗伯第三唐石經作第五非

吉凶賓軍嘉諸本同惠挍本作軍賓云余本仍作賓軍按惠棟當據宋本疏作軍賓小宗伯注吉凶軍賓嘉亦本作賓軍嘉○按依大宗伯職經文次第先賓後軍則作賓軍是也自蔡沈書注曰五禮吉凶軍賓嘉也初學幼而熟誦乃不省周禮本文矣

汝作秩宗余本閩監毛本同岳本嘉靖本汝作女釋文出女秩二字則此注本云女秩宗也

禮特牲曰宗人升自西階監本毛本禮誤郊毛本皆誤皆

云禮謂曲禮五者惠挍本謂作是

云吉凶賓軍嘉其別三十有六者惠挍本作吉凶軍賓嘉○按此本非也

可謂别職同官者也補鏜云可疑所字誤

頒于職人惠挍本作𦕅人賈氏據鄭讀也此依經改職非

表齍盛告絜惠挍本同閩監毛本絜改潔非下並同

故其職云掌陳器補鏜云隷誤陳

復云秠亦皮閩監毛本秠誤秬

言爲尊之法也嘉靖本也作止

鋪陳曰筵釋文作鋪之按釋曰所云筵席惟據鋪之先後爲名則賈本亦作鋪之矣今本作陳非

天府徒二十人余本嘉靖本閩監本同毛本二誤三唐石經缺

祖文武既爲二祧惠挍本作但文武此作祖誤

漢以奄人爲内官閩監毛本同惠挍本漢制考作内宦

亦用士八人 余本閩監毛本同嘉靖本作亦用士八人無八字此衍文當刪正○按嘉靖本此條勝於各本

女奴有才知者 余本嘉靖本同閩監毛本知改智非釋文才知音智

冡人 嘉靖本閩監毛本同誤也唐石經余本作冢人注中同當據正○按字體正作冢从勹豖聲

此臣云巨 惠挍本臣作直此誤

眡瞭三百人府四人史八人胥十有二人徒百有二十人 余本嘉靖本閩監毛本同唐石經此段全缺按釋曰此下直云瞽矇三百人無府史胥徒者以其無目不須人使是以有眡瞭三百人而已然則府四人已下四句係後人臆增賈疏本無也○按前說非也賈所云瞽矇三百人者謂上瞽四十人中瞽百人下瞽百有六十人也此三百人無府史胥徒眡瞭三百人有府史胥徒故云瞽矇三百人無府史胥徒其實賈說不明經文府四人史八人胥十有二人徒百有二十人統屬於大師小師瞽矇眡瞭非瞽矇無府史胥徒也疏末云大師少師瞽矇眡瞭四者皆別職又無府史而并言之此并言之三字正謂此府史胥徒統屬於上四官亦可證經文府四人四句非衍矣由四官分職府史胥徒統屬於四官故經文合併爲一條如大司樂樂師合爲一條之例

眡讀爲虎眡之眡 余本嘉靖本閩監毛本同岳本爲作如

無目眹謂之瞽 余本岳本閩本毛本同此本眹誤眣監本誤朕今訂正嘉靖本眹作眣按釋文眹本又作眴或作瞚玉篇謂眹與瞚同眴瞚亦一字也下同

云眡瞭目明者以其工 惠挍本無云其下有扶此一衍一脫

於此云有瞽矇 惠挍本云作文此誤

韎東夷之樂讀如味飲食之味 閩監毛本同嘉靖本作味東夷之樂讀如味食飲之味釋文賈疏余本亦作味食飲之味此誤倒

杜子春讀韎爲菋荎著之菋 閩監毛本同釋文岳本嘉靖本菋作味漢讀考作讀韎如

經云舞者衆寡無數 惠挍本作此經云

引之與詩者證籥師教國子 惠挍本之作傳籥作樂此誤○按籥是也樂非也本職可攷

鞮鞻氏 唐石經諸本同惠士奇云玉篇鞮作趧○按玉篇本說文說文作趧婁

鞻讀如屨也 余本嘉靖本閩監毛本同誤也岳本作鞻讀爲屨當據正

四夷舞者所屝也 余本嘉靖本閩監毛本同此本屝作扉與漢制考所引同誤也今訂正文選魏都賦注引此無所字按釋文出所屝二字則無所作屝者皆非說文屝履也所屝猶云所履也○按無所字者自是古本

謂楯也 余本閩監毛本同釋文出謂楯二字嘉靖本楯作盾惠挍本同○按盾者正字楯俗字

二者互見爲義 惠挍本同閩監毛本爲改其

占人史二人 唐石經諸本同嘉靖本作史一人誤

亦占筮之類 閩本同監毛本占改卜

簭人 宋本余本閩監毛本同誤也唐石經嘉靖本簭作簭下從曰當據以訂正此從石說

女巫無數 余本閩監毛本同皆連上文嘉靖本及惠挍本別跳行下大史小史同唐石經此序缺○按經文其師以下統屬於男巫女巫則不跳行者是也此亦太師樂師一條之例

凡以神口者 閩監毛本作神士者惠挍本作神仕者云仍作士下神仕還是男巫爲之同此本兩神仕之仕字皆實缺

宿離不貸 釋文作不貣○按貣是

以視天文之次序者 閩監毛本視誤觀

皆是事鬼及禮事 浦鏜云事鬼下疑脫神字

家謂大夫所食采邑余本閩監毛本同此本下三字實缺嘉靖本邑作地

周禮疏卷十七校勘記　四

周禮注疏卷十七挍勘記終

南昌袁泰開挍

附釋音周禮注疏卷第十八

鄭氏注　賈公彥疏

大宗伯之職掌建邦之天神人鬼地示之禮以佐王建保邦國建立也立天神地祇人鬼之禮者謂祀之祭之享之禮吉禮是也保安也所以佐王立安邦國者主謂凶禮賓禮軍禮嘉禮也目吉禮於上承以立安邦國者互以相成明尊鬼神重人事○示音祇本或作祇下神示地示之例皆倣此下卷亦然佐本或作左音同享許丈反又後不音者同

疏大宗至邦國○釋曰大宗伯之職者以上列其官此列其職也云掌建邦之天神人鬼地示之禮者單言邦據王爲言也云以佐王建保邦國者邦國連言據諸侯爲說也○注建立至人事○釋曰云立天神地祇人鬼之禮者謂祀之祭之享之者經先云人鬼後云地祇鄭則先云地祇後云人鬼者經先云人鬼欲見天在上地在下人藏其間鄭後云人鬼者據下經陳吉禮十二先地祇後人鬼據尊卑爲次故也云禮吉禮是也者案下云以吉禮事邦國之鬼神示則此亦吉禮故云禮吉禮是也云保安也所以佐王立安邦國者主謂凶禮賓禮軍禮嘉禮也者鄭知建保邦國中有凶禮已下者案下文其次有五禮具此經直云天神人鬼地示吉禮而已又邦國之上空云建保故云建保中有四禮也是以鄭即云目吉禮於上承以立安邦國者互相成也互相成者王國云吉禮亦有凶禮已下邦國云四禮明亦有吉禮矣以其神非人不事人非神不福故又云明尊鬼神重人事也尊鬼神者據王國特云吉禮重事人者據諸侯特言凶禮已下各舉一邊欲見五禮皆重故也

以吉禮事邦國之鬼神示事謂祀之祭之享之故書吉或爲告杜子春云書爲告禮者非是當爲吉禮書亦多爲吉禮吉禮之別十有二

疏以吉至神示○釋曰此已下敘五禮先以吉禮爲上云事邦國之鬼神示者據諸侯邦國而言者也以其天子宗伯若還據天子則不見邦國若以天子宗伯而見邦國則有天子可知故舉邦國以包王國○注事謂至有二○釋曰云事謂祀之祭之享之者還據已下所陳先後爲次若然經先云鬼與上下體例不同者欲見逢時則祭事起無常故先云人鬼也云吉禮之別十有二者從此下經以禋祀血祭二經天地各有三享人鬼有六故十二也○

以禋祀祀昊天上帝以實柴祀日月星辰以槱燎祀司中司命飌師雨師禋之言煙周人尚臭煙氣之臭聞者槱積也詩曰芃芃棫樸薪之槱之三祀皆積柴實牲體焉或有玉帛燔燎而升煙所以報陽也鄭司農云昊天天也上帝玄天也昊天上帝樂以雲門實柴實牛柴上也故書實柴或爲賓柴司中三能三階也司命文昌宮星風師箕也雨師畢也玄謂昊天上帝冬至於圜丘所祀天皇大帝星謂五緯辰謂日月所會十二次司中司命文昌第五第四星或曰中能上能也祀五帝亦用實柴之禮云○禋音因李又音煙槱羊九反本亦作楢音同積也燎良召反飌音風芃薄工反一音房逢反棫音域樸音卜能他來反下同圜于權反○

疏以禋至雨師○釋曰此祀天神之三禮以尊卑先後爲次謂歆神始也○注禋之至禮云○釋曰案尚書洛誥予以秬鬯二卣明禋注云禋芬芳之祭又案周語云精意以享謂之禋義並與煙得相叶也但宗廟用煙則郊特牲云臭陽達于牆屋是也天神用煙則此文是也鄭於禋祀之下正取義於煙故言禋之言煙也云周人尚臭煙氣之臭聞者此禮記郊特牲之文也彼云殷人尚聲周人尚臭尚臭者取煙氣之臭聞於天引之者證煙義也云槱積也詩云芃芃棫樸薪之槱之者此大雅棫樸之篇引之證槱得爲積也云三祀皆積柴實牲體焉或有玉帛燔燎而升煙者此司中司命等言槱燎則亦用煙也於日月言實牲至昊天上帝言煙祀則三祀互相備矣但先積柴次實牲後取煙事列於卑祀義全於昊天作文之意也但云或有玉帛則有不用玉帛者肆師職云立大祀用玉帛牲牷立次祀用牲幣立小祀用牲彼雖摠據天地宗廟諸神今以天神言之則二大小次祀皆有也以肆師言之煙祀中有玉帛牲牷三事實柴中則無玉唯有牲幣槱燎中但止有牲故鄭云實牲體焉據三祀有其玉帛惟昊天具之實柴則有帛無玉是玉帛於三祀之内或有或無故鄭云或耳云燔燎而升煙所以報陽也者案郊特牲云升首於室以報陽彼論宗廟之祭以首報陽今天神是陽煙氣上聞亦是以報陽故取特牲爲義也鄭司農云昊天天也者案孝經云郊祀后稷以配天典瑞亦云四圭有邸以祀天故云昊天天也云上帝玄天也者案廣雅云乾玄天易文言云夫玄黄者天地之雜也天玄而地黄以天色玄故謂玄名天先鄭蓋依此而讀之則二者異名而同實也若然則先鄭與王肅之等同一天而已似無六天之義故以天祭昊天上帝爲一也云昊天上帝樂以雲門者先鄭既無六天大司樂分樂而序之及六變俱有雲門不知定取何者以祀天云實柴實牛柴上也者案肆師職

此三者皆實牲先鄭直據實柴爲實牛者偏據一邊而言耳其實皆牛也云故書實柴或爲賓柴者賓柴無義後鄭雖不破當還從實柴也先鄭云司中三能三階也者案武陵太守星傳云三台一名天柱上台司命爲大尉中台司中爲司徒下台司祿爲司空云司命文昌宮星者亦據星傳云文昌宮第四曰司命第五曰司中二文俱有司中司命故兩載之云風師箕也者春秋緯云月離於箕風揚沙故知風師箕也云雨師畢也者詩云月離於畢俾滂沱矣是雨師畢也若左氏傳云天有六氣降生五味五味即五行之味也是陰陽風雨晦明六氣下生金木水火土之五行鄭義大陽不變陰爲金雨爲木風爲土明爲火晦爲水若從妻所好言之則洪範云星有好風星有好雨鄭注云箕星好風畢星好雨是土十爲木八妻木八爲金九妻故東方箕星好風西方畢星好雨以此推之則北宮好奧南宮好暘中央四季好寒也皆是所尅爲妻是從妻所好之義也玄謂昊天上帝冬至於圜丘所祀天皇大帝者案大司樂下文凡樂圜鍾爲宮云云冬日至於地上之圜丘奏之若樂六變則天神皆降是也引之以破先鄭昊天上帝與五天爲一之義云星謂五緯者五緯即五星東方歲星南方熒惑西方大白北方辰星中央鎮星言緯者二十八宿隨天左轉爲經五星左旋爲緯案元命包云文王

之時五星以聚房也星備云五星初起牽牛此云星明是五緯又案星備云歲星一日行十二分度之一十二歲而周天熒惑日行三十三分度之一三十三歲而周天鎮星日行二十八分度之一二十八歲而周天大白日行八分度之一八歲而周天辰星日行一度一歲而周天是五緯所行度數之事且諸文皆星辰合解之故尚書堯典云歷象日月星辰洪範五紀亦云星辰鄭皆星辰合釋者餘文於義不得分爲二故合釋此文皆上下不見祭五星之文故分星爲五緯與辰別解若然辰雖據日月會時而言辰即二十八星也案昭七年左氏傳晉侯問伯瑕曰何謂六物對曰歲時日月星辰是謂也公曰多語寡人辰而莫同何謂辰對曰日月之會是謂辰故以配日是其事但二十八星面有七不當日月之會直謂之星若日月所會則謂之宿謂之辰謂之次亦謂之房故尚書胤征云辰弗集于房孔注云房日月所會是也云司中司命文昌第五第四星者此破先鄭也何則先鄭以爲司中是三台司命是文昌星今案三台與文昌皆有司中司命何得分之故後鄭云文昌第五第四星必先言第五後云第四者案文昌第四云司命第五云司中此經先云司中後云司命後鄭欲先說司中故先引第五證司中後引第四證司命故文倒也案武陵大守星傳云文昌宮六星第一曰上將第

二曰次將第三曰貴相第四曰司命第五曰司中第六曰司祿是其本次也云或曰中能者亦據武陵大守星傳而言云三台一名天柱上台司命爲大尉中台司中爲司徒下台司祿爲司空引此破先鄭也云祀五帝亦用實柴之禮云者案禮記祭義云大報天而主日配以月祭天以日爲主故知五帝與日月同用實柴也若然五帝與昊天其服同大裘其牲同繭栗於燔柴退與日月等者禮有損之而益亦如社稷服絺冕及其血祭即在五嶽之上亦斯類也案春秋緯運斗樞云大微宮有五帝座星即春秋緯文耀鉤云春起青受制其名靈威仰夏起赤受制其名赤熛怒秋起白受制其名白招拒冬起黑受制其名汁光紀季夏六月火受制其名含樞紐又元命包云大微爲天庭五帝以合時此等是五帝之號也又案元命包云紫微宮爲大帝又云天生大列爲中宮大極星星其一明者大一常居傍兩星巨辰子位故爲北辰以起節度亦爲紫微宮紫之言中此宮之中天神圖法陰陽開閉皆在此中又文耀鉤云中宮大帝其北極星下一明者爲大一之先合元氣以斗布常是天皇大帝之號也又案爾雅云北極謂之北辰鄭注云天皇北辰耀魄寶又云昊天上帝又名大一常居以其尊大故有數名也其紫微宮中皇天上帝亦名昊天上帝得連上帝而言至於單名皇天單名上帝亦

得故尚書君奭云公曰君奭我聞在昔成湯既受命時則有若伊尹格于皇天鄭注云皇天北極大帝又掌次云張氈案設皇邸以旅上帝上帝即大帝堯典云欽若昊天皆是上帝單名之事月令更無祭五帝之文故季夏云以供皇天上帝鄭分之皇天北辰耀魄寶上帝大微五帝亦是大帝單號之事若然大帝得單稱與五帝同五帝不得兼稱皇天昊天也異義天號六等今尚書歐陽說曰欽若昊天夏曰蒼天秋曰旻天冬曰上天揔爲皇天爾雅亦然故尚書說云天有五號各用所宜稱之尊而君之則曰皇天元氣廣大則稱昊天仁覆愍下則稱旻天自上監下則稱上天據遠視之蒼蒼然則稱蒼天謹案尚書堯命羲和欽若昊天揔勑四時知昊天不獨春春秋左氏曰夏四月己丑孔子卒稱旻天不弔時非秋天玄之聞也爾雅者孔子門人作以釋六藝之文言蓋不誤矣春氣博施故以廣大言之夏氣高明故以遠言之秋氣或殺或生故以旻天言之冬氣閉藏而清察以監下言之昊天者其尊大號六藝之中諸稱天者以已情所求言之非必正順於時解浩浩昊天求之博施蒼天求之高明旻天不弔則求天殺生當得其宜上天同雲求之所爲當順於時此之求猶人之說事各從主耳若察于時所論從四時天各云所別故尚書所云者論其義也二者相須乃足此名非必紫微宮

之正直是人逐四時丑稱之鄭云皇天者其尊大之號不逐四時爲名似本正稱此經星辰與司中司命風師雨師鄭君以爲六宗案尚書堯典禋于六宗但六宗之義有其數無其名故先儒各以意說鄭君則以此星也辰也司中也司命也風師也雨師也六者爲六宗案異義今歐陽夏侯說六宗者上不及天下不及地傍不及四時居中央恍惚無有神助陰陽變化有益於人故郊祭之古尚書說六宗天地神之尊者謂天宗三地宗三天宗日月星辰地宗岱山河海日月屬陰陽宗北辰爲星宗岱爲山宗河爲水宗海爲澤宗祀天則天文從祀祀地則地理從祀謹案夏侯歐陽說云宗實一而有六名實不相應春秋魯郊祭三望言郊天日月星河海山凡六宗魯下天子不祭日月星但祭其分野星其中山川故言三望六宗與古尚書說同玄之聞也書曰肆類于上帝禋于六宗望于山川徧于羣神此四物之類也禋也望也徧也所祭之神各異六宗言禋山川言望則六宗無山川明矣周禮大宗伯曰以禋祀祀昊天上帝以實柴祀日月星辰以槱燎祀司中司命風師雨師凡此所祭皆天神也禮記郊特牲曰郊之祭也迎長日之至也大報天而主日也兆於南郊就陽位也埽地而祭於其質也祭義曰郊之祭大報天而主日配以月則郊祭幷祭日月可知其餘星也辰也司中司命風師

雨師此之謂六宗亦自明矣禮論王莽時劉歆孔昭以爲易震巽等六子之卦爲六宗漢武即位依虞書禋于六宗禮用大社至魏明帝時詔令王肅議六宗取家語宰我問六宗孔子曰所宗者六埋少牢於大昭祭時相近於坎壇祭寒暑王宮祭日夜明祭月幽禜祭星雩禜祭水旱孔安國注尚書與此同張融許從鄭君於義爲允案月令孟冬云祈來年於天宗鄭云天宗日月星辰若然星辰入天宗又入六宗其日月入天宗即不入六宗之數也以其祭天主日配以月日月既尊如是故不得入宗也

以血祭祭社稷五祀五嶽以貍沈祭山林川澤以疈辜祭四方百物

不言祭地此皆地祇祭地可知也陰祀自血起貴氣臭也社稷土穀之神有德者配食焉共工氏之子曰句龍食於社有厲山氏之子曰柱食於稷湯遷之而祀棄故書祀作禩疈爲罷鄭司農云禩當爲祀書亦或作祀五祀五色之帝於王者宮中曰五祀罷辜披磔牲以祭若今時磔狗祭以止風玄謂此五祀者五官之神在四郊四時迎五行之氣於四郊而祭五德之帝亦食此神焉少昊氏之子曰重爲句芒食於木該爲蓐收食於金脩及熙爲玄冥食於水顓頊氏之子曰黎爲祝融后土食於火土五嶽東曰岱宗南曰衡山西曰華山北曰恒山中曰嵩高山不見四竇者四竇五嶽之匹或省文祭山林曰埋川澤曰沈順其性之含藏疈疈牲胷也疈而磔之謂磔攘及蜡祭郊特牲曰八蜡以記四方四方年不順成八蜡不通以謹民財也又曰蜡之祭也主先嗇而祭司嗇也祭百種以報嗇也饗農及郵表畷禽獸仁之至義之盡也○貍亡皆反劉莫拜反沈如字劉直蔭反疈孚逼反一音方麥反共音恭句古侯反下同厲如字本或作烈禩音祀又作祀罷如字一音芳皮反磔張格反食此音嗣下食宗族同少昊詩照反下少昊同重直龍反該古來反蓐音辱同不見賢遍反此內不音者同竇音獨本亦作瀆下同省所景反磔攘如羊反蜡七詐反種章勇反郵有牛反畷音綴井田間道左思吳都賦云畛畷無數又陟劣反

【疏】以血至百物○釋曰此一經言祭地示三等之禮尊卑之次亦是歆神始也云以血祭祭社稷五祀五嶽者此皆地之次祀先薦血以歆神已下二祀不復用血也○注不言至盡也○釋曰云不言祭地此皆地祇祭地可知也者此經對上經祭天天則大次小三者具此經雖見三祀唯有次小祀而已以其方澤與昊天相對此經方澤不見者此血祭下仍有貍沈與疈辜二祀三祀具得與上天神三者相對故闕大地也且社稷亦土神故舉社以表地示鼓人職亦云

靈鼓鼓社祭亦舉社以表地此其類也若大地方澤當用瘞埋與昊天禋相對故鄭云不言祭地此皆地祇祭地可知也云陰祀自血起者對天爲陽祀自煙起貴氣臭同也云社稷土穀之神者案孝經緯援神契云社者五土之揔神稷者原隰之神五穀稷爲長五穀不可徧敬故立稷以表名郊特牲亦云社者神地之道社者土之神稷者穀之神故云土穀之神也云有德者配食焉云云至而祀棄案左氏昭公二十九年傳云共工氏有子曰句龍爲后土后土爲社則是死乃配社食之云有厲山氏之子曰柱食於稷湯遷之而祀棄者案左傳云有烈山氏之子曰柱爲稷案祭法云厲山氏之有天下也其子曰農能殖百穀夏之衰也周棄繼之故祀以爲稷若然稷祀棄實在湯時云夏之衰者遷柱由旱欲見旱從夏起故據夏而言也是以書序云湯既勝夏欲遷其社不可作夏社注云犧牲既成粢盛既潔祭以其時而旱暵水溢則變置社稷當湯代桀之時旱致災明法以薦而猶旱至七年故湯遷柱而以周棄代之欲遷句龍以無可繼之者於是故止其旱在夏之時驗也先鄭云五祀五色之帝於王者宮中曰五祀者先鄭意此五祀即掌次云祀五帝一也故云五色之帝後鄭不從者案司服云祀昊天與五帝皆用大裘當在圜丘與四郊上今退在社稷之下於王者宮中失之遠矣且五

帝天神當在上經陽祀之中退在陰祀之內一何陋也云罷辜披磔牲以祭者此先鄭從古書罷於義未可故後鄭不從罷從經疈爲疈其云披磔牲以祭仍從之矣云若今時磔狗祭以止風者此舉漢法以況疈辜爲磔之義必磔狗止風者狗屬西方金金制東方木之風故用狗止風也玄謂此五祀者五官之神在四郊者生時爲五官死乃爲神配五帝在四郊知在四郊者鄭即引月令四時四立之日迎氣在四郊并季夏迎土氣是五迎氣故鄭云四時迎五行之氣於四郊也云而祭五德之帝亦食此神焉者但迎氣迎五方天帝雖不言祭人帝案月令四時皆陳五德之帝大昊炎帝黃帝少昊顓頊等五德之帝并五人神於上明知五人神爲十二月聽朔及四時迎氣而陳故鄭此注及下青圭赤璋之下注皆云迎氣時并祭五人帝五人神也云少昊氏之子曰重已下案昭二十九年魏獻子問蔡墨曰社稷五祀誰氏之五官對曰少皞氏有四叔曰重曰該曰脩曰熙實能金木及水使重爲句芒該爲蓐收脩及熙爲玄冥世不失職遂濟窮桑此其三祀也顓頊氏有子曰犂爲祝融共工氏有子曰句龍爲后土此其二祀也后土爲社稷爲田正有烈山氏之子曰柱爲稷趙商問春秋昭二十九年左傳曰顓頊氏之子犂爲祝融共工氏有子曰句龍爲后土其二祀五官之神及四郊合爲犂

食后土祭法曰共工氏霸九州也其子曰后土能平九州故祀以爲社社即句龍苔曰犂爲祝融句龍爲后土左氏下言后土爲社謂暫作后土無有代者故先師之說犂兼之因火土俱位南方此注云犂爲祝融后土食于火土亦惟見先師之說也云五嶽東曰岱宗南曰衡山西曰華山北曰恒山中曰嵩高山者此五嶽所在據東都地中爲說案大司樂云四鎭五嶽崩注云華在豫州嶽在雍州彼據鎬京爲說彼必據鎬京者彼據災異若據洛邑則華與嵩高並在豫州其雍州不見有災異之事故注有異也案爾雅江河淮濟爲四瀆爲定五岳不定者周國在雍州時無西嶽故權立吳嶽爲西嶽非常法爾雅不載以東都爲定故爾雅載之也若然此南嶽衡案爾雅霍山爲南嶽者霍山即衡山也故地理志楊州霍山爲南嶽者山今在廬山彼霍山與冀州霍山在嵩華者别云不見四竇者四竇五嶽之匹或省文者五嶽四瀆相對若天地故設經省文惟見五嶽也若然下云貍沈祭山林川澤五嶽歆神雖與社稷同用血五嶽四瀆山川之類亦當貍沈也爾雅云祭山曰庪縣者或異代法耳若然庪縣既非周法而校人云凡將事于四海山川則飾黃駒注云王巡守過大山川則有殺駒以祈沈禮與玉人云天子以巡守宗祝以前馬注云其祈沈以馬宗祝亦執勺以先之彼亦言祈沈者祈

沈雖非周法引以況義無嫌也云祭山林曰埋川澤曰沈順其性之含藏者經埋沈祭山林川澤揔言不析别而說故鄭分之以其山林無水故埋之川澤有水故沈之是其順性之含藏也云疈疈牲胷也者無正文葢據當時疈磔牲體者皆從胷臆解析之故以胷言之云謂磔攘及蜡祭者案禮記月令云九門磔攘又十二月大儺時亦磔攘是磔牲攘去惡氣之禮也云及蜡祭者案彼云蜡也者索也歲十二月合聚萬物而索享之謂天子於周之十二月建亥之月於郊而爲蜡法此所引郊特牲曰八蜡已下彼據諸侯行蜡法彼云八蜡以記四方不作祀作祀者誤云八蜡以記四方者謂八蜡之禮以記四方諸侯知順成不順成若年不順成則八蜡不通以謹民財也若四方諸侯年穀有不順四時成熟者其八蜡不得與四方成熟之處通祭八蜡也云以謹民財者八蜡既不通明民不得行黨正飲酒耆後之事故云以謹民謹民謂謹節民之用財之法也又曰蜡之祭也主先嗇而祭司嗇者彼注云先嗇若神農者司嗇后稷是也云祭百種以報嗇也者謂合聚萬物而索享之以報收嗇之功故云祭百種以報嗇也云享農及郵表畷者彼注云農謂田畯典田大夫郵表畷畷止也謂田畯督約百姓於井間之處也是郵行往來立表畷止於其下是止息之處有神亦祭之云禽獸仁之至義

之盡也者八蜡者案彼祭有先嗇一也司嗇二也農三也郵表畷四也猫虎五也坊六也水庸七也昆蟲八也蜡之中有猫虎是禽獸也云仁之至者據饗先嗇司嗇及農是仁恩之至義之盡者據饗猫虎坊與水庸郵表畷之等是義之盡引之者證祭亦磔牲之事也

以肆獻祼享先王以饋食享先王以祠春享先王以禴夏享先王以嘗秋享先王以烝冬享先王

宗廟之祭有此六享肆獻祼饋食在四時之上則是祫也禘也肆者進所解牲體謂薦孰時也獻獻醴謂薦血腥也祼之言灌灌以鬱鬯謂始獻尸求神時也郊特牲曰魂氣歸于天形魄歸于地故祭所以求諸陰陽之義也殷人先求諸陽周人先求諸陰灌是也祭必先灌乃後薦腥薦孰於祫逆言之者與下共文明六享俱然祫言肆獻祼禘言饋食者著有黍稷互相備也魯禮三年喪畢而祫於大祖明年春禘於羣廟自爾以後率五年而再殷祭一祫一禘○肆他歷反解骨體祼古亂反禴餘若反烝之承一反祫戶夾反率五音律又音類

【疏】以肆至先王○釋曰此一經陳享宗廟之六禮也此經若細而言之即有六禮揔而言之則亦有三等之差肆獻祼是祫

之大祭以饋食是禘之次祭以春享以下是時祭之小祭若以揔用衮冕大牢言之此亦皆爲大祭也故酒正注云大祭者王服大裘衮冕所祭是也此六者皆言享者對天言祀地言祭故宗廟言享享獻也謂獻饌具於鬼神也○注宗廟至一禘○釋曰云宗廟之祭有此六享者此則吉禮十二之中處其六也云肆獻祼饋食在四時之上則是祫也禘也者但周法有三年一祫則文二年大事於大廟公羊傳云大事者何大祫也大祫者何合祭也毁廟之主陳于大祖未毁廟之主皆升合食于大祖列昭穆序父子是祫之義也若殷則祫於三時周則秋祫而已又有五年一禘禘則各於其廟爾雅云禘大祭者禘是揔名祭法祭天圜丘亦曰禘大傳云王者禘其祖之所自出謂夏正郊天亦曰禘夏殷四時之祭夏祭亦曰禘但於周宗廟之祭則有五年禘禘雖小於祫大於四時亦是大祭之名也云肆者進所解牲體謂薦孰時也者薦孰當朝踐後爓祭時故禮運云腥其俎孰其殽鄭云孰其殽謂體解而爓之是其饋獻獻以盎齊之節故云薦孰時但體解之時必肆解以爲二十一體故云肆也云獻獻醴謂薦血腥也者此是朝踐節當二灌後王出迎牲祝延尸出戶坐於堂上南面迎牲入豚解而腥之薦於神坐以玉爵酌醴齊以獻尸后亦以玉爵酌醴齊以獻尸故云謂薦腥也云祼之言

灌者經云祼者是古之祼字取神示之義故從示鄭轉從灌者以鬱鬯灌地降神取澆灌之義故從水言灌以鬱鬯謂始獻尸求神時也者凡宗廟之祭迎尸入戶坐於主北先灌謂王以圭瓚酌鬱鬯以獻尸尸得之瀝地祭訖啐之奠之不飲尸爲神象灌地所以求神故云始獻尸求神時也言始獻對後朝踐饋獻酳尸等爲終故此稱始也郊特牲曰魂氣歸于天形魄歸於地故祭所以求諸陰陽之義也者人之噓吸出入之氣爲魂耳目聰明爲魄人死魂氣歸於天爲陽形魄歸於地爲陰祭時作樂爲陽是求諸陽灌地爲陰是求諸陰故云求諸陰陽之義也云殷人先求諸陽周人先求諸陰者此二代自相對殷人先求諸陽謂未灌先合樂周人先求諸陰謂未合樂先灌故云求諸陰灌是也引之者欲見周人祭先灌之意云祭必先灌乃後薦腥薦孰於祫逆言之者與下共文明六享俱然者如向所說具先灌訖王始迎牲次腥其俎腥其俎訖乃爓爓祭訖始迎尸入室乃有黍稷是其順也今此經先言肆肆是饋獻節次言獻是朝踐節後言灌灌是最在先之事是於祫逆言之也言與下共文明六享俱然者既從下向上爲文即於下五享與上祫祭皆有灌獻肆三事矣故云六享俱然云祫言肆獻灌禘言饋食者著有黍稷互相備也者祫言肆獻灌明禘亦有之禘言饋食食是黍稷則祫亦有黍稷矣著明也明有黍稷互相備矣云魯禮三年喪畢而祫於大祖者此以周衰禮廢無文可明春秋左氏傳云周禮盡在魯即以春秋爲魯禮今言魯禮者指春秋而言也春秋三年喪畢而祫於大祖謂若文公二年秋八月大事於大廟躋僖公○僖三十三年薨至文二年秋八月於禮雖少四月猶是三年喪畢而爲祫祭也是魯禮三年喪畢而祫於大祖大祖謂周公廟周公廟中而爲祫祭也云明年春禘於羣廟者此明年春禘雖無正文約僖公宣公得知矣案僖公八年及宣公八年皆有禘文則知僖公宣公二年有春有禘可知何者以文公二年祫則知僖公宣公二年亦有祫僖公宣公二年既爲祫則明年是三年春禘四年五年六年秋祫是三年祫更加七年八年添前爲五年禘故僖公宣公八年皆有禘是明年春禘明矣故云明年春禘於羣廟也云自爾以後五年而再殷祭者公羊傳文殷大也除明年春從四年已後四年五年六年七年八年八年之中四年五年六年爲三年祫七年八年添前爲五年禘是五年再殷祭也云一祫一禘者是禮讖文謂五年之中爲一禘一祫也鄭言此者欲見肆獻祼及饋食三者爲祫禘從三年喪畢後爲始之意也從禋祀已下至此吉禮十二皆歆神始何者案大司樂分樂而序之云乃奏黃鍾歌大呂舞雲門以祀天神已下下復云圜鍾爲

宮若樂六變天神皆降若樂八變地示皆出若樂九變人鬼可得而禮鄭云天神則主北辰地祇則主崑崙人鬼則主后稷先奏是樂以致其神禮之以玉而祼焉彼先奏是樂以致其神則天神地祇人鬼皆以樂爲下神始也彼鄭云禮之以玉據天地而祼焉據宗廟則此上下天神言煙地示言血此宗廟六享言祼是其天地宗廟皆樂爲下神始煙血與祼爲歆神始也又案禮器與郊特牲皆言郊血大享腥三獻爓一獻孰者皆是薦饌始也以其郊是祭天而言用血大享是祫祭先王而言用腥三獻是社稷而言用爓一獻是祭羣小祀而言用孰與此是其先彼是其後後爲薦饌可知故郊言血大享言腥三獻言爓一獻言孰也

以凶禮哀邦國之憂哀謂救患分裁凶禮之别有五

〔疏〕以凶至之憂○釋曰此凶禮之目也邦國者亦如吉禮擧外以包內之義凡言哀者皆謂被凶災從後以物哀之也○注哀謂至有五○釋曰云哀謂救患分裁者此據左氏僖元年夏六月邢遷于夷儀諸侯城之救患也凡侯伯救患分裁討罪禮也引之者證哀者從後往哀之義言救患分災討罪者救患即邢有不安之患諸侯城之是救患也分災謂若宋災諸侯會於澶淵謀歸宋財是分災也討罪謂諸侯無故相伐是罪人也霸者會諸侯共討之是討罪也三

者皆是相哀之法故并代引之以喪禮哀死亡哀謂親者服焉疏者含襚。含戶暗反本亦作唅襚音遂〔疏〕注哀謂至含襚。釋曰諸經云亡者多是逃亡此經鄭不解亡則亡與喪爲一以其逃亡無可哀故也云哀謂親者服焉者據上文云哀邦國之憂則此亦據諸侯邦國之內而言但天子諸侯絕傍期傍期已下無服若始封之君不臣諸父昆弟亦有服今鄭云親者服焉疏者含襚者鄭廣解哀義不專據天子諸侯之身也案士喪禮親者不將命注云大功已上有同財之義無歸含法鄭云親者服焉據大功親以上直有服無含法若小功以下有含并有服也若然此據大夫已下而說天子諸侯雖無服其含襚則有之故春秋王使榮叔歸含且賵士喪禮君使人襚明天子諸侯於臣子皆有含襚也以荒禮哀凶札荒人物有害也曲禮曰歲凶年穀不登君膳不祭肺馬不食穀馳道不除祭事不縣大夫不食粱士飲酒不樂札讀爲截截謂疫厲。札如字又音截縣音玄〔疏〕注荒人至疫厲。釋曰云荒人物有害者經云荒以爲目下云凶札則荒中有凶是物有害荒中兼有札是人有害案司服云大札大荒則素服注云札疫病荒飢饉者彼不以荒爲目以荒替凶處故彼注荒爲飢饉不爲物有害也曲禮曰以下案

彼注不祭肺則不殺也馳道不除爲妨民取蔬食也皆自貶損若然君言不祭肺馬不食穀祭事不縣則大夫士亦然大夫言不食粱粱加穀士飲酒不樂則人君曰食黍稷稻粱亦貶於飲酒亦不樂君臣互見爲義也云札讀爲截截謂疫厲者鄭讀從截絕之義故也春秋有天昏札瘥是厲鬼爲疫病之事故云謂疫厲也以弔禮哀禍烖禍烖謂遭水火宋大水魯莊公使人弔焉曰天作淫雨害於粢盛如何不弔廄焚孔子拜鄉人爲火來者拜之士一大夫再亦相弔之道。爲火于僞反下荀偃爲同〔疏〕注禍烖至之道。釋曰禍烖謂遭水火鄭知義然者以上下文驗之此禍烖當水火二事爲證也案莊十一年秋宋大水魯人使弔之傳例雨三日已上爲淫廄焚孔子拜鄉人爲火來者事見禮記雜記云亦相弔之道者謂亦如魯莊公弔宋事也以禬禮哀圍敗同盟者合會財貨以更其所喪春秋襄三十年冬會于澶淵宋烖故是其類。禬劉戶外反徐古外反更音庚下同喪息浪反澶善然反〔疏〕注同盟至其類。釋曰此經本不定若馬融以爲國敗正本多爲圍敗謂其國見圍入而國被禍敗喪失財物則同盟之國會合財貨歸之以更其所喪也必知禬是會合財貨非會諸侯之兵救之者若會合兵當在

軍禮之中故知此禬是會合財貨以濟之也故大行人云致禬以補諸侯之災小行人亦云若國師役則命犒禬之是其有財貨相補之驗故引左氏澶淵之會爲證也案左氏傳爲宋災諸侯之大夫謀歸宋財是以冬十月叔孫豹會晉趙武齊公孫蠆宋向戌衛北宮佗鄭罕虎及小邾之大夫會于澶淵既而無歸于宋故不書其人君子曰信其不可不慎澶淵之會卿不書不信也又云書曰某人某人尤之也若然既而無歸宋財引者此取本謀歸宋財一邊義無嫌也以恤禮哀寇亂恤憂也鄰國相憂兵作於外爲寇作於內爲亂〔疏〕注恤憂至爲亂。釋曰云鄰國相憂者亦上云哀邦國之憂據諸侯爲說故鄭以鄰國解之云兵作於外爲寇作於內爲亂者案文公六年魯惠伯云兵作於內爲亂於外爲寇又成公十七年長魚矯曰臣聞亂在外爲姦在內爲軌御姦以德御軌以刑據此文既言寇亂當據惠伯之言爲義也而云哀之者既不損財物當遣使往諸問安不而已以賓禮親邦國親謂使之相親附賓禮之別有八〔疏〕注親謂至有八。釋曰經既云親邦國故鄭還以使諸侯相親附解之即下文相朝聘之義是也賓禮之別有八者即下文八者皆以曰間之者是也春見曰朝夏見

曰宗秋見曰覲冬見曰遇時見曰會殷見曰同此六禮者以諸侯見王爲文六服之內四方以時分來或朝春或宗夏或覲秋或遇冬名殊禮異更遞而徧朝猶朝也欲其來之早宗尊也欲其尊王覲之言勤也欲其勤王之事遇偶也欲其若不期而俱至時見者言無常期諸侯有不順服者王將有征討之事則既朝覲王爲壇於國外合諸侯而命事焉春秋傳曰有事而會不協而盟是也殷猶衆也十二歲王如不巡守則六服盡朝朝禮既畢王亦爲壇合諸侯以命政焉所命之政如王巡守殷見四方四時分來終歲則徧。曰朝直遥反注下不出者皆同遞音弟徧音遍下同猶朝張遥反〔疏〕注此六至則徧。釋曰云此六禮者以諸侯見王爲文者案此經文皆云見是下於上稱見故云諸侯見王爲文也秋官大行人云春朝諸侯之等皆云朝覲諸侯是王下見諸侯爲文故彼注云王見諸侯爲文二者相對爲文不同以彼是天子見諸侯之義故圖天下之事以比邦國之功皆據天子爲主故以天子見諸侯爲文此則諸侯依四時朝天子故以諸侯見天子爲文云六服之內四方以時分來或朝春或宗夏或覲秋或遇冬者謂要服以內侯甸男采衞要之等云四時分來春東方六服當朝之歲盡來

朝夏南方六服當宗之歲盡來宗秋西方六服當覲之歲盡來覲冬北方六服當遇之歲盡來遇是其或朝春或宗夏或覲秋或遇冬之事也云朝之言朝也欲其來之早宗尊也欲其尊王覲之言勤也欲其勤王之事遇偶也欲其若不期而俱至者此鄭解其名也四方諸侯來朝覲天子豈有別意乎明各舉一邊互見爲義耳云時見者言無常期者非謂時常月直是事至之時故云時者言其無常期也言諸侯有不順服此解時之義也云王將有征討之事者諸侯既不順服明知有征討之事也云則既朝覲王爲壇於國外合諸侯而命事焉者此司儀及覲禮所云爲壇合諸侯是也云命事者謂命以征討之事即大行人云時會以發四方之禁禁是九伐之法也云春秋傳曰有事而會不協而盟者此昭三年鄭大子叔曰文襄之霸也其務不煩諸侯令諸侯三歲而聘五歲而朝有事而會不協而盟引之者證時會之義但是霸者會盟諸侯非王者法引之者取一邊證爲壇會盟之事同若然當諸侯有不順王命者不來其順服者皆來朝覲天子一則顯其順服二則欲助天子征討故來也云既朝覲者若不當朝之歲則不須行朝覲於國中直壇朝而已其當朝之歲者則於國中春夏行朝宗於王朝受享於廟秋冬則一受之於廟也故鄭云既朝覲王爲壇於國外也云殷猶衆也十二歲

王如不巡守則六服盡朝朝禮既畢王亦爲壇合諸侯以命政焉鄭知十二歲者案大行人云十二歲王乃巡守殷國若王無故則巡守王制及尚書所云者是也若王有故則此云殷見曰同及大行人云殷國是也云殷同者六服衆皆同來言殷國者衆來見於王國其事一也鄭知爲壇於國外者覲禮云諸侯覲于天子爲宮方三百步四門壇十有二尋深四尺加方明于其上鄭注云四時朝覲受之於廟此謂時會殷同也明知諸侯殷見亦爲壇於國外若巡守至方嶽然云所命之政如王巡守者巡守命政則王制所云命典禮考禮命市納價之類又尚書所云歲二月東巡守已下修五禮五玉及協時月正日之等皆是也云殷見四方四時分來終歲則徧者若四時服數來朝則當朝之歲大行人所云侯服年年朝甸服二年朝男服三年朝采服四年朝衞服五年朝要服六年朝各隨其年而朝若殷見曰同春則東方六服盡來夏則南方六服盡來秋則西方六服盡來冬則北方六服盡來故云四方四時分來終歲則徧矣**時聘曰問**

殷覜曰視時聘者亦無常期天子有事乃聘之焉竟外之臣既非朝歲不敢瀆爲小禮殷覜謂一服朝之歲以朝者少諸侯乃使卿以大禮衆聘焉一服朝在元年七年十一年○覜他弔反一音他堯反竟音境

疏注時聘至一年○釋曰此二經者是諸侯遣臣聘問天子之事鄭知時聘是無常期者以其與上文時見同言時則知此時聘亦無常期也云天子有事乃聘之焉者上時是當方諸侯不順服其順服者當方盡朝無遣臣來之法其餘三方諸侯不來諸侯聞天子有征伐之事則遣大夫來問天子故云天子有事乃聘之焉云竟外之臣既非朝歲不敢瀆爲小禮者瀆數也天子無事不敢數遣大夫聘問天子以是故有事乃遣大夫問也必知時聘遣大夫不使卿者以其經稱問案聘禮小聘曰問使大夫此經云曰問明使大夫也云殷覜謂一服朝之歲以朝者少者以其周法依大行人諸侯服數來朝則有一服朝之歲諸侯既不自朝明使卿來聘天子故稱殷殷衆也若殷見然云朝者少卿來則衆也云諸侯乃使卿以大禮衆聘焉者鄭知使卿以大禮者見聘禮大聘使卿此既諸侯使臣代已來明不得使大夫故知使卿以大禮衆聘焉使卿爲大禮對使大夫爲小禮也云一服朝在元年七年十一年者鄭約大行人要服之内諸侯服數來朝一服朝當此三年以其侯服年年朝甸服二年朝四年朝六年朝八年朝十年朝十二年朝從天子巡守是甸服於元年七年十一年無朝法是使卿殷覜也男服三年朝六年朝九年朝十二年從天子巡守於元年七年十一年亦無朝法是亦使卿以

大禮聘天子也采服四年朝八年朝十二年從天子巡守則元年七年十一年亦無朝天子之法是亦使卿以大禮聘天子也衞服五年朝十年朝則元年七年十一年亦無朝天子法是亦使卿以大禮聘天子也要服六年朝十二年從天子巡守則元年七年十一年亦無朝法是亦使卿以大禮聘也故知一服朝在元年七年十一年也**以軍禮**

同邦國同謂威其不協僭差者軍禮之別有五○僭于念反沇創林反差初佳反沇初宜反

疏注同謂至有五○釋曰既云同邦國則使諸侯邦國和同故鄭云同謂威其不協僭差者使之和協不僭差僭差謂若禮記郊特牲云宮縣白牡朱干設錫之類皆是諸侯之僭禮也**大師之禮用衆也**用其義勇

疏注用其義勇○釋曰云大師者謂天子六軍諸侯大國三軍次國二軍小國一軍出征之法用衆鄭云用其義勇者論語云見義不爲無勇也見義謂見君有危難當致身授命以救君是見義而爲故勇義兼言若朋友推刃是不義而勇**大均之禮恤衆也**均其地政地守地職之賦所以憂民

疏注均其至憂民○釋曰此大均亦據邦國徧天下皆均之故云大均不患貧而患不均不均則民患故大均之禮所以憂恤其衆也鄭約地

官均人云掌均地政均地守均地職彼注云政讀爲征地征謂地守地職之稅也地守衡虞之屬地職農圃之屬若然地征者與下地守地職爲目也此云之賦即彼注之稅一也此大均必在軍禮者謂諸侯賦稅不均者皆是諸侯僭濫無道致有不均之事當合衆以均之故在軍禮也

大田之禮簡衆也古者因田習兵閱其車徒之數○閱音悅〔疏〕注古者至之數○釋曰此謂天子諸侯親自四時田獵簡閱也謂閱其車徒之數也云古者因田習兵者案書傳云戰者男子之事因蒐狩以閱之閱之者串之大司馬田法引論語不教民戰是謂棄之以證因田獵爲習兵之事云閱其車徒者田獵之時有車徒旗鼓甲兵之事故云閱其車徒也

大役之禮任衆也築宮邑所以事民力強弱〔疏〕注築宮至強弱○釋曰鄭知有築宮邑者詩云築室百堵西南其戶是築宮也詩又云築城伊匹是築邑也其靈臺隄防之等皆役民力鄭略之也云事民力強弱者論語云爲力不同科是事民力之強弱也

大封之禮合衆也正封疆溝塗之固所以合聚其民○疆居良反〔疏〕注正封至其民○釋曰知大封爲正封疆者謂若諸侯相侵境界民則隨地遷移者其民庶不得合聚今

以兵而正之則其民合聚故云大封之禮合衆也鄭兼言溝塗者古境界皆有溝塗而樹之以爲阻固則封人云爲畿封而樹之者是也

以嘉禮親萬民嘉善也所以因人心所善者而爲之制嘉禮之別有六〔疏〕以嘉禮親萬民○釋曰餘四禮皆云邦國此獨云萬民者餘四禮萬人所行者少故舉邦國而言此嘉禮六者萬民所行者多故舉萬人其實上下通也○注嘉善至有六釋曰云所以因人心所善者而爲之制者案禮運云飲食男女人之大欲存焉此嘉禮有飲食男女之等皆是人心所善者故設禮節以裁制之即下經所云者皆是也

以飲食之禮親宗族兄弟親者使之相親人君有食宗族飲酒之禮所以親之也文王世子曰族食世降一等大傳曰繫之以姓而弗別綴之以食而弗殊百世而昏姻不通者周道然也○不別彼列反〔疏〕以飲至兄弟○釋曰此經云飲食亦尊卑通有下文別有饗燕則經云飲者非饗燕是私飲酒法其食可以通燕食俱有以其下不別云食故也○注親者至然也○釋曰言使之相親者止謂與族人行飲食即是相親也云人君有食宗族飲酒之禮所以親之也者謂人君與一族人行食禮并飲酒之禮故並言之文王世子曰族食世降一等者鄭

彼注云親者稱疏者稱假令親兄弟歲四度從父昆弟歲三度從祖昆弟歲二度族昆弟歲一度是其一世降一等云大傳曰繫之以姓而弗別者子孫雖有氏族不同皆繫之以正姓若魯姓姬子孫氏曰仲孫叔孫季孫之屬氏族雖異同是姓姬故云繫之以姓而不別也云綴之以食而弗殊者謂繼別爲大宗者與族人行食禮相連綴序以昭穆而不可殊異也云百世而昏姻不通者以繫之以正姓雖氏族異昏姻不得通行也云周道然也者對殷道則不然以其殷道氏族異則得昏姻也引之者證此經以飲食相親之事鄭注引文王世子據人君法引大傳據大夫士法則萬民亦有此飲食之禮也

以昏冠之禮親成男女親其恩成其性○冠古亂反〔疏〕以昏至男女○釋曰此一節陳昏姻冠笄之事上句直言昏冠專據男而言亦有姻笄故下句兼言男女也若然則昏姻之禮所以親男女使男女相親三十之男二十之女配爲夫妻是也冠笄之禮所以成男女男二十而冠女子許嫁十五而笄不許亦二十而笄皆責之以成人之禮也○注親其恩成其性○釋曰案昏義壻親迎御輪三周是壻親之親之也者使之親己是親其恩也云成其姓者冠義云禮始於冠既冠責以爲人父爲人子爲人臣之禮又內則云二十敦行孝弟是成其

性也

以賓射之禮親故舊朋友射禮雖王亦立賓主也王之故舊朋友爲世子時共在學者天子亦有友諸侯之義武王誓曰我友邦冢君是也司寇職有議故之辟議賓之辟〔疏〕以賓至朋友○釋曰言以賓射之禮者謂若射人王以六耦射三侯三獲三容五正是賓射之侯也以此賓射之禮者謂行燕飲之禮乃與之射所以申歡樂之情故云親故舊朋友也○注射禮至之辟○釋曰云射禮雖王亦立賓主也者案大射禮以大夫爲賓主案此云王以賓射之禮既行燕飲之禮明知王亦立賓主也云王之故舊朋友爲世子時共在學者若據位爲王以後亦有以臣爲朋友不得云故舊今云故舊朋友明據未爲王時案文王世子周公居攝成王與伯禽在學與學子同居又王制有王大子是爲世子時共在學者也云天子亦有友諸侯之義即所引泰誓武王誓曰我友邦冢君是天子有友諸侯之義言此者欲見經云朋友亦含諸侯在其中案洛誥周公謂成王云孺子其朋彼以成王以臣爲朋友則此朋友之中可以兼之矣引司寇職有議故之辟議賓之辟者證諸侯爲賓及王之故舊皆在議限與此經故舊朋友並得爲賓射相親之事也

以饗燕之禮親四方之賓客賓客謂朝

聘者【疏】注賓客謂朝聘者○釋曰此經饗燕並言殊食於上者食無獻酢之法故別言於上與私飲同科此饗燕謂大行人云上公三饗三燕侯伯再饗再燕子男一饗一燕饗亨大牢以飲賓獻依命數在廟行之燕者其牲狗行一獻四舉旅降脫屨升坐無筭爵以醉爲度行之在寢此謂朝賓若聘客則皆一饗其燕與時賜無數是親四方賓客也

以脤膰之禮親兄弟之國　脤膰社稷宗廟之肉以賜同姓之國同福祿也兄弟有共先王者魯定公十四年天王使石尚來歸脤○脤上忍反膰音煩

【疏】注脤膰至歸脤○釋曰兄弟之國謂同姓諸侯若魯衛晉鄭之等凡受祭肉者受鬼神之佑助故以脤膰賜之是親之同福祿也鄭揔云脤膰社稷宗廟之肉分而言之則脤是社稷之肉膰是宗廟之肉是以成十三年公及諸侯朝王遂從劉康公成肅公會晉侯伐秦成子受脤于社不敬注云脤宜社之肉也盛以蜃器故曰脤劉子曰國之大事在祀與戎祀有執膰戎有受脤注云膰祭肉又案異義左氏說脤社祭之肉盛之以蜃宗廟之肉名曰膰以此言之則宗廟之肉曰膰社稷之肉曰脤之驗也而公羊穀梁皆云生居俎上曰脤熟居俎上曰膰非鄭義耳對文脤爲社稷肉膰爲宗廟肉其實宗廟社稷器皆飾用蜃蛤故掌蜃云祭祀共

蜃器之蜃注云飾祭器是其祭器皆飾以蜃也云兄弟有共先王者謂若魯與周同承文王鄭與周同承厲王如此之輩與周同立廟是共先王也云定公十四年天王使石尚來歸脤者石尚天子之上士故稱名氏言來者自外之辭歸者不反之稱是天子祭社使來歸脤引之證同姓有歸脤之事此文雖主兄弟之國至於二王後及異姓有大功者得與兄弟之國同故僖九年夏王使宰孔賜齊侯胙曰天子有事于文武使孔賜伯舅胙注云胙膰肉周禮以脤膰之禮親兄弟之國不以賜異姓敬齊侯比之賓客又僖公二十四年宋成公如楚還入於鄭鄭伯將享之問禮於皇武子對曰宋先代之後也於周爲客天子有事膰焉有喪拜焉是二王後及異姓有大功者亦得脤膰之賜是以大行人直言歸脤以交諸侯之福不辨同姓異姓是亦容有非兄弟之國亦得脤膰也

以賀慶之禮親異姓之國　異姓王昏姻甥舅

【疏】以賀至之國○釋曰言賀慶者謂諸侯之國有喜可賀可慶之事王使人往以物賀慶之可施及異姓之國所以親之也雖主異姓其同姓有賀慶可知故舉異姓包同姓也是以大行人云賀慶以贊諸侯之喜不別同姓異姓則兼同姓可知○注異姓至甥舅○釋曰若據男女身則男曰昏女曰姻若以親言之則女之父曰昏壻之父曰姻言甥舅者嫁女與之則爲甥王娶女來則爲舅揔是昏姻之國也

以九儀之命正邦國之位　每命異儀貴賤之位乃正春秋傳曰名位不同禮亦異數

【疏】以九至之位○釋曰此一經與下文爲揔目以其大宗伯掌五禮禮所以辨尊卑故以九儀之命正諸侯邦國之位使之不有僭差也○注每命至異數○釋曰云每命異儀貴賤之位乃正者下文從一命以至九命各云所受賜貴賤不同即此經以九儀之命正邦國之位事義相成故云貴賤之位乃正正則不僭濫也引春秋傳曰名位不同禮亦異數者證每命異儀也

壹命受職　始見命爲正吏謂列國之士於子男爲大夫王之下士亦一命鄭司農云受職治職事○見命如字下士相見同

【疏】注始見至職事○釋曰云始見命爲正吏者對府史胥徒非正吏以其府史胥徒皆官長所自辟除未得王之命故以士得王命者爲正吏也云謂列國之士者謂公侯伯爲列國下云七命賜國鄭注孝經云列土封疆謂之諸侯亦據公侯伯七命賜國則子男不得爲列國也典命公侯伯之士一命故鄭以列國之士解之也云於子男爲大夫者典命子男大夫一命是也云王之下士亦一命者無正文直以序官有上士中士下士之名又典命

大夫四命之下空文宜有三命二命一命故以王之下士一命解之若然典命不見王之士三命已下者以其四命已上有出封之理故下云其出封皆加一等士無出封之理故不言以義推之則士有三命已下也先鄭云受職治職事者設官分職止爲治事故以治職事解之也

再命受服　鄭司農云受服受祭衣服爲上士玄謂此受玄冕之服列國之大夫再命於子男爲卿卿大夫自玄冕而下如孤之服王之中士亦再命則爵弁服

【疏】注鄭司至弁服○釋曰先鄭云受服受祭衣服爲上士者祭衣服雖不指斥服名以義推之先鄭云爲上士則服爵弁服也言爲上士者上一命先鄭雖不言王之中士下士同一命此言再命爲上士則王之中士下士同一命可知也玄謂此受玄冕之服者以司服云孤絺冕卿大夫同玄冕此云再命受服明據玄冕也云列國之大夫再命者亦據典命公侯伯之大夫同再命而知云於子男爲卿者亦據典命而言也云卿大夫自玄冕而下如孤之服者此亦據司服之文案玉藻注云諸侯之臣皆分爲三等其妻以次受此服則公之有孤之國孤絺冕卿大夫同玄冕若無孤之國則公侯伯子男卿絺冕大夫玄冕士皆爵弁若然此注云於子男爲卿卿當絺冕矣鄭云卿大夫自玄冕而下如孤之服者據司服之成文而言也云

王之中士亦再命者上文已差訖云士則爵弁服者凡言士者無問天子士諸侯士例皆爵弁以助祭也若然司服不見爵弁者以其王吉服有九自公已下轉相如其爵弁於天子諸侯非吉所用故不言案士冠禮皆有爵弁服是士之助祭服故士以爵弁爲正也案先鄭解此九儀皆先言王臣後鄭皆諸侯爲首以王臣亦之者後鄭見上云正邦國之位故以諸侯爲首後以王臣亦之得其理也

三命受位　鄭司農云受下大夫之位玄謂此列國之卿始有列位於王爲王之臣也王之上士亦三命

疏　注鄭司至三命○釋曰先鄭云受下大夫之位先鄭意以上士二命下大夫三命上大夫四命案王制云次國之下卿位當大國之上大夫小國之下卿位當大國之下大夫則諸侯之五大夫有上下案序官有中大夫下大夫則中大夫亦得名爲上大夫矣故先鄭以下大夫三命上大夫四命即典命大夫四命者是上大夫也後鄭不從者以侯伯子男名位不同侯伯猶同七命子男猶同五命況中大夫下大夫名位既同何嫌不得同命也是以典命唯見大夫四命是兼中下大夫故不從先鄭也玄謂此列國之卿始有列位於王爲王之臣者諸侯之卿大夫皆得聘天子今於三命乃云始有列位於王爲王之臣者以其再命已下卑雖得言。天子不得言位于王朝

是以據列國之卿而言故曲禮云列國之大夫入天子之國曰某士注引春秋晉士起亦據晉國之卿三命而於天子稱士與天子三命之士同稱士即爲王臣也

四命受器　鄭司農云受祭器爲上大夫玄謂此公之孤始得有祭器者也禮運曰大夫具官祭器不假聲樂皆具非禮也王之下大夫亦四命

疏　注鄭司至四命○釋曰先鄭云受祭器爲上大夫上已破訖玄謂此公之孤始得有祭器者也者曲禮云大夫有田者先爲祭服後爲祭器則儀禮少牢用成牲皆是有地大夫則自得造祭器今云公之孤四命始得有祭器者但未四命已前有地大夫雖得造祭器祭器未具猶假之使足至四命即具有言始有祭器者據始得具祭器而言引禮運者證未四命已前祭器須假之意云王之下大夫亦四命者約典命文

五命賜則　鄭司農云則者法也出爲子男玄謂則地未成國之名王子之下大夫四命出封加一等五命賜之以方百里二百里之地者方三百里以上爲成國王莽時以二十五成爲則方五十里合今俗說子男之地獨劉子駿等識古有此制焉○以上時掌反

疏　注鄭司至制焉○釋曰先鄭云出爲子男者司農據典命而言玄謂則地未成國之名者對下文七命賜國是成國此五命子男言則是未成國但成國之賦

有三若以出軍言之春秋襄公傳云成國不過半天子之軍謂據公五百里而言以其侯伯爲次國二軍故也若以執圭爲成國而言可及伯即下經七命賜國者是也若以千乘爲成國言之唯公及侯以其伯二百里不得出千乘故鄭注論語云公侯之封乃能容之是也王之下大夫四命出封加一等五命亦是典命文云賜之百里二百里之地者大司徒職文云方三百里以上爲成國者此據下文七命賜國而言也云王莽時以二十五成爲則者此舉後代以況義二十五成與夏殷五十里國亦與周時百里二百里之國同名則故云則方五十里云合今俗說子男之地者時有孟子張包周及何休等並不信周禮有五百里已下之國以王制百里七十里五十里等爲周法故鄭指此等人爲俗說也云獨劉子駿等識古有此制爲者言劉子駿等則有馬融鄭司農及杜子春等皆信周禮有五百里已下之國周公大平制禮所定法故云識古有此制也引此諸文者證時有解則爲五十里者故也

六命賜官　鄭司農云子男入爲卿治一官也玄謂此王六命之卿賜官者使得自置其臣治家邑如諸侯春秋襄十八年冬晉侯以諸侯圍齊荀偃爲君禱河既陳齊侯之罪而曰曾臣彪將率諸侯以討焉其官臣偃實先後之○先悉薦反下先時同後胡豆反

疏　注鄭司至後之○釋曰先鄭云子男入爲卿治一官此後鄭不從者案典命唯有出封加一等無入加之文則出有加入無加今以子男五命入加一等爲王朝六命卿於理不可且見此上下文所言賜受者皆是自外之事今言賜官則是此六命之人使已有之令以賜官爲賜當身治一官亦不可故後鄭皆不從也先鄭之義出加入亦加若毛君之義出加入減故晉詩云豈曰無衣六兮毛傳云天子之卿六命車旗衣服以六爲節是出加入減也後鄭不從者諸侯入爲王卿大夫其尊如故以爲榮何得入則減之乎指如鄭武公桓公並入爲王之司徒詩人美之若減何美之有乎明入不減鄭君之義出加入不減依於在國若言六兮者以晉侯入爲王卿謙不敢必當七命之服故云六兮耳玄謂此六命之卿賜官者使得自置其臣治家邑如諸侯者案載師有小都大都大都謂三公王子母弟所食邑小都王之卿六命所食邑如此六命已上賜之官使得自置其臣治家邑如諸侯此則大宰云施則於都鄙建其長立其兩已下是三公王子母弟得立官如畿外諸侯但少一卿不足於諸侯而已言家邑雖與大夫家邑同名此則大都小都也卿大夫稱家故言家邑以表大小都耳引春秋者證諸侯以臣爲官故荀偃自於晉侯稱官畿內諸侯臣亦稱官此經是也荀偃對河神故稱其君名

諸侯於外事皆稱曾臣言先後者先後謂左右謂荀偃左右晉侯也

七命賜國　王之卿六命出封加一等者鄭司農云出就侯伯之國〔疏〕注王之至之國○釋曰此後鄭先鄭所云皆據典命而言以其王之卿六命出封加一等即七命是侯伯之國者也

八命作牧　謂侯伯有功德者加命得專征伐於諸侯鄭司農云一州之牧王之三公亦八命〔疏〕注謂侯至八命○釋曰案曲禮云牧於外曰侯是牧本爵稱侯矣一州二百一十國選賢侯爲牧今鄭兼言伯者牧用侯伯不定其牧若有賢侯則用侯若無賢侯則用伯可也故鄭兼言伯其牧下二伯亦或用侯或用伯故詩旄丘責衛伯鄭云衛康叔之封爵稱侯今曰伯時爲州伯是牧下二伯亦用侯也云加命得專征伐於諸侯者侯伯七命今云八命作牧明是侯伯加命也云得專征伐者案王制云諸侯賜弓矢然後專征伐並據州牧而言以其弓矢之賜州內有臣殺君子殺父不請於天子得專征伐之先鄭云一州之牧牧養也即大宰一曰牧以地得民是也云王之三公亦八命典命文

九命作伯　上公有功德者加命爲二伯得征五侯九伯者鄭司農云長諸侯爲方伯〔疏〕注上公至方伯○釋曰典命云王之三公八命是上公矣今云九命明有功德

加一命爲二伯也二伯之文出於曲禮案曲禮云五官之長曰伯是職方鄭引公羊傳云自陝以東周公主之自陝以西召公主之是東西二伯也云得征五侯九伯者僖公四年左氏傳云昔召康公命我先君太公曰五侯九伯汝實征之以夾輔周室賈服之等諸侯九州之伯若然與天子何殊而爲夾輔乎故鄭以爲五侯者九州有九牧牧即侯但二伯共分各得四侯半侯不可分故二伯皆言五侯也言九伯者九州有十八伯各得九伯故云九伯也此二伯其有違逆者各征半天下故云五侯九伯汝實征之也引之者證二伯尊得征半天下之事也先鄭云長諸侯爲方伯者公羊傳云上無明天子下無賢方伯方伯可及州牧并二伯故云方伯伯長也是一方之長也

以玉作六瑞以等邦國　等猶齊等也〔疏〕注猶齊等也○釋曰此經與下爲揔目有此王之鎮圭而言邦國者以邦國爲圭也言等猶齊等者案禮記雜記贊大行云博三寸厚半寸剡上左右各寸半其長短即玉人所云皆依命數是其圭法也既命諸侯當齊等之使不違法也

王執鎮圭　鎮安也所以安四方鎮圭者蓋以四鎮之山爲瑑飾圭長尺有二寸〔疏〕注鎮安至二寸○釋曰此鎮圭王祭祀時所執故典瑞云王晉大圭執鎮圭繅藉五采五就以朝日則餘祭祀亦執之云鎮安也所以安四方者以職方九州州有一大山以爲其州之鎮此鎮圭亦所以鎮安四方也云鎮圭者蓋以四鎮之山爲瑑飾者以其諸侯圭皆以類爲瑑飾此字爲四鎮之字明以四鎮之山爲瑑飾也無正文故云蓋以疑之四鎮者謂揚州之會稽青州之沂山幽州之醫無閭冀州之霍山是也云圭長尺二寸者案玉人云鎮圭尺有二寸天子守之是也

公執桓圭　公二王之後及王之上公雙植謂之桓桓宮室之象所以安其上也桓圭蓋亦以桓爲瑑飾圭長九寸〔疏〕注公二至九寸○釋曰此所執謂朝時案聘禮禮記及典瑞所云者是已下皆據朝時也云公二王之後者案孝經援神契云二王之後稱公大國稱侯皆千乘是二王後稱公云及王之上公者典命上公之禮及此上之九命作伯皆是王之上公也云雙植謂之桓者植謂若屋之桓楹案檀弓云三家視桓楹彼注四植謂之桓者彼據柱之豎者而言桓若豎之則有四稜故云四植植即稜也此於圭上而言下二稜著圭不見唯有上二稜故以雙言之也云桓宮室之象所以安其上也者以其宮室在上須得桓楹乃安若天子在上須諸侯衛守乃安故云安其上也云桓圭蓋亦以桓爲瑑飾者以無正文故亦云蓋也云圭長九寸者案玉人云桓圭九寸公守之

是也

侯執信圭伯執躬圭　信當爲身聲之誤也身圭躬圭蓋皆象以人形爲瑑飾文有麤縟耳欲其慎行以保身圭皆長七寸○信音身行下孟反〔疏〕注信當至七寸○釋曰鄭必破信爲身者古者舒申字皆爲信故此人身字亦誤爲信故鄭云聲之誤也云身圭躬圭蓋皆象以人形爲瑑飾者以其字爲身躬故鄭還以人形解之云文有麤縟耳者縟細也以其皆以人形爲飾若不麤縟爲異則身躬何殊而別之故知文有麤縟爲別也云欲其慎行以保身者此則約上下圭爲義既以人身爲飾義當慎行保身也云圭皆七寸者案玉人云信圭躬圭七寸侯伯守之是也

子執穀璧男執蒲璧　穀所以養人蒲爲席所以安人二玉蓋或以穀爲飾或以蒲爲瑑飾璧皆徑五寸不執圭者未成國也〔疏〕注穀所至國也○釋曰穀所以養人蒲爲席所以安人二玉蓋或以穀或以蒲爲瑑飾者此亦無正文故亦言蓋以疑之言或者非疑以其二玉用物不同故云或耳云璧皆徑五寸者案玉人爛脫大行人有五寸之文也云不執圭者未成國也者據上文五命賜則是未成國也

以禽作六摯以等諸臣　摯之言至所執以自致○摯音至本或作贄〔疏〕注摯

之至自致。○釋曰此亦與下爲揔目案下文有孤執皮帛而此云以禽者據羔已下以多爲主也案莊公傳男贄大者玉帛小者禽鳥尚書五玉亦云贄則玉亦是贄此上下文玉爲瑞禽云摯者此以相對爲文故王以下言瑞天子受瑞於天諸侯受瑞於天子諸臣無此義故以摯爲文鄭云摯之言至執之以自致者案士謁見新升爲士皆執摯乃相見卿大夫亦然至於五等諸侯朝聘天子及相朝聘皆執摯以自致及得見主人故以至解摯也

孤執皮帛卿執羔大夫執鴈士執雉庶人執鶩工商執雞

皮帛者束帛而表以皮爲之飾皮虎豹皮帛如今璧色繒也羔小羊取其羣而不失其類鴈取其候時而行雉取其守介而死不失其節鶩取其不飛遷雞取其守時而動曲禮曰飾羔鴈者以繢謂衣之以布而又畫之者自雉以下執之無飾士相見之禮卿大夫飾摯以布不言繢此諸侯之臣與天子之臣異也然則天子之孤飾摯以虎皮公之孤飾摯以豹皮與此孤卿大夫士之摯皆以爵不以命數凡摯無庭實○介音界或作分扶問反衣於既反與音餘

（疏）注皮帛至庭實○釋曰凡此所執天子之臣尊諸侯之臣卑雖尊卑不同命數有異爵同則摯同此文雖以天子之臣爲主文兼諸侯之臣是以士相見卿大夫士所執亦與此同但飾有異耳鄭云皮帛者束帛而表以皮爲之飾者案聘禮束帛加璧又云東帛乘馬故知此帛亦束束者十端每端丈八尺皆兩端合卷揔爲五匹故云束帛也言表以皮爲之飾者凡以皮配物者皆手執帛以致命而皮設於地謂若小行人圭以馬璋以皮皮馬設於庭而圭璋特達以升堂致命也此言以皮爲之飾者孤相見之時以皮設於庭手執束帛而授但皮與帛爲飾耳云皮虎豹皮知者見禮記郊特牲云虎豹之皮示服猛且皮中之貴者勿過虎豹故知皮是虎豹皮也云帛如今璧色繒也者但玉有五色而言璧色繒蓋漢時有璧色繒故鄭舉以言之故云如今璧色繒未知色之所定也云羔小羊取其羣而不失其類者凡羊與羔皆隨羣而不獨故卿亦象焉而不失其類也云鴈取其候時而行者其鴈以北方爲居但隨陽南北木落南翔冰泮北徂其大夫亦當隨君無背云雉取其守介而死不失其節者但雉性耿介不可生服其士執之亦當如雉耿介爲君致死不失節操也云鶩取其不飛遷者庶人府史胥徒新升之時執鶩鶩即今之鴨是鶩既不飛遷執之者象庶人安土重遷也云雞取其守時而動者但工或爲君興其巧作商或爲君興販來去故執雞象其守時而動云曲禮曰飾羔鴈者以繢謂衣之以布而又畫之者鄭意以經所執天子之臣與諸侯之臣同欲見飾之有異耳云自雉下執之無飾者欲見天子士與諸侯士同皆無布飾以其士卑故不異又引士相見已下者欲以天子諸侯卿大夫飾摯者異明天子孤諸侯孤皮亦不同此約卿大夫以明孤無正文故言與以疑之也云此孤卿大夫士之摯皆以爵不以命數者但天子孤卿六命大夫四命上士三命中士再命下士一命諸侯孤四命公侯伯卿三命大夫再命士一命子男卿再命大夫一命士不命但爵稱孤皆執皮帛爵稱卿皆執羔爵。大夫皆執鴈爵稱士皆執雉庶人已下雖無命數及爵皆執鶩天子諸侯下皆同故云皆以爵不以命數也云凡摯無庭實者案士相見皆不見有庭實對享私覿私面之等有庭實故此言無也

以玉作六器以禮天地四方

禮謂始告神時薦於神坐書曰周公植璧秉圭是也○坐才臥反後神坐放此植音值又時力反又音置

（疏）注禮謂至是也○釋曰言作六器者此據禮神則曰器上文人執則曰瑞對此文義爾若通而言之禮神雖不得言瑞人執者亦曰器故聘禮云圭璋璧琮凡四器者唯其所寶以聘可也尚書亦以五瑞爲玉器卒乃復是其人執亦曰器也云禮謂始告神時薦於神坐者此以玉禮神在作樂下神後故鄭注大司樂云先奏是樂以致其神禮之以玉而祼焉是其以玉禮神與宗廟祼同節若然祭天當實柴之節也書曰周公植璧秉圭是也者此金縢文彼以周公請天代武王死之說爲三壇同墠又爲壇於南方周公於前立焉告大王王季文王故植璧於三王之坐秉桓圭引之者證植璧於神坐之側事也

以蒼璧禮天以黃琮禮地以青圭禮東方以赤璋禮南方以白琥禮西方以玄璜禮北方

此禮天以冬至謂天皇大帝在北極者也禮地以夏至謂神在崐崘者也禮東方以立春謂蒼精之帝而太昊句芒食焉禮南方以立夏謂赤精之帝而炎帝祝融食焉禮西方以立秋謂白精之帝而少昊蓐收食焉禮北方以立冬謂黑精之帝而顓頊玄冥食焉禮神者必象其類璧圜象天琮八方象地圭鋭象春物初生半圭曰璋象夏物半死琥猛象秋嚴半璧曰璜象冬閉藏地上無物唯天半見○琮才宗反璋音章琥音虎璜音黃混戶本反本又作崑音昆崘音倫本又作侖魯門反

（疏）注此禮至半見○釋曰云此禮天以冬至謂天皇大帝在北極者也者青圭已下有五天明此蒼璧禮天者是冬至祭圜丘者案太司樂云以雷鼓雷鼗雲門之舞冬日至於地上

之圓丘奏之若樂六變則天神皆降是也云禮地以夏至謂神在崑崙者也者崑崙與昊天相對蒼璧禮昊天明黃琮禮崑崙大地可知故大司樂云以靈鼓靈鼗夏日至於澤中之方丘奏之若樂八變則地示皆出是也故鄭彼云天神則主北辰地示則主崑崙是即與此同也云禮東方以立春謂蒼精之帝者此已下皆據月令四時迎氣皆在四立之日故以立春立夏立秋立冬言之也知皆配以人帝人神者亦據月令四時十二月皆陳人帝人神彼止爲告朔於明堂及四時迎氣配天帝而言告朔於明堂告五人帝五人神配以文王武王必知迎氣亦有五人帝五人神者以其告朔入明堂至秋摠享五帝於明堂皆以五人帝五人神配天若然迎氣在四郊還是迎五天帝明知五人帝五人神亦配祭可知以其自外至者無主不止故皆以人帝人神爲配也言蒼精赤精白精黑精者皆據春秋緯運斗樞云大微宮有五帝座星文耀鈎亦云靈威仰之等而說也云禮神者必象其類者即璧圜已下是象其類也案爾雅云肉倍好謂之璧好倍肉謂之瑗肉好若一謂之環是璧圜也云琮八方象地者天圜以對地方地有四方是八方也云圭銳象春物初生者雜記贊大行云圭剡上左右各寸半是圭銳也云半圭曰璋者案典瑞云四圭有邸以祀天兩圭有邸以祀地兩圭半四圭又云圭璧以祀日月是一圭半兩圭又云璋邸射以祀山川是璋又半一圭故云半圭曰璋公羊傳亦云寶者何璋判白亦半圭曰璋云象萬物半死者夏時薺麥死是半死云琥猛象秋嚴者謂以玉爲琥形猛屬西方是象秋嚴也云半璧曰璜者逸禮記文似半圭曰璋也云冬閉藏地上無物唯天半見者列宿爲天文草木爲地文冬時草木枯落唯天上列宿仍在故云唯天半見故用半璧曰璜也此六玉所用則上璧下琮案覲禮加方明東方圭南方璋西方琥北方璜與此同唯上圭下璧與此違者鄭彼注云上宜以蒼璧下宜以黃琮而不以者則上下之神非天地之至貴者也彼上下之神是日月故陳玉與此不同也此經神不見中央含樞紐者此四時迎氣皆在四郊小宗伯云兆五帝於四郊鄭注云黃帝亦於南郊是也易云天玄而地黃今地用黃琮依地色而天用玄者蒼玄皆是天色故用蒼也

皆有牲幣各放其器之色幣以從爵若人飲酒有酬幣。放方往反〔疏〕皆有至之色。釋曰言皆則上六玉所禮者皆有牲與幣也言各放其器之色則上蒼璧等六器所有牲幣各放此幣之色。注幣以至酬幣。釋曰知幣是從爵非禮神者若是禮神當在牲上以其神幣與玉俱設若肆師云立大祀用玉帛牲牷是帛在牲上今在下明非禮神者也云若人飲酒有酬幣者獻尸從爵之幣無文故以生人飲酒之禮況之案聘禮饗禮有酬幣明此幣既非禮神之幣則獻尸後酬尸時亦有幣之從爵也

以天產作陰德以中禮防之以地產作陽德以和樂防之鄭司農云陰德謂男女之情天性生而自然者過時則奔隨先時則血氣未定聖人爲制其中令民三十而娶女二十而嫁以防其淫泆令無失德情性隱而不露故謂之陰德陽德謂分地利以致富富者之失不驕奢則吝嗇故以和樂防之樂所以滌蕩邪穢道人之正性者也一說地產謂土地之性各異若齊性舒緩楚性急悍則以和樂防其失令無失德樂所以移風易俗者也此皆露見於外故謂之陽德陽德陰德不失其正則民和而物各得其理故曰以諧萬民以致百物玄謂天產者動物謂六牲之屬地產者植物謂九穀之屬陰德陰氣在人者陰氣虛純之則劣故食動物作之使動過則傷性制中禮以節之陽德陽氣在人者陽氣盈純之則躁故食植物作之使靜過則傷性制和樂以節之如是然後陰陽平情性和而能育其類。爲制于僞反其中丁仲反又如字令力呈反下同淫失如字本亦作佚滌徒歷反邪似嗟反道人音導悍戶幹反劉音旱咸音胡板反

〔疏〕注鄭司至其類。釋曰天產地產與陰德陽德無正文故先鄭後鄭各以意解之不從先鄭天產是天生自然者以其天產地產相對產生也天生謂陰陽配合而生不由人之營造當是六牲地生謂由人營種即植物九穀之屬是也故天產地產皆不從先鄭也其陰德陽德後鄭又不從先鄭者但言德者謂在身爲德今先鄭以陰德爲分地利以致富以身外解之與陰德爲不露見自相違即知陰德爲男女之情亦非故後鄭皆據人身陰陽之氣解之先鄭一說地產謂土地之性此說地產與天產天性而自然何異故後鄭亦不從也先鄭又云故曰以諧萬民以致百物者取下文釋此也玄謂天產者動物謂六牲之屬者馬牛羊豕犬雞並自然陰陽配合而生故謂之天產然萬物蠢動者皆自然配合獨言六牲者但以此經云以天產作陰德據人所膳食作動身中陰德故據六牲而言也云地產者植物謂九穀之屬者九穀並是人所種植故云植物然草木皆地產今獨言九穀亦據此經云作陽德謂食之作動人身中陽德故據九穀而言也云陰德陰氣在人者陰氣虛純之則劣故食動物作之使動者以其陰主消物是虛純虛則劣動物是陽故須食動物六牲作之使動也云過則傷性制中禮以節之者過謂氣大過大過則傷性傷性則奢泰僭濫故制中禮以防之禮言中

者凡人奢則僭上儉則逼下禮所以制中使不奢不逼故以禮爲中也云陽德陽氣在人者陽氣盈純之則躁故食殖物作之使靜者案禮記玉藻云顛實陽休是陽主盈滿故云陽氣盈純之則躁者陽氣主動不兼陰氣純之則躁故食植物作之使靜知植物爲陰者見聘禮致饔餼醯在碑東醢在碑西醯是穀之所爲是穀物爲陽之義也而此云植物陰者此以動植相對故動爲陽植爲陰彼以醯醢相對故醯爲陽醢爲陰也云過則傷性者謂太靜爲傷性樂爲陽故制和樂以節之陽氣盈案樂記云樂盈而反以反爲文故樂能損盈陰氣虛樂記云禮減而進以進爲文故禮能濟虛云如是然後陰陽平情性和者謂陰氣虛濟之使盈陽氣盈損之使虛故云陰陽平情性和也云而能育其類者卽下文合天地之化已下是也

以禮樂合天地之化百物之產以事鬼神以諧萬民以致百物

禮濟虛樂損盈並行則四者乃得其和能生非類曰化生其種曰產○種章勇反

疏 以禮至百物○釋曰上文云中禮和樂是禮樂教世法故此經以禮樂並行以教使之得所萬物感化則能合天地之化謂能生非類也又能生其種故云百物之產又以禮樂事鬼神則尚書云祖考來格之等是也云以諧萬民者則尚書云庶尹允諧是也云以致百物者則尚書云百獸率舞之等是也○注禮濟至曰產○釋曰禮濟虛樂損盈此樂記所云禮減而進以進爲文者是禮濟虛進謂濟益是禮當濟益其虛使之實滿又云樂盈而反以反爲文者是樂損盈反謂自抑止是樂當自抑止使盈而不放溢也云並行則四者乃得其和者言並行謂禮樂並行以教世則天地之間使不盈不虛折中得所則四者乃得其和也言四者謂天地之化百物之產共爲一以事鬼神爲二以諧萬民爲三以致百物爲四也知化產共爲一者以其化與產氣類相似故爲一也云能生非類曰化者凡言變化者變化相將先變後化故中庸云動則變變則化鄭云動動人心也變改惡爲善也變之久則化而性善也又與鳩化爲鷹之等皆謂身在而心化若田鼠化爲鴽雀雉化爲蛤蜃之等皆據身亦化故云能生非類曰化也易云乾道變化亦是先變後化變化相將之義也云生其種曰產者卵生胎生及萬物草木但如本者皆曰產也

凡祀大神享大鬼祭大示帥執事而卜日宿眂滌濯涖玉鬯省牲鑊奉玉齍詔大號治其大禮詔相王之大禮

執事諸有事於祭者宿申戒也滌濯溉祭器也玉禮神之玉也始涖之祭又奉之鑊亨牲器也大號六號之大者以詔大祝以爲祝辭治猶簡習也豫簡習大禮至祭當以詔相王羣臣禮爲小禮故書涖作立鄭司農讀爲涖涖視也○省本又作眚同息井反後省牲鑊皆同鑊戶郭反齍音咨下同詔相息亮反注下同後詔相皆放此溉古愛反本或作概亨普庚反

疏 凡祀至大禮○釋曰此亦法三才故享大鬼在其中帥執事而卜日者謂祭三者鬼神之時祭前十日大宗伯先帥執事有事於祭者共卜取吉日乃齊云宿眂滌濯者謂祭前一宿視所滌濯祭器看潔淨以否云涖玉鬯者天地有禮神之玉無鬱鬯宗廟無禮神之玉而有鬱鬯但宗廟雖無禮神玉仍有圭瓚璋瓚亦是玉故曲禮云玉曰嘉玉郊特牲云用玉氣是也云省牲鑊者當省視亨牲之鑊云奉玉齍者此玉還是上文所涖者齍謂黍稷天地當盛以瓦簋但齍與上鬯互見爲義皆始時臨之祭又奉之詔大號者謂大宗伯告大祝出祝辭也云治其大禮者謂天地人之鬼神祭禮王親行之爲大禮對下小宗伯治小禮爲小也詔相王之大禮者謂未至之時詔告之及其行事則又相之○注執事至視也○釋曰案大宰云祀五帝前期十日帥執事而卜日注云執事宗伯大卜之屬此注云執事諸有事於祭者二注不同者以其大宰不掌祭事故云執事大宗伯大卜之等卜日而已此大宗伯主祭祀之事故摠諸有事於祭者也云滌濯溉祭器也者此滌濯止是蕩滌以少牢有溉祭器故據而言之溉卽拭也云玉禮神之玉也者卽蒼璧黃琮青圭赤璋之等及四圭兩圭之類皆是禮神置於神坐也案九嬪職云贊玉齍注云玉齍玉敦盛黍稷與此注玉爲禮神之玉齍卽非玉敦所飾注不同者彼九嬪所贊贊后設之據宗廟宗廟無禮神玉則玉齍不得別解故爲玉敦此據天地爲主有禮神玉故與齍別釋也大宰云祀五帝贊玉幣爵之事注云三者執以從王至而授之彼所執據五帝此所奉據昊天與崑崙故不同云始涖之祭又奉之者鄭據上云涖涖臨視也直視看而已下云奉據手執授玉故云祭又奉之云鑊亨牲器也者案特牲少牢鑊即爨在廟門之外東壁也云大號六號之大者謂若大祝云辨六號一曰神號二曰示號三曰鬼號四曰牲號五曰齍號六曰幣號之等是六號之大者也云以詔大祝以爲祝辭者經云詔大號大祝是事神之人又辨六號故知所詔是詔大祝爲祝辭祝辭則祝版之辭是也云羣臣禮爲小禮者則小宗伯小祝行者是也

若王不與祭祀則攝位

王有故代行其祭事○與音預下同

〔疏〕注王有至祭事○釋曰攝訓爲代有故者謂王有疾及哀慘皆是也量人云凡宰祭與鬱人受嘏歷而皆飲之注云言宰祭者冢宰佐王祭亦容攝祭此宗伯又攝者冢宰貳王治事宗伯主祭事容二官俱攝故兩言之

凡大祭祀王后不與則攝而薦豆籩徹薦徹豆籩王后之事〔疏〕凡大至籩徹○釋曰天地及社稷外神等后夫人不與此言凡大祭祀王后不與謂后應與而不與又云大祭祀明非羣小祀則大祀者唯宗廟而已則攝而薦豆籩徹者鄭云薦徹豆籩王后之事是王后有故宗伯攝爲之凡祭祀皆先薦後徹故退徹文在下也

大賓客則攝而載果載爲也果讀爲祼代王祼賓客以鬯君無酌臣之禮言爲者攝酌獻耳拜送則王也鄭司農云王不親爲主○果音祼又古亂反出注小宗伯職放此○〔疏〕大賓至載果○釋曰此大賓客對文則賓客異散文則通故大司徒云大賓客令野脩道委積是賓客爲諸侯通也大行人云大賓爲五等諸侯大客即謂其臣是賓客異也案大行人云王公之禮再祼而酢再祼者有后祼則亦攝爲之內宰贊之侯伯一祼而酢子男一祼不酢此皆無后祼王不親酌則皆使大宰宗伯攝而爲之○注載爲至爲主○釋曰知代王祼賓客以鬯者見鬱人宗廟及賓客皆以鬱實彝而陳之即大行人所云祼與此祼皆用鬱鬯也云君無酌臣之禮者見燕禮大射諸侯禮皆使大夫爲賓宰夫爲主人是諸侯君不酌臣此大賓客遣大宗伯代祼是天子君亦不酌臣也云言爲者攝酌獻耳拜送則王者以其言代而爲祼即是直祼不拜案鄉飲酒燕禮大射賓主獻酢皆拜送其送是王自爲之以其恭敬之事不可使人故也引司農在下者不親爲主即君不酌臣義合故引之在下也

朝覲會同則爲上相大喪亦如之王哭諸侯亦如之相詔王禮也出接賓曰擯入詔禮曰相相者五人卿爲上擯大喪王后及世子也哭諸侯者謂薨於國爲位而哭之檀弓曰天子之哭諸侯也爵弁經紂衣○曰擯必刃反本或作賓同紂側其反〔疏〕朝覲至如之○釋曰朝覲會同即兼四時朝覲云則爲上相者此則大行人云上公之禮擯者五人侯伯四人子男三人是也云大喪亦如之者后及世子喪王爲此主哭及拜賓則宗伯亦爲上相也云哭諸侯亦如之者謂諸侯薨於本國赴告天子天子爲位哭之大宗伯亦爲上相與王爲擯耳○注相詔至紂衣○釋曰云相詔王禮也者經三事爲相皆是詔告王禮也云出接賓曰擯者擯大行人云擯者五人四人三人而言也云入詔禮曰相者此據司儀云每門止一相及廟唯上相入是入廟詔禮曰相此對文義爾通而言之出入皆稱擯也云相者五人卿爲上擯者依大行人據上公而言此大宗伯爲上擯若大朝覲則肆師爲承擯四時來朝小行人爲承擯案覲禮嗇夫爲末擯若待子男則三人足矣若侯伯四人者加一士上公五人者加二士今鄭云相者五人卿爲上擯據此大宗伯是卿故指此上擯而言也云大喪王后及世子也者以其與王爲上相則王在矣而云大喪則是王后及世子矣亦得見大喪所相或嗣王則大喪中兼王喪也云哭諸侯者謂薨於國爲位而哭之者若來朝薨於王國則王爲之緦麻不應直哭之而已故引檀弓云天子之哭諸侯也爵弁經紂衣案彼注云麻不加於采經衍字以其遥哭諸侯著爵弁紂衣而已不合加麻經於紂衣爵弁之上也

王命諸侯則儐儐進之也王將出命假祖廟立依前南鄉儐者進當命者延之命使登內史由王右以策命之降再拜稽首登受策以出此其畧也諸侯爵祿其臣則於祭焉○假音格至也依於豈反鄉許亮反策初革反〔疏〕注儐進至祭焉○釋曰云儐進之也者以命諸侯故知儐謂進使前以受策也云王將出命假祖廟者若諸侯命臣則因祭宗廟命之則祭統十倫之義五曰見爵賞之施焉故祭之日一獻君降立于阼階之南南鄉所命者再拜受書以歸又云古者於禘也發爵賜服順陽義者諸侯命臣必於祭時若天子命臣不要在祭時欲命臣當時爲祭以命之故洛誥成王命周公後云烝祭歲文王騂牛一武王騂牛一王命作策逸祝策惟告周公其後注云告神周公宜立後謂封伯禽是非時而特假祖廟故文武各特牛也云立依前南鄉者此案司几筵云大朝覲大饗射凡封國命諸侯王位設黼依依前南鄉是立依前南鄉之事也云儐者進當命者延之命使登內史由王右以策命之降再拜稽首登受策以出者史由王右以策命之者此案覲禮天子使公與史就館賜侯氏命服時史由公右執策命之又案祭統云祭之日一獻君降立於阼階之南南鄉所命北面史由君右執策命之再拜稽首受書以歸天子無降立之事其餘則同命諸侯之史當王右以策命之云降再拜稽首登受以出約僖二十八年王命晉侯之事案彼傳云王命內史叔興父策命晉侯爲侯伯當時晉侯降再拜稽首登受策以出據彼文也云此其略也者但命諸侯其時威儀更有委曲今所言不載故云略也云諸侯爵祿其臣則於祭焉者祭統所云者是也

國有大故則旅上帝及四望故謂凶烖

旅陳也陳其祭事以祈焉禮不如祀之備也上帝五帝也鄭司農云四望日月星海玄謂四望五嶽四鎮四瀆【疏】注故謂至四瀆○釋曰此旅是祈禱之名是以知是凶裁凶謂年穀不熟裁謂水火也云旅陳也陳其祭事以祈焉禮不如祀之備者但祈謂祈請求福得福乃祠賽之祠賽則備而與正祭同故知禮不如祀之備也云上帝五帝也者案禮器云祀帝於郊而風雨寒暑時風雨寒暑非一帝之所能爲此祈請亦是求風雨寒暑時非一帝故知是五帝也鄭司農云四望日月星海後鄭不從者禮無祭海之文又山川稱望故尚書云望秩于山川是也玄謂四望五嶽四鎮四瀆知者祭山川既稱望案大司樂有四鎮五嶽崩四瀆又與五嶽相配故知四望中有此三者言四望者不可一往就祭當四向望而爲壇遥祭之故云四望也

王大封則先告后土

后土土神也黎所食者【疏】注后土至食者○釋曰大封謂若典命公八命卿六命大夫四命其出封皆加一等是其大封之事對封公卿大夫爲采邑者爲小封云則先告后土者封是土地之事故先以禮告后土神然後封之也注云后土土神也黎所食者言后土有二若五行之官東方木官勾芒中央土官后土此等后土土官也黎爲祝融兼后土故云黎所食者若左氏傳云君戴皇天而履后土彼爲后土神與此后土同也若句龍生爲后土官死配社即以社爲后土其實社是五土摠神非后土但以后土配社食世人因名社爲后土耳此注本無言后土社寫者見孝經及諸文注多言社后土因寫此云后土社故鄭荅趙商云句龍本后土後遷爲社王大封先告后土玄云后土土神不言后土社也鄭又荅田瓊云后土古之官名死爲社而祭之故曰后土社句龍爲土官後轉爲社世人謂爲后土無可怪此中后土不得爲社者聖人大平制禮豈得以世人之言著大典明后土土神不得爲社也

乃頒祀于邦國都家鄉邑

頒讀爲班班其所當祀及其禮都家之鄉邑謂王子弟及公卿大夫所食采地○頒音班【疏】注頒讀至采地○釋曰云班頒讀爲班者鄭於周禮所有頒皆讀爲班班謂布也云班其所當祀及其禮者但名位不同禮亦異數既班其祀明亦班禮與之故連言禮也班禮謂若諸侯不得祭天地唯祭社稷宗廟五祀之等二王後與魯唯祭天仍不得祭地大都亦與外諸侯同其禮者若獻尸上公九侯伯七子男五皆大牢之屬是也其小都與家則依鄉大夫之獻亦大牢也云都家之鄉邑謂王子弟以下者鄭恐經鄉邑六鄉六遂非都家之内鄉邑故以明之謂都家之内鄉邑耳其都家之内鄉邑未必一如六鄉六遂家數但采邑之内亦有二十五家爲里以上以相統領故一成之内得有革車一乘士十人徒二十人發兵及出稅之法即謂之鄉邑也謂王子弟者以親疏分於大都小都家邑三處食采地言及公卿大夫采地者謂若載師職公大都卿小都大夫家邑也

附釋音周禮注疏卷第十八

[illegible]盧氏宣旬校[illegible]

[illegible]

知南昌府張敦仁署鄱陽縣候補知州周澍栞

周禮注疏卷十八挍勘記

阮元撰盧宣旬摘錄

附釋音周禮注疏卷第十八

大宗伯

掌建邦之天神人鬼地示之禮　釋文地示音祇本或作祇按經作示注作祇通書準此

以佐王建保邦國　唐石經諸本同釋文佐王本或作左按葉鈔本作本或作佐則陸本正作左也〇按依說文左者正字佐者今俗字

目吉禮於上　余本閩監毛本同嘉靖本目作自者誤也

吉禮之別十有二　毛本二誤三〇按注詳言此者以證其卷首注所云其別三十有六也

以槱燎祀司中司命　釋文槱本亦作楢按羊人注作楢燎說文木部云槱積火燎之也从木从火酉聲周禮以槱燎祠司中司命又禉柴祭天神或從示然則此經槱字當以從木從火爲正楢者禉之訛體禉者槱之或字

云三祀皆積柴實牲至焉　按至爲體之訛閩監毛本改作玉誤

鄭義大陽不變　惠棟云依詩正義大陽當作天陽

是土十爲木八妻　惠棟云三統厤曰木以天三爲土十牡金以天九爲木八牡陽奇爲牡陰耦爲妃此當云土十爲木三妻八與十皆地數不得爲耦也

則北官好與南官好陽　閩監毛本與改㜸浦鏜云官誤臣非也古云天官猶云官舍作臣非

五星左旋爲緯　浦鏜云右誤左

大微宮有五帝座星　惠挍本座作坐

其名汁光紀　閩本同監毛本汁作叶

常居傍兩星巨辰子位　惠挍本同閩監毛本常誤帝浦鏜云巨疑距字誤

紫之言中　浦鏜云當作紫之言此宮之言中脫四字

鄭注云天皇北辰耀魄寶　此鄭注文耀鉤也上引文耀鉤可證因文承爾雅之下而或云鄭有爾雅注誤讀此疏矣

又名大一常居　惠挍本同閩監毛本常居作帝君

歐陽說曰欽若昊天　按此下當脫春曰昊天四字

直是人逐四時五稱之　浦鏜云五疑互字訛

鄭君則以北星也　按北爲此之誤

則郊祭并祭日月可知　浦鏜云禮記疏作郊祭天並祭

依虞書禋于六宗禮　惠挍本作虞喜〇按喜誤

張融許從鄭君　惠挍本許作評此誤

以疈辜祭四方百物　說文刀部云副判也从刀畐聲周禮曰副辜祭又疈籀文副按鄭司農從故書作罷鄭君蓋從今書作疈

故書祀作禩　釋文作爲禩九經古義云小祝保郊禩于社杜子春讀禩爲祀說文云祀或從異作禩

疈爲罷　禮說云西京賦置互擺牲古文擺作罷

不見四竇者　釋文四竇音獨本亦作瀆〇按竇者瀆字之假借也

疈疈牲胷也　毛本胷作胸

謂磔攘及蜡祭　余本閩監毛本同釋文嘉靖本惠挍本攘作禳余本載音義作攘

八蜡以記四方　余本岳本嘉靖本同閩監毛本記作祀疏云八蜡以記四方不作祀作祀者誤

湯遷柱而以周棄代之　閩監毛本柱誤社

周國在雍州時無西嶽　閩本同監毛本無誤爲

云不見四寶者四寶五嶽之四　閩監毛本寶改瀆

宗祝亦執勺以先之　惠挍本同閩監毛本勺誤爵

是其順性之含藏也　惠挍本作順其此誤倒

率五年而再殷祭　余本閩監毛本同嘉靖本無率字按釋文大書率五二字爲音是陸本有率字釋曰云自爾以後五年而再殷祭者公羊傳文是賈本無率字也

以玉爵酌醴齊以獻尸　浦鏜云醴誤體

如向所說具先灌訖　惠挍本同閩監毛本如誤知具誤其

次言獻是朝踐節　盧文弨云當從通考重一獻字

皆有灌獻肆三事矣　惠挍本同閩監毛本矣改耳

僖三十三年薨　惠挍本僖上有以字此脫

則知僖公宣公二年春有禘可知　浦鏜云三誤二

天神言煙　閩監毛本煙改禋非此從注讀禋之言煙下煙血同

大夫不食梁　監毛本同誤也嘉靖本閩本梁作粱當據正疏中同監毛本疏中作梁

札讀爲截謂疫厲　余本閩監本同毛本厲改癘宋本嘉靖本重截字與賈疏本同○按札者古文假借字也故注易其字作截截者斷也至字林乃有殅字从歹乙聲

截謂疫厲者　閩監毛本厲改癘

廐焚　惠挍本作廄焚疏同

此禍災當水火二事爲證也　惠挍本水火下有故引水火四字此脫

以禬禮哀圍敗　唐石經諸本同釋曰此經本不定馬融以爲國敗正本多爲圍敗

同盟者合會財貨　余本岳本嘉靖本同閩監毛本合會作會合與賈疏本同

在內爲軌　惠挍本軌作宄

親謂使之相親附　嘉靖本謂作者蓋非

欲其若不期而俱至　余本岳本嘉靖本同閩監毛本俱作偶按賈疏引注亦作俱

非謂時常月　按疑當作謂非常時月

云王將有征討之事者　閩本同監毛本討改伐

同謂威其不協　余本嘉靖本毛本同閩監本協作恊

朱干設錫之類　閩監毛本錫誤鍚設毛本誤該

是不義而勇　惠挍本下有也

大田之禮簡衆也　唐石經諸本同釋文閱衆音悅按釋曰簡閱也此或音注閱其車徒之數而誤涉經文

其民庶不得合聚　閩本剜改其爲則監毛本承之

今以兵而正之　閩監毛本而改往

以昏冠之禮　余本嘉靖本同唐石經閩監毛本昏作昬疏同○按昏字依說文从氏省爲正其云一曰民聲者淺人所增竄也

若據位爲王已後　惠挍本位上有即此脫

鄭摠云脤膰　惠挍本閩本同監毛本云誤名

王使人異往以物賀慶之　異字誤閩本改夫監毛本人異改大夫

使之不有僭差也　惠挍本作僭濫

列土封疆謂之諸侯　閩監本同毛本土作士浦鏜云土誤士非也按釋曰云謂列國之士者謂公侯伯爲列國故引孝經注列士謂之諸侯證之當從毛本作士此本閩監本作土誤也

則爵弁服　諸本同浦鏜云則上脱士字按釋曰云士則爵弁服者凡言士者無問天子士諸侯士例皆爵弁以助祭也此賈疏本有士字之明證

雖得言天子不得言位于王朝　閩監毛本作聘天子此作言誤于當爲於

賜之以方百里二百里之地者方三百以上爲成國　臧禮堂云春秋襄十四年正義引此注云賜之以方百里二百里三百里之地者方四百里以上爲成國今本二百里下脱三百里三字四百里作三百里誤甚當據此訂正按正義又云如鄭之言成國者唯公與侯耳伯雖與侯同命地方三百里未得爲成國也考大司徒職公地五百里侯地四百里伯地三百里故鄭云方四百里以上據公侯言之

以其伯二百里　浦鏜云三誤二

其尊如故　閩本剜改如字作加監毛本承其誤

此後鄭先鄭所云　惠挍本同閩監毛本改作先鄭後鄭

加一命爲二伯也　閩監毛本一誤二

賈服之等諸侯九州之伯　閩本上之字剜擠作云五二字監毛本承之誤甚○按閩監毛本是也

有此王之鎮圭　補毛本有此作此有

蓋以四鎮之山爲瑑飾　嘉靖本瑑作琢下同釋文爲瑑直轉反

王晉大圭　閩監毛本晉改搢

文有麄縟耳　嘉靖本閩本同余本監毛本麄作麤疏同按釋文作麤○按从三鹿者正字也麄者俗字也

蓋皆象以人形象致飾者　浦鏜云爲瑑誤象致

二玉蓋或以穀爲飾　段玉裁云爲下脱瑑字

以禽作六摯　唐石經諸本同釋文六摯本或作贄按廣韻六至下引以禽作六贄云本亦作摯

雉取其守介而死　釋文守介音界或作分扶問反按雉介鳥或作分非

謂臣無此義　補監毛本謂作諸

文兼諸侯之臣　浦鏜云文當亦字訛或改作又

手執束帛而授　惠挍本下有之此脱

故鄭擧以言之　漢制考以作而

其大夫亦當隨君無背　閩毛本同此本及監本背誤皆今訂正

爵大夫皆執鴈　惠挍本爵下有稱

故植璧於三王之坐秉桓圭　補毛本桓作植

靈威仰之等而說也　浦鏜云而說字疑衍○按而說二字直跟上文皆據二字句太長故鏜惑之耳

云象萬物半死者　惠挍本作夏物此誤

以其神幣　惠挍本神上有禮

所以滌蕩邪穢　釋文作蕩滌今本誤倒

鑊烹牲器也　余本閩監毛本同釋文賈疏嘉靖本烹皆作亨當據正烹俗亨字

羣臣禮爲小禮　漢讀攷云羣臣乃羣神之誤對大神大鬼大祇言也小宗伯注云小禮羣神之禮亦可證賈疏依誤立説不可從

前期卜日　浦鏜云十誤卜

此滌濯止是蕩滌以少牢有概祭器　閩本上句同監毛本止誤此閩監毛本概誤槪

三者執以從王浦鏜云王誤玉下投王同

二日祈號三曰鬼號浦鏜云今經文示鬼字互易

王公之禮浦鏜云上誤王

爵弁絰紂衣釋文作純衣

云大喪王及后世子也者惠挍本作王后及世子此誤

則是王后及世子矣惠挍本作明是此誤

發爵賜服順陽義者浦鏜云也誤者惠挍本誤皆

當時爲祭以命之監毛本同誤也閩本時作特當據正

以親疏分於大都小都家邑惠挍本閩本同此本於誤殷監毛本改爲今訂正

周禮注疏卷十八挍勘記終

南昌袁泰開挍

附釋音周禮注疏卷第十九

鄭氏注　賈公彥疏

小宗伯之職，掌建國之神位，右社稷，左宗廟。庫門內雉門外之左右。故書位作立。鄭司農云：立讀為位，古者立位同字。古文春秋經「公即位」為「公即立」。〔疏〕小宗至宗廟○釋曰：建，立也。言立邦之神位者，從內向外，故據國中神位而言，對下經在四郊等為外神也。言右社稷左宗廟者，案匠人亦云左宗廟右社稷，彼掌其營作，此掌其成事位次耳。案禮記祭義注云周尚左。又案桓公二年取郜大鼎納於大廟，何休云：質家右宗廟，尚親親；文家右社稷，尚尊尊。若然，周人右社稷者，地道尊右，故社稷在右，是尚尊尊之義。此據外神在國中者，社稷為尊，故鄭注郊特牲云「國中神莫大於社」。祭義注周尚左者，據內神而言。若據衣服尊卑，先王袞冕，先公鷩冕，亦貴於社稷，故云周尚左，各有所對，故注不同也。○注庫門至即立○釋曰：鄭知庫門內雉門外者，後鄭義以雉門為中門，周人外宗廟，故知雉門外庫門內之左右也。先鄭云古者立位同字者，是古者假借字同也。云古文春秋者，藝文志云：春秋古經十二卷。是此古文經所藏之書，文帝除挾書之律，此本然後行於世，故稱古文。

兆五帝於四郊，四望、四類亦如之。兆為壇之營域。五帝，蒼曰靈威仰，太昊食焉；赤曰赤熛怒，炎帝食焉；黃曰含樞紐，黃帝食焉；白曰白招拒，少昊食焉；黑曰汁光紀，顓頊食焉。黃帝亦於南郊。鄭司農云：四望，道氣出入。四類，三皇五帝九皇六十四民咸祀之。玄謂四望，五嶽四鎮四竇。四類，日月星辰，運行無常，以氣類為之位。兆日於東郊，兆月與風師於西郊，兆司中司命於南郊，兆雨師於北郊。○仰如字，劉五郎反。熛，必消反。樞，昌朱反。紐，女久反。拒，居禹反。汁，又音巨汁反，沈又音巨汁，音叶，劉子集反。〔疏〕兆五至如之○釋曰：自此以下云外神者，從尊至卑，故先云五帝。此不云大帝者，此文上下唯論在四郊，以對國中右社稷左宗廟。其大帝與崐崘自相對，而在四郊之內，有自然之圜丘及澤中之方丘，以其不在四郊，故不言也。○注兆為至北郊○釋曰：云兆為壇之營域者，案封人云社稷之壝，謂壝土為之，即此壇之營域一也。不言壇者，舉外營域，有壇可知。云五帝蒼曰靈威仰之等，此於大宗伯釋訖，但彼據禮神玉幣而言，此據壇域處所而說，故兩處各言之也。司農云四望道氣出入者，案上注司農以為日月星海，後鄭不從矣。今此云道氣出入，與上注不同者，以無正文，故兩注有異。若然，云道氣出入，則非日月星海，謂五嶽之等也，故後鄭就足之，還為五嶽之屬解之。先鄭云四類三皇五帝九皇六十四民咸祀之者，案史記云：九皇氏沒，六十四民興；六十四民沒，三皇興。彼雖無三皇五帝之文，先鄭意三皇已祀之，明并祭五帝三王可知。後鄭不從者，以其兆五帝已下皆據外神，大昊、句芒等配祭而已，今輒特祭人帝於其中，非所宜，故不從，是以取五嶽之屬易之也。後鄭注云四類日月星辰者，以其言類，明以氣類而為位以祭之，故知是日月之等。知兆日於東郊者，案祭義云「大明生於東」，故覲禮亦云「拜日於東郊」，玉藻又云「朝日於東門之外」也。又知兆月於西郊者，月生於西。知風師亦於西郊者，以其五行金為陽，土為風，風雖屬土，秋氣之時萬物燥落由風，故風亦於西郊也。云兆司中司命於南郊者，以其南方盛陽之方，司中司命又是陽，故司中司命在南郊也。云兆雨師於北郊者，以其雨是水，宜在水位，故知雨師在北郊。天子四望，諸侯三望，境內山川，案僖三十一年「夏四月猶三望」，服氏云三望分野星、國中山川。又上文先鄭云四望日月星海，後鄭必知望祭中無天神者，案哀六年云：初，楚昭王有疾，卜曰：河為祟。王弗祭。大夫請祭諸郊，王曰：三代命祀，祭不越望。江、漢、雎、漳，楚之望也。爾雅又云：梁山，晉望。又案尚書云「望於山川」，則

知望祭中無天神可知。若天神日月之等，當入四類之內也。若然，尚書云望於山川，必知四望非山川、是五嶽四竇者，以其下云兆山川丘陵之等，山川既在下，故知此四望是五嶽之屬山川之大者也。兆山川丘陵墳衍，各因其方。順其所在。〔疏〕兆山至其方○釋曰：案大司徒職地有十等，此不言林澤原隰，亦順所。可知，故略不言也。掌五禮之禁令與其用等。用等，牲器尊卑之差。鄭司農云：五禮，吉凶軍賓嘉。〔疏〕注用等至軍嘉○釋曰：云用等牲器尊卑之差者，謂若天子大夫已上大牢，士少牢；諸侯之大夫少牢，士特牲之等。其器謂若少牢四敦，特牲二敦；士二豆三俎，大夫四豆五俎，諸侯六豆七俎，天子八豆九俎。其餘尊罍爵勺及饗食之等，各依尊卑之差。先鄭云五禮吉凶賓軍嘉者，大宗伯職文。辨廟祧之昭穆。祧，遷主所藏之廟。自始祖之後，父曰昭，子曰穆。○昭，常遙反。〔疏〕辨廟祧之昭穆○釋曰：案禮記王制云：天子七廟，三昭三穆，與大祖之廟而七；諸侯二昭二穆，與大祖之廟而五；大夫一昭一穆，與大祖之廟而三；士一廟。案祭法適士二廟，王制不言之者，取自上而下降殺以兩，故略而不言二廟者。故此摠云廟祧之昭穆，諸

侯無二祧謂始封大祖廟爲祧故聘禮云不腆先君之祧是大祖爲祧也○注祧遷至曰穆○釋曰案祭法注祧之言超超然上去意以其遠廟爲祧故云上去意也周以文武爲二祧文王第稱穆武王第稱昭當文武後穆之木主入文王祧昭之木主入武王祧故云遷主所藏之廟曰祧也云自始祖之後父曰昭子曰穆者周以后稷廟爲始祖特立廟不毁即從不窋已後爲數不窋父爲昭鞠子爲穆從此以後皆父爲昭子爲穆至文王十四世文王第稱穆也　辨吉凶之五服車旗宮室之禁五服王及公卿大夫士之服　疏辨吉至之禁○釋曰云吉凶之五服者皆據人數而云五也又云車旗宮室之禁者謂若典命云國家宮室車旗衣服禮儀以九以七以五爲節言禁令者謂五服及車旗宮室皆不得上僭下逼當各依品命爲法○注五服至之服○釋曰案尚書五服五章才鄭注云十二也九也七也五也三也又云予欲觀古人之象日月星辰注云此十二章天子備有公自山而下孝經云非先王之法服注云先王制五服日月星辰服諸侯服山龍云云皆據章數而言今此注五服以爲王及公卿大夫士之服不據章數爲五者以其喪服自天子達於士唯一而已不得數服爲五則知吉之五服亦不得數服故皆據

人爲五也　掌三族之別以辨親疏其正室皆謂之門子掌其政令三族謂父子孫人屬之正名喪服小記曰親親以三爲五以五爲九正室適子也將代父當門者也政令謂役守之事○適丁歷反　疏掌三至政令○釋曰此三族謂父子孫一本而言推此而往其中則兼九族矣云辨親疏者據已上至高祖下至玄孫傍至緦麻重服者則親輕服者則疏也云正室皆謂之門子者還據九族之內但是適子正體主皆是正室亦謂之門子○注三族至之事○釋曰云三族謂父子孫者此據已上親父下親孫是父子孫此即親親以三是也云以三爲五者謂此父子孫之三以父親祖以子親孫則五也云以五爲九者謂以祖親曾高以孫親曾玄即是以五爲九也若然不言以五爲七乃云以五爲九者齊衰三月章云爲曾祖鄭注云服之數盡於五則高祖宜緦麻曾祖宜小功也據祖期則曾祖宜大功高祖宜小功也高祖曾祖皆有小功之差則曾孫玄孫爲之服同也重其衰麻尊尊也減其日月恩殺也以此而言曾祖高祖服同齊衰三月則爲曾孫玄孫服同緦麻三月以尊卑服同故經云以五爲九不須言以五爲七也云政令役守之事者案諸子職云掌國子之倅若有甲兵之事致於大子

惟所用之是其役事案宮伯職云掌士庶子又有八次八舍宿衛之事是其守之事故摠云政令役守之事也　毛六牲辨其名物而頒之于五官使共奉之毛擇毛也鄭司農云司徒主牛宗伯主雞司馬主馬及羊司寇主犬司空主豕○毛六戚如字劉莫報反　疏毛六至奉之○釋曰言辨其名物者若六牲皆有名若馬牛羊豕犬雞之物色也皆有毛色若宗廟用騂之等云頒之于五官者六卿應言六官而云五者以其天官貳王治事尊而不使奉牲故五官也云使共奉之者謂充人養之至祭日之旦在廟門之前頒與五官使共奉之助王牽入廟即祭義所云卿大夫贊幣而從之彼雖諸侯法可況天子也○注毛擇至主豕○釋曰先鄭云司徒奉牛已下皆案職知之若大司徒有牛人即云奉牛牲宗伯職有雞人即云供雞牲司馬職有羊人校人掌馬即云共羊牲奉馬牲司寇職有犬人即云奉犬牲是以先鄭依而用焉唯司空職亡先鄭知主豕者五行傳聽之不聽則有豕禍是豕屬北方司空冬官故奉豕牲也　辨六齍之名物與其用使六宮之人共奉之齍讀爲粢六粢謂六穀黍稷稻粱麥苽○苽音孤　疏

辨六至奉之○釋曰六穀云名物者謂六穀各有名其色異故云名物也云與其用者六穀所用若六牲六彝所用不同故須辨之云使六宮之人共奉之者黍稷簠簋是婦人所奉之事故使六宮之人奉之六宮之人謂若世婦職云女宮之宿戒者也○注齍讀至麥苽○釋曰讀齍爲粢者爾雅釋草粢稷也粢字從米以次爲聲其齍字從皿以齊爲聲從皿不如從米故讀粢也云六粢黍稷稻粱麥苽者約食醫和王六食云黍稷稻粱麥苽而言　辨六彝之名物以待果將六彝雞彝鳥彝斝彝黃彝虎彝蜼彝果讀爲祼○斝音假又音嫁蜼音誄又盧水反　疏注六彝至爲祼○釋曰上二經皆云使共奉之此及下經不云使共奉之而云以待文不同者上二者官衆故云使共奉此及下文並是司尊彝一職之事又是春官當司所主故直云以待也祼言將者將送也謂以圭瓚酌之送與尸及賓故云將六彝之名出司尊彝也云果讀爲祼者諸文皆云祼故讀從之其實祼更讀爲灌　辨六尊之名物以待祭祀賓客待者有事則給之鄭司農云六尊獻尊象尊壺尊著尊大尊山尊○獻素何反著直略反大音泰　疏辨六至賓客○釋曰案司尊彝唯爲祭祀陳六

彝六尊不見爲賓客陳六尊此兼言賓客則在廟饗賓客時陳六尊亦依祭禮四時所用唯在外野饗不用祭祀之尊故春秋左傳云犧象不出門也若然案鬱人云掌祼器凡祭祀賓客之祼事則上六彝亦爲祭祀賓客而辨之而不言祭祀賓客者舉下以明上故略而不言○注待者至山尊○釋曰云待者有事則給之者所須則祭祀賓客是也上經六彝亦云以待鄭不言者上經不言祭祀賓客先鄭亦略而不言亦就此以待祭祀賓客而解之先鄭解六尊亦據司尊彝而言也

掌衣服車旗宫室之賞賜王以賞賜有功者書曰車服以庸〔疏〕掌衣至賞賜○釋曰衣服謂若司服衮冕以下唯有大裘不可以賞賜以其諸侯不合用之是以魯祭天用衮冕則二王後祭天亦不得用大裘也云車旗者謂若巾車金路象路革路木路及夏篆已下亦得依所乘者賜之唯玉路不得賜與大裘同是以魯用殷之大路也○注王以至以庸○釋曰引書者尚書舜典文孔云賜以車服旌其能用○

掌四時祭祀之序事與其禮序事卜日省牲視滌濯饔爨之事次序之時〔疏〕注序事至之時○釋曰云序事卜日省牲之等者此以經云掌四時祭祀之事序謂次第先後故取上大宗伯凡祀大神

享大鬼祭大祇帥執事而卜日已下之事下亦有省牲已下故取以証序事唯饔爨之言出於特牲即大宗伯云牲鑊一也

若國大貞則奉玉帛以詔號號神號幣號鄭司農云大貞謂卜立君卜大封〔疏〕若國至詔號○釋曰此國大貞則大卜所云凡國大貞卜大遷之等視高作龜者是也○注號神至大封○釋曰此言卜事而云神號者案大祝有神號幣號又案下天府職云季冬陳玉以貞來歲之媺惡鄭云問事之正曰貞謂問於龜大卜職大貞之屬陳玉陳禮神之玉龜有天地四方則玉有六器者與此既言玉帛明亦有六幣以禮神也先鄭云大貞謂卜立君卜大封大卜文不言大遷者引文略也

大祭祀省牲眡滌濯祭之日逆齍省鑊告時于王告備于王逆齍受饎人之盛以入省鑊視亨腥孰時薦陳之晚早備謂饌具○饎昌志反亨普庚反劉普孟反〔疏〕大祭至于王○釋曰此云省牲眡滌濯省鑊與大宗伯文同謂佐大宗伯其大宰省牲者察其不如法其逆齍即大宗伯涖玉齍者是也大宗伯涖之小宗伯迎之是相佐也其告時告備是其專職耳○注逆齍至饌具○釋曰知齍受饎人之盛以入者案少牢饎爨在廟門之外明天子諸侯饎爨亦在廟門外今言迎齍明於廟門之外迎入向廟堂東實之於簠簋也云省鑊視亨腥孰者案禮運云腥其俎孰其殽鄭云腥其俎豚解而腥之孰其殽體解而爓之此謂祭宗廟朝踐饋獻節彼下文更有體其犬豕牛羊謂室中饋孰亦須鑊鄭不言略也云時薦陳之晚早者陳謂祭前陳饌於堂東薦謂薦之於神坐皆有晚早云備謂饌具者此饌具即堂東所陳陳備即告告王祭時已至當行事也

凡祭祀賓客以時將瓚果將送也猶奉也祭祀以時奉而授王賓客以時奉而授宗伯天子圭瓚諸侯璋瓚○瓚才但反〔疏〕注將送至璋瓚○釋曰云祭祀以時奉而授王者案小宰職云凡祭祀贊王幣爵之事祼將之事注云又從大宰助王也將送也祼送送祼謂贊王酌鬱鬯以獻尸以人道宗廟有祼此小宗伯又奉而授王者此據授王彼小宰據授尸謂瓚既在王手小宰乃贊王授尸故二官俱言也云賓客以時奉而授宗伯者大宗伯云大賓客攝而載祼者是也云天子用圭瓚者玉人云祼圭尺有二寸者是也云諸侯用璋瓚者此謂未得圭瓚之賜者故王制云諸侯賜圭瓚然後爲鬯未賜圭瓚則資鬯於天子是用璋瓚謂未得圭瓚賜者也是以祭義云君用圭瓚灌大宗用璋瓚亞灌鄭云大宗

亞灌容夫人有故是諸侯亦用圭瓚也若然天子用圭瓚則后亦用璋瓚也其諸侯未得圭瓚者君與夫人同用璋瓚也

詔相祭祀之小禮凡大禮佐大宗伯小禮羣臣之禮〔疏〕詔相至宗伯○釋曰云詔相祭祀之小禮者謂王有故不親行事使臣攝祭則爲小禮故鄭云羣臣之禮云凡大禮佐大宗伯者大宗伯所云者小宗伯佐之也此經所云既未至職未輒言此者此已下皆小宗伯專行事不佐大宗伯故於中言之以結上也

賜卿大夫士爵則儐賜猶命也儐之如命諸侯之儀春秋文元年天王使毛伯來錫公命傳曰錫者何賜也命者何加我服也〔疏〕賜卿至則儐○釋曰諸侯尊故大宗伯儐卿大夫士卑故小宗伯儐之○注賜猶至服也○釋曰云賜猶命也者但命謂以簡策以辭命之并加以服賜自是以車馬賜之則賜命別矣而言賜猶命者欲見賜命相將之物故覲禮賜侯氏以車馬及命書與篋服同時也云如命諸侯之儀者儀法雖同禮數則異也引公羊傳者欲見賜命相將之事

小祭祀掌事如大宗伯之禮大賓客受其將幣之齎謂所齎來貢獻之財物○齎子

兮反本又作賁〔疏〕小祭至之禮。釋曰小祭祀謂王玄冕所祭則小宗伯專掌其事其法如大宗伯也。注謂所至財物。釋曰此謂諸侯來朝覲禮畢每國於廟貢國所有行三享之禮諸侯以玉幣致享既訖其庭實之物則小宗伯受之以東故云受其將幣之齎也**若大師則帥有司而立軍社奉主車**有司大祝也王出軍必先有事於社及遷廟而以其主行社主曰軍社遷主曰祖春秋傳曰軍行祓社釁鼓祝奉以從曾子問曰天子巡守以遷廟主行載于齊車言必有尊也書曰用命賞于祖不用命戮于社社之主蓋用石爲之奉謂將行。祓孚物反劉音廢從才用反齊車側皆反〔疏〕若大至主軍。釋曰言大師者大起軍師以征伐云帥有司而立軍社者謂小宗伯帥領有司大祝而立軍社載於齊車以行云奉主車者謂遷主亦載於齊車以行也。注有司至將行。釋曰鄭知有司是大祝者是大祝職云大師設軍社故也鄭知王出軍必先有事於社及遷廟而以其主行者見大誓及王制將出軍皆云類於上帝宜於社又曾子問云以遷廟主行載於齊車故知也云社主曰軍社者以其載社在於軍中故以軍社言之云遷主曰祖者此經直云奉主車雖不云祖鄭意欲取尚書賞於祖爲證故先言遷

主曰祖也引春秋者定四年召陵之會將會衛子行敬子言於靈公曰會同難其使祝佗從祝佗曰君以軍行祓社釁鼓祝奉以從若君行師從卿行旅從祝佗不出境祝佗言此者欲見召陵之會是朝聘吉行大祝不合行意時靈公抑遣行祝佗遂行引者欲見此經有司立軍社是大祝之事也引曾子問者欲見軍行天子諸侯皆用遷廟木主行之意也尚書者是甘誓啓與有扈戰於甘之野誓士衆之辭引之者欲見軍行須軍社遷主也云社之主蓋用石爲之者案許慎云今山陽俗祠有石主彼雖施於神祠要有石主主類其社其社既以土爲壇石是土之類故鄭注社主蓋以石爲之無正文故云蓋以疑之也云奉謂將行者以曾子問云載於齊車又尚書用命賞於祖故知奉謂將行也**若軍將有事則與祭有司將事于四望**軍將有事將與敵合戰也鄭司農云則與祭謂軍祭表禡軍社之屬小宗伯與其祭事玄謂與祭有司謂大祝之屬蓋司馬之官實典焉。與音預注則與與其祭與祭與執事同〔疏〕若軍至四望。釋曰其四望者謂五嶽四鎮四瀆王軍將有事與敵合戰之時則小宗伯與祭有司大祝之等祭四望之神以求福但四望之神去戰處遠者不必祭之王之戰處要有近之者祭之故以四望言之也

。注軍將至典焉。釋曰先鄭以與祭以上絕讀之若然則與祭者與祭何神乎其有司將事於四望則有司自有事於四望矣不干小宗伯輒於此言之見何義也於義不然故鄭合爲一事解之也鄭知有司是大祝者案大祝職云大師國將有事於四望與此義同故知有司大祝知司馬實典之者以其軍事是司馬所掌故知司馬實典主其事也無正文故云蓋以疑之也**若大甸則帥有司而饁獸于郊遂頒禽**甸讀曰田有司大司馬之屬饁饋也以禽饋四方之神於郊郊有羣神之兆頒禽謂以予羣臣詩傳曰禽雖多擇取三十焉其餘以予大夫士以習射於澤宮而分之。甸音田出注下甸役同饁于輒反劉于法反〔疏〕若大至頒禽。釋曰言大甸者天子四時田獵也云則帥有司而饁獸于郊者謂田在四郊之外田訖以禽獸饋於郊者將入國過四郊四郊皆有天地日月山川之位便以獸薦於神位以歆神非正祭直是野饁獸於郊云遂頒禽者因事曰遂以在郊饁獸訖入至澤宮中而射以主皮行班餘獲射之禮故云遂頒禽。注甸讀曰田有司大司馬之屬饁饋也以禽饋至分之。釋曰甸者以郊外曰甸獵在甸地故云甸今讀曰田者義將兩兼非直獵在甸地亦得取田義以其似治田去不秀實故

以田言之云有司大司馬之屬者以其軍事是司馬之事故大司馬職云徒弊致禽饁獸於郊故知大司馬之屬但小宗伯不可帥大司馬身故知所帥者司馬之屬官故以之屬言之也云四方之神者即天地山川之等云郊有羣神之兆者上文兆五帝於四郊四類四望亦如之兆山川丘陵各於其方是羣神之兆也引詩傳者證頒禽之義書傳亦云焉**大烖及執事禱祠于上下神示**執事大祝及男巫女巫也求福曰禱得求曰祠讄曰禱爾于上下神祇鄭司農云小宗伯與執事共禱祠。讄音誄〔疏〕大烖及執事禱祠于上下神示。釋曰云大烖者謂國遭水火及年穀不熟則禱祠於上下天地神祇。注執事大祝及男巫女巫至禱祠。釋曰鄭知執事之中大祝及男巫女巫者見大祝職云國有大故天烖則彌祀社稷司巫云國大烖則帥巫而造巫恒男巫職中雖無事其司巫所帥者即帥男巫也女巫職云凡邦之大烖歌哭而請是以鄭君歷而言焉以充事也云求福曰禱得求曰祠兩言之者欲見初禱後得福則祠之也**王崩大肆以秬鬯渳**鄭司農云大肆大浴也杜子春讀渳爲泯以秬鬯浴尸玄謂大肆始陳尸伸之。渳亡婢反杜音泯亡忍反李亡辨反〔疏〕注鄭司至伸之

釋曰：先鄭與子春所解，皆不釋肆字，故後鄭就足之，特解肆爲始陳尸伸之者，肆訓爲陳，爲伸故也。必用秬鬯者，以死者人所惡，故以秬鬯浴尸，使之香也。大祝職云「大喪，始崩，以肆鬯渳尸」，小祝又云「大喪，贊渳」，彼二官已掌之，此言之者，察其不如儀也。

及執事涖大斂、小斂，帥異族而佐。執事，大祝之屬。涖，臨也。謂斂者蓋事官之屬爲之。喪大記曰：「小斂衣十九稱，君、大夫、士一也。大斂，君百稱，大夫五十稱，士三十稱。」異族佐斂，疏者可以相助。○斂，力驗反，下及注同。稱，尺證反。〔疏〕注「執事」至「相助」。○釋曰：鄭注執事是大祝之屬者，案大祝職云「大喪，贊斂」，明大祝執事，小宗伯涖之。云「親斂者蓋事官之屬爲之」者，以其諸處更不見主斂事者，事官又主工巧之事，以無正文，故疑事官之屬爲之也。引喪大記者，以天子之喪大小斂稱數無文，故約諸侯法推出天子斂之稱數也。案喪大記注：小斂十九稱，法天地之成數，故尊卑同。至於襲與大斂乃異。大斂五等諸侯同百稱，天子蓋百二十稱也。天子大夫士約與諸侯之卿大夫士同，以其執贄同，故祿與廟數及襲斂亦無嫌也。云「異族佐斂，疏者可以相助」者，此異族據姓而言之。

縣衰冠之式于路門之外。制色宜齊同。○縣，音玄。衰，七雷反。

〔疏〕「縣衰」至「之外」。○釋曰：式謂制及色，故鄭云「制色宜齊同」。知式中兼有色者，案禮記問喪云「斬衰貌若苴，齊衰貌若枲」，齊斬之衰，其色亦如貌，故鄭知式中兼有色也。但冠不據色，是以喪服傳云「冠六升，鍛而勿灰」，明不色如苴也。縣衰冠，大僕云「縣喪首服之法于宮門」，注云「首服，謂免、髽、笄、總廣狹長短之數」，與此不同，故彼別縣之也。

及執事眡葬獻器，遂哭之。執事，蓋梓匠之屬。至將葬，獻明器之材，又獻素、獻成，皆於殯門外，王不親哭，有官代之。○〔疏〕「及執」至「哭之」。○釋曰：此文承衰冠之下、卜葬之上，謂既殯之後事，故禮記檀弓云「既殯旬而布材與明器」。云執事眡葬獻器遂哭之，謂獻明器之時，小宗伯哭此明器，哀其生死異也。○注「執事」至「代之」。○釋曰：鄭知執事是梓匠之屬者，以其明器所爲，是工巧之事，梓人、匠人見主工巧，故知是梓匠也。言之屬者，冬官摠主人工事，故以之屬兼之，但無正文，故云蓋以疑之也。云「至將葬，獻明器之材」者，亦約檀弓云「既殯旬而布材」，故知將葬獻材也。又知獻素、獻成皆於殯門外者，見士喪禮云「獻材于殯門外，西面北上綪，主人徧視之，如哭椁。獻素、獻成亦如之」，注云「形法定爲素，飾治畢爲成」，是其事也。云「王不親哭，有官代之」者，按士喪禮主人親哭，以無官，此王不親哭，以其有官，有官則小宗伯哭之是也。

卜葬兆，甫竁，亦如之。兆，墓塋域。甫，始也。鄭大夫讀竁皆爲穿，杜子春讀竁爲毳，皆謂葬穿壙也。今南陽名穿地爲竁，聲如腐脃之脺。○竁，昌絹反，李依杜昌銳反，鄭大夫音穿。腐，房甫反。脃之脃，七歲反，舊作脺，誤，劉清劣反，或倉没反。字書無此字，但有膬字，音千劣反。今注本或有作膬字者，則與劉音爲協。沇云：字林有脺，音卒。脺者，牛羊脂。膬者，耎易破。恐字誤。案如沇解，義則可通，聲恐未協。脺已下皆非鄭義。〔疏〕「卜葬」至「如之」。○釋曰：王喪七月而葬，將葬，先卜墓之塋兆，故云卜葬兆也。云甫竁者，既得吉而始穿地爲壙，故云甫竁也。云亦如之者，亦如上明器哭之。但明器材哭於殯門外，此卜葬地在壙所，則哭亦與在殯所哭之相似，故云亦如之。○注「兆墓」至「之脺」。○釋曰：孝經云「卜其宅兆」，注兆以爲龜兆，一解之。此兆爲墓塋兆者，彼此義得兩合，相兼乃具，故注各據一邊而言也。鄭大夫讀竁皆爲穿，此經唯有一竁，而云皆，在下冢人「甫竁」，皆爲穿也。杜子春讀竁爲毳，毳亦是穿，當時有此語，後鄭從之，故云「皆謂葬穿壙也」。云「今南陽名穿地爲竁，聲如腐脃之脺」者，時南陽郡人名穿地爲竁，竁之聲如腐脃之脺，則以竁爲脃也。

既葬，詔相喪祭之禮。喪祭，虞祔也。檀弓曰：「葬日虞，弗忍一日離也。是日也，以虞易奠。卒哭曰成事，是日也，以吉祭易喪祭。明日，祔于祖父。」○離，力知反。

〔疏〕注「喪祭」至「祖父」。○釋曰：鄭知喪祭是虞祔也者，以文承卜葬之下、成葬之上，其中唯有虞祔而已，故以虞祔解之也。檀弓曰「葬日虞，弗忍一日離也」者，自始死至葬前，未忍異於生，故無尸而設奠，象生時薦羞於坐前也。既葬，送形而往，迎魂而反，日中而虞。虞者，鄭注士虞禮云「虞，安也」，所以安神是也。葬之朝爲大遣奠，反日中而虞，是不忍一日使父母精神離散，故云不忍一日離也。云「是日也，以虞易奠」者，以士虞禮云男男尸、女女尸，爲神象鬼事之，是以虞易奠也。云「卒哭曰成事，是日也，以吉祭易喪祭」者，案士虞禮三虞、卒哭俱用剛日，云「哀薦成事」，故檀弓記人解士虞禮云卒哭曰成事，祭以吉爲成，故云「是日也，以吉祭易喪祭」，虞祭是也。云「明日，祔於祖父」者，引之證經喪祭爲虞祭，又爲祔祭。士之禮，葬用柔日，假令丁日葬，葬日第一虞，隔戊日，己日爲第二虞，後虞改用剛，用庚日，卒哭亦用剛日，隔辛日，壬日爲卒哭祭。其祔祭又用柔日，則癸日爲祔祭。是士從始虞至祔日總用七日，以此差之，大夫五虞，諸侯七虞，天子九虞，相次日數可知耳。此喪中自相對，虞爲喪祭，卒哭即爲吉祭，以卒去無時哭，哀殺，故爲吉祭。若喪中對二十八月復平常爲吉祭，則禫祭已前皆爲喪祭也。若然，喪中自相對，虞爲喪祭，卒哭爲吉祭而鄭云喪祭虞祔并祔祭亦爲喪祭者此鄭欲引檀弓并祔祭揔釋故喪中之祭揔爲喪祭而言其實卒哭既爲吉祭祔祭在卒哭後是吉祭可知也。

成葬而祭墓爲位成葬丘已封也天子之冢蓋不一日而畢位壇位也先祖形體託於此地祀其神以安之冢人職曰大喪既有日請度甫竁遂爲之尸。疏成葬至爲位。釋曰云成葬者謂造丘墳已訖以王之靈柩託於此土故祭后土之神使安祐之當設祭位於墓左也。注成葬至之尸。釋曰成葬丘已封也者案冢人以爵等爲丘封之度據彼有丘封之文故依而言之云天子之冢蓋不一日而畢者案檀弓云有司以几筵舍奠於墓左反日中而虞注云所使奠墓有司來歸乃虞也則虞祭在奠墓後以其王之墳蓋高四尺故日中虞祭待奠墓有司來歸此上文既云詔相喪祭則虞祭訖矣於下乃云成葬祭墓爲位則虞祭不待奠墓有司來歸者由天子之冢高大蓋不一日而畢故設經喪祭在成葬之上也引冢人職者證祭墓爲位時冢人爲尸以祭后土也。

凡王之會同軍旅甸役之禱祠肄儀爲位肄習也故書肄爲肆儀爲義杜子春讀肆當爲肄義爲儀若今時肄司徒府也小宗伯主其位。肄以志反習也沈音四李似二反疏凡王至爲位。釋曰言王有會同軍旅甸役之事皆有禱祠之法云肄儀爲位者數者禱祠皆須豫習威儀乃爲之故云肄儀也當習威儀之時則小宗伯爲位也。

國有禍烖則亦如之謂有所禱祈。疏國有至如之。釋曰禍烖謂國遭水火凶荒則有禱祈之事故云亦如之。

凡天地之大烖類社稷宗廟則爲位禱祈禮輕類者依其正禮而爲之。疏凡天至爲位。釋曰天烖謂日月食星辰奔殞地災謂震裂則類祭社稷及宗廟則亦小宗伯爲位祭之。注禱祈至爲之。釋曰凡言類者皆謂依事類而爲之但求福曰禱禱輕得求曰祠祠禮重則祠者依正祭之禮也則禱禮輕者雖依正禮祭饌略少

凡國之大禮佐大宗伯凡小禮掌事如大宗伯之儀疏凡國至之儀。釋曰凡言大禮者王親爲之者小禮者羣臣攝而爲之者小禮小宗伯專掌其事是注如大宗伯之儀但非王親行則謂之小禮也

肆師之職掌立國祀之禮以佐大宗伯佐助也。

疏肆師至宗伯。釋曰肆師是宗伯之考每事皆佐宗伯此經與下爲目其立國祀之禮則下經所云立大祀已下是也。

立大祀用玉帛牲牷立次祀用牲幣立小祀用牲鄭司農云大祀天地次祀日月星辰小祀司命已下玄謂大祀又有宗廟次祀又有社稷五祀五嶽小祀又有司中風師雨師山川百物。牷音全疏立大至用牲。釋曰此則佐宗伯之事案大宗伯有禋祀已下并宗廟六享之事此肆師陳用玉帛牲牷之等。注鄭司至百物。釋曰司農云大祀天地至司命以下先鄭據大宗伯直據天神大次小而言唯天神中兼言地而已其於地示不言次小人鬼之中又不言大次小故後鄭就足之耳後鄭云大祀又有宗廟者以其先鄭於大祀中無人鬼故後鄭特舉之云次祀又有社稷五祀五嶽者此後鄭特舉社稷已下者以先鄭次祀中不言血祭社稷已下故也云小祀又有司中風師雨師山川百物者此後鄭見先鄭天神小祀中唯云司命以下其言不備故具之山川百物就足先鄭地示小祀耳若然後鄭直云大祀又有宗廟更不言宗廟次小祀者但宗廟次祀即先公是也不言之者已於酒正云次祀鷩冕毳冕所祭已具於彼故也又不言宗廟小祀者宗廟小祀其神不明馬君雖云宗廟小祀殤與無後無明文故後鄭亦不言也經言立大祀用玉帛牲牷者天神中非直有升煙玉帛牲亦有禮神者也地示中非直瘞埋中有玉帛牲亦兼有禮神玉帛牲也宗廟中無煙瘞埋直有禮神幣帛與牲又不見有禮神之玉或可以灌圭爲禮神之玉亦通一塗立次祀用牲幣者天神日月星辰地示血祭社稷五祀五嶽是也宗廟次祀已下與大祀同亦直有禮神幣帛而已

以歲時序其祭祀及其祈珥序第次其先後大小故書祈爲幾杜子春讀幾當爲祈珥當爲餌玄謂祈當爲進禨之禨珥當爲衈禨衈者釁禮之事雜記曰成廟則釁之雍人舉羊升屋自中中屋南面刲羊血流于前乃降門夾室皆用雞其衈皆於屋下割雞門當門夾室中室然則是禨謂羊血也小子職曰掌珥于社稷祈于五祀是也亦謂其宮兆始成時也春秋僖十九年夏邾人執鄫子用之傳曰用之者何蓋叩其鼻以衈社也。及其祈及注禨同巨既反或區依反珥而志反注衈同刲苦圭反俠室古洽反劉古協反疏以歲至祈珥。釋曰言歲時序其祭祀者即上立大祀已下至小祀皆依歲之四時次序其大小先後也及其刉珥謂釁禮之事用毛牲即曰刉用羽牲即曰衈。注序第至社也。釋曰云序第次其先後者不必先

大後小天地人之鬼神各有大次小或小而應先或大而應後各自當其時以祭之故云第次其先後也云故書祈爲幾杜子春讀幾當爲祈珥爲餌者皆無義所取故鄭不從之也玄謂祈當爲進禨之禨禨者案禮記玉藻沐畢云進禨鄭以爲沐而飲酒曰禨彼禨爲禨福之義此直取音讀不取其義云珥當爲衈者經言珥是玉珥非取血之義故讀從雜記下血傍爲之也云雜記曰成廟則釁之雍人舉羊升屋自中者謂升上其屋當屋脊之中央云門夾室皆用雞者謂廟門及兩廂夾室三處皆用雞其衈皆於屋下者謂三處皆不升屋而在屋下殺雞也云割雞門當門夾室中室者中謂當室中央云然則是禨謂羊血也者鄭既引雜記之衈欲破經珥及子春餌之意也云小子職曰掌珥于社稷祈于五祀是也者引證血傍爲之以證衈義也其祈字猶不從故彼注引秋官士師曰凡刉衈則奉犬牲毛牲曰刉羽牲曰衈此刉衈正字與若然刉既正字而讀從進禨者且從故書禨音耳至士師別爲正解也云春秋傳曰者公羊傳文引之者謂證衈是取血以釁之事

大祭祀展犧牲繫于牢頒于職人展省閱也職讀爲樴樴可以繫牲者此職人謂充人及監門人。職劉之弋反戚音弋注樴同監古銜反〔疏〕大祭至職人。釋曰肆師以將有天地宗廟大祭祀牧人以牲與充人之時肆師省閱其牲看完否及色堪爲祭牲乃繫于牢頒付于職人也。注展省至門人。釋曰鄭讀職爲樴者但三百六十官皆有職司若言職則無所指斥若爲樴爲聲謂置臬之時樴然作聲故讀從樴可以繫牲者也云此樴人謂充人及監門人者案充人云祀五帝繫于牢芻之三月凡散祭祀之牲繫于國門使養之故知樴人是此二官也言此樴人對彼樴人不要是充人監門人也牛人所云樴人者彼鄭注充人并牧人在其中矣此有監門人者謂兼祭諸神司中之等

凡祭祀之卜日宿爲期詔相其禮眡滌濯亦如之宿先卜祭之夕〔疏〕凡祭至如之。釋曰言凡祭祀之卜日謂天地宗廟之等將祭前有散齊七日致齊三日十日矣若然卜日吉則齊今云祭祀之卜日宿爲期則是卜前之夕與卜者及諸執事者以明旦爲期也云詔相其禮者謂肆師詔告相助其卜之威儀及齊戒之禮云眡滌濯亦如之者謂祭前之夕視滌濯祭器亦詔相其禮故云亦如之

祭之日表齍盛告絜展器陳告備及果築鬻相治小禮誅其慢怠者粢六穀也在器曰盛陳陳列也果築鬻者所築鬻以祼也故書表爲剽剽表皆謂徽識也鄭司農云築者築香草煑以爲鬯。果古亂反下同鬻音煑相息亮反下相其禮及注同剽芳遥反或菂遥反識式志反又昌志反〔疏〕祭之至怠者。釋曰云祭之日表齍盛告絜者當祭之日具其黍稷等盛於簠簋陳於廟堂東又以徽識表其名又告絜淨云展器陳告備者謂祭日且於堂東陳祭器實之既訖則又展省視之而告備具故云展器陳告備也云及果築鬻者謂於宗廟有祼案禮記雜記築鬱臼以椈杵以梧而築鬱金煑以和秬鬯之酒以沸之而祼矣云相治小禮者謂羣臣行事則肆師相治之云誅其慢怠者謂執事之人有惰慢懈怠者則誅責之。注粢六至爲鬯。釋曰爾雅云粢稷也彼特訓粢爲稷者以稷爲五穀之長其揔而言之六穀皆是粢故此經據六穀爲粢故鄭云粢六穀也案食醫和王六食黍稷稻粱麥苽六食即膳夫云六穀一物故鄭云六穀也鄭司農云築煑築香草煑以爲鬯者此言築鬻鬱人云祼事和鬱鬯謂取鬱金煑和秬鬯之酒沸以祼神及賔客故二鄭俱言之云皆謂徽識也者以剽表字雖不同俱是徽識也於六粢之上皆爲徽識小旌書其黍稷之名以表之餘饌不表獨此表之者以其餘器所盛各異覩器則知其實此六穀者簠盛稻粱簋盛黍稷皆有會蓋覆之覩器不知其實故特須表顯之也但鬱人自掌鬱此又掌之者彼官正職此肆師察其不如儀者也。

掌兆中廟中之禁令兆壇塋域〔疏〕掌兆至禁令。釋曰案小宗伯云兆五帝於四郊已下則四郊之上神兆多矣皆掌不得使人干犯神位七廟亦然故云掌其禁令也。注兆壇塋域。釋曰凡爲壇者四面皆塋域圍之若宮牆然故云兆壇塋域也

凡祭祀禮成則告事畢

大賔客涖筵几築鬻此王所以禮賔客。〔疏〕大賔至築鬻。釋曰案大行人云上公再祼而酢侯伯一祼而酢子男一祼不酢大宗伯云大賔客攝而載祼則此官主以築鬱金煑之和鬯酒也筵几云涖謂司几筵設之肆師臨之也。注此王至賔客。釋曰言此以對彼彼則上經築鬻禮宗廟神也。

贊果將酌鬱鬯授大宗伯載祼。〔疏〕注酌鬱至載祼。釋曰此據大宗伯職而言案小宰亦云賔客贊祼者容有故相代也。

大朝覲佐賔爲承賔。〔疏〕注爲承賔。釋曰此言大朝覲爲承賔謂大會同朝覲時若四時常朝則小行人爲承賔小行人所云者是也。

共設匪罋之禮設於賔客

之館公食大夫禮曰若不親食使大夫以侑幣致之豆實實于罋簋實實于筐匪其筐字之誤與禮不親饗則以酬幣致之或者匪以致饗○罋於貢反食音嗣下同誤與音餘下侯與同〔疏〕共設至之禮○釋曰此肆師不掌飲食而共設者肆師主禮事謂依禮使掌客之等及諸官告設之也○注設於至致饗○釋曰鄭知設於賓客之館者凡待賓客之禮饗食在廟其器不用匪罋今言共設筐罋明是王不親饗食於賓館設之可知引公食禮者欲見此經與彼同同是不親食之事又欲破筐從筐之事也云字之誤與者無正文約同彼故云與以疑之也云禮不親饗則以酬幣致之者此亦公食大夫禮文云或者匪以致饗者鄭君向引公食大夫須破匪從筐又言饗禮者饗禮亡無妨致饗時用匪不用筐但無正文故云或以疑之也

饗食授祭授賓祭肺〔疏〕注授賓祭肺○釋曰饗大牢以飲賓獻依命數食者亦亨大牢以食賓舉依命數云授祭者祭謂祭先造食者案膳夫云授王祭則此授祭者非授于可知故鄭云授賓祭肺也必知祭肺者有虞氏祭首夏后氏祭心殷祭肝周祭肺周所祭故知祭者祭肺也

與祝侯禳于畺及郊侯禳小祝職也畺五百里遠郊百里近郊五十里〔疏〕與祝至及郊○釋曰侯者候迎善祥禳者禳去殃氣故肆師與小祝爲此侯禳二事于畺及郊凡侯禳從內向外應先言郊後言畺令先言畺到言之者可遠則遠可近則近任當時之宜故到文以見義也○注侯禳至十里○釋曰知畺五百里者王畿千里中置國城面五百里故大司馬云方千里曰國畿也知遠郊百里者司馬法文知近郊五十里者案尚書君陳序云分正東郊成周鄭彼注云成周在近郊五十里案今河南洛陽相去則然以其漢法於王城置河南縣於成周置洛陽縣相去見五十里是近郊五十里故云東郊也

大喪大渳以鬯則築鬻築香草煮以爲鬯以浴尸香草鬱也〔疏〕大喪至築鬻○釋曰上小宗伯大喪以鬯渳則肆師與之築鬱金香草和鬯酒以浴尸使之香也

令外內命婦序哭序使相次秩〔疏〕令外至序哭○釋曰案下注六鄉以出及朝廷卿大夫妻皆爲外命婦其內命婦即下經內命女是也謂三夫人已下至女御也○注序使相次秩○釋曰哭法以服之輕重爲先後若然則內命婦爲王斬衰居前諸臣之妻從服齊衰者居後也

禁外內命男女之衰不中灋者且授之杖外命男六鄉以出也

內命男朝廷卿大夫士也其妻爲外命女喪服爲夫之君齊衰不杖內命女王之三夫人以下不中法違升數與裁制者鄭司農云三日授子杖五日授大夫杖七日授士杖此舊說也喪大記曰君之喪三日子夫人杖五日既殯授大夫世婦杖無七日授士杖文玄謂受杖日數王喪依諸侯與七日授士杖四制云○衰七雷反注同中丁仲反注同爲夫于僞反下爲取同〔疏〕禁外至之杖○釋曰外內命男女爲王雖有齊斬不同其衰皆有升數多少及裁制故禁之使依法也云且授之杖者外內命男及內命女皆爲王斬者有杖授之其外命女爲王齊衰無杖故云且見不定之義也○注外命至制云○釋曰云內外男女者無正文鄭以意言之以王宮爲正朝廷在王宮內爲內命男故以六鄉六遂及公邑大夫等皆爲外命男其妻揔爲外命女者此對三夫人已下既爲內命女則此朝廷及六鄉以外卿大夫妻爲外命女可知云喪服爲夫之君齊衰不杖者是喪服不杖齊衰章文云內命女王之三夫人以下者通九嬪二十七世婦八十一御妻皆爲王斬衰而杖也云不中法違升數與裁制者諸臣妻爲夫之君義服衰六升諸臣爲王義服斬衰衰三升半冠六升三夫人已下爲王正服斬衰衰三升是其數也言裁制者據喪服云凡衰外削幅裳內削幅幅三袧已下具有裁制司農所云三日授子杖五日授大夫杖七日授士杖雖云舊說仍是四制之文也玄謂王喪依諸侯者王喪諸臣等無授杖之日數以諸侯之臣與王之臣同斬衰杖竹故授杖日數亦宜同也以檀弓云天子崩三日祝先服鄭注云祝佐含斂先病明子與夫人亦服矣則天子之子及后亦服矣五日官長服注官長大夫士明天子三公已下及三夫人已下亦服矣但服杖俱時有服即杖矣唯天子服授杖亦當七日矣是以王喪約同諸侯之法也

凡師甸用牲于社宗則爲位社軍社也宗遷主也尚書傳曰王升舟入水鼓鍾亞觀臺亞將舟亞宗廟亞故書位爲涖杜子春云涖當爲位書亦或爲位宗謂宗廟○甸音田下大甸同〔疏〕凡師至爲位釋曰師謂出師征伐甸謂四時田獵二者在外或有祈請皆當用牲社及宗時皆肆師爲位祭也○注社軍至宗廟○釋曰云社軍社也者在軍不用命戮於社又君以軍行祓社釁鼓故名軍社也鄭知宗遷主者曾子問云師行必以遷廟主行載于齊車故知遷主也尚書傳曰王升舟已下者謂說武王於文王受命十一年觀兵之時武王於孟津渡河升舟太水在前鼓鍾亞亞王舟後觀臺亞者觀臺可以望氣祥亞鼓鍾後將舟亞者以社主主殺戮而軍將同故名社主爲將將舟在亞觀臺

後宗廟亞者宗廟則遷主也亞在將舟後引之者證在軍有社及宗之意也異義公羊說天子有三臺有靈臺所以觀天文有時臺以觀四時施化有囿臺所以觀鳥獸魚鼈諸侯卑無靈臺不得觀天文有時臺囿臺左氏說天子有靈臺諸侯有觀臺若然文王時已有靈臺今武王而曰觀臺者鄭君之意觀臺則靈臺對文有異散文則通**類造上帝**

封于大神祭兵于山川亦如之造猶即也爲兆以類禮即祭上帝也類禮依郊祀而爲之者封謂壇也大神社及方嶽也山川蓋軍之所依止大傳曰牧之野武王之大事也既事而退柴於上帝祈于社設奠於牧室○造七報反注造猶同牧戚音目劉音茂〔疏〕類造至如之○釋曰上經用牲於社宗據在軍下云師不功據敗退後即此經據尅勝後事告天及社之事○注造猶至牧室○釋曰諸文皆云造于禰類于上帝造屬於禰此以類造同云于上帝則造與類同屬于上帝故鄭云造猶即與造門之造同也云爲兆以類禮即祭上帝者若依國四郊則自有尋常兆域今戰訖而祭故須新爲壇兆故鄭云爲兆也鄭知類禮依郊祀而爲之者此直是告祭非常非是禱祈之所祭故知依正禮郊祀而爲之謂四時迎氣於四郊皆是也云大神社及方岳知者以其命所報告皆是出時告者以出時類于上帝宜于社造於禰今大神文在上帝下而云封祭之明是社也知兼有方岳者見小宗伯云軍將有事于四望謂將戰時今戰訖所告明兼祭方岳方岳即四望也云山川蓋軍之所依止者以其山川衆多不可並祭軍旅思險阻軍止必依山川故知祭軍所依止者也云大傳者禮記大傳篇云牧之野武王之大事也者牧誓序云時甲子昧爽武王與受戰於牧野鄭注云紂近郊三十里名牧是武王伐紂之事故云大事云既事而退者武王與紂於牧地戰紂敗退入紂都自焚於宣室武王入紂都既封建乃退向牧地而柴於上帝者以實柴祭帝即此經類于上帝一也云祈于社者即此經封于大神一也云設奠於牧室者謂祭行主文王於牧野之室於此文無所當連引之者欲見此經亦當有祭行主不言者文不備也

凡師不功則助牽主車助助大司馬也故書功爲工鄭司農工讀爲功古者工與功同字謂師無功肆師助牽之恐爲敵所得〔疏〕凡師至主車○釋曰師不功謂戰敗云助牽主車者主中有二爲社之石主遷廟木主也○注助助至所得○釋曰知助助大司馬也者案大司馬職云若師不功則厭而奉主車故知此肆師助大司馬也若然案小宗伯云立軍社奉主車謂未敗時若敗即大司馬奉之

凡四時之大甸獵祭表貉則爲位貉師祭也貉讀爲十百之百於所立表之處爲師祭造軍法者禱氣勢之增倍也其神蓋蚩蚘或曰黃帝○貉莫駕反鄭音陌後表貉皆同蚘音尤〔疏〕凡四至爲位○釋曰案大司馬仲冬教大閱教戰訖入防將田既陳乃設驅逆之車有司馬表貉于陳前此時肆師爲位而祭也○注貉師至黃帝○釋曰知貉師祭也者爾雅云是類是禡故知貉爲師祭也云貉讀爲十百之百者鄭以聲讀之必名此祭爲貉者以其取應十得百爲十倍之義云祭造軍法者凡言祭者祭先明是先世創首造軍法者也云禱氣勢之增倍也者謂禱祈使師有氣勢望得所獲增益十倍還釋貉字之意也云其神蓋蚩尤或曰黃帝者案史記黃帝與蚩尤戰于涿鹿之野俱是造兵之首案王制云天子將出類乎上帝注云帝謂五德之帝是黃帝以德配類則貉祭祭蚩尤是以公羊說曰師出曰祠兵入曰振旅祠者祠五兵矛戟劍楯弓鼓及祠蚩尤之造兵者謹案三朝記曰蚩尤庶人之强者何兵之能造故鄭云或曰黃帝也故禮說云黃帝以德行蚩尤與黃帝戰亦是造兵之首故漢高亦祭黃帝蚩尤於沛庭也

嘗之日涖卜來歲之芟芟芟草除田也古之始耕者除田種穀嘗者嘗新穀此芟之功也卜者問後歲宜芟不詩云載芟載柞其耕澤澤○芟色銜反柞側百反〔疏〕嘗之至之芟○釋曰秋祭曰嘗以其物新熟可嘗而爲祭名也正當嘗祭日肆師涖卜來歲之芟者以其餘事卜則大宗伯涖卜或大卜涖卜此及下三事皆肆師涖卜也則陳龜貞龜命龜示高作龜使卜師卜人之等爲之○注芟芟至澤澤○釋曰芟芟草對柞是殺木引詩者欲見載芟即此經芟也云載柞者柞是除木於經雖無所當欲見有草則芟之有木則柞之者是治田以稼種故并言之也云其耕澤澤者既除草木則耕之澤澤和柔也

獮之日涖卜來歲之戒秋田爲獮始習兵戒不虞也卜者問後歲兵寇之備○獮思淺反〔疏〕獮之至之戒○釋曰謂肆師正當出獮田之日則卜來歲之戒不虞之事○注秋田之備○釋曰秋田曰獮大司馬職文云始習兵戒不虞者鄭解不於春芟夏苗涖卜來歲之戒必於秋獮之日爲戒者以其春教振旅夏教茇舍非正習兵秋教治兵之日故於是戒不虞世言不虞者虞度也以兵寇之事來否不可億度當豫戒備之故鄭云卜者問後歲兵寇之備也

社之日涖卜來歲之稼社祭土爲取財焉卜者問後歲稼所宜〔疏〕社之至之

稼○釋曰類上文嘗獨是秋則此社亦是秋祭社之日也言泄卜來歲之稼者祭社有二時謂春祈秋報報者報其成熟之功今卜者來歲亦如今年宜稼以不但春稼秋穡不言穡而言稼者秋穡由於春稼故據稼而言之○注社祭至所宜釋曰案郊特牲云社祭土而主陰氣也取財於地取法於天又孝經緯云社者五土之摠神故云社祭土而取財焉

若國有大故則令國人祭大故謂水旱凶荒所令祭者社及禜酺○禜音詠酺音蒲又音步〔疏〕注大故至禜酺○釋曰知大故是水旱凶荒者以其命國人祭明大故是天下皆有故知水旱凶荒凶荒謂年穀不熟知所命祭是社及禜酺者經云命國人祭案地官州祭社黨祭禜族祭酺於六遂之中亦縣祭社鄙祭禜鄙祭酺皆是國人所祭之事也

歲時之祭祀亦如之月令仲春命民社此其一隅〔疏〕歲時至如之○釋曰云歲時之祭祀者上經據禱祈非時祭故此經見其常祭也云亦如之者亦命國人祭也○注月令至一隅○釋曰凡言歲時者謂歲之四時月令唯見一時故鄭云此其一隅也若然月令唯言春者特舉春祈而言舉一隅可以三隅反則餘三時亦祭也

凡卿大夫之喪相其禮相其

適子〔疏〕注相其適子○釋曰鄭知相適子者庶子無事適子則有拜賓送賓之事且卿大夫適子為天子斬衰故知所相者適子也

凡國之大事治其禮儀以佐宗伯治謂如今每事者更奏白王禮也故書儀為義鄭司農云義讀為儀古者書儀但為義今時所謂義為誼〔疏〕凡國至宗伯○釋曰案小宗伯已云佐宗伯此又言之者但肆師與小宗伯中下大夫命數是一故二人同佐宗伯無嫌也案大宗伯云治其大禮小宗伯云相治小禮此又云治其禮儀者謂佐大小宗伯治之謹習其事也

凡國之小事治其禮儀而掌其事如宗伯之禮〔疏〕凡國至之禮○釋曰此一經於職末摠結之也

鬱人掌祼器祼器謂彝及舟與瓚〔疏〕注祼器至與瓚○釋曰知祼器中有彝及舟者此經下文云和鬱鬯以實彝又見司尊彝云春祠夏禴祼用雞彝鳥彝皆有舟秋冬及追享朝享皆云焉故知有彝舟也知有瓚者案禮記王制云諸侯賜圭瓚然後為鬯尚書序云平王錫晉文侯秬鬯圭瓚皆與秬鬯相將即下文祼玉是也故知祼器中有瓚瓚則兼圭瓚璋瓚也

凡祭祀賓客之祼事和鬱鬯以實彝而陳之築鬱金煮之以和鬯酒鄭司農云鬱草名十葉為貫百二十貫為築以煮之鐎中停於祭前鬱為草若蘭○鐎中子遙反劉似消反本又作鐎音同李又即脩反〔疏〕凡祭至陳之○釋曰天地大神至尊不祼至於山川及門社等事在鬯人亦無祼事此云祭祀唯據宗廟耳其賓客祼則大行人云公再祼之等是也云和鬱鬯者謂和鬯人所造秬黍之鬯酒也為宗廟賓客用鬱者則肆師築鬱金草煮之以和鬯酒更和以盎齊泲之以實彝陳於廟中饗賓客及祭宗廟之處也○注築鬱金煮之以和鬯酒至若蘭○釋曰鄭知築鬱金草煮之者見肆師云築鬻故知之也司農云十葉為貫百二十貫為築者未知出何文云以煮之鐎中停於祭前者此似直煮鬱停之無鬯酒者文略其實和鬯酒也云鬱為草若蘭者蘭則蘭芝以其俱是香草故比類言之案王度記云天子以鬯諸侯以薰大夫以蘭芝士以蕭庶人以艾此等皆以和酒諸侯以薰謂未得圭瓚之賜得賜則以鬱耳王度記云天子以鬯及禮緯云鬯草生庭皆是鬱金之草以其和鬯酒因號為鬯草也

凡祼玉濯之陳之以贊

祼事祼玉謂圭瓚璋瓚〔疏〕凡祼玉濯之陳之以贊祼事○釋曰此祼玉即圭璋是也故玉人典瑞皆云祼圭尺有二寸禮記郊特牲云灌以圭璋用玉氣也○注祼玉謂圭瓚璋瓚○釋曰案禮記祭統云君用圭瓚祼尸太宗用璋瓚亞祼鄭云太宗亞祼容夫人有故攝焉若然王用圭瓚后用璋瓚可知故鄭并言之也

詔祼將之儀與其節節謂王奉玉送祼早晏之時〔疏〕詔祼至其節○釋曰云祼將之儀者即是奉玉送祼之威儀云節者即早晚時節故兩言之○注節謂至之時○釋曰云奉玉謂王與后祼時奉瓚而酌鬱鬯云送祼者謂送之以授尸尸得祭之嚌之奠之不飲故上文司農云停於祭前也

凡祼事沃盥〔疏〕凡祼事沃盥○釋曰凡言非一若賓客則大宗伯祼若祭祀王及后祼皆鬱人沃以水盥手及洗瓚也

大喪之渳共其肆器肆器陳尸之器喪大記曰君設大盤造冰焉大夫設夷盤造冰焉士併瓦盤無冰設牀襢第有枕此之謂肆器天子亦用夷盤○造七報反下同併薄冷反襢章善反沈又音但第側几反〔疏〕注肆器至夷盤○釋曰肆訓為陳故鄭云謂陳尸之器也云喪大記云君設大盤造冰焉大夫設夷盤造冰焉者此謂二

月已後至八月鄭注喪大記造猶内也引漢禮大盤廣八尺長丈二深三尺赤中夷盤小焉云士併瓦盤無冰者則盛水以寒尸士喪禮君賜冰用夷盤云設牀襢笫有枕者此謂陳尸之牀設冰於其下云天子亦用夷盤者凌人職云大喪共夷盤冰此夷盤則諸侯大盤之類與大夫夷盤同名耳大小則異也

及葬共其祼器遂貍之遺奠之彝與瓚也貍之於祖廟階間明奠終於此○貍亡皆反遣棄戰反〔疏〕注遺奠至於此○釋曰知葬共祼器據遺奠時者以葬時不見有設奠之事祖祭已前奠小不合有彝器奠之大者唯有遺奠故知於始祖廟中厥明將葬之時設大遺奠有此祼器也此即司尊彝云大喪存奠彝者是也以奠無尸直陳之於奠處耳言貍之於祖廟階間者此案曾子問無遷主者以幣帛皮圭以爲主命行反遂貍之於祖廟兩階之間此大遺奠在始祖廟事訖明亦貍之於階間也云明奠終於此者自此已前不忍異於生設奠食象生而無尸自此已後葬訖反日中而虞則有尸故士虞禮云男男尸女女尸以神事之謂之祭異於生故云明奠終於此也

大祭祀與量人受舉斝之卒爵而飲之斝受福之嘏聲之誤也王酳尸尸嘏王此其卒爵也少牢饋食

禮主人受嘏詩懷之卒爵執爵以與出宰夫以籩受嗇黍主人嘗之乃還獻祝此鬱人受王之卒爵亦王出房時也必與量人者鬱人贊祼尸量人制從獻之脯燔事相成○斝古雅反嘏古雅反酳侯吝反又音胤燔音煩〔疏〕大祭至飲之○釋曰此大祭祀云受嘏謂祭宗廟者也云與量人受舉嘏之卒爵而飲之者謂王酳尸後尸嘏王之節也○注斝受至相成○釋曰鄭知斝是受福之嘏非天子奠斝殷爵名者案郊特牲云舉斝角詔妥尸其時無鬱人量人受爵飲之法唯有受嘏時受王卒爵飲之禮故破斝爲受福之嘏也云王酳尸尸嘏王此其卒爵也者此約少牢特牲禮故鄭即引少牢以爲證也云少牢饋食禮主人受嘏詩懷之卒爵者天子諸侯祭有二灌朝踐饋獻大名二獻之事乃有陰厭迎尸入尸尸食訖王酳尸大夫士無饋獻已前之事直有陰厭已後酳尸之事天子諸侯祭禮亡故陰厭已後取少牢特牲續之今獻鬱人量人之節當大夫獻祝及佐食之時云主人受嘏詩懷之者謂陰厭後迎尸入升席坐尸食訖主人酳尸尸酢主人在尸東西面受尸酢時尸命祝嘏主人以大福遂以黍稷肺授主人詩承也主人承之内於懷中挂於季指乃拜而飲卒爵也云執爵以與出宰夫以籩受嗇黍者嗇黍即所歛聚黍稷肺授之者也云主人嘗之乃還獻祝此鬱人受王之卒爵亦王出房時也者大夫士有獻祝及佐食無獻鬱人量人法天子有獻鬱人量人之禮無祝及佐食之事但其節同故引爲證也云必與量人者鬱人贊祼尸者即上文贊祼事詔祼將之儀是也云量人制從獻之脯燔者案量人云凡祭祀饗賓制其從獻脯燔之數量是也云事相成者前祼後獻祭事乃成故云事相成也

鬯人掌共秬鬯而飾之秬鬯不和鬱者飾之謂設巾〔疏〕鬯人至飾之○釋曰云掌共秬鬯者此直共秬黍之酒無鬱也故注云不和鬱者也鄭知飾之謂設巾者此上下雖無設巾之事案冪人云以疏布巾冪八尊以畫布巾冪六彝凡王巾皆黼凡尊皆有巾冪明秬鬯之酒尊亦設巾可知故知所飾者設巾也

凡祭祀社壝用大罍壝謂委土爲墠壇所以祭也大罍瓦罍○壝唯癸反劉欲鬼反罍音雷或郎追反墠音善又音禪〔疏〕注壝謂至瓦罍○釋曰壝謂委土爲墠壇所以祭者謂四邊委土爲壝於中除地爲墠墠内作壇謂若三壇同墠之類也此經云社壝謂若封人及大司徒皆云社壝皆直據外壝而言也知大罍是瓦罍者瓬人爲瓦簋據外神明此罍亦用瓦取質略之意也

禜門用瓢齎禜謂營酇所祭門國

門也春秋傳曰日月星辰之神則雪霜風雨之不時於是乎禜之山川之神則水旱疫癘之不時於是乎禜之魯莊二十五年秋大水鼓用牲于門故書瓢作剽鄭司農讀剽爲瓢杜子春讀齎爲粢瓢謂瓠蠡也粢盛也玄謂齎讀爲齊取其瓠割去柢以齊爲尊○禜音詠瓢婢遥反齎音齊在兮反杜音資鄭作管反瓢匹召反蠡力兮反或郎戈反去起吕反柢音帝〔疏〕注禜謂至爲尊○釋曰鄭知禜謂營酇者欲見祭神非一取營酇而祭之義故也鄭知門是國門者禮記祭法云天子祭七祀有國門故知也春秋傳者昭元年子産辭彼先云山川後云日月此先云日月者鄭君所讀春秋先日月與賈服傳不同故也彼無不時此有之者鄭以義增之非傳文引之者證禜是營酇而祭之義引莊二十五年傳者證有門之義但彼譏伐鼓用牲其大水祭門是也玄謂齎讀爲齊者以其割齊爲尊亦取質略之意故不從子春也

廟用脩凡山川四方用蜃凡祼事用概凡疈事用散祼當爲埋字之誤也故書蜃或爲謨杜子春云謨當爲蜃書亦或爲蜃蜃水中蜃也鄭司農云脩謨概散皆器名玄謂廟用脩者謂始禘時自饋食始脩蜃概散皆漆尊也脩讀曰卣卣中尊謂獻象之屬尊者彝爲上罍爲下蜃

畫爲蜃形蚌曰合漿尊之象概尊以朱帶者無飾曰散。脩音卣羊久反又音由中罇也祼音埋出注概古愛反疈孚逼反散素旱反注及下注同獻素何反蚌步項反曰合音合本亦作合漿如字本又作將 疏 注祼當至曰散。釋曰鄭破祼爲埋者若祼則用鬱當用彝尊不合在此而用概尊故破從埋也埋謂祭山林則山川用蜃者大山川司農云脩讀概散皆器名者先鄭從古云讀後鄭亦不從之矣玄謂廟用脩者謂始禘時者謂練祭後遷廟時以其宗廟之祭從自始死已來無祭今爲遷廟以新死者木主入廟特爲此祭故云始禘時也以三年喪畢明年春禘爲終禘故云始也云自饋食始者天子諸侯之祭自灌始有朝踐饋獻乃有饋食進黍稷大夫士禮無饋獻已前事直有饋食始即特牲少牢皆云饋食之禮是也今以喪中爲吉祭不可與吉時同故略同大夫士禮且案大宗伯宗廟六享皆以祼爲始當在鬱入用彝今不用鬱在鬯人用卣尊故知略用饋食始也若然鄭知義遷廟在練時者案文二年穀梁傳云作主壞廟有時日於練焉壞廟壞廟之道易檐可也改塗可也尓時木主新入廟禘祭之是以左氏說凡君薨祔而作主特祀主於寢畢三時之祭朞年然後烝嘗禘於廟許慎云左氏說與禮同鄭無駮明用此禮同義與穀梁傳合賈服以爲三年終禘遭烝嘗

則行祭禮與前解違非鄭義也鄭知脩蜃概散皆漆尊也者以稱散凡物無飾曰散直有漆明概蜃之等漆外別有飾故知皆尊也鄭以脩從卣者詩與尚書及爾雅皆爲卣脩字於尊義無所取故從卣也云卣中尊謂獻象之屬者案下司尊彝職云春祠夏礿祼用雞彝鳥彝朝踐用兩獻尊饋獻用兩象尊皆有罍諸臣之所酢是尊者彝爲上罍爲下獻象之屬在其中故云中尊獻象之屬更云彝爲上罍爲下者欲推出卣爲中尊之意也云之屬者秋冬及追享朝享皆彝爲上罍爲下著尊壺尊之等在其中也云蜃畫爲蜃彤者亦謂漆畫之云蚌曰合漿尊之象者蚌蛤一名含漿含漿則是容酒之類故畫爲蜃而尊名也云概尊以朱帶者玄纁相對旣是黒漆爲尊以朱帶落腹故名概概者橫概之義故知落腹也云無飾曰散者以對概蜃獻象之等有異物之飾此無故曰散云疈事者即大宗伯云疈辜祭四方百物者也

大喪之大渳設斗共其釁鬯斗所以沃尸也釁尸以鬯酒使之香美者鄭司農云釁讀爲徽。設斗依注音主 疏 注斗所至爲徽。釋曰鄭云釁尸以鬯酒使之香美者案肆師云大喪築鬻則此鬯酒中兼有鬱金香草故得香美也司農云釁讀爲徽者以鬯釁尸故以徽爲莊飾義也

凡王之齊事共其秬鬯給淬浴。淬七內反 疏 注給淬浴。釋曰鄭知王齊以鬯爲洗浴以其鬯酒非如三酒可飲之物大喪以鬯浴尸明此亦給王洗浴使之香美也

凡王弔臨共介鬯以尊適卑曰臨春秋傳曰照臨弊邑鄭司農云鬯香草王行弔喪被之故曰介玄謂曲禮曰摯天子鬯王至尊介爲執致之以禮於鬼神與檀弓曰臨諸侯畛於鬼神曰有天王某父此王適四方舍諸侯祖廟祝告其神之辭介於是進鬯。介音界被皮彼反又皮寄反爲執于僞反與音餘畛之忍反致也父音甫本又作甫 疏 凡王至介鬯。釋曰介副也王弔臨諸臣則有副使從行者天子所往停在諸侯之廟祝致辭告廟介使則進此鬯於神前故云介鬯。注以尊至進鬯釋曰云以尊適卑曰臨者欲解臨非如雜記云上客臨彼謂哭臨也此王弔諸侯諸臣故以以尊適卑解之引春秋者昭二年齊晏嬰辭引之者證以尊適卑稱臨之義司農云鬯香草者見王度記云天子以鬯諸侯以薰禮緯亦云鬯草生庭故知鬯香草也此真是秬鬯無香草故後鄭不從也云王行弔喪被之故曰介者先鄭之意以介爲被似若春秋被練之義故云被之後鄭亦不從玄謂曲禮曰者下曲禮文云摯天子鬯者彼摯下與天子鬯諸侯圭卿羔已下爲目此天子以

鬯爲摯君卿羔之類但天子至尊不自執使介爲摯致之以禮於鬼神與者無正文蓋置於神前故云與以疑之云檀弓曰者此亦下曲禮文言檀弓者誤案彼注云畛致也謂使祝告至于鬼神王至尊臣不名君故云某父且字也

附釋音周禮注疏卷第十九

武寧盧氏宣旬校字

大清嘉慶二十年重
用文選樓藏本校

知南昌府張敦仁署鄱陽縣候補知州周澍栞

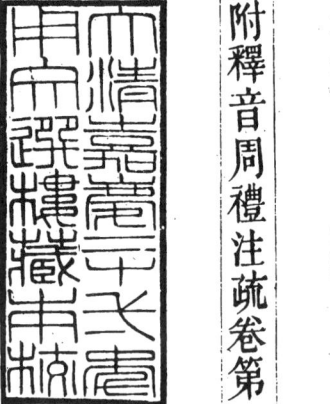

周禮注疏卷十九挍勘記　阮元撰盧宣旬摘録

附釋音周禮注疏卷第十九

小宗伯

兆五帝於四郊　說文土部云垗畔也爲四時界祭其中周禮曰垗五帝於四郊从土兆聲按許君蓋讀兆爲垗說文兆分也周禮故書用假借字故作兆漢讀考云於當作于○按許所據周禮實作垗非改字今亦未辨兆爲故書與今書凡若此類不可肊決

彼據禮神五幣而言　惠挍本作玉幣此誤

彼雖無三皇五帝之文　監毛本皇誤王此本此頁補刻亦誤王今從閩本訂正

明并祭五帝三王可知　盧文弨云此三王二字當衍

萬物燥落　閩本同監毛本燥誤熯惠挍本作躁

是五嶽四竇者　閩監毛本竇改瀆

亦順所可知故略不言也　毛本脫也字順所下有在字

五禮吉凶軍賓嘉　余本閩監毛本同嘉靖本軍賓作賓軍此本疏中標起訖云注用等至軍嘉與大宗伯注合今本非○按說見卷十七

士二豆三俎　惠挍本閩本同監毛本三改四

先鄭云五禮吉凶賓軍嘉者　閩監毛本賓軍誤倒

辨廟祧之昭穆　葉鈔釋文作之祧

案尚書五服五章才　此本五誤云據閩監毛本訂正才古哉字閩監毛本改哉

唯在外野饗　閩監毛本外野誤倒

掌四時祭祀之事序　惠挍本作序事此誤倒

凡國大貞卜大遷之等　盧文弨云通考引作大封此作遷誤○按今疏不誤通考誤也大卜本職可證況下文云不言大遷者文略也注不妨略疏何妨補其略

視亨腥孰　余本岳本嘉靖本閩本同監毛本孰改熟疏同

其大宰省牲者　盧文弨云大宰無省牲之文疑仍是大宗伯之誤

以時將瓚果　唐石經岳本嘉靖本同余本閩監毛本果改祼非上以待果將注云果讀爲祼

贊王幣爵之事　浦鏜云玉誤王

以人道宗廟有祼　孫志祖云據小宰注以當作惟

小祭祀掌事如大宗伯之禮　惠挍本於此分節小祭至之禮一節疏在此經下

受其將幣之齎　釋文齎本又作賫按賫俗字

謂遷主亦載於齊車以行也　惠挍本遷下有廟此脫

以其載社在於軍中　補案在疑是主字之誤

故鄭注社主蓋以石之　惠挍本注作云閩監毛本石下有爲按注作蓋用石爲之

郊有羣神之兆　余本岳本閩監毛本神同誤臣宋本嘉靖本作神賈疏引注同并有申釋之義今據以訂正

親斂者　此本及余本親作謂嘉靖本閩監毛本作親按賈疏亦作親斂者且云以其諸處更不見主斂事者云云是本作親字今據訂正

鄭注執事是大祝之屬者　閩本同監毛本注作知

西面北上績　惠挍本閩本同監毛本績誤請

鄭大夫讀竁皆爲穿　漢讀考竁作毳按皆字涉下誤衍禮說云說文竁穿地也漢書王莽掘平共王母丁姬故冢時有羣燕數千銜土投穿中師古曰穿謂壙水經注引漢書穿中作竁中則竁讀爲穿信矣

杜子春讀毳爲毳漢讀考作讀毳爲毳謂經文亦本作甫毳

聲如腐脆之脺余本閩監毛本同誤也岳本作腐脃之脃嘉靖本作腐脆之脆當訂正此上作脆下作脺誤疏中同釋文腐脃之脃舊作脺誤今注本或有作臎字者經義雜記曰注疏本作腐脆之脺正從舊本作脺其上一字作脆乃依陸本竄改耳古人多以聲借通用不得以字書未收而疑爲誤也

以卒去無時哭哀殺惠挍本卒作共此誤閩監毛本改爲以卒哭更誤

若今時肆司徒府也嘉靖本若上有謂與漢制考所引正合此脫

皆須豫習威儀乃爲之此本乃誤尸因形相近也據儀禮通解續訂正閩監毛本改作而爲之

但求福曰禱禱輕浦鏜云禱下脫禮

是法如大宗伯之儀閩本剜改是作其監毛本承之

肆師

珥當爲餌禮疏云雜記釁廟衈於屋下東山經曰祠毛用一犬祈聃注云聃音餌以血塗祭爲聃也公羊傳蓋叩其鼻以聃社今本公羊誤作血社穀梁作衈社周禮皆作珥古文少假借多

門夾室皆用雞葉鈔釋文作俠室余本載音義同

夾室中室余本岳本嘉靖本閩本同監毛本誤夾屋葉鈔釋文作俠室○按漢人多假俠爲夾

此職人謂充人及監門人余本閩監毛本同誤也嘉靖本及惠挍本作職人賈疏引注同當據正

若爲樴爲聲○按樴爲聲上當有从木从戠四字

謂祭日且於堂東陳祭器實之浦鏜云旦誤且

築鬱臼以掬浦鏜云椈誤掬

小行人所云者是之也補案之字誤衍

篚實實于篚匪其篚字之誤與毛本二篚字誤篚

則以酬幣致之嘉靖本酬作酧俗體

今言共設篚罋閩本作共設篚罋篚卽篚之訛監毛本共誤如篚作匪

又欲破篚從篚之事也閩監毛本篚作匪此本下亦皆作匪

不中法余本嘉靖本閩本同監毛本法改灋疏及下祭表貉注同

祝佐含斂先病浦鏜云服誤病

但服杖俱時浦鏜云同誤俱從儀禮通解挍

鼓鍾亞嘉靖本同余本閩監毛本鍾非鐘按尙書大傳亞作惡鄭注云惡讀爲亞彼旣被惡爲亞故此直引作亞下同

觀臺可以望氣祥閩監毛本氣作氛是

類造至之事閩本同誤也監毛本改作至如之

云大神社及方岳知者閩本同監本改作也者毛本又誤爲也方

知兼有方岳者閩本同監毛本岳改嶽下同

爲師祭造軍灋者孫志祖云爾雅疏引注重一祭字較明

其神蓋蚩蚘諸本同釋文作蚩蚘賈疏作蚩尤○按蚘俗字也

故於是戒不虞世浦鏜云也誤世

案郊特云補案云上當有牲字

社及禜酺釋文出酺也二字今本脫也

治謂如今每事者更奏白王禮也諸本同閩本剜改者作著浦鏜云著誤者○按

者是著非

鄭司農云義讀爲儀 嘉靖本無云漢制考所引同今本衍

鬱人 經義雜記曰說文鬯部鬱芳艸也从臼冂缶鬯彡其飾也一曰鬱鬯百艸之華遠方鬱人所貢芳艸合釀之以降神鬱今鬱林郡也又林部鬱木叢生者从林鬱省聲是鬱鬱不同郊特牲釋文云鬱字又作鬱知經典本與說文合也

掌祼器 唐石經諸本同按大宗伯小宗伯肆師三職皆經作果注作祼此亦當同今經不作果者蓋因注言祼器淺人遂據注以改經矣

十葉爲貫百二十貫爲築以煮之鐎中 諸本同釋文作焦中云本又作鐎漢讀考云說文鬯部鬱字下曰芳艸十葉爲貫百廿貫築以煮之爲鬱許說同先鄭此築上爲字誤衍且周禮經文言築鬻多矣安得云百二十貫爲築也

設牀襢第 余本岳本嘉靖本同釋文亦作襢毛本第誤第

鬯人

案鼏人云 此本鼏誤幕據閩監毛本訂正

壝謂委土爲墠壇 釋文作壇墠此倒

張人爲瓦簋 浦鏜云旅誤張

則水旱疫癘之不時 余本岳本閩本同監毛本誤倒嘉靖本作疫癘此作癘亦非也○按今左傳作厲疫

鼓用牲于門 余本嘉靖本閩本同監毛本用牲下增于社二字非考賈疏亦衹有于門也

杜子春讀齎爲粢 釋文齎杜音資漢讀考云據釋文則知注本作資資盛也者資取藉意謂藉以盛酒也

廟用脩 嘉靖本脩作修

凡祼事用概 唐石經諸本同葉鈔釋文概作㮣○按从手者非

蚌曰合漿 余本嘉靖本閩監毛本同釋文作合漿云本又作含漿按賈疏作含漿惠挍本同○按今爾雅作含漿

爾時木主新入廟 惠挍本同閩監毛本爾改是

云蚌曰合漿 閩本同監毛本合作含此本下亦作含按賈疏云是容酒之類則當本作含○按合含一語之轉

摯天子鬯 嘉靖本閩本同余本岳本監本摯作摯毛本訛擊

介爲執致之 余本閩本監本同毛本致誤政嘉靖本作以介爲摯致之按釋文出爲執二字賈疏云天子至尊不自執使介爲執致之則余本爲是嘉靖本衍以字執誤摯非也

君卿羔之類 浦鏜云若誤君

使介爲摯致之 閩本剜改摯爲執監毛本承之

故云某父且字也 閩監本且改某毛本改其誤甚○按且者薦也凡表德必以一字爲伯仲之薦去伯仲而單舉下一字云某甫謂之且字見於周禮禮記公羊傳注者段玉裁類列之作且字攷

周禮注疏卷十九挍勘記終

南昌袁泰開挍

附釋音周禮注疏卷第二十

鄭氏注　賈公彥疏

雞人掌共雞牲，辨其物。物謂毛色也。辨之者，陽祀用騂，陰祀用黝。○黝，於糾反。疏注物謂至用黝○釋曰：陽祀用騂，陰祀用黝者，牧人文。彼注云：陽祀，祭天於南郊及宗廟；陰祀，祭地北郊及社稷也。鄭舉此二者，其望祀各以其方色牲，及四時迎氣皆隨其方色，亦辨其毛物可知也。大祭祀，夜嘑旦以嘂百官。夜，夜漏未盡，雞鳴時也。呼旦以警起百官，使夙興。○嘑，火吳反，本又作呼。嘂，古弔反。警音景。疏注夜夜至夙興○釋曰：漏未盡者，謂漏未盡三刻已前，仍為夜，則呼旦也。漏刻之義，具挈壺氏。凡國之大賓客、會同、軍旅、喪紀，亦如之。凡國事為期，則告之時。象雞知時也。告其有司主事者。少牢曰：宗人朝服北面曰：請祭期。主人曰：比於子。宗人曰：旦明行事。告時者，至此旦明而告之。○朝，直遥反。比，毗志反。疏注象雞至告之○釋曰：引少牢曰者，謂祭前之夕，宗人主禮官請主人祭期，主人曰比於子者，謂次比其日數時節由子，子則宗人也。宗人即告期曰旦明行事，其實祭期由宗人。宗人請主人者，敬主人，若不敢自由然，故讓之也。案庭燎詩注：王有雞人之官，凡國事為期，則告之以時，王不正其官而問夜早晚，非也。案齊詩東方未明序云：東方未明，刺無節也。朝廷興居無節，號令不時，挈壺氏不能掌其職焉。注云：挈壺氏掌漏刻者。彼不云雞人者，案挈壺氏云凡軍事懸壺，無告期之事，則天子備官，挈壺直掌漏刻之節，雞人告期。彼齊詩是諸侯兼官，故挈壺氏兼告期也。凡祭祀，面禳釁，共其雞牲。釁，釁廟之屬。釁廟以羊，門夾室皆用雞。鄭司農云：面禳，四面禳也。釁讀為徽。○禳，如羊反。疏凡祭至雞牲○釋曰：云凡祭祀面禳者，祭祀謂宗廟之屬，面禳謂祈禱之屬。○注釁釁至為徽○釋曰：鄭云釁釁廟之屬者，言之屬，則釁鼓、釁甲兵皆在其中。釁廟以羊已下，雜記文。司農云面禳四面禳，則侯禳，禳謂禳去惡祥也。云釁讀為徽者，亦謂以徽為飾治之義也。

司尊彝掌六尊、六彝之位，詔其酌，辨其用與其實。位，所陳之處。酌，泲之使可酌各異也。用，四時祭祀所用亦不同。實，鬱及醴齊之屬。○泲，子里反，下同。齊，才計反，下文注除齊語、齊人並同。疏司尊至其實○釋曰：此經與下文為目，直云六彝、六尊，案下兼有罍尊不言者，文略也。○注位所至之屬○釋曰：云位所陳之處者，此下經不見陳尊之處，案禮運云玄酒在室，醴醆在戶，粢醍在堂，澄酒在下，是禘祭陳四齊；此下時祭陳二齊，設尊亦依此也。云酌泲之使可酌各異也者，此下文鬱齊獻酌、醴齊縮酌之等，是各異也。云用四時祭祀所用亦不同者，即下文春祠夏禴已下所用不同是也。云實鬱及醴齊之屬者，醴齊之中有三酒也。春祠、夏禴，祼用雞彝、鳥彝，皆有舟；其朝踐用兩獻尊，其再獻用兩象尊，皆有罍，諸臣之所昨也。秋嘗、冬烝，祼用斝彝、黃彝，皆有舟；其朝獻用兩著尊，其饋獻用兩壺尊，皆有罍，諸臣之所昨也。凡四時之間祀、追享、朝享，祼用虎彝、蜼彝，皆有舟；其朝踐用兩大尊，其再獻用兩山尊，皆有罍，諸臣之所昨也。祼謂以圭瓚酌鬱鬯，始獻尸也。后於是以璋瓚酌亞祼。郊特牲曰：周人尚臭，灌用鬯臭，鬱合鬯，臭陰達於淵泉。灌以圭璋，用玉氣也。既灌，然後迎牲，致陰氣也。朝踐謂薦血腥、酌醴，始行祭事。后於是薦朝事之豆籩。既又酌獻。其變朝踐為朝獻者，尊相因也。朝獻謂尸卒食，王酳之。再獻者，王酳尸之後，后酌亞獻，諸臣為賓又次后酌盎齊，備卒食三獻也。於后亞獻，內宗薦加豆籩。其變再獻為饋獻者，亦尊相因。饋獻謂薦孰時，后於是薦饋食之豆籩。此凡九酌，王及后各四，諸臣一，祭之正也。以今祭禮特牲、少牢言之，二祼為奠，而尸飲七矣，王可以獻諸臣。祭統曰：尸飲五，君洗玉爵獻卿。是其差也。明堂位曰：灌用玉瓚大圭，爵用玉琖，加用璧角、璧散。又鬱人職曰：受舉斝之卒爵而飲之。則王酳尸以玉爵也。王酳尸用玉爵，而再獻者用璧角、璧散可知也。雞彝、鳥彝，謂刻而畫之為雞、鳳皇之形。皆有舟，皆有罍，言春夏秋冬及追享、朝享有之同。昨讀為酢，字之誤也。諸臣獻者，酌罍以自酢，不敢與王之神靈共尊。鄭司農云：舟，尊下臺，若今時承槃。獻讀為犧。犧尊飾以翡翠。象尊以象鳳皇。或曰以象骨飾尊。明堂位曰犧象周尊也春秋傳曰犧象不出門尊以祼神罍神之所飲也詩曰餅之罄矣維罍之耻斝讀爲稼稼彝畫禾稼也黃彝黃目尊也明堂位曰夏后氏以雞彝殷以斝周以黃目爾雅曰彝卣罍器也著尊者著略尊也或曰著尊著地無足明堂位曰著殷尊也壺者以壺爲尊春秋傳曰尊以魯壺追享朝享謂禘祫也在四時之閒故曰閒祀蜼讀爲蛇虺之虺或讀爲公用射隼之隼大尊太古之瓦尊山尊山罍也明堂位曰泰有虞氏之尊也山罍夏后氏之尊故書踐作餞杜子春云餞當爲踐玄謂黃目以黃金爲目郊特牲曰黃目鬱氣之上尊也黃者中也目者氣之清明者也言酌於中而清明於外追享謂追祭遷廟之主以事有所請禱朝享謂朝受政於廟春秋傳曰閏月不告朔猶朝于廟蜼禺屬卬鼻而長尾山罍亦刻而畫之爲山雲之形。兩獻本或作戲注作犧同素何反注及下注汁獻同斝音稼著直略反注同朝享直遙反注朝享朝受政猶朝及下文朝用同蜼音誄又以水反兩大音泰注同盎烏浪反淺莊產反酢才洛反卣音酉又音由本亦音攸蛇虺上音虵下許偉反射隼食亦反下荀尹反禺音遇劉音隅卬魚丈反又五剛反

疏

春祠至昨也○釋曰此六者皆據宗廟之祭但春夏同陽秋冬同陰其追享朝享又是四時之閒祀以類附從故可同尊也彝與齊尊各用二者鬱鬯與齊皆配以明水三酒配以玄酒故禮記郊特牲云祭齊加明水三酒加玄酒依鄭志云一雞彝盛明水鳥彝盛鬱鬯是以各二尊罍尊不言數者禘祫與時祭追享朝享等皆同用三酒不別數可知也若然依酒正云大祭祀備五齊據大祫通鬱鬯與三酒并配尊則尊有十八禘祭四齊闕二尊則尊有十六此經時祭二齊闕六尊則尊十有二矣其祫在秋禘在夏則用當時尊重用取足而已此經彝下皆云舟尊與罍下皆不云所承之物則無物矣故禮器云天子諸侯廢禁其此之謂也。注祼謂至之形。釋曰言祼謂以圭瓚酌鬱鬯始獻尸也者宗廟之祭先作樂下神則大司樂云若樂九變人鬼可得而禮鄭注云先奏是樂而祼焉是祼有二此言圭瓚者據王而言故鄭即云后於是以璋瓚酌亞祼是也后祼之時內宰贊之故內宰職云后祼獻則贊瑤爵亦如之若然非直贊祼而已至於后之朝踐饋獻及酳用瑤爵皆贊之引郊特牲者證祼以鬱鬯又用圭璋也云既灌然後迎牲致陰氣也者祼是陰氣故郊特牲又云周人先求諸陰求諸陰灌是也此注引郊特牲后亞王祼後王乃出迎牲案內宰注云王既祼與此違者彼注取王事自相亞故先言王既祼出迎牲后乃後祼其實以此注爲正也王出迎牲之時祝延尸向戶外戶牖之間南面后於是薦

朝事八豆八籩王迎牲入廟卿大夫贊幣而從牲麗於碑王親殺大僕贊王牲事取血以告殺取毛以告純解而腥之爲七體薦於神坐訖王以玉爵酌醴齊以獻尸后亦以玉爵酌醴齊以獻尸此謂經朝踐用兩獻尊也禮器云郊血大饗腥則享祭宗廟無血此云薦血腥者謂肉非謂如別薦血也云后於是薦朝事之豆籩既又酌獻者先薦後獻祭禮也其實薦豆籩在王獻前今在王獻後乃言后薦豆籩者鄭欲說王事訖乃說后事故後言薦豆籩也云變朝踐言朝獻者尊相因也朝獻謂尸卒食王酳之者此朝獻於經當秋冬之祭鄭既未解春夏再獻先釋秋冬朝獻者以其朝獻是王酳尸因朝踐之尊醴齊故鄭先通解之云再獻者王酳尸之後后酌亞獻諸臣爲賓又次后酌盎齊備卒食三獻也者此言再獻即經春夏之祭云再獻用兩象尊尸食後陰厭王酳尸后與賓長爲再獻此亦在饋獻後先言再獻者后酳尸因饋獻盎齊之尊故變饋獻云再獻云內宗薦加豆籩者案醢人及籩人有朝事之豆籩有饋事之豆籩有加豆籩之實故鄭於此取朝事當朝踐節饋食當饋獻節食後重加故加豆加籩當酳尸節案內宰職云贊后薦加豆籩故知內宗薦之云其變再獻爲饋獻者亦尊相因饋獻謂薦熟時者此言饋獻當經秋冬祭之節其春夏言再獻至此秋冬言饋獻據文爲先後故云變再獻言饋獻其實先饋獻後再獻也以其饋獻在朝踐後亦在當尸未入室再獻是王酳尸後節也是以云饋獻謂薦熟時也此即禮運云熟其殽鄭注云體解而爓之是也云后於是薦饋食之豆籩者此即醢人籩人饋食之豆籩者也云此凡九酌王及后各四諸臣一者九謂王及后祼各一朝踐各一饋獻各一酳尸各一是各四也諸臣酳尸一并前八爲九云祭之正也者此九獻是正獻案特牲少牢仍有衆賓長兄弟之長嗣子舉奠上利洗散爲加獻彼並非正故此云祭之正也云以今祭禮特牲少牢言之者天子諸侯祭禮亡雖檢禮記及周禮而言其文不具故取特牲少牢見在禮而言以其特牲少牢惟有酳尸後三獻天子諸侯酳尸後亦三獻與彼同故取以爲說也云二祼爲奠而尸飲七矣王可以獻諸臣者王獻諸臣無文此又約祭統而言故即引祭統曰尸飲五君洗玉爵獻卿是其差也者彼據侯伯禮宗廟七獻二祼爲奠不飲朝踐已後有尸飲五獻卿即天子與上公同九獻二祼爲奠不飲是尸飲七可以獻諸臣若然子男五獻者二祼爲奠不飲是尸飲三可以獻卿故鄭云是其差皆當降殺以兩大夫士三獻無二祼直有酳尸三獻獻祝是也云明堂位曰灌用玉瓚大圭爵用玉琖加用璧角璧散者彼賜魯侯祭周公用天子之禮故以爲證言灌用玉瓚者

謂以玉飾瓚以大圭爲柄此大圭非謂玉人大圭長三尺者直是以玉爲柄謂之大圭也爵用玉琖者謂君與夫人朝踐饋獻時所用獻也加用璧角璧散者此即内宰所云瑤爵一也以瑤玉爲璧形以飾角散爵是通名故得瑤爵璧角璧散之名也又鬱人職曰受舉斝之卒爵而飲之者引之欲證王酳尸與前同用玉爵之意也云則王酳尸以玉爵也王酳尸用玉爵而再獻者用璧角璧散可知也者再獻謂后與諸臣亦以明堂位云爵用玉琖加用璧角璧散差之推次可知也云雞彝鳥彝謂刻而畫之爲雞鳳皇之形者案尚書云鳴鳥之不聞彼鳴鳥是鳳皇則此鳥亦是鳳皇故云畫雞鳳皇之形也云皆有舟皆有罍言春夏秋冬及追享朝享有之同者即文自具故知有之同也云昨讀曰酢者主人主婦賓長獻尸皆有酢報不得爲昨日之字故從酬酢之字也云諸臣獻者酌罍以自酢不敢與王之神靈共尊者王酳尸因朝踐之尊醴齊尸酢王還用醴齊后酳尸用饋獻之尊盎齊尸酢后還用盎齊以王與后尊得與神靈共尊今賓長臣卑酳尸雖得與后同用盎及尸酢賓長即用罍尊三酒之中清酒以自酢是不敢與王之神靈共酒尊故也鄭司農云舟尊下臺若今時承槃者漢時酒尊下槃象周時尊下有舟故舉以爲況也云獻讀爲犧犧尊飾以翡翠者翡赤翠青爲飾象尊以鳳皇此二者於義不安故更解以象骨飾尊此義後鄭從之其云飾以翡翠後鄭猶不從之矣引明堂位犧象周尊也者證飾尊有非周制者引春秋傳者是左氏定十年夾谷之會孔子之言引之者證犧象是祭祀之尊不合爲野享之義也云尊以祼神者司農解犧象不出門之意其實獻尸而云祼神者尸神象尸飲即是祼神若云奉觴賜灌之類非謂二灌用鬱鬯也云罍臣之所飲也者經云皆有罍諸臣之所酢故知諸臣所飲者也引詩者證罍是酒尊之義云斝讀爲稼稼彝畫禾稼也者以諸尊皆物爲飾今云斝於義無取故破從稼也云黄彝黄目尊也者依明堂位文引明堂位者證雞彝是夏法斝彝是殷法黄彝是周法引爾雅者欲見此經有彝爲上卣是犧象之屬爲中罍爲下與爾雅同也云著尊者著略尊也者義不安云著地無足於義是也云春秋傳者昭十五年左傳云六月乙丑王太子壽卒秋八月戊寅王穆后崩十二月晉荀躒如周葬穆后籍談爲介以文伯宴尊以魯壺是其義也引之者證壺是祭祀酒尊司農云追享朝享謂禘祫也在四時之間故曰間祀者案大宗伯祫禘在四時之上當如酒正大祭祀備五齊何得在四時之下故後鄭不從也鄭司農讀蜼爲蛇虺之虺或讀爲公用射隼之隼者無所依據故後鄭皆不從也又云大尊大古之瓦尊者此即有虞氏之

大尊於義是也故皆以明堂位爲證也玄謂黄目以黄金爲目者無正文鄭以目既爲眼目黄又爲黄金字同故爲黄金釋之也引郊特牲者解黄目之義也云追享謂追祭遷廟之主以事有所請禱者此追享知祭遷廟主者案祭法云去廟爲壇去壇爲墠壇墠有禱焉祭之無禱乃止是追祭遷廟之主故知也云朝享謂朝受政於廟者謂天子告朔於明堂因即朝享朝享即祭法謂之月祭故祭法云考廟王考廟皇考廟顯考廟祖考廟皆月祭之二祧享嘗乃止諸侯告朔於大廟因即朝享祭法云諸侯考廟王考廟皇考廟皆月祭之顯考祖考享嘗乃止告朔天子用牛諸侯用羊月祭皆大牢也春秋傳者文公六年左氏傳云閏月不告朔猶朝於廟若然天子告朔於明堂則是天子受政於明堂而云受政於廟者謂告朔自是受十二月政令故名明堂爲布政之宮以告朔訖因即朝廟亦謂之受政但與明堂受朔別也春秋者彼譏廢大行小引之者見告朔與朝廟別謂若不郊猶三望與郊亦別也云蜼禺屬卬鼻而長尾者案雞彝鳥彝相配皆爲鳥則虎彝蜼彝相配皆爲獸故爾雅在釋獸中爾雅云蜼禺屬彼注云蜼似獮猴而大黄黑色尾長數尺似獺尾末有歧鼻露向上雨即自懸於樹以尾塞鼻或以兩指今江東人亦取養之爲物捷健云山罍亦刻而畫之爲山雲之形者罍之字於義無所取字雖與雷別以聲同故以雲雷解之以其雷有聲無形但雷起於雲雲出於山故本而釋之以刻畫山雲之形者也異義第六罍制韓詩說金罍大器天子以玉諸侯大夫皆以金士以梓古毛說罍器諸臣之所酢人君以黄金飾尊大一石金飾匕目蓋取象雲雷之象謹案韓說天子以玉經無明文罍者取象雲雷故從人君下及諸臣同如是經文雖有詩云我姑酌彼金罍古毛說云人君以黄金則其餘諸臣直有金無黄金飾也若然向來所說雞彝鳥彝等皆有所出其虎彝蜼彝當是有虞氏之尊故鄭注尚書云宗彝宗廟之中鬱尊虞氏所用故曰虞夏以上虎蜼而已也

凡六彝六尊之酌鬱齊獻酌醴齊縮酌盎齊涗酌凡酒脩酌

故書縮爲數齊爲齍鄭司農云獻讀爲儀儀酌有威儀多也涗酌者梲拭勺而酌也脩酌者以水洗勺而酌也齍讀皆爲齊和之齊杜子春云數當爲縮齊讀皆爲粢玄謂禮運曰玄酒在室醴醆在戶粢醍在堂澄酒在下以五齊次之則醆酒盎齊也郊特牲曰縮酌用茅明酌也醆酒涗于清汁獻涗于醆酒猶明清與醆酒于舊澤之酒也此言轉相泲成也獻讀爲摩莎之莎齊語聲之誤也煑鬱和相鬯以醆酒摩莎泲之出其香汁也醴齊尤濁

和以明酌涗之以茅縮去滓也盎齊差清和以清酒涗之而已其餘三齊泛從醴緹沈從盎凡酒謂三酒也脩讀如滌濯之滌滌酌以水和而涗之今齊人命浩酒曰滌明酌酌取事酒之上也澤讀曰醳明酌清酒醆酒涗之皆以舊醳之酒凡此四者祼用鬱齊朝用醴齊饋用盎齊諸臣自酢用凡酒唯大事于大廟備五齊三酒○獻酌素何反司農音儀涗舒鋭反李一音雪脩酌直歷反注同數音朔下同爲盞子兮反梳飾舒鋭反飾或作拭勺上酌反下同齊和胡臥反醆莊産反粢才計反記作齊音同緹音體舊澤音亦下曰醳音凡同摩莎素何反去滓起呂反浩胡老反或古老反【疏】六至脩酌○釋曰云凡六彝之酌與鬱齊爲目六尊之酌與醴齊盎齊爲目下有凡酒滌酌上不言罍者亦是文不具也凡言酌者皆是涗之使可酌也○注故書至三酒○釋曰司農云獻讀爲儀已下後鄭皆不從者此經爲涗酒之法而司農皆不爲涗酒法其言無所據依故皆不從也司農云齊讀皆爲齊和之齊鄭注酒正爲度量解之則齊和義亦通也子春爲粢於義不可後鄭於酒正已破訖玄謂引禮運者欲破彼醆從此盎也彼云玄酒在室者據配鬱鬯之尊故在室若配鬱鬯當云明水而云玄酒者散文通云以五齊次之則醆酒盎齊也者於此經及酒正言之盎次醴禮運醆次醴以醆當

盎處即一物明醆酒盎齊也盎齊云酒則酒齊亦通引郊特牲曰縮酌用茅明酌至醆酒者彼記人意以經涗酒法難解故釋此經涗酒之法也此云醴齊縮酌彼記人取此縮酌二字於彼重解之云此言縮酌者縮酌當用茅也又云明酌者醴齊濁還用事酒之清明者和醴齊然後用茅泲之使可酌故爲明酌也云醆酒涗于清者醆酒即盎齊盎齊差清亦不言縮則不用茅涗謂新亦謂泲之也彼記人亦取此盎齊涗酌解之以盎齊欲泲之時則以清酒和而泲涗使可酌故直云涗于清也云汁獻涗于醆酒者記人亦取此經鬱齊獻酌釋之云汁獻者獻讀摩莎之莎也云涗于醆酒者以鬱鬯尊不用三酒而用五齊中盎齊差清者和鬱鬯泲之故云涗于醆酒也云猶明清與醆酒于舊醳之酒也者此記人復恐不曉古之泲酒之法故舉常時泲酒之法以曉人也云明清者明謂事酒清謂清酒醆謂盎齊也三者皆於舊醳之酒中泲之但云醳酒即事酒也今云舊醳則醳中之舊冬釀接春而成故云舊是昔酒也云此言轉相泲成已下皆鄭重釋記人之言也云醴齊尤濁和以明酌泲之者醴齊對盎齊已下三者爲尤濁上仍有泛齊更濁於醴齊也盎齊差清和以清酒泲之而已者以不用茅故云泲之而已云其餘三齊泛從醴緹沈從盎者以泲三者無文故鄭約同此三齊以泛齊濁不過與醴齊同緹沈清無過與盎同故略爲二等泲五齊也云凡酒謂三酒也者以上文列彝卣罍三等之尊此見泲鬱與三齊凡酒事相當故凡酒謂三酒非一故稱凡也云脩讀爲滌濯之滌者讀從宗伯視滌濯之滌欲解滌爲水之意必知以水者曲禮曰水曰清滌且鬱鬯用五齊五齊用三酒三酒用水差次然也云明酌酌取事酒之上也者重解縮酌用茅明酌也云澤讀曰醳明酌清酒醆酒泲之皆以舊醳之酒者重解當時之法以曉人者也云凡此四者祼用鬱齊朝用醴齊饋用盎齊諸臣自酢用凡酒者此以上列尊及泲酒次第爲先後祭禮有祼有朝踐饋獻酳尸次第爲先後推次可知也云唯大事於太廟備五齊三酒者此據酒正云祭祀共五齊三酒下有大祭中祭小祭此時祭用二齊禮運四齊據禘祭明大事祫祭備五齊三酒可知三酒時祭亦備亦於大事言之者連言挾句耳文二年大事於太廟公羊傳大事者何大祫也即此大事是祫也可知也

大喪存奠彝

存省也謂大遣時奠者朝夕乃徹也【疏】注存省至徹也○釋曰大喪之奠有彝尊盛鬱鬯唯謂祖廟厥明將向壙爲大遣奠時有之故鄭云謂大遣時云奠朝夕乃徹也者此大奠徹之早晚無文案檀弓云朝奠日出夕奠逮日則朝奠至夕徹之夕奠至朝乃徹是朝夕乃徹其大遣亦朝

設至夕乃徹言此者欲見所奠彝尊朝夕酒存省之意也

大旅亦如之

旅者國有大故之祭也亦存其奠彝則陳之不即徹【疏】注旅者至即徹○釋曰鄭知旅是大國有故之祭者見宗伯云國有大故則旅上帝及四望故知也云亦存其奠彝者以其祭云亦如之明亦如大遣奠存省之云則陳之不即徹者云不即徹則與上注奠者朝夕乃徹義異但上經據人鬼日出逮日放其去來於陰陽此天神無此義但不即徹不必要至夕也且案小宰注天地至尊不祼此得用彝者此告請非常亦如大遣奠之而已亦非祼耳

司几筵掌五几五席之名物辨其用與其位

五几左右玉彫彤漆素五席莞藻次蒲熊用位所設之席及其處○彫徒冬反莞音官又音丸藻本又作繅音早【疏】注五几至其處○釋曰云五几左右玉彫彤漆素者其玉彫已下數出於下文云左右者唯於王馮及鬼神所依皆左右玉几下云左右玉几祀先王酢席亦如之但受酢席未必有几故不云几筵其彫几已下非王所馮生人則几在左鬼神則几在右是以下文諸侯祭祀云右彫几國賓云左彫几諸侯自受酢亦無几故不言几也漆素並云俱右是爲神也云

五席莞繅次蒲熊者亦數出下文仍有葦萑席不入數者以喪中非常故不數直取五席與五几相對而言耳云用位所設之席者即下几大朝覲已下是也云及其處者王受朝覲席在廟牖間大射席在虞庠祀先王在廟奥及堂酢席王在廟室西面自諸侯已下亦皆在廟惟熊席漆几設在野所征之地耳經云名物鄭不解之者義在可知故略之也

凡大朝覲大享射凡封國命諸侯王位設黼依依前南鄉設莞筵紛純加繅席畫純加次席黼純左右玉几斧謂之黼其繡白黑采以絳帛爲質依其制如屏風然於依前爲王設席左右有几優至尊也鄭司農云紛讀爲豳又讀爲和粉之粉謂白繡也純讀爲均服之均純緣也繅讀爲藻率之藻次席虎皮爲席書顧命曰成王將崩命大保芮伯畢公等被冕服憑玉几玄謂紛如綬有文而狹者繅席削蒲蒻展之編以五采若今合歡矣畫謂雲氣也次席桃枝席有次列成文。朝覲直遥反下注來朝朝者同後朝覲朝見之類放此黼音甫依於豈反下及注同鄉許亮反下及注同純章允反劉之閏反司農音均下同爲王于僞反下爲布同豳彼貧反緣悅絹

反率音律下同馮皮冰反蒻音弱編必緜反

【疏】凡大至玉几。釋曰此經及下文見王有事設席三重之義言凡大朝覲非四時常朝常朝則春夏受贄於朝秋冬受贄於廟不常在廟也此朝覲言大則因會同而行朝覲之禮謂春秋來時若冬夏來則曰大宗遇也云大饗者謂王與諸侯行饗禮於廟即大行人云上公三饗之屬是也大射謂王將祭祀擇士而射於西郊小學虞庠中云凡封國命諸侯者此即典命云其出封皆加一等之屬是也云王位設黼依者案爾雅牖戶之間曰扆於扆之處設黼黼即白黑文而爲斧形此斧以大板爲邸即掌次皇邸一也故鄭彼注云邸後板以此斧板置於扆即以黼扆爲揔名也云依前南鄉設莞筵已下以席三重也凡敷席之法初在地者一重即謂之筵重在上者即謂之席已下皆然故鄭注序官云敷陳曰筵藉之曰席。注斧謂至成文。釋曰鄭云斧謂之黼者案禮記明堂位云天子負斧扆彼及諸文多爲斧字者若據績人職則云白與黑謂之黼據采色而言之若據繡於物上則爲金斧文近刃白近銎黑則曰斧取金斧斷割之義故鄭以爲釋黼云其繡白黑文者績人職文鄭知以絳帛爲質者鄉射記云凡畫者丹質此黼畫之故知絳帛絳帛即丹質也云其制如屏風然者屏風之名出於漢世鄭以今曉古故舉屏風而爲況也

孔注顧命其置覔戶牖間竟終也戶牖間狹故置之終滿戶牖間也云左右有几優至尊也者此經所云王皆立不坐既立又於左右皆有几故鄭注大宰云立而設几優至尊據立而言此據左右皆有而言故注相兼乃具也司農云紛讀爲豳於義不安故更云又讀爲和粉之粉謂白繡也純讀爲均服之均者案僖五年左傳卜偃云均服振振取號之旗賈服杜君等皆爲均均同也但司農讀爲均均即準音與純同故云純緣也云繅讀爲藻率之藻者讀從桓二年臧哀伯云藻率鞞鞛鞶厲游纓此並取彼義也云次席虎皮爲席者此見下有熊席故爲虎皮後鄭不從也引尚書者證王馮玉几之義也玄謂紛如綬有文而狹者此見漢世綬是薄帔有文章而狹以爲席之緣故言之也鄭知繅席削蒲蒻展之編以五采若今合歡矣者漢有合歡席如此故還舉漢法況之也云畫謂雲氣也者鄭於經但單言畫皆以畫雲氣解之蓋五色雲爲之文也云次席桃枝席有次列成文者鄭亦見漢世以桃枝竹爲席次第行列有成其文章故言之也

祀先王昨席亦如之鄭司農云昨席於主階設席王所坐也玄謂昨讀曰酢謂祭祀及王受酢之席尸卒食王酳之卒爵祝受之又酌授尸尸酢王於是席王於戶內后諸臣致爵乃設席

【疏】祀先至如之。釋曰祀先王謂宗廟六享皆用上三種席酢席謂王酳尸尸酢王王受酢之席亦如上三種席故云亦如之。注鄭司農至設席。釋曰司農云酢席於主階設席王所坐也者此約鄉飲酒禮主人在阼階賓在戶牖主人受酢王行飲酒禮亦然此酢文承祀先王下即是祭禮受尸酢不得爲凡常飲酒禮故後鄭不從也後鄭知王有授尸酢法者謂若鬱人注引特牲少牢此注亦取彼義故云尸卒食王酳之卒爵祝受之又酌授尸尸酢王於是席王於戶內也案特牲少牢主人受酢之時未設席夫婦致爵乃設席今王於受酢即設席者優至尊與大夫士禮異知席王在戶內者約特牲主人受酢時在戶內之東西面也云后諸臣致爵乃設席者此亦約特牲夫婦致爵之時有席若然王於酢有席與彼異至於后即與彼同者禮有損之而益故后不得與王同宜同士禮案特牲無致爵於賓長之法而此言諸臣致爵者此王於諸臣亦無致爵禮此致爵謂酳尸訖主人獻賓長於西階之上謂之致爵也特牲主人致爵於主婦席於東房中此后亦然其諸臣案特牲獻賓長於西階上無席獻訖以薦俎降降設於西階下亦無席此諸臣有席者亦是王之臣尊宜設席乃以薦俎降設於席東也

諸侯祭祀席蒲筵繢純加莞席紛純

右彫几繢畫文也不莞席加繅者繅柔嚅不如莞清堅又於鬼神宜○繢胡內反嚅本或作儒又作擩同如兖反

疏 諸侯至彫几○釋曰此經論諸侯禘祫及四時祭祀之席皆二種席也○注繢畫至神宜○釋曰上文畫純者畫雲氣此云繢即非畫雲案繢人職對方爲繢是對方爲次畫於繒帛之上與席爲緣也云不莞席加繅者繅柔嚅不如莞清堅又於鬼神宜者案上文天子祭祀席與酢席同此下文諸侯受酢席下莞上繅今祭祀席下蒲上莞以是故鄭以下文決此今諸侯祭祀席不亦如下文莞席加繅者以其繅柔嚅不如莞清堅於鬼神宜即於生人不宜故下文生人繅在上爲宜也又不以繅在莞下者繅尊不宜在莞下故用蒲替之也

昨席莞筵紛純加繅席畫純筵國賓于牖前亦如之左彤几昨讀亦曰酢鄭司農云禮記國賓老臣也爲布筵席於牖前玄謂國賓諸侯來朝孤卿大夫來聘後言几者使不蒙如也朝者彫几聘者彤几

疏 昨席至彤几○釋曰諸侯酳尸尸酢主君亦於戶內之東西面設此二席及筵國賓在牖前亦如之亦如同二種席也几席雖同但上文鬼神則右几此文生人則左几也又別云左彤几者謂國賓之中有諸侯

來朝亦有孤卿大夫來聘若朝者則彫几蒙亦如之聘者席雖與同几則用彤故別云左彤几使不蒙如也○注昨讀至彤几○釋曰先鄭云禮記國賓老臣也者案禮記王制有四代養國老庶老於學之事彼國老謂卿大夫致仕庶老謂士之致仕者先鄭據此文而云國賓老臣也後鄭不從者未見朝聘之賓而言已國老臣於義不可故不從也玄謂國賓諸侯來朝孤卿大夫來聘者案大小行人及司儀賓謂諸侯客謂其臣今此經唯云賓而兼云孤卿大夫者對文賓客異通而言之賓客一也以大司徒云大賓客令野脩道委積小司徒云小賓客令野脩道委積是賓客通用之義也案公食大夫禮云司宮具几與蒲筵加萑席又云上大夫蒲筵加萑席其純皆如下大夫彼注云謂公食上大夫孤爲賓則莞筵紛純加繅席畫純聘禮將賓宰夫徹几改筵注云徹神几改神席更布也賓席東上又引公食大夫云云此筵上下大夫也又引此筵國賓下至彤几云筵孤彤几卿大夫其漆几與以此而言則筵諸侯與孤用莞筵繅席而卿大夫則用蒲筵萑席今摠云國賓孤卿大夫同莞繅者此廣解國賓之義其實如公食大夫及聘禮之注也若然此注云朝者彫几聘者彤几彤几亦謂孤也依彼聘禮注卿大夫用漆几者以其天子用玉諸侯用彫孤用彤卿大夫用漆几差次然也案禮記禮器云天子之席五重諸侯三重今天子唯三重諸侯二重者彼云五重者據天子大祫祭而言若禘祭當四重時祭當三重皆用此三重席耳故此唯見三重席也諸侯三重上公當四重亦謂大祫祭時若禘祭降一重諸侯二重禘與時祭同卿大夫已下特牲少牢唯見一重耳若爲賓饗則加重數非常法故不與祭祀同也

甸役則設熊席右漆几謂王甸有司祭表貉所設席○甸音田注同

疏 甸役至右漆几○釋曰甸役謂天子四時田獵案大司馬大閱禮教戰訖入狩出既陳有司表貉於陳前是時設熊席右漆几也

凡喪事設葦席右素几其柏席用萑黼純諸侯則紛純每敦一几喪事謂凡奠也萑如葦而細者鄭司農云柏席迫地之席葦居其上或曰柏席載黍稷之席玄謂柏槨字磨滅之餘槨席藏中神坐之席也敦讀曰燾燾覆也棺在殯則槨燾既窆則加見皆謂覆之周禮雖合葬及同時在殯皆異几體實不同祭於廟同几精氣合○柏鄭音槨劉依司農音迫萑音丸敦音道劉音疇燾才浪反燾音導

疏 注喪事至氣合○釋曰云喪事謂凡奠也者以其言凡非一之義士喪禮始死之奠乃至小斂之奠

亦設於地未有席至大斂奠乃有席殯後則有朝夕奠朔月奠大夫已上兼有月半奠并有薦新奠葬時又有遷奠祖奠大遣奠葬乃廢奠而虞祭也故鄭云謂凡奠也云萑如葦而細者詩云萑葦淠淠同類之物但麤細爲異耳先鄭以柏席爲迫地或爲載黍稷其言無所依據故後鄭不從也玄謂柏槨字磨滅之餘槨席藏中神坐之席也者謂於下帳中坐設之云敦讀曰燾燾覆也者謂若覆燾持載者也云棺在殯則槨燾者檀弓云天子菆塗龍輴以槨是也云既窆則加見者既夕下棺訖則加見見謂道上帳帷荒將入藏以覆棺言見者以其棺不復見唯見帷荒故謂之見也云皆謂覆之者此解經敦字以其二處皆當覆故云敦也云周禮雖合葬者檀弓云古者不合葬周公蓋附附謂合葬是周禮合葬也云及同時在殯者禮記曾子問云父母之喪偕鄭云同月死是同時在殯也云皆異几體實不同者解經每敦一几之義云祭於廟同几精氣合者案禮記祭統云敷筵設同几鄭云同之言詷謂言語相詷之詷即其詷也故破從詷則以某妃配某氏以其精氣合故也言祭於廟者謂言祭時以其禫月吉祭猶未配故知至二十八月乃設同几也

凡吉事變几凶事仍几故書仍爲乃鄭司農云變几變更其質謂有飾也乃讀爲仍仍因也因其質謂無飾

也爾雅曰儴仍因也書顧命曰翌日乙丑成王崩癸酉牖間南鄉西序東嚮東序西嚮皆仍几玄謂吉事王祭宗廟祼於室饋食於堂繹於祊每事易几神事文示新之也凶事謂凡奠几朝夕相因喪禮略○翌音翼劉音育祊補耕反〔疏〕注故書至禮略○釋曰先鄭云變更其質謂有飾又以仍爲因其質謂無飾後鄭不從者以司農就几體解之所引尚書仍几乃是前後相因不得爲几體故不從也且上文云右素几於凶几無飾已有文何須此亦云仍几爲無飾乎皆其言不經故不從也引顧命者案彼經云牖間南嚮華玉仍几西序東嚮文貝仍几東序西嚮彫玉仍几西夾南嚮漆仍几孔云因生時几皆有飾而先鄭引之者先鄭意直取仍因之義不須無飾也玄謂吉事祭宗廟祼於室者洛誥云王入大室祼是也云饋食於堂繹於祊者案禮器云設祭于堂爲祊乎外是直云饋食於堂謂饋獻節據有熟故言饋食其實未有黍稷又不言朝踐者朝踐與饋獻同在堂故略而不言也又饋獻後更延尸入室進黍稷尸食之事不言者以其還依祼於室之几故亦略而不言也云凶事謂凡奠者即上文凡喪事右素几是也此文見凡奠几相因不易之意案檀弓云虞而立尸有几筵者據大夫士而言案士喪禮大斂即有席而云虞始有筵者以其几筵相將連言其實虞時始有几其

筵大斂即有也天子諸侯禮大初死几筵並有故上云凡喪事設葦席右素几也凡几之長短阮諶云几長五尺高三尺廣二尺馬融以爲長三尺舊圖以爲几兩端赤中央黑也

天府掌祖廟之守藏與其禁令

祖廟始祖后稷之廟其寶物世傳守之若魯寶玉大弓者○守藏上手又反下才浪反傳直專反〔疏〕天府至禁令○釋曰所守藏者即下文玉鎮已下是也禁令謂禁守不得使人妄入之等也○注祖廟至弓者○釋曰案王制云天子七廟三昭三穆與大祖之廟而七大祖即始祖廟也周立后稷廟爲始祖以其最尊故寶物藏焉云其寶物世傳守之若魯寶玉大弓者案春秋定八年盜竊寶玉大弓公羊傳云寶者何璋判白弓繡質是世傳守者也

凡國之玉鎮大寶器藏焉若有大祭大喪則出而陳之既事藏之

玉鎮大寶器玉瑞玉器之美者禘祫及大喪陳之以華國也故書鎮作瑱鄭司農云瑱讀爲鎮書顧命曰翌日乙丑王崩丁卯命作册度越七日癸酉陳寶赤刀大訓弘璧琬琰在西序大玉夷玉天球河圖在東序胤之舞衣大貝鼖鼓在西房兌之戈和之弓垂之竹矢在東房此其行事見於經○鎮珍忍反又音珍瑱他見反琬於阮反琰以冉反球音求鼖扶云反兌徒外反垂如字劉音瑞見賢遍反〔疏〕凡國至藏之○釋曰云玉鎮大寶器藏焉者若典瑞掌其凡瑞器故典瑞云掌玉瑞玉器之藏辨其名物與其用事設其服飾其美者天府掌之○注玉鎮至於經○釋曰鄭知玉鎮大寶器是玉瑞玉器之美者此云玉鎮即大宗伯云以玉作六瑞鎮圭之屬即此寶鎮也彼又云以玉作六器蒼璧禮天之屬即此寶器也知是美者以別入此天府故知簡取美者來入也鄭知禘祫者經云大祭祀故知也先鄭云顧命曰翌日乙丑王崩者謂上文云甲子王被冕服憑玉几出顧命下云翌日乙丑是甲子明日也云丁卯命作册度者謂乙丑至丁卯是三日小斂之日也大保命史官作册書法度擬傳顧命之事云越七日癸酉者越於也於丁卯後七日則通死日乙丑爲九日是除死日七日大斂之明日揔九日也云陳寶赤刀大訓弘璧琬琰在西序者陳寶是揔目語即赤刀已下是也赤刀者鄭注云武王誅紂赤刀爲飾大訓者禮法先王禮教即虞書典謨是也弘璧弘大也大璧琬琰皆尺二寸者云大玉夷玉天球河圖者鄭云大玉華山之球夷玉東北之璞天球雍州所貢之玉色如天三者皆璞未見琢治故不

以器名之河圖圖出於河水帝王聖者所受云胤之舞衣大貝鼖鼓兌之戈和之弓垂之竹矢者鄭注云胤也和也垂也皆古人造此物者之名鼖鼓大鼓也此鼖非謂考工記鼖鼓長八尺者若是周物何須獨寶守明前代之物與周鼖鼓同名耳大貝者書傳曰散宜生之江淮之浦取大貝如車渠是也云此其行事見於經者此經云大喪出而陳之不見行事故引顧命爲行事見於經也此經有大祭祀出寶器無行事見於經故不引也

凡官府鄉州及都鄙之治中受而藏之以詔王察羣吏之治

察察其當黜陟者鄭司農云治中謂其治職簿書之要○治直吏反下及注同中丁仲反下注同〔疏〕凡官至之治○釋曰此自王國以至四疆皆有職司治事文書不言六遂及四等公邑之官者於文略其實皆有也都鄙則三等采地云詔王察羣吏之治者告王據此治中文書而行黜陟也○注察察至之要○釋曰云治職簿書之要者謂各有職掌皆司有文書案簿書功狀之要故據而告王也經雖言治中兼有不中在其間中者陟之不中黜之經直言中偏舉一邊而言也

上春釁寶鎮及寶器

上春孟春也釁謂殺牲以血血之鄭司農云釁讀爲

徵或曰釁鼓之釁

疏注上春至之釁○釋曰云上春孟春也者謂建寅之月也殺牲取血釁之若月令上春釁龜筴等也云釁讀爲徵者周禮先鄭皆讀釁爲徵徵取飾義云或曰釁鼓之釁者讀從定四年祝佗云君以軍行祓社釁鼓釁皆以血血之也

凡吉凶之事祖廟之中沃盥執燭

吉事四時祭也凶事后王喪朝于祖廟之奠○盥音管朝直遙反

疏注吉事至之奠○釋曰謂他官在祖廟中沃盥夙興時則天府之官與之執燭爲明他官在祖廟中沃盥者謂小祝云大祭祀沃尸盥小臣大祭祀沃王盥此二官所沃盥在祖廟中則天府爲之執燭其若士師云祀五帝沃尸盥非祖廟事則不與執燭也云吉事謂四時祭也者略言之禘祫亦在焉云凶事王后喪朝于祖廟之奠者王及后喪七月而葬將葬當朝六廟後乃朝祖廟祖廟中日側爲祖奠厥明將去爲大遣奠皆有沃盥之事故鄭云焉

季冬陳玉以貞來歲之媺惡

問事之正曰貞問歲之美惡謂問於龜大卜職大貞之屬陳玉陳禮神之玉凡卜筮實問於鬼神龜筮能出其卦兆之占耳龜有天地四方則玉有六器者與言陳者既事藏之不必貍之也鄭司農云貞問也易曰師貞丈人吉問於丈人國語

曰貞於陽卜○與音餘

疏季冬至媺惡○釋曰季冬謂夏之季冬歲終當除舊布新故此時當有卜筮來歲之美惡者將卜筮之時先陳玉以禮神然後卜筮也○注問事至陽卜○釋曰云問事之正曰貞者禮記少儀云問卜筮曰義與志與注云義正事也志私意也是問卜筮有不正之事故云問事之正曰貞即此經云貞者問事之正也云問歲之美惡謂問於龜大卜職大貞之屬者彼大貞之屬即卜立君卜大遷卜大封是也今此卜來歲之美惡亦彼類故云之屬兼此也云陳玉陳禮神之玉者玉於卜筮無所施明以禮神也云凡卜筮實問於鬼神龜筮能出其卦兆之占耳者案易繫辭云精氣爲物游魂爲變是故知鬼神之情狀與天地相似注云精氣謂七八游魂謂九六則筮之神自有七八九六成數之鬼神春秋左氏傳云龜象筮數則龜自有一二三四五生數之鬼神則知吉凶者自是生成鬼神龜筮直能出外兆之占耳案易繫蓍龜神物士冠禮注云筮不以廟堂者嫌蓍之靈由廟神若然蓍龜亦自有神而云出卦兆者但所禮者禮生成之鬼神神之尊者無妨蓍龜亦自有神也云龜有天地四方則玉有六器者與者龜有天地四方龜人職文龜既有六明玉亦有六無正文故云與以疑之六器之言若大宗伯云以玉作六器之類故以六器言之也云言陳者既事藏之不必貍之也者七八九六及一二三四五之鬼神並非天地之鬼神故云陳言陳則藏之不必貍也先鄭云貞問也者亦是問事之正曰貞也云易曰師貞丈人吉問於丈人者此師卦彖辭彼云師貞丈人吉無咎注云丈之言長能御衆衆有朝正人之德以法度爲人之長吉而無咎謂天子諸侯主軍者云國語曰貞於陽卜者此吳語黄池之會董褐云周室既卑諸侯失禮於天子請貞於陽卜收文武之諸侯注云貞正也問卜内曰陰外曰陽言吳以諸侯失禮於天子當問於龜言我當收文武之諸侯矣引此三文者證問事之正曰貞也

若遷寶則奉之

奉猶送也

疏若遷寶則奉之○釋曰此遷寶謂王者遷都若平王東遷則寶亦遷天府奉送之於彼新廟之天府藏之如故也

若祭天之司民司祿而獻民數穀數則受而藏之

司民軒轅角也司祿文昌第六星或曰下能也祿之言穀也年穀登乃後制祿祭此二星者以孟冬既祭之而上民穀之數於天府○數穀數上所主反下所具反下能他來反上時掌反

疏若祭至藏之○釋曰此主祭祀者祭天之司民司祿在孟冬之時則主民之吏獻民數穀數則小司寇受而獻之於王王得之登於

天府受而藏之○注司民至天府○釋曰云司民軒轅角也者案武陵大守星傳云軒轅十七星如龍形有兩角角有大民小民傳又云文昌宮有六星第一爲上將第二爲次將第三爲貴相第四爲司命第五爲司中第六爲司祿是其司民在軒轅角司祿在文昌第六星也或曰下能也者此案石氏星傳云上能司命爲大尉中能司中爲司徒下能司祿爲司寇是司祿在下能也以其二處並有司祿故舉二文以見義也云祿之言穀也年穀登乃後制祿言此者欲見祭司祿在孟冬則制祿之意也鄭知祭此二星在孟冬者見月令孟冬云祈來年於天宗即日月星是知祭在孟冬也其獻穀數者則小司寇職也

典瑞掌玉瑞玉器之藏辨其名物與其用事設其服飾

人執以見曰瑞禮神曰器瑞符信也服飾服玉之飾謂繅藉○藏才浪反見賢遍反下見於時見殷見同藉在夜反下同

疏典瑞至服飾○釋曰言掌玉瑞玉器之藏者玉之美者入天府藏之凡平者仍在典瑞藏之故亦言藏也人執之則曰瑞即下文鎮圭之等是也禮神曰器則下文四圭之等是也云辨其名物者圭璧

之等各有名弁物色有異云與其用事者爲事而用圭璧謂朝聘朝日祭祀之等皆是也云設其服飾者謂繅藉在玉若人之衣服之飾也○注人執至繅藉○釋曰人執以見曰瑞禮神曰器者據此文及大宗伯相對而說散文則人執亦名器故聘禮記云圭璋璧琮凡此四器者唯其所寶以聘可也又尚書云五器卒乃復皆是人執而名器也云瑞符信也者若天子受瑞於天諸侯不得受瑞於天唯受瑞於天子故名瑞瑞即符信者也云繅藉即下文繅五采五瑞之等也

王晉大圭執鎮圭繅藉五采五就以朝日繅有五采文所以薦玉木爲中幹用韋衣而畫之就成也王朝日者示有所尊訓民事君也天子常春分朝日秋分夕月覲禮曰拜日於東門之外故書鎮作瑱鄭司農云晉讀爲搢紳之搢謂插於紳帶之間若帶劒也瑱讀爲鎮玉人職曰大圭長三尺杼上終葵首天子服之鎮圭尺有二寸天子守之繅讀爲藻率之藻五就五币也一币爲一就○以朝直遥反注及後放此韋之衣於既反搢紳如字下同一音箭插初洽反或初輒反杼除汝反

疏王晉至朝日○釋曰搢插也謂插大圭長三尺玉笏於帶間手執鎮圭尺二寸繅藉五采五就者謂以五采就繅藉玉也以朝日者謂以春分朝日於東郊也○注繅有至一就○釋曰云繅有五采文者釋繅字以其繅者雜采之名故云繅有五采文所以薦玉也云木爲中幹用韋衣而畫之就成也者鎮圭尺二寸廣三寸則此木版亦長尺二寸廣三寸與玉同然後用韋衣之乃於韋上畫之一采爲一币五采則五币一币爲一就就成也是采色成者也案聘禮記云絇組尺彼組不問尊卑皆用五采長尺以爲繫所以束玉使不落絇組繫亦名繅藉者則曲禮云其有藉者則裼聘禮云上介屈繅以授賓是亦名繅藉者也云王朝日者示有所尊訓民事君也者王者父天母地兄日姊月故春分朝日秋分夕月以王者至尊猶朝日夕月況民得不事君乎是訓民事君也云天子常春分朝日秋分夕月知者案祭義云祭日於東祭月於西又玉藻云玄端而朝日於東門之外又覲禮春拜日於東門之外既春拜日於東明秋夕月於西故知春分朝日秋分夕月也司農云晉讀爲搢紳之搢者漢有搢紳之士亦謂搢笏於紳故讀從之云謂插之於紳帶之間者凡帶有二者大帶大夫已上用素士用練即紳也又有革帶所以珮玉之等今插笏者插於紳之外革之內故云紳帶之間也云若帶劒也者劒在紳帶之間同處也云玉人職曰大圭長三尺杼上終葵首天子服之者案彼注云杼殺也終葵首謂大圭之上近首殺去之留首不去處爲椎頭齊人名椎爲終葵故名圭首爲椎頭者爲終葵首也案玉藻云天子搢珽方正於天下即此大圭也云鎮圭尺有二天子守之者亦玉人文引之證經大圭與鎮圭之義也云繅讀爲藻率之藻者桓二年臧哀伯諫辭也藻是水草之文故讀從之也云五就五币也一币爲一就者下文有三采者亦一采爲一就下云二采一就者據臣行聘不得與君同是以二采采爲一行二采共爲一就凡言就者或兩行名爲一就即此上下文是也或一币二行爲二就就即等也故聘禮記云所以朝天子圭與繅皆九寸又云繅三采六等朱白蒼注云以三色再就謂三色色爲再就就亦等也三色即六等禮記雜記亦云三采六等注云三采六等以朱白蒼畫之再行行爲一等是等爲一行行亦爲就據單行言之也各有所據故其文有異也

公執桓圭侯執信圭伯執躬圭繅皆三采三就子執穀璧男執蒲璧繅皆二采再就以朝覲宗遇會同于王三采朱白蒼二采朱緑也鄭司農云以圭璧見于王覲禮曰侯氏入門右坐奠圭再拜稽首侯氏見于天子春曰朝夏曰宗秋曰覲冬曰遇時見曰會殷見曰同○信圭音身

疏注三采至曰同○釋曰鄭知三采朱白蒼二采朱緑也者聘禮記文司農引覲禮曰侯氏入門右坐奠圭再拜稽首者彼謂秋覲禮受贄受享皆在文王廟中侯氏入門右者諸侯不敢自同賓客故入門右行臣禮侯擯辭之乃更向門左升自西階授玉云春曰朝已下皆大宗伯文義具於彼也

諸侯相見亦如之鄭司農云亦執圭璧以相見故邾隱公朝於魯春秋傳曰邾子執玉高其容仰

疏注鄭司至容仰○釋曰先鄭云亦執圭璧以相見者亦如上文公執桓圭以下案大行人云諸侯之邦交歲相問殷相聘世相朝即司儀所云凡諸公相爲賓侯伯子男之相爲賓如公之儀又諸公之臣相爲國客伯子男之臣云亦如之若不敵則有小國朝大國大國聘小國皆是諸侯相朝之法故邾隱公朝於魯引春秋傳者左氏傳云邾子執玉高其容仰魯侯執玉卑其容俯高仰驕也卑俯替也此二君不獲朝容之正引之以證諸侯相朝有執玉之法也

琢圭璋璧琮繅皆二采一就以覜聘璋以聘后夫人以琮享之也大夫衆來曰覜寡來曰聘鄭司農云琢有圻鄂琢起○琢直轉反覜他弔反圻魚斤反鄂魚各反

疏琢圭至覜聘○釋曰此遣臣行聘問之所執者若本君親自朝所執上文

桓圭之等是若遣臣聘不得執君之圭璧無桓信躬與蒲璧之文直瑑之而已故云瑑圭璋璧琮此謂公侯伯之臣也若子男之臣豈得過本君用以圭璋乎明子男之臣亦用瑑璧琮也云皆二采一就以覜聘者謂朱緑二采共爲一就也○注璋以至瑑起○釋曰云璋以聘后夫人以琮享之也者鄭欲見此經遣臣聘法有聘天子并有自相聘二者俱見故云璋以聘后夫人而琮享之也明知圭以聘天子與諸侯而璧享之鄭不言圭璧於天子諸侯者以聘后夫人文隱故特舉以言之天子諸侯可知也云大夫衆來曰覜寡來曰聘者此亦據大宗伯云殷覜曰視謂一服朝之歲即此覜也故云衆來彼又云時聘曰問亦無常期即此聘也故云寡來曰聘也司農云瑑有圻鄂瑑起是不爲桓信躬等之文也

四圭有邸以祀天旅上帝

鄭司農云於中央爲璧圭著其四面一玉俱成爾雅曰邸本也圭本著於璧故四圭有邸圭末四出故也或說四圭有邸有四角也邸讀爲抵欺之抵上帝玄天玄謂祀天夏正郊天也上帝五帝所郊亦猶五帝殊言天者尊異之也大宗伯職曰國有大故則旅上帝及四望○邸丁禮反又音帝著直略反

疏　四圭至上帝○釋曰此祀天謂夏正郊天也旅上帝者上帝五帝也國有故而祭故稱旅也○注鄭司農

至四望○釋曰司農云於中央爲璧圭著其四面一玉俱成者云於中央爲璧謂用一大圭琢出中央爲璧形亦肉倍好爲之四面琢各出一圭璧之大小圭之長短無文天子以十二爲節蓋四廟圭各尺二寸與鎮圭同其璧爲邸蓋徑六寸揔三尺與大圭長三尺又等故云一玉俱成也云或說四圭有邸有四角也者此說四角角即桓矣以無正文故兩釋之也云邸讀爲抵欺之抵音讀之也云上帝玄天者與大宗伯注同司農意與孔王等無六天之義也玄謂祀天夏正郊天也者凡天有六案大宗伯云蒼璧禮天據冬至祭昊天於圜丘者也彼又云青圭禮東方赤璋禮南方白琥禮西方玄璜禮北方據四時迎氣及揔享於明堂之等祭五方天也彼惟不見夏正郊所感帝故知此四圭是夏正郊天易緯云三王之郊一用夏正各郊所感帝即郊特牲云兆日於南郊就陽位於郊故謂之郊是也云上帝五帝者案宗伯青圭之等已見祭五方天帝此又言者彼據常祭此據國有故而祭曰旅用玉與郊天同四圭有邸故言之也天所郊亦猶五帝殊言天者尊異之也者王者各郊所感帝若周之靈威仰之等即是五帝而殊言天是尊異之以其祖感之而生故也引大宗伯者證旅上帝是國有故而祭也但旅四望下文與地同用兩圭今此言之者連引之耳

兩圭有邸以祀地旅四望

兩圭者以象地數二也僢而同邸祀地謂所祀於北郊神州之神○僢昌絹反邸音帝

疏　注兩圭至之神○釋曰云僢而同邸者案王制注卧則僢彼僢謂兩足相向此兩圭亦兩足同邸是足相向之義故以僢言之則上四圭同邸者亦是各自兩足相向但就此兩足相向而言之也云地謂所祀於北郊神州之神者以其宗伯所云黃琮禮地謂夏至祭崑崙大地明此兩圭與上四圭郊天相對是神州之神案河圖括地象崑崙東南萬五千里神州是也但三王之郊一用夏正未知神州用何月祭之或解郊用三陽之月神州既與郊相對宜用三陰之月當七月祭之

祼圭有瓚以肆先王以祼賓客

鄭司農云於圭頭爲器可以挹鬯祼祭謂之瓚故詩曰卹彼玉瓚黃流在中國語謂之鬯圭以肆先王祼先王祭也玄謂肆解牲體以祭因以爲名爵行曰祼漢禮瓚槃大五升口徑八寸下有槃口徑一尺○肆如字又他歷反注同挹於十反又於集反卹音瑟又作卹

疏　祼圭至賓客○釋曰祼圭即玉人所云祼圭尺有二寸者也以肆先王謂祭先王則宗伯六享皆是也以祼賓客者則大行人云上公再祼侯伯一祼之等是也○注鄭司至一尺○釋曰先鄭云於圭頭爲器器即瓚

是也云可以挹鬯祼祭謂之瓚者鬯即鬱鬯也言祼言祭則祼據賓客祭據宗廟也詩曰卹彼玉瓚黃流在中者彼詩是美王季爲西伯受殷王圭瓚之賜言黃流在中即與玉人云黃金勺鼻等同也云國語謂之鬯圭者案國語云臧文仲以鬯圭與磬如齊告糴是也云以肆先王祼先王祭也先鄭不解肆字故後鄭釋之玄謂肆解牲體以祭因以爲名者案大司徒云祀五帝奉牛牲羞其肆是祭時肆解牲體因即以肆爲祭名也云爵行曰祼者此周禮祼皆據祭而言至於生人飲酒亦曰祼故投壺禮云奉觴賜灌是生人飲酒爵行亦曰灌也云漢禮瓚槃大五升口徑八寸下有槃口徑一尺者此據禮器制度文叔孫通所作案玉人職云大璋中璋邊璋下云黃金勺青金外朱中鼻寸衡四寸鄭注云三璋之勺形如圭瓚玉人不見圭瓚之形而云形如圭瓚者鄭欲因三璋勺見出圭瓚之形但三璋勺雖形如圭瓚圭瓚之形即此漢禮文其形則大三璋之勺徑四寸所容蓋似小也

圭璧以祀日月星辰

圭其邸爲璧取殺於上帝○殺色界反劉色例反下同

疏　圭璧至星辰○釋曰祭日月謂若春分朝日秋分夕月并大報天主日配以月其星辰所祭謂小宗伯四類亦如之注云禮風師雨師於郊之屬又月令云祈來年於天宗鄭云天宗日月星

亦是也其祭法埋少牢已下祭日月星辰謂禱祈而祭亦用此圭璧以禮神也○注圭其至上帝○釋曰云圭其邸爲璧者上文四圭兩圭及下璋邸皆言邸鄭皆以邸爲璧但此圭云璧不言邸故鄭還以邸解璧也云取殺於上帝者但郊天及神州之神雖相對但天尊地卑故四玉有異鄭直云象不言殺也今日月星天神故以殺言之也言殺者取降殺以二爲節也

璋邸射以祀山川以造贈賓客璋有邸而射取殺於四望鄭司農云射剡也○射食亦反〈疏〉璋邸至賓客○釋曰此祀山川謂若宗伯云兆山川丘陵各於其方亦隨四時而祭則用此璋邸以禮神玉人云璋邸射素功以祀山川以致稍餼注云邸射剡而出也致稍餼造賓客納稾食也先鄭云素功無瑑飾也以此而言則造贈賓客謂致稍餼之時造館贈之言贈則使還之時所贈賄之等亦執以致命耳

土圭以致四時日月封國則以土地以致四時日月者度其景至不至以知其行得失也冬夏以致日春秋以致月土地猶度地也封諸侯以土圭度日景觀分寸長短以制其域所封也鄭司農說以玉人職曰土圭尺有五寸以致日以土地以求地中故謂之土圭○度待洛反下度地度日同中如

字劉丁仲反〈疏〉注以致至土圭○釋曰鄭云以致四時日月者度其景至不至以知其行得失也又引馮相氏云冬夏致日春秋致月者依通卦驗冬至立八尺之表晝漏半度之表北得丈三尺景又依大司徒云日至之景尺有五寸謂之地中是其景至也若不依此或長或短則爲不至也云以知其行得失也者景之至否皆由人君之行所致若景不依道度爲不至是人君之行失若景依道度爲至是人君之行得故云知行得失若春秋致月之法亦於春分秋分於十五日而望夜漏半而度之但景之長短自依二分爲長短不得與冬夏日景同景之至否亦知行之得失也云以土圭度日景觀分寸長短以制其域所封也者日景一寸其地千里則一分百里今封諸侯無過五百里已下比可言分而言寸者語勢連言之其實不合有寸也先鄭玉人職而云以求地中故謂之土圭者所用惟置洛邑而求地中自餘或致四時之景或封諸侯所用不必要求地中而先鄭言求地中者據大司徒而言耳

珍圭以徵守以恤凶荒杜子春云珍當爲鎮書亦或爲鎮以徵守者以徵召守國諸侯若今時徵郡守以竹使符也鎮者國之鎮諸侯亦一國之鎮故以鎮圭徵之也凶荒則民有遠志不安其土故以鎮圭鎮安之玄謂珍圭王使之瑞節制大小當與琬琰相依王使人徵諸侯憂凶荒之國則授之執以往致王命焉如今時使者持節矣恤者閔府庫振救之凡瑞節歸又執以反命○守劉守又反注徵守同使之所吏反下今使者亦王使於使者皆同闓音開〈疏〉注杜子至反命○釋曰子春云鎮者國之鎮者若職方每州皆云其山鎮是國之鎮據山而言玄謂珍圭王使之瑞節謂若掌節云山國土國有人節虎節是諸侯使人之瑞節此珍圭等是王使之瑞節也云制大小當與琬琰相依者案玉人琬圭九寸此珍圭玉人不言故約與琬琰同鄭云如今時使者持節矣者即子春所云竹使符也云恤者閔府庫振救之者凶荒年穀不熟百姓困乏故知開府庫振救之府庫所以藏財貨故禮記大學云未有府庫財非其財者也若然開府庫出賞明亦開倉廩出米粟出給之也云凡瑞節歸又執以反命者此無正文要王使人執瑞節往反須反命於王明此已致命乃歸還典瑞也

牙璋以起軍旅以治兵守鄭司農云牙璋瑑以爲牙牙齒兵象故以牙璋發兵若今時以銅虎符發兵玄謂牙璋亦王使之瑞節兵守用兵所守若齊人戍遂諸侯戍周〈疏〉注鄭司農至戍周○釋曰先鄭云牙璋瑑以爲牙牙齒兵象故以牙璋發兵者此無正文以意言之以其言牙即以牙齒解之云若

今時以銅虎符發兵者案漢文帝本紀云二年九月初與郡國守爲銅虎符竹使符應邵曰銅虎符從第一至第五國家當發兵遣使者至郡國合符符合乃聽受之竹使符皆以竹箭五枚長五寸鐫刻篆書第一至第五張晏曰以代古圭璋從簡易便其事也然銅虎竹使符漢時皇帝使者之瑞節則司農之意鎮圭牙璋之等亦王使之瑞節也但先鄭不言之故後鄭皆云王使之瑞節增成之也云節者即掌節云守邦國者用玉節則王用玉節可知玉人云璋邸射素功以祀山川以致稍餼與此中所用同明此牙璋亦素功若然案玉人云牙璋中璋七寸射二寸厚寸以起軍旅以治兵守此不云中璋者中璋比於牙璋殺文飾揔而言之亦得名爲牙璋以其鉏牙同也以此而言此文云牙璋亦兼中璋矣若然大軍旅用牙璋小軍旅用中璋矣云若齊人戍遂者莊公十三年春齊侯會諸侯于北杏夏六月齊人滅遂傳曰遂人不至夏齊人滅遂而戍之也云諸侯戍周者昭二十七年十二月晉籍秦致諸侯之戍于周是其事也

璧羨以起度鄭司農云羨長也此璧徑長尺以起度量玉人職曰璧羨度尺以爲度玄謂羨不圜之貌蓋廣徑八寸袤一尺○袤音茂〈疏〉注鄭司至一尺○釋曰先鄭云羨長也此璧徑長尺其義是也但語不足故後鄭增成其義也玄謂

羨不圜之貌蓋廣徑八寸袤一尺者案爾雅肉倍好謂之璧則璧體圜矣今云璧羨羨是引聲而言是爲長意故先鄭後鄭皆爲不圜也云蓋者此璧本徑九寸今言羨則減傍一寸以益上下故玉人云以爲上下一尺則横徑八寸矣無正文故云蓋以疑之也

駔圭璋璧琮琥璜之渠眉疏璧琮以斂尸鄭司農云駔外有捷盧也駔讀爲駔疾之駔疏讀爲沙謂圭璋璧琮琥璜皆爲開渠爲眉瑑沙除以斂尸令汁得流去也玄謂以斂尸者於大斂焉加之也駔讀爲組與組馬同聲之誤也渠眉玉飾之溝瑑也以組穿聯六玉溝瑑之中以斂尸圭在左璋在首琥在右璜在足璧在背琮在腹蓋取象方明神之也疏璧琮者通於天地。駔音祖斂力驗反注同令汁力呈反下令爲同〔疏〕注鄭司農至天地。釋曰先鄭讀駔爲駔牙之駔故云外有捷盧捷盧若鋸牙然後鄭不從之也云駔讀爲駔疾之駔此蓋當時有駔疾之語故言焉云疏讀爲沙已下後鄭皆不從者以其王之襲斂百五十稱有餘何得更有使汁流去乎玄謂以斂尸者於大斂焉加之也者以其六玉所與王爲飾明在衣裳之外故知在大斂後也駔讀爲組與組馬同聲之誤也者詩有執轡如組聲之誤爲駔若然後鄭讀駔本與組同聲不爲駔牙之音故得爲聲誤若本爲駔牙之音與組聲異何得爲駔也云渠眉玉飾之溝瑑也者此六玉兩頭皆有孔又於兩孔之間爲溝渠於溝之兩畔稍高爲眉瑑故云以組穿聯六玉溝瑑之中以斂尸也云圭在左已下皆約大宗伯云青圭禮東方之等以尸南首而置此六玉焉云蓋取象方明神之也者案覲禮設方明上圭下璧無璧琮此云象者彼注上下之神非天地至貴謂日月之神故上下不用璧琮此中有璧琮者象天地若然此言象方明者直取置六玉於六處不取玉形之義又案宗伯璧禮天琮禮地今此璧在背在下琮在腹在上不類者以背爲陽腹爲陰隨尸腹背而置之故上琮下璧也云疏璧琮者通於天地者天地爲陰陽之主人之腹背象之故云疏之通天地也

穀圭以和難以聘女穀圭亦王使之瑞節穀善也其飾若粟文然難仇讎和之者若春秋宣公及齊侯平莒及郯晉侯使瑕嘉平戎于王其聘女則以納徵焉。難乃旦反注同郯音談瑕音遐本又作瑕亦作假皆同〔疏〕注穀圭至徵焉。釋曰難謂兩諸侯相與爲怨仇王使人和之則執以往也穀善也故執善圭和之使善也聘女亦是和好之事故亦用善圭也知飾若粟文者以其稱穀若穀粟然也云難仇讎者仇爲怨讎爲報有怨當報若調人和仇讎之類也云若春秋宣

公及齊侯平莒及郯者時莒與郯不和宣公四年左氏云公及齊侯平莒及郯是也云晉侯使瑕嘉者成公元年左氏傳云晉侯使瑕嘉平戎於王是也其聘女則以納徵焉昏禮有六禮用鴈納徵不用鴈以其有束帛可執媒氏職庶民用緇帛五兩士昏禮用三玄二纁天子加穀圭諸侯加以大璋大夫與士同故知納徵也昏禮言納徵徵成也納此則昏禮成春秋謂之納幣以春秋通異代指幣體以質之言也

琬圭以治德以結好琬圭亦王使之瑞節諸侯有德王命賜之及諸侯使大夫來聘既而爲壇會之使大夫執以命事焉大行人職曰時聘以結諸侯之好鄭司農云琬圭無鋒芒故治德以結好。好呼報反注同〔疏〕注琬圭至結好。釋曰云亦王使之瑞節亦上文也云諸侯有德王命賜之者解經治德也云及諸侯使大夫來聘既而爲壇會之使大夫執以命事焉者解經結好也此即大宗伯時聘無常期一也故引大行人時聘以結諸侯之好以證之若時見曰會諸侯來與之會時聘使大夫來王還使大夫往會焉先鄭云琬圭無鋒芒者對下文琰圭有鋒芒者也

琰圭以易行以除慝琰圭亦王使之瑞節鄭司農云琰圭有鋒芒傷害征伐誅討之象故以易行除慝易惡行令爲善者以此圭責讓喻告之也玄謂除慝亦於諸侯使大夫來覜既而使大夫執而命事於壇大行人職曰殷覜以除邦國之慝。易行下孟反注同慝吐得反〔疏〕注琰圭至之慝。釋曰玄謂除慝亦於諸侯使太夫來覜既而使大夫執而命事於壇者此即大宗伯云殷覜曰視謂一服朝之職也故引大行人云殷覜以除邦國之慝爲證也但上文治德與此經易行據諸侯自有善行惡行王使人就本國治易之結好與除惡皆諸侯使大夫來聘亦王使大夫爲壇命之爲異也鄭知使大夫來皆爲壇者約君來時會殷國爲壇明臣來爲壇可知也

大祭祀大旅凡賓客之事共其玉器而奉之玉器謂四圭祼圭之屬〔疏〕大祭至奉之。釋曰大祭祀兼有天地宗廟大旅中兼有上帝四望等故鄭云四圭祼圭凡賓客謂再祼一祼之等亦云奉之者送向所行禮之處也。注玉器至之屬。釋曰鄭知玉器謂四圭祼圭者上已釋禮神曰器經云玉器故知非瑞是禮神者也云之屬者兼有兩圭璧圭璋邸之等也

大喪共飯玉含玉贈玉飯玉碎玉以雜米也含玉柱左右顛及在口中者雜記曰含者執璧將命則是璧形而小耳贈玉蓋璧也贈有束帛六幣璧以帛。飯扶晚反注同含戶

暗反柱張注反顛如字儀禮作巔音同〔疏〕大喪至贈玉。釋曰大喪謂王喪兼有后世子在其中以其更不見共后世子之故也飯玉者天子飯以黍諸侯飯用粱大夫飯用稷天子之士飯用粱諸侯之士飯用稻其飯用玉亦與米同時此即禮記檀弓云飯用米貝不以食道鄭云食道褻米貝美是也含玉者則有數有形雜記云天子飯九貝諸侯七大夫五士三貝者鄭云夏時禮以其同用貝故也周天子諸侯皆用玉亦與飯俱時行之贈玉者案既夕禮葬時棺入坎贈用玄纁束帛即天子加以玉是贈先王之物也。注飯玉至以帛。釋曰鄭知飯玉碎玉以雜米者以其與米同內於口中故知碎之與米同知含玉柱左右䫀及在口中者案士喪禮云主人飯米置尸三加貝左中亦如之既言左右及中明知柱左右䫀及口中鄭彼注象生時齒堅以此而言士喪禮用三復以雜記差之則天子用九玉諸侯用七玉大夫用五玉若然大夫已上不徒柱左右與中央耳云雜記曰含者執璧將命則是璧形而小耳者彼是諸侯薨鄰國遣大夫來弔并行含襚賵之禮諸侯用璧天子雖用玉其形無文故取諸侯法以況之天子亦爲璧形而小以其入口故知小也云贈玉蓋璧也者以既夕禮云贈用束帛明天子亦有束帛也而小行人合六幣璧以帛故知贈既用帛明以璧配之鄭言此

者恐天子與士異士用帛天子用玉嫌不用帛故言之也案玉府已云大喪共含玉此又言之者蓋玉府主作之此官主其成事而共之

凡玉器出則共奉之玉器出謂王所好賜也奉之送以往遠則送於使者〔疏〕注玉器至使者。釋曰云玉器出謂王所好賜也者天府云遷寶謂徙國都此不言遷直言出故知玉所好賜之者也云遠則送於使者者謂王使人就國賜之則往就使者付之故云送於使者也

附釋音周禮注疏卷第二十

知南昌府張敦仁署鄱陽縣候補知州周澍栞

周禮注疏卷二十挍勘記　阮元撰盧宣旬摘録

附釋音周禮注疏卷第二十

雞人　葉鈔釋文作鷄人。按从隹者小篆从鳥者籀文

夜嘑旦以嘂百官　釋文作以叫唐石經余本嘂作叫字從丩此誤

故挈壺氏兼告期也　惠挍本同閩本刊落也監毛本承之又監本壺誤壼

司尊彝

其朝踐用兩獻尊　釋文獻本或作戲說文酉部云尊酒器也周禮六尊首犧尊鄭司農云獻讀爲犧義本說文鄭志云或有作獻字者齊人之聲誤耳。按仲師卒於章帝建初八年說文上於安帝建光元年仲師未嘗見說文謂說文本仲師則可考古必按其時代非可妄語也據叔重自序云說文成於和帝永元十二年上距仲師卒之年凡十八年

罍神之所飲也　余本閩監毛本同誤也嘉靖本神作臣釋曰云罍臣之所飲也者經云皆有罍諸臣之所酢故知諸臣所飲者也當據以訂正

蜼讀爲蛇虺之虺　岳本爲作曰毛本蜼誤蛇

案內宰職云贊后薦加豆籩　浦鏜云內宗誤內宰

王酳尸因朝踐之尊醴齊　浦鏜云用誤因

不合爲野享之義也　惠挍本享作饗

以諸尊皆物爲飾　惠挍本物上有異此脫

以爲刻畫山雲之形者也　閩監毛本無者

異義第六罍制　惠挍本閩本同監毛本第改弟

古廷說罍器　按詩卷耳正義作古毛詩說爾雅釋器正義同此作廷誤下同

金飾七目　浦鏜云口誤七從儀禮通解續挍按詩正義作龜目○按口字非

經文雖有詩云　閩監毛本雖改惟誤

則其餘諸臣直有金　詩正義金作舋此誤

齊爲齍　葉鈔釋文作爲賷

稅栻勺而酌也　閩監毛本同誤也余本嘉靖本作捝拭當據正釋文作捝飾云本或作拭

齊讀皆爲粢　漢讀考齊作齍本故書也此誤

猶明清與醆酒于舊澤之酒也　余本岳本嘉靖本閩本同監毛本澤改醳非釋文作舊澤

獻讀爲摩莎之莎　葉鈔釋文作摩沙

脩讀如滌濯之滌　余本嘉靖本閩監毛本同賈疏引注作讀爲漢制考同當訂正

故舉常時沸酒之法以曉人也　浦鏜云當誤常

無過與盎同　惠挍本盎下有齊

推次可知也　惠挍本作推此

三酒時祭亦備　惠挍本下有之

朝夕酒存省之意也　按酒蓋湏之誤○按朝夕酒句絕不誤

鄭知旅是大國有故之祭者　浦鏜云大字當在故下

司几筵

莞藻次蒲熊　釋文莞藻本又作繅按經作繅司農讀爲藻鄭君則仍用繅字今本作藻非

酢席王在廟室西面　惠挍本無王此衍

設莞筵紛純　唐石經筵作席涉下文誤

其繡白黑采　余本嘉靖本監毛本同閩本采作文按賈疏引注亦作文

純讀爲均服之均　漢讀考云此讀如擬其音今本作讀爲誤按賈疏亦云均卽準音與純同

憑玉几　余本閩監毛本同嘉靖本憑作馮按釋文賈疏皆作馮下加心者俗作○按說文引周書凭玉几凭者正字馮者假借字

有成其文章　盧文弨云通考無其

祀先王昨席亦如之　唐石經原刻作胙席後磨改作昨下昨席同

王受酢之席　閩本同監毛本酢改昨非

右彫几　唐石經諸本同惠挍本彫作雕云余本仍作彫下注同按釋文几部引周禮五几作雕几

繅柔嚅　閩監毛本同誤也余本岳本嘉靖本嚅作礝當訂正○按礝本碝之誤借碝爲今人輭弱字也葉鈔釋文及余本載音義皆作礝

繅柔礝不如莞清堅　閩監毛本礝改嚅下柔礝同

不亦如下文莞席加繅者　此本不字剜擠閩監毛本排入

先鄭據此文而云　惠挍本云作言此誤

右漆几　說文几部引周禮作髤几按桼部云髤桼也从桼髟聲與桼字義同而文異音異漢讀考云當是杜子春賈侍中衛次仲等說而許從之

卽共詷也　閩監毛本共改其○按此條鄭注亦由以注改經復以經改注而誤耳說詳禮記挍勘記

謂言祭時　浦鏜云吉誤言

牖間南鄉　閩監毛本同余本岳本嘉靖本鄉作嚮按釋文音上經南鄉云下及注同則此亦當並作鄉字此本及閩監毛本惟南鄉字作鄉下仍作東嚮西嚮非○按鄉正字嚮俗字嚮亦見漢碑

爲祊乎外　閩本同監毛本乎改於

几長五尺高三尺　閩監毛本作高二尺

天府

𧯠鼓在西房　釋文𧯠作賁

師貞丈人吉問於丈人　諸本同。按下四字當衍。司農訓貞爲問，故引易師貞丈人吉及國語貞於陽卜以證之。疏中亦有此四字。浦鏜云當爲衍文。○按此四字乃大鄭說易之語，非衍文也。易之言貞者多矣，獨此以貞丈人連讀，訓爲問於丈人。大鄭恐人惑，故附見其解。如王弼及孔氏疏中所引注，皆以正釋貞。況彖傳曰貞正也，仲師此證𦶜非是

筵不以廟堂者　監本以作於

能御衆衆有朝正人之德　浦鏜云衍一衆字。按朝當爲幹字之誤

引此三文者　惠挍本三作二，此誤

典瑞

搢讀爲搢紳之搢謂插於紳帶之間　余本閩監毛本同。宋本嘉靖本插下有之釋文搢紳作薦申，插作臿。按賈疏引注作謂插之於紳帶之間，此脫之字。○按插者正字，臿者假借字

釋曰搢插也　閩監毛本搢改晉。按疏依本注讀

鎮圭尺有二寸　嘉靖本圭作王，蓋玉之誤

云鎮圭尺有二　浦鏜云下脫寸

瑑有圻鄂瑑起　嘉靖本作琢有沂鄂瑑起。按此本疏中引注亦作沂鄂，釋文作圻鄂。○按古通用

蓋四廟圭各尺二寸　浦鏜云庿誤廟，從儀禮通考續挍

天所郊亦猶五帝　浦鏜云云誤天

僢而同邸　釋文作僢而同柢，此誤。○按此作邸爲是。上經四圭有邸注中不改作柢字，則此亦不當改。況爾雅曰邸本也，今爾雅作柢，司農自據當時爾雅。且司農邸有兩說，惟作邸斯二說可該，倘作柢則不能該後說矣

卹彼玉酇　余本同。嘉靖本閩監毛本酇作瓚，從邑蓋譌。釋文卹彼又作卹。○按說文有卹字在卩部从卩，又卹字在血部亦从卩

灌先王祭也　岳本嘉靖本同。余本閩監毛本灌改祼。惠挍本作灌先王祭也。按賈疏引注亦作灌。○按祼灌古今字，注爵行曰祼，依疏亦可作灌

下有槃口徑一尺　嘉靖本作二尺

此據禮器制度文　漢制考禮作漢

以土地以求地中　嘉靖本作所求地中

先鄭玉人職　補毛本玉上有引字

以恤凶荒　唐石經余本岳本嘉靖本閩本同，監毛本恤改卹。○按卹當从卩

故玉人云以爲上下一尺　惠挍本無云，此衍

先鄭讀駔爲駔牙之駔　漢讀考云當作鉏牙之鉏。玉人注牙璋有鉏牙之飾

穀圭以和難　唐石經脫以

宣公及齊侯平莒及郯　余本嘉靖本閩本同，監毛本郯誤剡。按釋文賈疏皆作郯

晉侯使瑕嘉平戎于王　釋文作叚嘉，云本又作瑕，亦作假。○按叚音假，右字也

故治德以結好　岳本作以治德結好

使大夫執以命事焉者　惠挍本同。閩監毛本以改而

時聘無常期一也　閩本同。監毛本一改故

謂一服朝之職也　浦鏜云歲誤職

柱左右齻及在口中者　余本岳本嘉靖本惠挍本同。監毛本齻作顛，閩本誤顛。按釋文作顛

云儀禮作齻。按齻字不古當是儀禮本作顛謂齒之盡處牙車也

彼注象生時齒堅。按齒當作齧

周禮注疏卷二十挍勘記終

南昌袁泰開挍

附釋音周禮注疏卷第二十一

鄭氏注　賈公彥疏

典命掌諸侯之五儀諸臣之五等之命　五儀公侯伯子男之儀五等謂孤以下四命三命再命一命不命也或言儀或言命互文也故書儀作義鄭司農義讀爲儀〔疏〕注五儀至爲儀○釋曰云五儀公侯伯子男之儀者此五儀有三等之命命雖有同者其儀皆異若言大宗伯注云每命異儀貴賤之位乃正是命異儀即異此則命同儀有異於義乖者但大宗伯經云九儀之命據九等之命爲九儀故注每命異儀是命異儀即異經云掌諸侯之五儀即是據五等之爵爲五儀是以命同儀有異此乃各有所據於義無乖也云五等謂孤以下四命三命再命一命不命也鄭知義然者此經諸臣五等在諸侯之下則還據諸侯之下臣有五等而言諸侯之下既無四命以至五命明臣有五等過不命也是以諸侯及諸臣皆據下文諸侯諸臣而充此上之數也故下文諸侯下說大國孤四命其卿三命大夫再命士一命侯伯之卿已下如公國五命三等云或言儀或言命互文也者謂或言儀者亦有命此則諸侯之命也或言命者亦有儀此乃臣之儀也今若據爵而言則孤卿大夫士四等之儀也若據命而說則通不命爲五儀

上公九命爲伯其國家宮室車旗衣服禮儀皆以九爲節侯伯七命其國家宮室車旗衣服禮儀皆以七爲節子男五命其國家宮室車旗衣服禮儀皆以五爲節　上公謂王之三公有德者加命爲二伯二王之後亦爲上公國家國之所居謂城方也公之城蓋方九里宮方九百步侯伯之城蓋方七里宮方七百步子男之城蓋方五里宮方五百步大行人職則有諸侯圭藉冕服建常樊纓貳車介牢禮朝位之數焉○樊步干反介音介〔疏〕注上公至數焉○釋曰鄭云上公謂王之三公有德者加命爲二伯者案下文三公八命出封皆加一等謂若周公大公有德封於齊魯身雖在王朝使其子就國亦是出封加命爲上公九命者此上公則爲三伯分陝者也故大宗伯云九命作伯是也云二王之後亦爲上公者案孝經緯援神契云二王之後稱公大國稱侯故知也若然宋公爲殷之後稱公春秋之代杞爲夏後或稱侯或稱伯或稱子者杞君無道或用夷禮故貶之而不稱公也若虞公虢公非王之三公出封亦得稱公者此殷時稱公武王滅殷虞虢無過可退無功可進雖周之親戚仍守百里之地而稱公也自外雖是周之同族有出封惟稱侯伯而已是以魯晉鄭衛等皆稱侯伯鄭注巾車云王子母弟雖爲侯伯畫服如上公乘金路是也云國家國之所居謂城方也者若孝經諸侯稱國大夫稱家今此文無卿大夫則國家揔據諸侯城方者也云公之城蓋方九里云云此經國家及宮室車旗以下皆依命數而言既言國家宮室以九以七以五爲節以天子城方十二里而言此九七五亦當爲九里七里五里爲差矣但無正文故言蓋以疑之也案書無逸傳云古者百里之國九里之城玄或疑焉周禮匠人營國方九里謂天子之城今大國與之同非也然大國七里次國五里小國三里之城爲近可也或者天子實十二里之城諸侯大國九里次國七里小國五里如是鄭自兩解不定鄭必兩解者若案匠人營國方九里據周天子而言則公宜七里侯伯宜五里子男宜三里爲差也若據此文九命者以九爲節七命者以七爲節五命者以五爲節又案文王有聲箋云築城伊淢適與成方十里等小於天子大於諸侯以其雖改殷制仍服事殷未敢十二里據此二文而言則周之天子城方十二里公宜九里侯伯宜七里子男宜五里也若周天子十二里則匠人云九里或據異代法以其匠人有夏殷法故也鄭不言異代者以其無正文不敢斥言也是以隱公元年祭仲云都城不過百雉雉長三丈百雉五百步大都三之一則鄭是伯爵城有千五百步爲五里是公七里侯伯五里子男三里矣此賈服杜君等義與鄭玄一解也鄭又云鄭伯之城方七里大都三之一方七百步實過百雉矣而云都城不過百雉舉子男小國之大都以駮京城之大其實鄭之大都過百雉矣又是天子城十二里而言也引大行人之職者經云國家宮室鄭已解訖其云車旗衣服禮儀不可具言故引大行人爲證欲見彼具見車旗以下之數也案大行人云上公之禮執桓圭九寸繅藉九寸冕服九章建常九斿樊纓九就貳車九乘介九人禮九牢其朝位賓主之間九十步侯伯於上公降殺以兩子男比於侯伯又降殺以兩爲差耳故鄭云數焉

王之三公八命其卿六命其大夫四命及其出封皆加一等其國家宮室車旗衣服禮儀亦如之　四命中下大夫也出封出畿內封於八州

之中加一等褒有德也大夫爲子男卿爲侯伯其在朝廷則亦如命數耳王之上士三命中士再命下士一命

疏王之至如之○釋曰云王之三公八命其卿六命其大夫四命皆是在朝者云及其出封皆加一等者三公八命者爲九命上公六命卿爲七命侯伯四命大夫爲五命子男云其國家官室車旗衣服禮儀亦如之者亦如上經以命數爲差也○注四命中至一命○釋曰云四命中下大夫也者見序官有中下大夫於此唯見四命大夫是知中下大夫同四命也云出封出畿內封於八州之中者其王朝公卿大夫亦有舊在畿內有采地之封是封畿內者也今乃封於畿外在八州之中諸侯也云加一等褒有德也者王朝公卿大夫無功可進無過可退者不得出封以知加一等爲南面之君者是褒有德也卿爲侯伯大夫爲子男也鄭不言三公者雖出封加命爵仍是公不異故不言也云其在朝廷則亦如命數耳者若先鄭出加入亦加若毛君則出加入減若鄭君出加入則不加不減其義已備宗伯職也云王之上士三命中士再命下士一命者經既不言而鄭言之者此典命所以主命數序官有三等之士此文不見故以意推之必知士有三命以下者見經大夫四命四命以下唯有三等之命序官有上士中士下士故以三等之命而說之也然公卿大夫以八命六命

四命爲陰爵者一則擬出封加爲陽爵二則在王下爲臣是陰官不可爲陽爵故也士下既無出封之理又極卑賤故有三命一命爲陽爵無嫌也

凡諸侯之適子誓於天子攝其君則下其君之禮一等未誓則以皮帛繼子男

誓猶命也言誓者明天子既命以爲之嗣樹子不易也春秋桓九年曹伯使其世子射姑來朝行國君之禮是也公之子如侯伯而執圭侯伯之子如子男而執璧子男之子與未誓者皆次小國之君執皮帛而朝會焉其賓之皆以上卿之禮焉○適丁歷反則下遐嫁反射姑音亦

疏注誓猶至禮焉○釋曰鄭以誓爲命者諸侯世子皆往朝天子天子命之爲世子故以誓爲命也云言誓者明天子既命以爲之嗣樹子不易也者實是命而經云誓者謂既命以爲繼嗣使爲樹子不可改易義取公羊僖公三年齊桓公會于陽穀管仲命諸侯云無易樹子無以妾爲妻是也引桓九年曹伯使其世子射姑來朝行國君之禮者以其稱朝是行國君之禮引者證經誓於天子攝其君事也云公之子如侯伯而執圭侯伯之子如子男而執璧者以其上公九命侯伯七命子男五命經云下其君一等明依命數爲降以知義然也若公之子如侯伯在侯伯下侯伯子如子男在子男下也云子男之子與未誓者皆次小國之君執皮帛者以經云下一等子男身五命執璧明子雖得誓以下父一等自然與公侯伯子男子未誓者同執皮帛朝會可知也云其賓之皆以上卿之禮焉者此亦約曹世子射姑來朝賓之以上卿之禮而言之也若行朝禮擯介依諸侯法其饔餼饗一與卿同也此經誓與未誓皆據父在而言若父卒後得誓者皆得以諸侯序以無父得與正君同故也是以雜記云君薨大子號稱子待猶君也注引春秋葵丘之會宋襄公稱子而與諸侯序又定四年二月癸巳陳侯吳卒三月公會劉子晉侯宋公蔡侯衛侯陳子鄭伯以下於召陵陳子在鄭伯上則是得誓者與諸侯序也若未誓則亦當執皮帛也

公之孤四命以皮帛眡小國之君其卿三命其大夫再命其士一命其宮室車旗衣服禮儀各眡其命之數侯伯之卿大夫士亦如之子男之卿再命其大夫一命其士不命其宮室車旗衣

服禮儀各眡其命之數

視小國之君者列於卿大夫之位而禮如子男也鄭司農云九命上公得置孤卿一人春秋傳曰列國之卿當小國之君固周制也玄謂王制曰大國三卿皆命於天子下大夫五人上士二十七人次國三卿二卿命於天子一卿命於其君下大夫五人上士二十七人小國二卿皆命於其君下大夫五人上士二十七人

疏注視小至七人○釋曰云視小國之君者列於卿大夫之位而禮如子男也知義然者案大行人云大國之孤執皮帛以禮小國之君出入三積不問壹勞朝位當車前不交擯廟中無相以酒禮之其佗皆眡小國之君鄭注云此以君命來聘者也孤尊既聘享更自以其贄見執束帛而已豹皮表之爲飾繼小國之君言次之也其佗謂貳車及介牢禮賓主之間擯將幣祼酢饗食之數以此而言則以皮帛者亦是更以贄見若正聘當執圭璋也若然彼云繼小國之君謂執皮帛次小國君後則與此注列於卿大夫位一也此言眡小國之君注云而禮如子男則彼其佗眡小國君并彼注貳車及介以下是也司農云九命上公得置孤卿一人春秋傳曰列國之卿當小國之君固周制也者案昭二十三年左傳云叔孫婼爲晉所執晉人使與邾大夫坐訟叔孫曰列國之卿當小國之君固周制也寡君命介子

服回在冕其事也若然先鄭引魯之卿以證孤者孤亦得名卿故鄭人云外有九室九卿朝焉是并六卿與三孤爲九卿亦得名卿者以其命數同也魯是侯爵非上公亦得置孤者魯爲州牧立孤與公同若然其孤則以卿爲之故叔孫婼自比於孤也玄謂王制曰大國三卿皆命於天子以下者案王制之文多據夏殷此命卿亦是夏殷法故彼下文大國之卿不過三命下卿再命小國之卿與下大夫一命鄭注云不著次國之卿者以大國之下互明之此卿命則異大夫皆同以此言之則大國卿三命次國卿與大國下卿同再命小國卿與大夫同一命彼注即引此周禮命卿大夫之法以證與古不同之義若然此引彼夏殷命臣法周禮諸侯卿大夫命雖與古不同五等諸侯同國皆有三卿得天子命者與夏殷同故引之若然云大國三卿皆命於天子者上卿則命數足矣中卿天子再命已君加一命亦爲三命下卿天子一命若夏殷已君加一命二命足矣周則已君加二命爲三命命足矣云下大夫五人不言命數者並不得天子命夏殷並已君加一命周則大國之大夫再命也云上士二十七人者夏殷之士不命其二十七士亦應有上九中九下九而皆云上士者亦是勉人爲高行故摠以上士言之也云次國三卿二卿命於天子者上卿天子二命已君不加中卿天子一命已君加

一命下卿天子不命已君亦加二命爲再命故云一卿命於其君是次國之卿皆再命也若周禮次國卿並三命亦下大夫五人上士二十七人義與大國同也云小國二卿皆命於其君者案彼鄭注云此文似誤脫者類上文大國次國則此小國亦當有三卿宜云小國三卿一卿命於天子二卿命於其君則是脫亦三卿一卿命於天子九字矣云誤者次國云二卿命於天子不言皆此小國云二卿皆命於其君而言皆是誤故去蓋誤也若依此三卿解之則三卿之內一卿命於天子爲一命二卿命於其君亦各一命亦下大夫五人上士二十七人義與上同也若周禮小國三卿皆再命亦一卿命於天子一命已君加一命爲再命二卿命於其君不得天子命並已君再命矣又周法次國五大夫亦與大國五大夫同再命小國下大夫五人各一命其士公侯伯之士同一命子男之士不命與夏殷同此文是也大司馬云大國三軍次國二軍小國一軍軍將皆命卿者謂得天子之命者得爲軍將也若然諸侯之臣有四命三命再命一命不命而經云各眡其命數者謂宮室之等四命者四百步貳車四乘旗四斿冕服四章三命者以三爲節再命一命者亦以命數爲降殺也但大夫玄冕一命者一章裳上刺黻而已衣無章故得玄名也則冕亦象衣無旒其上服爵弁並無章飾是以變冕言爵弁也諸侯之大夫一命已上即有貳車士雖一命亦無貳車天子之士再命已上可有貳車也

司服掌王之吉凶衣服辨其名物與其用事用事祭祀視朝甸凶弔之事衣服各有所用【疏】司服至用事○釋曰此一經與下文爲總目王吉服有九大裘已下是也凶服即下文凶事與弔是也云辨其名物者衣服有名則物色有異同也○注用事至所用○釋曰云用事祭祀視朝甸凶弔之事者是其事各異云衣服各有所用者謂若祀昊天用大裘之等是也

王之吉服祀昊天上帝則服大裘而冕祀五帝亦如之享先王則袞冕享先公饗射則鷩冕祀四望山川則毳冕祭社稷五祀則希冕祭羣小祀則玄冕六服同冕者首飾尊也先公謂后稷之後大王之前不窋至諸盩饗射饗食賓客與諸侯射也羣小祀林澤墳衍四方百物之屬鄭司農云大裘羔裘也袞卷龍衣也鷩禪衣也毳罽衣也玄謂書曰予欲觀古人之象日月

星辰山龍華蟲作繢宗彝藻火粉米黼黻希繡此古天子冕服十二章舜欲觀焉華蟲五色之蟲繢人職曰鳥獸蛇雜四時五色以章之謂是也希讀爲絺或作黹字之誤也王者相變至周而以日月星辰畫於旌旗所謂三辰旂旗昭其明也而冕服九章登龍於山登火於宗彝尊其神明也九章初一曰龍次二曰山次三曰華蟲次四曰火次五曰宗彝皆畫以爲繢次六曰藻次七曰粉米次八曰黼次九曰黻皆希以爲繡則袞之衣五章裳四章凡九也鷩畫以雉謂華蟲也其衣三章裳四章凡七也毳畫虎蜼謂宗彝也其衣三章裳二章凡五也希刺粉米無畫也其衣一章裳二章凡三也玄者衣無文裳刺黻而已是以謂玄焉凡冕服皆玄衣纁裳○鷩必滅反劉府弊反毳昌銳反劉清歲反希本又作絺陟里反劉豬履反注下皆同窋張律反盩直留反或音冑禪婢支反又方支反罽居例反繢胡對反黹張里反刺七亦反劉七賜反沈此擊反下同【疏】王之至玄冕○釋曰王之吉服并下三者亦是今尊其祭服且言六矣○注六服至纁裳○釋曰云六服同冕者首飾尊也者六服雖不同首同用冕以首爲一身之尊故少變同用冕耳下經五服同名弁亦是首飾尊鄭不言者義可知也冕名雖同其旒數則亦有異但冕名同耳云先公謂后稷之後大王之前不窋至諸盩者但后

稷雖是公不謚爲王要是周之始祖感神靈而生文武之功因之而就故特尊之與先王同是以尚書武成云先王建邦啓土尊之亦謂之先王也是以鄭云后稷之後大王之前不數后稷不窋后稷子諸盩大王父二者之間並爲先公矣周本紀云后稷卒子不窋立不窋卒子鞠立鞠卒子公劉立卒子慶節立卒子皇僕立卒子羌弗立卒子毁榆立卒子公非立卒子高圉立卒子亞圉立卒子公祖類立卒子古公亶父立古公亶父則大王亶父也公祖類即紺亦曰諸盩也大祫於大祖后稷廟中尸服衮冕王服亦衮冕也案中庸注云先公組紺以上至后稷天保詩注先公謂后稷至諸盩天作詩注云先公謂諸盩至不窋經皆云先公注或言后稷或不言后稷者中庸云周公成文武之德追王大王王季上祀先公以天子之禮后稷既不追王故注先公中有后稷也天保詩云禴祠烝嘗是四時常祭故注先公中有后稷天作詩是祫之祭禮在后稷廟中不嫌不及后稷故注不言后稷各有所據故注不同也云饗射饗食賓客與諸侯射也者饗食則大行人云上公三饗三食之等是也但饗食在廟故亦服鷩冕也與諸侯射者此大射在西郊虞庠中亦服鷩冕也若燕射在寢則朝服若賓射在朝則皮弁服云羣小祀林澤墳衍四方百物者此據地之小祀以血祭社稷爲中祀埋沈已下爲

小祀也若天之小祀則司中司命風師雨師鄭不言者義可知鄭司農云大裘羔裘也者司裘文先鄭注云大裘黑羔裘然則凡祭之皆同羔裘義具於司裘也云衮卷龍衣也者鄭注禮記云卷俗讀其通則曰衮故先鄭衮卷并言之也云鷩裨衣也者案禮記曾子問云諸侯裨冕覲禮侯氏裨冕鄭注云裨之言埤也天子大裘爲上其餘爲裨若然則裨衣自衮以下皆是先鄭獨以鷩爲裨衣其言不足矣云毳罽衣也者案爾雅云毛氂謂之罽則績毛爲之若今之毛布但此毳則宗彝謂虎蜼而先鄭以爲罽衣於義不可故後鄭不從也玄謂書曰至希繡而云此古天子冕服十二章舜欲觀焉者欲明舜時十二章至周無十二章之意也然古人必爲日月星辰於衣者取其明也山取其人所仰龍取其能變化華蟲取其文理作繢者繢畫也衣是陽陽至輕浮畫亦輕浮故衣繢也宗彝者據周之彝尊有虎彝蜼彝因於前代則虞時有蜼彝虎彝可知若然宗彝是宗廟彝尊非蟲獸之號而言宗彝者以虎蜼畫於宗彝則因號虎蜼爲宗彝其實是虎蜼也但虎蜼同在於彝故此亦并爲一章也虎取其嚴猛蜼取其有智以其卬鼻長尾大雨則懸於樹以尾塞其鼻是其智也藻水草亦取其有文象衣上華蟲火亦取其明粉米共爲一章取其絜亦取養人黼謂白黑爲形則斧文近刃白近上黑取

斷割焉黻黑與青爲形則兩色相背取臣民背惡向善亦取君臣有合離之義去就之理也希繡者孔君以爲細葛上爲繡鄭君讀希爲黹黹紩也謂刺繒爲繡次但裳主陰刺亦是沈深之義故裳刺也云華蟲五色之蟲孔君注以爲華象草華蟲雉也義亦通以其草華有五色故引繢人鳥獸蛇雜四時五色以章之爲證也華蟲名鷩者以其頭似鷩以有兩翼即曰鳥以其體有鱗似蛇則曰蛇以其有五色成章則曰雉故鄭注考工記云蟲之毛鱗有文采者也云希讀爲絺或作黹字之誤也者本有此二文不同故云誤當從絺爲正也云王者相變至周而以日月星辰畫於旌旗者若孔君義虞時亦以日月星畫於旌旗與周同鄭意虞時無日月星畫於旌旗若虞時日月星畫於旌旗則衣無日月星也云所謂三辰旂旗昭其明也者所謂桓公二年哀伯辭彼三辰則此日月星辰旂旗者謂蛟龍爲旂熊虎爲旗不畫日月星連引之耳引之者證周世日月星畫於旌旗之意也云而冕服九章者據周法而言既去日月星三章明有九章在也云登龍於山登火於宗彝尊其神明也者鄭知登龍於山者周法皆以蟲獸爲章首若不登龍於山則當以山爲章首何得猶名衮龍乎明知登龍於山取其神也又知登火於宗彝者宗彝則毳也若不登火在於宗彝上則毳是六章之首不得以毳爲五

章之首故知登火於宗彝取其明也云九章初一曰龍至凡五也此無正文並鄭以意解之以其衣是陽從奇數裳是陰從偶數云希刺粉米無畫也者衣是陽應畫今希冕三章在裳者自然刺繡但粉米不可畫之物今雖在衣亦刺之不變故得希名故鄭特言粉米也然則毳冕之粉米亦刺之也云玄者衣無文裳刺黻而已者以其祭服衣本是玄今玄冕一章仍以玄爲名明衣上無畫一章者刺黻於裳而已是以謂玄焉云凡冕服皆玄衣纁裳者六冕皆然故云凡以該之知玄衣纁裳者見易繫辭黃帝堯舜垂衣裳蓋取諸乾坤乾爲天其色玄坤爲地其色黃但土無正位託於南方火赤色赤與黃即是纁色故以纁爲名也

凡兵事韋弁服韋弁以韎韋爲弁又以爲衣裳春秋傳曰晉郤至衣韎韋之跗注是也今時伍伯緹衣古兵服之遺色○韎劉音妹又莫拜反衣於既反跗芳符反又音附注音之樹反緹音體

【疏】釋曰云凡兵至弁服○釋曰以兵事有侵戰伐圍入滅非一故云凡云韋弁服者以韋爲冕又以爲服故云韋弁服○注韋弁至遺色○釋曰韎是蒨染謂赤色也以赤色韋爲弁云又以爲衣裳者左氏傳成十六年楚子曰韎韋之跗注君子也使工尹襄問郤至以弓若賈服等說跗謂足跗注屬也袴而屬於跗若據鄭雜問志則以跗爲幅注亦爲

屬以韎韋幅如布帛之幅而連屬以爲衣而素裳既與諸家不同又與此注裳亦用韎韋有同者異皆鄭君兩解此注與賈服同裳亦用韎韋也至彼雜問志裳用素者從白舄之義若然案聘禮云卿韋弁歸饔餼注云韋弁韎韋之弁蓋韎布爲衣而素裳與此又不同者彼非兵事入廟不可純如兵服故疑用韎布爲衣也言素裳者亦從白屨爲正也以其屨從裳色天子諸侯白舄大夫士白屨皆施於皮弁故也云今時伍伯緹衣古兵服之遺色者鄭取韎爲赤色韋猶以爲疑故舉漢事以爲況言伍伯者伍行也伯長也謂宿衛者之行長見服纁赤之衣是古兵服赤色遺象至漢時是其兵服赤之驗也

眡朝則皮弁服　視朝視內外朝之事皮弁之服十五升白布衣積素以爲裳王受諸侯朝覲於廟則袞冕○眡音視

疏注視朝至袞冕○釋曰天子三朝外朝二內朝一二皆用皮弁故經揔云眡朝則皮弁服也知皮弁之服十五升白布衣積素以爲裳者案禮記雜記云朝服十五升士冠禮云皮弁素積故知義然也云王受諸侯朝覲於廟則袞冕者案覲禮云天子袞冕負斧扆節服氏云祭祀朝覲袞冕六人維王之大常注云服袞冕者從王服故知朝覲在廟王服袞冕若然春夏受贄在朝則是眡朝皮弁服也其受享於廟與覲同袞冕故於廟連言朝也

凡甸冠弁服　甸田獵也冠弁委貌其服緇布衣亦積素以爲裳諸侯以爲視朝之服詩國風曰緇衣之宜兮謂王服此以田王卒食而居則玄端○甸音田注同

疏注甸田至玄端○釋曰言凡者田獵非一故以凡廣之不言事者朝是朝日此於田獵爲數故凡事皆不言也云冠弁委貌者士冠禮及郊特牲皆云委貌周道鄭注士冠云委猶安也言所以安正容貌故云委貌若以色言則曰玄冠也云其服緇布衣亦積素以爲裳者士冠禮云主人玄冠朝服緇帶素韠注云衣不言色者衣與冠同裳又與韠同色是其朝服緇布衣亦如皮弁積素以爲裳也云諸侯以爲視朝之服者士冠禮云玄冠朝服注云天子與其臣玄冕以視朔皮弁以日視朝諸侯與其臣皮弁以視朔朝服以日視朝是也引詩國風曰者是鄭緇衣之詩引之證鄭伯是諸侯服緇衣爲朝服之義也云王卒食而居則玄端者案玉藻韠君朱大夫素士爵韋鄭注云天子諸侯玄端朱裳以其云朱韠韠同裳色故也鄭因朝服而說玄端者以朝服與玄端大同小異以其玄冠緇布衣皆有正幅爲端則同但易其裳耳故因說玄端也若然大夫素韠則素裳其士韠言爵爵是不純之名以其士冠禮上士玄裳中士黃裳下士雜裳雜裳者前三幅玄後四幅黃故爵韠也言凡甸冠弁服據習兵之時若正四時則當戎服是以月令季秋天子乃教於田獵以習五戎司徒搢扑北面以誓之天子乃厲飾執弓挾矢以獵注云厲飾謂戎服尚威武也以此觀之習五戎司徒誓之不戎服著冠弁可知是以襄十四年夏四月左傳云衛獻公戒孫文子甯惠子食而射鴻於囿二子從之公不釋皮冠則皮弁韋弁同且色異耳故以韋弁爲皮弁是其正田用韋弁也○

凡凶事服弁服　服弁喪冠也其服斬衰齊衰○衰七雷反下皆同齊音咨

疏注服弁喪至齊衰○釋曰弁服於上下文不類者以是喪服故變其文也天子諸侯絕傍期正統之期猶不降故兼云齊衰其正服大功亦似不降也大功章曰適婦注云適子之婦傳曰何以大功也不降其適也既無指斥明關之天子諸侯也又服問云君所主夫人妻大子適婦既言君所主服不降也如是則爲適孫之婦又當小功今注止云斬衰齊衰者以其正服齊衰是不降之首然則王爲適子斬衰其爲適孫適曾孫適玄孫適來孫則皆齊衰不杖章云適孫傳曰何以期也不敢降其適也有適子者無適孫孫婦亦如之玄謂凡父於將爲後者非長子皆期然則王禮亦適子死有適孫適孫死有適曾孫向下皆然也又案喪服傳云始封之君不臣諸父昆弟封君之子不臣諸父而臣昆弟天子之義亦當然若虞舜之與漢高皆庶人起爲天子蓋亦不臣諸父昆弟而有服也

凡弔事弁絰服　弁絰者如爵弁而素加環絰論語曰羔裘玄冠不以弔絰大如緦之絰其服錫衰緦衰疑衰諸侯及卿大夫亦以錫衰爲弔服喪服小記曰諸侯弔必皮弁錫衰則變其冠耳喪服舊說以爲士弔服素委貌冠朝服此近庶人弔服而衣猶非也士當事弁絰疑衰變其裳以素耳國君於其臣弁絰他國之臣則皮弁大夫士有朋友之恩亦弁絰故書弁作絺鄭司農絺讀爲弁而加環絰環絰即弁絰服○近附近之近絺音弁

疏凡弔事弁絰服○釋曰弔事言凡者以其弔事非一故亦云凡以廣之也弁絰其服則錫衰緦衰之等也○注弁絰至絰服○釋曰云弁絰者如爵弁而素者爵弁之形以木爲體廣八寸長尺六寸以三十升布染爲爵頭色赤多黑少今爲弁絰之弁其體亦然但不同爵色之布而用素爲之故云如爵弁而素云加環絰者凡五服之絰皆兩股絞之今言環絰即與絞絰有異矣謂以麻爲體又以一股麻爲體糾而橫纏之如環然故謂之環絰加於素弁之上故言加環絰也云論語曰羔裘玄冠不以弔者彼謂小斂之後主人已改服客則不用玄冠羔裘朝服以弔之引之者證凡弔服及弁絰皆施之於小斂已後也云絰大如緦之絰者弔服環絰大小無文但五服之

經緦經最小弔服之經亦不過之是以約同緦經故云經大如緦之經也云其服錫衰緦衰疑衰者此文弔事之經下文陳三等弔服錫衰以下明上下相成故據不文而說也云諸侯及卿大夫亦以錫衰爲弔服知者案服問云君爲卿大夫錫衰當事則弁經大夫相爲亦然故知之也云喪服小記曰諸侯弔必皮弁錫衰則變其冠耳者不言君而言諸侯則是弔異國之臣法不著弁經而云皮弁故云變其冠耳云喪服舊說以爲士弔服素委貌冠朝服此近庶人弔服而衣猶非也者此引舊說而破之庶人弔服首服素冠而素裳其衣裳當疑衰故喪服鄭注云士疑衰素裳冠則皮弁之經庶人不爵弁則其弔冠素委貌也若然士與庶人服同冠弁則異也云國君於其臣弁經者服問云當事則弁經是也云佗國之臣則皮弁者喪服小記文是也云大夫士有朋友之恩亦弁經者喪服記云朋友麻故知大夫於士士自相於有朋友之恩者服麻也大夫相於不假朋友恩以其服問卿大夫相爲亦錫衰弁經不言朋友也凡弔服天子之服於此上下文具矣其諸侯弔服亦應三衰俱有知者以天子自大裘以下至素服上公自袞冕以下如王之服侯伯自鷩冕而下如公之服子男自毳冕而下如侯伯之服皆相如明諸侯三衰皆有但所用據文唯有服問云爲卿大夫錫衰以居出亦如之當

事則弁經其用緦衰疑衰則文王世子注同姓之士緦衰異姓之士疑衰以其卿大夫已用錫衰故以二衰施於同姓異姓之士也案士喪禮注云君弔必錫衰者蓋士有朋友之恩者加之與大夫同用錫衰耳大夫相於必用錫衰者以大夫雖已降服仍有小功降至緦麻則不得以緦衰爲弔緦衰既不弔明疑衰亦不可爲故以錫衰爲弔服也士之弔服不用錫衰者避大夫疑衰不用疑裳者鄭注喪服云避諸侯也凡弔服皆既葬除之其大夫妻亦與大夫同故喪服云大夫弔於命婦錫衰命婦弔於大夫亦錫衰注云弔於命婦命婦死也是也服問云爲其妻出則不弔。與大夫小異耳

凡喪爲天王斬衰，爲王后齊衰。王后小君也諸侯爲之不杖期。爲于僞反下及注除爲害一字皆同

疏注王后至杖期。釋曰云凡喪者諸侯諸臣皆爲天王斬衰王后齊衰故云凡以廣之鄭云王后小君也者解經臣爲王后著齊衰之意鄭又云諸侯爲之不杖期者案喪服不杖章云爲君之母妻傳曰何以期也從服也但諸臣亦爲王斬衰爲后期鄭特言諸侯者以喪服斬衰章云臣爲君諸侯爲天子及至不杖章直云爲君之母妻不別見諸侯爲后之文故鄭解之本不見諸侯爲后者以其諸侯爲后與臣爲之同故不別見也其卿大夫適子爲君夫人亦與諸臣同士之子賤無服當從庶人禮服問云諸侯之世子不爲天子服注云遠嫌也與畿外之民同服服問又云大夫之適子爲君夫人大子如士服注大夫不世子不嫌也士爲國君斬小君期大子君服斬臣從服期天子卿大夫適子亦當然故云如士服也

王爲三公六卿錫衰，爲諸侯緦衰，爲大夫士疑衰，其首服皆弁經。君爲臣服弔服也。鄭司農云錫麻之滑易者十五升去其半有事其布無事其縷緦亦十五升去其半有事其縷無事其布疑衰十四升衰玄謂無事其縷哀在內無事其布哀在外疑之言擬也擬於吉。易以豉反去起呂反下同

疏王爲至弁經。釋曰天子臣多故三公與六卿同錫衰諸侯五等同緦衰大夫與士同疑衰不見三孤者與六卿同又不辨同姓異姓亦以臣故也云首服皆弁經者三衰同皆弁經。注君爲至於吉。釋曰君爲臣服弔服也者欲見臣爲君斬君爲臣無服直弔服既葬除之而已鄭司農解錫衰緦衰者喪服傳文其緦衰疑衰無文先鄭當更有所見後鄭皆從但增成其義耳鄭注喪服破升皆爲登布八十縷爲登登成也今云十五升則千二百縷去其半則六百縷也云有事其縷及有事其布者皆

謂以水濯治去其垢者也玄謂疑之言擬也擬於吉者以其吉服十五升今疑衰十四升少一升而已故云擬於吉者也凡弔皆不見婦人弔服者以婦與夫同故喪服云大夫弔於命婦錫衰命婦弔於大夫錫衰是婦與夫同其首服即鄭注喪服云凡婦人弔服吉笄無首素總是也

大札、大荒、大烖，素服。大札疫病也大荒饑饉也大烖水火爲害君臣素服縞冠若晉伯宗哭梁山之崩。縞古老反劉剛操反

疏注大札至之崩。釋曰知大札疫病者以春秋傳有夭昏札瘥之文故知札爲疫病也云大荒饑饉也者爾雅穀不孰曰饑蔬不孰曰饉即曲禮云歲凶年穀不登是也云大烖水火爲害者謂若春秋宋災謂有水災爲害又孔子世家云哀三年孔子云桓僖災又公羊云雉門災之類皆火災也云君臣素服縞冠若晉伯宗哭梁山之崩者事在成五年引之者證服此素服首服縞冠之意若然梁山崩非大札大荒大烖引爲證者欲見山崩與大札大荒服同是以大司樂云凡日月食四鎮五嶽崩令去樂文云大札大凶大烖令弛縣弛縣與去樂互相明則去樂是同梁山崩又是四鎮五嶽之類則大札大荒素服縞冠與哭梁山崩同可知若然此言素服案玉藻云年不順成則天子素服乘素車食無樂義與此合彼又云年不順成大夫不得

造車馬君衣布搢本義與此違者彼衣布謂常服謂禱祈義與此同也

公之服，自衮冕而下，如王之服。侯伯之服，自鷩冕而下，如公之服。子男之服，自毳冕而下，如侯伯之服。孤之服，自希冕而下，如子男之服。卿大夫之服，自玄冕而下，如孤之服。其凶服加以大功小功。士之服，自皮弁而下，如大夫之服。其凶服亦如之。其齊服有玄端素端。

自公之衮冕至卿大夫之玄冕皆其朝聘天子及助祭之服諸侯非二王後其餘皆玄冕而祭於已雜記曰大夫冕而祭於公弁而祭於已士弁而祭於公冠而祭於已大夫爵弁自祭家廟唯孤爾其餘皆玄冠與士同玄冠自祭其廟者其服朝服玄端諸侯之自相朝聘皆皮弁服此天子日視朝之服喪服天子諸侯齊斬而已卿大夫加以大功小功士亦如之又加緦焉士齊有素端者亦爲札荒有所禱請

變素服言素端者明異制鄭司農云衣有禱裳者爲端玄謂端者取其正也士之衣袂皆二尺二寸而屬幅是廣袤等也其袪尺二寸大夫已上侈之侈之者蓋半而益一焉半而益一則其袂三尺三寸袪尺八寸○其齊側皆反注士齊同有禱音儒本亦作襦屬音燭廣古曠反後廣袤同袪起呂反上時掌反侈昌氏反

疏公之至素端○釋曰陳天子吉凶之服訖自此已下陳諸侯及其臣之服貴賤不同之事也但上具列天子之服此文以上公自衮冕以下差次如之上得兼下下不得僭上也大夫云凶服加以大功小功者天子諸侯自旁期已下皆絕而不爲服大夫加以大功小功謂本服大功小功者其降一等小功降仍有服緦者其本服之緦則降而無服云士之服自皮弁而下者士之助祭服爵弁不言爵弁者以其爵弁之服惟有承天變時及天子哭諸侯乃服之所服非常故列天子吉服不言之今以次轉相如不得輒於士上加爵弁故以皮弁爲首但皮弁亦是士助君視朔之服也云其凶服亦如之者亦如大夫有大功小功但士無降服則亦有緦服故鄭增之也其齊服有玄端者則士冠上士玄裳中士黄裳下士雜裳特牲士之享祭之服也素端者即上素服爲札荒祈請之服也○注自公至八寸○釋曰云自公衮冕至卿大夫之玄冕皆其朝聘天子及助祭之服者此上公衮已下既非自相朝聘之服又非已之祭服案曾子問云諸侯裨冕出視朝鄭云爲將廟受謂朝天子時也春夏受享於廟秋冬一受之於廟是受享受覲皆在廟是受朝之事及助祭在廟理當裨冕也若卿大夫聘天子受之在廟及助祭亦用冕服可知故鄭君臣朝聘並言也云諸侯非二王後其餘皆玄冕而祭於已知之者案玉藻云諸侯玄端而祭注云端當爲冕是諸侯玄冕自祭於已也案玉藻云諸侯祭宗廟之服惟魯與天子同此注云諸侯非二王後其餘皆玄冕祭於已彼不言二王後此不言魯者彼此各舉一邊而言其實相兼乃具也魯雖得與天子同惟在周公文王廟中得用衮冕故明堂位云季夏六月以禘禮祀周公於大廟云天子之禮是也若餘廟亦玄冕或可依公羊傳云白牲周公牲騂犅魯公牲羣公不毛魯公既與羣公別牲而用騂犅則其服宜用鷩冕可也其二王後惟祭受命王得用衮冕其餘廟亦得用玄冕也云雜記曰大夫冕而祭於公弁而祭於已士弁而祭於公冠而祭於已大夫爵弁自祭家廟惟孤爾其餘皆玄冠與士同者鄭引雜記者上已說諸侯祭於已訖更明孤已下自祭不得申上服之意也云其餘皆玄冠與士同者諸侯除孤用爵弁之外卿大夫祭皆用玄冠與士同故少牢是上大夫祭用玄冠朝服特牲是士禮用玄冠玄端是其餘

皆玄冠與士同也其天子大夫四命與諸侯之孤同亦以爵弁自祭天子之士宜與諸侯上大夫同用朝服也云玄冠自祭其廟者其服朝服玄端者朝服據少牢大夫禮玄端據特牲士禮而言也云諸侯之自相朝聘皆皮弁服者欲見此經上服惟施於入天子廟不得入諸侯廟之意必知諸侯自相朝聘用皮弁者見聘禮主君及賓皆皮弁諸侯相朝其服雖無文聘禮主君待聘者皮弁明待諸侯朝亦皮弁可知且曾子問云諸侯朝天子冕而出視朝爲將廟受及彼下文諸侯相朝云朝服而出視朝鄭云爲事故據此上下而言明自相朝不得與天子同即用皮弁可知也云此天子日視朝之服者此解皮弁非諸侯常服之物惟於朝聘乃服之意也云喪服天子諸侯齊斬而已者欲見大夫言大功小功天子諸侯不言之意也天子諸侯絕旁期此云齊者據爲后夫人而言若然天子於適孫承重亦期周之道有適子無適孫若無適子自然立適孫若無適孫立適曾孫亦期及至適玄孫皆然也既爲適孫有服而適子之婦大功若於適孫已下之婦承重者皆小功矣今特言齊者舉后夫人重者而言云卿大夫加以大功小功者是據正服大功小功若緦則降而無服故不言云士亦如之又加緦焉者士不降服明知更加緦也云士齊有素端者亦爲札荒有所禱請者然士文已云素服士

既轉相如已有素服矣今於經别云玄端素端爲士設文者以其大夫已上侈袂同惟士不得侈袂以端爲之故經别見端文也若然士之素端言齊者見禱請也則上文素服亦是齊服禱請可知也云變素服言素端者明異制者鄭解士别見文素意也鄭司農云衣有襦裳者爲端者此端據正幅不據襦裳故後鄭不從也玄謂端者取其正也者端正也故以正幅解之也云士之衣袂皆二尺二寸而屬幅是廣袤等也者云衣袂二尺二寸喪服記文故彼云衣二尺有二寸注云此謂袂中也言衣者明與身參齊是玄端之身長二尺二寸今兩邊袂亦各屬一幅幅長二尺二寸上下亦廣二尺二寸故云屬幅廣袤等袤則長也言皆者皆玄端素端二者同也云其袪尺二寸者據玉藻深衣之袪尺二寸而言也云大夫已上侈之侈之者蓋半而益一焉半而益一則其袪三尺三寸袪尺八寸者此亦無正文案禮記雜記云凡弁經服其衰侈袂少牢主婦衣綃衣亦云侈袂侈大也鄭以侈爲大即以意爲半而益一以解之也孔子大袂單衣亦如此也凡天子冕服有章者舊說天子九章據大章而言其章别小章章依命數則皆十二爲節上公亦九章與天子同無升龍有降龍其小章章别皆九而已自餘鷩冕毳冕以下皆然必知有小章者若無小章絺冕三章則孤有四命六命卿大夫玄冕一

章卿大夫中則有三命二命一命天子之卿六命大夫四命明中有小章乃可得依命數

凡大祭祀大賓客共其衣服而奉之奉猶送也送之於王所○疏注奉猶至王所○釋曰云大祭祀則中兼有次小祭祀以其皆是王親祭故舉大而言賓客言大者據諸侯來朝也王者不敢遺小國之臣則其臣來聘亦有接待之法亦畧舉大而言皆當奉衣服而送之於王王服之以祭祀及接賓客也

大喪共其復衣服斂衣服奠衣服廞衣服皆掌其陳序奠衣服今坐上魂衣也故書廞爲淫鄭司農云淫讀爲廞廞陳也玄謂廞衣服所藏於椁中○斂衣力驗反廞虛今反疏大喪至陳序○釋曰云大喪王喪其中兼小喪也復衣服謂始死招魂復魄之服案雜記云復者升屋西上則皆依命數天子則十二人諸侯九人七人五人大夫士亦依命數人執一領天子衮冕已下上公亦皆用助祭之上服云斂衣服者小斂皆十九稱大斂則士三十稱大夫五十稱諸侯皆百稱天子蓋百二十稱○注奠衣至椁中○釋曰云奠衣服今坐上魂衣也者案下守祧職云遺衣服藏焉鄭云大斂之餘也至祭祀之時則出而陳於坐上則此奠衣服也者云玄謂廞衣服所藏於椁中者此則明器之衣服亦沽而小者也

典祀掌外祀之兆守皆有域掌其政令外祀謂所祀於四郊者域兆表之塋域疏典祀至政令○釋曰云掌外祭祀之兆守皆有域掌其禁令者謂遮列不得有人來入域中故云禁令也○注外祀至塋域○釋曰云所祀於四郊者域兆表之塋域者此即小宗伯所云兆五帝於四郊四類四望亦如之兆山川丘陵已下皆是典祀掌之也言兆域據壇外爲溝渠爲表塋域者也

若以時祭祀則帥其屬而脩除徵役于司隸而役之屬其屬胥徒也脩除芟掃之徵召也役之作使之疏若以至役之○釋曰云以時祭祀者謂天地山川祭祀皆有時也○注屬其至使之○釋曰鄭知其屬是胥徒者以其典祀身是下士其下惟有胥徒故知也不言府史者府史非役者也徵召也以其司隸主衆隸主供役使故云作使之也

及祭帥其屬而守其厲禁而蹕之鄭司農云遮列禁人不得令入○蹕音畢遮章奢反令力呈反疏注鄭司至

令入○釋曰其屬還是胥徒厲是遮列蹕是止行人故云遮列禁人不得令入也

守祧掌守先王先公之廟祧其遺衣服藏焉廟謂大祖之廟及三昭三穆遷主所藏曰祧先公之遷主藏于后稷之廟先王之遷主藏于文武之廟遺衣服大斂之餘也故書祧作濯鄭司農濯讀爲祧此王者之宮而有先公謂大王以前爲諸侯疏注廟謂至諸侯釋曰云廟謂大祖之廟及三昭三穆者王制云天子七廟三昭三穆與大祖之廟而七又祭法云王立七廟曰考廟曰王考廟曰皇考廟曰顯考廟曰祖考廟皆月祭之有二祧享嘗乃止據周而言是知廟祧中有三昭三穆與大祖之廟也云遷主所藏曰祧者以祭法云遠廟爲祧去祧爲壇既言去祧爲壇明遷主先入祧乃至壇耳故知祧是遷主所藏云先公之遷主藏於后稷之廟者先公謂諸盩已前不追謚爲王者先公之主不可下入子孫廟故知向上入后稷廟案聘禮云不腆先君之祧既拚以俟諸侯無二祧先祖之主皆藏於大祖廟故名祧若然后稷廟藏先公不名祧者以有大祖廟名又文武已名祧故后稷不名祧也若然大王王季之主不可入文武祧亦當藏於后稷廟也云先王之遷主藏於文武之廟者當周公制

禮之時，文武在親廟四之內，未毀不得爲祧；然文武雖未爲祧，已立其廟，至後子孫文武應遷而不遷，乃爲祧也。其立廟之法，后稷廟在中央，當昭者處東，當穆者處西，皆別爲宮院者也。案孔君、王肅之義，二祧乃是高祖之父、高祖之祖，與親廟四皆次第而遷，文武爲祖宗，不毀矣。鄭不然者，以其守祧有奄八人，守七廟并姜嫄廟則足矣，若益二祧則十廟矣，奄八人何以配之？明其義非也。云「遺衣服，大斂之餘也」者，案士喪禮云小斂十九稱，不必盡服，則小斂亦有餘衣。必知據大斂之餘者，小斂之餘至大斂更用之，大斂餘乃留之，故知其遺衣服無小斂餘也。先鄭云「此王者之宮而有先公」，謂大王以前爲諸侯者，謂不窋已後、諸盩已前爲諸侯者。后稷雖不謚爲王，以其爲始祖，故祫祭在焉，從先王例也。

若將祭祀，則各以其服授尸。尸當服卒者之上服，以象生時。【疏】注「尸當」至「生時」。○釋曰：「尸服卒者之上服」，士虞記文。鄭引之者，欲見天子已下凡尸皆服死者大斂之遺衣，其不服者以爲奠衣服者，以鄭云象生也。既言卒者上服，則先王之尸服袞冕，先公之尸服鷩冕也。若然，士爵弁以助祭，祭宗廟服玄端，而士虞、特牲尸不服爵弁者，爵弁是助祭諸侯廟中乃服之，士尸還在士廟，故尸還服玄端爲上服也。曾子問云：「尸弁冕而出，卿大夫士皆下之。」注云：「弁冕者，君之先祖或有爲大夫士者。」則是先君之先祖爲士，尸服卒者上服，不服玄端而服爵弁者，爵弁本以助祭在君廟，君先祖雖爲士，今爲尸還在君廟中，故服爵弁，不服玄端。

其廟，則有司脩除之；其祧，則守祧黝堊之。廟，祭此廟也。祧，祭遷主。有司，宗伯也。脩除、黝堊，互言之。有司恒主脩除，守祧恒主黝堊。鄭司農云：「黝讀爲幽。幽，黑也。堊，白也。爾雅曰：地謂之黝，牆謂之堊。」○黝，於糾反，司農音幽。堊，烏路反，或烏洛反，本或作惡，同。【疏】注「廟祭」至「之堊」。○釋曰：云「廟，祭此廟也」者，凡廟舊皆脩除黝堊，祭更脩除黝堊，示新之敬也。今將祭而云脩除，知祭此廟也。云「祧，祭遷主」者，以遷主藏於祧故也。案上司尊彝有追享，鄭云「追祭遷廟之主」，謂禱祈，則此祭遷主之謂也。云「有司，宗伯也」者，以其宗伯主立國祀，又涖滌濯，脩除亦是絜靜之事，故知有司是宗伯。爲之云「脩除、黝堊互言之」者，鄭以二者廟祧並有，而經廟直言脩除，祧直言黝堊，故互而通之，明皆有也。以鄭云「有司恒主脩除」，祧亦脩除之；「守祧恒主黝堊」，廟亦黝堊之。先鄭讀黝爲幽，幽是北方，北方其色黑，欲見地謂之幽，取黑義也。知堊是白者，以其堊與幽黑白相對，故知堊是白，即掌蜃之「白盛之蜃」，故引爾雅證之。

既祭，則藏其隋與其服。鄭司農云：「隋謂神前所沃灌器名。」玄謂：隋，尸所祭肺脊黍稷之屬，藏之以依神。○隋，許恚反，劉相恚反。【疏】注「鄭司」至「依神」。○釋曰：案特牲、少牢及曾子問皆有隋祭之事。今先鄭以隋爲神前沃灌器，故後鄭不從也。玄謂「隋，尸所祭肺脊黍稷之屬」者，案特牲禮祝命授祭，尸取菹㨎于醢，祭于豆間，佐食取黍稷肺祭授尸，尸祭之，注云「肺祭則肺是其隋」者。彼不言脊，似誤。所以誤有脊者，特牲禮云「佐食舉肺脊以授尸，尸受振祭嚌之」，是以於此誤有脊。但彼是尸食而舉者，故有脊；此隋祭不合有也。云「藏之以依神」者，此義與祭地埋之同，故云依神也。

世婦掌女宮之宿戒，及祭祀，比其具。女宮，刑女給宮中事者。宿戒，當給事，豫告之齊戒也。比，次也。具，所濯摡及粢盛之爨。鄭司農「比」讀爲「庀」。庀，具也。○比，本亦作庀，鄭毗志反，注及下同；司農匹氏反；劉芳美反，沈又上二反。【疏】注「女宮」至「具也」。○釋曰：此世婦是宮卿之官也。言「女宮，刑女給宮中之事」者，古者從坐，男女沒入縣官，男子爲奴隸，女子入官給使役，故云刑女也。云「宿戒，當給事，豫告之齊戒也」者，此亦祭前十日戒之使齊，祭前三日又宿之，故宿戒並言。知比具所濯摡及粢盛之爨者，濯摡、粢盛皆婦人之事。二十七世婦職云「帥女宮而濯摡，爲齍盛」，儀禮特牲云「主婦視饎爨」，饎爨亦女宮之事，故知也。先鄭云「庀，庀具也」者，先鄭周禮內有比皆爲庀具釋之。

詔王后之禮事。薦徹之節。【疏】注「薦徹之節」。○釋曰：知此詔王后之禮事是薦徹之節者，見外宗云「爲王后薦徹」，故知詔告是薦徹籩豆之節。

帥六宮之人共齍盛。帥世婦女御。○齍，音咨，下文同。【疏】注「帥世婦女御」。○釋曰：知帥六宮之人是世婦女御者，案二十七世婦職云「帥女宮爲齍盛」，女御職云「凡祭祀贊世婦」，鄭注云「助其帥涖女宮」，是以知齍盛世婦女御之事也。

相外內宗之禮事。同姓異姓之女有爵佐后者。○相，息亮反。【疏】注「同姓」至「后者」。○釋曰：鄭以同姓異姓之女有爵以解外內宗者，序官云「內宗，凡內女之有爵」者，是同姓之女有爵；又云「外宗，凡外女之有爵」者，是異姓之女有爵，故知之也。知相是佐后者，外宗云「佐后薦徹豆籩」，內宗云「及以樂徹，則佐傳豆籩」，注云「佐外宗」，故知外內宗轉相佐后，此官相之也。

大賓客之饗食，亦如之。比帥詔相其事同。【疏】

大賓至如之○釋曰賓客饗食王后亦有助王禮賓之法故內宰凡賓客之祼獻瑤爵皆贊注云謂王同姓及二王之後來朝覲爲賓客者祼之禮亞王而禮賓獻謂王饗燕亞王獻賓也瑤爵所以亞王酬賓也是其饗有后事也彼不言饗食之禮亦當有后助王之事故此言之也○注比帥至事同○釋曰此揔說上文四經所云比帥詔相言相取同其事則同故云亦如之耳

大喪比外內命婦之朝莫哭不敬者而苛罰之苛譴也○莫音暮下同苛胡何反譴棄戰反〔疏〕大喪至罰之○釋曰大喪謂王喪王喪則殯後有朝夕哭事外命婦朝廷卿大夫士之妻內命婦九殯已下以尊卑爲位而哭而有不敬者則呵責罰之

凡王后有㨗事於婦人則詔相鄭司農云謂爵婦人玄謂拜拜謝之也喪大記曰夫人亦拜寄公夫人於堂上〔疏〕注鄭司至堂上○釋曰先鄭云謂爵婦人者此經自以爲一義不達上大喪之事言爵婦人者天子命其臣后亦命其婦是爵命婦人也言王后有拜事於婦人謂受爵命之時有拜謝王后也後鄭不從者上言大喪下言后之拜事則所拜者爲大喪而拜故引喪大記爲證但喪大記所云者是諸侯之喪主人拜寄

公於門西夫人亦拜寄公夫人於堂上其寄公與主人體敵故也明知天子之喪世子亦拜二王後於堂下后亦拜二王後夫人於堂上可知是以僖公二十四年左氏傳云宋公過鄭鄭伯問禮於皇武子武子對曰宋於周爲客天子有事膰焉有喪拜焉謂王喪二王後來奔喪王拜之明二王後夫人來弔后有拜法若然二王後夫人得有赴王喪者或夫人家在畿內來歸寧值王喪則弔赴也

凡內事有達於外官者世婦掌之主通之使相共授〔疏〕注主通至共授○釋曰王后六宮之內有徵索之事須通達於外官者世婦宮卿主通之使相共給付授之也

內宗掌宗廟之祭祀薦加豆籩加爵之豆籩故書爲籩豆鄭司農云謂婦人所薦杜子春云當爲豆籩〔疏〕內宗至豆籩○釋曰婦人無外事惟有宗廟祭祀薦加豆籩以豆籩是婦人之事故薦之○注加爵至豆籩○釋曰鄭知加豆籩是加爵之豆籩者以其食後稱加特牲少牢食後三獻爲正獻其後皆有加爵今天子禮以尸既食後亞獻尸爲加此時薦之故云加爵之豆籩即醢人籩人加豆加籩之實是也○

及以樂徹則佐傳豆籩佐傳佐外宗○傳直專反注同〔疏〕注佐傳佐外宗○釋曰鄭知佐外宗者見外宗云佐王后薦玉豆籩故云佐外宗也但籩豆若於神前徹之傳與外宗外宗傳與內宗內宗傳與外者故知佐傳也

賓客之饗食亦如之王后有事則從大喪序哭者次序外內宗及命婦哭王○從才用反〔疏〕賓客至如之○釋曰饗食賓客俱在廟饗食訖徹器與祭祀同亦后徹外內宗佐傳故云亦如之○王后有事則從○釋曰內宗於后有事皆從故於此揔結之也○注次序至哭王○釋曰知次序外內宗者見外宗云大喪則敘外內朝莫哭者故知所次序有外內宗也知有命婦者上世婦職已云大喪比外內命婦之朝莫哭者故序哭中有命婦也

哭諸侯亦如之凡卿大夫之喪掌其弔臨王后弔臨諸侯而已是以言掌卿大夫云〔疏〕哭諸侯亦如之○釋曰此諸侯來朝薨於王國王爲之緦衰者也若檀弓云以爵弁純衣哭諸侯彼謂薨於本國王遥哭之則婦人不哭之婦人無外事故也○注王后至大夫云○釋曰云王后弔臨諸侯而已是以言掌卿大夫云者

諸侯爲賓王后弔臨之卿大夫已臣輕故王后不弔故遣內宗掌弔臨之事明爲后掌之若然天官世婦云掌弔臨于卿大夫之喪者彼爲王故彼注云王使往弔也此后不弔臨大夫之喪案喪大記諸侯夫人弔臨卿大夫者諸侯臣少故也

外宗掌宗廟之祭祀佐王后薦玉豆眡豆籩及以樂徹亦如之眡視其實〔疏〕外宗至如之○釋曰云佐王后薦玉豆者凡王之豆籩皆玉飾之餘文豆籩不云玉者文畧皆有玉可知若然直云薦豆不云籩者以豆云玉畧籩不言義可知也云眡豆籩者謂在堂東未設之時眡其實也云及以樂徹亦如之者亦佐后也猶仍有內宗佐傳也

王后以樂羞齍則贊贊猶佐也○齍音咨〔疏〕王后至則贊○釋曰羞進也齍黍稷也后進黍稷之時依樂以進之言則贊者亦佐后進之案九嬪職云凡祭祀贊玉齍贊后薦徹豆籩則薦徹俱言玉齍玉敦盛黍稷言贊不言徹則后薦而不徹也其徹諸官爲之故楚茨詩云諸宰君婦廢徹不遲黍稷宰徹之若然豆籩與齍此官已贊九嬪又贊者以籩豆及黍稷器多故諸官共贊

凡王后之獻亦如之獻獻酒於尸〔疏〕

注獻獻酒於尸○釋曰云獻獻酒於尸者則朝餞饋獻及酳尸以食後酳尸亦是獻獻中可以兼之亦贊可知也王后不與則贊宗伯後有故不與祭宗伯攝其事○與音預注同〔疏〕注后有至其事○釋曰案宗伯云凡大祭祀王后不與則攝而薦徹豆籩若然宗伯非直攝其祼獻而已於后有事豆籩及簠簋等盡攝之耳小祭祀掌事賓客之事亦如之小祭祀謂在宮中〔疏〕注小祭至宮中○釋曰知小祭祀謂在宮中者以其后無外事故知謂宮中宮中小祭祀則祭法王立七祀七祀之中行中霤司命大厲是外神后不與惟有門戶竈而已案小司徒云小祭祀奉牛牲注云小祭祀王玄冕所祭者彼兼外神故以玄冕該之也云賓客之事亦如之者饗食亦掌事如小祭祀也大喪則敘外內朝莫哭者哭諸侯亦如之內內外宗及外命婦〔疏〕注內內至命婦釋曰經直云外內鄭云內外宗及外命婦則內中以兼外宗外中不兼內命婦也經不云內外宗內外命婦者意欲見內是內宗舉內以見外其外中則不得舉外以見內以其內命婦九嬪敘之也故九嬪職云大喪帥敘哭者注云后哭衆乃哭是內命婦九嬪敘之故鄭亦不言內命婦也

周禮疏卷二十一

附釋音周禮注疏卷第二十一

盧氏宣旬校

大清嘉慶二十年重刊　用文選樓藏本校

知南昌府張敦仁署鄱陽縣候補知縣周澍栞

周禮注疏卷二十一挍勘記　阮元撰盧宣旬摘錄

附釋音周禮注疏卷第二十一

典命

此乃臣之儀也　浦鏜云乃下疑脱諸

則爲二伯分陝者也　監本陝作陜○按从二入合說文

自外雖是周之同族　閩本同監毛本之誤公

其士一命　余本閩監毛本同唐石經岳本嘉靖本一作壹下同當據正

廊中無相　浦鏜云廟誤廊

當執圭璋也　惠挍本同閩監毛本執改以

此命卿亦是夏殷法　監本亦字空缺

周禮疏卷二十一挍勘記　一

五等諸侯同　閩本同監毛本同誤國

爲三命命足矣　按下命字疑衍

卽有貳車　閩監毛本貳改二非

司服

祭社稷五祀則希冕　唐石經諸本同釋文希冕本又作絺

毳罽衣也　余本嘉靖本同釋文亦作罽衣閩監毛本作罽譌

希讀爲絺或作黹字之誤也　賈疏引書注鄭君讀希爲黹黹紩也漢讀考據此謂當云希讀爲黹或作絺字之誤也以作絺爲字誤鄭所不從也下文希以希刺二希皆當作黹

今尊其祭服　閩監毛本今誤令

天作詩是袷之祭禮　閩監毛本禮誤祀

謂刺𧜞爲繡次毛本繪誤繪○按刺當作刺七迹切凡注疏中刺繡字同此

以有兩翼即曰鳥閩監毛本即改則

今時伍伯緹衣余本嘉靖本同閩監毛本伍改五按賈疏引注作伍伯云伍行也伯長也然則今本作五伯非

故書弁作絣毛本絣誤絣

鄭司農絣讀爲弁而加環絰宋本嘉靖本疊弁字

云佗國之臣則皮弁者閩監毛本佗誤陀

爲其妻出則不弔浦鏜云服誤弔

衰在內閩監毛本同誤也余本嘉靖本衰作哀當據以訂正下衰在外同○今訂正

大荒饑饉也余本嘉靖本同閩監毛本饑作飢賈疏引注亦作飢非○按作饑則合於說文字指

士之衣袂此本及監本袂誤袂今訂正

大夫已上侈之葉抄釋文作以上移之

惟在周公文王廟中閩監毛本同此本缺一頁浦鏜云文誤又○缺頁今補

不得申上服之意也宋本申作由

則此奠衣服也者浦鏜云也者蓋誤倒按疑作是也

所藏於椁中者閩本同監毛本椁改槨

典祀

掌其政令余本閩本同疏標起訖亦云典祀至政令唐石經嘉靖本監毛本作禁令按釋曰掌其禁令者謂遮列不得有人來入域中故云禁令則賈本亦爲禁令此作政誤

典祀至政令閩本同監毛本改禁令是也

芟埽之徵召也余本嘉靖本掃作埽此從手者俗作

守祧

注守祧至諸侯閩監毛本守祧改廟謂是也○今依訂正

士虞記文閩監毛本記誤禮

黝讀爲幽幽黑也諸本同漢讀考謂當作幽讀爲黝黝黑也以上經注黝字皆當作幽○按此亦以注改經復以經改注之一

又湆滌濯惠挍本同閩監毛本湆改謂非

祝命挼祭尸取菹梗于醢監毛本祝誤祀閩監毛本挼誤授按梗爲挭之誤

世婦

比其具釋文比本亦作庀按注云比次也又司農讀爲庀庀具也作庇非

具所濯摡及粢盛之爨余本岳本嘉靖本同閩監毛本摡作溉非疏同

比帥詔相其事同閩本岳本嘉靖本同閩監毛本比誤此○按比帥詔相上文四事也

凡王后有擠事於婦人余本同唐石經嘉靖本擠作擠當據正閩本作摻監毛本作摻皆訛

得有赴王喪者此本王字剜擠閩監毛本遂排入

內宗

佐王后薦玉豆籩閩監毛本玉誤王

故於此揔結之也惠挍本同閩監毛本於改以

外宗

視視其實余本嘉靖本同閩監毛本上視作眂○按注易經古字爲今字則弟一字已改淺人乃以經改注

凡祭祀贊玉齍　閩監毛本玉誤王

獻獻酒於尸　閩監毛本同余本嘉靖本於改于非

注獻獻酒於尸〇釋曰　閩本同監毛本脱上六字

周禮注疏卷二十一校勘記終

南昌袁泰開栞

附釋音周禮注疏卷第二十二

鄭氏注　賈公彥疏

冢人掌公墓之地，辨其兆域而爲之圖。先王之葬居中，以昭穆爲左右。公君也。圖謂畫其地形及丘壠所處而藏之。先王造塋者，昭居左，穆居右，夾處東西。○夾，古洽反，劉古協反。○【疏】注公君至東西○釋曰：訓公爲君者，言公則諸侯之通稱，言君則上通天子。此既王之墓域，故訓爲君也。云圖謂畫其地形及丘壠所處而藏之者，謂未有死者之時，先畫其地之形勢，豫圖出其丘壠之處。丘壠之言，即下文丘封是也。既爲之圖，明藏掌後須葬者依圖置之也。云先王造塋者，但王者之都有遷徙之法，若文王居豐，武王居鎬，平王居於洛邑，所都而葬，即是造塋者也。若文王在豐，葬於畢，子孫皆就而葬之，即以文王居中，文王弟當穆，則武王爲昭居左，成王爲穆居右，康王爲昭居左，昭王爲穆居右，已下皆然。至平王東遷，死葬即又是造塋者，子孫據昭穆夾處東西。若然，兄死弟及，俱爲君，則以兄弟爲昭穆，以其弟已爲臣，臣子一列，則如父子，故別昭穆也。必知義然者，案文二年秋八月，大事于大廟，躋僖公，謂以惠公當昭，隱公爲穆，桓公爲昭，莊公爲穆，閔公爲昭，僖公爲穆，今升僖公於閔公之上爲昭，閔公爲穆，故云逆祀也。知不以兄弟同昭位，升僖公於閔公之上爲逆祀者，案定公八年經云從祀先公，傳曰順祀先公而祈焉。若本同倫，以僖公升於閔公之上，則以後諸公昭穆不亂，何因至定八年始云順祀乎？明本以僖閔昭穆別，故於後皆亂也。若然，兄弟相事，後事兄爲君，則昭穆易可知。但置塋以昭穆夾處，與置廟同也。○

凡諸侯居左右以前，卿大夫士居後，各以其族。子孫各就其所出王，以尊卑處其前後，而亦併昭穆。○併，薄泠反。○【疏】凡諸侯居至其族○釋曰：言凡者，以其非一，故并卿大夫以凡之。此因上而言，以其王之子孫皆適爲天子，庶爲諸侯卿大夫士。若出封畿外爲諸侯卿大夫士者，因彼國葬而爲造塋之主。今言諸侯卿大夫士者，謂上文先王子孫爲畿內諸侯王朝卿大夫士，死者則居先王前後之左右。言居左右者，若父爲天王是昭，則子爲穆居右；若父是穆，則子爲昭居左。爲卿大夫居後亦然。但昭穆不定，故左右俱言，謂一父之前後左右並有也。云各以其族者，謂次第假令同昭穆，兄當近王墓，弟則遠王墓爲次第。諸侯言左右，卿大夫士下云各以其族，互相通也。○注子孫至昭穆○釋曰：言子孫者，據造塋者所生爲子，已後左右王之所生，累世皆是孫。言以尊卑處其前後者，尊謂諸侯，卑謂卿大夫士。云亦併昭穆者，謂兄弟同倫，當昭自與昭併，當穆自與穆併，不謂昭穆併有也。○

凡死於兵者，不入兆域。戰敗無勇，投諸塋外以罰之。○【疏】注戰敗至罰之○釋曰：曲禮云死寇曰兵，注云當饗祿其後，即下文云凡有功者居前是也。此是戰敗，故投之塋外罰之也。○

凡有功者居前。居王墓之前處昭穆之中央。○【疏】注居王至中央○釋曰：云居前，則不問爲諸侯與卿大夫士，但是有功則皆得居王墓之前以表顯之也。此則曲禮云死寇曰兵，兼餘功，若司勳王功、事功、國功之等皆是也。言處昭穆之中央者，上云諸侯居左右已前，即是昭居左，穆居右，今云昭穆之中央，謂正當王冢前，由其有功，故特居中顯異之也。

以爵等爲丘封之度與其樹數。別尊卑也。王公曰丘，諸臣曰封。漢律曰：列侯墳高四丈，關內侯以下至庶人各有差。○別，彼列反。【疏】以爵至樹數○釋曰：此文自王已下皆有，而云爵等爲丘封之度，則天子亦是爵號也。雖云度與樹數，天子已下無差次之文。○注別尊至有差○釋曰：云別尊卑，尊者丘高而樹多，卑者封下而樹少，故云別尊卑也。鄭知王公曰丘、諸臣曰封者，此無正文。爾雅云土之高者曰丘，高丘曰阜，是自然之物，故屬之王公也。聚土曰封，人所造，故屬之諸臣。若然，則公中可以兼五等也。鄭引漢律者，周禮丘封高下樹木之數無文，以漢法況之也。若然，案春秋緯云：天子墳高三刃，樹以松；諸侯半之，樹以柏；大夫八尺，樹以藥草；士四尺，樹以槐；庶人無墳，樹以楊柳。鄭不引之者，以春秋緯或說異代，多與周禮乖，故不引，或鄭所不見也。王制云庶人不封不樹，而春秋緯云庶人樹以楊柳者，以庶人禮所不制，故樹楊柳也。

大喪既有日，請度甫竁，遂爲之尸。甫始也。請量度所始竁之處地。爲尸者，成葬爲祭墓地之尸也。鄭司農云：既有日，既有葬日也。始竁時，祭以告后土，冢人爲之尸。○度，待洛反，注量度同。【疏】大喪至之尸○釋曰：大喪謂王喪。有日謂葬日，天子七月而葬，葬用下旬。云請度甫竁者，謂冢人請於冢宰，量度始穿地之處也。言遂爲尸者，因事曰遂，初請量度，至葬訖祭墓，故冢人遂爲尸也。○注甫始至之尸○釋曰：先鄭以遂爲之尸，據始穿時祭墓地冢人爲之尸；後鄭據始穿時無祭事，至葬訖成墓，乃始祭墓，故冢人爲尸不從先鄭者見小宗伯云卜葬兆甫竁哭之又云既葬詔相喪祭之禮喪祭謂虞祔下乃云成葬而祭墓爲位據彼文則初穿地時無祭墓地之事葬訖乃有祭墓地即此遂爲之尸一也故後鄭不從先鄭若然引之在下者小宗伯雖無初祭墓地之事亦得通一義故引之在下

及竁以度爲丘隧共喪之窆器

隧羨道也度丘與羨道廣袤所至窆器下棺豐碑之屬喪大記曰凡封用綍去碑負引君封以衡大夫以咸○窆彼驗反又補鄧反去起呂反咸本又作緘同古緘反○【疏】及竁至窆器○釋曰上經已甫竁祭墓訖此經復云及竁以度爲丘隧者此更本初欲竁之時先量度作丘作隧道之處廣狹長短故文重耳○注隧羨至以咸○釋曰以案僖二十五年左傳云晉文公請隧不許王曰未有代德而有二王則天子有隧諸侯已下有羨道隧與羨異者隧道則上有負土謂若鄭莊公與母掘地隧而相見者也羨道上無負土若然隧與羨別而鄭云隧羨道者對則異散則通故鄭擧羨爲況也云下棺豐碑之屬者此按檀弓公肩假云公室視豐碑三家視桓楹鄭注云豐大也天子斲大木爲碑形如石碑前後重鹿盧是大碑之事言之屬者仍有六綍之等故引喪大記也凡封者封即窆謂下棺云執綍去碑負引者謂天子千人分執六紼諸侯五百人分執四紼其棺當於壙上執紼者皆負紼背碑以鼓爲節而下之云君封以衡大夫以咸者衡橫也謂以木橫之於棺傍乃以紼繫木下棺大夫以咸者大夫卑不得以木橫之直有棺傍咸耳以紼繫之而下棺也彼諸侯及大夫法但天子無文故引之以爲證天子之法耳

及葬言鸞車象人

鸞車巾車所飾遣車也亦設鸞旗鄭司農云象人謂以芻爲人言言問其不如法度者玄謂言猶語也語之者告當行若於生存者於是巾車行之孔子謂爲芻靈者善謂爲俑者不仁非作象人者不殆於用生乎○巾如字劉居覲反語魚據反下同俑音勇【疏】及葬至象人○釋曰及至也謂至葬冢人語巾車之官將明器鸞車及象人使行向壙○注鸞車至生乎○釋曰云鸞車巾車所飾遣車也者巾車職云大喪飾遣車遣車則明器遣送死者之車也云亦設鸞旗者以其遣車有鸞和之鈴兼有旌旂經直云鸞車不言鸞旗故鄭言之以其於旗在車所建故知有車亦有旗先鄭云象人謂以芻爲人者後鄭不從以其上古有芻人至周不用而用象人則象人與芻靈別也云言言問其不如法度者此後鄭亦不從以其臨葬不得始問其不如法度玄謂語之者告當行若於生存者於是巾車行之者遣車之數依檀弓云諸侯七乘大

夫五乘鄭云天子九乘遣車所載所苞大遣奠大夫苞五个諸侯七个天子當九个令向壙巾車抱之而行也云孔子謂爲芻靈者善謂爲俑者不仁非作象人者不殆於用生乎者此檀弓文彼鄭云俑偶人也謂以爲木人與生人相對偶有似於人此則不仁又云非作象人不殆於用生乎哉是記人釋孔子語殆近也言用象人不用於生人乎是孔子善古而非周人也鄭引此者欲破先鄭以芻靈與象人爲一若然則古時有塗車芻靈至周仍存塗車唯改芻靈爲象人○

及窆執斧以涖

臨下棺也○涖音利又音類○【疏】及窆執斧以涖○釋曰案鄉師云執斧以涖匠師則此亦臨匠師兩官俱臨者葬事大故二官共臨也○

遂入藏凶器

凶器明器【疏】注凶器明器○釋曰因上文窆下棺訖即遂入壙藏明器明器即檀弓云木不成斲瓦不成味琴瑟張而不平笙竽備而不和神明死者之器者也

正墓位蹕墓域守墓禁

位謂丘封所居前後也禁所爲塋限【疏】正墓至墓禁○釋曰墓位即上文昭穆爲左右是須正之使不失本位墓域即上文兆域是也謂四畔溝兆蹕謂止行人不得近之守墓禁謂禁制不得漫入也○注位謂至塋限○釋曰云丘封所居前後者即上文爲諸侯及有功者居前爲卿大夫士者居後是也云禁所爲塋限者謂禁者以塋域爲限而禁之○

凡祭墓爲尸

祭墓爲尸或禱祈焉鄭司農云爲尸冢人爲尸【疏】注祭墓至爲尸○釋曰後鄭知此祭墓爲禱祈者上文遂爲尸是墓新成祭后土此文云凡非一故知謂禱祈也先鄭云爲尸冢人爲尸者上文祭墓謂始穿地時此文據成墓爲尸後鄭以此亦得通一義故引之在下是以禮記檀弓云有司舍奠於墓左彼是成墓所祭亦引此凡祭墓爲尸證成墓之事也○

凡諸侯及諸臣葬於墓者授之兆爲之蹕均其禁

【疏】凡諸至其禁○釋曰上文唯見王及子孫之墓地不見同姓異姓諸侯之墓地故此經摠見之若然此墓地舊有兆域今新死者隨即授之耳

墓大夫掌凡邦墓之地域爲之圖

凡邦中之墓地萬民所葬地【疏】注凡邦至葬地○釋曰鄭知邦中之墓地是萬民葬地者以其冢人掌王墓地下文云令國民族葬非有爵者故知經邦墓是萬民若然下云掌其度數鄭云度數爵等之大小而見有爵者謂本爲庶人設墓其有子孫爲卿大

夫士其葬不離父祖故兼見卿大夫士也**令國民族葬而掌其禁令**族葬各從其親【疏】注族葬各從其親○釋曰經云族葬則據五服之內親者共爲一所而葬異族即別塋知族是五服之內者見左傳哭諸之例云異姓臨於外同姓於宗廟同宗於祖廟同族於禰廟故知族是服內是以鄭云各從其親也**正其位掌其度數**位謂昭穆也度數爵等之大小【疏】注位謂至大小○釋曰凡萬民墓地亦如上文豫有招穆爲左右故云正其位云度數爵等之大小者亦如冢人云丘封之度與其樹數也○**使皆有私地域**古者萬民墓地同處分其地使各有區域得以族葬後相容○【疏】注古者至相容○釋曰知古者墓地同處者上文云族葬是同處云使相容者釋經私地域也**凡爭墓地者聽其獄訟**爭墓地相侵區域○**帥其屬而巡墓厲居其中之室以守之**厲塋限遮列處鄭司農云居其中之室有官寺在墓中○【疏】帥其至守之○釋曰云帥其屬者墓大夫帥下屬官也云巡墓厲者謂墓大夫帥其屬巡行遮列之處云居其中之室以守之者謂萬民葬地族葬地中央爲室而萬民各自守之注先鄭云官寺寺則室也

職喪掌諸侯之喪及卿大夫士凡有爵者之喪以國之喪禮涖其禁令序其事國之喪禮喪服士喪既夕士虞今存者其餘則亡事謂小斂大斂葬也○【疏】職喪至其事○釋曰言諸侯者謂畿內王子母弟得稱諸侯者若司裘云諸侯共熊侯豹侯者也言凡有爵者還是卿大夫士言凡以該之耳云序其事者謂若襲斂殯葬先後之事○注國之至葬也○釋曰云國之喪禮喪服士喪既夕士虞今存者此據儀禮之內見在者而言故云今存者但士喪禮始死時事既夕葬時事士虞葬訖及日中而虞事也云其餘則亡者但儀禮本事義三千條其時有天子諸侯卿大夫士喪與既夕及虞卒哭與祔小祥大祥禮皆有遭暴秦而亡漢興唯得十七篇高堂生所傳即今儀禮是也故云其餘則亡云事謂小斂大斂葬也者舉大事而言其間仍有襲事亦掌之下文別見祭故此不兼也**凡國有司以王命有事焉則詔贊主人**有事謂含襚贈賵之屬詔贊者以告主人佐其受之鄭司農云凡國謂諸侯國有司謂王有司也以王命有事職喪主詔贊主人玄謂凡國有司有司從王國以王命往○賵芳鳳反○【疏】注有事至命往○釋曰知有事謂含襚贈賵之屬者春秋云王使榮叔歸含且賵又兩小傳皆言衣被曰襚貨財曰賻車馬曰賵珠玉曰含明知有含襚贈賵之屬又案士喪禮兼有贈賵無常惟玩好是也不言賻者賻施於生者故亦不言也先鄭云凡國謂諸侯國有司謂王有司也後鄭不從者下文云公有司豈得公分之爲諸侯有司爲王有司乎明此國有司亦不得分之也故後鄭云國有司有司從王國以王命往向喪家者也**凡其喪祭詔其號治其禮**鄭司農云號謂諡號玄謂告以牲號齍號之屬當以祝之○齍音咨【疏】凡其至其禮○釋曰喪祭餘文皆爲虞此言凡者以其喪中自相對則虞爲喪祭卒哭爲吉祭若對二十八月爲吉祭則祥禫已前皆是喪祭故言凡以該之是以鄭亦不言喪祭爲虞也云治其禮者案大宗伯亦云治其禮鄭云謂簡習其事此治其禮義亦然也○注鄭司至祝之○釋曰先鄭云號謂諡號後鄭不從者小宗伯云小喪賜諡讀誄不在此故後鄭云告以牲號齍號之屬當以祝之有牲號齍號謂若特牲少牢云柔毛剛鬣嘉薦普淖皆是祝辭故云當以祝之也**凡公有司之所共職喪令之趣其事**令令其當共物者給事之期也有司或言公或言國言國者由其君所來居其官曰公謂王遣使奉命有贈之物各從其官出職喪當催督也【疏】注令至督也○釋曰云令令其當供物者給事之期也者此謂諸官依法合供給喪家者不待王命職喪依式令之使相供云有司或言公或言國言國者由其君所來者解稱國之意君則王也云居其官曰公者謂不須王命自居其官之職往供則曰公公謂官之常職也

春官宗伯下

大司樂掌成均之灋以治建國之學政而合國之子弟焉鄭司農云均調也樂師主調其音大司樂主受此成事已調之樂玄謂董仲舒云成均五帝之學成均之法者其遺禮可法者國之子弟公卿大夫之子弟當學者謂之國子文王世子曰於成均以及取爵於上尊然則周人立此學之宮【疏】大司至弟焉○釋曰云掌成均之法以治建國之學政者成均五帝學名建立

也周人以成均學之舊法式以立國之學內政教也云而合國之子弟焉者大司樂合聚國子弟將此以教之○注鄭司至之宮○釋曰先鄭云均調也樂師主調其音大司樂主受此成事已調之樂者案樂師惟教國子小舞大司樂教國子大舞其職有異彼樂師又無調樂音之事而先鄭云樂師主調其音大司樂主受其成事義理不可且董仲舒以成均爲五帝學故依而用之玄謂董仲舒云成均五帝之學者前漢董仲舒作春秋繁露繁多露潤爲春秋作義潤益處多彼云成均五帝學也云成均之法者其遺禮可法者鄭見經掌成均之法即是有遺禮可法效乃可掌之故知有遺禮也云國之子弟公卿大夫之子弟當學者謂之國子者案王制云王大子王子公卿大夫元士之適子國之俊選皆造焉此不言王大子王子與元士之子及俊選者引文不具此云弟者則王子是也自公以下皆適子乃得入也云文王世子曰於成均以及取爵於上尊者案彼文上云或以德進或以事舉或以言揚又云曲藝皆誓之以待又語三而一有焉乃進其等注云進於衆學者又云以其序謂之郊人遠之於成均以及取爵於上尊也彼鄭注云董仲舒曰五帝名大學曰成均則虞庠近是也天子飲酒於虞庠則郊人亦得酌於上尊以相旅鄭引之者證成均是學意若如先鄭以義解之何得於中

飲酒故知先鄭之義非也云然則周人立此學之宮者即虞庠之學是也若然案王制有虞氏名學爲上庠下庠至周立小學在西郊者曰虞庠堯已上當代學亦各有名無文可知但五帝揔名成均當代則各有別稱謂若三代天子學揔曰辟雍當代各有異名也

凡有道者有德者使教焉死則以爲樂祖祭於瞽宗道多才藝者德能躬行者若舜命夔典樂教胄子是也死則以爲樂之祖神而祭之鄭司農云瞽樂人樂人所共宗也或曰祭於瞽宗祭於廟中明堂位曰瞽宗殷學也泮宮周學也以此觀之祭於學宮中○瞽音古夔求龜反胄子音胄本亦作冑泮音判本亦作頖同

【疏】注道多至宮中○釋曰經直言道鄭知是多才藝者以其云道通物之名是已有才藝通教於學子故知此人多才藝耳但才藝與六藝少別知者見雍也云求也藝鄭云藝多才藝又憲問云冉求之藝文之以禮樂禮樂既是六藝明上云藝非六藝也此教樂之官不得以六藝解之故鄭云道多才藝也云德能躬行者案師氏注德行外內之稱在心爲德施之爲行彼釋三德三行爲外內此云德能躬行則身內有德又能身行尚書傳說云非知之艱行之惟艱則此人非直能知亦能身行故二者皆使教焉死則以爲樂之祖神而祭之先鄭云瞽樂人樂人者序官上瞽中瞽下瞽皆是瞽矇掌樂事故云瞽樂人樂人所共宗也云或曰祭於瞽宗祭於廟中者此說非故引明堂位爲證是殷學也祭樂祖必於瞽宗者案文王世子云春誦夏弦大師詔之瞽宗以其教樂在瞽宗故祭樂祖還在瞽宗雖有學干戈在東序以誦弦爲正文王世子云禮在瞽宗書在上庠鄭注云學禮樂於殷之學功成治定與已同則學禮樂在瞽宗祭禮先師亦在瞽宗矣若然則書在上庠書之先師亦祭於上庠其詩則春誦夏弦在東序則祭亦在東序也故鄭注文王世子云禮有高堂生樂有制氏詩有毛公書有伏生億可以爲之也是皆有先師當祭可知也祭義云祀先賢於西學所以教諸侯之德是天子親祭之不見祭先聖者文不備祭可知

以樂德教國子中和祗庸孝友中猶忠也和剛柔適也祗敬庸有常也善父母曰孝善兄弟曰友○

【疏】以樂至孝友○釋曰此必使有道有德者教之此是樂中之六德與教萬民者少別○注中猶至曰友○釋曰此六德其中和二德取大司徒六德之下孝友二德取大司徒六行之上其祗庸二德與彼異自是樂德所加也云中猶忠也和剛柔適也注大司徒與此同祗敬庸有常也並訓而見其義也善父母曰孝善兄弟曰

友爾雅釋訓文也○

以樂語教國子興道諷誦言語興者以善物喻善事道讀曰導導者言古以剴今也倍文曰諷以聲節之曰誦發端曰言答述曰語○興道許應反劉虛甑反注同下音導諷方鳳反剴古愛反劉古哀反倍音佩

【疏】注興者至曰語○釋曰此亦使有道有德教之云興者以善物喻善事者謂若老狼興周公之輩亦以惡物喻惡事不言者鄭舉一邊可知云道讀曰導者取導引之義故讀從之云導者言古以剴今也者謂若詩陳古以刺幽王厲王之輩皆是云倍文曰諷者謂不開讀之云以聲節之曰誦者此亦皆背文但諷是宜言之無吟詠誦則非直背文又爲吟詠以聲節之爲異文王世子春誦注誦謂歌樂歌樂即詩也以配樂而歌故云歌樂亦是以聲節之襄二十九年季札請觀周樂而云爲之歌齊爲之歌鄭之等亦是不依琴瑟而云歌此皆是徒歌曰謠亦得謂之歌若依琴瑟謂之歌即毛云曲合樂曰歌是也云發端曰言答述曰語者詩公劉云于時言言于時語語毛云直言曰言答述曰語許氏說文云直言曰論答難曰語論者語中之別與言不同故鄭注雜記云言言己事爲人說爲語

以樂舞教國子舞雲門大卷大咸大磬大

夏大濩大武此周所存六代之樂黃帝曰雲門大卷黃帝能成名萬物以明民共財言其德如雲之所出民得以有族類大咸咸池堯樂也堯能殫均刑法以儀民言其德無所不施大磬舜樂也言其德能紹堯之道也大夏禹樂也禹治水傅土言其德能大中國也大濩湯樂也湯以寬治民而除其邪言其德能使天下得其所也大武武王樂也武王伐紂以除其害言其德能成武功○大卷大劉皆音泰咸如字卷音權又卷勉反又居遠反沈又居勉反磬上昭反濩戶故反共音恭殫時戰反傅音孚或音附邪似嗟反 疏 以樂至大武○釋曰此大司樂所教是大舞樂師所教者是小舞案內則云十三舞勺成童舞象舞象謂戈皆小舞又云二十舞大夏即此六舞也特云大夏者鄭云樂之文武中其實六舞皆樂也保氏云教之六樂二官共教者彼教以書此教以舞故共其職也○注此周至武功○釋曰案下文以六舞云大合樂明此舞是六代樂必知此六舞雲門已下是黃帝堯舜夏殷周者並依樂緯及元命包彼云雲門黃帝樂以下及堯舜等皆陳故知黃帝已下也云黃帝曰雲門大卷黃帝能成名萬物以明民共財者祭法文彼云百物不云萬物萬物即百物云言其德如雲之所出民得以有族類者鄭釋此雲門大卷二名云德如雲之所出解雲門云

民得以有族類解大卷卷者卷聚之義即族類也故祭法云正名百物以明民是也云大咸咸池堯樂也堯能殫均刑法以儀民者祭法文彼云義終此云儀民引其義不引其文云言其德無不施者解咸池之名咸皆也池施也言堯德無所不施者案祭法注云賞賞善謂禪舜封禹稷等也義終謂既禪二十八載乃死是也云大磬舜樂也言其德能紹堯之道也者元命包云舜之民樂其紹堯之業樂記云韶繼也注云言舜能繼紹堯之德是也云大夏禹樂也禹治水傅土言其德能大中國也者案禹貢云敷土敷布也布治九州之水土是敷土之事也樂記云夏大也注云禹樂名禹能大堯舜之德大中國即是大堯舜之德也元命包云禹能德並三聖德並三聖即是大堯舜之德亦一也云大濩湯樂也湯以寬治民而除其邪者亦祭法文彼云除其虐虐即邪亦一也或本作邪也云言其德能使天下得其所也者言護者即救護也救護使天下得其所也云大武武王樂也武王伐紂以除其害者亦祭法文彼云災災即害一也云言其德能成武功者此即克定禍亂曰武也案元命包云文王時民樂其興師征伐故曰武又詩云文王受命有此武功如是則大武是文王樂名而云武王樂者但文王有此武功不卒而崩武王卒其伐功以誅虐紂是武王成武功故周公作樂以大武爲武王樂也案樂記云大章章之也注云堯樂名也周禮闕之或作大卷又云咸池備矣注云黃帝所作樂名也堯增脩而用之周禮曰大咸與此經注樂名不同者本黃帝樂名曰咸池以五帝殊時不相沿樂堯若增脩黃帝樂體者存其本名猶曰咸池則此大咸也若樂體依舊不增脩者則改本名名曰大章故云大章堯樂也周公作樂更作大卷大卷則大章章名雖堯樂其體是黃帝樂故此大卷一爲黃帝樂也周公以堯時存黃帝咸池爲堯樂名則更與黃帝樂名立名名曰雲門則雲與大卷爲一名故下文分樂而序之更不序大卷也必知有改樂名之法者按條牒論云班固作漢書高帝四年作武德之樂又云高帝廟中奏武德文始注云舜之韶舞名秦始皇二十六年改名五行舞注云五行本周舞高帝六年改名文始五行之舞案此知有改樂之法也案孝經緯云伏犧之樂曰立基神農之樂曰下謀祝融之樂曰屬續又樂緯云顓頊之樂曰五莖帝嚳之樂曰六英注云能爲五行之道立根莖六英者六合之英皇甫謐曰少昊之樂曰九淵則伏犧已下皆有樂今此惟存黃帝堯舜禹湯者案易繫辭云黃帝堯舜垂衣裳鄭注云金天高陽高辛遵黃帝之道無所改作故不述焉則此所不存者義亦然也然鄭惟據五帝之中而言則三皇之樂不存者以質故也以六律六

同五聲八音六舞大合樂以致鬼神示以和邦國以諧萬民以安賓客以說遠人以作動物六律合陽聲者也六同合陰聲者也此十二者以銅爲管轉而相生黃鍾爲首其長九寸各因而三分之上生者益一分下生者去一焉國語曰律所以立均出度也古之神瞽考中聲而量之以制度律均鍾言以中聲定律以律立鍾之均大合樂者謂徧作六代之樂以冬日至作之致天神人鬼以夏日至作之致地祇物鬽動物羽蠃之屬虞書云夔曰戛擊鳴球搏拊琴瑟以詠祖考來格虞賓在位羣后德讓下管鼗鼓合止柷敔笙鏞以間鳥獸蹌蹌簫韶九成鳳皇來儀夔又曰於予擊石拊石百獸率舞庶尹允諧此其於宗廟九奏效應○說音悅長如字上生時掌反後上生皆同去一起吕反下文去樂及注同度待洛反徧音遍鬽眉冀反蠃力果反下蠃物同戛居八反劉古八反球音求搏音博拊方甫反鼗徒刀反柷昌六反敔本又作梧魚吕反間間廁之間蹌本又作蹌七羊反於予上如字劉音烏丁羊汝反應應對之應後皆同不更音○ 疏 以六至動物○釋曰鄉來說大司樂教國子以樂自此已下論用樂之事也云以六律六同者此舉

十二管以表其鍾樂器之中不用管也云大合樂者據薦腥之後合樂之時用之也此所合樂即下云若樂六變若樂八變若樂九變之等彼據祭天下神此據正祭合樂若然合樂在下神後而文退下神樂在後者以下神用一代樂此用六代六代事重故進之在上若然下神不亞合樂而隔分樂之後者以分樂序之皆用一代此三禘下神亦用一代若不隔分樂恐其相亂且使一變二變之等與分樂所用樂同故三神在下也云以致鬼神示者是據三禘而言云以和邦國已下亦據三禘之祭各包此數事故鄭引虞書以證宗廟○注六律合陽聲者也至奏效應○釋曰云六律合陽聲者也六同合陰聲者也者案大師云掌六律六同以合陰陽之聲是以據而言焉云此十二者以銅爲管者案典同先鄭云陽律以竹陰律以銅後鄭云皆以銅爲與此注義同也云轉而相生巳下據律歷志而言子午巳東爲上生子午巳西爲下生上生爲陽陽主息故三分益一下生爲陰陰主減故三分去一案律歷志黃鍾爲天統律長九寸林鍾爲地統律長六寸大簇爲人統律長八寸又云十二管相生皆八八上生下生盡於中呂陰陽生於黃鍾始於左旋八八爲位者假令黃鍾生林鍾是歷八辰自此已下皆然是八八爲位蓋象八風也國語者案彼景王將鑄無射問律於伶州鳩鳩對曰律所以

立均出度古之神瞽考中聲而量之以制度律均鍾百官執義鄭引之者欲取以六律六同均之以制鍾之大小須應律同也故鄭云言以中聲定律以律立鍾之均也云中聲謂上生下生定律之長短度律以律計自倍半而立鍾之均均即是應律長短者也云大合樂者謂徧作六代之樂者此經六樂即上六舞故知徧作六代之樂言徧作樂不一時俱爲待一代訖乃更爲故云徧作也云以冬日作之至物毳皆神仕職文案彼注致人鬼於祖廟致物毳於墠壇蓋用祭天地之明日若然此經合樂據三禘正祭天而引彼天地之小神及人鬼在明日祭之者但彼明旦所祭小神用樂無文彼神既多合樂之時當與此三禘正祭合樂同故彼此文同稱致但據彼正祭祭天地大神無宗廟之祭祭天明日兼祭人鬼與此爲異也云動物羽贏之屬者鄭不釋邦國之等直釋動物者以尚書不言動物故釋詁乃引尚書鳥獸之等證之也虞書者案古文在舜典是舜祭宗廟之禮案彼鄭注戛櫟也戛擊鳴球已下數器鳴球即玉磬也摶拊以韋爲之裝之以糠所以節樂云以詠者謂歌詩也云祖考來格者謂祖考之神來至也云虞賓在位者謂舜以爲賓即二王後丹朱也云羣后德讓者謂諸侯助祭者以德讓已上皆宗廟堂上之樂所咸也云下管鼗鼓已下謂舜廟堂下之樂故言下云合止柷

致者合樂用柷柷狀如漆筩中有椎搖之所以節樂故狀如伏虎背有刻以物櫟之所以止樂云笙鏞以間者東方之樂謂之笙笙生也東方生長之方故名樂爲生也鏞者西方之樂謂之鏞庸功也西方物熟有成功亦謂之頌頌亦是頌其成也以間者堂上堂下間代而作云鳥獸牄牄者謂飛鳥走獸牄牄然而舞也云簫韶九成鳳皇來儀者韶舜樂也若樂九變人鬼可得而禮故致得來儀儀匹謂致得雄曰鳳雌曰皇來儀止巢而乘匹案此下文六變致象物象物有象在天謂四靈之屬四靈則鳳皇是其一此六變彼九成者其實六變致之而言九者以宗廟九變爲限靈鳥又難致之物故於九成而言耳云夔又曰於予擊石拊石百獸率舞者此於下文別而言之故云又曰夔語舜云磬有大小予擊大石磬拊小石磬則感百獸相率而舞云庶尹允諧者庶衆也尹正也允信也言樂之所感使衆正之官信得其諧和云此其於宗廟九奏之效應者此經揔言三祀大祭但天地大祭效驗無文所引尚書惟有宗廟故指宗廟而言也然尚書云祖考即此經致鬼也虞賓即此經以安賓客羣后德讓即此經邦國也鳥獸鳳皇等即此經動物也庶尹允諧即此經以諧萬民以說遠人也○

乃分樂而序之以祭以享以祀分謂各用一代之樂

【疏】注分謂至之樂○釋曰此與下諸文爲揔目上揔云六舞令分此六代之舞尊者用前代卑者用後代使尊卑有序故云序若然經所先云祭地後云祀天者欲見不問尊卑事起無常故倒文以見義也

乃奏黃鍾歌大呂舞雲門以祀天神以黃鍾之鍾大呂之聲爲均者黃鍾陽聲之首大呂爲之合奏之以祀天神尊之也天神謂五帝及日月星辰也王者又各以夏正月祀其所受命之帝於南郊尊之也孝經說曰祭天南郊就陽位是也○正音征○

【疏】乃奏至天神○釋曰此黃鍾言奏大呂言歌者云奏據出聲而言云歌據合曲而說其實歌奏通也知不言歌歌據堂上歌詩合大呂之調謂之歌者春秋左氏傳云晉侯歌鍾二肆取半以賜魏絳魏絳於是有金石之樂彼據磬列肆而言是不在歌詩亦謂之歌明不據偏歌詩也襄四年晉侯饗穆叔云奏肆夏歌文王大明緜亦此類也○注以黃至是也○釋曰云以黃鍾之鍾大呂之聲者以經云奏奏者奏擊以出聲故據鍾而言大呂經云歌歌者發聲出音故據聲而說亦互而通也言爲均者案下文云凡六樂者文之以五聲播之以八音鄭云六者言其均皆待五聲八音乃成也則是言均者欲作樂先擊此二者之鍾以均諸樂是以鍾師云以鍾鼓奏九

夏鄭云先擊鍾次擊鼓論語亦云始作翕如也鄭云始作謂金奏是凡樂皆先奏鍾以均諸樂也必舉此二者以其配合是以鄭云黃鍾陽聲之首大呂爲之合也言合者此據十二辰之斗建與日辰相配合皆以陽律爲之主陰呂來合之是以大師云掌六律六同以合陰陽之聲注云聲之陰陽各有合黃鍾子之氣也十一月建焉而辰在星紀大呂丑之氣也十二月建焉而辰在玄枵大蔟寅之氣也正月建焉而辰在娵訾應鍾亥之氣也十月建焉而辰在析木已後皆然是其斗與辰合也云奏之以祀天神尊之也者以黃鍾律之首雲門又黃帝樂以尊祭尊故云尊之也云天神謂五帝及日月星辰也者案下云若樂六變天神皆降是昊天則知此天神非天帝也是五帝矣知及日月星者案大宗伯昊天在禋祀中日月星辰在實柴中鄭注云五帝亦用實柴之禮則日月星與五帝同科此下文又不見日月星別用樂之事故知此天神中有日月星辰可知其司中已下在槱燎中則不得入天神中故下文約與四望同樂也云王者又各以夏正月祀其所受命之帝於南郊尊之也者案易緯乾鑿度云三王之郊一用夏正郊特牲云兆日於南郊就陽位大傳云王者禘其祖之所自出以其祖配之若周郊東方靈威仰之等是王者各以夏正月祀其所受命之帝於南郊特尊之也云孝經說者說即緯也時禁緯故云說引之證與郊特牲義同皆見郊所感帝用樂與祭五帝不異以其所郊天亦是五帝故也

乃奏大蔟歌應鍾舞咸池以祭地示大蔟陽聲第二應鍾爲之合咸池大咸也地祇所祭於北郊謂神州之神及社稷○大蔟音太下七豆反下同〔疏〕乃奏至地示○釋曰地示卑於天神故降用大蔟陽聲第二及咸池也○注大蔟至社稷○釋曰云大蔟陽聲第二應鍾爲之合者以黃鍾之初九下生林鍾之初六林鍾之初六上生大蔟之九二是陽聲之第二也大蔟寅之氣也正月建焉而辰在娵訾應鍾亥之氣也而辰在析木是應鍾爲之合也云咸池大咸也者此云咸池上文云大咸以爲一物故云大咸也云地祇所祭於北郊謂神州之神者以其下文若樂八變者是崐崘大地即知此地祇非大地也是神州之神可知案河圖括地象云崐崘東南萬五千里曰神州是知神州之神也知祭於北郊者孝緯文以其與南郊相對故也知及社稷者以六冕差之社稷雖在小祀若薦祭言之大宗伯云以血祭祭社稷五祀五嶽用血與郊同又在五嶽之上故知用樂亦與神州同謂若日月星與五帝同也

乃奏姑洗歌南呂舞大磬以祀四望姑洗陽聲第三南呂爲之合四望五嶽四鎮四竇此言祀者司中司命風師雨師或亦用此樂與○竇本又作瀆同音獨與音餘○〔疏〕乃奏至四望○釋曰四望又卑於神州故降用陽聲第三及用大磬也○注姑洗至樂與○釋曰云姑洗陽聲第三南呂爲之合者以其南呂上生姑洗之九三是陽聲第三也姑洗辰之氣也三月建焉而辰在大梁南呂酉之氣也八月建焉而辰在壽星是南呂爲之合也云四望五嶽四鎮四竇者以大宗伯五嶽在社稷下山川上此文四望亦在社稷下山川上故知四望是五嶽四鎮四竇也云此言祀者司中司命風師雨師或亦用此樂與者以此上下更不見有司中等用樂之法又案大宗伯天神云祀地祇云祭人鬼云享四望是地祇而不云祭而變稱祀明經意本容司中等神故變文見用樂也○無正文故云或與以疑之也○

乃奏蕤賓歌函鍾舞大夏以祭山川蕤賓陽聲第四函鍾爲之合函鍾一名林鍾○蕤人誰反函胡南反函鍾林鍾也○〔疏〕注蕤賓至林鍾○釋曰云蕤賓陽聲第四者應鍾之六三上生蕤賓之九四是陽聲第四也云函鍾爲之合者蕤賓午之氣也五月建焉而辰在鶉首函鍾未之氣也六月建焉而辰在鶉火是函鍾之爲合也云函鍾一名林鍾者此周禮言函鍾月令云林鍾故云一名林鍾也○

乃奏夷則歌小呂舞大濩以享先妣夷則陽聲第五小呂爲之合小呂一名中呂先妣姜嫄也姜嫄履大人跡感神靈而生后稷是周之先母也周立廟自后稷爲始祖姜嫄無所妃是以特立廟而祭之謂之閟宮閟神之○中音仲亦如字後同嫄音元本亦作源妃音配本亦作配閟音秘〔疏〕注夷則至神之○釋曰案祭法王立七廟考廟王考廟皇考廟顯考廟祖考廟皆月祭之二祧享嘗乃止不見先妣者以其七廟外非常故不言若祭當與二祧同亦享嘗乃止若追享自然及之矣云夷則陽聲第五者以其大呂之六四上生夷則之九五是陽聲第五也云小呂爲之合者以其小呂巳之氣也四月建焉而辰在實沈夷則申之氣也七月建焉而辰在鶉尾是其合也云小呂一名中呂者此周禮言小呂月令言中呂故云一名中呂也云先妣姜嫄也姜嫄履大人跡感神靈而生后稷者詩云履帝武敏歆毛君義與史記同以爲姜嫄帝嚳妃履帝武敏歆謂履帝嚳車轍馬跡生后稷后稷爲帝嚳親子鄭君義依命歷序帝嚳傳十世乃至堯后稷爲堯官則姜嫄爲帝嚳後世妃而言履帝武敏歆者帝謂天帝也是以周本紀云姜嫄出野見聖人跡心悅忻然踐之始如有身

動而孕居期生子是鄭解聖人跡與毛異也云是周之先祖者生民詩序云生民尊祖也后稷生於姜嫄文武之功起於后稷是周之子孫功業由后稷欲尊其祖當先尊其母故云周之先母也云周立廟自后稷爲始祖姜嫄無所妃者凡祭以其妃配周立七廟自后稷已下不得更立后稷父廟故姜嫄無所妃也云是以特立廟而祭之者以其尊敬先母故特立婦人之廟而祭之云謂之閟宫閟神之者案閟宫詩云閟宫有侐實實枚枚毛云在周常閉而無事與此祭先妣義違故後鄭不從是以鄭云特立廟而祭之但婦人稱宫處在幽靜故名廟爲閟宫據其神則曰閟神也若然分樂序之尊者用前代其先妣先祖服衮冕山川百物用玄冕今用樂山川在先妣上者以其山川外神是自然之神先祖生時曾事之故樂用前代無嫌

乃奏無射歌夾鍾舞大武以享先祖無射陽聲之下也夾鍾爲之合夾鍾一名圜鍾先祖謂先王先公○射音亦注下同夾古洽反圜于權反【疏】注無射至先公○釋曰云無射陽聲之下也者以其夾鍾之六五上生無射之上九是陽聲之下也云夾鍾爲之合者以其夾鍾卯之氣也二月建焉而辰在降婁無射戌之氣也九月建焉而辰在大火亦是其合也云夾鍾一名圜鍾者下文云圜鍾爲宫是一名圜鍾也云先祖謂先王先公者鄭據司服而言但司服以先王先公服異故別言此則知先王先公樂同故合說以其俱是先祖故也○

凡六樂者文之以五聲播之以八音六者言其均皆待五聲八音乃成也播之言被也故書播爲藩杜子春云藩當爲播讀如后稷播百穀之播○被皮寄反【疏】注六者至之播○釋曰云六者言其均也謂若黃鍾爲宫自與已下徵商羽角等爲均其絲數五聲各異也或解以爲均謂樂器八音之等若然何得先云言其均始云皆待五聲八音乎明言其均者以爲六者各據其首與下四聲爲均故云皆待五聲八音乃成也云播之言被也者謂若光被四表是取被及之義也子春云播爲后稷播百穀之播者讀從詩云其始播百穀是后稷之事也○

凡六樂者一變而致羽物及川澤之示再變而致臝物及山林之示三變而致鱗物及丘陵之示四變而致毛物及墳衍之示五變而致介物及土示六變而致象物及天神變猶更也樂成則更奏也此謂大蜡索鬼神而致百物六奏樂而禮畢東方之祭則用大蔟姑洗南方之祭則用蕤賓西方之祭則用夷則無射北方之祭則用黃鍾爲均焉每奏有所感致和以來之凡動物敏疾者地祇高下之甚者易致羽物既飛又走川澤有孔竅者蛤蟹走則遲墳衍孔竅則小矣是其所以舒疾之分土祇原隰及平地之神也象物有象在天所謂四靈者天地之神四靈之知非德至和則不至禮運曰何謂四靈麟鳳龜龍謂之四靈龍以爲畜故魚鮪不淰鳳以爲畜故鳥不獝麟以爲畜故獸不狘龜以爲畜故人情不失○介音界蜡士嫁反易以豉反竅苦弔反蛤古荅反分扶問反知音智畜許又反下同鮪于軌反淰音審矞休律反本又作獝亦作[illegible]同狘休越反【疏】凡六至天神○釋曰此一變至六變不同者據難易致前後而言案大司徒五地之物生動植俱有此俱言動物不言植物者據有情可感者而言也○注變猶不失○釋曰云變猶更也者燕禮云終尚書云成此云變孔注尚書云九奏而致不同者凡樂曲成則終變更也終則更奏各據終始而言是以鄭云樂成則更奏也云此謂大蜡索鬼神而致百物者案郊特牲云蜡也者索也歲十二月合聚百物而索饗之也鄭云歲十二月周之正數謂建亥之月也五穀成於神有功故報祭之鄭必知此據蜡祭者此經揔祭百神與蜡祭合聚萬物之神同故知蜡也云六奏樂而禮畢者下云若樂六變則天神皆降此經亦六變致天神故云六奏樂而禮畢也云東方之祭則用大蔟云云此鄭知四方各別祭用樂不同者以郊特牲云八蜡以記四方又云四方年不順成八蜡不通順成之方其蜡乃通是四方各有八蜡故知四方用樂各別也云每奏有所感致和以來之者揔釋地祇與動之神物雖有遲疾皆由以樂和感之云凡動物敏疾者地祇高下之甚者易致者言此欲見先致者皆由其神易致故也云羽物既飛又走川澤有孔竅者此經羽物共川澤一變致之是其羽物飛川澤有孔竅故也自樂再變已下差緩云蛤蟹走則遲墳衍孔竅則小矣者以其墳衍在丘陵後介物在毛物後由是走遲竅小故也云是其舒疾之分者謂就此羽物以下介物以下先致者疾之分後致者舒之分故有前後也云土祇原隰及平地之神也者此已下說天地及四靈非直有樂兼有德民和乃致也鄭知土祇中有原隰者案大司徒有五地山林已下有原隰今此則經上已說川澤山林丘陵及墳衍訖惟不言原隰故此土祇中有原隰可知也又土祇中有平地者案大宰九職云一曰三農生九穀後鄭以三農者原隰及平地以其生九穀故知此土祇中非直

有原隰亦有平地之神也若然不言原隰而云土祇者欲見原隰中有社稷故鄭君駮異義云五變而致土祇土祇者五土之揔神謂社是以變原隰言土祇郊特牲云社祭土而主陰氣是社稱土祇故鄭云土神也云象物有象在天所謂四靈者以其天神同變致之象者有形象在天物者與羽贏等同稱物故知有象在天四靈等也云天地之神四靈之知者天則天神地則土祇故云天地之神四靈之知也云非德至和則不至者欲見介物已上皆以樂和感之未必由德此天地四靈非直須樂要有德至和乃致之也云禮運已下者欲見象物則彼四靈也云何謂四靈者記人自問自荅案彼注云淰之言閃也言魚鮪不閃閃畏人也獝狘飛走之貌二者皆據魚鮪不淰不可於龜更言魚鮪以龜知人情故變言人情不失也案大司徒山林宜毛物川澤宜鱗物丘陵宜羽物墳衍宜介物原隰宜贏物此經則以羽物配川澤贏物配山林鱗物配丘陵毛物配墳衍介物配土祇與大司徒文不類者彼以所宜而言此據難致易致而說故文有錯綜不同也案月令孟冬云祈來年於天宗鄭注云此周禮所謂蜡也天宗日月星鄭以月令祈於天宗謂之蜡則此天神亦是日月星辰非大天神以蜡祭所祭衆神祭卑不可援尊地神惟有土祇是以知無天地大神也云尚書云簫韶九成鳳皇來儀九成乃致象物者鄭以儀爲匹謂正巢而孕乘匹故九變乃致此直據致其神故與大天神同六變也

凡樂圜鍾爲宮黃鍾爲角大蔟爲徵姑洗爲羽靁鼓靁鼗孤竹之管雲和之琴瑟雲門之舞冬日至於地上之圜丘奏之若樂六變則天神皆降可得而禮矣凡樂函鍾爲宮大蔟爲角姑洗爲徵南呂爲羽靈鼓靈鼗孫竹之管空桑之琴瑟咸池之舞夏日至於澤中之方丘奏之若樂八變則地示皆出可得而禮矣凡樂黃鍾爲宮大呂爲角大蔟爲徵應鍾爲羽路鼓路鼗陰竹之管龍門之琴瑟九德之歌九磬之舞於宗廟之中奏之若樂九變則人鬼可得而禮矣

此三者皆禘大祭也天神則主北辰地祇則主崐崘人鬼則主后稷先奏是樂以致其神禮之以玉而祼焉乃後合樂而祭之大傳曰王者必禘其祖之所自出祭法曰周人禘嚳而郊稷謂此祭天圜丘以嚳配之圜鍾夾鍾也夾鍾生於房心之氣房心爲大辰天帝之明堂函鍾林鍾也林鍾生於未之氣未坤之位或曰天社在東井與鬼之外天社地神也黃鍾生於虛危之氣虛危爲宗廟以此三者爲宮用聲類求之天宮夾鍾陰聲其相生從陽數其陽無射無射上生中呂中呂與地宮同位不用也中呂上生黃鍾黃鍾下生林鍾林鍾地宮又不用林鍾上生太蔟大蔟下生南呂南呂與無射同位又不用南呂上生姑洗地宮林鍾林鍾上生大蔟大蔟下生南呂南呂上生姑洗人宮黃鍾黃鍾下生林鍾林鍾地宮又辟之林鍾上生大蔟大蔟下生南呂南呂與天宮之陽同位又辟之南呂上生姑洗姑洗南呂之合又辟之姑洗下生應鍾應鍾上生蕤賓蕤賓地宮林鍾之陽也又辟之蕤賓上生大呂凡五聲宮之所生濁者爲角清者爲徵羽此樂無商者祭尚柔商堅剛也鄭司農云雷鼓雷鼗皆謂六面有革可擊者也雲和地名也靈鼓靈鼗四面路鼓路鼗兩面九德之歌春秋傳所謂水火金木土穀謂之六府正德利用厚生謂之三事六府三事謂之九功九功之德皆可歌也謂之九歌也玄謂雷鼓雷鼗八面靈鼓靈鼗六面路鼓路鼗四面孤竹竹特生者孫竹竹枝根之末生者陰竹生於山北者雲和空桑龍門皆山名九磬讀當爲大韶字之誤也○角如字古音鹿徵張里反下同靁音雷九磬依字九音大諸書所引皆依字崐崘本又作混淪各依字讀祼古亂反嚳苦篤反大辰如字劉音泰與鬼音餘本亦作輿辟音避下同○

疏凡樂至禮矣○釋曰此三者皆用一代之樂類上皆是下神之樂列之在下文者以分樂而序之據天地之次神故陳彼天地已下之神并蜡祭説乃列陳此三禘恐與上雜亂故也言六變八變九變者謂在天地及廟庭而立四表舞人從南表向第二表爲一成則一變從第二至第三爲二成從第三至北頭第一表爲三成舞人各轉身南向於北表之北還從第一至第二爲四成從第二至第三爲五成從第三至南頭第一表爲六成則天神皆降若八變者更從南頭北向第二爲七成又從第二至第三爲八成地祇皆出若九變者又從第三至北頭第一爲九變人鬼可得禮焉此約周之大武象武王伐紂故樂記云且夫武始而北出再成而滅商三成而南四成而南

國是疆五成而分陝周公左召公右六成復綴以崇其餘大蕿已上雖無滅商之事但舞人須有限約亦應立四表以與舞人爲曲別也禮天神必於冬至禮地祇必於夏至之日者以天是陽地是陰冬至一陽生夏至一陰生是以還於陽生陰生之日祭之也至於郊天必於建寅者以其郊所感帝以祈穀實取三陽爻生之日萬物出地之時若然祭神州之神於北郊與南郊相對雖無文亦應取三陰爻生之月萬物秀實之時也言圜丘者案爾雅土之高者曰丘取自然之丘圜者象天圜既取丘之自然則未必要在郊無問東西與南北方皆可地言澤中方丘者因高以事天故於地上因下以事地故於澤中取方丘者水鍾曰澤不可以水中設祭故亦取自然之方丘象地方故也宗廟不言時節者天地自相對而言至此宗廟無所對謂祫祭也但殷人祫於三時周禮惟用孟秋之月爲之則公羊云大事者何大祫也毀廟之主陳于大祖未毀廟之主皆升合食于大祖是也天用雲門地用咸池宗廟用大韶者還依上分樂之次序尊者用前代卑者用後代爲差也宗廟用九德之歌者以人神象神生以九德爲政之具故特異天地之神也天地及宗廟並言皆降皆出皆至者以祭尊可以及卑故禮記云大報天而主日配以月是其神多故云皆也天神六變地祇八變人鬼九變者上文四

變已上所致有先後者動物據飛走遲疾地神有孔竅大小其土祇及天神有靈智故據至德至和乃可以致今此三者六變已上則據靈異而言但靈異大者易感小者難致故天神六變人鬼九變也○注此三至之誤○釋曰云此三者皆禘大祭也者案爾雅云禘大祭不辨天神人鬼地祇則皆有禘稱也祭法云禘黃帝之等皆據祭天於圜丘大傳云王者禘其祖之所自出據夏正郊天論語禘自既灌據祭宗廟是以鄭云三者皆禘大祭也云天神則主北辰地祇則主崐崘人鬼則主后稷者此三者則大宗伯云祀之享之祭之又大宰云祀大神祇及大享亦一也三者恒相將故鄭據此三者之神也云先奏是樂以致其神者致神則下神也用之以禮凡祭祀皆先作樂下神乃薦獻薦獻訖乃合樂也云禮之以玉而祼焉乃後合樂而祭之者云禮之以玉據天地而祼焉據宗廟以小宰注天地大神至尊不祼又玉人典瑞宗伯等不見有宗廟禮神之玉是以知禮之以玉據天地則蒼壁禮天黃琮禮地是也而祼焉據宗廟肆獻祼是也云大傳曰王者必禘其祖之所自出者謂王者皆以建寅之月郊所感生帝還以感生祖配之若周郊以后稷配之也引之者證郊與圜丘俱是祭天之禘郊之禘以后稷配圜丘禘以嚳配故引祭法禘嚳而郊稷爲證云圜鍾夾鍾也者即上文夾鍾也云夾

鍾生於房心之氣至明堂者案春秋緯文耀鉤及石氏星經天官之注云房心爲天帝之明堂布政之所出又昭十七年冬有星孛於大辰公羊傳云大辰者何大火也大火爲大辰伐爲大辰北辰亦爲大辰夾鍾房心之氣爲大辰天之出日之處爲明堂故以圜鍾爲天之宮云函鍾林鍾也者月令謂之林鍾是也云林鍾生於未之氣未坤之位者林鍾在未八卦坤亦在未故云坤之位云或曰天社在東井輿鬼之外者案星經天社六星輿鬼之南是其輿鬼外也天社神位皆是地神故以林鍾爲地宮也云黃鍾生於虛危之氣者以其黃鍾在子子上有虛危故云虛危之氣也云虛危爲宗廟者案星經虛危主宗廟故爲宗廟之宮也云以此三者爲宮用聲類求之者若十二律相生終於六十即以黃鍾爲首終於南事今此三者爲宮各於本宮上相生爲角徵羽麤細須品或先生後用或後生先用故云聲類求之也云天宮夾鍾陰聲其相生從陽數者其夾鍾與無射配合之物夾鍾是呂陰也無射是律陽也天是陽故宮後歷八相生還從陽數也云無射上生中呂中呂與地宮同位不用也者地宮是林鍾林鍾自與蕤賓合但中呂與林鍾同在南方位故云同位以天尊地卑故嫌其同位而不用之也中呂上生黃鍾黃鍾爲角也黃鍾下生林鍾林鍾地宮又不用亦嫌不用也林鍾上生大

蔟大蔟爲徵也大蔟下生南呂與無射同位又不用南呂上生姑洗姑洗爲羽祭天四聲足矣地宮林鍾林鍾上生大蔟大蔟爲角大蔟下生南呂南呂爲羽先生後用也南呂上生姑洗姑洗爲徵後生先用四聲足矣人宮黃鍾黃鍾下生林鍾林鍾爲地宮又避之不取也林鍾上生大蔟大蔟爲徵先生後爲用也大蔟下生南呂南呂與天宮之陽同位又避之南呂上生姑洗姑洗南呂之合又避之姑洗下生應鍾應鍾爲羽應鍾上生蕤賓蕤賓地宮之陽以林鍾是地宮與蕤賓相配合故又避之蕤賓上生大呂大呂爲角以絲多後生先用也四聲足矣凡言不用者卑之凡言避之者尊之天宮既從陽數故於本宮之位人地皆不避之至於南呂姑洗合地於天雖有尊卑體敵之義故用姑洗天宮之陽所合但人於天尊卑隔絕故避姑洗天宮之陽所合也鄭必知有避之及不用之義者以其天人所生有取有不敢知之不取者是嫌不用人鬼不敢者是尊而避之也云五聲宮之所生濁者爲角清者爲徵羽者此揔三者宮之所生以其或先生後用謂若地宮所生姑洗爲徵後生先用南呂爲羽先生後用天宮所生大呂爲角後生先用大蔟爲徵先生後用以其後生絲多用角先生絲少用徵故云凡宮之所生濁者爲角清者爲徵羽也云此樂無商者祭尚柔商堅剛也者此經三者皆不

言商以商是西方金故云祭尚柔商堅剛不用若然上文云此六樂者皆文之以五聲並據祭祀而立五聲者凡音之起由人心生單出曰聲雜比曰音泛論樂法以五聲言之其實祭無商聲鄭司農云雷鼓雷鼗皆六面靈鼓靈鼗皆四面路鼓路鼗皆兩面者以此三者皆祭祀之鼓路鼗不合與晉鼓等同兩面故後鄭不從也云九德之歌春秋傳云云此文七年趙宣子曰勸之以九歌九功之德皆可歌也謂之九歌六府三事謂之九功水火金木土穀謂之六府正德利用厚生謂之三事注云正德人德利用地德厚生天德此本尚書大禹謨之言賈服與先鄭並不見古文尚書故引春秋也玄謂雷鼓已下八面六面四面者雖無正文以鼖鼓晉鼓等非祭祀鼓皆兩面宗廟尊於晉鼓等故知加兩面爲四面祭地尊於宗廟故知更加兩面爲六面祭天又尊於祭地知更加面面爲八面是以不從先鄭也云孤竹竹特生者謂若嶧陽孤桐云孫竹竹枝根之末生者案詩毛傳云枝榦也榦即身也以其言孫若子孫然知枝根末生者云陰竹生於山北者爾雅云山南曰陽山北曰陰今言陰竹故知山北者也云雲和空桑龍門皆山名者以其禹鑿龍門見是山即雲和與空桑亦山可知故不從先鄭雲和地名也云九磬讀當爲大韶者上六樂無九韶而有大韶故破從大韶也

凡樂事大祭祀宿縣遂以聲展之叩聽其聲具陳次之以知完不○縣音玄下樂縣之類皆放此【疏】凡樂至展之○釋曰凡樂事言凡語廣則不徒大祭祀而已而直言大祭祀者舉大祭祀而言其實中祭祀亦宿縣也但大祭祀中有天神地祇人鬼中小祭祀亦宿縣至於饗食燕賓客有樂事亦兼之矣言宿縣者皆於前宿豫縣之遂以聲展之者謂相扣使作聲而展省聽之知其完否善惡也

王出入則令奏王夏尸出入則令奏肆夏牲出入則令奏昭夏三夏皆樂章名○屍音尸本亦作尸【疏】王出至昭夏○釋曰云王出入者據前文大祭祀而言王出入謂王將祭祀初入廟門升祭訖出廟門皆令奏王夏也尸出入謂尸初入廟門及祭祀訖出廟門皆令奏肆夏牲出入者謂二灌後王出迎牲及爓肉與體其大豕是牲出入皆令奏昭夏先言王次言尸後言牲者亦祭祀之次也○注三夏皆樂章名○釋曰此三夏即下文九夏皆是詩詩與樂爲之章故云樂章名也

帥國子而舞當用舞者帥以往【疏】注當用至以往○釋曰凡興舞皆使國之子弟爲之但國子人多不必一時皆用當遞代而去故選當用者帥以往爲舞之處也

大饗不入牲其他皆如祭祀大饗饗賓客也不入牲牲不入亦不奏昭夏也其他謂王出入賓客出入亦奏王夏肆夏【疏】大饗至祭祀○釋曰凡大饗有三案禮器云郊血大饗腥鄭云大饗祫祭先王一也彼又云大饗尚腶脩謂饗諸侯來朝者二也曲禮下云大饗不問卜謂摠饗五帝於明堂三也此經云大饗與郊特牲大饗尚腶脩爲一物言不入牲謂饗亦在廟其祭祀則君牽牲入殺令大饗亦在廟諸侯其牲在廟門外殺因即烹之升鼎乃入故云不入牲也○注大饗至肆夏○釋曰鄭知此大饗是饗賓客者以其不入牲若祭祀大饗牲當入故知饗賓客諸侯來朝者也云其他謂王出入賓客出入亦奏王夏肆夏者則據賓客與尸同奏肆夏案禮器云大饗其王事與又云其出也肆夏而送之鄭注云肆夏當爲陔夏彼賓出入奏肆夏與此大饗賓出入肆夏同而破肆夏爲陔夏者彼鄭注大饗爲祫祭先王祭未有燕而飲酒有賓醉之法與鄉飲酒賓醉而出奏陔夏同故破肆夏爲陔夏此大饗饗諸侯來朝則左傳云饗以訓恭儉設几而不倚爵盈而不飲獻依命數賓無醉理故賓出入奏肆夏與尸出入同也

大射王出入令奏王夏及射令奏騶虞騶虞樂章名在召南之卒章王射以騶虞爲節○騶側留反召上照反下召南同【疏】大射至騶虞○釋曰大射謂將祭祀擇士而射於西郊虞庠學中王有入出之時奏王夏及射奏騶虞之詩爲射節○注騶虞至爲節○釋曰云騶虞樂章名在召南之卒章者召南卒章云一發五豝于嗟乎騶虞以言君一發其矢虞人驅五豝獸而來喻得賢者多故下樂師注引射義云騶虞者樂官備也是故天子以備官爲節是也

詔諸侯以弓矢舞舞謂執弓挾矢揖讓進退之儀○挾子協反又音協【疏】詔諸至矢舞○釋曰射諸侯來朝將助祭預天子大射之時則司樂詔告諸侯射之舞節○注舞謂至之儀○釋曰案大射云命三耦取弓矢於次三耦皆次第各與其耦執弓搢三挾一个向西階前當階揖當物揖射訖降揖如升射之儀是其舞節也

王大食三宥皆令奏鍾鼓大食朔月月半以樂宥食時也宥猶勸也○宥音又【疏】注大食至勸也○釋曰鄭知大食朔月加牲者案玉藻天子諸侯皆朔月加牲體之事又知月半者此無正文約士喪禮月半不殷奠則大夫已上有月半殷奠法則知生人亦有月半大食法既言大食令奏若凡常日食

則大司樂不令奏鍾鼓亦有樂侑食矣知日食有樂者案膳夫云以樂侑食是常食也**王師大獻**，**則令奏愷樂**。大獻獻捷於祖愷樂獻功之樂鄭司農說以春秋晉文公敗楚於城濮傳曰振旅愷以入於晉○敗必邁反濮音卜［疏］注大獻至于晉○釋曰案鄭志趙商問大司馬云師有功則愷樂獻于社春官大司樂云王師大獻則令奏愷樂注云大獻獻捷於祖不達異意荅曰司馬云師大獻則獻社以軍之功故獻於社大司樂宗伯之屬宗伯主於宗廟之禮故獻於祖也云愷樂獻功之樂者則晉之振旅愷是也故取先鄭所引於下案僖二十八年晉敗楚於城濮晉振旅愷以入於晉是所據也**凡日月食四鎮五嶽崩大傀異烖諸侯薨令去樂**。四鎮山之重大者謂揚州之會稽青州之沂山幽州之醫無閭冀州之霍山五嶽岱在兖州衡在荊州華在豫州嶽在雍州恒在并州傀猶怪也大怪異烖謂天地奇變若星辰奔霣及震裂爲害者去樂藏之也春秋傳曰壬午猶繹萬入去籥萬言入則去者不入藏之可知○傀劉九靡反舊音怪說文以爲傀偉之字解引此文字林公回反李一音杜回反會古外反沂魚依反雍於用反霣于敏反繹音亦［疏］注四鎮至可知○釋曰鄭知四鎮山之重大者以職方九州州各有鎮山皆曰其大者以爲一州之鎮故云山之重大者也但五州五鎮得入嶽名餘四州不得嶽名者仍依舊爲鎮號故四鎮也自五嶽已下亦據職方而言以周處鎬京在五嶽外故鄭注康誥云岐鎬處五嶽之外周公爲其於正不均故東行於洛邑合諸侯謀作天子之居是西都無西嶽權立吳嶽爲西嶽爾雅嵩高爲中嶽華山爲西嶽者據東都地中而言即宗伯注是也以嵩與華山俱屬豫州雍州無嶽名此經欲見九州俱有災變之理故注據西都吳嶽爲西嶽而說耳案爾雅霍山爲南嶽案尚書及王制注皆以衡山爲南嶽不同者案郭璞注云霍山今在廬江潛縣西南潛水出焉別名天柱山武帝以衡山遼遠因讖緯皆以霍山爲南嶽故移其神於此今其土俗人皆謂之南嶽南嶽本自以兩山爲名非從近來如郭此言即南嶽衡山自有兩名若其不然則武帝在爾雅前乎明不然也案潛縣霍山一名衡陽山則與衡嶽異名實同也或可荊州之衡山亦與廬江潛縣者別也云大怪異烖謂天地奇變者此奇變與星辰已下爲揔之語也云若星辰奔霣者謂若左氏云歲在星紀而淫於玄枵是其奔霣石於宋五及星霣而雨是其霣也云及震裂爲害者謂若左氏云地震之類云去樂藏之也者以其樂器不縣則藏

之今云去樂明知還依本藏之也云春秋傳者宣八年左氏云辛巳有事于大廟仲遂卒於垂壬午猶繹萬入去籥但卿佐卒輕於正祭故辛巳日不廢正祭重於繹祭當廢之宜公不廢繹故加猶以九之籥有聲者不入用是以公羊傳云去其有聲廢其無聲鄭荅趙商云於去者爲廢是去者不用廢者入用即萬入是也故鄭云萬言入則去者不入藏之可知以其彼云去其有聲與此經去樂藏之同故引以爲證也**大札大凶大烖大臣死凡國之大憂令弛縣**。札疫癘也凶凶年也烖水火也弛釋下之若今休兵鼓之爲○札則入反鄭音截弛式氏反［疏］大札至弛縣○釋曰大札疫癘則左氏傳天昏札瘥是也大凶則曲禮云歲凶年穀不登是也大烖水火則宋大水及天火曰災之類是也大臣死則大夫已上是也凡國之大憂者謂若禮記檀弓云國亡大縣邑及戰敗之類是也令弛縣謂大司樂令樂宮弛常縣之樂也○注札疫至之爲○釋曰札疫癘也者凡疫病皆癘鬼爲之故言疫癘也云弛釋下之若今休兵鼓之爲者樂縣在於虡釋下之與兵鼓縣之於車上休亦釋下之義相似故舉今以況古且上文云去樂據廟中其縣之樂去其藏之而不作此文據路寢常縣之樂弛其縣互文以見義也去者藏之亦先弛其縣弛縣亦去而藏之但路寢常縣故以縣言之也**凡建國禁其淫聲過聲凶聲慢聲**。淫聲若鄭衛也過聲失哀樂之節凶聲亡國之聲若桑閒濮上慢聲惰慢不恭○樂音洛［疏］注淫聲至不恭○釋曰經云建國謂新封諸侯之國樂者移風易俗先當用其正樂以化民故禁此四者也云淫聲若鄭衛也者樂記文鄭則緇衣之詩說婦人者九篇衞則三衞之詩云期我於桑中之類是也云過聲失哀樂之節者若玉藻云御瞽幾聲之上下上下謂哀樂瞽人歌詩以祭樂之哀樂使得哀樂之節若失哀樂之節則不可也云凶聲亡國之聲若桑閒濮上者亦樂記文鄭彼注云濮水之上地有桑閒者亡國之音於此之水出也又引史記昔武王伐紂師延東走自沈於濮水衞靈公朝晉過焉夜聞使師涓寫之至晉晉侯燕之謂晉平公曰寡人聞新聲爲公鼓之遂使師涓鼓之晉侯使師曠坐而聽之撫而止之曰昔紂使師延作靡靡之樂武王伐紂師延東走自沈於濮水此淫聲非新聲是其義也云慢聲惰慢不恭者謂若樂記子夏對魏文侯云齊音敖辟喬志即是惰慢不恭者也**大喪涖廞樂器**。涖臨也廞興也臨笙師鎛師之屬興樂器也興謂作之也○廞許金反興許應反後

皆放此 鎛音博 疏 注泣臨至之也。釋曰鄭知臨笙師鎛師者案笙鎛師皆云。喪廞其樂器奉而藏之故知也云之屬籥師亦云大喪廞其樂器奉而藏之司干亦云大喪廞舞器此不言之即屬中兼之也 及葬藏樂器亦如之 疏 及葬至如之。釋曰此臨藏樂器還臨笙師鎛師等故彼皆云奉而藏之也

附釋音周禮注疏卷第二十二

[illegible]盧氏宣旬校定

大清嘉慶二十年重
用文選樓藏本校

知南昌府張敦仁署鄱陽縣候補知州周澍栞

周禮注疏卷二十二校勘記　阮元撰盧宣旬摘錄

附釋音周禮注疏卷第二十二

冢人

因彼國葬而爲造塋之主　閩本主誤王惠棟云主一本作祖

若父爲天王卿昭　閩本卿誤鄉監毛本改是

此文自王已下皆有　閩監毛本已改以

天子墳高三刃　毛本刃作仞

樹以藥草　惠校本作樹以樂。按藥樂字形之誤草衍字耳說文亦曰大夫欒

天子十月而葬　惠校本作七月此誤

大夫以咸　釋文咸本又作緘。按咸緘古今字

以桒僖二十五年左傳云　閩本同監毛本以桒改桒左左字複下以蓋此之誤。按以桒不誤

此按檀弓公肩假云　此本此字剜剩當衍閩監毛本排入

以其旍旗在車所建　惠校本同閩監毛本旍改旌

欲破先鄭以芻靈與象人爲一　惠校本無欲

筵竽備而不和　𢂾鍠云筵竽字誤倒

墓大夫

萬民所葬也　余本岳本同嘉靖本監毛本也作地閩本先剜改也爲地○按作地是也此本及閩本疏中標起訖皆作也後剜改地此經文前曰公墓之地此曰邦墓之地

族葬各從其親　諸本同惠校本葬下有謂

後相容 余本岳本嘉靖本同閩監毛本後作使按使字複上蓋涉疏文誤疏云使相容者蒙上使各有區域言之也

職喪

又按士喪禮兼有賵賻無常 浦鏜云常誤賻語見記中

號謂謚號 毛本謂誤爲

令令其當共物者 余本嘉靖本同閩監毛本共改供非疏中此本亦作供

職喪依式令之 惠挍本作職喪道令之

春官宗伯下 唐石經缺釋文但題宗伯下三字

大司樂

教冑子是也 釋文作育子云本亦作冑九經古義云說文引虞書曰教育子云養子使善也爾雅育冑

皆訓長故馬注尚書云冑長也教長天下之子弟按此注當與說文同作教育子陸本是也

尚書傳詩云 浦鏜云傳說誤傳詩

爾雅釋訓文也 孫志祖云監毛訓誤親

倍文曰諷 釋文亦作倍文賈疏作背文葛曝疏引此注同○按此注用古字疏用今字之一證

荅述曰語 余本嘉靖本荅作答此從竹非

又爲吟詠 閩監毛本詠作咏

大磬 漢讀考云經典舜樂字皆作韶說文革部鞀或作鞉或作鼗籒文作磬從殸召聲是則周禮爲古文假借字

堯能殫均刑法以儀民 閩監毛本同誤也余本岳本嘉靖本殫作禪余本岳本載音義同葉鈔釋文能禪時戰反今通志堂本改作殫非也按賈疏引注堯能殫均刑法以儀民而曰彼云義終此云儀民不全引其文言殫禪有異是賈疏本作殫也

樂之文武中 孫志祖云內則注作樂之文武備

是敷土之事也 按當作傅土

彼云除其災災即邪 閩監毛本災並改虐○按虐是也

章名雖堯樂 經義雜記作大章名雖堯樂此因複舉大章遂脫一大字

故此大卷一爲黃帝樂也 經義雜記曰一當作亦

則雲與大卷爲一 經義雜記作則雲門此亦因上疊雲門字而誤脫

以律立鍾之均 監本立誤直

笙鏞以間 漢讀考作笙庸按賈疏釋此注云庸功也西方物孰有成功亦謂之頌頌亦是頌其成也然則賈本鄭注本作庸字

鳥獸鎗鎗 余本同嘉靖本毛本作牄牄閩監本作蹌蹌按釋文作牄牄云本又作蹌此本疏中亦作牄牄

始於左旋 監本於改而

自此巳下皆然 閩監毛本已改以

皆神仕職文 閩監毛本仕誤社○按此謂凡以神士者一章

但彼明旦所祭小神用樂無文 毛本脫用字浦鏜云旦誤日

云鳥獸牄牄者 毛本同監本改蹌蹌非下同

乃分樂而序之 余本嘉靖本毛本同閩監本序作祀誤唐石經乃分樂而以下缺石經考文提要云宋本九經宋纂圖互注本宋附釋音本余仁仲本皆作乃分樂而序之

後云祀天者 惠挍本同閩監毛本改祭天非

明不據偏歌詩也 宋本歌下有毛

乃奏大蔟 余本嘉靖本毛本同閩監本蔟作簇非注疏及下同釋文作大蔟唐石經缺石經考文提要云宋纂

圖互注本宋附釋音本余仁仲本皆作蔟

應鍾亥之氣也　下脫十月建焉四字閩監毛本皆有

若薦祭言之　惠校本無薦

用血與郊同　閩本同監毛本血下衍祭

以其南呂上生姑洗之九三　宋本閩本同監毛本南呂下增六二兩字

歌函鍾　閩監毛本同岳本嘉靖本作函鍾釋文作函此訛唐石經此缺下作函鍾爲官

下生夷則之九五　惠校本作上生此誤

凡祭以某妃配　惠校本作其妃此誤

下生無射之上九　惠校本作上生

故書播爲藩　九經古義云古藩字亦作播尚書大傳五行傳云播國率相行事鄭注云播讀爲藩

以爲六者各據爲首　惠校本同閩監毛本爲作其

地祇高下之甚者　岳本祇皆改示非

九奏而致不同者　惠校本致作至

揔釋地祇與動之神物　閩本同毛本動字實缺監毛本物誤來

非直有樂兼有德　閩本同監毛本有樂誤以樂

若然不言原隰而云土祇者　閩本同監毛本然下衍彼而下衍乃

云尚書云　閩本同監毛本上云改又

九磬之舞　釋文九磬依字九音大諸書所引皆依字困學紀聞云山海經夏后開得九辯九歌以下始歌九招於大穆之野史記禹乃興九招之樂索隱曰即舜樂簫韶九成呂氏春秋帝嚳命咸黑作爲舞聲歌九招大列六英帝舜令質修九招六列六英以明帝德然則九招作於帝嚳舜修而用之

無射上生中呂　浦鏜云下誤上

竹枝根之末生者　余本閩監毛本同宋本岳本嘉靖本末作未此本疏中亦作未按根未生者故云孫竹作末誤也詳漢讀考

九磬讀當爲大韶字之誤也　惠校本無也此本疏標起訖云注此三至之誤亦無也字漢讀考云此謂九爲大之字誤

大護已上　閩本同監毛本護作濩

用之禮凡祭祀　浦鏜云周誤用

天社神位　浦鏜云坤誤神

姑洗爲徵後先生用　閩本剜倒先生字監毛本承之

大蔟爲徵先生後爲用也　閩本同監毛本無下爲

以絲多後先生用也　閩監毛本作生先用也

有不明知之不取者　宋本同閩監毛本明作敢

云五聲宫之所生　閩本同監毛本云下有凡

大宫所生大呂爲角　宋本作人宫此誤爲大閩監毛本改作天

枝幹也　閩監毛本幹作榦下同

尸出入　唐石經余本岳本嘉靖本同閩監毛本尸改屍疏同釋文作屍出云音尸本亦作尸惠校本疏中亦作尸

○按說文尸陳也屍終主也此經用屍爲假借

升祭訖出廟門　盧文弨曰通考升作及

詩與樂爲之章　閩本同監毛本之作篇

王有入出之時　閩監毛本作出入

王大食三侑　唐石經余本岳本嘉靖本同閩監毛本宥改侑注中同余本岳本載音義作宥葉鈔釋文同石經考文提要云宋本九經宋纂圖互注本宋附釋音本皆作宥漢讀考云有司徹注曰古文侑皆作宥然則以宥爲侑古文假借字

大食朔月月半　嘉靖本作朔日浦鏜云按疏下疑脱加牲二字

皆朔月加牲體之事　浦鏜云皆疑有字誤

亦有樂侑食矣　惠校本侑作宥下同○按疏內自可作侑

大傀異烖　說文傀偉也从人鬼聲周禮曰大傀異按古人於災異散言皆通對文則異此言大傀異下言大烖則對文也故鄭注此云傀猶怪也大怪異謂天地奇變若星辰奔霣及震裂爲害者注下大烖云烖謂水火也令本經注大傀異下皆有烖字盖涉下文誤衍也當從說文所引○按傀異烖烖之傀異者非常之變也不當據說文疑有衍字鄭注亦曰大傀異烖

嶽在雍州　余本岳本嘉靖本同閩監毛本嶽改嵩非按賈疏亦作嶽字

籥有聲者不入用　宋本者作音

則去者不入　惠校本毛本同閩監本入改用

據廟中其縣之樂　浦鏜云其疑所之譌

隋慢不恭　余本同嘉靖本閩監毛本隋改憜

周禮注疏卷二十二校勘記終

南昌袁泰開校

附釋音周禮注疏卷第二十三

鄭氏注　賈公彥疏

樂師掌國學之政以教國子小舞謂以年幼少時教之舞內則曰十三舞勺成童舞象二十舞大夏

疏樂師至小舞。○釋曰此樂師教小舞即下文帗舞已下是也此言小舞即大司樂教雲門已下爲大舞也。○注謂以至大夏。○釋曰云謂以年幼少時教之舞對二十已後學大舞鄭知者所引內則文是也云十三舞勺者按彼上文云十年出就外傅又云十三舞勺勺即周頌酌序云酌告成大武也言能酌先祖之道以養天下也鄭注云周公居攝六年所作是也云成童舞象者即周頌序云維清奏象舞。注云象舞象用兵時刺伐之舞武王制焉是也此皆詩詩爲樂章與舞人爲節故以詩爲舞也此勺與象皆小舞所用幼少時學之也云二十舞大夏者人年二十加冠成人而舞大夏大夏禹之舞雖舉大夏其實雲門已下六舞皆學以其自夏以上揖讓而得天下自夏以下征伐而得天下夏爲文武中故特舉之可以兼前後也

凡舞有帗舞有羽舞有皇舞有旄舞有干舞有人舞故書皇作翌鄭司農云帗舞者全羽羽舞者析羽皇舞者以羽冒覆頭上衣飾翡翠之羽旄舞者氂牛之尾干舞者兵舞人舞者手舞社稷以帗宗廟以羽四方以皇辟廱以旄兵事以干星辰以人舞翌讀爲皇書亦或爲皇玄謂帗析五采繒今靈星舞子持之是也皇雜五采羽如鳳皇色持以舞人舞無所執以手袖爲威儀四方以羽宗廟以人山川以干旱暵以皇。少詩照反勺章略反帗音拂一音弗翌音皇析星歷反下同氂舊音毛劉音來沈音狸或音茅字或作氂或作犛皆同暵呼旦反

疏凡舞至人舞。○釋曰此六舞者即小舞也若天地宗廟正祭用大舞即上分樂序之是也此小舞按舞師亦陳此小舞云教皇舞師而舞旱暵之事即皆據祈請時所用也。○注故書至以皇。○釋曰故書皇作翌鄭司農破翌爲皇也先鄭云帗舞者全羽者先鄭意以司常有全羽爲旞析羽爲旌相對即以此帗舞爲全羽羽舞爲析羽相對解之後鄭破帗舞不破羽舞也云皇舞以羽冒覆頭上衣飾翡翠之羽者此後鄭亦不從之云旄舞者氂牛之尾者按山海經云潘侯之山有獸如牛而節有毛其名曰旄牛注云今旄牛髀脚胡尾皆有長毛故先鄭據而言之云干舞者兵舞者此有干舞舞師有兵舞先鄭以干戈兵事所用故以干舞爲兵舞後鄭亦從之也云人舞者手舞者後鄭亦從之矣自社稷以帗已下至星辰以人舞後鄭從其二不從其四者社稷以帗依舞師辟廱以旄以無正文後鄭從之後鄭云帗析五采繒不從司農者若今者可以言古以漢時有靈星舞子持之而舞故知帗舞亦析五色繒爲之也云皇雜五采羽如鳳皇色持以舞者按山海經鳳皇出丹穴山形似鶴首文曰德背文曰義翼文曰順腹文曰信膺文曰仁又按京房易傳云鳳皇麟前鹿後蛇頭龜背魚尾雞喙燕翼五采高二尺漢世鳳皇數出五色今皇舞與鳳皇之字同明雜以五采羽如鳳皇色持之以舞故不從先鄭以羽覆頭上衣飾翡翠之羽也云人舞無所執以手袖爲威儀者此就足先鄭手舞手舞用袖爲威儀也云四方以羽者依舞師云宗廟以人者雖無文宗廟是人鬼故知用人也云山川以干者干舞即兵舞舞師云教兵舞師而舞山川之祭祀是也旱暵以皇亦依舞師也

教樂儀行以肆夏趨以采薺車亦如之環拜以鍾鼓爲節教樂儀教王以樂出入於大寢朝廷之儀故書趨作跢鄭司農云跢當爲趨書亦或爲趨肆夏采薺皆樂名或曰皆逸詩謂人君行步以肆夏爲節趨疾於步則以采薺爲節

若今時行禮於大學罷出以鼓陔爲節環謂旋也拜直拜也玄謂行者謂於大寢之中趨謂於朝廷爾雅曰堂上謂之行門外謂之趨然則王出既服至堂而肆夏作出路門而采薺作其反入至應門路門亦如之此謂步迎賓客王如有車出之事登車於大寢西階之前反降於阼階之前尚書傳曰天子將出撞黃鍾之鍾右五鍾皆應入則撞蕤賓之鍾左五鍾皆應大師於是奏樂。○趨劉清須反薺本又作齊徐私反朝直遙反下同跢倉注反陔改才反撞直江反

疏教樂至爲節。○釋曰此王行迎賓若春夏受贄於朝無迎法受享於廟則迎之若秋冬一受之於廟並無迎法若饗食在廟燕在寢則皆迎法若然鄭此注據大寢而言則是燕時若饗食在廟則與此大寢同也。○注教樂至奏樂。○釋曰鄭知教王以樂出入於大寢之儀者此經先言行後言趨又云環拜據從內向外而言是出時也禮記玉藻云趨以采薺行以肆夏先言趨後言行據從外向內是入時也樂節是同故鄭出入並言也先鄭云肆夏采薺皆樂名者案襄四年穆叔如晉晉侯饗之金奏肆夏杜亦云肆夏樂曲名案鍾師注九夏皆詩之大者載在樂章樂崩從而亡以此言之肆夏亦詩篇名先鄭云或曰皆逸詩得通一義也按玉藻注齊讀如楚茨之茨此齊讀亦從茨可知也玄謂引爾雅者行是門內趨是門外

之事也按爾雅云室中謂之時堂上謂之行堂下謂之步門外謂之趨中庭謂之走大路謂之奔但庭中走大路奔據助祭者而言故詩云駿奔走在廟也今揔言行者謂大寢之中不言堂下步者人之行必由堂下始與行小異大同故略步而言其行也云然則王出既服至堂而肆夏作者是行以肆夏出路門而采薺作是趨以采薺也云其反入至應門路門亦如之者反入至應門即是路門外當奏采薺也入至路門即是門內行以肆夏也但王有五門外仍有皋庫雉三門經不言樂節鄭亦不言故但據路門外內而言若以義量之既言趨以采薺即門外謂之趨可揔該五門之外皆於庭中遥奏采薺云此謂步迎賓客者以其言行與趨是步迎之法可知也云王如有車出之事者則經車亦如之是也但車無行趨之法亦於門外奏采薺門內奏肆夏鄭知有登車於大寢西階之前反降於阼階之前者以書傳云天子將出撞黃鍾之鍾明知出入升降皆在階前可知出必撞黃鍾之鍾者黃鍾在子是陽生之月黃鍾又陽聲之首陽主動出而撞之云右五鍾者謂林鍾至應鍾右是陰陰主靜恐王大動故以右五鍾黃鍾是動以告靜者云入則撞蕤賓之鍾左五鍾皆應者蕤賓在午五月陰生之月陰主靜入亦是靜故撞蕤賓之鍾左五鍾謂大呂至中呂左是陽陽主動入靜以告動也云

大師於是奏樂者謂王有此出入之時則大師於時奏此采薺肆夏也按曲禮云國君下卿位彼注云出過之而上車入未至而下車彼謂諸侯禮與天子禮異不得升降於階前也

凡射王以騶虞爲節諸侯以貍首爲節大夫以采蘋爲節士以采蘩爲節騶虞采蘋采蘩皆樂章名在國風召南惟貍首在樂記射義曰騶虞者樂官備也貍首者樂會時也采蘋者樂循法也采蘩者樂不失職也是故天子以備官爲節諸侯以時會爲節卿大夫以循法爲節士以不失職爲節鄭司農説以大射禮曰樂正命大師曰奏貍首間若一大師不與許諾樂正反位奏貍首以射貍首曾孫。蘋音頻蘩音煩

【疏】凡射至爲節。釋曰凡此爲節之等者無問尊卑人皆四矢射節則不同故射人云天子九節諸侯七節大夫士五節尊卑皆以四節爲乘矢拾發其餘天子五節諸侯三節大夫士一節皆以爲先以聽先聽未射之時作之使射者預聽知射之樂節以其射法須其體比於禮其節比於樂而中多者乃得預於祭故須預聽但優尊者故射前節多也。注騶虞至曾孫。釋曰鄭知云騶虞采蘋采蘩皆樂章名者以其詩爲樂章故也云在國風召南者見關雎已下爲周南鵲巢已下爲召南三篇見在召南卷內也云惟貍首在樂記者按樂記云左射貍首右射騶虞是也按射義亦云貍首曰曾孫侯氏四正具舉大小莫處御於君所不引之者鄭略引其一以證耳云射義已下者證用此篇之義也先鄭引大射者證大師用樂節之事云間若一者謂七節五節之間緩急希稠如一彼諸侯禮故有樂正命大師此天子禮故樂師命大師也云貍首曾孫者貍首是篇名曾孫章頭即射義所云是也

凡樂掌其序事治其樂政序事次序用樂之事

【疏】凡樂至樂政。釋曰云凡樂者謂凡用樂之時也云掌其敘事者謂陳列樂器及作之次第皆序之使不錯繆云治其樂政者謂治理樂聲使得其正不淫放也

凡國之小事用樂者令奏鍾鼓小事小祭祀之事

【疏】凡國至鍾鼓。釋曰此小事鄭云小祭祀之事謂王玄冕所祭則天地及宗廟皆有鍾鼓樂師令之若大次二者之樂大司樂令之也此小祭有鍾鼓但無舞故舞師云小祭祀不興舞是也

凡樂成則告備成謂所奏一竟書曰簫韶九成燕禮曰大師告于樂正曰正歌備

【疏】注成謂至歌備。釋曰云成謂所奏一竟者竟則終也所奏八音俱作一

曲終則爲一成則樂師告備如是者六則六成餘八變九變亦然故鄭引書簫韶九成爲證也又引燕禮者欲見彼諸侯燕禮大師告于樂正樂正告於賓與君此天子祭禮亦大師於樂成之時則大師告樂師樂師乃告王彼據燕禮此據祭禮事節相當故引爲證也

詔來瞽皐舞鄭司農云瞽當爲鼓皐當爲告呼擊鼓者又告當舞者持鼓與舞俱來也鼓字或作瞽詔來瞽或曰來敕也敕爾瞽率爾衆工奏爾悲誦肅肅雍雍毋怠毋凶玄謂詔來瞽詔視瞭扶瞽者來入也皐之言號告國子當舞者舞。毋音無下同瞭音了

【疏】詔來瞽皐舞。釋曰到讀之云詔瞽來謂詔告視瞭扶瞽人來入升堂作樂也皐舞者謂號呼國子舞者使當舞。注鄭司至者舞。釋曰先鄭破瞽爲鼓後鄭從字或爲瞽於義是但文不足後鄭增成之耳云或曰來敕已下但瞽人無目而云敕爾瞽率爾衆工於義不可且奏爾悲誦等似逸詩不知何從而出故後鄭不從之玄謂詔來瞽者以來爲入按大祝云來瞽令皐舞注云來皐者皆謂呼之入彼來爲呼之者以彼來上無字故以來爲呼之義與此無異也

詔及徹帥學士而歌徹學士國子也鄭司農云謂將徹之時自有樂故帥學士而歌徹玄謂徹者歌雍雍在周頌臣工之什

【疏】

及徹至歌徹○釋曰此亦文承祭祀之下亦謂祭未至徹祭器之時樂師帥學士而歌徹但學士主舞瞽人主歌今云帥學士而歌徹者此絕讀之然後合義歌徹之時歌舞俱有謂帥學士使之舞歌者自是瞽人歌雍詩也徹者主宰君婦耳○注學士至之仕○釋曰鄭云學士國子也者此學士即下大胥職云掌學士之版以待致諸子故知學士是國子國子即諸子是也玄謂徹者歌雍者見論語云三家者以雍徹孔子云相維辟公天子穆穆奚取於三家之堂若然要有辟公助祭并天子之容穆穆乃可用雍詩徹祭器是大夫及諸侯皆不得用雍故知此云歌徹者歌雍詩也又云雍在周頌臣工之什者從清廟已下皆周頌但此雍在臣工之什內云之什者謂聚十篇爲一卷故云之什也○**令相**令視瞭扶工鄭司農云告當相瞽師者言當罷也瞽師盲者皆有相道之者故師冕見及階曰階也及席曰席也皆坐曰某在斯某在斯曰相師之道與○見賢遍反下注同〈疏〉注令視至道與○釋曰此令相之文在祭祀歌徹之下者欲見大小祭祀皆有令相之事故於下揔結之鄭知令相令視瞭扶工者見儀禮扶工者皆稱相以其瞽人無目而稱工故云令視瞭扶工也先鄭引論語者亦見相是扶工也○**饗食諸侯序其樂事令**

奏鍾鼓令相如祭之儀〈疏〉饗食至之儀○釋曰言如祭之儀者非直序樂令鍾鼓令相其中詔來瞽歌徹等皆如之但祭祀歌雍而徹饗食徹器亦歌雍知者下大師與此文皆云大饗亦如祭祀登歌下管故知皆同也○**燕射帥射夫以弓矢舞**射夫衆耦也故書燕爲舞帥爲率射夫爲射矢鄭司農云舞當爲燕率當爲帥射矢書亦或爲射夫○食音嗣下注疏食同凡言饗食皆放此〈疏〉注射夫衆耦也○釋曰凡射有三番又天子六耦畿內諸侯四耦畿外諸侯三耦前番直六耦三耦等射所以誘射故也第二番六耦與衆耦俱射第三番又兼作樂經直云射夫鄭知衆耦者以其三番射皆弓矢舞若言六耦等不兼衆耦若言衆耦則兼三耦故鄭據衆耦而言也言執弓矢舞謂射時執弓挾矢及發矢其體比於禮其節比於樂節相應於樂節也○**樂出入令奏鍾鼓**樂出入謂笙歌舞者及其器○〈疏〉注樂出至其器○釋曰鄭知樂是笙歌已下者按禮樂記單出曰聲雜比曰音又云雜以干戚羽毛謂之樂凡此笙并瞽人歌者及國子舞者及器皆須出入故知樂中兼此數事也○**凡軍大獻教愷歌遂倡之**故書倡爲昌鄭司農云樂師主倡也昌當爲倡書亦或爲倡○倡昌亮反〈疏〉凡軍至倡之○釋曰軍事言凡者有大軍旅王自行小軍旅遣臣去故言凡以該之云大獻者謂師克勝獻捷於祖廟也云教愷歌者愷謂愷詩師還未至之時預教瞽矇入祖廟遂使樂師倡道爲之故云遂倡之○**凡喪陳樂器則帥樂官**帥樂官往陳之〈疏〉凡喪至樂官○釋曰喪言凡者王家有大喪小喪皆有明器之樂器故亦然言凡以該之明器之樂器者謂若檀弓云木不成斲瓦不成味琴瑟張而不平笙竽備而不和是也○注師樂官往陳之○釋曰樂官亦謂笙師鎛師之屬廞樂藏之者也云往陳之者謂如既夕禮陳器於祖廟之前庭及壙道東者也**及序哭亦如之**哭此樂器亦帥之○〈疏〉注哭此至帥之○釋曰按小宗伯云及執事眡葬獻明器之材又獻素獻成皆於殯門外王不親哭有官代之彼據未葬獻材時小宗伯哭之此序哭明器之樂器文承陳樂器之下而云序哭謂使人持此樂器向壙及入壙之時序哭之也○**凡樂官掌其政令聽其治訟**治直吏反〈疏〉凡樂至治訟○釋曰凡樂官謂此已下大胥至司干皆無聽訟之事則皆樂師聽之耳○

大胥掌學士之版以待致諸子鄭司農云學士謂卿大夫諸子學舞者版籍也今時鄉戶籍世謂之戶版大胥主此籍以待當召聚學舞者卿大夫之諸子則按此籍以召之漢大樂律曰卑者之子不得舞宗廟之酎除吏二千石到六百石及關內侯到五大夫子先取適子高七尺已上年十二到年三十顏色和順身體脩治者以爲舞人與古用卿大夫子同義○版音板酎直救反適丁歷反上時掌反下六上反〈疏〉注鄭司至同義○釋曰先鄭知學士謂卿大夫諸子者按夏官諸子職云掌國子之倅則國中兼有元士之適子不言者以其漢法卑者之子不得舞宗廟之酎則元士之子不入故知卿大夫之諸子也知學舞者下云入學合舞故知也云不得舞宗廟之酎者按月令四月云天子與羣臣飲酎鄭注云酎之言醇謂重釀之酒春酒至此始成作此酎亦謂重釀之酒祭宗廟而用之祭未有相飲之法以宗廟言之云除吏二千石已下在前漢紀注云漢承秦爵二十等五大夫九爵關內侯十九爵列侯二十爵宗廟舞人用貴人子弟與周同故先鄭引以爲證也既云取七尺以上而云十二到三十則十二者誤當云二十至三十何者按鄉大夫職云國中自七尺以及六十野自六尺以及六十有五皆征之按韓詩二十從役與

國中七尺同是七尺爲二十矣明不得爲十二也。○

春入學舍采合舞春始以學士入學宮而學之合舞等其進退使應節奏鄭司農云舍采謂舞者皆持芬香之采或曰古者士見於君以雉爲摯見於師以菜爲摯菜直謂疏食菜羹之菜或曰學者皆人君卿大夫之子衣服采飾舍采者減損解釋盛服以下其師也月令仲春之月上丁命樂正習舞釋采仲丁又命樂正入學習樂玄謂舍即釋也采讀爲菜始入學必釋菜禮先師也菜蘋蘩之屬○舍音釋采音菜注同疏所居反劉音蘇下戶嫁反

疏注春始至之屬○釋曰云春始以學士入學者歲初貴始云學宮者則文王世子云春誦夏弦皆於東序是也云合舞等其進退使應節奏者謂等其舞者或進或退周旋使應八音奏樂之節合也按月令注春合舞者象物出地鼓舞也先鄭解舍采三家之説後鄭皆不從者按王制有釋菜奠幣文王世子又云始立學釋菜不舞不授器舍即釋也采即菜也故以爲學子始入學釋采禮先師也但學子始入學釋菜禮輕故不及先聖也其先師者鄭注文王世子云若漢禮有高堂生樂有制氏詩有毛公書有伏生知菜是蘋蘩之屬者詩有采蘋采蘩皆采名言之屬者周禮又有芹茆之等亦菜名也

秋頒學合聲春使之學秋頒其才藝所爲合聲亦等其曲折使應節奏○折之設反○

疏秋頒學合聲○釋曰春物生之時學子入學秋物成之時頒分也分其才藝高下故鄭云春使之學秋頒其才藝所爲也云合聲者春爲陽陽主動舞亦動春合舞象物出地鼓舞秋爲陰陰主靜聲亦靜故秋合聲象秋靜也但舞與聲遞相合故鄭云合聲亦等其曲折使應節奏也○

以六樂之會正舞位大同六樂之節奏正其位使相應也言爲大合樂習之○爲于僞反

疏以六至位○釋曰六樂者即六代之樂六舞雲門之等是也○注大同至習之○釋曰云大同者解經中會會合即大同也云大同六樂之節奏者謂六代之舞一作之使節奏大同而無錯謬故云正其位使相應也云爲大合樂習之者按月令仲春上丁命樂正習舞釋菜季春云大合樂此云六樂之會爲季春大合樂習之也若然此六樂之會與上春入學舍采合舞者別矣按文王世子云凡大合樂必遂養老注大合樂謂春入學舍采合舞秋頒學合聲則是合舞合聲與大合樂又爲一者季春大合樂與合舞合聲實別但春合舞秋合聲對春大合樂不爲大然於四時而言亦爲大合樂何者文王世子云凡大合樂必遂養老其中含有合舞合聲必知含此二者以其言月非一按月令仲春習舞釋采天子親往視之季春云大合樂天子親往視之至仲春合聲雖不云天子親往視之視之可知若然三者天子親往視之同則皆有養老之事則春合舞秋合聲皆得爲大合樂文王世子以大合樂爲合舞合聲解之也

以序出入舞者以長幼次之使出入不紕錯○紕匹毗反劉博雞反

疏注以長至紕錯○釋曰凡在學皆以長幼爲齒令爲舞者八八六十四人所須爲舞之處皆當以長幼出入若使幼者在前則爲紕錯故云使出入不紕錯也

比樂官比猶校也杜子春云次比樂官也鄭大夫讀比爲庀庀具也錄具樂官○比鄭如字下同杜毗志反庀音匹婢反○

疏注比猶至樂官○釋曰杜子春云次比樂官者也與後鄭同鄭大夫以比爲庀錄具樂官者雖與後鄭不同得爲一義故引之在下也○

展樂器展謂陳數之○數所主反

疏注展謂陳數之○釋曰樂器謂鼓鍾笙磬柷敔之等皆當陳列校數

凡祭祀之用樂者以鼓徵學士擊鼓以召之文王世子曰大昕鼓徵所以警衆○昕音欣

疏凡祭至學士○釋曰祭祀言凡者則天地宗廟之祀用樂舞之處以鼓召學士選之當舞者往舞焉舞師云小祭祀不興舞注云小祭祀王玄冕所祭則亦不徵學士也

序宮中之事

小胥掌學士之徵令而比之觵其不敬者比猶校也不敬謂慢期不時至也觵罰爵也詩云兕觵其觩○觵古橫反本或作觥同徐兕履反觩巨樛反○

疏小胥至敬者○釋曰大胥掌學士之版以待召聚舞者小胥贊大胥爲徵令校比之知其在不仍觵其不敬者也○注比猶至其觩○釋曰引詩者是周頌絲衣之篇祭未飲酒恐有過失故設罰爵其時無犯非禮用爵觵然陳設而已引之者證觵是罰爵也

巡舞列而撻其怠慢者撻猶抶也抶以荆扑○撻吐達反抶勑乙反又勑栗反扑普卜反○

疏注撻猶至荆扑○釋曰按文十八年齊懿公爲公子也與邴歜之父爭田不勝及即位乃掘而刖之而使歜僕納閻職之妻而使職驂乘公遊於申池二人浴于池歜以扑抶職職怒歜曰人奪汝妻而不怒一抶汝庸何傷是抶爲撻以荆故云扑也

正樂縣之位王宮縣諸侯軒縣卿大夫判縣士特縣辨其聲樂縣謂鍾磬之屬縣於筍簴者鄭司農云宮縣四面縣軒縣去其一面判縣又去其一面特縣又去其一面四面象宮室四面有牆故謂之宮縣軒縣三面其形曲

故春秋傳曰請曲縣繁纓以朝諸侯禮也故曰惟器與名不可以假人玄謂軒縣去南面辟王也判縣左右之合又空北面特縣縣於東方或於階間而已○特本亦作犆音特筍息允反虡音巨去起呂反下同繁步干反朝直遥反辟音避○

疏 注樂縣至而已○釋曰云樂縣謂鍾磬之屬縣於筍虡者凡縣者通有鼓鎛亦縣之鄭直云鍾磬者據下成文而言先鄭云軒縣判縣特縣皆直云去一面不辯所去之面故後鄭增成之也所引春秋傳者按成二年左氏傳云衛孫良夫將侵齊與齊師遇敗仲叔于奚救孫桓子桓子是以免旣衛人賞之以邑辭請曲縣繁纓以朝許之仲尼聞之曰惜也不如多與之邑惟器與名不可以假人注云諸侯軒縣闕南方形如車輿是曲也引之者證軒爲曲義也玄謂軒縣去南面避王也若然則諸侯軒縣三面皆闕南面是以大射云樂人宿縣於阼階東笙磬西面其南笙鍾其南鎛皆南陳西階之西頌磬東面其南鍾其南鎛皆南陳又云一建鼓在西階之東南面注云言面者國君於其臣備三面爾無鍾磬有鼓而已其爲諸侯則軒縣是其去南面之事也以諸侯大射於臣備三面惟有鼓則大夫全去北面爲判縣可知云特縣縣於東方或於階間而已者按鄉飲酒記云磬階間縮霤注云縮從也霤以東西爲從是其階間也按鄉射云縣於洗東北西南注云此縣謂縣磬也縣於東方避射位也是其東方也云而已者言其少耳○

凡縣鍾磬半爲堵全爲肆鍾磬者編縣之二八十六枚而在一虡謂之堵鍾一堵磬一堵謂之肆半之者謂諸侯之卿大夫士也諸侯之卿大夫半天子之卿大夫西縣鍾東縣磬士亦半天子之士縣磬而已鄭司農云以春秋傳曰歌鍾二肆○堵丁古反○

疏 凡縣至爲肆○釋曰云凡縣鍾磬揔目語也所縣者則半之爲堵全之爲肆是也云堵者若牆之一堵肆者行肆之名二物乃可爲半者一堵半其一肆故云半爲堵全爲肆也○注鍾磬至二肆○釋曰經直言鍾磬不言鼓鎛者周人縣鼓與鎛之大鍾惟縣一而已不編縣故不言之其十二辰頭之零鍾亦縣一而已今所言縣鍾磬者謂編縣之二八十六枚共在一簴者也鄭必知有十六枚在一簴者按左氏隱五年考仲子之宮初獻六羽衆仲云夫舞所以節八音而行八風故以八爲數樂縣之法取數於此又倍之爲十六若漏刻四十八箭亦倍十二月二十四氣故以十六爲數也是以淮南子云樂生於風亦是取數於八風之義也按昭二十年晏子云六律七音服注云七律爲七器音黄鍾爲宮林鍾爲徵大蔟爲商南呂爲羽姑洗爲角應鍾爲變宮蕤賓爲變徵外傳曰武王克商歲在鶉火月在天駟日在析木之津辰在斗柄星在天黿鶉火及天駟七列也南北之揆七月也鳧氏爲鍾以律計自倍半一縣十九鍾鍾七律十二縣二百二十八鍾爲八十四律此一歲之閏數此服以音定之以一縣十九鍾十二鍾當一月十二月十二辰辰加七律之鍾則十九鍾有七律當一月月之小餘十二月八十四小餘故云一歲之閏數按大射笙磬西面頌磬東面皆云其南鍾其南鎛北方直有鼓無鍾磬避射位則三面鍾磬鎛天子宮縣四面鍾磬鎛而已不見有十二縣服氏云十二縣非鄭義也云半之者謂諸侯之卿大夫士也又云諸侯之卿大夫半天子之卿大夫西縣鍾東縣磬者天子諸侯縣皆有鎛今以諸侯之卿大夫士半天子之卿大夫士言之則卿大夫士直有鍾磬無鎛也若有鎛不得半之耳必知諸侯卿大夫分鍾磬爲東西者以其諸侯卿大夫亦稱判縣故知諸侯卿大夫以天子卿大夫判縣之一肆分爲西東也云士亦半天子之士者天子之士直有東方一肆二堵諸侯之士半之謂取一堵或於階間或於東方也先鄭引春秋者襄十一年鄭賂晉侯歌鍾二肆晉侯以樂之半賜魏絳魏絳於是乎始有金石之樂禮也按彼鄭賂晉侯止有二肆當天子卿大夫判縣故取半賜魏絳魏絳得之分爲左右故云始有金石之樂引之者證諸侯之卿大夫判縣有鍾磬之義也

大師掌六律六同以合陰陽之聲陽聲黄鍾大蔟姑洗蕤賓夷則無射陰聲大呂應鍾南呂函鍾小呂夾鍾皆文之以五聲宮商角徵羽皆播之以八音金石土革絲木匏竹以合陰陽之聲者聲之陰陽各有合黄鍾子之氣也十一月建焉而辰在星紀大呂丑之氣也十二月建焉而辰在玄枵大蔟寅之氣也正月建焉而辰在娵訾應鍾亥之氣也十月建焉而辰在析木姑洗辰之氣也三月建焉而辰在大梁南呂酉之氣也八月建焉而辰在壽星蕤賓午之氣也五月建焉而辰在鶉首林鍾未之氣也六月建焉而辰在鶉火夷則申之氣也七月建焉而辰在鶉尾中呂巳之氣也四月建焉而辰在實沈無射戌之氣也九月建焉而辰在大火夾鍾卯之氣也二月建焉而辰在降婁辰與建交錯貿處如表裏然是其合也其相生則以陰陽六體爲之黄鍾初九也下生林鍾之初六林鍾

又上生大蔟之九二大蔟又下生南呂之六二南呂又上生姑洗之九三姑洗又下生應鍾之六三應鍾又上生蕤賓之九四蕤賓又下生大呂之六四大呂又上生夷則之九五夷則又下生夾鍾之六五夾鍾又上生無射之上九無射又上生中呂之上六同位者象夫妻異位者象子母所謂律取妻而呂生子也黄鍾長九寸其實一籥下生者三分去一上生者三分益一五下六上乃一終矣大呂長八寸二百四十三分寸之一百四大蔟長八寸夾鍾長七寸二千一百八十七分寸之千七十五姑洗長七寸九分寸之一中呂長六寸萬九千六百八十三分寸之萬二千九百七十四蕤賓長六寸八十一分寸之二十六林鍾長六寸夷則長五寸七百二十九分寸之四百五十一南呂長五寸三分寸之一無射長四寸六千五百六十一分寸之六千五百二十四應鍾長四寸二十七分寸之二十文之者以調五聲使之相次如錦繡之有文章播猶揚也揚之以八音乃可得而觀之矣金鍾鎛也石磬也土塤也革鼓鼗也絲琴瑟也木柷敔也匏笙也竹管簫也○匏白交反枵虛驕反娵子榆反訾子斯反大梁如字劉音泰降戶江反貿音茂取七喻反塤虛袁反

【疏】注以合至簫○釋曰此大師無目於音聲審故使合六律六同及五聲八音也鄭云以合陰陽之聲者聲之陰陽各有合

者六律爲陽六同爲陰兩兩相合十二律爲六合故云各有合也云黄鍾子之氣也十一月建焉而辰在星紀者以經云以合陰陽之聲即言陽聲黄鍾大蔟姑洗等據左旋而言云陰聲大呂應鍾南呂等據右轉而說其左右相合之義按斗柄所建十二辰而左旋日體十二月與月合宿而右轉但斗之所建建在地上十二辰故言子丑之等辰者日月之會會在天上十二次故言娵訾降婁之等以十二律是候氣之管故皆以氣言之耳以黄鍾律之首與大呂合故先言之云辰與建交錯貿處如表裏然是其合者貿易也謂若詩云抱布貿絲是貿易也十二月皆先言建後言辰皆覆之亦先言建後言辰是辰與建交錯貿易處互爲先後如似有表裏然是其交合也假令十一月先舉黄鍾後言星紀覆之則先舉大呂後言玄枵十二月皆然義可知也云其相生則以陰陽六體爲之者向上所説順經六律左旋六同右轉以陰陽左右爲相合若相生則六律六同皆左旋以律爲夫以同爲婦婦從夫之義故皆左旋鄭知有陰陽六體法者見律厤志云黄鍾初九律之首陽之變也因而六之以九爲法得林鍾林鍾初六呂之首陰之變也皆三天地之法也是其陰陽六體其黄鍾在子一陽爻生爲初九林鍾在未二陰爻生得爲初六者以陰故退位在未故曰乾貞於十一月子坤貞於六月未

也云同位者象夫妻異位者象母子者同位謂若黄鍾之初九下生林鍾之初六俱是初之第一夫婦一體是象夫婦也異位象子母謂若林鍾上生大蔟之九二二於第一爲異位象母子但律所生者爲夫婦呂所生者爲母子十二律呂律所生者常同位呂所生者常異位故云律取妻而呂生子也故曰黄鍾爲天統律長九寸林鍾爲地統律長六寸大蔟爲人統律長八寸林鍾位在未得爲地統者以未衝丑故也志又云十二管相生皆八八上生下生盡於中呂陰陽相生自黄鍾始而左旋八八爲伍又云皆參天兩地之法也注云三三而九二三而六上生下生皆以九爲法九六陰陽夫婦子母之道律取妻而呂生子天地之情也六律六呂而十二辰立矣五聲清濁而十日行矣鄭注皆取義於此也云黄鍾長九寸其實一籥者亦律厤志文按彼云子穀秬黍中者千有二百其實一籥彼又云黄鍾者律之實也云下生者三分去一上生者三分益一者子午已東爲上生子午已西爲下生東爲陽陽主其益西爲陰陰主其減故上生益下生減必以三爲法者以其生故取法於天之生數三也云大呂長八寸二百四十三分寸之一百四者以黄鍾之律爲本以八相生下生林鍾林鍾上生大蔟大蔟下生南呂已後皆然以此爲次今鄭以黄鍾大呂大蔟等相比爲次第不依相生爲次第者

鄭意既以上生下生得寸數長短乃依十二辰次第而言耳此之寸數所生以黄鍾長九寸下生林鍾三分減一去三寸故林鍾長六寸林鍾上生大蔟三分益一六寸益二寸故大蔟長八寸此三者以爲三統故無餘分大蔟下生南呂三分減一八寸取六寸減二寸得四寸在餘二寸寸爲三分合爲六分去二分四分在取三分爲一寸添前四寸爲五寸餘一分在是南呂之管長五寸三分寸之一也南呂上生姑洗三分益一五寸取三寸益一寸爲四寸又餘二寸者爲十八分又以餘一分者爲三分添前十八分爲二十一分益七分爲二十八分取二十七分爲三寸添前四寸爲七寸餘一分在是爲姑洗之管長七寸九分寸之一姑洗下生應鍾三分去一取六寸去二寸得四寸又以餘一寸者爲二十七分餘一分者爲三分添二十七分爲三十分減十分餘二十分是應鍾之管長四寸二十七分寸之二十自此已下相生皆以爲三分數而爲減益之法其義可知故不具詳也云文之者以調五聲使之相次如錦綉之有文章者謂據律呂以調五聲相次如錦繡有文章故名五聲爲文也此即八十一絲爲宮七十二絲爲商之等是也又云播猶揚也揚之以八音乃可得而觀之矣者五聲以律呂調之其八音亦使與律呂相應八音亦合五聲則絲是一但其聲發揚出聲故云播揚也云

可得觀者義取左氏季札請觀周樂故以觀言之也云金鐘鎛已下鄭以義約之按下瞽矇職云播鼗柷敔塤簫管弦歌眡瞭職云掌擊頌磬笙磬師掌擊編鐘鼓人掌教六鼓笙師掌教吹笙是樂器中有此鐘磬等八者鐘鎛以金爲之磬以石爲之塤以土爲之鼓鼗以革爲之柷敔以木爲之笙以插竹於匏但匏笙一也故鄭以笙解匏簫管以竹爲之故以鐘磬等釋金石等八音但匏笙亦以竹爲之以經別言匏故匏不得竹名也○

教六詩曰風曰賦曰比曰興曰雅曰頌教教瞽矇也風言賢聖治道之遺化也賦之言鋪直鋪陳今之政教善惡比見今之失不敢斥言取比類以言之興見今之美嫌於媚諛取善事以喻勸之雅正也言今之正者以爲後世法頌之言誦也容也誦今之德廣以美之鄭司農云古而自有風雅頌之名故延陵季子觀樂於魯時孔子尚幼未定詩書而因爲之歌邶鄘衛曰是其衛風乎又爲之歌小雅大雅又爲之歌頌論語曰吾自衛反魯然後樂正雅頌各得其所時禮樂自諸侯出頗有謬亂不正孔子正之曰比曰興比者比方於物也興者託事於物○興虚應反注皆同治直吏反下治功皆同鋪普吳反又音孚爲之于僞反下爲之爲作皆同邶步內反○

疏 教六至曰頌○釋曰按詩上下惟有風雅頌是詩之名也但就三者之中有比賦興故總謂之六詩也○注教教至於物○釋曰鄭知此教是教瞽矇者按下瞽矇職云諷誦詩故知教者教瞽矇也云風言賢聖治道之遺化也者但風是十五國風從關雎至七月則是揔號其中或有刺責人君或有褒美主上今鄭云言賢聖治道之遺化者鄭據二南正風而言周南是聖人治道遺化召南是賢人治道遺化自邶鄘已下是變風非賢聖之治道者也云賦之言鋪直鋪陳今之政教善惡者凡言賦者直陳君之善惡更假外物爲喻故云鋪陳者也云比見今之失不敢斥言取比類以言之興見今之美嫌於媚諛取善事以喻勸之者謂若關雎興后妃之類是也云雅正也言今之正者以爲後世法者謂若鹿鳴文王之類是也云頌之言誦也容也誦今之德廣以美之者凡言頌者美盛德之形容以其成功告於神明謂若清廟頌文王之樂歌之類是也鄭司農云古而自有風雅頌之名已下後鄭從之故不破若然此經有風雅頌則在周公時明不在孔子時矣而先鄭引春秋爲證者以時人不信周禮者故以春秋爲證以與春秋同明此是周公所作耳按襄二十九年季札聘魯請觀周樂爲之歌邶鄘衛小雅大雅及頌等先鄭彼注云孔子自衛反魯然後樂正雅頌各得其所自衛反魯在哀公十一年當此時雅頌未定而云

爲歌大雅小雅頌者傳家據已定録之言季札之於樂與聖人同與此注違者先鄭兩解雖然據此經是周公時已有風雅頌則彼注非也○

以六德爲之本所教詩必有知仁聖義忠和之道乃後可教以樂歌○知音智

疏 注所教至樂歌○釋曰凡受教者必以行爲本故使先有六德爲本乃可習六詩也按大司徒職云以鄉三物教萬民一曰六德知仁聖義忠和又按師氏以三德教國子至德敏德孝德此旣教瞽矇故取教萬民之六德以釋之耳

以六律爲之音以律視其人爲之音知其宜何歌子貢見師乙而問曰賜也聞樂歌各有宜若賜者宜何歌此問人性也本人之性莫善於律

疏 注以律至於律○釋曰鄭云以律視其人爲之音知其宜何歌者則大師以吹律爲聲又使其人作聲而合之聽人聲與律呂之聲合謂之爲音或合宮聲或合商聲或合角徵羽之聲聽其人之聲則知宜歌何詩若然經云以六律爲之音據大師吹律共學者之聲合乃爲音似若曲合樂曰歌之類也云子貢已下樂記文師乙乃魯之大師瞽之無目知音者也故子貢不自審就師乙而問之云此問人之性者謂子貢所問問人之性性即性宜見於聲氣故云本人之性莫善於律也引之者證以律爲音本人性所宜之事也○

大祭祀帥瞽登歌令奏擊拊擊拊瞽乃歌也故書拊爲付鄭司農云登歌歌者在堂也付字當爲拊書亦或爲拊樂或當擊或當拊登歌下管貴人聲也玄謂拊形如鼓以韋爲之著之以穅○拊音撫○

疏 大祭至擊拊○釋曰謂凡大祭之時大師有此一事言帥瞽登歌者謂下神合樂皆升歌清廟故將作樂時大師帥取瞽人登堂於西階之東北面坐而歌者與瑟以歌詩也令奏擊拊者拊所以導引歌者故先擊拊瞽乃歌也歌者出聲謂之奏故云奏也○注擊拊至以穅○釋曰鄭云擊拊瞽乃歌也者見經云令奏擊拊故知擊拊乃歌也先鄭云樂或當擊或當拊者先鄭之意擊拊謂若尚書云擊石拊石皆是作用之名拊非樂器後鄭不從者此擊拊謂若下文鼓朄乃擊應鼙之類彼朄鼙是樂器則知此拊亦樂器也玄謂拊形如鼓以韋爲之著之以穅者此破先鄭拊非樂器知義如此者約白虎通引尚書大傳云拊革裝之以穅今書傳無者在亡逸中

下管播樂器令奏鼓朄鼓朄管乃作也特言管者貴人氣也鄭司農云下管吹管者在堂下朄小鼓也先擊小鼓乃擊大鼓小鼓爲大鼓先引故曰朄朄讀爲道引之引玄謂鼓朄猶言擊朄詩云應朄縣鼓○朄音胤道音導引之引並音胤

疏

下管至鼓朄。○釋曰凡樂歌者在上匏竹在下故云下管播樂器樂器即笙簫及管皆是聲出曰播謂播揚其聲令奏鼓朄者奏即播亦一也欲令奏樂器之時亦先擊朄導之也。○注鼓朄至縣鼓。○釋曰鄭云鼓朄管乃作也者亦如上注擊拊瞽乃歌云特言管者貴人氣也者以管簫皆用氣故云貴人氣若然先鄭云登歌下管貴人聲此後鄭云特言管者貴人氣不同者各有所對若以歌者在上對匏竹在下歌用人人聲爲貴故在上若以匏竹在堂下對鍾鼓在庭則匏竹用氣貴於用手故在階間也後鄭云鼓朄猶言擊朄者此上下文拊與鼓皆言擊則此鼓謂出聲亦擊之類也詩云應朄縣鼓周頌有瞽篇也。○

大饗亦如之（疏）大饗亦如之。○釋曰此大饗謂諸侯來朝即大行人上公三饗侯伯再饗子男一饗之類其在廟行饗之時作樂與大祭祀同亦如上大祭祀師瞽登歌下管播樂器令奏皆同故云亦如之凡祭祀大饗及賓射升歌下管一皆大師令奏小師佐之其鍾鼓則大祝令奏故大祝云隋釁逆牲逆尸令鍾鼓右亦如之若賓射及饗鍾鼓亦當大祝令之與祭祀同也其小祭祀及小賓客文不見或無升歌之樂其外祭祀山川社稷皆準大祭祀令奏也

大射帥瞽而歌射節射節王歌騶虞（疏）注射節王歌騶虞。○釋曰言射節者謂若射人所云樂以騶虞九節貍首七節采蘋采蘩五節之類則大師爲之歌也。○

大師執同律以聽軍聲而詔吉凶大師大起軍師兵書曰王者行師出軍之日授將弓矢士卒振旅將張弓大呼大師吹律合音商則戰勝軍士強角則軍擾多變失士心宫則軍和士卒同心徵則將急數怒軍士勞羽則兵弱少威明鄭司農云以師曠曰吾驟歌北風又歌南風南風不競多死聲楚必無功。○將子匠反卒子忽反下同呼火故反數所角反。○（疏）注大師至無功。○釋曰兵書者武王出兵之書云合音商則戰勝軍士強者商屬西方金金主剛斷故兵士強也角則軍擾多變失士心者東方木木主曲直故軍擾多變失士心宫則軍和士卒同心者中央土土主生長又載四行故軍士和而同心徵則將急數怒軍士勞者南方火火主熛怒故將急數怒羽則兵弱少威明者北方水水主柔弱又主幽闇故兵弱少威明也先鄭引師曠曰者按襄公十八年楚子使子庚帥師侵鄭左傳曰甚雨及之楚師多凍役徒幾盡晉人聞有楚師師曠曰不害吾驟歌北風又歌南風南風不競多死聲楚必無功注云北風夾鍾無射以北南風姑洗南吕以南南律氣不至故死聲多吹律而言歌與風者出聲曰歌以律是候氣之管氣則風也故言歌風引之者證吹律知吉凶之事也

大喪帥瞽而廞作匶謚廞興也興言王之行謂諷誦其治功之詩故書廞爲淫鄭司農云淫陳也陳其生時行迹爲作謚。○行下孟反下同（疏）大喪至匶謚。○釋曰大喪言凡則大喪中兼王后雖婦從夫謚亦須論行乃謚之言帥瞽者即帥瞽矇歌王治功之詩廞作匶謚者匶即柩也古字通用之以其興喻王治功之詩爲柩作謚故云廞作柩謚是以瞽矇職云諷誦詩誄作謚時也。○注廞興至作謚。○釋曰云廞興也者先鄭以從古書廞作淫淫陳也周禮之内先鄭皆從淫爲陳後鄭皆爲興引之在下者以無正文亦得爲一義故也凡作謚謂將葬時故檀弓云公叔文子卒其子戍請於君曰日月有時將葬矣請所以易其名者曾子問云賤不誄貴幼不誄長天子稱天以誄之引公羊傳制謚於南郊是也

凡國之瞽矇正焉從大師之政教（疏）注從大師之政教。○釋曰大師是瞽人之中樂官之長故瞽矇屬焉而受其政教也

小師掌教鼓鼗柷敔塤簫管弦歌教教瞽矇也出音曰鼓鼗如鼓而小持其柄搖之旁耳還自擊塤燒土爲之大如鴈卵簫編小竹管如今賣飴餳所吹者弦謂琴瑟也歌依詠詩也鄭司農云柷如漆筩中有椎敔木虎也塤六孔管如篪六孔玄謂管如篴而小併兩而吹之今大予樂官有焉。○搖音遥本亦作搖飴以之反餳辭盈反李音唐筩音動椎直追反六空音孔篪音馳篴音狄併薄令反（疏）注教教至有焉。○釋曰鄭知教瞽矇者按瞽矇所作樂器與此所要者同明此教教瞽矇也鄭知此經鼓非六鼓之鼓者按鼓人云掌教六鼓眡瞭職云掌大師之縣又云賓射皆奏其鍾鼓則六鼓鼓人教之眡瞭擊之非此小師教又瞽矇所作不言鼓明此鼓既在鼗已下諸器之上是出聲爲鼓也後鄭解鼗依漢法而知塤燒土爲之大如鴈卵先鄭云塤六孔者按廣雅云塤象秤錘以土爲之六孔故二鄭爲此解也云簫編小竹者按通卦驗云簫長尺四寸注云簫管形象鳥翼鳥爲火火成數七生數二二七一十四簫之長由此廣雅云簫大者二十四管小者十六管有底三禮圖云簫長尺四寸頌簫長尺二寸此諸文簫有長短不同古者有此制也云管如今賣飴餳所吹者先鄭云管如篪六孔按廣雅云管象簫長尺圍寸八孔無底入孔者蓋傳寫誤當從六孔爲正也云弦謂琴瑟也歌依詠詩也者謂工歌詩依琴瑟而詠之詩此即詩傳云曲合樂曰

歌亦一也故鄉飲酒之屬升歌皆有瑟依詠詩也若不依琴瑟即爾雅徒歌曰謠也先鄭云柷狀如漆筩中有椎敔木虎也者書云合止柷敔注云柷狀如漆筩而有椎合之者投椎其中而撞之敔狀如木虎背有刻所以鼓之以止樂爾雅注云柷如漆桶方二尺四寸深一尺八寸敔如伏虎背上有二十七鉏鋙刻以木長尺櫟之玄謂管如遂而小併兩而吹之今大予樂官有焉者觀後鄭意以不與諸家同故引漢法大予樂官為況也。**大祭祀登歌擊拊**亦自有拊擊之佐大師令奏鄭司農云拊者擊石。令力呈反【疏】注亦自至擊石。釋曰鄭知小師亦自擊拊不共大師同擊拊者見大師下管鼓輴此小師下管別自擊應鼙不同明擊拊亦別可知但小師佐大師耳引先鄭拊為擊石者先鄭上注已解拊與擊同後鄭不從令引之在下者以無正文引之或得為一義故也。**下管擊應鼓**應鼙也應與輴及朔皆小鼓也其所用別未聞。鼙薄西反【疏】注應鼙至未聞。釋曰鄭知應是應鼙及有朔鼙者按大射建鼓在阼階西南鼓應鼙在其東以是知應是應鼙彼又云一建鼓在西階之西朔鼙在其北是知有朔鼙也知皆小鼓者擊鼓者即事之漸先擊小後擊大故大射云應鼙在其東朔鼙在其北鼙者皆

在人右鄭彼注云便其先擊小後擊大既便其事是鼙皆小鼓也云其所用別未聞者此上下祭祀之事有應有輴無朔大射有有朔有應無輴凡言應者應朔鼙祭祀既有應明有朔但無文不可強定之故云用別未聞也。**徹歌**於有司徹而歌雍。【疏】注於有至歌雍。釋曰鄭知徹祭器歌雍者見論語八佾云三家者以雍徹孔子云相維辟公天子穆穆奚取於三家之堂以三家無辟公助祭又無天子之容則諸侯亦不得用惟天子得用之是天子之容則徹器用徹詩故云歌雍也。**大饗亦如之**【疏】大饗亦如之。釋曰其大饗饗諸侯之來朝者徹器亦歌雍若諸侯自相饗徹器即歌振鷺故仲尼燕居云大饗有四焉云徹以振羽振羽當為振鷺是其事也。**大喪與廞**從大師。與音預【疏】注從大師。釋曰知從大師者見大師職云廞作匶謚此言與謂與在廞中明從大師也。**凡小祭祀小樂事鼓輴**如大師鄭司農云輴小鼓名**掌六樂聲音之節與其和**和錞于。和戶臥反同錞音淳本或作淳【疏】注和錞于。釋曰鄭知和是錞于者見鼓人云金錞和鼓故知和是錞于也

瞽矇掌播鼗柷敔塤簫管弦歌播謂發揚其音【疏】瞽矇至絃歌。釋曰此八者皆小師教此瞽矇令於作樂之時播揚以出聲也。**諷誦詩世奠繫鼓琴瑟**諷誦詩謂闇讀之不依詠也故書奠或為帝鄭司農云諷誦詩主誦詩以刺君過故國語曰瞍賦矇誦謂詩也杜子春云帝讀為定其字為奠書亦或為奠世奠繫謂帝繫諸侯卿大夫世本之屬是也小史主次序先王之世昭穆之繫述其德行瞽矇主誦詩并誦世繫以戒勸人君也故國語曰教之世而為之昭明德而廢幽昏焉以休懼其動玄謂諷誦詩主謂廞作柩謚時也諷誦王治功之詩以為謚世之而定其繫謂書於世本也雖不歌猶鼓琴瑟以播其音美之。奠音定繫戶計反注同刺七賜反瞍素口反行下孟反怵律反北本作休。【疏】諷誦至琴瑟。釋曰諷誦詩謂於王喪將葬之時則使此瞽矇諷誦王治功之詩觀其行以作謚葬後當呼之云世奠繫者奠定也謂辨其昭穆以世之序而定其繫繫即帝繫世本是也鼓琴瑟者詩與世本二者雖不歌詠猶鼓琴瑟而合之以美之也。注諷誦至美之。釋曰按上注云背文曰諷以聲節之曰誦別釋名此摠云闇讀之不依詠者語異義同背文與以聲節之皆是

闇讀之不依琴瑟而詠也直背文闇讀之而已故雖有琴瑟猶不得為曲合樂曰歌是以鄭云雖不歌猶鼓琴瑟以播其音美之也若然誦則以聲節之兼琴瑟則為歌矣而得不為歌者此止有諷而言誦者諷誦相將連言誦耳先鄭云諷誦詩主誦詩以刺君過并引國語皆是諫諍人君法度鄭不從而為廞作柩謚時者以其與世繫連文皆是王崩後事不得為諫諍是以大師廞作柩謚此瞽矇諷詩事相成故也子春與先鄭同但兼解世繫耳帝繫據王即經繫也諸侯卿大夫謂之世本即經世也云小史主次序先王之世昭穆之繫者小史職云奠繫世辨昭穆故知小史次序之云述其德行者取義於國語云為之昭明德是也子春之意與先鄭同為諫諍之事後鄭亦不從也國語者按楚語云莊王使士亹傅大子箴辭王卒使傅之問於申叔時申叔時曰教之春秋而為之聳善而抑惡焉以戒勸之教之世而為之昭明德而廢幽昏焉以休懼其動注云先王之繫世本使知有德者長無德者短子春引之者證帝繫世本之事後鄭云世之而定其繫謂書於世本以世與繫為一事用之又對文言之王謂之帝繫諸侯卿大夫謂之世本散則通故云書於世本世本即帝王繫也。**掌九德六詩之歌以役大師**役為之使

眡瞭掌凡樂事播鼗擊頌磬笙磬視瞭播鼗又擊磬磬在東方曰笙笙生也在西方曰頌頌或作庸庸功也大射禮曰樂人宿縣於阼階東笙磬西面其南笙鍾其南鑮皆南陳又曰西階之西頌磬東面其南鍾其南鑮皆南陳○頌衆家不音當依字戚音容○〔疏〕眡瞭至笙磬○釋曰按序官眡瞭三百人皆所以扶工以其扶工之外無事而兼使作樂故云掌凡樂事則播鼗已下至職末皆是也○注視瞭至南陳○釋曰云視瞭播鼗又擊磬者按小師教鼓鼗注云教教瞽矇瞽矇云掌播鼗今視瞭亦掌播鼗但有目不須小師教之耳故鄭云視瞭播鼗又擊磬是眡瞭兼掌鼗也云磬在東方謂之笙笙生也在西方曰頌頌或作庸庸功也者以東方是生長之方故云笙西方是成功之方故云庸功也謂之頌者頌者美盛德之形容以其成功告於神明故云頌言或作庸者尚書云笙庸以閒孔以庸爲大鍾鄭云庸即大射頌一也引大射者證東方之磬爲笙西方之磬爲頌之事也○

掌大師之縣大師當縣則爲之○〔疏〕注大師至爲之○釋曰按大司樂有宿縣之事小胥正樂縣之位大師無縣樂之事此大師之樂者大師掌六律六同五聲八音以其無目於音聲審本職雖不言縣樂器文

寄於此明縣之可知言當縣則爲之者以其有目故也○

凡樂事相瞽相謂扶工○相息亮反注同○〔疏〕注相謂扶工○釋曰能其事曰工故樂稱工是以儀禮鄉飲酒鄉射燕禮大射皆言工相者以眡瞭有目瞽人無目須人扶持故也

大喪廞樂器大旅亦如之旅非常祭於時乃與造其樂器〔疏〕注旅非至樂器○釋曰大喪廞樂器謂明器故檀弓云木不成斲瓦不成味竹不成用琴瑟張而不平笙竽備而不和是浩而小耳是臨時乃造之大旅非常祭亦臨時乃造故云亦如之旅不用尋常祭器者以其旅是非常則其器亦如明器沽而小故文承明器而云亦如之也

賓射皆奏其鍾鼓擊朄以奏之其登歌大師自奏之○〔疏〕注擊朄至奏之○釋曰鄭知擊朄以奏之者見大師職云下管令奏鼓朄以其鍾鼓與管俱在下管既擊朄令奏則鍾鼓亦擊朄奏之可知云其登歌大師自奏之者大師職見大祭祀登歌擊拊雖不言賓射賓射登歌自然大師令奏擊拊也若然大射之時鍾鼓眡瞭擊朄登歌亦大師自奏也

鼜愷獻亦如之愷獻獻功愷樂也杜子春云讀鼜爲憂戚之戚謂戒守鼓也擊鼓聲疾數故曰戚〔疏〕鼜愷獻亦如之○釋曰鼜謂夜戒守之鼓愷獻謂戰勝獻俘之時作愷樂二者皆視瞭奏其鍾鼓故云亦如之也○

典同掌六律六同之和以辨天地四方陰陽之聲以爲樂器陽聲屬天陰聲屬地天地之聲布於四方爲作也故書同作銅鄭司農云陽律以竹爲管陰律以銅爲管竹陽也銅陰也各順其性凡十二律故大師職曰執同律以聽軍聲玄謂律述氣者也同助陽宣氣與之同皆以銅爲○〔疏〕注陽聲至銅爲○釋曰云陽聲屬天陰聲屬地天地之聲布於四方者此典同既云掌六律六同即覆云以辨天地四方陰陽之聲明天地四方陰陽之聲還是六律六同也但於十二辰在陽辰爲律屬天在陰辰爲同屬地十二律布在四方方有三也此即大師所云六律左旋六同右轉陰陽相合者也先鄭云陽律以竹爲管陰律以銅爲管竹陽也銅陰也各順其性并大師執同亦爲銅字解之後鄭不從之故云律述氣者也同助陽宣氣與之同皆以銅爲之鄭知義然者按律歷志云律有十二陽六爲律陰六爲呂有三統之義焉其傳曰黃帝之所作也黃帝使泠綸自大夏之西應劭曰大夏西戎之國也崐崘之陰取竹之解谷孟康曰解脫也谷竹溝也取竹之脫無溝節者也

一說崐崘之北谷名也生其竅均厚者斷兩節間而吹之以爲黃鍾之宮制十二筩以聽鳳之鳴其雄鳴爲六雌鳴亦六此則上古用竹又按律歷志云度者分寸尺丈引也所以度長短也本起黃鍾之長一黍爲一分十分爲寸十寸爲尺十尺爲丈十丈爲引而五度審矣其法用銅是陽律用銅可知是後世用銅之明證也

凡聲高聲硍正聲緩下聲肆陂聲散險聲斂達聲贏微聲韽回聲衍侈聲筰弇聲鬱薄聲甄厚聲石故書硍或作硍杜子春讀硍爲鏗鎗之鏗高謂鍾形容高也韽讀爲闇不明之闇筰讀爲行扈唶唶之唶石如磬石之聲鄭大夫讀硍爲衮冕之衮陂讀爲人短罷之罷韽讀爲鶉鵪之鵪鄭司農云鍾形下當踔正者不高不下鍾形上下正傭玄謂高鍾形大上上大也高則聲上藏衮然旋如裏正謂上下直正則聲緩無所動下謂鍾形大下下大也下則聲出去放肆陂讀爲險陂之陂陂謂偏侈陂則聲離散也險謂偏弇也險則聲斂不越也達謂其形微大也達則聲有餘若大放也微謂其形微小也韽讀爲飛鉆涅闇之闇韽聲小不成也回謂其形微圜也回則其聲淫衍無鴻殺也侈謂中央約也侈則

聲迫筰出去疾也弇謂中央寬也弇則聲鬱勃不出也甄讀爲甄燿之甄甄猶掉也鍾微薄則聲掉鍾大厚則如石叩之無聲。䃂古本反又胡本反哆彼義反韽劉音闇又於瞻反鄭於貪反戚於感反李烏南反侈昌氏反又式氏反筰側百反弇沇感音掩劉於驗反甄音震注同硍音艱又苦耕反字林音限鏗苦耕反鎗初衡反劉初耕反唶側百反罷皮買反字或作罷音同桂林之間謂人短爲㜲矮矮音苦買反鵅烏南反䠂音婢李又孚葵反一音豐已反或音蒲年反傭勑龍反形大上大音泰下形大下大厚同舊菀佐反上時掌反鉆張林反又其廉反戚或音沾劉又渠金反說文云鏗鏦也一曰膏車鐵鉆鏦竹涉反涅乃結反劉其兼反殺色界反注反舊色例反約如字戚於教反掉徒弔反劉奴較反【疏】故書至無聲。釋曰此十二種並是鍾之病此職掌十二律之鍾是十二辰之零鍾非編者直言病鍾者欲見除此病外即是鍾之善者故言病鍾而已杜子春讀䃂爲鏗鎗之鏗者讀從樂記鍾聲鏗鏗以立號是鏗鎗之鏗後鄭不從又讀筰爲行扈唶唶之唶讀從左氏傳少皡以鳥名官有行扈唶唶後鄭亦不從也云石如磬石之聲者磬用石者故讀從磬聲後鄭增成之鄭大夫讀䃂爲衮冕之衮取音同後鄭從之哆讀爲人短罷之罷從俗語讀之後鄭不從韽讀爲鶉鵅之鵅讀

從孝經緯後鄭亦不從此讀鄭司農云下讀鍾形下當踔後鄭不從云正者不高不下鍾形上下正傭後鄭增成其義玄謂高鍾形大上上大也高則聲上藏衮然旋如裏者言旋如裏謂聲周旋如在裏云正謂上下直正則聲緩無所動者由無鴻殺故也云下謂鍾形大下下大也下則聲出去放肆者由下大故也鄭知上是上大下是下大者以其正是上下直則上是上大下是下大可知故爲此解云哆讀爲險哆之哆者讀從詩序險詖私謁之心詖是偏私之意故爲偏侈也云險謂偏弇也者此險與詖相對詖既爲偏侈故險爲偏弇也云達謂其形微大也者此物大則疏達故爲微大對高爲上大故此達爲微大微大則聲有餘若大放也云微謂其形微小也者此微對達達爲微大則微爲微小矣云韽讀爲飛鉗涅闇之闇者謂鬼谷子有飛鉗揣摩之篇皆言從橫辨說之術飛鉗者言察是非語飛而鉗持之揣摩者云揣人主之情而摩近之云韽聲小不成也者飛鉗涅闇使之不語此鍾聲韽亦是聲小不成也云回謂其形微圜也者凡鍾依梟氏所作若鈴不圜令此回而微圜故聲淫衍無鴻殺也云侈謂中央約也者此非偏侈謂鍾口揔寬則聲迫筰出去疾由口寬故也云弇謂中央寬者此與侈相對侈既口揔寬則弇是口揔狹是中央寬也云弇則聲鬱勃不出也者由口籠故也云

甄讀從甄燿之甄者讀從春秋緯甄燿度之篇名云甄猶掉也鍾微薄則聲掉者由薄故也云鍾大厚則如石者按梟氏爲鍾云鍾已厚則石已薄則播是故大鍾十分其鼓間以其一爲之厚小鍾十分其鉦間以其一爲之厚是厚薄得中也

凡爲樂器以十有二律爲之數度以十有二聲爲之齊量

數度廣長也齊量侈弇之所容。齊才計反注同廣古曠反長直亮反。【疏】注數度至所容。釋曰樂器據典同所作謂鍾也云以十有二律爲之度數者依律歷志云古之神瞽度律均鍾以律計倍半假令黃鍾之管長九寸倍之爲尺八寸又九寸得四寸半揔二尺二寸半以爲鍾口之徑及上下之數自外十二辰頭皆以管長短計之可知故云度數廣長也廣則口徑長則上下也云以十有二聲爲之齊量者十二聲則十二辰零鍾鍾則聲也十二鍾皆有所容多少之齊量故云侈弇之所容者上文侈弇雖是鍾病所容多少則依法故舉侈弇見文而言

凡和樂亦如之

和謂調其故器也。【疏】注和謂至器也。釋曰鄭知調故器者上文凡爲樂器是新造者今更言和樂明是調故器知聲得否及器多少當依法度也

附釋音周禮注疏卷第二十三

[illegible]盧氏宣旬校定

大清嘉慶二十年江西南昌府用文選樓藏本校栞

知南昌府張敦仁署鄱陽縣候補知州周澍栞

周禮注疏卷二十三挍勘記　阮元撰盧宣旬摘錄

附釋音周禮注疏卷第二十三

樂師

有帗舞　漢讀考云説文㚖樂舞執全羽以祀社稷也从羽犮聲讀若紱大鄭云全羽正以其字从羽知之也疑今注有脱誤當云故書帗作㚖皇作翌鄭司農云㚖舞者全羽社稷以㚖蓋大鄭從故書與許同後鄭從今書作帗也地官舞師職當亦然

羽舞爲析羽相對解之　惠挍本無相此衍

魚尾雞喙　宋本作啄

趨以采薺　唐石經諸本同釋文作采齊云本又作薺

以鍾鼓爲節　唐石經余本岳本嘉靖本同閩監毛本鍾改鐘注及疏同

則皆迎法　閩本同監毛本皆下有有字

云趍以采薺　閩監毛本趍作趨下並同

既言趍以采薺　閩本同監毛本薺誤齊

皆於庭中遙奏采薺　閩本同監毛本下有矣

惟貍首在樂記　余本嘉靖本惟作唯

即燕義所云是也　惠挍本閩本同誤也監毛本改作射義爲是

云掌其敘事者　閩監毛本敘作序

又引燕禮者　惠挍本閩本同監毛本引作云非

詔來瞽皐舞　説文皋气皋白之進也从夲从白禮祝曰皋登歌曰奏故皋奏皆从夲周禮曰詔來鼓皋舞皋告之也按鄭司農云瞽當爲鼓皋當爲告後鄭云皋之言號告國子當舞者舞先鄭以瞽爲鼓與許同後鄭則如字讀皋爲呼號即告義也不必易字後鄭與許同

亦謂祭未至徹祭器之時　浦鏜云末誤未

其中詔來瞽歌徹等皆如之　宋本瞽作鼓

帥射夫以弓矢舞　監本帥誤師

率當爲帥　漢讀考云率與帥今人混用而漢人分別毛詩率時農夫韓詩作帥時農夫周禮帥都建旗説文作率都建旗聘禮注曰古今帥皆作率凡周禮帥字故書當皆作率

雜以干戚羽毛謂之樂　浦鏜云旄訛毛

軍事言凡者　孫志祖云監本事誤士

故亦然言凡以該之　浦鏜云然衍字

笙竽備而不和是也　惠挍本作竽笙此倒眡瞭疏引作竽笙

眡葬獻明器之材　閩本同監毛本眡葬下有獻器遂哭注云至將葬十字○案此因兩獻字相重而誤脱也以監毛本爲是

大胥

則按此籍以召之　閩監毛本同余本岳本嘉靖本漢制考按皆作案

先取適子高七尺已上　釋文作以上此作已非

年十二到年三十　閩監毛本及漢制考所引同余本嘉靖本十二作二十按賈疏云十二者誤當云二十至三十然則舊本皆作十二作二十者據賈疏改也惠士奇云劉昭引此亦作十二似非誤

祭未有相飲之法　漢制考未作末此誤

謂舞者皆持芬香之采　漢讀考云采當作菜

士見於君以雉爲摯　余本嘉靖本同閩監毛本摯作贄非下句仍作摯毛本士誤七

鄭大夫讀比爲庀 釋文作爲庇

注云小祭祀 宋本無云

小胥

祭末飲酒 閩本同監毛本未改不按未當爲末

士特縣 釋文特作犆云本亦作特唐石經缺

縣於筍虡者 毛本虡改簴按釋文作簴葉鈔本作虡

云樂縣謂鍾磬之屬縣於簨簴者 閩監毛本簴作虡

樂人宿縣于阼階東 閩本同監本于誤牙毛本改於

其南鍾其南鎛 閩監毛本鎛誤鏄

國君於其臣備二面爾 閩監毛本二作三

鄭司農云以春秋傳曰 段玉裁云當作鄭司農說

分爲東西也 監本作西東

大師

正月建焉而辰在娵訾 毛本焉誤寅嘉靖本娵作陬

蕤賓又下生大呂之六四大呂又上生夷則之九五夷則又下生夾鍾之六五夾鍾又上生無射之上九 閩監毛本同誤也余本岳本嘉靖本下生皆作上生上生皆作下生當據以訂正盧文弨曰禮記月令正義春秋昭二十年正義引此注皆不誤

黃鍾大蔟沽洗等 閩監毛本作姑洗下並同

林鍾初九 閩本同誤也監毛本改作初六是

皆三天地之法也 浦鏜云當作皆參天兩地

異位者象母子者 今注作子母蓋誤倒當從賈所引

其實一籥者 監本實誤貴一字空缺

而因爲之歌邶鄘衛 閩監毛本同余本嘉靖本惠校本因作曰

以六德爲之本 唐石經嘉靖本本作夲

乃後可教以樂歌 余本嘉靖本同閩監本乃作然毛本後誤夜

令奏擊拊 唐石經諸本同浦鏜云此及下令字鄭注樂記會守拊鼓下引作合以證會義經如作令則當音力呈反如小師職注大師令奏是令釋文無音明本不作令按孔氏正義本作合故云謂大師合奏樂之時先擊拊而合奏之又云合奏時親擊朄以奏之宋本禮記注疏二合字皆改作令非賈疏令奏鼓朄云欲令奏樂器之時亦先擊朄導之也當本作合奏樂器

主歌騶虞 閩監毛本同誤也余本嘉靖本主作王此本疏中標注亦作王當據以訂正

鄭司農云以師曠曰 閩監毛本同誤也余本岳本嘉靖本云作說當據正

沽洗南呂以南 閩監毛本改姑洗非賈疏多用沽字

作匵謚 唐石經諸本同岳本謚改諡非○按用毛居正之謬說也

誦作謚時也 惠校本無也浦鏜云謂誤誦

小師 毛本小字空缺

簫管弦歌 唐石經余本嘉靖本毛本同閩監本弦改絃注及疏同

出音曰鼓 嘉靖本音下有者六經正誤云出音者曰鼓闕者字○按嘉靖本者字誤衍有者字則聲柷敔可通而塤簫管弦不可通凡出其音皆曰鼓非必有他物以出之也毛氏居正以有者字與其改皷爲鼓之說相合乃從此誤本而謂無者闕矣

如今賣飴餳所吹者　閩毛本同余本嘉靖本監本餳作錫釋文飴餳辭盈反李音唐此本疏及載音義皆作餳○按从易是也

管如篪六孔　余本嘉靖本閩監毛本同岳本篪作篪爲是篪从虒聲

元謂管如篴而小　孫志祖云詩周頌有瞽疏引鄭注而作形

併兩而吹之　惠挍本無兩

今大子樂官有焉　嘉靖本閩監毛本同誤也余本岳本子作予當據正疏中同○按光武樂曰大予見後漢書及文選兩都賦注

烏爲火火成數七　此本剜劑一火字閩監毛本排入

升歌皆有瑟　閩監毛本瑟誤琴

敔狀如木虎　浦鏜云伏誤木

鄭知徹祭器歌詩者　惠挍本詩作雍此誤

鄭司農云鞞小鼓名　此本及閩監本脫農字今據余本嘉靖本毛本補正

瞽矇

簫管弦歌　監本歌誤細

故書奠或爲帝　岳本云或作帝

以怵懼其動　釋文云怵懼北本作休按國語楚語作休韋昭曰休嘉也北本是賈疏引國語亦作休

莊王使士亹傅大子箴　惠挍本閩本同此本箴字模糊監毛本遂誤作藏

以休懼其動　閩監毛本依注改怵懼非

眡瞭

即帝王繫也　宋本作王帝

視瞭播鼗　毛本視改眡非

注視瞭至南陳　閩監毛本視改眡

大師當縣則爲之　嘉靖本閩監毛本同余本當作掌盧文弨曰按疏是當字

小胥正樂縣之位　此本及閩本位誤磬監本誤差今據毛本訂正

杜子春云讀鼜爲憂戚之戚　余本嘉靖本無云此衍

典同

故書同作銅　按此疑當爲故書銅作同司農從今書作銅後鄭從故書作同經文不作六銅者從後鄭本也尚書顧命篇亦今文作銅古文作同按前說非也故書作銅注甚明了未可牽合尚書顧命今文古文而疑之謂書禮今文必銅字書禮古文必同字夫之固矣

執同律以聽軍聲　漢讀考作執銅律按此據先鄭本耳今大師職作同從後鄭本也

皆以銅爲　余本嘉靖本同閩本爲下剜擠之字監毛本因之按此本疏中標起訖云注陽聲至銅爲亦無之字亦閩本剜擠監毛本承其誤

方有三也　閩本同監毛本三改四誤

六律右旋　浦鏜云左誤右

黃帝使泠綸自大夏之西　惠挍本作泠淪此與漢志同閩監毛本改伶倫非

取竹之脫無溝節者也　惠挍本無取此衍

生其竅均厚者　惠挍本作厚均

七丈爲引　浦鏜云十誤七

微聲韽　唐石經諸本同閩監本韽作韽毛本作韽皆訛

杜子春讀硍爲鏗鎗之鏗　毛本鏗鎗誤鏗鏘漢讀考硍作䃌云此杜從作䃌之本而易爲

鏗字今本作讀硍誤音義硍鏗皆苦耕反陸時蕭未誤也

韽讀爲鶉鵪之鵪 閩監本鵪皆誤韽漢讀考云爲當作如

鍾形下當蹕 閩監毛本同誤也余本嘉靖本蹕作踔當據正釋文踔作婢

衮然旋如裏 余本嘉靖本閩監毛本同岳本惠挍本裏作裹按衮裹一聲之轉故讀從之衮亦與卷通卷旋卽裹義也蓋作裹是釋曰言旋如裹謂聲周旋如在裹是賈本作裹字

韽讀爲飛鉆涅韽之韽 釋文作飛鉆賈疏作飛鉗云言察是非語飛而鉗持之集韻二十四鹽二十五沾皆云鬼谷篇有飛鉆涅闇段玉裁云集韻所本者是也注當作涅闇之闇

甄讀爲甄濯之甄 余本嘉靖本閩監本同毛本濯作燿按賈疏本作燿云讀從春秋緯甄燿度○按甄燿卽震燿古人震多讀平聲古本作濯者亦當讀爲燿

甄猶棹也 閩監本同誤也余本嘉靖本毛本棹作掉當據正下同釋文出掉也二字○按晁氏云長甬則震注云鐘掉則聲不正亦以掉釋震是知甄震一字甄爲震之假借也震有平去二音甄亦可平可去故集韻云甄之刃切掉也鐘病聲

衮然旋如裏者 惠挍本裏作裹下並同

此險與陂相對 惠挍本陂作詖

皆言從横辨說之術 惠挍本辨作辯

故云侈弇之所容者 浦鏜云者當也字誤

周禮注疏卷二十三挍勘記終

南昌袁泰開挍

附釋音周禮注疏卷第二十四

鄭氏注　賈公彥疏

磬師掌教擊磬擊編鐘 教教視瞭也磬亦編於鍾言之者鍾有不編不編者鍾師擊之杜子春讀編爲編書之編 疏 注教教至之編○釋曰鄭知教教視瞭者視瞭職云掌播鼗擊笙磬頌磬若然視瞭不言擊鍾知亦教視瞭擊編鍾者以磬是樂縣之首故特舉此言其實編鍾亦視瞭擊之故鎛師注云擊鍾者亦視瞭也云磬亦編於鍾言之者鍾有不編不編者鍾師擊之者鄭知鍾有不編者以此經云擊磬不言編則磬無不編以其無可對故不言編鍾言編則對不編者故鄭云磬亦編於鍾言之者鍾有不編不編者鍾師自擊之也鄭必知鍾有不編使鍾師自擊者以其言教視瞭擊編鍾明不編者不教視瞭不教者自擊之可知是以鍾師云掌金奏又云以鍾鼓奏九夏明是鍾不編者十二辰零鍾也若書傳云左五鍾右五鍾也杜子春讀編爲編書之編者按史記孔子讀易韋編三絕是古者未有紙皆以韋編竹簡此鍾磬亦編之十六枚在一簴故讀從之也○

教縵樂燕樂之鍾磬 杜子春讀縵爲怠慢之慢玄謂縵讀爲縵錦之縵謂雜聲之和樂者也學記曰不學操縵不能安弦燕樂房中之樂所謂陰聲也二樂皆教其鍾磬○縵莫半反杜音慢操七曹反 疏 注杜子至鍾磬○釋曰子春讀縵爲慢後鄭不從之也玄謂縵讀爲縵錦之縵者時有縵錦之言依俗讀之也云謂雜聲之和樂者也者謂雜弄調和引學記爲證按彼鄭注云操縵雜弄即今之調解曲若不學調弦則不能安意於弦也云燕樂房中之樂者此即關雎二南也謂之房中者房中謂婦人后妃以風喻君子之詩故謂之房中之樂

凡祭祀奏縵樂

鍾師掌金奏 金奏擊金以爲奏樂之節金謂鍾及鎛○ 疏 注金奏至及鎛○釋曰此即鍾師自擊不編之鍾凡作樂先擊鍾故鄭云金奏擊金以爲奏樂之節是以下云以鍾鼓奏九夏亦先云鍾也鄭云金謂鍾及鎛者以是三者皆不編獨縣而已○

凡樂事以鍾鼓奏九夏王夏肆夏昭夏納夏章夏齊夏族夏祴夏驁夏 以鍾鼓者先擊鍾次擊鼓以奏九夏夏大也樂之大歌有九故書納作內杜子春云內當爲納祴讀爲陔鼓之陔王出入奏王夏尸出入奏肆夏牲出入奏昭夏四方賓來奏納夏臣有功奏章夏夫人祭奏齊夏族人侍奏族夏客醉而出奏陔夏公出入奏驁夏肆夏詩也春秋傳曰穆叔如晉晉侯享之金奏肆夏之三不拜工歌文王之三又不拜歌鹿鳴之三三拜曰三夏天子所以享元侯也使臣不敢與聞肆夏與文王鹿鳴俱稱三謂其三章也以此知肆夏詩也國語曰金奏肆夏繁遏渠天子所以享元侯肆夏繁遏渠所謂三夏矣呂叔玉云肆夏繁遏渠皆周頌也肆夏時邁也繁遏執傹也渠思文肆遂也夏大也言遂於大位謂王位也故時邁曰肆于時夏允王保之繁多也遏止也言福禄止於周之多也故執傹曰降福穰穰降福簡簡福禄來反渠大也言以后稷配天王道之大也故思文曰思文后稷克配彼天故國語謂之曰皆昭令德以合好也玄謂以文王鹿鳴言之則九夏皆詩篇名頌之族類也此歌之大者載在樂章樂崩亦從而亡是以頌不能具○納夏本或作夏納齊側皆反本作齋祴古哀反驁五羔反劉五到反使色吏反與音預過於葛反傹音競詩作競穰如羊反好呼報反 疏 注以鍾至能具○釋曰云以鍾鼓者先擊鍾次擊鼓者鍾師直擊鍾不擊鼓而兼云鼓者凡作樂先擊鍾次擊鼓欲見鼓鍾先後次第故兼言之也鍾中得奏九夏者謂堂上歌之堂下以鍾鼓應之故左氏傳云晉侯歌鍾二肆亦謂歌與鍾相應而言也云夏大也者欲明此九夏者皆詩之大者故云樂之大歌有九杜子春云祴讀爲陔鼓之陔者漢有陔鼓之法故樂師先鄭云若今時行禮於大學罷出以鼓陔爲節故讀從之也云王出入奏王夏尸出入奏肆夏牲出入奏昭夏者皆大司樂文云四方賓來奏納夏臣有功奏章夏夫人祭奏齊夏族人侍奏族夏者此四夏皆無明文或子春別有所見故後鄭從之云賓醉而出奏陔夏者賓醉將出奏之恐其失禮故陔切之使不失禮是以鄉飲酒鄉射燕禮大射賓醉將出之時皆云奏陔云公出入奏驁夏者按大射云公入奏驁夏是諸侯射於西郊自外入時奏驁夏不見出時而云出者見樂師云行以肆夏趨以采薺出入禮同則驁夏亦出入禮同故兼云出也此九夏者惟王夏惟天子得奏諸侯已下不得其肆夏則諸侯亦當用故燕禮奏肆夏大夫已下者不得故郊特牲云大夫之奏肆夏由趙文子始明不合也其昭夏已下諸侯亦用之其驁夏天子大射入時無文故子春取大射公入驁以明天子亦用也云肆夏詩也者子春之意九夏皆不言詩是以解者不同故杜注春秋云肆夏爲樂曲名今云肆夏詩則九夏皆詩後鄭從之春秋傳曰已下襄公四年傳文云俱稱三謂其三章者此皆篇而云章者子春之意以章名篇耳引國語曰金奏肆夏繁遏渠

天子所以享元侯者歌詩尊卑各别若天子享元侯升歌肆
夏頌合大雅享五等諸侯升歌大雅合小雅享臣子歌小雅
合鄉樂若兩元侯自相享與天子享巳同五等諸侯自相享
亦與天子享巳同諸侯享臣子亦與天子享臣子同燕之用
樂與享同故燕禮燕臣子升歌鹿鳴之等三篇襄四年晉侯
享穆叔爲之歌鹿鳴云君所以嘉寡君是享燕同樂也云所
謂三夏矣者即上引春秋肆夏三不拜三是三夏故云三夏
呂叔玉者是子春引之者子春之意與叔玉同三夏並是在
周頌篇故以時邁執競思文三篇當之後鄭不從者見文王
大明緜及鹿鳴四牡皇皇者華皆舉見在詩篇名及肆夏繁
遏渠舉篇中義意故知義非也玄謂以文王鹿鳴言之則九
夏皆詩篇名者以襄四年晉侯享穆叔奏肆夏與文王鹿鳴
同時而作以類而言文王鹿鳴等既是詩明肆夏之三亦是
詩也肆夏既是詩則九夏皆詩篇名也云頌之族類也者九
夏並是頌之族類也云此歌之大者以其皆稱夏也云載在
樂章者此九夏本是頌以其大而配樂歌之則爲樂章載在
樂章也云樂崩亦從而亡是以頌不能具者樂崩在
秦始皇之世隨樂而亡頌内無故云頌不能具也。凡祭
祀饗食奏燕樂以鍾鼓奏之。疏注以鍾鼓奏之。釋曰饗食謂與諸侯行饗食

之禮在廟故與祭祀同樂故連言之知以鍾鼓奏之者以其
鍾師奏九夏用鍾鼓故知此燕樂亦用鍾鼓奏之可知也。
凡射王奏騶虞諸侯奏貍首卿大夫奏采蘋
士奏采蘩鄭司農云騶虞聖獸。疏凡射至采蘩。釋曰言凡射則大射賓射等同用此爲射
節故言凡射人與樂師辨其節數於此見其作樂人爲之故
數職重言。注騶虞聖獸。釋曰按異義今詩韓魯說騶虞
天子掌鳥獸官古毛詩說騶虞義獸白虎黑文食自死之肉
不食生物人君有至信之德則應之周南終麟止召南終騶
虞俱稱嗟歎之皆獸名謹按古山海經鄒
書云騶虞獸說與毛詩同是其聖獸也。掌鼙鼓縵樂
鼓讀如莊王鼓之。鼓玄謂作縵樂擊鼙以和之。和胡臥反疏注鼓讀至和之。釋曰鼓讀如莊王鼓之鼓者
讀從左氏傳莊王親鼓之。鼓玄謂作縵樂擊鼙以和之
者此官主擊鼙於磬師作縵樂則鍾師擊鼙以和之。
笙師掌教龡竽笙塤籥簫篪。篴管舂牘應
雅以教祴樂教教視瞭也鄭司農云竽三十六簧笙十三簧篪七空舂牘以竹大五六寸長七尺

短者一二尺其端有兩空髤畫以兩手築地應長六尺五寸
其中有椎雅狀如漆筩而弇口大二圍長五尺六寸以羊韋
鞔之有兩紐疏畫杜子春讀篴爲蕩滌之滌今時所吹五空
竹篴玄謂籥如篴三空祴樂祴夏之樂牘應雅教其舂者謂
以築地笙師教之則三器在庭可知矣賓醉而出奏祴夏以
此三器築地爲之行節明不失禮。龡昌垂反竽音于牘音
獨或大録反空音孔下同髤香牛反或七利反鞔莫干反疏注教教至失禮。釋曰此樂器瞽矇有視瞭無所以
知不教瞽矇者按小師云教鼓鼗柷敔塤簫管弦歌注云教
教瞽矇也以小師在瞽矇之上又瞽矇所作與小師同故知
小師所教瞽矇笙師所教文在視瞭之下不可隔視瞭教瞽
矇其視瞭雖不云其器明所教教視瞭也先鄭云竽三十六
簧笙十三簧者按通卦驗竽長四尺二寸注云竽管類用竹
爲之形參差象鳥翼鳥火禽火數七冬至之時吹之冬水用
事水數六六七四十二竽之長蓋取於此也笙十三簧廣雅
云笙以匏爲之十三管宫管在左方竽象笙三十六管宫管
在中央禮圖云竽長四尺二寸此竽三十六簧與禮圖同云
篪七空者廣雅云篪以竹爲之長尺四寸八孔一孔上出寸
三分禮圖云篪九空司農云七孔蓋寫者誤當云八空也或
司農别有所見云舂牘以竹大五六寸長七尺短者一二尺

其端有兩空髤畫以兩手築地應長六尺五寸其中有椎雅
狀如漆筩而弇口大二圍長五尺六寸以羊韋鞔之有兩紐
疏畫者此皆約漢法知之而言鄭注巾車髤赤多黒少之色
疏畫者長疏而畫之子春讀篴爲蕩滌之滌讀從郊特牲臭
味未成滌蕩其聲之滌云今時所吹五空竹篴後鄭從之也
玄謂祴樂祴夏之樂者以其鍾師有祴夏此祴樂與之同故
知此所教祴樂是鍾師所作祴夏者也云笙師教之則三器
在庭可知矣者以其笙管在堂下近堂則三者亦在堂下遠
堂在庭可知云賓醉而出奏祴夏者此則鄉飲酒及鄉射之
等賓出奏陔是也云以此三器築地爲之行節明不失禮者
三器言舂舂是向下之稱是其築地與祴樂連文明與祴
樂爲節可知也經中樂器不解塤與簫管者上文巳釋也凡
祭祀饗射共其鍾笙之樂鍾笙與鍾聲相應之笙。疏注鍾笙至
之笙。釋曰鄭爲此解者以其笙
師不掌鍾而兼言鍾故知義然也。燕樂亦如之疏燕樂
亦如之。釋曰言亦如之者謂作
燕樂亦如上共其鍾笙之樂也。大喪廞其樂器及
葬奉而藏之廞興也興謂作之奉猶送疏注廞興至猶送。釋曰此所興作即上竽笙巳

下皆作之送之於壙而藏之也。**大旅則陳之**陳於饌處而已不涖其縣。疏注陳於至其縣。釋曰此經直言陳之明陳於饌處而已不臨其縣其臨縣者大司樂故大司樂云大喪臨廞樂器注云臨笙師鎛師之屬是也

鎛師掌金奏之鼓謂主擊晉鼓以奏其鍾鎛也然則擊鎛者亦視瞭。疏鎛師至之鼓。釋曰鎛師不自擊鎛使視瞭擊之但擊金奏之鼓耳。注謂主至視瞭。釋曰知金奏之鼓謂主擊晉鼓者鼓人職云以晉鼓鼓金奏故知之也金奏謂奏金金即鍾鎛鍾鎛以金爲之故言金云然則擊鎛者亦視瞭者按視瞭直云樂作擊編鍾不言鎛鎛與鍾同類大小異耳既擊鍾明亦擊鎛故云亦視瞭也**凡祭祀鼓其金奏之樂饗食賓射亦如之軍大獻則鼓其愷樂凡軍之夜三鼜皆鼓之守鼜亦如之**守鼜備守鼓也鼓之以鼖鼓杜子春云一夜三擊備守鼜也春秋傳所謂賓將趨者音聲相似。鼖扶云反趨左傳作掫莊九反杜注云行夜疏凡祭至如之。釋曰云鼓其金奏之樂者金奏之樂者即入音是也亦以晉鼓鼓之饗食謂饗食來朝諸侯賓射亦謂與來朝諸侯射於朝皆鼓其金奏之鼓也軍大獻謂獻捷於祖作愷歌亦以晉鼓鼓之云凡軍之夜三鼜皆鼓之守鼜亦如之者亦鼓之也。注守鼜至相似。釋曰鄭知用鼖鼓者鼓人職云鼖鼓鼓軍事此並軍事故知用鼖鼓也子春云一夜三擊備守鼜也者鼓人注引司馬法云昏鼓四通爲大鼜夜半三通爲晨戒旦明五通爲發昫是一夜三擊備守鼜也春秋傳者昭二十年衛侯如死鳥齊侯使公孫青聘衛賓將掫注云掫謂行夜子春云賓將趨讀人音異云音聲相似者趨與鼜音聲相似皆是夜戒守也**大喪廞其樂器奉而藏之**疏大喪至藏之。釋曰此官所廞謂作晉鼓鼖鼓而已以其當職所擊者也

韎師掌教韎樂祭祀則帥其屬而舞之舞之以東夷之舞疏注舞之至之舞。釋曰知舞之以東夷之舞者以其專主夷樂則東夷之樂曰韎是也凡舞夷樂皆門外爲之**大饗亦如之**

旄人掌教舞散樂舞夷樂散樂野人爲樂之善者若今黃門倡矣自有舞夷樂四夷之樂亦皆有聲歌及舞疏旄人至夷樂。釋曰云掌教舞散樂舞夷樂者旄人教夷樂而不掌鞮鞻氏掌四夷之樂而不教二職互相統耳但旄人加以教散樂鞮鞻氏不掌之也。注散樂至及舞。釋曰云散樂人爲樂之善者以其不在官之員內謂之爲散故以爲野人爲樂善者也云若今黃門倡矣者漢倡優之人亦非官樂之內故舉以爲說也云夷樂四夷之樂者即孝經緯云東夷之樂曰韎南夷之樂曰任西夷之樂曰株離北夷之樂曰禁知亦皆有聲歌及舞者此經有舞下鞮鞻氏云掌四夷之樂爲其聲歌是也。**凡四方之以舞仕者屬焉**疏凡四至屬焉。釋曰云凡四方之以舞仕者屬焉者此即野人能舞者屬旄人選舞人當於中取之故也**凡祭祀賓客舞其燕樂**疏凡祭至燕樂。釋曰賓客亦謂饗燕時舞其燕樂謂作燕樂時使四方舞士舞之以夷樂

籥師掌教國子舞羽龡籥文舞有持羽吹籥者所謂籥舞也文王世子曰秋冬學羽籥詩云左手執籥右手秉翟疏注文舞至秉翟。釋曰此籥師掌文舞故教羽籥若武舞則教干戚也故云文舞有持羽吹籥者也云所謂籥舞也者所謂詩頌籥舞笙鼓彼亦文舞也文王世子曰秋冬學羽籥彼對春夏學干戈陽時學之法陽動秋冬學羽籥陰時學之法陰靜詩云左手執籥右手秉翟者邶風簡兮之篇引此二文者證皆文舞所執之器也此官所教當樂師教小舞互相足故文王世子云小樂正學干大胥贊之籥師學戈籥師丞贊之注云四人皆樂官之屬也通職秋冬亦學以羽籥小樂正樂師也。**祭祀則鼓羽籥之舞**鼓之者恒爲之節。疏注鼓之至之節。釋曰祭祀先作樂下神及合樂之時則使國子舞鼓動以羽籥之舞與樂節相應使不相奪倫故鄭云鼓之者恒爲之節。**賓客饗食則亦如之**疏賓客至如之。釋曰亦鼓之以羽籥之舞與祭祀同以其俱在廟故樂亦同也**大喪廞其樂器奉而藏之**疏大喪至藏之。釋曰此所廞作惟羽籥而已不作餘器

籥章掌土鼓豳籥杜子春云土鼓以瓦爲匡以革爲兩面可擊也鄭司農云豳籥豳國

之地竹龡詩亦如之玄謂龡籥龡人吹籥之聲章明堂位曰土鼓蒯桴葦籥伊耆氏之樂○龡彼貧反注邠同蒯苦對反劉苦懷反桴音孚耆又作帆皆音耆【疏】注杜子至之樂○釋曰子春云土鼓以瓦爲匡以革爲兩面可擊也後鄭不從者土鼓因於中古神農之器黃帝已前未有瓦器故不從也先鄭云龡籥龡國之地竹龡詩亦如之後鄭不從者按下文吹豳詩吹豳雅吹豳頌更不見豳籥則是籥中吹豳詩及雅頌謂之豳籥何得有豳國之地竹乎若用豳國之地竹當云之籥故後鄭云豳人吹籥之聲章云豳人吹籥其義難明謂作豳人吹籥之聲章商祝夏祝之類聲章即下文豳詩之等是也明堂位曰土鼓蒯桴葦籥伊耆氏之樂者鄭注禮運云土鼓築土爲鼓也蒯桴桴謂擊鼓之物以土塊爲桴引之者破于春土鼓用瓦

中春晝擊土鼓龡豳詩以逆暑豳詩豳風七月也吹之者以籥爲之聲七月言寒暑之事迎氣歌其類也此風也而言詩詩摠名也迎暑以晝求諸陽○中音仲下同【疏】中春至逆暑○釋曰中春二月也言迎暑者謂中春晝夜等已後漸暄故預迎之耳○注豳詩至諸陽○釋曰鄭知吹之者以籥爲之聲者以發首云掌土鼓豳籥故知詩與雅頌皆用籥吹之也云七月言寒暑之事者七

月云一之日觱發二之日栗烈七月流火之詩是寒暑之事云迎氣歌其類也者解經吹豳詩逆暑及下迎寒皆當歌此寒暑之詩也云此風也而言詩詩摠名也者對下有雅有頌即此是風而言詩詩摠名含豳風矣故云詩不言風也云迎暑以晝求諸陽者對下迎寒以夜求諸陰也

中秋夜迎寒亦如之迎寒以夜求諸陰【疏】中秋至如之○釋曰言亦如之亦當擊土鼓龡豳詩也

凡國祈年于田祖龡豳雅擊土鼓以樂田畯祈年祈豐年也田祖始耕田者謂神農也豳雅亦七月也七月又有于耜舉趾饁彼南畝之事是亦歌其類謂之雅者以其言男女之正鄭司農云田畯古之先教田者爾雅曰畯農夫也○樂音洛畯音俊饁于輒反劉于法反【疏】凡國至田畯○釋曰此祈年於田祖并上迎暑迎寒並不言有祀事既告神當有祀事可知但以告祭非常故不言之耳若有禮物不過如祭法埋少牢之類耳此田祖與田畯所祈當同日但位別禮殊樂則同故連言之也○注祈年至夫也○釋曰祈年祈豐年也者義取小祝求豐年俱是求甘雨使年豐故引彼解此也云田祖始耕田者謂神農也者此即郊特牲云先嗇一也故甫田詩云琴瑟擊鼓以御田祖以祈甘雨以介我稷黍毛云田祖先嗇者也七月又有于耜舉趾饁彼南畝之事亦是歌其類者按彼七月云三之日于耜四之日舉趾同我婦子饁彼南畝田畯至喜並在寒暑之下彼爲風此爲雅者也云謂之雅者以其言男女之正者先正之業以農爲本是男女之正故名雅也司農云田畯古之先教田者此即月令命田舍東郊鄭云田謂田畯是也爾雅曰畯農夫也者以其教農故號農夫

國祭蜡則龡豳頌擊土鼓以息老物故書蜡爲蠶杜子春云蠶當爲蜡郊特牲曰天子大蜡八伊耆氏始爲蜡歲十二月而合聚萬物而索饗之也蜡之祭也主先嗇而祭司嗇也黃衣黃冠而祭息田夫也既蜡而收民息已　謂十二月建亥之月也求萬物而祭之者萬物助天成歲事至此爲其老而勞乃祀而老息之於是國亦養老焉月令孟冬勞農以休息之是也豳頌亦七月也七月又有穫稻作酒躋彼公堂稱彼兕觥萬壽無疆之事是亦歌其類也謂之頌者以其言歲終人功之成○索色白反爲于僞反勞戶報反穫戶郭反躋子兮反疆居良反○【疏】國祭至老物○釋曰此爲蜡直擊土鼓按明堂位云土鼓葦籥伊耆氏之樂則此各有葦籥可知言以息老物者謂息田夫萬物也○注故書至之成○釋曰子春引郊

特牲後鄭從之增成其義耳故還引郊特牲而解之云求萬物而祭之者即合聚萬物而索饗之是也云乃祀而老息之者老即老物蜡祭是也息之者即息田夫臘祭宗廟是也云於是國亦養老焉者即所引月令孟冬勞農以休息之是也云豳頌亦七月也七月又有穫稻作酒等至之事是亦歌其類也者其類謂穫稻已下是也云謂之類者以其言歲終人功之成者凡言頌者頌美成功之事故於七月風詩之中亦有雅頌也鄭注郊特牲云歲十二月周之正數故此鄭云建亥解之知非夏十二月者以其建亥萬物成故月令祈來年及臘先祖之等皆在孟冬月是十二月據周於夏爲建亥十月也

鞮鞻氏掌四夷之樂與其聲歌四夷之樂東方曰韎南方曰任西方曰株離北方曰禁詩云以雅以南是也王者必作四夷之樂一天下也言與其聲歌則云樂者主於舞○任音壬下同○【疏】注四夷至於舞○釋曰四夷樂名出於孝經緯鉤命決故彼云東夷之樂曰韎持矛助時生南夷之樂曰任持弓助時養西夷之樂曰侏離持鉞助時殺北夷之樂曰禁持楯助時藏皆於四門之外右辟是也按明堂位亦有東

夷之樂曰韎南夷之樂曰任又按虞傳云陽伯之樂舞侏離則東夷之樂亦名侏離者東夷樂有二名亦名侏離鄭注云侏離舞曲名言象萬物生株離若詩云彼黍離離是物生亦曰離云王者必作四夷之樂一天下也者按白虎通云王者制夷狄樂不制夷狄禮者所以拘中國不制禮恐夷人不能隨中國禮故也四夷之樂離謂舞使國之人也云與其聲歌則云樂者主於舞者凡樂止有聲歌及舞既下別云聲歌明上云樂主於舞可知也按月令仲春云命樂正入學習樂注云歌與八音知非舞以其下季春云大合祭注云歌與八音明所合多故知非直舞而有歌與八音也○**祭祀則龡**

而歌之燕亦如之吹之以管籥爲之聲 疏 注吹之至之聲○釋曰知吹之以管籥爲之聲者以其歌者在上管籥在下既言吹之用氣明據管籥爲之聲可知是以笙師教吹管籥之等

典庸器掌藏樂器庸器庸器伐國所藏之器若崇鼎貫鼎及以其兵物所鑄銘也 疏 注庸器至銘也○釋曰庸功也言功器者伐國所獲之器也云若崇鼎貫鼎者明堂位又云及以其兵物所鑄銘也者謂左氏傳季氏以所得齊之兵作林鍾而銘魯功是經中樂器也彼既譏其非時征伐又籍晉之功引之取一邊證鑄作銘功之事耳**及祭祀帥其屬而設筍虡陳庸器**設筍簴視瞭當以縣樂器焉陳功器以華國也杜子春云筍讀爲博選之選橫者爲筍從者爲鐻○選胥袞反從子容反鐻音距舊本作此字今或作虡 疏 注設筍至爲鐻○釋曰鄭知此設筍虡視瞭當以縣樂器焉者按視瞭職云掌大師之縣此直云設筍簴明是視瞭縣之可知子春云筍讀爲博選之選者此當俗讀當時語者有博選之言故讀從之也○**饗食賓射亦如之大喪廞筍虡**廞興也興謂作之○ 疏 注廞興至作之○釋曰按檀弓有鍾磬而無筍虡鄭注云不縣之彼鄭注見此文有筍虡明有而不縣以喪事略故也○

司干掌舞器舞器羽籥之屬 疏 注舞器羽籥之屬○釋曰鄭知司干所掌舞器是羽籥以其是武之舞所執有異則二者之器皆司干掌之言司干者周尚武故以干爲職首其籥師教而不掌若然干與戈相配不言戈者下文云祭祀授舞器則所授者受干與羽籥也按司戈盾亦云祭祀授旅賁殳故主戈盾受舞者兵云舞者兵惟謂戈其干亦於此官受之司兵云祭祀授舞者兵鄭注云受以朱干玉戚謂受大武之舞與此受小舞干戈別也**祭祀舞者既陳則授舞器既舞則受之**既已也受取藏之○**賓饗亦如之大喪廞舞器及葬奉而藏之** 疏 大喪至藏之○釋曰此官云干盾及羽籥及其所廞廞干盾而已其羽籥籥師廞之故其職云大喪廞其樂器及葬奉而藏之其視瞭所廞者謂鼓與磬鍾師不云廞則鍾亦視瞭廞之如是瞽矇及大師小師皆不云廞者以其無目其瞽矇所云柷敔塤簫管及琴瑟皆當視瞭廞之不云奉而藏之文不具笙師云竽笙已下則笙師自廞之故其職云廞藏鎛師云擊晉鼓則晉鼓鎛師廞之其兵舞所廞入五兵中故司兵云大喪廞五兵凡廞樂器皆大司樂臨之故其職云大喪臨廞樂器典同不云廞者以其律呂與鍾器等爲制度不掌成器故不云廞韎師旄人鞮鞻氏等不云廞者死後無一天下之事故不云廞也典庸器不云廞者以其庸器非常故不廞也以其樂師非一故諸官各廞不同

大卜掌三兆之灋一曰玉兆二曰瓦兆三曰原兆兆者灼龜發於火其形可占者其象似玉瓦原之璺罅是用名之焉上古以來作其法可用者有三原原田也杜子春云玉兆帝顓頊之兆瓦兆帝堯之兆原兆有周之兆○兆亦作⿰兆阝音兆璺許靳反沈依聶氏音問云依字作璺璺玉之圻也龜兆文似之占人注同○ 疏 大卜至原兆○釋曰大卜所掌先三兆後三易次三夢者筮短龜長夢以叶卜筮故以先後爲次○注兆者至之兆○釋曰云兆者灼龜發於火者此依下文華氏云凡卜以明火爇燋遂吹其焌契是以火灼龜其兆發於火也云其形可占者則占人云君占體大夫占色之等彼不云占玉瓦原體色中含之是其形可占也云象似玉瓦原之璺罅謂破而不相離也謂似玉瓦原之破裂或解以爲玉瓦原之色云是用名之焉者謂用是似玉瓦原名之爲玉兆瓦兆原兆也云上古以來其作法可用者有三者但卜筮是先聖王之所作蓋伏犧時已有其時未有此玉瓦原之名至顓頊以來始有此名故云然也云原原田也者謂若左氏僖二十八年傳云原田每每以其原與原田字同故爲此傳解也子春云玉兆帝顓頊之兆瓦兆帝堯之兆原兆有周之兆者趙商問此并問下文子春云連山宓戲歸藏黃帝今當從此說以不敢問杜子春何由知之鄭荅云此數者非無明文改之無據故著子春說而已近師皆以爲夏殷周鄭既爲此說故易贊云夏曰連山殷曰歸藏又注禮運云其書存者有歸藏如是玉兆爲夏瓦兆爲殷可知

是皆從近師之說也按今歸藏坤開筮帝堯降二女以舜妃又見節卦云殷王其國常毋谷若然依子春之說歸藏黃帝得有帝堯及殷王之事者蓋子春之意宓戲黃帝造其名夏殷因其名以作易故鄭云改之無據是以皇甫謐記亦云夏人因炎帝曰連山殷人因黃帝曰歸藏雖炎帝與子春黃帝不同是亦相因之義也

其經兆之體皆百有二十其頌皆千有二百頌謂繇也三法體繇之數同其名占異耳百二十每體十繇體有五色又重之以墨坼也五色者洪範所謂曰雨曰濟曰圛曰蟊曰尅。繇直又反下同重直用反坼勑白反濟節細反又才禮反圛音亦蟊音蒙劉莫講反沈音謀。

疏其經至二百。釋曰云經兆者謂龜之正經云體者謂龜之金木水火土五兆之體云經兆之體名體爲經也云皆百有二十者三代皆同百有二十若經卦皆八然也若然龜兆有五而爲百二十者則兆別分爲二十四分云其頌千有二百者每體十繇故千二百也。注頌謂至曰尅。釋曰云頌謂繇者繇之說兆若易之說卦故名占兆之書曰繇云三法體繇之數同者上云三代兆有異此云皆百有二十皆千有二百故云體繇之數同也云其名占異者上云玉瓦原是名異其云占異者三代占兆無文異否不

可知但三易名異占亦異則三兆名異占亦異可知故鄭云名占異也云百二十每體十繇也者鄭欲解體百有二十而繇有千二百之意體既有百二十每體十繇則得千有二百也云體有五色又重之以墨坼也者按占人云君占體大夫占色史占墨卜人占坼彼注云體兆象色兆氣墨兆廣坼兆璺若然體色墨坼各不同今鄭云體有五色又重之以墨坼則四者皆相因而有也何者以其有五行兆體體中有五色既有體色則因之以兆廣狹爲墨又因墨之廣狹支分小璺爲坼是皆相因之事也今每體有十繇其體有五色曰雨曰濟之等其色統得體每色皆有墨坼則五色中各有五墨坼合得五色不復別云五色似若八卦卦別重得七通本爲八卦揔云八八六十四卦不復別云八卦以其六十四卦合有八卦故也云洪範所謂曰雨曰濟曰圛曰蟊曰尅者彼鄭注云曰雨者兆之體氣如雨氣然曰濟者兆之光明如雨止曰蟊者氣不澤鬱冥也曰圛者色澤者曰尅者氣色相犯入此鄭義若孔注則云有似雨者有似雨止者蟊謂陰闇圛氣落圛不連屬尅兆相交錯與鄭異也。

掌三易之灋一曰連山二曰歸藏三曰周易易者揲蓍變易之數可占者也名曰連山似山出內氣變也歸藏者萬物莫不歸而藏於其中杜子春云連山宓戲歸藏黃帝。揲時設反劉音舌宓音伏戲本又作虙音羲。

疏注易者至黃帝。釋曰云易者揲蓍變易之數可占者也者按易繫辭云分而爲二以象兩掛一以象三揲之以四以象四時歸奇於扐以象閏此是揲蓍變易之數可占者也就易文卦畫七八爻稱九六用四十九蓍三多爲交錢六爲老陰也三少爲重錢九爲老陽也兩多一少爲單錢七爲少陽也兩少一多。八爲少陰也夏殷易以七八不變爲占周易以九六變者爲占按襄九年左傳云穆姜薨於東宮始往而筮之遇艮之八注云爻在初六九三六四六五上九惟六二不變連山歸藏之占以不變者爲正但周易占九六而云遇艮之八是據夏殷不變爲占之事云名曰連山似山出內氣也者此連山易其卦以純艮爲首艮爲山山上山下是名連山雲氣出內於山故名易爲連山歸藏者萬物莫不歸而藏於其中者此歸藏易以純坤爲首坤爲地故萬物莫不歸而藏於中故名爲歸藏也鄭雖不解周易其名周易者連山歸藏皆不言地號以義名易則周非地號以周易以純乾爲首乾爲天天能周而於四時故名易爲周也必以三者爲首者取三正三統之義故律歷志云黃鍾爲天統黃鍾子爲天正林鍾爲地統未之衝丑故爲地正大簇爲人統寅爲人正周以十一月爲正天統故以

乾爲天首殷以十二月爲正地統故以坤爲首夏以十三月爲正人統人無爲卦首之理艮漸正月故以艮爲首也杜子春云連山宓戲歸藏黃帝者鄭志荅趙商云非無明文改之無據且從子春近師皆以爲夏殷也。

其經卦皆八其別皆六十有四三易卦別之數亦同其名占異也每卦八別者重之數。重直龍反

疏其經至有四。釋曰云經卦皆八者謂以卦爲經即周易上經下經是也皆八者連山歸藏周易皆以八卦乾坤震巽坎離艮兌爲本其別六十四鄭云謂重之數通本相乘數之爲六十四也。注三易至之數。釋曰云三易卦別之數亦同者三代易之卦皆八而別皆六十四亦如上三兆體別之數故云亦同云其名占異也者其名謂連山歸藏周易是名異也占異者謂連山歸藏占七八周易占九六是占異也云每卦八別者重之數者據周易以八卦爲本是八卦重之則得六十四何者伏犧本畫八卦直有三爻法天地人後以重之重之法先以乾之三爻爲下體上加乾之三爻爲純乾卦又以乾爲下體以坤之三爻加之爲泰卦又以乾爲本上加震之三爻於上爲大壯卦又以乾爲本上加巽於上爲小畜卦又以乾爲本上加坎卦於上爲需卦又以乾爲本上加離卦於上爲大有卦又以乾爲本上加艮於

上爲大畜卦又以乾爲本加兑卦於上爲夬卦此是乾之一重得七爲八又以坤之三爻爲本上加坤爲純卦又以坤爲本上加乾爲否卦又以坤爲本上加震爲豫卦又以坤爲本上加巽爲觀卦又以坤爲本上加坎爲比卦又以坤爲本上加離爲晉卦又以坤爲本上加艮爲剥卦又以坤爲本上加兑爲萃卦是以通本爲八卦也自震巽坎離艮兑其法皆如此則爲八八六十四故鄭云别者重之數後鄭專以爲伏犧畫八卦神農重之諸家以爲伏犧畫八卦還自重之○

掌三夢之灋一曰致夢二曰觭夢三曰咸陟夢者人精神所寤可占者致夢言夢之所至夏后氏作焉咸皆也陟之言得也讀如王德翟人之德言夢之皆得周人作焉杜子春云觭讀爲奇偉之奇其字當直爲奇玄謂觭讀如諸戎掎之掎掎亦得也亦言夢之所得殷人作焉○瞢音夢本多作夢觭居綺反注掎同又紀宜反杜其宜反陟如字或音得○【疏】注夢者至作焉○釋曰云夢者人精神所寤可占者謂人之寐形魄不動而精神寤見覺而占之故云精神所寤可占者也云致夢言夢之所至者馴致爲至故云夢之所至也云夏后氏作焉者上文三兆三易有子春所解且從子春至於餘文正解即從近師所説此三夢子春等不説故即從

近師爲夏殷周也云讀如王德翟人之德者按僖二十四年左傳云王德翟人以其女爲后德亦爲得義故讀從之故杜子春讀觭爲奇偉之奇讀從家語玄謂觭讀如諸戎掎之掎掎亦得也者按襄十四年左傳云戎子駒支曰秦師不復我諸戎實然譬如捕鹿晉人角之諸戎掎之是掎爲得也○

其經運十其別九十運或爲緷當爲煇是視祲所掌十煇也王者於天日也夜有夢則晝視日旁之氣以占其吉凶凡所占者十煇每煇九變此術今亡○緷胡本反字林云大東也説文音運云緷也聶音徽煇音運祲子鴆反【疏】注運或至今亡○釋曰運或作緷者此經運一部周禮或作緷字並不從故云當爲煇讀從視祲十煇之煇故引視祲所掌十煇爲證也云王者於天日也夜有夢則晝視日旁之氣以占其吉凶者此按占夢云以日月星辰占六夢之吉凶注引趙簡子夜夢日而日食史墨占之又視祲有十煇之法五曰闇先鄭云謂日月食餘九煇皆日旁氣故以日旁氣解之云凡所占者十煇每煇九變者此類上三兆三易皆有頌别之數此經煇十其别有九十以義言之明一煇九變故爲九十解之云此術今亡者數見十煇爲九十變此術今亡未知其義耳○

以邦事作龜之八命一曰征二曰象三曰與四曰謀五曰果六曰至七曰雨八曰瘳國之大事待蓍龜而決者有八定作其辭於將卜以命龜也鄭司農云征謂征伐人也象謂災變雲物如衆赤鳥之屬有所象似易曰天垂象見吉凶春秋傳曰天事恒象皆是也與謂予人物也謀謂謀議也果謂事成與不也至謂至不也雨謂雨不也瘳謂疾瘳不也玄謂征亦云行巡守也象謂有所造立也易曰以制器者尚其象與謂所與共事也果謂以勇決爲之若吳伐楚楚司馬子魚卜戰令龜曰鮒也以其屬死之楚師繼之尚大克之吉是也○瘳勑留反命龜命亦作令菑音災見賢遍反鮒音附左傳作魴【疏】以邦至曰瘳○釋曰云以邦事者謂國家有大事須卜故特作龜而命之其事有八○注國之至是也○釋曰云國之大事待蓍龜而決者有八者謂此八者皆大事除此八者即小事入於九筮也若然大事卜小事筮此既大事而兼言筮者凡大事皆先筮而後卜故兼言蓍也云定作其辭於將卜以命龜也者凡命龜辭大夫已上有三命筮辭有二士命龜辭有二命筮辭一知者按士喪禮命筮者命曰哀子某爲其父某甫筮宅度茲幽宅兆基無有後艱筮人許諾不述命注云既命而申之曰述不述者士禮略凡筮因會命筮爲

述命及卜葬日云涖卜命曰哀子某來日某卜葬其父某甫考降無有近悔許諾不述命還即席乃西面坐命龜注云不述命亦士禮略凡卜述命命龜異龜重威儀多也命筮云不述下無西面命筮明共述命作一辭不述命則其所命龜筮辭兼在其中故曰因命也卜云不述命猶有西面命龜則知命龜與述命異故曰述命命龜異龜重威儀多是士禮命龜辭有二命筮辭有一之事大夫已上命筮辭有二命龜辭有三者按少牢云史執筴受命於主人曰孝孫某來日丁亥用薦事於皇祖伯某以某妃配某氏尚饗史曰諾又述命曰假爾大筮有常孝子某以下與前同以其述命述前辭以命筮冠述命首大夫筮既得述命即卜可得述命也是知大夫以上命龜有三命筮有二也先鄭云征謂征伐人也後鄭從之云象謂災變雲物如衆赤鳥之屬有所象似者按哀六年楚子卒是歲有雲如衆赤鳥夾日以飛三日使問諸周大史記曰其當王身乎若禜之可移令尹司馬是赤鳥之事云易曰天垂象見吉凶春秋傳曰天事恒象者昭十七年冬有星孛於大辰西及漢申須曰彗所以除舊布新也天事恒象是也此所解後鄭不從之與謂予人物後鄭亦不從云謀謂謀議後鄭從之果謂事成與不後鄭亦不從云至謂至不也而謂雨不也瘳謂疾瘳不也此後鄭皆從也玄謂征亦云行巡

守也者增成先鄭義知征兼有巡守者左氏傳鄭良霄云先王卜征五年歲襲其祥是征亦得爲巡狩之事也云易曰以制器者尚其象者上繫辭文注云此者存於器象可得而用一切器物及造立皆是云與謂所與共事不從先鄭予人物者與物情義可知不須卜與人共事得失不可知故須卜也云果謂以勇決爲之若吳伐楚者昭十七年吳人伐楚陽匄爲令尹卜戰不吉司馬子魚曰我得上流何故不吉且楚故司馬令龜我請改卜令曰魴也以其屬死之楚師繼之尚大克之吉戰于長岸子魚先死楚師繼之大敗吳師是果決之事也。**以八命者贊三兆三易三夢之占以觀國家之吉凶以詔救政**鄭司農云以此八事命卜筮蓍龜參之以夢故曰以八命者贊三兆三易三夢之占春秋傳曰筮襲於夢武王所用玄謂贊佐也詔告也非徒占其事吉則爲否則止又佐明其繇之占演其意以視國家餘事之吉凶凶則告王救其政。演以善反。〔疏〕以八至救政。釋曰云以八命者贊三兆三易三夢之占者以上文八事命龜之辭贊佐也佐明三兆三易三夢之占辭將此辭演出其意以觀國家之吉凶詔告也凶則告凶救其政使王改過自新。注鄭司至其政。釋曰先鄭云以此八事命卜筮蓍龜參之以夢者先筮後卜聖人有大事必夢故又參之以夢云故曰以八命者贊三兆三易三夢之占者此先鄭不釋贊意後鄭增成其義云春秋傳曰筮襲於夢武王所用者按昭七年左傳云衞靈公之立成子以周易筮之遇屯之比以示史朝史朝曰元亨又何疑焉又云筮襲於夢武王所用也弗從何爲外傳曰大誓曰朕夢協朕卜襲於休祥戎商必克此外内傳相包乃具引之者證夢與卜筮相參也玄謂非徒占其事吉則爲否則止者此解以八命命龜之常事也云又佐明其繇之占演其意以視國家餘事之吉凶者以釋八命者贊三兆三易三夢之占以觀國家之吉凶也。**凡國大貞卜立君卜大封則眡高作龜**卜立君君無冢適卜可立者卜大封謂竟界侵削卜以兵征之若魯昭元年秋叔弓帥師疆鄆田是也視高以龜骨高者可灼處示宗伯也大事宗伯涖卜卜用龜之腹骨骨近足者其部高鄭司農云貞問也國有大疑問於蓍龜作龜謂鑿龜令可爇也玄謂貞之爲問問於正者必先正之乃從問焉易曰師貞丈人吉作龜謂以火灼之以作其兆也春灼後左夏灼前左秋灼前右冬灼後右士喪禮曰宗人受卜人龜示高涖卜受視反之又曰卜人坐作龜。視音示下同適丁歷反竟音境疆居良反鄆音運近附近之近令力呈反爇人悅反。〔疏〕凡國至作龜。釋曰言貞正也凡國家有大事正問於龜之事有二則有二言凡非一君卜大封是也云則眡高作龜者凡卜法在禰廟廟門閾外闑西南北面有席先陳龜於廟門外之西塾上又有貞龜貞龜謂正龜於閾外席上又有涖卜命龜眡高作龜六節尊者宜逸卑者宜勞從下向上差之作龜眡高二者勞事以大貞事大故大卜身爲勞事則大宗伯臨卜其餘陳龜貞龜皆小宗伯爲之也。注卜立至作龜。釋曰鄭云君無冢適卜可立者若然君無冢適則有卜法按昭二十六年王后無適則擇立長年鈞以德德鈞以卜王不立愛公卿無私古之制也休以爲春秋之義三代異建適媵別貴賤有姪娣以廣親疏立適以長不以賢立子以貴不以長王后無適明尊之敬之義辭所卜筮不以賢者人狀難別嫌有所私故絶其怨望防其覬覦今如左氏言云年鈞以德德鈞以卜君之所賢人必從之豈復有閒隱桓之禍皆由是興乃曰古制不亦謬哉又大夫不世如并爲公卿通計嗣之禮左氏爲短玄箴之曰立適固以長矣無適而立子固以貴矣今言無適則擇立長謂貴均如立長王不得立愛之法年均則會羣臣羣吏萬民而詢之有司以序進而問大衆之中非君所能掩是王不得立愛之法也禮有詢立君示義在此距之言謬失春秋與禮之義矣公卿之世立者有功德先王之命有所不犯如是宅中卜立君亦是年均德均也云卜大封謂竟界侵削卜以交征之若魯昭元年秋叔弓帥師疆鄆田是也按彼莒魯爭鄆故魯叔弓往定其疆界以其出兵故須卜知吉凶也云視高以龜骨高者可灼處示宗伯也者以鄭言示宗伯則示宇不得爲視但古字通用以目視物以物示人同爲視也知大事宗伯臨卜者按大宗伯云祀大神享大鬼祭大示帥執事而卜日官尊故知涖卜也云大事宗伯臨則小事不使宗伯故下文云凡小事涖卜是大卜臨之也云卜用龜之腹骨骨近足者其部高者言龜近四足其下腹骨部然而高高處灼之也先鄭云貞問也者謂正意問龜非謂訓貞爲問也云國有大疑問於蓍龜者義取尚書洪範云女則有大疑謀及乃心謀及卜筮是也云作龜謂鑿令可爇也者按下華氏云凡卜以明火爇燋鑿即灼也故云令可爇也玄謂易曰師貞丈人吉者此師卦繇辭丈人者嚴莊之辭則法須嚴莊則吉云作龜謂以火灼之以作其兆也者作謂發使豐拆云春灼後左已下並取義於禮記中庸故彼云國家將興亡見於蓍龜動於四體鄭注云四體龜之四足亦云春占後左夏占前左秋占前右冬占後右彼云占此云灼即灼而占之亦一也云士喪

禮者彼謂卜葬日引之證有示高作龜之事彼云事宗族長尊故云臨卜也○

大祭祀則眂高命龜命龜告龜以所卜之事不親作龜者大祭祀輕於大貞也士喪禮曰宗人即席西面坐命龜○【疏】大祭至命龜○釋曰云不親作龜者大祭祀輕於大貞也者大貞之內有立君大封大卜作龜不命龜此大祭祀不作龜進使命龜作龜作龜是勞事故云大祭祀輕於大貞也引士喪禮宗人即席西面坐命龜者證天子命龜處所與士禮同

凡小事涖卜代宗伯○【疏】凡小事涖卜○釋曰凡大事卜小事筮若事小當入九筮不合入此大卜大卜云小事者此謂就大事中差小者非謂筮人之小事也小事既大卜涖卜則其餘仍有陳龜已下則陳龜貞龜命龜視高皆卜師爲之其作龜則卜人也大宗伯六命卿小宗伯四命中大夫大卜亦四命下大夫卜師上士卜人中士其大宗伯涖卜大卜視高作龜其中陳龜貞龜命龜皆小宗伯爲之下文大遷大師大卜貞龜貞龜上有涖卜亦大宗伯爲之陳龜亦宜小宗伯也其命龜視高卜師作龜卜人次下云凡旅陳龜則涖卜仍是大宗伯貞龜命龜視高皆卜師亦卜人作龜次下云凡喪事命龜命龜之上有陳龜貞龜亦小宗伯涖卜還是大宗伯視高作龜小師也○

國大遷大師則貞龜正龜於卜位也士喪禮曰卜人抱龜燋先奠龜西面是也又不親命龜亦大遷大師輕於大祭祀也○燋哉約反【疏】國大至貞龜○釋曰正龜於卜位卜位即闑外席上也故引士喪禮爲證也云又不親命龜亦大遷大師輕於大祭祀者以命龜在貞龜後而爲勞故云輕於大祭祀也

凡旅陳龜陳龜於饌處也士喪禮曰卜人先奠龜於西塾上南首是也不親貞龜亦以卜旅祭非常輕於大遷大師也○塾音孰舊音育【疏】凡旅陳龜○釋曰云陳龜於饌處也者饌處謂在西塾南首故引士喪禮爲證也云亦以卜旅祭非常輕於大遷大師者按大宗伯國有故旅上帝及四望則祀天亦是大祭祀而輕於大遷大師退在下者鄭以旅爲非常祭故也○

凡喪事命龜重喪禮次大祭祀也士喪禮則筮宅卜日天子卜葬兆凡大事大卜陳龜貞龜命龜視高其他以差降焉【疏】凡喪事命龜○釋曰云重喪禮次大祭祀也者大祭祀大卜非直命龜兼視高此喪事亦命龜與大祭祀同但不兼視高即輕於大祭祀也但以喪事爲終故文退在凡旅下也云士喪禮則筮宅卜日天子卜葬兆者欲見此經天子法卜葬日與士同其宅亦卜之與士異孝經云卜其宅兆亦據大夫以上若士則筮宅也云凡大事大卜陳龜貞龜命龜視高者據此大卜所掌皆是大事故大卜或陳龜或貞龜或視高雖不言作龜於大貞亦作龜不言之者在其他以差降之中云其他以差降者更有臨卜已下至作龜官之尊卑以次爲之是也按上所解陳龜在前重於命龜而士喪禮卜人卑而陳龜宗人尊而命龜在後者士之官少故所執不依官之尊卑也○

卜師掌開龜之四兆一曰方兆二曰功兆三曰義兆四曰弓兆開開出其占書也經兆百二十體今言四兆者分之爲四部若易之二篇書金縢曰開籥見書是謂與其云方功義弓之名未聞○與音餘○【疏】卜師至弓兆○釋曰云開開出其占書也者鄭意兆出於龜其體一百二十今云用龜之四兆謂開出其占兆之書分爲四部若易之二篇故引金縢爲證也云開籥見書謂啓匱以籥乃見其書云是謂與者但開出占兆書爲四兆以意言無正文故云是謂與以疑之云其云方功義弓之名未聞者但名此四部爲方功義弓必有其義但無文以言疑事無質故云未聞也

凡卜事眂高示涖卜也【疏】凡卜事眂高○釋曰按上大卜而言則大貞使大卜眂高今云凡卜眂高者謂大卜不眂

高者皆卜師眡高以龜高處示臨卜也○

揚火以作龜致其墨揚猶熾也致其墨者孰灼之明其兆【疏】揚火至其墨○釋曰致其墨者孰灼之明其兆者按占人注墨兆廣也墨大坼明則逢吉坼稱明墨稱大今鄭云孰灼之明其兆以解墨者彼各偏據一邊而言其實墨大兼明乃可得吉故以明解墨

凡卜辨龜之上下左右陰陽以授命龜者而詔相之所卜者當各用其龜也大祭祀喪事大卜命龜則大貞小宗伯命龜其他卜師命龜卜人作龜卜人作龜則亦辨龜以授卜師上仰者也下俯者也左左倪也右右倪也陰後弇也陽前弇也詔相告以其辭及威儀○辨如字劉皮勉反倪五計反又五未反弇於檢反○【疏】凡卜至相之○釋曰卜師辨此龜上下左右陰陽六種授命龜者據大卜命龜之無定俱是命龜即辨而授之○注所卜至威儀○釋曰云所卜者當各用其龜也者即上下左右陰陽者是也云大祭祀喪事已下皆據大卜而言鄭知大貞小宗伯命龜者以其大貞大卜下大夫視高視高之上有命龜貞龜陳龜小宗伯中大夫尊於大卜卑於大宗伯故知大貞小宗伯命龜也云其他卜師命龜者其他謂凡小事大卜臨卜大遷大師大卜貞龜

凡旅陳龜如此之輩則卜師命龜卜師命龜則卜人作龜卜人灼龜則亦辨龜以授卜師按序官卜人中士八人於此不列其職者以其與卜師同職不見之也云上仰者也者爾雅云仰者謝言此經上即爾雅云仰者也此已下皆據爾雅及下文而言按爾雅云龜俯者靈行獵低仰者謝行頭仰前弇諸果甲前長後弇諸獵甲後長左倪不類行頭左痺右倪不若行頭右痺故鄭據而言焉云詔相告以其辭及威儀者辭謂命龜之辭威儀者謂若士喪禮卜日在廟門外臨卜在門東西面龜在閾外席上西首執事者門西東面行立皆是威儀之事也○

龜人掌六龜之屬各有名物天龜曰靈屬地龜曰繹屬東龜曰果屬西龜曰靁屬南龜曰獵屬北龜曰若屬各以其方之色與其體辨之屬言非一也色謂天龜玄地龜黃東龜青西龜白南龜赤北龜黑龜俯者靈仰者繹前弇果後弇獵左倪靁右倪若是其體也東龜南龜長前後在陽象經也西龜北龜長左右在陰象緯也天龜俯地龜仰東龜前南龜卻西龜左北龜右各從其耦也杜子春讀果爲贏○繹亦果魯火反注贏同靁力胃反又如字卻起畧反○

疏 龜人至辨之○釋曰云各有名物物色也六方之龜各有其名其色各異也○注屬言至爲贏○釋曰云龜俯者靈已下鄭亦取爾雅云俯者靈此云天龜曰靈屬爲一物但天在上法之故向下低也爾雅云仰者繹此云地龜曰繹同稱故爲一物但地在下法之故向上仰爾雅云前弇果此云東龜曰果同稱果故爲一物但在陽方故甲向前長而後弇也云後弇獵者爾雅云後弇獵此云南龜曰獵故爲一物亦在陽方故甲後長而後弇云左倪靁者爾雅云左倪不類不類即雷一也以其在陰方故不能長前後而頭向左相睥睨然云右倪若者爾雅云右倪不若不若即若也同稱若故爲一物亦在陰方故亦不長前後而頭向右睥睨然云是其體也者體有二法此經體據頭甲而言占人云君占體體謂兆象與此異也云東龜南龜長前後在陽象經也者據甲而言凡天地之間南北爲經東西爲緯云西龜北龜長左右在陰象緯也者據頭爲說此解稱果獵之意云天龜俯地龜仰東龜前南龜卻西龜左北龜右各從其耦者此鄭解兩兩相對爲長短低仰之意也杜子春讀果爲贏者此龜前甲長後甲短露出邊爲贏露得爲一義故鄭引之在下

凡取龜用秋時攻龜用春時各以其物入于龜室六龜各異室也秋取龜及萬物成也攻治也治龜骨以春是時乾解不發傷也○解音蟹一音佳買反○

疏 注六龜至傷也○釋曰云各以其物入于龜室龜有六室物色也六龜各入於一室以其蓍龜歲易秋取春攻訖即欲易去前龜也

上春釁龜祭祀先卜釁者殺牲以血之神之也鄭司農云祭祀先卜者卜其日與其牲玄謂先卜始用卜筮者言祭言祀尊焉天地之也世本作曰巫咸作筮卜未聞其人也是上春者夏正建寅之月月令孟冬云釁祠龜策相互矣秦以十月建亥爲歲首則月令秦世之書亦或欲以歲首釁龜耳○釁許靳反

疏 釋曰云釁者殺牲以血之神之也者謂若禮記雜記云廟成則釁之廟用羊門夾室用雞之類皆是神之故血之也先鄭云祭祀先卜者卜其日與其牲後鄭不從者以其此官不主卜事故不從也故解先卜始用卜筮者云言祭言祀尊焉天地之也者按大宗伯天稱禋祀地稱血祭是天地稱祭祀今此先卜是人鬼曰享而云祭祀與天地同稱故云尊焉天地之也云世本作曰巫咸作筮卜未聞其人也者曲禮云卜筮者先聖王之所以信時日其易所作即伏犧爲之矣但未有揲蓍之法至巫咸乃教人爲之故巫咸得作筮之名未聞其源出本又不言其人故云未聞其人也云是上春者夏正建寅之月月令孟冬云釁祠龜策相互矣者然周與秦各二時釁龜策月令孟冬釁則周孟冬亦釁之周以建寅上春釁秦亦建寅上春釁之故云相互也云秦以十月建亥爲歲首則月令秦世之書亦或欲以歲首釁龜耳若據此注則周秦各一時釁此鄭兩解按月令注云周禮龜人上春釁龜謂建寅之月秦以其歲首使大史釁龜策與周異矣彼注與此後注義同也

若有祭祀則奉龜以往奉猶送也送之所當於卜

疏 若有至以往○釋曰此云祭事不辨外內則外內俱當卜皆奉龜以往所當卜處

旅亦如之喪亦如之

疏 旅亦至如之○釋曰旅謂祈禱天地及山川喪謂卜事宅及日皆亦奉龜往卜處也按爾雅有十龜一曰神龜龜之最神明者二曰靈龜涪陵郡出大龜甲可以卜緣中文似瑇瑁俗呼爲靈龜即今大蟕蠵龜也一曰靈蠵能鳴也三曰攝龜小龜也腹甲曲折解能自張閉好食蛇江東呼爲陵龜也四曰寶龜大寶龜也五曰文龜甲有文采者也河圖曰靈龜負書丹甲青文六曰蓍龜常在蓍叢下也七曰山龜八曰澤龜九曰水龜十曰火龜山澤水火皆說生出之處所也火龜猶火

鼠也

菙氏掌共燋契以待卜事杜子春云燋讀爲細目燋之燋或曰如薪樵之樵謂所爇灼龜之木也故謂之樵契謂契龜之鑿也詩云爰始爰謀爰契我龜玄謂士喪禮曰楚焞置于燋在龜東楚焞即契所用灼龜也燋謂炬其存火○菙本又作垂同時髓反燋哉約反李又祖堯反一音哉益反契苦計反劉苦絜反樵在消反焞吐敦反又徒敦反又在悶反又祖悶反一音純本一音祖館反炬具呂反[疏]菙氏至卜事○釋曰子春讀燋樵二者皆作俗讀爲柴樵之樵後鄭不從依音爲雀意取莊子爝火之義焚焚然也玄謂士喪禮曰楚焞置于燋在龜東者謂陳龜於西塾上龜南首燋在龜東置楚焞于上言楚焞者謂荆爲楚用之焞龜開兆故云楚焞也

凡卜以明火爇燋遂龡其焌契以授卜師遂役之杜子春云明火以陽燧取火於日焌讀爲英俊之俊書亦或爲俊玄謂焌讀如戈鐏之鐏謂以契柱燋火而吹之也契既然以授卜師用作龜也役之使助之○焌音俊又存悶反又祖悶反李祖館反鐏存悶反劉祖悶反杜張注反[疏]凡卜至役之○釋曰云遂吹其焌契以授卜師者謂若大卜視高已上則卜師作龜故以焌契授卜師若差次使卜人作龜則授卜人言遂役之者因事曰遂以因授契訖即授卜師所役使也○注杜子至助之○釋曰子春云明火以陽燧取火於日者此秋官司烜氏職文謂將此明火以燒爇樵使然也云焌讀爲英俊之俊者意取荆樵之中英俊者爲楚焞用之灼龜也後鄭讀焌爲戈鐏之鐏者讀從曲禮云進戈者前其鐏意取銳頭以灼龜也云謂以契柱燋火而吹之也者解經遂吹其焌契謂將此焌契以柱於燋火吹之使熾也○

占人掌占龜以八簭占八頌以八卦占簭之八故以眡吉凶占人亦占筮言掌占龜者筮短龜長主於長者以八筮占八頌謂將卜八事先以筮筮之言頌者同於龜占也以八卦占筮之八故謂八事不卜而徒筮之也其非八事則用九筮占人亦占焉○簭音筮長如字下同[疏]占人至吉凶○釋曰云占人亦占筮言掌占龜者筮短龜長主於長者占筮即此經云以八筮占八頌又云以八卦占筮之八故並是占筮故首云掌占龜不云占筮故云主於長者也鄭知筮短龜長者按左氏僖四年傳云初晉獻公欲以驪姬爲夫人卜之不吉筮之吉公從筮卜人曰筮短龜長不如從長是龜長筮短之事龜長者以其龜知一二三四五天地之生數知本易知七八九六之成數知未是以僖十五年傳韓簡云龜象也筮數也物生而後有象象而後有滋滋而後有數故象長如易歷三聖而窮理盡性云短者以其易雖窮理盡性仍六經並列龜之繇辭譬若讖緯圖書不見不可測量故爲長短馬融曰云筮史短龜史長者非鄭義也云以八筮占八頌謂將卜八事先以筮筮之者凡大事皆先筮而後卜此八還是上文大事之八也凡筮之卦自用易之爻占之龜之兆用頌辭占之今言八筮占八頌者鄭云同於龜占也以其吉凶是同故占筮之辭亦名頌故云同於龜占則繇辭是也云以八卦占筮之八故謂八事不卜而徒筮之也者此出人君之意此八事即大卜大事之八故令先筮後卜今人君欲得徒筮吉凶占則行之不假更卜故云占筮之八故云非八事則用九筮占人亦占焉者此云九筮即下筮人所云九筮是也知占人亦占焉者以其占人於此占筮明下九筮亦占可知也○

凡卜簭君占體大夫占色史占墨卜人占坼體兆象也色兆氣也墨兆廣也坼兆釁也體有吉凶色有善惡墨有大小坼有微明尊者視兆象而已卑者以次詳其餘也周公卜武王占之曰體王其無害凡卜象吉色善墨大坼明則逢吉○[疏]凡卜至占坼○釋曰此君體已下皆據卜而言而兼云筮者凡卜皆先筮故連言之云體兆象也者謂金木水火土五種之兆言體言象者謂兆之墨縱橫其形體象以金木水火土也凡卜欲作龜之時灼龜之四足依四時而灼之其兆直上向背者爲木兆直下向足者爲水兆邪向背者爲火兆邪向下者爲金兆橫者爲土兆是兆象也云色兆氣也者就兆中視其色氣似有雨及雨止之等是兆色也墨兆廣也者據兆之正釁處爲兆廣所兆釁者就正墨旁有奇釁罅者爲兆釁也云體有吉凶色有善惡墨有大小坼有微明者據鄭後云象吉色善墨大坼明則逢吉若然則此四者各舉一邊而言則善與大及明皆是吉惡小及微皆凶也引周公卜武王是尚書金縢彼爲武王有疾不愈恐死周公欲代武王死爲三壇因告大王王季文王以請天未知天之許不故壇所即卜云三龜一習吉啓籥見書乃并是吉周公曰體王其無害引之者證君占體之事也○

凡卜簭既事則繫幣以比其命歲終則計其占之中否杜子春云繫幣者以帛書其占繫之於龜也云

謂既卜筮史必書其命龜之事及兆於策繫其禮神之幣而合藏焉書曰王與大夫盡弁開金縢之書乃得周公所自以爲功代武王之説是命龜書。繫音係比毗志反一音必履反中丁仲反【疏】凡卜至中否。釋曰既事者卜筮事訖卜筮皆有禮神之幣及命龜筮之辭書其辭及兆於簡策之下并繫其幣合藏府庫之中至歲終總計占之中否而句考之。注杜子至龜書。釋曰子春云繫幣者以帛書其占繫之於龜也者後鄭不從云書其命龜之事及兆於策者云既卜筮即筮亦有命筮之辭及卦不言者舉龜重者而略筮不言可知或有筮短龜長直據龜而言其筮則否書曰已下亦金縢文案彼武王崩後周公將攝政遭管蔡流言成王未寤遭雷風之變王與大夫盡弁弁謂爵弁應天變之服以啓金縢之書乃得周公所自以爲功之事也事謂請命之事故云代武王之説是命龜書也引之證比其命藏之事也

簭人掌三易以辨九簭之名一曰連山二曰歸藏三曰周易九簭之名一曰巫更二曰巫咸三曰巫式四曰巫目五曰巫易六曰巫比

七曰巫祠八曰巫參九曰巫環以辨吉凶此九巫讀皆當爲筮字之誤也更謂筮遷都邑也咸猶僉也謂筮衆心歡不也式謂筮制作法式也目謂事衆筮其要所當也易謂民衆不説筮所改易也比謂筮與民和比也祠謂筮牲與日也參謂筮御與右也環謂筮可致師不也。巫音筮比毗志反注同僉七廉反説音悦下同【疏】簭人至吉凶。釋曰此簭人掌三易者若卜用三龜此筮人用三易故云掌三易也。注此九至不也。釋曰鄭破巫爲筮者此筮人掌筮不主巫事故從筮也云更謂筮遷都邑也者此遷都謂公卿大夫之都邑鄭荅趙商若武王遷洛盤庚遷殷之等則卜故大卜有卜大遷之事云咸猶僉也謂筮衆心歡不也者謂國有營建之事恐衆心不齊故筮之也云式謂筮制作法式也者式是法式故知制作法式也云目謂事衆筮其要所當也者是要目之事故論語顔回云請問其目鄭云欲知其要顔回意以禮有三百三千卒難周備故請問其目此云事衆故亦筮其要目所當者也云易謂民衆不説筮所改易者改易之事上既有更爲遷都邑故以此易爲民衆不和説須筮改易政教之事云比謂筮與民和也者比是相親比之事故比卦云建萬國親諸侯故知比爲筮與民和比云祠謂筮牲與日也者按大卜大祭祀而卜之今此祀不卜而筮者彼大祀用卜此謂小祭祀故用筮也云參謂筮御與右也者云參謂參乘之事故知是御及車右勇力與君爲參乘故筮之也云環謂筮可致師不者此環與環人字同彼環人注致師引宣公十二年楚許伯御樂伯攝叔爲右以致晉師之事明此經筮環亦是主致師以卜之事也趙商問僖十五年秦晉相戰晉卜右慶鄭吉襄二十四年晉致楚師求觀於鄭鄭人卜宛射大吉皆用卜今此用筮何鄭荅天子具官有常人非一人致筮可使者諸侯患官無常人故臨時卜之也且此云筮是國之大事先筮而後卜曲禮注引春秋獻公卜娶驪姬不吉公曰筮之請明所據又尚書龜從。

凡國之大事先簭而後卜當用卜者先筮之即事有漸也於筮之凶則止不卜【疏】注當用至不卜。釋曰此大事者即大卜之八命及大貞大祭祀之事大卜所掌者皆是大事皆先筮而後卜故鄭云當用卜者先筮之即事漸也者筮輕龜重賤者先即事故卜即事漸也云於筮之凶則止者曲禮云卜筮不相襲若筮不吉而又卜是卜襲筮故於筮凶則止不卜按洪範云龜從筮逆又云龜筮共違於人彼有先卜後筮筮不吉又卜與此經不同者彼是箕子所陳用殷法殷質故與此不同。

上春相簭相謂更選擇其蓍也蓍龜歲易者與。相息亮反注同與音餘【疏】注相謂至者與。釋曰上春謂建寅之月歲之始除舊布新故更選擇其蓍易去其舊者據此則蓍歲易也兼云龜者龜人云攻龜用春時明亦以新易故故知龜亦歲易此龜之歲易者謂龜人天地四時之龜若大寶龜等非常用之龜不歲易

凡國事共簭

附釋音周禮注疏卷第二十四

知南昌府張敦仁署鄱陽縣候補知州周澍栞

周禮注疏卷二十四挍勘記　阮元撰盧宣旬摘錄

附釋音周禮注疏卷第二十四

磬師

凡祭祀奏縵樂 唐石經岳本嘉靖本同余本閩監毛本凡誤及石經考文提要云宋本九經宋纂圖互注本宋附釋音本余仁仲本皆作凡祭祀

鍾師

金謂鍾及鎛 閩監本鎛誤鏄疏同

納夏 唐石經諸本同釋文作夏納云本或作納夏經義雜記曰左傳襄四年金奏肆夏之三杜注四曰納夏釋文作夏納云本或作納夏誤又春秋正義曰定本納夏爲夏納依陸氏之書知舊本是夏納今周禮作納夏非也

齊夏 釋文齊本又作齊按齋俗字○按齊者正字齊者假借字

祴夏 余本嘉靖本同釋文唐石經作裓夏字從衣宋人書衣示往往不加區別閩監毛本因作裓矣注及疏幷下祴師同○按祴見說文示部祴宗廟奏祴樂也唐石經從衣乃大誤

金奏肆夏三 浦鏜云夏下脫之

繁遏執競也 余本岳本同嘉靖本作傹閩監毛本傹改競非下同釋文作執傹云詩作競

渠思文 余本岳本嘉靖本閩本同監毛本文下增也

趨以采茨 閩監毛本茨作薺

周南終麟止 閩監毛本止改趾非此與詩釋文合○按足趾字古作足止止乃正字

鼓讀如莊王鼓之鼓 漢讀考云莊王鼓之見宣十二年公羊傳當云莊王鼓之之鼓今脫一之字

笙師

掌教龡竽笙塤籥簫篪篴管 余本閩監毛本同唐石經嘉靖本篪作箎爲是

篪七空 余本空作孔下仍作空按當並作孔釋文七空音孔下同經注本作空者據釋文本改也賈疏亦作空

杜子春讀篴爲蕩滌之滌 漢讀考云爲當作如

司農云七孔 上引注作空引廣雅作孔此亦當作空涉上廣雅誤

其端有兩空 閩監毛本空改孔非

鎛師 閩監本鎛誤鏄注及疏同

秋傳所謂賓將趨者 掌固注引作賓將趣者今左傳作賓將掫說文同禮說云左傳抒掫齊世家作爭趣按趨趣掫皆聲相近

金奏之樂者即八音是也 閩監毛本無者

旦明五通爲發昫 監本昫誤眴

韎師 唐石經諸本同字從未閩本作韎誤○按說文从韋末聲五經文字作韎音末五經文字从末則唐石經从未誤也

旄人

西夷之樂曰株離 閩監毛本株改侏

爲其聲歌是也 浦鏜云與誤爲

籥師

文舞有持羽吹籥者 余本舞誤武

籥章

掌土鼓豳籥 唐石經嘉靖本同閩監毛本豳作豳

豳籥豳國之地竹 釋文音經豳籥云注邠同段玉裁取此爲經用古字注用今字之一證今本皆改爲豳矣

伊耆氏之樂 釋文耆又作帆阢二皆音耆○按从几聲是从九聲則非余本載音義作阢是也

並不言有祀事 閩監毛本並改并

田祖先嗇者也 浦鏜云也云誤者也

七月又有穫稻作酒躋彼公堂稱彼兕觥萬壽無疆之事 閩監毛本同余本嘉靖本穫作穫觥作觵按釋文躋堂子兮反無彼公二字蓋陸本作躋堂稱觵萬壽無疆之事注約舉其事非引詩全文也惠挍本刪彼公彼兕四字

亦各有葦籥可知 浦鏜云各疑合字誤

鞮鞻氏

南方曰任 釋文曰任音壬葉鈔本作音任則陸本注當作南方曰壬

持弓助時養 浦鏜云羽誤弓從白虎通挍○按此等未可肊定爲誤

皆於四門之外有辟是也 閩本同監毛本有作右是也○按右辟猶右邊也如左傳之西辟

陽伯之樂舞株離 閩本同監毛本株作侏下並同

言象萬物生株離 惠挍本生株離作生離根株也

四夷之樂誰謂舞 閩本同監毛本刪謂按謂疑當作爲

以其下季春云大合祭 浦鏜云樂誤祭

典庸器

又籍晉之功 浦鏜云藉誤籍

帥其屬而設筍虡 唐石經諸本同毛本虡改簴此本及毛本帥誤師

從者爲鐻 釋文爲鐻音距舊本作此字今或作虡按經作虡注作鐻此亦段玉裁經作古字注作今字之證也鐻在漢爲今字

司干

受干與羽籥也 浦鏜云授誤受下並同

鎛師云擊晉鼓 浦鏜云主誤云

大卜

掌三兆之灋 唐石經諸本同釋文作三𠦬云亦作兆按古文經當作𠦬注從今字作兆今本後人援注所改○謂前說非也經注皆未嘗作𠦬𠦬乃俗字後人所造竄入說文者周禮有作𠦬者俗本耳

其象似玉瓦原之舋罅 余本嘉靖本同閩本舋誤璺監毛本改璺按釋文作舋云依字作璺則本不作璺可知葉鈔釋文罅作呼

上古以來作其法可用者有三 賈疏引注作上古以來其作法可用者有三讀亦異

此依下文華氏云 閩本華誤華監本誤筆

遂吹其焌契 閩本同監毛本吹改歈

頌謂繇也 岳本繇改䌛俗字下同釋文亦作䌛

曰蠭曰尅 岳本嘉靖本尅作剋

圛氣落圛不連屬 按落圛當作驛

似山出內氣變也 閩本同余本嘉靖本監毛本無變字臧禮堂云春秋襄九年正義引此注作出內雲氣也今本作氣變誤按賈疏云雲氣出內於山故名易爲連山是賈疏本本作雲氣當據正

連山虙戲 余本嘉靖本閩監毛本作宓戲此本疏中引注亦作宓釋文宓作虙戲本又作犧音羲

三少爲重錢　閩監毛本作單錢當據正此複下

天能周帀於四時　閩監毛本帀誤布

掌三夢之灋　唐石經諸本同釋文作三蕒不成字蓋說文㝱字之譌耳㝱者正字夢者假借字也

讀如諸戎掎之掎　監本上掎誤荷漢讀考作讀爲諸戎掎之之掎云下云掎亦得也可知鄭之易字矣今本作讀如非

運或爲緷當爲煇　釋文出作緷爲煇四字則上爲當是作

孝子某以下與前同　浦鏜云孫子誤

是征亦得爲巡狩之事也　閩監毛本狩作守

則眡高作龜　釋文作視高非

卜用龜之腹骨　余本嘉靖本同閩監毛本用誤因按賈疏引注亦作用

令可熱也　葉鈔釋文熱作爇爲是

正問於龜之事有二則有二則　監毛本刪一有二則閩本上則作其

有姪娣以廣愛疏　閩監毛本愛作親

如并爲公卿通計嗣之禮　浦鏜云計疑繼字誤

叔弓帥師壃鄆田是也　閩監毛本壃改疆下壃界同

知大事宗伯臨下者　閩監毛本臨改涖

按下菙氏云　閩監毛本菙誤華

作謂發使豐拆　閩本同監毛本豐改釁非

輕於大遷大師也　閩監毛本同余本岳本嘉靖本無也

卜師

開開出其占書也　余本不重開字此衍○按據疏亦重開字然余本爲是

今言四兆者　閩監毛本同余本嘉靖本今作此

孰灼之明其兆　浦鏜云爇誤孰疏同從集注挍○按浦鏜誤也灼者灸也灸之不熟其兆不明孰者今之熟字爇之訓燒也古皆言灼龜未有言爇龜者

卜人作龜卜人作龜　余本脫一卜人作龜

龜人

左倪靁　此本及閩監毛本靁誤靈今據余本岳本嘉靖本訂正

杜子春讀果爲贏　閩監毛本同誤也余本岳本嘉靖本贏作蠃當據王釋文音經果魯火反注蠃同

但未有採蓍之法　浦鏜云揲誤採

亦或欲以歲首釁龜耳若　浦鏜云者誤若

與周異矣　毛本矣改也

六曰蓍龜　浦鏜云筮誤蓍○按此不誤賈氏所據爲長

常在蓍叢下也　閩監毛本也改潛伏二字

菙氏　唐石經諸本同葉鈔釋文作垂氏云本又作菙余本載音義同

燋讀爲細目燋之燋或曰如薪樵之樵　漢讀考云爲當作如細目燋讀同焦其字不當從火蕉爲誤也曰如當作讀爲

遂龡其焌契　說文焌然火也从火夋聲周禮曰遂籥其焌焌火在前以焞焯龜按今本籥作龡者從炊省也○按說文籥从龠炊聲

以柱於樵火　浦鏜云燋誤樵

占人

占人亦占筮　岳本筮改簭非凡經作簭注作筮

坼兆璺也　余本嘉靖本閩本同監毛本璺改亹非○按璺亹皆俗字亹是正字凡小學必推其源流而後定其是非

凡卜象吉　諸本同浦鏜云體誤象疏同

就正墨旁有奇璺罅者　閩本同監毛本旁改傍

故壇所即卜云　浦鏜云云疑衍

則繫幣　唐石經諸本同釋文作則毄音係○按古文假毄爲係凡作繫者皆後人所改俗字也

簭人

故知其御及車右勇力　閩本同監毛本其改是

求覲於鄭　浦鏜云御誤覲

鄭人卜宛射犬吉　閩本同監毛本犬誤大

周禮注疏卷二十四挍勘記終

南昌袁泰開栞

附釋音周禮注疏卷第二十五

鄭氏注　賈公彦疏

占夢掌其歲時觀天地之會辨陰陽之氣其歲時今歲四時也天地之會建厭所處之日辰陰陽之氣休王前後○夢本又作㝱音同厭於琰反王于況反

疏注其歲至前後○釋曰鄭云其歲時今歲四時也者但天地之會陰陽之氣年年不同若今歷日今歲亦與前歲不同故云今歲四時也云天地之會建厭所處之日辰者建謂斗柄所建謂之陽建故左還於天厭謂日前一次謂之陰建故右還於天故堪輿天老曰假令正月陽建於寅陰建在戌日辰者日據幹辰據支云陰陽之氣休王前後者案春秋緯云王者休王所勝者死相所勝者囚假令春之三月木王水休木勝土土死木王火相王所生者相相所勝者囚火勝金春三月金囚以此推之火王金王水王義可知觀此建厭所在辨陰陽之氣以知吉凶也

以日月星辰占六夢之吉凶日月星辰謂日月之行及合辰所在春秋昭三十一年十二月辛亥朔日有食之是夜也晉趙簡子夢童子倮而轉以歌旦而日食占諸史墨對曰六年及此月也吳其入郢乎終亦弗克入郢必以庚辰日月在辰尾庚午之日日始有謫火勝金故弗克以日月星辰占夢者其術則今八會其遺象也用占夢則亡○倮魯火反轉如字又張戀反郢以井反劉餘政反適直革反

疏以日至吉凶○釋曰六夢者即下云一曰二曰是也以日月星辰占知者謂夜作夢旦於日月星辰以占其夢以知吉凶所在○注日月至則云○釋曰張逸問占夢注云春秋昭三十一年十二月辛亥朔日有食之是夜也趙簡子夢童子倮而轉以歌旦而日食占諸史墨對曰六年及此月也吳其入郢乎終亦弗克入郢必以庚辰日月在辰尾庚午之日日始有謫火勝金故弗克此以日月星辰占夢者不知何術占之前問不了荅曰日月在辰尾夏之九月辰在房未有尾星建戌厭寅寅與申對辰與戌對申近庚辰與戌對故知庚辰辰下爲主人故于爲主人金侵火故不勝雖不勝即復故云弗克日有適氣時九月節者以庚午在甲子篇辛亥在甲辰篇也中有甲戌甲申甲午成一月也從庚午以下四日從甲辰至辛亥八日并之十二日通同四十二日如是庚午之日當在八月十九日故言時得九月節也言雖不勝即復者以其庚金午火位相連故云雖不勝即復也言雖不勝者吳君臣爭宮泰救復至不能定楚是其不勝不能損吳是明即復也問曰何知有此厭對之義乎荅曰按堪輿黄帝問天老事云四月陽建於巳破於亥陰建於未破於癸是爲陽破陰陰破陽故四月有癸亥爲陰陽交會十月丁巳爲陰陽交會言未破癸者即是未與丑對而近癸也交會惟有四月十月也若有變異之時十二月皆有建厭對配之義也云則今八會其遺象也者按堪輿大會有八也小會亦有八服氏云是歲歲在析木後六年在大梁大梁水宗十一月日在星紀爲吳國分楚之先顓頊之子老童老童楚象行歌象楚走哭姬姓日月在星紀星紀之分姬姓吳也楚衰則吳得志吳世世與楚怨楚走去其國故曰吳其入郢吳屬水水數六十月水位故曰六年及此月也有適而食故知吳終亦不克又彼注云後六年定四年十一月閏餘十七閏在四月後其十一月晦晦庚辰吳人郢在立冬後復此月也十二月辛亥日會月於龍尾而食庚午日初有適故曰庚辰一日日月在辰尾尾爲亡臣是歲吳始用子胥之謀以伐楚故天垂象又注云午火庚金也火當勝金而反有適故爲不克晉諸侯之霸與楚同盟趙簡子爲執政之卿遠夷將伐同盟日應之食故夢發簡子服氏以庚午之日日始適火勝金故不克入楚必以庚辰此與鄭義別其餘畧相依也問曰周之十二月夏之十月日夏體正應在析木而云在星紀何荅曰據此月中有十一月節故舉言之成長以爲誤也此六夢蓋三王同有六夢法也

一曰正夢無所感動平安自夢

疏注無所至自夢○釋曰鄭知無感動平安自夢者以其言正是平安之義故知無所感動平安自夢

二曰噩夢杜子春云噩當爲驚愕之愕謂驚愕而夢○噩五各反注鄂同

疏注杜子至而夢○釋曰以其言噩噩是驚愕之意故子春讀噩從驚愕解之

三曰思夢覺時所思念之而夢○覺芳孝反下同

疏注覺時至而夢○釋曰以其思是思念之意故解云覺時所思念而夢也

四曰寤夢覺時道之而夢○寤本又作寤五故反

疏注覺時道之而夢○釋曰以其字爲覺寤之字故知覺寤時道之睡而夢也

五曰喜夢喜悅而夢

疏注喜悅而夢○釋曰以其字爲喜說之字故知未睡心說睡而爲夢

六曰懼夢恐懼而夢

疏注恐懼而夢○釋曰以其字爲恐懼之字故云恐懼而夢

季冬聘王夢獻吉夢于王王拜而受之聘問也夢者事之祥吉凶之占在日月星辰季冬日窮于次月窮于

紀星迴于天數將幾終於是發幣而問焉若休慶之云爾因獻羣臣之吉夢於王歸美焉詩云牧人乃夢衆維魚矣旐維旟矣此所獻吉夢○幾如字又音祈【疏】季冬至受之○釋曰季冬歲終除舊惡擬來歲布新善故問王夢之善惡夢惡者贈去之下文是也獻吉夢於王者歸美於王○注聘問至吉夢○釋曰云夢者事之祥者若對文禎祥是善妖孽是惡散文祥中可以兼惡夢者有吉有惡故云夢者事之祥也云吉凶之占在日月星辰者即上文以日月星辰占六夢之吉凶是也云季冬日窮于次月窮於紀星迴於天數將幾終者皆月令文日窮於次者次謂日辰所在季冬日月會于玄枵是日窮於次月窮於紀謂星紀日月五星會聚之處月謂斗建所在十二月斗建丑故云月窮於紀星迴於天者星謂二十八宿十三月復位此十二月未到本位故直云星迴於天數將幾終者幾近也至此十二月歷數將終云於是發幣而問焉若休慶之云爾者鄭以禮動不虛必以幣帛行禮乃始問王故云發幣而問焉休美也問王夢若美慶云爾云因獻羣臣之吉夢於王歸美焉者君吉夢由於羣臣君統臣功故獻吉夢歸美於王也詩云牧人乃夢是無羊美宣王詩也牧人乃夢衆維魚矣旐維旟矣者牧人謂牧牛羊之人故注衆維魚矣豐年之祥旐旟所以聚衆引之者證獻吉慶之事

乃舍萌于四方以贈惡夢杜子春讀萌爲明或云其字當爲明明謂歐疫也謂歲竟逐疫置四方書亦或爲明玄謂舍讀爲釋舍萌猶釋采也古書釋菜釋奠多作舍字萌菜始生也贈送也欲以新善去故惡○舍音釋注舍萌同萌亡耕反去起呂反【疏】注杜子至故惡○釋曰子春之說舍萌爲歐疫案下文自有歐疫於此以舍萌爲之其義不同故後鄭不從玄謂舍萌猶釋采也者按王制有釋采奠幣之事故從之云萌菜始生也者案樂記區萌達鄭注云屈生曰區芒而直出曰萌故知萌菜始生者云欲以新善去故惡者舊歲將盡新年方至故於此時贈去惡夢

遂令始難歐疫令方相氏也難謂執兵以有難卻也方相氏蒙熊皮黃金四目玄衣朱裳執戈揚盾帥百隸爲之歐疫厲鬼也故書難或爲儺杜子春難讀爲難問之難其字當作難月令季春之月命國儺九門磔攘以畢春氣仲秋之月天子乃儺以達秋氣季冬之月命有司大儺旁磔出土牛以送寒氣○難乃多反劉依杜乃旦反注以意求之儺字亦同磔涉百反攘如羊反【疏】遂令始難歐疫釋曰因事曰遂上經贈惡夢遂令方相氏始難歐疫○注令令至寒氣○釋曰云令令方相氏以方相氏專主難者故先令方相氏云難謂執兵以有難卻也者所引方相氏以下是也杜子春云難讀爲難問之難者以其難去疫癘故爲此讀又引月令云季春之月命國難案彼鄭注此月之中日行歷昴昴有大陵積尸之氣氣佚則厲鬼隨而出行故難之云命國難者惟天子諸侯有國者令難去九門磔攘者九門依彼注路門應門雉庫皋國近郊遠郊關張磔牲體攘去惡氣也云以畢春氣者畢盡也季春行之故以盡春氣云仲秋之月天子乃難以達秋氣者按彼鄭注陽氣左行此月宿直昴畢昴畢亦得太陵積尸之氣氣佚則癘鬼亦隨而出行故難之以通達秋氣此月難陽氣故惟天子得難云季冬之月命有司大難旁磔出土牛以送寒氣者按彼鄭注此月之中日歷虛危虛危有墳墓四司之氣爲厲鬼將隨强陰出害人也故難之命有司者謂命方相氏言大難者從天子下至庶人皆得難言旁磔者謂四方之門皆張磔牲體云出土牛以送寒氣者彼鄭注云出猶作也作土牛者丑爲牛牛可牽可止送猶畢也故作土牛以送寒氣此子春所引難引三時之難惟即季冬大難知者此經始難文承季冬之下是以方相氏亦據季冬大難而言

眡祲掌十煇之灋以觀妖祥辨吉凶妖祥善惡之徵鄭司農云煇謂日光炁也○煇音運炁音氣本亦作氣【疏】眡祲至吉凶○釋曰按下十等惟一曰祲故據一曰以爲官首言掌十煇之法者一曰以下十等多是日旁之氣言煇亦是日旁煇光故揔以煇言之○注妖祥至炁也○釋曰云妖祥善惡之徵者祥是善之徵妖是惡之徵故言善惡之徵此妖祥相對若散文祥亦是惡徵亳有祥桑之類是也鄭司農云煇謂日光氣也者就十等之中五日闇闇謂日食則無光氣而云十等皆謂日光氣者據多而言

一曰祲二曰象三曰鑴四曰監五曰闇六曰瞢七曰彌八曰敘九曰隮十曰想故書彌作迷隮作資鄭司農云祲陰陽氣相侵也象者如赤烏也鑴謂日旁氣四面反鄉如煇狀也監雲氣臨日也闇日月食也瞢日月瞢瞢無光也彌者白虹彌天也敘者雲有次序也如山在日上也隮者升氣也想者煇光也玄謂鑴讀如童子佩鑴之鑴謂日旁氣刺日也監冠珥也彌氣貫日也隮虹也詩云朝隮于西想雜氣有似可形想○鑴鄭許規反劉思隨反或下圭反瞢七鄧反隮子兮反鄉許亮反煇音運本亦作暈音同虹音洪又古巷反劉古項反【疏】注故書至形想○釋曰此經上事先鄭皆解之後鄭

從其六不從其四先鄭云祲陰陽氣相侵也者赤雲爲陽黑雲爲陰如春秋傳云赤黑之祲在日旁云象者如赤鳥也者楚有雲如衆赤鳥在日旁者也云鑴謂日旁氣四面反鄉如煇狀也者後鄭不從云監雲氣臨日也者後鄭亦不從云闇日月食也者以其日月如光消故闇朦也云瞢日月瞢瞢無光也者以其瞢瞢無光之貌故知無光云彌者白虹彌天也者此從故書爲迷後鄭不從云敘者雲有次敘如山在日上也者以其此十煇皆在日旁敘爲次敘之字故知敘者雲氣次敘如山在日上云隮者升氣也者以其隮訓爲升故隮者是升氣也此後鄭不破增成其義云想者煇光此後鄭亦不從玄謂鑴讀如童子佩鑴之鑴謂日旁氣刺日也者此讀從芄蘭詩童子佩鑴能不我知鑴是錐類故爲雲氣刺日云監冠珥也者謂有赤雲氣在日旁如冠耳珥即耳也今人猶謂之日珥云彌氣貫日也者以其言彌故知雲氣貫日而過云隮虹也者即爾雅螮蝀謂之虹日在東則西邊見日在西則東邊見故引詩云朝隮于西爲證也云想雜氣有似可形想者以其雲氣雜有所象似故可形想

掌安宅敘降宅居也降下也人見妖祥則不安主安其居處也次序其凶禍所下謂禳移之

（疏）注宅居至移之○釋曰掌主也此官主安居者人見妖祥則意不安主安居其處不使不安故次敘其凶禍所下之地禳移之其心則安

正歲則行事占夢以季冬贈惡夢此正月而行安宅之事所以順民

（疏）注占夢至順民○釋曰民心欲得除惡樹善占夢之官以季冬贈去惡夢至此歲之正月行是安宅之事順民心也

歲終則弊其事弊斷也謂計其吉凶然否多少○弊必世反下注同斷丁亂反

（疏）注弊斷至多少○釋曰占夢之官見有妖祥則告之吉凶之事其吉凶或中或否故至歲終斷計其吉凶也云然否多少者然謂中也知中否多少而行賞罰

大祝掌六祝之辭以事鬼神示祈福祥求永貞一曰順祝二曰年祝三曰吉祝四曰化祝五曰瑞祝六曰筴祝永長也貞正也求多福歷年得正命也鄭司農云順祝順豐年也年祝求永貞也吉祝祈福祥也化祝弭災兵也瑞祝逆時雨寧風旱也筴祝遠罪疾○祝之秀反後除大祝宗祝諸官皆同

（疏）大祝至筴祝○釋曰云掌六祝之辭者此六辭皆是祈禱之事皆有辭說以告神故云六祝之辭云以事鬼神示者此六祝皆所以事人鬼及天神地祇云祈福祥求永貞者禱祈者皆所以祈福祥求永貞之事按一曰已下其事有六祈福祥即三曰吉祝是也求永貞二曰年祝是也今特取二事爲總目者欲見餘四者亦有此福祥永貞之事故也○注永長至罪疾○釋曰云求多福歷年得正命也者經祈福祥求永貞祈亦求也今鄭云求多福即經祈福祥也歷年得正命即經求永貞也歷年之上宜有求鄭不言之者多福之上一求鄭則該此二事故鄭歷年之上畧不言求鄭司農云順祝順豐年已下皆約小祝而說小祝有順豐年此言順祝故知當小祝順豐年也云年祝求永貞也者以祈永貞是命年之事故知年祝當求永貞也云吉祝祈福祥也者以其小祝有祈福祥之事此上摠目亦有祈福祥祈福祥是吉慶之事故知吉祝當祈福祥也云化祝弭災兵也者弭安也安去災兵是化惡從善之事小祝有弭災兵故知化祝當之云瑞祝逆時雨寧風旱也者小祝有逆時雨寧風旱此逆時雨即寧風旱即逆時雨對則異理則通此二者似若天之應瑞故揔謂之瑞祝云筴祝遠罪疾者自此已上差次與小祝不同惟有筴祝與小祝遠罪疾相當宜爲一也此六祝有求永貞小祝不言之者大祝已見故小祝畧不言也此六祝一曰順祝已下差次與小祝次第不同者欲見事起無常

故先後有異

掌六祈以同鬼神示一曰類二曰造三曰禬四曰禜五曰攻六曰說祈嘄也謂爲有災變號呼告于神以求福天神人鬼地祇不和則六癘作見故以祈禮同之故書造作竈杜子春讀竈爲造次之造書亦或爲造造祭於祖也鄭司農云類造禬禜攻說皆祭名也類祭于上帝詩曰是類是禡爾雅曰是類是禡師祭也又曰乃立冢土戎醜攸行爾雅曰起大事動大衆必先有事乎社而後出謂之宜故曰大師宜于社造于祖設軍社類上帝司馬法曰將用師乃告于皇天上帝日月星辰以禱于后土四海神祇山川冢社乃造于先王然後冢宰徵師于諸侯曰某國爲不道征之以某年某月某日師至某國禜日月星辰山川之祭也春秋傳曰日月星辰之神則雪霜風雨之不時於是乎禜之山川之神則水旱癘疫之災於是乎禜之玄謂類造加誠肅求如志禬禜告之以時有災變也攻說則以辭責之禜如日食以朱絲縈社攻如其鳴鼓然董仲舒救日食祝日炤炤大明瀸滅無光奈何以陰侵陽以卑侵尊是之謂說也禬未聞焉造類禬禜皆有牲攻說用幣而已○造七報反注下皆同禬戚古外反劉音會禜音詠嘄音叫劉音鷯爲于僞反號戶羔反呼火故反見賢遍反禡

莫駕反禜烏營反炤章搖反瀸子廉反【疏】掌六至曰說○釋曰上經六祝此云六祈皆是祈禱之事別見其文者按小祝重掌六祝云將事侯禳禱祠之祝號鬼神雖和同爲事禱請此六祈爲百神不和同即六癘作見而爲祈禱故云以同鬼神祇是以別見其文○注祈嘄至而已○釋曰云謂爲有災變號呼告神以求福者鄭知號呼者見小祝云掌禱祠之祝號故知此六祈亦號呼以告神云天神人鬼地祇不和則六癘作見故以祈禮同之者鄭知鬼神祇不和者見經云掌六祈以同鬼神祇明是不和設六祈以和同之按五行傳云六沴作見云貌之不恭惟金沴木視之不明惟水沴火言之不從惟火沴金聽之不聰惟土沴水思之不睿惟金木水火沴土五行而沴有六者除本五外來沴已則六彼云沴此云癘者沴有六則癘鬼作見故變沴言癘杜子春云造謂造祭於祖知者禮記云造于祖故後鄭從之先鄭云類造禬禜攻說皆祭名以其祈禱皆是祭事按後鄭類造禬禜皆有牲攻說用幣而已用幣非祭亦入祭科之中云類祭于上帝知者禮記王制及尚書泰誓皆云類于上帝故知類祭上帝也引詩云已下至師至某國以類造爲出軍之祭後鄭皆不從矣所以不從者但出軍之祭自是求福此經六祈皆爲鬼神不和同設祈禮以同之不得將出軍之禮以解之故後鄭不從先鄭引大雅皇矣詩即引爾雅者所以釋此詩故也云又曰乃立冢土戎醜攸行者大雅緜詩云爾雅曰起大事以下亦釋此詩故也又曰乃立引以相副故大事宜于社造于祖設軍社類于上帝並是此大祝下文云司馬法曰將用師三字司農語云禜日月星辰山川之祭也者引春秋爲證春秋傳曰者昭元年左氏傳云鄭子產聘晉晉侯有疾問於子產子產對此辭按彼傳文癘疫之災於是乎禜之此云不時者鄭君讀傳有異玄謂類造加誠肅求如志者欲明天神人鬼地祇不得同名類造故云加誠肅求如志云禬禜告之以時有災變也者春秋所云雪霜風雨水旱癘疫之不時於是乎禜之禬雖未聞禬是除去之義故知禬亦災變云攻說則以辭責之者引論語及董仲舒皆是以辭責之云禜如日食以朱絲縈社者按莊公二十五年六月辛未朔日有食之鼓用牲于社公羊傳云日食則曷爲鼓用牲于社求乎陰之道也以朱絲縈社或曰脅之或曰爲闇恐人犯之故縈之何休云朱絲縈之助陽抑陰也或曰爲闇者恐人犯歷之故縈之然此說非也記或傳者示不欲絕異說爾先言鼓後言用牲者明先以爲尊命責之後以臣子禮接之所以爲順也鄭引公羊傳者欲見禜是禜之義云攻如其鳴鼓然者此是論語先進篇孔子責冉有爲季氏聚斂之臣故云小子鳴鼓而

攻之可彼是以辭攻責之此攻責之亦以辭責故引以爲證引董仲舒者是漢禮救日食之辭以證經說是以辭責之云禬未聞焉者經傳無文不知禬用何禮故云未聞鄭知類造禬禜皆有牲者按禮記祭法云埋少牢於泰昭祭時也下云幽禜祭星雩禜祭水旱鄭注云凡此以下皆祭用少牢禜既用牲故知類造皆亦有牲故云皆有牲也云攻說用幣而已者知攻說用幣者是日食伐鼓之屬天災有幣無牲故知用幣而已既云天災有幣無牲其類禮以亦是天災得有牲者災始見時無牲及其災成之後即有牲故詩云靡愛斯牲是也

作六辭以通上下親疏遠近一曰祠二曰命三曰誥四曰會五曰禱六曰誄

鄭司農云祠當爲辭謂辭令也命論語所謂爲命禆諶草創之誥謂康誥盤庚之誥之屬也盤庚將遷于殷誥其世臣卿大夫道其先祖之善功故曰以通上下親疏遠近會謂王官之伯命事於會胥命于蒲主爲其命也禱謂禱於天地社稷宗廟主爲其辭也春秋傳曰鐵之戰衞大子禱曰曾孫蒯聵敢昭告皇祖文王烈祖康叔文祖襄公鄭勝亂從晉午在難不能治亂使鞅討之蒯聵不敢自佚備持矛焉敢告無絕筋無破骨無面夷無作三祖羞大命不敢請佩玉不敢愛若此之屬誄謂積累生時德行以錫之命主爲其辭也春秋傳曰孔子卒哀公誄之曰閔天不淑不憖遺一老俾屏余一人以在位嬛嬛予在疚嗚呼哀哉尼父無自律此皆有文雅辭令難爲者也故大祝官主作六辭或曰誄論語所謂誄曰禱爾于上下神祇杜子春云誥當爲告書亦或爲告玄謂一曰祠者交接之辭春秋傳曰古者諸侯相見號辭必稱先君以相接辭之辭也會謂會同盟誓之辭禱賀慶言福祚之辭晉趙文子成室晉大夫發焉張老曰美哉輪焉美哉奐焉歌於斯哭於斯聚國族於斯文子曰武也得歌於斯哭於斯聚國族於斯是全要領以從先大夫於九京也北面再拜稽首君子謂之善頌善禱禱是之辭○會如字禆婢支反諶市林反蒯苦怪反聵五怪反難乃旦反佚音逸行下孟反閔音旻武巾反憖魚覲反嬛求營反疚九又反父音甫奐音喚京音原【疏】作六至曰誄○釋曰此六者惟一曰稱辭自餘二曰已下不稱辭而六事皆以辭目之者二曰已下雖不稱辭命誥之等亦以言辭爲主故以辭苞之云以通上下親疏遠近者此六辭之中皆兼苞父祖子孫上則疏而遠下則親而近故云以通上下親疏遠近也○注鄭司至之辭○釋曰先鄭破祠爲辭謂辭令者一以其目云六辭明知爲言辭之字不得爲禱祠言爲辭令者則玄

謂增成之云交接之辭是也云命謂論語所謂爲命裨諶草創之誥謂康誥盤庚之誥之屬也者盤庚雖不言誥亦是誥臣遷徙之事故同爲誥又云盤庚將遷于殷誥其世臣卿大夫道其先祖之善功者即盤庚云乃祖乃父世選爾勞是也此命誥之議。後鄭從之云會謂王官之伯命事於會胥命于蒲主爲其命也者後鄭不從之者按公羊傳云胥命者何相命也何言乎相命近正也此其爲近正奈何古者不盟結言而退又見昭四年楚椒舉云商湯有景亳之命周穆王有塗山之會以此觀之胥命于蒲與會有異今先鄭以胥命解會於義不可故不從云禱謂禱於天地社稷宗廟主爲其辭也又引春秋鐵之戰事在哀二年按哀二年衛靈公卒六月乙酉晉趙鞅納衛大子于戚秋八月齊人輸范氏粟鄭子姚子般送之趙鞅禦之衛大子爲右衛爲大子禱而爲此辭言曾孫者凡祭外神皆稱曾孫言昭告于皇祖文王皇君也衛得立文王廟故云君祖文王烈祖康叔者衛之始封君有功烈之祖云鄭勝亂從者勝鄭伯名助范氏亂故云亂從云晉午在難者午晉定公名范氏等作亂與君爲難故云在難云備持矛焉者蒯聵與趙鞅爲車右車右執持戈矛故云備持矛焉云無作三祖羞者三祖謂文王康叔襄公戰不克則以爲三祖羞辱先鄭此義後鄭皆不從之者此六辭皆爲生人作

辭無爲死者之事故不從云誄謂積累生時德行以賜之命而引春秋傳曰者哀公十六年傳辭此義後鄭從之引論語者爲孔子病子路請禱孔子問曰有諸子路對此辭生人有疾亦誄列生時德行而爲辭與哀公誄孔子意同故引以相續玄謂一曰辭者司農云謂辭令無所指斥故後鄭相事而言引春秋傳曰者按莊四年公羊傳曰古者諸侯必有會聚之事相朝聘之道號辭必稱先君以相接是此之辭也彼無相見二字鄭以義增之云會謂會同盟誓之辭會中兼有誓盟者以其盟時皆云公會某侯某侯盟于某以此出會中含有盟其誓必因征伐按春秋征伐皆云公會某侯某侵某旣有士卒當有誓辭故出會中兼有誓也云禱賀慶言福祚之辭者破先鄭禱鬼神之事云晉趙文子成室者禮記檀弓文按彼文云晉獻文子成室鄭注云獻猶賀也晉君賀文子成室此言晉趙文子成室引文畧趙文子則趙武也晉大夫發焉見文子室成卿大夫皆發幣以往慶賀之張老者亦晉大夫云美哉輪焉者謂輪囷高大云美哉奐焉者謂奐爛有文章云歌於斯者斯此也謂作樂饗宴之處云哭於斯謂死於適寢之處聚國族於斯謂與族人飲食宴之處張老言此者譏其奢泰一室兼此數事防其更爲云文子曰武也者武文子名謂武得歌於斯哭於斯聚國族於斯是全要領以從先大夫於九京也古者有要斬領斬故要領並言按彼注九京當爲九原晉卿大夫之墓地在九原故言以從先大夫於九原云北面再拜稽首者平敵相於並列則頓首臣於君作稽首今文子作稽首者時晉君在焉北面向君拜故作稽首云君子謂之善頌善禱者君子謂知禮之人彼注云善頌謂張老之言善禱謂文子之言云是。之辭者是經禱之辭也此六者皆以辭解之

辨六號一曰神號二曰鬼號三曰示號四曰牲號五曰齍號六曰幣號號謂尊其名更爲美稱焉神號若云皇天上帝鬼號若云皇祖伯某祇號若云后土地祇幣號若玉云嘉玉幣云量幣鄭司農云牲號爲犧牲皆有名號曲禮曰牛曰一元大武豕曰剛鬣羊曰柔毛雞曰翰音粢號謂黍稷皆有名號也曲禮曰黍曰香合粱曰香萁稻曰嘉蔬少牢饋食禮曰敢用柔毛剛鬣士虞禮曰敢用絜牲剛鬣香合○齍音咨稱尺證反大如字劉音泰鬣力輒反萁音基蔬所魚反劉音蘇

［疏］注號謂至香合○釋曰云號謂尊其名更爲美稱焉者謂若尊天地人之鬼神示不號爲鬼神示而稱皇天后土及牲幣等皆別爲美號焉云神號若云皇天上帝者月令季夏云以養犧牲以供皇天上帝皇天謂北

辰曜魄寶上帝謂大微五帝云鬼號若云皇祖伯某者謂若儀禮少牢特牲祝辭稱皇祖伯某云祇號若云后土地祇者左氏傳云君戴皇天而履后土地祇謂若大司樂云若樂八變地祇皆出云幣號若玉云嘉玉幣云量幣此並曲禮文經無玉號鄭兼言玉者祭祀禮神有玉曲禮亦有玉號按小行人合六幣圭以馬璋以皮玉得與幣同號故鄭兼言玉也先鄭云牲號爲犧牲皆有名號引曲禮曰牛曰一元大武者鄭彼注元頭也武迹也一頭大迹豕曰剛鬣者豕肥則鬛鬣剛强羊曰柔毛者羊肥則毛柔潤雞曰翰音者翰長也音鳴也謂長鳴雞齍號謂黍稷皆有名號引曲禮黍曰香合者言此黍香合以爲祭云粱曰香萁者鄭注云萁辭也言此粱香可祭云稻曰嘉蔬者言稻下菜地所生嘉善也蔬草也言此稻善蔬草可祭云少牢饋食禮云敢用柔毛剛鬣者大夫少牢祭故號此二牲云士虞禮曰敢用絜牲剛鬣者士祭用特豕故號一牲言香合者據曲禮黍之號也故彼鄭注云黍也大夫士於黍稷之號合言普淖而已此言香合蓋記者誤耳此連引之耳無所取證此士虞記文而云禮者記亦是禮

辨九祭一曰命祭二曰衍祭三曰炮祭四曰周祭五曰振祭六曰擩。祭

七曰絕祭八曰繚祭九曰共祭杜子春云命祭祭有所主命也振祭振讀爲愼禮家讀振爲振旅之振擩祭擩讀爲虞芮之芮鄭司農云衍祭羨之道中如今祭殤無所主命周祭四面爲坐也炮祭燔柴也爾雅曰祭天曰燔柴擩祭以肝肺菹擩鹽醢中以祭也繚祭以手從肺本循之至于末乃絕以祭也絕祭不循其本直絕肺以祭也重肺賤肝故初祭絕肺以祭謂之絕祭至祭之末禮殺之後但擩肝鹽中振之擬之若祭狀弗祭謂之振祭特牲饋食禮曰取菹擩于醢祭于豆間鄉射禮曰取肺坐絕祭鄉飲酒禮曰右取肺左卻手執本坐弗繚右絕末以祭少牢曰取肝擩于鹽振祭玄謂九祭皆謂祭食者命祭者玉藻曰君若賜之食而君客之則命之祭然後祭是也衍字當爲延炮字當爲包聲之誤也延祭者曲禮曰客若降等執食興辭主人興辭於客然後客坐主人延客祭是也包猶兼也兼祭者有司曰宰夫贊者取白黑以授尸尸受兼祭于豆祭是也周猶徧也徧祭者曲禮曰殽之序徧祭之是也振祭擩祭本同不食者擩則祭之將食者既擩必振乃祭也絕祭繚祭亦本同禮多者繚之禮略者絕則祭之共猶授也王祭食宰夫授祭孝經說曰共綏執授○衍音延炮百交反劉白交反擩而泉反一音而劣反劉又而誰反繚音了劉音料共音恭注同芮人劣反又而歲反下同坐才臥反從肺一本作從持肺從劉沈皆子容反或如字殺色界反劉色例反卻去逆反又起畧反執食思四反徧音遍下同

【疏】辨九至共祭○釋曰此九祭先鄭自周祭已上皆是祭鬼神之事振祭已下皆是生人之祭食之禮後鄭不從之者祭天神地祇人鬼大宗伯辨之大祝不須別列且生人祭食不合與祭鬼神同科故皆以爲生人祭食法○注杜子至○釋曰杜子春云命祭祭有所主命也者凡祭祀天子諸侯木主大夫士有幣帛主其神曾子問以幣帛皮圭以爲主命當主之處此子春之意亦當以幣帛謂之主命但此經文皆是祭食法不得爲主命故後鄭不從之又讀振爲愼或爲振旅之振或讀擩爲虞芮之芮此讀皆無義意故後鄭皆不從之鄭司農云衍祭羨之道中如今祭殤無所主命者此據生人祭食法而云如今祭殤故後鄭亦不從之云周祭四面爲坐也謂若祭百神四面各自爲坐炮祭燔柴以其炮是燔燒之義故爲燔柴祭天此皆生人祭食法并祭鬼神故後鄭亦不從之云擩祭以肝肺菹擩鹽醢中以祭也者按特牲少牢墮祭之時皆有以菹擩醢中以祭主人獻尸時賓長以肝從尸以肝擩鹽中以祭故先鄭云以肝肺菹擩鹽醢中以祭彼無云用肺擩鹽醢中先鄭連引之耳按彼肝擩鹽中以振祭嚌之加于肵俎此則是振祭司農云以初祭擩于鹽即同擩祭解之於義不可云繚祭以手從肺本循之至于末乃絕以祭也者此據鄉飲酒而言云絕祭不循其本直絕肺以祭也者據鄉射而言云重肺賤肝故初祭絕肺以祭謂之絕祭至祭之末禮殺之後但擩肝鹽中振之擬之若祭狀弗祭謂之振祭云重肺者此繚祭絕祭二者皆據肺而言周貴肺故云重肺云賤肝者司農意上云以肝擩于鹽據特牲少牢尸食後賓長以肝從之意云故初祭絕肺以祭謂之絕祭者此絕祭依特牲少牢無此絕祭之事於義不可云至祭之末禮殺之後但擩肝鹽中振之擬之若祭狀者此還據少牢擩肝祭而云若祭狀弗祭於義不可引特牲饋食禮曰取菹擩于醢祭于豆間者此據授義而言也引鄉射禮及鄉飲酒禮證有絕祭之事引少牢禮證有振祭之事此先鄭所引四文後鄭皆不從故增成其義但先鄭所引特牲少牢皆據一邊而言按特牲少牢皆擩祭振祭兩有玄謂九祭皆謂祭食者謂生人將食先以少許祭先造食者故謂之祭食命祭引玉藻彼注云侍食不祭其侍食之人而君賓客之雖得祭待君命之祭然後祭是命祭也云衍字當爲延炮字當爲包者衍與炮於義無所取故破從延與包延祭者曲禮曰賓若降等執食與辭鄭彼注云辭者辭主人之臨已食若欲食於堂下然云有司

曰宰夫贊者取白黑以授尸者彼注云白謂稻黑謂黍又引曲禮曰殽之序徧祭之是也者凡祭者皆盛主人之饌故所設殽羞次第徧祭按公食大夫惟魚腊湆醬不祭以其薄故也其餘皆祭故謂之周祭云振祭擩祭本同者皆擩但振者先擩復振擩者不振言不食者擩則祭之者特牲少牢皆有授祭授祭未食之前以菹擩于醢祭于豆間是不食者擩則祭之云將食者既擩必振乃祭也者特牲少牢皆有主人獻尸賓長以肝從尸右取肝擩于鹽振祭嚌之加于菹豆是謂振祭言將食者振訖嚌之是將食也云絕祭繚祭亦本同者同者絕之但絕者不繚繚者亦絕故云本同云禮多者繚之者此據鄉飲酒鄉大夫行鄉飲酒賓賢能之禮故云禮多所繚之法即司農所引右取肺已下是也云禮畧者絕則祭之者此據鄉射州長射則士禮故云禮畧者絕則祭之祭法即上先鄭所引鄉射禮取肺坐絕祭是也云共猶授也王祭食宰夫授祭者此則膳夫職云王祭食則授是也王謂之膳夫而謂之宰夫者據諸侯是宰夫云孝經說曰共授執授者孝經緯文漢時禁緯故云說云共綏執授者謂將綏祭之時共此綏祭以授尸引之者證共爲授之義

辨九㨨一曰稽首二曰頓首三曰空首四曰振動五

曰吉𢷎，六曰凶𢷎，七曰奇𢷎，八曰褒𢷎，九曰肅𢷎，以享右祭祀。

稽首拜頭至地也頓首拜頭叩地也空首拜頭至手所謂拜手也吉拜拜而后稽顙謂齊衰不杖以下者言吉者此殷之凶拜周以其拜與頓首相近故謂之吉拜云凶拜稽顙而后拜謂三年服者杜子春云振讀爲振鐸之振動讀爲哀慟之慟奇讀爲奇偶之奇謂先屈一膝今雅拜是也或云奇讀曰倚倚拜謂持節持戟拜身倚之以拜鄭大夫云動讀爲董書亦或爲董振董以兩手相擊也奇拜謂一拜也褒讀爲報報拜再拜是也鄭司農云褒拜今時持節拜是也肅拜但俯下手今時撎是也介者不拜故曰爲事故敢肅使者玄謂振動戰栗變動之拜書曰王動色變一拜荅臣下拜再拜拜神與尸享獻也謂朝獻饋獻也右讀爲侑侑勸尸食而拜○𢷎音拜下同䭲音啓本又作稽振動如字李音董杜徒弄反今倭人拜以兩手相擊如鄭大夫之說蓋古之遺法奇紀宜反注同褒音報右音又近附近之近動徒弄反倚於綺反下同撎於立反即今之揖爲于僞反使所吏反朝直遥反

［疏］辨九至祭祀○釋曰此九拜之中四種是正拜五者逐事生名還依四種正拜而爲之也一曰稽首二曰頓首三曰空首此三者相因而爲之空首者先以兩手拱至地乃頭至手是爲空首也以其頭不至地故名空首頓首者爲空首之時引頭至地首頓地即舉故名頓首一曰稽首其稽留之字頭至地多時則爲稽首也此三者正拜也稽首拜中最重臣拜君之拜二曰頓首者平敵自相拜之拜三曰空首拜者君荅臣下拜知義然者按哀十七年公會齊侯盟於蒙孟武伯相齊侯稽首公則拜齊大怒武伯曰非天子寡君無所稽首公如晉孟獻子相公稽首知武子曰天子在而君辱稽首寡君懼矣孟獻子曰以敝邑介在東表密邇仇讎寡君將君是望敢不稽首郊特牲曰大夫之臣不稽首非尊家臣以避君也如是相禮諸侯于天子臣于君稽首禮之正然諸相於大夫之臣及凡自敵者皆當從頓首之拜也如是差之君拜臣下當從空首拜其有敬事亦稽首故大誓云周公曰都懋哉予聞古先哲王之格言以下大子發拜手稽首是其君于臣稽首事洛誥云周公拜手稽首朕復子明辟成王拜手稽首不敢不敬天之休者此即兩相尊敬故皆稽首九曰肅拜者拜中最輕惟軍中有此肅拜婦人亦以肅拜爲正其餘五者附此四種正拜者四曰振動附稽首五曰吉拜附頓首六曰凶拜亦附稽首七曰奇拜附空首八曰褒拜亦附稽首以享侑祭祀者享獻也謂朝踐獻尸時拜侑侑食侑勸尸食時而拜此九拜不專爲祭祀而以祭祀結之者祭祀事重故舉以言之○注稽首至而拜○釋曰稽首拜頭至地頓首拜頭叩地也者二種拜俱頭至地但稽首至地多時頓首至地則舉故以叩地言之謂若以首叩物然云空首拜頭至手所謂拜手也者即尚書拜手稽首云吉拜拜而後稽顙謂齊衰不杖以下者此謂齊衰已下喪拜而云吉者對凶拜爲輕此拜先作稽首後作稽顙顙還是頓首但觸地無容則謂之稽顙云齊衰不杖已下者以其杖齊衰入凶拜中故雜記云父在爲妻不杖不稽顙明知父没爲妻杖而稽顙是以知此吉拜謂齊衰不杖已下云言吉者此殷之凶拜者按檀弓云拜而后稽顙頹乎其順也稽顙而后拜頎乎其至也三年之喪吾從其至者鄭注云自期如殷可言自期則是齊衰不杖已下用殷之喪拜故云此殷之凶拜也云周以其拜與頓首相近故謂之吉拜者言相近者非謂文相近是拜體相近以其先作頓首后作稽顙稽顙還依頓首而爲之是其拜體相近以其約義故言云以疑之云凶拜稽顙而后拜謂三年服者此雜記云三年之喪即以喪拜非三年喪以其吉拜又檀弓云稽顙而后拜頎乎其至孔子云三年之喪吾從其至者若然上吉拜齊衰不杖已下則齊衰入此凶拜中鄭不言之者以雜記云父在爲妻不杖不稽顙父卒乃稽顙則是適子爲妻有不得稽顙時故畧而不言但適子妻父爲主故適子父在不稽顙則衆子爲妻父在亦稽顙不據衆子常稽顙者據雜記成文杜子春云振讀爲振鐸之振者讀從小宰職振木鐸于朝之振云動讀爲哀慟之慟者謂從孔子哭顔回哀慟之慟云奇讀爲奇耦之奇者謂從郊特牲鼎俎奇籩豆耦之奇已上讀字後鄭皆從之云先屈一膝今雅拜是也或云奇讀曰倚倚拜謂持節持戟拜身倚之以拜此二者後鄭皆不從之鄭大夫云動讀爲董書亦或爲董振之董者此讀從左氏董之以威是董振之董云以兩手相擊此后鄭皆不從云奇拜謂一拜也一拜者謂君拜臣下按燕禮大射有一拜之時君荅一拜后鄭從之云褒讀爲報報拜謂再拜是也後鄭亦從鄭司農云褒拜今之持節拜是也者后鄭不從云肅拜但俯下手今時撎是也按儀禮鄉飲酒賓客入門有撎入門之法推手曰揖引手曰撎云介者不拜故曰爲事故敢肅使者按成十六年晉楚戰於鄢陵楚子使工尹襄問郤至以弓郤至見客免胄承命又云不敢拜命注云介者不拜又云君命之辱爲事故敢肅使者三肅使者而退是軍中有肅拜法按成二年鞌之戰獲齊侯晉郤至投戟逡巡再拜稽首軍中得拜者公羊之義將軍不介胄故得有拜法玄謂振動戰栗變動之拜書曰王動色變按中候我膺云季秋七月甲子赤雀銜丹書入酆

至昌戶再拜稽首受拔今文大誓得火烏之瑞使上附以周公書報誥於王王動色變雖不見拜文與文王受赤雀之命同爲稽首拜也云一拜荅臣下拜再拜拜神與尸此二者增鄭大夫之義知再拜拜神與尸者按特牲禮祝酌奠於鉶南主人再拜祝在左也再拜拜於尸謂獻尸尸拜受主人拜送是也天子諸侯亦當然或解一拜荅臣下亦據祭祀時以其宴禮君荅拜臣或再拜時故也云享獻也謂朝獻饋獻也者以祭祀二灌之後惟有朝踐饋獻稱獻故知享獻據朝踐饋獻時也云右讀爲侑侑勸尸食而拜者按特牲尸食祝侑主人拜少牢主人不言拜侑故知侑尸時有拜　凡大禋祀肆享祭示則執明水火而號祝　明水火司烜所共日月之氣以給烝享執之如以六號祝明此圭絜也禋祀祭天神也肆享祭宗廟也故書祗爲祊杜子春云祊當爲祗○禋音因烜況晚反祊必庚反【疏】注明水至爲祗○釋曰知明水火司烜所共日月之氣者按司烜氏職云以夫遂取明火於日以鑒取明水於月彼雖不云氣此水火皆由日月之氣所照得之故以氣言之云以給烝享執之如以六號祝明此圭絜也者經云執明水火而號祝明知六號皆執之明絜也號祝執明水火明主人圭絜之德云禋祀祭天神也者太宗伯昊天稱禋日月稱實柴司中之等稱槱燎通而言之三者之禮皆有禋義則知禋祀祀天神通星辰已下云肆享祭宗廟也者按宗伯宗廟之祭六等皆稱享則此含六種之號杜子春云祊當爲祗宗伯血祭已下是也　隋釁逆牲逆尸令鐘鼓右亦如之　隋釁謂薦血也凡血祭曰釁既隋釁後言逆牲容逆鼎右讀亦當爲侑○隋許規反又惠恚反後同右音又【疏】注隋釁至爲侑○釋曰鄭云隋釁謂薦血也者賈氏云釁釁宗廟馬氏云血以塗鐘鼓鄭不從而以爲薦血祭祀者下文云既祭令徹則此上下皆是祭祀之事何得於中輒有釁廟塗鼓直稱釁何得兼言隋故爲祭祀薦血解之鄭云凡血祭曰釁者此經文承上禋祀肆享祭祀之下即此血祭之中含上三祀但天地薦血于座前宗廟即血以告殺故言凡血祭曰釁云既隋釁後言逆牲容逆鼎者凡祭祀之法先逆牲後隋釁今隋釁在前逆牲在後者以其鼎在門外薦血後乃有爓孰之事逆鼎而入故云容鼎知鼎在門外者按中霤禮竈在廟門外之東主人迎鼎事云右讀亦爲侑者亦上九拜之下享右之字皆爲侑　來瞽令皋舞　皋讀爲卒嘷呼之嘷來嘷者皆謂呼之入○皋音嘷戶高反劉戶報反卒子忽反呼火故反【疏】注皋

讀至之入○釋曰皋讀爲卒嘷呼之嘷者依俗讀云來嘷者皆謂呼之入者經云瞽人擬升堂歌舞謂學子舞人瞽人言來亦呼之乃入皋舞令呼亦來入故鄭云來嘷皆謂呼之入也　相尸禮　延其出入詔其坐作○相息亮反下同【疏】注延其至坐作○釋曰凡言相尸者諸事皆相故以出入坐作解之尸出入者謂祭初延之入二灌訖退出坐于堂上南面朝踐饋獻訖又延之入室言詔其坐作者郊特牲云詔祝於室坐尸于堂饋獻訖又入室坐言作者凡坐皆有作及與主人荅拜皆有坐作之事故云詔其坐作也　既祭令徹【疏】既祭令徹○釋曰祭訖尸謖之後大祝命徹祭器即詩云諸宰君婦廢徹不遲是也　大喪始崩以肆鬯湖尸相飯贊斂徹奠　肆鬯所爲陳尸設鬯也鄭司農云湖尸以鬯浴尸○湖彌爾反飯扶晚反斂力驗反【疏】大喪至徹奠○釋曰此經皆是大祝之事云始崩以肆鬯湖尸者肆陳也湖浴也王喪始崩陳尸以鬯浴尸取其香美云相飯者浴訖即飯含故言相飯也不言相含者大宰云大喪贊贈玉含玉此故不言云贊斂者小斂十九稱在戶內大斂百二十稱在阼階冬官主斂事大祝贊之徹者小祝注云奠奠爵也謂正祭時此文承大喪之下故奠爲始死之奠小斂大斂奠並大祝徹之　言甸人讀禱付練祥掌國事　鄭司農云甸人主設復祧大祝主言問其具祧物玄謂言猶語也禱六辭之屬禱也甸人喪事代王受眚災大祝爲禱辭語之使以禱於藉田之神也付當爲祔祭於先王以祔後死者掌國事辨護之○付音附祧他兮反語魚據反下同【疏】言甸至國事○釋曰既殯之後大祝爲禱辭與甸人言猶語也故言語甸人讀禱辭代王受眚災云祔練祥掌國事者祔謂虞卒哭後祔祭於祖廟練謂十三月小祥練祭祥謂二十五月大祥除衰杖此三者皆以國事大祝掌之故云掌國事也○注鄭司至護之○釋曰先鄭云甸人主設復祧大祝主言問其具祧物者此文承贊斂之下則是既殯之事始云設復祧者故後鄭不從玄謂禱六辭之屬也者此經讀禱則云辭之中五曰禱故云六辭之禱也云甸人喪事代王受眚災者按甸人職云喪事代王受眚災按彼注云粢盛者祭祀之主也今國遭大喪若云此黍稷不馨使鬼神不逞於王既殯大祝作禱辭授甸人使以禱藉田之神受眚災弭後殃彼注與此意同言弭後殃者今王已崩雖無救爲後王而謝過故云弭後殃鄭知既殯後者此文承贊斂之下斂訖則殯故知此讀禱在既殯之後也云付當爲祔祭於

先王以祔後死者按喪服小記以孫祔於祖以其昭穆同先王即祖也故云祭於先王祔後死者云掌國事辨護之者辨護之中候文按中候握河紀云堯受河圖時伯禹進迎舜契陪位稷辨護注云進迎接神也稷官名謂棄辨護者供時用相禮儀引之以證掌國事則此大祝於祔練祥之時共其祭用之物及相其禮儀也

國有大故天烖彌祀社稷禱祠大故兵寇也天烖疫癘水旱也彌猶偏也偏祀社稷及諸所禱既則祠之以報焉疏注大故至報焉○釋曰鄭知大故兵寇也者下列云天災故知大故直是兵寇也知天災疫癘水旱者見宗伯云以荒禮哀凶札鄭注云荒人物有害又云弔禮哀禍災注云禍災謂水火此皆是天災流行故云天災謂疫癘水旱云彌猶偏也偏祀社稷及諸所禱按小祝云彌災兵彌為安此彌為偏不同者義各有所施彼是災兵之事故彌為安此禱祀之事靡神不舉以彌為偏云既則祠之以報焉者以其始為曰禱得求曰祠故以報賽解祠

大師宜于社造于祖設軍社類上帝國將有事于四望及軍歸獻于社則前祝鄭司農說設軍社以春秋傳曰所謂

君以師行祓社釁鼓祝奉以從者也則前祝大祝自前祝也玄謂前祝者王出也歸也將有事於此神大祝居前先以祝辭告之○祓芳弗反劉音廢從才用反一音如字下注同疏大師至前祝○釋曰此經六事皆大祝所掌言大師者王出六軍親行征伐故曰大師云宜于社者軍將出宜祭於社即將社主行不用命戮於社云造於祖者出必造即七廟俱祭取遷廟之主行用命賞于祖皆載於齊車云設軍社者此則據社在軍中故云設軍社云類上帝者非常而祭曰類軍將出類祭上帝告天將行云國將有事於四望者謂軍行所過山川造祭乃過及軍歸獻于社者謂征伐有功得四俘而歸獻捷于社按王制云出征執有罪反以釋奠于學注云釋菜奠幣禮先師也引詩云執訊獲醜則亦獻于學云則前祝者此經六事皆大祝前辭○注鄭司至告之○釋曰司農引春秋傳者定四年左氏傳按彼祝佗云君以軍行者師則軍也故尚書云大巡六師詩云六師及之皆以師名軍引之者證社在軍謂之軍社之事玄謂前祝者王出也歸也將有事於此神據此經四望已上為出時獻於社為歸時皆大祝前祝以辭告之按尚書武成丁未祖于周廟庚戌柴望皆是軍歸告宗廟告天及山川則此經出時告之歸亦告之此經上帝四望不見歸時所告故鄭摠云王出也歸也而將有事於此神以詃之

大會同造于廟宜于社過大山川則用事焉反行舍奠用事亦用祭事告行也玉人職有宗祝以黃金勺前馬之禮是謂過大山川與曾子問曰凡告必用牲幣反亦如之○舍音釋一音赦與音餘疏大會至舍奠○釋曰大會同者王與諸侯時見曰會殷見曰同或在畿內或在畿外亦告廟而行云造者以其非時而祭造次之意即上文造于祖一也云反行舍奠者曲禮云出必告反必面據生時人子出入之法今王出行時造于廟將遷廟主行反行還祭七廟非時而祭曰奠○注用事至如之○釋曰言用事亦用祭事告行也者言亦如上經大師用祭事告行引玉人職者按玉人職大璋中璋九寸邊璋七寸射四寸厚寸黃金勺青金外天子以巡守宗祝以前馬此云有宗祝以黃金勺前馬之禮非是彼正文義略言之耳云是謂過大山川與者彼不云過山川此言過大山川此不言用黃金勺故言以黃金勺以義約為一故言與以疑之彼注云大山川用大璋中山川用中璋小山川用邊璋此直見過大山川不見中小者欲見中小山川共大山川一處直告大山川不告中小故不見中小山川各自別處則用中璋邊璋此所過山川非直用黃金勺酌獻而已亦有

牢故校人職云將有事於四海山川則飾黃駒注云四海猶四方王巡守過大山川則有殺駒以祈沈之禮與是其牲牢也引曾子問曰凡告必用牲幣反亦如之者按彼注破牲為制此用牲幣不破之者彼文不取牲義直取出告反亦告而已故破牲為制於此經皆用牲知者王制云歸假于祖禰用特堯典亦云歸格于藝祖用特校人有飾黃駒之文則知此經出入皆有牲禮故不破牲為制

建邦國先告后土用牲幣后土社神也疏注后土社神也○釋曰按大宗伯王大封則先告后土注云后土土神土神則社神也按孝經緯云社者五土之摠神郊特牲云社祭土而主陰氣故名社為土神勾龍生為后土之官死則配社故舉配食人神以言社其實告社神也以其建邦國土地之事故先告后土土雖告祭非常有牲有幣禮動不虛故也

禁督逆祀命者督正也正王之所命諸侯之所祀有逆者則刑罰焉疏禁督逆祀命者○釋曰王者有命命諸侯祭祀之事不使上僭下逼謂之禮若有違者即謂之逆命大祝掌鬼神之官故禁正逆祀命也○注督正至罰焉○釋曰經直云禁督逆祀命鄭以諸侯解之者承上建邦國故知據諸侯云有逆者則刑罰焉者大祝主諸侯逆祀告上與之刑罪不

得自施刑罰頒祭號于邦國都鄙祭號六號【疏】注祭號六號釋曰邦國謂畿外諸侯都鄙畿內三等采地大祝主祭號故大祝頒之六號之中兼有天地諸侯不得祭天地而鄭云祭號六號鄭據大祝掌六號據上成文而言魯與二王之後得祭所感帝兼有神號

小祝掌小祭祀將事侯禳禱祠之祝號以祈福祥順豐年逆時雨寧風旱彌烖兵遠辠疾侯之言候也候嘉慶祈福祥之屬禳禳卻凶咎寧風旱之屬順豐年而順爲之祝辭逆迎也彌讀曰敉敉安也○彌依注音敉亡爾反下注同遠于萬反【疏】小祝至疾○釋曰掌小祭祀者即是將事侯禳已下禱祠之事是也小祭祀與將事侯禳已下作目將事侯禳禱祠祝號又與祈福祥順豐年已下爲目祈福祥順豐年逆時雨三者皆是侯寧風旱彌烖兵遠辠疾三者即是禳求福謂之禱報賽謂之祠皆有祝號故揔謂之禱祠之祝辭祈福祥已下不言一日二日者大祝已言訖小祝佐大祝行事故畧而不言亦欲見事起無常故不言其次第○注侯之至安也○釋曰侯之言候也候嘉

慶祈福祥之屬者之屬中兼有順豐年逆時雨嘉善也此三者皆是善慶之事故設祈禱侯迎之云禳禳卻凶咎寧風旱之屬者之屬中兼有彌災兵遠辠疾三者是凶咎之事故設禱祠禳卻之云順豐年而順爲之祝辭者案管子云倉廩實而知禮節衣食足知榮辱意皆欲如此是豐年順民意也故設祈禮以求豐年而順民故云爲之祝辭也云彌讀曰敉敉安也者案洛誥云亦未克敉公功注云敉安也故知此彌讀曰敉敉安也大祭祀逆齍盛送逆尸沃尸盥贊隋贊徹贊奠隋尸之祭也奠奠爵也祭祀奠先徹後反言之者明所佐大祝非一【疏】大祭至贊奠○釋曰云逆齍盛者祭宗廟饋獻後尸將入室食小祝於廟門外迎饎人之齍盛於廟堂東實之薦於神座前送逆尸者爲始祭迎尸而入祭末送尸而出祭義云樂以迎來哀以送往是也云沃尸盥者尸尊不就洗按特牲少牢尸入廟門盥於盤其時小祝沃水云贊隋者案特牲少牢尸始入室拜妥尸尸隋祭以韭菹擩于醢以祭於豆間小祝其時贊尸以授之云贊徹者大祝云既祭命徹諸宰君婦徹時小祝贊之也云贊奠者大祝酌酒奠于鉶南則郊特牲注天子奠斝諸侯奠角小祝其時贊之○注隋尸至非一○釋曰主人受尸酢

時亦有隋祭但此經贊隋文承逆尸沃尸之下故隋是尸之祭也云奠奠爵也者則特牲祝酌奠于鉶南是也云祭祀奠先徹後者奠爵在尸食前徹在尸謖後故云奠先徹後云反言之者經先言徹後言奠反言之者欲見所佐大祝非一故倒文以見義凡事佐大祝唯大祝所有事【疏】注唯大祝所有事○釋曰經云凡事諸有事皆佐大祝故鄭云唯大祝所有事乃佐之據大祝職不言之者或佐餘官或小祝專行之也若然佐大祝不在職末言之於此見文者欲自此已上有佐大祝者自此已下唯大喪贊涸佐大祝設熬以下小祝專行大喪贊涸故書涸爲擱杜子春云當爲涸涸謂浴尸設熬置銘銘今書或作名鄭司農云銘書死者名於旌今謂之柩士喪禮曰爲銘各以其物亡則以緇長半幅䞓末長終幅廣三寸書名于末曰某氏某之柩竹杠長三尺置于西階上重木置于中庭參分庭一在南粥餘飯盛以二鬲縣于重冪用葦席取銘置于重杜子春云熬謂重也檀弓曰銘明旌也以死者爲不可別故以其旗識之愛之斯錄之矣敬之斯盡其道焉爾重主道也殷主綴重焉周主徹重焉奠以素器以主人有哀素之心也玄謂熬者棺既蓋設於其旁所以惑蚍蜉也喪大記曰熬君四種八筐大夫三種六筐士二種

四筐加魚腊焉士喪禮曰熬黍稷各二筐有魚腊饌于西坫南又曰設熬旁一筐乃塗○熬五羔反爲名音銘下取名同䞓勑貞反杠音江重直龍反下同粥之六反又音育盛音成鬲音歷識識並傷志反一讀下識如字盡津忍反蚍音毗蜉音浮種章勇反下同坫丁念反【疏】設熬置銘○釋曰熬謂熬穀殯在堂時設於棺旁所以惑蚍蜉云置銘者銘謂銘旌書死者名既殯置於階西上所以表柩○注銘今至乃塗○釋曰銘今書或作名者非古書出見今周禮或作名以其銘書死者名亦得通一義故司農以名解之司農云銘書死者名於旌今謂之柩者銘所以表柩故漢時謂銘爲柩士喪禮曰爲銘各以其物者謂爲銘旌用生時旌旗但沾而小案士喪禮注王則大常諸侯則建旂孤卿建旜大夫士建物云亡則以緇長半幅者亡無也爲生時無旌旗子男之士不命是也生時無旌旗故用緇長半幅長一尺云䞓末長終幅廣三寸者依爾雅一入赤汁謂之縓再入謂之䞓䞓赤色繒也長終幅長二尺云書名于末者書死者名於䞓末之上云曰某氏某之柩者某氏是姓下某是名此謂士禮案喪服小記云周天子諸侯大夫書銘並與士同云竹杠長三尺者依禮緯天子旌旗之杠九仞諸侯七仞大夫五仞士三仞今士三尺者則天子以下皆以尺易仞云置于西階上者始死卽

作銘倚于重殯訖置於西階上屋宇下云重木以下亦士喪禮文經雖不言重士喪禮有取銘置于重是以因銘兼解重言粥餘飯者飯米與沐米同按喪大記君沐粱大夫沐稷天子之士沐粱諸侯士沐稻天子當沐黍飯米之餘以爲粥盛以二鬲按鄭注士喪禮鬲與簋同差天子八諸侯六大夫四士二云取銘置于重者謂未殯以前殯訖則置于西階上是也杜子春云熬謂重也者以士喪禮云取銘置於重與此經云設熬置銘亦謂設熬訖置銘於熬上事相當故以熬爲重故鄭以熬與重所設不同故不從也引檀弓者子春既解熬爲重遂引銘與重爲證耳云銘明旌也者謂神明死者之旌故云明死者之銘云愛之斯録之矣敬之斯盡其道焉爾鄭彼注謂重與奠則斯録之據重斯盡其道據奠以是子春引證重則取愛之斯録之不取敬之斯盡其道連引之耳云重主道也者始死作重葬後乃有主是始死雖未有主其重則是木主之道故云重主道也云殷主綴重焉者鄭彼注云殷人作主而聯其重懸諸廟也去顯考乃埋之謂始死作重之時至葬後作木主乃綴連重之鬲懸於祖廟大祥遷廟乃埋重於廟門外之左故云殷主綴重焉云周主徹重焉者周人不綴重亦死始作重至葬朝廟重先柩從入祖廟朝廟訖明且將葬重先出倚于道左葬後既虞埋於所倚之處故鄭注

云周人作主徹重埋之云奠以素器以主人有哀素之心也者杜子春連引於經無所當玄謂熬者棺既蓋設於其旁者約士喪禮而知云所以惑蚍蜉也者無正文鄭君以意解之以其熬穀似蚍蜉蚍蜉見之不至棺旁故言惑云喪大記曰熬君四種八筐者黍稷稻粱各二筐大夫三種六筐者黍稷粱各二筐云士二種四筐者黍稷各二筐云加魚腊焉者君大夫士同云士喪禮曰熬黍稷各二筐有魚腊饌于西坫南者堂西南隅謂之坫饌於此者據未用時加之蓋後設於棺旁云又曰設熬旁一筐乃塗者此皆所設之處言旁一筐則首足各一筐大夫亦旁各二筐首足各一筐君八筐左右各二筐首足亦各二筐鄭君引此者將以破子春爲重

及葬設道齎之奠分禱五祀

杜子春云齎當爲粢道中祭也漢儀每街路輒祭玄謂齎猶送也送道之奠謂遣奠也分其牲體以祭五祀告王去此宮中不復反故興祭祀也王七祀五者司命大厲平生出入不以告。齎音咨遣弃戰反

〈疏〉及葬至五祀。釋曰齎送也送道之奠謂將葬於祖廟之庭設大遣奠遣送死者故謂之送道之奠因分此奠以告五祀言正去此宮中也。注杜子至以告。釋曰子春云讀齎爲粢粢謂黍稷以爲道中祭也者引漢法爲證後鄭不從者按既夕禮祖廟之庭禮道中無祭法玄謂齎猶送也送道之奠謂遣奠也者按既夕禮祖廟之庭厥明設大遣奠包牲取下體是也云分其牲體以祭五祀告王去此宮中不復反者言分牲體者包牲而取其下體下體之外分之爲五處祭也云王七祀者祭法文云司命大厲平生出入不以告者按月令春祀戸夏祀竈季夏祀中霤秋則祀門冬則祀行此並是人之以所由從之處非直四時合祭所以出入亦宜告之按祭法王七祀之中有司命大厲此經五祀與月令同月令不祭司命及大厲之等此不祭則可知既夕士禮亦云分禱五祀者鄭注云博求之依祭法士二祀

大師掌釁祈號祝

鄭司農云釁謂釁鼓也春秋傳曰君以軍行祓社釁鼓祝奉以從

〈疏〉大師至號祝。釋曰言掌釁者據大師氏之文而言耳則惟爲以血釁鼓祈號也者將出軍禱祈之禮皆小祝號以讀祝辭蓋所以令將軍祈而請之也此皆小事故大師用小祝以讀祝耳。注鄭司至以從。釋曰引春秋傳曰者定四年祝佗辭引之者證軍師有釁鼓之事所引之辭者將以登軍師有必取威於天下欲使敵人畏之也所以必有征伐四方之事故須用血以釁於鼓故有釁鼓之事

有寇戎之事則保郊祀于社

故書祀或作禩鄭司農云謂保守郊祭諸祀及社無令寇侵犯之杜子春讀禩爲祀書亦或爲祀玄謂保祀互文郊社皆守而祀之彌裁兵。禩音祀令力呈反下令可同

〈疏〉注故書至裁兵。釋曰先鄭云謂保守郊祭諸祀及社者先鄭之義經之祀謂祀神故云祭諸祀及社後鄭不從者以其經祀爲諸祀與社文孤不見祭事故祀於社共爲一事解之玄謂保祀互文者郊言保守亦祀社言祀亦保守故云郊社皆守而祀之云彌裁兵者經言有寇戎之事則亦是裁兵故引小祝彌裁兵而解之

凡外內小祭祀小喪紀小會同小軍旅掌事焉

〈疏〉凡外至事焉。釋曰外內小祭祀者按小司徒小祭祀奉牛牲鄭注云小祭祀王玄冕所祭按司服羣小祀用玄冕鄭注云小祭祀謂林澤四方百物是外小祭祀也其內小祀謂宮中七祀之等小喪紀者王后以下之喪小會同謂諸侯遣臣來王使卿大夫與之行會同之禮小軍旅者王不自行遣卿大夫征伐掌事者此數事皆小祝專掌其事也

附釋音周禮注疏卷第二十五

周禮注疏卷二十五挍勘記

阮元撰盧宣旬摘錄

附釋音周禮注疏卷第二十五

占夢　唐石經諸本同釋文占夢本又作㝱按說文㝱部云㝱寐而有覺也从宀从爿夢聲引周禮以日月星辰卜六㝱之吉凶夢皆作㝱故陸氏本又作夢此後人據今本乙改也當云㝱本又作夢

陰建在戌　漢制考戌作戊

春秋緯云王者休　按王上當脫生

日始有謫　閩監本同余本嘉靖本毛本謫作適當據以訂正釋文賈疏皆作適

故于爲主人　監毛本于作干皆午之訛閩毛本改知非

老童楚象　惠挍本老童作童子

二曰噩夢　困學紀聞云列子夢有六候與占夢同噩作蘁按說文引周禮作㖾㝱蓋許讀噩爲㖾○按㖾即今咢字杜子春云驚愕是也許所據周禮實作㖾杜本蓋同

噩當爲驚愕之愕　葉鈔釋文愕作鄂○按釋文是也

四曰寤夢　釋曰寤本又作𡪢釋文作悟㝲

覺時道之而夢　廣韻引此時下有所按上思夢注云覺時所思念之而夢則此亦當有所字今本脫也

喜悅而夢　閩監毛本同余本嘉靖本悅作說此本疏中亦作說

或云其字當爲明　閩監本同毛本爲誤謂余本岳本嘉靖本或作又當據正

猶釋采也　余本嘉靖本閩監本同誤也毛本采作菜與下釋菜及菜始生正一例岳本嘉靖本上下皆作釋菜非

難謂執兵以有難卻也　余本卻作御是

疫厲鬼也　閩監毛本同余本嘉靖本厲作癘是

杜子春難讀爲難問之難　閩監毛本同誤也余本岳本嘉靖本上一難字作儺當據正

其字當作難　余本岳本嘉靖本閩本同監毛本難改儺

命國儺　余本岳本嘉靖本同下並同誤也閩監毛本皆作難當據以訂正

故先令方相氏　監本同毛本先改告皆非閩本作故云當據正

以其難去疫癘　毛本同閩監本癘作厲非

去九門磔禳者　浦鏜云云誤去毛本磔作磔

眡祲

煇謂日光炁也　釋文炁本亦作氣按賈疏引作謂日光氣也炁俗字下注皆作氣

象者如赤鳥也　嘉靖本作赤烏

如煇狀也　釋文如暈本亦作煇音同按日旁氣字當作暈從日今本作十煇之煇非

闇日月食也　補毛本月下有食字此本誤脫

敘者雲有次序也　閩監毛本同余本嘉靖本無也此衍○按毛本也誤敘

想者輝光也　閩監本同余本嘉靖本毛本輝作煇此誤

主安居其處　浦鏜云當作主安其居處

大祝

此六辭皆是祈禱之事　盧文弨曰通考作六祝

按一曰已下　閩本同監毛本已改以下自此已上同

四曰禜　唐石經禜字缺

寧風旱即迎時雨　閩監本同誤也當從毛本作逆時雨

號呼告于神以求福　閩監毛本同余本岳本嘉靖本無于此衍賈疏引注亦作號呼告神

則水旱癘疫之災　賈疏云傳文癘疫之災於是乎禜之此云不時者鄭君讀傳有異孫志祖云據疏當作水旱癘疫之不時兼有𨚍人注可證今本作災是從人據左傳改段玉裁亦云當作不時

柰何以陰侵陽以卑侵尊　漢制考無下以

又曰乃立引以相副　閩本同監毛本立作竝

明先以爲尊命責之　浦鏜云爲衍字

一曰祠　諸本同唐石經缺漢讀考云祠當是詞之誤大行人協辭命注故書協辭命作汁詞命鄭司農云詞當爲辭元謂辭命六辭之命也是故書辭作詞之證

禆諶草創之　余本嘉靖本同閩監毛本禆作裨非此本疏中引註作卑葉鈔釋文及余本載音義皆作卑○按漢書古今人表作卑

曾孫蒯瞶　余本嘉靖本瞶作聵此從目譌

誄謂積累生時德行以錫之　閩監毛本同余本嘉靖本錫作賜按疏中引注亦作賜

不憖遺一老　閩監毛本憖作憗皆譌釋文余本嘉靖本作憖當據正

嬛嬛予在疚　釋文嬛嬛求營反在疚九又反不出予字按左傳予作余此注余一人亦作余陸本或無此字

元謂一曰祠者　賈疏引注作元謂一曰辭者按鄭君從司農改祠爲辭故下云辭之辭也此仍作祠非

辭之辭也　賈疏引作是此之辭也非是

禱是之辭　余本嘉靖本同閩監毛本作是禱之辭

故以辭苞之　閩監毛本苞作包下同

此命誥之議　浦鏜云義誤議從儀禮通解續校

齊入輸范氏粟　浦鏜云人誤入

衞爲大子禱而爲此辭　浦鏜云上爲字衍

謂與族人飲食宴之處　浦鏜云族誤飲

云是之辭者　浦鏜云是下脫禱

爲犧牲皆有名號　賈疏引注爲作謂此誤諸本同

粢號謂黍稷皆有名號也　嘉靖本同閩監毛本粢改齍謂誤爲余本作粢岳本作謂與此合

黍曰香合　余本嘉靖本同閩監毛本香改薌下句香字及疏同

粱曰香萁　賈疏余本嘉靖本閩本萁作其釋文作香其此從竹非閩毛本粱作梁○按粱曰香其釋文是也說詳禮記

六曰擩祭　漢讀考擩字經注皆作㨎云儀禮㨎字屢見閱成石經以下特牲少牢作㨎不誤公食大夫士虞及周禮誤作擩以子春讀如芮儀禮周禮釋文皆曰而泉反一音而劣反劉又而誰反證之則其字定爲耎聲今本說文作擩染也引周禮擩祭則并其原本改之以致五經文字云㨎字書無此字見禮經然則當張參時說文字林玉篇皆已有擩無㨎矣

擩讀爲虞芮之芮　岳本嘉靖本同閩監毛本爲誤謂漢讀考云此讀爲當作讀如擬其音如芮耳經注擩字皆㨎之誤

如今祭殤無所主命　漢讀考云殤當爲禓說文示部禓道上祭也正司農所謂祓之道中無所主命也

擩祭以肝肺菹　余本肺作胏下並同此本亦下並作胏○按胏非也胏訓乾肉

以手從胏本 釋文出從持胏三字云劉沈皆子容反今本或無持字從則如字按賈疏本亦無持字

主祭食 閩監毛本同余本嘉靖本主作王當據正賈疏引注不誤

共綏執授 援神契共作供按注引孝經說共綏爲授綏以證共之訓授耳疏云共此綏祭非也宋王應麟辨之困學紀聞云續漢禮儀志注孝經援神契曰尊三老者父象也謁者奉几安車輭輪供綏執授宋均曰供綏三老就車天子親執綏授之永平二年養老詔有安車輭輪供綏執授之語

注杜子至執授 補此本脫執授二字

司農云以初祭擩于鹽 閩毛本同監本祭作時云疑衍

此據挼義而言也 閩監本作挼祭毛本作振祭

孝經諱文 閩監本同誤也毛本諱作緯當據正

辨九𢷎 閩監毛本同誤也余本作𢷏亦非釋文唐石經嘉靖本作𢷏當據正廣韻十六怪𢷏下引作辯九𢷏

一曰䭫首 唐石經諸本作稽首釋文作䭫首云本又作稽毛本改從釋文

以享右祭祀 毛本祀誤祝

䭫顙而后拜 閩監毛本同余本嘉靖本后作後當據正此蓋因疏引檀弓文竄改而疏中反互改爲後

動讀爲哀慟之慟 葉鈔釋文作哀動余本載音義亦作動今通志堂本作哀慟

書亦或爲董振董以兩手相擊也 疏云書亦或爲董振之董者讀從左氏董之以威是董振之振漢讀考云書亦或爲董句絕疏誤

王動色變 余本作變色

其稽稽留之字 浦鏜云當從儀禮經傳通解作稽是稽留之義

敢不稽首 補此本脫首字

非謂文相近 浦鏜云義誤文從儀禮通解續校

不據衆子常稽顙者 閩監毛本常作當

此二者后鄭皆不從之 閩監毛本作後鄭此誤下三后鄭同

按今文大誓得火烏之瑞 閩監毛本烏誤鳥

以給烝享 監本烝作蒸非

令鐘鼓右 閩監毛本同唐石經余本嘉靖本鐘作鍾此後人改從正字耳

相尸禮 唐石經諸本同葉鈔釋文作相屍○按此古本從叚借字

肆鬯所爲陳尸設鬯也 惠挍本爲作謂

付練祥 唐石經諸本同毛本祥誤詳

甸人主設復梯 閩監本同毛本梯誤稊余本嘉靖本作梯葉鈔釋文同

祔祭於祖□ 監本祔誤附祖下實缺一字閩本刪去監毛本作廟

代王受眚烖 毛本眚烖誤倒

小祝

禳禬卻凶咎 余本同閩監毛本卻誤郤

二者即是禬 浦鏜云三誤二

故摠謂之禱祠之祝辭 閩本辭作辤監毛本誤號

爲始祭逆尸而入 浦鏜云爲當謂字

欲自此已上 浦鏜云欲下當脫見

故書渳爲攝 閩監本渳誤弭

銘書死者名於旌 漢讀考銘作名云此司農從今書作名也今本作銘非是

爲銘各以其物 釋文爲名音銘下取名同按司農從今書士喪禮注亦云今文銘皆爲名今本爲名

及下取名皆改銘非也當從陸本

䪴末長終幅　余本閩監毛本䪴作䫫嘉靖本作䪴按釋文作䫫與集韻同賈疏作䫫○按作䪴是也

故以其旗識之　釋文旗識下重識字云並傷志反一讀下識如字漢讀考云子春所引檀弓與鄭君注士喪皆云故以旗識識之今本周禮注少一識字釋文獨爲善本

既殯置於階西上　浦鏜云階西字誤倒

君沐粱大夫沐稷　閩監毛本粱誤梁下同毛本稷誤即

置銘于熬上　閩監本同毛本上作二則下屬二事相當爲句

王七祀五者　閩監毛本同徐本余本嘉靖本叠祀字此脫

據大師氏之文而言耳　浦鏜云氏當衍文按或職之誤

則惟爲以血釁鼓　毛本爲誤薦

祈號也者　盧文弨曰通考也作祝此誤

周禮注疏卷二十五校勘記終

南昌袁泰開校

附釋音周禮注疏卷第二十六

鄭氏注　賈公彥疏

喪祝掌大喪勸防之事鄭司農云勸防引柩也杜子春云防當爲披玄謂勸猶倡帥前引者防謂執披備傾戲。〇披彼寄反下同倡昌亮反戲音虧〔疏〕注鄭司至傾戲。〇釋曰先鄭云勸防引柩後鄭不從者但引者天子千人執六引在柩車前防謂披在柩車傍備傾虧二者別司農共爲一故不從子春云防當爲披義無所取故不從玄謂勸猶倡帥前引者即下經御柩一也謂執纛居柩路前却行左右車脚有高下則以纛詔告執披者使持制之不至傾虧倡先也故云倡帥前引者云防謂執披備傾虧者按夏官司士作六軍之。執披故以執披解防恐柩車傾側故云備傾虧此經勸防因言所掌事及其行事下文及朝御匶是也

及辟令啓鄭司農云辟謂除菆塗椁也令啓謂喪祝主命役人開之也檀弓曰天子之殯也菆塗龍輴以椁加斧于椁上畢塗屋天子之禮也。〇菆才官反輴勑倫反〔疏〕注鄭司至禮也。〇釋曰先鄭云辟謂除菆塗椁也者天子七月而葬七日

殯殯時以椁菆塗其棺及至葬時故命役人開之引檀弓曰天子之殯也菆塗龍輴以椁者天子諸侯殯用輴車天子書輴爲龍先置龍輴於西階之上又置四重棺於輴車之中大斂於阼階訖奉尸入棺加蓋乃置熬於棺傍乃於椁横其四面與棺平乃加斧於棺上以覆棺上更加之以椁材乃畢塗之如四面霤屋故云菆塗龍輴以椁加斧於椁上畢塗屋天子之禮也加斧於椁上者按檀弓云布幕衞縿幕魯布幕諸侯法縿幕天子禮剌以黼文謂之斧者形如大斧文言上者加斧訖乃櫕塗其上故言加斧於椁上

及朝御匶乃奠鄭司農云朝謂將葬朝於祖考之廟而後行則喪祝爲御柩也檀弓曰喪之朝也順死者之孝心也其哀離其室也故至於祖考之廟而後行殷朝而殯於祖周朝而遂葬故春秋傳曰凡夫人不殯于廟不祔于姑則弗致也晉文公卒將殯於曲沃就宗廟晉宗廟在曲沃故曰曲沃君之宗也又曰丙午入于曲沃丁未朝于武宮玄謂乃奠朝廟奠。〇朝直遥反注皆同匶音舊離力智反下同〔疏〕及朝御匶乃奠。〇釋曰言及朝者及猶至也謂侵夜啓殯昧爽朝廟故云及朝云御柩者發殯宮輴車載至廟其時喪祝執纛居前以御正柩也云乃奠者按既夕禮朝廟之時重先奠從燭從柩從從彼奠昨夜夕奠至廟下棺於廟兩楹之間棺西設此宿奠至明徹去宿奠乃設此朝廟之奠於柩西故云乃奠。〇注鄭司至廟奠。〇釋曰先鄭解朝廟法後鄭皆從之不改引檀弓云殷朝而殯於祖者殷人殯於廟始死斂訖即以柩朝廟而殯之故云殷朝而殯於祖云周朝而遂葬者周人不殯於廟故始死殯於路寢七月而葬以次朝七廟先禰而後祖廟別一宿後朝始祖廟遂出葬於墓故云周朝而遂葬云故春秋傳曰凡夫人不殯于廟者此僖八年左氏傳秋七月禘于大廟用致夫人傳曰秋禘而致哀姜焉非禮也凡夫人不薨于寢不殯于廟不赴于同不祔于姑則弗致也注云寢小寢同同盟言諸侯夫人有罪不以禮終不當致云晉文公卒將殯于曲沃此左氏僖公三十二年晉文公卒庚辰將殯於曲沃就宗廟已下鄭君解義語晉宗廟在曲沃者晉承桓叔之後桓叔本在曲沃故晉宗廟在曲沃云故曰曲沃君之宗也者莊二十八年左氏傳驪姬欲立其子賂外嬖梁五與東關嬖五使言於公曰曲沃君之宗也不可以無主夏大子居曲沃是也又曰丙午入于曲沃丁未朝于武宮此僖二十四年二月壬寅公子重耳入於晉丙午入曲沃丁未朝於武宮按趙商問周朝而遂葬則是殯于宮葬乃朝廟按春秋晉文公卒殯于曲沃是爲去絳就祖殯與禮記義異未通其記荅曰葬乃朝廟當周之正禮也其末世諸侯國何能同

也傳合不合當解傳耳不得難經何者既夕將葬遷于祖用軸既夕是周公正經朝廟乃葬故云不得難經孔子發凡言不薨于寢不殯于廟不祔于姑則不致不明正禮約殯于廟發凡則是關異代何者孔子作春秋以通三王之禮先鄭引之者欲見春秋之世諸侯殯于廟亦當朝廟乃殯玄謂乃奠朝廟奠者以經文奠在朝下明不據初來宿奠是據厥明所設朝廟之奠

及祖飾棺乃載遂御鄭司農云祖謂將葬祖於庭象生時出則祖也故曰事死如事生禮也檀弓曰飯於牖下小斂於戶內大斂於阼殯於客位祖於庭葬於墓所以即遠也祖時喪祝主飾棺乃載遂御之喪祝爲柩車御也或謂及祖至祖廟也玄謂祖爲行始飾棺設柳池紐之屬其序載而後飾既飾當還車鄉外喪祝御之御之者執纛居前卻行爲節度。〇飯扶晚反還音旋一音回鄉許亮反翻音道〔疏〕及祖至遂御。〇釋曰言及祖者及至也初朝禰次第朝親廟四次朝二祧次朝始祖后稷之廟至此廟中設祖祭按既夕禮請祖期曰日側是至祖廟之中而行祖祖始也爲行始言飾棺乃載者既載乃飾按既夕禮遂匠納車於階間卻柩而下棺乃飾棺設帷荒之屬飾訖乃還車向外移柩車去載處至庭中車西設祖奠天子之禮亦是先載乃飾棺此先云飾棺後言乃載者直取

便文非行事之次第云遂御者加飾訖移柩車喪祝執纛卻行御正柩故云遂御之。注鄭司至節度。釋曰先鄭解祖及飾棺其義是故後鄭從之增成其義云將葬祖於庭者檀弓文云象生時出則祖也者詩云仲山甫出祖是也云故曰事死如事生禮也者按祭義云文王之祭也事死如事生義出於彼以其生時出有祖故死亦有祖檀弓曰飯於牖下至即遠也按檀弓曾子弔於負夏氏主人既祖奠徹推柩而反之曾子從者怪主人推柩而反問於曾子曾子對曰胡爲其不可從者問子游子游對此辭云飯於牖下者謂始死於北牖下遷尸於南牖下沐浴訖即飯含故云飯於牖下小斂於戶內小斂十九稱在戶內大斂於阼者士三十稱大夫五十稱諸侯百稱天子百二十稱皆於阼階故言大斂於阼殯於客位者夏后氏殯於阼階殷人殯兩楹間周人殯於西階故云殯於客位祖於庭者行祖祭在祖廟之庭葬於墓者行祖祭訖至明旦行大遣奠既奠引柩向壙故云葬於墓所以即遠也者此子游之意從飯於牖下至葬於墓即就也節級皆是就遠不合反來引之者證此經祖是爲行始向遠之義云祖時喪祝主飾棺乃載者重解祖及飾載之事云遂御之喪祝爲柩車御也者後鄭增成之云或謂及祖至祖廟也者以其飾載在祖廟中故以祖爲祖廟解之後鄭雖不從亦通一義玄謂祖爲行始此後鄭增成先鄭前解祖也云飾棺設柳池紐之屬者喪大記文柳者諸色所聚帷荒之屬是也紐者君三池纁紐六之屬是也司士云作六軍之士執披彼引喪大記其於此畧言也云其序者鄭見經先言飾棺後言乃載車向外於文到故依既夕禮先載而後飾當還車向外以其載時車北向飾訖當還車向外喪祝御之御之者執纛居前御行爲節度者恐柩車傾虧以纛告之故云爲節度也

及葬御匶出宮乃代

喪祝二人相與更也。更音庚 疏 注喪祝至更也。釋曰及至也謂於祖廟厥明大奠後引柩車出喪祝於柩車前御行御柩車出宮乃代者按序官云喪祝上士二人故鄭云二人相與更也

及壙說載除飾

鄭司農云壙謂穿中也說載下棺也除飾去棺飾也四翣之屬令可舉移安錯之玄謂除飾便其窆爾周人之葬牆置翣。說吐活反注同劉詩悅反去起吕反翣所甲反本亦作翣錯七故反便婢面反窆彼驗反劉補鄧反 疏 及壙說載除飾。釋曰及至也至壙脫載謂下棺於地除飾謂除去帷荒下棺於坎訖其帷荒還入壙張之於棺。注鄭司至置翣。釋曰云四翣之屬者按襄公二十五年齊崔杼弒莊公不以君禮葬之按喪大記及禮器士二翣大夫四翣諸侯六翣天子八翣今用四翣是不成君禮也云令可舉移安錯之者除去棺飾者令可舉移安錯於壙中安錯之言出孝經玄謂周人之葬牆置翣者檀弓云殷人棺椁周人牆置翣牆謂帷荒與柩爲郭若牆然故謂之牆言置翣者翣在道柩車傍人執之入壙置之於椁傍故云置也引之者證飾既除還入壙設之義也

小喪亦如之

疏 小喪亦如之。釋曰小喪王后世子已下之喪自掌勸防已下至除飾皆據王喪其小喪亦有勸防已下之事故云亦如之

掌喪祭祝號

喪祭虞也檀弓曰葬日虞不忍一日離也是日也以虞易奠卒哭曰成事是日也以吉祭易喪祭 疏 注喪祭虞也至祭易喪祭。釋曰引檀弓云葬日虞不忍一日離也者葬日設大遣奠而出葬訖反日中而虞送形而往迎魂而反虞者安也葬日虞祭所以安神不使父母一日離散故設虞祭也云是日也以虞易奠者葬日反日中而虞奠者自未葬已前始死之後皆是今既葬是以虞易奠也云卒哭曰成事是日也以吉祭易喪祭者喪中自相對虞爲喪祭卒哭爲吉祭士虞禮始虞曰哀薦祫事再虞曰哀薦虞事三虞曰哀薦成事卒哭祝辭亦稱成事也祭以吉爲成故云是日也以吉祭易喪祭引之者證經喪祭是虞也

王弔則與巫前

鄭司農云喪祝與巫以桃厲執戈在王前檀弓曰君臨臣喪以巫祝桃茢執戈惡之也所以異於生也春秋傳曰楚人使公親襚公使巫以桃茢先祓殯楚人弗禁既而悔之君臨臣喪之禮故悔之。厲音列記作茢黍苕穰也音例亦音列惡烏路反 疏 王弔則與巫前。釋曰王弔者諸侯諸臣死王就室弔之喪祝與男巫在王前也。注鄭司至悔之。釋曰先鄭云喪祝與巫以桃厲執戈在王前者桃者鬼所惡茢炎帚所以埽不祥桃茢二者祝與巫執之執戈者是小臣也按喪大記小臣二人執戈立於前二人立於後彼是諸侯法王弔亦然故兼言執戈檀弓曰君臨臣喪以巫祝桃茢執戈惡之是天子之禮故引之言惡之也所以異於生也者死者之傍有凶邪之氣故須桃茢以惡之是異於生春秋傳曰者是襄二十九年左傳文按傳襄公朝於荊康王卒楚人使公襲襲者臣賤之事欲使公行臣禮公使巫以桃茢祓殯楚人弗禁者不知禮故不禁既而悔之者後覺始悔是君臨臣喪之禮故悔之引之者證經喪祝與巫前有桃茢之事按檀弓云使公襲左傳云襚不同者襚即襲也襲時未殯而云祓殯者名尸爲殯耳

掌勝國邑之社稷之祝號以祭祀禱祠焉

勝國邑所誅討者社稷者

若亳社是矣存之者重神也蓋奄其上而棧其下爲北牖○亳步博反棧劉才產反一音上諫反〔疏〕掌勝至祠釋曰以祭祀禱祠者祭祀謂春秋正祭禱祠謂國有故祈請求福曰禱得福報賽曰祠○注勝國至北牖○釋曰云勝國邑所誅討者古者不滅國有違逆被誅討者更立其賢子弟還得事其社稷今云勝國之社稷者爲據武王伐紂取其社稷而事之故云若亳社是矣也據其地則曰亳據彼國喪亡即爲亡國之社稷此注勝之即爲勝國之社稷是以郊特牲云喪國之社春秋謂之亳社也云存之者重神也者君自無道被誅社稷無罪故存之是重神也云蓋奄其上而棧其下爲北牖者按哀公四年夏六月辛丑亳社災公羊傳曰亡國之社蓋揜其上而柴其下爲北牖者郊特牲文郊特牲喪國之社必屋之爲北牖不受天陽使陰明公羊云揜其上即屋之是也棧其下者非直不受天陽亦不通地陰

凡卿大夫之喪掌事而斂飾棺焉

〔疏〕凡卿至棺焉釋曰言掌事者雖禮有降殺勸防以下皆掌之兼主斂事故摠云掌事而斂飾棺焉

甸祝掌四時之田表貉之祝號

杜子春讀貉爲百爾所思之百

書亦或爲貉貉兵災也甸以講武治兵故有兵祭詩曰是類是禡爾雅曰是類是禡師祭也玄謂田者習兵之禮故亦禡祭禱氣埶之十百而多獲○貉莫駕反注禡同甸音田下文同〔疏〕甸祝至祝號○釋曰言掌四時之田表貉之祝號者四時田即大司馬所云春蒐夏苗秋獮冬狩按大司馬大閱禮云既陳乃設驅逆之車有司表貉於陳前當此貉祭之時田祝爲號○注杜子至多獲○釋曰子春云讀貉爲百爾所思之百讀從毛詩後鄭從之增成其義云書亦或爲貉者毛詩爾雅皆爲此字云貉兵祭也者爾雅云禡師祭是也引詩云是類是禡者大雅皇矣之詩也玄謂田者習兵之禮故亦禡祭者詩與爾雅據出征之祭田是習兵故亦禡祭云禱氣勢之十百而多獲者應十得百望多獲禽牲此解禡字之意

舍奠于祖廟禰亦如之

舍讀爲釋釋奠者告將時田若時征伐鄭司農云禰父廟○舍音釋下同〔疏〕舍奠至如之○釋曰天子將出告廟而行言釋奠於祖廟者非時而祭即曰奠以其不立尸奠之言停停饌具而已七廟俱告故祖禰并言○注舍讀至父廟○釋曰舍讀爲釋者周禮禮記多爲舍字鄭讀皆爲釋云釋奠者告將時田若時征伐者此經上下惟言時田不言征伐按大祝大師造于祖大會同造于廟皆造祖禰故兼言征伐

師甸致禽于虞中乃屬禽及郊饁獸

舍奠于祖禰乃斂禽禂牲禂馬皆掌其祝號

師田謂起大衆以田也致禽於虞中使獲者各以其禽來致于所表之處屬禽別其種類饁饋也以所獲獸饋於郊薦于四方羣兆入又以奠于祖禰薦且告反也斂禽謂取三十入腊人焉杜子春云禂禱也爲馬禱無疾爲田禱多獲禽牲詩云既伯既禱爾雅曰既伯既禱馬祭也玄謂禂讀如伏誅之誅今侏大字也爲牲祭求肥充爲馬祭求肥健○屬音燭饁于輒反禂音誅一音禱別彼列反爲于僞反下同侏音誅字林音朱〔疏〕注師田至肥健○釋曰云致禽於虞中使獲者各以其禽來致於所表之處者若田獵在山山虞植旗田獵在澤澤虞植旗各植旗爲表故解致禽于虞中者使獲者各以其禽來致於所表之處也云屬禽別其種類者禽獸既致於旌旗之所甸祝分別其種類麋鹿之類各爲一所云饁饋也以所獲獸饋於郊薦于四方羣兆者按小宗伯兆五帝於四郊四類四望亦如之兆山川丘陵各於其方是以四郊皆羣神之兆今田獵在四郊之外還國必過羣兆故將此禽獸薦於羣兆直以禽祭之無祭事云入又以奠於祖禰薦

且告反也者上經舍奠於祖廟謂出田今此舍奠在饁獸之下是告反也言薦者又以所獲禽牲薦廟也云斂禽謂取三十者按穀梁云禽擇取三十知入腊人者按腊人云掌凡田獸之脯腊按王制一爲乾豆二爲賓客三爲充君之庖此入腊人者按上殺者乾之以爲豆實供祭祀其餘入賓客庖廚直入腊人者據祭祀重者而言脯非豆實而言乾豆者以脯爲醢故醢人注云作醢及醓者先膊乾其肉乃後莝之雜以粱麴及鹽漬以美酒塗置甀中百日則成矣是也杜子春云禂禱也爲馬禱無疾已下後鄭皆不從者以凡言牲者卜日曰牲據祭祀之牲不得據田獵之獸又禂不得爲禱祈字玄謂禂讀如伏誅之誅者此俗讀也時有人甘心惡伏誅故云伏誅之誅此從音爲誅云今誅大字也者今漢時人傍侏是侏大之字此取肥大之意故云爲牲祭求肥充解經禂牲云爲馬祭求肥健釋經禂馬鄭既解禂爲大知此皆有祭者以其言皆掌其祝號是有祭事

詛祝掌盟詛類造攻說禬禜之祝號

八者之辭皆所以告神明也盟詛主於要誓大事曰盟小事曰詛〔疏〕注八者至曰詛○釋曰此八者之內類造已下是大祝六

祈大祝不掌祝號故此詛祝與盟同爲祝號秋官自有司盟之官此詛祝兼言之者司盟直掌盟載之法不掌祝號與載辭故使詛祝掌之云大事曰盟小事曰詛者盟者盟將來春秋諸侯會有盟無詛詛者詛往過不因會而爲之故云大事曰盟小事曰詛也

作盟詛之載辭以敘國之信用以質邦國之劑信

載辭爲辭而載之於策坎用牲加書于其上也國謂王之國邦國諸侯國也質正也成也文王脩德而虞芮質厥成鄭司農云載辭以春秋傳曰使祝爲載書

【疏】作盟至劑信○釋曰云作盟詛之載辭者爲要誓之辭載之於策人多無信故爲辭對神要之使用信故云以敘國之信用云以質邦國之劑信者質正也成也亦爲此盟詛之載辭以成正諸侯邦國之劑謂要券故對神成正之使不犯○注載辭至載書○釋曰言爲辭而載之于策者若然則策載此辭謂之載云坎用牲加書于其上也者按襄二十六年左氏傳云宋寺人伊戾坎用牲加書爲世子痤僞與楚客盟司盟注具引此文於此注畧也引春秋者據載書而言知者按司盟掌盟載之法彼注云載盟辭也盟者書其辭於策即是此載辭也又注云殺牲取血坎其牲加書於上而埋之謂之載書即引春秋宋寺人之事明此坎用

牲加書於其上據載書而言以此言之則書辭於策謂之載辭加書於牲上謂之載書司盟掌載書詛祝掌載辭此注兼言坎用牲加書之事者事相因故兼解之云國謂王之國邦國諸侯國也者周禮體例單言國者皆據王國邦國連言者皆據諸侯故爲此解云文王脩德而虞芮質厥成者大雅文王詩也彼訓質爲成成爲平謂成其平和之事引之者證質爲成義先鄭引春秋傳曰者按哀二十六年左氏傳云宋大尹使祝爲載書司農之意以載辭與載書爲一得通一義故引之在下

司巫掌羣巫之政令若國大旱則帥巫而舞雩

雩旱祭也天子於上帝諸侯於上公之神鄭司農云魯僖公欲焚巫尪以其舞雩不得雨○尪音汪

【疏】司巫至舞雩○釋曰掌羣巫之政令者下文男巫女巫皆掌之云若國大旱則帥巫而舞雩者謂帥女巫已下是以女巫職云旱暵則舞雩亦據脩雩而言也○注雩旱至得雨○釋曰言雩旱祭也者經云國大旱而舞雩明雩是旱祭是以春秋緯考異郵云雩者呼嗟求雨之祭云天子於上帝諸侯於上公之神知者按禮記月令大雩帝習盛樂據天子雩五帝按彼下文命百縣雩祀百辟卿士百縣謂畿內鄉遂明畿外諸侯亦雩祀百辟卿士即古上公句龍柱棄之等是天子祀上帝諸侯祀上公若魯與二王之後得祀天者亦得雩祭天鄭司農云魯僖公欲焚巫尪以其舞雩不得雨者按僖二十一年夏大旱公欲焚巫尪尪不必舞雩故檀弓云魯穆公云吾欲暴尪而奚若又云吾欲暴巫而奚若縣子曰天則不雨而暴人之疾子虐無乃不可與鄭注云尪者面鄉天覬天哀而雨之明非舞雩之人司農兼引尪者挾句連引之其實非舞者若四月正雩非直有男巫女巫按論語曾晳云春服既成童子六七人冠者五六人兼有此等故舞師云教皇舞帥而舞旱暵之祀舞師謂野人能舞者明知兼有童子冠者可知

國有大烖則帥巫而造巫恒

杜子春云司巫師巫官之屬會聚常處以待命也玄謂恒久也巫久者先巫之故事造之當按視所施爲

【疏】注杜子至施爲○釋曰子春之意帥巫者巫則女巫恒訓爲常故云會聚常處後鄭不從玄謂恒久也巫久者先巫之故事後鄭之意以恒爲先世之巫久故所行之事今司巫見國大烖則帥領女巫等往造所行之事按視舊所施爲而法之

祭祀則共匰主及道布及蒩館

杜子春云蒩讀

爲鉏匰器名主謂木主也道布新布三尺也鉏藉也館神所館止也書或爲蒩館或爲租飽或曰布者以爲席也租飽茅裹肉也玄謂道布者爲神所設巾中霤禮曰以功布爲道布屬于几也蒩之言藉也祭食有當藉者館所以承蒩謂若今筐也主先匰蒩後館互言之者明共主以匰共蒩以筐大祝取其主蒩陳之器則退也士虞禮曰苴刌茅長五寸實于筐饌于西坫上又曰祝盥取苴降洗之升入設于几東席上東縮○匰音丹蒩子都反鉏子都反下同藉慈夜反下同租劉音緅又音卷沇音子餘反飽音庖又音弭裹音果爲于僞反刌音寸

【疏】注杜子至東縮○釋曰子春所解及讀字惟解匰器名一事後鄭從之自餘並義無所取後鄭不從玄謂道布者爲神所設巾即引中霤禮以功布爲道布屬於几是也云蒩之言藉也祭食有當藉者謂常藉所當之食云館所以承蒩謂若今筐也者筐所以盛蒩者也云主先匰蒩後館互言之者謂主先匰器在上者欲見以匰器盛主來向祭所大祝取得主匰器即退蒩後言館器欲見大祝取得蒩館器退明亦初以館盛蒩來互言之是以鄭云明共主以匰共蒩以筐大祝取其主蒩陳之器則退也二事雙解之引士虞禮曰苴刌茅長五寸實於筐饌于西坫上者刌切也切之長五寸又陳之西坫者堂西南隅謂之坫饌陳於此未用前又

曰祝盥升取苴降洗之升設於几東席上東縮者士虞禮設席於奥禮神東面右几故設于几東席上東縮縮縱也據神東面爲正東西設之故言東縮引之者見苴是藉祭之物

凡祭事守瘞 瘞謂若祭地祇有埋牲玉者也守之者以祭禮未畢若有事然祭禮畢則去之○瘞於例反

疏 注瘞謂至去之○釋曰按爾雅祭天曰燔柴祭地曰瘞埋又按肆師立大祀用玉帛牲牷故鄭云瘞謂若祭地祇有埋牲玉者也鄭不言帛亦有帛可知云守之者以祭禮未畢若有事然者但祭地埋牲與禋祀同節作樂下神之後即有埋牲之事以後更有祭祀之節事故使司巫守埋是以鄭云有祭事然云祭祀畢即去之者以其無事故去之不復守也

凡喪事掌巫降之禮 降下也巫下神之禮今世或死既斂就巫下禓其遺禮○禓音傷

疏 注降下至遺禮○釋曰人死骨肉下沈於地精魂上歸於天天地與神人通故使巫下神云今世或死既斂就巫下禓其遺禮者按郊特牲鄉人禓鄭注云禓彊鬼彼逐疫癘之事故以禓爲彊鬼此禓當家之鬼非彊鬼也

男巫掌望祀望衍授號旁招以茅 杜子春云望衍謂衍祭也授號以所祭之名號授之旁招以茅招四方之所望祭者玄謂衍讀爲延聲之誤也望祀謂有牲粢盛者延進也謂但用幣致其神二者詛祝所授類造攻說禬禜之神號男巫爲之招○衍音延下同爲于僞反

疏 男巫至以茅、釋曰云望祀者類造禬禜遙望而祝之云望衍者衍延也是攻說之禮遙望延其神以言語責之云授號者此二者皆詛祝授以神號云旁招以茅者旁謂四方此男巫於地官祭此神時則以茅招之於四方也○注杜子至之招○釋曰子春所云皆無依據故後鄭不從玄謂破衍爲延者衍字於內所義無所取故破從延云望祀謂有牲粢盛者注大祝已云類造禬禜皆有牲攻說用幣而已有牲則有黍稷故此兼云粢盛者也云延進也謂但用幣致其神者此即攻說用幣而已是也云二者詛祝所授類造攻說禬禜之神號男巫爲之招者以其授號文故二者之下故知此六神皆授之號之授號知是詛祝者按詛祝而知也

冬堂贈無方無筭 故書贈爲矰杜子春云矰當爲贈堂贈謂逐疫也無方四方爲可也無筭道里無數遠益善也玄謂冬歲終以禮送不祥及惡夢皆是也其行必由堂始巫與神通言當東則東當西則西可近則近可遠則遠無常數○矰音曾

疏 注故書至常數○釋曰子春以堂贈爲逐疫後鄭不從者逐疫方相氏及占夢不合在此故不從云無筭道里無數遠益善也後鄭不從者既言無數遠近由人不得云遠益善故不從玄謂知堂贈是送不祥及惡夢者見占夢云舍萌于四方以贈惡夢故知鄭云當東則東當西則西不言南北舉東西可知此解無方可近則近可遠則遠無常數此解無筭

春招弭以除疾病 招招福也杜子春讀弭如彌兵之彌玄謂弭讀爲敉字之誤也敉安也安凶禍也招敉皆有祀衍之禮○弭與彌同及下敉皆亡氏反

疏 注招招至之禮○釋曰子春讀弭如彌兵之彌讀從小祝彌災兵之彌玄謂弭讀爲敉字之誤也按小祝後鄭注彌讀曰敉於此云爲敉從子春之說云敉安也安凶禍也者以經云除疾病故知所安者凶禍知招敉皆有祀衍之禮者此招敉爲招福安禍與侯禳意同侯禳在六祝有祭之法故知此二者亦有望祀望衍之禮可知

王弔則與祝前 巫祝前王也故書前爲先鄭司農云爲先非是也

疏 注巫祝至是也○釋曰按上喪祝云王弔則與巫前此男巫與祝前故二官俱在王前

女巫掌歲時祓除釁浴 歲時祓除如今三月上巳如水上之類釁浴謂以香薰草藥沐浴○巳音祀

疏 注歲時至沐浴○釋曰歲時祓除者非謂歲之四時惟謂歲之三月之時故鄭君云如今三月上巳解之一月有三巳據上旬之巳而爲祓除之事見今三月三日水上戒浴是也云釁浴謂以香薰草藥沐浴者若直言浴則惟有湯今兼言釁明沐浴之物必和香草故云以香薰草藥經直云浴兼言沐者凡絜靜者沐浴相將故知亦有沐也

旱暵則舞雩 使女巫舞旱祭崇陰也鄭司農云求雨以女巫故檀弓曰歲旱繆公召縣子而問焉曰吾欲暴巫而奚若曰天則不雨而望之愚婦人無乃已疏乎○暵呼旱反繆音穆縣音玄暴蒲卜反

疏 旱暵則舞雩○釋曰此謂五月已後脩雩故有旱暵之事旱而言暵者暵謂熱氣也○注使女至疏乎○釋曰司農引繆公者魯繆公春秋後事縣子者魯大夫欲暴巫者以其舞雩不得雨引之者證使女巫舞雩之事

若王后弔則與祝前 女巫與祝前后如王禮

疏 若王至祝前○釋曰此女巫云與祝前則與天官女祝前后○注女巫至王禮○釋曰云女巫與祝前后如王禮者按前男巫與喪祝前王執桃茢此女巫與女祝前后亦巫執桃祝執茢故云如王禮

凡邦之大烖歌哭而請 有歌者有

哭者冀以悲哀感神靈也【疏】凡邦至而請○釋曰大烖言歌哭而請則大烖謂旱暵者○注有歌靈也○釋曰按林頓難曰凡國有大災歌哭而請魯人有日食而哭傳曰非所哭哭者哀也歌者是樂也有哭而歌是以樂烖烖而樂之將何以請哀未失所禮又喪矣孔子曰哭則不歌歌哭而請道將何爲玄謂日食異者也於民無困哭之爲非其所烖害不害穀物故歌必禮也董仲舒曰雩求雨之術呼嗟之歌國風周南小雅鹿鳴燕禮鄉飲酒大射之歌焉然則雲漢之篇亦大旱之歌考異郵曰集二十四旱志立服而緩雲刑理察挻罪赦過呼嗟哭泣以成發氣此數者非大烖歌哭之證也多烖哀也歌者樂也今喪家輓歌亦謂樂非孔子哭則不歌是出何經論語曰子於是日哭則不歌謂一日之中旣以哀事哭又以樂而歌是爲哀樂之心無常非所以譏此禮若然此云歌者憂愁之歌若雲漢之詩是也

大史掌建邦之六典以逆邦國之治掌灋以逆官府之治掌則以逆都鄙之治典則亦法也逆迎也六典八法八則冢宰所建以治百官大史又建焉以爲王迎受其治也大史日官也春秋傳曰天子有日官諸侯有日御日官

周禮疏二十六　十二

居卿以底日禮也日御不失日以授百官于朝居猶處也言建六典以處六卿之職○治直吏反下及注其治同爲于僞反下爲有同底音旨朝直遥反下同【疏】注典則至之職○釋曰云典則亦法也者按大宰注典法則所用異異其名也其實典則與法一也故云典則亦法也云六典八法八則冢宰所建以治百官者冢宰職八法云治官府是也云大史又建焉以爲王迎受其治也者鄭言此者欲見大史重掌此三者非是相副貳大宰旣掌此大史迎其治職文書云大史日官也者以其掌厤數故云日官引春秋傳者桓十七年冬十月朔日有食之不書日官失之天子有日官諸侯有日御服氏注云日官日御典厤數者也日官居卿以底日禮也日御不失日以授百官于朝服注云是居卿者使卿居其官以主之重厤數也按鄭注居猶處也言建六典以處六卿之職與服不同服君之意大史雖下大夫使卿來居之治大史之職與堯典云乃命羲和欽若昊天厤象日月星辰是卿掌厤數明周掌厤數亦是日官鄭意以五帝殊時三王異世文質不等故設官不同五帝之時使卿掌厤數至周使下大夫爲之故云建六典處六卿之職以解之

凡辨灋者攷焉不信者刑之謂邦國官府都鄙以法爭訟來正之者○攷音考爭爭鬬之爭

凡辨至刑之○釋曰按上文大史既受邦國官府都鄙治職文書其三者之内有爭訟來正之者大史觀其辨法得理考之不信者刑之者事理妄冒不信者刑罰之○注謂邦至之者○釋曰鄭知此事是邦國官府都鄙者以其文承上文三者之下故知之

凡邦國都鄙及萬民之有約劑者藏焉以貳六官六官之所登約劑要盟之載辭及券書也貳猶副也藏法與約劑之書以爲六官之副其有後事六官又登焉【疏】凡邦至所登○釋曰上文邦國官府都鄙三者俱充此約不言官府者此舉邦國都鄙及萬民在外者而言其實官府約劑亦藏之云以貳六官者六官各有一通此大史亦副寫一通故云以貳六官云六官之所登者約劑相續不絕在後六官更有約劑皆副寫一通上於大史以藏之○注約劑至登焉○釋曰鄭知約劑要盟之載辭及券書者按司盟凡邦國有疑會同則掌其盟約之載故知約劑中有盟要之載辭言及券書者此經萬民約劑無盟要載辭惟有券書故別言券書鄭知所藏之中有法者按司盟云掌盟載之法下又云及其禮儀北面詔明神此既掌辭明并法亦藏之

若約劑亂則辟灋不信者刑之謂抵冒盟誓者辟法者考按讀其然不○辟婢亦反劉芳益反注同抵丁禮反【疏】若約至刑之○釋曰盟誓要辭藏在府庫在後抵冒其事不依要辭謂之約劑亂也則辟法者辟開也法則約劑也則爲之開府庫考按其然否不信者不依約劑與之刑罪故云不信者刑之

周禮疏二十六　十三

正歲年以序事頒之于官府及都鄙中數曰歲朔數曰年中朔大小不齊正之以閏若今時作厤日矣定四時以次序授民時之事春秋傳曰閏以正時時以作事事以厚生生民之本於是乎在○數所主反下同【疏】正歲至都鄙○釋曰云正歲年者謂造厤正歲年以閏則四時有次序依厤授民以事故云以序事也云頒之于官府及都鄙者官府據在朝都鄙據三等采地先近及遠故先言官府次言都鄙下乃言邦國○注中數至乎在○釋曰云中數曰歲朔數曰年者一年之内有二十四氣正月立春節啓蟄中二月雨水節春分中三月淸明節穀雨中四月立夏節小滿中五月芒種節夏至中六月小暑節大暑中七月立秋節處暑中八月白露節秋分中九月寒露節霜降中十月立冬節小雪中十一月大雪節冬至中十二月小寒節大寒中皆節氣在前中氣在後節氣一名朔氣朔氣在晦則後月閏中氣在朔則前月閏節氣有入前

月法中氣無入前月法中氣市則爲歲朔氣市則爲年假令十二月中氣在晦則閏十二月十六日得後正月立春節此即朔數日年至後年正月一日得啓蟄中此中氣市此即是中數曰歲云中朔大小不齊正之以閏者周天三百六十五度四分度之一日一日行一度月一日行十三度十九分度之七二十四氣通閏分之一氣得十五日二十四氣分得二百六十度仍有五度四分度之一度更分爲三十二五度爲百六十四分度之一者又分爲八分通前爲百六十八分二十四氣分之氣得七分若然二十四氣有十五日七分五氣得三十五分取三十二分爲一日餘三分推入後氣即有十六日氣者十五日七分者故云中朔大小不齊正之以閏者月有大小一年三百五十四日而已自餘仍有十一日是以三十三月已後中氣在晦不置閏則中氣入後月故須置閏以補之故云正之以閏是以云若今時作厤日矣云定四時以次序者堯典以閏月定四時解經中序故云定四時以次序云授民時之事者亦取堯典敬授民時解經中事春秋傳曰者文公六年冬閏月不告朔非禮也閏以正時時以作事事以厚生生民之道於是乎在不告閏朔棄時正也何以爲民彼譏文公不告閏朔引之者證閏歲年之事也

頒告朔于邦國天子頒朔于諸侯諸侯藏之祖廟至朔朝于廟告而受行之鄭司農云頒讀爲班班布也以十二月朔布告天下諸侯故春秋傳曰不書日官失之也〔疏〕注天子至之也○釋曰鄭云天子班朔於諸侯諸侯藏之於祖廟者按禮記玉藻諸侯皮弁聽朔於大祖大祖即祖廟也至朔朝於廟告而受行之者諸侯約天子故縣之於中門帀日斂之藏之於祖廟日月用羊告而受行之此經及論語稱告朔玉藻謂之聽朔春秋謂之視朔視朔者人君入廟視之告者使有司讀祝以言之聽者聽治一月政令所從言之異耳鄭司農云以十二月朔布告天下諸侯者言朔者以十二月厤及政令若月令之書但以受行號之爲朔故春秋傳曰者還是桓十七年傳文春秋之義天子班厤於諸侯日食書日不班厤於諸侯則不書日其不書日者猶天子日官失之不班厤引之證經天子有班告朔之事

閏月詔王居門終月門謂路寢門也鄭司農云月令十二月分在青陽明堂總章玄堂左右之位惟閏月無所居居于門故於文王在門謂之閏〔疏〕閏月至終月○釋曰明堂路寢及宗廟皆有五室十二堂四門十二月聽朔於十二堂閏月各於時之門故大史詔告王居路寢門若在明堂告事之時立行祭禮無居坐之處若在路寢堂與門聽事之時各居一月故立居門終月。注門謂至之閏○釋曰鄭知此經門是路寢門者按玉藻云閏月則闔門左扉立於其中不云居又不云終月此經言居門終月故知此寢門先鄭云月令十二月據月令而言按月令是秦時書明堂路寢有九室大室在中央四角各有二堂隅之爲个堂大室正東之堂謂之青陽正南之堂謂之明堂正西之堂謂之總章正北之堂謂之玄堂云左右之位者青陽之堂總章玄堂各有左右之位月令謂之左右个故月令孟春云青陽左个仲春居青陽季春云居青陽右个孟夏云明堂左个仲夏居明堂季夏云居明堂右个孟秋云居總章左个仲秋居總章季秋云居總章右个孟冬居玄堂左个仲冬居玄堂季冬居玄堂右个月令皆云居故鄭以大寢解之是以先鄭引之證此大寢之禮云惟閏月無所居居於門者以其十二月居十二堂故云閏月無所居居於門云故於文王在門謂之閏者解閏字之意以閏月王在門中故制文字亦王在門中謂之閏也

大祭祀與執事卜日執事大卜之屬與之者當視墨〔疏〕注執事至視墨○釋曰知執事大卜之屬者大卜掌卜事故知執事是大卜言之屬者兼有卜師及卜人知當視墨者按占人云君占體大夫占色史占墨卜人占坼彼言史者即此大史故知當視墨

戒及宿之日與羣執事讀禮書而協事協合也合謂習録所當共之事也故書協作叶杜子春云叶協也書亦或爲協或爲汁○叶音協汁音執又音協劉子集反〔疏〕戒及至協事○釋曰戒及宿之日者戒謂散齊七日宿謂致齊三日云與羣執事讀禮書而協事者當此二日之時與羣執事預祭之官讀禮書而協事恐事有失錯物有不供故也

祭之日執書以次位常謂校呼之教其所當居之處〔疏〕祭之至位常○釋曰言執書者謂執行祭禮之書若今儀注以次位常者各居所掌位次常者此禮一定常行不改故云常也

辨事者攷焉不信者誅之謂抵冒其職事〔疏〕注謂抵冒其職事○釋曰此謂助祭之人大史掌禮知行事得失所行依注謂之事則與人考焉抵冒職事詐欺不信者刑誅之

大會同朝覲以書協禮事亦先習録之也〔疏〕大會同朝至禮事○釋曰天子與諸侯不録

及將幣之日執書以詔王將送也詔王告王以禮事〔疏〕及將至詔王○釋曰將幣之日者則上經所書會同之事至此

得朝覲之時則有三享之禮將送也幣謂璧帛之等故云將幣之日云執書以詔王者王與諸侯行禮之時大史執禮書以告王使不錯誤

大師抱天時與大師同車 鄭司農云大出師則大史主抱式以知天時處吉凶史官主知天道故國語曰吾非瞽史焉知天道春秋傳曰楚有雲如衆赤鳥夾日以飛楚子使問諸周大史大史主天道玄謂瞽即大師大師瞽官之長○大音泰注同式劉音勑今俗音如字焉於虔反夾古洽反劉古協反

疏 大師至同車○釋曰云大師者大起軍師也云抱天時者大史知天道天時謂天文見時候者史抱此天時與大師瞽人知天道者同在一車之上共察天文故同車也○注鄭司至之長○釋曰先鄭云大出師則大史主抱式以知天時處吉凶者云抱式者據當時占文謂之式以其見時候有法式故謂載天文者爲式知天時處吉凶者候天時知吉凶以告王故云處吉凶國語者按周語單子謂魯成公吾非瞽史焉知天道春秋傳者在哀六年玄謂瞽即大師者此足先鄭之義周語云瞽者即此經大師一也云大師瞽官之長者按春官瞽人之内立其賢者爲大師之官故云瞽官之長

大遷國抱灋以前 法司空營國之法也抱之以前當先王至知諸位處○先悉薦反

大喪執灋以涖勸防 鄭司農云勸防引六綍

遣之日讀誄 遣謂祖廟之庭大奠將行時也人之道終於此累其行而讀之大師又帥瞽廞之而作謚瞽史知天道使共其事言王之誄謚成於天道○遣弃戰反下同行下孟反

疏 注遣謂至天道○釋曰遣謂大遣奠故以遣謂祖廟之奠云人之道終於此者以其未葬已前孝子不忍異於生仍以生禮事之至葬送形而往迎魂而反則以鬼事之故既葬之後當稱謚故誄生時之行而讀之此經誄即累也云大師又帥瞽廞之而作謚者按大師職凡大喪帥瞽而廞作柩謚云言王之誄謚成於天道者按禮記曾子問惟天子稱天以誄之注云以其無尊焉彼又引公羊傳制謚於南郊瞽史既知天道又於南郊祭天之所稱天以誄之是王之謚成於天道也若然先於南郊制謚乃於遣之日讀之葬後則稱謚

凡喪事攷焉 爲有得失

小喪賜謚 小喪卿大夫也

疏 注小喪卿大夫也○釋曰大史雖賜之謚不讀使小史讀之故小史職云卿大夫之喪賜謚讀誄彼注云其讀誄亦以大史賜謚爲節事相成其卿大夫將作謚之時其子請於君君親爲之制謚謚成使大史將往賜之小史至遣之日往爲讀之知義然者見禮記檀弓云公叔文子卒其子戍請謚於君曰日月有時將葬矣請所以易其名者君曰昔者夫子脩其班制以與四鄰交衞國之社稷不辱不亦文乎是其事也明禮亦當然其諸侯之法按曾子問云賤不誄貴幼不誄長諸侯相誄非禮春秋之世卑謚於尊不得如禮按曲禮言謚曰類以其象聘問之禮見天子乃使大史賜之謚小史不讀之以其諸侯自有史若然此直言小喪賜之謚則三公諸侯亦在焉

凡射事飾中舍筭執其禮事 舍讀曰釋鄭司農云中所以盛筭也玄謂設筭於中以待射時而取之中則盛之即射禮曰君國中射則皮豎中於郊則閭中於竟則虎中大夫兕中士鹿中天子之中未聞○舍音釋盛音成中丁仲反竟音境

疏 凡射至禮事○釋曰言凡射事者則大射賓射燕射之等皆使大史爲此三事飾中者謂飾治使絜靜舍筭者射有三番第一番三耦射不釋筭第二第三番射乃釋筭執其禮事者大史主禮者天子諸侯射先行燕禮後乃射其中禮事皆大史掌之○注舍讀至未聞○釋曰先鄭云中所以盛筭也者司農之意所有射筭皆盛於中故後鄭不從玄謂設筭於中以待射時而取之中則釋之者按鄉射大射筭皆於中西設八筭於中内偶升將射大史取中之八筭執之待射中則更設於

中待第二耦射第三耦已下皆然鄉射禮曰已下是鄉射記文云君國中射皮豎中者謂燕禮在寢則以皮豎獸形爲中云於郊則閭中者謂大學之射云於竟則虎中者謂與鄰國君射也云大夫兕中士鹿中者大夫士各一中故大夫以兕獸爲中士以鹿獸爲中云天子之中未聞者經記不言故也

小史掌邦國之志奠繫世辨昭穆若有事則詔王之忌諱 鄭司農云志謂記也春秋傳所謂周志國語所謂鄭書之屬是也史官主書故韓宣子聘于魯觀書大史氏繫世謂帝繫世本之屬是也小史主定之瞽矇諷誦之先王死日爲忌名爲諱故書奠爲帝杜子春云帝當爲奠奠讀爲定書帝亦或爲奠玄謂王有事祈祭於其廟○奠音定繫戸計反下同昭如字或作佋音韶

疏 小史至忌諱○釋曰小史掌邦國之志者邦國連言據諸侯志者記也諸侯國内所有記録之事皆掌之云奠繫世者謂定帝繫世本云辨昭穆者帝繫世本之中皆自有昭穆親疏故須辨之云若有事者謂在廟中有祈祭之事云則詔王之忌諱者謂小史告王以先王之忌諱也○注鄭司至其廟○釋曰古者記識物爲志春秋傳所謂周志者皆是左氏傳敍之

役晉襄公縛秦囚來駒失戈狼瞫取戈斬囚遂爲車右箕之役先軫黜之而立續簡伯其友曰盍死之瞫曰吾未獲死所其友曰吾與汝爲難瞫曰周志有之勇則害上不登於明堂引之者證志爲記識之義也引韓宣子者按昭公二年左氏傳晉韓起來聘觀書於大史氏見易象與魯春秋引之者證史官掌邦國之志此經小史掌志引大史證之者大史史官之長共其事故也云繫世謂帝繫世本之屬是也者天子謂之帝繫諸侯謂之世本云瞽矇諷誦之者按瞽矇職云掌諷誦詩世奠繫鼓琴瑟是也云先王死日爲忌名爲諱者告王當避此二事

大祭祀讀禮灋史以書敘昭穆之俎簋讀禮法者大史與羣執事史此小史也言讀定法者小史敘俎簋以爲節故書簋或爲几鄭司農云几讀爲軌書亦或爲簋古文也大祭祀小史主敘其昭穆以其主定繫世祭祀史主敘其昭穆次其俎簋故齊景公疾欲誅於祝史玄謂俎簋牲與黍稷以書次之挍比之○比毗志反〔疏〕大祭至俎簋○釋曰此言敘昭穆之俎簋則非外神耳則大祭祀惟謂祭宗廟三年一祫之時有尸主兼序昭穆俎簋也○注讀禮至比之○釋曰鄭知讀禮法是大史與羣執事者大史職云大祭祀戒及宿之日與羣執事讀禮書而協事彼云禮

書即此禮法也云言讀禮法者小史敘俎簋以爲節者謂大史讀禮法之時小史則敘昭穆及俎簋當依禮法之節挍比之使不差錯故俎及簋云爲節也齊景公事在昭二十年左氏傳彼傳云公有疾語晏子曰據與款謂寡人能事鬼神故欲誅於祝史是其事也

大喪大賓客大會同大軍旅佐大史凡國事之用禮灋者掌其小事〔疏〕大喪至小事○釋曰此數事皆大史掌之小史得佐之

卿大夫之喪賜謚讀誄其讀誄亦以大史賜謚爲節事相成也〔疏〕注其讀至相成○釋曰按大史云小喪賜謚注云小喪卿大夫之喪注取此文彼不云讀誄今此云卿大夫之喪賜謚讀誄賜謚是大史之事非小史但小史於大史賜謚之時須誄列生時行跡而讀之故云其讀誄亦以大史賜謚爲節云事相成者謚法依誄爲之故云事相成

馮相氏掌十有二歲十有二月十有二辰十日二十有八星之位辨其敘事以會天位

歲謂太歲歲星與日同次之月斗所建之辰樂說說歲星與日常應大歲月建以見然則今厤大歲非此也歲日月辰星宿之位謂方面所在辨其敘事謂若仲春辯秩東作仲夏辯秩南譌仲秋辯秩西成仲冬辯在朔易會天位者合此歲日月辰星宿五者以爲時事之候若今厤日大歲在某月某日某甲朔日直某也國語曰王合位于三五孝經說曰故勑以天期四時節有晚早趣勉趨時無失天位皆由此術云○馮音憑相息亮反會如字注同見賢遍反下皆同譌五和反直音值〔疏〕馮相至天位○釋曰云十有二歲者歲謂太歲左行於地行有十二辰一歲移一辰者也云十有二月者謂斗柄月建一辰十二月而周故云十有二月云十有二辰者謂子丑寅卯之等十有二辰也十日者謂甲乙丙丁之等也云二十八星者東方角亢氐房心尾箕北方斗牛之等爲二十八星也若指星體而言謂之星日月會於其星即名宿亦名辰亦名次亦名房云之位者揔五者皆有位處也云辨其敘事者謂五者皆與人爲候之以爲事業次敘而事得分辨故云辨其序事也云以會天位者五者在天會合而爲候也此謂之五者也○注歲謂至術云○釋曰云歲謂大歲歲星與日同次之月斗所建之辰者此太歲在地與大上歲星相應而行歲星爲陽右行於天一歲移一辰又分前辰爲一

百三十四分而侵一分則一百四十四年跳一辰十二辰帀則揔有千七百二十八年十二跳辰帀以此而計之十二歲一小周謂一年移一辰故也千七百二十八年一大周十二跳帀故也歲左行於地一與歲星跳辰年歲同此則服虔注春秋龍度天門是也以歲星本在東方謂之龍以辰爲天門故以歲日跳度爲龍度天門也云歲星與日同次之月斗所建之辰者以歲星爲陽人之所見大歲爲陰人所不覩既歲星與大歲雖右行左行不同要行度不異故舉歲星以表大歲言歲星與日月次之月一年之中惟於一辰之上會法若元年甲子朔旦冬至日月五星俱起於牽牛之初是歲星與日同次之月十一月斗建子子有大歲至後年歲星移向子上十二月日月會於玄枵十二月斗建丑丑有大歲自此已後皆然引樂說者證太歲在月建之義也云然則今厤大歲非此也者以今厤太歲歲星北辰大歲無跳辰之義非此經太歲者也云歲日月辰星宿之位謂方面所在者此五物皆依四方四面十二辰而見故云方面所在云謂若仲春辨秩東作已下者按尚書皆作平秩不爲辨秩今皆云辨秩據書傳而言辨其平也注引國語者周語文云王合位于三五者按彼武王伐紂之時歲在鶉火月在天駟日在析木之律辰在斗柄星在天元引之者證經五者各於其位

冬

夏致日，春秋致月，以辨四時之叙。冬至日在牽牛，景丈三尺；夏至日在東井，景尺五寸；此長短之極。極則氣至，冬無愆陽，夏無伏陰。春分日在婁，秋分日在角，而月弦於牽牛、東井，亦以其景知氣至不。春秋冬夏氣皆至，則是四時之叙正矣。〈疏〉冬夏至之叙○釋曰：此經欲知人君政之得失之所致，觀日月之景以辨四時之叙，若政教得所，則四時之景依度，若依度，則四時之叙得正矣。必冬夏致日，春秋致月者，以日者實也，故於長短極時致之也；月者闕也，故於長短不極時致之也。○注冬至至正矣○釋曰：鄭知冬至景丈三尺者，按易緯通卦驗云：「冬至日置八神，樹八尺之表，日中視其影，如度者歲美人和，晷不如度者歲惡人僞言，政令之不平。」法神讀如引，言八引者，樹杙於地，四維四中，引繩以正之，故因名之曰引。立表者，先正方面，於視日審矣。「晷進則水，晷退則旱，進尺二寸則月食，退尺二寸則日食。」注云：「晷進謂長於度，日之行黃道外，則晷長，晷長者陰勝，故水；晷短於度者，日之行入進黃道內，故晷短，晷短者陽勝，是以旱。進尺二寸則月食者，月以十二爲數，以勢言之，宜爲月食；退尺二寸則日食者，日之數備于十。晷進爲盈，晷退爲縮。冬至晷長丈三尺。」丞云：所立八尺之表，陰長丈三尺，長之極。彼雖不言夏至尺五寸景，以冬至影長丈三尺反之，致夏惟尺五寸景也。是以鄭注考靈耀云：「日之行，冬至之後漸差向北，夏至之後漸向南，日差大分六，小分四。大分六者，分一寸爲十分；小分四者，分一寸爲十分。一寸千里，則差六百四十里。」按大司徒職云「日至之景，尺有五寸，謂之地中」，從夏至之後差之，至冬至得丈三尺景。又按天文志：春秋分日在婁，而晷中立八尺之表，而晷景長七尺三寸六分。云「極則冬無愆陽，夏無伏陰」者，愆陽伏陰者，昭四年申豐辭，以其德政所致，而四時之景合度，故陰陽和也。云「春分日在婁，秋分日在角，而月弦於牽牛、東井，亦以其景知氣至不」者，按通卦驗云：「夫八卦氣驗常不在望，以入月八日不盡八日候諸卦氣。」注云：「入月八日不盡八日，陰氣得正而平。」以此而言，明致月景亦用此日矣。若然，春分日在婁，其月上弦在東井，圓於角，下弦於牽牛；秋分日在角，上弦於牽牛，圓於婁，下弦東井。故鄭并言弗弦於牽牛、東井，不言圓望，義可知也。此以三月諸星復若不在三月，則未到本位，大判皆以合昏星體在酉而言，以其二月春分婁星昏在酉，秋分角星昏亦在酉，以是推之，皆可知。按天文志云：「月有九行」，云：「黑道二，出黃道北；赤道二，出黃道南；白道二，出黃道西；青道二，正出黃道東。立春春分，月東從青道」云云。然則用之決房中，赤青出陽道，白黑出陰道，月失節度而行，出陽道則旱風，出陰道則雨。此云九行，則通數黃道也。進入黃道南別謂之赤道。夏時月在黃道南謂之赤道，進入黃道北謂之黑道，東西自相對。春時月行黃道東謂之青道，進入黃道西謂之白道；秋時月在黃道西謂之白道，進入黃道東謂之青道。此皆不得其正，故日出陽道則旱風，出陰道則雨。若在黃道是其正，亦如日然。故星備云：「明王在上，則日月五星皆乘黃道。」又云黃帝占曰：「天道有三，黃道者，日月五星所乘。」問曰：按鄭駮異義云三光考靈耀書云「日道出于列宿之外萬有餘里」，謂五星則差在其內，何得與日同乘黃道？及問曰：日何得在婁、角、牽牛、東井乎？荅曰：黃道數寬廣，雖差在內，猶不離黃道。或可以上下爲外內。又按天文志云：春秋分日在婁、角，去極中，而晷中立八尺之表，而晷景長七尺三寸六分也。若然，通卦驗云「春秋晷長七尺二寸四分」者，謂晷表有差移，故不同也。

保章氏掌天星，以志星辰日月之變動，以觀天下之遷，辨其吉凶。志，古文識。識，記也。星謂五星，辰日月所會。五星有贏縮圜角，日有薄食暈珥，月有盈虧朓側匿之變。七者右行列舍，天下禍福變移所在皆見焉。○識，音志，又音試，又如字，下同。暈，本又作煇，亦作運，音同。朓，他了反，晦而月見西方。匿，女力反，劉吐則反，朔而月見東方曰側匿，亦名朒。朒，女六反。〈疏〉保章至吉凶○釋曰：上馮相氏掌日月星辰不變依常度者，此官掌日月星辰變動與常不同，以見吉凶之事。○注志古至見焉○釋曰：云「志，古文識。識，記也」者，古之文字少，志意之志與記識之志同，後代自有記識之字，不復以志爲識，故云「志，古文識。識即記也」。云「星謂五星」者，按天文志，謂東方歲，南方熒惑，西方大白，北方辰，中央鎮星。云「辰日月所會」者，左氏傳士文伯對晉侯之辭也。云「五星有贏縮」者，按天文志云：「歲星所在，其國不可以伐人。起舍如前出贏，贏爲客；客晚出爲縮，縮爲主人。故人有言曰：『天下大平，五星循度，亡有逆行，日不蝕朔，月不蝕望。』」云「圜角」者，星備云：「五星更王相休廢，其色不同。王則光芒，相則內實，休則光芒無角不動搖，廢則少光色，順四時，其國皆當也。」又云：「立春歲星王七十二日，其色有白光角芒；土王三月十八日，其色黃而大；休則圓，廢則內虛。立夏熒惑王七十二日，色赤角芒；土王六月十八日，其色黃而大。立秋大白王七十二日，光芒無角；土王九月十八日，其色黃而大。立冬辰星王七十二日，其色白芒角；土王十二月十八日，其色黃而大。星當王相不芒角，其邦大弱，强國取地；大弱，失國亡土也。」云「日有薄蝕暈珥」者，此則視祲職具釋其事也云月有虧盈者此則禮運所云三五而盈三五而闕也云朓側匿之變者按尚書五行傳云晦而月見西方謂之朓朔而月見東方謂之側匿側匿則侯王其肅朓則侯王其舒云七者右行列舍者七謂日月五星皆右行於天留伏順逆以見吉凶故云天下禍福變移所在皆見焉若然經有辰鄭云日月所會直釋辰名不解辰之禍福者但辰與二十八星隨天左行非所以見吉凶已見馮相氏而此言之者星辰是相將之物挾句而言故鄭不釋爲禍福之事也

以星土辨九州之地所封封域皆有分星以觀妖祥星土星所主土也封猶界也鄭司農說星土以春秋傳曰參爲晉星商主大火國語曰歲之所在則我有周之分野之屬是也玄謂大界則曰九州州中諸國中之封域於星亦有分焉其書亡矣堪輿雖有郡國所入度非古數也今其存可言者十二次之分也星紀吳越也玄枵齊也娵訾衛也降婁魯也大梁趙也實沈晉也鶉首秦也鶉火周也鶉尾楚也壽星鄭也大火宋也析木燕也此分野之妖祥主用客星彗孛之氣爲象○分扶問反注同參所林反娵子須反訾子斯反降戶江反彗以歲反又息遂反孛音佩

［疏］以星至妖祥○釋曰此經論北斗及二十八宿所主九州及諸國封域之妖祥所在之事故云以星土也云辨九州之地者據北斗而言云所封封域者據二十八星而說云皆有分星者總解九州及諸國也云以觀妖祥者據星見徵應所在以觀妖祥之事也○注星土至爲象○釋曰先鄭所引春秋傳者按昭元年左氏傳鄭子産云辰爲商星參爲晉星又襄九年左氏傳云辰爲商主大火此所引及國語皆據諸國而言故增成其義并釋九州之土也後鄭云大界則曰九州者此解經九州之地按春秋緯文耀鉤云布度定記分州繫象華岐以龍門積石至三危之野雍州屬魁星大行以東至碣石王屋砥柱冀州屬樞星三河雷澤東至海岱以北兖州青州屬機星蒙山以東至南江會稽震澤徐揚之州屬權星大別以東至雷澤九江荆州屬衡星荆山西南至岷山北嶇鳥鼠梁荆屬開星外方熊耳以至泗水陪尾豫州屬搖星此九州屬北斗星有七州有九但兖青徐揚并屬二州故七星主九州也周之九州差之義亦可知云州中諸國已下別釋經所封封域古黃帝時堪輿亡故其書亡矣云堪輿雖有郡國所入度非古數者謂後代有作堪輿者非古數雖非古數時有可言者故云今其存可言者十二次之分也者但吳越在南齊魯在東今歲星或北或西不依國地所在者此古之受封之日歲星所在之辰國屬焉故也吳越二國同次者亦謂同年度受封故同次也云此分野之妖祥主用客星彗孛之氣爲象者按公羊傳昭十七年冬有星孛于大辰孛者何彗星也何休云孛彗者邪亂之氣埽故置新之象左氏申繻曰彗所有除舊布新如是彗孛一也時爲宋衛陳鄭栽天文志彗長丈二言用客星者彗非位奔實而入他辰者也

以十有二歲之相觀天下之妖祥歲謂太歲歲星與日同次之月斗所建之辰也歲星爲陽右行於天太歲爲陰左行於地十二歲而小周其妖祥之占甘氏歲星經其遺象也鄭司農云大歲所在歲星所居春秋傳曰越得歲而吳伐之必受其凶之屬是也○相息亮反下同

［疏］以十至妖祥○釋曰此經又以太歲以觀妖祥之異耳○注歲謂至是也○釋曰云歲謂大歲者上文已說五星說以文次而推知非歲星故知是在地之太歲也其惟太歲所在以下於上馮相氏釋說鄭恐人不曉故重言之也先鄭云太歲所在歲星所居者亦欲見推太歲之處云歲星所居亦是歲星與日同次之月也太歲所在亦是斗所建之辰下有大歲也云越得歲而吳伐之必受其凶之屬者按昭三十二年夏吳伐越史墨曰不及四十年越其有吳乎越得歲而吳伐之必受其凶按昭十二年蔡復之歲歲在大梁至昭三十二年正應在析木而越得歲者按彼服注歲星在星紀吳越之分野蔡復之歲歲在大梁距此十九年昭十五年有事於武宮之歲龍度天門龍歲星也天門在戌是歲越過故使今年越得歲龍東方宿天德之貴神其在所之國兵必昌向之以兵則凶吳越同次吳先舉兵故凶也或歲星在越分中故云得歲史墨知不及四十年越有吳者以其歲星十二年一周天存亡之數不過三紀三者天地人之數故歲星三周星紀至玄枵哀二十二年越滅吳至此三十八年鄭君之義則不然故春秋志云五星之期各用數有氣者期遠而禍大無氣者期近而禍小吳越以夏周之孟夏建卯仲夏建辰木用事之時木數三木用事則歲星王當從遠期以三乘十二爲三十六歲星復其所而三十七過其次而歲星去矣故伐越亦後至哀二十二年猶三十八年冬十一月丁亥而越滅吳按越與在哀二十年吳惡未周故不滅也此鄭義與服小異大同也按括地象天不足於西此則西爲天門昭十五年歲星正應在鶉首越一次當在鶉火是以昭三十二年得在星紀若然天門不在戌者但龍度天門正應在五月日體在鶉首與歲星同次日沒於戌歲星亦應沒由度戌至酉上見而不沒故云龍度天門

以五雲之物辨吉凶水旱降豐荒之祲象物色

也視日旁雲氣之色降下也知水旱所下之國鄭司農云以二至二分觀雲色青爲蟲白爲喪赤爲兵荒黑爲水黃爲豐故春秋傳曰凡分至啓閉必書雲物爲備故也故曰凡此五物以詔救政【疏】以五至祲象○釋曰物色也此五色之雲以辨吉凶也云水旱降豐荒者水旱降爲荒凶也風雨降爲豐吉也云之祲象者祲謂日旁雲氣以見五色之雲則知吉凶也○注物色至救政○釋曰鄭知視日旁雲氣之色者以其視祲職十者皆視日旁雲氣之色此云祲象故知所視五雲亦視日旁雲氣之色也鄭知水旱所下之國者以其云降明據日旁雲氣則知當十二辰之分野所下之國有豐荒也鄭以二至二分觀雲色者即所引春秋者是云青爲蟲已下蓋據陰陽書得知按僖五年左氏傳云春王正月辛亥朔日南至公既視朔遂登觀臺以望而書禮也凡分至啓閉必書雲物爲備故也注云分春秋分至冬夏至啓立春立夏閉立秋立冬據八節而言也先鄭引下文凡此五物者欲見春秋與此相當故也

以十有二風察天地之和命乖別之妖祥十有二辰皆有風吹其律以知和不其道亡矣春秋襄十八年楚師伐鄭師曠曰吾驟歌北風又歌南風南風不競多死聲楚必無功是時楚師多凍其命乖別審

矣【疏】以十至妖祥○釋曰此一經欲見十二辰順律氣以知妖祥之事○注十有至審矣○釋曰鄭知十二風是十二辰氣爲風者師曠云歌北風南風皆據十二辰之氣爲風故知風即氣也云吹其律以知和不其道亡者鄭亦按師曠吹律而知此氣亦當吹律也今無吹律之法故云其道亡引襄十八年者是時鄭屬晉不復事楚楚師伐之晉爲盟主欲救之故師曠吹律以觀楚強弱按彼服注北風無射夾鍾以北南風沽洗以南云命乖別審矣者以南風弱即知楚無功是其命楚師乖離別審矣按考異郵曰陽立于五極于九五九四十五日變以陰合陽故八卦主八風距同各四十五日艮爲條風震爲明庶風巽爲清明風離爲景風坤爲涼風兌爲閶闔風乾爲不周風坎爲廣莫風按通卦驗云冬至廣莫風十二月大寒小寒皆不云風至立春條風至雨水猛風至二月驚蟄不見風至春分明庶風至清明雷鳴雨下清明風至玄鳥來穀雨不見風立夏清明風至小滿不見風五月芒種不見風大暑不見風立秋涼風至處暑不見風白露不見風秋分涼風至寒露霜降皆不見風立冬不周風至小雪大雪皆不見風如是無十二風何云十二月皆有風乎按通卦驗云三月六月九月十二月皆不見風惟有八以當八卦八節云十一月者則乾之風漸九月坤之風漸八月艮之風漸十二月巽之風漸三月故清明節次云清明風立夏復云清明風是清明風主三月復主四月則其餘四維之風主兩月可知雨水猛風與條風俱在正月則猛風非八卦之風亦不如之

凡此五物者以詔救政訪序事訪謀也見其象則當豫爲之備以詔王救其政且謀今年天時占相所宜次序其事【疏】凡此至序事○釋曰此經揔計上五經文云凡此五物者謂從掌天星以下五經並是已見之物有此五事云詔者詔告也告王改脩德政以備之以救止前之惡政云訪序事者謂事未至者預告王訪謀今年天時占相所宜次敘其事使不失所也

内史掌王之八枋之灋以詔王治一曰爵二曰祿三曰廢四曰置五曰殺六曰生七曰予八曰奪大宰既以詔王内史又居中貳之○柄本又作枋兵病反治直吏反下同【疏】内史至曰奪○釋曰按大宰有誅無殺此有殺無誅者誅與殺相因欲見爲過不止則殺之假令過失已麗於法内之圜土司圜職云掌

收教罷民又云不能改而出圜土者殺之是因過而致殺也八者不與大宰次第同者亦欲見事起無常故不依本也

執國灋及國令之貳以攷政事以逆會計國法六典八法八則【疏】執國法及國令至政事以逆會計○釋曰以内史掌爵祿殺生之事故執國法及國令之貳者國法大宰掌其正國令謂若凡國之政令故亦掌其貳國即句考其政事及會計以知得失善惡而誅賞也○注國法至八則釋曰按太宰則皆訓爲法故知國法中含有六典八法八則也

掌叙事之灋受納訪以詔王聽治叙六叙也納訪納謀於王也六叙六曰以叙聽其情【疏】注叙六至其情釋曰云叙六叙也者按小宰職有六序六序之内云六曰以序聽其情是其聽治之法也

凡命諸侯及孤卿大夫則策命之鄭司農說以春秋傳曰王命内史興父策命晉侯爲侯伯策謂以簡策書王命其文曰王謂叔父敬服王命以綏四國糾逖王慝晉侯三辭從命受策以出○父音甫逖吐歷反慝吐得反【疏】凡命至命之○釋曰周法爵及士餘文更不見命士之法明士亦内史命之不言者以其賤略之也

○注鄭司至以出○釋曰此事見僖二十八年左氏傳以晉文公敗楚於城濮王命爲侯伯之長按曲禮云大國曰伯父州牧曰叔父晉既大國而云叔父者王以州牧之禮命之故也

凡四方之事書内史讀之若今尚書入省事疏凡四至讀之○釋曰言四方之事書者諸侯凡事有書奏白於王内史讀示王○注若今至省事○釋曰漢法奏事讀之故舉以況之也

王制祿則贊爲之以方出之贊爲之爲之辭也鄭司農云以方出之以方版書而出之上農夫食九人其次食八人其次食七人其次食六人下農夫食五人庶人在官者其祿以是爲差諸侯之下士視上農夫祿足以代其耕也中士倍下士上士倍中士下大夫倍上士卿四大夫祿君十卿祿杜子春云方直謂今時牘也玄謂王制曰王之三公視公侯卿視伯大夫視子男元士視附庸○食音似下同牘音獨疏注贊爲至附庸○釋曰先鄭云上農夫已下皆禮記王制文按彼所釋凡地有九等按遂人注有夫有婦乃成家自二人以至十人爲九等則地有上上上中上下中上中中中下下上下中下下若然上地之中有上上之地食十八人上中食九人今言上農夫食九人不言上上食十人者欲取下士食九人祿與上中之地食九人同故據上中已下而言也云其次食八人據上下之地云其次食七人者據中上之地云其次食六人者據中中之地云其次食五人者據中下之地又不言下上之地食四人以下者欲見八人以下至五人有四等當庶人在官者有府史胥徒其祿以是爲差故不言四人以下也若然則府食八人史食七人胥食六人徒食五人故云庶人在官者其祿以是爲差也云諸侯之下士視上農夫祿足以代其耕也者欲見從下士以上祿轉多故以此爲本以增之杜子春云方直謂今時牘也者古時名爲方漢時名爲牘故舉以說之玄謂王制曰已下以先鄭不言者故引之以增成其義欲見此經所云據王臣爲本故先鄭後鄭内外兼見

賞賜亦如之疏賞賜亦如之○釋曰此謂王以恩惠賞賜臣下之祿亦以方書贊爲之辭按司勳職凡賞無常輕重視功功多則多功少則少耳

内史掌書王命遂貳之副寫藏之疏内史至貳○釋曰謂王有詔勑頒之事則當副寫一通藏之以待勘按也

外史掌書外令王令下畿外○下戶嫁反疏注王令下畿外○釋曰經典凡言四方及外者據畿外而言經言外固知王下畿外之命也

掌四方之志志記也謂若魯之春秋晉之乘楚之檮杌○乘繩正反檮徒刀反杌五忽反疏注志記至檮杌○釋曰謂若魯之春秋之等孟子云名春秋者謂四時之書春爲陽之首秋爲陰之先故舉春秋以包四時也云晉謂之乘者春秋爲出軍之法甸方八里出長轂一乘故名春秋爲乘也云楚謂之檮杌者檮杌謂惡獸春秋者直史不避君之善惡事同檮杌故謂春秋爲檮杌也皆是國異故史異名也引之者欲見春秋是記事云與四方之志爲一故也

掌三皇五帝之書楚靈王所謂三墳五典○墳扶云反疏注楚靈至五典○釋曰按孝經緯云三皇無文五帝畫象三王肉刑又世本作云蒼頡造文字蒼頡黃帝之史則文字起於黃帝今此云五帝之書爲可而云三皇之書者三皇雖無文以有文字之後仰錄三皇時事故云掌三皇之書也按昭十二年楚靈王謂左史倚相能讀三墳五典八索九丘彼三墳三皇時書五典五帝之常典八索二王之法九丘九州亡國之戒下有延叔堅馬季長等所說不同惟孔安國尚書序解三墳五典與鄭同以無正文故所解有異

掌達書名于四方謂若堯典禹貢達此名使知之或曰古曰名今曰字使四方知書之文字得能讀之疏注謂若至讀之○釋曰尚書有堯典舜典禹貢之等是書之篇名聘禮記云百名以上書之於策不滿百名書之於方其文字之書名俱是書名此經宜云書名未知何者之書名故鄭兩解之云古曰名今曰字古者之文字少直曰名後代文字多則曰字字者滋也滋益而名故更稱曰字正其名字使四方知而讀之也

若以書使于四方則書其令書王令以授使者○使所吏反注同

附釋音周禮注疏卷第二十六

楚國盧氏宣旬校定

知南昌府張敦仁署鄱陽縣候補知州周澍栞

周禮注疏卷二十六校勘記　阮元撰盧宣旬摘錄

附釋音周禮注疏卷第二十六

喪祝

防謂執披備傾戲　釋文傾戲音虧按賈疏引注作傾虧、

作六軍之執披　浦鏜云之下脫十

下文及朝御匶是也　閩毛本同監本匶作柩

將殯於曲沃　閩監毛本同余本嘉靖本於作于

以御正柩也　毛本同閩監本正誤王下節疏同

未通其記　浦鏜云記當說字誤

發凡則是闕異代　閩監毛本則誤例闕誤闕○按此等㝡見十行本之善

主一人既祖奠徹　補案主下一字誤衍

後言乃載車向外於文到　閩本同監毛本到改倒

以巫祝桃茢執戈　諸本同段玉裁云此及下二茢字當本同上作厲如縫人注改𦅾爲婁之類釋文音上桃厲云記作茢正謂與此注不同也

蓋揜其上而柴其下　閩監毛本柴改棧非此注作棧公羊傳作柴柴亦棧也

掌勝至祠　補祠下當有焉字

甸祝

禱氣埶之十百而多獲　余本岳本同此本及嘉靖本埶訛執今訂正閩監毛本改爲勢

云書亦或爲貉者　閩本同監毛本貉改禡○按禡是也注故作禡疏云毛詩爾雅皆爲此字可證毛本或誤爲

若時征伐　閩監本同誤也余本嘉靖本毛本時作將當據正

今侏大字也　禮說云揚雄國三老箴曰負乘覆餗姦寇侜張侜張猶張大也大元曰修侏侏比于侏儒侏侏長大見言雖長大與侏儒等○按說文無此字當是侜之異體

直以禽祭之　此本及閩本誤者以禽獸之今從監毛本訂正

上經舍奠於祖廟謂出田　浦鏜云時誤田

塗置瓶中　閩本同監毛本瓶誤甀○按毛直誤作甀無此字依醢人注古本則作甀甀說文作䍃小口罌也俗本多改爲瓶字

云今誅大字也者　閩監本同誤也當從毛本作侏大

詛祝

加書于其上也　余本嘉靖本閩本同監毛本于作於是也

鄭司農云載辭以春秋傳曰　監毛本載誤戴按云當作說

司巫

魯僖公欲焚巫尪　余本尪作尫載音義同

舞師謂野人能舞者　按謂當誨字之誤

當按視所施爲　閩監毛本同余本嘉靖本按作案

蒩讀爲鉏　漢讀考作鉏讀爲蒩云經文作鉏杜子春易爲蒩訓爲藉也今本以注改經復以經改注不可通矣

或爲租飽　嘉靖本監毛本同余本閩本租作蒩當據正禮說云飽古文包字天文訓曰酉者飽也任包大也說文包象裹妊故曰任包然則蒩飽者謂以茅包墮祭而藏之也

元言之者　閩監本同誤也余本嘉靖本毛本作互言當訂正

升設於几東席上　浦鏜云升下脫入

凡祭事守瘗　唐石經諸本同毛本事誤祀

是以鄭云有祭事然　按注作若有事然

云祭祀畢即去之者　按祀當作禮

就巫下禓　毛本禓作裼疏中同釋文亦作禓

男巫

以其授號文故二者之下　浦鏜云承誤故

故知此六神皆授之號之　惠挍本無下之

無方無筭　唐石經余本嘉靖本閩本同監毛本筭改算非注及疏及下同○按唐石經宋槧多作筭少作算者

杜子春讀弭如彌兵之彌元謂弭讀爲敉　漢讀考云如當作爲讀爲應作當爲

女巫

凡邦至而請　閩監毛本至下多歌哭二字

則大烖謂旱暵者　浦鏜云者當也訛

注有歌靈也　補案歌下當有至字

大史

曰官居卿以底曰　余本嘉靖本閩監毛本同誤也釋文作底日音旨當據正此本疏中引作底非

故云建六典處六卿之職以解之上　浦鏜云以當在六卿

凡辨灋者攷焉　諸本同唐石經辨作辯誤下辨事者攷焉同

考按讀其然不　毛本同余本岳本嘉靖本挍作案可通閩監本不作否非浦鏜云讀疑衍字按浦鏜誤蓋因疏語有考按其然否之文而誤會耳辟灋者開法讀之也

正月立春節啟蟄中二月雨水節　閩本同監毛本啟蟄雨水互改非○按古厤啟蟄在雨水前不得以後世法改之

氣有十五日　此本及閩本誤十三日今據監毛本訂正

天子頒朔于諸侯　余本閩監毛本同誤也嘉靖本頒作班賈疏引注同凡經文作頒注中多作班○按此亦段玉裁云經用古字注用今字之一證

而日斂之　監本作币日當據正

猶天子日官失之　浦鏜云猶當作由

詔王居門終月　說文王部閏字下云告朔之禮天子居宗廟閏月居門中从王在門中周禮曰閏月王居門中終月引周禮多中字

故月令孟春云青陽左个　云當居字之誤下孟夏同閩本云下剜擠居字監毛本遂排入此引月令十二月原文皆有居無云

仲春居青陽　閩本居上補刻云字下仲夏仲秋孟冬仲冬季冬同

季春云居青陽右个　此云字當衍下季夏孟秋季秋同

卜人占坼　監本坼誤拆

讀禮書而協事　閩本同唐石經余本嘉靖本監毛本協作恊疏中準此嘉靖本注中作恊

或爲汁　余本閩本毛本同嘉靖本監本汁作叶按釋文作爲汁

謂校呼之　毛本校作挍六經正誤云校當作挍考挍之挍從手欄校之校從木

所行依注謂之事　浦鏜云依注當儀注訛

則大師主抱式　釋文抱式劉音勑今俗音如字史記龜策傳援式而起徐廣曰式音勑漢讀考云漢

書王莽傳顏氏家訓式作栻按漢制考引藝文志有羨門式法因學紀聞云史記日者傳旋式正棊唐六典太卜令三式曰雷公太一六壬其局以楓木爲天棗心爲地式皆如字蓋因以木爲之故字又作栻

小史

辨昭穆　唐石經諸本同釋文昭穆或作卲音韶按小宗伯辨廟祧之昭穆葉鈔釋文作之卲音常遙反周禮古文經常並作卲因注中作昭遂據以改經也○按此當是古文假借字卲即說文卩部之卲字也凡從卩字有書作巳者

帝繫世本之中皆自有昭穆親疏　閩監毛本中改上非此本皆字剜擠閩監毛本遂排入

來駒失戈　浦鏜云萊誤來

史以書敘昭穆之俎簋　漢讀考云簋當作軌

讀禮法者大史與羣執事　余本脫讀禮二字

史此小史也　惠校本作此史

言讀禮法者　余本禮作定蓋礼之訛

故書簋或爲几鄭司農云几讀爲軌　漢讀考云當作故書軌或爲九鄭司農云九讀爲軌

書亦或爲簋古文也　漢讀考云或爲下當有軌字句絕簋古文也四字句絕謂此軌字乃簋之古文不徑易九爲軌者簋秦時小篆必從周人作軌也

事相成也　閩監毛本同余本岳本嘉靖本無也按賈疏標起訖云注其讀至相成又疏中引注亦無也字當刪正

馮相氏

辯其敘事以會天位　唐石經余本嘉靖本同閩監毛本辯作辨注及下同監毛本此敘誤序注同

辯秩南譌　葉鈔釋文作南僞余本載音義同此本及閩監本僞字皆剜改蓋本作僞

故以歲日跳度爲龍度天門也　浦鏜云日當星字誤

日月五星俱赴於牽牛之初　閩本同監毛本於改于浦鏜云起誤赴

云歲日月辰星宿之位　閩監毛本作星辰與注乖○按毛本辰星不誤

星在天元　浦鏜云黿誤元

法神讀如引　浦鏜云注誤法因形相近也閩監毛本因改瀍其可笑有如此者

至云所立八尺之表陰長丈三尺　浦鏜云注誤至景誤陰

以冬至影長丈三尺反之　按影當作景上下皆作景

分一寸爲十分分　按下分字不當重

分一寸爲十分　浦鏜云一分誤一寸

故鄭并言井弦於牽牛　閩監本同毛本井作升皆月字之訛

日東從青道云云　浦鏜云月誤日

出陰道則雨　惠校本雨上有陰

何得與日同乘黃道　閩監毛本得誤謂

及問曰　浦鏜云又誤及

保章氏

五星有贏縮圜角　余本贏作羸

月有盈虧朓側匿之變　閩監毛本同此本及閩監本朓誤眺從目今訂正監本疏中亦誤余本嘉靖本盈虧作虧盈此誤倒賈疏引注亦作虧盈

贏爲客客　補案客字誤重

華岐以龍門積石　補案以下當有西字

則大行以東至碣石王屋砥柱　閩本同有則字砥誤蚳　監毛本删則

按昭十二年　浦鏜云三誤二

其在所之國兵必昌　浦鏜云所在字誤倒

有氣者朔遠而禍大　閩本同監毛本遠誤近

天不足於西此　閩監本同毛本西此作西北不誤

南風沽洗以南　閩監毛本沽改姑非

五九四十五且變　惠挍本作五九四十五日一變風此誤并日一作且又脱風

至二驚蟄不見風　毛本二下有月字

亦不如之　惠挍本作亦可知之按上云則其餘四維之風主兩月可知故此云亦可知也

訪序事　唐石經諸本同按序當作敘

則當豫爲之備　余本嘉靖本同閩監毛本豫改預

且謀今年天時占相所宜　閩監毛本同余本嘉靖本年作歲此本年字誤今訂正

內史

掌王之八枋之灋　唐石經諸本同釋文作八柄云本又作枋　按大宰作八柄

執國法及國令至政事以逆會計　閩本同監毛本删作執國至會計

按小宰職有六序　閩監毛本序改敘下二序字同

糾逖王慝　葉鈔釋文作王匿○按此恐匿譌慝是

外史

固知王下畿外之命也　按固蓋因之誤

孟子又　按又爲文之訛

其文字之書名　浦鏜云其當是之訛

此經宜云書名　閩監本同毛本宜作直是也

周禮注疏卷二十六挍勘記終

南昌袁泰開栞

附釋音周禮注疏卷第二十七

鄭氏注　賈公彦疏

御史掌邦國都鄙及萬民之治令以贊冢宰王所以治之令冢宰掌王治○治直吏反注及下凡治同【疏】御史至冢宰○釋曰天官冢宰六典治邦國八則治都鄙及畿内萬民之治今此御史亦掌之以贊佐故同其事

凡治者受灋令焉爲書寫其治之法令來受則授之【疏】凡治至令焉○釋曰言凡語廣謂外内官所有治職者皆御史書王之法令授與受者故言凡以該之也

掌贊書王有命當以書致之則贊爲辭若今尚書作詔文【疏】注王有至詔文○釋曰謂若今出詔勑之書是王有命須下於外其詔勑書則御史贊王爲此書故云掌贊也

凡數從政者自公卿以下至胥徒凡數及其見在空缺者鄭司農讀言掌贊書數書數者經禮三百曲禮三千法度皆在玄以爲不辭故改之云○數所主反見賢遍反【疏】凡數從政者○釋曰自公卿已下至胥徒在王朝者皆是凡數又是從政之人故云凡數從政者也先鄭所云以掌贊書數爲句讀之玄以爲不辭故鄭後云者掌贊書數書數既爲三百三千有何可贊也且書數得爲三百三千下別言從政者有何義意乎故後鄭以爲不辭而改之也

巾車掌公車之政令辨其用與其旗物而等叙之以治其出入公猶官也用謂祀賓之屬旗物太常以下等叙之以封同姓異姓之次叙【疏】巾車至出入○釋曰云公車之政令者以下辨其用及等叙出入皆是政令故先言其揔也出入謂若下文凡車之出入則會之冬官造車訖來入巾車又當出封同姓之等亦是也○注公猶至次序○釋曰云公猶官也者謂若言公似據三公及諸侯若言官則王家皆是故從官也云用謂祀賓之屬者其中仍有朝及田戎之等故言之屬以揔之云太常以下仍有大旂大赤大白大麾之等故云以下云等叙之以封同姓異姓之次叙者周人先同姓次異姓後云四衞蕃國以下故云次序也

王之五路一曰玉路錫樊纓十有再就建大常十有二斿以祀王在焉曰路玉路以玉飾諸末錫馬面當盧刻金爲之所謂鏤錫也樊讀如鞶帶之鞶謂今馬大帶也鄭司農云纓謂當胷士喪禮下篇曰馬纓三就禮家說曰纓當胷以削革爲之三就三重三匝也玄謂纓今馬鞅王路之樊及纓皆以五采罽飾之十二就就成也大常九旗之畫日月者正幅爲縿斿則屬焉○錫音陽樊步干反下同斿音留鞶步干反重直龍反罽居例反縿所御反又所廉反屬音燭【疏】王之至以祀○釋曰云王之五路此言與下爲揔目一曰已下析別言之云以祀者以下諸路皆非祭祀之事則一名外内大小祭祀皆用此一路而已○注王在至屬焉釋曰言王在焉曰路者謂若路門路寢路車路馬皆稱路故廣言之云王在焉曰路路大也王之所在故以大爲名諸侯亦然左氏義以爲行於道路故以路名之若然門寢之等豈亦行於路乎云玉路以玉飾諸末者凡言玉路金路象路者皆是以玉金象爲飾不可以玉金爲路故知玉金等飾之言諸末者凡車上之材於末頭皆飾之故云諸末也云錫馬面當盧刻金爲之者眉上曰錫故知當額盧按韓奕詩鉤膺鏤錫金稱鏤故知刻金爲之故鄭引詩云所謂鏤錫也彼詩毛傳亦云金鏤其錫鄭箋云眉上曰錫刻金飾之云樊讀如鞶帶之鞶者按易訟卦上九云或錫之鞶帶注云鞶帶佩鞶之帶但易之鞶謂鞶囊即内則云男鞶革是也此鞶謂馬大帶

音字同故讀從之是以鄭即云馬大帶也先鄭云纓謂當胷引士喪禮下篇馬纓以削草爲之賈馬亦云鞶纓馬飾在膺前十有二帀以毛牛尾金塗十二重後鄭皆不從之者以鞶爲馬大帶明纓是夾馬頸故以今馬鞅解之也後鄭云玉路之樊及纓皆以五采罽飾之者按爾雅釋言云氂罽也郭氏云毛氂所以爲罽如是罽染毛爲之鄭必知罽飾之者蓋以今時所見擬之必知用五采者按典瑞云鎮圭繅五采五就則知王者就飾用五采惟有一外傳小采以朝月者用三采耳繅藉五采即云五就則一采一帀爲一就此中樊纓十二就之屬就數雖多亦一采一帀爲一就如玉藻十二就然大常九旗之畫日月者按司常云日月爲常是也云正幅爲縿者爾雅文知斿則屬焉者爾雅云纁帛縿練旒九縿旒用物不同旂又有數明知別屬可知也

金路鉤樊纓九就建大旂以賓同姓以封金路以金飾諸末鉤婁頷之鉤也金路無錫有鉤亦以金爲之其樊及纓以五采罽飾之而九成大旂九旗之畫交龍者以賓以會賓客同姓以封謂王子母弟率以功德出封雖爲侯伯其畫服猶如上公若魯衞之屬其無功德各以親疏食采畿内而已故書鉤爲拘杜子春讀爲鉤○旂其依反賓如字劉沈方刃反頷戸感反率

音律音類反【疏】金路至以封○釋曰上五路云一曰此已下皆不云二曰三曰之等者若據王而言玉路言一曰則金路已下二曰三曰之等可知若據諸侯言之從此金路已下所受得各自為上故此已下畧不言二曰三曰之等也云同姓以封者周人先同姓故得金路賜異姓已下則用象路之等同姓雖尊仍不得玉路玉路以祭祀故不可分賜○注金路至為鉤○釋曰云金路以金飾諸末者亦如玉路所飾也云鉤婁領之鉤也者詩云鉤膺鏤錫鉤迺言膺明鉤在膺前以今驗古明鉤是馬婁領也云金路無錫有鉤者以玉路金路二者相參知之何者玉路云錫金路云鉤明知金路有鉤無錫上得兼下言之則玉路直言錫兼有鉤可知云亦以金為之者錫用金明鉤亦用金為飾也云九成者亦如上一采罽為一成凡九就九成也云大旂九旗之畫交龍者司常職文云以賓以會賓客者按齊右會同賓客前齊車故知以賓是以會賓客至於載主亦同焉故曾子問云天子巡守以遷廟主行載於齊車注云齊車金路若王弔亦乘金路是以士喪禮注云君弔蓋乘象路謂得金路之賜者弔時降一等乘象路明知王有玉路弔時降一等乘金路可知云同姓以封謂王子母弟率以功德出封雖為侯伯其畫服猶如上公若魯衛之屬者周之法二王之後稱公王之同姓例稱侯伯而已若魯衛稱侯鄭稱伯故兼云雖為侯伯也知畫服如上公者典命云上公九命車旗衣服以九為節是上公九命服袞冕又云侯伯七命車旗衣服以七為節則服鷩冕為異姓侯伯若魯衛鄭雖為侯伯則服袞受五百里之封是以明堂位魯侯服袞冕是雖為侯伯服如上公也言此者欲見二王後上公雖是異姓庶姓乘金路今同姓王子母弟以衣服與上公同明乘金路亦同矣云其無功德各以親疏食采畿內而已者天工不可私非其才其無功德不可輒授之以職禮運云天子有田以處其子孫故封之於畿內而已是以司裘云諸侯則共熊侯豹侯是王子母弟封於畿內者也言親疏食采者按載師職家邑任稍地小都任縣地大都任畺地其中非直有公卿大夫食采若親王母弟則與公同食大都百里稍疏者與卿同食小都五十里更疏者與大夫同食二十五里耳故云各以親疏食采畿內而已

象路

朱樊纓七就建大赤以朝異姓以封象路以象飾諸末象路無鉤以朱飾勒而已其樊及纓以五采罽飾之而七成大赤九旗之通帛以朝以日視朝異姓王甥舅○朝直遥反注皆同【疏】注象路至甥舅○釋曰象路以象飾諸末者此所飾亦如玉金矣但用象為異此云象路無鉤以朱飾勒而已者經不云鉤明無鉤經直云先。鄭知以朱飾勒者見下文草路云龍勒明知此朱同為飾勒也云大赤九旗之通帛者司常職文以日視朝者謂於路門外常朝之處乘之此雖據常朝而言至於三朝皆乘之按司常云道車建旞鄭注云道車象路也王以朝夕燕出入乘此象路則建旞若在朝廷大赤也其車則同也云異姓王甥舅者謂先王及今王有舅甥之親若陳國杞國則別於庶姓故乘象路之車也

草路龍勒條纓五就建大白以即戎以封四衛草路鞔之以草而漆之無他飾龍駹也以白黑飾韋雜色為勒條讀為條其樊及纓以條絲飾之而五成不言樊字蓋脫爾以此言條知玉路金路象路飾樊纓皆不用金玉象矣大白殷之旗猶周大赤蓋象正色也即戎謂兵事四衛四方諸侯守衛者蠻服以內○龍如字駹音尨條作條他刀反鞔莫干反【疏】注草路至以內○釋曰云草路鞔之以草而漆之無他飾者自玉路金路象路四者皆以草鞔則冬官云飾車欲侈者也但象路以上更有玉金象為飾謂之他物則得玉金象之名此草路亦用草鞔以無他物飾則名為草路也鄭知駹是白黑飾韋雜色為勒者以繢人云白與黑謂之黼黑白相形之物且下有駹車邊側有黑漆為駹此草路既素又有大白之旗故以白黑駹為雜也云以此言條知玉路金路象路飾樊纓皆不用金玉象矣者上玉路鞶纓十有二就馬氏以為旄牛尾金塗十二重有此嫌故微破之也云大白殷之旗猶周大赤蓋象正色也者明堂位云殷之大白周之大赤相對而言故云猶周大赤周以十一月為正物萌色赤殷以十二月為正物牙色白是象正色無正文故云蓋云即戎謂兵事也者司服兵事韋弁服車服相配俱是即戎故云謂兵事也趙商問巾車職云建大白以即戎注云謂兵事司馬職仲秋辨旗物以治兵王載大常下注云凡班旗物以出軍之旗則如秋不知巾車大白以即戎為在何時荅曰殷之正色者或會事或勞師不親將故建先王之正色異於親自將又按司馬法云章夏以日月上明殷以虎上威周以龍上文不用大常者周雖以日月為常以龍為章故鄭特牲云龍章而設日月又按周本紀武王遂入至紂之死所王射之三發而后下車以輕劒斬紂頭懸於大白之旗不用大常者時未有周禮故武王雖親將猶用大白也云四衛四方諸侯守衛者蠻服以內者此四衛非謂在衛服者以其諸侯非同姓與王無親即是庶姓在四方六服已內衛守王大司馬以要服為蠻服故云蠻服以內也

木路前樊鵠纓建大麾以田以

封蕃國木路不鞔以革漆之而已前讀爲緇翦之翦翦淺黑也木路無龍勒以淺黑飾韋爲樊鵠色飾韋爲纓不言就數飾與革路同大麾不在九旗中以正色言之則黑夏后氏所建田四時田獵蕃國謂九州之外夷服鎮服蕃服杜子春云鵠或爲結○前作翦子踐反鵠戶篤反〔疏〕注木路至爲結○釋曰鄭知木路不鞔以革者以其言木則木上無革可知必知有漆者以其喪車尚有漆者況吉之乘車有漆可知云前讀爲緇翦之翦者讀從既夕文也彼爲加茵用疏布緇翦有幅亦縮二橫三鄭云翦淺也此前亦取淺義故讀從之知木路無龍勒者以經不云勒明降於革路無龍勒可知云大麾不在九旗中者上大白亦不在九旗之中而不言者九旗之中雖無大白仍有雜帛爲物兼在殷正色故此特言之云以正色言之則黑夏后氏所建者此亦以正色言之上文大赤據周大白據殷則此大麾當夏之正色黑故言夏后氏所建也按明堂位有虞氏之旂夏后氏之綏鄭注云有虞氏當言綏夏后氏當言旂若然則夏后氏有旂無綏今此大麾則綏而爲夏后氏所建者彼以前代質後代文差之則綏當有虞氏旂當夏后氏但旌旂皆上有綏夏之旂去旒旐而用之即是綏故以正色推之當夏也云田四時田獵者趙商問巾車職曰建大麾以田注云田四時田獵商按

大司馬職曰四時皆建大常今又云建大麾以田何荅曰麾夏之正色雖習戰春夏尚生其時宜入兵夏本不以兵得天下故建其正色以春田秋冬出兵之時乃建大常故雜問志云四時治兵王自出禮記天子殺則下大綏司馬職王建大常足相參正云蕃國謂九州之外夷服鎮服蕃服者按司馬職要服已內爲九州其外更有三服夷鎮蕃揔而言之皆號蕃國是以此文及大行人謂之蕃國也杜子春云鵠或爲結者按馬氏云前樊結纓謂再重樊纓在前有結在後往往結草以爲堅且飾節良以爲樊纓皆有采就則前與鵠亦可以爲飾而賈氏謂前纓有結其義非今子春爲結後鄭引之在下得通一義故也凡五等諸侯所得路者在國祭祀及朝天子皆乘之但朝天子之時乘至天子館則舍之於館是以覲禮記云偏駕不入王門謂舍之於客館乘墨車龍旂以朝鄭云在旁與已同曰偏若兩諸侯自相朝亦應乘之若齊弔及朝并朝夕燕出入可降一等若在軍皆乘廣車若以田以鄙則乘木路也若五等諸侯親迎皆乘所賜路以其士親迎攝盛乘大夫車則大夫已上尊則尊矣不可更攝盛轉乘在上之車當乘所賜車與祭祀同則王乘玉路可也若然同姓金路無錫韓侯受賜得有鏤錫者正禮雖不得後有功特賜有之也若如鄭注同姓雖爲侯伯畫服如上公得乘金路若爲子男似不得當與異姓同乘象路也異姓象路則降上公以其上公雖庶姓亦乘金路其異姓侯伯子男皆乘象路也言四衛革路者亦謂庶姓侯伯子男蕃國木路者夷狄惟有子男同木路也無問祀賓已下皆乘之

王后之五路重翟錫面朱總厭翟勒面繢總安車彫面鷖總皆有容蓋重翟重翟雉之羽也厭翟次其羽使相迫也勒面謂以如玉龍勒之韋爲當面飾也彫者畫之不龍其韋安車坐乘車凡婦人車皆坐乘故書朱總爲緫鷖或作緊鄭司農云錫馬面錫緫當爲總書亦或爲緫鷖讀爲鳧鷖之鷖鷖緫者靑黑色以繒爲之總著馬勒直兩耳與兩鑣容謂幨車山東謂之裳幃或曰幢容玄謂朱總繢總其施之如鷖總車衡輨亦宜有焉繢畫文也蓋如今小車蓋也皆有容有蓋則重翟厭翟謂蔽也重翟后從王祭祀所乘厭翟后從王賓饗諸侯所乘安車無蔽后朝見於王所乘謂去飾也詩國風碩人曰翟蔽以朝謂諸侯夫人始來乘翟蔽之車以朝見於君盛之也此翟蔽蓋厭翟也然則王后始來乘重翟乎○重直龍反注同總作動反厭於涉反注同繢戶對反鷖烏兮反劉烏計反乘繩證反下皆坐乘同或如字緫戚云檢字林蒼雅及說文皆無此字衆

家亦不見有音者惟昌宗音廢以形聲會意求之實所未了當是廢而不用乎非其音也李兵廢反本或作緫恐是意改也鷖音烏兮反著直畧反鑣表驕反幨昌廉反潼本亦作潼詩注作童皆音同輨劉音管一音胡瞎反蔽劉音弗下及文並同一音必世反見賢遍反下同去起呂反下去弋去毛同〔疏〕王后至容蓋○釋曰言王后之五路亦是揔目之言也凡言翟者皆謂翟鳥之羽以爲兩旁之蔽言重翟者皆二重爲之厭翟者謂相次以其本下有翟車者又不重厭其本也凡言揔者謂以揔爲車馬之飾若婦人之揔亦既繫其本又垂爲飾故皆謂之總也按下翟車尊於安車而進安車在上者以其翟車有幄無蓋安車重翟同無幄而有容蓋故進安車與重厭翟之車同在上也○注重翟至翟乎○釋曰云勒面謂以如王龍勒之韋爲當面飾也者按上龍勒不言面此勒言面則所施之處不同則上言勒者馬之鑾飾皆是不在面此言勒面則在面矣用物則同故鄭引龍勒以釋此也云安車坐乘車凡婦人車皆坐乘者按曲禮上云婦人不立乘是婦人坐乘男子立乘曲禮上大夫七十而致事若不得謝則必賜之几杖乘安車則男子坐乘亦謂之安車也若然則王后五路皆是坐乘獨此得安車之名者以餘者有重翟厭翟翟車輦車之名可稱此無異物之稱故獨得安車之

名也云鷺讀爲鳧鷺之鷺者從毛詩鳧鷺之篇名鷺者取鳥之鷺色青黒爲義如以繒爲之總著馬勒直兩耳與兩鑣者先鄭蓋見當時以況古也云容謂幨車山東謂之裳幃或曰潼容者按昏禮云婦車亦如之有裧注云裧車裳幃周禮謂之容又衞詩云漸車幃裳毛氏亦云童容是容潼容與幨及裳幃爲一物也玄謂朱總纁總其施之如鷺總車衡輨亦宜有焉者後鄭取先鄭總著馬勒直兩耳與兩鑣爲本其於車之衡輨亦宜有焉以其皆是革飾之事故兼施於車也云蓋如今小車蓋也者此舉漢法小車有蓋以況周凡蓋所以表尊亦所以禦雨故三者皆有之也云皆有容有蓋則重翟厭翟謂蔽也者按馬氏等云重翟爲蓋今之羽蓋是也爲有此嫌故微破之若重翟厭翟是蓋何須下文云皆有容蓋乎是以後鄭約下王之喪車五乘皆有蔽明后之車言翟者亦謂蔽也云重翟后從王祭祀所乘者此約王之五路則重翟當王路后無外事惟祭先王先公羣小祀皆乘此重翟也云厭翟后從王賓饗諸侯所乘者按内宰職云賓客之祼獻瑶爵皆贊注云謂王同姓及二王之後王祼賓客亞王而禮賓獻謂王饗燕亞王獻賓也此時后則乘厭翟故云從王賓饗諸侯也不言祼者文畧耳云安車無蔽后朝見於王所乘謂去飾也者以其安車不言翟明無蔽以其朝王質故去飾也引

詩國風碩人曰翟蔽以朝謂諸侯夫人始來乘翟蔽之車以朝見於君盛之也此翟蔽蓋厭翟也者彼是衞侯之夫人當乘厭翟則上公夫人亦厭翟以其王姬下嫁於諸侯車服不繫於其夫下王后一等不得乘重翟則上公與侯伯夫人皆乘厭翟可知若子男夫人可以乘翟車至於祭祀及嫁皆乘之云然則王后始來乘重翟乎者王姬下嫁下后一等及諸侯夫人皆乘厭翟則王后自然始來乘重翟可知若然王之三夫人與三公夫人同乘翟車九嬪與孤妻同乘夏篆二十七世婦與卿妻同乘夏縵女御與大夫妻同乘墨車士之妻攝盛亦乘墨車非嫁攝盛則乘棧車也諸侯已下夫人祭祀賓饗出桑朝君差之皆可知也若然諸侯夫人亦當有安車以朝君也

翟車貝面組總有握

翟車不重不厭以翟飾車之側爾貝面貝飾勒之當面也有握則此無蓋矣如今軿車是也后所乘以出桑。握劉音屋下馬皆作握烏學反沈云劉音非軿薄經反

【疏】翟車至有握。釋曰上言朱總纁總鷺總彼皆以繒爲之今此言組總則以組條爲之總亦施於勒及兩耳兩鑣并車衡輨焉。注翟車至出桑。釋曰翟車不重不厭明以翟飾車之側可知云貝面貝飾勒之當面也者貝水物謂餘泉餘蚳之貝文以飾勒之當面者也云有握則此無蓋矣者但蓋所以禦雨無幄乃施之今既有幄故知無蓋矣云如今軿車是也者漢法軿車無蓋故舉以況之云后所乘以出桑者按月令三月薦鞠衣於先帝又后妃親桑於東郊二者后皆乘此翟車以其告先帝非祀親桑又非大事故知乘翟車也

輦車組輓有翣羽蓋

輦車不言飾后居宫中從容所乘但漆之而已爲輇輪人輓之以行有翣所以禦風塵以羽作小蓋爲翳日也故書翣爲駐杜子春云當爲翣書亦或爲駐。輦本作連音輦組音祖輓音晚翣所甲反從七容反輇市專反翳烏帝反駐毼並音獵駐或音毛

【疏】注輦車至爲駐。釋曰輦車不言飾者以其不言翟又不言面總之等是不言飾也此無所供事直是后居宫中從容所乘車也知漆之者凡古之車器之等皆漆之明此亦有漆也知爲輇輪者按禮記云載以輲車輲車載柩之車則地官蜃車人輓之以行此輦車組輓亦是人輓行者按雜記注引許氏說文解字曰有輻曰輪無輻曰輇則人輓行者皆是無輻曰輇按上雜記注輇崇蓋半乘車之輪乘車高六尺六寸則此當三尺三寸云有翣所以禦風塵者翣即扇也扇所以爲障蔽亦所以禦風塵也云以羽作小蓋爲翳日也者翣既禦風塵明羽蓋所以翳日可知也

王之喪車五乘

木車蒲蔽犬𧜵尾櫜疏飾小服皆疏

木車不漆者鄭司農云蒲蔽謂臝蘭車以蒲爲蔽天子喪服之車漢儀亦然犬𧜵以犬皮爲覆笭故書疏爲揟杜子春讀揟爲沙玄謂蔽車旁禦風塵者犬白犬皮既以皮爲覆笭又以其尾爲戈戟之弢纛布飾二物之側爲之緣若攝服云服讀爲箙小箙刀劒短兵之衣此始遭喪所乘爲君之道尚微備姦臣也書曰以虎賁百人逆子釗亦爲備焉。乘繩證反𧜵莫歷反櫜沈音羔劉姑道反臝魯火反劉又音果笭力丁反劉又音泠揟本又作偦同思如反弢吐刀反緣悅絹反下同箙音服賁音奔釗古堯反又音昭

【疏】注木車至備焉。釋曰云木車不漆者喪中無飾後至禫乃漆之此明木車及下素車等皆未漆也若然上王之木路鄭注云不革輓漆之而已彼亦稱木而有漆者彼此各有所對上文木路對革路有革又有漆則木路漆之而已據吉時言耳此木路對禫始有漆明此木路不漆飾指木體而言也先鄭云謂臝蘭車者此舉漢時有臝長蘭乘不善之車故舉以說之也云犬𧜵以犬皮爲覆笭者古者男子立乘須馮軾軾上須皮覆之故云犬𧜵子春讀揟爲沙於義無所取故不從也玄謂蔽車旁禦風塵者上文重翟厭翟之等爲蔽皆是禦風塵故知此蔽亦是禦風塵

也云犬白犬皮者以喪無飾明用犬之白者是以士喪記主人乘惡車白狗幦是也云既以皮爲覆笭又以其尾爲戈戟之弢者以經云犬䄉尾櫜明䄉與櫜共用犬櫜則弢也云麤布飾二物之側爲之緣者按喪服齊衰已下皆稱疏禮之通例凡言疏布者皆據大功布而言若然此則以八升布爲二物之緣也云若攝服者按既夕記云貳車白狗攝服注云攝猶緣也狗皮緣服差飾引之者證其二物爲緣之事也小䈰刀劒短兵之衣者此小䈰即既夕記云主人乘惡車白狗幦蒲蔽犬服鄭彼注云笭間兵服以犬皮爲之是也云此始遭喪所乘者此喪車五乘貴賤皆同乘之是以士喪禮主人乘惡車鄭注引雜記曰端衰喪車皆無等然則此惡車王喪之木車也是其尊卑同也云爲君之道尚微備姦臣也者按士喪有大服則此小服亦是其常今言爲君之道尚微備姦臣者此言非爲小兵服以戈戟人君乃有之然則備姦臣爲尾櫜戈戟而言也引書曰者顧命文彼以成王崩子釗康王也康王常在尸所以爲適子故使康王出鄉門外以虎賁百人更以大子之禮迎之别於庶子必用虎賁備姦臣引之者證人君有戈戟亦是備姦臣○

素車棼蔽犬䄉素飾小服皆素素車以白土堊車也棼讀爲蕡蕡麻以爲蔽其䄉服以素繒爲緣此卒哭所乘爲君之道益著在車可以去戈戟○棼扶云反堊烏路反又烏洛反蕡扶文反

【疏】注素車至戈戟○釋曰鄭知素車以白土堊者以上有木車下有漆車中有駹藻素三者非漆非木皆以所飾爲名明素是白土飾之也爾雅釋宫云地謂之黝牆謂之堊堊謂以白土爲飾則此素車亦白土爲飾可知云棼讀爲蕡蕡麻者棼字非所以飾物之事故破棼爲蕡義取用麻爲蔽之意云其䄉服以素繒爲緣者禮之通例素有二種其義有色飾者以素爲白土義有以繒爲飾者卽以素爲繒故鄭釋二素以白繒别釋之也云此卒哭所乘者按士虞禮卒哭丈夫説經帶于廟門外婦人説首經不説帶是卒哭變服變服即易車按喪服大功章注云凡天子諸侯卿大夫既虞士卒哭而受服此鄭云卒哭據士而言也云爲君之道益著在車可以去戈戟者以經不云尾櫜明去戈戟故爲此解也○

藻車藻蔽鹿淺䄉革飾故書藻作䡔杜子春䡔讀爲華藻之藻直謂華藻也玄謂藻水草蒼色以蒼土堊車以蒼繒爲蔽也鹿淺䄉以鹿夏皮爲覆笭又以所治去毛者緣之此既練所乘○䡔音揔又音藻李一音倉會反

【疏】注故書至所乘○釋曰後鄭云藻水草者就足子春藻爲華藻也鄭爲蒼色者上文素車爲白色下文駹車邊側有漆差之此當蒼色且藻之水草見爲蒼玄色也云鹿淺䄉以鹿夏皮爲覆笭者夏時鹿毛新生爲淺毛故鄭云鹿夏皮爲覆笭也云又以所治去毛者緣之者以經云革飾皮去毛曰革故以去毛言之云此既練所乘者王喪十三月練是變除之節故知此卽既練所乘也○

駹車雚蔽然䄉髤飾故書駹作龍髤爲軟杜子春云龍讀爲駹軟讀爲桼垸之桼直謂髤桼也玄謂駹車邊側有漆飾也雚細葦席也以爲蔽者漆則成藩卽吉也然果然也髤赤多黑少之色韋也此大祥所乘○雚音丸髤香求反軟音次桼音七垸胡翫反

【疏】注故書至所乘○釋曰故書駹作龍上文龍勒後鄭以破龍爲白黑之色故此注從子春爲駹髤爲軟於義無所取故不從子春以軟爲漆亦不從也後鄭知駹爲邊側之飾者以下文漆車全有漆則此時未全爲漆故知駹是邊側少有漆也云漆則成藩者下文藩蔽者因此舊蔽而漆之則藩者以此爲本故云漆則成藩也云然果然也者果然獸名是以賈氏亦云然獸名也云髤赤多黑少之色韋也知色如此者按下注雀黑多赤少故知此髤是赤多黑少者也云此大祥所乘者以二十五月大祥除服之飾故知此車是大祥所乘也

漆車藩蔽豻䄉雀飾漆車黑車也藩今時小車藩漆席以爲之豻胡犬雀黑多赤少之色韋也此禫所乘○豻五旦反禫直感反○

【疏】注漆車至所乘○釋曰知漆是黑者凡漆不言色者皆黑且大夫所乘黑車及篆縵之飾直得黑名是凡車皆黑漆也鄭知漆席以爲之者以其席卽上文雀上注云漆卽成藩是也云豻胡犬者謂胡地之野犬或作狐字者謂狐與犬合所生之犬也云雀黑多赤少之色韋也者鄭以目驗雀頭黑多赤少雀即緅也此禫所乘者以二十七月釋祥之節素縞麻衣而服禫服朝服綅冠故知當禫所乘也按下文大夫乘墨車士乘棧車皆吉時所乘之車既言天子至士喪車五乘尊卑等則大夫士禫亦得乘漆車所以大夫士禫卽乘漆車與吉同者禮窮則同也

服車五乘孤乘夏篆卿乘夏縵大夫乘墨車士乘棧車庶人乘役車服車服事者之車故書夏篆爲夏緣鄭司農云夏赤也緣緣色或曰夏篆篆讀爲圭瑑之瑑夏篆轂有約也玄謂夏篆五采畫轂約也夏縵亦五采畫無瑑爾墨車不畫也棧車不革鞔而漆之役車方箱可載任器以共役○篆音瑑直轉反縵莫干反棧才産反又仕板反約如字又於皃反下同箱息羊反

【疏】注服至共役○釋曰云服車服事者

之車者其孤卿以下皆是輔佐之臣服事於上故以服事之車解之也先鄭云夏赤也緣緣色後鄭不從者夏翟是采五采備乃爲夏而以夏爲赤而從古書篆爲色於義不可故後鄭解之以夏爲五采也云或曰夏篆篆讀爲圭瑑之瑑者以篆爲轂約後鄭從之云夏縵亦五采畫無瑑爾者言縵者亦如縵帛無文章故云無瑑也以其篆爲轂約則言縵者無約也云墨車不畫也者言墨漆革車而已故知不畫也棧車不革輓而漆之者此則冬官棧車欲弇恐有坼壞是不革輓者也此已上尋常所乘若親迎則士有攝盛故士昏禮主人乘墨車婦車亦如之有裧爲異耳王后別見車五乘此卿孤已下不見婦人車者婦人與夫同故昏禮云婦車亦如之但大夫以上尊則尊矣親迎不假攝盛轉乘上車也知士車有漆飾者按唐傳云古之帝王必有命民於其君得命然後得乘飾車駢馬衣文駢錦注云飾漆之駢併也是其事云役車方箱可載任器以共役者庶人以力役爲事故名車爲役車知方箱者按冬官乘車田車橫廣前後短大車柏車羊車皆方故知庶人役車亦方箱是以唐傳云庶人木車單馬衣布帛此役車亦名棧車以其同無革輓故也是以何草不黄詩云有棧之車行彼周道注云棧車役車是也

凡良車散車不在等者其用

無常 給遊燕及恩惠之賜不在等者謂若今輜車後戶之屬作之有功有沽○散素旱反輜側其反沽音古○

疏 凡良至無常○釋曰云凡者以其衆多故也此良車散車二者皆不在於服車五乘之等列作之有精麤故有良散之名○注給遊至有沽○釋曰云給遊燕及恩惠之賜者君臣遊燕歡樂或有賜言及恩惠之賜雖非遊燕君於臣有恩好而惠及之者亦有賜此釋經其用無常云不在等者謂若今輜車後戶之屬者漢時輜車與古者從軍所載輜重財貨之車皆車後開戶故舉以説之云作之有功有沽者釋經良車散車精作爲功則曰良麤作爲沽則曰散也

凡車之出入歲終則會之 計其完敗多少

疏 凡車至會之○釋曰車之出謂出給官用車之入謂用罷歸官於當時録爲簿帳至歲終則捴會計完敗多少以入計會也○

凡賜闕之 完敗不計

疏 注完敗不計○釋曰以其賜人以後完敗隨彼受賜之人在官不復須知故闕之不計會

毀折入齎于職幣 計所傷敗入其直杜子春云齎讀爲資資謂財也乘官車毀折者入財以償繕治之直○齎音咨償時讓反

疏 注計所至之直○釋曰謂乘官車者毀損有折壞其車不堪乘用者或全輸價直入官或計所損處酬其價直入官皆入其資資即貨物也以此貨物入於職幣職幣主受給官物所用之餘此之財物亦授之職幣既得此物還與冬官繕治之故鄭云以償繕治之直也

大喪飾遺車遂廞之行之 廞興也謂陳駕之行之使人以次舉之以如墓也遺車一曰鸞車○遺弃戰反注同

疏 大喪至行之○釋曰大喪謂王喪遺車謂將葬遺送之車入壙者也言飾者還以金象革飾之如生存之車但麤小爲之耳○注廞興至鸞車○釋曰後鄭訓廞爲興即言謂陳駕之者解廞爲陳駕也按下車僕云大喪廞革車彼廞謂作之此文既言飾遺車已是作更言遂廞之故以陳駕解廞也云行之使人以次舉之以如墓也者按檀弓云諸侯大牢苞七个遣車七乘大夫亦大牢苞五个遣車五乘鄭注云諸侯不以命數喪數畧天子當大牢苞九个遣車九乘此時當在朝廟之時於始祖廟陳器之明旦大遣奠之後則使人以次抗舉人各執其一以如墓也云遣車一曰鸞車者按冢人云及葬言鸞車象人是名遣車爲鸞車以其遣車亦有鸞鈴故也

及葬執蓋從車持旌 從車隨柩路持蓋與旌者王平生時車建旌雨則有蓋今蜃車無蓋執而隨之象生時有也所執者銘旌○從才用反注同

疏 及葬至持旌○釋曰及葬者謂至葬時將向壙云執蓋從車者謂此巾車之官執蓋以隨柩車之後云持旌者亦使巾車之官執持銘旌此在柩車之前而文在下者以執蓋是巾車因言持旌耳非謂持旌亦從車也以車銘旌表柩象殯時在柩前是以既夕禮云祝取銘置于茵注云以重不藏故於此移銘加於茵上若然茵既行時在柩車前明銘旌亦與茵同在柩車前可知也○注從車至銘旌○釋曰云從車隨柩路者鄭欲以經車爲蜃車柩路解之云今蜃車無蓋執而隨之象生時有也者蓋所以表尊亦執而隨之所以禦雨今蜃車既設帷荒不得設蓋是以執而隨柩車雖無用但象生時有也云所執者銘旌者將葬之旌士有二旌大夫已上皆有三旌知者以既夕禮是士禮而有乘車所建旃是攝盛故用孤卿所建通帛之旃也又有銘旌以其士無遣車故無廞旌也大夫以上有乘車所建旌卿已上尊矣無攝盛以尋常所建旌王則大常孤卿建旃大夫亦應攝盛用旃是一也又有廞旌又有銘旌也○

及墓嘑啓關陳車 關墓門也車貳車也士喪禮下篇曰車至道左北面立東上○

疏 注關墓至東上○釋曰鄭知車是貳車者以其遣車在明器之中按既夕陳明器在道東西面此不言明器而別陳東是貳車弓知天子貳車象生時當十二

乘也士喪禮下篇曰者是既夕禮也而言士喪禮下篇者以其士喪禮論初死并在殯之事既夕禮論葬時事既夕之下同有一記記士喪及既夕不備之事揔爲一記故鄭以既夕連士喪而言下篇也此所引者引記彼云車至道左北面立東上者士無貳車惟據乘車道車稾車三乘此王禮亦有此三乘車於後別有貳車十二乘若然則此車非止二車而已鄭直云貳車者舉其士喪禮不見者而言耳

小喪共匶路與其飾柩路載柩車也飾棺飾也〔疏〕注柩路至飾也。釋曰言小喪者上言大喪據王不別言后與世子則此小喪中可以兼之鄭云柩路載柩車也者即蜃車也云飾棺飾也者即帷荒柳翣池組之屬皆是棺之飾

歲時更續共其獘。車故書更續爲受讀杜子春云受當爲更讀當爲續更續更受新共其獘車歸其故獘車也玄謂俱受新耳更易其舊續續其不任用共其獘車巾車既更續之取其獘車共於車人材或有中用之。獘婢世反任音壬注同〔疏〕注故書至用之。釋曰言歲時更續者謂一歲四時皆有受官車更謂車雖未破日月已久舊壞者更易以新者續謂雖未經久其有破壞不中用者復以新車續之云共其獘車者此言爲二者而設以其既易續以新車其本或舊

或壞皆是獘車巾車受取以共冬官車人耳子春以爲更續謂更受新若然則更續共爲一事不當經旨故後鄭不從也云共其獘車歸其故獘車者此言亦不從也後鄭以爲俱受新者謂更與續二者於彼用車之人俱受其新車也云更易其舊者釋更也云續續其不任用者別釋續也云共於車人者此巾車不專主車人所造大車柏車而已兼主輪人輿人所造乘車兵車而云共車人者則車人謂造車之人兼輪人輿人等造車人也

大祭祀鳴鈴以應雞人雞人主呼旦鳴鈴以和之聲且警衆必使鳴鈴者車有和鸞相應和之象故書鈴或作軨杜子春云當爲鈴。和胡卧反下應和同警音景軨音零劉音領〔疏〕注雞人至爲鈴。釋曰云雞人主呼旦雞人職文按韓詩云升車則馬動馬動則鸞鳴鸞鳴則和應是車有和鸞相應之象故鳴鈴以應雞人

典路掌王及后之五路辨其名物與其用說用謂將有朝祀之事而駕之鄭司農云說謂舍車也春秋傳曰雞鳴而駕日中而說用謂所宜用。說書銳反注及下駕說并注同朝直遥反下同〔疏〕典路至用說。釋曰上巾車已主王后之五路今此又掌之者以其冬官造得車訖

以授巾車飾以玉金象之等其王及后所乘者又入典路別掌之。注用謂至宜用。釋曰此經雖不言所用之處典路所掌還依巾車朝祀所用故鄭依巾車而言也先鄭所引春秋者在左氏傳宣十二年楚與晉戰於邲之事云用謂所宜用者還是朝祀之等也

若有大祭祀則出路贊駕說出路王當乘之贊駕說贊僕與趣馬也。趣倉口反〔疏〕注出路至馬也。釋曰按上巾車玉路以祀此云若有大祭祀則出路鄭云王當乘之惟出玉路也按下文大喪大賓客亦如之注云亦出路當陳之不言王乘之者以此惟云大祭祀則出路據王所乘之亦當陳之爲華國下注曰當陳之謂陳之以華國亦有當乘之法但大賓客王乘金路也其大喪則無乘吉時路故注爲陳之而說也知贊僕與趣馬者夏官大馭戎僕齊僕之等及趣馬之官主駕說故知所贊駕說者贊僕與趣馬也

大喪大賓客亦如之亦出路當陳之鄭司農說以書顧命曰成王崩康王既陳先王寶器又曰大路在賓階面贊路在阼階面先路在左塾之前次路在右塾之前漢朝上計律陳屬車於庭故曰大喪大賓客亦如之。贊章銳反又作綴張衛反塾音孰上時掌反屬音燭〔疏〕注亦出至如之釋曰先鄭引顧

命云康王既陳先王寶器者按彼上文云陳寶及列玉五重大訓之等乃陳車乘故云既陳先王寶器云又曰大路在賓階面注云大路玉路云贊路在阼階面注云贊次次在玉路後謂玉路之貳也云先路在左塾之前注云先路象路在門側之堂謂之塾謂在路門內之西北面與玉路相對也云次路在有塾之前注云象路之貳與玉路之乙相對在門內之東北面云漢朝上計律陳屬車於庭者漢朝集使上計律法謂上計會之法禮記射義注亦謂之計然大祭祀亦陳車乘但古典無陳列之事故不引之也

凡會同軍旅弔于四方以路從王出於事無常王乘一路典路以其餘路從行亦以華國。從才用反注及下注同〔疏〕注王出至華國。釋曰鄭云王出於事無常王乘一路典路以其餘路從行者按經會同軍旅及弔有三事則是衣裳之會及弔王乘金路兵車之會及軍旅王乘革路是王出於事無常也王雖乘一路典路以其餘路皆從惟玉路祭祀之車尊不出其餘皆出以華國也

車僕掌戎路之萃廣車之萃闕車之萃苹車之萃輕車之萃萃猶副也此五者皆兵車所謂五戎也戎路王在軍所乘也廣車橫陳之車也

闕車所用補闕之車也苹猶屏也所用對敵自蔽隱之車也輕車所用馳敵致師之車也春秋傳曰公喪戎路又曰其君之戎分爲二廣則諸侯戎路廣車也又曰帥斿闕四十乘孫子八陳有苹車之陳又曰馳車千乘五者之制及萃數未盡聞也書曰武王戎車三百兩故書苹作平杜子春云苹車當爲軿車其字當爲苹書亦或爲萃○萃七内反下及注同廣古曠反注同苹薄輕反又薄田反輕遣政反注同陳直刃反下同屏并領反又薄經反喪息浪反十乘繩證反下千乘車同軿薄經反【疏】注苹猶至爲萃○釋曰云此五者皆兵車者以其廣闕之等皆在軍所用故知皆兵車云所謂五戎也者凡言所謂者謂他成文檢諸文不見更有五兵車爲五戎之文惟有月令季秋云以習五戎鄭彼注以五戎爲弓矢殳矛戈戟不爲五兵車解之則未知鄭所謂五戎者所謂何文或可鄭解彼五戎或爲此五兵解之以五戎之事無正文故鄭兩解之也云戎路王在軍所乘也者此言戎路則巾車所云革路即戎路故知戎路是王在軍所乘也若然此車僕惟掌五戎之萃其五戎之正不言所掌者巾車雖掌正戎之一其下四戎之正亦巾車掌之矣其廣車闕車苹輕四者所解無正文皆鄭據字以意釋之也云春秋傳者是莊九年齊魯戰於乾時我師敗績公喪戎路傳乘而歸又曰下是宣十二年楚與晉戰於邲楚子爲乘廣三十乘分爲左右右廣雞鳴而駕日中而說左則受之日入而說楚子使潘黨率游闕四十乘從唐侯爲左拒欒武子曰楚其君之戎分爲二廣是也云則諸侯戎路廣車也者以時楚雖僭號其兵車仍號爲廣故知餘諸侯兵車。爲之避天子不得以戎路也云又曰帥遊闕四十乘者即是潘黨所帥者也云孫子八陳有苹車之陳者是孫子兵法有此言也云又曰馳車千乘者亦是兵書之言引之以證廣闕苹輕爲兵車之義也云五者之制及萃數未盡聞也者言未盡聞則亦有聞者其游闕四十乘及馳車千乘并戎車三百兩等畧得少聞之其餘未聞故云未盡聞也書曰者是牧誓武王伐紂戰於牧野之事也

凡師共革車各以其萃 五戎者共其一以爲王優尊者所乘也而萃各從其元焉【疏】注五戎至元焉○釋曰知戎惟共其一者按巾車王所乘惟革路而已即此上文戎路是也是王惟乘一路耳今此經不云革路摠云共革車則革車之言所含者多五戎皆是則王雖乘一路四路皆從是優尊。所乘也云而萃各從其元者元即五戎車之下皆云之萃明萃皆從其元可知

會同亦如之 巡守及兵車之會則王乘戎路乘車之會王雖乘金路猶共以從不失備也

【疏】注巡守至備也○釋曰鄭知巡守及兵車之會王乘戎路者以戎僕云掌馭戎車凡巡守及兵車之會亦如之云乘車之會王雖乘金路猶共以從不失備也者上經凡師摠云共革車此文亦云共明無問巡守乘車之會皆從以不失備故也

大喪廞革車 言興革車則遣車不徒戎路廣闕苹輕皆有焉【疏】注言興至有焉○釋曰經不云戎路而云革車亦是五戎之摠名故知不徒戎路廣闕苹輕皆有可知若然王喪遣車九乘除此五乘之外加以金玉象木四者則九乘矣

大射共三乏 鄭司農云乏讀爲匱乏之乏【疏】注鄭司至之乏○釋曰乏之一名容則射人云三獲三容是也以其爲革車用皮其乏亦用皮故因使爲之若然直云大射共乏至於賓射燕射之等則亦使共之矣舉大射尊者而言先鄭讀乏爲匱乏之乏者以其矢於侯匱乏不去故讀從之

司常掌九旗之物名各有屬以待國事日月爲常交龍爲旂通帛爲旜。雜帛爲物熊虎爲旗鳥隼爲旟龜蛇爲旐全羽爲旞析羽爲旌 物名者所畫異物則異名也屬謂徽識也大傳謂之徽號今城門僕射所被及亭長著絳衣皆其舊象通帛謂大赤從周正色無飾雜帛者以帛素飾其側白殷之正色全羽析羽皆五采繫之於旞旌之上所謂注旄於干首也凡九旗之帛皆用絳○旜之然反隼息允反旗音餘旐音兆旞音遂識式志反又音志又昌志反下同被普皮反又皮寄反著丁畧反又直畧反也【疏】注物名至用絳○釋曰鄭云所畫異物則異名也者按九旗之中有旜物旌旞之等不畫異物而鄭所摠云畫異物者鄭據名者而摠言之非謂九旗皆畫異物也云屬謂徽識也者謂在朝在軍所用小旌故以屬言之鄭引大傳者欲見此屬與大傳徽識爲一物則詩所云識文鳥章亦一物引今漢法欲見古有此物遺及漢時也云通帛謂大赤者巾車及明堂位皆明大赤也云從周正色無飾者以周建子物萌色赤今旌旆通體盡用絳之赤帛是用周之正色無他物之飾也云雜帛者以帛素飾其側白殷之正色者殷以建丑爲正物牙色白今用帛素飾其側者明以先王正道佐職故兼用白雜之也云全羽析羽皆五采繫之於旞旌之上者按序官夏采注云夏采夏翟羽色禹貢徐州貢夏翟之羽有虞氏以爲綏後世或無故染鳥羽象而用之謂之夏采若然冬官鍾氏染鳥羽是周法染鳥羽爲五色故鄭云皆五采

羽繫之於旞旌之上云所謂注旄於干首也者言所謂者謂爾雅之文也若然則此旞旌非直有羽亦有旄故鄭引爾雅注旄以證旞旌明其兩有是以干旄詩云孑孑干旄孑孑干旌鄭彼注云周禮孤卿建旃大夫建物首皆注旄焉明干首旄羽皆有之此雖據旞旌旄羽並有至於大常已下首皆有旄羽故衛之臣子雖旃物而有旄羽則大常已下皆有明矣故夏采云乘車建綏復於四郊注綏以旄牛尾爲之綴於橦上王祀四郊乘玉路建大常今以之復去其旒異之於生是其旌首皆有旄之驗也云九旗之帛皆用絳者以周尚赤故爾雅云纁帛縿也按全羽析羽直有羽而無帛而鄭云九旗之帛者據衆有者而言或解以爲旞旌之下亦有旄旒而用絳帛也其旄之下旆似不用絳故爾雅云緇廣充幅長尋曰旐繼旐曰旆詩云白旆央央旆即左氏定四年傳云分康叔以少帛綪茷旆旌是旌旆色異也爾雅別云素錦綢杠素陞龍練旒九彼施於喪葬之旐也

及國之大閱贊司馬頒旗物王建大常諸侯建旂孤卿建旜大夫士建物師都建旗州里建旟縣鄙建旐道車載旞斿車

載旌

仲冬教大閱司馬主其禮自王以下治民者旗畫成物之象王畫日月象天明也諸侯畫交龍一象其升朝一象其下復也孤卿不畫言奉王之政教而已大夫士雜帛言以先王正道佐職也師都六鄉六遂大夫也謂之師都都民所聚也畫熊虎者鄉遂出軍賦象其守猛莫敢犯也州里縣鄙鄉遂之官互約言之鳥隼象其勇捷也龜蛇象其扞難辟害也道車象路也王以朝夕燕出入斿車木路也王以田以鄙全羽析羽五色象其文德也大閱王乘戎路建大常焉玉路金路不出○閱音悅朝直遙反下朝各就同難乃旦反辟音避○

［疏］及國至載旌○釋曰按大司馬仲春教振旅仲夏教茇舍仲秋教治兵仲冬教大閱謂仲冬無事大簡閱軍禮司常主旗物故贊司馬頒物也此九旗發首雖捴爲大閱而言其道車載旞游車載旌非爲軍事也○注仲冬至不出○釋曰按大司馬云主四時軍法故云司馬主其禮也云自王以下治民者旗畫成物之象者謂自王以下至諸侯并鄉遂之官是也云王畫日月象天明也者聖人與日月齊其明故旌旗畫日月象之按桓二年臧哀伯云三辰旂旗昭其明也三辰日月星則此大常之畫日月者也此直言日月不言星者此舉日月其實兼有星也云諸侯畫交龍一象升朝一象下復也者以衣服不言交龍直云衮龍則衣服直有升龍無降龍以其天子之衣無日月星直有龍龍有升龍降龍則諸侯不得與天子同故直有升龍也至於天子旌旂有日月星辰故諸侯旌旂無日月星故龍有升降也象升朝天子象下復還國也云孤卿不畫者謂不畫異物帛而已云言奉王之政教而已者以其直有時王政教故云奉王之政教而已云大夫士雜帛者謂中央赤旁邊白白是先王殷之正色而在旁故云以先王正道佐職也云師都六鄉六遂大夫也謂之師都都民之所聚也者以師衆也都聚也主鄉遂民衆所聚故謂之師都都也六鄉大夫皆卿六遂大夫皆大夫也鄉合建旃大夫合建物今捴建旗以其領衆在軍爲將故同建熊虎之旗故鄭云畫熊虎者鄉遂出軍賦象其守猛莫敢犯也云州里縣鄙鄉遂之官者州是鄉之官里與縣鄙是遂之官故捴言鄉遂之官云互約言之者遂之里是下士得與鄉之州中大夫同建旟則知鄉之閭亦得與遂之縣同建旐也遂之鄙得與縣同建旐鄉之黨亦得與州同建旃可知是互也言約者鄉之族上從黨同建旟比上從閭同建旐也遂之鄰上從鄙同建旐鄰上從里同建旟是約也俱族師已下并都鄙已下皆是士官雖與在上大夫同建其刃數則短當三刃已下云鳥隼象其勇捷也者熊虎龜蛇皆二物相對則此鳥隼亦別物若然則鄭以勇解隼故王制云鳩

化鷹然後罻羅設是隼勇也以捷解鳥鳥亦謂捷疾者也云龜蛇象其扞難避害也者龜有甲能扞難蛇無甲見人退之是避害也云道車象路也者按巾車云象路建大赤以朝朝所以行道故謂象路爲道車是以士冠記及郊特牲皆云牟追夏后氏之道章甫殷道委貌周道是與在朝服乘者皆從道故知道車是象路但在朝則建大赤今以朝夕燕出入則建旞也鄭知游車是木路者巾車云木車以田是游樂之所圍人掌囿游之獸禁是知游車是木路也但正田獵所建大麾今以小小田獵及巡行縣鄙則建旌爲異耳云全羽析羽五色象其文德也者此羽是鍾氏所染鳥羽象翟羽而用故知皆五色以象文德也云大閱王乘戎路建大常焉玉路金路不出者鄭據此文大閱之時王乘戎路金玉之路不出其祀帝於郊及乘車之會金路玉路皆出也

皆畫其象焉官府各象其事州里各象其名家各象其號

事名號者徽識所以題別衆臣樹之於位朝各就焉覲禮曰公侯伯子男皆就其旂而立此其類也或謂之事或謂之名或謂之號異外內也三者旌旗之細也士喪禮曰爲銘各以其物亡則以緇長半幅赬末長終幅廣三寸書名於末此蓋其制也徽識之書則云某某之

事某某之名某某之號今大閱禮象而爲之兵凶事若有死事者亦當以相别也杜子春云畫當爲書玄謂書畫雲氣也異於在國軍事之飾○别彼列反下相别同亡音無【疏】皆畫至其號○釋曰上云旗旗之大此言旌此之細者也云皆畫其象焉與下爲目此則官府已下三象是也○注事名至之飾○釋曰鄭云事名號者徽識者大傳云殊徽號昭公二十一年宋廚人濮曰揚徽者公徒也是名徽也詩六月云識文鳥章箋云識徽識是名識也今鄭合而言之故云徽識也云所以題别衆臣者此經雖爲軍事而言云題别衆臣者亦據在朝位而言也故鄭即言樹之於位朝者各就焉而引覲禮爲證也按覲禮秋覲在廟諸侯前期皆受舍於朝文王廟外上介樹君之旂於位明日公侯伯子男入各就其旂而立即此經象故云此其類云或謂之事或謂之名或謂之號異外内也者官府在朝是内其州里在百里二百里家在三百四百里五百里並是外也云三者旌旗之細也者對上大常已下爲旌旗之大者也云士喪禮曰爲銘各以其物者謂爲銘旌各以生時物王則大常已下爲之云亡則以緇長半幅者謂不命之士生時無旌旗者故云亡也以緇長半幅長一尺也云赬末長終幅廣三寸者以赤緇爲之長二尺廣三寸云書名於末者書死者名於廣三寸之上云此蓋

其制也者此在朝表朝位其銘旌制亦如此按禮緯云天子之旌高九刃諸侯七刃大夫五刃士三刃按士喪禮竹杠長三尺則死者以尺易刃天子九尺諸侯七尺大夫五尺士三尺其旌身亦以尺易刃也若然在朝及在軍綴之於身亦如此故云蓋其制也云徽識之書則云某某之事者官府天官在軍當云大宰之下某甲之事地官之下當云大司徒之下某甲之事餘四官之下皆然云某某之名者此據州里而言假令六鄉之下則言某鄉之下某甲之名若六遂之下當云某遂之下某甲之名也云某某之號者此據都家之内假令三百里大夫家之下當云某家之下某甲之號此三者則徧其畿内矣云今大閱禮象而爲之者此在軍之旌綴於身大小象銘旌及在朝者爲之云兵凶事者隱公傳云兵凶器戰危事亦是凶事也杜子春破畫爲書後鄭不從還從畫雲氣者按鄉射記云凡畫者丹質則射侯之等皆有畫雲氣之法明此經所云畫者畫雲氣也云異於在國軍事之飾者覲禮及銘旌皆不云畫以其在國質故也惟在軍畫之故云軍事之飾文也

凡祭祀各建其旗王祭祀之車則玉路【疏】注王祭至王路○釋曰鄭云王祭祀之車則玉路者偏據王而言云乘玉路則建大常經云各建其旗則諸侯已下所得路各有旗按上文諸侯建旗大行人云建常九斿雖言常皆是交龍爲旂散文通故名斿爲常孤卿則旜大夫則物故言各建其旗也

會同賓客亦如之置旌門賓客朝覲宗遇王乘金路巡守兵車之會王乘戎路皆建其大常掌舍職曰爲帷宮設旌門【疏】注賓客至旌門○釋曰鄭知賓客朝覲宗遇王乘金路者見齊僕云掌馭金路以賓又齊右亦云會同賓客前齊車齊車即金路朝覲宗遇即會同故揔以金路解之也知巡守兵車之會王乘戎路者以其同是軍事故知亦皆乘戎路也知皆建其大常者此大閱禮王建大常即知巡守兵車之會皆建大常也云掌舍職曰爲帷宮設旌門者彼注云謂王行晝止則樹旌以爲門彼官樹之此官供旌

大喪共銘旌銘旌王則大常也士喪禮曰爲銘各以其物**建廞車之旌及葬亦如之**葬云建之則行廞車解說之○說吐活反【疏】建廞至如之○釋曰此謂在廟陳時建之謂以廞旌建於遣車之上及葬亦如之此謂入壙亦建之○注葬云至說之○釋曰鄭云葬云建之則行廞車解說之者此釋經及葬亦如之在廟陳時云建葬時亦建則帷有在道去之使人各執遣車又當各執廞旌是行廞車解說之也

凡軍事建旌旗及致民置旗弊之始置旗以致民民至仆之誅後至者○弊婢世反劉又薄計反仆薄比反一音赴【疏】凡軍至弊之○釋曰云凡軍事建旌旗者當大司馬欲致衆之時司常建之此言爲及致而設○注始置至至者○釋曰云始置旗以致民者解經及致民置旗也又云民至仆之誅後至者釋經弊之

甸亦如之【疏】甸亦如之○釋曰上云軍事謂出軍征戰今此云甸謂四時田獵言亦如之者亦如上建旌及致與弊之也

凡射共獲旌獲旌獲者所持旌○甸音田獲如字李一音胡霸反【疏】凡射共獲旌○釋曰言凡射者則大射賓射及燕射皆共之○注獲旌至持旌○釋曰謂若大射服不氏唱獲所持之旌三侯皆有獲旌也

歲時共更旌取舊予新【疏】歲時共更旌○釋曰謂受官旌旗用之者歲之四時來換易則司常取彼之舊與此之新也

都宗人掌都宗祀之禮凡都祭祀致福于國都或有山川及因國無主九皇六十四民之祀王子弟則立其祖王之廟其祭祀王皆賜禽焉主其禮者警戒之糾其戒

具其來致福則帥而以造祭僕【疏】注都或至祭僕○釋曰知都有山川者見祭法云山川丘陵能興雲雨諸侯有其地則祭無其地則不祭都祀畿内諸侯明亦祭境内山川也云及因國無主九皇六十四民之祀者按王制云天子諸侯祭因國之在其地而無主後者注云謂所因之國先王先公有功德宜享世祀今絕無後爲之祭主者按史記伏羲已前九皇六十四民並是上古無名號之君絕世無後今宜主祭之也云王子弟則立其祖王之廟者左氏傳莊二十八年云邑有先君之主曰都明天子禮亦然故知都内王子弟有祖王之廟也云其祭祀王皆賜禽焉者見祭僕云王所不與則賜之禽都家亦如之玄謂王所不與同姓有先王之廟是賜禽法云其來致福則帥而造祭僕知者見祭僕云凡祭祀致福者展而受之是造祭僕之事

正都禮與其服

禁督其違失者服謂衣服及宮室車旗【疏】注禁督至車旗○釋曰鄭云禁督其違失者解經正都禮禮中所含者多故揔以違失解之云服謂衣服及宮室車旗者解經與其服鄭并言宮室車旗者經雖直舉其服服中可以兼宮室車旗是以下文家宗人兼言宮室車旗之禁明衣服之外揔須正之

若有寇戎之事則保羣神之壝

守山川丘陵墳衍之壇域○壝惟癸反劉欲鬼反【疏】注守山至壇域○釋曰此經所云據寇戎從外而入故先保在郊之神位而言是以鄭云守山川丘陵墳衍之壇域也按小宗伯云兆山川丘陵於四郊彼惟不言墳衍墳衍之位亦在四郊皆須保之言壝者謂於中爲壇四畔爲壝舉壝則壇見矣

國有大故則令禱祠既祭反命于國

令令都之有司也祭謂報塞也反命還白王○禱本亦作福丁老反一音丁報反塞西代反【疏】注令令至白王○釋曰鄭知所令令有司者此都宗人是王家之官王命使禱祠是都内之事明所令令都内之有司有事於神者也云祭謂報塞也者凡所禱曰禱至於得福則曰祭當與正祭同名祭則是經言祭據報塞而言也云反命還白王者本以禱祠爲奉王命今祭訖反以王命還白於王故言還白王也

家宗人掌家祭祀之禮凡祭祀致福

大夫采地之所祀與都同若先王之子孫亦有祖廟【疏】注大夫至祖廟○釋曰鄭云大夫采地之所祀者則家止謂大夫不通公卿也故載師職云家邑任稍地小都任縣地大都任疆地是大夫采地稱家在三百里之内卿爲小都在四百里公爲大都在五百里則上都宗人所主是也言所祀與都同者據山川九皇六十四民在其地者云若先王之子孫亦有祖廟者亦如上都宗人但天子與諸侯禮異諸侯之卿大夫同姓邑有先君之主則曰都無曰邑天子之臣同姓大夫雖有先君之主亦曰邑也此不言凡家祭祀致福于國者舉都而言此家從可知

國有大故則令禱祠反命祭亦如之

以王命令禱祠歸白王於獲福又以王命令祭之還又反命【疏】國有至如之○釋曰云則令禱祠反命者王以命令禱祠禱祠訖反命於王則與上文都宗人既祭反命于國爲一也此更言祭亦如之者與上異則此是禱祠訖王復更有命祭祭訖亦反命然彼此無異但文有詳畧則彼亦有此王命更祭之法文不具也

掌家禮與其衣服宮室車旗之禁令

掌亦正也不言寇戎保羣神之壝則都家自保之都宗人所保者謂王所祀明矣【疏】注掌亦至明矣○釋曰云掌亦正者都宗人云正故知此掌與彼正同云不言寇戎保羣神之壝則都家自保之者此鄭都家自解者鄭欲釋經二處互見其文何者彼經言若有寇戎之事則保羣神之壝者據王所命祀者而言則此家宗人亦有王所

命祀者家宗人亦保之可知此家宗人不言寇戎保羣神之壝者是王所不祀家宗人自保之則都宗人亦有王不祀者都宗人自保之可知故鄭二者雙言之云都宗人所保者謂王所祀明矣者以王所不祀宗人不保之明宗人保者王所祀也

凡以神仕者掌三辰之灋以猶鬼神示之居辨其名物

猶圖也居謂坐也天者羣神之精日月星辰其著位也以此圖天神人鬼地祇之坐者謂布祭衆寡與其居句孝經說郊祀之禮曰燔燎掃地祭牲繭栗或象天酒旗坐星厨倉具黍稷布席極敬心也言郊之布席象五帝座禮祭宗廟序昭穆亦又有似虛危則祭天圜丘象北極祭地方澤象后妃及社稷之席皆有明法焉國語曰古者民之精爽不攜二者而又能齊肅中正其知能上下比義其聖能光遠宣朗其明能光照之其聰能聽徹之如是則神明降之在男曰覡在女曰巫是之使制神之處位次主而爲之牲器時服巫既知神如此又能居以天法是以聖人祭之今之巫祝既闇其義何明之見何法之行正神不降或於淫厲苟貪貨食遂誣人神令此道滅痛矣○居紀慮反句紀

具反蔽工典反齊側皆反知音智覡胡歷反李音胡隔反令力呈反［疏］凡以至名物○釋曰序官注云神士者男巫之俊知是巫者此中掌三辰之法以猶鬼神祇之居按外傳云在男曰覡在女曰巫使制神之處位次主之度與此文合故知此神仕是巫○注猶圖至痛矣○釋曰云天者羣神之精日月星辰其著位也者鄭以經直見三辰不言天者天體無形人所不覩惟覩三辰故鄭云天者羣神之精日月星辰是其著位者也云以此圖天神人鬼地祇之坐者謂布祭衆寡與其居句者鄭意鬼神祇之居止是布祭於神神有衆寡多少或居方爲之或句曲爲之也引孝經說郊祀者援神契文敢問章云周公郊祀后稷以配天云郊祀之禮燔燎掃地已下至敬心之言釋之也言郊之布席已下是鄭君語云郊之布席象五帝坐者按天文有五帝坐星東方蒼帝靈威仰南方赤帝赤熛怒中央黃帝含樞紐西方白帝白招拒北方黑帝汁光紀各於其面是布神坐也云禮祭宗廟序昭穆者文二年大事於大廟毀廟之主陳於大祖未毀廟之主皆升合食昭南面穆北面是人鬼之席坐也云亦又有似虛危者虛危有墳墓四司又爲宗廟布席象之故云又有似虛危也云則祭天圜丘象北極者北極有三星則中央明者爲大一常居傍兩星爲臣子位焉云祭地方澤象后妃者天有后妃四星天子象天后象地后妃是其配合也云及社稷者天有天社之星祭社之位象焉故云及社稷之席之言結五帝已下也孝經說云祭牲繭栗者據祭地或象天酒旗坐星酒旗星名云廚倉具黍稷者廚倉亦星名言廚倉所以具黍稷以祭祀云布席極敬心也者總結語也國語曰以下者欲見巫能制神之處位者心由精爽之意云精爽不攜貳者言其專一也云上下比義者上謂天神下謂地神能比方尊卑大小之義言聖能通知神意云神明降之者正謂神來降於其身言在男曰覡在女曰巫者男子陽有兩稱名巫名覡女子陰不變直名巫無覡稱言今之已下欲言今世邪巫誑惑世間之事故鄭痛之

以冬日至致天神人鬼以夏日至致地示物鬽以禬國之凶荒民之札喪天人陽也地物陰也陽氣升而祭鬼神陰氣升而祭地祇物鬽所以順其爲人與物也致人鬼於祖廟致物鬽於墠壇蓋用祭天地之明日百物之神曰鬽春秋傳曰螭鬽魍魎杜子春云禬除也玄謂此禬讀如癰之潰○鬽眉祕反禬胡對反又戶外反札側八反又音截墠音善螭勑知反［疏］以冬至札喪○釋曰言以冬日至夏日至此則大司樂云冬日至於地上之圜丘奏之若樂六變天神皆降夏日至於澤中之方丘奏之地祇皆出是也但其時天之神地之祇皆降仍於祭天之明日更祭此等小神祇故於此別之也○注天人至之潰○釋曰鄭云天人陽也者此解冬日至祭天神人鬼之意以其陽故十一月一陽生之月當陽氣升而祭之也云地物陰也者此解夏日至祭地示之意以其陰故五月一陰生之日當陰氣升而祭之也云所以順其爲人與物也者各順陰陽而在冬夏至也云致人鬼於祖廟致物鬽於墠壇此鄭惟釋人鬼物鬽不言致天神之處者文略亦當在墠壇也云蓋用祭天地之明日者當冬至夏至之日正祭天地之神示事繁不可兼祭此等雖無文鄭以意量之故云蓋用祭天地之明日也云百物之神曰鬽春秋傳曰螭鬽魍魎者按左氏宣公三年楚子問鼎之大小輕重王孫滿對曰夏之方有德也遠方圖物貢金九牧鑄鼎象物故民入川澤山林不逢不若螭魅魍魎莫能逢之服氏注云螭山神獸形魅怪物魍魎木石之怪文十八年注螭山神獸形或曰如虎而噉虎或曰魅人面獸身而四足好惑人山林異氣所生爲人害如賈服義與鄭異鄭君則以螭鬽爲一物故云百物之神曰鬽引春秋螭鬽以證之經無魍魎連引之以國語木石之怪夔魍魎賈服所注是也杜子春云禬除也後鄭云此禬讀如潰癰之潰者就足子春之義以其癰潰則濃血除故讀從之云此禬讀從潰言此以對彼彼大祝云類造禬禜之禬禬爲會合之義不爲潰也

附釋音周禮注疏卷第二十七

知南昌府張敦仁署鄱陽縣候補知縣周澍栞

周禮注疏卷二十七校勘記　阮元撰盧宣旬摘錄

附釋音周禮注疏卷第二十七

御史

凡數從政者 唐石經諸本同釋文凡數作數凡從司農讀也賈疏作凡數

故鄭從云者掌贊書數 閩本同監本作故從之云者贊誤賓毛本又改作故改之云者 ○按當作故從之云言掌贊書數云云文理乃順監本從字獨是依其說而後駁之也惟者字乃言之誤

巾車

以封同姓異姓之次敘 嘉靖本同此本疏中亦云次敘余本閩監毛本敘作序

鍚樊纓十有再就 唐石經余本毛本同嘉靖本閩監本鍚誤錫注及疏同釋文鍚音陽

三重三帀也 余本帀作匝

今馬鞅 嘉靖本及漢制考同閩監毛本鞅誤鞅

正幅爲幓 葉鈔釋文作爲幓

其畫服猶如上公 孫志祖云詩無衣正義引注畫服作車服是

經直云先 浦鏜云朱誤先

或會事或勞師 監本下或誤會浦鏜云會將誤會事

故建其正色以春田 孫志祖云大司馬疏春下有夏字

鍚面朱總 唐石經余本嘉靖本同閩監毛本誤作錫面朱總石經考文提要云宋本九經宋纂圖互注本宋附釋音本余仁仲本皆作鍚面朱總

彫者畫之 余本彫作雕

鷖讀爲鳧鷖之鷖 漢讀考上鷖作緊云今本誤

或曰幢容 余本閩監本同嘉靖本毛本及漢制考幢皆作潼按葉鈔釋文作潼容云本亦作潼余本載音義同今通志堂本改作幢容俗字周禮注幢字皆從木作橦賈疏本作潼容

安車無蔽 余本嘉靖本同閩監毛本車誤居

如以繒爲之 監本以誤之浦鏜云如當知字誤

毛氏亦云童容 閩監毛本改潼容非毛傳祇作童

則重翟當王路 閩監本同誤也當從毛本作玉路

翟車貝面 閩本經注貝誤具此本及余本注中亦誤今正

組總有握 唐石經諸本同釋文有握于馬皆作幄漢讀考云說文木部有楃字云木帳也從木屋聲楃字蓋出巾車職各本從手非

輦車組輓 唐石經諸本同釋文作連車云音輦本亦作輦按說文連負車也从辵从車古經當以連爲輦後人

援注改之釋文本最古可據鄉師與其輦輦注故書輦作連鄭司農云連讀爲輦

木車蒲蔽犬榠 釋文及余本作榠唐石經嘉靖本閩本作榠監毛本作禩非下同說文巾部幦髼布也从巾辟聲周禮曰駹車犬幦按禮注云以犬皮爲覆笭考覆笭字儀禮既夕禮記玉藻少儀皆作幦與說文同蓋故書作榠今書作幦鄭從故書許從今書也許引作駹車者涉下文誤

蒲蔽謂臝蘭車 閩監毛本同余本嘉靖本岳本臝作贏按釋文謂臝魯火反劉又音果余本載音義同此亦改作贏誤甚漢制考載此注亦作臝從果者俗字

服讀爲箙 閩監毛本同余本岳本嘉靖本箙作菔下同按釋文攝菔音服當是此注爲菔音服之誤上攝服字見既夕禮諸本並同不作菔也惠挍本疏中亦作箙此從竹俗字漢讀考云刀劍短兵之衣字正當作服既夕記犬服攝服字祇作服是也鄭君何緣易爲從艸之箙蓋此經作箙注易爲服由經注互改之倒置

先鄭云謂臝蘭車者 閩本同監毛本臝作贏下同

故使康王出鄉門外　閩監毛本鄉誤卿

大夫說經帶于廟門外　浦鏜云丈誤大

杜子春轅讀爲華藻之藻　漢讀考云疑當作讀爲藻率之藻與典瑞司几筵繅注同下文直謂華藻也乃竟伸其義

元謂藻水草　漢讀考云說文藻水草也从艸从水巢聲或从喿作藻是則藻藻一字蓋漢人已分別藻爲華藻藻爲水艸故杜作藻鄭君作藻

見爲蒼文色也　浦鏜云艾誤文

駹車雚蔽　唐石經原刻雚後磨改萑釋文雚葉鈔本作萑

然複髹飾　釋文髹飾香求反漢讀考作桼飾云古音次同桼列女傳漆室之女或作次室故書作軟蓋本無車旁轉寫誤加耳杜氏易次爲桼乃以髹桼訓其義鄭君釋髹曰赤多黑少此釋杜語如詩箋多釋毛語非經文作髹也淺人改經作髹誤本流傳自唐以前然矣

髹爲軟　余本岳本同嘉靖本閩監毛本軟誤軟下同釋文爲軟音次此本疏中亦誤從欠

龍讀爲駹　說文巾部引周禮曰駹車龍作駹與杜讀同

車邊側有漆飾也　余本岳本漆作桼下同當據正上文皆作桼

漆則成藩　嘉靖本閩本同余本監毛本蕃作藩按賈疏作藩引下經藩蔽釋之余本是也

後鄭以破龍爲白黑之色故此注從子春爲駹　閩監毛本爲駹作龍誤浦鏜云以當已字訛

漆車黑車也　岳本漆作桼漢讀考云漢人用桼字經文作漆者正同載師故書作漆林杜易桼林也

以其席即上文雀　閩本同雀蓋萑之訛監毛本作雚

孤乘夏篆　說文輴車約也從車川聲周禮曰孤乘夏輴按輴與篆聲相近蓋賈許所讀本如是訓爲車約與兩鄭義合

故書夏篆爲夏緣　漢讀考云故書作緣字故司農云夏赤色緣緣色今各本作緣此正同內司服注之誤三緣字皆當作緣

夏赤也　毛本同案也當色譌

篆讀爲圭瑑之瑑　漢讀考云疑當作讀如

不革鞔而漆之　余本同嘉靖本閩監毛本鞔誤鞔○按鞔是也

有裧爲異耳　毛本作有裧是也閩監本作裧訛

所建旃是攝盛　閩監毛本旃訛旃下同

柩路載柩車也　余本岳本嘉靖本同閩監毛本依經改匶路非疏中標起訖及引注準此○按此亦經作古字注作今字之一證

共其弊車　葉鈔釋文作敝車

歸其故弊車也　此本弊誤幣今據諸本訂正

聲且警衆　段玉裁云且當是旦之誤

故書鈴或作軨　閩監本同誤也余本嘉靖本毛本軨作軨當據以訂正釋文作爲軨音零劉音領

典路

惟出王路也　閩監本同誤也當從毛本作玉路

則出路據王所乘之　監本據誤以

與王路之二相對　毛本二作貳當據正

車僕

其字當爲萃　諸本同按其蓋卒之訛集韻十八隊倅副也或作萃亦省作卒類篇衣部卒取內切副也

當本釋文釋文當云卒七内反副也又作萃今本蓋出後人刪改此經五萃字當本作卒淺人援注改之○按漢讀考詳之

卒游闕四十乘　閩本游作遊監毛本改斿非此本下引注亦作遊闕

故知餘諸侯兵車避天子不得以戎路也　閩本兵車下增並以二字監毛本兵車下增並以廣車爲之六字

凡師共革車　監本共誤其

是優尊所乘也　浦鏜云尊下脱者按無者亦通此非引注

經不云戎路而云革車　閩本同監毛本戎路下增革路二字非

司常

通帛爲旜　說文㫃部云旃旗曲柄也所以旃表士衆从㫃丹聲周禮曰通帛爲旃又旜旃或从亶

大傳謂之徽號　余本嘉靖本同閩監毛本謂誤爲盧文弨曰通考亦作謂

皆明大赤也　浦鏜云明當名誤

今旌旗通體　閩本同監毛本旂誤旗

故鄭引爾雅注旄以證旞旌　閩本同監毛本注改註非

彼施於喪葬之旂也　閩本同監毛本旂誤期

師都建旗　唐石經諸本同漢讀考云玹注意謂鄉遂大夫帥領民聚之都大司馬帥都載旜鄉家載物注帥都遂大夫鄉家鄉大夫也今本誤亦同說文㫃部引周禮率都建旗作率者故書作帥者今書也見樂師注聘禮注曰古文帥皆作率此賈疏本亦誤作師都釋曰師衆也都聚也主鄉遂民衆所聚故謂之師都

斿車載旌　說文作游車載旌

象其勇捷也　毛本捷誤健

游車載旌　閩本同監毛本游改斿

至於天子旌旂　閩本同監毛本旂改旗

卿合建旃　閩監毛本作建旜

鄉之黨亦得與州同建旃可知　浦鏜云旜誤旃

并都鄙已下　閩本同監毛本作鄙師

見人退之　閩監毛本退作避

是以士冠記及郊特牲　閩監毛本記作禮非

則建旞也　毛本同閩監本旞作旌

但正田獵所建大麾　閩本剜改所作時監毛本承之

所以題別衆臣　盧弨文曰詩六月正義引此作衆官官字是

朝各就焉　賈疏引作朝者各就焉盧文弨曰詩正義亦有者字此脱

亡則以子長半輻赬末　閩監毛本作輻誤也余本嘉靖本輻作幅當訂正

皆受含於朝　閩本同誤也監毛本含作舍當據正

謂王行書止　閩監本同誤也毛本書作晝當據

取舊予新　監本予改與毛本疏中亦改予皆非蓋注用予字疏用與字此本及閩本皆注作子疏作與也

都宗人

掌都宗祀之禮　閩監毛本同誤也唐石經余本岳本嘉靖本作祭祀當據以訂正

九皇六十四民之祀　監本剜改民作氏疏中同○按說詳卷首

家宗人

此鄭都家自解者　盧文弨曰自疑當作總

凡以神仕者　余本嘉靖本閩監毛本同唐石經仕作士然士字獨小蓋本作仕後磨改作士序官經注疏作士沈彤周官祿田考云當作仕賈疏於他職皆引作神仕釋文仍題家宗人不標此五字孫志祖云案甈人云凡四方之舞仕者屬焉則當作仕序官作士者誤也

燔燎掃地　嘉靖本掃作埽

是之使制神之處位次主　余本岳本嘉靖本閩本同監毛本改是以非

下謂地神　閩監毛本改地祇

讀如潰癰之潰　余本閩監毛本同嘉靖本癰作瘫與疏合此本舊誤作讀如癰之蹟今補正疏云兙足子春之義以其癰潰則濃血除故讀從之漢讀考云讀如疑當作讀爲

此解夏至祭地示之意　閩本同監毛本作地祇

雖無文鄭以意量之　閩本同監毛本文上增正

彪魅怪物魍魎　閩本同監毛本刪彪

此禬讀如潰瘫之潰者　閩本同監毛本瘫改癰

以其癰潰則濃血除　閩本同監毛本濃改膿俗字

周禮注疏卷二十七校勘記終

南昌袁泰開校

附釋音周禮注疏卷第二十八

鄭氏注　賈公彥疏

夏官司馬第四

疏 鄭云象夏所立之官馬者武也言爲武者也夏整齊萬物天子立司馬共掌邦政政可以平諸侯正天下故曰統六師平邦國

惟王建國辨方正位體國經野設官分職以爲民極乃立夏官司馬使帥其屬而掌邦政以佐王平邦國 政正也政所以正不正者也孝經說曰政者正也正德名以行道 疏 注政正至行道○釋曰爲正者取平正之義大司馬主六軍所以正諸侯違王命不正者故鄭云所以正不正是以康子問政孔子云子帥以正孰敢不正孝經說者是孝經緯文云政者正也正德名以行道者亦是正者先自正己之德名以行道則天下自然正引之以證正不正之事

政官之屬大司馬卿一人小司馬中大夫二人軍司馬下大夫四人輿司馬上士八人行司馬中士十有六人旅下士三十有二人府六人史十有六人胥三十有二人徒三百有二十人 輿衆也行謂軍行列晉作六軍而有三行取名於此 ○輿音餘行戶剛反注同行列反 疏 政官至十人○釋曰此序官從大司馬至府六人其數與諸官同自史以下則異諸官皆云史十二人胥十二人徒百二十人獨此官史十有六人胥三十二人徒三百二十人與諸官異者以大司馬大摠六軍軍事尚嚴特須監察故胥徒獨多是以襄公三年六月晉悼公會諸侯盟于雞澤秋晉侯之弟揚于亂行於曲梁魏絳戮其僕晉侯怒對曰使臣斯司馬臣聞師衆以順爲武是其尚嚴也○注輿衆至於此○釋曰輿衆者按左氏傳僖二十八年晉侯聽輿人之誦是輿爲衆之義也云行謂軍行列者詩云寘彼周行是行得爲行列云晉作六軍而有三行取名於此者左氏僖二十八年云晉侯作三行以禦狄注云晉置上中下三軍令復增置三行避天子六軍之名以所加三軍者謂之三行彼名軍爲行取於此行司馬之名也

凡制軍萬有二千五百人爲軍王六軍大國三軍次國二軍小國一軍軍將皆命卿二千有五百人爲師師帥皆中大夫五百人爲旅旅帥皆下大夫百人爲卒卒長皆上士二十五人爲兩兩司馬皆中士五人爲伍伍皆有長 軍師旅卒兩伍皆衆名也伍一比兩一閭卒一旅旅一黨師一州軍一鄉家所出一人將帥長司馬者其師吏也言軍將皆命卿則凡軍帥不特置選於六官六鄉之吏自鄉以下德任者使兼官焉鄭司農云王六軍大國三軍次國二軍小國一軍故春秋傳有大國次國小國又曰成國不過半天子之軍周爲六軍諸侯之大者三軍可也詩大雅常武曰赫赫明明王命卿士南仲大祖大師皇父整我六師以修我戎既儆既戒惠此南國大雅文王曰周王于邁六師及之此周爲六軍之見于經也春秋傳曰王使虢公命曲沃伯以一軍爲晉侯此小國一軍之見于傳也百人爲卒二十五人爲兩故春秋傳曰廣有一卒卒偏之兩○軍將子匠反凡軍將將帥之類放此帥所類反下將帥之字皆同卒子忽反後皆同卒長丁丈反卷內不出者放此比毗志反大祖音泰下大師及下文大僕同皇父音甫儆本亦作敬京領反見賢遍反下同廣光浪反 疏 釋凡制至有長○釋曰云此大國次國小國者皆以命數同者軍數則同則上公爲大國侯伯爲次國子男爲小國也魯是侯爵而魯頌云公徒三萬注云萬二千五百人爲軍大國三軍合三萬七千五百人言三萬者舉成數也然當公之時其實二軍故襄公十一年作三軍則前無三軍矣若僖公時有三軍則中間應有合文注詩爲三軍者作詩之人舉魯盛時而言若然魯公伯禽之時則三軍矣魯語季武子爲三軍叔孫昭子曰不可又云今我小侯也明大侯之時有三軍矣鄭荅林碩爲二萬之大數者以實言之也此言軍將皆命卿及師帥皆中大夫旅帥皆下大夫卒長皆上士兩司馬皆中士伍皆有長者皆據在鄉爲鄉大夫州長黨正族師閭胥比長時尊卑命數而言伍皆有長是比長下士不言皆下士者以衆多官卑故畧而不言也○注軍師至之兩○釋曰鄭以經伍兩卒旅師軍皆據在鄉內民數而言者以其凡出軍皆據六鄉爲數是以小司徒云凡

起徒役無過家一人是以鄭據在鄉之數而以家出一人結之也鄭云言凡軍將皆命卿則凡軍帥不特置選於六官六鄉之吏者鄭云選於六官者謂王朝六卿此六軍之將還選六卿中有武者爲君將也又别言六鄉之吏者整六鄉大夫及州長黨正六師閭胥比長中有武者今出軍之爵還選在鄉所管之長爲軍吏也鄭必知還遣本長爲軍吏者見管子云因内政寄軍令且經並據在鄉時尊卑而言故知因遣其鄉之官而領之也是以州長職注云掌其戒令賞罰 原本賞缺七格 師自黨已下注皆云因爲旅帥因爲卒長閭胥以下雖不言因爲義可知又云自卿已下德任者使兼官焉者按大司馬云師都載旜鄉遂載物鄭云鄉遂大夫或載旜或載物故屬軍吏無所將則自卿已下至伍長有武德堪任爲軍之吏者乃兼官兼官者在鄉爲鄉官在軍爲軍吏若無武德不堪任爲軍吏者則衆屬他軍吏身不得爲軍吏是無所將之是以詩云韎韐有奭以作六師鄭云諸侯世子除三年之喪不遇爵命服士服而來時有征伐之事天子以其吏任爲軍者是代爲軍將之事則王朝之官有武德者皆君使爲軍吏也先鄭云王六軍已下復引諸文者以當時有不信周禮者故引爲證言春秋有大國有次國有小國者此亦春秋正文成三年冬十一月晉侯使荀庚來聘衛侯使孫良夫來聘公問諸臧宣叔曰中行伯之於晉其位在三孫子之於衛也位爲上卿將誰先對曰次國之上卿當大國之中中當其下下當其上大夫小國之上卿當大國之下卿中當其上大夫下當其下大夫上下如是古之制也衛在晉不得爲次國晉爲盟主其將先之丙午盟晉丁未盟衛蓋指此爲大國次國小國也云又曰成國不過半天子之軍周爲六軍諸侯之大者三軍可也者襄十四年晉侯舍新軍禮也成國禮不過半天子之軍周爲六軍諸侯之大者三軍可也晉雖爲侯爵以世爲霸主得置三軍故爲禮也云此周爲六軍之見于經也者此引春秋及大雅常武與文王皆是正經故云之見于經也此經言軍而詩云師者此皆軍也故鄭荅林碩云軍者兵之大名軍禮重言軍爲其大悉故春秋之兵雖有累萬之衆皆聽師詩云六師即六軍也然軍旅卒兩皆衆名獨舉師者故易師彖云師貞丈人吉无咎軍二千五百人爲師丈之言長也以法度爲人之長故吉无咎謂天子諸侯而主軍軍將皆命卿天子六軍兵衆之名移矣正言師者出兵而多以軍爲名次以師名少旅爲名言衆舉中言之也由此言之故以師爲大名不言軍爲其大悉不言旅爲其中故以師表名見其得中以兼上下言軍以軍爲名謂征伐次以師爲名謂君行師從少以旅爲名謂卿行旅從之時也云春秋傳曰王使虢公命曲沃伯以一軍爲晉侯此小國一軍之見於傳者莊十六年傳文以其新并晉國雖爲侯爵以小國軍法命之故一軍也云故春秋傳曰廣有一卒卒偏之兩者宣十二年欒武子說楚之軍法云其君之戎分爲二廣服氏云左右廣各十五乘廣有一卒服氏云百人爲卒言廣有卒爲承也卒偏之兩服氏云五十人曰偏二十五人曰兩廣旣有一卒爲承承有偏偏有兩故曰卒偏之兩引之以證卒是百人兩爲二十五人意也

一軍則二府六史胥十人徒百人

疏一軍至百人○釋曰此非掌也有軍則置之無則已府史不言府二人史六人而逆言其數者欲見所置非常故倒言以見義也

司勳上士二人下士四人府二人史四人胥二人徒二十人

故書勳作勛鄭司農云勛讀爲勳勳功也此官主功賞故曰掌六鄉賞地之法以等其功○勛香云反劉音訓

疏司勳至十八○釋曰此已下六十官以大司馬主軍法所有軍事及武勇官爵賞賚整齊之等皆屬焉序官前後亦不據尊卑直取事急者居前事緩者居後是以司勳及馬質已下皆士官而居前射

人諸子司士之等大夫官而居後也但司馬主征伐軍無賞士不往凡軍以賞爲先故僖二十八年秋七月晉文公獻俘授馘飲至大賞武王入殷封功臣謀士師尚父爲首故司勳列位在前上士二人爲官下士四人爲之佐府二人主藏文書史四人作文書草胥二人爲十長徒二十人給徭役○注故書至其功○釋曰先鄭不從古書勛而從勳者勛是古字從今之勳也云掌六鄉賞地之法以等其功者司勳職文

馬質中士二人府一人史二人賈四人徒八人

質平也主買馬平其大小之賈直○賈音嫁注及下同

疏注質平至賈直○釋曰司馬者主以供軍之用馬質主平馬賈買之故亦列職居前也然不使與校人相近而在此者平馬大小賈直故使與量人相近故也以其主司馬故屬夏官

量人下士二人府一人史四人徒八人

量猶度也謂以丈尺度地○量音亮或音良下同度待洛反下同

疏注量猶至度地○釋曰在此者以其掌營軍之壘舍量其

市朝州塗軍社之所理其中雖有餘事要以軍事爲重故亦列職於此也

小子下士二人史一人徒八人小子主祭祀之小事〔疏〕注小子至小事○釋曰在此者以其職有掌小祭祀羞羊肆釁軍器師田掌斬牲徇陳之事故屬此也

羊人下士二人史一人賈二人徒八人〔疏〕羊人○釋曰羊人在此者以其職有掌羊牲凡祭祀割牲等之事羊屬南方火司馬火官故在此按說卦云兌爲羊注云其畜好剛鹵又易說云大山失金雞西嶽亡玉羊玉羊者西嶽之精而羊不在西方者羊有二義按五行傳云視之不明則有羊禍注云羊畜之遠視者屬視故列在夏官兌爲羊又屬西方也

司爟下士二人徒六人故書爟爲燋杜子春云燋當爲爟書亦或爲爟爟爲私火玄謂爟讀如予若觀火之觀今燕俗名湯熱爲觀則爟火謂熱火與○司爟古喚反燋哉約反李又音灼觀古喚反下同與音餘〔疏〕注故書至火與○釋曰在此者按其職有行火之政令火屬南方故在此也子春不從古書燋還從爟爟爲私火者民間理爨之火爲私火亦如後鄭爲熱火也後鄭讀如予若觀火者盤庚告其羣臣不欲從而匿情者予若觀火我有刑罰如熱火可畏故引燕俗以湯熱爲觀亦取熱火之義後鄭云謂熱火與者對秋官司烜氏以夫燧取火於日中爲明者爲冷火破字爲疑故云與也孔安國以觀爲視我觀汝情如視火與鄭義異也若然司烜氏不在此者彼取金義故在秋官也

掌固上士二人下士八人府二人史四人胥四人徒四十人固國所依阻者也國曰固野曰險易曰王公設險以守其國〔疏〕注固國至其國○釋曰鄭云固國所依阻者也者欲見固據在國而言云國曰固野曰險者對下文司險是在野之義也以其掌固職云掌脩城郭溝池樹渠之固並據國而言司險職云周知山林川澤之阻而達其道路皆據在野而言故知在野曰險又引易者易坎卦彖云天險不可升地險山川丘陵王公設險以守其國引之證固是在國王公設之以守國若然易云王公設險險即此固以其言王公設之非是在野自然之險者也是對文則險固異散則險固通名也掌固司險在也者取整齊之義故也

司險中士二人下士四人史二人徒四十人

掌疆中士八人史四人胥十有六人徒百有六十人疆界也○疆居良反注及後同〔疏〕掌疆至十人○釋曰在此者按其職闕雖未知其事蓋掌守疆界亦是禁戒之事故在此也

候人上士六人下士十有二人史六人徒百有二十人候候迎賓客之來者〔疏〕注候候至來者○釋曰在此者按其職云各掌其方之道治與其禁令以設候人是候迎賓客之事故詩云彼候人兮荷戈與祋亦是武事故在此也

環人下士六人史二人徒十有二人環猶卻也以勇力卻敵○環戶關反劉戶串反卻起畧反下同〔疏〕注環猶至卻敵○釋曰在此者按其職云掌致師察軍慝皆是軍師之事也故在此也

挈壺氏下士六人史二人徒十有二人挈讀如絜髮之絜壺盛水器也世主挈壺水以爲漏○挈劉苦結反一音結又戶結反盛音成〔疏〕注挈讀至爲漏○釋曰在此者按其職云掌挈壺以令軍井挈轡以令舍挈畚以令糧又云凡軍事懸壺以序聚欜皆爲軍事按在此也鄭讀挈如絜髮之絜者詩云揔角之宴毛傳云揔角結髮此鄭依毛傳絜即結之義也鄭云世主挈壺水以爲漏者以其稱氏此則官有世功則以官爲氏故以世主解之也

射人下大夫二人上士四人下士八人府二人史四人胥二人徒二十人〔疏〕射人○釋曰在此者以其主射事射即武事故在此也

服不氏下士一人徒四人服不服不服之獸者〔疏〕注服不至獸者

釋曰在此者以其服不服之獸象王者伐叛柔服之義故在此也

射鳥氏下士一人徒四人。射食亦反【疏】射鳥氏○釋曰在此者按其職云掌射鳥亦是武事在此宜也

羅氏下士一人徒八人能以羅罔捕鳥者郊特牲曰大羅氏天子之掌鳥獸者○搏鳥音博一音付本又作捕音步【疏】注能以至獸者○釋曰在此者按其識云掌羅烏鳥亦是武事故在此也引郊特牲云大羅氏天子之掌鳥獸者按彼云大羅氏天子之掌鳥獸者諸侯貢屬焉彼大羅氏則此羅氏爲一彼稱大對諸侯此直曰羅氏此無所對故不稱大此職唯羅鳥不主獸彼兼言獸者諸侯所貢鳥獸屬焉則兼掌所貢之獸也

掌畜下士二人史二人胥二人徒二十人畜謂斂而養之○畜許六反注同劉許又反【疏】注畜謂斂而養之○釋曰在此者按其職云掌養鳥而阜蕃教擾之是專養鳥其職注謂鵝鶩之屬是斂而養之鳥是羽蟲屬南方故在此也

司士下大夫二人中士六人下士十有二人府二人史四人胥四人徒四十人【疏】司士○釋曰在此者以其職云掌以德詔爵以功詔祿與大司馬云進賢興功同故列職於此也

諸子下大夫二人中士四人府二人史二人胥二人徒二十人諸子主公卿大夫士之子者或曰庶子【疏】注諸子至庶子○釋曰在此者按其職云若有甲兵之事則授之車甲故亦在此也鄭云諸子主公卿大夫士之子者按其職云掌國子之倅倅副代父者是公卿大夫士之適子皆是倅故鄭歷言之云或曰庶子者按禮記燕義稱此諸子爲庶子故言或曰以其燕禮有庶子執燭之事彼稱諸子謂之庶子故燕義兼說天子諸子之事諸庶爲一皆掌公卿大夫士之適故通謂之庶子也

司右上士二人下士四人府四人史四人胥

八人徒八十人右謂有勇力之士充王車右【疏】注右謂至車右○釋曰在此者王車之右執干戈以衛王亦是武事故在此也鄭知勇力者其職云國之勇力之士能用五兵者屬焉鄭云選右當於中是用勇力充之者也

虎賁氏下大夫二人中士十有二人府二人史八人胥八十人虎士八百人不言徒曰虎士則虎士徒之選有勇力者○賁音奔下同【疏】注不言至力者○釋曰在此者亦衛守王在此宜也鄭云不言徒曰虎士則虎士徒之選有勇力者以其在胥下例皆是徒今不言徒而曰虎士明先是徒之選有勇力者乃爲之以當徒處

旅賁氏中士二人下士十有六人史二人徒八人【疏】旅賁氏○釋曰在此者按其職云掌執戈盾夾王車而趨左八人右八人車止則持輪言旅見其衆言賁見其勇亦是衛守王事故在此也

節服氏下士八人徒四人世爲王節所衣服○爲于僞反【疏】注世爲至衣服○釋曰在此者按其職云郊祀二人執戈送逆尸從車亦是武事故在此也鄭云世爲王節所衣服以其著服與王爲節而稱氏故知官有世功則曰官族然凡稱氏者鄭雖不釋爲世功但注有詳畧從可知也

方相氏狂夫四人方相猶言放想可畏怖之貌○放想方丈反本或作旊音同【疏】注方相至之貌○釋曰在此者按其職云蒙熊皮黃金四目玄衣朱裳執戈揚盾可畏怖亦是武事故在此也鄭云方相猶言放想者漢時有此語是可畏怖之貌故云方相也

大僕下大夫二人小臣上士四人祭僕中士六人御僕下士十有二人府二人史四人胥二人徒二十人僕侍御於尊者之名大僕其長也【疏】注僕侍至長也釋曰在此者凡言僕御者是武衛之事又大僕職凡軍旅田役贊王鼓是凡僕御皆連類在此也大僕已下四官因仍同府史之等者大

僕已下至御僕乃是别職同官故同府史也小臣其職云掌王之小命詔相王之小法儀祭僕其職云掌受命於王以視祭祀御僕其職云掌羣吏之逆及庶民之復大僕爲長故連類在此若然府史胥徒在御僕下者是四官别職同官故共府史胥徒也

隸僕下士二人府一人史二人胥四人徒四十人此吏而曰隸以其事褻。褻息列反疏注此吏至事褻。釋曰在此者以僕皆在此故亦在此但所掌事褻故别官職不屬大僕鄭云此吏而曰隸以其事褻者此經言下士二人即是吏按秋官有罪隸已下是奴稱隸以其掌褻故與賤同稱隸也

弁師下士二人工四人史二人徒四人弁者古冠之大稱委貌緇布曰冠。弁皮彥反稱尺證反疏弁師至四人。釋曰在此者以夏物長大而盛壯人年長大乃冠以夏象夏故不同司服在春官而在此也。注弁者至曰冠。釋曰按禮記郊特牲及士冠記皆云夏收殷冔周弁三代皆祭冠則弁亦冕也即是六冕皆得稱弁若然皮弁爵弁自然是弁故鄭云弁者古冠之大稱也云委貌緇布曰冠者此二者對皮弁爵弁六冕惟曰冠若散文亦得言弁故司服云凡田冠弁服凶事服弁服皆得言弁也

司甲下大夫二人中士八人府四人史八人胥八人徒八十人甲今之鎧也司甲兵戈盾官之長。鎧苦愛反盾常允反又音允疏注甲今至之長。釋曰在此者其職雖闕但甲者軍師所用在此宜也言甲今之鎧者今古用物不同其名亦異古用皮謂之甲今用金謂之鎧從金爲字也云司甲兵戈盾官之長者以其此官下大夫又在上已下皆士官故云長也

司兵中士四人府二人史四人胥二人徒二十人疏司兵。釋曰在此者按其職云掌五兵五盾及授兵從司馬之法此亦爲軍事在此宜也

司戈盾下士二人府一人史二人徒四人戈今時句孑戟。句孑古侯反下音結疏司戈至四人。釋曰在此者按其職云祭祀授旅賁殳故士戈盾授舞者兵皆武事故在此也。注戈今時句孑戟。釋曰按冬官冶氏爲戈戟戈則兩刃長六尺六寸戟則三刃長丈六尺形既不同鄭云戈句孑戟而爲一物解之者鄭舉漢法以況之漢時見戈有旁出者爲句孑亦名胡孑故號戈爲句孑戟也

司弓矢下大夫二人中士八人府四人史八人胥八人徒八十人司弓矢弓弩矢箙官之長。箙音服疏注司弓至之長。釋曰在此者按其職云掌六弓四弩八矢給武之所用在此宜也云司弓矢弓弩矢箙官之長者司弓矢下大夫已下繕人稾人皆士官故得與人爲長也鄭云司弓弩即繕人也

繕人上士二人下士四人府一人史二人胥二人徒二十人繕之言勁也善也疏注繕之至善也。釋曰在此者按其職云掌王之用弓弩矢箙亦是武事故在此也云繕之言勁也善也者以其所掌弓弩有堅勁而善堪爲王用者乃入繕人以共王故鄭爲此解之也

稾人中士四人府二人史四人胥二人徒二十人鄭司農云稾讀爲芻稾之稾箭幹謂之稾此官主弓弩箭矢故謂之稾人。稾古老反幹如字沈古旱反疏注鄭司至稾人。釋曰在此者。職云掌六弓八矢四弩是軍事所用故在此也先鄭云箭幹謂之稾按冬官矢人云以其笴厚爲之羽深後鄭云笴讀爲稾謂矢幹古文假借字則此稾人非直掌矢稾兼主弓弩矢箙等而云稾人者以稾爲主耳故云此官主弓弩箭矢故謂之稾人

戎右中大夫二人上士二人右者參乘此充戎路之右田獵亦爲之右焉。乘繩證反疏注右者至右焉。釋曰此戎右并下僕馭在此者皆是防衞之官故皆在此云古者參乘者若在軍爲元帥則將居鼓下將在中御者在左若凡平兵車則射者。左御者居中若在國則尊者在左御者亦中央其右是勇力之士執干戈常在左右故云古者參乘也云此充戎路之右田獵亦爲之右者按巾車玉路有五按下文僕亦有五惟此戎右已下有三不見玉路祀之右又不見木路田路之右故以田戎相類齊祀相因故以類相兼故戎右兼田右齊

右兼祀右若然僕有五不兼者僕難於右是以六褻之中有五御而不言右也按巾車玉路居前戎路在後此右在前又戎右大夫齊右下大夫道右上士戎右官人尊者夏官主事尚威武故戎右居前使官尊也

齊右下大夫二人充玉路金路之右○齊側皆反下齊僕并注同〈疏〉注充玉至之右○釋曰充金路爲王故云齊按曲禮云立如齊注齊謂祭祀時則齊雖施於祭前當祭時亦名齊故得兼金玉二路而鄭不言亦以其齊同故也

道右上士二人充象路之右〈疏〉注充象路之右○釋曰在朝所以行道是以名車爲道車以中車五路差之上已有玉金革木之等此道右當充象路之右可知不兼而官卑者以其上四事簡故使兼此道右每日視朝行事繁故不兼以其事卑於齊戎之等故官職卑也

大馭中大夫二人馭之最尊○馭音御〈疏〉注馭之最尊○釋曰在此者亦是衛守之事在此宜也云馭之最尊者以其御玉路以祀故云最尊以是特尊不與下同名僕而謂之大馭也若然戎右在前

尚威武此戎僕在前者以其僕雖駕馭爲難仍非武事故退戎僕於後進大馭於前也仍尊戎僕在齊僕之上而使中大夫爲之與戎右尊卑同也

戎僕中大夫二人馭言僕者此亦侍御於車〈疏〉注馭言至於車釋曰上大僕已下言僕並是侍御之官稱僕今此馭車之人亦言僕者在車亦是侍御之類故云亦侍御於車也

齊僕下大夫二人古者王將朝覲會同必齊所以敬宗廟及神明○朝直遙反後朝覲皆同〈疏〉注古者至神明○釋曰齊而敬神明者按曲禮下注云春夏受贄於朝受享於廟秋冬一受之於廟是朝覲敬宗廟按覲禮及司儀會同之時設方明於壇上設六玉以禮方明之神是會同敬神明巾車云金路建大旂以賓則金路主爲賓路賓路則諸侯與王行朝覲會同之禮故鄭以朝覲會同以釋齊也

道僕上士十有二人王朝朝莫夕主御王以與諸臣行先王之道○朝朝上如字下直遙反莫音暮〈疏〉注王朝至之道○釋曰按上齊右見下至齊僕皆二人唯戎右與道僕人數多者則戎右有所

斬殺故左氏傳晉縛秦囚萊駒爲右使萊駒斬之故人多也道僕所以特多者以朝夕在朝來往駕脫難而且煩故人最多也鄭云王朝朝莫夕主御者此釋人多之意云王以與諸臣行先王之道者此釋稱道之言也

田僕上士十有二人〈疏〉田僕○釋曰人亦多者王有四時之田兼有囿遊獵及取鮮獸之等亦是事繁而難故亦特多也

馭夫中士二十人下士四十人〈疏〉馭夫○釋曰按其職云掌馭貳車從車使車之等馭僕之類故亦在此馭夫摠六十人按校人三乘爲皁皁一趣馬三皁爲繫繫一馭夫則馬三十六匹一馭夫計良二千一百六十匹則六十馭夫又駑六麗一師六師一趣馬六趣馬一馭夫則一馭夫主四百三十二匹駑千二百九十六匹則馭夫三人并前六十三人與此不合者蓋此序官脫三人也

校人中大夫二人上士四人下士十有六人府四人史八人胥八人徒八十人校之爲言校也主馬者必仍校

視之校人馬官之長○校戶教反字從木若從手旁作是比校之字耳今人多亂之注校之校人同〈疏〉校人至十人○釋曰在此者以馬共軍所用故其職云凡軍事物馬而須之故在此官特尊而多者以王馬多故也○注校之至之長○釋曰云校之爲言校也者讀從曲禮與少儀效馬效羊取效見義以其養官畜者必效見之故鄭云主馬者必仍校視之仍者相仍有時數數程見之也云校人馬官之長者與下趣馬至圉人爲長有事皆取長官法度

趣馬下士皁一人徒四人趣馬趣養馬者也鄭司農說以詩曰蹶維趣馬○趣七口反劉清須反注同皁才早反趣養清須反又七口反一音七句反蹶居衛反〈疏〉注趣馬至趣馬○釋曰在者按其職云掌正良馬而齊其飲食是以鄭云趣馬趣養馬者故在此也先鄭說以詩云蹶惟趣馬者彼詩是刺幽王之詩其詩臣名蹶惟作趣馬之官權寵之例引以證趣馬是官名也

巫馬下士二人醫四人府一人史二人賈二人徒二十人巫馬知馬祖先牧馬社馬步之神者馬疾若有犯焉則知之是以使與醫同職〈疏〉

巫馬至十人○釋曰巫知馬祟醫知馬病故連類在此也有賈者治馬死生須知馬價故有賈人也○注巫馬至同職○釋曰馬祖之等並在下文有人犯者與爲祟巫則知之爲之謝過必與醫同職者巫言無祟則是時氣及損傷付醫治之故二官同職也

牧師下士四人胥四人徒四十人主牧放馬而養之○牧舊音目劉音茂沈音木【疏】注主牧放馬而養之○釋曰在此者按其職云掌牧地是放馬故與校人連類在此也

庾人下士閑二人史二人徒二十人庾之言數○庾所求反數色主反數之同【疏】注庾之言數○釋曰在此者按其職云掌十有二閑之政阜馬佚特之等故與馬官連類在此也

圉師乘一人徒二人圉人良馬匹一人駑馬麗一人養馬曰圉四馬爲乘良善也麗耦也○圉魚呂反乘繩證反注同麗如字【疏】圉師至二人○釋曰在此者以其掌養馬也○注養馬至耦也○釋曰在此者按其職云掌養馬芻牧之事以役圉師亦是爲馬故亦連類在此也

職方氏中大夫四人下大夫八人中士十有六人府四人史十有六人胥十有六人徒百有六十人職主也主四方之職貢者職方氏主四方官之長【疏】注職主至之長釋曰在此者司馬主九畿職方制其貢事相成故在此官尊而人多以其主天下人民貢賦之事事繁故也云主四方官之長者與下諸言方者爲長也

土方氏上士五人下士十人府二人史五人胥五人徒五十人土方氏主四方邦國之土地【疏】注土方至土地釋曰在此者按其職云以土地相宅而建邦國都鄙與職方連類在此也故主四方邦國之土地

懷方氏中士八人府四人史四人胥四人徒四十人懷來也主來四方之民及其物【疏】注懷來至其物○釋曰在此者按其職云掌來遠方之民致方貢致遠物故與職方連類在此也

合方氏中士八人府四人史四人胥四人徒四十人合方氏主合同四方之事【疏】注合方至之事○釋曰在此者按其職云掌達天下之道路通其財利同其數器故注云主合同四方之事故亦連數在此也

訓方氏中士四人府四人史四人胥四人徒四十人訓道也主教道四方之民○道音導下同【疏】注訓道至之民○釋曰在此者按其職云掌道四方之政事與其上下之志誦四方之傳道故注云教導四方之民故連類在此也

形方氏中士四人府四人史四人胥四人徒四十人形方氏主制四方邦國之形體【疏】注形方至形體○釋曰在此者按其職云掌制邦國之地域而正其封疆故注云主制四方邦國之形體故連類在此

山師中士二人下士四人府二人史四人胥四人徒四十人【疏】山師○釋曰在此者按其職云掌山林之名辨其物與其利害而頒之于邦國使致其珍異之物按王制云名山大澤不以封故天子立山師以遥掌之使貢故與職方亦連類在此也

川師中士二人下士四人府二人史四人胥四人徒四十人【疏】川師○釋曰在此者按其職與山師同故亦連類在此

邍師中士四人下士八人府四人史八人胥八人徒八十人邍地之廣平者○邍音原【疏】注邍地之廣平者○釋曰在此者按其職云掌四方之地名辨其丘陵墳衍原隰之名故連類在此也注云邍地之廣平者爾雅文也

匡人中士四人史四人徒八人匡正也主正諸侯以法則〔疏〕匡人至八人○釋曰在此者按其職云掌達法則匡邦國而觀其慝使無敢反側以聽王命注云王正諸侯以法則故連類在此也

撣人中士四人史四人徒八人撣人主撣序主意以語天下○撣他南反與探同語徐據反〔疏〕注撣人至天下○釋曰在此者按其職云掌誦王志道國之政事以巡天下之邦國而語之故注云主撣序王意以語天下故連類在此也

都司馬每都上士二人中士四人下士八人

府二人史八人胥八人徒八十人都王子弟所封及三公采地也司馬主其軍賦〔疏〕都司至十人○釋曰言每都上士二人已下者此王自以臣爲司馬遥掌都內故其職云掌都之士庶子及其衆庶車馬兵甲之戒令聽於國司馬既是軍故在此也○注都王至軍賦○釋曰鄭據何知都惟有王子

弟所封及三公采地不通卿大夫者按司裘云諸侯則共熊侯豹侯卿大夫則共麋侯卿不入諸侯之中故知義然云司馬主共軍賦者即司馬法云成出士十人徒二十人之等並是都司馬所主也

家司馬各使其臣以正於公司馬家卿大夫采地正猶聽也公司馬國司馬也卿大夫之采地王不特置司馬各自使其家臣爲司馬主其地之軍賦往聽政於王之司馬王之司馬其以王命來有事則曰國司馬〔疏〕注家卿至司馬○釋曰云家卿大夫采地者按載師職家邑任稍地謂大夫采地小都任縣地謂卿之采地大都任畺地謂三公采地則卿入小都中今此經直言家而小都入家中不在上都中者司馬主軍事嚴凝爲主須辨尊卑故依司裘卿與大夫不得稱諸侯者爲家又不使王臣爲之也若然都宗人家宗人及都士家士皆使王臣爲之者都家宗人有祖王之廟九皇六十四民王所當祭故使王臣爲之都家之士以獄訟刑罪王政之重非王臣不決故亦使王臣爲之但非嚴凝故卿入都耳云王之司馬其以王命來有事則曰國司馬者其職云以聽於國司馬對此從下向上則曰公司馬

○周禮注疏二十八卷終

周禮注疏卷二十八挍勘記　阮元撰盧宣旬摘錄

附釋音周禮注疏卷第二十八

夏官司馬第四　唐石經作第七非

令復增置三行　浦鏜云今誤令

二十五人爲兩　唐石經作廿有五人爲兩諸本皆脫有字

卒一旅　閩監毛本同誤也嘉靖本作卒一族當據正

自鄉以下　余本岳本嘉靖本同閩監毛本鄉作卿誤疏中同

既儆既戒　釋文儆本亦作敬按作敬者當是依毛詩所改非也

此周爲六軍之見于經也　釋文見於賢遍反下同今諸本于作於非下見於傳同注皆用於字

然當公之時其實二軍　浦鏜云公上當脫僖字

則中間應有合文　閩本同合當爲舍之譌監毛本誤今注詩爲三軍者此言詩箋爲三軍耳毛本舛誤特甚

叔孫昭子曰　浦鏜云穆誤昭

鄭荅林碩爲二萬之大數者　盧文弨云詩閟宮正義二萬作二軍是

整六卿大夫及州長黨正　閩本同監毛本整作據按此卿當爲鄉下據在鄉時同

掌其戒令賞罰　補此下十行本實缺七格

以世爲霸主　宋本世作其

雖有累萬之衆皆聽師　浦鏜云聽當稱字誤

言衆舉中言之也　盧文弨云言衆當作言師

言軍以軍爲名　浦鏜云上軍爲多之誤

賞賚整齊之等　閩本賚作齎毛本作賚監本訛賚○案齎賚正俗字

小子史一人　諸本同唐石經缺監本誤二人石經考文提要云宋本九經宋纂圖互注本宋附釋音本皆作一人

又祭祀割牲等之事　惠校本又作及此誤

今燕俗名湯熱爲觀　按此觀當作爟

王公設險以守其國　玉海職官部引此作守其固監本疏中此國字剜改

掌疆　補各本皆提行分節此本誤連上節今訂正

環猶卻也　漢讀考云此環讀爲往還之還秋官環人讀爲環繞之環

皆爲軍事按在此也　浦鏜云按當故字誤

能以羅罔捕鳥者　釋文作搏鳥云本又作捕○按漢人搏字讀若今之捕

掌羅鳥鳥　浦鏜云鳥鳥之誤

掌養鳥而阜藩教擾之　毛本作阜蕃當據正

彼稱諸子謂之庶子　惠校本稱作據

鄭云世爲王節所衣服　補毛本服下有者字

故知官有世功則曰官旅　諸本同按此旅亦族之訛

祭僕中士六人御僕下士十有二人　唐石經諸本皆合大僕爲一節與注合宋本嘉靖本祭僕御僕皆提行分節非○按此亦春官大師樂師瞽矇眡瞭合爲一條之例以府史胥徒四職所同也此府史胥徒亦大僕祭僕御僕所同

及庶氏之復　浦鏜云民誤氏

以其事褻　余本監毛本同嘉靖本閩本褻作褻按葉鈔釋文作褻

按禮記郊特牲及士冠記　惠校本作士冠禮又云宋本是記字○按今見儀禮士冠禮記中

稾人胥二人　唐石經余本岳本嘉靖本同閩監毛本稾作槀非注及疏同釋文亦作稾從木閩本二字壞缺監毛本遂誤爲一

稾讀爲芻稾之稾箭幹謂之稾　余本岳本嘉靖本同閩監毛本稾並作槀案芻稾之稾二稾字當從禾稾讀及箭幹謂之稾二稾字仍從木讀爲當作讀如此擬其音如芻稾耳箭幹字則作槀也經義雜記云說文木部槀枯也枯即肅慎氏貢枯矢之枯儀禮以笴爲矢幹字而說文竹部無之然則箭幹字本作槀矣考工記及矢人準此○按前說非也枯槀之槀从木讀爲芻稾之稾則易其字矣禾稾者莖也箭幹亦莖也故箭幹之稾即禾稾引伸之義也作枯槀字則無義矣槀枯也又木名也經義雜記合爲一義誤矣易爲稾字而後曰箭幹謂之稾注例如此倘作謂之槀則不當言讀爲矣凡枯槁字苦浩切凡禾稾字古老切經典釋文以及各韻書皆如此此經釋文曰稾古老反依鄭易字之音也

釋曰在此者職云　閩本者下剜擠按其二字監毛本排入

兼主弓弩矢服等　閩本剜改服爲箙監毛本承之

右者參乘　閩監本同誤也余本嘉靖本毛本右作古當據以訂正此本及毛本疏中引注亦作古惠校本同

則射者左　惠校本者下有在

按巾車玉路有五　浦鏜云王誤玉

是以六褻之中　浦鏜云藝誤褻

又戎右大夫　浦鏜云大夫上脫中

充金路爲玉　閩本同誤也監毛本金作玉玉作主當據正

以其御玉路以祀　毛本玉誤王

按上齊右見下至齊僕　浦鏜云見當巳字誤

校之爲言校也　余本作校之爲言校也下校視亦作校視案釋文云校人戶教反字從木若從手旁作是比校之字耳今人多亂之注校之校人同然則言校校視皆當作手旁比校之字矣賈疏則讀爲效○按依釋文注作校之爲言校也文理甚明然比校字出於後代說文所無

蹶維趣馬　嘉靖本維作惟當訂正按毛詩作維三家詩作惟釋文出蹶惟二字賈疏引注作惟是也諸本作維非

在者　補閩監毛本作在此者此本誤脫此字

巫言無崇　毛本作無祟當據正

度之言數　監本下有也疏中標注同按釋文數也色主反是陸本有也字

圉師至二人　閩監毛本作一人此誤

故連類在此　閩監毛本下有也

主擅序主意　余本閩本同嘉靖本監毛本下主作王疏中準此按賈疏引其職掌誦王志云云以釋此注則當從嘉靖本作王余本作主誤也

家司馬各使其臣以正於公司馬　沈彤周官祿田考云以序官家司馬各使其臣以正於公司馬之文移在都司馬本職後都司馬本職後家司馬亦如之之文移在序官都司馬後是家司馬亦如之即謂每家上中下士府史胥徒如都司馬之數矣蓋此本與春官家宗人秋官家士二日同例而其簡與職互錯也

周禮注疏卷二十八校勘記終

南昌袁泰開校

附釋音周禮注疏卷第二十九

鄭氏注　賈公彥疏

大司馬之職，掌建邦國之九灋，以佐王平邦國。平，成也，正也。【疏】大司至邦國。○釋曰：此九法已下皆言邦國，則施於諸侯爲主，故云邦國也。云以佐王平邦國者，九法以糾察諸侯，使之成正，故以平言之也。但此九法據殷同之時建之，故大行人云殷同以施天下之政。注云政謂邦國之九法，則殷同之時司馬明布告之，故云建也。

制畿封國以正邦國，封謂立封於疆爲界。○畿音祈。【疏】制畿至邦國。○釋曰：謂制諸侯五百、四百里之等，各有封疆界分，乃得正，故云以正邦國。

設儀辨位以等邦國，儀謂諸侯及諸臣之儀。辨，別也，別尊卑之位。○別，彼列反，下皆同。【疏】注儀謂至之位。○釋曰：鄭知儀中有諸侯及諸臣者，以此經云等邦國，按大行人云以九儀辨諸侯之命，等諸臣之爵。鄭云九儀謂命者五，公、侯、伯、子、男也；爵者四，孤、卿、大夫、士也。知九儀中唯有諸侯、諸臣，無天子之臣，按大宗伯云以九儀之命正邦國之位，注云每命異儀，則九儀之中謂一命以至九命之儀，其中有六命、八命并九命作伯，兼有王臣，則與此異也。

進賢興功以作邦國，興猶舉也。作，起也。起其勸善樂業之心，使不惰廢。○樂業，如字，又音洛，一音五教反。【疏】進賢至邦國。○釋曰：進賢，諸臣舊在位有德行者，并草萊有德行未遇爵命者，進之使稱才仕用，與舉也。臣有功者，舉之亦使任用。作，起也。以臣有賢有功，舉之與官，則起邦國之內勸善樂業之心，使不惰廢善業也。

建牧立監以維邦國，牧，州牧也。監，監一國，謂君也。維猶連結也。○監，古銜反。【疏】建牧至邦國。○釋曰：二百一十國以爲州，州有牧，使維持諸侯；又一國立一監，以監察一國，上下相維，故云以維邦國也。此則大宰云建其牧、立其監，亦一也。

制軍詰禁以糾邦國，詰猶窮治也。糾猶正也。○詰，去吉反。【疏】制軍至邦國。○釋曰：按上文大國三軍，次國二軍，小國一軍也。詰禁者，按士師有五禁，天子禮，此諸侯國亦當有五禁，以相窮治，相糾正，故云以糾邦國也。

施貢分職以任邦國，職謂職稅也。任猶事也，事以其力之所堪。【疏】施貢至邦國。○釋曰：施貢多少，據國地大小，故地官大國貢半，次國三之一，小國四之一，皆由天子施之。此大宰九貢，并小行人春令入貢，皆是歲之常貢，與大行人因朝而貢者異也。分職者，即大宰所云九職是也。彼據畿內，此據諸侯。諸侯邦國亦由天子分之，使民有職業，因使稅之，所稅者市之以充貢。若然，言貢據向天子而言，云稅據民所爲。爲說事相因，皆所以任邦國，故云以任邦國也。

簡稽鄉民以用邦國，簡謂比數之。稽猶計也。○鄉，許亮反。【疏】簡稽至邦國。○釋曰：注云簡謂比數之，稽猶計也，謂比數計會鄉民而用之，故云以用邦國也。

均守平則以安邦國，諸侯有土地者均之，尊者守大，卑者守小。則，法也。【疏】均守至邦國。○釋曰：言均守，謂五等諸侯有五等受地，五百里已下，是均守也。平則者，則，法也，謂五等職貢之等皆有常法，邦國獲安，故云以安邦國。

比小事大以和邦國，比猶親，使大國親小國，小國事大國，相合和也。易比象曰：先王以建萬國，親諸侯。○比，毗志反，注同。【疏】注比猶至諸侯。○釋曰：按司儀有五等諸侯自相爲賓，亦有五等諸侯之臣相爲國客。按春秋有小國朝大國，大國聘小國，故鄭云使大國親小國，釋經比小也；云小國事大國，釋經事大；使相合和，故云以和邦國也。引易比象者，其卦坤下坎上，坤爲土，坎爲水，水得土而流，土得水而柔，是水土和合，故象先王建萬國，親諸侯，謂法卦行事，使諸侯相親。引之者，證比小事大之義。

以九伐之灋正邦國，諸侯有違王命，則出兵以征伐之，所以正之也。諸侯之于國，如樹木之有根本，是以言伐云。○伐，如字，劉扶發反。【疏】注諸侯至伐云。○釋曰：鄭云諸侯有違王命，則出兵以征伐之，所以正之也者，此經與下文爲目，則下九者皆是違王命者也。若然，按下文九者唯有賊賢害民一者稱伐，其餘八者皆不言伐，此經總言伐者，侵滅二者亦是伐之例，其餘六者皆先以兵加其境，服乃眚之、墠之、削之、正之、殘之、杜之，故云以伐言之。云諸侯之於國，如樹木之有根本，是以言伐云者，按月令孟夏云無伐大樹，孔子云伐一木不以其時，非孝子，是樹木稱伐。此九伐施於邦國，在於時會之時，是以大行人云時會以發四方之禁，注云禁謂九伐之法，是當時會者也。

馮弱犯寡則眚之，馮猶乘陵也。言不字小而侵侮之。眚猶人眚瘦也。王霸記曰：四面削其地。○馮，皮冰反。眚，所景反。瘦，所又反。【疏】注馮猶至其地。○釋曰：云馮弱，據以強陵弱；云犯寡，據以大侵小。如此者眚瘦其地，使不得強大也。引王霸記者，其記王及霸

事者云四面削其地者對下文削之者示四面削之爲異也

賊賢害民則伐之

春秋傳曰粗者曰侵精者曰伐又曰有鍾鼓曰伐則伐者兵入其竟鳴鍾鼓以往所以聲其罪○粗音麤本亦作麤竟音境

【疏】注春秋至其罪○釋曰云賊賢者亂王所任同已者如此則賊虐諫輔故云賊賢也云害民者以君臣俱惡重賦多徭其民被害故曰害民如此者則聲鍾鼓伐之也引春秋傳者按莊十年二月公侵宋公羊傳曰觕者曰侵精者曰伐何休云觕麤也彼不言粗此言粗者鄭讀傳與何異觕即粗義亦同也又曰有鍾鼓曰伐者此莊二十九年夏鄭人侵許左氏傳曰凡師有鍾鼓曰伐無曰侵引此二者皆證侵輕伐重之義也

暴內陵外則壇之

內謂其國外謂諸侯壇讀如同墠之墠王霸記曰置之空墠之地鄭司農云壇讀從憚之以威之憚書亦或爲墠玄謂置之空墠以出其君更立其次賢者○壇依注作墠音善憚之以徒旦反下同本或無之字

【疏】暴內至壇之○釋曰暴內即上云賊賢害民是也陵外即上云馮弱犯寡是也上二文各有其一故伐之眚之不奪其位此則外內之惡兼有故壇之奪其位立其次賢○注內謂至賢者○釋曰鄭云讀如同墠之墠從金縢三壇同墠之墠取其除地曰墠謂置之空地先鄭讀從憚之以威之憚此罪既重而直憚之於義不可故後鄭還從王霸記爲正鄭知立其次賢者以其古者不滅國故知更立次已下賢子弟

野荒民散則削之

荒蕪也田不治民不附削其地明其不能有○蕪音無

【疏】野荒民散則削之○釋曰古者量地以制邑度地以居民地邑民居必參相得無曠土無遊民今言野荒民散由君政惡民並適彼樂國故民散而野荒是其君不能有故削之

負固不服則侵之

負猶恃也固險可依以固者也不服不事大也侵之者兵加其竟而已用兵淺者詩曰密人不恭敢距大邦

【疏】負固不服則侵之○釋曰謂倚恃險固不服事大國則以兵侵之使弱其勢也○注負猶至大邦○釋曰云固險可依以固者也者謂若僖四年楚屈完云楚國方城以爲城漢水以爲池雖君之衆無所用之是其負固不服也云不服不事大即上云比小事大是其服者也云用兵淺者對伐是用兵深者以其罪輕直侵之而已也詩云者大雅皇矣篇引之者證不服也

賊殺其親則正之

正之者執而治其罪王霸記曰正殺之也春秋僖二十八年冬晉人執衛侯歸之于京師坐殺其弟叔武○坐才卧反

【疏】注正之至叔武○釋曰鄭云正之者執而治其罪者其正未必即是殺但賊殺其親其罪尤重故以正爲殺解之是以王霸記以正爲殺也引晉人執衛侯歸于京師據洛邑而言也云坐殺其弟叔武者按彼傳晉侯伐衛衛公出奔楚晉侯敗楚於城濮其弟以受盟既受盟國則無罪衛侯即入將入與弟叔武爲期衛侯先期入叔武將沐聞君至喜捉髮走出前驅歂犬射而殺之衛侯知其無罪枕之股而哭之元咺舊在國是叔武黨見衛侯殺弟遂訴衛侯於晉晉以衛侯有罪諸侯不相治罪遂執衛侯歸於京師時使醫衍酖衛侯甯俞貨醫衍薄其酖不死是坐殺弟合正之事也

放弒其君則殘之

放逐也殘殺也王霸記曰殘滅其爲惡○弒本又作殺同音試

【疏】注放逐至爲惡○釋曰鄭以逐解放則若季氏逐昭公之類是也鄭雖不解弒弒其君則若慶父弒二君及崔杼弒君之類是也鄭云殘殺者以殺解殘也經本不云殺不云滅云殘者蓋取殘賊殺之殺之苦毒故尚書梓材云戕敗人有注戕殘也又云無胥戕無胥虐注云無相殘賊無相暴虐是戕爲殘賊也異義鄭君以爲左氏宣十八年秋七月云邾人戕鄫子于鄫傳曰凡自內虐其君曰弒自外曰戕即邾人戕鄫子是也自內弒其君曰弒者晉人弒其君州蒲是也雖他國君不加虐亦曰殺若加虐殺之乃謂之戕之取殘賊之意也若自上殺下及兩下自相殺之等皆曰殺若然此經云殘者是加虐殺之雖非他國君至於賊臣亦云殘也

犯令陵政則杜之

令猶命也王霸記曰犯令者違命也陵政者輕政法不循也杜之者杜塞使不得與鄰國交通

【疏】注令猶至交通○釋曰鄭訓令爲命者欲就王霸記之命解之爲王命之意也但犯命陵政是不受上命不通之事故還杜塞之使不與四鄰交通

外內亂鳥獸行則滅之

王霸記曰悖人倫外內無以異于禽獸不可親百姓則誅滅去之也曲禮曰夫唯禽獸無禮故父子聚麀○行下孟反悖必內反去起呂反夫音符麀於牛反牝鹿也

【疏】注王霸至聚麀○釋曰外亂謂若齊襄公淫於外魯桓夫人文姜之等是也內亂謂家內若衛宣公上烝父妾下納子妻之等是也引曲禮者鹿之父子聚麀獸之亂不言鳥之亂義可知故畧而不言也按春秋公羊左氏說凡征戰有六等謂侵戰伐圍入滅用兵麤觕不聲鍾鼓入境而已謂之侵侵而不服則戰之謂兩陳交刃戰而不服則伐之謂用兵精而聲鍾鼓伐而不服則圍之謂帀其四郭圍而不服則入之謂入其四郭取人民不有其地入而不服則滅之謂取其君此皆舉重而言假令先入後滅書入舉重已外

盡然

正月之吉始和布政于邦國都鄙乃縣政象之灋于象魏使萬民觀政象挾日而斂之以正月朔日布王政於天下至正歲又縣政法之書挾日十日也○縣音玄注同治直吏反挾子協反【疏】正月至斂之○釋曰正月謂周正建子之月之吉謂朔日始和凡政有故言始和者若改造云耳布政于邦國都鄙者謂上九法九伐并下凡令以下皆此時布之邦國據畿外都鄙據畿內不言鄉遂及公邑布政可知此則徧天下也云乃縣已下亦謂正歲乃縣之一與大宰同不復具釋也

乃以九畿之籍施邦國之政職方千里曰國畿其外方五百里曰侯畿又其外方五百里曰甸畿又其外方五百里曰男畿又其外方五百里曰采畿又其外方五百里曰衛畿又其外方五百里曰蠻畿又其外方五百里曰夷畿又其外方五百里曰鎮畿又其外方五百里曰蕃畿畿猶限也自王城以外五千里爲界有分限者九籍其禮差之書也政職所共王政之職謂賦稅也故書畿爲近鄭司農云近當言畿春秋傳曰天子一畿列國一同詩殷頌曰邦畿千里維民所止○分符問反共音恭凡供字皆作共後倣此【疏】乃以至蕃畿○釋曰乃以九畿之籍者謂以面五千里爲九畿皆有典籍之書今大司馬以此籍書施其政職之事於邦國諸侯也云方千里曰國畿者此據王畿內千里而言非九畿之畿但九畿以此國畿爲本向外每五百里加爲一畿也云侯者候也爲天子伺候非常也云甸者爲天子治田以出賦貢云男者任也任王者之職事云采者采取美物以共天子云衛者爲天子衛守云蠻者縻也以近夷狄縻繫之以政教自此已上六服是中國之九州自此已外是夷狄之諸侯此蠻服出大司徒云要服亦一也言要者亦見要束以文教也云夷者以夷狄而得夷稱也云鎮者蓋中國稍遠理須鎮守云蕃者以其最遠故得蕃屏之稱此三服揔號蕃服故大行人云九州之外謂之蕃國世一見指此三服也此云者衛服之內各舉一邊而言其實通稱唯蠻服以外直據彼爲號不通中國之言也○注畿猶至所止○釋曰云王城以外五千里爲界者兩面相距則方萬里此則易之一君二民之地若然堯舜之時固應萬里而五服面二千五百里兩面相距止有五千里無萬里者此據未治洪水時服各五百里至禹治洪水之後弼成五服服加五百則亦萬里若孔君義則不然若據鳥飛直路此周之九服亦止五千若隨山川屈曲則禹貢亦萬里彼此不異也云九籍其禮差之書也者諸侯賦貢多少有常則大國貢半次國三之一小國四之一是其禮差也云政職所共王政之職謂賦稅也者按大宰云以九職任萬民據畿內此九職亦施與邦國則此政職也但施職事與之使萬民勤職而出賦稅諸侯得之以半與三之一四之一市取土毛以貢之則禹貢篚貢是也據民而出謂之賦稅據諸侯所送謂之貢也引春秋傳者按襄二十五年鄭子產對晉云昔天子之地一圻列國一同今大國多數圻矣若無侵小何以至焉殷頌邦畿千里是殷頌玄鳥詩之言引此二者證王畿千里之義

凡令賦以地與民制之上地食者參之二其民可用者家三人中地食者半其民可用者二家五人下地食者參之一其民可用者家二人賦給軍用者也令邦國之賦亦以地之美惡民之衆寡爲制如六遂矣鄭司農云上地謂肥美田也食者參之二假令一家有三頃歲種二頃休其一頃下地食者參之一田薄惡者所休多○令力呈反【疏】凡令至二人○釋曰此文承上邦國之下而云令賦是還據邦國諸侯而說也此經有三等之地按小司徒注云有夫有婦然後爲家自二人以至於十人爲九等七六五者爲其中則地有上中下各分爲三等九等則十口食上上九口食上中八口食上下七人食中上六人食中中五人食中下四人食下上三人食下中二人食下下又按遂人上地夫一廛田百晦萊五十晦中地家二百晦下地家三百晦與此上地食者參之二合故鄭云邦國如六遂矣若然則上地是上下之地應家八人一人爲家長可任者當云家七人今云家三人者經欲互舉以明義故以中地之上家七人見出上地之下八人者明亦有上地之中上地之上又言下地食者參之一其民可用者家二人地即據下地之下人即據中地之下家五人者亦是互舉以明義故地舉其下人舉其中欲見亦有下內三等其地及人也先鄭云食者三之二假令一家有三頃歲種二頃休其一

頃者舉上地只應云一頃五十晦而云三頃者直取參之一。舉整言之或并二家而說也。**中春教振旅，司馬以旗致民，平列陳，如戰之陳。**以旗者，立旗期民於其下也。兵者守國之備，孔子曰以不教民戰，是謂棄之。兵者凶事，不可空設，因蒐狩而習之。凡師出曰治兵，入曰振旅，皆習戰也。四時各教民以其一焉。春習振旅，兵入收衆專於農。平猶正也。○中音仲，下放此。陳直覲反，下之陳、可陳、陳前、徇陳、行陳、巡陳皆同，餘以意求之。蒐所留反。〔疏〕注以旗至正也。○釋曰：鄭云以旗者，立旗期民於其下也者，謂大司馬素有田獵之期日，今至期日，立熊虎之旗於期處以集衆，故云期民於其下。云兵者守國之備者，鄭欲解田獵者所以習兵，故云兵者守國之備，引孔子語，欲見須田獵以教戰。云兵者凶事者，隱公傳文。云不可空設，因蒐狩而習之者，蒐狩是田獵之名，欲行蒐狩，先芟草萊，教戰訖乃入防田獵，故云因蒐狩而習之。是以書傳文戰鬭不可空習，故於蒐狩以閑之，閑之者習之，是其習兵因蒐狩也。云凡師出曰治兵，入曰振旅，皆習戰者，按莊公八年正月，師次於郎，甲午祠兵，公羊傳曰：祠兵者何？出曰祠兵。注云：禮，兵不徒使，故將出兵必祠於近郊，陳兵習戰，殺牲饗士卒。又曰：入曰振旅，其禮一也，皆習戰也。左氏說：治兵於廟，禮也。注云：三年而治兵，與秋同名，兵革將出，故曰治兵。穀梁傳亦云：出曰治兵，習戰也；入曰振旅，習戰也。鄭玄於異義駮，不從公羊云祠兵，故云祠兵者公羊字之誤，因而作說之。亦不從左氏說治兵爲授兵於廟，云於周司馬職曰：仲夏教茇舍，仲秋教治兵，其下皆云如戰之陳；仲冬教大閱，脩戰法，虞人萊所田之野，乃爲之。如是治兵之屬皆習戰，非授兵於廟，又無祠五兵之禮。是以爾雅釋天云：出爲治兵，尚威武也；入爲振旅，反尊卑也。言反尊卑者，出則壯者在前，老弱在後；入則壯者在後，老弱在前。是以鄭此云振旅兵入收衆專於農也。云四時各教民以其一焉者，春教振旅，夏教茇舍，秋教治兵，至冬大閱，是各教民以一也。

辨鼓鐸鐲鐃之用：王執路鼓，諸侯執賁鼓，軍將執晉鼓，師帥執提，旅帥執鼙，卒長執鐃，兩司馬執鐸，公司馬執鐲。鼓人職曰：以路鼓鼓鬼享，以賁鼓鼓軍事，以晉鼓鼓金奏，以金鐃止鼓，以金鐸通鼓，以金鐲節鼓。鄭司農云：辨鼓鐸鐲鐃之用，謂鉦鐸之屬。鐲讀如濁其源之濁。鐃讀如讙嘵之嘵。提讀如攝提之提，謂馬上鼓，有曲木提持鼓立馬髦上者，故謂之提。杜子春云：公司馬謂五人爲伍，伍之司馬也。玄謂王不執賁鼓，尚之於諸侯也。伍長謂之公司馬者，雖卑，同其號。○辨如字，劉方免反。鐸直各反。鐲直角反。鐃女交反。賁扶云反。將軍如字，本或作軍將。提徒兮反。鼙薄兮反。鉦音征。讙火官反。嘵女交反。攝提，爾雅云：大歲在寅曰攝提格。〔疏〕辨鼓至執鐲。○釋曰：此春夏秋三時各教其一，必春辨鼓鐸者，鼓雷之類，象仲春雷發聲於外。言辨鼓鐸鐲鐃之用者，此句與下文爲摠目也。○注鼓人至其號。○釋曰：鄭引鼓人職者，欲見鼓人有六鼓四金，據本各依其所用，今此所用或有不依本者，以其唯賁鼓鼓軍事是依本，王執路鼓，軍將執晉鼓等，並不依本用，而在軍兼用也。先鄭云辨鼓鐸鐲鐃之用謂鉦鐸之屬者，按司馬法云：十人之長執鉦，百人之長執鐸，千人之師執鼙，萬人之主執大鼓。義與此同，故引之爲證也。云鐲讀如濁其源之濁者，此讀取音同之義，濁其源者，淮南子云：濁其源，其流不清，故讀從之。云鐃讀如讙嘵之嘵者，從毛詩云以讙讙嘵。云提讀如攝提之提者，從爾雅云寅爲攝提格，取音同而已。云提謂馬上鼓者，此先鄭蓋據當時已有單騎，舉以況周，其實周時皆乘車，無輕騎法也。後鄭云王不執賁鼓尚之於諸侯也者，按鼓人職賁鼓鼓軍事，計王在軍自爲元帥，自合執賁鼓，今不執賁鼓者，見諸侯因朝而來，與王爲

賓客，故讓之使執賁鼓，故云尚之於諸侯。王既不用賁鼓而用路鼓者，以其雷鼓、靈鼓祭天地之鼓，不敢用，故用祭宗廟之路鼓也。軍將用晉鼓者，是鼓金奏與諸相應故也。不用鼖鼓者，鼓役事之鼓，故不用。云伍長謂之公司馬者，雖卑，同其號者，按諸官大夫乃與大官同號，宰夫已下并上士、中士、下士皆不得與大官同號，今於序官大司馬之下，上士得號行司馬，及在軍二十五人長中士號兩司馬，五人長下士號公司馬，皆與大官同號者，以司馬主軍，軍事主嚴，雖卑得同號也。**以教坐作進退疾徐疏數之節。**習戰法。○疏數音朔，下注疏數同。〔疏〕以教至之節。○釋曰：按下大閱禮備軍法，虞人萊所田之野，下又云中軍以鼙令鼓，鼓人皆三鼓已下，有此坐作進退疾徐疏數之節，彼大閱具言，於此畧說有此坐作之法，此於教戰之處爲之，故鄭云習戰法也。**遂以蒐田，有司表貉，誓民，鼓，遂圍禁，火弊，獻禽以祭社。**春田爲蒐。有司，大司徒也，掌大田役治徒庶之政令。表貉，立表而貉祭也。誓民，誓以犯田法之罰也。誓曰：無干車，無自後射，立旌遂圍禁，旌弊爭禽而不審者，罰以假馬。禁者，虞衡守禽之厲禁也。既誓，令鼓而圍之，遂蒐田。

火弊火止也春田主用火因焚萊除陳草皆殺而火止獻猶致也屬也田止虞人植旌衆皆獻其所獲禽焉詩云言私其豵獻肩于公春田主祭社者土方施生也鄭司農云貉讀爲禡禡謂師祭也書亦或爲禡○貉莫駕反注同弊婢世反劉薄計反射食亦反下王射同豵子工反肩詩作豣音同施式豉反禡莫駕反

疏遂以至祭社○釋曰按下大閱禮遂以狩田以下云以旌爲左右和之門羣吏各帥其車徒以叙和出左右陳車徒有司平之既陳乃設驅逆之車有司表貉于陳前此亦當如彼但春非大備故亦畧言也言誓民者即下大閱禮羣吏聽誓於陳前鄭引月令司徒北面誓之是也云鼓者即下文中軍以鼙令鼓鼓人皆三鼓已下是也云遂圍禁者既誓令鼓而圍之云火弊者謂田止也云獻禽以祭社者此因田獵而祭非月令仲春祭社也○注春田至爲禡○釋曰云春田爲蒐者蒐搜也春時鳥獸字乳搜擇取不孕任者故以蒐爲名云有司大司徒也者即大司徒職云大田役治其徒庶之政令故知有司是大司徒也云表貉立表而貉祭也者此即詩及爾雅云類也禡也師祭是也云誓民誓以犯田法之罰也者當司徒北面誓之時小子斬牲以左右巡陳也云誓曰無干車無自後射者此據漢田律而言無干車謂無干犯他車無自後射象戰陳不逐奔走又一解

云前人已射中禽後人不得復射彼又云無面傷之等象降者不逆擊之云立旌遂圍禁者旌則下文大閱禮云旗居卒間者是也云旌弊者弊仆也田止旌則仆云爭禽而不審者罰以假馬者謂獲禽所算之籌罰者謂效功時爭禽不審即罰去其籌云禁者虞衡守禽之厲禁也者按山虞皆云使地之民守其厲禁謂遮厲之禁不得非時入也若然按地官川衡小田獵之所無厲禁之事言衡者川林或有與山澤連者則亦有厲禁之事故連言之也

中夏教茇舍如振旅之陳羣吏撰車徒讀書契辨號名之用帥以門名縣鄙各以其名家以號名鄉以州名野以邑名百官各象其事以辨軍之夜事其他皆如振旅茇讀如萊沛之沛茇舍草止之也軍有草止之法撰讀曰算算車徒謂數擇之也讀書契以簿書校録軍實之凡要號名者徽識所以相别也鄉遂之屬謂之名家之屬謂之號百官之屬謂之事在國以表朝位在軍又象其制而爲之被之以備死事帥謂軍將及師帥旅帥至似長也以門名者所被徽識如其在門所樹者也凡此言以也象也皆謂其制同耳軍將皆命卿古者軍將蓋爲營治於國門魯有東門襄仲宋有桐門右師皆上卿爲軍將者也縣鄙謂縣正鄙師至鄰長也家謂食采地者之臣也鄉以州名亦謂州長至比長也野謂公邑大夫百官以其職從王者此六者皆書其官與名氏焉門則襄仲右師明矣鄉則南鄉甀東鄉爲人是也其他象此云某某之名某某之號某某之事而已未盡聞也鄉遂大夫文錯不見以其素信于民不爲軍將或爲諸帥是以闕焉夜事戒夜守之事草止者愼於夜於是主别其部職○茇蒲末反撰息轉反又仕轉反注音算息絹反沛步未反一音具又普具反數色主反簿步古反後簿書皆放此識音志一音試下同朝直遥反被皮僞反下同治直吏反比毗志反甀直僞反見賢遍反

疏中夏至振旅○釋曰如振旅之陳者四時各教其一故春教振旅夏教茇舍但設經不可各文文具設故云如振旅之陳皆轉相如也云羣吏撰車徒者羣吏謂軍將至伍長各有部分皆選擇其在車甲士三人步徒七十二人之等云讀書契者書契謂兵士簿書之要契此小宰之八成云師田以簡稽一也云辨號名者此帥以門名已下是也○注茇讀至部職○釋曰茇讀如萊沛之沛者按王制云居民山川沮澤注云沮謂萊沛時俗有水草謂之萊

沛故讀從之也云茇舍草止之也者以草釋茇以止釋舍故即云軍有草止之法云數擇之也者以解撰爲數擇取其善者云軍實之凡要者凡軍有三種或以俘因爲軍實或以戈盾弓矢爲軍實或以禽牲爲軍實今此所云軍實者據兵器爲軍實凡要即名籍之揔名也云號名者徽識者即上注三者旌旗之細者也云所以相别也者皆綴之於膊上以别死者也云鄉遂之屬謂之名者言之屬即經云縣鄙是遂之屬從縣鄙至鄰里州是鄉之屬從州至比長故言之屬以揔之云家之屬謂之號者謂都家之内從大夫至士云百官之屬謂之事者從王朝六卿已下至下士野以邑名鄭雖不言亦在鄉遂之例以其同是溝洫之人出軍出貢又等故知亦入名中也其號也名也事也三者據經而言云在國以表朝位者即覲禮云上介各奉其君之旂置于宫者是也云凡此言以也象也皆謂其制同耳者以謂若經云帥以門名已下至野以邑名已上五者皆言以也惟百官云象是以也象也此六者以象雖異其制則同皆小旌旗也云軍將皆命卿者欲解帥以門名之意止由卿居於國門使爲軍將故軍將得以門爲名云古者軍將蓋爲營治於國門者此解軍將得以門爲名者只由非常之急要在於門故使卿在門住而營治其門故也云魯有東門襄仲者按昭三十二年左傳云魯文公

薨而東門遂殺適立庶魯君於是乎失國公子遂字襄仲號爲東門只由居東門宋有桐門右師者按春秋左氏傳昭二十五年春叔孫婼聘於宋桐門右師見之注云右師宋師樂大心也其室居桐門故曰桐門右師是宋有桐門右師也引之證將帥得以門名之事經直云縣鄙鄭知鄉長者以其在軍之時從遂大夫已下至鄰長皆在今畧言縣鄙明皆有也云家謂食采地者之臣也者食采地是公卿大夫其身在朝其臣在采地若公山弗擾之類今隨王在軍故以家號爲名也鄉以州名亦謂州長至比長者亦如六遂自鄉大夫已下至比長皆在今畧舉州爲首也云野謂公邑大夫者謂爲四等公邑若載師職公邑自甸以出至五百里其長二百里三百里如州長四百里五百里如縣正長下皆有屬官在軍者皆以邑爲名云百官以其職從王者謂三百六十官各以其職事從王在軍若大宰下六十官隨其長從王皆以事爲號也云此六者皆書其官與名氏焉者六者謂經五以一象假令爲官則云大司徒下某官姓名某也云門則襄仲右師明矣者經直云師以門名恐直以門爲名不加官與名字諸官皆須名氏明門亦有官與氏名故云明矣云鄉則南鄉甄東鄉爲人是也者甄與爲人皆當時鄉名故舉以爲況云其他象此者此鄭畧舉門名與鄉名其他仍有縣鄙與家野百官

亦依此而稱焉云某某之名者即經云門縣鄙鄉野四者皆是某某之名謂若門名當云桐門右師之下某官某姓某甲之名三者皆放此云某某之號者即經云家以號名是也謂若魯之費邑即云費邑之下某官某姓某甲之號云某某之事者即經云百官各象其事謂若地官之下則云大司徒之下某官某姓某甲之事云未盡聞也者鄉來所釋六者畧聞帥以門名鄉以州名舉以爲況其餘未聞故云未盡聞也云鄉遂大夫文錯不見者此經六遂直云縣鄙不言遂六鄉言以州名雖見鄉亦不見鄉大夫之身其文交錯不見鄉遂大夫故云文錯不見也云以其素信於民者兵書孫子云素信者與衆相得是也舊素與民相信者必情義相得故鄉遂之官還使爲軍吏云不爲軍將或爲諸帥是以鬬焉者孟子云因內政寄軍令則鄉遂大夫已下至比長鄉長皆因爲軍吏以領本民在上或別使人爲軍將則鄉遂大夫別領人爲師帥旅帥以下經在軍吏帥以門名之內故關鄉遂大夫也必知有別使人爲軍將法者見外傳穆叔云天子作師公帥之以征不德詩曰周公東征四國是遑此並上公爲軍將詩云韎韐有奭以作六師此乃諸侯世子爲軍將田獵亦容如此於是時鄉遂大夫則爲諸師也若然按下文云師都載旜鄉遂載物注云鄉遂大夫或載旜或載物衆屬軍吏無所將也

者謂鄉遂大夫全無武用則諸師亦不爲則是衆屬他軍吏已身全無所將故或載旜或載物不載旗義與此不違也云於是主別其部職者釋經以辨軍之夜事分別其當部當職不與外交雜也

遂以苗田如蒐之灋車弊獻禽以享礿夏田爲苗擇取不孕任者若治苗去不秀實者云車弊驅獸之車止也夏田主用車示所取物希皆殺而車止王制曰天子殺則下大綏諸侯殺則下小綏大夫殺則止佐車佐車止則百姓田獵礿宗廟之夏祭也冬夏田主于祭宗廟者陰陽始起象神之在內○礿餘若反孕羊證反去起吕反綏而誰反下同

【疏】遂以至享礿○釋曰在教戰之處辨號名既訖遂入防行苗田之法云如蒐之法者如上蒐時有司表貉誓民令鼓遂圍禁之等云車弊及以享礿二者則與春異以其春時火弊祭社此時車弊享礿也○注夏田至在內○釋曰以其春夏爲陽主其生長故春田爲蒐搜取不孕任者夏田爲苗若治苗去不秀實者其義但春時主孚乳故以不孕任解之也云車弊驅獸之車止也者夏田主用車示所取物希者春秋左氏傳云彼徒我車懼其侵軼我也是車行遲取獸少故知用車示取物希也引王制曰天子殺則下大綏已下據殺訖而言毛詩傳云天子發抗大綏諸侯發

抗小綏者據始殺而言也云大夫殺則止佐車王制注佐車驅逆之車按田僕云掌佐車之政驅逆之車佐車似與驅逆之車別者但王制佐車與田僕驅逆之車爲一其田僕佐車自是田車之貳曰佐佐文雖同其義則異也若然驅逆之車言佐者能逐禽故以佐言之云礿宗廟之夏祭也者大宗伯文云冬夏田主於祭宗廟陰陽始報象神之在內者仲冬一陽生仲夏一陰生是陰陽在內故神象之而行祭也此祭因田獵獻禽爲祭若正祭自在孟月

中秋教治兵如振旅之陳【疏】中秋至之陳○釋曰言教治兵者凡兵出曰治兵入曰振旅春以入兵爲名尚農事秋以出兵爲名秋嚴尚威故也云如振旅之陳者如春振旅時坐作進退疾徐疏數之法也

辨旗物之用王載大常諸侯載旂軍吏載旗師都載旜鄉遂載物郊野載旐百官載旟各書其事與其號焉其他皆如振旅軍吏諸軍帥也師都遂大夫也鄉遂鄉大夫也或載旜或載物衆屬軍吏無所將也郊謂鄉遂之州長縣正以下也野謂公邑大夫載旐者以其將羨卒也百

官卿大夫也載旗者以其屬衛王也凡旌旗有軍旅者畫異物無者帛而已書當爲畫事也號也皆畫以雲氣○書音畫出注氣本或作乞同〔疏〕辨旗至振旅○釋曰按下文注以出軍之旗則如秋則此經是在軍旌旗也云各書其事與其號焉者此二者即是仲夏百官各象其事及號名之等此秋雖不具辨號名以畧舉之見四時皆有此物也云其他皆如振旅者亦謂坐作進退疾徐之法如振旅之陳也○注軍吏至雲氣○釋曰云軍吏諸軍帥也者亦謂從軍將至下伍長皆是軍吏也云師都遂大夫也鄉遂鄉大夫也者按司常云孤卿建旜大夫士建物則鄉大夫是卿建旜是其常師都載旜不嫌無鄉大夫故鄭直舉遂大夫也云鄉遂大夫者以其遂大夫是中大夫建物是其常今鄉遂建物不嫌無遂大夫故鄭直舉鄉大夫也云或載旜或載物衆屬軍吏無所將也者鄉遂大夫若爲軍將則在軍吏載旗軍中領衆來時亦載旗今載旜載物不載旗故知已之所管之衆屬他軍吏已無所將以其已無武用非直不爲軍將亦不爲諸帥故全無所將以是載旜載物而已若然既不爲軍吏遂大夫上得與鄉同載旜鄉大夫則是卿下得與大夫同載物也以鄉遂大夫掌衆同故同載物也俱兩載者以其不爲軍將又不任鄉職鄉大夫尊卑之常當載旜載物而已故容其兩載也

云郊謂鄉遂之州長縣正以下也者郊內有六鄉州長已下郊外有六遂縣正已下故知言郊有此二等人也云野謂公邑大夫者按載師職云公邑之田任甸地郊外曰甸甸則郊外曰野故以野言之但公邑自甸以出至畺五百里有四等公邑皆有大夫治之故司馬法云二百里如州長四百里五百里如縣正是公邑大夫也云載旐者以其將羨卒也者以其六鄉之內上劑致民一家一人爲正卒其餘皆爲羨卒六遂之內下劑致民家一人爲正卒一人爲羨卒其餘爲餘夫正卒既屬軍吏其餘羨卒使此州長已下等不爲軍吏者領之但公邑之內雖不見有出軍之法若出軍亦當與鄉遂同以其得爲溝洫法故也若出軍亦正卒使大夫等爲軍吏其餘羨卒亦使不爲軍吏者領之云百官卿大夫也載旜者以其屬衛王也者以其天地四時之卿大夫其屬各六十有選當行衛守王者即是有衆故載鳥隼之旗云凡旌旗有軍衆者畫異物者即經天子諸侯軍吏郊野百官是也云無者帛而已者鄉遂載旜物是也云書當爲畫事也號也皆畫以雲氣者事即上百官言事號即上家言號不言名此亦有名文畧耳云畫以雲氣者鄭解經典言畫者皆以雲解之謂畫五色雲也

遂以獮田如蒐田之法羅弊致禽以祀祊秋田爲獮獮殺也羅弊罔止也秋田主用罔中殺者多也皆殺而罔止祊當爲方聲之誤也秋田主祭四方報成萬物詩曰以社以方○獮息淺反祊音方出注皆殺如字劉色界反〔疏〕遂以至祀祊○釋曰上文教載旗旜以物訖遂入防行獮田之禮其法如蒐田之法云羅弊致禽以祀祊者秋田主用羅羅止田畢入國過郊之神位乃致禽以祀四方之神○注秋田至以方○釋曰云祊當爲方聲之誤也者以祊乃是廟門之外內惟因祭宗廟及明日繹祭乃爲祊祭今既因秋田而祭當是祭四方之神故云誤也云秋田主祭四方報成萬物者以秋物成四方神之功故報祭之云詩曰以社以方者詩大雅引之證方是四方之神也

中冬教大閱春辨鼓鐸夏辨號名秋辨旗物至冬大閱簡軍實凡頒旗物以出軍之旗則如秋以尊卑之常則如冬司常左司馬時也大閱備軍禮而旌旗不如出軍之時空辟實○閱音悅辟音避〔疏〕中冬教大閱○釋曰以冬時農隙故大簡閱軍實之凡要也○注春辨至辟實○釋曰云春辨鼓鐸已下欲見春夏秋各教其一至冬大閱之時揔教之故云至冬大閱軍實云凡頒旗物以出軍之旗則如秋以尊卑之常則如冬司常佐司馬時也者以其王與諸侯所建秋冬同又秋云軍吏建旗師都載旜鄉遂載物郊野

載旐百官載旗不言旜旐二者以其是出軍之法故不言道車游車所載大閱之時見尊卑之常故司常云孤卿建旜大夫士建物師都建旗州里建旟縣鄙建旐道車載旞游車載旌此爲異也鄭云大閱備軍禮而旌旗不如出軍之時空辟實者大閱雖備禮是教戰非實出軍法是其空也秋教治兵治兵是出軍法故寄出軍之旗於彼是冬之空辟實出軍法者也趙商問巾車職建大麾以田注田四時田獵商按大司馬職四時皆建大常何鄭荅曰麾夏之正色田雖習戰春夏尚生其時宜入兵夏本不以兵得天下故建其正色以春夏田至秋冬出兵之時乃建大常趙商又問巾車職曰建大白以即戎注云謂兵車司馬職仲秋辨其物以治兵王建大常注凡頒旗物以出軍之旗則如秋不知大白以即戎爲何時荅曰白者殷之正色王即戎者或命將或勞師不自親將故建先王之正色異於親自將也

前期羣吏戒衆庶脩戰灋羣吏鄉師以下〔疏〕注羣吏鄉師以下○釋曰言前期者謂若大宰職云前期十日此亦在教戰前不必要十日前也知羣吏鄉師以下者見鄉師職云凡四時之田前期出田法于州里簡其鼓鐸旗物兵器脩其卒伍是其事也言鄉師以下則不及鄉鄉是鄉大夫則卿也則可及州長故州長職云若國作民而師田行

役之事則帥而致之掌其戒令與其賞罰黨正云凡作民而師田行役則以其法治其政事族師亦云若作民而師田行役則合其卒伍簡其兵器以鼓鐸旗物帥而至是其以下之事也

虞人萊所田之野爲表百步則一爲三表又五十步爲一表田之日司馬建旗于後表之中羣吏以旗物鼓鐸鐲鐃各帥其民而致質明弊旗誅後至者乃陳車徒如戰之陳皆坐鄭司農云虞人萊所田之野芟除其草萊令車得驅馳詩曰田卒汙萊玄謂萊芟除可陳之處後表之中五十步表之中央表所以識正行列也四表積二百五十步左右之廣當容三軍步數未聞致致之司馬質正也弊仆也皆坐當聽誓○芟所銜反令力呈反下令走同卒子律反汙音烏行戶剛反下行列行陳皆同仆音赴

疏 虞人至皆坐○釋曰虞人者若田在澤澤虞若田在山山虞謂使其地之民於可陳之處芟除草萊故云萊所田之野云爲表百步則一爲三表者按下注引月令司徒北面以誓之此經云

司馬建旗於後表之中車徒皆坐則此於可陳之中從南頭立表以北頭爲後表也○注鄭司至聽誓○釋曰先鄭云虞人萊所田之野芟除其草萊令車得驅馳者謂芟除其田獵之處故云令車得驅馳引詩者證田處草萊按王制云昆蟲未蟄不以火田則仲冬之時放火田獵何須芟除草萊是以車攻詩毛傳云大艾草以爲防然後焚而射焉是田處不得芟草萊故後鄭易之以爲芟除可陳之處云後表之中五十步表之中央者謂從南表至北表云表所以識正行列也者於可陳之中央立此四表表兩相各有三軍之衆至表則間一而坐坐而更起是表正行列也云積二百五十步者以三表之間有二百步又加一表五十步故揔爲二百五十步也云左右之廣當容三軍者天子六軍左右之地各容三軍此鄭據天子六軍整數而言其實兼羨卒之等故小司徒職云凡起徒役無過家一人惟田與追胥竭作鄭云國人盡行是非止六鄉之民六軍而已云步數未聞者但先南北二百五十步東西不言步數故云未聞也云皆坐當聽誓者下文即云聽誓於陳前故先當聽誓也

羣吏聽誓于陳前斬牲以左右徇陳曰不用命者斬之羣吏諸軍帥也陳前南面鄉表也月令季秋天子教于田獵以習五戎司徒搢扑北面以誓之此大閱禮實正歲之中冬而說季秋之政於周爲中冬爲月令者失之矣斬牲者小子也凡誓之大畧甘誓湯誓之屬是也○鄉許亮反搢劉如字又音箭一音初洽反扑普卜反甘如字劉胡甘反

疏 羣吏至斬之○釋曰云羣吏聽誓於陳前者士卒皆於後表北面坐羣吏諸軍帥皆在士卒前南面立以聽誓云斬牲以左右徇陳者從表左右向外以徇陳○注羣吏至是也○釋曰云羣吏諸軍帥者從軍將以至伍長謂象軍吏建旗者也引月令者證所誓者是司徒使司徒誓者此軍吏及士本是六鄉之民今雖屬司馬猶是已之民衆故使司徒誓之也云此大閱禮實正歲之中冬者周雖建子爲正及其行事皆用夏之正歲則此經中夏中春中秋中冬皆據夏法也云而說季秋之政於周爲中冬爲月令者失之矣呂不韋作月令者以爲此經中冬爲周之中冬當夏之季秋故說於季秋是失之矣按月令季秋云是月也天子乃教於田獵以習五戎班馬政云云注引中秋教治兵法王載大常已下爲證不云失至此乃以月令是中冬教大閱法而言爲月令者先鄭君兩解之以其彼云司徒誓衆與此誓衆之等同故爲大閱彼爲治兵法者以彼文授車以等級乃命主祠祭于四方又與中秋治兵者同故彼爲治兵法也云斬牲者小子職云凡師田

斬牲以左右徇陳是也云凡誓之大畧甘誓湯誓之屬是也者甘誓是啓與有扈戰湯誓是湯伐桀誓衆辭言之屬者仍有大誓費誓之等故云之屬

中軍以鼙令鼓鼓人皆三鼓司馬振鐸羣吏作旗車徒皆作鼓行鳴鐲車徒皆行及表乃止三鼓摝鐸羣吏弊旗車徒皆坐中軍中軍之將也天子六軍三三而居一偏羣吏既聽誓各復其部曲中軍之將令鼓鼓以作其士衆之氣也鼓人者中軍之將師帥旅帥也司馬兩司馬也振鐸以作衆作起也既起鼓人擊鼓以行之伍長鳴鐲以節之伍長一曰公司馬及表自後表前至第二表也三鼓者鼓人也鄭司農云摝讀如弄玄謂如涿鹿之鹿掩上振之爲摝摝者止行息氣也司馬法曰鼓聲不過閶鼙聲不過闒鐸聲不過琅○摝音鹿李扶表反鐸待洛反涿丁角反沈音濁劉音獨閶吐剛反闒吐獵反劉湯荅反琅音郎

疏 中軍至皆坐○釋曰此經揔說聽誓既已將欲向南第二表象戰陳初發面敵此即仲春振旅疾徐坐作之事一也○注中軍至過琅○釋曰中軍中軍之將也者此六軍三軍居一偏皆自有中軍也

是以鄭云天子六軍三三而居一偏也言三三者非謂如算法云三三而九者直是兩箇三爲三而復三而已也云羣吏既聽誓命各復其部曲者軍吏本各主其部分曲别謂若伍長主五人兩司馬主二十五人卒長主百人之等皆是部曲至於誓之時出向衆前聽誓訖各復其部伍本處故云復其部曲也云中軍之將令鼓者經云中軍以鼙令鼓故知中是中軍之將也云鼓以作其士衆之氣者春秋左氏曹劌云一鼓作氣再而衰三而竭是鼓以作士衆之氣也云鼓人者中軍之將師帥旅帥也者按左氏成二年傳晉與齊戰于鞌郤克傷於矢曰余病矣張侯曰師之耳目在吾旗鼓進退從之於是右爰抱而鼓之時郤克擊鼓哀二年左傳鐵之戰趙簡子云伏弢嘔血鼓音不衰是皆將居鼓下知兼有師帥旅帥者按上文春辨鼓鐸云軍將執晉鼓師帥執提旅帥執鼙皆是鼓人故知是軍將師帥旅帥也其卒長執鐃已下皆金非鼓也云司馬兩司馬也者以其上文云兩司馬執鐸故知此經云司馬振鐸者是兩司馬也云以作衆者金雖非鼓振之者亦是以作衆也云作起也既起鼓人擊鼓以行之者釋經車徒皆作鼓行也云伍長鳴鐲以節之者上文云公司馬執鐲鼓人職云金鐲節鼓故云伍長鳴鐲以節之也云伍長一曰公司馬者上文云公司馬執鐲是伍長故云一曰公司馬也先鄭云摝讀如弄者直以摝弄聲相近以振鐸謂之弄也玄謂如涿鹿之鹿者謂從史記黃帝與蚩尤戰于涿鹿之鹿直取音同不從義也此是鹿鹿然作聲也云掩上振之者以手在上向下掩而執之云止行息氣也者按鼓人云金鐸通鼓金鐃止鼓則金鐸是通鼓而云止行息氣者見經云摝鐸即云羣吏弊旗故知金鐸亦得止行息氣也司馬法鼓聲不過閶以下者證鼓鼙與鐸聲之有異也

又三鼓振鐸作旗車徒皆作

鼓進鳴鐲車驟徒趨及表乃止坐作如初趨者赴敵尚疾之漸也春秋傳曰先人有奪人之心及表自第二前至第三○驟仕救反劉才邁反先悉薦反

〔疏〕注春秋至之心○釋曰昭二十一年冬十月華登以吳師救華氏宋廚人濮曰軍志有之先人有奪人之心注云戰氣未定故也後人有待其衰注云待敵之衰乃攻是其事也

乃鼓車馳徒走及表乃止及表自第三前至前表

鼓戒三闋車三發徒三刺鼓戒戒攻敵鼓壹闋車壹轉徒壹刺三而止象服敵○闋苦穴反

〔疏〕注鼓戒至服敵○釋曰經并言三闋三發三刺鄭厤言鼓一闋車一轉徒一刺三而止者鄭據實而言非是一時而三故也

乃鼓退鳴鐃且卻及表乃止坐作如初鐃所以止鼓軍退卒長鳴鐃以和衆鼓人爲止之也退自前表至後表鼓鐸則同習戰之禮出入一也異者廢鐲而鳴鐃○卻起畧反和胡卧反爲于僞反下爲相疑同

〔疏〕乃鼓至如初○釋曰此言乃鼓退者謂至南表軍吏及士卒同身向北更從南爲始也云鳴鐃且卻者此鳴鐃且卻據初至南表退軍之時象在軍軍退亦鳴鐃是以左氏哀公傳鐵之戰陳子云吾聞鼓不聞金亦是鳴鐃退軍注及其向北即更爲習戰之事故云及表乃止坐作如初故鄭云習戰之禮出入一也○注鐃所至鳴鐃○釋曰云鐃所以止鼓者鼓人職云金鐃止鼓是也知卒長鳴鐃者春辨鼓鐸云卒長執鐃是也云退自前表至後表者經畧言表則及表乃止坐作如初者揔向北三表故鄭云自前表至後表也云鼓鐸則同者鼓人三鼓兩司馬執鐸與向南時同以其習戰之禮出入一也云異者廢鐲而鳴鐃者前向南時云鼓一行鳴鐲此北向不言鳴鐲而言鼓退鳴鐃以其雖習戰出入一猶衆退軍故鳴鐃也

遂以狩田以旌爲左右和之門羣吏各帥其車徒以敘和出左右陳車徒有司平之旗居卒間以分地前後有屯百步有司巡其前後險野人爲主易野車爲主冬田爲狩言守取之無所擇也軍門曰和今謂之壘門立兩旌以爲之敘和出用次第出和門也左右或出而左或出而右有司平之鄉師居門正其出入之行列也旗軍吏所載分地調其部曲疏數前後有屯百步車徒異羣相去之數也車徒畢出和門鄉師又巡其行陳鄭司農云險野人爲主人居前易野車爲主車居前○分扶問反又如字注同易以豉反注同壘力軌反

〔疏〕遂以至爲主○釋曰此一節揔論教戰訖入防田獵之事故云遂以狩田也云以旌爲左右和之門者六軍分三軍各處東西爲左右各爲一門云以致和出者以教戰處內故以田處出云旗居卒間者軍吏各領已之士卒執旗以表之故旗居卒間也○注冬田至居前○釋曰云冬田爲狩言守取之無所擇者對春夏言蒐言苗有所擇又秋名獮中殺者多對此圍守之此又多於獮故得守名也云軍門曰和者左氏傳云師克在和不在衆田獵象戰伐故其門曰和門也云今謂之壘門者漢時

軍壘爲門名曰壘門與古和門同故舉爲說云立兩旌以爲之者昭八年穀梁傳云秋蒐於紅正也又云艾蘭以爲防置旜以爲轅門以葛覆質以爲槷注云質椹也槷門中臬又云流旁握御轚者不得入注流旁握謂車兩轊頭各去門邊容握握四寸也又車攻詩傳云大艾草以爲防或舍其中褐纏旃以爲門裘纏質以爲槸門容握驅而入擊則不得入左者之左右者之右然後焚而射焉又云古者戰不出頃田不出防是其事也云有司平之鄉師居門正其出入之行列也者按鄉師職云巡其前後之屯常戮其犯命者斷其爭禽之訟故知此經云有司皆是鄉師也云車徒異羣者出軍之時一車甲士三人步卒七十二人車徒同羣今在軍行列之時則車徒異羣故車人有異也

既陳乃設驅逆之車有司表貉于陳前驅驅出禽獸使趨田者也逆逆要不得令走設此車者田僕也○驅起具反又如字要於遙反 疏 既陳至陳前○釋曰前經論陳車徒訖故此云既陳云乃設驅逆之車設訖即爲表貉之祭於陳前也○注驅驅至僕也○釋曰云驅驅出禽獸使趨田者按王制云天子發諸侯發皆不云佐車者其實天子諸侯田時皆有驅逆之佐車直於大夫言之者據終而言也知設此車是田僕者見田僕職云設驅逆之車故知也

中軍以鼙令鼓鼓人皆三鼓羣司馬振鐸車徒皆作遂鼓行徒銜枚而進大獸公之小禽私之獲者取左耳羣司馬謂兩司馬也枚如箸銜之有繣結項中軍法止語爲相疑惑也進行也鄭司農云大獸公之輸之於公小禽私之以自畀也詩云言私其豵獻肩于公一歲爲從二歲爲豝三歲爲特四歲爲肩五歲爲慎此明其獻大者於公自取其小者玄謂慎讀爲麎爾雅曰豕生三曰豵豕牝曰豝麋牝曰麎獲得也得禽獸者取左耳當以計功○箸直慮反繣戶卦反劉又胡麥反或音卦畀必二反與也豝音巴本亦作巴慎如字亦音辰麎音辰又音腎止尸反麎麋牝也豵本亦作豵子工反 疏 中軍至左耳釋曰此令鼓之事與上文教戰時大同惟徒銜枚爲異○注羣司至計功釋曰鄭知羣司馬謂兩司馬者上文春辨鼓鐸云兩司馬振鐸故知之也云枚如箸銜之有繣結項中者雖無正文以意言之繣即兩頭繫也既有兩繫明於項後中央結之先鄭引詩云言私其豵獻肩于公一歲爲豵已下鄭皆不從者豳詩毛傳云三歲曰豣此云四歲爲肩爾雅云豕生一曰特二曰師三曰豵又爾雅云麎牝曰麎無五歲爲慎又魏詩云三歲曰特先鄭皆無可依據故不從也若然豣還是鹿之絶有力者也

及所弊鼓皆駴車徒皆譟鄭司農云及所弊至所弊之處玄謂至所弊之處田所當於止也天子諸侯蒐狩有常至其常處吏士鼓譟象攻敵剋勝而喜也疾雷擊鼓曰駴譟讙也書曰前師乃鼓付鼓譟亦謂喜也○駴本亦作駭胡楷反李一音亥譟素報反付鼓音符又芳甫反 疏 及所至皆譟○釋曰云及所弊者冬徒弊止之處謂百姓獵止○注鄭司至喜也○釋曰引書曰者書傳文彼說武王伐紂時事

徒乃弊致禽饁獸于郊入獻禽以享烝徒乃弊徒止也冬田主用衆物多衆得取也致禽饁獸于郊聚所獲禽因以祭四方神於郊月令季秋天子既田命主祠祭禽四方是也入又以禽祭宗廟○饁于輒反劉于法反烝之升反後皆放此 疏 徒乃至享烝○釋曰云致禽饁獸于郊者亦謂因田過郊之神位而饋之○注徒乃至宗廟○釋曰月令季秋天子既田云云者證彼祭禽于四郊與此饁獸于郊爲一物其實彼一解以爲是仲秋祭禽以祠祊爲一也

及師大合軍以行禁令以救無辜伐有罪師所謂王巡守若會同司馬起師合軍以從所以威天下行其政也不言大者未有敵不尚武○從才用反下同 疏 注師所至尚武○釋曰云師所謂王巡守若會同者以對下文云若大師是出軍法故鄭云未有敵不尚武也

若大師則掌其戒令涖大卜帥執事涖釁主及軍器大師王出征伐也涖臨也臨大卜卜出兵吉凶也司馬法曰上卜下謀是謂參之主謂遷廟之主及社主在軍者也軍器鼓鐸之屬凡師既受甲迎主于廟及社主祝奉以從殺牲以血塗主及軍器皆神之 疏 若大至軍器○釋曰云帥執事涖釁主及軍器者按小子職云釁邦器及軍器彼官釁之而大司馬臨之○注大師至神之○釋曰鄭知臨大卜者按大卜云掌龜之八命一曰征故知也云司馬法曰上卜下謀是謂參之者卜在廟又龜有神故云上卜謀人在下故云下謀君居其中故云參也云主謂遷廟之主及社主在軍也者曾子問云軍行則以遷廟之主行左傳祝佗云軍行祓社釁鼓祝奉以從尚書云用命賞于祖不用命戮于社皆是在軍者也

及致建大常比軍衆誅後至者比或作庀鄭司農云致謂聚衆也庀

具也玄謂致鄉師致民於司馬比校次之也○比必履反注
同或毗志反劉芳直反作庀匹是也劉芳美反具也沈方二
反 疏 注比或至之也○釋曰先鄭云庀具也者先鄭從古
書庀役鄭不從以爲校次者凡物有數者皆須校次
乃知具不故不從具也玄謂致鄉師致民於司馬者據鄉師
職知之具司馬用王大常者以上文大師王親御六軍故司
馬用王之大常致衆若王不
親則司馬自用大旗致之 **及戰巡陳眂事而賞罰**
事謂戰功也
○眂音視 疏 及戰至賞罰○釋曰巡陳者司馬當戰對
陳之時巡軍陳眂其戰功之事知有其功
無功而行
賞罰也 **若師有功則左執律右秉鉞以先愷樂獻于社**
功勝也律所以聽軍聲鉞所以爲將威也先
猶道也兵樂曰愷獻于社獻功于社也司馬
法曰得意則愷樂愷歌示喜也鄭司農云故城濮之戰
春秋傳曰振旅愷以入于晉○鉞音越道音導濮音卜 疏
若師至于社○釋曰云若師有功則左執律右秉鉞以先者
謂戰陳知有勝功訖乃執律者示此律聽軍聲尅勝耳右秉
鉞示威也○注功勝至于晉○釋曰云律所以聽軍聲者大
師職文彼初出軍時大師執聽至此尅勝司馬執之先鄭引

城濮之戰者僖二十八年晉文公敗楚於城濮兵入曰振旅
整衆而還歌愷樂而入晉彼諸侯法與此天子禮同故引爲
證也趙商問夏官師有功則獻于社春官大司樂王師大獻
則令奏愷樂注云大獻獻捷於祖不達異意鄭荅曰司馬主
軍事之功故獻於社大司樂宗伯之屬宗伯主宗廟故獻于
祖若然軍有功二處俱獻以其出軍之時告于祖宜于社故
反必
告也 **若師不功則厭而奉主車** 鄭司農云厭謂厭
冠喪服也軍敗則
以喪禮故秦伯之敗於殽也春秋傳曰秦伯素服郊次鄉師
而哭玄謂厭伏冠也奉猶送也送主歸於廟與社○厭於涉
反李一音於入反注同殽戶
交反劉音豪鄉師許亮反 疏 注鄭司至與社○釋曰春
秋秦伯事左傳僖三十三
年秦師襲鄭之事按彼僖三十年秦晉圍鄭鄭使燭之武說
秦伯秦師退使杞子逢孫楊孫戍鄭至僖三十三年秦使孟
明視白乙丙西乞術襲鄭將至鄭逢商人弦高將市于周詐
之秦師還至殽晉師與姜戎敗之獲三帥因之於晉晉舍三
師還秦伯素服郊次鄉師而哭之是其事也玄謂厭伏冠也
者按下曲禮云厭冠不入公門彼差次當緦小功之冠以義
言之五服之冠皆厭以其喪冠反吉冠於武上向內縫之喪
冠於武下向上縫之以伏冠在武故得厭伏之名按檀弓注

厭冠喪冠其服亦未聞若然先鄭引秦伯素服者彼據在國
向外哭此則從外向內不同故云其服未聞後鄭不破者已
有檀弓注此
從破可知 **王弔勞士庶子則相** 師敗王親弔士庶
子之死者勞其傷
者則相王之禮庶子卿大夫之子從軍者或
謂之庶士○勞老報反注同相息亮反注同 疏 注師敗至
庶士○釋
曰按宮伯云掌宮中士庶子注云士適子庶子其支庶與此
注云庶子爲卿大夫之子適庶俱兼則經中士爲卿大夫士
之身與宮伯注不同者彼宮正掌卿大夫士身宮伯別掌士
庶子士庶子爲適子支子明矣此惟一文云弔勞士庶子不
見別有弔勞卿大夫士身故分之鄭望經爲注故不同也若
然此注不云士之子者以其卿大夫之適子爲王與后與士
同故親弔勞之士之子如衆人不
得爲王及后如士故不弔勞之也 **大役與慮事屬其**
植受其要以待攷而賞誅 大役築城邑也鄭司農
云國有大役大司馬與
謀慮其事也植謂部曲將吏故宋城春秋傳曰華元爲植巡
功屬謂聚會之也要者簿書也考謂考校其功玄謂慮事者
封人也於有役司馬與之植築城楨也屬賦丈尺與其用人
數○與慮音預又如字注與謀同屬音燭注同植直吏反注

同華戶化
反楨音貞 疏 大役至賞誅○釋曰此謂築城邑之時封人
慮事計功大司馬雖不掌徒役亦得與謀也
屬其植者屬謂屬聚徒役計其人數付其丈尺以課其功也
植者版幹之屬計其人事各使備足也○注大役至人數○
釋曰先鄭以爲與慮事大司馬與在謀慮其事中後鄭從之
增成其義按宣十一年楚令尹蔿艾獵城所使封人慮事以
授司徒注云封人司徒之屬官是封人慮事司馬與在謀慮
中也春秋宋華元者按宣二年左氏傳云宋城華元爲植巡
功注云植將主也先鄭云植謂部曲將吏屬謂聚會之後鄭
不從以爲植築城楨也屬賦丈尺與其用人數者按昭三十
二年晉士彌牟營成周計丈數揣高卑度厚薄仞溝洫又云
以令役於諸侯屬役賦丈尺宣十一年計慮用人功之數以
此知屬謂賦丈
尺與人數也 **大會同則帥士庶子而掌其政**
令 帥師以
從王 疏 注帥師以從王○釋曰知帥師以從王者
按諸子職云若會同賓客作羣子從注云
從從王是
其事也 **若大射則合諸侯之六耦** 大射王將祭
射于射宮以
選賢也王射三侯
以諸侯爲六耦 疏 若大至六耦○釋曰王大射之時有
諸侯來朝在京師者大司馬令之爲

六耦○注大射至六耦○釋曰云大射王將祭射于射宮以選賢也者按禮記射義云古者天子之制諸侯歲獻貢士於天子天子試之於射宮而中多者得與於祭大射禮亦射於郊學宮中皆是爲祭選士故云選賢也云王射三侯者司裘云王大射則共虎侯熊侯豹侯是也此大射是將祭而射故用諸侯爲六耦若賓射射人亦用六耦但不用諸侯當用卿大夫爲之燕射三耦自然用卿大夫已下爲之

大祭祀饗食羞牲魚授其祭　牲魚魚牲也祭謂尸賓所以祭也鄭司農云大司馬主進魚牲○食音嗣後饗食皆放此

疏　大祭至其祭○釋曰大祭祀謂天地宗廟此大祭據祭廟而言其中小之祭祀亦爲之矣饗食謂諸侯來朝上公三饗三食之等行之在廟故與大祭祀同皆羞進魚牲○注牲魚至魚牲○釋曰云祭謂尸賓所以祭也者大祭祀授尸祭饗食授賓祭祭者魚之大臠即少牢下篇云主人主婦尸侑各一魚加膴祭於其上膴謂魚之反覆者公食大夫亦云授賓祭故云祭謂尸賓所以祭若王祭則膳夫云授王祭是也先鄭云大司馬主進魚牲者必使司馬進之者司馬夏官夏陰氣所起魚水物亦陰類故使司馬進之也

大喪平士大夫　鄭司農云平一其服也玄謂平者正其職與其位

疏　大喪平士大夫○釋曰必使司馬平之者司馬之屬有司士主羣吏今王喪不得使司士故司馬平之○注鄭司至其位○釋曰先鄭云平一其服也者後鄭不從者小宗伯已懸衰冠故後鄭以爲平者正其職與其位也

喪祭奉詔馬牲　王喪之以馬祭者蓋遣奠也奉猶送也送之至墓告而藏之○遣奠棄戰反後遣奠遣車之類皆同

疏　注王喪至藏之○釋曰鄭知喪祭是大遣奠者以其喪奠反虞卒哭喪祭之等無奉送詔告惟有大遣奠入壙之時有奉送之事故知喪祭是大遣奠耳

附釋音周禮注疏卷第二十九

[illegible]盧氏宣旬校

[illegible]

知南昌府張敦仁署鄱陽縣候補知州周澍栞

周禮注疏卷二十九挍勘記　阮元撰盧宣旬摘錄

附釋音周禮注疏卷第二十九

大司馬

使稱才仕用　閩監毛本仕作任此誤下同

監監一國　余本嘉靖本閩監毛本同釋文出監國二字則一爲衍文當刪正

職謂職稅也　宋本余本嘉靖本作賦稅與儀禮經傳通解合此誤

次國三之　按下脫一字

馮弱犯寡則眚之　閩監本眚誤青禮說云眚公羊作省省與眚通○按字書韻書無眚字

有鍾鼓曰伐　嘉靖本同閩監毛本鍾改鐘下及疏同

彼不言粗　閩監毛本粗改麤非下同

壇讀如同墠之墠　漢讀考作讀爲

壇讀從憚之以威之憚書亦或爲墠　釋文云憚之以本或無之字漢讀考作書亦或爲憚云今本作墠誤○按憚之以威見左傳昭公十三年

此則外內之惡兼有　閩監毛本作內外

雖君之衆　孫志祖云左傳無君之二字按詩殷武疏亦有君之二字疑今本左傳有脫文

衞公出奔楚　補毛本衞公作衞侯疑公上脫成字

經本不云殺不云滅　閩本同監毛本云改言

謂若齊襄公淫於外　惠挍本作淫於妹此誤

五千里爲界　賈疏及諸本同段玉裁云當作五百里

故書畿爲近　諸本同案近蓋圻之誤肆師注云故書祈爲幾杜子春讀幾當爲祈小子注又云春官肆

師職祈或作畿是故書作幾作畿也此當云故書祈爲畿鄭司農云畿當爲圻此猶杜從今書作祈不從故書作畿故下鄭春秋傳天子一圻詩殷頌邦圻千里證之經文畿當作圻淺人據故書改經復援經改注也詩亦古文作邦畿千里今文作邦圻千里○按前說甚誤故書作近古音相似也不當牽合他注爲肌決之語詩古文作畿今文作圻尤爲肌說

蓋中國稍遠 惠挍本蓋作去此誤

不通中國之言也 惠挍本言作名此誤

此九職亦施與邦國 浦鏜云與疑於字誤

地卽據下地之下上 閩本同誤也當從監毛本作下地之上

直取參之一舉整言之 之二閩本同誤也當從監毛本作參之二

是以書傳文 浦鏜云文當云字誤

諸侯執賁鼓 唐石經諸本同通典七十六賁作鼖注中同案注引鼓人職以賁鼓鼓軍事鼓人字鼖釋文鼖扶云反此釋文賁鼓扶云反賁鼓二字蓋鼖之誤分也經注皆當作鼖○按一經之内用字之例不必畫一此係改經改釋文非是

提持鼓立馬髦上者 通典引此注無鼓字

雖卑同其號 通典卑下有亦此脫

中軍以舉令鼓 浦鏜云鼙誤舉

無干車 嘉靖本車作軍

虞行守禽之厲禁也 余本同誤也賈疏嘉靖本毛本行作衡當據正閩本剜改作虞行守禽之之厲禁也複一之字監毛本承其誤

獻肩于公 監本肩作豣據毛詩妄改釋文云獻肩詩作豣知禮注無作豣者

春時鳥獸字乳 宋本作孚乳此誤

謂無干犯他事 閩本同誤也當從監毛本事作車

按山虞皆云 浦鏜云虞下當脫林衡二字

羣吏撰車徒 唐石經余本嘉靖本同閩監毛本羣改群下及注疏並同

以簿書校錄軍實之凡要 嘉靖本簿作薄按釋文簿書步古反後簿書皆放此蓋亦本作薄

東鄉爲人是也 禮說云世本有宋大夫東鄉爲無人字似以爲氏則南鄉甄者亦氏南鄉名甄也漢讀考云惠據廣韻今左氏宋有向爲人鄉向古通疑鄉氏有東鄉南鄉之別段玉裁又云左傳文七年正義云世本宋桓公生公子鱗鱗生東鄉矔是則左傳鱗矔世本作東鄉矔左傳鱗朱向帶向爲人皆桓族也然則世本之東鄉爲人卽左傳向爲人無疑鄭注出世本廣韻引世本奪人字耳

凡軍有三種 浦鏜云軍下當脫實

自鄉大夫已下 閩本同監毛本鄉誤卿

孟子云因内政寄軍令 當從毛本作管子

鄉遂大夫則爲諸師也 浦鏜云師當帥字誤

冬夏田主于祭宗廟者 通典于作於

但春時主孚乳 閩毛本同監本孚誤字

鄉遂載物 唐石經原刻作遂後磨改爲家按賈疏是遂字漢讀考云此當從石經作鄉家假令是鄉遂則注不得云鄉大夫也

凡旌旗有軍旅者 余本閩監毛本同誤也嘉靖本旅作衆通典引此注同當據以訂正臧禮堂云春秋正義隱五年桓五年宣十二年成十六年皆引作軍衆

以畧舉之 閩本同監毛本以作亦

不嫌無卿大夫 此卿大夫之誤

二百里如州長 浦鏜云二百里下脫三百里三字

遂以獮田如蒐田之灋 諸本同唐石經無下由按中夏云遂以苗田如蒐之灋無下田則此爲衍文無疑

上文敎載旗旜物訖 浦鏜云戴頒二字誤載從儀禮通解續按

云詩曰以社以方者詩大雅 浦鏜云小雅之訛

司常左司馬時也 余本閩監本同嘉靖本毛本左作佐○按左者古之佐字漢人祗用左

注云謂兵車 惠挍本車作事此誤

仲秋辨其物以治兵王建大常 惠挍本其作旗建作載

四表積二百五十步 浦鏜云三百誤二百疏中同

表兩相各有三軍之衆 浦鏜云相當廂字誤

及表乃止 毛本止誤正

鼓以作其士衆之氣也 通典無也

云羣吏既聽誓命 按注無命字

於是右爰抱而鼓之 毛本爰作援當據正抱亦當作桴○按說文枹擊鼓杖也當从木而譌作扌耳作桴者乃假借字

哀三年左傳鐵之戰 按三當作二

赴敵尚疾之漸也 通典無也

自第二前至第三 通典下有表

戒攻敵也 通典下有也此脫

鼓壹闋 通典壹作一下同按注中不當用古字諸本作壹非疏中皆作一

且郤 唐石經余本嘉靖本閩本同監毛本郤誤卻

鐃所以止鼓 通典下有也

鼓人爲止之也 通典無也

回身向北 惠挍本回作迴

易野車爲主 監本主誤王

旗軍吏所載 通典下有也字

又秋名獮中殺者多 閩監本同誤也當從毛本又作及

褻纏質以爲槸 閩毛本槸誤槸監本誤摯

擊則不得入 閩監本同誤也惠挍本擊作轚當據正毛本誤繫○按說文轚者車轄相擊也

三歲曰豣 閩監毛本豣作豜

象攻敵剋勝而喜也 余本嘉靖本閩本同監毛本剋改尅

因以祭四方神於郊 通典四方下有之

以行禁令以救無辜 監本令誤今辜誤辠閩毛本亦訛辠

帥執事 毛本帥誤師

軍器鼓□之屬 余本嘉靖本毛本及通典皆作鼓鐸當據以補正閩監本作鼓鍾非也

皆神之 通典作皆神明之

比或作庀 葉鈔釋文庀作庇余本載音義同

元謂致鄉師致民於司馬比校次之也 通典作致鄉師致民於司馬也此挍

次之

故秦伯之敗於殽也此本及閩監本殽訛殺今據嘉靖本毛本訂正疏中監毛本亦誤

考謂考校其功余本嘉靖本同閩監毛本上考作攷非○按上文曰校次之此曰考校其功校字皆从木漢人蓋無从手之挍

植築城楨也閩監毛本同誤也余本嘉靖本植作楨葉鈔釋文及余本載音義同當據正此本疏及音義皆不誤閩本疏中誤植○按此楨榦字

楚令尹蔿艾獵城所浦鏜云沂誤所

帥師以從王余本閩監毛本同誤也嘉靖本作帥帥當據正○按帥逗帥以從王四字一句

若大至六耦閩本同監毛本大下衍射

今王喪不得使司士宋本缺得

以其喪奠反虞卒哭喪祭之等宋本無下喪此衍

周禮注疏卷二十九校勘記

南昌袁泰開挍

附釋音周禮注疏卷第三十

鄭氏注　賈公彦疏

小司馬之職掌此下字脫滅札爛文闕漢興求之不得遂無識其數者〔疏〕注此下至數者。釋曰鄭知脫滅札爛又闕者見天官小宰地官小司徒春官小宗伯之等職掌下其文多矣凡小祭祀之言皆是於下摠結以此知此下脫滅札爛又闕也言脫滅者直據職掌下一經脫滅札爛又闕者以其下經簡札爲韋編折爛闕落知漢興求之不得者此闕與冬官所亡同日皆爲遭暴秦燔滅典籍。興購求遺書不得也云遂無識其數者以其無文遂無記識職掌以下之數耳

凡小祭祀會同饗射師田喪紀掌其事如大司馬之灋〔疏〕凡小至祭祀。釋曰云小祭祀已下至喪紀皆掌此小字對大司馬大祭祀之等大司馬之小會同謂諸侯使卿大夫來聘王使卿大夫與之會同言饗射師田皆是諸侯使卿大夫來聘王還使卿大夫與饗燕及射師田之等也小喪紀者三夫人已下云掌事如大司馬之法亦如大司馬羞魚牲授其祭之等也

軍司馬闕

輿司馬闕

行司馬闕〔疏〕軍司馬輿司馬行司馬。釋曰軍司馬當宰夫肆師之等皆下大夫四人輿司馬當上士八人行司馬當中士十六人餘官皆無異稱此獨有之者以軍事是重故特生別名此等皆與上同闕落之

司勳掌六鄉賞地之灋以等其功賞地賞田也在遠郊之內屬六鄉焉等猶差也以功大小爲差〔疏〕注賞地至爲差。釋曰知賞地是賞田在遠郊之內者以載師職云牛田賞田任遠郊之地故知也知屬六鄉者以其遠郊內置六鄉故也云以功大小爲差者以下文云輕重視功則賞地大小不定故知以功大小爲差

王功曰勳輔成王業若周公〔疏〕輔成王業若周公。釋曰知據王業者以其言王繼王身而言明據王之位業而說耳以周公攝政相幼君致大平還政成王是輔成王業之事故以周公託之但經之所云不得專爲周公伊尹之等故皆云若此擬之耳

國功曰功保全國家若伊尹〔疏〕注保全國家若伊尹。釋曰鄭知保全國家者以其言國繼國而言故知是保全國家者也以伊尹比之者以湯時天下太平湯崩孫太甲即位不明政事伊尹爲數篇書以諫之諫既不入乃放之桐宮三年思庸復歸於亳國家得全故以伊尹擬之耳

民功曰庸法施於民若后稷〔疏〕注施於民若后稷。釋曰知法施於民若后稷者以其言民繼民言之先王之業以農爲本以后稷比之者周之先祖棄爲堯之稷官農人植嘉穀天下爲烈豈一手一足哉庸亦功也以法施於民有功故以后稷擬之

事功曰勞以勞定國若禹〔疏〕注以勞定國若禹。釋曰知以勞定國者以其言勞據勤勞施國而言堯遭洪水下民昏墊國家不定命禹治之手足胼胝三過門不入弼成五服國乃獲安故以禹擬之也

治功曰力制法成治若咎繇。治直吏反注同咎音羔繇音遥〔疏〕注制法成治若咎繇。釋曰以其言治言力故知制法成治出其謀力按虞書帝謂咎繇云蠻夷猾夏寇賊姦宄汝作士五刑有服是咎繇制其刑法國家治理故以咎繇擬之

戰功曰多尅敵出奇若韓信陳平司馬法曰上多前虜〔疏〕注尅敵至前虜。釋曰知多是尅敵出奇者以其言多是於衆之中比校多少之事故知是尅敵出奇比彼爲多者也漢之二將是尅敵出奇之人故以擬之耳云司馬法曰上多前虜者彼亦是戰以功多爲上居於陳前虜獲俘囚故引以證多爲戰功者也此上六者皆對文爲義若散文則通是以春秋左氏云舍爵策勳彼戰還而飲至不云舍爵策多是通也明堂位云周公爲有勳勞於天下是周公德大有勳兼勞者也

凡有功者銘書於王之大常祭於大烝司勳詔之銘之言名也生則書于王旌以識其人與其功也死則於烝先王祭之詔謂告其神以辭也盤庚告其卿大夫曰茲予大享于先王爾祖其從與享之是也今漢祭功臣於廟庭。識音志盤步干反與音預〔疏〕凡有至詔之。釋曰凡有功謂上六者故云凡以該之使司勳詔之者以其司勳知功之有無大小故也詔之謂詔司常書之又以辭使春官告神。注銘之至廟庭。釋曰言生則書於王旌以識其人與其功也者以王建大常故云王旌必於王旌識功與人者王旌車上建之就旌上書之欲取表顯示人故也引盤庚告其卿大夫者盤庚殷王欲遷往亳殷臣民有不肯者故告之云我

不掩爾善所以者何茲予大享於先王之時爾祖其從先王與在享祭之中見爾見在不掩可知何不從我遷乎引漢法欲見古者祭功臣在廟庭也必祭功臣在冬之蒸祭者蒸者衆也冬時物成者衆故祭功臣按彼書注以大享爲蒸嘗者此舉冬祭物成者衆而言其嘗時亦祭之也或可周時直於蒸時祭功臣殷時蒸嘗俱祭禮異故也

大功司勳藏其貳貳猶副也功書藏于天府又副于此者以其主賞（疏）注貳猶至主賞○釋曰鄭知功書藏於天府者天府職文也

掌賞地之政令政令謂役賦（疏）注政令謂役賦○釋曰鄭以政爲征征稅也賞地在六鄉之內亦從溝洫貢天子法其民亦從鄉之徭役之法

凡賞無常輕重眡功無常者功之大小不可豫（疏）注無常至可豫○釋曰賞地在遠郊之內有疆界未給者空之待有功乃隨功大小給之故云不可豫也

凡頒賞地參之一食鄭司農云不以美田爲采邑玄謂賞地之稅參分計稅王食其一也二全入於臣（疏）注鄭司至於臣釋曰先鄭意以參之一食者謂以下地可食三之一似下地再易家得三頃歲種一頃食之故云不以美田爲采邑又以賞田與采邑爲

一物後鄭不從者不以美田爲采邑亦無文以言之又按載師職家邑任稍地小都任縣地大都任疆地自三百里已外爲之其賞田任在遠郊之內何得爲一物故鄭不從也後鄭云賞地之稅參分計稅王食其一也二全入於臣者采地之稅四之一與小國入天子同今賞田三之一分入天子與次國三之一入天子同

惟加田無國正加田既賞之又加賜以田所以厚恩也鄭司農云正謂稅也祿田亦有給公家之賦貢若今時侯國有司農少府錢穀矣獨加賞之田無正耳○正音征注同本亦作征少詩照反（疏）惟加田無國正○釋曰言無國正無稅入天子法其民出稅入主則有之但加田未知所在或可與賞田同處以其仕田在近郊加田在遠郊可知也○注加田至正耳○釋曰知加田既賞之又加賜以田者以其文承賞田之下即云加田故知賞田之外所加賜之田可知先鄭云祿田亦有給公家之賦貢擧漢法侯國有司農少府錢穀者漢法穀入司農錢入少府故擧以爲況祿田即采地之稅及賞田之等是也加田是加恩厚又不稅入天子凡大夫士賜地有四種大夫已上有采家邑任稍地之等是也又有賞田及加田載師又有仕田及王制圭田圭田即仕田是有四種禮記王制云大夫士有田則祭無田則薦少牢○特牲是大夫有田者是知士亦有田之法也

馬質掌質馬馬量三物一曰戎馬二曰田馬三曰駑馬皆有物賈此三馬買以給官府之使無種也鄭司農曰皆有物賈皆有物色及賈直○賈音嫁注及下同種章勇反下同（疏）馬質至物賈○釋曰云馬質者質平也主平馬力及毛色與賈直之等○注此三至賈直○釋曰云此三馬買以給官府之使無種者馬有六種此三者無種買以給官府餘三者仍有種馬齊馬道馬其齊馬道馬亦無種不買之者其種馬上善似母者其齊馬道馬雖非上善似母者亦容國家所蕃育不買之也

綱惡馬鄭司農云綱讀爲以亢其讎之亢書亦或爲亢亢御也禁也禁去惡馬不畜也玄謂綱以縻索維綱狎習之○亢苦浪反又音剛下同御魚呂反本亦作禦下同去起呂反小子注去之同縻亡皮反（疏）注鄭司至習之○釋曰先鄭讀爲以亢其讎之亢者按僖二十八年晉子犯曰背惠食言以亢其讎是也謂禁去惡馬不畜後鄭不從者此馬質所掌皆買之無稽何有惡馬禁去之類故不從也

凡受馬於有司

者書其齒毛與其賈馬死則旬之內更旬之外入馬耳以其物更其外否鄭司農云更謂償也玄謂旬之內死者償以齒毛與賈受之日淺養之惡也旬之外死入馬耳償以毛色不以齒賈任之過其任也其外否者旬之外踰二十日而死不任用非用者罪○內更音庚下及注同任用音壬又而鴆反（疏）注鄭司至者罪○釋曰後鄭云旬內死者償以齒毛與賈受之日淺養之惡也者所受之馬謂給公家之使旬之內雖任之過其任若養之善未能致死以其日少故也若養之惡雖不重任亦能致死云旬之外死入馬耳償以毛色不以齒賈任之過其任也者以其筋力既竭雖善養之任載過多可以致死故云過其任也云其外否者旬之外踰二十日死不任用非用者罪者以其行使二十日以外馬力既竭雖齊其任養之善容得致死故不償鄭見有三等之法下復云以任齊其行以意量之以爲此解

馬及行則以任齊其行識其所載輕重及道里齊其勞逸乃復用之○復扶又反（疏）注識其至用之○釋曰鄭知識其所載輕重及道里者以其經云馬及行明授行者所載輕重及道里須齊勞逸乃復用之不

得幷其勞逸也。若有馬訟則聽之。訟謂賣買之言相負。疏注訟謂至相負○釋曰知賣買之言者以馬質主買馬故知之也。禁原蠶者。原再也天文辰爲馬蠶書蠶爲龍精月直大火則浴其種是蠶與馬同氣物莫能兩大禁再蠶者爲傷馬與○直音値爲傷于僞反疏注原再至馬與○釋曰云天文辰爲馬者辰則大火房爲天駟故云辰爲馬云蠶書蠶爲龍精月值大火則浴其種者月值大火謂二月則浴其種則内宰云仲春詔后帥外内命婦始蠶於北郊是也若祭義云大昕之朝奉種浴於川然注云大昕季春朔日之朝是建辰之月又浴之者蓋蠶將生重浴之故彼下文即云桑於公桑之事是也云是蠶與馬同氣者以其俱取大火是同氣也云物莫能兩大者此莊二十二年左傳文按彼陳敬仲奔齊齊侯使敬仲爲卿敬仲其少也周史有以周易見陳侯者陳侯使筮之遇觀之否曰是謂觀國之光利用賓于王此其代陳有國乎不在此其在異國乎下云若在異國必姜姓也姜大岳之後也山岳則配天物莫能兩大陳衰此其昌乎引此者是無並大之義也云禁再蠶者爲傷馬與者二者既同氣不可兩大而禁再蠶明恐傷馬無正文故云與以疑之也

量人掌建國之灋以分國爲九州營國城郭營后宮量市朝道巷門渠造都邑亦如之。建立也立國有舊法式若匠人職云分國定天下之國分也后君也言君容王與諸侯○朝直遥反下及注同國分也扶問反疏量人至如之○釋曰云掌建國之法者以其建國當先知遠近廣長之數故也云以分國爲九州者分國謂分諸侯之國爲九州假令土廣萬里中國七千七七四十九方千里者四十九其一爲畿内其餘四十八八州各得方千里者六是爲九州也至於中平通夷狄七千中國五千衰世通夷狄五千中國三千計皆可知故分國爲九州州各有疆界故詩云帝命式於九圍是州各有圍限也云營國城郭者即匠人云營國方九里之類也云營后宮者謂若典命注公之宮方九百步天子千二百步之類也云量市朝道巷者謂若匠人云市朝一夫經涂九軌巷及門渠亦有尺數謂若門容二轍三个之等云造都邑亦如之者謂造三等采地亦有城郭宫室市朝之等故云如之但與之制度大小未必身往耳○注建立至諸侯○釋曰云立國有舊法式若匠人職云者按匠人有營國言九里夏后氏世室及左祖右社面朝後市一夫之等云分國定天下之國分也者以經云分國謂爲諸侯國諸侯國有五百里四百里已下言爲州謂九州有分界也云后君也知非王后之宫者以其不得先言后故以后爲君也云言君容王與諸侯者以其言分國是諸侯若云王即不容諸侯故變王云后欲容王與諸侯兩含故也。營軍之壘舍量其市朝州涂軍社之所里。軍壁曰壘鄭司農云量其市朝州涂還市朝而爲道也玄謂州一州之衆二千五百人爲師毎師一處市也朝也州也皆有道以相之軍社社主在軍者里居也○涂本又作塗還市如字劉戶串反疏營軍至所里○釋曰此爲出軍之時所營量度之事○注軍壁至居也○釋曰云軍壁曰壘者軍行之所擬停之處皆爲壘壁恐有非常故云軍壁曰壘也先鄭云量其市朝州塗還市朝而爲道也者先鄭意還市朝而爲道不釋州義故後鄭不從以一州則一師毎一師各自一處各立市朝州即師也師皆有道以相湊之若然未必環遶爲路也云軍社社主在軍者里居也者在軍不用命戮於社故將社之石主而行所居皆有步數故職在量人。邦國之地與天下之涂數皆書而藏之。書地謂方圖山川之

廣狹書涂謂支湊之遠近○湊七豆反疏注書地至遠近○釋曰鄭以地中有平廣兼山川之等故云書地謂方圜山川之廣狹也云書涂謂支湊之遠近者支謂支分湊謂臻湊道塗有支分及相臻湊遠近者也。凡祭祀饗賓制其從獻脯燔之數量。鄭司農云從獻者肉殽從酒也玄謂燔從於獻酒之肉炙也數多少也量長短也○炙章夜反疏凡祭至數量○釋曰云凡者以其天地宗廟饗食事廣故云凡以該之饗賓謂若大行人上公三饗九獻之等饗賓獻有脯從若燕行獻賓薦脯醢是也祭禮獻以燔從故揔之言也○注鄭司至短也○釋曰先鄭云從獻者肉殽從酒也後鄭不從者以肉殽從酒禮所不言按特牲少牢云主人獻尸以肝從主婦獻尸以燔從故後鄭據此以爲從獻以燔詩云載燔載烈毛云傳火曰燔貫之加於火曰烈燔雖不貫亦是炙肉故鄭云炙肉也云數多少也量長短也者按儀禮脯十脡各長尺二寸是多少長短膰之數量未聞。掌喪祭奠竁之俎實。竁亦有俎實謂所包遣奠士喪禮下篇曰藏苞筲於旁○竁昌絹反筲所交反疏掌喪至俎實○釋曰諸於喪祭多據虞祭而言此喪祭文連奠竁竁是壙内故鄭以喪祭爲大遣奠

解之是以大司馬喪祭亦爲遣奠也○注竁亦至於旁○釋曰按家人云請度甫竁竁穿壙之名此言奠竁則奠入於壙是以云所包遣奠也引士喪禮下篇者即既夕禮是也云藏包筲於旁者包謂包牲取下體葦包二者也藏筲者即既夕禮云筲三黍稷麥並藏之於棺旁引之者正喪祭奠入壙之事也**凡宰祭與鬱人受斝歷而皆飲之**言宰祭者冢宰佐王祭亦容攝祭鄭司農云斝讀如嫁娶之嫁斝器名明堂位曰爵夏后氏以琖殷以斝周以爵玄謂斝讀如嘏尸之嘏宰冢宰○斝右雅反劉依司農音嫁琖側產反劉本作湔音同嘏古雅反疏凡宰至飲之○釋曰云凡宰祭者冢宰攝祭非一故云凡也○注言宰至冢宰○釋曰鄭云冢宰佐王祭亦容攝祭者義得兩含按大宗伯云若王不與祭祀則攝位注云王有故代行其祭事重掌者此據宗伯亦有故則冢宰攝之先鄭云斝讀如嫁娶之嫁直取音同引明堂位者證斝是器名周獻用玉爵無用斝故後鄭云斝讀如嘏尸之嘏讀從少牢尸嘏主人郊特牲云嘏者長也大也謂使主人受長大之福疏已具於鬱人職但此有歷字者謂鬱人與量人歷皆飲之也

小子掌祭祀羞羊肆羊殽肉豆鄭司農云羞進也羊肆體薦全烝也羊殽體解節折也肉豆者切肉也玄謂肆讀爲鬄羊鬄者所謂豚解也○肆依注音鬄他歷反又音餘四反折之舌反疏注鄭司至解也○釋曰先鄭云羊肆體薦全烝也者既不爲豚解則先鄭讀爲肆陳之肆又爲賜音也先鄭爲體薦全烝後鄭不從者以此經祭用羊是用大牢爲宗廟之祭非祭天按外傳云禘郊之事則有全烝王公立飫則有房俎是以知宗廟之祭不得全烝也是故禮運云腥其俎孰其殽注云腥其俎豚解而腥之孰其殽體解而爛之又云退而合亨體其犬豕牛羊是祭宗廟不得有全烝也是以後鄭讀肆從鬄羊鬄者所謂豚解也所謂者所謂士虞禮記云主人不視豚解豚解之法則士喪禮特豚四鬄去蹄謂四段解之殊肩髀如解豚解故名豚解若然大夫士祭自饋孰始故正祭即體解爲二十一體喪事略則有豚解其天子諸侯之祭有腥有爛有孰故初朝踐有豚解而腥之饋獻則有體解而爛之酳尸乃有孰與大夫士不同也**而掌珥于社稷祈于五祀**故書祀作禩鄭司農云禩讀爲祀書亦或爲祀珥社稷以牲頭祭也玄謂珥讀爲衈祈或爲刉刉衈者釁禮之事也用毛牲曰刉羽牲曰衈衈刉社稷五祀謂始成其宮兆時也春官肆師職祈或作畿秋官士師職曰凡刉珥則奉犬牲此刉衈正字與○珥依注音衈而志反後同一音仍祈音畿禩音祀刉音機字書云劃也一曰斷也或古愛反又公內反與音餘疏注故書至字與○釋曰先鄭云珥以牲頭祭漢時祈禱有牲頭祭後鄭不從者按禮記雜記釁廟之禮云門夾室用雞其衈皆於屋下衈既爲釁禮此刉與衈連文則刉亦是釁禮非祭祀之法何得爲牲頭祭乎是以後鄭爲釁法解之玄謂珥讀爲衈祈或爲刉者以釁法無取於玉珥及祈禱之義故依士師刉衈爲正也鄭知刉衈爲釁禮之事約雜記而知也云用毛牲曰刉羽牲曰衈者此相對而言雜記廟用羊門用雞皆云衈散文通也知刉衈是社稷五祀始成其宮兆時也者凡物須釁者皆謂始成時是以雜記云廟成則釁之是也云春官肆師職祈或作畿者鄭欲見字有參差非一之義云秋官士師職曰凡刉衈則奉犬牲此刉衈正字與者刉從刀衈從血於義合故以此爲正字也**凡沈辜侯禳飾其牲**鄭司農云沈謂祭川爾雅曰祭川曰浮沈辜謂磔牲以祭也月令曰九門磔禳以畢春氣侯禳者候四時惡氣禳去之也○侯禳如羊反磔陟格反疏注鄭司至之也○釋曰先鄭云沈謂祭川是以引爾

雅爲證按爾雅曰祭山曰庪縣祭川曰浮沈此浮沈之祭當祭天之煙祭社之血亦謂鼓神節先鄭引月令季春令者證辜是辜磔牲體之義鄭彼注九門者王之五門外有國門近郊門遠郊門關門爲九云侯禳者謂候四時惡氣禳除去之也**釁邦器及軍器**邦器謂禮樂之器及祭器之屬雜記曰凡宗廟之器其名者成則釁之以豭豚○豭音家疏注邦器至豭豚○釋曰鄭以軍器別言即云邦器者是禮樂之器也鄭云禮器者即射器之等樂器即鐘鼓之等祭器即籩豆俎簋尊彝器皆是引雜記宗廟器成釁之以豭豚者證此等所釁亦用豭豚也**凡師田斬牲以左右徇陳**示犯誓必殺之○徇辭俊反疏凡師至徇陳○釋曰此即上文誓衆之時斬牲以左右徇陳是此職也**祭祀贊羞受徹焉**疏祭祀至徹焉○釋曰贊羞謂若上文大司馬職云祭祀羞魚牲之等此官即贊之云受徹焉者謂祭畢諸宰君婦廢徹之時則此官受之

羊人掌羊牲凡祭祀飾羔羔小羊也詩曰四之日其蚤獻羔祭韭疏

羊人至飾羔。釋曰凡正祭皆用成牲今言祭祀飾羔則非正祭用羔是以鄭引詩爲證云四之日者謂用建子爲正至建卯四月夏之二月之日公始用冰欲開冰之時先獻羔祭韭而啟冰室乃出冰也**祭祀割羊牲登其首**登升也升首報陽也升首于室〈疏〉注登升至于室。釋曰知升首于室者見郊特牲云用牲於庭升首於室注云制祭之後升牲首於北墉下云報陽者首爲陽對足爲陰祭祀之時三牲之首俱升此特言羊者以其羊人所升不升餘牲故言羊也**凡祈珥共其羊牲**共猶給也〈疏〉凡祈至羊牲。釋曰犬人共犬此云共羊或羊或犬俱得爲釁故兩職各共之也**賓客共其灋羊**法羊飧饔積膳之羊。食饔音嗣本又作飧饔〈疏〉注法羊至之羊。釋曰鄭知法羊是爲此等者以其言法即是依法度多少送於賓館及道路是以掌客致於賓館有至公飧五牢饔餼九牢及殷膳太牢致於道路有五積之等其饔食及燕速賓自饌陳者不言之也**凡沈辜侯禳釁積共其羊牲**積故書爲眦鄭司農云眦讀爲漬謂釁國寶漬軍器也玄謂積積柴禋祀槱燎實柴。眦徐賜反與漬同槱羊久反燎良召反下同〈疏〉注積故至實柴。釋曰先鄭不從故書眦故讀從水漬後鄭不從漬軍器者以此羊人所共共小子職彼云釁邦器及軍器以此知不得爲漬軍器也後鄭云積積柴禋祀槱燎實柴歷言此三者以互而相通皆須積柴實牲幣煙氣上聞故也但祭天用犢其日月已下有用羊者故我將詩云惟牛惟羊惟天其祐之彼亦據日月以下及配食者也**若牧人無牲則受布于司馬使其賈買牲而共之**布泉。賈音古

司爟掌行火之政令四時變國火以救時疾行猶用也變猶易也鄭司農說以鄹子曰春取榆柳之火夏取棗杏之火季夏取桑柘之火秋取柞楢之火冬取槐檀之火。楢羊久反又音由〈疏〉司爟至時疾。釋曰云掌行火之政令者即四時變國火及季春出火等皆是也云四時變國火以救時疾者火雖是一四時以木爲變所以禳去時氣之疾也。注行猶至之火。釋曰先鄭引鄹子書論語注引周書不同者鄹子書出於周書其義是一故各引其一言春取榆柳之等舊師皆以爲取五方之色同故用之今按棗杏雖赤榆柳不青槐檀不黑其義未聞**季春出火民咸從之季秋内火民亦如之**火所以用陶冶民隨國而爲之鄭人鑄刑書火星未出而出火後有災鄭司農云以三月本時昏心星見于辰上使民出火九月本黃昏心星伏在戌上使民内火故春秋傳曰以出内火。見賢遍反〈疏〉注火所至内火。釋曰鄭知出火内火據陶冶火者以其上經四時變國火據食火明此春秋據陶冶故引春秋傳爲證也云民隨國而爲之者釋民咸從之義云鄭人已下按左氏昭六年三月鄭人鑄刑書士文伯曰火見鄭其災乎火未出而作火六月丙戌鄭災是其後有災昭十七年梓慎曰火出於夏爲三月於商爲四月於周爲五月夏數得天正先鄭云三月本時昏心星見於辰上使民出火九月本昏心星伏在戌上使民内火者心星則大火辰星是也三月諸星復在本位心星本位在卯三月本之昏心星始時未必出見卯南九月本始之黃昏心星亦未必伏在戌上皆據月半後而言云春秋傳曰以出内火者左氏傳襄公九年文**時則施火令**焚萊之時〈疏〉注焚萊之時。釋曰上言行火政此又言施火令則不掌火禁故鄭云焚萊之時其火禁者則宮正云春秋以木鐸脩火禁注云火星以春出以秋入因天時而以戒司烜亦云仲春以木鐸脩火禁于國中彼二官直掌火禁不掌火令**凡祭祀則祭爟**報其爲明之功禮如祭爨〈疏〉注報其至祭爨。釋曰鄭云禮如祭爨者祭爨祭老婦也則此祭爟謂祭先出火之人**凡國失火野焚萊則有刑罰焉**野焚萊民擅放火〈疏〉注野焚至放火。釋曰國失火謂在國中民失火有罰若今民失火有杖罰野焚萊有罰者大司馬仲春田獵云火弊鄭云春田主用火因除陳生新則二月後擅放火則有罰也

掌固掌脩城郭溝池樹渠之固頒其士庶子及其衆庶之守樹謂枳棘之屬有刺者也衆庶民遞守固者也鄭司農說樹以國語曰城守之木於是乎用之。枳居氏反刺七賜反遞劉待禮反又待計反〈疏〉掌固至之守。釋曰云掌脩城郭溝池者謂環城及郭皆有溝池云樹渠者非直溝池有樹兼其餘渠上亦有樹也云之固者惣城郭已下數事皆是牢固之事也云頒其庶子者即宮伯所云士謂卿大夫士之適子庶子其支庶彼據宿衛王宮此掌固所頒亦據宿衛王宮而言以其庶子

不合城郭之處用之以掌固是固守之官故兼掌宿衛之事也○注樹謂至用之○釋曰云衆庶民遞守固者也者謂使守城郭之所及要塞之處也先鄭引國語者按楚語云靈王爲章華之臺伍舉諫爲臺榭云瘠磽之地於是乎爲之城守之木於是乎用之是其事引之者證城有守法 **設其飾器** 兵甲之屬今城郭門之器亦然 〔疏〕注兵甲至亦然○釋曰鄭知經飾器是兵甲之屬者以其掌器是防禦之器故知是兵甲之屬也云今城郭門之器亦然者漢時城郭門守器所飾亦若今城郭門傍所執矛戟皆有幡飾之等是也 **分其財用均其稍食** 財用國以財所給守吏之用也稍食祿稟 〔疏〕注財用至祿稟○釋曰云財用者謂所用之財物分與之明是以財所給守吏爲守事之用者也云稍食祿稟者所守之處官及民合受官食月祿稟者所守之處守月給米稟與之故謂之稍食也 **任其萬民用其材器** 任謂以其任使之也民之材器其所用塹築及爲藩落○塹七豔反 〔疏〕注任謂至藩落○釋曰云民之材器其所用塹築及爲藩落者對上文財用謂官之財物此云民之材器明材是材木用爲楨榦以掘塹築作所用及不築處即用材爲藩屏籬落以遮障也 **凡守者受灋焉以通守政有移甲與其役財用唯是得通與國有司帥之以贊其不足者** 凡守者士庶子及他要害之守吏通守政者兵甲役財難易多少轉移相給也其他非是不得妄離部署國有司掌固也其移之者又與掌固帥致之贊佐也○凡守者劉收又反注凡守者下有守者同易以豉反離力智反 〔疏〕注凡守至佐也○釋曰云凡守者士庶子及他要害之守吏者此鄭還據上文士庶子及衆庶之守而言云他要害者謂城郭所守是其常處除此有要害之處若殽皐河漢要路之所皆爲他要害也云通守政者兵甲役財難易多少轉移相給者鄭據上文飾器而言變材器言役材者欲見材器是民役之材非財用者云其他非是不得妄離部署者此則釋經唯是得通之言其餘非所通之外皆不得離其本處也 **晝三巡之夜亦如之** 巡行也行守者爲衆庶之解惰○行下孟反下皆同爲于僞反解佳賣反 〔疏〕晝三至如之○釋曰此乃掌固設法與所守之處非是掌固自巡行之也 **夜三鼜以號戒** 杜子春云讀鼜爲造次之造謂擊鼓行夜戒守也春

秋傳所謂賓將趣者與趣與造音相近故曰終夕與燎玄謂鼜擊鼜警守鼓也三巡之間又三擊鼜○鼜音戚造七報反下同趣莊久反劉祖侯反杜七柱反者與音餘近附近之近與燎音預 〔疏〕夜三鼜以號戒○釋曰此乃掌固設法與所守之處言以號戒者使擊鼜有所以號呼使戒守耳○注杜子至擊鼜○釋曰引春秋者按昭二十年衛侯如死鳥齊侯使公孫青聘衛賓將掫注謂行夜不作趣者彼賈服讀字與子春意異云故曰終夕與燎者亦是彼傳文後鄭以鼜擊鼜警守鼓不從子春造音者以子春已上有注鼜讀爲憂戚之戚是戒守者使有憂戚故謂此鼓爲鼜也 **若造都邑則治其固與其守灋** 都邑亦爲城郭 〔疏〕注都邑亦爲城郭○釋曰謂三等采地言亦爲城郭者但戒守爲城郭而言故亦如上王國然也 **凡國都之竟有溝樹之固郊亦如之** 竟界也○竟音境注及下同 〔疏〕凡國至如之○釋曰此經爲上經而設仍兼見王國而言故國都雙言之言王國及三等都邑所在境界之上亦爲溝樹以爲阻固郊亦如之若據王國有近郊遠郊亦有溝遠樹以爲固 **民皆有職焉** 職謂守與任 〔疏〕民皆有職焉○釋曰此亦兼上王國及都合守之處其民皆職任使勞逸遞守也 **若有山川則因之** 山川若殽皐河漢 〔疏〕若有至因之○釋曰謂上諸有所造溝樹爲固之處值有山川之處則因之不須別造○注山川至河漢○釋曰殽謂若殽有二陵皐謂若東城皐漢謂若楚謂齊云楚國漢水以爲池河爲四瀆之險又齊西有濁河皆因之爲固可知

司險掌九州之圖以周知其山林川澤之阻而達其道路 周猶偏也達道路者山林之阻則開鑿之川澤之阻則橋梁之○偏音遍 〔疏〕司險至道路○釋曰序官注國曰固野曰險是掌固掌在國城郭則司險掌畿外阻固故云司險也○注周猶至梁之○釋曰云山林之阻則開鑿之者謂若禹鑿龍門之類川澤之阻則橋梁之者謂若十月車梁成之類是也 **設國之五溝五涂而樹之林以爲阻固皆有守禁而達其道路** 五溝遂溝洫澮川也五涂徑畛涂道路也樹之林作藩落也○洫況域反澮古外反

畛之〔疏〕設國至道路。釋曰此五溝五涂而言樹之林以
忍反　爲阻固皆有守禁則非遂人田間五溝五涂但溝
涂所作隨所須大小而爲之皆準約田間五溝五涂其溝上
亦皆有道路以相之湊故以五溝五涂而言之也。注五溝
至落也。釋曰遂溝至道路皆遂人文故遂人云夫間有遂
遂上有徑十夫有溝溝上有畛百夫有洫洫上有涂千夫有
澮澮上有道萬夫有
川川上有路是也

國有故則藩塞阻路而止行者以其屬守之唯有節者達之有故喪災及兵也閉絕要害之道備
姦寇〔疏〕國有至達之。釋曰國有故之時恐有姦寇故藩
也　塞阻路而止行者云以其屬守之者謂使司險之
下胥徒四十人之屬守其要者其餘使其地之民爲守也云
有節者達之者節謂道路用旌節也。注有故至奸寇。釋
曰鄭知有故是喪災及兵者喪謂王喪災謂水火兵謂
寇戎之等有故使守愼惟此而已故以此三事解之

掌疆　闕

候人各掌其方之道治與其禁令以設候人

道治治道也國語曰候不在竟譏不居其方也禁令備姦寇
也以設候人者選士卒以爲之詩云彼候人兮何戈與祋。
治直吏反注道治及下方治同何胡〔疏〕候人至候人。釋
我反又音河祋都外反劉睹律反　曰言各掌其方之
道治與其禁令以設候人者以其上士六人下士十有二人
徒百有二十人以道路多故設官及徒亦多也引國語者按
周語定王使單襄公聘于宋遂假道于陳以聘於楚時候不
在境司空不視塗膳宰不致餼司里不授館單子歸以告王
曰陳侯不有大咎國必亡言譏者正謂陳侯不有大咎國必
亡者也詩云彼候人兮荷戈與祋者荷揭也祋謂殳也引此
二者證候人在道之事鄭言候人者選士卒以爲之
者即徒百二十人皆是甲士與步卒之內爲之也

若有方治則帥而致于朝及歸送之于竟方治其方來治國事
者也春秋傳曰晉欒盈過周王使候人出〔疏〕注方治至送
諸轘轅是其送之。朝直遙反轘戶關反　之。釋曰方
治其方來治國事者也謂國有事不能自決當決於王國或
有國事須報在上皆是也引春秋者按襄二十一年晉欒盈
出奔楚過周周西鄙掠之辭於行人曰天子陪臣盈得罪於
王之守臣將逃罪罪重於郊甸無所伏竄敢布其死昔陪臣

書能輸力於王室若不棄書之力亡臣猶有所逃若棄書之
力將歸死於尉氏惟大君命焉王使司徒禁掠欒氏者歸所
取焉使候出諸轘轅彼云候
鄭君以義言之故言候人也

環人掌致師致師者致其必戰之志古者將戰先使勇
力之士犯敵焉春秋傳曰楚許伯御樂伯
攝叔爲右以致晉師許伯曰吾聞致師者御靡旌摩壘而還
樂伯曰吾聞致師者左射以菆代御執轡御下掬馬掉鞅而
還攝叔曰吾聞致師者右入壘折馘執俘而還皆行其所聞
而復之。菆側留反劉子侯反掬音兩又音亮掉徒弔反又
奴孝反鞅於兩反折之設〔疏〕注致師至復之。釋曰云古
反下同馘古獲反俘音孚　者將戰先使勇力之士犯敵
焉者按文十二年秦伯伐晉秦人欲戰秦伯謂士會曰若何
而戰對曰若使輕者肆焉其可注云肆突言使輕銳之兵往
驅突晉軍隱九年北戎侵鄭公子突曰使勇而無剛者嘗寇
而速去之注云勇則能往無剛不恥退云春秋傳者宣十二
年左氏傳晉楚交戰楚許伯御樂伯已下謂凡平兵車之法
射者在左御者在中戈盾在右菆矢之善者掬猶飾也掉猶
正也言折馘執俘者死者取左耳曰馘生者曰俘執取之云
皆行其所聞而復之者去時作言及至晉師皆行其所聞之

事而復反此亦勇而無剛之
人引之者證致師之事也

察軍慝慝陰姦也視軍中有爲慝者則執之
。慝他〔疏〕察軍慝。釋曰按莊二十五年左氏傳云惟正
得反　月朔慝未作彼以慝爲陰氣則此慝亦是陰姦
也欲陰私爲姦取此軍之
事往彼言之故察而執之

環四方之故卻其以事謀來侵伐者所謂折
衝禦〔疏〕注卻其至禦侮。釋曰此則訓環爲卻卻其以事
侮　謀來侵伐此國者也云所謂折衝禦侮者謂彼國
來衝能折服之彼國來輕
侮能禦之故云折衝禦侮

巡邦國搏諜賊諜賊反間爲國賊。搏音
博又房布反劉音付〔疏〕注諜賊至國賊。釋曰云巡邦國
諜音牒間間廁之間　者謂巡諸侯邦之內有諜賊搏提
取之言諜賊者謂間伺此國之善惡諜諜然傳道之言反間
者謂間伺反於彼言之也此諜賊即上軍慝之類彼據邦國
故異
言之

訟敵國敵國兵來則往之與訟曲直若齊國佐如師〔疏〕注敵國至如
師。釋曰云
若齊國佐者成公二年晉伐齊晉師至袁婁齊侯使國佐致
賂晉人不可曰必以蕭同叔子爲質而使齊之封內盡東其
畝對曰蕭同叔子非他寡君之母也若以匹敵則亦晉君之
母也今吾子布大命於諸侯而曰必質其母以爲信其若王之

命何又曰先王疆理天下物土之宜而布其利下云今吾子疆理諸侯而曰盡東其畝而己惟吾子戎車是利無顧土宜其無乃非先王之命也乎晉於是退師是訟敵」之事故引爲證也

揚軍旅

爲之威武以觀敵詩云維師尚父時維鷹揚【疏】注爲之至鷹揚○釋曰引詩者大雅文王詩言太公爲大師可尚可父武王伐紂之時太公奮其威武惟如鷹之揚擊是揚威武之事故引爲證也

降圍邑

圍邑欲降者受而降之春秋傳曰齊人降鄣○降戶江反注同鄣音章劉諸讓反【疏】注圍邑至降鄣○釋曰按公羊傳莊公三十年秋七月齊人降鄣鄣者何紀人之遺邑也是紀入齊之時不俱至後乃降引之證降是圍邑之事也

挈壺氏掌挈壺以令軍井挈轡以令舍挈畚以令糧

鄭司農云挈壺以令軍井謂爲軍穿井井成挈壺縣其上令軍中士衆皆望見知此下有井壺所以盛飲故以壺表井挈轡以令舍亦縣轡于所當舍止之處使軍望見知當舍止于此轡所以駕舍故以轡表舍挈畚以令糧亦縣畚于所當稟假之處令軍望見知當稟假于此下也畚所以盛糧之器故以畚表稟軍中人多車騎雜會讙囂號令不能相聞故各以其物爲表省煩趨疾于事便也○畚音本爲于僞反下爲沃同縣音玄下皆同令力呈反盛音成下同稟彼錦反劉方鳩反讙呼端反囂五高反一音許驕反省所景反便婢面反【疏】挈壺至令糧○釋曰皆云挈者謂結之於竿首挈挈然故云挈也先鄭注具不復疏之也

凡軍事縣壺以序聚㮫凡喪縣壺以代哭者皆以水火守之分以日夜

鄭司農云縣壺以爲漏以序聚㮫以次更聚擊㮫備守也玄謂擊㮫兩木相敲行夜時也代亦更也禮未大斂代哭以○守壺者爲沃漏也以火守壺者夜則以火視刻數也分以日夜者異晝夜漏也漏之箭晝夜共百刻冬夏之間有長短焉大史立成法有四十八箭○㮫音託更音庚下同敲苦交反又苦教反行下孟反共如字【疏】注鄭司至八箭○釋曰先鄭云縣壺以爲漏者謂縣壺於上以水沃之水漏下入器中以沒刻爲准法云以序聚㮫以次更聚擊㮫備守也者先鄭意持更人擊㮫玄謂擊㮫兩木相敲行夜時也者謂行夜者擊之按脩閭氏掌比國中宿互㮫者先鄭云㮫謂行夜擊㮫野廬氏云若有賓客則令守涂地之人聚㮫之司農云聚擊㮫以宿衛之也彼二注後鄭皆從先鄭及至此注不從先鄭者以野廬氏無夜○行者宿人自擊故後鄭從之此文與脩閭氏同有行夜者故此不從先鄭宿者自擊之是以宮正云夕擊㮫而比之注云行夜以比直宿者先鄭云㮫戒守者所擊也是亦爲行夜者所擊也云代亦更也禮未大斂代哭者未殯已前無問尊卑皆哭不絕聲大斂之後乃更代而哭亦使哭不絕聲大夫以官士親疏大哭人君尊又以壺爲漏分更相代○云分以日夜異晝夜漏也者若冬至則晝短夜長夏至則晝夜短二分則晝夜等晝夜長短不同須分之故云異晝夜漏也云漏之箭晝夜共百刻冬夏之間有長短漏者馬氏云漏凡百刻春秋分晝夜各五十刻冬至晝則四十刻夜則六十刻夏至晝六十刻夜四十刻鄭注堯典云日中者日見之漏與不見者齊日長者日見之漏五十五刻於四時最長也夜中者日不見之漏與見者齊日短者日見之漏四十五刻於四時最短此與馬義異以其馬云春秋分晝夜五十刻據日見之漏若兼日未見日沒後五刻晝五十五刻夜四十五刻若夏至晝六十刻通日未見日沒後五刻則晝六十五刻夜三十五刻一年通閏有三百六十五日四分日之一四時之間九日有餘校一刻爲率云大史立成法有四十八箭者此據漢法而言則以器盛四十八箭箭各百刻以壺盛水縣於箭上節而下之水水淹一刻則爲一刻四十八箭者蓋取倍二十四氣也

及冬則以火爨鼎水而沸之而沃之

鄭司農云冬水凍漏不下故以火炊水沸以沃之謂沃漏也○爨七端反【疏】注鄭司至漏也○釋曰沃如沃尸盥之沃謂沸水稍熱澆沃壺中使下也

射人掌國之三公孤卿大夫之位三公北面孤東面卿大夫西面其摯三公執璧孤執皮帛卿執羔大夫鴈

位將射始入見君之位不言士者此與諸侯之賓射士不與也燕禮曰公升即位于席西鄉小臣納卿大夫卿大夫皆入門右北面東上士位於西方東面北上大射亦云則凡朝燕及射臣見於君之禮同○見君賢遍反下同不與音預鄉許亮反朝燕直遥反下文及注皆同【疏】射人至夫鴈○釋曰三公射北面者君南面答陽臣之北面答君三公臣中最尊故屈之使北面答君之義孤東面者西方者賓位以孤無職尊而賓客之故在西也卿大夫西面者以其皆有職故在東在東近君居主位也○注位將至禮同○釋曰知位是將射

始入見君之位者此射人主論射事大射諸侯禮亦然故知將射見君始入見君之位也云不言士此與諸侯之賓射士不與也者無臣祭無所擇不得自射得與君大射故司農云大射不言士也按下文士豻侯二正則士得自行賓射不得與君賓射矣引燕禮者欲見天子諸侯朝燕射三者位同之義云凡朝燕及射臣見於君之禮同者以儀禮內諸侯有燕朝及射朝不見正朝周禮內天子有射朝與正朝不見燕朝諸侯射朝與燕朝位同則天子燕朝亦與射朝位同則諸侯正朝亦與射朝位同是天子諸侯三朝各自同故鄭引儀禮見天子諸侯互見爲義耳

諸侯在朝則皆北面詔相其灋謂諸侯來朝而未歸王與之射於朝者皆北面從三公位法其禮儀〈疏〉諸侯至其法○釋曰按司几筵云凡封國命諸侯大饗射王立扆前南鄉司服云享先公饗射則鷩冕鄭注云饗射饗食賓客與諸侯射也此云王與之射言在朝當皮弁又何得有扆所以然者彼三者據大射在學故有著冕在扆之事此賓射在路門之外朝故與彼異也○注謂諸至禮儀○釋曰云從三公位者諸侯南面之尊故屈之從三公位也云法其禮儀者謂在朝進退周旋拱揖之儀也

若有國事則掌其戒令詔相其事謂王有祭祀之事諸侯當助其薦獻者也戒令告以齊與期○齊側皆反〈疏〉注謂王至與期○釋曰知國事是王有祭祀之事者以其諸侯來朝未歸而有戒令詔相之事大宗伯祭事皆云詔相故知是祭祀之事云戒令告以齊與期者齊謂散齊期謂祭日也

掌其治達謂諸侯因與王射及助祭而有所治受而達之於王王有命又受而下之○治直吏反〈疏〉注謂諸至下之○釋曰如鄭注意則治達之中非直諸侯有治于王王之有治亦下達於諸侯也

以射灋治射儀王以六耦射三侯三獲三容樂以騶虞九節五正諸侯以四耦射二侯二獲二容樂以貍首七節三正孤卿大夫以三耦射一侯一獲一容樂以采蘋五節二正士以三耦射豻侯一獲一容樂以采蘩五節二正射法王射之禮治射儀謂肆之也鄭司農云三侯熊虎豹也容者乏也待獲者所蔽也九節析羽九重設於長杠也正所射也詩云終日射侯不出正兮二侯熊豹也豻侯豻者獸名也獸有貙豻熊虎玄謂三侯者五正三正二正之侯也二侯者三正二正之侯也一侯者二正而已此皆與賓射於朝之禮也考工梓人職曰張五采之侯則遠國屬遠國謂諸侯來朝者也五采之侯即五正之侯也正之言正也射者內志正則能中焉畫五正之侯中朱次白次蒼次黃玄居外三正損玄黃二正去白蒼而畫以朱綠其外之廣皆居侯中參分之一中二尺今儒家云四尺曰正二尺曰鵠鵠乃用皮其大如正此說失之矣大射禮豻作干讀如宜豻宜獄之豻豻胡犬也士與士射則以豻皮飾侯下大夫也大夫以上與賓射節侯以雲氣用采各如其正九節七節五節者奏樂以爲射節之差言節者容侯道之數也樂記曰明乎其節之志不失其事則功成而德行立○射三侯食亦反下及注射侯所射射牲射豕皆同三獲如字劉胡伯反五正音征下及注同豻五旦反劉音鴈注同肆之劉餘二反一音四九重直龍反杠音江貙勑誅反下同言正音政下志正大射正同能中丁仲反下文注射中中侯同去白起呂反下去扑同廣古曠反鵠古毒反下大夫戶嫁反下天子同以上時掌反下上曰以上同行下孟反〈疏〉注射法至行立○釋曰此則賓射

在朝之儀言射法王射之禮者此經兼有諸侯臣各在家與賓客射法各自有官掌之射人但作法與之耳首云射法者是射人所掌王射之禮言王射以別諸侯已下之射也云治射儀謂肆之也者言治則非是王射之語謂若大宗伯云治其大禮皆是習禮法故鄭云肆之則習也先鄭云三侯虎熊豹後鄭不從云容者乏也者此言容儀禮大射鄉射之等云乏故云容者乏也言容者據唱獲者容身於其中據人而言云乏者矢至此乏極不過據矢而說也云九節析羽九重設於長杠也者若是析羽九重設於長杠即是獲旌當與三獲三容相依何得輒在騶虞之下既在騶虞詩下明是歌之樂節故後鄭不從也云二侯熊豹也者後鄭亦不從也云豻侯豻者獸名也獸有貙豻熊虎者此皆獸類故舉之也玄謂三侯者五正三正二正之侯也者大射賓射侯數同皆約大射云大侯九十參侯七十豻侯五十而言云二侯者三正二正之侯也者謂七十五十弓者也云一侯者二正而已者據大夫士同一侯二正五十弓而已云此皆與賓射於朝之禮也者按鄉射記云於境則虎中龍旜謂諸侯賓射之禮彼又云唯君有射國中其餘臣則否注云臣不習武事於君側則臣皆不得在國射若然在朝賓射唯有天子而云此皆與賓射於朝之禮者謂諸侯已下賓射在已朝不謂於天子朝

行此賓射之禮也云考工梓人職曰張五采之侯則遠國屬已下至五正之侯也引之者破先鄭以此五正之侯爲虎熊豹但梓人有三等侯云張皮而棲鵠及司裘云虎侯熊侯豹侯皆大射之侯也梓人又云張五采之侯則遠國屬及此五正之等皆賓射之侯也梓人又云張獸侯則王以息燕及鄉射記云天子熊侯白質之等皆燕射之侯也三射各有其侯而先鄭以皮侯釋正侯非也云正之言正也射者內志正則能中焉者此意取義於射義司裘注更有一釋正爲鳥名解之也云畫五正之侯中朱已下皆以相尅爲次向南爲首故先畫朱知三正去玄黃二正朱綠者皆依聘禮記繅藉而言三采者朱白蒼二采者朱綠也云其外之廣皆居侯中參分之一者此亦約梓人云參分其廣而鵠居一焉彼據大射之侯若賓射之侯亦當參分其廣正居一焉九十步者侯中丈八尺七十步者侯中丈四尺五十步者侯中一丈也云今儒家云四尺曰正二尺曰鵠鵠乃用皮其大如正此說失之矣者賓射射正大射射鵠儒家以正鵠爲一解故鄭破之云鵠乃用皮其大如正不得爲一故云此說失之矣云大射禮豻作干者見大射經作干侯彼注亦破從豻云讀宜豻宜獄之豻者此讀與彼音同云豻胡犬也者謂胡地之野犬云士與士射則以豻皮飾侯下大夫也大夫以上與賓射飾侯以

雲氣知義如此者此賓射正用二采而言豻侯明於兩畔以豻皮飾之故得豻侯之名知大夫已上用雲氣者鄉射記云凡畫者丹質注云賓射之侯燕射之侯皆畫雲氣於側以爲飾必先以丹采其地是賓射大夫已上皆畫雲氣其大射之侯兩畔飾以皮故鄭直言賓射燕射云用采各如其正者其側之飾采之數各如正之多少也云九節七節五節者奏樂以爲射節之差者九節者五節先以聽七節者三節先以聽五節者一節先以聽尊者先聽多卑者少爲差皆留四節以乘矢拾發云言節者容侯道之數者謂若九節者侯道九十弓七節者侯道七十弓五節者侯道五十弓也云樂記曰明乎其節之志不失其事則功成德行立者證侯道遠近亦爲節也此射義文云樂記者誤也

若王大射則以貍步張三侯

鄭司農云貍步謂一舉足爲一步於今爲半步玄謂貍善搏者也行則止而擬度焉其發必獲是以量侯道法之也侯道者各以弓爲度九節者九十弓七節者七十弓五節者五十弓弓之下制長六尺大射禮曰大侯九十參七十干五十是也三侯者司裘所共虎侯熊侯豹侯也列國之君大射亦張三侯數與天子同大侯熊侯也參讀爲糝糝雜也雜者豹鵠而麋飾下天子大夫○搏音博劉音付擬又作儗同度待洛反參讀爲糝素感反干五與豻同五旦反〔疏〕注鄭司至大夫○釋曰此射人主賓射兼主大射之事故爲大射張侯也先鄭云貍步謂一舉足爲一步於今爲半步者此言於射張侯義無取故後鄭不從是以後鄭爲貍善搏物解之云侯道者各以弓爲度九節者九十弓以下者按鄉射記鄉侯五十弓弓二寸以爲侯中彼據鄉射之侯一侯五十弓者而言若大射三侯云九十七十五十亦是據弓爲數弓之上制六尺六寸中制六尺三寸下制六尺六尺與步相應故鄭連引大射三侯以義相會諸侯三侯用物雖不與天子同侯道則同但天子侯道無文約同諸侯故更引司裘天子三侯以會之諸侯糝侯知豹鵠而麋飾者以司裘云諸侯熊侯豹侯卿大夫麋侯畿外不得純如天子近侯已用豻則大侯不得用虎侯明大侯用畿內諸侯熊侯爲之其中豹侯麋侯則諸侯兼此二侯乃稱糝豹尊於麋明以豹麋爲鵠以麋爲飾耳不純用豹麋者下天子大夫故也

王射則令去侯立于後以矢行告卒令取矢

鄭司農云射人主令人去侯所而立于後也以矢行告射人主以矢行高下左右告于王也大射禮曰大射正立于公後以矢行告于公下曰留上曰揚左右曰方杜子春說以矢行告告白射事于王王則執矢

也杜子春說不與禮經合疑非是也卒令取矢謂射卒射人令當取矢者使取矢也玄謂令去侯者命負侯者去侯也鄉射曰司馬命獲者執旌以負侯○卒子恤反注同〔疏〕王射至取矢○釋曰此文承賓射大射之下則王射射人皆令去侯立於後以矢行告卒令取矢○注鄭司至負侯○釋曰先鄭云射人主令人去侯所者不辨其去侯之人故後鄭增成其義其負侯之人是服不氏也又引鄉射直云司馬命負侯不言官者大夫士家無服不氏家臣爲之故也天子射人無其事故引大射之等爲證也

祭侯則爲位

祭侯獻服不服不以祭侯爲位爲服不受獻之位也大射曰服不侯西北三步北面拜受爵〔疏〕注祭侯至受爵○釋曰按大射禮使服不氏負侯將祭侯之時先設位於侯西北北面服不氏於位受得獻訖乃於侯所北面祭侯故引大射受獻之位爲證也

與大史數射中

射中數射者中侯之算也大射曰司射適階西釋弓去扑襲進由中東立于中南北面視算○數所主反注同扑普卜反劉方遘反說文父豆反〔疏〕注射中至視算○釋曰數算大史數之射人但視之耳故引大射爲證大射諸侯禮謂之司射天子謂之射人司射恒執張弓搢扑但令將視數薄故適階西釋去弓并去扑

向於階西襲乃適中南北面視數算也**佐司馬治射正**射正射之法儀也疏注射正至儀也○釋曰射之威儀乃是禮之正故名射儀爲射正也司馬所主射儀謂若命去侯命取矢乘矢之等皆當佐之言治者亦謂預習之類也**祭祀則贊射牲相孤卿大夫之灋儀**烝嘗之禮有射豕者國語曰禘郊之事天子必自射其牲今立秋有貙劉云○貙劉力朱反一音如字疏注烝嘗至劉云○釋曰鄭知烝嘗之禮有射豕者據乎烝嘗禮而知云國語曰禘郊之事天子必自射其牲者據祭天之時牲則犢也若然宗廟之祭秋冬則射之春夏否也祭天則四時常射天尊故也是以司弓矢共王射牲之弓矢此射人贊射牲也諸侯已下則不射楚語云劉羊擊豕而已云今立秋有貙劉云者漢時苑中有貙劉卽爾雅貙似貍劉殺也云立秋貙殺物引之者證烝嘗在秋有射牲順時氣之法**會同朝覲作大夫介凡有爵者**作讀如作止爵之作諸侯來至王使公卿有事焉則作大夫使之介也有爵者命士以上不使賤者○介劉古拜反注及下同疏會同至爵者○釋曰作使也有會同朝覲王使公卿有事於會同則射人

使大夫爲上介使凡有爵者命士以上爲衆介也○注作讀至賤者○釋曰鄭讀作如作止爵之作者讀從特牲少牢三獻作止爵按彼主人主婦二獻尸訖賓長爲三獻尸爵止鄭注云欲神惠之均於室中使主人主婦致爵訖三獻則賓長也賓長作起前所所止之爵使尸飮之讀從者取動作使之義也**大師令有爵者乘王之倅車**倅車戎車之副○倅七內反劉倉愛反疏注倅車戎車之副釋曰大師謂王出征伐王乘戎路副車十二乘皆從王行則使有爵者命士已上乘之知倅車戎車之副者戎僕云掌王倅車之政鄭云倅車之副也**有大賓客則作卿大夫從**作者選使從王見諸侯○從才用反注同疏注作者至諸侯○釋曰大賓客不言會同則是秋冬覲遇幷春夏受享在廟之時從王見諸侯也**戒大史及大夫介**戒戒其當行者覲禮曰諸公奉篋服加命書于其上升自西階東面大史氏右疏注戒戒至氏右○釋曰此謂王有命使三公命諸侯及衣服就館賜之時則射人戒大史及大夫與諸公爲介注引覲禮者證王使諸公就館賜侯氏之法云大史氏右者謂於西階東面之時大史在公之右命侯氏也是以公羊傳

曰命者何加我服錫者何賜也**大喪與僕人遷尸作卿大夫掌事比其廬不敬者苛罰之**僕人大僕也僕人與射人俱掌王之朝位也王崩小斂大斂遷尸于室堂朝之象也檀弓曰扶君卜人師扶右射人扶左君薨以是舉苛謂詰問之○比毗志反苛音何又呼何反朝直遥反下皆同疏大喪至罰之○釋曰作大夫掌事者謂王喪宜各有職掌比其廬者謂若宮正所云親者貴者居廬當比其本服親疏及貴賤○注僕人至問之○釋曰知僕人大僕也者見大僕掌內朝射人掌正朝掌事是同周禮又更無僕人職故知是大僕是以鄭云僕人與射人俱掌王之朝位也云王崩小斂大斂遷尸於室堂者始死於北牖下遷尸於南牖下又云小斂於戶內是遷尸於室小斂訖遷尸於戶外又遷尸大斂大斂於阼階大斂訖又遷尸於西階以入棺是遷尸于堂也云朝之象也者君所在臣朝之故云朝之象也引檀弓者證射人與僕人君之疾薨皆是二人之事彼鄭云卜當爲僕卽僕人也

服不氏掌養猛獸而教擾之猛獸虎豹熊羆之屬擾馴也教習使之馴

服王者之教無不服○擾而小反劉音饒羆彼皮反馴似遵反一音脣疏注猛獸至不服○釋曰猛獸云之屬者兼有貙狼貔貅之等故云之屬教馴之象天下皆服王者之教無服故也**凡祭祀共猛獸**謂中膳羞者獸人冬獻狼春秋傳曰熊蹯不熟○蹯音煩掌也疏注謂中至不熟○釋曰上云養猛獸則猛獸皆養之此言祭祀所共據堪食者故鄭云謂中膳羞中膳羞唯有熊狼故引獸人與春秋爲證按內則亦云狼臅膏可食也春秋傳者宣公二年晉靈公之時宰夫胹熊蹯不熟殺之趙盾諫之時也**賓客之事則抗皮**鄭司農云謂賓客來朝聘布皮帛者服不氏主舉藏之抗讀爲亢其讎之亢玄謂抗者若聘禮曰有司二人舉皮以東○抗注亢同苦浪反劉公郎反疏注鄭司至以東○釋曰朝聘布皮帛者按聘禮行享禮之時皮帛布於庭使服不氏舉皮以東抗卽舉也故引爲證也讀爲亢其讎之亢者讀從僖二十八年城濮之戰子犯云背惠食言以亢其讎引之者取亢舉之義也後鄭引聘禮者增成先鄭義二人者卽服不氏也**射則贊張侯以旌居乏而待獲**贊佐也大射禮曰命量人巾車張三侯杜子春云待當爲持書

亦或爲持乏讀爲匱乏之乏持獲者所蔽玄謂待獲待射者中舉旌以獲○巾如字劉居令反中丁仲反〔疏〕注贊佐至以獲○釋曰引大射者證服不氏佐量人巾車張侯之事後鄭云待獲待射者中舉旌以獲者以獲則大射禮唱獲者居乏之中中則舉旌以宮下旌以商者是也故不從子春待爲持也

射鳥氏掌射鳥鳥謂中膳羞者鳧鴈鴇鴞之屬○射食亦反下射鳥同鳧音扶鴇音保鴞于苗反〔疏〕注鳥謂至之屬○釋曰知中膳羞者以上文猛獸有共祭祀此下文云祭祀歐烏鳶烏鳶不中膳羞則歐之此經直云射鳥明是中膳羞者也鄭知鳧鴈鴇鴞者內則云舒鳧翠鴈腎鴇鴞胖此等去翠腎胖是可膳羞者也云之屬者兼有雉鶉鷃之等也

祭祀以弓矢歐烏鳶凡賓客會同軍旅亦如之烏鳶善鈔盜便汙人○歐起俱反鳶代專反鈔初教反又初交反便婢面反劉符絹反〔疏〕祭祀至如之○釋曰賓客會同歐烏鳶者以其會同皆有盟詛之禮位牲之事軍旅亦有軷牲巡陳之事故須歐烏鳶

射則取矢矢在侯高則以并夾取之鄭司農云王射則射鳥氏主取其矢矢在侯高者矢著侯高人手不能及則以并夾取之并夾鍼箭具夾讀爲甲故司弓矢職曰大射燕射共弓矢并夾○夾音甲著直略反鍼箭其炎反李其嚴反沈云或作鉆〔疏〕注鄭司至并夾○釋曰射皆三番第一番雖有六耦二耦誘射雖中不獲第二第三皆衆耦共射皆釋獲有取矢之法先鄭引司弓矢職直有大射燕射不言賓射亦同大射燕射也

羅氏掌羅烏鳥烏謂卑居鵲之屬○卑音匹又如字〔疏〕注烏謂至之屬○釋曰鄭知烏卑居者見小弁詩云弁彼鸒斯歸飛提提注云鸒卑居卑居雅烏云鵲者即山鵲卑居之類云之屬者兼有餘烏也

蜡則作羅襦作猶用也鄭司農云蜡謂十二月大祭萬物也郊特牲曰天子大蜡謂歲十二月合聚萬物而索饗之襦細密之羅襦讀爲繻有衣袽之繻玄謂蜡建亥之月此時火伏蟄者畢矣豺既祭獸可以羅網圍取禽也王制曰豺祭獸然後田又曰昆虫已蟄可以火田今俗放火張羅其遺教○襦女俱反或音須注繻同索色白反袽女居反字又作絮〔疏〕注作猶至遺教○釋曰先鄭所云其義得矣後鄭增成之言蜡者自取當蜡之月得用細密之罔羅取禽獸故後鄭云此時火伏十月之時火星已伏在戌豺蟄者畢矣引王制者證十月蜡祭後得火田有張羅之事云今俗放火張羅其遺教者漢之俗間在上放火於下張羅承之以取禽獸是周禮之遺教則知周時亦上放火下張羅也

中春羅春鳥獻鳩以養國老行羽物春鳥蟄而始出者若今南郡黃雀之屬是時鷹化爲鳩鳩與春鳥變舊爲新宜以養老助生氣行謂賦賜○中音仲〔疏〕注春鳥至賦賜○釋曰此文仲春行羽物按司裘職云仲秋獻良裘王乃行羽物彼注云仲秋鳩化爲鷹仲春鷹化爲鳩順其始殺與其將止而大班羽物若然則一年二時行羽物但彼注云此羽物小鳥鶉雀之屬鷹所擊者此注云春鳥若今南郡黃雀之屬不同者各舉一邊互見其義

掌畜掌養鳥而阜蕃教擾之阜猶盛也蕃蕃息也鳥之可養使盛大蕃息者謂鵞鶩之屬○蕃音煩注同鵞五何反鶩音木〔疏〕注阜猶至之屬○釋曰云鳥之可養使盛大蕃息者謂鵞鶩之屬者鶩即今之鴨民間所畜故云焉

祭祀共卵鳥其卵可薦之鳥○卵劉本作祭音卵〔疏〕注其卵可薦之鳥○釋曰還謂上經鵞鴨之屬其雞亦在焉

歲時貢鳥物鶉鴈之屬以四時來〔疏〕注鶉鴈至時來○釋曰不言鵞鶩雞者所畜非貢物故以野鳥爲貢者也

共膳獻之鳥雉及鶉鴽之屬○鶉音純鴽音如〔疏〕注雉及鶉鴽之屬○釋曰此言堪膳而獻者惟有此等是以內則及公食大夫上大夫二十豆有雉兔鶉鴽云之屬者更有餘鳥也

附釋音周禮注疏卷第三十

南昌盧氏宣旬校栞

大清嘉慶二十年
用文選樓藏本校

知南昌府張敦仁署鄱陽縣候補知州周澍栞

周禮注疏卷三十挍勘記　阮元撰盧宣旬摘錄

附釋音周禮注疏卷第三十

小司馬

此下字脫滅札爛文闕 余本毛本同嘉靖本文作又按此本疏云以此知此下脫滅札爛又闕也又云札爛又闕者以其下經簡札爲葦編折爛闕落則文爲又之誤無疑而字字亦當爲衍文今閩監毛本疏又皆誤文矣注中札字此本閩本作禮因誤爲礼遂改作禮也

輿購求遺書不得也 補案輿上當有漢字

軍司馬

闕 余本嘉靖本同此及下皆鄭注也閩監毛本獨此不標注字且移闕於○下誤也下同

司勳

輔成王業若周公 閩本輔上剜補注字監毛本從之下民功曰庸疏同

祭於大烝 唐石經諸本同此本疏中烝作蒸

盤庚告其卿大夫曰 閩監毛本同余本岳本嘉靖本盤作般釋文亦作般庚當據正

爾祖其從與享之 宋本與作預非

釋曰凡凡有功 閩監毛本凡字不重此上當云之誤

在冬之蒸祭者 閩監毛本蒸作烝下並同

惟加田無國正 閩監毛本同唐石經余本嘉靖本惟作唯

小宰特牲是大夫 浦鏜云牢誤宰

馬質

其外否 唐石經諸本同案否當作不○按說文云否不也此不必改字

姜大岳之後也 惠挍本岳作嶽下同

量人

經塗九軌 惠挍本軌作軓

市一夫之等 補案市下當有朝字

量其市朝州涂軍社之所里 釋文州涂本又作塗按塗俗字

師皆有道以相湊之 惠挍本同閩監毛本湊作奏非

從於獻酒之肉炙也 諸本同釋文出肉炙二字惠挍本作炙肉按賈疏引鄭云亦作炙肉

若燕行獻賓薦脯醢是也 浦鏜云行當禮字誤

傳火曰燔 閩監毛本同誤也宋本傳作傅傅即今附近之附

葦包二者也 按二當爲一

正喪祭奠入壙之事也 正當証之誤

元謂皋讀如嘏尸之嘏 漢讀考作讀爲云今本作如誤案鬱人大祭祀與量人受舉皋之卒爵而飲之注皋受福之嘏聲之誤也王酳尸尸嘏王此其卒爵也此注嘏尸亦當作尸嘏○按此即禮經之尸嘏主人也

小子

謂四段解之 閩本同宋本段作段當據正監毛本誤殷

故正祭即體解爲二十一體 宋本無故此衍

祈或爲刉 余本岳本同閩監毛本刉作刏下及疏同余本此本載音義皆作刏今通志堂本亦省作刉

祈或作畿 惠挍本畿作幾非

凡刉衈則奏犬牲 余本岳本嘉靖本同閩監毛本犬誤大疏同惠挍本衈作珥

按爾雅曰祭山曰𤵸懸 閩本同監毛本𤵸懸改庪縣惠挍本曰作云○按庪𤵸皆俗字而𤵸从疒尤非

亦謂鼓人節 浦鏜云鼓誤鼓從儀禮通解續挍

羊人

四之日其蚤 惠挍本蚤作早

法羊飱饔積膳之羊 嘉靖本法作灋非釋文飱饔作食饔云音飼本又作飱饔惠棟云疏作飱饔余本作食饔

積故書爲眦 毛本眦誤從耳

司爟

九月本黄昏心星伏在戍上 此本疏中引注無黄字案上文亦無黄此衍○按戍當作戌下疏同

九月本昏心星伏在戌上 閩監毛本昏上有黄非

掌固

要塞之處也 閩監毛本塞改害非

稍食祿稟 余本嘉靖本毛本同閩監本稟作廩誤疏中同

用爲楨榦 惠挍本同閩監毛本榦作幹非

若殽阜河漢要路之所 此本殽誤殺今據閩毛本訂正監本誤漢

遠樹以爲固 遠葢遶之訛

司險

謂若十月車梁成之類 閩監毛本依今孟子車改輿非

其溝上亦皆有道路以相之湊 閩本同余本無之監毛本改爲支○按無者是 也

侯人

備姦寇也 嘉靖本姦作姧侯人注同案賈疏標起訖作姧寇○按姧者姦之俗作奸者非

何戈與祋 嘉靖本閩本同釋文亦作祋監毛本作裋誤從衣

王使候人出諸轘轅 監本轅誤轘

環人

御下挒馬掉鞅而還 宋本余本嘉靖本同閩監毛本挒誤挒疏同監本又馬誤焉掉誤棹

及至晉師 宋本無至

爲之威武以觀敵 六經正誤作揚威武以觀敵

維師尚父時維鷹揚 惠挍本嘉靖本維作惟此從糸非按賈疏亦作惟此本疏中揚作楊

是揚威武之事 惠挍本同閩監毛本脫之事

注圍邑至降鄣 監本鄣誤障

挈壺氏 唐石經余本通典七十六漢制考同嘉靖本閩監毛本壺作壼非

挈壺縣其上 通典縣作懸下同

亦縣畚于所當稟假之處 通典稟作廩非釋文稟假有音

省煩趨疾于事便也 通典作省煩便事無下四字文簡而義益明今本蓋衍釋文出省煩事便四字

以序聚欜 閩監毛本同唐石經余本嘉靖本欜作櫜

夜則口視刻數也 此本則下有口閩監毛本補火字非余本岳本嘉靖本作夜則視刻數也本無

闕文當據以訂正

野廬氏云　當從毛本作野廬

以野廬氏無夜行者　按夜行字當誤倒

士親疏大哭　浦鏜云代誤大

夏至則晝夜短　補案晝下當有長字

澆沃壺中使下也　監本中字缺壞

射人

大夫鴈　唐石經鴈上有執諸本無

士位於西方　余本閩本同嘉靖本監毛本位作立

三公射北面者　閩本同誤也當從監毛本射作特

此射人主論射事　閩本同監毛本主改唯

三侯熊虎豹也　余本同嘉靖本閩監毛本作虎熊豹

今儒家云四尺曰正二尺曰鵠　諸本同　案詩賓之初筵正義曰周禮鄭衆馬融注皆云十尺曰侯四尺曰鵠二尺曰正四寸曰質今儒家即指馬季長鄭仲師也正鵠字互誤當據以訂正○按注於鄭衆注纖悉畢載皆系之鄭司農何此云儒家蓋必各成一説不容牽合儒家非仲師也

讀如宜豻宜獄之豻　賈疏亦作讀如云此讀與彼音同漢讀考作讀爲云今本作讀如誤

卒令取矢　余本嘉靖本毛本同閩監本卒令誤倒

釋弓去扑　余本嘉靖本閩本同監毛本扑作朴案釋文作去扑字從手○按扑即説文之攴字从又卜聲扌即又也以其可以扑人因名之曰扑凡經典扑字或改从木作朴者皆非也

據乎烝嘗禮而知　宋本嘗下有者監本乎改遞

劉羊擊豕而已　浦鏜云刲誤劉

射人扶左　余本嘉靖本閩本同監毛本射人下衍師

遷尸於南牖下　閩本同監毛本牖作墉

服不氏

無服故也　補毛本服上有不字是也

熊蹯不熟　余本嘉靖本熟作孰此本疏中亦皆作孰此加火者俗字

故引獻人以春秋爲證　浦鏜云獸誤獻

抗讀爲亢其讐之亢　漢讀考作讀如案馬質注綱讀爲以亢其讐之亢亢御也禁也禁去惡馬不畜也此注言服不氏主舉藏幣則與禁去義亦相近○按前説非也抗者舉也故讀如亢其讐而已不得云讀爲也與馬質注迥異

舉皮以東　嘉靖本東誤東

射鳥氏

鳧鴈鴇鴞之屬　閩監毛本同余本鴇作鴇嘉靖本作鴇此本作鴇皆誤今訂正釋文作鳧鴈鴇鴞鴞音于苗反此本疏中引作鴞誤也引內則鵠鴞胖亦誤鴞

以弓矢敺烏鳶　余本同唐石經敺作毆釋文作敺嘉靖本閩監毛本作毆此本及閩本烏誤鳥今訂正○按敺从攴説文之古文驅也與殳部之毆絕不同唐石經此經作毆乃大誤學者宜以此爲例求之

烏鳶善鈔盜便汙人　毛本善誤喜釋文汙作汚

第一番雖有六耦　閩本同監毛本雖改唯

羅氏

襦讀爲繻有衣袽之繻　葉鈔釋文作衣絮云字又作袽此本爲誤謂今據諸本訂正

可以羅網圍取禽也　閩監毛本同余本嘉靖本網作网此本疏中亦作罔注皆用网字此加糸旁非

於下張羅承之　宋本閩本同監毛本丞改承

行謂賦賜　浦鏜云頒誤賦從集注挍○按浦鏜非也古者分布於人曰賦如社而賦事是也

而大班羽物　閩監毛本班誤斑

掌畜

謂鶖鶬之屬　余本嘉靖本閩本同監毛本鶖改鵝非疏同釋文亦作鶖

祭祀其卵鳥　唐石經余本嘉靖本同閩監毛本卵改卵釋文卵鳥劉本作卵音卵段玉裁云疑劉本作北依說文也古說文卵字作卝

周禮注疏卷三十挍勘記終

南昌袁泰開挍

附釋音周禮注疏卷第三十一

鄭氏注　賈公彥疏

夏官司馬下

司士掌羣臣之版以治其政令歲登下其損益之數辨其年歲與其貴賤周知邦國都家縣鄙之數卿大夫士庶子之數損益謂用功過黜陟者縣鄙鄉遂之屬故書版爲班鄭司農云班書或爲版版名籍○版音板〈疏〉司士至之數○釋曰云掌羣臣之版者謂識內朝廷及鄉遂都鄙羣臣名籍云以治其政令者即損益之數辨其年歲貴賤之等是也云歲登下其損益之數者三年黜陟者是也云辨其年歲者知羣臣在任及年齒多少也云與其貴賤者大夫已上貴士已下賤也云周知邦國都家者邦國謂周之千七百七十三國也都家謂天子畿內三等采地大都小都家邑是也先邦國後都家者尊諸侯故也亦如大宰云

布治于邦國都鄙亦先邦國也縣鄙者謂去王國百里外六遂之中也不言六鄉者舉遠以包近云卿大夫士者即謂朝廷及邦國都家縣鄙之臣數摠言之也云士庶子者亦如宮伯卿大夫之子謂適子庶子其支庶宿衛王宮者也云之數者邦國已下摠結之也○注損益至名籍○釋曰云損益謂用功過黜陟者即三年大比以功過黜陟者也云縣鄙鄉遂之屬者縣鄙屬遂故云之屬其中兼鄉中之州黨故鄉遂並言也以詔于治告王所當進退○治直吏反下注治處同〈疏〉注告王所當進退○釋曰知詔王治是告王所當進退者司士掌羣臣之數只爲賞罰進退以勗勵之故知告王治唯謂進退之也以德詔爵以功詔祿以能詔事以久奠食德謂賢者食稍食也賢者既爵乃祿之能者事成乃食之王制曰司馬辨論官材論進士之賢者以告於王而定其論論定然後官之任官然後爵之位定然後祿之○奠音定乃食音嗣其論魯頓反下同又如字任音壬〈疏〉以德至奠食○釋曰云以德詔爵以功詔祿者據賢者試功之後其德堪用乃詔王授之以正爵有功乃詔王授之以正祿也云以能詔事以久奠食者奠定也據能者先試之以事事成乃定以稍食其能堪用乃後亦詔授之以正爵祿○注德謂至祿之○釋曰云德謂賢者即大司徒云以鄉三物教萬民而賓興之三物謂六德六行六藝有六德六行即爲賢者有六藝即爲能者鄉大夫云三年則大比而興賢者能者鄭云賢者有德行者能者有道藝者云食稍食也者月給食不并給故云稍食也云賢者既爵乃祿之者以經先云以德詔爵後云詔祿也云能者事成乃食之者以經先云詔事久乃定之以食也此二者互見其事自古以事任之者皆試乃爵之則賢者有先試之以事乃後詔爵能者既試有功亦授之以爵所以賢者先言正爵能者先言試事者欲見尊敬賢者故先言正爵卑退能者先言試事故鄭云賢者既爵乃祿之能者事成乃食之也引王制者欲見能者須試乃授正爵之義云辨論官材者司馬使司士分辨其論官其材之法云論進士之賢者以告於王而定其論者云進士者謂學中之造士業成可進受官爵升之於司馬則曰進士司馬乃試論量考知賢者告王乃定其論云論定然後官之者謂試官也云任官然後爵之者謂正爵也云位定然後祿之者謂正祿也此即先試乃爵之事也惟賜無常賜多少由王不如祿食有常品〈疏〉注賜多至常品○釋曰按司勳云凡賞無常輕重視功彼謂有勳勞據功大小與之賞此不據功但時王有恩而賜之故

多少由王不由功大小也云不如祿食有常品者按王制下士視上農夫食九人中士倍下士上士倍中士大夫倍上士之等是祿有常品上云以久奠食稍食亦月月有常品也正朝儀之位辨其貴賤之等王南鄉三公北面東上孤東面北上卿大夫西面北上王族故士虎士在路門之右南面東上大僕大右大僕從者在路門之左南面西上此王日視朝事於路門外之位王族故士故爲士晚退留宿衛者未嘗仕雖同族不得在王宮大右司右也大僕從者小臣祭僕御僕隸僕○正朝直遥反注下皆同後內朝外朝朝聘朝覲視朝朝位之類倣此以意求之鄉許亮反下注同大音泰下倣此宿音夙劉息就反〈疏〉正朝至西上○釋曰經所云上者皆據近王爲上不據陰陽左右也○注此王至隸僕○釋曰云此王日視朝事於路門外之位者對彼大僕職路寢庭有燕朝朝士職庫門外有外朝而言也但彼外朝斷獄弊訟并三詢之朝有諸侯在焉諸侯既在西方右九棘之下孤避之在東方

羣臣之位西面也其餘三公卿大夫等仍與此位同也云王族故士故爲士者此云故爲士對新升試七未得正爵者爲新士不得留宿士也云晚退留宿衛者宿衛之人皆不得與凡平羣臣同時出故云晚退留宿衛必知此故士是宿衛者以其與虎士同位是宿衛者也云未常仕雖同族不得在王宮者以經稱王族故士明未仕者不得在王宮也知大右是司右者按司右掌羣右此云大右是右中之大明是司右也知大僕從是小臣祭僕之等者以其云大僕從者謂從大僕按大僕職下即有小臣祭僕御僕隸僕等皆是小臣已下者也

司士擯詔王出揖公卿大夫以下朝者○擯必刃反

【疏】注詔王至朝者○釋曰知擯是詔王出揖公卿大夫以下朝者以其王迎諸侯爲擯是大宗伯及小行人肆師之等非司士之職此上文云公卿大夫士等朝事下文云王揖此中間云司士擯明爲詔王出揖之事也

孤卿特揖大夫以其等旅揖士旁三揖王還揖門左揖門右特揖一一揖之旅衆也大夫爵同者衆揖之公及孤卿大夫始入門右皆北面東上王揖之乃就位羣士及故士大僕之屬發在其位羣士位東面王西南鄉而揖之三揖者士有上中下王揖之皆逡遁既復位鄭司農云卿大夫士皆君之所揖禮春秋傳所謂三揖在下○逡遁七旬反下音巡

【疏】注特揖至在下○釋曰此皆先入應門右北面其士入應門即就西方東面位不待王揖其大夫已上皆待王揖乃就位也云特揖一一揖之者對旅揖衆揖之也孤得揖乃就西方東面位卿得揖乃就東方西面位大夫得揖乃就卿後西面位云大夫爵同者衆揖之者序官有中大夫下大夫無問多少但爵同者衆揖之爵同中大夫同得一揖爵同下大夫同得一揖故云爵同者衆揖之也云公及孤卿大夫始入門右皆北面東上者此王臣無正文約燕禮大射諸侯禮卿大夫皆始入門右北面東上得揖乃就位士發在其位故知王臣亦然是以鄭云王揖之乃就位羣士及故士大僕之屬發在其位者若在外朝士從東方西面也云羣士位東面王西南鄉而揖之者但上經不見羣士位鄭知羣士位東面者亦約燕禮大射諸侯之士西廂東面而知且約故士虎士宿衛者門西南面明士不宿衛者東面可知位既東面明知旁三揖者西南鄉揖之云三揖者士有上中下者序官文既有三等故旁三揖耳按禮器有以少爲貴者諸侯視朝大夫特士旅之此云大夫旅與彼不同者彼諸侯臣少大夫與卿同特揖士乃旅揖之此天子臣多故大夫亦旅揖亦是以少爲貴也云王揖之皆逡遁

者約鄉常而知云既復位者謂得揖乃皆復位也若然上文別三公位及此經不言三公直言孤卿者亦舉輕以明重孤卿尚特揖明三公亦特揖可知故不見三公也先鄭引春秋者哀二年左氏傳衛侯遊於郊子南僕公曰余無子將立女不對他日又謂之對曰郢不足以辱社稷君其改圖君夫人在堂三揖在下君命祇辱注云三揖卿大夫士引之者證所揖尊卑不同

大僕前前正王視朝之位

【疏】注前正至之位○釋曰鄭知前謂前正王視朝之位者以大僕職云王視朝則前正位而退入亦如之上文引大僕位在門左南面今云前明從本位前就王正視朝之位可也

王入內朝皆退王入路門也王入路門內朝朝者皆退反其官府治處也王之外朝則朝士掌焉玉藻曰朝服以日視朝於內朝朝辨色始入君日出而視之退適路寢聽政使人視大夫大夫退然後適小寢謂諸侯也王日視朝皮弁服其禮則同

【疏】注王入至則同○釋曰王視朝訖王入路門於路寢聽事其羣臣等各退向治事之處云王之外朝則朝士掌焉者鄭欲見天子諸侯皆有三朝之意玉藻諸侯禮云朝於內朝者謂路門外朝爲內朝對臯門內應門外朝爲外朝通路寢庭朝爲三朝故朝士職注云周天子諸侯皆三朝外朝一內朝二也云王日視朝皮弁服者司服職云對諸侯視朝朝服則玄冠緇布衣素裳緇帶素韠也云其禮則同者天子諸侯惟服別其視朝之禮則同也

掌國中之士治凡其戒令國中城中

【疏】注國中城中○釋曰云國中之士治者謂朝廷之臣及六鄉之臣皆是所有治功善惡皆掌之以擬黜陟此城中士則卿大夫揔皆號爲士若濟濟多士文王以寧之類但此同士士既揔屬則此一職士者皆臣揔號惟有作事適四方使爲介士者是單士不言卿大夫故引石尚證又作六軍之士是甲士目餘皆臣之揔號耳

掌擯士者膳其摯擯士告見初爲士者於王也鄭司農云膳其摯者王食其所執羔鴈之摯玄謂膳者入於王之膳人○見賢遍反食如字劉音嗣

【疏】注擯士至膳人○釋曰此云士亦是卿大夫士揔號爲士云擯士告見初爲士者於王也者謂初得命爲卿大夫士執摯見於王司士擯相之使得見王也先鄭云膳其摯者王食其所執羔鴈之摯後鄭增成其義也云膳者入於王之膳人故其職云凡祭祀致福受而膳之以摯見者亦如之是也

凡祭祀掌士之戒令詔相其灋事及賜爵呼昭穆而進

之賜爵神惠及下也此所賜王之子姓兄弟祭統曰凡賜爵昭爲一穆爲一昭與昭齒穆與穆齒凡羣有司皆以齒此之謂長幼有序○相息亮反昭上招反後同長丁丈反（疏）凡祭至進之○釋曰云凡祭祀掌士之戒令者謂羣臣有事於祭祀皆掌其齊戒告令也云詔相其法事者謂告語幷擯相其行禮之事云及賜爵者謂祭末旅酬無算爵之時皆有酒爵賜及之皆以昭穆爲序也○注賜爵至序也○釋曰鄭知賜爵神惠及下者祭統云祭有十倫之義凡賜爵昭爲一穆爲一是神惠及下也云此所賜王之子姓兄弟者以其呼昭穆而進之云昭穆明非異姓是同姓可知姓生也子之所生則孫及兄弟皆有昭穆引祭統是諸侯法明天子亦然凡言昭穆在助祭之中者皆在東階之前南陳假令祖行爲昭子行爲穆孫行還爲昭曾孫行還爲穆就昭穆之中皆年長者在上年幼者在下故云齒也

帥其屬而割牲羞俎豆割牲制體也羞進也（疏）帥其至俎豆○釋曰此割牲兼羞俎豆不言祭祀享食之事則凡有割牲及進俎豆者皆爲之○注割牲至進也○釋曰言割牲制體也者若據祭祀則禮運云腥其俎孰其殽體其犬豕牛羊之類鄭彼注云腥其俎謂豚解而腥之爲七體是也孰其殽謂體解而爓之爲二十一體是也體其犬豕牛羊鄭云謂分別骨肉之貴賤以爲衆俎也更破使多孰而薦之若據饗則左氏傳云王饗有體薦燕有折俎是也

凡會同作士從賓客亦如之作士從謂可使從於王者○從才用反注并諸子職同（疏）注作士至王者○釋曰云作士從者謂選可使從於王者此士亦謂卿大夫皆是也

作士適四方使爲介士使謂自以王命使也介大夫之介也春秋傳曰天王使石尚來歸脤○使色吏反又如字注士使命使同介音戒脤上軫反（疏）注士使至歸脤○釋曰云士使謂自以王命使也者此即行夫職云美惡而無禮者即有使士持使法即使士與行夫等共行是以引石尚之事爲證云介大夫之介也者謂聘禮大夫爲次介其餘皆士介天子使大夫下聘諸侯亦使士爲介若使卿大夫則射人作之故射人云有大賓客作卿大夫從注云作者使從王見諸侯彼雖不云會同明會同亦與賓客同可知也春秋者左氏公羊皆有其事故公羊云石尚者何天子之士也注云天子上士以名氏通是也

大喪作士掌事事謂奠斂之屬○斂力艷反○（疏）注事謂奠斂之屬○釋曰始死則有奠及至小斂大斂朔夕朔月月半薦新遷廟祖奠大遣奠等皆是未葬已前無尸不忍異於生皆稱奠葬後反日中而虞有尸即謂之爲祭此經直云事不云祭祀明據奠斂之屬也

作六軍之事執披作謂使之也披柩車行所以披持棺者有紐以結之謂之戴鄭司農云披者扶持棺險者也天子旁十二諸侯旁八大夫六士四玄謂結披必當棺束於束繫紐天子諸侯載柩三束大夫士二束喪大記曰君纁披六大夫披四前纁後玄士二披用纁人君禮文欲其數多圍數兩旁言六耳其實旁三○披方寄反注同（疏）注作謂至旁三○釋曰云六軍之士者即六鄉之民以其鄉出一軍六鄉故名六軍之士也但鄭以天子千八而云六軍者以天子千八人出自六軍故號六軍之士非謂執披有七萬五千人也云披柩車行所以披持棺者柩車則蜃車云披者車兩旁使人持之若四馬六轡然故名持棺者爲披也云有紐以結之謂之戴者喪大記云纁戴者是也先鄭云披者扶持棺險者也者先鄭意蜃車行恐逢道險者有傾覆故云扶持棺險也云天子旁十二諸侯旁八大夫六士四者無所依據後鄭不從玄謂結披必當棺束於東繫紐者謂蜃車兩旁皆有椰材其棺皆以物束之故云天子諸侯載柩三束大夫士二束彼喪大記不言天子此言者欲見天子無文約與諸侯同也謂之戴者彼大記注云戴之言值也所以連繫棺束與椰材使相植因而結前後披也披結於紐故引喪大記君纁披六已下其蜃車椰材與中央棺束數等人君三束大夫士二大記云君纁披六大夫四披者皆是禮文故圍數兩旁言六言四也士禮小無文故據一旁而言二若然大夫亦圍數兩旁言四直云人君者據尊者而言也

凡士之有守者令哭無去守守官不可空也○守劉守又反下皆同（疏）注守官不可空也○釋曰此文承大喪之下令哭無去守則大夫士有使役守當雖同爲天子斬衰不可廢事空官故令哭不得去守也

國有故則致士而頒其守故非喪則兵災（疏）注故非喪則兵災○釋曰知非喪者以上文已言大喪明此是兵災非喪也

凡邦國三歲則稽士任而進退其爵祿任其所掌治（疏）注任其所掌治○釋曰此言稽士任文承邦國即是邦國之卿大夫士揔曰士也據其所任治而進退其爵祿但諸侯之臣進退應是諸侯當國爲之今於天子司士而言者但司士作法與之使諸侯自黜陟耳非謂司士自黜陟也

諸子掌國子之倅，掌其戒令與其教治，辨其等，正其位。故書倅爲卒。鄭司農云：「卒讀如物有副倅之倅。國子謂諸侯卿大夫士之子也。燕義曰：古者周天子之官有庶子官，與周官諸子職同文。」玄謂四民之業而士者亦世爲國子者，是公卿大夫士之副貳。戒令，致於大子之事。教治，脩德學道也。位，朝位。○倅，七內反。治，直吏反，注同。大子音泰，下注同。〔疏〕「諸子」至「其位」○釋曰：云「掌國子之倅」者，倅謂副代父，則國子爲副代父者也。○注「故書」至「朝位」○釋曰：先鄭云「國子謂諸侯卿大夫士之子也」者，王制云王大子、王子、羣后之大子、卿大夫元士之適子皆造焉，則王大子、王子亦曰國子。不言者，彼不據諸子職而言，故舍有王大子、王子，亦以四術成之，故文王世子成王猶在學，學君臣父子長幼之禮也。此據諸子主國子致與天子使用，故不得通王大子、王子也。引燕義云「古者周天子之官有庶子官，與周官諸子職同文」者，彼燕義本釋燕禮之事，但燕禮有庶子執燭及獻庶子之文，更不見餘義，故記人欲釋燕禮庶子之義，故取天子諸子職解庶子。諸、庶俱訓爲衆，天子之諸子、諸侯之庶子，皆掌卿大夫士之適子，適子衆多，故云諸，或言庶，諸、庶通名，故天子諸子爲庶子也。玄謂「四民之業而士者亦世爲」者，此齊語桓公謂管仲曰：「成民之事若何？」管仲對曰：「民無使雜處。」公曰：「處士農工商若何？」管仲曰：「昔者聖王之處士就閑燕，處工就官府，處商就市井，處農就田野，少而習焉，其心安焉。」桓公曰：「士之子恒爲士，農之子恒爲農，工之子恒爲工，商之子恒爲商。」是四民之業爲世也。引之者，見士之子亦入倅色也。按王制大夫不世，今亦有倅入世者，以大夫有功德亦得世，故詩云「凡周之士，不顯亦世」也。云「國子者，是公卿大夫士之副貳」者，增成先鄭義。云「戒令，致於大子之事」者，即下文是也。云「教治，脩德學道也」者，云教，故知脩德學道也。經云「辨其等」，謂才藝高下等級也。國子所學道德，即師氏職三德三行并保氏六藝者是也。云「位，朝位」者，謂朝大子時依父蔭高下爲列也。

國有大事，則帥國子而致於大子，惟所用之。若有兵甲之事，則授之車甲，合其卒伍，置其有司，以軍法治之。司馬弗正。軍法百人爲卒，五人爲伍。弗，不也。國子屬太子，司馬雖有軍事，不賦之。○卒，子忽反，前後注及下皆同。正音征，下「國正」同。〔疏〕「國有」至「弗正」○釋曰：云「大事」，下有兵甲之事，則此大事謂祭祀也。故左氏傳云「國之大事，在祀與戎」，此經二事當之也。○注「軍法」至「賦之」○釋曰：軍法從五人爲伍，至萬二千五百人爲軍，有六節，今注直云百人與五人，畧舉之耳。云「不賦之」，解經正爲賦稅，謂不賦田稅、泉稅者也。

凡國正弗及。〔疏〕「凡國」至「弗及」○釋曰：上文云「弗正」，謂兵賦；此云「國正」，謂鄉遂之中所有徇徒力征之等，並不及也。

大祭祀，正六牲之體。正謂禮載之。〔疏〕注「正謂禮載之」○釋曰：按特牲、少牢，移鼎入陳，即有一人鼎中匕出牲體，一人在鼎西北面載之於俎。既言正六牲之體，明是此二事也。

凡樂事，正舞位，授舞器。位，佾處。〔疏〕注「位，佾處」○釋曰：云「凡樂事」者，則諸作樂有舞之處，皆使正舞人八八六十四人之位，并授舞者之器，文舞則授羽籥，武舞授干鍼之等。云「位，佾處」者，即謂天子八佾，諸公六佾，諸侯四佾之等也。

大喪，正羣子之服位。會同、賓客，作羣子從。從於王。〔疏〕注「從於王」○釋曰：云「大喪正羣子之服位」者，位謂在殯宮外內哭位也。正其服者，公卿大夫之子爲王斬衰，與父同，故雜記大夫之子得行大夫禮故也。云「會同賓客作羣子從」者，作，使也，使國子從王也。

凡國之政事，國子存遊倅，使之脩德學道，春合諸學，秋合諸射，以攷其藝而進退之。遊倅，倅之未仕者。學，大學也。射，射宮也。王制曰：「春秋教以禮樂，冬夏教以詩書。王太子、王子、羣后之太子、卿大夫元士之適子、國之俊選皆造焉。」○適，丁歷反。〔疏〕「凡國」至「退之」○釋曰：云「凡國之政事」者，謂國內有繇役之事皆是也。云「國子存遊倅，使之脩德學道」者，謂國有事時，此國子存遊暇無事之倅中，使脩德學道二事也。云「春合諸學」者，謂於大學之中使之學也。云「秋合諸射」者，使在射宮習射也。云「以考其藝」者，考較才藝長短。云「而進退之」者，才藝長進與官爵，才藝短者退之，使更服膺受業也。○注「遊倅」至「造焉」○釋曰：倅是副代，已是未在仕，復云游，游是游暇，亦是未仕之稱。云「學，大學也」者，周禮若言異代之學，則舉其學名，即成均、瞽宗之類，今此直言學，明是周之大學也。周禮云大學在國中，即夏后氏東序，在王宮之左也。云「射，射宮也」者，射義云「已射於澤，然後射於射宮」，射宮即國之小學，在西郊，則虞庠是也。王制曰「春秋教以禮樂，冬夏教以詩書」者，按彼鄭注云：春夏，陽也，詩樂者聲，聲亦陽也；秋冬，陰也，書禮者事，事亦陰也；因時順氣，於功易成也。云「王太子王子羣后之大子卿大夫元士之適子國之俊選皆造焉者若王之子得適庶俱在學若羣后畿内諸侯已不則庶子賤不得在學故皆云適子也引之者證貴賤皆在教科也

司右掌羣右之政令 羣右戎右齊右道右○齊側皆反 疏 注羣右至道右 釋曰知司右主此三右者按下文云車有五等右惟三故下注云齊右兼玉路之右戎右兼田右等也

凡軍旅會同合其車之卒伍而比其乘屬其右 合比屬謂次第相安習也車亦有卒伍○比毗志反注同乘繩證反屬音燭注皆同 疏 注合比至卒伍 釋曰右軍旅據征伐會同謂時見曰會殷見曰同三者皆合車之卒伍云合比屬謂次第相安習也者皆謂教習使安穩也云車亦有卒伍者按宣十二年傳云其君之戎分爲二廣廣有一卒卒偏之兩司馬法曰二十五乘爲偏又云以百二十五乘爲伍注伍重故百二十五乘是其車之卒伍也

凡國之勇力之士能用五兵者屬焉掌其政令 勇力之士屬焉者選右當於中司馬法曰弓矢圍殳矛守戈戟助凡

五兵長以衛短短以救長○殳音殊 疏 注勇力至救長○釋曰云勇力之士屬焉者選右當於中者但車右須得勇力之士若選右不於中何因屬司右故鄭爲此釋也引司馬法曰弓矢圍者圍城時也殳矛守者守城時也戈戟助者謂圍守皆用戈戟助之云凡五兵長以衛短短以救長者圖者以弓矢爲長戈戟爲短守者亦以戈戟爲短以殳矛爲長故云長以衛短短以救長使力相得也此五兵據勇力之士所用下注車之五兵則無弓矢而有夷矛是也

虎賁氏掌先後王而趨以卒伍 王出將虎賁士居前後雖羣行亦有局分○賁音奔劉方問反先後悉薦反下戶豆反又皆如字將子匠反分扶問反 疏 虎賁至卒伍 釋曰鄭云王出將虎賁士居前後雖羣行亦有局分者以經云卒伍則是五人爲伍百人爲卒又按序官云虎賁氏下大夫二人中士十有二人府二人史八人胥八十人虎士八百人是其雖羣行亦有局分置卒伍是也

軍旅會同亦如之舍則守王閑 舍王出所止宿處閑梐枑○梐薄禮反枑戶故反 疏 注舍王至梐枑○釋曰鄭云舍王出所止宿處者按掌舍云掌王之會同之舍則設梐枑再重杜子春以爲行馬後鄭云行馬再重者以周衛有外内列校人職養馬曰閑是其閑與梐枑皆禁物之物故以閑爲梐枑釋之也

王在國則守王宮 爲周衛 疏 注爲周衛○釋曰在外守王閑爲周衛明在國亦爲周衛也

國有大故則守王門大喪亦如之 非常之難要在門○難乃旦反 疏 注非常至在門○釋曰大故謂兵災大喪謂王喪二者皆是非常之難須警備故云要在門也

及葬從遣車而哭 遣車王之魂魄所馮依○從才用反下并節服氏從車從尸車同馮皮冰反 疏 注遣車至馮依○釋曰遣車者將葬盛所苞奠遣送者之車其車内既皆有牲體故云王之魂魄所馮依遣車多少之數天子無文按雜記云遣車視牢具鄭注云多少各如所苞遣奠牲體之數按檀弓云國君七个遣車七乘大夫五个遣車五乘鄭云諸侯不以命數喪數略也士無遣車大夫五乘諸侯七乘天子宜九乘故鄭注雜記云天子大牢苞九个遣車九乘苞肉皆取大遣奠之牲體天子大牢外更用馬牲皆前脛折取臂臑後脛折取骼○肩斷各九个皆細分其體以充數也

適四方使則從士大夫 虎士從使者○使所吏反注及下同 疏 注虎

士從使者○釋曰天子有下聘諸侯法大行人所云歲徧問之等時則使虎賁從行也

若道路不通有徵事則奉書以使於四方 不通逢兵寇若泥水奉書徵師役也春秋隱七年冬戎伐凡伯于楚丘以歸 疏 注不通至以歸○釋曰云奉書徵師役也者若兵寇則徵師若泥水則徵役引春秋者按左氏傳云初戎往朝周周大夫皆發禮戎惟凡伯不禮焉後凡伯至魯戎則要而伐之故云戎伐凡伯於楚丘以歸是其事也

旅賁氏掌執戈盾夾王車而趨左八人右八人車止則持輪 夾王車者其下士也下士十有六人中士爲之帥焉○盾常準反又音允夾古洽反劉古協反後倣此 疏 注夾王至帥焉○釋曰知夾王車是下士者見序官云旅賁氏中士二人下士十有六人此經左右十六人故知是旅賁氏之下士也中士是官首明爲之帥也

凡祭祀會同賓客則服而趨 服而趨夾王車趨也會同賓客亦齊服服衮冕則此士之齊服服玄端 疏

注服而至玄端○釋曰知服而趨是夾王車者約上文夾王車而趨故知也云會同賓客王亦齊服服冕者見下文節服氏云掌祭祀朝覲衮冕鄭云從王服朝覲服衮冕則會同賓客亦服衮冕故覲禮天子衮冕負黼扆是也云則此士之齊服服玄端者若士助祭服爵弁此爲會同故齊服服玄端

喪紀則衰葛執戈盾葛葛絰武士尚輕○衰七雷反〔疏〕注葛葛至尚輕○釋曰臣爲王貴賤皆斬衰斬衰麻絰至葬乃服葛今王始死即服葛故云武上尚輕

軍旅則介而趨介被甲○介音戒被皮第反〔疏〕注介被甲釋曰在軍爲甲士著甲餘者不服甲但此旅賁勇士衛王故被甲而趨也

節服氏掌祭祀朝覲衮冕六人維王之太常服衮冕者從王服也維維之以縷王旌十二旒兩兩以縷綴連旁三人持之禮天子旌曳地鄭司農云維持之〔疏〕注服衮至持之○釋曰云服衮冕者從王服也者以其節服氏者世能節王之衣服明節服所服與王同故云從王服也云維維之以縷者以其言維維是連綴之名故知用縷連綴之也云王旌十二旒者巾車云玉路建太常十有二旒經云六人維之明一畔有三人三人維六旒故知兩兩以縷連旁三人持之云禮天子旌曳地者禮緯文引之者若不遺維持之則旒曳地故也

諸侯則四人其服亦如之郊祀裘冕二人執戈送逆尸從車裘冕者亦從尸服也裘大裘也凡尸服卒者之上服從車從尸車送逆之往來春秋傳曰晉祀夏郊董伯爲尸〔疏〕諸侯至從車釋曰依禮緯含文嘉云天子旌九刃十二旒曳地諸侯七刃九旒齊軫大夫五刃五旒齊較士三刃三旒齊首彼或異代法故旒不依命數周之諸侯之旌皆交龍爲之上公九旒侯伯則七旒子男則五旒今揔云四人則不得兩兩維之但一畔有二人分而維之見威儀耳云其服亦如之者節服氏之服亦與諸侯同諸侯惟二王後與魯得祭天服衮冕其餘諸侯惟得祭宗廟服玄冕節服氏皆與君同服故云其服亦如之○注裘冕至爲尸○釋曰尸服與王同大裘節服氏亦大裘故二人皆裘冕執戈送逆尸云從車者送逆皆從尸車後云凡尸服卒者之上服者按士虞記云尸服卒者之上服注云上服如特牲士玄端也不以爵弁服爲上者祭於君之服非所以自配鬼神彼據臣卒者上服以家祭上服不言用助祭服此據王自然用卒者家祭上服服大裘也引春秋傳者是外傳晉語文

方相氏掌蒙熊皮黃金四目玄衣朱裳執戈揚盾帥百隸而時難以索室毆疫蒙冒也冒熊皮者以驚毆疫癘之鬼如今魌頭也時難四時作方相氏以難卻凶惡也月令季冬命國難索廋也○難乃多反注同毆起俱反魌音欺〔疏〕注蒙冒至廋也○釋曰云時儺四時者按月令惟有三時難是以月令季春云命國難以季春日歷大梁有大陵積尸之氣與民爲厲命有國者難仲秋云天子乃難時斗建酉亦有大陵積尸之氣此月難陽氣陽氣至此不止害將及人惟天子得難諸侯亦不得季冬云乃命有司大難言大則及民庶亦難惟有此三時難鄭云四時者雖三時亦得云四時揔言之也若然此經所難據十二月大難而言是以鄭引季冬爲證也鄉黨鄉人難郊特牲云鄉人禓亦皆據十二月民庶得難而言也

大喪先匶葬使之道○先匶悉薦反下音柩道音導下同〔疏〕注葬使之道○釋曰喪所多有凶邪故使之導也

及墓入壙以戈擊四隅毆方良壙穿地中也方良罔兩也天子之椁柏黃腸爲裏而表以石焉國語曰木石之怪夔罔兩○壙苦晃反又音曠方良上音罔下音兩注罔又並如字夔求龜反〔疏〕注壙穿至罔兩○釋曰必破方良爲罔兩者入壙無取於方良之義故也云天子之椁柏黃腸爲裏而表以石焉者欲見有罔兩之義故引漢法爲證又檀弓云天子柏椁以端長六尺言椁柏則亦取柏之心黃腸爲椁之裏故漢依而用之而表之以石古雖無言漢亦依古而來蓋周時亦表以石故有罔兩也云國語者按國語水之怪龍罔象土之怪夔罔兩則知方良當爲罔兩也

太僕掌正王之服位出入王之大命服王舉動所當衣也位立處也出大命王之教也入大命羣臣所奏行〔疏〕注服王至奏行○釋曰云服王舉動所當衣也者謂王吉服有九隨事舉動而衣大僕親近王所之官故王之衣服及位處恐其不正故皆正之也云位立處也者王之起居無常或起居行事之時多以立爲正故以立處言之也云出大命王之教也者一日萬機有其出者皆是王之教也云入大命羣臣奏行者謂羣臣奉行王命報奏者皆是也

掌諸侯之復逆鄭司農云復謂奏事也逆謂受下奏

疏注鄭司至下奏。○釋曰：按宰夫職云諸臣之復萬民之逆，先鄭云復請也，逆迎受王命者，玄謂復之言報也反也反報於王謂朝廷奏事，自下而上曰逆，逆謂上書。先鄭彼注與此不同者，先鄭兩解，故彼後鄭不從，至此注先鄭於義是，故後鄭從之。此說先鄭云復謂奏事，即彼後鄭云復謂朝廷奏事一也。此先鄭云逆謂受下奏，即彼後鄭云自下而上曰逆謂上書亦一也。

王眡朝則前正位而退入亦如之

前正位而退道王王既立退居路門左待朝畢

疏注前正至朝畢。○釋曰：云前正位而退道王王既立退居路門之左待朝畢者，此即上司士所云大僕前亦一也。大僕本位在路門之左，今進前正位訖，還退在本位，故云退居路門左也。云待朝畢者，欲入亦如之，王退入路寢聽事時，亦前正王位御位立也。

建路鼓于大寢之門外而掌其政

大寢路寢也其門外則內朝之中如今宮殿端門下矣政鼓節與早晏

疏注大寢至早晏。○釋曰：此鼓所用，或擊之以聲早晏，或有窮遽者擊之以聲寃枉也，故建之於正朝之所也。云大寢路寢也者，欲見在路寢門外正朝之處。云其門外則內朝之中者，按玉藻云視朝於內朝，羣臣辨色始入，彼諸侯禮，天子亦然。

若據文王世子，亦得謂之外朝，故文王世子云其朝於公內朝，臣有貴者以齒，其在外朝則以官。彼以路門外爲外朝者，對路寢庭朝爲外朝，其實彼外朝亦內朝耳。以其天子諸侯皆內朝二外朝一，既以三槐九棘朝爲外朝，一明此內二者皆內朝也。

以待達窮者與遽令聞鼓聲則速逆御僕與御庶子

鄭司農云窮謂窮寃失職則來擊此鼓以達於王若今時上變事擊鼓矣遽傳也若今時驛馬軍書當急聞者亦擊此鼓令聞此鼓聲則速逆御僕與御庶子也大僕主令此二官使速逆窮遽者玄謂窮達者謂司寇之屬朝士掌以肺石達窮民聽其辭以告於王遽令郵驛上下程品御僕御庶子直事鼓所者大僕聞鼓聲則速逆此二官當受其事以聞。○遽，其御反。寃，於元反。上，時掌反。傳，張戀反，下文同。急聞，如字，劉音問。肺，方廢反。令，力呈反。郵，音尤。

疏以待至庶子。○釋曰：云以待者，大僕在王所，恒於路寢之中，若有窮者及遽令二者來擊此鼓，其御僕御庶子直在鼓所者，則入告大僕，迎此二官以所告之事白王，故云聞鼓聲則速逆御庶子也。○注鄭司至以聞。○釋曰：先鄭以令字下讀爲句，云大僕主令此二官使速逆窮遽二者，後鄭不從者，若使御僕御庶子逆窮與遽，則二官自白士，不告于大僕，事何得在大僕職乎者？以是故後鄭以爲大僕聽其辭自白王。後鄭以達窮是朝士者，以其朝士職有在肺石達窮民，窮民先在肺石，朝士達之，乃得擊鼓，故本之也。知御僕御庶子直事鼓所者，見御僕云以序守路鼓。云御庶子者，蓋以御僕有下士十二人分之爲御庶子，揔名曰御僕也。

祭祀賓客喪紀正王之服位詔法儀贊王牲事

詔告也牲事殺割匕載之屬

疏注詔告至之屬。○釋曰：經三事皆有法度威儀，故須大僕告之。云牲事殺割者，言殺據祭祀之時王親自射牲，故司弓矢云共王射牲之弓矢，注云射牲示親殺，殺牲非尊者所親，惟射爲可殺時，大僕及射人大宰等皆贊之。國語云禘郊之事，天子必親自射牲，彼據祭天。司弓矢云凡祭祀，言凡則祭社稷宗廟亦射牲也。知有割牲者，郊特牲云君肉袒親割，敬也，注云割解牲體。禮器云君親割牲，夫人薦酒，注云親割謂進牲孰體時。祭統亦云君執鸞刀羞嚌，彼據諸侯，明天子亦然。云匕載者，按易震卦彖云震驚百里，不喪匕鬯，注云雷發聲百里者，諸侯之象，人君於祭祀之禮，匕牲爲鬯而已，其餘不親。彼諸侯親匕，明天子亦然，是以大僕得有贊牲之事。少牢不親匕，下人君故也。特牲親匕者，士卑不嫌也。

王出入則自左馭而前驅

前驅如今道引也道而居左自馭不參乘辟王也亦有車右焉。○乘，繩證反。辟，音避，劉符亦反。

疏注前驅至右焉。○釋曰：云王出入者，謂朝覲會同并凡祭祀巡狩征伐皆是。大僕則在車左，不敢使人馭，自馭而前驅也。若使人馭，在中央，身無事居左，大尊，故自馭也。知亦有車右者，以車右恐車傾覆，備非常，雖無尊者，亦宜有車右勇力者也。

凡軍旅田役贊王鼓

王通鼓佐擊其餘面

疏凡軍至王鼓。○釋曰：軍旅謂征伐，田役謂田獵，王皆親鼓，故大僕贊之。○注王通至餘面。○釋曰：云王通鼓者，謂王親將軍衆，待王擊乃擊之，謂若鼓人云金鐸通鼓之類也。云佐擊其餘面者，按大司馬云王執路鼓，路鼓四面鼓，將居鼓下，則前面不得擊之，惟有三面。今之此大僕佐擊一面，戎右亦云贊王鼓，則亦擊一面，通王自擊一面，是三面也。若然，王與御者并戎右已有三人，今更有大僕，則駟乘。按文十一年侯叔夏御莊叔，緜房甥爲右，富父終甥駟乘，彼注云駟乘四人共車，與此同也。

救日月亦如之

日月食時春秋傳曰非日月之眚不鼓。○眚，色景反。

疏注日月至不鼓。○釋曰：云亦如之者，大僕亦贊王鼓，佐擊其餘面。但日食陰侵陽，當與鼓神祀同用雷鼓也若然月食當用靈鼓但春秋記日食不記月者以日食陰侵陽象臣侵君非常故記之月食陽侵陰象君侵臣故不記此云救日月食時亦擊鼓救可知云春秋者左氏莊二十五年日有食之鼓用牲於社彼傳鼓與牲並譏之以彼傳云惟正月之朔慝未作日月之食於是乎用幣于社伐鼓于朝若然惟四月正陽之月乃擊鼓彼四月不合擊鼓之月天災有幣無牲故亦譏之也彼傳又云秋大水鼓用牲于門亦非常傳曰非日月之眚不鼓若然此言爲秋大水擊鼓而故引之者欲見日月食時皆合擊鼓與此文同也大喪始崩戒鼓傳達于四方窆。亦如之戒鼓擊鼓以警衆也故書戒爲駭鄭司農云窆謂葬下棺也春秋傳所謂日中而堋禮記謂之封皆葬下棺也音相似窆讀如慶封汜祭之汜。窆彼驗反注之封音同劉皆逋鄧反堋補鄧反汜芳劍反〔疏〕注戒鼓至之汜。釋曰言大喪謂王喪始崩云戒鼓謂擊鼓以警戒警戒衆人傳達于四方謂以鼓聲相傳聞達四方窆葬之時亦如始崩也引春秋者左氏昭公十二年傳云葬鄭簡公云毀之則朝而堋不毀則日中而堋禮記謂之封者喪大記與檀弓皆以下棺爲封字云音相似者字雖不同皆作窆音云讀如慶封汜祭之汜者慶封齊大夫有罪

〈周禮疏卷三十一〉　十五

來奔魯魯以饗食之祭先遂覆豆以祭謂之汜祭但彼汜字只取廣汜之義鄭意讀窆與汜爲音同義則異也縣喪首服之法于宮門首服之法謂免髽笄總廣袤長短之數縣其書于宮門示四方。縣音玄注同免音問髽莊瓜反〔疏〕注首服至四方。釋曰鄭知首服之法是免髽笄總廣狹長短之數者按小宗伯已云縣衰冠之式于路門之外注云制色宜齊同彼云冠專據男子云衰則兼婦人此云首服明無衰與男子冠直是婦人首服故知惟有免髽笄總耳但始死將斬衰者男子笄纚深衣婦人麻髽并笄總是以喪服斬衰章云女子竹箭笄髽衰三年將齊衰以下者始死男子免婦人布髽也云廣狹長短者鄭注禮記云免蓋象冠廣一寸婦人笄齊衰榛木斬衰箭竹爲之也云縣其書於宮門示四方者小宗伯云縣于路門此宮門亦路門也掌三公孤卿之弔勞王使往。勞力報反下同勞後弔勞皆同〔疏〕注王使往。釋曰此等皆王合親往今使大僕者或王有故不得親往故使大僕也王燕飲則相其法相左右。相悉亮反注及下并御僕職同〔疏〕注相左右。釋曰此燕飲謂與諸侯燕若公三燕侯伯再燕子男一燕之等或與羣臣燕

之等皆是其法有主人酌酒獻賓賓酢主人主人酬賓洗爵升降之法皆左右相助王故云相其法也王射則贊弓矢贊謂授之受之〔疏〕注贊謂授之受之。釋曰此謂大射也按大射禮云大射正執弓小臣受矢於公既射大射正受弓天子之禮則大僕授受其法與彼同必知此禮大射禮者見小臣職云賓射掌事如大僕之法則知大射此大僕所掌者是也其小臣所掌賓射亦當授受可知王眂燕朝則正位掌擯相燕朝朝於路寢之庭王圖宗人之嘉事則燕朝〔疏〕注燕朝至燕朝。釋曰以其路寢安燕之處則謂之燕朝以其與賓客饗食在廟燕在寢也但爲賓客及臣下燕時亦有朝鄭必以王圖宗人嘉事爲燕朝者以其因燕而朝賓臣燕禮已有成文圖宗人嘉事者朝不見故鄭特見之云圖宗人嘉事者謂宗人冠婚嘉禮之等皆曰嘉事王不眂朝則辭於三公及孤卿辭謂以王不視朝之意告之春秋傳曰公有疾不視朔〔疏〕注辭謂至視朔。釋曰引春秋者文十六年公四不視朔時齊有會公辭疾不往遂不視朔故傳曰公有疾不視朔引之者證不視朝亦是有故不視之意也

〈周禮疏卷三十一〉　十六

不臣掌王之小命詔相王之小法儀小命時事所勑問也小法儀趨行拱揖之容〔疏〕注小命至之容。釋曰大僕所云大命及祭祀賓客詔相之者是大此小臣大僕之佐故掌其小者也云趨行拱揖之容者謂若趨以采薺行以肆夏天子揖同姓之等皆有容儀而詔相之掌三公及孤卿之復逆正王之燕服位謂燕居時也王藻曰王卒食玄端而居〔疏〕掌三至服位。釋曰諸侯是賓客其復逆大僕尊官掌之三公孤卿是臣在朝廷故小臣掌也。注謂燕至而居。釋曰云燕服位者謂在路寢中聽事訖適後小寢燕居之時故引玉藻卒食玄端而居爲證彼在路寢中食訖退適燕寢服玄端朱裳而居之王之燕出入則前驅燕出入若今游於諸觀苑。觀古喚反〔疏〕注燕出至觀苑。釋曰此私燕出入不要在燕寢中故鄭引漢法游於諸觀苑證之大祭祀朝覲沃王盥〔疏〕大祭至王盥。釋曰云大祭祀朝覲沃王盥者大祭祀天地宗廟酌是王將獻尸先盥手洗爵乃酌獻故小臣爲王沃手盥手也小祭祀賓客饗食

賓射掌事如大僕之法賓射與諸侯來朝者射。盥音管〔疏〕小祭至之法。釋曰：祭祀云小，則賓客饗食皆蒙小字。若然，饗還爲小賓客者也。小賓客謂諸侯遣臣聘問天子者也。賓射對大射亦爲小也。注賓射至者射。釋曰：此云賓射與射人所云諸侯在朝則皆北面者一也。掌士大夫之弔勞〔疏〕掌士至弔勞。釋曰：大僕掌三公孤卿之弔勞，注王使往，此不言王使往，亦王使往可知。

凡大事佐大僕

祭僕掌受命于王以眡祭祀而警戒祭祀有司糾百官之戒具謂王有故不親祭也。祭祀有司，有事於祭祀者。糾謂校錄所當共之牲物〔疏〕注謂王至牲物。釋曰：知此上下是有故使人祭者，觀此文勢得知，故云受命於王以眡祭祀。既祭帥羣有司反命於王，以王命勞之，明是王合祭，有故使人攝之者也。既祭帥羣有司而反命以王命勞之誅其不敬者大喪復于小廟小廟，高祖以下也。始祖曰太廟。春秋僖八年秋七月禘於太廟〔疏〕大喪至小廟。釋曰：大喪，王喪也。王生時所有事之處皆復，此祭僕復小廟，其夏采復太廟，小寢大寢下隸僕復也。注小廟至太廟。釋曰：其二祧不言復，亦應此祭僕復，但無寢耳。引春秋者，證魯以周公爲太廟，其餘爲小廟。凡祭祀王之所不與則賜之禽都家亦如之鄭司農云：王之所不與，謂非郊廟尊祭祀，則王不與也，則賜之禽。公卿自祭其先祖，則賜之禽也。玄謂王所不與，同姓有先王之廟。與音預，注同〔疏〕注鄭司至之廟。釋曰：先鄭云王之所不與，謂非郊廟尊祭祀則王不與也，後鄭不從者，按司服六冕所祭皆王合親，爲何有非郊廟王不與者乎？故不從之。先鄭以則賜之禽謂卿大夫自祭其先，亦賜之禽。後鄭不從者，卿大夫自祭其先是其常事，何有王皆賜之禽也？故以爲同姓有先王廟者。若然，經都家謂畿內三等采地，則文云祭祀是畿外同姓諸侯魯衛之屬者也。凡祭祀致福者展而受之臣有祭祀，必致祭肉於君，所謂歸胙也。展謂錄視其牲體數。體數者，大牢則以牛左肩臂臑折九个，少牢則以羊左肩七个，特牲則以豕左肩五个。胙存故反。臑奴報反，字林人

于反，又羊吳反。折之舌反。个古賀反，下同〔疏〕注臣有至五个。釋曰：云所謂歸胙者，按左氏傳，麗姬欲譖申生，謂申生曰：齊姜欲食，使太子祭，祭訖歸胙于公，姬置藥而饋公，是有歸胙之事也。云體數者，大牢則以牛左肩臂臑折九个已下，並禮記少儀文。凡祭祀，周人尚右，故右胖皆祭，故以左胖致人。祭言大牢，天子大夫已上；少牢，謂天子之士。彼注云羊豕不言臂臑，因牛序之可知。言肩臂臑折九个者，則一體折爲三段，則牲少體不得全，自外皆然，以人多故也。皆用前體者，前體貴，故先用也。

御僕掌羣吏之逆及庶民之復與其弔勞羣吏府吏以下。〔疏〕注羣吏府吏以下。釋曰：大僕掌諸侯復逆，小臣掌三公孤卿復逆，此官所云羣吏對庶民，是府吏。以下言以下，兼胥徒。若然，不見大夫士者，小臣孤卿中兼之矣。大祭祀相盥而登相盥者，謂奉槃授巾。與登，謂爲王登牲體於俎。特牲饋食禮主人降盥出，舉，入乃匕載。奉槃芳勇反。爲于僞反〔疏〕注相盥至匕載。釋曰：上小臣云沃，此又云盥，明是奉槃授巾。以其少牢特牲尸盥時有奉槃授巾之事，故云也。以無正文，故云與以疑之也。云登謂爲王登牲體於俎者，以其文承祭祀之事，故引特牲匕載，載即登牲體於俎也。大喪持翣翣，棺飾也。持之者，夾蜃車。翣所甲反。蜃辰軫反，劉薄忍反〔疏〕注翣棺至蜃車。釋曰：依喪大記注引漢禮，翣以木爲匡，廣三尺，高二尺四寸，方兩角高，衣以白布。畫者畫雲氣，謂之畫翣；畫之以黼，謂之黼翣之類是也。天子用八，諸侯用六，大夫用四，士用二。在路夾蜃車兩旁，入壙則樹之四旁，故云棺飾也。掌王之燕令燕居時之令〔疏〕注燕居時之令。釋曰：以御侍近臣，故使掌燕居時之令施之於外也。以序守路鼓序更。更音庚〔疏〕注序更。釋曰：此即大僕所云速逆御僕與御庶子者也。序更者，即上鄭云直事鼓所者也。

隸僕掌五寢之埽除糞洒之事五寢，五廟之寢也。周天子七廟，惟祧無寢。詩云：寢廟繹繹，相連貌也。前曰廟，後曰寢。汜埽曰埽，埽席前曰拚。洒，灑也。鄭司農云：洒當爲灑。玄謂論語曰：子夏之門人，當洒埽應對。埽素報反，注汜埽、洒埽同。除如字，劉直慮反。糞方問反。洒所賣反，劉霜奇反。祧勑彫反。拚方問反

本又作扮同灑所買反劉霜寄反〔疏〕注五寢至應對○釋曰知周天子七廟惟祧之無寢者此云五寢下云小寢大寢不言祧之有寢明二祧無寢也引詩云寢廟繹繹者欲見前廟後寢故云相連之貌也按爾雅釋宮云有東西廂曰廟無曰寢寢廟大況是同有廂無廂爲異耳必須寢者祭在廟薦在寢故立之按昭十八年鄭災簡兵大蒐子大叔之廟在道南其寢在道北者彼廟不在宮中地隘故廟寢別處也云氾埽曰埽埽席前曰拚者謂埽地遠近之異名及處論語者所以證經埽洒之事也王寢既隸僕埽除其廟按守祧注皆宗伯埽除

祭祀脩寢 於廟祭寢或有事焉月令凡新物先薦寢廟〔疏〕注於廟至寢廟○釋曰祭祀則在廟可知復云脩寢者寢或有事不可不脩治之也引月令薦寢廟者欲見寢有事彼薦只在寢不在廟連廟言者欲見是廟之寢非生人之寢故也

王行洗乘石 鄭司農云乘石王所登上車之石也詩云有扁斯石履之卑兮謂上車所登之石○乘如字劉常烝反上時掌反下同扁邊典反〔疏〕注鄭司至之石○釋曰引詩者是小雅刺幽王之詩言申后乘車履石與王同故云有扁斯石履之卑兮謂履之上車與王同故黜之也

掌蹕宮中之事 宮中有事則蹕 鄭司農云蹕謂止行者淸道若今時儆蹕○蹕音畢儆字又作警音景〔疏〕注宮中至儆蹕○釋曰宮中須警備故有蹕宮中之事

大喪復于小寢大寢 小寢高祖以下廟之寢也始祖曰大寢〔疏〕注小寢至大寢○釋曰以祭隸僕職卑位小故使之復於小寢也以其高祖已上廟稱小始祖廟稱大故寢亦隨廟爲稱也

附釋音周禮注疏卷第三十一

知南昌府張敦仁署鄱陽縣候補知州周澍栞

周禮注疏卷三十一挍勘記　阮元撰盧宣旬摘錄

附釋音周禮注疏卷第三十一

夏官司馬下

司士

卿大夫士庶子之數　唐石經諸本同盛百二柚堂筆談云經文脫去一士字當依正義補按釋曰云卿大夫士者又云士庶子者又云之數者是賈疏本作卿大夫士士庶子之數當據以補正○按宮伯掌王宮之士庶子注云王宮之士謂王宮中諸吏之嫡子也庶子其支庶也此處解通

自古以事任之者　惠挍本以下有來

惟賜無常　閩監毛本同唐石經余本嘉靖本惟作唯

是宿衛者也　閩本同監毛本是上增明

云未常仕雖同族不得在王宮者　惠挍本常作嘗此誤

但此同士士既摠屬　浦鏜云此同當此司之誤

自餘皆臣之摠號耳　惠挍本閩本同監毛本自作其

此之謂長幼有序　此本及閩本標起訖云注賜爵至序也然則賈疏本序下有也字監毛本疏改作賜爵至有序據今本注無也字耳

天子諸侯載柩三束　余本嘉靖本毛本同閩監本載作戴

故云天子諸侯載柩三束　閩監毛本載改戴非

所以連繫棺束與柳材使相植　浦鏜云值誤植

故非喪則兵災　諸本同按釋曰知非喪者以上文已言大喪明此是兵災非喪也據疏語此注祇當云故謂兵災非喪之言乃賈氏闡發鄭義語不當竄入注中也若如此注則喪與兵災二者並舉賈疏不得捨喪專

言共災矣

諸子

卒讀如物有副倅之倅　漢讀考作讀爲云今本作讀如非

謂朝夫子時　惠挍本作大子當據正此誤閩監毛本改天子非

惟所用之　閩監毛本同唐石經余本嘉靖本惟作唯

正謂禮載之　余本閩監本同誤也嘉靖本毛本禮作朼當據正葢朼誤爲朼遂改作禮疏中標注同大僕御僕注作匕載

鼎中匕出牲體　閩監毛本匕誤七賈本注葢朼作匕

從於王　浦鏜云大司馬職疏引作從從王案此疏亦云使國子從王也此作從於王誤○按從字逗從王爲句

得行大夫禮故也　浦鏜云故當衍

考較才藝長短　惠挍本較作校

司右

右軍旅據征伐　浦鏜云右當凡字誤

弓矢圍　九經古義云圍當作圉字之誤也古圉禦通用管子墨子書皆然今司馬法作禦是也盧文弨云說苑貴德篇寇暴以仁圍圍亦當作圉按賈疏本作圍云圍城時賈誤

虎賁氏

後脛折取胳肩斷各九个　閩本同惠挍本胳作骼監毛本肩斷改苞肉○按骼肩斷是也

春秋隱七年冬　余本嘉靖本同閩監毛本隱下增公非

旅賁氏

武士尙輊　閩監本同誤也余本嘉靖本毛本輊作輕疏同當據正此本疏標起訖云注葛絰至尙輕亦不誤

節服氏

維王之太常　余本閩監本同唐石經岳本嘉靖本毛本太作大當據正

玉路建大常　監本玉誤王

依禮緯含文嘉云　余本監本誤複文字毛本移一文於緯下

天子旌九刃　監毛本刃改仞下同

節服氏皆與君同服故云亦如之　此本故云下剜擠其服二字閩監毛本遂排入今刪正

方相氏

以索室敺疫　釋文作毆疫唐石經作毆嘉靖本閩監毛本作敺此從攴誤○按說文敺者驅之古文淺人於說文攴部求敺字不得往往爲異說

方相氏以難卻凶惡也　閩監本同余本嘉靖本毛本作郤○按郤是也

云時儺四時者　監本同誤也閩毛本儺作難下並同當據正

郊特牲云鄉人禓　閩毛本同監本禓改儺非

大僕

一日萬機　閩監毛本機改幾誤甚按尙書本作萬機

窮謂窮寃失職　惠挍本嘉靖本寃作冤

元謂窮達者　余本閩監毛本同誤也岳本嘉靖本作達窮者當乙正

則入告大僕迎此二官　閩本同監毛本增復大僕二字

則二官自白士　按士爲王之誤浦鏜云士疑上誤非矣下文亦云自白王

有在肺石達窮民　浦鏜云石誤在

食時亦擊鼓救可知　惠挍本時作明盧文弨云食上當脫一月字

日月之食　閩監毛本作日有食之此誤

彼四月不合擊鼓之月　浦鏜云六誤四或云彼下應有非

窆亦如之　唐石經諸本同誤也釋文及嘉靖本窆作窆當據正字從乏之聲非從之

故書戒爲駭　漢讀考云大司馬鼓皆駴駴即駭字鄭君曰疾雷擊鼓曰駭

春秋傳所謂日中而塴　岳本及葉鈔釋文塴作傰此本疏引春秋傳亦作日中而傰閩監毛本改作塴○按說文有傰堋字無傰塴字二字从山者誤字也說文堋下亦引左傳朝而堋釋文作傰者古字假借

自是鄭注古本如此

窆讀如慶封汜祭之汜　諸本同誤也監本汜作氾葉鈔釋文出氾祭二字當據正

懸于宮門　閩本同監毛本懸改縣

小臣受矢於公　浦鏜云授誤受

不視朔　監本朔誤朝

證不視朝亦是有故不視之意也　閩本同監毛本朝誤朔

小臣

謂若趨以采薺　監本薺誤齊

故小臣爲王沃手盥手也　浦鏜云沃水誤沃手

掌士大夫之弔勞　浦鏜云天官世婦疏引此注云致禮同名爲弔此脫

祭僕

始祖曰太廟　閩監毛本同岳本嘉靖本太作大下同

御僕

府吏以下　余本同誤也嘉靖本閩監毛本作府史當據正

乃匕載　余本嘉靖本閩毛本同此本及監本匕誤上或誤七今訂正疏同

故引特牲匕載　閩毛本同監本匕作牲當是朼之誤特牲經作朼也○按匕朼本一字或爲之分别者非也

隸僕

埽席前曰拚　葉鈔釋文拚本又作坋同○按坋爲坌之假借字說文坌埽除也俗作拚非拚訓撫手

及處論語者　毛本處作攄即據之俗寫此誤

掌蹕宮中之事　唐石經諸本同漢制考作宮門

以其高祖已上　惠挍本上作下此誤

周禮注疏卷三十一挍勘記終

南昌袁泰開挍

附釋音周禮注疏卷第三十二

鄭氏注　賈公彦疏

弁師掌王之五冕皆玄冕朱裏延紐冕服有六而言五冕者大裘之冕蓋無旒不聯數也。延冕之覆在上是以名焉紐小鼻在武上笄所貫起今時冠卷當簪者廣袤以冠縱其舊象與。數所主反卷[illegible]全反簪莊林反袤音茂縱所買反劉布綺反與音餘〈疏〉弁師至延紐。釋曰云皆玄冕者古者績麻三十升者染之上以玄下以朱衣之於冕之上下云延者即是上玄者紐者綴於冕兩旁垂之武兩旁作孔以笄貫之使得其牢固也凡冕體周禮無文叔孫通作漢禮器制度取法於周今還取彼以釋之按彼文凡冕以版廣八寸長尺六寸以此上玄下朱覆之乃以五采繅繩貫五采玉垂於延前后謂之邃延故玉藻云天子玉藻前后邃延龍卷以祭是也。注冕服至象與。釋曰云冕服有六者后司服祭祀六服皆連冕言之今此惟云五冕者但此弁師所掌冕以旒爲主祭天用大裘取質其冕亦當無旒爲質故此不數之惟有五冕耳故云王之五冕也云延冕之覆在上按玉藻注延冕上覆言雖不同義則不異皆以玄表覆之在冕上也以爵弁前后平則得弁稱冕則前低一寸餘得冕名冕則俛也以低爲號也云紐小鼻在武上笄所貫也者今時冠卷當簪者廣袤以冠縱其舊象與者古之紐武笄貫之處若今漢時冠卷當簪所貫者於上下之廣及隨縱之袤以冠縱者貫簪之處當冠縱之中央云舊象者是周冕垂紐於武貫笄之舊象言與者以無正文故云與以疑之

五采繅十有二就皆五采玉十有二玉笄朱紘繅雜文之名也合五采絲爲之繩垂於延之前后各十二所謂邃延也就成也繩之每一帀而貫五采玉十二斿則十二玉也每就間蓋一寸朱紘以朱組爲紘也紘一條屬兩端於武繅不言皆有不皆者此爲袞衣之冕十二斿則用玉二百八十八鷩衣之冕繅九斿用玉二百一十六毳衣之冕七斿用玉百六十八希衣之冕五斿用玉百二十玄衣之冕三斿用玉七十二。繅音早司農云古藻字邃息遂反劉詩遂反斿音留下同屬音燭鷩必滅反希張里反劉猪履反〈疏〉五采至朱紘。釋曰言五采藻十有二者此據袞冕而言謂合五采絲爲藻繩十二道爲十二旒也就皆五采玉十有二者此各據一旒而言玉有五色以青赤黃白黑於一旒之上以此五色玉貫於藻繩之上每玉間相去一寸十二玉則十二寸就成也以一玉爲一成結之使不相并也玉笄朱紘者以玉笄貫之又以組爲紘仰屬結之也。注繅雜至十二。釋曰云繅雜文者若水草之藻有五采故云雜文之名也云所謂邃延也者謂玉藻文云繩之每一帀而貫五采玉十二斿則十二玉也者以其云就皆五采玉十有二明十二玉可知也云紘一條屬兩端於武者謂以一條繩先屬一頭於左旁笄上以一頭繞於頤下至句上於右相笄上繞之是以鄭注士冠禮云有笄者屈組以爲紘垂爲飾無笄者纓而結其條彼有笄據皮弁爵弁此五冕皆有笄與彼同此言屬於武者據笄貫武故以武言之其實在笄云繅不言皆有不皆者謂王之五冕繅則有十二有九有七有五有三其玉旒皆十二故繅不言皆有不皆者則九旒已下是也玉言皆則五冕旒皆十二玉也此經十二旒據袞冕而言是以鄭云此爲袞衣之冕十二旒以其十二旒旒各十二玉前后二十四旒故用二百八十八已下計可知

諸侯之繅斿九就瑉玉三采其餘如王之事繅斿皆就玉瑱玉笄侯當爲公字之誤也三采朱白蒼也其餘謂延紐。皆玄覆朱裏與王同也出此則異繅斿皆就皆三

采也每繅九成則九旒也公之冕用玉百六十二玉瑱塞耳者故書瑉作璑鄭司農云繅當爲藻繅古字也藻今字也同物同音璑惡玉名。侯依注音公瑉本又作珉亡貧反瑱吐練反璑音無〈疏〉諸侯至玉笄。釋曰諸公云繅九就又云繅斿皆就作文與上言繅十有二就皆五采玉十有二繅玉別文則繅有差降玉無差降此諸公繅玉同文則惟有一冕而已故鄭計一冕爲九旒旒各九玉據冕九旒不別計鷩冕已下以其一冕而已冠五服故也已下侯伯子男亦皆一冕冠數服也王不言玉瑱於此言之者王與諸侯互見爲義是以王言玄冕朱裏延紐及朱紘明諸侯亦有之諸公言玉瑱明王亦有之是其互有也。注侯當至玉名。釋曰鄭知侯當爲公者以下別見諸侯又此經云九就當上公以九爲節故知是公也知三采朱白蒼者聘禮記公侯伯繅藉三采朱白蒼故知三采亦朱白蒼也云出此則異者異謂天子朱紘諸侯當青組紘之等不得與王同也云繅斿皆就皆三采也每繅九成則九旒也者此釋有一冕九旒之意也云璑惡玉名者按許氏說文璑三采玉從玉無聲以其三采又非瑱璠故云惡玉名也說文又云瑉石之美者從玉民聲如是經云瑉玉三采當以璑爲正故先鄭從璑爲惡玉名也

王之皮弁會五采玉

堪象邸玉笄故書會作膾鄭司農云讀如馬會之會謂以五采束髮也士喪禮曰檜用組乃笄檜讀與膾同書之異耳說曰以組束髮乃著笄謂之檜沛國人謂反紒爲膾堪讀如綦車轂之綦玄謂會讀如大會之會會縫中也堪讀如薄借綦之綦綦結也皮弁之縫中每貫結五采玉十二以爲飾謂之綦詩云會弁如星又曰其弁伊綦是也邸下柢也以象骨爲之。會劉古外反注同幷膾檜二字亦同或一音戶外反堪音其本亦作堪邸丁禮反著張略反紒本又作紒音計綦音其下同縫扶用反注故書至爲之反下同薄劉芳惡反柢丁禮反劉音帝

疏 注故書至爲之○釋曰先鄭以會爲五采束髮讀經以爲皮弁會五采引士喪禮及沛國之事後鄭皆不從故以會謂縫中解之先鄭讀從馬會取會結之義又讀堪如車轂綦之綦直取音同未知何義也玄謂會如大會之會漢歷有大會小會取會聚之義故爲縫中又云堪讀如薄借綦之綦綦結也者漢時有薄借綦之語故讀從之亦取結義薄借之語未聞云皮弁之縫中每貫結五采玉十二以爲飾謂之綦者天子以十二爲節約同冕旒也引詩會弁如星者衛詩彼注云會謂弁之縫中飾之以玉皪皪而處狀似星也與經義合故爲證也又曰其弁伊綦是也者堪既爲玉又得爲結義得兩合耳云邸下柢也者謂於弁內頂上以象骨爲柢

王之弁經弁而加環經弁經王弔所服也其弁如爵弁而素所謂素冠也而加環經環經者大如緦之麻經纏而不糾司服職曰凡弔事弁經服

疏 注弁經至經服○釋曰云弁經王弔所服也者司服文又雜記云凡弁經其衰侈袂故知弁經是王弔服云其弁如爵弁而素者按曾子問云麻弁經鄭云麻弁經者布弁而加環經也此不言麻者皆素爲之故云而素也云所謂素冠者詩云庶見素冠兮彼素冠謂祥冠與此雖義別同是素爲之云而加環經者謂先著素弁於下乃上加環經故云加也環經者大如緦之經者緦麻經五服之輕者弔服乃五服之外故約同之但緦之經則兩股此環經以一股纏之不糾麤細同耳引司服者證弁經是弔服之經

諸侯及孤卿大夫之冕韋弁皮弁弁經各以其等爲之而掌其禁令各以其等繅斿玉堪如其命數也冕則侯伯繅七就用玉九十八子男繅五就用玉五十繅玉皆三采孤繅四就用玉三十二三命之卿繅三就用玉十八再命之大夫藻再就用玉八藻玉皆朱綠韋弁皮弁則侯伯堪飾七子男堪飾五玉亦三采孤則堪飾四三命之卿堪飾三再命之大夫堪飾二玉亦二采弁經之弁其辟積如冕繅之就然庶人弔者素委貌一命之大夫冕而無旒士變冕爲爵弁其韋弁皮弁之會無結飾弁經之弁不辟積禁令者不得相借踰也玉藻曰君未有命不敢即乘服不言冠弁冠弁兼於韋弁皮弁矣不言服弁服弁自天子以下無飾無等。辟積必亦反劉傳歷反下同

疏 諸侯至禁令○釋曰諸侯者上已言公則此諸侯謂侯伯子男云及孤卿大夫者此文既承諸侯之下故鄭以爲諸侯之孤卿大夫解之也既不別見天子之臣文中可以兼之上天子與公不言韋弁此言之亦是互見之義云各以其等爲之不言爵而言等則依命數矣○注各以至無等○釋曰云各以其等謂藻旒玉堪如其命數也者經云冕故云旒經云弁故云堪如其命數釋經云等也侯伯子男之冕亦據一冕如上公矣侯伯子男繅玉皆三采者亦約聘禮記藻三采朱白蒼而言之四命已下皆據典命公之孤四命公侯伯之卿三命其大夫二命子男之卿再命大夫一命而言二采朱綠亦據聘禮記聘臣藻皆二采朱綠而言也云弁經之弁其辟積如冕繅之就然者以其弔服非吉故無飾故辟積有就也云庶人弔者素委貌者此經不云庶人鄭云此者以有大夫已上因言庶人且欲從下向上因推出士變冕爲爵弁之意也云一命之大夫冕而無旒者此亦無文鄭知然者凡冕旒所以爲文飾一命若有則止一旒一玉而已非華美又見一命大夫衣無章士又避之變冕爲爵弁若一命大夫有旒士則不須變冕爲爵弁直服無旒之冕矣故知一命大夫無旒也若然爵弁制如冕但無旒爲異則無旒之冕亦與爵弁不殊得謂之冕者但無旒之冕亦前低一寸餘故亦得冕名也云韋弁皮弁之會無結飾弁經之弁不辟積者一命大夫及士冕弁既無旒故知無此等云禁令者不得相借踰而引玉藻君未有命不敢即乘服者彼諸侯之卿大夫聘於天子天子賜之冕服歸國告君得君命乃服之未得君命則爲借踰故引爲證也云不言冠弁冠弁兼於韋弁皮弁矣者玄冠繅布衣繅帶素韠天子以爲田服即諸侯及臣之朝服亦皮弁之類不言之者兼於韋弁皮弁也云不言服弁服弁即衰經喪服也云不言之者自天子以下無飾無等者則喪服自天子達士共一章是也自此一經揔包諸侯及臣不言天子之臣但天子三公八命卿六命大夫四命士三命以下冕弁之屬亦各以其等爲之可知

司甲闕

司兵掌五兵五盾各辨其物與其等以待軍事

五盾干櫓之屬其名未盡聞也等謂功沽上下鄭司農云五兵者戈殳戟酋矛夷矛。櫓音魯【疏】司兵至軍事。釋曰言各辨其物與其等者五兵五盾各有物色與其善惡長短大小之等云以待軍事者按此下有舞者兵及廞五兵直云以待軍事者五兵五盾以軍事爲主故也。注五盾至夷矛。釋曰鄭云五盾干櫓之屬其名未盡聞也者按祭統云朱干玉戚以舞大武秦詩云蒙伐有苑注云伐中干左氏傳建大車之輪以爲櫓而當一隊則有朱干中干及櫓聞其三者二者未聞故云其名未盡聞也云等謂功沽上下者功謂善者爲上等沽謂麤惡者爲下等也必知有此法者見槀人職云書其等以饗工乘其事試其弓弩以下上其食明兵盾亦當然先鄭云五兵者戈殳戟酋矛夷矛者此謂車之五兵故下注云車之五兵司農所云者是也

及授兵從司馬之灋以頒之從司馬之法令

及其受兵輸亦如之及其用兵亦如之師旅卒兩人數所用多少也兵輸謂師還有司還兵也用兵謂出給衛守。卒子忽反下同【疏】注司馬至衛守。釋曰云授兵從司馬之法者司馬主六軍是一官之長先受於王命知多少乃始出軍故從司馬法以頒之鄭知用兵是

出給衛守者以其既言授兵下別言用兵明是衛守之處須兵者也

祭祀授舞者兵授以朱干玉戚之屬【疏】注授以至之屬。釋曰鄭知此兵是朱干玉戚者祭統云朱干玉戚以舞大武則大武用朱干玉戚矣又按下司戈盾云祭祀授旅賁殳故士戈盾司兵亦於司戈盾明所授兵據以大武朱干玉戚也其司干所授者又是羽籥之等非干戚可知也

大喪廞五兵故書廞爲淫鄭司農云淫陳也淫讀爲廞玄謂廞興也興作明器之役器五兵也士喪禮下篇有甲冑干笮。廞虛金反興虛應反下同笮字又作筰側白反劉丑伯反【疏】注故書至干笮。釋曰先鄭一部之內廞皆從淫故云淫淫。爲陳後鄭皆不從者。以爲廞興解之者見司服云大喪共其復衣服斂衣服掌其陳序圉人職云凡賓客喪紀牽馬而入陳廞馬亦如之以此言之廞陳既別則廞不得爲陳以興象爲義也云興作明器之役器五兵也者按既夕禮明器之用器有弓矢役器之內甲冑干笮役雖不具五兵此既言五兵明五者皆有也故鄭引士喪禮下篇甲冑干笮爲證言士喪禮下篇即既夕禮也言士喪禮下篇者以其士喪論葬事士喪與既夕二篇同有記皆在既夕篇下故二篇通言之也按彼注笮謂矢服也

軍事建車之五兵會同亦如之車之五兵鄭司農所云者是也步卒之五兵則無夷矛而有弓矢【疏】軍事至如之。釋曰云建車之五兵者凡器在車皆有鐵器屈之在車較及輿以兵插而建之故有出先刃入後刃之事。注鄭司至弓矢。釋曰鄭司農所云者是也即上文注是也必知如先鄭義者見考工記廬人云戈殳戟酋矛夷矛乃云六建既備車不反覆注六建五兵與人也以是故從司農所云也云步卒之五兵則無夷矛而有弓矢者即司右注引司馬法所云者是也有弓矢是能用五兵者若前驅所建則有四兵故詩云伯也執殳爲王前驅注引考工記車有六等之數除軫與人四兵爲證是也

司戈盾掌戈盾之物而頒之分與授用【疏】注分與授用。釋曰分與授用者即下文祭祀會同之等皆是

祭祀授旅賁殳故士戈盾授舞者兵亦如之亦頒之也故士王族故士也與旅賁當事則衛王也殳如杖長尋有四尺【疏】注亦頒至四尺。釋曰云故士王族故士者據司士而言云與旅賁當事則衛王者按旅賁氏掌執戈盾而趨此執殳者

以其與故士同衛王時以爲儀衛故不執戈盾知殳如杖者廬人所爲不見有刃故知如杖知尋有四尺者車有五等云殳長尋有四尺崇於人四尺也

軍旅會同授貳車戈盾建乘車之戈盾授旅賁及虎士戈盾乘車王所乘車也軍旅則革路會同則金路。乘繩證反後乘馬陪乘參乘皆準此注王所乘車依字讀【疏】軍旅至戈盾。釋曰軍旅會同皆貳車貳皆有車右故授之以戈盾云乘車之戈盾者王所乘車有車右故建戈盾授旅賁氏及虎士戈盾者衛王故也。注乘車至則金路。釋曰軍旅乘革路會同乘金路皆巾車文會同則彼以賓一也

及舍設藩盾行則斂之舍止也藩盾盾可以藩衛者如今之扶蘇與。與音餘【疏】注舍止至蘇與。釋曰按掌舍王行止住不言設藩盾者當宿衛之事非止一重除彼梐枑車宮之外別有此藩盾之等也云如今扶蘇者舉漢法以況之也

司弓矢掌六弓四弩八矢之灋辨其名物而掌其守藏與其出入法曲直長短之數。守劉于又反亦如字下攻守同藏才浪反

沈如字〔疏〕司弓至出入○釋曰此經與下爲目辨其名物者六弓八矢各有名號物色出入者頒之受之○注法曲至之數○釋曰曲直者謂若王弓弧弓合九成規已下或合七合五合三是曲者合少直者合多長短者弓人云弓之上制六尺六寸中制六尺三寸下制六尺是其長短也

中春獻弓弩中秋獻矢箙弓弩成於和矢箙成於堅箙盛矢器也以獸皮爲之○中音仲下同箙音服詩云象弭魚服盛音成〔疏〕注弓弩至爲之○釋曰矢箙獸皮爲之者按詩云象弭魚箙雖不言用獸蓋魚之似獸者爲之若然此獸則魚形也惟有國語云檿弧箕箙不用獸皮也

及其頒之王弓弧弓以授射甲革椹質者夾弓庾弓以授射豻侯鳥獸者唐弓大弓以授學射者使者勞者王弧夾庾唐大六者弓異體之名也往體寡來體多曰王弧往體多來體寡曰夾庾往體來體若一曰唐大甲革革甲也春秋傳曰蹲甲而射之質正也樹椹以爲射正射甲與椹試弓習武也豻侯五十步及射鳥獸皆近射也近射用弱弓則射大侯者用王弧射參侯

者用唐大矢學射者弓用中後習強弱則易也使者勞者弓亦用中遠近可也勞者勤勞王事若晉文侯文公受王弓矢之賜者敬書椹爲鞎鄭司農云椹字或作鞎非是也圍師職曰射則充椹質又此司弓矢職曰澤共射椹質之弓矢言射椹質自有弓謂王弧弓也以此觀之言鞎質者非○射甲食亦反下以意求之椹張林反夾古洽反劉古協反庾師儒相傳讀庾本或作庾豻音岸又音鴈使者所吏反注同蹲音存劉才官反參素感反易以豉反鞎戶根反一音魂或胡本反李音艮一音居言反又音很〔疏〕及其至勞者○釋曰此經六弓強弱相對而言王弧直往體寡夾庾曲往體多故四者自對先自唐大往來若一故退之在後也○注王弧者非○釋曰云六者弓異體之名也者即所引弓人之職往體來體之等是也此據體而言若以色而言即春秋尚書所云形弓施弓之等是也云甲革革甲也者欲見甲以革爲之其實一物也引春秋傳者事在成十六年楚之養由基善射之事云質正也樹椹以爲射正者謂若賓射之正然也云射甲與椹試弓習武也者見圍人云澤則共椹質是在澤宮中試弓習武也云豻侯五十步及射鳥獸皆近射也近射用弱弓則射大侯者用王弧射參侯者用唐大矢者此據諸侯言之若據天子則用王弧射虎侯用唐大射熊侯用夾庾射豹

侯也云學射者弓用中後習強弱則易也者用中謂唐大往來體如一是中也云使者勞者弓亦用中遠近可也者使有遠有近皆可也云勞者勤勞王事若晉文侯者謂文侯之命賜之形弓旅弓是也云文公者謂僖二十八年晉文公敗楚於城濮襄王賜之以形弓旅弓是也

其矢箙皆從其弓從弓數也每弓者一箙百矢〔疏〕注從弓至百矢○釋曰云從弓數也者以經云矢箙皆從其弓故知從弓數也云每弓者一箙百矢者按文侯之命及僖二十八年晉文公受弓矢皆云形弓一形矢百是所賜之弓矢射之弓矢約同之按詩頌云束矢其搜毛注云五十矢爲束鄭從之至此爲百矢者無正文鄭兩從不定也

凡弩夾庾利攻守唐大利車戰野戰攻城壘者與其自守者相迫近弱弩發疾也車戰野戰進退非強則不及弩無王弧王弧恒服弦往體少者使矢不疾○攻如字劉音貢強其丈反又其良反〔疏〕注攻城至不疾○釋曰云攻城壘者城謂城郭壘謂軍壁若宣公十二年云御靡旌壁壘而還之類也云與其自守者即城壘也云弩無王弧王弧恒服弦者按上弓有六等有王弧至此弩以有夾庾等四種故云弩無王弧也恒服弦者若弓用則服弦不用則弛惟弩

則用與不用一張之後竟不弛故云恒服弦也若然恒服弦用弱者以其強弓久不弛則就弦弱則隨體不就弦也又王弧往體少使之恒服弦則使矢不疾故不用也

凡矢枉矢絜矢利火射用諸守城車戰殺矢鍭矢用諸近射田獵矰矢茀矢用諸弋射恒矢痺矢用諸散射此八矢者弓弩各有四焉枉矢殺矢矰矢恒矢弓所用也絜矢鍭矢茀矢庳矢弩所用也枉矢者取名變星飛行有光今之飛矛是也或謂之兵矢絜矢象焉二者皆可結火以射敵守城車戰前於重後微輕行疾也殺矢言中則死鍭矢象焉鍭之言候也二者皆可以司候射敵之近者及禽獸前尤重中深而不可遠也結繳於矢謂之矰矰高也茀矢象焉茀之言制也二者皆可以弋飛鳥制羅之也前於重又微輕行不低也詩云弋鳧與鴈恒矢安居之矢也庳矢象焉二者皆可以散射也謂禮射及習射也前後訂其行平也凡矢之制枉矢之屬五分二在前三在後殺矢之屬參分一在前二在後矰矢之屬七分三在前四在後恒矢之屬軒輖中所謂志也鄭司農云庳矢讀爲人罷短之罷玄謂庳讀如痺病之痺痺之言倫比○枉紆往

反絜劉苦結反又音結一音戸結反弩矢也鏃音候劉音候弩矢增音增茀劉扶弗反李一音孚忽反一音敎或音弗弩矢痺方二反弩矢散素旦反注同中丁仲反下中深射中同繳章藥反制孚物反訂李音亭呂沈同劉當定反輖音周一音定周反痺方二反比毗志反【疏】注此八矢者至言倫比○釋曰鄭知此八矢弓弩各有四者以上文六弓四弩俱陳於下揔列八矢則知八矢爲弓弩所設故鄭分之四矢屬弓四矢屬弩也八矢兩兩相附必知在上者屬弓在下者屬弩者此上文六弓在上四弩在下故還以在上配弓在下配弩也云枉矢者取名變星飛行有光今之飛矛是也者按輈人云弧旌枉矢以象弧也按孝經援神契云枉矢射慝考異郵曰枉矢精狀如流星蛇行有尾見天文志曰枉矢狀大流星是其狀變之星行時有光故鄭云枉矢者取名變星飛行有光漢時名此矢爲飛矛故舉以爲說也云或謂之兵矢者矢人職文云絜矢象焉者謂輕重象枉矢也云二者皆可結火以射敵守城車戰者故鄭矢人職注以枉絜二矢俱爲兵矢云前於重後微輕行疾也者以殺矢三分一在前二在後是最重者也此枉絜二矢則五分二在前三在後云前於重又微輕微輕對已下矰矢恒矢等爲最輕也云殺矢言中則死者解稱殺矢之名以其最重中則死故也云鍭矢象焉者亦尤重者也云二者皆可以司侯射敵之近者及禽獸者釋經用諸近射田獵之文云前尤重中深而不可遠也者以其三分一在前二在後故云尤重中深故殺名不可遠故用之近射也云結繳於矢謂之矰矰高也者繳則繩也謂結繩於矢以弋射鳥獸者言矰高者欲取向上射飛鳥之義也云茀矢象焉者亦結繳爲射也云茀之言制也二者皆可以弋飛鳥制羅之也者解結繳以羅取而制殺之義云前於重又微輕者此又對枉矢絜矢五分者是重此於五分之重又微輕於彼以此矢七分故也引詩者證弋是取鳥之義也云恒矢安居之矢也者按弓人有其人安其弓安其矢安之文則此恒矢軒輖訂是安居之矢也云庳矢象焉二者皆可以散射也者謂禮射及習射者已上六矢皆用之攻守及弋射惟此矢云散射明散射是禮射也其禮射者即大射賓射燕射之等皆是其習亦於此三射中爲之故并言之也云前後訂其行平也者以矰矢七分三在前四在後則知此八分四在前四在後即行平也云凡矢之制枉矢之屬至四在後皆矢人職文云恒矢之屬軒輖中所謂志也者既夕記云志一乘軒輖中是也先鄭云庳矢讀爲人罷短之罷此依俗讀於義無取玄謂庳讀爲痺病之痺痺之言倫比倫比則與安居之義同也此八矢六弓四弩不相配者以四矢配四弩於義爲可以四矢配六弓其數參差不可相當故不得相配但依六弓四弩與矢隨義相當而用之

天子之弓合九而成規諸侯合七而成規大夫合五而成規士合三而成規句者謂之弊弓體往來之衰也往體寡來體多則合多往體多來體寡則合少而圜弊猶惡也句者惡則直者善矣○弊婢世反徐扶滅反衰初危反圜音圓【疏】天子至弊弓○釋曰按上注而言王弧射大侯夾庾射豻侯言之則天子之弓王弧也以其往體寡故合九成規諸侯之弓則唐大以其往來體若一故合七成規大夫之弓則夾庾以其往體多故合五成規也士之弓則六弓之外句曲合三成規云句者謂之弊弓者但句之至極無過合三合三之外雖別言句者還指合三者而言耳按天子諸侯三侯士與大夫同射近侯與大夫別侯之法今以士合三與大夫弓別者以士與大夫尊卑次暫以合三者託之于士其實士無合三之弓也○注體往善矣○釋曰云體往來之衰也者此皆據角弓及張不被弦而合之從合九合七合五合三降殺以兩故言衰也云往體寡來體多則合多者據王弧而言云往體多來體寡則合少而圜者據夾庾而說不言唐大者在此二者中間可知

凡祭祀共射牲之弓矢射牲示親殺也殺牲非尊者所親惟射爲可國語曰禘郊之事天子必自射其牲【疏】凡祭至弓矢○釋曰言凡語廣則天地宗廟皆有射牲之事○注射牲至其牲○釋曰言殺牲非尊者所親惟射爲可者按禮記君親制祭詩云執其鸞刀以啟其毛則射外兼爲而言惟射者彼亦示行之非正制之耳引國語者欲見有射牲之事彼據祭天而言

澤共射椹質之弓矢鄭司農云澤澤宮也所以習射選士之處也射義曰天子將祭必先習射於澤澤者所以擇士也已射於澤而后射於射宮射中者得與於祭○與音預【疏】注鄭司至於祭○釋曰此所共弓矢據王弧故上云王弓弧弓以射甲革椹質引射義欲見射椹質是試弓習武在澤宮也

大射燕射共弓矢如數并夾如數如當射者之數也每人一弓乘矢并夾矢籋也○夾音甲注同乘繩證反四矢曰乘矢籋劉奴輒反又女十反【疏】注如數至籋也○釋曰知每人四矢者見大射鄉射禮皆人各乘矢也云并夾矢籋也者矢籋之言出於漢時

大喪共明弓矢弓矢明器之用器也士喪禮下篇曰用器弓矢

疏 大喪共明弓矢。釋曰云明器之用器也者明器中有用器役器役器中有甲胄干笮用器中有弓矢故鄭還引用器爲證也

凡師役會同頒弓弩各以其物從授兵至之儀物弓弩矢箙之屬。從才用反 疏 凡師至之儀。釋曰言師役據王巡狩征伐而言與會同亂頒弓弩則不殊也

田弋充籠箙矢共矰矢籠竹箙也矰矢不在箙者爲其相繞相將用乃共之。籠也東反爲于僞反 疏 注籠竹至共之。釋曰田謂四時田時弋謂弋鳧與鴈云充籠箙矢者籠箙皆盛矢物及矢皆共之云共矰矢者謂矢之有繳者云矰矢不在箙者以其共矰矢在箙下別言之故言不在箙也

凡亡矢者弗用則更更償也用而棄之則不償。更音庚注同

繕人掌王之用弓弩矢箙矰弋抉拾鄭司農云抉者所以縱弦也拾者所以引弦也詩云抉拾既次詩家說或謂抉謂引弦彄也拾謂韝扞也玄謂抉挾矢時所以持弦飾也著右手巨指士喪禮曰抉用正王棘若檡棘則天子用象骨與韝扞著左臂裏以韋爲之。抉古穴反注同彄苦侯反韝古侯

反劉云彄字之異者扞胡旦反挾子協反一音戶牒反著丁略反或直略反下同檡劉音澤又音亦一音徒洛反與音餘 疏 繕人至抉拾。釋曰此繕人所掌王之用弓弩者謂司弓矢選擇大善者入繕人以共王用也。注鄭司至爲之。釋曰先鄭所解抉拾二家爲說前非後是故後鄭增成其義引士喪禮者欲見凶時有文吉時無文約出吉禮也無正文故云天子用象骨與韝用韋雖不言與亦同疑可知

掌詔王射告王當射之節 疏 注告王當射之節。釋曰王射先行燕禮以大夫爲賓賓與王爲耦所告之事亦如大射禮大射正告公之儀

贊王弓矢之事授之受之 疏 注授之受之。釋曰按大射禮大射正授弓小臣授矢天子禮繕人授之受之按大僕職已授之受之此又爲者大僕尊大僕贊時此官助贊也

凡乘車充其籠箙載其弓弩充籠箙以盛矢 疏 凡乘至弓弩。釋曰繕人惟主王所乘之車而言凡乘車則除華路之外玉金象木之車車皆有右備制非常皆充其籠箙及所載弓矢。注充籠箙者以矢。釋曰以籠是盛矢器今云充之明所充實者是矢可知也

既射則斂之斂藏之也詩云彤弓弨兮受言藏之。弨昌遙反 疏 注斂藏至藏之。釋曰所斂者惟據王所乘車上有弓矢者既射還斂取藏之引詩證既射弛而藏之義也

無會計亡敗多少不計。會古外反下大會同後會計之類放此 疏 無會計。釋曰以其王所費損故不會計之

槀人掌受財于職金以齎其工齎其工者給市財用之直。齎音咨後皆同也 疏 槀人至其工。釋曰掌受財于職金者謂有罪人出贖之物金罰貨罰故須財者往受之。注齎其至之直。釋曰弓弩矢箙皆是冬官百工造之故云齎其工者給市財用之直也

弓六物爲三等弩四物亦如之三等者上中下人各有所宜弓人職曰弓長六尺六寸謂之上制上士服之弓長六尺三寸謂之中制中士服之弓長六尺謂之下制下士服之弩及矢箙長短之制未聞 疏 弓六至如之。釋曰弓人惟云弓之長短不言弩之長短蓋當與弓同但無文故注亦云未聞。注三等至未聞。釋曰云三等者上中下人各有所宜者皆據凡人長短爲上中下士非謂命數者也此經惟言弓弩不言矢箙以下經有矢箙因此弩并

云未聞按矢人造矢云五分其長而羽其一注云羽者六寸其羽六寸則矢長三尺而此云矢未聞者彼矢長三尺約而言之亦無正文且弓之長短既不同明矢亦當有差等其矢之差等未聞及箙亦未聞也但弓六物爲三等不言皆者下別言弩故六弓不言皆下矢八物皆三等言皆者矢八物中兼有弩矢故須言皆也

矢八物皆三等箙亦如之春獻素秋獻成矢箙春作秋成 疏 矢八至獻成。釋曰按司弓矢注弓弩各有四矢應作四等而言三等蓋據長短爲三等若矢人注矢長三尺者假設言之弩既無長短之文矢亦未聞長短也若然箙隨矢長則弓之矢箙與弓矢齊弩之矢箙亦與弩矢齊但矢既未聞故箙亦未聞也。注矢箙春作秋成。釋曰按士喪禮明器有獻素獻成注云形法定爲素飾治畢爲成此矢箙亦然

書其等以饗工鄭司農云書工功拙高下之等以制其饗食也玄謂饗酒肴勞之也上工作上等其饗厚下工作下等其饗薄。勞洛報反 疏 注鄭司至饗薄。釋曰按下文自有下上其食此文饗據以酒肴饗之先鄭以饗爲食非故後鄭不從後鄭不言中饗者舉有上下明有中可知也

乘其事試其弓弩以

下上其食而誅賞鄭司農云乘計也計其事之成功也故書試爲考玄謂考之而善則上其食尤善又賞之否者反此。試音考出注下上時掌反注同〔疏〕注鄭司至反此。釋曰云故書試爲考後鄭亦從考爲義也

乃入功于司弓矢及繕人功成

凡齎財與其出入皆在稾人以待會而攷之亡者闕之皆在稾人者所齎工之財及弓弩矢箙出入其簿書稾人藏之闕猶除也弓弩矢箙棄亡者除之計今見在者。見賢遍反〔疏〕乃入至闕之。釋曰數事皆在稾人者以稾人是弓矢官之主故皆有簿書藏之也

戎右掌戎車之兵革使使謂王使以兵有所誅斬也春秋傳曰戰於殽晉梁弘御戎萊駒爲右戰之明日襄公縛秦囚使萊駒以戈斬之。使色吏反注使謂同〔疏〕注使謂至斬之。釋曰戎右者與君同車在車之右執戈盾備制非常并充兵中使役故云掌戎車之兵革使謂執兵著甲之使也引春秋者文二年左傳文秦晉戰於殽時囚呼萊駒失戈引之者證戎右以兵革使事

詔贊王鼓既告王當鼓之節又助擊之〔疏〕注既告至擊之。釋曰大僕已贊王鼓此亦同是助擊其餘面也

傳王命于陳中爲王大言之也。傳直宣反下注傳敦同陳直愼反劉直吝反爲于僞反下爲衆同

會同充革車會同王雖乘金路猶以革路從行也充之者謂居左也曲禮曰乘君之乘車不敢曠左〔疏〕注會同至曠左。釋曰知會同王乘金路者巾車云金路以賓是也此言充革車故知猶以革路從云充之者謂居左也者尊者左載王既不乘故戎右居左贊王處是以引曲禮爲證彼注云君在惡空其位是也

盟則以玉敦辟盟遂役之鄭司農云敦器名也辟法也玄謂將歃血者先執其器爲衆陳其載辭使心皆開辟也役之者傳敦血授當歃者。敦音對劉又都愛反沈都廻反注同歃所洽反徐所輒反〔疏〕注鄭司至歃者。釋曰先鄭以辟爲法此無取於法義故後鄭爲開辟盟者之心云將歃血者先執其器者凡盟先割牛耳盛於珠盤以王敦盛血戎右執此敦血爲陳其盟約之辭使心開辟乃歃之

贊牛耳桃茢鄭司農云贊牛耳春秋傳所謂執牛耳者故書茢爲滅杜子春云滅當爲厲玄謂尸盟者割牛耳取血助爲之及血在敦中以桃茢沸之又助之也耳者盛以珠盤尸盟者執之桃鬼所畏也茢苕帚所以埽不祥。茢音列沈音例盛音成苕音條帚之受反〔疏〕注鄭司至不祥。釋曰引春秋者按哀十七年公會齊侯盟于蒙孟武伯問於高柴曰諸侯盟誰執牛耳季羔曰鄫衍之役吳公子姑曹注云在七年發陽之役衛石魋注云發陽鄖也在十二年武伯曰然則彘也以其魯於齊爲小國故也云玄謂尸盟者割牛耳者尸盟即是小國也云桃鬼所畏也茢苕帚所以埽不祥者殺牲取血旁有不祥故執此二者於血側也

齊右掌祭祀會同賓客前齊車王乘則持馬行則陪乘齊車金路王自整齊之車也前之者已駕王未乘之時陪乘參乘謂車右也齊右與齊僕同車而有祭祀之事則兼玉路之右然則戎右兼田右與。齊側皆反下齊事齊僕皆同乘劉繩證反沈音繩與音餘〔疏〕注齊車至右與。釋曰云前之者已駕王未乘之時者曲禮曰僕執策立於馬前備驚奔謂未乘時此亦未乘之時在馬前備驚奔也云陪乘者王與僕及車右爲參車也云齊右與齊僕同車而有祭祀之事則兼玉路之右者齊僕同乘金路惟可據齊時今此經云祭祀不言齊明是兼祭祀乘玉路時爲右可知也以其玉路有五其右惟有齊右道右三者不見祀右及田右祭祀時亦名齊田與戰伐俱用兵可以相通故知齊右兼玉路右戎右兼田右也無正文故云與以疑之也

凡有牲事則前馬王見牲則拱而式居馬前郤行備驚奔也曲禮曰國君下宗廟式齊牛。拱居勇反郤音却〔疏〕注王見至齊牛。釋曰云王見牲則拱而式者凡男子立乘前視五巂若有敬事則式式視馬尾當須端拱故云拱而式也居馬前郤行備驚奔也者以其王既拱而式是以齊右居馬前郤行備驚奔故也引曲禮曰國君下宗廟式齊牛者按彼經云國君式宗廟下齊牛此所引不同者但宗廟尊宜下將彼經爲誤故鄭改之依正而言也

道右掌前道車王出入則持馬陪乘如齊車之儀道車象路也王行道德之車〔疏〕注道車至之車。釋曰齊右云王乘則持馬此云王出入則持馬文不同者爲右之義不異不同者互換爲義故也云道車象路也王行道德之車者若言象據飾爲名言道爲稱是以

大司馬亦云道車。自車上諭命于從車。自田○從才用反下及注同馭夫職放此

〔疏〕自車至從車○釋曰按馭夫掌馭貳車從車彼注貳車象路之副從車戎路田路之副此所論從車即彼貳車與彼從車別同名耳

詔王之車儀。顧式之屬〔疏〕注顧式之屬○釋曰禮云式視馬尾顧不過轂皆是車上威儀故須詔之齊右不云者文不具

王式則下前馬王下則以蓋從。以蓋從表尊〔疏〕注以蓋從表尊○釋曰蓋有二種一者禦雨二者表尊此則表尊之蓋也

大馭掌馭王路以祀及犯軷王自左馭馭下祝登受轡犯軷遂驅之。行山曰軷犯之者封土爲山象以菩芻棘柏爲神主既祭之以車轢之而去喻無險難也春秋傳曰跋涉山川自由也王由左馭禁制馬使不行也故書軷作罰杜子春云罰當爲軷軷讀爲别異之别謂祖道轢軷磔犬也詩云載謀載惟取蕭祭脂取羝以軷詩家說曰將出祖道犯軷之祭也聘禮曰乃舍軷飲酒于其側禮家說亦謂時祭○軷蒲末反注跋涉同祝之又反菩音負一音倍芻蔥俞反轢音歷難乃旦反别彼列反下同磔陟格反羝丁兮反舍音釋

〔疏〕大馭至驅之○釋曰此據祭天之時故有犯軷之事云及犯軷者出國門封土爲山象祭軷王在左自馭馭下祝登受取王手之轡犯軷遂驅之而出○注行山至道祭○釋曰言行山曰軷者謂水行曰涉山行曰軷云封土爲山象者鄭注月令祀行之禮爲軷壇厚三寸廣五尺此道祭亦宜然云菩芻棘柏爲神主者謂於三者之中但用其一以爲神主則可也云既祭之以車轢之而去喻無險難也者祭天在近郊雖無險難審慎故也引春秋傳曰者按襄二十八年子大叔云跋涉山川蒙犯霜露以逞君心是其山行曰軷之事也子春讀軷爲别異之别者蓋取軷訖行去之意引聘禮大夫道祭者無牲牢酒脯而已又於旁飲酒餞别故云飲酒於其側也

及祭酌僕僕左執轡右祭兩軹祭軓乃飲。故書軹爲䡨軓爲範杜子春云文當如此左不當重重非是書亦或如子春言又云䡨當作軹軹謂兩轊也其或言軷亦非是又云軓當爲軓軓謂車前軾也或讀軓爲簪笄之笄○軹音止軓音犯注軓同䡨劉音雞重直龍反轊音衛軓當媚美反又音犯

〔疏〕及祭至乃飲○釋曰此云及祭酌僕者即上文將犯軷之時當祭左右轂末及軾前乃犯軷而去酌僕者使人酌酒與僕僕即大馭也大馭則左執轡右手祭兩軹并祭軓之軾前三處訖乃飲飲者若祭末飲福酒乃始轢軷而去○注故書至之笄○釋曰云謂兩轊者轊即轂末云軓當爲軓軓謂車軾前也者按少儀祭左右軌范乃飲注云周禮大馭祭兩軹祭軓乃飲軓與軹於車同謂轊頭也範與范聲同謂軾前也若然此云軹少儀作軌軌與車轍之軌同名此云軌少儀云范同是軾前也

凡馭路行以肆夏趨以采薺。凡馭路謂五路也肆夏采薺樂章也行謂大寢至路門趨謂路門至應門○薺才私反

〔疏〕凡馭至采薺○釋曰樂師亦有此法彼下有車亦如之即上云行趨者據步迎賓客法此既馭路亦云行趨者此雖馭路行趨遲疾惟步迎賓客爲法故雖車亦行趨也○注凡馭至應門○釋曰此大馭惟馭玉路而云謂五路者大馭雖馭玉路以經云凡所含廣則餘四路亦准玉路爲法故云五路也若然迎賓客惟乘金路餘四路雖不用迎賓客至於乘車皆自內而出自外而入經路寢及門故鄭據大寢爲正也云肆夏采薺樂章也者肆夏在鍾師與九夏同是樂章可知其采薺雖逸詩旣與肆夏同歌明亦樂章也知行謂大寢至路門趨謂路門至應門者爾雅云堂上謂之行門外謂之趨行雖在堂亦人之行由堂始故發堂

至門皆謂之爲行故云行謂大寢至路門趨謂路門至應門也鄭注樂師云及入應門路門亦如之此注不言亦同於彼也若然應門外亦應有樂節但無文故鄭亦不言也

凡馭路儀以鸞和爲節。舒疾之法也鸞在衡和在軾皆以金爲鈴○鈴音零

〔疏〕注舒疾至爲鈴○釋曰鄭知鸞在衡和在軾者鄭見韓詩傳云升車則馬動馬動則鸞鳴鸞鳴則和應乘車先馬動次鸞鳴乃和應明鸞近馬首和更近後故知鸞在衡和在軾也且按秦詩云輶車鸞鑣毛云鸞在衡鄭云鸞在鑣不從毛義者鄭以田車鸞在鑣乘車鸞在衡此云鸞在衡據乘車而言故也云皆以金爲鈴者鼓人掌四金鈴則四金之類故知用金爲之乃可得有聲也

戎僕掌馭戎車。戎車革路也師出王乘以自將○將子匠反

〔疏〕注戎車至自將○釋曰此云戎車巾車云革路建太白以即戎車革路也

掌王倅車之政正其服。倅副也服謂衆乘戎車者之衣服○倅七內反劉倉愛反

〔疏〕注倅副至衣服○釋曰鄭注坊記云僕右恒朝服據非在軍時若在軍則服韋弁服衆乘戎車者之衣服謂此服也言衆乘戎車者之服則副車十二乘及廣闕苹輕之倅皆是也

犯軷如玉路之儀凡巡守及兵車之會亦如之軍如在軍疏注如在軍。釋曰云如在軍者謂如其犯軷巡狩及兵車會亦乘革路若乘車之會即乘金路也掌凡戎車之儀凡戎車衆之兵車也書序曰武王戎車三百兩疏注以待賓客。釋曰云凡語廣故知衆兵車即三百兩也按武王伐紂時王自巡六師則有六軍千乘及諸戎狄三分二諸侯其車多矣只有三百兩者據陳與紂戰者而言

齊僕掌馭金路以賓以待賓客。賓如字劉万刃反疏注凡戎至百兩釋曰此經與下爲目所待賓客即下文是也朝覲宗遇饗食皆乘金路其灋儀各以其等爲車送逆之節節謂王乘車迎賓客及送相去遠近之數上公九十步侯伯七十步子男五十步司儀職曰車逆拜辱又曰及出車送。乘車如字疏注節謂至車送。釋曰受享於廟則迎之大行人云上公九十步介九人擯者五人廟中將幣三享鄭注云朝先享不言朝朝

正禮不嫌有等是春夏受贄於朝無迎法受享則有之秋冬一受之於廟亦無迎法故郊特牲云覲禮天子不下堂而見諸侯是受贄受享皆無迎法今言朝覲宗遇饗食皆乘金路者謂因此朝覲宗遇而與諸侯行饗食在廟即有乘金路迎賓客之法也云上公九十步已下大行人文彼據受享於廟非饗食禮也引之者欲見饗食迎賓與受享同司儀所云亦據受饗食之禮也

道僕掌馭象路以朝夕燕出入其灋儀如齊車朝夕朝朝莫夕。朝夕直遥反注朝夕同朝朝上如字下直遥反莫夕音暮疏注朝夕朝朝莫夕。釋曰朝朝莫夕在正朝來往而言燕者以其在宮中行事皆稱燕掌貳車之政令貳亦副。疏注貳亦副。釋曰上文戎僕倅車云副故此貳亦副也

田僕掌馭田路以田以鄙田路木路也田田獵也鄙循行縣鄙。行下孟反疏注田路至縣鄙。釋曰云田路木路也者按巾車云木路建大麾以田故知田路即木路也云田田獵也者據四時田也云鄙循行縣鄙者謂在百里外六遂之中王巡六遂縣鄙則六鄉州黨巡之可知舉遠以明近也掌佐車之政佐亦副疏注佐亦副。釋曰天子尊故戎車田車之二有別名諸侯卑戎車田車之二同曰佐無倅名是以檀弓云戰於乘丘公隊佐車授綏少儀注亦云朝祀之副曰貳戎獵之副曰佐也設驅逆之車令驅驅禽使前趨獲逆衘還之使不出圍。驅如字又起遇反後同衘本又作御同五嫁反疏注驅驅至出圍。釋曰按王制云大夫殺則止佐車佐車止則百姓田獵彼佐車則此驅逆之車也獲者植旌以告獲也植樹也。植直吏反又時力反樹如字又一音豎疏注以告至樹也釋曰按山虞植旗屬禽此官又云植旌比禽者彼此共其事故並見之及獻比禽田弊獲者各獻其禽比種物相從次數之。比毗志反次也注同種章勇反下同數所主反疏注田弊至數之釋曰大司馬春火弊夏車弊秋羅弊冬徒弊弊止也田止百姓所得禽大獸公之小禽私之公之者獻於旌下每禽擇取三十其餘爲主皮之射而取之故云比種物相從次數之也凡田王提馬而走諸侯晉

大夫馳提猶舉也晉猶抑也使人叩而舉之抑之皆止奔也馳放不抑。叩音口下同疏凡田至夫馳。釋曰凡田亦謂四時田天子發抗大綏諸侯發抗小綏大夫下君不得云綏云大夫發止佐車其時有提馬晉馬之事云提遲於馳皆使尊者體促之義也

馭夫掌馭貳車從車使車貳車象路之副也從車戎路田路之副也使車驅逆之車疏注貳車至之車。釋曰知貳車是象路之副者以道僕云掌貳車之政令故知之也知從車是戎路田路之副者見戎僕與田僕俱不言貳田與戎俱是職煩故知兼此二者也不掌戎路金路之副者貳者事暇盖車僕不共掌也知使車是驅逆者以使役勞劇之事故知是驅逆之車也分公馬而駕治之乘調六種之馬疏注乘調六種之馬。釋曰趨馬自主駕脫故知此駕治者是調習之也

附釋音周禮注疏卷第三十二

知南昌府張敦仁署鄱陽縣候補知州周澍栞

周禮注疏卷三十二校勘記　阮元撰盧宣旬摘錄

附釋音周禮注疏卷第三十二

弁師

延冕之覆在上　段玉裁云皇侃本作冕延之覆在上

廣袞以冠縰　監本縰訛縰禮說作廣袞似冠縰云俗本誤似爲以賈疏不明○按作以自不誤讀以冠縰之廣袞爲之廣袞也

垂於延前后　惠校本后作後下同漢制考引此亦作後

垂於延之前后　閩監毛本同余本嘉靖本后作後當據正

云紘一條屬兩端於武者　監本紘誤紞

諸侯之繅斿九就　諸本同唐石經原刻作諸侯之繅九就後刮磨重刻繅下增斿按賈疏引經云諸公之繅九就無斿字與石經原刻合此猶上言王繅十有二就繅下不當有斿也

其餘謂延組　閩監本同誤也余本嘉靖本毛本組作紐當據正

每繅九成則九旒也　漢讀考云案此當云每繅九成則九斿斿九玉也今本似脫誤

故書瑉作璑　此本璑省作玩閩本誤爲玩漢讀考云說文璑三采玉也從周禮故書

諸公云繅九就　閩監本同毛本公改侯非此依注作公當作云諸公之繅九就

檜用組　岳本檜作擓從手下同

沛國人謂反紒爲䯻　葉鈔釋文作反紒云本又作紒

璂讀如薄借綦之綦　賈疏亦作讀如漢讀考作讀爲

邸下柢也　監本柢誤抵

大如緦之麻絰　按當乙作緦麻之絰故疏無麻字

冕而無旒　閩監毛本同余本岳本嘉靖本旒作斿當據正

則依命數矣　惠校本矣作耳

元冠繅布衣繅帶素韠　浦鏜云緇並誤繅鞸誤韠

司甲

闕　此本閩監本並脫此注余本嘉靖本毛本皆有此字今據補

司兵

故云涖涖爲陳　按此當衍一涖

後鄭皆不從者以爲廞與解之者　浦鏜云上者爲皆之訛屬下

釋曰鄭司農所云者是也　浦鏜云下當脫者

司戈盾

分與授用　余本閩監毛本同宋本嘉靖本授作受

祭祀授旅賁殳　監本旅誤旅毛本誤旅下及注並同

車有五等　當從監毛本作六等閩本亦誤五

司弓矢

櫜弧箕箙　毛本同閩監本櫜誤壓○按箕从竹非也當作其

以授射甲革椹質者　監本椹誤棋說文弓部引周禮六弓作王弓弧弓以射甲革甚質甚蓋古椹字

夾弓庾弓　唐石經諸本同釋文庾弓師儒相傳讀庾當本作庾弓師儒相傳讀庾故下云本亦作庾

椹字或作鞎　閩監本同余本嘉靖本毛本云或爲鞎宋本云或作鞎誤○按以古文假借論之未見鞎誤也鞎字不見於說文及古書恐是鞎之誤字但其誤久矣

彤弓施弓之等是也　毛本作旅弓此施即旅之訛監本改旅按古旅字多作旅作施

御靡旌壁壘而還之類也　閩本同監毛本壁作麾皆誤當作摩壘

恒矢痺矢　閩監毛本同唐石經余本嘉靖本痺作庳當據正注同此本疏中不誤石經考文提要云宋本九經宋纂圖互注本宋附釋音本皆作庳矢

絜矢鍭矢　此本及余本鍭誤鏃今據諸本訂正下同

前於重後微輕　程瑤田通藝錄作前於後重微輕謂其前於後殺鍭二矢之尤重者微輕也轉寫訛互作重後

庳矢象焉　此庳字毛本誤痺閩監本不誤疏中閩本不誤

庳矢讀爲人罷短之罷元謂庳讀如痺病之痺　余本嘉靖本同監毛本庳皆誤痺閩本庳矢之庳不誤疏中仍誤漢讀考讀如作讀爲痺病之痺作痹病之痹下痺字同○按說文有痹無痺

云體往來之衰也者　閩本同監本體誤禮毛本遂刪去

授兵至之儀　閩監毛本同誤也唐石經余本岳本嘉靖本作授兵甲之儀當據以訂正石經考文提要云宋本九經宋纂圖互注本宋附釋音本皆作甲

爲其相繞相將用乃共之　閩本同誤也余本嘉靖本監毛本作爲其相繞亂當據正

繕人

抉用正王棘若檡棘　余本岳本嘉靖本同閩監毛本檡作擇按釋文出若檡二字

充籠箙以盛矢　余本閩監毛本同誤也宋本嘉靖本作充籠箙者以矢此本疏中標注同與賈疏本正合因疏語有以籠是盛矢器之言遂誤改此注釋文無盛字音也

注充籠箙者以矢　閩監毛本改充籠箙以盛矢誤甚

引詩證既射弛而藏之義也　閩監毛本弛作弛

槀人

但無文故注亦云未聞　閩本同監毛本增作但無正文

戎右

襄公縛秦囚使萊駒以戎斬之　閩監毛本同誤也余本嘉靖本戎作戈當據正監本縛誤縳○按據左傳是戈字

幷充兵中使役　毛本作兵革

彼注云君在　浦鏜云存誤在

盟則以玉敦辟盟　唐石經諸本同余本盟則誤倒

以桃茢沸之　閩本同與玉府疏所引合余本嘉靖本監毛本沸作拂○按沸恐是誤字作拂爲是

所以埽不祥　嘉靖本埽作掃疏中引注諸本同

發陽郤也　浦鏜云地誤也

齊右

以其玉路有五車右惟有齊右道右三者　浦鏜云王誤玉道右下脫戎右二字

道右

王行道德之車　按疏云言象據飾爲名言道據行道爲稱然則此德字誤衍也

言道爲稱　監毛本言道下有據行道三字此本閩本脫

大馭

掌馭王路以祀　閩監本同誤也唐石經余本嘉靖本毛本作玉路當訂正石經考文提要云宋本九經宋纂圖互注本宋附釋音本皆作玉路

及犯軷 漢讀考云說文軷出將有事於道必先告其神立壇四通樹茅以依神爲軷既祭軷轢於牲而行爲範軷從車犮聲範範軷也從車笵省聲讀與犯同按許君所見周禮作範蓋故書也範爲正字則犯爲假借字與今義迥異

罰當爲軷 毛本當誤賞

軷讀爲別異之別 漢讀考作讀如云此字既定作軷不當又易爲別故下文稱詩禮作軷證之○按讀如別者擬軷之音耳非易其字也

爲軷壇厚三寸 浦鏜云壤誤壇二誤三

踰無險難也 浦鏜云喻誤踰

祭軓乃飲 余本嘉靖本同唐石經缺閩監毛本軓誤軌釋文作祭軓云音犯注軓同石經考文提要云五經文字曰軓車前式也見周禮宋本九經宋附釋音本皆作軌○按車前式乃車軾前之誤

故書軓爲軒 戴震云轂末出輪外似笄出髮外也軒軹軌軓四字經傳中往往訛溷先儒以其所知改所不知於是經書字書不復有軒字矣漢讀考云軸耑之鍵曰轄亦曰軒謂制轂之鐵豎貫軸頭有似又首之笄也子春易爲軓則與輢內之軨同名矣

軓爲範 嘉靖本毛本同誤也余本閩監本軓作軌漢讀考云當作軌爲軓

軓當爲軛 嘉靖本監毛本同誤也余本岳本作軓當爲軛閩本作軌當爲範漢讀考云當作軛當爲軓

軛謂車前軾也 余本監本並同閩本軛改範皆誤也賈疏嘉靖本毛本作軛謂車軾前當據正今本作前軾誤倒漢讀考云軛當作軹軛非車軾前也詳考工記

凡馭至釆薺 監本薺誤齊下同

即上云行趍者 閩監毛本趍作趨下同

此大馭惟馭玉路 監本玉誤王

亦准玉路爲法也 閩本同監毛本准作惟惠挍本作推非

注舒疾至鈴也 閩本同監毛本改舒疾至爲鈴今本注中無也

則皆以金爲鈴者 閩本同監毛本則改云

戎僕

革路建大白以即戎車革路也 補毛本重戎字此誤脫

及廣闕革輕之倅皆是也 閩本革作苹當據正

三分二諸侯 按分下當脫有字

據陳與紂戰者而言 閩本同監毛本陳上增在

齊僕

車逆拜辱 嘉靖本逆誤送

道僕

注云亦副 閩監毛本二作貳下同

田僕

故戎車田車之二有別名 閩監毛本二作貳馭夫疏同此處下文閩監本亦作二

使人叩而舉之 余本閩本同嘉靖本監毛本叩作扣此本下亦作扣案釋文作扣余本載音義同○按說文扣牽馬也故此注云使人扣而舉之不得作叩叩字說文所無敂之俗體也

馭夫

不掌戎路金路之副者 閩本同誤也監毛本戎作玉當據正

周禮注疏卷三十二挍勘記終

南昌袁泰開挍

附釋音周禮注疏卷之三十三

鄭氏注　賈公彥疏

校人掌王馬之政政謂差擇養乘之數也月令曰班馬政○疏注政謂至馬政○釋曰此經與下爲目下亦有邦國及家而云王馬者以尊爲主鄭云政謂差擇養乘之數也者經辨六馬是差擇也下云凡頒良而養乘是養乘也引月令者謂季秋之令彼注云馬政謂齊其色度其力使同乘引此職凡軍士物馬而班之皆是馬政故引爲證也辨六馬之屬種馬一物戎馬一物齊馬一物道馬一物田馬一物駑馬一物種謂上善似母者以次差之玉路駕種馬戎路駕戎馬金路駕齊馬象路駕道馬田路駕田馬駑馬給宮中之役○疏注種謂至之役○釋曰六者皆有毛物不同故皆以物言之也此六者先善後惡次第而言也種馬上善似母者以其言種故知似母但種類亦有似父而言似母者以母爲主也知種馬駕玉路已下差次如此者以其言戎道田以事爲名則知戎馬駕戎路道馬駕道車田馬駕田路以此五者種馬最在上駕玉路可知駑馬最在下五路之外給役可知凡頒良馬而養乘之乘馬一師四圉三乘爲皁皁一趣馬三皁爲繫繫一馭夫六繫爲廄廄一僕夫六廄成校校有左右駑馬三良馬之數麗馬一圉八麗一師八師一趣馬八趣馬一馭夫良善也善馬五路之馬鄭司農云四疋爲乘養馬爲圉故春秋傳曰馬有圉牛有牧玄謂二耦爲乘師趣馬馭夫僕夫帥之名也趣馬下士馭夫中士則僕夫上士也自乘至廄其數三百一十六匹易乾爲馬此應乾之筴也至校變爲言成者明六馬爲一廄而王馬小備也校有左右則良馬一種者四百三十二匹五種合二千一百六十匹駑馬三之則爲千二百九十六匹五良一駑凡三千四百五十六匹然後王馬大備詩云騋牝三千此謂王馬之大數與麗耦也駑馬自圉至馭夫凡馬千二十四匹與三良馬之數不相應八皆宜爲六字之誤也師十二匹趣馬七十二匹則馭夫四百三十二匹矣然後而三之既三之無僕夫者不駕於五路卑之也○乘繩證反注及下注乘匹同圉魚呂反皁才早反趣倉走反劉沈清須反下同繫音計本亦作轂廄九又反應應對之應筴初革反騋音來牝頻忍反劉又扶忍反數與音餘下禮與皆同○疏凡頒至馭夫○釋曰言頒良馬對下別言養乘之者已下皆四四爲耦是因養馬乘習之○注良善至之也○釋曰云善馬五路之馬者據上文而言之也春秋傳曰者昭七年楚芋尹無宇執人於王宮言馬有圉牛有牧引之證養馬爲圉也玄謂師趣馬馭夫僕夫帥之名也者皆以寡領衆故知主帥之名也云趣馬下士馭夫中士則僕夫上士也序官有趣馬下士皁一人徒四人馭夫中士二十人無僕夫士數之文以此文官尊者管卑者馭夫既中士明僕夫上士可知云自乘至廄其數三百一十六匹易乾爲馬此應乾之筴也者按易天一生水北方地二生火南方天三生木東方地四生金西方天五生土中央是謂陽無匹陰無耦又地六成水北方天七成火南方地八成木東方天九成金西方地十成土中央是謂陽有匹陰有耦龜取生數一二三四五蓍取成數六七八九十若然東方南方生長之方故七爲少陽八爲少陰西方北方成熟之方故九爲老陽六爲老陰不取十者中央配四方故也是以易之六爻卦畫七八爻稱九六七八九六既配四方故九六皆以四乘之乾之六爻以四乘九四九三十六六爻故二百一十六是爲乾之筴也云校有左右則良馬一種者四百三十二匹者經云六廄成校據一廂言之王馬小備下云校有左右則十二廄爲十二閑若據一廂一廄爲二百一十六匹據兩廂倍之故四百三十二匹種別四百三十二匹五種計之自然摠合二千一百六十匹又蓋駑馬三良馬之數三个四百三十二則得千二百九十六匹五良一駑摠計自然凡三千四百五十六匹對前小備故云然後王馬大備也詩云騋牝三千此衛文公滅而復興徙而能盛計諸侯止合六閑馬其三千是王馬之數雖非禮制國人美之故鄭云王馬之大數言大數者不言四百五十六故也言與者約同王馬之數故言與以疑之也云駑馬自圉至馭夫凡馬千二十四匹與三良馬之數不相應者依經八計之得此千二十四匹其三良馬有千二百九十六匹故言不相當若作六計得千二百九十六匹與三良馬數合故破從六也按此經乘馬一師四圉三乘爲皁皁一趣馬三皁爲繫繫一馭夫按序官云趣馬下士皁一人徒四十人即此以云皁一趣馬合自師至馭夫中士二十人下士四十人并之六十正充此良馬之馭夫又不見駑之馭夫者或脫也○

天子十有二閑馬六種邦國六閑馬四種家四閑馬二種降殺之差每廄爲一閑諸侯有齊馬道馬田馬大夫有田馬各一閑其駑馬則皆分爲三焉○殺所界反〈疏〉注降殺至三焉○釋曰天子十二閑六種義已在上云諸侯有齊馬道馬田馬大夫有田馬各一閑其駑馬皆分爲三焉者以駑馬三良之數上下同故爲此解趙商問校人職天子有十二閑六種爲三千四百五十六匹邦國六閑馬四種爲二千五百九十二匹家四閑馬二種千七百二十八匹商按天子之卿采地食小都大夫食縣不審所由當能共此馬數故禮記家富不過百乘謂其多也司馬法論之甸方八里有戎馬四匹長轂一乘今大夫采地四甸一甸之税又給王其餘三甸纔有馬十二匹今又就校人之職相校人之職相校甚異何荅曰邦國六閑四種其數適當千二百九十六匹家有四閑二種又當八百六十四匹今子以何術計之乎此馬皆君之所制爲非謂民賦畿内百里之國者居四都五十里之國居四縣二十五里之國居四甸而引天子卿食小都大夫食縣欲何以難又司馬法甸有戎馬四匹長轂一乘此爲民出軍賦無與於天子國馬之數事條未理而多紛紜趙商云邦國二千五百九十二匹者

謂三良一良四百三十二匹三良千二百九十六匹駑三其一種亦千二百九十六匹故合爲二千五百九十二匹家四閑馬二種爲千七百二十八匹謂良馬二種四百三十二匹駑馬一種三良馬一種亦千二百九十六匹并之千七百二十八匹王合於數鄭不從者天子十二閑分爲左右一種馬分爲兩廄故一種馬有四百三十二匹諸侯及大夫直一廄不分爲左右則良馬惟有三廄三良居三廄其數六百四十八匹駑馬亦三其一種其數亦六百四十八匹并之千二百九十六匹家有二種一良一駑良居一廄二百一十六匹駑馬三之爲六百四十八匹并之爲八百六十四匹故鄭氏云子以何術計之

凡馬特居四之一欲其乘之性相似也物同氣則心一鄭司農云四之一者三牝一牡〈疏〉注欲其至一牡○釋曰云欲其乘之性相似也者是使三牝各産其一通牡爲四共駕一車取同氣一心之義

春祭馬祖執駒馬祖天駟也孝經説曰房爲龍馬鄭司農云執駒無令近母猶攻駒也二歲曰駒三歲曰駣玄謂執猶拘也春通淫之時駒弱血氣未定爲其乘匹傷之○令力呈反下令皆同近附近之近駣徐音肇劉音道李湯堯反沈徒刀反爲于僞反下爲蹄齧同〈疏〉注馬祖至傷之○釋曰馬與人異無先祖可尋而言祭祖者則天駟也故取孝經説房爲龍馬是馬之祖春時通淫求馬蕃息故祭馬祖先鄭云二歲曰駒三歲曰駣爾雅文云玄謂春通淫之時駒弱血氣未定爲其乘匹傷之者論語孔子云血氣未定戒之在色馬亦如此故引之而言也按月令仲夏縶騰駒注云爲其牝氣有餘相蹄齧彼牝氣有餘相蹄齧縶之不爲駒弱者縶有二種此謂二歲者彼據馬之大者故不同也

夏祭先牧頒馬攻特先牧始養馬者其人未聞夏通淫之後攻其特爲其蹄齧不可乘用鄭司農云攻特謂騬之○蹄大計反又音啼後同騬音繒又音繩〈疏〉注先牧至騬之○釋曰知先牧是養馬者以其言先牧是放牧者之先知是始養馬者祭之者夏草茂求肥充云攻特者夏通淫後攻其特爲其相蹄齧不可乘用故也

秋祭馬社臧僕馬社始乘馬者世本作曰相上作乘馬鄭司農云臧僕謂簡練馭者令皆善也玄謂僕馭五路之僕○臧子郎反相息亮反〈疏〉注馬社至之僕○釋曰秋祭馬社者秋時馬肥盛可乘用故祭始乘馬者秋而臧僕者亦秋時萬物成教之使善

冬祭馬步獻馬講馭夫馬步神爲災害馬者獻馬見成馬於王也馭夫馭貳車從車使車者講猶簡習○見賢遍反下同從

才用反〈疏〉注馬步至簡習○釋曰馬神稱步謂若玄冥之步人鬼之步之類步與酺字異音義同云獻馬見成馬於王也者以秋時萬物成亦獻成馬於王也云馭夫馭貳車從車使車者馭夫文也云講猶簡習者亦謂秋時物成講之使成也

凡大祭祀朝覲會同毛馬而頒之毛馬齊其色也頒授當乘之○毛如字劉莫報反〈疏〉注毛馬至乘之○釋曰此三者皆須馬從王故知毛馬而頒之爲齊其色者按毛詩傳云宗廟齊豪尚純也戎事齊力尚强也田獵齊足尚疾也爾雅亦云雖據宗廟至於田獵軍旅既尚疾尚力亦尚色也故下云凡軍事物馬而頒之是尚力也詩云四騵彭彭武王所乘又云四鐵孔阜秦襄公以田是齊色不專據宗廟

飾幣馬執扑而從之鄭司農云校人主飾之也幣馬以馬遺人當幣處者也聘禮曰馬則北面奠幣于其前士喪禮下篇曰薦馬纓三就入門北面交轡圉人夾牽之馭者執策立于馬後○扑普卜反劉方溝反遺惟季反〈疏〉注鄭司至馬後○釋曰先鄭云以馬當幣處者見經云飾幣馬馬可飾幣非可飾之物又見下文凡國之使者共其幣馬注云使者所用私覿則知此直以馬遺人無幣且王家遺人無廷實故覲禮勞侯氏用璧

無庭實也引聘禮者按聘禮此謂賔入境展幣時布幕訖皮則陳於幕上馬則於幕南北面奠幣於其前引之者證彼則有幣有馬引士喪禮下篇者據將葬朝廟時陳設之事馬爲擬乘車所駕故薦之纓三就者謂馬鞅三成舒之入門北面者陳之於廟庭也言交轡者士兩馬二人牽之引之者證馬有飾之事也

凡賔客受其幣馬 賔客之幣馬來朝聘而享王者 疏 注賔客至王者。釋曰言賔客來朝享王者大行人云廟中將幣三享者是也使容來聘享王者玉人職瑑圭璋璧琮以覜聘者也

大喪飾遣車之馬及葬埋之 言埋之則是馬塗車之芻靈。埋亡皆反本又作貍 疏 注言埋至芻靈。釋曰言遣車則雜記注天子九乘苞大遣奠牲體乘別大牢苞九个入壙藏之於椁内闚外者云塗車之芻靈者按檀弓孔子云塗車芻靈自古有之謂爲俑者不仁俑謂偶人所作孔子善古而非周則古者以泥塗爲車芻靈謂以芻草爲人馬神靈至周塗車仍存但刻木爲人馬替古者芻靈今鄭云塗車之芻靈則是仍用芻靈與檀弓違者至周實用俑者但鄭舉古之芻靈況周耳非謂周家仍用芻靈也

田獵則帥驅逆之車 帥猶將也 疏 田獵至之

車。釋曰驅逆之車田僕設之但校人主車馬帥領田僕而已

凡將事于四海山川則飾黃駒 四海猶四方也王巡守過大山川則有殺駒以祈沈禮與玉人職有宗祝以黃金勺前馬之禮。沈直金反劉直蔭反 疏 凡將至黃駒。釋曰謂王行所過山川設祭禮之然後去則殺黃駒以祭之山川地神土色黃故用黃駒也。注四海至之禮。釋曰云四海猶四方也者王巡狩惟至方岳不至四海夷狄故以四海爲四方云有殺駒以祈沈禮與者爾雅云祭山曰庪縣祭川曰浮沈今鄭云以祈沈者揔解過山川二事言與者爾雅據正祭此則行過之約與彼同故云與以疑之也引玉人職者按彼有大璋中璋邊璋過大山川用大璋過中山川用中璋過小山川用邊璋下云黃金勺青金外朱中此三璋之勺也云黃金勺者即彼三璋之勺也云前馬之禮者以黃金勺酌酒禮山川在馬牲前之禮引之者證過山川設禮用馬牲之事也

凡國之使者共其幣馬 使者所用私覿。使所吏反注同 疏 注使者所用私覿。釋曰言國之謂王使之下聘問諸侯王行禮後乃更以此幣馬私與主君相見謂之私覿諸侯之臣與君同行不得私覿若特聘則有之則聘禮私覿是也若然上文飾幣馬是以馬遺人法非聘故無私覿前賔客來朝聘不言私覿者諸侯之臣於天子不敢行私覿故也。

凡軍事物馬而頒之 物馬齊其力。 疏 注物馬齊其力。釋曰上朝會言毛馬鄭云齊其色此軍事言物馬鄭云齊其力物即是色而云齊力當與上文互以見義欲見皆有力有色也。

等馭夫之祿 馭夫於趣馬僕夫爲中舉中見上下 疏 等馭夫之祿。釋曰掌養馬者有趣馬馭夫僕夫三者皆須等其祿獨云馭夫故鄭云舉中見上下

宮中之稍食 師圉府史以下也鄭司農云稍食曰廩。 疏 注師圉府史以下。釋曰上云馭夫之等言士已上訖故知此是師圉府史以下中仍有胥徒之等也。

趣馬掌贊正良馬而齊其飲食簡其六節 贊佐也佐正者謂校人臧僕講馭夫之時簡差也節猶量也差擇王馬以爲六等。 疏 注贊佐至六等。釋曰鄭云佐正者校人臧僕講馭夫之時者以其校人是養馬官之長校人既有此諸事而云佐正明佐此二者可知云差擇王馬六等即上種戎齊道田駑是也。

掌駕說之頒 用馬之第次。說始銳反 疏 注用馬之

第次。釋曰凡用馬當均勞逸故駕說須依次第即頒是第次之序故知是用馬之第次也。

辨四時之居治以聽馭夫 居謂牧庌所處治謂執駒攻特之屬。治直吏反注同庌音雅後同 疏 注居謂至之屬。釋曰云辨四時之居治者謂二月已前八月已後在廄二月已後八月已前在牧故云四時也云牧庌者放牧之處皆有庌廄以蔭馬也以趣馬下士屬馭夫中士故云聽馭夫知治是執駒攻特者以是校人之事趣馬當佐之明是此二事也

巫馬掌養疾馬而乘治之相醫而藥攻馬疾受財于校人 乘謂驅步以發其疾知所疾處乃治之相助也。相息亮反注同。 疏 巫馬至校人。釋曰巫知馬祟醫知馬疾疾則以藥治之祟則辨而祈之二者相須故巫助醫也云受財者謂共祈具及藥直

馬死則使其賈粥之入其布于校人 布泉也鄭司農云賈謂其屬官小吏賈人粥賣也。賈音嫁注同又音古粥音育

牧師掌牧地皆有厲禁而頒之頒馬授圉者所牧處疏注頒馬至牧處○釋曰圉人掌養馬者故圉人職云掌養馬芻牧之事言厲禁者謂可牧馬之處亦使其地之民遮護禁止不得使人輒牧牛馬也孟春焚牧焚牧地以除陳生新草也疏注焚牧至草也○釋曰孟春謂夏之孟春建寅之月草物將出之時牧燒焚地除陳草生新草也中春通淫中春陰陽交萬物生之時可以合馬之牝牡也月令季春乃合累牛騰馬遊牝于牧秦時書也秦地寒涼萬物後動○中音仲注同累力追反劉音類疏注中春至後動○釋曰按月令季春乃合累牛騰馬遊牝於牧彼注云此月可以合牛馬繫在廄者其牝欲游則就牧而合之若然彼不繫在廄亦二月通淫則與此經合矣今此注以爲月令秦時書秦地寒涼萬物後動與彼注不同者鄭君兩解故彼此不同也掌其政令凡田事贊焚萊焚萊者山澤之虞疏凡田事贊焚萊○釋曰焚萊自是山澤之虞當二月焚萊除陳生新之時則此官贊山澤之虞也

廋人掌十有二閑之政教以阜馬佚特教駣攻駒及祭馬祖祭閑之先牧及執駒散馬耳圉馬九者皆有政教焉阜盛壯也詩云四牡孔阜杜子春云佚當爲逸鄭司農云馬三歲曰駣二歲曰駒散讀爲中散大夫之散謂聒焉耳毋令善驚也玄謂逸者用之不使甚勞安其血氣也教駣始乘習之也攻駒制其蹄齧者閑之先牧先牧制閑者散馬耳以竹括押其耳頭動搖則括中物後遂串習不復驚○佚音逸散素但反注同聒古活反毋音無令力呈反下使令同押音甲中物丁仲反復扶又反疏注九者至復驚○釋曰云掌十有二閑之政者此文與下九者爲月故鄭云九者皆有政教焉引詩者證阜爲盛義也子春以佚爲逸後鄭從之增成其義先鄭散讀爲中散大夫之散取音同也謂聒馬無令善驚後鄭亦增成其義後鄭云閑之先牧先牧制閑者以其通閑言之也若然上云夏祭先牧者直是先養馬者非制閑之人正校人員選校人謂師圉也正員選者選擇可備員者平之疏注校人至平之○釋曰知校人是師圉者凡言正者以尊正卑自趣馬已上並上官非廋人所正故知所正者師圉

馬八尺以上爲龍七尺以上爲騋六尺以上爲馬大小異名爾雅曰騋牡驪牡玄駒褭驂鄭司農云以月令曰駕蒼龍○上時掌反下同牡茂後反驪力知反牡驪絶句牝頻忍反絶句褭奴了反劉音繞郭璞音同劉義異鄭疏注大小至蒼龍○釋曰引爾雅所釋作詩騋牝三千但詩直言牝不言牡爾雅之意以詩人美衛文公直牝有三千其實兼有牡故云騋中所有牝則驪色牡則玄色兼有駒褭驂引之者證騋是馬色先鄭引月令者謂春之三月天子聽朔及祀帝皆駕蒼龍順時色引之以證龍是馬也

圉師掌教圉人養馬春除蓐釁廄始牧夏庌馬冬獻馬射則充椹質茨牆則翦闔蓐馬茲也馬既出而除之新釁焉神之也春秋傳曰凡馬日中而出日中而入故字庌爲訝鄭司農云當爲庌玄謂庌廡也廡所以庇馬者也充猶居也茨蓋也闔苫也椹質翦闔圉人所習也杜子春讀椹爲齊人言鈇椹之椹椹質所射者習射處○蓐

音辱茨在私反闔戶臘反訝五嫁反廡亡甫反庇必二反又音祕苫傷占反鈇方符反射食亦反疏注蓐馬至射處○釋曰圉師即校人云良馬乘一師四圉者也云夏庌馬者即趣馬辨四時之居是也云冬獻馬者即校人冬獻馬尊卑連事相成者也春秋傳者左氏莊二十九年新延廄書不時延廄當於馬時故云凡馬日中而出日中而入謂春分秋分時今之孟春新延廄故云不時也云圉人所習也者莝取椹斬莝則苫蓋之類也皆圉人所習之事子春云椹質所射者習射處者按司弓矢云澤則共椹質之弓矢此云射則充椹質皆謂釋宫中試弓習武時所充也

圉人掌養馬芻牧之事以役圉師役者圉師使令焉疏注役者至令焉○釋曰乘馬一師四圉四圉人受圉師之所使令焉凡賓客喪紀牽馬而入陳賓客之馬王所以賜之者詩云雖無予之路車乘馬喪紀之馬啓後所薦馬疏注賓客至薦馬○釋曰雖同牽馬入陳賓客與喪紀所陳有異何者若據賓客則在館天子使人就館而陳之若喪紀則謂將葬朝廟時既夕禮薦馬纓三就者是也天子朝廟亦當在祖廟中陳設明器之時亦遣人薦馬及纓入廟陳之此馬謂擬駕乘車吉器最

先者也。廞馬亦如之廞馬遣車之馬人捧之亦牽而入陳。捧衆家並扶恭反〖疏〗注廞馬至入陳。釋曰此遣車則天子九乘戰所苞遣奠以入壙皆人捧之云亦牽而入陳者亦於祖廟陳此明器也但遣車及馬各使人別捧故上注云行則解脫之是也

職方氏掌天下之圖以掌天下之地辨其邦國都鄙四夷八蠻七閩九貉五戎六狄之人民與其財用九穀六畜之數要周知其利害天下之圖如今司空輿地圖也鄭司農云東方曰夷南方曰蠻西方曰戎北方曰貉狄玄謂閩蠻之別也國語曰閩芊蠻矣四八七九五六周之所服國數也財用泉穀貨賄也利金錫竹箭之屬害神姦鑄鼎所象百物也爾雅曰九夷八蠻六戎五狄謂之四海。閩亡巾反又音文又亡千反漢書音義服虔音近蠻應劭音近文鄭氏音旻貉孟白反畜許六反下同芊蠻亡氏反劉音如羊鳴近米李云今周禮本或無此字國語則有。〖疏〗職方至利害。釋曰此文與下爲目云辨其邦國據畿外諸侯都鄙據畿內采地先邦國尊諸侯也云四夷者據四方之夷揔目諸方以九貉當東夷之處。注天下至四海。釋曰大司徒云掌建邦之土地之圖注云地之圖若今司空郡國輿地圖此注不言郡國者彼直掌九州不言夷狄九州之內有邦國故以郡國言之此職方兼主夷狄夷狄中漢時不置郡國惟置校尉掌之故此注亦不言郡國也先鄭云東方曰夷者以經云四夷即爲東夷也然夷之數皆言九於此獨言四不得即以爲始此不先言九夷者以其已有四夷之名爲目不可重言九夷故先從南數之也又云北方曰貉狄者先鄭既以四夷爲東方夷即以貉狄揔屬北方也玄謂閩蠻之別也國語曰閩芊蠻矣者按鄭語史伯曰蠻芊蠻矣注云謂上言叔熊避難於濮蠻隨其俗如蠻人也故曰蠻彼不作閩者彼蓋後人轉寫者誤鄭玄以閩爲正叔熊居濮如蠻後子從分爲七種故謂之七閩也按經閩雖與蠻七八別數本其是一俱屬南方也云四八七九五六周之所服國數也者鄭志趙商問職方氏掌四夷八蠻七閩九貉五戎六狄之數注云周之所服國數禮記明堂位曰周公六年制禮作樂朝諸侯於明堂有朝位服事之國數夷九蠻八戎六狄五禮之事異未達其數鄭荅職方氏四夷四方夷狄也九貉即九夷在東方八蠻在南方閩其別也戎狄之

數或六或五兩文異爾雅惟有其數耳皆無別國之名校文甚明故不定若然爾雅之數與明堂同皆數耳無別國之名校其錯可知今五六者正是數耳其事鄭不甚明之未知何者是故不定一禮兩禮俱從者是以不著其錯誤按詩序云蓼蕭澤及四海注云九夷八狄七戎六蠻謂之四海復與爾雅及禮皆不同者蓼蕭或後人轉寫者誤當以爾雅與禮爲正也云財用泉穀貨賄也者財用爲泉穀貨財疏已備九賦者也云利金錫竹箭之屬者按下經其利有金錫竹箭之屬是也云害神姦鑄鼎所象百物也者宣三年楚子問鼎之輕重王孫滿對云夏之方有德遠方圖物貢金九牧鑄鼎象物百物而爲之備使民知神姦是也引爾雅者見數與此不同之意也。乃辨九州之國使同貫利貫事也。〖疏〗乃辨至貫利。釋曰職方主九州之事故須分別九州之國貫事也使同其事利不失其所也

東南曰揚州其山鎮曰會稽其澤藪曰具區其川三江其浸五湖其利金錫竹箭其民二男五女其畜宜鳥獸其穀宜稻鎮名山安地德者也會稽在山陰大澤曰藪具區五湖在吳南浸可以爲陂灌溉者錫鑞也箭篠也鳥獸孔雀鸞鵁鶄犀象之屬故書箭爲晉杜子春曰晉當爲箭書亦或爲箭。會古外反藪素口反區起俱反浸子鴆反本又作寖陂彼宜反溉古愛反鑞音臘篠素了反鵁音交鶄音精。〖疏〗東南至宜稻。釋曰自此已下陳九州之事揔爲三道陳之先從南方起恭取尊其陽方周改禹貢以徐梁二州合之於雍青分冀州地以爲幽并東南曰揚州次正南曰荆州周之西南不置州統屬雍州即次河南曰豫州爲一道也次正東曰青州次河東曰兗州次正西曰雍州爲二道又次東北曰幽州次河內曰冀州次正北曰并州爲三道若禹貢治水則爲二道又先從下起與此異也然既以徐梁二州合之於雍青其二道則以冀兗青徐爲一道揚荆豫梁雍爲二道云其山鎮曰會稽者九州皆有鎮所以安地德一州之內其山川澤藪至多選取最大者而言故鄭云曰其大者也。注鎮名至爲箭。釋曰云會稽在山陰自此以下所說山川之等一則目驗而知二則依地理志而說又所曉處所皆舉郡縣而言云會稽在山陰山陰郡名按夏本紀太史公或言禹會諸侯於江南計功而崩因葬焉命曰會稽會稽者會計也皇覽曰禹冢在山陰會稽山本苗山縣南七里越傳曰禹到越望苗山會諸侯爵有德封

有功者更名苗山曰會稽山因疾死葬棺冢壙深七尺高三尺土階三寸三周方畝呂氏春秋云禹葬會稽不煩徒墨子曰禹葬會稽衣衾三領桐棺三寸地理志云山上有禹井禹傳云一有羣鳥游田焉是說會稽之事也云大澤曰藪者按澤虞職大澤大藪注水鍾曰澤水希曰藪則澤藪別矣今此云大澤曰藪爲一物解之者但澤藪相因亦爲一物故云大澤曰藪也云具區五湖在吳南者吳南郡名依地理志南江自吳南震澤在西通而言之亦得在吳南具區即震澤一也云浸可以爲陂灌溉者謂灌溉稻田者也云箭篠也箭一名篠故禹貢云篠簜是一物二名也云鳥獸孔雀鸞鵁鶄者解鳥也云犀象者解獸也驗時見有此鳥獸故據言焉按禹貢云九江今在廬江尋陽南皆東合爲大江揚州所以得有三江者江至尋陽南合爲一東行至揚州入彭蠡復分爲三道而入海故得有三江也

正南曰荆州其山鎮曰衡山其澤藪曰雲瞢其川江漢其浸潁湛其利丹銀齒革其民一男二女其畜宜鳥獸其穀宜稻

衡山在湘南雲瞢在華容潁出陽城宜屬豫州在此非也湛未聞齒象齒也革犀兕革也杜子春云湛讀當爲人名湛之湛湛或爲淮○瞢亡貢反劉亡鳳反李一音亡雄反湛直減反劉又音沈李唐感反【疏】正南至宜稻○釋曰其川江漢者揚州云三江不言漢此荆州直言江不言三兼云漢者此州江未分爲三故直云江此州有漢水過焉故江漢並言也上文揚州云其利金錫竹箭不云丹銀齒革按禹貢荆揚二州俱云貢金三品則二州通有金錫也其民一男二女多於揚州其畜穀與揚州同○注衡山至爲淮○釋曰云雲瞢在華容者按禹貢荆州雲土夢作乂得爲澤者按彼注云其中有平土丘水去可爲作畎畝之治則此據有水之處亦得爲澤也云潁出陽城宜屬豫州在此非也者鄭據地理志故知合在豫州又昭元年王使劉定公勞趙孟于潁亦在豫州故破之云湛未聞者據地理志無文未知何處也云齒象齒也者對則齒牙別通而言之牙亦得爲齒故詩頌云元龜象齒是牙齒通也云革犀兕革也者以其利則可貢所貢之革惟用爲甲故函人有犀兕春秋云犀兕尚多子春云湛讀當爲人名湛之湛俗讀也湛或爲淮不從也

河南曰豫州其山鎮曰華山其澤藪曰圃田其川熒雒其浸波溠其利林漆絲枲其民二男三女其畜宜六擾其穀宜五種

華山在華陰圃田在中牟熒兖水也出東垣入于河泆爲熒熒在熒陽波讀爲播禹貢曰熒播既都春秋傳曰楚子除道梁溠營軍臨隨則溠宜屬荆州在此非也林竹木也六擾馬牛羊豕犬雞五種黍稷菽麥稻○華如字劉胡化反圃布古反熒戶扃反溠音詐左傳音同李莊加反字林同劉昨雖反云與音大不同故今從髙貴公枲思似反擾而小反徐劉音饒中牟上如字下莫侯反李中音仲牟又無不反泆音逸播音波下同都張魚反本或作豬【疏】注華山至麥稻○釋曰云熒兖水也者按禹貢濟出王屋始出兖東流爲濟南渡河泆爲熒春秋戰於熒澤是也云出東垣者地理志文也云波讀爲播者按禹貢有播水無波故引禹貢爲證也春秋者左氏莊四年傳文云林竹木也者地官山林別官故鄭注云竹木生平地曰林今許州見平地多林木故云林竹木也云六擾馬牛羊豕犬雞者此與爾雅六畜及周禮六牲一也必知五種是黍稷菽麥稻者此州東與青州相接青州有稻麥西與雍州接雍州有黍稷故知有此四種但此九州不言麻與菽及苽鄭必知取菽者蓋以當時目驗而知故添爲五種也

正東曰青州其山鎮曰沂山其澤藪曰望諸其川淮泗其浸沂沭其利蒲魚其民二男二女其畜宜雞狗其穀宜稻麥

沂山沂水所出也在蓋望諸明都也在睢陽沭出東莞二男二女數等似誤也蓋當與兖州同二男三女鄭司農云淮或爲睢沭或爲洙○沂魚祈反泗音四沭音述李一音餘戌反明都禹貢作孟豬今依書讀睢音綏莞音管劉音灌洙音殊【疏】注沂山至爲洙○釋曰鄭知沂山沂水所出者沂水出沂山水乃取名於山故知沂水出焉云在蓋者蓋亦縣名按禹貢云海岱及淮惟徐州又云淮沂其乂注云淮沂二水名地里志沂水出今大山蓋縣不在青州者周公以禹貢徐州地爲青故也云望諸明都也者按禹貢云道柳澤被明都彼禹貢無望諸故從明都按春秋宋藪澤有孟諸明都即宋之孟諸者也經有淮泗不言者以上來有江及此淮并下文河鄭皆不言所在者以四瀆之名人皆知之故略而不言也按禹貢淮出桐柏泗水在魯國出濟陰乘氏東又至零陵入淮行千二百一十里沭出東莞屬瑯琊南至下邳又注云二男二女數等似誤也者若本有此數等當言一男一女明不作二男二女青

州西北與兖州相接宜與兖州同二男三女也河東曰兖州其山鎮曰岱山其澤藪曰大野其川河泲其浸盧維其利蒲魚其民二男三女其畜宜六擾其穀宜四種岱山在博大野在鉅野盧維當爲雷雍字之誤也禹貢曰雷夏既澤雍沮會同雷夏在城陽四種黍稷稻麥○野如字劉音與泲子禮反盧維上音雷下於恭反鉅音巨沮七餘反疏注岱山至稻麥○釋曰博與鉅野皆郡縣之名破盧維爲雷雍地理志禹貢無盧維又字類雷雍故破從之引禹貢爲證也知四種黍稷稻麥者以其東與青州相接青州有稻麥西與冀州相接冀州有黍稷故知也正西曰雍州其山鎮曰嶽山其澤藪曰弦蒲其川涇汭其浸渭洛其利玉石其民三男二女其畜宜牛馬其穀宜黍稷嶽吳嶽也及弦蒲在汧涇出涇陽汭在豳地詩大雅公劉曰汭坭之即洛出懷德鄭司農云弦或爲汧蒲

或爲浦○雍於用反下注州名同汭如銳反李又而類反汧徐口千反劉苦見反李一音空定反豳彼貧反坭弓六反詩作鞫疏注嶽吳至爲浦○釋曰雍州云其利玉石藍田見有玉山出玉石以爲利者也其穀宜黍稷見雍州宜麥不言者但黍稷麥並宜以黍稷爲主云嶽吳嶽也及弦蒲在汧者按地理志吳山在汧西有弦蒲之藪汧水出焉西北入渭渭出鳥鼠山也云汭在豳地詩大雅公劉曰汭坭之即若然汭爲水名按彼毛傳云芮水厓也箋云芮之言內也水之內曰隩水之外曰鞫就澗水之內外而居與此義違者按詩上云夾其皇澗遡其過澗故以芮鞫爲外內今爲水名者蓋周公制禮之時以汭爲水名汭即皇澗名曰汭耳猶禹貢大岳至周爲霍山也云洛出懷德者此洛即詩云瞻彼洛矣一也與禹貢導洛自熊耳者別也以其彼洛出上洛經王城至虎牢入河東北曰幽州其山鎮曰醫無閭其澤藪曰貕養其川河泲其浸菑時其利魚鹽其民一男三女其畜宜四擾其穀宜三種醫無閭在遼東貕養在長廣菑出萊蕪時出般陽四擾馬牛羊豕三種黍稷稻

杜子春讀貕爲奚○貕音兮般步干反疏注醫無至爲奚○釋曰云醫無閭在遼東者目驗知之漢光武十三年以遼東屬青州二十四年還屬幽州云貕養在長廣縣名地理志長廣屬徐州瑯琊有萊山周時幽州南侵徐州之地也知三種黍稷稻者西與冀州相接冀州皆黍稷幽州見宜稻故知三種黍稷稻也河內曰冀州其山鎮曰霍山其澤藪曰楊紆其川漳其浸汾潞其利松柏其民五男三女其畜宜牛羊其穀宜黍稷霍山在彘陽紆所在未聞漳出長子汾出汾陽潞出歸德○紆於于反汾扶文反潞音路長子丁丈反長子縣名屬上黨疏注霍山至歸德○釋曰其利松柏霍山見有松柏出焉云霍山在彘者彘則厲王流于彘後爲縣名漢改爲永安縣按禹貢既脩大原至于岳陽覃懷底績至于衡漳注云岳陽大原之南漳水橫流入河地理志大原今爲郡名大岳在河東縣彘東名霍大山覃懷爲縣名屬河內漳水出上黨沾大黽谷東比至安平阜城入河行千六百八十里始是長子即上黨也汾陽歸德皆郡名正北曰并州其

山鎮曰恒山其澤藪曰昭餘祁其川虖池嘔夷其浸淶易其利布帛其民二男三女其畜宜五擾其穀宜五種恒山在上曲陽昭餘祈在鄔虖池出鹵城嘔夷祁夷與出平舒淶出廣昌易出故安五擾馬牛羊犬豕五種黍稷菽麥稻也凡九州及山鎮澤藪言曰者以其非一曰其大者耳此州界揚荆豫兖雍冀與禹貢略同青州則徐州地也幽并則青冀之北也無徐梁○虖喚胡反李呼哥反又香刑反池徒多反李如字嘔烏侯反一音驅鄔徐於據反縣名屬太原劉烏古反鹵音魯疏注恒山至徐梁○釋曰上曲陽鄔鹵城平舒廣昌故安皆按地理志知之云五擾馬牛羊犬豕者六擾中雞爲緩故去之云五種黍稷菽麥稻也者若饋用六穀則兼有苽若民之要用則去苽故知是此五者周公設經六擾之內三擾已上則言擾二擾則指獸名若三四不滿六者從下次去之六穀之內三種已上即言種二者則指穀名云凡九州及山鎮澤藪言曰者以其非一曰其大者耳者但一州之內山川多少各有其一而言曰故云曰其大者云此州界揚荆豫兖雍冀與禹貢略同者不失本處雖得舊處猶

有相侵入，不得正，故云略同。若周之兖州於禹貢侵青徐之地，周之青州於禹貢侵豫州之地，周之雍州於禹貢侵梁州之地，周之冀州於禹貢小，於禹貢時冀州以其北有幽州并州故知也。周之九州無徐梁，禹貢有徐梁無幽并。爾雅云：兩河間曰冀州，河南曰豫州，濟東曰徐州，河西曰雍州，漢南曰荆州，江南曰揚州，燕曰幽州，濟河間曰兖州，齊曰營州。詩譜曰雍梁荆豫徐揚之民咸被其化。數不同者，禹貢所云堯舜法，爾雅所云似夏法，詩譜所云似殷法，亦與禹貢三代不同，是以州名有異。自古已來皆有九州，惟舜時暫置十二州，至夏還爲九州，故春秋云夏之方有德也，貢金九牧是也。但自神農已上有大九州，桂州、迎州、神州之等，至黄帝以來德不及遠，惟於神州之内分爲九州，故括地象云崑崙東南萬五千里名曰神州是也。九州之内所有山川，或有解出其處者，至江河淮泗漢洛等不釋所出者，此等皆禹貢有成文，如彼導洛自熊耳，導渭自鳥鼠，導河自積石，導江自岷山，導淮自桐柏，導漢自嶓冢，爲此故不言也。至於禹貢雖言義理不明者，此亦辨之，若禹貢涇屬渭汭，彼直言涇水入渭，不言導之所從，如此之類，皆須釋其所出也。**乃辨九服之邦國：方千里曰王畿，其外方五百里曰侯服，又其外方五百里曰甸服，又其外方五百里曰男服，又其外方五百里曰采服，又其外方五百里曰衞服，又其外方五百里曰蠻服，又其外方五百里曰夷服，又其外方五百里曰鎮服，又其外方五百里曰藩服。**服，服事天子也。詩云：侯服于周。

【疏】注乃辨至藩服。○釋曰：此言九服，仍除王畿爲數，故從其外已下爲九也。此九服之名，言侯者，侯之言侯，爲王斥侯；言甸者，甸之言田，爲王治田出税；言男者，男之言任也，爲王任其職理；采者，事也，爲王事民以供上；言衞者，爲王衞禦；言蠻者，近夷狄，蠻之言縻，以政教縻來之。自北已下皆夷狄，諸言夷者，以其在夷狄中，故以夷言之；言鎮者，以其入夷狄深，故須鎮守之；言藩者，以其最在外，爲藩蘺，故以藩爲稱。蠻服，大司馬謂之要服，言要亦是要束爲義。自侯服已下各舉一邊爲號，皆互而通也。其夷狄三服亦自互而相通，是以大行人揔謂之藩國，世一見也。○注服服至于周。○釋曰：此揔解服之意，引詩云侯服于周者，見諸侯皆服事于周之義，故稱服也。**凡邦國千里，封公以方五百里則四公，方四百里則六侯，方三百里則七伯，方二百里則二十五子，方百里則百男，以周知天下。**以此率徧知四海九州邦國多少之數也。方千里者，爲方百里者百，以方三百里之積，以九約之，得十一有奇，云七伯者，字之誤也。周九州之界，方七千里，七七四十九，方千里者四十九，其一爲畿内，餘四十八，八州各有方千里者六。周公變殷湯之制，雖小國地皆方百里，是每事言則者，設法也。設法者，以待有功而大其封。一州之中，以其千里封公則可四，又以其千里封侯則可六，又以其千里封伯則可十一，又以其千里封子則可二十五，又以其千里封男則可百。公侯伯子男亦不是過也。州二百一十國，以男備其數焉，其餘以爲附庸。四海之封，黜陟之功，亦如之。雖有大國，爵稱子而已。鄭司農云：此制亦見大司徒職，曰諸公之地方五百里，諸侯之地方四百里，諸伯之地方三百里，諸子之地方二百里，諸男之地方百里。○率音律，又音類。徧音遍。奇，紀宜反。見，賢遍反。

【疏】凡邦至天下。○釋曰：言凡邦國者，畿外要服已内，有八州，州別置二百一十國，揔有千六百八十國，故云凡也。云千里封公以方五百里則四公者，八州州別有千里之方六，取一千里以封公，又取一千里以封侯，又取一千里以封伯，又取一千里以封子，又取一千里以封男，一州揔取千里之方充五等諸侯，其不滿二百一十國者，更取餘一千里方作男國者備之，使滿，餘剩地作附庸間田，八州皆然，揔結之以周知天下。○注以此至百里。○釋曰：云以此率者，八州皆爲此法，故云以此率也。云徧知四海九州邦國多少之數也者，釋經周知天下也。云方千里者爲方百里者百，以方三百里之積，以九約之，得十一有奇者，云方千里，開方之，百里一截，縱橫皆爲十截，十十而百，則得爲方百里者百。云以方三百里之積，以九約之者，方三百里，三三而九，用爲方百里者九，十九爲十一伯，餘有方百里者一不盡，故云十一有奇也。今經云方三百里則七伯，故言七伯者字之誤也，以十一似七字，故云字之誤也。云周九州之界方七千里者，以先王之作土有三焉：若太平之時，土廣萬里，中國七千；中平之世，土廣七千，中國五千；衰末之世，土廣五千，中國三千。王制云：公侯方百里，伯七十里，子男五十里，此是夏制，五等爵，三等受地。殷湯承之，合伯子男爲一，惟有公侯伯三等爵，三等受地與夏同武王伐紂增以子男爵地與夏同以九州之界尚狹故也至武王崩成王幼不能踐阼周公攝政六年致太平制禮成武王之意斥大九州九州方七千里五等之爵五等受地則此經所云者是也故云周九州之界方七千里云七七四十九方千里者四十九其一爲畿内其餘四十八八州各有方千里者六周公變殷湯之制雖小國地皆方百里者若然殷三等爵三等受地地有百里七十里五十里至周公無問有功無功皆益滿百里以有不滿百里不成國故也既皆滿百里其餘待有功乃益之地公有功益滿五百里侯有功益滿四百里伯有功益滿三百里子有功益滿二百里男有功只得百里更有功乃更進之與子爵云是每事言則者設法也設法者以待有功而大其封者必知不即封而言設法以待有功者以其稱公者惟有二王後乃東西大伯今八州皆言方千里封公則四公八州豈有三十二公乎明知五者皆是設法以待有功乃大其封也若無功縱本是公爵惟守百里地謂若虞公虢公舊是殷之公至周仍守百里國以無功故也故注王制云是以周世有爵尊而國小爵卑而國大云一州之中以其千里封公則可四又以其千里封侯則可六又以其千里封伯則可十一又以其千里封子則可二十五又以其千里封男則可百鄭云此者欲計一州須滿二

百一十國之意云公侯伯子男亦不是過也者五百里已下若過五百里則是特賜法若魯衞之等是也云州二百一十國者此據王制文彼下又云天下縣内九十三國凡九州千七百七十三國是通畿内外爲數並是殷周國數也既以州有千里之方六已用五个千里方爲前五等國數以前公國已得四侯六伯十一子二十五男百揔得一百四十六於二百一十國仍少六十四鄭云以男備其數必知以男備其數者若不以男備數則餘千里者一充數不足何得更餘爲附庸若然則更取餘方一千里開方之得百里之方百於前侯國六用千里方仍有二百里方一開方之得四个男國於前伯國十一用千里方一又得一个男國得此五國添前一百四十六爲一百五十一仍少五十九更取餘千里方一開方之得百里之方百取五十九爲五十九國前添百五十一得二百一十國餘仍殘百里之方四十一鄭云其餘以爲附庸者以附庸不滿百里故也王制兼閑田而言此直云爲附庸文略不具其實人作附庸即受之無附庸則爲閑田使大夫治之以利民稅若周之畿内四等公邑者也云四海之封黜陟之功亦如之者鄭以上經九服揔言此經惟言要服已内九州不言四海夷狄諸侯故鄭兼見四海夷鎮藩言黜陟之功亦如之者亦皆有百里二百里地有功者進地得與侯伯之三百四百同但不進爵耳無功有過則退之云雖有大國爵稱子而已者曲禮云其在東夷北狄西戎南蠻雖大曰子鄭注云雖有侯伯之地爵亦無過子是以同名曰子是也

凡邦國小大相維大國比小國小國事大國各有屬相維聯也○比毗志反下文比小國并注同〔疏〕注大國至聯也○釋曰春秋之世小國朝大國大國聘小國又有敵國自相聘是以司儀公侯伯子男相爲賓又相爲國客故易比象云先王以建萬國親諸侯又王制云五國以爲屬屬有長十國以爲連連有帥三十國以爲卒卒有正二百一十國以爲州州有伯彼雖是殷之諸侯亦是各有屬相維聯之事也故鄭據而言也

王設其牧選諸侯之賢者爲牧使牧理之〔疏〕注選諸至理之○釋曰此即大宰云建其牧是也按大宗伯注并曲禮注皆兼伯而言此直言諸侯者以侯爲主無賢侯乃兼伯可也

制其職各以其所能牧監參伍之屬用能所任秩次〔疏〕注牧監至秩次○釋曰此即大宰云設官分職彼下文又云施典於邦國而建其牧立其監設其參傅其伍陳其殷置其輔也云用能所任秩次者稱其所任則以次祿秩之

制其貢各以其所有國之地物所有〔疏〕

注國之地物所有○釋曰諸侯國無貢於王法民間得稅大國半次國三之一小國四之一皆市取當國所有以貢於王即大宰九貢小行人云春入貢及禹貢厥篚厥貢之類是也故鄭云國之地物所有也

王將巡守則戒于四方曰各脩平乃守攷乃職事無敢不敬戒國有大刑乃猶女也守謂國竟之内職事所當共具○女音汝竟音境共音恭又九用反〔疏〕注乃猶至共具○釋曰職方氏既主四方諸侯故至十二年王將巡守之時先以文書戒勑于四方曰各脩汝當國所守境内待王之務無得失所又當考校汝所擬供王職事若不敬戒國有大刑大刑謂殺之也

及王之所行先道帥其屬而巡戒令先道先由王所從道君前行其前日所戒之令〔疏〕注先道至之令○釋曰此謂王將發行之時即在王前巡行前日所施戒令豫備之等如前所施以不

王殷國亦如之殷猶衆也十二歲王若不巡守則六服盡朝謂之殷國其戒四方諸侯與巡守同○朝直遥反〔疏〕注殷猶至守同○釋曰王有故不巡守於方岳之下則春東方盡來夏南方盡

來秋西方盡來冬北方盡來王待之亦各於其時在國外爲壇行朝覲盟載之法若然則王自在國外爲之而云亦如之者亦如上文戒令四方諸侯者王殷國所在無常或在畿內國城外即爲之或向畿外諸侯之國行之故有戒令之事也

土方氏掌土圭之灋以致日景致日景者夏至景尺有五寸冬至景丈三尺其間則日有長短【疏】注致日至長短。釋曰按玉人職土圭尺有五寸以致日先鄭注大司徒以爲於潁川陽城夏日至晝漏半立八尺之表表北得尺五寸景適與土圭等則爲地中以建王國也冬至景丈三尺者亦於潁川陽城晝漏半立八尺表表北得丈三尺景亦爲地中云其間則日有長短者謂冬至日極短夏至日極長其極長極短之間冬至後日漸長夏至後日漸短假令冬至日南至之後日漸北之時日行大分六小分四大分者一寸爲十分小分者十分寸之一分又爲十分但日景一寸則於地千里大分一爲百里小分一則爲十里則冬至後日向南行六百四十里但冬至丈三尺景除本尺五寸外加丈一尺五寸從冬至至春分晝夜等之時則減五尺七寸半景從春分到夏至又減五尺七寸半景則減盡丈一尺五寸惟有尺五寸在以爲夏至之景南戴日下萬五千里謂之地中故云其間則日有長短也

以土地相宅而建邦國都鄙土地猶度地知東西南北之深而相其可居者宅居也。相息亮反注同度待洛反深尺鴆反【疏】以土至都鄙。釋曰上經據建王國度地法此經據封畿外及畿內都鄙。注土地至居也。釋曰景一寸差千里一分則百里但封邦國都鄙無過五百里已下則取分無取於寸一分則百里爲男國亦爲大都已上差之二分則二百里子國已外可知若小都五十里則爲小分五分若大夫二十五里則爲小分二分半言東西南北之深者景侵入爲深地之遠近里數侵入亦爲深也言相宅者既欲度景先相所居乃後度之

以辨土宜土化之灋而授任地者土宜謂九穀值稺所宜也土化地之輕重糞種所宜用也任地者載師之屬。值張力反稺直吏反種章勇反【疏】以辨至地者。釋曰既爲土方氏非直度地相宅亦當相地所宜故須辨土宜并土化之灋而授任地者此謂以書作法授之。注土宜至之屬。釋曰九穀之文出於九職言土宜明是土地所宜故以此推之云土化地之輕重糞種所宜用也者謂若草人職掌糞種之法也有九種輕重不同其所用糞種若用麋用牛之等是也云任地者載師之屬者載師掌任地事下文廛里已下皆是任地之事也

王巡守則樹王舍爲之藩羅【疏】注爲之藩羅。釋曰謂若掌舍設梐枑之時則此官亦爲王於外周帀樹藩羅

懷方氏掌來遠方之民致方貢致遠物而送逆之達之以節遠方之民四夷之民也諭德延譽以來之遠物九州之外無貢法而至者達民以旌節達貢物以璽節【疏】懷方至以節。釋曰既職名懷方懷來也故來遠方之民及致方貢之等。注遠方至璽節。釋曰知諭德延譽以來之者經直言來遠方不言別有餘事故惟曉諭以王之德美又延引以王之美譽以招來之云遠物九州之外無貢法而至者此經上云致方貢謂六服諸侯又云致遠物宜是蕃國是以大行人上云侯服世一見其貢祀物之等下文云藩國世一見各以貴寶爲贄文與此相當故知義然也知達民以旌節達貢物以璽節者達民則行道路貢物即是貨賄故掌節云道路用旌節貨賄以璽節是也

治其委積館舍飲食續食其往來。續食音嗣【疏】注續食至往來。釋曰按遺人云十里有廬廬有飲食三十里有宿宿有委五十里有市市有積司儀云遂行如入之積是續食其往來也

合方氏掌達天下之道路津梁相奏不得陷絕。奏采豆反本或作湊【疏】合方至道路。釋曰官名合方氏當使天下和合故通達天下道路

通其財利茂遷其有無【疏】注茂遷其有無。釋曰按尚書益稷云懋遷有無化居禹治水後懋勉天下徙有之無易其居積若林木徙川澤魚鹽徙山林是通其財利

同其數器權衡不得有輕重【疏】注權衡至輕重。釋曰施教設治之方先須均其度量權衡是以天子巡守及王者新升皆爲此事故堯曰及舜典明堂位皆陳數器之等鄭知此數器是權衡者下別見度量故知義然

壹其度量尺丈釜鍾不得有大小【疏】壹其度量。釋曰此云壹即上同也鄭云不得有大小者按律歷志以子穀秬黍中者九十黍黃鍾之長千二百黍其實一籥合籥爲合十合爲升十升爲斗十斗爲斛百黍爲銖二十四銖爲兩十六兩爲斤三十斤爲鈞四鈞爲石一黍爲一分十分爲寸十寸爲尺十尺爲丈十丈爲引是五度五量皆有大小也

除其怨惡怨惡邦國相侵虐

疏注怨惡至侵虐○釋曰合方氏欲使人和合故除其邦國相怨惡即相侵伐及相虐殺之等也

同其好善所好所善謂風俗所髙尚○好呼報反注及下同髙如字劉古到反疏注所好至髙尚○釋曰按孝經樂以移風易俗既風俗既風俗别言則風俗異矣風謂政教所施故曰上以風化下又云風以動之是也俗謂民所承襲故曰君子行禮不求變俗是也風所髙解好俗所尚解善也

訓方氏掌道四方之政事與其上下之志道猶言也爲王說之四方諸侯也上下君臣也○爲于僞反下同疏訓方至之志○釋曰訓方氏訓四方美惡而向王言之以其政事及君臣上下皆有善惡

誦四方之傳道傳道世世所傳說往古之事也爲王誦之若今論聖德堯舜之道矣故書傳爲傳杜子春云傳當作傳書亦或爲傳○傳直專反注同疏誦四方之傳道○釋曰上所云政事及上下之志知則向王道未必誦之此文古昔之善道恆誦之在口王問則爲王誦之以其善道可傳故須誦之

正歲則布而訓四方布告以教天下使知世所善惡疏注布告至善惡○釋曰正歲謂夏之建寅正月則布告前所道所誦之事教天下使知世所善惡也

而觀新物四時於新物出則觀之以知民志所好惡志淫行辟則當以政教化正之○惡烏路反行辟下孟反下匹亦反疏注四時至正之○釋曰此訓方觀新物知民善惡之情謂若王制云命市納賈以知民之所好惡志淫好僻則當以政教化正之與此爲類故鄭云以釋經也

形方氏掌制邦國之地域而正其封疆無有華離之地杜子春云離當爲雜書亦或爲雜玄謂華讀爲㧓哨之㧓正之使不㧓邪離絕○華依注音㧓苦蛙反哨劉羊售反沈且笑反邪似嗟反疏形方至之地○釋曰形方氏主知四方土地形勢故使掌作邦國之地域大小形勢又當正其封疆勿使相侵○注杜子至離絕○釋曰王者地有㧓邪離絕遞相侵入不正故今正之㧓者兩頭寬中狹邪者謂一頭寬一頭狹云㧓哨之㧓者投壺禮主人云枉矢哨壺哨是不正之義故讀從之

使小國事大國大國比小國比猶親也易比象曰先王以建萬國親諸侯疏使小至小國○釋曰此亦如上職方氏云大小相維義同注言親諸侯使諸使相親遞相朝聘是也

山師掌山林之名辨其物與其利害而頒之于邦國使致其珍異之物山林之名與物若岱畎絲枲嶧陽孤桐矣利其中人用者害毒物及螫噬之蟲獸○畎古犬反劉孤茗反又孤善反嶧音亦螫音釋劉呼洛反噬音逝疏山師至之物○釋曰此山師及下川師原師等皆是遙掌畿外邦國之內山川原隰之等使出稅珍異以供王家也○注山林至蟲獸○釋曰按禹貢青州云岱畎絲枲畎谷也岱山之谷有之徐州云嶧陽孤桐孤特也嶧山之陽特生之桐中爲琴瑟云害毒物及螫噬之蟲者謂蚖蛇蝮蝎之屬也岱畎嶧陽是其名絲枲孤桐是其物也

川師掌川澤之名辨其物與其利害而頒之于邦國使致其珍異之物川澤之民與物若泗濱浮磬淮夷蠙珠曁魚澤之萑蒲○蠙薄田反劉扶忍反沈音嬪曁沈其器反又其氣反萑音丸疏注川澤至萑蒲○釋曰徐州云泗濱浮磬淮夷蠙珠曁魚注云泗水涯水中見石可以爲磬蠙珠珠名淮夷二水出蠙珠爲與美魚

邍師掌四方之地名辨其丘陵墳衍邍隰之名地名謂東原大陸之屬○墳扶云反疏邍師至之名○釋曰爾雅釋地高平曰原此雖以原爲主除山林川澤四者餘丘陵墳衍原隰六者皆主之故云辨其丘陵已下也按鄭注大司徒云土之高者曰丘大阜曰陵水涯曰墳下平曰衍高平曰原平濕曰隰皆有名○注地名至之屬○釋曰尚書禹貢有東原底平大陸既作是地名也

物之可以封邑者物之謂相其土地可以居民立邑○相息亮反疏注物之至立邑○釋曰按小司徒云四井爲邑據田中千室之邑據城二者皆須其物邑善惡然後封民

匡人掌達灋則匡邦國而觀其慝使無敢反側以聽王命法則八法八則也邦國之官府都鄙亦用焉慝姦僞之惡也反側猶背違法度也書曰無反無側王道正直○慝他得反猶背音佩疏匡人至王命○釋曰匡正也所以正人故掌通達法則於天下

邦國而觀其慝使無慝惡使無敢反側也。注法則至正直釋曰云法則八法八則者按大宰云八法治官府八則治都鄙謂王朝官府及畿內都鄙令云以法則匡正邦國而觀其慝即據諸侯下都鄙外內雖殊八法八則治官府都鄙即同故治官府都鄙亦用焉云背違法度者則是違法則也書者洪範皇極之章

撢人掌誦王志道國之政事以巡天下之邦國而語之道猶言也以王之志與政事諭說諸侯使不迷惑。語魚據反說如字劉尸銳反【疏】撢人至語之。釋曰誦王志者在心爲志欲得使天下順從若撢取王之此志又道國之政事用此二事以巡國而語之使不迷惑

使萬民和說而正王面面猶鄉也使民之心曉而正鄉王。說音悅鄉許亮反下同【疏】使萬至王面。釋曰以上二事向諸侯說之使諸侯化民而萬民正向于王

都司馬掌都之士庶子及其衆庶車馬兵甲之戒令庶子卿大夫士之子車馬兵甲備軍發卒【疏】都司至戒令。釋曰此王都司馬故序官注都王子弟所封及三公采地也司馬主其軍賦故此云掌都之士庶子者官伯注云士適子庶子其支庶此都之士庶子亦然云及其衆庶車馬兵甲之戒令者若王家有軍事徵兵于采地都鄙則都司馬以書致於士庶子有此衆庶車馬兵甲之戒令士庶子受而依行之

以國灋掌其政學政謂賦稅也學脩德學道。政音征本亦作政音下同【疏】注政謂至學道。釋曰云政謂賦稅者正謂軍之賦稅無田稅泉稅之等知學是脩德學道此亦依國子而言政知亦是修德學道也

以聽國司馬聽者受行其所徵爲也國司馬大司馬之屬皆是【疏】注聽者至皆是。釋曰都司馬所掌者受大司馬之法而戒令令使都之士庶子所有徵爲皆取國之大司馬之法云大司馬之屬皆是者經國司馬不云大大則小司馬軍司馬輿司馬皆得稟其戒令

家司馬亦如之大夫家臣爲司馬者春秋傳曰叔孫氏之司馬鬷戾。鬷子公反戾力計反【疏】注大夫至鬷戾。釋曰按序官云家司馬各使其臣以正於公司馬鄭云家卿大夫采地正猶聽也公司馬國司馬也卿大夫之采地王不特置司馬各自使其家臣爲司馬主其地之軍賦注聽政於王之司馬其以王命來有事則曰國司馬若然是卿之小都大夫采地皆家自置司馬之明文引春秋者左氏昭二十五年叔孫氏之司馬鬷戾言其衆曰若之何莫對又曰我家臣也不敢知國彼是諸侯卿家自置司馬此以況王之卿大夫之家亦自置引諸侯家法者自置是同故得引義也

附釋音周禮注疏卷第三十三

彥闓盧氏宣旬校定

大清嘉慶二十年書
用文選樓藏本校

知南昌府張敬仁署鄱陽縣候補知州周澍栞

周禮注疏卷三十三校勘記　阮元撰盧宣旬摘録

附釋音周禮注疏卷第三十三

校人 唐石經釋文諸本同毛本攺從手○按从手者大誤

經辨六馬 宋本辨作辯

以此五者種馬最在上 閩本同監毛本五者攺而言非疏除駑馬計之故五者

皁一趣馬 唐石經諸本同葉鈔釋文作趨馬余本載音義同

三皁爲繫 唐石經諸本同釋文作爲轂云音計本又作繫○按古文假借字司門職亦云牛牲轂焉周易轂辭古不作繫

六繫爲廄 閩監毛本同釋文亦作廄此本舊訛廄今訂正唐石經嘉靖本作廄余本誤廐注疏及下圉師同

其數三百一十六匹 閩監本同誤也余本嘉靖本毛本作二百當據正監毛本疏中不誤

又蓋駑馬三良馬之數三个四百三十二 閩監毛本个攺箇浦鏜云蓋當益字誤

不審所由當能共此馬數 盧文弨云詩定之方中正義作何由能供此馬此作所誤

今又就校人之職相校人之職相校甚異 補毛本無相校人之職五字此本誤衍

此爲民出軍賦 盧文弨云詩正義爲作謂此誤

謂良馬二種四百三十二匹 監毛本二種作一此及閩本皆誤監本三字缺中畫

彼據馬之大者 閩本之誤馬監毛本有之又複馬字

知是始養馬者 閩本脱是監毛本又脱者

相上作乘馬 余本嘉靖本毛本作相士葉鈔釋文同宋本監本作相土此作上蓋土之訛閩本此字實缺○按士土孰是今不能定

謂若元賓之步 閩本同監毛本賓作寘未詳

四鐵孔阜 浦鏜云驖誤從金非也毛詩本用假借字孔氏正義從金旁

此謂賓入境展幣時 監本此誤比毛本入誤人此本及閩本缺一頁今據監毛本互按

謂馬駛三成舒之 毛本駛誤駃浦鏜云成舒當色成之誤○按駛者鞅之誤三成舒之不誤以三成訓三就也

證馬有飾之事也 毛本有誤兩

來朝聘而享王者 余本嘉靖本監本同毛本朝誤明宋本作特○按朝是也

及葬埋之 唐石經諸本同釋文貍之本亦作埋按經當作貍注當作埋此類皆援注所改

山川地神土色黃 毛本地誤也土誤上

故用黃駒也○注四海至之禮 監本脱下六字今據毛本補録

若待聘則有之 浦鏜云待當特字誤

此軍事言物馬 毛本軍誤通

稍食曰廩 閩監毛本同誤也余本岳本嘉靖本廩作稟當據正漢讀考作稍食祿稟云曰字訛

注師圉府史以下 閩本同監毛本脱以下

巫馬

賈一人 閩本同誤也余本嘉靖本監毛本作二人當據正○按序官賈二人

牧師

不得使人輒牧牛馬也 毛本同閩監本輒誤輙

生新草也 閩監毛本同余本岳本嘉靖本無也此衍

牧燒焚地　閩監毛本作燒焚牧地此誤倒

廋人

謂聒馬耳　漢讀考云聒當爲栝括押皆當從木自陸德明時已誤爲聒聒之適以驚之云毋令非理也疏云後鄭增成其義蓋賈本不誤案此因注云括馬耳遂改括從耳旁也今釋文聒馬與括押異文當亦後人誤改○按玉裁非也聒之所以習之令其不驚凡豢禽獸自有此法

制其蹄齧者　閩監本同余本嘉靖本毛本制作騬當據正校人注鄭司農云攻特謂騬之○按古制不盡用騸馬故惟善蹄齧者騬之耳不盡用騸馬者凡馬特居四之一也

駁牡驪牡元駒褭驂　余本閩監本作駁牡驪牝元與釋文牡驪茂后反牝元頻忍反正合是也此本作牡元嘉靖本毛本作牝驪皆誤余本載音義亦誤作牝驪嘉靖本閩本褭作裊葉鈔釋文同

鄭司農云以月令　宋本嘉靖本云作說此誤

其實兼有牝　閩監毛本作牡此誤

故云駁中所有牝則驪色牡則元色　毛本同閩監本牝牡字互改按上文引詩駁牝三千蓋賈疏本鄭注作駁牝驪牡元與釋文本不同惠士奇云賈公彥讀爾雅不與郭景純同然亦有理

圉師

射則充椹質　唐石經余本嘉靖本同閩監毛本充作克疏同

故字庌爲訝　漢讀考云字當作書說文庌廡也从广牙聲引周禮夏官庌馬許君從司農易字也

椹質所射者習射處　漢讀考云習射處之上脫芀牆二字

皆謂釋宮中　浦鏜云澤誤釋

圉人

圉師使令焉　監本焉字空缺

此遣車則天子九乘　閩本同監毛本此遣車下衍之馬遣車四字

職方氏　困學紀聞云漢樊毅修西嶽廟記作識方氏

閩芉蠻矣　余本芉作羋嘉靖本閩監毛本作芊此本作芋皆誤今訂正釋文作芉引李軌云今周禮本或無此字國語則有

禮之事異　浦鏜云文誤之

爾雅雖有其數耳　監本同誤也閩毛本雖作惟當據正

文甚明故不定　按下云鄭不甚明之則此文爲不之訛

未知何者是故不定　閩本同監毛本改未知何者不定故是非

後人轉寫者誤　閩監毛本轉誤傳

東南曰揚州　唐石經余本嘉靖本毛本同閩監本揚作楊按廣韻二十一震太平御覽七十二皆引作楊州閩監本蓋州名字本從木自開成石經定從手旁後俱作揚閩監本作木旁者又由手旁轉改非古本如是矣

具區五湖　此本閩本具誤其今據諸本訂正

箭篠也　閩監本同誤也余本嘉靖本毛本篠作篠當據正釋文亦作篠○按依說文作筱从竹攸聲作篠已是俗字

故書箭爲晉　漢讀考云大射儀綴諸箭注古文箭爲晉與此同

杜子春曰　浦鏜云曰字當依葛本作云

禹傳云一有羣鳥游田焉　浦鏜云相誤禹下誤一

吳南郡名依地里志南江自吳南　盧文弨云自當從漢志作在案上南當衍○按此十三字當作吳者會稽郡屬縣名依地里志南江在吳南下接震澤在西今本譌特甚

云箭篠也箭一名篠故禹貢云篠簜 閩毛本篠字同監本誤篠閩監毛本簜誤蕩

其澤藪曰雲瞢 說文艸部藪字下言九州之藪作雲夢

其浸潁湛 唐石經余本嘉靖本毛本同閩監本潁誤頴疏同

可爲作畎畝之治 閩監毛本畎改畝

其川熒雒 余本岳本閩本同是也嘉靖本監毛本熒作滎釋文雒作洛皆非唐石經作其水滎洛則非特熒字雒字誤卽川字亦誤矣後改水爲川疏中熒字此本閩本同注中則諸本皆從水○按熒不得作滎雒不得作洛近錢大昕段玉裁之說詳矣注內泆爲熒熒在滎陽熒播既都皆熒字之誤尚書熒作榮乃衛包所改也

出東垣 漢讀考云地里志郡國志皆無東字史記魏世家城王垣徐廣云垣縣有王屋山然則東字賸也說文沇水出河東垣東謂垣縣之東也今本誤作東垣

熒播既都 釋文羣經音辨熒字皆從水釋文都本或作豬○按余仁仲本所載音義作熒今本釋文誤也羣經音辨未能憭此

其澤藪曰望諸 說文作孟諸

道柯澤 監毛本同誤也閩本柯作荷當據正

行千二百一十里 盧文弨云志作一百

其浸廬維 閩監毛本同誤也唐石經宋本余本嘉靖本廬作盧當據正注及疏同釋文亦作盧維石經考文提要云宋本九經宋槧圖互注本宋附釋音本皆作盧按困學紀聞引職方氏作廬維閻若璩失於按勘謂周禮作廬此從漢地理志誤甚

其澤藪曰弦蒲 漢讀考云說文宋本李燾本汲古閣未改本皆作弦圃

汭坑之卽 余本嘉靖本閩本同監毛本坑誤坈疏中不誤按釋文出汭坑二字

杜子春讀貕爲奚 漢讀考云說文作奚奚養從杜易字也

河內曰兾州 唐石經余本嘉靖本同廣韻引周禮亦作兾閩監毛本改冀失其舊

其澤藪曰楊紆 唐石經諸本同宋本爾雅疏引作其澤藪曰陽紆按此本及余本閩本注中皆作陽紆

章出長子 閩監毛本同誤也余本嘉靖本章作漳當訂正

其澤藪曰昭餘祁 唐石經諸本同監本祁誤祈注同漢讀考云徐鍇本說文作昭余祁淮南作燕之昭余無祁字

斥大九州 閩監毛本斥改遷蓋斥誤爲迁遂改遷

謂若虞公虢以舊是殷之公 閩本公改若監毛本作謂若虞虢公刪以字按當作謂若虞公虢公以亦公之誤檢困學紀聞引此正作謂若虞公虢公舊是殷之公宜據正

並是殷周國數也 宋本同誤也當從閩監毛本周作州

必知以男備其數者 宋本無其此衍

此卽大宰云 宋本卽作則下制其職節疏同

傳其伍 閩監毛本同浦鏜云傅誤傳

攷乃職事 唐石經諸本同岳本攷誤攻

君前行 閩監毛本同誤也余本嘉靖本君作居當訂正

如前所施以不 閩監本同毛本不誤下浦鏜云監本下誤不非以猶與也不讀爲否

土方氏

日行大分六寸分四 浦鏜云小誤寸

謂九穀值稺所宜也 閩監本同誤也余本作稙稺釋文嘉靖本作稙稺當據正

故以此推之 閩本同監毛本作解之

懷方氏

侯服世一見　浦鏜云歲誤世

合方氏

津梁相奏　閩本同余本嘉靖本奏作湊監毛本誤湊按釋文相奏采豆反或作湊此本與釋文正合古字之僅存者

若林木徙川澤　閩本同誤也當從監毛本作材木

旣風俗旣風俗別言　監本剜刊旣風俗三字毛本排勻閩本兩旣風俗皆實缺

形方氏

無有華離之地　唐石經諸本同釋文華依注音⿰亻瓜苦蛙反禮記云𠦬離之地𠦬今作乖俗誤爲華說文𠦬背呂也象脅肋形玉篇於𠦬部加華訓爲華斜也苦媧切華斜者猶⿰亻瓜邪云爾漢讀考云華音同𠦬廣韻集韻作葵非○按今俗語分析謂之花郎此經華字也

枉矢哨壺　毛本同閩監本脫哨

川師

川澤之民與物　監本同誤也余本嘉靖本閩毛本民作名當據正

出蠙珠爲與美魚　閩本同衍監毛本刪爲

遵師

平濕曰隰　浦鏜云下誤平

都司馬

叔孫氏之司馬鬷戾　余本鬷作騣是也葉鈔釋文同

周禮注疏卷三十三校勘記終

南昌袁泰開校

附釋音周禮注疏卷第三十四

鄭氏注　賈公彥疏

秋官司寇第五〔疏〕鄭目録云象秋所立之官寇害也秋者遒也如秋義殺害收聚斂藏於萬物也天子立司寇使掌邦刑刑者所以驅恥惡納人於善道也

惟王建國辨方正位體國經野設官分職以爲民極〔疏〕惟王至民極○釋曰義已具在天官乃立秋官司寇使帥其屬而掌邦禁以佐王刑邦國禁所以防姦者也刑正人之法孝經說曰刑者侀也過出罪施○侀音刑〔疏〕注禁所至罪施○釋曰云禁所以防姦者也者案士師五禁以左右刑罰王者恐民以姦入罪故先設禁示之防其姦惡若有不忠爲姦然後以刑罪之云刑正人之法者刑期於無刑以殺止殺故云刑正人之法也云孝經說曰者孝經援神契五刑章曰刑者侀也過出罪施者下侀爲著也行刑者所以著人

身體過誤者出之實罪者施刑是以尚書云眚災肆赦怙終賊刑引之者證司寇行刑當審慎也○刑官之屬大司寇卿一人小司寇中大夫二人士師下大夫四人鄉士上士八人中士十有六人旅下士三十有二人士察也主察獄訟之事者鄭司農說以論語曰柳下惠爲士師鄉士主六鄉之獄○鄉音香注同〔疏〕刑官至二人○釋曰自此已下論設官分職之事云刑官之屬者此一句總爲刑官六十官爲目故云之屬云大司寇卿一人六命小司寇中大夫二人四命士師者秋官之考雖下大夫四人亦四命鄉士其職云掌國中國中兼百里內六鄉以八人分主六鄉故謂之鄉士上士八人三命中士十有六人二命旅下士三十有二人一命下士言旅旅衆也小官理衆事也○注士察至之獄○釋曰訓士爲察者義取察理獄訟是以刑官多稱士先鄭引論語士師欲見士官理獄訟之事案上代以來獄官之名有異是以月令乃命大理瞻傷察瘡鄭注云有虞氏曰士夏曰大理周曰大司寇天子諸侯同故魯有司寇晉魏絳亦云歸死於司寇至於衰世國異政家殊俗官名隨意所造故僖二十八年晉有士榮爲大士文十年楚子西云臣歸死於司敗論語云陳司敗昭十四年士景伯如楚叔魚攝理是後官號不同者也府六人史十有二人胥十有二人徒百有二十人〔疏〕府六至十人○釋曰在此者府治藏吏史作文書胥爲什長徒給繇役義已在天官疏自大司寇已下至胥徒皆是周官別職故各有職而同府史也○

遂士中士十有二人府六人史十有二人胥十有二人徒百有二十人遂士主六遂之獄者〔疏〕注遂士至獄者○釋曰在此者其職云掌四郊四郊有六遂之獄故也鄉士主六鄉之獄遂士主六遂之獄所以鄉士使上士官尊而人少遂士使中士官卑而人多者六遂去王遠故官卑以六遂在遠郊外兼主公邑地廣人衆故官多

縣士中士三十有二人府八人史十有六人胥十有六人徒百有六十人距王城三百里至四百里曰縣縣士主縣

之獄者○〔疏〕注距王至獄者○釋曰在此者案其職云掌野謂掌三等公邑之獄故鄭於縣士職注云二百里以外至三百里曰野三百里以外至四百里曰縣四百里以外至五百里曰都郊外曰野大總言之故其職云掌野其六遂之中公邑之獄遂士兼掌之矣既三處獄並掌而此注云距王城三百里至四百里曰縣似不主三百里中五百里中獄者縣在四百里中故舉中以言其實外內皆掌之耳

方士中士十有六人府八人史十有六人胥十有六人徒百有六十人方士主四方都家之獄者〔疏〕注方士至獄者釋曰在此者案其職云掌都家鄭彼注云都王子弟及公卿之采地家大夫之采主此三等采地之獄采地在王城四方故云方士也是以鄭此注云方士主四方都家之獄者也

訝士中士八人府四人史八人胥八人徒八十人訝迎也士官之迎四方賓客○訝五嫁反〔疏〕注訝迎至賓客○釋曰在此者案其職云掌四方之

獄訟非直迎賓客以獄訟爲主故亦士言之也

朝士中士六人府三人史六人胥六人徒六十人 朝士主外朝之法。朝直遥反卷内同 〔疏〕注朝士至之法。釋曰在此者案其職云掌建邦外朝之法左九棘右九棘之事以朝士爲詢衆庶讞疑獄故屬秋官但序官之法秋官雖爲刑獄所施至於防禁之屬皆在秋官又於賓客是主人所敬故鄉飲酒坐賓於西北象天地嚴凝之氣始於西南盛於西北是以賓客之事亦屬焉云朝士主外朝之法者天子諸侯皆三朝内朝二路門外與路寢庭是也外朝一此朝在皐門内庫門外是也

司民中士六人府三人史六人胥三人徒三十人 司民主民數。〔疏〕注司民主民數。釋曰在此者案其職云掌登萬民之數凡斷獄弊訟必須知民年幾老幼是以司民雖非刑獄連類在此也

司刑中士二人府一人史二人胥二人徒二十人 〔疏〕司刑。釋曰在此者案其職云掌五刑之法以麗萬民之罪故其職在此

司刺下士二人府一人史二人徒四人 刺殺也三訊罪定則殺之。刺七賜反訊言信 〔疏〕注刺殺至殺之。釋曰在此者案其職云掌三刺三宥三赦之法亦是刑獄之類故在此

司約下士二人府一人史二人徒四人 約言語之約束。約劉於妙反一音如字注同束劉詩樹反一音如字。〔疏〕司約至四人。釋曰在此者案其職云掌邦國及萬民之約劑亦是禁戒之事故在此

司盟下士二人府一人史二人徒四人 盟以約辭告神殺牲歃血明著其信也曲禮曰涖牲曰盟。約於妙反歃所洽反 〔疏〕注盟以至曰盟。釋曰在此者案其職云掌盟載之法亦是禁戒之事故在此

職金上士二人下士四人府二人史四人胥八人徒八十人 職主也 〔疏〕職金。釋曰在此者案其職云掌凡金玉之戒令又云掌受金罰貨罰亦是刑獄之事故在此

司厲下士二人史一人徒十有二人 犯政爲惡曰厲厲士主盜賊之兵器及其奴者 〔疏〕注犯政至奴者。釋曰在此者案其職云掌盜賊之任器又云其奴男子入于罪隸亦是刑獄之事故在此也云犯政爲惡曰厲者厲是惡鬼殺厲之事故以造惡爲厲也云厲士主盜賊之兵器者其職文也

犬人下士二人府一人史二人賈四人徒十六人。賈音嫁又音古。〔疏〕犬人。釋曰在此者案其職云凡祭祀共犬牲犬是金畜故五行傳云二曰言言之不從則有犬禍故連類在此犬有兩義案說卦艮爲狗艮卦在丑艮爲止以能吠守止人則屬艮以能言則屬兌兌爲言故也

司圜中士六人下士十有二人府三人史六人胥十有六人徒百有六十人 鄭司農云圜謂圜土也圜土謂獄城也今獄城圜司圜職中言凡圜土之刑人也以此知圜謂圜土也又大司寇職曰以圜土聚教罷民故司圜職曰掌收教罷民。圜于權反罷音皮下同 〔疏〕司圜至十人。釋曰在此者案其職云掌圜土之刑人亦刑獄之事故在此。注鄭司至罷民。釋曰先鄭所引皆當其義故後鄭從之但獄城圜者東方主規規主仁恩凡斷獄以仁恩求出之故圜也

掌囚下士十有二人府六人史十有二人徒百有二十人 囚拘也主拘繫當刑殺之者。〔疏〕注囚拘至之者。釋曰在此者案其職云掌守盜賊凡囚者刑獄之事故在此也

掌戮下士二人史一人徒十有二人 戮猶辱也既斬殺又辱之 〔疏〕注戮猶至辱之。釋曰在此者案其職云掌斬殺賊諜而搏之刑罪之事故在此

司隸中士二人下士十有二人府五人史十人胥二十人徒二百人隸給勞辱之役者漢始置司隸亦使將徒治道溝渠之徒後稍尊之使主官府及近郡〔疏〕注隸給至近郡○釋曰以隸是罪人爲奴僕故知給勞辱之役也又引漢始置司隸云云者以漢時司隸官與周同故舉以爲況也

罪隸百有二十人盜賊之家爲奴者〔疏〕罪隸至十人○釋曰此中國之隸言罪隸古者身有大罪身既從戮男女緣坐男子入於罪隸女子入於舂槀故注云盜賊之家爲奴者蠻隸已下皆百二十人者鄭云凡隸衆矣此其選以爲役員者謂隸中選取善者以爲役之員數爲限其餘衆者以爲隸民故司隸職云帥其民而搏盜賊役國中之辱事之等是百二十人外謂之民者也

蠻隸百有二十人征南夷所獲

閩隸百有二十人閩南蠻之別○閩亡巾反又音文

夷隸百有二十人征東夷所獲

貉隸百有二十人征東北夷所獲凡隸衆矣此其選以爲役員其餘謂之隸○貉音陌

布憲中士二人下士四人府二人史四人胥四人徒四十人憲表也主表刑禁者〔疏〕注憲表至禁者○釋曰在此者案其職云掌憲邦之刑禁故在此也知憲不爲法而爲表憲者又案其職云正月之吉執旌節以宣布于四方而憲邦之刑禁明憲爲表懸示人使知者也

禁殺戮下士二人史一人徒十有二人禁殺戮者禁民不得相殺戮○〔疏〕禁殺至二人○釋曰在此者案其職云掌司斬殺戮者以告而誅之是禁民相殺戮之事故在此也

禁暴氏下士六人史三人胥六人徒六十人〔疏〕禁暴○釋曰此亦謂禁民不得相陵暴在此者案其職云掌禁庶民之亂暴力正者亦是防禁之事故在此也

野廬氏下士六人胥十有二人徒百有二十人廬賓客行道所舍〔疏〕注廬賓至所舍○釋曰在此者案其職云掌達國道路又云掌凡道禁亦是禁戒之事故在此也知廬是賓客行道所舍者見遺人云十里有廬三十里有宿故知之也

蜡氏下士四人徒四十人蜡骨肉腐臭蠅蟲所蜡也月令曰掩骼埋骴此官之職也蜡讀如狙司之狙○蜡清預反注同蠅以繩反骼更白反貍亡皆反本又作埋骴本又作胔似賜反〔疏〕注蜡骨至之狙○釋曰在此者案其職云掌除骴又云凡國之大祭祀禁刑者凶服者亦是禁戒之事故在此引月令掩骼埋骴者案彼注骨枯曰骼肉腐曰骴掩亦埋但骼骴不同故別言也言骼骴者凡人物皆是云蜡讀如狙司之狙者俗有狙司之言故讀從音也若然月令所云是春時今不在春官者彼月令爲春時陽不欲陰之事故在春此取禁戒之事故在秋也

雍氏下士二人徒八人雍謂隄防止水者也○雍於勇反劉如字注同隄丁兮反〔疏〕注雍謂至者也○釋曰在此者案其職云掌溝瀆澮池之禁亦是楚戒之事故在此也

萍氏下士二人徒八人鄭司農云萍讀爲蛢。或爲萍號起雨之萍玄謂今天問萍號作萍。爾雅曰萍蓱其大者蘋讀如小子言平之平萍氏主水禁萍之草無根而浮取名於其不沈溺○萍音平又蒲丁反蛢蒲丁反爾雅云蛂黃蛢萍號蒲丁反萍蓱上音平○〔疏〕萍氏。○釋曰。按其職云掌國之水禁亦是禁戒之事故在此也注鄭司至沈溺○釋曰先鄭讀萍爲蛢取音同云或爲萍號起雨之萍者亦天問之文萍亦浮萍之草也玄謂今天問者離騷有天問篇天不可問故以天問爲名此就足先鄭音義同引爾雅萍蓱其大者蘋者此以義相曉也云讀如小子言平之平者俗讀取音同皆取萍水草無根而浮不沈禁人使不沈溺如萍也○

司寤氏下士二人徒八人寤覺也主夜覺者○覺音教下同○〔疏〕注寤覺至覺者○釋曰在此者案其職云禦晨行者禁宵行者夜遊者是禁戒之事故在此也言寤覺也主夜覺者凡人之寐

臥恒在寢得禁之者人有夜寐忽覺而漫出門者故謂之爲夜覺也

司烜氏下士六人徒十有六人烜火也讀如衛侯燬之燬故書燬爲烜鄭司農云當爲烜○烜音毁注燬同烜劉音表〔疏〕注烜火至爲烜○釋曰在此者案其職云掌取明火及以木鐸修火禁亦是禁戒之事故在此也云讀如衛侯燬之燬者春秋左氏衛侯燬滅邢詩云王室如燬燬亦火之別名也

條狼氏下士六人胥六人徒六十人杜子春云條當爲滌器之滌玄謂滌除也狼狼扈道上○條音滌徒歷反注同〔疏〕條狼至十人○釋曰在此者案其職云掌執鞭以趨辟凡誓僕及誓馭之等是禁戒之事故在此也○注杜子至道上釋曰云滌器之滌者讀從特牲少牢滌祭器等之滌也云狼狼扈道上者謂不蠲之物在道猶今言狼藉也

脩閭氏下士二人史一人徒十有二人閭謂里門〔疏〕注閭謂里門○釋曰在此者案其職云掌比國中宿互欜者亦是禁戒之事故在此也云閭謂里門者爾雅云巷門謂之閭故知是二十五家之里門也

冥氏下士二人徒八人鄭司農云冥讀爲冥氏春秋之冥玄謂冥方之冥以繩縻取禽獸之名○冥如字又莫歷反縻亡皮反〔疏〕冥氏至八人○釋曰在此者案其職云掌設弧張爲阱擭以攻猛獸是冥然使之不覺亦是禁守之事故在此○注鄭司至之名○釋曰云冥氏春秋者冥氏作春秋書名若晏子呂氏春秋之類取其音讀也後鄭云冥方之冥亦取音同云以繩縻取禽獸之名者解冥是冥然使不覺之意也

庶氏下士一人徒四人庶讀如藥煑之煑驅除毒蠱之言書不作蠱者字從聲○庶音煑又章預反蠱音古〔疏〕注庶讀至從聲○釋曰在此者案其職云掌除毒蠱是除惡之事故在此也云庶讀如藥煑之煑者俗讀意取以藥煑去病去毒蠱亦如是云書不作蠱者字從聲者除蠱者庶是去之意故爲庶不爲蠱也是其取聲

穴氏下士一人徒四人穴搏蟄獸所藏者○搏音博劉音付蟄直立反〔疏〕注穴搏至藏者○釋曰在此者案其職云掌攻蟄獸是除猛惡之事故在此也云穴搏蟄獸所藏者凡獸蟄皆藏在穴中故以穴爲官名使取蟄獸也

翨氏下士二人徒八人翨鳥翮也鄭司農云翨讀爲翅翼之翅○翨音翅失豉反又吉豉反〔疏〕注翨鳥至之翅○釋曰在此者案其職云掌攻猛鳥亦是除惡之義故在此云翨鳥翮也者羽本曰翮凡鳥有羽翨者皆有翮故云翨鳥翮也凡翨翅皆作翅不作翨故彼從之也

柞氏下士八人徒二十人柞除木之名除木者必先挍剝之鄭司農云柞讀爲音聲唶唶之唶屋笮之笮○柞側百反注唶屋笮皆同挍古飽反〔疏〕柞氏至十人○釋曰在此者案其職云掌攻草木亦是除惡之義故在此○注柞除至之笮○釋曰知柞是除木之名者見詩云載芟載柞芟是除草明柞是除木云除木者必先刊剝之者見其職云夏日至令刊陽木而火之冬日至令剝陰木而水之是先刊剝之先鄭讀柞爲音聲唶唶之唶者讀從春秋行扈唶唶之唶又爲屋笮之笮者俗讀皆從音同也

薙氏下士二人徒二十人書薙或作夷鄭司農云掌殺草故春秋傳曰如農夫之務去草芟夷蘊崇之又今俗間謂麥下爲夷下言芟夷其麥以其下種禾豆也玄謂薙讀如鬀小兒頭之鬀書或作夷此皆剪草也字從類耳月令曰燒薙行水謂燒所芟草乃水之○薙字或作雉同它計反徐庭計反去起呂反芟所銜反蘊紆粉反徐憂羣反鬀它計反〔疏〕薙氏至十人○釋曰在此者案其職云掌殺草亦是除惡之義故在此也○注書至水之○釋曰先鄭從古書薙爲夷故引古今而爲證也春秋者左氏傳隱六年夏五月鄭伯侵陳往歲鄭伯請成於陳陳侯不許五父諫曰親仁善鄰國之寶也又云周任有言曰爲國家者見惡如農夫之務去草芟夷蘊崇之注云芟刈夷殺蘊積崇聚玄謂薙讀如鬀小兒頭之鬀者俗讀也云字從類耳者人髮之鬀從髮薙草還草下爲之故云類也月令者仲夏令引之者欲見薙草須燒之又須水之意也

硩蔟氏下士一人徒二人鄭司農云硩讀爲擿蔟讀爲爵蔟之蔟謂巢也玄謂硩古字從石折聲○硩音摘它歷反徐丈列反沈勑徹反李又思亦反蔟倉獨反○〔疏〕折蔟至二人釋曰在此者

案其職云掌覆夭鳥之巢是除惡之類故在此。注鄭司至折聲。釋曰先鄭讀硩爲擿後鄭不從者先鄭意以爲杖擿破之故從擿後鄭意以石物等投擲爲義故不從先鄭又云蔟爲爵蔟之蔟者爵蔟是雀窠後鄭從之玄謂硩古字從石折聲者以石投擲毀之故古字從石以折爲聲是上聲下形字也

翦氏下士一人徒二人翦斷滅之言也主除蟲蠹者詩云實始翦商。蠹都路反〔疏〕注翦斷至翦商。釋曰在此者案其職云掌除蠹物故鄭云翦斷滅言之也主除蟲蠹者故在此引詩者證翦是翦除

赤犮氏下士一人徒二人赤犮猶言捇拔也主除蟲豸自埋者。赤如字一音采昔反犮徐音跋畔末反劉房末反捇采昔反徐呼陌反拔畔末反劉房末反或蒲八反豸直氏反〔疏〕注赤犮至埋者。釋曰在此者案其職云掌除牆屋注除蟲豸藏逃其中者爾雅釋蟲云有足曰蟲無足曰豸亦是除惡之義故在此言赤犮猶言捇拔者拔除去之也

蟈氏下士二人徒二人鄭司農云蟈讀爲蜮蜮蝦蟇也月令曰螻蟈鳴故曰掌去鼃黽鼃黽蝦蟇屬書或爲掌去蝦蟇玄謂蟈今御所食蛙也字從蟲國聲也蜮乃短狐與。蟈氏音古獲反注同劉又音國蜮劉音或一音古獲反蝦音遐蟇音麻螻音樓鼃戶蝸反又解佳反黽莫幸反蛙戶蝸反劉斛佳反沈和佳反蜮音或與音餘下官與同〔疏〕蟈氏至二人。釋曰在此者案其職云掌去鼃黽亦是除惡之義故在此也。注鄭司至狐與。釋曰先鄭以蟈爲蜮又以蜮爲蝦蟇後鄭不從鼃黽蝦蟇屬是其類也云書或爲掌去蝦蟇者於義可也玄謂蟈今御所食蛙也者蛙蟈爲一物云字從虫國聲也者國與蟈爲聲所謂左形右聲者也云蜮乃短狐與者案莊公十八年秋有蜮服云短狐南方盛暑所生其狀如鼈古無今有含沙射人入皮肉中其瘡如疥徧身中濩濩蜮蜮故曰災禮曰或君則有案五行志劉向以爲蜮生南越由齊姜淫惑莊公故生於魯

壺涿氏下士一人徒二人壺謂瓦鼓涿擊之也故書涿爲獨鄭司農云獨讀爲濁其源之濁音與涿相近書亦或爲濁。涿陟角反又音濁近附近之近〔疏〕壺涿至二人。釋曰在此者案其職云掌除水蟲亦是除惡之類故在此也。注壺謂至爲濁。釋曰壺乃盛酒之器非可涿之物故知是瓦鼓必知是瓦者雖無正文攷工記有陶人瓬人造瓦器敺水蟲非六鼓故知瓦鼓也先鄭雖讀涿爲濁聲轉字誤故爲濁猶從涿爲義故後鄭引之在下濁其源大玄經文也

庭氏下士一人徒二人庭氏主射妖鳥令國中絜清如庭者也。射食亦反清才性反又如字〔疏〕注庭氏至者也。釋曰在此者案其職云掌射國中妖鳥亦是除惡之類故在此也

銜枚氏下士二人徒八人銜枚止言語囂讙也枚狀如箸橫銜之爲之繣結於項。囂五高反一音許驕反下同讙音歡箸直慮反繣戶卦反又胡麥反〔疏〕注銜枚至於項。釋曰在此者案其職云大祭祀令禁無囂亦是禁戒之事故在此也云狀如箸橫銜之爲之繣結於項者繣謂以組爲之繫著兩頭於項後結之

伊耆氏下士一人徒二人伊耆古王者號始爲蜡以息老物此主王者之齒杖

後王識伊耆氏之舊德而以名官與今姓有伊耆氏。耆巨之反蜡仕詐反〔疏〕伊耆至二人。釋曰在此者案其職云掌共杖杖老者所依秋是長老之方故在此。注伊耆至耆氏。釋曰案明堂位云土鼓蕢桴葦籥伊耆氏之樂也鄭注亦云伊耆氏古天子有天下之號云始爲蜡以息老物者郊特牲文引之者取息老物證伊耆供杖於老者之事故也云此主王者之齒杖後王識伊耆氏之舊德而以名官與者言後王職伊耆氏之舊德則周家以前爲後王至周又因之故不指周而云後王也

大行人中大夫二人小行人下大夫四人司儀上士八人中士十有六人行夫下士三十有二人府四人史八人胥八人徒八十人行夫主國使之禮。使所吏反〔疏〕大行至行夫。釋曰此四官在此者皆主賓客嚴凝之事故也亦謂別職同官故四官各有職司而共府史胥徒也。注行夫至之禮。釋曰大行人小行人司儀皆掌賓客之禮不見注解至行夫獨注之以官

獨多於餘官以主國使之禮至於美惡無禮皆使之故官多於餘官也

環人中士四人史四人胥四人徒四十人環猶圍也主圍賓客任器爲之守衛○環戶關反劉戶串反○〔疏〕注環猶至守衛○釋曰在此者案其職云賓客舍則授館令聚欜亦是禁守之事故在此也云主圍賓客之任器爲之守衛者其職文也

象胥每翟上士一人中士二人下士八人徒二十人通夷狄之言者曰象胥其有才知者也此類之本名東方曰寄南方曰象西方曰狄鞮北方曰譯今總名曰象者周之德先致南方也○知音智鞮丁兮反譯音亦〔疏〕注通夷至方也○釋曰在此者案其職云掌四夷之國使以傳賓主之語故亦連類在此也云此類之本名東方已下皆王制文云寄者賓主不相解語故寄中國於東夷又寄東夷語於中國使相領解云象者傳南方於中國還象中國以傳之與南方人語則還象南方語而傳之云狄鞮者鄭彼注云鞮之言知也雖不訓狄狄即敵也謂言語相敵使之知也云北方曰譯者譯即易謂換易言語使相解也云總名曰象者四方別稱經唯有一象故云總名曰象云周之德先致南方也者即詩序所云文王之德被於江漢是也又書序云巢伯來朝注巢伯殷之諸侯聞武王克商慕義而來朝此皆致南方故象得總名也

掌客上士二人下士四人府一人史二人胥二人徒三十人〔疏〕掌客○釋曰在此者案其職云掌賓客牢禮之陳亦是賓客嚴凝象秋故在此

掌訝中士八人府二人史四人胥四人徒四十人訝迎也賓客來主迎之鄭司農云訝讀爲跛者訝跛者之訝○跛波可反〔疏〕注訝迎至之訝○釋曰在此者案其職云掌迎賓客故連類在此先鄭云跛者訝跛者之訝此公羊傳文時晉使郤克聘齊郤克跛齊使跛者往御御亦訝故讀從之也

掌交中士八人府二人史四人徒三十有二人主交通結諸侯之好○好呼報反〔疏〕注主交至之好○釋曰在此者案其職云掌九禁之難有禁戒之事故在此也

掌察四方中士八人史四人徒十有六人

掌貨賄下士十有六人史四人徒三十有二人〔疏〕掌察四方掌貨賄○釋曰在此者蓋督察邦國之事及掌邦國所致貨賄但二官闕不可強言也○

朝大夫每國上士二人下士四人府一人史二人庶子八人徒二十人此王之士也使主都家之國治而命之朝大夫云○治直吏反〔疏〕朝大至十人○釋曰在此者案其職云掌都家之國治因有邦國賓客在秋都家之治亦在此○注此王至夫云○釋曰此云每國上士二人是王朝之士以其主采地之國治事重則名之曰朝大夫云畿內三等采地地雖有百里五十里二十五里總謂之國若王制云九十三國也云庶子者蓋亦主采地之諸子今在府史之下蓋官長所自辟除也

都則中士二人下士二人府一人史二人庶子四人徒八十人都則主都家之八則者也當言每都如朝大夫及都司馬云○〔疏〕注都則至馬云○釋曰此官已闕鄭知主八則者太宰云八則治都鄙此經云都則故知則八則也

都士中士二人下士四人府二人史四人胥四人徒四十人家士亦如之都家之士主治都家吏民之獄訟以告方士者也亦當言每都〔疏〕注都家至每都○釋曰在此者此官雖闕義理可言以其稱士則知主獄故鄭云都家之士主治都家吏民之獄訟以告方士者也必知王家不置都士而云都家之士者以其都司馬使王自爲之家司馬家自置司馬以司馬主軍事重故王置都司馬此刑事輕於軍故都家王皆不置都士但已有方士主其獄故使都家之士以獄告也

大司寇之職，掌建邦之三典，以佐王刑邦國，詰四方。典，法也。詰，謹也。書曰「王耗荒，度作詳刑，以詰四方」。○詰，起吉反。耗，莫報反。度，待洛反。〔疏〕大司至四方○釋曰：大司寇云「佐王刑邦國，詰四方」，不言刑王國、詰畿內者，王官不嫌不刑詰在內，故舉外以見內也。大宰云以六典治邦國，今此更言建三典者，彼六典自是六官之典，此三典是刑之三典，與彼別，故司寇別施之。○注「典法」至「四方」○釋曰：典，法也。案大宰注云「典，法則所用異，異其名也」，故云典，法也。引書者，呂刑篇文。呂侯訓夏贖刑，「王耄荒，度作詳刑，以詰四方」，謂周穆王老耄亂荒忽，猶能用賢，量度詳審之刑，以詰謹四方。引之者，證詰爲謹義也。

一曰刑新國用輕典，新國者，新辟地立君之國。用輕法者，爲其民未習於教。○爲，于僞反。〔疏〕注「新國」至「於教」○釋曰：云「新國者，新辟地立君之國」者，謂若世衰，夷狄內侵，國君誅滅，聖人後作，日辟國百里，既攘夷狄，國空無主，民不獨治，須立君化之，則是新辟地立君之國者也。趙商問：「族師職曰：『四閭爲族，八閭爲聯，使之相保相受，刑罰慶賞相及。』在康誥曰：『父不慈，子不孝，兄不友，弟不恭，不相及也。』族師之職，鄰比相坐；康誥之云，門內尚寬。不知書、禮是錯，未

達指趣？」荅曰：「族師之職，周公新制禮，使民相拱敕之法。康誥之時，周法未定，天下又新誅三監，務在尚寬以安天下。先後量時，各有云爲，乃謂是錯也。」若然，言周公之時未定天下，即是新國，更云新誅三監，假令周法先定，新誅之國亦是新國，故此云新辟地立君也。

二曰刑平國用中典，平國，承平守成之國也。用中典者，常行之法。〔疏〕注「平國」至「之法」○釋曰：云「平國，承平守成之國也」者，謂先君受封，後君承前，平安守持成立之國，民已被化，則用常行之法以治之。

三曰刑亂國用重典，亂國，篡弒叛逆之國。用重典者，以其化惡伐滅之。○篡，初患反。殺，音試，本亦作弒。〔疏〕注「亂國」至「滅之」○釋曰：云「亂國，篡弒叛逆之國」者，謂若州吁篡國，崔杼弒君，臧紇叛魯，此皆逆亂之國。如此之國，民起惡心，故於常法之外，爲惡者則當伐滅之也。

以五刑糾萬民，刑亦法也。糾猶察異之。○〔疏〕注「刑亦」至「異之」○釋曰：此五刑與尋常正五刑墨劓之等別，刑亦法也。此五法者，或一刑之中而含五，或此五刑全不入五刑者。云「糾猶察異之」者，謂萬民犯五刑，察取與之罪，使別異善惡，則尚書畢命云「旌別淑慝，表厥宅里」是也。

一曰野刑，上功糾力，功，農功。力，勤力。〔疏〕注「功農」至「勤力」○釋曰：以其言野則國外，若鄉大夫云「野自六尺」之類。既言在野爲功，故知功是農功，力勤力也。○

二曰軍刑，上命糾守，命，將命也。守，不失部伍。○守，劉音狩，注同。將，子匠反。〔疏〕注「命將」至「部伍」○釋曰：以其在軍，梱外之事，將軍裁之，故知命是將命也。軍行必有部分卒伍，故云不失部伍也。○

三曰鄉刑，上德糾孝，德，六德也。善父母爲孝。○〔疏〕注「德六」至「爲孝」○釋曰：謂在鄉中之刑。大司徒云「以鄉三物教萬民，一曰六德：知、仁、聖、義、忠、和」。既言在鄉，故知德是六德。教民者，非教國子三德、咎由九德者也。善父母爲孝，爾雅釋訓文。○

四曰官刑，上能糾職，能，能其事也。職，職事脩理。〔疏〕注「能能」至「脩理」○釋曰：知能是能其事，職事脩理者，以其言官，官中見能見職，明知義然。○

五曰國刑，上愿糾暴，愿，慤慎也。暴當爲恭字之誤也。○愿，音願，劉又音原。依注暴作恭。慤，苦角反。○〔疏〕注「愿慤」至「誤也」○釋曰：知爲恭不作暴者，以其上四刑皆糾察其善，不糾其惡，以類言之，故知是恭。恭又似暴字，故云字之誤也。○

以圜土聚教罷民，圜土，獄城也。聚罷民其中，困苦以教之爲

善也。民不愍作勞，有似於罷。○罷，音皮，注下皆同。愍，音敏，劉亡覲反，尚書作愍，音敏，又作昏，皆訓強。〔疏〕注「圜土」至「於罷」○釋曰：此已下說罷民。云「教之」者，正謂夜入圜土，晝則役之司空，困苦則歸善。鄭云「困苦以教之爲善」。云「民不愍作勞，有似於罷」者，罷謂困極罷弊。此圜土被囚而役，是不愍強作勞之民，有似罷弊之人也。

凡害人者，寘之圜土而施職事焉，以明刑恥之。害人，謂爲邪惡已有過失麗於法者。以其不故犯法，寘之圜土繫教之，庶其困悔而能改也。寘，置也。施職事，以所能役使之。明刑，書其罪惡於大方版，著其背。○寘，之豉反，又音示。邪，似嗟反，下同。著，丁略反，一音直略反。○〔疏〕注「害人」至「其背」○釋曰：云「害人，謂爲邪惡已有過失麗於法者」，案司救職云「凡民之有衺惡者，三讓而罰，三罰而士加明刑，恥諸嘉石，役諸司空」，即此下文者是也。此謂語言無忌，侮慢長老，過淺，直坐之嘉石，不入圜土者也。彼下文又云「其有過失者，三讓而罰，三罰而歸於圜土」，此謂抽拔兵劍，誤以傷人，罪重，不坐嘉石，徑入圜土，晝日亦役之司空，夜入圜土者也。此罷民本無故心，直是過誤，此入五刑者爲輕，比坐嘉石者爲重，故云已麗於法。麗於法，是入圜土者也。

其能改過，反于

中國不齒三年反于中國謂舍之還於故鄉里也司圜職曰上罪三年而舍中罪二年而舍下罪一年而舍不齒者不得以年次列於平民。疏其能至三年。釋曰云能改正謂在圜土不出自思已過是能改也。注反于至平民。釋曰言反于中國者虞書有五宅三居彼不在中國此則反還於故鄉里也引司圜職已下見舍之遠近此所舍鄉則玉藻所謂垂綏五寸惰游之士也是也其不能改而出圜土者殺出謂逃亡疏其不至者殺。釋曰云不能改正謂不能伏思已過而出圜土也。以兩造禁民訟入束矢於朝然後聽之訟謂以財貨相告者造至也使訟者兩至既兩至使入束矢乃治之也不至不入束矢則是自服不直者也必入矢者取其直也詩曰其直如矢古者一弓百矢束矢其百个與。造七報反注同个古賀反與音餘。疏以兩至聽之。釋曰此并下二經論禁民獄訟不使虛誣之事言禁者謂先令入束矢不實則沒入官若不入則是自服不直是禁民省事之法也。注訟謂至个與。釋曰云訟謂以貨財相告者以對下文獄是相告以罪名也此相對之法若散文則通是以衞侯與元咺訟是罪名

亦曰訟云古者一弓百矢者尚書文侯之命平王賜晉文侯及僖二十八年襄王賜晉文公皆云彤弓一彤矢百故知一弓百矢云束矢其百个與者彼是所賜此乃入官約同之故云與以疑之泮水詩云束矢其搜毛云五十矢曰束彼鄭從之者彼或據在軍矢數與受賜者異故從毛傳也。以兩劑禁民獄入鈞金三日乃致于朝然後聽之獄謂相告以罪名者劑今券書也使獄者各齎券書既兩券書使入鈞金又三日乃治之重刑也不券書不入金則是亦自服不直者也必入金者取其堅也三十斤曰鈞。兩劑子隨反。疏以兩至聽之。釋曰此一經聽爭罪之事與上聽訟有異此則各遣持劑之書契又入金不入矢三日乃致于朝者皆謂以獄事重於訟事故鄭云重刑也。注獄謂至曰鈞。釋曰云獄謂相告以罪名者對前相告以財貨爲訟也云劑今券書也者小宰云聽賣買以質劑質人云大市以質小市以劑鄭小宰注云簿書之最目獄訟之要辭皆曰契則劑謂券書者謂獄訟之要辭若王叔氏不能舉其契是也三十斤曰鈞律歷志文。以嘉石平罷民嘉石文石也對之外朝門左平成也成之使善。文石如字劉音問對音樹。疏

注嘉石至使善。釋曰此嘉石肺石在朝士職朝士屬大司寇故見之耳云嘉石文石也者以其言嘉嘉善也有文乃稱嘉故知文石也欲使罷民思其文理以改悔自脩樹之外朝門左朝士文也。凡萬民之有罪過而未麗於灋而害於州里者桎梏而坐諸嘉石役諸司空重罪旬有三日坐朞役其次九日坐九月役其次七日坐七月役其次五日坐五月役其下罪三日坐三月役使州里任之則宥而舍之有罪過謂邪惡之人所罪過者也麗附也未附於法未著於法也木在足曰桎在手曰梏役諸司空坐日訖使給百工之役也役月訖使其州里之人任之乃赦之宥寬也。桎音質梏戶毒反著直略反下附猶著皆同。疏凡萬至舍之。釋曰云未麗於法秖謂入圜土爲法此坐嘉石之罷民未入圜土差輕故也云害於州里者謂語言無忌侮慢長老云桎梏而坐諸嘉石者謂坐時坐日滿役諸司空則無桎梏也此已下輕重有

五節皆就語言侮慢之中斟酌爲輕重分五等也云使州里任之者仍恐習前爲非而不改故使州長里宰保任乃舍之以稍輕入鄉即得與鄉人齒亦無垂綏五寸之事也鄭云木在足曰桎在手曰梏知者無正文見掌囚云上罪梏拲而桎拲謂兩手共一木梏與拲連言故知梏在手桎在足也廣雅云手間之梏械足間之桎械亦是手曰梏足曰桎易志冷剛問大畜六四童牛之梏元吉注巽爲木互體震震爲牛之足足在艮體之中艮爲手持木以就足是施梏又蒙初六注云木在足曰桎在手曰梏今大畜六四施梏於足不審桎梏手足定有別否荅曰牛無手故以足言之。以肺石遠窮民肺石赤石也窮民天民之窮而無告者。肺芳廢反疏注肺石至告者。釋曰云肺石赤石也者陰陽療疾法肺屬南方火火色赤肺亦赤故知名肺石是赤石也必使之坐赤石者使之赤心不妄告也云窮民天民之窮而無告者王制文彼上文云少而無父者謂之孤老而無子者謂之獨老而無妻者謂之鰥老而無夫者謂之寡此四者天民之窮而無告者也皆有常餼凡遠近惸獨老幼之欲有復於上而其長弗達者立於肺石三日士聽其

辭以告於上而罪其長無兄弟曰惸無子孫曰獨復猶報也上謂王與六卿也報之者若上書詣公府言事矣長謂諸侯若鄉遂大夫○惸其營反長丁丈反下及注同上時掌反〔疏〕凡遠至其長○釋曰言遠近者無有遠近畿外畿內之民皆有惸獨老幼之等云欲有復於上而其長弗達者謂長官不肯通達審知其貧困者故須復報於上如此之類是上窮民即來立於石也○注無兄至大夫○釋曰鄭知惸是無兄弟者王制已有孤獨鰥寡不見惸則惸是無兄弟可知也是以尚書洪範亦云無虐惸獨而畏高明孔云惸單無兄弟也無子曰獨云無子孫曰獨者案王制唯云老而無子曰獨今兼云孫者無子有孫不爲獨故兼云無孫也鄭不釋經老幼者老則無夫無妻幼則無父可知故不釋也知上是王與六卿者六卿並知國政皆得受寃怨故兼六卿言之云長謂諸侯若鄉遂大夫者寃訴之人天下皆是故長亦兼天下故以畿外諸侯及畿內鄉遂大夫皆得爲長也若然不言三等采地之主及三公邑大夫者在長中可知故舉外內以包之也

正月之吉始和布刑于邦國都鄙乃縣刑象之灋于象魏使萬民觀

刑象挾日而斂之正月朔日布五刑於天下正歲又縣其書重之○縣音玄注及下同挾子叶反〔疏〕正月至斂之○釋曰正月之吉者謂建子之月正月一日也言始和者太宰注凡治有故言始和者若改造云爾其實不改也云布刑于邦國都鄙者正月和即以此月布于天下云乃縣刑象之法于象魏者謂建寅正歲邦國及都鄙并王家雉門皆一時縣之斂之者天子斂藏於明堂諸侯斂藏於祖廟日月受而行之謂之聽朔○注正月至重之○釋曰鄭云天下即邦國都鄙也云正歲又縣其書重之知正歲乃縣者亦約小司寇知之也

凡邦之大盟約涖其盟書而登之于天府涖臨也天府祖廟之藏○約於妙反藏才浪反〔疏〕凡邦至天府○釋曰云凡邦之大盟約者謂王與諸侯因大會同而與盟所有約誓之辭云涖其盟書而登於天府者既臨其盟書因即登此盟書于天府○注涖臨至之藏○釋曰云天府祖廟之藏者天府職文

大史內史司會及六官皆受其貳而藏之六官六卿之官也貳副也○會古外反下司會同〔疏〕大史至藏之○釋曰大史內史司會掌事皆與六卿同故皆有副貳盟辭而藏之擬相勘當也

凡諸侯之獄訟以邦典定之邦典六典也以六典待邦國之治○治直吏反下同〔疏〕注邦典至之治○釋曰云邦典六典也者案大宰職以典待邦國之治故邦國有獄訟之事來詣王府還以邦典定之

凡卿大夫之獄訟以邦灋斷之邦法八法也以八法待官府之治○斷丁亂反下注皆同〔疏〕注邦法至之治○釋曰案大宰云以八法治官府是以卿大夫有獄訟還以邦之八法斷之若然大宰有八則治都鄙此不言都鄙有獄訟以八則斷之者都鄙有獄訟都家之士告于方士治之故此不言也

凡庶民之獄訟以邦成弊之邦成八成也以官成待萬民之治故書弊爲憋鄭司農云憋當爲弊邦成謂若今時決事比也弊之斷其獄訟也故春秋傳曰弊獄邢侯○弊必世反斷也後訓斷者皆同弊劉芳滅反又音畢設反比必利反○〔疏〕注邦成至邢侯○釋曰大宰云以官成待萬民之治是以庶民有獄訟故以邦成弊之弊亦斷也異其文耳云邦成八成也者則小宰云一曰聽征役以比居二曰聽師田以簡稽已下是也先鄭云邦成謂若今時決事比也者此八

者皆是舊法成事品式若今律其有斷事皆依舊事斷之其無條取比類以決之故云決事比也春秋傳者春秋左氏傳晉邢侯與雍子爭鄐田邢侯不勝乃弊獄邢侯引之者證弊爲憋義同也

大祭祀奉犬牲奉猶進也〔疏〕大祭至犬牲○釋曰犬屬西方金犬既當方之畜故司寇奉進犬牲也

若禋祀五帝則戒之日涖誓百官戒于百族戒之日卜之日也百族謂府史以下也郊特牲曰卜之日王立于澤親聽誓命受教諫之義也獻命庫門之內戒百官也太廟之內戒百姓也〔疏〕若禋至百族○釋曰禋之言煙煙祀五帝謂迎氣於四郊及總享五帝於明堂也云戒之日者謂前十日卜之日卜吉即戒之使散齊云涖誓百官者謂餘官誓百官之時大司寇則臨之云戒於百族者大司寇親自戒之其百官所戒者當太宰爲之是以太宰云祀五帝前期十日帥執事而卜日遂戒故知太宰戒百官也若然太宰云祀五帝則掌百官之誓戒太宰雖云掌百官誓戒戒則親爲之誓則掌之而不親誓何者此司寇卑於太宰此云涖誓百官豈司寇得臨太宰乎故知太宰掌之餘小官誓之司寇臨之也○注戒之至姓也○釋曰鄭知百族府史以下者以其王之百姓

亦同大宰戒之故知百族府史胥徒也引郊特牲者欲見百族非王之親是府史以下也云獻命庫門之內戒百官也者王自澤宮而還入皐門至庫門之內大宰獻命命即戒百官又於庫門而東入廟門廟門之內戒百姓彼注云百姓王之親也以親故入廟乃戒之**及納亨前王祭之日亦如之**納亨致牲○亨普庚反劉普孟反注同下納亨放此〔疏〕及納至如之○釋曰鄭云納亨致牲者謂將祭之辰祭之日謂旦明也此二者大司寇爲王引道故云亦如之**奉其明水火**明水火所取於日月者○〔疏〕注明水至月者○釋曰司烜氏以陽燧取火於日中以陰鑑取水於月中明者絜也王人明絜水火乃成可得是明水火所取於日月者也奉此水火者水以配鬱鬯與五齊火以給爨亨也**凡朝覲會同前王大喪亦如之**大喪所前或嗣王○〔疏〕凡朝至如之○釋曰朝覲不言大則四時朝也會同謂時見曰會殷見曰同此者皆司寇在王前爲導也其大喪亦如之亦導王也○注大喪至嗣王○釋曰知嗣王者以經云大喪是王喪復云前王明是嗣王也言或者大喪或是先后及王世子皆是大喪若先后及世子大喪則王爲正王也既言

前王明以先后世子爲政故云或嗣王也凡大喪之禮有三大宰云大喪贊贈玉含玉大司馬云大喪平士大夫贈王謂王喪大宗伯云朝覲會同則爲上相大喪亦如之注云王后世子及此大喪亦如之二者容有先后及后世子又宰夫云大喪小喪掌小官之戒令注云大喪王后世子也小喪夫人以下然則大喪與小喪相連則不容有王喪**大軍旅涖戮于社**社謂社主在軍者也鄭司農說以書曰用命賞于祖不用命戮于社〔疏〕注社謂至于社○釋曰鄭知社謂社主在軍者也者以其大軍旅非在國故先鄭引書爲證彼書謂甘誓啟與有扈戰于甘之野誓士衆辭社是陰殺亦陰賞是陽祖是遷主亦陽故各於其所必於祖社主前者尊祖嚴社之義也○**凡邦之大事使其屬蹕**屬士師以下也故書蹕作避杜子春云避當爲辟謂辟除姦人也玄謂蹕止行也○趩本亦作蹕音畢○〔疏〕注屬士至行也○釋曰云凡邦之大事者言凡語廣則國有大事王動行皆使其屬蹕鄭知其屬是士師以下者見士師職云諸侯爲賓則帥其屬而蹕于王宮注云諸侯來朝若饗食時士師云帥其屬則士師以下上士中士下士皆蹕知者以此注云士師以下故也

禮疏三十四卷終

周禮注疏卷三十四挍勘記　阮元撰盧宣旬摘錄

附釋音周禮注疏卷第三十四

秋官司寇第五　唐石經作第九是誤以卷數改篇第也

禁所以防姦者也　宋刻大字本嘉靖本閩監毛本同錢鈔宋本姦作奸非

家大夫之采主此三等采地之獄　閩本同監毛本主作地按地主二字當並有

以朝主爲詢衆庶　監本同誤也當從閩毛本作朝士

殺牲歃血　諸本同大字本歃作歃釋文亦出歃血二字

大人徒十六人　閩監毛本同唐石經大字本岳本錢鈔本嘉靖本皆作徒十有六人當據以補正

今獄城圜　大字本岳本錢鈔本嘉靖本毛本同閩監本城下衍曰當刪正

言凡圜土之刑人也　監本土誤上疏中誤士閩本同

司隸　監毛本此節有司隸至百人○釋曰在此者案其職云掌五隸之法五隸皆是罪人故在此疏文一段此本及閩本皆脫今據補錄

禁殺戮下士二人　毛本下士誤倒

禁暴○釋曰　監毛本作禁暴至十人此本及閩本脫下三字

蠅蟲所蜡也　漢讀考云說文虫部蜡蠅胆也周禮蜡氏掌除骴肉部胆蠅乳肉中也通俗文同此注所蜡也當作所胆也謂蠅所聚乳也胆俗作蛆

掩骼埋骴　釋文作貍骴云本又作埋胔

蜡讀如狙司之狙　岳本狙誤徂

雍謂隄防止水者也　閩監本防改坊非

萍讀爲蛢 諸本同按此當作蛢讀爲荓因故書作蛂蟥之蛢故司農讀從苹荓之荓下云或爲萍號起雨之萍則荓萍字通也此經當作蛢氏後人援注改經又易注荓爲萍則與下萍號爲一字矣因此官義取荓草之不沈溺古經假借作蛢故司農改讀爲荓爲萍若經本作萍而易爲蛢斷無此理也

元謂今天問萍號作萍爾雅曰萍荓 諸本同段玉裁云當作今天問萍號作荓王逸注本正作荓云一作萍按後鄭增成司農義而意主荓字故引今天問荓號爾雅苹荓以證之萍荓當作苹荓釋文云萍本亦作苹是也苹荓乃一字不得爲二名

萍氏主水禁萍之草 此二萍字皆當作荓司農爲荓爲萍兩讀鄭君則取荓字音作讀如平

萍氏○釋曰按其職云 閩本同監毛本釋曰下有在此者三字按萍氏下當亦脫至八人三字

亦天問之文 按亦當誤衍

主夜覺者 賈疏本同漢讀考作主覺夜者云賈公彥本誤作夜覺○按此覺讀如覺後知覺後覺之覺

司烜氏 唐石經諸本同釋文司烜音毀注爕同漢讀考作司爕氏謂注烜火也鄭司農云當爲烜二烜字皆當作爕

故書爕爲垣 諸本同釋文爲垣劉音袁按垣當烜字之誤經注烜字皆從故書轉改也蓋陸所據本已誤

條狼氏下士六人胥六人徒六十人 沈彤云六並當作八其職曰王出入則八人夾道公則六人此下士屬王當八人下士之夾道者八則隨而滌狼之胥亦當八胥爲什長胥八則徒當八十也○按沈彤以此等證其祿田相符之數不當篤信也

冥讀爲冥氏春秋之冥 諸本同漢書蕭該音義引作讀如此擬其音非改其義釋文所云冥如字是也至後鄭讀爲冥方之冥劉音莫歷反與冪同始易其字義矣此作讀爲誤也疏云後鄭亦取音同以繩縻取禽獸冥然使不覺此說非

驅除毒蠱之言 葉鈔釋文作毒蟲本職同

翨讀爲翅翼之翅 大字本岳本嘉靖本同閩監毛本翅誤翹疏同釋文云翨氏音翅

云翨鳥翮也者羽本曰翮 惠按本同此本及閩本者字羽字合爲翥今寫正監毛本於翥上更增者字誤甚

故彼從之也 惠按本彼作破此誤

必先拔剝之 宋本岳本嘉靖本同大字本錢鈔本閩監毛本作刊剝按釋文本作拔剝賈疏本作刊剝○按疏誤

柞讀爲音聲唶唶之唶 漢讀考作讀如云今本作讀爲誤除木曰柞又見毛詩不當易爲唶笮二字

薙氏 唐石經諸本同釋文薙氏李或作雉同漢讀考經注薙皆作雉謂淺人加艸於雉爲薙猶稻人加艸於夷爲荑也此雉或作夷爲同音同字

鄭司農云掌殺草 漢讀考云下有夷氏二字云今本脫云

芟夷蘊崇之 嘉靖本惠按本蘊作薀釋文出薀崇二字此作蘊非

又今俗間謂麥下爲夷下 惠按本無今按賈疏云先鄭引古今爲證當本有今字

此皆剪草也 閩監毛本同誤也大字本錢鈔本嘉靖本剪作翦當據正

謂燒所芟草 大字本錢鈔本閩監毛本同岳本嘉靖本作非謂燒所芟草多一非字係誤衍詳漢讀攷

親人善鄰 閩本同監毛本人作仁

從石折聲 漢讀攷云折當作析析聲適聲同在古音十六部折聲在十五部晢爲擿之古字則知必析聲也釋文晢他歷反李又思亦反此從析又云徐丈列反沈勑徹反此從折說文曰晢上擿山巖空青珊瑚隋之從石

折聲周禮有硩蔟氏許以擿訓硩取其同音篆文必作硩析聲今本作硩析聲亦謬

赤犮氏 閩監本同毛本犮作犮嘉靖本作友皆譌唐石經大字本錢鈔本作犮當據正注中同說文魃旱鬼也从鬼犮聲周禮有赤魃氏除牆屋之物也詩曰旱魃爲虐按鄭注此云赤犮猶抹拔也主除蟲豸與許云除牆屋之物義同引周禮作赤魃者當是古文假借字許所據壁中故書作魃其義則爲除牆屋物而非旱鬼也詩旱魃爲虐其義爲旱鬼故復引詩證之

掌除牆屋 惠挍本同閩監毛本牆改墻

蟈讀爲蜮蜮蝦蟇也 諸本同按此當作蜮讀爲蟈蟈蝦蟇也故下引月令螻蟈鳴證之古文經當本作蜮氏司農讀爲蟈蓋蜮古文蟈今文故夏小正周官作蜮月令呂覽作蟈釋文蟈氏古獲反劉音或劉昌宗本經當作蜮氏○按此當依漢讀攷

含沙射人入皮肉中 閩本同監毛本人入字誤倒

徧身中濩濩蜮蜮故曰灾 浦鏜云或或誤蜮蜮爲譌曰從左傳疏挍

書亦或爲濁 監本濁誤獨漢讀考作書亦或爲涿云今本作濁誤

銜枚氏 大字本閩監毛本同唐石經錢鈔本嘉靖本銜作衘注同

枚狀如箸橫銜之爲之繣結於項 大字本繣上無之此衍詩東山釋文引此注云枚如箸橫銜之於口爲繣絜於項中繣上亦無之枚下并無狀今本皆衍結作絜古字也當據以訂正漢讀考云顏氏漢書注引作繣絜於項云繣者結礙也絜繞也爲結紐而繞項也勝於賈本賈說

小行人下大夫四人 唐石經大字本岳本嘉靖本同皆跳行另節下司儀行夫同此本及閩監毛本自大行人至行夫并爲一節非下冢士亦如之同

合總名曰象者 閩監本同誤也大字本岳本錢鈔本嘉靖本毛本合作今當據正

掌客徒三十人 閩本同誤也大字本以下皆作二十人唐石經作廿人

訝讀爲跛者訝跛者之訝 賈疏釋此注云時晉使郤克聘齊郤克跛齊使跛者往御御亦迎也故讀從之按賈氏所據公羊傳訝作御

以其都司馬使王自爲之 閩本同監毛本自改臣

大司寇

王耗荒 大字本同按耗當作秏羣經音辨禾部引書王秏荒鄭康成讀蓋賈氏所據北宋本釋文作秏荒也今釋文作旄荒錢鈔本岳本同嘉靖本閩監毛本改耄荒非

謂周穆王老 閩本同監毛本老上增年

爲其民未習於敎 釋文出爲民二字則陸本無其

使民相共勑之法 浦鏜云共誤拱

命將命也 葉鈔釋文作將介

咎由九德者也 閩本同誤也惠挍本作咎繇當據正監毛本作各由誤甚

有似罷弊之人也 閩本同監毛本人作民

以其不故犯法 諸本同閩本不改無誤也疏云此罷民本無故心直是過誤浦挍作無故犯法以不字爲誤大誤○按故犯法猶今言謀殺故殺也

此人五刑者爲輕 閩本同誤也當從監毛本此作比

是入圜土者也 閩本同監毛本是改乃

其百个與 閩監本个改箇非疏同釋文出百个二字

質人云大市以質 閩本同監毛本上質誤貨人誤又市誤事

故見之耳 閩監毛本耳改爾

易志冷剛問 閩本同監毛本冷誤從水

故以邦成弊之　惠挍本故作還此誤

又於庫門而東入廟門　閩本同監毛本庫門下衍内

謂將祭之辰　浦鏜云晨誤辰

明者絜也王入明絜　閩本同監毛本絜改潔下同浦鏜云主誤王

明以先后世子爲政　閩本同監毛本改作正

使其屬蹕　唐石經諸本同釋文作趩云本亦作蹕○按說文走部曰趩止行也从走爲正字从足爲或體

而蹕于王官　監本同誤也閩毛本作王宫當據正

周禮注疏卷三十四挍勘記終

南昌袁泰開挍

附釋音周禮注疏卷第三十五

鄭氏注　賈公彥疏

小司寇之職掌外朝之政以致萬民而詢焉一曰詢國危二曰詢國遷三曰詢立君外朝朝在雉門之外者也國危謂有兵寇之難國遷謂徙都改邑也立君謂無冢適選於庶也鄭司農云致萬民聚萬民也詢謀也詩曰詢于芻蕘書曰謀及庶人○難乃旦反適丁歷反蕘而招反【疏】小司至立君○釋曰外朝之職朝士專掌但小司寇既爲副貳長官亦與朝士同掌之耳故云掌外朝之政以致萬民者案下文羣吏並在内而此經獨云致萬民者但羣吏在朝是常萬民不合在朝惟在大事及疑獄乃致之故特言之也○注外朝至庶人○釋曰外朝在雉門之外則亦在庫門之外也云國危謂有兵寇之難者謂鄰國來侵伐與國爲難者也云國遷謂徙都改邑也者謂王國遷徙若般之盤庚遷殷之類若遷卿大夫都邑不在詢限云立君謂無冢適選於庶也者冢適雙言案内則而言謂適后所生最長者爲冢若無冢適后所生次冢以下爲適則適者非一若無適則於衆妾所生擇立之衆妾所生非一是以須與衆人共詢可否此三者皆採衆心衆同乃可依用也先鄭引詩及書者證致萬民之意也

其位王南鄉三公及州長百姓北面羣臣西面羣吏東面羣臣卿大夫士也羣吏府史也其孤不見者孤從羣臣鄉大夫在公後○鄉許亮反長丁丈反見賢遍反【疏】注羣臣至公後○釋曰案射人及司士孤位皆西方東面北上今此獨在東方西面從羣臣之位者孤無職尊之如賓恒在西但此三詢之朝即朝士所掌之位案朝士外朝云左九棘孤卿大夫位焉羣士在其後右九棘公侯伯子男位焉羣吏在其後面三槐三公位焉州長衆庶在其後以此故知孤從羣臣之位三公北面者案郊特牲君之南鄉荅陽之義也臣之北面荅君也三公臣中之尊北面屈之荅君之意知鄉大夫在公後者以州長衆鄉之屬在公後又二鄉公一人明鄉大夫亦在公後可知也每鄉大夫皆別命鄉爲之六鄉別也

小司寇擯以敘進而問焉以衆輔志而弊謀擯謂揖之使前也敘更也輔志者尊王賢明也○擯兵刃反注同更音庚【疏】小司至弊謀○釋曰云以敘進者案小宰六敘皆先尊後卑則此言以敘進謂先公卿以次而下○注擯謂至明也○釋曰此既在朝立定而問之明擯者無別相見之禮故知以次一一揖之使前問之云輔志者尊王賢明也者專欲難成捨己稽衆聖人無心以百姓心爲心今能以衆輔成己志是尊王賢明者也

以五刑聽萬民之獄訟附于刑用情訊之至于旬乃弊之讀書則用灋附猶著也故書附作付訊言也用情理言之冀有可以出之者十日乃斷之王制曰刑者侀也侀者成也一成而不可變故君子盡心焉鄭司農云讀書則用法如今時讀鞫已乃論之○訊音信盡津忍反鞫九六反【疏】以五至用法○釋曰云附于刑用情訊之者以囚所犯罪附於五刑恐有枉濫故用情實問之使得真實云至于旬乃弊之者緩刑之意欲其欽慎也云讀書則用法者謂行刑之時當讀刑書罪狀則用法刑之○注附猶至論之○釋曰引王制云刑者侀也者上刑爲法下侀爲著謂行法著人身體又訓爲成者意取一成不可變死者不可復生斷者不可更續是其不可變也故君子盡心焉不可濫此釋用情訊之也漢時讀鞫已乃論之者鞫謂劾囚之要辭行刑之時讀已乃論其罪也

凡命夫命婦不躬坐獄訟爲治獄吏褻尊者也躬身也不身坐者必使其屬若子弟也喪服傳曰命夫者其男子之爲大夫者命婦者其婦人之爲大夫之妻者春秋傳曰衛侯與元咺訟甯武子爲輔鍼莊子爲坐士榮爲大理○爲治于僞反咺況阮反鍼其廉反嚴劉音莊左傳作莊案漢書明帝名莊改爲嚴【疏】注爲治至大理○釋曰古者取囚要辭皆對坐治獄之吏皆有嚴威恐獄吏褻尊故不使命夫命婦親坐若取辭之時不得不坐當使其屬或子弟代坐也引喪服傳者喪服經有大夫命婦子夏傳解之云大夫者其男子之爲大夫者也今此云命夫者其男子之爲大夫者誤當以彼爲正云春秋傳者左氏僖二十八年衛侯坐殺弟叔武元咺訴於晉晉使人斷之引之者證命夫命婦不身坐獄訟之事若然元咺甯子鍼莊子皆大夫得坐訟者大夫身不得與士坐訟若兩大夫或代君皆得坐無嫌以是衛侯不得坐使莊子與元咺對坐也若然觀此文命夫命婦惟據大夫不通士案内宰云佐后使治外内命婦先鄭云外命婦卿大夫之妻後鄭云士妻亦爲命婦又閽人云凡外内命夫命婦在内命夫卿大夫士之在宮中者如是士及士妻亦得爲命夫命婦者彼皆據王臣而言王之士有

三命二命一命皆得王命此文兼諸侯臣子男士則不命以是此文命夫命婦惟據大夫爲文不通士也**凡王之同族有罪不即市**鄭司農云刑諸甸師氏禮記曰刑于隱者不與國人慮兄弟〔疏〕注鄭司至兄弟○釋曰此因上論斷獄之事故說王之同族有罪不即市者不與國人慮兄弟也故先鄭云當刑諸甸師氏故甸師云王之同姓有辠則死刑焉是也必於甸師者甸師掌耕耨王籍其場上多屋就隱處刑之引禮記者文王世子文彼據諸侯法云刑于隱者謂就屋中云不與國人慮兄弟者若在市朝刑殺國人見之亦謀慮兄弟是與國人慮兄弟若不於市朝是不與也天子之禮亦然故引爲證也**以五聲聽獄訟求民情**〔疏〕以五至民情○釋曰案下五事惟辭聽一是聲而以五聲目之者四事雖不是聲亦以聲爲本故也案呂刑云惟貌有稽在獄定之後則此五聽亦在要辭定訖恐其濫失更以五聽觀之以求民情也**一曰辭聽**觀其出言不直則煩〔疏〕注觀其至則煩○釋曰直則言要理深虛則辭煩義寡故云不直則煩**二曰色聽**觀其顏色不直則赧然○赧女板反〔疏〕注觀其至赧然○釋曰理直則顏色有厲

理曲則顏色愧赧小爾雅云不直失節謂之慙愧面慙曰赧心慙曰恧體慙曰悛**三曰氣聽**觀其氣息不直則喘○喘昌兗反〔疏〕注觀其至則喘○釋曰虛本心知氣從內發理既不直吐氣則喘**四曰耳聽**觀其聽聆不直則惑○聆音零〔疏〕注觀其至則惑○釋曰尚書云作德心逸日休作僞心勞日拙觀其事直聽物明審其理不直聽物致疑**五曰目聽**觀其眸子視不直則眊然○眸莫侯反劉無不反眊莫報反本又作旄同〔疏〕注觀其至眊然○釋曰目爲心視視由心起理若直實視眄分明理若虛陳視乃眊亂**以八辟麗邦灋附刑罰**辟法也杜子春讀麗爲羅玄謂麗附也易曰日月麗乎天故書附作付附猶著也〔疏〕以八至刑罰○釋曰案曲禮云刑不上大夫鄭注云其犯法則在八議輕重不在刑書若然此八辟爲不在刑書若有罪當議議得其罪乃附邦法而附于刑罰也○注辟法至著也○釋曰以辟爲法謂八者之法子春讀麗爲羅後鄭不從謂麗附也破子春爲羅若作羅則入羅網當在刑書何須更議之也後鄭以不在刑書故須議議訖乃附邦法易曰日月麗于天但天自然無形而得附著者天者自然之氣日月本在虛空而

附自然之氣故得爲附著也**一曰議親之辟**鄭司農云若今時宗室有罪先請是也〔疏〕注鄭司至是也○釋曰親謂五屬之內及外親有服者皆是議限親不假貴故親賢能及功勤若貴亦不假餘賢能之等各據一邊則得入議假令既有親兼有餘事亦不離議限**二曰議故之辟**故謂舊知也鄭司農云故舊不遺則民不偷○偷他侯反徐吐豆反〔疏〕注故謂至不偷○釋曰此故舊據王爲言是以大宗伯注故舊朋友謂共在學者若伐木詩亦是故友之類先鄭引論語故舊不遺則民不偷上行下效亦據人君而說故引爲證議故也**三曰議賢之辟**鄭司農云若今時廉吏有罪先請是也玄謂賢有德行者○行下孟反〔疏〕注鄭司至行者○釋曰先鄭舉漢廉吏爲賢後鄭足成故言賢有德行者謂若鄉大夫興賢者能者賢即有六德六行者也**四曰議能之辟**能謂有道藝者春秋傳曰夫謀而鮮過惠訓不倦者叔向有焉社稷之固也猶將十世宥之以勸能者今壹不免其身以棄社稷不亦惑乎○夫音扶鮮息淺反向許亮反〔疏〕注能謂至惑乎○釋曰云能謂有道藝者此即鄉大夫與能者能有道藝若保氏云掌養國子以道而教之六

藝是國子與賢者有德行兼道藝若能者惟有道藝未必兼有德也引春秋傳者左氏襄二十一年叔向被囚祁奚作此辭以晉侯使赦小罪存大能引之者證以能議也**五曰議功之辟**謂有大勳力立功者〔疏〕注謂有至功者○釋曰此即司勳所掌王功國功之等皆入此功色是以彼皆言功爲首也**六曰議貴之辟**鄭司農云若今時吏墨綬有罪先請是也〔疏〕注鄭司至是也○釋曰先鄭推引漢法墨綬爲貴若據周大夫以上皆貴也墨綬者漢法丞相中二千石金印紫綬御史大夫二千石銀印黃綬縣令六百石銅印墨綬是也**七曰議勤之辟**謂憔悴以事國○憔昨遥反悴秦醉反〔疏〕注謂憔悴以事國○釋曰案詩云或憔悴以事國自此已上七者雖以王爲主諸侯一國之尊賞罰自制亦應有此議法是以議能鄭引叔向之事是其一隅也惟八曰議賓惟據王者而言不及諸侯也**八曰議賓之辟**謂所不臣者三恪二代之後與○與音餘〔疏〕注謂所至後與○釋曰春秋襄二十五年傳云虞閼父爲周陶正而封諸陳以備三恪之言郊特牲云尊賢不過二代之語故鄭云三恪二代之後案樂記云武王克殷及商未及下車而封黃帝之後於薊

封帝堯之後於祝封帝舜之後於陳下車而封夏后氏之後於杞殷之後於宋此皆自行當代禮樂常所不臣爲賓禮禮之故爲賓也言與者經直云賓不斥所據約後同之故云與以疑之也 以三刺斷庶民獄訟之中 中謂罪正所定。刺七賜反斷丁亂反後皆同 〈疏〉注中謂罪正所定。釋曰此經與下文爲目但三刺之言當是罪定斷訖乃向外朝始行三刺庶民已上皆應有刺直言庶民者庶民賤恐不刺賤者尚刺已上刺可知云中謂罪正所定者斷獄終始有三刺刺則罪正所定即當行刑故云罪正所定也 一曰訊羣臣二曰訊羣吏三曰訊萬民 刺殺也三訊罪定則殺之訊言也 〈疏〉注刺殺至言也。釋曰云羣臣者士已上云羣吏者府史胥徒庶人在官者云萬民者民間有德行不仕者云刺殺三刺罪定即殺之但所刺不必是殺餘四刑亦當三刺直言殺者舉漢重者而言其實皆三刺是以下文云聽民之所刺宥而施上服下服之刺是兼輕重皆刺也 聽民之所刺宥以施上服下服之刑 宥寬也民言殺殺之言寬寬之上服劓墨也下服宮刖也。劓魚器反刖音月又五

刮反 〈疏〉注宥寬至刖也。釋曰墨劓施於面故爲上服宮刖施於下體故爲下服凡行刺必先以物規之如衣服乃施刑故言服也 及大比登民數自生齒以上登于天府 大比三年大數民之衆寡也人生齒而體備男八月而生齒女七月而生齒。比毗志反注同上時掌反下注同數所主反 〈疏〉注大比三年至七月生齒。釋曰小司寇至三年大按比之時使司民之官登上民數自生齒已上皆登之小司寇乃登於天府云男八月女七月而生齒者按家語本命男子八月生齒八歲而齔齒女子七月而生齒七歲而齔齒男子陽得陰而生得陰而落女子陰得陽而生得陽而落故男偶女奇也 內史司會冢宰貳之以制國用 人數定而九賦可知國用乃可制耳 〈疏〉注人數至制耳。釋曰內史掌八柄之等司會主計會冢宰所主兼設故皆取副貳民數簿書得民數乃制國用以其國用出於民故也云人數定九賦可知國用乃可制者鄭偏據九賦而言至九貢九功亦可知也 小祭祀奉犬牲 奉猶進也 〈疏〉小祭祀至犬牲。釋曰大祭祀自大司寇奉犬牲若小祭祀王玄冕所祭則小司寇奉進犬牲也

凡禋祀五帝實鑊水納亨亦如之 納亨致牲也其時鑊水當以洗解牲體肉。鑊戶郭反 〈疏〉凡禋至如之。釋曰云禋祀五帝者祭天曰燔柴即禋祀也故云禋祀五帝五帝所祀謂四時迎氣揔享明堂實鑊水以擬洗肉所用也納亨亦如之納亨致牲謂將祭亨祭之晨實以水亨牲也鄭知實鑊水爲洗解牲肉者以下云納亨亦如之是實鑊水亨煑肉故知此是洗肉也封人云共其水槀亦謂洗牲肉也 大賓客前王而辟 鄭司農云小司寇爲王道辟除姦人也若今時執金吾下至令尉奉引矣。辟婢亦反劉符益反一音匹亦反沈音避注同後而辟皆放此道音導 〈疏〉注鄭司至引矣。釋曰下士師云諸侯爲賓帥其屬蹕於王宮饗燕時此小司寇爲王辟亦謂於宮中饗燕在寢及廟時也云若今時執金吾下至令尉奉引者漢時執金吾及令尉爲帝奉引猶如小司寇爲王導故引以爲況 后世子之喪亦如之 〈疏〉后世至如之。釋曰謂后世子之喪當朝廟之時王出入亦爲王而辟也 小師涖戮 小師王不自出之師 〈疏〉注小師至之師。釋曰謂王不自出使卿大夫出軍閫外之事將軍裁之軍將有所斬戮

於社主前則小司寇涖戮也 凡國之大事使其屬蹕 屬士師以下 〈疏〉注屬士師以下。釋曰此國之大事即士師云諸侯爲賓是也士師云帥其屬則士師已下皆蹕故此據而言之 孟冬祀司民獻民數於王王拜受之以圖國用而進退之 司民星名謂軒轅角也小司寇於祀司民而獻民數於王重民也進退猶損益也國用民衆則益民寡則損 〈疏〉孟冬至退之。釋曰前文大比登民數於天府據三年大比而言此則據年年民數皆有增減於孟冬春官祭司民之時小司寇以民數多少獻於王也。注司民至則損。釋曰案星經軒轅角有大民。小民之星是軒轅角也云國用民衆則益民寡則損者國家所用財物由民上而來是以國用多少要由民衆寡故民衆則益豐用之民寡則損儉用之 歲終則令羣士計獄弊訟登中于天府 上其所斷獄訟之數 〈疏〉注上其至之數。釋曰羣士謂鄉士遂士已下皆是必登斷獄之書於祖廟天府者重其斷刑使神監之 正歲帥其屬而觀刑象令以木

鐸曰不用灋者國有常刑令羣士羣士遂士以下〔疏〕注羣士遂士以下。釋曰此所戒應六官各應其所掌知羣士是遂士以下者以其鄉士已入帥其屬中遂士縣士方士訝士等雖是六十官之屬以其主六遂以外漸遠恐不在屬中故經特云令羣士明羣士是遂士以下可知

乃宣布于四方憲刑禁宣偏也憲表也謂縣之也刑禁士師之五禁。偏音遍〔疏〕注宣偏至五禁。釋曰此所宣布則布憲所云者是也此官主之彼乃徧之事相成也

乃命其屬入會乃致事得其屬之計乃令致之於王。會古外反後要會之字皆放此〔疏〕注得其至於王。釋曰命其屬謂命已下屬官使入會計文狀來乃致事與王故云乃乃緩辭

士師之職掌國之五禁之灋以左右刑罰一曰宮禁二曰官禁三曰國禁四曰野禁五曰軍禁皆以木鐸徇之于朝書而縣于門閭左右助也助刑罰者助其禁民爲非也宮王宮也官官府也國城中也古之禁書亡矣今宮門有簿籍官府有無故擅入城門有離載下帷野有田律軍有囂讙夜行之禁其犄可言者。○灋音法左右音佐下音又注左右助也同徇似俊反縣音玄犄劉音粗沈才古反〔疏〕士師至門閭。釋曰凡設五刑者刑期于無刑以刑止刑以殺止殺殺一人使萬人懲是欲不使犯罪令於刑外豫施禁禁民使不犯刑是左右助刑罰無使罪麗于民也云書而縣于門閭者爾雅云巷門謂之閭則縣于處處巷門使知之。注左右至言者。釋曰云宮王宮也者謂皐門也云官官府也者謂廬官人聽事之門云國城中者若王城十二門云古之禁書亡矣者謂在儀禮三千條內而在亡中故舉漢法以況之云離載下帷者謂在車離耦耦載而下帷恐是姦非故禁之云犄可言者古之禁書具不惟如此故云犄可言也

以五戒先後刑罰毋使罪麗于民一曰誓用之于軍旅二曰誥用之于會同三曰禁用諸田役四曰糾用諸國中五曰憲用諸都鄙先後猶左右也誓誥於書則甘誓湯誓大

誥康誥之屬禁則軍禮曰無干車無自後射比其類也糾憲未有聞焉。誥戶報反射食亦反〔疏〕以五至都鄙。釋曰戒與禁謂典法則亦是所用異異其名耳同是告語使不犯刑罰。注先後至聞焉。釋曰先後猶左右也者皆是相助之義異其名而已云甘誓者啓與有扈戰於甘之野作甘誓云湯誓者湯將伐桀以誓衆云大誥者武王崩周公作以成王令以大義告天下以誅三監以作誥云康誥者周公以成王命封康叔於殷墟誥康叔以治政之事故作誥云之屬者乃有泰誓費誓召誥洛誥之等故言之屬也凡誥誓皆因大會乃爲之故用之於軍旅用之於會同也云禁則軍禮曰無干車無自後射比其類也者易比之九五曰王用三驅失前禽注云王因天下顯習兵于蒐狩焉驅禽而射之三則已發軍禮失前禽者謂禽在前來者不逆而射旁去又不射惟其走者順而射之不中亦已是皆所失用兵之法亦如之降者不殺奔者不禁背敵不殺以仁恩養威之道若然此不自後射亦謂不中之後不重射前敵不破則有追法春秋公追戎於濟西是也

掌鄉合州黨族閭比之聯與其民人之什伍使之相安相受以比追胥之事以施刑罰慶賞鄉合鄉所合也追追寇也胥讀如宿偦之偦偦謂司搏盜賊也。比毗志反下同比追如字劉張類反胥如字劉思敘反注偦同搏音博劉音付〔疏〕掌鄉至慶賞。釋曰士師掌鄉中合聚之法者以爲有施刑罰也云州黨族閭比之聯即是鄉合之事云與其人民之什伍者此即因內政寄軍令之類五家爲比比即一伍也二伍爲什據追胥之時云使之相安相受者宅舍有故使當比當閭相受寄託使得安穩也云以比追胥者以比什伍使追胥二事也云以施刑罰慶賞者使鄰伍相及也。注鄉合至賊也。釋曰云追追寇者即公追戎於濟西是也胥讀如宿偦之偦者時有夜宿逐賊謂之偦即司搏盜賊是也

掌官中之政令大司寇之官府中也〔疏〕掌官中之政令。釋曰士師所施政令惟在當官故鄭云大司寇之官府中也

察獄訟之辭以詔司寇斷獄弊訟致邦令詔司寇若今白聽正法解也致邦令者以法報之〔疏〕察獄至邦令。釋曰獄訟辭訴各有司存謂若鄉士遂士縣士方士各主當司之獄訟其有不決來問都頭士師者則士師審察以告大司寇斷獄弊訟也云致邦令者此即所察獄訟斷訖致與本官謂之

致邦令也。掌士之八成鄭司農云：八成者，行事有八篇，若今時決事比。○比，必利反。〔疏〕掌士之八成○釋曰：士之八成，言士者，此八者皆是獄官斷事成品式，士即士師已下是也。○注鄭司至事比○釋曰：先鄭云成者行事有八篇，若今時決事比者，即若小宰八成，凡言成者，皆舊有成事品式，後人依而行之，決事依前比類決之。一曰邦汋鄭司農云：汋讀如酌酒尊中之酌。國汋者，斟汋盜取國家密事，若今時刺探尚書事。○汋，上灼反，注同。斟，之林反。汋音灼。刺，七亦反，又七賜反。〔疏〕注鄭司至書事○釋曰：云汋讀如酌酒尊中之酌者，俗讀之。若今刺探尚書事者，漢時尚書掌機密，有刺探尚書密事斟酌私知，故舉爲況也。二曰邦賊爲逆亂者。〔疏〕注爲逆亂者○釋曰：既云邦賊，罪無過此，故知爲逆亂，若崔杼、州吁之等。三曰邦諜爲異國反間。○諜音牒。間，間厠之間。〔疏〕注爲異國反間○釋曰：異國欲來侵伐，先遣人往間候，取其委曲，反來說之，其言諜諜然，故謂之邦諜。用兵之策，勿善於此，故孫子兵法云：興師十萬，日費千金，內外騷動，以爭一日之勝，而受爵祿金寶於人者，非民之將。故三軍之事，莫密於反間。殷之興也，伊摯在夏；周之興也，呂牙在殷。唯賢聖將能用間以成此兵之要者也。四者犯邦令干冒王教令者。○冒音墨。〔疏〕注干冒王教令者○釋曰：鄭云干冒王教令者，謂犯邦令不肯依行。五曰撟邦令稱詐以有爲者。○撟音矯。〔疏〕注稱詐以有爲者○釋曰：撟即詐也，故鄭云稱詐以有爲者，謂詐上命，營搆僞物之類也。六曰爲邦盜竊取國之寶藏者。○藏，才浪反。〔疏〕注竊取至藏者○釋曰：謂若定八年陽貨盜竊寶玉大弓以出奔之類是也。七曰爲邦朋朋黨相阿，使政不平者。故書朋作傰，鄭司農云：朋讀如朋友之朋。○傰，劉音崩，徐音朋，又補鄧反。〔疏〕注朋黨至之朋○釋曰：朋謂朋黨，阿曲相阿，違國家正法，擅生曲法，使政不平，以罔國法，故曰邦朋也。八曰爲邦誣誣罔君臣，使事失實。〔疏〕注誣罔至失實○釋曰：謂若君臣相得，政教平美，其有佞臣誣以惡事，致使善政失實者也。若邦凶荒，則以荒辯之法治之。鄭司農云：辯讀爲風別之別。救荒之政十有二，而士師別受其數條，是爲荒別之法。玄謂辯當爲貶，聲之誤也。遭飢荒不明判國事有所貶損，作權時法也。朝士職曰：若邦凶荒札喪寇戎之故，則令邦國都家縣鄙慮刑貶。○辯，依注音貶。風別之別，皆彼列反，下傳別及注同。數，所注反。〔疏〕若邦至治之○釋曰：凶荒謂年穀不熟，民皆困苦，則以荒貶之法治之，不得用尋常之法。○注鄭司至刑貶○釋曰：先鄭之言，義無所據，故後鄭不從。後鄭破辨爲貶，從朝士職之文也。朝士職慮刑貶者，彼注謂謀慮緩刑，減損國用，爲民困苦故也。令移民通財，糾守緩刑。移民就賤，救困也。通財補不足也。糾守，衞盜賊也。緩刑，舒民心也。○紓音舒，本亦作舒。〔疏〕注移民至心也○釋曰：移民就賤，謂可移者，將身往也。通財補不足，謂不可移者，即於豐處將財穀以補不足。凡以財獄訟者，正之以傳別、約劑。傳別，中別手書也。約劑，各所特券也。故書別爲辨，鄭司農云：傳或爲付，辨讀爲風別之別，若今時市買爲券書以別之，各得其一，訟則案券以正之。○傳音附，注同。約，於妙反，又如字。〔疏〕注傳別至正之○釋曰：此注云傳別，中別手書也，小宰注爲大手書於一札中，字別之，語異義同。此先鄭云若今時市買爲券書以別之，各得其一，義與後鄭同，故引之。在下小宰注先鄭云傳著約束於大書，別別爲兩，兩家各得其一，後鄭不從先鄭，至此更爲一解，故從之。若祭勝國之社稷，則爲之尸。以刑官爲尸，畧之也。周謂亡殷之社爲亳社。○亳，步各反。〔疏〕注以刑至亳社○釋曰：案鳧鷖詩，宗廟社稷七祀皆稱公尸，不使刑官。今祭勝國之社稷，用士師爲尸，故鄭云用刑官爲尸，畧之也。云周謂亡殷之社爲亳社者，經云勝國，注爲亡殷，又云亳社者，據周勝殷謂之勝，據殷亡即云亡國，即郊特牲云喪國之社必屋之是也。據地而言，即言亳社，春秋亳社災是也。王燕出入，則前驅而辟。道王，且辟行人。○道音導，下三公道、盜賊道同。〔疏〕注道王且辟行人○釋曰：導王解前驅，且辟行人解而辟。王燕出入，謂宮苑皆是。祀五帝，則沃尸及王盥，洎鑊水。洎謂增其沃汁。○洎，其器反，或音臮。〔疏〕注洎謂增其沃汁○釋曰：案特牲、少牢，尸尊，不就洗，入門北面，則以盤匜盥手。王盥，謂將獻尸時，先就洗盥。洎鑊水，增其沃汁，鑊在門外之東，亨牲之爨，言須鑊水就爨增之，亨實鑊水，此官增之，示敬而已。此直言祀五帝沃尸及王盥，其餘冬至夏至及祭先王先公所沃盥者，案小祝職云大祭祀沃尸盥，小臣職云大祭祀朝覲沃王盥，如是則冬至夏至及先王先公，小祝沃尸盥，小臣沃王盥。鬱人云凡祼事沃盥，惟在宗廟爲祼時。凡刉珥，則奉犬牲。

珥讀爲衈。刏衈，釁禮之事。用牲毛者曰刏，羽者曰衈。○刏音機，劉音奇。珥而志反，注衈同。【疏】注珥讀至曰衈。○釋曰：鄭爲衈者，珥是玉名，故破從衈，取用血之意。知刏衈是釁禮者，雜記云「成廟則釁之，門夾室皆用雞，其衈皆於屋下」。彼雖不言刏，刏衈相將，故知是釁禮。知用牲毛者曰刏，羽者曰衈者，雜記雜言衈，即毛曰刏可知。

諸侯爲賓，則帥其屬而蹕于王宮。謂諸侯來朝，若燕饗時。【疏】諸侯至王宮。○釋曰：士師言帥其屬，當官下云「屬上士已下」皆是也。○注謂諸至饗時。○釋曰：經云蹕于王宮，饗在廟，燕在寢，言于王宮，故知燕饗時也。

大喪亦如之。【疏】大喪亦如之。○釋曰：大喪在宮中，謂朝廟，亦在宮中爲蹕也。

大師，帥其屬而禁逆軍旅者與犯師禁者而戮之。逆軍旅，反將命也。犯師禁，于行陳也。○將，子匠反。行，戶剛反。陳，直刃反。【疏】大師至戮之。○釋曰：帥其屬亦謂上士已下。在軍而戮，亦謂戮於社主前。○注逆軍至陳也。○釋曰：逆軍旅反將命者，王在軍，自將違王命，亦是反將命。王不在，梱外之事將軍裁之，亦是反將命。犯師禁于行陳者，干犯軍之行陳。案昭元年，晉荀吳敗狄于大原，將戰，魏絳曰：「請皆卒，自我始。」荀吳之嬖人不肯即卒，斬以徇。襄三年，雞澤之盟，晉侯之弟楊干亂行於曲梁，魏絳戮其僕。魏絳曰：「軍事有死無犯爲敬。」此二者是反將命于行陳之事也。

歲終，則令正要會。定計簿。○簿，步古反。【疏】注定計簿。○釋曰：定計簿者，年終將考之故也。

正歲，帥其屬而憲禁令于國及郊野。去國百里爲郊，郊外謂之野。【疏】注去國至之野。○釋曰：正歲憲禁令者，不除舊布新之義。言于國及郊野者，則自國至百里外皆憲禁之也。云去國百里曰郊，司馬法文。郊外謂之野，爾雅文。

鄉士掌國中，鄭司農云：謂國中至百里郊也。玄謂其地則距王城百里內也。言掌國中，此主國中獄也。六鄉之獄在國中。【疏】鄉士掌國中。○釋曰：鄉士主六鄉之獄，言掌國中者，獄居近六鄉之獄，皆在國中。○注鄭司至國中。○釋曰：先鄭云謂國中至百里郊，後鄭不從者，六鄉地雖在百里郊內，要言國中者，指獄而言，非通百里，在國中，故不從也。是以謂其地則距王城百里內，言掌國中，此主國中獄也。云六鄉之獄在國中，對六遂之獄在四郊者也。

各掌其鄉之民數而糾戒之，鄉士八人，言各者，四人而分主三鄉。【疏】注鄉士至三鄉。○釋曰：鄭以四人分主三鄉者，若以八人共主三鄉，不得言各；既言各，則有部分，故以四人分主三鄉解之也。

聽其獄訟，察其辭。察，審也。【疏】注察審也。○釋曰：鄉士主治獄訟之事，故云聽其獄訟，察其辭。言審者，恐人枉濫也。

辯其獄訟，異其死刑之罪而要之，旬而職聽于朝。辯，異，謂殊其文書也。要之，爲其罪法之要辭，如今劾矣。十日乃以職事治之於外朝，容其自反覆。○劾，戶代反。覆，芳服反。方士職注同。【疏】辯其至于朝。○釋曰：云辨其獄訟者，辯，別也。獄謂爭罪，訟謂爭財，事既不同，文書亦異。云異其死刑之罪者，死與四刑輕重不同，文書亦異。云而要之者，文書既得，乃後取其要辭，雖得要實之辭，罪定，仍至十日乃後以斷刑之職聽斷于外朝。○注辯異至反覆。○釋曰：云要之爲其罪法之要辭，如今劾矣者，劾，實也，正謂棄虛從實，收取要辭爲定。容其自反覆，恐囚虛承其罪，十日不變，即是其實，然後向外朝對衆更詢，乃與之罪。

司寇聽之，斷其獄，弊其訟于朝。

羣士司刑皆在，各麗其灋，以議獄訟。麗，附也。各附致其法以成議也。【疏】司寇至獄訟。○釋曰：此即朝衆聽之事。獄言斷，訟言弊，弊亦斷，異言耳。云羣士司刑皆在者，所謂呂刑云「師聽五辭」一也。恐專有濫，故衆獄官共聽之。云各麗其法者，罪狀不同，附法有異，當如其罪狀，各依其罪，不得濫出濫入，如此以議獄訟也。○注麗附至議也。○釋曰：所議本欲得其實情，故須各致其法以成其議，致法行刑，當與議狀相依也。

獄訟成，士師受中，協日刑殺，肆之三日。受中，謂受獄訟之成也。鄭司農云：士師受中，若今二千石受其獄也。中者，刑罰之中也。故論語曰：「刑罰不中，則民無所措手足。」協日刑殺，協，合也，和也，和合支幹善日，若今時望後利日也。肆之三日，故春秋傳曰「三日棄疾請尸」。論語曰：「肆諸市朝。」玄謂士師既受獄訟之成，鄉士則擇可刑殺之日，至其時而往涖之，尸之三日乃反也。○汁日，音協，本亦作協，下同。不中，丁仲反。措，七故反。【疏】獄訟至三日。○釋曰：此經爲上議得其實，欲行刑之時，故云獄訟成。成謂罪已成定。云士師受中者，士師當受取士成定中平文書爲案。云協日刑殺者，謂鄉士當和合善日行刑及殺之事。云肆之三日者，據死者而言其四刑之類行訖即放不須肆之。注受中至反也。釋曰云若今二千石受其獄也者漢時受二千石祿稟郡守之等受在下已成之獄官支幹善日者十二辰子丑之等是支甲乙丙丁之等是幹若言甲子乙丑丙寅丁卯之類皆以支配幹而言云若今時望後利日也者月大則十六日爲望月小則十五日爲望利日即合刑殺之日是也云肆之三日者肆陳也殺訖陳尸也云春秋傳者襄二十二年楚令尹子南寵觀起楚人患之子南之子棄疾爲王御士王泣告棄疾言子南罪遂殺子南于朝注云子南公子追舒三日棄疾請尸云論語者憲問篇云公伯寮愬子路於季孫子服景伯謂孔子曰吾力猶能肆諸市朝注云大夫於朝士於市公伯寮是士止應云肆諸市連言朝耳引之者皆證肆之三日之事也玄謂士師既受獄訟之成鄉士則擇可刑殺之日至其時而往涖之尸之三日乃反也者乃反謂收取其尸鄭言此者經云士師受中協日刑殺文無分別恐是士師受中還是士師刑殺故須辨之知非士師刑殺者以其士師是司寇之考摠攝諸士所刑殺者鄉士遂士縣士方士各自往涖之若一一遣士師自行於理不可是以鄭爲此解也。若欲免之則王會其期免猶赦也期謂鄉士職聽于朝司寇聽之日王欲赦之則用此時親往議之〔疏〕若欲至其期。釋曰所司折斷已得其實情狀案既成乃始就朝詳斷王雖欲免必無免法但王者恩深愛物庶欲免之恐有濫行理須親會者也

大祭祀大喪紀大軍旅大賓客則各掌其鄉之禁令帥其屬夾道而蹕屬中士以下。夾古治反劉古協反〔疏〕注屬中士以下。釋曰此四者六鄉皆有其事大祭祀若祭天四時迎氣即於四郊大喪紀當葬所經道大軍旅王出行所經過大賓客四方諸侯來朝各由方而入並過六鄉路以是故各掌其鄉之禁令當各帥其屬夾道而蹕知屬是中士以下者鄉士身是上士故云中士以下。三公若有邦事則爲之前驅而辟其喪亦如之鄭司農云鄉士爲三公道也若今時三公出城郡督郵盜賊道也。爲于僞反遂士縣士訝士職同〔疏〕三公至如之。釋曰三公有邦事須親自入鄉則鄉士爲公作前驅引道而辟止行人云其喪亦如之者謂公卿大夫之喪死於此者及葬爲之前驅而辟。注鄭司至道也。釋曰云郡督郵盜賊道也者郵謂郵行往來盜賊謂舊爲盜賊即不良之人故郡內督察郵行者是盜賊之人使之道以況古鄉士爲道相類也

凡國有大事則戮其犯命者〔疏〕凡國至命者。釋曰國有大事言戮犯命者止謂征伐田獵之大事故有犯命刑戮之事也。

遂士掌四郊鄭司農云謂百里外至三百里也玄謂其地則距王城百里以外至二百里言掌四郊者此主四郊獄六遂之獄在四郊也〔疏〕注鄭司至四郊。釋曰先鄭云百里外至三百里也者見縣士云掌野去王城四百里曰縣故曰小都任縣地方士云掌都家謂去王城五百里既以鄉士所掌爲去王城百里內惟有二百里三百里二處在當是此遂士掌之故爲此解後鄭不從玄謂其地則距王城百里以外至二百里者後鄭意六遂之地則在二百里中但獄則不在二百里中當在百里四郊上置之亦若六鄉地在王城外獄則在城中然故更云言掌四郊此主四郊之獄六遂之獄在四郊也各掌其遂之民數而糾其戒令遂士十二人言各者二人而分主一遂〔疏〕注遂士至一遂。釋曰遂士十二人序官文亦如鄉士若摠掌不分不得云各既言各掌十二人有六遂是二人分主一遂可知聽其獄訟察其辭辨其獄訟異其死刑之罪而要之二旬而職聽于朝司寇聽之斷其獄弊其訟于朝羣士司刑皆在各麗其灋以議獄訟獄訟成士師受中協日就郊而刑殺各於其遂肆之三日就郊而刑殺者遂士也遂士擇刑殺日至其時往涖之如鄉士爲之矣言各於其遂者四郊六遂遂處不同〔疏〕聽其至三日。釋曰此一經亦如鄉士獄成就朝聽斷事有異者二句與鄉士別以其去王城漸遠恐多枉濫故至二旬容其反覆也云就郊而刑殺者鄉士之獄在國中不須言就此在郊差遠故云就郊也言各於其遂者六鄉之獄并在國中不得言各六遂之獄分在四郊之上故須言各也。注就郊至不同。釋曰鄭云就郊而刑殺者遂士也者經云士師受中即云協日就郊刑殺觀其文勢亦恐士師刑殺故云遂士也云遂處不同者六遂分置四郊之外有六處獄還六處置之故云不同也若欲免之則王令三公會其期令猶命也王欲

放之則用遂士職聽之時命三公往議之〔疏〕注令猶至議之。○釋曰若會其期皆在外朝但民有遠近故六鄉獄王自會其期六遂獄差遠使三公會其期也云令猶命者上文鄉士云命此變命云令令命義不殊故云令猶命也

若邦有大事聚衆庶則各掌其遂之禁令帥其屬而蹕大事王所親也〔疏〕注大事王所親也。○釋曰案上鄉士在四郊內有大祭祀大喪紀等四事事多故須歷陳此在四郊之外無大祭祀大喪紀惟有大軍旅大賓客出入所經二者有聚衆庶之事故揔云大事聚衆庶耳此雖不言夾道亦當夾道蹕也六卿若有邦事則爲之前驅而辟其喪亦如之凡郊有大事則戮其犯命者〔疏〕六鄉至命者。○釋曰若六鄉近則使三公有邦事此六遂差遠邦事使六卿往云其喪亦如之者亦謂公卿大夫之喪死於其中者亦爲之前驅而辟也云郊有大事者亦謂六遂之民從軍征伐田獵戮其犯命也

縣士掌野鄭司農云掌三百里至四百里大夫所食晉韓須爲公族大夫食縣玄謂地距王城二百

里以外至三百里曰野三百里以外至四百里曰縣四百里以外至五百里曰都都縣野之地其邑非王子弟公卿大夫之采地則皆公邑也謂之縣縣士掌其獄焉言掌野者郊外曰野大揔言之也獄居近野之縣獄在二百里上縣之縣獄在三百里上都之縣獄在四百里上〔疏〕注鄭司至里上。○釋曰先鄭意遂士既主二百里三百里又案載師職小都任縣地在四百里中故云掌三百里至四百里云大夫所食云晉韓須爲公族大夫食縣者即載師職云小都任縣地一也案昭五年楚薳啓彊曰晉韓襄爲公族大夫韓須受命而使矣注云襄韓無忌子也爲公族大夫須起之門子言雖幼已任出使如是韓須不爲大夫言受命而使明時爲公族大夫但年幼或此注當爲韓襄知食縣者下有十家九縣注云韓氏七邑是也玄謂地距王城二百里以外至三百里曰野三百里以外至四百里曰縣四百里以外至五百里曰都鄭言此者欲明此三處之中有三等公邑故更云都都縣野之地其邑非王子弟公卿大夫之采地則皆公邑也者王子弟依三等臣分爲三處公在五百里疆地卿在四百里縣地大夫在三百里稍地給此三等采地之外皆是公邑故云則皆公邑案載師注使大夫治此公邑之民二百里三百里其大夫如州長四百里五百里其大夫如縣正云謂之縣縣士掌其獄焉者主三等之獄揔謂之縣士也云掌野者郊外曰野大揔言之者爾雅云郊外曰野者非謂郊外二百里之中縱四百及五百里皆得謂之野是以遂人亦云掌野野亦謂百里郊外至五百里皆稱野故鄭彼注及此注皆云郊外曰野是大揔而言也鄭言此者欲見縣士云掌野掌三百里外至五百里三處之獄皆是野耳云獄居近者從鄉士掌國中已外遂士掌四郊皆據近而言明此縣士三等獄以次據近而置云野之縣獄在二百里上縣之縣獄在三百里上都之縣獄在四百里上者以三處獄皆名縣者自二百里外有稍縣都縣居中故皆以縣獄爲名若言野縣都據本爲稱若然云掌野則三處揔名野及歷言之則惟三百里得名野者以其以外四百里五百里有縣都之名還指本號二百里中地雖有稍名縣士既言掌野不得不存一野以爲獄名故也案載師云公邑在甸地則二百里中亦有公邑縣士惟掌三百里已外其二百里獄遂士兼掌之矣各掌其縣之民數糾其戒令而聽其獄訟察其辭辨其獄訟異其死刑之罪而要之二旬而職聽于朝司寇聽之斷其

獄弊其訟于朝羣士司刑皆在各麗其灋以議獄訟獄訟成士師受中協日刑殺各就其縣肆之三日刑殺各就其縣者亦謂縣士也〔疏〕注刑殺至士也。○釋曰上鄉士遂士皆解分人各主之義至此縣士鄭雖不言案序官縣士三十有二人縣獄既有三處蓋三百里地狹人少當十人四百里五百里地廣民多當各十一人以是故得云各掌其縣之民數也三旬者亦是去王漸遠故加至三旬容其自反覆云亦謂縣士者亦以經文勢相連恐士師刑殺故須解之若欲免之則王命六卿會其期期亦謂縣士職聽之時〔疏〕注期亦至之時。○釋曰以其差遠故不使三公而使六卿會其期也

若邦有大役聚衆庶則各掌其縣之禁令若大夫有邦事則爲之前驅而辟其喪亦如之

凡野有大事則戮其犯命者野距王城二百里以外及縣都〔疏〕

若邦至命者。釋曰：直言大役，不言大事，又不言帥其屬而蹕者，則非王行征伐之事，謂起大役，役使民衆，故直各掌其縣之禁令而已。其喪亦謂公卿大夫之喪有死於此者。云「凡野有大事，則戮其犯命者」，謂有軍事於此而犯命者也。注「野距至縣都」。釋曰：上掌野雖已解野，今此文云凡野，恐有別義，故鄭詳言之。云「野距王城二百里以外及縣都」者，若如此言，則不通二百里以内，故云距王城二百里以外，從野三百里、縣則四百里、都則五百里，還是縣士獄之所主三處也。

方士掌都家，鄭司農云：掌四百里至五百里，公所食，魯季氏食於都。玄謂都，王子弟及公卿之采地，家，大夫之采地。大都在畺地，小都在縣地，家邑在稍地。不言掌其民數，民不純屬王。○畺，居良反。【疏】注「鄭司至屬王」。釋曰：先鄭意，縣士既掌四百里中，故此方士掌五百里之中。云「公所食」者，謂載師所云大都任畺地者也。引魯季氏食於都者，謂諸侯大都與三公同。後鄭不從，謂都，王子弟及公卿之采地，家，大夫之采地者，欲見此經都是載師大都任畺地，小都任縣地，家是家邑任稍地。王子弟親者與公同百里，稍疏者與卿同五十里，更疏者與大夫同二十五里。引載師職大都在畺地以下為證者，是不從先鄭之驗。若先鄭以采地唯在四百里、五百里之中，載師何得有三等之主乎？

是以後鄭縣士自掌三等公邑之獄，方士自掌三等采地之獄。且縣士掌三等公邑之獄，親自掌之；若方士掌三等采地之獄，遥掌之，采地自有都家之士掌獄，有事上於方士耳。云「不言掌其民數，不純屬王」者，采地之民雖在王畿之內，屬采地之主，類畿外之民屬諸侯，故云不純屬王。

聽其獄訟之辭，辨其死刑之罪而要之，三月而上獄訟于國。三月乃上要者，又變朝言國，以其自有君異之。○上，時掌反，注下並同。【疏】注「三月至異之」。釋曰：此則上文都家之士自治其獄，獄成，上王府，亦於外朝詳聽之事。云「三月」及言「國」，自有君異之者，謂異於鄉士、遂士、縣士之等。

司寇聽其成于朝，羣士司刑皆在，各麗其灋，以議獄訟。成，平也。鄭司農說以春秋傳曰：晉邢侯與雍子爭鄐田，久而無成。○鄐，許六反，劉勑六反，或音勗。【疏】司寇至獄訟。釋曰：上三處直言司寇聽之，此獨云聽其成者，成謂采地之士所平斷文書，亦是異之類也。注「成平至無成」。釋曰：云「春秋傳」者，左氏昭公十四年之事。言晉邢侯是楚人，時在晉，故與雍子爭鄐田也。引之者，證成是獄成之

事。**獄訟成，士師受中，書其刑殺之成與其聽獄訟者。**都家之吏自協日刑殺，但書其成與治獄之吏姓名，備反覆有失實者。【疏】注「都家至實者」。釋曰：謂書其刑殺之成及聽獄人名於上，亦是自有君，異於鄉士之等也。

凡都家之大事聚衆庶，則各掌其方之禁令。方士十六人，言各掌其方者，四人而主一方也。其方以王之事動衆，則為班禁令焉。【疏】凡都至禁令。釋曰：都家云大事聚衆庶者，則下文修其縣法是也。○注「方士至令焉」。釋曰：方士十六人，序官文。若不分主，則不得云各掌，故知分之。

以時脩其縣灋，若歲終，則省之而誅賞焉。縣法，縣師之職也。其職掌邦國、都鄙、稍甸、郊野之地域，而辨其夫家、人民、田萊之數，及其六畜、車輦之稽。方士以四時脩此法，歲終又省之，則與掌民數亦相近。○近，附近之近。【疏】注「縣法至相近」。釋曰：縣師其職普掌天下，故云邦國據畿內大都五百里，小都四百里，稍據三百里，甸據二百里，郊野據百里，徧天下矣。夫家猶言男女，人民據家之奴婢。云「與掌民數亦相近」者，上鄉士之等皆言

民數，惟方士不言，今此縣師云夫家之數，即與民數亦相近。言相近者，依縣師而知，故云相近也。

凡都家之士所上治，則主之。都家之士，都士、家士也。所上治者，謂獄訟之小事不附罪者也。主之，告於司寇聽平之。○治，直吏反，注同，下有治並同。【疏】注「都家至平之」。釋曰：以序有都士、家士，此云凡都家之士，明是彼都士、家士也。云「所上治者，謂獄訟之小事不附罪者」，以其上文已有士師受中，為附罪之大事，明此是小事。

訝士掌四方之獄訟，鄭司農云：四方諸侯之獄訟。【疏】注「鄭司至獄訟」。釋曰：案尚書呂刑云「四方司政典獄」，據諸侯為言。此訝士亦云掌四方獄訟，又下文論罪刑于邦國，皆言諸侯之事，故先鄭云諸侯之獄訟也。

諭罪刑于邦國。告曉以麗罪及制刑之本意。【疏】注「告曉至本意」。釋曰：諭為曉，故云告曉。以麗罪，麗罪者，謂斷獄附罪輕重也。云「及制刑之本意」者，聖人所作刑法，正為息民為惡，故云刑期無所刑，以殺止殺，是制刑之本意。以此二者告曉於諸侯。

凡四方之有治於士者造焉。謂讞疑辨事，先來詣，乃通之於士也。士主謂士師也。如今郡國亦時遣主者吏詣廷尉議者。○造，七報反。

讞魚竭反【疏】注謂讞至議者○釋曰謂四方諸侯有疑獄不決遣使上王府士師者故云四方之有治於士者知士是士師者以其士師受中故知疑獄亦士師受之也云造焉者謂先造詣訝士乃通之士師也讞白也謂諮白疑辨之事漢時獄官號廷尉也

四方有亂獄則往而成之亂獄謂若君臣宣淫上下相虐者也往而成之猶呂步舒使治淮南獄【疏】注亂獄至南獄○釋曰云君臣宣淫上下相虐者謂若左氏傳宣九年陳靈公與孔寧儀行父共淫徵舒之母夏姬衷其衵服以戲于朝又公曰徵舒似汝對曰亦似君泄冶諫被殺後徵舒射殺靈公二子奔楚楚爲討陳殺徵舒是君臣宣淫上下相虐之事云往而成之猶呂步舒使治淮南獄者案前漢書儒林傳呂步舒事江都相董仲舒明春秋公羊仕爲丞相長史于時淮南王劉安與其大子遷謀反漢武帝詔使宗正劉德與呂步舒窮驗其事故注者引之

邦有賓客則與行人送逆之入於國則爲之前驅而辟野亦如之居館則帥其屬而爲之蹕誅戮暴客者客出入則

道之有治則贊之送逆謂始來及去也出入謂朝覲於王時也春秋傳曰晉侯受策以出出入三覲入國入野自以時事○道音導【疏】注送逆至時事○釋曰云送逆謂始來及去也者以其訝士主以迎送諸侯故從來至去皆送迎之禮也知出入是朝覲於王者以其言出入與晉侯稱出入同故引晉侯事案僖二十八年襄王策命晉侯爲侯伯晉侯受策以出出入三覲注云出入猶去來也從來至去凡三見王上公廟中將幣三享王禮再祼而酢饗禮九獻食禮九舉三勞三問出入三覲爲行此禮是出入爲朝覲云入國入野自以時事者以其外國至此入國須有親故相見之法入野須有採取之宜並是私事故云時事也

凡邦之大事聚衆庶則讀其誓禁【疏】凡邦至誓禁○釋曰大事者自是在國征伐之等聚衆庶非諸侯之事也則訝士讀其誓命之辭及五禁之法也

朝士掌建邦外朝之灋左九棘孤卿大夫位焉羣士在其後右九棘公侯伯子男位焉羣吏在其後面三槐三公位焉州長衆庶在其後左嘉石平罷民焉右肺石達窮民焉樹棘以爲位者取其赤心而外刺象以赤心三刺也槐之言懷也懷來人於此欲與之謀羣吏謂府史也州長鄉遂之官鄭司農云王有五門外曰皋門二曰雉門三曰庫門四曰應門五曰路門路門一曰畢門外朝在路門外内朝在路門内左九棘右九棘故易曰係用徽纆寘于叢棘玄謂明堂位說魯公宫曰庫門天子皋門雉門天子應門言魯用天子之禮所名曰庫門者如天子皋門所名曰雉門者如天子應門此名制二兼四則魯無皋門應門矣檀弓曰魯莊公之喪既葬而經不入庫門言其除喪而反由外來是庫門在雉門外必矣如是王五門雉門爲中門雉門設兩觀與今之宫門同閽人幾出入者窮民蓋不得入也郊特牲譏繹於庫門内言遠當於廟門廟在庫門之内見於此矣小宗伯職曰建國之神位右社稷左宗廟然則外朝在庫門之外皋門之内與今司徒府有天子以下大會殿亦古之外朝哉周天子諸侯皆有三朝外朝一内朝二内朝之在路門内者或謂之燕朝○長丁丈反注同罷音皮司圜職同刺七賜反下同纆亡北反示于之豉反

又如字本或作寘叢才公反觀古亂反闟音昏纆音亦徐音夕見賢遍反與音餘下國服與同【疏】注樹棘至燕朝○釋曰云取其赤心而外棘者據王詢三刺而言云槐之言懷也者懷來人於此欲與之謀此亦據三詢而言也云州長鄉遂之官者州長是鄉之官兼言遂者鄉之官既在此明六遂之官亦在此故言遂以苞之先鄭云王有五門外曰皋門二曰雉門三曰庫門四曰應門五曰路門路門一曰畢門者畢門之言出自顧命故顧命云二人爵弁執惠立於畢門之内是也云外朝在路門外内朝在路門内者此後鄭皆不從云左九棘右九棘故易曰係用徽纆寘于叢棘者證九棘之朝斷罪人之朝也云玄謂明堂位說魯公宫曰庫門天子皋門雉門天子應門言魯用天子之禮所名曰庫門者如天子皋門所名曰雉門者如天子應門此名制二兼四後鄭言此者欲破先鄭以天子雉門在庫門外爲之若然魯作庫門名曰皋門其制則與天子皋門同是制一兼二庫門向外兼一得皋門矣魯作雉門名曰應門其制與天子應門同是亦制一兼二則雉門向内兼得應門矣是魯制二兼四之事魯之庫門既向外兼皋門魯之雉門又向内兼應門則天子庫門在雉門外何得庫門倒在雉門内此爲一明又引檀弓曰魯莊公之喪既葬而經不入庫門言其除喪而反由外來是庫門在

雉門外必矣者，時魯有慶父作亂，閔公遭莊公之喪，既葬之後不得既虞變服，既葬而反，則除喪也，服吉而入，以服慶父之心故也。若庫門在內，雉門在外，應云而經不入雉門，何得云不入庫門，故鄭云是庫門在雉門外必矣。上以制二兼四推出庫門在雉門外，將爲未大明，更以經不入庫門乃大明，故言必矣。云如是王五門雉門爲中門已下，更欲破先鄭外朝在路門外事。雉門既爲中門，設兩觀，公羊傳文與今外之宮門同，輿漢以況周矣。云閽人幾出入者，窮民蓋不得入也者，若外朝在路門外，中門內，外朝有肺石達窮民，中門外既有閽人幾，則何得度中門入于路門乎，明外朝在中門外矣。又引郊特牲及小宗伯者，欲見庫門內雉門外中門不得置外朝之事。何者，郊特牲譏繹于庫門內，言遠，謂譏其太遠。云當於廟者，宜在廟門西，故云當於廟也。云廟在庫門間之內見於此矣者，欲見中門外有廟。又引小宗伯者，見社廟在中門外。既然中門外有社稷宗廟，在於左右，不得置外朝可知。云然則外朝在庫門之外，皐門之內與者，無正文，推量爲義，故云與以疑之也。舉漢法者，況義耳。云天子諸侯皆有三朝，外朝一，內朝二者，天子外朝一者，即朝士所掌者是也；內朝二者，司士所掌正朝，大僕所掌路寢朝，是二也。諸侯內朝二者，玉藻云朝于內朝，朝羣臣，辨色始入，君日出而視朝，退適路寢，使人視大夫，大夫退，然後適小寢，彼亦路門外內二者爲內朝二。閔二年季友將生，卜人云間于兩社爲公室輔，兩社，周社亳社，是兩社在大門內中門外，爲外朝，是諸侯外朝一內朝二。三文疏已在射人。云在路門內或謂之燕朝者，大僕云掌燕朝之服位是也。

帥其屬而以鞭呼趨且辟。趨朝辟行人執鞭以威之。○趨本又作趨，同七須反，劉音清欲反。疏 帥其至且辟○釋曰：其屬者，案序官朝士中士六人，府三人，史六人，胥六人，徒六十人，云帥其屬者，是徒六十人爲之。

禁慢朝、錯立族談者。慢朝謂臨朝不肅敬也。錯立族談，違其位僔語也。○僔，徐子損反，劉才官反，李一音纂。疏 注慢朝至語也○釋曰：朝士所禁則無間貴賤皆禁之。云錯立族談者，族，聚也。云違其位，解錯立；僔亦聚也，聚語，解族談也。○

凡得獲貨賄、人民、六畜者，委于朝，告于士，旬而舉之，大者公之，小者庶民私之。俘而取之曰獲。委於朝十日，待來識之者。人民謂刑人奴隸逃亡者，司隸職曰帥其民而搏盜賊。鄭司農云：若今時得遺物及放失六畜，持詣鄉亭縣廷，大者公之，大物沒入公家也；小者私之，小物自畀也。玄謂人民之小者未齔七歲以下。○俘音孚，搏音傅，又音付，失音逸，又如字，畀必二反，齔初謹反，又勑謹反，劉測吝反，沈劉允反，毀齒也。疏 注俘而至以下○釋曰：經云告于士者，得物之人告朝士，乃委之於朝。云俘而取之曰獲者，則得者非所俘也。所俘即人民六畜，其餘貨財之等稱得。云人民謂刑人奴隸逃亡者，謂所犯大罪身死，男女幼者沒入縣官爲奴隸而逃亡者也，即司隸職所云者也。云玄謂人民之小者未齔七歲以下者，案家語本命，男子七歲而齔齒，女子八歲而齔齒，此言七歲，據男子，若女子則八歲。皆別人所生，諸處八歲是男，七歲是女。

凡士之治有期日，國中一旬，郊二旬，野三旬，都三月，邦國朞。期內之治聽，期外不聽。鄭司農云：謂在期內者聽，期外者不聽，若今時徒論決滿三月不得乞鞫。○治，直吏反，下之治、以治及司民職王治并注同。期，居其反。鞫，九六反，劉已日反。疏 凡士至不聽○釋曰：云凡士之治有期日者，即上文鄉士聽訟于朝者，鄉士一旬，遂士二旬，期日即上鄉士遂士之等獄訟成，來於外朝，職聽遠近節之，皆有期日。云國中者，謂獄在國中，據鄉士；云郊二旬者，謂獄在郊，據遂士；云野三旬者，謂野之縣獄，三處皆是野；云都三月者，謂方士掌都家；云邦國朞者，謂訝士。雖不云期日，差之，邦國當訝士所掌。云期內之治聽，期外不聽者，所以省煩息訟也。

凡有責者，有判書以治則聽。判，半分而合者。故書判爲辨。鄭司農云：謂若今時辭訟有券書者爲治之。辨讀爲別，謂別券也。玄謂古者出責之息亦如其國服與。○爲治，于僞反，下爲治、爲民同。別，彼列反，下同。疏 注判半至服與○釋曰：云判半分而合者，即質劑傅別分支合同，兩家各得其一者也。云玄謂古者出責之息亦如國服與者，案泉府云凡民之貸者以國服爲之息，彼謂貸官物之法，今此是私民謂出責之法，無正文，約與之同，故云與以疑之。若然，國服者，如地之出稅，依載師近郊十一之等，若近郊民取責一歲十千出一千，遠郊二十而三者，二十千歲出三千，已外可知。之國服依國民服事出稅法，故名國服也。

凡民同貨財者，令以國法行之，犯令者，刑罰之。鄭司農云：同貨財者，謂合錢共賈者也。以國法行之，司市爲節以遣之。玄謂同貨財者，富人畜積者多時收斂之，乏時以國服之法出之，雖有騰躍，其贏不得過此，以利出者與取者過此則

罰之若今時加貴取息坐臧○共如字賈音古畜勅六反【疏】
積子賜反又如字出尺遂反劉勅類反又如字坐才卧反
凡民至罰之○釋曰云同貨財者謂財主出債與生利還生
則同有貨財今以國法即國服爲之息利故云國法行
之犯令者違國法也○注鄭司至坐臧○釋曰先鄭所解無
所依據後鄭不從故云雖有騰躍其贏者謂販易得利多少
者爲騰躍其贏謂其贏利騰踴一躍而出故晉灼曰言市物
賤預買畜之物貴而出賣之故使物騰躍是其事以利出者
與取者依常契獲利取者又騰躍所贏
二者俱有利物違國服則爲犯令得刑　凡屬責者以
其地傳而聽其辭　鄭司農云謂訟地畔界者田地町畔相比屬故謂之屬責以地傳而
聽其辭以其比畔爲證也玄謂屬責轉責使人歸之而本主
死亡歸受之數相抵冒者也以其地之人相比近能爲證者
來乃受其辭爲治之○屬如字或音燭注同傳音付注同町
徒頂反又他頂反比毗志反下及下文大比同抵丁禮反○
【疏】注鄭司至治之○釋曰先鄭見經有地即以爲訟地畔
界解之後鄭不從以其經稱責地畔界不得名責其云
地傳者先鄭皆以音附爲傳近讀之云玄謂屬責轉責使人
歸之者謂有人取他責乃別轉與人使子本依契而還財主

財主死亡者轉責者或死或亡也受責之人見轉責者死亡
則詐言所受時少是歸受之數相抵冒也云則以其地之人
相比近能爲證者來乃受其辭爲治之者謂以其地相比近
委其事實故引以爲證也言能爲證者則有不能爲證之法
地雖相近有不知者則不能爲
證乃不受其辭而不治之也○　凡盜賊軍鄉邑及家
人殺之無罪　鄭司農云謂盜賊羣輩若軍共攻盜鄉邑
及家人者殺之無罪若今時無故入人室
宅廬舍上人車船牽引人欲犯法者其時格
殺之無罪○上時掌反下文以上幷注同【疏】注鄭司至無罪○釋
曰盜賊並言者盜謂盜取人物賊謂殺人曰賊鄉據鄉黨之
中邑據郭邑之內家人者先鄭舉漢賊律云牽引人欲犯法
則言家人者欲爲
姦淫之事故攻之　凡報仇讎者書於士殺之無罪
謂同國不相辟者將報之
必先言之於士○辟音避【疏】注謂同至於士○釋曰凡仇
人皆王法所當討得有報仇
者謂會赦後使已離鄉其人反來還於鄉里欲
報之時先書於士士即朝士然後殺之無罪　若邦凶
荒札喪寇戎之故則令邦國都家縣鄙慮刑

貶　故書慮爲憲貶爲窆杜子春云窆當爲禁憲謂幡書以
明之玄謂慮謀也貶猶減也謂當圖謀緩刑且減國用
爲民困也所貶視時爲【疏】若邦至刑貶○釋曰凶荒謂年
多少之法○窆彼驗反　穀不孰札喪謂疫病及死喪寇
戎謂鄰國交侵邦國據畿外都家謂畿內三等采地縣鄙謂
六遂之內不言六鄉舉六遂則六鄉亦在其中云慮刑貶者
謂國有此事則朝士當謀慮緩刑自貶損之不得仍依常法
也○注故書至之法○釋曰子春以爲憲與禁後鄭謂所貶
視時爲多少之法此經所有之事重民益困則所貶多所有
之事輕民困不至甚則所貶少故云視時爲多少之法也○
司民掌登萬民之數自生齒以上皆書於版
辨其國中與其都鄙及其郊野異其男女歲
登下其死生　登上也男八月女七月而生齒版今戶籍
也下猶去也每歲更著生去死○去起呂
反下同著【疏】注登上至去死○釋曰云辨其國中與其都
丁略反○　鄙者國中據六鄉在城中者都鄙據三等采
地及其郊野者郊謂六鄉之民在四郊者野謂六遂及四等
公邑是偏畿內矣云男八月女七月而生齒者家語本命篇

疏已具
於上○　及三年大比以萬民之數詔司寇司寇
及孟冬祀司民之日獻其數于王王拜受之
登于天府內史司會冢宰貳之以贊王治　鄭司
農云文昌宮三能屬軒轅角相與爲體近文昌爲司命次司
祿次司民玄謂司民軒轅角也天府主祖廟之藏者贊佐也
三官以貳佐王治者當以民多少黜陟
主民之吏○能吐才反近附近之近○【疏】及三至王治○釋曰云及孟冬
祀司民之日者謂司寇於春官孟冬祭祀司民星之日以與
司寇爲節此日司寇獻其民數于王云王拜受之登于天府
者重此民數民爲邦本故也云內史司會冢宰貳之者以其
內史掌八柄司會掌天下六計冢宰貳王治事皆掌大事故
皆寫一通副貳民數藏之所以贊助王之治也○注鄭司至
之吏○釋曰先鄭云文昌宮三能屬軒轅角相與爲體近文
昌爲司命次司中次司祿次司民武陵太守星傳文昌第一
曰上將第二曰次將第三曰貴相第四曰司命第五曰司中
第六曰司祿不見有司民三台六星兩兩相居起文昌東南
別在大微亦無司民之事故後鄭不從云司民軒轅角也者

案軒轅星有十七星如龍形有兩角角有大民小民故依之也云戁陟主民之吏者即六鄉六遂大夫公邑大夫采地之主皆是也

附釋音周禮注疏卷第三十五

大清嘉慶二十[illegible]
用文選樓藏本校

盧宣旬校

知南昌府張敦仁署鄱陽縣候補知州周澍栞

周禮注疏卷三十五挍勘記　阮元撰盧宣旬摘錄

附釋音周禮注疏卷第三十五

小司寇

鄉大夫在公後 諸本皆誤作卿大夫惟此本不誤按賈疏鄉大夫有申釋之辭

知鄉大夫在公後者 惠挍本閩本同監毛本鄉誤卿

小司寇擯以敘進而問焉 唐石經諸本同葉鈔釋文作賓以必刃反注同

與有可以出之者 錢鈔本嘉靖本閩本同大字本監毛本與作冀

如今時讀鞫已 岳本鞫作鞠俗字

其婦人之爲大夫之妻者 大字本錢鈔本嘉靖本閩本同監毛本作大夫妻脫之

理曲則顏色愧赧小爾雅云 宋本曲作慮無爾

觀其眸子視 閩監毛本同大字本岳本嘉靖本眸作牟葉鈔釋文及錢鈔本載音義同當據正○按說文無眸字漢人祗用牟

杜子春讀罷爲羅 岳本羅改罷非○按羅羅古今字說文無羅

日月麗乎天 宋本嘉靖本乎作于此本疏中引易同

故書附作付附猶著也 大字本錢鈔本岳本嘉靖本閩本同監毛本脫下附

則民不偷 閩監毛本同大字本岳本嘉靖本偷作愉葉鈔釋文及岳本載音義同此作偷俗字○按說文無偷

上行下效 毛本同閩監本效作効

故引爲證議故也 宋本同閩監毛本爲改以

祁奚作此辭以告晉侯 宋本告作諫

謂有大勳力立功者大字本錢鈔本嘉靖本毛本同閩監本力改勞非

銀印黃綬漢制考作青綬

云虞閼父爲周陶正惠按本同閩監毛本云作有此誤下郊特牲有同

而施上服下服之刑閩本同監毛本而作以依經所改

其時鑊水當以洗解牲體肉盧文弨曰通考引此時作實按疏云鄭知實鑊水爲洗解牲肉者據疏本作實字

士師

以左右刑罰唐石經諸本同毛本罰改罸注及下並同

今宮門有簿籍閩本同誤也大字本錢鈔本嘉靖本監毛本皆作符籍漢制考所引同當據正

謂廬宮人聽事之門閩本同監毛本宮作官

謂在車離耦耦載而下帷漢制考耦字不重○按不重者非也在車離耦謂獨坐一車者耦載而下帷謂同坐一車而下帷皆形迹可疑

古之禁書其下帷如此閩監毛本其下作具不元本閩監毛本是也

比其類也大字本錢鈔本嘉靖本毛本同岳本比作此監本同閩本先作比後改此疏中同按賈疏本作比引易比九五釋之釋文比字無音蓋陸本作此也漢制考作比○按疏引比九五爻辭以爲無干車無自後射之證於此其類無涉也禁之凡必多引此軍禮一條而曰此其類也猶上云之屬耳比字必是譌字疏亦未嘗作比也

周公作以成王令惠按本同閩本剜改作以爲輔相監毛本從之則令字屬下以大義告天下爲句

乃有秦誓費誓召誥洛誥之等閩本同監毛本乃改仍

掌鄉合州黨族閭比之聯唐石經族誤旇監本聯改聫

胥讀如宿偦之偦毛本下偦誤胥漢讀考作讀爲云今本作如誤○按說文無偦此漢字之不見於說文者凡說文所無不得盡謂之俗字

若今白聽正法解也大字本錢鈔本嘉靖本閩毛本同監本及漢制考白作日誤

則士師審察惠按本作察審

汋讀如酌酒尊中之酌九經古義云詩正義曰汋酌古今字周頌酌左傳作汋公羊僖八年傳云蓋酌之也穀梁作汋

斟汋盜取國家密事諸本同閩監本汋改酌非釋文亦作斟汋

故舉爲況也宋本舉下有受

故書朋作傰禮說云漢書王尊傳有南山盜傰宗蘇林曰傰音朋晉灼音倍說文作倗讀若陪管子幼官篇散羣傰署○按倗者正字傰者俗寫多山

朋讀如朋友之朋大字本錢鈔本閩監毛本同誤也宋本嘉靖本作讀爲當據正

則以荒辨之法治之唐石經大字本嘉靖本作荒辯之法閩監毛本作荒辯之灋此作法承石經之誤辯作辨爲異疏同釋文亦作荒辯

而士師別受其教條閩監毛本同大字本宋本岳本嘉靖本教作數按釋文作數條音所主反則作教者誤也

衞盜賊也岳本閩本同誤也大字本錢鈔本嘉靖本監毛本衞作備當據以訂正

故書別爲辨閩本同誤也諸本辨皆作辯當據正

辨讀爲風別之別閩監毛本同誤也大字本錢鈔本嘉靖本及漢制考辨皆作辯當據以訂正

訟則案券以正之此本訟誤故今據諸本訂正毛本券案誤倒

據殷亡郎云亡國此本國字剜擠閩監毛本排勻

廢國之社必屋之　閩監毛本廢改喪

王燕出入謂宮苑皆是　閩本同監毛本王改言

凡刉珥　唐石經諸本同岳本刉作刏注同

將戰魏絳曰　惠挍本絳作舒此誤○按撿左傳乃魏舒語

皆憲禁之也　惠挍本憲作縣

鄉士

辯其獄訟　嘉靖本閩監毛本及漢制考同唐石經大字本錢鈔本辯作辨注中同當據以訂正此本疏中引經亦作辨嘉靖本注中作辦即辨字之訛按注云辨異謂殊其文書是當作辨別字也

恊日刑殺　錢鈔本及漢制考同唐石經大字本嘉靖本閩監毛本恊作協注及疏同按釋文作汁日云音協本亦作恊下同○按汁恊古今字

漢時受二千石祿稟　閩監毛本稟改廩

若今時三公出城郡督郵盜賊道也　漢讀考云廣韻引釋名曰督郵主諸縣罰負郵殷糾攝之此盜賊似衍字郡督郵爲三公導若鄉士爲三公導也按賈疏本有盜賊二字并曲爲之說

故郡內督察郵行者　漢制考郡內作內郡此本者誤於今據閩監毛本及漢制考訂正

遂士

而糾其戒令　唐石經諸本同岳本而字誤在令下毛本令誤命

縣士

二百里中地雖有稍名　閩監毛本作三百里此誤

亦謂縣士也　監本注脫也疏標起訖刑殺至士也改作刑殺至縣士誤甚

方士

方士自掌三等采地之獄　閩毛本同監本誤作親自掌之若方士掌三等

故云邦國據畿內　閩本同監毛本有據畿外都鄙五字此脫

郊野據百里　閩本同監毛本野作外非

訝士

故云刑期無所刑　按所當衍

朝士

據王詢三刺而言　閩本同監毛本王作三○按三是也三詢見小司寇

故言遂以苞之　閩監毛本苞改包

此爲一明　此本一字缺壞浦鏜云一疑大訛

云帥其屬者　閩本同監毛本者作當

委于朝　嘉靖本于誤於

持詣鄉亭縣廷　大字本持作特誤漢制考亦引作持

皆別人所生　監毛本同惠挍本別作刑此誤閩本生誤主此本缺一頁今據閩本補挍

邦國朞　諸本同唐石經缺釋文出國期音居其反○按期者正字朞者俗字

有劵書者　按券字从刀各本譌从力則是倦字也

亦如其國服與　岳本閩本有其字大字本錢鈔本嘉靖本監毛本並無按賈疏引注亦無其字有者衍文

此是私民謂出責之法　盧文弨云謂疑衍

雖有騰躍其贏　此本注缺疏中引贏作嬴

今以國法　浦鏜云令誤今

爲之息利閩本同監毛本改利息

一躍而出宋本一作乘此誤

司民

文昌爲司命次司祿補毛本司命下有次司中三字與疏合

黜陟主民之吏大字本岳本嘉靖本閩本同監毛本主誤王疏中不誤

文昌第一日上將毛本上誤王○按大宗伯疏亦作上可證

周禮注疏卷三十五挍勘記終

南昌袁泰開校

附釋音周禮注疏卷第三十六

鄭氏注　賈公彦疏

司刑掌五刑之灋以麗萬民之罪墨罪五百劓罪五百宫罪五百刖罪五百殺罪五百墨黥也先刻其面以墨窒之劓截其鼻也今東西夷或以墨劓爲俗古刑人亡逃者之世類與宫者丈夫則割其勢女子閉於宫中若今宦男女也刖斷足也周改臏作刖殺死刑也書傳曰決關梁踰城郭而略盗者其刑臏男女不以義交者其刑宫觸易君命革輿服制度姦軌盗攘傷人者其刑劓非事而事之出入不以道義而誦不詳之辭者其刑墨降畔寇賊刼略奪攘撟虔者其刑死此二千五百罪之目略也其刑書則亡夏刑大辟二百臏辟三百宫辟五百劓墨各千周則變焉所謂刑罰世輕世重者也鄭司農云漢孝文帝十三年除肉刑○劓魚器反李魚介反又疑既反刖音月又五刮反李音五骨反黥其京反窒本又作窴同乃結反徐丁吉反又丁結反與音餘斷丁管反臏頻忍反徐方忍反劓符人反攘如羊反降戸江反撟居兆反

疏注墨黥至肉刑○釋曰案尚書吕刑有劓刖椓黥是苗民之虐刑至夏改爲黥則黥與墨別而云墨黥者舉本名也云今東西夷或以墨劓爲俗古刑人亡逃者之世類與者墨劓之人亡逃向夷詐云中國之人皆墨劓爲俗夷人亦爲之相襲不改故云墨劓爲俗也言與者無正文鄭以意而言也故言與以疑之云若今宦男女也者即宫人婦女及奄人獲守内閽者也云刖斷足也周改臏作刖者臏本亦苗民虐刑咎繇改臏作腓至周改腓作刖書傳云臏者舉本名也云男女不以義交者其刑宫者以義交謂依六禮而婚者云觸易君命者觸君命令不行及改易之云革輿服制度者依典命上公九命國家宫室車旗衣服禮儀皆以九爲節侯伯已下及卿大夫士皆依命爲多少之節是不革今乃革之革改也謂上僭也制度即宫室禮儀制度也云姦軌者案舜典云寇賊姦軌鄭注云强聚爲寇殺人爲賊由内爲姦起外爲軌案成十七年長魚矯曰臣聞亂在外爲姦在内爲軌御姦以德御軌以刑鄭與傳不同鄭欲見在外亦得爲軌在内亦得爲姦故反覆見之或後人轉寫誤當以傳爲正云降畔寇賊刼掠奪攘撟虔者其刑死者案吕刑云寇賊姦軌奪攘撟虔注云有因而盗曰攘撟虔謂撓擾春秋傳虔劉我邊垂謂刼奪人物以相撓擾也云此二千

五百罪之目略也者刑書已亡以此書傳之文略言三五故云罪之目略也云夏刑以下據吕刑而言案吕刑腓辟五百宫辟三百今此云臏辟三百宫辟五百此乃轉寫者誤當以吕刑爲正云周則變焉者夏刑三千墨劓俱千至周減輕刑入重刑俱五百是夏刑輕周刑重云刑罰世輕世重者吕刑文故云所謂先鄭云漢孝文帝十三年除肉刑者案文帝本紀十三年大倉令淳于公有罪當刑徙繫長安無男有五女小曰提縈泣遂上書上赦肉刑所赦者惟赦墨劓與刖三者其宫刑至唐○乃赦也案文十八年史克云周公制禮曰則以觀德作誓命曰毁則爲賊竊賄爲盗在九刑不忘言九刑者鄭注堯典云正刑五加之流宥鞭扑贖刑此之謂九刑者賈服以正刑一加之以八議昭六年云周有亂政而作九刑而云周公作者鄭志云三辟之興皆在叔世受命之王所制法度時不行耳世衰政衰隨時自造刑書不合大中故叔向譏之作刑書必重其事故以聖人之號以神其書耳若然九刑之名是叔世所作假言周公其實非周公也

若司寇斷獄弊訟則以五刑之灋詔刑罰而以辨罪之輕重詔刑罰者處其所應不如今律家所署法矣

疏注詔刑至法矣　釋曰司刑主刑書若於外朝司寇斷獄之時司刑則以五刑之法詔刑罰刑罰並言者刑疑則入罰故也

司刺掌三刺三宥三赦之灋以贊司寇聽獄訟刺殺也訊而有罪則殺之宥寛也赦舍也○刺七賜反下及注同

疏注刺殺至舍也　釋曰此經與下爲目云贊司寇聽獄訟者專欲難成恐○不獲實衆人共證乃可得真故謂贊之也云訊而有罪則殺之者刑有五一者是殺餘皆訊之獨言殺者立官名刺據重而言故也

壹刺曰訊羣臣再刺曰訊羣吏三刺曰訊萬民訊言

疏壹刺至萬民○釋曰此三刺之事所施謂斷獄弊訟之時先羣臣次羣吏後萬民先尊後卑之義

壹宥曰不識再宥曰過失三宥曰遺忘鄭司農云不識謂愚民無所識則宥之過失若今律過失殺人不坐死玄謂識審也不審若今仇讎當報甲見乙誠以爲甲而殺之者過失若舉刃欲斫伐而軼中人者遺忘若間帷薄忘有在焉而以兵矢投射之○忘音妄注同坐才卧反下同軼待結反中丁仲反間間厠之間射亦食反

疏注鄭司至射之○釋

先鄭以爲不識謂愚民無所識則宥之若如此解則當入三赦惷愚之中何得入此三宥之內故後鄭不從也云過失若今律過失殺人不坐死者於義是故後鄭增成之云玄謂識審也者不識即不審云甲乙者興喻之義耳假令兄甲是仇人見弟乙誠以爲是兄甲錯殺之是不審也

壹赦曰幼弱再赦曰老旄三赦曰惷愚

惷愚生而癡騃童昏者鄭司農云幼弱老旄若今律令年未滿八歲八十以上非手殺人他皆不坐○耄本又作旄同亡報反惷勑江反又貞巷反劉癡用反騃五駭反李又五亥反又吐在反上時掌反○

〔疏〕注惷愚至不坐○釋曰三赦與前三宥所以異者上三宥不識過失遺忘非是故心過誤所作雖非故爲比三赦爲重據今仍使出贖此三赦之等比上爲輕全放無贖先鄭云幼弱老旄若今時律令年未滿八歲八十以上非手殺人他皆不坐者案曲禮云八十九十曰耄七年曰悼悼與耄雖有罪不加刑焉與此先鄭義合彼亦謂非手殺人他皆不坐也云未滿八歲則未亂是七年者若八歲已亂則不免也

以此三灋者求民情斷民中而施上服下服之罪然後刑殺

上服殺與墨劓下服宮刖也司約職曰其不信者服墨刑凡行刑必先規識所刑之處乃後行之

〔疏〕以此至刑殺釋曰云以此三法者求民情斷民中者謂上三刺三宥三赦若不以此法恐有濫入者由用三法故斷民得中云施上服下服之罪然後刑殺者先規畫可刑之處乃行刑行殺也○注上服至行之○釋曰古者雖有要斬領斬以領爲正故殺入上服也必先規識所刑之處乃後行之規識在體若衣服在身故名規識爲服也

司約掌邦國及萬民之約劑治神之約爲上治民之約次之治地之約次之治功之約次之治器之約次之治摯之約次之

此六約者諸侯以下至於民皆有焉劑謂券書也治者理其相抵冒上下之差也神約謂命祀郊社羣望及所祖宗也夔子不祀祝融楚人伐之民約謂征稅遷移仇讎既和若懷宗九姓在晉殷民六族七族在魯衛皆是也地約謂經界所至田萊之比也功約謂王功國功之屬賞爵所及也器約謂禮樂吉凶車服所得用也摯約謂玉帛禽鳥相與往來也○約於妙反後及注皆同夔來龜反比毗志反又必二反

〔疏〕注此六至來也○釋曰知此六約諸侯以下至於民者經云掌邦國及萬民之約劑故知也以諸侯爲主中亦有王事但王至尊設約不及之耳神約謂命祀郊社羣望及所祖宗也者凡命祀皆天子命之也郊者謂若祭統成王命魯外祭則郊社常平諸侯直命祀社故王制云天子祭天地諸侯祭社稷是常也羣望諸侯祭三望故傳云三代命祀祭不越望也祖宗諸侯五廟下及士各有差庶士庶人祭於寢也云夔子不祀祝融楚人伐之者爲其違約不祀故伐之事在僖二十六年云民約謂征稅者雖諸侯輸於王萬民征稅是常此稅要由民出故云民約云遷移者雖君亦有遷移法若鄭遷於虢之屬是也云仇讎既和者謂若調人云凡和難父之讎辟之海外之屬是也諸侯亦有和難之法故曰君之讎視父是也云若懷宗九姓在晉殷民六族七族在魯衛皆是也者此止以遷移法不似有仇讎也定四年祝佗云分魯公以大路又云殷民六族注云殷民祿父之餘民三十族六姓也條氏徐氏蕭氏索氏長勺氏尾勺氏又分康叔以大路注云復如分周公欲使康叔以化之又云殷民七族陶氏施氏繁氏錡氏樊氏饑氏終葵氏又云分唐叔以大路又云懷姓九宗職官五正注云五正五官之長是其遷移法也以此觀之亦是和之使遷移耳云功約謂王功國功之屬者民功謂若司寇云野刑上功糾力及司馬云進賢興功是也云器約謂禮樂吉凶車服所得用也者謂自天子以下達庶人皆有之禮器籩豆俎簋之屬樂器鐘鼓竽笙之屬吉服祭服吉車巾車所云天子至庶人役車皆是凶之車服雜記云端衰喪車無等是也云摯約謂玉帛禽鳥相與往來也者案大宗伯以玉作六瑞公執桓圭已下是玉又以禽作六摯孤摯皮帛卿羔大夫鴈士雉工商雞庶人鶩皆執以相見是往來也

凡大約劑書於宗彝小約劑書於丹圖

大約劑邦國約也書於宗廟之六彝欲神監焉小約劑萬民約也丹圖未聞或有彫器簠簋之屬有圖象者與春秋傳曰斐豹隸也著於丹書今俗語有鐵券丹書豈此舊典之遺言○與音餘斐音非徐方眉反劉方持反沈芳尾反

〔疏〕注大約至遺言○釋曰知大約劑是邦國者上言掌邦國及萬民之約劑有此二者故大小據而言之六彝之名若司尊彝云雞鳥斝黃虎蜼之等以畫於宗廟彝尊故知使神監焉使人畏敬不敢違之也云或有彫器簠簋之屬有圖象者與者此鄭見時有人爲此說者故云或有案梓人造器有刻畫祭器博庶物也是圖象事亦有似故云與以疑之云春秋傳曰斐豹隸也者襄公二十三年文○

若有訟者則珥而辟藏其不信者服墨刑鄭司農云謂有爭訟罪罰刑書謬誤不正者爲之開藏取本刑書以正之當開時先祭之玄謂訟訟約若宋仲幾薛宰者也辟藏開府視約書不信不如約也珥讀曰衈謂殺雞取血釁其戶。藏才浪反注下皆同爲于僞反 疏 若有至墨刑。釋曰訟謂爭約劑不決者云則珥而辟藏者謂以血塗戶乃開辟其戶以出本約劑之書勘之。注鄭司至其戶。釋曰司約所掌唯約劑之書先鄭以爲爭訟罪罰刑書及以珥爲祭後鄭皆不從而謂訟約若宋仲幾薛宰者案定元年正月晉魏舒合諸侯之大夫于狄泉將城成周宋仲幾不受功曰滕薛郳吾役也薛宰曰宋爲無道絕我小國於周以我適楚故我常從宋晉文公爲踐土之盟曰凡我同盟各復舊職若從踐土若從宋亦惟命宋仲幾曰踐土固然又士彌牟曰子姑受功歸吾視諸故府仲幾曰縱子忘之山川鬼神其忘諸乎此是訟約法故引之爲證云殺雞者以雜記云割雞當門其衈皆於屋下言衈故知用雞也

若大亂則六官辟藏其不信者殺大亂謂僭約若吳楚之君晉文公請隧以葬者六官辟藏明罪大也六官初受盟約之貳。隧音遂 疏

注大亂至之貳。釋曰云大亂謂僭約者以其司約者主約故知僭約也既言大亂明是若吳楚之君僭稱王也又如晉文公請隧以葬亦是也案僖二十五年晉文公納定襄王乃請隧以葬隧者請掘地通路上有負土諸侯已下上無負土謂之羨塗天子有負土謂之隧文公請之欲行天子之禮故對曰未有代德而有二王不許之也明罪大止謂僭者也云六官初受盟約之貳者以大司寇云凡邦之盟約太史司會及六官皆受其貳而藏之者是也

司盟掌盟載之灋載盟辭也盟者書其辭於策殺牲取血坎其牲加書於上而埋之謂之載書春秋傳曰宋寺人惠牆伊戾坎用牲加書爲世子痤與楚客盟。座才戈反 疏 司盟至之法。釋曰盟時坎用牲加書於牲上以牲載書於上謂之盟載也。注載盟至客盟。釋曰云載者正謂以牲載此盟書於上故謂之載也云盟者書其辭於策者辭即盟辭若云爾無我詐我無爾虞有違此盟無克祚國盟辭多矣以此爲本云宋寺人之事案襄二十六年傳曰宋寺人惠牆伊戾爲太子痤內師無寵注云惠牆氏伊戾名秋楚客聘於晉過宋太子知之請野享之公使往伊戾請從之至則坎用牲加書徵之而聘告公曰大子將爲亂既與楚客盟矣鄭引此者證坎用牲加書載之事也

凡邦國有疑會同則掌其盟約之載及其禮儀北面詔明神既盟則貳之有疑不協也明神神之明察者謂日月山川也覲禮加方明于壇上所以依之也詔之者讀其載書以告之也貳之者寫副當以授六官 疏 凡邦至貳之。釋曰時見曰會殷見曰同若有疑則盟之。注有疑至六官。釋曰云有疑不協也者不協之文出於春秋云明神神之明察者謂日月山川也覲禮加方明于壇上所以依之也者案覲禮云方明者木也方四尺設六色又云設六玉上圭下璧南方璋西方琥北方璜東方圭注云六色象其神六玉以禮之上宜蒼璧下宜黃琮而不以者則上下之神非天地之至貴者也設玉者刻其木而著之又云天子拜日於東門之外反祀方明注引司盟職曰北面詔明神言北面詔明神則明神有象也象者其方明乎又曰禮日於南門外禮月與四瀆於北門外禮山川丘陵於西門外又云祭天燔柴祭山丘陵升祭川沈祭地瘞注云升沈必就祭者也就祭則是王巡守及諸侯之盟祭也引郊特牲曰郊之祭也迎長日之至也大報天而主日也宗伯職曰以實柴祀日月星辰則燔柴祭天謂祭日也柴爲祭日則祭地瘞者祭月也日月而云天地靈之也

王制曰王巡守至於岱宗柴是王巡守之盟其神主日也春秋傳曰晉文公爲踐土之盟而傳云山川之神是諸侯之盟其神主山川也月者大陰之精上爲天使臣道莫貴焉是王官之伯會諸侯而盟其神主月與以此約之故知明神是日月山川也如是王會同四時各祀其神及祀方明則諸神皆及故有六色六玉之位焉其盟亦然云詔之者讀其載書以告之也者謂盟時以其載辭告焉云貳之者寫副當授六官者大司寇職凡邦之大盟約涖其盟書而登之于天府大史內史司會及六官皆受其貳而藏之者是也

盟萬民之犯命者詛其不信者亦如之盟詛者欲相與共惡之也犯命犯君教令也不信違約者也春秋傳曰臧紇犯門斬關以出乃盟臧氏又曰鄭伯使卒出豭行出犬雞以詛射潁考叔者。詛側慮反共如字惡烏路反紇恨發反劉胡沒反沈胡謁反卒子忽反豭音加行戶剛反射食亦反 疏 盟萬至如之。釋曰凡言盟者盟將來詛者詛往過云亦如之者亦如上文。注盟詛至叔者。釋曰云盟詛者欲相與共惡之也者對神爲驗是共惡之也云犯命犯君教令也者以萬民無餘事故知犯命謂犯君教令也云春秋傳曰者案襄二十三年季武子無適子公彌長而愛悼子欲立之訪

於臧紇紇爲立悼子紇廢公鉏後孟莊子疾豐點謂公鉏苟立羯請讎臧氏及孟孫卒季孫至入哭而出曰秩焉在公鉏曰羯在此矣孟氏閉門告於季孫曰臧氏將爲亂不使我葬季孫不信臧孫聞之戒除於東門甲從已而視之孟氏又告季孫季孫怒命攻臧氏臧紇斬鹿門之關以出奔邾季孫盟是其事也又曰鄭伯使卒出猳行出犬雞以詛射潁考叔者此隱公十一年將伐許子都與潁考叔爭車及許潁考叔先登子都自下射之顛師還乃詛射潁考叔者引之者證詛是往過之事若然臧紇既出乃盟臧氏者以臧氏出後盟後人以臧氏爲盟首亦是盟將來也

凡民之有約劑者其貳在司盟　貳之者檢其自相違約　〔疏〕凡民至司盟○釋曰此謂司約副寫一通來入司盟檢後相違約勘之

有獄訟者則使之盟詛　不信則不敢聽此盟詛所以省獄訟○省所景反　〔疏〕有獄至盟詛○釋曰此盟詛謂將來訟者先使之盟詛盟詛不信自然不敢獄訟所以省事也

凡盟詛各以其地域之衆庶共其牲而致焉既盟則爲司盟共祈酒脯　使其邑閭出牲而來盟已又使出酒脯司盟爲之祈明神使不信者必凶○爲于僞反注同　〔疏〕凡盟至酒脯○釋曰盟處無常但盟則遺其地之民出牲以盟幷出酒脯以祈明神也

職金掌凡金玉錫石丹青之戒令　青空青也　〔疏〕職金至戒令○釋曰此數種同出於山故職金揔主其戒令若然地官丱人已主又職金主之者彼官主其取此官主其藏故二官共主之也

受其入征者辨其物之媺惡與其數量楬而璽之入其金錫于爲兵器之府入其玉石丹青于守藏之府　爲兵器者攻金之工六也守藏者玉府內府也鄭司農云受其入征者謂主受采金玉錫石丹青者之租稅也楬而璽之者楬書其數量以著其物也璽者印也既楬書揃其數量又以印封之今時之書有所表識謂之楬櫫○楬音竭璽音徙守劉音狩著直略反沈張慮反揃音牋識申志反又如字又音志○　〔疏〕受其至之府○釋曰此一經揔陳受藏金玉之事所送者謂若荆楊貢金三品雍州貢球琳琅玕之等皆職金受而藏之乃後分配諸府也入兵器之府言爲者攻金之工須造作故云爲守藏之府不造器物故云守也案山海經云有以金庭之山多黃金稷異之山多白玉推楊之山其陽多赤金其陰多白金吉山其陽多玉青丞之山其陽多玉其陰多青䑏基之山多沙石白金此類甚多略言之矣○注爲兵至楬櫫○釋曰云爲兵器者攻金之工六也者考工記文彼云築冶鳧栗段桃氏爲築氏爲削冶氏爲戈戟鳧氏爲鍾栗氏爲量段氏爲鎛桃氏爲劒也云守藏者玉府內府也者案玉府云掌王之金玉玩好兵器凡良貨賄內府云掌受九貢九賦九功之貨賄良兵良器故知守藏府是此二者也先鄭云主受采金玉錫石丹青者之租稅也者案山虞澤虞等出稅者皆以當邦賦穀稅之處不虛取也云既楬書揃其數量者楬即今之板書揃即今錄記文書謂以版記錄量數多少幷善惡爲後易分別故也

入其要　要凡數也入之於大府　〔疏〕入其要○釋曰職金既知量數錄要簿入大府

掌受士之金罰貨罰入于司兵　給治兵及工直也貨泉貝也罰罰贖也書曰金作贖刑○贖常戍反下同一音蜀○　〔疏〕掌受至司兵○釋曰云掌受士之金罰者謂斷獄訟者有疑即使出贖既言金罰又曰貨罰者出罰之家時或

無金即出貨以當金直故兩言之○注給治至贖刑○釋曰云貨泉貝也者漢書食貨志云王莽時有貨布大泉及貨貝故知貨中泉貝兩有也云書曰者舜典文呂刑云墨罰疑赦其罰百鍰考工冶氏云戈戟重三鋝夏侯歐陽說云墨罰疑赦其罰百率古以六兩爲率古尚書說百鍰鍰者率也一率十一銖二十五分銖之十三也百鍰爲三斤鄭玄以爲古之率多作鍰鄭注冶氏云許叔重說文解字云鋝鍰也今東萊稱或以大半兩爲鈞十鈞爲鍰鍰重六兩大半兩若然鍰鋝一也言大半兩是三分兩之二鄭意以此爲正故不從諸家以六兩爲鍰且古者言金金有兩義若相對而言則有金銀銅鐵爲異若散而言之揔謂之金是以考工記云六分其金而錫居一之等皆是銅是以禹貢揚州云貢金三品孔以爲金銀銅鄭以爲銅三色是對散有異但古出金贖罪皆據銅爲金若用黃金百鍰乃至大辟千鍰無濟之理

旅于上帝則共其金版饗諸侯亦如之　鉼金謂之版此版所施者聞○版音板鉼必領反　〔疏〕注鉼金至未聞○釋曰旅上帝謂祭五天帝於四郊及明堂饗諸侯謂若大行人上公三饗侯伯再饗子男一饗之等此旅上帝及饗二者皆設金版鄭云所施未聞也

凡國有大故

而用金石則掌其令主其取之令也用金石者作槍雷椎椁之屬○槍七羊反雷劉音誄沈云當爲礌郎對反椎直追反椁宅耕反本又作梈劉云皆如字劉亦誤（疏）凡國至其令○釋曰用金石而云大故止謂寇戎爲禦捍之器有用金石者也○注主其至之屬○釋曰職金主受金則所出之處故主其取金之令云金石者作槍雷椎椁之屬者皆謂守城禦捍之具

司厲掌盜賊之任器貨賄辨其物皆有數量賈而楬之入于司兵鄭司農云任器貨賄謂盜賊所用傷人兵器及所盜財物也入于司兵若今時傷殺人所用兵器盜賊贓加責沒入縣官○賈音嫁（疏）注鄭司至縣官○釋曰云入於司兵者其任器多是金刃所盜財貨雖非金刃以其賊物亦入司兵給治兵刃之用故並入司兵也先鄭云若今時傷殺人所用兵器盜賊贓加責沒入縣官者其加責者即今時倍贓者也

其奴男子入于罪隸女子入于舂槀鄭司農云謂坐爲盜賊而爲奴者輸於罪隸舂人槀人之官也由是觀之今之爲奴婢古之罪人也故書曰予則奴戮汝論語曰箕子爲之奴罪隸之奴也故春秋傳曰斐豹隸也著於丹書請焚丹書我殺督戎恥爲奴欲焚其籍也玄謂奴從坐而沒入縣官者男女同名○槀古老反坐才卧反下同女音汝○（疏）其奴至舂槀○釋曰云男子入於罪隸者則司隸職中國之隸謂之罪隸百二十人者是也云女子入于舂槀者地官舂人槀人是也○注鄭司至同名○釋曰先鄭引尚書予則奴戮女及論語箕子爲之奴皆與此經奴爲一若後鄭義尚書奴奴爲子若詩樂爾妻奴奴即子也後鄭不破者亦得爲一義云春秋傳者左氏傳襄公二十三年云初斐豹隸也著於丹書欒氏之力臣曰督戎國人懼之斐豹謂宣子苟焚丹書我殺督戎引之者證隸爲奴云玄謂奴男女從坐沒入縣官者謂身遭大罪合死男女沒入縣官漢時名官爲縣官非謂州縣也

凡有爵者與七十者與未齔者皆不爲奴有爵謂命士以上也齔毁齒也男八歲女七歲而毁齒○上時掌反毁況僞反下同（疏）注有爵至毁齒○釋曰云有爵謂命士以上也者見典命公侯伯之士皆一命天子之士皆三命以下可知云男八歲女七歲而毁齒者家語本命篇之文也曲禮云悼與耄雖有罪不加刑焉是未齔不加刑又不爲奴若七十者雖不爲奴猶加其刑至八十始不加刑以其八十九十始名耄故也

犬人掌犬牲凡祭祀共犬牲用牷物伏瘞亦如之鄭司農云牷純也物色也伏謂伏犬以王車轢之瘞謂埋祭也爾雅曰祭地曰瘞埋○牷音全本亦作全瘞於例反徐烏計反轢音歷（疏）注鄭司至瘞埋○釋曰先鄭云牷純也者案尚書微子云犧牷牲用注云犧純毛牷體完具彼牷與犧相對是犧爲純毛牷爲體完具此無犧故以牷兼純也云伏謂伏犬以王車轢之者此謂王將祭而出國軷道之祭時即大馭所云者是也但軷祭之時犬羊俱得故生民詩云取羝以軷是以聘禮注云其用牲犬羊可也是其兩用也云瘞謂埋祭也者謂祭地之時故引爾雅爲證若然經云用牷物既純毛則牧人云陽祀用騂牲陰祀用黝牲之類也

凡幾珥沈辜用駹可也故書駹作龍鄭司農云幾讀爲庪爾雅曰祭山曰庪縣祭川曰浮沈大宗伯職曰以埋沈祭山川林澤以罷辜祭四方百物龍讀爲駹謂不純色也玄謂幾讀爲刉珥當爲衈刉衈者釁禮之事○駹亡江反爲庪九委反劉居綺反縣音玄罷劉孚遍反（疏）凡幾至可也○釋曰幾珥言凡則宗廟社稷壇廟新成者皆釁之故云凡也云沈辜者謂沈牲於水辜謂疈磔牲體以祭云用駹者駹謂雜色牲此則牧人云毁事用駹是也云可也者用純爲正用駹亦可也○注故書至之事○釋曰先鄭讀幾爲庪雖引爾雅後鄭不從引大宗伯證沈辜於義是也云玄謂幾讀爲刉從士師爲正珥讀爲衈從雜記爲正云釁禮之事者據雜記而知也

凡相犬牽犬者屬焉掌其政治相謂視擇知其善惡○相息亮反注同治直吏反○（疏）凡相至政治○釋曰犬有三種一者田犬二者吠犬三者食犬若田犬吠犬觀其善惡若食犬觀其肥瘦故皆須相之牽犬者謂呈見之故少儀云犬則執緤是也

司圜掌收教罷民凡害人者弗使冠飾而加明刑焉任之以事而收教之能改者上罪三年而舍中罪二年而舍下罪一年而舍其不能改而出圜土者殺雖出三年不齒弗使冠飾者著墨幪

若古之象刑與舍釋之也鄭司農云罷民謂惡人不從化爲百姓所患苦而未入五刑者也故曰凡害人者不使冠飾任之以事若今時罰作矣○著丁略反幪莫公反劉莫貢反與音餘【疏】司圜至不齒○釋曰此罷民入圜土者不坐嘉石朝士坐嘉石者不入圜土云收教者謂入圜土見收使困苦改悔是收教也云害人者謂抽拔兵劍誤以傷人者也云明刑者以版牘書其罪狀與姓名著於背表示於人是明刑也○注弗使至作矣○釋曰著墨幪若古之象刑與者案孝經緯云三皇無文五帝畫象三王肉刑畫象者上罪墨象赭衣雜屨中罪赭衣雜屨下罪雜屨而已畫象刑者則尚書象刑直墨象略言之其實亦有赭衣雜屨無文故云與以疑之也

凡圜土之刑人也不虧體其罰人也不虧財

言其刑人但加以明刑罰人但任之以事耳鄭司農云以此知其爲民所苦而未入刑者也故大司寇職曰凡萬民之有罪過而未麗於法而害於州里者桎梏而坐諸嘉石役諸司空又曰以嘉石平罷民國語曰罷士無伍罷女無家言爲惡無所容入也玄謂圜土所收教者過失害人已麗於法者【疏】凡圜至虧財○釋曰云刑人不虧體對五刑虧體者也其罰人不虧財對五刑疑出金爲罰虧財者也○注言至法者○釋曰先鄭以坐嘉石共入圜土二者爲一其義不通故後鄭不從按司寇職及司救職皆上論嘉石之罪民下別云圜土之罰民分明兩事不同故後鄭謂圜土所收教者過失害人已麗於法者與嘉石之罷民是邪惡過淺別也

掌囚掌守盜賊凡囚者上罪梏拲而桎中罪桎梏下罪梏王之同族拲有爵者桎以待弊罪

凡囚者謂非盜賊自以他罪拘者也鄭司農云拲者兩手共一木也桎梏者兩手各一木也玄謂在手曰梏在足曰桎中罪不拲手足各一木耳下罪又去桎王同族及命士以上雖有上罪或拲或桎而已弊猶斷也○梏古毒反張揖云參著曰梏偏著曰桎說文云梏手械也所以告天桎足械也所以質地拲劉云三家姜拲反一家居辱反漢書音義韋昭音拱云兩手共一木曰拲兩手各一木曰梏李奇音恐桎之實反上時掌反○【疏】掌囚至弊罪○釋曰此謂五刑罪人古者五刑不入圜土故使身居三木掌囚守之此一經所云五刑之人三木之囚輕重著之極重者三木俱著次者二下者一王之同族及有爵縱重罪亦著一而已以其尊之故也云待弊罪者禁而待斷之也○注凡囚至斷也○釋曰云凡囚者謂非盜賊自以他罪拘者也者以其既言盜賊乃別云凡囚明凡囚中無盜賊盜賊重故爲罪人之首而言之也先鄭云拲者兩手共一木也者於義是以其拲字共下著手又與梏共文故知兩手共一木以桎與梏同在手則不可故後鄭不從而謂在手曰梏在足曰桎此無正文宜以先言梏後言桎故知義然若然中罪先言桎後言梏者便文不據先後也

及刑殺告刑于王奉而適朝士加明梏以適市而刑殺之

告刑于王告王以今日當行刑及所刑姓名也其死罪則曰某之罪在大辟其刑罪則曰某之罪在小辟奉而適朝者重刑爲王欲有所赦且當以付士士鄉士也鄉士加明梏者謂書其姓名及其罪於梏而著之也囚時雖有無梏者至於刑殺皆設之以適市就衆也庶姓無爵者皆刑殺於市○爲于僞反著丁略反徐張慮反【疏】及刑至殺之○釋曰此經謂欲行刑之日云告刑於王奉而適朝者王意欲有所免故也云以適市者據庶姓又無爵者也若有爵及王同姓即於甸師也○注告刑至於市○釋曰經云及刑殺告刑于王者謂死罪刑罪有二種鄭知有姓名者以其言某之罪明當有姓名也云其死罪已下文王世子之文云且當以付士士鄉士也者凡囚鄉士遂士縣士方士各自有獄推問之時各於本獄之所獄成上於王時則使掌囚掌之及欲刑殺掌囚還付士若然上皆云士師受中協日刑殺刑殺各於本獄之所今此經云以適市者此文止謂六鄉之獄在國中推問在獄行刑殺則在市若遂士以下自在本獄之處刑殺之故此云士鄉士也若遂士已下於此時掌囚亦當付士也云囚時雖有無梏者案上經王之同族及有爵囚時並無梏也云以適市就衆也者王制云刑人於市與衆弃之彼雖據異代法此六鄉之人亦就衆在市也云庶姓無爵者皆刑殺於市者據下而知之也此亦據六鄉之人也

凡有爵者與王之同族奉而適甸師氏以待刑殺

適甸師氏亦由朝乃往也待刑殺者掌戮將自市來也文王世子曰雖親不以犯有司正術也所以體異姓也刑于隱者不與國人慮兄弟也【疏】注適甸至弟也○釋曰云甸師氏亦由朝乃往也者上文庶姓等適市文承適朝之下彼此二者隔絕恐不由朝故鄭言之必知此二者亦由朝乃往者文王世子君之親有罪雖然必赦之事故知之云待刑殺者掌戮將自市來也者凡行刑殺協支幹善日有罪者同而行故待掌戮也引文王世子者欲見雖親有罪亦當刑殺之事彼注體爲連

結若直刑異姓不刑同姓異姓怨生則有逃散
之事同姓亦有刑則異姓歸心故云體異姓也
掌戮掌斬殺賊諜而搏之斬以鈇鉞若今要斬也
殺以刀刃若今棄市也
諜謂姦寇反間者賊與諜罪大者斬之小者殺之搏當爲膊
諸城上之膊字之誤也膊謂去衣磔之○諜音牒搏注作膊
同普博反磔也鈇音斧要一掌戮至搏之○釋曰自此
遥反間間厠之間去起呂反〔疏〕經以至刑盜于市以下皆
據死罪而言此經惟據賊諜二者而言二者雖同大罪仍擇
大重者斬之稍輕者殺之搏之則同也○注斬以至磔之○
釋曰知斬以鈇鉞者鈇鉞是斬之物按魯語云溫之役晉人
執衛成公臧文仲言於僖公曰夫衛君始無罪矣夫刑有五
大刑用甲兵注云諸侯逆命征討之其次用斧鉞注云謂犯
斬罪者中刑用刀鋸注云用刀以劓之鋸以笮之如是刀中
容棄市其次用鑽笮注云鑽額涅墨笮割勢謂宮刑也薄刑
用鞭朴以威民故大者陳之原野小者致之市朝是用鈇鉞
之事成二年齊侯圍龍傾公之嬖人盧蒲就魁門焉龍人
殺而膊之城上齊侯親鼓之遂滅龍是膊諸城上之事也凡
殺其親者焚之殺王之親者辜之親緦服以內
也焚燒也易

曰焚如死如棄如辜〔疏〕注親緦至磔之○釋曰親謂五服
之言枯也謂磔之五服多故云凡殺其親據人之親
與王之親皆謂五服已內知者案僖二十五年衛侯燬滅邢
公羊傳曰何以名絕曷爲絕之滅同姓也滅同姓尚絕之況
殺緦麻之親得不重乎以此而言故知親謂緦已上也易曰
焚如死如棄如者按離卦九四突如其來如焚如死如棄如
注云震爲長子爻失正又互體兌兌爲附決注子居明法之
家而無正何以自斷其君父不志也突如震之失正不知其
所如又爲巽巽爲進退不知所從不孝之罪五刑莫大焉得
用議貴之辟刑之若如所犯之罪焚如殺其親之刑死如殺
人之刑也棄如流宥之刑引之凡殺人者踣諸市肆
者證焚如是殺其親之刑也
之三日刑盜于市踣僵尸也肆猶申也陳也凡言刑盜
罪惡莫大焉○踣皮比反僵居良反
〔疏〕注踣僵至大焉○釋曰除上三者
之外皆陳尸於市肆之凡三日也凡罪之麗於
灋者亦如之唯王之同族與有爵者殺之于
甸師氏罪二千五百條上附下附刑五而
已於刑同科者其刑殺之一也〔疏〕凡罪至師
氏○釋曰

正刑有五科條二千五百麗附也上附下附是罪附于法法
即五刑是也云亦如之者合入死者亦踣之合入四刑者雖
不踣亦刑之在市故摠言亦如之云唯王之同族與有爵者
殺之于甸師氏者謂不踣踣者陳尸使人見之既刑於隱處
故不踣之○注罪二至一也○釋曰云罪二千五百條者司
刑文云上附下附刑五而已者禮記云喪多而服五罪多而
刑五上附下附是也云於刑同科者其殺刑之一
也者事雖異各有五百同科及其同刑同殺一也凡軍旅
田役斬殺刑戮亦如之戮謂膊
焚辜肆〔疏〕注戮謂膊焚辜
肆○釋曰此云
軍旅田役斬殺刑戮皆使掌戮爲之按士師大師帥其屬而
禁逆軍旅犯禁者而戮之鄉士云凡國有大事則戮其犯命
者遂士亦云凡郊有大事刑戮其犯命彼並不使掌戮者此
等皆權時之事軍旅之間或有臨時即決不假掌戮者也是
以戎右職云掌戎車之兵革使注云使謂王使以兵有所
誅斬也引戰于殽襄公縛秦囚使萊駒以戈斬之是也墨
者使守門黥者無妨於禁
御○御音禦〔疏〕墨者使守門○釋曰此
人即閽人掌守王中門
之禁令
者是也劓者使守關截鼻亦無妨以貌醜
遠之○遠于萬反〔疏〕劓者
使守

關○釋曰此則王畿五百里上
面有三關十二關門劓者守之宮者使守內以其人道
絕也今世
或
然〔疏〕宮者使守內○釋曰此所守則寺
人之類守正內五人之等是也刖者使守囿
斷足驅衛禽獸無急行
○囿音又斷丁管反〔疏〕刖者使守囿○釋曰此則囿遊
亦如之者墨者守門刖者於囿
中驅禽
獸者也髡者使守積鄭司農云髡當爲完謂但居作三
年不虧體者也玄謂此出五刑之
中而髡者必王之同族不宮者宮之爲翦其類髡頭而
已守積積在隱者宜也○髡苦門反積子賜反注同〔疏〕
髡者使守積○釋曰先鄭以髡爲完但居作三年不虧體以
此爲圜土罷民解之不從者掌戮所掌皆虧體獨以此爲不
虧體於義不可故後鄭引文王世子解之也玄謂此出五刑
之中而髡者必王之同族不宮者此鄭亦無正文若合宮者
宮之今按文王世子據諸侯法云公族無宮刑不翦其類王
家同族犯淫罪者亦當與諸侯同不宮之亦是不翦其類之
色按王同族犯餘罪刑於甸師氏刑於隱處今同族既不宮
亦當於隱處罪之此守積亦是隱處故知髡者使守積是王
同族不言者必矣是以鄭
云守積積在隱者宜也

司隸掌五隸之灋辨其物而掌其政令五隸謂罪隸四翟之隸也物衣服兵器之屬疏注五隸至之屬○釋曰此與下爲目云物衣服兵器之屬者即下文云使之皆服其邦之服執其國之兵是也帥其民而搏盜賊役國中之辱事爲百官積任器凡囚執人之事民五隸之民也鄭司農云百官所當任特之器物此官主爲積聚之也玄謂任猶用也○搏音搏爲百于僞反注及下注同疏注民五至用也○釋曰云五隸之民也者上序官五隸皆百二十負負外皆是民故云五隸之民也云任猶用也者用器除兵之外所有家具之器皆是用器也邦有祭祀賓客喪紀之事則役其煩辱之事煩猶劇也士喪禮下篇曰隸人涅廁○涅乃結反疏注煩猶至涅廁釋曰引士喪禮下篇者既夕禮文云涅廁者死者不復用故窒涅示不用引之者證煩辱之事不言祭祀賓客事者以無文意義可知也掌帥四翟之隸使之皆服其邦之服

執其邦之兵守王宮與野舍之厲禁野舍王者所止舍也厲遮例也○遮章奢反例本又作列同音烈疏掌師至厲禁○釋曰云服其邦之服執其邦之兵者若東方南方衣布帛執刀劒西方北方衣氈裘執弓矢云守王宮與野舍者即師氏職云帥四夷之隸守王宮野舍亦如之者是也

罪隸掌役百官府與凡有守者掌使令之小事役給其小役○使如字劉色吏反令力呈反沈力政反疏注役給其小役○釋曰云小役者止謂給其小小勞役之事謂若大役非隸所共故以小役解之凡封國若家牛助爲牽徬鄭司農云凡封國若家謂建諸侯立大夫家也牛助爲牽徬此官主爲送致之也玄謂牛助國以牛助轉徙也罪隸牽徬之在前曰牽在旁曰徬○徬步浪反注同轉如字劉張戀反疏注鄭司至曰徬○釋曰先鄭不解牽徬故後鄭增成之玄謂牛助國以牛助轉徙也者國家以官牛助諸侯及大夫家運物往至任所云在前曰牽者謂車轅內一牛前亦一牛今還遣二隸前者牽前牛徬者御當車之牛故據人而言牽徬也其守王宮與

其厲禁者如蠻隸之事疏其守之至事○釋曰蠻隸之事事在下文故云如蠻隸之事

蠻隸掌役校人養馬其在王宮者執其國之兵以守王宮在野外則守厲禁疏蠻隸至厲禁釋曰云掌役校人者爲校人所役使以養馬按校人頁馬乘一師四圉不見隸者蓋是雜役之中執其國之兵蠻隸閩隸俱是刀劒也

閩隸掌役畜養鳥而阜蕃教擾之掌子則取隸焉杜子春云子當爲祀玄謂掌子者王立世子置臣使掌其家事而以閩隸役之○蕃扶元反下注同疏閩隸至隸焉○釋曰云掌役畜養鳥者謂若畜鳥氏掌畜禽鳥阜盛也蕃息也使之盛太滋息又教擾使從人意○注杜子至役之○釋曰子春以子爲祀後鄭不從者司隸職祭祀賓客喪紀三者並言此何得唯言其一明存子解之於義爲允玄謂王立世子置臣使掌其家事者言掌家事者若國事不使隸今取隸故以家事而言也

夷隸掌役牧人養牛馬與鳥言鄭司農云夷狄之人或曉鳥獸之言故春秋傳曰介葛盧聞牛鳴曰是生三犧皆用矣是以貉隸職掌與獸言疏夷隸至鳥言○釋曰云掌役牧人者爲牧人之所役使牧牛牲○注鄭司至獸言○釋曰經唯云與鳥言不言獸先鄭意解鳥言者亦解獸言故兼言之也案僖二十九年介葛盧聞牛鳴曰是生三犧皆用之矣注云言八律之音聽禽獸之鳴則知其嗜欲死可知伯益明是術故堯舜使掌朕虞至周失其道官又在四夷若周未失道官本不在四夷無解鳥獸之語者何周公盛明制禮使夷隸貉隸與鳥獸之言然者賈服意誤不與禮合故爲此說其守王宮者與其守厲禁者如蠻隸之事

貉隸掌役服不氏而養獸而教擾之掌與獸言不言阜蕃者猛獸不可服又不生乳於圈檻也○生如字劉色敬反乳而樹反圈求阮反檻戶覽反疏貉隸至獸言○釋曰夷貉相近是以亦解獸言若然夷隸既鳥獸之言具解而此貉隸解獸言亦解鳥言互見之耳其

守王宮者與其守厲禁者如蠻隸之事

秋官司寇下

布憲掌憲邦之刑禁正月之吉執旌節以宣布于四方而憲邦之刑禁以詰四方邦國及其都鄙達于四海憲表也謂縣之也刑禁者國之五禁所以左右刑罰者司寇正月布刑于天下正歲又縣其書于象魏布憲於司寇布刑則以旌節出宣令之於司寇縣書則亦縣之于門閭及都鄙邦國刑者王政所重故屢丁寧焉詰謹也使四方謹行之爾雅曰九夷八蠻六戎五狄謂之四海○詰起吉反縣音玄下同【疏】布憲至四海○釋曰云掌憲邦之刑禁者此文與正月以下爲目禁者則士師之五禁所以左右刑罰故連刑言之也云正月之吉者此與大司寇正月之吉事同大司寇布刑之時此布憲亦布之於四方也於司寇正歲縣之時此布憲亦憲邦之刑禁以詰四方邦國以達于四海也布憲爲司冠屬官於刑禁爲重故每事共丁寧之也○注憲表至四海○釋曰云國之五禁所以左右刑罰者士師職文知布憲所縣在門閭者以其司寇所縣在雉門不可共處此經云執旌節以爲行道之使明在巷門之間可知云門閭據在城內經雖不云城內門閭舉外以見內有門閭可知經先邦國後都鄙注先都鄙後邦國者以都鄙據畿內三等采地經後言之者尊邦國輕都鄙注先都鄙者既見門閭即先近後遠乃及四海故注先都鄙見從近及遠之義也引爾雅者見刑禁遠至夷狄名此夷狄爲四海者海之言晦晦漫禮儀也

凡邦之大事合衆庶則以刑禁號令【疏】凡邦至歸令○釋曰云邦之大事合衆庶者謂征伐巡守田獵皆是大事合衆庶也以其是布禁之官故於聚衆每皆以刑禁號令也

禁殺戮掌司斬殺戮者凡傷人見血而不以告者攘獄者遏訟者以告而誅之司猶察也察此四者告於司寇罪之也斬殺戮謂吏民相斬相殺相戮者傷人見血見血乃爲傷人耳鄭司農云攘獄者距當獄者也遏訟者遏止欲訟者也玄謂攘猶郤也郤獄者言不受也【疏】注司猶至受也○釋曰云司猶察也者此禁殺戮之官恒在民間私覘惡事而告於上執而與之罪也故以司爲察也知斬殺戮是吏民相斬相殺相戮者以傷民云不以告則相殺戮之等盡是不以告明是吏民自相殺戮也云傷人見血見血乃爲傷人耳者恐經傷人與見血事別傷人見血連言者是見血乃爲傷人若不見血不爲傷人也若然跣跌折支之等不見血豈得不爲傷人乎然今言見血乃爲傷人者止爲蹉跌及刃物麗歷應見血之等不爲餘事而言先鄭云攘獄者距當獄者也後鄭不從者此經皆謂未在官司而先鄭云距獄據在官而言故不從也云遏訟者遏止欲訟者也者有人見欺犯欲向官所訟之而遏止不使去也玄謂攘猶郤也郤獄者言不受也者謂人有罪過官有文書追攝不肯受者

禁暴氏掌禁庶民之亂暴力正者撟誣犯禁者作言語而不信者以告而誅之民之好爲侵陵稱詐謾誕此三者亦刑所禁也力正以力強得正也○撟居表反好爲呼報反下文則爲下注皆爲同謾武諫反一音亡半反又免仙反徐望山反本或作慢誕音但【疏】注民之至正也○釋曰云民之好爲者此言爲下三事而發皆是好爲侵陵釋經亂暴力正者也稱詐釋經撟誣犯禁者也謾誕釋經作言語而不信者也謾誕謂浮謾虛誕也

凡國聚衆庶則戮其犯禁者以徇凡奚隸聚而出入者則司牧之戮其犯禁者奚隸女奴男奴也其聚出入有所使【疏】凡國至禁者○釋曰云聚衆庶者謂征伐之等云凡奚隸聚而出入者謂國有煩辱之處使奚隸則有此出入而司牧之○注奚隸至所使○釋曰按司厲其奴男子入于罪隸女子入于舂稾是男子同坐爲奴天官酒人漿人之等皆名女奴爲奚五隸又是男奴故云奚隸女奴男奴

野廬氏掌達國道路至于四畿達謂巡行通之使不陷絕也去王城五百里曰畿○行下孟反【疏】注達謂至曰畿○釋曰云巡行者國之道路使其地之人治之野廬氏直巡行不通之處使人治之使無陷絕也

比國郊及野之道路宿息井樹比猶校也宿息廬之屬賓客所宿及晝止者也井共飲食樹爲蕃蔽【疏】注比猶至蕃蔽釋曰此經所云

王爲賓客在道須得供丞守衛之事國郊謂近郊遠郊野謂百里外至畿宿謂十里有廬三十里有宿五十里有市直言宿者舉中言之故云廬之屬以芘之息賓客晝止之處井樹者賓客所須者也**若有賓客則令守涂地之人聚㰅之有相翔者誅之**守涂地之人道所出廬宿旁民也相翔猶昌翔觀伺者也鄭司農云聚㰅之聚擊㰅以宿衛之也有姦人相翔於賓客之側則誅之不得令寇盜賓客○㰅音託令力呈反下欲令同 疏 注守涂至賓客○釋曰守塗地之人道所出廬宿旁民也者道路之旁皆有民當處有賓客止宿即使聚㰅之不使失脱也云相翔猶昌翔觀伺者也者謂昌狂翺翔觀伺賓客先鄭云聚㰅之聚擊㰅以宿衛之也者謂其地之人自聚擊㰅無行夜故使宿衛自擊宮正之等使行夜者擊㰅校比直宿者彼夜行者與此異也**凡道路之舟車擊互者叙而行之**舟車擊互謂於迫隘處也車有轙轅坻閣舟有砥柱之屬其過之者使以次叙之○擊音計沈古的反隘烏賣反擐戶關反本亦作轘同坻徐之爾反劉都禮反砥音旨 疏 注舟車至叙之○釋曰云擊互者謂水陸之道舟車往來狹隘之所更互

周禮疏卷三十六　九

相擊故云擊互者云車有轙轅坻閣者案襄二十一年晉欒盈有罪適楚過於周周西鄙掠之告於周使候出諸轘轅是轘轅也坻閣道路之名也云舟有砥柱之屬者按禹貢導河積石至于龍門南至于華陰東至於底柱孔安國云底柱山名河水分流包山而過山見水中若柱然在西虢之界是底柱爲水之溢道者也**凡有節者及有爵者至則爲之辟**辟辟行人亦使守涂地者 疏 凡有至之辟○釋曰云凡有節者謂若諸侯之使則有山國用虎節之等若民自往來則有道路用旌節之等及有爵已上皆爲之辟止行人使無侵犯也**禁野之橫行徑踰者**皆爲防姦也橫行妄由田中徑踰射邪趍疾越隄渠也○射食亦反邪似差反隄丁兮反 疏 注皆爲至渠也○釋曰言橫行者不要東西爲橫南北爲縱但是不依道塗妄由田中皆是橫也徑謂不遵道而射邪趍疾踰越也謂越隄渠者也**凡國之大事比脩除道路者**比校治道者名若今次金敘大功○ 疏 注比校至大功○釋曰大事謂若征伐巡守田獵郊祀天地王親行所經並須修除道路及脩廬校比民夫使有功效故云比校治道者名也云若今次金敘

大功者謂漢時主役之官官名次金敘主以丈尺賦功今俗本多誤爲次敘大功也**掌凡道禁**禁謂若今絕蒙布巾持兵杖之屬○杖直亮反 疏 注禁謂至之屬○釋曰古時禁書亡故舉漢法而言也**邦之大師則令埽道路且以幾禁行作不時者不物者**不時謂不夙則莫者也不物謂衣服操持非此常人也幾禁之者備姦人內賊及反間○莫音暮操七曹反間間則之間 疏 注不時至反間○釋曰不言大事而云大師惟謂征伐者也云幾禁之者備姦人內賊及反間者內賊謂賊在內起反間謂外賊密來覘探間候國家反彼論說按孫子兵法云三軍之事莫密於反間是也

蜡氏掌除骴曲禮四足死者曰漬故書骴作脊鄭司農云脊讀爲漬謂死人骨也月令曰掩骼埋胔骨之尚有肉者也及禽獸之骨皆是○蜡淸預反骴似賜反注殨胔皆同殨又作漬脊子亦反李慈益反骼古百反 疏 注曲禮至皆是○釋曰曲禮者彼謂四足之獸相漸漬而有瘞死此骴謂肉腐義理有殊引之者直取音同仍取四足死者即有肉腐之骴也先鄭云死人骨也者以人骨爲主其中兼四足之骨也月令者彼據孟春春是生氣骨是

周禮疏卷三十六　二十

死氣爲死氣逆生氣故埋之此官在秋者是陰故屬秋引之者除骴是同故也彼注云骨枯曰骼肉腐曰骴骴言埋亦掩之骼言掩亦埋之義無異互言耳故云腐骨之尚有肉者也則肉腐曰骴亦一也云及禽獸之骨皆是者即四足曰漬在其中按詩云行有死人尚或殣之又下云若有死於道路者則令埋之今得有死人骨者近道人見者令埋之其有死于溝壑者蜡氏除之**凡國之大祭祀令州里除不蠲禁刑者任人及凶服者以及郊野大師大賓客亦如之**蠲讀如吉圭惟饎之圭圭絜也刑者黥劓之屬任人司圜所收教罷民也凶服服衰絰也此所禁除者皆爲不欲見人所薉惡也○蠲古玄反舊音圭絜也饎昌志反罷音皮衰七雷反爲于僞反下爲其滔爲其就禽同薉紆廢反今本多作穢惡烏路反 疏 注蠲讀至惡也○釋曰大祭祀謂郊祭天地大賓客謂諸侯來朝若據天地其神位在郊至郊而已若賓客則至畿故兼言野郊外曰野大㧾言也云蠲讀如吉圭惟饎之圭者毛詩云絜蠲爲饎無此言鄭從三家詩故不同云刑者黥劓之屬者之屬中舍有宮刖也云任人司圜所收教罷民也者經任人文承刑者之下則罷

民亦刑之類是以司圜云任之以事是也凶服五服皆是故曰凶服服衰絰也祭者皆齊齊者潔靜不欲見穢惡也

若有死於道路者則令埋而置楬焉書其日月焉縣其衣服任器于有地之官以待其人有地之官主此地之吏也其人其家人也鄭司農云楬欲令其識取之今時揭櫫是也有地之官有郡界之吏今時鄉亭是也○楬音竭縣音玄　疏　注有地至是也○釋曰此經主謂行人在路死者云有地之官主此地之吏也者謂比閭族黨之等皆有長吏若比長閭胥黨宰之輩皆是若今時鄉亭治事之處縣衣服任器等仍使守掌使不失也

掌凡國之骴禁禁謂孟春掩骼埋胔之屬　疏　注禁謂至之屬○釋曰孟春者月令文也

雍氏掌溝瀆澮池之禁凡害於國稼者春令為阱擭溝瀆之利於民者秋令塞阱杜擭溝瀆澮田間通水者也池謂陂障之水道也害於國稼謂水潦及禽獸也阱穿地為塹所以禦禽獸其或超踰則陷焉世謂之陷阱擭柞鄂也堅地阱淺則設柞鄂於其中秋而杜塞阱擭收刈之時為其陷害人也書柴誓曰敜乃擭斂乃阱時秋也伯禽以出師征徐戎○澮古外反阱在性反塹也擭胡化反陂披宜反障之尚反塹七豔反本又作壍柞劉才伯反或在洛反鄂劉五洛反戚五各反柴音秘敜音杜敜乃協反又乃結反徐劉本作郤音徐　疏　雍氏至杜擭釋曰掌溝瀆澮池之禁凡害於國稼者溝瀆澮池或田間通水或在田外所須本為利民而造其中有放溢奔流為害者則禁之凡害於國稼者謂水潦之等春令為阱擭溝瀆之利於民者阱擭以取禽獸溝瀆所以通水是皆利於民故春使為之也○注溝瀆至徐戎○釋曰云溝瀆澮田間通水者也者按遂人匠人惟有遂溝洫澮川不見有瀆此云瀆亦田間通水者但注瀆曰川或可以川為瀆舉其類也云池謂陂障之水道也者詩云彼澤之陂毛云澤障曰陂今云陂障之水道謂障澤為陂之時於澤通水入陂之道曰池云阱穿地為塹者此則深為不須別設柞鄂擭則堅地不可得深故須柞鄂柞鄂者或以為豎柞於中向上鄂鄂然所以載禽獸使足不至地不得躍而出謂之柞鄂也書柴誓者彼云魯侯伯禽宅曲阜徐戎並興伯禽往征有此塞阱杜擭之事故引以為證也云時秋也者彼不見時節但此說在秋明彼亦秋故得有斂擭敜阱之事也

禁山之為苑澤之沈者為其就禽獸魚鱉自然之居而害之鄭司農云不得擅為苑囿於山也澤之沈者謂毒魚及水蟲之屬○苑於阮反劉於願反　疏　注為其至之屬○釋曰先鄭云不得擅為苑囿於山義雖與後鄭異得為一義故引之在下文云沈者謂毒魚及水蟲之屬者謂別以藥沈於水中以殺魚及水蟲不謂鴆故不作鴆作沈也

萍氏掌國之水禁水禁謂水中害人之處及入水捕魚鱉不時○捕音步　疏　注水禁至不時○釋曰水中害人之處或有深泉洪波沙虫水弩云捕魚鱉不時者案月令春秋及冬取魚夏不合取魚夏取則不時故云不時皆禁之也

幾酒苛察沽買過多及非時者○苛音何又呼何反沽音姑又音故買如字一本作賣　疏　幾酒○釋曰萍氏幾酒者酒亦水之類故也不得非時時謂若酒誥惟祀茲酒又鄉飲酒及昏娶為酒食以召鄉黨僚友是其時也

謹酒使民節用酒也書酒誥曰有政有事無彝酒　疏　謹酒○釋曰此戒謹慎於酒故引酒誥有政之大目有事之小目夷常也不得常飲明如上文合飲時乃飲也

禁川游者備波洋卒至沈溺也○洋音翔又音羊卒寸忽反　疏　禁川游者○釋曰游謂浮游不乘橋船恐溺故禁之也

司寤氏掌夜時夜時謂夜晚早若今甲乙至戊○　疏　注夜時至至戊○釋曰此文與下為目故注云謂夜晚早甲乙則早時戌亥則晚時也

以星分夜以詔夜士夜禁夜士主行夜徼候者如今都候之屬○行下孟反下行夜同徼古弔反　疏　注夜士至之屬○釋曰云以星分夜者若今時觀參辰知夜早晚是以書傳云春昏張中可以種稷夏大火中可以種黍菽秋虛中可以種麥冬昴中可以收斂蓋藏彼雖非分夜以詔夜士亦是以星知早晚之類也言行夜徼候者若宮伯掌授八次八舍注云於徼候便也則行夜來往周旋謂徼候者也

禦晨行者禁宵行者夜遊者備其遭寇害及謀非公事禦亦禁也謂遏止之無刑法也晨先明也宵定昏也書曰宵中星虛春秋傳曰夜中星隕如雨○先悉薦反隕于敏反　疏　注禦其至如雨○釋曰晨亦得名旦月令云旦尾中亦得名曰明按三光考靈耀云日入三刻為昏不盡三刻為明昏亦得名星故奔喪云日行百里不以夜行惟父母之喪見星而行見星而舍明見星時

即爲夜也如是宵亦得名曰昏昏參中是也亦名曰夜爾雅云宵夜也然則夜是明之首不通於前宵是昏之末不通於後也惟夜中之時正一名耳此云禁晨行者禁宵行者謂在道路中禮志云男女夜行以燭謂在宮中也晨行宵行者惟辠人與奔父母之喪若天子祭天之時則通夜而行故禮記云汜埽反道鄉爲田燭禁夜遊者禁其無故遊者引春秋者莊公七年夏四月辛卯夜中星隕如雨是也

司烜氏掌以夫遂取明火於日以鑒取明水於月以共祭祀之明齍明燭共明水　夫遂陽遂也鑒鏡屬取水者世謂之方諸取日之火月之水欲得陰陽之潔氣也明燭以照饌陳明水以爲玄酒鄭司農云夫發聲明齍謂以明水脩滌粢盛黍稷。夫方符反或云司農音符齍音資注作粢音同〔疏〕注夫遂至黍稷。釋曰云夫遂陽遂也者以其日者太陽之精取火於日故名陽遂取火於木爲木遂者也鑒鏡屬者詩云我心非鑒不可以茹彼鑒是鏡可以照物此鑒形制與彼鑒同所以取水也云取水者世謂之方諸者漢世謂之方諸言取水謂之方諸則取火者不名方

諸別名陽遂也明者潔也日月水火爲明水明火是取日月陰陽之潔氣也云明燭以照饌陳者謂祭日之旦饌陳於堂東去明須燭照之云明水以爲玄酒者鬱鬯五齊以明水配三酒以玄酒配玄酒井水也玄酒與明水別而云明水以爲玄酒者對則異散文通謂之玄酒是以禮運云玄酒在堂亦謂明水爲玄酒也先鄭云明水滫滌粢盛黍稷者滫謂滫瀡滌謂蕩滌俱謂釋米者也

凡邦之大事共墳燭庭燎　故書墳爲蕡鄭司農云蕡蜀麻燭也玄謂墳大也樹於門外曰大燭於門內曰庭燎皆所以照衆爲明。墳扶云反燎力召反蕡扶云反李一音婦輩反〔疏〕凡邦至庭燎。釋曰大事者謂若大喪紀大賓客則皆設大燭在門外庭燎在大寢之庭。注故書至爲明。釋曰先鄭從故書蕡爲麻燭者以其古者未有麻燭故不從是以禮記少儀云主人執燭抱燋鄭云未爇曰燋是知未有麻燭也後鄭云樹於門外曰大燭者非人所執也燕禮云甸人執大燭於庭不言樹者彼諸侯燕禮不樹於地使人執彼注云庭大燭爲位廣也此言大燭亦爲位廣又樹之於地也云於門內曰庭燎者於門內在庭中故謂之庭燎庭燎與大燭亦一也其所以照衆爲明是以詩庭燎云夜如何其夜未央庭燎之光君子至止鸞聲將將謂宣王時諸侯

來朝之事按郊特牲云庭燎之百由齊桓公始也鄭云庭燎之差公蓋五十侯伯子男皆三十大戴禮文其百者天子禮庭燎所作依慕容所爲以葦爲中心以布纏之飴蜜灌之若今蠟燭百者或以百般一處設之或百處設之若人所執者用荆燋爲之執燭抱燋曲禮云燭不見跋是也

中春以木鐸修火禁于國中　爲季春將出火也火禁謂用火之處及備風燥。中音仲爲于僞反下爲葬皆爲同燥素早反又素報反〔疏〕注爲季至風燥。釋曰云爲季春將出火也者三月昏時火辰星在卯南見是火星出此二月末出故云爲季春將出火也

軍旅修火禁邦若屋誅則爲明竁焉　鄭司農云屋誅謂夷三族無親屬收葬者故爲葬之也三夫爲屋一家田爲一夫以此知三家也玄謂屋讀如其刑剭之剭剭誅謂所殺不於市而以適甸師氏者也明竁若今揭頭明書其罪法也司烜掌明書則罪人夜葬與。竁昌銳反剭徐音屋劉音握與音餘〔疏〕軍旅至竁焉。釋曰屋誅謂甸師氏屋舍中誅則王之同族及有爵者也是以易鼎卦云鼎折足覆公餗其刑剭鄭義以爲餗美饌鼎三足三公象若三公傾覆王之美道屋中刑之與此同云爲明竁焉者明用刑以

板書其姓名及罪狀著於身竁壙中也。注鄭司至葬與。釋曰先鄭以屋爲夫三爲屋者謂夷三族解之後鄭不從者夷三族乃是戰國韓信等用商鞅連相坐之法造三夷之誅既亂世之法何得以解太平制禮之事乎鄭知罪人亦有明刑書於本者見昭二年鄭公孫黑作亂子產數其罪云不速死大刑將至七月壬寅縊尸諸周氏之衢加木焉注云書其罪於木以加尸上而皐之非禮故書殺以惡黑知明刑者書可知知夜葬者以其司烜主明火掌夜事既令掌之則罪人夜葬可知故曾子問云見星而行者惟罪人是夜葬之事也

附釋音周禮注疏卷第三十六

大清嘉慶二十年重刊　用文選樓藏本校

知南昌府張敦仁署鄱陽縣候補知州周澍栞

周禮注疏卷三十六挍勘記　阮元撰盧宣旬摘錄

附釋音周禮注疏卷第三十六

司刑

若今宦男女也　諸本宦作官此誤疏中同

謂易君命　補毛本謂作觸當據正

云降畔寇賊刼掠奪攘撟虔者　惠挍本掠作略此誤

小曰提縈　閩本同監毛本提改緹

惟赦墨劓與刖三者　漢制考惟作唯

其宫刑至唐乃赦也　閩本同誤也漢制考及監毛本唐作隋當據正書呂刑正義云隋開皇之初始除男子宫刑婦人猶閉於宫

案文十八年史克云　閩本同監毛本下衍先君二字又監本文誤士

司刺

恐〇不獲實　毛本恐下無圈此誤

若舉刃欲斫伐　大字本岳本嘉靖本閩本同監毛本斫誤砍〇按今俗有此字讀如坎卦之坎而韻書無之

若閒帷簿忘有在焉　漢制考作忘有在焉者諸本俱脫者當補

與踰之義耳　漢制考疊之字

再赦曰老旄　唐石經諸本同葉鈔釋文作老秏云本又作旄同今通志堂本改老耄非鄭注大司寇引書王秏荒

司約

治摯之約次之　唐石經諸本同嘉靖本摯作摰

夔子不祀祝融　釋文宋本錢鈔本嘉靖本皆作夔子此訛

常平諸侯直命祀社　宋本閩本同監毛本平誤年

或有彫器簠簋之屬　漢制考彫作雕

豈此舊典之遺言　漢制考下有與諸本皆脫當補

故知使神監焉　惠挍本使作欲此誤

謂殺雞取血釁其戶　宋本嘉靖本同閩監毛本雞作鷄疏及司盟注同惠挍本疏中亦作雞

云則珥而辟藏者　閩監毛本珥改衈

割雞當門　惠挍本雞下有門此脫

凡邦之盟約大史司會及六官　惠挍本之下有大大史下有內史二字此脫

司盟

而騁告公曰　閩本同監毛本騁誤聘

及其禮儀　唐石經諸本同釋文作禮義云音儀今本竟改作儀非〇按漢字多用義爲儀見先鄭注

有疑不協也　大字本嘉靖本毛本同錢鈔本閩監本協作協

以詛射潁考叔者　大字本岳本嘉靖本同閩監毛本潁作頴非

紞廢公鉏　惠挍本無紞

撿其自相違約　按檢字當从木作檢檢猶防也制也

撿後相違約勘之　閩監本撿作檢

使其邑閭出牲而來盟已　大字本作使邑閭出牲來盟已已爲已之誤今本其而二字蓋衍宋本閩本已作旣誤也〇按而來盟句絕已字連下讀猶已而也

則遺其地之民　閩毛本遺作遣此及監本皆誤

職金

所送者謂若荆楊貢金三品　閩本所送剜改入征監毛本從之

青丟之山　惠挍本作青丘

無齊之理　閩本同監毛本齊改濟非

作槍雷椎椁之屬　大字本槍作搶非嘉靖本椁作捧釋文作椎捧云宅耕反本又作桴漢讀考捧作捧云說文作打撞也從木丁聲通俗文撞出曰朾釋元應曰敝敔捧朾四形同丈衡切今釋文作捧訛

司厲

盜賊贓　閩監毛本同嘉靖本贓作賊監本疏中亦作賊較賊之贓字稍正按朝士注云若今時加貴取息坐臧贓卽俗臧字也

男子入于罪隸女子入于舂稾　唐石經諸本同毛本稾誤稾疏中引經同漢書刑法志作女子入舂槀稾槁一字也說文女部云奴奴婢皆古之辠人也周禮曰其奴男子入于辠隸女子入于舂藁从女从又按罪當從許引作古辠字

予則奴戮汝　嘉靖本汝作女釋文戮女音汝

從坐而沒入縣官者　此本監本官誤宫今據諸本訂正

犬人

凡幾珥沈辜　宋本辜誤辜監本誤辜疏及下掌戮同

幾讀爲庪　大字本岳本閩本同嘉靖本庪作庋宋本作庋監毛本訛瘢下同釋文作爲祓

祭山曰庪縣　宋本作祭山曰庪無縣字釋文祓縣音元○按毛本作祭山川瘞縣誤甚

珥當爲衈　賈疏作讀爲

先鄭讀幾爲庪　宋本庪作庋

司圜

弗使冠飾者著墨幪　閩監毛本同誤也釋文大字本岳本嘉靖本作黑幪當據以訂正蓋賈疏引孝經緯作墨幪○按依說文當作幏加艹者非也

上罪墨象赭衣　浦鏜云墨象疑墨幪誤下同

畫象刑者則尙書象刑　按上刑字當衍

掌囚

上罪梏拲而桎　說文手部云拲兩手同械也从手从共共亦聲周禮上辠梏拲而桎或从木作桊按罪字當從說文作辠

宜以先言梏　浦鏜云宜當直之誤

掌戮

大刑有五　浦鏜云夫誤大

衛侯燬滅邢　監本邢誤刑○按依說文當作郱

髡者使守積　唐石經葉鈔釋文大字本作髡者髡字下從兀諸本作髡訛漢書刑法志作完者使守積師古注用司農義按髡完聲相近鄭司農改字本班志

髡當爲完　錢鈔本閩本同大字本嘉靖本監毛本云當作完

司隸

厲遮例也　釋文例也本又作列同音烈按釋文例列字當互倒鄭注當本作遮列○按不然遮例卽遮迾也說文曰迾遮也

罪隸

其守王宫與其厲禁者如蠻隸之事 唐石經諸本同浦鏜引王明齋曰十四字宜屬閩隸以文義詳之不應未言蠻隸而曰如蠻隸之事按司隸職云掌帥四翟之隸使之皆服其邦之服執其邦之兵守王宫與野舍之厲禁則守王宫與其厲禁者明屬四翟之隸之職與罪隸無涉今三翟隸有文獨閩隸缺明是彼之脫簡誤衍於此蓋賈疏本已如是鄭注時則未誤也○按鄭注時本不如是

閩隸

謂若畜鳥氏掌畜禽鳥 閩本同監毛本禽改猛非按畜鳥氏謂掌畜也

夷隸

介葛盧聞牛鳴 岳本盧作廬非

若周未失道 浦鏜云未誤末

貉隸

互見之耳 閩監毛本耳改也

秋官司寇下

布憲

此與大司寇 補此本寇下空闕一字

禁殺戮

晦漫禮儀也 閩監毛本漫作慢

元謂攘猶卻也 嘉靖本同閩監毛本卻誤郤大字本作郄俗字下同

然今言見血 閩監毛本然改若

禁暴氏

亦刑所禁也 大字本無也

野廬氏

比猶校也 大字本岳本嘉靖本同錢鈔本校作挍是也當據以訂正閩監毛本校改較按漢人作比校字从木

故云廬之屬以苞之 閩監毛本苞改包

聚榛之 唐石經缺葉鈔釋文嘉靖本榛作櫕

有相翔者誅之 嘉靖本閩監毛本同唐石經大字本岳本者下有則當據以補正石經考文提要引周禮訂義有則字

釋曰守塗地之人 閩本同監毛本塗改涂

凡道路之舟車轚互者 說文車部云轚車轄相擊也从車从毄毄亦聲周禮曰舟輿擊互者按周禮舟車許引作舟輿爲異擊當從周禮作轚許正引此經以證轚字也鄭注當本作舟車擊互猶許君云車轄相擊也故賈疏釋注云車互相擊○按鄭引經文不當改字

車有轘轅坻閡 釋文作環轅云本亦作轘同按轘當依陸本作環因注云車有環轅故改從車旁也段玉裁云坻字徐之爾反則字作坻

東至於厎柱 閩監毛本厎誤底下同

是厎柱爲水之溢道者也 閩監毛本溢作隘

皆爲防姧也 大字本宋本同閩監毛本姧改奸嘉靖本作姦按廣韻姦俗作姧

射邪趍疾 閩監本同大字本錢鈔本嘉靖本毛本趍作趨當據正趍俗趨字毛本疏中亦作趨

比校治道者名 大字本岳本嘉靖本閩監本同錢鈔本毛本校作挍按漢制考作較

若今次金敘大功 諸本同賈疏本大作丈云官名次金敘主以丈尺賦功今俗本多誤爲次敘大功○按疏云漢時有官名次金敘敘字恐衍蓋賈本作次金丈功俗本云次敘大功今本轉寫互誤各衍一字耳賈云有官名次金亦未可信此注宜定爲若今次敘丈功金與敘形之誤大與丈亦形之誤

使有功效　閩監毛本效改劾

若今絕蒙布巾　閩監毛本同大字本宋本岳本嘉靖本布作大漢制考所引同當據正

邦之大師　唐石經作邦之有大師今諸本脫有字。按有字不必補

非此常人也　大字本閩監本同誤也錢鈔本嘉靖本毛本此作比當據以訂正

備姦人內賊及反閒　閩監毛本同大字本嘉靖本姦作奸奸者俗姦字

蜡氏

曲禮四足死者曰漬　大字本曲禮下有曰此脫釋文漬作殰云又作漬

脊讀爲漬　大字本岳本嘉靖本同閩監毛本漬作殰

月令曰掩骼埋胔　浦鏜云胔下脫一胔字漢讀考云月令上當有元謂二字司農從故書作脊而易爲漬鄭君從今書作骴而釋其義胔同骴說文曰骴或從肉是也按此引月令當本作掩骼埋骴禮記音義云胔亦作骴此疏引彼注云肉腐曰骴可證此作胔是淺人據今本月令所改當訂正下同

蠲讀如吉圭惟饎之圭圭絜也　大字本如作若監毛本絜改潔非疏同漢讀考作讀爲

人所蔵惡也　釋文蔵今本多作穢按鄭用蔵字考工記注云粤地塗泥多草蔵又函人注無蔵也皆可證。按說文有蔵無穢一正一俗也漢人用蔵

今時揭櫫是也　閩監本同誤也揭字當從諸本作木旁唐石經作楬下準此監本櫫誤櫫

有郡界之吏　閩監毛本同誤也大字本宋本嘉靖本郡作部漢制考所引同當據以訂正

若比長閭胥黨宰之輩　惠挍本作里宰此誤

雍氏

阱穿地爲漸　嘉靖本同大字本漸作塹閩監毛本作壍按釋文爲壍本又作塹漸蓋壍之訛

書粊誓曰　大字本岳本嘉靖本閩本同監毛本粊誤柴疏同按釋文粊誓音祕。按自唐以前皆作粊誓至衞包乃妄改爲費誓

伯禽以出師征徐戎　釋文徐戎劉本作𨙸音徐按今文尚書盡作𨙸戎鄭注本之。按𨙸字見說文

爲其就禽獸魚蟞自然之居　嘉靖本同閩監毛本蟞改鼈

謂毒魚及水蟲之屬　岳本脫及

文云沈者謂毒魚及水蟲之屬者　惠挍本文作又此誤

萍氏

及入水捕魚鱉不時　嘉靖本鱉作蟞宋本作鼈此本閩本疏中同監本及誤反

苛察沽買過多　大字本買作寘按釋文沽買一本作賣寘蓋賣之訛。按今俗語亦呼買物件爲置古語之遺者也

無彝酒　閩監毛本同大字本嘉靖本彝作夷當據正此本疏中亦云夷常也。按韓非引書亦作夷

有政之大目有事之小目　閩監毛本目皆作臣毛本有事誤在事

司寤氏

若今甲乙至戊　嘉靖本戊作戌後又於戊中補一點九經三傳沿革例云各本作甲乙至戌獨蜀本作戊漢制考作戊云疏以戊爲戌誤甲乙至戊謂夜有五更又引衞宏漢舊儀云五夜甲夜乙夜丙夜丁夜戊夜

然則夜是明之首　惠挍本夜作晨此誤

司烜氏

以鑒取明水於月　說文金部云鑑大盆也一曰鑑諸可以取明水於月从金監聲按依許書監當作鑑天官凌人春始治鑒今作鑑。按說文篆體今本不必皆古本也不當云許必作鑑

欲得陰陽之絜氣也　大字本岳本嘉靖本絜作潔此非

明齍謂以明水脩滌粢盛黍稷　閩監毛本同大字本岳本嘉靖本脩作滌按賈疏本作滌云滌謂滌濯滌謂蕩滌釋文無音葢陸本作脩取修絜義亦通明齍當作明粢釋文於經云明齍音資注作粢同。按脩滌皆非也乃溲字之誤耳說文作溲沃汏也

十人執燭抱燋　浦鏜云主誤十

或以百般一處設之　閩本同監毛本般改根

火辰星在卯南見　閩監本同當從毛本作大辰

元謂屋讀如其刑剭之剭　監本誚誤爲漢讀考作讀爲禮說云班固述哀紀曰底剭鼎臣服虔曰周禮有屋誅

若今揭頭　監毛本同嘉靖本閩本及漢制考揭皆作楬

鼐三足　浦鏜云鼎誤鼐

周禮注疏卷三十六挍勘記終

南昌袁泰開挍

附釋音周禮注疏卷第三十七

鄭氏注　賈公彥疏

條狼氏掌執鞭以趨辟王出入則八人夾道公則六人侯伯則四人子男則二人趨辟，趨而辟，行人若今卒辟車之爲也。孔子曰：富而可求，雖執鞭之士，吾亦爲之。言士之賤也。○趨辟，七須反，下婢亦反，又音避，劉薄易反，徐扶亦反。注趨辟、辟行人同。卒，子忽反，下衍卒同。辟車，必亦反，又婢亦反。〔疏〕條狼至二人。○釋曰：按序言條狼氏下士六人，胥六人，徒六十人，今云天子八人，少二人矣，蓋取胥徒中兼充也。

凡誓執鞭以趨於前且命之誓僕右曰殺誓馭曰車轘誓大夫曰敢不關鞭五百誓師曰三百誓邦之大史曰殺誓小史曰墨前謂所誓衆之行前也。有司讀誓辭，則大言其刑以警所誓也。誓者，謂出軍及將祭祀時也。出軍之誓，誓左右及馭，則書之甘誓備矣。郊特牲說祭祀之誓曰：卜之日，王立于澤，親聽誓命，受教諫之義也。車轘，謂車裂也。師，樂也。大史、小史，主禮事者。鄭司農云：誓大夫曰敢不關，謂不關於君也。玄謂大夫自受命以出，則其餘事莫不復請。○轘，戶串反，一音環。大音泰，注同。行，戶剛反。警，京領反。復請，劉上音服，下音情。〔疏〕凡誓至曰墨。○釋曰：誓自有大官，若月令田獵，司徒北面以誓之，誓時此條狼氏則爲之大言，使衆聞知，故云且命之誓。僕右者，僕，大僕，與王同車，故大僕職云「軍旅贊王鼓」，注云「佐擊其餘面」，通右與馭及王四乘也。右謂勇力之士，在車右備非常。誓馭，謂與王馭車者也。○注前謂至復請。○釋曰：云「謂出軍及將祭祀時也」者，若且命以上，軍旅祭祀同有此事。僕右四乘，校軍旅時，師與大史、小史皆據祭祀時，大夫敢不關亦據祭祀須關君，是以鄭引甘誓證軍旅，引郊特牲證祭祀也。云「甘誓備矣」者，按甘誓云：「左不攻于左，汝不恭命；右不攻于右，汝不恭命；馭非其馬之正，汝不恭命。用命，賞于祖；弗用命，戮于社，予則孥戮汝。」是其備也。郊特牲者，王將祭之時，故云「卜之日，王立于澤」，謂在澤宮也。澤宮者，擇士可與祭者之宮，親自聽有司誓命，此是受教諫之義也。云「車轘謂車裂也」者，春秋左氏傳云「轘觀起於四境」是也。師知是樂師者，以其下有大史、小史，皆掌禮，禮樂相將，故知師是樂師、大師，瞽人之長也。鄭司農云「誓大夫曰敢不關，謂不關於君也」，此先鄭義未足，故後鄭增成之。玄謂「大夫自受命以出，則其餘事莫不復請」，言此者，欲見受命出征，梱外之事，將軍裁之，不須復請。除此以外，其無不復請，皆須請於君乃得行事。是以襄公十九年秋七月辛卯，齊侯環卒，晉士匄帥師侵齊，至穀，聞齊侯卒，乃還。公羊傳曰：「還者何？善辭也。何善爾？大其不伐喪也。此受命乎君而伐齊，則何大乎其不伐喪？大夫以君命出，進退在大夫也。」是其不復請君之事也。若穀梁，大夫雖在外，猶當復請于君，不敢專，故曰：「還者，事未畢之辭也。受命而誅，生死無所加其怒，不伐喪，善之也。善之則何爲未畢也？君不尸小事，臣不專大名，善則稱君，過則稱己，則民作讓矣。士匄外專君命，故非之也。然則爲士匄者宜奈何？宜墠帷而歸命乎介。」是其雖在外，不得專命之事也。

脩閭氏掌比國中宿互㯪者與其國粥而比其追胥者而賞罰之國中，城中也。粥，養也。國所游養，謂羨卒也。追，逐寇也。胥讀爲偦。故書互爲巨。鄭司農云：宿謂宿衞也。巨當爲互，謂行馬，所以障互禁止人也。㯪謂行夜擊㯪。○比，毗志反，下同。宿，如字，劉息就反。粥音育。追，如字，劉張類反。偦音胥，又息呂反。〔疏〕脩閭至罰之。○釋曰：云「掌比國中宿互㯪」者，互謂行馬，所以爲遮障；宿者，所守衞；㯪者，謂宿復擊㯪持更也。云「與其國粥」者，謂國家粥養未入正卒，且爲羨卒者。云「而比其追胥」者，使此羨卒追而逐寇，胥爲何捕盜賊二事也。

禁徑踰者與以兵革趨行者與馳騁於國中者皆爲其或衆。〔疏〕禁徑至中者。○釋曰：以其職作脩閭，當脩理門閭，故禁此三者也。

邦有故則令守其閭互唯執節者不幾令者，令其閭內之閭胥、里宰之屬。〔疏〕注令者至之屬。○釋曰：邦有故，謂有寇戎、大喪、札喪，皆是恐有姦非，則命各遣守閭。閭，巷門。有執節公使者，不幾訶也。但言閭，惟據鄉內，注兼云里宰者，官名脩閭，以六鄉爲主，其實兼主六遂，故言里宰以包之也。

冥氏掌設弧張弧張，罿罦之屬，所以扃絹禽獸。○冥音覓。罿，昌容反，劉上凶反。罦音浮。扃，丂熒反。絹，古大反，一音古縣反。罝氏注同。〔疏〕注弧張至禽獸。○釋曰：弧，弓也，謂張弓以取猛獸。云「罿罦之屬」者，詩云「雉羅于罝雉羅于罦並是取禽獸之物言之屬仍有兎罝之等皆是局絹禽獸者也**爲阱擭以攻猛獸以靈鼓毆之**靈鼓六面鼓毆之使驚趨阱擭○毆丘于反後同〔疏〕注靈鼓至阱擭○釋曰知靈鼓六面者以鼓人云靈鼓鼓祭社晉鼓鼖鼓等非祭社之鼓並兩面路鼓祭宗廟故知加兩面爲四面地神尊於宗廟加兩面爲六面天尊於地神加兩面爲八面以此差之知靈鼓六面鼓也**若得其獸則獻其皮革齒須備**鄭司農云須直謂頤下須備謂撍也○撍音爪〔疏〕若得至須備○釋曰猛獸有不得之法故云若以不定之言也若得猛獸之時猛獸之肉不堪人噉故當獻其皮革須備也皮謂若虎豹熊羆革謂無文章者去毛而獻之齒即牙也須備如先鄭所說虎豹有須備獻之以擬器物之用也

庶氏掌除毒蠱以攻說禬之嘉草攻之毒蠱蟲物而病害人者賊律曰敢蠱人及教令者棄市攻說祈名祈其神求去之也嘉草藥物其狀未聞攻之謂燻之鄭司農云禬除也玄謂此禬讀如潰癰之潰○庶章預反毒蠱音古禬劉音潰戶內反𦵔音草本亦作草令力呈反去起呂反燻許云反〔疏〕庶氏至攻之○釋曰除毒蠱目言之攻說禬之據去其神也嘉草攻之據去其身者也○注毒蠱至之潰○釋曰云攻說祈名者大祝六祈有類造禬禜攻說故知也先鄭云禬除也後鄭增成其義潰癰之潰俗讀也**凡敺蠱則令之比之**使爲之又校次之〔疏〕凡敺至比之○釋曰云敺之止謂用嘉草燻之時并使人敺之既役人衆故須校比之

穴氏掌攻蟄獸各以其物火之蟄獸熊羆之屬冬藏者也將攻之必先燒其所食之物於其外以誘出之乃可得之〔疏〕注蟄獸至得之○釋曰知熊羆之屬者鄭目驗而知猛獸之蟄惟有熊羆之屬也言以其物火之明是燒其所食之物誘之使出穴外乃可得也**以時獻其珍異皮革**〔疏〕以時至皮革○釋曰謂熊羆之皮革及熊蹯之等

翨氏掌攻猛鳥各以其物爲媒而掎之猛鳥鷹隼之屬置其所食之物於絹中鳥來下則掎其腳○掎居綺反注同隼息允反〔疏〕注猛鳥至其腳○釋曰云各以其物

爲媒者若今取鷹隼者以鳩鴿置於羅網之下以誘之云鷹隼之屬者王制云鷹隼擊然後罻羅設易云公用射隼於高墉之上隼即謂之鶻者也**以時獻其羽翮**翮戶革反

柞氏掌攻草木及林麓林人所養者山足曰麓○柞側百反麓音鹿〔疏〕注林人至曰麓○釋曰此柞氏與薙氏治地皆擬後年乃種田但下有薙氏除草此柞氏攻木兼云草者以攻木之處有草兼攻之故云草也云林人所養者若林衡所掌者未必人所養此乃人所攻治以擬種殖故知此林麓人所養治者也漆林之征亦此類也山足曰麓爾雅文林麓謂麓上有林者也此掌攻與下文爲目也**夏日至令刊陽木而火之冬日至令剝陰木而水之**刊剝互言耳皆謂斫去次地之皮生山南爲陽木生山北爲陰木火之水之則使其肆不生○刊苦干反去起呂反肆以四反〔疏〕夏日至水之○釋曰夏日至謂五月夏至之日爲之也令刊陽木而火之謂先刊削以去其皮乃燒之冬日至謂十一月冬至之日爲之剝陰木而水之亦謂剝去其皮乃水此文與下文相兼乃足也必以夏刊陽木冬剝陰木者夏至之日則陰生冬至陽生陽木得陰而鼓陰木得陽而發故須其時而刊剝之也山虞取其堅刃冬斬陽夏斬陰此欲死之故夏陽木冬陰木○注刊剝至不生○釋曰云刊剝互言耳者謂削之亦剝之剝謂剝去其皮亦削之故云互也云生山南爲陽木生山北爲陰木者爾雅云山南曰陽山北曰陰云火之水之則使其肆不生者斬而復生曰肆若以水火斬而不復重生故云使其肆不生也**若欲其化也則春秋變其水火**化猶生也謂時以種穀也變其水火者乃所火則水之所水則火之則其土和美〔疏〕注化猶至和美○釋曰此覆釋上文此刊木正欲種田生穀故云若欲使前刊木分穀之時則當以春秋變其水火也變之者前文云夏日至刊陽木火之者至秋以水漬之前冬日至剝陰木以水之者至後春以火燒之如此則地和美也**凡攻木者掌其政令**除木有時〔疏〕注除木有時○釋曰凡國家有欲攻木者皆來取柞氏政令所以取政令者除木有時如上冬夏者也

薙氏掌殺草春始生而萌之夏日至而夷之

秋繩而芟之，冬日至而耜之。故書萌作甍。杜子春云甍當爲萌謂耕反其萌牙書亦或爲萌玄謂萌之者以茲其斫其生者夷之以鉤鎌迫地芟之也若今取茭矣含實曰繩芟其繩則實不成孰耜之以耜測凍土剗之。繩音孕以證反注同芟所銜反甍音萌茲其音基茲其鎡也鎌音兼茭音交剗初產反劉則展反〔疏〕注故書至剗之。釋曰此薙氏所掌治地從春至冬亦一年之事後年乃可種也子春云萌謂耕反其萌牙後鄭不從者此經云殺草則是萌謂草始生出地之時非是十一月草木萌動其色赤十二月牙其色白何得耕反其萌牙乎以是不從子春之說也玄謂萌之者以茲其斫其生者漢時茲其即今之鋤也云夷之以鉤鎌迫地芟之也若今取茭矣者見今取茭草亦於夏迫地取之故舉爲況也云含實曰繩者秋時草物含實也云耜之以耜測凍土剗之者耜廣五寸謂耒頭金冬時地凍故以耜附測凍土剗之如此春種則地和美若欲其化也，則以水火變之。謂以火燒其所芟萌之草已而水之則其土亦和美矣月令季夏燒薙行水利以殺草如以熱湯是其一時著之掌凡殺草之政令。

硩蔟氏掌覆夭鳥之巢。覆猶毀也夭鳥惡鳴之鳥若鴞鵩。○覆芳服反注同夭音妖後夭鳥同鴞于嬌反鵩音服〔疏〕注覆猶至鴞鵩。釋曰禮記云無覆巢者謂非夭鳥者也此官覆毀夭鳥之巢窠也云鴞鵩者鴞之與鵩二鳥俱是夜爲惡鳴者也以方書十日之號，十有二辰之號，十有二月之號，十有二歲之號，二十有八星之號，縣其巢上，則去之。方版也日謂從甲至癸辰謂從子至亥月謂從娵至荼歲謂從攝提格至赤奮若星謂從角至軫天鳥見此五者而去其詳未聞。縣音玄娵徐劉並子須反案劉沈音餘荼音錫又音徒按爾雅正月爲娵即離騷所云攝提貞于孟陬皆側留反又子侯反爾雅文云十二月爲涂音徒今注作離荼二字是假借耳當依爾雅讀從攝提格至赤奮若爾雅曰太歲在寅曰攝提格在丑曰赤奮若〔疏〕注方版至未聞。釋曰云日謂從甲至癸者據十幹而言辰謂從子至亥者據十二支而說月謂從娵至荼歲謂從攝提格至赤奮若者彼爾雅釋天文太歲在寅曰攝提格在卯曰單閼在辰曰執徐在巳曰大荒落在午曰敦牂在未曰協洽在申曰涒灘在酉曰作噩在戌曰閹茂在亥曰大淵獻在子曰困敦在丑曰赤奮若是也又云正月爲泰二月爲知三月爲病四月爲余五月爲皐六月爲且七月爲相八月爲壯九月爲玄十月爲賜十一月爲辜十二月爲涂是也星謂從角至軫右旋數之

翦氏掌除蠹物，以攻禜攻之，以莽草熏之。蠹物穿食人器物者蟲魚亦是也攻禜祈名莽草藥物殺蟲者以熏之則死故書蠹爲槖杜子春云槖當爲蠹。蠹丁故反攻如字劉音貢禜音詠莽亡蕩反又莽草藥名槖劉古毛反本或作槖他各反〔疏〕翦氏至熏之。釋曰以攻禜攻之據祈去其神故以六祈而言之以莽草熏之據去其身也○注蠹物至爲蠹。釋曰云蟲魚亦是者除蠹物穿食餘器物至於蠹魚惟見書內有白魚及白蠹食書故云亦是也凡庶蠱之事。庶除毒蠱者蠱蠹之類或熏以莽草則去○庶章預反〔疏〕注庶除至則去。釋曰翦氏至除蠹物其蠹毒自是庶氏今此云凡庶蠱者同類相兼左右而掌之故鄭云庶除毒蠱者蠱蠹之類或熏以莽草則去此鄭解翦氏兼掌蠱之意以其翦氏有用莽草熏蠹是以蠱毒亦使翦氏除之也

赤犮氏掌除牆屋，以蜃炭攻之，以灰洒毒之。洒灑也除牆屋者除蟲豸藏逃其中者蜃大蛤也擣其炭以坋之則走淳之以灑之則死故書蜃爲晨鄭司農云晨當爲蜃書亦或爲蜃。蜃市軫反洒色買反劉霜寄反豸直氏反坋蒲悶反淳之純反〔疏〕赤犮至毒之。釋曰赤犮氏掌除蟲豸自藏埋者今不指其蟲豸之名直云除牆屋者以其蟲豸自埋藏人所不見故不指蟲而以牆屋所藏之處而已爾雅有足曰蟲無足曰豸藏逃之類有此二者淳即沃也謂灑沃以汁則死也蜃蜃炭地官掌蜃以共蜃炭蜃炭者謂蜃灰是也凡隙屋，除其貍蟲。貍蟲䗪肌蛷之屬。貍莫皆反劉莫拜反䗪草夜反肌居其反求本或作蛷音求劉音俱〔疏〕凡隙至貍蟲。釋曰禮記云如駟之過隙隙謂孔穴也埋藏之蟲在屋孔穴之中故以隙屋言之。注貍蟲至之屬○釋以隙肌蛷皆是自貍之蟲也

蟈氏掌去鼃黽，焚牡蘜，以灰洒之則死。牡蘜蘜不華者

齊魯之間謂鼃爲蟈。黽，耿黽也。蟈與耿黽尤怒鳴，爲聒人耳，去之。○去，起呂反，注去之同。鼃，戶媧反。黽，莫幸反。牡，莫口反。蘜，弓六反。爲聒，于僞反，下古活反。銜枚氏放此。（疏）蟈氏至則死。○釋曰：掌去鼃黽，此文與下爲目也。○注牡蘜至去之。○釋曰：云牡蘜，蘜不華者，此則月令季秋云蘜有黃華，是牝蘜也。云齊魯之間謂鼃爲蟈者，官號蟈氏，及經無云蟈，故鄭以齊魯之言爲證。鼃爲蟈，故名蟈氏也。

以其煙被之，則凡水蠱無聲。

杜子春云：「假令風從東方來，則於水東面爲烟，令烟西行被之水上。」○被，皮義反，注同。令，力呈反，注同。（疏）以其至無聲。○釋曰：上文云焚牡蘜洒之則死，此經云以其烟，明還用牡蘜之烟被之水上也。

壺涿氏掌除水蟲，以炮土之鼓敺之，以焚石投之。

水蟲，狐蜮之屬。故書炮作泡，杜子春讀炮爲苞，有苦葉之苞。玄謂燔之炮之。炮炮土之鼓，瓦鼓也。焚石投之，使驚去。○炮，步交反，注泡苞同。蜮音或。燔音煩。（疏）注水蟲至驚去。○釋曰：云水蟲狐蜮之屬者，蜮即短狐，一物，南方水中有之，含沙射人則死者也。言之屬者，水蟲衆矣，故云之屬以包之也。子春讀從詩苞有苦葉之苞者，取其聲同耳，不取義也。玄謂燔之炮之。炮者，亦讀從詩，此取炮燒之義，故云炮土之鼓，瓦鼓也。云焚石投之使驚去者，石之燔燒得水作聲，故驚去也。

若欲殺其神，則以牡橭午貫象齒而沈之，則其神死，淵爲陵。

神謂水神，龍罔象。故書橭爲梓，午爲五。杜子春云：「梓當爲橭，橭讀爲枯，枯，榆木名。書或爲樗。」又云：「五貫當爲午貫。」○橭，劉音沽，杜讀爲枯，劉亦音枯。案如杜義，則音枯，山榆也。梓音子，本或作橭。樗，丑居反。（疏）若欲至爲陵。○釋曰：云以牡橭午貫象齒而沈之者，按儀禮大射云若丹若墨度尺而午，彼物射者所履，記安足之處，十字爲之，今此亦然。神謂水神，龍罔象也。橭讀爲枯，枯榆木名，以橭爲幹，穿孔以象牙從橭貫之爲十字，沈之水中，則其神死，淵爲陵，所謂深谷爲陵是也。

庭氏掌射國中之夭鳥，若不見其鳥獸，則以救日之弓與救月之矢射之。

不見鳥獸，謂夜來鳴呼爲怪者。獸，狐狼之屬。鄭司農云：「救日之弓，救月之矢，謂日月食所作弓矢。」玄謂日月之食，陰陽相勝之變也，於日食則射大陰，月食則射大

陽與。○射，食亦反，下注同。呼，喚故反，下文嗥呼同。大音泰，下文同。與音餘。（疏）庭氏至射之。○釋曰：云掌射國中之夭鳥者，城郭之所，人聚之處，不宜有夭鳥，故去之。○注不見至陽與。○釋曰：云獸狼狐之屬，不言鳥者，上文注鴟鸒已解也。玄謂日月之食，陰陽相勝之變也者，日之食，晦朔之間；月之食，惟在於望。日食是陰勝陽，月食是陽勝陰，未至爲災，故云陰陽相勝之變也。所以救日月用弓矢射之者，鄭以意推量。日食則射大陰者，以陰侵陽，臣侵君之象，故射大陰，是其常，不足可疑。月食是陽侵陰，君侵臣之象，陽侵陰非逆，既用弓，不得不射，若射，當射大陽，以是爲疑，故云月食則射大陽與，以疑之。

若神也，則以大陰之弓與枉矢射之。

神謂非鳥獸之聲，若或叫于宋大廟譆譆出出者。太陰之弓，救月之弓；枉矢，救日之矢。與不言救月之弓與救日之矢者，互言之。救日用枉矢，則救月以恒矢可知也。○譆，許其反。詘，劉音出，本亦作出。（疏）若神至射之。○釋曰：若神也者，謂不見其身，直聞其聲，非鳥獸之神耳，則以大陰救月之弓與救日枉矢射之。○注神謂至知也。○釋曰：鄭知神謂非鳥獸之聲者，見宋大廟有聲非鳥獸之聲者，見宋太廟有聲非鳥獸之聲，既有聲又非鳥獸之聲，故知是神聲，若神降于莘之類是也。云若或叫於宋太廟譆譆出出者，左傳文。云太陰救月之弓，枉矢救日之矢，與者，太陰之弓爲救月之弓，不言與，則不疑，不疑者，以其與經云救日之弓相對，彼言救日之弓，明此太陰之弓是救月之弓可知。若然，上言救月之矢，則此枉矢是救日可知，而言與以疑之者，但救日與太陰相對，故不疑，上言救月，此不言太陽之矢，直言枉矢，矢名而已，故須疑之。云不言救月之弓與救日之矢者，互言之者，若此文云救月之弓與救日之矢，爲文自足，何暇須互？既不須互，則上下二文全不見弓矢之名矣，是以互見其文，欲見有弓矢之名故也。互者，上文云救日，明太陰是救月；此文救月是太陰，則上文救日是太陽也。又枉矢見矢名，不言救，明有救名；救月之矢見救，不見矢名，明亦有名，亦是互也。云救日用枉矢，則救月以恒矢可知也者，見司弓矢枉矢最在前，明救月矢當在枉矢之下，故知救月用恒矢可知，不用庳矢，以其庳矢弩所用故也。

銜枚氏掌司囂。

察囂讙者，爲其聒亂在朝者之言語。○囂，五羔反，下同。讙，呼丸反。朝，直遙反，下同。（疏）注察囂至言語。○釋曰：以銜枚不得語，是止讙囂之官，故掌司察囂讙之事。

國之大祭

祀令禁無囂令令主祭祀者疏注令令主祭祀者○釋曰國之大祭祀謂天地宗廟令主祭祀之官使禁止無得讙囂讙囂則不敬鬼神故也軍旅田役令銜枚爲其言語以相誤疏注爲其至相誤○釋曰軍旅田役二者銜枚氏出令使六軍之士皆銜枚止言語也禁嘂呼歎鳴於國中者行歌哭於國中之道者爲其惑衆相感動鳴吟也○嘂音叫吟魚今反疏注爲其至吟也○釋曰此經四事皆是在道爲之爲其惑衆釋嘂呼歌也相感動解歎鳴與哭也云鳴吟也者以鳴與歎相連則鳴是歎之類故知鳴吟也

伊耆氏掌國之大祭祀共其杖咸咸讀爲函老臣雖杖於朝事鬼神尚敬去之有司以此函藏之既事乃授之○函音咸去起呂反疏注咸讀至授之○釋曰下二文云授杖此經惟言共杖函止謂祭祀時臣雖老合杖但爲祭祀尚敬暫去之去杖之時共杖函盛之祭祀訖還與老臣拄之老臣雖杖於朝事鬼神尚敬去之謂七十有德君不許致仕者也王制云七十杖於國八十杖於朝謂得致仕者與此異也

軍旅授有爵者杖別吏卒且以扶尊者將軍杖鉞○別彼烈反卒子忽反杖直亮反又音丈鉞音越疏注別吏至杖鉞○釋曰此謂在軍之時有爵謂士以上若然自伍長下士兩司馬中士卒帥上士旅帥下大夫師帥中大夫等並得杖云別吏卒者吏則命士以上卒謂一乘車步卒七十二人等若然甲士三人亦是民之無爵亦與步卒同無杖也知將軍杖鉞者今文泰誓師尚父左杖黃鉞右把白旄是將軍杖鉞之事也共王之齒杖王之所以賜老者之杖鄭司農云謂年七十當以王命受杖者今時亦命之爲王杖玄謂王制曰五十杖於家六十杖於鄉七十杖於國八十杖於朝疏注王之至於朝○釋曰既共王之齒杖明皆據王賜老者之杖而言若不得王賜者自拄之也先鄭惟據七十故後鄭增成之引王制爲證也

大行人掌大賓之禮及大客之儀以親諸侯大賓要服以內諸侯大客謂其孤卿○要於遥反下文及注同疏大行至諸侯○釋曰此經與下經爲目大賓言禮亦有儀大客言儀亦有禮言禮據其始爲本言儀據威儀爲先云以親諸侯者易云先王以建萬國親諸侯則朝聘往來是也○注大賓至孤卿○釋曰言要服以內諸侯者對要服已外爲小賓下文云九州之外謂之蕃國世壹見是也云大客謂其孤卿者謂還是大賓下孤卿對小行人所云小客則受幣聽其辭者爲小客言孤卿者據大國得立孤一人孤來聘侯伯已下無孤使卿來聘不言大夫士者殷聘使卿時聘使大夫士雖不得特聘爲介來亦入客中故下云諸侯之卿其禮各下其君二等大夫士亦如之是皆得爲客但據大聘略據尊者而言也此大賓大客尊卑異故言及以殊之此賓客相對則別散文則通是以大司徒云大賓客則令野脩道委積賓亦名客小司徒云小賓客令野脩道委積則客亦名賓是賓客通也春朝諸侯而圖天下之事秋覲以比邦國之功夏宗以陳天下之謨冬遇以協諸侯之慮時會以發四方之禁殷同以施天下之政此六事者以王見諸侯爲文圖比陳協皆考績之言王者春見諸侯則圖其事之可否秋見諸侯則比其功之高下夏見諸侯則陳其謀之是非冬見諸侯則合其慮之異同六服以其朝歲四時分來更迭如此而偏時會即時

見也無常期諸侯有不順服者王將有征討之事則既朝王命爲壇於國外合諸侯而發禁命事焉禁謂九伐之法殷同即殷見也王十二歲一巡守若不巡守則殷同殷同者六服盡朝既朝王亦命爲壇於國外合諸侯而命其政政謂邦國之九法殷同四方四時分來歲終則偏矣九伐九法皆在司馬職司馬法曰春以禮朝諸侯圖同事夏以禮宗諸侯陳同謀秋以禮覲諸侯比同功冬以禮遇諸侯圖同慮時以禮會諸侯施同政殷以禮宗諸侯發同禁○朝直遥反後皆同比毗志反注同春見徐賢遍反咸如字夏秋冬放此更音庚迭直結反偏音遍下文注皆同時見賢偏反下殷見同伐如字劉扶發反疏春朝至之政○釋曰此六者諸侯朝覲天子春秋冬夏時會殷同各自相對爲文春秋冬夏雖相對爲文及其受之處所則春夏爲陽秋冬爲陰以類同處是以鄭注曲禮云春夏受摯於朝受享於廟生氣文也故兩處受之秋冬一受之於廟殺氣質也故一處受之至於時會殷同自在國外爲壇受之耳○注此六至同禁○釋曰云此六事者以王見諸侯爲文者此六事者有考績之事故王下見諸侯爲文大宗伯無事相見故以諸侯見王爲文故言春見曰朝夏見曰宗之等也云圖比陳協皆考績之言者事功謨慮禁政是考校功績之語故知是考績之言也云春見諸侯則

圖其事之可否者以其事由春始故圖事也云秋見諸侯則比其功之高下者秋時物成故校比其功之高下以行賞罰也云夏見諸侯陳其謀之是非者夏物盛大形體皆異可分別故陳天下諸侯謀之是非云冬見諸侯則合其慮之異同者冬物伏藏故合其慮之異同也此四者皆因四時而爲名也云六服以其朝歲四時分來更迭如此而徧者云六服以其朝歲者以下文依服數來朝則有不朝之歲故云以其朝歲也四時分來更迭而徧者假令侯服年年朝春東方來夏南方來秋西方來冬北方來甸服二歲一見亦春東夏南秋西冬北男服云歲一見當朝之歲亦然采服衞服要服皆然四方四分更互遞代來而徧云時會即時見也者大宗伯云時見故云即時見也云無常期諸侯有不順服者王將有征討之事則既朝王命爲壇於國外合諸侯而發禁命事焉者無常期者假令一方諸侯或一國或五國謀叛不順王命餘諸侯並來并兵衆而至一則自明服二則助王討之云既朝者諸侯有不當朝歲者則就國外壇朝而已是以司儀與覲禮有壇朝之法若諸侯來者次當朝之歲者則於國內依常朝之法既朝乃向外就壇行盟載之禮也故云既朝既朝當朝歲之諸侯也云王命爲壇於國外合諸侯而發禁命事焉者司儀所云者是也云禁謂九伐之法者大司馬所云九伐是也云殷同即殷見也者大宗伯云殷見曰同故云即殷見也云王十二歲一巡守若不巡守則殷同殷同者六服盡朝者鄭必知王不巡守即行殷同者下文云十有二歲王巡守殷國殷國與巡守連文明同是十二歲若王巡守何須殷同明不巡守乃殷同也云既朝王亦命爲壇於國外合諸侯而命其政者此時六服盡朝於壇而云既朝者是當朝歲者在國朝既朝乃更於壇朝如時會然若然十二年唯衞服非朝之歲則既朝者侯甸男采要皆是也云殷同四方四時分來歲終則徧矣者春東方六服盡來夏南方六服盡來秋西方六服盡來冬北方六服盡來是歲終則徧矣云九伐九法皆在司馬職者按大司馬云掌建邦之九法以佐王平邦國制畿封國以正邦國之等是也九伐者彼又云以九伐之法正邦國馮弱犯寡則眚之之等是也司馬法曰以下彼四時春云事夏云謀秋云功冬云慮與此同惟時會言施同政殷同言發同禁二者與此不同者欲見二者更互而有故不同也

時聘以結諸侯之好

殷覜以除邦國之慝此二事者亦以王見諸侯之臣使來者爲文也時聘者亦無常期天子有事諸侯使大夫來聘親以禮見之禮而遣之所以結其恩好也天子無事則已殷覜謂一服朝之歲也慝猶惡也一服朝之歲五服諸侯皆使卿以聘禮來覜天子天子以禮見之命以政禁之事所以除其惡行〇好呼報反注同覜通弔反慝吐得反使來色吏反行下孟反【疏】注此二至惡行〇釋曰云此二事者言亦亦上諸侯也是亦以王見諸侯之臣使來者爲文此亦對宗伯彼無考績之事直相見故云時聘曰問殷覜曰視以見王爲文此有好慝之事故以王下見爲文云時聘者亦無常期者亦諸侯云時會也云天子有事諸侯使大夫來聘親以禮見之禮而遣之所以結恩好也者此謂時會之年當方有諸侯不順服當方諸侯來餘方無諸侯不順之事身不來即大夫來聘天子亦有兵至助王討逆云天子無事則已者此聘事爲有事若王無事則不來也殷覜謂一服朝之歲也者按宗伯注云一服朝在元年七年十一年以其朝者少聘者多故亦得稱殷殷衆也知亦命以政禁之事者以其言除邦國之慝大司馬九法九伐平正邦國所以除惡既言除慝明亦命以政禁者也

間問以諭諸侯之志歸脤以交諸侯之福賀慶以贊諸侯之喜致禬以補諸侯之裁此四者王使臣於諸侯之禮也間問者間歲一問諸侯謂存省之屬諭諸侯之志者諭言語諭書名其類也交或往或來者也贊助也致禬凶禮之弔禮禬禮也補諸侯裁者若春秋澶淵之會謀歸宋財〇間間廁之間注同脤上忍反禬音會澶市然反【疏】間問至之裁〇釋曰此經天子於諸侯之法即下文云王之所以撫邦國已下是也此云之者以上二經已言諸侯見王之法故先略言王施恩於諸侯之禮〇注此四至宋財〇釋曰云此四者王使臣於諸侯之禮也一者對上是諸侯及臣見王之禮故云此以對彼問問者間歲一問諸侯謂存省之屬者按下文云歲徧存三歲徧覜五歲徧省七歲屬象胥九歲屬瞽史十有一歲達瑞節並是間歲之事故鄭云之屬以包之云諭諸侯之志者諭言語諭書名其類也者彼仍有協辭命之等故云其類也云交或往或來者也欲見臣有祭祀之事亦得歸胙於王故玉藻云臣致膳於君有葷桃茢亦歸胙於王也按宗伯云脤膰本施同姓尊二代之後亦得之故傳二十四年宋成公如楚還入鄭鄭伯將享之問禮於皇武子對曰宋先代之後也於周爲客天子有事膰焉有喪拜焉僖九年王使宰孔賜齊侯胙曰天子有事于文武使孔賜伯舅胙注云周禮脤膰之禮親兄弟之國不以賜異姓尊齊侯客之若先代之後是其事也此言脤不言膰文不具云致禬凶禮之弔禮禬禮也者按宗伯云以禬禮哀國敗此災亦云禬

者同是會合財貨故災亦稱禬也云澶淵之會謀歸宋財者此事見襄公三十一年左氏傳彼以宋遭災諸侯大夫謀歸宋財補不足故取爲證禬災之事也按宗伯賀慶之禮親異姓之國此云諸侯者欲見庶姓諸侯有恩亦施及之故也按宗伯嘉禮有六此惟施二者但此二者可施與諸侯其餘飲食冠婚饗燕直制法行之非歸與之禮故不言也若然彼宗伯凶禮有三此唯言弔禮餘四者不言者行人唯主弔法餘禮蓋自有人主之故此不言也隱元年宰咺來歸惠公仲子之賵服氏云咺天子宰夫是宰夫主賻賵之事是其別主之類也

以九儀辨諸侯之命等諸臣之爵以同邦國之禮而待其賓客九儀謂命者五公侯伯子男也爵者四孤卿大夫士也

疏以九至賓客○釋曰此經與下爲目下文有五等諸侯次有孤執皮帛次諸侯之卿下其君二等次有大夫士亦如之是列五等四命等爵故鄭云命者五公侯伯子男也爵者四孤卿大夫士也

上公之禮執桓圭九寸繅藉九寸冕服九章建常九斿樊纓九就貳車九乘介九人禮九牢其朝位賓主之間九十步立當車軹擯者五人廟中將幣三享王禮再祼而酢饗禮九獻食禮九舉出入五積三問三勞諸侯之禮執信圭七寸繅藉七寸冕服七章建常七斿樊纓七就貳車七乘介七人禮七牢朝位賓主之間七十步立當前疾擯者四人廟中將幣三享王禮壹祼而酢饗禮七獻食禮七舉出入四積再問再勞諸伯執躬圭其他皆如諸侯之禮諸子執穀璧五寸繅藉五寸冕服五章建常五斿樊纓五就貳車五乘介五人禮五牢朝位賓主之間五十步立當車衡擯者三人廟中將幣三享王禮壹祼不酢饗禮五獻食禮五舉出入三積壹問壹勞諸男執蒲璧其他皆如諸子之禮繅藉以五采韋衣板若奠玉則以藉之冕服著冕所服之衣也九章者自山龍以下七章者自華蟲以下五章者自宗彝以下也常旌旗也斿其屬幓垂者也樊纓馬飾也以罽飾之每一處五采備爲一就就成也貳副也介輔己行禮者也禮大禮饔餼也三牲備爲一牢朝位謂大門外賓下車及王車出迎所立處也王始立大門內交擯三辭乃乘車而迎之齊僕爲之節上公立當軹侯伯立當疾子男立當衡王立當軫與廟受命祖之廟也饗設盛禮以飲賓也問問不恙也勞謂苦倦之也皆有禮以幣致之故書祼作果鄭司農云車軹軹也三享三獻也祼讀爲灌再灌再飲公也而酢報飲王也舉舉樂也出入五積謂饋之芻米也前疾謂駟馬車轅前胡下垂柱地者玄謂三享皆束帛加璧庭實惟國所有朝上儀曰奉國地所出重物而

獻之明臣職也朝先享不言朝者朝正禮不嫌有等也王禮王以鬱鬯禮賓也鬱人職曰凡祭祀賓客之祼事和鬱鬯以實彝而陳之禮者使宗伯攝酌圭瓚而祼王既拜送爵又攝酌璋瓚而祼后又拜送爵是謂再祼再祼賓乃酢王也禮侯伯一祼而酢者祼賓賓酢王而已后不祼也禮子男一祼不酢者祼賓而已不酢王也不酢之禮聘禮禮賓是與九舉舉牲體九飯也出入謂從來訖去也每積有牢禮米禾芻薪凡數不同者皆降殺○繅音藻藉在夜反下及注同斿音留下同樊畔干反下同乘繩證反下同介音界下及注同軹之氏反或居氏反擯必刃反後皆同祼古亂反酢才洛反食禮音嗣下及注皆同積子賜反後皆同勞老報反下及注并小行人司儀職放此信音申後信圭同衣服於既反著丁略反屬章玉反幓音衫罽居例反齊側皆反與音餘下是與步與皆同飲於鴆反下同恙羊尚反餽本又作饋來位反徐紀畏反柱張矩反飯扶晚反殺色界反

疏上公至之禮○釋曰此一經摠列五等諸侯來朝天子天子以禮迎待之法云上公之禮至三問三勞徧論上公之禮但上公之禮一句摠與下爲目執桓圭九寸繅藉九寸此圭行朝禮於朝所執其服則皮弁若行三享則執璧瑞自冕服九章已下至將幣三享見行三享已前之事自王禮已下至三勞見王禮注公之

禮云執桓圭九寸者以桓楹爲飾繅藉九寸者所以藉玉冕服九章者衮龍已下衣五章裳四章建常九斿者但對文日月爲常交龍爲旂而云常者常總稱故號旂爲常也樊纓九就者樊馬腹帶纓馬鞅以五采罽飾之而九成貳車九乘者按覲禮記云偏駕不入王門鄭云在傍與已同曰偏同姓金路異姓象路四衛革路蕃國木路此等不入王門舍於館乘墨車龍旂以朝彼據覲禮覲禮天子不下堂而見諸侯故諸侯不得申偏駕今此春夏受贄在朝無迎法亦應偏駕不來今行朝後行三享在廟天子親迎並申上服明乘金路之等若不申上車何得有樊纓九就之等以此知皆乘所得之車也但貳車所飾無文未知諸侯貳車得與上車同否但數依命九乘七乘五乘介九人者陳於大門外賓北面時介皆西北陳之也禮九牢者此謂饔餼大禮朝享後乃陳於館以數有九故進之與介同在上其朝位賓主之間九十步者上公去門九十步王未迎之時在大門內與賓相去之數也立當車軹者軹謂轂末車轄北向在西邊亦去大門九十步公於車東東西相望當轂末擯者五人者大宗伯爲上擯小行人爲承擯嗇夫爲末擯其餘二人是士廟中將幣三享者此謂行朝禮在朝訖乃行三享在廟乃有此迎賓之法也王禮者此與下爲目則自此已下皆王禮耳再祼而酢者大宗伯代

王祼賓君不酢臣故也次宗伯又代后祼賓祼訖賓以玉爵酢王是再祼而酢也饗禮九獻者謂後日王速賓賓來就廟中行饗饗者亨大牢以飲賓設几而不倚爵盈而不飲饗以訓恭儉九獻者王酌獻賓賓酢主人主人酬賓酬後更八獻是爲九獻食禮九舉者亦亨大牢以食賓無酒行食禮之時九舉牲體而食畢出入五積者謂在路供賓來去皆五積視飧牽但牽牲布之於道三問者按司儀諸公相爲賓云主國五積三問皆三辭拜受皆旅擯注云間閼則問行道則勞其禮皆使卿大夫致之若然天子於諸侯之禮亦當使卿大夫問之亦有禮以致之所行三處亦當與三勞同處也三勞者按小行人逆勞於畿按覲禮云至于郊王使人皮弁用璧勞注云郊謂近郊其遠郊勞無文但近郊與畿大小行人勞則遠郊勞亦使大行人也按書傳略說云天子太子年十八授孟侯孟侯者四方諸侯來迎於郊或可遠郊勞使世子爲之是以孝經注亦云世子郊迎郊迎即郊勞也彼雖據夏法周亦然諸侯之禮者餘文云諸侯者兼五等而此諸侯惟據單侯也其禮皆降上公二等又自擯者已下亦皆降殺○注繅藉至降殺○釋曰云繅藉以五采韋衣板者按聘禮記云公侯伯三采朱白倉子男二采朱綠典瑞天子乃五采此諸侯禮而言五采者此注合三采二采而言五非謂得有五采也

云若奠玉則以藉之者按覲禮侯氏入門右奠圭再拜稽首此時奠玉則以藉之若然未奠之時於廟門外上介授時已有繅藉矣云冕服著冕所服之衣也者凡服皆以冠冕表衣故言衣先言冕鄭恐冕服是服此冕故云著冕所服之衣也云九章者自山龍以下七章者自華蟲以下五章者自宗彝以下已具於司服云常旌旗也者鄭欲見常與旌旗皆揔稱非日月爲常者云斿其屬幓垂者也者爾雅云纁帛幓練旒九正幅爲幓謂旌旗之幅也其下屬旒故云屬幓垂者也云樊纓馬飾也以罽飾之每一處五采備爲一就就成也者此云五采備即巾車注五采罽一也此等諸侯皆用五采罽與繅藉異似繅藉之上絢組亦同五采也云三牲備爲一牢者聘禮致饔餼云牛一羊一豕一爲一牢故知也云朝位謂大門外賓下車及王車出迎所立處也者約聘禮在大門外去門有立位陳介之所云王始立大門內者亦約聘禮聘禮雖後亦不出迎要陳擯介時主君在大門內云交擯三辭乃乘車而迎之者王與諸侯行禮與諸侯待諸侯同按司儀云諸公相爲賓及將幣交擯三辭車迎拜辱玄謂既三辭主君則乘車出大門而迎賓是也必知天子待諸侯敵禮者按下文大國之孤繼小國之君不交擯其他皆眂小國之君則諸侯於天子交擯交擯是敵禮也是以齊僕云朝覲宗遇饗食皆乘金

路其法儀各以其等爲車送逆之節亦是敵禮故鄭此即取之爲證也言王立當軫與者差約小向後爲尊故疑云與也云廟受命祖之廟也者此約覲禮覲在文王廟故覲禮云前朝皆受舍于朝注云受舍受次於文王廟門之外聘禮受朝聘於先君之祧故知王受覲在受命祖廟在文王廟不在武王廟可知是於受命祖廟也云享設盛禮以飲賓也者云盛禮者以其饗有食有酒兼燕與食故云盛禮也問問不恙也者恙憂也問賓得無憂也云皆有禮以幣致之者按聘禮勞以幣覲禮使人以璧璧則兼幣是有幣致之也先鄭云舉舉樂也者按襄二十六年左氏傳云將刑爲之不舉不舉則徹樂後鄭易之以爲舉牲體者但此經食禮九舉與饗禮九獻相連故以食禮九舉爲舉牲體其實舉中可以兼樂以其彼傳亦因舉食而言也先鄭云前疾謂騶馬車轅前胡下垂柱地者謂若輈人輈深四尺七寸軾前曲中是也玄謂三享皆束帛加璧庭實惟國所有者聘禮與覲禮行享皆有庭實鄭又引朝士儀爲證貢國所有也云朝先享不言朝者朝正禮不嫌有等也者按覲禮行朝訖乃行享此經冕服九章以下唯言享不見朝禮故鄭言之云朝正禮不嫌有等者朝廟路門外正君臣尊卑之禮不嫌有九十七十五十步之差等相迎之法故云不嫌有等也既無等故不言之也宗伯攝祼正

與后皆同拜送爵者恭敬之事不可使人代也云不酢之禮聘禮禮賓是與者聘禮禮賓用醴子男雖一祼不酢與聘禮禮賓同子男用鬱鬯不用醴則别約同之故云與以疑之也云九舉舉牲體九飯也者見特牲饋食禮尸食舉尸三飯佐食舉肝尸又三飯舉骼及獸魚公食不云舉文不具也王日一舉亦謂舉牲體故知生人食有舉法故爲九舉舉牲體不爲舉樂也云出入從來訖去也者謂從來時有積訖去亦有積不謂從來訖去共五積若然來去皆五積也知積皆有芻薪米禾者掌客積視飧牽飧有米禾芻薪明在道致積者可知云凡數不同者皆降殺者五等諸侯爲三等者以依命數爲差故也

凡大國之孤執皮帛以繼小國之君出入三積不問壹勞朝位當車前不交擯廟中無相以酒禮之其他皆眂小國之君

此以君命來聘者也孤尊既聘享更自以其贄見執束帛而已豹表之爲飾繼小國之君言次之也朝聘之禮每一國畢乃前不交擯者不使介傳辭交于王之擯親自對擯者也廟中無相介皆入門西上而立不前相禮者聘之介是與以酒禮之酒謂齊酒也和

之不用鬱鬯耳其他謂貳車及介牢禮賓主之間擯者將幣祼酢饗食之數○相息亮反注同李息丈反摯本又作贄音至見賢遍反下文壹見而見之朝見皆同傳直專反齊才計反

疏凡大至之君○釋曰按典命上公之國立孤一人侯伯已下則無故云大國之孤也趙商問大行人職曰凡大國之孤執皮帛所尊衆多下云其他眂小國之君以五爲節今此亦五下云諸侯之卿各下其君二等以下注云公使卿亦七侯伯亦五子男三不審大國孤五而卿七何荅曰卿奉君命七介孤尊更自特見故五介此有聘禮可參之未之思邪反怪此更張擯介又繼小國之君非私覿也然則諸侯之大夫以時接見天子服總衰於天子或可有私覿結其恩好但無文耳趙商又問大行人職曰孤出入三積此即與小國同宜應視小國之君何須特云三積與例似錯荅曰三積者卿亦然非獨孤也故不在視小國之中與例似錯何所據也然則一勞者亦是卿亦然故須見之若然牢禮卿亦五視小國君五牢同其餘則異按聘禮腥牢無鮮腊醯醢百罋米百筥禾四十車薪芻倍禾按掌客饔餼五牢米八十筥醯醢八十罋米二十車禾三十車薪芻倍禾有此别故在視小國之君中然則孤聘天子既以聘使受禮又自得禮如是孤法再重受禮矣也○注此以至之數○釋曰云此以君命來聘者也者畿外之臣不因聘何以輒來故知因君命來聘者也知孤尊既聘享更自以其贄見執束帛而已者若行正聘則執瑑圭璋八寸以行聘何得執皮帛也但侯伯已下臣來直行公使執圭璋無此更見法以大國孤四命尊故天子别見之也按宗伯云孤執皮帛故云自以其贄見執皮帛而已云豹皮表之爲飾者宗伯注云天子之孤飾摯以虎皮公之孤飾摯以豹皮也云繼小國之君言次之也者謂行禮次在小國君之後云不使介傳辭交於王之擯者則諸侯行交擯者使介傳於王擯傳而下又傳而上是也云親自對擯者也者則聘禮賓來在末介下東面上擯亦至末擯下親相與言者是也云廟中無相介皆入門西上而立不前相禮者聘之介是與者按聘禮賓行聘之時擯者納賓賓入門左介皆入門左北面西上注云隨賓入也介無事止於此是介入廟門西上不相者也云是與者彼諸侯法約同天子禮故云與以疑之也云以酒禮之酒謂齊酒也者按聘禮禮賓用醴齊明此亦用醴齊對文三酒五齊别通而言之齊亦明酒故云齊酒也云其他謂貳車至之數者此其他中之數一唯上子男禮中即孤之所用者也若然子男用鬯祼孤用醴今得入其他中者祼據小國君而言以其孤用醴醴之不酢子男祼亦不酢祼亦不酢同故舉小國君祼而言不謂孤用祼也

凡諸侯之卿其禮各下其君二等以下及其大夫士皆如之

此亦以君命來聘者也所下其君者介與朝禮賓主之間也其餘則自以其爵聘義曰上公七介侯伯五介子男三介是謂使卿之聘之數也朝位則上公七十步侯伯五十步子男三十步與○下戶嫁反注同

疏注此亦至步與○釋曰云各下其君二等則五等諸侯據上文三等命而言上公以九侯伯以七子男以五卿自各下其君二等若公之卿以七侯伯卿以五子男卿以三也云及其大夫士皆如之者大夫又各自下卿二等士無聘之介數而言如之者士雖無介與步數至於牢禮之等又降殺大夫大行人首云以九儀注云九儀謂命者五爵者四爵者四中有士故於此連言士其於此經介與步數則無士也引聘義者唯卿各下其君二等仍不見大夫下卿二等按聘禮云小聘使大夫其禮如爲介三介彼侯伯之大夫三介則亦三十步若上公大夫五介五十步子男大夫一介一十步可知鄭不言者舉卿則大夫見矣故不言之也

邦畿方千里其外方五百里謂之侯服歲壹見其貢祀物又其外方

五百里謂之甸服二歲壹見其貢嬪物又其外方五百里謂之男服三歲壹見其貢器物又其外方五百里謂之采服四歲壹見其貢服物又其外方五百里謂之衞服五歲壹見其貢材物又其外方五百里謂之要服六歲壹見其貢貨物

要服蠻服也此六服去王城三千五百里相距方七千里公侯伯子男封焉其朝貢之歲四方各四分趨四時而來或朝春或宗夏或覲秋或遇冬祀貢者犧牲之屬故書嬪作頻鄭司農云嬪物婦人所爲物也爾雅曰嬪婦也玄謂嬪物絲枲也器物尊彝之屬服物玄纁絺纊也材物八材也貨物龜貝也○嬪婢人反絺勑之反劉豬履反纊音曠徐劉古曠反

疏　邦畿云貨物○釋曰此一經見九州諸侯依服數來朝天子因朝即有貢物此因朝而貢與大宰九貢及下小行人春入貢者別彼二者是歲之常貢也○注要服至具也○釋曰云要服蠻

服也者職方云蠻服要蠻義一也鄭計七千里者欲見土廣萬里中國七千里爲九州有此貢法下云九州之外謂之蕃國以其所貴寶爲摯無此貢法也云公侯伯子男封焉者對彼蕃國惟有子男無五等也按馬氏之義六服當面各四分之假令侯服四分之東方朝春南方宗夏西方覲秋北方遇冬南方侯服亦然西方北方皆然甸服已外皆然是以韓侯是北方諸侯而言入覲以其在北方當方分之在西畔故云覲鄭荅志云朝覲四時通稱故覲禮亦云朝若然鄭不與馬同觀此注似用馬氏之義者鄭既不與馬同今所解云四方各四分者謂四方諸侯六服服各四分趨四時而來或朝春據王城東方或宗夏據王城南方或覲秋據王城西方或遇冬據王城北方大宰四曰幣貢此中無幣貢者因朝而貢三享中已有幣故不別貢幣也大宰歲歲常貢此依服數來朝因朝而貢數既有異時又不同故彼此物數不類也玄謂器物尊彝之屬者按大宰云器貢先鄭以爲宗廟之器後鄭易之以爲器貢銀鐵石磬丹漆不從先鄭此云器物後鄭以爲尊彝之屬與彼先鄭同者彼是歲之常貢不合有成器故破之此乃因朝而貢得貢成器故爲尊彝解之知因朝得貢成器者見昭十五年六月大子壽卒秋八月穆后崩十二月晉荀躒如周葬穆后藉談爲介以文伯宴尊以魯壺王責之分器藉談歸以告叔向叔向曰王其不終乎王一歲而有三年之喪二焉於是乎以喪賓宴又求彝器以此知因朝得貢成器云材物八材也者據大宰云飭化八材也云貨物龜貝也者貨是自然之物故知龜貝謂若禹貢揚州納錫大龜厥篚織貝此注所貢絲枲若青州鹽絺岱畎絲枲荊州厥篚玄纁之類

九州之外謂之蕃國世壹見各以其所貴寶爲摯

九州之外夷服鎮服蕃服也曲禮曰其在東夷北狄西戎南蠻雖大曰子春秋傳曰杞伯也以夷禮故曰子然則九州之外其君皆子男也無朝貢之歲父死子立及嗣王即位乃一來耳各以其所貴寶爲贄則蕃國之君無執玉瑞者是以謂其君爲小賓臣爲小客所貴寶見傳者若犬戎獻白狼白鹿是也其餘則周書王會備焉○見傳上賢遍反下直戀反一音上如字下直專反

疏　注九州至備焉○釋曰云九州之外夷服鎮服蕃服也者此經揔而言之皆曰蕃分爲三服據職方而言也云曲禮曰在東夷北狄西戎南蠻雖大曰子井引春秋者欲見蕃國之內唯有子男無五等也按僖二十七年杞桓公來朝用夷禮故曰子用夷禮猶曰子況本在彼者也按書序武王既勝殷巢伯來朝注云巢伯南方之國世一見者夷狄得稱伯者彼殷

之諸侯與周異也云父死子立及嗣王即位乃一來耳者此經世中含二父死子立須得受王命故須來新王即位亦須來故明堂位周公朝諸侯于明堂四夷皆在四門之外周公攝位與新王同況成王新即位也云各以其所貴寶爲摯則蕃國之君無執玉瑞者既以貴寶爲摯何得有別摯乎是以禹會諸侯執玉帛者萬國唯謂中國耳九州爲大賓大客夷狄爲小賓小客按周語穆王初伐犬戎祭公謀父諫不聽遂往征之得四白鹿以歸引之者見是夷狄貴寶此穆王征之而得非自來者亦以此爲贄也云周書王會備焉者王會是書之篇名謂王會諸侯因有獻物多矣故云備也

王之所以撫邦國諸侯者歲徧存三歲徧覜五歲徧省七歲屬象胥諭言語協辭命九歲屬瞽史諭書名聽聲音十有一歲達瑞節同度量成牢禮同數器脩灋則十有二歲王巡守殷國

撫猶安也存覜省者王使臣於諸侯之禮所謂間問也歲者巡守之明歲以爲始也屬猶聚也自五歲之

後遂間歲徧省也七歲省而召其象胥九歲省而召其瞽史皆聚於天子之宫教習之也故書協辭命作叶詞命鄭司農云象胥譯官也叶當爲汁詞當爲辭書或爲叶辭命玄謂胥讀爲諝王制曰五方之民言語不通嗜慾不同達其志通其慾東方曰寄南方曰象西方曰狄鞮北方曰譯此官正爲象者周始有越重譯而來獻是因通言語之官爲象胥云諝謂象之有才知者也辭命六辭之命也瞽樂師也史太史小史也書名書之字也古曰名聘禮曰百名以上至十一歲又徧省焉度丈尺也量豆區釜也數器銓衡也法八法也則八則也達同成脩皆謂齎其法式行至則齊等之也成平也平其僭踰者也王巡守諸侯會者各以其時之方書曰遂覲東后是也其殷國則四方四時分來如平時。屬徐劉皆章東反下及注同叶音協詞音辭譯音亦汁之十反叶也又音協諝思叙反耆市志反慾音欲本多作欲鞮丁兮反重直龍反知音智以上時掌反齎子兮反〔疏〕王之至殷國。釋曰此經並是王撫諸侯之事對上經皆是諸侯上撫王室之事。注撫猶至平時。釋曰云存覜省者王使臣於諸侯之禮者亦對上諸侯朝王之禮也云所諸間問也者即上文云間問以諭諸侯之志者也知歲謂從巡守之明歲爲始者以其巡守已就撫諸侯訖明以後年爲始也云屬猶聚也者州

長職云正月之吉各屬其州之民而讀法故知屬爲聚也云自五歲之後遂間歲徧省也者但經一歲與三歲五歲云存覜省至七歲九歲十一歲不云省不言者已五歲已言省義可知故直見其事意也是以鄭皆連省而言也云皆聚於天子之宫教習之也者既言屬明聚於天子之宫若不聚于天子之宫焉得諭言語諭書名聽音聲之等乎明是皆聚于天子宫教習之也玄謂胥讀爲諝者欲取諝爲有才智之意也引王制曰五方之民者謂四方與中國言語不通嗜慾不同達其志通其慾故云東方曰寄已下疏已具於序官云辭命六辭之命也者以辭命連言明是大祝六辭之教命也云瞽樂師也史太史小史也者樂師與大史小史並是知天道者故國語云吾非瞽史焉知天道鄭上注瞽即大師是也云書名書之字也古曰名引聘禮記者證古曰名今世曰字云度丈尺也者按律歷志以子穀秬黍中者一黍爲一分九十黍黄鍾之長十分爲寸十寸爲尺十尺爲丈十丈爲引千二百黍爲籥合籥爲合十合爲升十升爲斗十斗爲斛又云百黍爲銖二十四銖爲兩十六兩爲斤三十斤爲鈞四鈞爲石此直云丈尺略言之也云量豆區釜也者據左氏傳晏子云齊舊四量豆區釜鍾四升爲豆各自其四以登于釜釜十則鍾鍾爲六斛四斗云數器銓衡也者即銖兩之等是也云法八法也則八則也者據大宰云八法治官府八則治都鄙諸侯國有都鄙官府以此法則治之故須脩之云達同成脩皆謂齎其法式者經瑞節度量牢禮數器下至法則等八者皆天子法式之等當豫脩治使輕重大小方圓皆正然後將以齊諸侯器物故云行至則齊等之云平其僭踰者也者若牢禮云侯伯子男卿大夫士依上文及掌客多少皆有常不得僭上故云平其僭踰也云王巡守諸侯會者各以其時之方者謂歲二月東方五月南方之等據春而言故言書曰遂覲東后是也並據虞書及王制而言亦有同度量等事故虞書云脩五禮五玉并協時月正日之等云殷國則四方四時分來如平時者謂分四方各遂春夏秋冬如平時若六服盡來即與平時別也

凡諸侯之王事辨其位正其等協其禮賓而見之王事以王之事來也詩云莫敢不來王孟子曰諸侯有王。賓劉云應言擯小行人職同〔疏〕凡諸至見之。釋曰王事謂諸侯朝王之事辨其位謂九十七十五十步之位正其等謂尊卑之等謂冕服旗旂貳車之類皆有等級協其禮謂牢禮饗燕積膳之禮以此禮賓敬而見之也。注王事至有王。釋曰引詩孟子皆謂王是朝王之事也

若有大喪則。

相諸侯之禮。詔相左右教告之也。相息亮反注同〔疏〕注詔相至之也。釋曰大喪言若見有非常之禍諸侯謂天子斬其有哭位周旋擗踊進退皆有禮法左右助也須有助而告教之也

若有四方之大事則受其幣聽其辭四方之大事謂國有兵寇諸侯來告急者禮動不虛皆有贄幣以崇敬也受之以其事入告王也聘禮曰若有言則以束帛如享禮〔疏〕注四方至享禮。釋曰云四方之大事謂國有兵寇者除兵寇之外諸侯當國自爲大事者非天子之急不即告王故知惟兵寇耳引聘禮者彼雖是諸侯自相告告天子亦然故引爲證也彼注云春秋臧孫辰告糴于齊公子遂如楚乞師晉侯使韓穿來言汶陽之田皆是也

凡諸侯之邦交歲相問也殷相聘也世相朝也小聘曰問殷中也久無事又於殷朝者及而相聘也父死子立曰世凡君即位大國朝焉小國聘焉此皆所以習禮考義正刑一德以尊天子也必擇有道之國而就脩之鄭司農說殷聘以春秋傳曰孟僖子如齊殷聘是也〔疏〕注小聘至是也。釋曰言諸侯邦交謂同方嶽者一往一來爲交謂已是小國朝大國已是大國聘小國

若敵國則兩君自相往來故司儀有諸公諸侯皆言相爲賓是也但春秋之世有越方岳相聘者是以秦使術來聘吳使札來聘時國數少故然非正法也云小聘曰問者聘禮文故彼云小聘曰問不享是也大聘使卿小聘使大夫也云殷中也久無事又於殷朝者及而相聘也者聘義王制皆云三年一大聘此不言三年而云殷者欲見中間久無事及殷朝者來及亦相聘故云殷不云三年也若然聘義與王制皆云比年一小聘此云歲相問不云比年者取歲歲之義也世相朝者謂父死子立曰世是繼世之義也云凡君即位大國朝焉小國聘焉者左氏傳文按文元年公孫敖如齊傳曰凡君即位卿出並聘謂已卿往聘他他卿來聘已是揔語也云大國朝焉已是小國已往朝大國小國聘焉者已是大國使聘小國云此皆所以習禮考義正刑一德以尊天子也者禮記文云必擇有道之國而就脩之者謂差擇有道之國亦先從近始故云親仁善鄰國之寶也是也先鄭說殷聘以春秋傳者按左氏昭公九年傳曰孟僖子如齊殷聘禮也按服彼注云殷中也自襄二十年叔老聘於齊至今積二十一年聘齊故中復盛聘與此中年數不相當引之者年雖差遠用禮則同故引爲證也

小行人掌邦國賓客之禮籍以待四方之使者禮籍名位尊卑之書使者諸侯之臣使來者也○使色吏反注同後使者使適使之四方竹使使臣皆同疏注禮籍至者也○釋曰大行人待諸侯身小行人待諸侯之使者其邦之禮籍則諸侯及臣皆在焉云禮籍名位尊卑之書者名位尊卑以解禮也之書以解籍也云使者諸侯之臣使來者也者即時聘殷覜是也令諸侯春入貢秋獻功王親受之各以其國之籍禮之貢六服所貢也功考績之功也秋獻之若今計文書斷於九月其舊法疏注貢六至舊法○釋曰此云貢即大宰九貢是歲之常貢也必使春入者其所貢之物並諸侯之國出稅於民民稅既得乃大國貢半次國三之一小國四之一皆市取美物必經冬至春乃可入王以是令春入之也秋獻功者物皆秋成諸侯亦法秋故秋獻之云各以其國之籍禮之者即上所掌禮籍尊卑多少不同故云各以其籍也云六服所貢對九州外之三服無此貢也凡諸侯入王則逆勞于畿鄭司農云入王朝於王也故春秋傳曰宋公不王又曰諸侯有王王有巡

守疏注鄭司至巡守○釋曰隱九年宋公不王不宗覲于王鄭伯爲王左卿士以王命討之伐宋也莊二十三年夏公如齊觀社非禮曹劌諫曰不可諸侯有王注云有王朝於王王有巡守非是君不舉矣是也及郊勞眡館將幣爲承而擯眡館致館也承猶丞也王使勞賓於郊致館於賓至將幣使宗伯爲上擯皆爲之丞而擯之疏及至而擯○釋曰此經三事皆爲丞而擯之○注眡至擯之○釋曰云眡館致館也者聘禮及下司儀皆云致館故同之也云眡者使卿大夫往眡觀其可否云致者致使有之云王使勞賓於郊者謂王使大行人勞於郊也至將幣者謂至廟將幣三享云使宗伯爲上擯者惟謂將幣時大宗伯爲上擯於郊勞及眡館二者不使大宗伯爲上擯者以其使者或大行人官卑何得使大宗伯爲擯也當別遣餘官爲上擯小行人爲承擯而言宗伯爲上擯者取宗伯成文爲將幣而言也凡四方之使者大客則擯小客則受其幣而聽其辭擯者擯而見之王使得親言也受其幣者受之以入告其所爲來之事○爲去聲疏凡四至其辭○釋曰云凡四方之使者此文與下爲目則於大小客而言也大客則擯者大客則大行人云大

客之儀一也彼鄭云大賓要服以內諸侯大客謂其孤卿則此大客爲要服以內諸侯之使臣也小客謂蕃國諸侯之使臣也○注擯者至之事○釋曰云擯者擯而見之王使得親言也者則時聘殷覜之時行旅擯入見王王與使之親言也云受其幣者受之以入告其所爲來之事者蕃國諸侯雖子男皆是中國之人鄭義此皆在朝之卿大夫有過放之於四夷爲諸侯卿爲子大夫爲男是以世一見來時王親見之蕃國之使臣本是夷人不能行禮故直聽其辭而已使適四方協九儀賓客之禮朝覲宗遇會同君之禮也存覜省聘問臣之禮也適之也協合也疏使適至禮也○釋曰自此已下至之禮皆是小行人使適四方之事此言使適四方與下爲目使適四方向諸侯之國所至之國則合九等之儀九儀則上大行人九儀命者五爵者四是也云賓客之禮者賓據命者五客據爵者四此稱賓客之例非通稱也云朝覲宗遇會同君之禮也者此即諸侯之賓故云君之禮也云存覜省聘問臣之禮也者存覜省三者天子使臣撫邦國之禮聘問二者是諸侯使臣行聘時聘殷覜問天子之禮其禮已備於上小行人畧言之也達天下

之六節：山國用虎節，土國用人節，澤國用龍節，皆以金爲之；道路用旌節，門關用符節，都鄙用管節，皆以竹爲之。此謂邦國之節也。達之者，使之四方亦皆齎法式以齊等之也。諸侯使臣行覜聘，則以金節授之，以爲行道之信也。虎、人、龍者，自其國象也。道路謂鄉遂大夫也。都鄙者，公之子弟及卿大夫之采地之吏也。凡邦國之民遠出至他邦，他邦之民若來入，由國門者，門人爲之節；由關者，關人爲之節。其以徵令及家徙，鄉遂大夫及采地吏爲之節。皆使人執節將之，以達之，亦有期以反節。管節如今之竹使符也。其有商者，通之以符節，如門關。門關者與市聯事，節可同也。

疏"達天"至"爲之"。○釋曰：此經亦是適四方之事，言達天下之六節者，據諸侯國而言，掌節所云據畿内也。虎節、人節、龍節三者，據諸侯使臣出聘所執；旌節、符節、管節三者，據在國所用。○注"此謂"至"於國"。○釋曰：云"此謂邦國之節也"者，對掌節所掌者兼主王國之節也。云"達之者，使之四方亦皆齎法式以齊等之也"者，亦如上大行人達瑞節之等，使齎法式往就齊之。云"諸侯使臣行覜聘，則以金節授之"者，知是使臣行所執者，見掌節云"凡邦國之使節，山國用虎節"，故知此亦使臣所執也。諸侯身行不須節，以其尊著，故不須也。按掌節云"守邦國者用王節"，注云"謂諸侯於其國中，王節之制，如玉爲之，以命數爲大小"。此不達玉節者，文略耳，亦達可知。云"道路謂鄉遂大夫也"者，按掌節注變鄉遂言道路者，容公邑大夫及小都、大都之吏。今此旌節中何知不亦容都鄙之吏，而以都鄙在管節中者？以彼都鄙用角節文在上，當直是都鄙主；此都鄙用管節最在下，明都鄙吏在其中。若然，邦國之中都鄙主及吏同用管節矣。知公之子孫亦有采地者，見禮運云"諸侯有國以處其子孫"，故知亦如王之子弟以親疏食采也。云"凡邦國之民遠出至他邦，他邦之民若來入，由國門者，門人爲之節；由關者，關人爲之節"者，司關云"掌國貨之節，以聯門市"，故知所由之處皆得授之節也。云"其以徵令及家徙，鄉遂大夫及采地吏爲之節"者，以其皆主民，故授民節也。云"皆使人執節將之以達之"者，比長云"邦之民徙於郊，則從而授之"，明皆將送使達前所也。云"管節如今之竹使符也"者，漢文本紀："文帝六年九月，初與郡國守相爲銅虎符、竹使符。"應劭曰："竹使符皆以竹節五枚，長五寸，鐫刻篆書，第一至第五是也。"云"其有商者，通之以符節，如門關，門關者與市聯事，節可同也"者，掌節云"貨賄用璽節，門關用符節"，各别。司關既言"掌國貨之節，以聯門市"，門市節既相聯，此中無貨賄用璽節，明同用符節可知，故爲此解也。云"亦所以異於畿内也"者，畿内貨賄用璽節，門關用符節，畿外同用符節，是異也。云"凡節有天子法式存於國"者，雖無正文，以意量王者皆須度量於天下，其節瑞之等皆是法式，故知國國皆有瑞節法式也。

成六瑞：王用瑱圭，公用桓圭，侯用信圭，伯用躬圭，子用穀璧，男用蒲璧。成，平也。瑞，信也。皆朝見所執以爲信。○瑱，劉吐電反。按王執鎮圭，瑱宜作鎮，音鎮。

疏"成六"至"蒲璧"。○釋曰：此亦通四方。若然，諸侯國無鎮圭，因言之。六瑞，玉人所造，典瑞之令，小行人直平知得失而已。不言達六瑞者，諸侯受命已得之，不令别作法式以齊，故不言達也。

合六幣：圭以馬，璋以皮，璧以帛，琮以錦，琥以繡，璜以黼。此六物者，以和諸侯之好故。合，同也。六幣所以享也。五等諸侯享天子用璧，享后用琮，其大各如其瑞，皆有庭實，以馬若皮。皮，虎豹皮也。用圭璋者，二王之後也。二王後尊，故享用圭璋而特之。禮器曰"圭璋特"，義亦通於此。其於諸侯亦用璧琮耳。子男於諸侯則享用琥璜，下其瑞也。凡二王後、諸侯相享之玉，大小各降其瑞一等。及使卿大夫覜聘，亦如之。○琮，才宗反。琥，音虎。璜，音黃。好，呼報反。

疏"合六"至"好故"。○釋曰：此亦小行人云至諸侯之國也。此六者之中，有圭以馬、璋以皮，二者本非幣，云六幣者，二者雖非幣帛，以用之當幣處，故揔號爲幣也。此六言合，以兩兩相配，配合之義，故言合也。○注"合同"至"如之"。○釋曰：云"合同"者，配合即是和同故也。云"六幣所以享也"者，對上文六者是朝時所用也。云"五等之諸侯享天子用璧，享后用琮，其大各如其瑞"，玉人云"璧琮九寸，諸侯以享天子"，注云"享，獻也。聘禮享君以璧，享夫人以琮"，引此者，欲明君用琮，故覲禮享天子云"束帛加璧"，是其施于天子也。不言享后，文不具。言九寸，據上公而言，明侯伯子男皆如瑞也。知子男天子亦用璧琮者，覲禮揔稱侯氏用璧，明五等同也。云"皆有庭實，以馬若皮"者，按覲禮三享皆束帛加璧，庭實惟國所有，奉束帛，匹馬卓上，九馬隨之，中庭西上，是其以馬也。聘禮有束帛加璧享，庭實皮則攝之，是其用皮也。聘禮記曰"皮馬相間可"是也。知皮虎豹皮者，郊特牲云"虎豹之皮，示服猛也"，是享時所用，故知也。"用圭璋者，二王之後也。二王後尊，故享用圭璋而特之"者，按玉人"璧琮九寸，諸侯以享天子"，言九寸則上公之禮上公用璧琮則圭璋是二王後明矣言而特之者惟有皮馬無束帛可加故云特如是皮馬不上堂陳於庭則皮馬之外別有庭實可知其於諸侯亦用璧琮知者見玉人職云瑑琮八寸諸侯以享夫人明享君用璧琮八寸是下享天子一寸如是明二王後相享不可同於天子用圭璋則用璧琮可知言是兩公自相朝二王後稱公是於諸侯還同二王後可知引禮器者彼圭璋者據朝聘時所行無束帛可知是圭璋特之義也云亦通於此者彼朝聘之圭特亦通此享用圭璋故云亦通於此也云子男於諸侯享用琥璜下其瑞也者覲禮子男已入侯氏用璧琮中則此琥璜不知何用二王後自相享退入璧琮則子男自相享退用琥璜可知且子男朝時用璧自相享降一等故用琥璜云凡二王後諸侯相享之玉大小各降其瑞一等者玉人云瑑琮八寸諸侯以享夫人禮重無用八寸之法明是上公九寸降一等至八寸上公既降一寸則侯伯子男各降一等可知二王後相朝敵無用相尊之法明亦降一寸見子男者雖退入琥璜亦降一寸可知若然知五等諸侯自相朝圭璋亦如其命數其相享璧琮等則降一寸知者玉人云璧琮八寸諸侯以享夫人據上公會不云圭璋朝所執者明圭璋自朝天子所執故聘禮云所以朝天子圭與繅皆九寸上公之玉也問諸侯朱緑繅

八寸注云於天子曰朝於諸侯曰問記之於聘文互相備以此上公爲然侯伯子男可知也云及使卿大夫覜聘亦如之直言覜聘亦如之不分別享與聘則聘享皆降一等同故玉人云緣圭璋八寸璧琮八寸以覜聘此據上公之臣圭璋璧琮皆降一等其餘侯伯子男降一寸明矣其子男之臣享諸侯不得過君用琥璜可知

若國札喪則令賻補之若國凶荒則令賙委之若國師役則令槁禬之若國有福事則令慶賀之若國有禍烖則令哀弔之凡此五物者治其事故

故書賻作傅槁爲槀鄭司農云賻補之謂賻喪家補助其不足也若今時一室二尸則官與之棺也槀當爲槁謂槁師也玄謂師役者國有兵寇以匱病者也使鄰國合會財貨以與之春秋定五年夏歸粟於蔡是也宗伯職曰以禬禮哀圍敗禍烖水火○槁苦報反禬音會槀古老反【疏】若國至事故○釋曰此一經據上下文皆據諸侯國此文雖皆單言國亦據諸侯而言按宗伯云以喪禮哀死亡此云國札喪則令賻補之不同者彼據弔葬致哀此據設財物補其不足相包乃具也又此國凶荒則令賙委之宗伯云以荒禮哀凶札不同者言哀凶札者自貶損故曲禮云歲凶年穀不登君膳不祭肺之類是也此云賙委者令他人以財賙委之亦相包乃成也宗伯嘉禮歸脤膰此不見者諸侯無自相歸脤膰法故也但凶禮有五惟不見恤禮以義差之當於師役中兼之嘉禮有六此惟言賀慶一者其飲食冠昏賓射饗燕之法皆當國自行非是相交通之物故此不言之其吉禮牢禮賓禮並不言者天子須之非所以通行之事故不言也但此中札喪在喪禮中宗伯荒札荒禮中者欲見札而復荒則與荒札同科若札而不荒自從喪禮也注春秋定五年夏歸粟於蔡者按定四年秋楚人圍蔡故五年歸其粟

及其萬民之利害爲一書其禮俗政事教治刑禁之逆順爲一書其悖逆暴亂作慝猶犯令者爲一書其札喪凶荒厄貧爲一書其康樂和親安平爲一書凡此。

物者每國辨異之以反命于王以周知天下之故

慝惡也猶圖也○治直吏反樂音洛【疏】及其至之故○釋曰此揔陳小行人使適四方所採風俗善惡之事各各條録別爲一書以報上也此五者上二條條別善惡俱有故利害逆順並言其悖逆一條專陳姦宼之事其札喪一條專陳凶禍之事其康樂一條專陳安泰之事是方以類聚物以羣分者也

附釋音周禮注疏卷第三十七

知南昌府張敦仁署鄱陽縣候補知州周澍栞

周禮注疏卷三十七挍勘記　阮元撰盧宣旬摘録

附釋音周禮注疏卷第三十七

條狼氏

若今卒辟車之爲也　大字本今下有時

師樂也　毛本作師樂師也此本誤

僕右四乘校軍旅時　浦鏜云據誤校

脩閭氏

則命各遣守閭閭巷門　惠挍本作閭里此誤

不幾訶也　閩監本同誤也當從毛本作幾訶

冥氏

天尊於地神　按天下當脫神

庶氏

掌除毒蠱　諸本同唐石經缺葉鈔釋文作毒蠱音古按下宂氏掌攻蟄獸翨氏掌攻猛鳥則此經作庶氏掌攻毒蠱也故注云毒蠱蟲物而能病害人者下引漢律作蠱以說其義因并改經注蠱字皆作蠱矣○按此蠱字乃蠱之誤不當緣誤立說

嘉草攻之　諸本同唐石經缺釋文作嘉艸云音草木亦作草據此知經中草木皆本作艸也

毒蠱蟲物而病害人者　錢鈔本嘉靖本毛本同閩監本蟲作毒誤大字本作蟲物而能病害人者也今本葢脫二字

讀如潰癰之潰　閩監毛本作潰癰之潰嘉靖本癰作癰此作癰譌此頁係補刻故多舛誤不足據

凡毆蠱　閩監毛本同唐石經毆作毆惠挍本作毆嘉靖本作毆譌○按毆者古文驅見說文馬部毆毆皆非其義也於攴部求毆不得乃以殳部之毆字當之自唐石經已誤矣

翨氏

以鴆鴿置於羅網之下　閩監毛本下作中

柞氏

令刊陽木而火之　唐石經諸本同嘉靖本而誤以

正欲種田生穀　惠挍本正作止

分穀之時　閩本同監毛本分作生

薙氏

夏日至而夷之　漢讀考作雉之注同云司農從夷鄭君從雉月令燒雉行水注引夏日至而雉之爲證其明驗也禮記正義引皇氏曰夷音雉是皇侃時字雖誤而音不誤勝於陸德明矣

故書萌作甍　閩監本同誤也大字本錢鈔本嘉靖本毛本甍作薨釋文薨音萌當據以訂正下同

謂耕反其萌牙　大字本嘉靖本閩監毛本同錢鈔本牙作芽閩監毛本疏中同此本疏並作牙惠挍本同

以鉤鐮迫地芟之也　嘉靖本鐮作鎌此從兼誤釋文鉤鎌音廉

以耜測凍土剗之　大字本岳本嘉靖本同錢鈔本閩監毛本測誤側疏中同當據正監本土誤上○按以畟畟良耜傳箋證之作測爲是疏作側非也

硩蔟氏

正月爲娵　惠挍本作陬此誤

十二月爲除　閩監毛本除作涂

翦氏

掌除蠹物 釋文唐石經宋本嘉靖本蠧皆作蠹此上從士訛

蠹魚亦是也 大字本嘉靖本同此本疏中引注亦作虫魚宋本閩監毛本作蠹魚誤

故書蠹爲㯻 釋文爲㯻劉古毛反本或作㯻他各反○按作㯻者是音形俱相近也

翦氏至除蠹物 蒲鏜云主誤至

赤犮氏 此本犮誤文

除蟲豸藏逃其中者 閩監毛本同逃俗字大字本錢鈔本嘉靖本逃作逃當據正

蟈氏

被之水上 大字本之作水按疑作被水上大字本今本各衍一字

壺涿氏

讀炮爲苞有苦葉之苞 漢讀考云此炮當作泡

元謂燔之炮之炮 按炮之下當更有之字毛氏居正岳氏珂所據本並然

以象牙從棹貫之 此本下四字實闕今據閩監毛本補棹當横字之誤

庭氏

與救月之矢射之 閩監毛本同誤也唐石經大字本錢鈔本岳本嘉靖本矢下有射當據以補正石經考文提要云宋本九經宋纂圖互注本宋附釋音本余仁仲本皆作夜射之

上文注鴟鴞已解也 閩本同監毛本鴞改鶚

救日用枉矢 大字本用作以當據正

見宋大廟有聲非鳥獸之聲 此本下複衍者見宋大廟有聲非鳥獸之聲十二字閩監毛本不衍

銜枚氏

察嚻讓者 大字本錢鈔本嘉靖本毛本作嚻讙釋文讙者呼九反此本讙誤讓閩監本改攘則其誤不可考矣

禁嚻呼歎嗚於國中者 唐石經錢鈔本毛本同大字本岳本嚻作嚻從丩與說文合是也嘉靖本歎作嘆閩監本嗚誤鳴注及疏同

伊耆氏

咸讀爲函 九經古義云古咸函通毛詩巧言曰僭始既涵韓詩作既減司馬相如封禪文上咸五徐廣曰咸一作函漢書天文志閑可槭蘇林曰槭音函

今時亦命之爲王杖 監本王誤主盧文弨曰續漢禮儀志作玉杖按玉字恐訛漢制考亦作王杖名之曰王者榮所賜也○按玉字是也禮儀志養老條中三老冠進賢扶玉杖卽此也作王杖不辭杖飾以鳩鳩以玉爲之故曰玉杖說文曰觠杖耑角也是凡杖以角飾之王之齒杖以玉飾之

大行人

此大賓大客尊卑異 惠挍本閩本同監毛本此改若

男服云歲一見 浦鏜云三誤云

親以禮見之 大字本親上有王按上注云此六事者以王見諸侯爲文又此二事者亦以王見諸侯之臣使來者爲文故此云王親以禮見之此王字當有賈疏引注亦無之

此聘事爲有事若王無事則不來也 惠挍本作來爲有事此誤又此本本作若無事王字係剜擠閩監毛本排匀則衍文不可考矣

交或往或來者也 賈疏本及諸本同嘉靖本作或來或往誤倒文先言往者見往來循環之不已故不先言來後言往

亦得歸脤於王 閩監毛本脤作脈下同

以禬禮哀國敗浦鏜云國誤國孫志祖云馬融本作國敗賈疏據馬本引之

彼宗伯凶禮有三浦鏜云五誤三

立當前疾唐石經諸本同說文軓車軾前也从車凡聲周禮曰立當前軓漢讀考云前軓者前乎軓也亦以在軓衡之中爲節蓋故書作侯杜衛賈容有不得其說易爲軓者而許從之禮說云侯伯立當前侯俗本誤爲前疾論語鄉黨邢昺疏引周禮作前侯云侯伯立當前侯胡下詩蓼蕭孔疏引大行人亦作前侯蓋說文疾作疾古文疾作厌相似易亂故訛○按此二疏疾字近日刻本乃改爲疾自謂依周禮也凡古書之不容輕改如此

以五采韋衣板釋文作衣版惠挍本宋本疏亦作版

常旌斿也閩監毛本同誤也大字本岳本嘉靖本斿作旗賈疏引注同當據正

車軹軹也漢讀考云當云車軹轛也乃合大馭注軹謂兩轛也少儀注軌與軹於事同謂轛頭也皆以此軹別於考工記參分較圍去一以爲軹圍之軹大行人之軹故書當亦作斬

謂駟馬車轅前胡下垂拄地者錢鈔本閩監本同大字本嘉靖本毛本拄作柱釋文出柱地二字當據以訂正疏同○按柱正拄俗

朝士儀曰奉國地所出重物而獻之明臣職也宋本無重孫志祖云此二語見大戴禮朝事篇士疑當作事盧文弨曰士亦與事通

不酢主也閩監毛本同誤也大字本岳本嘉靖本主作王當據正

亦應偏駕不來惠挍本不作而此誤

似繅藉之上閩監毛本似作以此誤

朝屬路門外惠挍本屬作在

正與后皆同拜送爵者浦鏜云王誤正

云九舉舉牲體九飯也者惠挍本牲作幹

執束帛而已賈疏本作皮帛

豹表之爲飾補毛本豹下有皮字疏亦作豹皮此誤

其他眡小國之君惠挍本此下有小國之君四字

故云自以其贄見執皮帛而已閩監毛本依注改束帛非賈疏本鄭注是作皮帛故上云若行正聘則執瑑圭璋八寸以行聘何得執皮帛也此又引宗伯孤執皮帛以證之

趨四時而來錢鈔本趨作趍

父死子立大字本上有以賈疏本以下皆無按有者是

各以其所貴寶爲贄閩監毛本同大字本錢鈔本嘉靖本贄作摯與經同按賈疏引注字亦從手

三歲徧覜唐石經諸本同閩監本覜誤頫

七歲屬象胥釋文唐石經錢鈔本屬作屬○按唐人作此字少一筆見五經文字

協辭命閩監本同唐石經大字本嘉靖本毛本協作協注同按從十者義長

故書協辭命作叶詞命諸本同漢讀考叶改汁按釋文亦作叶又春官大史注云故書協作叶與此注相應盧文弨曰大戴禮作叶辭令

叶當爲汁諸本同按汁當協之誤大史注杜子春云叶協也司農改叶爲協猶杜氏訓叶爲協也釋文叶音協正本此

書或爲叶辭命諸本同按叶當作汁大史注云書亦或爲汁是也

嗜慾不同嘉靖本作耆欲下通其慾仍下加心釋文作耆慾云音慾本多作欲、

是因通言語之官爲象胥云大字本因下有名按疑當作是因通名言語之官爲象云通字胥字皆衍文

諝謂象之有才知者也 大字本無知按釋文知字無音蓋此注本無知字因疏云欲取諝爲有才智之意後人因於注中增知也○按大字本非是說文曰諝知也天官注曰胥讀爲諝謂其有才知爲什長

書名書之字也 諸本同或據誤本賈疏改之爲文非

皆謂齎其法式者 毛本同閩監本齎作齊

冬遂春夏秋冬如平時 浦鏜云遂疑逐字誤

賓而見之 釋文賓而劉云應言擯小行人職同

孟子曰諸侯有王 六經正誤云孟子無此小行人注引春秋傳諸侯有王王有巡守是也傳寫誤作孟子按此見左氏傳莊二十三年

以此禮賓敬而見之也 惠挍本禮下有等

則相諸侯之禮 閩監本同誤也唐石經大字本錢鈔本嘉靖本毛本則下有詔此脫當補正石經考文提要云按鄭注詔相左右教告之也宋本九經宋槧圖互注本宋附釋音本余仁仲本皆作則詔相諸侯之禮

諸侯謂天子斬其有哭位 閩監毛本謂作爲此本子斬其三字剜擠文當有誤

孟僖子如齊殷聘是也 閩監毛本同大字本嘉靖本作禮也與左氏昭九年傳文同當據以訂正

至今積二十一年聘齊 浦鏜云一衍字

六行人

云禮籍名位尊卑之書者 惠挍本下有缺文七字

眡館致館也 按眡當作視

聘問二者是諸使臣行聘 毛本作諸侯使臣此誤

如玉爲之 浦鏜云王誤玉

文帝六年九月 浦鏜云二誤六

王用瑱圭 釋文瑱劉吐電反案王執鎮圭瑱宜作鎮音按天府凡國之玉鎮注故書鎮作瑱鄭司農云瑱讀爲鎮此作瑱者從故書也

子用穀璧 大字本穀作穀俗字唐石經嘉靖本作穀辟下同

明侯伯子男皆如瑞 浦鏜云瑞下脫可知二字從儀禮經傳通解挍○按此不必增通解以意增耳

匹馬卓上 毛本卓誤皁

則侯伯子男各降一等可知 惠挍本則作明此誤

則聘享皆降一等同 惠挍本等作寸○按作寸是也

則合槁禬之 釋文唐石經皆作槁禬諸本同

故書賻作傳稿爲槀 閩監本同大字本錢鈔本嘉靖本傳作傳稿作槁此作傳作稿誤宋本毛本槀作稾下同釋文槁禬苦報反作槀古老反宋本錢鈔本載音義槀皆作稾與地官序官石經正合蓋故書作槀字從禾鄭司農讀爲槁字從木此注槁字皆當作槁方經注相應有唐石經先後可據○按釋文槁禬苦報反作槀古老反本自明白之甚禾槀字切古老與枯槁字切苦浩槁勞字切苦報迥不同也學者不知音紐分别乃如治絲而棼矣此經故書作禾槀字鄭本作槁禬从本槁即槀也

槀當爲槁謂槁師也 岳本閩監本槁作槁大字本錢鈔本毛本槁槁皆從牛作犒與地官序官注同嘉靖本作藳當爲犒謂犒師也兩犒字牛旁皆剜改蓋本作槁也○按槁本上聲槁勞則讀去聲猶勞本平聲勞來則讀去聲也淺人乃别製犒字鄭注無此從牛之犒

其吉禮牢禮賓禮並不言者 浦鏜云軍誤牢

凡此物者每國辨異之 閩監本同誤也唐石經大字本錢鈔本嘉靖本毛本物上有五此脫當據

以補正盧文弨曰大戴禮記作凡此五物者嘉靖本辨譌辦
○按辨辦本無二字但有從刀之字

周禮注疏卷三十七挍勘記終

南昌袁泰開挍

附釋音周禮注疏卷第三十八

鄭氏注　賈公彦疏

司儀掌九儀之賓客擯相之禮以詔儀容辭令揖讓之節出接賓曰擯入贊禮曰相以詔者以禮告王。相息亮反此職内經注除相爲賓相朝相授相親相隨相待相爲國客相聘相禮皆同。【疏】司儀至之節。釋曰此經摠與下諸侯文爲目言九儀是大行人九儀命者五爵者四是儀容辭令揖讓之節並見下文也。注出接至告王。釋曰云出接賓曰擯者即下文交擯而在門外是也云入贊禮曰相者下文及廟推上相入是也云詔者以禮告王者即下云詔王儀是也

將合諸侯則令爲壇三成宮旁一門合諸侯謂有事而會也爲壇于國外以命事宮謂壝土以爲牆處所謂爲壇壝宮也天子春帥諸侯拜日於東郊則爲壇於國東夏禮日於南郊則爲壇於國南秋禮山川丘陵於西郊則爲壇於國西冬禮月四瀆於北郊則爲壇於國北既拜禮而還加方明於壇上而祀焉所以教尊尊也覲禮曰諸侯覲於天子爲宮方三百步四門壇十有二尋深四尺是也王巡守殷國而同則其爲宮亦如此與鄭司農云三成三重也爾雅曰丘一成爲敦丘再成爲陶丘三成爲昆侖丘謂三重。壝惟癸反劉欲鬼反與音餘下尺與同重直龍反下三重重耳同敦音頓沈又都門反陶徒刀反侖力門反【疏】將合至一門。釋曰云將合諸侯者合會也謂時見曰會云則令爲壇三成者謂封人爲壇三成。注合諸至三重。釋曰云有事而會也者春秋左氏傳文但春秋時有事。會不協而盟是霸者法引之者時雖不同爲有事而行會禮則同故引以爲證云爲壇于國外以命事者官方三百步明在國外也言命事則上大行人云時會以發四方之禁禁即九伐是其事也云宮謂壝土以爲牆處所謂爲壇壝宮也者所謂掌舍但掘地爲塹壝土爲埒當牆處故云牆處也云天子春帥諸侯自此已下至國北皆覲禮文其爲壇之語鄭加之耳云既拜禮而還加方明於壇上而祀焉所以教尊尊也者言教尊尊者天子親自拜日禮月之等是尊尊之法教諸侯已下尊敬在上者也引覲禮者是見爲壇大小尺寸之法據時會諸侯爲壇之法云王巡守殷國者謂巡守就方岳爲壇殷國就王國左右爲壇皆如時會云如此與者約同之故云與以疑之先鄭引爾雅者見三成者三重重高一尺

詔王儀南鄉見諸侯土揖庶姓時揖異姓天揖同姓謂王既祀方明諸侯上介皆奉其君之旂置于宮乃詔王升壇諸侯皆就其旂而立諸公中階之前北面東上諸侯東階之東西面北上諸伯西階之西東面北上諸子門東北面東上諸男門西北面東上王揖之者定其位也庶姓無親者也土揖推手小下之也異姓昏姻也時揖平推手也衞將軍文子曰獨居思仁公善言義其聞詩也一日三復白圭之玷是南宮縚之行也夫子信其仁以爲異姓謂妻之也天揖推手小舉之。復音服或芳服反玷丁簟反沈都念反縚吐刀反行下孟反【疏】詔王至同姓。釋曰詔告也謂諸侯各就位立王在壇亦立司儀乃告王降壇南向見諸侯乃揖之王揖庶姓已下先疏後親爲次按隱十一年滕侯薛侯來朝爭長云周之宗盟異姓爲後是先同姓今此先庶姓後同姓者此經直據揖之儀容從下至高不據盟之先後也。注謂王至舉之。釋曰云謂王既祀方明諸侯上介皆奉其君之旂置于宮乃詔王升壇諸侯皆就其旂而立者按覲禮云諸侯覲于天子爲宮方三百步四門壇十有二尋深四尺加方明于其上明者木也方四尺設六色東方青南方赤西方白北方黑上玄下黃設六玉上圭下璧南方璋西方琥北方璜東方圭上介各奉其君之旂置于宮尚左公侯伯子男皆就其旂而立四傳擯天子乘龍載大旂象日月升龍降龍出拜日於東門之外反祀方明注引朝事儀曰天子冕而執鎮圭尺有二寸繅藉尺有二寸搢大圭乘大路建大常十有二旒樊纓十有再就貳車十有二乘帥諸侯而朝日於東郊所以教尊尊也退而朝諸侯由此二者言之已祀方明乃以會同之禮見諸侯也若然覲禮上介奉君之旂置于宮尚左及公侯伯子男就其旂而立并四傳擯者並陳設其位其立當在祀方明後是以彼下文乃始云拜日之禮反祀方明之事故彼置旂于宮之下注云置于宮者建之豫爲其君見王之位也是其未即立也此鄭注依次第而言故云謂王既祀方明諸侯上介皆奉其君之旂置于宮乃詔王升壇諸侯皆就其旂而立也云諸公中階之前至諸男門西北面東上皆明堂位周公朝諸侯之禮覲禮注亦引之證五等諸侯立位處所也皆以近王爲上云王揖之者定其位也者此約燕禮云卿大夫皆入門右北面立公降階揖之卿得揖東廂西面大夫得揖中庭少進北面其位乃定此王揖亦得揖乃定有少別者彼諸侯揖臣臣皆北面得揖就位此五等立已在位王揖之逡巡而已位乃定是其別也凡揖皆推手至於擅即引手爲異也衞將軍文

子者此大戴禮文引之證有異姓之事也按大戴禮云衞將軍文子問子貢曰蓋受教者七十有餘人聞之孰爲賢子貢對之歷陳諸子行遂陳南宮縚之行此乃子貢之辭而云衞將軍文子曰者此實子貢辭篇名衞將軍文子故引篇名耳

及其擯之各以其禮公於上等侯伯於中等子男於下等謂執玉而前見於王也擯之各以其禮者謂擯公者五人侯伯四人子男三人也上等中等下等者謂所奠玉處也壇三成深四尺則一等一尺也壇十有二尋方九十六尺則堂上二丈四尺每等丈二尺與諸侯各於其等奠玉降拜升成拜明臣禮也既乃升堂授王玉○見賢遍反〔疏〕及其至下等○釋曰此即上四傳擯之時也四傳擯彼注云公也侯也伯也各一位子男俠門而俱東上亦一位是子男共爲位故共一擯也○注謂執至王玉○釋曰下云將幣據三享故知此文擯之據執玉見王也云擯之各以其禮者謂擯公者五人侯伯四人子男三人也者大行人云公擯者五人已下此云擯之各以其禮是據擯爲數不據餘禮也云上等中等下等者謂所奠玉處也者上云爲壇三成此言三等明據三等壇奠玉處而言也云壇三成者據上文云深四尺者覲禮文云則一等一尺已下

鄭君以意解之無正文一等爲一尺發地一尺上有三成三尺摠四尺也鄭注覲禮云從上向下爲深故云深四尺云壇十有二尋者覲禮文云方九十六尺者尋八尺計之所得九十六尺云則堂上二丈四尺每等丈二尺與者並鄭以意解之故云與以疑之上二丈四尺爲堂王立之處并祀方明之所云諸侯各於其等奠玉降拜升成拜明臣禮也者公奠玉於上等降拜於中等侯伯奠玉於中等降拜於下等子男奠玉於下等降拜於地及升成拜皆於奠玉之處必知有降拜升成拜者亦約燕禮臣得君酬酒皆降拜君使小臣辭之乃升成拜明此王禮亦然言成拜者鄉於下拜之時王使人辭下拜之不成故於升乃更成前拜故云成拜是敬上之禮故云明臣禮也云既乃升堂授王玉者禮法禮敵並授禮不敵者訝受此行臣禮則諸侯皆北面授之於堂上也王既受玉訖聘禮亦當側授宰玉此壇上無坫不得取明堂位崇坫亢圭爲義也**其將幣亦如之其禮亦如之**將幣享也禮謂以鬱鬯裸之也皆於其等之上〔疏〕其將至如之○釋曰云將幣者即將幣三享也但彼大行人據在廟此據在壇云亦如之者璧以帛琮以錦如前公於上等之類云其禮亦如之者即大行人上公再裸而酢亦如公於上等之類也**王**

燕則諸侯毛謂以須髮坐也朝事尊尊上爵燕則親親上齒鄭司農云謂老者在上也老者二毛故曰毛○侯毛毛謂須髮也劉本作耄音毛〔疏〕注謂以須髮坐也至老者二毛故曰毛○釋曰此燕則公三燕侯伯再燕子男一燕云朝事尊尊上爵者依爵尊卑爲先後云燕則親親上齒者此乃不問爵之尊卑取以年齒爲先後也

凡諸公相爲賓謂相朝也〔疏〕注謂相朝也○釋曰云相朝則是兩公自相朝故下經云諸侯諸伯諸子諸男相爲賓客以禮相待並是兩諸侯相朝之事也

主國五積三問皆三辭拜受皆旅擯再勞三辭三揖登拜受拜送賓所停止則積間濶則問行道則勞其禮皆使卿大夫致之從來至去數如此也三辭辭其以禮來於外也積問不言登受之於庭也鄭司農云旅讀爲旅於太山之旅謂九人傳辭相授於上下竟問賓從末上行介還受上傳之玄謂旅讀爲鴻臚之臚臚陳之也賓之介九人使者七人皆陳擯位不傳辭也賓之上介出請使者則前對位皆當其末擯焉三揖謂庭中時也拜送送使者○旅如字又音臚力於反傳直專反下除春秋傳皆同末上時掌反下上傳上車

同〔疏〕注賓所至使者○釋曰云賓所停止則積者謂遺人云十里有廬廬有飲食三十里有宿宿有委五十里有市市有積是也云間闊則問者上注問問不恙也云行道則勞者謂勞苦之云皆使卿大夫致之者按聘禮遣卿行勞禮臣來尚遣卿勞明君來遣卿勞可知此再勞一勞在境一勞在遠郊皆使卿其近郊勞當主君親爲之也其積問當使大夫故下句云致飧如致積之禮注云俱使大夫禮同也知致飧使大夫者見聘禮宰夫朝服設飧宰夫即大夫問亦小禮明亦使大夫也云從來至去數如此也者五積三問再勞來去皆有此數故云數如此也先鄭云旅讀爲旅於大山之旅謂九人傳辭相授於上下竟問賓從末上行介還受上傳之者此先鄭以爲旅擯與交擯同之後鄭不從者此臣禮云旅擯下文云主君郊勞交擯三辭明其別旅直陳擯介不傳辭交則一往一來傳辭也云玄謂旅讀爲鴻臚之臚臚陳之也者按爾雅釋詁云尸旅陳也釋言云豫臚叙也注云皆陳叙也後鄭不從旅大山之旅從臚者欲取叙義也云賓之介九人者自從公介九人之禮云使者七人者自從降二等之禮云皆陳擯位不傳辭也賓之上介出請使者則前對位皆當其末擯焉者此皆約聘禮主君大門內迎聘賓之位也云三揖謂庭中時也者如聘禮入門揖當曲揖當碑揖是也○

主君郊勞交擯三辭車逆拜辱三揖三辭拜受車送三還再拜主君郊勞備三勞而親之也鄭司農云交擯三辭謂賓主之擯者俱三辭也車逆主人以車迎賓於館也拜辱賓拜謝辱也玄謂交擯者各陳九介使傳辭也車迎拜辱者賓以主君親來乘車出舍門而迎之若欲遠就之然見之則下拜迎謝其自屈辱來也至去又出車若欲遠送然主君三還辭之乃再拜送之也車送迎之節各以其等則諸公九十步立當車軹也三辭重者先辭辭其以禮來於外後辭辭升堂 疏 主君至再拜○釋曰此當近郊勞交賓三辭者主君至郊郊有館舍賓在內主君至館大門外主君北面而陳此九介去門九十步東面賓在大門內於門外之東亦陳九介西面不陳五擯者非主君從賓禮故也三辭者賓一辭主君以禮來於外車迎拜辱者傳辭既訖賓乘車出大門迎主君至主君處下車拜主君屈辱自至郊也三揖者入門乃當曲當碑爲三揖三辭者辭請升堂拜受賓再拜乃受幣主君亦當拜送不言省文也車送者賓乘車出門就主君若欲遠送之三還者主君賓送已三還辭之再拜者賓見主君辭遂再拜送主君也○注主君至升堂○釋曰云備三勞而親之也者大行人有三問三勞之文也主君身自勞是親之也先鄭云車逆主人以車迎賓於館也拜辱賓拜謝辱也後鄭不從者此直是備三勞既來至國何有輒迎賓於館乎玄謂各陳九介者以其在道俱不爲主故無五擯之事故各陳九介也云立當車軹也者賓主俱立當軹大行人文云後辭辭升堂者按鄉飲酒禮主人取爵降洗賓降主人坐奠爵于階前辭注云事同曰讓事異曰辭禮升堂是事同不云讓而云辭者此賓主敵者主人之意欲有受於庭之心故從事異曰辭是以下諸公之臣等升堂皆云讓依事同曰讓非敵故聘義云三讓而後傳命三讓而後入廟門並事異不云辭者欲取致尊讓之意變文耳又彼記文非正經故不爲例也

致館亦如之館舍也使大夫授之君又以禮親致焉 疏 注館舍至致焉○釋曰鄭知使大夫授舍者見聘禮云大夫帥至館卿致之以此知先遣大夫授館也此大夫亦應是卿云亦如之者上主君郊勞此親致館明亦如之也云凡致者皆有幣以致之致之使若已有然也

致飧如致積之禮俱使大夫禮同也飧食也小禮曰飧大禮曰饔餼○致飧素尊反下同 疏 注俱使至饔餼○釋曰上公飧五牢賓始至之禮欲致館後即言之云如致積之禮者積在道已致故云如之以其俱小禮不使卿故云俱使大夫禮同也云飧食也者以其有芻薪米禾食之類故云食也云小禮曰飧者聘禮使宰夫設飧禮物又少故曰小云大禮曰饔餼者以其有腥有牽芻薪米禾又多故曰大是以聘禮記云聘日致饔注云急歸大禮又以下文致饔餼亦在將幣後即致之也

及將幣交擯三辭車逆拜辱賓車進荅拜三揖三讓每門止一相及廟唯上相入賓三揖三讓登再拜授幣賓拜送幣每事如初賓亦如之及出車送三請三進再拜賓三還三辭告辟鄭司農云交擯擯者交也賓車進荅拜賓上車進主人乃荅其拜也及出車送三請主人三請留賓也三進進隨賓也賓三還三辭告辟賓三還辭謝言已辟去也玄謂既三辭主君則乘車出大門而迎賓見之而下拜其辱賓車乃前下荅拜也三揖者相去九十步揖之使前也至而三讓讓入門也相謂主君擯者及賓之介也謂之相者於外傳辭耳入門當以禮詔侑也介紹而傳命者君子於其所尊不敢質敬之至也每門止一相彌相親也君入門介拂闑大夫中棖與闑之間士介拂棖此爲介鴈行相隨也止之者絕行在後耳賓三揖三讓升也登再拜授幣授當爲受主人拜至且受玉也每事如初謂享及有言也賓當爲儐謂以鬱鬯禮賓也上於下曰禮敵者曰儐禮器曰諸侯相朝灌用鬱鬯無籩豆之薦謂此朝禮畢儐賓也三請三進請賓就車也主君每一請車一進欲遠送之也三還三辭主君一請者賓亦一還一辭○授幣音受賓拜音擯下賓使者同辟音辟劉薄歷反注同下客辟三辟趨辟放此已辟音避侑音又闑魚列反棖直庚反行戶剛反 疏 及將至告辟○釋曰及至也至將幣謂賓初至館後日行朝禮之時故云至將幣幣即圭璋也云交擯三辭車逆拜辱賓車進荅拜者此並在主君入門外賓去門九十步而陳九介主君在大門外之東陳五擯上擯入受命出請事傳辭與承擯承擯傳與末擯末擯傳與末介末介傳與承介承介傳與上介上介傳與賓賓又傳與上介上介傳與承介承介傳與末介末介傳與末擯末擯傳與承擯承擯傳與上擯上擯入告君如是者三謂之交擯三辭諸交擯者例皆如此也車逆拜辱者傳辭既訖主君乘車出大門至賓所下車拜賓屈辱來此也賓車進荅拜者賓初升車進就主君主君下賓亦下車荅主君拜也三揖者主君遙揖賓使前北面三讓

入大門也云每門止一相者既入門迴面東至祖廟之時祖廟西仍有二廟以其諸侯五廟始祖廟在中兩廂各有一廟各別院爲之則有二門傍皆有南北隔牆隔牆皆通門故得有每門若不然從大門內即至祖廟之門何得有每門而云門止一相乎故爲此解也云上相入者相入即上擯上介須詔禮故須入云三揖者亦謂入門揖當曲揖當碑揖也云三讓登者至階主君讓賓賓讓主君如是者三主君先升云再拜授幣者授當爲受賓主俱升主人在阼階上北面拜乃就兩楹間南面賓亦就主君賓授玉主君受之故云再拜受幣也云賓拜送幣者賓既受乃退向西階上北面拜送幣乃降也○注鄭司至一辭○釋曰先鄭云賓車進荅拜賓上車進主人乃荅其拜也後鄭不從者車送拜辱已是主人今云車進荅當是客何得主人再度拜故不從也云及出車送三請主人三請留賓也後鄭亦不從者行朝享禮賓訖送賓出禮既有限何因更有留賓之事故不從也云介紹而傳命者此聘義文按彼介紹而傳命謂聘者旅擯法引證此交擯者但紹繼也謂介相繼而陳則交擯旅擯皆得爲紹故此交擯亦得紹介而傳命也按彼注質謂正自相當賓主不敢正自相當故須擯介通情也云君入門介拂闑大夫中棖與闑之間士介拂棖者玉藻文君入門不言所拂者朝君入由闑西亦拂闑不言之者君特行不與介連類故不言也介拂闑者上介隨君從與大夫士介自爲鴈行於後也云止之者絕行在後耳者知不全入而爲絕行在後者以聘禮介皆入廟門門西北面西上故知此君介亦入門門西北面西上可知故云絕行在後後亦入廟也云登再拜授幣授當爲受者欲見登再拜受玉者主君止得爲受不得爲授之義故也云拜至且受玉也者拜中含此二事故也云每事如初謂享及有言也者按聘禮享夫大下云若有言束帛如享禮是也云上於下曰禮敵者曰擯者大行人云王禮再祼而酢之屬是上於下曰禮此諸侯云擯是敵者曰擯也云禮器曰諸侯相朝灌用鬱鬯無籩豆之薦引之者證擯亦用鬱鬯也云主君一請賓亦一還一辭者則主君三請三進其賓三還三辭一一相將但別言之耳

致饔餼還圭饗食致贈郊送皆如將幣之儀此六禮者惟饗食速賓耳其餘主君親往親往者賓爲主人主人爲賓君如有故不親饗食則使大夫以酬幣侑幣致之鄭司農云還圭歸其玉也故公子重耳受飧反璧玄謂聘以圭璋禮也享以璧琮財也已聘而還圭璋輕財而重禮贈送以財既贈又送至于郊○還音環又音旋食音嗣凡饗食皆同

疏注此六至于郊○釋曰知

饗食速賓者按公食大夫禮君親食之君不親食則以侑幣致之聘禮云公於賓一食再饗上介一食一饗若不親食致之以侑幣致饗以酬幣以此知二者皆速賓也云其餘主君親往親往者賓爲主人主人爲賓者見聘禮云君使卿歸饔餼又云賓迎于外門外又云大夫東面致命君使卿還玉于館賓迎于外門外不拜帥大夫以入鄭君以此二者知賓爲主人主人爲賓致聘郊送亦然可知也聘禮乃君於臣此兩君敵明主君親爲之矣先鄭云公子重耳事見僖公二十三年公子重耳反國及曹曹共公聞其駢脅欲觀其裸浴薄而觀之僖負羈之妻曰吾觀晉公子之從者皆足以相國若以相夫子必反其國反其國必得志於諸侯得志於諸侯而誅無禮者曹其首也子盍蚤自貳焉乃饋盤飧寘璧焉公子受飧反璧是其事引之者證還圭之事但彼反璧者義取不貪寶意非還圭故後鄭不從也玄謂聘以圭璋禮也者聘義云以圭璋聘重禮也謂行聘禮也云享以璧琮財也者貢財貨時用璧琮以致之故云財也云已聘而還圭璋輕財而重禮者還圭璋是重禮璧琮不還是輕財也云贈送以財者聘禮賓遂行舍于郊公使卿贈如覿幣注云言如覿幣見爲反報是贈并送至于郊

賓之拜禮拜饔餼拜饗食鄭司農云賓之拜禮者因言賓所當拜者之禮也所當拜者拜饔餼拜饗食玄謂賓將去就朝拜謝此三禮三禮禮之重者也賓既拜主君乃至館贈之去又送之于郊

疏注鄭司至于郊○釋曰先鄭所說是後鄭增成其義按聘禮饔餼燕羞俶獻之明日賓皆拜於朝將去又三拜乘禽于朝彼臣故盡拜謝此賓之拜禮在致賄郊送之下則不及燕羞俶獻乘禽以其君略小惠將去惟拜其大禮也按聘禮賓三拜乘禽於朝遂行舍于郊公使卿贈若然此致贈郊送在拜禮後今設文在前者欲取如將幣之儀故進文在前其贈送合在後也云賓既拜主君乃至館贈之去又送之于郊者鄭以贈送之文在前拜禮在後恐疑顛到故此解之是其衮也

賓繼主君皆如主國之禮鄭司農云賓繼主君復主人之禮費也故曰皆如主國之禮玄謂繼主君者儐主君也儐之者主君郊勞致館饔餼還圭贈郊送之時也如其禮者謂玉帛皮馬也有饌陳之積者不如也若饗食主君及燕亦速焉○費芳味反

疏注鄭司至速焉○釋曰先鄭云繼主君復主人之禮費也後鄭不從者主人禮費既多非賓所能復玄謂繼主君者儐主君也者按聘禮君遣卿勞及致館等皆儐儐者報也上注云敵者曰儐故此報主君爲儐云儐之者主君郊勞致館饔餼還圭贈郊送之時也

如其禮者謂玉帛乘馬也者按聘禮云賓至于近郊君使卿朝服用束帛勞又云賓用束帛儐勞者君使卿韋弁歸饔餼又云大夫奉束帛又云賓降受老幣出迎大夫注云出迎欲儐之庭實設馬乘賓降堂受者束錦賓奉幣西面大夫東面賓致幣是皆有儐法彼兩臣有儐此兩公有儐可知也若然彼聘禮致館無儐者彼君使卿致館不以幣故亦無儐明此兩君致時有幣合亦儐之也彼聘禮賓不見有饗食速主君者臣於君雖他國亦不敢速君故禮記云大夫饗君非禮是也此兩君即得其燕食等皆得速主君也主君有故不能親以侑幣酬幣致之亦無儐鄭彼注云以已本宜往還玉于館及還享雖無束帛文亦當儐之矣

諸侯諸伯諸子諸男之相爲賓也各以其禮相待也如諸公之儀 賓主相待之儀與諸公同也饔餼饗食之禮則有降殺○殺色界反下疊殺則殺及後殺禮皆同〔疏〕注賓主至降殺○釋曰五等諸侯以命數分爲三等其圭璋饔餼殯積步數儐介皆降殺備於大行人掌客其進退揖讓之儀一與公同故云如諸公之儀

諸公之臣相爲國客 謂相聘也〔疏〕諸公至國客○釋曰謂上諸公之臣相聘

往來爲國客相待相送之儀此法皆備於下文也

則三積皆三辭拜受 受者受之於庭也侯伯之臣不致積〔疏〕則三至拜受○釋曰此謂在道之禮於路館致之亦有束帛致之云三辭拜受者辭不受三辭後受之故云三辭拜受也知受之於庭者上諸公即云登登謂登堂此不云登故知受於庭也知侯伯之臣不致積者按聘禮以五介又張旜是侯伯之卿聘使者經不云積明侯伯之臣不致積可知但不以束帛行禮致之豈於道全無積乎明有也

及大夫郊勞旅擯三辭拜辱三讓登聽命下拜登受賓使者如初之儀及退拜送 登聽命賓登堂也賓當爲擯勞用束帛擯用束錦侯伯之臣受勞於庭〔疏〕及大至拜送○釋曰按諸禮此亦近郊勞也旅擯不傳辭賓使各陳七介而已云三辭拜辱者賓從館內出於大門拜使者辱命來於外云三讓者讓升堂云登聽命者賓登堂聽使者傳主君之命也云下拜登受者賓聽命訖下堂拜命訖登堂受幣也云賓使者如初之儀者謂使傳命訖禮畢出門賓以束帛賓使者如初行勞時之儐前賓受幣今使者受幣受幣雖異威儀則同敬主君使者也知勞用束帛儐用束錦者約聘禮郊勞知之知侯伯之臣受勞於庭者亦按聘禮賓是侯伯之臣云受於舍門內是不登堂也

致館如初之儀 如郊勞也不儐耳侯伯之臣致館于庭不言致殯者君於聘大夫不致殯也聘禮曰殯不致賓不拜〔疏〕注如郊至不拜○釋曰按聘禮賓至使大夫帥至館卿致館此公之臣亦當然上云郊勞此云如初如初郊勞也鄭知不儐者聘禮致館無束帛賓亦無儐知此亦然也云侯伯之臣致館于庭者亦按聘禮知之云君於聘大夫不致殯也引聘禮殯不致賓不拜者按聘禮致館之下即云宰夫設殯即此致館下不云致殯故云君於聘大夫不致殯如是五等之臣皆無致殯也

及將幣旅擯三辭拜逆客辟三揖每門止一相及廟唯君相入三讓客登拜客三辟授幣下出每事如初之儀 客辟逡巡不荅拜也惟君相入客臣也相不入矣拜至君拜客至也客三辟三退負序也每事亭及有言○逡七旬反〔疏〕及將至之儀○釋曰及至也謂賓在館至將幣將幣亦謂圭璋也云旅儐三辭者亦謂於主君大門外主君陳五儐客陳

七介不傳辭故云旅擯也云三辭者前郊勞三辭辭其以禮來於外此三辭辭其主君以大客禮當已云拜逆客辟者謂三辭訖主君遣上擯納賓賓入大門主君在大門內南面拜拜賓奉君命屈辱來見已客辟不受拜者使者奉君命來不敢當拜故逡巡辟君拜也云三揖者亦揖之使前云每門止一相者謂彌相親也云及廟惟君相入者與前諸公少異彼是兩君故云惟上相入則兩君擯介各有上相亦不入故據君而言也云三讓客登者按聘義云三讓而後入廟門三揖而後至階此不言者文不具客登者主君與客俱登據客而言故云客登也云拜客三辟者主君與客俱登訖主君於阼階上北面拜拜賓喜至此堂弁拜受幣云客三辟者三退負序不敢當君拜云授幣者授玉與主君也○注客辟至有言釋曰云客辟逡巡不荅拜也者釋上拜逆客辟也云客三辟三退負序也者按聘禮云賓三退負序注云三退三逡巡也不言辟者以執圭將進授之此亦執圭將授言辟者儀禮是委曲行事故云執圭將進下得云辟此周禮事未見據大摠而言故云辟無嫌三退負序聘禮文云每事享及有言者亦約聘禮知之

及禮私面私獻皆再拜稽首君荅拜 禮以醴禮客私面私覿也既覿則或有私獻者鄭司農云說私

面以春秋傳曰楚公子棄疾見鄭伯以其乘馬私面。【疏】注禮以至私面。釋曰此三者皆於聘日行之故并言之云君荅拜者雖是異國之臣當空首拜也知禮以醴禮客者按聘禮禮客用醴齊異於君鬱鬯也云私面私覿也者按聘禮賓奉束錦請覿又云問卿訖賓面如覿幣注云面亦見也其謂之面威儀質也彼不見有私獻又於君謂之覿於卿謂之面覿面別此云私面私覿爲一者以彼文兩見則私覿據君私面據卿此文不見有私覿直言私面豈不見君直見臣也明此私面主於君故以私面爲私覿也彼無私獻非常故彼記云旣覿賓若私獻奉獻將命故此注云旣覿則或有私獻者也云春秋者按左氏昭六年楚公子棄疾如晉過鄭見鄭伯如見王以其乘馬八匹私面見子皮如上卿以馬六匹見子産以馬四匹見子大叔以馬二匹稱面者以其面亦覿也且過鄭非正聘故以面言之

出及中門之外問君客再拜對君拜客辟而對君問大夫客對君勞客客再拜稽首君荅拜客趨辟中門之外即大門之內也問君曰君不恙乎對曰使臣之來寡君命臣于庭問大夫曰二三子不恙乎對曰寡君命使臣

于庭二三子皆在勞客曰道路悠遠客甚勞勞介則曰二三子甚勞問君客再拜對者爲敬愼也。客甚勞如字下甚勞勞辱同【疏】注中門至愼也。釋曰賓來主爲以君命行聘享是以先行聘享訖乃始行私相慰問之事是以聘禮注云鄉以公禮將事無由問也云中門之外即大門之內也者聘禮云及大門內公問君故指彼云即大門內也按聘禮云及大門內公問君賓對公再拜注云賓至始入門之位北面將揖而出衆介亦在其右少退西上於此可以問君居處何如序殷勤也時承擯紹擯亦於門東北面東上上擯往來傳君命南面云問君曰已下未知鄭君所出何文或云是孔子聘問之辭亦未得其實也爾雅云恙憂也

致饔餼如勞之禮饗食還圭如將幣之儀饗食亦謂君不親而使大夫以幣致之【疏】致饔至之儀　釋曰云致饔餼如勞之禮者同使卿威儀進止皆如上郊勞之禮還以本圭故云如也。注饗食至致之。釋曰知饗食是君不親者以其與還圭共文同是致之故知君不親使大夫致之也致饗及還玉賓主皆是大夫其將幣主君與使臣行禮如將幣者盡不盡如之所如者如旅擯主人皮弁賓皮弁襲將幣同自餘則別是以聘禮君使卿皮弁還玉于館賓皮弁襲迎于外門外不拜帥大夫以入大夫升自西階鉤楹賓自碑內聽命升自西階自左南面受圭退負右房而立是與將幣別之事也

君館客客辟介受命遂送客從拜辱于朝君館客者客將去就省之盡殷勤也遂送君拜以送客。客從本亦作從同才用反【疏】君館至于朝　釋曰按聘禮云公館賓賓辟注云言辟者君在廟門敬也又云上介聽命注云聽命於廟門中西面如相拜然也然則此中行事亦爾鄭知君拜送者見聘禮云聘享夫人之聘享問大夫送賓公皆再拜是其有拜此云客從拜辱于朝者聘禮曰公退賓從請命于朝公辭賓退是也

明日客拜禮賜遂行如入之積禮賜謂乘禽君之加惠也如入之積則三積從來至去。乘繩證反下乘皮同【疏】注禮賜至至去。釋曰按聘禮云館賓下云賓三拜乘禽於朝以此知禮賜是乘禽也云遂行如入之積鄭云如入之積則三積從來至去者入與出各三積故得以後如前以此而言諸侯言出入五積四積三積之類入出各五各四各三者也

凡諸伯子男之臣以其國之爵相爲客而相禮其儀亦如之爵卿也大夫也士也【疏】注爵卿至士也。釋曰諸侯之臣言爵相爲客而相禮者不離三等卿大夫士鄭注掌客云爵卿也則飱二牢饔餼五牢大夫也則飱大牢饔餼三牢士也則飱少牢饔餼大牢也此降小禮豐大禮也以命數則參差難等略於臣用爵而已以此三等相禮也云其儀亦如之者亦以三等相差七十步七介五十步五介三十步三介小聘使大夫又降殺也

凡四方之賓客禮儀辭命餼牢賜獻以二等從其爵而上下之上下猶豐殺也。上時掌反【疏】凡四至下之。釋曰上經云爵鄭以卿大夫士三等解之此經云二等即與大行人云諸侯之卿各下其君二等大夫士亦如之大夫下卿士下大夫降殺以兩解之同也云從其爵者以三等降殺從三等而爲之云上下猶豐殺也者爵尊者禮豐爵卑者禮殺以二等爲豐殺也

凡賓客送逆同禮謂郊勞郊送之屬【疏】注謂郊至之屬。釋曰經云送逆故知郊勞郊送也郊勞是逆郊送是送尊卑不同此二者一也

凡諸侯之交各稱其邦而爲之幣以其幣爲之禮幣享

幣也於大國則豐於小國則殺主國禮之如其豐殺謂賄用束紡禮用玉帛乘皮及贈之屬○稱尺證反紡芳往反【疏】凡諸至之禮○釋曰此一經惟論享幣多少及主國報禮輕重之事言交者兩國一往一來謂之交言各稱其邦而爲之幣者據朝聘所齎享幣大國多小國少云以其幣爲之禮者據主國賄客還依來者多少而報之○注幣享至之屬○釋曰鄭知幣是享幣者以其經云稱其邦復云幣明幣是享幣不得據圭璋璧琮也知是賄用束紡禮用玉帛乘皮及贈之屬者據聘禮還玉之下云賓裼迎大夫賄用束紡注云所以遺聘君可以爲衣服又云禮玉束帛乘皮注云禮禮聘君也所以報享也又云遂行舍于郊公使卿贈如覿幣記云賄在聘爲賄是其豐殺多少者也

凡行人之儀不朝不夕不正其主面亦不背客謂擯相傳辭時也不正東鄉不正西鄉常視賓主之前却得兩鄉之而已○朝如字又直遥反背音佩鄉許亮下同【疏】注謂擯至而已○釋曰此經論司儀爲擯相之法朝謂日出時爲正鄉東夕謂日入時爲正鄉西云不正其主面則亦不背客故鄭云常視賓主之前却得兩鄉之而已言此者正謂司儀隨機旋轉不常厥處者也

行夫掌邦國傳遽之小事媺惡而無禮者凡其使也必以旌節雖道有難而不時必達傳遽若今時乘傳騎驛而使者也美福慶也惡喪荒也此事之小者無禮行夫主使之道有難謂遭疾病他故不以時至也必達王命不可廢也其大者有禮大小行人使之有故則介傳命不嫌不達○傳張戀反注同遽其庶反使色吏反注及下同難乃旦反注同傳直宣反象胥職同【疏】行夫至必達○釋曰行夫者以身自行於外言媺惡無禮者無擯介而單行謂之無禮也云必以旌節者道路用旌節故也云雖道有難而不時者無難者即依程至秖由有難故不時云必達者雖不時必達於所往之處也○注傳遽至不達○釋曰云美福慶也者謂諸侯國有生男及嫁娶等云惡喪荒也者謂民有死喪及年穀不孰若諸侯薨之等大事即使卿大夫若春秋王使榮叔宰咺之等有禮不使行夫也云他故者謂賊寇及水旱之等云必達王命不可廢也者以其行夫下士三十二人以人數多縱有難必達也云其大者有禮大小行人使之者按大行人雖不云身使之事其間問及王之所以撫諸侯之等或身自行小行人云使適四方是身行之事也

居於其國則掌行人之勞辱事焉使則介之使謂大小行人也故書曰夷使鄭司農云夷使使於四夷則行夫主爲之介玄謂夷發聲○焉劉音夷【疏】注使謂至發聲○釋曰先鄭以夷使使於四夷後鄭不從以爲夷發聲者以經云居則掌行人之勞辱事是行人所使即云介明還與行人爲介文勢不容與行人别行直四夷使自使象胥何得使行夫也故不從之也

環人掌送逆邦國之通賓客以路節達諸四方通賓客以常事往來者也路節旌節也四方圻上【疏】環人至四方○釋曰此環人與夏官環字雖同義則異彼環人主致師此環人主環遶賓客使不失脱是其異也○注通賓至圻上○釋曰云通賓客以常事往來者也者謂朝覲會同者也云路節旌節也者以其道路用旌節故知路節旌節也云四方圻上者至畿即入諸侯國諸侯國自有通之者也

舍則授館令聚欜有任器則令環之令令野廬氏也鄭司農云四方人有任器者則環人主令殉環守之○殉徐音循或辭俊反【疏】舍則至環之○

釋曰館則道上廬宿市所館舍任器謂賓客任用之器○注令令至守之○釋曰令令野廬氏也者其職云若有賓客則令守涂地之人聚欜之故知令野廬也

凡門關無幾送逆及疆鄭司農云門關不得苛留環人也玄謂環人送逆之則賓客出入不見幾○疆居良反苛音何又呼何反【疏】注鄭司至見幾○釋曰先鄭云門關不得苛留環人也者以環人乃是執節之人事不畏門關苛留故後鄭以爲環人送逆之則門關不得苛留賓客

象胥掌蠻夷閩貉戎狄之國使掌傳王之言而諭說焉以和親之謂蕃國之臣來覜聘者○閩亡巾反又音文貉亡百反使所吏反【疏】注謂蕃至聘者○釋曰蕃國之君世壹見其臣得有覜聘者彼雖無聘使法有國事來小行人受其幣聽其辭以中國覜聘況之耳其實無覜聘也

若以時入賓則協其禮與其辭言傳之以時入賓謂其君以世一見來朝爲賓者○見賢遍反【疏】若以至傳之○釋曰

云協其禮者夷狄之君以不能行中國禮及其行朝聘亦當以禮和合之使得其所也云與其辭言傳之者但夷狄之君亦是中國卿大夫有罪使任於彼計應言辭可知令。言協其辭言傳之者謂若外之衆須譯語者也**凡其出入送逆之禮節幣帛辭令而賓相之**從來至去皆爲擯而口侑其禮儀。賓音儐下同相息亮反下同〔疏〕凡其至相之。釋曰夷狄無玉帛來向中國而云幣帛者謂王有賜與之者也**凡國之大喪詔相國客之禮儀而正其位**客謂諸侯使臣來弔者〔疏〕注客謂至弔者。釋曰大喪言凡則非王喪若王喪諸侯皆來何得有使臣來諸侯絕無來者則大喪王后世子也或大喪王喪不言諸侯者餘官掌之此象胥直掌臣也又象胥本主夷狄之使亦兼掌中國之使故下有大事諸侯之等也**凡軍旅會同受國客幣而賓禮之**謂諸侯以王有軍旅之事使臣奉幣來問〔疏〕注謂諸至來問。釋曰言諸侯以王有軍旅之事使臣奉幣帛來問者正謂禮動不虛以爲相見之禮以幣致其君命非謂別有幣也**凡作事王之大事諸侯次事卿次事大夫次事上士下事庶子**作使也鄭司農云王之大事諸侯使諸侯執大事也次事卿使卿執其次事也次事使大夫次事使上士下事使庶子〔疏〕凡作至庶子。釋曰直言上士不言中士下士者揔以王之三等之士皆曰上士與王制所云元士同也云庶子者謂若宮伯所云士庶子之等直云庶子兼適子在其中也

掌客掌四方賓客之牢禮餼獻飲食之等數與其政治政治邦新殺禮之屬。治直吏反注同〔疏〕注政治至之屬。釋曰此經與下文爲揔目其事並在下文云政治邦新殺禮之屬者下文云新國則殺禮殺禮類多故云之屬以通之**王合諸侯而饗禮則具十有二牢庶具百物備諸侯長十有再獻**饗諸侯而用王禮之數者以公侯伯子男盡在是兼饗之莫敵用也諸侯長九命作伯者也獻公侯以下如其命數。長丁丈反注同敵丁歷反〔疏〕注饗諸至命數。釋曰云王禮之數者則十二牢是故哀七年吳來徵百牢魯使子服景伯對曰周之王也制禮上物不過十二以爲天之大數也上公以九爲節則十二者是王禮之數也云以公侯伯子男盡在是兼饗之者以經云合時會殷同是盡在於是兼饗故用十二牢也云莫敵用也者若單饗一國即有賓主之敵則單用大牢今兼饗諸侯無一一相敵故云莫敵用也若曲禮云大饗不問卜鄭云莫適卜也彼亦非一帝總饗五帝莫適卜也云諸侯長九命作伯者也者大宗伯云九命作伯注云上公有功德者加命爲二伯云獻公侯以下如其命數者大行人云上公饗禮九獻侯伯七獻子男五獻是也**王巡守殷國則國君膳以牲犢令百官百牲皆具從者三公眡上公之禮卿眡侯伯之禮大夫眡子男之禮士眡諸侯之卿禮庶子壹眡其大夫之禮**國君者王所過之國君也犢繭栗之犢也以膳天子貴誠也牲孕天子不食也祭帝不用也凡賓客則皆角尺令者掌客令主國也百牲皆具言無有不具備。從者才用反下注從賓同繭古典反〔疏〕王巡至之禮。釋曰王巡守則

殷同殷同則殷國也王巡守至於四岳之下當方諸侯或所在經過或至方岳之下若殷國或在王城出畿外在諸侯之國所在之處皆設禮待王故巡守殷國並言也云則國君膳以牲犢者膳亦謂殷膳時也云令百官百牲皆具者此文與下爲目百官即三公已下是也云三公者明上公已下及侯伯子男禮備於大行人及掌客諸侯之卿及諸侯大夫禮亦備於聘禮及公食大夫也。注國君至具備。釋曰云國君者王所過之國君也者鄭偏舉一邊而言所在亦須共待云犢繭栗之犢也者王制云天地之牛角繭栗郊特牲云天子適諸侯諸侯膳用犢謂殷膳時特與祭天之牲同用犢則天子繭栗可知也云以膳天子貴誠也牲孕不食也祭帝不用也者皆郊特牲文言此者見天子牲與天同貴誠慤故用繭栗也云凡賓客則皆角尺者亦王制文云令者掌客令主國也者以其掌客掌諸侯已下牢禮故知掌客令也**凡諸侯之禮上公五積皆眡飧牽三問皆脩羣介行人宰史皆有牢飧五牢食四十簠十豆四十鉶四十有二壺四十鼎簋十有二牲三**

十有六皆陳饔餼九牢其死牢如飧之陳牽四牢米百有二十筥醯醢百有二十甕車皆陳車米眡生牢牢十車車秉有五籔車禾眡死牢牢十車車三秅芻薪倍禾皆陳乘禽日九十雙殷膳大牢以及歸三饗三食三燕若弗酌則以幣致之凡介行人宰史皆有飧饔餼以其爵等爲之牢禮之陳數唯上介有禽獻夫人致禮八壺八豆八籩膳大牢致饗大牢食大牢卿皆見以羔膳大牢侯伯四積皆眡飧牽再問皆脩飧四牢食三十有二簠八

豆三十有二鉶二十有八壺三十有二鼎簋十有二腥二十有七皆陳饔餼七牢其死牢如飧之陳牽三牢米百筥醯醢百甕皆陳米三十車禾四十車芻薪倍禾皆陳乘禽日七十雙殷膳大牢三饗再食再燕凡介行人宰史皆有飧饔餼以其爵等爲之禮唯上介有禽獻夫人致禮八壺八豆八籩膳大牢致饔大牢卿皆見以羔膳特牛子男三積皆眡飧牽壹問以脩飧三牢食二十有四簠六豆二十有四鉶十有八壺二十有四鼎簋十有二

牲十有八皆陳饔餼五牢其死牢如飧之陳牽二牢米八十筥醯醢八十甕皆陳米二十車禾三十車芻薪倍禾皆陳乘禽日五十雙壹饗壹食壹燕凡介行人宰史皆有飧饔餼以其爵等爲之禮唯上介有禽獻夫人致禮六壺六豆六籩膳眡致饗親見卿皆膳特牛

積皆視飧牽謂所共如飧而牽牲以往不殺也不殺則無鉶鼎簠簋之實其米實于筐豆實實于甕其設筐陳于楹內甕陳于楹外牢陳于門西車米禾芻薪陳于門外壺之有無未聞三問皆脩脩脯也上公三問皆脩下句云羣介行人宰史皆有牢君用脩而臣有牢非禮也蓋著脫字失處且誤耳飧容始至致小禮也公侯伯子男飧皆餼一牢其餘牢則腥食者其庶羞美可食者也其設蓋陳于楹外東西不過四列簠稻粱器也公十簠堂上六西夾東夾各二也侯伯八簠堂上

四西夾東夾各二子男六簠堂上二西夾東夾各二豆菹醢器也公四十豆堂上十六西夾東夾各十二侯伯三十二豆堂上十二西夾東夾各十子男二十四豆堂上十二西夾東夾各六禮器曰天子之豆二十有六諸公十有六諸侯十有二上大夫八下大夫六以聘禮差之則堂上之數與此同鉶羹器也公鉶四十二侯伯二十八子男十八非衰差也二十八書或爲二十四亦非也其於衰公又當三十於言又爲無施禮之大數鉶少於豆推其衰公鉶四十二宜爲二十八蓋近之矣則公鉶堂上十八西夾東夾各十侯伯堂上十二西夾東夾各八子男堂上十西夾東夾各四壺酒器也其設於堂夾如豆之數鼎牲器也簋黍稷器也鼎十有二者飪一牢正鼎九與陪鼎三皆設于西階前簋十二者堂上八西夾東夾各二合言鼎簋者牲與黍稷俱食之主也牲當爲腥聲之誤也腥謂腥鼎也於侯伯云腥二十有七其故腥字也諸侯禮盛腥鼎有鮮魚鮮腊每牢皆九爲列設于阼階前公腥鼎三十六腥四牢也侯伯腥鼎二十七腥三牢也子男腥鼎十八腥二牢也皆陳陳列也飧門內之實備于是矣亦有車米禾芻薪公飧五牢米二十車禾三十車侯伯四牢米禾皆二十車子男三牢米十車禾二十車芻薪皆倍其禾饔餼既相見致大禮也大者既兼飧積有生有腥有孰餘又多也死牢

如殯之陳亦飪一牢在西餘腥在東也牽生牢也陳于門西
如積也米横陳于中庭十爲列每筥半斛公侯伯子男黍粱
稻皆二行公稷六行侯伯稷四行子男二行醯醢夾碑從陳
亦十爲列醯在碑東醢在碑西皆陳於門内者於公門内之
陳也言車者衍字耳車米載米之車也聘禮曰十斗曰斛十
六斗曰籔十籔曰秉每車秉有五籔則二十四斛也禾稾實
并刈者也聘禮曰四秉曰筥十筥曰稯十稯曰秅每車三秅
則三十稯也稯猶束也米禾之秉筥字同數異禾之秉手把
耳筥讀爲棟梠之梠謂一稛也皆陳横陳門外者也米在門
東禾在門西芻薪雖取數于禾薪從米芻從禾也乘禽乘行
羣處之禽謂雉鴈之屬於禮以雙爲數殷中也中又致膳示
念賓也若弗酌謂君有故不親饗食燕也不饗則以酬幣致
之不食則以侑幣致之凡介行人宰史衆臣從賓者也行人
主禮宰主具史主書皆有殯饔餼尊其君以及臣也以其爵
等爲之牢禮之數陳爵卿也則殯二牢饔餼五牢大夫也則
殯大牢饔餼三牢士也則殯少牢饔餼大牢也此降小禮豐
大禮也以命數則參差難等略於臣用爵而已夫人致禮助
君養賓也籩豆陳于戶東壺陳于東序凡夫人之禮皆使下
大夫致之於子男云膳視致饗言夫人致膳於小國君以致
饗之禮則是不復饗也饗有壺酒卿皆見者見于賓也既見

之又膳之亦所以助君養賓也卿見又膳此聘禮卿大夫勞
賓餼賓之類與於子男云親見卿皆膳特牛見讀如卿皆見
之見言卿於小國之君有不故造館見者故造館見者乃致
膳鄭司農説牽云牲可牽行者也故春秋傳曰餼牽竭矣秅
讀爲秅秭麻荅之秅○鉶音刑牲三十牲音星下牲十有八
受牲禮同筥姜呂反藪素口反劉色縷反秅丁故
反或宅加反乘繩證反下及注同食音嗣下食大牢再食壹
食注不食同見賢遍反注下除相見見讀皆同飪而甚反夾
古洽反劉古協反下同衰初危反下同差初佳反又初宜反
陪鼎音裴行戶剛反下文六行四行二行皆同從子容反稾
古老反并必政反又必盈反曰總本又作緵子工反李又音
揔把必馬反梠音吕稛才計反參初林反差初宜反復扶又
反勞老報反造七報反〔疏〕注積皆至之秅○釋曰云凡諸
秭徐音姊劉祖禮反侯之禮者此一句與下爲揔目
也此一經並是諸侯自相朝主國待賓之禮若然天子掌客
不見天子待諸侯之禮而見諸侯自相待者天子掌客自掌
天子禮則諸侯相待之禮無由得見今以天子之官輒見諸
侯自相待以外包内天子待諸侯亦同諸侯自相待可知是
以見諸侯相待之法也云上公五積皆眡殯牽者公國自相
朝是上公待上公之禮有五積皆眡殯一積眡一殯殯五牢

五積則二十五牢言牽者數雖眡殯殯則殺積全不殺並生
致之故云牽侯伯四積皆眡殯牽殯四牢一積眡一殯則一
積四牢揔十六牢亦牽不殺子男三積積亦眡殯殯三牢一積
三牢三積九牢亦牽之不殺也必牽之不殺者以其在道分
置豫往故不殺之容至自殺也既云眡殯殯則有芻薪米禾
之等故鄭解積皆依殯解之也云不殺則無鉶鼎者鉶鼎即
陪鼎是也但殺乃有鉶鼎不殺則無鉶鼎可知侯伯子男皆
然鄭云簠簋之實已下皆約公食大夫親食則有簠簋之實
已下皆飪在俎若不親食使大夫各以其爵朝服以侑幣致
之則生往今積既不殺與公食生致同故鄭皆約公食大夫
解之也云其設筐陳于楹内者彼云簠實實于筐陳于楹内
兩楹間二以並南陳云罋陳於楹外者彼云豆實實于罋陳
于楹外二以並北陳云牢陳於門西者彼云牛羊豕陳于門
内西方東上是鄭皆依公食大夫之文也云車米禾芻薪陳
于門外者此約聘禮致饔餼之文彼云米三十車設于門東
爲三列東陳禾三十車設于門西西陳薪芻倍禾注云薪從
米芻從禾是其事也侯伯子男積之簠豆米禾薪芻等陳列
亦與此同也云壺之有無未聞者以其酒不可生致故云未
聞云三問皆脩羣介行人宰史皆有牢者鄭云三問皆脩脩
脯也對文脩是鍛脩加薑桂捶之者脯乾肉薄者散文脩脯

一也云上公三問皆脩下句云羣介行人宰史皆有牢君用
脩而臣有牢非禮也者言非禮者君尊用脩臣卑用牢故云
非禮云葢著脁字失處按下文凡介行人宰史皆在饗食燕
下此特在上有人見下文脁此語錯差著於此更有人於下
著説此剩不去故云葢著脁字失處也云且誤耳者下文皆
云凡介此云羣介故云且誤耳云殯客始至致小禮也者按
聘賓大夫帥至館卿致館即云宰夫朝服設殯是其客始至
之禮言小禮者對饔餼爲大禮也云公侯伯子男殯皆飪一
牢其餘牢則腥者鄭言此者下惟言腥不言飪此有鉶及鼎
皆爲飪一牢而言以是經雖不言飪須言飪之矣云其餘牢
則腥腥之數備於下也云食者其庶羞美可食者也其設葢
陳于楹外東西不過四列者前所陳皆約公食大夫致食之
禮今按公食若不親食庶羞陳于碑内者設殯之時堂上皆
有正饌無容庶羞之處楹外既空不須向碑内及堂下故疑
在楹外陳之十以爲列故四列也公食陳于碑内者由饔陳
于楹外故在下也必知爲四列見公食云庶羞東西不過四
列故知也云簠稻粱器也者見公食大夫簠盛稻粱云公十
簠堂上六西夾東夾各二也侯伯八簠堂上四西夾東夾各
二子男六簠堂上二西夾東夾各二鄭知此者見聘禮致饔
餼堂上二簠東西各二簠今此公十侯伯八子男六禮之道

列堂上之數與東西夾之數堂上不多則等鄭遂以意裁之五等東西夾各二以外置於堂上故云公六侯伯四子男二也聘禮設飧鄭約致饔餼今亦約致饔餼也但聘禮設飧云西夾六無東夾之饌者蓋降於君禮故也云豆菹醢器也者見公食大夫及特牲少牢豆皆以豆盛菹醢故知也云公四十豆堂上十六至各六鄭以堂上豆數取聘禮致饔餼於上大夫八豆下大夫六豆並是堂上豆數又取禮器天子之豆二十有六諸公十有六諸侯十有二請侯伯子男同則亦是堂上豆數可知以此主公言四十酌十六在堂上餘二十四豆分之於東西夾此侯伯言三十亦以十二爲堂上豆數餘二十分於東西夾各十此子男云二十四以十二爲堂上豆數其餘十二分爲東西夾各六其堂上豆數既約聘禮爲禮器東西多少鄭以意差之可知故云以聘禮差之則堂上豆數與此同也云鉶羹器也者鉶器名鉶器所以盛腳臐膮三等之羹故爲鉶羹云公鉶四十二侯伯二十八子男十八非衰差也者衰差之餘上下節級似若九若七若五按一節是衰差今公四十二侯伯二十八子男十八公於侯伯子男大縣絕故云非衰差也云二十八書或爲二十四亦非也者侯伯若二十四爲比公四十二侯十八又以二十四比子男十八校六亦非其類故云亦非也云其餘衰公又當三十於

言又爲無施者爲三十亦非衰法以其無所倚就故云無所施也云禮之大數鉶少於豆者案侯伯豆三十二鉶二十八子男豆二十四鉶十八是鉶少豆多公食大夫豆六鉶四是其鉶少於豆也云推其衰公鉶四十二宜爲三十八蓋近之矣者子男十八侯伯二十八公三十八以十爲降殺是其衰也言蓋者無正文故疑而之蓋也云公鉶堂上十八西夾東夾各十侯伯堂上十二西夾東夾各八子男堂上十西夾東夾各四知如此差者亦約聘禮致饔餼兼以意準量而言云壺酒器也者司尊彝有兩壺尊春秋傳云尊以魯壺皆以壺爲酒尊也此所設亦約聘禮但彼堂上八壺東西夾各六壺此壺與豆數同四十故云其設於堂夾如豆之數也云鼎牲器者謂亨牲體之器云簠黍稷器也者鼎十有二者餁一牢正鼎九與陪鼎三皆設于西階前者其陪鼎三設于內廉云簠十二者堂上八西夾東夾各二知設如此者約聘禮而知之也牢鼎九者謂牛羊豕魚腊膚與腸胃鮮魚鮮腊陪鼎三者腳臐膮也云合言鼎簠者牲與黍稷俱食之主也者黍稷與衆饌爲主牲與羞物爲主是俱得爲食之主也此五等諸侯同簠十二按聘禮致饔餼堂上八簠東西夾各六簠揔二十簠彼臣多此君少者禮有損之而益故也云牲當爲腥聲之誤也腥謂腥鼎也於侯伯云腥二十有七其故腥字也者

子男亦云牲十八是亦當爲腥聲之誤也云諸侯禮盛腥鼎有鮮魚鮮腊每牢皆九爲列設於阼階前者此皆約聘禮設飧而言案彼餁一牢在西鼎九羞鼎三腥一牢在東鼎七致饔餼云腥二牢鼎二七無鮮魚鮮腊設於阼階前西面陳如餁鼎二列此云三十六故知有鮮魚鮮腊也云飧門內之實備於是矣者鄭言此者欲見門內既備乃有車米之等也是以云亦有車米禾芻薪也云公飧五牢米二十車禾三十車已下皆約饔餼死牢而言以其饔餼云死牢如飧之陳上公五牢死侯伯四牢死子男三牢死皆如飧之陳明此米禾數如此云芻薪皆倍其禾者亦約饔餼禮也若然按聘禮米禾皆二十車者彼大夫禮豐小禮六夫饔三牢故米禾皆無之米禾各二十車也云饔餼既相見致大禮也者知既相見所致者按聘禮記云聘日致饔鄭云急歸大禮是既相見致大禮也云大者既兼飧積有生有腥有孰餘又多也者假令上公饔餼九牢五牢死四牢牽上公五積皆眡飧牽則是一積五牢言兼飧死五牢與飧同言兼積者則兼不盡止兼四耳言兼積者以其牽與積同故云兼之也侯伯子男皆兼積不盡言餘又多者謂米禾芻薪醯醢芻米之屬云死牢如飧之陳者亦餁一牢在西餘腥在東也者約聘禮知之也云牽生牢也陳于門西如積者亦橫陳于門西而東上云米橫陳于

中庭十爲列每筥半斛知然者前飧之陳及積之陳皆約聘禮致饔餼法今於此文積在前已論故以此饔餼向前知之故云如積也云如積則亦如聘禮饔餼也今此自米已下還約聘禮致饔餼法云公侯伯子男黍粱稻皆二行公稷六行侯伯稷四行子男稷二行者彼云米百筥筥半斛設于中庭十以爲列比上黍粱稻皆二行稷四行此以增稷餘不增故知公稷六行子男米八筥黍粱稻各二行更得二即足故知稷二行云醯醢夾碑從陳亦十爲列醯在碑東醢在碑西者彼注云夾碑在庭之中央也醯在東醯穀陽也醢肉陰也言夾碑故知從陳然侯伯醯醢百甕米百筥上介筥及甕加上賓上斤四人米百筥此芻多于子男與侯伯等者上公醯醢百二十甕與王舉百二十甕同故鄭志云此公乃二王後如是王之上公與侯伯俱用百甕子男八十甕其筥米皆同甕數此是尊卑之差至於聘禮乃是臣法自爲一禮不相與亦是損之而益云於公門內之陳也言車衍字耳者言車載米之車不合在醯醢下言之又按侯伯子男醯醢下皆無車字故知衍字也云車米載米之車也聘禮曰十斗曰斛十六斗曰籔十籔曰車每車秉有五籔則二十四斛也禾稾實并刈者也者聘禮記文云筥讀爲棟梠之梠謂一稽也者四有棟梠之言故讀從之亦曰一稽稽即詩云此有不斂穧穧即鋪也

云皆橫陳門外者也米在門東禾在門西者皆約聘禮致饔餼法云芻薪雖取數於禾已下鄭以義言也云乘禽乘行羣處之禽謂雉鴈之屬者此禽謂兩足而羽者不兼四足而毛故云雉鴈以其兼有鴟鶩之等故云之屬是以大宗伯以禽作六摯有雉鴈雞鶩之等也云於禮以雙爲數者即此九十五十及士中日則二雙皆以雙爲數是也云殷中也中又致膳示念賓也者此爲牢禮之外見賓中間未至恐賓慮主人有倦更致此爵所以示念賓之意無倦也云若弗酌謂君有故不親饗食燕也不饗則以酬幣致之不食則以侑幣致之者此皆約聘禮文不言致燕者饗食在廟在寢禮惟言致饗食者以合在廟嚴凝之事不親即須致之燕禮褻不親酌蓋不致也云凡介行人鄭云行人主禮宰主具史主書者按王制云大史典禮執簡記大史職亦云執其禮事與此史主書行人主禮違者大史在國則專主書故曲禮云史載筆士載言此云史止謂大史之屬官以其有爵等故知也云行人主禮者主賓客之禮大行人之類是掌賓禮也按聘禮云史讀書宰執書告備具于君又掌餼具故公食大夫云宰夫具饌于房是掌具也云爵卿也則飧二牢饔餼五牢已下皆約聘禮賓之卿上介之大夫士介四人歸饔餼降殺而言也云此降小禮豐大禮也者小禮謂飧飧則去君遠矣并乘禽之等

皆是小禮也大禮謂饔餼卿五牢子男卿與君等是豐大禮也云以命數則參差難等略於臣用爵而已者依命公侯伯卿三命大夫再命士一命子男卿再命大夫一命士不命并有大國孤一人四命是從孤已下通一命不命有五等若以此命數五等爲之則參差難可等級略於臣用爵而已爵則有三等易爲等級也言略於臣用爵則若不依爵而用命即諸侯爵五等命惟三等大行人掌客皆依命是也云夫人致禮助君養賓也籩豆陳于戶東壺陳于東序至下大夫致之知義然者見聘禮致饔餼下大夫韋弁歸禮堂上籩豆設於戶東東上亦以並東陳注設於戶東辟饌位壺設于東序北上南陳醙黍清皆兩壺約此故知之也若然不使卿者按內宰云致后之賓客之禮注謂之諸侯朝覲及女賓之賓客亦內宰是下大夫王后尚使下大夫況諸侯夫人乎故知使下大夫也云於子男云膳視致饗言夫人致膳於小國君以致饗之禮則是不復饗也饗有壺酒者公侯伯夫人致禮則云八壺八豆八籩與膳大牢致饗大牢三者各別彼子男夫人則云視膳致饗鄭云饗有壺酒則致膳無酒矣故云饗有酒若然子男夫人於諸侯惟有二禮矣聘禮夫人於聘大夫直有籩豆壺又不致饗是其差也云卿皆見者見于賓也既見之又膳之亦所以助君養賓也者言亦者亦大夫也云卿既

見又膳此聘禮大夫勞賓餼賓之類與者按聘禮聘與賓卿館卿大夫勞賓賓不見大夫奠鴈再拜上介受注云不言卿卿爲大夫同執鴈下見於國君周禮凡諸侯之卿見朝君皆執羔勞上介亦如之又云餼賓大牢米八筐上介亦如之此朝君有膳無勞餼聘客有勞餼無膳明此事相當故云勞賓餼賓之類與約同之故云與以疑之云於子男云親見卿皆膳特牛見讀如卿皆見之見者上公侯伯直云卿皆見以羔於子男即云親見卿作文有異此言親見卿似朝君親自來見卿有此嫌故讀從上文卿皆見以兼之明此見亦是見朝君三卿之內有見者不見者若故造館見則致膳若不故造館見則不致膳是以鄭云言卿於小國之君有不故造館見者故造館見者乃致膳也先鄭說牽云牲可牽行者也故春秋傳曰餼牽竭矣者按僖三十二年左氏傳云杞子自鄭告于秦曰鄭人使我掌其北門之管若潛師以來國可得也秦師將至鄭鄭人知之使皇武子辭焉曰吾子淹久於弊邑惟是脯資餼牽竭矣注餼死牢牽生牢引之證牽亦生牢未殺者也云秅讀爲秅秭麻苔之秅者時有秅秭麻苔之言故讀從之秅是束之揔名如詩云萬億及秭秭亦數之揔號苔是鋪名刈麻者數把共爲一鋪言此者見秅爲束之揔號之意也

凡諸侯之卿大夫士

爲國客則如其介之禮以待之言其特來爲問待之禮如其爲介時也然則聘禮所以禮賓是亦禮介

〔疏〕注言其至禮介○釋曰前文云凡介行人宰史是從君之法今言此者見不從君而特來聘問者亦有三等之爵爵卿也爵大夫也爵士也若大聘曰聘卿爲賓大夫爲上介士爲衆介小聘曰問大夫爲賓介皆士也故歷言卿大夫也云待之禮如其爲介之時者則前注爵卿已下是也云然則聘禮凡所以禮賓是亦禮介者此即聘禮致饔餼之時賓與上介衆介皆別行於館者是也

凡禮賓客國新殺禮凶荒殺禮札喪殺禮禍烖殺禮在野在外殺禮皆爲國省用愛費也國新新建國也凶荒無年也禍烖新有兵寇水火也○爲于僞反下同費芳味反

〔疏〕注皆爲至火也○釋曰云國新新建國也者謂若刑新國用輕典鄭云新辟地立君之國故云新建國也云凶荒無年也者此則曲禮云歲凶年穀不登者也云禍烖者兵寇來侵爲禍水火來害爲災也云在野在外殺禮者以其野外忽遽禮物不可卒備故亦殺之

凡賓客死致禮以喪用死則主人爲之

具而殯矣。喪用者饋奠之物。【疏】注死則至之物。釋曰：若諸侯之君出行，則以三年之戒以椑從，死時除棺之外，主人皆借之。若臣從者死，棺物皆共之。云「死則主人爲之具而殯矣」者，此乃在館權殯，還日以柩行。知者，時賓死以柩造朝是也。云「喪用者，饋奠之物」者，小斂特豚一鼎，大斂時特豚三鼎之類是也。

賓客有喪，惟芻稍之受。不受饗食，饗食加也。喪謂父母死也。客則又有君焉。芻給牛馬，稍人稟也。其正禮殯饔餼，主人致之則受。○稍，所教反，舊疏詔反。【疏】注不受至則受。釋曰：上文賓客身死，此文據爲賓客聘至彼國後有喪來告者。云「惟芻稍之受」者，君行師從，卿行旅從，須得資給，故受芻稍也。云「不受饗食，饗食加也」者，二者並速賓於廟，飲食之事，故自爲而不受之。聘禮亦云：「聘君若薨于後，入境則遂受禮。」注云：「受饗餼也。不受饗食。」云「喪謂父母死也」者，據正賓而言。若諸侯正應母死而有父者，或始封之君，舊爲卿大夫，容有父；或父有廢疾不立，已受位於祖，亦云有父也。云「客則又有君焉」者，謂介已下，非直有父母，又有君喪，以其俱三年。故聘禮：「若有私喪，則哭于館，衰而居。」云「芻給牛馬」者，從行之牛馬。云「稍人稟也」者，師從旅從，須給稍，即月稟是也。殯饔餼，主人致之則受者，以正禮故受之。若饗食加，主人致之，亦不受也。

遭主國之喪，不受饗食，受牲禮。牲亦當爲腥，聲之誤也。有喪不忍煎烹。正禮殯饔餼，常熟者腥致之也。○煎，子然反，劉子賤反。亨，普庚反，劉普孟反。【疏】注牲亦至之也。釋曰：牲亦當爲腥者，亦上文公與子男腥三十有六，當爲腥是也。主人有喪，不忍煎烹，腥致之也。按聘禮：「聘遭喪，入境則遂也。」注云：「遭喪，主國君薨也。」「主人畢歸禮。」注云：「賓所飲食不可廢也。」禮謂饔餼饗食。「賓惟饔餼之受。」注云：「受正不受加。」饗食雖主人歸賓，賓不受其加。若饗主人致之，亦應受，以其正受腥禮。

掌訝掌邦國之等籍，以待賓客。等，九儀之差數。【疏】注等九儀之差數。釋曰：九儀之差數，即大行人命者五，爵者四，以九以七以五爲差數是也。**若將有國賓客至，則戒官脩委積，與士逆賓于疆，爲前驅而入。**官謂牛人、羊人、舍人、委人之屬。士，訝士也。既戒，乃出迎賓。【疏】注官謂至迎賓。釋曰：云「國賓客至」者，謂五等諸侯及其臣來朝聘。至謂入畿內至廬宿市，當共待之以委積，有牛羊豕米禾芻薪之等，故知戒官者謂牛人已下也。舍人掌給米稟，委人掌芻薪之委。布於道，遺人：「道上十里有廬，廬有飲食；三十里有宿，宿有委；五十里有市，市有積」之等是也。

及宿，則令聚欜。令，令野廬氏。○廬，力於反。【疏】注令令野廬氏。釋曰：知令野廬氏者，其職云「有賓客，令其地之民聚欜」之，故知也。

及委，則致積。以王命致于賓。【疏】注以王命致于賓。釋曰：凡致禮于賓，無非王命，故知以王命。

至于國，賓入館，次于舍門外，待事于客。次，如今官府門外更衣處。待事于客，通其所求索。○索，色白反。【疏】注次如至求索。釋曰：賓客至，王使卿致館，掌訝既爲賓客前驅入館，掌訝次止于舍門外，待事于客。于次如今官府門外更衣處，舉漢法以況之，即今門外亦然。

及將幣，爲前驅。道之以如朝。○道，音導，下文注道之、道賓、道王同。【疏】注道之以如朝。釋曰：將幣謂至行朝聘之日，道之以如朝，謂至大門外之朝也。

至于朝，詔其位，入復，及退亦如之。鄭司農云：「詔其位，告客以其位次也。入復，客入則掌訝出復其故位也。客退，復入迎，爲之前驅至于館也。」玄謂入復者，入告王以客至也。退亦如之，如其爲前驅。○退復，扶又反。爲之，于僞反，亦如字。

【疏】注鄭司至前驅。釋曰：解諸侯外朝之法，有二稱解之。或解取閔公傳：「季友將生，間于兩社，爲公室輔。」注云：「兩社，周社、亳社。」此二社在大門內門外，既云兩社爲公室輔，則外朝所在也。或解以爲聘禮聘賓在外卒，以柩造朝，柩不可入公門，造朝，朝在大門外可知。是其兩解不同。驗此文云「于朝」者，即是大門外陳擯介之處，言朝即外朝，在大門外，於義可矣。云「詔其位」者，謂告賓門外立位。云「入復」者，復，白也，白王賓已至位。云「及退亦如之」者，賓客行朝聘訖，出還館，謂之退，亦如前與之道至館。先鄭以入復爲掌訝詔客自復已之故位，後鄭不從，以入復爲入白王，於義爲允也。

凡賓客之治，令訝，訝治之。賓客之治，謂欲正其貢賦、理國事也。以告訝，訝爲如朝而理之。○治，直吏反，注下同。爲，于僞反，下注爲同。【疏】注賓客至理之。釋曰：但諸侯之理其事衆多，鄭以貢賦爲主，兼再理國事以該之。

凡從者出，則使人道之。從者，凡介以下也。人，其屬胥徒也。使道賓客之從者，營護之。○從，才用反，注同。【疏】注從者至護之。釋曰：「從者凡介以下也」者，上掌客凡介、行人、宰、史從賓客來者，皆是從者也。知「人是其屬胥徒也」者，訝士即下士，下士使人，明使在下胥徒之等故知胥徒也云營護之者使不得侵陵從者也**及歸送亦如之**如之者送至於竟如其前驅聚欜待事之屬。竟音境【疏】及歸送亦如之。釋曰來時訝爲之道今歸又爲之道及聚欜待事皆如前故云亦如之**凡賓客諸侯有卿訝卿有大夫訝大夫有士訝士皆有訝**此謂朝覲聘問之日王所使迎賓客于館之訝【疏】注此謂至之訝。釋曰此訝是諸侯朝覲卿大夫士聘問之日訝之入至朝聘之時按聘禮記云卿訝卿大夫訝大夫士訝士皆有訝賓即館訝將公命注云使已送待之命又見之以其摯注云訝將舍於館之外宜相親也聘問之日亦使之訝者但天子有掌訝之官即館之訝餘事皆掌主之惟朝覲聘問之日使卿大夫訝諸侯兼官故大夫士爲訝賓即館時即爲之訝與此掌訝不同也**凡訝者賓客至而往詔相其事而掌其治令。**相息亮反

掌交掌以節與幣巡邦國之諸侯及其萬民之所聚者道王之德意志慮使咸知王之好惡辟行之節以爲行信幣以見諸侯也咸皆也辟讀如辟忌之辟使皆知王之所好者而行之知王所惡者辟而不爲。好呼報反注下皆同惡烏路反注同辟音辟注同【疏】掌交至行之。釋曰按序官掌交中士八人今言掌以節與幣巡邦國之諸侯及萬民之所聚者道王之德意志慮使咸知之者天下九州千六百餘國使皆周徧必無徧理今言之者蓋是國有不和洽者徧使知之也**使和諸侯之好**有欲相與脩好者則爲和合之【疏】注有欲至合之。釋曰下有結其交好爲朝聘則此好謂使爲婚姻之好也是以鄭云有欲脩好者則爲和合之**達萬民之說**說所喜也達者達之于王若其國君。說音說注同【疏】注說所至國君。釋曰掌交旣巡民間見民有喜說之事王與國君未知掌交通達于王及國君也**掌邦國之通事而結其交好**通事謂朝覲聘問也【疏】注通事至問也。釋曰言邦國通事是兩國交通之事惟有君臣朝覲聘問之事結使交好故以朝覲聘問解則易云先王建萬國親諸侯也**以**

諭九稅之利九禮之親九牧之維九禁之難九戎之威諭告曉也九稅所稅民九職也九禮九儀之禮九牧九州之牧九禁九法之禁九戎九伐之戎。難乃旦反【疏】注諭告至之戎。釋曰云九稅所稅民九職也者太宰云以九職任萬民既任之使之營種因即稅之三農生九穀稅九穀園圃蔬草木稅草木九稅唯臣妾聚斂蔬材者無稅故言九稅耳今掌交還以此九稅之法告曉使之任之稅之故云九稅所稅民九職也云九禮九儀之禮者以其大行人小行人掌訝皆掌九儀之禮以其專據諸侯國不得以大宗伯九儀解此也言之親則朝聘是也云九牧之維者大司馬九法建牧立監以維邦國故云維九禁之難言大司馬設九法使邦國有所畏難云九戎之威者大司馬設九伐有所威刑故言難言威也

掌察闕

掌貨賄闕

朝大夫掌都家之國治都家王子弟公卿及大夫之采地也主其國治者平理其來文書於朝者。治直吏反注下同【疏】朝大至國治。釋曰都家同言國者雖有百里五十里二十五里不同皆謂之國此則王制云畿內九十三國者也云國治者都家有文書來者平理之也。注都家至朝者。釋曰王子弟亦以親疏分置於三處食采地公卿大夫者公百里任疆地卿五十里任縣地大夫五十里任稍地**日朝以聽國事故以告其君長。**國事故天子之事當施於都家者也告其君長使知而行之也君謂其國君長其卿大夫也。長丁文反注同【疏】注國事至夫也。釋曰云日朝者朝大夫日日在朝以聽受國事故天子之事以告采地之君長也云君謂其國君長其卿大夫也者摠而言之皆曰國君別而言之惟三公及王子弟得稱國君卿大夫摠稱長是以司裘國君共熊侯豹侯卿大夫共麋侯是其別稱也**國有政令則令其朝大夫**使以告其都家之吏【疏】注使以至之吏。釋曰上文據天子國事遣朝大夫告君長此經據天子政令告朝大夫之事**凡都家之治於國者必因其朝大夫然後聽之唯大事弗因**謂以小事文書來者朝大夫先

平理之乃以告有司也大事者非朝大夫所能平理〔疏〕凡都至弗因○釋曰此經據都家有事上諸王府之事不及

凡都家之治有不及者則誅其朝大夫謂有不及稽殿之○殿都練反〔疏〕注不及至殿之○釋曰都家治有不及稽殿誅朝大夫者以其朝大夫專主都家責其不能催促故也

在軍旅則誅其有司有司都司馬家司馬〔疏〕注有司至司馬釋曰言此者見軍旅不于朝大夫之事都司馬王家之司馬王臣爲之者家司馬卿大夫使家臣自置其司馬者也諸言闕者皆是因秦燔滅其籍漢興購求不得也

都則　闕

都士　闕

家士　闕

附釋音周禮注疏卷第三十八

南昌盧氏宣旬校定

大清嘉慶二十年重刊　用文選樓藏本校

知南昌府張敦仁署鄱陽縣候補知州周澍栞

周禮注疏卷三十八挍勘記　阮元撰盧宣旬摘錄

附釋音周禮注疏卷第三十八

司儀

所謂爲壇壝宫也　大字本無爲此衍

冬禮月四瀆於北郊　大字本月下有與諸本皆脫監本冬誤東

三成爲昆侖丘　諸本同釋文亦作昆侖大字本作崑崙

公善言義　閩監本同誤也大字本錢鈔本嘉靖本毛本善作言當據以訂正

明者木也　孫志祖云明上脫方

謂執玉而前見於王也　大字本前見誤倒釋文出見王二字則於當爲衍文

王燕則諸侯毛　唐石經諸本同釋文曰諸侯毛劉本作耄音毛按劉昌宗本知古文經借耄爲毛

旅讀爲旅於太山之旅　大字本岳本嘉靖本皆作大山閩監毛本改泰山非疏中並同

按聘禮遣卿行勞禮　惠挍本同閩監毛本按誤彼

車迎拜辱者　閩監毛本同誤也大字本宋本嘉靖本迎作逆當據正此引經句當如經作逆

車送迎之節　大字本作迎逆誤倒

立當車軹也　大字本無也

交賓三辭者　閩監毛本賓作擯

主人坐奠爵于階前　閩監毛本階作堦

致飧如致積之禮　錢鈔本嘉靖本閩監本同釋文唐石經大字本毛本飧作飱下同○按作飧與說文合作飱則易與唐人所作餐字混

賓車進荅拜　唐石經大字本嘉靖本同閩監毛本荅改答非注及下同此本疏中亦作荅

賓當爲儐　大字本儐作擯下並同按疏中引注云敵者曰擯釋文云依注賓音擯皆從手作擯漢讀考云以賓爲儐古文假借也聘禮少牢饋食儐字亦多作賓依說文儐擯同字皆訓導也而鄭君說禮擯爲導儐爲禮賓分別與許不同

三還三辭主君一請者賓亦一還一辭　浦鏜云者字當在三還三辭下按釋文云主君一請賓亦一還一辭者引注請下無者當如浦說

既入門迴面東　浦鏜云而誤面

車送拜辱已是主人　浦鏜云逆誤送

惟饗食速賓耳　大字本惟作唯

公於賓一食再饗　閩監毛本一作壹下同

致聘郊送亦然可知也　惠挍本聘作贈此誤

恐疑顚到　到古倒字浦鏜云倒誤到非

儐主君也　大字本儐作擯下同

謂玉帛皮馬也　賈疏引注作謂玉帛乘馬也諸本作皮誤

君遣卿勞　浦鏜云遣誤遺

賓當爲擯　諸本擯作儐此與下同

擯用束錦　大字本閩監毛本同岳本嘉靖本擯作儐

釋曰按諸禮　閩監毛本作儀禮

惟君相入　大字本嘉靖本惟作唯

享及有言　大字本岳本下有也

鄭司農云說私面　錢鈔本嘉靖本閩監毛本同誤也大字本岳本作鄭司農說無云字當據以刪正六經正誤所據本已衍

楚公子棄疾見鄭伯以其乘馬私面　錢鈔本閩監毛本同大字本宋本嘉靖本棄作弃乘作良當據正作乘馬者當依今本左傳改

雖是異國之臣　閩監毛本是作見

寡君命臣于庭　大字本作命使臣諸本皆脫使字當補〇按此無使字亦可

客從拜辱于朝　唐石經諸本同釋文作客刅云本又作從同刅爲从之訛

君館至于朝　閩本同監毛本于改於非下引經句準此

行夫

元謂夷發聲　漢讀考云故書作夷今書作焉司農從故書鄭君從今書也夷發聲當是焉發聲之誤焉猶於也於行人之使則爲之介焉爲發聲見禮記三年問淮南時則訓公羊傳宣六年楚辭招魂今俗本多誤

環人

令令野廬氏也　錢鈔本廬作盧

事不畏門關苛留　浦鏜云事疑自字誤

象胥

謂其君以世一見來朝　釋文作壹見非

以不能行中國禮及其行朝聘　惠挍本以作雖聘作覲此誤

不是中國　此本不字實缺今據惠挍本補閩監毛本作亦非

而言協其辭言傳之者　此本而字實缺今據惠挍本補閩監毛本作今言

謂若外之衆須譯語者也　閩本同監毛本若作君

而口侑其禮儀　大字本宋本嘉靖本作詔侑閩監毛本作相侑非

謂王有賜與之者也　此本者字實缺今據惠挍本補閩監毛本作禮非

掌客

無一一相敵　惠挍本同閩監毛本一一誤并爲二

王巡守殷國　唐石經諸本同沈彤云國當作同字之誤也

殷同則殷國也　按當作殷國則殷同也賈疏本是殷國

牲三十有六　唐石經三十作卅下米百有二十筥二十作廿下並同○按開成石經之例書三十皆作卅書二十皆作廿而仍讀爲三十二十不比古文卅讀穌合切廿讀人執切

車乘有五藪　閩監本同誤也唐石經大字本錢鈔本嘉靖本毛本乘皆作秉當據正葉鈔釋文作五藪

乘禽日九十雙　唐石經大字本嘉靖本同閩監毛本雙作雙非

三饗再食再燕　唐石經諸本同浦鏜云內宰職金疏及覲禮注並作再饗三字誤

致饗大牢　唐石經諸本同閩監本饗誤饔石經考文提要云宋本九經宋纂圖互注本附釋音余仁仲本皆作致饗

醓醢八十罋　閩監本罋誤饔

其米實于筐　大字本作其筥實于筐非也

簠稻粱器也　浦鏜云粱誤粱按閩監毛本疏中引注作粱

宜爲二十八　閩監本同誤也大字本錢鈔本嘉靖本毛本二作三當據正

與陪鼎三　大字本錢鈔本嘉靖本毛本同閩監本陪作倍疏中仍作陪按釋文作倍鼎

皆陳於門內者　諸本同大字本於作于

禾槀實并刈者也　大字本嘉靖本同誤也錢鈔本閩監毛本槀作稾當據正釋文亦作稾葉鈔本從木非

十筥曰稯　釋文作曰緵云本又作稯○按字从禾㚇聲不同卷字有四點

筥讀爲棟梠之梠　漢讀考作讀如云今本作讀爲誤

尊其君以及臣也　閩監毛本同大字本嘉靖本及下有其當據補

以其爵等爲之牢禮之數陳　浦鏜云陳數字誤倒

卿見又膳　賈疏引注云卿既見又膳諸本俱脫既字

秅讀爲秅秭麻荅之秅　大字本岳本嘉靖本同閩監毛本作秅秭麻答非○按說文荅小尗也尗者豆也字从艸借以爲問荅字从竹大誤

侯伯四積皆眡飧牽　惠挍本皆上有亦飧當从夕

對文脩是鍜脩　惠挍本閩本同監毛本鍛誤段○按儀禮作段脩段椎也說文無腶字後人加肉旁

案聘賓大夫帥至館卿致館　惠挍本同閩監毛本聘賓倒卿字毛本同閩監本誤鄉

見公食大夫及特牲少牢豆　浦鏜云豆當禮字誤

既約聘禮爲禮器　浦鏜云與誤爲

爲比公四十二侯十八　浦鏜云挍誤侯

云其餘衰公又當三十　惠挍本餘作於此誤

故疑而生蓋也　浦鏜云生當云之誤

云鼎牲器者謂亨牲體之器　惠挍本器下有也此脫監毛本亨改烹閩本誤享

與腸胃鮮魚鮮腊　監本胃誤冑

案聘禮米禾皆二十車者　浦鏜云三誤二

四有楝梠之言　四葢世之訛閩監毛本作卽葢時之誤

䄍卽鋪也　漢讀考鋪作稀云今本誤

更致此爵　浦鏜云爵當膳字訛

饗食在廟在寢　惠挍本廟下有燕此脫

則若不依爵而用命　惠挍本若作君此誤

彼子男夫人　惠挍本彼作於此誤監本男誤另

卿爲大夫同執鴈　浦鏜云與誤爲

似朝君親自來見卿　浦鏜云來誤夾

言其特來爲問　閩監本同誤也大字本錢鈔本嘉靖本毛本作聘問當據以訂正

然則聘禮所以禮賓　閩監本同誤也大字本錢鈔本嘉靖本毛本聘禮下有凡字當據以補正

大歛時特豚三鼎　宋本無時此衍

惟餰稍之受　錢鈔本閩監毛本同唐石經大字本嘉靖本惟作唯當據正

其正禮飧饗餼　閩監本同誤也大字本錢鈔本嘉靖本毛本作饔餼當據以訂正此本及閩監本疏中亦作饔餼

卿行旅從　閩本同監毛本卿誤卿下卿大夫監本誤卿

正應母死而有父者　按正當止之誤

師從旅從須給稍　惠挍本須上有者

遭主國之喪　此本主誤三閩監本誤王今據唐石經諸本訂正

有喪不忍煎烹　閩監本同大字本錢鈔本岳本嘉靖本毛本烹作亨當訂正釋文亦作亨

正禮飧饔餼常熟者　閩監本同毛本作常孰皆誤也大字本岳本嘉靖本作當孰者當據以訂正

亦上文公與子男腥三十有六　盧文弨云腥當作牲

掌訝

則戒官修委積　按大字本修作脩

告客以其位次也　閩監毛本同大字本宋本嘉靖本次作處當據正儀禮經傳通解亦作處

兼再理國事以該之　惠挍本再作有此誤

王所使迎賓客于館之訝　大字本嘉靖本閩本同錢鈔本監毛本于作於

卿訝卿大夫訝大夫士訝士　浦鏜云卿下誤衍訝卿二字

使已送待之命　閩監毛本送誤還按送當作迎

掌交

葢是國有不和洽者　閩監本同毛本和洽作知治

達者達之于王　大字本嘉靖本閩本同錢鈔本監毛本于作於疏同

園圃蔬草木　浦鏜云疏誤蔬

朝大夫

見軍旅不于朝大夫之事　監毛本同誤也閩本于作干當據正

都則　自都則起至家士闕止唐石經大字本錢鈔本嘉靖本毛本同閩監本缺

周禮注疏卷三十八挍勘記終

南昌袁泰開挍

附釋音周禮注疏卷第三十九

鄭氏注　賈公彦疏

冬官考工記第六

陸曰鄭云此篇司空之官也司空篇亡漢興購千金不得此前世識其事者記録以備大數爾〔疏〕冬官考工記。釋曰鄭目録云象冬所立官也是官名司空者冬閉藏萬物天子立司空使掌邦事亦所以富立家使民無空者也司空之篇亡漢興購求千金不得此前世識其事者記録以備大數古周禮六篇畢矣古周禮六篇者天子所專秉以治天下諸侯不得用焉六官之記可見者堯育重黎之後羲和及其仲叔四子掌天地四時夏書亦云乃召六卿商周雖稍增改其職名六官之數則同矣。釋曰鄭義既然今按漢書藝文志云經禮三百威儀三千及周之衰諸侯將踰法度惡其害已皆滅去其籍孔子時而多不具故鄭注鄉飲酒云後世衰微幽厲尤甚禮樂之書稍稍廢棄孔子曰吾自衛反魯然後樂正雅頌各得其所謂當時在者而復重雜亂者也惡能存其亡者乎以此觀之冬官一篇其亡已久有人尊集舊典録此三十工以爲考工記雖不知其人又不知作在何日要知在於秦前是以得遭秦滅焚典籍韋氏裘氏等闕也故鄭云前世識其事者記録以備大數耳此記人所爲雖不同周禮體例亦爲序致首末相承總有七段明義從國有六職至謂之婦工言百工事重在六職之内也從越無鎛至夫人而能爲弓車言四國皆能其事不須置國工也從知者創物至此皆聖人所作言聖人創物之意也從天有時至此天時也言材雖美工又有巧不得天時則不良也從攻木之工至陶旊言工之多少之數及工別所宜也從有虞氏至周人上輿論四代所尚不同之事也從一器而工聚者者車爲多言專據周家所尚之事也

國有六職百工與居一焉百工司空事官之屬於天地四時之職亦處其一也司空掌營城郭建都邑立社稷宗廟造宮室車服器械監百工者唐虞已上曰共工。與音預監古銜反上時掌反凡言以上放此共音恭〔疏〕國有至一焉。釋曰此經與下文爲總目云國有六職者謂國家之事有六種職掌就六職之中百工與居其一分六職即下云或坐而論道至治絲麻以成之是也。注百工至共工。釋曰云百工司空事官之屬者鄭據本而言按小宰職云六曰冬官其屬六十掌邦事此百工則其屬六十言百者舉大數耳但爲其篇亡故六十之官不見記人以此三十工代之也言百即據全則三十工亦一也云於天地四時之職亦處其一也者記人本意以國有六職據此下文或坐而論道已下百工與居其一鄭以此爲本又以天地四時六職天官冢宰地官司徒之等官主百工亦居其一分云司空掌營城郭已下並此下文見有其事按匠人云營國方九里國中九緯城隅之等是營城郭郡城之制及井方一里之等是營都邑左祖右社是營社稷宗廟夏后氏世室殷人重屋之等是營室官也車人云羊車柏車是營車也繪畫之事是營服也梓人陶人之等是營禮樂之器也治氏矢人弓人之等是營械械即兵器也故鄭依而言之也云監百工者唐虞以上曰共工者按大史公楚世家云共工作亂帝使重黎誅之又按舜典云帝曰疇若予工僉曰垂才帝曰俞咨垂汝共工是唐虞已上曰共工者也若然唐虞以上皆曰共工堯時暫爲司空是以尚書舜典二十八載後咨四岳欲置百揆僉曰伯禹作司空注云初堯冬官爲共工舜舉禹治水堯知有強法必有成功改命司空以官異之禹登百揆後更名共工是其事也

或坐而論道或作而行之或審曲面埶以飭五材以辨民器或通四方之珍異以資之或飭力以長地財或治絲麻以成之言人德能事業之不同者也論道謂謀慮治國之政令也作起也辨猶具也資取也操也鄭司農云審曲面埶審察五材曲直方面形埶之宜以治之及陰陽之面背是也春秋傳曰天生五材民並用之謂金木水火土也故書資作齊杜子春云齊當爲資讀如冬資絺綌之資玄謂此五材金木皮玉土。埶音勢飭音勑下同辨皮莧反具也注及下同長丁丈反下同操七曹反〔疏〕或坐至成之。釋曰此六者即上文之六職也此皆舉其事下文皆言其人以覆之。注言人至玉土。釋曰言人德者坐而論道是也言人能者作而行之是也言人之事審曲面埶是也言人之業通四方珍異飭力以長地材治絲麻以成之三者是也云論道謂謀慮治國之政令此即尚書成王周官云立大師大傅大保茲惟三公論道經邦燮理陰陽是謀慮治國之政令使陰陽順敍也先鄭云審曲面埶審察五材曲直方面形勢之宜以治之者謂若弓人夾弓庾弓往體多來體寡利射侯與弋鄭云射遠者用埶若王弓弧弓往體寡來體多之類皆是審察五材曲直方面形勢之宜也云及陰陽之面背是也者謂若下云斬轂之道必矩其陰陽是記其陰陽之面背也云春秋傳曰

虞氏襄二十七年宋西門之盟欲弭諸侯之兵云天生五材民並用之廢一不可先鄭以五材金木水火土後鄭不從子春以資讀如冬資絺之資按越語云句踐會稽之上乃號令三軍有助寡人謀而退吳者吾與共知越國之政大夫種進對曰臣聞之賈人夏則資皮冬則資絺旱則資舟水則資車以待之夫雖無四方之憂然謀臣與爪牙之士不可不養今王既棲會稽之上然後乃求謀臣無乃後乎是其事也玄謂此五材金木皮玉土者言此以對彼之五材金木水火土若然玄知有皮玉無水火者以百工定造器物之人水火單用不得爲器物故不取之知有皮玉者此三十工內函人爲甲韗人爲皐陶造鼓鮑人主治皮又有玉人之等故知有皮玉無水火者也

坐而論道謂之王公天子諸侯【疏】注天子諸侯○釋曰以公爲諸侯者公君也諸侯是南面之君故知是諸侯也若然尚書三公云論道經邦燮理陰陽鄭不言者三公有成文不言可知故夏傳注云坐而論道謂之王公通職民無正官名是其義也

作而行之謂之士大夫親受其職居其官也【疏】注親受至官也○釋曰此即設官分職治職教職之等是也

審曲面埶以飭五材以辨民器謂之百工五材各有工言百衆言之也【疏】審曲至百工○釋曰審察之名用材之法皆須察審其曲直形勢然後飭五材○注五材至之也○釋曰按六官其屬止有六十五材各有工不過六十而已以是言百者衆言之也

通四方之珍異以資之謂之商旅商旅販賣之客也易曰至日商旅不行○販甫萬反【疏】注商旅至不行○釋曰按大宰九職注行曰商處曰賈商旅客也行商與處賈爲客此文無賈直云商旅商是販賣之人故云販賣之客也云易曰者復卦彖辭文也是一日之中商旅不行餘日即行是行曰商也○

飭力以長地財謂之農夫三農受夫田也【疏】注三農受夫田也○釋曰飭勤也地財穀物皆是勤力以長地財謂之農夫按大宰云三農生九穀遂人云夫一廛田百畝是三農受夫田也

治絲麻以成之謂之婦功布帛婦官之事【疏】注布帛婦官之事○釋曰此記人所錄衆工本擬亡篇六十而作唯篇百工一事而已舉餘五者欲重此百工與五者爲類之意若然百工並是官餘五者或非官知然者王公及士大夫百工並官其商旅農夫婦功三者非官據九職而言三者皆是出稅之色故大宰云三農生九穀商賈阜通貨賄嬪婦化治絲枲出稅以當九功也鄭云婦官據典婦功爲婦官此治絲麻者婦官所統攝故言婦官也

粵無鎛燕無函秦無廬胡無弓車此四國者不置是工也鎛田器詩云待乃錢鎛又曰其鎛斯掏鄭司農云函讀如國君含垢之含函鎧也孟子曰矢人豈不仁於函人哉矢人唯恐不傷人函人唯恐傷人盧讀爲纑謂矛戟柄竹欑柲或曰摩鐧之器胡今匈奴○粵音越鎛音博注及後同燕音烟函乎南反後同廬魯吳反下皆同本或作籚待直里反錢子淺反掏音趙一音大了反垢工口反鎧苦大反纑音盧下同欑才官反李音纂柲音祕劉音筆鐧力庶反【疏】粵無至弓車○釋曰此經與下經爲目此粵越國乃是古之語辭之曰即今之越字也言無鎛無函無廬無弓車謂無此鎛官函官之等也○注此四至匈奴○釋曰鄭知此四國不置是官者取下經覆解是不置之事知鎛田器者越地多泥用此鎛者多故下云夫人而能爲鎛故知鎛田器是以引詩云待乃錢鎛彼注云錢銚鎛鎒又曰詩云其鎛斯掏彼注掏刺也引之者證鎛爲田器非鍾鎛者也先鄭云函讀如國君含垢之含者按左氏宣公十四年秋九月楚子圍宋十五年宋人使樂嬰齊告急于晉晉侯

欲救之伯宗曰不可又曰川澤納汙山藪藏疾瑾瑜匿瑕國君含垢天之道也彼勸晉侯忍不救宋之事引之證含是含容之義也引孟子者證含是甲之意云盧讀爲纑者纑謂之纑取細長之義也云謂矛戟柄竹欑柲者按下廬人云爲廬器戈長六尺有六寸惟言殳戟矛柄之等故知爲戟柄也云竹欑柲者漢世以竹爲之欑欑謂柄之入銎處柲即柄也云或曰者或有人解盧磨鐧之器者但柄須磨鐧使滑故爲此釋引之在下者得爲一義故也

粵之無鎛也非無鎛也夫人而能爲鎛也燕之無函也非無函也夫人而能爲函也秦之無廬也非無廬也夫人而能爲廬也胡之無弓車也非無弓車也夫人而能爲弓車也言其丈夫人人皆能作是器不須國工粵地塗泥多草薉而山出金錫鑄冶之業田器尤多燕近強胡習作甲胄秦多細木善作矜柲匈奴無屋宅田獵畜牧逐水草而居皆知爲弓車○夫人徐方無反沈音扶薉音穢劉云穢字之異者近附近之近矜其巾反李其京

反畜牧許又反下音木又音密〔疏〕注言其至弓車○釋曰皆覆釋上文言人人皆能不須置國工之意注言其丈夫人人皆能作是器不須國工者凡置官之法所以教示在下上行之下効之今一國皆能不須教示不置其官關石和鈞王府則有官民足用也如鄭此讀則夫人與君之夫人同號讀之也云越地塗泥多草薉而山出金錫者目驗如是也金工皆和錫故兼錫而言也云秦多細木者亦目驗可知云矜柲者矜即前注櫕一也○

知者創物謂始闓端造器物若世本作者是也○知音智創初亮反倣字作刱闓音開〔疏〕注謂始至是也○釋曰此知者即下文聖人一也運用謂之知通物謂之聖凡知聖有若六德之知仁聖義之知聖則據賢人已下此言知聖則濬哲文明之等也引世本作者無句作磬儀狄造酒之等皆非聖知相理佐知所爲則皆由聖知而起是以聖人之時有此世本所作也

巧者述之守之世謂之工父子世以相教〔疏〕注父子世以相教○釋曰此世謂若管子書云工之子商之子四民之業皆云世者習也

百工之事皆聖人之作也事無非聖人所爲也〔疏〕注事無至爲也○釋曰據世本作篇多非聖人親爲要君統臣功故皆聖人統攝之也

爍金以爲刃凝土以爲器作車以行陸作舟以行水此皆聖人之所作也凝堅也故書舟作周鄭司農云周當作舟○爍徐劉音余灼反義當作鑠始灼反〔疏〕注凝堅至作舟○釋曰上經云百工皆聖人所作此經言聖人所作之器見其驗也

天有時地有氣材有美工有巧合此四者然後可以爲良時寒温也氣剛柔也良善也○合如字劉音閤〔疏〕注時寒至善也○釋曰此經已下說作器之法須合天時地氣之義將欲說已下不善之事故先於此說四者和合乃善之意也云時寒温也者謂若弓人春液角夏治筋秋合三材冬定體之屬是依寒温而作

材美工巧然而不良則不時不得地氣也不時不得天時

橘踰淮而北爲枳鸜鵒不踰濟貉踰汶則死此地氣然也鸜鵒鳥也春秋昭二十五年有鸜鵒來巢傳曰書所無也鄭司農云不踰濟無妨於中國有之貉或爲猨謂善緣木之猨也汶水在魯北○枳古氏反鸜徐劉音權公羊傳同本又作鸜左傳同其俱反鵒音欲濟子禮反四瀆水貉戶各反獸名依字作貈汶音問水名猨音袁〔疏〕注鸜鵒至魯北○釋曰左氏傳作鸜鵒公羊傳作鸛鵒此經注皆作鸜字與左氏同春秋昭二十五年有鸜鵒來巢傳曰書所無也先鄭云不踰濟無妨於中國有之者按異義公羊以爲鸜鵒夷狄之鳥穴居今來至魯之中國巢居此權臣欲自下居上之象穀梁亦以爲夷狄之鳥來中國義與公羊同左氏以爲鸜鵒來巢書所無也彼注云周禮曰鸜鵒不踰濟今踰宜穴而又巢故曰書所無也許君謹按從二傳後鄭駁之云按春秋言來者甚多非皆從夷狄來也從魯疆外而至則言來鸜鵒本濟西穴處今乃踰濟而東又巢爲昭公將去魯國今先鄭云不踰濟無妨於中國有之與後鄭義同也云貉或爲猨謂善緣木之猨也者先鄭依或讀爲貉別更爲一解云汶水在魯北汶陽田或屬齊或屬魯是齊南魯北故云魯北

鄭之刀宋之斤魯之削吳粵之劍遷乎其地而弗能爲良地氣然也去此地而作之則不能使良也○削如字本思約思詔二反〔疏〕注去此至良也○釋曰若據經所言則鄭之刀以此刀之鐵移向宋而作斤宋之斤移向鄭而作刀皆不得爲良故指刀斤削劍而言皆地氣使然故鄭云去此地而作之不能使良也

燕之角荊之幹妢胡之笴吳粵之金錫此材之美者也荊荊州也幹柘也可以爲弓弩之幹妢胡胡子之國在楚旁笴矢幹也禹貢荊州貢櫄幹栝柏及箘簬楛故書笴爲筍杜子春云妢讀爲焚咸丘之焚書或爲邠妢胡地名也筍當爲笴笴讀爲槀謂箭槀○妢扶云反笴古老反注作槀同幹古旦反或古旱反櫄勑倫反箘其隕反李其轉反簬音路枯音楛尚書作楛音同邠彼貧反〔疏〕燕之至者也○釋曰自此已下說材之事也○注荊荊至箭槀○釋曰云荊荊州也者按禹貢荊州貢櫄幹栝柏及箘簬楛三邦底貢注云櫄幹栝柏四木名幹柘幹箘竹聆風楛木類周之始肅慎氏貢楛矢石砮此州中生聆風與楛者衆多三國致之云妢胡在楚旁者定四年左氏云頓子胡子者是也若楚旁則亦屬荊州別言妢胡之笴者荊即楚也以州言之若然妢胡得與楚別言也子春云妢讀爲焚咸丘之焚者左氏桓七年春二月己亥焚咸丘公羊云焚之者何樵之也樵之者何以火攻也咸丘者何邾婁之邑也云笴讀爲槀謂箭槀者即槀人職掌箭

㮚是也　天有時以生，有時以殺；草木有時以生，有時以死；石有時以泐；水有時以凝，有時以澤。此天時也。言百工之事當審其時也。鄭司農云泐讀如再扐而後卦之扐，泐謂石解散也，夏時盛暑大熱則然。○泐音勒，澤音亦，李音釋。扐音勒，卦如字，又俱賣反。解音蟹。〔疏〕注百工至則然。釋曰：云百工之事當審其時也者，弓人所云四時者是也。先鄭云泐讀如再扐如後卦之扐者，此扐謂揲蓍之法，故易云分之爲二以象兩，卦一以象三，揲之以四以象四時，歸奇於扐以象閏，五歲再閏，故再扐而後卦，象其合集。

凡攻木之工七，攻金之工六，攻皮之工五，設色之工五，刮摩之工五，搏埴之工二。攻猶治也。搏之言拍也。埴，黏土也。故書七爲十，刮作捖。鄭司農云十當爲七，捖摩之工謂玉工也，捖讀爲刮，其事亦是也。○刮古八反。搏李音團，劉音搏。埴時職反。拍普百反。黏女廉反。捖劉音刮，戚音完，李侯管反。〔疏〕凡攻至工二。釋曰：此已下言工之頭數并所作有殊，此經與下爲摠目。○注攻猶至是也。○釋曰：云搏之言拍也，埴黏土也者，以手拍黏土以爲培乃燒之。尚書禹貢云厥土赤埴墳，注亦云埴黏土者也。先鄭云捖讀爲刮者，舌爲聲，刀爲形，左聲右刑，刮摩之義，是故讀從之也。

攻木之工：輪、輿、弓、廬、匠、車、梓；攻金之工：築、冶、鳧、㮚、段、桃；攻皮之工：函、鮑、韗、韋、裘；設色之工：畫、繢、鍾、筐、㡛；刮摩之工：玉、楖、雕、矢、磬；搏埴之工：陶、旊。事官之屬六十，此識其五材三十工，略記其事耳。其曰某人者，以其事名官也。其曰某氏者，官有世功，若族有世業，以氏名官者也。廬，矛戟矜柲也。國語曰侏儒扶廬。梓，楖屬也。故書雕或爲舟。鄭司農云：輪輿弓廬匠車梓，此七者攻木之工，官別名也。孟子曰梓匠輪輿。鮑讀爲鮑魚之鮑，書或爲鞄，蒼頡篇有鮑甆。韗讀爲歷運之運。㡛讀爲芒芒禹迹之芒。楖讀如巾櫛之櫛。旊讀爲甫始之甫。埴書或爲植。杜子春云雕或爲舟，舟者非也。玄謂旊讀如放於此乎之放。○㮚古栗字。段徐丁亂反，劉徒亂反。韗況萬反，劉音運，本或作韗，同。繢戶對反，後同。筐音匡。㡛莫黃反。楖側筆反。旊甫罔反，又音甫。侏音朱。榎古馬反，字

或作櫝。鞄匹學反，劉音僕。甆如兗反。柔革工。芒莫黃反，下同。放甫罔反，下同。〔疏〕攻木至陶旊。○釋曰：上文其數，此給以事職之也。攻木之工七：輪人爲輪蓋，輿人爲車輿，弓人爲六弓，廬人爲柄之等，匠人爲宮室城郭溝洫之等，車人爲車，梓人爲飲器及射侯之等。攻金之工六：築氏爲削，冶氏爲戈戟，鳧氏爲鍾，㮚氏爲量，段氏爲鎛，桃氏爲劍。攻皮之工五：函人爲甲，鮑人主治皮，韗人爲鼓，韋氏、裘氏闕也。設色之工五：畫、繢二者別官同職，共其事者，畫繢相須故也；鍾氏染鳥羽，筐氏闕，㡛氏主湅絲。刮摩之工五：玉人造圭璋之等，楖氏闕，雕氏闕，矢人主造矢，磬氏爲磬。搏埴之工二：陶人爲瓦器甗鬲之屬，旊人爲瓦簋。○注事官至之旅。○釋曰：三十工於六十爲不備，記人錄者未必在六十工之內，直以數言之，充得三十工而已也。云其曰某人者以其事名官也者，匠人、梓人、韗人、鮑人之類是也，此等直指事上爲名也。云其曰某氏者，其義有二：一者官有世功，則以官爲氏，若韋氏、裘氏、冶氏之類是也；二者族有世業，以氏名官，若鳧氏、㮚氏之等是也。云廬矛戟矜柲也者，方言戟三刃，特其柄自關而西謂之杖，又云矜謂之杖。云國語曰侏儒扶廬者，晉語文公問胥臣，胥臣對曰戚施植鎛，蘧除蒙璆，侏儒扶廬，矛矜是也。云梓榎屬也者，按釋木云稻山櫝，注云櫝梓二木名，此云梓榎爲一者，

釋木前言稻山櫝，後云椅梓，據此二文，故云屬，非謂梓榎爲一而云屬也。先鄭引孟子者，見孟子所云官名與此同也。蒼頡篇有鮑甆者，按藝文志蒼頡有七章，秦丞相李斯所作，鮑甆是其一篇內有治皮之事，故引爲證也。云韗讀爲歷運之運者，歷運時語，有正歷運之數，故讀從之，取其音同耳。云㡛讀爲芒芒禹迹之芒者，襄四年左氏傳魏絳請和諸戎云芒芒禹迹，畫爲九州，經啓九道，引之者亦取音同。云楖讀爲巾櫛之櫛者，按左氏僖二十二年晉大子圉爲質於秦，將逃歸，謂嬴氏曰：與子歸乎？對曰：子之欲歸，不亦宜乎？寡君之使婢子侍執巾櫛，以固子也。從子而歸，棄君命也。引之者，證楖櫛是一也。云旊讀爲甫始之甫者，甫訓爲始，故讀從之，於義無所取，故後鄭不從也。玄謂旊讀如放於此乎之放者，按隱二年無駭入極，公羊傳曰疾始滅也，始滅人於此乎是也。言作瓦器者亦相放。

有虞氏上陶，夏后氏上匠，殷人上梓，周人上輿。官各有所尊，王者相變也。舜至質，貴陶器，甒大、瓦棺是也。禹治洪水，民降丘宅土，卑宮室，盡力乎溝洫而尊匠。湯放桀，疾禮樂之壞而尊梓。武王誅紂，疾上下失其服飾而尊輿。〔疏〕注官至輿。○釋曰：云官各有尊王者相變也者，此陶匠梓輿據上三十工並是官名，又所尊上

不同故云官各有尊王者相變也云舜至質貴陶器者按禮記表記云虞夏之文不勝其質殷周之質不勝其文謂上代質後代文若以文質再而復而言則虞又當質故云至質瓦器又至質故禮記郊特牲云器用陶匏是祭天地之器則陶器爲質也以代當質故用質器也云甒大瓦棺是也者喪禮兩甒醴酒明堂位云泰有虞氏之尊也檀弓云有虞氏瓦棺是也此據升爲帝時所上不得取陶于河濱解此也禹治洪水者昔鯀治水九載績用不成舜臣堯舉八愷八愷中有禹堯使之治水大禹謨云禹降水儆予是也云民降丘宅土者禹貢文云卑宮室者論語云言民下居平土營農種作故爲之治溝洫以通水通水之官匠人是故夏上匠也云湯放桀者尚書云湯放桀于南巢云疾禮樂之壞者桀之無道民墜塗炭法度靡措是禮樂之壞也梓人所以造作禮樂之器故湯上之也云武王誅紂者尚書牧誓云甲子昧爽戰于牧野是武王誅紂之事紂之無道臣下化之無尊卑之差失其服飾但車服者顯尊卑之差故周公制禮尊上於輿也　故一器而工聚焉者車爲多周所上也【疏】故一至爲多○釋曰云一器者車也而工聚者謂有輪人輿人車人就職中仍有輈人是一器工聚者車最多多於餘官以周所上故也

車有六等之數車有天地之象人在其中焉六等之數法易之三材六畫○畫音獲【疏】注車有至六畫○釋曰云六等之數下文是也云車有天地之象者下文云軫之方也以象地蓋之圜也以象天是車有天地之象也云人在其中焉者在車蓋之中也云六等之數法易之三材六畫者易說卦云立天之道曰陰與陽立地之道曰柔與剛立人之道曰仁與義兼三材而兩之故易六畫而成卦兼三材者天有陰陽地有剛柔人有仁義三材六畫一材兼二畫故車之六等之法也　車軫四尺謂之一等戈柲六尺有六寸既建而迆崇於軫四尺謂之二等人長八尺崇於戈四尺謂之三等殳長尋有四尺崇於人四尺謂之四等車戟常崇於殳四尺謂之五等酋矛常有四尺崇於戟四尺謂之六等此所謂兵車也軫輿後橫木崇高也八尺曰尋倍尋曰常殳長丈二戈殳戟矛皆插車輢鄭司農云迆讀爲倚移從風之移謂著戈於車邪倚也酋發聲直謂矛○迆以氏反後同崇本亦作古嵩字殳音殊下直亮反後放此酋在由反或且州反皆插徐文初輒反戚初洽反輢於綺反劉於寄反車傍也一音起寄反倚移於綺反下以氏反下放此著丁略反邪似嗟反【疏】車軫至六等○釋曰此經說車六等之數此六等軫一人一之外兵有四等此謂前驅車所建故詩云伯也執殳爲王前驅彼注引此文爲證前驅明此是前驅所建可知○注此所至謂矛○釋曰云此所謂兵車也者謂下兵車之輪崇者也云軫輿後橫木者即今之車桄一也知八尺曰尋者此經皆以四尺爲差人長八尺而殳長尋有四尺崇於人四尺則八尺之外唯有四尺在是尋長八尺可知知倍尋曰常者殳長丈二而云車戟崇於殳四尺則丈二之外有四尺總丈六尺是倍尋曰常也云戈殳戟矛皆插車輢者當皆以鐵圜範邪置於輢之上下乃插而建之容出先刃入後刃言之一則邪向前一則邪向後乃可得也先鄭云迆讀爲倚移從風之移者司馬長卿上林賦云從風倚移云酋發聲直謂矛酋矛二丈也　車謂之六等之數申言數也【疏】注申言數也○釋曰前已云之今又言之申重也重言數詳審言之也　凡察車之道必自載

於地者始也是故察車自輪始先視輪也自從也　凡察車之道欲其樸屬而微至不樸屬無以爲完久也不微至無以爲戚速也樸屬猶附著堅固貌也齊人有名疾爲戚者春秋傳曰蓋以操之爲已戚矣速疾也書或作數鄭司農云樸讀如子南僕之僕微至謂輪至地者少言其圜甚著地者微耳著地者微則易轉故不微至無以爲戚數○樸普剝反劉音僕一音扶祿反屬章欲反下及注同戚徐劉將六反李音促注同著直略反下同操七曹反數色角反下同易以豉反【疏】注樸屬至戚數○釋曰此已下云造車有善惡高下大小之宜云春秋傳者按公羊傳莊公三十年冬齊人伐山戎傳云此齊侯也其稱人何貶曷爲貶司馬子曰蓋以操之爲已蹙矣注云操迫也已甚也蹙痛也鄭氏以蹙爲疾與何休別先鄭云子南僕之僕哀二年左氏傳云初衞侯游于郊子南僕引之者取音同也　輪已崇則人不能登也輪已庳則於馬終古登阤也已大也甚也崇高也齊人之言終古猶言常也阤阪也輪

庳則難引○庳音婢陁徐文爾反劉堂何反李音他輗人同大音泰劉他餓反阪音反【疏】注已大至難引○釋曰輪已崇則過六尺六寸軫即過四尺大高故人不能登也輪已庳則無六尺六寸軫即無四尺大下則馬難引常似上阪也

故兵車之輪六尺有六寸田車之輪六尺有六寸乘車之輪六尺有六寸此以馬大小爲節也兵車革路也田車木路也乘車玉路金路象路也兵車乘車駕國馬田車駕田馬○乘繩證反後乘車皆放此【疏】故兵至六寸○釋曰上文云車大高大下不得所今此經云須得所之意也先言兵車者重戎事故也田獵戰伐相類即言田車以繼兵車後別言乘車之等也○注此以至田馬○釋曰言以馬大小爲節者馬高則車亦高馬下則車亦下一以馬之高下爲車之節度云革路木路玉路等皆據巾車而言也云國馬者據輈人云國馬之輈而言國馬則校人所云種馬戎馬齊馬道馬四者是也

六尺有六寸之輪軹崇三尺有三寸也。加軫與轐焉四尺也人長八尺登下以爲節此車之高者也軫輿也鄭司農云軹轂也轐讀爲旃僕之僕謂伏兔也玄謂軹轂末也此軫與轐幷七寸田車又宜減焉乘車之軌廣取數於此軌廣八尺旁出輿亦七寸也○軹音只轂末也轐音卜又音僕轂音衛旃僕之然反下如字又音卜軌廣古曠反後放此【疏】六尺至爲節○釋曰此經論軫崇四尺不高不下之節上云兵車乘車輪高六尺六寸軹是軸頭處輪之中央故崇三尺有三寸加輪與轐二者七寸則得四尺○注此車至寸也○釋曰云此車之高者對田車是車之下者也先鄭云軹轂也者物有二名耳云轐讀爲旃僕之僕者讀音同而未聞所出也云謂伏兔也者漢時名今人謂之車屐是也玄謂軹轂末也此軫與轐幷七寸者四馬車一轅車軸上有伏兔伏兔尾後上載車軫軫始有車輿則軸去地三尺三寸上又兼伏兔及軫幷七寸車輿去地摠四尺也云田車又宜減焉者田車軫崇三尺一寸半減乘車寸半加軫與轐亦減乘車寸半爲五寸半也云乘車之軌廣取數於此者車輿六尺有六寸軌廣謂轍廣轍八尺則車輿外旁出輿兩相各七寸七寸之數取於軫轐七寸之數故云取數於此也

輪人爲輪斬三材必以其時三材所以爲轂輻牙也斬之以時材在陽則中冬斬之在陰則中夏斬之今世轂用雜榆輻以檀牙以橿也○牙音訝下皆同中音仲下中夏同橿居良反【疏】注三材至橿也○釋曰輪人唯造車輪輪之三材唯轂輻牙故鄭以此三者解之也云材在陽中冬斬之等並據山虞文知之鄭舉今世所用木爲此三者未知周用何木也

三材既具巧者和之調其鑿內而合之○鑿在洛反又曹報反內如鋭反依字作枘合音閤又如字【疏】注調其至合之○釋曰鄭以調解和鑿內謂孔入轂入牙者並須調使得所也

轂也者以爲利轉也輻也者以爲直指也牙也者以爲固抱也利轉者轂以無有爲用也鄭司農云牙讀如跛者訝跛者之訝謂輪輮也世間或謂之罔書或作輮○輮而久反劉音柔李而又反【疏】注利轉至作輮釋曰云輻也者以爲直指也者入轂入牙並須直指不邪曲也云牙也者以爲固抱也者使牢固抱曲云利轉者轂以無有爲用也者按老子道經云三十輻共一轂當其無有車之用注無有謂空虛轂中空虛輪得行輿中空虛人居其上引之者證轂爲由空乃得利轉之義也先鄭讀牙爲訝跛者之訝者訝迎也此車牙亦輮之使兩頭相迎故讀從之

輪敝三材不失職謂之完敝盡而轂輻牙不動○敝婢世反徐劉伏滅反【疏】輪敝至之完○釋曰謂之爲職者轂輻牙各自職任自相支持雖盡不動是不失職也○

望而眡其輪欲其幎爾而下迆也進而眡之欲其微至也無所取之取諸圜也輪謂牙也幎均致貌也進猶行也微至至地者少也非有他也圜使之然也鄭司農云微至書或作危至故書圜或作員當爲圜○幎莫歷反圜于權反致直置反下注稹致同【疏】望而至圜也○釋曰望而視之謂車停止時云幎爾者幎均致貌爾助句辭云下迆者謂輻轂上轂至兩兩相當正直不旁迆故云下迆也

望其輻欲其揱爾而纖也進而眡之欲其肉稱也無所取之取諸易直也揱纖殺小貌也肉稱弘殺好也鄭司農云揱讀爲紛容揱參之揱玄謂如蠑螵蛸之蛸○揱音蕭又色交反又音朔李又所咸反稱尺證反注同易以豉反殺色界反劉色例反下同一音如字揱參上色交反又音蕭劉音朔下所林反螵咸眺聉反

劉平堯反蛸音蕭又音消〔疏〕望其至直也。釋曰上經摠視輪此經則視輻下云進而視之則上云望其輻據住止時也。注掣纖至之蛸。釋曰云掣纖殺小貌也者凡輻皆向轂處大向牙處小言掣纖據向牙處小而言也云肉稱弘殺好也者向轂爲稱故爲弘殺先鄭云紛容掣參之掣者此蓋有文今檢未得玄謂如桑螵蛸之蛸者讀從爾雅釋蟲蝗蜋螵蛸並取音同也

望其轂欲其眼也進而眡之欲其幬之廉也無所取之取諸急也眼出大貌也幬幔轂之革也革急則裹木廉隅見鄭司農云眼讀如限切之限。眼魚懇反幬音幬下同劉又音濤李一音持株反或一音蹈幔莫干反裹音果見賢遍反限魚懇反李如字下同切音如字李倉愛反〔疏〕望其至急也。釋曰凡轂初作時隱起然後以革輓之革急裹木隱起見幬覆也謂以革覆轂也。注眼出至之限。釋曰先鄭讀眼如限切之限亦是取急意

眡其綆欲其蚤之正也蚤當爲爪謂輻入牙中者也鄭司農云綆讀爲關東言餅之餅謂輪箄也玄謂輪雖箄爪牙必正也。綆依注音餅李方善反又姑杏反玉篇云鄭衆音補管反蚤音爪下同餅必井反劉方頃反箄劉薄歷反李又方匹反一音薄計反下皆同爪牙劉音雅〔疏〕眡其至正也。釋曰凡造車輪皆向外箄向外箄則車不掉先鄭讀綆爲山東言餅之餅依俗讀也玄謂輪雖箄爪牙必正也者爪入牙中鑿孔必正直不隨邪也

察其菑蚤不齵則輪雖敝不匡菑謂輻入轂中者也菑與爪不相佹乃後輪敝盡不匡刺也鄭司農云菑讀如雜廁之廁謂建輻也泰山平原所樹立物爲菑聲如胾博立梟棊亦爲菑匡枉也。菑側吏反注及下皆同齵五構反一音隅佹九委反刺洛葛反下同胾側吏反梟古堯反〔疏〕注菑謂至枉也。釋曰上視輻入牙中此言察輻入轂中須得所之意也凡植物於地中謂之菑此輻入轂中似植物地中亦謂之菑言菑蚤不齵者人之牙齒參差謂之齵此三十輻入轂與蚤入牙一一相當不相佹戾亦是不齵也如此輪雖敝盡不匡刺先鄭云菑讀如雜廁之廁者讀從史游章分別部居不雜廁義取不參差意也云博立梟棊者謂博戲時立一子於中央謂之梟棊云爲菑亦是樹立爲菑之義也

凡斲轂之道必矩其陰陽矩謂刻識之也故書矩爲距鄭司農云當作矩謂規矩也〔疏〕凡斲至陰陽。釋曰此欲斲轂之時先就樹刻之記識其向日爲陽背日爲陰之處必記之者爲後以火養其陰故也

陽也者稹理而堅陰也者疏理而柔是故以火養其陰而齊諸其陽則轂雖敝不藃稹致也火養其陰炙堅之也鄭司農云稹讀爲奠祭之奠藃當作耗玄謂藃藃暴陰柔後必橈減幬革暴起。稹之忍反本又作稹劉依司農音奠一音真藃李戚好角反劉呼報反耗呼報反暴步角反下同劉步莫反一音蒲報反橈乃孝反〔疏〕注稹致至暴起。釋曰此轂若不以火養炙陰柔之處使堅與陽齊等後以革輓陰柔之處木則瘦減革不著木必有暴起若以火養之雖敝盡不藃暴也

轂小而長則柞大而短則摯鄭司農云柞讀爲迫唶之唶謂輻間柞狹也摯讀爲槷謂輻危槷也玄謂小而長則菑中弱大而短則轂末不堅。柞莊百反槷劉魚列反戚魚結反迫唶莊百反〔疏〕轂小至則摯。釋曰此已下論車須長短小大相稱之事。注鄭司至不堅。釋曰先鄭讀柞爲迫唶之唶者依俗讀之以摯爲槷後鄭從而就足之玄謂小而長則菑中弱者以轂小而長則輻間柞狹故菑中弱也云大而短則末不堅者謂轂大

而短即轂末淺短故轂末不得堅牢也

是故六分其輪崇以其一爲之牙圍六尺六寸之輪牙圍尺一寸〔疏〕是故至牙圍。釋曰以上文小大不得其所此文制法使得其所也云六尺六寸之輪牙圍尺一寸者此據兵車乘車而言若田車之輪小崇六尺三寸計亦可知也

參分其牙圍而漆其二不漆其踐地者也漆者七寸三分寸之一不漆者三寸三分寸之二令牙厚一寸三分寸之二則內外面不漆者各一寸也。令力呈反卷內皆同厚胡豆反後放此〔疏〕注不漆至寸也。釋曰就一尺一寸且取九寸三分分之各得三寸猶有二寸在又一寸爲三分二寸爲六分三分分之各得二分若然一分有三寸三分寸之二二分摠得七寸三分寸之一是漆之者也餘一分者三寸三分寸之二是不漆者故云不漆者三寸三分寸之二也云令牙厚一寸三分寸之二則內外面不漆者各一寸也者無正文以意解之故云令牙厚一寸三分寸之二餘二寸分於外內面故各一寸也

椁其漆內而中詘之以爲之轂長以其長爲之圍六尺六寸之輪漆內六尺四寸是爲轂長三尺二寸

圍徑一尺三分寸之二也鄭司農云椁者度兩漆之內相距之尺寸也○中丁仲反詘丘勿反度待洛反下度之同〔疏〕注六尺至寸也○釋曰上經不漆者外內面各一寸則兩畔減二寸故漆內有六尺四寸也中屈此六尺四寸故轂長三尺二寸也又以三尺二寸爲圍圍三徑一三尺得一尺餘二寸作三分爲六分又徑二分故徑一尺三分寸之二也○

以其圍之阞捎其藪

捎除也阞三分之一也鄭司農云捎讀爲桑蛸之蛸藪讀爲蜂藪之藪謂轂空壺中也玄謂此藪徑三寸九分寸之五壺中當輻菑者也蜂藪者猶言趨也藪者衆輻之所趨也○阞音勒捎音蕭藪素口反李一音倉豆反空音孔趨七住反又七須反下同〔疏〕以其至其藪○釋曰車轂之法其孔必大頭寬小頭狹當一輻入處謂之藪寬狹處中而已云阞者三分之一也者於前一尺三分寸之二三分取一捎除也以除空中當藪之處使容車轂也○注捎除至趨也○釋曰云阞三分之一者凡言阞者分散之言數亦不定是以王制云祭用數之仂注以爲當年之什一以其下有喪用三年之仂遂以當年經用之什一言之此下文賢是大頭穿內徑四寸五分寸之二此當藪處於徑三分之一爲徑三寸九分寸之五大小相稱故以阞爲三分之一釋之也讀爲蜂藪之藪此亦依俗讀之以蜂窠有孔藪然此三十輻入轂處亦藪然也玄謂此藪徑三寸九分寸之五者以轂徑一尺三分寸之二今一尺取九寸三分之一得二寸仍有一寸三分寸之三在今以一寸者爲九分寸之二爲六分摠爲十五分三分之一得五分故云徑三寸九分寸之五也

五分其轂之長去一以爲賢去三以爲軹

鄭司農云賢大穿也軹小穿也玄謂此大穿徑八寸十五分寸之八小穿徑四寸十五分寸之四大穿甚大似誤矣大穿實五分轂長去二也去二則得六寸五分寸之二凡大小穿皆謂金也今大小穿金厚一寸則大穿穿內徑四寸五分寸之三小穿穿內徑二寸十五分寸之四如是乃與藪相稱也○去起呂反後去一去二皆同賢如字劉李胡眄反注同稱尺證反下同○〔疏〕五分至爲軹○釋曰上經言轂空壺中此經言轂大小兩頭○注鄭司至稱也○釋曰云玄謂此大穿徑八寸十五分寸之八者經云五分其轂之長去一以爲賢即以轂長三尺二寸徑一尺三分寸之二而五分去一尺去二寸得八寸三分寸之二者本三分寸今爲十五分寸即以二分者爲十分去二分得八分故云大穿徑八寸十五分寸之八也云小穿徑四寸十五分寸之四者經云去三一尺五分去三去六寸得四寸三分寸之二亦爲十五分寸之十五分去三去六分得四分故云小穿徑四寸十五分寸之四云大穿甚大似誤矣者以其大穿與藪中及小穿三者須相類故鄭以五分去二爲允也云令大小穿金厚一寸者無正文以目驗知之故云令也大小穿穿內皆以金消去二寸故各減二寸也

容轂必直陳篆必正施膠必厚施筋必數幬必負幹

鄭司農云讀容上屬曰軹容玄謂容者治轂爲之形容也篆轂約也幬負幹者革轂相應無贏不足○篆直轉反數色角反李色住反約烏孝反又如字〔疏〕注鄭司至不足釋曰先鄭讀容上屬後鄭不從者軹轂末無形容可見其轂上則夏篆夏縵轂約故不從也云幬負幹者革轂相應者幬覆也謂以革覆轂轂之木膺著革使之急是革轂相應也云無贏不足者贏與不足同蒙無字若轂有耗瘦不隱著轂則革有贏而轂不足著轂不耗革轂相應革無贏轂亦無不足也

既摩革色青白謂之轂之善

謂丸漆之乾而以石摩平之革色青白善之徵也○丸如字又胡喚反○〔疏〕注謂丸至徵也釋曰此謂以革鞔轂訖將漆之先以骨丸之待乾乃以石摩平之其色青白則善也

參分其轂長二在外一在內以置其輻

轂長三尺二寸者令輻廣三寸半則輻內九寸半輻外一尺九寸○〔疏〕注轂長至九寸○釋曰此經欲論置輻於轂相去遠近之法云轂長三尺二寸上經文令輻廣三寸半知者按上云以圍之阞捎其藪藪中三分徑一轂徑既一尺三分寸之二今取一分作空中空中徑三寸九分寸之五兩畔得二分有七寸九分寸之一西廂分之一畔得三寸九分寸之五下文云量其鑿深以爲輻廣深三寸半故知輻廣三寸半也依前所計言之輻深實應三寸十八分寸之一言三寸半舉成數言也若然轂既長三尺二寸輻居三寸半餘有二尺八寸半三分之輻外得一尺九寸輻內得九寸半也

凡輻量其鑿深以爲輻廣

廣深相應則固足相任也○量音良下量其藪同鑿曹報反又如字後同深尸鴆反下放此○〔疏〕注廣深至任也○釋曰如上所計則輻之廣深各有三寸半是相應也至上轂小而長轂大而短則不相應故槷也輻

輻廣而鑿淺則是以大抏雖有良工莫之能固

抏鑿動貌○抏五骨反或九活反○〔疏〕輻廣至能固○釋曰此及下經論轂與輻不得所之意也

鑿深

而輻小則是固有餘而強不足也言輻弱不勝轂之所任也。強其良反劉其尚反勝音升〔疏〕鑿深至足也。釋曰云鑿深而輻小者欲轂大故鑿得深其輻則應大是相稱若輻小則固有餘固有餘由轂大鑿深固也而強不足由輻小故也故竑其輻廣以爲之弱則雖有重任轂不折言力相稱也弱菑也今人謂蒲本在水中者爲弱是其類也鄭司農云竑讀如紘綖之紘謂度之。故竑獲耕反。〔疏〕注言力至度之。釋曰云言力相稱也者止謂輻廣與鑿深相稱按史游章云蒲蒻藺席謂取蒲之本在水者爲席則此經弱亦是輻入轂中者也參分其輻之長而殺其一則雖有深泥亦弗之溓也殺衰小之也鄭司農云溓讀爲黏謂泥不黏著輻也。殺色界反劉色例反注同溓依字力簟反依注音黏女廉反衰劉初危反一音如字著直略反下附著同。〔疏〕參分至溓也。釋曰假令輻除入轂之中其外長三尺則殺一尺以向牙以本麤末細塗則向下利故泥不黏著之也。參分其股圍去一以

爲骹圍謂殺輻之數也鄭司農云股謂近轂者也骹謂近牙者也方言股以喻其豐故言骹以喻其細人脛近足者細於股謂之骹羊脛細者亦爲骹。骹胡飽反又下教反李又苦教反近附近之近脛刑定反。〔疏〕注謂殺至爲骹。釋曰云謂殺輻之數也者上經云殺其一者據長短之中殺一分此經三分殺一據本麤末細而言其輻近轂麤處謂之股若人髀股近牙細者謂之骹謂若人腳近踝之骹也假令輻近轂處圍六寸也先鄭云方言股以喻其豐者方者止謂方欲言股之時此股踰其豐非謂揚雄以異方之語不同方言也股既喻豐故言骹以喻其細一切麤細相對細處則言骹謂云喪禮綴足用燕凡骹在南之類云羊脛細者亦爲骹者今人猶言之也。揉輻必齊平沈必均揉謂以火槁之衆輻之直齊如一也平沈平漸也鄭司農云平沈謂浮之水上無輕重。揉而九反又音柔李又奴丑反一音而又反槁劉苦老反漸子廉反下同〔疏〕注揉謂至輕重釋曰云揉謂以火槁之者曲者以火灸之木則濡可揉戾使直槁就也故云揉謂以火槁之也云衆輻之直齊如一也者謂以火槁之後直不曲故云直齊如一也重者沈多輕者沈淺沈重者更去之則平而輕重等也。直以指牙牙

得則無槷而固得謂倨句鑿內相應也鄭司農云槷椴也蜀人言椴曰槷玄謂槷讀如涅從木熱省聲。槷魚列反依注音涅乃結反李一音素結反倨句音據內如稅反椴素結反。〔疏〕注得謂至省聲。釋曰云得謂倨句鑿內相應也者以輻直者爲倨以牙曲者爲句輻牙雖有倨句至於鑿內必正正則爲得得則若無槷而牢固也先鄭讀槷爲危槷之槷故更轉從椴也後鄭讀槷即是槷蘇結切云槷讀如涅謂涅物於孔中之涅又解槷字以其用木爲槷故從木也云熱省聲者熱者去下火取上與熱爲聲可謂上聲下形故云省聲也不得則有槷必足見也必足見言槷大也然則雖得猶有槷但小耳。見賢遍反注同〔疏〕注必足至小耳。釋曰云必足見言槷大也者足乃據槷而言言足見故知槷大乃足見也云然則雖得猶有槷但小耳者上經云無槷而固即是無槷鄭必知上文有槷但小者鄭更無異文直以文勢反之可知知然者此經云不得則有槷必足見言槷大則知上經得不足見無大槷有小槷可知故鄭云雖得猶有槷但小耳鄭非直以文勢反之知有槷以意量之輻入牙中無有不用槷而固者也。六尺有六寸之輪綆參分寸之二

謂之輪之固輪箄則車行不掉也參分寸之二者出於輻股鑿之數也。綆參方頴反下七南反又音三掉徒弔反。〔疏〕注輪箄至數也。釋曰止由輪有箄車不掉不掉則得輪之固也云參分寸之二者出於輻股鑿之數也者鑿牙之時孔向外侵三寸之二使輻股外箄故云輻股鑿之數也凡爲輪行澤者欲杼行山者欲侔杼謂削薄其踐地者侔上下等。杼直呂反侔亡侯反劉莫豆反。〔疏〕注杼謂至下等。釋曰凡爲車之法各順其所宜是以行澤者欲杼知是削薄其踐地者下文云是刀以割塗故知削薄之行山欲上下等者下文云是搏以行石雖不動於鑿旁恐石傷之故欲上下等而得久長也杼以行澤則是刀以割塗也是故塗不附附著也。侔以行山則是搏以行石也是故輪雖敝不甐於鑿搏圜厚也鄭司農云不甐於鑿謂不動於鑿中也玄謂甐亦敝也以輪之厚石雖齧之不能敝其鑿旁使之動。搏徒九反李又丈轉反甐本又作鄰音吝李一音鱗。〔疏〕注搏圜至之動。釋曰先鄭以甐爲

動而不動於鑿中後鄭以甐亦敝不能敝於鑿旁不從先鄭者以其動者先動於旁乃及於中不可先動於中故不從也。凡揉牙外不廉而内不挫旁不腫謂之用火之善廉絶也挫折也腫瘇也。挫作卧反李又祖加反瘇胡罪反。〈疏〉凡揉至之善。釋曰此一經論用火揉牙使之圓正之意古者車輞屈一木爲之要當木善火齊又得乃可圓而得所也。注廉絶至瘇也。釋曰凡屈木多外廉絶理内挫折中旁瘇負起無此三疾是用火之善也是故規之以視其圜也。是故規之以眂其圜也輪中規則圜矣。中丁仲反下同。〈疏〉注輪中規則圜矣。釋曰謂輪成以繩規之中規則不枉也。萬之以眂其匡也等爲萬蔞以運輪上輪中萬蔞則不匡刺也故書萬作禹鄭司農云讀爲萬書或作矩。萬姜禹反李又音俱注同蔞良主反劉音流下文同李又里俱反。〈疏〉注等爲至作矩。釋曰云等爲萬蔞以運輪上者見今車近萬蔞於輪一邊置於輪上是等爲萬蔞以運輪上也輪一轉一帀不高不下中於萬蔞則輪不匡刺。縣之以眂其輻之直也輪輻三十上下相直從旁以繩縣之中繩則鑿正輻直矣。縣音玄後皆同直音值。〈疏〉注輪輻至直矣。釋曰此以輪側於一邊輪輻三十兩兩上下相直從旁以繩縣之兩兩中縣則鑿正而輻直矣。

水之以眂其平沈之均也平漸其輪無輕重則斲材均矣。斲陟角反。〈疏〉注平漸至均矣。釋曰兩輪俱置水中觀眂四畔入水均否若平深均則斲材均矣。量其藪以黍以眂其同也黍滑而齊以量兩壺無贏不足則同。〈疏〉量其至同也。釋曰謂兩輪俱用黍量眂其容受同不齊同則無贏亦無不足鄭云黍黍滑而齊則不取律歷志以黍爲度量衡之義也。權之以眂其輕重之侔也侔等也稱兩輪鈞石同則等矣輪有輕重則引之有難易。易以豉反。〈疏〉注侔等至難易。釋曰云稱兩輪鈞石同則等矣者正以鈞石言之者以其輪重非斤兩所准擬故以三十斤曰鈞百二十斤曰石之言也。故可規可萬可水可縣可量可權也謂之國工國之名工。〈疏〉故可至國工。釋曰此一經總結上文也

輪人爲蓋達常圍三寸圍三寸徑一寸也鄭司農云達常蓋斗柄下入杠中也。杠音江。〈疏〉注圍三至中也。釋曰輪輻三十蓋弓二十有八器類相似故因遺輪人造蓋但蓋柄有兩節此達常是上節下入杠中也。桯圍倍之六寸圍六寸徑二寸足以含達常鄭司農云桯蓋杠也讀如丹桓宮楹之楹。桯讀爲楹音盈。〈疏〉注圍六至之楹。釋曰此蓋柄下節麤大常一倍向上含達常也先鄭引丹桓宮楹之楹者按莊二十三年爲迎姜氏爲華飾故丹桓公廟之楹柱引之證此蓋柄之桯楹柱之類也。信其桯圍以爲部廣部廣六寸廣謂徑也鄭司農云部蓋斗也。信音申廣古曠反劉音徑下同。〈疏〉信其至六寸。釋曰此言蓋之斗四面鑿孔内蓋弓者於上部高隆穹然謂之爲部信古之申字館申上桯圍六寸以爲此部徑部徑六寸也。部長二尺謂斗柄達常也。〈疏〉注謂斗柄達常也。釋曰此部即達常以此達常上入部中遂名此達常爲部其實是達常也。桯長倍之四尺者二杠長八尺謂達常以下也加達常二尺則蓋高一丈立乘也。〈疏〉注杠長至乘也。釋曰云

葢高一丈立乘也者人長八尺葢弓有宇曲之減二尺得不障人目也。十分寸之一謂之枚爲下起數也枚一分故書十與上二合爲二十字杜子春云當爲四尺者二十分寸之一。爲于僞反下爲兩同。〈疏〉注爲下至之一。釋曰云故書十與上二合爲廾字則二十三寸四十字一字爲兩讀因而有之子春不從者文理俱周乃合於義若以十合二爲廾是則於文字得矣若讀以分向下讀之其義安在故子春經爲正也。部尊一枚尊高也葢斗上隆高高一分也。〈疏〉注尊高至分也。釋曰高者必尊故尊爲高也以隆高一分故上文得名爲部也。弓鑿廣四枚鑿上二枚鑿下四枚弓蓋橑也廣大也是爲部厚一寸。鑿才報反橑音老劉力報反。〈疏〉注弓蓋至一寸。釋曰云弓蓋橑也者漢世名蓋弓爲橑子也云廣大也者恐直以横廣四枚上下不知其數故訓廣爲大明上下及横皆四分也云是爲部厚一寸者經兩四一二故厚一寸也必以孔上二枚孔下四枚以其弓下用力故也。鑿深二寸有半下直二枚鑿端一枚鑿深對爲五寸是以不傷達常也下直二枚者鑿空下正而上

低二分也其弓菑則撓之平剡其下二分而內之欲令蓋之尊終平不蒙撓也端內題也○空音孔菑側皆反劉音廁撓乃教反剡以冉反又才冉反○（疏）注鑿深至題也○釋曰此經説蓋斗之上鑿孔內弓二十八孔之上下廣狹之義云鑿深對爲五寸是以不傷達常也者前文云部廣六寸達常徑一寸達常上入部中徑一寸則兩畔共有五寸在今以弓鑿深二寸半兩相各二寸半是不侵達常故云不傷達常也云下直二枚者鑿空下正而上低二分也者直正也鑿孔下正者上文鑿下四枚令於內畔於下亦四枚與外正平故云平於下正也云而上低二分者前文鑿上二枚今於內畔孔低二分鑿上亦四枚故云上低二分也若然部揔一寸今鑿上鑿下俱四枚已用八枚其中惟有二枚在故云弓菑則撓撓亦減也弓外畔上下四枚今於內畔減二枚惟有二分剡去也故云平剡其下二分而內之云欲令蓋之尊終平不蒙撓也者蓋尊外畔孔上二枚及內畔上下俱四枚若然蓋弓向外頭仰但以蓋弓三分一分外爲宇曲又以衣蒙之則弓低故蓋尊終平不蒙撓又得吐水也云端內題也者蓋斗外寬內狹以是故蓋弓內端削使狹爲題頭故云端內題也○

弓長六尺謂之庇軹五尺謂之庇輪四尺謂之庇軫

庇覆也故書庇作秘杜子春云秘當爲庇謂覆斡也玄謂軹轂末也輿廣六尺六寸兩轂幷六尺四寸旁減軌內七寸則兩軹之廣凡丈一尺六寸也六尺之弓倍之加部廣凡丈二尺六寸有宇曲之減可覆軹不及斡○庇方二反輨或作斡俱音管○（疏）注庇覆至及斡○釋曰此經説蓋有大小不定之事云輿廣六尺六寸者輿人文云旁減軌內七寸者七寸以承輿故旁減軌內七寸上云以其轂長二在外一在內以置其輻輻內九寸半綆三分寸之二金轄之間三分寸之一輻又三寸半揔尺四寸以此計之以七寸承輿七寸爲軌故云旁減軌內七寸也云兩軹之廣凡丈一尺六寸也者向計輿六尺六寸幷兩轂六尺四寸揔一丈三尺減尺四寸入輿下其餘有丈一尺六寸也云六尺之弓倍之加部廣凡丈二尺六寸有宇曲之減可覆軹不及斡者下文注云股面三尺幾半通尊二尺爲五尺近半倍之加部廣六寸揔丈一尺六寸以幾半言之則不整丈一尺六寸經云覆軹當允經中之數故云可覆軹不及斡也

參分弓長而揉其一

參分之持長橈短短者近部而平長者爲宇曲也六尺之弓近部二尺四尺爲宇曲○近附近之近○（疏）注參分至宇曲○釋曰云參分之持長橈短短者近部而平長者爲宇曲也者弓長六尺三分一分有二尺既云參分弓長揉其一則揉其二尺近部者故云三分之持長撓短短者近部內而平長爲宇曲鄭又覆言之六尺之弓近部二尺四尺爲宇曲必橈近部二尺者以其本鑿弓孔時外畔弓上二枚弓下四枚內畔上下俱四枚由弓頭仰故須近部橈之使平向下四尺持之爲宇曲吐水也○

參分其股圍去一以爲蚤圍

蚤當爲爪以弓鑿之廣爲股圍則寸六分也爪圍二寸十五分寸之一○蚤音爪○（疏）注蚤當至之一○釋曰此言弓近蓋計復麤近末頭細之意云股圍則寸六分也者上云弓鑿廣四枚即以方圍之四四十六故圍寸六分云爪圍一寸十五分寸之一者一寸爲三十分六分者爲十八分通前揔四十八取三十分去十分得二十分十八分者去六分得十二分以十二并二十爲三十二分三十分作寸餘二分是三十分寸之二三十分寸之二即是十五分寸之一故云爪圍一寸十五分寸之一也○

參分弓長以其一爲之尊

尊高也六尺之弓上近部平者二尺爪末下於部二尺二尺爲句四尺爲弦求其股股十二除之面三尺幾半也○幾音祈○（疏）注尊高至半也○釋曰云以其一爲之尊者正謂近部二尺者對末頭四尺者爲下以二尺者爲高云爪末下於部二尺者正謂蓋杠幷達常高一丈八尺故四面宇曲垂二尺也云二尺爲句四尺爲弦求其股者鄭欲解宇曲之減減蓋之寬覆軹不及斡之意凡筭法以蚤低二尺即以低二尺者爲句又以持長四尺爲弦又蚤末直平者爲股絃者四尺四四十六爲丈六尺句者二尺二二而四爲四尺欲求其股之直平者筭法以句除弦餘爲股將句之四尺除弦丈六尺中除四尺仍有丈二尺在然後以筭法約之廣一尺長丈二尺方之丈二尺取九尺三尺一截相裨得方三尺仍有三尺在中破之爲兩段各廣五寸長三尺裨於前三尺方兩畔畔有五寸兩畔幷前三尺爲三尺半角頭仍少方五寸不合不整三尺半幾近也言近半○

上欲尊而宇欲甲

上近部平者也隤下曰宇○甲音婢下同隤大回反○（疏）上欲至欲甲○釋曰此言爲下而説也上謂近部二尺者宇謂持長四尺者也

上尊而宇甲則吐水疾而霤遠

蓋者主爲雨設也乘車無蓋禮所謂潦車謂蓋車與○霤力又反潦音老與音餘○（疏）注蓋者至車與○釋曰云蓋者主爲雨設也乘車無蓋者按巾車五路皆不言蓋以其建旌旗故無蓋故彼云及葬執蓋從車持旌鄭云王平生時乘車建旌雨則有蓋

又道右職云王式則下前馬王下則以蓋從注云以蓋從表尊非謂在車時若今傘蓋者也云禮所謂潦車謂蓋車與者按既夕禮云乘車載旜道車載朝服槀車載簑笠注云今文槀爲潦此注云禮所謂潦車者指儀禮今文而言也鄭彼不從今文此引之者鄭兩解故此從之但潦車云載簑笠所以禦暑簑所以禦雨雨時或設簑或設蓋故疑是彼潦車遂言與也若然蓋車於天子當木路故既夕注云槀猶散也散車以田以鄙之車司常云斿車載旌注云斿車木路也王以田以鄙之車是木路與潦車爲一物故知此則木路至於田獵建大麾無蓋在國巡行則或載旌或設蓋也

蓋已崇則難爲門也蓋已車是蔽目也是故蓋崇十尺

十尺其中正也蓋十尺宇二尺而人長八尺卑於此蔽人目。疏注十尺至人目。釋曰云蓋十尺宇二尺者據人長八尺中人而言若孔子及父皆身長十尺則蓋丈二者也。

良蓋弗冒弗紘殷畝而馳不隊謂之國工

隊落也善蓋者以横馳於壟上無衣若無紘而弓不落也。殷音隱不隊直類反。疏良蓋至國工。釋曰云良蓋弗冒則無衣不須言不紘若言不紘則有衣而不須紘也云殷畝而馳者據不冒不紘兩者而言

輿人爲車輪崇車廣衡長參如一謂之參稱

稱猶等也車輿也衡亦長容兩服。稱尺證反注同。疏注稱猶至兩服。釋曰此輿人專作車輿記人言車者車以輿爲主故車爲揔名鄭爲輿者此官實造輿故從輿爲正云參如一者謂俱六尺六寸也云容兩服者服馬也以其驂馬別有靷鬲引車故衡唯容服也。

參分車廣去一以爲隧

兵車之隧四尺四寸鄭司農云隧謂車輿深也讀如鑽燧改火之燧玄謂讀如邃宇之邃。隧雖遂反注邃同又音遂注燧同鑽作官反。疏注兵車至之邃。釋曰隧謂車輿之縱凡人所乘車皆取横闊以或參乘或四乘故横則六尺六寸此隧輿之縱三分六尺六寸取二分以四尺四寸爲之不從先鄭者車無取於鑽燧改火之義故讀從邃宇之邃也

參分其隧一在前二在後以揉其式

兵車之式深尺四寸三分寸之二。疏注兵車至之二。釋曰鄭皆言兵車者按上文先言兵車後言乘車故據先而言其實乘車亦同也云或深尺四寸三分寸之二者以四尺四寸取三尺得一尺又一尺二寸三分之取四寸仍有二寸在一寸爲三分二寸爲六分取一得二分故云深尺四寸三分寸之二云以揉其式者式謂人所馮依而式敬故名此木爲式也。

以其廣之半爲之式崇

兵車之式高三尺三寸。疏注兵車至三寸。釋曰車輿之廣六尺六寸取半爲式之高故知三尺三寸也

以其隧之半爲之較崇

較兩輢上出式者兵車自較而下凡五尺五寸故書較作榷杜子春云當爲較。較古學反輢於綺反劉於既反下同榷音角。疏注較兩至爲較。釋曰較謂車輿兩相今人謂之平鬲也言兩較謂車相兩旁豎之者二者既别而云較兩輢上出式者以其較之兩頭皆置于輢上二木相附故據兩較出式而言之云兵車自較而下凡五尺五寸者以其前文式已崇三尺三寸更增此隧之半二尺二寸故爲五尺五寸按昭十年左氏傳云陳鮑方睦遂伐欒高氏子良曰先得公陳鮑焉往遂伐虎門公卜使王黑以靈姑銔率吉請斷三尺而用之彼注云斷三尺使至於較大夫旗至較按禮緯諸侯旗齊軫大夫齊較軫至較五尺五寸斷三尺得至較者蓋天子與其臣乘重較之車諸侯之車不重較故有三尺之較也或可服君誤上

六分其廣以一爲之軫圍

軫輿後横者也兵車之軫圍尺一寸。疏注軫輿至一寸。釋曰云六分者謂輿廣六尺六寸而六分取一故得尺一寸也。

參分軫圍去一以爲式圍

兵車之式圍七寸三分寸之一。疏注兵車至之一。釋曰謂參分前軫圍尺一寸而爲之尺一寸取九寸爲三分去三寸得六寸餘二寸各三分之二寸爲六分去二分得四分以三分爲一寸餘一分添前六寸爲七寸三分寸之一也

參分式圍去一以爲較圍

兵車之較圍四寸九分寸之八。疏注兵車至之八。釋曰以式圍七寸三分寸之一取六寸三分去二寸得四寸仍有一寸三分寸之一以一寸者爲九分一分者轉爲三分并爲十二分去四分得八分故云較圍四寸九分寸之八也

參分較圍去一以爲軹圍

兵車之軹圍三寸二十七分寸之七軹輢之植者衡者也與轂末同名。植直吏反下同。疏注兵車至同名。釋曰以前較謂四寸九分寸之八四寸取三寸去一寸得二寸餘一寸爲二十七分餘八分爲二十四分并之爲五十一分取三十去十分得二十分又二十一者去七分得十四添前二十爲三十四分

取二十七分爲一寸餘有七分在漆前二寸揔爲三寸二十七分寸之七也云與轂末同名者前云覆軹不及幹注軹是轂末此軹是車較下豎直者及較下橫者直衡者並縱橫相貫也○**參分軹圍去一以爲轛圍**兵車之轛圍二寸八十一分寸之十四轛式之植者衡者也鄭司農云轛讀如繫綴之綴謂車輿軨立者也立者爲轛橫者爲軹書轛或作軨玄謂轛者以其鄉人爲名○轛音對又張歲反李一音都回反綴張歲反軨劉音領又音零下同鄉許亮反○疏注兵車至爲名○釋曰此轛形狀一與前經軹同但在式木之下對人爲名耳參分軹圍分前三寸二十七分寸之七取三寸去一寸得二寸餘七分者假令整寸爲八十一分此二十七分寸之七爲二十一分即是八十一分寸之二十一三分之去七分得十四分故云轛圍二寸八十一分寸之十四也云轛式之植者衡者也者先鄭讀轛爲綴又以轛軹爲一處解之後鄭皆不從者以其無所指歸故以鄉人爲名據前式下爲之也**圜者中規方者中矩立者中縣衡者中水直者如生焉繼者如附焉**治材居材如此乃善也如生如木從地生如附如附枝之弘殺也○中丁仲反下皆同殺色界反○疏注治材至殺也○釋曰凡作車之法其材有圜者中于規有方者中于矩有直豎立者中于繩縣之垂者衡橫也橫者中於水無高下也云直如生焉者如木之從地初生云繼者如附焉者材有大小相附著如木之枝柯本大末小之弘殺也**凡居材大與小無并大倚小則摧引之則絶**并偏邪相就也用力之時其大并於小者小者強不堪則摧也其小并於大者小者力不堪則絶也○居如字舊音據并如字又必政反邪似嗟反○疏凡居至則絶○釋曰上經言居材得所此經言不得所之事凡居材大與小無并之使偏邪此汎說居材之法爲揔也云大倚小則摧者倚則并也凡居材當各自用力若使大材倚并小材小材強不堪大材所倚則小摧折矣云引之則絶者上文云居材大與小無并已言大倚小則摧未言小并大之事則此引之則絶據小并大而言也若小并於大大木振其小木力不堪則絶斷也**棧車欲弇**爲其無革鞔不堅易坼壞也士乘棧車○棧士板反劉才產反弇劉於驗反又於檢反爲于僞反鞔莫殘反易以豉反坼勑白反○疏棧中欲弇○釋曰棧車無革鞔輿易可坼壞故當弇向內爲之云士乘棧車者巾車職文**飾車欲侈**飾車謂革鞔輿也大夫以上革鞔輿故書侈作移杜子春云當爲侈○疏注飾車至爲侈○釋曰據大夫已上以革鞔輿不畏坼壞故欲得向外侈也云大夫以上者則天子諸侯之車以革鞔輿及轂約也但有異物之飾者則得玉金象之名號無名號者直以革爲稱革路墨車之等是也若木路亦以革鞔但不漆飾故以木爲號孤卿轂上有篆飾即以篆縵爲名也按殷傳云未命爲士者不得乘飾車士得乘飾車者後異代法也

附釋音周禮注疏卷第三十九

武寧盧氏宣旬校定

大清嘉慶二十年栞　用文選樓藏本校

知南昌府張敦仁署鄱陽縣候補知州周澍栞

周禮注疏卷三十九挍勘記　阮元撰盧宣旬摘錄

附釋音周禮注疏卷第三十九

冬官考工記第六 唐石經作第十一非

釋曰鄭義既然 釋曰上脫一○

而工聚者者車爲多 補案者字誤重

唐虞已上曰共工 釋文作以上此作已非凡注用以上凡疏用已上

是營城郭郡城之制 惠挍本郡作都

僉曰垂才 閩監毛本才作哉○按賈所據古文尚書如此如張平子碑往才女諸之類也淺人不知乃改作哉字唐初尚書古字多有存者至衛包之改而盡矣

及陰陽之而背是也 余本嘉靖本毛本同閩監本背誤皆當訂正疏中惟毛本不誤

讀如冬資絺綌之資 余本岳本閩本同嘉靖本監毛本無綌字按賈疏引注亦無綌字

夾弓庾弓 毛本同閩監本作臾弓

方面形勢之宜也 閩監毛本勢作埶依經所改

今王既棲會稽之上 監毛本棲改栖閩本誤越

元知有皮玉無水火者 惠挍本作鄭知此誤

謂之王公 按注文云天子諸侯以天子釋王以諸侯釋公也近人或疑作謂之三公誤

唯篇百工一事而已 惠挍本篇作據此誤閩監毛本篇改無非

秦無廬 釋文廬本或作蘆按蘆乃籚之訛說詳下

待乃錢鎛 閩監毛本同誤也岳本嘉靖本待作侍釋文出侍乃二字當據正○按說文人部曰侍者儲侍也

其鎛斯捔 嘉靖本捔誤梱○按此皆用三家詩

盧讀爲纑 漢讀考云纑當作籚若纑字則當云讀如矣釋文盧或作籚正用注說易正文也○按說文竹部籚積竹矛戟矜也

竹欑柲 嘉靖本閩本同釋文作竹欑柲也此脫也字閩監本欑誤從手旁疏中同監本柲又誤祕○按說文欑積竹杖也柲欑也

摩鐗之器 釋文亦作摩鐗是也賈疏作磨鐗非○按說文鐗作鑢

故知爲戟柄也 惠挍本爲下有矛

或有人解盧磨鐗之器者 惠挍本同閩監毛本磨作摩廬字閩監本同毛本作盧

言人人皆能 此本言字實鈌今據惠本補閩監毛本改云

下効之 此本及閩本實鈌此句今據惠挍本補監毛本効作效

運用謂之知 惠挍本閩本同監毛本用作物

無句作磬 惠挍本無作无

相理佐知所爲 閩監毛本相理作但聖誤

周當作舟 余本同嘉靖本閩監毛本云當爲舟按古周舟通詩大東舟人之子箋云舟當作周盧文弨曰堯廟碑委曲舟帀隸釋云以舟爲周

然後可以爲良 監本後誤以

冬定體之屬 閩監毛本同浦鏜云冬定本又作寒奠按弓人寒奠體疏據注義爲冬定非賈本經作冬定也

鸛鴝不踰濟 唐石經諸本同釋文本作鸛鴝云徐劉音權公羊傳同本又作鸜左傳同賈疏本作鸜鵒云左氏傳作鸜鵒公羊傳作鸛鵒此經注皆作鸜字與左氏同按徐邈劉昌宗作鸛音權是此經舊作鸛鴝矣鄭注所引者爲

左氏傳則鄭所據左氏春秋亦作鸛賈疏本唐石經作鸛爲失其舊說文鳥部云古者鴝鵒不踰泲鴝或作鴝不稱周禮或據他書作鴝鵒也。按權勧一語之轉蓋攷工記春秋皆有二本不同依說文別作鴝爲是也

有鴝鵒來巢 余本閩本同誤也嘉靖本監毛本鴝作鸜當據正。按作鴝與說文合不當改

公羊以爲鸛鵒 閩本同監毛本鸛誤鸜

先鄭依或讀爲貉 按貉當作貈

妢胡之笴 諸本同釋文之笴古老反注作稾同唐石經笴作笴漢讀考云可藉以正注中笴字之誤

及箘簬楛 嘉靖本同閩監毛本簬改簵非疏同此本疏中及葉鈔釋文皆作簬釋文楛作枯云音戶尚書作楛音同葉鈔本及余本皆如是通志堂本枯誤楛然則今注作楛爲改同尚書非也

故書笴爲笱 漢讀考笴作笱下同云可與句相亂如尚書盡執抲或作執拘許叔重云俗謂苛之字止句苛水郡國志注作苛水皆其類也杜據儀禮笴字正笱爲字之誤

妢讀爲焚咸丘之焚 漢讀考作讀如

笴讀爲槀謂箭槀 余本嘉靖本閩毛本同誤也監本槀作槀漢讀考云蓋禾槀字引伸爲矢幹字。按釋文曰笴古老反注作槀同今通志堂本譌爲作槀非也槀从木音苦浩反不音古老反也

注荆荆至箭槀 惠校本閩本同監毛本槀作槀下並同。按此皆从禾者爲是

此州中生聆風 監本生誤坐聆風者竹名也

摶埴之工二 唐石經同余本嘉靖本閩監毛本摶作搏下同釋文曰李音團劉音博按注云博之言拍也則當從劉昌宗音博李軌音團釋文唐石經作摶誤也戴震攷工記圖言之詳矣

刮作捖 經義雜記曰儇弓華而睆注說者以睆爲刮節目字或作刮考說文無捖睆即盰之重文義皆不合惟刀部有刓字云剸也从刀元聲一曰齊也二禮當用此字摩刮節目正齊之之意古元完同聲因誤作睆或作捖也

函鮑韗韋裘 唐石經諸本同釋文韗本或作韗同按說文革部云韗攻皮治鼓工也从革軍聲讀若運或从韋作韗是從革者爲正字讀若運與鄭司農同

畫繢鍾筐㡃 唐石經余本嘉靖本閩本同監毛本鍾改鐘非。按依說文㡃當作帵从巾巟聲

陶旊 唐石經諸本同誤也釋文嘉靖本旊作旊注中同案說文瓦部云旊周家摶埴之工也从瓦方聲讀若抵破之抵當據此訂正今本從放非石經考文提要云從五經文字宋纂圖互注本余本作旊下旊人凡陶旊之事並同

侏儒扶盧 閩監毛本同誤也余本嘉靖本盧作盧此本疏弘國語皆作盧當據正說文竹部引作籚此省作盧

鮑讀爲鮑魚之鮑 漢讀考云當作讀如

書或爲鞄 說文鞄柔革工也从革包聲讀若朴周禮曰柔皮之工鮑氏鞄即鮑也按鞄正字鮑假借字是許君所據周禮本亦作鮑蓋周禮多古文假借字也

蒼頡篇有鞄甍 釋文閩監毛本皆作甍此舊作甍訛今訂正余本作甍嘉靖本及漢制考作甍此本疏中兩引作鮑甍非蒼頡篇用正字作鞄从革

韗讀爲歷運之運㡃讀爲芒芒禹迹之芒 漢讀考云讀爲皆當作讀如

旊讀爲甫始之甫 漢讀考云當作讀如

上文其數 閩監毛本文作云

方言戟三刃特 閩監毛本特作持浦鏜云此枝字之誤。按檢方言正作枝

蘧除蒙璆 閩監毛本除非蒢

謂嬴氏曰 毛本作嬴氏當據正

禹降水儆予 毛本降改洚非

由所尚也 閩監本同誤也余本嘉靖本毛本由作周當據正今正

法易之三材六畫 余本嘉靖本同閩監毛本法改灋非疏及下同

上林賦云從風倚移 惠挍本亦倚移從風此誤倒

脊矛二丈也 惠挍本也上有者

蓋以操之爲已戚矣 余本嘉靖本同閩監毛本戚改蹙非按釋文音經戚速徐劉將六反李音促注同是陸本此亦作戚也賈疏引公羊傳作蹙○按戚正蹙俗

初衞侯游于郊子南僕 閩監毛本南誤男

則於馬終古登阤也 唐石經諸本同釋文作登陁

軹崇三尺有三寸也 戴震云軹當作軒音笄下去三以爲軹同詳攷工記圖

加輪與轐二者七寸 浦鏜云軫誤輪

輪人

欲其幎爾而下迆也 唐石經諸本同此本疏中引經迆作迤又按段玉裁云疏云不迆者謂輻上至轂兩兩相當正直不旁迆故云不迆也然則經文下迆本作不迆甚明下乃譌字耳今自唐石經已下經文皆誤而疏中二不迆字亦經淺人改爲下迆不可不正也

謂輻轂上轂至 按當作輻上至轂衍一轂字至轂誤倒

欲其掔爾而纖也 唐石經諸本同宋本脫也字說文掔人臂貌从手臤聲周禮曰輻欲其掔尒

掔讀爲紛容掔參之掔 困學紀聞云即上林賦紛容箾蔘

望其轂欲其眼也 唐石經諸本同說文輥轂齊等貌从車昆聲周禮曰望其轂欲其輥所讀與先後鄭異眼與輥聲相轉戴震從說文

綆讀爲關東言餅之餅 漢讀考作讀如

云爲菑 浦鏜云當作亦爲菑

稹理而堅也 唐石經諸本同釋文稹本又作槙按釋文稹種穊也从禾真聲引周禮稹理而堅是此經舊從禾作槙非也

則轂雖敝不藃 唐石經諸本同釋文藃作歊按說文艸部引周禮轂雖獘不藃

稹讀爲眞祭之眞 漢讀考作讀如云漢時眞音如震

藃當作耗 余本同釋文嘉靖本耗作秏從禾是也閩監毛本作耗非

大而短則摯 唐石經諸本同宋本摯作摰按釋文則摯讀爲槷劉魚列反戚魚結反蓋皆據注讀爲槷也唐石經此摯從執下則無摯而固摯從熱省二字畫然則宋本非○按唐石經非

摯讀爲槷謂輻危槷也 此本及閩監本槷誤摯今據余本嘉靖本毛本訂正

則轂末不堅 宋本嘉靖本無轂按賈疏引注語無轂字今本有者衍文

以其圍之防捎其藪 釋文唐石經捎字皆從手諸本同匠人爲溝洫捎溝三十里賈疏引此作梢其藪字從木當據正唐宋人作書木旁往往變從手○案从才从木二字說文皆有之難以猝定

捎讀爲桑蛸蛸之蛸 余本同誤也嘉靖本閩監毛本作桑螵蛸當據正漢讀考作讀如

藪讀爲蜂藪之藪謂轂空壺中也 九經古義云說文橾車轂中空也从木喿聲讀若藪然則藪本作橾讀爲藪也

蜂藪者猶言趨也藪者衆輻之所趨也 漢讀考云蜂藪者作藪者藪者作蜂藪者云今本互誤

故以防爲三分之一釋之也 惠挍本釋作觧

得二寸仍有一寸三分寸之三在 閩監毛本二寸作三浦鏜云之二誤之三

今大小穿金厚一寸 戴震云今當作令賈疏已誤

鄭司農云讀容上屬 盧文弨曰云疑衍

元謂容者　漢讀考作容轂者補一轂

深三寸半　惠挍本上有鑿

轂不折　唐石經諸本同惠挍本折一作坼非

則雖有深泥　唐石經先作其後改有

謂殺輻之數也　余本之作內。按內字是

非謂揚雄以異方之語不同方言也　惠挍本同下有謂之

謂云喪禮綴足用燕凡骸在南之類　此當作士喪禮綴足燕用几校在南文在既夕記士喪禮之下篇也

則無槷而固　閩監本同誤也唐石經余本嘉靖本毛本槷作槷當據正下及注疏同葉鈔釋文亦作槷魚列反今通志堂誤作槷今正

槷樧也　余本嘉靖本與此本同樧字從木閩監毛本及漢制考從手釋文徐本作掇葉鈔本作樧從手者訛

從木熱省聲　嘉靖本閩監毛本熱作熱是也謂槷字之埶乃熱字省火成埶耳非從形埶字也余本岳本作執省聲誤。按不曰从埶聲者取其音之相近也說文無槷字而有樧字木相摩也今正

孔向外侵三寸之二　按三下當脫分

則是摶以行石也　閩監毛本同誤也唐石經余本嘉靖本摶作摶當據正注及疏同釋文摶徒丸反李又丈轉反字皆從專石經考文提要云宋纂圖互注本宋附釋音本余仁仲本皆作摶

凡揉牙外不廉而內不挫　唐石經諸本同按說文熑火煣車輞絕也从火兼聲周禮曰煣牙外不熑又文選長門賦心熑移而不省故李善引鄭元周禮注曰熑絕也據此則周禮經注廉本作熑今此注作廉絕也釋文無音所據本與許李殊矣揉字亦當从火作煣故上揉輻注云揉謂以火槁之

是用火之善也是故規之以視其圜也　閩本同監毛本刪下九字蓋以爲下經誤衍於此耳此當是疏引經語以證用火之善。按謂之衍文而刪之是也

鄭司農云讀爲萬　按云下當脫禹字

見今車近萬蔓於輪一邊　按今蓋令之誤

若平深均　浦鏜云沈誤深

百二十斤曰石之言也　浦鏜云之言誤倒

故可規可萬　唐石經諸本同惠挍本故上有是

輪人爲蓋　唐石經諸本皆提行釋文不更出輪人字蓋合上爲一節

合爲二十字　岳本嘉靖本閩監毛本同余本十作四皆誤賈疏引注作台爲廿字當據正。按說文省二十爲廿則讀如入省三十爲卅則讀如颯皆不讀爲兩字此所以秦碑用以成四字句也此經二字句絕十字下屬不可用廿字而漢以前寫經者誤合之藉子春之訂正是故漢儒之功大矣

謂覆斡也　余本嘉靖本同閩監毛本斡誤斡疏同毛本下作斡不誤釋文斡作輨云或作斡俱音管。按斡從斗軟聲音管俗音烏八切詳匡謬正俗今時多用俗音矣

參分弓長而揉其一　嘉靖本揉誤楺。按揉依說文當作煣

長爲宇曲鄭又覆言之　惠挍本長下有者此脫又字此本誤文今據惠挍本訂正閩監毛本改反非

此言弓近蓋訃復籠　當作弓近蓋部頭籠

槀車載簑笠　閩本同監毛本槀作槀下同。按从禾者是也據釋文槀古老反是必从禾若从木則苦浩反矣儀禮古文作槀車今文作潦車

良蓋弗冒弗紘　閩監毛本冒誤冐

殷畝而馳不隊　諸本同唐石經作殷畝而馳不墜此本疏亦作畝釋文畝作畝隊仍作隊。按畝者畝之

誤也墜者隊之俗也

輿人

云或深尺四寸三分寸之二者　浦鏜云式誤或

故書較作摧　余本岳本嘉靖本同閩監毛本摧作榷非今釋文作榷余本載音亦作榷○按故書以同音假借說文从手从木二字皆有不能定孰是孰非

使王黑以靈姑鉢率吉　閩監毛本鉢作鉦此蓋鉼之訛

以前較謂四寸九分寸之八　浦鏜云圍誤謂

云直如生焉者　惠挍本直下有者

材有大小相附著　惠挍本下有者

周禮注疏卷三十九挍勘記終

南昌袁泰開挍

附釋音周禮注疏卷第四十

鄭氏注　賈公彦疏

輈人爲輈 輈車轅也詩云五楘梁輈○輈張留反方言云楚衛之間轅謂之輈楘音木本又作鞪同 疏輈人爲輈○釋曰於三十工無輈人之官但車事是難故車官別主此職也云詩云五楘梁輈者秦詩引之者證輈是車轅之事彼注云楘歷録也梁輈上句衡也一輈五束束有歷録是也 **輈有三度軸有三理** 目下事度深淺之數 疏注目下至之數○釋曰云度深淺之數者四尺七寸之等是也 **國馬之輈深四尺有七寸** 國馬謂種馬戎馬齊馬道馬高八尺兵車乘車軹崇三尺有三寸加軫與轐七寸又并此輈深則衡高八尺七寸也除馬之高則餘七寸爲衡頸之間也鄭司農云深四尺七寸謂轅曲中○種章勇反齊側皆反轐音卜舊方木反又音僕 疏注國馬至曲中○釋曰知國馬謂種戎齊道者校人云馬有六種下文有田馬駑馬明此四者當國馬也庾人云馬八尺以上爲龍故鄭云高八尺云兵車乘車軹崇三尺有三寸者上文云兵車輪崇六尺有六寸軹崇三尺三寸加軫與轐四尺是也云餘七寸爲衡頸之間也者按下文注衡圍一尺三寸五分寸之一頸圍九寸十五分寸之九并尺三寸與九寸爲二尺二寸衡圍五分寸之一於十五分寸之九當得十五分寸之三并頸圍十五分寸之九爲十五分寸之十二圍三徑一二十一寸徑七寸餘有一寸十五分寸之十二一寸復分之爲十五分通前十五分寸之十二爲二十七徑得十五分寸之九此九分當爲馬頸低消之先鄭云深四尺七寸謂轅曲中者此據輿以上而言故後鄭從之也 **田馬之輈深四尺** 田車軹崇三尺一寸半并此輈深而七尺一寸半今田馬七尺衡頸之間亦七寸則軫與轐五寸半則衡高七尺七寸 疏注田車至七寸○釋曰鄭以上文田車輪崇六尺有三寸軹崇三尺一寸半并此輈深四尺爲七尺一寸半加軫與轐五寸半摠七尺七寸駑馬高七尺則七寸亦衡頸之間消之也知加軫與轐五寸半不七寸者亦約軹崇與兵車軹崇校寸半明軫轐亦校寸半也云田馬七尺者亦約庾人馬七尺曰騋以其兵車乘車駕國馬明田車騋馬也以此約之明役車駕駑馬也 **駑馬之輈深三尺有三寸** 輪軹與軫轐大小之減率寸半也則駑馬之車軹崇三尺加軫與轐四寸又并此輈深則衡高六尺七寸也今駑馬六尺除馬之高則衡頸之間亦七寸○減本又作減同洽斬反率音類又音律下同 疏注輪軹至七寸也○釋曰鄭以田車之輪下於兵車乘車軹崇及軫轐皆校一寸半則駑馬是六尺之馬所駕之車又宜下故知輪軹軫轐大小之減率例一寸半與田車減兵車乘車同也是以鄭解駑之車皆減田車一寸半也若然衡頸之間同七寸著車雖有高下至於衡頸不得不同故下云小於度謂之無任衡頸用力是同是以不得有麤細 **軸有三理一者以爲媺也** 無節目也 疏軸有至媺也○釋曰上文雖輈與軸並列輈有三度已言軸有三理未說故於此重起端序耳云一者以爲美也者無節目是軸之美狀也 **二者以爲久也** 堅刃也 **三者以爲利也** 滑密 **軓前十尺而策半之** 謂輈軓以前之長也策御者之策也十或作七合七爲弦四尺七寸爲鉤以求其股股則短矣七非也鄭司農云軓謂式前也書或作軋玄謂軓是軓法也謂輿下三面之材輢式之所尌持車正也○軓劉音犯注同軋音犯尌音樹 疏注謂輈至正也○釋曰云軓謂車式式前十尺謂轅曲中而策半之半之策則五尺矣言策者策以禦馬欲取策與輈長短相準合度之意也云十或作七合七爲弦四尺七寸爲鉤以求其股股則短矣者七七四十九四丈九尺四四十六丈六尺七七四十九又得四尺九寸并之二丈九尺九寸算法以鉤除弦以二丈九寸除四丈九尺仍有二丈八尺一寸在然後以求其股以二丈八尺一寸方之爲五尺之方五五二十五用二丈五尺爲方五尺也餘有三尺一寸皆以方一寸乘之得三百一十寸方之三百寸得廣六寸長五尺中分之裨前五尺之方一廂得三寸角頭方三寸三三而九又用一寸之方九餘有一寸之方一在摠得方五尺三寸餘方一寸以此言之則軓前惟有五尺三寸不容馬故云股則短矣七非也云書或作軋玄謂軓是軓法也謂輿下三面之材輢式之所尌持車正也者若然經作軓字不爲軋先鄭以軓爲式前後鄭從古書軋不從軓者以軋爲法是定雖有小儀祭軓字爲車旁凡輿此古書車旁已字雖異同是式前若作軓則不可軓謂轍廣轂末亦爲軓故少儀云祭左右軓軓即轂末考工經涂九軌軌即轍廣是軌不定故從軋也 **凡任木** 目車持任之材 疏注目車持任之材○釋曰此與下經爲目任木即下云任正以下是也 **任正者十分其輈之長以其**

一爲之圍衡任者五分其長以其一爲之圍小於度謂之無任任正者謂輿下三面材持車正者也輈軓前十尺與隧四尺四寸凡丈四尺四寸則任正之圍尺四寸五分寸之二衡任者謂兩軛之間也兵車乘車衡圍一尺三寸五分寸之一無任言其不勝任。隧雖遂反軛於革反勝音升【疏】任正至無任。釋曰任正與衡任麤細不同者各有所宜故不同也是以云小於度謂之無任無任謂折壞不任用也。注任正至勝任。釋曰名任正者此木任力車輿所取正以其兩輢之所樹於此木較式依於兩輢故曰任正也云三面材者此木下及兩旁見面其上面託著輿板其面不見故云三面材也云輈軓前十尺與隧四尺四寸凡丈四尺四寸者以其經云輈則軓前與下揔是輈故鄭通計之一丈得一尺四尺得四寸四寸者一寸爲五分四寸爲二十分得二分故云任正之圍尺四寸五分寸之二云衡任者謂兩軛之間也者服馬有二一馬有一軛軛者厄馬領不得出云兩厄之間則當輈頸之處費力之所者也云兵車乘車衡圍一尺三寸五分寸之一者田車之衡更無別文亦應與兵車乘車同鄭特言此二者都無正文且據尊者而言其田車之衡任亦當同也衡長六尺六寸五尺得一尺又以尺五寸得三寸又以一寸者爲五分得一分故云衡圍一尺三寸五分寸之一也五分其軫間以其一爲之軸圍軸圍亦一尺三寸五分寸之一與衡任相應【疏】注軸圍至相應。釋曰上輿人云輪崇車廣衡長參如一則軫間即輿廣輿衡長俱六尺六寸以六尺六寸五分取一與衡任同故軸圍亦一尺三寸五分寸之一與衡任相應也十分其輈之長以其一爲之當兔之圍輈當伏兔者也亦圍尺四寸五分寸之二與任正者相應【疏】注輈當至相應。釋曰當兔謂輿下當橫軸之處亦通計輈之軓前及隧揔計一丈四尺四寸十分取一故輈之伏兔之處麤細之圍有一尺四寸五分寸之二與相應也參分其兔圍去一以爲頸圍頸前持衡者圍九寸十五分寸之九【疏】注頸前至之九。釋曰衡在輈頸之下其頸於前向下持制衡鬲之輔故云頸前持衡轅者也云圍九寸十五分寸之九者以前當兔圍有一尺四寸五分寸二今以一尺二寸三分之去四寸得八寸又以一寸者分爲十五分二寸爲三十分又以五分寸二者爲六分并三十分爲三十六分三十分去十分得二十分六分者去二分得四分揔得二十四分以十五分爲一寸仍有九分在添前八寸揔九寸十五分寸之九也五分其頸圍去一以爲踵圍踵後承軫者也圍七寸七十五分寸之五十一【疏】注踵後至十一。釋曰輈後承軫之處似人之足跗在後名爲踵故名承軫處爲踵也還以上注九寸十五分寸之九計之取五寸去一寸得四寸仍有四寸九分在一寸爲七十五分四寸爲三百分又以十五分寸之九者轉爲四十五分三百分五分去一去六十分得二百四十分四十五分者五九四十五爲五分分得九分去一九得三十六分并前揔二百七十六分還以七十五分約寸取二百二十五分爲三寸添前四寸爲七寸餘有五十一是以鄭云圍七寸七十五分寸之五十一也凡揉輈欲其孫而無弧深孫順理也杜子春云弧讀爲淨而不汙之汙玄謂弧木弓也凡弓引之中參中參深之極也揉輈之倨句如二可也如三則深傷其力。孫音遜注同弧音胡杜音烏汙李音烏一音紆【疏】注孫順至其力。釋曰言揉者以火揉使曲也欲其孫者欲使順理揉之云無弧深者無得如弓之深弓之深大曲也玄謂弧木弓也者見於三倉六弓皆是角反張者也易云弦木爲弓是木弓也云凡弓引之中參中參深之極也者弓之下制六尺引之引之三尺是中參深之極也云如二可也者六尺引二尺若然九尺得三尺則是弓一尺得三寸三分寸之一輈軓以前十尺國馬之輈深四尺七寸與二不相當者通計一丈四尺四寸并輿下數之故得二也二者輈揔長丈四尺四寸且取丈二尺得四尺餘二尺四寸復得八寸揔爲四尺八寸是國馬之輈猶不滿二之數也言二舉大而言今夫大車之轅摯其登又難既克其登其覆車也必易此無故唯轅直且無橈也大車牛車也摯輖也登上阪也克能也。夫音符摯竹二反覆芳服反易以豉反下注之易喻易同輖音周一音弔或竹二反上時掌反下登上也【疏】今夫至橈也。釋曰攻木之工有七輪人輿人造四馬車自上以來所陳者是也車人造大車柏車羊車是駕牛車自在下車人今於此說大車者但輈人造輈主爲四馬車轅因說駕牛者亦須曲橈之意是以下文云是故輈欲頎典已下還說四馬之轅也此一經說牛車轅不橈之意。注大車至能也。釋曰知大車牛車也者車人大車柏車皆牛車又下文云緧其牛故知牛車也是故大車平地既節軒摯之任及其登阤不伏其輈必縊其牛此無故唯輈直且無橈也阤阪也故書伏作偪杜子春云偪當作伏○縊一臂反劉於計反偪音逼故登阤者倍任者也猶能以登及其下阤也不援其邸必緧其牛後此無故唯輈直且無橈也倍任用力倍也故書緧作鰌鄭司農云鰌讀爲緧關東謂紂爲緧鰌魚字○援音袁邸丁禮反緧音秋緌音秋與緧同○疏注倍任至魚字○釋曰云故書緧作鰌先鄭云鰌讀爲緧關東謂紂爲緧者按方言本紂自關而東韓鄭汝潁而東謂之爲緻或謂之爲曲綸自關而西爲紂云鰌魚字者破故書爲鰌也字猶名也既鰌是魚名明不從故書也是故輈欲頎典頎典堅刃貌鄭司農云頎讀爲懇典讀爲殄駟馬之輈率尺所一縛懇典似謂此也○頎苦很反典音殄又勑殄反注同疏注頎典至此也釋曰此已下還說四馬車輈也先鄭云四馬之輈率一尺所一縛者此即詩五楘梁輈一也○輈深則折淺則負揉之大深傷其力馬倚之則折也揉之淺則馬善負之○倚於綺反疏注揉之至負之○釋曰揉之大深則如上弧深云馬倚之則折也者馬不倚深亦不折故以馬倚之乃折云揉之淺則馬善負之者輈直似在馬背負之相似故善負之本或作若負皆合義不須改也輈注則利準利準故書準作水鄭司農云注則利水謂輈脊上雨注令水去利也玄謂利水重讀似非則久和則安也注則利謂輈之揉者形如注星則利也準則久謂輈之在輿下者平如準則能久也和則安注與準者和人乘之則安○準音水又如字下及注皆同重直用反又直龍反疏注故書至則安○釋曰依後鄭讀當云輈注則利也準則久也和則安也利準不重讀先鄭依故書準爲水解之後鄭不從者輈輈之上縱不爲雨注水無停處故不從也後鄭云輈之揉者形如注星則利也者此無正文亦是後鄭以意解之輈之謂形勢似天上注星車之利也云準則久者準平也亦水之類故以準爲平解之云輈之在輿下者平如準者輈平輿亦平平則穩故得長久也云和則安注與準者和人乘之則安者注謂輈曲中以前準謂在輿下前後曲直調和則人乘之安穩安知據人者見下文云終日馳騁左不倦又云

終歲御衣衽不敝是安據人可知也輈欲弧而折經而無絕揉輈大深則折也經亦謂順理也○疏注揉輈至理也○釋曰云輈欲弧而無折者按上文云孫而無弧深此云欲弧而無折者此欲得如弧無使折無使折則不弧深亦一也此云經而無絕則上文欲其孫亦一也故鄭云經亦謂順理也進則與馬謀退則與人謀言進退之易與人馬之意相應馬行主於進人則有當退時疏注言進至退時○釋曰車是無情之物人馬則有情有情乃有謀今言車與人馬謀者若下文猶能一取皆是喻其利也故鄭云言進退之易與人馬之意相應云馬行主於進人則有當退時者馬之進退由人縱止恐策及之惟知其進故云馬行主於進人則有當退時去住自由路遠則倦故當有退時終日馳騁左不楗杜子春云楗讀爲蹇左面不便馬苦蹇輈調善則馬不蹇也書楗或作券玄謂券今倦字也輈和則久馳騁載在左者不罷倦尊者在左○楗杜音蹇鄭音倦便婢面反罷音皮疏注杜子至在左○釋曰子春意據軍將乘車之法將在中故御者在左楗爲蹇澀解之四馬六轡在御之手而不在中央而在於左故云左面不便馬苦蹇輈調善則馬不蹇不云書楗或作券玄謂今倦字也以爲尋常在國乘車之法尊在左御者中央故取上文和安解之言輈和而久馳騁載在左者不罷倦尊者在左者曲禮云乘君之乘車不敢曠左必式注云君存惡空其位是尊者在左也行數千里馬不契需鄭司農云契讀爲爰契我龜之契需讀爲畏需之需謂不傷蹄不需道里○契苦結反注同需音須又乃亂反疏注鄭司至道里○釋曰云先鄭云契讀爲爰契我龜之契者詩之文也需讀爲畏需之需謂從易需卦之需終歲御衣衽不敝衽謂裳也○衽而甚反又而鴆反疏注衽謂裳也○釋曰禮記深衣續衽鉤邊者據在旁屬帶處至於問喪云扱上衽及曲禮云苞屨扱衽不入公門此皆據深衣十二幅要閒之裳皆是衽故此注云衽謂裳也此唯輈之和也和則安是以然也謂進則與馬謀而下疏注和則至而下○釋曰揔結上進則與馬謀已下四經四者皆由輈和勸登馬力登上也輈和勸馬用力馬力既竭輈猶能一取焉馬止輈尙能一前取道喻易進良輈環灂自伏兔不至軓七寸

軓中有灂謂之國輈伏兔至軓蓋如式深兵車乘車式深尺四寸三分寸之二灂下至軓七寸則是半有灂也輈有筋膠之被用力均者則灂遠鄭司農云灂讀爲灂酒之灂環謂漆沂鄂如環。灂子肖反李音在學反被皮寄反沂魚巾反鄂五各反。〔疏〕注伏兔至如環。釋曰經云自伏兔不至軓七寸者是從內向外之言更云軓中有灂者灂謂漆則七寸外軓內乃有灂云伏兔至軓蓋如式深者伏兔銜車軸在輿下短不至軓軓即輿下三面材是也無伏兔處去軓遠近無文以意斟酌經云自伏兔不至軓七寸明七寸之外更有寸數故鄭云伏兔至軓蓋如式深也即引兵車乘車式深一尺四寸三分寸之二爲證此數即上云隧四寸三分一在外以揉其式是也若然自伏兔至軓亦一尺四寸三分寸之二如是輈轅之深人式下半一尺四寸三分寸二有七寸三分寸一直言半有灂者據七寸不言三分寸之一舉全數而言也言用力均者則灂遠者用力均謂軓前十尺并入式下曲直皆用力則漆入式下七寸是灂遠也先鄭讀灂酒之灂者讀從士冠禮若不體灂用酒之灂也云環灂謂漆沂鄂如環者指謂漆之文理也

軫之方也以象地也蓋之圜也以象天也輪輻三十以象日月也蓋弓二十有八以象星也輪象日月者以其運行也日月三十日而合宿〔疏〕軫之至星也。釋曰此言揔結上車及蓋取象之意云軫之方也以象地也者據輿方而言不言輿言軫者軫是輿之本故舉以言之云蓋之圜也以象天也者即上輿人所造者也云以象星者星則二十八宿一面有七角亢之等是也若據日月合會於其處則名宿亦名辰亦名次亦名房也若不據會宿即指星體而言星也。注輪象至合宿。釋曰云輪象日月者以其運行也日月三十日而合宿者輪乃運行之物至於日則一日行一度一年一周天月行十三度十九分度之七一月一周天又行一辰遂及日而合宿是日月亦是運行之物故以輪象之也

龍旂九斿以象大火也交龍爲旂諸侯之所建也大火蒼龍宿之心其屬有尾尾九星。斿音留宿音秀下同〔疏〕注交龍至九星。釋曰自此以下爲上造車車上皆建旌旂故因說旌旗之義也然此已下九斿七斿六斿四斿之旌旗皆謂天子自建非謂臣下知者以此九七六四不與臣下命相當故也若臣下則皆依命數然天子以十二爲節而今建九斿七斿六斿四斿者蓋謂上得兼下也云交龍爲旂諸侯之所建也者皆司常文此既非臣下所建而鄭引司常者蓋取彼交龍以釋此旂因言諸侯亦建旂非謂此經論諸侯事云大火蒼龍宿之心者書大傳云夏大火中可種黍菽及春秋火出皆此大火一也東方木色蒼東方七宿畫爲龍故曰蒼龍日月季秋會於此星則曰宿角亢氐房心尾箕次比言之則曰心故云大火蒼龍宿之心也云其屬有尾尾九星者是九斿所象也言九斿若此正謂天子龍旂其上公亦九斿若侯伯則七斿子男則五斿大行人所云者是也

鳥旟七斿以象鶉火也鳥隼爲旟州里之所建鶉火朱鳥宿之柳其屬有星星七星。〔疏〕注鳥隼至七星。釋曰云鳥隼爲旟州里之所建司常職文州長中大夫四命里宰下士一命皆不得建此七斿之旟言州里建旟者亦取彼成文以釋旟非謂州里得建七斿也云鶉火朱鳥宿之柳其屬有星星七星者南方七宿畫爲鶉畫爲鳥火色朱日月六月會于柳故云宿之柳也云其屬有星星七星者月令云旦七星中是也不指七星言柳乃云其屬有星者當鶉火三星柳爲首故先舉其首後言其屬也若然上心與尾別辰心非尾之首亦舉心後言其屬尾者心爲大辰雖非本辰亦爲其首也

熊旗六斿以象伐也熊虎爲旗師都之所建伐屬白虎宿與參連體而六星。象伐如字劉扶廢反參色林反〔疏〕注熊虎至六星。釋曰云熊虎爲旗師都之所建者亦司常職文云伐屬白虎宿與參連體而六星者西方七宿畫爲虎金色白孟夏日月會則曰宿參伐六星爲上下是連體也師都鄉遂大夫也鄉大夫雖是六命即得建六斿遂大夫是中大夫四命即不得建六斿此亦謂天子所建也

龜蛇四斿以象營室也龜蛇爲旐縣鄙之所建營室玄武宿與東壁連體而四星。東壁音壁。〔疏〕注龜蛇至四星。釋曰龜蛇爲旐縣鄙之所建者亦司常職文縣正雖是下大夫四命鄙師上士三命即不得建四斿此亦謂天子自建也云營室玄武宿者玄武龜也有甲能禦捍故曰武水色玄孟春日月會故曰宿云與東壁連體而四星者營室是北方七宿室在東壁在西西壁而言東壁者據十月在南方壁在東故云東壁也此星一名室壁一名營室一名水春秋云水昏正而栽是也一名定定之方中是也。

弧旌枉矢以象弧也覲禮曰侯氏載龍旂弧韣則旌旗之屬皆有弧也弧以張縿之幅有衣謂之韣又爲設矢象弧星有矢也妖星有枉矢者蛇行有尾因此云枉矢蓋畫之。韣音獨縿所銜反本又作幓同爲于僞反〔疏〕

注觀禮至晝之。釋曰云弧旌者弧弓也旌旗有弓所以張
縿幅故曰弧旌也云枉矢者就旌旗張縿弓上亦畫枉矢於
上云以象弧也者象天上弧星弧星則矢星也引觀禮侯氏
載弧韣而云旌旗之屬皆有弧者按司常云全羽爲旞析羽
爲旌則無縿幅可張而云旌旗之屬皆弧者此二者無弧而
云之屬者舉衆而言謂若司常注云九旗之帛皆用絳亦舉
衆而言也云有衣謂之韣者韣韜也以衣韜其弓謂之弓韜
月令帶以弓韣是也云又爲設矢象弧星有矢也者天上弧
星有枉矢即引孝經緯枉矢者蛇行有毛目此云枉矢蓋畫
之知畫之者以其弓所以張幅幅非弦不可着矢以畫於縿
上也按孝經援神契云枉矢所以射慝謀輕考異郵曰枉矢
狀如流星蛇行有毛目天文志曰枉矢類大流星蛇行而蒼
黑長數尺

攻金之工築氏執下齊冶氏執上齊鳧氏爲聲㮚氏爲量段氏爲鎛器桃氏爲刃

多錫爲下齊大刃削殺矢鑒燧也少錫爲上齊鍾鼎斧斤戈戟也聲鍾鎛于之屬量豆區鬴也鎛器田器錢鎛之屬刃大刃刀劍之屬。齊才細反下及注皆同段丁亂反削如字李音笑下同燧音遂鎛音溥區烏侯反鬴音輔錢子踐反

疏攻金至爲刃。釋曰此經與下爲目云築氏執下齊冶氏執
上齊者據下文六等言之四分已上爲上齊三分已下爲下
齊築氏爲削在二分中上仍有三分大刃之等亦是下齊若
然築氏於下齊三等之內於此舉中言之鳧氏爲聲按鳧氏
爲鍾此言聲者鍾類非一故言聲以包之故注云聲鍾鎛于
之屬桃氏爲刃按下文桃氏爲劍此言刃變言之者亦是劍
類非一故注云刃大刃刀劍之屬也。注多錫之屬。釋曰
云多錫爲下齊者據下文參分其金而錫居其一謂之大刃
之齊云削殺矢者即下文云五分其金而錫居二謂之削殺
矢之齊是也云鑒燧也者即下文金錫半謂之鑒燧之齊是
也云少錫爲上齊鍾鼎斧斤戈戟也者即下文四分其金而
錫居一謂之戈戟之齊已上皆是上齊若然鳧氏入上齊桃
氏入下齊其㮚氏爲量段氏爲鎛器亦當入上齊中云量豆
區鬴也者左氏傳晏子云齊舊四量豆區釜鍾四升爲豆四
豆爲區各自其四以登於釜釜十則鍾云鎛器田器錢鎛之
屬者詩云庤乃錢鎛注云錢銚鎛鎒是也云刃大刃刀劍之
屬者桃氏爲劍及刃皆大刃也

金有六齊

目和金之品數

六分其金而錫居一謂之鍾鼎之齊五分其金而錫居一謂之斧斤之齊四分其金而錫居一謂之戈戟之齊參分其金而錫居一謂之大刃之齊五分其金而錫居二謂之削殺矢之齊金錫半謂之鑒燧之齊

鑒燧取水火於日月之器也鑒亦鏡也凡金多錫則忍白且明也。則忍音刃

疏金有至之齊。釋曰上文築氏執下齊冶氏執上齊今
於此文戈戟之齊在四分其金而錫居一之中則此已
上六分其金與五分其金在上齊中參分其金已下爲下齊
中可知其斧斤在上齊上齊中惟有冶氏造戈戟則斧斤亦
當冶氏爲之矣。注鑒燧至明也。釋曰云取水火於日月
之器也者司烜氏職文云凡金多錫則刃白且明也者據大
刃已下削殺矢等鑒燧入且明之內

築氏爲削長尺博寸合六而成規

今之書刃

疏築氏至成規。釋曰鄭云今之書刃者漢時蔡倫造紙蒙恬造筆
古者未有紙筆則以削刻字至漢雖有紙筆仍有書刃是古
之遺法也若然則經削反張爲之若弓之反張以合九合七
合五成規也此書刀亦然馬氏諸家等亦爲偃曲却刃也。

欲新而無窮

謂其利也鄭司農云常如新無窮已

敝盡而無惡

鄭司農云謂鋒鍔俱盡不偏索也玄謂刃也脊也其金如一雖至敝盡無瑕惡也。鍔五各反

冶氏爲殺矢刃長寸圍寸鋌十之重三垸

殺矢與戈戟異齊而同其工似補脫誤在此也殺矢用諸田獵之矢也鋌讀如麥秀鋌之鋌鄭司農云鋌箭足入槀中者也垸量名讀爲丸。鋌徒頂反垸音丸齊才細反槀古老反

疏注殺矢至爲丸。釋曰云殺矢與戈戟異齊而同其工者
按上文戟在上齊內殺矢在下齊中是異齊今此同工不可
也云似補脫誤在此也者按下矢人自造八矢殺矢彼已有
此亦有是彼脫漏有人於彼補脫訖更有人補於此是誤在
此也云殺矢用諸田獵之矢也者司弓矢職文先鄭直云垸量
名讀爲丸者其垸是稱兩之名非斛量之號又讀爲丸未知
欲取何義後鄭引之在下者以其垸之度量其名未聞無以
破之故引之在下也

戈廣二寸內倍之胡三之援四之

戈今句孑

戟也或謂之雞鳴或謂之擁頸內謂胡以內接柲者也長四寸胡六寸援八寸鄭司農云援直刃也胡其孑○句古侯反下句兵同柲音祕【疏】戈廣至四之○釋曰戈廣二寸者據胡寬狹云內倍之者據胡下柄入處之長胡三之據胡之長援四之據最上刺刃之長也○注戈今至其孑○釋曰據此上下文戈與戟別而鄭云戈今句孑戟戈戟共爲一者據漢法而言漢時見胡橫之句孑戟云或謂之雞鳴者以其胡似雞鳴故也云或謂之擁頸者以其胡曲故謂之擁頸有此數名也云內謂胡以內接柲者即柄也

已倨則不入已句則不決長內則折前短內則不疾

戈句兵也主於胡也已倨謂胡微直而邪多也以啄人則不入已句謂胡曲多也以啄人則創不決胡之曲直鋒本必橫而取圜於磬折前謂援也內長則援短援短則曲於磬折曲於磬折則引之與胡並鉤內短則援長援長則倨於磬折倨於磬折則引之不疾【疏】已倨至不疾○釋曰此經論戈之所用主於胡故此經言胡之四疾之事○注戈句至不疾釋曰云戈句兵也者下文廬人云句兵欲無彈鄭注云句兵戈戟屬是戈爲句兵以其有胡孑故爲句兵也云主於胡也者以胡爲主言此者欲見此經戈不說援專言胡之意也此經已皆爲大也已倨謂胡頭大舒故云胡微直而邪多也已句謂胡曲多者謂胡大橫也云以啄人則創不決者橫則擁不削物故創不決也云胡之曲直鋒本必橫而取圜於磬折者胡孑橫捷微邪向上不倨不句似磬之折殺也云前謂援也者以其援在上故云前云內長則援短者按上文內倍之四寸援曲之八寸並有定數若胡內長則胡向上侵援無八寸故云內長則援短援短則曲於磬折者由胡向上近援胡頭低胡頭低則胡曲於磬折也胡既與援相近故援共胡並鉤並鉤則援折故云折前也云內短則援長者胡內本四寸今胡近下爲之胡下無四寸故胡上援則長踰八寸矣故云內短則援長也云援長則倨於磬折者以其由胡近下安之則頭舒頭舒則倨於磬折也以頭舒故引之不疾

是故倨句外博

博廣也倨之外胡之裏也句之外胡之表也廣其本以除四病而便用也俗謂之曼胡似此○便婢面反曼莫干反【疏】注博廣至似此○釋曰此經爲除上四疾而生此文故云是故謂起上義也云倨之外胡之裏也者句之外胡之表者倨謂胡上句謂胡下倨與句皆有外廣故云倨之外胡之裏謂胡下近本增使廣句之外胡之表謂於胡上近本增之使廣若然則胡本上下俱寬自然合於磬折無上四疾而便用矣云俗謂之曼胡似此者由胡外廣而本寬曼胡然俗呼爲曼胡似此經所云者也按莊公四年左氏傳楚武王荆尸授師孑焉以伐隨注云孑句孑凡戟而無刃秦晉之間謂之孑或謂之鏔吳揚之間謂之伐東齊秦晉之間其大者謂之曼胡其曲者謂之句孑曼胡

重三鋝

鄭司農云鋝量名也讀爲刷玄謂許叔重說文解字云鋝鍰也今東萊稱或以大半兩爲鈞十鈞爲環環重六兩大半兩鍰鋝似同矣則三鋝爲一斤四兩○鋝色劣反又音劣或音環鍰戶關反又于眷反稱尺證反【疏】注鄭司至四兩○釋曰先鄭讀鋝爲刷取音同後鄭引許叔重說文解字云鋝鍰也者尚書呂刑有墨罰疑赦其罰百鍰及大辟千鍰許氏以此鋝與尚書鍰爲一云今東萊稱或以大半兩爲鈞十鈞爲環環重六兩大半兩鍰鋝似同矣者鋝鍰輕重無文故王肅之徒皆以六兩爲鍰是以鄭引許氏及東萊稱爲證也云大半兩爲鈞者凡數言大者皆二○分之二爲大三分之一爲少以一兩二十四銖十六銖爲大半兩也云十鈞爲鍰者鍰則百六十銖二十四銖爲兩用百四十四銖爲六兩餘十六銖爲大半兩是鍰有六兩大半兩也云鍰鋝似同矣者此從許君之說

戟廣寸有半寸內三之胡四之援五之倨句中矩與刺重三鋝

戟今三鋒戟也內長四寸半胡長六寸援長七寸半三鋒者胡直中矩言正方也鄭司農云刺謂援也玄謂刺者著柲直前如鐏者也戟胡橫貫之胡中矩則援之外句磬折與○中丁仲反注同刺七賜反注同著直略反鐏祖悶反劉祖悶反折與音餘【疏】注戟今至折與○釋曰鄭知此戟三鋒者見此經言援言胡又言刺又按上文戈廣二寸援及接柲長一尺二寸胡長六寸重三鋝此戟廣寸半援及接柲亦長尺二寸胡長六寸狹於戈半寸亦重三鋝明知刺與援別爲三鋒矣云三鋒者胡直中矩言正方也者經云倨句中矩鄭云胡中矩則倨句不中矩謂援爲磬折故爲倨句也先鄭云刺謂援也後鄭不從者經上言援及胡下別言刺明刺與援別若不三鋒輕於戈不得同重三鋝也玄謂刺者著柲直前如鐏者也謂於援胡之橫上中使出者也但長短無文蓋與胡同六寸乃可充三鋝之數也云戟橫胡貫之者胡六寸橫貫三寸直下三寸云胡中矩則援之外句磬折與者援七寸半亦以三寸爲橫稍舉之使不中矩以四寸半者向上爲磬折向外故云外句言與者以經直言倨句中矩鄭以意分中矩於胡似倨句於援上爲磬折故云與以疑之也若然讀經倨句上屬必知三鋒胡向下者三鋒皆向上者無用故廬人注句兵戟

戟屬也

桃氏爲劒，臘廣二寸有半寸，臘謂兩刃○臘力闔反一音獵李魯頰反〔疏〕注臘謂兩刃○釋曰此劒兩刃與今同短則與今異言兩刃者兩面各有刃也兩從半之，鄭司農云謂劒脊兩面殺趨鍔〔疏〕注鄭司至趨鍔○釋曰謂劒刃兩面殺趨鍔鍔即鋒兩廂俱然故云兩也以其臘廣爲之莖圍，長倍之。鄭司農云莖謂劒夾人所握鐔以上也玄謂莖在夾中者莖長五寸○莖戶耕反夾古協反又古洽反下同鐔咸音淫餘劉音尋一音徒南反〔疏〕注鄭司至五寸釋曰二鄭意劒夾是柄莖又在夾中即劒鐔是也○倍上臘二寸半故五寸也中其莖，設其後。鄭司農云謂穿之也玄謂從中以卻稍大之也後大則於把易制○把劉音霸咸必雅反易以豉反〔疏〕注鄭司至易制○釋曰先鄭云穿之謂穿劒夾內莖於中故云中其莖後鄭意設訓爲大故易繫辭云益長裕而不設鄭注云設大也周禮考工曰中其莖設其後故云從中以卻稍大之後大則於把易制也參分其臘廣，去一以爲首廣，而圍之。首圍其徑一寸三分寸之二〔疏〕注首圍至之二○釋曰此首廣謂劒把接刃處之徑也臘廣二寸半參分去一二寸以一寸爲六分二寸爲十二分半寸爲三分添十二爲十五分三分去一得十分取六分爲一寸餘四分名爲六分寸之四六分寸之四即三分寸之二故云一寸三分寸之二也而圍之者正謂圍之故盧人皆以圍爲圍之也身長五其莖長，重九鋝，謂之上制，上士服之；身長四其莖長，重七鋝，謂之中制，中士服之；身長三其莖長，重五鋝，謂之下制，下士服之。上制長三尺重三斤十二兩中制長二尺五寸重二斤十四兩三分兩之二下制長二尺重二斤一兩三分兩之一此今之匕首也人各以其形貌大小帶之此士謂國勇力之士能用五兵者也樂記曰武王克商裨冕搢笏而虎賁之士說劒○裨婢支反劉音卑笏音忽賁音奔說吐活反劉詩悅反〔疏〕注上制至說劒○釋曰知上制長三尺者以其言五其莖長上文長倍之莖長五寸五其莖長二尺五寸并莖五寸爲三尺也

已下皆如此計之可知重三斤十二兩者以其言九鋝鋝別六兩大半兩六九五十四爲五十四兩九鋝皆有大半兩鋝別有十六銖爲百四十四銖二十四銖爲一兩摠爲六兩添前五十四爲六十兩十六兩爲一斤取四十八兩爲三斤餘十二兩故云重三斤十二兩已外皆如此計之亦可知也云此今之匕首也者漢時名此小劒爲匕首也云人各以形貌大小帶之解經上士中士下士非謂三命爲上士之屬宜以據形長者爲上次者爲中短者爲下士云此士謂國勇力之士能用五兵者也者此司右文彼不言勇力之士用劒而言勇力士者以樂記說劒之事知之故引之爲證也武王克商在軍皆韋弁韋弁兵服克商還皆裨冕裨冕則五冕各以尊卑服之而助祭於明堂虎賁之士即勇力之士者也

鳧氏爲鍾，兩欒謂之銑，故書欒作樂杜子春云當爲欒書亦或爲欒欒銑鍾口兩角○欒本又作鑾力端反銑先典反〔疏〕注故書至兩角○釋曰欒銑一物俱謂鍾兩角古之樂器應律之鍾狀如今之鈴不圜故有兩角也銑間謂之于，于上謂之鼓，鼓上謂之鉦，鉦上謂之舞。此四名者鍾體也鄭司農云于鍾脣之上袪也鼓所擊處○鉦音征袪上書反徐上庶反〔疏〕注此四至擊處○釋曰云此四名爲鍾體對下角衡非鍾體也以于爲袪者以鍾脣厚褰袪然故謂之袪也舞上謂之甬，甬上謂之衡。此二名者鍾柄○甬音勇鍾縣謂之旋，旋蟲謂之幹。旋屬鍾柄所以縣之也鄭司農云旋蟲者旋以蟲爲飾也玄謂今時旋有蹲熊盤龍辟邪○旋如字李信犬反蹲音存盤畔干反辟必亦反邪似嗟反〔疏〕注旋屬至辟邪釋曰後鄭舉漢法鍾旋之上以銅篆作蹲熊及盤龍辟邪辟邪亦獸名古法亦當然也鍾帶謂之篆，篆間謂之枚，枚謂之景。帶所以介其名也介在于鼓鉦舞甬衡之間凡四鄭司農云枚鍾乳也玄謂今時鍾乳俠鼓與舞每處有九面三十六○篆直轉反〔疏〕注帶所至十六○釋曰云帶所以介其名也者介間也言四處則中二通上下畔爲四處也舉漢法一帶有九古法亦當然種有兩面面皆三十六也于上之攠謂之隧。攠所擊之處攠弊也隧在鼓中窒而生光有似夫隧○攠音摩劉亡奇反又莫賀反隧音遂窒劉烏車反徐於蛙反又於圭反夫音符〔疏〕注攠所至夫隧○釋曰有二名者攠

據所擊之處䥯弊若禮記云國家䥯弊是也隧者據生光如言故引司烜氏夫隧彼隧若鏡亦生光窐而生光者本造鍾之時即窐於後生光

十分其銑去二以爲鉦以其鉦爲之銑間去二分以爲之鼓間以其鼓間爲之舞脩去二分以爲舞廣此言鉦之徑居銑徑之八而銑間與鉦之徑相應鼓間又居銑徑之六與舞脩相應舞脩舞徑也舞上下促以橫爲脩從爲廣舞廣四分今亦去徑之二分以爲之間則舞間之方恒居銑之四也舞間方四則鼓間六亦其方也鼓六鉦六舞四此鍾口十者其長十六也鍾之大數以律爲度廣長與圜徑假設之耳其鑄之則各隨鍾之制爲長短大小也凡言間者亦爲從篆以介之鉦間亦當六今時鍾或無鉦間○從子容反下同 疏 十分至舞廣○釋曰此鍾從鼓鉦舞三處上下爲十六口徑十而言故鄭云此鍾口十者其長十六云鍾之大數以律爲度廣長與圜徑假設之耳者按周語云景王將鑄無射問律於伶州鳩對曰律所以立均出度古之神瞽考中聲而量量以制度律均鍾韋昭云均平也度律吕之長短以平其鍾和其聲也據此義假令黄鍾之律長九寸以

律計身倍半爲鍾倍九寸爲尺八寸又取半得四寸半通二尺二寸半以爲鍾餘律亦如是其以律爲廣長與圜徑也此口徑寸上下十六者假設之取其鑄之形則各隨鍾之制爲長短大小者此即度律均鍾也凡言間者亦爲從篆以介之即所圖者是也云鉦間亦當六此經不言鉦間故鄭言之以其鼓間六舞間四鉦間方六可知經不言者可知故也今時或無鉦間者見此經無鉦間故也

以其鉦之長爲之甬長并衡數也○數色主反 疏 注并衡數也○釋曰知并衡數以其衡不言其長又以鉦長六爲甬長大長不類故并衡數也

以其甬長爲之圜參分其圜去一以爲衡圜衡居甬上又小 疏 注衡居甬上又小○釋曰以自兩欒已上至甬皆下寬上狹衡又在甬上故宜小於甬一分故三分去一爲衡也

參分其甬長二在上一在下以設其旋令衡居一分則參分旋亦二在上一在下以旋當甬之中央是其正 疏 注令衡至其正○釋曰上文惟以其鉦之長爲甬長并衡數則未知衡與甬長短之定故云令衡居一分假令三分甬居二衡居一則於甬中央下有一分上通衡有二分故云令衡居一分則參分旋亦二在上一在下以旋當甬之中央是其正正謂上有二分下有一分也

薄厚之所震動清濁之所由出侈弇之所由有說說猶意也故書侈作移鄭司農云當爲侈○說徐始銳反注同 疏 注說猶至爲侈○釋曰此鍾薄厚之所震動由鍾體薄厚出聲震動有石有播也云濁之所由出者清濁據聲亦由鍾之厚薄云侈弇之所由與者由鍾口侈弇所與之聲亦有柞有鬱按典同病鍾有十等此但言薄厚侈弇者典同具陳於此略言其意言有意者即下云已厚已薄不得所之意是也

鍾已厚則石大厚則聲不發○大音泰劉他賀反下同 疏 注大厚至不發○釋曰典同亦云厚聲石

已薄則播大薄則聲散 疏 注大薄則聲散○釋曰典同云薄聲甀鄭云甀猶掉也與此聲播亦一也以聲散則掉也

侈則柞柞讀爲咋咋然之咋聲大外也○柞側百反注咋同 疏 注柞讀至外也○釋曰典同注云侈則聲迫筰去疾此聲大外亦一也

弇則鬱聲不舒揚 疏 注聲不舒揚○釋曰典同注云聲鬱勃不出與此注不舒揚亦一也

長甬則震鍾掉則聲不正○掉徒弔反 疏 注鍾掉則聲不正○釋曰典同云薄聲甀甀猶掉也謂聲掉者據鍾形薄則聲掉此不據鍾體據甬長縣之不得所則鍾掉故聲不正也

是故大鍾十分其鼓間以其一爲之厚小鍾十分其鉦間以其一爲之厚言若此則不石不播也鼓鉦之間同方六而今宜異又十分之一猶大厚皆非也若言鼓外鉦外則近之鼓外二鉦外一○近附近之近 疏 注言若至外一○釋曰云鼓鉦之間同方六者據上圖可知言今宜異者此鍾有大小不同明厚薄宜異不得同取六也云又十分之一猶大厚皆非也若言鼓外鉦外則近之者鄭不敢正言是故云近之云鼓外二鉦外一者據上所圖鼓外有銑間乃銑外有二間鉦外唯一間就外中十分之一爲鍾厚可也

鍾大而短則其聲疾而短聞淺則躁躁易竭也○聞音問下同易以豉反 疏 鍾大至短聞○釋曰此二者於樂器中所繫縱聲舒而聞遠亦不可是以樂記云止如槁木不欲聞遠之驗也故鄭云深則安安難息也

鍾小而長則其聲舒而遠聞深則安安難息爲

遂六分其厚以其一爲之深而圜之厚鍾厚深謂窒之也其窒圜故書圜或作圍杜子春云當爲圜【疏】爲遂至圜之。釋曰此遂謂所擊之處初鑄作之時即已深而圜以擬擊也

㮚氏爲量改煎金錫則不耗消湅之精不復減也㮚古文或作歷玄謂鬵當與鍾鼎同齊工異者大器。消湅音練下同復扶又反咸洽斬反本亦作減齊才計反【疏】注消湅至大器。釋曰言改煎金錫者如重煎謂之改煎也不耗耗減也故鄭云消湅之精不復減也玄謂量當與鍾鼎同齊工異者大器者按上文云鳧氏爲磬㮚氏爲量六等之中云六分其金而錫居其一謂之鍾鼎之齊是上齊中不言㮚氏爲量在上齊中鄭以鳧氏爲鍾鍾鼎在上齊之中㮚氏爲量量是鍾類故知亦在上齊之中矣故云量當與鍾鼎同齊也云工異者鳧氏爲鍾不使鳧氏兼造量器大雖同齊使別工爲之不耗然後權之權謂稱分之也雖異法用金必齊。稱尺證反【疏】注權謂至必齊。釋曰云稱分之也者謂稱金多少分之以擬鑄器也云雖異

法用金必齊者法謂模假令爲兩箇鬴即爲兩箇模是異法用金必齊者器之用金多少必須齊均也權之然後準之準故書或作水杜子春云當爲水金器有孔者水入孔中則當重也玄謂準擊平正之又當齊大小【疏】注準故至大小。釋曰子春從故書爲水謂以水齊器後鄭不從者此金仍未鑄器何得已有器以盛水也後鄭以準爲平前經已稱知輕重然後更擊鍛金令平正之齊其金之大小也準之然後量之鑄之於法中也量讀如量人之量【疏】注鑄之至之量。釋曰此量謂既準訖量金汁以入模中鑄作之時也言量讀如量人之量者夏官量人直以量地遠近及物多少此量是量金少多之事故讀從之也量之以爲鬴深尺内方尺而圜其外其實一鬴以其容爲之名也四升曰豆四豆曰區四區曰鬴鬴六斗四升也鬴十則鍾方尺積千寸於今粟米法少二升八寸一分升之二十二其數必容鬴此言大方耳圜其外者爲之脣【疏】注以其至之脣。釋曰言量之以爲鬴者謂量金汁入模以爲六斗四升之鬴云深尺内方尺者此據模之形狀云圜其外者謂向下方尺者鬴之形向上。謂之外邃口圜之

又厚之以爲脣云其實一鬴受六斗四升也云以其容爲之名也者此量器受六斗四升曰釜因名此器爲鬴故云以其容爲之名也云四升曰豆已下至則鍾左氏傳昭三年齊晏子辭連引豆區釜鍾者以其四者皆量器之名也云方尺積千寸者云方尺者上下及旁徑爲方尺縱横皆十。破一寸一截一截得方寸之方百十截則得千寸也又云於今粟米法者筭術有筭粟爲米之法故云粟米法也筭法方一尺深尺六寸二分容一石如前以縱横十截破之一方有十六寸二分容一升百六十二寸容一斗千六百二十寸容一石今計六斗四升爲釜以百六十二寸受一斗六斗各百爲六百六斗各六十六六三十六又用三百六十六斗又各二寸二六十二又用十二寸總用九百七十二寸爲六斗於千寸之内仍有二十八寸在於六斗四升曰鬴又少四升未計入今二十八寸取十六寸二分爲一升添前爲六斗一升餘有十一寸八分又取十一升分爲八十一分以十六寸二分一寸當五分十寸當五十分又有六寸五六三十又當三十分添前爲八十分是十六寸當八十也仍有十分寸之二當一分都并十六寸二分當八十一分如是十一寸八分於八十一分當五十九更得八十一分升之二十二分始得一升添前爲六斗二升復得二升乃滿六斗四升爲鬴也其鬵

一寸其實一豆故書鬵作脣杜子春云當爲鬵謂覆之其底深一寸也。鬵徒門反徐劉徒恩反覆方服反【疏】其鬵至一豆。釋曰此謂鬴之底著地者故子春云覆之其底深一寸也其耳三寸其實一升耳在旁可舉也【疏】其耳至一升。釋曰此鬴之耳在旁可舉謂人以手指舉之處云實一升亦謂覆之所受也重一鈞重三十斤【疏】注重三十斤。釋曰此據律厤志三十斤曰鈞百二十斤曰石其聲中黄鍾之宮應律之首。中丁仲反應應對之應【疏】注應律之首。釋曰十二辰各有律十二律以黄鍾爲初九故擊鬴器之時其聲中黄鍾之宮也不直言中黄鍾之聲而云之宮者十二辰其變聲辰各有五聲則子上有宮商角徵羽五聲具今之所中者中其宮聲不中商角之等故以宮言之也槩而不稅鄭司農云令百姓得以量而不租稅。槩古愛反【疏】注鄭司至租稅。釋曰按鄭志趙商問㮚氏爲量槩而不稅廛人職有稅何荅曰官量不稅若然此官量鎮在市司所以勘當諸廛之量器以取平非是尋常所用故不稅彼廛人所稅在肆常用者也其銘曰時文思索允臻

其極銘刻之也時是也允信也臻至也極中也言是文德之君思求可以爲民立法者而作此量信至於道之中。索所白反求也臻則巾反爲于僞反 疏其銘至其極。釋曰自此至維則是鬴器之上銘文。注銘刻至之中。釋曰云刻之者正謂在模上刻之非謂在器乃刻今之鍾鼎爲文亦爾 嘉量既成以觀四國以觀示四方使放象之。觀古亂反示也又如字注同放方往反 永啓厥後茲器維則永長也厥其也茲此也又長啓道其子孫使法則此器長用之。道音導 凡鑄金之狀故書狀作壯杜子春云當爲狀謂鑄金之形狀 疏凡鑄金之狀。釋曰此文與下爲目自金與錫已下㮚氏鑄冶所候煙氣以知生孰之節 金與錫黑濁之氣竭黃白次之黃白之氣竭青白次之青白之氣竭青氣次之然後可鑄也消湅金錫精麤之候

段氏 闕

函人爲甲犀甲七屬兕甲六屬合甲五屬屬讀如灌注之注謂上旅下旅札續之數也革堅者札長鄭司農云合甲削革裏肉但取其表合以爲甲。屬之樹反下及注同合如字舊音閤注同 疏注屬讀至爲甲。釋曰云屬讀如灌注之注者義取注著之意也云上旅下旅札續之數也者謂上旅之中及下旅之中皆有札續一葉爲一札上旅之中續札七節六節五節下旅之中亦有此節故云札續之數也云堅者札長者則五屬者以其堅壽年多即下經三百年者也 犀甲壽百年兕甲壽二百年合甲壽三百年革堅者又支久 凡爲甲必先爲容服者之形容也鄭司農云容謂象式 疏注服者至象式。釋曰凡造衣甲須稱形大小長短而爲之故爲人之形容乃制革也 然後制革裁制札之廣袤 疏注裁制札之廣袤。釋曰上旅七節六節節數已定更觀人之形容長大則札長廣短小則札短狹故云裁制札之廣袤廣即據橫而言袤即據上下而說也 權其上旅與其下旅而重若一鄭司農云上旅謂要以上下旅謂要以下。要於遥反下同 疏權其至若一。釋曰謂札葉爲旅者以札衆多故言旅旅即衆也先鄭云上旅腰以上謂衣也下旅腰以下謂裳也故春秋傳曰棄其甲裳者也 以其長爲之圍圍謂札要廣厚 疏注圍謂札要廣厚。釋曰此據一札之上先量上下之長乃以長中央圍之一帀如此則長短廣狹相稱也 凡甲鍛不摯則不堅已敝則橈鄭司農云鍛鍛革也摯謂質也鍛革大孰則革敝無強曲橈也玄謂摯之言致。鍛丁亂反摯音至大音泰劉莬餓反致直置反下同 疏注鄭司至言致。釋曰先鄭以摯爲質後鄭不從者質即革之別名非生孰之稱故後鄭爲致致謂孰之至極 凡察革之道眡其鑽空欲其惌也鄭司農云惌小孔貌惌讀爲宛彼北林之宛。鑽作官反空音孔又如字下同惌於阮反或云司農音鬱 疏注鄭司至之宛。釋曰先鄭云惌小孔貌者革惡則孔大革善則孔小驗今亦然讀如宛彼北林之宛者以音讀之 眡其裏欲其易也無敗薉也。易以豉反下同薉音穢本或作穢 眡其朕欲其直也鄭司農云朕謂革制。朕直忍反 櫜之欲其約也鄭司農云謂卷置櫜中也春秋傳曰櫜甲而見子南。櫜音羔劉古道反卷眷勉反下文同 疏櫜之欲其約也。釋曰先鄭引春秋者按昭元年左氏傳鄭公孫黑與子南爭徐吾犯之妹適子南氏子晳怒既而櫜甲而見子南欲殺之彼以衣裏著甲謂之櫜與此別引之者彼以衣藏甲爲櫜此亦以甲衣藏甲爲櫜藏甲爲櫜櫜相似故引以爲證也 舉而眡之欲其豐也豐大 疏舉而至豐也。釋曰此文與上經相對舉之正謂於櫜中取而舉之 衣之欲其無齘也鄭司農云齘謂如齒齘。衣於既反齘戶界反 疏注鄭司至齒齘。釋曰人之齒齘前却不齊札葉參差與齒齘相似故以齘爲喻 眡其鑽空而惌則革堅也眡其裏而易則材更也眡其朕而直則制善也櫜之而約則周也舉之而豐則明也衣之無齘則變也周密致也明有光燿鄭司農云更善也變隨人身便利。更音庚便婢面反 疏眡其至變

也○釋曰此文歷序上文於此揔結之也

鮑人之事 鮑故書或作鞄鄭司農云蒼頡篇有鞄莸○鞄匹學反劉音樸頡戶結反莸人兗反 〔疏〕鮑人之事○釋曰此文與下經爲揔目先鄭取蒼頡篇從故書爲鞄字者鮑乃從魚此官治皮宜從革故玄引先鄭於此取從革旁之義

望而眡之欲其荼白也 韋革遠視之當如茅莠之色○荼音徒莠音酉又音秀 〔疏〕望而至白也○釋曰此官主革不主韋韋自韋氏爲之鄭云韋革者夾句而言耳荼即茅莠也

進而握之欲其柔而滑也 謂親手煩撋之○撋人專反劉而垂反或如詢反

卷而摶之欲其無迆也 鄭司農云卷讀爲可卷而懷之之卷摶讀爲縳一如瑱之縳謂卷縳韋革也迆讀爲既建而迆之之迆無迆謂革不韢○縳直轉反或除面反下同縳直轉反瑱他見反本或作顛音同韗音戲又許皮反 〔疏〕注鄭司至不韢○釋曰先鄭云可卷而懷之論語文云摶讀爲縳一如瑱之縳者按昭二十六年左氏傳云以幣錦二兩縳一如瑱

眡其著欲其淺也 鄭司農云謂郭韋革之札入韋革淺緣其邊也玄謂韋革調善者鋪著之雖厚如薄然○著直略反下眡其著同札側入反劉側列反鋪音吳反又音孚著之直略反又丁略反

察其線欲其藏也 故書線或作綜杜子春云綜當爲系旁泉讀爲綫謂縫革之縷○線思賤反注綫同

革欲其荼白而疾澣之則堅 鄭司農云韋革不欲久居水中○澣戶管反

欲其柔滑而腥脂之則需 故書需作劀鄭司農云腥讀如沾渥之渥劀讀爲柔需之需謂厚脂之韋革柔需○腥於角反劉音屋需人兗反注同劀而髓反又人兗反渥於角反 〔疏〕注鄭司至柔需○釋曰先鄭據詩云既沾既渥生我百穀

引而信之欲其直也信之而直則取材正也信之而枉則是一方緩一方急也若苟一方緩一方急則及其用之也必自其急者先裂若苟自急者先裂則是以博爲帴也 鄭司農云帴讀爲翦謂以廣爲狹也玄謂翦者如俴淺之淺或者讀爲羊豬戔之戔○信音申劉音新下皆同帴音踐或山箭反俴音踐劉仕顯反戔劉音普見反依字才丹反字林非善反沈云馬融音淺于寶爲殘與周易戔戔之字同亦音素千反不知其義或云字則如沈釋而羊豬戔之語未見出處俗謂羊豬脂爲册音素千反豈取此乎按周禮注殘餘字本多作戔宜依殘音 〔疏〕注鄭司至之戔○釋曰先鄭讀帴爲翦者翦亦是狹少之意後鄭轉帴爲淺者從小戎詩俴收之俴讀爲羊豬戔者義亦同按彼小戎詩俴者淺也謂車深四尺四寸其車廣六尺六寸是廣深不得是一方緩一方急以博爲淺以廣爲狹之喻

卷而摶之而不迆則厚薄序也 序舒也謂其革均也

眡其著而淺則革信也 信無縮緩

察其線而藏則雖敝不甐 甐故書或作鄰鄭司農云鄰讀爲磨而不磷之磷謂韋革縫縷沒藏於韋革中則雖敝縷不傷也○甐音吝或作鄰音同注同 〔疏〕注磨而不磷○釋曰先鄭云鄰讀爲磨而不磷之磷者論語孔子辭

韗人爲皐陶 鄭司農云韗書或爲鞠皐陶鼓木也玄謂鞠者以皐陶名官也鞠則陶字從革○韗况萬反衆家並音運鞠音陶徒刀反 〔疏〕注鄭司至從革○釋曰先鄭知皐陶鼓木者以上言爲皐陶下即云長六尺有六寸鼓木之事明皐陶即是長六尺六寸者故知也玄謂鞠者以皐陶名官者依先鄭從鞠爲鼓木還以鞠爲鞠人之官是皐陶官名也鞠即陶字從革若然後鄭爲鞠人爲皐陶不取韗字爲官名

長六尺有六寸左右端廣六寸中尺厚三寸 版中廣頭狹爲穹隆也鄭司農云謂鼓木一判者其兩端廣六尺而其中央廣尺也如此乃得有腹○穹起弓反下同 〔疏〕注版中至有腹○釋曰先鄭以經論鼓木一判更不言版數多少而知得有腹者以版兩端廣六寸中廣一尺自然有腹可知

穹者三之一 鄭司農云穹讀爲志無空邪之空謂鼓木腹穹隆者居鼓三之一也玄謂穹讀如穹蒼之穹穹隆者居鼓面三分之一則其鼓四尺者版穹一尺三寸三分寸之一也倍之爲二尺六寸三分寸之二加鼓四尺穹之徑六尺六寸三分寸之二也此鼓合二十版○邪似嗟反 〔疏〕注鄭司至十版○釋曰先鄭云穹讀爲志無空邪之空者無所指斥故後鄭讀從穹蒼之穹也先鄭云穹隆者居鼓三之一也者言猶未足故後鄭增成玄謂穹讀如穹蒼之穹者謂從

詩云以念穹蒼者也云穹隆者下至合二十版此鄭所言皆從二十版計之乃得面四尺及穹之尺數經既不言版數知二十版者此以上下相約可知何者此鼓言版之寬狹不言面之尺數下經二鼓皆言鼓四尺不言版之寬狹明皆有鼓四尺乃鼓版之廣狹也若然下二鼓皆云鼓四尺明此鼓亦四尺據面而言若然鼓木兩頭廣六寸面有四尺二十版二六十二長丈二尺圍三徑一是一丈二尺得面徑四尺矣以此面四尺穹隆加三之一三尺加一尺其一尺者取九寸加三寸其一寸者爲三分取一分并之得一尺三寸三分寸之一也此據一廂而言倍之爲二尺六寸三分寸之二乃知鼓面四尺摠爲六尺六寸三分寸之二也 **上三正** 鄭司農云謂兩頭一平中央一平也玄謂三讀當爲參正直也 疏 參直者穹上一直兩端又直各居二尺二寸不弧曲也此鼓兩面以六鼓差之賈侍中云晉鼓大而短近晉鼓也以晉鼓鼓金奏。三音參七南反近附近之近 疏 注鄭司至金奏。釋曰先鄭據經云三正解之亦得合義但不定尺寸之數雖言三平恐平中有長短故後鄭增成之云三當讀爲參正直也參直者穹上一直兩端又直各居二尺二寸是三處尺數等是爲參直也云不弧曲也者下皐鼓倨句磬折即弧曲不參直故引證此爲與彼異也云此鼓兩面者下經二鼓言四尺之面此經不言四尺之面故言之對發祭祀三鼓四面已下云以六鼓差之者鼓人雷鼓祀天靈鼓祭地路鼓享鬼下二鼓據鼓人賁鼓鼓軍事皐鼓鼓役事惟此鼓經不言其名五鼓已配訖惟有晉鼓當此鼓可知故引賈侍中云晉鼓大而短近晉鼓也此後鄭所解也云晉鼓鼓金奏者鼓人文也 **鼓長八尺鼓四尺中圍加三之一謂之鼖鼓** 中圍加三之一者加於面之圍以三分之一也面四尺其圍十二尺加以三分一四尺則中圍十六尺徑五尺三寸三分寸之一也今亦合二十版則版穹六寸三分寸之二耳大鼓謂之鼖以鼖鼓鼓軍事鄭司農云鼓四尺謂革所蒙者廣四尺。賁扶云反本或作鼖又作蕡皆同 疏 注中圍至四尺。釋曰云鼓四尺者謂鼓面也云中圍加三之一者謂將中央圍加於面之圍三分之一也云面四尺其圍十二尺加以三分一四尺者添四面圍丈二尺爲十六尺然後徑之十五尺徑五尺餘一尺取九寸徑三寸取餘一寸者破爲三分得一分摠徑五尺三寸三分寸一此言中圍加三之一與上穹三之一者異彼據一相之穹加面三之一故兩相加二尺六寸三分寸二此則於面四尺摠加三分之一則摠一尺三寸三分寸一若然此穹隆少校晉鼓一尺三寸三分寸之一也。與彼穹隆異也今此版亦合二十版者此經云鼓四尺若不二十版亦不合此數也則版穹六寸三分寸二者此亦據一相而言云大鼓謂之鼖者鼖訓爲大對晉鼓長六尺六寸而言若對下文皐鼓長丈二尺則彼又大矣云鼖鼓鼓軍事者鼓人文 **爲皐鼓長尋有四尺鼓四尺倨句磬折** 以皐鼓鼓役事磬折中曲之不參正也中圍與鼖鼓同以磬折爲異 疏 注以皐至爲異。釋曰云以皐鼓鼓役事者鼓人文磬折中曲之不參正也者磬折者麤處近上故不得參正也 **凡冒鼓必以啓蟄之日** 啓蟄孟春之中也蟄蟲始聞雷聲而動鼓所取象也冒蒙鼓以革 疏 注啓蟄至以革。釋曰云啓蟄孟春之中也者正月立春節啓蟄中故云中也云蟄蟲始聞雷聲而動者蟄蟲啓戶由聞雷聲是鼓所取象故以此時冒之按月令仲秋云雷乃始收注雷乃收聲在地中動內物則此云孟春始聞雷聲而動者亦謂未出地時故蟄蟲聞之而動至二月即雷乃發聲出地蟄蟲啓戶而出故月令仲春云日夜分雷乃發聲蟄蟲咸動啓戶而出是也 **良鼓瑕如積環** 革調急也 疏 注革調急也。釋曰瑕與環皆謂漆之文理謂革調急故然若急而不調則不得然也 **鼓大而短則其聲疾而短聞**。聞音問下同 **鼓小而長則其聲舒而遠聞** 疏 鼓大至遠聞。釋曰此乃鼓之病大小得所如上三者所爲則無此病

韋氏 闕

裘氏 闕

畫繢之事雜五色東方謂之青南方謂之赤西方謂之白北方謂之黑天謂之玄地謂之黃青與白相次也赤與黑相次也玄與黃相次也 此言畫繢六色所象及布采之第次繢以爲衣 疏 畫繢至次也。釋曰此一經言衣次畫於衣之事畫繢並言者言畫是摠語以其繢繡皆須畫之言繢則據對方而言自東方已下是也自言東方謂之青至謂之黃六

者先鄭六方有六色之事但天玄與北方黑二者大同小異何者玄黑雖是其一言天止得謂之玄天不得言黑天若據北方而言玄黑俱得稱之是以北方云玄武宿也青與白相次已下論繢於衣爲對方之法也○注此言至爲衣○釋曰鄭云畫繢六色所象者解經地謂之黄已上文云及布采之第次者解經青與白已下文云繢以爲衣者案虞書云予欲觀古人之象日月星辰山龍華蟲作繢是據衣如言繢故鄭云繢以爲衣也

青與赤謂之文赤與白謂之章白與黑謂之黼黑與青謂之黻五采備謂之繡 此言刺繡采所用繡以爲裳 疏 注此言刺繡采所用繡以爲裳○釋曰此一經皆北方爲繡次凡繡亦須畫乃刺之故畫繡二工共其職也云繡以爲裳者案虞書云宗彝藻火粉米黼黻絺繡鄭云絺紩也謂刺繡於裳故鄭云刺以爲裳也衣在上陽陽主輕浮故畫之裳在下陰陰主沉重故刺之也

土以黄其象方天時變 古人之象無天地也爲此記者見時有之耳子家駒曰天子僭天意亦是也鄭司農云天時變謂畫天隨四時色 疏 土以黄其至時變○釋曰此乃六色之外別增此天地二物於衣故於下特言之也○注古人至時色○釋曰鄭云古人之象無天地也者此據虞書日月以下不言天地云爲此記者見時有之耳者古人既無天地若記者不見時君畫於衣記人何因輒記之爲經典也子家駒曰天子僭天意亦是也者按公羊傳云昭公謂子家駒云季氏僭于公室久矣吾欲殺之何如子家駒曰天子僭天諸侯僭天子彼云僭天者未知僭天何事要在古人衣服之外別加此天地之意亦是僭天故云意亦是也先鄭云天時變謂畫天隨四時色者天逐四時而化育四時有四色今畫天之時天無形體當畫四時之色以象天地若然畫土當以象地色也

火以圜 鄭司農云爲圜形似火也玄謂形如半環然在裳○圜音環 疏 注鄭司至在裳○釋曰先鄭云爲圜形似火也後鄭云如半環然此亦與先鄭不別增成之耳孔安國以爲火字也與此別也知在裳者虞書藻火已下皆在裳

山以章 章讀爲獐獐山物也在衣齊人謂麇爲獐○獐音章麇俱倫反

水以龍 龍水物在衣 疏 注章讀至爲獐○釋曰馬氏以爲獐山獸畫山者并畫獐龍水物畫水者并畫龍鄭即以獐表山以龍見水此二者各有一是一非古人之象有山不言獐有龍不言水今記人既有獐有水止可畫山兼畫獐畫龍兼畫水何有

棄本而遵末也

鳥獸蛇 所謂華蟲也在衣蟲之毛鱗有文采者 疏 注所謂至采者○釋曰云所謂華蟲也者所謂虞書云山龍華蟲彼畫華蟲次在龍下此文亦次龍下故知當華蟲也言華者象章華言蟲者是有生之揔號言鳥以其有翼言獸以其有毛言蛇以其有鱗以首似鷩亦謂之鷩冕也故云蟲之毛鱗有文采也虞書有十二章於此惟言四章又兼言天地而不云日月星藻與宗彝者記人之言略說之耳

雜四時五色之位以章之謂之巧 章明也繢繡皆用五采鮮明之是爲巧 疏 注章明至爲巧○釋曰此經揔結上文也上有六色此言五者下別言素功故言五或可玄黑共說也

凡畫繢之事後素功 素白采也後布之爲其易漬汙也不言繡繡以絲也鄭司農說以論語曰繢事後素○爲于僞反

鍾氏染羽以朱湛丹秫三月而熾之 鄭司農云湛漬也丹秫赤粟玄謂湛讀如漸車帷裳之漸熾炊也羽所以飾旌旗及王后之車○湛子潛反或子鴆反又音鴆秫音述漸子潛反下湢漸同 疏 注鄭司至之車○釋曰染布帛者在天官染人此鍾氏惟染鳥羽而已要用朱與秫則同彼染祭服有玄纁與此不異故也案染人云春暴練夏纁玄注云凡染當及盛暑熱潤始湛研之三月而後可用若然云以朱湛丹秫三月而熾之熾之當及盛暑熱潤則初以朱湛丹秫當在春日豫湛至六月之時即染之矣玄謂湛讀如漸車帷裳之漸者讀從衛詩也云羽所以飾旌旗及王后之車者司常云全羽爲旞析羽爲旌自餘旗旟竿首亦有羽旌巾車有重翟厭翟翟車之等皆用羽是也案夏采注云下采夏翟羽色禹貢徐州貢夏翟之羽有虞氏以爲綏後世或無故染鳥羽象而用之謂之夏采此是鍾氏所染者也

淳而漬之 淳沃也以炊下湯沃其熾烝之以漬羽漬猶染也○淳章均反注及下同 疏 注淳沃至染也○釋曰上熾之謂以朱湛丹秫三月末乃熾之即以炊下湯淋所炊丹秫取其汁以染鳥羽而又漸漬之也

三入爲纁五入爲緅七入爲緇 染纁者三入而成又再染以黑則爲緅緅今禮俗文作爵言如爵頭色也又復再染以黑乃成緇矣鄭司農說以論語曰君子不以紺緅飾又曰緇衣羔裘爾雅曰一染謂之縓再染謂之竀三染謂之纁詩云緇衣之宜兮玄謂此同色耳染布帛者染人掌之凡玄色者在緅緇之間其六入者與○纁許云反緅側留反劉祖侯反復扶又反紺古闇反縓倉

緰反范倉亂反窺勑貞反本又作赬亦作頳與音餘〔疏〕注染纁至者與○釋曰凡染纁玄之法取爾雅及此相兼乃具按爾雅一染謂之縓再染謂之窺三染謂之纁三入謂之纁即與此同此三者皆以丹秫染之此經及爾雅不言四入及六入按士冠有朱紘之文鄭云朱則四入與是更以纁入赤汁則爲朱以無正文約四入爲朱故云與以疑之云論語曰君子不以紺緅飾者淮南子云以涅染紺則黑於涅涅即黑色也纁若入赤汁則爲朱若不入赤而入黑汁則爲紺矣若更以此紺入黑則爲緅而此五入爲緅是也紺緅相類之物故連文云君子不以紺緅飾也若更以此緅入黑汁即爲玄則六入爲玄但無正文故此注與士冠禮注皆云玄則六入與更以此玄入黑汁則名七入爲緇矣但緇與玄相類故禮家每以緇布衣爲玄端也云禮俗文作爵言如爵頭色者以其爵赤多黑少故也

筐人闕

㡛氏湅絲以涚水漚其絲七日去地尺暴之故書涚作湄鄭司農云湄水温水也玄謂涚水以灰所泲水也漚漸也楚人曰漚齊人曰涹○㡛音芒湅音練下同涚書

銳反漚烏豆反李又烏侯反暴步卜反劉步莫反下同湄劉音眉一音奴短反泲子禮反涹烏禾反又於僞反一音乃罪反〔疏〕注故書至曰涹○釋曰諸家及先鄭皆以涚水爲温水後鄭獨不從者禮有涚齊謂泲酒爲涚則此涚亦當泲灰汁爲涚故不從温水也云齊人曰涹者亦是漚義晝暴諸日夜宿諸井七日七夜是謂水湅宿諸井縣井中湅帛以欄爲灰渥淳其帛實諸澤器淫之以蜃渥讀如繒人渥菅之渥以欄木之灰漸釋其帛也杜子春云淫當爲涅書亦或爲湛鄭司農云澤器謂滑澤之器蜃謂炭也士冠禮曰素積白屨以魁柎之說曰魁蛤也周官亦有白盛之蜃蜃蛤也玄謂淫薄粉之令帛白蛤今海旁有焉○欄音練李又來踐反或音蘭渥烏豆反與漚同注渥菅同蜃當軫反練以陵反菅古顏反湛子潛反冠古亂反屨九具反魁苦迴反又作魌柎方于反蛤古盍反粉如字劉方問反〔疏〕注渥讀至有焉○釋曰鄭云渥讀如繒人渥菅之渥者按哀八年吳伐魯云初武城人或有因於吳竟田焉拘鄫人之漚菅者曰何故使吾水滋是其事引士冠禮曰素積白屨以魁柎之者謂皮弁服白布衣而素積以爲裳屨裳同色故素積白白屨故以蜃灰柎之也清其灰而盝之而揮之清澄也於灰澄而出盝晞之晞而揮去其蜃○盝音鹿揮音輝去起呂反而沃之而盝之而塗之而宿之更渥淳之明日沃而盝之朝更沃至夕盝之又更沃至旦盝之亦七日如漚絲也○朝此一字張遥反餘皆朝廷之朝晝暴諸日夜宿諸井七日七夜是謂水湅〔疏〕晝暴至水湅○釋曰湅帛湅絲蓋有二法上文爲族湅法此文是水湅法也

附釋音周禮注疏卷第四十

大清嘉慶二十年重刊
用文選樓藏本校

知南昌府張敦仁署鄱陽縣候補知州周澍栞

周禮注疏卷四十挍勘記　阮元撰盧宣旬摘錄

附釋音周禮注疏卷第四十

輈人　程瑤田云輈人恐輿人之誤

五嫠梁輈　嘉靖本嫠作孫釋文嫠本又作犛同

為二尺二寸　惠挍本同閩監毛本二作三誤

并此輈深而七尺一寸半　諸本同誤也按賈疏釋此注云并此輈深四尺為七尺一寸半則而乃為字之譌當據正

則軫與轐五寸半則衡高七尺七寸　諸本同賈疏兩偁此注皆云加軫與轐五寸半此作則誤當據正又按賈疏釋此二句注下始曰云田馬七尺者云云則賈疏本今田馬七尺衡頸之閒亦七寸十二字注在此下矣今本失其次

駑馬高七尺　浦鏜云田誤駑

亦約庾人馬七尺曰騋　閩監毛本庾誤庾

輪軹與軫轐大小之減　釋文作之咸云本又作減同合斬反○按古多叚咸為減如左傳不為末咸讀末減是也

是以鄭解駑之車　補各本駑下有馬字此本脫

云一者以為美也者　閩監毛本美作媺依經所改非

軌前十尺　閩監本同誤也唐石經余本嘉靖本毛本軌作軓注疏及下不至軓同當據正釋文曰軓前劉音犯注同

合七為弦　按合當令字之訛九章盈不足有假令

四尺七寸為鉤　諸本同按鉤當作句輪人注云二尺為句

元謂軌是軌法也　余本嘉靖本毛本軌皆作軓賈疏本皆作軓漢讀考作軌是軓法也其說曰元謂軌是句絕謂作軓是也下文軓法也以下十九字乃釋軓字之義以見於此經無涉書或作軓非也賈疏全誤

轂末亦為軌　監本末誤未

祭左右軌軌即轂末　惠挍本軌皆作軹是也

輈軌前十尺　余本閩監毛同嘉靖本毛本軌作軓是也

云兩厄之間　浦鏜云軛誤厄

五分其軫間　毛本間誤問

以其一為之當兔之圍　唐石經諸本同余本兔作兎俗字下伏兔同

故云頸前持衡轅者也　浦鏜云轅衍字

五分寸二　浦鏜云寸下脫之

分得九分去一九得三十六分　宋本閩本同監毛本作四寸十五分寸之九在得三十六分誤甚

弧讀為淨而不汙之汙　閩監毛本同此淺人臆改也余本宋本嘉靖本淨作盡當據正釋文汙作污○按盡而不汙見左傳成十四年汙讀為紆曲之紆世有淺人以淨與汙反對亦可哂也

今夫大車之轅摯　唐石經岳本嘉靖本閩本同余本監毛本摯改摯非注及下同釋文作轅摯竹二反

唯轅直　唐石經嘉靖本同閩監毛本唯改惟下作唯與唐石經諸本合

故書鰌作鰒　諸本同釋文作鯜音秋與鰌同漢讀考云集韻鰌鯜同字本此則陸本注無鰒魚字三字與賈本異

按方言本紂　浦鏜云車誤本

頎讀為懇典讀為殄　漢讀考云讀為皆當作讀如故下仍云頎典不云懇殄也

輈注則利準利準則久　唐石經諸本同惠士奇云依注則準二字衍按注云利水重讀似非也則司農於經文利水兩迴讀之耳必不增經可知注中鄭司農云下當有利水重讀四字故後鄭辨之云利水重讀似非淺人於經既增重文因刪司農重讀之言矣

謂輈脊上雨注　閩監毛本同余本嘉靖本雨作兩誤

輈之謂形勢　盧文弨曰疑當作謂輈之形勢

輈欲弧而折　補各本而下有無字此本脫本脫

元謂券今倦字也　九經古義云說文券勞也从力漢涼州刺史魏君碑云施舍不券

將在中　惠按本下有央

不敢曠在　當從閩本作曠左

需讀爲畏需之需　釋文需音須又乃亂反注同漢讀考云乃亂反當是耎字說文大部耎稍前大也讀若畏偄人部偄弱也畏耎即畏偄也

伏兔至軌　余本閩監本同嘉靖本毛本軌作軓是也

灂下至軓七寸　閩監毛本同誤也余本岳本嘉靖本下作不當據正○按不至軓七寸舉經文也戴震攷工記圖亦同俗本作下

灂讀爲灂酒之灂　漢讀考云當作讀如

環謂漆沂鄂如環　余本岳本同嘉靖本閩監毛本謂上有灂字按疏中亦有

一尺四寸三分寸二有七寸三分寸一　閩本同監毛本寸下皆有之

先鄭讀灂酒之灂者　補各本上灂下有爲字此本脫

故因說旌旗之義也　惠按本閩本同監毛本旌誤旍

然此巳下　閩監毛本巳改以

東方七宿畫爲龍　惠按本宿作星監本畫誤晝

師都之所建　漢讀考師作帥○按說文引周禮率都建旗故段玉裁知此師必帥之譌也

孟夏日月會則日宿　浦鏜云日宿誤日

龜蛇四斿　閩監毛本同唐石經余本嘉靖本作龜虵注同

與東璧連體　閩監毛本同誤也嘉靖本璧作壁釋文東辟音壁此本疏中作東辟又作東壁○按古書多作辟宿

蛇行有尾因　閩監毛本同誤也宋本嘉靖本尾因作毛目惠按本及此本疏中尾因皆作毛目當據以訂正

以畫於縿上也　閩本同監毛本以改故

長數尺　浦鏜云漢志作望如有毛目然○按疏必引此以爲鄭注毛目之證也自毛目誤爲尾因乃妄改去此句矣開元占經引春秋合誠圖曰枉矢水流虵行含明故有毛目陰合於四故長四丈觀此可爲毛目沾一證知長數尺之爲妄語矣

攻金之工　唐石經自此巳下及築氏爲削皆跳行釋文諸本此節皆連上輈人爲節

三分以下爲下齊　閩監毛本巳改以

注多錫之屬　補錫下當有至字

錢銚錢鎛是也　監本鎛誤鏄按下錢當作鎛

謂之鑒燧之齊　諸本同唐石經缺葉鈔釋文作鑒隧○按作燧作隧皆說文𤎅字之誤耳其實此於𤎅燧無涉秋官夫遂祇作遂是爲正字

凡金多錫則忍白且明也　賈疏本嘉靖本忍作刃釋文則忍音刃按忍古堅韌字言金中多錫則刃堅忍而色明白作刃蓋非○按此葢陸本作忍孔本作刃不同也忍刃皆有堅意此作忍爲長

㮚氏

治氏

重三垸　戴震考工記補注云鋝讀如丸十一銖二十五銖之十三垸其假借字也

足入槀中者也　余本嘉靖本閩監本同岳本毛本槀作稾所載釋文同○按从禾是也箭莖曰稾字不从木

讀爲丸　漢讀考云疑當作讀如

司弓矢職文　此本職字剜擠閩監毛本排入

或謂之雞鳴　余本閩本同監毛本雞作鷄疏及漢制考同

漢時見胡撗之句孑戟　此本時字日旁缺壞閩監毛本遂誤爲特今據漢制考訂正閩監毛本撗從木

鋒本必橫　余本嘉靖本同閩監毛本鋒誤鋒疏及下同

胡孑橫捷　浦鏜云插誤捷從三禮圖挍○按捷者古字儀禮注多用之

援曲之八寸　浦鏜云四誤曲

云倨之外胡之裏也者句之外胡之表者　當作云倨之外胡之裏也句之外胡之表也者

吳揚之間謂之伐　閩監毛本揚作楊據方言九伐爲戈之誤

讀爲刷　漢讀考作讀如

十鈞爲環環重六兩大半兩　余本兩環字空缺浦鏜云鍰誤環按釋文不出環字三鋝下云或音環賈疏兩引此注先作環後作鍰

鍰鋝似同矣　漢讀考云當作環鍰似同

皆二分之二爲大　浦鏜云三分誤二分

是鋝有六兩大半兩也　此鋝亦鍰之誤上引注作十鈞爲鍰段玉裁云鋝當作環

三鋝者　余本閩監本同誤也嘉靖本毛本作三鋒此本疏中引注亦作三鋒者當據以訂正閩監本疏同

桃氏

兩從半之　盧文弨曰通考軍器門引兩從半之并引疏云劒面通廣二寸半其兩從中分各一半也從自脊中而分兩邊也今諸本脫此文

鄭司農云謂穿之也　余本嘉靖本同閩監毛本云下有中按中字當有

元謂從中以郤　余本嘉靖本郤作卻○按从卩是也

故云一寸三分寸二也　閩本同監毛本分寸下有之

中制長一尺五寸　閩監本同誤也余本嘉靖本毛本作二尺當據正

宜以據形長者爲上　宋本同閩監毛本宜作直

鳧氏

對下角衡非鍾體也　按角乃甬之誤

旋蟲謂之幹　唐石經諸本同程瑤田云幹當作斡說文斡蠡柄也然則鍾柄亦得名斡矣○按凡旋者皆得云斡

故引司垣氏夫隧　閩監毛本垣改烜

此鍾口十者　閩監十誤寸疏中此本閩本同

廣長與圜徑　諸本同浦鏜云圓誤圜疏同

是其主　余本同嘉靖本閩監毛本主作正按賈疏作正

云濁之所由出者　補各本云下有淸字此本脫

𥎞去疾 補各本𥎞下有出字此本脫

鍾大至短聞 宋本此節疏在鍾小而長節下則短聞當作遠聞

於樂器中所繫縱聲 閩本同監毛本繫作擊

舒而聞遠 閩監毛本作遠聞下同

爲遂 諸本同唐石經遂字偏旁辵欽盧文弨曰通考遂作隧與上合戴震亦云遂當作隧○按遂是古字說文無隧字隧乃後世俗字耳

㮚氏 此本㮚訛臬閩監毛本作桌亦非今據唐石經嘉靖本訂正

則不秏 唐石經嘉靖本毛本同余本閩監本秏作耗俗字下同

消湅之精不復減也 閩監本同嘉靖本毛本湅作凍按釋文湅音練減作咸云本又作減○按湅𣿅也从水柬聲米曰湅絲曰練金曰鍊其爲求精一也故字相假借

此言大方耳 余本嘉靖本同閩監毛本大誤內當據正漢制考亦作大方

圜其外者爲之脣 岳本嘉靖本同誤也余本閩監毛本爲作謂當據正○按爲字不誤

向上謂之外 浦鏜云上當下字訛

縱橫皆十 宋本十作平

十寸當五十分 監本五十誤千

其底深一寸也 余本底誤厎

其耳三寸 唐石經諸本同浦鏜云一寸訛三寸○按未聞其說

此據律厤志 閩監毛本厤字下從日

消湅金錫精麤之候 閩監本湅作鍊非上注作湅

叚氏 余本閩本同嘉靖本監毛本叚作段唐石經作叚今據正

函人

凡甲鍛不摯 唐石經岳本嘉靖本閩本同余本監毛本摯作摰誤注及疏同釋文亦作摰葉鈔本誤摰

致謂孰之至極 閩本同監毛本下有

彼以衣裹著甲謂之襄 閩監毛本裹作表

明有光燿 嘉靖本同閩監毛本燿作耀

鮑人

蒼頡篇有鞄宛 余本同嘉靖本監本宛作菀閩毛本作[illegible]○按閩毛本是說文[illegible]从北从皮省从敻省

卷而搏之 閩監毛本同誤也唐石經余本嘉靖本搏作摶當據正釋文摶之直轉反注及疏同

搏讀爲縛一如瑱之縛 余本嘉靖本作摶讀爲縳釋文縳一直轉反當據正下同釋文瑱本或作顛○按顛乃顚之誤

謂革不韢 余本嘉靖本毛本同閩本韢作鞞監本作韝皆訛

故書需作[illegible] 釋文音經則需人兖反注同音注作[illegible]而䫶反又人兖反漢讀考據此作故書耎作[illegible]經及下準此

如俴淺之淺 閩監毛本同誤也余本岳本嘉靖本作如俴淺之俴當據以訂正

讀爲羊豬戔之戔 監本豬誤猪漢讀考云戔當與棧同通俗文板閣曰棧公羊傳亡國之社掩其上而柴其下周禮注作棧其下羊豬之圈薦以柴木不必均平且多罅漏革緩急不齊急者先裂猶棚棧之不平多隙也

後鄭轉帴爲淺者 閩本同誤當從監毛本淺作俴

從小戎詩小戎淺收之俴 閩監毛本俴誤淺按淺收亦當作俴

則雖敝不甐 唐石經諸本同釋文甐或作𤭛

韗人

鞠則陶字從革 賈疏述注云鞠即陶字儀禮大射儀疏引此注同當據正

後鄭爲鞠人爲臯陶 浦鏜云上爲疑謂字訛

穹讀爲志無空邪之空 九經古義云古空與穹同毛詩白駒在彼空谷文選注引韓詩作在彼穹谷薛君曰穹谷深谷也○按段玉裁云志無空邪者弟子職之志無虛邪也

乃鼓版之廣狹也 浦鏜云乃當及字訛

謂之鼖鼓 唐石經諸本同釋文之賁本或作敼又作鼖皆同

加以三分一四尺 浦鏜云分下脫之疏同

今亦合二十版 嘉靖本誤衍作二十四版

少校晉鼓一尺三寸三分寸之一也 浦鏜云也當是字訛屬下句

革調急也 各本同段玉裁曰通典一百四十四曰革鼓瑕如積環革謂急也經傳革訓急者多矣調字不可通而疏曲爲之說故知唐時善本之存者尚多鞔鼓之法以緊爲貴至緊而後瑕如積環也

裘氏 唐石經余本嘉靖本閩本同監毛本裘改𧚍非

畫繢之事

是以北方云元武宿也 惠挍本云作言

當畫四時之色以象天地 浦鏜云地當也字訛

增成之耳 此本成誤城閩監毛本改爲滅惠挍本作成今訂正

鳥獸蛇 閩監毛本同唐石經余本嘉靖本蛇作虵此本疏同

言華者象章華 惠挍本作象草華此誤

鄭司農說以論語曰 岳本嘉靖本無曰此衍

鍾氏

凡染當及盛暑熱潤 浦鏜云石誤凡

以炊下湯沃其熾 諸本同賈疏云以炊下湯淋所炊丹秫按上注云熾炊也此蓋謂以湯沃所炊丹秫也漢讀考謂當云沃其羽

七入爲緇 監毛本入誤入

鄭司農說以論語 余本嘉靖本同閩監毛本說作云誤

再染謂之竀 釋文竀本又作䞓亦作赬按今爾雅作赬○按古段借字也

而此五入爲緅是也 浦鏜云而當則字誤

㡛氏 閩監毛本同唐石經嘉靖本㡛作㡆五經文字作㡆云見周禮按說文巾部云㡆設色之工治絲練者从巾巟

聲

以涗水漚其絲 唐石經諸本同按釋文水部云涗財溫水也从水兌聲周禮曰以涗漚其絲引周禮無水字故書涗作湄鄭司農云湄水溫水也與說文義同疏又云諸家及先鄭皆以涗水爲溫水是賈馬諸氏義亦與許鄭同也

故書涗作湄 釋文湄劉音眉一音奴短反漢讀考云湄當作渜士喪禮渜濯棄於坎古文渜作湪湪涗同字猶禒稅同字○按釋文當云一作渜音奴短反今本奪作渜二字湄無反奴短之理也

以灰所沛水也 葉鈔釋文余本沛作𣹟

晝暴諸曰 閩監本晝誤畫

渥讀如繪人渥菅之渥 余本岳本嘉靖本閩本同毛本繪改鄶監本人誤入此本菅誤管今據諸本訂正釋文出繪人渥菅四字今左傳作鄶人漚菅賈疏本作鄶

蜃謂炭也　余本岳本嘉靖本同閩監毛本炭作灰按賈疏云蜃灰

淸登也　余本同誤也嘉靖本閩監毛登作澄當據正今从

湅白湅絲　閩本同誤也當從監毛本作湅帛今从

蓋有二法　閩本同惠挍本蓋作皆監毛本誤者

周禮注疏卷四十挍勘記終

南昌袁泰開挍

附釋音周禮注疏卷第四十一

鄭氏注　賈公彦疏

冬官考工記下

玉人之事鎮圭尺有二寸天子守之命圭九寸謂之桓圭公守之命圭七寸謂之信圭侯守之命圭七寸謂之躬圭伯守之命圭者王所命之圭也朝覲執焉居則守之子守穀璧男守蒲璧不言之者闕耳故書或云命圭五寸謂之躬圭杜子春云當為七寸玄謂五寸者璧文之闕亂存焉○信音身朝直遥反下皆同【疏】玉人至守之○釋曰云玉人之事者謂人造玉瑞玉器之事此一句揔與下諸文為目圭名鎮名信及躬備於宗伯○注命圭至存焉○釋曰云命圭者王所命之圭也者公羊傳云錫者何賜也命者何加我服也於王以策命諸侯之時非直加之以車服時即以圭授之以為瑞信者也朝覲執焉者典瑞

云公執桓圭以下朝覲宗遇會同于王諸侯相見亦如之是也云居則守之者謂以為鎮守者也故云居則守之子守穀璧男守蒲璧典瑞宗伯大行人俱有其文於此不言之者闕也鄭云闕者若韋氏㭬氏之類亦闕也若然經有鎮圭按典瑞云王執鎮圭繅藉五采五就以朝日鄭不言者有典瑞可參故直舉諸侯可知也子春破故書五寸當從經七寸後鄭不從以從故書為五寸五寸是璧文之闕亂存者命圭是伯五寸是子男故亂存也天子執冒四寸以朝諸侯名玉曰冒者言德能覆蓋天下也四寸者方以尊接卑以小為貴【疏】注名玉至為貴○釋曰鄭知名玉曰冒言德能覆蓋天下者按書傳云古者必有冒言不敢專達之義天子執冒以朝諸侯見則覆之注云君恩覆之臣敢進是其冒覆之事按孔注顧命云言冒所以冒諸侯圭以齊瑞信方四寸邪刻之不言冒以覆蓋天下者義得兩含故注有異故書傳云古者圭必有冒亦是冒圭之法也此冒據朝覲諸侯時執之詩殷頌云受小球大球為下國綴旒注云小球尺二寸大球長三尺與下國結定其心如旌旗之旒彼據天子與諸侯盟會故云結定其心故執鎮圭不執冒也天子用全上公用龍侯用瓚伯用將鄭司農云全純色也龍當為尨尨謂雜色玄謂全純玉也瓚讀為餈屨之屨龍瓚將皆雜名也卑者下尊以輕重為差玉多則重石多則輕公侯四玉一石伯子男三玉二石○龍莫江反瓚才旱反下同司農音讚將如字劉音陽餈之然反屨作旦反下遐嫁反【疏】注鄭司至二石○釋曰此經因天子以下執玉遂說尊卑之玉善惡不同先鄭云全純色也龍當為尨尨謂雜色後鄭以為全純玉也純玉即純色義無殊瓚讀為餈屨之屨者臨人職有餈食漢時有膏屨今連言餈屨者取雜意云龍瓚將皆雜名者謂玉之雜名此亦含雜色必知後鄭玉雜中含色者見鄭異義駮云玉雜則色雜則知玉全色亦全也云卑者下尊以輕重為差玉多則重石多則輕知者見盈不足術曰玉方寸重七兩石方寸重六兩云公侯四玉一石伯子男三玉二石者按禮緯云天子純玉尺二寸公侯九寸四玉一石伯子男三玉二石此注出於彼但此經公與侯異注及彼文公侯同又彼伯子男同十寸皆與此經不同者彼據殷法但玉石多少與周同故引之也若然公侯同四玉一石而龍瓚異者蓋玉色有別也繼子男執皮帛謂公之孤也見禮次子男贄用束帛而以豹皮表之為飾天子之孤表帛以虎皮此說玉及皮帛者遂言見天子之用贄○見禮賢遍反下同

【疏】注謂公至用贄○釋曰此公之孤上不言子男而此云繼子男者以上文不見子男也不見者以子男與伯同用三玉二石故略其文見子男與伯等以是得言以皮帛繼子男也以大行人注言之此亦是孤尊更以其贄見也知諸侯孤飾贄以豹皮天子之孤飾以虎皮者郊特牲云虎豹之皮示服猛也二者皮中為美虎皮又貴天子孤尊故知義然也天子圭中必必讀如鹿車縪之縪謂以組約其中央為執之以備失隊○必府結反戚如字縪劉府結反沈音畢云劉音非也按北俗今猶有此語音如劉音蓋古語乎劉音未失組約如字劉阿駁反為于偽反隊直類反【疏】注必讀至失隊○釋曰上列天子及公侯伯之圭於此獨言天子圭中必者按聘禮記五等諸侯及聘使所執圭璋皆有繅藉及絢組絢組所以約圭中央恐失墜即此中必之類若然圭之中必尊卑皆有此不言諸侯圭舉上以明下可知云讀如鹿車縪之縪者俗讀之也此縪絢組一也四圭尺有二寸以祀天郊天所以禮其神也典瑞職曰四圭有邸以祀天旅上帝○邸丁禮反又音帝下文同【疏】注郊天至上帝○釋曰此圭典瑞直言所用禮神不言尺寸故此言之此直言尺二寸按典瑞注先鄭云中央為璧圭著其四

面一玉俱成又云圭未四出若然此尺二寸者未知璧在中央通兩畔摠計爲尺二寸未知除璧之外兩畔之圭各有一尺二寸據下祼圭尺有二寸而言則此四圭圭別尺有二寸仍未審以璧爲邸邸徑幾許禮既無文不可強記也引典瑞者證祀天爲夏正郊所感帝兼國有故旅祭五帝之事亦以此圭禮神也

大圭長三尺杼上終葵首天子服之王所搢大圭也或謂之珽終葵椎也爲椎於其杼上明無所屈也杼閷也相玉書曰珽玉六寸明自炤○杼直呂反珽他頂反椎直追反下同閷色界反劉色例反殺字之異者本或作殺下取殺殺文同相息亮反炤音照〔疏〕大圭至服之○釋曰言大圭者以其長故得大圭之稱言服之者以其搢於衣帶之間同於衣服故以服言之○注王所至自炤○釋曰云王所搢大圭也者典瑞云王搢大圭執鎮圭繅藉五采五就以朝日是也云或謂之珽者玉藻云天子搢珽方正於天下也鄭云言珽然無所屈此注亦云明無所屈皆對諸侯爲荼大夫前屈後屈故云無所屈也云終葵椎也者齊人謂椎爲終葵故云終葵椎也云相玉書曰珽玉六寸明自炤者謂於三尺圭上除六寸之下兩畔殺去之使已上爲椎頭言六寸據上不殺者而言云明自炤者玉體瑜不掩瑕瑕不掩瑜善惡露見是其忠實君子於玉比德焉言忠實故云明自炤也引之者證大圭者爲終葵六寸已下杼之也

土圭尺有五寸以致日以土地致日度景至不夏日至之景尺有五寸冬日至之景丈有三尺土猶度也建邦國以度其地而制其域○景度待洛反下注同〔疏〕土圭至土地○釋曰言土圭謂度土地遠近之圭故云土圭○注致日至其域○釋曰云致日度景至不者於地中立八尺之表於中漏半夏至日表北尺五寸景與土圭等冬至日丈三尺爲景至若不依此皆爲不至故云度景至不也但景至與不至皆由君政得失而來度之者若不至使君改德教也云夏日至之景尺有五寸冬日至之景丈三尺者皆通卦驗文大司徒亦云夏日至之景尺有五寸謂之地中云土猶度也建邦國以度其地而制其域者此度地封諸侯日景一分地差百里五等諸侯直取五分景已下無取尺寸之義也

祼圭尺有二寸有瓚以祀廟祼之言灌也或作淉或作果祼謂始獻酌奠也瓚如盤其柄用圭有流前注○祼古亂反注淉果皆同〔疏〕祼圭至祀廟○釋曰鄭注小宰云惟人道宗廟有祼天地大神至尊不祼故此唯云以祀廟典瑞兼云以祼賓客此不言者有典瑞故作文略也○注祼之至前注○釋曰讀祼爲灌者取水灌之義云祼謂始獻酌奠也者小宰注云祼亦謂祭之啐之奠之以其尸不飲故云奠之按司尊彝注祼謂始獻尸郊特牲注云始獻神也者以其祼入獻于尸故云獻尸二灌主爲降神故云獻神三注雖曰不同其義一也云瓚如盤其柄用圭有流前注者鄭注典瑞引漢禮瓚盤大五升口徑八寸下有盤口徑一尺言有流前注者案下三璋之勺鼻寸是也言前注者以尸執之向外祭乃注之故云有流前注也

琬圭九寸而繅以象德琬猶圜也王使之瑞節也諸侯有德王命賜之使者執琬圭以致命焉繅藉也○琬於阮反繅音早使所吏反下同藉慈夜反〔疏〕琬圭至象德○釋曰典瑞云琬圭以治德以結好此不言結好此文略彼云治德據使者而言此言象德據圭體而說彼不言有繅此言有繅亦是互見爲義○注琬猶至藉也○釋曰云諸侯有德王命賜之使者執琬圭以致命焉者若天王使毛伯來錫公命公羊云錫者何賜也命者何加我服也是諸侯有德王使人賜命之事也

琰圭九寸判規以除慝以易行凡圭琰上寸半琰圭琰半以上又半爲瑑飾諸侯有爲不義使者征之執以爲瑞節也除慝誅惡逆也易行去煩苛○琰餘冉反慝吐得反易以豉反又音亦改也行音下孟反注同以上時掌反瑑直轉反去起呂反苛音何〔疏〕注凡圭至煩苛○釋曰知凡圭琰上寸半者禮記雜記云知此琰圭琰半以上又半爲瑑飾者以其言判判半也又云規明半以上琰至首規半以下爲瑑飾可知云諸侯有爲不義使者征之執以爲瑞節也者此釋除慝故引經文除慝誅惡逆也云易行去煩苛者此非惡逆之事直政教煩多而苛虐是諸侯行惡故王使人執之以爲瑞節易去惡行

璧羨度尺好三寸以爲度鄭司農云羨徑也好璧孔也爾雅曰肉倍好謂之璧好倍肉謂之瑗肉好若一謂之環玄謂羨猶延其袤一尺而廣狹焉○羨以善反延也又音賤徑也好呼報呼老二反注同肉柔又柔育二反下同瑗于眷反劉于願反袤音茂〔疏〕注鄭司至狹焉○釋曰引爾雅欲見此璧好三寸好即孔也兩畔肉各三寸兩畔共六寸是肉倍好也後鄭云羨猶延其袤一尺而廣狹焉者是羨爲不圜之貌造此璧之時應圜徑九寸今減廣一寸以益上下之袤一寸則上下一尺廣八寸故云其袤一尺而廣狹焉狹焉謂八寸也以爲度者天子以爲量物之度也

圭璧五寸以祀日月星辰禮其神也圭其邸爲璧取殺於上帝〔疏〕

注禮其至上帝。釋曰此圭璧謂以璧爲邸旁有一圭故云圭其邸爲璧也云取殺於上帝者按上文四圭以祀天此曰月星辰爲天之佐故一圭是取殺於上帝也按典瑞云兩圭有邸以祀地璋邸射以祀山川彼山川亦取殺於地此不言者文略彼又有珍圭牙璋此不言者亦是文略並玉人造之可知。

璧琮九寸諸侯以享天子享獻也聘禮享君以璧享夫人以琮。琮才宗反。〔疏〕注享獻至以琮。釋曰按小行人二王後享天子及后用圭璋則此璧琮九寸據上公引聘禮者欲見經云享天子用璧享后用琮此據上公九命若侯伯當七寸子男當五寸。

穀圭七寸天子以聘女納徵加於束帛〔疏〕注納徵加於束帛。釋曰自士已上皆用玄纁束帛但天子加以穀圭諸侯加以大璋也

大璋中璋九寸邊璋七寸射四寸厚寸黃金勺青金外朱中鼻寸衡四寸有繅天子以巡守宗祝以前馬射琰出者也勺故書或作約杜子春云當爲勺謂酒尊中勺也鄭司農云鼻謂勺龍頭鼻也衡謂勺柄龍頭也玄謂鼻勺

流也凡流皆爲龍口也衡古文橫假借字也衡謂勺徑也三璋之勺形如圭瓚天子巡守有事山川則用灌焉於大山川則用大璋加文飾也於中山川用中璋殺文飾也於小山川用邊璋半文飾也其祈沈以馬宗祝亦執勺以先之禮王過大山川則大祝用事焉將有事於四海山川則校人飾黃駒。射食亦反注及下注同勺上灼反注同衡音橫注衡謂並同祈沈如字劉居綺反小爾雅曰祭山川曰祈沈按爾雅祭山曰庪縣祭川曰浮沈祈音九委反今讀宜依爾雅音大祝音泰校戶教反〔疏〕大璋至前馬。釋曰此經說王巡守出行過山川禮敬之事三璋據爲勺柄黃金勺以下據爲勺頭。注射琰至黃駒。釋曰射琰出者也者向上謂之出謂琰半已上其半已下爲文飾也先鄭云鼻謂勺龍頭鼻後鄭增成其義衡謂勺柄龍頭後鄭不從玄謂衡古文爲橫謂勺徑破先鄭爲勺柄云三璋之勺形如圭瓚者圭瓚之形前注已引漢禮但彼口徑八寸下有盤。徑一尺此徑四寸徑既倍狹明所容亦少但形狀相似耳故云形如圭瓚也知用灌者以其圭瓚灌宗廟明此巡守過山川用灌可知於大山川已下至半文飾皆無正文鄭君以意解之云祈沈以馬者取校人飾黃駒故知馬也知宗祝亦執勺以先之者即引大祝職云王過大山川則大祝用事焉是大祝用此經黃金勺之事也云將有事于四海山川則校人飾黃駒者校人職文引之者見禮山川非直灌亦有牲牢以山川地神故用黃駒也大祝職云王過大山川大祝用事不言中山川小山川者舉大者而言或使小祝爲之也

大璋亦如之諸侯以聘女亦納徵加於束帛也大璋者以大璋之文飾之也亦如之者如邊璋七寸射四寸〔疏〕注亦納至四寸。釋曰鄭知以大璋之文飾之者以其與上大璋同名明以大璋之文飾之也又知如邊璋七寸射四寸者以其天子穀圭七寸以聘女諸侯不可過於天子爲九寸既文承邊璋之下而言亦如之明知如邊璋七寸射四寸也

瑑圭璋八寸璧琮八寸以覜聘瑑文飾也覜視也聘問也衆來曰覜特來曰聘聘禮曰凡四器者唯其所寶以聘可也。覜吐弔反〔疏〕瑑圭至覜聘。釋曰此謂上公之臣執以覜聘用圭璋享用璧琮於天子及后也若兩諸侯自相聘亦執之侯伯之臣宜六寸子男之臣宜四寸。注瑑圭至可也。釋曰云瑑文飾也者凡諸侯之臣覜聘並不得執君之桓圭信圭之等直瑑爲文飾耳云覜視也聘問也者按大宗伯云時聘曰問殷覜曰視故據彼而言也云衆來曰覜特來曰聘者衆來則元年七年十一年一服朝之歲來者衆也

特來則天子有事乃來無常期者是也引聘禮者彼亦云圭璋璧琮四器故引以爲證云所寶謂不聘時寶之

牙璋中璋七寸射二寸厚寸以起軍旅以治兵守二璋皆有鉏牙之飾於琰側先言牙璋有文飾也。鉏劉李側魚反沈徐加反〔疏〕注二璋至飾也。釋曰牙璋起軍旅治兵守正與典瑞文同彼無中璋者以其大小等故不見也牙璋起軍旅則中璋亦起軍旅二璋蓋軍多用牙璋軍少用中璋鄭知二璋皆爲鉏牙之飾者以其同起軍旅又以牙璋爲首故知中璋亦有鉏牙但牙璋文飾多故得牙名而先言也

駔琮五寸宗后以爲權駔讀爲組以組繫之因名焉鄭司農云以爲稱錘以起量。駔音祖稱尺正反錘直僞反劉直危反〔疏〕駔琮至爲權。釋曰此后所用故五寸降於下文天子所用七寸者也。注駔讀至起量。釋曰駔讀爲組者於義無取於駔故從組以其用組爲繫言因名焉者以組爲繫名組綜似以玉飾豆即名玉豆其類也先鄭云以爲稱錘以起量量者量自是升斛之名而云爲量者對文量衡異散文衡亦得爲量以其量輕重故也

大琮十有二寸射四寸厚寸是

謂內鎮宗后守之如王之鎮圭也射其外鉏牙【疏】注如王至鉏牙釋曰言大琮者對上駔琮五寸爲大也言十有二寸者并角徑之爲尺二寸言射四寸者據角各出二寸兩相并四寸言是謂內鎮者對天子執鎮圭爲內謂若內宰對大宰爲內內司服對司服爲內王不言外者男子居外是其常但婦人陰則得內稱也云射其外鉏牙者據八角鉏故云鉏牙也

駔琮七寸鼻寸有半寸天子以爲權鄭司農云以爲權故有鼻也【疏】駔琮至爲權○釋曰此天子以爲權故有鼻上后權不言鼻者舉以見后亦有鼻可知

兩圭五寸有邸以祀地以旅四望邸謂之柢有邸僢共本也○柢音帝劉作柘戶古反僢昌絹反【疏】兩圭至四望○釋曰此亦依典瑞所解謂祀神州之神於北郊及國有故旅祭四望以對四圭有邸祀天及旅上帝也若天地自用黃琮云僢共本也者亦一玉俱成兩圭尺相對爲僢也

瑑琮八寸諸侯以享夫人獻於所朝聘君之夫人也【疏】瑑琮至夫人○釋曰言以享夫人則是諸侯自相朝所用致享者也五等諸侯朝天子享用璧琮不降瑞若自相享降瑞一等此八寸據上公二王後自相享亦用璧琮八寸侯伯當六寸子男自相享退用琥璜降用四寸經言諸侯正是朝注兼云聘者其臣聘瑑圭璋璧琮亦皆降一等與君寸數同故兼言聘也此經直言瑑琮不言瑑璧以享君文略可知也

案十有二寸棗㮚十有二列諸侯純九大夫純五夫人以勞諸侯純猶皆也鄭司農云案玉案也夫人天子夫人玄謂案玉飾案也夫人王后也記時諸侯僭稱王而夫人之號不別是以同王后於夫人也玉案十二以爲列王后勞朝諸侯皆九列聘大夫皆五列則十有二列者勞二王之後也棗㮚實於器乃加於案聘禮曰夫人使下大夫勞以二竹簋方玄被纁裏有蓋其實棗烝㮚擇兼執之以進○勞力報反注同被皮寄反【疏】案十至諸侯釋曰案十有二寸者謂玉案十有二枚云棗栗十有二列案案皆有棗栗爲列十有二者還據案十二爲數不謂一案之上十有二也○注純猶至以進○釋曰先鄭云夫人天子夫人後鄭不從者勞諸侯以王后爲主豈不見后先見三夫人乎故不從也玄謂案玉飾案也者以其在玉人故知以玉飾案也云記時諸侯僭稱王者春秋之世吳楚及越僭號稱王而吳楚夫人不稱后是夫人之號不別也云是以同王后于夫人也者周王與吳楚同號王故周王后號亦下同吳楚之夫人也云案十有二以爲列者徵破賈馬以此十二列比聘禮醯醢夾碑百甕十以爲列云王后勞朝諸侯皆九列聘大夫皆五列則十二列勞二王之後也者以其經夫人以勞諸侯文在下摠結上文三者故以此義推量之也云棗㮚實于器乃加於案者此約聘禮故即引聘禮爲證也聘禮五介入境張旜是侯伯之卿大夫聘者也而主國夫人使下大夫勞賓以二竹簋方者簋法圓今此竹簋方爲之者此或棗㮚與黍稷簋異也玄被者以玄繢爲表彼聘禮諸侯夫人使下大夫勞無案直有棗栗此后勞有棗栗又亦有案引之者證此棗栗亦盛於竹簋者也

璋邸射素功以祀山川以致稍餼邸射剡而出也致稍餼造賓客納稟食也鄭司農云素功無瑑飾也餼或作氣杜子春云當爲餼○造七報反【疏】注邸射至爲餼○釋曰云以祀山川者謂四望之外所有山川皆是云邸射剡而出也者向上向上謂之出半圭曰璋璋首邪却之今於邪却之處從下向上摠邪却之名爲剡而出云致稍餼造賓客納稟食也者謂賓客在館主君使人造賓客納稟食稟食則米者也以其經云稍餼稍稍致之是食米曰稟者也

楖人闕○楖莊密反本或作櫛

雕人闕○雕音彫本亦作彫

磬氏爲磬倨句一矩有半必先度一矩爲句一矩爲股而求其弦既而以一矩有半觸其弦則磬之倨句也磬之制有大小此假矩以定倨句非用其度耳○倨音據句沇音鉤注同劉如字先度待洛反【疏】注必先至度耳○釋曰鄭云必先度一矩爲句者據上曲者一矩爲股據下直者而求其弦者弦謂兩頭相望者云既而以一矩有半觸其弦者假令句股各一尺今以一尺五寸觸兩弦其句股之形即磬之倨句折殺也云磬之制有大小者按樂云磬前長三律二尺七寸後長二律尺八寸是磬有大小之制也云此假矩以定倨句非用其度耳者謂此經倨句各一矩并一矩有半皆假設言之以定倨句及其作磬非用此度自依律長短爲之也

其博爲一博謂股博也博廣也【疏】注博謂至廣也○釋曰鄭知此博是股廣在上者以其下文因此博而云股爲二明此博即股廣也此上下云一二三者此亦假一二三而爲長短廣狹故不言尺寸也

股爲二鼓

爲三參分其股博去一以爲鼓博參分其鼓博以其一爲之厚鄭司農云股磬之上大者鼓其下小者所當擊者也玄謂股外面鼓內面也假令磬股廣四寸半者股長九寸也鼓廣三寸長尺三寸半厚一寸。去起呂反令力呈反後皆同〔疏〕注鄭司至一寸。釋曰先鄭云股磬之上大者鼓其下小者以其股面廣鼓面狹故以大小而言也玄謂股外面也者以其在上故以爲外鼓內面也者以其在下故以爲內言假令者經直言一二三不定尺寸是假設之言也若定尺寸自當依律爲短長也以四寸半爲法者直取從此已下爲易計非實法也已上則摩其旁鄭司農云磬聲大上則摩鑢其旁玄謂大上聲清也薄而廣則濁。已上時掌反注同大音泰劉它賀反下同鑢音慮〔疏〕注鄭司至則濁。釋曰先鄭直云摩鑢其旁不言處所故後鄭增成之凡樂器厚則聲清薄則聲濁今大上是聲清故摩使薄薄而廣則濁也已下則摩其耑大下聲濁也短而厚則清。耑音端劉又音穿本或作端〔疏〕注大下至則清。釋曰此聲濁由薄薄不可使厚故摩使短短則形小形小則厚厚則聲清也

矢人爲矢鍭矢參分茀矢參分一在前二在後參訂之而平者前有鐵重也司弓矢職茀當爲殺鄭司農云一在前謂箭稾中鐵莖居參分殺一以前。鍭矢音侯劉音侯茀音殺色黠反劉色例反李音拂訂音亭劉當定反稾古老反下同〔疏〕注參訂至以前。釋曰云參訂之而平者以其言參分一在前二在後明據稱量得訂而言之云前有鐵重也者若不前鐵重何以參分得訂也引司弓矢職者彼鍭矢與殺矢相對茀矢自與增矢相對此上既言鍭矢明下宜有殺矢對之故破此茀爲殺也先鄭云一在前謂箭稾中鐵莖居參分殺一以前者後鄭意直據近鏃鐵多先鄭據長短又以參分殺一近鏃宜細以其鏃長近鏃雖殺猶重與後鄭義合故引之在下也兵矢田矢五分二在前三在後鐵差短小也兵矢謂枉矢絜矢也此一矢亦可以田田矢謂增矢。絜苦結反又音結增音增〔疏〕注鐵差至增矢。釋曰云鐵差短小也者前參分一在前得訂此五分二在前得訂故知鐵差短小也云兵矢謂枉矢絜矢也者以司弓矢職參之下有七分當茀矢增矢此五分當枉矢絜矢也云田矢謂增矢者依鄭志此云田矢謂增矢非謂經中田矢正是下文七分者若然既非經之田矢鄭言之者欲見增矢正田矢此經二矢亦可以田若然經枉矢絜矢非直爲兵矢亦將田獵故云此二矢亦可以田也按鄭志趙商問司弓矢注云凡矢之制增矢之屬七分三在前四在後按矢人職曰田矢五分二在前三在後注云田矢謂增矢數不當應不知所裁荅曰田矢謂增矢此先定後云此二矢亦可以田頃若少疾此疏初在篋笥之間屬錄事得之謹荅若然鄭君本意以增矢爲田矢非經田矢自是尋常田矢此二矢亦可以田解經四矢是枉矢絜矢非直爲兵矢此二者亦可以田也此鄭云田矢謂增矢按司弓矢職枉矢絜矢言利諸田獵茀矢增矢直言弋射不言田獵而云田矢者弋射即是田獵也按司弓矢職枉矢絜矢在前後乃云鍭矢殺矢此矢人先言鍭矢殺矢者彼據事之重者爲先以其枉矢絜矢用諸戰伐是重故在前此據鐵輕重重者在前故不同也殺矢七分三在前四在後鐵又差短小也司弓矢職殺當爲茀。殺依注爲茀劉符弗反李音拂〔疏〕注鐵又至爲茀。釋曰上經已破茀當爲殺此殺固宜爲茀與增矢同七分故亦引司弓矢證之也此經直言茀矢不言增矢者以其與茀矢同制故略而不言也言鐵又差短小也者以其前五分二在前此七分三在前是差短小也參分其長而殺其一矢稾長三尺殺其前一尺令趣鏃也。殺本又作閷色界反注下皆同趣七喻反一音促鏃子木反或七木反〔疏〕注矢稾至鏃也。釋曰按稾人注矢服長短之制未聞今此注云矢稾長二尺彼以無正文故云未聞此云三尺者約羽六寸逆差之故知三尺也五分其長而羽其一羽者六寸。羽于付反注及下同以其笴厚爲之羽深笴讀爲稾謂矢幹古文假借字厚之數未聞。笴古老反下相笴同水之以辨其陰陽辨猶正也陰沈而陽浮。辨皮勉反劉方免反〔疏〕注辨猶至陽浮。釋曰就其浮沈刻記之夾其陰陽以設其比夾其比以設其羽夾其陰陽者弓矢比在稾兩旁弩矢比在上下設羽於四角鄭司農云比謂括也。夾古洽反劉古協反比毗志反下及注同〔疏〕注夾其至括也。釋曰云弓矢比在稾兩旁者以其弓豎用之故比在稾之兩畔云弩矢比在上下者以其弩弓橫用之故比在稾上下云設羽於四角者無問弓之矢弩之矢比在兩旁上下皆設羽於四角同也參分其羽以

設其刃刃二寸【疏】注刃二寸。釋曰知刃二寸者以其言參分其羽以設其刃不可參分取二分作四寸刃明知參分取一得二寸爲刃故知刃二寸則雖有疾風亦弗之能憚矣故書憚或作但鄭司農云讀當爲憚之以威之憚謂風不能驚憚箭也。憚音怛都達反李直旦反注同李又直丹反刃長寸圍寸鋌十之重三垸刃長寸脫二字鋌一尺。鋌直頂反垸音丸【疏】注刃長至一尺。釋曰知脫二字者據上參分其羽以設其刃若刃一寸則羽三寸矢一尺五寸便大短明知脫二字也前弱則俛後弱則翔中弱則紆中强則揚羽豐則遲羽殺則趮言幹羽之病使矢行不正俛低也翔迴顧也紆曲也揚飛也豐大也趮旁掉也。趮音躁子到反旁掉也沇又色到反掉徒弔反是故夾而搖之以眡其豐殺之節也今人以指夾矢儛衛是也。搖本又作搯羊招反【疏】是故至節也。釋曰上經陳幹羽失所今此經說知矢之羽病狀故云夾而搖之以眡其豐殺之節也

橈之以眡其鴻殺之稱也橈搦其幹。橈乃孝反稱尺證反搦女角反【疏】橈之至稱也。釋曰此經說知矢幹之病狀此言鴻即上文强是也此言殺即上文弱是也凡相笴欲生而摶同摶欲重同重節欲疏同疏欲桌相猶擇也生謂無瑕蠹也摶讀如摶黍之摶謂圜也鄭司農云欲桌欲其色如桌也。相息亮反注同摶徒丸反蠹丁故反【疏】注相猶至桌也。釋曰云生謂無瑕蠹也者直言欲生於義無所取故以無瑕蠹解之無瑕謂無異色無蠹謂無蠹孔也云摶讀如摶黍之摶者讀如爾雅釋鳥黃鳥摶黍也此取其摶圜之義先鄭云欲桌欲其色如桌也者觀經桌義取堅實先鄭云色如桌即是堅實者

陶人爲甗實二鬴厚半寸脣寸盆實二鬴厚半寸脣寸甑實二鬴厚半寸脣寸七穿量六斗四升曰鬴鄭司農云甗無底甑。甗魚蹇反又音言劉魚建反沇魚偃反一音彥甑也鬴音輔【疏】注量六至底甑釋曰六斗四升曰鬴昭三年左氏傳齊晏子辭云甗無底甑者對甑七穿是有底甑鬲實五觳厚半寸脣寸庾實二觳厚半寸脣寸鄭司農云觳讀爲斛觳受三斗聘禮記有斛玄謂豆實三而成觳則觳受斗二升庾讀如請益與之庾之庾。鬲音歷觳音斛【疏】注鄭司至之庾。釋曰先鄭云觳讀爲斛觳受三斗又引聘禮記有斛者按下旊人豆實三而成觳受斗二升有成文而先鄭讀觳爲斛斛受十斗又云觳受三斗復引聘禮記有斛其言自相亂後鄭皆不從之也玄謂豆實三而成觳出於下文引之破先鄭觳受三斗或十斗也讀庾爲請益與之庾之庾者讀從論語孔子冉有辭小爾雅匊二升二匊爲豆豆四升四豆曰區四區曰釜二釜有半謂之庾者庾本有二法故聘禮記云十六斗曰籔注云今文籔爲逾逾即庾也按昭二十六年申豐云粟五千庾杜注云庾十六斗以此知庾有二法也

旊人爲簋實一觳崇尺厚半寸脣寸豆實三而成觳崇尺崇高也豆實四升。旊方往反【疏】旊人至崇尺。釋曰祭宗廟皆用木簋今

此用瓦簋據祭天地及外神尚質器用陶瓠之類也注云豆實四升者晏子辭按易損卦彖云二簋可用享四以簋進黍稷於神也初與二直其四與五承上故用二簋四巽爻也巽爲木五離爻也離爲日日體圜木器而圜簋象也是以知以木爲之宗廟用之若祭天地外神等則用瓦簋故郊特牲云掃地而祭於其質也器用陶匏以天地之性是其義也若然簋法圜舍人注云方曰簠圜曰簋注與此合孝經云陳其簠簋注云內圓外方者彼發簠而言之凡陶旊之事髺墾薜暴不入市爲其不任用也鄭司農云髺讀爲刮薜讀爲藥黃蘗之蘗暴讀爲剝玄謂髺讀爲刖墾頓傷也薜破裂也暴墳起不堅致也。髺音刮墾苦狠反薜卜革反劉薄駮反注同暴音剝又音雹或蒲到反爲于僞反任音壬刖劉音月或五刮反一音兀又五活反墳扶粉反致直吏反【疏】注爲其至致也。釋曰先鄭云髺讀爲刮刮是亂刮摩之義故不任用理無所取故後鄭不從薜讀爲藥黃蘗之蘗取音同又以暴爲剝者凡爲器無剝破之義故後鄭亦不從也玄謂髺讀爲刖刖謂器不正欹邪者也器中膊豆中縣膊讀如車輇之輇既拊泥而轉其均尌膊其側以擬度端其器也縣縣繩正豆之柄。中丁仲反下同膊

市專反注輇同縣音玄後皆放此拊音附又方附反尌音樹本又作樹儗疑紀反度待洛反〔疏〕注膊讀至之柄○釋曰云膊讀如車輇之輇者讀從雜記載以輇車之輇取音同也云尌膊其側者按下文膊崇四尺上下高四尺無邪曲轉其均之時當擬度此膊宜與膊相應其器則正也豆中縣者豆柄中央把之者長一尺宜上下直與縣繩相應其豆則○直

膊崇四尺方四寸凡器高於此則坪不能相勝厚於此則火氣不交因取式焉○坪芳符反又普回反勝者升○〔疏〕注凡器至式焉○釋曰高於此謂崇四尺有餘也厚於方謂厚於此四寸謂坪拊四畔各一寸也坪厚火氣不交坪不孰則易破者也○

梓人爲筍虡樂器所縣橫曰筍植曰虡鄭司農云筍讀爲竹筍之筍○筍息允反本又作筍虡音巨植直吏反又時力反○〔疏〕梓人爲筍虡○釋曰此文與下文爲揔目耳故下文重說爲筍虡之法也○注樂器至之筍○釋曰樂器所縣於筍虡者謂鍾磬鎛者也先鄭筍讀爲竹筍之筍筍謂竹初生則臨人筍蒩者也亦取音同也

天下之大獸五脂者膏者臝者羽者鱗者脂牛羊屬膏豕屬臝者謂虎豹貔螭爲獸淺毛者之屬羽鳥屬鱗龍蛇之屬○臝力果反下同貔音毗螭來知反〔疏〕天下至鱗者○釋曰此文亦與下爲目故下亦別列五者所用不同也○注脂牛至之屬○釋曰知脂是牛羊屬膏豕屬者下云三者祭宗廟以爲牲故知也鄭注內則云凝者曰脂釋者曰膏臝屬者謂虎豹貔螭淺毛者之屬按月令季夏亦云其蟲臝注云虎豹淺毛者鱗龍蛇之屬者月令春云其蟲鱗注云龍蛇之屬也

宗廟之事脂者膏者以爲牲致美味也〔疏〕宗廟至爲牲○釋曰上揔言於此已下別言之者欲分別可爲筍虡者也

臝者羽者鱗者以爲筍虡貴野聲也〔疏〕臝者至筍虡○釋曰此三者以爲筍虡仍是揔言可以爲筍虡以別於上云爲牲者耳至下文仍更觭別可爲筍可爲虡二者不同者也

外骨內骨卻行仄行連行紆行以脰鳴者以注鳴者以旁鳴者以翼鳴者以股鳴者以胷鳴者謂之小蟲之屬以爲雕琢刻畫祭器博庶物也

外骨龜屬內骨鱉屬卻行螾衍之屬仄行蟹屬連行魚屬紆行蛇屬脰鳴鼃黽屬注鳴精列屬旁鳴蜩蜺屬翼鳴發皇屬股鳴蚣蝑動股屬胷鳴榮原屬○卻羌略反劉去逆反仄音側紆乙俱反李又香于反脰音豆頸也注陟又反劉都豆反一音之樹反胷鳴本亦作骨又作育干本作骨云敝屈屬也賈馬作胃賈云靈蠵也鄭云榮原屬也不知榮原之屬以何鳴作骨者恐非也沈云作胷爲得亦所未詳聶音胃劉本作胷音㐫琢丁角反鼈必滅反本又作鱉螾衍上羊忍反下如字爾雅云螾衍入耳郭璞云蚰蜒也按此蟲能兩頭行是卻行劉云或作衍蚓衍音延今曲蟮也鼃戶媧反黽莫幸反蜩音條蟬也蜺五兮反又五歷反又五結反蚣息容反蝑思餘反又思呂反榮原如字原亦作螈音同又五丸反〔疏〕注刻畫至原屬○釋曰上云大鳥獸或爲宗廟牲或爲筍虡設今此更別言小蟲之屬以飾祭器者也自紆行以上不能鳴者據行而言自脰鳴已下能鳴者據鳴而言云以爲雕琢者以雕畫及刻爲琢飾者也此注龜爲外骨鱉爲內骨按易說卦云離爲鼈爲蟹爲龜注皆云骨在外與此注違者龜鼈皆外骨但此經外骨內骨相對以鼈外有肉緣故爲內骨也云卻行螾衍之屬者按爾雅釋蟲螾衍入耳按方言云螾衍注云延兩音自關而東謂之螾衍音引云仄行蟹屬者今人謂之旁蟹以其側行故也云連行魚屬者以其魚唯行相隨故謂之連行也云紆行蛇屬者紆曲也以其蛇行屈曲故謂之紆行也云脰鳴鼃黽屬者鼃黽即蝦蟇也脰項也以其項中鳴也云注鳴精列屬者按釋蟲云蟋蟀蛬注云今促織也亦名青蛚方言楚謂之蟋蟀或謂之蛬南楚之間或謂之王孫云旁鳴蜩蜺屬者此即蟬也蟬鳴在脅云翼鳴發皇屬者按爾雅蛂蟥蛢郭云甲蟲也大如虎豆綠色今江東呼爲黃蛢即此發皇也云股鳴蚣蝑動股屬者七月詩云五月斯螽動股陸機云幽州人謂之舂箕長而青角長股股鳴者云胷鳴榮原屬者此記本不同馬融以爲胃鳴干寶本以爲骨鳴胃在六府之內其鳴又未可以骨爲狀亦難信皆不如作胷鳴也揚雄以爲蛇醫或謂之榮原○

厚脣弇口出目短耳大胷燿後大體短脰若是者謂之臝屬恒有力而不能走其聲大而宏有力而不能走則於任重宜大聲而宏則於鍾宜若是者以爲鍾虡是故擊其所縣而由其虡

鳴燿讀爲哨頎小也鄭司農云宏讀爲紘綖之紘謂聲音大也由若也○弇於檢反燿所教反劉李羊肖反哨音稍劉李音與燿同沈蘇堯反頎小音傾李一音懇〔疏〕注燿讀至若也○釋曰云燿讀爲哨頎小也者哨與頎皆是少小之義故云哨頎小也凡猛獸有力者皆前麤後細故云大胷燿後先鄭讀宏爲紘綖之紘讀從桓二年臧哀伯云衡紞紘綖取其音同耳

銳喙決吻數目顅脰小體騫腹若是者謂之羽屬恒無力而輕其聲清陽而遠聞無力而輕則於任輕宜其聲清陽而遠聞於磬宜若是者以爲磬虡故擊其所縣而由其虡鳴吻口腃也顅長脰貌故書顅或作牼鄭司農云牼讀爲鬜頭無髮之鬜○銳喙況廢反一音呂銳反決如字又烏穴反吻劉無憤反戚亡粉反數劉音促李粗角反顅苦顏反又楷田反李又古悭反又戶弔反閒音問下同腃音權牼劉苦顏反又客田反一音工定反按左傳有華牼音苦耕反鬜劉苦顏反呂沈同云鬢禿也或若瞎反二音枯曷反〔疏〕銳喙至虡鳴○釋曰上既言鍾虡此說磬虡磬輕於鍾故畫鳥爲飾○注吻口至之鬜○釋曰云吻口腃者鳥乃喙長決物食之時則以近喙本決故云決吻鄭云吻口腃也云顅長脰貌者脰項也謂長項貌先鄭云讀爲鬜頭無髮之鬜者時俗有以無髮爲鬜故讀從之亦取音同也此是鍾磬之虡不言鎛虡鎛虡與鍾同以其鎛如鍾而大獨在一虡爲異耳

小首而長摶身而鴻若是者謂之鱗屬以爲筍摶圜也鴻傭也○摶徒丸反傭勑龍反〔疏〕小首至爲筍○釋曰上論鍾磬之虡用鳥獸不同此論二者之筍同用龍蛇鱗物爲之也故直云爲筍不别言鍾之與磬欲見二者同也

凡攫閷援簭之類必深其爪出其目作其鱗之而謂筍虡之獸也深猶藏也作猶起也之而頰頌也○攫俱縛反舊居碧反李又九夫反閷色界反劉色例反援音袁簭音筮頰頌許慎口忽反云禿也劉九本反李又其懇反一音苦紇反又音混〔疏〕凡攫至之而○釋曰此及下經覆釋上文鍾虡之獸云攫閷者攫著則殺之援簭則噬之如此之類必藏其爪出其目又作其鱗之而鱗之而謂動頰頌此皆可畏之貌

○注筍虡至頌也○釋曰此說鍾虡云之獸不言筍鄭言筍者筍虡相將之物故連言之耳云鱗之而頰頌也者舊讀頌字以沽罪反謂起其頰頌劉炫以爲於義無所取當爲頰頌齰讀之於義爲允也

深其爪出其目作其鱗之而則於眡必撥爾而怒苟撥爾而怒則於任重宜且其匪色必似鳴矣匪采貌也故書撥作廢匪作飛鄭司農云廢讀爲撥飛讀爲匪以似爲發○撥必末反沈蒲末反匪芳鬼反注下同〔疏〕深其至鳴矣○釋曰此經重解上文之義鄭云匪采貌者以其以色配匪明匪是采貌也先鄭云以似爲發者以似非直實故爲發發謂鳴聲發請者也

爪不深目不出鱗之而不作則必穨爾如委矣苟穨爾如委則加任焉則必如將廢措其匪色必似不鳴矣措猶頓也故書措作厝杜子春云當爲措○穨爾如字李湯過反廢措七故反注同厝劉音錯七洛反又七故反〔疏〕經說脂者膏者止可爲牲不可以爲虡之義也子春從措不從厝者厝置之義非措頓故從措也

梓人爲飲器勺一升爵一升觚三升獻以爵而酬以觚一獻而三酬則一豆矣勺尊升也觚豆字聲之誤觚當爲觶豆當爲斗○勺上灼反注同觚依注作觶之豉反下同豆依注作斗舊音主亦多口反下一豆酒同觚豆音孤〔疏〕注勺尊至爲斗○釋曰爵制今韓詩說一升曰爵二升曰觚三升曰觶四升曰角五升曰散古周禮說亦與之同謹按周禮一獻三酬當一豆即觚二升不滿豆矣鄭玄駮之云觶字角旁氏汝潁之間師讀所作今禮角旁單古書或作角旁氏角旁氏則與觚字相近學者多聞觚寡聞觗寫此書亂之而作觚耳又南郡大守馬季長說一獻而三酬則一豆豆當爲斗一爵三觶相近禮器制度云觚大二升觶大三升是故鄭從二升觚三升觶也鄭云觚豆字聲之誤者觶字爲觚是字之誤斗字爲豆是聲之誤

食一豆肉飲一豆酒中人之食也一豆酒又聲之誤當爲斗

凡試梓飲器鄉衡而實不盡梓師罪

之鄭司農云梓師罪也衡謂麋衡也曲禮執君器齊衡玄謂衡平也平爵鄉口酒不盡則梓人之長罪於梓人焉○鄉許亮反注同長丁丈反〔疏〕注鄭司至人焉○釋曰先鄭云梓師罪也者謂梓師身自得罪後鄭不從者梓師是梓官之長不可自受罪故爲梓師罪梓人也先鄭云衡謂麋衡也者麋即眉也但器有大小不可據上畔與眉平故後鄭不從據下畔無問大小皆得平也引曲禮者彼衡謂與心平與此義異引之者雖於處不同平義相似故引之也

梓人爲侯廣與崇方參分其廣而鵠居一焉崇高也方猶等也高廣等者謂侯中也天子射禮以九爲節侯道九十弓弓二寸以爲侯中高廣等則天子侯中丈八尺諸侯於其國亦然鵠所射也以皮爲之各如其侯也居侯中參分之一則此鵠方六尺唯大射以皮飾侯大射者將祭之射也其餘有賓射燕射○參分方云反注參分下身居一分同鵠古篤反注下同射食亦反下射三侯下文射女同〔疏〕梓人至一焉○釋曰禮射有三有燕射賓射大射大射射鵠賓射燕射射侯法亦與此同○注崇高至燕射○釋曰云高廣等者謂侯中也者鄉射記云弓二寸以爲侯中中則身也云天子射禮以九爲節者按射人及樂師皆云天子以騶虞九節是也云侯道九十弓者此約大射禮大侯九十弓天子九節亦九十弓可知云弓二寸以爲侯中者鄉射記文鄉侯五十弓弓二寸以侯中侯中一丈則九十弓者侯中丈八尺云諸侯於其國亦然者大射禮云大侯九十弓糝侯七十豻侯五十是也但天子九十弓無文約取畿外諸侯有九十七十五十弓今此以天子至尊爲主以諸侯亦如之云鵠所射也者射義云爲人君者以爲君鵠爲人臣者以爲臣鵠又云循聲而發發而不失正鵠者其唯賢者乎是所射者也云以皮爲之各如其侯也者侯謂以皮飾兩畔其鵠之皮亦與飾侯用皮同也謂若虎侯以虎皮飾侯側其鵠亦用虎皮其餘熊豹麋等亦然云居侯中參分之一者釋經參分其廣而鵠居一焉云則此鵠方六尺者以侯方丈八尺三六十八故知方六尺也云唯大射以皮飾侯者對賓射射正者以五色飾侯之側爲雲氣也燕射射獸侯者亦畫雲氣飾侯之側也云大射者將祭之射也者射義說大射之事云其容體比於禮其節比於樂而中多者得與於祭是將祭而射謂之大射也其餘有賓射燕射者禮射者有此三也賓射射之所掌是也燕射燕禮所云是也又鄉射記亦云燕射之事也其餘更有鄉射不言者鄉射射采侯則亦賓射也故不別言也

上兩个與其身三下兩个

半之鄭司農云兩个謂布可以維持侯者也上方兩枚與身三設身廣一丈兩个各一丈凡爲三丈下兩个半之玄謂个讀若齊人搚幹之幹上个下个皆謂舌也身躬也鄉射禮記曰倍中以爲躬倍躬以爲左右舌下舌半上舌然則九節之侯身三丈六尺上个七丈二尺下个五丈四尺其制身夾中个夾身在上下各一幅此侯凡用布三十六丈言上个與其身三者明身居一分上个倍之耳亦爲下个半上个出也个或謂之舌者取其出而左右也侯制上廣下狹蓋取象於人也張臂八尺張足六尺是取象率焉○兩个讀爲幹古旦反下及注同李云大鄭依字傳音附搚乃荅反亦爲于僞反率音類本又作類又音律〔疏〕上兩至半之○釋曰此經云身居二分身居一分故云上兩个與其身三謂三分如等也云下兩个半之者謂半其出者也一侯二侯三侯皆然故不定侯名也○注鄭司至率焉○釋曰先鄭意身即與中爲一謂方丈者其上又加布一幅長三丈爲兩个後鄭不從者侯中有躬有个三者今先鄭唯有身不見中故不從之也玄謂个讀若齊人搚幹之幹者讀從公羊傳桓公朝齊齊侯使公子彭生搚幹而殺之是幹爲搚骨故云脅幹之幹此个亦與侯爲幹故讀從之也引鄉射記者欲見有中有躬有舌三者云下个五丈四尺者其上兩个各出丈八尺令此下个上出九尺兩畔共減十八尺故有五丈四尺云此侯凡用布三十六丈者古者布幅廣二尺二寸爲縫皆以二尺計之此侯是九十弓侯侯中丈八尺則九幅布布長丈八尺九幅九丈幅有八尺爲七丈二尺添前爲十六丈二尺上下躬各三丈六尺即上下共爲七丈二尺其上个七丈二尺下个有五丈四尺添前揔用布三十六丈也其七十弓侯侯中一丈四尺其五十弓侯侯中一丈皆倍中以爲躬倍躬以爲左右个計之皆可知也

上綱與下綱出舌尋縜寸焉綱所以繫侯於植者也上下皆出舌一尋者亦人張手之節也鄭司農云綱連侯繩也縜籠綱者縜讀爲竹中皮之縜舌維持侯者○縜於貧反或尤粉反劉侯犬反一音古犬反植直吏反籠鹿工反〔疏〕上綱至寸焉○釋曰綱以繫侯於植者也植則在兩傍邪豎之也必知邪豎之者下个半上个皆出舌尋明知兩相皆邪向外豎之也

張皮侯而棲鵠則春以功皮侯以皮所飾之侯司裘職曰王大射則共虎侯熊侯豹侯設其鵠謂此侯也春讀爲蠢蠢作也出也天子將祭必與諸侯羣臣射以作其容體出其合於禮樂者與之事鬼神焉○棲音西春出允反〔疏〕張皮

至以功。釋曰云張皮侯者天子三侯用虎熊豹皮飾侯之側號曰皮侯而棲鵠者各以其皮爲鵠名此爲鵠者綴於中央似鳥之棲故云而棲鵠也。注皮侯至神焉釋曰天子將祭已下皆取射義之意以解此也

張五采之侯則遠國屬五采之侯謂以五采畫正之侯也射人職曰以射法治射儀王以六耦射三侯三獲三容樂以騶虞九節五正下曰若王大射則以貍步張三侯明此五正之侯非大射之侯明矣其職又曰諸侯在朝則皆北面遠國屬者若諸侯朝會王張此侯與之射所謂賓射也正之方外如鵠內二尺五采者內朱白次之蒼次之黃次之黑次之其侯之飾又以五采畫雲氣焉。畫正音征下皆同獲如字下皆同或音胡化反【疏】張五至國屬。釋曰此據賓射之侯言五采是九十弓之侯若七十弓者則三正五十弓者則二正也言遠國屬者對畿內諸侯爲遠國若以要服以內對夷狄諸侯則夷狄爲遠國也。注五采至氣焉。釋曰鄭引射人職賓射及大射二者陰破賈馬以此五采與上春以功爲一物故云非大射之侯明矣云正之方外如鵠者惟云參分其侯鵠居一焉不見賓射之侯故云如鵠亦當參分其侯正居一焉云內二尺者中央畫朱方二尺故司裘注引諸家方二尺曰正以此二尺爲本其外以白蒼

等充其尺寸使大如鵠也凡畫正皆先以朱次白次青次黃次玄以射是相尅伐之事故還以向南爲本其次皆以相尅爲次其三正者去玄黃二正者又去白青直以朱綠也云其侯之飾又以五采畫雲氣焉者皮侯以皮爲飾其側此正即畫明其側亦以雲氣爲飾也

張獸侯則王以息燕獸侯畫獸之侯也鄉射記曰凡侯天子熊侯白質諸侯麋侯赤質大夫布侯畫以虎豹士布侯畫以鹿豕凡畫者丹質是獸侯之差也息者休農息老物也燕謂勞使臣若與羣臣閒暇飲酒而射。勞力報反使色吏反【疏】獸侯至而射。釋曰此燕射之侯也引鄉射記曰白質赤質者皆以白土赤土塗之大夫士言布謂白布不塗君畫一臣畫二取陽奇陰耦之義畫虎熊豹取君臣相犯畫麋鹿豕者取其君臣相養凡畫者丹質以周尚赤故以赤爲質地也云息者休農息老物也者謂十月農功畢君臣飲酒以休農止息之老萬物也云燕謂勞使臣若與羣臣飲酒而射者勞使臣謂若四牡勞使臣之來若與羣臣飲酒者君臣閒暇無事而飲酒云而射者息老物及勞使臣幷無事飲酒三者燕皆有射法此燕射以其事褻天子已下唯有五十步侯而已無尊卑之別也

祭侯之禮以酒脯醢謂司馬實爵而獻獲者于侯薦脯醢折俎獲者執以祭侯。折之設反【疏】祭侯至脯醢。釋曰鄭云謂司馬實爵獻獲者于侯已下皆依大射而言彼雖諸侯禮天子射亦然又此不辨大射賓射燕射則三等射皆同按大射司馬正洗散遂實爵獻服不侯西北三步北面拜受爵乃祭侯左右个及中

其辭曰惟若寧侯若猶女也寧安也謂先有功德其鬼有神。女音汝下文幷注同【疏】注若猶至有神。釋曰祭侯者祭先有功德之侯若射侯則射不寧侯有罪者也下文毋或一經是也舉有功以勸示又舉有罪以懲之故兩言之也

毋或若女不寧侯不屬于王所故抗而射女或有也若如也屬猶朝會也抗舉也張也。毋音無

强飲强食詒女曾孫諸侯百福詒遺也曾孫諸侯謂女後世爲諸侯者。强其丈反下同詒羊之反又羊志反遺唯季反

廬人爲廬器戈柲六尺有六寸殳長尋有四尺車戟常酋矛常有四尺夷矛三尋柲猶柄也八尺曰尋

倍尋曰常酋夷長短名酋之言遒也酋近夷長矣。廬力吳反下同柲音祕殳音殊酋在由反遒在由反或子由反沈慈有反【疏】注柲猶至長矣。釋曰凡此經所云柄之長短皆通刃爲尺數而言八尺曰尋倍尋曰常皆約上文車有六等之數皆以四尺爲差而知之也云酋夷長短名酋近夷長矣按上注以酋夷爲發聲則無義例至此而言長短名爲義解之者鄭意雖是發聲夷爲長故開口引聲而言之酋爲短故合口促聲而言之也

凡兵無過三其身過三其身弗能用也而無已又以害人人長八尺與尋齊進退之度三尋用兵力之極也而無已不徒止耳【疏】注人長至止耳。釋曰此據極長者夷矛三尋而言云而無已又以害人者已止也謂不徒止又以害人人自已身也

故攻國之兵欲短守國之兵欲長攻國之人衆行地遠食飲飢且涉山林之阻是故兵欲短守國之人寡食飲飽行地不遠且不涉山林之阻是故

兵欲長言罷羸宜短兵壯健宜長兵○罷音皮羸劣皮反〔疏〕注言罷至長兵○釋曰按司馬法云弓矢圍殳矛守戈戟助此言攻國之兵欲短則弓矢是也守國之兵欲長則殳矛是也言戈戟助者攻國守國皆有戈戟以助弓矢殳矛以其戈戟長短處中故也凡兵句兵欲無彈刺兵欲無蜎是故句兵椑刺兵摶句兵戈戟屬刺兵矛屬故書彈或作但蜎或作絹鄭司農云但讀爲彈丸之彈彈謂掉也絹讀爲悁邑之悁悁謂橈也椑讀爲鼓鼙之鼙玄謂蜎亦掉也謂若井中蟲蜎之蜎齊人謂柯斧柄爲椑則椑隋圜也摶圜也○句劉俱具反沈音鉤下注同彈徒旦反注同刺七賜反注同蜎於全反又於兖反李又烏犬烏玄二反或巨兖反椑薄兮反注鼙同摶徒丸反掉徒弔反悁烏玄反橈乃教反下同蠉蜎巨兖反隋他果反圜音圓〔疏〕注句兵至圜也○釋曰以戈有胡孑其戟有援向外爲磬折人胡刃向下故皆得爲句兵也先鄭云絹讀爲悁邑之悁者猶如詩云中心悁悁是悁邑之意故以義讀之也椑讀爲鼓鼙之鼙者讀從樂記云鼓鼙之聲之鼙也玄謂蜎亦掉也者同是欲堅勁不欲柔軟者也謂若井中蟲蜎之蜎者俗讀之井中有蟲蜎蜎蠉蠉然也云椑隋圜者謂側方而去楞是也

毄兵同強舉圍欲細細則校刺兵同強舉圍欲重重欲傳人傳人則密是故侵之改句言毄容殳無刃同強上下同也舉謂手所操鄭司農云挍讀爲絞而婉之絞重欲傳人謂矛柄之大者在人手中者侵之能敵也玄謂挍疾也傳近也密審也正也人手操細以毄則疾操重以刺則正然則爲矜句兵堅者在後刺兵堅者在前○挍古飽反李又侯巧反傳音附下及注同操七曹反絞古飽反矜巨巾反下同〔疏〕注改句至在前○釋曰云改句言毄者上云句兵謂戈戟此經云毄是改句云毄以殳長丈二而無刃可以毄打人故云毄兵也云同強上下同也者謂本末及中央皆同堅勁故云同強也先鄭云挍讀爲絞而婉之絞絞疾也者按昭元年號之會叔孫穆子見楚公子圍曰美矣君哉及退會子羽謂子皮曰叔孫絞而婉注云絞切也故讀從之取切疾之義也云然則爲矜句兵堅者在後者以句兵向後牽之故云堅者在後也云刺兵堅者在前者以向前推之故云堅者在前也言此者欲見句兵手執處欲得細細則手執之牢也刺兵執處欲得麤而勁則手穩也凡爲殳五分其長以其一爲之被而圍之參分其圍去一以爲晉圍五分其晉圍去一以爲首圍凡爲酋矛參分其長二在前一在後而圍之五分其圍去一以爲晉圍參分其晉圍去一以爲刺圍被把中也圍之圜之也大小未聞凡矜八觚鄭司農云晉謂矛戟下銅鐏也刺謂矛刃胷也玄謂晉讀如王搢大圭之搢矜所捷也首殳上鐏也爲戈戟之矜所圍如殳夷矛如酋矛○被皮義反注同去起呂反下同晉如字又音箭把音霸鐏存悶反劉子悶反捷初洽反〔疏〕注被把至酋矛○釋曰凡爲殳五分其長以其一爲之被而圍之者殳長丈二尺五分取一則得二尺四寸爲把處而圜之也參分其圍去一以爲晉圍者後鄭云晉謂矜所捷也則殳於手把處亦有銅鐏擬捷地豎之言參分其圍去一以爲晉圍又五分其晉圍去一以爲首圍者鄭云圍之大小未聞則二者皆未知麤細也云首圍謂在上頭上頭宜稍細之也矛去刺圍者謂柄入刃處也云凡矜八觚者以經二者近手皆云圍之明不圓者爲八觚也先

鄭云刺謂矛刃胷也者人胷當前故以前爲胷以其矛刃直前故名矛刃胷也玄謂晉讀如王搢大圭之搢者讀從典瑞云王搢大圭執鎮圭彼搢爲插此晉亦插故從之是以云矜所捷也云首殳上鐏也者殳下有銅鐏取其入地此殳首無亦以上頭爲首而稍細之以其似鐏故鄭云首殳上鐏也云爲戈戟之矜所圍如殳者以其上文云句兵欠云毄兵注云改句言毄容殳無刃此文即云殳以此互見言之足明戈戟之體與殳同也知夷矛與酋矛同者以其同是矛但長短爲異故知體亦同也凡試廬事置而搖之以眡其蜎也灸諸牆以眡其橈之均也橫而搖之以眡其勁也置猶樹也灸猶柱也以柱兩牆之間輓而內之本末勝負可知也正於牆牆歰○置如字李直吏反灸音救尌也音樹柱知主反下同輓音挽歰所立反本又作澀又作歮同〔疏〕注置猶至牆歰○釋曰此經有三事置而搖之謂豎之於地上以手搖之以眡其蜎蜎然均否灸諸牆謂柱之兩牆觀其體之強弱均否橫而搖之謂橫置於膝上以一手執一頭搖之以眡其堅勁以否也六建既備車不反覆謂之國工

六建五兵與人也反覆猶軒輈○覆芳服反注同輈音周 疏 注六建至人也○釋曰知六建五兵與人者以其從上而下廬人所造有柄者戈戟殳與酋矛夷矛五兵而已按上車有六等除軫與人四兵此云六建建在車上明無軫自取人與五兵爲六建可知也○

匠人建國立王國若邦國者○ 疏 注立王至國者○釋曰周禮單言國者據王國邦國連言據諸侯經既單言國鄭兼言邦國者以其下文有王及諸侯城制明此以王國爲主其中兼諸侯邦國可知下文又有都城制則此亦兼都城也○

水地以縣於四角立植而縣以水望其高下高下既定乃爲位而平地○ 疏 注於四至平地○釋曰此經說欲置國城先當以水平地欲高下四方皆平乃始營造城郭也云於四角立植而縣者植即柱也於造城之處四角立四柱而縣謂於柱四畔縣繩以正柱柱正然後去柱遠以水平之法遥望柱高下定即知地之高下然後平高就下地乃平也乃後行下以景正四方之事

置槷以縣眡以景故書槷或作弋杜子春云槷當爲弋讀爲杙玄謂槷古文臬假借字於所平之地中央樹八尺之臬以縣正之

眡之以其景將以正四方也爾雅曰在牆者謂之杙在地者謂之臬○槷魚列反注臬同弋以職反下杙同劉杙音子則反○ 疏 置槷至以景○釋曰此經說既得平地乃於中營治也云置槷者槷亦謂柱也云以縣者欲取柱之景先須柱正欲須柱正當以繩縣而垂之於柱之四角四中以入繩縣之其繩皆附柱則其柱正矣然後眡柱之景故云眡以景也○注故書至之臬○釋曰玄謂槷古文臬假借字者今之槷從木執聲之省者也古之槷爲臬法字故尚書康誥云女陳時臬臬法字亦得爲槷柱之字故云假借字也云於其所平之地中央樹八尺之臬以縣正之者天文志云夏日至立八尺之表通卦驗亦云立八神樹八尺之表故知樹八尺之臬臬即表也必八尺者按考靈曜曰從上向下八萬里故以八尺爲法也彼云八神此縣一也以於四角四中故須入神神即引也向下引而縣之故云神也云眡之以其景將以正四方也者即下云爲規識日出日入之景是也引爾雅在牆者謂之杙在地者謂之臬者證此臬是在地樹之者也○

爲規識日出之景與日入之景日出日入之景其端則東西正也又爲規以識之者爲其難審也自日出而畫其景端以至日入既則爲規測景兩端之內規之規之交乃審也度兩交之間中屈之以指臬則南北正○爲其于僞反度待洛反 疏 注日出至北正○釋曰云日出日入之景其端則東西正也者謂於前平地之中央立表訖乃於日出之時畫記景之端於日入之時又畫記景以繩測景之兩端則東西正矣云又爲規以識之者爲其難審也者謂此經爲規識日出與日入之景者爲景兩端長短難審故爲規規景也云自日出而畫其景端以至日入者還是景之兩端耳云既則爲規測景兩端之內規之規交乃審也者謂於中臬以繩取景之兩端一市則景之遠近定遠近定則東西乃審云度兩交之間中屈之以指臬則南北正者兩交間正謂兩景端之半度景兩間中屈之以指臬則南北正必中屈之者於夏日至中漏半於臬南向北所度之處於東西景端亦相當故須中屈之也

晝參諸日中之景夜考之極星以正朝夕日中之景最短者也極星謂北辰○朝如字○ 疏 晝參至朝夕○釋曰前經已正東西南北恐其不審猶更以此二者以正南北言朝夕即東西也南北正則東西亦正故兼言東西也○注日中至北辰○釋曰日中景最短者也者大司徒云日至之景尺有五寸以其在上臨下故最短也云極星謂北辰者當夜半考之爾雅云北極謂之北辰辰時也天下取

正焉故謂之北辰極中也以居天之中故謂之北極也○

匠人營國方九里旁三門營謂丈尺其大小天子十二門通十二子 疏 匠人至三門○釋曰按典命云上公九命國家宮室車旗衣服禮儀以九爲節侯伯子男已下皆依命數鄭云國家謂城方公之城蓋方九里侯伯七里子男五里并文王有聲詩箋差之天子當十二里此云九里者按下文有夏殷則此九里通異代也鄭異義駮或云周亦九里城則公七里侯伯五里子男三里不取典命等注由鄭兩解故義有異也疏備在典命也○注營謂至二子○釋曰云丈尺據高下而言云大小據遠近而說也云天子十二門以通十二子者按孝經援神契云天子即政置三公九卿二十七大夫八十一元士愼文命下各十二子如是甲乙丙丁之屬十日爲母子丑寅卯等十二辰爲子故王城面各三門以通十二子也

國中九經九緯經涂九軌國中城內也經緯謂涂也經緯之涂皆容方九軌軌謂轍廣乘車六尺六寸旁如七寸凡八尺是謂轍廣九軌積七十二尺則此涂十二步也旁如七寸者輻內二寸半輻廣三寸半綆三分寸之二金轄之間三分寸之一○涂音塗綆方潁及

轄胡瞎反【疏】注國中至之一○釋曰言九經九緯者南北之道爲經東西之道爲緯王城面有三門門有三涂男子由右女子由左車從中央鄭云旁加七寸者輻内二寸半者計轂在輻内九寸有餘今言輻内有二寸半者不加輿下覆轂者也

左祖右社面朝後市王宮所居也祖宗廟面猶鄉也王宮當中經之涂也○鄉許亮反○【疏】注王宮至涂也○釋曰言王宮所居也者謂經左右前後者據王宮所居處中而言之故云王宮所居也云王宮當中經之涂也者按祭義注云周尚左桓二年取郜大鼎納於大廟何休云質家右宗廟尚親親文家左宗廟尚尊尊義與此合按劉向別録云路寢在北堂之西社稷宗廟在路寢之西又云左明堂辟雍右宗廟社稷皆不與禮合鄭皆不從之矣○

市朝一夫方各百步【疏】注方各百步○釋曰按司市市有三期摠於一市之上爲之若市摠一夫之地則爲大狹蓋市曹司次介次所居之處與天子二○朝皆居一夫之地各方百步也

夏后氏世室堂脩二七廣四脩一世室者宗廟也牲廟有世室魯有白牡此用先王之禮脩南北之深也夏度以步令堂脩十四步其廣益以四分脩之一則堂廣十七步半○【疏】注世室至步半○釋曰鄭云此用先王之禮者世室用此經夏法白牡用殷法皆是用先王之禮也云夏度以步者下文云三四步明此二七是十四步也云令堂脩十四步者言假令以此堂云二七約之知用步無正文故鄭以假令言之也知堂廣十七步半者以南北爲脩十四步四分之取十二步益三步爲十五步餘二步益半步爲二步半添前十五步是十七步半也○

五室三四步四三尺堂上爲五室象五行也三四步室方也四三尺以益廣也木室於東北火室於東南金室於西南水室於西北其方皆三步其廣益之以三尺土室於中央方四步其廣益之以四尺此五室居堂南北六丈東西七丈【疏】注堂上至七丈○釋曰云五室象五行者以其宗廟制如明堂明堂之中有五天帝五人帝五人神之坐皆法五行故知五室象五行也東北之室言木東南之室言火西南之室言金西北之室言水五行先起東方故東北方之室言木其實東北之室兼水矣東南之室兼木矣西南之室兼火矣西北之室兼金矣以其中央大室有四堂四角之室皆有堂故知義然也中央之室大一尺者以其在中號爲大室故多一尺也云此五室居堂南北六丈東西七丈者以其大室居中四角之室皆於大室外接四角爲之大室四步四角室各三步則南北

三室十步故六丈東西三室六丈外加四三尺又一丈故七丈也○

九階南面三三面各二○【疏】注南面三三面各二○釋曰按賈馬諸家皆以爲九等階鄭不從者以周殷差之夏后氏宮室故一尺之堂爲九等階於義不可故爲旁九階也鄭知南面三階者見明堂位云三公中階之前北面東上諸侯之位阼階之東西面北上諸伯之國西階之西東面北上故知南面三階也知餘三面各二者大射禮云工人士與梓人升自北階又雜記云夫人至入自闈門升自側階奔喪云婦人奔喪升自東階以此而言四面有階可知○

四旁兩夾窻窻助戶爲明每室四戶八窻○夾古洽反劉古協反窻初江反一音怱○【疏】注窻助至八窻○釋曰言四旁者五室室有四戶四戶之旁皆有兩夾窻則五室二十戶四十窻也

白盛蜃炭也盛之言成也以蜃灰堊牆所以飾成宮室○蜃常軫反堊烏路反又烏洛反【疏】注蜃炭至宮室○釋曰地官掌蜃堂供白盛之蜃則此蜃灰出自掌蜃也云以蜃灰堊牆者爾雅云地謂之黝牆謂之堊堊即白蜃堊之使壁白也

門堂三之二門堂門側之堂取數於正堂今堂如上制則門堂南北九步二尺東西十一步四尺爾雅曰門側之堂謂之塾○塾音孰劉又音育【疏】注門堂至之塾○釋曰鄭云今堂如上制者以上堂不言步故此注亦云令假令如上制南北十四步東西十七步半今云三之二謂三分取二分以十四步取十二步三分之得八步二步爲丈二尺三分之得八尺以六尺爲一步添前爲九步餘二尺故云南北九步二尺也云東西十一步四尺者十七步半以十五步得十步餘二步半爲丈五尺三分之得一丈以六尺爲一步餘四尺添前爲十一步四尺也引爾雅門側之堂謂之塾者證此經門堂爲塾之義也尚書顧命左塾右塾亦此類也

室三之一兩室與門各居一分【疏】注兩室至一分○釋曰此室即在門堂之上作之也言各居一分者謂兩室與門各居一分鄭不言尺數義可知故略而不言也○

殷人重屋堂脩七尋堂崇三尺四阿重屋重屋者王宮正堂若大寢也其脩七尋五丈六尺放夏周則其廣九尋七丈二尺也五室各二尋崇高也四阿若今四柱屋重屋複笮也○重直龍反下及注同放方往反復音福笮側白反【疏】注重屋至笮也○釋曰云王宮正堂若大寢也者謂對燕寢側室非正故以此爲正堂大寢也言放夏周者夏在殷前可得言放其周在殷後亦言放者此非謂殷人放周而爲之鄭直據上文夏法下文周

法言放猶言約夏周者也雖言放夏周經云堂脩七尋則其廣九尋若周言南北七筵則東西九筵是偏放周法而言放夏者七九偏據周夏后氏南北狹東西長亦是放之故得兼言放夏也云四阿若今四柱屋者燕禮云設洗當東霤則此四阿四霤者也云重復笮也者若明堂位云復廟重檐屋鄭注云重檐重承壁材也則此復笮亦重承壁材故謂之重屋

周人明堂度九尺之筵東西九筵南北七筵堂崇一筵五室凡室二筵明堂者明政教之堂周度以筵亦王者相改周堂高九尺殷三尺則夏一尺矣相參之數禹卑宮室謂此一尺之堂與此三者或舉宗廟或舉王寢或舉明堂互言之以明其同制。度九劉直路反戚待洛反下及注同禹卑如字劉音婢與音餘。〔疏〕注明堂至同制。釋曰此記人據周作說故其文備於周而略於夏殷是以下文皆據周而說也以夏之世室其室皆東西廣於南北也周亦五室直言凡室二筵不言東西廣鄭亦不言東西益廣或五室皆方二筵與夏異制也若然殷人重屋亦直云堂脩七尋不言室如鄭意以夏周皆有五室十二堂明殷亦五室十二堂云明堂者明政教之堂者以其於中聽朔故以政教言之明堂者明諸侯

之尊卑孝經緯援神契云得陽氣明朗謂之明堂以明堂義大故所合理廣也云周度以筵亦王者相改者對夏度以步殷度以尋是王者相改也云周堂高九尺殷三尺則夏一尺矣者夏無文以後代文而漸高則夏當一尺故云相參之數禹卑宮室謂此一尺之堂與言與者以無正文故言與以疑之也云此三者或舉宗廟或舉王寢或舉明堂互言之以明其同制者互言之者夏舉宗廟則王寢明堂亦與宗廟同制也殷舉王寢則宗廟明堂亦與王寢同制也周舉明堂則宗廟王寢亦與明堂制同也云其同制者謂當代三者其制同非謂三代制同也若然周人殯於西階之上王寢與明堂同則南北七筵惟有六十三尺三室居六筵南北共有一筵一面惟有四尺半何得容殯者按書傳云周人路寢南北七雉東西九雉室居二雉則三室之外南北各有半雉雉長三丈則各有一丈五尺足容殯矣若然云同制者直制法同無妨大矣據周而言則夏殷王寢亦制同而大可知也。

室中度以几堂上度以筵宮中度以尋野度以步涂度以軌周文者各因物宜爲之數室中舉謂四壁之內〔疏〕注周文至之內。釋曰云周文者各因物宜爲之數者對殷已上質夏度以步殷度以尋無異稱也因物宜者謂室中坐時馮几堂上行禮用筵宮中合院之內無几無筵故用手之尋也在野論里數皆以步故用步涂有三道車從中央故用車之軌是因物所宜也云室中舉謂四壁之內者對宮中是合院之內依爾宮猶室室猶宮者是散文宮室通也。

廟門容大扃七个大扃牛鼎之扃長三尺每扃爲一个七个二丈一尺。扃古熒反个古賀反注及下同。〔疏〕注大扃至一尺。釋曰知大扃牛鼎之扃長三尺者此約漢禮器制度。

闈門容小扃參个廟中之門曰闈。小扃膷鼎之扃長二尺參个六尺。闈音韋劉音暐膷音香。〔疏〕注廟中至六尺。釋曰云廟中之門曰闈門者爾雅文此即雜記云夫人至入自闈門是也云小扃膷鼎之扃長二尺者亦漢禮器制度知之膷鼎亦牛鼎但上牛鼎扃長三尺據正鼎而言此言膷鼎據陪鼎三膷臐膮而說也。

路門不容乘車之五个路門者大寢之門乘車廣六尺六寸五个三丈三尺言不容者是兩門乃容之兩門乃容之則此門半之丈六尺五寸。〔疏〕注路門至五寸。釋曰下云應門則此路門以近路寢故特小爲之經言乘車據輿廣六尺六寸者按輿人云輪崇車廣衡長參如一鄭注云車輿

也故知此云車亦據輿也云言不容者是兩門乃容之者若容兩个三个四个正應云容乘車之兩个三个四个若四个上復有餘分應云四个然後見其分數多少今直云不容乘車之五个明兩門乃容之猶如上文云中地食者其民可任者二家五人之類也。

應門二徹參个正門謂之應門謂朝門也二徹之內八尺三个二丈四尺〔疏〕注正門至四尺。釋曰云正門謂之應門者爾雅文以其應門內路門外有正朝臣入應門至朝處君臣正治之所故謂此門爲應門是以鄭云謂朝門也。

內有九室九嬪居之外有九室九卿朝焉內路寢之裏也外路門之表也九室如今朝堂諸曹治事處九嬪掌婦學之法以教九御六卿三孤爲九卿。〔疏〕注內路至九卿。釋曰內外據路寢之表裏言之則九卿之九室在門外正朝之左右爲之故鄭據漢法朝堂諸曹治事處謂正朝之左右爲廬舍者也云九嬪掌婦學之法以教九御者九嬪職文按內宰王有六宮九嬪已下分居之若然不得復分居九室矣此九嬪之九室與九卿九室相對而言之九卿九室是治事之處則九嬪九室亦是治事之處故與六宮不同是以鄭引九嬪職掌婦學之法則九室是教九御之所也云六卿三孤

爲九卿孤同卿數者以命數同故也按昏義以夏之九卿謂三孤與六卿爲九此云九卿亦謂周之三孤六卿爲九卿。

九分其國以爲九分九卿治之九分其國分國之職也三孤佐三公論道六卿治六官之屬。〔疏〕注九分至之屬。釋曰云九分其國分國之職也者鄭恐九分其國分其地域故云分國之職也云三孤佐三公論道六卿治六官之屬者欲見分職爲九分之意以其三公三孤無正職天地四時正職六卿治之其餘非正職者分爲三分三公治之三孤則佐三公者也但三公中參六官之事外與六卿之教書傳又云司徒公司馬公司空公則三公六卿亦有職此亦據夏而言周則未見分爲九分也

王宮門阿之制五雉宮隅之制七雉城隅之制九雉阿棟也宮隅城隅謂角浮思也雉長三丈高一丈度高以高度廣以廣。浮思並如字本或作罘罳同高一古報反後放此度待洛反下同。〔疏〕注阿棟至以廣。釋曰云王宮門阿之制五雉者五雉謂高五丈云宮隅之制七雉者七雉亦謂高七丈不言宮牆宮牆亦高五丈也云城隅之制九雉者九雉亦謂高九丈不言城身城身宜七丈云阿棟也者謂門之屋兩下爲之

其脊高五丈鄭以浮思解隅者按漢時云東闕浮思災言災則浮思者小樓也按明堂位云疏屏注亦云今浮思也刻之爲雲氣蟲獸如今闕上爲之矣則門屏有屋覆之與城隅及闕皆有浮思刻畫爲雲氣并蟲獸者也云雉長三丈高一丈度高以高度廣以廣者凡版廣二尺公羊云五版爲堵高一丈五堵爲雉書傳云雉長三丈度高以高度長以長廣則長也言高一雉則一丈言長一雉則三丈引之者證經五雉七雉九雉雉皆爲丈之義

經涂九軌環涂七軌野涂五軌廣狹之差也故書環或作轘杜子春云當爲環環涂謂環城之道。環如字劉戶串反轘戶關反。〔疏〕注廣狹至之道。釋曰環涂謂遶城道如環然故謂之環也野涂國外謂之野通至二百里內以其下有都之涂三軌言都則三百里大夫家涂亦三軌也故知此野通二百里內也不言緯者以與經同也

門阿之制以爲都城之制都四百里外距五百里王子弟所封其城隅高五丈宮隅門阿皆三丈。〔疏〕注都四至三丈。釋曰鄭云都四百里外距五百里王子弟所封者則推據大都而言不通小都卿之采地以司裘諸侯共熊侯豹侯卿大夫共麋侯則卿不入諸侯中此云都據諸侯而言故不及小都也

大都諸侯兼三公直云王子。其言略兼有三公可知云城隅高五丈者以上文王門阿五雉今云門阿之制爲都城制城制五雉若據城身則與下諸侯同故知此城制據城隅也云宮隅門阿皆三丈者以下文畿外諸侯尊得申爲臺門高五丈此畿內屈故宮隅隅門阿皆三丈也。

宮隅之制以爲諸侯之城制諸侯畿以外也其城隅制高七丈宮隅門阿皆五丈禮器曰天子諸侯臺門〔疏〕注諸侯至臺門釋曰鄭知諸侯畿以外者上文都據畿內諸侯故知此諸侯據畿以外也引禮器者欲見諸侯門阿得與天子同之意也按異義古周禮說云天子城高七雉隅高九雉公之城高五雉隅高七雉侯伯之城高二雉隅高五雉都城之高皆如子男之城高隱元年服注云與古周禮說同其天子及公故與以匠人同其侯伯以下與此匠人說異者此匠人云門阿之制以爲都城之制高五雉亦謂城隅也其城高三雉與侯伯等如是子男豈不如都乎明子男城亦與伯等是以周禮說不云子男及都城之高直云都城之高皆如子男之城高有此匠人相參以知子男皆爲本耳亦互相曉明子男之城不止高一丈隅二丈而已如是王宮隅之制以爲諸侯城制者惟謂上公耳以此計之王城隅高九雉城高七雉上公之城隅高七雉城高

五雉侯伯已下城隅高五雉城高三雉天子門阿五雉則宮亦五雉其隅七雉上公之制鄭云宮隅門阿皆五雉則其宮亦五雉都之制鄭云宮隅門阿皆三雉則其宮高亦三雉何者天子門阿與宮等明知其餘皆等惟伯子男宮與都等其門阿蓋高於宮當如天子五雉何者禮器云天子諸侯臺門大夫不臺門以此觀之天子及五等諸侯其門阿皆五雉可知都城據大都而言其小都及家之城都當約中五之一家當小九之一爲差降之數未聞也

環涂以爲諸侯經涂野涂以爲都經涂經亦謂城中道諸侯環涂五軌其野涂及都環涂野涂皆三軌〔疏〕注經亦至三軌。釋曰諸侯直云經涂不言緯涂緯涂亦與天子環涂同可知諸侯及都皆不言環涂野涂文略有可知故鄭增成之也知諸侯環涂五軌野涂三軌者以經涂七軌以下差降爲之故知義然也又知都環涂野涂皆三軌者此涂皆男子由右女由左車從中央三者各一軌則都之野涂不得降爲一軌是以遂人注云路容三軌遂釋此也云都之野涂與環涂同以其野涂不得上於田間川上之路故也

附釋音周禮注疏卷第四十一

周禮注疏卷四十一挍勘記　阮元撰盧宣旬摘錄

附釋音周禮注疏卷第四十一

冬官考工記下

玉人

天子執冒 說文瑁諸侯執圭朝天子天子執玉以冒之似犁冠周禮曰天子執瑁四寸从玉冒冒亦聲古文省作珇然則周禮冒字本從玉作瑁

侯用瓚伯用將 釋文將如字劉音暘說文瓚三玉二石也从玉瓚聲禮天子用全純玉也上公用駹四玉一石侯用瓚伯用埒玉石半相埒也許氏讀龍爲駹與司農同疑今本埒作將有誤埒亦有雜義故鄭云皆襍名也

瓚讀爲餐饜之饜龍瓚將 葉鈔釋文讀餐之然反疏云瓚讀爲餐饜之饜者皆無爲字今本有者衍文龍當作尨司農云龍當爲尨尨謂雜色可證

石方寸重六兩 監本寸誤十六誤大

不可强記也 浦鏜云記當說字訛

杼上終葵首 說文玉部珽字下作抒上終葵首。按今說文从手乃从木之誤耳韻書杼从木直呂切抒从手神與切字有定音釋文於此曰直呂反則其字必從木也

杼閷也 釋文閷也色界反殺字之異者本或作殺下取殺殺文同按周禮經作閷注當用殺字下文注中取殺殺文皆不作閷也今此諸本皆作閷蓋淺人援釋文本改之。按閷字說見下弓人

於中灋字夏至日表北尺五寸景 閩監毛本北誤此浦鏜云景誤中

凡圭剡上寸半 作玉誤岳本玉作剡是也下玉半以上及大璋中璋節牙璋中璋節注同

鼻寸衡四寸 余本同唐石經諸本鼻作鼻嘉靖本注中鼻鼻錯見監本四誤西

下有盤徑一尺 浦鏜云盤下脫口

則大祝用事焉 閩本同監毛本祝誤祀

執以覜聘用圭璋 浦鏜云當疊聘字

量自是升斛之名 閩本同監毛本升作斗

邸謂之柢 釋文柢音帝劉作桓戶古反按邸謂之柢爾雅釋器文劉本作桓字形之訛

若天地自用黃琮 浦鏜云大誤天

尺相對爲僢也 惠挍本尺作足此誤

云棗栗十有二列 閩監毛本依經改棗栗非疏用栗字下並同

磬氏

按樂云磬前長三律 浦鏜云三禮圖作樂經云黃鍾磬前長三律

直取從此已下爲易計 閩本同監毛本已改以

已下則摩其耑 唐石經諸本同釋文耑本或作端按經當用耑字。按依說文則耑爲肇耑字端爲端正字

矢人

司弓矢職茀當爲殺 漢讀考云當字衍文下殺矢七分注同

謂箭稾中鐵莖 余本嘉靖本閩監本同釋文亦作稾中毛本作稾。按从禾者是

明據稱量得討而言之 惠挍本無而此衍

此上既言鍭矢 閩本同監毛本鍭誤鏃

故破此茀爲殺也先鄭云 惠挍本同此本先誤矢閩監毛本遂作矢移於也上誤甚今訂正

數不當應 閩監毛本作相應

頃若少疾 盧文弨曰若疑苦之訛非也

殺矢七分 諸本同唐石經鈌釋文殺作䋷云依注爲蔮按經當作䋷此因注云殺爲蔮遂改殺也○按作殺自可不必畫一

參分其長而殺其一 唐石經余本嘉靖本同閩監毛本殺作䋷葢據釋文本所改按古經當皆用䋷字今本多易爲殺矣釋文云而䋷本又作殺注下皆同可證石經考文提要云矢人一官殺矢豐殺鴻殺俱不作䋷宋本九經宋纂圖互注本宋附釋音本皆作殺

按稾人注 惠挍本作槀人○按从禾是也

以其笴厚爲之羽深 唐石經諸本同誤也漢讀考笴作笱注及下凡相笴同云矢幹曰稾曲竹捕魚曰笱蕭稾九侯合音最近故易字而云笱者古文假借字若如今經作笴本訓矢幹何必易爲稾云古文假借乎

故書憚或作但 釋文音經能憚音怛都達反注同此本注中故書作怛也今本怛皆作但訛當據釋文訂正禮說作古書憚或作怛云莊子大宗師篇子來將死妻子環泣子犁往問之曰叱避無怛化言死猶化勿驚怛之音義引考工記注爲證廣雅怛憚皆訓驚按莊子釋文旡怛丁達反怛驚也鄭衆注周禮考工記不能驚怛是也據此知司農從故書作怛○按通俗文旁驚曰憚或借憯怛字爲之同音假借耳惠棟禮說不誤若欲因此而改釋文之或作但作或作怛則大謬釋文但字不誤三爲反語皆爲憚字作音憚之音可去可入可平故或云都達或云直旦或云直丹也鄭司農所云憚之以威者左傳昭十三年文賈疏不詳故補說之

翔迴顧也 浦鏜云迴顧當從集注本作迴旋按集注妄改古注而浦鏜反信之迴顧謂矢行例回若云迴旋則是矢行盤屈成圜恐無是也

今人以指夾矢㩉衞是也 閩本同余本嘉靖本監毛本㩉作儛

橈搦其幹 余本嘉靖本同閩監毛本搦作木旁誤釋文搦其女角反亦從手○按說文手部搦按也

欲生而摶 及下同 唐石經余本嘉靖本閩本同監毛本摶誤搏注疏

生謂無瑕蠹也 余本嘉靖本同閩監毛本蠹作蠧非疏同

陶人

甗無底甑 監本甗誤獻余本底誤厎

𣪠讀爲斛𣪠受三斗 漢讀考云讀爲斛當本是或爲斛司農因正之云𣪠受三豆旅人之文也聘禮有斛謂十斗曰斛也此分別𣪠斛之解正經𣪠或爲斛之誤轉寫或誤讀豆字誤斗字

旊人○余本嘉靖本監本同唐石經閩毛本旊誤旅釋文作旊○按旊从瓦方聲

以天地之性 補各本以下有象字此脫

髺墾薜暴不入市 余本嘉靖本閩本同唐石經監毛本作髺墾薜暴此本薜誤薛今訂正葉鈔釋文作髺貇薜㬥㬥即暴之訛漢讀考云集韻四覺引周禮髺貇薜暴據釋文也說文本無墾字豕部曰貇齧也凡齧物必用力頓傷

薜讀爲蘗黃蘗之蘗 監本作黃蘗之蘗當據正此及諸本皆誤疏同漢讀考作讀如○按當依說文作檗黃木也俗字加艸頭

膊讀如車輇之輇 監本膊誤膞

尌膊其側 釋文尌本又作樹○按說文尌立也與樹異義

以儗度端其器也 余本嘉靖本閩本同監毛本儗改擬閩本疏同按釋文作儗度○按依說文則擬度字从手僭儗字从人

梓人爲筍虡 唐石經諸本同釋文爲簨本又作筍

筍讀爲竹筍之筍 漢讀考作讀如

謂虎豹貔螭 余本嘉靖本同閩監毛本螭改螭按釋文亦作螭

鱗龍蛇之屬 余本嘉靖本閩本同監毛本蛇作虵下同此又誤虵

郤行 唐石經余本嘉靖本同閩監毛本郤誤卻注及疏同

以胷鳴者 唐石經余本嘉靖本同閩監毛本胷誤胷注中毛本作胷閩監本作胷釋文胷鳴本亦作骨又作肙千本作骨賈馬作肙劉本作胷音鹵經義雜記曰說文蠵大龜也以胃鳴者爾雅釋文引字林云蠵大龜以胃鳴本說文也許叔重學於賈景伯故從賈說作胃沈重云作胷爲得賈疏云不如作胷皆據鄭本也

或爲筍虡訖 惠挍本訖作設此誤今正

蠙衍入耳 閩監本同毛本依今本爾雅改蠙衙非釋文引爾雅亦作衙從虫者俗字

云仄行蟹屬者 閩監毛本蟹改蠏非○按說文作蠏

以其側行故也 惠挍本側作仄

謂之贏屬 監本贏誤羸

燿讀爲哨 禮說云馬融廣成頌曰鷙鳥毅蟲倨牙黔口大匈哨後康成讀從之本其師說也

頎小也 余本閩監毛本同嘉靖本頎作頃按釋文作頃小云音傾字一音懇則今本作頎非釋曰云燿讀爲哨頎小也者哨與頎皆是少小之義故云哨頎小也則頃小也上當疊一哨字此脫賈疏本蓋作頎○按頃是頎非也頃同傾言傾側而小也作頎則無義李音懇是李本作頎也頃不得音懇

宏讀爲紘綖之紘 此讀爲疑當作讀如然禮記月令注亦云閎讀爲紘詳漢讀攷

故書頎或作牼 說文顅頭鬢少髮也从頁肩聲周禮數目顅脰按許君所據經字與鄭君同義則與司農合

牼讀爲爲鬜頭 補各本爲字不重

云顅長脰貌者 閩監毛本脫云閩本後擠補監本顅誤顧

先鄭云讀爲鬜頭無髮之鬜者 閩本先上衍○監毛本作牼

時俗有以無髮爲鬜 惠挍本作時世○按說文鬜鬢禿也賈何不引之

凡攫閷援簭之類 唐石經余本嘉靖本同余本載音義攫作玃葉鈔釋文閩毛本簭作簭監本作簭皆訛

必深其爪 監毛本爪誤瓜疏同

此說鍾虡云之獸 浦鏜云云當衍字

劉元以爲於義無所取 惠挍本元作炫

當爲頍頌音壺讀之 閩本同音壺亦小字分注監毛本改大字雜入疏語中非毛本壺作壼誤釋文頌劉音古本反○按釋文所引劉昌宗古本反古當是苦之譌

以似爲發 諸本同按以此注改字例言之應云似當爲發此因賈疏有先鄭以似爲發之言而據以易注誤甚以者賈疏目先鄭言之也若謂司農自言以非辭矣○按此語自後鄭目先鄭言之也

先鄭云以似爲發者 惠挍本同誤也閩監本云字空缺知其誤衍而刓落之也至毛本則直作先鄭以似爲發

以似非直實 按直爲真之誤

則必穨爾如委矣苟穨爾如委 余本閩監本同釋文穨爾葉鈔本作頹爾唐石經兩穨字皆先作頹後改穨嘉靖本監本上作穨下作頹統言之則此經穨本作頹矣○按穨者正頹者俗字

其匪色必似不鳴矣 唐石經諸本同漢讀考云云似鳴形容未盡故改發鳴此節本云其匪色必不似鳴今本似不鳴誤

梓人爲飲器

勺尊升也 漢讀考作尊斗也云斗與枓同說文枓勺也今本作尊升誤魏晉人書斗字多作升故易訛

觶字角旁友 經義雜記作角旁支云舊訛友今改正字林觶音支本此漢讀考作角旁辰云作友蓋誤角旁辰字見說文

寡聞觚　監本同毛本觚作觗經義雜記作觝云舊訛觚依燕禮疏改正

豆當爲斗　經義雜記云儀禮燕禮疏引此經又曰鄭引南郡太守馬季長云觚當爲觶豆當爲斗此脫觚當爲觶四字○按此不脫各順其文理也

梓人爲侯

鄉射記文鄉侯五十弓　浦鏜云文當云字訛

亦與飾侯用皮同也　惠挍本閩本同監毛本飾誤作

賓射射之所掌是也　浦鏜云人誤之

讀若齊人搚幹之幹　閩監本搚誤愶

上个七丈二尺　毛本二誤三疏中監本亦誤

是幹爲搚骨　閩本同監毛本搚作脅是也

縜寸焉　唐石經諸本同釋文縜于貧反或尤紛反劉侯犬反一音古犬反經義雜記曰于貧尤紛兩反皆負聲字侯犬古犬兩反皆肙聲字作絹儀禮鄉射禮乃張侯下綱不及地武疏引此文作絹寸焉然說文云縜持綱紐也从糸負聲周禮曰縜寸則綱紐字員聲爲正絹爲繪如麥稍義別劉昌宗音侯犬反儀禮疏作絹非也

綱所以繫侯於植者也上下皆出舌一尋者　監本綱誤繩尋誤事

植則在兩旁邪豎之也　毛本豎誤竪俗字

下个半上个　閩本同監毛本下个誤箇

若與羣臣閒暇飲酒而射　余本岳本閩本同嘉靖本監毛本無閒暇二字按賈疏引注亦無此二字又云若與羣臣飲酒者君臣閒暇無事而飲酒則閒暇二字係疏語誤入鄭注本無嘉靖本是也

毋或若女不寧侯不屬于王所故抗而射女　說文矢部侯字下併其祝曰毋若不寧侯不朝于王所故伉而射汝按此注云或有也屬猶朝會也許氏蓋以義引之非經本文大戴記投壺作嗟爾不寧侯不朝於王所故亢而射女

詒女曾孫諸侯百福　唐石經諸本同釋文詒女曾孫葉鈔本無女字蓋誤脫也注云曾孫諸侯謂女後世爲諸侯者是經本有女字毋或若女不寧侯故抗而射女此二女目不寧侯也惟若寧侯詒女曾孫諸侯此二女目寧侯也注云若猶女也經意雖各有屬固無妨同言女矣

廬人

皆約上文車有六等之數　監本車誤章

句兵欲無彈　唐石經諸本同說文僤疾也从人單聲周禮曰句兵欲無僤蓋故書作但今書作僤皆從人旁因鄭司農讀僤爲彈丸之彈淺人遂援以改經矣當據說文正之

句兵椑　監本椑誤裨

椑讀爲鼓鼙之鼙　漢讀考云當作讀如

謂若井中蟲蜎之蜎　漢讀考作謂若井中蟲蜎蜎云各本衍一之字按賈疏云井中有蟲蜎蜎擾擾然也蓋賈本注作蟲蜎蜎今疏引注語亦有之字

齊人謂柯斧柄爲椑　漢讀考作齊人謂柯爲椑云今本衍斧柄二字蓋或箋於旁因誤入也

以戈有胡子　子爲孑之訛

向外爲磬折人胡　浦鏜云人當入字誤

校讀爲絞而婉之絞　賈疏引先鄭注此下有絞疾也三字云讀從之取切疾之義疾也蓋切也之誤

讀如王搢大圭之搢　漢讀考搢皆作晉

矛去刺圍者　閩本同誤也當從監毛本去作六

灸諸牆　唐石經余本嘉靖本毛本同監本灸誤炙注同釋文灸諸音救按說文久从後灸之象人兩脛後有距也

周禮曰久諸牆以觀其橈然則故書本作久字今本作灸蓋從漢儒傳讀之本耳九經古義云既夕木桁久之注云久當爲灸士喪禮冪用疏布久之注云久讀爲灸是久爲古文灸也

置猶樹也　嘉靖本樹作尌釋文尌也音樹

匠人建國

置槷以縣　閩監本同誤也唐石經余本嘉靖本毛本槷皆作槷當據正注及疏同釋文置槷魚列反注臬同

從木執聲之省者也　閩監本同毛本執誤埶

其端則東西正也　岳本則作在

規之交乃審也　此本及閩本疏中引注作規交乃審也之字蓋涉上衍

兩端一帀　監本帀誤巾

於夏日至中漏半　浦鏜云晝譌中

日中景最短者也者　當作云日中之景最短者也者脫二字

匠人營國

是謂轍廣　閩監毛本同誤也余本嘉靖本謂作爲當據正○按說文無轍當作徹

左明堂辟雍　閩監毛本雍改廱非

與天子二朝　浦鏜云三誤二

堂脩二七　唐石經余本嘉靖本閩本同監毛本脩改修下及注疏同

知用步無正文　此本無字實缺閩監毛本作非誤今據惠挍宋本補正

堂上爲五室　監本堂誤堂不成字

三四步室方也　浦鏜云集注本方作深是也下方四步亦作深○按集注誤也下文云其方皆三步承此而言

四角之室皆有堂　惠挍本閩本同監毛本堂誤室

夏后氏宮室　閩本同監毛本后氏作人畢

四旁兩夾窻　唐石經余本嘉靖本同閩監毛本窻改窗注及疏同按釋文亦作窻

若今四柱屋　閩監毛本同誤也余本宋本嘉靖本柱作注此本疏中亦作四注當據正按漢制考載此作注又引上林賦高廊四注證之

重屋複笮也　余本嘉靖本毛本同釋文亦作複笮此本疏中作復笮閩監本及漢制考同按復古複字賈疏本蓋作復

云重屋復笮也者　閩本同監毛本復改複下則此復笮同

重檐重承壁材也　閩本同監毛本壁誤璧下同

故所合理廣也　盧文弨曰合疑含之誤

廟門容大扃七个　說文鼎部云鼏以木橫貫鼎耳而舉之从鼎冂聲周禮廟門容大鼏七箇卽易玉鉉大吉也又金部云鉉舉鼎具也易謂之鉉禮謂之鼏與鼎部說同禮謂周禮也儀禮士冠禮士昏禮設扃鼏注皆云今文扃爲鉉是古文作扃今文作鉉也周禮當亦故書作扃借用戶扃字漢儒讀作鼏爲正字鄭君於二禮皆用古文故與許不同

廟中之門曰闈　通考闈下有門賈疏引注云廟中之門曰闈門者今本脫下門字當據補○按爾雅曰宮中之門謂之闈

謂角浮思也　釋文浮思並如字本或作罘罳同

鄭以浮思解隅者　惠挍本閩本同監毛本解改釋

直云王子其言略　浦鏜云王子下當脫弟

周禮注疏卷四十一挍勘記終

南昌袁泰開挍

附釋音周禮注疏卷第四十二

鄭氏注　賈公彥疏

匠人爲溝洫主通利田間之水道。○洫，況域反。〔疏〕注"主通"至"水道"。○釋曰：古者人耕皆畎上種穀，畎、遂、溝、洫之間通水，故知通利田間水道。此文與下爲目，下別爲之耳。

耜廣五寸，二耜爲耦。一耦之伐，廣尺深尺謂之甽；田首倍之，廣二尺深二尺謂之遂。古者耜一金，兩人併發之。其壟中曰甽，甽上曰伐。伐之言發也。甽，畎也。今之耜岐頭，兩金，象古之耦也。田一夫之所佃百畝，方百步地。遂者，夫間小溝，遂上亦有徑。○甽，古犬反，隧音遂，本又作遂。併，步頂反。畎，古犬反，與甽同，古今字也。劉古善反。佃音田，又音電。〔疏〕"耜廣"至"之遂"。○釋曰：云耜爲耒頭金，金廣五寸，耒面謂之庛，庛亦當廣五寸。云二耜爲耦者，二人各執一耜，若長沮、桀溺耦而耕。此兩人耕爲耦，共一尺，一尺深者謂之畎，畎上高土謂之伐。伐，發也，以發土於上，故名伐也。此二人雖共發一尺之地，未必並發。知者，

孔子使子路問津於長沮，長沮不對，又問桀溺。若並頭共發，不應別問桀溺，明前後不並可知。雖有前後，其畎自得一尺，不假要並也。○注"古者"至"有徑"。○釋曰：鄭云古者耜一金者，對後代耜岐頭二金者。云兩人併發之者，謂共爲一畎，謂二人並頭也。云今之耜岐頭者，至後漢用牛耕種，故有岐頭兩脚耜。今之猶然也。但以牛種用二耜，則畎下布種，與古異也。云田一夫之所佃百畝，方百步地者，遂人云夫一廛，田百畝，彼雖爲溝洫法，一夫則與此同也。云遂者夫間小溝，遂上亦有徑者，按遂人云夫間有遂，遂上有徑，彼溝洫法，此井田法，雖不同，遂在夫間，遂上有徑則同，故云亦有徑也。按彼鄭云以南畝圖之，遂縱溝橫，洫縱澮橫，九澮而川周其外。以彼遂在夫間，故以南畝，遂則縱矣。此井田云田首倍之爲遂，以南畝圖之，遂即橫也。

九夫爲井，井間廣四尺深四尺謂之溝；方十里爲成，成間廣八尺深八尺謂之洫；方百里爲同，同間廣二尋深二仞謂之澮。此畿內采地之制。九夫爲井，井者方一里，九夫所治之田也。采地制井田，異於鄉遂及公邑。三夫爲屋，屋，具也。一井之中，三屋九夫，三三相具以出賦稅，共治溝也。方十里爲成，成中容一甸，甸方八里出田稅，緣邊一里治洫。方百里爲同，同中容四都，六十四成，方八十里出田稅，緣邊十里治澮。采地者在三百里、四百里、五百里之中。載師職曰：園廛二十而一，近郊什一，遠郊二十而三，甸、稍、縣、都皆無過十二。謂田稅也。皆就夫稅之，輕近重遠耳。滕文公問爲國於孟子，孟子曰：夏后氏五十而貢，殷人七十而助，周人百畝而徹，其實皆什一。徹者，徹也。助者，藉也。龍子曰：治地莫善於助，莫不善於貢。貢者，校數歲之中以爲常。文公又問井田，孟子曰：請野九一而助，國中什一使自賦。卿以下必有圭田，圭田五十畝，餘夫二十五畝。死徙無出鄉，鄉田同井，出入相友，守望相助，疾病相扶持，則百姓親睦。方里而井，井九百畝，其中爲公田，八家皆私百畝，同養公田，公事畢，然後治私事，所以別野人也。又曰：詩云"雨我公田，遂及我私"，惟助爲有公田。由此觀之，雖周亦助也。魯哀公問於有若曰：年饑，用不足，如之何？有若對曰：盍徹與？曰：二，吾猶不足，如之何其徹也？春秋宣十五年秋，初稅畝。傳曰：非禮也，穀出不過藉，以豐財也。此數者，世人謂之錯而疑焉。以載師職及司馬法論之，周制畿內用夏之貢法，稅夫，無公田。以詩、春秋、論語、孟子論之，周制邦國用殷之助法，制公田，不稅夫。貢者，自治其所受田，貢其稅穀。助者，借民之力以治公田，

又使收斂焉。畿內用貢法者，鄉遂及公邑之吏旦夕從民事，爲其促之以公，使不得恤其私。邦國用助法者，諸侯專一國之政，爲其貪暴，稅民無藝。周之畿內稅有輕重，諸侯謂之徹者，通其率以什一爲正。孟子云野九夫而稅一，國中什一，是邦國亦異外內之法耳。圭之言珪，絜也。周謂之士田。鄭司農說以春秋傳曰"有田一成"，又曰"列國一同"。○仞音刃。澮，古外反。廛，直連反。莇音助。挍音教。數，色主反，下"此數者"同。別，彼列反。雨，于付反。斂與音餘。爲其，于僞反，下"爲其"、"爲此"同。埶音藝。卒音律，又音類，下同。〔疏〕"九夫"至"之澮"。○釋曰：井田之法，畎縱遂橫，溝縱洫橫，澮縱自然川橫。其夫間縱者，分夫間之界耳。無遂，其遂注溝，溝注入洫，洫注入澮，澮注自然入川。此圖略舉一成於一角，以三隅反之，一同可見矣。遂人云夫間有遂，以南畝圖之，則遂縱而溝橫。此不云夫間有遂，云田首倍之謂之遂，遂則橫而溝縱也。自餘洫、澮、川依此遂溝縱橫參之可知。但彼云九澮而川周其外，川則人造之。此百里有澮，澮水注入川，相去遠，故宜爲自然川也。自畎、遂、溝、洫皆廣深等，其澮廣二尋，深二仞，若以孔安國八尺曰仞，則澮亦廣深等，但度廣以尋，度深以仞，故別言之。若王肅依爾雅四尺曰仞，深二仞八尺，與廣二尋不類。鄭以仞七尺，淺於廣二尋二尺者，以涂爲大，故宜淺狹二尺，與溝洫不得相類也。○

注此畿至一同○釋曰云此畿内采地之制者對畿外諸侯亦制井田與此同云九夫爲井井者方一里九夫所治之田也者小司徒注似井字也云采地制井田異於鄉遂及公邑者按遂人云夫間有遂十夫有溝百夫有洫千夫有澮萬夫有川方三十三里少半里九而方一同以南畝圖之遂縱溝横洫縱澮横九澮而川周其外若以九而方一同則百里之内九九八十一澮此井田則一同惟一澮既溝澮稀稠不同又彼溝洫法以爲貢予就夫稅之十一而貢此則九夫爲井井稅一夫美惡取於此不稅民之所自治是溝洫井田異也小司徒注不云異於公邑者據遂人成文此兼云公邑者據事實而說云三夫爲屋屋具也一井之中三屋九夫三三相具以出賦稅共治溝也者一井有九夫據南畝言之則三夫並一屋而三夫相具以出賦稅井相具共治溝以言三屋共一井井間有溝故共治溝也云方十里爲成成中容一甸甸方八里出田稅緣邊一里治洫者司馬法有二法有甸方八里出長轂一乘又有成方十里出長轂一乘言甸者據實出稅者而言云成者據通治溝洫而說爲有二種故鄭細分計之八里爲甸出田稅緣邊一里并之則二里治洫以成間有洫故使共治洫也云方百里爲同同中容四都六十四成者此據小司徒而言彼經四縣爲都注云方四十里四都方八

十里旁加十里乃得方百里爲一同今言六十四成者據出田稅者言之故云方八十里出田稅緣邊十里治澮也云采地者在三百里四百里五百里之中者據載師職而言按彼云家邑任稍地小都任縣地大都任畺地是三百里外至畿五百里内言此者欲見三者采地之中有此井田助法又引載師職園廛之下者欲見鄉遂及公邑之等爲溝洫貢法予與采地井田異云輕近重遠耳者彼注云近者多役故輕稅也滕文公問孟子爲國已下至以爲常皆孟子對文公之辭自文公又問井田已下至雖周亦助按彼是文公使畢戰問今以爲文公問者畢戰文公臣君統臣功亦得爲文公問也云夏后氏五十而貢殷人七十而助周人百畝而徹其實皆什一徹者徹也助者藉也者並孟子對文公之辭按彼趙岐注夏禹之世號后氏后君也禹受禪於君故夏稱后殷周順人心而征伐故言人也民耕五十畝貢上五畝耕七十畝以七畝助公家耕百畝者徹取十畝以爲賦雖異名而多少同故曰皆什一也徹猶人徹取物藉者借也猶人相借助之者或有解者云三代受地多少應同今云夏后氏五十而貢殷人七十周人百畝者據地有不易一易再易并六遂上地不易加五十畝有四等據授地之法夏言五十而貢者據一易之地家得二百畝常佃百畝荒百畝其佃百畝常稅之據二

百畝爲稅百畝爲五十而貢殷人七十而助者據六遂上地百畝有萊五十畝而言百五十畝稅一百畝猶五畝稅七十五畝舉全數言之故云七十畝而助也周人百畝而徹者據上地不易者而言百畝全稅之故云百畝而徹也夏據一易之地亦有上地不易上地加五十畝者殷據上地如萊則亦有一易及上地無萊者也周言百畝而徹則亦有上地有萊及一易者也三代皆不言再易三百畝者明皆有可知以其云貢貢子無助法殷人云助稅并無貢法周人云徹貢助兼有也云龍子曰治地莫善于助莫不善于貢貢者校數歲之中以爲常者按彼趙岐注龍子古賢人也言治地之賦無善於助者也貢者校數歲以爲常類而上之民供奉之有易有不易故謂貢爲莫不善之也孟子本爲莫不善於貢今注有無不字者蓋轉寫脫耳文公又問按彼文公使畢戰問孟子孟子對此辭上文公揔問爲國之法故對助貢兼有此問井田之法孟子云請野九一而助國中什一使自賦者彼注云九一者井田以九頃爲數而供什一郊野之賦也助者殷家稅名周亦用之龍子所謂善於助者也時諸侯不行助法國中什一者周禮園廛二十而稅一時行重賦責之什一也而如也自從也孟子欲請使野人如助法什一而稅之國中從其本賦二十而稅一以寬之又云卿以下必有圭田圭田五

十畝餘夫二十五畝注云古者卿以下至於士皆受圭田五十畝所以供祭祀圭絜也土田故謂之圭田所謂惟士無田則亦不祭言絀士無絜田也井田之民養公田者受百畝圭田半之故五十畝餘夫者一家一夫受田其餘老小有餘力者受二十五畝半於圭田謂之餘夫也受田者田業多少有上中下周禮曰餘夫亦如之亦如上中下之制也王制曰夫圭田無征謂餘夫圭田皆不出征賦時無圭田餘夫孟子欲令復古所以重祭祀利民之道也云死徙無出鄉注云死謂葬也徙謂變土易居平肥磽也不出其鄉易爲功云鄉田同井出入相友守望相助疾病相扶持則百姓親睦注云同鄉之田共井之家各相勞也出入相友相友偶也周禮大宰八曰友以任得民守望相助助察姦也疾病相扶持扶持其羸弱也救其困急皆所以教民相親睦之道睦和也但鄉遂爲溝洫法而云鄉田同井者此謂殷之助法雖鄉亦爲井田故云鄉田同井以其孟子雜說三代故也云方里而井九百畝其中爲公田八家皆私百畝同養公田公事畢然後治私事所以別野人也注云方一里者九百畝之地也爲一井八家各私得百畝同共養其公田之苗公田八十畝其餘二十畝以爲廬宅園圃家二畝半也先公後私遂及我私之義也則是野人之事所以別於上伍者也鄭所引孟子證井田之法

則鄉已下必有圭田及餘夫其文既間在井田之中則二者亦爲井田之法故引之也云又曰詩曰至亦助也按彼是上文孟子對滕文公爲國之法今退在此者詩是周井田之法故引之在下也云雖周亦助者是周兼夏殷藉貢也云魯哀公論語文按彼注二謂十二而稅但哀公已行十二而稅有若亦知哀公十二故抑之使從十一之正而云盍徹盍何不也徹通也謂什一之通稅哀公憂國有若憂民故也春秋譏宣公欲厚斂棄中央一夫之公田就八家之私田以取之故譏厚斂也云穀出不過藉者藉即借也借民力所治公田是也云此數者世人謂之錯者論語孟子春秋與詩文義不同故世人謂之錯而疑焉云以載師職及司馬法論之周制畿內用夏之貢法稅夫無公田者以世人疑之爲錯故鄭以諸文辨之按載師職云從國中園廛二十而一及甸稍縣都無過十二皆據鄉遂及四等公邑皆用夏之貢法云司馬法者辨左氏社服所引司馬法云甸方八里出長轂一乘鄭注論語引司馬法云成方十里出長轂一乘鄭注小司徒引司馬法成方十里士十人徒二十人並據郊遂之外及采地法未見鄭所引證周之畿內之事而云以司馬法論必論語之畿內用夏之貢法者但彼司馬法必論周之畿內用夏之貢法非鄭虛言但餘儕所不見耳云以詩春秋論語孟子論之周制邦國用殷之助法制公田不稅夫者詩云雨我公田公田是助法春秋初稅畝亦是助法論語云盍徹乎徹是天下之通法亦助法也孟子答畢戰井田引詩爲證亦周之助法故揔云助法不稅夫也云貢者自治其所受田貢其稅穀助者借民之力以治公田者鄭重釋夏貢殷助之事皆取孟子爲義也云畿內用貢法者至恤其私者鄉遂公邑之內皆鄰里比間等治民之官且夕從民事因此促之使先治公田故不得恤其私故爲貢法不得有公田也云邦國用助法諸侯專一國之政爲其貪暴稅民無藝者藝謂準法宣公初稅畝就井田上取民之所自治況爲貢法有何準法故爲井田不爲貢也周之畿內稅有輕重者鄭云近者多役故輕其稅云諸侯謂之徹者通其事以什一爲正者謂郊外用助郊內用貢故引孟子云野九夫而稅一國中什一此云野九夫而稅一即彼云請野九一而助此云國中什一即彼云國中什一使自賦云九一而助者一井九夫之地四面八家各自治一夫中央一夫八家各治十畝八家治八十畝入公餘二十畝八家各得二畝半以爲廬宅井竈葱韭是十外稅一也國內據民住在城中其地即在郊內郊外鄉遂之民爲溝洫爲貢法言十一亦十外稅一者也漢書食貨志既有井田饒民二畝半之事是以宋均注樂緯何休注公羊趙岐孟子皆饒民詩

云倬彼甫田歲取十千鄭云井稅一夫其田百畝通稅十夫其田千畝成稅百夫其田萬畝不言饒民者以經云歲取十千校一成之內舉全數而言鄭亦順經從整數而說其實與諸家不殊也云邦國亦異外內者上云畿內畿外據天子揔天下大判而言此既引孟子野與國中不同是細而分之邦國亦倣天子異外內也云圭之言珪絜也者謂有珪絜之德也云周謂之士田者即載師士田是也先鄭引春秋者田一成事在哀元年彼夏后相爲澆所滅其子少康奔虞思爲庖正有田一成有衆一旅據一成之地有九百夫官室塗巷三分去一餘六百夫上地家百畝中地家二百畝下地家三百畝通率三家受六夫之地則一成六百夫定受地有三百家而云有衆一旅五百家者據上地多家亦多也又曰列國一同者事在襄二十五年彼鄭子產適晉獻捷晉人責之何故侵小子產對曰昔天子之地一圻列國一同自是以衰今大國多數圻矣若無侵小何以至焉是也引之者證經成與同之事也貢稅之法古來皆什一故孟子說三代而云其實皆什一是以公羊傳云古者什一而藉多乎什一大桀小桀注云奢泰多取於民比於桀也寡乎什一大貉小貉注云蠻貉無社稷宗廟百官制度之費稅薄什一者天下之中正也什一而行頌聲作矣注云聖人制井田之法而口分之一夫一婦受田百畝以養父母妻子五口爲一家公田十畝即所謂什一而稅也廬舍二畝半凡爲田一頃十二畝半八家而九頃共爲一井故曰井田孟子又云白圭曰吾欲二十而取一何如孟子曰子之道貉道也欲輕之於堯舜之道者大貉小貉也欲重之於堯舜之道者大桀小桀也率指言先王按典籍萬世可通什一供貢下富上尊若然自古以來貢與助皆不得過什一者也

專達於川各載其名達猶至也謂澮直至於川復無所注入載其名者識水所從出

〔疏〕注達猶至從出。釋曰上澮水所入更無注入故云專至於川云識水所從出者據澮水出注入川處諸澮既多當各記水所出之處著其名使人言有所稱謂者也

凡天下之地埶兩山之間必有川焉大川之上必有涂焉通其壅塞。壅於勇反

〔疏〕注通其壅塞。釋曰此言同間有澮澮水入川其川是自然而有又非平地而出必因山間有之又大川不可輒越巡川必當有涂地勢然也言通其壅塞者川與涂皆是通其壅塞也

凡溝逆地防謂之不行水屬不理孫謂之不行溝謂造溝防謂脉理屬讀爲注

孫順也不行謂決溢也禹鑿龍門播九河爲此逆防與（疏）不理孫也○防音勒屬讀爲注之樹反理孫音遜注同注溝謂至孫也○釋曰經言凡溝注云謂造溝則此溝非謂廣深四尺其田間者下云梢溝三十里而廣倍當是人所造溝瀆引水者故此鄭引鑿龍門播九河爲證既不得逆地防不理逆水不行當依地防理順行水乃可爲之川也禹鑿龍門播九河事見尙書禹貢 **梢溝三十里而廣倍** 謂不墾地之溝也鄭司農云梢讀爲桑螵蛸之蛸蛸謂水漱齧之溝故三十里而廣倍○梢劉音蕭注蛸一音色交反螵婢遙反（疏）注謂不至廣倍○釋曰此溝雖是不墾地之溝與上異亦是非田間者也必使三十里得廣倍者亦謂地勢而爲之使水梢溝故得三十里而廣倍也先鄭云梢讀爲桑螵蛸之蛸蛸謂水漱齧之溝上云梢其藪亦讀從螵蛸之蛸同是梢齧之義故同讀從之也 **凡行奠水磬折以參伍** 坎爲弓輪水行欲紆曲也鄭司農云奠讀爲停謂行停水溝形當如磬直行三折行五以引水者疾焉○奠音亭折之設反後放此（疏）注坎爲至疾焉○釋曰言凡行停水者水去遲似停住止由川直故也是以曲爲因其曲勢則水去疾是以爲磬折以參伍也云坎爲弓輪者說卦文謂坎所以行水如弓輪則水 **欲爲淵則句於矩** 大曲則流轉疾故云行水欲紆曲也 流轉則其下成淵（疏）注大曲至成淵○釋曰凡川溝欲得使教淵之深當句曲於矩使水勢到向上句曲尺則爲洄委自然深爲淵驗今皆然也 **凡溝必因水埶防必因地埶善溝者水漱之善防者水淫之** 漱猶齧也鄭司農云淫讀爲廞謂水淤泥土留著助之爲厚玄謂淫讀爲淫液之淫○漱色救反前注同廞許金反淤於據反著直略反液音亦（疏）注漱謂至之淫○釋曰先鄭讀淫爲廞者周禮之內云廞者先鄭皆爲淫淫爲陳故此讀淫爲廞先鄭除處淫廞既爲陳於此不得爲淤泥解之故後鄭不從也是以後鄭以淫液之淫爲義謂以淤泥淫液使厚也 **凡爲防廣與崇方其閷參分去一** 崇高也方猶等也閷者薄其上○閷色界反劉又色例反注下同去起呂反（疏）注崇高至其上○釋曰凡爲堤防言廣與高等者假令堤高丈二尺下基亦廣丈二尺云其閷參分去一者三四十二上宜廣八尺者也 **大防外閷** 又薄其上厚其下（疏）注又薄至其下釋曰此文承上

參分去一而云外閷故云又薄其上厚其下雖不知尺數但知三分去一之外更去也 **凡溝防必一日先深之以爲式** 程人功也溝防爲溝爲防也（疏）注程人至防也○釋曰程人功者將欲造溝防先以人數一日之中所作尺數是程人功法式後則以此功程賦其丈尺步數言深者謂深淺尺數故下云已爲式然後可以傳衆力傳謂付之 **里爲式然後可以傳衆力** 里讀爲已聲之誤也○里音以傳音附（疏）注里讀至誤也○釋曰必破里爲已者里則於義無取爲已則於義合故從已也 **凡任索約大汲其版謂之無任** 故書汲作没杜子春云當爲汲玄謂約縮也汲引也築防若牆者以繩縮其版大引之言版橈也版橈築之則鼓土不堅矣詩云其繩則直縮版以載又曰約之格格椓之之橐橐○格音各椓丁角反橐音託（疏）注故書至橐橐○釋曰引詩云其繩則直縮版以載者此大雅緜之篇文也又曰約之格格椓之橐橐者謂斯干美宣王之詩言築室百堵之時有此約椓之事彼注云格格猶歷歷也橐橐用力也引之者證索約約亦繩縮之事也 **葺屋參分瓦屋四分** 各分其脩以其一爲峻○葺七入反劉音集又子入反（疏）注各分至爲峻○釋曰葺屋謂草屋草屋宜峻於瓦屋云各分其脩以其一爲峻者按上堂脩二七言之則此注脩亦謂東西爲屋則三分南北之間尺數取一以爲峻假令南北丈二尺草屋三分取四尺爲峻瓦屋四分取三尺爲峻也 **囷窌倉城逆牆六分** 逆猶卻也築此四者六分其高卻一分以爲閷囷圜倉穿地曰窌○囷丘貧反窌劉古孝反依字當爲窖作窌假借也（疏）注逆猶至曰窌○釋曰地上爲之方曰倉圜曰囷穿地曰窌卻牆六分者六分其高去一以爲閷假令高丈二尺下厚四尺則於上去二尺爲閷上惟二尺其囷倉城地上爲之須爲此殺其窌入地亦爲此閷者雖入地口宜寬則牢固也 **堂涂十有二分** 謂階前若今令甓裓也分其督旁之脩以一分爲峻也爾雅曰堂涂謂之陳○令音零甓薄歷反爾雅云瓴甋謂之甓郭璞云今甂甎裓音階（疏）注謂階至之陳○釋曰鄭云若今令甓裓也者漢時名堂涂爲令甓裓令辟則令之塼也裓則塼道者也云分其督旁之脩者名中央爲督督者所以督率兩旁脩謂兩旁上下之尺數假令兩旁上下尺二寸則取一寸於中央爲峻峻者取水兩向流去故也引爾雅者

釋宮文卽詩云彼何人斯胡逝我陳言涉堂涂引之證陳與此堂涂爲一也

竇其崇三尺宮中水道。竇音豆 【疏】注宮中水道。釋曰言爲竇通水高不得過此按禮記儒行云華門圭竇則此竇一也

牆厚三尺崇三之高厚以是爲率足以相勝。勝音升 【疏】注高厚至相勝。釋曰云高厚以是爲率者高恒兩倍於厚不要厚三尺高九尺假令厚六尺高丈八尺皆依此法故云以是爲率足以相勝也

車人之事半矩謂之宣矩法也所法者人也人長八尺而大節三頭也腹也脛也以三通率之則矩二尺六寸三分寸之二頭髮皓落曰宣半矩尺三寸三分寸之一人頭之長也柯欘之木頭取名焉易巽爲宣髮。之宣如字本或作寡亦作宣脛戶定反皓胡老反本或作顯音同劉作皓音灰柯古阿反 【疏】注矩法至宣髮。釋曰言車人之事謂車人爲造車之事此與下爲摠目也云半矩謂之宣者以下文取此宣爲尺度故先定宣之長短如上十分寸之一謂之枚之類也知所法者人也者以易云巽爲宣髮則人頭名宣又見下云一柯有半謂之磬折與人帶已下四尺半爲磬折同故知法人也人長八尺已下鄭欲推出宣之長短之數以人長八尺三分之六尺各得二尺其二尺又取尺八三分之各得六寸又以二寸寸爲三分爲六分三分之各三分寸之二故云頭也腹也脛也以三通率之則二尺六寸三分寸之二也云頭髮皓落曰宣者以得謂宣去之義人髮皓白則落墮故云此者解頭名宣意也云半矩尺三寸三分寸之一人頭之長也者矩旣二尺六寸三分寸之二故減半爲人頭之長有此數也云柯欘之木頭取名焉者下云一宣有半謂之欘一欘有半謂之柯柯欘皆從宣上取數故云頭取名焉猶言取名於頭也云易曰巽爲宣髮者按說卦云其於人爲宣髮注宣髮取四月靡草死髮在人體猶靡草在地今易文不作宣作寡者蓋宣寡義得兩通故鄭爲宣不作寡也引之者證宣爲頭意也

一宣有半謂之欘欘斲木柄長二尺爾雅曰句欘謂之定。欘張玉郭云斫也句音劬又音倶定丁甯反或如字 【疏】注欘斲至之定。釋曰一宣有半得長二尺者以一宣尺三寸三分寸之一取半添之一尺得五寸三寸每寸三分得九分并前一分爲十分取半得五分三分爲一寸餘二分摠爲六寸二分寸之二添前尺三寸三分寸之一爲二尺也斲斤卽爾雅句一也彼云句欘謂之定故知此欘斲斤柄也

一欘有半之柯伐木之柯柄長三尺詩云伐柯伐柯其則不遠鄭司農云蒼頡篇有柯欘 【疏】注伐木至柯欘。釋曰知長三尺者以其欘長二尺云一欘有半故知三尺引詩者伐柯詩之文也先鄭引蒼頡者蒼頡造文字有篇名蒼頡云柯欘並是柄也

一柯有半謂之磬折人帶以下四尺五寸磬折立則上俛玉藻曰三分帶下紳居二焉紳長三尺。俛音免 【疏】注人帶至三尺。釋曰此據人之所立磬折之儀以上有宣及欘柯之長短故因解之立磬折淺深也又下文造耒亦以磬折之故云之也云一柯有半謂之磬折據紳帶以下而言也引玉藻者按彼子游曰參分帶下紳居二焉鄭注云三分帶下而三尺則帶高於中也以其人長八尺中則四尺今云三分帶下紳居二分明帶上有一分上三尺半是帶下有四尺半可知也

車人爲耒庛長尺有一寸中直者三尺有三寸上句者二尺有二寸鄭司農云耒謂耕耒庛讀爲其頯有疵之疵謂耒下岐玄謂庛讀爲棘刺之刺刺耒下前曲接耜。耒力對反劉音誄或良水反庛音刺七賜反李又似斯反頯疵似斯反 【疏】車人至二寸。釋曰此車人旣爲車因使爲耒之田器也庛者耒之面但耒狀若今之曲枕柄也面長尺有一寸云中直者謂手執處爲句故謂庛上句下爲中直者三尺有三寸也句者謂人手執之處二尺有二寸也。注鄭司至接耜。釋曰先鄭云庛讀爲其頯有疵之疵者俗人謂頯頯之上有疵病故從之也云謂耒下岐者古法耒下惟一金不岐頭先鄭云耒下岐據漢法而言其實古者耜不岐頭是以後鄭上注亦云今之耜岐頭明古者耜無岐頭也玄謂疵讀爲棘刺之刺者以其入地故讀從刺也云刺耒下前曲接耜者耜謂耒頭金故云下前曲接耜者也

自其庛緣其外以至於首以弦其內六尺有六寸與步相中也緣外六尺有六寸內弦六尺應一步之尺數耕者以田器爲度宜耜異材不在數中。緣如字沈悅戰反中如字又丁仲反應應對之應 【疏】自其至中也。釋曰云自其庛緣其外以至於首者據庛下至手執句者逐曲量之云以弦其內者據庛面至句下望直量之故云以弦其內內謂上下兩曲之內云六尺有六寸與步相中也者言逐曲之外有六尺六寸今弦其內與步相中中應也謂正與步相應應一步之尺數云耕者以田器爲度宜者在野度以步以人步或大或小恐其不平故以六尺之耒以代步以量地也云耜異材不在數中者未知耜金廣狹要耒自長六

尺不通耜若量地時脫去耜而用之也堅地欲直庛柔地欲句庛直庛則利推句庛則利發倨句磬折謂之中地中地之耒其庛與直者如磬折則調矣調則弦六尺○推如字李湯雷反【疏】堅地至中地○釋曰此直庛及句庛皆不六尺之度惟中地之耒合磬折者乃六尺之度故鄭云中地之耒其庛與直者如磬折則調矣調者謂弦六尺則餘句直者不合六尺可知也

車人爲車柯長三尺博三寸厚一寸有半五分其長以其一爲之首首六寸謂今剛關頭斧柯其柄也鄭司農云柯長三尺謂斧柯因以爲度【疏】車人至之首○釋曰此車人謂造車之事凡造作皆用斧因以量物故先論斧柯長短及刃之大小也○注首六至爲度○釋曰云謂今剛關頭斧者漢時斧近刃皆以剛鐵爲之又以柄關孔即今亦然故舉漢法爲說也

轂長半柯其圍一柯有半大車轂徑尺五寸【疏】注大車至五寸

○釋曰鄭知此是大車者此論載輻牙下柏車別論轂輻牙又柏車轂長以行山此車轂短以行澤故知此是大車平地載任者也鄭知徑尺五寸者以其圍一柯有半四尺半圍三徑一故知徑一尺五寸也輻長一柯有半其博三寸厚三之一輻厚一寸也故書博或爲摶杜子春云當爲博○摶徒九反渠三柯者三渠二丈七尺謂罔也其徑九尺鄭司農云渠謂車輮所謂牙○牙五嫁反李五家反下同本或作迓【疏】注渠二至謂牙○釋曰云渠二丈七尺者按上輻長一柯有半兩兩相對則九尺尙有轂空壺中於二丈七尺不合者云輻長一柯有半兩相九尺者通計轂而言其實輻無一柯有半也云所謂牙者謂下文云牙圍也

行澤者欲短轂行山者欲長轂短轂則利長轂則安澤泥苦其大安山險苦其大動○大音泰又菟餓反下同【疏】行澤至則安○釋曰此總言大車柏車所利之事以大車在平地并行澤柏車山行各有所宜也○注釋泥至大動○釋曰此釋長轂安短轂危之事

行澤者反輮行山者仄輮反輮則易仄輮則完故書仄爲側鄭司農云反輮謂輪輮反其木裏需者在外釋地多泥柔也側當爲仄山地剛多沙石玄謂反輮爲泥之黏欲得心在外滑仄輮爲沙石破碎之欲得表裏相依堅刃○輮人力反劉音柔仄音側易以豉反需于僞反下同者人兗反爲泥【疏】行澤至則完○釋曰此經言車牙所宜外内堅濡之事○注故書至堅刃○釋曰此注後鄭增成先鄭之義言仄柔者堅者在外柔者在内以其取堅刃相成故也

六分其輪崇以其一爲之牙圍輪高輪轂也牙圍尺五寸【疏】注輪高至五寸○釋曰輪崇九尺六尺得一尺三尺得五寸故尺五寸也

柏車轂長一柯其圍二柯其輻一柯其渠二柯者三五分其輪崇以其一爲之牙圍柏車山車輪高六尺牙圍尺二寸【疏】柏車至牙圍○釋曰此柏車山行故轂長輪崇又下皆欲取安故也其輻一柯其渠二柯者三者兩輻相對六尺渠圍二柯者三圍丈八尺亦謂通轂空壺中幷數而言也○注柏車至二寸○釋曰柏車山車對大車爲平地之車也牙圍尺二寸者以其輪崇六尺五分取一五尺取一尺一尺取

二寸故尺二寸也

大車崇三柯綆寸牝服二柯有參分柯之二大車平地載任之車轂長半柯者也綆輪箄牝服長八尺謂較也鄭司農云牝服謂連箱服讀爲負○綆方頴反牝步忍反又扶死反李扶細反服音負詩音如字箄薄歷反較音角【疏】注大車至爲負○釋曰云大車平地載任之車轂長半柯者也以其上文云轂長半柯不言車名故去轂長半柯者也云綆輪箄者謂輪之四面外一寸則安言牝服者謂車轂即今人謂之平鬲皆有孔內軨子於其中而又向下服故謂之牝服也是以先鄭云牝服謂車箱服讀爲負以衆軨所依負然也

羊車二柯有參分柯之一鄭司農云羊車謂車羊門也玄謂羊善也善車若今定張車較長七尺【疏】注鄭司至七尺○釋曰先鄭云羊車謂車羊門也者其言無所當故後鄭易之也後鄭云羊善也善車若今定張車雖舉當時漢法以曉人漢世去今久遠亦未知定張車將何所用但知在官内所用故差小爲之謂之羊車也按此羊車較長七尺下柏車較長六尺則羊車大矣而論語謂大車爲柏車小車爲羊車者以柏車皆說轂輻牙惟羊車不言惟言較而已是知柏車較雖短轂輻牙則長羊車較

雖長轂輻牙則小故得小車之名也柏車二柯較六尺也柏車輪崇六尺其綆大半寸。疏注較六至半寸。釋曰鄭云柏車輪崇六尺其綆大半寸知者以大車輪崇九尺綆一寸此柏車輪崇六尺三分減一明柏車輪崇六尺三分減一其綆亦宜三分減一三分寸之二即大半寸也凡爲轅三其輪崇參分其長二在前一在後以鑿其鉤徹廣六尺鬲長六尺鄭司農云鉤鉤心鬲謂轅端厭牛領者。鬲沈於革反劉音隔厭於甲反疏凡爲至六尺。釋曰云凡爲轅者言凡語廣則柏車大車羊車皆在其中輪崇雖不同其轅當各自三其輪崇假令柏車輪崇六尺三之爲轅丈八尺大車輪崇九尺三之爲轅二丈七尺但羊車雖不言輪崇亦三之以爲轅也徹廣六尺者不與四馬車八尺者同徹鬲長六尺者以其兩轅一牛在轅內故狹四馬車鬲六尺六寸者以其一轅兩服馬在轅外故鬲長也

弓人爲弓取六材必以其時取幹以冬取角以秋絲漆以夏筋膠未聞疏注取幹至未聞。釋曰鄭知取幹以冬者見山虞云仲冬斬陽木仲夏斬陰木二時俱得斬但冬時尤善故月令仲冬云日短至伐木取竹箭注云堅成之極時是知冬善於夏故指冬而言也云取角以秋者下云秋殺者厚故知用秋也絲漆以夏者夏時絲孰夏漆尤良故知也筋膠未聞必知六材據此六者皆依下文而說也六材既聚巧者和之聚猶具也。聚似主反疏六材至和之。釋曰爲弓須此六材故云聚巧者即此弓人之工者也和之謂春液角夏治筋之類也幹也者以爲遠也角也者以爲疾也筋也者以爲深也膠也者以爲和也絲也者以爲固也漆也者以爲受霜露也六材之力相得而足疏注六材至而足。釋曰此一經主論六材在弓各有所用六材相得乃可爲足也凡取幹之道七柘爲上檍次之檿桑次之橘次之木瓜次之荊次之竹爲下鄭司農云檍讀爲億萬之億爾

雅曰杻檍又曰檿桑山桑國語曰檿弧箕箙。檍於力反一音意劉又烏克反檿烏簟反杻女丑反箙音服。疏凡取至爲下。釋曰此經說弓幹善惡者也。注鄭司至箕箙。釋曰引國語者彼爲幽王寵褒姒以至亡國故彼云檿弧箕箙實亡周國也凡相幹欲赤黑而陽聲赤黑則鄉心陽聲則遠根陽猶淸也木之類近根者奴。相息亮反下同鄉許亮反遠于万反下遠於同近附近之近。疏注陽猶至者奴。釋曰此經說相幹善惡之法凡析幹射遠者用埶射深者用直鄭司農云埶謂形埶假令木性自曲則當反其曲以爲弓故曰審曲面埶玄謂曲埶則宜薄薄則力少直則可厚厚則力多。射食亦反下同疏注鄭司至力多。釋曰此說弓力多少之事凡析幹射遠者用埶者弓弱則宜射遠謂若夾庾之類云射深者用直者弓直則宜射深謂若王弧之類也此注後鄭增成先鄭之義先鄭惟見隨木形埶而用之後鄭則論厚薄力多少之法也二鄭相兼乃具居幹之道菑栗不迆則弓不發鄭司農云菑讀爲不菑而畬之菑栗讀爲榛栗之栗謂以鋸副析幹迆讀爲倚移從風之移謂邪行絕理者弓發之所從起玄謂栗讀爲裂繻之裂。菑側冀反又側其反沈子冀反側音廁栗音烈李又如字迆羊氏反不菑側其反畬音餘鋸音據副普逼反析星歷反倚於綺反移羊氏反下同邪似嗟反繻音需。疏注鄭司至之裂。釋曰居謂居處解析弓幹之法但菑栗皆謂以鋸剖析弓幹之時不邪迆失理則弓後不發傷也先鄭云菑讀爲不菑而畬之菑禮記坊記云不菑畬此菑即耕故爾雅云田一歲曰菑二歲曰新田三歲曰畬菑取彼義也云栗讀爲榛栗之栗者詩云樹之榛栗栗者亦取破之義迆讀爲倚移從風之移讀從司馬相如上林賦云倚移從風玄謂栗讀爲裂繻之裂者讀從隱元年左氏傳紀裂繻來逆女彼裂繻字子帛則爲裂破衣義義亦與先鄭大同皆取破義但從裂繻之裂勝從栗以其栗是栗栗堅硬之意於破義爲疏故從裂也凡相角秋網者厚春網者薄稺牛之角直而澤老牛之角紾而昔鄭司農云紾讀爲抮縛之抮昔讀爲交錯之錯謂牛角觕理錯也玄謂昔讀履錯然之錯。網色界反劉色例反下同紾劉徒展反許慎尙展反又徒展反與注抮縛之抮同角絞縛之意昔七各反下同抮縛並

與紾同縛又徒轉反𥍿才苦反又七奴反錯七各反李云鄭且若反【疏】注鄭司至之錯○釋曰上文已言幹訖至此更宜相角但以秋對春以穉對老而言之秋閷者厚謂角厚肉少春閷者薄謂角薄肉多穉生之角直而澤謂角直而潤澤老牛之角紾而錯者紾謂理麤錯然不潤澤也先鄭云紾讀爲抮縛之抮者未知讀從何文蓋從俗讀云昔讀爲交錯之錯者讀從詩獻酬交錯玄謂昔讀履錯然之錯昔讀從復卦爻辭　疢疾險中　牛有久病則角裏傷【疏】注牛有至裏傷○釋曰以疢疾爲久病故云牛有久病險傷也中即裏謂角裏傷也　瘠牛之角無澤　少潤氣○瘠在亦反【疏】瘠牛之角無澤○釋曰上云疢疾謂久病即此云瘠者惟瘦瘠非病角則無潤澤也　角欲青白而豐末　豐大也【疏】注豐大也○釋曰凡牛角善者按下注云本白中青末豐　夫角之末蹙於𠞰而休於氣是故柔柔故欲其埶也白也者埶之徵也　蹙近也休讀爲煦鄭司農云欲其形之自曲反以爲弓玄謂色白則埶○夫音扶下皆同蹙於子六反注同李又音促又且六反𠞰乃老反李又作腦休音煦下同煦況付反劉音休下同【疏】注蹙近至則埶○釋曰此說角之埶也言角之本近於𠞰得和煦之氣於𠞰是故柔柔故欲其形之自曲反是爲埶也然可以爲弓夫角色白者則埶之徵驗也　夫角之中恒當弓之畏畏也者必橈橈故欲其堅也青也者堅之徵也　故書畏作威杜子春云當爲威威謂弓淵角之中央與淵相當玄謂畏讀如秦師入隈之隈○畏烏回反下同【疏】注故書至之隈○釋曰此說角之堅也子春從故書威後鄭不從而爲隈者威謂威儀不得爲曲中故從隈爲曲隈之義按僖二十五年秋秦晉伐鄀秦人過析隈鄭以爲入隈　夫角之末遠於𠞰而不休於氣是故脃脃故欲其柔也豐末也者柔之徵也　末之大者𠞰氣及煦之○脃七歲反【疏】注末之至煦之○釋曰此說角欲豐末之意云角之末遠於𠞰而不休於氣是故脃脃故欲其柔也豐末也者柔之徵也則末不豐者脃末豐則柔柔則不脃可知故鄭云末之大者𠞰氣及煦之　角長二尺有五寸

三色不失理謂之牛戴牛　三色本白中青末豐鄭司農云牛戴牛角直一牛　凡相膠欲朱色而昔昔也者深瑕而澤紾而摶廉　摶圜也廉瑕嚴利也○摶徒丸反【疏】角長至摶廉○釋曰上已相幹角次及相膠此云欲朱色按下鹿膠青白已下惟牛膠火赤自餘非純赤則牛膠爲善矣紾而摶廉者謂有紾理而摶圜又廉瑕嚴利○注摶圜至利也○釋曰膠之性叚叚皆摶圜也廉瑕二者俱是嚴利之狀　鹿膠青白馬膠赤白牛膠火赤鼠膠黑魚膠餌犀膠黃　皆謂煮用其皮或用角餌色如餌【疏】注皆謂至如餌○釋曰云煮用其皮或用角者經惟鹿用皮亦用角今人鹿猶用角自餘皆用皮云餌色如餌者時有餌之色故從之也　凡昵之類不能方　鄭司農云謂膠善戾故書昵或作樴杜子春云樴讀爲不義不昵之昵或爲紉紉黏也玄謂樴脂膏膱敗之膱膱亦黏也○昵女乙反又音職樴音職紉女乙反爾雅云膠也劉沈並音刃膱音職呂沈云膏敗也【疏】注鄭司至黏也○釋曰子春云不義不昵者按隱元年鄭大叔段爲不義莊公曰不義不昵厚將崩彼不昵爲不親兄則昵爲親近不相捨離後鄭以爲還從古書樴音故轉爲脂膏敗膱之膱若今人頭髮有脂膏者則謂之膱膱亦黏也　凡相筋欲小簡而長大結而澤小簡而長大結而澤則其爲獸必剽以爲弓則豈異於其獸　剽疾也鄭司農云簡讀爲撊然登陴之撊玄謂讀如簡札之簡謂筋條也○剽芳妙反戚芳昭反或扶名反後同撊下板反或胡簡反陴婢支反劉蒲佳反又房卑反【疏】凡相至其獸○釋曰上已相角膠次及相筋言此筋之獸剽疾爲弓亦剽疾故云豈異於其獸也○注剽疾至條也○釋曰先鄭云簡讀爲撊然登陴之撊者讀從左氏傳也義無所取玄謂讀如簡札之簡謂筋條也竹簡一片爲一札此筋條亦有簡別故讀從之也　筋欲敝之敝　鄭司農云嚼之當孰○敝婢世反徐扶哲反嚼才略反【疏】注鄭司至當孰○釋曰筋之椎打嚼齧欲得勞敝故云嚼之當孰也　漆欲測　鄭司農云測讀爲側隱之側玄謂側讀如測度之測測猶清也○隱本或作𢡟同度徒洛反【疏】漆欲測○釋曰先鄭云測讀爲側隱

之惻此惻隱爲痛切義非漆之善狀故後鄭以爲測度之測測淸也從水義取漆爲良也**絲欲沈**如在水中時色〔疏〕注如在水中時色。釋曰言絲欲沈則據乾燥時色還如在水凍之色故云如在水中時色**得此六材之全然後可以爲良**全無瑕病良善也〔疏〕注全無至善也釋曰全無瑕病者幹角膠筋漆絲六材皆令善而無瑕病然後爲善也**凡爲弓冬析幹而春液角夏治筋秋合三材**三材膠絲漆鄭司農云液讀爲醳○液音亦下同醳音亦劉沈音釋下同〔疏〕注三材至爲醳○釋曰凡治弓材各於其時言秋合三材膠漆絲則幹角筋須三材乃合則秋是作弓之時故至冬寒而定體也鄭知三材是膠漆絲者以經既言幹角及筋六材之中惟少膠漆絲故知三材謂此也先鄭液讀爲醳者醳是醳酒之醳亦是漬液之義故讀從之也**寒奠體**奠讀爲定至冬膠堅內之檠中定往來體○奠讀爲定下同檠音景〔疏〕注奠讀至來體○釋曰檠謂弓檠至寒膠堅而牢故內之檠中定往來體則六弓往體來體多少者是也**冰析灂**大寒中下於檠中復內之○灂子召反復扶又反○

〔疏〕注大寒至內之○釋曰十二月小寒節大寒中是冰盛之時故以大寒解冰也云下於檠中復內之者謂復加上寒奠體內之於檠中相似但上內爲定體而內此爲析灂而內之所爲有異故別言也**冬析幹則易**理滑致○易以豉反致直致反下言致同〔疏〕冬析幹則易○釋曰自此已下重釋上文各以其時之意**春液角則合**合讀爲洽**夏治筋則不煩**煩亂**秋合三材則合**合堅密也**寒奠體則張不流**流猶移也〔疏〕注流猶移也○釋曰體既定則後用時雖張不流移謂不失往來之體也**冰析灂則審環**審猶定也〔疏〕注審猶定也○釋曰納之檠中析其漆灂其漆之灂環則定後不鼓動故冰析之也**春被弦則一年之事**朞歲乃可用○被皮寄反〔疏〕注朞歲乃可用○釋曰通春被弦則二年之事而云一年者據冰析灂已前爲一年春被弦是用時不數也○**析幹必倫**順其理也**析角無邪**亦正之○邪似嗟反**斲目必荼**鄭司農云荼讀爲舒舒徐也目幹節目○荼音舒下同○〔疏〕注鄭

司至節目○釋曰按禮記學記云善問者如攻堅木先其易者後其節目是斲目必徐之義也**斲目不荼則及其大脩也筋代之受病**脩猶久也〔疏〕斲目至受病○釋曰筋代之受病者以筋在弓皆以幹爲力必須筋幹相得今弓幹有節目用力不得其所則幹不用力故筋代幹受病以其偏用力故也**夫目也者必強強者在內而摩其筋夫筋之所由幨恒由此作**摩猶隱也故書筋或作薊鄭司農云當爲筋幨讀爲車幨之幨玄謂幨絕起也○幨昌廉反注同○〔疏〕注摩猶至起也○釋曰此還重釋筋幹不得所之意先鄭讀幨爲車幨之幨者衛詩云漸車帷裳昏禮亦云婦事亦如之有裧故讀從之後鄭云幨絕起也者由絕起則廉幨然也**故角三液而幹再液**重醳治之使相稱○重直龍反稱尺證反下各稱同〔疏〕注重醳治之相稱○釋曰或三液再液不等者角須三液幹須再液乃得相稱**厚其帤則木堅薄其帤則需**需謂不充滿鄭司農云帤讀爲襦有衣絮之絮帤謂弓中裨○帤女居反需人兗反

下注罷需同襦劉音須沈音襦本亦作襦帤本亦作帤周易作袽皆女居反裨符支反又音卑〔疏〕注需謂至中裨釋曰需謂不充滿者需襦不進故爲不充滿謂弓中裨者造弓之法弓幹雖用整木仍於幹上裨之乃得調適也**是故厚其液而節其帤**厚猶多也節猶適也〔疏〕注厚猶至適也釋曰多其液者謂角幹其裨須節適厚薄得所也**約之不皆約疏數必侔**不皆約纏之繳不相次也皆約則弓帤侔猶均也○數音朔侔莫侯反或亡又反繳不音灼〔疏〕注不皆至均也○釋曰約謂以絲膠橫纏之今之弓猶然云不皆約謂不次比爲之疏數必侔約之多少須稀疏必均也**斲摯必中膠之必均**摯之言致也中猶均也〔疏〕斲摯至必均○釋曰斲幹厚薄必調均爲之施膠亦均不得偏厚也自此以下說弓之隈裹施膠之事云摩其角謂幹不均而有高下則摩其角**斲摯不中膠之不均則及其大脩也角代之受病夫懷膠於內而摩其角夫角之所由挫恒由此作**幹不

均則角蹴折也。挫子臥反蹴子六反【疏】注幹不至折也。釋曰此摠釋經角代之受病及角之所由挫二事者也。

凡居角長者以次需當弓之隈也長短各稱其幹短者居簫。隈烏回反【疏】注當弓至居簫。釋曰云長短各稱其幹復云短者居簫簫謂兩頭則長者自然在隈内可知。

恒角而短是謂逆橈引之則縱釋之則不校鄭司農云恒讀爲裻絙之絙玄謂恒讀爲拒拒竟也竟其角而短于淵幹引之角縱不用力若欲反橈然校疾也既不用力放之又不疾。恒古鄧反又如字下同校古卯反注及下同裻音督絙古鄧反或古登反沈又居肯反拒古鄧反【疏】注鄭司至不疾。釋曰竟角而短謂施角竟滿兩畔而上下短於隈者也云是謂逆橈者被弦引之時以角寬而短引之角縱不用力若欲反橈然故云引之則縱也釋之則不校者角所以放矢今角不用力故釋放之不校疾也。

恒角而達譬如終紲非弓之利也達謂長於淵幹若達於簫頭紲弓鞦角過淵接則送矢太疾若見紲於鞦矣弓有鞦者爲發弦時備頻傷詩云竹鞦緄縢。辟如音譬下注變辟同或房赤反紲息列反弓鞦也鞦

音祕又補結反爲于僞反緄古本反劉古魂反縢本又作縢從登反【疏】注達謂至緄縢。釋曰先鄭上讀爲裻絙之絙者從俗也此弓非直兩畔角滿讀之爲拒角而角又上下長於淵幹如達於簫頭若然則譬如終紲紲謂弓鞦謂弓在鞦中然非弓之利引詩云竹鞦緄縢者緄繩縢約之也以竹爲鞦發弦時祖於弓之背上又繩橫繫之使相著鞦與弓爲力備頓傷也。

今夫茭解中有變焉故校鄭司農云茭讀爲激發之激茭謂弓檠也校讀爲絞而婉之絞玄謂茭讀如齊人名手足掔爲骹之骹茭解謂接中也變謂簫臂用力異校疾也。茭司農古歷反鄭戶卯反解戶賣反注同茭讀音交下茭亦同激古歷反掔烏喚反骹戶卯反臂如字下文同本或作辟一音房赤反【疏】今夫至故校。釋曰記人別起義端故言今夫言茭解中謂弓隈與弓簫角接之處云有變者即異也謂弓簫與臂用力異異者引之則臂中用力放矢則簫用力既用力異故絞絞謂矢去疾也。注鄭司至疾也。釋曰先鄭讀茭爲激發之激者當時有激發之語故從俗讀之云茭謂弓檠也者此據用時輒言弓檠於義不合後鄭不從之云絞讀爲絞而婉之絞者按昭元年左氏傳虢之會楚公子圍設服離衛叔孫穆子曰楚公子美矣君哉退會子羽

謂子皮曰叔孫絞而婉故讀從之此後鄭增成其義玄謂茭讀如齊人名手足掔爲骹之骹者時齊人有名手足節掔間爲茭取弓隈與簫角相接名茭也。

於挺臂中有柎焉故剽挺直也柎側骨剽亦疾也鄭司農云剽讀爲湖漂絮之漂。挺勑頂反注同或徒冷反柎方輔反下同湖音胡漂匹妙反絮相預反【疏】注挺直至之漂。釋曰直臂中正謂弓把處有柎焉者謂角弓於把處兩畔有側骨骨堅强所以與弓爲力故剽疾也先鄭云剽讀爲湖漂絮之漂者時有此語從俗讀之。

恒角而達引如終紲非弓之利重明達角之不利變譬言引字之誤。引音譬重直用反

撟幹欲孰於火而無贏撟角欲孰於火而無燂引筋欲盡而無傷其力鬻膠欲孰而水火相得然則居旱亦不動居濕亦不動贏過孰也燂炙爛也不動者謂弓也故書燂或作朕鄭司農云字從燂。撟居兆反劉枯老反沈古了反燂音潛又音尋或大含反鬻章呂反【疏】撟幹至不動。釋曰此一經明

料理幹角筋膠四者得所不得所之事不言漆絲者用力少故不言也。

苟有賤工必因角幹之濕以爲之柔善者在外動者在內雖善於外必動於內雖善亦弗可以爲良矣苟愉也濕猶生也。愉吐侯反或吐豆反【疏】苟有至良矣。釋曰此經說弓幹須外內皆善不得外善內惡者也。

凡爲弓方其峻而高其柎長其畏而薄其敝宛之無已應宛謂引之也引之不休止常應弦言不罷需也峻謂簫也鄭司農云敝讀爲蔽蔽塞之蔽謂弓人所握持者。畏烏回反敝讀爲蔽必世反劉又博埒反宛於阮反應應對之應注下皆同罷音皮【疏】凡爲至已應。釋曰方其峻峻謂簫簫宜方爲之而高其柎柎把中高對方則此高者謂爲柎骨宜高爲之長其隈謂柎之上下宜長爲之而薄其敝敝謂人所握持手蔽之處宜薄爲之有此四善故引之無休止而應弦故云宛之無已應謂常用而不就弦也。

下柎之弓末應將興末猶簫也興猶動也發也弓柎卑簫應弦

則柎將動。畀劉音婢。【疏】注末猶至將動。○釋曰言下柎者猶把骨大下爲之由弓隈下短故簫應弦則將動發也。

爲柎而發必動於絅絅接中。○絅色界反，劉色例反，注下同。【疏】注絅接中。○釋曰此重釋上文末應將興若如上爲柎而發動則接中亦動也。弓而羽絅末應將發羽讀爲扈。扈，緩也。接中動則緩緩簫應弦則角幹將發。○羽音戶。【疏】注羽讀至將發。○釋曰破羽爲扈者，羽於弓義無所取，故破從扈也。必知此有緩義者，以其上文云必動於絅，故知此云羽絅者當從緩絅。

弓有六材焉，維幹強之，張如流水無難易也。○易以豉反，下同。【疏】注無難易也。○釋曰弓有六材惟以幹爲强者，以其幹外五材當依幹而有，以幹爲本，故指幹爲强。張如流水者，以幹得所，以制五材，故張如流水，無難易，無難易則强弱得所也。

維體防之，引之中參體謂內之於檠中，定其體，防深淺所止。謂體定張之，弦居一尺，引之又二尺。【疏】注體謂至二尺。○釋曰云體謂內之於檠中定其體者，此亦謂內之檠中，則往來體定，體定然後防之。防之者，鄭云深淺所止，若王弧之弓往體寡來體多，弛之乃有五寸，張之一尺五寸；夾庾之弓往體多來體寡者，弛之一尺五寸，張之得五寸；唐弓大弓往來體若一者，弛之一尺，張之亦一尺，是防之深淺所止。云謂體定張之弦居一尺，引之又二尺者，此據唐大中者而言，餘四者弛之張之雖多少不同，及其引之皆三尺，以其矢長三尺，須滿故也。

維角堂之，欲宛而無負弦，引之如環，釋之無失體如環負弦，辟戾也。負弦則不如環。如環，亦謂無難易。鄭司農云：「堂讀如牚距之牚，車牚之牚。」○堂直庚反，或之亮反，又詩尚反，注同，沈云或音堂，非。辟劉必亦反，衆家皆匹亦反。【疏】注負弦至之牚。○釋曰云維角堂之，堂，正也，謂置角於隈中既正。云欲宛而無負弦者，引之弓體不辟戾故也。云引之如環者，亦由無負弦故也。云釋之無失體如環者，謂放矢後無失體，得如環然。先鄭云堂讀如牚距之牚，牚距取其正也；車牚之牚，謂車輢之木，亦取正也。

材美，工巧，爲之時，謂之參均；角不勝幹，幹不勝筋，謂之參均；量其力，有三均，均者三，謂之九和有三讀爲又。參量其力，又

參均者，謂若幹勝一石，加角而勝二石，被筋而勝三石，引之中三尺。假令弓力勝三石，引之中三尺，弛其弦，以繩緩擐之，每加物一石，則張一尺。故書勝或作稱，鄭司農云：「當言稱，謂之不參均。」玄謂不勝，無負也。○勝音升，下注同。被皮寄反。擐戶串反，劉郭大反。【疏】注有三至負也。○釋曰云有三讀爲又參者，以經上文已云參均，此云三均，故宜破三爲參也。上已二文參均，此文加一參均，當云又參均，故破有爲又也。云量其力又參均者，謂若幹勝一石，加角而勝二石，被筋而勝三石，引之中三尺者，此言謂弓未成時，幹未有角，稱之勝一石，後又按角勝二石，後更被筋稱之，即勝三石，引之中三尺者，此據幹角筋三者具揔稱物三石，得三尺。若據初空幹時，稱物一石亦三尺，更加角稱物二石亦二尺，又被筋稱物三石亦三尺。鄭又云假令弓力勝三石引之中三尺者，此即三石力弓也。必知弓力三石者，當弛其弦，以繩緩擐之者，謂不張之，別以一條繩繫兩簫，乃加物一石張一尺，二石張二石，三石張三尺，則與前三幹角筋力各一石也。先鄭從古書爲稱者，欲以不稱爲不參均，後鄭不從者，此勝即彼負，此不勝即彼不負，故爲不勝解之。

九和之弓，角與幹權，筋三侔，膠三鋝，絲三邸，漆三斞，上工以有餘，下工以不足權，平也。侔，猶等也。角幹既平，筋三而又與角幹等也。鋝，鍰也。邸、斞，輕重未聞。○侔本又作牟，亦作桙，同，莫侯反，侔等也。鋝色劣反，又音劣。邸丁禮反，或丁計反。斞羊主反。鍰音環，又于卷反。【疏】注權平至未聞。○釋曰此說上九和之弓輕重相參，下可妄爲加減之事。云鋝鍰也者，尚書云其罰百鍰之等言鍰，此與冶氏言鋝，鋝與鍰爲一物，皆是六兩大半兩也。邸斞之輕重未聞，經既無文，故云未聞也。

爲天子之弓，合九而成規；爲諸侯之弓，合七而成規；大夫之弓，合五而成規；士之弓，合三而成規材長則句少也。○合如字，一音閤，下同。【疏】注材長則句少也。○釋曰此據角弓形不張而言。按下文及司弓矢六弓爲三等，王弓弧弓往體寡來體多，當此天子弓合九成規；唐弓大弓往來體若一，當此諸侯弓合七成規；夾弓庾弓往體多來體寡，當此大夫之弓合五成規。於彼六弓已盡，此別云士合三成規，則六弓之外弊惡之弓。按大射與鄉射大夫士同射五十步，侯又同，用夾庾，無士用合三成規之弓者，於此言之者，六弓通弊弓有四等，故弊弓暫記士

周禮疏卷四十二

而言其實士不用合三成規之弓也材良則句少據王弧及唐大已上而言也 弓長六尺有六寸謂之上制上士服之弓長六尺有三寸謂之中制中士服之弓長六尺謂之下制下士服之 人各以其形貌大小服此弓 疏 弓長至服之○釋曰此以弓有長短三等人亦有長短三等而言取其弓與人相稱之事此上士中士下士以長者爲上士次者爲中士短者爲下士皆非命士者故鄭云人各以其形貌大小服此弓也 凡爲弓各因其君之躬志慮血氣 又隨其人之情性 疏 注又隨至情性○釋曰上文據人形爲弓此據人性故鄭云又隨其人之情性也此亦與下文爲目下別以弓與志相配而言也躬即身也志慮據在心血氣據言與舉動也 豐肉而短寬緩以茶若是者爲之危弓危弓爲之安矢骨直以立忿埶以奔若是者爲之安弓安弓爲之

危矢 言損贏濟不足危奔猶疾也骨直謂強毅茶古文舒假借字鄭司農云茶讀爲舒○肉如字劉而樹反埶音勢 疏 注言損至爲舒○釋曰此經以下說君之躬與志慮之類強者而言若然危弓則夾庾弱者爲言安弓謂王弧濟不足者言豐肉寬緩是不足則危弓濟之危弓爲贏則以安矢損之骨直忿埶是贏則安弓損之安弓是不足則以危矢濟之 其人安其弓安其矢安則莫能以速中且不深 故書速或作數鄭司農云字從速速疾也三舒不能疾而中言矢行短也中又不能深○中丁仲反注及下同數音朔同 疏 注故書至能深釋曰上文以安危損益即於射事爲可此三安而無損益故不可 其人危其弓危其矢危則莫能以愿中 愿愨也三疾不能愨而中言矢行長也長謂過去○愿音願一音元愨苦角反 疏 注愿愨至過去○釋曰此三危亦無損弓故亦不可也云三疾不能愨而中言矢行長也長謂去者危弓危矢謂夾庾恒矢之等皆射遠兼人且危躁故矢行長過去也 往體多來體寡謂之夾

庾之屬利射侯與弋 射遠者用埶夾庾之弓合五而成規侯非必遠顧埶弓者材必薄薄則弱弱則矢不深中侯不落大夫士射侯矢落不獲弋繳射也故書與作其杜子春云當爲與○夾古洽反劉古協反與音庾射食亦反注下除繳射大射小射用射外皆同獲相欒反繳射諸若反 疏 注射遠至爲與○釋曰六弓兩兩相將下文王弓不言弧弓唐弓不言大弓故言之屬今此夾庾并言亦云之屬者夾庾雖並言以夾庾其類非一故亦云之屬也云射遠者用埶者謂審曲曲埶夾庾反張多隨曲埶向外弱則射遠不能深則近亦不深故射近侯用之故鄭云侯非必遠故埶弓者材必薄薄則弱弱則矢不深中侯不落者謂弓射遠以其材弱縱射近亦不深故近侯矢但不落也云大夫士射侯矢落不獲者按大射云中離維綱揚觸梱復君則釋獲衆則否大夫士矢落侯不獲故不得用是唐大之等也云弋繳射也者按司弓矢職云夾弓庾弓以授射豻侯鳥獸者豻侯鳥獸則射侯與弋也按彼注近射用弱弓則射大侯者用王弧射參侯者用唐大矣如是君用王弧射大侯大夫用唐大射參侯士用夾庾射豹侯若然此大夫與士同用夾庾射近侯者據天子之臣多則三公王子爲諸侯者射熊侯卿大夫士同射豹侯也若然射七十步侯用唐

大其遠中侯亦不落也 往體寡來體多謂之王弓之屬利射革與質 射深者用直此又直焉於射堅宜也王弓合九而成規弧弓亦然革謂干盾質木椹天子射侯亦用此弓大射曰中離維綱揚觸梱復君則釋獲其餘則否○椹張林反梱苦本反 疏 注射深至則否○釋曰言王弓之屬則之屬中弧弓及王弧之輩類也云利射革與質此即司弓矢職云王弓弧弓以授射甲革椹質者亦一也云天子射侯亦用此弓不言者舉射革與質有上文弱弓射近可參故不言可知也大射曰中離維綱揚觸梱復中謂中侯離猶過也麗也維謂侯射與左右舌一幅兩相反角亦以綱維持之而繫於柱綱謂左右舌上畔下畔以一大綱繩各繫於其柱上以持侯其綱皆出布幅一尋謂之爲綱揚觸梱復者矢高揚而過侯彼注云揚觸者謂中他物揚而觸侯也梱復謂矢至侯不著而還復復反也如此五者君則釋獲其餘則否則臣不得獲惟中乃可又獲 往體來體若一謂之唐弓之屬利射深 射深用直唐弓合七而成規大弓亦然春秋傳曰盜竊寶玉大弓 疏 注射深至大弓○釋曰唐弓之外仍有大弓故云之屬也按司弓矢職云

唐弓大弓以授學射者使者勞者此不言者亦各舉一邊而言兼有彼事可知言射深用直唐弓合七而成規者則王弧之弓亦射深用直唐大合七成規則王弧之弓射深可知引春秋者定八年公羊傳文彼以陽虎爲盜竊寶玉大弓彼公羊云寶者何璋判白弓繡質引之者證大弓同也

大和無灂其次筋角皆有灂而深其次有灂而疏其次角無灂大和尤良者也深謂灂在中央兩邊無也角無灂謂隈裏〔疏〕大和至無灂。釋曰大和謂九和之弓以其六材俱善尤良故無漆灂也其次筋角皆有灂而深者筋在背角在隈皆有灂但深在其中央兩邊無也其次有灂而疏者以上參之此謂兩邊亦有但疏之不皆有也其次角無灂謂隈裏無灂薦與及背有之

合灂若背手文弓表裏灂合處若人合手背文相應鄭司農云如人手背文理。背補內反注同〔疏〕注弓表至文理。釋曰言合灂者謂弓表裏灂漆相合之邊若人合手背上文理相應

角環灂牛筋蕡灂麇筋斥蠖灂蕡枲實也斥蠖屈蟲也。環如字又戶串反蕡扶文反注同斥音尺蠖枉縛反又於郭反枲絲子反〔疏〕注蕡枲至蟲也。釋曰此說弓表及弓裏灂故也角環灂謂隈裏灂文如環然牛筋蕡灂者此說弓背用牛筋之漆如麻子文若用麋其灂文如斥蠖文云蕡枲實者枲乃牡麻無實而云蕡枲實舉其類爾若簞筍然也斥蠖屈蟲者易云斥蠖之屈以求信是也

和弓轂摩和猶調也轂拂也將用弓必先調之拂之摩之大射禮曰小射正授弓大射正以袂順左右隈上再下一。上時掌反〔疏〕注和猶至下一。釋曰引大射云大射正以袂順左右隈者以左手橫執之時上隈向右下隈向左而上再下一拂去塵乃授與君大射雖不言調亦調可知也

覆之而角至謂之句弓句於三體材敝惡不用之弓也覆猶察也謂用射而察之至猶善也但角善則矢雖疾而不能遠。覆芳服反下皆同句劉力具反沈音鉤善本或作譱音善下同〔疏〕注句於至能遠。釋曰此以下論弓有六材角幹筋用力多特言之若三者全善則爲尤良若一善者爲敝二善者爲次今此先察一善者至謂若餘幹筋不善直角善可以爲句弓云句於三體材敝惡不用之弓也者謂不入上三文所用之內言矢雖疾不能遠者上云射遠用埶埶是弱弓而射遠但此句弓爲弱於彼雖疾不能射遠也

覆之而幹至謂之侯弓射侯之弓也幹又善則矢疾而遠〔疏〕注射侯至而遠。釋曰此察次弓此非直角至兼幹善謂之射侯之弓則上夾庾利近射與弋言矢疾而遠對上句弓疾而不遠不及侯者也

覆之而筋至謂之深弓射深之弓也筋又善則矢既疾而遠又深〔疏〕注射深至又深。釋曰此弓三善者也按上文唐大射深則王弧三善亦射深可知舉中以見上者也

附釋音周禮注疏卷第四十二

知南昌府張敦仁署鄱陽縣候補知州周澍栞

周禮注疏卷四十二挍勘記　阮元撰盧宣旬摘錄

附釋音周禮注疏卷第四十二

匠人爲溝洫

耜廣五寸二耜爲耦說文く部引周禮作梠廣五寸二梠爲耦

廣尺深尺謂之甽說文く部引周禮作廣尺深尺謂之く倍く謂之遂又云甽古文く从田从巛今周禮作甽爲古文許所引作く爲今書也鄭從古文作甽今本作甽訛倍く謂之遂亦以義言之非本經○按段玉裁曰今說文古文く當作籒文く者古文也甽者籒文也畎者小篆也く巛皆古文

廣二尺深二尺謂之遂唐石經諸本同釋文之隧音遂本又作遂○按隧俗字遂正字

甽上曰伐漢讀考上作土云各本譌

云二耜爲耦者監毛本耦誤偶

今之猶然也惠挍本無之漢制考同此衍

異於鄉遂及公邑閩監本鄉誤卿

殷人七十而莇余本嘉靖本毛本同閩監本莇改助非下並同閩本莇助錯見釋文莇音助

莫不善於貢疏云孟子本爲莫不善於貢今注有無不字者蓋轉寫脫耳

年饑用不足余本饑作飢

邦國用殷之莇法監本莇改助下同困學紀聞引此句莇作助

稅民無藝釋文作蓺也音藝今本蓺改藝脫也非

此井田則一同唯一澮惠挍本閩本同監毛本此誤爲

子就夫稅之十一而貢浦鏜云子當止字誤

爲溝洫貢子法與采地井田異浦鏜云子當之字誤

龍子所謂善於助者也盧文弨曰孟子注作莫善此脫莫

士田故謂之圭田盧文弨曰孟子注作上田

田業多少有上中下盧文弨曰孟子注作田萊此誤

徙謂變土易居惠挍本變作爰盧文弨曰元本孟子作爰土孟康注漢書地理志轅田云三年爰土易居古制也爰亦訓易今本孟子作変訛

相友偶也盧文弨曰孟子注偶作耦○按耦者本字偶者假借字

以爲廬宅園圃盧文弨曰孟子注作園圃

是周兼夏殷莇貢也閩本莇改助監毛本作貢助

通其事以什一爲正者閩監毛本事作率此誤

趙岐孟子皆饒民此句文有脫落○按當云何休注公羊趙岐注孟子皆同饒民之說

凡爲田頃十畝半閩本同誤也監毛本作一頃十二畝半是也

率指言先王挍典籍萬世可遹什一供貢下富上尊惠挍本作章指言先王挍典禮萬世可遵遵與尊韻此誤○按此章指在白圭欲二十取一章今本作先王典禮萬世可遵

通其壅塞釋文通雍於勇反此衍其雍改壅非

非謂廣深四尺其田間者惠挍本其作在此誤

梢讀爲桑螵蛸之蛸諸本同釋文出螵蛸二字疏云上梢其藪亦讀從螵蛸之蛸蓋此處無桑字漢讀考作讀如

蛸謂水漱齧之溝余本嘉靖本閩本同監毛本蛸作梢按此本及閩本疏中引注亦作蛸賈云上梢其藪亦讀從螵蛸之蛸同是梢齧之義漢讀考作梢溝謂前云梢除也此云梢水漱齧義略同有溝字於文理乃

合

與讀爲停　余本停刊去亻旁是也說文有亭無停

凡溝必因水埶　監本埶誤勢

善防者水淫之　唐石經諸本同余本淫作滛注同非也

注漱謂至之淫　閩本同監毛本謂作猶是也

里讀爲已聲之誤也　戴震考工記圖里作如字讀

言版橈也　浦鏜云言疑則字誤非也

逆猶卻也　余本卻作郤當據正下同

謂若今令鬒䄌也　余本閩本同監毛本䄌作䄌釋文作鬒䄌嘉靖本作辟䄌按漢制考引此注反釋文作令鬒䄌引疏作令辟䄌是賈本作辟也古鬒字多作辟今金石猶有存者與嘉靖本正合

䄌則摶道者也　漢制考無者此衍

車人之事

人長八尺而大節三　此本監本入誤人今訂正

頭髮皓落曰宣　葉鈔釋文作皓落云本或作顥音同劉作皓○按顥是正字說文曰顥白皃南山四顥白首人也

易巽爲寡髮　此本寡字剜改疏中標起訖及引注及兩引說卦四處寡字同當皆本作宣髮余本嘉靖本監毛本作宣髮是也惟閩本承此剜改之誤作寡髮疏中四處同今正

與人帶已下四尺半　閩本毛本已改以

欘斲木柄　余本閩監本同誤也嘉靖本毛本木作斤當據正賈疏引注作斲斤惠按本斲作斵疏同○按木字是此物名斵木亦名斫木說文曰斤斫木也此斵木爲句柄字連下讀不連上讀

一柯有半謂之磬折　程瑤田通藝錄云磬氏爲磬倨句一矩有半故曰一矩有半謂之磬折持此以度他物凡倨句之應乎一矩有半者皆以磬折名之故韗人爲皋鼓曰倨句磬折車人内耒之庛亦曰倨句磬折而轉寫是記者乃順上文讀之遂訛矩爲柯

故因解之立磬折淺深也　惠按本解作人盧文弨曰疑當作解人

亦以磬折之故云之也　故疑當作度

車人爲耒

庛讀爲其顙有庛之庛　余本嘉靖本閩監毛本下二庛字皆作疵疏中同當據正釋文顙疵似斯反漢讀考作讀如顙疵之疵按作讀如爲是○按此用孟子之其顙有泚也鄭所見孟子蓋作玼玼或用爲疵字故轉寫作疵

若今之曲杴柄也　閩監毛本杴誤枚○按杴字是廣韻曰杴鍫屬古作檻或作欣語韽切今正

車人爲車

以其一爲之首　余本之誤一

此車人謂造車之事　浦鏜云謂疑爲

此論載輻牙　宋本載作轂

故書博或爲摶　余本閩監本同嘉靖本毛本摶誤摶釋文或作摶徒丸反則是从專聲也

所謂牙　釋文牙本或作迓

需者在外　釋文耎者人兗反漢讀考據釋文作耎按疏云此經言車牙所宜外内堅濡之事是賈本作需訓爲濡○按賈亦用濡爲耎字

亦謂逼轂空壺中并數而言也　毛本同是也閩監本壺作壼誤

弓人

鄭知取榦以冬者　閩監毛本榦作幹

檍讀爲億万之億　諸本万作萬漢讀考讀爲作讀如

近根者奴　監本奴誤妙疏中標起訖不誤

則弓不發　唐石經諸本同惠士奇云發當爲撥戰國策弓撥矢句

元謂栗讀爲裂繻之裂　九經古義云毛詩東山烝在栗薪箋云栗析也古者聲栗裂同也

秋閷者厚　○按籀文殺字作𣪠叜即殳字轉寫譌舛乃成閷字籀文殺字見說文殳部中籀文役字作伇亦其證也

紾讀爲抮縛之抮　余本岳本監本同嘉靖本閩毛本縛作縳釋文縳徒轉反

謂牛角觕理錯也　閩監毛本同誤也余本嘉靖本觕作𤚩當據正釋文𤚩理才苦反又七奴反○按說文無觕字而古書多用之蓋說文角部作䚥角長也从角爿聲士角切引申用爲粗糙字而轉寫者譌其體从牛旁

即此云脊者惟瘦脊　補鏜云即疑則字誤

蹙於剴而休於氣　唐石經諸本同葉鈔釋文蹙作戚余本載音義同釋文剴乃老反本又作腦○按依說文當作㛴

然可以爲弓　浦鏜云然下疑脫後

故書畏作威　閩監毛本同余本嘉靖本畏下有或字此脫當據補

元謂畏讀如秦師入隈之隈　按此讀如當作讀爲儀禮大射儀以袂順左右隈注云隈弓淵也鄭據此故讀爲隈下文凡居角長者以次需注云當弓之隈也因於此易爲隈字故下注竟作隈也

謂膠善戾　漢讀考云戾當作麗聲之誤也凡附麗之物莫善於膠

故書昵或作樴杜子春云樴讀爲不義不昵之昵　此當經文作凡樴之類注作故書樴或作昵杜子春云昵讀爲不義不昵之昵蓋鄭本經文從今書作樴杜則從故書作昵今本經文作昵杜鄭兩家注又俱以樴爲正轉改之失顯然

筋讀爲撊然登陴之撊　葉鈔釋文撊作橌○按从木者非

還如在水涷之色也　浦鏜云涷當湅字誤○按浦此語是

斲目必荼　唐石經斲作斵下並同

注重醳治之相稱　閩本同監本之下剜擠使字毛本排入

薄其帤則需　唐石經諸本同釋文則需人兖反下注罷需同漢讀考據此需作耎

帤讀爲襦有衣絮之絮　漢讀考作衣絮之絮云此讀爲乃讀如之誤

帤謂弓中裨　葉鈔釋文裨作陴

需襦不進　浦鏜云襦疑懦字誤

不皆約纆之繳不相次也皆約則弓帤佯猶均也　漢讀考云此注脟誤疑當云皆約纆繳之不相次也不皆約則弓帤佯佯猶均也○按不相次是釋皆字佯是釋不皆皆者有堆垛之迹不皆者無堆垛之迹也

云摩其角謂幹不均而有高下則摩其角　盧文弨曰此疏釋下經當在下節疏之首

是謂逆橈　唐石經諸本同嘉靖本橈作撓監毛本注中亦作撓古從木之字往往訛變作手旁

元謂恒讀爲搄搄竟也　釋文及諸本皆作搄從手漢讀考云搄訓竟見說文木部詩亘之秬秠字作亘方言緪竟也字作緪古同音通用

竟其角而短于淵幹　按于當作於下注云長於淵幹作於可證

譬如終紲　閩監本同唐石經嘉靖本譬作辟余本毛本作辟按釋文作辟如云音譬下注變辟同或房赤反然

則不當作譬矣

紲弓䪐 諸本同釋文䪐音祕監毛本誤䩉下仍作䪐

則送矢太疾 閩監毛本同誤也此本太字係剜改宋本嘉靖本太作不當據正經云非弓之利也疏云謂弓在䪐中然非弓之利皆不疾之謂浦鏜云詩小戎正義引作不疾○按不疾是也

又繩橫繫之使相著 閩監毛本著改着俗字

茭讀爲激發之激 漢讀考云讀爲當作讀如此擬其音非易其字故下文仍作茭

茭讀如齊人名手足掔爲骹之骹 釋文足掔鳴喚反漢讀考掔作拏按說文掔手掔也揚雄曰掔握也从手臤聲烏貫切隸書訛作掔則不得其形聲矣

變謂簫臂用力異 閩監本簫誤从廾嘉靖本臂作辟下同釋文簫辟如字下文同本或作辟一音房赤反

剽讀爲湖漂絮之漂 漢讀考云當作讀如擬其音也

引如終紲非弓之利 唐石經下有也字石經考文提要云宋本九經宋纂圖互注本宋附釋音本余仁仲本皆作非弓之利也

撟角欲孰於火而無燂 閩監毛本同誤也唐石經余本嘉靖本燂作爓當據正釋文亦作爓今正

鬻膠欲孰而水火相得 嘉靖本同誤也唐石經余本閩監毛本鬻作鬻當據以訂正釋文鬻膠章呂反閩監本孰誤角

然則居旱亦不動 監本旱誤早

字從燂 漢讀考云字宜作當

㢮之乃有五寸 閩監毛本㢮改弛下同

𣥺讀如牚距之牚重牚之牚 閩監本同誤也余本嘉靖本毛本重作車今正當據正岳本牚距誤棠又脫車牚二字盧文弨曰釋文出經𣥺之爲音云注同不爲牚別作音知舊亦必本是𣥺字牚字俗漢讀考云四牚字皆𣥺之誤說文𣥺岠也𣥺古本音堂車𣥺亦作車樘說文𨍏車樘結也

幹不勝筋謂之參均 諸本同唐石經之下有不字此蓋據司農說誤加賈疏云先鄭從古書爲稱者欲以不稱爲不參均後鄭不從蓋經文本無不字也

當言稱謂之不參均 漢讀考云此注有脫字應云謂之參均當言謂之不參均因兩謂之複而脫六字

後又按角勝二石 浦鏜云按疑加字訛非也此按猶今人言安也安即加也

膠三鋝 戴震云鋝當作鍰一弓之膠三十四銖三十五分銖之十四

漆三斞 唐石經諸本同漢讀考云說文斗部斞量也引周禮桼三斞今說文各本桼訛作求此可證今周禮漆字皆非古

材長則句少也 余本閩本同此本疏中標注亦作材長誤也嘉靖本監毛本長作良當據正疏舉注語亦作良

無士用合三成規之弓者 惠挍本無者此衍

言損羸濟不足 閩監本同余本嘉靖本毛本羸作贏疏中諸本皆作贏

荼古文舒假借字鄭司農云荼讀爲舒 岳本脫古文至云荼十一字

此三危亦無損弓 惠挍本作損濟此誤

揚觸梱復 余本岳本嘉靖本閩本同葉鈔釋文亦作梱從木監毛本從手疏同

故不言可知也大射曰 閩本同監毛本也下有云

離猶過也麗也 浦鏜云獵訛麗從大射注挍

璋判白弓綉質 浦鏜云繡誤綉

其次有灂而疏　唐石經其次下有角字按釋曰其次有灂而疏者以上參之此謂兩邊亦有則疏意蒙上筋角皆有灂是賈疏本無此角字故經下始言角也石經此角誤衍浦鏜據增非

蕭與及背有之　閩本同誤也監毛本與作頭

此說弓表及弓裏灂故也　閩本同監毛本故作文

上隈向右　宋本右作君

乃授與君　宋本君作右

至猶善也　釋文作猶譱云本又作善下同岳本此亦作善下但角善以下俱作古譱字非

若一善者爲儆　毛本同監本儆誤蔽閩本此疏以下缺

則上夾庾利近射與弋　浦鏜云射下脫侯按經云利射侯與弋此言近射故不言侯省文非脫也浦按此類今皆不用

周禮注疏卷四十二挍勘記終

南昌袁泰開挍

重栞宋本儀禮注疏附挍勘記

嘉慶二十年江西南昌府學開雕

太子少保江西巡撫兼提督揚州阮元審定武寧縣貢生盧宣旬校

欽定四庫全書總目儀禮注疏十七卷

漢鄭元注唐賈公彦疏儀禮出殘闕之餘漢代所傳凡有三本一曰戴德本以冠禮第一昏禮第二相見第三士喪第四既夕第五士虞第六特牲第七少牢第八有司徹第九鄉飲酒第十鄉射第十一燕禮第十二大射第十三聘禮第十四公食第十五覲禮第十六喪服第十七一曰戴聖本亦以冠禮第一昏禮第二相見第三其下則鄉飲第四鄉射第五燕禮第六大射第七士虞第八喪服第九

特牲第十少牢第十一有司徹第十二士喪第十三既夕第十四聘禮第十五公食第十六覲禮第十七一曰劉向別錄本即鄭氏所注賈公彦疏謂別錄尊卑吉凶次第倫序故鄭用之二戴尊卑吉凶雜亂故鄭不從之也其經文亦有二本高堂生所傳者謂之今文魯恭王壞孔子宅得亡儀禮五十六篇其字皆以篆書之謂之古文元注參用二本其從今文而不從古文者則今文大書古文附注士冠禮闑西閾外句注古文闑爲槷閾爲蹙是也從古文而不從今文者則古文大書今文附注士冠禮禮辭孝友時格句注今文格爲嘏是也其書自元以前絶無注本元後有王肅注十七卷見於隋志然賈公彦序稱周禮注者則有多門儀禮所注後鄭而已則唐初肅書已佚也爲之義疏者有沈重見於北史又有無名氏二家見於隋志然皆不傳故賈公彦僅據齊黃慶隋李孟悊二家之疏定爲今本其書自明以來刻本舛譌殊甚顧炎武日知錄曰萬歷北監本十三經中儀禮脱

誤尤多士昏禮脱壻授綏姆辭曰未教不足與爲禮也一節十四字賴有長安石經據以補此一節而其注疏遂亡鄉射禮脱士鹿中翿旌以獲七字士虞禮脱哭止告事畢賓出七字特牲饋食禮脱舉觶者祭卒觶拜長者答拜十一字少牢饋食禮脱以授尸坐取簞興七字此則秦火之所未亡而亡於監刻矣云云蓋由儀禮文古義奥傳習者少注釋者亦代不數人寫刻有譌猝不能校故紕漏至於如是也今參考諸本一一釐正著於錄焉

儀禮疏卷第一

唐朝散大夫行大學博士弘文館學士臣賈公彥等撰

儀禮卷第一

儀禮疏序◎竊聞道本沖虛非言無以表其疏言有微妙非釋無能悟其理是知聖人言曲事資注釋而成至於周禮儀禮發源是一理有終始分爲二部並是周公攝政大平之書周禮爲末儀禮爲本本則難明末便易曉是以周禮注者則有多門儀禮所注後鄭而已其爲章疏則有二家信都黃慶者齊之盛德李孟悊者隋曰碩儒慶則舉大略小經注疎漏猶登山遠望而近不知悊則舉小略大經注稍周似入室近觀而遠不察二家之疏互有脩短時之所尚李則爲先案士冠三加有緇布冠皮弁爵弁既冠又著玄冠見於君有此四種之冠故記人下陳緇布冠委貌周弁以釋經之四種經之與記都無天子冠法而李云委貌與弁皆天子始冠之冠李之謬也喪服一篇凶禮之要是以南北二家章疏甚多時之所以皆資黃氏案鄭注喪服引禮記檀弓云絰之言實也明孝子有忠實之心故爲制此服焉則絰之所作表心明矣而黃氏妄云衰以表心絰以表首以黃氏公違鄭注黃之謬也黃李之訓畧言其一餘足見矣今以先儒失路後宜易塗故悊鄙情聊裁此疏未敢專欲以諸家爲本擇善而從兼增已義仍取四門助敎李玄植詳論可否僉謀已定庶可施以函丈之儒青衿之俊幸以去瑕取玖得無譏焉

士冠禮第一　疏

士冠禮第一◎鄭目録云童子任職居士位年二十而冠主人玄冠朝服則是於諸侯天子之士朝服皮弁素積古者四民世事士之子恒爲士冠禮於五禮屬嘉禮大小戴及別録此皆第一◎釋曰鄭云童子任職居士位年二十而冠爲士身加冠知者鄭見下昏禮及士相見皆據士身自昏自相見又大戴禮公冠篇及下諸侯有冠禮夏之末造亦據諸侯身自加冠故鄭據士身自加冠爲目也鄭云四人世事士之子恒爲士者是鄭齊語文彼云桓公謂管仲曰成民之事若何管子對曰四民勿雜處也公曰處士農工商若何管子對曰昔聖王之處士就閒燕也處工就官府也處商就市井也處農就田野也少而習焉其心安焉是四人世事士之子恒爲士也引之者證此士身年二十加冠法若士之子則四十强而仕何得有二十爲士自加冠也二十而冠者鄭據曲禮文二十曰弱冠故云年二十而冠其大夫始仕者二十已冠訖五十乃爵命爲大夫故大夫無冠禮又案喪服小功章云大夫爲昆弟之長殤鄭云大夫爲昆弟之長殤小功謂爲士者若不仕者也以此知爲大夫無殤服也小記云大夫冠而不爲殤大夫身已加冠降兄殤在小功是身有德行得爲大夫冠不以二十始冠也若諸侯則十二而冠故左傳襄九年晉侯與諸侯伐鄭還公送晉侯以公宴于河上問公年季武子對曰會于沙隨之歲寡君以生注云沙隨在成十六年晉侯曰十二年矣是謂一終一星終也國君十五而生子冠而生子禮也君可以冠矣是諸侯十二而冠也若天子亦與諸侯同十二而冠故尚書金縢云王與大夫盡弁時成王年十五云王與大夫盡弁則知天子亦十二而冠矣又大戴禮云文王十三生伯邑考左傳云冠而生子禮也是殷之諸侯亦十二而冠若夏之天子諸侯與殷天子亦十二而冠可知若天子之子則亦二十而冠故禮記祭法云王下祭殤五又禮記檀弓云君之適長殤車三乘是年十九已下乃爲殤故二十乃冠矣若天子諸侯冠自有天子諸侯冠禮故大戴禮有公冠篇天子自然有冠禮但儀禮之内亡耳士既三加爲大夫早冠者亦依士禮三加若天子諸侯禮則多矣故大戴禮公冠篇云公冠四加者緇布皮弁爵弁後加玄冕天子亦四加後當加衮冕矣案下文云天子之元子猶士天下無生而貴者則天子之子雖早冠亦用士禮而冠案家語冠頌云王大子之冠擬冠則天子元子亦擬諸侯四加若然諸侯之子不得四加與士同三加可知鄭又云冠於五禮屬嘉禮者鄭據周禮大宗伯所掌五禮吉凶賓軍嘉而言宗伯云以嘉禮親萬民下云以昏冠之禮親成男女是冠禮屬嘉禮者也鄭又云大小戴及別録此皆第一者大戴戴聖與劉向爲別録十七篇次第皆冠禮爲第一昏禮爲第二士相見爲第三自茲以下篇次則異故鄭云大小戴別録即皆第一也其劉向別録即此十七篇之次是也皆尊卑吉凶次第倫敘故鄭用之至於大戴即以士喪爲第四既夕爲第五士虞爲第六特牲爲第七少牢爲第八有司徹爲第九鄉飲酒第十鄉射第十一燕禮第十二大射第十三聘禮第十四公食第十五覲禮第十六喪服第十七小戴於鄉飲鄉射燕禮大射四篇亦依此別録次第而以士虞爲第八喪服爲第九特牲爲第十少牢爲第十一有司徹爲第十二士喪爲第十三既夕爲第十四聘禮爲第十五公食爲第十六覲禮爲第十七皆尊卑吉凶雜亂故鄭玄皆不從之矣

儀禮　疏

儀禮◎釋曰儀禮者一部之大名士冠者當篇之小號退大名在下者取配注之意故也然周禮言周不言儀儀禮言儀不言周既同是周公攝政六年所制題號不同者周禮取別夏殷故言周儀禮不言周者欲見兼有異代之法故此篇有醮用酒燕禮云諸公

士喪禮云商祝夏祝是兼夏殷故不言周又周禮是統心儀禮是履踐外内相因首尾是一故周禮已言周儀禮不須言周可知矣且儀禮亦名曲禮故禮器云經禮三百曲禮三千鄭注云曲猶事也事禮謂今禮也其中事儀三千言儀者見行事有威儀言曲者見行事有屈曲故有二名也

鄭氏注

疏鄭氏注○釋曰後漢書云鄭玄字康成青州北海郡高密縣人鄭崇之後也言注者注義於經下若水之注物亦名為著故鄭敘云凡著三禮七十二篇云著者取著明經義者也孔子之徒言傳者取傳述之意為意不同故題目有異也但周禮六官六十敘官之法事急者為先不問官之大小儀禮見其行事之法賤者為先故以士冠為先無大夫冠禮諸侯冠次天子冠又次之其昏禮亦士為先大夫次之諸侯次之天子為後諸侯鄉飲酒為先天子鄉飲酒次之鄉射燕禮已下皆然又以冠昏士相見為先後者以二十而冠三十而娶四十彊而仕即有摯見鄉大夫見已君及見來朝諸侯之等又為鄉大夫州長行鄉飲酒鄉射之事已下先吉後凶凶盡則行祭祀吉禮次敘之法其義可知畧陳儀禮元本至於禮之大義備於禮記疏

士冠禮筮于廟門筮者以蓍問日吉凶於易也冠必筮日於廟門者重以成人之禮成子孫也廟謂禰廟不於堂者嫌蓍之靈由廟神

疏士冠至廟門○釋曰自此至宗人告事畢一節論將行冠禮先筮取日之事案下文云布席于門中闑西閾外者闑為門限即是門外故特牲禮筮日主人即位於門外西面此不言門外者闑外之文可參故省文也○注筮者至廟神○釋曰鄭知筮以蓍者曲禮云龜曰卜蓍曰筮故知筮以蓍也云問日吉凶於易也者下云若不吉則筮遠日如初儀又案周禮大卜掌三易一曰連山二曰歸藏三曰周易筮得卦以易辭占吉凶故云問日吉凶於易也不筮月者夏小正云二月綏多士女冠子取妻時也既有常月故不筮也云冠必筮日於廟門者重以成人之禮成子孫也者案冠義云筮日筮賓所以敬冠事敬冠事所以重禮是筮日為重禮之事也冠義又云古者重冠重冠故行之於廟行之於廟者所以尊重事尊重事而不敢擅重事不敢擅重事所以自卑而尊先祖也是成人之禮成子孫也此經唯論父子兄弟不言祖孫鄭兼言孫者家事統於尊若祖在則為冠主故兼孫也云廟謂禰廟者案昏禮行事皆直云廟記云凡行事受諸禰廟此經亦直云廟故知亦於禰廟也然儀禮之内單言廟者皆是禰廟若非禰廟則以廟名別之故聘禮云賓朝服問卿卿受于祖廟又受聘在始祖廟即云不腆先君之祧是不言於廟舉祧以別之也士於廟若天子諸侯冠在始祖之廟是以襄九年季武子云以先君之祧處之祧則與聘禮先君之祧謂遷主所藏始祖同也若然服虔注以祧為曾祖者以其公還及衛冠於衛成公之廟服注成公衛曾祖故以祧為曾祖廟時不冠於衛之始祖以非已廟故也無大夫冠禮若幼而冠者與士同在禰廟也云不於堂者嫌蓍龜之靈由廟神者此據經冠在廟堂此蓍筮在門外不同處故以廟決堂以蓍自有靈知吉凶不假廟神故云嫌蓍龜之靈由廟神也案天府職云季冬陳玉以貞來歲之美惡注云問歲之美惡謂問於龜凡卜筮者實問於鬼神龜筮能出其卦兆之占耳若然卜筮實問七八九六之鬼神故以六玉禮耳而龜筮直能出其卦兆之占似無靈者各有所對若以蓍龜對生數成數之鬼神則蓍龜直能出卦兆不得有神若以卦對生成之鬼神則蓍龜亦自有神是以易繫辭云蓍之德圓而神又云定天下之吉凶成天下之亹亹者莫善於蓍龜又郭璞云上有叢蓍下有千齡蔡凡龜之智莫善於龜凡草之靈莫善於蓍蓍龜自有靈也若蓍自有神不假廟神也不於寢門筮者一取成人之禮成子孫二兼取鬼神之謀故易繫辭云人謀鬼謀鄭注云鬼謀謂謀卜筮於廟門是也

主人玄冠朝服緇帶素韠即位于門東西面主人將冠者之父兄也玄冠委貌也朝服者十五升布衣而素裳也衣不言色者衣與冠同也筮必朝服者尊蓍龜之道緇帶黑繒帶士帶博二寸再繚四寸屈垂三尺素韠白韋韠長三尺上廣一尺下廣二尺其頸五寸肩革帶博二寸天子與其臣玄冕以視朔皮弁以日視朝諸侯與其臣皮弁以視朔朝服以日視朝凡染黑五入為緅七入為緇玄則六入與

疏主人至西面○釋曰此主人將欲謀日之時先服即位於禰廟門外東西面立以待筮事也○注主人至入與○釋曰經直云主人是父兄加冠之禮知兼有兄者論語云出則事公卿入則事父兄父兄者一家之統父不在則兄為主可知故兼其兄也又案下文若孤子則父兄戒宿冠之日主人紒而迎賓則無親父親兄故彼注云父兄諸父諸兄則知此主人迎賓是親父親兄也云玄冠委貌者此云玄冠下記云委貌彼云委貌見其安正容體此云玄冠見其色實一物也云朝服者十五升布衣者雜記云朝服十五升布也云素裳者雖經不言裳裳與韠同色云素韠者故知裳亦積白素絹為之也云衣不言色者衣與冠同也者禮之通例衣與冠同色故郊特牲云黄衣黄冠是也裳與韠同色故下爵弁服纁裳韎韐韎韐即緼之類是也經直云朝服不言色與冠同可知也若然鄭不

言裳與韠同色者舉衣與冠同裳與韠同亦可知故不言也其衣冠色異經即別言之是以下云爵弁服純衣是也云筮必朝服者尊蓍龜之道者此決正冠時主人服玄端爵韠不服此服朝服是尊蓍龜之道也若然下又云有司如主人服又宿賓賓如主人服又宿贊冠者及夕爲期皆朝服云尊蓍龜者案鄉飲酒主人朝服則此有司賓主朝服自是尋常相見所服非特相尊敬之禮此筮而朝服決正冠時與士之祭禮入廟常服玄端今此筮亦在廟不服玄端故云尊蓍龜之道此筮唯有蓍草言龜者核周禮小事徒筮而已若大事先筮而後卜龜筮是相將之物同皆朝服故兼言龜是以雜記卜筮皆朝服也案特牲禮筮日與祭同服玄端少牢筮日與祭同服朝服不特尊蓍龜者彼爲祭事龜不可尊於先祖故同服此爲冠事冠事龜可尊於子孫故服異也云緇帶黑繒帶者案玉藻云君素帶終裨大夫素帶裨垂士練帶率下裨注云大夫裨其紐及末士裨其末而已又云雜帶君朱綠大夫玄華士緇裨鄭云君裨帶上以朱下以綠終之大夫裨垂外以玄内以華士裨垂之下外内皆以緇是謂緇帶鄭彼云是謂者指此文也若然天子諸侯帶繞腰及垂者皆裨之大夫則不裨其繞腰者直裨垂之三尺屈而重者士則裨其末繞三尺所垂者不裨在者若然大帶所用物大夫已上用素

士練繒爲帶體所裨者用緇則此言緇據裨者而言也云士帶博二寸再繚四寸屈垂三尺者此亦玉藻文大夫已上大帶博四寸此士卑降於大夫已上博二寸再繚共爲四寸屈垂三尺則大夫已上亦屈垂三尺同矣云素韠白韋韠者案玉藻云韠君朱大夫素士爵韋彼以韠爲總目而云君朱大夫素士爵韋是韠色不同下云韋者是君大夫同用韋也但彼是玄端服之韠此士用素韋爲之故鄭云白韋韠也又云韠長三尺至博二寸亦皆玉藻文鄭彼注云頸五寸亦謂廣也頸中央肩兩角皆上接革帶肩與革帶廣同此韠即韍也祭服謂之韍朝服謂之韠也云天子與其臣玄冕以視朔皮弁以日視朝者此約玉藻而知案彼云天子玄端聽朔於南門之外皮弁以日視朝又云諸侯皮弁以聽朔於大廟朝服以日視朝於内朝彼注云端當爲冕謂天子以玄冕聽朔於南門之外明堂之中彼皆不言臣此鄭兼言臣者欲見在朝君臣同服引之者證此玄冕朝服而筮者是諸侯之士則諸侯與其臣與子加冠同服皮弁以筮日天子與其臣與子加冠同服玄冕以筮日矣知天子服玄冕諸侯服皮弁以筮日者鄭既取君臣同服明筮時還君臣同服若云天子用玄冕諸侯用皮弁其臣不得上同於君君下就臣同朝服也云凡染黑五入爲緅七入爲緇玄則六入與者案爾雅一染謂之緅再染謂之赬三染謂之纁此三者皆是染赤法周禮鍾氏染鳥羽云三入爲纁五入爲緅七入爲緇此是染黑法故云凡染黑也但爾雅及周禮無四入與六入之文禮有色朱玄之色故注此玄則六入下經注云朱則四入無正文故皆云與以疑之但論語有紺緅連文紺又在緅上則以纁入赤爲朱若以纁入黑則爲紺故淮南子云以涅染緅則黑於涅又以紺入黑則爲緅故紺緅連言也若然玄爲六入緇爲七入深淺不同而鄭以衣與冠同以緇與玄同色者大同小異皆是黑色故云同也

有司如主人服即位于西方東面北上　有司羣吏有事者謂主人之吏所自辟除府史以下今時卒吏及假吏是也【疏】有司至北上○釋曰此論主人有司從主人有事故立位于廟門外西方東面以待事也○注有司至是也○釋曰士雖無臣皆有屬吏胥徒及僕隸故云有司羣吏有事者也云謂主人之吏所自辟除府史以下者案周禮三百六十官之下皆有府史胥徒不得君命主人自辟除去役賦補置之是也又案周禮皆云府史此云羣吏吏史亦一也故舉漢法爲證又周禮鄭注云官長所自辟除此云主人者以此經云主人故依經而直云主人主亦爲長者也又此注以有司爲羣吏案特牲以有司爲士

屬吏不同者言羣吏則爲府吏胥徒也言屬吏則謂君命之士是以下文宿贊冠者注云謂賓若他官之屬中士若下士也又主人贊者亦云其屬中士若下士是言屬者尊之義特牲之有司士之屬吏亦親類也特牲有司之上有子姓此文無者彼祭祀事重故子姓皆來此冠事稍輕故容有不至故不言

筮與席所卦者具饌于西塾　筮所以問吉凶謂蓍也所卦者所以畫地記爻易曰六畫而成卦饌陳也具俱也西塾門外西堂也【疏】筮與至西塾○釋曰下云布席于門中闑西閾外彼據筮此云西塾據陳處○注筮所至堂也○釋曰筮所以問吉凶謂蓍也者案曲禮云龜爲卜策爲筮故知問吉凶謂蓍案易筮法用四十九蓍分之爲二以象兩卦一以象三揲之以四以象四時歸奇于扐以象閏十有八變而成卦是也云所卦者所以畫地記爻者筮法依七八九六之爻而記之但古用木畫地今則用錢以三少爲重錢重錢則九也三多爲交錢交錢則六也兩多一少爲單錢單錢則七也兩少一多爲拆錢拆錢則八也案少牢云卦者在左坐卦以木故知古者畫卦以木也云易曰六畫而成卦者說卦文彼云昔者聖人之作易也將以順性命之理是以立天之道曰陰與陽立地之道曰柔與剛立人之道曰仁與義兼三才

而兩之，故易六畫成卦。注云：三才天地人之道，六畫畫六爻引之者，證畫地識爻之法。云西塾門外西堂也者，案爾雅云門側之堂謂之塾，即士虞禮云羞燔俎在內西塾上南順是也。筮在門外，故知此經西塾門外西堂也。

布席

于門中闑西閾外西面

闑，門橛。閾，閫也。古文闑爲槷，閾爲蹷。

疏 布席至西面○釋曰：此所布之席擬卜筮之事。言在門中者，以大分言之。云闑西閾外者，指陳席處也。○注闑門至爲蹷○釋曰：云闑門橛者，闑一名橛也。云閾閫也者，曲禮云外言不入于閫，閫門限與閾爲一也。云古文闑爲槷閾爲蹷者，遭于暴秦燔滅典籍，漢興求錄遺文之後，有古書今文。漢書云魯人高堂生爲漢博士，傳儀禮十七篇，是今文也。至武帝之末，魯恭王壞孔子宅，得古儀禮五十六篇，其字皆以篆書，是爲古文也。古文十七篇與高堂生所傳者同，而字多不同，其餘三十九篇絶無師說，秘在於館。鄭注禮之時，以今古二字並之。若從今文不從古文，即今文在經，闑閾之等是也，於注內疊出古文槷蹷之屬是也。若從古文不從今文，則古文在經，注內疊今文，即下文孝友時格，鄭注云今文格爲嘏，又喪服注今文無冠布纓之等是也。此注不從古文槷蹷者，以槷蹷非門限之義，故從今不從古也。儀禮之內，或從今，或從古，皆逐義彊者從之。若二字俱合義者，則互挽見之，即下文云壹揖壹讓升，注云古文壹皆作一；公食大夫三牲之肺不離贊者辯取之一以授賓，注云古文一爲壹，是大小注皆疊今古文二者俱合義，故兩從之。又鄭疊古今之文者，皆釋經義盡乃言之；若疊今古之文訖，須別釋餘義者，則在後乃言之，即下文孝友時格，注云今文格爲嘏，又云凡醮不祝之類是也。若然，下記云章甫殷道，鄭云章，明也，殷質，言以表明丈夫也，甫或爲父，今文爲斧，事相違，故因疊出今文也。

筮人

執筴抽上韇兼執之進受命於主人

筮人有司主三易者。韇藏筴之器，今時藏弓矢者謂之韇丸也。兼，并也。進，前也。自西方而前。受命者，當知所筮也。

疏 筮人至主人○釋曰：此經所陳，據筮時之事。案少牢云史左執筮，右抽上韇，兼與筮執之，東面受命于主人。得主人命訖，史曰諾，西面于門西，抽下韇，左執筮，右兼執韇以擊筮，乃立筮。此云筴，彼云筮，一也。但筮法不殊，此亦應不異。少牢具陳，此不言者，文不具，當與彼同。案三正記，大夫蓍五尺，故立筮；士之蓍三尺，當坐筮，與彼異也。○注筮人至筮也○釋曰：案周禮春官筮人掌三易，一曰連山，二曰歸藏，三曰周易。注云問蓍曰筮，其占易，是筮人主三易者也。云韇藏筴之器者，韇有二，其一從下向上承之，其一從上向下韜之也。云今時藏弓矢者謂之韇丸也者，此舉漢法爲況，亦欲見韜弓矢者以皮爲之，故詩云象弭魚服，是以魚皮爲矢服，則此韇亦用皮也。知自西方而前者，上云即位于西方，故知前向東方受命也。云受命者當知所筮也者，謂執之不知，以請筮何事，宰遂命之也。凡卜筮之法，案洪範云七稽疑，擇建立卜筮人，三人占，從二人之言。又案尚書金縢云乃卜三龜，一習吉，則天子諸侯卜時三龜並用，于玉瓦原三人各占一兆也。筮時連山、歸藏、周易亦三易並用，夏殷以不變爲占，周易以變者爲占，亦三人各占一易。筮皆三占從二，三者三吉爲大吉，一凶爲小吉，三凶爲大凶，一吉爲小凶。案士喪禮筮宅，卒筮，執卦以示命筮者，命筮者受視，反之，東面旅占。注云旅，衆也，反與其屬共占之，謂掌連山、歸藏、周易者。又卜葬日云占者三人在其南，注云占者三人，掌玉兆、瓦兆、原兆者也。少牢大夫禮亦云三人占。鄭既云反與其屬占之，則鄭意大夫卜筮同用一龜一易，三人共占之矣。其用一龜一易，則三代顯用，不專一代，故春秋緯演孔圖云孔子脩春秋，九月而成，卜之，得陽豫之卦。宋均注云陽豫，夏殷之卦名，故今周易無文，是孔子用異代之筮，則大夫卜筮皆不常據一代者也。

宰自右少退贊命

宰，有司主政教者。自，由也。贊，佐也。命，告也。佐主人告所以筮也。少儀曰：贊幣自左，詔辭自右。

疏 宰自至贊命○注宰有至自右○釋曰：知宰是有司主政教者，士雖無臣，以屬吏爲宰，若諸侯使司徒兼冢宰以出政教之類，故云主政教者。引少儀者，取證贊命在右之義，以其地道尊右，故贊命皆在右。是以士喪禮亦云命筮者在主人之右，注云命尊者宜由右出。特牲云宰自主人之左贊命，不由右者，爲神求吉變故也。士喪在右不在左者，以其始死未忍異于生，故在右也。少牢宰不贊命，大夫尊屈，士卑不嫌，故使人贊命也。

筮人許諾右還即席坐西面卦者在左

即，就也。東面受命，右還北行就席。卦者，有司主畫地識爻者。

疏 筮人至在左○釋曰：此言筮人於主人受命訖，行筮事也。但即席坐西面者，主人爲筮人而言，作坐文宜在西面下，今退西面于下者，欲西面之文下就畫卦者亦西向故也。○注即就至爻者○釋曰：鄭知東面受命者，以其上文有司在西方東面，主人在門東西面，今從門西東面，主人之宰命之，故東面受命可知也。知右還北行就席者，以其主人在門外之東南，席在門中，故知右還北行乃得西面就席坐也。云卦者有司主畫地識爻者，上云所卦者謂於此云卦者，據人以杖畫地記識爻之七八九六者也。

卒

筮書卦執以示主人卒已也書卦者筮人以方寫所得之卦 疏 卒筮至主人。釋曰此言所筮六爻俱了卦體得成更以方版畫體示主人之事也。注卒已至之卦。釋曰云書卦者筮人者下文云筮人還東面旅占明此書卦是筮人也不使他人書卦者筮人尊卦亦是尊蓍龜之道也案特牲云卒筮寫卦筮者執以示主人注云卦者主畫地識爻爻備乃以方版寫之則彼寫卦亦是卦者故鄭云卦者畫爻者彼爲祭禮吉事尚提提故卦者寫卦筮人執卦以示主人士喪禮注云卦者寫卦示主人經無寫卦之文是卦者自畫示主人以其喪禮遽于事故卦者自畫自示主人也此冠禮筮者自爲自示主人冠禮異于祭禮喪禮故也 主人受眡反之反還也 疏 主人受眡反之。釋曰此筮訖寫所得卦示主人主人受得省視雖未辨吉凶主人尊先受視以知卦體而已主人既知卦體反還與筮人使人知其占吉凶也 筮人還東面旅占卒進告吉旅衆也還與其屬共占之古文旅作臚也 疏 筮人至告吉。釋曰此言筮人既於主人受得卦體還于門西東面旅共占之是吉卦乃進向門東東面告主人云吉也 若不吉則筮遠日如初儀遠日旬之外 疏 若不至初儀。釋曰曲禮吉事先近日此冠禮是吉事故先筮近日不吉乃更筮遠日是上旬不吉乃更筮中旬又不吉乃更筮下旬云如初儀者自筮于廟門已下至告吉是也。注遠日旬之外。釋曰曲禮云旬之內曰近某日旬之外曰遠某日彼據吉禮而言旬之內曰近某日據士禮旬內筮故云近某日是以特牲旬內筮日是也旬之外曰遠某日者據大夫以上禮旬外筮故言遠某日是以少牢筮旬有一日是也案少牢云若不吉則及遠日又筮日如初鄭注云及至也遠日後丁若後已言至遠日又筮日如初明不并筮則前月卜來月之上旬上旬不吉至上旬又筮中旬中旬不吉至中旬又筮下旬下旬不吉則止不祭祀也若然特牲不言及則可上旬之內筮不吉則預筮中旬中旬不吉又預筮下旬又不吉則止若此冠禮亦先近日士冠禮亦于上旬之內預筮三旬不吉則更筮後月之上旬以其祭祀用孟月不容入他月若冠子則年已二十不可止然須冠故容入後月也若然大夫已上筮旬外士筮旬內此士禮而注云遠日旬之外者此遠日旬之外自是當月上旬之內筮不吉更筮中旬云遠日非謂曲禮文大夫以上前月預筮來月上旬爲遠某日者彼自有遠日與此別也 徹筮席徹去也斂也 疏 徹筮席。注徹去也斂也。釋曰據席則徹去之筮則斂藏之故兩訓之也 宗人告事畢宗人有司主禮者 疏 宗人告事畢。注宗人至禮者。釋曰士雖無臣亦有宗人掌禮比于宗伯故云有司主禮者 主人戒賓賓禮辭許戒警也告也賓主人之僚友古者有吉事則樂與賢者歡成之有凶事則欲與賢者哀戚之今將冠子故就告僚友使來禮辭一辭而許再辭而許曰固辭三辭曰終辭不許也 疏 主人至辭許。釋曰自此以下至賓拜送一節論主人筮日訖三日之前廣戒僚友使來觀禮之事也云主人戒賓者謂主人親至賓大門外之西東面賓出大門外之東西面戒之云賓禮辭許者即下云戒賓曰某有子某將加布于其首願吾子之教之也賓對曰某不敏恐不能共事以病吾子敢辭主人曰某猶願吾子之終教之也賓對曰吾子重有命某敢不從是一度辭後乃許之是賓禮辭許者也。注戒警至許也。釋曰同官爲僚同志爲友此賓與主人同是官與爲同志故以僚友解之此謂上中下士嘗執摯相見者也若未嘗相見則不必戒故鄭以僚友言之是也云古者有吉事則樂與賢者歡成之者則此經戒賓使來者是也云有凶事則欲與賢者哀戚之者則士喪禮始死命赴者使告君及同僚之等是也云禮辭一辭而許者即此文是也云再辭而許曰固辭者則士相見云某也願見無由達某子以命命某見主人對曰某子命某見吾子有辱請吾子之就家也某將走見賓對曰某不足以辱命請終賜見主人對曰某不敢爲儀固請吾子之就家也某將走見賓對曰某不敢爲儀固以請主人對曰某也固辭不得命將走見是其再辭而許名爲固辭之義也云三辭曰終辭不許也者又士相見云士見于大夫終辭其摯是三辭不許爲終辭之義也若一辭不許後辭上許則爲禮辭許若再辭不許後三辭上許則爲再辭而許之曰固辭若不許至于三辭又不許則爲三辭曰終辭不許也又三辭而許則曰三辭若三辭不許乃曰終辭是以公食大夫戒賓上介出請入告三辭又司儀云諸公相爲賓主君郊勞交擯三辭車逆拜辱三揖三辭注云先辭辭其以禮來于外後辭辭外堂皆是三辭而許稱三辭若然此戒賓賓禮辭許不固辭案鄉飲酒主人請賓賓禮辭許注云不固辭者素所有志是賓習道藝本望賓舉是素所有志故不固辭此亦素有志樂與主人歡成冠禮故不固辭諸經云禮辭許者是素有志之類也 主人再拜賓荅拜主人退賓拜送退去也歸也 疏 案鄉飲酒主人戒賓賓拜辱主人荅拜乃請賓賓禮辭許主人再拜賓荅拜主人退賓拜辱鄉射亦然皆與此文不同此經文不具當依彼文爲正但此不言拜辱者亦是不爲賓已故也

前期三日筮賓如求日之儀前期三日空二日也筮賓筮其可使冠子者賢者恒吉冠義曰古者冠禮筮日筮賓所以敬冠事敬冠事所以重禮重禮所以爲國本○

疏前期至之儀○釋曰此文下盡宿贊冠者亦如之論筮賓若贊冠者之節云前期三日者加日爲期期前三日也筮賓者謂於僚友衆士之中筮取吉者爲加冠之賓也云如求日之儀者亦于廟門外下至告事畢唯命筮别其餘威儀並同故云如求日之儀也命筮雖無文宰贊蓋云主人某爲適子某加冠筮某爲賓庶幾從之若庶子則改適爲一庶字異餘亦同此經不云命筮并上筮日亦不云命筮者皆文不具也○注前期至國本○釋曰云前期三日空二日也者謂正加冠日是期日冠日之前空二日外爲前期三日故云空二日也二日之中雖有宿賓宿贊冠者及夕爲期但非加冠之事故云空也云筮賓筮其可使冠子者即下文三加皆賓親加冠于首者是也云賢者恒吉者解經先戒後筮之意凡取人之法先筮後戒今以此賓是賢者必知吉故先戒賓賓已許方始筮之以其賢恒

吉故先戒後筮之也若賢恒吉必筮之者取其審慎重冠禮之事故鄭引冠義爲證也云重禮所以爲國本者詩云人而無禮胡不遄死禮運云治國不以禮猶無耜而耕也故云重禮所以爲國本也然冠既筮賓特牲少牢不筮賓者彼以祭祀之事主人自爲獻主羣臣助祭而已天子諸侯之祭祭前已射于射宫擇取可預祭者故不筮之也

乃宿賓賓如主人服出門左西面再拜主人東面荅拜宿進也宿者必先戒戒不必宿其不宿者爲衆賓或悉來或否主人朝服

疏乃宿至荅拜○釋曰此經爲宿賓擯者傳主人辭入內告賓賓如主人服出門與主人相見之儀也○注宿進至朝服○釋曰鄭訓宿爲進者謂進之使知冠日當來故下文宿曰某將加布于某之首吾子將莅之敢宿賓對曰某敢不夙興是宿之使進之義也云宿者必先戒者謂若賓及贊冠同在上戒賓之內已戒之矣今又宿是宿者必先戒也云戒不必宿者即上文戒賓之中除正賓及贊冠者但是僚友欲觀禮者皆戒之使知而已後更不宿是戒不必宿者也云不宿者爲衆賓或悉來或否者此決賓與贊冠者戒而又宿不得不來衆賓主來觀禮非要須來容有不來者故直戒不宿也云主人朝服者見上文筮日時朝服至此無改服之文則知皆朝服凡有戒無宿者非止於此案鄉飲酒鄉射主人戒賓及公食大夫各以其爵皆是當日之戒理無宿也又大射宰戒百官有事于射者射人戒諸公卿大夫射司士戒士射與贊者前射三日宰夫戒宰及司馬皆有戒而無宿是也射人宿視滌此言宿者謂將射之前於宿預視滌濯非戒宿之意也若然特牲禮云前期二日宿尸前無戒而直有宿者特牲文不具其實亦有戒也又禮記祭統云先期旬有一日宮宰宿夫人夫人亦散齊七日致齊三日注云宿讀爲肅肅猶戒也戒輕肅重也者彼以夫人尊故不得言戒而變言宿讀爲肅者肅亦戒之意彼以宿當戒處非謂祭前三日之宿也大宰云祀五帝則掌百官之誓戒者謂戒百官使之散齊至祭前三日當致齊也凡宿賓之法案特牲云前期三日筮尸乃宿尸厥明夕陳鼎則前期二日宿之也少牢筮吉下云宿鄭注云大夫尊儀益多筮月既戒諸官以齊戒矣至前祭一日又戒以進之使知祭日當來又云前宿一日宿戒尸注云先宿尸者重所用爲尸者又爲將筮吉則乃遂宿尸是前祭二日筮尸訖宿尸至前祭一日又宿尸天子諸侯祭前三日宿之使致齊也

乃宿賓賓許主人再拜賓荅拜主人退賓拜送

乃宿賓者親相見致其辭

疏乃宿至拜送○釋曰上擯者傳辭賓出與主人相見此經據主人自致辭故再舉宿賓之文也

宿贊冠者一人亦如之贊冠者佐賓爲冠事者謂賓若他官之屬中士若下士也宿之以筮賓之明日

疏宿贊至如之○注贊冠至明日○釋曰案下文冠子之時贊者坐櫛設纚卒紘之類是贊冠者佐賓爲冠事者以其佐賓爲輕故不筮也云謂賓若他官之屬者此所取本由主人之意或取賓之屬或取他官之屬故鄭兩言之案周禮三百六十官每官之下皆有屬官假令上士爲官首其下有中士下士爲之屬若中士爲官首其下即有下士爲之屬也云中士若下士也者此據主人是上士而言之贊冠者皆降一等假令主人是上士賓亦是上士則取中士爲之贊假令主人是下士賓亦是下士則亦取下士爲之贊禮窮則同故也云宿之以筮賓之明日者以下有厥明夕爲期是冠前一日宿賓宿贊在厥明之上則去冠前二日矣筮賓是前期三日則知宿賓贊冠者是筮賓之明日可知不在宿賓下而在宿贊冠之下言之者欲取爲厥明相近故也

厥明夕爲期于廟門之外主人立于門東兄弟在其南少

退西面北上有司皆如宿服立于西方東面北上。厥其也宿服朝服 疏 厥明至北上○釋曰自此至賓之家論冠前一日之夕爲明日加冠之期告賓之事也云厥明夕爲期者謂宿賓與贊冠明日向暮爲加冠之期必於廟門者以冠在廟知亦在廟爲期也主人之類在門東賓之類在門西者各依賓主之位夾處東西也○注厥其至朝服○釋曰知宿服朝服者以其宿服如筮日之服筮日朝服轉相如故知是朝服也擯者請期宰告曰質明行事擯者有司佐禮者在主人曰擯在客曰介質正也宰告曰旦日正明行冠事 疏 擯者至行事○釋曰上經布位已訖故此經見爲期之事言請期者謂請主人加冠之期言告曰者即是宰贊命告之也○注擯者至冠事○釋曰上云有司此言擯者故知擯者是有司佐主人行冠禮者也云在主人曰擯在客曰介者案聘禮及大行人皆以在主人曰擯在客稱介亦曰相司儀云每門止一相是也云旦日正明行冠事者案特牲請期曰羹飪鄭注云肉謂之羹飪熟也謂明日質明時而曰肉熟重豫勞賓此無羹飪故云質明少牢云旦明行事故此注取彼而言旦日正明行冠事也告兄弟及有司擯者告也 疏 告兄弟及有司○注擯者告也○釋曰上文陳兄弟及有司位次此告訖下乃云告事畢則兄弟及有司亦廟門之外矣必告之者禮取審慎之義故也必知擯者告者上擯者請期此即云告明還是擯者告可知告事畢宗人告也 疏 告事畢○注宗人告也○釋曰知宗人告者亦約上文筮日時宗人告事得知也擯者告期于賓之家 疏 擯者至之家○釋曰有司是家之屬吏者則告期皆得在位賓是同僚之等爲期時不在故就家告之於夕爲期當暮即得告之者以其共仕於君其家必在城郭之內相近故得告也夙興設洗直于東榮南北以堂深水在洗東夙早也興起也洗承盥洗者棄水器也士用鐵榮屋翼也周制自卿大夫以下其室爲夏屋水器尊卑皆用金罍及大小異 疏 夙興至洗東○釋曰自此至賓升則東面論將冠子豫陳設冠與服器物之事也○注夙早至小異○釋曰云洗承盥洗者棄水器也者謂盥手洗爵之時恐水穢地以洗承盥洗水而棄之故云棄水器也云士用鐵者案漢禮器制度洗之所用士用鐵大夫用銅諸侯用白銀天子用黃金也云榮屋翼也

者即今之傳風云榮者與屋爲榮飾言翼者與屋爲翅翼也云周制自卿大夫以下其室爲夏屋者言周制者夏殷卿大夫以下屋無文故此經是周法即以周制而言也案此經是士禮而云榮鄉飲酒鄉大夫禮鄉射喪大記大夫士禮皆云榮又案匠人云夏后氏世室堂脩二七廣四脩一五室此謂宗廟路寢同制則路寢亦然雖不云兩下爲之彼下文云殷人重屋四阿鄭云四阿四注屋重屋謂路寢殷之路寢四阿則夏之路寢不四阿矣當兩下爲之是以檀弓孔子云見若覆夏屋者矣鄭注云夏屋今之門廡漢時門廡也兩下爲之故舉漢法以況夏屋兩下爲之或名兩下屋爲夏屋夏后氏之屋亦爲夏屋鄭云卿大夫以下其室爲夏屋兩下而周之天子諸侯皆四注故喪大記云升自屋東榮鄭以爲卿大夫士其天子諸侯當言東霤也周天子路寢制似明堂五室十二堂上圓下方明四注也諸侯亦然故燕禮云洗當東霤鄭云人君爲殿屋也云水器尊卑皆用金罍及大小異者此亦案漢禮器制度尊卑皆用金罍及其大小異此篇與昏禮鄉飲酒鄉射特牲皆直言水不言罍大射雖云罍水不云枓少牢云司宮設罍水於洗東有枓鄭注云設水用罍沃盥用枓禮在此也欲見罍枓俱有餘文無者不具之意也儀禮之內設洗與設尊或先或後不同者若先設洗則兼餘事此士冠

賓與贊共洗昏禮有夫婦與御媵之等少牢特牲兼舉鼎不專爲酒以是皆先設洗鄉飲酒鄉射先設尊者以其專爲酒燕禮大射自相對大射辨尊卑故先設尊燕禮不辨尊卑故先設洗又儀禮之內或有尊無洗或尊洗皆有文不言設之者是不具也

儀禮疏卷第一

南昌盧氏宣旬校字

大清嘉慶二十年重用文選樓藏本校

江西督糧道王賡言廣豐縣知縣阿應鱗栞

儀禮注疏挍勘記序

儀禮最爲難讀昔顧炎武以唐石刻九經挍明監本惟儀禮譌脫尤甚經文且然況注疏乎賈疏文筆冗蔓詞意鬱轖不若孔氏五經正義之條暢傳寫者不得其意脫文誤句往往有之宋世注疏各爲一書疏自咸平挍勘之後更無別本誤謬相沿迄今已無從一一釐正朱子作通解於疏之文義未安者多爲刪潤在朱子自成一家之書未爲不可而明之刻注疏者一切惟通解之從遂盡失賈氏之舊臣於儀禮注疏舊有挍本奉

旨充石經挍勘官曾挍經文上石今合諸本屬德清貢生徐

養原詳列異同臣復定其是非大約經注則以唐石經及宋嚴州單注本爲主疏則以宋單行本爲主參以釋文識誤諸書於以正明刻之譌雖未克盡得鄭賈面目亦庶還唐宋之舊觀鄭注疊古今文最爲詳覈語助多寡靡不悉紀今挍是經寧詳毋略用鄭氏家法也臣阮元恭記

引據各本目録

唐石經 明王堯惠補缺案此刻自五季以來名儒俱不窺之不特張湻李如圭諸人生於南宋固不及見即敖繼公當元一統之時亦未嘗過而問焉至國朝顧炎武張爾岐始取以挍監本多所是正

宋嚴州單注本 宋本之最佳者張湻所據即此本也元和顧廣圻用鍾本挍其異者書於簡端今據以採入

翻刻宋單注本 明徐姓翻刻於嘉靖時祖嚴本而稍異記中凡與嚴州本及鍾人傑本合者則偁徐本

明鍾人傑單注本 全同徐本其偶異者是失於讎挍耳

明永懷堂單注本 全與閩刻注疏本同

宋單疏本 此北宋時咸平景德間所挍勘開彫者也注疏合刻起于南北宋之閒惟儀禮又在後朱子自述通解云前賢甞苦儀禮難讀以經不分章記不隨經而注疏各爲一書故讀者不能遽曉今訂此本盡去諸弊是朱子時注疏各爲一書也馬廷鸞曰余從敗篋中得景德中官本儀禮疏四帙正經注語皆標起止而疏文列其下家有監本儀禮經注因取而附益之是馬氏時注疏猶各爲一書也此本與馬氏所見正同又按宋人各經皆以經注分附於疏其分卷依疏之卷數如禮記注疏七十卷是也惟儀禮以疏分附經注其分卷依經注之卷數如舊唐書經籍志新唐書藝文志並云儀禮疏五十卷而注疏本則分爲十七卷賈公彥五十卷之本今之學者每恨不可得見近年吳中黃丕烈家有其書每葉三十行每行二十七字末葉列宋時諸臣官銜今訂從賈疏分五十卷挍正義以此本爲據

李元陽注疏本 刻于閩中故稱閩本每半葉九行每行二十一字監本毛本俱仿此

國子監注疏本 明神宗時北京國子監刊

汲古閣注疏本

國朝重修國子監注疏本

經典釋文 内儀禮一卷

儀禮識誤 聚珍板本宋乾道八年曾逮命張湻挍刊儀禮因爲識誤三卷今刊本未見惟識誤存焉其書專宗釋文意在復古然所辨或祇係偏旁形體則六朝時俗書最多既不足據且無關語句之異同也至其精審之處自不可沒以嚴本爲據參以監本及汴京巾箱本杭細字本又有湖北漕司本監本初刊于廣順復挍于顯德而宋因之

儀禮集釋 聚珍板木李如圭著全載鄭注微遜嚴本書中引石本與唐石經異疑是成都石經

儀禮經傳通解 全載鄭注節録賈疏明刻注疏多與此同近世挍儀禮者奉此爲準則然於其佳處不能

盡依而後易删潤之處則多據之是取其糟粕而遺其精華也又引温本及成都石經至喪祭二禮門人黃幹續成

抄本儀禮要義 魏了翁著專録賈疏多與單疏本合有删節而絕無改竄遠勝通解間録經注雖不盡與嚴本合終勝今本亦引温本異同

儀禮圖 通志堂本與通解略同注内叠今古文俱删去

儀禮集說 通志堂本敖繼公著所載鄭注多移易點竄不足盡憑

浦鏜十三經正字内儀禮二卷 據重修監本挍其誤字

儀禮詳挍 盧文弨著多採諸家之說記中所偁金曰追正譌印本諸此

九經誤字 顧炎武著以唐石經正明監本又金石文字記載石經誤字

儀禮誤字 張爾岐著

石經考文提要

附記單疏本缺葉

士冠禮 自五十六葉前第三行左上諸侯起至五十七葉後第四行左下不爲止

士昏禮 自三十六葉後第一行右下若舅起至三十九葉後第二行右下尚書止

士相見禮 自十葉前第八行左上此釋起至十二葉前第五行右上見至止

鄉飲酒禮 自四十五葉後第五行左上俎者起至四十七葉後第九行右上祭于止

聘禮 自四十八葉後第五行右上文賓起至五十葉後第一行左下言也止又自五十四葉後第二行右下立門起至五十六葉前第五行右上至行止又自八十葉前第四行左上賓拜起至八十一葉後第五行左下亨大止

特牲饋食禮 自廿八葉後第四行左上其薦起至三十葉後第三行左上拜主止又自五十二葉後第五行左上爲加起至五十七葉前第五行左上證祭止

少牢饋食禮 自十八葉前第一行右下者郊起至後第九行左下知也止又自廿七葉前第二行右下魚皆起至廿九葉前第二行左下鄉左止

凡記中通用及俗譌字放九經字樣例彙録左方

鑄 或作鑄誤作鑄 **筭** 閩作算 **于** 通作於唐石經于字一千四百四十三於字一百四十二莫詳其義例諸刻注疏尤參差不一各依舊本可也 **巳** 與以通 **矇** 誤作朦 **鍾** 誤作鐘 **注** 注非 **絜** 作潔俗 **唯** 或作惟或作維 **大** 卽太字 **孰** 與熟通 **壺** 誤作壼 **莅** 或作涖苙 **眡** 與視同凡作眡少一筆者别一字也經典所無 **烝** 或作蒸通作烝 **亨** 與烹通 **齊** 與齋通 **彊** 或作強 **扑** 誤作朴 **解** 與懈通 **殽** 或作肴 **館** 舘非 **它** 或作他或作佗 **餅** 或作鉼 **路** 輅俗 **適** 與嫡通 **摯** 與贄通 **灋** 周禮法字 **荅** 答非 **昏** 昬禮或亦作婚 **取** 與娶通 **竟** 與境通 **趨** 或作趍俗 **挍** 或作校凡足之挍或亦誤从手 **道** 與導通 **鄉** 與嚮通又與向通 **說** 與脫通 **辟** 與避通 **申** 與伸通 **傍** 閩作旁 **共** 與恭通又與供通 **麤** 或作粗麁 **要** 與腰通 **馮** 與憑通 **頳** 或作䞓 **荐** 或作薦 **筴** 或作策

御 與禦通 **玩** 或作翫 **苞** 或作包 **軾** 或作式 **從** 與縱通 **炤** 或作照 **饗** 或作享 **夾** 或作俠 **翦** 或作剪鬋 **匝** 卽帀字 **擘** 誤作擘 **并** 或作併 **胳** 或作骼 **闇** 或作暗 **麴** 或作麹 **腴** 誤作腴 **圜** 或作圓 **諡** 謚非 **儗** 或作擬 **驚** 驚非 **歡** 或作懽 **毋** 誤作母 **敕** 誤作勑 **埽** 掃俗 **著** 着非 **牖** 牗非 **登** 段玉裁曰古祇作登凡作豋者宋元俗字 **脩** 閩作修 **膊** 誤作膞 **弦** 絃非 **齎** 賫非 **齌** 或作䝴 **壁** 或誤作璧 **粱** 誤作梁 **箱** 廂非 **已** 閩作巳 **坫** 誤作玷 **藉** 閩作籍 **然** 燃非 **鬐** 誤作髻 **禪** 誤作襌 **欑** 閩作攢 **稾** 閩作藁藳 **菹** 誤作葅 **匕** 閩作七 **干** 閩作于 **曰** **曰** 古人書此二字無甚分别說詳疏序晴曰頑儒句下 **謂** **爲** 二字刻本亦多互誤 **廿** **卅** 上二十也下三十也唯唐石經如此

儀禮注疏卷第一挍勘記　阮元撰盧宣旬摘録

儀禮疏卷第一 今本作儀禮注疏卷第一在序文之後石經徐本作儀禮卷第一次士冠禮第一次儀禮次鄭氏注案鄭氏原本惟有士冠禮第一儀禮鄭氏注十字而已首五字蓋石經所加夫大題既在小題之下何得重書于上且儀禮以篇爲卷既識篇數又識卷數不已贅乎○按禮經在漢祇稱爲禮藝文志云禮古經五十六卷是也亦曰禮記熹平石經有儀禮載洪适隸釋而載延之謂之禮記是也無稱儀禮者鄭氏引此經直舉篇名亦不稱儀禮疑儀禮二字鄭學之徒加之猶鄭氏箋三字爲雷次宗所加也荀崧請置儀禮博士蓋自過江以後儀禮之名始顯

唐朝散大夫行太學博士宏文館學士臣賈公彥等撰 陳本同毛本無等字案賈氏此疏與李元植同撰故曰賈公彥等毛本去等字而移此行於序題之下皆非也○按賈氏三禮疏皆私撰故不言奉勑其書或經進御故稱臣惟唐字恐非原文所有當是咸平挍勘時增入

儀禮疏序 毛本疏上有注字案此序爲疏而作非爲注而作加注字非也據五經注疏序今本皆題曰某經正義序則此題亦當依單疏本爲正

隋日碩儒 日毛本作曰案顧炎武金石文字記曰唐人日曰二字同一書法惟日字左角稍缺石經日字皆作曰釋文遇二字可疑者卽加音切宋以後始以方者爲曰長者爲日而古意失矣

互有修短 修要義作長

庶可施以 施以要義作以施毛本以作矣

幸以去瑕取玖 去毛本誤作元

士冠禮第一

鄭目錄云 自此至此皆第一毛及陳閩監本俱列疏前與注一例餘篇放此按此乃疏引目錄之文三禮皆然玉海所謂正義每篇案鄭目錄是也諸本俱誤毛本除冠昏燕大射聘士喪特牲少牢八篇之外皆標注字尤誤

童子任職居士位年二十而冠 按喪服小功章疏引鄭目錄云士之子任士職居士位二十而冠蓋檃括鄭意非原文也釋文與此同

則是於諸侯 要義同毛本是下有仕字敖作則是諸侯之仕

此皆第一 通解作皆此爲第一

鄭云四人世事 要義同毛本人作民

成人之事若何 陳本同毛本人作民下四人勿雜處四人世事同事陳本作士非也

證此士身年二十加冠法 加上陳閩俱有而字

大夫冠而不爲殤 大閩本毛本作丈○今按下記疏又引此句諸本亦或作丈或作大究以丈爲是蓋言丈夫冠而不爲殤今大夫降兄殤在小功則大夫有未冠之兄而大夫之身尚未二十可知昏禮記疏引喪服小記仍作丈可證

天下無生而貴者 下陳閩監本俱誤作子

即皆第一也 毛本即作此

喪爲第十三 要義喪上有士字

儀禮 單疏本儀禮上下及下鄭氏注上下並空一字後凡標起止處皆同

鄭氏注

若水之注物 注誤作註要義作著盧文弨云鄭氏注舊作註通部皆然疏云言注者注義於經下若水之注物舊本亦並作註於文義全不可通一本悉改作注是也○按字體雅俗悉詳序目中今不悉辨此句註字似礙理故錄盧說正之

爲意不同 要義同毛本意作義

盡則行祭祀吉禮 陳本要義同毛本盡上有凶字

士冠禮筮于庿門禮下今本俱有一圖案分段用圖非古也石經徐本皆無之施于此處尤非所宜蓋士冠禮三字乃發首之句猶言文王之爲世子也子贛見師乙而問焉與尚書篇題不同葛本别爲一行亦謬○按儀禮庿廟錯出張淳論之詳矣經注既然疏文更甚今當畫一從庿庿乃古文鄭不疊今文者鄭疊今古有三例辭有詳略則疊之賓對曰某敢不夙興今文無對是也義有乖互則疊之禮于阼今文禮作醴是也字有通借則疊之闑西閾外古文闑爲槷閾爲蹙是也若庿廟則同字故不疊然儀禮字例亦多參差如士冠特牲俱有主人受眡之語士冠作眡特牲作視士冠嘉薦亶時劉作亹陸作時皆後人任意爲之非鄭氏之舊

闑爲門限盧文弨改闑爲閾

筮者至庿神神監本誤作門

行之于庿者陳閩俱無者字

即云不腆先君之祧要義同毛本即作既

服氏注以祧爲曾祖者要義同陳本氏誤作是毛本氏作虔

則著龜直能出卦兆卦陳閩俱作其非是

若著自有神若字毛本作是知

主人元冠朝服

肩革帶博二寸嚴本集釋通解楊氏同毛本二作三○按作二與玉藻合

云素韠者通解作既云素韠要義無此下十六字別有素裳積白素絹爲之八字在其衣冠色異上

是以下云爵弁服純衣是也要義同毛本云作文

此服朝服毛本朝上有乃服二字

肩與革帶廣同毛本革誤作韋

天子用元冕諸侯用皮弁閩本兩用字俱作同陳本上句作同下句作用

無四入與六入之文陳本四入下衍五入二字閩本四入六入之文六字排寫甚稀可容八字

禮有色朱元之色有下單疏陳本俱有色字似誤閩本朱元之三字甚稀亦可容四字

以涅染緅案緅字似當作紺後爵弁服節疏引作紺

有司如主人服即位于西方于徐本作於按士昏禮至於某之室大射儀士御於大夫鄭注皆云今文於爲于則於于二字宜有辨但俗本溷寫已久不可勝挍石經作于者多作於者少大抵經文則依石經注依徐本疏依單疏本可也

今時卒吏及假吏皆是也沈彤云案漢書倪寬傳補廷尉文學卒史儒林傳置五經百石卒史黃霸傳補馮翊卒史皆作史○按通解引疏曰卒史假吏又舉漢法爲證也沈說據此然疏無此語通解載注仍作卒吏徐本集釋俱無皆字

此論主人有司主人有司陳閩俱作有司主人

府史以下者者上要義有今時卒吏及假吏是也九字與徐本注合

則爲府史胥徒也爲要義作謂按謂爲二字唐人多通用然究嫌蒙溷今悉挍出

中士若下士也要義同毛本作若中士下士○按作中士若下士與後注合

特牲之有司要義同毛本之作云

亦親類也浦鏜疑親爲此字之誤

筮與席所卦者

據陳處毛本處下有言字

龜爲卜蓍爲策要義同毛本策作筮陳作筴

卦一以象三要義同毛本卦作掛○按掛俗卦字

故易六畫成卦　毛本畫下有而字

布席于門中

擬卜筮之事　陳本要義同毛本擬作疑按燕禮膳宰具官饌疏云擬燕可證

言在門中者　門中陳本要義俱作中門非也

得古儀禮五十六篇　要義同毛本古作亡

闑閾之等是也　要義同毛本無是也二字

今文無冠布纓之等　要義同毛本無冠作冠無○按無冠與喪服傳注合

贊者辯取之　辯諸本俱作辨

若疊今古之文說　要義同毛本今古作古今說一本改作詭

則在後乃言之　要義同毛本皆作乃

事相違　要義同毛本違作爲

筮人執筴

藏筴之器　筴通解作筮按通解偶誤耳敖氏改經筴爲筮字乃肊說也毛本器下有也字徐本集釋俱無與疏合

筮皆三占從二　要義同毛本筮上有卜字

則三代頪用　要義同毛本頪作類○按頪卽類字

故春秋緯演孔圖云　圖陳閩監本俱誤作啚

是孔子用異代之筮　要義同毛本異作二

宰自右少退

宰自至贊命　今本俱脫毛本有此五字

士雖無臣　無陳閩俱誤作爲

故贊命皆在右　要義楊氏同毛本無皆字

是以士喪禮　要義同毛本士下有之字

筮人許諾

於主人受命訖　毛本同陳閩於俱作以

主人爲筮人而言　主人盧以人爲衍字

作坐文　陳本同毛本作作則

上云所卦者謂　毛本謂下有木字○按此木字卽少牢饋食云卦者在左坐卦以木之木也

卒筮

此言所筮六爻俱了　毛本爻誤作卦

吉事尚提提　要義同毛本事尚作尚事

若不吉

旬之外曰遠某日者據大夫以上禮　要義同毛本日下無者字

後丁若後巳　丁若後巳陳本誤作不若近日

主人戒賓

某猶願吾子之終教之也　毛本願作愿○按愿別一字

後辭上許　陳本要義同毛本上作而下三辭上許同

素所有志　所有毛本作有所○按鄉飲酒禮作所有

主人再拜

案鄉飲酒　毛本酒下有禮字

前期三日

加日爲期　毛本日上有冠字

則改適爲一庶字異餘亦同　毛本作則改適字爲庶字其餘亦同

故鄭引冠義爲證也　毛本義作禮

乃宿賓

此經爲宿賓　陳閩同毛本爲作謂

前期二日宿尸　二陳本要義俱作三毛本作二○按作三是

宿讀爲肅　要義同毛本宿讀二字倒○按祭統注作宿讀

戒輕肅重也者　要義同毛本肅作宿

宿戒尸　要義同毛本作戒宿非也

厥明夕

以冠在廟　要義同毛本冠下有者字

擯者請期

上經布位已訖　訖要義作畢按前後文皆作訖字

夙興設洗

及大小異　小下聶氏有皆字朱子曰及字恐誤○按疏云及其大小異蓋謂論其質則尊卑皆用金罍及論其形制之大小則仍有異耳

即今之博風　今監本誤作令博陳本通解要義俱作博一本改作搏○按衛氏禮記集說鄉飲酒義引此正作搏

漢時門廡也　時要義作之

此亦案漢禮器制度　要義無漢字

文不言設之者　陳本要義同毛本文誤作又

儀禮注疏卷一挍勘記終

奉新余成教校

儀禮疏卷第二

唐朝散大夫行大學博士弘文館學士臣賈公彦等撰

陳服于房中西墉下東領北上墉牆

疏 陳服至北上。釋曰自此至東面論陳設衣服器物之等以待冠者喪大記與士喪禮服或西領或南領此東領者此嘉禮異於凶禮故士之冠特先用卑服北上便也

爵弁服纁裳純衣緇帶韎韐此與君祭之服

雜記曰士弁而祭於公爵弁者冕之次其色赤而微黑如爵頭然或謂之緅其布三十升纁裳淺絳裳凡染絳一入謂之縓再入謂之赬三入謂之纁朱則四入與純衣絲衣也餘衣皆用布唯冕與爵弁服用絲耳先裳後衣者欲令下近緇明衣與帶同色韎韐緼韍也士緼韍而幽衡合韋爲之士染以茅蒐因以名焉今齊人名蒨爲韎韐韍之制似韠冠弁者不與衣陳而言於上以冠名服耳今文纁皆作熏

疏 爵弁至韎韐。釋曰此所陳從北而南故先陳爵弁服。注此與至作熏。釋曰士禮玄冠自祭以爵弁服助君祭故云與君祭之服也云爵弁者冕之次者凡冕以木爲體長尺六寸廣八寸績麻三十升布上以玄下以纁前後有旒其爵弁制大同唯無旒又爲爵色爲異又名冕者俛也低前一寸二分故得冕稱其爵弁則前後平故不得冕名以其尊卑次於冕故云爵弁冕之次也云其色赤而微黑如爵頭然或謂之緅者七入爲緇若以纁入黑則爲紺以紺入黑則爲緅是三入赤再入黑故云其色赤而微黑也云如爵頭然者以目驗爵頭赤多黑少故以爵頭爲喻也以緅再入黑汁與爵同故取鍾氏緅色解之故鄭注鍾氏云今禮俗文作爵言如爵頭色也玄此言赤者對文爲赤若將緅比纁則又黑多矣故淮南子云以涅染紺則黑於涅況更一入黑爲緅乎故巾車云雀飾鄭注云雀黑多赤少之色是也云其布三十升者取冠倍之義是以喪服衰三升冠六升朝服十五升故冕三十升也云纁裳淺絳裳者絳則一染至三染同云淺絳詩云我朱孔陽毛傳云朱深纁也故從一染至三染皆謂之淺絳也云朱則四入與者爾雅及鍾氏皆無四入之文經有朱色故鄭約之若以纁入黑則爲紺若以纁入赤則爲朱無正文故云與以疑之也然上注以解玄緇故引鍾氏染黑法此注解纁故引爾雅染赤法也云純衣絲衣也者案鄭解純字或爲絲或爲色兩解不同者皆望經爲注若色理明者以絲解之若絲理明者以色解之此經玄衣與纁裳相對上玄下纁色理自明絲理不明則以絲解之昏禮女次純衣注云絲衣以下文有女從者畢袗玄色理自明則亦絲理不明故亦以絲理解之周禮媒氏云純帛無過五兩注云純實緇字也古緇以才爲聲納幣用緇婦人陰也以經云純帛絲理自明故爲色解之祭統云蠶於北郊以共純服絲理自明故鄭亦以色解也論語云麻冕禮也今也純儉以純對麻絲理自明故鄭亦以色解之是況有不同之事但古緇紂二字並行若據布爲色者則爲緇字若據帛爲色者則爲紂字但緇布之緇多在本字不誤紂帛之紂則多誤爲純云餘衣皆用布者此據朝服皮弁服玄端服及深衣長衣之等皆以布爲之是以雜記云朝服十五升布玄端亦服之類則皮弁亦是天子朝服深衣或名麻衣故知用布也云唯冕與爵弁服用絲耳者祭統云王后蠶於北郊以供純服爵弁服是冕服之次故知亦用絲也云先裳後衣者欲令下近緇明衣與帶同色者衣在上宜與冠相近應先言衣今退衣在裳下者若衣與冠同色者先言衣後言裳今爵弁與衣異故退純衣於下使與帶同色也云韎韐緼韍也者此經云韎韐二者一物故鄭合爲一物解之也云士緼韍而幽衡者玉藻文言幽衡者同繫於革帶故連引之也云合韋爲之者鄭即因解名緼韍之字言韐者韋旁著合謂合韋爲之故名韐也云士染以茅蒐因以名焉者案爾雅云茹藘茅蒐孫氏注一名蒨可以染絳若然則一草有此三名矣但周公時名蒨草爲韎草以此韎染韋合之爲韐因名韍爲韎韐也云韍之制似韠者案上注已釋韠制其韍之制亦如之但有飾無飾爲異耳祭服謂之韍其他服謂之韠易困卦九二困於酒食朱韍方來利用享祀是祭服之韍也又案明堂位云有虞氏服韍夏后氏山殷火周龍章鄭云後王彌飾天子備焉諸侯火而下卿大夫山士韎韋而已是士無飾則不得單名韍一名韎韐一名緼韍而已是韍有與緼異以制同飾異故鄭云韍之制似韠也但染韋爲韍之體天子與其臣及諸侯與其臣有異詩云朱芾斯黃鄭云天子純朱諸侯黃朱詩又云赤芾在股是諸侯用黃朱玉藻再命三命皆云赤韍是諸侯之臣亦用赤韍易困卦九二云困於酒食朱韍方來利用享祀鄭注云二據初辰在未未爲土此二爲大夫有地之象未上值天廚酒食象困於酒食者采地薄不足已用也二與日爲體離爲鎮霍爻四爲諸侯有明德受命當王者離爲火火色赤四爻辰在午時離氣赤又朱是也文王將王天子制用朱韍故易乾鑿度云孔子曰天子三公諸侯同色困卦困于酒食朱韍方來又云天子三公大夫不朱韍諸侯亦同色者其染之法同以淺絳爲名是天子與其臣純朱諸侯與其臣黃朱爲異也云冠弁不與衣陳而

言於上以冠名服耳者案此文上下陳服則於房緇布冠及皮弁在堂下是冠弁不與服同陳今以弁在服上并言之者以冠弁表明其服耳不謂同陳之也云今文纁皆作熏者纁是色當從絲旁爲之故疊今文不從熏從經文古纁也

皮弁服素積緇帶素韠此與君視朔之服也皮弁者以白鹿皮爲冠象上古也積猶辟也以素爲裳辟蹙其要中皮弁之衣用布亦十五升其色象焉

疏皮弁至素韠○釋曰此皮弁服卑於爵弁故陳之次在爵弁之南上爵弁服下玄端服皆言衣此獨不言衣者以其上爵弁服與爵弁異故言衣下玄端服但冠時用緇布冠不用玄冠既不言冠故言衣也今此皮弁之服用白布衣與冠同色故不言衣也○注此與至象焉○釋曰案玉藻云諸侯皮弁聽朔於大廟又案鄉黨說孔子之服云素衣麑裘鄭云視朔之服視朔之時君臣同服也云皮弁者以白鹿皮爲冠象上古也者謂三皇時。冒覆頭句。頷繞項至黃帝則有冕。故世本云黃帝作旒冕禮運云先王未有宮室又云食草木之實鳥獸之肉未有麻絲衣其羽皮鄭云此上古之時則此象上古謂象三皇時以五帝爲大古以三皇爲上古也若然黃帝雖有絲麻布帛皮弁至三王不變是以下記云三王共皮弁鄭注云質不變鄭注郊特牲云所不易於先代故

孝經緯云百王同之不改易也案禮圖仍以白鹿皮爲冠故云以白鹿皮爲冠象上古也云積猶辟也以素爲裳辟蹙其要中者經典云素者有三義若以衣裳言素者謂白繒也即此文之等是也畫繢言素者謂白色即論語云繢事後素之等是。也器物無飾亦曰素則檀弓云奠以素器之等是也是以鄭云以素爲裳辟蹙其要中也知皮弁之衣亦用十五升布者雜記云朝服十五升此皮弁亦天子之朝服故亦十五升布也然喪服注云祭服朝服辟積無數則祭服皮弁皆辟積無數餘不云者舉皮弁可知不並言也唯喪服裳幅三袧有數耳云其色象焉者謂象皮弁之色用白布也以此言之論語注云素用繒。者彼上服裼衣用素也

玄端玄裳黃裳雜裳可也緇帶爵韠此莫夕於朝之服玄端即朝服之衣易其裳耳上士玄裳中士黃裳下士雜裳雜裳者前玄後黃易曰夫玄黃者天地之雜色。天玄而地黃士皆爵韋爲韠其爵同不以玄冠名服者是爲緇布冠陳之玉藻曰韠君朱大夫素士爵韋

疏玄端至爵韠○釋曰此玄端服服之下故後陳於皮弁之南陳三等裳者凡諸侯之下皆有二十七士公侯伯之士一命子男之士不命不同。一命不命皆分爲三等故服分爲三等之裳以當之上下經三等之服同用緇帶者以其士唯有一幅韠之帶故三服共用之大帶所以束衣革帶所以珮韠及佩玉之等不言革者舉韠有革帶可知故略不言耳三裳之下云可也者欲見三等之士各有所當當者即服之故言可以許之也○注此莫至爵韋○釋曰云此莫夕於朝之服者當是莫夕於君之朝服也案玉藻云君朝服以日視朝于內朝夕深衣祭牢肉是君朝服朝服夕服深衣矣下又云朝玄端夕深衣朝時不服與君不同故鄭注云謂大夫士也則彼朝玄端夕深衣是大夫士家私朝也若然大夫士既服玄端深衣以聽私朝矣此服注云莫夕於朝之服是士向莫之時夕君之服必以莫爲夕者朝禮備夕禮簡故以夕言之也若卿大夫莫夕於君當亦朝服矣案春秋左氏傳成十二年晉郤至謂子反曰百官承事朝而不夕此云莫夕者無事則無夕法若夕有事須見君則夕故昭十二年子革云夕。哀十四年子我亦云夕者皆是有事見君非常朝夕之事也云玄端即朝服之衣易其裳耳者上云玄冠朝服緇帶素韠此玄端亦緇帶彼云朝服即此玄端也但朝服亦得名端故論語云端章甫鄭云端諸侯視朝之服耳皆以十五升布爲緇色正幅爲之同名也云易其裳耳者彼朝服素韠韠同裳色則裳亦素此既易其裳以三等裳同爵韠則亦易之矣不言者朝服言素韠不言裳故須言易彼言素韠

此云爵韠於文自明故不須言易也云上士玄裳中士黃裳下士雜裳者此無正文直以諸侯之士皆有三等之裳故還以三等之士記之但玄是天色黃是地色天尊而地卑故上士服玄中士服黃下士當雜裳雜裳者還用此玄黃但前陽後陰故知前玄後黃也云易曰者是文言文引之者證此裳等是天地二色爲之云士皆爵韋爲韠其爵同者三裳同云爵韠故知三等之士同用爵韋爲韠也其爵韋者所引玉藻文是也云不以玄冠名服者是爲緇布冠陳之者今不以玄冠表此服者此爲冠時緇布冠陳之冠既不用玄冠故不言也云玉藻者案彼注云此玄端服之韠也云韠者與下君大夫士爲揔目韋者又揔三者用韋爲之言君朱大夫素士爵者韠之韋色也云君朱者見五等諸侯則天子亦朱矣韠同裳色則天子諸侯朱裳士言爵則此經爵韠亦一也以其裳有三等爵亦雜色故同爵韠若然大夫素裳則與朝服不異者禮窮則同也

緇布冠缺項青組纓屬于缺緇纚廣終幅長六尺皮弁笄爵弁笄緇組紘纁邊同篋缺讀如有頍者弁之頍緇布冠無笄者著頍圍髮際結項中隅爲四綴以固冠也項中有䋿亦由固頍爲之耳今未冠笄

者著卷幘頍象之所生也滕薛名蔮爲頍屬猶著纚今之幘梁也終充也纚一幅長六尺足以韜髮而結之矣笄今之簪有笄者屈組爲紘垂爲飾無笄者纓而結其條纁邊組側赤也同篋謂此上凡六物隋方曰篋疏緇布至同篋○注缺讀至曰篋○釋曰云缺讀如有頍者弁之頍者讀從頍弁詩義取在首頍者弁貌之意也云緇布冠無笄者案經皮弁爵弁言笄緇布冠不言笄故云無笄也云著頍圍髮際者無正文約漢時卷幘亦圍髮際故知也云結項者此亦無正文以經云頍明于項上結之也云隅爲四綴以固冠也者此亦無正文以義言之既武以下別有頍項明于首四隅爲綴上綴于武然後頍得安穩也云項中有緇亦由固頍爲之耳者此亦無正文以義言之頍之兩頭皆爲緇別以繩穿緇中結之然後頍得牢固故云亦由固頍爲之也云今之未冠笄者著卷幘頍象之所生者此舉漢法以況義耳漢時男女未冠笄者首著卷幘之狀雖不智知既言頍圍髮際故以冠之明漢時卷幘亦以布帛之等圍繞髮際爲之矣云頍象之所生者漢時卷幘是頍之遺象所生至漢時故云頍象之所生也云滕薛名蔮爲頍者此亦舉漢時事以況之漢時滕薛二國云蔮蔮卷幘之類亦遺象故爲況也云纚今之幘梁者亦舉漢法爲況耳幘梁之狀鄭目驗而知至今久遠亦未審

也云纚一幅長六尺足以韜髮而結之矣者人之長者不過六尺纚六尺故云足以韜髮既云韜髮乃云結之則韜訖乃爲紒矣云有笄者即經云皮弁及爵弁皆云笄者是有笄也云屈組爲紘者經緇組紘纁邊是爲有笄者而設言屈組謂以一條組於左笄上繫定遶頤下又相向上仰屬于笄屈繫之有餘因垂爲飾也云無笄者纓而結其條者無笄即經緇布冠是也則以二條組兩相屬于頍故經云組纓屬于頍也既屬訖則所垂條于頤下結之故云纓而結其條也云纁邊組側赤也者纁是三入之赤色又云邊則于邊側赤也若然以緇爲中以纁爲邊側而織之也云同篋謂此上凡六物者緇布至于頍共爲一物纚長六尺二物皮弁笄三物爵弁笄四物其緇組紘纁邊皮弁爵弁各有一則爲二物通前四爲六物云隋方曰篋者爾雅無文此對笥方而不隋也隋謂狹而長也案周禮弁師云掌五冕而云玉笄朱紘則天子以玉爲笄以朱爲紘又案祭義云天子冕而朱紘諸侯冕而青紘諸侯之笄亦當用玉矣又案弁師韋弁與皮弁同科皮弁有笄則二者亦有笄矣又爲笄者屬纓不見有緌則六冕無緌矣然士緇布冠無緌故下記云孔子曰其緌也吾未之聞也若諸侯亦以緇布冠爲始冠之冠則有緌故玉藻云緇布冠繢緌諸侯之冠也鄭注云尊者飾其大夫紘綦禮器云管仲鏤簋朱紘鄭注云大夫士當緇組紘纁邊也其笄亦當用象耳

櫛實于簞簞笥也疏櫛實于簞○注簞笥也○釋曰鄭注曲禮圓曰簞方曰笥笥與簞方圓有異而云簞笥共爲一物者鄭舉其類注論語亦然

蒲筵二在南筵席也疏蒲筵二在南○注筵席也○釋曰筵二者一爲冠子即下云筵于東序少北是也一爲醴子即下云筵于戶西南面是也云在南者最在南頭對下文側尊一甒醴在服北也鄭注云筵席也者鄭注周禮司几筵云敷陳曰筵藉之曰席然其散言之筵席通矣前敷在地者皆言藉取相承之義是以諸席在地者多言筵也

側尊一甒醴在服北有篚實勺觶角柶脯醢南上側猶特也無偶曰側置酒曰尊側者無玄酒服北者纁裳北也篚竹器如笭者勺尊升所以㪺酒也爵三升曰觶柶狀如匕以角爲之者欲滑也南上者篚次尊籩豆次篚古文甒作廡疏側尊至南上○注側猶至作廡○釋曰云側猶特也無偶曰側置酒曰尊側者無玄酒者月禮之通例稱側有二一者無偶特一爲側則此文側是也又昏禮云側尊甒醴于房中亦是無玄酒曰側至於昏禮合升側載聘禮云側襲士虞禮云側尊此皆

是無偶爲側之類也一者聘禮云側受几者側是旁側之義也云服北者纁裳北也者此上先陳爵弁服之時纁裳最在北向南陳之此云服北明在纁裳北可知也云篚竹器如笭者其字皆竹下爲之故以竹器言之如笭者亦舉漢法爲況也云勺尊升所以㪺酒也者案少牢云罍水有枓與此勺爲一物故云尊升對彼是罍枓所以㪺水則此爲尊枓㪺酒者也云爵三升曰觶者案韓詩外傳云一升曰爵二升曰觚三升曰觶四升曰角五升曰散相對爵觶有異散文則通皆曰爵故鄭以爵名觶也云柶狀如匕以角爲之者欲滑也者對士喪禮用木柶者喪禮反吉也云南上者篚次尊籩豆次篚知然者以經云尊在服北南上則是從南北向陳之以尊爲貴次云篚後云籩豆故知次第然也云古文甒作廡者此甒爲酒器廡是夏屋兩下故不從古文也

爵弁皮弁緇布冠各一匴執以待于西坫南南面東上賓升則東面爵弁者制如冕黑色但無繅耳周禮王之皮弁會五采玉璂象邸玉笄諸侯及孤卿大夫之冕皮弁各以其等爲之則士之皮弁又無玉象邸飾緇布冠今小吏冠其遺象也匴竹器名今之冠箱也執之者有司也坫在堂角古文匴作纂坫作襜疏

爵弁至東面○釋曰此一節論使有司三人各執其一篋在階以待冠事賓未入南面以向賓在堂亦以向賓言外則東面據終言之也○注爵弁至作纁○釋曰云爵弁者制如冕而黑色但無繅耳者已於上解訖今復言之者上文直舉冠以表服其冠實不陳故畧言其冠至此專爲冠言之是以注弁引皮弁以下之事案弁師言冕有五采繅玉皮弁有五采玉璂象邸玉笄下云諸侯及孤卿大夫之冕韋弁皮弁弁經各以其等爲之鄭注云各以其等繅斿玉璂如其命數也但上文已言上公之法故此諸侯唯據侯伯子男是以鄭云冕則侯伯繅七就用玉九十八子男繅五就用玉五十繅玉皆三采孤繅四就用玉三十二三命之卿繅三就用玉十八再命之大夫繅再就用玉八藻玉皆朱緑韋弁皮弁則侯伯璂飾七子男璂飾五玉亦三采孤則璂飾四三命之卿璂飾三再命之大夫璂飾二玉亦二采弁經之弁其辟積如冕繅之就然庶人弔者素委貌一命之大夫冕而無旒士變冕爲爵弁其韋弁皮弁之會無結飾弁經之弁不辟積彼經文具言之今此注畧引以證士皮弁無玉以象爲飾之意不取於韋弁弁經及依命數之事故不具引之云緇布冠今小吏冠其遺象也者但緇布冠士爲初加之冠冠訖則弊之不用庶人則常著之故詩云臺笠緇撮是庶人以布冠常服者以漢之

小吏亦常服之故舉爲況云匴竹器名今之冠箱也者此亦舉漢法爲況云執之者有司也者則上云有司如主人服有司不主一事故知此亦有司也云坫在堂角者但坫有二文一者謂若明堂位云崇坫亢圭及論語云兩君之好有反坫之等在廟中有之以亢反爵之屬此篇之内言坫者皆據堂上角爲名故云堂角云古文匴爲纂坫作襜者皆從經今文故疊古文也

主人玄端爵韠立于阼階下直東序西面玄端士入廟之服也阼猶酢也東階所以荅酢賓客也堂東西牆謂之序疏主人至西面○釋曰上文已陳衣冠器物自此以下至外門外論賓主兄弟等著服及位處也云玄端爵韠者主人之服與上所陳子加冠玄端服亦一也云立於阼階下者時欲與賓行禮之事也云直東序者直當也謂當堂上東序牆也○注玄端至之序○釋曰案特牲士禮祭服用玄端此亦士之加冠在廟故與祭同服故云士入廟之服也云東西牆謂之序者爾雅釋宮文

兄弟畢袗玄立于洗東西面北上兄弟主人親戚也畢猶盡也袗同也玄者玄衣玄裳也緇帶韠位在洗東退於主人不爵韠者降於主人也古文袗爲均也疏兄弟至北上○釋曰此論兄弟來觀禮之服也○注兄弟至均也○釋曰云兄弟主人親戚也者既云兄弟故是親戚云袗同也玄者玄衣玄裳也緇帶韠者以其同玄故知上下皆玄云緇帶韠者緇亦玄之類因士有緇帶故韠亦言緇實亦玄也云位在洗東退於主人者主人當序南西面洗當榮兄弟又在洗東故云退於主人也云不爵韠者降於主人也者爵弁同色主人尊故也兄弟用緇韠不用爵韠兄弟卑故云降於主人也

擯者玄端負東塾東塾門内東堂負之北面疏擯者至東塾○釋曰擯者不言如主人服別言玄端則與主人不同可知主人與兄弟不同故特言玄端與下贊者玄端從之同言玄則此擯者是主人之屬中士若下士也故直舉玄端不言裳也○注東塾至北面○釋曰知是擯者是主人擯相事在門内故知在門内東堂負之北面向主人也

將冠者采衣紒在房中南面采衣未冠者所服玉藻曰童子之節也緇布衣錦緣錦紳并紐錦束髮皆朱錦也紒結髮古文紒爲結疏將冠至南面○注采衣至爲結○釋曰將冠者即童子二十之人也以其冠事未至故言將冠者也云緇布衣錦緣者以其童子不帛襦袴不衣裘裳故云緇布衣以錦爲緇布衣之緣也云錦紳者以錦爲大帶

也云并紐者亦以錦爲紐紳之垂也云錦束髮者以錦爲云皆朱錦也者童子之錦皆朱錦也云紒結髮者則詩云總角丱兮是也以童子尚華飾故衣此也

賓如主人服贊者玄端從之立于外門之外外門大門外疏賓如至之外○注外門大門外○釋曰云賓如主人服者以其賓與主人尊卑同故得如之贊者皆降主人一等其衣冠雖同其裳則異故不得如主人服故別言玄端也若然此冠兄弟及賓贊皆得玄端特牲主人與尸祝佐食玄端自餘皆朝服者彼助祭在廟緣孝子之心欲得尊嘉賓以事其祖禰故朝服與主異也

擯者告告者出請入告疏擯者告○注告者出請入告○釋曰出請入告者告主人也

主人迎出門左西面再拜賓荅拜左東也出以東爲左入以東爲右疏主人至荅拜○注左東至爲右○釋曰出以東爲左入以東爲右據主人在西出則以西爲右入以西爲左也

主人揖贊者與賓揖先入贊者賤揖之而已又與賓揖先入道之贊者隨賓疏主人至先入○注贊者至隨賓○釋曰云贊者賤揖之而已者正謂贊者降于

主人與賓一等爲賤也云又與賓揖者對前爲賓拜訖今又揖者爲主人將先入故又與賓揖乃入也云贊者隨賓者後不見更與贊者爲禮故知隨賓入也 **每曲揖** 周左宗廟入外門將東曲揖直廟將北曲又揖 疏 每曲揖。注周左至又揖。○釋曰周左宗廟者祭義與小宗伯俱有此文對殿右宗廟也言此皆欲見入大門東向入廟云入外門將東曲揖者主人在南賓在北俱東向是一曲故一揖也至廟南主人在東北面賓在西北面是曲爲二揖故云直廟將北曲又揖也通下將入廟又揖三也 **至于廟門揖入三揖至于階三讓** 入門將右曲揖將北曲揖當碑揖 疏 至于至三讓。注入門至碑揖。○釋曰經直云入門揖鄭知此爲三揖者以上云每曲揖據入門東行時此入廟門三揖是據主人將右欲背客宜揖將北曲與客相見又揖云當碑揖者碑是庭中之大節又宜揖是知三揖據此而言也案昏禮注入三揖者至內霤將曲揖既曲北面揖當碑揖及聘禮鄉飲酒入三揖注雖不同皆據此三節爲三揖義不異也 **主人升立于序端西面賓西序東面** 主人賓俱升立相鄉 疏 主人至東面。注主人至相鄉。○釋曰此文主人與賓立相鄉位定將行冠禮者也主人升堂不拜至者冠子爲賓客故異於鄉飲酒之等也。 **贊者盥于洗西升立于房中西面南上** 盥於洗西由賓階升也立于房中近其事也南上尊於主人之贊者古文盥皆作浣 疏 贊者至南上。注盥於至作浣。○釋曰此賓者之贊冠者不在堂升即位于房中與主人贊者並立者以其與主人贊者俱是執勞役之事故先入房並立待事故鄭云近事也云盥於洗西由賓階升也者贊者盥於洗西無正文案鄉飲酒主人在洗北南面賓在洗南北面如此相鄉又主人從內賓從外來之便贊者亦從之又卑不可與賓並明在洗西東面及向賓階便知在洗西也云由賓階升者以與主人贊者在房並立恐由阼階故明之同於賓客也云南上尊於主人之贊者以其賓主贊者俱降一等兩贊尊卑同而云尊者直以主人尊敬賓之贊故云尊於主人之贊又知與主人贊並立者以贊冠一人而已而云南上明與主人爲序也 **主人之贊者筵于東序少北西面** 主人之贊者其屬中士若下士筵布席也東序主人位也適子冠於阼少北辟主人 疏 主人至西面。注主人至主人。○釋曰云主人之贊者其屬中士若下士者以主人上士爲正故云其屬中士若主人是中士贊是其屬下士爲之賓與贊冠者同云筵布席也者謂布冠者席也云東序主人位也者引冠義云適子冠於阼爲證是也 **將冠者出房南面** 南面立于房外之西待賓命 疏 將冠至南面。注南面至賓命。○釋曰知在房外之西不在東者以房外之東南當阼階是知房外者皆在房外之西故昏禮女出于母左母在房外之西故得出時在母左也云待賓命者以其下文有賓揖將冠則賓有命也 **贊者奠纚笄櫛于筵南端** 贊者賓之贊冠者也奠停也古文櫛爲節 疏 贊者至南端。注贊者至爲節。○釋曰前頍項已下六物同一篋陳於房今將用之故贊冠者取置于將冠之席南擬用若然六者俱用不言纚紘等四物大畧其實皆有可知不言櫛盛于簞今亦并簞將來置於席南端也服不將來置於席南者皆加冠訖宜房中隱處加服訖乃見容體也知贊者是其賓之贊冠者也者以其贊冠者主爲冠事而來故知取笄纚是賓之贊冠者若非賓之贊者則云主人以別之故上云主人之贊者是也 **賓揖將冠者將冠者即筵坐贊者坐櫛設纚** 即就設施 疏 賓揖至設纚。○釋曰此二者勞役之事故贊者爲之也 **賓降主人降賓辭主人對** 主人降爲賓將盥不敢安位也辭對之辭未聞 疏 賓降至人對。○釋曰云辭對之辭未聞者上筮賓宿賓之時雖不言其辭下皆陳其辭此賓主之辭下皆不言故云未聞也 **賓盥卒壹揖壹讓升主人升復初位** 揖讓皆壹者降於初古文壹皆作一 疏 賓盥至初位。○釋曰云主人升復初位者謂初升序端也。注古文壹皆作一。○釋曰一壹得通用雖疊古文不破之也 **賓筵前坐正纚興降西階一等執冠者升一等東面授賓** 正纚者將加冠宜親之興起也降下也下一等升一等則中等相授冠緇布冠也 疏 賓筵至授賓。注正纚至冠也。○釋曰云正纚者將加冠宜親之者以其贊者前已設纚訖今賓復出正之者雖舊設已正以親加冠故纚亦宜親之也云下一等升一等則中等相授者案匠人天子之堂九尺賈馬以爲傍九等爲階則諸侯堂宜七尺則七等階大夫堂宜五尺則五等階士宜三尺則三等階故鄭以中等解之也知冠是緇布冠者以下文有皮弁爵弁，故知此是緇布冠也。

賓右手執項，左手執前，進容，乃進容者，行翔而前，鶬焉，至則立。祝坐祝，坐如初，乃冠，興，復位。贊者卒。如初，坐筵前，興起也。復位，西序東面。卒，謂設缺項、結纓也。

疏 賓右至者卒。注進容至纓也。釋曰：知進容者行翔而前鶬焉者，曲禮云：堂下。不趨，室中不翔，則堂下固得翔矣。又云：大夫濟濟，士蹌蹌。注云：皆行容止之貌。此進容是士，故知進容謂行翔而前鶬焉。云至則立祝者，以經祝下乃云坐如初，故祝時立可知。云坐如初坐筵前者，上正纚時筵前坐，是初坐也。云卒謂設缺項結纓也者，下文皮弁、贊者卒紘，此謂緇布冠無笄，紘直頍項青組纓屬於頍，故卒者終頍項與結纓也。若然，經云右手執項，謂冠後爲項，非頍項。其下皮弁、爵弁無頍項，皆云執項，故知非頍項也。

冠者興，賓揖之，適房，服玄端爵韠，出房，南面。復出房南面者，一加禮成，觀衆以容體。

疏 冠者至南面。注復出至容體。釋曰：言復者，對前出房，故云復。前出爲待賓命，此出爲觀衆以容體也。案郊特牲論加冠之事云：加有成也。故此鄭云一加禮成也。云觀衆以容體者，以其既去緇布衣錦緣童子服，著此玄端成人之服，使衆觀知，故云觀衆以容體也。

賓揖之，即筵坐，櫛，設笄。賓盥，正纚如初，降二等，受皮弁，右執項，左執前，進，祝，加之如初，復位。贊者卒紘。如初，爲不見者言也。卒紘，謂繫屬之。

疏 賓揖至卒紘。注如初至屬之。釋曰：此當第二加皮弁之節。云即筵坐櫛者，坐訖當脫緇布冠，乃更櫛也。云設笄者，凡諸設笄有二種：一是紒內安髮之笄，一是皮弁、爵弁及六冕固冠之笄。今此櫛訖未加冠即言設笄者，宜是紒內安髮之笄也。若安髮之笄，則緇布冠亦宜有之，前櫛訖不言設笄者，以其固冠之笄，緇布冠無笄，而皮弁、爵弁有笄，上文已陳訖，今若緇布冠亦言設笄，即與皮弁、爵弁相亂，故緇布冠不言設笄，其實亦有也。若然，緇布冠不言設笄而言設纚，皮弁冠言設笄不言設纚，互見爲義，明皆有也。其於固冠之笄，則於賓加弁之時自設之可知。云如初爲不見者言也者，上加緇布冠時，有賓降，主人降，賓辭，主人對，賓盥卒，一揖一讓升，主人升，復初位，賓筵前坐之等，相次此皆不見，故設經省文，如之而已，故云爲不見者言也。云卒紘謂繫屬之者，即上注云有笄者屈組以爲紘，伸屬之，左相繫定，右相緬繫，擬解時易爲繫屬之也。

興，賓揖之，適房，服素積素韠，容，出房，南面。容者，再加彌成其儀益繁。

疏 興賓至南面。釋曰：興，謂冠者加皮弁訖，起，待賓揖之也。云適房服素積素韠者，上陳服，皮弁云緇帶素韠，此不言緇帶者，上唯有一帶，不言可知，故不言也。注容者至益繁。釋曰：此對上加緇布冠時直言出房南面，不言容，此則言容，以再加彌成其儀益繁，故言容。其實彼出亦是容，故鄭注云觀衆以容體也。

賓降三等，受爵弁，加之。服纁裳韎韐。其他如加皮弁之儀。降三等，下至地。他，謂卒紘、容出。

疏 賓降至之儀。注降三至容出。釋曰：云降三等下至地者，據士而言。云他謂卒紘容出者，以其自餘皆緇布冠見訖，皮弁如之，而以至卒紘容出唯皮弁有之，故知他謂此二者也。

徹皮弁、冠、櫛、筵，入于房。徹者，贊冠者、主人之贊者爲之。

疏 徹皮至于房。注徹者至爲之。釋曰：冠即緇布冠也，不言緇布冠者，可知故也。皮弁具言者，以有爵弁之嫌。然不言爵弁者，著之以受醴，至見母、兄弟、姑姊訖，乃易服故也。云徹者贊冠者主人之贊者爲之者，以其贊冠者與櫛，主人之贊者設筵，故知還遣之也。

筵于戶西，南面。筵，主人之贊者。戶西，室戶西。

疏 筵于戶西南面。注筵主至戶西。釋曰：知主人之贊者設筵者，以上文筵于東序已遣主人之贊，故知此亦主人之贊者也。云戶西室戶西者，以下記醮于客位在戶西，醮、醴同處，故知戶西也。

贊者洗于房中，側酌醴，加柶，覆之，面葉。洗，盥而洗爵者。昏禮曰：房中之洗，在北堂，直室東隅；篚在洗東，北面盥。側酌者，言無爲之薦者。面，前也。葉，柶大端。贊酌者，賓尊不入房。古文葉爲擖。

疏 贊者至面葉。注洗盥至爲擖。釋曰：云洗盥而洗爵者，凡洗爵者必先盥，盥有不洗爵者，此經直云洗，明盥手乃洗爵，故鄭云盥而洗爵。引昏禮房中之洗至北面盥者，證房中有洗之事。若然，前設洗于庭者，不爲醴，以房中有洗醴爵也。云側酌者言無爲之薦者，謂無人爲之薦脯醢，還是此贊者，故下直言薦脯醢，不言別有他人，明還是贊者也。昏禮贊醴婦，是贊者自酌自薦，經雖不言側酌，側自明也。云葉柶大端者，謂扱醴之面，柄細，故以爲柶大端。此與昏禮賓皆云面葉者，此以賓尊不入戶，贊者面葉授賓，賓得面枋授冠者，冠者得之面葉以扱醴而祭。昏禮賓亦主人尊不入房贊者而葉以授主人主人面枋以授賓賓得面葉以扱祭至於聘禮禮賓宰夫實觶以醴加柶于觶面枋授公者凡醴皆設柶聘禮宰夫不訝授公側受醴則還面枋以授賓故面枋也

賓揖冠者就筵，筵西南面。賓受醴于戶東，加柶面枋，筵前北面。戶東，室戶東。今文枋爲柄。

【疏】賓揖至北面○注戶東至爲柄○釋曰知室戶東者以其冠者筵室戶西賓自至房戶取醴酌醴者出向西以授也

冠者筵西拜受觶，賓東面荅拜。筵西拜南面拜也賓還荅拜於西序之位東面者明成人與爲禮異於荅主人

【疏】冠者至荅拜○注筵西至主人○釋曰云筵西拜南面拜也者上云冠者筵西南面知以觶拜還南面也知賓東面在西序者以上文與主人相對本位於西序也云東面者明成人與爲禮異於荅主人者案鄉飲酒鄉射賓於西階北面荅主人拜今此於西序東面拜故云異於荅主人又昏禮禮賓聘禮禮賓皆云拜送此云荅拜不云拜送者彼醴是主人之物故云拜送此醴非賓物故云荅拜也

薦脯醢。贊冠者也

【疏】薦脯醢○注贊冠者也○釋曰上文云贊側酌醴是贊冠者明此薦亦是贊冠者也

冠者即筵坐，左執觶，右祭脯醢，以柶祭醴三，興；筵末坐，啐醴，建柶，興；降筵，坐奠觶，拜；執觶興。賓荅拜。建柶扱柶於醴中其拜皆如初古文啐爲呼

【疏】冠者至荅拜○釋曰云祭醴三興者三祭者一如昏禮始扱一祭又扱再祭也云筵末坐啐醴建柶興降筵此啐醴不拜既爵者以其不卒爵故不拜也

冠者奠觶于薦東，降筵，北面坐取脯，降自西階，適東壁，北面見于母。薦東薦左凡奠爵將舉者於右不舉者於左適東壁者出闈門也時母在闈門之外婦人入廟由闈門

【疏】冠者至於母○注薦東至闈門○釋曰云薦東薦左者據南面爲正故云薦左也云凡奠爵將舉者於右者謂若鄉飲酒鄉射是也此文及昏禮贊醴婦是不舉者皆奠之於左也云適東壁者出闈門也者宮中之門曰闈門母既冠子無事故不在門外今子須見母故知出闈門也云婦人入廟由闈門者雜記云夫人奔喪入自闈門升自側階鄭注云宮中之門曰闈門爲相通者也是也

母拜受，子拜送，母又拜。婦人於丈夫雖其子猶俠拜

【疏】母拜至又拜○注婦人至俠拜○釋曰鄭云婦人於丈夫雖其子猶俠拜者欲見禮子之體側但是婦人於丈夫皆使俠拜故舉子以見義也

賓降，直西序，東面。主人降，復初位。初位初至階讓升之位

【疏】賓降至初位○釋曰此將欲與冠者造字而迎之位也○注初位至之位○釋曰云初位初至階讓升之位者謂初迎賓至階讓升之位其賓直西序則非初讓升之位主人直東序西者欲迎其事聞字之言故也

冠者立于西階東，南面。賓字之，冠者對。對應也其辭未聞

【疏】冠者至者對○注對應至未聞○釋曰云賓字之者即下文有字辭又有某甫之字若孔子云尼父之字是也云其辭未聞者下有賓祝辭不見冠者應辭故云未聞也案禮記冠義云既冠而字之成人之道也見於母母拜之據彼則字訖乃見母此文先見乃字者此文見母是正見彼見母在下者記人以下有兄弟之等皆拜之故退見母於下使與兄弟拜文相近也若然未字先見母字訖乃見兄弟之等者急於母緩於兄弟也

賓出，主人送于廟門外。不出外門將醴之

【疏】賓出至門外○注不出至醴之○釋曰以下云請醴賓故云將醴之也

請醴賓，賓禮辭，許。賓就次。此醴當作禮禮賓者謝其自勤勞也次門外更衣處也以帷幕簟席爲之

【疏】請醴至就次○注此醴至爲之○釋曰云此醴當作禮者對上文有酌醴受醴之等不破之此醴當爲上於下之禮不得用醴禮即從醴字何者周禮云諸侯用鬯不云鬯賓明不得以醴禮賓即爲醴故破從禮也云次門外更衣處也者次者舍之名以其行禮衣服或與常服不同更衣之時須入於次故云更衣處也云必帷幕簟席爲之者案聘禮記云宗人授次次以帷少退于君之次注云主國之門外諸侯及卿大夫之所使者次位皆有常處又案周禮幕人掌帷幕帟綬之事注云帷幕皆以布爲之四合象宮室曰幄云簟席者士卑或用簟席是以雜記諸侯大夫喪皆用布士用簟席爲之次亦當然

冠者見於兄弟，兄弟再拜，冠者荅拜。見贊者，西面拜，亦如之。見贊者西面拜則見兄弟東面拜贊者後賓出

【疏】冠者至如之○注見贊至賓出○釋曰兄弟位在東方此贊冠者則賓之類故贊者東面也言贊者先拜

冠者荅之也知贄者後賓出者文於見兄弟下始見之明贄者後賓出也出亦當就次待禮之也入見姑姊如見母入入寢門也廟在寢門外如見母者亦北面姑與姊亦俠拜也不見妹妹卑疏入見至見母○注入入至妹卑○釋曰男子居外女子居內廟在寢門外入見入寢門可知不見父與賓者蓋冠畢則已見也不言者從可知也云不見妹妹卑者以其妹卑於姑姊故不見也乃易服服玄冠玄端爵韠奠摯見于君遂以摯見於鄉大夫鄉先生易服不朝服者非朝事也摯雉也鄉先生鄉中老人爲鄉大夫致仕者疏乃易至先生○注易服至仕者○釋曰云易服者爵弁既助祭之服不可服見君與先生等故易服服玄端也云易服不朝服者非朝事也者此乃因加冠以成人之禮見君非正服之節故不朝服經直云玄端則兼玄冠矣今更云玄冠者以初冠時服玄端爲緇布冠服緇布冠非常著之冠而弊之易服宜服玄冠配玄端故兼云玄冠也朝服與玄端同玄端則玄裳黃裳雜裳黑屨若朝服玄冠玄端雖同但裳以素而屨色白也以其但正幅故朝服亦得端名然六冕皆正幅故亦名端是以樂記云魏文侯端冕而聽古樂又論語云端章甫鄭云端玄端諸侯視朝之服則玄端不朝得名爲玄端也云摯雉也者士執雉是其常故知摯是雉也云鄉先生鄉中老人爲鄉大夫致仕者者此即鄉飲酒與鄉射記先生及書傳父師皆一也先生亦有士之少師鄭不言者經云鄉大夫不言士故先生亦畧不言其實亦當有士也乃醴賓以壹獻之禮壹獻者主人獻賓而已即燕無亞獻者獻酢酬賓主人各兩爵而禮成特牲少牢饋食之禮獻尸此其類也士禮一獻卿大夫三獻禮賓不用柶者泲其醴內則曰飲重醴清糟稻醴清糟黍醴清糟粱醴清糟凡醴事質者用糟文者用清疏乃醴亦之禮○注壹獻至用清○釋曰此醴亦當爲禮不言可知也云壹獻者主人獻賓而已即燕無亞獻者者案特牲少牢主人獻尸主婦亞獻爲二獻此則主人獻賓而已無亞獻知即燕者鄉飲酒末有燕故知鄉後有燕云獻酢酬賓主人各兩爵而禮成者主人獻賓賓酢主人主人將酬賓先自飲訖乃酬賓賓奠而不舉是賓主人各兩爵而禮成也必知一獻之禮禮備有酬酢者昏禮舅姑饗婦以一獻之禮奠酬得正禮不旅又曰婦酢舅更爵自薦是備酬酢也鄉飲酒亦備獻酢酬是其義也云特牲少牢饋食之禮獻尸此其類也者此賓主人各兩爵無亞獻彼主人主婦各一爵有亞獻雖不同得主人一獻義類同故云此其類也云士禮一獻者即士冠及昏禮鄉飲酒禮鄉射皆是一獻也云卿大夫三獻者案左氏傳云季孫宿如晉拜莒田也晉侯享之有加籩武子退使行人告曰小國之事大國也苟免於討不敢求貺得貺不過三獻又禮記郊特牲云三獻之介亦謂卿大夫三獻之介案大行人云上公饗禮九獻侯伯七獻子男五獻是以大夫三獻士一獻亦是其差也云禮賓不用柶者泲其醴者此有獻酢酬飲之泲者故不用柶冠禮禮子用醴不泲故用柶也云內則曰飲者鄭注云目諸飲也云重醴清糟者鄭云重陪也糟醇也清泲也致飲有醇者有泲者陪設之稻醴以下是也云凡禮事質者用糟文者用清者質者謂若冠禮禮子之類是也故以房戶之閒顯處設尊也主人酬賓束帛儷皮飲賓客而從之以財貨曰酬所以申暢厚意也束帛十端也儷皮兩鹿皮也古文儷爲離疏主人至儷皮○注飲賓至爲離○釋曰主人酬賓當奠酬之節行之以財貨也此禮賓與饗禮同但爲饗禮有酬幣則多故聘禮云若不親饗致饗以酬幣注云禮幣束帛乘馬亦不是過也又案大戴禮云禮幣采飾而四馬是大夫禮多與士異也案禮器云琥璜爵鄭云天子酬諸侯諸侯相酬以此玉將幣也則又異於大夫也下凡酬幣之法尊卑獻數多少不同及其酬幣唯於奠酬之節一行而已者秋秦后子出奔晉后子享晉侯歸取酬幣終事八反杜注云備九獻之儀始禮自齎其一故續送其八酬酒幣彼九獻之閒皆云幣春秋之代奢侈之法非正禮也云束帛十端也者禮之通例凡言束者無問脯與錦皆以十爲數也云儷皮兩鹿皮也者當與射禮庭實之皮同禮記郊特牲云虎豹之皮示服猛也又覲禮用馬則國君用馬或虎豹皮若臣聘則用鹿皮故鄭注聘禮云凡君於臣臣於君麋鹿皮可也言可者以無正文若然兩說諸侯自相見亦用虎豹皮也贊者皆與贊冠者爲介贊者衆賓也皆與亦飲酒爲衆賓介賓之輔以贊爲之尊之飲酒之禮賢者爲賓其次爲介疏贊者至爲介○注贊者至爲介○釋曰鄭知贊者衆賓者以其下別言贊冠者明上云贊者是衆賓也云介賓之輔者以其鄉飲酒之禮賢者爲賓其次爲介又其次爲衆賓彼據將貢以爲優劣之次也此雖不貢以飲酒之禮立賓主亦以優劣立介以輔也云以贊爲之尊之者謂賓此贊冠者故遣爲介也云飲酒之禮賢者爲賓其次爲介者取尊爲義也賓出主人送于外門外再拜歸賓俎一獻之禮

有爲有俎其牲未聞　疏　賓出至賓俎○注一獻至家也○釋曰賓不言薦脯醢者案舅姑共饗婦以一獻有姑薦則此一獻亦有薦脯醢可知經有俎必有特牲但鄉飲酒鄉射取擇人而用狗此冠禮無擇人之義則不用狗但無正文故云其牲未聞也知使人歸諸賓家者以賓出主人送於門外乃始言歸賓俎明歸於賓家也

儀禮注疏卷第二

江西督糧道王賡言廣豐縣知縣阿應鱗栞

儀禮注疏卷二挍勘記　阮元撰盧宣旬摘錄

陳服于房中西墉下

陳服至北上　按單疏分五十卷與唐書新舊志合今本俱依注作十七卷茲紀單疏每卷起訖以存舊式浦鏜云疏中自此至東面云云十八字已見上夙興節疏此重出○今按此兩節適在兩卷交接之處故重言之浦未見單疏本故未喻其重出之故

故士之冠特　陳本要義同毛本通解特作時要義士之作也士

爵弁服

此與君祭之服　與通典作助按若作與當讀去聲而釋文無音疑作助是也因下注此與君視朔之服相涉而誤耳

再入謂之赬　入釋文作染下二字同張氏曰爾雅有再染三染之文此鄭氏用染字之據也○按爾雅云一染謂之縓再染謂之赬三染謂之纁鄭氏既據爾雅何以一入不稱染不若依今本概作入字爲是

今齊人名蒨爲韎韐　集釋按云疏云周公時名蒨爲韎草以此韎染韋合之爲韐因名韍爲韎韐是蒨一名韎而韍名韎韐也韐字乃衍文○按韎者茅蒐之别名也韐者所以代韠也自後人誤讀毛傳妄改鄭箋遂併此注而亦誤矣戴侗六書故卷十入韎字下引鄭氏曰齊人謂蒨爲韎又韐字下引鄭康成曰韐韍之制似韠以韐字屬下句與疏不合其讀上句郤正與疏合錄此以見宋儒亦有覺其誤而改其讀者

冠弁者　盧文弨云者字衍

士禮元冠自祭　陳閩同毛本冠作端

是況有不同之事　毛本同要義況作注

但古緇紂二字竝行　要義同毛本紂作色

元端亦服之類　浦鏜云亦下當脫朝字

此經云韎韐浦鏜云下當脫禮記云緼韍緼韍韎韐九字

鄭卽因解名緼韍之事名陳閩要義俱作名毛本作明事諸本俱作字

是紱有與緼異浦鏜云緼當韠字之誤○按疑當云是韍又與緼韍異

二與日爲體離爲鎭霍上六字要義曰當云二與四爲離體霍陳閩俱誤作瞿

緇布冠及皮弁在堂下陳本要義同毛本皮上無及字皮下有爵字

當從絲旁爲之段玉裁按本絲作糸

皮弁服

冒覆頭句頷繞項毛本冒上有以白鹿皮四字句作鉤通解與毛本同

至黄帝則有冕冕陳閩俱作異○按下云黄帝作旒冕則異字非也

績事後素之等是也績毛本作繪是毛本作事諸本俱作是

素用縉者陳閩同毛本縉作繪

元端

天地之雜也也徐本作色張氏云鄭氏正引易文不必改也爲色也字近色傳寫者誤耳○按漢時六經異文甚多張說未確通解亦從張氏

不同一命不命浦鏜云同當問字之誤盧文弨云不同二字屬上亦可

各有所當當者卽服之當字陳閩俱不重非也

朝時不服不要義作所按要義是

以聽私朝矣矣要義作衣屬下句

必以莫爲夕者莫爲疑當作爲莫

無事則無夕法陳閩要義同毛本則作亦

哀十四年要義同毛本哀作襄

卽此元端也要義同毛本端作冠

緇布冠

結項中按疏無中字

足以韜髮而結之矣韜釋文作弢張氏云士昏禮注之縚髮釋文亦云本又作弢不爲弢則爲縚今之爲韜未知孰據○按說文韜劍衣也弢弓衣也二字音義相近故古多通用如六韜一作六弢是也弢本訓滑因弢而轉爲弢從省也縚則韜之俗字

謂此以上凡六物徐本通典集釋俱無以字與疏合通解要義俱與毛本同釋文亦有以字按徐本作此上釋文則摘以上二字爲音未見以字之上必無此字張氏遽改此爲以殆因此以二字不宜並存故歟

首著卷幘之狀雖不智陳本同之要義作其智通解要義俱作審毛本作雖不可知

故以冠之冠要義作況

人之長者要義同毛本人下有髮字

謂狹而長也毛本狹誤作挾

大夫士當緇組纓邊陳本同毛本組下有紘字○按無紘字與禮器注不合且與此處經文亦異此本非也

櫛實于簞

笥與簞方圓有異聶氏要義同毛本與上無笥字

蒲筵二在南

鄭注云盧文弨云鄭注二字衍舊本俱經注連釋一本始分作兩段然體例亦不盡合○按此爲經注連釋之始故特加鄭注二字以別于釋經也以後凡經注連釋者卽不盡用此例

藉之曰席藉浦鏜改从艸是也毛本誤作籍下藉取同

前敷在地者皆言藉取相承之義毛本藉止有筵字此本陳本俱無筵字閩本筵字擠入按通典釋此經云上重者皆言席取相承籍之義在地多言筵也蓋用疏說

側尊一甒醴

勺尊升金曰追云疏謂少牢罍枓所以斢水此尊枓斢酒者也是注升本作斗後魏以來字多別體升斗字幾不辨故致誤如此當并疏尊升改正

則此爲尊枓斢酒者也枓要義作升誤

爵弁皮弁緇布冠各一匴宋本釋文云匴本或作算○按通典作算與或本合今本釋文算誤作篹

古文匴作篹坫作襢篹嚴徐集釋俱作纂毛本作篹上作字嚴徐集釋俱作作毛本作爲下作字嚴本集釋俱作作徐本毛本作爲張氏云注日匴作纂案釋文云爲篹素管反劉音纂纂字既誤作字必非又云注日坫作襢案釋文云爲襢以占反廣韻云襢與簷同屋襢也境謂之坫故或爲襢今從襢非也襢字既誤作字必非○按毛本兩句俱是爲字與釋文合疏則上句是爲下句是作與徐本相反又釋文襢毛本亦誤作襢

但坫有二文一者要義同毛本文下有有字坫單疏誤坫毛本作坫

云古文匴爲篹坫作襢者纂陳閩監本俱同毛本要義作篹襢要義同毛本作襢

兄弟畢袗元朱子云袗古文作均而鄭注訓同漢書字亦作袀則當從袗爲是○今按說文無袀字均之爲袀猶元之爲玄皆俗字也袗本元服以經既有元字故鄭轉訓爲同蓋字雖從今而義則從古袗均音同得相假借也或疑經文袗字當作均注當云均同也古文均爲袗恐不必然

爵弁同色毛本爵作鞞陳本要義俱作爵

將冠者采衣紒

童子之節也節毛本作飾徐本集釋楊氏敖氏俱作節○按作節與玉藻合

將冠至南面注采衣至爲結按疏內總標經注之式唯此僅存浦鏜謂注采衣至爲結六字當在故言將冠者也下蓋未見單疏本故也

賓如主人服

注外門大門外六字毛本俱脫

每曲揖

對殷右宗廟也毛本同陳閩俱無宗廟二字

俱東向是一曲要義楊氏同毛本東向作向東

至于廟門

既曲北面揖陳閩同毛本既作卽

主人升立于序端

冠子爲賓客毛本爲上有非字

贊者盥于洗西浦鏜云于洗西三字當衍文疏云贊者盥于洗西無正文若經有此三字便是正文何云無也當是傳寫者因注盥于洗西之文誤衍之耳

故先入房竝立待事毛本待作侍

明在洗西東面毛本明作故

恐由阼階通解同毛本由作作

贊者奠纚笄櫛于筵南端

宜房中隱處加服訖宜陳本誤作冠毛本作適

賓降

下皆不言 下皆毛本作不陳陳本誤作不贊按不與下贊與皆俱因形似而誤今本作陳則近理而莫究其原矣

賓盥卒壹揖壹讓升 瞿中溶云唐石經兩壹字初刻作一後改

賓右手執項

行翔而前鶬焉者 陳閩同毛本前作後

堂下不趨 下要義毛本作上下同○按要義是也

謂行翔而前鶬焉 要義同毛本鶬作蹌

冠者與

觀衆以容體 體通典作儀

按郊特牲論加冠之事 毛本郊誤作特

賓揖之

右相縰繫 毛本縰作屣

與賓揖之

起待賓揖之也 毛本待作爾

贊者洗于房中

古文葉爲擖 擖陳閩監葛俱誤作揭按擖當作攝說詳聘禮

以房中有洗 毛本房作庭

昏禮贊醴婦 諸本俱作醴婦毛本作酌醴

此與昏禮賓 盧文弨云禮下脫一禮字

公側受醴 要義同毛本作授

賓揖冠者就筵

以其冠者筵室戶西 筵通解要義俱作在

冠者筵西拜受觶

知以觶拜還南面也 以要義作受是也

今此於西序東面拜 要義同毛本於作以

薦脯醢

上文云贊側酌醴 毛本側作者

冠者卽筵坐○柶祭醴三 毛本三誤作二

建柶 建石經徐本集釋敖氏俱作建注同通解作捷錢大昕云士昏禮婦受醴亦有以柶祭醴坐啐醴建柶之文則作建爲是

扱柶於醴中 扱釋文作捷云本又作插亦作扱盧文弨云釋文云云正指注言後人誤會乃改經之建柶爲捷柶失之矣張氏云鄉射之注曰搢插也插于帶右大射之注曰搢扱也士喪禮之注曰搢插也插于帶之右旁釋文皆作捷由是觀之釋文之前捷字猶在釋文之後始盡變而爲插扱爾○按集釋云建陸作捷蓋其誤自李氏始

賓降直西序東面

而迎之位也 案此與下欲迎其事兩迎字疑皆當作近

請醴賓

此醴當作禮禮賓者謝其自勤勞也 禮賓者以下九字毛本俱脫徐本集釋通解敖氏俱有

以帷幕簟席爲之 以徐本集釋通解要義敖氏俱作以毛本作必

諸侯用幽 要義同通解毛本諸上有天子禮三字

乃易服○賛摯見於君摯釋文作贄云本又作摯○按摯贄今本錯出宜俱從手後不悉按

遂以摯見于鄉大夫鄉先生毛本先誤作見近有據誤本疏文欲改經鄉大夫爲卿大夫者

段玉裁云鄉大夫謂每鄉卿一人之鄉大夫及同一鄉中仕至卿大夫者鄉飲酒禮鄉射禮所謂遵者也鄉先生同一鄉中嘗仕爲卿大夫而致仕者也必皆云鄉者謂同一鄉周禮重鄉飲鄉射以鄉三物賓興之意也禮記冠義釋文云鄉大夫鄉先生並音香此則經文不作卿字甚明

則元端不朝得名爲元端也不監本作以

與鄉射記先生要義陳本同毛本記作禮

經云鄉大夫不言士陳本通解同要義亦鄉誤作卿

乃醴賓以壹獻之禮

賓醴不用栖者賓醴徐本集釋通解俱作禮賓按疏作醴賓

飲重醴清糟稻醴清糟黍醴清糟粱醴清糟稻醴以下十二字毛本俱脫徐本集釋通解俱有敖氏無末清糟二字陸氏云糟劉本作澘音糟

鄉飲酒末有燕閩本要義同通解毛本末作未

而禮成也通解要義同毛本禮成作成禮

亦是其差也毛本是誤作士

云重醴清糟者醴下金曰追補至字云疏括注語本有至字不知何時脫去遂使轉寫者反據疏中重醴清糟四字誤刪注文○按內則原文重醴下無清糟二字故按者疑鄭注今本固有脫句而古本亦有衍字也然古書多異文未可臆爲刊削金謂疏有至字不知何據疏引內則注先解清糟兩字乃云稻醴以下是也則疏舉注語未必總括五句

云凡禮事陳本要義同按各本注禮俱作醴

主人酬賓

彼九獻之間皆云幣獻通解要義俱作獻毛本作酬云通解毛本作有

兩說諸侯陳本要義同毛本說作國是也

贊者皆與

贊者衆賓也朱子云贊者謂主人之贊者也恐字誤作衆賓耳○按如朱子說則疏中兩衆賓亦當改爲主人之贊者

謂賓此贊冠者毛本此作之按賓字亦宜作尊

儀禮注疏卷二校勘記終

奉新余成教校

儀禮疏卷第三

唐朝散大夫行大學博士弘文館學士臣賈公彦等撰

若不醴則醮用酒若不醴謂國有舊俗可行聖人用焉不改者也曲禮曰君子行禮不求變俗祭祀之禮居喪之服哭泣之位皆如其國之故謹脩其法而審行之是酌而無酬酢曰醮醴亦當爲禮

疏若不至用酒○注若不至爲禮○釋曰自此已上說周禮冠子之法自此已下至取籩脯以降如初說夏殷冠子之法云若不醴則醮用酒者案上文適子冠於阼三加訖一醴於客位是周法今云若不醴則醮用酒非周法故知先王法矣故鄭云若不醴謂國有舊俗可行聖人用焉不改者也云聖人者即周公制此儀禮用舊俗則夏殷之禮是也云曲禮曰已下者是下曲禮文也云君子行禮不求變俗者與下文爲目謂君子所在之國不求變彼國之俗若衛居殷墟者也云祭祀之禮者若郊特牲云殷人先求諸陽周人先求諸陰求諸陽者先合樂乃灌地降神也求諸陰者謂先灌地乃合樂若衛居殷地用殷禮則先合樂乃灌也云居喪之服者謂若檀弓周之諸侯絶旁期降上下殷之諸侯服旁期不降上下衛居殷墟亦不降上下也云哭泣之位者殷禮無文亦應有異也云皆如其國之故者謂上所云皆如其故國之俗而行之云是者依先王舊俗而行不改之事向來所解引曲禮據人君施化之法不改彼國舊俗證此醮用酒舊俗之法也故康誥周公戒康叔居殷墟當用殷法是以云茲殷罰有倫使用殷法故所引曲禮皆據不變彼國之俗但君子行禮不求變俗有二途若據曲禮之文云君子行禮不求變俗鄭注云求猶務也不務變其故俗重本也謂去先祖之國居他國又云祭祀之禮居喪之服哭泣之位皆如其國之故謹脩其法而審行之注其法謂其先祖之制度若夏殷者謂若杞宋之人居鄭衛鄭衛之人居杞宋若據彼注謂臣去已國居他國不變已國之俗是以定四年祝佗云殷人六族在魯啓以商政亦不變本國之俗故開商政示之皆據當身居他國不變已國之俗與此注引不同者不求變俗義得兩合故各據一邊而言也云酌而無酬酢曰醮者鄭解無酬酢曰醮唯據此文而言所以然者以周法用醮無酬酢曰醮案曲禮云長者舉未酬鄭注云盡爵曰酬是醮不專於無酬酢者若然醴亦無酬酢不爲醮名者但醴大古之物自然質無酬酢此醮用酒酒本有酬酢故無酬酢得名醮也云醴亦當爲禮者亦上請醴賓之醴故破之也

尊于房戶之閒兩甒有禁玄酒在西加勺南枋房戶閒者房西室戶東也禁承尊之器也名之爲禁者因爲酒戒也玄酒新水也雖今不用猶設之不忘古也

疏尊于至南枋○注房戶至古也○釋曰云禁承尊之器也名之爲禁者因爲酒戒也者以醴不言禁醴非飲醉之物故不設戒也此用酒酒是所飲之物恐醉因而禁之故云因爲酒戒若然玄酒非飲亦爲禁者以玄酒對正酒不可一有一無故亦同有禁也云不忘古也者上古無酒今雖有酒猶設之是不忘古也

洗有篚在西南順洗庭洗當東榮南北以堂深篚亦以盛勺觶陳於洗西南順北爲上也

疏洗有至南順○注洗庭至上也○釋曰知洗庭洗者上周法用醴之時醴之尊在房今醮用酒與常飲酒同故洗亦當在庭是以下云賓降取爵于篚卒洗升酌故知洗在庭也設洗法在設尊前此洗亦當在設尊前設之故此直云洗有篚在西不言設也若然上不言設洗者以其上云醮用酒即連云尊文勢如此故不言設洗云當東榮南北以堂深者上已有文也云篚亦以盛勺觶者周法用醴在房庭洗無篚此用酒庭洗有篚故周公設經辨其異者但醴篚在房以盛勺觶此庭洗篚亦盛勺觶故云亦也云南順北爲上也者席之制有首尾者據識之先後爲首尾此篚亦云上者應亦有記識爲上下以其南順之言故北爲上也

始加醮用脯醢賓降取爵于篚辭降如初卒洗升酌始加者言一加一醮也加冠於東序醮之於戶西同耳始醮亦薦脯醢賓降者爵在庭酒在堂將自酌也辭降如初如將冠時降盥辭主人降也凡薦出自東房

疏始加至升酌○注始加至東房○釋曰云始加醮用脯醢者此言與周別之事周家三加訖乃一醴於客位用脯醢此加訖即醮於客位用脯醢是其不同也但言始加醮用脯醢者因言與周異之意其賓未行事是以下乃始云賓降取爵于篚也云加冠於東序醮之於戶西同耳者經不見者嫌與周異故辨之其經不言冠者醮之處即與周同故經不見也云始醮亦薦脯醢者以其經云醮用脯醢汎言若醮用酒未著其節故亦如上周家三加始薦脯醢云賓降者爵在庭酒在堂將自酌也者決周家醴在房贊者酌授賓賓不親酌此則賓親酌酒洗爵故有升降也云辭降如初如將冠時降盥辭主人降也者欲見用醴時直有將冠時賓降無賓降取爵以其酌在房故也今云如初者唯謂如將冠降盥之事也云凡薦出自東房者用醴時尊在房脯醢出自東房醮用酒酒尊在堂脯

醢亦出自東房鄉飲酒鄉射特牲少牢薦者皆出東房故云凡以該之也 冠者拜受賓荅拜如初贊者筵于戶西賓升揖冠者就筵乃酌冠者南面拜受賓授爵東面荅拜如醴禮也於賓荅拜贊者則亦薦之 疏冠者至如初。注贊者至薦之。釋曰此經畧言拜受荅拜不言處所面位言如初者以其雖用酒與周異自外與周同故直言如初也是以鄭取上醴子法以言之故言如初以結之也云於賓荅拜贊者則亦薦之者經直云拜受荅拜如初亦不言出薦之時節故鄭別言之亦當如周家醴子時薦也凡醴子醴婦并昏禮禮賓面位不同者皆隨時之便故不同也 冠者升筵坐左執爵右祭脯醢祭酒興筵末坐啐酒降筵拜賓荅拜冠者奠爵于薦東立于筵西冠者立俟賓命賓揖之則就東序之筵 疏冠者至筵西。注冠者至之筵。釋曰此經雖用醮酒不同其於行事與周禮醴子同但位有異彼一加訖入房易服訖出房立待賓容命此則醮訖立於席西待賓命爲異皆爲更加皮弁也云與筵末坐啐酒者爲醮於客位敬之故也昏禮禮賓與聘禮禮

賓在西階上啐醴者昏禮注云此筵不主爲飲食起聘禮注云糟醴不卒故也冠子用醴拜此醮子用酒亦拜者以與醴子同是成人法拜啐故雖用醮亦拜啐也 徹薦爵筵尊不徹徹薦與爵者辟後加也不徹筵尊三加可相因由便也 疏徹薦至不徹。注徹薦至便也。釋曰云徹薦與爵者辟後加也者案下文云加皮弁如初儀再醮攝酒其他皆如初酒則云攝明因前也除酒之外云其他如初明薦爵更設是後加卒設於席前也故知前云徹薦爵爲辟後加也 加皮弁如初儀再醮攝酒其他皆如初攝猶整也整酒謂撓之今文攝爲聶 疏加皮至如初。注攝猶至爲聶。釋曰云攝猶整也整酒謂撓之者案有司徹云司宮攝酒注云更洗益整頓之不可云洗亦當爲撓謂更撓攪添益整頓示新也 加爵弁如初儀三醮有乾肉折俎嚌之其他如初北面取脯見于母乾肉牲體之脯也折其體以爲俎嚌嘗之 疏加爵至于母。注乾肉至嘗之。釋曰前二醮有脯醢更加此乾肉折俎言嚌之者嚌謂至齒嘗之案下若殺再醮不言攝此經再

醮言攝三醮不言攝則再醮之後皆有攝互文以見義也云取脯見于母者亦適東壁俠拜與周同案下文若殺已下云卒醮取籩脯以降此亦取籩脯乾肉曰脯云乾肉牲體之脯也者案周禮腊人云掌乾肉凡田獸之脯腊鄭注云大物解肆乾之謂之乾肉若今涼州烏翅矣薄析曰脯捶之而施薑桂曰服脩若然乾肉與脯脩別言若今涼州烏翅者或爲豚解而七體以乾之謂之乾肉及用之將升於俎則節折爲二十一體與燕禮同故總名乾肉折俎也 若殺則特豚載合升離肺實于鼎設扃鼏特豚一豚也凡牲皆用左胖煑於鑊曰亨在鼎曰升在俎曰載載合升者明亨與載皆合左右胖離割也割肺者使可祭也可嚌也今文扃爲鉉古文鼏爲密 疏若殺至扃鼏。注特豚至爲密。釋曰上醮子用乾肉不殺自此至取籩脯以降論夏殷醮子殺牲之事殺言若者是不定之辭殺與不殺俱得云若也云載合升者在鼎曰升在俎曰載載在後今先言載後言升又合字在載升之閒通事之者欲見在俎在鑊俱曰合也云設扃鼏者以茅覆鼎長則束其本短則編其中案冬官匠人廟門容大扃七个注云大扃牛鼎之扃長三尺又曰闈門容小扃參个注云小扃膷鼎之扃長二尺皆依漢禮而知今此豚鼎之

扃當用小扃也云特豚一豚也者此特若郊特牲之特皆以特爲一也云凡牲皆用左胖者案特牲少牢皆用右胖少儀云大牢則以牛左肩折九个爲歸胙用左則用右而祭之鄉飲酒鄉射主人用右體生人亦與祭同用右者皆據周而言也此云用左鄭據夏殷之法與周異也但士虞喪祭用左反吉故也云煑於鑊曰亨者案特牲云亨于門外東方西面北上注云亨煑也亨豕魚腊以鑊各一爨詩云誰能亨魚漑之釜鬵是鑊爲亨也云在鼎曰升在俎曰載者案昏禮云特豚合升又云側載特牲亦云卒載加匕于鼎少牢云司馬升羊實于一鼎皆是在鼎曰升在俎曰載之文但在鼎直有升名在俎則升載兩稱也故少牢云升羊載右胖升豕其載如羊有司徹亦云乃升注云升牲體於俎也是在俎升載二名也云載合升者明亨與載皆合左右胖者以升載並陳又合山二者之閒故知從鑊至俎皆合左右胖也云離割也割肺者使可祭也可嚌也者凡肺有二種一者舉肺一者祭肺就舉肺之中復有三稱一名舉肺爲食而舉二名離肺少儀云三牲之肺離而不提心也三名嚌肺以齒嚌之此三者皆據生人爲食而有也就祭肺之中亦復有三稱一者謂之祭肺爲祭先而有之二者謂之忖肺忖切之使斷三者謂之切肺離與忖肺異切肺則忖肺也三者皆爲祭而有若然切肺離

肺脂其形餘皆舉其義稱也云今文扃爲鉉古文鼏爲密者一部之内皆然不從今文故疊之也**始醮如初**亦薦脯醢徹薦爵筵尊不徹矣【疏】始醮如初○注亦薦至徹矣○釋曰云始醮如初者此一醮與不殺同未有所加故云如初也**再醮兩豆葵菹蠃醢兩籩栗脯**蠃醢螔蝓醢今文蠃爲蝸【疏】再醮至栗脯○注蠃醢至爲蝸○釋曰此二豆二籩增數者爲有殺牲故盛其饌也案鄭注周禮醢人云細切爲虀全物若牒爲菹作醢及臡者先膊乾其肉乃後莝之雜以粱麴及鹽漬以美酒塗置甀中百日則成矣是作醢及菹之法也云蠃醢螔蝓醢者爾雅文**三醮攝酒如再醮加俎嚌之皆如初嚌肺**攝酒如再醮則再醮亦攝之矣加俎嚌之嚌當爲祭字之誤也祭俎如初如祭脯醢【疏】三醮至嚌肺○注攝酒至脯醢○釋曰云攝酒如再醮則再醮亦攝之矣者周公作經取省文再醮不言攝酒以三醮如之則再醮攝之可知故鄭云再醮亦攝之矣云加俎嚌之嚌當爲祭字之誤也者經有二嚌不破如初嚌之嚌唯破加俎嚌之字者以祭先之法祭乃嚌之又不宜有二嚌故破加俎之嚌爲祭也云祭俎如初如祭脯

醢者以三醮唯祭俎之肺不復祭脯醢也若然前不殺之時一醮徹脯醢爲辭再醮之脯醢至再醮不言徹脯醢者以三醮上唯加乾肉不薦脯醢故不徹也今殷亦然一醮徹薦爵至再醮亦不徹薦直徹爵而已亦爲三醮以不加籩豆加牲俎是以祝辭一醮亦云嘉薦至三醮者直云籩豆有楚楚陳列貌是三醮不加籩豆明文也**卒醮取籩脯以降如初**【疏】卒醮至如初○釋曰此取籩脯見母與前不異上周法與不殺皆不云籩者上皆直薦脯醢不云籩豆此若殺云兩籩故云籩脯若然既殺有俎肉而取脯者見其得禮而已故不取俎肉如若得束帛者不須取脯是以冠禮禮賓得束帛皆不取脯也**若孤子則父兄戒宿**父兄諸父諸兄【疏】若孤至戒宿○注父兄諸父諸兄○釋曰上陳士有父加冠禮訖自此至東塾北面論士之無父自有加冠之法也周公作文於此乃見之者欲見周與夏殷孤子同冠於阼階禮之於客位唯一醮三醴不同耳是以作經言其與上異者而已言父兄諸父諸兄者以其上文父兄非直戒宿而已故知此是諸父諸兄非已之親父親兄也**冠之日主人紒而迎賓拜揖讓立于序端皆**

如冠主禮於阼冠主冠者親父若宗兄也古文紒爲結今文禮作醴【疏】冠之至於阼○注冠主至作醴○釋曰云主人紒而迎賓者即上采衣紒是也云拜揖讓立于序端者謂主人出先拜賓荅拜訖揖讓而入于廟門既入門又三揖至階又三讓而升堂乃立于東序端賓升立西序端一皆如上父兄爲主人故作文省畧總云揖讓立于序端皆如冠主也云禮於阼者別言其異者也云今文禮作醴者鄭不從今文者以其言醴則不兼於醮言禮則兼醴醮二法故也**凡拜北面于阼階上賓亦北面于西階上荅拜**【疏】凡拜至荅拜○釋曰此亦異於父在者云凡拜者謂初拜至及卒拜之等賓主皆北面與父在時拜于筵西南面賓拜于序端東面爲異也**若殺則舉鼎陳于門外直東塾北面**孤子得申禮盛之父在有鼎不陳於門外【疏】若殺至北面○釋曰云若殺者有則殺無則已故云若不定之辭也言舉鼎者謂於廟門外之東壁鑊所舉至廟門外之東直東塾二鼎豚魚腊鼎皆北向相重而列之也○注孤子至門外○釋曰案上文父在亦有殺法今鄭云孤子得申禮盛之者不爲殺起止爲陳

鼎于外而言鄭知父在有鼎不陳於外者以上文若殺直云特豚載合升不辨外內孤子乃云舉鼎陳于門外類于上父在陳鼎不於門外也凡陳鼎在外者賓客之禮也在內者家私之禮也是在外者爲盛也今孤子則陳鼎在外故云孤子得申禮盛之也**若庶子則冠于房外南面遂醮焉**房外謂尊東也不於阼階非代也不醮於客位成而不尊【疏】若庶至醮焉○釋曰上已言三代適子冠禮訖此經論庶子加冠法也周公作經於三代之下言之則三代庶子冠禮皆於房外同用醮矣但不知三代庶子各用幾醮耳今於周之適子三加一醴夏殷適子三加三醮是以下文祝辭三醴一而醮三皆爲三代而爲言至於三代庶子皆不見別辭則周之庶子宜依適子用一醴夏殷庶子亦依三醮三代適子有祝辭言庶子則無故下文注云凡醮者不祝○注房外至不尊○釋曰知房外謂尊東也者上陳尊在房戶之間案鄉飲酒賓東則東則尊東明此亦於尊東也云不於阼階非代也者案下記云適子冠於阼以著代也明庶子不於阼非代故也云不醮於客位成而不尊者下記云醮於客位加有成也是適子於客位成而尊之此則成而不尊故因冠之處遂醮焉**冠者母不在則使人**

受脯于西階下【疏】冠者至階下○釋曰案內則云舅沒則姑老若死當云沒不得云不在且母死則不得使人受脯今言不在者或歸寧或疾病也使人受脯爲母生在於後見之也戒賓曰某有子某將加布於其首願吾子之教之也吾子相親之辭吾我也子男子之美稱古文某爲謀【疏】戒賓至之也○注吾子至爲謀○釋曰自此至唯其所當者周公設經直見行事恐失次第不言其辭今行事既終總見戒賓醮及爲字之辭也云某有子某者上某主人名下某子之名加布初加緇布冠也云願吾子之教之也者即此以加冠行禮爲教之也云吾子相親之辭吾我也者謂自已身之子故云吾子相親之辭也云子男子之美稱者古者稱師曰子又公羊傳云名不若字字不若子是子者男子之美稱也今請賓與子加冠故以美稱呼之也賓對曰某不敢恐不能共事以病吾子敢辭病猶辱也古文病爲秉主人曰某猶願吾子之終教之也賓對曰吾子重有命某敢不從敢不從許之辭宿曰某將加布於某之首吾子將莅之敢宿賓對曰某敢不夙興莅臨也今文無對始加祝曰令月吉日始加元服令吉皆善也元首也【疏】注令吉至首也○釋曰元首左傳曰先軫入狄師而死之狄人歸先軫之元是元爲首又尚書云君爲元首亦是元爲首也棄爾幼志順爾成德壽考惟祺介爾景福爾女也既冠爲成德祺祥也介景皆大也因冠而戒且勸之女如是則有壽考之祥大女之大福也【疏】注爾女至福也○釋曰云既冠爲成德者案冠義既冠責以父子君臣長幼之禮皆成人之德云祺祥也者祺訓爲祥祥又訓爲善也云因冠而戒者則經棄爾幼志順爾成德是也云且勸之者即經云壽考惟祺介爾景福是也再加曰吉月令辰乃申爾服辰子丑也申重也【疏】再加至爾服○注辰子至重也○釋曰上云令月吉日此云吉月令辰互見其言是作文之體無義例也云辰子丑也者以十幹配十二辰直云辰子丑明有幹可知即甲子乙丑之類略言之也敬爾威儀淑愼爾德眉壽萬年永受胡福胡猶遐也遠也遠無窮古文眉作麋三加曰以歲之正以月之令咸加爾服正猶善也咸皆也皆加女之三服謂緇布冠皮弁爵弁也兄弟具在以成厥德厥其黃耇無疆受天之慶黃黃髮也耇凍梨也皆壽徵也疆竟【疏】注黃耇至疆竟○釋曰爾雅云黃髮齯齒故以黃爲黃髮也云耇凍梨者爾雅云耇老壽也此云耇凍梨者以其面似凍梨之色故也醴辭曰甘醴惟厚嘉薦令芳嘉善也善薦謂脯醢芳香也【疏】醴辭至令芳○注嘉善至香也○釋曰謂脯醢爲善薦芳香者謂作之依時又造之依法故使芳香而善也拜受祭之以定爾祥承天之休壽考不忘休美也不忘長有令名醮辭曰旨酒既清嘉薦亶時亶誠也古文亶爲癉始加元服兄弟具來孝友時格永乃保之善父母爲孝善兄弟爲友時是也格至也永長也保安也行此乃能保之今文格爲嘏凡醮者不祝【疏】注善父至不祝○釋曰善父母爲孝善兄弟爲友者爾雅文不言善事父母善事兄弟者欲見非且善事兄弟而亦爲兄弟之所善者諸行周備之意也云凡醮者不祝者案上文前後例周與夏殷冠子法其加冠祝辭三節不辨三代之異則三代祝辭同可知也至於周醮之辭三等別陳之者以其數異辭宜不同故也若然醮辭唯據適子而言以其將著代重之故備見祝辭也此注云凡醮者不祝者言凡謂庶子也既不加冠於阼又不醴於客位無著代之理故畧而輕之也亦不設祝辭者曾子問注云凡殤不祭之類也其天子冠禮祝辭案大戴禮公冠篇成王冠周公爲祝詞使王近於人遠於天嗇於時惠於財其辭既多不可具載其諸侯無文蓋亦有祝辭異於士也再醮曰旨酒既湑嘉薦伊脯湑清也伊惟也【疏】注湑清也伊惟也○釋曰湑泲酒之稱故伐木詩云有酒湑我注云湑莤之文鳧鷖詩云爾酒既湑注云湑酒之泲者是湑爲清也云伊惟也者助句辭非爲義也乃申爾服禮儀有序祭此嘉爵承天之祜

祜福也

三醮曰旨酒令芳籩豆有楚言美也楚陳列之貌疏注旨美至之貌。釋曰楚茨詩亦云籩豆有楚注云楚陳列之貌是用其再醮之籩豆不增改之故云有楚也咸加爾服肴升折俎肴升折俎亦謂豚疏注肴升至謂豚。釋曰云折俎者即謂折上若殺之豚也承天之慶受福無疆字辭曰禮儀既備令月吉日昭告爾字昭明也疏字辭至爾字。釋曰此字文在三代之下而言則亦遂三代字辭同此辭賓直西序東面與子為字時言之也爰字孔嘉髦士攸宜爰於也孔甚也髦俊也攸所也宜之于假永受保之曰伯某甫仲叔季唯其所當于猶為也假大也宜之是為大矣伯仲叔季長幼之稱甫是丈夫之美稱孔子為尼甫周大夫有嘉甫宋大夫有孔甫是其類甫字或作父疏宜之至所當。釋曰云伯某甫者某若云嘉也但設經不得定言人字故言甫為且字是以禮記諸侯薨復曰皐某甫復鄭云某甫且字以臣不名

君且為某之字呼之既此某甫立為且字言伯仲叔季者是長幼次第之稱若兄弟四人則依次稱之夏殷質則積仲周文則積叔若管叔霍叔之類是也云唯其所當者二十冠時與之作字猶孔子生三月名之曰丘至二十冠而字之曰仲尼有兄曰伯居第二則曰仲但殷質二十為字之時兼伯仲叔季呼之周文二十為字之時未呼伯仲至五十乃加而呼之故檀弓云五十以伯仲周道也是呼伯仲之時則兼二十字而言若孔子生於周代從周禮呼尼甫至五十去甫以尼配仲而呼之曰仲尼是也若然二十冠而字之未呼伯仲叔季今於二十加冠而言者一則是殷家冠時遂以二十字呼之二則見周家若不死至五十乃加而呼之若二十已後死雖未滿五十即得呼伯仲知義然者見慶父乃是莊公之弟桓六年莊公生至閔公二年慶父死時莊公未滿五十慶父乃是莊公之弟時未五十慶父死號曰共仲是其死後雖未五十得呼仲叔季故二十冠時則以伯仲叔季當擬之故云唯其所當也。注于猶至作父。釋曰知甫是丈夫之美稱者以其人之賢愚皆以為字故隱元年公及邾儀父盟于蔑穀梁傳云儀字也父猶傅也男子之美稱也是也云孔子為尼甫者哀十六年孔丘卒哀公誄之曰哀哉尼甫因字號謚曰尼甫也云周大夫有嘉甫者桓公十五年天王使嘉甫來

求車是也云宋大夫有孔甫是其類者案左氏傳桓二年孔父嘉為司馬是也鄭引此者證有冠而為此字之意故云是其類也又甫字或作父者字亦通或尼甫嘉甫孔甫等見為父字者也屨夏用葛玄端黑屨青絇繶純純博寸屨者順裳色玄端黑屨以玄裳為正也絇之言拘也以為行戒狀如刀衣鼻在屨頭繶縫中紃也純緣也三者皆青博廣也疏屨夏至博寸。注屨者至廣也。釋曰自此至繶屨論三服之屨不於上與服同陳者一則屨用皮葛冬夏不同二則屨在下不宜與服同列故退在於此此言夏用葛下云冬皮則春宜從夏秋宜從冬故舉冬夏寒暑極時而言詩魏地以葛屨履霜刺褊也云屨者順裳色者禮之通例衣與冠同屨與裳同故云順裳色也云玄端黑屨以玄裳為正也者以其玄端有玄裳黃裳雜裳經唯云玄端黑屨與玄裳同色不取黃裳雜裳故云以玄裳為正也云絇之言拘也以為行戒者以拘者自拘持之言故云以為行戒也云狀如刀衣鼻在屨頭者此以漢法言之今之屨頭見有下鼻似刀衣鼻故以為況也云繶縫中紃也者謂牙底相接之縫中有條紃也云純緣也者謂繞口緣邊也云皆青者以經三者同云青也云博廣也者謂純所施廣一寸也素積

白屨以魁柎之緇絇繶純純博寸魁蜃蛤柎注者疏素積至博寸。注魁蜃蛤柎注者。釋曰以魁蛤灰柎之者取其白耳云魁蜃蛤者魁即蜃蛤一物是以周禮地官掌蜃掌共白盛之蜃鄭司農云謂蜃炭引此士冠白屨以魁柎之玄謂今東萊用蛤謂之叉灰云是也云柎注者以蛤灰塗注於上使色白也爵弁纁屨黑絇繶純純博寸爵弁屨以黑為飾爵弁尊其屨飾以繢次疏爵弁至博寸。注爵弁至繢次。釋曰案此三服見屨不同何者玄端以衣見屨以玄端有黃裳之等裳不得舉裳見屨故舉玄端見屨也皮弁以素積見屨屨裳同色是其正也爵弁既不舉裳又不舉衣而以爵弁見屨者上陳服已言纁裳裳色自顯以與六冕同玄衣纁裳與冕服之嫌故不以衣裳而以首服見屨也云爵弁屨以黑為飾爵弁尊其屨飾以繢次者案冬官畫繢之事云青與白相次赤與黑相次玄與黃相次鄭云此言畫繢六色所象及布采之第次繢以為衣又云青與赤謂之文赤與白謂之章白與黑謂之黼黑與青謂之黻鄭云此言刺繡采所用繡以為裳此是對方為繢次比方為繡次案鄭注屨人云複下曰舄禪下曰屨又注云凡舄之飾如繢之次凡屨之飾如繡之

衣也者即上黑屨以青爲絇繶純白屨以黑爲絇繶純則白與黑黑與青爲繡次之事也今衣爵弁纁屨纁南方之色赤不以西方白爲絇繶純而以北方黑爲絇繶純者取對方繢次爲飾舄者尊爵弁是祭服故飾與舄同也

冬皮屨可也

疏 冬皮屨可也○釋曰冬時寒許用皮故云可也

不屨繐屨

繐屨喪屨也縷不灰治曰繐

疏 不屨繐屨○注繐屨至曰繐○釋曰案喪服記云繐衰四升有半繐衰既是喪服明繐屨亦是喪屨故鄭云喪屨也云縷不灰治曰繐者斬衰冠六升傳云鍛而勿灰則四升半不灰治可知言此者欲見大功未可以冠子恐人以冠子故於屨末因禁之也

記冠義

疏 記冠義○釋曰凡言記者皆是記經不備兼記經外遠古之言鄭注燕禮云後世衰微幽厲尤甚禮樂之書稍稍廢棄蓋自爾之後有記乎又案喪服記子夏爲之作傳不應自造還自解之記當在子夏之前孔子之時未知定誰所錄云冠義者記士冠中之義者記時不同故有二記此則在子夏前其周禮考工記六國時所錄故遭秦燔滅典籍有韋氏雕氏闕其記則在秦漢之際儒者加之故王制有正聽之棘木之下異時所記故其言亦殊也

始冠緇布之冠也大古冠布齊則緇之其緌也孔子曰吾未之聞也冠而敝之可也

大古唐虞以上緌纓飾未之聞大古質蓋亦無飾重古始冠冠其齊冠白布冠今之喪冠是也

疏 始冠至可也○注大古至是也○釋曰此經直言加緇布冠不言有緌無緌又不言加冠之後此緇布冠更著以不故言不緌不更著之事也云大古冠布者謂著白布冠也云齊則緇之者將祭而齊則爲緇者以鬼神尚幽暗也云其緌也孔子曰吾未之聞也者孔子時有緌者故非時人緌之諸侯則得著緌故玉藻云緇布冠繢緌諸侯之冠也鄭云尊者飾也士冠不得緌也云冠而敝之可也者據士以上冠時用之冠訖則敝之不復著也若庶人猶著之故詩云彼都人士臺笠緇撮是用緇布冠籠其髮是庶人常服之矣云大古唐虞以上者此記與郊特牲皆陳三代之冠云牟追章甫委貌之等鄭注郊特牲云三代改制齊冠不復用也以白布冠質以爲喪冠也三代既有此明大古是唐虞已上可知云未之聞大古質蓋亦無飾者此經據孔子時非其著緌未知大古有緌以不故鄭云大古質無飾也云重古始冠冠其齊冠者以經云始冠緇布之冠即云大古冠布則齊冠一也故鄭云冠其齊冠也云白布冠者今之喪冠是也者以其大古時吉凶同服白布冠未有喪冠三代有牟追之等則以白布冠爲喪冠若然喪服起自夏禹以下也

適子冠於阼以著代也醮於客位加有成也

醮夏殷之禮每加於阼階醮之於客位所以尊敬之成其爲人也

三加彌尊論其志也

彌猶益也冠服後加益尊諭其志者欲其德之進也

疏 適子至成也○注醮夏至人也○釋曰此記人說夏殷法可兼于周以其於阼及三加皆同唯醮醴有異故知舉二以見一也

冠而字之敬其名也

名者質所受於父母冠成人益文故敬之也今文無之

疏 冠而至名也○注名者至無之○釋曰案內則云子生三月父名之不言母今云受於父母者夫婦一體受父即是受母故兼言也云冠成人益文者對名是受於父母爲質字者受於賓爲文故君父之前稱名至於他人稱字也是敬定名也

委貌周道也章甫殷道也毋追夏后氏之道也

委猶安也言所以安正容貌章明也殷質言以表明丈夫也甫或爲父今文爲斧毋發聲也追猶堆也夏后氏質以其形名之三冠皆所服以

行道也其制之異同未之聞

疏 委貌至道也○釋曰記人歷陳此三代冠者上緇布冠也諸侯已下始加之冠此委貌之等記人以經有緇布冠皮弁爵弁玄冠故還記緇布冠以下四種之冠以解經之四者此委貌即解經易服服玄冠是也○注委猶至之聞○釋曰云今文爲斧者義無取故疊之不從也云毋發聲也者若在上謂之發聲在下謂之助句義無取則是發聲也云三冠皆所常服以行道者以釋經三代皆言道是諸侯朝服之冠在朝以行道德者也云其制之異同未之聞者委貌玄冠於禮圖有制但章甫毋追相與異同未聞也

周弁殷冔夏收

弁名出於槃槃大也言所以自光大也冔名出於幠幠覆也言所以自覆飾也收言所以收斂髮也其制之異亦未聞

疏 注弁名至未聞○釋曰又歷陳此三代加冠皆有弁云周弁者弁是古冠之大號非直含六冕亦兼爵弁於其中見士之三加之冠者爵弁者故云弁弁者冠名也云弁名出於槃槃大也者無正文鄭以意解之論語云服周之冕以五色繅服有文飾則知有德故云言所以自光大也云冔名出於幠幠覆也言所以自覆飾也收言所以收斂髮也者皆以意解之也云制之異亦未聞者案漢禮器制度弁冕周禮弁師相參周之冕以木爲體廣八寸長尺六寸績

厤三十升布爲之上以玄下以纁前後有旒尊卑各有差等天子玉笄朱紘其制可聞云未聞者但夏殷之禮亡其制與周異亦加上未聞也

三王共皮弁素積質不變【疏】注質不變○釋曰此亦三代自天子下至士皆是再加當在周弁三加之上退之在下者欲見此是三代之冠百王同之無別代之稱也故郊特牲云三王共皮弁注云所不易於先代故孝經亦云百王同之不改易也若然百王同之言三王共者以損益之極極於三王又上三冠亦據三代故云三王共皮弁其質先代後代皆不易是以鄭云質不變也

無大夫冠禮而有其昏禮古者五十而后爵何大夫冠禮之有據時有未冠而命爲大夫者周之初禮年未五十而有賢才者試以大夫之事猶服士服行士禮二十而冠急成人也五十乃爵重官人也大夫或時改取有昏禮是也【疏】無大至之有○釋曰此經所陳欲見無大夫冠禮之事有大夫冠禮記者非之○注據時至是也○釋曰鄭云據時有未冠而命爲大夫者言周末作記之時有二十已前未加冠而命爲大夫者記非之也云周之初禮年未五十而有賢才者試以大夫之事猶服士服行士禮者鄭解古者五十而後爵何大夫冠禮之有是古者未有周大夫有冠禮故非之此鄭云未五十則二十已士或有未二十有賢才亦得試爲大夫者故喪服殤小功章云大夫爲昆弟之長殤鄭云大夫爲昆弟之長殤小功謂士若不仕以此知爲大夫無殤服言爲大夫無殤服謂兄殤在小功則兄十九已下死大夫則十九已下既爲兄殤服已爲大夫則早冠矣大夫冠而不爲殤故也雖早冠亦行士禮而冠是大夫無冠禮也云二十而冠急成人也五十乃爵重官人也者解試爲大夫二十則其爵命要待五十意也云大夫或時改娶有昏禮者釋經而有其昏禮以其三十而取五十乃命爲大夫則昏時猶爲士何得有大夫昏禮乎五十已後容改娶故有大夫昏禮也若然案下文古者生無爵鄭云古謂殷此經以古爲周初者下云古者生無爵對周時士生有爵故知古者生無爵據殷也今此云古者以周末時大夫冠對周初時無若以古者爲殷時則周家有大夫冠禮何得言周末始有乎明古者據初而言也

公侯之有冠禮也夏之末造也造作也自夏初以上諸侯雖父死子繼年未滿五十者亦服士服行士禮五十乃命也至其衰末上下相亂篡殺所由生故作公侯冠禮以正君臣也坊記曰君不與同姓同車與異姓同車不同服示民不嫌也以此坊民民猶得同姓以殺其君也【疏】公侯至造也○注造作至君者○釋曰記人言此者欲見夏初已上雖諸侯之貴未有諸侯冠禮猶依士禮故記之於士冠篇末也云自夏初以上者以經云公侯之有冠禮夏之末造明夏初未有言以上者夏以前唐虞之等亦未有諸侯冠禮也未滿五十者亦服士服行士禮五十乃命也者既云服士服行士禮亦如上文五十而後爵何公侯冠禮之有以其與大夫同未五十服行士禮也云至其衰末上下相亂至以正君臣也者解經夏之末造公侯冠禮也引坊記者欲見夏末以後制諸侯冠禮以防諸侯相篡弒之事也云同車者謂參乘爲車右及御者也云不同服者案玉藻云君之右虎裘厭左狼裘又云僕右恒朝服君則各以時事服是不同服此謂非在軍時若在軍時君臣同服韋弁服也

天子之元子猶士也天下無生而貴者也元子世子也無生而貴皆由下升【疏】天子至者也○注元子至下升○釋曰此記者見天子元子冠時亦依士冠禮故於此兼記之也天子之元子雖四加與十二而冠其行事猶依士禮故云猶士也元子尙不得生而貴則天下之人亦無生而貴者也云無生而貴皆由下升者天子元子冠時行士禮後繼世爲天子是由下升自餘天下之人從微至著皆由下升也

繼世以立諸侯象賢也象法也爲子孫能法先祖之賢故使之繼世也【疏】繼世至賢也○釋曰記此者欲見上言天子之子冠行士禮此諸侯之子冠亦行士禮以其士之子恒爲士有繼世之義諸侯之子亦繼世象父祖之賢雖繼世象賢亦無生而貴者行士冠禮故記之於此也云能法先祖之賢者凡諸侯出封皆由有德若周禮典命云三公八命其卿六命大夫四命及其出封皆加一等出爲五等諸侯即爲始封之君是其賢也於後子孫繼立者皆不毀始祖之廟是象先祖之賢也

以官爵人德之殺也殺猶衰也德大者爵以大官德小者爵以小官【疏】以官至殺也○注殺猶至小官○釋曰記人記此者欲見仕者從士至大夫而冠無大夫冠禮者也云以官爵人者以用也謂用官爵命於人也云德之殺也者殺衰也以德大小爲衰殺故鄭云德大者爵以大官德小者爵以小官官者管領爲名爵者位次高下之稱也

死而謚今也古者生無爵死無謚今謂周衰記之時也古謂殷殷士生不爲爵死不爲謚周制以士爲爵死猶不爲謚耳下大夫也今記之

時士死則謚之非也謚之由魯莊公始也【疏】死而至無謚○注今謂至始也○釋曰記人記此者欲見自上所陳冠禮以士爲本者由無生而貴皆從士賤者而升也云死而謚今也者據士生時雖有爵所不合有謚若死而謚之正謂今周衰之時也云古者生無爵死無謚者古謂殷以前夏之時士生無爵死無謚是士賤今古皆不合有謚也鄭云今謂周衰記之時也者以記者自云今也明還據周衰記之時案禮運云孔子曰我觀周道幽厲傷之是周衰也自此已後始有作記故云周衰記之時也云古謂殷者周時士有爵故知古謂殷云殷士生不爲爵死不爲謚者對周士生有爵死猶不謚也云周制以士爲爵死猶不謚耳下大夫也者案周禮掌客職云羣介行人宰史以其爵等爲之牢禮之陳數鄭注云以命數則參差難等畧於臣用爵而已羣介行人皆士故知周士有爵雖有爵死猶不謚卿大夫已上則有謚也云今記之時士死則謚之非也者解經死而謚今也云謚之由魯莊公始也者案禮記檀弓云魯莊公及宋人戰于乘丘縣賁父御卜國爲右馬驚敗績公墜佐車授綏公曰末之卜也縣賁父曰他日不敗績而今敗績是無勇也遂死之圉人浴馬有流矢在白肉公曰非其罪也遂誄之士之有誄自魯莊公始也若然作記前莊公誄士至記時亦行之故此禮云死而謚今也故鄭云今謂周衰之時也案郊特牲云死而謚之今也古者生無爵死無謚鄭注云古謂殷以前也大夫以上乃謂之爵死有謚也以此而言則殷大夫以上死有謚而檀弓云幼名冠字五十伯仲死謚周道也者殷已前皆因生號爲謚若堯舜禹湯之屬是也因生號以謚故不得謚名周禮死則別爲謚故云死謚周道也

儀禮疏卷第三

儀禮卷第一　經一千八百九十一　注三千六百二十一

元缺第十葉今補

江西督糧道王賡言廣豐縣知縣阿應鱗栞

儀禮注疏卷三挍勘記　阮元撰盧宣旬摘録

若不醴

不改者也　盧文弨云者李作舊與疏同○按疏中舊字本亦作者又冠義疏引此注云若不醴謂國有舊俗可行聖人用焉不改是也是也二字係疏語疏引鄭注至不改止明無舊字

洗有篚

故此直云洗有篚在西　毛本云作言要義作云陳本誤作文按文云相似故多誤

云南順北爲上也者　毛本南上有西字

以其南順之言故北爲上也　諸本同毛本言故作故言

始加醮用脯醢

云始加醮用脯醢者　要義同毛本醮作薦

因言與周異之意　要義同毛本因言作言商

冠者升筵坐

出房立待賓容命　毛本容作客

糟醴不卒　毛本卒作啐案周學健云不卒謂不卒爵也經云啐醴則非不啐明矣

徹薦爵

是後加卒設於席前也　通解同毛本卒作啐閩本作嚌

加爵弁

前二醮有脯醢　毛本二誤作三

若今梁州烏翅矣　烏單疏作鳥與周禮注合毛本作烏

若殺則特豚

以茅覆鼎通解要義同毛本作鼏

生人亦與祭同用右者要義同毛本生作主

亨豕魚腊以鑊毛本豕作豚諸本俱作豕

特豚合升要義同毛本豚誤作豕

升牲體於俎也陳本要義同毛本體誤作醴

皆據生人爲食而有也陳本要義同毛本生作主

二者謂之刌肺刌諸本俱作忖下竝同盧文弨云忖古與刌通玉藻瓜祭上環鄭注云上環頭忖也

再醮

蜣蝓醢蜣釋文徐本集釋通解敖氏俱作蝸此字从蟲鹿聲

乃後埜之埜陳閩俱作挫毛本作剉

三醮

今殷亦然陳本要義同毛本殷作殺

直徹爵而已要義同陳本直誤作其按其直相似故誤毛本直作唯

卒醮

此若殺云兩邊邊陳閩俱作籩

若殺

家私之禮也通解要義楊氏同毛本作私家

若庶子

若庶至醮焉此五字毛本俱脫案此節疏係經注分釋則疏首宜有此五字毛本偶脫耳後凡類此者可以例推

是以下文祝辭三要義同毛本辭下無三字

始加祝曰

元首也毛本同通典首作長

棄爾幼志○壽考惟祺惟集釋作維

三加曰

皆加女之三服毛本加誤作如

兄弟具在

厥其字此注毛本俱脫徐本集釋通解竝有集釋其下有也

黃耇無疆

凍棃也棃監本作黎

黃髮鯢齒毛本鯢作兒

云耇凍黎者通解同下竝同陳閩黎作棃下句作黎

拜受祭之

休美也不忘長有令名注首三字毛本俱脫徐本集釋通解敖氏並有

醮辭曰○嘉薦亶時陸氏云時劉本作古旹字

始加元服

善兄弟爲友者諸本同毛本弟作長

欲見非且善事兄弟毛本且作但

諸行周備之意也毛本諸誤作謂

既不加冠於阼　加要義作出毛本作加

案大戴禮公冠篇　要義同毛本戴下無禮字

遠於天　要義同毛本天作年

宜之于假　通典假作嘏仲上有伯字

若云嘉也　要義同毛本作若云尼甫嘉也通解與毛本同

既此某甫立爲且字　既要義作即毛本作既

夏殷質則積仲周文則積叔　通解要義同毛本積作稱

至閔公二年　毛本同陳閩俱無至字

注于猶至作父　毛本于猶作伯仲

父猶傅也　閩監同毛本傅作傳

云孔子爲尼甫者　要義同毛本尼上有仲字

云周大夫有嘉甫者　嘉要義作家下同按家與春秋合

案左氏傳桓二年　要義同毛本案誤作宋

又甫字或作父者　又要義作云

屨夏用葛

一則屨用皮葛　要義同毛本葛上有用字

詩魏地以葛屨履霜刺褊也　要義同毛本地作風

不取黃裳雜裳故云以元裳爲正也　要義作而卻不取黃裳雜裳是也

自拘持之言　陳本同毛本言作意

素積白屨

魁蠡蛤柎注者　柎宋本釋文从手者徐本作者敖氏作之集釋毛本作也

爵弁纁屨

故不以衣裳　毛本同陳閩裳俱作服

爲繡次之事也　毛本同陳閩事俱作序

（記）冠義

當在子夏之前孔子之時　要義同毛本時上無之字

記士冠中之義者　要義同毛本作記子冠中之義也者案此節疑當有注云冠義者記士冠中之義故疏疊其文而釋之今本佚脫耳疏云記時不同故有二記此釋注中記字也否則此賈自疏冠義二字非另有鄭注也

儒者加之　毛本同要義加作記

始冠緇布之冠也

太古質蓋亦無飾　徐本集釋通解要義敖氏俱有蓋亦二字與疏合毛本無

冠訖則敝經之　要義敝下有去字無經字按要義是

云末之聞　毛本云下有緌纓飾三字

未知太古有緌以不　陳閩同毛本不作是盧文弨云以不猶與否疏中往往見之

適子冠于阼

醮夏殷之禮每加於阼階醮之於客位所以尊敬之成其爲人也　徐本集釋俱有此注在加有成也下楊氏有客位于上四句今本並脫

三加彌尊諭其志也

彌猶益也冠服後加益尊諭其志者欲其德之進也　徐本集釋

俱有此注楊氏有諭其志者二句今本並脫

冠而字之

故敬之也今文無之 下五字今本俱脫徐本集釋俱有

是敬定名也 毛本作是字敬名也要義作是敬其名也

委貌○毋追 唐石經閩監宋本釋文俱與此同毛本釋文徐陳俱作母注及疏放此按古人書毋母不甚有別故釋文遇毋字必有音曲禮音義曰毋字與父母字不同俗本多亂讀者皆朱點毋字以作無音非也可見二字蒙溷已久凡可以意會者今不盡挍也

周弁殷冔夏收

齋所服而祭也 徐本集釋俱無此六字通解有盧文弨云郊特牲疏全引此兩節注文而無或謂委貌爲元冠及齋所服而祭也兩句尤可證

其制之異亦未聞 異葛本誤作畢異下敖氏有同亦二字與要義所載疏合徐本集釋俱有亦字毛本無盧文弨云郊特牲孔疏引此注亦有亦字當補正

見士之三加之冠者爵弁者 浦鏜云上者字疑有字誤

相參周之 周要義作周陳本誤作尙毛本作考按參字當絕句周之二字屬下晃字爲句謂以漢禮器制度與周禮弁師相參因得周冕之制也陳本周作尙形相近而誤今改作考則失之遠矣

其制與周異 毛本同要義異上有同字

無大夫冠禮

大夫或時改取 徐本集釋通解敖氏娶俱作取按取娶今本錯出不悉挍

大夫爲昆弟之長殤小功 陳閩俱無長字

大夫冠而不爲殤故也 陳本要義同毛本大作丈

鄭云古謂殷 陳閩同毛本謂作爲

公侯之有冠禮也

篡殺所由生 殺釋文作殺云本又作弒亦作試徐陳通解亦俱作殺下同

以殺其君也 徐本集釋同按疏標目也作者

服行士禮也 陳本同毛本服下有士服二字

天子之元子

見天子元子冠時 毛本元誤作天

死而謚

死猶不爲謚耳 浦鏜云疏無爲字

儀禮卷第一 唐石經徐本卷後標題俱如是後放此

儀禮注疏卷三挍勘記終

奉新余成教挍

儀禮疏卷第四

唐朝散大夫行大學博士弘文館學士臣賈公彦等撰

儀禮卷第二

士昏禮第二

【疏】士昏禮第二○鄭目録云士娶妻之禮以昏爲期因而名焉必以昏者陽往而陰來日入三商爲昏昏禮於五禮屬嘉禮大小戴及別録此皆第二○釋曰鄭知是士娶妻之禮者以記云記士昏禮故知是士娶妻鄭云日入三商者商謂商量是漏刻之名故三光靈曜亦日入三刻爲昏不盡爲明案馬氏云日未出日沒後皆云二刻半前後共五刻今云三商者據整數而言其實二刻半也

儀禮　鄭氏注

昏禮下達納采用鴈 達通也將欲與彼合昏姻必先使媒氏下通其言女氏許之乃後使人納其采擇之禮用鴈爲摯者取其順陰陽往來詩云取妻如之何匪媒不得昏必由媒交接設紹介皆所以養廉恥【疏】昏禮至用鴈○釋曰從此下至主人許賓入授如初禮陳納采問名之禮云下達者謂未行納采已前男父先遣媒氏女氏之家通辭往來女氏許之乃遣使者行納采之禮也言下達者男爲上女爲下取陽倡陰和之義故云下達謂以言辭下通於女氏也是以下記昏辭云吾子有惠貺室某也注云稱有惠明下達謂此下達也云納采用鴈者昏禮有六五禮用鴈納采問名納吉請期親迎是也唯納徵不用鴈以其自有幣帛可執故也且三禮不云納言納者恐女氏不受若春秋納幣之義若然納采言納者以其始相采擇恐女家不許故言納問名不言納者女氏已許故不言納也納吉言納者男家卜吉往與女氏復恐女家翻悔不受故更言納也納徵言納幣帛則昏禮成復恐女家不受故更云納也請期親迎不言納者納幣則昏禮已成女家不得移改故皆不言納也其昏禮有六尊卑皆同故左氏莊公二十二年經書冬公如齊納幣穀梁傳曰納幣大夫之事也禮有納采有問名有納徵有告期四者備而後娶禮也公之親納幣非禮也故譏之彼無納吉者以莊公在母喪内親行納幣非禮之事故闕其納吉以非之也○注達通至廉恥○釋曰鄭云必先使媒氏下通其言女氏許之乃後使人納其采擇之禮者欲見納采之前有此下達之言也案周禮地官有媒氏職是天子之官則諸侯之國亦有媒氏傳通男女使成婚姻故云媒氏也云用鴈爲摯者取其順陰陽往來者案周

禮大宗伯云以禽作六摯卿執羔大夫執鴈士執雉此昏禮無問尊卑皆用鴈故鄭注其意云取順陰陽往來也順陰陽往來者鴈木落南翔冰泮北徂夫爲陽婦爲陰今用鴈者亦取婦人從夫之義是以昏禮用焉引詩者證須媒下達之義也云昏必由媒交接設紹介者詩云匪媒不得是由媒也其行五禮自納采已下皆使使往是交接設紹介也云皆所以養廉恥者解所以須媒及設紹介者皆所以養成男女使有廉恥也使媒通之媵御沃盥交之等皆是行事之漸養廉恥之義也

主人筵于戶西西上右几 主人女父也筵爲神布席也戶西者尊處將以先祖之遺體許人故受其禮於禰廟也席西上右設几神不統於人席有首尾【疏】主人至右几○釋曰此女將受男納采之禮故先設神坐乃受之○注主人至首尾○釋曰云筵爲神布席也者下文禮賓云徹几改筵是爲人設席故以此爲神席也云戶西者以戶西是賓客之位故爲尊處也必以西爲客位者以地道尊右故也知受禮於禰廟者以記云凡行事受諸禰廟也云席西上右設几神不統於人者案鄉射燕禮之等設席皆東上是統於人今以神尊不統於人取地道尊右之義故席西上几在右也云席有首尾者以公食記蒲筵萑席皆卷自末是席有首尾也

使者玄端至 使者夫家之屬若羣吏使往來者玄端士莫夕之服又服以事於廟有司緇裳【疏】使者玄端至○注使者至緇裳○釋曰云使者夫家之屬者案士冠贊者於中士下差次爲之此云夫家之屬亦當然假令主人是上士屬是中士主人是中士屬是下士主人是下士屬亦當是下士禮窮則同也云玄端士莫夕之服又以事其廟者此亦如士冠禮玄端士莫夕於朝之服也但士以玄端祭廟今使者服玄端至亦於主人廟中行事故云又服以事其廟也云有司緇裳者案士唯有三等之裳玄裳黃裳雜裳此云緇裳者即玄裳者以其緇玄大同小異也然士有三等裳今直言玄裳者據主人是上士而言案士冠云有司如主人服則三等士之有司亦如主人服也

擯者出請事入告 擯者有司佐禮者請猶問也禮不必事雖知猶問之重愼也【疏】擯者至入告○注擯者至愼也○釋曰云擯者有司佐禮者案士冠禮有司並是主人之屬及羣吏佐主人行禮之人故知此擯者亦是主人有司佐禮者也在主人曰擯云請猶問也禮不必事雖知猶問之重愼也者案論語云無必故云不必事也以其前已有下達之事今使者來在門外是知有昏事也而猶問之重愼也

主人如賓服迎

于門外再拜賓不荅拜揖入門外大門外不荅拜者奉使不敢當其盛禮疏主人至揖入。釋曰案士冠禮主人迎賓於大門外云主人西面賓東面此及鄉飲酒鄉射皆不言面位者文不具耳當亦如士冠也。注門外至盛禮。釋曰知門外是大門外者以其大夫唯有兩門寢門大門而已廟在寢門外之東此下有至于廟門明此門外是大門外可知也云不荅拜者奉使不敢當其盛禮者此士卑無君臣之禮故賓雖屬吏直言不荅拜不言辟若諸侯於使臣則言辟是以射禮賓迎入門公再拜賓辟不荅拜公食大夫主爲賓已故賓荅拜稽首亦辟乃拜之以其君尊故也至于廟門揖入三揖至于階三讓入三揖者至內霤將曲揖既曲北面揖當碑揖疏至于至三讓。注入三至碑揖。釋曰凡入門三揖者以其入門賓主將欲相背故須揖賓主各至堂塗北面相見故亦須揖至碑碑在堂下三分庭之一在北曲庭中之節故亦須揖但士冠注云入門將右曲揖將北曲揖當碑揖此注至內霤將曲揖既曲北面揖當碑揖文不同者鄭舉二文相兼乃足也三者禮之大節尊卑同故鄉飲酒鄉射聘禮公食大夫皆有此三揖之法但注有詳畧耳主人

以賓升西面賓升西階當阿東面致命主人阼階上北面再拜阿棟也入堂深示親親今文阿爲庪疏主人至再拜。釋曰賓則使者也禮之通例賓主敵者賓主俱升若士冠與此文是也若鄉飲酒鄉射皆主尊賓卑故初至之時主人升一等賓乃升至卒洗之後亦俱升唯聘禮公升二等賓始升者彼注云亦欲君行一臣行二也覲禮王使人勞侯氏使者不讓先升者奉王命尊故也主人阼階上北面再拜者主人不言當阿則如鄉飲酒主人當楣再拜。注阿棟至爲庪。釋曰案鄉飲酒聘禮皆云賓當楣無云當阿者獨此云賓當阿故云示親親也凡士之廟五架爲之棟北一楣下有室戶中脊爲棟棟南一架爲前楣楣前接簷爲庪鄉射記云序則物當棟堂則物當楣故云是制五架之屋也鄉大夫射於庠庠則有室故物當前楣士射於序序則無室故物當棟此士之廟雖有室其棟在室外故賓得深入當之也授于楹間南面授於楹間明爲合好其節同也南面並授也疏授于楹間南面。注授於至授也。釋曰楹間謂兩楹之間賓以鴈授主人於楹間者明和合親好令其賓主遠近節同也凡賓主敵者授於楹間不敵者不於楹間是以聘禮賓覿大夫云受幣于楹間南面鄭注云受幣楹間敵也聘禮又云公側襲受玉于中堂與東楹之間鄭注云東楹之間亦以君行一臣行二至禮賓及賓私覿皆云當東楹是尊卑不敵故不於楹閒也今使者不敵而於楹間故云明爲合好也云南面並授也者以經云南面不辨賓主故知俱南面並授也賓降出主人降授老鴈老羣吏之尊者疏賓降至老鴈。釋曰授鴈訖賓降自西階出門主人降自阼階授老鴈於階立待後事也。注老羣吏之尊者。釋曰大夫家臣稱老是以喪服公士大夫以貴臣爲室老春秋左氏傳云執臧氏老論語云趙魏老禮記大夫室老行事皆是老爲家臣之貴者士雖無君臣之名云老亦是羣吏中尊者也擯者出請不必賓之事有無疏擯者出請。注不必至有無。釋曰此主人不知賓有事使擯出請者亦是不必賓之事有無也賓執鴈請問名主人許賓入授如初禮問名者將歸卜其吉凶古文禮爲醴疏賓執至初禮。釋曰此之一使兼行納采問名二事相因又使還須卜故因即問名乃還卜之故共一使也云主人許者擯請入告乃報賓賓得主人許乃入

門升堂授鴈與納采禮同故云如初禮也。注問名至爲醴。釋曰言問名者問女之姓氏不問三月之名故下記問名辭云某既受命將加諸卜敢請女爲誰氏鄭云誰氏者謙也不必其主人之女是問姓氏也然以姓氏爲名者名有二種一者是名字之名三月之名是也一者是名號之名故孔安國注尚書以舜爲名鄭君目錄以曾子爲姓名亦據子爲名皆是名號爲名者也今以姓氏爲名亦名號之類也鄭云將歸卜其吉凶者亦據下記文也擯者出請賓告事畢入告出請醴賓此醴亦當爲禮禮賓者欲厚之疏擯者至醴賓。注此醴至厚之。釋曰此下至送于門再拜主人禮賓之事云此醴亦當爲禮者亦士冠禮賓爲醴字彼已破從禮故云亦此以醴酒禮賓不從醴者以大行人云上公再祼而酢侯伯一祼而酢子男一祼不酢及以酒禮之用齊禮之皆不依酒醴爲名皆取相禮故知此醴亦爲禮敬之禮不取用醴爲醴之義也秋官司儀云諸公相爲賓及將幣賓亦如之注云上於下曰禮敵者曰儐聘禮鄉亦云無擯注云無擯辟君是大夫已上尊得有禮擯兩名士以下卑唯稱禮也賓禮辭許禮辭一辭疏賓禮辭許。注禮辭一辭。釋曰禮賓一辭許者主人禮賓之

常法鄉已行納采問名賓主之情已通矣故畧行一辭而已

主人徹几改筵東上側尊甒醴于房中

徹几改筵者鄉爲神今爲人側尊亦言無玄酒側尊於房中亦有篚有籩豆如冠禮之設

【疏】主人至房中○釋曰徹几改筵者於戶西禮神坐徹去其几於後授賓改設其筵設側尊甒醴在東房之中以禮賓也○注徹几至之設○釋曰經云東上者統於主人注云鄉爲神今爲人者爲神則西上爲人則東上不同故辨之云側尊亦言無玄酒者醴糟例無玄酒配之以其醴象大古質故士冠與此昏禮之等皆無玄酒也鄭知此亦有篚有籩豆如冠禮者此下云贊者酌醴加角柶明有篚盛之又云贊者薦脯醢則有籩豆可知但冠禮尊在服北南上則此尊與篚等亦南上故云如冠禮之設也

主人迎賓于廟門外揖讓如初升主人北面再拜賓西階上北面荅拜主人拂几授校拜送賓以几辟北面設于坐左之西階上荅拜

拂拭也拭几者尊賓新之也校几足辟逡遁古文校爲技○

【疏】主人至荅拜○釋曰云主人迎賓于廟門外揖讓如初升者如納采時三揖三讓也云主人北面再拜者拜賓至此堂飲之是以公食大夫燕禮鄉飲酒鄉射大射皆云拜至並是拜賓至此堂○也但燕禮大射公食大夫皆云至再拜先言至者欲見賓至乃拜之是有尊卑不敵之義餘皆言拜至至在拜下者體敵之義也若然此爲禮賓有拜至者前雖有納采問名之事以昏禮有相親之義故雖後亦拜至也聘禮享禮及禮賓不拜至者聘禮不取相親之義故不拜至是以彼鄭注云以賓不於此始至也云主人拂几者此拂几雖不言外拂內拂又不言三案有司徹主人西面左手執几縮之以右袂推拂几三二手橫執几進授尸于筵前注云衣袖謂之袂推拂去塵示新云拂者外拂之也則此亦外拂之三也凡行敵○禮者拂几皆若此卑於尊者則內拂之故聘禮云宰○內拂几三奉兩端以進鄭云內拂几不欲塵坋尊者是也若然冠禮禮○賓無几者冠禮比昏爲輕故無几鄉飲酒鄉射及燕賓輕故無几聘賓及公食大夫賓重故有几也云授校者凡授几之法卑者以兩手執几兩端尊者則以兩手於几間執之授皆然是以聘禮宰夫奉兩端以進有司徹云尸進二手受于手間注云受從手間謙也雖不言兩手兩手授之可知又案聘禮云公東南鄉外拂几三卒振袂中攝之進西鄉賓進訝受几于筵前以此言之公尊中執几以一手則賓以兩手於几兩端執之也而此亦賓主不敵授校者昏禮異於餘禮云拜送者此當再拜送君於聘賓則一拜故聘禮云公一拜送鄭注云公尊也是也此几以安體非已所得故賓受訖然後荅拜下經受醴之時先拜乃受者彼是入口之物已所當得故先拜乃受之云賓以几辟者以賓卑故以几辟聘禮賓卑亦云以几辟有司徹不云以几辟者尊尸故也覲禮不云以几辟者尊王使○也凡設○几之法受時或受其足或受于手閒皆橫受之及其設之皆旋几縱執乃設之於坐南北面陳之位爲神則右之爲人則左之爲異不坐設之者几輕故也○注拂拭至爲枝○釋曰鄭知校几足者既夕記云綴足用燕几校在南御者坐持之故知校是几足也

贊者酌醴加角柶面葉出于房

贊佐也佐主人酌事也贊者亦洗酌加角柶覆之如冠禮矣出房南面待主人迎○受古文葉作擖

【疏】贊者至于房○注贊佐至作擖○釋曰云贊者亦洗酌加角柶覆之如冠禮矣者案冠禮云贊者洗於房中側酌醴加柶覆之此與冠禮同故知如冠禮矣

主人受醴面枋筵前西北面賓拜受醴復位主人阼階上拜送

主人西北面疑立待賓即筵也賓復位於西階上北面明相尊敬此筵不主爲飲食起

【疏】主人至拜送○注主人至食起○釋曰經唯云主人西北面知疑立者鄉飲酒云主人阼階東疑立明此亦然也凡主人將授酒醴於筵前待賓即筵前乃授之此鄭云即筵謂就筵○前與下賓即筵別也是以冠禮禮子及下禮婦皆於筵西受禮○然禮賓進筵前受醴是不蹕席之事也云賓復位於西階上北面明相尊敬此筵不主爲飲食起者但此筵爲行禮故拜及啐皆於西階也

贊者薦脯醢

薦進

賓即筵坐左執觶祭脯醢以柶祭醴三西階上北面坐啐醴建柶興坐奠觶遂拜主人荅拜

即就也左執觶則祭以右手也凡祭於脯醢之豆間必所爲祭者謙敬示有所先也啐嘗也嘗之者成主人意建猶扱也興起也奠停也

【疏】贊者至荅拜○釋曰此經云坐奠觶遂拜言遂者因事曰遂因建柶興坐奠觶不復興遂因坐而拜冠禮禮子并醮子及此下禮婦不言坐奠觶遂者皆文不具聘禮賓不言拜者理中有拜可知也○注即就至停也○釋曰鄭云祭以右手出于鄉射也

云凡祭於脯醢之豆間者謂祭脯醢俎豆皆於豆間此及冠禮鄉飲酒鄉射燕禮大射皆有脯醢則在籩豆之閒此注不言籩直言豆者省文公食大夫及有司徹豆多者則言祭於上豆之間也云必所爲祭者謙敬示有所先也者案曲禮云主人延客祭注云祭祭先也君子有事不忘本也此云謙敬示有所先先即本謂先世造此食者也云啐嘗也嘗之者成主人意者主人設饌望賓爲美之今客嘗之告旨是成主人意也

賓即筵奠于薦左降筵北面坐取脯主人辭薦左籩豆之東降下也自取脯者尊主人之賜將歸執以反命辭者辭其親徹

疏賓即至人辭。釋曰此奠於薦左不言面位下贊禮婦奠于薦東注云奠于薦東升席奠之此云奠于薦東升席奠之明皆升席南面奠也必南面奠者取席之正又祭酒亦皆南面並因祭酒之而奠之則冠禮禮子亦南面奠之聘禮禮賓賓北面奠者以公親執束帛待賜已不敢稽留故由便疾北面奠之也鄉飲酒鄉射酬酒不祭不舉不得因祭而奠于薦東也燕禮大射重君物君祭酬酒故亦南面奠云降下也自取脯者尊主人之賜將歸執以反命者案下記云賓右取脯左奉之乃歸執以反命是也

賓降授人脯出主

人送于門外再拜人謂使者從者授於階下西面然後出去

疏賓降至再拜。注人謂至出去。釋曰鄭知人謂使者從者者以其此脯使者將歸故授從者也又知授於階下西面然後出去者以其賓位在西授脯文在出上故知西階下西面授之然後出去也

納吉用鴈如納采禮歸卜於廟得吉兆復使使者往告昏姻之事於是定

疏納吉至采禮。釋曰案上文納采在前問名在後今此不云如問名而云如納采者問名賓不出大門故此納吉如其納采也。注歸卜至是定。釋曰鄭知義然者案下記云納吉曰吾子有貺命某加諸卜占吉使某也敢告凡卜並皆於禰廟故然也未卜時恐有不吉婚姻不定故納吉乃定也

納徵玄纁束帛儷皮如納吉禮徵成也使使者納幣以成昏禮用玄纁者象陰陽備也束帛十端也周禮曰凡嫁子娶妻入幣純帛無過五兩儷兩也執束帛以致命兩皮爲庭實皮鹿皮今文纁皆作熏

疏納徵至吉禮。釋曰此納徵無鴈者以有束帛爲贄故也是以孝經鉤命決云五禮用鴈是也案春秋左氏莊公二十二年冬公如齊納幣不言納徵者孔子制春秋變周之文從殷之質故指幣體而言周文故以義言之徵成也納此則昏禮成故云徵也。注徵成至作熏。釋曰云用玄纁者象陰陽備也束帛十端也者周禮凡嫁子娶妻入幣緇帛無過五兩鄭彼注云納幣帛緇婦人陰也凡於娶禮必用其類五兩十端也必言兩者欲得其配合之名十象五行十日相成也士大夫乃以玄纁束帛天子加以穀圭諸侯加以大璋雜記云納幣一束束五兩兩五尋然則每端二丈若彼據庶人空用緇色無纁故鄭云用緇婦人陰此玄纁俱有故云象陰陽備也案玉人穀圭天子以聘女大璋諸侯以聘女故鄭據而言焉玄纁束帛者合言之陽奇陰耦三玄二纁也其大夫無冠禮而有昏禮若試爲大夫及幼爲大夫者依士禮若五十而爵改娶者大夫昏禮玄纁及鹿皮則同於士餘有異者無文以言也

請期用鴈主人辭賓許告期如納徵禮主人辭者陽倡陰和期日宜由夫家來也夫家必先卜之得吉日乃使使者往辭即告之

疏請期至徵禮。釋曰請期如納徵禮納吉禮如納采禮案上納采之禮下至主人拜送於門外其中揖讓升降及禮賓迎送之事此皆如之。注主人至告之。釋曰婿之父使使納徵訖乃下卜婚月得吉日又使使往女家告日是期由男家來今以男家執謙故遣使者請女家若云期由女氏故云

請期女氏知陽倡陰和當由男家出故主人辭之使者既見主人辭遂告主人期日也是以下記云使者曰某使某受命吾子不許某敢不告期曰某日注云某吉日之甲乙是告期之辭故鄭云辭即告也

期初昏陳三鼎于寢門外東方北面北上其實特豚合升去蹄舉肺脊二祭肺二魚十有四腊一肫髀不升皆飪設扃鼏期取妻之日鼎三者升豚魚腊也寢壻之室也北面鄉內也特猶一也合升合左右胖升於鼎也去蹄蹄甲不用也舉肺脊者食時所先舉也肺者氣之主也周人尚焉脊者體之正也食則祭之飯必舉之貴之也每皆二者夫婦各一耳凡魚之正十五而鼎減一爲十四者欲其敵偶也腊兔腊也肫或作純純全也凡腊用全髀不升者近竅賤也飪孰也扃所以扛鼏鼏覆之古文純爲鈞髀爲脾今文扃作鉉鼏皆作密

疏期初至扃鼏。釋曰此文下盡合巹一節論夫家欲迎婦之時豫陳同牢之饌也云陳三鼎於寢門外東方北面北上者謂在夫寢門外也言東方北面是禮之正但數鼎故云北面北上則此及少牢皆是也特牲陳鼎於門外北面北上當門

而不在東方者辟大夫故也今此亦東方不辟大夫者重昏禮攝盛也鼎不言北上直言北面士冠所云是也凡鼎陳於門外者北面爲正阼階下西面爲正士喪禮小斂陳一鼎於門外西面者喪禮少變在東方者未忍異於生於大斂大奠及朔月奠既夕陳鼎皆如大斂奠門外皆西面者亦是喪禮既夕變也士虞陳三鼎于門外之右北面北上入設于西階前東面北上不在東者既葬鬼事之反吉故也公食陳鼎七當門南面西上者以賓是外人向外統之○注期取至作密○釋曰云期娶妻之日者此陳同牢之饌下云親迎之禮其中無厥明之文明是娶婦之日也云鼎三者升豚魚腊也者即經文自顯也云寢壻之室也者命士以上之父子異宫自然别有寢若不命之士父子同宫雖大院同居其中亦隔别各有門戶故經總云寢門外也云合升合左右胖升於鼎也者以夫婦各一故左右胖俱升若祭則升右也云去蹄蹄甲不用也者以其踐地穢惡也云舉肺脊者食時所先舉者案下文贊者告具揖婦即對筵皆坐祭祭薦黍稷肺即此祭肺也下又云贊爾黍稷授肺脊皆食以湆醬皆祭舉食舉也即此舉肺脊也祭時二肺俱有生人唯有舉肺皆祭今此得有祭肺者禮記郊特牲論娶婦玄冕齊戒鬼神陰陽也故與祭祀同二肺也據下文先用祭肺後用舉肺此經先言舉肺後言

祭肺者以舉肺脊長大故先言是以特牲少牢入鼎時舉肺脊在前云肺者氣之主也周人尚焉者案禮記明堂位云有虞氏祭首夏后氏祭心殷祭肝周祭肺鄭注云氣主盛也但所尚不同故云周人尚焉云脊者體之正也食時則祭之者對祭肺未食時祭也云飯必舉之貴之也者但一身之上體總有二十一節前有肩臂臑後有肫胳脊在中央有三脊正脡横脊而取中央正脊故云體之正凡云先以對後案特牲舉肺脊後食幹胳注云肺氣之主也脊正體之貴者先食啗之所以導食通氣此不言先食啗之從彼可知也云每皆二者夫婦各一耳者釋經多之義云凡魚之正十五而鼎減一爲十四者據特牲記云魚十有五注云魚水物以頭枚數陰中之物取數於月十有五日而盈少牢饋食禮亦云十有五而俎尊卑同則是尊卑同用十五而同鼎也云欲其敵偶也者夫婦各有七也此夫婦鬼神陰陽故同祭禮十五而去一若平生人則與此異故公食大夫一命者七魚再命者九魚三命者十有一魚天子諸侯無文或諸侯十三魚天子十五魚也云腊兔腊也者少牢用麋腊士兔腊可知故曲禮云兔曰明視也云肫或作純純全也凡腊用全者此或少牢文案少牢腊一純注云純猶全也凡牲體則用一胖不得云全其腊則左右體脅相配共爲一體故得全名也特牲少牢亦用

全士喪大斂與士虞皆用左胖不全者喪禮畧云今文鼏皆作密者鄭以省文故兼下綌冪總疊之故云皆也 **設洗于阼階東南** 洗所以承盥洗之器棄水者 **饌于房中醯醬二豆菹醢四豆兼巾之黍稷四敦皆蓋** 醯醬者以醯和醬生人尚褻味兼巾之者六豆共巾也巾爲禦塵蓋爲尚溫周禮曰食齊視春時 疏 饌于至皆蓋○注醯醬至春時○釋曰鄭知以醯和醬者得醯者無醬得醬者無醯若和之則夫妻皆有是以知以醯和醬也云生人尚褻味者此文與公食皆以醯和醬少牢特牲不言之故云然也引周禮釋敦皆有蓋者飯宜溫比春時故也 **大羹湆在爨** 大羹湆煑肉汁也大古之羹無鹽菜爨火上周禮曰羹齊視夏時今文湆皆作汁 疏 大羹湆在爨○注大羹至作汁○釋曰湆與汁一也知大古之羹無鹽菜者左傳桓二年臧哀伯云大羹不致禮記郊特牲云大羹不和謂不致五味故知不和鹽菜唐虞以上曰大古有此羹三王以來更有鉶羹則致以五味雖有鉶羹猶存大羹不忘古也引周禮者證大羹須熱故在爨臨食乃取也 **尊于室中北墉下有禁**

玄酒在西綌冪加勺皆南枋 墉牆也禁所以庪甒者玄酒不忘古也綌麤葛今文枋作柄 疏 尊于至南枋○注墉牆至作柄○釋曰云禁所以庪甒者士冠云甒此亦士禮雖不言甒然此尊亦甒也庪承於甒云禁者因爲酒戒故以禁言之也云玄酒不忘古也者古謂黃帝已前以禮運云汙尊而抔飲謂神農時雖有黍稷未有酒醴則神農以上以水爲玄酒也禮運又云後聖有作以爲醴酪據黃帝以後雖有酒醴猶是不忘古也 **尊于房戶之東無玄酒篚在南實四爵合巹** 無玄酒者畧之也夫婦酌於內尊其餘酌於外尊合巹破匏也四爵兩巹凡六爲夫婦各三酳一升曰爵 疏 尊于至合巹○注無玄至曰爵○釋曰云無玄酒者畧之者此對上文夫婦之尊有玄酒此尊非爲夫婦故畧之也云夫婦酌於內尊其餘酌於外尊者據上文玄酒知之云一升曰爵者韓詩外傳云一升曰爵二升曰觚三升曰觶四升曰角五升曰散是也 **主人爵弁纁裳緇袘從者畢玄端乘墨車從車二乘執燭前馬** 主人壻也壻爲婦主爵弁而纁裳玄冕之

次大夫以上親迎冕服冕服迎者鬼神之鬼神之者所以重之親之纁裳者衣緇衣不言衣與帶而言袘者空其文明其與袘俱用緇袘謂緣袘之言施以緇緣裳象陽氣下施從者有司也乘貳車從行者也畢猶皆也墨車漆車士而乘墨車攝盛也執燭前馬使徒役持炬火居前炤道

疏「主人」至「前馬」○釋曰此至俟于門外論婿親迎之節○注主人至炤道○釋曰云主人婿也者以其親迎向女家女父稱主人男稱婿已下皆然今此未至女家仍據男家而言故云主人是婿爲婦主故下親迎至男家婿還稱主人也云爵弁而纁裳者下爵弁亦冕之類故亦纁裳也云玄冕之次者鄭注周禮弁師云一合之大夫冕而無旒士變冕爲爵弁故云冕之次也云大夫以上親迎冕服者士家自祭服玄端助祭用爵弁今爵弁用助祭之服親迎一爲攝盛則卿大夫朝服以自祭助祭用玄冕親迎亦當玄冕攝盛也若上公有孤之國孤絺冕卿大夫同玄冕侯伯子男無孤之國卿絺冕大夫玄冕也孤卿大夫士爲臣卑復攝盛取助祭之服以親迎則天子諸侯爲尊則衮矣不須攝盛宜用家祭之服則五等諸侯玄冕以家祭則親迎不過玄冕天子親迎當服衮冕矣是以禮記郊特牲云玄冕齋戒鬼神陰陽也將以爲社稷主以社稷言之據諸侯而說故知諸侯玄冕也其於孤卿雖絺冕以

助祭至於親迎亦用玄冕臣乃不得過君故也云冕服迎者鬼神之鬼神之者所以重之親之者郊特牲文云纁裳者衣緇衣不言衣與帶而言袘者空其文明其與袘俱用緇者鄭言纁裳者衣緇衣言緇衣即玄衣大同故也上士冠陳爵弁服云緇衣緇帶此文有緇袘無衣帶二字故云空其文以袘著緇者欲見袘與衣帶色同故云俱用緇也云袘謂緣者謂純緣於裳故字從衣云袘之言施者義取施及於物故作施也云以緇緣裳象陽氣下施者男陽女陰男女相交接示行事有漸故云象陽氣下施故以衣帶上體同色之物下緣於裳也云從者有司也乘貳車從行者也者以士雖無臣其僕隸皆曰有司使乘貳車從婿大夫已下有貳車士無貳車此有者亦是攝也云墨車漆車者案巾車注云棧車不革輓而漆之則士之棧車漆之但無革爲異耳案考工記云棧車欲其弇鄭云無革輓又云飾車欲其侈鄭云革輓則大夫已上皆以革輓則得飾車之名飾者革上又有漆飾士卑無飾雖有漆不得名墨車故唯以棧車爲名若然自卿已上更有異飾則又名玉金象夏篆夏縵之等也云士乘墨車攝盛也者案周禮巾車云一曰玉路以祭祀又云金路同姓以封象路異姓以封革路以封四衛木路以封蕃國孤乘夏篆卿乘夏縵大夫乘墨車士乘棧車庶人乘役車士乘大夫墨車爲攝盛則大夫當乘卿之夏縵卿當乘孤之夏篆已上有木路質而無飾不可使孤乘之禮窮則同也孤還乘夏篆又於臣之外特置亦是尊尊則尊矣不欲攝盛若然庶人當乘士之棧車則諸侯天子尊則尊矣亦不假攝盛依巾車自乘本車矣玉路祭祀不可以親迎當乘金路矣以攝言之士之子冠與父同則昏亦同但尊適子皆與父同庶子宜降一等也

婦車亦如之有裧亦如之者車同等士妻之車夫家共之大夫以上嫁女則自以車送之裧車裳幃周禮謂之容車有容則固有蓋

疏「婦車」至「有裧」○注「亦如」至「有蓋」○釋曰婦車亦墨車但有裧爲異耳云士妻之車夫家共之者即此是也云大夫以上嫁女則自以車送之者案宣公五年冬左傳云齊高固及子叔姬來反馬也休以爲禮無反馬而左氏以爲得禮禮婦人謂嫁曰歸明無大故不反於家經書高固及子叔姬來故譏乘行匹至也士昏皆異據士禮無反馬蓋失之矣士昏禮曰主人爵弁纁裳緇袘從者畢玄端乘墨車從車二乘執燭前馬婦車亦如之有裧此婦乘夫家之車鵲巢詩曰之子于歸百兩御之又曰之子于歸百兩將之國君之禮夫人始嫁自乘其車也何彼襛矣篇曰曷不肅雝王姬之車言齊侯嫁女以其母王姬始嫁之車遠送之則天子諸侯女嫁留其車可知今高固大夫

反馬大夫亦留其車禮雖散亡以詩論之大夫以上至天子有反馬之禮留車妻之道反馬婿之義高固秋月逆叔姬冬來反馬則婦人三月祭行故行反馬禮也以此鄭箴膏肓言之則知大夫已上嫁女自以其車送之若然詩注以爲王姬嫁時自乘其車箴膏肓以爲齊侯嫁女乘其母王姬始嫁時車送之不同者彼取三家詩故與毛詩異也凡婦車之法自士已上至孤卿皆與夫同有裧爲異至於王后及三夫人并諸侯夫人皆乘翟車案周禮巾車王后之五路重翟厭翟安車皆有容蓋又云翟車輦車鄭注云詩國風碩人曰翟蔽以朝謂諸侯夫人始來乘翟蔽之車以朝見於君成之也此翟蔽蓋厭翟也然則王后始來乘重翟受又詩序云王姬下嫁於諸侯車服不繫其夫下王后一等以此差之王后始來乘重翟則上公夫人用厭翟侯伯子男夫人用翟車若然巾車安車次厭翟在翟車之上者以其安車在宮中所乘有容蓋與重翟厭翟有屈退之在下其實安車無翟飾不用爲嫁時所乘也三夫人與三公夫人當用翟車九嬪與孤妻同用夏篆世婦與卿大夫妻同用夏縵女御與士妻同用墨車也其諸侯夫人姪娣及二媵并姪娣依次下夫人以下一等爲差也云裧車裳幃周禮謂之容者案巾車職重翟厭翟安車皆有容蓋鄭司農云容謂幨車山東謂之裳幃或謂之幢容後

鄭從之衛詩云漸車帷裳是山東名幃裳也云車有容則固有蓋者巾車云有容蓋容蓋相配之物此既有裧之容明有蓋可知故云固有蓋矣

至于門外婦家大門之外疏至于門外○注婦家大門之外○釋曰知是大門外者以下有揖入乃至廟廟乃大門內故知此大門外也

主人筵于戶西西上右几主人女父也筵爲神布席疏主人至右几○注主人至布席○釋曰以先祖之遺體許人將告神故女父先於廟設神席乃迎壻也

儀禮疏卷第四

大清嘉慶二十年用文選樓藏本校

江西督糧道王賡言廣豐縣知縣阿應鱗栞

儀禮注疏卷四挍勘記　阮元撰盧宣旬摘錄

士昏禮第二

陽往而陰來　按釋文引鄭目錄陽上有取其二字

昏禮

男父先遣媒氏女氏之家　女字上一本增一至字按女氏之家疑當作之女氏家

故闕其納吉以非之也　要義毛本闕作闕

主人筵于戶西

下文禮賓　毛本禮誤作體

知受禮于禰廟者　知下要義有將以先祖之遺體許人故十字

使者元端至

於中士下差次爲之　毛本差上有士字

主人如賓服

主人迎賓於大門外　毛本無賓字

寢門大門而已　已此本舊作矣誤今從要義毛本

云不荅拜者　不上要義有賓字是也

是以射禮賓迎入門　諸本同毛本射作躬亦非此是聘禮之誤

主人以賓升

獨此云賓當阿　要義同毛本無賓字

序則物當棟　毛本當誤作堂

故云是制五架之屋也　故要義作鄭

擯者出請

彼巳破從禮　要義同毛本從作爲

不從醴者　要義同毛本不作字從醴別作從豊下文爲醴之義作爲豊之義皆是也

主人徹几改筵

鄉爲神　陸氏云鄉本又作嚮○按嚮正字鄉今之向字

醴糟例無元酒配之　要義同毛本糟例作禮側

又云贊者薦脯醢　要義同毛本又作及

主人迎賓于廟門外○主人拂几授校　校改作挍疏同盧文弨云緣避明諱改

辟逡遁　釋文徐本集釋敖氏遁俱作巡通解楊氏作遁張氏云鄭氏於儀禮用逡遁字凡十有一開寶釋文獨於此作巡諸釋文本皆作遁

古文挍爲技　徐本集釋技俱作技通解作枝

凡行敵禮者　要義同毛本敵禮作禮敵

宰內拂几三　要義同毛本宰下有夫字○按無夫字與聘禮不合

冠禮賓無几者　單疏要義俱重禮字是也

尊王使也　要義同閩本作尊主故也陳本作尊主使也毛本作尊王故也

凡設几之法　要義同毛本設誤作投

贊者酌醴

待主人迎受　毛本同迎受釋文作梧授按今本釋文梧从木聘禮公食大夫既夕皆然張氏引釋文从手各本注疏聘禮公食大夫从木既夕从手未知孰是說文無梧字有啎字訓逆也既夕疏云梧卽遻也遻迎二義相近疑梧卽啎之俗體而梧則又其假借通用者也盧文弨云陸梧授字譌今案公食注及既夕經既有梧受之言張氏引既夕乃作捂授又引玉篇云捂受也捂授謂受其所授也鄭於既夕注云謂對相授不委地則經文似當作授張說不爲無據而此處釋文授字亦未必譌

主人受醴面枋

皆於筵西受禮　浦鏜云醴誤作禮

賓卽筵坐

贊者至荅拜　按贊者二字經文在上節此當作賓卽

賓卽筵奠于薦左

此云奠于薦東升席奠之　浦鏜云薦左誤薦東升席奠之四字當爲衍文

納吉

婚姻之事於是定　婚徐本作昏按昏嫁宜作昏婚姻宜作婚古或俱用昏字凡今本經注作婚者石經徐本俱作昏舉此爲例後不贅

凡卜並皆於禰廟　要義同毛本並作竝

故納吉乃定也　故要義作知

納徵

故指幣體而言　要義同毛本體作禮是也

納幣帛緇　要義同毛本帛作用要義又云緇元本作純

請期

及禮賓迎送之事　賓陳本要義俱作賓毛本作實迎送毛本作送迎

乃下卜婚月　要義同毛本卜上無下字月作日

期初昏

飪熟也　熟通解徐本俱作孰按孰熟諸本錯出從不悉校

扃所以扛鼎　扛徐本作杠釋文集釋通解俱作扛

今文扃作鉉鼏皆作密　依注例鼏上當有古文二字按儀禮扃鼏屢見恐經注俱有誤說文鼎部鼏字注云以木橫貫鼎耳舉之則鼏即扃也不得爲兩字又金部鉉字注云易謂之鉉禮謂之鼏是鉉字唯易有之禮經安得有鉉今本儀禮覆尊則爲冪覆鼎則爲鼏釋文則多作鼏或强爲分別曰冪字从巾覆尊以巾則稱冪覆鼎以茅故不得稱冪然則扃字从戶何以得施于鼎且賈氏云鄭兼下綌冪總叠之故云皆可見覆鼎覆尊皆作冪矣又士喪禮及既夕冪用疏布古文皆作密是古文無分尊鼎尤爲明證也案扃鼏二字古文當爲扃密今文當爲鼏幎鄭于上字從古下字從今當注云今文扃爲鼏古文幎爲密鼏之從冂乃諧聲非會意也古蓋音冥冥扃聲相近故通作扃又音暝暝鉉聲相近故別作鉉

喪禮少變在東方者　要義同少變毛本作小斂陳作少斂

未忍異於生　要義同毛本生下有時字

於大斂大奠及朔月奠　要義同毛本斂下無大字

贊爾黍稷　浦鏜云稷衍字

重數於月十有五日而盈　要義重作重月下有之字毛本重作取特牲記作取無之字

餕于房中

則夫妻皆有　陳閩監本要義同毛本妻作婦

大羹湆在爨　大陸氏云亦作泰

尊于室中北墉下○綌冪加勺　張氏云釋文冪作鼏後撤尊冪鄉飲酒鄉射尊綌冪同按毛本釋文仍作冪作冪是也然賈氏於前節疏云鄭兼下綌冪總叠之則兩處之文同矣鼏則皆鼏冪則皆冪明無尊鼎之別

綌麤葛　徐本集釋通解楊敖同毛本麤作粗

主人爵弁纁裳

乘貳車從行者也　嚴本通解楊敖同毛本貳作二

士而乘墨車　按疏無而字

使徒役持炬火　徐本楊敖同集釋通解毛本俱作從

亦當元冕攝盛也　毛本元誤作亦

故作施也　施監本作袘是也

士無貳車　要義同毛本貳作二

此有者亦是攝也　要義同陳閩者俱作二毛本攝下有盛字

皆以革輓　要義同毛本以作有

革上又有漆飾　要義同毛本又作文

則諸侯天子尊則尊矣　下則字要義作其

亦不假攝盛　聶氏要義同毛本假作徦

玉路祭祀不可以親迎　陳監要義路俱作路毛本路作欲閩本亦誤作欲聶氏路下有非字可下有乘字當以玉路非祭祀不可乘爲一句以親迎三字屬下當乘金路矣爲一句

以攝言之　攝下聶氏有盛字

婦車亦如之

何彼襛矣篇曰　要義同毛本襛作穠

翟蔽以朝　要義同毛本蔽作茀

以朝見于君成之也　成要義作盛

然則王后始來乘重翟𤍠𤍠毛本作車要義作矣按當從要義

與重翟厭翟有屈也屈陳本要義同誤作屈毛本作差是

依次下夫人以下一等爲差也陳閩俱無以下二字

或謂之潼容陳本要義同毛本潼作童

至于門外

廟乃大門内乃陳閩俱誤作乃毛本作在是也

儀禮注疏卷四校勘記

奉新余成教校

儀禮疏卷第五

唐朝散大夫行大學博士弘文館學士臣賈公彦等撰

女次純衣纁袡立于房中南面

次首飾也今時髲也周禮追師掌爲副編次純衣絲衣女從者畢袗玄則此亦玄矣袡亦緣也袡之言任也以纁緣其衣象陰氣上任也凡婦人不常施袡之衣盛昏禮爲此服喪大記曰復衣不以袡明非常

（疏）女次至南面○注次首至非常○釋曰不言裳者以婦人之服不殊裳是以內司服皆不殊裳彼注云婦人尚專一德無所兼連衣裳不異其色是也注云次首飾也今時髲也周禮追師掌爲副編次者案彼注云副之言覆所以覆首爲之飾其遺象若今步繇矣編編列髮爲之其遺象若今假紒矣次次第髮長短爲之所謂髲鬄言所謂謂如少牢主婦髲鬄也又云外內命婦衣鞠衣襢衣者服編衣褖衣者服次其副唯於三翟祭祀服之士服爵弁助祭之服以迎則士之妻亦服褖衣助祭之服也若然案內司服王后之六服褘衣揄翟闕翟鞠衣展衣褖衣素沙素沙與上六服爲裹五等諸侯上公夫人與王后同侯伯夫人自揄翟而下子男夫人自闕而

下案玉藻有鞠衣襢衣褖衣注云諸侯之臣皆分爲三等其妻以次受此服公之臣孤爲上卿大夫次之士次之侯伯子男之臣卿爲上大夫次之士次之其三夫人自闕翟而下九嬪自鞠衣而下世婦自襢衣而下女御自褖衣而下嫁時以服之諸侯夫人無助天子祭亦各得申上服與祭服同也云純衣絲衣者此經純亦是絲理不明故見絲體也云女從者畢袗玄則此衣亦玄矣者此鄭欲見既以純爲絲恐色不明故云女從袗玄則此絲衣亦同玄色矣云袡亦緣也者上纁裳緇袘袘爲緣故云袡亦緣也云袡之言任也以纁緣其衣象陰氣上任也者婦人陰象陰氣上交於陽亦取交接之義也云凡婦人不常施袡之衣盛昏禮爲此服者此純衣即褖衣是士妻助祭之服尋常不用纁爲袡今用之故云盛昏禮爲此服云喪大記曰復衣不以袡明非常者以其始死招魂復魄用生時之衣生時無袡知亦不用袡明爲非常所服爲盛昏禮故服之引之者證袡爲非常服也然鄭言凡婦人服不常施袡者鄭欲見王后已下初嫁皆有袡之意也

姆纚笄宵衣在其右

姆婦人年五十無子出而不復嫁能以婦道教人者若今時乳母矣纚縚髮笄今時簪也纚亦廣充幅長六尺宵讀爲詩素衣朱綃之綃魯詩以綃爲綺屬也姆亦玄衣以綃爲領因以爲名且相別耳姆在女右當詔以婦禮

（疏）姆纚至其右○釋曰此經欲見女既在房須有傅命者之義也○注姆婦至婦禮○釋曰云姆婦人年五十無子出而不復嫁能以婦道教人者婦人年五十陰道絕無子乃出之案家語云婦人有七出不順父母出淫辟出無子出不事舅姑出惡疾出多舌出盜竊出又莊二十七年何休注公羊云無子棄絕世也淫佚棄亂類也不事舅姑棄悖德也口舌棄離親也盜竊棄反義也嫉妒棄亂家也惡疾棄不可奉宗廟也又家語有三不去曾經三年喪不去休云不忘恩也賤取貴不去休云不背德也有所受無所歸不去休云不窮窮也休又云喪婦長女不娶無教戒也世有惡疾不取棄於天也世有刑人不娶棄於人也亂家不娶類不正也逆家女不娶廢人倫也是五不娶又案易同人六二鄭注云天子諸侯后夫人無子不出則猶有六出其天子之后雖失禮鄭云嫁於天子雖失禮無出道遠之而已若其無子不廢遠之后尊如故其犯六出則廢之然就七出之中餘六出是無德行不堪教人故無子出能以婦道教人者以爲姆既教女因從女向夫家也云若今時乳母者漢時乳母與古時乳母別案喪服乳母者據大夫子有三母子師慈母保母其慈母闕乃令有乳者養子謂之爲乳母死爲之服緦麻師教之乳母直

養之而已漢時乳母則選德行有乳者爲之并使教子故引之以證姆也云纚縚髮者此纚亦如士冠纚以緇爲之廣充幅長六尺以縚髮而紒之姆所異於女者女有纚兼有次此姆則有纚而無次也云笄今時簪者舉漢爲況義也云宵讀爲詩素衣朱綃之綃者引詩以爲證也云姆亦玄衣以綃爲領因以爲名者此衣雖言綃衣亦與純衣同是褖衣用綃爲領故因得名綃衣也必知綃爲領者詩云素衣朱綃詩又云素衣朱襮爾雅釋器云黼領謂之襮襮既爲領明朱綃亦領可知案上文云女褖衣下文云女從者畢袗玄皆是褖衣則此綃衣亦褖衣矣女與女從禪黼領此姆以玄綃爲領也若然特牲云綃衣者謂以綃繒爲衣知此綃爲領者以下女從者云被穎黼據領明此亦據領也云姆在女右當詔以婦禮者案禮記少儀云贊幣自左詔辭自右地道尊右之義故姆在女右也

女從者畢袗玄纚笄被穎黼在其後

女從者謂姪娣也詩云諸娣從之祁祁如雲袗同也同玄者上下皆玄穎禪也詩云素衣朱襮爾雅云黼領謂之襮周禮曰白與黑謂之黼天子諸侯后夫人狄衣卿大夫之妻刺黼以爲領如今偃領矣士妻始嫁施禪黼於領上假盛飾耳言被明非常服

（疏）女從至其後○釋曰此是從女之人

在女後爲尊卑威儀之事也○注女從至常服○釋曰知女從是姪娣者案下文云雖無娣媵先鄭云古者嫁女必姪娣從謂之媵即此女從故云女從者謂姪娣也云詩者韓奕篇引之證姪之義也云袗同也同玄者上下皆玄者此袗讀從左氏均服振振一也故云同玄上下皆玄也同者即婦人之服不殊裳也云纚禪也者此讀如詩云褧衣之褧故爲禪也引詩爾雅昏禮者證纚得爲領之義也纚謂刺之在領爲纚文名爲襮故云纚領謂之襮云天子諸侯后夫人狄衣者案周禮內司服云掌王后之六服褘衣揄狄闕狄又注云侯伯之夫人揄狄子男之夫人亦闕狄唯二王後褘衣故云后夫人狄衣也云卿大夫之妻刺纚以爲領者以士妻言被明非常故知大夫之妻刺之常也不於后夫人下言領於卿大夫妻下乃云刺纚爲領則后夫人亦同刺纚爲領也但纚乃白黑色爲之若於衣上則畫之若於領上則刺之以爲其男子冕服衣畫而裳繡繡皆刺之其婦人領雖在衣亦刺之矣然此士妻言被禪纚謂於衣領上別刺纚文謂之被則大夫以下刺之不別被之矣案禮記郊特牲云綃纚丹朱中衣大夫之僭禮也彼天子諸侯中衣有纚領服則無之此今婦人事華飾故於上服有之中衣則無也云如今偃領矣者舉漢法鄭君目驗而知至今已遠偃領之制亦無可知也云士妻始

嫁施禪纚於領上假盛飾耳言被明非常服者對大夫已上妻則常服有之非假也

主人玄端迎于門外西面再拜賓東面荅拜

賓，壻。

疏 主人至荅拜○釋曰此言男至女氏之大門外女父出迎之事也

主人揖入賓執鴈從至于廟門揖入三揖至于階三讓主人升西面賓升北面奠鴈再拜稽首降出婦從降自西階主人不降送

賓升奠鴈拜主人不荅明主爲授女耳主人不降送禮不參

疏 主人至降送○釋曰此言女父迎賓壻入廟門升堂父迎出大門之事也云賓升北面奠鴈再拜稽首者此時當在房外當楣北面知在房戶者見隱二年紀履緰來逆女公羊傳曰譏始不親迎也何休云夏后氏逆於庭殷人逆於堂周人逆於戶後代漸文迎於房者親親之義也○注賓升至不參○釋曰云賓升奠鴈拜主人不荅明主爲授女耳者案納采阼階上拜至問名納吉納徵請期轉相如皆拜獨於此主人不荅明主爲授女耳云主人不降送禮不參者禮賓主宜各一人今婦既送主人不送者以其禮不參也

壻御婦車授綏姆辭不受

壻御者親而下之綏所以引升車者僕人之禮必授人綏

疏 壻御至不受○注壻御至人綏○釋曰云僕人之禮必授人綏者曲禮文今壻御車即僕人禮僕人合授綏姆辭不受謙也

婦乘以几姆加景乃驅御者代

乘以几者尚安舒也景之制蓋如明衣加之以爲行道禦塵令衣鮮明也景亦明也驅行也行車輪三周御者乃代壻今文景作憬

疏 婦乘至者代○注乘以至作憬○釋曰云乘以几者謂登車時也几所以安體謂若尸乘以几之類以重其初昏與尸同也云景之制蓋如明衣者案既夕禮明衣裳用布袂屬幅長下膝又有裳於蔽下體深也此景之制無正文故云蓋如明衣直云制如明衣此嫁時尚飾不用布案詩云衣錦褧衣裳錦褧裳鄭云褧禪也蓋以禪縠爲之中衣裳用錦而上加禪縠焉爲其文之大著也庶人之妻嫁服也士妻紂衣纁袡彼以庶人用禪縠連引士妻紂衣則此士妻衣上亦用禪縠碩人是國君夫人亦衣錦褧衣則尊卑同用禪縠庶人卑得與國君夫人同用錦爲衣大著此士妻不用錦不爲文大著故云行道禦風塵也

壻乘其車先俟于門外

壻車在大門外乘之先者道之也男率女女從男夫婦剛柔之義自此始也俟待也門外壻家大門外

疏 壻乘至門外○注壻車至門外○釋曰云壻車在大門外者謂在婦家大門外知者以其壻於此始言乘其車故知也云男率女女從男夫婦剛柔之義自此始也者並郊特牲文云門外壻家大門外者命士已上父子異宮故解爲壻家大門外若不命之士父子同宮則大門父之大門外也

婦至主人揖婦以入及寢門揖入升自西階媵布席于奧夫入于室即席婦尊西南面媵御沃盥交

升自西階道婦入也媵送也謂女從者也御當爲訝訝迎也謂壻從者也媵沃壻盥於南洗御沃婦盥於北洗夫婦始接情有廉恥媵御交道其志

疏 婦至至盥交○釋曰此明夫導於婦入門升階及對席媵御沃盥之儀云主人揖婦以入者此則詩云好人提提宛然左辟是也云夫入于室即席者謂壻也婦在尊西未設席壻既爲主東面須設饌訖乃設對席揖即對席爲前後至之便故也○注升自至其志○釋曰云升自西階道婦入也者以尋常賓客主人在東賓在西今主人與妻俱升

西階故云道婦入也云媵送也謂女從者也即姪娣也云御當爲訝訝迎也謂壻從者也者以其與婦人爲盥非男子之事謂夫家之賤者也知媵沃壻盥於南洗御沃婦盥於北洗者以其有南北二洗又云媵御沃盥交明知夫婦與媵御南北交相沃盥也

贊者徹尊冪舉者盥出除冪舉鼎入陳于阼階南西面北上匕俎從設執匕者執俎者從鼎而入設之匕所以別出牲體也俎所以載也疏贊者至從設○注執匕至載也○釋曰案特牲少牢公食與有司徹及此昏禮等執匕俎舉鼎各別人者此吉禮尚威儀故也士喪禮舉鼎右人以右手執匕左人以左手執俎舉鼎人兼執匕俎者喪禮畧也云從設者以從男之事故從吉祭法也公食執匕俎之人人加匕於鼎陳俎於鼎南其匕與載皆舉鼎者爲之特牲注云右人也尊者於事指使可也則右人於鼎北南面匕肉出之左人於鼎西俎南北面承取肉載於俎士虞右人載者喪祭少變故在西方長者在左也今昏禮鬼神陰陽當與特牲禮同亦右人匕左人載遂執俎而立以待設也云匕所以別出牲體也者凡牲有體別謂肩臂臑肫胳脊脅之等於鼎以次別匕出之載者依其體別以次載之於俎故云別出牲體也

北面載執而俟執俎而立，俟豆先設疏北面載執而俟○注執俎至先設○釋曰知俟豆先設者下文菹醢後乃云俎入設于豆東故知也

匕者逆退復位于門東北面西上執匕者事畢逆退由便至此乃著其位畧賤也疏匕者至西上○注執匕至賤也○釋曰云至此乃著其位畧賤也者案士冠未行事陳主人位記即言兄弟及擯者之位於此初陳鼎門外時不見執匕者位至此乃著其位故言畧賤也

贊者設醬于席前菹醢在其北俎入設于豆東魚次腊特于俎北豆東菹醢之東疏注豆東菹醢之東○釋曰醬與菹醢俱在豆知不在醬東者下文醬東有黍稷故知在菹醢東也

贊設黍于醬東稷在其東設湆于醬南饌要方也疏贊設至醬南○注饌要方也○釋曰豆東南俎醬東黍稷是其要方也

設對醬于東對醬婦醬也設之當特俎疏設對醬于東○注對醬至特俎○釋曰壻東面設醬在南爲右婦西面則醬在北爲右皆以右手取之爲便故知設之當特俎東也

菹醢在其南北上設黍于腊北其西稷設湆于醬北御布對席贊啓會卻于敦南對敦于北啓發也今文啓作開古文卻爲綌疏菹醢至于北○釋曰菹醢在其南北上者謂菹在醬南其南有菹有醢若壻醢在菹北從南向北陳爲南上此從北向南陳亦醢在菹南爲北上也云湆即上文大羹湆在爨者羹宜熱臨食乃將入是以公食大夫云大羹湆不和實于鐙由門入公設之于醬西是也又生人食公食大夫是也特牲士虞等爲神設皆爲敬尸尸亦不食也鄉飲酒鄉射燕禮大射不設者湆非飲食之具故無也少牢無湆者文不備有司徹有湆者賓尸禮褻故有之與少牢禮異也云設湆于醬北者案上設壻湆於醬南在醬黍之南特俎出於饌北此設婦湆於醬北在特俎東饌內則不得要方上注云要方者據大判而言耳云啓會卻于敦南對敦于北者取壻東面以南爲右婦西面以北爲右各取便也卻仰也謂仰於地也

贊告具揖婦即對筵皆坐皆祭祭薦黍稷肺贊者西面告饌具也壻揖婦使即席薦菹醢

疏贊者至稷肺○注贊者至菹醢○釋曰知贊者西面告饌具者以其所告者宜告主人主人東面知西面告也云薦菹醢者以其儀禮之內單言薦者皆據籩豆而言也

贊爾黍授肺脊皆食以湆醬皆祭舉食舉也爾移也移置席上便其食也皆食食黍也以用也用者謂啜湆咂醬古文黍作稷疏贊爾至舉也○釋曰云祭舉食舉也者舉謂舉肺以其舉以祭以食故名肺爲舉則上文云祭者祭肺也○注爾移至作稷○釋曰云爾移也者爾訓爲近謂移之使近人故云移置席上便其食也案玉藻云食坐盡前謂臨席前畔則不得移黍於席上此云移置席上者鬼神陰陽故此昏禮從特牲祭祀法云皆食食黍也者案特牲少牢祭舉食舉乃飯此先食黍乃祭舉相反者彼九飯禮成故先食舉以爲導食氣此三飯禮畧故不須導也此先爾黍稷後授肺特牲亦然以其士禮同也少牢佐食先以舉肺脊授尸乃爾黍者大夫禮與士異故也然士虞亦先授舉肺脊後乃爾黍者喪禮與吉反故也云用者謂啜湆肺咂醬者以其大羹汁不用箸醬又不須以箸故用口啜湆用指咂醬也

三飯卒食卒已也同牢示親不主爲食起三飯而成禮也疏三飯卒食○注同牢至禮

也。釋曰：云「同牢示親，不主爲食起」者，少牢十一飯，特牲九飯而禮成，此獨三飯，故云同牢示親，不主爲食起，三飯而成禮也。

贊洗爵，酌酳主人，主人拜受，贊戶內北面荅拜。酳婦亦如之。皆祭。酳，漱也。酳之言演也，安也。漱所以絜口，且演安其所食。酳酌內尊。【疏】「贊洗」至「皆祭」。釋曰：自此至「尊否」，論夫婦食訖酳及徹饌於房節。云「主人拜受」者，壻拜當東面。「酳婦亦如之」者，婦拜當南面。是以少牢云養皆荅拜，鄭注云：在東面席者東面拜，在西面席者皆南面拜。故知婦拜南面。若贊荅婦拜，亦於戶內北面也。云「皆祭」者，祭先也。注「酳漱」至「內尊」。釋曰：云「酳，漱也。酳之言演也，安也。漱所以絜口，且演安其所食」者，案特牲云「主人洗角，升酌，酳尸」，注云：「酳猶衍也。」是獻尸也。謂之酳者，尸既卒食，又欲頤衍養樂之。又少牢云「主人酌酒，乃酳尸」，注云：「酳猶羨也。既食之而又飲之，所以樂之。」三注不同者，文有詳畧，相兼乃具。士虞亦是酳尸，注直云「酳，安食也」，不言養樂及羨者，喪，故畧之。此三酳俱不言獻，皆云酳，直取其絜，故注云「漱所以絜口，演安其所食」，亦頤養樂之義。知酳酌內尊者，以下文云「贊酌于戶外尊」，故知此夫婦酌內尊也。

贊以肝從，皆振祭。

嚌肝，皆實于菹豆。肝，肝炙也。飲酒宜有肴以安之。【疏】「贊以」至「菹豆」。釋曰：案特牲、少牢獻尸以肝從，尸嚌之，加于菹豆，與此同，禮之正也。主人與祝亦以肝從，加於俎，不加於豆者，下尸，故不敢同之也。士虞獻尸，尸以肝加於俎者，喪祭，故鄭云加於俎，從其牲體也，以喪不志於味。但此云實，不云加，異於祭故也。

卒爵，皆拜。贊荅拜，受爵。再酳如初，無從。三酳用巹，亦如之。亦無從也。【疏】「卒爵」至「如之」。注「亦無從也」。釋曰：「卒爵，皆拜，贊荅拜」者，獻主處也。云「再酳如初」者，如自「贊洗爵」已下至「荅拜受爵」也。云「亦無從也」者，三酳用巹亦如之，亦自「贊洗爵」至「受爵」。鄭直云「亦無從」，用巹文承再酳之下，明知事事如再酳。以其初酳有從，再酳如初無從，三酳用巹亦無從，故鄭以「亦無從」言之，其實皆同再酳也。

贊洗爵，酌于戶外尊，入戶西北面，奠爵，拜。皆荅拜。坐祭，卒爵，拜。皆荅拜。興。贊酌者，自酢也。【疏】「贊洗」至「拜興」。釋曰：言「皆」者，皆夫婦也。三酳乃酌外尊自酢者，皆是畧賤者也。既隔合巹，乃用爵，不嫌相襲。爵則更洗，餘爵也。

主人出，婦復位。復尊西南面之位。【疏】「主人出婦復位」。注「復尊西南面之位」。釋曰：直云「主人出」，不云處所，案下文云「主人說服于房」，矣則此時亦向東房矣。云「復尊西南面之位」者，婦人不宜出，復入，故因舊位而立也。

乃徹于房中，如設于室，尊否。徹室中之饌，設于房中，爲媵御餕之。徹尊不設，有外尊也。【疏】「乃徹」至「尊否」。釋曰：經云「乃徹于房中，如設于室」，雖據豆俎而言，理兼於尊矣，故云徹尊不設，有外尊，明徹中兼尊也。云「尊否」者，唯尊不設于房中而言也。知爲媵御餕之者，下文云「媵餕主人之餘」已下是也。

主人說服于房，媵受；婦說服于室，御受。姆授巾。巾所以自絜清。今文說皆作稅。【疏】「主人」至「授巾」。釋曰：自此至「呼則聞」，論夫婦寢息及媵御餕之事也。云「主人說服于房，媵受；婦說服于室，御受」者，與沃盥文同，亦是交接有漸之義也。疊今文爲稅，不從者，稅是追服之言，非脫去之義，故不從也。

御衽于奧，媵衽良席在東，皆有枕，北止。衽，臥席也。婦人稱夫曰良。孟子曰：「將見良人之所之。」止，足也。古文止作趾。【疏】「御衽」至「北止」。

注「衽臥」至「作趾」。釋曰：衽于奧，主于婦席，使御布婦席，使媵布夫席，此亦示交接有漸之義也。云「衽，臥席也」者，案曲禮云「請席何鄉，請衽何趾」，鄭云：「坐問鄉，臥問趾，因於陰陽。」彼衽稱趾，明衽臥席也。若然，前布同牢席，夫在西，婦在東，今乃夫在東，婦在西，易處者，前者示有陰陽交會有漸，故男西女東；今取陽往就陰，故男女各於其方也。云「孟子」者，案孟子離婁篇云：「齊人有一妻一妾而處室者，其良人出，則必厭酒肉而後反。其妻問所與飲食者，則盡富貴者。其妻告其妾曰：良人出，則厭酒肉而後反，問所與飲食者，則盡富貴者也，而未嘗有顯者來，吾將瞯良人之所之。」注云：「瞯，視也。」彼瞯爲視，亦得爲見，故鄭此注爲見也。引之者，證婦人稱夫爲良人之義也。云「古文止作趾」者，雖疊古文趾爲足，亦一義也。

主人入，親說婦之纓。入者，從房還入室也。婦人十五許嫁，笄而禮之，因著纓，明有繫也。蓋以五采爲之，其制未聞。【疏】「主人」至「之纓」。注「入者」至「未聞」。釋曰：知從房還入室者，夫前出說服於房，今言入，明從房入室也。云「婦人十五許嫁，笄而禮之，因著纓」者，案曲禮云「女子許嫁，纓」，又云「女子許嫁，笄而字」，鄭據此諸侯文而言。但言十五許嫁，則以十五爲限，則自十五已上皆可許嫁也。云「明有繫也」者，纓是繫物，爲之明有繫也。云「蓋以五采爲之」者，以周禮巾車職五路皆有繁纓就數鄭注纓皆用五采罽爲之此纓雖用絲爲之當用五采但無文故云蓋以疑之也云其制未聞者此纓與男子冠纓異彼纓垂之兩傍結其絛此女子纓不同於彼故云其制未聞但纓有二時不同內則云男女未冠笄者總角衿纓皆佩容臭鄭注云容臭香物也以纓佩之爲迫尊者給小使也此是幼時纓也內則又云婦事舅姑子事父母衿纓綦屨注云衿猶結也婦人有纓示繫屬也是婦人女子有二時之纓內則示有繫屬之纓即許嫁之纓與此說纓一也若然笄亦有二等案問喪親始死笄纚據男子去冠仍有笄纚與婦人之笄並有安髮之笄也爵弁皮弁及六冕之笄皆是固冠冕之笄是其二也

燭出昬禮畢將臥息**媵餕主人之餘御餕婦餘贊酌外尊酳之**外尊房戶外之東尊【疏】媵餕至酳之○釋曰亦陰陽交接之義云酌外尊者賤不敢與主人同酌內尊也

媵侍于戶外呼則聞爲尊者有所徵求今文侍作待【疏】媵待至則聞○釋曰不使御待于戶外供承夫婦者以女爲主故使媵待于戶外也

夙興婦沐浴纚笄宵衣以俟見夙早也昬明日之晨興起也俟待也待見於舅姑寢門之外古者命士以上年十五父子異宮【疏】夙興至俟見○釋曰自此至授人論婦見舅姑之事云纚笄宵衣者此則特牲主婦宵衣也不著純衣纁袡者彼嫁時之盛服今已成昬之後不可使服故退從此服也○注夙早至異宮○釋曰言昬明日之晨者以昨日昬時成禮此經言夙興故知是昬之晨旦也云興起也俟待也待見於舅姑寢門之外者因訓即解之也云古者命士以上年十五父子異宮者案內則云由命士以上父子異宮不云年限今鄭知十五爲限者以其十五成童是以鄭注喪服亦云子幼謂年十五以下則不隨母嫁故知十五以後乃異宮也鄭言此限者欲見不命之士父子同宮雖俟見不得言舅姑寢門外也

質明贊見婦于舅姑席于阼舅即席席于房外南面姑即席質平也房外房戶外之西古文舅皆作咎【疏】質明至即席○注質平至作咎○釋曰此經論設舅姑席位所在鄭知房外是房戶外之西者以其舅在阼阼當房戶之東若姑在房戶之東即當舅之北南面向之不便又見下記云父醴女而俟迎者母南面於戶外女出於母左以母在房戶西故得女出於母左是以知此房外亦房戶外之西也

婦執笄棗栗自門入升自西階進拜奠于席笄竹器而衣者其形蓋如今之筥𥰭蘆矣進拜者進東面乃拜奠之者舅尊不敢授也【疏】婦執至于席○釋曰此經論婦從舅寢門外入見舅之事也必見舅用棗栗見姑以腶脩者案春秋莊二十四年經書秋八月丁丑夫人姜氏入戊寅大夫宗婦覿用幣公羊傳云宗婦者何大夫之妻也覿者何見也用者何用者不宜用也見用幣非禮也然則曷用棗栗云乎腶脩云乎注云腶脩者脯也禮婦人見舅以棗栗爲贄見姑以腶脩爲贄見夫人至尊兼而用之云乎辭也棗栗取其早自謹敬腶脩取其斷斷自脩正是用棗栗腶脩之義也案雜記云婦見舅姑兄弟姑姊妹皆立于堂下西面北上是見已注云婦來爲供養也其見主於尊者兄弟以下在位是爲已見不復特見又云見諸父各就其寢注云旁尊也亦爲見時不來今此不言者文略也○注笄竹至授也○釋曰知笄竹器者以字從竹故知竹器知有衣者下記云笄緇被纁裏加于橋注云被表也笄有衣者婦見舅姑以飾爲敬是有衣也云如今之筥𥰭蘆矣者此舉漢法以況義但漢法去今以遠其狀無以可知也云進拜者進東面乃拜者謂從西階進至舅前而拜云奠之者舅尊不敢授也者案下姑奠于席不授而云舅尊不敢授者但舅直撫之而已至姑則親舉之親舉者若親授之然故於舅得云尊不敢授也

舅坐撫之興荅拜婦還又拜還又拜者還於先拜處拜婦人與丈夫爲禮則俠拜【疏】舅坐至又拜○注還又至俠拜○釋曰云先拜處者謂前東面拜處也云婦人與丈夫爲禮則俠拜者若士冠冠者見母母拜受子拜送母又拜母於子尚俠拜則不徒此婦於舅而已故廣言婦人與丈夫爲禮則俠拜

降階受笄腶脩升進北面拜奠于席姑坐舉以興拜授人人有司姑執笄以起荅婦拜授有司徹之舅則宰徹之【疏】降階至授人○釋曰此經論婦見姑之事○注人有至徹之○釋曰云人有司者凡行事者皆主人有司也知舅則使宰徹者此見下記云舅荅拜宰徹笄是也

贊醴婦醴當爲禮贊禮婦者以其婦道新成親厚之【疏】贊醴婦○注醴當至厚之○釋曰自此至於門外論舅姑堂上禮婦之事云醴當爲禮者士冠內則昬義諸文醴皆破從禮者案司儀注上於下曰禮敵者曰儐又案大行人云王禮再祼而酢之等用鬱鬯不言主鬯再祼而酢而言禮則此諸文雖用醴禮賓不得即言

主人醴賓故皆從上於下曰禮解之**席于戶牖閒**室戶西牖東南面位【疏】席于戶牖閒。注室戶至面位。釋曰知義然者以其賓客位於此是以禮子禮婦禮賓客皆於此尊之故也**側尊甒醴于房中婦疑立于席西**疑正立自定之貌【疏】側尊至席西。注疑正立自定之貌。釋曰云婦疑立于席西者以其禮未至而無事故疑然自定而立以待事也若行之閒而立則云立不得云疑立也**贊者酌醴加柶面枋出房席前北面婦東面拜受贊西階上北面拜送婦又拜薦脯醢**婦東面拜贊北面荅之變于丈夫始冠成人之禮【疏】贊者至脯醢。釋曰云面枋出房者以其贊授故面枋冠禮贊酌醴將授賓則面葉賓受醴將授子乃面枋也此婦又拜弁下經婦又拜者皆俠拜也。注婦東至之禮。釋曰云婦東面拜贊北面荅之變於丈夫始冠成人之禮者案冠禮禮子與此禮婦俱在賓位彼禮子南面受醴此則東面不同故決之彼南面者以向賓拜此東面者以舅姑在東亦面拜之也**婦升席左執觶右祭脯醢以柶祭醴三降席東面坐啐醴建柶興拜贊荅拜婦又拜奠于薦東北面坐取脯降出授人于門外**奠于薦東升席奠之取脯降出授人親徹且榮得禮人謂婦氏人【疏】婦升至門外。注奠于至氏人。釋曰鄭知奠者升席奠之者見上冠禮禮子禮賓皆云即筵奠于薦東降筵北面坐取脯明此奠時升席南面奠乃降北面取脯降出授人云親徹且榮得禮者言且兼二事何者下饗婦之俎不親徹又自出門授人是且榮得禮下饗不親徹俎者於禮時禮訖故於後畧之知人是婦氏人者以其在門外婦往授之明是婦氏之人也**舅姑入于室婦盥饋**饋者婦道既成成以孝養**特豚合升側載無魚腊無稷並南上其他如取女禮**側載者右胖載之舅俎左胖載之姑俎異尊卑並南上者舅姑共席于奧其饌各以南爲上其他謂醬湆菹醢女謂婦也如取婦禮同牢時今文並當作併【疏】舅姑至女禮。釋曰自此至之錯論婦饋舅姑成孝養之事云其他如取女禮者則自側載以下南上以上與取女異異者彼則有魚腊并稷此則無魚腊與稷彼男東面女西面別席其醬醢菹夫則南上婦則北上今此舅姑共席東面俎及豆等皆南上是其異也。注側載至作併。釋曰豚載皆合升若成牲載一胖是常。得云側此乃載胖故云側但周人尚右故知右胖載之舅俎左胖載之姑俎是以鄭云異尊卑也云並南上者舅姑共席于奧其饌各以南爲上者決同牢男女東西相對各上其右也云其他謂醬湆菹醢者以同牢時夫婦各有此四者今以饋舅姑亦各有此四物故云如同牢時也雖不言酒既有饋明有酒在其他中酒在內者亦在北牖下外尊亦當在房戶外之東鄭不云者畧耳**婦贊成祭卒食一酳無從**贊成祭者授處之今文無成也【疏】婦贊至無從。注贊成祭者授處之。釋曰贊成祭者謂授之又處置令知在於豆閒也**席于北墉下**墉牆也室中北牆下【疏】席于北墉下。釋曰此席將爲婦餕之位處也**婦徹設席前如初西上婦餕舅辭易醬**婦餕者即席將餕也辭易醬者嫌淬汙【疏】婦徹至易醬。釋曰婦徹設于席前如初西上者此直餕餘舅辭易醬者舅尊故也不餕舅餘者以舅尊嫌相褻言西上者亦以右爲上也。注婦餕至淬汙。釋曰言將者事未至以其此始言婦餕之意至下文婦餕姑之饌乃始餕耳云辭易醬者婦嫌淬汙者以其醬乃以指咂之淬汙也**婦餕姑之饌御贊祭豆黍肺舉肺脊乃食卒姑酳之婦拜受姑拜送坐祭卒爵姑受奠之**奠之奠于篚【疏】婦餕至奠之。注奠之奠于篚。釋曰云御贊祭豆黍肺舉肺脊者御贊婦祭之也鄭知奠之於篚者此云如取女禮取女有篚明此亦奠之于篚可知也**婦徹于房中媵御餕姑酳之雖無娣媵先於是與始飯之錯**古者嫁女必姪娣從謂之媵姪兄之子娣女弟也娣尊姪卑若或無娣猶先媵容之也始飯謂舅姑錯者媵餕舅餘御餕姑餘也古文始爲姑【疏】婦徹至之錯。注古者至爲姑。釋曰云古者嫁女必姪娣從謂之媵者媵有二種若諸侯有二媵外別有姪娣是以莊公十九年經書秋公子結媵陳人之婦于鄄公羊傳曰媵者何諸侯娶一國則二國往媵之以姪娣從姪者何兄之子也娣者何弟也諸侯夫人自有姪娣并二媵各有姪娣則九女是媵與姪娣別也若大夫士無二媵即以姪娣爲媵鄭云古者嫁女必姪娣從謂之媵是據大夫士言也云姪兄之子娣女弟也娣尊姪卑者解經云雖無娣媵先之義以其若有娣乃先媵即姪也云猶先媵容之也者對御是夫之從者爲後若然姪與娣俱名媵今言雖無娣媵先似娣不名媵者但姪娣俱是媵今去娣娣外唯有姪姪言媵先以對御爲先非對娣也稱媵以其姪娣俱是媵也云始飯謂舅姑者舅姑始飯如今媵餕舅餘御餕姑餘是交錯之義若媵御沃盥交舅也舅姑爲飯始不爲餕始俗本云與始餕之錯者誤也

姑共饗婦以一獻之禮舅洗于南洗姑洗于北洗奠酬以酒食勞人曰饗南洗在庭北洗在北堂設南洗者獻酬酢以絜清爲敬奠酬者明正禮成不復舉凡酬酒皆奠於薦左不舉其燕則更使人舉爵　疏　舅姑至奠酬○注以酒至舉爵○釋曰自此至歸俎于婦氏人論饗婦之事此饗與上盥饋同日爲之知者見昏義曰舅姑入室婦以特豚饋明婦順也厥明舅姑共饗婦鄭彼注云昏禮不言厥明此言之者容大夫以上禮多或異日故知此士同日可也此與上事相因亦於舅姑寢堂之上與

禮婦同在客位也云其饗婦以一獻之禮者案下記云饗婦姑薦焉注云舅姑共饗婦舅獻姑薦脯醢但薦脯醢無盥洗之事今設此洗爲婦人不下堂也云姑洗於北洗洗者洗爵則是舅獻姑酬共成一獻仍無妨姑薦脯醢也云凡酬酒皆奠於薦左不舉者此經直云奠酬不言處所故云凡通鄉飲酒鄉射燕禮之等云燕則更使人舉爵者案燕禮獻酬訖別有人舉旅行酬是也饗亦用醴酒知者以下記云庶婦使人醮之注云使人醮之不饗也酒不酬酢曰醮亦有脯醢適婦酌之以醴尊之庶婦酌之以酒卑之是也若然知記非醴婦者以記云庶婦使人醮之明適婦親之案上醴婦雖適使贊者親明記醮庶婦使人當饗節也

舅姑先降自西階婦降自阼階授之室使爲主明代己　疏　舅姑自阼階○注授之至代己○釋曰案曲禮云子事父母升降不由阼階是主人尊者之處今舅姑降自西階婦降自阼階是授婦以室之事也云授之室昏義文也

歸婦俎于婦氏人言俎則饗禮有牲矣婦氏人丈夫送婦者使有司歸以婦俎當以反命於女之父母明其得禮　疏　歸婦俎于婦氏人○注言俎至得禮○釋曰案雜記云大饗卷三牲之俎歸于賓館是賓所當得也饗時設几而不倚爵盈而不飲肴乾而不食故歸俎此饗婦婦亦不食故歸也經雖不言牲既言俎俎所以盛肉故知有牲此婦氏人即上婦所授脯者也故上注引此婦氏人證所授人爲一也

舅饗送者以一獻之禮酬以束錦送者女家有司也爵至酬賓又從之以束錦所以相厚古文錦皆爲帛　疏　舅饗至束錦○注送者至作帛○釋曰此一獻與饗婦一獻同禮則異彼兼有姑此依常饗賓客法知送者是女家有司者故左氏傳云齊侯送姜氏非禮也凡公女嫁于敵國姊妹則上卿送之以禮於先君公子則下卿送之於大國雖公子亦上卿送之於天子則諸卿皆行公不自送於小國則上大夫送之以此而言則尊無送卑之法則大夫亦遣臣送之士無臣故知有司送之也云古文錦皆爲帛者此及下文錦皆爲帛不從古文者禮有玉錦非獨此文則禮有贈錦之事故不從古文也

姑饗婦人送者酬以束錦婦人送者隸子弟之妻妾凡饗速之　疏　姑饗至束錦○注婦人至速之○釋曰左氏傳云士有隸子弟士卑無臣自以其子弟爲僕隸并己之子弟之妻妾但尊無送卑故知婦人送者是隸子弟之妻妾也云凡饗速之者案聘禮饗食速賓則知此舅姑饗送者亦速之也

凡速者皆就館召之是以下云若異邦則贈丈夫送者以束錦鄭云就賓館則賓自有館若然婦人送者亦當有館男子則主人親速其婦送者不親速以其婦人迎客不出門當別遣人速之

若異邦則贈丈夫送者以束錦贈送也就賓館　疏　若異至束錦○注贈送也就賓館○釋曰案莊二十七年冬莒慶來迎叔姬公羊傳曰大夫越竟逆女非禮也鄭注喪服亦云古者大夫不外娶今言異邦得外娶者以大夫尊外娶則外交故不許士卑不嫌容有外娶法故有異邦送客也鄭知就館者贈賄之等皆就館故知此亦就館也

儀禮疏卷第五

大清嘉慶二十年重刊
用文選樓藏本校

盧氏宣旬校

江西督糧道王賡言廣豐縣知縣阿應鱗栞

儀禮注疏卷五校勘記

阮元撰盧宣旬摘録

女次純衣纁袡

則此亦元矣　徐本集釋同毛本通解此下有衣字與疏合

子男夫人自闕而下　毛本闕下有翟字

故見絲體也　見陳閩俱作是

姆纚笄

纚縚髮　陸氏云縚本又作弢聶氏髮下有纚也二字

須有傳命者之義也　毛本義作事陳本誤作美

淫辟出無子出不事舅姑出惡疾出多舌出盜竊出　毛本作淫出妬出無子出惡疾出多言出竊盜出非也

喪婦長女不娶　毛本婦作父

棄于天也　陳閩同毛本天作夭非也

亂家不娶　毛本不上有女字

故無子出能以婦道教人者以爲姆　聶氏無上有取字出上有而字出下有故不復嫁三字者下有留字

既教女　既下聶氏有使字

姆所異于女者　聶氏要義同毛本所下有以字

舉灋爲況義也　舉陳閩俱作法非也

女從者

詩云諸娣從之　徐本集釋同毛本通解無云字

引之證姪之義也　毛本姪上有娣字

則大夫以下刺之　浦鏜云上誤下

中衣有黼領服則無之　陳本要義同毛本領下有上字閩本上服二字擠入

則常服有之非假也　要義同毛本假作被

主人揖入

父迎出大門之事也　浦鏜云父迎當婦從之誤

今婦既送　陳本要義同毛本送作從是也

婦乘以几姆加景　景通典作幜非也古無幜字

行車輪三周　集釋無車字

今文景作憬　浦鏜云憬釋文同疑幜字之誤○按从心者是从巾者後人改也

直云制如明衣　浦鏜云直上當脫不字○按此句當連下此嫁時尚飾不用布讀之明衣必用布景則但制如明衣耳不用布也浦說非

婦至○媵布席于奥　張氏云案釋文云媵席中無布字

宛然左辟　毛本然誤作若

謂女從者也　要義句毛本也下有者字按者當有

贊者徹尊冪○出除鼏　鼏通解敖氏俱作冪浦鏜云衞氏湜云鼏當作冪今作鼏字後人更易也○按此冪乃鼎冪也

謂肩臂臑肫胳脊脅之等　要義同毛本謂作爲臑作臕

匕者逆退　匕釋文作朼引劉云上器名朼者朼載也張氏云陸氏詳論之所以辨時本之誤也其後士喪禮乃朼載又云匕者士虞禮朼者特牲饋食乃朼有司朼羊朼豕魚字皆从木至少牢饋食長朼古文作匕鄭氏亦改爲朼

菹醢在其南

醢食乃將入　要義作臨

又生人食公食大夫是也　毛本生誤作主

贊爾黍授肺脊

故此昏禮從特牲祭法　要義同毛本無法字

彼九飯禮成　浦鏜云盛誤成

謂啜湇肺呞醬者　毛本謂下有用口二字湇下有用指二字無肺字○按肺衍字

贊洗爵

漱所以潔口　潔徐本集釋俱作絜按凡潔字嚴徐鍾本並作絜是正字他本錯出後不悉挍

籑皆荅拜　按籑後經皆作餕餕字五經文字不載至九經字樣始有之實則說文之籑也从食算聲

論語先生饌饌鄭作餕蓋饌卽籑之或字籑又與餕通故鄭氏讀饌爲餕也然則儀禮餕字皆當作籑明矣幸有此句未誤猶得據以考正

贊以肝從嚌肝　張氏云案釋文云齊才計反齊嚌古通用此從口者後人加之爾○按毛本釋文仍作嚌

贊洗爵酌于戶外尊　尊戴震云據前尊于室中北墉下是爲內尊尊于房戶之東是爲外尊注止偁內尊外尊此處疏云乃酌外尊亦無戶字

旣隔合巹乃用爵　毛本旣下有隔字

乃徹于房中　乃徹釋文作迺撤

主人說服于房○婦說服于室御授　授唐石經徐本集釋通解楊敖俱作受

御衽于奥

將見良人之所之　見徐本集釋敖氏俱作見與疏合釋文作覸云今本亦作見臧琳云賈本作將見故後人挍釋文云今本亦作見乃注疏本反作覸此又近人依釋文改也祭義見以蕭光見間以俠甒見及見間皆爲覸字之誤儀禮注當從釋文作覸賈疏作見非也

吾將瞯良人之所之　瞯毛本作覸下同

主人入

鄭據此諸侯文而言　陳本要義俱誤作諸侯毛本諸侯作許嫁是也

媵侍于戶外　標經起止云媵待至則閒疏中兩侍字亦俱作待按此則注當云今文待作侍

婦執笲棗栗

其形蓋如今之筥𥫱籚矣　徐本釋文集釋敖氏嚴鍾通解同毛本𥫱作笶按說文凵盧飯器凵或从竹去聲

今以遠　毛本以作已按以已古多通用

其狀無以可知也　要義同毛本無以可作已無可陳閩俱作無已可

降階受笲腶脩　腶唐石經作股釋文作段段玉裁云本又作腶瞿中溶云石本原作段朱梁重刻譌作股陸本作段正與石本原刻同

婦升席

若行之間而立　毛本行下有禮字

不親徹　毛本徹下有此親徹三字

特豚合升

其他謂醬湇菹醢　毛本謂誤作爲

是嘗得云側　嘗下浦鏜云疑脫法不二字

婦徹設席前如初

嫌涳汙　陸氏云涳本或作染

婦嫌涳汙者　案注無婦字此誤衍也

婦徹于房中

容之也　要義徐本楊氏同毛本容作客疏内容之也者容亦作客

娣者何弟也　要義同毛本何下有女字

舅姑先降自西階

注授之至代已　陳閩同毛本授作受

是主人尊者之處　要義同毛本是上有阼階二字之上有升降二字

歸婦俎于婦氏人

明其得禮　通解作明得其禮要義作明所得禮按疏云三牲是賓所當得則作所字爲是鄉射注云遷設薦俎就之明已所得禮也亦是此意

故歸也　要義同毛本歸下有之字

舅饗送者以一獻之禮

古文錦皆爲帛　徐本集釋敖氏同通解毛本爲作作按疏中標目是作字疊注是爲字必有一誤

姑饗婦人送者

皆就館召之　陳本要義同毛本召作速

儀禮注疏卷五挍勘記終

奉新余成教校

儀禮疏卷第六

唐朝散大夫行大學博士弘文館學士臣賈公彦等撰

若舅姑既沒則婦入三月乃奠菜沒終也奠菜者以篚祭菜也蓋用菫疏若舅至奠菜。釋曰自此至饗禮論舅姑沒三月廟見之事必三月者三月一時天氣變婦道可以成之故也此言舅姑既沒者若舅沒姑存則當時見姑三月亦廟見舅若舅存姑沒婦人無廟可見或更有繼姑自然如常禮也案曾子問云三月而廟見稱來婦也擇日而祭於禰成婦之義也鄭云謂舅姑沒者也必祭成婦義者婦有供養之禮猶舅姑存時盥饋特豚於室此言奠菜即彼祭於禰一也奠菜亦得稱祭者若學記云皮弁祭菜之類也。注沒終至用菫。釋曰此注云奠菜者以篚案下云婦執笲菜篚即笲一也鄭知菜蓋用菫者舅姑存時用棗栗腶脩義取早起肅栗治腶自脩則此亦取謹敬因內則有菫荁枌榆供養是以疑用菫故云蓋也

席于廟奧東面右几席于北方南面廟考妣之廟北方墉下疏注廟考至墉下。釋曰案周禮司几筵云每敦一几鄭注云周禮雖合葬及時同在殯皆異几體實不同祭於廟同几精氣合又祭統云設同几同几即同席此即祭於廟中而別席者此既廟見若生時見舅姑舅姑別席異面是以今亦異席別面象生不與常祭同也鄭知廟考妣廟者曾子問云擇日而見於禰又象生時見舅姑故知考妣廟也

祝盥婦盥于門外婦執笲菜祝帥婦以入祝告稱婦之姓曰某氏來婦敢奠嘉菜于皇舅某子帥道也入入室也某氏者齊女則曰姜氏魯女則曰姬氏來婦言來爲婦嘉美也皇君也疏釋曰洗在門外祝與婦就而盥之者此亦異於常祭象生見舅姑在外沐浴乃入舅姑之寢故洗在門外也云祝帥婦以入者象特牲陰厭祝先主人入室也云某子者言若張子李子也

婦拜扱地坐奠菜于几東席上還又拜如初扱地手至地也婦人扱地猶男子稽首疏注扱地至稽首。釋曰云扱地手至地者以手之至地謂之扱地則首不至手又與男子空首不同云婦人扱地猶男子稽首者婦人肅拜爲正今云扱地則

婦人之重拜也猶男子之稽首亦拜中之重故以相況也案周禮大祝辨九拜一曰稽首二曰頓首三曰空首四曰振動五曰吉拜六曰凶拜七曰奇拜八曰褒拜九曰肅拜鄭云稽首拜頭至地也頓首拜頭叩地也空首拜頭至手所謂拜手也吉拜拜而後稽顙謂齊衰不杖以下者言吉者此殷之凶拜周以其與頓首相近故謂之吉拜云凶拜稽顙而後拜謂三年服者振動戰栗變動之拜鄭大夫云奇拜謂一拜也褒讀爲報報拜再拜是也鄭玄謂一拜苔臣下拜再拜拜神與尸鄭司農云肅拜但俯下手今時揖是也但九拜之中四者是正拜即稽首頓首空首肅拜是也稽首拜中之重是臣拜君之拜也頓首平敵相與之拜故左氏傳齊侯拜魯侯爲稽首魯君苔以頓首齊於魯責稽首苔曰天子在無所稽首是臣於君以稽首故燕禮臣與君皆云稽首也空首者君苔臣下拜也肅拜者婦人以肅拜爲正若以男子於軍中亦肅拜故左氏傳晉郤至云敢肅使者是也餘五者皆依於正拜振拜鄭云書曰王動色變者是武王觀兵白魚入王舟王動色變武王於時拜天神爲此拜當稽首也奇拜既爲一拜是君苔臣下之拜當以附空首也褒拜爲尸及神亦當附稽首也其吉拜先吉拜爲頓首後稽顙則吉拜當附頓首也凶拜爲先稽顙後吉拜之此周之三年之喪拜後爲吉拜當附稽首也左氏傳穆嬴抱太子適趙氏頓首於宣子者私求法故不爲肅拜喪小記云婦人爲夫與長子稽顙者爲重喪故亦不肅拜也

婦降堂取笲菜入祝曰某氏來婦敢告于皇姑某氏奠菜于席如初禮降堂階上也室事交乎戶今降堂者敬也於姑言敢告舅尊於姑疏婦降至初禮。釋曰此爲來婦奠於姑設於北坐之前以見姑也。注降堂至於姑。釋曰不直云降而云降堂者則在階上故云降堂階上也云室事交乎戶今降堂者敬也者室事交乎戶禮器文彼子路與季氏之祭云室事交乎戶堂事交乎階今此既是室之事當交於戶今乃交於階故言敬也云於姑言敢告舅尊於姑者上文於舅言敢奠嘉菜不言告是舅尊於姑言告是姑卑也

婦出祝闔牖戶凡廟無事則閉之疏注凡廟無事則閉之。釋曰先言牖後言戶者先闔牖後閉戶故爲文然也以其祭訖則闔牖戶明是無事則閉之以其鬼神尚幽闇故也

老醴婦于房中南面如舅姑醴婦之禮因於廟見禮之疏釋曰舅姑生時見訖舅姑使贊醴婦於寢之戶牖之間今

舅姑沒者使老醴婦於廟之房中其禮則同使老及處所則別也○注因於廟見禮之○釋曰象舅姑生時因見禮之故此亦因廟見禮之也

壻饗婦送者丈夫婦人如舅姑饗禮

疏 釋曰舅姑存舅姑自饗送者如上文今舅姑沒故壻兼饗丈夫婦人如舅姑饗禮幷有贈錦之等

記

士昬禮凡行事必用昬昕受諸禰廟辭無不腆無辱

用昕使者用昬壻也腆善也賓不稱幣不善主人不謝來辱

疏 記士昬至無辱○釋曰凡言記者皆經不備者也○注用昕至來辱○釋曰云用昕使者謂男氏使向女家納采問名納吉納徵請期五者皆用昕昕即明之始君子舉事尚早故用朝旦也云用昬壻也者謂親迎時也知辭無不腆者郊特牲云告之以直信信事人也信婦德也注云此二者所以教婦正直信也是賓納徵之時不得謙虛爲辭也云主人不謝來辱者此亦是不爲謙虛教女正直之義也

摯不用死皮帛必可制

摯鴈也皮帛儷皮束帛也

疏 釋曰云摯不用死者凡摯亦有用死者是以尚書元缺起卷首止此云三帛二牲一死摯即士摯雉今此亦是士禮恐用死鴈故云不用死也云皮帛必可制者可制爲衣物此亦是教婦以誠信之義也

腊必用鮮魚用鮒必殽全

殽全者不餧敗不剥傷

疏 腊必至殽全○注殽全至剥傷○釋曰腊用鮮者義取夫婦日新之義云魚用鮒者義取夫婦相依附者也云殽必全者義取夫婦全節無虧之理此並據同牢時也

女子許嫁笄而醴之稱字

許嫁已受納徵禮也笄女之禮猶冠男也使主婦女賓執其禮

疏 女子至稱字○釋曰女子許嫁謂年十五已上至十九已下案曲禮女子許嫁纓有笄兼有纓示有繫屬此不言纓文不具也云醴之稱字者猶男子冠禮之稱字同是以禮記喪服小記云丈夫冠而不爲殤婦人笄而不爲殤是其義同也○注許嫁至其禮○釋曰知許嫁已受納徵禮也者以納采問名納吉三禮雖使者往來未成交親故曲禮云非受幣不交不親鄭據納徵唯未行請期親迎也二者要待女二十爲之云笄女之禮猶冠男也使主婦女賓執其禮者案雜記云女雖未許嫁年二十而笄禮之婦人執其禮鄭注云言婦人執其禮明非許嫁之笄彼以非許嫁笄輕故無主婦女賓使婦人而已明許嫁笄當使主婦對女賓執其禮其儀如冠男也又許嫁者用醴禮之不許嫁者當用酒醮之敬其早得禮也

祖廟未毀教于公宮三月若祖廟已毀則教于宗室

祖廟女高祖爲君者之廟也以有緦麻之親就尊者之宮教以婦德婦言婦容婦功宗室大宗之家

疏 祖廟至宗室○注祖廟至之家○釋曰此謂諸侯同族之女將嫁之前教成之法經直云祖廟鄭知女高祖爲君者之廟也以有緦麻之親者以其諸侯立五廟大祖之廟不毀親廟四以次毀之經云未毀與已毀是據高祖之廟而言故云祖廟女高祖爲君者之廟也共承高祖是四世緦麻之親若三世共曾祖曾祖小功之親若共祖大功之親若共禰廟是齊衰之親則皆教於公宮今直言緦麻者舉最疏而言親者自然教於公宮可知也云教以婦德婦言婦容婦功者昬義文鄭彼注云婦德貞順也婦言辭令也婦容婉娩也婦功絲麻也云宗室大宗之家者案喪服小記繼別爲宗謂別子之世適長子族人來宗事之者謂之宗者收族者也高祖之廟既毀與君絕服者則皆於大宗之家教之又小宗有四或繼祖或繼禰或繼曾祖或繼高祖此等至五代皆遷不就之教者小宗卑故也

問名主人受鴈還西面對賓受命乃降

受鴈于兩楹間南面還于阼階上對賓以女名

疏 問名至乃降○注受鴈至女名○釋曰此亦記經不具者案經直云問名如納采之禮納采禮中無主人西面對事故記之也知受鴈於兩楹間南面者納采時賓當阿東面致命主人阼階上北面再拜又云授于楹間南面問名如納采之禮故亦楹間南面授鴈於彼唯不云西面故記之也云還于阼階上對賓以女名者此即西面對與拜時北面異處也

祭醴始扱壹祭又扱再祭賓右取脯左奉之乃歸執以反命

反命謂使者問名納吉納徵請期還報於壻父

疏 祭醴至反命○釋曰云祭醴者謂贊醴婦之時禮成於三其爲三祭之時始○祭醴云初故始扱壹祭後祭醴又扱爲再祭也云賓右取脯左奉之乃歸者經直云降筵北面坐取脯不言用左右手故記之也云右取脯左奉之者謂先用右手取得脯乃用左手兼奉之以降授從者於西階下乃歸執以反命○注反命至壻父○釋曰知反命是此問名納吉納徵請期者以下云凡使者歸反命曰某既得將事矣敢以禮告言凡非一則知四者皆有反命也以納采與問名同使親迎又無使者故據此四者而言也

納徵執皮攝之內文兼執足左首

隨入西上參分庭一在南攝猶辟也兼執足者左手執前兩足右手執後兩足左首象生曲禮曰執禽者左首隨入爲門中阨狹西上中庭位併【疏】納徵至在南○釋曰案經直云納徵玄纁束帛儷皮如納吉禮則授幣得如授鴈之禮至於庭實之皮無可相如故記之○注攝猶至位併○釋曰執皮者相隨而入至庭北面皆以西爲左一手執兩足毛在內故云內文云左首象生者案聘禮執皮者皆左首此亦執皮而左首故云象生與執禽者同故引曲禮執禽者左首爲證必象生者取婦人生息之義云隨入爲門中阨狹者皮皆横執之案匠人云廟門容大扃七个注云大扃牛鼎之扃長三尺每扃爲一个七个二丈一尺彼天子廟門此士之廟門降殺甚小故云門中阨狹故隨入得並也云西上中庭位併者俱北面西上也賓致命釋外足見文主人受幣士受皮者自東出于後自左受遂坐攝皮逆退適東壁賓致命主人受幣庭實所用爲節士謂若中士下士不命者以主人爲官長自由也【疏】賓致至東壁○釋曰此亦爲經不見主人之士受皮之事故記之也云釋外足者據人北面以足向上執之足遠身爲外受之則文見故釋外足見文也云士受皮者取皮自東方出于後者謂自東方出於執皮者之後至於左北面受之故云自左受也云逆退者二人相隨自東而西今以後者先向東行故云逆退也○注賓致至由也○釋曰云賓致命主人受幣庭實所用爲節者以其上經納徵授幣如納吉之禮其目已具今言之者爲執皮者釋外足見文及士受皮時節不見故云賓堂上致命時庭中執皮者釋外足見文主人堂上受幣時主人之士於堂下受取皮是其庭實所用爲節也云士謂若中士下士不命者但諸侯之士國皆二十七人依周禮典命侯伯之士一命子男之士不命與不命國皆分爲三等上九中九下九案周禮三百六十官皆有官長其下皆有屬官但天子之士上士三命中士再命下士一命與諸侯之士異若諸侯上中下士同命今言士謂若中士下士不命者據上士爲官長者若主人是中士則士是下士若主人是下士則士是不命之士府史之等此不命與子男之士不命者别彼雖不得君簡兼之命仍得人君口命爲士此則不得君命是官長自辟除者也案既夕宰舉幣是士之府史則庭實胥徒爲之云自由也者謂由執皮者之左受之也父醴女而俟迎者母南面于房外

女既次純衣父醴之于房中南面蓋母薦焉重昏禮也女奠爵于薦東立于位而俟壻壻至父出使擯者請事母出南面房外示親授壻且當戒女也【疏】父醴至房外○注女既至女也○釋曰此亦前經不具故記之云女既次純衣父醴之于房中南面者見於上文云蓋母薦焉者舅姑共饗婦姑薦脯醢故知父母醴女亦母薦脯醢重昏禮故母薦也云女奠爵于薦東立于位而俟壻者案士冠禮子與醮子及此篇禮賓禮婦皆奠爵于薦東明此亦奠薦東也云壻至父出使擯者請事者見于上文云母出南面房外示親授壻且當戒女也者並參下文而言也女出于母左父西面戒之必有正焉若衣若笄母戒諸西階上不降必有正焉者以託戒使不忘【疏】女出至不降○釋曰此記亦經不具以母出房戶之西南面女出房西行故云出于母左父在阼階上西面故因而戒之云母戒諸西階上者母初立房西女出房母行至西階上乃戒之也○注必有至不忘○釋曰云託戒使不忘者謂託衣笄恒在身而不忘持戒亦然故戒使不忘也下文父母及庶母重行戒者並與此文相續成也此士禮父母不降送案桓公三年經書九月齊侯送姜氏于讙穀梁傳曰禮送女父不下堂母不出祭門祭門則廟門言不出廟門則似得下堂者彼諸侯禮與此異以其大夫諸侯天子各有昏禮故不同也婦乘以几從者二人坐持几相對持几者重慎之【疏】婦乘以几○注持几者重慎之○釋曰上經雖云婦乘以几不見從者二人持之故記之也此几謂將上車時而登若王后則履石大夫諸侯亦應有物履之但無文以言今人猶用臺是石几之類也婦入寢門贊者徹尊冪酌玄酒三屬于尊棄餘水于堂下階閒加勺屬注也玄酒涗水貴新昏禮又貴新故事至乃取之三注于尊中【疏】婦入至加勺○釋曰經中唯置酒尊不見徹冪以下事故記之○注屬注至尊中○釋曰經云酌玄酒三注於尊謂於外器中酌取此涗水三度注於玄酒尊中禮成於三故三注之也云玄酒涗水貴新者案郊特牲云明水涗齊貴新也又云凡涗新之也是禮有貴新也今昏禮事至乃取之故云貴新也若然禮有玄酒涗水明水三者各逐事物生名玄酒據色而言涗水據新取爲號其實一也以上古無酒用水爲酒後代雖有酒用之配尊不忘本故也明水者案周禮秋官司烜

云以陰鑒取明水於月郊特牲云其謂之明水也由主人之絜著此水也注云著猶成也言主人齊絜此水乃成可得也配尊之酒三酒加玄酒鬱鬯與五齊皆用明水配之郊特牲云五齊加明水三酒加玄酒不言鬱鬯者記人文畧也相對玄酒與明水別通而言之明水亦名玄酒故禮運云玄酒在室彼配鬱鬯五齊是明水名爲玄酒也以其俱是水故通言水也若天子諸侯祭祀得鬱鬯與五齊三酒並用卿大夫士祭直用三酒與玄酒無五齊與鬱鬯又明水若生人相禮不忘本亦得用以其用醴則五齊之中醴齊之類也

醴笄緇被纁裏加于橋舅答拜宰徹笄被表也笄有衣者婦見舅姑以飾爲敬橋所以庪笄其制未聞今文橋爲鎬疏笄緇至徹笄○釋曰上經雖云笄不言表裏加飾之事故記之也

婦席薦饌于房醴婦饗婦之席薦也疏婦席薦饌于房○注醴婦至薦也○釋曰此亦於經不見故記之但醴婦時唯席與薦無俎其饗婦非直有席薦并有俎俎則不饌于房從鼎升于俎人設于席前今據醴婦時同有席與薦饌于房中者而言也

饗婦姑薦焉舅姑共饗婦舅獻爵姑薦脯醢疏饗婦姑薦焉○釋曰經直言舅姑共饗婦以一

獻之禮時同自明不言姑薦故記之也

婦洗在北堂直室東隅篚在東北面盥洗在北堂所謂北洗北堂房中半以北洗南北直室東隅東西直房戶與隅間疏婦洗至面盥○釋曰經唯言北洗不言洗處及篚故記之也○注洗在至隅間○釋曰房與室相連爲之房無北壁故得北堂之名故云洗在北堂也云所謂北洗者所謂經中北洗也云北堂房半以北者以其南堂是戶外半以南得堂名則堂是戶外之稱則知此房半以北得堂名也知房無北戶者見上文云尊于房戶之東房有南戶矣燕禮大射皆云羞膳者升自北階立于房中不言入房是無北壁而無戶是以得設洗直室東隅也云洗南北直室東隅者是南北節也云東西直房戶與隅間者是東西節也

婦酢舅更爵自薦更爵男女不相因也疏婦酢舅更爵自薦○釋曰謂舅姑饗婦獻時舅姑薦今婦酢舅婦自薦之嫌別人薦故記之也

不敢辭洗舅降則辟于房不敢拜洗不敢與尊者爲禮疏不敢至拜洗○釋曰此事當在婦酢舅之上退之在下者欲見酬酒洗時亦不辭故也此對士冠鄉飲酒之等主與賓爲禮皆辭洗

此則不敢也此事於經不見故記之也

凡婦人相饗無降姑饗婦人送者于房無降者以北洗篚在上疏凡婦人相饗無降○注姑饗至在上○釋曰本設北洗爲婦人有事不下堂今以北洗及篚在上故不降經不言故記之也言凡者欲見舅姑共饗婦及姑饗婦人送者皆然故言凡也

婦入三月然後祭行入夫之室三月之後於祭乃行謂助祭也疏婦入至祭行○注入夫至祭也○釋曰此據舅在無姑或舅沒姑老者若舅在無姑三月不須廟見則助祭案內則云舅沒則姑老者謂姑六十亦傳家事任長婦婦入三月廟見祭菜之後亦得助夫祭故鄭云謂助祭也此亦謂適婦其庶婦無此事亦以經不見故記之也

庶婦則使人醮之婦不饋庶婦庶子之婦也使人醮之不饗也酒不酬酢曰醮亦有脯醢適婦酌之以醴尊之庶婦酌之以酒卑之其儀則同不饋者共養統於適也疏庶婦至不饋○注庶婦至適也○釋曰不饗者以適婦不醮而有饗今使人醮之以醮替饗故使人醮之不饗也云酒不酬酢曰醮者亦如庶子醮然知亦有脯醢者以其饗婦及醮子皆有脯醢故知亦有脯醢也云其儀則同者適婦用醴於客位東面拜受

醴贊者北面拜送今庶婦雖於房外之西亦東面拜受醮者亦北面拜送故云其儀則同也云不饋者共養統於適也者謂不盥饋特豚以其共養統于適婦也

昏辭曰吾子有惠貺室某也昏辭擯者請事告之辭吾子謂女父也稱有惠明下達貺賜也室猶妻也某壻名疏昏辭至某也○注昏辭至壻名○釋曰鄭知昏辭是擯者請事告之辭者以其言吾子有惠貺室某也是使告主人之辭明知是擯者出門請事使者告之辭也知吾子謂女父者請事告擯者稱前已有惠貺其妻於壻某申明是女父乃得以女許人故知吾子女父也云明下達者此擯者稱有惠貺室即壻家舊已有辭下達女家見許今得言貺室也故引上文下達以釋此也引子謂公冶長可妻也者證以女許人稱貺室室猶妻也

某有先人之禮使某也請納采某壻父名也某也使名也疏某有至納采○注某壻至名也○釋曰此亦是使者門外通達上語告擯者之辭也以其使者稱向主人擯者故知上某是壻父下某是使者名也

對曰某之子惷愚又弗能教吾子命之某不敢辭對曰

者擯出納賓之辭某女父名也吾子謂使者今文弗爲不無能字 疏 對曰至敢辭○注對曰至能字○釋曰鄭知對曰者擯出納賓之辭者以其上文賓告擯者辭下經致命主人明此是中間擯者出領賓告者辭下經致語入告主人擯者又領主人此語以告使者知也

致命曰敢納采問名曰某既受命將加諸卜敢請女爲誰氏某使者名也誰氏者謙也不必其主人之女 疏 致命曰敢納采○釋曰此使者升堂致命於主人辭若然亦當有主人對辭如納徵致命主人對辭不言之者文不具也問名賓在門外請問名主人許無辭者納采問名同使前已相親於納采許昏訖故於問名畧不言主人所傳辭也是以於此直見賓升堂致命主人之辭也自此已下有納吉納徵請期之等皆有門外賓與擯者傳辭及升堂致命主人對或理有不須而言或理須辭而文不具以情商度義可皆知也○注某使至之女○釋曰知某使者名也者以使者對主人稱某既受命明是使者之名也云誰氏者謙也者以其下達乃納采則知女之姓矣今乃更問主人女爲誰氏者恐非主人之女假外人之女收養之是謙不敢必其主人之女也其本云問名而云誰氏者婦人不以名行明本不問女之三月名此名即姓號之名若尚書孔注云虞氏舜名舜爲謚號猶爲名解之明氏姓亦得爲名若然本問名上氏姓故云誰氏也

對曰吾子有命且以備數而擇之某不敢辭卒曰某氏不記之者明爲主人之女 疏 對曰至敢辭○釋曰云吾子有命者正謂行納采問名使者將命來是巳有命來擇即是且以備數而擇之也○注卒曰至之女○釋曰云卒曰某氏者主人終卒對客之辭當云某氏對使也云不記之者明爲主人之女者若是他女當稱女氏以荅今不言之者明是主人之女容舊知之故不對是以云明爲主人之女也

醴曰子爲事故至於某之室某有先人之禮請醴從者言從者謙不敢斥也今文於爲于

對曰某既得將事矣敢辭將行

先人之禮敢固以請主人辭固如故

某辭不得命敢不從也賓辭也不得命者不得許已之命

納吉曰吾子有貺命某加諸卜占曰吉使某也敢告貺賜也賜命謂許以女名也某壻父名 疏 注貺賜至父名○釋曰知某是壻父名者以其云命某加諸卜是壻父卜故知某是壻父名

對曰某之子不教唯恐弗堪子有吉我與在某不敢辭與猶兼也古文與爲豫 疏 對曰至敢辭○注與猶兼也○釋曰云我與在以其夫婦一體夫既得吉婦吉可知故云我兼在占吉中也

納徵曰吾子有嘉命貺室某也某有先人之禮儷皮束帛使某也請納徵致命曰某敢納徵對曰吾子順先典貺某重禮某不敢辭敢不承命典常也法也 疏 納徵至承命○釋曰吾子有命以下至請納徵是門外向擯者辭也云致命曰某敢納徵者是所升堂致命辭也云對曰者是堂上主人對辭也

請期曰吾子有賜命某既申受命矣惟是三族之不虞使某也請吉日三族謂父昆弟已昆弟子昆弟虞度也不億度謂卒有死喪此三族者已及子皆爲服期期服則踰年欲及今之吉也雜記曰大功之末可以冠子嫁子 疏 請期至吉日○釋曰云某既申受命矣者申重也謂前納采已後每度重受主人之命也云惟是三族之不虞使某也請吉日者今將成昏須及吉時但吉凶不相干若值凶不得行吉禮故云惟是三族死生不可億度之事若值死時則不得娶及今吉時使某請吉日以成昏禮也○注三族至嫁子○釋曰鄭知三族是父已子三者之昆弟者若大功之喪服內不廢成禮若期親內則廢故舉合廢者而言以其父昆弟則伯叔及伯叔母已昆弟則已之親兄弟子昆弟則已之適子庶子者皆已之齊衰期服之內親故三族據三者之昆弟也引雜記者見大功小功之末既葬則可以嫁子娶妻經曰三族不據之矣今據父之昆弟期於子小功不得與子娶妻若於子期於父小功亦不得娶妻知今皆據壻之父而言若然已父昆弟於子爲小功而言此三族者已與子皆爲服期者亦據大判而言耳

對曰某既前受命矣唯命是聽前受命者申前事也

曰某命某聽命于吾子曰某壻父名也對曰某

固唯命是聽使者曰某使某受命吾子不許某敢不告期曰某日某吉日之甲乙疏注某吉日之甲乙○釋曰云曰某日者是使者付主人吉日之辭云某吉日之甲乙者謂以十日配十二辰若云甲子乙丑丙寅丁卯之類故鄭略舉甲乙而言之也對曰某敢不敬須須待凡使者歸反命曰某既得將事矣敢以禮告告禮所執脯疏注告禮所執脯○釋曰知禮是所執脯者上文禮賓賓皆北面取脯降授從者今此云歸以反命故知禮是所執脯也主人曰聞命矣父醮子子壻疏父醮子○釋曰女父禮女用醴又在廟父醮子用酒又在寢不同者父禮女者以先祖遺體許人以適他族婦人外成故重之而用醴復在廟告先祖也男子直取婦入室無不反之故輕之而用酒在寢知醮子亦不在廟者若在廟以禮筵於戶西右几布神位今不言故在寢可知也命之曰往迎爾相承我宗事相助也宗事宗廟之事勗帥以敬先妣之嗣若則有常勗勉也若猶女也勉帥婦道以敬其爲先妣之嗣女之行則當有常深戒之詩云大姒嗣徽音疏勗帥至有常○注勗勉至徽音○釋曰云以敬其爲先妣之嗣者謂婦人入室使之代姑祭也詩云大姒嗣徽音者大雅文王詩大姒者文王妃嗣繼徽美也娶大姒明以繼先妣美音也引之者證敬其爲先妣之嗣也子曰諾唯恐弗堪不敢忘命賓至擯者請對曰吾子命某以茲初昏使某將請承命賓壻也命某某壻父名茲此也將行也使某行昏禮來迎疏賓至至承命○注賓壻至來迎○釋曰云命某某壻父名者以其經有二某命某者是壻自稱之以對擯者也經云使某者是壻名故不言也對曰某固敬具以須父送女命之曰戒之敬之夙夜毋違命夙早也早起夜臥命舅姑之教命古文毋爲無疏父送至違命○釋曰上送女之時父母俱戒訖今世記人又云此戒者當同是送女時并有此戒續成前語庶母所戒亦然以前後語時不同故記人兩處記之但父戒

之使無違舅命母戒之使無違姑命故父云命母云戒也然若此注有云命舅姑之教命有姑字者傳寫誤也云古文毋爲無不從者以許氏說文毋爲禁辭故從經今文毋爲正也母施衿結帨曰勉之敬之夙夜無違宮事帨佩巾疏宮事○釋曰則姑命婦之事若內宰職云后教六宮婦人稱宮故也庶母及門內施鞶申之以父母之命命之曰敬恭聽宗爾父母之言夙夜無愆視諸衿鞶庶母父之妾也鞶鞶囊也男鞶革女鞶絲所以盛帨巾之屬爲謹敬申重也宗尊也愆過也諸之也示之以衿鞶者皆託戒使識之也不示之以衣笄者尊者之戒不嫌忘之視乃正字今文作示俗誤行之疏庶母至衿鞶○注庶母至行之○釋曰云男鞶革女鞶絲者內則文男女用物不同故幷引男子鞶革於經無所當也云所以盛帨巾之屬爲謹敬者案內則云箴管線纊施鞶袠鄭云鞶袠言施明爲箴管線纊有之是鞶以盛帨巾之屬此物所以供事舅姑故云謹敬也云不示之以衣笄者尊者之戒不嫌忘之者前文父戒以衣笄此經母施衿結帨庶母直示之以衿鞶不示以衣笄故鄭決之也云視乃正字今文作示俗誤行之者案曲禮云童子常視毋誑注云視今之示字彼注破視從示此注以視爲正字以示爲俗誤不同者但古文字少故眼目視瞻與以物示人皆作視字故此注云視乃正字今文作示是俗人以今示解古視故云誤也彼注云視今之示字者以今曉古故舉今文示而言兩注相兼乃具也壻授綏姆辭曰未教不足與爲禮也姆教人者宗子無父母命之親皆沒己躬命之宗子者適長子也命之命使者母命之在春秋紀裂繻來逆女是也躬猶親也親命之則宋公使公孫壽來納幣是也言宗子無父是有父者禮七十老而傳八十齊喪之事不及若是者子代其父爲宗子其取也父命之疏宗子至命之○注宗子至命之○釋曰云宗子者適長子也者案喪服小記云繼別爲宗繼禰者爲小宗大宗小宗皆是適妻所生長子也云命之命使者者謂納采已下至請期五者皆命使者也云母命之在春秋紀裂繻來逆女是也者案隱二年經書秋九月紀裂繻來逆女公羊傳曰裂繻者何紀大夫也何以不稱使昏禮不稱主人何休云爲養廉遠恥也又云然則曷稱稱諸父兄師友宋

公使公孫壽來納幣則其稱主人何辭窮也辭窮者何無母也休注云禮有母母當命諸父兄師友稱諸父兄師友以行宋公無母莫使命之辭窮故自命之自命之則不得不稱使又云然則紀有母乎曰有有則何以不稱母母不通也休注云禮婦人無外事但得命諸父兄師友稱諸父兄師友以行耳母命不得達故不得稱母通使文所以遠別也服注亦云不稱主人母命不通故稱使婦人無外事若然直命使子之父兄師友使命使者不自親命使者此注云命之命使者似母親命者鄭畧言之其實使子父兄師友命使者也云躬猶親也親命之則宋公使公孫壽來納幣是也者成八年文義取公羊傳如向說舉納幣其餘使親命之也云言宗子無父至不及者案曲禮七十曰老而傳注云傳家事在子孫是謂宗子之父又王制云八十齊衰之事弗及也注云八十不齊則不祭也子代之祭是謂宗子不孤二者皆是宗子有父雖主家事其昏事則父命使者也

支子則稱其宗支子庶昆弟也稱其宗子命使者疏支子則稱其宗○釋曰云稱其宗者謂命使者當稱宗子以命之以大小宗皆然也

弟稱其兄弟宗子之母弟疏弟則稱其兄○注弟宗子之母弟○釋曰知此弟是宗子同母弟者以士支子謂庶昆弟稱其宗子

命使者故知此弟宗子同母弟也

若不親迎則婦入三月然後壻見曰某以得爲外昏姻請覿女氏稱昏壻氏稱姻覿見疏若不至請覿○釋曰上已言親迎自此已下至篇末論壻不親迎過三月及壻往見婦父母事也必亦待三月者亦如三月婦廟見一時天氣變婦道成故見外舅姑自此至敢不從並是壻在婦家大門外與擯者請對之辭○注女氏至覿見○釋曰女氏稱昏壻氏稱姻者爾雅釋親文所以別男女則男曰昏女曰姻者義取壻昏時往娶女則因之而來及其親則女氏稱昏男氏稱姻義取送女者昏時往男家因得見之故也

主人對曰某以得爲外昏姻之數某之子未得濯溉於祭祀是以未敢見今吾子辱請吾子之就宮某將走見主人女父也以白造緇曰辱疏主人至走見○釋曰云某之子未得濯溉於祭祀者前祭之夕濯溉祭器以其自此以前未廟見未得祭祀故未敢相見也云請吾子之就宮者使壻還就家是欲往就見也○注主人至曰辱○釋曰云以白造緇曰辱者謂以絜白之物造置於緇色器中是汙白色猶今賓至已門亦是屈辱故云以白造緇曰辱也

對曰某以非他故不足以辱命請終賜見非他故彌親之辭命謂將走見之言今文無終賜疏對曰至賜見○注非他至終賜○釋曰此壻對擯者辭云非他故彌親之辭者上擯云得爲外昏姻是相親之辭今又云非他故是爲壻而來見彌相親之辭也

對曰某得以爲昏姻之故不敢固辭敢不從不言外亦彌親之辭古文曰外昏姻

主人出門左西面壻入門東面奠摯再拜出出門出內門入門入大門出內門不出大門者異於賓客也壻見於寢奠摯者壻有子道不敢授也摯雉也疏主人至拜出○注出門至雉也○釋曰云出內門入大門者以大夫士迎賓皆於大門外故此決之也云壻見於寢者聘禮凡見賓客及上親迎皆於廟者聘禮敬賓客故在廟親迎在廟者以先祖之遺體許人故在廟此壻見外舅姑非賓非親迎故知在適寢也云奠摯者壻有子道不敢授也者凡執摯相見皆親授受此獨奠之象父子之道質

故不親授奠之而已云摯雉也者以其士執雉是其常也

擯者以摯出請受欲使以賓客禮相見疏擯者以摯出請受○注欲使至相見○釋曰案聘禮賓執摯入門右從臣禮辭之乃出由門左西進北面從賓客禮此亦然故知所請受者請退從賓客相見受之

壻禮辭許受摯入主人再拜受壻再拜送出出已見女父疏壻禮至送出○注出已見女父○釋曰云受摯入者亦如聘禮受摯乃更西入也云出已見女父者以其相見訖擬出更與主婦相見也

見主婦主婦闔扉立于其內主婦主人之婦也見主婦者兄弟之道宜相親也闔扉者婦人無外事扉左扉疏見主至其內○注主婦至左扉○釋曰云見主婦者兄弟之道宜相親也者爾雅母與妻之黨爲兄弟故知主婦於壻者兄弟之道也故云宜相親也云闔扉者婦人無外事者婦人送迎不出門見弟不踰閾是無外事也云扉左扉者士喪禮卜葬云闔東扉主婦立于其內既言東扉即是左扉故知是左扉也

壻立于門外東面主婦一拜壻荅再拜主婦又拜壻

出必先一拜者婦人於丈夫必俠拜主人請醴及揖讓入醴以一獻之禮主婦薦奠酬無幣及與也無幣異於賓客疏主人至無幣○注及與至賓客○釋曰訓及爲與者以主人與揖讓而入寢門升堂醴壻故訓及爲與也云無幣異於賓客者上冠禮醴賓酬之以幣昏禮饗賓酬以束錦燕禮大射酬賓客皆有幣此無幣故云異於賓客也壻出主人送再拜

儀禮卷第二　經二千五百七十三　注三千六百三十

儀禮疏卷第六

元缺第一葉第二葉今補

南昌盧氏宣旬校定

大清嘉慶二十年書　用文選樓藏本校

江西督糧道王賡言廣豐縣知縣阿應鱗栞

儀禮注疏卷六挍勘記　阮元撰盧宣旬摘錄

若舅姑既沒

此言舅姑既沒者　要義同毛本既誤作俱

因内則有菫荁枌榆供養　荁陳閩俱誤作萱枌毛本作芬浦鏜云枌誤芬是也

婦拜扱地

以手之至地　毛本同陳閩俱無之字

摯不用死

三鼎二牲　要義同毛本牲作生是也

腊必用鮮○必殽全　按疏作殽必全

不餒敗　徐本集釋同釋文毛本俱作餧

女子許嫁

非受幣不交不親　毛本受誤作納

祖廟未毁

曾祖小功之親　要義同毛本曾祖作是誤

謂别子之世適長子　毛本同下子字陳閩俱作者非也

則皆於大宗之家教之　要義同毛本於作以

問名

此卽西面對　毛本面誤作南

祭醴始扱壹祭　唐石經徐本集釋通解楊敖同毛本壹作一

始祭禮云初故始扱壹祭後祭醴又扱爲再祭也　毛本作始

祭醴之初故云始扱一祭及又扱則分爲兩故云又扱再祭是爲三也陳閩俱無始祭禮之初故云七字案通解改此疏云禮成于三故祭醴之時始扱壹祭及又扱則分爲兩祭是爲三也今本略依通解

云右取脯左奉之者 入字陳閩俱脫毛本有

納徵

執皮者 要義同毛本者下有二人兩字

執皮者皆左首 補鏜云右誤左是也

天子廟門 單疏要義俱無天子二字是也

七个二丈一尺彼天子廟門此士廟門 要義同毛本作共二丈一尺此士廟門○按毛本非也作共字與匠人注不合

故隨入得竝也云西上中庭位併者俱北面西上也 毛本作故二人相隨乃可以入不得竝行也至中庭則稍寬故得俱北面西上也

賓致命○士受皮者自東出于後 朱子云疏引此文皮者下有取皮二字今本無之未詳孰是

適東壁 壁徐本作璧誤

受之則文見 陳本同毛本受作釋是也

自左受者 單疏本無自左受三字通解有○按無者是

主人堂上受幣時 陳閩同毛本受作授

與子男之士不命者別 毛本男誤作卑

婦乘以几

是石几之類也 段玉裁云當作几石此誤倒也

婦入寢門贊者徹尊冪 冪要義作鼏

配尊之酒三酒 要義無三酒二字

笲

笲有衣者 衣聶氏作表

婦席薦饌于房

非直有席薦 非閩本作亦

饗婦姑薦焉

時同自明 自明毛本作明日

婦洗在北堂

所謂經中北洗也 要義同毛本作經中所謂

北堂房半以北者 房下要義有中字

婦酢舅

謂舅姑饗婦時獻時舅 毛本獻時舅作時舅獻

昏辭曰

子謂公冶長可妻也 陳閩監葛通解俱脫此八字

對曰某之子惷愚

今文弗爲不 徐本集釋通解同毛本今作古

某辭不得命

不得許已之命 徐陳集釋通解楊敖同毛本許作辭

對曰某固唯命是聽

是使者付主人吉日之辭 毛本傳作付

凡使者歸

告禮所執脯 通典無告字玩疏意似亦無告字

父醮子

子壻也 徐本集釋俱無也字毛本通解有

父禮女者 要義同毛本者作子

若在廟以禮筵于戶西 毛本同陳閩俱脱在廟二字

右几布神位 要義同毛本布作在

命之曰 毛本之下有辭字唐石經徐本集釋要義敖氏俱無辭字通解楊氏有石經考文提要云記乃通記昏辭每節俱無辭字

勗帥以敬先妣之嗣

勉帥婦道 張氏云釋文上帥道之注云下帥道同謂此句也此句當云勉帥道婦○按張氏之說是也帥之訓道上文已具故此不復言但疊帥道兩字以見義通典云勉導以敬其爲先妣之嗣正合注意蓋敬其爲先妣之嗣卽是婦道若云勉帥婦道則不可通矣

父送女○夙夜毋違命 毋陳閩監本俱誤作母凡他篇毋字此本亦有誤作母者可以義求之不盡挍

舅姑之教命 案疏以姑字爲衍文

續成前語 毛本語作文陳本誤作女

母施衿結帨曰

則姑命婦之事 毛本作宮事謂姑命婦之事通解與今本同○按則猶卽也疏中每有此語前疏云母戒之使無違姑命此節經云夙夜無違宮事是宮事卽姑命婦之事此賈氏自釋前語也宮事二字已標于上故不再出直釋曰則姑命婦之事毛本既刪標目又不達則字之義率依通解改之謬矣

壻授綏姆辭曰未教不足與爲禮也 十四字在宗子無父上唐石經徐本集釋通解楊敖俱有通典有曰未教以下九字

姆教人者 四字徐本集釋通解楊氏俱有毛本經注並脱

宗子無父

是有父者 毛本有下有有字徐本集釋俱脱一有字

云宗子者適長子也者 要義同毛本無長字

繼別宗 要義別下有爲字毛本同

稱諸父兄師友以行 毛本無諸字○按公羊隱二年傳注有諸字

傳家事在子孫 浦鏜云任誤在

弟稱其兄 唐石經徐本集釋敖氏同通解楊氏毛本弟下有則字

主人對曰未得濯溉於祭祀 溉敖氏作摡張氏云釋文云摡古代反少牢饎食摡鼎匕俎摡甑甗匕與敦摡豆籩勺爵觚觶字皆作摡○按今本釋文作溉

造置于緇色器中 器要義作之

對曰某以非他故 他通解作它注同按士虞他用剛日注云今文他爲它則他它宜有辯但諸本錯出故不悉挍

對曰某以得爲婚姻之故 以得唐石經徐本張氏通解楊氏敖氏俱作得以集釋按云上言某以得爲外婚姻之數以者自以也對稱某以非他故此乃云某得以爲昏姻之故以者指壻以之也敖疑上言之數下言之故必有一誤因云得以宜作以得不知以字在下正與故字語氣相貫又與上故字相應今注疏本從敖氏說改經耳

敢不從 張氏云五代廣順中監本同至顯德中吉觀國所挍監本乃云敢從無不字或曰歲久版脱之也

亦彌親之辭古文曰外昏姻　下六字徐本集釋通解敖氏俱有今本俱脫

主人出門左

不敢授也　毛本授誤作受

凡見賓客及上親迎皆于廟者　要義同毛本上作士廟下無者字

以先祖之遺體許人　要義無之字

擯者以摯出

賓執摯入門右　陳本脫執字閩本脫入字

從臣禮　毛本從下有君字陳本從下空一字

由門左西進北面　毛本進作向

見主婦

見弟不踰閾　要義無見字毛本見下有兄字

儀禮注疏卷六挍勘記終

奉新余成教挍

儀禮疏卷第七

唐朝散大夫行大學博士弘文館學士臣賈公彦等撰

儀禮卷第三

士相見禮第三

疏 士相見禮第三○鄭目録云：士以職位相親始承摯相見禮雜記會葬禮曰相見也反哭而退朋友虞祔而退士相見於五禮屬賓禮大小戴及別録皆第三○釋曰鄭云士以職位相親始承摯相見者釋經亦有大夫及庶人見君之禮亦士見大夫之法獨以士相見爲名者以其兩士職位不殊同類昵近故以士相見爲首云雜記相見也反哭而退朋友虞祔而退者以送葬之禮恩厚者退遲恩薄者退疾引之者證有執摯相見之義也云士相見於五禮屬賓禮者案周禮大宗伯五禮賓禮之別有八春朝夏宗秋覲冬遇時會殷同此六者是五等諸侯見天子兼有自相朝覲之禮彼又云時聘曰問殷覜曰視二者是諸侯使臣出聘天子及自相聘之禮並執玉帛而行無執禽摯之法此篇直新升爲士大夫之等同國執禽摯相見及見君之禮雖非出聘亦是賓主相見之法故屬賓禮也且士卑雖得作介從君與卿大夫出向他國無身自聘問之事案周禮行夫是士官其有美惡無禮特行無介始得

出向他邦亦非聘問之法也然昏冠及喪祭尊卑各自有禮及執摯相見雖有此士相見其篇内含卿大夫相見以其新升爲士或士自相見或士往見卿大夫或卿大夫下見士或見己國君或士大夫見他國君來朝者新出仕從微至著以士爲先後更有功乃升爲大夫已上故以士爲總號也又天子之孤卿大夫士與諸侯之孤卿大夫士執摯既同相見之禮亦無別也

儀禮　鄭氏注

士相見之禮摯冬用雉夏用腒左頭奉之曰某也願見無由達某子以命命某見摯所執以至者君子見於所尊敬必執摯以將其厚意也士摯用雉者取其耿介交有時別有倫也雉必用死者爲其不可生服也夏用腒備腐臭也左頭頭陽也無由達言久無因緣以自達也某子今所因緣之姓名也以命者稱述主人之意今文頭爲脰 疏 士相見至某見○釋曰自此至送于門外再拜論士與士相見之事也云某也願見無由達者謂新升爲士欲見舊爲士者謂久無紹介中間之人達彼此之意雖願見無由得與主人通達相見也云某子以命命某見者某子是紹介中閒之人姓名以主人之命命某是賓之名命某來見主人也案少儀始見君子者辭曰某固願聞名於將命者謂以見尊法彼又云敵者曰某固願見於將命者此兩士相見亦是敵者不言願見於將命者者此既言願見無由達見敵者始欲相見案下文及還摯者皆云於將命者明此亦有願見於將命者不言者文不具也○注摯所至爲脰○釋曰云摯所執以至者摯得訓爲至升爲士者元缺二字彼人相見欲相尊敬必執禽鳥始得至故云摯所執以至者也云士摯用雉者對大夫已上所執羔鴈不同也云取其耿介交有時別有倫也者倫類也交接有時至於別後則雉雉不雜謂春交秋別也士之義亦然義取耿介不犯於上也云雉必用死者爲其不可生服也者經直云冬用雉知用死雉者尚書云三帛二牲一死摯則雉義取耿介爲君致死也云夏用腒備腐臭也者案周禮庖人云春行羔豚夏行腒鱐鄭云腒乾雉鱐乾魚腒鱐暵熱而乾乾則不腐臭故此取不腐臭也冬時雖死形體不異故存本名稱曰雉夏爲乾腒形體異故變本名稱曰腒也云左頭頭陽也者曲禮云執禽者左首雉與羔鴈同是合生執之物以不可生服故殺之雖死猶尚左以從陽也云某子今所因緣之姓名也者謂紹介之姓名云以命者稱述主人之意者言紹介之人稱述主人之辭意傳來賓也云今文頭爲脰者鄭

不從今文者以其脰項也項不得爲頭故不從也但此云某子以命命某見謂舊未相見今始來見主人故須某子傳通孺悲欲見孔子不由紹介故孔子辭以疾且經云某子鄭云某子今所因緣之姓名案鄉飲酒云某子受酬注云某者衆賓姓又鄉射云某酬某子注云某子者氏也與此注某子爲姓名不同者彼旅酬下爲上尊敬在上以公羊傳名不若字字不若子故下者稱姓以配子彼對面語故不言名此非對面之言於彼遥稱紹介之意若不言名直稱姓是何人故鄭以姓名解之也若然特牲云皇祖某子注爲伯子仲子者以孫不宜云父祖姓故以伯子仲子言之望經爲義故注有殊若然注宜有名無者誤也

主人對曰某子命某見吾子有辱請吾子之就家也某將走見有又也某子命某往見今吾子又自辱來序其意也走猶往也今文無走 疏 主人至走見○釋曰云某子命某見者某子則是紹介姓名以某子是中閒之人故賓主共稱之也此上下言請不言辭辭而不受須相見故言請而已○注有又至無走○釋曰鄭轉有爲又者以言某子以命命某往就彼見吾子又自辱來於義爲使故從又不從有也云走猶往也者以言走直取急往相見之意非趍驟之義

故釋從往也云今文無走字者無走於文義不足故不從今文從古文也 賓對曰某不足以辱命請終賜見命謂請吾子之就家 主人對曰某不敢爲儀固請吾子之就家也某將走見不敢爲儀言不敢外貌爲威儀忠誠欲往也固如故也今文不爲非古文云固以請也 疏 注不敢至以請○釋曰固如故也者固爲堅固堅固則如故以再請如前故云固如故也云今文不爲非者云非敢於義不便故不從今文非也云古文云固以請者固請於文從便若有以字於文緐緩故不從古文固以請也 賓對曰某不敢爲儀固以請言如固請終賜見也今文不爲非 主人對曰某也固辭不得命將走見聞吾子稱摯敢辭摯不得命者不得見許之命也走猶出也稱舉也辭其摯爲其大崇也古文曰某將走見 疏 注不得至走見○釋曰云走猶出也者亦如上之走在彼處向賓家故走爲往此據出門故云走出也云辭其摯爲其大崇也者凡賓主相見唯此新升爲士有摯又初不相識故有摯爲重對重

相見則無摯爲輕是以始相見辭之爲大崇故也云古文曰某將走見者上再番皆云某將走見今此三者亦云某將走見與前同此疊古文不從者以上第一番請賓主皆無不敢爲儀第二番賓及主人皆云不敢爲儀文句既異若不云某於文不便故須云某也此三番於上已云某也固辭不得命於下不須云某於文便古文更云某將走見文疊故不從也 賓對曰某不以摯不敢見見於所尊敬而無摯嫌大簡 疏 注見於至大簡○釋曰此士相見唯是平敵相伉案曲禮云主人敬客則先拜客客敬主人則先拜主人並不問爵之大小唯以相尊敬爲先後故雖兩士亦得云相尊敬不敢空手須以摯相見若無摯相見是則大簡畧也 主人對曰某不足以習禮敢固辭言不足習禮者不敢當其崇禮來見己 疏 注言不至見己○釋曰案上經賓云某不以摯不敢見是賓以崇禮來見主人今主人不敢當其崇禮來見己故變文言不足以習禮故鄭云言不足習禮者不敢當其崇禮來見己也 賓對曰某也不依於摯不敢見固以請言依於摯謙自卑也今文無也 疏 注言依至卑也○釋曰凡相見之禮

以卑見尊必依摯禮記檀弓云魯人有周豐也者哀公執摯請見之者是下賢非正法今士相見云不依於摯不敢見謙自卑也 主人對曰某也固辭不得命敢不敬從出迎于門外再拜賓荅再拜主人揖入門右賓奉摯入門左主人再拜受賓再拜送摯出右就右也左就左也受摯於庭既拜受送則出矣不受摯於堂下人君也今文無 疏 注右就至無文○釋曰凡門出則以西爲右以東爲左入門則以東爲右以西爲左依賓西主東之位也知受摯於庭者以其入門左右不言揖讓而升之事故知在庭也云既拜送則出矣者欲見賓拜送摯訖而言出則去還家無意得待主人畱己也云不受摯於堂下人君也者聘禮賓升堂致命授玉又下云君在堂升見無方階亦是升堂見君法故云不升堂下人君也 主人請見賓反見退主人送于門外再拜請見者爲賓崇禮來相接以矜莊歡心未交也賓反見則燕矣下云凡燕見於君至凡侍坐於君子博記反見之燕義臣初見於君再拜奠摯而出 疏

主人請見至再拜○注請見至而出○釋曰鄭解主人畱賓之意云請見者爲賓崇禮來相接則執摯來是也云以矜莊歡心未交也者正謂入門拜受拜送時賓主俱矜莊相敬歡心未交也云賓反見則燕矣者上士冠禮賓士昏納采之等禮記皆有禮賓饗賓之事明此行禮主人畱必不虛宜有歡燕故云則燕矣以摯相見非聘問之禮燕既在寢明前相見亦在寢之庭矣若諸文有畱賓者多是禮賓之事知此不行禮賓而云燕者彼諸文皆是爲餘事相見以其事重故爲禮賓此直當身相見其事輕故直有燕矣是以諸文禮賓此燕賓故直云請見也云凡燕見於君至反見之燕義者凡燕見或反見或本來侍坐非反見下注云此謂特見圖事非立賓主之燕是也侍坐於君子之下乃有侍坐問夜膳葷賜食爵之等不引證燕見者彼直是侍坐法非燕見之禮故也云臣初見於君再拜奠摯而出者鄭欲見自燕見于君下至凡侍坐於君子皆反見燕法其中仍有臣見于君法臣始事見于君法禮畢奠摯而出君亦當遣人畱之燕也若然下有他邦之人則還摯雖不見反燕臣尚燕他邦有燕可知但文不具也 主人復見之以其摯曰鄉者吾子辱使某見請還摯於將命者復見

之者禮尚往來也以其摯謂鄉時所執來者也鄉曩也將猶傳也傳命者謂擯相者疏○主人至命者○釋曰自此至賓退送再拜論主人還于賓之事○注復見至相者○釋曰云復見之者禮尚往來也者鄭解主人還摯之意云禮尚往來曲禮文五等諸侯身自出朝及遣臣出聘以其圭璋重不可遥復朝聘訖即還之璧琮財輕故不還彼朝聘用玉自爲一禮有不還之義其在國之臣自執摯相見雖禽摯皆還之臣見於君則不還義與朝聘異不可相決也云將猶傳也傳命者謂擯相者者謂出接賓曰擯入詔禮曰相一也故聘禮與冠義皆云每一門止一相是謂擯介爲相也

主人對曰某也既得見矣敢辭讓其來荅己也疏主人至敢辭○釋曰上言主人此亦言主人者上言主人者據前爲主人而言此云主人者謂前賓今在己家而説也

賓對曰某也非敢求見請還摯于將命者言不敢求見嫌褻主人不敢當也今文無也疏注言不至當也○釋曰云嫌褻主人不敢當也者鄉者主人見己今即來見主人賓主頻見是褻也今云非敢求見嫌褻主人不敢更相見也故不敢當相見之法直云還摯而已

主人對曰某也既得見矣敢固辭固如故也**賓對曰某不敢以聞固以請於將命者**言不敢以聞又益不敢當疏注言不敢至敢當○釋曰上云非敢求見已是不敢當此云不敢以聞耳聞疏於自見故云又益不敢當也

主人對曰某也固辭不得命敢不從許受之也異日則出迎同日則否疏注異日至則否○釋曰下云賓奉摯入不言主人出迎又不言厥明是與前相見同日知異日出迎者鄉飲酒禮云明日乃息司正主人出迎之司正猶迎之況同僚乎是知異日出迎也若然聘禮公迎于大門内至禮賓又出迎者彼初是公迎彼初之命不爲迎賓身故至醴賓身雖同日亦出迎之故鄭注云公出迎者已之禮更端是也昏禮賓爲男家使初時出迎至醴賓身雖同日亦出迎也有司徹前爲尸後爲賓所爲異故云雖同日亦出迎此二者亦是更端之義也案鄉飲酒及公食大夫皆於戒賓之時未行賓主之禮是以賓至乃迎之故雖同日亦迎賓非更端之義也

賓奉摯入主人再拜受賓再拜送摯出主人送于門外再拜士見於大夫終辭其摯於其入也一拜其辱也賓退送再拜終辭其摯以將不親荅也凡不荅而受其摯唯君於臣耳大夫於士不出迎入一拜正禮也送再拜尊賓疏士見於大夫至再拜○注終辭至尊賓○釋曰云以將不親荅也者事未至謂之將如上士相見賓來見士後將親荅就士家則辭而受其摯此則以將不親荅終不受也若然經直云終辭其摯不言一辭再辭亦有可知但畧而不言也又少儀云始見君子曰願聞名此不言願聞亦文不具也云凡不荅而受其摯唯君於臣耳者見下文他邦之人則使擯者還其摯見己君不言還摯又文有三辭初辭中辭終辭初辭之時則云使某中辭云命某以辭在中者傳言而已故云命某然使某者是尊君卑臣之義其心重若云命某者尊君卑臣稍淺漸輕之義故鄭云或言命某傳言耳必知有此義者案僖九年左傳曰天子有事於文武使孔賜伯舅胙以伯舅耋老加勞賜一級無下拜是尊君稱使傳言云命有輕重之義也

若嘗爲臣者則禮辭其摯曰某也辭不得命不敢固辭禮辭一辭其摯而許也將

不荅而聽其以摯入有臣道也**賓入奠摯再拜主人荅壹拜**奠摯尊卑異不親授也古文壹爲一**賓出使擯者還其摯于門外曰某也使某還摯**還其摯者辟正君也**賓對曰某也既得見矣敢辭**辭君還其摯也今文無**擯者對曰某也命某某非敢爲儀也敢以請**還摯者請使受之**賓對曰某也夫子之賤私不足以踐禮敢固辭**家臣稱私踐行也言某臣也不足以行賓客禮賓客所不荅者不受摯**擯者對曰某也使某不敢爲儀也固以請**言使某尊君也或言命某傳言耳**賓對曰某固辭不得命敢不從再拜受**受其摯而去之疏注受其摯而去之○釋曰云受其摯而去者以其嘗爲臣爲輕既不受其摯又相見無饗燕之禮故鄭云而去以絶之也

下大夫相見以鴈

飾之以布，維之以索，如執雉。鴈取知時飛翔有行列也。飾之以布，謂裁縫衣其身也。維謂繫聯其足。

【疏】下大夫至執雉。釋曰：言下大夫者，國皆有三卿五大夫，言上大夫據三卿，則此下是五大夫也。二十七士與五大夫轉相副貳，則三卿宜有六大夫而五者，何休云司馬事省，闕一大夫。注鴈取至其足。釋曰：云鴈取知時者，以其木落南翔，冰泮北徂，隨陽南北，義取大夫能從君政教而施之。云飛翔有行列也者，義取大夫能依其位次，尊卑有敘也。上士執雉左頭奉之，此云如執雉，明執鴈者亦左頭奉之也。案曲禮云飾羔鴈者以繢，彼天子卿大夫，非直以布，上又畫之。此諸侯卿大夫執摯雖與天子之臣同，飾羔鴈者直用布爲飾，無繢。彼不言士，則天子之士與諸侯之士同，亦無飾，士賤故無別也。

上大夫相見以羔，飾之以布，四維之，結于面，左頭，如麛執之。上大夫，卿也。羔取其從帥，羣而不黨也。面，前也。繫聯四足，交出背上，於胷前結之也。如麛執之者，秋獻麛，有成禮如之。或曰麛，孤之摯也，其禮蓋謂左執前足，右執後足。今文頭爲脰。

【疏】上大夫至執之。注上大夫至爲脰。釋曰：云上大夫卿也者，即三卿也。云羔取其從帥者，凡羔羊羣皆有引帥，若卿之從君之命者也。云羣而不黨也者，羊羔羣而不黨，義取三卿亦皆正直，雖羣居不阿黨也。云繫聯四足交出背上於胷前結之者，謂先以繩雙繫前兩足，復以繩繫後兩足，乃以雙繩於左右從腹下向背上交過於胷前結之也。云如麛執之者秋獻麛有成禮如之者，案周禮獸人云冬獻狼，夏獻麋，春秋獻獸物，鹿豕羣獸及狐狸可也。麛是鹿子，與鹿同時獻之。又庖人云秋行犢麛，則麛當在秋時，故云秋獻麛也。又案禮器曲禮三千，鄭云曲猶事也，事禮謂今禮也，其中事儀三千，則禮末亡之時，三千條內有此獻麛之法，是有成禮可依，故此經得如之也。云或曰麛孤之摯也者，案大宗伯及大行人與聘禮皆云孤執皮帛，謂天子之孤與諸侯之孤執皮帛，今此執麛者，謂新升爲孤見己君法，至餘事則皆皮帛也。云其禮蓋謂左執前足右執後足者，案經云左頭，則與雉鴈同，是以曲禮云執禽者左首。此鄭又云執之蓋謂左執前足右執後足者起[illegible]此[illegible]，此釋經麛執之，據四足而言之。凡以摯相見之法，唯有新升爲臣及聘朝及他國君來，主國之臣見，皆執摯相見。常朝及餘會聚皆執笏，無執摯之禮。又執摯者，或平敵，或以卑見尊，皆用摯，尊無執摯見卑之法。檀弓云哀公執摯見己臣周豐者，彼謂下賢，非正法也。

如士相見之禮。大夫雖摯異，其儀猶如士。

【疏】如士相見之禮。釋曰：此下大夫及卿，其摯雖有羔鴈之異，其相見之儀則皆如士也。注大夫至如士。釋曰：云儀猶如士者，或兩大夫，或兩卿相見，皆如上文某也願見無由達已下至主人拜送于門外也。

始見于君執摯，至下，容彌蹙。下謂君所也。蹙猶促也，促，恭慤貌也。其爲恭，士大夫一也。

【疏】注下謂至一也。釋曰：直云見于君，不辨臣之貴賤，則臣之貴賤皆同，故鄭云其爲恭，士大夫一也。不言所而言下者，凡臣視袷已下，故不言所，言下也。

庶人見於君，不爲容，進退走。容謂趨翔。

【疏】注容謂趨翔。釋曰：此不言民而言庶人，則是庶人在官，謂若王制云庶人在官者，其祿以是爲差，即府史胥徒是也。按鄭注曲禮云行而張足曰趨，行而張拱曰翔，皆是庶人貌也。此庶人見君不趨翔，謂是常法。論語是孔子行事，而云趨進翼如者，彼謂孔子與君圖事於堂，圖事訖，降堂向時揖處，至君前橫過向門，特加肅敬，與庶人同也。

士大夫則奠摯，再拜稽首，君荅壹拜。言君荅士大夫一拜，則於庶人不荅之。庶人之摯鶩。古文壹作一。

【疏】注言君至作一。釋曰：臣拜君云再拜稽首，則君荅一拜者，當作空首，則九拜中奇拜是也。云言君荅士大夫一拜則於庶人不荅之者，案曲禮君於士不荅拜，謂己士，此得與大夫同荅一拜者，士賤，君不荅拜，此以新升爲士，故荅拜。聘禮問勞云荅士拜者，亦以新使反，故拜之也。云庶人之摯鶩者，案大宗伯云以禽作六摯，庶人執鶩，注云鶩取其不飛遷，象庶人安土重遷是也。

若他邦之人，則使擯者還其摯，曰：「寡君使某還摯。」賓對曰：「君不有其外臣，臣不敢辭。」再拜稽首受。

【疏】釋曰：賓不辭即受摯，以君所不臣，禮無受他臣摯法，賓如此法，故不敢亢禮於他君，故不辭即受之也。凡臣無境外之交，今得以摯執見他邦君者，謂他國之君來朝此國之臣，因見之，謂若掌客卿皆見以羔之類是也。春秋卿大夫與他國之君相見者，皆因聘會乃見之，非特行也。

凡燕見于君，必辯君之南面。若不得，則正方，不疑君。辯猶正也。君南面，則臣見正北面。君或時不然，當正東面若正西面，不得疑君所處邪鄉之。此謂特見圖事，非立賓主之燕也。疑，度之。

【疏】釋曰：案上文注

以此爲博記反見之燕義則此與燕義燕禮立賓主之燕別以其此經君之面位正南臣北面向之若不得南面或君東西面則臣亦正方向之不可預度君之面位邪立向之皆與燕禮君在阼階西面爲正異故知此經是特見皆圖事并與賓反見之燕義也知有圖事者論語鄉黨云孔子與君圖事于庭圖事于堂燕禮亦云君與卿同事之時有此面位無常之法也

君在堂升見無方階辯君所在升見升堂見於君也君近東則升東階君近西則升西階

疏 注升見至西階○釋曰此文據君所在隨便升階無常之事亦謂反燕及圖事之法若立賓主君升自阼階賓及主人升自西階燕禮所云是也

凡言非對也妥而後傳言凡言謂已爲君言事也妥安坐也傳言猶出言也若君問可對則對不待安坐也古文妥爲綏

疏 凡言至傳言○注凡言至爲綏○釋曰此據臣與君言之法也云凡言謂已爲君言事也者謂臣有圖爲君言也禮記少儀云量而後入不入而後量是臣有事將入見君須量已所言亦當量君安坐乃可得人而後傳出已言向君道之云妥安坐也者爾雅釋詁文

與君言言使臣與大人言言事君與老者言言使弟子與幼者言言孝弟於父兄與衆言言忠信。慈祥與居官者言言忠信博陳燕見言語之儀也言使臣者使臣之禮也大人卿大夫也言事君者臣事君以忠也祥善也居官謂士以下

疏 與君至忠信○釋曰上文據與君言此文則總說尊卑言語之別云與君言言使臣與大人言言事君者但君臣相對有事即言不必與君言恒言使臣與臣言恒言事君今雖言使臣事君者下供上命禮法當然故君以使臣爲主臣以事君爲正無妨更言餘事已下皆隨事爲主可也云與老者言言使弟子者謂七十致仕之人依書傳大夫致仕爲父師士致仕爲少師教鄉閭子弟雷次宗云學生事師雖無服有父兄之恩故稱弟子也云與幼者言言孝弟於父兄者幼既與老者相對此幼即弟子之類孝弟事父兄之名是人行之本故云言孝弟于父兄與衆言言忠信慈祥者此文承老幼之下亦非朝廷之臣但是鄉閭長幼共聚之處使之行忠信慈善之事也云與居官者言言忠信者此與在朝之士言以忠信爲主也○注博陳至以下○釋曰云博陳燕見言語之儀也者據已上博陳與君燕見舉動言語知此博陳也云言使臣者使臣之禮也者并事君以忠並是論語孔子對定公之文云大人卿大夫也者此云言事君明非天子諸侯又非士是卿大夫可知又案下文云凡與大人言始視面中視抱卒視面並是臣視君之法則大人據君也又禮運云大人世及以爲禮鄭解爲諸侯者以彼上文云天下爲家以據天子明下云大人是諸侯可知易革卦云君子豹變據諸侯則大人虎變是天子可知又案論語云狎大人注爲天子諸侯爲政敎者彼據小人不在朝廷故以大人爲天子諸侯政教解之鄭皆望文爲義故解大人不同云居官謂士以下者以上大夫云事君已據居官卿大夫其居官之內雖有二十七士并府史胥徒故云士以下也

凡與大人言始視面中視抱卒視面毋改衆皆若是始視面謂觀其顏色可傳言未也中視抱容其思之且爲敬也卒視面察其納己言否也毋改謂傳言見荅應之閒當正容體以待之毋自變動爲嫌解惰不虛心也衆謂諸卿大夫同在此者皆若是其視之儀無異也古文毋作無今文衆爲終

疏 凡與至若是○注始視至爲終○釋曰云中視抱容其思之且爲敬者案曲禮天子視不上於袷袷交領也不下於帶上於袷則敖下於帶則憂視大夫得視面此視君得視面者彼據尋常視君法此據與君言語故不同也云且爲敬者此言抱即面相袷不視袷是敬君之常禮故云且爲敬也云爲嫌解惰不虛心也者禮記云虛中以治之鄭注云虛中言不兼念餘事是虛心之意也云衆謂諸卿大夫同在此者言於君視之高下如此其卿大夫視君之儀與言者無異也云古文毋作無不從者說文云毋蓋亦禁辭故不從有無之無也云今文衆爲終不從者以上已有卒卒爲終故從古爲衆也

若父則遊目毋上於面毋下於帶子於父主孝不主敬所視廣也因觀安否何如也今文父爲甫古文毋作無

疏 若父至於帶○注子於至作無○釋曰案曲禮大夫之臣視大夫得視面不得遊目士之臣視士得旁遊目今子視父應與視君同不上於袷與士大夫同者以子於父主孝不主敬所視廣者因視安否何如也

若不言立則視足坐則視膝不言則伺其行起而已

疏 若不至視膝○注不言視而已○釋曰已上皆據臣子與君父言語之時此據不言之時鄭言伺其行起者行解經立行出立始故以行解立是以論語云立不中門鄭云立行不當根闑之中央是亦以行解立一也又以起解坐以其起由坐始故也

凡侍

坐於君子，君子欠伸，問日之早晏，以食具告。改居，則請退可也。君子謂卿大夫及國中賢者也。志倦則欠，體倦則伸。問日晏，近於久也。具猶辦也。改居謂自變動也。古文伸作信，早作蚤。

【疏】凡侍至可也○注君子至作蚤○釋曰：此陳侍坐於君子之法。鄭云「君子。卿大夫」者，禮之通例，大夫得稱君子，亦得稱貴人，而士賤不得也。知及國中賢者者，鄉射禮云「徵唯所欲，以告於鄉先生、君子可也」，鄭云「鄉先生，鄉大夫致仕者。君子，有大德行不仕者」，則曲禮云「博文強識而讓，敦善行而不怠，謂之君子」是也。云「志倦則欠，體倦則伸」，鄭注曲禮亦然。云「古文伸作信，早作蚤」者，此二字古通用，故大宗伯云「侯執身圭」爲信字，詩云「一之日其蚤，獻羔祭韭」爲蚤字，既通用疊古文者，據字體非直從今爲正，亦得通用之義也。

夜侍坐，問夜，膳葷，請退可也。問夜，問其時數也。膳葷，謂食之葷辛物，葱薤之屬，食之以止臥。古文葷作薰。

【疏】夜侍至可也○注問夜至作薰○釋曰：云「問夜，問其時數也」者，謂若鍾鼓漏刻之數也。云「古文葷作薰」者，玉藻云「膳於君，有葷桃茢」，作此葷。鄭注論語作焄，義亦通。若作薰，則春秋「一薰一蕕」，薰香草也，非葷辛之字，故疊古文不從也。

若君賜之食，則君祭先飯，徧嘗膳，飲而俟，君命之食，然後食。君祭先飯，食其祭食，臣先飯，示爲君嘗食也。此謂君與之禮食。膳謂進庶羞，既嘗庶羞，則飲，俟君之徧嘗也。今文呫嘗膳。

【疏】若君至後食○注君祭至嘗膳○釋曰：此經及下經論臣侍君坐得賜食之法。鄭云「先飯，示爲君嘗食也」者，凡君將食，必有膳宰進食，則膳宰嘗君前之食，備火齊不得，下文是也。今此文謂膳宰不在，則侍食者自嘗自已前食，既不嘗君前食，則不正嘗食，故云「示爲君嘗食也」。云「此謂君與之禮食」者，謂君與臣小小禮食法，仍非正禮食。正禮食則公食大夫是也。彼君前無食，此君臣俱有食，故知小小禮食。此即玉藻云「若賜之食而君客之，則命之祭，然後祭」，彼云客之，則此注禮食亦不得祭，故一也。但此文不云客之命之祭，然後祭，文不具也。若臣嘗食，不得云禮食，亦不得祭，故鄭注玉藻云「侍食則正不祭」是也。

若有將食者，則俟君之食，然後食。將食猶進食，謂膳宰也。膳宰進食，則臣不嘗食。周禮膳夫品嘗食，王乃食。

【疏】若有至後食○注將食至乃食○釋曰：云「膳宰進食，則臣不嘗食」者，臣爲君嘗食，本爲膳宰不在。今膳宰既在，明臣不嘗食也。是以玉藻云「若有嘗羞者，則俟君之食，然後食，飯飲而俟」，注云「不祭，侍食不敢備禮也。不嘗羞，膳宰存也」是也。云「膳夫」者，天子膳夫，則諸侯之膳宰。引之者，證經將食之人是膳宰，因將膳與君品嘗食。凡君食，臣有侍食之時，唯子不侍食，是以文王世子云「命膳宰曰：末有原。應曰：諾。然後退」，是大子不侍食。若卿大夫已下，則有侍食法，故內則云「父沒母存，冢子御食，羣子婦佐餕」是也。

若君賜之爵，則下席，再拜稽首，受爵，升席祭，卒爵而俟，君卒爵，然後授虛爵。受爵者於尊所。至於授爵，坐授人耳。必俟君卒爵者，若欲其釂然也。今文曰若賜之爵，無君也。

【疏】若君至虛爵○注受爵至君也○釋曰：云「受爵者於尊所」者，曲禮亦是賜爵法，而云「酒進則起，拜受於尊所」是也。云「至於授爵，坐授人耳」者，見曲禮與玉藻幷此文並無立授之文，故知坐授也。云「必俟君卒爵者，若欲其釂然也」者，此經文與玉藻文同，皆燕而君客之賜爵法，故臣先飲。以酒是甘味，欲美君之味，故先飲，必待君卒爵而後授虛爵者，臣意若欲君盡爵然也。案曲禮云「侍飲於長者，酒進則起，拜受於尊所，長者辭，少者反席而飲。長者舉未釂，少者不敢飲」，彼是大燕飲禮，故鄭注引燕禮曰「公卒爵而後飲」。案燕禮當無算爵後，得君賜爵，待君卒爵乃飲是也。

退，坐取屨，隱辟而后屨。君爲之興，則曰：「君無爲興，臣不敢辭。」君若降送之，則不敢顧辭，遂出。謂君若食之飲之而退也。隱辟，俛而逡巡。興，起也。辭君興而不敢辭其降，於已大崇，不敢當也。

【疏】退坐至遂出○注謂君至當也○釋曰：云「謂君若食之飲之而退也」者，以上云「若君賜之食」「若君賜之爵」，下而云退者，明爲此二者而退也。云「隱辟，俛而逡巡」者，案曲禮云「鄉長者而屨」，此亦當然。云「不敢辭其降」者，謂君降送時，明有不降法，故曲禮云「就屨，跪而舉之，屏於側」，注云「謂獨退也」。云若者，不定之辭也。

大夫則辭，退下，比及門，三辭。下亦降也。

【疏】大夫至三辭○釋曰：云「大夫則辭退下」者，對上不敢辭是士，士卑不敢辭降。大夫之內兼三卿五大夫，臣中尊者，故得辭降也。

若先生、異爵者請見之，則辭。辭不得命，則曰：「某無以見，辭不得命，將走見。」先見之。先生，致仕者也異爵謂卿大夫也辭辭其自降而來走猶出也先見之者出先拜也曲禮曰主人敬賓則先拜賓 疏 若先至見之○注先生至拜賓○釋曰此先生即鄉飲酒云就先生而謀賓介亦一也故彼注與此注皆云致仕者也云異爵謂卿大夫也者此士相見本文是士故以卿大夫爲異爵也訓走爲出者亦謂士見異爵取急意而言走其實非走直出也引曲禮者欲見言敬客先拜也彼云客此云賓者對文賓客異散文賓客通故變文云賓也

非以君命使則不稱寡大夫士則曰寡君之老 謂擯贊者辭也不稱寡者不言寡君之某言姓名而已大夫卿士其使則皆曰寡君之某檀弓曰士而未有祿者君有饋焉曰獻使焉曰寡君之老 疏 非以至之老○注謂擯至之老○釋曰云非以君命使則不稱寡者此則玉藻云大夫私事使私人擯則稱名以其非聘問之禮則爲私事使私人擯也聘禮云若有言則以束帛如享禮引春秋晉侯使韓穿來言汶陽之田歸於齊玉藻注亦引之是也鄭云謂擯贊者辭也者以玉藻自諸侯之於天子以下至大夫皆云擯者曰故知不自稱是擯贊之辭也云其使則皆曰寡君之某者釋經大夫士則曰寡君之老爲公事使者也此則玉藻云公士擯則曰寡大

夫君之老大夫有所往必與公士爲賓亦一也彼注云謂聘也大聘使上大夫小聘使下大夫則曰寡君之某故鄭總云某也若然經直云大夫鄭兼云士者經本文是士則云非以君命使可以兼士也但士無特聘問或作介往他國亦有稱謂而云寡君之士某也云檀弓曰仕而未有祿者謂試爲大夫士直有試功之祿未有正祿云君有饋焉曰獻者謂有饋物于君亦與正祿者同稱獻云使焉云寡君之老者於他國君邊自稱寡君之某此文亦兼士大夫引之者證公事使稱寡君之某也

凡執幣者不趨容彌蹙以爲儀 不趨主慎也以進而益恭爲威儀耳今文無容 疏 凡執至爲儀○釋曰案小行人合六幣玉馬皮圭璧帛皆稱幣下文別云執玉則此幣謂皮馬享幣及禽摯皆是○注不趨至無容○釋曰凡趨有二種有疾趨行而張足曰趨是也有徐趨則下文舒武舉前曳踵是也今此經云不趨者不爲疾趨故云主慎也既不云疾趨又不爲下文徐趨但徐疾之間爲之故以進而益恭爲威儀也

執玉者則唯舒武舉前曳踵 唯舒者重玉器尤慎也武迹也舉前曳踵備跪跲也今文無者古文曳作抴 疏 執玉至曳踵○釋曰此篇直見在國以禽摯相見之禮無執玉朝聘鄰國之事而云執玉者因執摯相見故兼見朝聘執玉之禮也案玉藻記徐趨之節云圈豚行又與此不同者文有詳畧俱是徐趨也○注唯舒至作抴○釋曰云唯舒者重玉器尤慎也者案玉藻云執龜玉不趨不趨者不爲疾趨又曲禮云凡執主器執輕如不克故爲重玉器尤慎也云備跪跲也者跪跲則顛倒恐損玉故徐趨也

凡自稱於君士大夫則曰下臣宅者在邦則曰市井之臣在野則曰草茅之臣庶人則曰刺草之臣他國之人則曰外臣 宅者謂致仕者也致仕者去官而居宅或在國中或在野周禮載師之職以宅田任近郊之地刺猶剗除也今宅爲託古文茅作苗 疏 凡自至外臣○釋曰云凡自稱於君士大夫則曰下臣者此與君言之時案玉藻云上大夫曰下臣與此同也○注宅者至作苗○釋曰此亦自稱於君以其致仕不在故指宅而言故曰宅者謂致仕者也云或在國中或在野者案爾雅郊外曰野則自郊至畿五百里内皆名野又案鄉大夫職國中七尺野自六尺此亦云在國在野相對其言國外則云野則云宅在野者城外畿内皆是也云載師

之職者彼鄭注云宅田致仕者之家所受田也引之證彼言宅田據地此言宅據所居一也云刺猶剗除也者案詩有其鎛斯趙注云趙刺也故以刺爲剗除草木者也

儀禮卷第三　經七百五十三　注一千六百八十九

儀禮疏卷第七

元缺第六葉今補

江西督糧道王賡言廣豐縣知縣阿應鱗栞

儀禮注疏卷七挍勘記　阮元撰盧宣旬摘錄

士相見禮第三

亦士見大夫之法 要義同毛本亦下有有字

云襍記 毛本記下有會葬禮曰四字

案周禮行夫 閩本同毛本夫作人誤

士相見之禮

升爲士者 毛本升上有新字

二牲一死摯 毛本牲作生摯作雉○按生摯是也

則雉義取耿介 則雉通解作鄭云士執雉也

主人對曰某不敢爲儀

古文云固以請 徐本通解同集釋無也字張氏云疏無也字

堅固則如故 閩本無堅固二字

賓對曰 對唐石經補刻誤作用

主人對曰某也固辭不得命

故云走猶出也 毛本走下有猶字此本無○按上文當有猶字今從毛本

賓對曰某不以贄

唯是平敵相伉 要義同毛本伉作抗

賓對曰某也不依於贄

謙自卑也今文無也 毛本脫下四字徐本集釋通解俱有

注言依至卑也 案注末有今文無也四字則卑字疑當作無

主人對曰某也固辭不得命

注右就至文無 毛本文無作無也

入門則以東爲右 毛本入下無門字

云旣拜送則出矣者 浦鏜云拜下脫受字○按注文受字疑衍文

主人復見之以其贄

論主人還于賓之事 浦鏜云還下脫摯字

賓對曰某也非敢求見

不敢當也今文無也 毛本脫下四字徐本集釋通解俱有

歸者 歸毛本作曰鄉

主人對曰某也固辭不得命

若然聘禮公迎于大門內 毛本若下無然字

士見于大夫

送再拜尊賓 賓楊氏作賢

士見於大夫至再拜　注終辭至尊賓 浦鏜云又文有三辭至輕重之義也當在下擯者對曰某也使某不敢爲儀也固以請節注下疏此錯簡也又文疑案禮之誤○按此下凡七節無疏故於此總釋之非錯簡也

若甞爲臣者 甞唐石經徐本楊敖俱作甞集釋通解毛本俱作常

下大夫相見

維謂繫聯其足 張氏云釋文云以索悉各反注同今自無以索字經曰飾之以布維之以索注舉飾之以布全句釋之至下句不應獨曰維此必今本脫去之以索三字今增入○按釋文專爲索字作音其言注同自

指索字非兼指以索兩字注中索字今已脫去不可復考張謂維下當增之以索三字亦臆說耳

上大夫相見

羔取其從帥　從徐本作後集釋通解楊氏俱作從張氏曰注曰羔取其後帥案監本後作從疏引注文亦作從至其下釋乃云凡羔羊皆有引帥若卿之從君之命者也此釋亦誤以從爲後後字近從傳寫誤也

秋獻麛　秋閩監葛本俱誤作法

凡羔羊羣　張氏引疏無羣字

若卿之從君之命者也　從張引作後說見上

雖羣居不阿黨也　毛本居誤作而

如士相見之禮

或兩卿相見　閩本無或兩卿三字

與君言言使臣○與衆言言忠信慈祥　敖氏曰大戴記注引此無忠信字後人因下文有言忠信三字而誤衍之

并事君以忠　毛本并作臣此本忠作服案臣當從作并服當從毛本作忠又注及疏使臣之禮之字疑俱當作以

凡侍坐於君子

及國中賢者也　中下集釋有之字

問日晏　日下敖氏有蚤字

具猶辯也　辯釋文作辨張氏曰注曰具猶辦也案釋文云辨皮莧反特牲饋食注亦曰具猶辦也從釋文○按張氏所見注作辦與今本異說文有辨無辦則當以辨爲正作辦非也作辯尤誤

君子卿大夫者　案各本注子下俱有謂字

博文强識而讓　毛本文作聞○按文字非也

俟執身圭　閩本要義同毛本身作伸

夜侍坐

膳葷謂食之　敖氏無葷字

食之以止臥　之下集釋有可字

若君賜之食

食其祭食　食其敖氏作謂君盧文弨云宋本作於其

此謂君與之禮食　此楊氏作食與下集釋有臣字

今云呫嘗膳　臧琳曰釋文呫嘗音貼穀梁未嘗有呫血之盟呫嘗也案呫既訓嘗則呫即嘗之駮文呫下不得更着嘗字蓋古文徧嘗膳今文徧呫膳注當作今文云呫膳文脫嘗衍也說文口部無呫食部有飴云相謁食麥也廣雅二釋詁飴嘗同訓爲食則飴爲呫之本字無疑

若臣嘗食　臣嘗要義作尋常

若有將食者

周禮膳夫　徐本集釋楊敖同毛本通解夫下有授祭二字

末有原　毛本末誤作未

退坐取屨

俛而逡巡　巡釋文楊氏俱作遁

大夫則辭退下

下亦降也　亦通解作猶

兼三卿五大夫　三五要義互易似誤

故得辭降也　閩本要義同毛本故作大

若先生異爵者

欲見言敬客先拜也　毛本言作主

非以君命使

不稱寡者　徐本集釋同毛本者作君

則曰寡大夫君之老　毛本君上有寡字○按玉藻有寡字

凡執幣者不趨

凡執至爲儀　毛本執下有幣字

執玉者

唯舒者　舒下敖氏有武字朱子釋經文云注疏以舒字絕句盧文弨云上節疏明以舒武連讀宋本唯舒下本有武字後脫去耳○按盧所謂宋本即敖氏本敖引注多臆改不足憑也然注疏實不以舒字絕句盧說良是

古文曳作抴　徐本釋文集釋通解同毛本抴作枻

以禽摯相見之禮　以閩本作爲

故兼見朝聘執玉之禮也　見毛本作言

凡自稱於君○在野則曰草茅之臣　草唐石經徐閩釋文集釋通解要義敖氏俱作艸草毛本作艸

謂致仕者也致仕者　毛本脫下四字徐本集釋俱有通解無

剌猶剗除也　此句徐本集釋通解俱在任近郊之地下與此本標目合

今宅爲託　毛本作今文宅或爲託徐本無文或二字集釋有文字無或字通解無文字有或字

上大夫曰下臣　毛本上作下○按作上與玉藻合

注宅者至作苗　閩監同毛本作苗作剗除按閩監注雖已誤而疏文未改猶得據以攷正毛本併疏文改之遂不復知注有錯簡矣且即就今本注文言之亦當作宅者至除也乃爲合例否則似注文亦無也字

則云宅　連下在野者作一句與要義同毛本則上有閫內二字

案詩有其鎛斯趙　鎛監本誤作鏄

趙刺也　閩本要義同毛本趙作鎛監本誤作鏄

故以刺爲剗除草木者也　閩監同毛本草作艸

儀禮注疏卷七挍勘記終

奉新余成教挍

儀禮疏卷第八　　儀禮卷第四

唐朝散大夫行大學博士弘文館學士臣賈公彦等撰

鄉飲酒禮第四 疏 鄉飲酒禮第四。鄭目録云諸侯之鄉大夫三年大比獻賢者能者於其君以禮賓之與之飲酒於五禮屬嘉禮大戴此乃第十小戴及別録此皆第四。釋曰鄭知此鄉飲酒是諸侯之鄉大夫獻賢能法者案春官小胥掌樂縣之法而云凡縣鍾磬半爲堵全爲肆注云鍾磬者編縣之二八十六枚而在一虡謂之堵鍾一堵磬一堵謂之肆半之者謂諸侯之卿大夫士也諸侯之卿大夫半天子之卿大夫西縣鍾東縣磬士亦半天子之士縣磬而已今此下唯縣磬而無鍾故以爲諸侯鄉大夫也若然謂諸侯鄉大夫是大夫爲之亦應鍾磬俱有而直有磬者鄭彼注云賓鄉人之賢者從士禮也故縣磬而已者然天子鄉大夫賓賢能從士禮亦鍾磬俱有不得獨有磬也知諸侯之鄉大夫并士者案鄉射記云士則鹿中大夫則兕中又經有堂則物當楣序則物當棟則非直州射兼有諸侯鄉大夫以五物詢衆庶行射之禮則知諸侯鄉大夫是大夫爲之可知也凡鄉飲酒之禮其名有四案此賓賢能謂之鄉

飲酒一也又案鄉飲酒義云六十者坐五十者立侍是黨正飲酒亦謂之鄉飲酒二也鄉射州長春秋習射於州序先行鄉飲酒亦謂之鄉飲酒三也案鄉飲酒義又有鄉大夫士飲國中賢者用鄉飲酒四也其王制云習射尚功習鄉尚齒還是鄉飲酒黨飲酒法

儀禮　鄭氏注

鄉飲酒之禮主人就先生而謀賓介 主人謂諸侯之鄉大夫也先生鄉中致仕者賓介處士賢者周禮大司徒之職以鄉三物教萬民而賓興之一曰六德知仁聖義忠和二曰六行孝友睦婣任恤三曰六藝禮樂射御書數鄉大夫以正月之吉受法于司徒退而頒之于其鄉吏使各以教其所治以考其德行察其道藝及三年大比而興賢者能者鄉老及鄉大夫帥其吏與其衆寡以禮禮賓之厥明獻賢能之書於王是禮乃三年正月而一行也諸侯之鄉大夫貢士於其君蓋如此云古者年七十而致仕老於鄉里大夫名曰父師士名曰少師而教學焉恒知鄉人之賢者是以大夫就而謀之賢者爲賓其次爲介又其次爲衆賓而與之飲酒是亦將獻之以禮禮賓之也今郡國十月行此飲酒禮以黨正每歲邦索鬼神而祭祀則以禮屬民而飲酒于序以正治謂之說然此篇無正齒位之事焉凡鄉黨飲酒必於民聚之時欲見其化知尚賢尊長也孟子曰天下有達尊三爵也德也齒也 疏 鄉飲至賓介。釋曰自此至介亦如之論鄉大夫與先生謀賓介并戒告之儀主人就先生而謀賓介者謂鄉大夫尊敬之先就庠學者若先生謀此二人道藝優者爲賓稍劣者爲介。注主人至齒也。釋曰云賓介處士賢者案玉藻云大夫素帶士練帶居士錦帶弟子縞帶鄭玄以居士在士之下弟子之上解爲道藝處士非朝廷之士此處士亦名君子即鄉射禮云徵唯所欲以告於先生君子可也鄭亦云君子有大德行不仕者以其未仕有德自處故名處士君子也云賢者義取鄉大夫之興賢能者而言也云周禮至書數並大司徒職文故彼鄭注云物猶事也興猶舉也民三事教成鄉大夫舉其賢者能者以飲酒之禮賓客之既則獻其書於王矣知明於事仁愛人以及物聖通而先識義能斷時宜忠言以中心和不剛不柔善於父母爲孝善於兄弟爲友睦親於九族婣親於外親任信於友道恤振憂貧者禮五禮之義樂六樂之歌舞射五射之法御五御之節書六書之品數九數之計引此天子司徒者欲兼諸侯司徒亦使鄉大夫教民以三物教成亦使鄉大夫行鄉飲酒之禮尊之爲賓客興舉之也云鄉大夫已下至於王並周禮地官鄉大夫職文云正月之

吉謂周之正月朔日也云受法于司徒者謂六鄉大夫皆於大司徒處受三物教民賓舉之法也云退而頒之于其鄉吏使各以教其所治者吏即州長黨正族師閭胥之等是也云以考其德行察其道藝者德行即六德六行道藝正謂民中有道藝者考察知其優者擬舉之也云及三年大比而興賢者能者大比謂三年大案比戶口之時而興舉之賢者即德行者也能者即道藝者也云鄉老謂三公二鄉公一人云及鄉大夫帥其吏者即帥其鄉吏州長已下云與其衆寡者即鄉中之人也云以禮禮賓之者以鄉飲酒之禮禮而賓舉之也云厥明獻賢能之書於王者今日行鄉飲酒之禮至其明日獻此賢能之書于王王再拜而受之登于天府也云是禮乃三年正月而一行也者欲見彼是天子鄉大夫法諸侯鄉大夫無文以此約之故云諸侯之鄉大夫貢士於其君蓋亦如此云但無正文故云蓋以疑之也云古者年七十至學焉案略說云大夫七十而致仕老於鄉里名曰父師士曰少師以教鄉人子弟於門塾之基而教之學焉是也云賢者爲賓其次爲介又其次爲衆賓而與之飲酒是亦將獻之以禮禮賓之也者謂據此經諸侯鄉大夫貢士之法亦如天子之鄉大夫貢法故云亦也若據鄉貢一人其介與衆賓不貢之矣但立介與衆賓輔賓行鄉飲酒之禮待後年還以貢之耳案

射義云古者天子之制諸侯歲獻貢士注引舊說大國三人次國二人小國一人大國三鄉次國二鄉小國一鄉所貢之士與鄉同則鄉送一人至君所其國有遂數亦同其鄉并有公邑采地皆有賢能貢之而貢士與鄉數同不言遂與公邑采地所貢者蓋當鄉送一人至君所君又總校德之大小取以貢之縱取鄉外仍準鄉數爲定鄉大夫雖行飲酒禮賓之于君其簡訖仍更行飲酒禮賓之於王是易觀盥而不薦鄭注云諸侯貢士於天子鄉大夫貢士於其君必以禮賓之唯主人觀而獻賓賓盥而酢主人設薦俎則弟子也是鄉大夫及諸侯貢士皆行飲酒禮禮賓也云今郡國至之說然者鄭欲解此鄉飲酒貢士法彼漢時所行飲酒禮者是正齒位與此不同之意漢時已罷諸侯之國而爲郡郡有大守而封王子母弟者仍爲國故云郡國也云十月行此飲酒禮者謂行此鄉飲酒禮也云以黨正每歲邦索鬼神而祭祀者則禮記郊特牲云蜡者索也歲十二月合聚萬物而索饗之周謂之十二月即夏之十月農功畢而蜡祭也云則以禮屬民而飲酒于序以正齒位者屬聚也謂當蜡祭之月黨正聚民於序學中以三時務農將闕於禮此時農隙故行正齒位之禮則禮記鄉飲酒義云六十者坐五十者立侍六十者三豆七十者四豆八十者五豆九十者六豆年長者在上是正齒位之

法也云之說然者漢時十月飲酒禮取此黨正之文而然與此篇鄉飲酒禮異也云此篇無正齒位爲者以其此篇以德行爲本而貢之無黨正正齒位法也云凡鄉黨飲酒必於民聚之時者此鄉飲酒必於三年大比民聚之時黨正飲酒必亦於大蜡民聚之時也云皆欲其見化知尚賢尊長也者尚賢據此篇鄉飲酒尊長據黨正鄉飲酒也但黨正飲酒以鄉大夫臨觀行禮或鄉大夫居此黨內則亦名鄉飲酒也云孟子者孟子公孫丑篇齊王召孟子不肯朝後不得已而朝之宿於大夫景丑之家景子譏之曰禮云父召無諾君召不俟駕而行固將朝矣聞君命而遂不果宜與夫禮若不相似然對曰天下有達尊三爵也德也齒也朝廷莫如爵鄉黨莫如齒輔世長民莫如德惡有得其一以慢其二哉是也引之者證鄉大夫飲酒是尚德也黨正飲酒尊長尚齒也爵則於此無所當連引之耳

主人戒賓賓拜辱主人荅拜乃請賓賓禮辭許主人再拜賓荅拜戒警也告也拜辱出拜其自屈辱至己門也請告以其所爲來之事不固辭者素所有志疏主人至荅拜〇注戒警至有志〇釋曰云拜辱出拜其自屈辱至己門也者知賓出門者見冠禮主人戒賓賓出門左鄉射戒賓亦出門故知此亦出門云所爲來之事者謂行鄉飲酒之禮也云不固辭者素所有志者不如士相見固辭此禮辭即許者以其主人與先生謀時賓已知欲貢己又賓以學習德業擬爲賓主情意相許是以不固辭爲素有志也案冠禮主人先拜賓荅拜此賓先拜主人荅拜者彼冠禮主人戒同寮同寮尊又使之加冠於子尊重之故主人先拜此則鄉大夫尊矣賓是鄉人卑矣又將貢己宜尊敬主人故賓先拜辱也是以下注云去又拜辱者以送謝之也

主人退賓拜辱退猶去也去又拜辱者以送謝之介亦如之如戒賓也疏介亦如之〇注如戒賓也〇釋曰言如戒賓者亦如上主人戒賓已下賓拜辱已上之事謀賓介及戒亦言賓介意不言衆賓衆賓德劣但謀介時雖不言衆賓亦當謀之故上注兼言其次爲衆賓至於戒速之日必當遣人戒速使知但畧而不言故下云賓及衆賓皆從之是也鄉飲酒義云主人親速賓及介而衆賓自從之亦據不得主人戒速而爲自從也

乃席賓主人介席敷席也夙興往戒歸而敷席賓席牖前南面主人席阼階上西面介席西階上東面疏乃席賓主人介〇注席敷至東面〇釋曰知夙興往戒歸而敷席不別日者下記云鄉朝服而謀賓介皆

使能而不宿戒是同日也鄭知賓介與主人席位如此者案鄉飲酒義云主人者尊賓故坐賓於西北而坐介於西南以輔賓賓者接人以義者也故坐於西北主人者接人以仁以德厚者也故坐於東南而坐僎於東北以輔主人也又云賓必南面介必東鄉介賓主也鄉射云乃席賓南面席主人于阼階上西面以此故知賓主及介其位然也

衆賓之席皆不屬焉席衆賓於賓席之西不屬者不相續也皆獨坐明其德各特疏衆賓至屬焉〇注席衆至各特〇釋曰鄭知衆賓席在賓席之西者見鄉射云席賓南面東上衆賓之席繼而西此衆賓之席亦當然但此不屬爲異耳云皆獨坐明其德各特者鄉射注云言繼者甫欲習衆庶未有所殊別此乃特貢於君故衆賓之席皆不屬焉明三物已久其德各特故不屬續其席雖不屬猶統賓爲位同南面也

尊兩壺于房戶間斯禁有玄酒在西設篚于禁南東肆加二勺于兩壺斯禁禁切地無足者玄酒在西上也肆陳也疏尊兩至兩壺〇注斯禁至陳也〇釋曰凡設尊之法但醴尊見其質皆在房內故士冠禮禮子婚禮禮婦醴皆在房隱處若然聘禮禮賓尊於

東廂不在房者見尊欲與卑者爲禮相變之法設酒之尊皆於顯處見其文是以此及醮子與鄉射特牲少牢有司徹皆在房戸之閒是也燕禮大射尊在東楹之西者君尊專大惠也云設篚于禁南東肆者言東肆以頭首爲記從西向東爲肆則大頭在西也云斯禁禁切地無足者斯澌也澌盡之名故知切地無足昏禮冠禮皆云禁者士禮以禁戒爲名卿大夫士並有禁名故鄭以大夫士雙言也是以玉藻云大夫側尊用棜士側尊用禁注云棜斯禁也大夫士禮之異也禮器云大夫士棜禁注云棜斯禁也謂之棜者無足有似於棜或因名云耳大夫用斯禁士用棜禁然則禁是定名言棜者是其義稱故禮器大夫士總名爲棜禁案特牲禮云實獸於棜注云棜之制如今大木轝矣則棜是轝非承尊之物以禁與斯禁無足似轝故世人名爲棜若然周公制禮少牢名爲棜則以周公爲世人或有本無世人字者是以少牢不名斯禁謂之爲棜取不爲酒戒特牲云壺禁在東序記云壺棜禁饌于東序注云禁言棜者祭尚厭飫得與大夫同器不爲神戒也其實不用云棜禁不敢與大夫同名斯禁作記解注故云士用棜禁明與少牢棜同也若然士之棜禁大夫之斯禁名雖異其形同是以禮器同名棜禁也其餘士冠昏禮禮賓用醴不飲故無禁不爲酒戒若天子諸侯承尊之物謂之豐上有舟是尊與卑異號也

設洗于阼階東南南北以堂深東西當東榮水在洗東篚在洗西南肆榮屋翼

【疏】設洗至南肆○注榮屋翼○釋曰云南北以堂深者堂深謂從堂廉北至房室之壁堂下洗北去堂遠近深淺取於堂上深淺假令堂深二丈洗亦去堂二丈以此爲度云榮屋翼者榮在屋棟兩頭與屋爲翼若鳥之有翼故斯干詩美宣王之室云如鳥斯革如翬斯飛是與屋爲榮故云榮也

羹定肉謂之羹定猶孰也

【疏】羹定○注肉謂至孰也○釋曰云肉謂之羹者爾雅文言肉正謂其狗孰云定者孰即定止然故以定言之言此者以與速賓時節爲限不敢煩勞賓故限之也

主人速賓賓拜辱主人荅拜還賓拜辱速召也還猶退

【疏】主人至拜辱○釋曰自此至皆從之論主人往賓門召之使來之事案鄉射云主人朝服乃速賓賓朝服出迎再拜彼云乃速賓此不云主人乃者彼戒速別服故云乃以閒之此戒速雖與彼同但此戒速同服故不云乃云主○荅拜還賓拜辱案聘禮云賓入境至近郊使下大夫至賓館下大夫遂以賓入賓送不拜又公食大夫禮使大

夫戒賓大夫還賓不拜送遂從之鄭注云不拜送者爲從之不終事皆不拜送此獨拜送者亦是鄉大夫尊賓卑又擬賓故特拜辱而送之異於餘者

介亦如之如速賓也

賓及衆賓皆從之從猶隨也言及衆賓介亦在其中矣

【疏】賓及至從之○注從猶至中矣○釋曰鄭云言及衆賓介亦在其中矣者上文戒及速皆言賓與介不言衆賓及從主人來即言賓及衆賓衆賓不戒不速尚從主人則介在從主人可知也

主人一相迎于門外再拜賓賓荅拜拜介介荅拜相主人之吏擯贊傳命者

【疏】主人至荅拜○注相主至命者○釋曰自此至荅再拜論主人迎賓入升堂幷拜至之事云主人一相迎于門外者謂主人於羣吏中立一相使傳賓主之命主人乃自出迎賓於大門外必非一相迎賓者案鄉飲酒義云主人拜迎賓于庠門之外明主人自迎若然主人輒言一相者欲見使一相傳命乃迎故云相主人之吏擯贊傳命者也若然士相見注異日則拜迎同日不拜迎者彼以摯相見法此自以賓舉賢能故與彼異也

揖衆賓差益卑也拜介揖衆賓皆西南面

【疏】揖衆賓○注差益至南面○釋曰云差益卑者以上文主人迎賓而拜介是介差卑於賓今於衆賓不拜直指之而已故云差益卑也知拜介揖衆賓皆西南面者以其賓介衆賓立位在門外位以北爲上主人與賓正東西相當則介與衆賓差在南東面明知主人正西面拜賓則側身向西南拜介揖衆賓矣

主人揖先入揖揖賓也先入門而西面

【疏】主人揖先入○注揖揖至西面○釋曰此鄉大夫行鄉飲酒在庠學唯有一門即向階門內既有三揖故主人導賓揖而先入門至內霤西向待賓也

賓厭介入門左介厭衆賓入衆賓皆入門左北上皆入門西東面賓之屬相厭變於主人也推手曰揖引手曰厭今文皆作揖又曰衆賓皆入左無門

【疏】賓厭至北上○注皆入至無門○釋曰主人入後賓乃厭介介厭衆賓相隨入門皆東面北上定位賓既北上主人西面相向揖訖乃相背各向堂塗介與衆賓亦隨賓至西階下也云賓之屬相厭變於主人也者以賓與介衆賓等自用引手而入故不揖是變於主人也云推手。揖引手曰厭者厭字或作撎字者古字義亦通也云推手。揖者案周禮司儀云土揖庶姓時揖異姓天揖同姓鄭以推手小下之爲土揖平推手爲時揖推手小舉之爲天揖皆以推手爲揖又案僖二年公羊傳荀息進曰虞郭見與獻公揖而進之何休云以手通指曰揖與此別者推手解其厭狀通指道其揖意也鄭則解揖體何氏釋其揖意相兼乃足也云引手曰厭者以手向身引之云今文皆作揖者鄭不從也云又曰衆賓皆入門左無門亦不從也

主人與賓三揖至于階三讓主人升賓升主人阼階上當楣北面再拜賓西階上當楣北面答拜三揖者將進揖當陳揖當碑揖楣前梁也復拜拜賓至此堂尊之疏主人至荅拜○注三揖至尊之○釋曰云三讓主人升者主人先升賓後升故鄉射云主人升一等賓升是也云三揖者將進揖當陳揖當碑揖者爾雅陳堂塗也云楣前梁也者對後梁爲室戶上云復拜拜賓至此堂尊之者案公食禮云公升二等賓升公當楣北鄉至再拜燕禮大射皆云主人升自西階賓右至再拜鄉飲酒義亦云拜至拜洗皆不云至者畧之是知此升堂拜亦是拜至可知凡拜至者皆是尊之也

主人坐取爵于篚降洗將獻賓也疏主人至降洗○注將獻賓也○釋曰自此至主人阼階上荅拜論主人盥洗獻

賓之節也云主人坐取爵于篚者篚在堂上尊南故取之乃降也

賓降從主人也主人坐奠爵于階前辭重以己事煩賓也事同曰讓事異曰辭疏○注重以至曰辭○釋曰主人獻賓乃是主人事故云重以己事煩賓也云事同曰讓事異辭者事同謂若上文主人與賓俱升階而云三讓是也事異若此文主人有事賓無事是事異則曰辭此對文爲義若散文則通是以周禮司儀云主君郊勞交擯三辭車逆拜辱三揖三辭拜受注云三辭重者先辭辭其以禮來於外後辭辭升堂事同而云辭是其通也

賓對對荅也賓主之辭未聞疏注賓主之辭未聞○釋曰其辭未聞者謂若冠禮醮辭之等雖行事辭不見於後以次見辭此則無見辭之事故云未聞也

主人坐取爵與適洗南面坐奠爵于篚下盥洗已盥乃洗爵致絜敬也今文無奠疏主人至盥洗○注已盥至無奠○釋曰案鄉飲酒義云主人盥洗揚觶所以致絜也拜至拜洗拜受拜送所以致敬也此經先言盥後言洗則盥手乃洗爵者所以致絜鄭取鄉飲酒義爲言也若然盥手洗爵止是致絜拜受之等乃是致敬并言敬者鄭注兼拜至拜受而言耳

賓進東北面辭洗必進東行示情疏賓進東北面辭洗○釋曰案下經云賓復位當西序東面注云言復位者明始降時位在此者案鄉射賓進東北面辭洗彼注云必進者方辭洗宜違其位也言東北面則位南於洗矣是其賓初降立至于序南東鄉至於主人洗爵乃東行故此得北面辭洗也云示情者賓進前就主人示謙下主人之情也

主人坐奠爵于篚興對賓復位當西序東面言復位者明始降時位在此疏主人至東面○注言復至在此○釋曰上經奠爵于階前者主人未洗見賓降即奠爵故在階前奠爵此即至洗將洗爵見賓辭故奠爵於篚與對故不同也云言復位者明始降時位在此者上始降時直云賓降不言處所於此見之是舉下以明上之義也

主人坐取爵沃洗者西北面沃洗者主人之羣吏疏主人至北面○注沃洗至羣吏○釋曰知主人羣吏者下記云主人之贊者西面北上不與注云贊佐也謂主人之屬佐助主人之禮事徹鼏沃盥設薦俎是也

卒洗主人壹揖壹讓升俱升古文一作壹疏卒洗至讓升○注俱

升○釋曰知俱升者鄉射云主人卒洗一揖一讓以賓升明俱升可知若然上文主人先升賓乃升者以初至之時賓客之道進宜難故主人升導之至此以辭讓訖故畧威儀而俱升也

賓拜洗主人坐奠爵遂拜降盥復盥爲手手坋汙疏賓拜至降盥○注復盥爲手坋汙○釋曰言奠爵遂拜者因事曰遂是以燕禮云賓受酬坐祭酒遂奠于薦東注云遂者因坐而奠不北面是其類也凡賓主行事相報皆言荅此不言荅省文也

賓降主人辭賓對復位當西序卒盥揖讓升賓西階上疑立疑讀爲疑然從於趙盾之疑疑正立自定之貌疏賓降至疑立○注疑讀至之貌○釋曰言揖讓升不言一揖一讓從上可知云疑讀爲疑然從於趙盾之疑疑正立自定之貌者案宣公六年公羊傳云晉靈公欲殺趙盾趙盾於是伏甲于宮中召趙盾而食之趙盾之車右祁彌明者國之力士也仡然從乎趙盾而入放乎堂下而立何休云仡然壯勇貌鄭氏以仡然從乎趙盾而入放乎堂下而立不取何休注義以鄉射注云疑止也有矜莊之色自定其義不殊字義與何少異也

主人坐取爵實之賓

之席前西北面獻賓獻進也進酒於賓疏主人至獻賓○注獻進至於賓○釋曰云西北面者賓在西階北面將就席受故西北面向其席故也賓西階上拜主人少退少退少辟賓進受爵以復位主人阼階上拜送爵賓少退復位復西階上位疏賓進至少退○釋曰云賓進者以賓西階上疑立今見主人西北面獻於己席前故賓進將於席前受之故也案鄉射云賓進受爵於席前復位此不言席前文不具也薦脯醢薦進也進之者主人有司疏薦脯醢○注薦進至有司○釋曰知非主人自薦者案昬禮禮賓贊者薦脯醢周禮膳宰薦脯醢皆非主人故知此亦非主人是有司也賓升席自西方升由下也升必中席疏賓升席自西方○注升由至中席○釋曰案曲禮云席南鄉北鄉以西方爲上今升席自西方云升由下者以賓統於主人以東方爲上故以西方爲升由下也乃設折俎牲體枝解節折在俎疏乃設折俎○注牲體至在俎○釋曰凡解牲體之法有全蒸其豚解爲二十一體體解即此折俎是也是以下

有賓俎脊脅肩介俎脊脅肫胳是體解也主人阼階東疑立賓坐左執爵祭脯醢坐坐於席祭脯醢者以右手疏主人至脯醢○注坐坐至右手○釋曰知賓坐坐於席上者上文賓升席下文降席故知此坐在席可知云祭脯醢者以右手者此經左執爵明祭用右手是以鄉射亦云右祭脯醢奠爵于薦西興右手取肺卻左手執本坐弗繚右絕末以祭尚左手嚌之興加于俎興起也肺離之本端厚大者繚猶紾也大夫以上威儀多紾絕之尚左手者明垂紾之乃絕其末嚌嘗也疏奠爵至于俎○注興起至嘗也○釋曰奠爵於薦右者爲取肺奠之將舉故奠於右禮記少儀云取俎進俎不坐是以取肺奠爵興至加于俎又興也云肺離之本端厚大者此是舉肺刲者於下記文本謂根本肺之大端故云厚大云繚猶紾也者弗繚即弗紾一也云大夫以上威儀多者此鄉飲酒大夫禮故云繚祭鄉射士禮云絕祭但云繚必兼絕言絕不得兼繚是以此經云繚兼言絕也言大夫以上則天子諸侯亦繚絕兼有但禮篇亡無以可知也案周禮大祝云辨九祭七曰絕祭八曰繚祭注云本同禮多者繚之禮畧者絕則祭之亦據此與鄉射而言也大夫已上爲繚祭燕禮大射雖諸侯禮以賓皆大夫爲之臣在君前故不爲繚祭皆爲絕祭也云嚌嘗也者嚌至齒則嘗之也坐挩手遂祭酒挩拭也古文挩作說疏坐挩手遂祭酒○注挩拭至作說○釋曰案内則事佩之中有帨則賓客自有帨巾以拭手也坐挩手因事曰遂因坐祭酒故云遂也案鄉射坐挩手執爵遂祭此不言執爵省文也興席末坐啐酒啐亦嘗也疏興席末坐啐酒○注啐亦嘗也○釋曰言席末謂於席之尾故云末鄉飲酒義云祭薦祭酒敬禮也嚌肺嘗禮也啐酒成禮也於席末言是席之正非專爲飲食也此所以貴禮而賤財也注云祭薦祭酒嚌肺於席中唯啐酒於席末是也啐酒於席末者酒是財賤財之義也云啐亦嘗者亦前肺云嚌是至齒爲嘗此酒云啐謂入口爲嘗雖至齒入口不同皆是嘗也又肺於前用之不得言成禮酒後乃用故云成禮異於肺也降席坐奠爵拜告旨執爵興主人阼階上荅拜降席席西也旨美也疏降席至荅拜○注降席至美也○釋曰賓拜告旨主人拜崇酒其節同義即異矣賓言

甘主人之位啐則拜之主人云崇者崇充也謝賓以酒惡相充實飲訖乃崇酒先後亦同也賓西階上北面坐卒爵興坐奠爵遂拜執爵興主人阼階上荅拜卒盡也於此盡酒者明此席非專爲飲食起疏賓西至荅拜○注卒盡至食起○釋曰言遂拜者亦因奠爵不起因拜也云於此盡酒者明此席非專爲飲食起者但此席爲賓賢能起故謂在席盡爵於此西階上卒之也云不專爲飲食者啐酒於席末兼爲飲食之事故以不專言之也

儀禮疏卷第八

江西督糧道王賡言廣豐縣知縣阿應鱗栞

儀禮注疏卷八挍勘記

阮元撰盧宣旬摘錄

鄉飲酒禮第四

獻賢者能者於其君　按獻上釋文有將字

故以爲諸侯鄉大夫也　閩本要義同毛本鄉作卿非也

謂諸侯鄉大夫　閩本鄉仍作卿

鄭彼注云　云當從要義作方

又有卿大夫士飲國中賢者　通解要義楊氏卿俱作鄉非通解鄉下衍士字

還是鄉飲酒黨飲酒法　要義同毛本作還是州長黨正飲酒法

鄉飲酒之禮

賓介處士賢者　者下通典有也字按通典引諸經傳注往往增入也字就此篇論之如明其德各特也拜賓至此堂尊之也進酒於賓也復西階上位也坐於席也以右手也酬之言周也賓謙不敢居堂上也不嚌啐下賓也就賓南授之也下賓也長其老者也賤者禮簡也謂歌與衆聲俱作也示絜敬也以絜衆也又以序相酬也此類甚多豈古本俱有也字而今本盡刪之歟凡類書徵引羣籍有刪無增此或原本如是今不能一一細按聊誌其槩於此

孝友睦婣任恤　徐本同毛本婣作姻

受法於司徒　徐葛通解同毛本法作灋按法灋今本錯出

先就庠學者若先生之學士　盧文弨改若作告云賓介皆庠中

云賓介處士賢者　按者字當重

數九數之計　九閩本誤作品毛本計下有也字

教成亦使鄉大夫　毛本亦作之

二鄉公一人　毛本鄉作卿

而教之學焉　毛本同要義學作孝

賓之于君其簡訖　通解要義同毛本君其作其君

是易觀盥而不薦　盧文弨云是字疑衍或當作案○按是下當有以字疏每省之

唯主人觀而獻賓　盧文弨改觀爲盥

宿於大夫景丑之家　要義同毛本丑下有氏字○按此節疏引孟子多以意增改非有誤字也

景子譏之曰　子要義作丑

君召　要義同毛本君下有命字

爵也德也齒也　要義同毛本三也字俱作一

惡有得其一　要義毛本有得作得有

尊長尚齒也　要義同毛本尊長作是字

主人戒賓

主人戒同寮同寮尊　同寮閩本不重

介亦如之

意不言衆賓　要義同毛本意作竟○按意字屬上句亦言賓介意者謂拜辱禮辭也

尊兩壺于房戶間○加二勺于兩壺　壺徐本監本俱誤作壼後凡誤尊言壼皆壺字之誤不悉按

如今大木轝矣　轝特牲注作舉

設洗于阼階東南

北至房室之壁　通解楊氏同毛本室作屋

假令堂深二丈　閩本通解楊氏同毛本二作三監本此句作三下句作二

介亦如之

如速賓也　速賓徐本集釋俱作賓速

主人揖先入

揖賓也　揖下要義有衆字

賓厭介

皆東面北上定位　定閩本作賓

云推手揖引手曰厭者　毛本揖上有日字要義此句有日字下推手日揖句無日字○按注當有日字

古字義亦通也　亦通要義作通用

主人與賓三揖

當陳揖　張氏曰監巾箱杭本陳皆作楣自嚴本以後始正作陳疏引爾雅陳堂塗也從嚴本○按通典作塗塗即堂塗也雖不如陳字之古其義則同

賓進東北面辭洗

案下經云　浦鏜云自此至位在此者二十六字係上文賓降二字下朱子自按今誤入疏內當正之○按賈氏朱子各引下經以釋本節此二十六字此本已有非從通解誤入

主人坐奠爵于篚

此即至洗　浦鏜云既誤即

主人坐取爵

徹鼏沃盥　通解要義同毛本鼏作鼎○按作鼏與下記合

卒洗

古文一作壹　壹一徐本毛本互易集釋通解要義俱與毛本同張氏曰按經云壹揖壹讓升壹字當在上從經○按張氏云從經云非有別本可據也通解似即依張氏而毛本又依通解耳

賓降

讀爲疑然從於趙盾之疑　兩疑字徐本集釋通解俱作疑毛本俱作佗閩葛俱上作佗下作疑臧琳曰公羊注佗然勇壯貌鄭所據公羊作疑然乃立定之貌不取勇壯義蓋嚴顏之異注疏本改同何本誤也

疑正立自定之貌　徐葛閩本集釋通考楊氏同與疏合張氏云注曰疑正立自定之貌獨毛本正作然監本正作止鄉射注曰疑止也諸本皆同○按士昏禮注曰疑正立自定之貌公食大夫注曰疑正立也傳寫者誤以二正爲止並從士昏及公食大夫禮

云疑讀爲疑然從於趙盾之疑　要義同毛本下兩疑字俱作佗

賓西階上拜

少辟　少釋文作小辟毛本作避釋文徐葛閩本通解敖氏俱作辟張氏曰鄉射經曰主人少退注曰少退猶少辟也經又曰賓少退注曰少退少逡遁也按釋文少辟少逡遁皆作小蓋鄭氏以小釋少改作小從釋文○按避張本亦作辟至監本始作避而毛本因之陸氏云辟婢亦反一音避然則辟字原有兩音其音婢亦反者即辟易之辟也今竟改作避又仍依通解音曰辟音避胥亂之甚

賓升席自西方

升由下也　由下通典作猶上

乃設折俎

節折在俎　徐葛閩本集釋通解要義楊氏同毛本在作右

注牲體至在俎　毛本在誤作右

奠爵于薦西○弗繚　惠棟云依疏說則弗字衍○按疏云弗繚即弗紾一也用弗字非衍文大祝注引此繚亦有弗字但此注及疏俱未明弗字之義

此是舉肺封者於下記文本謂根本　於下記文四字毛本脫通解亦無

卽弗紾　三字閩本脫

入曰繚祭注云　通解毛本云下有繚祭以手從肺本循之至于末乃絶以祭絶祭不循其本直絶以祭二十六字此本無

坐捝手

古文捝作說　按釋文云坐捝始銳反拭也注帨同今注中無帨字疑說字本作帨故賈疏以內則之帨釋之浦鏜改說爲帨似有理後凡言古文捝作說放此

有捝　捝通解要義俱作帨下捝巾同○段玉裁云據此知經文捝手字本作帨後人改巾從才耳

降席

主人拜崇酒　毛本人作入盧文弨改入爲人

崇充也　充閩本要義俱作充下同毛本充作克監本此句作克下句作充○按充是也

賓西階上北面坐

非專爲飲食起　食徐本集釋通解楊氏俱作食與疏合毛本食作酒

故謂在席盡爵　毛本謂下有不字通解無謂字

云不專爲飲食者　毛本食下有起字

儀禮注疏卷八挍勘記終

奉新余成教挍

儀禮疏卷第九

唐朝散大夫行大學博士弘文館學士臣賈公彥等撰

賓降洗將酢主人【疏】賓降洗。注將酢主人。釋曰自此已下至西階上荅拜論賓酢主人之事云將酢主人者案爾雅云酢報也前得主人之獻今將酌以報之故降洗而致絜敬故云將酢主人也主人降亦從賓也降立阼階東西面【疏】主人降。注降立至西面。釋曰知面位如此者案下云主人復阼階東西面故知此當於阼階東西面也賓坐奠爵興辭西階前也【疏】賓坐奠爵興辭。注西階前也。釋曰鄭知西階前者鄉射云賓西階前東面坐奠爵興辭降此亦然故也主人對賓坐取爵適洗南北面主人阼階東南面辭洗賓坐奠爵于篚興對主人復阼階東西面賓東北面盥坐取爵卒洗揖讓如初升主人拜洗

賓荅拜興降盥如主人禮賓實爵主人之席前東南面酢主人主人阼階上拜賓少退主人進受爵復位賓西階上拜送爵薦脯醢主人升席自北方設折俎祭如賓禮祭者祭薦俎及酒亦嚌啐【疏】主人至賓禮。注祭者至嚌啐。釋曰此賓坐取爵適洗南盥坐取爵卒洗以此言之則賓未盥主人辭洗案鄉射禮盥訖將洗主人乃辭洗先後不同者彼與鄉人習禮輕故盥訖乃辭洗此鄉人將賓舉之故未盥先辭洗重之故也若然鄉射禮內兼有鄉大夫即尊與州長同於盥後辭洗者以其盥後辭洗是禮之常故也但鄉射賓坐取爵適洗坐奠爵于篚下主人辭洗之時賓方奠爵于篚下此不奠爵篚下便言奠爵于篚者鄉射云賓坐取爵洗之時未得主人之命故得奠於篚下得主人之命乃奠于篚此則賓取爵適洗未奠之時主人即辭故尊于篚也云揖讓如初升者謂前主人卒洗一揖一讓升也云降盥如主人禮者謂如主人降盥禮則此賓降主人亦降賓辭降主人對一與主人降辭已下同也云祭如賓禮者如上賓祭時坐左執爵右祭脯醢奠爵于薦西興右手取肺卻左手執本坐弗繚右絕末以祭尚左手嚌之興加于俎坐挩手遂祭酒興席末坐啐酒故云祭如賓禮云祭者祭薦俎及酒者薦謂脯醢俎即離肺也云亦嚌啐者直云祭如賓禮嫌祭不嚌啐故鄭明之云亦嚌肺啐酒是以下文云不告旨明亦啐也不告旨酒己物也自席前適阼階上北面坐卒爵興坐奠爵遂拜執爵興賓西階上荅拜自席前者啐酒席末因從北方降由便也【疏】自席至荅拜。注自席至便也。釋曰案曲禮云席東鄉西鄉以南方爲上南鄉北鄉以西方爲上凡升席必由下降由上今主人當降自南方以啐酒於席末遂因從席北頭降又從北向南北面拜是由便也若降由上之正亦是便故下云主人作相降席自南方不由北方亦由便也主人坐奠爵于序端阼階上北面再拜崇酒賓西階上荅拜東西牆謂之序崇充也言酒惡相充實【疏】主人坐奠爵于序端。注東西至充實。釋曰奠爵于序端者擬後酬賓訖取此爵以獻

介也云東西牆謂之序者爾雅釋宮文但彼云東西廂廂即牆故變言之也主人坐取觶于篚降洗賓降主人辭降賓不辭洗立當西序東面不辭洗者以其將自飲【疏】主人至東面。釋曰自此至復位論主人酬賓之事。注不辭至自飲。釋曰酬酒先飲乃酬賓故云將自飲若然既自飲而盥洗者禮法宜絜故也若然經云賓降主人辭應奠爵不言者理在可知故爲文略也卒洗揖讓升賓西階上疑立主人實觶酬賓阼階上北面坐奠觶遂拜執觶興賓西階上荅拜酬勸酒也酬之言周忠信爲周【疏】卒洗至荅拜。注酬勸至爲周。釋曰云賓西階上疑立者待主人自飲故也云酬之言周忠信爲周者此解主人將酬賓先自飲之意以其酬賓若不自先飲主人不忠信恐賓不飲示忠信之道故先自飲乃飲賓爲酬也忠信爲周國語文坐祭遂飲卒觶興坐奠觶遂拜執觶興賓西階上荅拜主

人降洗，賓降辭，如獻禮，升不拜洗。不拜洗，殺於獻。疏坐祭至拜洗○注不拜洗殺於獻○釋曰：云坐祭遂飲者，因坐祭即飲，飲卒觶，因事曰遂，故曰遂。云辭如獻禮者，主人辭賓降，主人爲已洗爵，此與獻賓時同，故云辭如獻禮。禮殺，升堂不拜洗，與獻時異，故別言之，使不蒙如也。禮殺於獻者，獻時拜洗，禮初不殺故也。賓西階上立，主人實觶賓之席前，北面。賓西階上拜，主人少退，卒拜，進，坐奠觶于薦西。賓已拜，主人奠其觶。疏賓西至薦西○注賓已至其觶○釋曰：賓已拜主人奠其觶者，非久停，下文賓取之奠于薦東是也。賓辭，坐取觶，復位。主人阼階上拜送。賓北面坐奠觶于薦東，復位。酬酒不舉，君子不盡人之歡，不竭人之忠，以全交也。疏賓辭至復位○注酬酒至交也○釋曰：賓辭不解所辭之事。案《鄉射》二人舉觶于賓與大夫，進坐奠于薦右，賓與大夫辭，坐受觶以興。注云：辭，辭其坐奠觶。以彼云賓與大夫辭，即云坐受觶以興，若自手受

之以舉觶，是禮已，故賓與大夫可以當亢荅之禮，得云辭其親與。此禮初，賓謙卑，不辭其奠，故經不云坐受以興。然此辭是主人復親酌已，故《鄉射》主人酬賓云賓辭，鄭注云：辭主人復親酌已是也。云酬酒不舉，君子不盡人之歡，不竭人之忠，以全交也者，並《曲禮》文。案彼歡謂飲食，忠謂衣服。引之幷謂飲食者，鄭於彼歡與忠相對解之，故歡爲飲食，忠爲衣服。遍而言之，總爲飲食，於義合也。云全交者，所有飲食與已，已盡之，恐人嫌貪而交絶，故不盡爲全交。酬酒不飲，亦是全交，故引爲證也。此以奠於薦東爲酬酒不舉，案《燕禮》二人媵爵于公，奠于薦南，彼皆舉爲旅酬而在左者，鄭彼注云：奠于薦南，不敢必君舉也。案《特牲》主人酬賓奠于薦北，彼舉旅而在左者，鄭彼云：行神惠，故不與此同也。主人揖降。賓降，立于階西，當序，東面。主人將與介爲禮，賓謙，不敢居堂上。疏主人至東面○注主人至堂上○釋曰：自此下至主人介右荅拜，論主人獻介之事。主人以介揖讓升，拜如賓禮。主人坐取爵于東序端，降洗。介降，主人辭降。介辭洗，如賓禮。升不拜洗。介禮

殺也。疏主人至拜洗○注介禮殺也○釋曰：案上主人迎賓之時，介與衆賓從入，又主人與賓三揖至於階之時，介與衆賓亦隨至西階下東面。今此文云揖讓升如賓禮，則唯於升堂時相讓，無庭中三揖之事矣。升堂而云拜者，謂拜至，亦如賓矣。云介禮殺也者，謂不拜洗，是以《鄉飲酒義》云三讓以賓升，拜至獻酬辭讓之節繁，及介省矣是也。介西階上立。不言疑者，省文。疏注不言疑者省文○釋曰：此決上獻酬辭賓時，賓於西階上疑立，此亦當獻酒節，而不言疑者，省文也。主人實爵介之席前，西南面獻介。介西階上北面拜，主人少退。介進，北面受爵，復位。主人介右北面拜送爵，介少退。主人拜于介右，降尊以就卑也。今文無北面。疏主人至少退○注主人至北面○釋曰：云主人介之席前西南面獻介者，以介席東面，故邪向之，若獻賓時，於賓席前北面向之也。主人拜于介右，降尊以就卑也者，以主人獻賓時，主人自在阼階，今於獻介，主人來在西階介右，是介卑，故降主人之尊，就西階介之東北面拜也。至旅酬皆同階者，禮殺故也。

主人立于西階東。薦脯醢。介升席，自北方。設折俎。祭如賓禮，不嚌肺，不啐酒，不告旨，自南方降席，北面坐卒爵，興，坐奠爵，遂拜，執爵興。主人介右荅拜。不嚌啐，下賓。疏主人至荅拜○注不嚌啐下賓○釋曰：云主人立于西階東者，始獻介之時，近西在介右，今於設薦之時，主人無事，稍近東。案上獻賓薦設之時，主人云疑立，此不言者，文畧也。云主人介右荅拜者，還近西於前立處荅拜也。介降洗，主人復阼階，降辭如初。如賓酢之時。疏介降至如初○注如賓酢之時○釋曰：自此至介降立于賓南，論介酢主人之事。云主人復阼階降辭如初者，如賓酢主人之時，介辭主人從已降，主人辭介爲已洗，一皆如之也。卒洗，主人盥。盥者，當爲介酌。疏卒洗主人盥○注盥者當爲介酌○釋曰：此主人自飲而盥者，尊介也。是以《鄉射》云大夫將酢主人，卒洗，主人盥，注云：盥者，雖將酌自飲，尊大夫，不敢褻。是其類也。介揖讓升，

授主人爵于兩楹之間就尊南授之介不自酌下賓酒者賓主共之疏介揖至之間○釋曰揖讓升者謂一揖一讓升也云授主人爵于兩楹之間以爵授主人也○注就尊至共之○釋曰知兩楹間是尊南者以上云尊於房戶閒房戶間當兩楹之北故云就尊南授之也云介不自酌下賓者以其賓親酌以酢主人此不自酌故云下賓也云酒者賓主共之者此鄭解酒賓主共之故賓自酌以酢主人介卑故不敢酌是以鄉飲酒義云尊於房戶之閒賓主共之是也介西階上立主人實爵酢于西階上介右坐奠爵遂拜執爵興介荅拜主人坐祭遂飲卒爵興坐奠爵遂拜執爵興介荅拜主人坐奠爵于西楹南介右再拜崇酒介荅拜奠爵西楹南以當獻衆賓疏介西至荅拜○釋曰此主人既受爵介無事故於西階上立不言疑立可知也亦省文○注奠爵至衆賓○釋曰知此奠爵爲衆賓者案下文云主人揖升坐取爵于西楹下是也鄉射無介故獻衆賓時於東序端取爵獻訖奠爵于篚也主人復阼階揖降介降立于賓南疏主人至賓南○釋曰向來主人與介行禮於西階上事訖故復阼階揖讓降介降立于賓南者以將獻衆賓故介無事就賓南也主人西南面三拜衆賓衆賓皆荅壹拜三拜壹拜示徧不備禮也不升拜賤也疏主人至壹拜○注三拜至賤也○釋曰自此已下至奠于篚論獻衆賓之事云西南面者以其主人在阼階下衆賓在賓介之南故西南向拜之云三拜壹拜示徧不備禮也者衆賓各得主人一拜主人亦徧得一拜是不備禮故鄉射云三拜衆賓衆賓皆荅壹拜彼注云三拜示徧也壹拜不備禮也大夫禮皆然故少牢云主人三拜養者養者皆荅拜鄭云三拜旅之示徧也又有司徹云主人降南而拜衆賓于門東三拜衆賓門東北面皆荅壹拜大夫尊故也士則荅再拜故特牲云主人三拜衆賓衆賓荅再拜鄭云衆賓再拜者士賤旅之得備禮是也云不升拜賤也者此決上主人與賓介行禮皆升堂拜至此三拜賓賤故不升拜至也、主人揖升坐取爵于西楹下降洗升實爵

于西階上獻衆賓衆賓之長升拜受者三人長其老者言三人則衆賓多矣疏主人至三人○注長其至多矣○釋曰云主人揖升者從三人爲首一一揖之而升也云降洗升實爵者以下不更言洗則以下因此不復洗矣云西階上獻衆賓者下別言衆賓之長三人則衆賓之中兼言堂下衆賓故鄭云衆賓多矣自三人已下於下便以次歷言之矣云拜受者三人則堂下衆賓不拜受矣主人拜送於衆賓右疏主人拜送○注於衆賓右○釋曰知在衆賓右拜送者約上文介右而知也坐祭立飲不拜既爵授主人爵降復位既卒也卒爵不拜立飲立授。賤者禮簡疏坐祭至復位○注既卒至禮簡○釋曰云卒爵不拜立飲立授爵賤者禮簡者賓賢能以賢者爲賓其次爲介不問長幼其三賓德劣于賓介則數年之長幼故上衆賓之長也賓介則坐祭坐飲又拜既爵此三賓則坐祭與賓介同不拜既爵立飲立授則異賤故禮簡也衆賓獻則不拜受爵坐祭立飲次三人以下也不拜禮彌簡疏衆賓至立飲○注次三至彌簡○釋曰此據堂下衆賓不拜受爵於三人故云禮彌簡也每一人獻則薦諸其席謂三人也疏每一至其席○注謂三人也○釋曰上已云獻此以下別言薦云每一人還發三人而言云每一人獻則薦諸其席則一一得獻即薦之以其言席又下別言衆賓則此三是三人故鄭云三人也衆賓辯有脯醢亦每獻薦於其位位在下今文辯皆作徧疏衆賓辯有脯醢○注亦每至作徧○釋曰云亦每獻薦於其位者如上三人一一薦之知位在下者以其言堂下立侍不合有席既不言席故位在下既不言其數則鄉人有學識者皆來觀禮皆入飲酒之內是以鄉射云旅酬堂上辯卒受者興以旅在下者明衆賓在堂下也主人以爵降奠于篚不復用也疏主人至于篚○釋曰以此合一獻徧不復用故以主人爵降奠於篚也揖讓升賓厭介升介厭衆賓升衆賓序升即席序次也即就也今文厭皆爲揖疏揖讓至即席○注序次至爲揖○釋曰自此至舉觶者降論徧獻衆賓訖將以旅酬之事云衆賓序升者謂三賓堂上有席者以年長爲首以次即席也云今文厭皆爲揖不從者

以賓相引以手不得爲揖故也一人洗升舉觶于賓一人主人之吏發酒端曰舉〔疏〕一人至于賓○注一人至曰舉○釋曰此一人舉觶爲旅酬也云發酒端曰舉者從上至下徧飲訖又從上而起是發酒端曰舉也實觶西階上坐奠觶遂拜執觶興賓席末荅拜坐祭遂飲卒觶興坐奠觶遂拜執觶興賓荅拜降洗升實觶立于西階上賓拜賓拜拜將受觶〔疏〕賓觶至賓拜○注賓拜拜將受觶○釋曰云賓席末荅拜者謂於席西南面非謂席上近西爲末以其無席上拜法也已下賓拜皆然進坐奠觶于薦西賓辭坐受以興舉觶不授下主人也言坐受者明行事相接若親受謙也〔疏〕進坐至以興○注舉觶至謙也○釋曰云舉觶不授下主人也者決上主人獻賓皆親授而奠之今不親授是下主人鄉射注云不授賤不敢也下主人明此亦賤不敢授也云言坐受者明行事相接若親受謙也者若於人手相授受名爲受不於人取之不得言

受今於地取之而言受者以主人奠之賓取之而無隔絕雖於地若手受之故云明行事相接若親受之謙也舉觶者西階上拜送賓坐奠觶于其所所薦西也〔疏〕舉觶至其所○注所薦西也○釋曰賓奠於其所者待作樂後立司正賓乃取此觶以酬主人以其將舉故且奠之於右也舉觶者降事已〔疏〕舉觶者降○注事已○釋曰案鄉射舉觶者降後有大夫此不言者大夫觀禮之人或來或否故不言也設席于堂廉東上爲工布席也側邊曰廉燕禮曰席工於西階上少東樂正先升北面此言樂正先升立于西階東則工席在階東〔疏〕設席至東上○注爲工至階東○釋曰此下至樂正告于賓乃降論主人樂賓之事大判總爲作樂其中別有四節之殊有歌有笙有間有合次第不同也案燕禮席工于西階上即云樂正先升大射亦云席工于西階上工六人四瑟始云小樂正從之不同者燕禮主於歡心尚樂故先云樂正先升大射主於射畧於樂故辨工數乃云樂正從之也若然此主於樂不與燕同而席工下辨工數乃云樂正升者此臣禮避初也至於鄉射亦應主於射畧於樂而不言工數先云樂正而不與大射同者亦是避初之事也云爲工布席也者以鄉射燕禮大射皆席工連言此不言席工文不具爾故此爲工布席下云工入升明此席也引燕禮者欲證此席爲工又取此工席在西階東以其此經云堂廉東上不言階東故取燕禮西階上少東樂正又在工西此下云樂正於西階東據樂正於西階東而立在工西則知工席更在階東北面可知但此言近堂廉亦在階東彼云階東亦近堂廉也工四人二瑟瑟先相者二人皆左何瑟後首挎越內弦右手相四人大夫制也二瑟二人鼓瑟則二人歌也瑟先者將入序在前也相扶工也衆賓之少者爲之每工一人鄉射禮曰弟子相工如初入天子相工使視瞭者凡工瞽矇也故有扶之者師冕見及階子曰階也及席子曰席也固相師之道後首者變於君也挎持也相瑟者則爲之持瑟其相歌者徒相也越瑟下孔也內弦側擔之者〔疏〕工四人至手相○注四人至之者○釋曰云四人大夫制也者此鄉大夫飲酒而云四人大射諸侯禮而云六人故知四人者大夫制也燕禮亦諸侯禮而云四人者鄭彼注云工四人者燕禮輕從大夫制也鄉射是諸侯之州長士爲之其中兼有鄉大夫以三物詢衆庶行射禮法故工亦四人大夫制也若然士

當二人天子當入人爲差次也云二瑟二人鼓瑟則二人歌也者既云工四人二人瑟明二人鼓瑟可知也云相扶工也衆賓之少者爲之者見鄉射云樂正適西方命弟子弟子則衆賓之少者也云每工一人者案周禮瞽三百人又此經二人瑟相者二人皆左何瑟又大射僕人正相大師以諸文言之故知每工一人亦二若然此經工四人二瑟相二人則工二人歌雖不言相亦二人人可知以空手無事故不言也云鄉射禮曰弟子相工如初入者彼謂將射樂正命弟子相工遷樂於下降時如初入之次第亦瑟先歌後引之證弟子相工之事天子相亦使眡瞭爲之知者見周禮眡瞭職云凡樂事相瞽是也云凡工瞽矇也者鄭司農云無目眹謂之瞽有目眹而無見謂之矇有目無眸子謂之瞍故詩大雅云矇瞍奏工是也引論語者證瞽人無目須扶之義也云師即大師之官無目矇瞽之長也云後首者變於君也案燕禮云小臣左何瑟面鼓注云燕尚樂可鼓者在前也此鄉飲酒亦尚樂而不面鼓是變於君也亦案大射主於射畧於樂鄉射亦應主於射畧於樂所以面鼓亦是變於君也云挎持也者瑟底有孔越以指深入謂之挎也云其相歌者徒相也者徒空也無可荷空以右手相以經不言故也云內弦側擔之者以左於外側擔之使弦向內也樂正先升立

于西階東正長也疏樂正至階東○注正長也○釋曰案周禮有大司樂樂師天子之官此樂正者諸侯及大夫士之官當天子大司樂言先升對後升云長樂官之長也

工入升自西階北面坐相者東面坐遂授瑟乃降降立于西方近其事疏工入至乃降○注降立至其事○釋曰工入升不言歌瑟先後案上文已云瑟先其歌可知也鄭知降立於西方近其事者鄉射云樂正適西方命弟子贊工遷樂故知西方是近其事也

工歌鹿鳴四牡皇皇者華三者皆小雅篇也鹿鳴君與臣下及四方之賓燕講道脩政之樂歌也此采其已有旨酒以召嘉賓嘉賓既來示我以善道又樂嘉賓有孔昭之明德可則傚也四牡君勞使臣之來樂歌也此采其勤苦王事念將父母懷歸傷悲忠孝之至以勞賓也皇皇者華君遣使臣之樂歌也此采其更是勞苦自以爲不及欲諮謀于賢知而以自光明也疏工歌至者華○注三者至光明○釋曰凡歌詩之法皆歌其類此時貢賢能擬爲卿大夫或爲君所燕食以鹿鳴詩也或爲君出聘以皇皇者華詩也或使反爲君勞來以四牡詩也故賓賢能而預歌此三篇使習之

也云三者皆小雅篇也者其詩見於小雅之內也云鹿鳴君與臣下及四方之賓燕講道脩政之樂歌也者自此已下鄭皆先引詩序於上復引詩經於下以其子夏作序所以序述經意故鄭並引之也案鹿鳴序云鹿鳴燕羣臣嘉賓也然後羣臣嘉賓得盡其心之事還依序而言也云此采其已有旨酒以召嘉賓嘉賓既來示我以善道至可則傚也者案彼經云我有旨酒以燕樂嘉賓之心又云示我周行德音孔昭視民不恌是則是傚之事四牡序云勞使臣之來也經云王事靡盬我心傷悲豈不懷歸將母來諗皇皇者華序云君遣使臣也經云於彼原隰駪駪征夫每懷靡及周爰諮謀之事故鄭依而引之爲證也

卒歌主人獻工工左瑟一人拜不興受爵主人阼階上拜送爵一人工之長也凡工賤不爲之洗疏卒歌至送爵○注一人至之洗○釋曰云一人工之長也者謂就四人之內爲首者也云凡工賤不爲之洗者下大師爲之洗是君賜者爲之洗明自外不爲之洗也案此鄉飲酒及燕禮同是主歡心尚樂之事故有升歌笙閒合樂及其獻工獻笙後閒合不獻以知二節自前已得獻故不復重獻鄉射主於射畧於樂無笙閒唯有合樂笙工並爲至終總獻之大射亦主於射畧於樂但不閒歌不合樂故有升歌鹿鳴三終主人獻工乃後下管新宮不復得獻此君禮異於鄉射也若鄉射與大射同畧於樂大射不畧升歌而畧笙閒合者二南是鄉大夫之正小雅是諸侯之正鄭注鄉射云不畧合樂者不可畧其正諸侯不畧鹿鳴之等義亦然也

薦脯醢使人相祭使人相者相其祭酒祭薦疏薦脯醢使人相祭○注使人至祭薦○釋曰知使人相祭者以相者扶工之人每事使之相授故知還使相者爲之知祭酒薦祭者以其云獻薦脯醢即云相祭知相其祭酒祭薦也

工飲不拜既爵授主人爵坐授之疏注坐授之○釋曰知坐授之者以經不云興故知坐授之也

衆工則不拜受爵祭飲辯有脯醢不祭祭飲獻酒重無不祭也今文辯爲徧疏衆工至不祭○注祭飲至爲徧○釋曰言獻酒重無不祭也者衆工諸事皆不備尚祭飲則知得獻酒無有不祭故知獻酒重無不祭也其正酬亦祭至於旅酬以下則不祭而已故下記云凡旅不洗不洗者不祭鄭注云敬禮殺也不甚絜也此衆工亦不洗而祭是以云獻酒重無不祭也

大師則爲之洗賓介降主人辭降工不辭洗大夫若君賜之樂謂之大師則爲之洗尊之也賓介降從主人也工大師也上既言獻工矣乃言大師者大師或瑟或歌也其獻之瑟則先歌則後疏大師至辭洗○注大夫至則後○釋曰天子諸侯有常官則有大師也大夫則無常官若君賜之樂并樂人與之則亦謂之大師主人爲之洗若然工非大師則無洗云賓介降從主人也者案鄉射云大師則爲之洗賓降注云大夫不降尊也此既大夫禮則有大夫亦不降可知也云工大師也者既言大師則爲之洗而云工不辭洗故知工即大師是以論語云師冕見孔子爲之相鄭云相扶工是工爲樂人之揔稱也云上既言獻工矣乃言大師者大師或瑟或歌也者以其前工有瑟有歌後別言大師則大師能瑟或在瑟中若大師能歌或在歌中故云大師或瑟或歌也云其獻之瑟則先歌則後者以其序入及升堂皆瑟先歌後其獻法皆先瑟後歌是以知獻之瑟先歌後隨大師所在以次獻之也燕禮云卒歌主人洗升獻工工不興左瑟一人拜受爵注云左瑟便其右一人工之長者也燕禮諸侯禮有常官不言大師以燕禮主爲臣子故工四人從大夫制其大師入工不別言之也大射云主人洗升實爵獻工工不興左瑟注云大師無瑟於是言左瑟者

節也若大師在歌亦先得獻與燕異也

笙入堂下磬南北面立樂南陔白華華黍

笙吹笙者也以笙吹此詩以爲樂也南陔白華華黍小雅篇也今亡其義未聞昔周之興也周公制禮作樂采時世之詩以爲樂歌所以通情相風切也其有此篇明矣後世衰微幽厲尤甚禮樂之書稍稍廢棄孔子曰吾自衞反魯然後樂正雅頌各得其所謂當時在者而復重雜亂者也惡能存其亡者乎且正考父校商之名頌十二篇于周大師歸以祀其先王至孔子二百年之間五篇而已此其信也

疏笙入至華黍○釋曰此外歌訖得獻乃始入也云磬南北面者磬既南面其南當有擊磬者在磬南北面而云笙入磬南北面者在磬者之南北面也○注笙吹至信也○釋曰言小雅篇也者今序仍在魚麗之下是小雅也云今亡其義未聞者案詩魚麗之下見子夏序序此三篇案彼子夏序云南陔孝子相戒以養也白華孝子之絜白也華黍時和歲豐宜黍稷也此已上是子夏序文則云有其義而亡其辭者此是毛公續序云有其義指子夏序有其義也云而亡其辭者謂詩辭亡矣若然彼亡辭此亡義與此義異也云昔周之興也周公制禮作樂至明矣者欲明周公制此儀禮之時有此三篇之意也云後世衰微幽厲尤甚者禮運云孔子曰我觀周道幽厲傷之吾舍魯何適是幽厲尤甚者也禮樂之書稍稍廢棄者自幽厲已後稍稍更加廢棄此篇之失也又引孔子以下至其信者欲明孔子以前言亡三篇之意也案南陔注云孔子論詩雅頌各得其所時俱在耳篇第當在於此時遭戰國及秦之世而亡之其義則與衆篇之義合編故存至毛公爲詁訓傳乃分衆篇之義各置於其篇端彼詩鄭注又與此不同者鄭君注禮之時未見毛傳以爲此篇孔子前亡注詩之時既見毛傳以爲孔子後失必知戰國及秦之世者以子夏作序具序三篇之義明其詩見在毛公之時亡其辭故知當戰國及秦之世也

主人獻之于西階上一人拜盡階不升堂受爵主人拜送爵階前坐祭立飲不拜既爵升授主人爵

一人笙之長者也笙三人和一人凡四人鄉射禮曰笙一人拜于下

疏主人至人爵○注一人至於下○釋曰自此至不祭論獻笙者之事云一人拜者謂在地拜乃盡階不升堂受爵也云一人笙之長者也者笙者四人今言一人受爵明據爲首長者而言也云笙三人和一人凡四人者案鄉射記云三笙一和而成聲注三人吹笙一人吹和凡四人爾雅曰笙小者謂之和是也云鄉射禮曰笙一人拜于下者即此一人拜者亦在堂下可知但獻工之時拜送在西階東以工在階東故也此主人拜送笙之時在西階上以其笙在階下故不同也

衆笙則不拜受爵坐祭立飲辯有脯醢不祭

亦受爵于西階上薦之者於其位磬南今文辯爲徧

疏衆笙至不祭○注亦受至爲徧○釋曰衆笙除一人之外二人者不備禮故亦受爵於西階上者與一人同也云薦之皆於其位磬南者依前笙入立于磬南之處是其類也

乃間歌魚麗笙由庚歌南有嘉魚笙崇丘歌南山有臺笙由儀

間代也謂一歌則一吹六者皆小雅篇也魚麗言大平年豐物多也此采其物多酒旨所以優賓也南有嘉魚言大平君子有酒樂與賢者共之也此采其能以禮下賢者賢者纍蔓而歸之與之燕樂也南山有臺言大平之治以賢者爲本此采其愛友賢者爲邦家之基民之父母既欲其身之壽考又欲其名德之長也由庚崇丘由儀今亡其義未聞

疏乃間至由儀○釋曰此一經堂下吹笙堂上升歌間代而作故謂之乃間也○注間代至未聞○釋曰云謂一歌則一吹者謂堂上歌魚麗終堂下笙中吹由庚續之以下皆然此魚麗南有嘉魚南山有臺其詩見在云六者皆小雅篇也者見編在小雅之內故知之見在者鄭君亦先引其序後引其詩案魚麗序云魚麗美萬物盛多也詩云君子有酒旨且多南有嘉魚序云大平之君子至誠樂與賢者共之也詩云君子有酒嘉賓式燕以樂南山有臺序云樂得賢也得賢則能爲邦家立大平之基矣詩云樂只君子邦家之基又云樂只君子民之父母遐不眉壽是也此其鄭君所言義意云由庚崇丘由儀今亡其義未聞者案詩序云由庚萬物得由其道也崇丘萬物得極其高大也由儀萬物之生各得其宜也有其義而亡其辭此毛公續序義與南陔白華華黍同堂上歌者不亡堂下笙者即亡蓋當時方以類聚笙歌之時各自一處故存者併存亡者併亡也

乃合樂周南關雎葛覃卷耳召南鵲巢采蘩采蘋

合樂謂歌樂與衆聲俱作周南召南國風篇也王后國君夫人房中之樂歌也關雎言后妃之德葛覃言后妃之職卷耳言后妃之志鵲巢言國君夫人之德采蘩言國君夫人不失職采蘋言卿大夫之妻能脩其法度昔大王王季居于岐山之陽躬行召南之教以興王業及文王而行周南之教以

受命大雅云刑于寡妻至于兄弟以御于家邦謂此也其始一國耳文王作邑于豐以故地爲卿士之采地乃分爲二國周周公所食召召公所食於時文王三分天下有其二德化被于南土是以其詩有仁賢之風者屬之召南焉有聖人之風者屬之周南焉夫婦之道生民之本王政之端此六篇者其教之原也故國君與其臣下及四方之賓燕用之合樂也鄉樂者風也小雅爲諸侯之樂大雅頌爲天子之樂鄉飲酒升歌小雅禮盛者可以進取也燕合鄉樂禮輕者可以逮下也春秋傳曰肆夏繁遏渠天子所以享元侯也文王大明緜兩君相見之樂也然則諸侯相與燕升歌大雅合小雅天子與次國小國之君燕亦如之與大國之君燕升歌頌合大雅其笙閒之篇未聞

疏　乃合至采蘋○注合樂至未聞

○釋曰此一經論堂上歌堂下衆聲俱合之事也云合樂謂歌樂衆聲俱作者謂堂上有歌瑟堂下有笙磬合奏此詩故云衆聲俱作云周南召南國風篇也者案論語注國風之首篇謂十五國風之篇首義可知也云王后國君夫人房中之樂歌也者案燕禮記云有房中之樂注云弦歌周南召南之詩而不用鍾磬之節謂之房中者后夫人之所諷誦以事其君子是也既名房中之樂用鍾鼓奏之者諸侯卿大夫燕饗亦得用之故用鍾鼓婦人用之乃不用鍾鼓則謂之房中之樂也云關雎言后妃之德以下至脩其法度周南三篇即言后妃召南三篇則言夫人不同者此雖同是文王之化召南是文王未受命已前之事諸侯之禮故稱夫人周南是文王受命稱王之後天子之禮故稱后也云昔大王王季居于岐山之陽者案魯頌云后稷之孫實維大王居岐之陽鄭云大王自豳徙居岐陽是大王居於岐陽也兼言王季者王季大王之子繼大王後亦居岐陽至文王始居于豐故兼言王季也云躬行召南之教以興王業者大王得鸑鷟鳴于岐又實始翦商王季又纂我祖考是其以興王業也云及文王而行周南之教以受命者文王徙居豐得赤雀之命故云以受命也鄭注鄉射云昔大王王季文王始居岐山之陽彼兼言文王者欲見文王未受命以前亦得召南之化知者案羔羊詩序云召南之國化文王之政標有梅序云召南之國被文王之化此不兼言文王者據文王徙豐受命之後專行周南之教是周南十一篇唯言文王之化不言大王王季也大雅云刑于寡妻者是大雅思齊之詩也引之者證文王施化自近及遠自微至著之意云其始一國耳者謂大王自豳遷于岐山周原膴膴過百里之地言此者欲見從居于豐以後二分天下以此故國分與二公故云文王作邑于豐以故地爲卿士之采地乃分爲二國也云周周公所食召召公所食者此

二公身爲三公下兼卿士即上采地一也云此者欲見采地得稱周召之意云於時文王三分天下有其二德化被于南土者欲見周召皆稱南之意也云是以其詩有仁賢之風者屬之召南焉者謂文王未受命以前也云有聖人之風者屬之周南焉者謂受命以後也故詩序云關雎麟趾之化王者之風故繫之周公鵲巢騶虞之德諸侯之風也先王之所以教故繫之召公必將二南繫此二公者天子不風文王受命稱王故繫於二公也云夫婦之道生民之本王政之端者欲見合樂之時作此六篇之意也云故國君與其臣下及四方之賓燕用之合樂也者此據燕禮而言云鄉樂者風也者亦據燕禮而言故燕禮記云遂合鄉樂者據此鄉飲酒鄉大夫所作也云小雅爲諸侯之樂者則升歌鹿鳴之等是也云大雅頌爲天子之樂者肆夏繁遏渠之等是也云鄉飲酒升歌小雅禮盛者可以進取也者據此鄉飲酒爲饗禮升歌鹿鳴進取諸侯之樂饗禮盛可以進取也云燕合鄉樂禮輕者可以逮下也者逮及也以燕禮輕故言可以逮下也鄭君據儀禮上下而言其實饗燕同樂知者穆叔如晉晉侯饗之歌鹿鳴之三是與燕禮同樂也若然小雅云鄉或進取燕可以逮下者饗亦逮下也云春秋傳曰者襄公四年左氏傳文彼云穆叔如晉晉侯享之金奏肆夏之三不拜工歌文王之三又不拜歌鹿鳴之三三拜韓獻子使行人子員問之曰吾子舍其大而重拜其細敢問何禮也穆叔對曰三夏天子所以享元侯也使臣弗敢與聞文王兩君相見之樂也臣不敢及鹿鳴所以嘉寡君也敢不拜嘉引之者證肆夏繁遏渠是頌謂天子之樂歌案鍾師杜子春注引呂叔玉云肆夏時邁也繁遏執競也渠思文也鄭君不從以爲詩篇名頌之族類也此歌之大者載在樂章樂崩亦從而亡之是以頌不能具是也云然則諸侯相與燕升歌大雅合小雅天子與次國小國之君燕亦如之與大國之君燕升歌頌合大雅者此約穆叔云肆夏繁遏渠天子所以享元侯肆夏繁遏渠則頌也元侯大國之君也凡合樂者遞取卑者一節故歌頌合大雅也若元侯自相享亦依此案詩譜云天子諸侯燕羣臣及聘問之賓皆歌鹿鳴合鄉樂鄭云諸侯相燕天子與國君燕與大國之君燕國語及襄公四年公言饗見之者亦欲饗同也向來所言皆據外歌合樂有此尊卑之差若納賓之樂天子與五等諸侯同用肆夏是以燕禮納賓用肆夏禮記郊特牲云大夫之奏肆夏由趙文子始也是大夫不得用之其諸侯以上同用之也云其笙閒之篇未聞者案鄉飲酒禮笙閒之樂前與升歌同在小雅則知元侯及國君相饗燕笙閒亦同升歌矣而云未聞知謂如由庚由儀之等篇名未聞

工

告于樂正曰正歌備樂正告于賓乃降樂正降者以正歌備無事也降立西階東北面疏工告至乃降○注樂正至北面○釋曰鄭知降立西階東北面者以其堂上時在西階之東北面知降堂下亦然在笙磬之西亦得監堂下之樂故知位在此也此鄉飲酒及鄉射大夫禮畢無大師故工告樂備國君禮備有大師告樂備大射不告樂備者是禮主於射略於樂故也主人降席自南方不由北方由便疏主人降席自南方○注不由北方由便○釋曰自此至退立于觶南論立司正之事云不從北方由便者主人之席南上升由下降由上是其常而言不從北方由便者解禮故所以升由下降由上者是由便也側降賓介不從疏側降○注賓介不從○釋曰側者特也賓介不從故言側上來主人降賓介皆從降此獨不從者以其方燕禮殺故也作相爲司正司正禮辭許諾主人拜司正荅拜作使也禮樂之正既成將留賓爲有解惰立司正以監之拜拜其許疏作相爲司正○注作使至其許○釋曰上經云一相迎于門外今將燕使爲司正監察賓主之事故使相爲司正也云禮樂之正既成者謂主人與賓行獻酢之禮是禮成也升歌笙間合樂三終是樂成也故鄭摠言禮樂之正既成也主人升復席司正洗觶升自西階阼階上北面受命于主人主人曰請安于賓司正告于賓賓禮辭許爲賓欲去留之告賓於西階疏主人至辭許○注爲賓至西階○釋曰此司正升西階適阼階上案鄉射云司正升自西階由楹内適阼階上北面彼此同此不言由楹内者省文也云告賓於西階者鄉射云司正西階上故知也司正告于主人主人阼階上再拜賓西階上荅拜司正立于楹間以相拜皆揖復席再拜拜賓許也司正既以賓許告主人遂立楹間以相拜賓主人既拜揖就席疏司正至復席○注再拜至就席○釋曰凡相拜者當在賓主拜前今相見云在賓拜下者以經云司正告于主人因即拜賓賓即荅拜文理切不得先言相拜故退之在下其實相時在賓主拜前是以鄉射云司正告于主人遂立楹閒以相拜主人阼階上再拜拜賓西階上荅再拜是其相拜在前也云主賓既拜揖就席者以鄉射賓主拜訖即揖就席故也知此亦然也司正實觶降自西階階間北面坐奠觶退共少立階間北面東西節也共南北當中庭共拱手也少立自正慎其位也己帥而正孰敢不正燕禮曰右還北面疏司正至少立○注階間至北面○釋曰云階間北面東西節也者階間謂兩階之間東西等是東西節也云其南北當中庭者案鄉射云司正實觶降自西階中庭北面坐奠觶此經雖不言中庭宜與彼同故云中庭也云己帥而正孰敢不正者此是論語孔子語季康子之言也彼言子帥指季康子爲于此言己帥指司正爲己欲見司正退也云共拱手也少立自正慎其位也者欲見令賓主亦皆正慎其位也云燕禮曰右還北面者燕禮司正降自西階又還北面取不背其君此亦降自西階亦右還北面取不背大夫也故引以爲證也坐取觶不祭遂飲卒觶興坐奠觶遂拜執觶興盥洗北面坐奠觶于其所退立于觶南洗觶奠之示絜敬立於其南以察衆疏坐取至觶南○注洗觶至察衆○釋曰執觶興洗北面者案鄉射大射禮皆直云取觶洗南面反奠於其所不云盥此俗本有盥者誤又此文及鄉射奠空觶皆位南北面奠之燕禮大射皆南面奠之者以國君禮盛儀多故也

儀禮疏卷第九

江西督糧道王賡言廣豐縣知縣阿應鱗栞

儀禮注疏卷九校勘記　阮元撰盧宣旬摘録

主人降

注降立至西面　降立閩本作亦從

主人對賓坐取爵賓下唐石經衍上字

主人阼階東唐石經脫阼字

此鄉人將賓舉之舉要義作興

是禮之常故也故要義作然

卒洗

主人不忠信通解毛本主人作是

賓辭

此禮初賓謙卑要義同毛本禮作與

主人賓爵介之席前

就西階介之東北面拜也閩本重北字

介西階上立主人賓爵

以當獻衆賓徐葛閩本集釋通解楊氏同毛本當作爵

主人西南面三拜

主人三拜衆者三要義作一

坐祭

云卒爵不拜立飲立授爵要義同毛本授下無爵字○按此注中授下亦當有爵字

故上衆賓之長也上閩本作此

每一人獻

則此三是三人通解毛本此下無三字

進坐

若於人手相授受毛本授作接

若手受之閩監同毛本受作授

設席于堂廉

不與燕同要義同毛本不作正

此臣禮避初也要義初俱作初下亦是避初之事也同毛本初作君

工四人二瑟

降時如初入之次第閩本同毛本時作將

天子相毛本相下衍工字

以經不言故也也閩本作言盧文弨云故下當有言之二字○按如盧說則閩本亦未爲誤但須於言下加之也二字耳

以左於外側擔之人毛本通解左下有手字閩本手字擠

工入○遂授瑟遂唐石經徐閩葛本通解楊氏敖氏俱作遂毛本作送

工歌鹿鳴四牡皇皇者華

示我以善道示楊氏作視

可則傚也傚釋文作詨云本又作傚同張氏曰注曰可則傚也大射燕禮同此蓋引詩是則是傚也故好事者皆改爲傚按釋文云詨戶孝反本又作傚大射云詨戶教反亦作傚燕禮云傚戶教反本又作詨是必古文詨傚通用宜各從其故

卒歌

笙工並爲主終總獻之　終閩本通解要義俱作終毛本作經

乃後下管新宮　通解要義同毛本乃後作後乃

薦脯醢

以其云獻薦脯醢　閩本無獻字

衆工則不拜受爵○辯有脯醢　辯閩本作辨注同

則不祭而已　浦鏜云而已二字衍

大師則爲之洗

與燕異也　閩本要義同毛本異作畢

笙入堂下

得獻乃始入也　得獻閩本作笙

具序三篇之義明其詩見在　要義同毛本義明作後則閩本作義則

主人獻之於西階上

注三人吹笙　閩本要義同毛本注作主

笙小者　閩本無笙字

衆笙則不拜受爵

二人者不備禮　二閩本作三

是其類也　浦鏜云類當位字誤

乃間歌魚麗　釋文云麗本或作離下同

與之燕樂也　燕釋文作宴

乃合樂○葛覃　張氏曰按釋文葛蕈大南反五經文字云詩葛覃亦作蕈九經字樣云葛覃經典或作蕈今不作蕈非古也後燕禮同○按今本釋文仍作覃

謂歌樂與衆聲俱作　疏無與字通典無樂字

能修其法度　徐本同毛本脩作循○按禮記鄉飲酒義正義引正作脩

論堂上堂下　上字下此本空一字

云王后國君夫人房中之樂歌也者　歌下閩本衍知字○按即有知字亦當在也字下

故稱后也　閩本通解同毛本后下有妃字

天子不風　不毛本作之

鄉或進取　要義同毛本通解鄉作饗

繁遏執競也　毛本競作兢

而云未聞知　閩本者俱誤作知毛本作者

主人降席自南方

云不從北方由便者　按從注作由疏兩舉注語俱作從殆與由便之由相避耳凡疏舉注語不必悉依原文未可據以改注

主人之席南上　通解同毛本之席作席之

作相爲司正

爲有懈惰　懈釋文徐本集釋俱作解按此二字諸本錯出不悉挍

司正告于主人

其實相時在賓主拜前　毛本時作拜

卽揖就席故也　浦鏜以也爲衍文故字屬下

坐取觶○執觶興盥洗　徐本集釋楊氏與下俱有盥字唐石經盥字擠入毛本通解無按張氏據疏去盥字通解用張氏之說而毛本又依通解然士昏禮疏云凡洗爵者必先盥則盥字不去亦可

案鄉射大射禮　浦鏜云鄉射當作燕禮○按鄉射之文全與此同大射之文全與燕禮同賈兼言鄉射大射而下文祇引大射者以鄉射文同故不復著也燕禮既同大射言大射自不必更言燕禮矣

儀禮注疏卷九校勘記終

奉新余成教校

儀禮疏卷第十

唐朝散大夫行大學博士弘文館學士臣賈公彦等撰

賓北面坐取俎西之觶阼階上北面酬主人　主人降席立于賓東初起旅酬也凡旅酬者少長以齒終於沃盥者皆弟長而無遺矣

疏賓北至賓東○釋曰自此至司正降復位論堂上堂下偏行旅酬之事云取俎西之觶者謂前一人舉觶奠于薦右今爲旅酬而舉之前主人酬賓奠于薦東者不舉故言俎西以別之云主人降席不云自南方北方者案下記云主人介凡升席自北方降席自南方指此文也○注初起至遺矣○釋曰云凡旅酬者少長以齒以下並是鄉飲酒義文是以彼云賓酬主人主人酬介介酬衆賓少長以齒終於沃洗者焉知其能弟長而無遺矣案下記云主人之贊者西面北上不與注云贊佐也謂主人之屬佐助主人禮事徹冪沃盥設薦俎者與及也不及謂不及獻酒言不及獻酒則旅酬亦不與旅酬所以酬正獻也記又云無筭爵然後與若然此旅酬得終於沃洗者鄭解酬之大法欲見堂上賓主人之黨無不與故鄭君連引無筭爵旅酬而言終沃洗也其實此時未及沃洗也

賓坐奠觶遂拜執觶興主人荅拜不祭立飲不拜卒觶不洗實觶東南面授主人賓立飲卒觶因更酌以鄉主人將授主人阼階上拜賓少退主人受觶賓拜送于主人之西旅酬同階禮殺

疏注旅酬同階禮殺○釋曰決上正酬時不同階今同階故云禮殺也

賓揖復席酬主人訖主人西階上酬介介降席自南方立于主人之西如賓酬主人之禮主人揖復席其酌實觶西南面授介自此以下旅酬酌者亦如之

疏注其酌至如之○釋曰知西南面授介者案賓酬主人時於阼階上東南面向之則知此主人酬介于西階上西南面可知云自此已下旅酬酌者亦如之者謂亦如主人酬介其酬酌介○實觶西南面授之以其旅酬皆西階上故也

司正升相旅曰某子受酬受酬者降席旅序也於是介酬衆賓衆賓又以次序相酬某者衆賓姓也同姓則以伯仲別之又同則以且字別之

疏注旅序至別之○釋曰上文作相爲司正注云將留賓爲有懈惰立司正以監之今以賓主及介旅酬不監之至衆賓乃監者以其主人與賓介習禮已久又各一位不嫌失禮至於衆賓既不久習禮又同在一位恐其失禮故須監之也云某者衆賓姓也者以某在子上故知是衆賓姓也若單言某則是字故鄉射云某酬某子注云某者字也云同姓則以伯仲別之者但此衆賓之内有同姓司正命之則呼伯仲別之也云又同則以且字別之者爲同姓之中有伯仲同者則以某甫且字別之也

司正退立于序端東面辟受酬者又便其贊上贊下也始升相西階西北面

疏司正至東面○注辟受至北面○釋曰司正初時在堂上西階面北面命受酬者訖退立于西序端東面者一則案此下文衆受酬者受自左即是司正立處故須辟之二則東面時贊上贊下便也云始升相西階西北面者雖無正文以衆賓之席在賓西南面介酬在西階上司正升相旅當在西階西北面命賓故知位如此也

受酬者自介右由介東也尊介使不失故位

疏受酬者自介右○注由介至故位○釋曰北面以東爲右故鄭云由介東也云尊介使不失故位者凡授受之法者授由其右受由其左即下文衆受酬者是也此受介酬者應自介左而自介右者介位在西故云尊介使不失故位也

衆受酬者受自左後將受酬者皆由西變於介也今文無衆酬者

疏衆受至自左○注後將至酬者○釋曰言衆受酬者謂上衆賓之内爲首者一人自介右受之自第二以下升堂下衆賓皆自左受之言變於介者即是授受之常法也

拜興飲皆如賓酬主人之禮嫌賓以下異也辯卒受者以觶降坐奠于篚辯辯衆賓之在下者鄉射禮曰辯遂酬在下者皆升受酬于西階上

疏注辯辯至階上○釋曰引鄉射者彼禮與此同經直言辯不云遂酬在下者皆升受酬于西階上者文不具故引以證也

司正降復位觶南之位

疏司正降復位○注觶南之位○釋曰復位者以相旅畢堂上無事故降復觶南之位

使二人舉觶于賓介洗升實觶于西階上皆坐奠觶遂拜執觶興賓

介席末荅拜皆坐祭遂飲卒觶興坐奠觶遂拜執觶興賓介席末荅拜二人亦主人之吏若有大夫則舉觶于賓與大夫燕禮曰媵爵者立于洗南西面北上序進盥洗【疏】使二至荅拜○注二人至盥洗○釋曰自此至無筭樂論賓主燕坐爵樂無數之事云賓介席末荅拜者賓於席西南面荅拜介於席南東面荅云二人亦主人之吏者亦上一人舉觶是主人之吏以其主人使之故知皆是主人之吏也云若有大夫則舉觶于賓與大夫者以其大夫尊於介故也引燕禮者證此二人舉觶將盥時亦於洗南西面北上以次盥手也逆降洗升實觶皆立于西階上賓介皆拜於席末拜【疏】注於席末拜○釋曰言席末拜者賓在席西南面介在席南東面以其俱是荅拜故同前席末拜也皆進薦西奠之賓辭坐取觶以興介則薦南奠之介坐受以興退皆拜送降賓介奠于其所賓言取介言受尊卑異文今文曰賓受【疏】

皆進至其所○釋曰言皆進者一人之賓所奠觶于薦西一人之介所奠觶于薦南○注賓言至異文○釋曰尊者得卑者物言取是以家語云定公假馬於季氏孔子曰君於臣有取無假故賓尊言取介卑言受也司正升自西階受命于主人主人曰請坐于賓賓辭以俎至此盛禮俱成酒清肴乾賓主百拜強有力者猶倦焉張而不弛弛而不張非文武之道請坐者將以賓燕也俎者肴之貴者辭之者不敢以禮殺當貴者【疏】司正至以俎○釋曰云司正升自西階受命于主人此不言阼階上受案鄉射司正升自西階阼階上受命于主人適西階上北面請坐於賓則此亦同彼云主人曰請坐于賓者亦是使司正傳語於賓也○注至此至貴者○釋曰自此以上皆立行禮人皆勞倦故請坐於賓也云酒清肴乾者案聘義云酒清人渴而不敢飲也肉乾人飢而不敢食也彼上云聘射之禮至大禮也則是聘射皆有飲酒禮故此鄉飲酒引之云賓主百拜者樂記文彼是飲酒禮與此同故引而相證但此鄉飲酒之禮雖無百拜舉全數而言也云強有力者亦聘義文言此者欲見自此以前未得安坐飲食也云張而不弛弛而不張非文武之道者此雜記文畧而言之此以弓弩喻行禮之法張而不弛以喻旅酬已前立行禮弛而不張喻無筭爵以後坐食一張一弛是文武之道張而不弛弛而不張非文武之道故後須坐也云俎者肴之貴者謂骨體貴而肉賤故云肴之貴者云辭之者不敢以禮殺當貴者自旅以前立行禮是盛自此後無筭爵坐以禮謂之殺故今將坐辭以俎不敢以禮殺當貴者案燕禮司正奠觶于中庭請徹俎而坐此禮司正監旅訖二人舉觶後將行無筭爵始請坐于賓不同者燕禮司正之前云二人致爵三舉旅得爵多故司正奠時即坐燕此禮由來未行旅酬故使二人舉觶徹俎後乃坐也主人請徹俎賓許亦司正傳請告之司正降階前命弟子俟徹俎西階前也弟子賓之少者俎者主人之吏設之使弟子俟徹者明徹俎賓之義【疏】司正降階○注西階至之義○釋曰云弟子賓之少者以其稱弟子故知是賓之少者西階前命之故知賓弟子賓徹主人而使弟子徹俎故云賓之義也司正升立于席端待事【疏】司正至席端○釋曰司正降階前命弟子徹俎訖即升立于席端弟子仍未徹俎故鄭云待事也賓降席北面主人降席阼階上北

面介降席西階上北面遵者降席席東南面皆立相須徹俎也遵者謂此鄉之人仕至大夫者也今來助主人樂賓主人所榮而遵法者也因以爲名或有無來不來用時事耳今文遵爲僎或爲全【疏】賓降階至南面○釋曰皆立者將取俎以授人遵不北面者以其尊故席東南面向主人○注皆立至爲全○釋曰云皆立相須徹俎也者須待也受俎之人一時徹而授之也云遵者謂此鄉之人仕至大夫者也者以鄉射云大夫若有遵者入門左注云謂此鄉之人爲大夫者也謂之遵者方以禮樂化民欲其遵法之也既云大夫若有遵明士不得有遵又士立于下不得升堂故知此遵是大夫也云或有無者下文云賓若有遵言若者不定之辭故知或有或無也云來不來用時事耳者言來之與不來事在當時故云用時事耳賓取俎還授司正司正以降賓從之主人取俎還授弟子弟子以降自西階主人降自阼階介取俎還授弟子弟子以降介從之若有諸公大夫

則使人受俎如賓禮衆賓皆降取俎者皆鄉其席既授弟子皆降復初入之位

疏 賓取至皆降○釋曰主人取俎還授弟子以降自西階案燕禮膳宰徹公俎降自阼階與此不同者彼公不降故宰夫降阼階此主人降自阼階故弟子降自西階也○注取俎至之位○釋曰云取俎者皆鄉其席者以其俎在席前鄉席取俎還轉授之故經皆言還授也云既授弟子皆降復初入之位者以其下云揖讓如初升故知此降時亦復初入之位位在東階西西階相讓也

說屨揖讓如初升坐說屨者為安燕當坐也必說於下者屨賤不空居堂說屨主人先左賓先右今文說為稅

疏 說屨至升坐○釋曰自此以下至再拜論無筭爵飲酒禮終送賓之事也云如初升坐者謂賓主初入揖讓而升堂升堂雖同前則升堂立此則即席坐與前異也○注說屨至為稅○釋曰云說屨者為安燕當坐也者凡堂上行禮之法立行禮不說屨坐則說屨屨空則不宜陳於側故降說屨然後升坐也云說屨主人先左賓先右者案曲禮云上於東階則先右足上於西階則先左足鄭注云近於相鄉敬也案玉藻著屨之法坐左納右坐右納左今說之亦北面鄉階主人先坐左賓先坐右亦取近為相鄉敬之義也

乃羞羞進也所進者狗胾醢也鄉設骨體所以致敬也今進羞所以盡愛也敬之愛之所以厚賢也

疏 乃羞○注羞進至賢也○釋曰知所進者狗胾醢者案下記云其牲狗禮記又云薦羞不踰牲則所羞者狗胾也但醢是舊作之物諸經又不見以狗作醢則胾必狗也醢則當兼有餘牲也云鄉設骨體所以致敬也今進羞所以盡愛也者骨體貴人不食故云致敬胾醢賤人所食故云盡愛也

無筭爵筭數也賓主燕飲爵行無數醉而止也鄉射禮曰使二人舉觶于賓與大夫又曰執觶者洗升實觶反奠於賓與大夫皆是

疏 無筭爵○注筭數至皆是○釋曰引鄉射禮者證此無筭爵從首至末更從上至下唯醉乃止鄭云皆是者從首至末皆是行無筭爵之義

無筭樂燕樂亦無數或閒或合盡歡而止也春秋襄二十九年吳公子札來聘請觀於周樂此國君之無筭

疏 無筭樂○注燕樂至無筭○釋曰云燕樂亦無數者亦上無筭爵也案上升歌笙閒合樂皆三終言有數此即無也云或閒或合盡歡而止也者以其不言風雅故知或閒如上閒歌用小雅也或合用二南也言或閒或合者於後科用其一但不並用也引春秋者彼是國君禮此是大夫禮見其異也但無筭之樂還依尊卑用之案春秋為季札所歌大雅與頌者但季札請觀周樂魯為之盡陳又魯周公之後歌樂得與元侯同故無筭之樂雅頌並作也

賓出奏陔陔陔夏也陔之言戒也終日燕飲酒罷以陔為節明無失禮也周禮鍾師以鍾鼓奏九夏是奏陔夏則有鍾鼓矣鍾鼓者天子諸侯備用之大夫士鼓而已蓋建於阼階之西南鼓鄉射禮曰賓興樂正命奏陔賓降及階陔作賓出衆賓皆出

疏 賓出奏陔○注陔陔至皆出○釋曰云陔陔夏也者周禮鍾師有陔夏故云陔陔夏也云周禮鍾師以鍾鼓奏九夏者案鍾師云凡樂事以鍾鼓奏九夏王夏肆夏昭夏納夏章夏齊夏族夏祴夏驁夏杜子春云王出入奏王夏尸出入奏肆夏牲出入奏昭夏四方賓來奏納夏臣有功奏章夏夫人祭奏齊夏族人侍奏族夏客醉而出奏陔夏公出入奏驁夏言以鍾鼓者庭中先擊鍾却擊鼓而奏此九夏故云是奏陔夏則有鍾鼓矣云鍾鼓者天子諸侯備用之者鍾師天子禮有鍾鼓大射諸侯禮亦具有鍾鼓故云天子諸侯備用之云大夫士鼓而已者案鄉射云不鼓不釋明無鍾可知此且語鍾鼓若用九夏則尊卑不同天子則九夏俱作諸侯則不用王夏得奏其肆夏以下大夫以下據此文用陔夏其餘無文云蓋建于阼階之西南鼓者據此奏陔夏之時其鼓約大射建鼓在阼階西南鼓而知無正文故云蓋彼注云鼓不在東縣南為君也此鄉大夫無東縣直有一鼓而已故縣在阼階之西南鄉主人也引鄉射者證賓出遠近陔作之義云賓出衆賓皆出者經賓據正賓不言衆賓與介則賓出之時衆賓與介俱出可知

主人送于門外再拜門東西面拜也賓介不答拜禮有終也

疏 主人至再拜○注門東至終也○釋曰云門東西面拜也者此約主人迎賓之時門東西面拜今送賓還依此位立也云賓介不答拜禮有終也者於迎賓介時賓介答拜今送賓主人再拜若賓介答拜是行禮無終畢故賓介不答是禮有終也不言衆賓者迎送俱不拜故不言也

賓若有遵者諸公大夫則既一人舉觶乃入不干主人正禮也遵者諸公大夫也謂之賓者同從外來耳大國有孤四命謂之公

疏 賓若至乃入○釋曰自此已下至不加席論鄉內有諸公大夫來觀禮主人迎之與行禮事也○注不干至謂之公○釋曰言不干主人正禮者正禮謂賓主獻酢是也是以一人舉觶為旅酬始乃入若然即是作樂前入而於此篇末乃言之者以其無常或來或不來故於後言之也云遵者諸公大夫也者孤只一人而言諸者案鄭注燕禮云諸公者謂大國之孤也孤一人言諸者容牧下三

監案王制云天子使其大夫監於方伯之國國三人王制所陳是殷法言容者周公制禮時因而不改故云容也云大國有孤四命者周禮典命文謂之公者若天子有三公也

席于賓東公三重大夫再重 席此二者於賓東尊之不與鄉人齒也天子之國三命者不齒於諸侯之國爵為大夫則不齒矣不言遵者遵者亦鄉大夫

【疏】席于至再重○注席此至大夫○釋曰言三重再重者席有地可依若衣裳在身一領即為一重再重三重猶二領三領也云席此二者於賓東者賓在戶牖之間酒尊又在戶東席此二者又在酒尊之東但繼賓而言耳云尊之不與鄉人齒也者鄉人謂衆賓之席在賓西故云不與鄉人齒案上注云此篇無正齒位之事今此言齒者彼云無正齒位者對黨正飲酒鄉人五十已上九十已下有齒法鄉飲酒貢士以德為次故云無正齒位之禮此言齒者請士已上來觀禮乃有齒法云天子之國三命者不齒者案周禮黨正職云國索鬼神而祭祀則以禮屬民而飲酒于序以正齒位壹命齒于鄉里再命齒于父族三命不齒彼是天子黨正飲酒法故知天子之國三命不齒此是天子貢人鄉飲酒法鄭引之為證者欲見天子鄉飲酒三命不齒同也云於諸侯之國爵為大夫則不齒矣者以此篇及鄉射皆

云若有大夫不辨命數故知爵為大夫即不齒也皆謂鄉射鄉飲酒之禮若黨正飲酒則與此異案文王世子云其朝于公內朝則東面北上臣有貴者以齒下文云庶子治之雖有三命不踰父兄鄭注云治之治公族之禮也雖於內朝則然其餘會聚之事則與庶姓同又引黨正飲酒云一命齒於鄉里再命齒於父族三命不齒不齒者特為位不在父兄行列中但文王世子是諸侯之法即諸侯黨正飲酒還與天子同但諸侯之國一命已上至三命大夫士具有言一命齒於鄉里者公侯伯之士一命與堂下鄉人齒以其士立堂下故也子男之士不命與一命之士同齒於階下子男之大夫一命坐於上與六十已上齒於堂再命齒於父族者謂子男之卿與公侯伯之大夫以父族為賓則與之齒異姓為賓則不與之齒席於尊東三命不齒者謂公侯伯之卿雖父族為賓亦不與之齒席於尊東也云不言遵者遵者亦鄉大夫者案上文賓若有遵者與諸公大夫雖文異諸公大夫則遵也故公鄭云遵者諸公大天也明此經不言遵者亦鄉大夫可知

如大夫入主人降賓介降衆賓皆降復初位

主人迎揖讓升公升如賓禮辭一席使一人去之 如讀若今之若主人迎之於門內也辭一席謙自同於大夫

【疏】公如至去之○釋曰此據諸公大夫入賓介與衆賓皆避之降復西階下東面位○注如讀至大夫○釋曰鄭曰如讀若今之若者前無大夫入直以大夫與主人為禮是其當公則非當故鄭讀如若今之若謂大夫之於公更無異禮矣云主人迎於門內者以經公如大夫主人不言出故知迎於門內也云辭一席謙自同於大夫者大夫再重公三重故辭去一席同於大夫再重

大夫則如介禮有諸公則辭加席委于席端主人不徹無諸公則大夫辭加席主人對不去加席 加席上席也大夫席再重

【疏】大夫至加席○釋曰云大夫則如介禮者以其公如賓故大夫則如介禮主人迎賓賓厭介此公與大夫同入公亦厭大夫故云大夫如介禮云有諸公則辭加席委於席端主人不徹者大夫再重是其正大夫以公在故謙委加席於席端主人不徹也○注加席至再重○釋曰云加席上席也者以其再重三重席皆一種故云上席也記云蒲筵緇布純明無異也以其鄉大夫賢者公與大夫來觀禮而已故俱加重數更無異席

也公食大夫禮異國之客有別席是以公食大夫云宰夫設筵加席几又記云司宮具几與蒲筵常緇布純加萑席尋又上注云謂三命大夫也孤為賓則莞筵紛純加藻席畫純是與當國之大夫異也燕禮云司宮筵賓于戶西東上無加席也者以其燕私故也大射云司宮設賓席于戶西南面有加席與公侯同者以其大射辨尊卑故也

明日賓服鄉服以拜賜 拜賜謝恩惠鄉服昨日與鄉大夫飲酒之朝服也不言朝服未服以朝也今文曰賓服鄉服

【疏】明日至拜賜○注拜賜至鄉服○釋曰鄭知鄉服是朝服者下記云朝服而謀賓介是也此賓言鄉服其鄉射賓言朝服不同者案鄉射記云大夫與則以公士為賓謂在朝著朝服是其常此賓是鄉人子弟未仕雖著朝服仍以鄉服言之故鄭云不言朝服未服以朝也

主人如賓服以拜辱 拜賓復自屈辱也鄉射禮曰賓朝服以拜賜于門外主人不見如賓服遂從之拜辱於門外乃退

【疏】主人至拜辱○注拜賓至乃退○釋曰引鄉射者於此文不具故引以為證明彼此賓主皆不相見造門外拜謝而已

主人釋服 釋朝服更服玄端也古文釋作舍

【疏】主人釋服○釋曰自此已下至鄉樂唯所欲論後日息司

正欲雖所欲更行飲酒之禮○注釋朝至作舍○釋曰言釋朝服更服玄端也者以其昨日正行賓舉飲酒之禮相尊敬故朝服此乃燕私息勞也勞賜昨日贊執事輕故玄端勞也

乃息司正　者獨云司正司正庭長也

疏　注息勞至長也○釋曰鄭云勞賜昨日贊執事者者案下記云主人之贊者西面北上不與鄭注云主人之屬佐助主人禮事徹冪沃盥設薦元缺起此俎者與及也不及謂不獻酒明此時勞可知今獨言司正司正是庭長故獨言之也

無介　勞禮略也司正爲賓　疏　注勞禮至爲賓○釋曰此勞時司正爲賓當立介以輔賓無介者勞禮略故也

不殺　市買若因所有可也不殺則無俎　疏　注市買至無俎○釋曰市買無正鄭以意言之云不殺則無俎者其殺則俎以盛骨體既言不殺故知無俎也

薦脯醢　羞同也　疏　注羞同也○釋曰以其脯醢與正行飲酒同有此薦故云羞同也

羞唯所有　在有何物　疏　注在有何物○釋曰羞謂上文正行飲酒之時用狗胾今不殺故言羞唯所有也云在有何物者雜物皆是也

徵唯所欲　徵召也　疏　注徵召也○釋曰昨日正行飲酒不得與親友故今禮食之餘別召知友故言徵唯所欲也

以告於先生君子可也　告請也先生不以筋力爲禮於是可以來君子國中有盛德者可者召不召唯所欲　疏　注告請至所欲○釋曰案曲禮云老者不以筋力爲禮此先生老人教學者故云先生不以筋力爲禮於是可以來也云君子國中有盛德者者此君子則曲禮博聞強識敦善行而不殆謂之君子也又玉藻云居士錦帶鄭云居士道藝處士亦一也云可者召不召唯所欲者上文云徵唯所欲上下相成解也

賓介不與　禮瀆則褻古文與爲預　疏　注禮瀆至爲預○釋曰賓介昨日正行禮今又召之則是數數則瀆瀆則不敬故云禮瀆則褻是以不與

鄉樂唯欲　鄉樂周南召南六篇之中唯所欲作不從次也不歌鹿鳴魚麗者辟國君也　疏　注鄉樂至君也○釋曰云鄉樂周南召南者上注以二南爲鄉大夫之樂小雅爲諸侯之樂故知二南也但鄉燕同樂上正行飲酒歌小雅今燕不歌鹿鳴魚麗是避國君也

記鄉朝服而謀賓介皆使能不宿戒　鄉鄉人謂鄉大夫也朝服冠玄端緇帶素韠白屨今郡國行鄉飲酒之禮玄端而衣皮弁服與禮異再戒爲宿戒禮將有事先戒而又宿戒　疏　記鄉至宿戒○釋曰上經直云主人與先生謀賓介不云服衣不云使能及不宿戒之事故記之也○注鄉人至宿戒○釋曰鄉鄉人謂鄉大夫者以鄉大夫爲主人故知鄉大夫知朝服冠玄端緇帶素韠白屨者玄端即朝服之衣裳又與韠同色屨亦同裳色故知義然也云再戒爲宿戒禮將有事先戒而又宿戒者此即士冠先戒賓及宿是也此直戒而不宿與冠禮異

蒲筵緇布純　筵席也純緣也　疏　釋曰公食記云蒲筵常緇布純此不言常文不具也倍尋曰常丈六尺也

尊綌冪賓至徹之　綌葛也冪覆尊巾

其牲狗也　狗取擇人

亨于堂東北　祖陽氣之所始也陽氣主養易曰天地養萬物聖人養賢以及萬民　疏　注祖陽至萬民○釋曰此據鄉飲酒義而言以正月三陽生之月萬物出地盛於東南故云祖陽氣之所始也引易頤彖辭者義取養賢能而賓舉之事也

獻用爵其他用觶　爵尊不褻用之　疏　注爵尊不褻用之○釋曰案上獻賓獻衆賓等皆用一升之爵至酬及旅酬之等皆用三升之觶以獻爲初相敬故用爵以酬之等皆用爲相勸故用觶是以鄭云爵尊不褻用之也

薦脯五挺橫祭于其上出自左房　挺猶膱也鄉射禮曰祭半膱膱長尺有二寸左在東陽也陽主養房饌陳處也冠禮之饌脯醢南上曲禮曰以脯脩置者左朐右末　疏　注挺猶至右末○釋曰此橫祭于元缺止此其上者於脯爲橫於人爲縮其挺有五通祭者六故鄉射記云薦脯用籩五膱祭半膱橫于上膱長尺二寸則祭半膱者長六寸此脯不言長短者記文不具也云冠禮之饌脯醢南上者欲見此房中之饌亦南上也引曲禮者欲見此脯與曲禮脯羞雖朐挺有異其設之皆橫於人前鄭彼注云屈中曰朐以左手案之右手擘之便

俎由東壁自西階升　亨狗既孰載之俎饌於東方　疏　注俎由至階升○注亨狗至東方○釋曰亨狗於東方孰乃載之於俎饌陳於東壁既饌於東方恐由東階升故記辯之云自西階升也

賓俎脊脅肩肺主人俎脊脅臂肺介俎脊脅肫胳肺肺皆離皆右體進腠　凡牲前脛骨三肩臂臑也後脛骨二膊胳也尊者俎尊骨卑者俎卑骨祭統曰凡爲俎者以骨爲主骨有貴賤凡前貴後賤離猶捲也腠理也進理謂前其本也今文胳作骼　疏　賓主至進腠○注凡牲至作骼○釋曰此序體賓用肩主

人用臂介用胳其間有臑肫在而介不用者蓋爲大夫俎故此闕焉是以鄉射記云賓俎脊脅肩肺主人俎脊脅臂肺注云賓俎用肩主人用臂尊賓也若有尊者則俎其餘體是臑肫爲大夫明矣大夫雖尊不奪賓主正禮故用體卑於主人與賓而尊於介也或有介俎肫胳不言者欲見用體無常若有一大夫即介用肫若有二大夫則介用胳故肫胳兩見亦徒也云一脛骨二膊胳也者此皆如特牲少牢不取豰也云祭統者據祭祀歸俎之法此據飲酒生人之禮引之者取一邊骨有貴賤之義以其賓用肩主人用臂介用胳前貴於後也

以爵拜者不徒作作起也言拜既爵者不徒起起必酢主人䟽○以爵拜者不徒作○注作起至主人○釋曰經直云以爵拜者不徒作鄭知拜既爵者不徒起起必酢主人者以其拜受爵者有不酢主人法故上經衆賓之長一人受爵而不酢主人故此是拜既爵起必酢主人者也

坐卒爵者拜既爵立卒爵者不拜既爵降殺各從其宜不使相錯雖工不從此禮䟽○坐卒至既爵○注降殺至此禮○釋曰以其工無自不使立卒爵雖坐卒爵不拜既爵與立卒爵者同故云雖工不從此禮也

凡奠者於左不飲者不欲其妨䟽○凡奠者於左○注不飲至其妨○釋曰奠於左者謂主人酬賓之觶主人奠於薦右客不盡主人之歡奠之於左是不欲其妨後奠爵也

將舉於右便也䟽○將舉於右○注便也○釋曰謂若上文一人舉觶爲旅酬始二人舉觶爲無筭爵始皆奠於右是其將舉者於右以右手舉之便也

衆賓之長一人辭洗如賓禮於三人之中復差有尊者餘二人雖爲之洗不敢辭其下不洗䟽○衆賓至賓禮○注於三至不洗○釋曰此記上主人獻衆賓時主人揖升坐取爵于西楹下降洗爵衆賓長一人降亦進東向辭洗如賓禮是於三人之中復差尊者得辭洗餘二人雖爲之洗不敢辭也云其下不洗者謂其堂下立者不爲之洗獻之而已

立者東面北上若有北面者則東上賢者衆寡無常也或統於堂或統於門䟽○立者至東上○注賢者至於門○釋曰此謂堂下立者鄉人賢者或多或少若少則東面北上統於堂也若多東面立不盡即門西北面東上統於門也

樂正與立者皆薦以齒謂其飲之次也尊樂正同於賓黨不言飲而言薦以明飲也既飲皆薦於其位樂正位西階東北面䟽○樂正至以齒○注謂其至北面○釋曰云謂其飲之次也者謂樂正與立者以齒受旅是飲之次也云薦者以先飲乃薦依飲之次而薦之故明飲也必有飲薦相將者案上經云衆賓偏有脯醢鄭注云以每獻薦於其位位在下此言樂正與立者皆薦以齒明受獻乃薦於衆賓在下者同也

凡舉爵三作而不徒爵謂獻賓獻大夫獻工皆有薦䟽○凡舉至徒爵○釋曰徒空也謂獻賓獻大夫獻工不空以爵獻之而已皆有薦脯醢

樂作大夫不入後樂賢者䟽○樂作大夫不入○注後樂賢者○釋曰大夫之入當一人舉觶之後未樂作之前以助主人樂賢若樂作之後後樂賢者故不入也

獻工與笙取爵于上篚既獻奠于下篚明其異器敬也如是則獻大夫亦然上篚三爵䟽○獻工至下篚○注明其至三爵○釋曰鄭知上篚三爵者以上經初主人獻賓時云取爵於篚降洗獻賓受酢主人奠爵于序端酬賓訖又取爵於東序端以獻介受酢訖奠爵於西楹南降三拜衆賓訖猶升取爵于西楹下獻堂上堂下衆賓訖主人以爵降奠于篚是其上篚一爵也此記又云獻工與笙取爵于上篚既獻奠于下篚是上篚二爵

也又鄉射禮獻大夫云主人揖讓以大夫升拜至大夫荅拜主人以爵降洗獻大夫此篇亦有大夫故知上篚有三爵也

其笙則獻諸西階上謂主人拜送爵也於工拜于阼階上者以其坐於西階東也古文無上䟽○其笙至階上○注謂主至無上○釋曰上經主人獻笙于西階上此記人又言之也爲拜送送爵而言也故鄭云主人拜送爵也云於工拜于阼階上者以其坐於西階東也者以工坐於西階東主人不得西階上拜送爵故也此笙在西階獻於西階工嫌亦阼階拜送故此明之也

磬階閒縮霤北面鼓之縮從也霤以東西爲從鼓猶擊也大夫而特縣方賓鄉人之賢者從士禮也射則磬在東古文縮爲蹙䟽○磬階至鼓之○注縮從至爲蹙○釋曰言大夫而特縣者案周禮小胥半爲堵全爲肆鄭注云鍾磬者編縣之二八十六枚而在一虡謂之堵鍾一堵磬一堵謂之肆半之者謂諸侯之卿大夫士也諸侯之卿大夫西縣鍾東縣磬今諸侯卿大夫合鍾磬俱有今直云磬是以鄭云大夫而特縣方賓鄉人之賢者從士禮也云射則磬在東者據鄉射而言避射位故在東與此階閒異也

主人介凡升席自北方降自南方席南

上升由下降由上由便【疏】主人至南方○注席南至由便○釋曰案曲禮云席南鄉北鄉以西方爲上東鄉西鄉以南方爲上鄭注云坐在陽則上左在陰則上右是以主人與介席南方爲上故升由下降由上者便也若然席坐在陰以東爲上者統於主人也

司正既舉觶而薦諸其位司正主人之屬也無獻因其舉觶而薦之【疏】司正至其位○注司正至薦之○釋曰案下文云主人之贊者西面北上不與無筭爵然後與是其無獻也故因舉觶薦諸其位

凡旅不洗敬禮殺也【疏】凡旅不洗○注敬禮殺也○釋曰案上二人舉觶皆爲旅始不可不自絜故洗自此以後旅酬皆不洗故云凡旅不洗也

不洗者不祭不甚絜也

既旅士不入後正禮也既旅則將燕矣【疏】既旅士不入○注後正至燕矣○釋曰旅謂旅酬所酬獻皆拜受故云正禮既旅之後無筭爵行燕飲之法非正禮故士不入後正禮故也

徹俎賓介遵者之俎受者以降遂出授從者以送之【疏】徹俎至從者○釋曰以上文正經賓介遵者之俎直云降自西階無出之文故記之上之必授從者以其已所當得也

主人之俎以東藏於東方【疏】主人之俎以東○注藏於東方○釋曰已上文三云主人授弟子俎弟子以降自西階不言以東故記人辨之云藏於東方者以其主人故云藏之

樂正命奏陔賓出至于階陔作【疏】樂正至陔作○釋曰陔謂陔夏詩篇名命擊鼓者賓降自西階恐賓醉失禮故至階奏之

若有諸公則大夫於主人之北西面其西面者北上統於公【疏】若有至北面○注其西至於公○釋曰若無諸公則大夫南面西上統於遵也

主人之贊者西面北上不與贊佐也謂主人之屬佐助主人禮事徹鼏沃盥設薦俎者西面北上統於堂也與及也不及謂不獻酒【疏】主人至不與○注贊佐至獻酒○釋曰云西面北上統於堂也者以其主人之屬故也

無筭爵然後與燕乃及之【疏】注燕乃及之○釋曰以其主人之屬非主人所敬故無筭爵乃得酒也

儀禮卷第四　經二千六百三十八　注三千九百三十八

儀禮疏卷第十

元缺第七葉今補

大清嘉慶二十年重刊宋本用文選樓藏本校定

江西督糧道王賡言廣豐縣知縣阿應鱗栞

儀禮注疏卷十校勘記

阮元撰盧宣旬摘錄

賓北面

謂不及獻酒　浦鏜云及字當衍文

故鄭君連引無算爵旅酬　通解要義同毛本爵下有與字

主人西階上酬介

其酬酌介實觶　介閩本作并

司正升

則以且字別之　毛本且字作其序徐本作且字與此本合是也集釋作某字通解作且序楊氏敖氏俱作其字皆非也

衆受酬者

今文無衆酬者　毛本者作也徐氏集釋通解俱作者與此本標目合○按衆字疑當作受

并堂下衆賓　通解要義同毛本下作上

辯卒受者　辯唐石經作辨

引鄉射者　引監本誤作升

司正升自西階

至大禮也　毛本也誤作曰

未得安坐飲食也　食要義作酒

喻無算爵以後坐食　盧文弨改食爲飲

坐以禮謂之殺　浦鏜云行誤以

司正升立于席端　席唐石經楊氏敖氏俱作序徐本集釋通解毛本俱作席石經考文提要曰鄉射禮亦云升立于序端○按疏內標目云司正至席端疏云卽升立于序端皆誤也然單疏本已如是則誤久矣非始于通解

賓降席北○遵者降席席東南面　唐石經徐本集釋通解楊氏敖氏俱重席字石經考文提要曰鄉射禮大夫降席席東南面大夫卽遵者也亦疊席字毛本不疊

賓降階至南面　階字疑衍或是席字之誤毛本無階字

言來之與不來　毛本之作者

賓取俎○則使人受俎　受唐石經集釋俱作授

說屨

屨賤不空居堂　空楊本作宜

然後升坐也　閩本通解要義同毛本坐作堂

無筭爵　唐石經徐監同毛本筭作算案此二字諸本錯出後不悉校

使二人舉觶于賓　徐監葛本集釋通解同毛本二作主楊氏作一

賓出奏陔

此且語鍾鼓　要義作此且論鼓

賓若有遵者

至不加席　浦鏜云不下脫去字

正禮謂賓主獻酢是也　閩本無正禮二字

席于賓東

以德爲次　次閩本作比

此是天子貢人鄉飲酒法　此要義作彼

一命已上至三命　毛本至誤作三

與六十已上齒於堂　通解要義同毛本無與字

公如大夫入○使一人去之　敖氏作主人去之

是其當公則非當　兩當字盧文弨俱改常

大夫則如介禮

以其鄉大夫賢者　賢上閩本有貢字擠入

又上注云　浦鏜云下誤上

明日賓服鄉服以拜賜　通解敖氏俱無上服字朱子曰注云今文曰賓服鄉服明古經文無服今有之衍文也

主人如賓服以拜辱

拜賓復自屈辱也　復集釋楊氏俱作服張氏曰注曰拜賓服自屈辱也按釋文復扶又反近湖北本作服訛益甚○按張氏以嚴本爲據楊氏又沿嚴本之誤徐鍾俱不誤

儀禮注疏卷十校勘記　三

主人釋服

至鄉樂唯所欲　浦鏜云所衍字

故元端勞也　通解毛本無勞字

無介

勞禮畧也　毛本畧下有故字閩本作勞禮殺也

薦脯醢

羞同也　按敖氏注云薦同也雖非引鄭注然竊疑鄭注羞字亦薦字之誤

以告于先生君子可也

則曲禮博聞強識　閩本要義同毛本則作卽

賓介不與

禮瀆則褻　徐本集釋通解楊氏俱作褻與疏合毛本褻作䙝

古文與爲預　預徐本集釋俱作豫毛本通解作預

記　鄉朝服而謀賓介

先戒而又宿戒　又徐本集釋俱作又與疏合通解楊氏毛本俱作復張氏曰注曰先戒而又宿戒按釋文復字注曰而復同此又必復字也

鄉人至宿戒　按人當作鄉

尊綌冪　冪宋本釋文作鼏按當以冪爲正

薦脯五挺　釋文云挺本亦作脡同

挺猶職也　按今本釋文云猶職本亦作樴宋本云猶樴本亦作職張淳識誤載樴字而缺其說益從釋文作從木之樴也

儀禮注疏卷十校勘記　四

左在東　徐本集釋通解楊氏同毛本在上無左字

以脯脩置者　毛本徐本脩誤作修

與曲禮脯羞　盧文弨改羞爲脩

俎由東壁　壁唐石經作辟誤

賓俎脊脅肩肺○介俎脊脅肫胳肺　胳上唐石經徐本集釋楊氏俱有肫字毛本通解敖氏無朱子曰印本胳上有肫字然釋文無音疏又云有臑肫而介不用明本無此字也成都石經亦誤今據音疏刪去敖氏曰疏云或有肫胳兩言者云云則是作疏之時或本已有兩言肫胳二字者矣是蓋後人妄增之而當時無有是正之者故二本並行其後石經與印本但以或本爲據所以皆誤○按賈云肫胳兩見亦是也又前疏云下有介俎脊脅肫胳仍有肫字則賈氏所據之本雖無肫字亦不以有肫爲非

進腠　釋文作奏云本又作腠同

膞胳也盧文弨改脯爲膞按膞即肫字說文肫面頯也从肉屯聲膞切肉也从肉專聲皆非脛骨之義蓋假借用之專屯同音膞肫同字今注疏刊本俱誤作膞膞以專爲聲不得與肫通用周禮醢人豚拍杜子春讀爲膞

以骨爲主徐本集釋通解敖氏同毛本主作上

謂前其本也集釋無其字

葢爲大夫俎毛本爲作以

或有介俎肫胳不言者不敖氏引作兩

此據飲酒生人之禮毛本生作主

坐卒爵者

以其工無目閩本無其字

不使立卒爵通解不上有故字

將舉於右

爲旅酬始通解要義楊氏同毛本始作使

樂正與立者

以明飲也以下集釋敖氏俱有薦字

樂作

後樂賢者毛本後上有則字監本脫則字閩本後下有於字

其笙

此記人又言之也毛本也作者此本與閩本誤作也

爲拜送送爵而言也毛本通解不重送字按重者非也

磬

言大夫而特縣者案周禮小胥半爲堵全爲肆小上周禮二字從要義補入毛本云鄭知此是諸侯之卿大夫者案春官小胥掌樂縣之法而云凡縣鐘磬半爲堵全爲肆此乃篇首鄭目録下疏文通解移置於此而毛本誤從之

鐘磬者縮縣之要義同毛本縣下無之字浦鏜云編誤縮按浦云是也通解亦作編縣無之字

與此階間異也毛本此作兩

旣旅士不入

所酬獻皆拜受通解要義同毛本皆下有拜送二字閩本無獻字

徹俎

以送之徐本集釋同毛本無以字通解未刻

若有諸公

統於遵也遵閩本通解俱作賓

主人之贊者

以其主人之屬故也閩本要義同毛本之作自

儀禮注疏卷十校勘記終

奉新余成教挍

儀禮疏卷第十一

唐朝散大夫行大學博士弘文館學士臣賈公彦等撰

儀禮卷第五

鄉射禮第五

疏 鄉射禮第五○鄭目錄云州長春秋以禮會民而射於州序之禮謂之鄉者州鄉之屬鄉大夫或在焉不改其禮射禮於五禮屬嘉禮大戴十一小戴及別錄皆第五○釋曰鄭云州長春秋以禮會人而射於州序者周禮地官州長職文也鄭引之者證此鄉射是州長射法云謂之鄉者欲見州長射得名鄉射之意云州鄉之屬者周禮大司徒職云五州爲鄉是州屬鄉故云州鄉之屬云鄉大夫或在焉者一鄉管五州鄉大夫或宅居一州之內則鄭注禮記云或則鄉之所居州黨而鄉大夫來臨此射禮是爲鄉大夫在焉則名鄉射又鄉大夫三年大比興賢者能者詢而以鄉射之禮五物詢衆庶亦行此州長射禮以詢之亦是鄉大夫在焉故名爲鄉射云不改其禮者雖鄉大夫在其禮仍依州長射禮故云不改其禮案經鄉大夫射於庠云堂則由楹外又云堂則物當楣又云大夫用兕中其禮與士射於序別而云不改者大射鄉大夫士射先行鄉飲酒禮及未旅而射爲不改其實亦有少異也鄭云射禮於五禮屬嘉禮者案周禮大宗伯云以嘉禮親萬民下有以賓射之禮親故舊朋友故知屬嘉禮也

儀禮　鄭氏注

鄉射之禮主人戒賓賓出迎再拜主人荅再拜乃請主人州長也鄉大夫若在焉則稱鄉大夫也戒猶警也語也出迎出門也請告也告賓以射事不言拜辱此爲習民以禮樂不主爲賓已也不謀賓者時不獻賢能事輕也今郡國行此禮以季春周禮鄉老及鄉大夫三年正月獻賢能之書於王退而以鄉射之禮五物詢衆庶諸侯之鄉大夫既貢士於其君亦用此禮射而詢衆庶乎

疏 鄉射至乃請○釋曰自此至無介論州長將射先戒賓之事案大射前三日宰夫戒宰及司馬又射前一日樂人宿縣此不言日數則戒賓與射同日矣禮同鄉飲酒也以其鄉射先行鄉飲酒鄉飲酒戒賓與飲酒同日知此鄉射戒賓與射亦同日也○注主人至庶乎○釋曰案鄉大夫是諸侯鄉大夫則此州長亦諸侯之州長以士爲之是以經云釋獲者執鹿中記云士鹿中是皆爲此州長射而言是諸侯州長可知若天子州長中大夫爲之若然記云大夫兕中者爲鄉大夫詢衆庶而言也云鄉大夫若在焉則稱鄉大夫也者謂大夫來臨禮之時州長戒賓不自稱稱鄉大夫以戒賓也云出迎出門也者謂出庠之學門亦如鄉飲酒出庠門皆有一門入門即至堂耳云不言拜辱者此爲習民以禮樂不主爲賓已也者對鄉飲酒主人戒賓賓拜辱者彼爲賓也非爲習民以禮樂故也云不謀賓者時不獻賢能事輕也者還決鄉飲酒獻賢能故須就先生而謀賓介禮重對此不獻賢能爲輕故不謀賓也云今郡國行此禮以季春者漢時雖無諸侯國而置郡爲守其王之子弟猶名國其君曰相故鄭注禮記云如今從大守相臨之禮是也引之者證時節與周異也云周禮至衆庶皆周禮鄉大夫職文引之者證此鄉射中兼有鄉大夫行射禮故有射於堂及兕中之事云五物者案彼云一曰和二曰容三曰主皮四曰和容五曰興舞鄭注云和載六德容包六行也庶民無射禮因田獵分禽則有主皮主皮者張皮射之無侯也主皮和容興舞則六藝之射與禮樂與當射之時民必觀焉因詢之也是也鄭云和載六德者和是六德之下六德大故舉下以載上也容爲孝者人有孝行則性行含容故以孝爲容孝是六行中之大故舉上以包下故云容包六行也云主皮六藝之射者但六藝中射總言諸射不專據主皮但三物教萬民射唯有主皮此詢衆庶不兼士已上故以主皮爲六藝之射以和容爲禮者禮之用和爲貴又行禮有容儀是以漢時謂禮爲容故以禮爲和容也以樂爲興舞者爲樂必興舞故興舞以表樂也若然六德與六行在身所有故可舉少以兼多六藝施於外非獨身所行不可舉一以包六但六者之中御與書數三者於施化民爲緩故特舉禮樂與射而言之鄭以主皮和容與舞非射及禮樂之正名故云乎以疑也

賓禮辭許主人再拜賓荅再拜主人退賓送再拜退還射宮省錄射事

疏 注退還至射事○釋曰射宮者鄉庠州序是也知省錄射事者即下文云乃張侯之等是也下言飲酒之事知不爲飲酒事者以飲酒者止爲射事故以射爲主也

無介雖先飲酒主於射也其序賓之禮畧

疏 無介○注雖先至禮畧○釋曰鄭云雖先飲酒者自此已下先言飲酒獻後乃射以是禮記射義云古者諸侯之射也必先行燕禮卿大夫士之射也必先行鄉飲酒之禮是也但鄉飲酒之禮有介一人以輔賓此無介者主於射序賓之禮畧故無介以輔賓也

乃席賓南面東上不言於戶牖之間者此射於序

疏 乃席至東上○注不言至於序○釋曰自此以下至羹定論將射預前設席位

尊，縣樂及張侯之事也。云不言於戶牖之間者，此射於序者，決鄉飲酒在庠，以其序無室，庠有室，此據州長射於序，以其無室，無戶牖，設席亦當戶牖之處耳。言東上，亦主人在東，故席端在東，不得以曲禮席南向北向西方爲上，因陰陽解之也。

衆賓之席繼而西。言繼者，甫欲習衆庶，未有所殊別。

疏衆賓至而西○注言繼至殊別○釋曰：甫，始也。言始欲習衆庶，未有所殊別，此決鄉飲酒三賓之席不屬，殊別彼有德之人，故各自特，不繼有所殊別。

席主人於阼階上，西面。阼階，東階。**尊於賓席之東，兩壺斯禁，左玄酒，皆加勺，篚在其南，東肆。**斯禁，禁切地無足者也。設尊者北面，西曰左，尚之也。肆，陳也。

疏尊於至東肆○注斯禁至陳也○釋曰：云斯禁，禁切地無足者也者，案州長是士，應言禁斵，不言者，其中兼有鄉大夫禮，故舉大夫斯禁，與鄉飲酒同。云設尊者北面，西曰左，尚之也者，經云左玄酒，據人設尊北面，故以西爲左；若據酒則以南面爲正，地道尊右，以西爲右，玄酒在右，故云尚之。若然，云左據設尊，亦云尚之據酒尊也。

設洗于阼階東南，南北以堂深，東西當東榮，水在洗東，篚在洗西，南肆。榮，屋翼也。**縣于洗東北，西面。**此縣謂磬也。縣於東方，辟射位也。但縣磬者，半天子之士，無鍾。

疏注此縣至無鍾○釋曰：云此縣謂磬也者，對大射縣鍾磬鑮具有也。云縣於東方，辟射位也者，此言決鄉飲酒無射事，縣於階間也。云但縣磬者，半天子之士，無鍾者，案周禮小胥職云「半爲堵，全爲肆」，鄭云：「鍾磬者，編縣之，二八十六枚而在一虡謂之堵。鍾一堵，磬一堵，謂之肆。半之者，謂諸侯之卿大夫士也。諸侯之卿大夫半天子之卿大夫，天子之卿大夫判縣者，東西各有鍾磬爲肆；諸侯之卿大夫判縣者，分一肆於兩廂，東縣磬，西縣鍾。若天子之士特縣者，直東廂有鍾磬二虡爲一肆；諸侯之士分取磬而已，縣於東方爲特縣。」故云無鎛，對大夫及天子士有鎛。若然，此既兼鄉大夫詢衆庶，當爲判縣，宜有鍾，而總云無鍾者，方以禮樂化民，雖大夫亦同士特縣也。若鄉飲酒方賓鄉人之賢者，從士禮也。其天子諸侯鍾磬鑮具，卿大夫、天子士已下亦無鎛，知者，以其諸侯卿大夫士半天子卿大夫士，若有鎛，添鍾磬爲三，半不得，故知卿大夫已下皆無鎛也。

乃張侯，下綱不及地武。侯謂所射布也。綱，持舌繩也。武，迹也。中人之迹尺二寸。侯象人，綱即其足也，是以取數焉。

疏乃張至地武○注侯謂至數焉○釋曰：此已下論預張侯之事。鄭知侯用布，案下記云獸侯，大夫士皆言布侯，則餘賓射、大射，其侯皆用布，此鄉射采侯二正，亦用布可知。云綱，持舌繩也者，周禮梓人云「上綱與下綱出舌尋，縜寸焉」，注云「綱，所以繫侯於植者也」，故云綱持舌繩也。云武，迹也，中人之迹尺二寸者，無正文，蓋目驗當時而言，似云中人定扼圍九寸也。漢禮云五武成步，步六尺，或據此而言也。云侯象人者，案鄭注梓人云「上下皆出舌一尋者，亦人張手之節也」，以其張侯之法，下兩舌半上舌，兩頭綱皆出一尋，即是上廣下狹，象人張足六尺，張臂八尺，故云象人也。云綱即其足也者，謂經下綱象足。云是以取數焉者，以下綱象足，張之六尺，是取數於武也。

不繫左下綱，中掩束之。事未至也。

疏不繫至束之○注事未至也○釋曰：案下記云「東方謂之右个」，注云「侯以向堂爲面也」，則此左下綱以西畔而言。云中掩束之者，案記云「鄉侯，一丈倍中以爲躬，躬二丈；倍躬以爲左右舌，舌四丈」，兩舌各出一丈。又云「下舌半上舌」，則左右各出五尺。今將此五尺與下綱不繫者，中掩左廂向東，待將射乃解之，故云事未至也。

乏參侯道，居侯黨之一，西五步。容謂之乏，所以爲獲者御矢也。侯道五十步，此乏去侯北十丈，西三丈。

疏乏參至五步○注容謂至三丈○釋曰：乏參侯道者，謂三分侯道。云居侯黨之一者，黨，旁也，謂在侯西北邪向之，故以旁言之。其居旁之一者，謂侯道內三分之，居一分之地，十丈也。云西五步者，據侯之正北落西有五步，即三丈也。云容謂之乏者，案周禮射人職云「王以六耦射三侯，三獲三容，五正」，彼據王三侯有三容。容者，以革爲之，可以容身，故云容也。云乏者，謂矢於此匱乏不去，故云乏也。云獲者御矢也者，謂唱獲者恐矢至身，故云獲者御矢也。云侯道五十步者，記云「鄉侯五十弓」，弓之下制六尺，與步相應，故鄭云步也。云此乏去侯北十丈者，五十步計之，步六尺，五十步則三十丈，三分取一爲十丈。云西三丈者，經云西五步，五六三十，故云三丈也。遠近如此者，一得避矢，一得去堂二十丈間唱獲聲，是其節也。

羹定。肉謂之羹。定猶孰也，謂狗孰可食。

疏羹定○注肉謂至可食○釋曰：云謂狗孰者，此與鄉飲酒同亨狗於東方是也。

主人朝服，乃速賓。賓朝服出迎，再拜。主人荅再拜，退。賓送，再拜。速，召也。射賓輕也。戒時玄端，今郡國行此鄉射禮皮弁服與禮爲異疏主人至再拜。釋曰自此至當楣北面荅再拜論主召賓從已之事此主人與賓俱朝服案鄉飲酒賓主俱不言服者以彼賓禮重故戒與速賓俱朝服故不言此習禮輕是故戒時玄端召時乃朝服故須言之也必此戒時玄端者見公食大夫云賓朝服即位于大門外如聘注云於是朝服則初時玄端冝與彼同皆是戒時不言服後速時朝服故知此亦戒時玄端矣且鄉飲酒戒速俱不言服知皆朝服者下記云鄉朝服而謀賓介是也云今郡國已下引之者欲見與周異也

賓及衆賓遂從之及門主人一相出迎于門外再拜賓荅再拜相主人家臣擯贊傳命者疏賓及至再拜。注相主至命者。釋曰鄉飲酒云賓及衆賓皆從之彼兼介故云皆此無介故不言皆也云主人一相出迎于門外注與鄉飲酒同此亦主人自迎而言一相者使之傳賓言兼相禮也揖衆賓差卑禮冝異疏揖衆賓。注差卑禮冝異。釋曰此賓與衆賓同是鄉人無爵者而云差卑者唯據立爲賓者尊衆賓即不爲卑不論有爵無也云禮冝異者賓則拜之衆賓則揖之是其異也主人以賓揖先入以猶與也先入入門右西面疏主人至先入。注以猶至西面。釋曰云以猶與者案左氏傳云蔡人以吳子與楚人戰于柏舉彼以者能東西之曰以以謂驅使前人之稱此言嫌有驅使之稱故以爲與謂主人與賓是以爲平敵之義故須訓之云先入入門右西面者此注亦與鄉飲酒同以其賓入東面故西面待之賓厭衆賓衆賓皆入門左東面北上賓少進引手曰厭少進差在前也今文皆曰揖衆賓疏賓厭至少進。注引手至衆賓。釋曰此經亦與鄉飲酒同此云賓少進彼亦冝然不言者文不具也主人以賓三揖皆行及階三讓主人升一等賓升三讓而主人先升者是主人先讓於賓不俱升者賓客之道進冝難也疏主人至賓升。注三讓至難也。釋曰言皆行者賓主既行衆賓亦行故云皆行鄉飲酒亦皆行不言者文畧也知主人先讓於賓者以其主人之法先升導賓賓後升進冝難禮之常然故知主人先讓賓也此先升一等禮之常燕禮君升二等者尊君故也主人阼階上當楣北面再拜賓西階上當楣

北面荅再拜主人拜賓至此堂疏注主人拜賓至此堂。釋曰知拜是拜至者鄉飲酒義云拜至拜洗公食亦云當楣北鄉再拜故知拜是拜至主人坐取爵於上篚以降將獻賓也疏主人至以降。注將獻賓也。釋曰自此至主人阼階上荅拜論主人獻賓之事凡取爵于篚以降者皆是上篚鄉飲酒不言上者文畧也賓降從主人也主人阼階前西面坐奠爵興辭降重以主人事煩賓也今文無阼階賓對對荅疏賓對。注對荅。釋曰鄉飲酒注云賓主之辭未聞此不注從可知主人坐取爵興適洗南面坐奠爵于篚下盥洗盥手又洗爵致絜敬也古文盥皆作浣賓進東北面辭洗必進者方辭洗冝違位也言東北面則位南於洗矣主人坐奠爵于篚興對賓反位反從降之位也鄉飲酒曰當西序東面主人卒洗壹揖壹讓以賓升賓西階上北面拜洗主人阼階上北面奠爵遂荅拜乃降乃降將更盥也古文壹皆作一賓降主人辭降賓對主人卒盥壹揖壹讓升賓升西階上疑立疑止也有矜莊之色疏注疑止至之色。釋曰鄉飲酒注疑讀爲疑然從於趙盾之疑疑正立自定之貌此言疑止也有矜莊之色二注相兼乃具也主人坐取爵實之賓席之前西北面獻賓進酒於賓也凡進物曰獻疏注進酒至曰獻。釋曰云凡進物曰獻者欲見此賓乃是鄉民而已無尊卑上下猶言獻者此獻直是進物而言獻進之也案周禮玉府注云古者致物於人尊之則曰獻彼據尊敬前人雖卑亦曰獻若齊侯獻捷於魯之類義與此別也賓西階上北面拜主人少退少退猶少辟也疏注少退猶少辟也。釋曰鄉飲酒文與此同注云少退少辟及下文云賓少退注云少退逡巡義亦與此同賓進受爵于席前復位復位西階上位主人阼階上拜送爵賓

少退薦脯醢薦進賓升席自西方賓升降由下也疏注賓升降由下也○釋曰凡席升由下降由上下文降席不由上者以主人在東敬主人不得降由上又於席西拜便使升降皆由下故云賓升降由下也乃設折俎牲體枝解節折以實俎也主人阼階東疑立賓坐左執爵右祭脯醢奠爵于薦西興取肺坐絶祭卻左手執本右手絶末以祭也肺離上爲本下爲末疏注卻左至爲末○釋曰鄭皆約鄉飲酒知之也尚左手嚌之嚌嘗也右手在下絶以授口嘗之興加于俎坐捝手執爵遂祭酒興席末坐啐酒捝拭也啐嘗也古文捝作說降席坐奠爵拜告旨降席席西也旨美也執爵興主人阼階上荅拜賓西階上北面坐卒爵興坐奠爵遂拜執爵興卒盡主人阼階上荅拜賓

以虚爵降將洗以酢主人疏賓以虚爵降○注將洗以酢主人○釋曰自此至賓西階上荅拜論賓酢主人之事鄉飲酒不言虚爵直云降洗此直云虚爵降不言洗互見爲義相兼乃具也主人降從賓也降立阼階東西面當東序疏注從賓至東序○釋曰皆鄉飲酒文也賓西階前東面坐奠爵興辭降主人對賓坐取爵適洗北面坐奠爵于篚下興盥洗賓北面盥洗自外來疏注賓北至外來○釋曰對主人自内出南面是也上文主人坐取爵適洗南面是也主人阼階之東南面辭洗賓坐奠爵于篚興對主人反位反位從降之位也主人辭洗進疏注反位至洗進○釋曰云反位從降之位也者即上東序之西南面位云主人辭洗進者經直言反不言進鄭以言反位由前進乃反位故鄭却本之主人辭洗進也賓卒洗揖讓如初升疏賓卒至初升○釋曰言如初則亦一揖一讓也主人拜洗賓荅

拜興降盥如主人之禮賓升實爵主人之席前東南面酢主人酢報主人阼階上拜賓少退主人進受爵復位賓西階上拜送爵薦脯醢主人升席自北方乃設折俎祭如賓禮祭薦俎及酒亦嚌啐不告旨酒己物自席前適阼階上北面坐卒爵興坐奠爵遂拜執爵興賓西階上北面荅拜自由也啐酒於席末由前降便也疏注自由至便也○釋曰鄭知義然者亦約鄉飲酒得知也主人坐奠爵于序端阼階上再拜崇酒賓西階上荅再拜序端東序頭也崇充也謝酒惡相充滿也疏主人坐奠爵于序端○釋曰奠爵于序端此擬下獻衆賓故云取爵于序端與鄉飲酒同也主人坐取觶于篚以降將酬

賓疏主人至以降○注將酬賓○釋曰自此至當西序論酬賓之事賓降主人奠觶辭降賓對東面立主人坐取觶洗賓不辭洗不辭洗以其將自飲卒洗揖讓升賓西階上疑立主人實觶酬之阼階上北面坐奠觶遂拜執觶興酬勸酒賓西階上北面荅拜主人坐祭遂飲卒觶興坐奠觶遂拜執觶興賓西階上北面荅拜主人降洗賓降辭如獻禮以將酌已疏注以將酌已○釋曰鄭言此者前不辭洗主人自飲至此辭洗以將酌已故辭也升不拜洗酬禮殺也賓西階上立主人實觶賓之席前北面酬賓賓西階上拜主人坐奠觶于薦西賓辭坐取觶以興反

位賓辭辭主人復親酌已【疏】注賓辭至酌已○釋曰此射前獻時親酌已今復親酌已主人阼階上拜送賓北面坐奠觶于薦東反位酬酒不舉【疏】主人阼階上拜送○注酬酒不舉○釋曰鄉飲酒注引曲禮不盡人之歡之事此不言亦從鄭注可知主人揖降賓降東面立于西階西當西序主人將與衆賓爲禮賓謙不敢獨居堂主人西南面三拜衆賓衆賓皆荅壹拜三拜示徧也壹拜不備禮也獻賓畢乃與衆賓拜敬不能並【疏】主人至壹拜○注三拜至能並○釋曰云三拜示徧也釋者衆賓無問多少比爲三拜而已是示徧也云壹拜不備禮也者衆賓人皆拜是拜不備禮此亦荅大夫拜法以其此禮中含鄉大夫法若荅士拜則亦再拜見於特牲也云獻賓畢乃與衆賓拜者自爾來唯與賓拜未與衆賓拜今始拜之故云敬不能並主人揖升坐取爵于序端降洗升實爵西階上獻衆賓衆賓之長升拜受

者三人長其老者言三人則衆賓多矣國以多德行道藝爲榮何常數之有乎【疏】主人至三人○注長其至有乎○釋曰衆賓之長升拜受者三人此雖非賓賢能其衆亦三人在堂上與鄉飲酒數同其堂上衆賓無定數故鄭云言三人則衆賓多矣云國以多德行道藝爲榮者案周禮大司徒以鄉三物教萬民一曰六德二曰六行三曰六藝此既鄉人則德行亦據六德六行道藝則六藝也此並與鄉飲酒賓介與衆賓之類並來與在射中是以孔子射於矍相之圃觀者如堵墻彼亦據孔子爲鄉大夫習人以禮樂之射至於誓之於後僅有存焉亦無常數之事也主人拜送送拜爵於衆賓右【疏】主人拜送○注拜送至賓右○釋曰知在衆賓右者約鄉飲酒獻衆賓皆於西階上賓右知之也坐祭立飲不拜既爵授主人爵降復位既盡【疏】坐祭至復位○釋曰此還上三人者降復賓南東面位衆賓皆不拜受爵坐祭立飲自第四已下又不拜受爵禮彌畧【疏】衆賓至立飲○注自第至彌畧○釋曰此謂堂下衆賓無數者故鄭云自第四以下云又不拜受爵禮彌畧者三賓雖坐祭立飲不拜既爵仍拜受此衆賓非直坐祭立飲不拜既爵又不拜受爵故云禮彌畧也每一人獻則薦諸其席諸於【疏】每一至其席○釋曰此還據堂上三人有席者故云薦諸其席謂席前也衆賓辯有脯醢薦於其位【疏】衆賓辯有脯醢○注薦於其位○釋曰還據堂下無席者故鄭云薦於其位不席也主人以虛爵降奠于篚不復用揖讓升賓厭衆賓升衆賓皆升就席【疏】揖讓至就席○釋曰自此以下至舉觶者降論旅酬之事一人洗舉觶於賓一人主人之吏【疏】一人洗舉觶于賓○注一人主人之吏○釋曰主人之吏亦謂府史以下非屬官也升實觶西階上坐奠觶拜執觶興賓席末荅拜舉觶者坐祭遂飲卒觶興坐奠觶拜執觶興賓荅拜降洗升實之西階上北面將進奠觶賓拜拜受觶舉觶者進坐奠

觶于薦西不授賤不敢也【疏】注不受賤不敢也○釋曰以其是主人之吏既賤故不敢親授奠之也賓辭坐取以興若親受然【疏】注若親受然○釋曰云若親受然者賓辭即坐取以興故云若親受然也舉觶者西階上拜送賓反奠于其所舉觶者降【疏】舉觶至舉觶者降○釋曰云反奠于其所者還於薦西以其射後賓北面舉之爲旅酬故不奠于薦東也大夫若有遵者則入門左謂此鄉之人爲大夫者也謂之遵者方以禮樂化民欲其遵法之也其士也於旅乃入鄉大夫士非鄉人禮亦然主於鄉人耳今文遵爲僎【疏】大夫至門左○注謂此至爲僎○釋曰云大夫若有遵者言若者或無不定故云若也鄭知是當鄉大夫者以其鄉射既與人行射禮而言大夫者當鄉大夫可知云其士也於旅乃入者下記云士既旅不入明未旅間皆得入是以未旅而射其士皆在也知鄉大夫士非鄉人禮亦然者以其同是鄉大夫士禮無異故也但異鄉不助主人樂賓爲別也主人降迎大夫於門內也不出門別於賓【疏】主人降○注迎大至於賓○釋曰鄭知迎大夫

於門内者以其上文大夫入門左此經直云主人降不云出故知迎大夫在門内可知 賓及衆賓皆降復初位不敢居堂俟大夫入也初位門内東面【疏】賓及至初位○注不敢至東面○釋曰知初位門内東面者上文賓厭衆賓皆入門左東面北上故知也 主人揖讓以大夫升拜至大夫荅拜主人以爵降大夫降主人辭降大夫辭洗如賓禮席于尊東尊東明與賓夾尊也不言東上統於尊也【疏】主人至尊東○注尊東至尊也○釋曰上云尊於賓席之東則在尊西今大夫言席於尊東明爲賓夾尊可知云不言東上統於尊也者席於尊東繼尊而言又不言東上西上是以下云大夫降席東南面降由下故知西上統於尊也 升不拜洗主人實爵席前獻于大夫大夫西階上拜進受爵反位主人大夫之右拜送大夫辭加席主人對不去加席辭之者謙不以已尊加賢者也不去者大夫再重席正也賓一席重【疏】升不至加席○注辭之至重席○釋曰云升不拜洗者以大夫尊故不拜洗也云反位者大夫反西階上位云主人大夫之右拜送者謂在大夫之東拜送爵也云辭之者謙不敢以已尊加賢者鄉射之禮鄉人爲賓下記云若大夫與則以公士爲賓亦選賢者爲之故辭加席又不以已尊加賢者也云不去者大夫再重席正也者鄉飲酒云公三重大夫再重故知大夫再重席禮之正也云賓一重席者鄉人故一重縱公士爲賓亦一重也 乃薦脯醢大夫升席設折俎祭如賓禮不嚌肺不啐酒不告旨西階上卒爵拜主人荅拜凡所不者殺於賓也大夫升席由東方【疏】乃薦至荅拜○注凡所至東方○釋曰云凡所謂經中三事以其殺於賓若然上云不拜洗亦是殺於賓之類也云大夫升席由東方者以其大夫席西上升由下故知大夫升席由東方也 大夫降洗將酢主人也大夫若衆則辭獻長乃酢【疏】大夫降洗○注將酢至乃酢○釋曰自此至皆升就席論大夫酢主人訖賓主皆升就席之事知大夫若衆則辭獻長乃酢者此經據一大夫

而言故獻大夫即酢案有司徹主人洗爵獻長賓于西階上然後衆賓長升拜受爵宰夫贊主人酌若是以辯乃升長賓主人酌于長賓西階上北面賓在左注云主人酌自酢序賓意賓卑不敢酢賓尸與凡平○飲酒禮同可以相參亦是辯獻長乃酢也 主人復阼階降辭如初卒洗主人盥盥者雖將酌自飲尊大夫不敢褻【疏】主人至人盥○注盥者至不敢褻○釋曰云盥者雖將酌自飲者以其下文大夫洗爵升授主人爵是主人酌以自酢故云雖將酌自飲云不敢褻者決有司徹主人自酌不盥是此爲尊大夫雖自酢亦不敢褻也 揖讓升大夫授主人爵于兩楹閒復位主人實爵以酢于西階上坐奠爵拜大夫荅拜坐祭卒爵拜大夫荅拜主人坐奠爵于西楹南再拜崇酒大夫荅拜主人復阼階揖降將升賓【疏】揖讓至揖降○注將升賓○釋曰云主人坐奠爵於西楹南者前獻賓賓酢主人主人飲酢訖奠爵于東序端將後獻衆賓不得奠于篚中此受大夫酢不奠于篚者爲士於旅乃入擬獻士故奠爵于此也 大夫降立于賓南雖尊不奪人之正禮【疏】大夫至賓南○注雖尊至正禮○釋曰大夫尊在堂則席之于尊東特尊之今降而在賓下者欲使賓主相對行禮若在北北則妨賓主揖讓之正禮故云不奪主人之正禮 主人揖讓以賓升大夫及衆賓皆升就席 工于西階上少東樂正先升北面立于其西言少東者明樂正西側階不欲大東辟射位【疏】席工至其西○注言少至射位○釋曰自此至告于賓論作樂之事云席工者謂爲工設席下文乃升席也云言少東者明樂正西側階者既言席工于西階上少東則在西階東矣復云樂正立于其西則近席西共言從近故知樂正側近西階東則不欲大東辟射位大射亦同此注燕禮注亦然者燕亦容有射法鄉飲酒工位與此同注不言者不射故也 工四人二瑟瑟先相者皆左何瑟面鼓執越内弦右手相入升自西階

北面東上工坐相者坐授瑟乃降瑟先賤者先就事也相扶工也面前也鼓在前變於君也執越內弦右手相由便也越瑟下孔所以發越其聲也前越言執者內有弦結手入之淺也相者降立西方【疏】工四至乃降○釋曰云四人二瑟則是二人歌可知經不言相歌二人者以其空相亦與瑟者同故不言直言瑟之難者也○注瑟先至西方○釋曰云瑟先賤者先就事也者案大射大師少師歌衆工瑟是知瑟者賤也凡工者皆先瑟後歌是賤者先即事故序亦在前若然得獻亦在前以隨其先後而取之故也云鼓在前變於君也者鄉射與大射相對大射君禮而後首此臣禮前首故云變於君燕禮與鄉飲酒相對是以燕禮面鼓又與鄉飲酒後首相變云執越內弦右手相者案鄉飲酒注云內弦側擔之者據瑟體而言燕禮注云內弦弦爲主者據弦體而說此言內弦右手相由便語異義同也云前越言執者內有弦結手入之淺也者瑟體首寬尾狹內越孔雖長廣狹亦等但弦居瑟上近首鼓處則寬近尾不鼓處弁而狹側持之法近鼓持之入則近手入則深是以通與燕禮言面鼓則云執之手入淺也大射與鄉飲酒言後首則云挎越手入深故也云相者降立西方者其相者是弟子位在西者是以下文云樂正

適西方命弟子贊工遷樂于下故知此相工是弟子故降立還于西方也笙入立于縣中西面堂下樂相從也縣中磬東立西面【疏】笙入至西面○注堂下至西面○釋曰云堂下樂相從也者案上文云縣于洗東北西面此云立于縣中明是堂下相從皆在東方也云縣中磬東立西面者謂在磬東當磬之東鄭知不在磬西西面者若磬西西面則笙者背磬不可故知在磬東西面也乃合樂周南關雎葛覃卷耳召南鵲巢采蘩采蘋不歌不笙不閒志在射畧於樂也不畧合樂者周南召南之風鄉樂也不可畧其正也昔大王王季文王始居岐山之陽躬行召南之教以成王業至三分天下乃宣周南召南之化本其德之初刑于寡妻至于兄弟以御于家邦故謂之鄉樂用之房中以及朝廷饗燕鄉射飲酒此六篇其風化之原也是以合金石絲竹而歌之【疏】乃合至采蘋○釋曰言乃者以其作樂之法先歌後乃合樂今不歌不笙不閒唯合樂故言乃以見非常故也○注不歌至歌之○釋曰據鄉飲酒燕禮作樂有四節今不歌不笙不閒唯有合樂故云志在射畧於樂也云合樂者周南召南之風鄉樂也者上注已云頌及大雅天子樂小雅諸侯樂此

二南鄉大夫樂但鄉飲酒鄉射是大夫士爲主人故大夫士樂爲鄉樂者也云不可畧其正也者二南是大夫士之鄉樂已之正樂故云不可畧其正者也云昔大王已下於鄉飲酒注已說義具於彼此注畧言之耳若然者燕禮與鄉飲酒文同注又與燕禮不異者以其鄉射與鄉飲酒同是大夫士禮鄉大夫士行射禮先行鄉飲酒禮鄉飲酒與鄉射自爲首尾故鄉飲酒注具於此畧言燕禮是諸侯禮天子諸侯射先行燕禮則燕禮與大射自爲首尾是以燕禮歌笙閒合鄭亦具注之大射又畧言之也工不興告于樂正曰正歌備不興者瞽矇禮畧也【疏】工不至歌備○注不興至畧也○釋曰言正歌者升歌也升歌鹿鳴是上歌諸侯樂非己正樂故以二南爲正歌也言備者凡作樂皆三終此備明亦三終也云不興者瞽矇禮畧也者以工告樂正以卑告尊當興今以瞽矇無目不可責其備禮故不興者於禮畧也樂正告于賓乃降樂正降者堂上正樂畢也降立西階東北面【疏】樂正至乃降○注樂正至北面○釋曰言告于賓者作樂主爲樂賓今歌備故告賓言歌備也言樂正降者堂上正樂畢也者以其鄉飲酒燕禮但升歌笙閒合樂皆是正歌今畧去升歌笙閒三者唯有合樂於堂上

故云堂上正樂畢也云正樂者對後無筭樂非正樂也下射雖歌騶虞亦是堂下非堂上故以堂上決之也云降立西階東北面者此無正文約堂上樂正位在西階東北面今降亦當在西階東北面也主人取爵于上篚獻工大師則爲之洗尊之也君賜大夫樂又從之以其人謂之大師【疏】主人至之洗○注尊之至大師○釋曰自此至反升席論主人獻工笙之事但天子諸侯官備有大師少師瞽人作樂之長大夫士官不備不合有大師君有賜大夫士樂器之法故春秋左氏云晉侯歌鍾二肆取半以賜魏絳魏絳於是乎始有金石之樂禮也時以樂人賜之故鄭云君賜大夫樂又從之以其人謂之大師也賓降主人辭降大夫不降尊也【疏】賓降主人辭降○注大夫不降尊也○釋曰云大夫不降尊也者此賓降大夫若降直與賓共文今不言大夫降鄉飲酒亦云賓介不言大夫降明大夫皆不降以其尊故也工不辭洗卒洗升實爵工不興左瑟一人拜受爵左瑟辟主人授爵也一人無大師則工之長者【疏】工不至受爵○釋曰此言工不辭洗及一人拜受爵皆上大師也不言大師言

工一人者，欲見有大師則大師不辭洗拜受爵，若無大師則凡工不辭洗拜受爵，故變言工與一人。假令大師左瑟先獻，若歌則後獻，亦先獻工一人，是以鄭云一人無大師則工之長者。以鄉飲酒獻工時云一人不與受爵，注云一人笙之長者也。大師爲歌者未得獻，先獻瑟工之長者也。主人阼階上拜送爵，薦脯醢，使人相祭。人相者。疏主人至相祭○注人相者○釋曰：云人相者，則弟子相之。既相工明祭，亦相之可知。工飲，不拜既爵，授主人爵。衆工不拜受爵，祭飲，辯有脯醢，不祭。祭飲，不興受爵，坐祭坐飲。疏工飲至不祭○注祭飲至坐飲○釋曰：云工飲不拜既爵者，還是上一人拜受爵者，雖不拜既爵，仍拜受也。下衆工又對上一人拜受爵，衆工不拜受爵也。鄭云祭飲不興受爵坐祭坐飲者，對上賓主坐祭立飲，故云坐祭坐飲，亦不拜既爵可知也。不洗，遂獻笙于西階上。不洗者，賤也。衆工而不洗矣，而著笙不洗者，笙賤於衆工，正君賜之，猶不洗也。疏不洗至階上○注不洗至洗也○釋曰：云衆工而不洗矣，而著笙不洗者，笙賤於衆工，正君賜

之猶不洗也。鄭云此者，欲見工在上貴，君賜之大師爲之洗，笙賤位在下，正謂君賜之笙人猶不爲之洗，況衆笙乎。欲取賜笙人不爲之洗之意，不取衆笙不爲洗也。笙一人拜于下，盡階，不升堂，受爵，主人拜送爵。階前坐祭，立飲，不拜既爵，升授主人爵。衆笙不拜受爵，坐祭，立飲，辯有脯醢，不祭。主人以爵降，奠于篚。疏笙一至于篚○釋曰：此經總獻笙人，雖賤，中亦有尊卑，故一人升階受爵，餘者不升，不拜既爵則同也。反升就席。亦揖讓以賓升，衆賓皆升。疏反升就席○注亦揖至皆升○釋曰：云亦揖讓以賓升衆賓皆升者，謂亦前大夫若有遵者，則入門左，主人降，賓及衆賓皆降，主人共大夫行禮訖，主人揖讓以賓升，大夫及衆賓皆升就席，相似，故云亦。若然，上賓降時雖不言衆賓降，衆賓卑，從降可知，故今從賓升也。主人降席自南方。禮殺由便。疏主人至南方○注禮殺由便○釋曰：自此盡未旅，論立司正之事也。云禮殺由便者，對上文主人受作爵

時禮盛，故主人降席自北方，啐酒於席末亦然。今此立司正，禮殺，故降席自南方，故云禮殺由便也。側降。賓不從降。疏側降○注賓不從降○釋曰：側降猶特降，故云賓不從降也。作相爲司正，司正禮辭，許諾。主人再拜，司正荅拜。爵備樂畢，將留賓以事，爲有解倦失禮，立司正以監之，察儀法也。詩云：既立之監，或佐之史。疏作相至荅拜○注爵備至之史○釋曰：云爵備者，謂賓及衆賓與尊者幷工笙並得獻，是爵備也。云樂畢者，合樂訖是樂畢，以無筭笙與間，故不言樂成而云畢而已也。云將留賓以事者，下有射事，射訖行旅無筭之事，故須立司正以監之，但中閒爲射，繫變司正爲司馬，射訖反爲司正以監察儀法也。引詩者，證監與正爲一物，皆察儀法也。主人升就席。司正洗觶，升自西階，由楹內適阼階上，北面受命于主人。洗觶者，當酌以表其位，顯其事也。楹內，楹北。疏主人至主人○注洗觶至楹北○釋曰：云受命于主人者，謂受主人請安賓之命，是以下云請安于賓，鄭注云傳主人之命也。西階上北面請安

于賓。傳主人之命。賓禮辭，許。司正告于主人，遂立于楹閒以相拜。相謂贊主人及賓相拜之辭。主人阼階上再拜，賓西階上荅再拜，皆揖就席。爲已安也。今文揖爲升。司正實觶，降自西階，中庭北面坐奠觶，興，退，少立。奠觶，表其位也。少立，自脩正，慎其位也。古文曰少退立。疏司正至少立○注奠觶至退立○釋曰：此云北面坐奠觶，鄉飲酒亦然者，此二者皆臣禮，故北面奠觶。燕禮、大射皆司正南面奠觶者，彼是君禮，欲取還不背君，故南面奠觶。故大射云：南面坐奠觶，興，右還，北面少立，坐取觶，興，坐不祭，卒觶，奠之，興，再拜稽首，左還，南面坐取觶，洗，南面反奠于其所，北面立。注云：皆所以自昭明於衆也。將於觶南北面，則右還；於觶北南面，則左還。如是得從觶西往來也。必從觶西往來者，爲君在阼，不背之也，又取威儀多。此及鄉飲酒在阼非君，直北面奠觶，又威儀簡故也。進，坐取觶，興，反坐，不祭，遂卒觶，興，坐奠觶，拜，執觶興，

洗北面坐奠于其所今文坐取觶無進又曰坐奠之拜興少退北面立于觶南立觶南亦其故擯位疏與少至觶南。注立觶至擯位。釋曰云立觶南亦其故擯位者案上未有擯位此云擯位者案射禮云擯者退中庭是擯者在中庭有位燕禮大射皆擯者爲司正則此鄉射及鄉飲酒云作相爲司正相即擯者也故知觶南者中庭故擯位也。未旅旅序也未以次序相酬以將射也旅則禮終也疏未旅。注旅序至終也。釋曰旅衆也而言序者謂衆以次序相酬必於未旅而射者旅則醉禮終恐不得射故於未旅而射也此大夫士禮將射者先行鄉飲酒行旅酬而已故射前未旅而射後乃始行旅酬燕禮大射國君禮故先行燕禮雖行一獻以其辨尊卑故行四舉旅大射主爲射故再拜訖即射燕禮主爲燕故三舉旅乃射彼皆與此不同也。三耦俟于堂西南面東上司正既立司射選弟子之中德行道藝之高者以爲三耦使俟事於此疏三耦至東上。注司正至於此。釋曰自此已下盡樂正北面立于其南論三番射事鄭知司正既立司射即選弟子之中爲三耦俟事於此者經云俟於堂西明此時始選故知既立司正

司射乃選弟子使俟事於此也故記云三耦者使弟子司射前戒之注云弟子賓黨之少者也前戒謂先射請戒之。司射適堂西袒決遂取弓于階西兼挾乘矢升自西階階上北面告于賓曰弓矢既具有司請射司射主人之吏也於堂西袒決遂者主人無次隱蔽而已袒左免衣也決猶闓也以象骨爲之著右大擘指以鉤弦闓體也遂射韝也以韋爲之所以遂弦者也其非射時則謂之拾拾斂也所以蔽膚斂衣也方持弦矢曰挾乘矢四矢也大射曰挾乘矢於弓外見鏃於弣右巨指鉤弦古文挾皆作接疏司射至請射。注司射至作接。釋曰云司射取弓于階西兼挾乘矢者以其司射之弓矢豫陳於西階故司射於堂西袒決遂訖即取弓矢於階西是以下記云司射之弓矢與扑倚于西階之西是也云有司請射者此有司謂司馬故大射云司射自阼階前曰爲政請射注爲政謂司馬司馬政官主射禮諸侯之州長無司馬官直言有司請射以比司馬也云司射主人之吏也者大射諸侯禮有大射正爲長射人次之司射又次之小射正次之皆是士爲之則此大夫士禮不得用士故知是主人之吏爲之可知云於堂西袒決遂者主人無次隱蔽而已者此對大射人君禮有次在東方不須適堂西也云袒左免衣也知袒左者凡事無問吉凶皆袒左是以士喪主人左袒此及大射亦皆袒左不以吉凶相反唯有受刑袒右故覲禮云乃右肉袒于廟門之東注云右肉袒者刑宜施於右是也云決猶闓也以象骨爲之者大射注亦然案繕人云掌王之用弓弩矢箙矰弋決拾鄭注云士喪禮決用正王棘若擇棘則天子用象骨與無正文故引士喪禮又言與以疑之若然諸侯及大夫生用象死用棘大子無問死生皆用象者蓋取其滑也云著右大擘指以鉤弦闓體也知者以右巨指鉤弦故知著於右大擘指也以右臂著極是以大射云朱極三注云以朱韋爲之三者食指將指無名指是也云遂射韝也以韋爲之以遂弦者也者大射注亦云遂射韝也以朱韋爲之著左臂所以遂弦也云其非射時則謂之拾拾斂也所以蔽膚斂衣也者此篇及大射將射云袒決遂射訖則云說決拾於公雖射亦謂之拾故大射云公就物小射正奉決拾以笥大射正執弓皆以從於物彼亦臨時而云拾以公射袒朱襦言拾以見斂衣故變文以見義也云所以蔽膚斂衣也者言蔽膚據士斂衣據大夫已上是以下記大夫與士射袒纁襦燕禮記云君射袒朱襦若對君大夫亦與士同亦蔽膚也云方持弦矢曰挾知者

下記云凡挾矢於二指之閒橫之是言其方可知引大射挾乘矢於弓外見鏃於弣是共方也若側持弓矢則名執故下文云司射猶袒決遂左執弓右執一个兼諸弦面鏃注云側持弓矢曰執面猶尚也幷矢於弦尚其鏃是也云乘矢四矢也者下云司射搢三挾一个又詩云四矢反兮是四矢曰乘凡物四皆曰乘也引大射者欲見挾爲方持弦矢。賓對曰某不能爲二三子許諾言某不能謙也二三子謂衆賓已下疏賓對至許諾。注言某至已下。釋曰二三子謂衆賓以下者謂除三耦之外通射者而言故云謂衆賓以下也若然投壺禮賓固辭乃許者彼因燕而爲之再辭乃許此爲衆習禮不專爲已故一辭即許大射不請者彼爲擇士而射故不須云許直告射節而已此爲衆庶習禮故云爲二三子許諾亦一辭而許也。司射適阼階上東北面告于主人曰請射于賓賓許司射降自西階階前西面命弟子納射器弟子賓黨之年少者也納內也射器弓矢決拾旌中籌楅豐也賓黨東面主人之吏西面疏司射至射器。注弟子至西面。釋曰鄭知弟

子是賓黨之年少者以其賓黨西方東面今以西面命之明是賓黨是以鄭云賓黨東面主人之吏西面也言弟子故知少者知射器弓矢以下者並案下文所陳用者知之也云賓黨東面主人之吏西面者案投壺賓黨及主黨皆爲弟子皆得與投壺者彼燕法主歡心故皆與今此射與鄉人習禮鄉飲酒同上下經文黨皆不與也

乃納射器皆在堂西賓與大夫之弓倚于西序矢在弓下北括衆弓倚于堂西矢在其上上堂西廉矢亦北括疏乃納至其上○注上堂至北括○釋曰云賓與大夫之弓倚于西序矢在弓下北括衆弓倚于堂西矢在其上者以其序在堂上故矢在弓下堂西矢在堂上隨其弓在堂下隨其所宜而已云上堂西廉者以其在堂西故矢在上者還在堂上之廉稜也云矢亦北括者其在堂上西序者北括故知堂下者於上亦北括也

主人之弓矢在東序東亦倚于東序也矢在其下北括疏主人至序東○注亦倚至北括○釋曰上賓大夫弓矢在西序矢在北括此主人弓矢如上也

司射不釋弓矢遂以比三耦於堂西三耦之南北面命上射曰某御於子命下射曰子與某子射比選次其才相近者也古文曰某從於子疏司射至於子○注比選至於子○釋曰言遂以者司正因上階前令弟子納射器不釋弓矢遂比三耦因曰遂故云遂以也云比選次其才相近者也者才雖各自用乃因選其力相近爲宜也

司正爲司馬兼官由便也立司正爲涖酒爾今射司正無事疏司正爲司馬○注兼官至無事○釋曰言兼官者若以諸侯對大夫大夫兼官諸侯具官特以諸侯對天子天子具官諸侯兼官各有所對故云兼官云由便也者使司正爲司馬不煩餘官也案射義云孔子射於矍相之圃射至於司馬使子路執弓矢出延射又使公罔之裘序點揚觶而語但此篇是州長春秋習射法兼士有鄉大夫三年貢士之後以五物詢衆庶射於庠鄉大夫五物詢衆而引孔子射於矍相之事則孔子魯之鄉大夫也以其天子鄉卿大夫爲之諸侯鄉大夫使下大夫爲之是其差也但鄉飲酒之禮二人舉觶爲無筭爵據此篇未旅先射射訖行旅酬酬訖賓始二人舉觶爲無筭爵未射時詢衆庶得使公罔之裘序點二人揚觶者揚觶實在射後一酬訖始行之今孔子詢衆庶之時借取無筭爵時於旅也語故使公罔之裘序點二人揚觶以詢衆庶此篇司射恒執弓矢子路亦執弓矢則子路爲司射也射於矍相時云射至司馬此文又云司正爲司馬則使子路詢衆庶時當此節也

司馬命張侯弟子說束遂繫左下綱事至也今文說皆作稅疏司馬至下綱○注事至也○釋曰上張侯時不繫左下綱中掩束之今弟子說其束不致地遂繫左下綱於植事至故也

司馬又命獲者倚旌于侯中爲當負侯也獲者亦弟子也謂之獲者以事名之疏司馬至侯中○注爲當至名之○釋曰案下記云司馬階前命張侯遂命倚旌以記言之云爲當負侯也者下云司馬命獲者執旌以負侯是也知獲者亦弟子者堂下位主人之黨在東賓弟子在西下云獲者由西方坐取旌倚于侯中言由西方是賓黨弟子可知亦上張侯者也云以事名之者以其唱獲故名獲者也

獲者由西方坐取旌倚于侯中乃退樂正適西方命弟子贊工遷樂

于下當辟射也贊佐也遷徙也弟子相工如初入降自西階阼階下之東南堂前三笴西面北上坐笴矢幹也今文無疏弟子至上坐○注笴矢幹也○釋曰言如初入者亦如上升堂時相者亦在左何瑟面鼓內弦右手相如入外時也云笴矢幹也者案矢人注矢幹長三尺是去堂九尺也

樂正北面立于其南北面鄉堂不與工序也疏樂正至其南○注北面至序也○釋曰云不與工序也者工西面北上以南北爲序樂正北面則東西爲列故云不與工序也

儀禮疏卷第十一

江西督糧道王賡言廣豐縣知縣阿應鱗栞

儀禮注疏卷十一挍勘記　阮元撰盧宣旬摘錄

鄉射禮第五

大射鄉大夫士射　上射字要義俱作判毛本通解作射鄉陳閩要義俱作鄉毛本作卿

鄉射之禮

鄉大夫若在焉　毛本鄉誤作卿

彼爲賓也　浦鏜云賓當已字誤

故須就先生而謀賓介　陳閩要義同毛本生作王○按作生是也

漢時雖無諸侯　要義無諸字

其王之子弟　毛本王誤作上

但六藝中射　毛本通解藝下有之字

於施化民爲綏　浦鏜改於施爲皆於

故云乎以疑也　毛本乎作與也作之

賓禮辭許

乃張侯之等是也　毛本是誤作事

乃席賓南面東上

樂懸及張侯之事也　毛本懸作縣○按懸是俗字

云不言於戶牖之間者　毛本牖作牗下同

衆賓之席

此決鄉飲酒三賓之席　毛本決誤作沃

故各自特　陳閩要義同毛本特作持

尊於賓席之東

則以南面爲正　通解同毛本正作上

縣於洗東北

對大射縣鐘磬鎛具有也　毛本鎛作鏄當作鎛按凡鎛字諸本或誤或否參差不一今不具挍

此言　毛本言下有射字

亦無鎛　鎛陳閩俱作鑮

乃張侯

縜寸焉　通解要義俱作縜盧文弨云周禮釋文縜于貧反或九粉反劉音犬反一音古大反是別本有作絹字者故劉音犬反朱子亦云縜與縜字異音同或是義同之譌毛本於他卷亦作絹○按盧引釋文有脫誤今據元文正之縜乃正字載在說文自當從絹爲是集韻絹獘絹切射侯綱紐則縜之誤爲縜其來久矣

益目驗當時而言　陳本要義同毛本目作考

中人定扼圍九寸也　定浦鏜改作之盧改作之足非也

上下皆出舌一尋者　皆閩本誤作者要義無一字

不繫左下綱

東方謂之右个注云　通解要義同毛本注下無云字

倍躬以爲左右舌舌四丈　要義俱重舌字毛本不重○按重舌字是也

乏參侯道

恐矢至身　要義同毛本通解至下有其字

羹定

猶孰也　徐本通解俱作孰下同毛本作熟按此二字諸本錯出宜從孰後不具按

主人朝服

自此至當楣北面荅再拜　毛本面作而荅作各陳閩監本要義而俱作面要義各作荅

必此戒時元端者　必下要義有以字

鄉朝服而謀賓介是也　要義同毛本介作戒○按作介與鄉飲酒記合

揖衆賓

衆賓卽不爲卑不論有爵無也　毛本卽下無不字無下有爵字

主人以賓揖

故西面待之　陳閩要義同毛本待作侍

主人以賓三揖

禮之常然　要義同毛本常作當要義然作法

燕禮君升二等者　要義同毛本二作一

主人坐取爵於上篚　通解無坐字

主人坐取爵

飲潔敬也　飲徐陳通解俱作致

主人坐奠爵于篚

當西序東面　徐本通解敖氏同毛本面作西

主人坐取爵實之賓席之前　敖氏曰席之當作之席

酒於賓也　毛本通解進下無酒字

注進酒至曰獻　毛本酒作於

而言獻進之也　陳本通解要義同毛本獻進作進獻

賓西階上北面拜

猶少辟也　少釋文作小

注少退猶少辟也　陳閩監本同毛本猶少作至

賓升席自西方

注賓升降由下也　毛本降由作至陳閩監本俱作降由按以上二條毛本欲與監本字位均齊故減字以就之耳

賓以虛爵降

將洗以酢主人　酢釋文要義俱作醋說見後

主人阼階之東南面

注反位至洗進　毛本洗進作進也

主人拜洗　東南面酢主人　酢要義作醋注同魏氏曰賓以虛爵降注將洗以酢主人賓東南面醋主人注醋報經與注以酢爲醋唯此○按如魏氏說則醋字經一見注兩見也釋文云醋主才各反報也劉云與酢同音義此當爲前注作音而不言下同則此節經注釋文仍作醋歟

主人阼階上拜

賓降

亦嚌啐　徐陳通解同毛本嚌作齊

以其將自飲　毛本其誤作兵

賓西階上立○北面　北葛閩監本俱誤作不

賓西階上拜

此射前獻時親酌已　浦鏜改射為辭

主人西南面○衆賓皆荅壹拜　徐本通解要義同敖氏毛本壹作一石經補缺亦誤作一

以其此禮中含卿大夫法　卿要義作鄉

則亦再拜　亦下要義有無字

主人揖

其堂上衆賓無定數　要義同毛本上作下陳閩衆俱作與○按毛本是

衆賓辯有脯醢

不席也　毛本不下有云字

升實觶西階上　實石經補缺葛閩俱作賓

大夫若有遵者

旣與人行射禮　人上浦鏜增鄉字

主人降

故知迎大夫在門內可知　毛本在作於

主人揖讓

降由下　通解同毛本下作上

升不拜洗

謙不以已尊加賢者也　按不下疏有敢字

大夫降洗

主人酌于長賓西階上　毛本酌下有酢字○按酢字當有

賓尸與凡平飲酒禮同　毛本平作甲

大夫降

若在北北　要義同毛本北北作其北○按毛本是也

故云不奪主人之正禮　要義同毛本無主字

工四人

越瑟下孔　毛本孔誤作此

云四人二瑟　要義毛本云下有工字

以隨其先後而取之故也　浦鏜云取疑次字誤

鄉射與大射相對　通解要義同毛本射作飲

但弦居瑟上　弦通解作越

乃合樂

躬行召南之教以成王業　徐本同通解毛本無召南之教四字瞿中溶云燕禮注有此四字此亦宜有

卿大夫士行射禮　閩本要義同毛本卿作鄉

則燕禮與大射　陳閩俱無則燕禮三字

工不興

瞽矇禮略也　矇諸本俱誤作朦疏同唯徐本不誤

言備者　備陳本作葡

樂正告于賓　張爾岐曰監本樂字誤細書混疏文內

唯有合樂於堂上　毛本有誤作付

主人取爵于上篚

自此至反升席　要義同毛本升下有就字

賓降

鄉飲酒亦云賓介　毛本介作降○按毛本是

工不辭洗

辟主人授爵也　辟陳閩監葛俱誤作辭

一人笙之長者也　浦鏜據鄉飲酒注改笙爲工刪者字○按此涉一人拜盡階不升堂受爵注文而誤浦鏜是也

不洗

而著笙不洗者　徐本同毛本通解著作衆

而著笙不洗者　毛本著作衆

反升就席

上賓降時　毛本時誤作詩

作相爲司正

爲有解倦失禮　釋文徐陳通解同毛本解作懈

但中閒爲射繫　陳閩通解俱無繫字

未旅　未徐本作末注同恐誤

禮終恐不得射　終恐誤倒

行旅酬而已　毛本行上有後字要義旅下衍酢字

以其辯尊卑　辯陳本作辨

故再拜訖卽射　盧文弨改拜爲獻

司射適堂西

右巨指鉤弦　右諸本俱誤作南唯徐本與毛本同作右

以其司射之弓矢　要義同毛本司作同

司射之弓矢與扑　扑陳本作朴按此字當从手若从木則爲厚朴字矣諸本有从木者皆誤後放此

小射正奉決之　通解要義同毛本正下有又字

決用正王棘若檡棘　檡諸本俱作擇似誤

者左臂　通解要義同毛本臂作擘○按大射儀注正作臂

小射正奉決拾以笥　陳閩通解要義同毛本奉作舉○按大射儀正作奉

司射適阼階上

籌楅豐也　楅監本誤作福後並同

乃納射器

注上堂至北括　今本俱脫此六字

隨其弓在堂下　監本同毛本下作上陳閩俱無此六字

司射不釋弓矢

因曰遂　浦鏜云因當脫事字

司正爲司馬

天子具官　閩本無天子二字

以其天子卿卿大夫爲之毛本卿字在夫字下。按毛本是

儀禮注疏卷十一校勘記終

奉新余成教校

儀禮疏卷第十二

唐朝散大夫行大學博士弘文館學士臣賈公彦等撰

司射猶挾乘矢以命三耦各與其耦讓取弓矢拾猶有故之辭拾更也疏司射至拾矢。注猶有至更也。釋曰自此盡取扑搢之以反位論司射誘射教三耦射法之事大射有次三耦取弓矢於次注云取弓矢不拾者次中隱蔽處則此無次取弓矢拾者拾更也遞取弓矢見威儀故也云猶有故之辭者前巳云司射兼挾乘矢此云猶是有故之辭云此者欲見司射恒執弓矢未改之意

三耦皆袒決遂有司左執弣右執弦而授弓有司弟子納射器者也凡納射器者皆執以俟事疏三耦至授弓。注有司至俟事。釋曰前有司請射解爲司馬此有司爲弟子者以有事者皆有司故鄭注解上有司請射與大射爲政請射同故解爲司馬此經以納射器使弟子不見出文則弟子執射器入者即使守之以授用者故知有司還是弟子是以鄭云凡納射器者皆執以俟事

遂授矢受於納矢而授之疏遂授矢。注受於至授之。釋曰此授矢者則上文有司授弓者以其弟子執弓矢故授弓訖復授矢是以鄭云受於納矢而授之

三耦皆執弓搢三而挾一个未違俟處也搢插也插於帶右疏三耦至一个。注未違至帶右。釋曰上云三耦俟于堂西又云遂以比三耦於堂西此云三耦皆執弓搢三而挾一个前後皆因前位去。未違俟處下文乃云三耦皆進由司射之西立于其西南東面北上是移本位者也云搢插也插於帶右者以其左手執弓右手抽矢而射故知插於帶右故詩云左旋右抽是也

司射先立于所設中之西南東面三耦皆進由司射之西立于其西南東面北上而俟司射東面立于三耦之北搢三而挾一个爲當誘射也固東面矣復言之者明卻時還疏司射至一箇。注爲當至時還。釋曰云固東面矣復言之者明卻時還者司射先在中西南東面今三耦立定司射卻來向三耦之北東面明司射卻時右還西南東面也

揖進當階北面揖及階揖升堂揖豫則鉤楹內堂則由楹外當左物北面揖鉤楹繞楹而東也序無室可以深也周立四代之學於國而又以有虞氏之庠爲鄉學鄉飲酒義曰主人迎賓於庠門外是也庠之制有堂有室也今言豫者謂州學也讀如成周宣謝災之謝。周禮作序凡屋無室曰謝宜從謝州立謝者下鄉也左物下物也今文豫爲序序乃夏后氏之學亦非也疏揖進至面揖。注鉤楹至非也。釋曰凡行射禮耦耦各相對揖故司射誘射發東面位揖進當西階北面揖及階揖升堂揖訖東行向兩楹閒物須過西楹是以豫則鉤楹內北過以記云序則物當棟物近北故過由楹北也堂則由楹外過而東行以記云堂則物當楣物近南故過由楹南也云當左物者以南面爲正東爲左物北面又揖也云鉤楹繞楹而東也者北而東也云序無室可以深也者據州立序而言云周立四代之學於國者案王制云有虞氏上庠下庠夏后氏東序西序殷人左學右學周人東膠虞庠周立四代者通已爲四代但質家貴右故虞殷大學在西郊小學在國中文家貴左故夏周大學在國中王宮之東小學在西西郊周所立前代學者立虞夏殷三代大學若然則

虞氏上庠則周之小學爲有虞氏之庠制在西郊也立殷之右學則瞽宗周立之亦在西郊立夏后氏之東序則周之東膠立在王宮之東以其改東序爲東膠東膠二代名故云周立四代學文王世子亦論四代學中學樂之事云而又以有虞氏之庠爲鄉學者與周立虞庠同制故引鄉飲酒義爲證鄉立庠之義也云庠之制有堂有室也者則此篇云堂則由楹外又記云堂則物當楣是也論語云由也升堂矣未入於室室堂相將有室必有堂言此者見庠則室堂俱有對榭則有堂無室也云今言豫者謂州學也者周禮地官州長職云春秋以禮會民而射于序是也云讀如成周宣榭災之榭者案宣公十六年經書成周宣榭火彼雖不據學以其無室與爾雅無室曰榭同故引以爲證也云周禮作序者據州長職文云凡屋無室曰榭宜從榭者鄭廣解榭名爾雅云闍謂之臺有木者謂之榭及成周宣謝及此州立謝皆是無室故云凡以該之不得從豫及序故云宜從榭也云州立榭者下鄉也者以其鄉之庠有室有堂州謝則有堂無室故云下鄉也云今文豫爲序序乃夏后氏之學亦非也不從今文者以其虞庠夏序皆是有室州之序則無室故云非言亦者古文爲豫已非今文作夏后氏之序亦非若然禮記學記及州長職并下記皆作序鄭不破之者以鄉立虞庠依虞有室州立夏

序去室猶取序名是以鄭注州長云序州黨之學也故不破之也 及物揖左足履物不方足還視侯中俯正足 方猶併也志在於射左足至右足還併足則是立也南面視侯之中乃俯視併正其足 【疏】及物至正足○注方猶至其足○釋曰云志在於射者解足未正先視侯中之意言左足至者解左足履物也右足還併足則是立也者解經不方足還及正足之言若然云還時兼視侯中也此不言畫物早晚案大射納射器之下即言工人士與梓人升自北階兩楹閒疏數容弓若丹若墨度尺而午此不言者卑者文畧亦當在納射器後即畫之也 不去旌 以其不獲 【疏】不去旌○注以其不獲○釋曰以其旌擬唱獲今以三耦誘射不唱獲故不去旌也 誘射 誘猶教也 將乘矢 將行也行四矢象有事於四方 【疏】將乘矢○注將行至四方○釋曰云象有事於四方者詩云四矢反兮以御亂兮是四矢有事於四方 執弓不挾右執弦 不挾矢盡 【疏】執弓至執弦○注不挾矢盡○釋曰案上文司射將射時云搢三而挾一个又云將乘矢故知矢盡空執弦也 南面揖揖如升射降

出于其位南適堂西改取一个挾之 改更也不射而挾之示有事也今文曰適序西 【疏】南面至挾之○釋曰云出于其位南適堂西者上文司射位設于所設中之西南東面今乃適位南而北適堂西者取教衆耦威儀之法故也云改取一个挾之者此不在西階而在堂西故適堂西即云改取一个也 遂適階西取扑搢之以反位 扑所以撻犯教者書云扑作教刑 【疏】遂適至反位○注扑所至教刑○釋曰引書者舜典文也彼謂教學之刑此爲教射法教雖不同用扑是一故引爲證也 司馬命獲者執旌以負侯 欲令射者見侯與旌深有志於中 【疏】司馬至負侯○注欲令至於中○釋曰自此盡搢扑論三耦爲第一番射法云欲令射者見侯與旌深有志於中者凡射主欲中侯使獲者舉旌唱獲以是豫使見之望深有志於中也 獲者適侯執旌負侯而俟 俟待也今文俟爲立 【疏】獲者至而俟○釋曰俟待也而待者謂待司馬命去侯 司射還當上耦西面作上耦射 還左還也作使也 【疏】

司射至耦射○注還左還也○釋曰知左還者經云還當上耦上耦位在司射之西南東面司射還欲西面與上耦相當故知左還迴身當之取便可知也 司射反位上耦揖進上射在左並行當階北面揖及階揖上射先升三等下射從之中等 中猶閒也 【疏】司射至中等○釋曰云司射反位者反中西南東面位也 上射升堂少左下射升上射揖並行 並併也併東行 【疏】上射至並行○注併東行○釋曰知併行併東行者以其既言升乃言併行故知併東行向物也云少左者言上射先升少左避下射升階也 皆當其物北面揖及物揖皆左足履物還視侯中合足而俟司馬適堂西不決遂袒執弓 不決遂因不射不備 【疏】皆當至執弓○注不決至不備○釋曰皆左足履物者謂先以左足履物東頭合足而俟司馬命去侯云因不射不備此決司射誘射行事袒即決遂執弓挾矢今司馬不射故不備直袒而已也若然大射司馬正不射而袒又復決遂者彼大射志於射故司馬正雖不射袒復決遂以其不爲射仍不挾矢也

出于司射之南升自西階鉤楹由上射之後西南面立于物閒右執簫南揚弓命去侯 鉤楹以當由上射者之後也簫弓末也大射曰左執弣揚猶舉也 【疏】出于至去侯○注鉤楹至舉也○釋曰鉤楹者於西楹西而北東行過由上射之後乃西南面立于物閒者欲取南揚弓向侯便故也右執簫者不可一手揚弓故引大射曰左手執弣左當御手則右執簫者右當覆手也 獲者執旌許諾聲不絕以至于乏坐東面偃旌興而俟 聲不絕不以宮商不絕而已鄉射威儀省偃猶仆也 【疏】獲者至而俟○注聲不至仆也○釋曰云而俟者待射者發矢當坐故下云獲者坐而獲也云鄉射威儀省者決大射云負侯皆許諾以宮趨直西及乏南又諾以商至乏聲止是其唱諾爲宮商是其威儀多此巠者威儀省故也 司馬出于下射之南還其後降自西階

反由司射之南適堂西釋弓襲反位立于司射之南圍下射者明爲二人命去侯疏司馬至之南○注圍下至去侯○釋曰司馬由上射之後立於物間命去侯訖物間南行西向適階降是其順矣今命去侯訖乃圍下射之後繞下射之東南行而適西階去若出物間西行則似直爲上射命去侯是以并下射圍繞之明爲二人命去侯也司射進與司馬交于階前相左由堂下西階之東北面視上射命曰無射獲無獵獲上射揖司射退反位射獲謂矢中人也獵矢從傍疏司射至反位○注射獲至從傍○釋曰云交于階前相左者旣云司射與司馬交于階前相左乃云由堂下西階遶東北面則相左之時在西階之西司馬由北而西行司射由南而東行各以左相迎故云相左也司射旣不升堂不得云司射向北司馬向南而相左也云射獲謂矢中人也者人謂獲者亦以事名云獵矢從傍者謂從之傍也乃射上射旣發挾弓矢而后下射射

拾發以將乘矢古文而后作後非也孝經說然后曰后者後也當從后疏乃射至乘矢○注古文至從后○釋曰引孝經說取孝經緯援神契文彼說孝經云然後能保其社稷之等皆作后后者後也故不從古文後是以云當從后獲者坐而獲射者中則大言獲獲得也射講武田之類是以中爲獲也疏獲者坐而獲○注射者至獲也○釋曰此未釋算故下經云獲而未釋獲鄭云但大言獲未釋其算是也云獲得也射講武田之類是以中爲獲也者詩云舍拔則獲謂射者禽獸爲獲獲則得也戰伐得囚俘亦曰獲射者正鵠亦曰獲但舉旌以宮大言獲也偃旌以商小言獲也舉旌以宮偃旌以商宮爲君商爲臣聲和律呂相生疏注宮爲至相生○釋曰宮爲君商爲臣禮記樂記文宮數八十一數最濁故爲君配中央土商數七十二次君故爲臣配西方金云聲和律呂相生者以其以黃鍾之初九下生林鍾之初六林鍾又上生大蔟之九二初九與九二雖非以次相生大蔟亦由黃鍾所生故云聲和由律呂相生故舉旌以宮偃旌以商不取其餘律呂也獲而未釋獲但大言獲未釋其算卒射皆執弓不挾南面揖

揖如升射不挾亦右執弦如司射上射降三等下射少右從之中等並行上射於左降下疏上射至於左○釋曰此上射下射升與降皆○上射爲先又上射升降皆在左與升射者相左交于階前相揖由司馬之南適堂西釋弓說決拾襲而俟于堂西南面東上三耦卒射亦如之司射去扑倚于西階之西升堂北面告于賓曰三耦卒射去扑乃升不敢佩刑器即尊者之側疏與升至卒射○注去扑至之側○釋曰云不敢佩刑器即尊者之側者此司射將升堂即賓前故去扑於階西乃升是不敢佩刑器即於尊者之側也大射司射去扑倚于階西適阼階下北面告于公曰三耦卒射不升堂亦去扑者國君尊雖堂下亦去扑也賓揖以揖然之疏賓揖○注以揖然之○釋曰大射司射告公三耦卒射不見公揖然之者公尊故也司射降搢扑反

位司馬適堂西疏司馬適堂西○釋曰自此盡加于楅論三耦射訖取矢之事袒執弓由其位南進與司射交于階前相左升自西階鉤楹自右物之後立于物間西南面揖弓命取矢揖推之也疏注揖推之也○釋曰推手曰揖引手曰厭故周禮司儀天揖時揖土揖鄭注皆以推手解之是以推手爲揖但揖弓者向侯而揖之以其命取矢故也揚弓者向之而揚之以其命去侯故也獲者執旌許諾聲不絕以旌負侯而俟侯弟子取矢以旌指教之疏注侯弟至教之○釋曰此即下文弟子取矢委于楅是也司馬出于左物之南還其後降自西階遂適堂前北面立于所設楅之南命弟子設楅楅猶幅也所以承笴矢者疏司馬至設楅○注楅猶至矢者○釋曰云楅猶幅也訓楅爲幅者義取若布帛有邊幅整齊之意故云所以承笴齊矢即下云

委于楅北括又大射云既拾取矢梱之注云梱齊等之是其承笴也乃設楅于中庭南當洗東肆東肆統於賓疏乃設至東肆○注東肆統於賓○釋曰此弟子設楅之時司馬正東面以弓爲畢鄭注云畢所以教助執事者明此亦然云東肆統於賓者然則楅有首尾故下記云楅長如笴博三寸厚寸有半龍首鄭注云兩端爲龍首若然則有首無尾而言西上者應有刻飾記之爲首尾也

司馬由司射之南退釋弓于堂西襲反位弟子取矢北面坐委于楅北括乃退司馬襲進當楅南北面坐左右撫矢而乘之撫拊之也就委矢左右手撫而四四數分之也上既言襲矣復言之者嫌有事即袒也凡事升堂乃袒疏司馬至乘之○注撫拊至乃袒○釋曰云司射之南退釋弓者司馬往堂西釋弓還依三耦所行之處亦取威儀進止之事故曰司射之南也云委矢于楅北括者順射時矢南行故也云撫拊之也者言撫者撫拍之義言拊者取拊近之理故轉從拊也云就委矢

左右手撫而四四數分之也者謂司馬北面就所委矢之南北面以右手撫四矢於東以之手撫四矢於西是四四數而分之也云上既言襲矣復言之者嫌有事即袒也者案上文命弟子設楅退時已襲今復言襲進者嫌有事則袒故重言之也云凡事升堂乃袒者堂下雖有事亦不袒若司射不問堂上堂下有事即袒司馬與司射遞行事恐同故明之也

若矢不備則司馬又袒執弓如初升命曰取矢不索索猶盡也弟子自西方應曰諾乃復求矢加于楅增故曰加鄉獲者許諾至此弟子曰諾事同互相明疏注增故至相明○釋曰上言獲者執旌許諾故曰鄉獲者許諾至此弟子曰諾以其事同互相明也言互者獲者執旌許諾不言弟子許諾則弟子亦許諾此直言弟子自西方應曰諾不言獲者應諾則獲者亦應諾可知以其事同省文故互相明之

司射倚扑于階西升請射于賓如初賓許諾賓主人大夫若皆與射則遂告于賓適阼階上告于主

人主人與賓爲耦言若者或射或否在時欲耳射者繹已之志君子務爲大夫遵者也告賓曰主人御于子告主人曰子與賓射疏司射至爲耦○注言若至賓射○釋曰自此盡比衆耦辯論次番將射比衆耦之事但射禮三而止第一番直司射與三耦誘射不釋筭第二番三耦與衆耦俱射釋筭第三番衆有作樂爲射節云言若者或射或否者以若是不定之辭故知或射或否射者繹已之志者禮記射義文繹謂陳已之志意也云大夫遵者也者上云大夫有遵者是也故與賓主同在任情之限云告賓曰主人御于子告主人曰子與賓射此約下大夫與士射之辭以賓比大夫以主人比士尊賓之義也

遂告于大夫大夫雖衆皆與士爲耦以耦告于大夫曰某御於子大夫皆與士爲耦謙也來觀禮同爵自相與耦則嫌自尊別也大夫爲下射而云御於子尊大夫也士謂衆賓之在下者及羣士來觀禮者也禮一命已下齒於鄉里疏遂告至於子○注大夫至鄉里○釋曰云大夫爲下射而云御於子尊大夫也者上命三耦云命上射曰某御于子命下射曰子與某子射今命大夫云某御于子與士射同者尊大夫也大

夫雖爲下射其辭不與下射同也云士謂衆賓之在下者言衆賓則與賓俱來者也下記云大夫與則公士爲賓鄭注云公士在官之士則衆賓之內亦有士矣與賓俱至則得主人之所命者也其將射而至者非主人之所命直來觀禮者也但是一命已下莫問先後而至皆齒于堂下故鄭摠云士謂衆賓之在下者及羣士來觀禮者也云禮一命以下齒于鄉里者周禮黨正禮十月行正齒位之禮云一命齒于鄉里再命齒于父族三命不齒案鄉飲酒注云此篇無正齒位之禮則鄉射先行鄉飲酒之禮亦無正齒位之法而云一命以下齒于鄉里者鄉飲酒鄉射雖無正齒位之禮士立于下是以一命者在下與鄉里齒是其常法諸侯之士無再命以上若爲公鄉大夫自在尊東爲遵也言士與衆賓之在下者則堂上三賓不與大夫爲耦矣亦皆射故下文云衆賓與射者皆降是也

西階上北面作衆賓射作使司射降搢扑由司馬之南適堂西立比衆耦衆耦大夫耦及衆賓也命大夫之耦曰子與某子射其命衆耦如三耦疏司射至衆耦○注衆耦至三耦○釋曰云衆耦大夫耦及衆賓也者言大夫之耦雖謝堂下之士言衆賓則兼堂上三賓故下云衆賓皆

降云命大夫之耦曰子與某子射此即上文命下射之辭也云其命衆耦如三耦者上命三耦云命上射曰某御於子命下射曰子與某子射是也以其俱是士故命辭同

衆賓將與射者皆降由司馬之南適堂西繼三耦而立東上大夫之耦爲上若有東面者則北上言若有者大夫士來觀禮及衆賓多無數也

疏衆賓至北上○注言若至數也○釋曰言由司馬之南適堂西者上文司馬位在司射之南東面是也云多無數也者以其言若亦是不定之辭故無常數也衆賓若少以南面爲正若多不受則西邊東面北上若然大夫來在尊東爲遵而此言之者鄭總解來觀禮之意不謂大夫輒在此位也

賓主人與大夫皆未降言未降者見其志在射

疏賓主至未降○注言未至在射○釋曰言未降後有降階之理故下云三耦卒射賓主人大夫揖皆由其階降與耦俱升射也言志在射者以其射在於堂上故也

司射乃比衆耦辯衆賓射者降比之耦乃徧

疏司射至耦辯○注衆賓至乃徧○釋曰云衆賓射者降比之耦

乃徧者以上文司射降比衆耦下文乃云衆賓將與射者皆降鄭恐衆賓堂上後降者不比故兼堂上後降亦比乃徧也

遂命三耦拾取矢司射反位反位者俟其袒決遂來

疏遂命至反位○注反位至遂來○釋曰自此盡爲上論拾取矢并衆耦皆就射位之事云反位者俟其袒決遂來者下文云三耦拾取矢進立于司馬之西南是也此司射反位不言先下將欲爲下番射司射堂西命三耦及衆賓皆袒決遂執弓就位司射先反位鄭注云言先三耦及衆賓徧不言先三耦未有拾取矢位無所先以此言之明言先反者對未反位之辭俱有位得言先若一有一無不得言先即此文是以下文注決此也若俱無亦得言先故上云司射比三耦於堂西云司射先立於所設中之西南東面三耦皆進由司射之西立于其西南東面北上而俟是其皆未有位亦得言先

三耦拾取矢皆袒決遂執弓進立于司馬之西南必袒決遂者明將有射事

疏三耦至西南○注必袒至射事○釋曰立于司馬之西南者案上司射位在中西南司馬位在司射南今立于司馬之西南亦東面北上也云必袒決遂者明將有射事者始取未有射事而袒決遂者以其取矢即託有射故豫著之故云將有射事也

司射作上耦取矢作之者還當上耦如作射

疏司射至取矢○注作之至作射○釋曰案上文司射作射之時左還當上耦西面作上耦射今作取矢亦如之故云還當上耦如作射

司射反位上耦揖進當楅北面揖及楅揖當楅楅正南之東西

疏司射至楅揖○注當楅至東西○釋曰此上耦發位東行時一南一北並行及將至楅南下耦在南稍進當前楅南俱北面揖其時上射稍西下射稍東東西相當故云當楅楅正南之東西也

上射東面下射西面上射揖進坐橫弓卻手自弓下取一个兼諸弣順羽且興執弦而左還退反位東面揖橫弓者南踣弓也卻手由弓下取矢者以左手在弓表右手從裏取之便也兼并矢於弣當順羽既又當執弦也順羽者手放而下備不整理也不言毋周在阼非君周可也

疏上射至面揖○注橫弓至可也○釋曰言順羽且興者謂以右手順羽之時則興故云且興也言左還者以左手向外而

西回東面揖者揖下射使取矢也云橫弓者南踣弓也者覆左手以執弓卻右手以取矢便故知不北踣弓也云以左手在弓表者表弓背也覆手以執背故云左手在弓表云右手從裏取之便也者覆手在表執弓右手卻在裏取矢故云便也云不言毋周在阼非君周可也者案大射云左旋毋周反面揖鄭注云左還反其位毋周右還而反東面也君在阼還周則下射將背之此直云左還反位不言毋周明還周可也鄭云下射將背之則上射背左還毋周也

下射進坐橫弓覆手自弓上取一个興其他如上射覆手由弓上取矢者以左手在弓裏右手從表取之亦便

疏下射至上射○注覆手至亦便○釋曰云以左手在弓裏右手從表取之亦便者上射在西云南踣弓此不云踣弓則亦南踣弓知者以其亦用左手執弓覆右手取矢則執弓卻左手可知既仰左手向上執弓而南踣故用右手弓上向下取矢亦便也

既拾取乘矢揖皆左還南面揖皆少進當楅南皆左還北面揖三挾一个楅南鄉當楅之位

疏既拾至一个○注楅南至之位○釋曰云楅南鄉當

楅之位者上云進當楅北面揖今至此位皆還北面也揖皆左還上射於右上射轉居右便其反位也下射左還少南行乃西面【疏】揖皆至於右。注上射至西面。釋曰云上射轉居右便其反位也者此決射時升降上射皆居左彼自堂西不復庭位故也此復庭位故上射轉在右是以鄭云便其反位也云下射左還少南行乃西面者以其初北面時東西相當今西行宜並故下射少南行乃西面取並行故也與進者相左相揖反位相左皆由進者之北【疏】與進至反位。注相左至之北。釋曰云由進者之北者以其進取矢者東行此則西行由進者之北則得相左也三耦拾取矢亦如之後者遂取誘射之矢兼乘矢而取之以授有司于西方而后反位取誘射之矢挾五个弟子逆受於東面位之後【疏】三耦至反位。注取誘至之後。釋曰云三耦拾取矢亦如之者上云三耦之中上耦外而言之云取誘射之矢挾五个者以其前拾取矢皆進三挾一个乃反位此則先取四矢亦搢三挾一个乃并取誘射四矢兼挾之故五个也云弟子逆受於東面位之後者弟子即納射器者因醻主授受於堂西西方今見下耦將司射矢來向位仍西面弟子即往逆受之訖下射乃反東面故云授有司于西方而后反位謂反向東面位是以鄭亦云弟子逆受於東面位之後也衆賓未拾取矢皆袒決遂執弓搢三挾一个由堂西進繼三耦之南而立東面北上大夫之耦爲上未猶不也衆賓不拾者未射無楅上矢也言此者嫌衆賓三耦同倫初時有射者後乃射有拾取矢禮也【疏】衆賓至爲上。注未猶至禮也。釋曰云未猶不也者若言未謂此第一番初時未有拾取矢禮以其第一番雖有三耦射無賓射法不得云未是以轉爲不以其全不拾取矢也云言此者嫌衆賓三耦同倫初時有射者此解經云衆賓不拾之意有此嫌故明之云後乃射有拾取矢禮也者據第三番衆賓乃射自然有楅上拾取矢禮後文見之也司射作射如初一耦揖升如初司馬命去侯獲者許諾司馬降釋弓反位司射猶挾一个去扑與司馬交于階前升請釋獲于賓猶有故之辭司射既誘射恒執弓挾矢以掌射事備尚未知當教之也今三耦卒射衆足以知之矣猶挾之者君子不必也【疏】司射至于賓。注猶有至必也。釋曰自此盡共而俟論第二番射之事案大射第二番射司馬命去侯云如初此司馬命去侯不言如初者此臣禮威儀省司馬初命去侯時獲者許諾聲不絕以至于乏再番三番命去侯獲者直許諾無不絕聲故不言如初大射君禮威儀多故第二番與前同獲者以宫商趨之故言如初於第三番禮殺復不以宫商直許諾又不得言如初云今三耦卒射衆足以知之矣猶挾矢者君子不必也者三耦教射者三耦卒射衆賓足知射禮猶挾矢敎之者君子不必也者案論語孔子云君子無必無固無我以不必即知故仍敎之賓許降搢扑西面立于所設中之東北面命釋獲者設中遂視之視之當教之【疏】賓許至視之。注視之當教之。釋曰云當教之者謂教其釋筭安置左右及數筭告勝負之事亦敎之也釋獲者執鹿中一人執筭以從之鹿中謂射於謝也於庠當兕中【疏】釋獲至從之。注鹿中至兕中。釋曰以州長是士射于榭鄉大夫是大夫爲之射于庠下記云士則鹿中大夫兕中故云鹿中謂射於榭也於庠當兕中也釋獲者坐設中南當楅西當西序東面興受筭坐實八筭于中横委其餘于中西南末興共而俟興還北面受筭反東面實之【疏】釋獲至而俟。注興還至實之。釋日云設中南當楅南北節西當西序東西節云興還北面受筭反東面實之者以其所納射器皆在堂西執中與筭皆從堂西來向西序之南南面執中者既東面坐設訖與還向北面受筭迴向東面實之也司射遂進由堂下北面命曰不貫不釋貫猶中也不中正不釋筭也古文貫作關【疏】司射至不釋。注貫猶至作關。釋曰言不貫者以其以布爲侯故中者貫穿布侯故以中爲貫也是以鄭云貫猶中也中則貫也上射揖司射退反位釋獲者坐取中之八筭改實八筭于中興執而俟執所取筭疏上射至而俟。注執所取筭。釋曰八筭者人四矢一耦八矢雖不知中否要須一矢則一筭改實八筭擬後來者用之乃射若中則釋獲者坐而釋獲每一个釋一筭上射於右下射於左若有餘筭則反委之委餘筭禮尚異也委之合於中西疏乃射至委之。注委餘至中西。釋曰云上射於右下射於左者以釋筭者東面爲正依投壺禮賓黨於右主黨於左是以上射於右賓黨也下射於左主黨也云委餘筭禮尚異也者手中餘筭未知有幾不可盡中所有餘亦得於後釋要委餘於地別取中內八筭者禮尚異故不用餘者云委之合於中西者筭法多少視射人多少不定要橫委其餘於中西手中餘者與之合也又取中之八筭改實八筭于中興執而俟三耦卒射賓主人大夫揖皆由其階降揖主人堂東袒決遂執弓搢三挾一个賓於

堂西亦如之皆由其階階下揖升堂揖主人爲下射皆當其物北面揖及物揖乃射卒南面揖皆由其階階上揖降階揖賓序西主人序東皆釋弓說決拾襲反位升及階揖升堂揖皆就席或言堂或言序亦爲庠謝互言也賓主人射大夫止於堂西疏又取至就席。注或言至堂西。釋曰上云榭則鉤楹內謂射於榭者也堂則由楹外謂射於庠者也此當有鄉大夫射於庠亦有州長射於序故互見其義互言者今袒決遂則言堂東西見在庠在榭亦然釋弓說決拾則言序東序西序則榭也在庠亦然故言互言之周公省文欲兩見之也云大夫止於堂西者上賓主人大夫俱降無堂西之文下云大夫袒決遂就其耦故知此時止於堂西故記云大夫降立于堂西以俟射也大夫袒決遂執弓搢三挾一个由堂西出于司射之西就其耦大夫

爲下射揖進耦少退揖如三耦及階耦先升卒射揖如升射耦先降降階耦少退皆釋弓于堂西襲耦遂止于堂西大夫升就席耦於庭不並行尊大夫也在堂如上射之儀近其事得申疏大夫至就席。注耦於至得申。釋曰言在堂如上射之儀者謂耦先升是如上射身先升法以其近射事故得申也衆賓繼射釋獲皆如初司射所作唯上耦於是言唯上耦者嫌賓主人射亦作之大射三耦卒射司射請于公及賓疏衆賓至上耦。注於是至及賓。釋曰云於是言唯上耦者嫌賓主人射亦作之鄭言此者若二耦射下即言所作唯上耦則賓主人射作之未可知故於衆賓射說乃言此明賓主射不作可知故於此乃言所作唯上耦明除賓主矣故鄭云於是言唯上耦嫌賓主射亦作之引大射者公尊公與賓射不作直請記云賓主人射則司射擯升降是雖不作猶爲擯相之但不請也卒射釋獲者遂以所執餘獲升

自西階盡階不升堂告于賓曰左右卒射降反位坐委餘獲于中西興共而俟司射不告卒射者釋獲者於是有事宜終之也餘獲餘筭也無餘筭則空手耳俟俟數也疏卒射至而俟。注司射至數也。釋曰云宜終之也者決前番射司射告卒射此二番射不告卒使獲者告是宜終之也云餘獲餘筭者一耦不必盡中故有餘筭也云無餘筭則空手耳者或賓主人矢盡中釋八筭故空手告也司馬袒決執弓升命取矢如初獲者許諾以旌負侯如初司馬降釋弓反位弟子委矢如初大夫之矢則兼束之以茅上握焉兼束大夫矢優之是以不拾也束於握上則兼取之順羽便也握謂中央也不束主人矢不可以殊於賓也言大夫之矢則矢有題識也肅慎氏貢楛矢銘其括今文上作尚疏司馬至握焉。注兼束至作尚。釋日自此盡司馬乘矢論取矢之事云束于握上則兼取之順羽便也者握上則兼取之順持之處今

東於握之上取持於中央握之向下順羽便故乘矢總束之也云不束主人矢不可以殊於賓也者主人鄉大夫則是大夫官當束之不敢殊別於賓若主人是州長則士自然不束也肅慎氏者國語文引之者證矢有題識以有題識故束者得知是大夫之矢也司馬乘矢如初司射遂適西階西釋弓去扑襲進由中東立于中南北面視筭釋弓去扑射事已疏司馬至視筭○注釋弓至事已○釋曰凡言遂者因上事司射於上無事而言遂適者以司射與司馬遞行事今以司馬進乘矢司射遂適西階西釋弓去扑也云射事已此始再番射未已而言已者前番不釋獲今據第二釋獲之功成則爲已是以下記云司射釋弓矢視筭與獻釋獲者釋弓矢注云唯此二事休武主文休武者射訖數筭主文者洗爵獻釋獲者是也釋獲者東面于中西坐先數右獲固東面矣復言之者爲其少南就右獲疏釋獲至右獲○注固東至右獲○釋曰釋獲者在中西東面釋筭之時賓黨於右主黨於左今將數筭宜就之是以少南就右獲更東面也二筭爲純純猶全也耦陰陽疏二筭爲純○注純猶至陰陽○釋曰云耦陰陽者陰陽對合故二筭爲耦陰陽也一純以取實于左手十純則縮而委之縮從也於數者東西爲從古文縮皆爲蹙疏注縮從至爲蹙○釋曰凡言從橫者南北爲從東西爲橫今釋筭者東面而言從橫則據數筭東爲正是以東西者爲從南北者爲橫故鄭云於數者東西爲從也𢍰委異之易校數有餘純則橫於下又異之也自近爲下疏有餘至於下○釋曰此則以南北爲橫也一筭爲奇奇則又縮諸純下奇猶虧也又從之興自前適左東面起由中東就左獲少北於故東面鄉之疏注少北至鄉之○釋曰云少北於故故則右筭也又移至左筭之後東面鄉之是以云少北於故坐兼斂筭實于左手一純以委十則異之變於右疏注變於右○釋曰云變於右者右則一一取之於地實于左手此則總斂於右手一一取之於左手委於地是變也必變之者禮以變爲敬也其餘如右獲

謂所縮所橫司射復位釋獲者遂進取賢獲執以升自西階盡階不升堂告于賓賢獲勝黨之筭也齊之而取其餘疏司射至于賓○注賢獲至其餘○釋曰云齊之而取其餘者解經取賢獲以筭爲獲以其唱獲則釋筭故名筭爲獲左右數齊有餘則賢獲故以告也若右勝則曰右賢於左若左勝則曰左賢於右以純數告若有奇者亦曰奇賢猶勝也言賢者射之以中爲儁也假如右勝告曰右賢於左若干純若干奇疏若右至曰奇○注賢猶至干奇○釋曰若干者數不定之辭凡數法一二已上得稱若干奇則一也一外無若干鄭亦言若干者因純有若干奇亦言若干奇言若干者衍字也若左右鈞則左右皆執一筭以告曰左右鈞降復位坐兼斂筭實八筭于中委其餘于中西興共而俟疏若左至而俟○釋曰此將爲第三番射故豫設之或賓或委一如前法也司射適堂西命弟子設豐將飲不勝者設豐所以承其爵也豐形蓋似豆而卑疏司射至設豐○注將飲至而卑○釋曰自此盡徹豐與觶論罰爵之事云設豐所以承其爵也者案燕禮君尊有豐此云承爵豐則兩用之燕禮注豐形似豆卑而大此不言大彼以承尊故言大此承爵不言大或小耳弟子奉豐升設于西楹之西乃降勝者之弟子洗觶升酌南面坐奠于豐上降袒執弓反位勝者之弟子其少者也耦不酌下無能也酌者不授爵畧之也執弓反射位不俟其黨已酌有事疏弟子至反位○注勝者至有事○釋曰知弟子是少者以其執弟子禮使令故知少者也云執弓反射位不待其黨已酌有事者以此弟子由堂西固在射賓中矣黨即衆賓是也案下文三耦及衆射者皆與其耦進立于射位今酌者不待其黨與俱進而先反射位者出已酌酒有事訖其黨未得司射命又無事不得共酌者同就射位故酌者先得反射位也司射遂袒執弓挾一个搢扑北面于

三耦之南命三耦及衆賓勝者皆袒決遂執張弓執張弓言能用之也右手執弦如卒射【疏】司射至張弓○注執張至卒射○釋曰云右手執弦如卒射者上文卒射執弓不挾右執弦矢盡故也此非卒射亦執張弓爲無矢亦右執弦也故注云如卒射不勝者皆襲說決拾卻左手右加弛弓于其上遂以執弣固襲說決拾矣復言之者起勝者也執弛弓言不能用之也兩手執弣又不得執弦【疏】注固襲至執弦○釋曰云固襲說決拾矣者謂前降堂時既襲說決拾矣云起勝者也者謂至此復言不勝者謂以北襲說決拾以不能用也起發勝者袒決遂能用也云兩手執弣又不得執弦者上勝者言執張弓如卒射則左手執弓右手執弦此則云執弣明仰弓於左手之上執弣橫之而不得執弦則宜右手共執弓弣故云兩手執弣又不得執弦也司射先反位居前俟所命來【疏】司射先反位○注居前俟所命來○釋曰云居前俟所命來者以衆射者皆止於堂西未向射位而司射先反位於下文衆耦等乃來就射位是得命即來故云俟所命來也來訖司射乃作之也三耦及衆射者皆與其耦進立于射位北上司射作升飲者如作射一耦進揖如升射及階勝者先升升堂少右先升尊賢也少右辟飲者也亦相飲之位【疏】三耦至少右○注先升至之位○釋曰云少右辟飲者也者以其豐於西楹之西正當西階飲者升少西又當辟豐上之爵故云少右辟飲酒也云亦相飲之位者以其相飲者皆北面於西階授者在東飲者在西故云亦相飲之位不勝者進北面坐取豐上之觶興少退立卒觶進坐奠于豐下興揖立卒觶不祭不拜受罰爵不備禮也右手執觶左手執弓【疏】注右手至執弓○釋曰此無正文以祭禮皆左手執爵用右手以祭故知此亦用左手執弓右手執觶可知也不勝者先降後升先降畧之不由次【疏】注後升至由次○釋曰此對射時升降皆有上射在先今後升先降故云畧之不由次第也與升飲者相左交于階前

相揖出于司馬之南遂適堂西釋弓襲而俟俟復射【疏】注俟復射○釋曰待復射者謂待第三番射也有執爵者主人使贊者代弟子酌也於既升飲而升自西階立于序端【疏】有執爵者○注主人至序端○釋曰以初使勝黨弟子酌酒於豐上以發酌故使弟子今云有執爵者明主人使贊者代弟子酌於豐上以次至終也贊者謂主人之賤不射者此則鄉飲酒云主人之贊者之類也云於既升飲而升自西階立于序端者謂於上耦既飲訖贊者乃升自西階酌訖奠於豐上如下文贊者即立于序端立于序端文出于大射也執爵者坐取觶實之反奠于豐上升飲者如初每者輒酌以至於徧【疏】執爵至如初○注每者至於徧○釋曰云執爵者坐取觶實之者謂初飲訖反奠於豐上贊者取此觶實之反奠于豐上云升飲者如初已下皆如初故鄭云每者輒酌以至於徧也三耦卒飲賓主人大夫不勝則不執弓執爵者取觶降洗升實之以授于席前優尊也受觶以適西階上北面立飲受罰爵者不宜自尊別卒觶授執爵者反就席大夫飲則耦不升以賓主人飲耦在上嫌其升若大夫之耦不勝則亦執弛弓特升飲尊者可以孤無能對衆賓繼飲射爵者辯乃徹豐與觶徹猶除也設豐者反豐於堂西執爵者反觶於篚司馬洗爵升實之以降獻獲者于侯鄉人獲者賤明其主以侯爲功得獻也【疏】司馬至于侯○注鄉人至獻也○釋曰自此盡負侯而俟論司馬獻獲者之節云鄉人獲者賤明其主以侯爲功得獻也者案大射云司馬正洗散遂實爵獻服不服不侯西北三步北面拜受爵注云近其所爲獻彼國君禮使服不士官唱獲故就其所爲唱獲獻之此鄉人獲者賤故獻於侯明以侯爲功得獻也薦脯醢設折俎俎與薦皆三祭皆三祭爲其將祭侯也祭侯三處也【疏】薦脯至三祭○注皆三至處也○釋曰三處者下文

右與左中是也獲者負侯北面拜受爵司馬西面拜送爵負侯負侯中也拜送爵不同面者辟正主也其設薦俎西面錯以南爲上爲受爵予侯薦之於位古文曰再拜受爵疏獲者至送爵○注負侯至受爵○釋曰知負侯中者以下云適右个又適左个後言中明先居中可知云拜送爵不同面者辟正主也者案上文正主獻賓獻衆賓皆北面與受獻者同面今此與受獻不同面故云辟正主也云其設薦俎西面錯以南爲上者獲者據文東面而云西面錯據設人而言以南爲上者特牲少牢東面籩豆皆以南方爲上故知此亦然云受爵於侯薦之於位者此云負侯北面拜受爵是受爵于侯云薦之於位者下云左个之西北三步東面設薦是薦之於位也若然不薦亦在侯者以其酒在人首可得就侯獻獲者薦乃設之於地若與酒俱在侯所則正祭侯何名獻獲也若大射則獻與薦俱在乏乃適侯祭之君禮與此異也獲者執爵使人執其薦與俎從之適右个設薦俎獲者以侯爲功是以獻焉人謂主人贊者上設薦俎者也爲設籩在東豆在西俎當其北也言使設新之疏獲者至薦俎○注獲者至新之○釋曰此

將祭侯也云獲者以侯爲功是以獻焉者以獲者卑賤因侯有功乃得獻今還以得獻之酒獻侯故云是以獻也云人謂主人贊者以其前使爲獲者設薦俎是主人之贊者今還使之設薦俎故知人是主人贊者知籩在東豆在西俎當其北也者以其侯以北面爲正依特牲少牢皆籩在右故知籩在東右廂豆在西左廂可知也云言使設新之者鄭意嫌更使人設之其實薦此者仍前人而云使人設薦俎示新之而已故云言使設也獲者南面坐左執爵祭脯醢執爵興取肺坐祭遂祭酒爲侯祭也亦二手祭酒反注如大射疏獲者至祭酒○注爲侯至大射○釋曰此正祭侯故獲者南面鄉侯祭故鄭云爲侯祭也云亦二手祭酒反注如大射者案大射云獲者左執爵右祭薦俎二手祭酒鄭注云二手祭酒者南面於俎之北當爲侯祭於豆間爵反注爲一手不能正也此薦俎之設如於北面人焉此祭亦然故云如大射也興適左个中皆如之先祭左个後中者以外即之至中若神在中也左个之西北三步東面設薦俎獲者薦右東面立飲不拜既

爵不就乏者明其享侯之餘也立飲薦右近司馬於是司馬北面疏左个至既爵○注不就至北面○釋曰云不就乏者明其享侯之餘也者若就乏則已所當得今不就乏近侯者明享侯之餘云立飲于薦右近司馬者解在薦右之意也知於是司馬北面者此約獻釋獲者司射之位案下文司射獻釋獲者釋獲者薦右東面拜受爵司射北面拜送爵故知此時司馬亦北面也若然釋獲者在司射之西北面立飲此獲者不北面飲者案大射注此鄉受獻之位也不北面者嫌爲侯卒爵此亦然故不北面也司馬受爵奠于篚復位獲者執其薦使人執俎從之辟設于乏南遷設薦俎就乏明己所得禮也言辟之者不使當位辟舉旌偃旌也設于南右之也凡他薦俎皆當其位之前疏司馬至乏南○注遷設至之前○釋曰云遷設薦俎就乏明己所得禮也者前設近侯見享侯之餘此近乏者乏者己所有事之處遷近乏是明其己所得禮故也云設于南右之也者以右取之便也云凡他薦俎皆當其位之前者言凡見廣解薦處謂凡燕及食幷祭祀之薦俎皆當其位之前唯此與大射獲者與釋獲者薦俎辟設不當前也獲者負侯

而俟疏獲者負侯而俟○釋曰獲者既受獻負侯而俟第三番射也司射適階西釋弓矢去扑說決拾襲適洗洗爵升實之以降獻釋獲者于其位少南薦脯醢折俎有祭不當其位辟中疏司射至有祭○注不當其位辟中○釋曰自此盡反位論司射獻釋獲之事此薦脯醢及折俎有肺祭一與獻獲者同但彼三祭此一祭爲異也一祭者亦薦有祭肺俎有祭肺以爲將食而祭故言有祭也云不當其位辟中者以釋獲者位在中西故獻之於其位少南所以辟中也釋獲者薦右東面拜受爵司射北面拜送爵釋獲者就其薦坐左執爵祭脯醢興取肺坐祭遂祭酒興司射之西北面立飲不拜既爵司射受爵奠于篚釋獲者少西辟薦反位辟薦少西之者爲復射妨司射視筭也亦辟俎

疏釋獲至反位○注辟薦至辟俎○釋曰云亦辟俎者上獻獲者訖獲者執其薦使人執俎從之設于乏南此釋獲者受獻訖釋獲者少西辟薦不云辟俎亦辟俎與獲者同可知故云亦辟俎也司射適堂西袒決遂取弓于階西兼挾一个搢扑以反位爲將復射疏司射至反位○注爲將復射○釋曰自此盡反位論將爲下番射作之使拾取矢之事司射去扑倚于階西升請射于賓如初賓許司射降搢扑由司馬之南適堂西命三耦及衆賓皆袒決遂執弓就位位射位也不言射者以當序取矢疏司射至就位○注位射至取矢○釋曰云位射位者知是射者下云各以其耦反於射位故知此是射位在司射之西南東面者也云不言射位者以當序取矢者以此當次序拾取矢射故不言射位也司射先反位言先三耦及衆賓也既命之即反位不俟之也鄉不言先三耦未有拾取矢位無所先疏司射先反位○注言先至所先○釋

曰言先三耦及衆賓也者此下有三耦及衆賓故知先三耦及衆賓也云鄉不言先三耦未有拾取矢位無所先者案前第二番將射命三耦拾取矢司射反位不言先未有位無所先故決之第二番無位者以司射之西南有三耦射位至再番司射反於故位三耦將移於司馬之西南拾取矢之位未往之時未有故位三耦既無故位故司射不得言先故以此決之也凡射大射與鄉射各有三位此鄉射無次有堂西取弓矢袒決遂及比耦之位又有三耦射位在司射位西南又有拾取矢及再番射位是三位大射有次次内有袒決遂取弓矢之位又有堂東次比耦之位又有射位并拾取矢之位是亦有三位但君臣禮異故位事不同也三耦及衆賓皆袒決遂執弓各以其耦進反于射位以猶與也今文以爲與疏三耦至射位○注以猶與也○釋曰訓以爲與者春秋之義能東西之日以若存以字謂言尊卑不同任意以之故轉爲與則平敵之義也司射作拾取矢三耦拾取矢如初反位賓主人大夫降揖如初主人堂東賓堂西皆袒決

遂執弓皆進階前揖南面相俟而揖行也疏司射至前揖○注南面至行也○釋曰言南面者謂賓主各於堂東西南面立相待言揖行者謂各於堂上北面相見而揖揖訖行向楅也及楅揖拾取矢如三耦及楅當楅東西也主人西面賓東面相揖拾取矢不北面揖由便也疏及楅至三耦○注及楅至便也○釋曰云及楅當楅東西也者賓主出堂東西相見揖訖東西行至楅所也云不北面揖由便也者決三耦及衆賓皆於楅南北面揖及楅揖此則無楅南北面揖賓主各由東西便故也卒北面搢三挾一个亦於三耦爲之位疏卒北至一个○注亦於三耦爲之位○釋曰經云搢三挾一个與上三耦取矢訖搢三挾一个同又同處故云亦於三耦爲之位也揖退皆已揖左還各由其塗反位疏揖退○注皆已至反位○釋曰云皆已揖左還各由其塗反位者謂賓主北面揖退之時賓主皆左還相背各向堂塗反堂東西之位知左還者約上三耦也賓堂西主人堂東皆釋弓矢襲及階揖升堂揖就席將袒先言主人將襲先言

賓尊賓也疏賓堂至就席○注將袒至賓也○釋曰袒是盡敬之事襲是脩容之禮故上經將袒先言主人此經襲則先言賓是尊賓故也大夫袒決遂執弓就其耦降袒決遂於堂西就其耦於射位與之拾取矢疏大夫至其耦○注降袒至取矢○釋曰知於堂西者上文賓主人大夫降賓堂西袒決遂又上文大夫射時堂西袒決遂故知也揖皆進如三耦耦東面大夫西面大夫進坐說矢束說矢束者下耦以將拾取疏揖皆至矢束○注說矢至拾取○釋曰大夫西面者爲下射故也興反位而后耦揖進坐兼取乘矢順羽而興反位揖兼取乘矢者尊大夫不敢與之拾也相下相尊君子之所以相接也疏興反至位揖○注兼取至接也○釋曰此大夫與耦取矢蹈弓覆手仰手一如上三耦法其揖退之儀亦如上左還而西也大夫進坐亦兼取乘矢如其耦北面搢三挾一个亦於三耦爲之位揖退耦反位大

夫遂適序西，釋弓矢，襲，升即席。大夫不序於下尊也衆賓繼拾取矢，皆如三耦，以反位。司射猶挾一个以進，作上射如初。一耦揖升如初。進前也鄉言還當上耦西面是言進終始互相明也今文或言作升射

【疏】司射至如初○注進前至升射○釋曰：自此盡退中與筭而俟論第三番用樂射之事。云「鄉言還當上耦西面，是言進終始互相明也」者，上番將射時云「司射還當上耦西面作上耦射」，不言進，明還當上耦時者，進近上耦乃作之；此直「進作射」，不言還當上耦，明進時亦還當上耦而作之，故言終始互相明也。

司馬升，命去侯，獲者許諾。司馬降，釋弓反位。司射與司馬交于階前，去扑，襲，升，請以樂樂于賓。賓許諾。司射降，搢扑，東面命樂正曰：「請以樂樂于賓，賓許。」東西於西階之前也不就樂正命之者傳尊者之命於賤者遥號令之可也樂正亦許諾猶北面不還以賓在堂

【疏】司馬至賓許○注東面至在堂○釋曰：知在西階之前不就樂正命之者，以經云「司射降搢扑」，即言「東面命樂正」，無行進之事，故知西階之前遥命之也。云「樂正亦許諾」，知者，案《大射》云「司射東面命樂正曰：命用樂。樂正曰：諾」，是樂正許諾之事。此不言者，文不具，故言之。云「猶北面不還，以賓在堂」者，此亦無文。樂正位東階東南北面，大師位東北西面，賓在堂南面，樂正猶北面不還西面，是以下文特云「東面命大師」，明此時不西面受命矣。《大射》鄭注彼云「樂正西面受命，左還東面命大師」，與此禮異者，雖無正文，鄭以義言，在阼故也。

司射遂適階間，堂下北面命曰：「不鼓不釋。」不與鼓節相應不釋筭也鄉射之鼓五節歌五終所以將八矢一節之間當拾發四節四拾其一節先以聽也

【疏】司射至不釋○注不與至聽也○釋曰：云「鄉射之鼓五節」者，以鄉大夫士用五節。是以《射人》云「王以騶虞九節，諸侯以貍首七節，卿大夫以采蘋五節，士以采蘩五節」，是卿大夫士同五節。云「歌五終，所以將八矢」者，下《記》云「歌騶虞若采蘋，皆五終」是也。云「一節之間當拾發，四節四拾，其一節先以聽也」者，尊卑樂節雖多少不同，四節以盡乘矢則同，其餘外皆以聽，以知樂終始長短也。王九節者，五節先以聽；諸侯七節者，三節先以聽；卿大夫士五節者，一節先以聽。皆四節拾將乘矢，但尊者先以聽則多，卑者先以聽則少，優至尊，先知審政也。此節亦取侯道之數，故鄭注《射人》云「九節、七節、五節者，奏樂以爲射耦之差，言節者，容侯道之數也」。凡射皆與臣下共爲君與尊者同耦，自然與尊者同節；若不與尊者同耦，則各自用其節，樂當與《射義》同。

上射揖。司射退反位。樂正東面命大師曰：「奏騶虞，間若一。」東面者進還鄉大師也騶虞國風召南之詩篇也射義曰騶虞者樂官備也其詩有一發五豝五豵于嗟騶虞之言樂得賢者衆多歎思至仁之人以充其官此天子之射節也而用之者方有樂賢之志取其宜也其他賓客鄉大夫則歌采蘋閒若一者重節

【疏】上節至若一○注東面至重節○釋曰：云「東面者，進還鄉大師也」者，以其大師西面，樂正北面，明知進身鄉大師乃命之。云「此天子之射節也」者，《周禮·射人》而知。云「取其宜也」者，騶虞喻得賢者多，此鄉射亦樂賢，故云取其宜也。云「其他賓客鄉大夫則歌采蘋」者，采蘋是鄉大夫樂節，其他謂賓射與燕射，若州長他賓客，自奏采蘩。若然，此篇有鄉大夫、州長射法，則同用騶虞，以其同有樂賢之志也。云「閒若一者，重節」者，閒若一，謂五節之閒長短希數皆如一，則是重樂節也。

大師不興，許諾。樂正退反位。乃奏騶虞以射。三耦卒射。賓、主人、大夫、衆賓繼射，釋獲如初。卒射，降。皆應鼓與歌之節乃釋筭降者衆賓

【疏】大師至射降○注皆應至衆賓○釋曰：云「樂正退反位」者，反工南北面位也。云「降者，衆賓」者，次番射時，賓與主人、大夫卒射皆升堂，此降者，衆賓也。

釋獲者執餘獲升，告左右卒射，如初。卒已也今文曰告于賓司馬升，命取矢，獲者許諾。司馬降，釋弓反位。弟子委矢，司馬乘之，皆如初。司射釋弓，視筭，如初。筭獲筭也今文曰視數也釋獲者以賢獲與鈞告，如初。降復位。司射命設豐。設豐、實觶，如初。遂命勝者執張弓，不勝者執弛弓，升飲

如初司射遂袒決遂左執弓右執一个兼諸弦面鏃適堂西以命拾取矢如初側持弦矢曰執面猶尚也弁矢於弦尚其鏃將止變於射也疏釋獲至如初。注側持至射也。釋曰言猶袒者亦是有故之辭以其常袒恐不袒故言猶。以連之也云側持弦矢曰執者對方持弦矢曰挾弁矢於弦尚其鏃將止變於射也者亦是對將射挾矢而言司射反位三耦及賓主人大夫衆賓皆袒決遂拾取矢如初矢不挾兼諸弦弣以退不反位遂授有司于堂西不挾亦謂執之如司射也不以反射位授有司者射禮畢疏司射至堂西。注不挾至禮畢。釋曰云不挾亦謂執之如司射也者執之如司射兼諸弦弣則與司射異以其司射直執一个無三矢兼於弣三耦以下則執一个弁於弦又以三矢弁於弣所以異也辯拾取矢揖皆升就席謂賓大夫及衆賓也相俟堂西進立于西階之前主人以賓揖升大夫及衆賓從升立時少退于大夫三耦及弟子自若留下疏辯拾至就席。注謂賓至留下。釋曰知相俟于堂西者以經言辯拾取矢訖乃言揖皆升就席則知先取矢者皆相待堂西其主人則在堂東徧取矢訖乃揖而升堂就席也云主人以賓揖升大夫及衆賓從升立時少退于大夫三耦及弟子自若留下者衆賓則三賓也皆依上文獻後升及留在下之法司射乃適堂西釋弓去扑說決拾襲反位疏司射至反位。釋曰司射之扑在階西今來去扑於堂西之等以其不復射故也司馬命弟子說侯之左下綱而釋之說解也釋之不復射奄東之疏司馬至釋之。注說解至東之。釋曰上初張侯時云乃張侯下綱不及地武不繫左下綱中掩束之鄭云事未至也又至將射時司馬命張侯弟子說束遂繫左下綱鄭注云事至今言司馬命弟子說侯之左下綱而釋之直言說侯之左下綱而釋之明未全去備復射故鄭下注云諸所退皆俟於堂西備復射也故知此釋之爲三番射畢不復射若有射則行燕射旅酬以後乃爲之故於此時中掩左下綱如初張時也命獲者以旌退命弟子退

福司射命釋獲者退中與筭而俟諸所退皆俟堂西備復射也旌言以者旌恒執也獲者釋獲者亦退其薦俎疏命獲至而俟。注諸所至薦俎。釋曰獲者釋獲者亦退薦俎者上獻時皆有薦俎辟之於右今獲者以旌退釋獲者退中故知亦退薦俎也司馬反爲司正退復觶南而立當監旅酬疏司馬至而立。注當監旅酬。釋曰自此盡司正降復位論射訖行旅酬之事故司馬反爲司正鄭云當監旅酬也樂正命弟子贊工即位弟子相工如其降也升自西階反坐贊工遷樂也降時如初入樂正反自西階東北面疏樂正至反坐。注贊工至北面。釋曰前爲將射遷工于東方西面樂正北面今將旅酬作樂故遷升於堂上也云降時如初入者以經直云如其降也降時威儀不見故取上文降時如初入初入則上工四人已下是也云樂正反自西階東北面者上初升於西階之東樂正立于其西合樂訖工告樂正曰正歌備樂正告于賓乃降立于西階東北面又將射時樂正命弟子贊工遷樂于下弟子相工如初入降自西階東北面近其事知不升者以正樂畢上無告請於賓之事宜與正歌備已後同也賓北面坐取俎西之觶興阼階上北面酬主人主人降席立于賓東賓坐奠觶拜執觶興主人荅拜賓不祭卒觶不拜不洗實之進東南面所不者酬而禮殺也賓立飲疏賓北至南面。注所不至立飲。釋曰賓北面坐取俎西之觶者謂上一人舉觶于賓賓奠于薦西者也云賓立飲者鄉飲酒當此賓酬主人時云賓不祭立飲是也主人阼階上北面拜賓少退少退少逡遁也主人進受觶賓主人之西北面拜送旅酬而同階禮殺也疏注旅酬至殺也。釋曰對獻酬之時賓主各於其階故云同階禮殺也賓揖就席主人以觶適西階上酬大夫大夫降席立于主人之西如賓酬主人之禮其既實觶進西

南面立【疏】賓揖至之禮○注其既至所酬○釋曰云主人鄉所酬以觶適西階上酬大夫者旅酬恒執此觶以相酬故言以知義然者上文命獲者以旌退鄭注云旌言以者旌恒執也是也云其既實觶進西南面立鄉所酬知者以上賓酬主人阼階上實觶進南面則知此主人酬大夫西階上實觶而亦進西面可知也

主人揖就席若無大夫則長受酬亦如之長謂以長幼之次酬衆賓【疏】主人至如之○釋曰云若無大夫者鄉人爲公卿大夫來觀禮者爲遵或有或無不定故云若有大夫先酬之無大夫則酬長以鄉射無介直有三賓以長幼之次受酬此言酬衆賓則三賓也

司正升自西階相旅作受酬者曰某酬某子某者字也某子者氏也稱酬者之字受酬者曰某子旅酬下爲上尊之也春秋傳曰字不若子此言某酬某子者射禮畧於飲酒飲酒言某子受酬以飲酒爲主【疏】司正至某子○注某者至爲主○釋曰云旅酬下爲上尊之也者以旅酬者少長以齒逮下之道前人雖卑其司正命之飲酒呼之稱謂尊於酬者故受酬者爲某子酬他爲某也云春秋傳曰者案莊十年秋九月經書荆敗蔡師于莘以蔡侯獻舞歸公羊傳曰荆者何州名也州不若國國不若氏氏不若人人不若名名不若字字不若子何休云爵最尊也鄭引之者證旅酬下爲上之義酬者稱字受酬者稱子子是尊稱云此言某酬某子者射禮畧於飲酒飲酒言某子受酬以飲酒爲主者此鄉射主於射畧於飲酒故稱酬他者字又稱受酬飲酒者爲子是字不若子飲酒言某子受酬直以飲酒爲主故也

受酬者降席司正退立于西序端東面退立俟後酬者也始升相立階西北面【疏】受酬至東面○注退立至北面○釋曰云始升相立階西北面者鄉飲酒注亦然知者以司正升自西階與西階之酬者立故知始時在西階西北面也

衆受酬者拜興飲皆如賓酬主人之禮辯遂酬在下者皆升受酬于西階上在下謂賓黨也鄉飲酒記曰主人之贊者西面北上不與無筭爵然後與此異於賓【疏】衆受至階上○注在下至於賓○釋曰引鄉飲酒記者欲見賓黨在西主黨在東主黨不與酬之義

卒受者以觶降奠于篚

儀禮疏卷第十二

江西督糧道王賡言廣豐縣知縣阿應鱗栞

儀禮注疏卷十二挍勘記　阮元撰盧宣旬摘録

三耦皆執弓

插也插於帶右　兩插字釋文陳本通解要義俱作捷按今本釋文亦作插唯宋本作捷見張淳士冠禮識誤

前後皆因前位　陳閩通解同毛本因作用

去未違俟處　毛本去作乃

司射先立于所設中之西南

云固東面矣　毛本面誤作西

揖進

而又以有虞氏之庠爲鄉學　徐本通解同敖氏庠作序按敖引鄭注雖作序然其說云序州黨之學堂卽庠也鄭氏以爲鄉學是也是敖氏所見本亦作庠偶誤寫作序耳

讀如成周宣謝災之謝　毛本謝作榭徐本通解要義楊氏同作謝下並同按春秋左氏經作成周宣榭火公羊經作成周宣謝災鄭引公羊經而疏以左氏經釋之非鄭意也且說文無榭字左氏穀梁之作榭不必非後人所改當從言爲正

物須過西楹　陳閩通解要義同毛本西作兩按兩字是

宜從榭者　毛本宜誤作以

及成周宣謝及此州立謝　兩謝字俱从言下州謝則有堂有室同毛本謝作榭按此疏榭字凡十有三毛本依通解槩從木此本從言者三從木者十要義唯故云宜從榭也及州榭則有堂有室兩榭字从言餘俱从木皆不可解當槩从言後放此

南面揖○改取一个挾之　唐石經徐本通解敖氏楊氏同毛本取作作

設于所設中之西南　中上陳閩俱有之字

云改取一个挾之者　取陳閩俱作作按陳閩因經文既誤遂併疏改之惟毛及監本仍作取尚可以證經誤

上射升堂

知併行併東行者　毛本併作並下同按當作並

皆當其物

不射而袒　陳閩同毛本不上有雖字

司射進

獵矢從傍　陸氏曰傍或作旁○按敖氏作旁

在西階之西　陳閩通解同毛本在作左○按在字是

各以左相迎　通解同毛本迎作近

不得云司射向北　毛本云作與陳本誤作六

乃射

古文而后作後非也孝經說然后曰后者後也當從后　徐本如是與此本標目合要義節錄注云古文后作後非通解與毛本同○按依疏當作孝經說說然后曰各本少一說字

注古文至從后　毛本古文作后後

后者後也　者後此本皆作孝經誤據要義與毛本改正

獲者坐而獲

此未釋算　毛本未誤作失

謂射著禽獸爲獲　著通解要義毛本俱作著此本作諸今從各本

舉旌以宮

配中央　毛本配誤作酌

上射降三等

升與降皆　毛本皆作階

司馬出于左物之南

所以承笴矢者　徐本同聶氏通解楊氏毛本笴下俱有齊字朱子曰注脫齊字據疏文補之

是其承笴也　毛本承誤作乘

弟子自西方

歸獲者許諾　陸氏曰歸又作鄉下皆同

遂告于大夫○以耦告于大夫曰　石經徐陳通解楊氏敖氏同毛本告上無以耦二字

則與賓俱來者也　則陳閩俱作射

十月行正齒位之禮　禮要義作事

衆賓將與射者皆降

輒在此位也　閩本無在字

三耦拾取矢

亦東面北上也　毛本面誤作南

以其取矢卽訖有射　毛本矢下無卽字訖下有卽字

上射東面

南踣弓也　踣釋文作⿰弓咅似誤

不言毋周　陸氏曰毋亦作無同

故知不北踣弓也　毛本北誤作比

右手卻在裏取矢　毛本右誤作在按監本右字亦係剜改

下射進坐橫弓

向上執弓而南踣　弓陳閩俱作手

與進者相左相揖反位　揖下唐石經有退字○按錢大昕云宋本亦有之大射云退者與進者相左相揖退釋弓矢于次說決拾襲反位較此文稍詳此處退字亦不可少

三耦拾取矢○而后反位　毛本后誤作後

因留主授受於堂西西方　陳本通解同毛本主作圭

衆賓未拾取矢

謂此第一番初時　初陳閩俱作射

唯有三耦射　毛本唯誤作誰

司射作射如初

衆足以知之矣　徐本通解楊氏同毛本矣作俟陳本作矦按矦卽矣之譌

司馬命去侯　陳閩俱無命字

賓許

及數算告勝負之事　毛本數算誤倒

釋獲者坐

執中者　毛本執上有故字監本故字擠入

又取中之八算

故言互言之要義同毛本作故曰序東西通解作皆互言之也陳閩監本曰字亦俱作言

大夫袒決遂

耦於庭徐本通解楊氏同毛本庭下有下字

衆賓繼射

則司射擯升降通解同毛本擯作賓

司馬袒決

肅慎氏貢楛矢楛釋文作枯云字又作楛

司馬乘矢如初

前番未釋獲未陳閩監本通解俱作不

休武主文毛本主誤作上

射訖數算陳本同毛本通解訖作記

釋獲者

就右獲更東面也上東字毛本通解作東

興自前

故東面鄉之陸氏曰鄉本或作嚮

故則右算也通解同毛本右作又

坐兼斂算○十則異之毛本十誤作實

司射復位

故名算爲獲毛本名誤作明

若右勝

以中爲僞也嚴本同毛本僞作偽

司射適堂西

論罰爵之事要義同毛本罰作二

彼以承尊毛本以誤作此

不勝者皆襲

謂以此襲說決拾謂陳閩俱作請

三耦及衆射者○勝者先升升堂少右徐本楊氏敖氏俱重升字唐石經通解毛本俱不重

與升飲者相左

待復射者謂待第三番射也毛本兩待字俱作俟通解止載下句亦作俟○按上待字當作俟疏標起訖云俟復射下待字正解上俟字也

有執爵者

卽立於序端序要義作席

若大夫之耦不勝

無能對徐本無對字

衆賓繼飲毛本繼誤作既

司馬洗爵

使服不士官唱獲陳本通解同閩監士俱誤作侯毛本作侯

獲者負侯

以下云陳閩通解同毛本以作已○按此以字訓因不可與已字通

獲者南面坐

亦二手祭酒反注　反徐本作及通解楊氏毛本俱作反

右祭薦俎　右當從毛本作又

興適左个中皆如之　唐石經徐本楊氏同通解敖氏毛本皆作亦按敖云謂適左个又適侯中皆如適右个而祭之儀也則敖所見本亦作皆刻集說者誤改爲亦耳

左个之西北三步

若就乏　乏諸本俱作之唯毛本作乏

此約獻釋獲者司射之位　通解同毛本之作乏

司馬受爵

此近乏者　此本與通解此下俱更有乏者二字要義無

司射適階西

此薦脯醢　毛本薦誤作獻

司射去扑

云不言射位者　毛本射下無位字○按毛本是

司射先反位

第二番無位者　陳本要義同毛本二作三

三耦及衆賓

以猶與也　毛本作注以猶至爲與

與反位而后耦揖　毛本后作後

司馬升

逕號令之可也　徐陳通解楊氏同毛本令作命

司射遂適階間

以卿大夫士用五節　陳本要義同毛本用作同

先知審政也　要義同毛本通解政作故

上射揖司射退○樂正東面命大師曰　毛本命字誤在東上

大師不興

次番射時　毛本番誤作審

釋獲者○司射命設豐設豐實觶如初　通解設豐二字不重出按大射設豐不重通解因彼而誤敖氏注大射云當更有設豐二字如鄉射之文

故言猶以連之也　猶諸本俱作有○按作猶是也

司馬命弟子

奄束之　奄諸本俱作奄毛本作掩

樂正命弟子

合樂訖　毛本合誤作令

主人阼階上

少逡遁也　少釋文作小

賓揖就席

鄉所酬　鄉徐陳通解楊氏俱作鄉毛本作嚮

賓觶進南面　毛本南上有東字

而亦進西面可知也　毛本西下有南字

衆受酬者

主人之贊者贊徐本通解要義楊氏敖氏俱作贊毛本作眞

儀禮注疏卷十二挍勘記終

奉新余成教挍

儀禮疏卷第十三

唐朝散大夫行大學博士弘文館學士臣賈公彥等撰

司正降復位【疏】司正降復位○釋曰自此盡唯賓論舉觶於賓與大夫爲無筭爵之事云司正降復位者司正當監旅酬訖故降使二人舉觶于賓與大夫爲無筭爵始也使二人舉觶于賓與大夫二人主人之贊者舉觶者皆洗觶升實之西階上北面皆坐奠觶拜執觶興賓與大夫皆席末荅拜舉觶者皆坐祭遂飲卒觶興坐奠觶拜執觶興賓與大夫皆荅拜舉觶者逆降洗升實觶皆立于西階上北面東上賓與大夫拜舉觶者皆進坐奠于薦右坐奠之不敢授【疏】舉觶至薦右○注坐奠之不敢授○釋曰賓與大夫皆席末荅拜者皆席西南面荅拜云皆進坐奠于薦右者以其將飲者於右故也云坐奠之不敢授者對獻酬時親授主人之贄者卑不敢親授解也賓與大夫辭坐受觶以興辭辭其坐奠觶【疏】賓與至以興○注辭辭其坐奠觶○釋曰必辭者贄者不敢親授賓與大夫不可自尊故辭之不言取而言受者亦是若親受之然舉觶者退反位皆拜送乃降賓與大夫坐反奠于其所興不舉者盛禮已崇古文曰反坐【疏】舉觶至所興○注不舉至反坐○釋曰崇重也凡飲酒禮成於酬前已旅酬所盛禮已重今主人復舉觶爲無筭爵盡歡情客不盡主人歡故且奠之未舉之故不奠薦左若無大夫則唯賓長一人舉觶如燕禮媵爵之爲【疏】若無大夫則唯賓○注長一至之爲○釋曰鄉二人舉觶爲賓與大夫今若無大夫當闕一人故云則唯賓也云長一人舉觶如燕禮媵爵之爲者燕禮初二大夫媵觶至旅酬復使二人君命長媵一爵於君與此同故云如燕禮之爲彼旅酬此爲無筭爵不同但一人是同故引爲證也司正升自西階阼階上受命于主人適西階上北面請坐于賓請坐欲與賓燕盡殷勤也至此盛禮以成酒清肴乾強有力者猶倦焉【疏】司正至于賓○注請坐至倦焉○釋曰自此盡少退北上論請坐徹俎之事云酒清肴乾強有力者猶倦焉者此禮記聘義文案彼云故強有力者將以行禮也酒清人渴而不敢飲也肉乾人飢而不敢食也日莫人倦引之者證此賓須坐之義賓辭以俎俎者肴之貴者也辭之者不敢以燕坐褻貴肴【疏】賓辭以俎○注俎者至貴肴○釋曰俎所盛骨體骨體是肴之貴者故辭之也反命于主人主人曰請徹俎賓許司正降自西階階前命弟子俟徹俎弟子賓黨也俎者主人贊者設之今賓辭之使其黨俟徹順賓意也上言請坐于賓此言主人曰互相備耳【疏】反命至徹俎○注弟子至備耳○釋曰知弟子是賓黨者以其司正降自西階階前命之明賓黨弟子在西階東面也必使賓黨弟子者徹俎是賓請之故鄭云俎者主人贊者設之今賓辭之使其黨俟徹順賓意也云上言請坐于賓此言主人曰互相備耳者凡辭皆司正請于主人主人有命司正乃傳告賓今上文云司正請坐于賓直見司正傳主人辭不見主人曰請坐于賓之辭此經直見主人曰請徹俎不見司正傳主人以告賓是互相備也不言互文而云互相備者凡言互文者各舉一事一事自周是互文此據一邊禮一邊禮不備文相續乃備故云互相備若云糗餌粉餈鄭注云餌言糗餈言粉互相足之類也司正升立于序端賓降席北面主人降席自南方阼階上北面大夫降席席東南面俟弟子升受俎【疏】司正至南面○注俟弟子升受俎○釋曰云俟弟子升受俎者下云司正以俎出授從者注云授賓家從來者也所以厚禮之則此弟子升受俎者案下文據大夫與主人而言若賓俎授司正非弟子也賓取俎還授司正司正以降自西階賓從之降遂立于階西東面司正以俎出授從者授賓家從來者也古者與人飲食必歸其盛者所以厚禮之【疏】注授賓至禮之○釋曰云古者與人飲食必歸

其盛者所以厚禮之者鄉飲酒燕禮大射賓客皆有俎徹歸客之左右俎是肴之貴是歸其盛者公食大夫既食有司卷三牲之俎歸于賓館故摠云古者與人飲食必歸其盛者所以厚禮之也**主人取俎還授弟子弟子受俎降自西階以東主人降自阼階西面立**以東授主人侍者疏主人至面立。注以東至侍者。釋曰云以東授主人侍者。弟子是賓黨非主人之贊者故知徹主人俎還授主人侍者歸入於內也**大夫取俎還授弟子弟子以降自西階遂出授從者大夫從之降立于賓南**凡言還者明取俎各自鄉其席**衆賓皆降立于大夫之南少退北上**從降亦爲將燕疏注從降亦爲將燕。釋曰賓主人大夫有俎從俎而降此三賓無俎亦從大夫而降亦如賓主人大夫將燕故同降同升也**主人以賓揖讓說屨乃升大夫及衆賓皆說屨升坐**說屨者將空坐屨褻賤不宜在堂也說屨則摳衣爲其被地疏主人至升坐。注說屨至被地。釋曰自此盡門外再拜論升坐行無筭爵賓醉送出之事云說屨則摳衣爲其被地者曲禮云摳衣趨隅彼謂升席時引之證說屨低身亦然若不摳衣恐衣被地履之但對文上曰衣下曰裳散文衣裳通此衣即裳也案少儀云排闔說屨於戶內一人而已矣鄭注云雖衆敵猶有所尊也彼尊卑在室則尊者說屨在戶內自餘說屨於戶外若尊卑在堂則亦尊者一人說屨在堂自餘說屨於堂下是以燕禮大射臣皆說屨於階下公不見說屨之文明公舄在堂矣此乃鄉飲酒臣禮賓主人行敵禮故皆說屨於堂下也**乃羞**羞進也所進者狗胾醢也燕設啗其所以案酒疏乃羞。注羞進至案酒。釋曰云所進者狗胾醢也者以其牲用狗故知狗胾醢醢未必狗以其醢豫造乃成非臨時之物故知非狗連言之也**無筭爵使二人舉觶賓與大夫不興取奠觶飲卒觶不拜**二人謂鄉者二人也使之升立于西階上賓與大夫將旅當執觶也卒觶者固不拜矣著之者嫌坐卒爵者拜既爵此坐于席禮既殺不復崇疏無筭至不拜。注二人至復崇。釋曰經賓上有于字者

誤以此二觶仍是前二人所舉者今以二人外者舉發使行無筭爵非新觶以鄭注可知故誤有也若然舉觶上賓下爵爲句也云卒觶者固不拜矣著之者嫌坐卒爵者拜既爵者上正旅酬時賓酬主人賓不祭卒觶不拜不洗今此二人舉觶禮彌殺故云卒觶者固不拜矣嫌坐卒爵者拜既爵者以正獻酬時皆坐卒爵拜既爵嫌此無筭爵飲卒觶亦有拜義故明之云坐于席禮既殺不復崇者此決正行獻酬時在於階下有拜既爵此說屨就席禮既殺不復崇重故無拜爵也**執觶者受觶遂實之賓觶以之主人大夫之觶長受**長衆賓長**而錯皆不拜**錯者實主人之觶以之交賓也實賓長之觶以之交大夫其或多者迭飲於坐而已皆不拜受禮又殺也疏注錯者至殺也○釋曰云其或多者迭飲於坐而已者衆賓之長在賓西者三人大夫則席於賓東若大夫亦三人則與衆賓等得交錯相酬言其或多者若有一大夫則衆賓二人無所酬直二人迭飲而已若大夫四人已上多於三賓自三人之外亦無所酬則亦自相酬迭飲而已云皆不拜受禮殺也者上二人舉觶於賓與大夫皆拜受及飲卒不拜是其殺今衆賓與大夫不拜受觶故言禮又殺也**辯卒受者興以旅在下者于西階上**衆賓之末飲而酬主人之贊者大夫之末飲而酬賓黨亦錯焉不使執觶者酌以其將旅酬不以已尊孤人也其末若皆衆賓則先酬主人之贊者若皆大夫則先酬賓黨而已執觶者酌在上辯降復位疏辯卒至階上○注衆賓至復位○釋曰經云辯謂堂上衆賓已上皆飲訖云卒受者謂最末後飲者云衆賓之末飲而酬主人之贊者大夫之末飲而酬賓黨亦錯焉者此亦若堂上交錯也云不使執觶者酌謂不使二人執觶者酌云以其將旅酬不以己尊孤人也者其堂上皆坐行酒至此立階上旅在下解經與以旅在下者云其末若皆衆賓則先酬主人之贊者謂大夫或少或無則衆賓爲末飲也云若皆大夫者謂大夫多衆賓偏後二解並酬大夫則大夫爲末飲也云執觶者酌在上辯降復位者謂二人舉觶酌堂上衆賓已上辯其堂下自酌相旅二人無事故降復于東階前西面北上位也故鄉飲酒記云主人之贊者西面北上不與無筭爵然後與必知復位者下經云執觶者皆與旅是也**長受酬酬者不拜乃飲卒觶以實之**言酬者不拜者嫌酬堂下異位當拜也古文曰受酬者不拜疏長受至實

之○注言酬至不拜○釋曰謂堂下或賓黨之長或主人贊者之長受堂上酬酬者不拜鄭云酬者不拜者嫌酬堂下異位當拜也者嫌堂下異位堂上酬堂下當拜故明之也受酬者不拜受禮殺進受尊者之酬猶不拜疏受酬者不拜受○注禮殺至不拜○釋曰堂下卑者受堂上尊者酒當拜由禮殺雖尊者之酬猶不拜也辯旅皆不拜主人之贊者於此始旅嫌有拜疏辯旅皆不拜○注主人至有拜○釋曰以鄉飲酒記云主人之贊者不與無筭爵然後與故鄭偏言主人之贊者於此始旅嫌有拜故明之也執觶者皆與旅嫌已飲不復飲也上使之勸人耳非逮下之惠也亦自以齒與於旅也疏執觶者皆與旅○注嫌已至旅也○釋曰此即上文二人舉觶者於西階上已卒觶故鄭云嫌已飲不復飲也卒受者以虛觶降奠于篚執觶者洗升實觶反奠于賓與大夫復奠之者燕以飲酒爲歡醉乃止主人之意也今文無執觶及賓觶大夫之觶皆爲爵賓觶觶爲之疏卒受至大夫○注復奠至爲之○釋曰今文此經云執觶者無此執觶又今文無執觶及賓觶

大夫之觶皆爲爵不從者以其皆在無筭爵之科明不爲爵云實觶觶爲之者亦不從也無筭樂合鄉樂無次數疏無筭樂○注合鄉樂無次數○釋曰知合鄉樂二南者約上正歌時不畧其正已歌鄉樂但上有次第先歌關雎次歌葛覃卷耳次歌鵲巢采蘋采蘩皆三終有次數今無次數在賓主所好也賓興樂正命奏陔陔陔夏其詩亡周禮賓醉而出奏陔夏陔夏者天子諸侯以鍾鼓大夫士鼓而已疏賓興至奏陔○注陔陔至而已○釋曰此賓興即命奏下文賓降乃作樂也云陔陔夏其詩亡者九夏皆詩篇鄭注鍾師云歌之大者載在樂章樂崩亦從而亡云周禮者鍾師云陔夏杜子春云客醉而出奏陔夏雖非正文亦據周禮而言云陔夏者天子諸侯以鍾鼓知者鍾師云以鍾鼓奏九夏是天子法襄公四年穆叔如晉晉侯饗之金奏肆夏之三不拜則陔夏奏用鍾矣大夫士倘有鼓明諸侯亦有鼓故摠云天子諸侯以鍾鼓知大夫士用鼓者此鄉射鄉飲酒皆有鼓故知以鼓奏陔而已也賓降及階陔作賓出衆賓皆出主人送于門外再拜拜送賓于門東西面賓不荅拜禮有終疏賓降至再拜○注拜送至有終

○釋曰知拜送賓于門東西面者此約迎賓時於此拜也云不荅拜禮有終者以行禮有終故不荅也明日賓朝服以拜賜于門外拜賜謝恩惠也疏明日至門外○釋曰自此盡經末論息勞司正之事主人不見如賓服遂從之拜辱于門外乃退不見不褻禮也拜辱謝其自屈辱疏主人至乃退○注不見至屈辱○釋曰不見不褻禮者禮不欲數數則瀆今主人不見恐相褻故不見也主人釋服乃息司正釋服說朝服服玄端也息猶勞也勞司正謂賓之與之飲酒以其昨日尢勞倦也月令曰勞農以休息之疏主人至司正○注釋服至息之○釋曰上文主人如賓服則主人亦朝服矣今言釋服謂釋去朝服朝服之下衣則玄端故知釋服說朝服服玄端也玄端即朝服之下易其裳爲異也月令者彼是十月農功畢勞農以休息之爲息田夫之臘祭引之者證息勞來休息之義也無介勞禮畧貶於飲酒也此已下皆記禮之異者疏無介○注勞禮至異者○釋曰云勞禮畧貶於飲酒也者謂貶於鄉飲酒鄉飲酒禮有介此上司正飲酒及此勞禮皆無介是貶於鄉飲酒也云此

以下皆記禮之異者謂息司正之禮與上飲酒禮異之事也不殺無俎故也疏不殺○注無俎故也○釋曰下文云無俎無俎故不殺殺即有俎也使人速速召賓疏使人速○注速召賓○釋曰若公食使人召之還司正爲擯也迎于門外不拜入升不拜至不拜洗薦脯醢無俎賓酢主人主人不崇酒不拜衆賓旣獻衆賓一人舉觶遂無筭爵言遂者明其閒闕也賓坐奠觶于其所擯者遂受命于主人請坐于賓賓降說屨升坐矣不言遂請坐者請坐主於無筭爵疏迎于至筭爵○注言遂至筭爵○釋曰云言遂者明其閒闕也者閒闕謂闕一人舉觶下有工升歌立司正旅酬及二人舉觶及徹俎之事以其闕此數事故云遂無筭爵也云賓坐奠觶于其所擯者遂受命于主人請坐于賓賓降說屨升坐矣此並依正飲酒禮不言遂請坐者請坐主於無筭爵者以其請坐主於無筭爵今言無筭爵自然請坐可知故不須言請坐于賓也無司正使擯者而已不立之疏無司正○注使擯至立之○釋曰不立司正亦是與

飲酒禮異

賓不與昨日至尊不可褻也古文與作豫疏賓不與○注昨日至作豫○釋曰賓者主人所尊敬不可復召之復召之亦是褻瀆也

徵唯所欲徵召也謂所欲請呼疏徵唯所欲○注徵召至請呼○釋曰須止則止須召則召在主人之意故云所欲請呼也

以告於鄉先生君子可也告請也鄉先生鄉大夫致仕者也君子有大德行不仕者疏以告至可也○注告請至仕者○釋曰云鄉大夫致仕者也者此即鄉飲酒注云先生謂老人教學者云君子有大德行不仕者大德行謂六德六行可貢而不仕者此即居士鎬帶亦曰處士

羞唯所有用時見物疏羞唯所有○注用時見物○釋曰謂昨日所有之餘見物

鄉樂唯欲不歌雅頌取周召之詩在所好疏鄉樂唯欲○注不歌至所好○釋曰此即與上無筭樂同而云不歌雅頌者以其上飲酒主於射畧於樂不用小雅此非鄉射而亦不歌雅頌者亦不可過于正飲酒禮故云周召之詩在所好也

記大夫與則公士爲賓不敢使鄉人加尊於大夫也公士在官之士鄉賓主用處士疏記大至爲賓○注不敢至處士○釋曰據此鄉射使處士無爵命者爲賓故有大夫來不以鄉人加尊於大夫故易去之使公士爲賓若然鄉飲酒貢士法賢者爲賓其次爲介又其次爲衆賓有大夫來不易去之以其賓擬貢故也云鄉賓主用處士即君子者也

使能不宿戒能者敬於事不待宿戒而習之疏使能不宿戒○注能者至習之○釋曰解上賓用處士云能者敬於事者孝經云參不敏鄭云敏猶達也則此通達於事

其牲狗也狗取擇人疏其牲狗也○注狗取擇人○釋曰鄉飲酒鄉射義取擇賢士爲賓天子已下燕亦用狗亦取擇人可與燕者

亨于堂東北鄉飲酒義曰俎陽氣之所發也疏亨于堂東北○注鄉飲至發也○釋曰陽氣起於東北而盛於南方亨狗于東北飲酒是陽故法之

尊綌冪賓至徹之以綌爲冪取其堅絜疏尊綌冪賓至徹之○注以綌至堅絜○釋曰凡冪者皆爲塵埃加故設之但用冪不用冪不同者凡用醴者皆不見用冪質故也即士冠禮子昏禮禮賓贄禮婦聘禮禮賓此等用醴皆無冪是也醮無酒亦用冪者從禮子質也或以尊厭卑亦無冪燕禮君尊有冪方圜壺則無冪昏禮尊於室內有冪尊於房戶外爲陵御賤故無冪鄉飲酒鄉射有冪者無所厭故也若祭祀之冪冪人云以疏布冪八尊鄭云天地之神尚質以畫布冪六彝鄭云宗廟可以文凡王巾皆黼注云周尚武其用文德則黻可諸侯無文或與王同其喪中之冪皆用疏布士喪禮小斂用功布大斂亦同士虞用絺冪與吉同大夫亦當然也云賓至徹之者巾冪必布執冪賓未至恐塵加賓至徹去不復用以其鄉射飲酒不見更用之文故也燕禮君命徹冪則未命之前重用之者君尊久設恐塵故重覆之

蒲筵緇布純筵席也純緣疏蒲筵緇布純○注筵席也純緣○釋曰鄉大夫州長與鄉人習禮雖有公卿之尊無加席唯一種故記人記之云筵席者鄭注周禮序官云鋪陳曰筵藉之曰席然其言之筵席通但在地者爲筵取鋪陳之義在上曰席取相承藉之義耳

西序之席北上衆賓統於賓疏西序之席北上○注衆賓統於賓○釋曰衆賓之席。繼賓已西南面東上今云西序之席北上者謂衆賓有東面者則北上此東面非常故記之也若然此鄉射上設席雖不言衆賓之數上文云三拜衆賓鄭云三拜示徧也則衆賓亦三人矣而復有東面者若公卿大夫多尊東不受則於尊西賓近於西則三賓東面北上統於賓也

獻用爵其他用觶爵尊不可褻也

以爵拜者不徒作以爵拜謂拜既爵徒猶空也作起也不空起言起必酢主人

薦脯用籩五膱祭半膱橫于上醢以豆出自東房膱長尺二寸脯用籩籩宜乾物也醢以豆豆宜濡物也膱猶脡也爲記者異耳祭橫于上殊之也於人爲縮膱廣狹未聞也古文膱爲胾今文或作植疏薦脯至二寸○注脯用至作植○釋曰云豆宜濡物也者案王制云一爲乾豆鄭云謂腊之以爲祭祀豆實與此違者以其豆實則醢也鄭注周。醢人云作醢及醬者必先膊乾其肉乃後細莝之雜以粱麴及鹽漬以美酒塗置甀中百日則成矣是乾以爲豆實醢是也云膱猶脡也爲記者異耳者鄉飲酒記云脯五脡此云五膱膱與脡不同非訓之是記者異名不同非別有義故鄭云膱猶脡也云於人爲縮者脯法於人爲縮者鄉飲酒記引曲禮云以脯脩置者左朐右末鄭注曲禮云屈中曰朐取左手案之右手擘之便故於人爲縮橫祭半膱橫上於脯爲橫於人則爲縱也

俎由東壁自西階升狗既亨載于東方疏俎由至階升○注狗既至東方○釋曰云狗既亨載于東方者上云亨于堂東北今云俎由東壁者亨在

東北實俎曰載載則於東方東方則東壁故云俎由東壁也云自西階升者既由東壁恐如祭饌由東階升故記人明之若祭饌則東階升特牲少牢是也尊神故由阼階升

賓俎脊脅肩肺主人俎脊脅臂肺肺皆離皆右體也進腠以骨名肉貴骨也賓俎用肩主人用臂尊賓也離猶捘也腠膚理也進理謂前其本右體周所貴也若有尊者則俎其餘體也

疏賓俎至進腠○注以骨至體也○釋曰云以骨名肉者骨爲本有名肉爲末無名所食即肉故以骨名肉必知骨有肉者特牲乃食舉注云舉言食者明凡解體皆連肉是有肉也云賓俎用肩主人用臂尊賓也者此據前三體而言以其體有肩臂臑禮記祭統云周人貴肩爲其顯故賓用肩尊賓也云離猶捘也者案禮記少儀云牛羊之肺離而不提心鄭云提猶絕也刲離之不絕中央少者中央少者即是心也此將食舉肺也云進理謂前其本者此與公食同生人食法少牢進下者是鬼神食法云右體周所貴也者對左殷所貴云若有尊者則俎其餘體也者前有三肩臂臑以次用之賓主已用肩臂有一大夫則用臑二大夫則取後體用膊若有三大夫已上則用胳其脊脅與賓主同故下文云獲者之俎折脊脅肺臑注云臑若膊胳殽折之以爲大夫之餘體是也

凡舉爵三作而不徒爵謂獻賓獻大夫獻工皆有薦

疏注謂獻至有薦○釋曰知此三人者以其言三作故知唯此三人而已

凡奠者於左不飲不欲其妨

疏凡奠者於左○釋曰謂若酬賓奠於右賓奠之於左

將舉者於右便其舉也

疏將舉者於右○釋曰謂若酬一人二人舉奠之於薦右後舉之者也

衆賓之長一人辭洗如賓禮尊之於其黨

疏衆賓至賓禮○注尊之於其黨○釋曰此獻三賓之時主人唯爲長者一人洗爵如經文恐已後更洗故記人明之也

若有諸公則如賓禮大夫如介禮無諸公則大夫如賓禮尊卑之差諸公大國之孤也

樂作大夫不入後樂賢也

樂正與立者齒謂其飲之次也尊樂正同於賓黨鄉飲酒記曰與立者皆薦以齒

三笙一和而成聲三人吹笙一人吹和凡四人也爾雅曰笙小者謂之和

疏三笙至成聲○注三人至之和○釋曰云爾雅曰笙小者謂之和者案爾雅釋樂云大笙謂之巢孫氏注云巢高大又云小者謂之和注云和小笙是也

獻工與笙取爵于上篚既獻奠于下篚其笙則獻諸西階上奠爵于下篚不復用也今文無與笙

疏獻工至階上○注奠爵至與笙○釋曰云奠爵于下篚不復用也者謂堂上不復用無妨堂下更入用之知者獻獲及釋獲者皆取而獻之是也大射獻服不氏用散不用爵者彼君禮與此異也

立者東面北上賓黨

疏立者東面北上○注賓黨○釋曰此謂一命及不命來觀禮者與堂下衆賓齒東面北上而立

司正既舉觶而薦諸其位薦於觶南

疏司正至其位○注薦於觶南○釋曰知薦於觶南不薦於觶北者以司正觶南北面立若薦觶北與觶相隔非位前故知觶南位北也

三耦者使弟子司射前戒之弟子賓黨之少者也前戒謂先射請戒之

疏三耦至戒之○注弟子至戒之○釋曰云使弟子司射前戒之者謂請射之前戒之以其經云三耦俟於堂西故鄭云前戒謂先射請戒之也

司射之弓矢與扑倚于西階之西便其事也

疏司射至之西○注便其事也○釋曰此矢謂挾一个者初司射適堂西袒決遂取弓矢于階西兼挾一矢則誘射之弓矢亦在階西矣若然誘射訖適堂西改取一个挾之遂適階西取扑此一个實在堂西至視筭之時於西階西釋弓矢去扑獻釋獲者此亦在西階西故鄭云便其事也

司射既袒決遂而升司馬階前命張侯遂命倚旌著並行也古文曰遂命獲者倚旌

疏司射至倚旌○注著並至倚旌○釋曰云著並行者謂司射與司馬有不並行事時案上文將射適堂西袒決遂取弓矢於西階上北面告賓曰弓矢既具有司請射其時司馬即階前令倚旌此皆同時故鄭云著並行事如上經納射器及比三耦以前司射獨行事後及司正爲司馬與司射並行事故記人記之也

凡侯天子熊侯白質諸侯麋侯赤質大夫布侯畫以虎豹士布侯畫以鹿豕此所謂獸侯也燕射則張之鄉射及賓射當張采侯二正而記此者天子諸侯之燕射各以其鄉射之禮而張此侯由是

云焉曰質赤質皆謂采其地其地不采者白布也熊麋虎豹鹿豕皆正面畫其頭象於正鵠之處耳君畫一臣畫二陽奇陰偶之數也燕射射熊虎豹不忘上下相犯射麋鹿豕志在君臣相養也其畫之皆毛物之 〔疏〕凢侯至鹿豕○注此所至物之○釋曰云此所謂獸侯也者周禮梓人云張獸侯以息燕注云息者休農息老物也燕謂勞使臣若與羣臣飲酒而射是也云燕射則張之者燕禮大射正爲司射如鄉射之禮是諸侯燕用鄉射之禮故云燕射則張之也天子雖無文據記天子燕射記明天子燕射亦用鄉射之法也云鄉射及賓射當張采侯二正者案周禮射人掌賓射大夫士同二正是賓射二正鄉射無文知亦采侯二正者周禮賓射與賓客爲射此鄉射雖與鄉人習禮亦如賓主行射禮又非私相燕勞故約與賓射同也言采侯者梓人云張五采之侯則遠國屬是賓射之侯故云采侯也云而記此者天子諸侯之燕射各以其鄉射之禮者以天子自用鄉射之禮諸侯自用鄉射之禮大夫士亦各隨其君用鄉射之禮也用鄉射之禮謂張侯道五十步及三耦一與鄉射同云張此侯則經獸侯是也云由是云焉者謂由是用鄉射法故云獸侯於此鄉記也云白質赤質皆謂采其地者案周禮掌蜃云共白盛之蜃則此以蜃灰塗之使白爲地赤質者亦以赤塗之使赤爲

地云不采者白布也者謂大夫士直云布侯者也云熊麋虎豹鹿豕皆正面畫其頭者知皆畫首者以其言貍首者射不來者之首明此獸侯等亦正面畫其頭也云象於正鵠之處耳者案梓人云參分其廣而鵠居一焉據大射之侯若賓射之侯則三分其侯正居一焉若燕射之侯則獸居一焉故云象其正鵠之處耳云君畫一臣畫二陽奇陰偶之數也者禮記郊特牲云君之南鄉荅陽之義也臣之北面荅君也是君陽臣陰又天一生水地二生火是一二陰陽之數故云君一臣二陽奇陰偶之數也云燕射射熊虎豹不忘上下相犯者三者皆猛獸不苟相下若君臣之道亦獻可者替否者不苟相從楓當犯顏而諫似獸等故用之云射麋鹿豕志在君臣相養也者案內則云麋鹿豕皆有軒並是可食之物故云相養也云其畫之皆毛物之者此無正文但書五三三正之侯各以其色明畫獸侯亦以毛物畫之可知也

凡畫者丹質賓射之侯燕射之侯皆畫雲氣於側以爲飾必先以丹采其地丹淺於赤 〔疏〕凡畫者質丹○注賓射至於赤○釋曰云賓射之侯燕射之侯者此鄉射以采侯二正是賓射之侯也此獸侯也又是燕射之侯故鄭並言之云皆畫雲氣於側以爲飾者鄭解經凡言畫者皆畫雲氣故以雲氣解之也蓋象雲色若賓射之侯天子九十步侯朱白蒼黃玄五正者還畫此五色雲氣於其側七十步侯朱白蒼三正者還畫此三色雲氣於其側五十步侯朱綠一正者還畫此二色雲氣於其側以爲飾也云必先以丹采其地者欲畫此五色二色雲氣時必先用丹采此地乃於其上畫雲氣也天子侯九十步之內更有七十五十步侯畿內諸侯七十步侯內更有五十步侯畿外諸侯者之九十步侯之內更有七十五十步侯其畫之采皆如其數也以侯數非一尊卑又不同故云凡以廣之言凡畫雲氣以丹爲質地者也云丹淺於赤者案月令云乘朱路駕赤駵載赤旂衣朱衣朱與赤互言之即爲一物又案冬官鍾氏云以朱湛丹秫四入爲朱色深而湛丹秫故知丹淺於赤鄭言此者欲見以丹爲地丹上得見赤色雲之義故言此也

射自楹閒物長如笴其閒容弓距隨長武自楹閒者謂射於序也楹閒中央東西之節也物謂射時所立處也謂之物者物猶事也君子所有事也長如笴者謂從畫之長短也笴矢幹也長三尺與跬相應射者進退之節也閒容弓者上下射相去六尺也距隨者物橫畫也始前足至東頭距後足來合而南面爲隨武跡也尺二寸 〔疏〕射自至長武○注自楹至二寸○釋曰云自楹閒者謂射於庠也知者以其言楹閒則是庠則

物當楣故知非射於序者也云楹閒中央東西節也者以其楹閒北面無限東楹西楹相當故知東西之節也云長如笴者謂從畫之長短也者其下有距隨爲橫此言物長又是從迹之稱故知南北之長短也云笴矢幹也長三尺者以矢人職得知也云與跬相應者禮記祭義云故君子跬步而弗忘孝也一舉足謂之跬再舉足謂之步步射者履物不過一跬故知以三尺爲限也云距隨者物橫畫也始前足至東頭爲距後足來合而南面爲隨者謂上射下射並足處皆然言長武武跡也中人之跡尺二寸謂橫尺二寸也

序則物當棟堂則物當楣是制五架之屋也正中曰棟次曰楣前曰庪 〔疏〕序則至當楣○注是制至曰庪○釋曰云是制五架之屋也者庠序皆然但有室無室爲異

命負侯者由其位於賤者禮畧 〔疏〕命負至其位○釋曰其位者正據司馬自在己位遙命之遙命者由負侯者賤畧之故也對司射比耦則就其位經無司馬命負侯之位故記之也

凡適堂西皆出入于司馬之南唯賓與大夫降階遂西取弓矢尊者宜逸由便也**旌各以其物**

旌總名也雜帛爲物大夫士之所建也言各者鄉射或於庠或於謝【疏】旌各以其物。注旌揔至於謝。釋曰云旌揔名也者以周禮司常云九旗對文通帛爲旜雜帛爲物全羽爲旞析羽爲旌各別今名物爲旌者散文通故云旌揔名也云雜帛爲物大夫士之所建也者司常文通帛者通體並是絳帛周所尚赤也雜帛者中絳緣邊白也白殷之正色故鄭彼注云言先王正道佐職也云各者鄉射或於庠或於謝者諸侯鄉大夫是大夫詢衆庶射於庠射於謝於序是諸侯州長是士春秋習射于謝大夫士同建物而云各者雖同建物仞則大夫五仞士三仞不同故云各也

無物則以白羽與朱羽糅杠長三仞以鴻脰韜上二尋（無物者謂小國之州長也其鄉大夫一命其州長士不命不命者無物此翿旌也翿亦所以進退衆者糅雜也杠橦也七尺曰仞鴻鳥之長脰者也八尺曰尋今文糅爲縚韜爲翿）【疏】無物至二尋。注無物至爲翿。釋曰云無物者謂小國之州長也者案典命子男之卿再命大夫一命士不命大夫一命得建物士不命則無物是以不得與上各以其物同別爲此旌云此翿旌也者據下文士鹿中翿旌也下云君國中射則皮樹中以翿旌獲此不命士與國君同者士卑不嫌命士以上尊卑自異也云翿亦所以進退衆者此非直用之於獲案喪大記君葬時執翿居前詔傾虧亦所以進退衆人也云七尺曰仞者無正文鄭案書傳云雉長三丈高一丈則牆高一丈禮記祭義云築宮仞有三尺牆高一丈云仞有三尺除三尺之外只有七尺故知七尺曰仞也王肅則依小爾雅四尺曰仞孔君則八尺曰仞所見不同也云鴻鳥之長脰者也者脰則項也云八尺曰尋者亦無正文冬官云車有六等之數云殳長尋有四尺長丈二而云尋有四尺除四尺則尋長八尺矣

凡挾矢於二指之閒橫之（二指謂左右手之第二指此以食指將指挾之）【疏】凡挾至橫之。注二指至挾之。釋曰云二指謂左右手之第二指知左右手皆挾之者以云二指之閒橫之則知左右手也云此以食指將指挾之者以左擘指拓弓右擘指鉤弦故知挾矢以第二第三指閒第二指爲食指左傳云子公之食指動是也第三指爲將指左傳云吳王闔閭傷於將指是也故云食指將指之閒挾之知不在無名指閒者以無名指短與將指不相應故知不見也

司射在司馬之北【疏】司射在司馬之北。釋曰經不明言司射與司馬南北相當故明之也

司馬無事不執弓（以不主射故也）

始射獲而未釋獲復釋獲復用樂行之（君子取人以漸）【疏】始射至行之。釋曰始射獲而未釋獲據三耦射時云復釋獲者據第二番射時復用樂行之據第三番射時

上射於右（於右物射）

楅長如笴博三寸厚寸有半龍首其中蛇交韋當（博廣也兩端爲龍首中央爲蛇身相交也蛇龍君子之類也交者象君子取矢於楅上也直心背之衣曰當以丹韋爲之司馬左右撫矢而乘之分委於當）【疏】楅長至韋當。注博廣至於當。釋曰云蛇龍君子之類也者易云龍戰于野其血玄黃鄭注云聖人喻龍君子喻蛇是蛇龍揔爲君子之類也云直心背之衣曰當者直通身之言其楅兩頭爲龍首於背上通身著當言當心中央也知丹韋爲之者周尚赤上云凡畫者丹質又周禮九旗之帛皆用絳故知此當亦以丹韋爲之云司馬左右撫矢而乘之分委於當者若未分時揔在於當今則四四在一邊不謂分訖乃至於兩當也

楅髤橫而奉之南面坐而奠之南北當洗（髤赤黑漆也）【疏】楅髤至當洗。注髤赤黑漆也。釋曰云南面坐而奠之者取向弟子持矢北面故南面奠之云南北當洗者恐南北不知遠近故記言南北當洗南北節也

射者有過則撻之（過謂矢揚中人凡射時矢中人當刑之今鄉會衆賢以禮樂勸民而射者中人本意在侯去傷害之心遠是以輕之以扑撻於中庭而已書曰扑作教刑）【疏】射者至撻之。注過謂至教刑。釋曰云是以輕之以扑撻於中庭而已引書者謂尚書堯典之文彼據教學故彼注云不勤道業則撻之引之者於射時司射搢扑亦是教射法故引證撻犯禮之過者是以尚書亦云侯以明之撻以記之是也

衆賓不與射者不降（不以無事亂有事古文與爲豫）【疏】衆賓至不降。注不以至爲豫。釋曰鄉射不得與射者雖誓僅有存焉三賓已上容其有文無武者許其不射故記者言之也

取誘射之矢者既拾取矢而后兼誘射之乘矢而取之（謂反位已禮成乃更進取之不相因也）【疏】取誘至取之。注謂反至因也。釋曰云不相因者既自拾取已之乘矢反位東西望訖上射乃更向前兼取誘射之矢禮以變爲敬故不相因

賓主人

射則司射擯升降卒射即席而反位卒事擯賓主入升降者皆尊之也不使司馬擯其升降主於射（疏）賓主至卒事○注擯賓至於射○釋曰云不使司馬擯其升降主於射者必以司射決之者以司馬本是司正不主射事司射主射事故使司射也

鹿中髹前足跪鑿背容八筭釋獲者奉之先首前足跪者象教擾之獸受負也（疏）注前足至負也○釋曰服不氏教擾猛獸猛獸不堪受負其有合負物者教擾則屈前足以受負若今驢受負則四足俱屈之類也

大夫降立于堂西以俟射尊大夫不使久列於射位（疏）大夫至俟射○注尊大至射位○釋曰謂主人大夫降時賓主先射大夫則立于堂西其耦在司馬之西射位大夫且立於堂西射至乃取其耦共升射

大夫與士射袒薰襦不肉袒殊於耦

耦少退于物下大夫也既發則然

司射釋弓矢視筭與獻釋獲者釋弓矢唯此二事休武主文釋弓矢耳然則擯升降不釋（疏）司射至弓矢○注唯此至不釋○釋曰此二者經文自具記之者以唯此二事釋欲顯出賓主升降時不釋故言之是以鄭云然則擯升降不釋也

禮射不主皮主皮之射者勝者又射不勝者降禮射謂以禮樂射也大射賓射燕射是矣不主皮者貴其容體比於禮其節比於樂不待中爲備也言不勝者降則不復升射也主皮者無侯張獸皮而射之主於獲也尚書傳曰戰鬬不可不習故於蒐狩以閑之也閑之者貫之也貫之者習之也凡祭取餘獲陳於澤然後卿大夫相與射也中者雖不中也取不中者雖中也不取何以然所以貴揖讓之取也而賤勇力之取鄉之取也於囿中勇力之取也今之取也於澤宮揖讓之取也澤習禮之處非所於行禮其射又主中此主皮之射與天子大射張皮侯賓射張五采之侯燕射張獸侯（疏）禮射至者降○注禮射至獸侯○釋曰云禮射謂以禮樂射也者射時有禮兼作樂故連樂言之不言鄉射者鄉射用采侯賓射中兼之故不言也云不主皮者貴其容體比於禮其節比於樂者此即九節七節五節應於樂節是也云言不勝者降不復升射也者據主皮射者也禮射二番不勝仍待三番復升射也尚書傳者濟南伏生爲尚書作傳云已祭取餘獲陳於澤然後鄉大夫相與射也者此則周禮山虞田訖虞人植旗於中屬禽焉每禽擇取三十餘將向囿以祭謂若大司馬云仲春祭社仲夏享礿仲秋祀方仲冬享烝已祭乃以餘獲陳於澤宮中卿大夫士共以主皮之禮射取之云雖不中雖中者據內田時也云非所於○禮者云云揖讓取即是行禮而云非所於行禮者揖讓雖是禮對大射之等其體比於禮其節比於樂爲非所行禮也云此主皮之射與者書傳不言主皮以義約同故云與以疑之也云天子大射已下者案梓人云張皮侯而棲以鵠則春以功即此鄭云天子大射張皮侯一也梓人又云張五采之侯遠國屬即此鄭云賓射張五采之侯也梓人又云張獸侯以息燕即此鄭云燕射張獸侯也鄭言此者證此是禮射與主皮異也若然天子有澤宮又有射宮二處皆行射禮者澤宮之內有班餘獲射又有試弓習武之射若西郊學中射者行大射之禮張皮侯者是也澤宮中射將欲向射宮先向澤宮中試弓習武之射此習武之射無侯直射甲革椹質故司弓矢職云王弓弧弓以授射甲革椹質而注引囯人職曰射則充椹質是也

主人亦飲于西階上就射爵而飲也已無俊才不可以辭罰者（疏）主人至階上○注就射至辭罰○釋曰此謂主人在不勝之黨受罰爵之時也云就射爵而飲也者謂西楹西豐上射爵也云已無俊才不可以辭罰者以主人尊恐不受罰爵故言此也

獲者之俎折脊脅肺臑臑若膊胳觳之折以大夫之餘體（疏）獲者至肺臑○注臑若至餘體○釋曰上賓主人已用肩臂唯有臑及膊胳觳若脊脅骨多尊卑皆有自臑已下各得其一今鄭具言之欲見科取其一不定以其若無大夫獲者得臑即經所云者故臑在肺下欲見無大夫已合得若大夫一人大夫得臑獲者得膊若大夫二人獲者即得胳若大夫三人獲者即得觳若大夫公卿更多則折之不得整體或更取餘體也故鄭又云折以大夫之餘體也

東方謂之右个侯以鄉堂爲面也（疏）東方謂之右不○注侯以鄉堂爲面也○釋曰以其經直云左右个不辨東西故記人明之也

釋獲者之俎折脊脅肺皆有祭皆皆獲者也祭祭肺也以言肺謂刌肺不離嫌無祭肺（疏）釋獲至有祭○注皆皆至祭肺○釋曰云以言肺謂刌肺不離者即經中脊脅肺是切肺與祭肺同也云嫌無祭肺者此明記人之意見上已有刌肺不離者即經中脊脅肺是刌肺與祭肺同嫌更不別有祭肺故言皆有祭肺言皆皆獲者欲見釋獲者與主獲者二者皆別

有祭肺故云皆也若然上肺即舉肺案公食大夫有切肺與祭肺者優賓使賓祭此二者亦以舉肺爲祭肺者畧賤者之義是以有司徹侑俎羊切肺一侑豕俎亦切肺一鄭云豕又祭肺不嚌肺不備禮則是畧賤之類也

大夫説矢束坐説之明不自尊別也歌騶虞若采蘋皆五終射無筭謂衆賓繼射者衆賓無數也每一耦射歌五終也

疏歌騶至無筭○注謂衆至終也○釋曰上用騶虞以化民下用采蘋大夫之樂節亦可皆五終者大夫士皆五節一節一終故云五終也鄭言衆賓無數者謂堂下衆賓繼射者故無數若堂上衆賓則三人也

古者於旅也語禮成樂備乃可以言語先王禮樂之道也疾今人慢於禮樂之盛言語無節故追道古也凡旅不洗敬殺不洗者不祭不盛既旅士不入後正禮也既旅則將燕矣士入齒於鄉人

疏注士入齒於鄉人○釋曰以其士立于下故齒於鄉人也

大夫後出下鄉人不干其賓主之禮

疏大夫後出○注不干其賓主之禮○釋曰賓主及衆賓出後乃出故云不干其賓主之禮

主人送于門外再拜拜送大夫尊之也主人送賓還入門揖大夫乃出送拜之

疏主人至再拜○注拜送至拜之○釋曰上文大夫後出是大夫意不干賓主之禮此經主人意故鄭云拜送大夫尊之也知主人送賓還入門揖大夫乃出送拜之者以其上經云賓出主人送于門外再拜此記又云大夫後出主人送于門外再拜故知主人送賓還入門揖大夫乃出送再拜之也

鄉侯上个五尋上个謂最上幅也八尺曰尋上幅用布四丈

疏鄉侯上个五尋○注上个至四丈○釋曰以五尋尋八尺五八四十故四丈也

中十尺方者也用布五丈今官布幅廣二尺二寸旁削一寸考工記曰梓人爲侯廣與崇方謂中也

疏中十尺○注方者至中也○釋曰云方者也者謂侯中正方十尺云用布五丈今官布幅廣二尺二寸旁削一寸者鄭意此言十尺用布五幅幅廣二尺二寸兩畔各削一寸爲縫幅各二尺在故五幅爲一丈也漢法幅二尺二寸亦古制存焉故舉以爲況若然周禮鄭志純三只只八寸三尺四寸者據緇幅也士喪禮云亡則以緇長半幅注云半幅一尺終幅二尺亦謂緇而幅二尺者幅有二種喪禮畧用其狹者故周禮鄭云凡爲神之衣物必沽而小是也引梓人者彼摠據三侯侯中皆廣與崇方引之證經十尺是方也

侯道五十弓弓二寸以爲侯中言侯中所取數也量侯道以貍步而云弓者侯之所取數宜於射器也正二寸骹中之博也今文改弓爲肱也

疏侯道至侯中○注言侯至肱也○釋曰云言侯中所取數也者謂侯中大小取數于侯道量侯道以貍步者大射文故彼云以貍步張三侯是用步耳而云弓者六尺爲步弓之下制六尺與步相應而云弓者侯之所取數宜於射器也故此經云弓也云正二寸者骹中之博也者案周禮弓人云骹解中有變焉謂弓附把中側骨之處博二寸故於此處取數焉

倍中以爲躬躬身也謂中之上下幅也用布各二丈

疏倍中以爲躬○注躬身至二丈○釋曰身謂中上中下各橫接一幅布者故鄭云中之上下幅用布各二丈也

倍躬以爲左右舌謂上个也居兩旁謂之个左右出謂之舌

疏倍躬以爲左右舌○注謂上至之舌○釋曰言謂上个者對下个不得倍躬故謂上个也云兩旁謂之个在躬之兩傍則謂之个云左右出謂之舌謂躬外兩相各出一丈若人舒舌故下云下舌半上舌據出者而言也

下舌半上舌半者半其出於射者也人布三丈所以半上舌者侯八之形類也上

个象臂下个象足中人張臂八尺張足六尺五八四十五六三十以此爲衰也凡鄉侯用布十六丈數起侯道五十弓以計道七十弓之侯用布二十五丈二尺道九十弓之侯用布三十六丈

疏注半者至六丈○釋曰半者半其出於躬者也者以其言舌故知半其出者也云用布三丈者上舌兩相各一丈今下舌兩相各五尺通躬二丈故云用布三丈也云侯人之形類也者人形上廣下狹故也云五八四十據上个四丈五六三十據下个三丈以此上下爲衰差也云凡鄉侯用布十六丈數起侯道五十弓以計者用布十六丈者中五幅幅一丈用布五丈上下躬各二丈摠四丈上个四丈下个三丈是摠十六丈也云道七十弓之侯用布二十五丈二尺者道七十弓弓取二寸二七十四侯中丈四尺七幅幅有丈四尺中用布九丈八尺上下躬各用布二丈八尺上下摠用布五丈六尺上个倍躬爲五丈六尺下舌半上舌用舌一出者兩相各出丈四尺下舌兩相各出七尺下舌用布一丈四尺通躬二丈八尺摠計用布四丈二尺也通計用布二十五丈二尺云道九十弓之侯用布三十六丈者弓取二寸九十弓侯中丈八尺侯中用布九幅幅別丈八尺中用布十六丈二尺倍中以爲躬上下躬各用布三丈六尺上下摠七丈二尺倍躬以爲左右舌上舌用布亦七丈二尺下舌

亦半上舌上舌出者丈八尺下舌半之則下舌揔用布五丈四尺以此計之揔用布三十六丈也

箭籌八十 箭篠也籌筭也筭八十者略以十耦爲正貴全數其時衆寡從賓 疏 箭籌八十○注箭篠至從賓○釋曰云箭篠也者謂以箭爲籌射之耦隨賓多少今言八十擧成數以十耦爲文但一者數之始十者數之終以十耦爲成數也

長尺有握握素 握本所持處也素謂刊之也刊本一膚 疏 長尺有握握素○注握本至一膚○釋曰云長尺復云有握則握在一尺之外則此籌尺四寸矣云刊本一膚者公羊傳僖三十一年云觸石而出膚寸而合不崇朝而徧雨乎天下者唯泰山爾何休云側手爲膚又投壺云室中五扶注云鋪四指曰扶一指案寸皆謂布四指一指一寸四指則四寸引之者證握膚爲一謂刊四寸也

楚扑長如笴刊本尺 刊其可持處

君射則爲下射上射退于物一笴既發則答君而俟 答對也此以下雜記也今文君射則爲下

君樂作而后就物君袒朱襦以射 君尊

小臣以巾執矢以授 君尊不搢矢不挾矢授之稍屬

若飲君如燕則夾爵 謂君在不勝之黨也賓飲君如燕賓媵觚于公之禮則夾爵夾爵者君既卒爵復自酌

君國中射則皮樹中以翿旌獲白羽與朱羽糅 國中城中也謂燕射也皮樹獸名以翿旌獲尚文德也今文皮樹繁竪糅爲縚古文無以 疏 以翿旌獲○注國中至無以○釋曰知城中是燕射者以其下有賓射大射不在國故國中是燕射以其燕在寢故也云以翿旌獲尚文德也者以其燕主歡心故旌從不命之士亦取尚文德之義必知取尚文德者以其以文德者舞文舞羽舞也以武德者舞武舞干舞也此既用羽知取尚文德也

於郊則閭中以旌獲 於郊謂大射也大射於大學王制曰小學在公宮之左大學在郊閭獸名如驢一角或曰如驢歧蹄周書曰北唐以閭析羽爲旌 疏 於郊至旌獲○注於郊至爲旌○釋曰知於郊謂大射也者案大射云公入鷔從外來入此既言於郊故知大射在郊也云大射於大學者據諸侯而言也天子大射在虞庠小學以其天子大學在國中小學在郊諸侯不得立大學在國立大學在郊故鄭引王制小學在公宮之左大學在

郊是殷法諸侯用焉故引爲證必知諸侯立大學在郊者見詩魯頌有頖宮禮記云故魯人將有事於上帝必先有事於頖宮鄭云頖宮郊之學也則詩泮宮此郊學是也云閭獸名如驢一角或曰如驢歧蹄周書曰北唐以閭者歧蹄巳上山海經文周書見於國語也

於竟則虎中龍旜 於竟謂與鄰國君射也畫龍於旜尚文章也通帛爲旜 疏 於竟則虎中龍旜○注於竟至爲旜○釋曰與鄰國君射則賓射也以其君有送賓之事因送則射云尚文章也者亦若翿旌也云通帛爲旜司常文鄭注云凡九旗之帛皆用絳則通帛者正幅爲縿長尋曰旐繫旐曰旆通體皆用絳帛爲之名旜

大夫兕中各以其物獲 兕獸名似牛一角 疏 大夫至物獲○注兕獸名似牛一角○釋曰下有士則此專據大夫大夫爲文而云各以其物者公侯伯大夫再命子男之大夫一命爲卿大夫乃數雖同旒依命數不同故云各又下云士翿旌以獲唯小國之州長不命者則公侯之州長一命有旌亦入物中則各內兼之矣故云各兕似牛一角案爾雅及山海經知之

士鹿中翿旌以獲 謂小國之州長也用翿爲旌以獲無物也古文無以獲

唯君有射于國中其餘否 臣不習武事於君側也古文有作又今文無其餘否 疏 唯君至餘否○注臣不至餘否○釋曰天子諸侯皆燕射在國又天子賓射在朝亦在國大夫士燕射賓射不在國大夫又得行大射雖無郊學亦不得在國是以孔子爲鄉射射於矍相之圃是其一隅若然此鄉射亦不在國射亦宜在國外故記人於此見之也

君在大夫射則肉袒 不袒薰襦厭於君也今文無射 疏 君在至肉袒○注不袒至於君○釋曰上云大夫與士射袒纁襦今與君射爲厭與士同故肉袒也

儀禮卷第五 經六千六百四十五 注六千九百十五

儀禮疏卷第十三

大清嘉慶二十年重刊
用文選樓藏本校定

江西督糧道王賡言廣豐縣知縣阿應鱗栞

儀禮注疏卷十三挍勘記　阮元撰盧宣旬摘錄

司正降復位

司正當監旅酬訖 當陳閩通解俱作掌監本要義毛本俱作當

坐觶者退○賓與大夫坐反奠于其所 夫下石經徐本要義楊氏敖氏俱有坐字通解毛本無

司正升自西階

至此盛禮以成 徐本通解同毛本以作已

曰莫人倦 通解此下有齊莊正齊而不敢解惰九字要義亦無

主人取俎

歸入於內也 入陳閩俱作人

衆賓皆降立

亦如賓主人大夫將燕 要義同毛本如作知

主人以賓揖讓

彼謂升席時 毛本時誤作者

則尊者說屨在戶內 毛本屨誤作屦

自餘說屨於戶外 陳本要義同毛本自作其

此乃鄉飲酒臣禮 浦鏜改乃爲及

賓主人行敵禮 敵陳本作敵

無算爵

以正獻酬時 要義同毛本正作上

而錯

迭飲於坐而已 按宋本釋文出迭於二字疑誤今本釋文作迭飲

禮殺也者 浦鏜云脫又字

辯卒受者與

衆賓之末 末徐葛俱作未似誤下兩末字徐亦俱作未葛本其末仍作末

不以已尊孤人也 孤徐葛陳閩通解楊氏俱作孤毛本作於

不以已尊孤人也者 孤陳閩要義俱作孤毛本作於

必知復位者 毛本復誤作後

拜酬者

進受尊者之酬 徐本楊氏同毛本通解進作雖

辯旅

故鄭偏言主人之贊者 徧陳閩皆作偏按作偏爲是

無算樂

任賓主所好也 任要義作在

主人釋服

即朝服之下 下一本改作衣

使人速

還司正爲擯也 毛本擯作賓

以告于鄉先生

謂老人教學者 毛本作謂鄉中致仕者○按鄉飲酒禮注作鄉中致仕

尊綌冪　冪釋文宋本作𩂣

則撳可　撳要義俱作撳與周禮冪人注合毛本作𢶡

則未命之前　陳閩通解要義同毛本則作列

蒲筵

唯一種　要義同毛本唯下有此字

然其言之　毛本其作共

取相承藉之義耳　毛本取相誤倒

西序之席

衆賓之席　通解要義同毛本席作序

獻用爵　通解句首有凡字

薦脯

膱猶脡也　膱陳本作職○按釋文曰膱音職若以鄉飲記音義正之此膱乃樴之誤

鄭注周臨人云　毛本周下有禮字此本脱

離以梁麴　梁陳閩俱作梁

橫祭半膱橫上　膱誤作脯橫上蒲鏜改作于上

俎由東壁

上云亨于堂　毛本亨誤作享

實俎曰載　陳閩通解同毛本曰載作由在監本作由載

凡侯

則經獸侯是也　徐本通解楊氏俱無此句按此乃疏文誤入

皆謂采其地　毛本地誤作也

不忘上下相犯　徐本通典聶氏通解同毛本下有不朱子曰疏解忘爲苟然則乃妄字也○按疏云不苟相從輒當犯顔而諫正是不忘相犯之意似非妄字又按禮記射義疏引作上下相犯

又非私相燕勞　毛本勞誤作射

於此鄉記也　浦鏜云鄉下疑脱射字

象於正鵠之處耳者　毛本於作其

則三分其侯　毛本三作參

不忘上下相犯者　下陳閩俱作不誤也

三者皆猛獸　毛本三誤作二

各以其色明畫　陳閩俱無明字

凡畫者

此獸侯也　陳本通解同毛本獸作燕

射自楹間　毛本間誤作問

中央東西節也者　要義同毛本西下有之字○按注有之字凡疏疊注語間有增損不必悉依原文

而弗忘孝也　毛本而弗誤作面不

凡適堂西○遂西取弓矢　唐石經徐葛陳閩通解楊氏敖氏俱作遂毛本遂作送

旌各以其物

射於謝於序　陳閩俱無於序二字

無物

糅雜也 徐本敖氏同毛本通解楊氏糅下俱有者字

杠橦也 毛本杠誤从手

韜爲翿 韜閩監俱作縚

故知七尺曰仞也 陳閩俱無故知七尺四字毛本有

始射

據第二番射時 二陳閩通解俱作一

楅髤橫而拳之 拳釋文唐石經徐本俱作拳通解楊氏敖氏毛本俱作奉朱子曰拳當作奉字之誤也陸氏音拳亦非是石經考文提要云拳訓曲言制楅之法漆而橫曲之其蛇交之處若地龍首尾拳曲向上更設韋當於其背與上蛇交韋當文義相屬非設楅時兩手奉之也釋文明注拳音權通解但云拳當作奉而注仍作拳不改字○按朱子曰拳當作奉則未嘗改經也毛本通解經文竟作奉却於疏末綴楅橫而拳之五字疑非朱子原文

鹿中髤

猛獸不堪受負 毛本猛獸二字不重出

大夫與士射袒薰襦 唐石經徐本通解楊氏敖氏同毛本薰作纁按宋本釋文亦作薰前有司請射疏亦引作薰據士冠禮纁裳注云今文纁皆作熏則此薰字當爲熏

禮射不主皮

不待中爲備也 徐本要義同毛本備作儁○按備蓋儁字之誤

凡祭取餘獲陳於澤 凡要義作已取上有則字○按段玉裁云射義天子將祭必先習射於澤下文又云射中者得與於祭不中者不得與於祭是射澤必在祭之先況禽待祭後而班則委積日久已字非也許宗彥云苟非已祭何稱餘乎當作已

嚮之取也 嚮釋文作鄉

不言鄉射者 通解同毛本不作下

賓射中兼之 射陳閩俱作燕

仍待三番復升射也 通解要義毛本三作後○按後番即三番也如諸本則在三番後矣恐非

已祭 要義同毛本已作凡段玉裁云此已字乃賈誤解

云非所於禮者云云 毛本禮上有行字云字不重要義恐與毛本同

天子大射張皮侯一也 要義同毛本無一字

獲者之俎折脊脅肺 毛本肺下有臑字敖氏刪臑字其正誤曰今本肺下有臑字繼公謂臑在肺下非其次且與折文不合蓋傳寫者因注首言臑而衍也大射注引此無臑字今據以刪之周學健云臑在折中不應又出臑字但賈疏自作有臑字解故仍其舊而加圈別之○按此與鄉飲酒介俎胣字同意皆以用體無常故立文不定且此經文變例臑在肺下其意尤明故鄉飲酒胣字尚可刪而此臑字不可去又大射注云卿折俎用脊脅臑折肺與此正同明無衍字

則折之不得整體 陳閩監本同毛本整作正

東方

侯以鄉堂爲面也 毛本堂誤作黨

釋獲者之俎

侑豕俎亦切肺一 此本誤倒俎豕爲豕俎按毛本是

古者於旅也語

禮成樂備 諸本俱作種成樂億唯徐本同此

既旅

後正禮也　徐本同毛本通解後作從

主人送于門外

大夫乃出送拜之　毛本送拜誤倒

中十尺

考工記曰　毛本工誤作功

云用布五丈　毛本丈誤作尺

純三只只八寸　要義同毛本只作尺○按咫與只古字通只八寸鄭康成荅趙商語見天官內宰及聘禮疏

亡則以緇長半幅　毛本亡作云緇作縿陳本要義俱作緇按作緇與士喪禮原文合

必沽而小　毛本沽誤作治

侯道五十弓

宜於躬器也　徐本同毛本於躬作用射聶氏通解楊氏俱作於射

弓之下制　毛本下誤作古

倍中以爲躬

身謂中上中下　中下陳閩俱作下中

下舌半上舌

半其出于射者也　徐本同毛本射作躬

箭籌八十

箭篠也　毛本篠誤從竹

笄八十者　徐本楊氏同毛本笄作籌

其時衆寡從賓　寡字毛本作賓徐本通典通解俱作寡

以十耦爲文　要義同毛本文作云陳閩俱作正

長尺有握

刊本一膚　毛本一下有作字徐本通解楊氏俱無與此本標目及述注合通典作刊本一云膚敖氏作刊一本膚許宗彥云此猶云刊本四寸耳與下經文刊本尺義同禮作扶鄭用公羊膚字故疏述公羊而曰引之者證握膚爲一也

楚扑

刊其可持處　可通典作所

君國中射

今文皮樹繁豎　徐本同毛本樹下有爲字豎作竪通解兩見二十一卷有爲字二十卷無爲字豎俱從豆

不在國　聶氏要義同毛本國下有中字

於郊

如驢　通典作大於驢

歧蹄　陳本通解同徐閩監本毛本歧作岐按釋文宋本亦作歧是俗字

公八鷔　各本俱誤鷔爲鶩

在虞庠小學　陳閩俱無小學二字

於竟則虎中龍旜　中下通典有以字

大夫兕中

刃數雖同旌依命數不同　毛本刃作其旌作旌按刃即仞字前云旌各以其物疏言

大夫五仞士三仞不同故云各也此經專據大夫爲文故仞數同而公侯伯之大夫與子男之大夫命數不同故其旒異

士鹿中翿旌以獲七字唐石經徐本通典通解楊氏敖氏俱有毛本脫

謂小國之州長也用翿爲旌以獲無物也古文無以獲二十一字毛本俱脫徐本通解俱有通典引謂小至無物十五字盧文弨云疏無可考○按此本此節無疏

唯君有射于國中

是其一隅陳本要義同毛本隅作耦

此鄉射亦不在國射此閩本誤作比下射字毛本作中要義作射

君在

不袒薰襦毛本薰作纁襦作繻徐陳閩監通解俱從衣要義從糸按要義載疏亦從衣則從糸者誤也

儀禮注疏卷十三校勘記終

奉新余成教校

儀禮疏卷第十四

唐朝散大夫行大學博士弘文館學士臣賈公彦等撰

儀禮卷第六

燕禮第六

疏　燕禮第六。鄭目録云諸侯無事若卿大夫有勤勞之功與羣臣燕飲以樂之燕禮於五禮屬嘉大戴第十二小戴及別録皆第六○釋曰案上下經注燕有四等目録云諸侯無事而燕一也卿大夫有王事之勞二也卿大夫又有聘而來還與之燕三也四方聘客與之燕四也若然目録云卿大夫有勤勞之功聘使之勞兼王事之勞二也者知臣子規聘還與之燕者四牡勞使臣是也知有王事之勞者下記云若以樂納賓則賓及庭奏肆夏鄭注云卿大夫有王事之勞則奏此樂焉是也知君臣無事有燕者案魯頌云夙夜在公在公明明振振鷺鷺于下鼓咽咽醉言舞于胥樂兮鄭箋云君臣無事則相與明義明德而已絜白之士羣集於君之朝君以禮樂與之飲酒燕樂以盡其歡是其無事而燕也又知賓及庭奏肆夏是己之臣子有王事之勞者案郊特牲云賓入大門而奏肆夏鄭注云賓朝聘者是異國聘賓入大門奏肆夏故知記云賓及庭奏肆夏者是己之臣子也又知異國聘賓有燕者聘禮所云燕與時賜者是也

儀禮　鄭氏注

燕禮小臣戒與者　小臣相君燕飲之法與者謂留羣臣也君以燕禮勞使臣若臣有功故與羣臣樂之小臣則警戒告語焉飲酒以合會爲歡也

疏　燕禮小臣戒與者○釋曰自此已下盡射人告具論告戒羣臣及陳饌之事必使小臣戒與者以其燕爲聘使者爲主兼與舊在者歡樂之故今戒可與之人使依期而至○注小臣至歡也○釋曰云小臣相君燕飲之法者案周禮大僕職云王燕飲則相其法又案小臣職云凡大事佐大僕則王燕飲大僕相小臣佐之此諸侯禮降於天子故宜使小臣相是以下云小臣師一人在東堂下注云師長也小臣之長一人猶天子大僕正君之服位者也是諸侯小臣當大僕之事云與者謂留羣臣也者謂羣臣留在國不行者也云君以燕禮勞使臣若臣有功者此即目録卿大夫有勤勞之功勞使臣即四牡勞使臣也若臣有功即王事之勞也故鄭揔云卿大夫勤勞之功若然鄭不言與羣臣無事燕者以其經云戒與者功勞之外與及之爲有事之臣燕不得云無事燕者故不言之案大射云君有命戒射者以其大射辨尊卑故云君有命明政教出尊者出燕禮主歡心不辨尊卑故不言君有命

膳宰具官饌于寢東　膳宰天子曰膳夫掌君飲食膳羞者也具官饌具其官之所饌謂酒也牲也腩醢也寢露寢

疏　膳宰至寢東○注膳宰至路寢○釋曰以其燕在寢故膳宰具官饌于寢東擬燕時設之云膳宰天子曰膳夫掌君飲食膳羞者也以其天子有宰夫兼有膳夫掌君飲食諸侯亦有宰夫復有膳宰掌君飲食與天子膳夫同故引天子膳夫並之云具官饌具官之所饌者謂卿大夫士之饌揔饌之大射亦用燕禮直云官饌不言膳宰與此同不言者文不具云謂酒也牲也腩醢也知者案下所設亦有此三者牲即其牲狗也云寢路寢者以其饗在廟服朝服下記云燕朝服於寢正處在路寢不在燕寢可知故云路寢也案公食大夫云凡宰夫之具饌于東房不使膳宰者彼食異國之大夫敬之故使宰夫具饌此燕己臣子故使膳宰卑者具饌必知膳宰卑於宰夫者案天子宰夫下大夫膳夫上士天子膳夫卑於宰夫則知諸侯膳宰亦卑於宰夫者也

樂人縣　縣鍾磬也國君無故不徹縣言縣者爲燕新之

疏　樂人縣○注縣鍾至新之○釋曰案大射樂人宿縣在射前一日又具辨樂縣之位者以其大射在學宮不常縣樂射乃設之故射前一日縣之又辨樂縣之位此燕在路寢有常縣之樂今言樂

人縣者爲燕新之而已故不在燕前一日又不辨樂縣之處又直云樂人未知樂人意是何官案周禮春官大司樂云凡樂事宿縣又案樂師云凡樂成則告備是天子有大司樂并有樂師之官案序官樂師下大夫四人上士八人下士十有六人以此知天子有大司樂樂師諸侯無大司樂直有大樂正小樂正以其諸侯兼官此二者皆當天子樂師大夫及士則諸侯樂師不用大夫大樂正當上士小樂正當下士爲之故鄭下注云樂正于天子樂師也大射注亦云小樂正於天子樂師若然縣樂之法案周禮眡瞭職云掌大師之縣鄭注云大師當縣則爲之案下僕人相大師則諸侯無眡瞭則使僕人縣樂大師以聲展之樂師又監之云縣鍾磬也者案小胥天子宮縣諸侯軒縣面皆鍾磬鎛各一虡大夫判縣士特縣不得有鎛故云鍾磬案下唯有磬而無鍾而云鍾磬者鄭汎解樂縣法故兼言鍾其實諸侯之士特縣磬而已云國君無故不徹縣者案曲禮唯有大夫無故不徹縣士無故不去琴瑟不言國君但大夫無故不徹縣則國君無故亦不徹縣可知鄭以燕禮爲國君法故以義約之也云言縣者爲燕新之者更整理樂縣之法爲新之也

設洗篚于阼階東南當東霤罍水在東篚在洗西南肆

設膳篚在其北西面設此不言其官賤也當東霤者人君爲殿屋也亦南北以堂深肆陳也膳篚者君象觚所饌也亦南陳言西面尊之異其文疏設洗至西面○注設此至其文○釋曰云設此不言其官賤也者決膳宰具官饌樂人縣司宮設尊皆言其官獨此不言官故知賤也案少牢司宮設罍水大夫兼官此國君禮或可別人爲之但無文故鄭不細辨云當東霤者人君爲殿屋也者漢時殿屋四向流水故舉漢以況周言東霤明亦有西霤對大夫士言東榮兩下屋故也云亦南北以堂深者亦士冠禮鄉飲酒等也云膳篚者君象觚所饌也者案下文洗象觚升實之東北面獻于公是也但尊君不可與臣同篚故別釋之也云亦南陳者亦陳之南肆者也言西面尊之異其文者欲見膳篚西面南肆者亦西面此不可言南肆而言西面是尊君之篚故異其文也

司宮尊于東楹之西兩方壺左玄酒南上公尊瓦大兩有豐冪用綌若錫在尊南南上尊士旅食于門西兩圜壺司宮天子曰小宰聽酒人之成要者也尊方壺爲卿大夫士也臣道直方於東楹之西予君專此酒也玉藻曰唯君面尊玄酒在南順君之面也瓦大有虞氏之尊也禮器曰君尊瓦甒豐形似豆卑而大冪用綌若錫冬夏異也在尊南在方壺之南也尊士旅食者用圜壺變於卿大夫也旅衆也士衆食謂未得正祿所謂庶人在官者也今文錫爲緆疏司宮至圜壺○注司宮至爲錫○釋曰云司宮天子曰小宰聽酒人之成要者也者案天官小宰職掌建邦之宮刑以治王宮之政令是小宰掌宮事此諸侯無小宰有司宮明司宮亦當掌宮刑治宮之政令可知是司宮掌宮事與小宰同又案酒正云酒正之出日入其成月入其要小宰聽之此司宮亦設酒尊當掌酒事與小宰同是以知此諸侯司宮當天子小宰者也若然案酒正云酒正之出日入其成月入其要小宰聽之案彼文則是小宰聽酒正之成要此注云聽酒人成要者案彼注云出謂授酒材及用酒之多少也受用酒者日言其計於酒正酒正月盡言於小宰云日言其計於酒正者是酒人也酒正月盡揔言於小宰則是小宰所聽者並是酒人所言故鄭之此注據酒人而言也云尊方壺爲卿大夫士也者以其燕揔有卿大夫士又別有公尊瓦大兩故知方尊爲此人也云於東楹之西予君專此酒也者此決鄉飲酒鄉射皆於房戶之閒賓主共之此於東楹之西向君設之人君尊專大惠故云予君專此酒也引玉藻者欲見尊面向君順君面非賓主共之意案少儀云尊壺者面其鼻鄭注云鼻在面中言鄉人也鄉人者據此燕禮尊面向君而言少儀又云尊者以酌者之左爲上尊鄉飲酒云尊兩壺于房戶之閒玄酒在西又鄉射云尊於賓席之東兩壺斯禁左玄酒鄭注云設尊者北面西曰左此等皆據酌者北面而言玄酒在左若據設尊之人及尊面而言即南面以右爲尊此燕禮尊面向君據君面以左爲尊玄酒在南若據酌者不得背君而西面當尊西東面則酌者之右爲上尊是以下文媵爵于公者交於東楹北也云瓦大有虞氏之尊也者明堂位文引禮器君尊瓦甒大射亦云膳尊兩甒不引大射而引禮器者鄭欲同此三者之文皆是一物故也云豐形似豆卑而大者據漢法而知但豆徑尺柄亦長尺此承尊之物不可同於常豆故知卑而大取其安穩也云冪夏綌冬錫冬夏異也者夏宜用綌冬宜用錫葛之粗者曰綌按喪服傳云錫者何也麻之有錫者也錫者十五升抽其半無事其縷有事其布曰錫鄭注云治其布使之滑易是也云在尊南在方壺之南也者其冪本爲瓦大設今未用陳在方壺之南者不可在方壺瓦大之閒相雜故也瓦大不言玄酒者以其言瓦大兩又言南上有玄酒在南可知凡無玄酒者直陳之而已不言上下是以此尊士旅食直云兩圜壺大射亦云兩圜壺特牲尊兩圜壺於阼階西方亦如之皆是無玄酒不言上下也又凡用醴者無玄酒士冠禮醴子昏禮醴婦聘禮醴賓醴皆無玄酒質故也昏禮房外之尊無玄酒鄭云畧之此及大射尊士旅食無玄酒鄭云賤也特牲少牢陽厭納一尊無玄酒鄭注云禮殺也士喪既夕士虞皆有酒醴無玄酒者以凶變於吉故也特牲東西階兩壺無玄酒者注云優之云士衆食謂未得正祿者以其士大夫已上得正祿王制云下士九人祿中士倍下士上士倍中士下大夫倍上士卿四大夫祿皆正祿此則未得正祿云所謂庶人在官者也者所謂王制文故王制云庶人在官者其祿以是爲差謂府史胥徒謂府八人祿史七人祿胥六人徒五人皆非正祿號爲士旅食者也

司宮筵賓于戶西東上無加席也筵席也席用蒲筵緇布純無加席燕私禮臣屈也諸侯之官無司几筵也疏司宮至席也○注筵席至筵也○釋曰云筵席也者案周禮序官司几筵鄭注云鋪陳曰筵藉之曰席然其言之筵席通若然鋪陳曰筵者先鋪一席在地者藉之曰席據重已上相承藉者筵席一也故鄭云筵席通云席用蒲筵緇布純者案公食大夫記云蒲筵常緇布純加萑席尋玄帛純彼有加席故有萑在上此無加席故言席用蒲云

無加席燕私禮臣屈也者對公食大夫禮異國之賓有加席禮得申云諸侯之官無司几筵也者對天子有司凡筵布席諸侯兼官使司官設尊并設席

射人告具此告事具於君射人主此禮以其或射也疏射人告具〇注告事至射也〇釋曰云射人主此禮以其或射也者案公食大夫禮贊者負東房告具以其無射故使贊者此乃射人告具與大射同案下文若射則不獻庶子言若者或射或不故此鄭注云以其或射言或亦是不定之義案大射告具之上有羹定此不言羹定者文不具也

小臣設公席于阼階上西鄉設加席公升即位于席西鄉周禮諸侯胙席莞筵紛純加繅席畫純後設公席者凡禮卑者先即事尊者後也疏小臣至西鄉〇注周禮至後也〇釋曰自此下盡諸公卿者論君臣位次及命羞者之事注引周禮者司几筵之文也彼諸侯祭祀神席及受酢之席此乃燕飲之席引之者欲見燕飲與受酢席同若饗諸侯來朝則郊特牲云大饗君三重席而酢焉是也燕他國之臣即郊特牲云三獻之介君專席而酢焉此降尊以就卑也故君單席受酢也云後設公席者凡禮卑者先即事尊者後也者此燕私禮故賤者先即事大射辨尊卑故先設公席後設賓席也

小臣納卿大夫卿大夫皆入門右北面東上士立于西方東面北上祝史立于門東北面東上小臣師一人在東堂下南面士旅食者立于門西東上納者以公命引而入也自士以下從而入即位耳師長也小臣之長一人猶天子大僕正君之服位者也凡入門而右由闑東左則由闑西疏小臣至東上〇注納者至闑西〇釋曰云卿大夫皆入門右北面東上者此是擬君揖位故下經君始爾之就庭位云士立於西方東面北上者此是士之定位士賤故不待君揖入門即就定位云祝史立於門東北面東上者案大射大史在豻侯之東北北面不言祝此言祝祝史不言大史者大射及下文云大史俟於所設中之西東面以聽政嫌其位初在此不在豻侯之東北故著大史以明之其餘祝史彼不言者以其大射先行燕禮此燕禮有祝史故於彼不言省文也云納者以公命引而入也者雖無正文進止由君故知以公命者也云自士已下從而入即位耳者對大夫以上小臣引之就門東揖位未就庭位自士已下不須引從大夫而入徑即庭位云師長也小臣之長一人猶天子大僕正君之服位者也者案夏官大僕職云掌正王之服位出入王之大命彼下文有小臣之官上士四人其職云掌王之小命詔相王之小法儀諸侯兼官無大僕唯有小臣出入君之教命正君之服位但諸侯小臣之官有上下是以大射云小臣師從者在東堂下南面西上又云小臣正贊袒若然諸侯小臣正次有小臣師大射禮小臣正相君小臣師佐之常在君左右不在堂下之位故唯云小臣師從者在堂下南面此燕輕宜有小臣師及從者相君燕飲小臣正一人無事得在堂下此言小臣師即大僕小臣正一也故鄭以爲當天子大僕云凡入門而右由闑東左則由闑西者鄭云凡入門者廣解賓主人入門之義案曲禮云大夫士出入君門由闑右又玉藻云公事自闑西私事自闑東言私事即大夫士出入君門一也又與此經卿大夫士入君門亦由闑右同公事自闑西者即聘禮聘賓入由闑西是也若然此注云入門而右由闑東者是臣朝君之法也左即由闑西者是聘賓入門之法

公降立于阼階之東南南鄉爾卿卿西面北上爾大夫大夫皆少進爾近也移也揖而移之近之也大夫猶北面少前

疏公降至少進〇注爾近至少前〇釋曰曲禮云揖人必違其位是以公將揖卿大夫降立於阼階之東南南面揖之變揖言爾者爾訓近也移也卿大夫得揖移近中庭也是以鄭云揖而移之近之也云大夫猶北面少前者三卿五大夫初入門右同北面三卿得揖東相西面五大夫得揖中庭少進北面不改故云大夫猶北面少前

射人請賓命當由君出也疏射人請賓〇注命當由君出也〇釋曰案大射云大射正擯擯者請賓此直云射人請賓不云爲擯者但射人有大小大者爲大射正其次爲射正又其次爲司正悉監射事見於大射禮大辨尊卑故云大射正爲擯此燕禮或因燕而射以其禮輕或大射正爲擯或小射正爲擯此二者皆是射人故直云射人請賓不定尊卑也既當請君不辨射人面位者以其君南面射人北面可知故不言

公曰命某爲賓某大夫也疏公曰命某爲賓〇注某大夫也〇釋曰知大夫非卿者以其賓主相對宰夫爲主人是大夫明賓亦是大夫燕義云不以公卿爲賓而以大夫爲賓爲疑也故知是大夫

射人命賓賓少進禮辭命賓者東面南顧禮辭辭不敢也疏射人至禮辭〇注命賓至敢也〇釋

曰鄭知命賓者東面南顧者少儀云詔辭自右明知在君之右東面者向君南顧者向賓便也知禮辭辭不敢者取孝經曾子云參不敢爲義反命射人以賓之辭告於君又命之賓再拜稽首許諾又復射人反命告賓許賓出立于門外東面當更以賓禮入【疏】賓出至東面○注當更以賓禮入○釋曰前卿大夫從臣禮相從而入故出更以賓禮入是以下經賓入及庭公降一等揖之公揖卿大夫乃升就席揖之人之也【疏】公揖至就席○注揖之人之也○釋曰言人之者公將及升堂故以人意相存偶是以揖之乃升小臣自阼階下北面請執冪者與羞膳者執冪者執瓦大之冪也方圜壺無冪羞膳羞於公謂庶羞【疏】小臣至膳者○注執冪至庶羞○釋曰云執冪者執瓦大之冪也方圜壺無冪鄭知者以其上文冪用綌文承瓦大之下方圜壺不言冪故知義然云羞於公謂庶羞者知羞於公者以其言羞膳據君而言又與執冪者連文冪據君明羞膳據公可知又知是庶羞者以其脯醢稱薦明羞是庶羞乃命執冪

者執冪者升自西階立於尊南北面東上以公命於西階前命之也東上玄酒之冪爲上也羞膳者從而東由堂東升自北階房中西面南上不言之者不升堂畧之也【疏】乃命至東上○注以公至畧之也○釋曰鄭知西階前命之者案下記云羞膳者與執冪者皆士也士位在西方東面故知西階前以君命命之云東上玄酒之冪爲上也者以其唯瓦大兩有冪玄酒尊於正酒經云東上故知玄酒之冪爲上羞膳者以下盡畧之鄭知義然者以經直云執冪者升自西階羞膳者無升文又且東面階西面階婦人之階非男子之所升則羞者升自北階知由堂東者以羞在房又大射云工人士與梓人升自北階知房中西面南上者約士冠禮脯醢在房中服北賛者盥于洗西升立于房中西面南上下注云近其事也言畧之者辭不由前堂升執冪與羞膳臨時請者以其諸侯兼官有常職先定亦有臨時命之者是以經與記直云士不言其官不請羞賓者下記約與君同亦用士也膳宰請羞于諸公卿者小臣不請而使膳宰於卑者彌畧也禮以異爲敬【疏】膳宰至卿者○注小臣至爲敬○釋曰言彌畧者上請賓使射人請執冪使小臣已是其畧今羞諸公卿

乃使膳宰膳宰卑於小臣故云彌畧也知膳宰卑於士者周禮膳夫是上士此諸侯膳宰明非上士且禮之大例爲羞者尊於設俎者公士爲薦羞膳宰設俎故知膳宰卑也射人納賓射人爲擯者也今文曰擯者【疏】射人納賓○注射人至擯者○釋曰自此至賓以虛爵降論賓升堂主人獻賓之事案大射大射正擯此云射人爲擯與上射人請賓義同還是小射正也賓入及庭公降一等揖之及至也至庭謂既入而左北面時【疏】賓入至揖之○注及至至面時○釋曰鄭知至庭謂既入而左北面時者以其云賓入及庭賓入謂入門時及庭謂賓入門而曲堂塗北面是其當公降揖之節故知北面時也公升就席以其將與主人爲禮不參之也【疏】公升就席○注以其至之也○釋曰鄭知將與主人爲禮不參之者下經云賓升主人亦升是其賓與主人爲禮不得相參之也賓升自西階主人亦升自西階賓右北面至再拜賓荅再拜主人宰夫也宰夫大宰之屬掌賓客之獻飲食者也其位在洗北西面君於其臣雖爲賓不親獻以其尊莫敢伉禮也至再拜者拜賓來至也天子

膳夫爲獻主【疏】賓升至再拜○注主人至獻主○釋曰知主人是宰夫者案禮記燕義云使宰夫爲獻主是也云宰夫大宰之屬者案天官云大宰卿一人小宰中大夫二人宰夫下大夫四人宰夫屬大宰故云大宰之屬云掌賓客之獻飲食者也者案宰夫職云凡朝覲會同賓客掌其牢禮委積膳獻飲食引之者證宰夫爲主人之義云其位在洗北西面者案下文獻大夫下胥薦主人于洗北西面是也云君於其臣雖爲賓不親獻以其尊莫敢伉禮也者此畧取燕義文設賓主飲酒之禮使宰夫爲獻主臣莫敢與君伉禮也不以公卿爲賓而以大夫爲賓爲疑明嫌之義也是君不親爲主人之事也云天子膳夫爲獻主者案膳夫職云王燕飲酒則爲獻主是也案燕義注云天子使膳宰爲主人則是膳宰膳夫一人也上文注云膳宰天子曰膳夫者欲見天子諸侯之臣名異其實同也主人降洗洗南西北面賓將從降鄉之【疏】主人至北面○釋曰此宰夫代君爲獻主升降不由阼階與賓同由西階升降故降自西階當洗南北面今西北面者鄭云賓將從降鄉之當辭賓降故也案鄉飲酒鄉射主人降洗爵在階下辭賓降者彼賓主異階故在階下不在洗南也賓降階西東面主人辭

降賓對對答主人北面盥坐取觚洗賓少進辭洗主人坐奠觚于篚興對賓反位賓少進者又辭宜違其位也獻不以爵辟正主也古文觚皆爲觶〔疏〕主人至反位○注賓少至爲觶○釋曰賓少進者又辭宜違其位也者言又辭對前主人辭降今又賓辭洗言少進者前賓降賓在階下曲禮云揖人必違其位以其賓又辭洗宜違本位也云獻不以爵辟正主也者此宰夫爲主人非正主故用觚對鄉飲酒鄉射是正主皆用爵主人卒洗賓揖乃升賓每先升尊也〔疏〕主人至乃升○注賓每先升尊也○釋曰每先升者前賓初升時先云賓升自西階後云主云亦升自西階此賓揖乃升下云主人升故云賓每先升賓先升者尊賓故也主人升賓拜洗主人賓右奠觚荅拜降盥主人復盥爲拜手坋塵也〔疏〕主人至降盥○注主人至塵也○釋曰言復盥者前盥爲洗爵此盥爲汙手賓降主人辭賓對卒盥賓揖升主人升坐取觚取觚將就瓦大

酌膳執冪者舉冪主人酌膳執冪者反冪君物曰膳膳之言善也酌君尊者尊賓也〔疏〕注君物至賓也○釋曰言君物曰膳膳之言善也者言君物摠衆物之名上云設膳篚設膳尊膳之言善所以別於臣子之尊篚也云酌君尊者尊賓也者大夫爲賓賓亦臣子而酌膳尊尊賓故也必尊之者立賓以對君故也主人筵前獻賓賓西階上拜筵前受爵反位主人賓右拜送爵賓既拜前受觚退復位膳宰薦脯醢賓升筵膳宰設折俎折俎牲體骨也鄉飲酒記曰賓俎脊脅肩肺〔疏〕膳宰至折俎○注折俎至肩肺○釋曰引鄉飲酒記者燕禮不言賓之牲體之數此燕禮既與鄉飲酒同用狗則與此賓之牲體數同故引以爲證也賓坐左執爵右祭脯醢奠爵于薦右興取肺坐絕祭嚌之興加于俎坐捝手執爵遂祭酒興席末坐啐酒降席坐奠爵

拜告旨執爵興主人荅拜降席席西也旨美也〔疏〕賓坐至荅拜○注降席至美也○釋曰云降席坐奠爵拜鄭云降席席西不言面案前體例降席席西拜者皆南面拜訖則告旨賓西階上北面坐卒爵興坐奠爵遂拜主人荅拜遂拜拜既爵也〔疏〕賓西至荅拜○注遂拜拜既爵也○釋曰經云坐卒爵又云興坐奠爵遂拜遂拜之文隔坐奠辭嫌遂拜不爲拜既爵故鄭明之云遂拜拜既爵也賓以虛爵降將酢主人〔疏〕賓以虛爵降○注將酢主人○釋曰自此已下盡序內東面論賓酢主人之事鄭知將酢主人者下經論酢主人之事故知也主人降賓洗南坐奠觚少進辭降主人東面對上既言爵矣復言觚者嫌易之也大射禮曰主人西階西東面少進對今文從此以下觚皆爲爵〔疏〕主人至面對○注上既至爲爵○釋曰云上既言爵矣復言觚者嫌易之也者上文主人洗觚獻賓云賓以虛爵降此經又云坐奠觚中間言爵者欲見對文一升曰爵二升曰觚散文即通觚亦稱爵以此言之此觚即前爵周公作經嫌易之

故復言觚也引大射禮者此經直有主人降又云主人東面對不辨主人立處又無少進之文大射先行燕禮與此同故引以爲證賓坐取觚奠于篚下盥洗篚下篚南主人辭洗謙也今文無洗賓坐奠觚于篚興對卒洗及階揖升主人升拜洗如賓禮賓降盥主人降賓辭降卒盥揖升酌膳執冪如初以酢主人于西階上主人北面拜受爵賓主人之左拜送爵賓既南面授爵乃之左〔疏〕賓坐至送爵○注賓既至之左○釋曰鄭云賓既南面授爵乃之左鄭知南面授爵與主人者以經言主人北面拜受爵明賓於東楹之西東面酌膳訖向西階南面授主人可知授爵訖乃之主人之左北面拜送爵故鄭云南面授爵乃之左也主人坐祭不啐酒辟正主也未薦者臣也〔疏〕主人坐祭不啐酒○注辟正至臣也○釋曰案鄉飲酒鄉射皆是正主經直云祭如賓禮亦不見有啐酒之事未知正主有啐不此

云不啐啐正主者案文可知以燕禮大射啐酒告旨並不爲者經云不啐酒不告旨並言不鄉飲酒鄉射直云不告旨不言不啐酒明主人啐矣有司徹儐尸之禮尸酢主人云席末坐啐酒特牲少牢尸酢主人主人皆有啐酒是其雖不告旨雖有啐酒之事云未薦者臣也者對賓禮獻訖則薦脯醢此主人是臣故獻訖不薦至獻大夫下胥薦主人于洗北是也**不拜酒不告旨**主人之義疏不拜酒不告旨。注主人之義。釋曰拜酒主人爲告旨但告旨者賓拜訖主人告酒美鄉飲酒鄉射正主人不拜酒不告旨主人無自告美故此主人代君爲主不得直云主人故云主人之義**遂卒爵興坐奠爵拜執爵興賓荅拜主人不崇酒以虛爵降奠于篚**崇充也不以酒惡謝賓甘美君物也**賓降立于西階西**既受獻矣不敢安盛**射人升賓賓升立于序內東面**東西牆謂之序大射禮曰擯者以命升賓疏射人至東面。注東西至升賓。釋曰東西牆謂之序者爾雅文引大射禮者證此經云射人升賓之時亦得君命**主人盥洗象觚**

升實之東北面獻于公象觚觚有象骨飾也取象觚者東面疏主人至于公。注象觚至東面。釋曰自此下盡奠于膳篚論主人獻公之事云取象觚者東面者以膳篚南有臣之篚不得北面取又不得南面背君取從西階來不得篚東西面取以是知取象觚者東面也**公拜受爵主人降自西階阼階下北面拜送爵士薦脯醢膳宰設折俎升自西階**薦進也大射禮曰宰胥薦脯醢由左房疏公拜至西階。注薦進至左房。釋曰凡此篇內公應先拜者皆後拜此之尊公故也是以下舉旅行酬皆受酬者先拜公乃荅拜此公先拜受爵者受獻禮重故也是以下云主人受公酢得酌膳燕上歡故也大射主人受公酢者辨尊卑故也云士薦脯醢膳宰設折俎者案前獻賓薦脯醢及設折俎皆使膳宰者賓卑故也今於公士薦脯醢膳宰設折俎異人以其上尊於膳宰君尊故使士薦必知士尊於膳宰者以其諸侯膳宰當天子膳夫上士二人諸侯降等膳宰則卑故下記云羞膳者與執冪者皆士也鄭注云尊君也膳宰卑於士是其士尊也大射主於射畧於飲酒故公及賓同使宰胥薦脯醢庶子設

折俎此燕禮燕私主於羞故賓之薦俎庶羞同使膳宰君之脯醢庶羞同使士尊官爲之大射必使庶子設折俎者案周禮庶子下大夫大射序尊卑變於燕禮故尊官爲之引大射禮者證此經脯醢從左房而來天子諸侯有左右房故得言左房大夫士無右房故言東房而已**公祭如賓禮膳宰贊授肺不拜酒立卒爵坐奠爵拜執爵興**凡異者君尊變於賓也疏公祭至爵興。注凡異至賓也。釋曰云凡異者君尊變於賓也者云凡非一謂膳宰贊授肺立卒爵又上文士薦脯醢皆是異於賓故言凡以廣之**主人荅拜升受爵以降奠于膳篚更爵洗升酌膳酒以降酢于阼階下北面坐奠爵再拜稽首公荅再拜**更爵者不敢襲至尊也古文更爲受疏更爵至再拜。釋曰自此已下盡主人奠爵于篚論主人受公酢之事主人受公酢而自酌者不敢煩公尊君之義。注更爵至爲受。釋曰獻君自酢同用觚必更之者襲因也不敢因君之爵喪服傳云君至尊也故以君爲至尊也**主**

人坐祭遂卒爵再拜稽首公荅再拜主人奠爵于篚主人盥洗升媵觚于賓酌散西階上坐奠爵拜賓賓降筵北面荅拜媵送也讀或爲揚揚舉也酌散者酌方壺酒也於膳爲散今文媵皆作騰疏主人至荅拜。釋曰自此盡東南面立論主人酬賓之事案前受獻訖立于序內以來未有升筵之事案鄉飲酒大射酬時皆主人西階上坐奠爵拜賓西階上北面荅拜酬前賓皆無逆在席者又以下文賓奠于薦東賓降筵西東南面立以此約之則此無升筵之事或言降筵者蓋誤。注媵送至作騰。釋曰云媵送也讀或爲揚揚舉也者案禮記檀弓下云知悼子卒未葬平公飲酒師曠李調侍鼓鍾杜蕢自外來升酌曰曠飲斯又酌曰調飲斯注云皆罰平公曰寡人亦有過焉酌而飲寡人杜蕢洗而揚觶注云舉爵於君也禮揚作媵揚舉也媵送也揚近得之若然此注今文媵作騰騰與媵皆是送義讀從檀弓杜蕢揚觶之揚揚訓爲舉義勝於媵送故讀從之也**主人坐祭遂飲賓辭卒爵拜賓荅拜**辭者辭其代君行酒

不立飲也此降於正主酬也【疏】主人至荅拜○注辭者至酬也○釋曰案鄉飲酒鄉射主人酬賓皆坐卒觶此主人酬賓亦坐飲賓辭之者上文獻君君立卒爵此主人代君酬賓亦宜立飲今主人坐祭遂飲故鄭云辭者辭其代君行酒不立飲云此降於正主酬也者正主謂鄉射飲酒正主酬處也

主人降洗賓降主人辭降賓辭洗卒洗揖升不拜洗不拜洗酬而禮殺主人酌膳賓西階上拜拜者拜其酌己受爵于筵前反位主人拜送爵賓升席坐祭酒遂奠于薦東遂者因坐而奠不北面也奠之者酬不舉也【疏】主人酌膳○釋曰自此至薦東此為酬賓若然案鄉飲酒鄉射主人酬賓皆主人奠觶席前北面賓始西階上拜此及大射主人始酌膳時賓已西階上拜者以其燕禮大射皆是主人代君勸酒其賓是臣急承君勸不敢安暇故先拜也主人又不坐奠於薦西賓祭訖遂南面奠於薦東不北面奠也主人降復位賓降筵西東南面立賓不立於序內位彌尊也位彌尊者

其禮彌卑記所謂一張一弛者是之類與【疏】主人至面立○注賓不至類與○釋曰云賓不立于序內位彌尊也位彌尊者其禮彌卑者案上初賓得獻降升之時序內立是不敢近賓席是禮尊而賓卑至此酬訖立於席西是賓位彌尊禮漸殺故云彌卑也云記所謂一張一弛者禮記雜記文案彼孔子謂子貢黨正飲酒百日之蜡一日之澤以弓弩喻是一張一弛之法此獻時為盛是一張也酬時為殺是一弛也無正文故云是之類與言與以疑之小臣自阼階下請媵爵者公命長命長使選卿大夫之中長幼可使者【疏】小臣至命長○注命長至使者○釋曰自此盡公荅再拜論使下大夫媵爵於公之事此旅酬從公而起故須大夫之中長幼可使者知非卿大夫最長而云長幼可使者案下文大夫長升受旅是長幼次第非專最長則此命長非最長是長幼之中可使者也小臣作下大夫二人媵爵作使也卿為上大夫不使之者為其尊【疏】小臣至媵爵○注作使至其尊○釋曰案王制上大夫卿是卿為上大夫云不使之者為其尊者謂若主人與賓使下大夫不使卿之類也媵爵者阼階下皆北面再

拜稽首公荅再拜再拜稽首拜君命也媵爵者立于洗南西面北上序進盥洗角觶升自西階序進酌散交于楹北降阼階下皆奠觶再拜稽首執觶興公荅再拜序次第也猶代也楹北西楹之北也交而相待於西階上既酌右還而反往來以右為上【疏】媵爵至再拜○釋曰西面北上者是未盥相待之位序進盥則北面向洗○注序次至為上○釋曰云楹北西楹之北也者二大夫盥手洗爵訖先者升西階由西楹之北向東楹之西東面酌酒訖右還由西楹北向西階上北面後者升西階亦由西楹之北向東楹之西酌酒訖亦由西楹之北○西階上北面相待乃次第而降故云交而相待於西階之上既酌右還而反往來以右為上云以右為上者謂在洗南西面及階上北面時先者在右地道尊右故也媵爵者皆坐祭遂卒觶興坐奠觶再拜稽首執觶興公荅再拜媵爵者執觶待于洗

南待君命也【疏】媵爵至洗南○注待君命也○釋曰云執觶待于洗南待君命者以其君尊臣卑雖自飲訖故執觶待于洗南以待君命也小臣請致者請使一人與二人與優君也【疏】小臣請致者○注請使至君也○釋曰案下二人俱致禮法當然是以不敢必君舉也故云一人與二人與取君進止是優君也若君命皆致則序進奠觶于篚阼階下皆再拜稽首公荅再拜媵爵者洗象觶升實之序進坐奠于薦南北上降阼階下皆再拜稽首送觶公荅再拜序進往來由尊北交于東楹之北奠于薦南不敢必君舉也大射禮曰媵爵者皆退反位【疏】若君至再拜○注序進至反位○釋曰云序進進往來由尊北交于東楹之北者前二人酌酒降自西階故交于西楹之北此酌酒奠于君所故交于東楹之北交于東楹北者以其酒尊所陳在東楹之西西向而陳其尊有四并執冪者在南不得南頭以之君所又背君面尊尊東西面酌酒以背君故先酌者東面酌訖由尊北又

楹北往君所奠訖右還而反後酌者亦於尊北又於楹北與反者而交先者於南西過後者於北東行奠訖亦右還而反相隨降自西階云奠于薦南不敢必君舉也者案鄉射皆云奠者於左將舉者於右是鄉飲酒一人舉觶及二人舉觶皆奠于薦右今言媵爵於公是將舉旅當奠於薦右而奠於薦左故云不敢必君舉也引大射禮者此經二人階下再拜稽首送觶無反位之文故引大射媵爵者皆退反門右北面位

公坐取大夫所媵觶興以酬賓賓降西階下再拜稽首公命小臣辭賓升成拜興以酬賓就其階而酬之也升成拜復再拜稽首也先時君辭之於禮若未成然

〔疏〕公坐至成拜○注興以至成然○釋曰自此至奠于篚論公爲賓舉旅之節公坐取大夫所媵觶者取上楹北辭云興以酬賓就其階而酬之也者經但云興以酬賓鄭知公就西階者以其賓降拜不於阼階下而言西階下故知公在賓西階上也不言西階者以公尊空其文也云升成拜復再拜稽首也先時君辭之於禮若未成然者凡臣於君雖爲賓與君相酬受爵不敢拜於堂上皆拜於堂下若君辭之聞命即升若堂下拜訖君辭之即升堂復再拜稽首所以然者以堂下再拜而君辭之若未成然故復升堂再拜稽首以成之升則不云再拜稽首直云成拜以堂下既有再拜稽首則此文是也若堂下未拜之間聞命則升升乃再拜稽首則不得言升成拜以其堂下未拜即下經云小臣辭賓升再拜稽首鄭注。不言成拜者爲拜故下實未拜是也凡臣拜於君有三等初受獻拜於堂下或親辭或遣小臣辭成與不成如上說至於酬酒雖下堂拜未即拜待君辭即此下經云公坐奠觶荅再拜執觶興立卒觶賓下拜小臣辭賓升再拜稽首注云不言成拜者爲拜故下實未拜也下不輒拜禮殺也此篇末無筭爵受公賜爵者皆下席堂上拜稽首不堂下拜者禮末又輕於酬時

公坐奠觶荅再拜執觶興立卒觶賓下拜小臣辭賓升再拜稽首不言成拜者爲拜故下實未拜也下不輒拜禮殺也此賓拜于君之左不言之者不敢敵偶于君

〔疏〕公坐至稽首○注不言至於君○釋曰云此賓拜于君之左不言之者不敢敵偶于君者上云公酬賓于西階上則此賓升再拜者拜于君之左可知經不言拜于君之左者若言再拜于君之左則臣與君敵偶故鄭云不言之者不敢敵耦于君闕其文也

公坐奠觶荅再拜執觶興賓進受虛爵降奠于篚易觶洗君尊不酌故也凡爵不相襲者也於尊者言更自敵以下言易更作新易有故之辭進受虛爵尊君也不言公酬賓於西階上及公反位者亦尊君空其文也

〔疏〕公坐至觶洗○注君尊至文也○釋曰云君尊不酌故也者以其君酬賓當親酌以授賓今賓爵自酌者君尊不酌與臣故也云凡爵不相襲者也於尊者言更自敵以下言易者於尊者言更謂受尊者之爵及與尊者爵皆言更上文主人獻公訖受爵以降奠于膳篚更爵洗酌膳以自酢是受尊者之爵言更也下文云賓酬卿若膳觶也則降更觶鄭注云言更觶卿尊也是與尊者之爵言更云自敵以下言易者謂與卑者之爵及受卑者之爵皆云易此文公酬賓云賓進受虛爵降奠于篚易觶洗言易者賓尊以公舉觶酬賓是與卑者故言易也上文大夫二人媵爵于公者卒觶執觶待于洗南小臣請致者若君命皆致則序進奠觶于篚阼階下再拜稽首媵爵者洗象觶升實之序進坐奠于薦南是受卑者之爵合言易而不言者理自明若不言易者奠散觶洗象觶階再拜稽首故不復言易也若然主人受公酢賓受公酬二者之爵皆從尊者來所以受酢爲受尊者之爵言更受酬爲與卑者之爵言易者以其主人受酢由己獻公公報己已所當得是以爲受尊者之爵言更也賓受公酬以公舉媵觶就西階上以酬賓特爲賓舉旅故以爲尊者與卑者之爵言易案下士舉旅公坐取賓所媵觶唯公所賜受者如初受酬之禮降更爵洗升酌膳彼亦是尊者與卑者之爵不言易而言更者旅酬下爲上尊前人故不言易而言更也云更作新者欲見此爵前人已用今不復用更新用一爵故云更作新也云易有故之辭者言此爵我先嘗用今由前人後用已不用亦以爲爵故云易有故之辭也案特牲賓長致爵于主人主婦言更爵酢者欲得嘉賓美客以事其先故言更少牢不儐尸云致爵于主人主婦不賓易爵酢者大夫禮尊于賓有君道故言易若然又案少牢不儐尸主婦致爵于主人主婦更爵酢注云更猶易也若然更與易似不別者但更易不殊以尊卑不同設文有異云不言公酬賓於西階及公反位者亦尊君空其文也者以其公就西階是降尊就卑敬公不言降尊故空文不言

公有命則不易不洗反升酌膳觶下拜小臣辭賓升再拜稽首下拜下亦未拜凡下未拜有二或禮殺或君親辭君親辭則聞命即升升乃拜是亦不言成拜

〔疏〕公有至稽首○注下拜至成拜○釋

曰云凡下未拜有二或禮殺或君親辭云禮殺者謂若酬時下爲拜賓未拜辭之即升再拜稽首是也云或君親辭者謂若公食大夫云公拜至賓降西階東北面荅拜公降一等辭賓。不拜直言階上北面再拜稽首是階下未拜不得言升成拜直言再拜稽首而已**公荅再拜**拜於阼階上也於是賓請旅侍臣疏注拜於至侍臣○釋曰云於是賓請旅侍臣者案下記云凡公所酬既拜請旅侍臣鄭注云既拜謂自酌升拜時也擯者阼階下告於公還西階下告公許旅行也請行酒於羣臣必請者不專君惠也大射於此時賓請旅於諸臣此不言者文不具故記人辨之**賓以旅酬於西階上**旅序也以次序勸卿大夫飲酒疏賓以至階上○注旅序至飲酒○釋曰此經論旅酬先尊後卑之法仍未行旅下經射人作大夫長乃始旅酬**射人作大夫長升受旅**言作大夫則卿存矣長者尊先而卑後疏射人至受旅○注言作至卑後○釋曰遣。人作大夫者燕或射故使之云言作大夫則卿存矣者以其卿稱上大夫言大夫長故知卿亦存在作中矣云長者尊先而卑後者賓則旅三卿三卿徧次第至五大夫大。夫徧不及士**賓大夫之右坐**

奠觶拜執觶興大夫荅拜賓在右者相飲之位疏賓大至荅拜○注賓在至之位○釋曰言賓在右者賓在西階上酬卿賓與卿並北面賓在東卿在西是賓在大夫之右賓位合在西今在東故云賓在右者相飲之位也**賓坐祭立飲卒觶不拜**酬而禮殺疏賓坐至不拜○注酬而禮殺○釋曰此對酢之時坐卒爵拜既爵是禮盛也今旅酬立卒觶不拜既爵故云禮殺也**若膳觶也則降更觶洗升實散大夫拜受賓拜送**言更觶卿尊也疏若膳至拜送○注言更觶卿尊也○釋曰案上文體例與卑者之爵稱易與尊者之爵稱更雖立爲賓仍是大夫爲之此賓卑於卿故言更觶者卿尊也**大夫辯受酬如受賓酬之禮不祭卒受者以虛觶降奠于篚**卒猶後也大射禮曰奠于篚復位今文辯皆作徧疏大夫至于篚○注卒猶至作徧○釋曰言不祭者亦是酬禮殺也引大射禮者此經云降奠于篚不言反位故引大射奠爵於篚訖當復門右北面位**主人洗升**

實散獻卿于西階上酬而後獻卿別尊卑也飲酒成於酬也疏主人至階上○釋曰自此盡無加席論主人獻孤卿之節○注酬而至酬也○釋曰此酬非謂尋常獻酬乃是君爲賓舉旅行酬以其主人獻君君酢主人主人不敢酬君故使二大夫媵爵于公以當酬處所以覆獻也但君恩既大爲賓舉旅飲酒之禮成於酬故酬辨乃獻卿以君尊卿卑是以君禮成卿乃得獻故云別尊卑也

儀禮疏卷第十四

盧宣旬校

大清嘉慶二十一年用文選樓藏本校

江西督糧道王賡言廣豐縣知縣阿應鱗栞

儀禮注疏卷十四挍勘記　阮元撰盧宣旬摘錄

燕禮第六

於五禮屬嘉 毛本嘉下有禮字

燕樂以盡其歡 陳本要義同毛本歡作勸

燕禮

與者 徐本同集釋通解楊氏毛本與上有戒字

戒與者 戒要義作云按疏云留羣臣謂羣臣留在國不行者也朱子曰留羣臣謂羣臣朝畢將退君欲與之燕故使小臣留之疏說非是如朱子說則留字卽釋戒字如賈氏說則留羣臣正釋與者疑賈氏所見注亦無戒字此疏戒字當從要義作云

君有命戒射者 毛本戒誤作教

膳宰具官饌于寢東

寢露寢 徐本同毛本露作路張氏曰注曰寢露寢按疏露作路後記之注亦作路○按後注路堵父國語作露則露路古多通用

燕朝服於寢正處在路寢 朱子曰於寢下疑脫既朝服則宜於六字

樂人縣

縣鍾磬也 鍾俗本作鐘徐葛集解通解俱作鍾後賓執脯以賜鍾人於門內霤周學健云鍾鼓之鍾古皆作鍾三禮無鐘字俗本或作鐘皆後人所改也○按後凡鍾字放此不悉校磬徐本作罄後同

言縣者 徐本集釋楊氏同毛本言作宮

未知樂人意是何官 要義同毛本意作竟

云言縣者 毛本言作宮

設洗篚于阼階東

此不可言南肆 毛本無可字

司宮尊于東楹之西○左元酒南上 南聶氏作東

冪用綌若錫 毛本冪作羃徐本楊氏作冪通解敖氏作幂

爲卿大夫士也者 要義同毛本無士字

故知方尊爲此人也 人陳作入

胥六人徒五人 兩人下聶氏並有祿字

司宮筵賓于戶西 筵唐石經作之誤

然其言之 毛本其作具○按作其與周禮序官注合

射人告具

亦是不定之義 亦上要義有以字

小臣設公席于阼階上西鄉 陸氏曰鄉本又作嚮下及注同

諸侯胙席 胙徐陳集釋楊氏同毛本胙作酢嚴閩監本通解敖氏俱作胙

小臣納卿大夫

故下經君始爾之就庭位 毛本始爾之作爾之始通解同

不須引 要義同毛本不上有從而入三字引陳閩俱誤作弓

小臣正贊袒 毛本袒作祖

公降立于阼階之東南

云大夫猶北面少前者 要義同毛本猶作由

射人請賓 毛本人誤作入

不云爲擯者　要義同毛本不作下

其次爲射正　要義同毛本爲下有小字

或因燕而射　要義同毛本或作因

公曰命某爲賓

宰夫爲主人　要義同毛本通解宰上有旣以二字

明賓亦是大夫　亦是大夫陳閩俱作亦當用大夫也

乃命執冪者

注以公至冪之也　毛本無冪字

又且東面階　且陳閩俱作是

又大射云工人士與梓人　毛本通解無云字

賓升自西階○賓右北面　毛本右誤作又

大宰之屬　張氏曰巾箱杭本大作人從監嚴本

膳宰薦脯醢

旣與鄉飲酒同用狗　毛本狗作物陳閩監本俱誤作拘

則與此賓之牲體數同　陳閩監本同毛本與作於

主人降

嫌易之也者　毛本者誤作對

觚亦稱爵　毛本亦誤作言

不拜酒

拜酒主人爲告旨　拜酒主人四字陳本雙行夾書閩本無拜酒二字

但告旨者　陳閩俱無但告旨三字

〔附考〕集釋此節之下有經文不殺二字鄭注無俎故也四字盧文弨云各本皆無廁此不倫

遂卒爵

崇充也　徐葛集釋通解楊氏同毛本充作克

不以酒惡謝賓　徐本集釋俱無惡字似誤

主人盥○升實之　唐石經徐陳集釋通解要義楊氏敖氏同毛本實作賓

不得北面取又　通解同毛本取又作又取

公拜受爵

燕上歡故也　要義同毛本上作主

今於公士薦脯醢　於要義作以

主人盥洗升○拜賓賓降筵北面荅拜　賓唐石經敖氏俱不重徐本集釋通解要義楊氏毛本俱重石經考文提要云大射禮當此節曰西階上坐奠爵拜賓西階上北面荅拜不疊賓字例同○按疏無降筵二字

則此無升筵之事　陳閩要義同毛本此作比

義勝於媵送　要義同毛本作義騰與媵決通解作義勝於送無媵字陳本騰作勝

主人酌膳

拜其酌已　徐陳集釋通解楊氏同毛本已作也

受爵于筵前

主人酌膳釋曰　按此疏當在上節今附此節非也

主人降復位

其禮彌卑　徐陳集釋通解楊氏同毛本禮作體○按大射疏引此亦作禮

媵爵者立于洗南

西階上北面相待　段玉裁校本西上有向字

若君命皆致○升實之　毛本實作賓唐石經徐陳集釋通解楊氏敖氏俱作實

云序進進往來由尊北　要義毛本不重進字

西向而陳　而要義作南

由尊北又楹北　又陳閩俱作及

按鄉射皆云　按下一本增鄉飲二字周學健云既有皆字則當兼鄉飲明矣浦鏜改皆爲記○按下云是鄉飲酒一人舉觶云云則鄉射上固當有鄉飲酒三字浦鏜非

公坐

此篇末無算爵　陳閩通解要義同毛本末作未

公有命

是亦不言成拜　徐本集釋通解楊氏同毛本亦作以

賓不拜　通解要義毛本賓下有升字○按公食大夫禮有升字

公荅再拜

賓請旅于諸臣　諸要義作羣

射人作大夫長

遣人作大夫者　要義毛本遣下有射字

大夫徧　要義無大夫二字

賓大夫之右

賓在右者　諸本同毛本在作左

賓在西階上酬卿　陳本同毛本在作有

主人洗升

君酢主人　通解要義同毛本酢作作

故使二大夫媵爵于公　二大夫陳閩俱作二人

儀禮注疏卷十四校勘記終

奉新余成教校

儀禮卷第十五

唐朝散大夫行大學博士弘文館學士臣賈公彥等撰

司宮兼卷重席設于賓左東上言兼卷則每卿異席也重席重蒲筵緇布純也卿坐東上統於君也席自房來疏司宮至東上○注言兼至房來○釋曰此經設三卿之席在於賓東言兼卷則每卿異席也者若三卿則直云卷重席不須言兼今云兼卷則兼三卿重席皆卷之故知每卿皆異席也云重席重蒲筵者案公食大夫記云司宮具几與蒲筵常緇布純加萑席尋玄帛純彼爲異國之賓有蒲筵萑席兩種席故稱加上小臣設公席與公食大夫席及賓皆稱加亦是兩種席兩種而稱加此燕已臣子一種席重設之故不稱加若然案鄉飲酒云席于賓東公三重大夫再重公升如賓禮大夫則如介禮有諸公則辭加席鄉射亦云大夫辭加席案彼二文雖稱加上文云三重再重則無異席故彼記直云蒲筵彼云加者以上席加於下席故鄭彼云加席上席也故此下注云重席雖非加猶爲其重累去之是其一種席也云卿坐東上統於君也者決鄉飲酒鄉射諸公大夫席于尊東西上彼遵尊於主人故鄭注云統於尊此爲君尊故統於君而東上也云席自房來者案公食記云宰夫筵出自東房故知也

卿升拜受觚主人拜送觚卿辭重席司宮徹之徹猶去也重席雖非加猶爲其重累去之辟君也疏卿升至徹之○注徹猶至君也○釋曰云重席雖非加猶爲其重累去之辟君也者案鄉射云大夫辭加席之等皆是異席而辭之此重席重蒲筵不合辭以君有加席兩重故辭之以辟君乃薦脯醢卿升席坐左執爵右祭脯醢遂祭酒不啐酒降席西階上北面坐卒爵興坐奠爵拜執爵興主人荅拜受爵卿降復位不酢辟君也卿無俎者燕主於羞疏乃薦至復位○釋曰此云卿薦脯醢不言其人畧之故下記辨之云羞卿者小膳宰是也○注不酢至於羞○釋曰案上主人獻公主人酢于阼階下此即不酢故決之云卿無俎者燕主於羞者決大射庶子設俎辨尊卑故與此異辯獻卿主人以虛爵降奠

于篚今文無奠于篚射人乃升卿卿皆升就席若有諸公則先卿獻之如獻卿之禮諸公者謂大國之孤也孤一人言諸者容牧有三監疏射人至之禮○注諸公至三監○釋曰云諸公者謂大國之孤也知者周禮典命云公之孤四命侯伯已下不言孤故據大國而言云孤一人者鄭司農注典命云上公得置孤卿一人後鄭從之故此亦云孤一人與司農義同云言諸者容牧有三監者以其言諸非一人案王制云天子使其大夫爲三監監於方伯之國國三人彼是殷法同之周制使伯佐牧不置監周公制禮因殷不改者若士冠醮用酒之類故鄭云容言容有異代之法據周禮天子大夫四命與孤等故同稱公席于阼階西北面東上無加席席孤北面爲其大尊屈之也亦因阼階西位近君近君則屈親寵苟敬私昵之坐疏席于至加席○注席孤至之坐○釋曰案上文卿初設重席辭之乃徹此孤北面初無加席者皆是爲大尊屈之也云親寵苟敬私昵之坐者案下記云賓爲苟敬席于阼階之西以爲敬此孤亦席於阼階之西故爲苟敬私昵之坐也小臣又請媵爵

者二大夫媵爵如初又復疏小臣至如初○釋曰自此至送觶公荅再拜論一人致爵于公之事云二大夫媵爵如初者亦上二人媵爵媵爵者阼階下皆北面再拜稽首公荅再拜媵爵者立于洗南西面北上序進盥洗角觶升自西階序進酌散交于楹北降阼階下皆奠觶再拜稽首執觶興公荅再拜媵爵者皆坐祭遂卒觶興坐奠觶再拜稽首執觶興公荅再拜媵爵者執觶待于洗南相似也故言二大夫媵爵如初也請致者若命長致則媵爵者奠觶于篚一人待于洗南長致致者阼階下再拜稽首公荅再拜命長致者公或時未能舉自優暇也古文云阼階下北面再拜疏請致至再拜○注命長至暇也○釋曰上文小臣請媵爵則此請致者亦小臣也云命長致者公或時未能舉自優暇也者脫屨升坐以前公爲賓爲卿爲大夫三舉旅也燕禮之正不得損益而云公或時未能舉自優暇者正謂周公作經以優之非實也故云若命長致言若者不定之辭優君之義故唯命長致不然似言皆致以其三舉旅唯有此三觶故也洗象觶升實

之坐奠于薦南降與立于洗南者二人皆再拜稽首送觶公荅再拜奠于薦南者於公所用酬賓觶之處二人俱拜以其共勸君【疏】洗象至再拜○注奠于至勸君○釋曰云奠于薦南者於公所用酬賓觶之處者案前大夫二人媵觶奠于公薦南北上其上觶已取爲賓舉旅下觶仍在今大夫又媵一觶而云奠于薦南明知是所用酬賓觶之處云二人俱拜以其共勸若者上云媵爵者二大夫媵爵如初是共勸君酒今始命長致故俱拜以其共勸君故也公又行一爵若賓若長唯公所酬一爵先媵者之下觶也若賓若長則賓禮殺矣長公卿之尊者也賓則以酬長長則以酬賓【疏】公又至所酬○釋曰自此至奠于篚論爲卿舉旅之事○注一爵至酬賓○釋曰知一爵是先媵者之下觶者以其前大夫二人媵爵皆奠于薦南以其上觶者已爲賓舉旅今又行一爵故知先媵者之下觶也其後媵一觶者留之後爲大夫舉旅也云若賓若長則賓禮殺矣者前爲賓舉旅不云若賓若長專爲賓禮盛至此爲卿舉旅不專爲賓舉旅科從其一是賓禮殺也云長公卿之尊者也者有諸公公爲尊若無

諸公三卿爲尊長中可以兼此二者云賓則以酬長長則以酬賓者釋經若賓若長言若不定或先或後故兩言之以旅于西階上如初大夫卒受者以虛觶降奠于篚【疏】以旅至于篚○釋曰言如初者一如上爲賓舉旅之節主人洗升獻大夫于西階上大夫升拜受觚主人拜送觚大夫坐祭立卒爵不拜既爵主人受爵大夫降復位既盡也不拜之者禮又殺【疏】主人至復位○釋曰自此盡皆升就席論獻大夫之節○注既盡至又殺○釋曰云不拜之者禮又殺者前卿受獻不酢辟君已是禮殺今大夫受獻不但不酢主人又不拜既爵故云禮又殺胥薦主人于洗北西面脯醢無脀胥膳宰之吏也主人大夫之下先大夫薦之尊之也不於上者上無其位也脀俎實【疏】胥薦至無脀○注胥膳至俎實○釋曰云胥膳宰之吏也者案周禮有府史胥徒鄭注天官胥讀如諝謂其有才知爲什長是庶人在官者所羞薦者皆膳宰胥是

膳宰之吏云主人大夫之下先大夫薦之尊之也者案大射注直云主人大夫不云下此云大夫之下者謂大夫之中位次在下下經云辯獻大夫乃爲此薦文在上是先大夫爲之尊之也云不於上者上無其位也者案此燕禮大夫堂上士在下獨此宰夫言堂上無位者以其主人位在阼階君已在阼故主人辟之位在下是以大射注云不薦於上辟正主也云脀俎實者脀者升也謂升特牲體於俎故云俎實也辯獻大夫遂薦之繼賓以西東上徧獻之乃薦畧賤也亦獻而后布席也【疏】辯獻至東上○注徧獻至席也○釋曰凡大夫升堂受獻得獻訖即降獻徧不待大夫升遂薦於其位大夫始升故言遂也云徧獻之乃薦畧賤也者決上卿與賓得獻即薦貴故也云亦獻而後布席也者亦上獻卿之時司宫兼卷重席設於賓左此大夫不言設席明亦得獻後即布席也若言案大射席小卿賓西東上注云席於賓西射禮辨貴賤也以此言之燕禮主歡不辨貴賤小卿與大卿皆在賓東故此賓西無小卿位卒射人乃升大夫大夫皆升就席席工于西階上少東樂正先升北面立于

其西工瞽矇歌諷誦詩者也凡執技藝者稱工少牢饋食禮曰皇尸命工祝樂記師乙曰乙賤工也樂正于天子樂師也凡樂掌其序事樂成則告備【疏】席工至其西○釋曰自此至降復位論作樂之事此上下作樂之中有四節升歌一笙二間三合樂四○注工瞽至告備○釋曰工瞽矇歌諷誦詩者也案周禮瞽矇掌播鼗諷誦詩鄭云諷誦詩謂闇讀之不依詠也彼不依琴瑟闇讀之即爾雅徒歌曰謡此作樂之時依於瑟即詩注云曲合樂曰歌一也故下云工歌鹿鳴之類是也云凡執技藝者稱工者執技藝文出於王制但能其事者皆稱工是以引少牢饋食祝稱工樂記師乙爲大師樂官亦稱工至於冬官巧作者皆稱工云樂正於天子樂師也知樂正與樂師相當者案周禮樂師職云凡樂成則告備此樂正告樂備故知樂正當天子樂師樂師下大夫四人上士八人下士十有六人樂師大小多矣此諸侯樂正亦有大小之名也故大射云小樂正從之鄭注云小樂正於天子樂師也是其諸侯樂正雖有大小當天子樂師知大樂正不當天子大司樂者以其天子大司樂不告樂備故不得以大樂正當之但大射主於射畧於樂故小樂正告樂備此燕主歡心故大樂正告樂備故不同小臣納工工四人二瑟小

臣左何瑟面鼓執越内弦右手相入升自西階北面東上坐小臣坐授瑟乃降工四人者燕禮輕從大夫制也面鼓者燕尚樂可鼓者在前也越瑟下孔也内弦弦爲主也相扶工也後二人徒相天子大僕二人也小臣四人祭僕六人御僕十二人皆同官疏小臣至乃降○注工四至同官○釋曰工四人者燕禮輕從大夫制也者鄭言此者決大射禮重工六人從諸侯制案公羊傳諸公六諸侯四若然知非大射是諸公制此燕禮是諸侯制者案鄉射之工四人是大夫制則諸侯不得有工四人五等諸侯同六人彼公羊六人四人不同者自是舞人之數不得以彼決此也云面鼓者燕尚樂可鼓者在前也者此決鄉飲酒左何瑟後首臣降於君故也引天子大僕二人也者周禮序官文引之者此經小臣相工大射云僕人正徒相大師僕人師相少師僕人士相上工僕人以下同官既多遞換相工但大射辨尊卑故僕人正等相工此燕禮輕故小臣相工是以別周禮同官人多得相參之意工歌鹿鳴四牡皇皇者華三者皆小雅篇也鹿鳴君與臣下及四方之賓宴講道脩政之樂歌也此采其己有旨酒以召嘉賓嘉賓既來示我以善道又樂嘉賓有孔昭之明德可則傚也四牡君勞使臣之來樂歌也此采其勤苦王事念將父母懷歸傷悲忠孝之至以勞賓也皇皇者華君遣使臣之樂歌也此采其更是勞苦自以爲不及欲諮謀於賢知而以自光明也疏工歌至者華○注三者至明也○釋曰此經歌詩之類鄭於鄉飲酒已注此注與彼同但此燕禮歌小雅亦合鄉樂下就卑也鄉飲酒升歌鹿鳴之等饗或上取故彼此詩同注亦不異也卒歌主人洗升獻工工不興左瑟一人拜受爵主人西階上拜送爵工歌乃獻之賤者先就事也左瑟便其右一人工之長者也工拜於席疏卒歌至送爵○注工歌至於席○釋曰云工歌乃獻之賤者先就事也者歌詩是其事先施功勞乃始獻之是賤者先就事對工以上不就事而得獻也故大射注云工歌而獻之以事報之是也云左瑟便其右者工北面以西爲左空其右受獻便者酒從東楹之西來故以右爲便案大射云獻工工左瑟鄭注云大師無瑟於是言左瑟者節也以其經云僕人正徒相大師無瑟言大師左瑟者爲飲酒之節此與鄉飲酒同無所分別大師或瑟或歌是以不得言節之案鄉飲酒大師

則爲之洗則衆工不洗也此經主人洗升獻工不辨大師與衆工則皆爲之洗爵又案鄉飲酒記不洗者不祭此篇與大射羣工與衆笙皆言祭故知皆爲之洗云工拜於席者以經云工與左瑟即云一人拜受爵不見有降席之文明工拜於席可知薦脯醢輒薦之變於大夫也疏薦脯醢○注輒薦至夫也○釋曰案上獻大夫之時云辯獻大夫遂薦之鄭注云徧獻之乃薦畧賤也此獻工之長一人即薦脯醢非謂貴工即獻之正是禮尚異變於大夫也使人相祭使扶工者相其祭薦祭酒疏使人相祭○注使扶至祭酒○釋曰上云小臣相工則此扶工相祭是小臣也此據相長一人文承受爵薦脯醢之下故知祭薦脯醢及祭酒二事對下衆工祭酒不祭脯醢也卒受不拜賤不備禮主人受爵將復獻衆工也衆工不拜受爵坐祭遂卒爵辯有脯醢不祭主人受爵降奠于篚遂猶因也古文曰卒爵不拜公又舉奠觶唯公所賜以旅于西階上如初言賜者君又彌尊賓長彌卑疏公又至如初○注言賜至彌卑○釋曰此燕尚飲酒故工歌之後笙奏之前而爲大夫舉旅大射雖行燕禮主於射故笙之閒至射乃爲大夫舉旅云言賜者君又彌尊賓長彌卑者案上爲賓舉旅直云公與以酬賓爲卿舉旅而云若賓若長言若不定科酬其一不專爲賓是君禮漸尊賓禮漸殺雖然猶言酬至此言唯公所賜者以上下言之是君又彌尊賓長彌卑也卒旅畢也疏卒○注旅畢也○釋曰言旅畢者謂爲大夫舉旅酬行於西階之上或從賓或從卿次第盡大夫故云旅畢也笙入立于縣中奏南陔白華華黍以笙播此三篇之詩縣中縣中央也鄉飲酒禮曰磬南北面奏南陔白華華黍皆小雅篇也今亡其義未聞昔周之興也周公制禮作樂采時世之詩以爲樂歌所以通情相風切也其有此篇明矣後世衰微幽厲尤甚禮樂之書稍稍廢棄孔子曰吾自衛反魯然後樂正雅頌各得其所謂當時在者而復重雜亂者也惡能存其亡者乎且正考父校商之名頌十二篇于周大師歸以祀其先王至孔子二百年之閒五篇而已此其信也疏笙入至華黍○注以笙至信也○釋曰此笙奏南陔白華華黍三篇等經注與鄉射同亦不復重釋但此云笙入立于縣中以其諸侯軒縣闕南面而已故得言縣中鄉飲酒

唯有一磬縣而已不得言縣中而云磬南注引鄉飲酒者欲見此雖軒縣近北面縣之南也主人洗升獻笙于西階上一人拜盡階不升堂受爵降主人拜送爵階前坐祭立卒爵不拜既爵升授主人一人笙之長者也鄉射禮曰笙一人拜于下〔疏〕主人至主人○注一人至于下○釋曰引鄉射禮者證笙一人拜此與鄉飲酒皆直云一人拜不言拜于下故鄉飲酒與此注皆引鄉射以爲證欲見拜者拜於階下衆笙不拜受爵降坐祭立卒爵辯有脯醢不祭〔疏〕衆笙至不祭○釋曰言不拜受爵降者於階下受爵者亦盡階不升堂云辯有脯醢者亦獻訖薦于位之前乃閒歌魚麗笙由庚歌南有嘉魚笙崇丘歌南山有臺笙由儀閒代也謂一歌則一吹也六者皆小雅篇也魚麗言大平年豐物多也此采其物多酒旨所以優賓也南有嘉魚言大平君子有酒樂與賢者共之也此采其能以禮下賢者賢者

纍蔓而歸之與之宴樂也南山有臺言大平之治以賢者爲本也此采其愛友賢者爲邦家之基民之父母既欲其身之壽考又欲其名德之長也由庚崇丘由儀今亡其義未聞〔疏〕乃閒至由儀○注閒代至未聞○釋曰此經注一與鄉飲酒同彼已釋訖不復重解遂歌鄉樂周南關雎葛覃卷耳召南鵲巢采蘩采蘋周南召南國風篇也王后國君夫人房中之樂歌也關雎言后妃之德葛覃言后妃之職卷耳言后妃之志鵲巢言國君夫人之德采蘩言國君夫人不失職也采蘋言卿大夫之妻能脩其法度也昔大王王季居于岐山之陽躬行召南之教以興王業及文王而行周南之教以受命大雅云刑于寡妻至于兄弟以御于家邦謂此也其始一國爾文王作邑于豐以故地爲卿士之采地乃分爲二國周周公所食也召召公所食也於時文王三分天下有其二德化被於南土是以其詩有仁賢之風者屬之召南焉有聖人之風者屬之周南焉夫婦之道者生民之本王政之端此六篇者其教之原也故國君與其臣下及四方之賓燕用之合樂也鄉樂者風也小雅爲諸侯之樂大雅頌爲天子之樂鄉飲酒升歌小雅禮盛者可以進取燕合鄉樂者禮輕者可以逮下也春秋傳曰肆夏

繁遏渠天子所以享元侯也文王大明緜兩君相見之樂也然則諸侯之相與燕升歌大雅合小雅也天子與次國小國之君燕亦如之與大國之君燕升歌須合大雅其笙閒之篇未聞〔疏〕遂歌至采蘋○注周南至未聞○釋曰云遂歌鄉樂者鄉飲酒云乃合樂與此文不同者以其二南是大夫士樂大夫士或作鄉大夫或作州長故名鄉大夫樂飲酒不言鄉樂者以其是己之樂不須言鄉故直言合樂此燕禮是諸侯禮下歌大夫士樂故以鄉樂言之又鄉飲酒注云合樂謂歌與衆聲俱作彼經有合樂之字故也此經無合樂之字故闕而不言其實此歌鄉樂亦與衆聲俱作是以彼處解合爲歌與衆聲俱作耳此歌而解合明同也自周南以下所注亦與鄉飲酒同亦不復重釋大師告于樂正曰正歌備大師上工也掌合陰陽之聲教六詩以六律爲之音者也子貢問師乙曰吾聞聲歌各有宜也如賜者宜何歌也是明其掌而知之也正歌者聲歌及笙各三終閒歌三終合樂三終爲一備備亦成也〔疏〕大師至歌備○注大師至成也○釋曰云大師上工也者案春官大師下大夫二人小師上士四人又云上瞽四十人中瞽百人下瞽百有六十人注云凡樂之歌必使瞽矇爲焉命其賢知者以其大師對小師已下二百人爲上士

也云掌合陰陽之聲教六詩以六律爲之音者也者並大師職文案彼云掌六律六同以合陰陽之聲注云陽聲黃鍾大蔟姑洗蕤賓夷則無射陰聲大呂應鍾南呂林鍾中呂夾鍾又云皆文之以五聲宮商角徵羽皆播之以八音金石土革絲木匏竹又云教六詩曰風曰賦曰比曰興曰雅曰頌以六德爲之本以六律爲之音云子貢問師乙以下至何歌也並樂記文師乙魯之大師以掌樂事故子貢問焉引之者證大師知樂節故告歌備故鄭云是明其掌而知之也知升歌以下四節皆三終者案禮記鄉飲酒義云工入升歌三終主人獻之笙入三終主人獻之閒歌三終合樂三終工告樂備故知皆三終彼與此經閒歌合樂不獻之者但閒歌合樂還是始升歌笙奏之前已得獻故不復重獻云備亦成也者案周禮樂師職云凡樂成則告備故云亦成也樂正由楹內東楹之東告于公乃降復位言由楹內者以其立於堂廉也復位位在東縣之北〔疏〕樂正至復位○注言由至之北○釋曰言由楹內者以其樂正與工俱在堂廉則楹南無過處故由楹內適東楹之東告于公云復位位在東縣之北者案大射畧於樂小樂正升堂經有左右正則知亦有大樂正至席工於西階上少東東面時小樂正亦降立於

其南北面卒管工向東坫之東南西面北上坐時鄭注云於是時大樂正還北面立於其南臣位尊東明工升堂時小樂正升大樂正東方西面工來東坫之東南西面時大樂正東縣之北北面其小樂正則立於西階下東面此燕禮主於樂故大樂正升堂今降明復於東縣之北北面也

射人自阼階下請立司正公許射人遂爲司正

君許其請因命用爲司正君三舉爵樂備作矣將留賓飲酒更立司正以監之察儀法也射人俱相禮其事同

疏射人至司正○注君許至事同○釋曰自此盡皆反坐論立司正遂行所監之事云君三舉爵者爲賓爲卿爲大夫舉旅云樂備作矣者歌笙閒合四者備作各三終矣案鄉飲酒鄉射立司正後始行旅酬者彼是士饗禮饗禮之法莫問尊卑徧獻之後乃行旅酬故立司正之後乃行旅酬此燕禮國君燕其臣子雖一獻以辨尊卑故主人獻君而受酬主人卑不敢酬公獻之禮成於酬故使大夫媵觶於公當酬公君行大惠即舉之爲賓賓得觶請旅諸臣徧卿大夫乃成一獻之禮復獻卿大夫皆爲之舉旅行酬皆成其獻但卿大夫皆堂上有位近君不敢失禮故雖舉旅行酬而未立司正作樂後將獻羣士士職卑位在堂下將爲士舉旅恐失禮故未獻之前即立司正監之故不同也

司正洗角觶南面坐奠于中庭升東楹之東受命西階上北面命卿大夫君曰以我安卿大夫皆對曰諾敢不安

洗奠角觶于中庭明其事以自表威儀多也君意殷勤欲留賓飲酒命卿大夫以我故安或亦其賓不主意於賓

疏司正至不安○注洗奠至於賓○釋曰云洗奠角觶于中庭明其事以自表威儀多也者此奠觶于中庭威儀多決鄉飲酒不奠是以鄉飲酒作相爲司正洗觶執以升自西階是不奠威儀少也云君意殷勤欲留賓飲酒命卿大夫以我故安者以主人安客乃安故欲安賓先語卿大夫以我意故須安也云或亦其賓不主意於賓者鄭意兩解前解主意爲賓故使卿大夫爲賓安或亦其賓不專主爲賓兼羣臣共安也

司正降自西階南面坐取觶升酌散降南面坐奠觶右還北面少立坐取觶興坐不祭卒觶奠之興再拜稽首

右還將適觶南先西面也必從觶西爲君之在東也少立者自嚴正慎其位

疏司正至稽首○注右還至其位○釋曰右還將適觶南先西面也者右還謂奠時南面乃以右手向外而西面乃從觶西南行而右還北面云必從觶西爲君之在東也者若從觶東而左還北面則背君以其君在阼故也云自嚴正慎在位者以司正監察主爲使人嚴正謹慎故先自嚴正謹慎也

左還南面坐取觶洗南面反奠于其所

反奠虛觶不空位也

疏左還至其所○注反奠至位也○釋曰必使不空者亦欲使衆人觀知司正嚴正之處

升自西階東楹之東請徹俎降公許告于賓賓北面取俎以出膳宰徹公俎降自阼階以東

膳宰降自阼階以賓親徹若君親徹然

疏升自至以東○注膳宰至徹然○釋曰云降自阼階以賓親徹若君親徹然者臣之升降當西階今見賓親徹膳宰代君徹不降西階而降自阼階當君降處故云若君親徹降自阼然也

卿大夫皆降東面北上

以將坐降待賓反也

疏卿大至北上○注以將至反也

○釋曰案大射云大夫降復位注云門東北面位不與卿同東面位者彼卿有俎卿取俎以出故大夫不敢獨在西階下故復位復門東北面位此燕卿無俎故大夫與卿同降西階下東面北上位也云以將坐降待賓反者上文賓以俎出當反入升坐故卿大夫待賓反亦升坐也

賓反入及卿大夫皆說屨升就席公以賓及卿大夫皆坐乃安

凡燕坐必說屨屨賤不在堂也禮者尚敬敬多則不親燕安坐相親之心

疏賓反至乃安○注凡燕至之心○釋曰凡在堂立行禮不說屨安坐則說屨故鄭云凡燕坐必說屨以其屨在足賤不宜在堂陳於尊者之側也云禮者尚敬敬多則不親燕安坐相親之心者左氏傳云饗以訓恭儉設几而不倚爵盈而不飲燕以示慈惠饗在廟立行禮是敬多則不親者也燕在寢以醉爲度是相親之心者也若然直云賓及卿大夫說屨不云君降說屨則君說屨之在堂上席側是以禮記少儀云排闔說屨於戶內者一人而已矣彼據尊者坐在室則尊者一人說屨在戶內今此燕在堂上則君尊說屨於席側可知也

羞庶羞

謂臐肝膋狗胾醢也骨體所以致敬也庶羞所以盡愛也敬之愛之厚賢之道

疏羞庶羞○注謂

膳至之道。釋曰案大射云羞庶羞注云所進衆羞謂膳肝膋狗胾醢也或有炮鼈膾鯉雉兔鶉鴽大射先行燕禮明與彼同此注不言炮鼈已下注文不具鄭知有此物者以經云庶羞不唯二豆而已案內則爲肝膋取狗肝一幪之以其膋濡炙之舉燋其膋不蓼注云膋腸閒脂此及大射其牲皆用狗故知有肝膋狗胾知有炮鼈膾鯉者詩云吉甫燕喜飲御諸友炮鼈膾鯉又內則及公食大夫上大夫二十豆有雉兔鶉鴽禮記王制云庶羞不踰牲此燕用狗必可有此物而已鄉飲酒鄉射亦有狗但經直云羞不云庶是以鄭注云胾醢明二豆無餘物也云骨體所以致敬也者據未坐以前庶羞所以盡愛據說屨已後也

大夫祭薦燕乃祭薦不敢於盛成禮也　疏。大夫祭薦注燕乃至禮也。釋曰不敢於盛成禮謂未立司正之前立行禮受獻之時不祭脯醢祭先是成禮不敢成禮於盛時

司正升受命皆命君曰無不醉賓及卿大夫皆興對曰諾敢不醉皆反坐皆命者命賓命卿大夫也起對必降席司正退立西序端　疏司正至反坐。注皆命至序端。釋曰云起對必降席者經云反坐不云降明起對必降席既對乃

反坐也是以孝經云曾子避席曰參不敢亦是起對也知司正退立西序端者此無降文見鄉飲酒云司正升相旅退立于序端東面故知此亦然也

主人洗升獻士于西階上士長升拜受觶主人拜送觶獻士用觶士賤也今文觶作觚　疏主人至送觶。注獻士至作觚。釋曰自此盡立飲論獻士之事云獻士用觶士賤也者對上大夫已上獻用觚旅酬乃用觶此獻士即用觶故云士賤也不從今文觚者若從觚與大夫已上何異故不從

士坐祭立飲不拜既爵其他不拜坐祭立飲他謂衆士也亦升受爵不拜　疏士坐至立飲。注他謂至不拜。釋曰云他謂衆士也者上云士長明此士長之外皆衆士也知亦升受爵者以其士尊於笙之長笙之長尚受爵於階上明士得升堂受爵也言不拜者以其士長得拜明衆士不拜也

乃薦司正與射人一人司士一人執冪二人立于觶南東上天子射人司士皆下大夫二人諸侯則上士其人數亦如之司正爲上　疏乃薦至東上。注天子至爲上。釋曰此等皆士而先薦者以其皆有事故先得薦司士亦先薦者案周禮司士掌羣士爵祿廢置之事士中之尊故亦先得薦也鄭引周禮序官射人司士下大夫二人約出此諸侯則上士者天子官尊諸侯宜降一等以是諸侯射人司士得在士位中云其人數亦如之者案周禮序官射人下大夫二人上士四人下士八人皆名射人則諸侯雖使士爲之人數亦等以其畿外諸侯張三侯與天子同故知射人之數亦同也言此者欲見射時射人有事非一故下文注云大射正射人之長是以大射禮大射正及小射正皆有事也云司正爲上者雖同是士以其爲庭長故設在上先薦之此經三者當官雖多皆取長先薦其餘在於衆位依齒也又士位在西有事者別在觶南北面東上也

辯獻士士既獻者立于東方西面北上乃薦士每已獻而即位于東方蓋尊之畢獻薦于其位　疏辯獻至薦士。注每已至其位。釋曰云即位于東方蓋尊之者以其庭中之位卿東方西面大夫北面士西方東面是東方尊今卿大夫得獻升堂位空故士得獻即東方卿位是尊之以無正文故云蓋以疑之也知畢獻薦之者以其經云辯獻士乃薦士故知當畢獻後乃薦也

祝史小臣

師亦就其位而薦之次士獻之已不變位位自在東方　疏祝史至薦之。注次士至東方。釋曰云次士獻之已不變位者對先獻士士即變位鄉東方也云位自在東方者案上設位之時祝史在門東小臣在東堂下是先在東方也

主人就旅食之尊而獻之旅食不拜受爵坐祭立飲北面酌南鄉獻之於尊南不洗者以其賤略之也亦畢獻乃薦之主人執虛爵奠于篚復位　疏主人至立飲。注北面至復位。釋曰云北面酌南鄉獻之於尊南者案大射旅食尊在西鑮之南北面則此主人在南亦北面以陳尊向君若東楹之西東向設尊亦是向君爲正彼酌者尊後東面酌此亦尊後北面酌南面獻之於尊南也云不洗者以其賤者此乃庶人在官府史胥徒之輩故云賤略之也云亦畢獻乃薦之者亦上文士此畢獻乃薦可知云主人執虛爵奠於篚復位者此約大射獻旅食訖云執虛爵奠于篚復位故知也

若射則大射正爲司射如鄉射之禮大射正射人之長者也如鄉射之禮者燕爲樂卿大夫宜從其禮也如者如其告弓矢既具至退中與筭也納射器而張侯其告請

先于君乃以命賓及卿大夫其爲司正者亦爲司馬君與賓爲耦鄉射記曰自君射至龍旜亦其異者也薦旅食乃射者是燕射主於飲酒【疏】若射至之禮○注大射至飲酒○釋曰此一經論燕末行射之節云大射正爲司射者燕禮輕又不主爲射故射人爲擯又爲司正至射時大射正爲司射大射之時畧於燕主於射故大射正爲擯又爲司正至射又親其職故不同爲司射也云宜從之者鄉射是卿大夫禮故樂之還從之也云如者如其告弓矢既具至退中與筭也者經云如鄉射之禮明從始至末皆如之案鄉射初司射告弓矢既具至三耦射訖而退中與筭故如之也云納射器而張侯者欲見此與鄉射因納射器後即張侯大射納射器之後無張侯之事是以特言此也云告請先於君乃以命賓及卿大夫者此燕禮與大射皆國君之禮此燕禮每事皆先請於君大射亦先請於君故大射初司射自阼階前請於公公許乃命賓及卿大夫鄉射西階上告賓曰弓矢既具乃告於主人遂告大夫是先後異也云其爲司正者亦爲司馬者鄉射將射云司正爲司馬此亦於將射司正爲司馬亦射之也若然則上文射人告具射人請賓又云射人請立司正公許射人遂爲司正皆一人也必云司正爲司馬者諸侯有常官嫌與鄉射異故言此也若士射則司正不爲司馬云君

與賓爲耦者欲見鄉射賓與主人爲耦此君與賓爲耦亦是異於鄉射也引鄉射記君射至龍旜亦其異者也者謂旜與中異何者彼因記國君三處射旌與中各不同云君國中射則皮樹中以翿旌獲白羽與朱羽糅言國中則此燕射也又云於郊則閭中以旌獲謂諸侯大射在郊又云於竟則虎中龍旜謂諸侯賓射在竟此皆諸侯禮射雖記在鄉射皆與鄉射異也云薦旅食乃射者是燕射主於飲酒者此獻士旅食後乃射是燕射於飲酒後大射未爲大夫舉旅之前則射是彼大射主於射故也

賓降洗升媵觚于公酌散下拜公降一等小臣辭賓升再拜稽首公荅再拜 此當言媵觶酬之禮皆用觶言觚者字之誤也古者觶字或作角旁氏由此誤爾【疏】賓降至再拜○注此當至誤爾○釋曰自此盡賓反位論賓媵爵於公之節云古者觶字或作角旁氏由此誤爾者案冬官梓人爲飲器勺一升爵一升觚二升獻以爵而酬以觚一獻而三酬則一豆矣鄭引南郡大守馬季長云觚當爲觶豆當爲斗鄭康成云古者觶角傍氏似觚故誤爲觚時人又多聞觚寡聞觗是以誤爲觚此注與彼同也

賓坐祭卒爵再拜稽首公荅再拜賓降洗象觶升酌膳坐奠于薦南降拜小臣辭賓升成拜公荅再拜賓反位 反位反席也今文曰洗象觚【疏】賓坐祭至反位○注反位至象觚○釋曰知反位是反席者以其堂下無席堂上乃有之而云賓升成拜不云降明上反位者反席可知也

公坐取賓所媵觶興唯公所賜 至此又言興者明公崇禮不倦也今文觶又爲觚【疏】公坐至所賜○注至此至爲觚○釋曰自此盡士旅酌卒論君爲士舉旅之事云唯公所賜者辭與爲大夫舉旅同也云至此又言興者明公崇禮不倦也者以其說屢升坐之後理當倦今言興明不倦矣

受者如初受酬之禮降更爵洗升酌膳下拜小臣辭升成拜公荅拜乃就席坐行之 坐行之若今坐相勸酒

有執爵者 士有盥升主酌授之者【疏】有執爵者○注士有至之者○釋曰無筭坐勸酒有執爵行之者今此爲士舉旅亦有執爵行之若無筭

爵然後士有盥升主酌授之者若然前三舉旅皆酬者自酌授人也

唯受于公者拜 公所賜者也其餘則否

司正命執爵者爵辯卒受者興以酬士 欲令惠均【疏】司正至酬士○注欲令惠均○釋曰此所命者命大夫也以前三舉旅辯大夫則止今此爲士舉旅故及之云欲令惠均者惠均於室及均於庭也士特牲爵止欲得神惠均於室及均於庭此據人君之惠均於庭也

大夫卒受者以爵興西階上酬士士升大夫奠爵拜士荅拜 興酬士者士立堂下無坐位【疏】大夫至荅拜○注興酬至坐位○釋曰此即上文司正所命者也云興酬士者士立堂下無坐位者凡禮堂上有席者坐堂下無席者立是以禮記檀弓工尹商陽是士而云朝不坐堂下無坐位者也

大夫立卒爵不拜賓之士拜受大夫拜送士旅于西階上辯 祝史小臣旅食皆及焉【疏】大夫至上辯○注祝史至及焉○釋曰知旅食皆及者以士未得獻時旅酬不及得獻之後旅則及之旅食亦次士得獻故知

亦酬及之其庶子以下未得獻者至獻後無筭爵及焉士旅酌旅序也士以次序自酌相酬無執爵者卒主人洗升自西階獻庶子于阼階上如獻士之禮辯降洗遂獻左右正與內小臣皆於阼階上如獻庶子之禮庶子掌正六牲之體及舞位使國子脩德學道世子之官也而與膳宰樂正聯事樂正亦學國子以舞左右正謂樂正僕人正也小樂正立于西縣之北僕人正僕人師僕人士立于其北北上大樂正立于東縣之北若射則僕人正僕人士陪于工後內小臣奄人掌君陰事陰令后夫人之官也皆獻于阼階上別於外內臣也獻正下及內小臣則磬人鍾人鎛人鼓人僕人之屬盡獻可知也凡獻皆薦也（疏）卒主至之禮○注庶子至薦也○釋曰此一經獻庶子以下之節云庶子掌正六牲之體及舞位使國子脩德學道世子之官也者案周禮諸子職云大祭祀正六牲之體凡樂事正舞位國子存遊倅使之脩德學道彼天子諸子之官屬大子若據諸侯爲世子之官引之者以天子謂之諸子諸侯謂之庶子掌公卿大夫士之適子掌事寔同故取諸子職解此庶子之

事云而與膳宰樂正聯事者以掌正六牲之體得與膳宰聯事掌國子脩德學道得與樂正聯事以其樂正亦掌教國子故也言此者欲見膳宰得獻此庶子亦得獻之意云樂正亦教國子之舞者欲見庶子掌國子得與樂正聯事云左右正謂樂正僕人正也僕人正以下至北上鄭知義然者見大射禮而知云左右正者據中庭爲左右大射禮工遷於東僕人正亦與樂正同處名曰左正復云右正明是小樂正在西爲一也若小樂正不在西大射之禮不得有左右正之文又兩而俱縣明大小樂正各監一縣又知僕人正以下在小樂正之北北上者以鄉射弟子相工皆在西今僕人正以下亦是相工之人故知亦在西方也又工堂上西階之東相工者宜近其事故在西方樂正之北也又知北上者以大射鄉射工遷在下之時皆北上統於樂正今相者以工爲主明在堂下則宜北統於堂上矣下又知大樂正在東縣北者約鄉射云縣于洗東北至射時遷樂於阼階下之東南堂前三笴西面北上坐樂正北面立于其南是得爲一證也云若射以下至工後者案大射將射之時工遷於下東坫之東南西面北上坐相者以工爲主故知相工陪於東即在工後也云內小臣奄人掌君陰事陰令后夫人之官也者案天官小臣序官云內小臣奄上士四人其職云掌王之陰事陰令鄭注云陰事

羣妃御見之事陰令王所求爲於北宮彼后之官兼云夫人者欲見諸侯夫人內小臣亦與后之內小臣職同故雙言之云皆獻於阼階上別於外內臣也者臣云外內者案周禮有外內命夫鄭注云外命夫六鄉以出案內命夫朝廷卿大夫則諸侯臣在鄉遂及采地者爲外臣在朝廷者爲內臣但外內臣皆獻於西階上此獻於阼階故云別於外內臣也云則磬人以下至盡獻可知也者此據周禮天子有此官諸侯並以下士爲之則諸侯亦有此官以其庭中之樂軒縣別有鍾磬鎛鼓故知也兼言僕人者此經直見僕人正不見僕人師僕人士大射見之內小臣奄人之賤者尚得獻明此等皆得獻可知也知凡獻皆薦者以經云如獻士獻士有薦凡此等獻訖明皆有薦也無筭爵筭數也爵行無次無數唯意所勸醉而止（疏）無筭爵○注筭數至而止○釋曰自此盡無筭樂論酒行樂作無次數之節云爵行無次無數者此對四舉旅以前皆有次有數此則無次數也士也有執膳爵者有執散爵者執膳爵者酌以進公公不拜受執散爵者酌以之公命所賜所賜者興受爵降席

下奠爵再拜稽首公荅拜席下席西也古文曰公荅再拜（疏）士也至荅拜○注席下至再拜○釋曰自旅酬已前受公爵皆降拜升成拜至此不復降拜者禮殺故也云席下席西也者賓與卿大夫席皆南面統於君皆以東爲上故知席下爲席西也受賜爵者以爵就席坐公卒爵然後飲不敢先虛爵明此勸惠從尊者來也（疏）受賜至後飲○注不敢至來也○釋曰上已言君命所賜至此經云受賜自然惠從尊者來但先君受爵似惠不由君來故後飲然後授虛爵是由尊者來故後飲之也此執爵者皆酌行之以徧唯卒爵者興以酬士自酌與之是以鄉飲酒鄉射皆云辯卒受者興以旅在下者注云不使執觶者酌以其將旅不以已尊孤人也執膳爵者受公爵酌反奠之宴歡在於飲酒成其意（疏）執膳至奠之○注宴歡至其意○釋曰云成其意者君意欲得皆醉今執膳者酌反奠於君前望當君心故云宴歡在於飲酒成其意也受賜爵者興授執散爵執散爵者乃酌行之于其所勸者唯受爵於

公者拜卒受爵者與以酬士于西階上士升大夫不拜乃飲實爵乃猶而也疏注乃猶而也○釋曰轉乃爲而者乃是緩辭此將勸士士已升階大夫即飲不可爲乃故從而解之也士不拜受爵大夫就席士旅酌亦如之公有命徹冪則卿大夫皆降西階下北面東上再拜稽首公命小臣辭公荅再拜大夫皆辟命徹冪者公意殷勤必盡酒也小臣辭不升成拜明雖醉正臣禮也不言賓賓彌臣也君荅拜於上示不虛受也疏士不至皆辟○注命徹至受也○釋曰云士旅酌亦如之者亦如大夫相酬之法云公有命徹冪者此君尊在東楹之西專大惠故待無筭爵乃徹冪鄉飲酒尊在房戸之閒賓主共之故賓至則徹之與此異也云小臣辭不升成拜明雖醉正臣禮也者臣之禮當下拜爲正今不言升成拜者於下已拜是雖無筭爵已醉而不倦行臣禮禮之正也云不言賓賓彌臣也者經直言卿大夫皆降不別言賓是燕末賓同於臣言彌者上旅酬云若賓若長猶言賓但言賜不言酬已是賓卑今乃設賓不言賓是賓彌臣故同臣例也云君荅拜於上示不虛受也者案燕義云禮無不荅言上之不虛取於下也彼釋此言也但彼言不虛取於下者捴申此燕禮君荅拜之事不獨爲此言也遂升反坐士終旅於上如初卿大夫降而爵止於其反席卒之疏遂升至如初○注卿大至卒之○釋曰云卿大夫降而爵止者上文已云大夫不拜乃飲實爵士不拜受爵是大夫飲訖爵止也云於其反席卒之者謂上士受得大夫爵此經云士終旅於上如初是於大夫反席士卒之也無筭樂升歌閒合無數也取歡而已其樂章亦然疏無筭樂○注升歌至亦然○釋曰此無筭對上升歌笙閒合各依次第而三終有次有數此則任君之情無次無數其詩樂章亦然亦無次無數宵則庶子執燭於阼階上司宮執燭於西階上甸人執大燭於庭閽人爲大燭於門外宵夜也燭燋也甸人掌共薪蒸者庭大燭爲位廣也閽人門人也爲作也作大燭以俟賓客出疏宵則至門外○注宵夜至客出

○釋曰凡燕法設燭者或射之後終燕則至宵也或冬之日不射亦宵夏之日不射未必至宵也云燭燋也者古者無麻燭而用荆燋故少儀云主人執燭抱燋鄭云未爇曰燋但在地曰燎執之曰燭於地廣設之則曰大燭其燎亦名大燭故詩云庭燎之光毛云庭燎大燭也鄭云夜未央而於庭設大燭毛鄭並指此甸人執大燭之文也司烜氏云凡邦之大事共墳燭庭燎玄謂墳大也樹於門外曰大燭於門內曰庭燎言樹則大燭亦在地廣設之而已此閽人爲大燭於門外者亦是大燭在地者案郊特牲云庭燎之百由齊桓公始也注云僭天子也庭燎之差公蓋五十侯伯子男皆三十文出大戴禮也此亦諸侯禮以燕禮輕故不言庭燎設大燭而已云甸人掌共薪蒸者天官甸師氏職文引之者以其內有燭燋故使之在門爲大燭也云閽人門人也者案天官閽人掌守王中門之禁諸侯亦當然賓醉北面坐取其薦脯以降取脯重得君賜奏陔陔陔夏樂章也賓出奏陔夏以爲行節也凡夏以鍾鼓奏之疏奏陔○注陔夏至奏之○釋曰云陔陔夏者案鍾師九夏之中有陔夏九夏皆是詩詩爲樂章故知樂章也云賓出奏陔夏以爲行節也者此及鄉飲酒皆於賓出奏陔夏明此爲行節戒之使不失禮云凡夏以鍾鼓奏之者案周禮鍾師云以鍾鼓奏九夏鄭注云先奏鍾次擊鼓是凡夏皆以鍾鼓奏之賓所執脯以賜鍾人于門內霤遂出必賜鍾人鍾人掌以鍾鼓奏九夏今奏陔以節己用賜脯以報之明雖醉不忘禮古文賜作錫卿大夫皆出隨賓出也公不送賓禮訖是臣也公與客燕謂四方之使者疏公與客燕○注謂四方之使者○釋曰自此盡敢拜賜命論與異國臣將燕使卿大夫就館戒客之辭事但燕異國卿大夫與臣子同唯戒賓爲異故於禮末特見之也云謂四方之使者以其云客以寡君對之故知四方使卿大夫來聘主君將燕之也曰寡君有不腆之酒以請吾子之與寡君須臾焉使某也以請君使人戒客辭也禮使人各以其爵寡鮮也猶言少德謙也腆膳也上介出請入告古文腆皆作殄今文皆曰不腆酒無之疏曰寡至以請○注君使至無之○釋曰云禮使人各以其爵者案公食大夫云使大夫戒各以其爵以其大聘使卿小聘使大夫爵不同故主君亦以其爵戒之也云上介出請入告者亦約公食使者至館門外

客使者上介出請事入告賓但彼食禮重故三辭此燕禮輕故再辭爲異耳又彼見賓出拜辱大夫不荅拜此不言者文不具對曰寡君君之私也君無所辱賜于使臣臣敢辭上介出荅主國使者辭也私謂獨有恩厚也君無所爲辱賜於使臣謙不敢當也敢者怖懼用勢決之辭疏對曰至敢辭○注上介至之辭○釋曰云敢者怖懼用勢決之辭也者謂若怖懼之事不避危難用勢往決之故云用勢決之辭也寡君固曰不腆使某固以請寡君君之私也君無所辱賜于使臣臣敢固辭重傳命固如故寡君固曰不腆使某固以請某固辭不得命敢不從許之也於是出見主國使者辭以見許爲得命今文無使某致命曰寡君使某有不腆之酒以請吾子之與寡君須臾焉親相見致君命辭也君既寡君多矣又辱賜于使

臣臣敢拜賜命既賜也猶愛也敢拜賜命從使者拜君之賜命猶謙不必辭也疏注敢拜至辭也○釋曰主君使大夫往戒只爲燕事今客從之者來就燕而云拜主君賜燕之命者謙不必有燕事

記

燕朝服於寢朝服者諸侯與其羣臣日視朝之服也謂冠玄端緇帶素韠白屨也燕於路寢相親暱也今辟雍十月行此燕禮玄冠而衣皮弁服與禮異也疏記燕朝服於寢○注朝服至異也○釋曰凡記皆記經不具者以經不言燕服及燕處故記人言之也云謂冠玄端緇帶素韠白屨者皆士冠禮文案屨人注天子諸侯吉事皆舄諸侯朝服素裳素韠應白舄而云白屨者引士冠禮成文其實諸侯當白舄其臣則白屨也鄭注周禮屨人云複下曰舄禪下曰屨下謂底以此爲異也云燕於路寢相親暱也知燕於寢者以其饗在廟明燕在寢私處可知也引漢法欲見與古異者周時玄冠服則緇布衣今衣皮弁服是其異也其牲狗也狗取擇人也明非其人不與爲禮也亨于門外東方亨於門外臣所掌也疏亨于門外東方○注亨于至掌也○釋曰此君禮故云臣使掌粢公食記云亨于門外東方注云必於門外者大夫之事也注不同者以其饗食在廟嚴凝宜

親監視不得言臣所掌故注云大夫之事也鄉飲酒亨狗于堂東北者升君禮是臣於堂東北不在外者宜主人親供又祛陽氣之所始故三者注皆不同也若與四方之賓燕則公迎之于大門內揖讓升四方之賓謂來聘者也自戒至於拜至皆如公食亦告饌具而後公即席小臣請執冪請羞者乃迎賓也疏若與至讓升○注四方至賓也○釋曰云自戒至於拜至皆如公食者此燕用狗彼用大牢此戒賓再辭彼三辭至於卿大夫立位皆不同而云如公食者謂除此之外如之若然依公食從首使大夫戒各以其爵上介出請入告已下至北面再拜稽首皆如之饌具之等不如之也云亦告饌具而後公即席小臣請執冪請羞者乃迎賓也者言此者欲見燕四方賓此等依上文與燕己臣子同亦不如公食以其公食公無席又無入廟之事又公食無請執冪羞膳故別言此也賓爲苟敬席于阼階之西北面有脀不嚌肺不啐酒其介爲賓苟且也假也主國君饗時親進醴于賓今燕又宜獻焉人臣不敢褻煩尊者至此升堂而辭讓欲以臣禮燕爲恭敬也於是席之如獻諸公之位言苟敬者賓

實主國所宜敬也脀折俎也不嚌啐似若尊者然也介門西北面西上公降迎上介以爲賓揖讓升如初禮主人獻賓獻公既獻苟敬乃媵觚羣臣即位如燕也疏賓爲至爲賓○注苟且至燕也○釋曰云主國君饗時親進醴于賓者謂行聘享訖禮賓之時君親酌醴進于賓若然前有饗食不言之者饗禮亡無以可言食禮又無酒醴所獻之事故不言而云饗時也云今燕又宜獻焉者案上燕己臣子使宰夫爲主人知此親獻者若不親獻即同己臣子賓何須辭之而爲苟敬故知君當親獻焉云至此升堂而辭讓者若此時升堂不辭即行燕賓之禮故知辭之在初升堂時云欲以臣禮燕爲恭敬也者此謂在阼西北面故云席之如諸公之位也云言苟敬者賓實主國所宜敬也者賓實主國所宜敬但爲辭讓故以命介爲賓不得敬之今雖以介爲賓不可全不敬於是席之於阼階西且敬也故云苟敬也云不嚌啐似若尊者然也者案此燕禮與大射鄉射皆不嚌啐是諸公如鄉禮今聘卿在諸公之坐亦不嚌不啐是爲似若諸公尊者然也云介門西北面西上者約聘禮而知也云公降迎上介以爲賓揖讓升如初禮者此如上文燕己臣子以大夫爲賓者同故云如初禮也云主人獻賓獻公既獻苟敬乃媵觚者若上燕己臣子之時獻賓獻公既即媵觶以酬賓但苟敬之前宜

有薦有俎實與君同明知獻公後即獻苟敬乃可酬賓也云羣臣即位如燕者如上燕已臣子同若然羣臣不待迎賓入乃從君入者以其皆蒙獻酬故因其先至寢門故小臣引之即入不待賓入後也無膳尊無膳爵降尊以就卑也疏無膳尊無膳爵○注降尊以就卑○釋曰郊特牲云三獻之介君專席而酢焉此降尊以就卑也注云三獻卿大夫來聘主君饗燕之以介爲賓賓爲苟敬則徹重席而受酢也專猶單也彼與此事同故鄭引彼經以證此燕已臣子不見有君親受賓酢若燕異國臣子得有專席受酢者獻卿大夫之後依次各爲此三人舉旅獻士之後賓乃媵觶於公賓取所媵觶爲士舉旅應以爲酢君君專席而受之也與卿燕則大夫爲賓與大夫燕亦大夫爲賓不以所與燕者爲賓者燕爲序歡心賓主敬也公父文伯飲南宮敬叔酒以路堵父爲客此之謂也君恒以大夫爲賓者大夫卑雖尊之猶遠于君今文無則下無燕疏與卿至爲賓○注不以至無燕○釋曰此謂與己臣子燕法若與異國賓燕皆用上介爲賓如上說也云公父文伯已下是魯語文此三人皆魯大夫自相燕法云此之謂也者此謂不使所爲燕者爲賓之義云君恒以大

夫爲賓者大夫卑雖尊之猶遠於君者案禮記燕義云不以公卿爲賓而以大夫爲賓爲疑也明嫌之義也注云公卿尊矣復以爲賓則尊與君大相近是不用公卿爲賓恐逼君用大夫爲賓雖尊之猶遠於君不畏逼君也羞膳者與執冪者皆士也尊君也膳宰卑於士疏羞膳至士也○注尊君至於士○釋曰經直云請執冪與羞膳不辨其人故記人言之云尊君也膳宰卑於士者言膳宰別小膳宰也以其下云羞卿者小膳宰明於君者士也士尊於小膳宰也若然士則膳宰之長者故下注小膳宰云膳宰之佐也羞卿者小膳宰也膳宰之佐也若以樂納賓則賓及庭奏肆夏賓拜酒主人荅拜而樂闋公拜受爵而奏肆夏公卒爵主人升受爵以下而樂闋肆夏樂章也今亡以鍾鎛播之鼓磬應之所謂金奏也記曰入門而縣興示易以敬也卿大夫有王事之勞則奏此樂焉疏若以至樂闋○注肆夏至樂焉○釋曰自此盡若舞則勺論臣子有王事之勞與之燕之事云若者不定之辭以其常燕

已臣子無樂王事之勞或有或無故言若也云肆夏樂章也今亡者鄭注鍾師云九夏皆詩篇名頌之族類也此歌之大者載在樂章樂崩亦從而亡是以頌不能具也云以鍾鎛播之鼓磬應之者鍾師云掌金奏鄭注云擊金以爲奏樂之節金謂鍾及鎛又云凡樂事以鍾鼓奏九夏鄭注云先擊鍾次擊鼓是奏肆夏時有鍾鎛鼓磬彼經注雖不言磬但縣內有此四者故鄭兼言磬也言所謂金奏也者所謂鍾師掌金奏也云記曰者此鄭引二記之文何者云入門而縣興是仲尼之文仲尼燕居云兩君相見揖讓而入門入門而縣興揖讓而升堂升堂而樂闋郊特牲云賓入大門而奏肆夏示易以敬也必引二記文者以燕在寢賓及庭及寢庭與仲尼燕居入門而縣興事相類故引之證賓及庭樂作之義也此肆夏以金奏之故引郊特牲示易以敬證用肆夏之義也不取賓入大門者大門非寢門故也云卿大夫有王事之勞則奏此樂焉知者以發首陳君與臣子常燕及聘使之臣燕次論四方賓燕今此言賓及庭奏肆夏則非尋常大夫爲賓與宰夫爲主人相對者謂若賓爲苟敬四方賓之類特奏肆夏其事既重若非有王事之勞何以致此故知是臣有王事之勞者乃奏此樂也升歌鹿鳴下管新宮笙入三成新宮小雅逸篇也管

之入三成謂三終也疏升歌至三成○注新宮至終也○釋曰鹿鳴不言工歌新宮不言笙奏而言升歌下管者欲明笙奏異於常燕常燕即上所陳四節是也今工歌鹿鳴三終與笙奏全別故特言下管新宮乃始笙入三成者止謂笙奏新宮三終申說下管之義云新宮小雅逸篇也知在小雅者以配鹿鳴而言鹿鳴是小雅明新宮小雅可知遂合鄉樂鄉樂周南召南六篇言遂者不閒也若舞則勺勺頌篇告成大武之樂歌也其詩曰於鑠王師遵養時晦又曰實維爾公允師既合鄉樂萬武而奏之所以美王侯勸有功也疏若舞則勺○注勺頌至功也○釋曰言若者或爲之舞或不爲之舞在於君意故以不定而言云舞則勺者謂爲之舞則歌勺詩以爲曲云勺頌篇告成大舞之樂歌也者勺詩序文云其詩曰於鑠王師遵養時晦者鑠美也言於呼美武王之師遵循也循養晦昧之紂三分天下猶服事於殷又曰實維爾公允師者公事允信也言武王伐紂實維汝武王之事信得用師之道云既合鄉樂者以文承合鄉樂之下故知既合鄉樂也云萬舞而奏之者釋經舞時作周萬舞之舞而奏勺詩宣八年公羊傳云壬午猶繹萬入去籥傳曰萬者何干舞也謂兼干舞以奏勺詩也云所以美王侯勸有功也者天子諸侯作之是美

王侯亦所以勸有功也 唯公與賓有俎 主於燕其餘可以無俎 疏 唯公與賓有俎○注主於至無俎○釋曰主於燕其餘可以無俎者對大射辨尊卑公卿皆有俎其牲用狗則同 獻公曰 臣敢奏爵以聽命 授公釋此辭不敢必受之 疏 獻公至聽命○注授公至受之○釋曰謂若主人獻公賓媵解於公雖非獻亦釋此辭也 凡公所辭皆栗階 栗蹙也謂越等急趨君命也 凡栗階不過二等 其始升猶聚足連步越二等左右足各一發而升堂 疏 凡栗階不過二等○注其始至升堂○釋曰凡堂及階尊者高而多卑者庳而少案禮器云天子之堂九尺諸侯七尺大夫五尺士三尺士冠禮降三等受爵弁鄭注云降三等下至地則士三等階以此推之則一尺爲一階大夫五尺五等階諸侯七尺七等階天子九尺九等階可知今云凡栗階不過二等言凡則天子九等已下至士三等皆有栗階之法栗階不過二等據上等而言故鄭云其始升猶聚足連步一也故曲禮云涉級聚足連步以上鄭注云涉等聚足謂前足躡一等後足從之併連步謂足相隨不相過也此即聚足一也天子已下皆留上等爲栗階左右足各一發而

升堂其下無問多少皆連步雜記云主人之升降散等鄭注云散等栗階則栗階亦名散等凡升階之法有四等連步一也栗階二也歷階三也歷階謂從下至上皆越等無連步若禮記檀弓云杜蕢入寢歷階而升是也越階四也越階謂左右足越三等若公羊傳云趙盾避靈公躇階而走是也 凡公所酬既拜請旅侍臣 既拜謂自酌升拜時也擯者阼階下告于公還西階下告公許旅行也請行酒于羣臣必請者不專惠也 疏 凡公至侍臣○注既拜至惠也○釋曰云既拜謂自酌升拜時也者此即上賓得君酬酒飲訖自酌降拜升時請旅侍臣云擯者阼階下告于公還西階下告公許旅行者此約大射而知也 凡薦與羞者小膳宰也 謂於卿大夫以下也上特言羞卿者小膳宰者欲絕於賓羞賓者亦士 疏 凡薦至宰也○注謂於至亦士○釋曰云謂於卿大夫以下者以其執冪與羞膳於君是士則知此凡者於卿大夫也云上特言羞卿者小膳宰者欲絕於賓羞賓者亦士者鄭意於此言凡揔卿大夫於文足矣上文君下特言羞卿者小膳宰者欲見直言君不須言賓以其賓之薦俎與君同明羞膳亦與君同不使小膳宰故云欲絕於賓爲羞賓者亦士也 有內羞 謂羞

豆之實酏食糝食羞籩之實糗餌粉餈 疏 有內羞○注謂羞至粉餈○釋曰云謂羞豆之實酏食糝食者天官醢人云羞豆之實酏食糝食鄭注云酏餈也內則曰取稻米舉糔溲之小切狼臅膏以與稻米爲餈又曰糝取牛羊豕之肉三如一小切之與稻米稻米二肉一合以爲餌煎之是也云羞籩之實糗餌粉餈者籩人職云羞籩之實糗餌粉餈鄭注云此二物皆粉稻米黍米所爲也合蒸曰餌餅之曰餈糗者擣粉熬大豆爲之爲餌餈之黏著以粉之耳餌言糗餈言粉互相足是也糗熬之亦粉之其粉擣之亦糗之是互相足也 君與射則爲下射袒朱襦樂作而后就物 君尊 小臣以巾授矢稍屬 君尊不搢矢 不以樂志 辟不敏也 既發則小臣受弓以授弓人 侯復發也不使大射正燕射輕 上射退于物一笴既發則荅君而俟 荅對 若飲君燕則夾爵 謂君在不勝之黨賓飲之如燕媵觚則又夾爵 疏 若飲君燕則夾爵○釋曰夾爵者將飲君先自飲及君飲訖又自飲爲夾爵 君在

大夫射則肉袒 不纁襦厭於君 疏 注不纁襦厭於君○釋曰鄉射記大夫對士射袒纁襦此對君肉袒故云厭於君也 若與四方之賓燕媵爵曰臣受賜矣臣請贊執爵者 受賜謂公卿者酬之至燕主人事賓之禮殺賓降洗升媵觶于公荅恩惠也 疏 若與至爵者○注受賜至惠也○釋曰謂公取二大夫所媵觶上者以酬賓是也云賓降洗升媵觶于公者謂上獻士訖賓媵觶于公是荅恩惠也 相者對曰吾子無自辱焉 辭之也對荅也亦告公以公命荅之也 有房中之樂 弦歌周南召南之詩而不用鍾磬之節也謂之房中者后夫人之所諷誦以事其君子 疏 有房中之樂○注弦歌至君子○釋曰云弦歌周南召南之詩而不用鍾磬之節者此文承四方之賓燕下而云有明四方之賓而有之知不用鍾磬者以其此二南本后夫人侍御于君子用樂師是本無鍾磬今若改之而用鍾磬當云有房中之奏樂今直云有房中之樂明依本無鍾磬也若然案磬師云教縵樂燕樂之鍾磬注云燕樂房中之樂所謂陰聲也二樂皆教其鍾磬房中樂得有鍾磬者彼據教房中

樂待祭祀而用之故有鍾磬也房中及燕則無鍾磬也

儀禮卷第六 經三千三百一十三注四千六百二十

儀禮疏卷第十五

大清嘉慶二十年宋本用文選樓藏本校

江西督糧道王賡言廣豐縣知縣阿應鱗栞

儀禮注疏卷十五校勘記　阮元撰盧宣旬摘錄

司宮兼卷重席

有蒲筵萑席兩種席 通解要義同毛本種作重下並同

三重再重 下重字陳本作種非也

決鄉飲酒鄉射 陳閩通解要義同毛本鄉作卿

彼遵尊於主人 陳本要義同毛本遵作尊

乃薦脯醢○右祭脯醢 脯唐石經作酺誤

射人乃升卿

上公得置孤卿一人 毛本公誤作命要義作國亦誤

彼是殷法同之 要義同毛本同作用

故同稱公 通解要義同毛本公作云

席于阼階西

初無加席者 要義無初字

云親寵苟敬私昵之坐者 要義云下有亦爲阼階西位近君君則屈十一字

此孤亦席於阼階之西 通解要義同毛本亦作一○按亦是也

小臣又請媵爵者二大夫媵爵如初 唐石經大夫下重出大夫二字按疏讀二大夫媵爵如初爲句則亦無大夫二字大射亦無前經小臣請媵爵者公命長小臣作下大夫二人媵爵媵爵者阼階下云云此經不言公命不言小臣作俱省文也

請致者

自優暇也古文云阼階下北面再拜 古文以下十字毛本並脫徐本集釋通解

俱有

公又行一爵

已爲賓舉旅　已要義作以

主人洗升

不酢辟君　不下要義有酬字毛本通解辟作爵要義作辟

辯獻大夫

亦獻而後布席也　後徐葛𨷂閩監本集釋通解俱作后

卒○大夫皆升就席　唐石經徐本集釋楊氏敖氏同毛本通解無升字石經考文提要云前主人洗升節疏述經起訖云自此盡皆升就席明有升字○按大射亦有升字

席工于西階上

瞽矇歌諷誦詩者也　矇嚴鍾葛本俱从目毛本徐本誤从月

小臣納工

燕禮輕　毛本燕作按徐本集釋通解楊氏俱作燕與疏合

得相參之意　意要義作禮

工歌鹿鳴

及四方之賓宴　張氏曰注曰鹿鳴君與臣下及四方之賓宴又曰宴歡在于飲酒成其意監本宴並作宴

可則傚也　釋文徐本集釋通解要義同毛本傚作效陸氏曰傚本又作效同

此采其更是勞苦　集釋通解要義毛本同徐本是作自

公又舉奠觶

笙奏之前　前陳閩俱作間

笙入

且正考父　徐陳集釋通解要義同毛本且作宜

遂歌鄉樂○葛覃　覃宋本釋文作蕈　○采蘩　蘩陳閩監本俱作繁

能修其法度也　盧文弨改修爲循金曰追云修鄉飲作循詩序亦作循○按鄉飲注之循徐本作修此注之修諸本無作循者

於時文王　毛本時誤作是

德化被于南土　徐陳集釋通解要義同毛本南作西鍾本西土作南山

夫婦之道者　集釋無者字

然則諸侯之相與燕　徐本集釋要義俱無之字通解有

飲酒不言鄉樂者　要義同毛本飲上有鄉字

大師告于樂正曰　告下唐石經徐本集釋要義楊氏敖氏俱有于字通解毛本無

教六詩以六律爲之音者也　徐本集釋通解楊氏同毛本六詩作大師陳葛俱誤作六師疏同

對小師已下二百八爲上士也　周學健依春官大師小師職文改二百爲三百改上士爲上工

教六詩以六律爲之音者也者　毛本六詩作大師

大蔟　陳本同毛本蔟作簇按毛本非

樂正由楹內

西面北上坐時　時上陳閩俱有一字

故大樂正升堂　要義同毛本故下有知字

射人自阼階下

乃行旅酬故立司正之後乃行旅酬　毛本脫故立以下十字通解要義俱有

司正洗角觶

前解主意爲賓　陳閩要義同毛本主作立

賓反入

則君脫屨之在堂上席側　浦鏜云之字當衍文按或之字下有脫字

羞庶羞

取狗肝一蒙之以其膋　要義同毛本一蒙作以幪○按内則作幪此本非也一字不誤

主人洗升○主人拜送觶　唐石經徐本集釋通解要義楊氏敖氏同毛本送作受

乃薦

當官雖多　官陳閩俱作宮

主人就旅食之尊

在西鑮之南　要義同毛本鑮作欂○按作鎛與大射儀合

若射

鄉射記曰　曰集釋作云按戴氏以云字爲衍文

是以特言此也　毛本此作之

故故大射初　毛本故故作故曰通解直云故大射初無曰字○按毛本是

於竟則虎中龍旜　毛本竟作境陳本通解俱作竟下同

射於飲酒決　射下脫主字

大夫立卒爵不拜實之　唐石經徐陳集釋通解楊氏敖氏同毛本實作賓

旅則及之　陳本通解同毛本則作酬

主人洗

鑮人　陸氏曰本又作鎛下同○按諸本鑮鎛雜出後不悉校

凡獻皆薦也　毛本薦誤作爵

掌事寔同　寔要義作是

堂前三笴　毛本無三字

即在工後也　毛本此下有工内相三字

按天官小臣序官云内小臣奄　陳閩通解俱無小臣序官云五字

受賜爵者

但先君受爵　顧廣圻云受當作虛宋單疏本已誤

以其將旅　通解同毛本旅下有酬字

唯受爵於公者

乃是綏辭　毛本乃是誤倒

士不拜受爵

今乃設賓不言賓　要義同陳閩設俱作沒周學健云謂經沒其文而不見也大射儀卿大夫皆降節疏亦有沒賓之語可證

彼釋此言也　陳閩俱無言字

宵則庶子○閽人爲大燭於門外　唐石經無大字按大射亦無大字

廣設之而已要義同毛本廣作席

奏陔

注陔夏至奏之案陔夏宜作陔陔

對曰

謂獨有恩厚也徐本同集釋通解毛本有作受

君貺寡君多矣

拜主君賜燕之命者毛本賜作用

記燕朝服於寢

皆記經不具者具陳閩俱作言

複下曰鳥毛本曰誤作白

其牲狗也毛本並脫唐石經徐本集釋楊氏敖氏俱有

狗取擇人也明非其人不與爲禮也毛本並脫徐本集釋楊氏俱有按此節經注通解無

君與四方之賓燕

不如之也要義同毛本如作入

賓爲苟敬

主國君鄉時徐本同釋文集釋通解楊氏鄉俱作饗陸氏曰或作鄉非○按疏亦作鄉然以聘禮記賓爲苟敬注考之作饗爲是彼注與此注文異義同彼言饗食此專言饗者春秋僖二十五年左氏傳曰晉侯朝王王饗醴命之宥是饗有進醴之事與燕同類故對言之且饗食與燕其事相連若聘後禮賓自爲一事何容相較乎又聘禮注云今文饗皆作鄉則鄉饗古通用此注卽作鄉亦當讀爲饗不當讀爲嚮也

今燕又宜獻焉徐本集釋通解楊氏同毛本宜作且

云主國君饗時按疏以禮賓之時釋鄉時則讀鄉爲嚮矣此句及下文而云饗時也兩饗字似當作鄉然此本與要義俱作饗許宗彥云疏又曰饗禮亡無以引證則此饗字不誤

無以可言要義同毛本可言作引證

此謂在阼西北面此要義作正

如諸公之位也陳本要義同毛本如下有獻字

賓賓主國所宜敬也者賓賓主國所宜敬要義同毛及監本俱脫下七字陳閩通解俱脫上九字

無膳尊

卿大夫來聘毛本卿作鄉陳閩通解要義俱作卿與郊特牲注合

故鄭引彼經以証此要義同毛本通解此作出○按此是也

獻士之後陳閩通解要義同毛本士作主

與卿燕

君恒以大夫爲賓者恒徐本集釋通解楊氏俱作恒與述注合陳本毛本作但

爲賓之義要義同毛本義作儀

云君恒以大夫爲賓者毛本恒作但要義誤桓

若舞則勺

告成大武之樂歌也毛本武誤作舞疏同

唯公與賓有俎徐本同毛本通解唯俱作惟按諸本惟唯錯出不悉校

凡栗階

猶聚足連步一也　要義同毛本通解無一字

此即聚足一也　要義同毛本無一字

凡薦與羞者　通解無與字

有內羞

擣粉熬大豆爲之　爲之二字毛本通解誤作爲餌按周禮注無爲之二字

餈之黏著以粉之耳　通解同作黏著與周禮注合陳本作粘著毛本作粘者

上射退于物一笴

荅對　徐本集釋俱有此注通解無毛本並脫

若與四方之賓燕

謂公卿者酬之　卿諸本俱作鄉唯嚴鍾楊氏毛本作卿酬毛本作酌徐本集釋通解楊敖俱作酬

有房中之樂

弦歌周南召南之詩　毛本弦作絃徐本作弦與標目合

注弦歌至君子　毛本弦作絃○按諸本弦絃錯出不悉校

明四方之賓而有之　浦鏜云明下疑脫爲字

明依本無鍾磬也　要義同毛本依作彼閩監俱誤作衣毛本鍾作鐘

儀禮注疏卷十五校勘記終

奉新余成教校

儀禮疏卷第十六　　儀禮卷第七

唐朝散大夫行大學博士弘文館學士臣賈公彦等撰

大射。第七

疏 大射第七。鄭目録云名曰大射者諸侯將有祭祀之事與其羣臣射以觀其禮數中者得與於祭不數中者不得與於祭射義於五禮屬嘉禮大戴此第十三小戴及別録皆第七。釋曰云諸侯將有祭祀之事以下交出於射義

儀禮　鄭氏注

大射之儀君有命戒射將有祭祀之事當射宰告於君君乃命之言君有命政教宜由尊者疏 大射至戒射。注將有至尊者。釋曰自此盡西紘論射前預戒諸官及張侯設樂懸之事不言禮言儀者以射禮盛威儀多故以儀言之是以射義云孔子曰射者何以射何以聽循聲而發發不失正鵠者其唯賢者乎若夫不肖之人則彼將安能以中是其射容難故稱儀也云將有祭祀之事當射者按射義云天子將祭必先習射於澤澤者所以擇士也已射於澤而后射於射宫射中者得與於祭不中者不得與於祭是其將祭必射也云宰告於君君乃

命之者鄭意不云宰戒百官者宰先告君君之使戒乃戒即云戒百官是也云言君有命政教宜由尊者其經云戒射此戒亦政教之類故以政教言之也宰戒百官有事於射者宰於天子冢宰治官卿也作大事則掌以君命戒於百官疏 宰戒至射者。注宰於至百官。釋曰按周禮大宰職云掌百官之誓戒此言宰戒百官其事同故鄭以天子冢宰言之也其實諸侯兼官無冢宰立地官司徒以兼之故聘禮云宰命司馬注云宰上卿貳君事者也諸侯謂司徒爲宰是諸侯立司徒兼冢宰之事也言大事則掌以君命戒於百官者周禮大宰職云作大事則戒于百官贊王命是鄭之所引以證宰戒之事也射人戒諸公卿大夫射司士戒士射與贊者射人掌以射法治射儀司士掌國中之士治凡其戒命皆司馬之屬也殊戒公卿大夫與士辨貴賤也贊佐也謂士佐執事不射者疏 射人至贊者。注射人至射者。釋曰上文宰官尊摠戒此射人司士色別重戒之謂若天官冢宰戒百官宗伯大司寇之等重戒也云射人掌以射法治射儀者夏官射人文云司士掌國中之士治凡其戒令者此司士職文云國中之士彼士摠公卿大夫士而言此射人已戒

公卿大夫則司士戒士贊者唯有士不兼大夫已上不同者斷章取義故與本職不同也云皆司馬之屬也者射人司士皆屬司馬故云司馬屬也此上下文所云戒者皆謂祭前旬有一日知者祭統云先期旬有一日宫宰宿夫人夫人亦散齋七日致齋三日若然卜及戒皆在旬有一日是大宰云前期十日帥執事而卜日遂戒注云前期前所諏之日也十日容散齋七日致齋三日其天子又有天地及山川社稷宗廟諸侯直有境內山川社稷宗廟卜日及戒皆同也按郊特牲云卜郊受命于祖廟作龜于禰宫卜之日王立于澤親聽誓命又云獻命庫門之內戒百官也大廟之命戒百姓也注云王自澤宫而還以誓命重相申勑也王自此還齋路寢之室若然卜日在澤宫又至射宫皆同在旬有一日空十日故後日乃齋也前射三日宰夫戒宰及司馬射人宿視滌宰夫冢宰之屬掌百官之徵令者司馬於天子政官之卿凡大射則合其六耦滌謂溉器埽除射宫疏 前射至視滌。注宰夫至射宫。釋曰此宰夫戒是再戒之宿不云宿者辟下宿視滌何者宰夫戒是申戒下宿是夕宿是以宗伯云凡祀大神享大鬼祭大示帥執事而卜日宿視滌濯注云宿申戒也此前有射人戒是七日前期此宰夫戒是申戒又

知宿是夕宿者以戒宿同文明不同日以其上云前射三日戒明此非三日是前一日矣云宰夫冢宰之屬者按大宰云小宰中大夫二人宰夫下大夫四人屬冢宰故云冢宰之屬云掌百官之徵令者宰夫職文云司馬於天子政官之卿者小宰職云四曰司馬其屬六十掌邦政是也云凡大射則合其六耦者大司馬職云若大射合諸侯之六耦是將祭而射故使諸侯爲耦若其餘射則卿大夫以下爲耦也云滌謂溉器埽除者以其諸侯射先行燕禮不視滌器明滌器是射器及埽除射宫也司馬命量人量侯道與所設乏以貍步大侯九十參七十干五十設乏各去其侯西十北十量人司馬之屬掌量道巷塗數者侯謂所射布也尊者射之以威不寧侯卑者射之以求爲侯量侯道謂去堂遠近也容謂之乏所以爲獲者之禦矢貍之何物每舉足者止視遠近爲發必中也是以量侯道取象焉鄉射記曰侯道五十弓考工記曰弓之下制六尺則此貍步六尺明矣大侯熊侯謂之大者與天子熊侯同參讀爲糝糝雜也雜侯者豹鵠而麋飾下天子大夫也干讀爲豻豻侯者豻鵠豻飾也大夫將祭於已射麋侯士無臣祭不射疏 司馬

至北十○注量人至不射○釋曰：云量人司馬之屬掌量道巷塗數者，量人職文。量人屬司馬，故云司馬之屬也。云侯謂所射布也者，以其三侯皆以布，以皮爲鵠，旁又飾以皮也。云尊者射之以威不寧侯者，即梓人云毋或若汝不寧侯，不屬于王所，故抗而射汝是也。云卑者射之以求爲諸侯者，射義云故天子之大射謂之射侯，射侯者射爲諸侯也，射中則得爲諸侯，射不中則不得爲諸侯是也。容謂之乏，所以爲獲者之禦矢者，此云乏，周禮射人云容，所以爲獲者之所以禦矢，解容乏之義，以其容身，故得禦矢，言之矢於此乏匱不去也。云則此貍步六尺明矣，鄭云此者，陰破先鄭，故先鄭注射人貍步謂一舉足爲步，於今爲半步，故鄭注彼亦引弓之下制六尺以非之也。云大侯熊侯謂之大者，與天子熊侯同者，司裘職云王大射則共虎侯、熊侯、豹侯，設其鵠；諸侯則共熊侯、豹侯。彼畿內諸侯二侯以熊侯爲首，此畿外諸侯三侯與天子同，不得與天子同其大射時所用物，宜與畿內諸侯同用熊，又與天子熊侯同，故云大侯也。云參讀爲糝，糝，雜也，雜侯者，豹鵠而麋飾，下天子大夫也者，司裘云卿大夫則共麋侯，此則以豹皮爲鵠，以麋飾其側，不用純麋，是下天子大夫也。必知以豹爲鵠，以麋爲飾者，天子卿大夫用麋侯，諸侯卿大夫亦用麋侯，並據已家用之，若助祭，亦射君之第二侯，明君之第

二侯用麋飾其側，侯以飾得名，又畿內諸侯第二侯用豹爲鵠，故知畿外諸侯亦以豹皮爲鵠可知。云干讀爲豻，豻侯者，豻鵠豻飾也者，亦取捷黠意。大夫將祭於已，射麋侯者，司裘云卿大夫共麋侯，是天子卿大夫。以孝經云大夫有爭臣三人，以有臣，故將祭得大射擇士。鄭言此者，以已射用麋侯，又見助君祭亦射君之麋侯。云士無臣，祭不射者，孝經云士有爭友，不言臣，以僕隸爲友。司裘卿大夫下不言士，故祭不言士大射。若然，士有賓射、燕射，不得大射，雖不得大射，得與君賓射，故射人注不言士者，此與諸侯之賓射，士不與也。若然，諸侯之士亦然也。

遂命量人、巾車張三侯，大侯之崇見鵠於參，參見鵠於干，干不及地武，不繫左下綱。設乏西十北十，凡乏用革。

巾車於天子宗伯之屬，掌裝衣車者，亦使張侯。侯，巾類。崇，高也。高必見鵠，鵠所射之主。射義曰：爲人君者以爲君鵠，爲人臣者以爲臣鵠，爲人父者以爲父鵠，爲人子者以爲子鵠。言射中此乃能任已位也。鵠之言較，較，直也，射者所以直已志。或曰：鵠，鳥名，射之難中，中之爲俊，是以所射於侯取名也。淮南子曰：鳱鵠知來。然則所云正者，正也，亦鳥名，齊魯之閒名題肩爲正，正、鵠皆鳥之捷黠者。考工記曰：梓人爲侯，廣與崇方，參分其廣而鵠居一焉。則大侯之鵠方六尺，糝侯之鵠方四尺六寸大半寸，豻侯之鵠方三尺三寸少半寸。及，至也。武，迹也。中人之足長尺二寸。以豻侯計之，糝侯去地一丈五寸少半寸，大侯去地二丈二尺五寸少半寸。凡侯北面，西方謂之左。前射三日張侯設乏，欲使有事者豫志焉。

疏

遂命至用革○注巾車至志焉○釋曰：上文直命量人量侯道及乏之遠近之處，此經論張侯高下之法也。云設乏西十北十者，鄉射云乏參侯道，居侯黨之一西五步，注云此乏去侯北十丈，西三丈。云西十北十，則西與北皆六丈，不得爲三分居侯黨之一者，以其三侯入堂深故也。若然，此三侯之下總云西十北十，則三侯之乏皆西十北十矣。西亦六丈者，以三侯恐矢揚傷人，與一侯亦異也。云巾車於天子宗伯之屬者，周禮巾車屬宗伯，故云宗伯之屬也。云掌裝衣車者，天子五路，木路無革鞔，革路有革無異飾，玉路、金路、象路有革鞔，又有玉、金、象爲飾，孤乘夏篆，卿乘夏縵，皆以物爲飾，故云裝衣車者也。云侯巾類者，侯亦有飾，故鄉射記云凡畫者丹質，及正鵠之飾，故云巾類也。引射義者，欲證射以鵠爲主也。云鵠之言較，較，直也，射者所以直已志，弁下注云然則所云正者正也，此取射義解之，故射義云射者內志正，外體直，然後持

弓矢審固，注云內正外直，正鵠之名出自此是也。云或曰鵠鳥名，射之難中，中之爲俊，是以所射於侯取名也，并下云亦鳥名，齊魯之閒名題肩爲正，正鵠皆鳥之捷黠者，鄭以正鵠之名有此二義，故兩解之也。云考工記梓人爲侯，廣與崇方，參分其廣而鵠居一焉者，三等皆高廣等，引之者，鄭欲解經見鵠之義，故先知侯鵠廣狹尺寸也。云則大侯之鵠方六尺者，以侯道九十弓，取二寸，二九十八，侯中丈八尺，三分其侯而鵠居一，故知鵠方六尺也。云糝侯之鵠方四尺六寸大半寸者，以侯道七十弓，弓取二寸，則侯中丈四尺，三分其侯，鵠居其一，丈四取丈二，三分得四尺，又於二尺之內取尺八寸，又得六寸，又二寸，一寸爲三分，總六分，取二分，二分於三分爲三分寸之二，三分寸之二即是大半寸，故云糝侯之鵠方四尺六寸大半寸也。云豻侯之鵠方三尺三寸少半寸者，豻侯侯道五十弓，弓取二寸，則侯中方一丈，三分其侯，鵠居一焉，一丈且取九尺，得三尺，一尺取九寸，得三寸，一寸分爲三分，得一分，則是三分寸之一，三分寸之一則是少半寸，故云豻侯之鵠方三尺三寸少半寸也。云中人之足長尺二寸者，無正文，以目驗而知。云以豻侯計之者，以大侯、糝侯高下無文，豻侯云下綱不及地武，則豻侯計下綱去地尺二寸，以是從豻侯計之也。豻侯侯中一丈，上下躬及上下舌各二尺，合

入尺是丈八尺矣又下不及地尺二寸則豻侯上綱去地丈九尺二寸也糝侯侯中丈四尺中上中下各四尺得八尺并之二丈二尺也鵠居侯中三分之一則鵠下亦有四尺六寸大半寸通躬身四尺爲八尺六寸三分寸之二矣張法糝鵠下畔與豻侯之上綱齊所謂見鵠於豻自餘糝侯鵠下畔八尺六寸大半寸在掩豻侯亦如之豻侯上豻本去地丈九尺二寸直掩八尺上有一丈一尺二寸在復掩六寸上有一丈六寸在復掩三分寸二雖有一丈五寸三分寸一在少半寸者即三分寸一也言大半寸者即三分寸二也故知糝侯下綱去地一丈五寸少半寸也大侯中丈八尺中之上下各四尺即八尺矣中方丈八尺更加八尺二丈六尺也糝侯去地丈五寸少半寸本上綱下綱相去二丈二尺其舉也上綱去地三丈二尺五寸少半寸也大侯鵠下畔與糝侯上綱齊所謂見鵠於糝也侯中丈八尺三分之則鵠下亦有六尺下躬身四尺一丈矣則大侯自鵠以下掩糝侯一丈也自一丈以下猶有二丈二尺五寸少半寸在是大侯下綱去地亦然故注於此數也云前射三日張侯設乏知三日者前文云前射三日下云樂人宿縣下云厥明自前射三日以後論事不著異日故知張侯與設乏同是射前三日矣

樂人宿縣于阼階東笙磬西

面其南笙鍾其南鑮皆南陳笙猶生也東爲陽中萬物以生春秋傳曰大蔟所以金奏贊陽出滯姑洗所以脩絜百物考神納賓是以東方鍾磬謂之笙皆編而縣之周禮曰凡縣鍾磬半爲堵全爲肆有鍾有磬爲全鑮如鍾而大奏樂以鼓鑮爲節

【疏】樂人至南陳○注笙猶至爲節○釋曰云東爲陽中萬物以生者陽氣起於子盛於午故東方爲陽中也萬物以生以其正月三陽生大蔟用事故萬物生焉云春秋傳者是外傳伶州鳩對周景王辭引之者證鍾磬爲笙之事大蔟者寅上候氣之管度律均鍾金即鍾也故奏之所以贊陽出滯云姑洗所以脩絜百物考神納賓者亦據度律均鍾姑洗在辰三月百物脩絜而出考神納賓謂祭祀而有助祭之賓客但東方陽管唯有此二律故據此二律言之是以名東方鍾磬爲笙也云皆編而縣之者言皆者欲解磬非應律之物與鍾同言之者以其鑮與鼓雖同西面與鍾同不編之而磬與鍾同十六枚而在一虡與鍾同編又同官故兼言磬是以磬師職云掌教擊磬擊編鍾注云磬亦編於鍾言之者鍾有不編不編者鍾師擊之是其磬與鍾編之此東方云笙而西方言頌者以其東則無射主西方成功收藏故稱頌頌者美盛德之形容故云頌也但天有十二次地有十二辰按書傳云天子出撞黃鍾之鍾右五鍾皆應入則撞蕤賓之鍾左五鍾皆應左右云五則除黃鍾蕤賓並爲陽而應鍾林鍾已西爲右五也大呂中呂已東爲左五也云周禮曰凡縣鍾磬半爲堵全爲肆者周禮小胥職文鼓鑮亦縣而直言鍾磬者據編縣者爲文鼓鑮各虡之上各縣一而已不編之鄭彼注云半之者謂諸侯之卿大夫士也諸侯之卿大夫半天子之卿大夫天子之卿大夫判縣東西各有鍾磬是全之爲肆諸侯卿大夫雖同判縣半天子卿大夫取一相鍾磬分爲兩相西縣鍾東縣磬而天子之士特縣直東有鍾磬且是全之爲肆諸侯之士直特縣半天子之士縣磬而已或於階閒或於東方又天子宮縣四面皆有諸侯軒縣闕南面面皆有鍾磬鑮及鼓具有也卿大夫士皆無鑮者若有鑮則諸侯臣半天子臣不得具是以闕之云鑮如鍾而大者特牲注亦云鑮如鍾而大並據國語而注之以言鑮形如鍾而復大以大故特一縣不編之也云奏樂以鼓鑮爲節者按周禮鑮師云掌金奏之鼓注云謂主擊晉鼓以奏其鍾鑮也以此言之則先擊鼓後擊鍾鑮皆是與樂爲節故鄭注以鼓鑮爲節不言鍾磬已注解故不言也

建鼓在阼階西南鼓應鼙在其東南鼓建猶樹也以木貫而載之樹之跗也南鼓謂所伐面也應鼙應朔鼙也先

擊朔鼙應之鼙小鼓也在東便其先擊小後擊大也鼓不在東縣南爲君也

【疏】建鼓至南鼓○注建猶至君也○釋曰下西面北面建鼓皆言一此建鼓不言一者彼在本方故須言一見無他鼓此鼓本東方以爲君故移來在北方故異其文不言一也云建猶樹也以木貫而載之樹之跗也者按明堂位云殷楹鼓周縣鼓注云楹爲之柱貫中上出也縣之於簨虡也此云以木貫而載之則爲之柱貫中上出一也周人縣鼓今言建鼓則殷法也若醮用酒之類主於射畧於樂故用先代鼓云鼓不在東縣南爲君者決下一建鼓在其南東鼓者爲賓復不在東縣北者取順君面故也

西階之西頌磬東面其南鍾其南鑮皆南陳一建鼓在其南東鼓朔鼙在其北言成功曰頌西爲陰中萬物之所成春秋傳曰夷則所以詠歌九則平民無貳無射所以宣布哲人之令德示民軌義是以西方鍾磬謂之頌朔始也奏樂先擊西鼙樂爲賓所由來也鍾不言頌鼙不言東鼓義同省文也古文頌爲庸

【疏】西階至其北○注言成至爲庸○釋曰言春秋傳者亦是外傳文云詠歌九則者謂六府三事九功之德是也以此九則平民使無差慝云無射所以宣布哲人之

令德者哲人謂后稷后稷以稼穡之功成於季秋先王之業以農爲本故云示民軌義謂軌法義理也云先擊西鼙樂爲賓所由來也者解先擊朔鼙之意賓向外來位在西其樂主爲樂賓故先擊朔鼙應鼙應之也云鍾不言頌鼙不言東鼓義同省文也者決上東方言笙鍾應鼙言南鼓此當言頌鍾東鼓義與上文同亦合有而不言者省文也云古文頌爲庸者此雖疊古文不從亦通義是尚書云笙庸以閒笙東方鍾磬西方是庸亦功也亦有成功之義也

一建鼓在西階之東南面言面者國君於其羣臣備三面爾無鍾磬有鼓而已其爲諸侯則軒縣

疏一建至南面○注言面至軒縣○釋曰云言面者國君於其羣臣備三面爾者言國君合有三面爲辟射位又與羣臣射闕北面無鍾磬鑮直有一建鼓而已故不言南鼓則而言南面也云其爲諸侯則軒縣者若與諸侯饗燕之類則依諸侯軒縣三面皆有鼓與鍾磬鑮

簜在建鼓之閒簜竹也謂笙簫之屬倚於堂

疏簜在建鼓之閒○注簜竹至於堂○釋曰按禹貢云篠簜既敷注云簜竹故知此簜亦竹也其器則管也是以下云乃管新宮注云管謂吹簜故知竹管也按小師職注云管如篴而小併兩而吹之今大予樂官有焉爾雅云大笙謂之巢小者謂之和簫大者二十三管長尺四寸小者十六管長尺二寸大笙十九簧小者十三簧若然笙簫與管器異以其皆用竹故云笙簫之屬也云倚於堂者管擬吹之不倚在兩建鼓閒者以不得倚於鼓故知倚於堂也

鼗倚于頌磬西紘鼗如鼓而小有柄賓至搖之以奏樂也紘編磬繩也設鼗於磬西倚于紘也王制曰天子賜諸侯樂則以柷將之賜伯子男樂則以鼗將之

疏鼗倚至西紘○注鼗如至將之○釋曰知鼗如鼓而小者按那詩云猗與那與置我鞉鼓傳云猗歎辭那多也鄭讀置爲植植鼗鼓者爲楹貫而樹之美湯受命伐桀定天下而作護樂故歎之多其改夏之制乃始植我殷家之樂鼗與鼓也鼗雖不植貫而搖之亦植之類以其殷人植鼓以木貫之而下有柎鼗亦以木爲柄而貫之但手執而不植爲異故云亦植之類鼗與鼓同文是鼗如鼓而小也知有柄賓至搖之以奏樂者按眂瞭職云掌凡樂事播鼗擊頌磬笙磬磬言擊鼗言播播爲搖之可知鼗所以節樂賓至乃樂作故至賓至搖之以奏樂也云紘編磬繩也者紘若天子諸侯冕而朱紘用組之類磬又編縣之用紘故知紘編磬繩也知設鼗於磬西倚於紘者以其鍾磬皆面向東人居其前西面故知鼗在磬西倚之於紘也引王制者證鼗爲節樂之器柷狀如漆筩中有椎所以節樂鼗亦節樂柷大於鼗故賜公侯樂則以柷將命賜伯子男樂則以鼗將命自餘樂器陳於外也

厥明司宮尊于東楹之西兩方壺膳尊兩甒在南有豐冪用錫若絺綴諸箭蓋冪加勺又反之皆玄尊酒在北膳尊君尊也後陳之尊之也豐以承尊也說者以爲若井鹿盧其爲字從豆曲聲近似豆大而卑矣冪覆尊巾也錫細布也絺細葛也箭篠也爲冪蓋卷辟綴於篠橫之也又反之爲覆勺也皆玄尊二者皆有玄酒之尊重本也酒在北尊統於君南爲上也唯君面尊言專惠也今文錫或作緆絺或作絡古文箭作晉

疏厥明至在北○注膳尊至作晉○釋曰自此盡羹定論豫設尊洗具饌之事案禮記燕義諸侯射先行燕禮此以下至東陳皆陳設器物與燕禮同但文有詳畧耳云說者以爲若井鹿盧者鹿盧之形即莽下棺碑閒重鹿盧之輩今見井上豎柱夾之以索繞而挽之是也云其爲字從豆曲聲者此謂上聲下形之字年和穀豆多有故從豆爲形也豐者承尊之器象形也是以豐年之字曲下著豆今諸經皆以承尊爵之曲不用本字之曲而用豐年之豐故鄭還旅豐字解之故云其爲字從豆爲形以曲爲聲也云近似豆大而卑矣者既用豆爲形還近似籩豆之豆舉漢法而知但豆口徑尺柄亦長尺口徑小而又高此承尊之物口足徑各宜差寬中央亦大共高尺比常豆而下故云近似豆而卑但觶一大木爲之取其安穩此豐若在宗廟或兩君燕亦謂之坫致爵在於上故論語云邦君爲兩君之好有反坫鄭注云反坫反爵之坫是也必用豐年之豐爲坫者以其時和年豐萬物成孰粢盛豐備以共郊廟神歆其祀祝嘏其福至鄉飲酒鄉射燕禮大射或君與臣下及四方之賓燕家富民足人情優暇言酒嘉肴盈尊滿俎於以講道論政既獻酬侑酢至無筭爵行禮交樂和上下相歡勸飲爲樂故也云錫細布也者喪服記曰錫者十五升抽其半無事其縷有事其布曰錫故知錫是細布也謂之錫者治其布使之滑易也云唯君面尊者玉藻文注云面鄉也彼謂人君燕臣子專其恩惠此大射亦謂人君燕臣下與彼是同專惠之道故皆尊鼻鄉君云言專惠者決鄉飲酒尊于房戶之閒賓主夾之不得專惠故也

尊士旅食于西鑮之南北面兩圜壺旅衆也士衆食未得正祿謂庶人在官者圜壺變於方也賤無玄酒

疏尊士至圜壺○注旅衆至玄酒○釋曰前設縣時鑮南更有一建鼓今設尊不應在鼓北而云鑮南

者其實在鼓南門西北面與燕禮同而云鑮南者遙繼鑮而言必繼鑮者樂以縣爲主故也

又尊于大侯之乏東北兩壺獻酒爲隸僕人巾車參侯豻侯之獲者獻讀爲沙沙酒濁特泲之必摩沙者也兩壺皆沙酒郊特牲曰汁獻涗于醆酒服不之尊侯時而陳於南統於侯皆東面 疏 又尊至獻酒○注爲隸至東面○釋曰知爲隸僕人巾車參侯豻侯之獲者以其此人皆有功又下文以此尊獻之故知也知沙酒濁者以五齊從下向上差之醍沈淸於泛醴鬯鬱又在五齊之上故知沙酒濁也云特泲之必摩沙者也者此解名沙酒之意云郊特牲曰汁獻涗于醆酒者此以五齊中取醆酒盎齊泲鬱鬯之事獻沙也泲鬱鬯之時和盎齊以手摩沙出其香汁涗淸也泲之使淸也此爲隸僕以下卑賤之人而獻鬱鬯者此所得獻皆因祭侯謂侯之神故用鬱鬯也云服不之尊侯時而陳於南統於侯皆東面知此不爲大侯服不設者案下文云服不之尊東面南上故鄭云侯時而陳於南統於侯皆東面也

設洗于阼階東南罍水在東篚在洗西南陳設膳篚在其北西面或言南陳或言西面異其文也 疏 設洗至西面○注或言至文也○釋曰云異其文也者洗篚言南陳亦西面膳篚言西面亦南陳其實所從言異尊君故也

又設洗于獲者之尊西北水在洗北篚在南東陳亦統於侯也無爵因服不也有篚爲奠虛爵也服不之洗亦侯時而陳於其南 疏 又設至東陳○注亦統至其南○釋曰云亦統於侯也者前設尊兩獻酒亦云服不之尊侯時而陳於南統於侯今此設篚在南後設服不之洗在南亦統於侯

小臣設公席于阼階上西鄉司宮設賓席于戶西南面有加席卿席賓東東上小卿賓西東上大夫繼而東上若有東面者則北上席工于西階之東東上諸公阼階西北面東上唯賓及公席布之也其餘樹之於位後耳小卿命於其君者也席於賓西射禮辨貴賤也諸公大國有孤卿一人與君論道亦不典職如公矣 疏 小臣至東上○注唯賓至公矣○釋曰知賓及公席布之其餘樹之於位後者下文更有孤卿大夫席文故知也此實未布而言布之者欲辨尊卑故先言也孤尊而後言之者言若是有無不定故後言也云小卿命於其君者也者按王制云大國三卿皆命於天子次國三卿二卿命於天子一卿命於其君小國亦三卿一卿命於天子二卿命於其君若言小卿據次國已下有之云射禮辨貴賤也者決燕禮大小卿皆在尊東西無小卿位彼主於燕不辨貴賤故也云與君論道亦不典職如公矣者成王周官云立大師大傅大保茲惟三公論道經邦燮理陰陽是三公論道無職此大國立孤一人論道與公同亦無職故云不典職如公也鄭不見周官於周禮三公亦無職考工記云或坐而論道亦通及三公矣

官饌百官各饌其所當共之物 疏 官饌○釋曰燕禮宰饌此不言宰而言官者欲見非獨宰故鄭云百官各饌

羹定亨肉孰也射義曰諸侯之射也必先行燕禮燕禮牲用狗

射人告具于公公升即位于席西鄉小臣師納諸公卿大夫諸公卿大夫皆入門右北面東上士西方東面北上大史在干侯之東北北面東上士旅食者

在士南北面東上小臣師從者在東堂下南面西上大史在干侯東北士旅食者在士南爲有侯入庭深也小臣師正之佐也正相君出入君之大命 疏 射人至西上○注大史至大命○釋曰自此盡少進論羣臣立位之事云大史在干侯東北士旅食者在士南爲有侯入庭深也者決燕禮士旅食者立于門西東上此不繼門而在士南繼士者爲有侯故入庭深也云小臣師正之佐也者下有小臣正正長也故以師爲佐云正相君出入君之大命者小臣正小臣中尊如天子大僕故引大僕職解之也

公降立于阼階之東南南鄉小臣師詔揖諸公卿大夫諸公卿大夫西面北上揖大夫大夫皆少進詔告也變爾言揖亦以其入庭深也上言大夫誤衍耳 疏 注詔告至衍耳○釋曰燕禮言爾以其近門去君遠而言爾爾近也移也爾之使移近此入庭深故不言爾而言揖揖之而已不須移近之也云上言大夫誤衍者以其大夫與公卿面有異故下別言大夫少進明上有大夫誤衍大夫大夫四字也

大射正擯大射正射人之

長疏大射正擯○注大射正射人之長○釋曰自此盡門外北面論請立賓之事大射正對射人為長若小臣正對小臣師亦為長擯者請賓公曰命某為賓某大夫名擯者命賓賓少進禮辭命賓者東面南顧辭辭以不敢反命以賓之辭告於君又命之賓再拜稽首受命又復擯者反命賓出立于門外北面公揖卿大夫升就席小臣自阼階下北面請執冪者與羞膳者請士可使執君兩甒之冪及羞脯醢庶羞於君者方圜壺獻無冪疏公揖至膳者○注請士至無冪○釋曰自此盡公卿者論卿大夫定位及請執冪之事云請士可使者鄭知請士者據燕禮而知云方圜壺獻無冪者方圜壺臣尊獻獲者尊皆無冪乃命執冪者執冪者升自西階立于尊南北面東上命者於西階前以公命命之東上執玄尊之冪為上羞膳者從而東由堂東升自北階立于房中西面南上不言命者不

升堂畧之疏乃命至東上○注命者至畧之○釋曰知命之在西階前者以其小臣位在東堂下於阼階請公命乃就西階請執冪者以其執冪者士位在西故也云羞膳者從而東者已於燕禮釋訖云不升堂者但不由南方升畧之升自北堂是亦升堂矣膳宰請羞于諸公卿者膳宰請者異於君也疏膳宰至卿者○釋曰不言命者對君言命於臣畧之擯者納賓賓及庭公降一等揖賓賓辟及至也辟逡遁不敢當盛疏擯者至賓辟○注及至至當盛○釋曰自此盡賓荅再拜論主人迎賓拜至及獻賓之事云公降一等揖賓不言請賓至位就席者亦是以賓與主人為禮禮不參故不請也此言賓辟燕禮不言文畧也公升即席以賓將與主人為禮不參之奏肆夏肆夏樂章名今亡呂叔玉云肆夏時邁也時邁者大平巡守祭山川之樂歌其詩曰明昭有周式序在位又曰我求懿德肆于時夏奏此以延賓其著宜王德勸賢與周禮曰賓出入奏肆夏疏奏肆夏○注肆夏至肆夏○釋曰云肆夏樂章名今亡者案周禮鍾師云以鍾鼓奏九夏杜子春引呂叔王以為肆夏時邁也繁遏執傹也渠思文也後鄭云以文王鹿鳴言之則九夏皆詩篇名頌之族類也此歌之大者載在樂章樂崩亦從而亡是以頌不能具鄭彼注破呂叔玉此注亦云肆夏樂章名今亡與彼注亦同今此又引呂叔玉於下者以無正文叔玉或為一義故鄭於此兩解之也云祭山川之樂歌者以其時邁序云巡守告祭柴望也謂巡守祭當方山用則王制及尚書云望秩於山川是也云明昭有周者美武王有明明於周云式序在位者式用也任賢用能序之使在官位云我求懿德者懿美也我求取美德之人也云肆于時夏肆遂也夏大也能如此遂於王道之大云奏此以延賓其著宣王德勸賢與者今國君歌此詩延賓入者其欲著明諸侯宣布王之德以勸賢人使有德言與者鄭以義解之無正文故云與以疑之也云周禮曰賓出入奏肆夏者按大司樂云王出入則令奏王夏尸出入則令奏肆夏牲出入則令奏昭夏下云大饗不入牲其他皆如祭祀鄭注云大饗饗賓客也彼賓客謂諸侯來朝者也不入牲牲不入亦不奏昭夏也其他謂王出入賓客出入亦奏王夏肆夏以此言之王用肆夏以饗諸侯來朝今引之者證燕時納賓亦奏之按燕禮記云若以樂納賓則賓及庭奏肆夏鄭云卿大夫有王事之勞則奏此樂焉此亦同彼注也若臣無王事之勞則如常燕無以樂納賓法也又此納賓樂故諸侯亦得用若升歌則不可

若賓醉而出奏陔夏與此異也賓升自西階主人從之賓右北面至再拜賓荅再拜主人宰夫也又掌賓客之獻飲食君於臣雖為賓不親獻以其莫敢亢禮主人降洗洗南西北面賓將從降鄉之不於洗北辟正主疏主人至北面○注賓將至正主○釋曰自此至虛爵降論主人獻賓之事也云不於洗北辟正主者按鄉飲酒鄉射三人降洗洗北南面是正主此宰夫代君為主故不於洗北南面也賓降階西東面主人辭降賓對對荅主人北面盥坐取觚洗賓少進辭洗主人坐奠觚于篚興對賓反位賓少進者所辭異宜違其位也獻不用爵辟正主主人卒洗賓揖升賓每先升尊也主人升賓拜洗主人賓右奠觚荅拜降盥賓降主人辭降賓對卒盥賓揖升主人升坐取觚取觚將就瓦甒酌膳執冪

者舉冪主人酌膳執冪者蓋冪酌者加勺又反之反之覆勺筵前獻賓賓西階上拜受爵于筵前反位主人賓右拜送爵賓既拜於筵前受爵退復位疏注賓既至復位○釋曰云賓既拜於筵前受爵者鄭恐讀者以拜下讀爲句宰胥薦脯醢宰胥宰官之吏也不使膳宰薦不主於飲酒變於燕疏注宰胥至於燕○釋曰云不使膳宰薦者不主飲酒變於燕者決燕禮使膳宰薦主於飲酒故也賓升筵庶子設折俎庶子司馬之屬掌正六牲之體者也鄉射記曰賓俎脊脅肩肺不使膳宰設俎爲射變於燕賓坐左執觶右祭脯醢奠爵于薦右興取肺坐絕祭嚌之興加于俎坐挩手執爵遂祭酒興席末坐啐酒降席坐奠爵拜告旨執爵興主人荅拜降席席西也旨美也樂闋闋止也樂止者尊賓之禮盛於上也疏樂闋○注闋止至上也○釋曰此上經云奠爵拜告旨下經云賓卒爵則此經者是賓啐酒節即樂闋燕禮記亦云賓及庭奏肆夏賓拜酒主人荅拜而樂闋亦據啐酒時按郊特牲賓入大門而奏肆夏又曰卒爵而樂闋與此啐酒樂闋不同者彼注謂朝聘者故卒爵而樂闋此燕已臣子法故啐酒而樂闋也云尊賓之禮盛於上也者賓及庭奏肆夏乃至升堂飲酒乃樂止是尊賓之禮盛於堂上者也賓西階上北面坐卒爵興坐奠爵拜執爵興主人荅拜

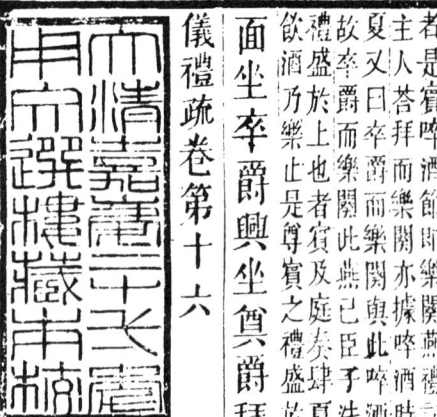

儀禮疏卷第十六

江西督糧道王賡言廣豐縣知縣阿應鱗栞

儀禮注疏卷十六挍勘記　阮元撰盧宣旬摘錄

大射第七　毛本射下有儀字陳閩監葛俱無與此本合釋文唐石經徐本俱有儀字

射義於五禮　浦鏜按改義爲儀

大射之儀

發不失正鵠者　要義同毛本發下有而字○按射義有而字

其唯賢者乎　毛本唯誤作維

鄭意不云　陳本要義同毛本不作下

射人戒諸公卿大夫射

凡其戒命　命陳閩監俱作令與疏合按周禮原文亦作令

致齋三日若然　毛本三誤作二

王自澤宮而還　毛本宮誤作官

前射三日

冢宰之屬　之通解作官

司馬命量人

掌量道巷塗數者　塗釋文作涂按涂塗古今字

止視遠近　陳閩監葛通解楊氏同徐本聶氏毛本止俱作正按周禮射人注云貍善搏者也行則止而擬焉其發必獲

大侯熊侯　大侯下通解有者字

皆以布以皮爲鵠　要義同毛本通解布下有爲之而三字

容謂之乏　要義同毛本容上有云字

則此貍步六尺明矣　自此至以非之也五十一字要義祇少鄭云此故先故注彼亦也十字餘與毛本同陳閩通解俱作則此貍步六尺明矣者先鄭注射人貍步謂一舉足爲步於今爲半步後鄭注引鄭射考工爲證者所以明步爲六尺而非三尺也

遂命量人巾車

有革輓　陳閩監本同毛本輓作輓

并下云亦鳥名　陳閩監本同毛本下作正　按當作并下云正亦鳥名

通躬自四尺　毛本通解自作與舌二字

張法椮鵠鵠下畔　通解同毛本重鵠字○按上鵠字當作侯

卽三分寸一也　毛本寸一作一寸

樂人宿縣

洁洗　釋文徐本同毛本洁作姑

考神納賓者　納陳閩監本俱作內

大呂中呂已東　中要義作仲

謂諸侯之卿大夫士也　要義謂下俱有諸侯之卿大夫士也八字○按有此八字與周禮注合毛本無此八字

且是全之爲肆　要義同毛本且作亦通解且是作是亦

以言鏄形如鍾而復大　要義同毛本鏄作鐘

建鼓在阼階西

應之　徐本同毛本應上有應鼙二字通解楊敖俱有

西階之西

解先擊朔鼙之意　要義同毛本意作義

故先擊朔鼙應鼙應之也　要義同毛本鼙下無應鼙二字按此與上節注文互誤也

簜在建鼓之閒

今大予樂官有焉　予閩本要義俱作子周學健云大予漢樂官名或本作子者誤

小者謂之和　陳閩監本同毛本者作笙

鼗倚於頌磬西紘

而作護樂　要義同毛本䕶作護

故至賓至揺之　通解毛本至作於

則以鼗將命　要義同毛本以鼗作鼗鼓

厥明○冪用錫若絺　陸氏曰絺劉作綌音卻盧文弨疑綌爲綌誤詳釋文挍勘記

爲冪蓋卷辟綴於篠　冪宋本釋文作鼏

此以下至東陳　要義同毛本此以下作自此

說者以爲若井鹿盧者鹿盧之形　要義同毛本盧下誤脫者鹿盧三字

卽葬下棺碑間重鹿盧之輩　陳閩通解要義碑俱作碑毛本作椑陳閩通解輩俱作類要義毛本作輩○按當作碑

其形兩頭大而中央小　此本要義俱無此九字通解有

豐者承尊之器　豐字諸本皆同以下文考之當作𡴀然疏此說甚謬按說文有豐無𡴀豐豆之豐滿者也从豆象形鄭以爲諧聲者葢其字从二丰既象豐滿之形復諧丰聲非別有𡴀字也賈以豐爲豐年曲爲承尊之器殊非鄭意至穀豆多有之說尤屬傅會古謂豆爲菽至六國後始言豆禮記投壺篇實小豆焉此七十子後學者所記也

是以豐年之字　毛本豐誤作曲

曲下著豆　毛本曲誤作豊

比常豆而下　要義同陳閩通解常俱作於毛本通解下俱作差短

亦謂之坫　要義坫俱从土下並同毛本坫作玷非也

面鄉也　也陳閩俱作尊

故皆尊鼻嚮君　鼻閩作畀

又尊于大侯之乏東北

鬯鬱又在五齊之上　要義同毛本通解鬯鬱作鬱鬯

羹定

烹肉熟也　烹釋文作亨

射人告具于公○大史在干侯之東北　毛本史作夫釋文唐石經徐本通解楊敖俱作史石經考文提要云釋文大史音泰足以證夫字之誤

大史在干侯東北　毛本史作夫徐本通解楊氏俱作史是也與此本標目合

公降立于阼階之東南

以其大夫與公卿面有異　陳閩通解同毛本面作而

擯者反命

論卿大夫定位　毛本定作庭

擯者納賓

自此盡賓荅再拜　毛本再拜作拜再

論主人迎賓拜至　別本迎誤作延按下注有延賓之語作延亦非無因

奏肆夏

執僥也　毛本僥作競○按作僥與周禮釋文合

武王有明明於周　監本作明昭

任賢用能　毛本任作用

故諸侯亦得用若　要義同毛本若作者○按若字屬下句毛本非也

若賓醉而出　毛本醉誤作奏

主人卒洗賓揖升　毛本揖下有乃字唐石經徐本通解敖氏俱無乃字

賓每先升尊也　徐本通解同毛本尊也作揖之

樂闋

奏肆夏乃至升堂飲酒　要義同毛本通解無乃字

儀禮注疏卷十六挍勘記終

奉新余成教挍

儀禮疏卷第十七

唐朝散大夫行大學博士弘文館學士臣賈公彦等撰

賓以虛爵降既卒爵將酢也疏賓以虛爵降○釋曰自此盡西序東面論賓酢主人之事
主人降賓洗南西北面坐奠觚少進辭降主
人西階西東面少進對賓坐取觚奠于篚下
盥洗篚下篚南主人辭洗賓坐奠觚于篚興對卒
洗及階揖升主人升拜洗如賓禮賓降盥主
人降賓辭降卒盥揖升酌膳執冪如初以酢
主人于西階上主人北面拜受爵賓主人之
左拜送爵賓南面授爵乃於左拜凡授爵鄉所受者疏注賓南至受者○釋曰知者以經云

主人北面明凡授爵鄉所受者鄉飲酒鄉射獻酬酢皆然故云凡謂南面授與所受者也主人坐祭不
啐酒辟正主也未薦者臣也不拜酒主人之義燕禮曰不拜酒不告旨遂卒爵
興坐奠爵拜執爵興賓荅拜主人不崇酒以虛爵
降奠于篚不崇酒辟正主也崇充也謂謝酒惡相充實賓降立于西階西
東面既受獻矣不敢安盛疏賓降至東面○注既受至安盛○釋曰以堂上為盛故降下下文於酬賓
降筵西東南面立注云不立於序內位彌尊燕禮注云位彌尊禮彌卑是未酬已前禮盛者也擯者以命
升賓賓升立于西序東面命公命也東西牆謂之序疏注命公至之序
○釋曰知公命者命由尊者出故也云東西牆謂之序者爾雅釋宮文主人盥洗象觚升
酌膳東北面獻于公象觚觚有象骨飾者也取象觚東面不言實之變於燕疏
主人至于公○注象觚至于燕○釋曰自此盡于能論主人獻公之事云取象觚東面者鄉公為敬故也云不言實之變

於燕者燕禮云實之主於飲酒此云酌不云實之主於射畧於飲酒故也公拜受爵乃奏肆
夏言乃者其節異於賓疏公拜至肆夏○注言乃至於賓○釋曰言異者賓及庭奏此君受爵乃奏是其節異
故也云乃者緩辭也主人降自西階阼階下北面拜送爵
宰胥薦脯醢由左房庶子設折俎升自西階
自由也左房東房也人君左右房鄉射記曰主人俎脊脅臂肺也疏注人君左右房○釋曰以人君左右房故
云左房對大夫士東房而已故云東房不言左以無右所對故也公祭如賓禮庶子贊
授肺不拜酒立卒爵坐奠爵拜執爵興凡異者君尊變
於賓疏注凡異至於賓○釋曰言異者使庶子授肺不拜酒立卒爵之等皆異於賓也主人荅拜
樂闋升受爵降奠于篚更爵洗升酌散以降
酢于阼階下北面坐奠爵再拜稽首公荅拜

更易也易爵不敢襲至尊古文更為受疏更爵至荅拜○注更易至為受○釋曰自此盡于篚論主人受公酢
之事主人坐祭遂卒爵興坐奠爵再拜稽首公
荅拜主人奠爵于篚主人盥洗升媵觚于賓
酌散西階上坐奠爵拜賓西階上北面荅拜
媵送也散方壺之酒也古文媵皆作騰疏主人至荅拜○注媵送至作騰○釋曰自此盡南面立論主人受賓
爵之事主人坐祭遂飲賓辭卒爵興坐奠爵拜執
爵興賓荅拜辭者辭其代君行酒不立飲也此於正主酬也疏注辭者至酬也○釋曰上
文公飲立卒爵此則坐飲故以公決之云比於正主酬也者謂於鄉飲酒鄉射是正主酬賓之節也主人降
洗賓降主人辭降賓辭洗卒洗賓揖升不拜
洗不拜洗酬而禮殺也主人酌膳賓西階上拜受爵于筵前

反位主人拜送爵賓升席坐祭酒遂奠于薦東遂者因坐而奠之不北面也奠之者酬不舉也疏主人至薦東。注遂者至舉也。釋曰云不北面也者此決鄉飲酒鄉射賓北面坐奠觶于薦東注皆云酬酒不舉引曲禮君子不盡人之歡不竭人之忠以全交也主人降復位賓降筵西東南面立賓不立於序內位彌尊疏注賓不至彌尊。釋曰案鄉飲酒注云位彌尊禮彌卑引雜記一張一弛此對酬時立于西序之時不降于下禮稍卑位稍尊此在席西東面位彌尊禮彌卑也小臣自阼階下請媵爵者公命長命之使選於長幼之中也鄉則尊士則卑疏小臣至命長。注命之至則卑。釋曰自此盡反位論將為賓舉旅使二大夫媵爵之事云命之使選於長幼之中知不取卿大夫之年長者以其下作大夫不取年長又知不取臣中位長者以其不取鄉故鄭云鄉則尊士則卑故不取之而取下大夫尊卑處中者小臣作下大夫二人媵爵作使媵爵者阼階下皆北面再拜稽首

公荅拜再拜稽首拜君命媵爵者立于洗南西面北上序進盥洗角觶升自西階序進酌散交于楹北降適阼階下皆奠觶再拜稽首執觶興公荅拜序次第也猶代也先者既酌右還而反與後酌者交於西楹北相左俟於西階上乃降往來以右為上古文曰降造阼階下媵爵者皆坐祭遂卒觶興坐奠觶再拜稽首執觶興公荅再拜媵爵者執觶待于洗南待待君命小臣請致者請君使一人與二人與不必君命若命皆致則序進奠觶于篚阼階下皆北面再拜稽首公荅拜媵爵者洗象觶升實之序進坐奠于薦南北上降適阼階下皆再拜稽首送觶公荅拜既酌而代進往來由

尊北交於東楹北亦相左奠於薦南不敢必君舉疏注既酌至君舉。釋曰言亦者亦前酬酌自飲時相左於西楹之北時後者南相東向先者北相西向向西階右旋北面待後至降也今此二人先者於尊西東面酌訖於東楹之北東向向公前奠之右旋于東楹之北北畔西過後者亦於尊西東面酌訖於東楹之北南過東向於公前奠之是亦交於楹北相左也云奠於薦南不敢必君舉者凡舉者於右不舉者於左今奠於薦左是不舉之處故云不敢必君舉也媵爵者皆退反位反門右北面位疏注反門右北面位。釋曰但大夫初與卿在門右北面得揖少進中庭北面今當反庭中位而立云門右北面位者大夫雖得揖少進仍是門右北面位少進而已故鄭還以門右北面言之公坐取大夫所媵觶興以酬賓賓降西階下再拜稽首小臣正辭賓升成拜公起酬賓於西階降尊以就卑也正長也小臣長辭變於燕升成拜復再拜稽首先時君辭之於禮若未成然疏公坐至成拜。注公起至成然。釋曰自此盡復位論為賓舉旅下及大夫之事云小臣長辭變於燕者燕禮直使小臣辭亦是燕主歡

此射禮辨尊卑故使小臣長辭異於飲酒禮故云變於燕也公坐奠觶荅拜執觶興公卒觶賓下拜小臣正辭賓升再拜稽首不言成拜者為拜故下賓未拜也下不輒拜禮殺也下亦降也發端言降拜因上事言下拜疏公坐至稽首。注不言至下拜。釋曰自此已下皆云公荅拜不言再拜燕禮皆言公荅再拜不同者燕主歡不用尊卑故公拜皆再拜此射禮主辨尊卑故直云荅拜荅一拜此一拜者正禮也故周禮大祝辨九拜一曰稽首首至地臣拜君法二曰頓首平敵相拜法三曰空首君荅臣下拜復不為再拜即七曰奇拜是也云下亦降也者此非訓下為降故以發端言降拜因上事言下拜直因降有上文即云下也經云公卒觶賓下拜者公尊不拜既爵賓降拜若為君拜既爵也公坐奠觶荅拜執觶興賓進受虛觶降奠于篚易觶興洗賓進以臣道就君受虛爵君不親酌凡爵不相襲者於尊者言更自敵以下言易更作新易有故之辭也不言公酬賓於西階上及公反位者尊君空其文也公有命則不易不洗反

升酌膳下拜小臣正辭賓升再拜稽首公荅拜不易君義也不洗臣禮也賓告于擯者請旅諸臣擯者告于公公許旅序也賓欲以次序勸諸臣酒賓以旅大夫于西階上擯者作大夫長升受旅作使也使之以長幼之次先孤卿後大夫賓大夫之右坐奠觶拜執觶興大夫荅拜賓在右相飲之位疏注賓在右相飲之位○釋曰賓位在左而在大夫之右者是相飲之位非賓主之位也賓坐祭立卒觶不拜酬而禮殺若膳觶也則降更觶洗升實散大夫拜受賓拜送遂就席言更觶尊卿尊卿則賓禮殺疏注言更至禮殺○釋曰上注云不相襲者於尊言更自敵以下言易此賓於卿是自敵以下當言易今言更者尊卿尊則卑賓禮殺也大夫辯受酬如受賓酬之禮不祭酒卒受者

以虛觶降奠于篚復位卒猶已也今文辯作徧疏注大夫至復位○釋曰言復位者亦如上復門右北面位即中庭北面位也主人洗觚升實散獻卿于西階上酬賓而後獻卿飲酒禮成於酬疏注主人至階上○注酬賓至於酬○釋曰自此盡無加席論獻公卿之事司宮兼卷重席設于賓左東上言兼卷則每卿異席重席蒲筵緇布純卿言東上統於君席自房來疏注司宮至東上○注言兼至房來○釋曰上文設席之下注謂唯賓及公席布之也其餘樹之於位後耳者以至獻卿乃布之若然此云兼卷者不謂始卷之直是鋪設之時兼卷而設之也卿升拜受觚主人拜送觚卿辭重席司宮徹之徹猶去也重席雖非加猶爲其重累辭之辟君乃薦脯醢卿升席庶子設折俎卿折俎未聞蓋用脊脅臑折肺卿有俎者射禮尊疏乃薦至折俎○注卿折至禮尊○釋曰云卿折俎未聞者以燕禮卿無俎故云未聞又云蓋用脊脅臑折肺者案鄉射記云賓俎脊脅肩肺主人俎脊脅臂

肺又僕者之俎脊脅肺臑彼注云臑若膊胳觳之折以大夫之餘體以此言之則此賓俎亦用脊脅肩肺君俎亦脊脅臂肺前體有肩臂臑後體有膊胳觳尊卑以次用之故卿宜用臑若有公公用臑卿宜用膊也云卿有俎者射禮尊者對燕禮不辨尊卑故公卿等皆無俎也卿坐左執爵右祭脯醢奠爵于薦右興取肺坐絕祭不嚌肺興加于俎坐捝手取爵遂祭酒執爵興降席西階上北面坐卒爵興坐奠爵拜執爵興陳酒肴君之惠也不嚌啐事在射臣之意疏注陳酒至之意○釋曰案燕禮不在射亦不啐者彼爲臣有功君與之燕恩及於卿故卿不敢啐也卿有無俎者自然不嚌也主人荅拜受爵卿降復位復西面位不酢辟君辯獻卿主人以虛爵降奠于篚擯者升卿卿皆升就席若有諸公則先卿獻之如獻卿之禮席于阼

階西北面東上無加席公孤也席之北面爲大尊屈之也亦因阼階上近君近君則親寵苟敬私昵之坐小臣又請媵爵者二大夫媵爵如初請致者若命長致則媵爵者奠觶于篚命長致者使長者一人致也公或時未能舉自優暇疏小臣至于篚○注命長至優暇○釋曰自此盡奠于篚論舉旅之事一人待于洗南不致者長致者阼階下再拜稽首公荅拜再拜稽首拜君命洗象觶升實之坐奠于薦南降與立于洗南者二人皆再拜稽首送觶公荅拜奠於薦南先媵者上觶之處也二人皆拜如初共勸君飲之公又行一爵若賓若長唯公所賜一爵先媵者之下觶也若賓若長禮殺也長孤卿之尊者也於是言賜射禮明尊卑疏注於是言至尊卑○釋曰案燕禮爲卿舉旅言若賓若長唯公所酬燕禮主於飲酒此言所賜是以

決之也以旅于西階上如初賜賓則以酬長賜長則以酬賓大夫長升受旅以辯大夫卒受者以虛觶降奠于篚主人洗觚升獻大夫于西階上大夫升拜受觚主人拜送觚大夫坐祭立卒爵不拜既爵主人受爵大夫降復位既盡也大夫卒爵不拜賤不備禮（疏）主人至復位。釋曰自此盡就席論獻大夫之事。注大夫至備禮。釋曰此注云大夫卒爵不拜賤不備禮燕禮注云禮殺者兩注相兼乃足對公卿拜既爵此不拜此獻卿後是禮殺亦是賤不備禮也胥薦主人于洗北西面脯醢無脀胥宰官之吏主人下大夫也先大夫薦之尊之也不薦于上辟正主脀俎實辯獻大夫遂薦之繼賓以西東上若有東面者則北上卒擯者升大夫大夫皆升就席辯獻乃薦畧賤也亦獻後布席也（疏）辯獻至就席。注辯獻至席也。釋曰旣言辯獻大夫遂薦之後乃云繼賓以西東上以下云云者上揔言獻大夫辯乃一時薦之下文更明布席位次就席之儀故云辯獻乃薦畧賤也畧賤則是獻訖降階獻辯擯者乃揔升之就席就席訖乃薦之乃席工于西階上少東小臣納工工六人四瑟工謂瞽矇善歌諷誦詩者也六人大師少師各一人上工四人四瑟者禮大樂衆也（疏）乃席至四瑟。注工謂至衆也。釋曰自此盡西面北上坐論作樂及獻工之事云六人者大師少師各一人上工四人皆據文而言也云禮大樂衆也者對燕禮工四人而言也僕人正徒相大師僕人師相少師僕人士相上工徒空手也僕人正僕人之長師其佐也士其吏也天子視瞭相工諸侯兼官是以僕人掌之大師少師工之長也凡國之瞽矇正焉杜蒯曰曠也大師也於是分別工及相者射禮明貴賤（疏）僕人正至上工。注徒空至貴賤。釋曰云僕人正僕人之長師其佐也者以正爲長師爲衆故僕人正爲長僕人師爲佐也云士其吏也者以其在僕人之下故知僕人之吏吏則府史之類云天子視瞭相工者見於眡瞭職文云大師

少師工之長也者周禮春官大師下大夫二人小師上士四人鄭注云凡樂之歌必使瞽矇爲焉命其賢知者以爲大師小師是樂工之長也云杜蒯曰曠也大師也者禮記檀弓文引之者證大師爲樂工之長也云於是分別工及相者射禮明貴賤者對燕禮主歡不明貴賤故不分別工貴及相賤空二字相者皆左何瑟後首內弦挎越右手相謂相上工者後首主於射畧於此樂內弦挎越以右手相工由便也越瑟下孔所以發越其聲者也古文後首爲後手後者徒相入謂相大師少師者也上列官之尊卑此言先後之位亦所以明貴賤凡相者以工出入（疏）後者徒相入。注謂相至出入。釋曰上列官之尊卑此陳先後之位亦是以明貴賤者上列官之尊卑謂先言僕人正與大師後言僕人士與上工是列官尊卑也此陳先後則上工與瑟在前大師少師在後是先後之位既據入時行位亦據升堂坐之先後亦依此也云凡相者以工出入者欲見入時如此出時亦然小樂正從之從大師也後升者變於燕也小樂正於天子樂師也（疏）小樂正從之。注從大至師也。釋曰云從大師也後升者變於燕也者燕禮樂正先升又不使小樂正者彼主於樂此則畧於樂故也升自西階北面東上工六人坐授瑟乃降相者也降立于西縣之北（疏）坐授瑟乃降。注相者至之北。釋曰鄉飲酒注云降立于西方近其事以取近其事故在西縣之北也小樂正立于西階東不統於工明工雖衆位猶在此（疏）小樂正至階東。注不統至在此。釋曰云不統於工明工雖衆位猶在此者決燕禮工四人樂正升立于工之西在西階東不統於工此雖六人衆於彼猶統于階而云西階東不變若使小樂正適之於工恐工位移近西故猶統于階也乃歌鹿鳴三終鹿鳴小雅篇也人君與臣下及四方之賓燕講道脩政之樂歌也言已有旨酒以召嘉賓與之飲者樂嘉賓之來示我以善道又樂嘉賓有孔昭之明德可則傚也歌鹿鳴三終而不歌四牡皇皇者華主於講道畧於勞苦與諮事（疏）乃歌鹿鳴三終。注鹿鳴至諮事。釋曰云主於講道畧於勞苦者據四牡勞使臣此不用之云與諮事者謂皇皇者華有諮謀諮度諮詢之事亦畧之也主人洗升實爵獻工工不興左瑟工歌而獻之以事報之也洗爵獻工辟正主也獻不用觚工賤異之也工不興不能備禮左瑟

便其右大師無瑟於疏主人至左瑟○注工歌至節也○是言左瑟者節也釋曰云洗爵獻工辟正主也者案鄉飲酒鄉射云大師則爲之洗謂君賜之樂者其餘工不爲之洗是正主法今此工六人皆爲之洗故云辟正主人必知同洗者以其更無別獻之文故知同洗也云獻不用觚工賤異之也者燕禮大射獻賓獻卿大夫皆用觚而獻工用爵故云異之鄉飲酒鄉射獻同用爵者變於君故也云大師無瑟於是言左瑟者節也者上言獻工下云一人拜受爵則六人皆在工內而云工不與左瑟於是明大師亦入左瑟中故須云大師無瑟於是言左瑟者以其六人揔當獻酒之節故揔入左瑟文不謂有瑟也

一人拜受爵謂大師也言一人者工賤同之也工拜於席疏一人拜受爵○注謂大至於席○釋曰云謂大師也言一人者工賤同之也者鄉飲酒鄉射云大師則爲之洗則知此一人謂大師不言大師對君工賤不異其文故同之而云一人也

主人西階上拜送爵薦脯醢輒薦之變於大夫疏主人至脯醢○注輒薦之變於大夫○釋曰案上文云辯獻大夫遂薦之此工得獻不待辯輒薦之故云變於大夫也

使人相祭使人相者相其祭薦祭酒疏使人相祭○注使人至祭酒○釋曰知祭薦祭酒者此文承一人受爵薦脯醢之下明二者皆祭也若下文衆工直祭酒不祭脯醢也

卒爵不拜主人受虛爵衆工不拜受爵坐祭遂卒爵辯有脯醢不祭相者相其祭酒而已主人受爵降奠于篚復位大師及少師上工皆降立于鼓北羣工陪于後鼓北西縣之北也言鼓北者與鼓齊面餘長在後也羣工陪于後三人爲列也於是時小樂正亦降立於其南北面工立僕人立於其側坐則在後考工記曰鼓人爲皐陶長六尺有六寸疏大師至于後○注鼓北至六寸○釋曰知鼓北是西縣之北者以其下文大師少師始遷向東明此降者降在西縣之北可知云言鼓北者與鼓齊面餘長在後也者案前列樂縣之時鼓在鑮南今不言在鍾磬之北遥據鼓而言之者欲取形大又面向東工亦面向東故遥取鼓面也言餘長在後者欲見鼓長六尺六寸工面與鼓面齊鼓有餘長在人後矣言此者工與鼓前面齊後面不齊之意也云羣工陪于後三人爲列也者大師少師二人上工四人今若立時三人爲列大師

後有工二人少師後亦有工二人故云三人爲列也云於是時小樂正亦降立於其南北面者亦約遷樂於東方工西面樂正北面言亦者亦東方也云工立僕人立于其側坐則在後者亦約遷樂東方時面位得知也云考工記曰鼓人爲皐陶長六尺有六寸者彼云韗人爲皐陶先鄭云韗書或爲鞠玄謂鞠者以皐陶名官鞠即陶字從革今云鼓人者誤當作鞠人鞠人掌鼓後人誤言鼓鼓人自在地官掌教六鼓矣云爲皐陶者鼓木之名其穹隆二十板謂鼓木長六尺六寸賈侍中彼解爲晉鼓引之者證鼓東西長工齊前面於後有餘之義也

乃管新宮三終管謂吹簜以播新宮之樂其篇亡其義未聞笙從工而入既管不獻畧下樂也立于東縣之中疏乃管新宮三終○注管謂至之中○釋曰云管謂吹簜者此云管上云簜故鄭合爲一事解之云其篇亡其義未聞者以其堂下詩與由庚之等同亡但上由庚由儀之等有序無詩同云有其義而亡其辭此則辭義皆亡故云其義未聞云笙從工而入者案燕禮云笙入立于縣中有笙入之文此上下不見笙入之文故知笙從工而入也上云簜解爲竹謂笙簫之屬竹即管也今此經云管已解簜爲管復云笙從工而入者燕禮記云下管新宮笙入三成則吹管者亦吹笙故兼言笙欲見笙管相將也云立于東縣之中者燕禮笙入立于縣中則於此縣而言此辟射位故知立于東縣之中也

卒管大師及少師上工皆東坫之東南西面北上坐不言縣北統於堂也於是時大樂正還北面立于其南疏卒管至上坐○注不言至其南○釋曰工人前不即遷于東者爲管笙所作不以無事亂有事故待卒管大師乃東坫西面北上坐不言去堂遠近當如鄉射遷工阼階下之東南堂前三笴西面北上云不言縣北統于堂也者上云鼓北不統於堂者彼權立非正位故也

擯者自阼階下請立司正三爵既備上下樂作君將留羣臣而射宜更立司正以監之察儀法也疏擯者至司正○注三爵至法也○釋曰自此盡北面立論將射立司正察儀安賓之事

公許擯者遂爲司正君許其請因命用之不易之者俱相禮其事同也司正適洗洗角觶南面坐奠于中庭奠觶者著其位以顯其事威儀多也疏注奠觶至多也○釋曰燕禮及此射禮司正不以觶升而奠之於地比鄉飲酒及鄉射爲顯其威儀多自此已後還與二鄉同也

升

東楹之東受命于公西階上北面命賓諸公卿大夫公曰以我安賓諸公卿大夫皆對曰諸敢不安以我安者君意殷勤欲畱之以我故安也司正降自西階南面坐取觶升酌散降南面坐奠觶奠於中庭故處興右還北面少立坐取觶興坐不祭卒觶奠之興再拜稽首左還南面坐取觶洗南面反奠于其所北面立皆所以自昭明於衆也將於觶南北面則右還於觶北南面則左還如是得從觶西往來也必從觶西往來者爲君在阼不背之也司射適次袒決遂執弓挾乘矢於弓外見鏃於弣右巨指鉤弦司射射人也次若今時更衣處張帷席爲之耦次在洗東南袒左免衣也決猶闓也以象骨爲之著右巨指所以鉤弦而闓之遂射韝也以朱韋爲之著

左臂所以遂弦也方持弦矢曰挾乘矢四矢弣弓把也見鏃焉順其射也右巨指右手大擘以鉤弦弦在旁挾由便也古文挾皆作接【疏】司射至鉤絃○注司射至作接○釋曰自此至于次論射事將至誓射者及比三耦之事云司射射人也者案燕禮射人告具注云射人主此禮以其或射又云射人納賓又云射人請立司正公許射人遂爲司正則射人司正一人也又云乃薦司正與射人一人注天子射人司士皆下大夫二人諸侯則上士其人數亦如之又曰若射則大射正爲司射注大射正射人之長此篇云射人告具又曰大射正擯自此以後皆止云擯擯者自阼階下請立司正公許遂爲司正則此篇司正與大射正爲一人也下云公就物小射正奉決拾以笥大射正執弓注云大射正舍司正親其職乃薦司正注云司正大射正是也云耦次在洗東南者此無正文案鄉射記云設楅橫奉之南面坐奠之南北當洗此下云三耦出次西行拾取矢又當北行向楅則次在洗東南矣云方持弦矢曰挾者以矢橫爲方鄉射記云凡挾矢於二指閒橫之是也自阼階前曰爲政請射爲政謂司馬也司馬政官主射禮【疏】自阼至請射○注爲政至射禮○釋曰云爲政謂司馬也者案大宰云四曰夏官其屬六十掌邦政是爲政謂司馬也云司馬政官主射禮者其屬有射人主射事故司馬政官主射禮也遂告曰大夫與大夫士御於大夫因告選三耦於君御猶侍也大夫與大夫爲耦不足則士侍於大夫與爲耦也今文於爲于【疏】遂告至大夫○注因告至爲于○釋曰云不足則士侍於大夫與爲耦也者是以曲禮云君使士射注謂以備耦是也遂適西階前東面右顧命有司納射器納內也【疏】遂適至射器○釋曰命謂司射命之也言有司則前文司士戒士射與贊者注云謂士佐執事不射者是也鄉射西階前西面命弟子納射器此言東面者君在阼宜向之故東面右顧者以其有司是士士在西階南東面是以右顧向之射器皆入君之弓矢適東堂賓之弓矢與中籌豐皆止于西堂下衆弓矢不挾總衆弓矢楅皆適次而俟中閒中筭器也籌筭也豐可奠射爵者衆弓矢三耦及卿大夫以下弓矢也司射矢亦止西堂下衆弓矢不挾則納公與賓弓矢者挾之楅承矢器今文俟作待【疏】

射器至而俟○注中閒至作待○釋曰云中閒中筭器也者鄉射記云於郊則閒中據此大射故知閒中中所以盛筭故云筭器也云司射矢亦止西堂下者下文云司射卒誘射遂適堂西改取一个挾之是也若然司射有矢無弓在堂西有弓者誤或則據司射將獻釋獲者適阼階西去朴適堂西釋弓脫決拾是時弓在西堂下也工人士與梓人升自北階兩楹之閒疏數容弓若丹若墨度尺而午射正莅之工人士梓人皆司空之屬能正方圜者一從一橫曰午謂畫物也射正司射之長【疏】工人至莅之○注工人至之長○釋曰知工人士與梓人皆司空之屬能正方圜者冬官雖亡不知官屬之號見今考工記有三十官有梓人之官此工人士又與梓人同事故知冬官未亡時屬司空也云能正方圜者以工巧之能知也繢人職云火以圜土以黃其象方梓人職張五采之侯之類是知方圜也云一從一橫曰午謂畫物也者則上文橫與距隨是也但未知從者橫者若爲用丹若爲用墨或科用其一云午十字謂之先以左足履物右足隨而並立也云度尺者即鄉射記從如笴三尺橫如武尺二寸是也卒畫自北階下

司宮埽所畫物自北階下埽物重射事也工人士梓人司宮位在北堂下疏卒畫至階下○注埽物至堂下○釋曰知工人梓人司宮位在北堂下雖無正文南方不見有位其人升降自北階明位在北堂下大史俟于所設中之西東面以聽政中未設也大史俟焉將有事也鄉射禮曰設中南當楅西當西序東面疏大史至聽政○注中未至東面○釋曰注引鄉射者欲見大史位之所在在此也司射西面誓之曰公射大侯大夫射參士射干射者非其侯中之不獲卑者與尊者爲耦不異侯大史許諾誓猶告也古文異作辭疏司射至許諾○注誓猶至作辭○釋曰卑者尊者射不異侯言此者以其誓云君射大侯大夫射參侯士射干侯恐與尊爲耦亦各射己侯故覆言此賓與君爲耦同射大侯士與大夫爲耦同射參侯以其旣與尊者爲耦不可使之別侯別侯者則非耦類故也遂比三耦比選次之也不言面者大夫在門右北面士西方東面疏遂比三耦○注比選至東面○釋曰云不言面者以下云面故決之云大夫在門右北面士西方東面者仍依朝位以其設朝之班位以來其位未改明知司射命誓及比次須還依舊位司射面皆向之而比次也若耦及侯數天子大射賓射六耦三侯畿內諸侯則二侯四耦畿外諸侯大射賓射皆三侯三耦但諸侯畿外畿內各有一申一屈故畿外三侯遠尊得申與天子同三耦則屈畿內二侯近尊則屈四耦則申若燕射則天子諸侯例同三耦一侯而已以其燕私屈也若卿大夫士例同一侯三耦畧言之數備禮記射義也三耦俟于次北西面北上未知其耦今文俟爲立疏三耦至北上○注未知至爲立○釋曰云未知其耦者下經始命之故云未知其耦若然此經已言面位者三耦雖未知與誰爲耦要知爲三耦故立於此司射命上射曰某御於子命下射曰子與某子射卒遂命三耦取弓矢于次取弓矢不拾者次中隱蔽處疏司射至于次○注取弓至蔽處○釋曰云取弓矢不拾者次中隱蔽處者對鄉射堂西顯露之處拾取矢也司射入于次搢三挾一

个出于次西面揖當階北面揖及階揖升堂揖當物北面揖及物揖由下物少退誘射搢扱也挾一个挾於弦也个猶枚也由下物而少退謙也誘猶教也夫子循循然善誘人疏司射至誘射○注搢扱至誘人○釋曰自此至東面論司射誘射之事此射人誘射與鄉射同但鄉射往階西取弓矢此則入次取弓矢爲異然此云入次搢三挾一个則已前皆挾乘矢不改鄉射亦然引論語者彼夫子敎弟子學問事司射敎人射事雖不同同是敎法故引爲證也射三侯將乘矢始射干又射參大侯再發將行也行四矢象有事於四方詩云四矢反兮以御亂兮卒射北面揖揖於當物之處不南面者爲不背卿疏注不南至背卿○釋曰案鄉射誘射卒南面揖者彼尊東或公或卿大夫位同不別故司射不特尊之此大射辨尊卑尊東唯有天子命卿其餘小卿及大夫皆賓西故特尊之不背之也及階揖降如升射之儀遂適堂西改取一个挾之改更也不射而挾矢示有事也遂取扑搢之以立于所設中之西南東面扑所以撻犯教者也於是言立著其位也鄉射記曰司射之弓矢與扑倚于西階之西疏注扑所至之西○釋曰云於是言立著其位者案鄉射司射先立所設中之西南三耦從之立於西南司射卻就之搢三挾一个乃誘射此則誘射卒乃始來就位者由此有次就次取弓矢射訖無事乃於此立故云於是言立著其位也引鄉射記者此不言司射倚弓矢之處引之證此與彼記文同也司馬師命負侯者執旌以負侯司馬師正之佐也欲令射者見侯與旌深志於侯中也負侯侯獲者也天子服不氏下士一人徒四人掌以旌居乏待獲析羽爲旌疏司馬至負侯○注司馬至爲旌○釋曰自此盡而俟論司馬師命服不負侯之事也引天子服不氏下士一人徒四人者欲見諸侯亦三侯亦使服不氏與徒爲獲者也云析羽爲旌周禮司常文負侯者皆適侯執旌負侯而俟司射適次作上耦射作使也司射反位疏司射反位○釋曰此不言先反位者爲三耦始出次未有

次前位無所先故不言先也上耦出次西面揖進上射在左並行當階北面揖及階揖上射先升三等下射從之中等上射在左便射位也中猶閒也疏注上射至閒也○釋曰云上射在左便射位也者鄉射亦云上射在左不云便射位者彼東面位上射在北故在左不取便射位之義此次北西面位亦上射在北居右故上射須在左以其發位並行及升北面就物位皆言居左履物南面上射乃在右故云上射在左便射位也上射升堂少左下射升上射揖並行並併也併東行皆當其物北面揖及物揖皆左足履物還視侯中合足而俟視侯中各視其侯之中大夫耦則視參中參中十四尺士耦則視干中干中十尺疏注視侯至十尺○釋曰弓二寸以爲侯中參侯七十弓故侯中十四尺干侯五十弓故侯中十尺司馬政適次袒決遂執弓右挾之出升自西階適下物立于物閒左執弣右執簫南揚弓命去侯司馬正政官之屬簫弓末揚弓者執下末揚猶舉也適下物由上射後東過也命去侯者將射當獲也鄉射禮曰西南面立于物閒疏司馬至去侯○注司馬至物閒○釋曰云司馬正政官之屬者非大司馬大司馬之下屬大司馬故云司馬屬案天子有大司馬卿一人小司馬中大夫二人此雖諸侯禮亦應有小司馬號爲司馬正也知適下物由上射後東過也者案鄉射司馬命去侯時由上射後過至下射西西南面揚弓命去侯故引鄉射證此亦在物閒西南面也負侯皆許諾以宮趨直西及乏南又諾以商至乏聲止宮爲君商爲臣其聲和相生也鄉射禮曰獲者執旌許諾古文聲爲磬疏負侯至聲止○注宮爲至爲磬○釋曰云宮爲君商爲臣樂記文云聲和相生者宮生徵徵生商而云相生者雖隔徵亦是相生之義也云聲和者宮數八十一商數七十二彈宮則商應故云聲和也引鄉射者彼臣禮下云諾聲不絕不言宮商引之證與此不同之意授獲者退立于西方獲者興共而俟大侯服不氏負

侯徒一人居乏相代而獲參侯干侯徒負侯居乏不相代鄉射禮曰獲者執旌許諾聲不絕以至于乏坐東面偃旌興而俟古文獲皆作護非也疏授獲至而俟○注大侯至非也○釋曰云大侯服不氏負侯徒一人居乏相代而獲者上注引周禮服不氏下士一人徒四人是以鄭分之於三侯之上大侯尊故使服不氏與一徒居乏自餘徒三人分之於二侯徒以少一人不得相代也引鄉射者此文不具宜與彼同司馬正出于下射之南還其後降自西階遂適次釋弓說決拾襲反位拾遂也鄉射禮曰司馬反位立于司射之南疏司馬至反位○注拾遂至之南○釋曰引鄉射者於此司馬不言位宜與鄉射同故引爲證司射進與司馬正交于階前相左由堂下西階之東北面視上射命曰毋射獲毋獵獲上射揖司射退反位射獲矢中乏也從旁爲獵乃射上射既發挾矢而后下射射拾發以將乘矢拾更也將行也獲者坐而獲坐言獲也舉旌以宮偃旌以商再言獲也獲而未釋獲但言獲未釋筭古文釋爲舍疏獲而未釋獲○注但言至爲舍○釋曰云但言獲爲釋筭者鄭注鄉射云但大言獲此注不言大省文也卒射右挾之北面揖揖如升射右挾之右手挾弦上射降三等下射少右從之中等並行上射於左與升射者相左交于階前相揖適次釋弓說決拾襲反位上射於左由下射階上少右乃降待之言襲者凡射皆袒疏上射至反位○注上射至皆袒○釋曰云上射降三等者諸侯階有七等言三等者欲明下射中等是降一等之上下射過向西畔由右故上射至地待之乃得二人並行上射於左也云與升射者相左交于階前者降射者仍南行故得階前交往來也云上射於左由下射階上少右乃降待之者此鄭解在階下而上射得在左之意由下射階上少右向西畔乃降上射於地待之故並行時得上射在左也

云凡射皆袒者案鄉射命三耦各與其耦讓取弓矢拾三耦取弓遂至卒射云脫決拾襲而俟于堂西南面此則前遂命三耦取弓矢于次不言袒至此亦言襲故須言凡射皆袒決在此不見袒亦袒可知也

三耦卒射亦如之司射去扑倚于階西適阼階下北面告于公曰三耦卒射反搢扑反位 疏 三耦至反位○釋曰云司射去扑倚于西階西適阼階下北面告于公者案鄉射司射去扑倚于西階之西升堂北面告于賓曰三耦卒射注云去扑乃升不敢佩刑器即尊者之側此不升堂而在阼階下而亦去扑者尊公故也

司馬正袒決遂執弓右挾之出與司射交于階前相左 出出於次也袒時亦適次 疏 司馬至相左○注出出至適次○釋曰自此至與反位論取矢設楅云出于次也袒時亦適次者以此而言則袒時入次今更出次知不在位上袒而入次取弓者凡袒襲皆隱處鄉射無次司馬適堂西袒執弓矢不在位此大射有次明入次袒不在位可知

升自西階自右物之後立于物閒西南面揖弓命取矢 揖推之 負侯許諾如初去侯皆執旌以負其侯而俟 俟小臣取矢以旌指教之 司馬正降自西階北面命設楅 此出于下射之南還其後而降之 疏 注此出至降之○釋曰此出于下射之南還其後而降之者鄉射文此亦然故引爲證也

小臣師設楅司馬正東面以弓爲畢 畢所以教助執事者鄉射記曰乃設楅于中庭南當洗東肆 疏 小臣至爲畢○注畢所至東肆○釋曰云畢所以教助執事者以畢是助載鼎實之物故司馬執弓爲畢以指授若周禮執殳以爲鞭度然引鄉射禮文者證經設楅故亦當洗

既設楅司馬正適次釋弓說決拾襲反位小臣坐委矢于楅北括司馬師坐乘之 乘四四數之 卒若矢不備則司馬正又袒執弓升命取矢如初曰取矢不索

乃復求矢加于楅卒司馬正進坐左右撫之興反位 左右撫分上下射此坐皆北面 司射適西階西倚扑升自西階東面請射于公 倚扑者將即君前不敢佩刑器也升堂者欲諸公卿大夫辯聞也 疏 司射至于公○注倚扑至聞之○釋曰自此盡未降請君行第二番射并命耦之事云倚扑者將即君前不敢佩刑器也者上以去扑告君不注至此乃注者彼告在阼階下遠君故不注至此升堂乃注義與彼同也上不升者以告以三耦射卒事緩故在下此告欲諸公卿大夫徧聞也故升但升者是其正故鄉射升堂大射告公故前在堂下此升者欲公卿聞之故也

公許遂適西階上命賓御于公諸公卿則以耦告于上大夫則降即位而后告 告諸公卿於堂上尊之也 司射自西階上北面告于大夫曰請降司射先降搢扑反位大夫從之降適次

立于三耦之南西面北上 適次由次前而北西面立 疏 司射至北上○注適次至面立○釋曰云告于大夫曰請降者以諸公卿在上故請大夫降鄉射降告主人與賓爲耦遂告于大夫又曰賓主人與大夫皆未降注云言未降者見其志在射大夫未降者彼臣禮主人與賓皆卑故大夫未降與此異也云適次由次前而北西面立者上云司射等適次謂入次中此適次者大夫降自西階東行適次所過向堂東西面立因過次爲適次非入次也

司射東面于大夫之西比耦大夫與大夫命上射曰某御於子命下射曰子與某子射卒遂比衆耦 衆耦士也 衆耦立于大夫之南西面北上若有士與大夫爲耦則以大夫之耦爲上 爲上居羣士之上 疏 司射至爲上○注爲上至之上○釋曰云爲上居羣士之上者若是士與大夫之尊者爲耦故居羣士之上也鄭云羣士之上者既爲上射恐在大夫之上故云羣士之上是以下注云士雖爲上射其辭猶

尊大夫也。若然，國皆有三卿五大夫，三耦六人而已，而云使士爲耦者，卿大夫或有故，或出使，容其不足，使士備耦之法也。

命大夫之耦曰：「子與某子射。」告於大夫曰：「某御於子。」士雖爲上射，其辭猶尊大夫。命衆耦，如命三耦之辭。諸公卿皆未降。言未降者，見其志在射。疏注言未至在射。○釋曰：言未者，後當降，故云未也。若終六射，不得言未。是以鄉射記云「衆賓不與射者不降」，注「不以無事亂有事」，是不射不得云未也。

遂命三耦各與其耦拾取矢，皆袒決遂，執弓，右挾之。此命入次之事也。司射既命而反位，不言之者，上射出當作取矢，事未訖。疏「遂命」至「挾之」。○注「此命」至「未訖」。○釋曰：自此盡「襲反位」，論命拾取矢之事。鄭知此是命入次之事者，上來未有三耦入次袒決遂之事，又下文乃云「一耦出」，明此是命入次之事。若然，司射命訖當反位，不言者，以其三耦入次出，乃當作取矢，待作取矢，即是事未訖，故不言反位也。仍未知令入次之後未出之間，且在西方位，且在階下位？二者雖無文，以事緩急言之，三耦入次出則作之，宜在階下位，於義可也。又鄉射云「司射反位」者，司射反位則有三耦位，得言反位。此曰射位在西方，去次遠，又曰射位若階下，去次亦遠，不得言反，故不言也。

一耦出，西面揖，當楅北面揖，及楅揖。三耦同入次，其出也，一一上射出西面立，司射作之，乃揖行也。當楅，楅正南之東西。

上射東面，下射西面。上射揖進，坐，横弓，卻手自弓下取一个，兼諸附，與順羽，且左還，毋周，反面揖。横弓者，南踣弓也。卻手自弓下取矢者，以左手在弓表，右手從裏取之，便也。兼，并也。并矢於附，當順羽，既又當執弦。順羽者，手放而下，備不整理也。左還，反其位。毋周，右還而反東面也。君在阼，還周則下射將背之。古文且爲阻。疏「上射」至「面揖」。○注「横弓」至「爲阻」。○釋曰：云「左還，反其位。毋周，右還而反東面也」者，毋周者，左還行至位，即位右還而反東面，是還不周也。云「君在阼，還周則下射將背之」者，上射左還，已還背君，而據下射而言者，上射去君遠，故據下射而言。以其下射若右還周，爲背君；若左還向東，覆即右還西面，是不背君。周即背，故也。

下射進，坐，横弓，覆手自弓上取一个，兼諸附，與順羽，且左還，毋周，反面揖。横弓亦南踣弓也。人東西鄉以南北爲横。覆手自弓上取矢，以左手在弓裏，右手從表取之，便也。疏「下射」至「面揖」。○注「横弓」至「便也」。○釋曰：云「横弓亦南踣弓也」者，謂南踣弓以左手仰執弓裏，以覆右手於弓表向下取矢，亦便也。上射、下射俱南踣弓者，取背君向南爲順故也。

既拾取矢，梱之。梱，齊等之也。古文梱作魁。兼挾乘矢，皆内還，南面揖。内還者，上射左，下射右，不皆右還，亦以君在阼，嫌下射故左還而背之也。上以陽爲内，下以陰爲内，因其宜可也。疏「兼挾」至「面揖」。○注「内還」至「可也」。○釋曰：云「不皆右還，亦以君在阼，嫌下射故左還而背之」者，若上下俱向内，是相向爲順。若上射左還，是不故背君。若背君，少亦左還，初時面向君，轉身南向背君多，似故背君，故不左還也。云「上以陽爲内，下以陰爲内，因其宜可也」者，上射東面，左還時以左手還取東相陽方爲内；下射西面，右還時以右手還取西相陰方爲内，隨其陰陽，得左右相向，是因其宜也。

適楅南，皆左還，北面揖，搢三挾一个。楅南，鄉當楅之位也。

揖以耦，左還，上射於左。以，猶與也。言以者，耦之事成於此，意相人耦也。上射轉居左，便其反位也。上射少北，乃東面。疏「揖以」至「於左」。○注「以猶」至「東面」。○釋曰：云「言以者，耦之事成於此，意相人耦也」者，揖不須言以，今云以者，必有義意，故鄭云「言以者，耦之事成於此」，謂成於此拾取矢，以其取矢後一番了，更無事，故云「成於此」，人意相存耦也。云「上射轉居左，便其反位也」者，位在次北西面，是以上射居左，至次北右還西面便也。云「上射少北，乃東面」，知不少南者，以其次在楅東南，北面揖時已在次西面，故知上射少北乃東面，得與當次也。

退者與進者相左，相揖。退，釋弓矢于次，說決拾，襲，反位。二耦拾取矢，亦如之。後者遂取誘射之矢，兼乘矢而取之，以授有司于次中，皆襲，反位。有司納射器，因畱主授受之。

司射作射如初。一耦揖升如初。司馬命去侯，負侯許諾，如初。司馬降釋弓反位司射猶挾一个去扑與司馬交于階前適阼階下北面請釋獲于公猶守故之辭於此言之者司射既誘射恒執弓挾矢以掌射事備尚未知當教之也今三耦卒射衆足以知之矣猶挾之者君子不必也公許反搢扑遂命釋獲者設中以弓爲畢北面北面立于所設中之南當視之也鄉射禮曰設中南當楅西當西序大史釋獲小臣師執中先首坐設之東面退大史實八筭于中橫委其餘于中西興共而俟先猶前也命大史而小臣師設之國君官多也小臣師退反東堂下位鄉射禮曰橫委其餘于中西南末疏大史至而俟○注先猶至南末○釋曰此不見執筭之人案鄉射命釋獲者釋獲者執鹿中一人執筭以從之彼臣禮官少釋獲者自執中設之尚使人執筭況國君官臣多大史不自執中豈得自執筭明亦使人執之云小臣師退反東堂下位者其位已見篇首也引鄉射者證筭以南末爲順也

司射西面命曰中離維綱揚觸梱復公則釋獲衆則不與離猶過也獵也侯有上下綱其邪制躬舌之角者爲維或曰維當爲綃綃綱耳揚觸者謂矢中他物揚而觸侯也梱復謂矢至侯不著而還復復反也公則釋獲優君也正當中鵠而著右文梱作魁疏司射至不與○注離猶至作魁○釋曰中謂中侯注不言可知云離猶過也獵也者謂矢過獵因著維與綱二者云侯有上下綱其邪制躬舌之角者爲維者案梓人云上綱與下綱出舌尋繩寸焉注綱所以繫侯於植者也上下皆出舌一尋者亦人張手之節也鄭司農云繩籠綱者維持侯者若然則綱與維皆用繩爲之又以布爲繩籠綱然後以上个下个邊綴著繩兩頭以綱繫著植維者於上个下个上下躬兩頭皆有角又以小繩綴角繫著植故矢或離綱或離維也云或曰維當爲綃綃綱耳者鄭更爲一解綃則維也云綃綱耳者以綃爲綱耳離著綃也云衆當中鵠者大射鵠則梓人云張皮侯而棲鵠是也唯公所中中三侯皆獲值中一侯則釋獲疏唯公至皆獲○注值中至釋獲○釋曰云中三侯皆釋獲則離維綱及揚觸梱復亦釋之不言者以中爲主也釋獲者命小史小史命獲者傳告服不使知此司射所命疏注傳告服不○釋曰據在大侯而言告服不則參侯干侯告可知舉遠見近司射遂進由堂下北面視上射命曰不貫不釋上射揖司射退反位貫猶中也射不中鵠不釋筭古文貫作關疏司射至反位○注貫猶至作關○釋曰案上文離維綱公則釋獲言之則此云不中不釋筭者據除君而言也釋獲者坐取中之八筭改實八筭興執而俟執所取筭乃射若中則釋獲者每一个釋一筭上射於右下射於左若有餘筭則反委之委餘筭禮貴異又取中之八筭改實八筭于中興執而俟

儀禮疏卷第十七

金谿盧氏宣旬校定

大清嘉慶二十年刊
用文選樓藏本校

江西督糧道王賡言廣豐縣知縣阿應鱗栞

儀禮注疏卷十七校勘記

阮元撰盧宣旬摘錄

主人辯洗○以酢主人于西階上　酢釋文作醋云本亦作

遂卒爵興

辯正主也　徐本同毛本主作君

小臣自阼階下

使二大夫媵爵之事　要義同毛本大夫作人

以其下作大夫　要義同毛本下作作作下

若命皆致

亦於罇西東面酌訖　罇閩本通解俱作鐏

媵爵者皆退反位　者皆石經補缺誤作爵者

仍是門右北面位　通解同毛本仍作乃按仍字是也

公坐　賓升成拜　按顧炎武張爾岐俱云拜唐石經誤作敗然石經實作拜

公坐奠觶

下不輒拜禮也　毛本輒作就徐本通解俱作輒禮下徐本通解俱有殺字

復不爲再拜　毛本復作後○按毛本是也

故以發端言降拜　毛本以作云○按毛本是也

公坐奠觶荅拜

賓進以臣道就　毛本就作也徐本通解俱作就陳閩監葛俱無

賓以旅大夫于西階上

先孤卿後大夫　卿後大夫四字毛本脫徐本通解俱有

君媵觶也

注言更至禮殺　釋曰上注云不相襲者於尊言更自敵以下言易此賓於卿是自敵以下當言易今言更者尊卿尊則卑賓禮殺也　通解於尊言更作於尊者言更尊則尊卿尊下有卿字

大夫辯受酬

大夫至復位　釋曰言復位者亦如上復門右北面位

卽中庭北面位也　通解中庭作庭中此節及下節注疏毛本俱脫

主人洗觚　毛本觚作觶唐石經徐本通解敖氏俱作觚

司宮兼卷重席

其餘樹之於位後耳者以　毛本無耳者以三字

若然此云　毛本若然作則

不謂始卷之　毛本謂下有至是二字

乃薦脯醢

主人俎脊脅肺　通解要義同毛本俎下有脊字○按鄉射記有脊字

脊脅肺臑也　通解要義同毛本脊上有折字○按無者非

卿坐左執爵

自在射臣之意　徐本通解同毛本作亦自貶於君

不在射亦不啐者　通解同毛本君作不射亦作不嚌陳本君字空不嚌作不亦

主人洗觚升

乃足　要義同毛本通解乃上有其義二字

辯獻大夫
上總言獻大夫辯　通解同毛本辯字在獻字上
乃一時薦之　通解同毛本乃上有大夫二字
僕人正
故僕人正爲長　要義同毛本通解故下有云字
以爲大師小師　毛本小作少
後者徒相入
亦據升堂坐之先後　亦據陳閩通解俱作既然則與坐先後之位毛本作亦據升堂與坐之先後之位通解作與坐之位
坐授瑟乃降　授石經補缺誤作受

小樂正
猶統于階而　陳閩通解同而字屬下句毛本而作西
乃歌鹿鳴
可則傚也　傚釋文作詨云亦作傚
主人洗升實爵獻工　實石經補缺誤作賓
辟正主也　辟陳本作别
主人受爵降
其穹隆二十板　毛本穹作窮要義作穹板作版
乃管新宫
故與由庚之等同亡　要義同毛本庚下有由儀二字亡作云

此辟射位　毛本辟作北
司正降自西階〇南面坐取觶　毛本取作奠石經補缺敖氏俱誤作取
奠于中庭故處　徐本通解楊氏同毛本處作也
興右還〇南面坐取觶洗　六字石經補缺脱
如是得從觶西往來也　從通解作於
司射適次袒決遂　袒唐石經作祖誤
張幃席爲之　徐本通解楊敖同毛本張作帳〇按張是也
所以遂弦也　所聶氏作褱
弣弓杷也　杷釋文楊氏俱作把
大射正舍　舍上陳閩監本俱有射字

遂告曰　曰石經補缺誤作于
御猶侍也　猶陳閩監葛通解俱作由
射器皆入
司射矢亦止西堂下　按疏所據本矢上似有弓字故賈氏辨其誤然述注仍無弓字未詳
工人士〇射正莅之　莅陳閩監葛俱作蒞按莅蒞涖蒞諸本錯出後不悉挍
一從一横曰午　按釋文一作壹
冬官雖亡　要義同毛本亡作士
卒畫
知士人　毛本人下有士字
司射西面誓之曰〇射者非其侯　其下徐本有字未刻

卑者尊者射　毛本要義卑者下有與字要義射作爲耦

遂比三耦

例同三耦一侯而已　毛本三誤作一

司射入于次

搢扱也　扱釋文作捷云本又作扱

自此至東面　此閩本誤作比

卒射

按鄉射誘射射卒　通解同毛本不重射字

故司射不特尊之　通解同毛本特作待非也

其餘小卿　陳本通解同毛本小作少非也

遂取扑　盧文弨云唐石經初並作朴後改從扌

司馬師命負侯者

欲令射者　通解無欲字

深志於侯中也　徐本通解楊氏同毛本於作與

上耦出次

亦上射在北居右　通解同毛本右作左周學健云次北西面時上射居右既揖而進上射乃之左

皆當其物○還視侯中　視通解誤作侯

則視參中　毛本視誤作射

則視干中　干于二字易混後凡可以意會者不悉校

司馬正適次○命去侯　侯石經補缺閩監葛本俱誤作俟按提要云監本沿唐石經之譌今石經已缺後人所補不足憑俟得舊本攷之

授獲者

相代而獲者　毛本代誤作待

舉旌以宫

再言獲也　徐本楊氏同毛本通解再作等

上射降三等　毛本三作二唐石經徐本通解楊敖俱作三是也石經考文提要云疏明釋三等及下文中等之義○上射于左　于陳閩監葛俱誤作與

司馬正袒決遂

論取矢設楅　毛本楅下有之事二字

皆隱處　要義同毛本通解皆下有於字

升自西階○揖弓命取矢　揖楊氏作挾注同

小臣師設楅司馬正東面　面通解誤作南

鄉射記曰　浦鏜云禮誤記

卒若矢不備　唐石經徐本通解楊敖俱有卒字毛本無

司射適西階西

以告以三耦射射卒　毛本通解作以告三耦卒射

公許○即位而后告　唐石經徐陳閩葛通解楊敖同毛本后作後

司射東面于大夫之西比耦　釋文唐石經徐本同毛本通解楊敖比俱作北○許宗彥云比誤也下云耦大夫與大夫有與大夫三字則句首不必有比字可知又司射居大夫之西北不正向大夫者大夫尊也

一耦出西面揖

一一上射出　徐本同毛本通解不重一字

上射東面

并矢於弣　毛本弣譌作跗

以其下射若右還周　陳閩通解同毛本右作又

下射進

向下取矢亦便也　要義同毛本矢下無亦字

旣拾取矢梱之　唐石經徐陳同毛本梱作捆

退者與進者〇相揖退　毛本揖下有還字唐石經徐本通解楊敖俱無

司射作射如初　毛本射作揖唐石經徐陳通解楊氏敖氏俱作射

司射猶挾一个

衆足以知之矣　徐本通解同毛本無足字

司射西面命曰

維當爲絹絹綱耳　朱子曰綱耳卽籠綱以布爲之梓人謂之纘而此謂之絹字雖異而音則同敖氏曰絹字恐是纘字之誤〇按敖說是也釋文於周禮纘字不云與絹同於此絹字復不云與纘同而音則無异又此疏引周禮處皆作纘至述注則仍作絹以纘與絹爲二物者皆足以滋後人之疑不可不辨綱上通解有爲字

謂矢至侯不著而還復　徐本通解楊敖同毛本謂作爲

纘寸焉　要義同毛本纘作絹下云纘爲纘著纘並同陳本唯著絹作絹餘同此本

唯公所中

注值中至釋獲　毛本值譌作植

釋獲者

注傳告服不　毛本服不作至所命〇按毛本是

儀禮注疏卷十七挍勘記終

奉新余成教挍

儀禮注疏卷第十八

唐朝散大夫行大學博士弘文館學士臣賈公彥等撰

三耦卒射賓降取弓矢于堂西不敢與君並俟告取之升俟君事畢〔疏〕三耦至堂西○注不敢至事畢○釋曰自此盡共而俟論第二番射三耦訖次公卿大夫之事但此賓先降取弓矢即升堂者以其不敢與君並待告故下云司射告射于公小射正取公之決拾并授弓拂弓是君得告乃取弓矢是不敢與君並俟告也云取之以升俟君事畢者案下文云公將射則賓降適堂西袒決遂執弓搢三挾一个升自西階是君事畢君事畢賓降袒決遂乃更升若然賓於此不即袒決遂者去射時遠故不可即袒也諸公卿則適次繼三耦以南言繼三耦明在大夫北〔疏〕諸公至以南○注言繼至夫北○釋曰言適次者但射位在堂東次在洗東南今諸公卿東南適次前北至三耦之南以次西面立云繼三耦明在大夫北者以其三耦在北大夫在南而言繼三耦明在大夫之北也公將射則司馬師

命負侯皆執其旌以負其侯而俟君尊若始焉〔疏〕公將至而俟○注君尊若始焉○釋曰云君尊若始焉者案上始時司馬命負侯三耦將射司馬命去侯今三耦卒射君將射司馬使更命負侯是君尊若始焉司馬師反位隸僕人埽侯道新之司射去扑適阼階下告射于公公許適西階東告于賓告當射也今文曰阼階下無適遂搢扑反位小射正一人取公之決拾于東坫上一小射正授弓拂弓皆以俟于東堂授弓當授大射正拂弓去塵〔疏〕小射至東堂○注授弓至去塵○釋曰據此經上下或云大射正或云司射或云小射正不同者今行射禮大射正一人爲上司射次之或云小射正若然大射正與司射各一人據其行事小射正不止一人而已此云小射正一人取公之決拾於東坫上下云小射正奉決拾以笥與此一人此又云小射正授弓與取決拾別則小射正二人也云授弓當授大射正者下云大射

正執弓以袂以授公明此小射正授弓者當授大射正也公將射則賓降適堂西袒決遂執弓搢三挾一个升自西階先待于物北一笴東面立不敢與君併笴矢幹東面立鄉君也〔疏〕公將至面立○注不敢至君也○釋曰云公將射則賓降者案前文賓降適堂西取弓矢無賓升堂之文但文不具其實即升矣是以此文云賓降云笴矢幹者案周禮矢人矢幹長三尺則此賓立於物北三尺矣司馬升命去侯如初還右乃降釋弓反位還右還君之右也猶出下射之南還其後也今文曰右還〔疏〕注還右至右還○釋曰云還右還君之右也者君爲下射賓爲上射司馬在君之西南揚弓命去侯訖還君之右東而南西向降自西階猶出下射之南還其後也者由如上文初將射時司馬立於物間南揚弓命去侯訖出於下射之南還其後降自西階前後是同故取彼解此云今文曰右還不從右還者若右還則右還於上射不得還君故不從也公就物小射正奉決拾以笥大射正執弓皆

以從於物笥萑葦器大射正舍司正親其職〔疏〕公就至於物○注笥萑至其職○釋曰前解大射正與司射別人案此注大射正舍司正親其職則大射正與司正爲一人又案上文司射請立司正遂立司射爲司正則司射又與大射正爲一人與上解似相違者以大射正與射人俱掌射事相當則大射正與司射別若通而言之射人不對大射正射人亦名大射正故此以射人爲大射正也小射正坐奠笥于物南遂拂以巾取決興贊設決朱極三極猶放也所以韜指利放弦也以朱韋爲之三者食指將指無名指無極放弦契於此指多則痛小指短不用小臣正贊袒公袒朱襦卒袒小臣正退俟于東堂小射正又坐取拾興贊設拾以笥退奠于坫上復位既袒乃設拾拾當以韝襦上〔疏〕注既袒至襦上○釋曰案上文設決訖乃云公袒朱襦始云小臣正贊設拾拾當拾斂膚體宜在朱襦之上故鄭云既袒乃設拾拾當以韝襦上鄉射云袒決遂以其無襦故遂與決得俱時設若大夫對士射袒

纁襦設遂亦當在袒後大射正執弓以袂順左右隈上再
下壹左執弣右執簫以授公公親揉之順放之也隈弓
淵也揉宛之觀其安危也今文順爲循古文揉爲紐〔疏〕大射至揉之○注順放至爲紐○釋曰云順放之也者以
袂向下於弓隈順放之云觀其安危也者案考工記弓人云其弓安其弓危者以弓弱者爲危其弓強者爲安則此云觀
安危者謂試弓之強弱小臣師以巾內拂矢而授矢于公
稍屬內拂恐塵及君也稍屬不搢矢大射正立于公後以矢行
告于公若不中使君當知而改其度下曰留上曰揚左右曰方
留不至也揚過去也方出旁也公既發大射正受弓而俟拾發以
將乘矢公下射也而先發不留尊也〔疏〕公既至乘矢○注公下至尊也○釋曰案上三耦射者上
射射訖乃次下射此公爲下射當後射今君射前於賓故鄭云先發不留尊也公卒射小臣師

〈儀疏卷十八○大射〉 三

以巾退反位大射正受弓受弓以授有司於東堂小射正以
笥受決拾退奠于坫上復位大射正退反司
正之位小臣正贊襲公還而后賓降釋弓于
堂西反位于階西東面階西東面賓降位〔疏〕注階西至降位○釋曰案
上文賓受獻訖降立於階西東面此云反位於階西東面故云反位也公即席司正以命
升賓賓升復筵〔疏〕公即至復筵○釋曰此公與賓復升即位者公卿以下當繼射公與
賓當觀之故升就位也而后卿大夫繼射諸公卿取弓矢于
次中袒決遂執弓搢三挾一个出西面揖揖
如三耦升射卒射降如三耦適次釋弓說決
拾襲反位衆皆繼射釋獲皆如初諸公卿言取弓矢衆言釋

獲互言也卒射釋獲者遂以所執餘獲適阼階下北
面告于公曰左右卒射司射不告者釋獲者於是有事宜終之也餘獲餘筭也無
餘筭則無所執古文曰餘筭反位坐委餘獲于中西興共而俟
司馬袒執弓升命取矢如初負侯許諾以旌
負侯如初司馬降釋弓如初小臣委矢于楅
如初司馬司馬正於是司馬師亦坐乘矢〔疏〕司馬至如初○釋曰自此盡就席論射訖取矢委於楅之
事○注司馬至乘矢○釋曰知司馬是司馬正司馬師亦坐乘矢者此經皆言如初案上番射司馬正與司馬師乘矢故
知也賓諸公卿大夫之矢皆異束之以茅卒正
坐左右撫之進束反位異束大夫矢尊殊之也正司馬正也進前也又言束整結
之示親也〔疏〕注異束至殊之也○釋曰公卿皆異束但言大夫者公卿自相對其矢俱束之及其脫之亦拾取但

〈儀疏卷十八○大射〉 四

三耦之內大夫以士耦之士矢不束大夫束之故曰尊殊之下注云不言君矢小臣以授矢人於東堂下可知知者以其
小臣取矢明取之以授矢人賓之矢則以授矢人于西堂下是言
矢人則納射器之有司各以其器名官職不言君矢小臣以授矢人于東堂下可知司馬釋弓反
位而后卿大夫升就席此言其升前小臣委矢於楅〔疏〕注此言至於楅
○釋曰云此言其升前小臣委矢於楅者案上文司馬降釋弓如初在小臣委矢之上其司馬降釋弓之時卿大夫即升
就席委矢當依司馬命取矢之下不失其次故不即見卿大夫升事是以於此特言司馬降釋弓與卿大夫升爲節耳故
鄭亦言其次第也司射適階西釋弓去扑襲進由中東
立于中南北面視筭釋弓去扑射事已也〔疏〕司射至去扑○釋曰自此盡共
而俟論數筭之事直言去扑不言去矢矢亦去之是以下文司射執弓挾一个搢扑明此時去矢後更挾之釋
獲者東面于中西坐先數右獲固東面矣復言之者少南就右獲

二筭爲純純猶全也耦陰陽也一純以取實于左手十純則縮而委之縮從也於數者東西爲從古文縮皆作蹙每委異之易校數有餘純則橫諸下又異之也自近爲下一筭爲奇奇則又縮諸純下又從之興自前適左從中前北也更端故起東面坐少北於故變於右也坐兼斂筭實于左手一純以委十則異之其餘如右獲謂所縮所橫者司射復位釋獲者遂進取賢獲執之由阼階下北面告于公賢獲勝黨之筭也執之者齊而取其餘若右勝則曰右賢於左若左勝則曰左賢於右以純數告若有奇者亦曰奇告曰某賢於某若干純若干奇若左右鈞則左右各執一筭以告曰左右鈞

還復位坐兼斂筭實八筭于中委其餘于中西興共而俟司射命設豐當飲不勝者射爵〔疏〕司射命設豐○釋曰自此盡徹豐與觶論二番射說行射爵之事司宮士奉豐由西階升北面坐設于西楹西降復位勝者之弟子洗觶升酌散南面坐奠于豐上降反位弟子其少者也不授者射爵猶罰爵畧之〔疏〕注弟子至畧之○釋曰自此以上其疏見於鄉射於此不復言云不授者射爵猶罰爵畧之者案詩云兕觥其觩旨酒思柔注云觩陳設貌觥罰爵不手授此飲射爵亦不手授故云猶罰爵也案獻酬之爵皆手授之此不手授故云畧之也若然士以下飲罰爵者取於豐大夫已上皆手授尊之故下注云授爵而不奠豐尊大夫也其三耦之內雖大夫亦取於豐者以其作三耦與衆耦同事故不復殊之司射遂袒執弓挾一个搢扑東面于三耦之西命三耦及衆射者勝者皆袒決遂執張弓執張弓言能用之也右手挾弦不勝者皆襲說決拾卻左手右加弛弓于其上遂以執弣固襲說決拾矣復言之者起勝者也不勝者執弛弓言不能用之也兩手執弣無所挾也〔疏〕注固襲至挾也○釋曰云固襲說決拾矣復言之者起勝者也者起勝者射畢之時降堂皆就次襲說決拾矣故云固襲今復言之者以其勝者更袒決遂故復言不勝襲說決拾欲與勝者相起復發故復言之也司射先反位居前欲所命入次而來飲三耦及衆射者皆升飲射爵于西階上不勝之黨無不飲〔疏〕注不勝之黨無不飲○釋曰以其經云三耦及衆射者皆升飲射爵者言升之明知不勝之黨無不飲但大射者所以擇士以助祭今若罰爵在於不勝之黨雖數中亦受罰及其助祭雖飲射爵亦得助祭但在勝黨雖不飲爵若不數中亦不得助祭以其飲罰據一黨而言取其助祭取一身之藝義故不同也小射正作升飲射爵者如作射一耦出揖如升射

及階勝者先升升堂少右先升尊賢也少右辟飲者亦因相飲之禮然〔疏〕注先升至禮然○釋曰云亦因相飲之禮然者案鄉飲酒鄉射獻酬之禮獻者在右酬者在左故云亦也不勝者進北面坐取豐上之觶興少退立卒觶進坐奠于豐下興揖立卒觶不祭不拜受罰不備禮也右手執觶左手執弓〔疏〕注立卒至執弓○釋曰案鄉飲酒皆祭坐卒爵拜既爵故此決之受罰不備禮也云右手執觶左手執弓者以其執弛弓不釋於地明知未飲時兩手執弓今受罰爵右手執爵爲便左手執弓可知不勝者先降後升先降畧之不由次也降而少右復並行〔疏〕不勝者先降○注後升至並行○釋曰云後升先降畧之不由次也者案上文勝者先升此文不勝者先降故云畧之不由次云降而少右復並行者見下文與升飲者相左明降至堂下此二人少右復並行以其辟升者在左故也與升飲者相左交于階前相揖適次釋弓襲反位僕人師繼酌射爵取觶實

之反奠于豐上退俟于序端僕人師酌者君使之代弟子也自此以下辯爲之酌升飲者如初三耦卒飲若賓諸公卿大夫不勝則不降不執弓耦不升此耦謂士也諸公卿或闕士爲之耦者不升其諸公卿大夫相爲耦者不降席重恥尊也〔疏〕若賓至不升○注此耦至尊也○釋曰知此耦謂士者以大夫坐於上士立於下經云耦不升故云此耦謂士也是以鄭解其意云諸公卿或闕士爲之耦者不升其諸公卿大夫相爲耦者不降席以其大夫在堂上故云不降席云重恥尊也者解士不升大夫已上不降席意以其卑者對飲尊者是可恥之事不對飲是重恥尊者也僕人師洗升實觶以授賓諸公卿大夫受觶于席以降適西階上北面立飲卒觶授執爵者反就席雖尊亦西階上立飲不可以已尊枉正罰也授爵而不奠豐尊大夫也〔疏〕注雖尊至夫也○釋曰云不可以已尊枉正罰也者正罰謂上文飲者在左勝者在右於西階之上北面跪取豐上之觶飲之是也今雖不取於豐亦於西階北面是不可以已尊枉正罰也

若飲公則侍射者降洗角觶升酌散降拜侍射賓也飲君則不敢以爲罰從致爵之禮也〔疏〕若飲至降拜○注侍射至禮也○釋曰云侍射賓也者以其賓與君對射耦自相飲故知侍射者賓也云飲君則不敢以爲罰從致爵之禮也者罰爵如上文罰者飲之而已今則從燕臣致爵於君之禮下文所謂夾爵者是也但此經云角觶與上文觶皆是三升曰觶觶與角連故謂之角觶或單言角或單言觶是以禮記少儀云侍射則約矢侍投則擁矢勝則洗爵而請不角注云角謂觥罰爵也於尊長與容如獻酬之爵又詩云我姑酌彼兕觥毛傳云兕觥角爵箋云兕觥罰爵是其角觶兕觥皆罰爵此角觶以兕角爲之非謂四升曰角者也若然此角觶對下文飲君云象觶故云角觶謂賓酌如兕自飲君即下文賓降洗象觶亦從獻酬之爵不敢用罰爵也公降一等小臣正辭賓升再拜稽首公荅再拜賓坐祭卒爵再拜稽首公荅再拜賓降洗象觶升酌膳以致下拜小臣正辭升再拜稽首公荅再拜公卒觶賓進受觶降洗散觶升實散下拜小臣正辭升再拜稽首公荅再拜賓復酌自飲者夾爵也但如致爵則無以異於燕也夾爵亦所以恥公也所謂若飲君燕則夾爵〔疏〕注賓復至夾爵○釋曰云所謂若飲君燕則夾爵者言所謂鄉射文彼云燕者則此經夾爵也賓坐不祭卒觶降奠于篚階西東面立不祭象射爵〔疏〕注不祭象射爵○釋曰案上文受罰者取爵於豐飲之不祭此云君爵不祭是以賓飲夾爵亦不祭皆與射同故云象擯者以命升賓賓升就席擯者司正也今文席爲筵若諸公卿大夫之耦不勝則亦執弛弓特升飲此耦亦謂士也特猶獨也以尊與卑爲耦而又不勝使之獨飲若無倫匹孤賤也衆皆繼飲射爵如三耦射爵辯乃徹豐

與觶徹除也司宮尊侯于服不之東北兩獻酒東面南上皆加勺設洗于尊西北篚在南東肆實一散于篚爲大侯獲者設尊也言尊侯者獲者之功由侯也不於初設之者不敢必君射也君不射則不獻大侯之獲者散爵名容五升〔疏〕司宮至于篚○注爲大至五升○釋曰自此盡侯而侯論設尊獻服不之事云不於初設之者不敢必君射也君不射則不獻大侯之獲者若然此設大侯之獲者君不射則不設之不豫設者不敢必君射案上張侯先設大侯君射大侯張之必君射者但聖人設法一與一奪以大射者爲祭擇士所以助祭人君不可不親故奪其尊使之必射故豫張大侯至此設大侯之尊君射訖乃設之者許其自優暇容有不射之理是以不射則不設射乃設之云散爵名容五升者案韓詩傳云一升曰爵二升曰觚三升曰觶四升曰角五升曰散是其散容五升也司馬正洗散遂實爵獻服不言服不者著其官尊大侯也服不司馬之屬掌養猛獸而敎擾之者洗酌皆西面〔疏〕司馬至服不○注言服至西面○釋曰云服不者著其官

尊大侯也者自此已前皆以事名之於此而言服不著其官言尊大侯故也云服不司馬之屬者以其服不在大司馬下六十官之屬者云掌養猛獸而教擾之者猛獸熊羆之屬教之使擾馴人意象王者服不服諸侯使歸服王者云洗酌皆西面者以其設尊設洗皆東面故知洗爵酌酒皆西面向之也若然獻旅食尊後酌者爲背君此西面不嫌背君以其南統於侯故也

服不侯西北三步北面拜受爵近其所爲獻

【疏】服不至受爵○注近其所爲獻○釋曰云近其所爲獻者以其服不得獻由侯所爲故不近乏而近侯獻之故云近其所爲獻也

司馬正西面拜送爵反位不侯卒爵畧賤也此終言之獻服不之徒乃反位

【疏】司馬至反位○注不侯至反位○釋曰云不侯卒爵畧賤也者案上文獻服不訖又案下文卒祭左个之西北三步東面設薦俎立卒爵若然卒爵禮祭侯訖今司馬反位在未祭侯之前故畧賤也云此終言之獻服不之徒乃反位者但大侯尊服不與其徒二人共在獲所獻服不亦兼獻徒此經唯見獻服不不見獻其徒即云司馬反位明獻徒後始反位是以知反位者終言之其實獻徒後乃反位故下注云司馬正皆獻之是也

宰夫有司薦庶子設折俎宰夫有司宰夫之吏也鄉射記曰獲者之俎折脊脅肺

【疏】宰夫至折俎○注宰夫至脅肺○釋曰云宰夫有司宰夫之吏也者諸侯宰夫是士而宰夫有司明是宰夫之吏府史也引鄉射記者此俎實無文故引之爲證

卒錯獲者適右个薦俎從之不言服不言獲者國君大侯服不負侯其徒居乏待獲變其文容二人也司馬正皆獻之薦俎已錯乃適右个明此獻已已歸功於侯也適右个由侯內鄉射記曰東方謂之右个

【疏】卒錯至從之○注不言至右个○釋曰云國君大侯服不負侯其徒居乏待獲變其文容二人也者案上注云天子服不氏下士一人徒四人掌以旌居乏待獲鄭言容二人者欲見服不與徒二人皆得獻故鄭云司馬正皆獻之云適右个由侯內者以其既祭左个交祭右个乃祭於中故云適右个由侯內

獲者右執爵右祭薦俎二手祭酒祭俎不奠爵不備禮也二手祭酒者獲者南面於俎北當爲侯祭於豆閒爵反注爲一手不能正也此薦俎之設如於北面人爲天子祝侯曰唯若寧侯無或若女不寧侯不屬於王所故抗而射女强飲强食貽女曾孫諸侯百福諸侯以下祝辭未聞

【疏】獲者至祭酒○注祭俎至未聞○釋曰云祭俎不奠爵不備禮也者言祭俎者謂祭俎上肺但肺有二種此云祭是祭肺也非是離肺知者案鄉射記云獲者之俎折脊脅肺臑又曰釋獲者之俎折脊脅肺皆有祭則此俎祭肺亦離肺若然凡祭祭肺皆不奠爵是其常云此不奠爵不備禮者但祭肺離肺兩有祭肺不奠爵若空有祭肺亦不奠爵今祭俎不奠故云不備禮云天子祝侯曰以下周禮梓人文云諸侯以下祝辭未聞知諸侯不與天子祝辭同而云未聞者以本所射侯天子中之則能服諸侯諸侯中之則得爲諸侯若天子云抗而射女諸侯則不得云抗而射女是以知祝辭有異但未聞耳

適左个祭如右个中亦如之先祭个後中者以外即之至中若神在中鄉射禮曰獻獲者俎與薦皆三祭

【疏】注鄉射至三祭○釋曰以其左右及中故三者皆三祭非謂一處有三祭

卒祭左个之西北三步東面此鄉受獻之位也不北面者嫌爲侯卒爵

【疏】卒祭至東面○注此鄉至卒爵○釋曰云不北面者嫌爲侯卒爵者前服不受獻之時侯西北面者欲歸功於侯故也今卒爵雖同舊處而東面者以其前受獻爲已今卒爵還爲已卒爵故東面是以云不北面者嫌爲侯卒爵也

設薦俎立卒爵不言不拜既爵司馬正已反位不拜可知也鄉射禮曰獲者薦右東面立飲

【疏】設薦至卒爵○注不言至立飲○釋曰云不言不拜既爵司馬正已反位不拜可知也者決鄉射獲者薦右東面立飲不拜既爵此則不言之以其司馬在對司馬不拜既爵司馬已反位不拜既爵可知故不言引鄉射禮者此不言立位之處當同鄉射薦者東面立

司馬師受虛爵洗獻隸僕人與巾車獲者皆如大侯之禮隸僕人埽侯道巾車張大侯及參侯干侯之獲者其受獻之禮如服不也隸僕人巾車於服不之位受之功成於大侯也不言量人者此自後以及先可知

【疏】司馬至之禮○注隸僕至可知○釋曰云隸僕人埽侯道者謂君射時初埽之時亦是隸僕人也云巾車張大侯者舉尊者而言其參侯干侯亦張之是以上文司馬遂命量人巾車張三侯此直云大侯舉尊而言也云及參侯干侯之獲者以其上文以獻大侯服不獲者明此經獲者是參侯豻侯可知云隸僕人巾車於服不之位受之知者以其隸僕人巾車素無其位而經云如大侯之禮明就大侯之位受獻是以鄭云功成於大侯也云不言量人者此自後以及先可知者案上張侯

之時先言量人後言巾車君射之時乃有隸僕人埽侯道受獻先言隸僕人後言巾車是自後以及先隸僕尚得獻明量人在巾車之先得獻可知卒司馬師受虛爵奠于篚獲者之篚皆執其薦庶子執俎從之設于乏少南少南爲復射妨旌也隸僕人巾車量人自服不而南〔疏〕注隸僕至而南。釋曰知自服不而南者雖無正文以其受獻於服不之位明繼服不而南可知服不復負侯而俟司射適階西去扑適堂西釋弓說決拾襲適洗洗觶升實之降獻釋獲者于其位少南獻釋獲者與獲者異文武不同也去扑者扑不升堂也少南辟中〔疏〕司射至少南。釋曰自此盡反位論獻釋獲者之事。注文武不同。釋曰言文武不同者以其獻獲者於侯西北面受獻歸功於侯是其武獻釋獲者升堂酌酒東面獻之就釋筭之所是其文故云文武不同薦脯醢折俎皆有祭俎與服不同唯祭一爲異〔疏〕注俎與至爲異。釋曰云俎與

服不同者以其俱用一俎云唯祭一爲異者上祭侯之俎引鄉射獲者俎與薦皆三祭鄭鄉射注云祭侯三處至此獻釋獲者不主祭侯正唯一祭俎耳故云唯祭一爲異釋獲者薦右東面拜受爵司射北面拜送爵釋獲者就其薦坐左執爵右祭脯醢興取肺坐祭遂祭酒祭俎不奠爵亦賤不備禮〔疏〕注祭俎至備禮。釋曰上祭侯之時祭俎不奠爵不備禮至此祭俎亦祭肺不奠爵賤亦不備禮興司射之西北面立卒爵不拜既爵司射受虛爵奠于篚釋獲者少西辟薦反位辟薦少西之者爲復射妨司射視筭亦辟俎也〔疏〕注亦辟俎也。釋曰以其薦俎相將薦既辟俎亦辟可知司射適堂西袒決遂取弓挾一个適階西搢扑以反位爲將復射〔疏〕司射至反位。注爲將復射。釋曰自此盡于公如初論司射請公爲三番射事司射倚扑于

階西適阼階下北面請射于公如初不升堂賓諸公卿大夫既射矣聞之可知〔疏〕注云不升堂賓諸公卿大夫既射矣聞之可知者決前司射升堂請射于公升今不升者諸公卿大夫前已射聞之矣反搢扑適次命三耦皆袒決遂執弓序出取矢鄉言拾是言序互言耳〔疏〕反搢至取矢。注鄉言至言耳。釋曰自此盡襲反位論三耦與卿大夫取矢之事云鄉言拾者謂第一射時三耦云拾取矢云是言序者謂序出次時一耦先後互者皆次序出次至庭拾取矢司射先反位言先先三耦也司射既命三耦以入次之事即反位三耦入次袒決遂執弓挾矢乃出反次外西面位鄉不言司射先反位三耦未有次位無所先也〔疏〕司射先反位。注言先至先也。釋曰云鄉不言司射先反位三耦未有次外位無所先也者凡言反位者謂前已有位今乃反之是今禮反於舊位舊位第一番之時三耦次外舊無位司射雖先有位不得言先反位是以決之三耦拾取矢如初小射正作取矢如初小射正司射之佐作取矢禮殺代之〔疏〕

三耦至如初。注小射至代之。釋曰云禮殺代之者決第一番不言小射正作取矢三耦既拾取矢諸公卿大夫皆降如初位與耦入於次皆袒決遂執弓皆進當楅進坐說矢束上射東面下射西面拾取矢如三耦皆進當楅進三耦揖之位也凡繼射命耦而已不作射不作取矢從初〔疏〕三耦至三耦。注皆進至從初。釋曰云凡繼射命耦而已不作射不作取矢從初者言凡繼射命耦者前三耦卒射後大夫降至三耦之南西面北上司射東面于大夫西比耦大夫與大夫命上射曰某御於子命下射曰子與某子射卒遂比衆耦云云至公即席後賓升階復位還筵而後卿大夫繼射後衆皆繼射釋獲皆如初注云諸公卿言取弓矢衆言釋獲互言也既司射注司射所作唯上耦是此文小射正但作三耦拾取矢公以下亦無作拾文故曰不作取矢從初從三耦法也若士與大夫爲耦士東面大夫西面大夫進坐說矢束退反位說矢束自同於

三耦謙也〔疏〕注説矢至謙也○釋曰云自同於三耦謙也者以其三耦是士之束既是大夫若束則異於三耦故云説矢束自同於三耦謙也鄉射坐説矢束注云説矢束者下耦以將拾取彼不言同三耦者彼三耦非大夫故也耦揖進坐兼取乘矢興順羽且左還毋周反面揖兼取乘矢不敢與大夫拾大夫進坐亦兼取乘矢如其耦北面揖三挾一个揖進大夫與其耦皆適次釋弓説決拾襲反位諸公卿升就席大夫反位諸公卿乃升就席大夫與已上下位〔疏〕注大夫至下位○釋曰諸公卿大夫自爲耦者拾取矢在前大夫與士耦者説矢束拾取矢在後今待大夫反位公卿乃升就席者以其上大夫與下大夫同是大夫爵但上下有異耳故上大夫待下大夫反位乃後升就席衆射者繼拾取矢皆如三耦遂入于次釋弓矢説決拾襲反位司射猶挾一个以作

射如初一耦揖升如初司馬升命去侯負侯許諾司馬降釋弓反位司射與司馬交于階前倚扑于階西適阼階下北面請以樂于公公許請奏樂以爲節也始射獲而未釋獲復釋獲復用樂行之君子之於事也始取苟能中課有功終用成法教化之漸也射用應樂爲難孔子曰射者何以聽循聲而發發而不失正鵠者其唯賢者乎〔疏〕注請奏至者乎○釋曰云請奏樂以爲節也者謂若天子騶虞九節諸侯貍首七節大夫采蘋士采蘩皆五節云始射獲而未釋獲者謂第一番三耦射中時雖唱獲未釋筭云復釋獲者謂第二番衆耦皆射釋筭未作樂云復用樂行之者謂第三番射非直釋筭復用樂焉云射用應樂爲難者但禮射其容體比於禮其節奏比於樂又須中於侯名爲應樂節云孔子曰者禮記射義文引之者證射用應樂而爲難之意司射反搢扑東面命樂正曰命用樂言君有命用樂射也樂正在工南北而〔疏〕注言君至北面○釋曰云樂正在工南北面者

此時工在洗東西面樂正在工南北面司射在西階下東面經云命樂正者東面逆命之樂正曰諾司射遂適堂下北面視上射命曰不鼓不釋不與鼓節相應不釋筭也鼓亦樂之節學記曰鼓無當於五聲五聲不得不和凡射之鼓節投壺其存者也周禮射節天子九諸侯七卿大夫以下五〔疏〕注不與至下五○釋曰引學記者證鼓得與樂爲節之事云凡射之鼓節投壺其存者也者射之鼓節多少無文案今禮記投壺篇圖出魯鼓薛鼓云取半以下爲投壺節盡用之爲射節是其投壺存者云周禮射節天子九以下者是射人樂師皆有此文引之者證射節多少上射揖司射退反位樂正命大師曰奏貍首間若一樂正西面受命左還東面命大師以大射之樂章使奏之也貍首逸詩曾孫也貍之言不來也其詩有射諸侯首不朝者之言因以名篇後世失之謂之曾孫曾孫者其章頭也射義所載詩曰曾孫侯氏是也以爲諸侯射節者采其既有弧矢之威又言小大莫處御於君所以燕以射則燕則譽有樂以時會君事之志也間若一者調其聲之疏數重節〔疏〕上射至若一○注樂

正至重節○釋曰云貍首逸詩曾孫也者以其貍首是篇名曾孫是章頭知者以其射義上文云其節天子以騶虞諸侯以貍首卿大夫以采蘋士以采蘩以類言之騶虞采蘋是篇名貍首篇名可知射義下文諸侯君臣盡志於射又云故詩曰曾孫侯氏四正具舉小大莫處御於君所注云此曾孫之詩諸侯之射節也四正正爵四行也四行者獻賓獻公獻卿獻大夫乃後樂作而射也二云貍首下云曾孫章頭也是以鄭云曾孫其章頭射義所載曾孫侯氏是也云後世失之謂之曾孫者以曾孫爲篇名是失之云曾孫其章頭也是正甚人也云小大莫處已下則燕則譽以上皆射義文破注以燕以射先行燕禮乃射是也云間若一者調其聲之疏數重節者謂九節七節五節中間相去或希疏或密數中間使如一必疏數如一者重此樂故也大師不興許諾樂正反位奏貍首以射三耦卒射賓待于物如初公樂作而后就物稍屬不以樂志其他如初儀不以樂志君之射儀遲速從心其發不必應樂辟不敏也志意所擬度也春秋傳曰吾志其目〔疏〕大師至初儀○注不以至其目○釋

曰此經云如初者皆如上第二番射法唯作樂爲異耳云辟不敏也者若以樂志不與樂節相應則見君不敏今不以樂志遲速從心其發不必應樂是辟不敏也引春秋傳者定八年左氏傳文正月公侵齊門于陽州其時魯人顏息射人中眉退曰我無勇吾志其目也服氏注云志中其目是非其誠詐以自矜引之者證志是意所疑度也卒射如初賓就席諸公卿大夫衆射者皆繼射釋獲如初卒射降反位釋獲者執餘獲進告左右卒射如初司馬升命取矢負侯許諾司馬降釋弓反位小臣委矢司馬師乘之皆如初司射釋弓視筭如初釋獲者以賢獲與鈞告如初復位司射命設豐實觶如初遂命勝者執張弓不勝者執弛弓升飲如初卒退豐與觶

如初司射猶袒決遂左執弓右執一个兼諸弦面鏃適次命拾取矢如初側持弦矢曰執面猶尚也兼矢於弦尚鏃將止變於射也〔疏〕注側持至射也○釋曰上文皆云挾一个此經云執一个故上注云方持弦矢曰挾以其將射故也此注云側持弦矢曰執謂鏃向上故云兼矢於弦尚鏃將止變於射也案鄉射禮云矢不挾兼諸弦弣不言面鏃此言面鏃不言兼弦弣各舉一邊省文之義言兼弦弣者一矢兼弦三矢兼弣也司射反位三耦及諸公卿大夫衆射者皆袒決遂以拾取矢如初矢不挾兼諸弦面鏃退適次皆授有司弓矢襲反位不挾亦謂執之如司射卿大夫升就席司射適次釋弓說決拾去扑襲反位司馬正命退楅解綱小臣師退楅巾車量人解左下綱司馬師命獲者以旌與薦俎退解猶釋也今文司馬師無司馬司射命釋獲者退中與筭而俟諸所退射器皆俟備君復射釋獲者亦退其薦俎〔疏〕注諸所至薦俎○釋曰云皆俟備君復射者但射已三番於後或射或否但臣不敢必君射故備擬於君也云釋獲者亦退其薦俎者前辟薦俎今既退中與筭薦俎不可虛留明亦退之可知公又舉奠觶唯公所賜若賓若長以旅于西階上如初大夫卒受者以虛觶降奠于篚反位〔疏〕公又至反位○釋曰此一節論射訖爲大夫舉旅之事司馬正升自西階東楹之東北面告于公請徹俎公許射事既畢禮殺人倦宜徹俎燕坐〔疏〕司馬至公許○釋曰自此盡反位坐論徹俎升坐安燕之事遂適西階上北面告于賓賓北面取俎以出諸公卿取俎如賓禮

遂出授從者于門外自其從者大夫降復位門東北面位〔疏〕大夫降復位○注門東北面位○釋曰云大夫降者大夫雖無俎以賓及公卿皆送俎不可獨立於堂故降復位云門東北面位者謂初小臣納卿大夫門東北面揖位案下文賓諸公卿皆入門東面北上謂在西階下知大夫不復在西階下位者以其言復位者復前位其西階下舊無位故知非西階下若然公卿入西階下鄭云諸公卿不入門而右以將燕亦因從賓者也大夫以公卿未入不可猶居西階故在門東北面位也庶子正徹公俎降自阼階以東降自阼階若親徹也以東去藏賓諸公卿皆入門東面北上諸公卿不入門而右以將燕亦因從賓司正升賓賓諸公卿大夫皆說屨升就席公以賓及卿大夫皆坐乃安歸命以我安臣於君尚猶蹴踖至此乃敢安羞庶羞羞進也庶衆也所進衆羞謂膷肝膋狗胾醢也或有炮鱉膾鯉雉兔鶉鴽〔疏〕羞庶羞○注羞進至鶉鴽○釋曰知有膷肝膋者此大射先行燕禮

燕法其牲唯有狗又案内則云肝膋取狗肝一幪之以其膋濡炙之舉燋其膋不蓼注云膋腸閒脂故知此羞中有肝膋也又知有狗胾醢者以其公食大夫有牛胾炙羊胾炙豕胾炙此燕無三牲故知胾醢亦用狗知有炮鼈膾鯉者案六月詩云吉甫燕喜既多受祉又云飲御諸友炰鼈膾鯉故知有此也公食大夫有王事之勞乃有之故六月詩鄭注以吉甫遠從高地來又日月長久今飲之酒使其諸友恩舊者侍之又加其珍美之饌所以極勸之也是有王事之勞乃有之無王事之勞則無故公食大夫不見也又知有雉兔鶉鴽者公食大夫二十豆有此四者此仍引内則上大夫二十豆者不引二十豆盡以其二十豆有三牲之物此狗故唯引此四者

大夫祭薦燕乃祭薦不敢於盛成禮〔疏〕大夫祭薦。注燕乃至成禮。釋曰云燕乃祭薦不敢於盛成禮者此大夫卑不敢與公卿同時於盛成禮也

司正升受命皆命公曰衆無不醉賓及諸公卿大夫皆興對曰諾敢不醉皆反位坐皆命者命賓命諸公命卿大夫皆其位也興對必降席敬也司正退立西序端〔疏〕司正至位坐。注皆命至序端。釋曰云興對必降席者經直云興不言降席鄭知降席者以爲反坐故知降席也言敬也者決上文司正命賓與大夫以我安雖未坐不云降而對故以此爲敬若然上不降席者彼直云安未盡殷勤故不降此命使醉是盡殷勤故興降加敬也知司正退立西序端者案司正監酒此將獻士事未訖亦如鄉飲酒監旅時立于西序端也

主人洗酌獻士于西階上士長升拜受觶主人拜送獻士用觶士賤也今文觶作觚〔疏〕主人至拜送。注獻士至作觚。釋曰自此盡奠于篚論獻士及祝史等之事云獻士用觶士賤也者言獻士用觶對上獻大夫已上觚觚二升觶三升用大者賤用小者尊故云士賤也

士坐祭立飲不拜既爵其他不拜坐祭立飲其他謂衆士也升不拜受爵〔疏〕注其他至受爵。釋曰云其他謂衆士也者長謂士中之長次云士謂長已下下云其他謂衆士者亦謂二十七士以其下經旅食謂庶人在官故知此非府史以下

乃薦司正與射人于觶南北面東上司正爲上司正射人士也以齒受獻既乃薦之也司正大射正也射人小射正畧其佐〔疏〕注司正至其佐。釋曰案燕禮薦司正與射人一人司士一人執冪二人此不言其數又不言司士與執冪者以射人是小射正非一人互見執事執事者皆同獻不言其數不言執冪者二人文不具

辯獻士士既獻者立于東方西面北上乃薦士士既獻易位者以卿大夫在堂臣位尊東也畢獻薦之畧賤〔疏〕注士既至畧賤。釋曰云畢獻薦之畧賤者案上獻士立飲是畢獻訖乃云乃薦司正與射人于觶南是獻士又獻司正已下若然薦士當在乃薦司正上至此言之者其實薦士在乃薦司正上令此更言士得獻訖立在東方立畢乃薦不畢獻待司正薦乃薦士也是以薦司正言乃者緩辭明司正已下薦在士後也

祝史小臣師亦就其位而薦之亦者亦士也辯獻乃薦也祝史門東北面東上

主人就士旅食之尊而獻之旅食不拜受爵坐祭立飲主人既酌西面士旅食北面受之不洗者於賤畧之〔疏〕注主人至畧之。釋曰知主人既酌西面士旅食北面受之者以其不可背君南面授故知位之如此若然大史等亦北面則亦西面授酒也其小臣師等案上文位在阼階東面自然北面授

主人執虛爵奠于篚復位賓降洗升媵觶于公酌散下拜公降一等小臣正辭賓升再拜稽首公荅再拜賓受公賜多矣禮將終宜勸公序厚意也今文觶爲觚公荅拜無再拜〔疏〕賓降至再拜。釋曰自此盡旅酬論賓舉爵爲士舉旅行酬之事。注賓受至再拜。釋曰云賓受公賜多矣禮將終宜勸公序厚意也者上文爲賓爲卿爲大夫舉旅皆臣自致爵今此其賓爲士舉旅行酬因得爲賓致爵於君故鄭云序賓厚意也

賓坐祭卒爵再拜稽首公荅再拜賓降洗象觚升酌膳坐奠于薦南降拜小臣正辭賓升成拜公荅拜賓反位反位反席也此觚當爲觶〔疏〕注反位至爲觶。釋曰自此已前賓位在西階下東面無席戶牖之閒位則有席此賓升成拜不言降反位明反位者反於戶牖之閒席位云此觚當爲觶者

凡旅酬皆用觶獻士尚用觶故知觚當爲觶下經觚亦當爲觶**公坐取賓所媵觶興唯公所賜受者如初受酬之禮降更爵洗升酌膳下再拜稽首小臣正辭升成拜公荅拜乃就席坐行之**坐行之若今坐相勸酒**有執爵者**士有盥升者以主酌授之

【疏】有執爵者。○注士有至授之。○釋曰知士有盥升者其爲公卿大夫使行旅不可不絜知是士者案下文云士有執膳爵者有執散爵者故知士有盥升主酌授之

唯受于公者拜公所賜者拜其餘則否**司正命執爵者爵辯卒受者興以酬士**欲令惠均

【疏】注欲令惠均。○釋曰以堂上公卿大夫旅徧弁堂下之士故云欲令惠均也

大夫卒受者以爵興西階上酬士士升大夫奠爵拜受荅拜興酬士者士立堂下與上坐者異也

【疏】注興酬至異也。○釋曰云興酬士者決向來堂上相旅皆

坐相酬執爵者行之大夫未能受酬者輒興西階上故鄭云士立堂下與上坐者異也

大夫立卒爵不拜實之士拜受大夫拜送士旅于西階上辯祝史小臣師旅食皆及焉

【疏】注祝史上及焉。○釋曰鄭知祝史以下皆得旅酬者前得獻祝史與旅皆得獻明此旅酬得之可知

士旅酌旅序也士以次自酌相酬無執爵者

【疏】士旅酌。○注旅序至爵者。○釋曰云無執爵者對上文卿大夫等有執爵者以其坐故也士無執爵者以其賤不坐故以次自酌以相酬無執爵者也

若命曰復射則不獻庶子獻庶子則正禮畢後無事

【疏】注獻庶至無事。○釋曰獻酬之禮庶子以下最後得獻若獻庶子之後正禮畢不得更有射事故命復射在獻庶子之前

司射命射唯欲司射命賓及諸公卿大夫射欲者則射不欲者則止可否之事從人心也

【疏】注司射至心也。○釋曰此乃三番射後爵行無筭非直解怠復有醉者是以不可恣心所欲

卿大夫皆降再拜稽首公荅拜拜君樂與臣下執事無已不言賓賓從羣臣禮在上

【疏】注拜君至在上。○釋曰云不言賓賓從羣臣禮在上者謂初酬賓直言賓再舉旅言若長不專於賓已是禮殺第三舉旅云唯公所賜若賓若長至此賓士舉旅直云唯公所賜復不言若賓若長賓從羣臣禮在上

壹發中三侯皆獲其功一也而和者益多尚歡樂也矢揚觸或有參中者

【疏】注其功至中者。○釋曰上文第二番第三番唯公得中三侯皆釋獲至此燕後復射禮殺臣與君同是以鄭云和者益多尚歡樂也云其功一也者謂三侯所中皆是功故云一也云矢揚觸或有參中者卿大夫主射參侯士主射豻侯其中或揚觸容中別侯皆與釋

主人洗升自西階獻庶子于阼階上如獻士之禮辯獻降洗遂獻左右正與內小臣皆於阼階上如獻庶子之禮庶子既掌正六牲之體又正舞位授舞器與膳宰樂正聯事又掌國子戒令教治世子之官也左右正謂樂正僕人正也位在中庭之左右小樂正在頌磬之北右也工在西即北面工遷於東則東面大樂正在笙磬之北左也工在西則西面工遷於東則北面僕人正相大師工升堂與其師士降立於小

樂正之北北上工遷於東則陪其工後國君無故不釋縣二正君之近官也內小臣奄人掌君陰事陰令后夫人之官也獻三官於阼階別內外臣也同獻更洗以時事不聯也獻正下及內小臣則磬人鍾人鑮人鼓人僕人師僕人士盡獻可知也庶子內小臣位在小臣師之東少退西上

【疏】○主人至之禮。○注庶子至西北上。○釋曰云小樂正在頌磬之北右也工在西即北面者工在西謂遷樂於下時大師少師上工立於鼓北也云工遷於東則東面者案上遷樂於東之時直云大師少師上工皆東坫之東不見小樂正從之明西在西縣之北東面向工矣云大樂正在笙磬之北左也工在西則西面者案上文司射東面命樂正單言樂正者謂大樂正既東面命之則大樂正元立於東矣以其工在西階下故知西面向之矣云工遷於東則北面者案上文樂正及位大師既西面明樂正北面可知是以鄉射工遷於東西面北上樂正北面立于其南此亦與彼同北面也云國君無故不釋縣二正君之近官也言此者人君路寢之廷樂縣不釋樂正與僕人正同掌樂事是君之近官也云同獻更洗以時事不聯也者以其雖同獻於阼階上獻有前後故更爵洗之是以云時事不聯也云庶子內小臣位在小臣師之東者案公食堂上夾北有宰夫內宰在東北此射禮堂上夾北無宰位又案

就事者堂上又非樂人不得在樂正位以其與小臣師同名小臣故知小臣師之東也又云少退西上者見公食在宰東北少退故知此亦少退知西上者以此位皆西上故也無筭爵筭數也爵行無次數唯意所勸醉而止〔疏〕無筭爵○釋曰自此盡無筭樂論爵與樂恣意無數之事士也有執膳爵者有執散爵者執膳爵者酌以進公公不拜受執散爵者酌以之公命所賜所賜者興受爵降席下奠爵再拜稽首公荅再拜席下席西受賜爵者以爵就席坐公卒爵然後飲酬之禮爵代舉今爵並行嫌不代也並行猶代者明勸惠從尊者來〔疏〕注酬之至者來○釋曰凡行酬之法轉爵遞飲今膳散兩有宜得即飲猶待公卒爵乃飲猶代飲然明惠從公來嫌得即飲不代故著嫌不卒爵然後飲故曰嫌不代執膳爵者受公爵酌反奠之燕之歡在飲酒成其意也〔疏〕注燕之至意也○釋曰云燕之歡在飲酒者謂安燕之歡正在於飲酒故受公爵者更酌反奠於公所擬公更賜爵是其歡燕成之意也受賜者興授執散爵者執散爵者乃酌行之與其所勸者唯受于公者拜卒爵者興以酬士于西階上士升大夫不拜乃飲實爵乃猶而也〔疏〕注乃猶而也○釋曰鄭轉乃為而者乃是緩辭於禮不切故為之也士不拜受爵大夫就席士旅酌亦如之公有命徹冪則賓及諸公卿大夫皆降西階下北面東上再拜稽首命徹冪者公意殷勤欲盡酒公命小臣正辭公荅拜大夫皆辟升反位升不成拜於將醉正臣禮〔疏〕注升不至臣禮○釋曰於例臣於堂下再拜稽首得小臣以君命辭其拜不成當升成拜今直升不成拜者以其拜於下是臣之正禮故鄭云於將醉正臣禮士終旅於上如初卿大夫降而爵止於其反席卒之〔疏〕注卿大夫至卒之○釋曰上文卿大夫酬辯始酬士公命徹冪公卿以下降而爵止是以卿大夫升反席士以下相酬而卒之無筭樂升歌閒合無次數唯意所樂宵則庶子執燭於阼階上司宮執燭於西階上甸人執大燭於庭閽人為燭於門外宵夜也燭燋也甸人掌共薪蒸者庭大燭為其位廣也為作也作燭俟賓出〔疏〕宵則庶子執燭○釋曰自此盡篇終論禮畢容公卿出入之事賓醉北面坐取其薦脯以降取脯重得君之賜奏陔陔夏樂章也其歌頌類也以鍾鼓奏之其篇今亡賓所執脯以賜鍾人于門內霤遂出必賜鍾人鍾人以鍾鼓奏陔夏賜之脯明雖醉志禮不忘樂〔疏〕注賓所至遂出○釋曰案鄉飲酒鄉射賓出無取脯賜鍾人之事者彼是臣禮此為君法故詳畧不同卿大夫皆出從賓出公不送臣也與之安燕交歡嫌亢禮也〔疏〕公不送○注臣也至禮也○釋曰案燕義云使宰夫為獻主臣莫敢與君亢禮明來安燕交歡君若送之是臣與君亢禮故君不送賓也故燕禮注云賓禮訖臣禮是也公入驁驁夏亦樂章也以鍾鼓奏之其詩今亡此公出而言入者射宮在郊以將還為入燕不驁者於路寢無出入也〔疏〕公入驁○注驁夏至入也○釋曰云驁夏亦樂章也者案周禮鍾師有九夏皆樂章其中有驁夏如陔夏故云亦樂章也云以鍾鼓奏之者案鍾師以鍾鼓奏九夏鄭云先擊鍾次擊鼓故云以鍾鼓奏之云其詩今亡者鄭注鍾師云九夏皆詩篇名頌之族類也此歌之大者載在樂章樂崩亦從而亡是以頌不能具是其今亡云此公出而言入者射宮在郊以將還為入者天子射在虞庠周之小學在西郊案鄉射記於郊則閭中鄭注云諸侯大學在郊是諸侯大射所故言入者射宮在郊以將還為入也鄭知燕在路寢者燕禮記云燕朝服於寢與羣臣賓客燕不合在燕寢故知從路寢也此篇所解多不具者以其諸侯大夫射先行燕禮大射三番多依鄉射是以與禮同者於此不復重釋之也

儀禮卷第七　經六千八百九十　注七千三百八

儀禮疏卷第十八

江西督糧道王賡言廣豐縣知縣阿應麟栞

儀禮注疏卷十八校勘記　阮元撰盧宣旬摘錄

諸公卿

至三耦之南　通解同毛本至下有其字

公將射

君尊若始焉　毛本作君尊若爲始者

公就物

司射請立司正　毛本射作舍要義作射毛本請作親諸本俱作請○按作請是也

則司射又與大射正爲一人　要義同毛本又作人

小臣正贊袒　袒重脩監本誤作祖

乃云公袒朱襦　毛本袒誤作襦

乃設拾　通解要義同毛本設作決

卒射

司射不告者　徐本通解同毛本不下有言字

司射適階西○北面視筭　視釋文作眡云本亦作視

每委異之

易校數　徐本通解同毛本校作枝陳閩監葛俱誤作效

東面坐

少北於故　徐陳通解同毛本北作比

若左右鈞○實八筭于中　實石經補缺誤作賓

司射遂袒執弓　唐石經徐本楊敖同毛本無遂字

不勝者皆襲

欲與勝者　通解陳本同毛本欲上有郤字閩監俱作郤

三耦及衆射者

雖不飲爵　要義同毛本通解飲下有罰字

若不數中　要義通解同毛本數誤作教

小射正○勝者先升升堂少右　升通解不重

不勝者進

明知未飲時　通解同毛本未誤作來

與升飲者相左○退俟于序端　毛本俟誤作矣

若賓諸公卿大夫

以其大夫在堂上　毛本無其字

僕人師洗升實觶　毛本實作賓唐石經徐本通解楊敖俱作實是也

若飲公

兕觥角爵　要義同毛本角作司與毛傳不合

故云角觶謂賓酌如兕自飲君卽下文賓降洗象觶亦從獻酬之爵不敢用罰爵也　要義同通解畧有刪潤與此稍異毛本作故云角爵也無解謂以下二十九字非也

賓坐

故云象　毛本象作也按象字是

若諸公卿大夫之耦

以尊與卑爲耦　徐本楊氏同毛本通解無與卑二字

司宫尊侯

但聖人設法　要義同毛本設法作射決

二升曰觚　閩監本通解同毛本觚作觥

司馬正洗散

皆以事名之　毛本名誤作明

司馬正西面拜送爵

卒爵禮祭侯訖　毛本侯上有諸字

亦兼獻徒　毛本獻下有其字

獲者右執爵

強飲強食　徐本同毛本強作彊

祭肺不奠爵　要義同毛本肺下有皆字

今祭俎不奠　奠下要義有爵字

是以知祝辭有異　毛本異作之

適左个

注鄉射至三祭　毛本鄉射作先祭○按毛本是

卒祭

此鄉受獻之位也　徐本楊敖同毛本鍾本通解此俱作北

司馬師受虛爵

舉尊而言也　也要義作之

以獻大侯服不獲者　要義同毛本通解以作巳

明此經獲者是糝侯豻侯可知　要義同通解作明此是糝侯豻侯之獲者可知

毛本此作知餘與通解同

受獻先言隸僕人　要義同毛本受作交

卒司馬師受虛爵　唐石經徐本通解楊敖同毛本無師字

司射適階西　毛本適誤作釋

俾中　徐本通解楊敖同毛本俾作辨

歸功於侯　通解同毛本於下有此字

反搢扑適次

云歸言拾者　歸閩本作鄉

謂第一射時　毛本一下有番字

司射先反位

乃出反次外西面位　位楊氏作立

三耦未有次位　徐本同毛本通解次下有外字與疏合

三耦次外　毛本外下有位字

是以決之　通解同毛本決作次

三耦拾取矢　毛本三誤作二

三耦既拾取矢

司射東面于大夫西比耦　毛本比作北閩本作比按前經諸本或作比此疏則各本皆作北疑賈氏所據之經獨爲北耳閩本作比殆因形似偶誤非有意也○按此義見前第十八葉司射東面

于大夫之西北耦徐下許宗彥說

賓升階復位還筵 通解要義同毛本賓作儐○按作賓與上文經合

大夫進坐

待大夫反位 通解待下有下字毛本反作及陳本通解俱作反皆是也

衆射者繼拾取矢 毛本繼誤作既

司射與司馬

君子之於事也 徐本通解楊氏同毛本無也字

云復用樂行之者也 通解同毛本云復作一獲按云復是

證射用應樂而爲難之意 毛本無樂字

樂正曰諾○北面視上射 唐石經徐本通解楊敖同毛本視作眂按釋文于前視算作眂注云本亦作視于此無則亦作視也眂當从目从耳非也

五聲不得不和 徐本通解楊氏同毛本無五聲二字非也

是其投壺存者 通解要義同毛本無其字

大師不與○公樂作而后就物 毛本后誤作後

意所儗度也 毛本儗作擬釋文徐本俱从人與述注合

證志是意所儗度也 儗毛本作擬

司射命設豐

尚鏃 毛本通解作而鏃向上四字○按尚鏃是也

此言面鏃不言兼弦附 毛本無鏃不言三字

大夫降復位

故在門東北面位也 毛本無位字○按有位字與注合

司正升賓○皆說屨 毛本屨誤作履

羞庶羞

或有炮鼈膾鯉 炮嚴本作炰釋文徐本俱作炮釋文云炮或作缹炰

膋腸閒脂 毛本脂誤作腊

知有炮鼈膾鯉者 要義炮作缹

炰鼈膾鯉 陳閩監本要義同毛本炰作炮○按作炰與詩合

使其諸友恩舊者侍之 要義同毛本侍作待○按作侍與毛詩六月箋合

司正升受命

未盡殷勤 通解同毛本殷勤作慇懃下同

此將獻士 毛本通解士作主非也

主人洗酌

對上獻大夫已上觚 要義同毛本已上作用字通解已上之下仍有用字

乃薦司正

又不言司士與執冪者以射人是小射正非一人互見執事執事者皆同獻不言其數不言執冪者二人文不具 自以射至冪者二十九字毛本脫

賓降洗升

無再拜 按拜字疑衍

賓坐祭○公荅拜賓反位 唐石經徐本通解要義敖氏同毛本無賓字石經考文提要云上云

賓升成拜升與反位相承

公坐○如初受酬之禮　毛本酬誤作成

有執爵者

士有執膳爵者　通解同毛本膳下有散字○按下文無散字

有執散爵者　通解同毛本無散字○按下文有散字

司正命執爵者

并堂下之士故云欲令惠均也　毛本無故云欲令惠均六字

大夫立卒爵

得之可知　要義同毛本得下有獻字

司射命射唯欲

非直懈怠　非直此本倒依毛本訂正

卿大夫皆降

不專於賓已　毛本已作也

若長　此下二十五字此本唯有從羣臣禮在上六字依毛本通解補入

壹發

而和者益多　徐本通解楊氏同毛本益作亦○按益與疏合

尚歡樂也　歡陳本作勸

上文第二番　通解同毛本上文作上云陳閩俱作上云

主人洗升

不見小樂正從之　陳本通解同毛本小作少

按上文樂正及位　浦鏜云反誤及

無算爵

論爵與樂恣意無數之事　毛本無樂字

受賜爵者

故著嫌不卒爵　要義同毛本作故必卒爵通解與毛本同

執膳爵者

成之意也　之陳閩通解俱作其

唯受于公者拜

故爲之也　陳閩通解同毛本之作而

士不拜受爵○北面東上　石經補缺誤作北北面上

宵則庶子執燭於阼階上

俟賓出　徐陳通解同毛本俟作候

賓所執脯

此爲君法　毛本同陳閩俱作此謂君臣法○按上句云彼是臣禮故云此爲君法陳本閩本並誤衍臣字

公不送

臣禮是也　浦鏜云是臣誤臣是○按或當作是臣也無禮字

儀禮注疏卷十八校勘記終

奉新余成教校

儀禮疏卷第十九　儀禮卷第八

唐朝散大夫行大學博士弘文館學士臣賈公彦等撰

聘禮第八〔疏〕聘禮第八○鄭目録云大問曰聘諸侯相於久無事使卿相問之禮小聘使大夫周禮曰凡諸侯之邦交歲相問殷相聘也世相朝也於五禮屬賓禮大戴第十四小戴第十五別録第八○釋曰鄭云大問曰聘者則此篇發首所論是也云久無事者案下記云久無事則聘焉注云事謂盟會之屬若有事事上相見故鄭據久無事而言云小聘使大夫者下經云小聘曰問其禮如爲介三介是也周禮曰者大行人文鄭彼注小聘曰問殷中也久無事又於殷朝者及而相聘也父死子立曰世凡君即位大國朝焉小國聘焉此皆所以習禮考義正刑一德以尊天子也必擇有道之國而就脩之然歲相問殷相聘聘義所云比年小聘三年大聘是也大行人云上公九介侯伯七介子男五介又云凡諸侯之卿其禮各下其君二等聘義上公七介侯伯五介子男三介是諸侯之卿介各下其君二等者也若小聘曰問使大夫又下其卿二等此聘禮是侯伯之卿大聘以其經云五介上介奉束錦士介四人皆奉玉錦又云人竟張旜孤卿建旜據侯伯之卿之聘者必見侯伯之卿聘者周公作經互見爲義此見侯伯之卿大聘玉人云瑑圭璋八寸璧琮八寸以覜聘上公之臣公食大夫俎實云倫膚七據子男之臣是各舉一邊而言明五等俱有是其互見爲義也

儀禮　鄭氏注

聘禮君與卿圖事圖謀也謀聘故及可使者謀事者必因朝其位君南面卿西面大夫北面士東面〔疏〕聘禮至圖事○注圖謀至東面○釋曰自此盡官具論聘人及用幣之事云謀聘故及可使者謀聘者爲久無事須聘故謂有事故或因聘或特行若記云若有故則卒聘束帛加書將命是因聘者也晉侯使韓穿來言汶陽之田之類是特行者也言及可使者謂於三卿之中選可使者即經云遂命使者是也其總三事皆須謀者也言謀事者必因朝者欲取對衆共詢之意云其位君南面已下知面位然者此儀禮之内見諸侯三朝燕朝燕禮是也又射朝大射是也不見路門外正朝正朝當與二朝面位同案燕禮大射皆云卿西面大夫北面士東面公降階南面揖之是以知正朝面位然也若天子三朝射人見射朝司士見正朝不見燕朝以諸侯正朝與燕朝同明天子燕朝亦與正朝同也

遂命使者遂猶因也既謀其人因命之也聘使卿〔疏〕遂命使者○注遂猶至使卿○釋曰云既謀其人因命之也者謂謀其人人亦在謀事之中故云因命即上注可使者是也云聘使卿者以其經云及竟張旜周禮司常云孤卿建旜故知使卿也若然使者自在謀内審知所聘之國遠近何以下記云使者既受行出遂見宰問幾月之資注云古者君臣謀密草創未知所之遠近問行用多少但所謀之時經云出聘不言其國使者不得審知故更問之是以左氏吳公子季札遂聘齊晉衛鄭之等下文云無行則重賄反幣是亦有歷聘之事也

使者再拜稽首辭辭以不敢〔疏〕使者至首辭○注辭以不敢○釋曰云辭以不敢者鄭取孝經曾子曰參不敏之辭爲義也

君不許乃退退反位也受命者必進〔疏〕君不許乃退○注退反至必進○釋曰知受命者必進者以其云退故知進乃有退法是受命前進近君也

既圖事戒上介亦如之既已也戒猶命也已謀事乃命上介難於使者易於介〔疏〕既圖至如之○注既已至於介○釋曰既謀事乃命介在謀後別命之謀使者是難謀後命介是易也

宰命司馬戒衆介衆介皆逆命不辭宰上卿貳君事者也諸侯謂司徒爲宰衆介者士也士屬司馬周禮司馬之屬司士掌作士適四方使爲介逆猶受也〔疏〕宰命至不辭○注宰上至受也○釋曰天子有六卿天地四時之官是諸侯兼官而有三卿立地官司徒兼冢宰立夏官司馬兼春官立冬官司空兼秋官是以左氏杜泄云吾子爲司徒叔孫爲司馬孟孫爲司空故禮記内則云后王命冢宰降德于衆兆民鄭云周禮冢宰掌飲食司徒掌十二教今一云冢宰記者據諸侯也諸侯并六卿爲三或兼職焉是其諸侯并六卿爲三諸侯以司徒爲冢宰義與此同宰上卿貳君事諸侯謂司徒爲宰者也云士屬司馬引周禮者案司士屬司馬而云作士適四方使爲介諸侯之司馬亦然故引以證諸侯司馬戒衆介也云不辭者是其副使之賤者故不敢辭

宰書幣書聘所用幣多少也宰又掌制國之用〔疏〕宰書幣○注書聘至之用○釋曰宰即上命司馬兼官者也云書聘所用幣多少也者謂聘鄰國享君及夫人問卿之等幣周禮司儀云凡諸侯之交各稱其邦而爲之幣以其幣爲之禮鄭云幣享幣也於大國則豐於小國則殺是也云宰又掌制國之用者案三制云冢宰制國用必於歲之杪是以使之書幣也

命

宰夫官具宰夫宰之屬也命之使衆官具幣及所宜齎〔疏〕命宰夫官具○注宰夫至宜齎○釋曰所命者冢宰司徒命之以宰夫屬司徒周禮宰夫掌百官府之徵令故命諸官云官具者謂使宰夫命諸官各具所行幣幣在官之府其司非一故言衆官幣謂享幣及問大夫問卿摠具之及所宜齎者謂行道所用多少皆是

及期夕幣及猶至也夕幣先行之日夕陳幣而視之重聘也〔疏〕及期夕幣○注及猶至聘也○釋曰自此盡受書以行論陳幣付使者之事云夕幣先行之日夕知者下云厥明釋幣于禰是行日明此夕是先行之日夕也云視之者正謂賓及衆介視之故下云使者朝服帥衆介夕注云視其事是也

使者朝服帥衆介夕視其事也古文帥皆作率

管人布幕于寢門外管猶館也館人謂掌次舍帷幕者也布幕以承幣寢門外朝也古文管作官今文布作敷〔疏〕管人至門外○注管猶至作敷○釋曰云館人謂掌次舍帷幕者也者案天官有掌舍掌次幕人等掌次云有邦事則張幕設案掌舍職云爲帷宮設旌門又幕人云掌帷幕幄帟綬之事鄭云在旁曰帷在上曰幕幕或在地展陳于上即此布幕是也館人即彼掌舍以諸侯兼官故鄭摠言之也云幕以承幣者即下文官陳幣是也云寢門外朝也者謂路門外即正朝之處也下記云宗人授次次以帷則館人與宗人共掌之若賓客則宗人掌之也

官陳幣皮北首西上加其奉於左皮上馬則北面奠幣于其前奉所奉以致命謂東帛及玄纁也馬言則者此享主用皮或時用馬馬入則在幕南皮馬皆乘古文奉爲卷今文無則〔疏〕官陳至其前○注奉所至無則○釋曰云官陳幣者即上文官具者也館人布幕於地官陳幣於其上云奉所奉以致命謂東帛及玄纁也者所奉謂從享時奉入以致命故知是以下文享時所致東帛加璧以享君玄纁加琮以享夫人鄭不言璧琮者璧琮不陳厥明乃授之也云馬言則者此享主用皮或時用馬者主用皮謂有皮之國國無皮者乃用馬故下云庭實皮則攝之鄭注皮言則者或用馬也記云皮馬相閒可也注閒猶代也土物有宜也云馬入則在幕南者以經云馬則北面奠幣于其前也是馬在幕南故下展幣時云馬則幕南北面奠幣于其前也知皮馬皆乘者案下賓覿時云總乘馬又云禮玉束帛乘皮是皆乘也

使者北面衆介立于其左東上既受行同位也位在幕南〔疏〕使者至東上○注既受至幕南○釋曰云既受行同位者對未受命行已前卿大夫士面位各異是以記云使者既受行日朝同位鄭注云謂前夕幣之閒同位者使者北面介立于其左少退別其處臣也是也知在幕南者幣在幕上使者須視幣故在幕南也

卿大夫在幕東西面北上大夫西面辟使者〔疏〕卿大至北上○注大夫至使者○釋曰此謂處者大夫常北面今與卿同西面故云辟使者

宰入告具于君君朝服出門左南鄉入告入路門而告〔疏〕注入告至而告○釋曰朝在路門外故知入路門至路寢而告君以其在路寢聽政處故也

史讀書展幣展猶校錄也史幕東西面讀書賈人坐撫其幣每者曰在必西面者欲君與使者俱見之也〔疏〕史讀書展幣○注展猶至之也○釋曰知史幕東西面者以其君南面使者北面故知幕東西面讀之可知是以鄭云欲君與使者俱見之也知賈人撫幣者以其賈人主幣行者故知賈人撫幣受之其幣謂官具之者非直所奉而已若然賈人當在幕西東面撫之亦欲使君與賓俱見之也

宰執書告備具于君授使者使者受書授上介史展幣畢以書還授宰宰既告備以授使者其受授皆北面〔疏〕注史展至北面○釋曰云史展幣畢以書還授宰者以其宰在幕東西面史居前西面讀書展幣展幣訖明迴還授宰宰以書授使者云其受授皆北面者當宰以書授使者之時宰來至使者之東北面授使者使者北面授介三者皆北面向君故也

公揖入揖禮羣臣〔疏〕公揖入○釋曰以展幣授使者訖禮畢故入於寢也

官載其幣舍于朝待旦行也〔疏〕官載至于朝○注待旦行也○釋曰此云官謂官人從賓行者與前官陳幣者異必知行者以下文入竟又展之又有司展羣幣以告注云有司載幣者自展自告是也云待旦行者下文厥明釋幣遂行是也

上介視載者監其安處之畢乃出〔疏〕上介視載者○注監其至乃出○釋曰經直云上介視載者注云監其安處之畢乃出不言餘人出則上文合於朝不出待旦則行以其須守幣故也

所受書以行爲當復展〔疏〕所受書以行○注爲當復展○釋曰書謂前宰授使者此書將行爲當復展故也

厥明賓朝服釋幣于禰

告爲君使也賓使者謂之賓尊之也天子諸侯將出告羣廟大夫告禰而已凡釋幣設洗盥如祭〔疏〕厥明至于禰○注告爲至如祭○釋曰自此盡亦如之論賓與上介將行告禰之事云朝服者卿大夫朝服祭故還服朝服告也云天子諸侯將出告羣廟者案禮記曾子問云孔子曰諸侯適天子必告于祖奠于禰注云皆奠幣以告之是諸侯出告羣廟案彼下文又云孔子曰天子諸侯將出必以幣帛皮圭告于祖禰遂奉以出是天子與諸侯同告羣廟之事云大夫告禰而已者大夫三廟降天子不得並告故直告禰而已若父在則告祖知者下記云賜饔唯羹飪筮一尸若昭若穆注云筮尸若昭若穆容父在父在則祭祖父卒則祭禰以此言之明初行時父在釋幣於祖廟可知案昭元年楚公子圍聘於鄭云布几筵於莊共之廟而來服氏云莊謂楚莊王圍之祖共王圍之父是大夫並告羣廟者彼不告聘直告娶故得並告古者大夫得因聘而娶故傳云且娶於公孫段氏是也云凡釋幣設洗盥如祭者案曾子問云凡告用牲幣注云牲當爲制則告無牲直用幣而已但執幣須絜當有洗而盥手其設洗如祭祀之時亦洗當東榮南北以堂深水在洗東篚在洗西必知無祭事者下文還時云乃至于禰筵几于室薦脯醢觴酒陳鄭云行釋幣反釋奠畧出謹入是其差也

有司筵几于室中祝先入主人從入主人在右

再拜祝告又再拜更云主人者廟中之稱也祝告告以主人將行也〔疏〕有司至再拜○注更云至行也○釋曰云更云主人者廟中之稱也者上云賓至此更云主人是廟中之稱故特牲少牢皆稱主人對聘稱賓也

釋幣制玄纁束奠于几下出祝釋之也凡物十曰束玄纁之率玄居三纁居二朝貢禮云純四只制丈八尺〔疏〕釋幣至下出○注祝釋至八尺○釋曰知祝釋幣者案曾子問君薨而世子生大祝裨冕執束帛升自西階命無哭告曰某之子生敢告奠幣於殯東則知此亦大祝釋之可知也云凡物十曰束者案昏禮玄纁束則每卷二丈自餘行禮云束者每卷一丈八尺爲制幣帛錦十卷者皆名束至於脯十脡亦曰束故云凡物十曰束也云玄纁之率玄居三纁居二者言率皆如是也玄三纁二者象天三覆地二也云朝貢禮云純四只制丈八尺者純謂幅之廣狹制謂舒之長短周禮趙商問只長八寸四八三十二幅廣三尺二寸大廣非其度鄭志荅云古積畫誤爲四當爲三三咫則二尺四寸矣雜記云納幣一束束五兩兩五尋然則每卷二丈若作制幣者每卷丈八尺爲制合卷爲匹也

主人立于戶東祝立于牖西少頃之閒示有俟於神〔疏〕注少頃至於神○釋曰案士虞禮無尸者出戶而聽若食閒此無祭事故云有俟於神也

又入取幣降卷幣實于笲埋于西階東又入者祝也埋幣必盛以器若藏之然

又釋幣于行告將行也行者之先其古人之名未聞天子諸侯有常祀在冬大夫三祀曰門曰行曰厲喪禮有毀宗躐行出于大門則行神之位在廟門外西方不言埋幣可知也今時民春秋祭祀有行神古之遺禮乎〔疏〕又釋幣于行○注告將至禮乎○釋曰云行者之先其古人之名未聞者此謂平地道路之神云古人名未聞者謂古人教人行道路者其人名字未聞云天子諸侯有常祀在冬者月令祀行是也言此者欲見大夫雖三祀有行無常祀因行使始出有告禮而已至於出城又有軷祭祭山川之神喻無險難也大夫三祀曰門曰行曰厲者見祭法文云喪禮有毀宗躐行出于大門者檀弓文案彼云掘中霤而浴毀竈以綴足及葬毀宗躐行出于大門殷道也下文周柩入毀宗雖不云躐行亦有行可知所毀者毀廟門西而云躐行明行神在廟門西矣不云埋幣可

知者承上宗廟埋之此亦埋可知云今時民春秋祭祀有行神古之餘禮乎者鄭以行神無正文雖約檀弓猶引漢法爲況乎者猶疑之矣若然城外祭山川之神有軷壇此禮行神亦當有軷壇是月令冬祭行注云行在廟門外之西爲軷壇厚二寸廣五尺輪四尺是也

遂受命賓須介來乃受命也言遂者明自是出不復入〔疏〕遂受命○注賓須至復入○釋曰下云上介及衆介俟于使者之門外是其賓須介來乃受命也云自是出不復入者自釋幣於門不復更入若然則待介於門矣

上介釋幣亦如之如其於禰與行

上介及衆介俟于使者之門外俟待也待於門外東面北上〔疏〕上介至門外○注俟待至北上○釋曰自此盡斂旜爲使者與介向君朝受命即行之事知待於門外東面北上者上云賓釋幣訖不復入明介待賓於大門外賓出則向君也言東面北上者依賓客門外之位

使者載旜帥以受命于朝旜旌旗屬也載之者所以表識其事也周禮曰通帛爲旜又曰孤卿建旜至於朝門使者北面東上古文旜皆爲膳〔疏〕使者至于朝○注旜旌至爲膳○釋曰云載之者所以表識其事者人見張旜則知

是孤卿爲使之事是表識其事也云周禮曰者司常文云至
於朝門者凡平。諸侯三門臯應路路門外有常朝位下文君
臣皆朝列位乃使卿進使者使者乃入至朝即此朝
門者臯門外矣知北面東上者還依展幣之位也　君朝
服南鄉卿大夫西面北上君使卿進使者進之
者使者謙不敢〔疏〕君朝服至使者。注進之至使己。釋
必君之終使己曰此還依展幣之位知大夫與卿同西
面避賓下文使者還亦　使者入及衆介隨入北面
同展幣北面東上位
東上君揖使者進之上介立于其左接聞命
進之者有命宜相　賈人西面坐啓櫝取圭垂繅不
近也接猶續也
起而授宰　賈人在官知物賈者繅所以藉圭也〔疏〕賈
其或拜則奠于其上今文繅作璪人
至授宰。注賈人至作璪。釋曰云賈人在官知物賈者謂
若王制云庶人之在官府史胥徒之類以知物賈故名賈云
其或拜則奠于其上者故覲禮記云奠圭于繅上是也但繅
有二種一者以木爲中幹以韋衣之天子五采公侯伯三采

子男二采采爲再行下記及典瑞皆有其文此爲繅也下記
云絇組尺及曲禮下文執玉其有藉者則裼鄭亦爲之繅若
韋版爲之者奠玉於上此則無垂繅屈繅之事若絇組爲之
者所以繫玉於韋版使不失墜此乃有屈垂之法則此經所
云者是也案向來所注皆以韋版繅藉解之者鄭意以承玉
及繫玉二者所據雖異所用相將又同名爲繅是以和合解
之故以韋版爲之者　宰執圭屈繅自公左授使者
以解絇組之繅也
屈繅者斂之禮以相變爲〔疏〕宰執至使者。注屈繅至之
敬也自公左贊幣之義義。釋曰云自公左贊幣之
義者禮記少儀云詔辭自右贊幣自左取
地道尊右之法是贊幣之義故於公左也　使者受圭同
同面者宰就使者北面並授之既授之
而君出命矣凡授受者授由其右受由
面垂繅以受命　其〔疏〕使者至受命。注同面至其左。釋曰知宰就使者
左北面者以經言同面不見使者進文使者既先北面
故知就使者北面並面授之既授與使者即言受命明知則
出命矣云凡授受者授由其右受由其左者據此宰由其右
授使者使者受由其左又據鄉飲酒鄉射燕禮獻酢酬皆授
由其右受由其左故云凡以廣之若有所因由則有授由左

受由右是以使者反命之時宰自公左受玉鄭云亦於使者
之東同面並受不右使者由便也又賓授覿時士受馬適右
受鄭云適牽者之右而受由便又鄉飲酒云受酬者自介右
鄭云尊介使不失故位如此者皆是變例鄭據平常行事而
言也　既述命同面授上介述命者循君
之言重失誤〔疏〕既述至上
介。注述
命至失誤。釋曰上文授玉訖君出命命辭雖不知何語要
知使者既受命使者又重述君命爲述命述命者重失誤
上介受圭屈繅出授賈人衆介不從賈人將行
者在門外
北〔疏〕上介至不從。注賈人至北面。釋曰云衆介不從
面者以上介送圭向外與賈人反來故衆介不從以待
之云賈人將行者知者經言授賈人使受之則是行人主掌
此玉故知將行者對上云賈人出玉者是留者也知在門外
北面者以其使者在門外時皆北
面此賈人不入明依本北面可知　受享束帛加璧受
夫人之聘璋享玄纁束帛加琮皆如初享獻也
既聘又
獻所以厚恩惠也帛今之璧色繒也夫人亦有聘享者以其
與已同體爲國小君也其聘用璋取其半圭也君享用璧夫

人用琮天地配合之象也圭璋特達瑞也璧〔疏〕受享至如
琮有加往德也周禮曰瑑圭璋璧琮以規聘初。注享
獻至規聘。釋曰此經中三事上經已受聘君圭此經受享
君束帛加璧又受聘夫人璋又受享夫人琮案上文夕幣時
云官陳幣皮北首西上加其奉於左皮上鄭注云奉所奉以
致命謂束帛及玄纁也則知所陳直陳束帛及玄纁不陳璧
琮是以此經受璧而連言束帛玄纁者以其享時束帛加璧
於其上玄纁加琮於其上以相配之物故兼言束帛玄纁若
然璧琮右受者以其璧琮與圭璋同類尊之故也云帛今之
璧色繒者周禮大宗伯云孤執皮帛鄭注亦然又案宗伯云
以蒼璧禮天下云牲幣各放其器之色幣即幣帛禮天之璧
用蒼色則幣帛之色亦蒼色是璧色繒於漢時云璧色繒者
亦因周法則此束帛亦與璧色同以其相配但未知正用何
色耳云聘用璋取其半圭知半曰璋者案周禮典瑞云四圭
有邸以祀天兩圭有邸以祀地圭璧以祀日月璋邸射以祀
山川以上向下差之以兩圭半四圭圭璧半兩圭璋邸射又
半圭璧是半圭曰璋也云圭璋特達瑞也者聘義云圭璋特
達德也鄭云特達謂以朝聘也言瑞者大宗伯云以玉作六
瑞公執桓圭以下皆是瑞故尚書云班瑞於羣后言特達者
不加束帛也云璧琮有加往德也者謂加於束帛之上言往

德者郊特牲云束帛加璧往德也謂以束帛加璧致厚往爲主君有德故以玉致之君子於玉比德故言往德也往德義出於彼鄭言此者欲見朝置享用玉之意也周禮曰玉人文云瑑圭璋璧琮以覜聘者欲見此篇聘賓不用君之所執圭璋以其公則執桓圭侯執信圭伯執躬圭子執穀璧男執蒲璧臣出聘圭璋璧琮則瑑之而已無此桓信躬穀蒲之文又所執皆降其君一等故引之爲證也

遂行舍于郊於此脱舍衣服乃即道也曲禮曰凡爲君使已受命君言不宿於家〔疏〕遂行舍于郊。注於此至於家。釋曰言遂行者受命則行不留停故云遂行言於此脱舍衣服乃即道。者上文云賓朝服告禰及遂朝君受命至此衣服未改鄭注云吉時道路深衣則此脱舍朝服服深衣而行故云於此所脱舍衣服乃即道也引曲禮者見受君命及君言言別有告請之事遂行舍於郊則彼云不宿于家也

斂旜此行道耳未有事也斂藏也〔疏〕斂旜。注此行至藏也。釋曰云此行道耳未有事也者案下文云及竟張旜是有事也故此自郊已後未有事斂藏也

若過邦至于竟使次介假道束帛將命于朝曰請帥奠幣至竟而假道諸侯以國爲家不敢直徑也將猶奉也帥猶道也請道己道路所當由〔疏〕若過至奠幣。注至竟至當由。釋曰自此盡執策於其後論過他國竟假道之事云諸侯以國爲家不敢直徑者案左氏傳僖三十三年秦師襲鄭不假道於晉爲晉所敗是其不假道直徑過天子之師行過無假道以其天子以天下爲家所在如主人故也天子微弱則有之是以周語定王使單襄公聘於宋遂假道於陳以聘楚服氏注云是時天子微弱故與諸侯相聘同是也

下大夫取以入告出許遂受幣言遂者明受其幣非爲許故也容其辭讓不得命也〔疏〕下大夫至受幣。注言遂至命也。釋曰云言遂者明受其幣非爲許故也者幣本爲行禮非爲求許若許受幣當云出許受幣不須言遂今不以許道受幣云遂是以容其辭讓不受此幣不得命遂受之故云遂也

餼之以其禮上賓大牢積唯芻禾介皆有餼凡賜人以牲生曰餼餼猶稟也給也以其禮者尊卑有常差也常差者上賓上介牲用大牢羣介用少牢米皆百筥牲陳于門內之西北面米設于中庭上賓上介致之以束帛羣介則牽羊焉上賓有禾十車芻二十車禾以秣馬〔疏〕餼之至有餼。注凡賜至

秣馬。釋曰此謂主國所致禮云凡賜人以牲生曰餼者言凡者摠解諸文案此下經云主國使卿歸饔餼五牢云飪一牢腥二牢餼二牢陳于門西鄭注云餼生也牛羊右牽之豕東之是牲生曰餼上介及士亦皆牲生爲餼論語云告朔之餼羊鄭注亦云牲生曰餼春秋傳云餼臧石牛服氏亦云牲生是凡牲生曰餼春秋僖三十三年鄭皇武子云餼牽竭矣服氏以爲腥曰餼以其對牽故以餼爲腥詩序云雖有牲牢饔餼鄭云腥曰餼以其對生是活故以餼爲腥又不爲牲生者鄭望文爲義故注不同也餼猶稟也給也者於賓爲稟受也於主人爲給賓客也云以其禮者尊卑有常差常差者上賓上介牲用大牢經不言上介知與賓同大牢者若上介與羣介同當爲介皆少牢是以下文大夫餼賓云上賓上介皆大牢米八筐衆介皆少牢米六筐是上介與賓同之義也云米皆百筥以下盡二十車皆約下文君使卿致饔餼禮若然上介與賓同大牢依大夫餼賓禮米不依大夫餼賓與上介米八筐而依君致饔餼者以此經有芻禾大夫餼賓禮無芻禾故還依主國歸饔餼之禮也案下歸饔餼上賓上介米陳于門內衆介米百筥設於門外鄭不言者畧而不辯之也云上賓上介致之以束帛羣介則牽羊者案大夫餼賓禮使老牽牛以致之上介亦如之不依此依歸饔餼者以其彼此皆是國君禮唯牽以行道之閒不依歸饔餼之法致之用束帛宜與歸饔餼同也云羣介則牽羊焉者致禮於士無用束帛之法但歸餼則用大牢禮盛宰夫朝服牽牛以致之此衆介皆少牢當與大夫餼賓少牢亦牽羊以致之同也無正文故言則也上賓有禾十車芻二十車亦與下歸饔餼同也若然大牢則上介與上賓同芻禾不同者以經上賓云唯芻禾言唯著異明上介無也但下文設飧時大夫之禮禾視死牢而已此餼賓用生牢不用死牢得有禾者此過國致禮異於常禮故生致而有芻禾也以芻薪倍禾故禾十車芻二十車也

士帥沒其竟沒盡**誓于其竟賓南面上介西面衆介北面東上史讀書司馬執策立于其後**此使次介假道止而誓也賓南面專威信也史於衆介之前北面讀書以勑告士衆爲其犯禮暴掠也禮君行師從卿行旅從司馬主軍法者執策示罰〔疏〕誓于至其後。注此使至示罰。釋曰此誓當在使次介假道之時止而誓言今在士帥沒其竟之後言之者此文因上設彼國禮法訖乃更却本而言之不謂此士帥沒竟後是以鄭云此使次介假道止而誓也言賓南面專威信者此聘禮雖非軍事亦是

梱外之事使專威信故南面若君然也知史於衆介之前北面讀書者以經言衆介北面則言史讀書明亦北面與衆介同北面又賓南面復對之故也云君行師從已下定四年召陵之會祝佗辭引之者此聘使有旅從恐暴掠也

未入竟壹肄 謂於所聘之國竟也肄習也習聘之威儀重失誤

疏 未入竟壹肄○注謂於至失誤。○釋曰自此盡私事論雖未至主國預習聘享威儀之事此與下文爲目所習之禮事在下云謂於所聘之國者鄭解未入境境謂所聘之國境未入也

爲壝壇畫階帷其北無宮 壝土象壇也帷其北宜有所鄉依也無宮不壝土畫外垣也

疏 爲壝至無宮○注壝土至垣也○釋曰案覲禮與司儀同爲壇三成宮方三百步此則無外宮其壝壇土爲之無成又無尺數象之而已云帷其北宜有所鄉依者雖不立主人賓介習禮宜有所向故帷其北也云無宮不壝土畫外垣也者不壝土爲宮是畫外垣垣牆壝土爲外牆土今則不畫宮也

朝服無主無執也 不立主人主人尊也不執玉不敢褻也徒習其威儀而已

疏 朝服至執也○注不立至而已○釋曰云不立主人主人尊也者主人則主國君受聘享者不立臣作君故云主人尊也

介皆與北面西上 入門左之位也古文與作豫

疏 介皆至西上○注入門至作豫。○釋曰此所習之禮不習大門外內及廟門內之禮者以其於外威儀少而易行故畧之但習入廟聘享揖讓升降布幣授玉之禮是以直云北面西上之位也云入門左之位者案下文云賓入門左介皆入門右北面西上是也

習享士執庭實 士士介也庭實必執之者皮則有攝張之節

疏 習享士執庭實。○注士士至之節。○釋曰享時庭實旅百獻國所有非止於皮知所執是皮者以其金龜竹箭之等皆列之於地不執之所執者唯有皮而已是以下聘時賓升致命授玉之時執皮者張之以見文是以特言執也是以云皮有攝張之節

習夫人之聘享亦如之習公事不習私事 公事致命者也

疏 習夫至私事。○注公事致命者也。○釋曰云習夫人之聘享亦如之者以其行聘君訖則行聘夫人行享君訖即行享夫人還君受之一如受君禮故云亦如之也云習公事者謂君聘享夫人聘享及問大夫皆致君命故鄭云公事致命者是以下文行君聘享及夫人聘享訖擯出請賓告事畢鄭注云公事畢又問卿時云卿大夫升堂北面聽命賓東面致命鄭注云致其君之命皆公事致命者也私事者謂私覿於君私面於卿大夫故下文賓覿入門右注云私事自闑右是又問卿訖賓面如覿幣入門右大夫辭賓遂左注云見私事雖敵謙入門右爲若降等然是也若然大夫之幣不在朝付之至郊乃付之避君禮不謂非公事

及竟張旜誓 及至也張旜明事在此國也張旜謂使人維之

疏 及竟張旜誓。○注及至至維之。○釋曰自此盡入境斂旜論賓至主國之境謁關人見威儀之事云張旜明事在此國者以其行道斂旜及境張旜明所聘之事在此國故張旜以表其事也是以鄭云明事在此國也云張旜使人維之者案禮緯稽命徵云大夫杠五刃齊於較較崇八尺人又長八尺人維得手及之者蓋以物接之乃得維持之案節服氏掌祭祀朝覲六人維王之大常諸侯則四人但大常十二旒人有六則一人維持二旒鄭云維之以縷用綵維之大夫無文諸侯四人不依命數大夫或一人或二人維持之

乃謁關人 謁告也古者竟上爲關以譏異服識異言

疏 乃謁關人○注謁告至異言○釋曰古者境上爲關者王城十二門則亦通十二辰辰有一門一關諸侯未知幾關魯慶六關半天子則餘諸侯亦或然也云關譏異言案王制云關譏而不征注亦云幾幾異服異言二注皆無正文案周禮司門云幾出入不物者注云不物衣服視占不與衆同鄭以出入不物幾之則不物中含有此異服異言云衣服視占不與衆同則是異也但周禮司關上士二人中士四人又云每關下士二人但司關爲都揔主十二關居在國都每關下士二人者各主一關今所謂關人者謂告每關關人來告司關司關爲之告王故司關職云凡四方之賓客叩關則爲之告是也

關人問從者幾人 欲知聘問且爲有司當共委積之具

疏 關人至幾人○注欲知至之具○釋曰不問使人而問從者關人卑者不敢輕問尊者故問從者云欲知聘問者問得從者即知使者是大聘亦知使者是小聘知者以君行師從一州之民卿行旅從一黨之人若大夫小聘當一族之人百人也且謂有司當共委積之具者賓客入竟當於廬宿市設少曰委多曰積是爲行道之具也

以介對 以所與受命者對謙也聘禮上公之使者七介侯伯之使者五介子男之使者三介以其代君交於列國是以貴之周禮曰凡諸侯之卿其禮各下其君二等

疏 以介對○注以所至二等○釋曰云以所與受命者對謙也者上問從者幾人當爲卿行旅從對今不云而以介與受命者對是謙也聘禮上公之使七介至三介皆禮記聘義文而云聘禮者聘義亦

得言聘禮也云以其代君交於列國是以貴之貴之者隨國大小節級與之介以副使者是貴之也引周禮者欲見貴之纔下其君二等而已也鄭注周禮二等謂介與朝位賓主之閒也君使士請事遂以人竟請猶問也問所爲來之故也遂以人因道之疏君使至入竟○注請猶至道之○釋曰君得關人告即知爲聘來使士迎之故聘義云君使士迎于竟是也而云使士請事君子不必人故知而猶問也云遂以入竟者若然向來賓之問猶停關外君使士請訖乃導以人竟人竟斂旜乃展復校錄幣重其事斂旜變於始人疏人竟斂旜乃展○注復校至始人○釋曰自此盡賈人之館論三度展幣之事云重其事者亦恐有脫漏失錯故云重其事不可輕也斂旜變於始人者上及竟張旜注云事在此國也此則人竟後乃斂斂之者謂若初出至郊斂旜鄭云行道耳未有事也此亦及竟示有事於此國張之始人張之去國遠更是行道未有事故鄭云變於始人始人時示有事於此國今是行道去之故云變於始人也布幕賓朝服立于幕東西面介皆北面東上賈人北面坐拭圭拭清

也側幕而坐乃開櫝疏布幕至拭圭○注拭清至開櫝○釋曰賓西面者雖不對君由是臣道異於前晢時示威信也知賈人側幕者以其幕所陳皆賈人所主此圭雖不陳亦宜側近於幕以開圭也知賈人坐者下文聘時於廟門外賈人開圭坐授上介故知此亦坐遂執展之持之而立告在疏遂執展之○注持之而立告在○釋曰此經告訖下文乃云上介北面視之則此所告者告賓云在上介乃視之上介北面視之退復位言退復位則視圭進違位疏上介至復位○注言退至違位○釋曰鄭言此者見經直有退文不見其進故云則視圭進也違位之言出於曲禮曲禮云揖人必違其位鄭云禮以變爲敬今此進違位亦是敬也退圭圭璋尊不陳之疏退圭○注圭璋尊不陳之○釋曰尊不陳對下文拭璧加于左皮上陳之爲卑故也上不言璋直言圭下乃言夫人之聘享則璋未拭而并言璋者欲見皆不陳故陳皮北首西上又拭璧展之會諸其幣加于左皮上上介視之退會合也諸於也古文曰陳幣北首疏陳皮至之退○注會合至北首○釋

曰璧言合諸幣者享時當合故今亦合而陳之故小行人云合六幣六幣亦是所享之物故也馬則幕南北面奠幣于其前前當幕上展夫人之聘享亦如之賈人告于上介上介告于賓展夫人聘享上介不視貶於君也賈人既拭璋琮南面告於上介上介於是乃東面以告賓亦所謂放而文之類疏展夫至于賓○注展夫至之類○釋曰知面位如此者其賈人北面在幕南上介亦北面明賈人既拭夫人聘璋享琮訖乃迴身南面告上介上介於是還東面告賓可知也云所謂放而文之類者所謂禮器文案禮器云有放而文也注云謂若天子服日月以至黼黻是天子衣放象日月以下而爲文今夫人聘享展訖但上介不視至於賈人南面告上介上介東面告賓放象君禮而爲文變是其類也有司展羣幣以告羣幣私覿及大夫者有司載幣者自展自告疏有司至以告○注羣幣至自告○釋曰云羣幣私覿及大夫者上展君及夫人幣訖此言有司展羣幣故知是私覿及大夫者私覿者行君夫人聘享訖賓以私禮已物見主君云大夫者亦謂賓以已物面主國之卿必知私覿之幣

是賓介自將已物者以經記上下唯有君及夫人聘享及問大夫聘之幣付使者之文不見有付賓介私覿之幣又案下文賓將還云遂行舍于郊公使卿贈如覿幣使下大夫贈上介亦如之使士贈衆介如其覿幣還至本國陳幣于朝云上賓之公幣私幣皆陳上介公幣陳他介皆否注云此幣使者及介所得於彼國君卿大夫之贈賜也其禮於君者不陳今幣君之賜也私幣卿大夫之幣也至於賓反命訖君使宰賜使者及介幣以此言之彼國所報私覿之幣還與賓介明知私覿是賓介私齎行可知也夏官校人云凡國之使者皆供其幣馬鄭注使者所用私覿若然彼使者謂天子使卿大夫存覜省問諸侯之事使者得之行私覿私覿之馬校人供之與諸侯禮異也及郊又展如初郊遠郊也周制天子畿內千里遠郊百里以此差之遠郊上公五十里侯伯三十里子男十里也近郊各半之疏及郊至如初○注郊遠至半之○釋曰云周制天子畿內千里者周禮大司徒云制其畿方千里據周禮而言其自殷已上亦畿方千里商頌云邦畿千里唯民所止夏亦千里王制云天子縣內方千里鄭據夏時禹貢方千里曰甸服據唐虞畿內是也云遠郊百里者司馬法文畿方千里王城面五百里以百里爲遠郊若公百里中置國城面二百五十里故遠

郊五十里自此已下至子男差之可知云近郊各半之者亦約周天子遠郊百里近郊五十里亦無正文尚書君陳序云命君陳分正東郊成周鄭注周之近郊五十里今河南洛陽相去則然鄭以目驗知之若然天子近郊半遠郊則諸侯近郊各半遠郊可知也

及館展幣於賈人之館如初館舍也遠郊之內有候館可以小休止沐浴展幣不于賓館者爲主國之人有勞問已者就焉便疾也【疏】及館至如初○注館舍至疾也○釋曰案周禮遺人職云十里有廬三十里有宿五十里有市市有候館畿內道路皆有候館鄭云遠郊之內有候館者據此候館在遠郊之內指而言之不謂於此獨有也以行道之閒停息故云小休止沐浴又得展幣也云展幣不于賓館者爲主國之人有勞問已者就焉便疾也者若并在賓館則事煩不疾若展幣於賈人之館其賓館受勞問是以就賈人之館展幣便疾也案大行人諸侯朝天子上公三勞侯伯再勞子男一勞孤不問一勞諸侯自相朝無過如朝天子遣臣相聘無過一勞此下文使卿近郊勞此乃遠郊之內得有此勞問已者謂同姓舅甥之國而加恩厚者別有遠郊之內問勞也

賓至于近郊張旜君使下大夫請行反

君使卿朝服用束帛勞請行問所之也雖知之謙不必也士請事大夫請行卿勞彌尊賓也其服皆朝服【疏】賓至至帛勞○注請行至朝服○釋曰自此盡遂以賓入論主君使大夫及卿行請勞之事入近郊張旜者示將有事以自表也知皆朝服者以卿勞禮重尚朝服明以外士大夫輕者朝服可知也故舉後以明前也

上介出請入告賓禮辭迎于舍門之外再拜出請出門西面請所以來事也入告入北面告賓也每所及至皆有舍其有來者皆出請入告于此言之者賓彌尊事彌錄【疏】上介至再拜○注出請至彌錄○釋曰云入北面告賓也者此時賓當在賓館阼階西面故上介北面告賓也云每所及至皆有舍其有來者皆出請入告于此言之者賓彌尊事彌錄者道皆有廬宿市來之舍前出請上大夫請行亦當出請入告於此始言之者先士次大夫後卿以是先卑後尊今復見此言故云賓彌尊事彌錄也

勞者不荅拜凡爲人使不當其禮【疏】勞者不荅拜○注凡爲至其禮○釋曰言凡者非直此卿爲君勞賓不敢當其禮不荅拜聘賓亦初入大門主君拜賓辟不荅拜也如此之類皆然故云凡以該之至後儐勞者與之荅拜爲已故也

賓揖先入受于舍門內不受于堂此主於侯伯之臣也公之臣受勞於堂【疏】賓揖至門內○注不受至於堂○釋曰知公之臣受勞於堂者案司儀云諸公之臣相爲國客及大夫郊勞三辭拜辱三讓登聽命是公之臣受勞於堂之事

勞者奉幣入東面致命東面鄉賓【疏】勞者至致命○注東面鄉賓○釋曰賓在館如主人當入門西面故勞者東面向之也

賓北面聽命還少退再拜稽首受幣勞者出北面聽命若君南面然少退象降拜【疏】賓北至者出○注北面至降拜○釋曰云北面聽命若君南面然云少退象降拜者下文歸饔餼大夫東面致命賓降階西面再拜稽首是此象之也若然此行尊卑禮訝受法歸饔餼時。上北面受幣此在庭亦當北面訝受幣勞者南面而可知也

授老幣老賓之臣【疏】授老幣○注老賓之臣○釋曰大夫家臣稱老若趙魏臧氏老之類也

出迎勞者欲儐之【疏】出迎勞者○注欲儐之○釋曰司儀注云上於下曰禮敵者曰儐此言儐者欲見賓以禮禮使者故云欲儐之

勞者

禮辭賓揖先入勞者從之乘皮設設於門內也物四曰乘皮麋鹿皮也【疏】勞者至皮設○注設於至皮也○釋曰庭實當三分庭一在南設之今以儐勞者在庭故設於門內也云皮麋鹿皮者鄭於下注云君於臣臣於君麋鹿皮可者以無正文知用麋鹿皮者案郊特牲云虎豹之皮示服猛也彼諸侯朝享天子法用虎豹此臣聘君降於享天子法用麋鹿皮故齊語云齊桓公使諸侯輕其幣用麋鹿皮四張亦一隅也

賓用束錦儐勞者言儐者賓在公館如家之義亦以來者爲賓【疏】賓用至勞者○注言儐至爲賓○釋曰云言儐者賓在公館如家之義亦以來者爲賓者凡言儐者謂報於賓今以賓館故賓若主人故云儐勞者即以勞者爲賓故也

勞者再拜稽首受稽首尊國賓也【疏】勞者至首受○注稽首尊國賓○釋曰周禮大祝辨九拜一曰稽首首至地臣拜君法二曰頓首頭叩地平敵相於法三曰空首首至手君荅臣下拜法郊特牲云大夫之臣不稽首非尊家臣以辟君也今此勞者與賓同類不頓首而稽首故云尊國賓也下賓亦稽首送者以是爲君使故亦稽首以報之也

賓再拜稽首送幣

受送拜皆北面象階上〔疏〕注受送至階上○釋曰知受送拜皆北面象階上者此經面位無文案歸饔餼賓儐大夫時賓楹閒北面授幣大夫西面受此賓亦宜與彼同北面授還北面拜送若然云受送拜皆北面者誤當云授送拜皆北面並據賓而言也

勞者揖皮出乃退賓送再拜東面揖執皮者而出〔疏〕勞者至再拜○注揖皮至而出○釋曰知東面揖執皮者以其執皮者在門內當門勞者在執皮之西故知東面揖皮可知揖之若親受之又執皮者是賓之使者執皮者得揖從出勞者從人當訝受之是以公食大夫禮云賓三飯公侑食以束帛庭實設乘皮賓受幣賓出揖庭實出鄭云揖執皮者若親受云上介受賓幣從者訝受皮則此從者亦訝受可知也

奉新盧宣旬校正

儀禮疏卷第十九

大清嘉慶二十年重用文選樓藏本校

江西督糧道王賡言廣豐縣知縣阿應鱗栞

儀禮注疏卷十九校勘記　阮元撰盧宣旬摘錄

聘禮第八

歲相問 毛本通解有也字

入竟張旜 陳本通解要義同毛本入作及

瑑圭璋八寸 毛本瑑誤從土

聘禮

爲久無事須聘 毛本須作明○按須是也

遂命使者

使者自在謀內 要義同毛本在作其

宰命司馬戒衆介

諸侯謂司徒爲宰 張氏曰注曰諸侯謂司徒爲宰又曰宰夫宰之屬也按釋文云大宰音泰下放此自宰命司馬而下皆不見大字古者天子有大宰諸侯則以司徒兼爲之疑注司徒爲宰之句合稱大宰又燕禮注曰宰夫大宰之屬大射注曰宰夫冢宰之屬公食大夫注曰甸人冢宰之屬又曰司宮大宰之屬彼不兼大則兼冢此不應獨稱宰之屬故又疑注宰之屬也之句亦有大字增二大從釋文○按集釋此注有大字下注無

吾子爲司徒 要義同通解楊氏毛本吾子俱作季孫

司徒掌十二教今 陳監要義同毛本今作令

宰書幣

宰即上命司馬兼官者也 馬要義作徒

管人布幕于寢門外

云館人 要義同毛本館作管○按作館是也

爲帷宮　毛本同陳閩監本要義宮俱作官○按周禮掌舍作宮

云幕以承幣者　要義同毛本云下有布字○按注文有布字

使者北面

使者須視幣　陳閩本通解同毛本視作覩○按視是也

宰執書告備具于君

云史展幣畢　要義同毛本無史字○按有史字與注合

釋幣

象天三覆地二也　要義同毛本二下有載字

鄭志荅云　要義同毛本通解楊氏志俱作元

又釋幣于行

此謂平地道路之神　要義同毛本地作治

喻無險難也　金曰追云諭今誤喻按喻者諭之或作字

今時民春秋祭祀　要義同毛本祀作神○按祀與注合

古之餘禮乎者　要義同毛本餘作遺○按遺與注合

此禮行神　毛本同通解禮作祭

行在廟門外之西　要義同毛本在作至○按在字與月令孟冬注合

使者載旜

凡平諸侯三門　要義同毛本凡下無平字○按平字誤

賈人西面坐啟櫝

在官知物賈者　賈楊氏作價○按賈正字價俗字

下記云絢組尺　陳閩通解要義楊氏同毛本記作謂○按記是也

鄭亦爲之繅　要義同毛本通解爲作謂

受享

取其半圭也　諸本同毛本圭作珪

天地配合之象也　配釋文作妃云本亦作配集釋作妃

琢圭璋璧琮以覜聘　覜葛本集釋俱作頫

則此束帛　要義同毛本帛作幣○按帛是也

但未知正用何色耳　要義同毛本正作圭○按正是也

遂行舍於郊

凡爲君使　使下楊氏有者字

乃即道者　要義同毛本者作也○按依下文述注則此處當作也者

及遂朝君受命　陳本通解要義同毛本及作乃

於此所脫舍衣服　毛本無所字○按所疑衍文

若過邦

直徑過　要義同毛本徑作經○按徑是

故與諸侯相聘同　同要義作問

下大夫取以入告

若許受幣　毛本通解若下有因字許下有道字

餼之以其禮

牛羊右牽之　要義同毛本右下有手字○按曲禮云效馬效羊者右牽之此涉彼文而誤脫也下

文注疏並作牛羊右手牽之
餼臧石牛　要義同毛本臧作藏
稟受也　要義同毛本稟下有者字
而依君致饔餼者　毛本君作者○按君是也
大夫餼賓禮無芻禾　毛本無字在餼下
致之用束帛　毛本帛在之下
士帥沒其竟　毛本帥誤作師
誓于其竟○司馬執策　徐本敖氏同釋文毛本策作筴云音策集釋通解楊氏亦俱是筴
史於衆介之前　徐本集釋通解楊氏敖氏同毛本史作使
復對之故也云　毛本故也作也故○按毛本是

未入竟壹肆　壹釋文集釋俱作一
介皆與
布幣授玉之禮　通解要義楊氏同毛本授作受
介皆入門右　浦鏜云左誤右○按浦云是也
習享
皆列之於地　通解要義同毛本無之字
習夫人之聘享
及夫人聘享訖　陳本要義同毛本夫人作大夫○按夫人是也
及竟
又問卿時云　卿閩本作鄉

大夫杠五刃　通解同毛本杠作扛
乃謁關人
以譏異服　釋文作幾云本亦作譏集釋亦作幾
亦或然也　亦要義作理
云關譏異言　要義同毛本作云關譏異服譏異言者
幾幾異服異言　要義同毛本上幾字作譏陳閩俱無○按今王制注作譏譏異服譏異言
凡四方之賓客　要義無之字○按周禮有
關人問從者幾人
當共委積之具　陸氏曰共本或作供同後放此
當一族之人百人也　毛本族作旅陳閩俱誤作放監本作族之下陳閩俱無人字○按旅

是也
且謂有司　要義同按各本注俱作官
以介對
是以貴之貴之者　貴之二字陳閩俱不重
欲見貴之　毛本作欲彼
君使士請事
入竟
乃導以入竟　毛本導作道○按導是也
馬則幕南北面
乃斂斂之者　陳閩毛本俱不重斂字

當前幕上　上楊作南

展夫人之聘享

所謂禮器文案禮器云　毛本無案字陳閩俱無禮器文三字

至于賈人南面告上介上介東面告賓　毛本上介二字不重出

有司展羣幣以告

不見有付賓介私覿之幣　陳閩要義同毛本有作其○按有是

及郊

畿方千里王城面五百里　要義同毛本王字在畿上

若公百里　要義同毛本公下有五字通解同

鄭以目驗知之　要義同毛本目作自按目是

及館

有候館者據此候館　要義同毛本者作若據此作此據通解要義俱作據此

諸侯自相朝無過如朝　按宋本已誤如朝當作無過再勞

上介出請入告

其有來者者皆出請入告　毛本下者字作與徐楊集釋俱無與字與疏合嚴本與作者張氏曰注曰其有來者者巾箱杭本同監本無一者字按釋文云者與音餘葢傳寫者誤以與字作者爾監本以其重複遂去其一尤非也從釋文朱子曰此非疑詞不當音餘疑本介字

出請士　要義同毛本作士請事

賓北面聽命

云少退　毛本無云字○按此本有云字非也

賓降階西面　浦鏜云誤衍面字

上北面受幣　毛本通解上上有堂字

授老幣

若趙魏臧氏老之類也　通解要義同毛本臧作藏非也

勞者再拜稽首受

平敵相於法　通解要義同毛本於作拜

賓再拜稽首送幣

賓楹間北面授幣　通解同毛本授誤作受

大夫西面受　朱子曰西面當作南面

當云授送拜皆北面　送拜通解倒

儀禮注疏卷十九校勘記終

奉新余成教校

儀禮疏卷第二十

唐朝散大夫行大學博士弘文館學士臣賈公彦等撰

夫人使下大夫勞以二竹簋方玄被纁裏有蓋竹簋方者器名也以竹爲之狀如簋而方如今寒具筥筥者圜此方耳〔疏〕夫人至有蓋○注竹簋至方耳○釋曰自此盡以賓入論夫人勞賓之事夫人勞使下大夫者降于君故不使卿凡簋皆用木而圜受斗二升此則用竹而方故云如簋而方受斗二升則同如今寒具筥者寒具若籩人先鄭云朝事謂清朝未食先進寒具口實之籩以冬食故謂之寒具筥圜此方者方圓不同爲異也案玉人云案十有二棗栗十有二列諸侯純九大夫純五夫人以勞諸侯彼有玉案者謂王后法有玉案并有竹簋以盛棗栗故彼引此爲證此諸侯夫人勞卿大夫故無案直有竹簋以盛棗栗

其實棗蒸栗擇兼執之以進兼猶兩也右手執棗左手執栗〔疏〕其實至以進○注兼猶至執栗○釋曰云兼猶兩者謂一人執兩事知右手執棗左手執栗者見下文云賓受棗大夫二手授栗則大夫先度右手乃以左手共授栗便也明知右手執棗可知必用右手執棗先度之者鄭注士虞禮云棗美故用右手執棗也

賓受棗大夫二手授栗受授不游手慎之也〔疏〕注受授至之也○釋曰初兩手俱用既受棗不共授栗游暇一手不慎也今右手授棗訖即共授栗不游手爲謹慎也

賓之受如初禮如卿勞之儀

儐之如初下大夫勞者遂以賓入出以束錦授從者因東面釋辭請道之以入然則賓送不拜〔疏〕儐之至賓入○注出以至不拜○釋曰云出以束錦授從者因東面釋辭請導之者儐下大夫如前有束錦則此大夫亦受得束錦經言遂以賓入明知有辭請導之雖無文鄭以意言之大夫在西明出時授束錦與已從者乃得因東面釋請導之辭也云然則賓送不拜者以其云遂以賓入即從之明賓送不拜謂若公食大夫使人戒賓不拜送遂從之其類也案上君使士請遂以賓入鄭云因導之鄭不言賓送不拜者士請事空手無幣賓亦不儐請導賓賓從入無再拜送之理故鄭不言賓送不拜此大夫勞儐與卿同有拜送之理故云賓送不拜也覲禮大夫勞侯氏侯氏即從大夫入拜送大夫天子使尊故雖從亦拜送與此異

至于朝主人曰不腆先君之祧既拚以俟矣賓至外門下大夫入告出釋此辭主人者公也不言公而言主人主人接賓之辭明至欲受之不敢稽賓也腆猶善也遷主所在曰祧周禮天子七廟文武爲祧諸侯五廟則祧始祖也是亦廟也言祧者祧尊而廟親待賓客者上尊者〔疏〕至于至俟矣○釋曰自此盡俟閒論賓初至主君請行聘禮賓又請俟閒之事云至于朝者鄭云賓至外門者外門即諸侯之外朝故下云以柩造朝亦謂大門外爲外朝也云下大夫入告出釋此辭者此下大夫即夫人勞賓導賓入者也云明至欲受之不敢稽賓案覲禮云侯氏遂從之天子賜舍鄭云且使即安不即言欲受之者彼天子以諸侯爲臣故使且安此鄰國聘賓不臣人之臣故言不敢稽賓也云遷主所在曰祧者此揔解天子諸侯稱祧也云周禮天子七廟文武爲祧者案周禮大宗伯序官守祧職云奄八人鄭注云遠廟曰祧又守祧職云掌守先王先公之廟祧鄭注云廟謂大祖之廟及三昭三穆遷主所藏曰祧先公之遷主藏于后稷之廟先王之遷主藏于文武之廟云奄八人廟有一奄周立七廟通姜嫄廟爲八故奄八人祭法鄭注云祧之言超也超上去意也不毀之也云遷主所藏曰祧天子有二祧以藏遷主諸侯無二祧遷主藏于大祖廟故此名大祖廟爲祧也云既拚者少儀云埽席前曰拚拚者埽除之名云諸侯五廟王制與祭法文云則祧始祖是亦廟也言祧者祧尊而廟親待賓客者上尊者下文迎賓於大門揖入及廟門受賓聘享皆在廟此云先君之祧明下云廟是大祖廟可知是以於大祖廟受聘享尊之若饗食則於禰廟燕又在寢禰相親也此鄭義若孔君王肅則以高祖之父及祖爲二祧非鄭義也

賓曰俟閒賓之意不欲奄卒主人也且以道路悠遠欲沐浴齊戒俟閒未敢聞命〔疏〕賓曰俟閒○注賓之至聞命○釋曰此鄭以意解之上文以意解主君不欲稽留於賓此經解賓意不欲奄卒主人故云俟閒必知有齊戒沐浴者案玉藻云將適公所宿齊戒沐浴彼謂臣見已君入廟必須齊戒沐浴此有齊戒沐浴可知也云未敢聞命者謂不腆先君之祧既拚以俟之命不敢聞之也

大夫帥至于館卿致館致至也賓至此館主人以上卿禮致之所以安之也〔疏〕大夫至致館○注致至至之也○釋曰自此盡送再拜論主君遣卿致館之事云賓至此館主人以上卿禮致之者案覲禮云侯氏遂從之天子賜舍辭曰賜伯父舍侯氏再拜稽首受儐之束帛乘馬注云王使人以命致館無

禮猶儐之者尊王使也無禮謂無束帛此云以上卿禮明有束帛致亦可知若然有禮則稱致覿禮不稱致無禮故也案司儀云諸公相爲賓主君郊勞云三辭拜受拜受謂拜受幣又云致館亦如之鄭云使大夫授之君又以禮親致焉亦是有幣可知又云諸侯諸伯諸子諸男之相爲賓也各以其禮相待也如諸公之儀是五等相待致館同有幣矣天子待諸侯無幣則其臣來無幣可知據此文侯伯之卿聘郊勞致館有幣則五等待臣皆同有幣也司儀諸侯之臣相爲國客亦皆有幣與此同若諸侯遣大夫小聘曰問下云小聘曰問不享有獻不及夫人不筵几不禮面不升不郊勞注云記貶於大聘所以爲小也獻私獻也面猶覿也雖不言不致館畧之耳亦不致也又諸臣朝覲天子天子無禮以致猶儐尊王使又五等自相朝主國皆有禮皆有儐故司儀云賓繼主君皆如主國之禮鄭玄謂繼主君者儐主君也儐之者主君郊勞致館饔餼還圭贈郊送之時也此等皆主君親致館又云致館亦如之亦如郊勞時亦有儐矣以此言諸臣致者皆有儐也若諸侯遣卿大夫聘主國有用幣致館無儐也故司儀云諸公之臣相爲國客致館如初之儀鄭注云如郊勞也不儐耳是也

賓迎再拜卿致命賓再拜稽首卿退賓

送再拜卿不俟設飧之畢以不用束帛致故也不用束帛致之者明爲新至非大禮也

【疏】賓迎至再拜○注卿不至禮也○釋曰云賓迎再拜者賓在館如主人故先拜也卿不言荅拜可知但文畧耳雖不言入言迎則入門可知言卿致命者亦東面致君命也云卿不俟設飧之畢以不用束帛致故也者下直云宰夫朝服設飧不言致則此卿致館兼致飧矣致館有束帛致飧空以辭致君命無束帛者案下記云飧不致鄭注云不以束帛致命草次饌飧具輕若然卿以空拜致飧既即退不待宰夫設畢也以不用束帛致故也云非大禮也者對下聘日致饔鄭云急歸大禮也若然此侯伯之卿禮其公之臣亦以幣帛致案司儀云諸公之臣相爲國客致館如初之儀鄭注云不言致飧者君於聘大夫不致飧也聘禮曰飧不致賓不拜是也其子男之臣不致可知又案司儀云君親致館至於致飧如致積之禮鄭注云俱使大夫禮同也以此言之致館致飧似別人者但積在道致飧在館所致別人若致館與致飧同時致館者兼致飧無嫌也言俱使大夫者言積與飧同使大夫使君不親之義何妨致館與致飧一人也其臣致飧無幣其五等諸侯致飧則有幣案司儀諸侯相於致飧如致積致積有幣知致飧亦有幣也

宰夫朝服設飧食不備禮曰飧詩云不素飧兮春秋傳曰方食魚飧皆謂是

【疏】宰夫朝服設飧○注食不至謂是○釋曰云食不備禮曰飧者對饔餼也生與腥飪俱有餘物又多此飧唯有腥飪而無生餘物又少故云不備禮也引詩傳者案詩云彼君子兮不素飧兮毛云熟食曰飧鄭云讀如魚飧之飧則詩飧與傳魚飧同是在食魚與飯爲飧彼少牢小禮中不備此則兩大牢大禮中不備不備是同故引證一邊不備其實禮有異也春秋傳曰方食魚飧者案宣六年經書晉趙盾衛孫免侵陳公羊傳曰趙盾弒君此其復見何親弒君者趙穿也親弒君者趙穿則曷爲加之趙盾不討賊也復國不討賊此非弒君如何趙盾之復國奈何靈公爲無道靈公使膳宰以熊膰不熟公殺之盾入諫公見盾再拜盾拜稽首歸公使勇士某者往殺之勇士入門不見人闚其戶方食魚飧勇士曰嘻子誠仁人也是子之儉也吾不忍殺子也雖然吾不可復見吾君矣遂刎頸而死是魚飧之事

飪一牢在西鼎九羞鼎三腥一牢在東鼎七中庭之饌也飪孰也孰在西腥在東象春秋也鼎西九東七凡其鼎實與其陳如陳饔餼羞鼎則陪鼎也以其實言之則曰羞以其陳言之則曰陪

【疏】飪一至鼎七○注中庭至曰陪○釋曰云中庭之饌也者對下文是堂上及門外之饌也云象春秋也者腥之言生象春物生飪孰也象秋物有成孰故云象春秋也云鼎西九東七者九謂正鼎九牛羊豕魚腊腸胃膚鮮魚鮮腊東七者腥鼎無鮮魚鮮腊故七云凡其鼎實與其陳如陳饔餼者如其死牢故掌客云諸侯之禮饔餼九牢七牢五牢其死牢如飧之陳凡介行人皆有飧饔餼此則如介禮也是飧之死牢與饔餼一死牢實與飧陳同亦於東階西階也云羞鼎則陪鼎也知是一物者此云羞鼎下饔餼言陪鼎故知一也陪鼎三則下云膷臐膮是也

堂上之饌八西夾六八六者豆數也凡饌以豆爲本堂上八豆八簋六鉶兩簠八壺西夾六豆六簋四鉶兩簠六壺其實與其陳亦如饔餼

【疏】堂上至夾六○注八六至饔餼○釋曰堂上與西夾所陳六八并一知六八是豆者凡設饌皆先設豆乃設餘饌故鄭云凡饌以豆爲本無妨六八之內兼有餘饌故鄭言簋鉶之等也凡鄭所云皆約饔餼故云亦如饔餼也鄭必約與陳饔餼同者以其陳鼎饔餼同故知餘亦同也

門外米禾皆二十車禾槀實并刈者也諸侯之禮車米視生牢禾視死牢牢十車大夫之禮皆視死牢而已雖有生牢不取數焉米陳門東禾陳門西

【疏】門外至十車○注禾

稾至門西。釋曰：諸侯之禮車米視生牢，禾視死牢，牢皆十車者，案掌客云上公之禮飧五牢，饔餼九牢，其死牢如飧之陳，牽四牢，車米視生牢，牢十車，車秉有五籔，車禾視死牢，牢十車。侯伯飧四牢，饔餼七牢，其死牢如飧之陳，牽三牢，子男飧三牢，饔餼五牢，其死牢如飧之陳，牽二牢，皆米視生牢，牢十車，禾視死牢，牢十車，是其義也。云大夫之禮皆視死牢而已，雖有生牢，不取數焉者，知然者，見下歸饔餼五牢，饔三牢餼二牢，饔三牢死牢也，門外米禾皆三十車，與死三牢同，不取餼二牢生之數，故知義然也。云米陳門東，禾陳門西者，此亦約下歸饔餼知之。上皆云陳如饔餼，此不云如饔餼者，至下經與薪芻并云凡此之陳亦如饔餼是也。

薪芻倍禾各四十車，凡此之陳亦如饔餼。

上介餼一牢，在西鼎七，羞鼎三，堂上之饌六，門外米禾皆十車，薪芻倍禾。西鼎七，無鮮魚鮮腊。【疏】上介至倍禾。注西鼎至鮮腊。釋曰：六者，與賓西夾數同，但言堂則西夾無矣。云西鼎七，無鮮魚鮮腊者，此亦約饔餼時賓飪鼎數，故下文賓腥鼎七，無鮮魚鮮腊，此亦鼎七，故知無鮮魚鮮腊也。

衆介皆少牢亦飪在西，鼎五，羊豕腸胃魚腊，新至尚孰，堂上之饌四豆四籩兩鉶四壺，無簠。【疏】衆介皆少牢。注亦飪至無簠。釋曰：知亦飪者，依上介知然。知鼎五者，以賓九，上介七，衆介當五，降殺以兩。又約少牢五鼎，此亦少牢，故知亦五鼎也。知鼎實有羊豕魚腊與腸胃者，以上介無鮮魚鮮腊，此又無牛，故從羊豕以下數之得五。案少牢有膚，此無者，生人食與祭異，故玉藻朔月少牢五俎，亦云羊豕魚腊腸胃，不數膚也。案上注皆不言新至尚熟，於此言之者，上文賓與上介皆言飪一牢在西，下歸饔餼亦言飪一牢在西，此衆介直言少牢，不言飪，下文歸饔餼亦直言餼一牢，無飪，恐衆介飧饔前後皆無飪，故特言之。新至尚熟，對後無饔直有餼不尚熟也。必知少牢是飪者，承上介飪一牢，飪知此亦飪。云堂上之饌四豆四籩兩鉶四壺無簠，知數如此者，以賓與上介降殺以兩，故然也。知無簠者，以賓簠有二，曲禮云歲凶大夫不食粱，非歲凶大夫食粱，粱大夫常食，大夫禮多與賓同，簠盛稻粱，則上介亦二簠與賓同。士非直不合食粱，差降亦無簠也。

厥明，訝賓于館。此訝，下大夫也。以君命迎賓謂之訝。訝，迎也。亦皮弁。【疏】厥明至于館。注此訝至皮弁。釋曰：自此盡每曲揖，論將行聘禮，主君迎賓向廟之事。云此訝下大夫也者，案周禮有掌訝，中士八人爲之，此訝下大夫，非彼掌訝也。案下記云：卿，大夫訝；大夫，士訝；士皆有訝。又周禮掌訝云：凡賓客，諸侯有卿訝，卿有大夫訝，大夫有士訝，士皆有訝。此大聘是卿，故使下大夫訝也。天子諸侯雖有掌訝之官，朝聘之賓不使掌訝爲訝，直以尊卑節級爲訝，故云此訝下大夫也。言以君命迎者，凡舉事皆以承君命，故知迎賓待君命也。云亦皮弁者，下文君及賓皮弁，明此大夫亦皮弁服也。

賓皮弁聘，至于朝，賓入于次。服皮弁者，朝聘主相尊敬也。諸侯視朝皮弁服。入于次者，俟辦也。次在大門外之西，以帷爲之。【疏】賓皮至于次。注服皮至爲之。釋曰：云服皮弁者，朝聘主相尊敬也者，周禮大行人諸侯朝天子，各服冕服，廟中將幣三享，覲禮亦云侯氏裨冕，在廟覲天子。此諸侯待四方朝聘皆皮弁者，入天子廟得申其上服，入己廟不可以冕服，又不可服常朝之服，故服天子之朝服，諸侯以爲視朔之服，在廟待朝聘之賓，是相尊敬故也。知此皮弁是諸侯視朔服者，以其玉藻云諸侯皮弁以聽朔於大廟，是也。云次在大門外之西，以帷爲之者，下記云宗人授次，次以帷，少退于君之次，以賓位在西，故知也。

乃陳幣。有司入于主國廟門外，以布幕陳幣，如展幣焉。圭璋，賈人執櫝而俟。【疏】乃陳幣。注有司至而俟。釋曰：有司入于主國廟門外者，案下文行聘時，幣在主國廟門外，知在此也。知有幕者，以言陳幣如展幣，明亦布幕陳幣也。云圭璋賈人執櫝而俟者，案下文云賈人東面坐啓櫝取圭，鄭注賈人鄉入陳幣東面俟，於此言之，就有其事也，是也。

卿爲上擯，大夫爲承擯，士爲紹擯，擯者出請事。擯謂主國之君所使出接賓者也。紹，繼也。其位相承繼而出也。主君公也，則擯者五人；侯伯也，則擯者四人；子男也，則擯者三人。聘義曰：介紹而傳命，君子於其所尊不敢質，敬之至也。既知其所爲來之事，復請之者，賓來當與主君爲禮，爲其謙，不敢斥尊者，啓發以進之。於是時，賓出次，直闑西，北面；上擯在闑東，闑外，西面。其相去也，公之使者七十步，侯伯之使者五十步，子男之使者三十步。此旅擯耳，不傳命。上介在賓西北，東面；承擯在上擯東南，西面，各自次序而下；末介、末擯旁相去三丈六尺。上擯之請事，進南面，揖賓，俱前，賓至末介，上擯至末擯，亦相去三丈六尺，止揖而請事，還入告于公。天子諸侯朝覲，乃命介紹傳命耳。其儀，各鄉本受命，反面傳而下，及末，則鄉受之，反面傳而上。又受命傳而下，亦如之。此三丈六尺者，門容二徹參个，旁加各一步也。今文無擯。【疏】卿爲至請事。注擯謂至無擯。釋曰：此擯陳在主國大門外，主君之擯與賓之介東西相對南北陳之云其位相承繼而出也者從門向南陳爲繼而出云主君公也則擯者五人侯伯也則擯者四人子男也則擯者三人者案周禮大行人天子待諸侯云上公之禮擯者五人侯伯之禮擯者四人子男則擯者三人今以諸侯待聘賓用天子待已之擯數者以諸侯自相待無文鄭以意解之但天子尊得分辨諸侯尊卑以待之諸侯卑降天子不敢分辨前人故據已國大小而爲擯數且春秋又有大國朝焉小國聘焉又有卿出並聘之事則小國有朝大國法無大國下朝小國之禮若相聘問大小皆得若然待其臣據此文與待君等天子待諸侯之臣亦宜與君同也又案周禮大宗伯爲上擯小行人爲承擯覲禮嗇夫爲末擯若待子男三人足矣若侯伯少一人待上公少二人一人二人皆以士充數也引聘義者案彼鄭注質謂正自相當故設擯介通情乃相見是敬之至引之者證須擯介之意也云既知其所爲來之事者在道已遣士請事大夫問行郊勞致館之等是足知來事矣云復請之者賓來當與主君爲禮爲其謙不敢斥尊者啓發以進之者亦解所以立擯介通情及進相見之義也云於是時賓出次直闑西北面者案玉藻云君入門介拂闑大夫中棖與闑之間士介拂棖此謂朝君又云賓入不中門此謂聘賓云不中門則此闑西北面者若然聘賓入門

還依作介入時同亦拂闑也云上擯在闑東闑外西面者主位在東故賓在闑西上擯在闑東以擯位並門東西面故上擯亦西面向君也云其相去也公之使者七十步侯伯之使者五十步子男之使者三十步者此依大行人云諸侯之卿其禮各下其君二等鄭注云所下者介與賓主之間是以步數與介數亦降二等也云此旅擯耳者案司儀云三問旅擯鄭云旅陳陳擯介不傳辭故鄭此云不傳命也若然士注下注皆引聘義云介紹而傳命者若交擯傳命則是賓介傳命此旅擯傳命者直是賓來至末介下對上擯傳本君之命也其介相紹繼則交擯旅擯同唯傳命不傳辭有異矣是以司儀云及將幣交擯鄭注亦引聘義介紹而傳命爲證以其皆是相連繼於位也云上介在賓西北東面承擯在上擯東南西面此謂賓直闑西北面主君在門內南面列位時云西北東南者據賓西北望上介仍向正北陳之矣上擯東南望承擯等仍向正南陳之矣不謂介西北邪陳擯東南向邪陳也云各自次序而下者賓之介或七或五或三從南向北次序上次下至末介主人之擯或五或四或三從承擯向南上次下至末擯也東西相去三丈六尺云上擯之請事進南面揖賓俱前者謂上擯入向公前北面受命出門南面遙揖賓使前擯者漸南行賓至末介北東面上擯至末擯南西面東西相去亦三丈六尺云止揖而請事者二人俱立定乃揖而請所爲來之事云還入告于公者賓對訖上擯人告公公乃有命納賓也云天子諸侯朝覲乃命介紹傳命耳者此引聘義文自此以下論天子諸侯交擯法云紹者亦謂使介相紹繼以傳命傳命即擯介相傳賓主之命也此交擯謂在大門外初未迎賓時案曲禮注春夏受摯於朝受享於廟秋冬一受之於廟覲禮天子不下堂而見諸侯則秋冬受摯受享皆無迎法無迎法則無此交擯之義若春夏受摯於朝無迎法受享於廟則迎之故大行人云廟中將幣三享鄭注朝先享不言朝者朝正禮不嫌有等也是正朝無迎法若然覲禮無迎法此云朝覲彼言覲者覲雖無迎法饗食則有迎法故齊僕云朝覲宗遇饗食皆乘金路其法儀各以其等爲車送逆之節故連覲也云其儀各鄉本受命反面傳而下者雖言各鄉本受命非一時之事先上擯人受命出傳與承擯承擯傳與末擯此是上擯鄉本受命反面傳而下末介向末擯邊受命傳與次介次介傳與上介上介傳與賓是及其末則鄉受之反面傳而上也云又受命傳而下亦如之者此乃發賓傳向主君一如前發主君傳而向下故云亦如之如此三迴爲交擯三辭此則司儀云諸公相爲賓交擯三辭者也諸侯伯子男相爲賓如諸公之儀其交擯則同也云此三丈六尺者

此則郤計前云相去三丈六尺云門容二徹參个者冬官匠人云天子五門匠人直計應門直舉應門則皐庫雉亦同云二徹參个者轍廣八尺參个三八二十四門容二丈四云傍加各壹步也者此無正文但人之進退周旋不過再舉足一步故門傍各空一步丈二添二丈四尺爲三丈六尺

公皮弁迎賓于大門內

大夫納賓公不出大門降于待其君也大夫上擯也謂之大夫者上序可知從大夫揔無所別也於是賓主人皆裼

〔疏〕注公不至皆裼○釋曰云降于待其君也者案司儀諸公相爲賓公皮弁交擯車迎拜辱出大門此於門內是降於待其君也云從大夫揔無所別也者春秋之義卿稱大夫王制云上大夫卿是揔無別也云於是賓主人皆裼者案玉藻云不文飾也不裼又云執龜玉襲下文行聘時執玉賓主人皆襲此時未執玉正是文飾之時明賓主人皆裼也

賓入門左內賓位也衆介隨入北面西上少退擯者亦入門而右北面東上上擯進相君

〔疏〕賓入門左○注由賓至相君○釋曰知衆介隨入北面西上少退者約下文入廟行聘享時衆介入廟隨賓入門左相北面西上少退不敢與賓齊也知擯者亦入門而右北面東上者亦約衆介統於賓北面西上明擯者北面

東上亦約朝君揖位亦北面東上而知之也知上擯進相君者鄉黨云君召使擯鄭云有賓客使迎之彼據初迎賓時至於入門之後每事皆上擯相君也

公再拜南面拜迎〔疏〕公再拜○注南面拜迎○釋曰知君南面者經雖不見君面位主君尊於外國臣猶南面故郊特牲云君之南鄉答陽之義故知君南面也

賓辟不答拜辟位逡遁不敢當其禮〔疏〕注不敢當其禮○釋曰云不敢當其禮者以鄉奉君命使不敢賓辟當相酬亢之禮故不答拜直逡遁而已

公揖入每門每曲揖每門輒揖者以相人偶爲敬也凡君與賓入門賓必後君介及擯者隨之並而鴈行既入則或左或右相去如初玉藻曰君入門介拂闑大夫中棖與闑之閒士介拂棖賓入不中門不履閾此賓謂聘卿大夫也門中門之正也不敢與君並由之敬也介與擯者鴈行卑不踰尊者之迹亦敬也賓之介猶主人之擯〔疏〕公揖至曲揖○注每門至之擯○釋曰諸侯三門皋應路則應門爲中門左宗廟右社稷入大門東行即至廟門其閒得有每門者諸侯有五廟大祖之廟居中二昭居東二穆居西廟皆別門門外兩邊皆有南北隔牆隔牆中夾通門若然祖廟已西隔牆有三則閤門亦有三東行經三門乃至大祖廟門中則相逼入門則相遠是以每門皆有曲有曲即相揖故每曲揖也是以司儀亦云每門止一相亦據閤門而言也云以相人偶者以人意相存偶也云凡君與賓入門賓必後君者以賓主不敵是以玉藻云於異國之君稱外臣某故知聘賓後於主國君也言凡者非直聘享向祖廟若饗食向禰廟燕禮向路寢皆當後於主君故言凡以廣之云介及擯者隨之並前而鴈行者言並上擯與上介並次擯與次介並末擯與末介並各自鴈行於後也云既入則或左或右者東行賓介於左君擯於右也云相去如初者初謂大門外相去三丈六尺也玉藻曰君入門介拂闑大夫中棖與闑之閒士介拂棖鄭注云此謂兩君相見也君入必中門上介夾闑大夫介士介鴈行於後示不相沿也君若迎聘客擯者亦然又云賓入不中門不履閾鄭注云辟尊者所從也此經謂聘客故鄭君并引朝君欲見卿大夫聘來還與從君爲介時入門同故并引之也云君入門介拂闑又云門中門之正又云卑不踰尊者之迹若然聊爲一閾言之君最近閾亦拂之而過上介則隨君而行拂闑而過所以與君同行者臣自爲一列主君既出迎賓主君與君並入主君於東闑之內賓於西闑之內並行而入上介於西闑之外上擯於東闑之外皆拂闑次介次擯皆大夫中棖與闑之閒末介末擯皆士各自拂棖如是得君人中門之正上擯上介俱得拂闑又得不踰尊者之迹矣又云賓入不中門者此謂聘賓大聘大夫故鄭卿大夫並言入門之時還依與君爲介來入相似賓入還拂闑故上注賓自闑西擬入時拂闑西故也云門中門之正也者謂兩闑之閒云卑不踰尊者之迹者士以大夫爲尊大夫以上介爲尊上介以君爲尊也云賓之介猶主人之擯者欲見擯介鴈行不別也

及廟門公揖入立于中庭公揖先入省內事也既則立於中庭以俟賓不復出如此得君行一臣行二於禮可矣公迎賓于大門內卿大夫以下入廟門即位而俟之矣〔疏〕及廟至中庭○注公揖至俟之○釋曰自此盡公揖降立論行聘之事云公揖先入省內事也者曲禮云請入爲席彼卿大夫士禮是以鄭注云雖君亦然省內事即請入爲席之類也云如此得君行一臣行二於禮可矣者言得君行一臣行二者案下文三揖言之初揖注云將曲揖謂在內霤之間住主君先立無過近於內霤閒若然去門既近去階又遠也以此不得君行一臣行二下文受玉于東楹之閒彼得爲君行一臣行二矣下文又云公升二等賓升君一階七等君升二等賓升一等已上仍有五階亦不得爲君行一臣行二與此同欲見君行近臣行遠之義皆據大判而言不可細分之矣言於禮可者以其尊者宜逸卑者宜勞故言於禮可也云公迎賓於大門內卿大夫以下入廟門即位而俟之者上初命拜迎賓于館之時卿大夫士同在朝矣及賓來大門外陳介之時主君之擯亦在大門外之位君在大門內時其卿大夫不以無事亂有事當於廟中在位矣必知義然當見行事之時公授宰玉又云士受皮又云宰夫授公几皆是於外無事在廟始有事更不見此官等命人廟之文明君未入廟時此官已在位而俟公食大夫以其官各具饌物皆有事不須入廟故公迎賓入後乃見卿大夫以下之位與此異也

賓立接西塾接猶近也門側之堂謂之塾立近塾者已與主君交禮將有出命俟之於此介在幣南北面西上上擯亦隨公入門東東上少進於士〔疏〕賓立接西塾○注接猶至於士○釋曰云門側之堂謂之塾者爾雅釋宮文云立近塾者已與主君交禮將有出命俟之於此者對在大門外時未與主君交禮直使擯傳命故去門七十步五十步三十步此將與君交禮故近門也云於此介在幣南北面西上者以上文入竟展幣時布幕賓西面介北面東上統於賓今此陳幣賓在門西北面明介北面西上統於賓也云上擯隨公入門東東上少進於上者案下几筵既設擯者出請命更不見上擯別入之文明隨公入可知也知門東有士

者案公食云士立于門東北面西上鄭云統於門者非其正位也故知此亦然以擯者是卿又相君故知進於士在士前也

几筵既設擯者出請命有几筵者以其廟受宜依神也賓至廟門司宮乃于依前設之神尊不豫事也席西上上擯待而出請受賓所以來之命重停賓也至此言命事彌至言彌信也周禮諸侯祭祀席蒲筵繢純右彫几〔疏〕几筵至請命○注有几至彫几○釋曰云有几筵者以其廟受宜依神也者此對不在廟受不几筵故下云聘遭喪入竟則遂也不郊勞不几筵注云致命不於廟就尸柩於殯宮又不神之下小聘不几筵注云記既於聘是以記云唯大聘有几筵覲禮不云几筵文不具也又案曲禮注春夏受贄於朝受享於廟秋冬一受之於廟諸侯無此法四時皆在於廟亦無四時朝覲之別名同皆曰朝也云賓至廟門司宮乃于依前設之神尊不豫事也者此對公食宰夫設筵加席几而後迎賓彼食禮與此異也知在扆前者案司几筵云大朝覲大饗射王位依前南鄉設筵几覲禮亦云依前諸侯亦然爾雅釋宮云牖戶之閒謂之扆但天子以屏風設於扆諸侯無屏風爲異席亦不同也云至此言命事彌至言彌信也者上入竟士請事近郊下大夫請行皆是謙問不敢以必來之己國不正言之至此事益至

言則信矣故正問之而言請命是其事至言信矣云周禮至彫几者周禮司几筵文彼諸侯祭祀席三重上更有加莞筵紛純不引之者文畧可知引之者證此所設者設常祭祀之席也

賈人東面坐啓櫝取圭垂繅不起而授上介賈人鄉入陳幣東面俟於此言之就有事也授圭不起賤不與爲禮也不言裼襲者賤不裼也繅有組繫也〔疏〕賈人至上介○注賈人至繫也○釋曰賈人鄉入陳幣東面俟於此言之就有事也者上文賓入次乃陳幣在門外不言者彼賈人未有事今此有事故就此言面位以此東面明初亦東面矣故舉此明前東面也云授圭不起賤不與爲禮也者以賈人是庶人在官者故云賤不與爲禮爲禮當起而授也云不言裼襲者賤不裼也者若不賤以垂繅當裼以賤故不裼也云繅有組繫也知有組者下記云所以朝天子圭與繅皆九寸問諸侯朱緑繅八寸皆玄纁繫長尺絢組是也

上介不襲執圭屈繅授賓上介北面受圭進西面授賓不襲者以盛禮不在於已也屈繅并持之也曲禮曰執玉其有藉者則裼無藉者則襲〔疏〕上介至授賓○注上介至則襲○釋曰上介裼於賈人處垂繅受得圭而不襲者鄭云以盛禮不在於已故也以賓執圭升堂致命爲盛禮在已者也云上介北面受圭進西面授賓者以上介本位北面故北面受圭賓東面故上介西面授賓引曲禮者彼記人據此絢組尺爲繅藉不據韋皮衣木板畫以五采之繅藉也云執玉其有藉者則裼據此賈人垂繅以授上介上介不襲受之時也云其無藉者則襲者據此上介屈繅以授賓賓襲受之時也記人直記裼襲之義不論盛禮在已之意故各舉一邊而言也

賓襲執圭執圭盛禮而又盡飾爲其相蔽敬也玉藻曰服之襲也充美也是故尸襲執玉龜襲也〔疏〕賓襲執玉○注執圭至襲也○釋曰云執圭盛禮者玉藻云執玉龜襲注重寶瑞也若然云盛禮者以其圭瑞以行禮故爲盛禮也云又盡飾爲其相蔽敬也者玉藻又云君在則裼盡飾也注云臣於君所今聘賓於主君亦是臣於君所合裼以盡飾今既執圭以瑞爲敬若又盡飾而裼則掩蔽玉之敬故不得裼也云服之襲也充美也者彼注云充猶覆也是故尸襲者爲尸尊故去飾也不裼云執玉龜襲也者彼注云重寶瑞也以龜玉爲寶瑞若裼則盡飾爲蔽敬故引之證不裼也

擯者入告出辭玉擯者上擯也入告公以賓執圭將致其聘命圭贄之重者辭之亦所以致尊讓也〔疏〕擯者至辭

玉○注擯者至尊讓○釋曰知擯是上擯者案上相禮者皆上擯故知此亦據上擯云圭贄之重者大宗伯云以玉作六瑞君之所執又云以禽作六贄臣之所執摠而言之皆是贄故左氏傳云男贄不過玉帛禽鳥但君之所執爲贄之重者也云辭之亦所以致尊讓也致尊讓鄉飲酒義文彼爲賓主三辭三讓是致尊讓此辭玉亦是致尊讓之事故引之爲證也案文公十二年左氏傳云秦伯使西乞術來聘襄仲辭玉賓對曰不腆敝器不足辭也彼主人無三辭者文不具亦當三辭也

納賓賓入門左公事自闑西〔疏〕納賓賓入門左○注公事自闑西○釋曰案玉藻云公事自闑西注云聘享也又云私事自闑東注云覿面也故鄭引之以證此入門左是聘享賓入自闑西入門左也

介皆入門左北面西上隨賓入也介無事止於此今文無門〔疏〕介皆至西上○注隨賓至無門○釋曰案司儀云諸公之臣相爲國客及將幣每門止一相及廟唯君相入注云唯君相入客臣也相不入矣此介皆入不同者彼云每門止一相鄭云絕行在後耳非是全不入廟又云唯君相入者謂前相君禮須入故言之臣相不前相禮故不言入其賓皆入與此同也

三揖君與賓也入門將曲揖既曲北面又揖當碑揖

〔疏〕三揖。注君與至碑揖。釋曰前云公揖入立于中庭三分庭一在南賓後獨入得云入門將曲揖者謂公先在庭南面賓既入門至碑曲揖賓既曲北面賓又揖主君揖主君二者皆向賓揖之再揖訖亦主君東面向堂塗北行當碑乃得賓主相向而揖是以得君行一臣行二非謂賓入門時主君更向內霤相近而揖若然何得云君行一臣行二也

至于階三讓讓升公升二等先賓升二等亦欲君行一臣行二〔疏〕公升二等。注先賓至行二。釋曰諸侯階有七等公升二等在上仍有五等而得云君行一臣行二者但君行少臣行多大判而言非謂即君行一臣行二此文出齊語晏子辭

賓升西楹西東面與主君相鄉

擯者退中庭鄉公所立處退者以公宜親受賓命不用擯相也〔疏〕擯者退中庭。注鄉公至相也。釋曰上文公揖入立于中庭今公與賓升堂云擯者退中庭此文與君立中庭同故云鄉公所立處

賓致命致其君之命也

公左還北鄉當拜〔疏〕公左還北鄉。注當拜。釋曰言左還北鄉者公升受賓致命時西鄉以左手鄉外迴身北面乃拜故云當拜

擯者進進阼階西釋辭於賓相公拜也〔疏〕擯者進。注進阼至拜也。釋曰知阼階西者以其擯者在中庭公立處直言進則進至阼階西不得更向阼階前亦不可更進西階故知進阼階西釋辭於賓復得相公拜也

公當楣再拜拜貺也貺惠賜也楣謂之梁〔疏〕公當楣再拜。注拜貺至賜也。釋曰拜貺之言文出聘義彼云北面拜貺拜君命之辱是也

賓三退負序三退三逡遁也不言辟者以執圭將進授之〔疏〕賓三退負序。注三退至授之。釋曰案上文賓入門公再拜賓辟不荅拜又下文云賓訝受几於筵前公一拜送賓以几辟皆言辟此不言辟故決之也案司儀云諸公之臣相爲國客及將幣登拜客三辟授幣注云客三辟三退負序也者彼諸公之臣相聘之禮與侯伯之卿聘於鄰國之禮少異故也

公側襲受玉于中堂與東楹之閒側猶獨也言獨見其尊賓也他日公有事必有贊爲之者凡襲于隱者公序坫之閒可知也中堂南北之中也入堂深尊賓事也東楹之閒亦以君行一臣行二〔疏〕公側至之閒。注側猶至行二。○釋曰云他日公有事必有贊爲之者案大射云公卒射小臣正贊襲是其贊爲之也云凡襲於隱者案士喪禮小斂主人袒于戶內襲于序東喪禮遽於事尚襲於序東況吉事乎明知襲於隱者也云公序坫之閒可也者士喪襲于序東謂於堂東地上此則公在堂上堂東南角爲坫鄭以意斟酌隱處無過於序東坫北可也無正文故云可也云中堂南北之中也入堂深尊賓事也者凡廟之室堂皆五架棟南北皆有兩架棟北一架下有壁開戶棟南一架謂之楣則楣北有二架楣南有一架今於當楣北面拜訖乃更前北侇半架於南北之中乃受玉故云南北之中乃入堂深尊賓事故也云東楹之閒亦以君行一臣行二者兩楹之閒爲賓主處中今乃於東楹之閒更侇東半閒故云君行一臣行二也

擯者退負東塾而立反其等位無事

賓降介逆出逆出由便

賓出聘事畢

公側授宰玉使藏之授於序端〔疏〕公側授宰玉。注使藏至序端。釋曰鄭知授於序端者凡公授受皆於序端是以下文公升側受几于序端故知此亦授于序端也

裼降立裼者免上衣見裼衣凡當盛禮者以充美爲敬非盛禮者以見美爲敬禮尚相變也玉藻曰裘之裼也見美也又曰麛裘青豻褎絞衣以裼之論語曰素衣麛裘皮弁時或素衣其裘同可知也裘者爲溫表之爲其褻也寒暑之服冬則裘夏則葛凡

襢裼者左降立俟享也亦於中庭古文裼皆作賜〔疏〕裼降立。注裼者至作賜。釋曰云裼者免上衣見裼衣者案玉藻云君衣狐白裘錦衣以裼之注云君衣狐白毛之裘則以素錦爲衣覆之使可裼也袒而有衣曰裼必覆之者裘褻也詩云衣錦絅衣裳錦絅裳然則錦衣復有上衣明矣天子狐白之上衣皮弁服與凡裼衣象裘色也若然凡服四時不同假令冬有裘襯身襌衫又有襦袴襦袴之上有裘裘上有裼衣裼衣之上又有上服皮弁祭服之等若夏則以絺綌絺綌之上則有中衣中衣之上復有上服皮弁祭服之等若春秋二時則衣袷褶袷褶之上加以中衣中衣之上加以上服也言見裼衣者謂袒衣前上服見裼衣也故玉藻云裘之裼也見美也襲者奄之故玉藻云襲充美是也云凡當盛禮者以充美爲敬非盛禮者以見美爲敬禮尚相變也者玉藻云執龜玉襲是禮之盛者充美爲敬玉藻又云君在則裼盡飾也是非盛禮者以見美爲敬據此二者是禮尚有相變也引玉藻者證禮不盛者以裼見美也又曰麛裘青豻褎絞衣以裼之引論語素衣麛裘又云皮弁時或素衣其裘同可知也鄭并引二文者欲見諸侯與其臣視朔與行聘禮皆服麛裘但君則麛裘還用麛褎臣則不敢純如君麛裘則青豻褎裼衣君臣亦有異時若在國視朔君臣同素衣爲裼故鄉

黨云素衣麛裘彼一篇是孔子行事鄭兼見君臣視朔之服是其君臣同用素裼可知若聘禮亦君臣同用麛裘但主君則用素衣爲裼使臣則用絞衣爲裼是以鄭揔云皮弁時或素衣其裘同可知也言或素衣者在國則君臣同素衣聘時主君亦素衣唯臣用絞衣爲裼也依雜記云朝服十五升布皮弁亦天子朝服與諸侯朝服同用十五升布亦同素積以爲裳白舄臣用白屨也云裘者爲温表之爲褻者案月令云孟冬天子始裘是裘爲温云表之者則裼衣是也裼衣象裘色復與上服色同也云凡檀裼者左者吉凶皆袒左是也是以士喪禮主人左袒檀弓云吳季札左袒右還其封大射亦左袒若受刑則袒右故覲禮侯氏袒右受刑是也知降立俟享也者下文賓行享是也

儀禮疏卷第二十

江西督糧道王賡言廣豐縣知縣阿應鱗栞

儀禮注疏卷二十挍勘記

阮元撰盧宣旬摘錄

夫人使下大夫勞以二竹簋方　簋唐石經徐本聶氏集釋敖氏俱作簋注同釋文作簠云本或作簋外圓內方曰簋內圓外方曰簋通解楊氏載經注要義載經俱作簠張氏曰釋文明著內外方圓之制蓋辨或本之誤也鄭氏注曰以竹爲之狀如簋而方若取鄭注易簋以簠字讀之簠義甚明鄭氏固作簠字解矣今諸本猶從或本或之甚也從釋文○按冬官玉人注疏及覲禮疏引此經並作簋地官舍人注云方曰簠圓曰簋疏謂皆據外而言審此則釋文之誤顯然張氏從之非也說文曰簋黍稷方器也簠黍稷圜器也此許君之義與鄭不同

注竹簋至方耳　簋毛本俱誤作簠按此疏聶氏通解要義楊氏俱作簋

自此盡以賓入　陳本要義同毛本入作人

寒具若籩人先鄭云　要義同毛本遵解若作見

案十有二是　毛本二下有寸字此本與要義無○按毛本是

其實棗蒸栗擇　蒸敖作烝

賓受棗

不共授栗　毛本不上有而字不下有兩手二字

游暇一手　毛本游上有則是二字

即共授栗　毛本即下有兩手二字

儐之如初

請道之以入　徐本通解楊氏敖氏同毛本道作導

賓亦不儐　通解同毛本儐作賓非也

至于朝

賓又請侯間之事　要義同毛本又作之○按又字是

受聘享尊之　要義同毛本享下有以字

賓曰俟間

欲沐浴齊戒　毛本齊作齋釋文作齊云本亦作齋徐本集釋亦俱作齊通解楊氏俱作齋按通解曰齊側皆反盎本齊字故特音之若作齋則不必音矣

大夫帥至于館

猶儐尊王使　儐陳閩俱作賓

主國皆有禮　要義同毛本主作王

賓迎再拜

其臣致飧無幣　陳閩通解要義同毛本臣作君

門外米禾皆二十車　唐石經二十作廿

牢十車　徐本無牢字與疏不合

車秉有五籔　毛本籔誤作藪

薪芻倍禾

凡此之陳　此之陳楊作上所

廄明

非彼掌訝也　陳本無彼字

凡舉事皆以承君命　要義同毛本作凡舉皆是以承君命

賓皮弁聘

俟辦也　張氏曰監杭本作辨○按作辦是也說見士相見禮

在廟待朝聘之賓　要義同毛本待作視

乃陳幣

就有其事也　浦鏜云誤衍其字

卿爲上擯

擯謂主國之君　徐本集釋通解同毛本謂作爲○按謂與疏合

亦相去三丈六尺　毛本三誤作二

則鄉受之　徐陳集釋同毛本鄉作卿○按禮記聘義引作鄉

反面傳而上　徐葛集釋通解同毛本而作面○按聘義引作而

此三丈六尺者　徐本集釋通解楊氏同毛本三作二

與賓之介　通解要義同毛本賓作君非也

得分辨諸侯尊卑以待之　要義同毛本辨作辦通解作別下同

大夫問行　毛本問誤作聞

云西北東南者　陳本通解同毛本者作面

亦謂使介相紹繼以傳命傳命卽擯介相傳賓主之命也　要義同毛本傳命二字不重

春夏受贄於朝　要義同毛本夏作秋春上有若字

爲車送逆之節　通解要義同毛本逆作迎○按周禮作逆

則鄉受之　鄉陳閩俱作卿按注中卿字亦或作鄉釋文無音當從卿爲正

云門容二徹參个者　毛本徹作轍陳閩通解要義俱作徹下同唯轍廣之轍仍從車楊氏並作徹盧文弨云老子道經云善行無轍迹說文無轍字○按述注則從古作徹自下語則從俗作轍亦古人不苟處

則皋庫雉亦同　要義同毛本雉作推○按雉是也

公皮弁迎賓于大門內

云降于待其君也者　云下要義有公不出大門五字

是降於待其君也　要義同毛本於作以

賓入門左

注由賓至相君　毛本由作內○按毛本與注合

隨賓入門左相　毛本無相字○按相字不當有

賓辟不答拜　毛本賓作客釋文唐石經陳徐閩葛通解楊敖俱作賓石經考文提要云下賓三退負序疏引此亦曰賓辟

公揖入

賓入不中門　入楊作立

云門中門之正也者　通解要義同毛本門中二字倒

及廟門

公迎賓于大門內　徐本集釋同毛本通解無于字

住主君先立　監本要義同毛本住作在

已上仍有五階　毛本階作等○按階是

及賓來大門外陳介之時　陳閩通解要義同毛本及作乃○按及是

宰夫授公几　陳閩通解要義同毛本授作受

賓立接西塾

此將與君交禮　要義同毛本無將字

云於此介在幣南　要義同毛本無於此二字

凡筵既設

司官乃于依前設之　陸氏曰依本又作扆○按宋本釋文扆作衣

就尸柩於殯宮　要義同毛本殯作殯○按作殯與下注合

至此事益至言則信矣故正問之而言請命　事益至矣故八字陳閩俱無○毛本則作益

是其事至言信矣　陳本同毛本其作以

更有加莞筵紛純　通解要義同毛本筵作席○按筵字與周禮合

賈人東面坐啟櫝

賈人鄉入陳幣　鄉釋文作曏張氏曰釋文云曏許亮反下同前釋南鄉云下以意求之以二音攷之對鄉之鄉從鄉曏曏之曏加日此曏曏之曏也宜加日後鄉公鄉將鄉時鄉以皆同從釋文

賓襲執圭

若又盡飾而裼　通解要義楊氏同毛本若作君

則掩蔽玉之敬　要義同毛本蔽作執○按蔽字是通解楊氏俱兼有蔽執二字

三揖

賓既入門至碑曲揖賓既曲北面賓又揖主君揖主君二者　陳閩通解俱作賓既入門至將曲之時既曲北面之時主君二者朱子曰疏說蓋印本差誤今以文義考之更定如此○按一本與毛本略同但改碑曲爲將曲賓又揖主君爲賓又向主君揖揖主君二者刪揖字

亦主君東面向堂塗北行當碑　陳閩俱無亦字

非謂賓入門時主君更向內霤相近而揖若然何得云君行一臣行二也 陳本無賓入至得云十九字閩本作非謂卽君行一臣二也

賓三退

容三辟授幣 陳本要義同毛本授作受○按周禮作授

三退負序也者 要義同毛本退上有辟字○按無辟字與周禮注合

公側襲

言獨見其尊賓也 獨要義作側

云公序坫之間可也者 要義同毛本可下有知字按疏云無正文故云可也則無知字明矣各本注俱有知字誤也

擯者退

反其等位無事 敖無等字

公側授宰玉 毛本授誤作受

裼降立

麛裘青豻褎 陸氏曰褎本又作褏

凡襢裼者左 張氏曰監本以襢爲禮

亦於中庭 於楊作如

古文裼皆作賜 浦鏜云賜疑緆字之誤

則以素錦爲衣 要義無爲字○按玉藻注有爲字

䙝身襌衫 要義同毛本䙝作襯襌作禪通解作禪敖氏作單

襲者奄之 要義同毛本奄作掩○按掩是

執龜玉襲 要義同俱倒毛本龜玉作玉龜與玉藻合

是禮尚有相變也 要義同毛本無有字

引論語素衣麛裘 要義同毛本麛作麑○按作麛是正字下文並同此作麑依今本論語改

鄭幷引二文者 要義同毛本鄭下有一字

鄭兼見君臣視朔之服 要義同毛本見作言

依雜記云 要義同毛本依作案

表之爲襃者 要義同毛本爲下有其字

儀禮注疏卷二十校勘記終

奉新余成教校

儀禮疏卷第二十一

唐朝散大夫行大學博士弘文館學士臣賈公彥等撰

擯者出請不必賓事之有無〔疏〕擯者出請○注不必至有無○釋曰自此盡以束帛如享禮論享禮之事

賓裼奉束帛加璧享擯者入告出許許受之

庭實皮則攝之毛在內內攝之入設也皮虎豹之皮攝之者右手并執前足左手并執後足毛在內不欲文之豫見也內攝之者兩手相鄉也入設亦參分庭一在南言則者或以馬也凡君於臣臣於君麋鹿皮可也〔疏〕庭實至設也○注皮虎至可也○釋曰知皮是虎豹皮者經云毛在內不欲文之豫見是有文之皮郊特牲云虎豹之皮示服猛也束帛加璧往德也文無所屬則天子諸侯皆得用之此聘使爲君行之故知皮是虎豹之皮也齊語云桓公知諸侯歸已令諸侯輕其幣用麋鹿皮非其正也云攝之者右手并執前足左手并執後足者下云皮右首故云右手執前兩足必以一手執兩足者取兩足相向得掩毛在內俱於又得毛向外故鄭云內攝之者兩手相鄉也知入設參分庭一在南者見昏禮記納徵執皮攝之內文兼執足左首隨入西上參分庭一在南故知此亦然但此右首彼左首者昏禮象生故與此異也云則者或以馬也者以其皮馬相間有皮則用皮無皮則用馬故云則見其不定故也云凡君於臣臣於君麋鹿皮可也者云凡君於臣謂使者歸若使卿贈如覿幣及食饗以侑幣酬幣庭實皆有皮故云凡也臣於君謂私覿庭實設四皮及介用儷皮此皆有麋鹿皮故亦云凡也若然大宗伯云孤執皮帛鄭云天子之孤用虎皮諸侯之孤用豹皮得用虎豹者彼所執以爲贄與庭實不同故得用虎豹也

賓入門左揖讓如初升致命張皮張者釋外足見文也〔疏〕賓入至張皮○注張者至文也○釋曰案昏禮記賓致命釋外足見文主人受幣士受皮注云賓致命主人受幣庭實所用爲節此亦然下受皮以授幣爲節也

公再拜受幣士受皮者自後右客自由也從東方來由客後西居其左受皮也執皮者既授亦自前西而出〔疏〕公再至右客○注自由至而出○釋曰云執皮者既授亦自前西而出者此約下私覿時牽馬者自前西向出相類故云亦也

賓出當之坐攝之象受于賓〔疏〕賓出至攝之○注象受于賓○釋曰云坐攝之者向張皮見文今攝之者還如入時執前後足內文也

公側授宰幣皮如入右首而東如入左在前皮右首者變于生也〔疏〕公側至而東○注如入至生也○釋曰云公側授宰幣者上云公側襲側猶獨也此已上側亦獨無人贊之也云如入左在前者皮四張三人入門時先者北面在左西頭爲上餘取皮向東者亦左在前向東爲次第也云皮右首者變于生也者曲禮云執禽者左首士相見贄用雉左頭奉之下大夫執鴈上大夫執羔如執雉皆左首雉雖死以不可生服執之如羔鴈亦從左首象陽今此皮則右首變於生昏禮左首昏禮取象生與此異也

聘于夫人用璋享用琮如初禮如公立于中庭以下

若有言則以束帛如享禮有言有所告請若有所問也記曰有故則束帛加書以將命春秋臧孫辰告糴于齊公子遂如楚乞師晉侯使韓穿來言汶陽之田皆是也無庭實也〔疏〕若有至享禮○注有言至實也○釋曰云有言有所告請若有所問也者言有所告即告糴之類是也請即乞師之類是也問即言汶陽之田之類是也鄭據傳而言有此三事皆是有言有言即記云有故一也云有言即有書致之故記云有故則束帛加書以將命也云春秋臧孫辰告糴者事在莊公二十八年也云公子遂如楚乞師者事在僖二十六年也云晉侯使韓穿來言汶陽之田事在成公八年也此三者皆見春秋經引之者證此有言以束帛加書之事也云無庭實也者以經直云束帛如享禮則除束帛之外更無所有故知無庭實也國語云臧孫辰以鬯圭者是告糴之物服注云無庭實也又哀七年左傳云邾茅夷鴻以乘韋束帛自請救于吳求救非法故有乘韋爲庭實也

擯者出請事賓告事畢公事畢

賓奉束錦以請覿覿見也鄉將公事是欲交其歡敬也不用羔因使而見非特來〔疏〕擯者至事畢○注覿見至特來○釋曰自此盡從者訝受馬論賓將私覿主人不許而行禮賓之事云鄉將公事者聘享是也云是欲交其歡敬也者聘是公禮非是交歡此行私禮爲交歡敬也案郊特牲云爲人臣者無外交鄭注私覿是外交也者彼謂臣爲君介而行私覿是外交若特行聘則得私覿非外交也故彼上經云大夫執圭而使所以申信也注云其君親來其臣不敢私見於主國君也以君命聘則有私見是也云

不用羔因使而見非特來者謂因爲君聘使而行私見故用束錦非特來若特來則卿用羔也若然案士相見卿初仕見己君及卿皆見以羔見他君得有羔者案尚書有三帛二生二生卿執羔大夫執鴈彼見天子法從朝君而見得有羔若諸侯相朝其臣從君亦得執羔見主君可知其爲君聘則不得執羔見主君也故鄭云因使而見非特來案定公八年經書公會晉師于瓦左傳云范獻子執羔趙簡子中行文子皆執鴈亦是從君見主君法也

擯者入告出辭 客有大禮未有以待之〔疏〕○擯者入告出辭○注客有至待之○釋曰云大禮者即上行聘享是也云未有以待之者謂主人未有以待之以禮待之即下禮賓是也故止客私覿即下文行禮賓也

請禮賓

賓禮辭聽命擯者入告 告賓許也

宰夫徹几改筵 宰夫又主酒食者也將禮賓徹神几改神席更布也賓席東上公食大夫禮曰蒲筵常緇布純加萑席尋玄帛純此筵上下大夫也周禮曰筵國賓于牖前莞筵紛純加繅席畫純左彤几者則是筵孤也孤彤几卿大夫其漆几與〔疏〕宰夫徹几改筵○注宰夫至几與○釋曰云宰夫又主酒食者也者對上宰夫設飧今又主酒食以禮賓也云賓席東上者對

前爲神而西上也云公食大夫禮曰蒲筵及萑席此筵上下大夫也者以公食蒲筵萑席二者是爲上下大夫法又引周禮者鄭欲推出上下大夫用漆几也案司几筵云諸侯酢席莞筵紛純加繅席畫純筵國賓于牖前亦如之左彤几注云國賓諸侯來朝孤卿大夫來聘後言几者使不蒙如也朝者彤几聘者彤几但司几筵是天子之官几筵又是諸侯之法又鄭云國賓諸侯來朝孤卿大夫來聘是諸侯與朝聘天子法則孤卿大夫是諸侯之臣也以此言之則天子孤卿大夫几筵與諸侯之臣同可知若然公食大夫筵上下大夫禮同用蒲筵莞席與此席不同鄭注此國賓中卿大夫得與孤同者鄭欲廣國賓之義其實此國賓中唯有諸侯與孤無卿大夫也鄭必知卿大夫漆几者司几筵有五几從上向下序之天子玉几諸侯彤几孤彤几卿大夫漆几下有素几喪事所用差次然也無正文故云與以疑之

公出迎賓以入揖讓如初 公出迎者已之禮更端也〔疏〕公出至如初○注公出至端也○釋曰云公出迎者已之禮更端也者前聘享俱是公禮故不出迎此禮賓私禮改更其端序故公出迎也

公升側受几于序端 漆几也今文無升

宰夫內拂几三

奉兩端以進 內拂几不欲塵坋尊者以進自東箱來授君〔疏〕宰夫至以進○注內拂至授君○釋曰知几自東箱來者案覲禮記云几俟于東箱又此經直云進不言升明不從下來從東箱來可知也

公東南鄉外拂几三卒振袂中攝之進西鄉 進就賓也〔疏〕公東至西鄉○釋曰云中攝之者擬賓用兩手在公手外取之故也

擯者告 告賓以公授几

賓進訝受几于筵前東面俟 未設也今文訝爲梧〔疏〕賓進至面俟○注未設至爲梧○釋曰未設而俟者待公拜送訖乃設之故也

公壹拜送 公尊也古文壹作一〔疏〕公壹拜送○注尊公至作一○釋曰賓再拜稽首公乃壹拜當空首故注云公尊也

賓以几辟 辟位逡遁

北面設几不降階上荅再拜稽首 不降以主人禮未成也凡賓左几〔疏〕注不降至左几○釋曰云不降以主人禮未成者案鄉飲酒義云啐酒成禮也於席末據此而言則啐酒爲成禮此設几主爲啐酒今未啐醴故云禮未成也云凡賓左几者對神右几也

宰夫實

觶以醴加柶于觶面枋 酌以授君也君不自酌尊也宰夫亦洗升實觶以醴自東箱來不面擸不訝授也〔疏〕宰夫至面枋○注酌以至授也○釋曰宰夫亦洗升實觶者經無宰夫升降之文以理亦之者亦上授几時從下而升東箱取几進以授君今又從下升東箱酌醴進以授君故亦之不言宰夫升降者略之也云以醴自東箱來者下記云醴尊于東箱瓦泰一有豐是也云不面擸不訝授也者公西面向賓宰夫自東箱來在公傍側並授與公是以下云公側受醴不訝受故不面擸也

公側受醴 將以飲賓

賓不降壹拜進筵前受醴復位公拜送醴 賓壹拜者醴質以少爲貴〔疏〕注賓壹至爲貴○釋曰禮器云禮有以少爲貴者今賓於上下皆再拜稽首獨此一拜故鄭據大古之醴質無玄酒配之故壹拜以少爲貴也

宰夫薦籩豆脯醢賓升筵擯者退負東塾 事未畢擯者不退中庭以有宰夫也〔疏〕宰夫至東塾○注事未至宰夫○釋曰云事未畢擯者不退中庭以有宰夫也者案上文擯者退中庭又云擯者進事未畢在中庭可知此下文亦云擯者進相幣

事亦未畢而在東塾故決之若然以有宰夫主飲食之事宰夫所主已雖事未畢猶得負東塾以其閒有事宰夫相己無事故也若無宰夫在中庭矣

賓祭脯醢以柶祭醴三庭實設庭實乘馬疏注庭實乘馬。釋曰鄭知乘馬者下文云賓執左馬以出故知也

降筵北面以柶兼諸觶尚擸坐啐醴降筵就階上疏注降筵就階上。釋曰以左手執觶右手以柶祭醴訖降筵北面以柶兼并於觶兩手奉之尚擸不作上字者尚古今通用也云降筵就階上者以鄉飲酒賓主行禮獻酢卒爵皆各於其階此降筵啐醴明亦在西階之上

公用束帛致幣也言用尊于下也亦受之于序端疏注致幣至序端。釋曰上文郊勞賓用束錦儐勞者下文歸饔餼於上介云大夫用束帛致之皆亦云用獨於此言用尊於下者儐勞者及歸饔餼皆是賓敬君之使者自尊之可知今君親用束帛禮賓故言用尊于下也云亦受之于序端者上公側受几於序端則知此幣亦受之於序端也

建柶北面奠于薦東糟醴不啐

擯者進相幣贊以辭

賓降辭幣不敢當公禮也

公降一等辭辭賓降也

栗階升聽命栗階趨君命尚疾不連步疏注栗階至連步。釋曰凡栗階者其始升亦連步於上栗階不過二等今云不連步者謂不從下向上皆連步其始升連步則有之也

降拜拜受

公辭不降一等殺也疏注不降一等殺也。釋曰案前辭辭幣君降一等今不降故言殺

升再拜稽首受幣當東楹北面亦訝受而北面者禮主於己己臣也疏注亦訝至臣也。釋曰前行聘享時賓東面主君西面訝授受但以奉君命故賓不北面此以主君禮己己臣也故北面受異於聘享時也若然上受几受醴亦是己之禮以禮未成故不北面也此禮成故北面也

退東面俟俟君拜也不北面者謙若不敢當階然

公壹拜賓降也

公再拜不俟公再拜者不敢當公之盛也公再拜者事畢成禮也疏注不俟至禮也。釋曰此賓主俱讓公本欲再拜賓見公一拜止則降不敢當公不止遂再拜也云公再拜者事畢成禮也者前受几及醴公送皆一拜注云公尊也今事畢成禮不可亦自尊亢故送幣亦再拜也

賓執左馬以出受尊者禮宜親之也效馬者并左右靮授之餘三馬主人牽者從出也疏注受尊至出也。釋曰案下歸饔餼於賓賓儐大夫庭實設乘馬賓用束錦乘馬大夫降執左馬以出覿禮侯氏至郊王使人用璧勞訖侯氏用束帛乘馬儐使者使者受幣降以左驂出二者皆是尊國賓故也唯上文郊勞賓儐勞執幣捐皮者皮是死物異於馬故也云效馬者并左右靮授之者曲禮云效馬效羊者右牽之效猶呈見故謂牽馬人爲效馬者也云餘三馬主人牽者從出也者以是主人庭實出門乃有從者訝受馬明主人牽者從出可知

上介受賓幣從者訝受馬從者士介疏注從者士介。釋曰鄭云從者士介下記文案公食云上介受賓幣從者訝受皮鄭注從者府史之屬不爲士者彼公食是子男之大夫小聘一介其餘皆府史以下故知從者是府史之屬也既夕云賵馬兩士受馬鄭云此士謂胥徒之長有勇力者受馬彼據一廟下士不應更有其屬士故以爲胥徒之長言之也昏禮記云士受皮鄭注士謂若中士下士不命者以其主人爲官長據上士而言也

賓覿奉束錦總乘馬二人贊入門右北面奠幣再拜稽首不請不辭鄉時已請也覿用束錦辟享幣也總者總八轡牽之贊者居馬閒扣馬也入門而右私事自闑右奠幣再拜以臣禮見也贊者賈人之屬介特覿也疏賓覿至稽首。注不請至覿也。釋曰自此盡公降立論行私覿之事云不請不辭鄉時已請也者云不請賓不請不辭主君不辭所以不辭者鄉時已請覿主人辭之以禮賓故今不復請亦不辭之也云覿用束錦辟享幣也者以上文享主君用束帛享夫人用玄纁束帛以今用束錦是辟享幣也云總者至扣馬也者賓一總八轡在前牽之二人贊者各居兩馬閒各用左右手扣一匹故云在馬閒扣馬也云入門而右私事自闑右者玉藻云公事自闑西鄭注云聘享也又云私事自闑東注云覿面也此行覿禮故引之也云奠幣再拜以臣禮見也者謂由闑東介又不從又自牽馬又不升堂入幣皆是以臣禮見也云贊者賈人之屬者既行臣禮不使介從明贊者是賈人之屬從行者云介特覿也者主君辭賓賓入門左則介五人隨入門西北面西上其介五人行覿禮各自特行無介從爲特覿也

擯者辭辭其臣

賓出事畢

擯者坐取幣出有司二人牽馬以從出門西面于東塾南將還之也贊者有司受馬

乃出凡取幣于庭北面【疏】注將還至北面○釋曰云贄者有司受馬乃出者賓出之時贄抑馬者未得出待人受馬乃得出所以然者幣可貭之於地其馬不可散放故待人受之乃可以出故云有司受馬乃出也云凡取幣于庭北面者言凡非一此時辭賓更出取幣後門右禮訖又取幣皆北面又衆介貭幣擯者取亦北面故云凡以廣之也擯者請受請以客禮受之賓禮辭聽命賓受其幣贄者受馬牽馬右之入設庭實先設客禮也右之欲人居馬左任右手便也於是牽馬者四人事得申也曲禮曰效馬效羊者右牽之【疏】牽馬右之入設○注庭實至牽之○釋曰云庭實先設客禮也者對前入門右時賓奉束錦總乘馬一時入無先後之別是臣禮今此入設下經乃云賓奉幣是先設庭實客禮也云於是牽馬者四人事得申也者知四人者若如前贄者二人則不得云右之既言右之明人牽一匹不須賓牽之事得申人牽一匹賓不摠牽是也引曲禮者欲見牽馬在右禮之常彼效馬效羊謂尊者之物使養之今來呈見此取一邊牽之法義不與彼同也賓奉幣入門左介皆入門左西上以客禮入可從介【疏】注以客至從介

○釋曰對入門右行臣禮不得從介也公揖讓如初升公北面再拜公再拜者以其初以臣禮見新之也【疏】公揖至再拜○注公再拜至之也○釋曰臣禮見謂初入門右是以今再拜新之也知此不爲拜至者下記云禮不拜至鄭注云以賓不於是始至私覿固非始至而爲再拜明爲臣禮見新之也賓三退反還負序反還者不敢與授圭同【疏】賓三至負序○注反還至圭同○釋曰云反還者不敢與授圭同者上行聘時三退負序不言反還故決之也振幣進授當東楹北面不言君受畧之也【疏】注不言至之也○釋曰此決聘享皆言公受此乃私覿故畧之不言其公受也士受馬者自前還牽者後適其右受自由也適牽者之右而受之也此亦並授者不自前左由便也便其已授而去也受馬自前變於受皮【疏】士受至右受○注自由至受皮○釋曰此庭實之馬四匹在庭北面西上牽馬者亦四人各在馬西以右手執馬而立士受馬者從東方來由馬前各適牽馬者之前還遶其後適牽馬者之東馬西而受之牽馬者自前行而出之云此亦並授者不自前左由

便也者鄉飲酒之等於西階之上皆授由其右受由其左今乃受馬者不自左而由其右受者使授馬者授訖右迴其身於出時爲便故鄭注云便其已授而去也云受馬自前變於受皮者上受享庭實之皮受皮者自後右客鄭注云自由也從東方來由客後西居其左受皮也此亦從東而來由馬前者馬是生物恐驚故由前是變於受皮也牽馬者自前西乃出自由也【疏】牽馬至乃出○釋曰四馬並北面牽馬者皆在馬西士既受馬其最西頭者便卽出門不須由馬之前其次東三匹者皆由西於馬前而出故云牽馬者自前西乃出據三人而言也賓降階東拜送君辭拜送幣于階東以君在堂鄉之【疏】賓降至君辭○注拜送至鄉之○釋曰此言賓拜送幣者私覿己物故也前享幣不拜送者致君命非己物故也拜也君降一等辭君乃辭之而賓由拜敬也【疏】注君乃至敬也○釋曰經上云拜送而云君辭君辭復云拜也是其君乃辭之賓由拜者敬主國君故也擯者曰寡君從子雖將拜起也此禮固多有辭矣未有著之者是其志而煥乎未敢明說【疏】注此禮至明說○釋曰云此禮

固多有辭矣者謂此儀禮之內賓主之辭固多有辭矣但周公作經未有顯著明言之者直云辭耳此及公食皆著其辭此二者是志記之言煥乎可見云未敢明說者據此二者觸類而長之餘辭亦可以意量作但疑事無質未可造次明說故上注每云其辭未聞也栗階升公西鄉賓階上再拜稽首成拜公少退爲敬賓降出公側授宰幣馬出廟中宜清【疏】賓降至馬出○注廟中宜清○釋曰云公側授宰幣不言出言馬出者以廟中宜清潔出就廐幣不言出與上皮幣同皆以東入藏之故記云賓之幣唯馬出其餘皆東注云馬出當就廐也餘物皆東藏之內府是幣不出之義也公降立擯者出請上介奉束錦士介四人皆奉玉錦束請覿玉錦錦之文纖縟者也禮有以少文爲貴者後言束辭之便也【疏】公降至請覿○注玉錦至便也○釋曰自此盡畢皮以東論上介衆介行私覿之事云玉錦錦之文纖縟者也者案聘義孔子論玉而云縝密以栗知也是玉有密致錦之纖縟似玉之密致者云禮有以少文爲貴者禮器直云有以文爲貴者有以少爲

貴者無少文爲貴之語但有以少爲貴以文爲貴明亦有以少文爲貴故鄭以義而言之也

擯者入告出許上介奉幣儷皮二人贊儷猶兩也上介用皮變於賓也皮麋鹿皮疏注上介用皮變於賓○釋曰賓用馬今上介用皮故云變於賓也

皆入門右東上奠幣皆再拜稽首皆者皆衆介也贊者奠皮出疏注贊者奠皮出○釋曰鄭知贊者奠皮出者下云有司二人舉皮從其幣出無人授之明贊者奠即出可知

擯者辭亦辭其臣介逆出亦事畢也

擯者執上幣士執衆幣有司二人舉皮從其幣出請受此請受請于上介也擯者先即西面位請之釋辭之時衆執幣者隨立門中而俟疏注此請至而俟○釋曰云此請受請于上介也者對前賓此請上介亦不請衆介也知擯者先即西面位請之者以其上介等先立門西東面故擯西面對之云釋辭之時衆執幣者隨立門中而俟者以其請受之下經云委皮南面執幣者西面故知當請之時立于門中可知言隨者謂相隨從故昏禮記云納徵執皮隨入注云

爲門中阨狹記云凡庭實隨入左先明此出時亦隨出而立也案匠人云廟門容大扃七个注大扃牛鼎之扃長三尺七个則二丈一尺闑東明不得並出也

委皮南面擯者既釋辭執衆幣者進即位有司乃得委之南面便其復入也委皮當門疏注擯者至當門○釋曰云擯者既釋辭執衆幣者進即位有司乃得委皮者以前文云舉皮者從其幣出皮在後可知隨立門中之時未得委皮明執幣者進即位乃得委皮也云南面便其復入也委皮當門者此決執幣者西面其皮不西面委之者以皮入右首右先故南面橫委於門中當門北上執皮者北面受之而乃入便故也

執幣者西面北上擯者請受請于上介也上言其次此言其位互約文也疏注請于至文也○釋曰上文擯者執上幣注云請受請于上介也此雖衆介所請亦請上介上介尊故也云上言其次此言其位互約文也者上云擯者執上幣士執衆幣有司二人舉皮從其幣出請受是其次也此言委皮南面執幣者西面北上是其位也言互者此言西面北上則上當有北面東上之文下云士介覿幣時士三人東上坐取幣立是也此宜有士執衆幣立於南面之文如是者互文也言約者雖互見其文文猶不備若欲備文當上取歸賓幣之文下取歸士介幣之文以理推約之乃備也若然上當言擯者執幣士四人北面東上坐取幣從有司二人坐舉皮從其幣出隨立於門中擯者出門西面于東塾南請受士執幣者進立擯南西面北上執皮者南面委皮於門中北上如是乃爲文備也

介禮辭聽命皆進訝受其幣此言皆訝受者嫌擯者一一授之疏注此言至授之○釋曰此言皆訝受者嫌擯者一一授之者案上受享皮及賓私覿之馬並不云皆此獨云皆者嫌擯者獨請上介請先授上介幣故言皆明不一一授同時訝受可知也享幣無門外授先後之法故不言皆

上介奉幣皮先入門左奠皮皮先者介隨執皮者而入也門左介至揖位而立執皮者奠皮以有不敢授之義古文重入疏注皮先至重入○釋曰云介至揖位而立者謂賓覿時幣入門左介皆入門左西上公揖讓如初升賓至此待揖而後進明此介亦至揖位而立云執皮者奠皮以有不敢授之義者案享時庭實使人執之昏禮庭實亦使人執之亦皆東不奠於地以其得親授主人有司此奠之不敢授故下二人坐舉皮明不授也

公再拜拜中庭也不受于堂介賤也疏注拜中至賤也○釋曰知拜中

庭者上云公降立不見更有進退之文自受享以來降立皆在中庭故知此公拜亦中庭可知也

介振幣自皮西進北面授幣退復位再拜稽首送幣進者北行參分庭一而東行當君乃復北行也疏注進者至行也○釋曰介初在揖位君在中庭奠皮近西故介發揖位經皮西北出三分一乃東行北向當君乃北行至君所乃授幣故云自皮西進北面授幣也

介出

宰自公左受幣不側授介禮輕疏介出至受幣○注不側授介禮輕○釋曰案賓覿禮云側授宰幣此不云側授故云介禮輕宰自公左受則是側不云側者當有贊者於公受轉授宰故云介禮輕也

有司二人坐舉皮以東

擯者又納士介納者出道入也疏擯者又納士介○注納者出道入也○釋曰自此盡序從之論士介行私覿之事云納者出道入也者謂若燕禮大射小臣納卿大夫出道入之也

士介入門右奠幣再拜稽首終不敢以客禮見疏注終不至禮見○釋曰上介奠幣訖辭之終以客禮是士介卑奠幣出私覿即了終不敢以客禮見也

擯者辭介逆出擯者執上幣以出禮請受賓固辭禮請受者一請受而聽之也賓爲之辭士介賤不敢以言通於主君也固衍字當如面大夫也〔疏〕擯者至固辭○注禮請至大夫也○釋曰知固衍字當如面大夫者案下士介面大夫時擯者執上幣出禮請受賓辭無固字故知此固衍字當如士介面大夫公荅再拜擯者出立于門中以相拜擯者以賓辭入告還立門中闑外西面公乃遂荅拜也相者贊告之〔疏〕注擯者至吉之○釋曰鄭知擯立門中闑外西面者以公在內賓在門外之西東面擯者兩處相之明居闑外西面向賓告之也士介皆辟辟於其東面位逡遁也士三人東上坐取幣立俟擯者執上幣來也〔疏〕士三至幣立○注俟擯至來也○釋曰上文擯者執上幣以出賓辭之士介皆辟之乃云士三人取幣立擯者執上幣始來明士三人立俟之可知也擯者進就公所也〔疏〕擯者進○注就公所也○釋曰以公在庭故擯者自門外來進向公左授幣與宰也宰夫受幣于中庭以東

使宰夫受于士士介幣輕也受之于公左賓幣公側授宰上介幣宰受于公左士介幣宰夫受于士敬之差〔疏〕注使宰至之差○釋曰云使宰夫受于士者以上文士三人取幣明此宰夫所受受于士也知受之於公左者禮記少儀云贊幣自左是以凡受幣皆於公左也云賓幣公側授宰者即上文公側授宰幣于序端是也云上介幣宰受於公左者即上云庭中宰自公左受之是也云士介幣宰夫受于士者即經文是也在公左受之是尊卑不同敬之差也彌所受之雖不同及其以東其藏并是宰夫宰夫幣所主故也執幣者序從之序從者以宰夫當一一受之擯者出請賓告事畢賓既告事畢衆介逆道賓而出也〔疏〕擯者至事畢○注賓既至出也○釋曰自此盡不顧論事畢送賓之事云衆介逆道賓而出也者介爲首賓爲尾謂逆道也必知有逆出者上文聘訖云賓降介逆出又聘夫人私覿亦介逆出諸聘禮之等皆逆出故知此亦逆出可知也擯者入告公出送賓公出衆擯亦逆道紹擯及賓並行間亦六步及大門內公問君鄉以公禮將事無由問也賓至始入門之位北面將揖而出衆介亦在其右少退西上於此可以問君居處何如序殷勤也時承擯紹擯亦於門東北面東上上擯往來傳君命南面遠伯玉使人於孔子孔子問曰夫子何爲此公問君之類也〔疏〕及大至問君○注鄉以至類也○釋曰云衆介亦在其右少退西上者案上賓初入門左鄭注云由賓位也衆介隨入北面西上少退今賓出至入門之位將北面拜君而後出故知其位亦當初入門之位此位前後皆約聘享入廟北面西上之位也云時承擯紹擯亦於門東北面東上上擯往來傳君命者亦約常朝入門門東北面東上之揖位上擯往來相君自是其常引論語者彼雖非聘亦是大夫使人往來法問夫子何爲亦是問君之類故云之類也賓對公再拜拜其無恙公拜賓亦辟〔疏〕注拜其至亦辟○釋曰案爾雅釋言恙憂也言亦者亦初迎賓入門主君拜賓辟故云亦也公問大夫賓對公勞賓賓再拜稽首公荅拜勞以道路之勤公勞介介皆再拜稽首公荅拜賓出公再拜送賓不顧公既拜客趨辟君命上擯送賓出反告賓不顧於此君可以反路寢矣論語說孔子之行曰君召使擯色勃如也足躩如也賓退必

復命曰賓不顧矣〔疏〕公勞至不顧○注公既至顧矣○釋曰云賓不顧據上擯送賓復迴謂君云賓不顧矣故引孔子事爲證若然此送賓是上擯則卿爲上擯孔子爲下大夫得爲上擯者以孔子有德君命使攝上擯若定十年夾谷之會令孔子爲相同也賓請有事於大夫請問問卿也不言問聘聘亦問也嫌近君也上擯送賓出賓東面而請之擯者反命因告之〔疏〕賓請至大夫○注請問至告之○釋曰自此盡亦如之論賓請問大夫訖即館卿大夫勞賓介之事云不言問聘聘亦問也嫌近君也者對文大聘曰聘小聘曰問揔而言之問聘一也不得云問卿若言問近君矣故云有事于大夫也鄭云擯者反命因告之者但從鄉以來行聘享行禮賓之事事已煩矣今日即請未可即行故云反命因告之告之使知而已是以賓至館行勞賓介及受饔餼終日有事明日乃行問卿之禮也賓所請問卿宜云有事于某子故下記云幣之所及皆勞鄭云所以知及不及者賓請有事固曰某子某子是也公禮辭許禮辭一辭賓即館小休息也即就也〔疏〕賓即館○注小休息也○釋曰言休息者據此一日之間其事多矣明且行問卿暫時止息故云小休息也卿大夫勞賓

賓不見以已公事未行，上介以賓辭辭之。疏注以已至辭之。釋曰：以已公事未行者，其聘享公事已行，仍有問大夫之等公事未行，故不敢見。云上介以賓辭辭之者，以經云賓不見，明上介以賓辭辭之可知。是以下言上介受，明此上介辭也。

大夫奠鴈再拜，上介受。不言卿，卿與大夫同執鴈，下見于國君。周禮：凡諸侯之卿見朝君，皆執羔。疏大夫至介受。注不言至執羔。釋曰：云周禮者，案周禮秋官掌客云凡諸侯之禮，上公五積，卿皆見以羔；侯伯四積，卿皆見以羔。是主國之卿見朝君皆執羔，引之證主國卿見聘客不得執羔，與大夫同用鴈，不見朝君故也。

勞上介亦如之。君使卿韋弁歸饔餼五牢。變皮弁服韋弁，敬也。韋弁，韎韋之弁，兵服也。而服之者，皮韋同類，取相近耳。其服蓋韎布以爲衣而素裳。牲殺曰饔，生曰餼。今文歸或爲饋。疏君使至五牢。注變皮至爲饋。釋曰：自此盡無儐，論主君使卿歸饔餼於賓介之事。云變皮弁服韋弁敬也者，案周禮春官司服王之吉服有九，祭服之下先云兵事韋弁服，後云視朝皮弁服，則韋弁尊於皮弁。今行聘享之事等皆皮弁，至歸饔餼則韋弁，故云敬也。云韋弁韎韋之弁兵服也者，鄭知弁用韎韋者，案司服注鄭引春秋傳曰晉郤至衣韎韋之跗注，又云今時五伯緹衣，古兵服之遺色，故知用韎韋也。韎即赤色，以赤韋爲弁也。云兵服者，司服云凡兵事韋弁服，故云兵服也。云服之者皮韋同類取相近耳者，有毛則曰皮，去毛熟治則曰韋，本是一物，有毛無毛爲異，故云取相近耳。云其服蓋韎布以爲衣而素裳者，此無正文，但正服則鄭注司服云韋弁以韎韋爲弁，又以爲衣裳。又晉郤至衣韎韋之跗注，鄭志解此跗注，以跗爲幅，以注爲屬，謂制韋如布帛之幅而連屬爲衣及裳。今此鄭云以韎布爲衣而素裳，全與兵服異者，鄭以意量之，此爲賓館於大夫士之廟，既爲入廟之服，不可純如兵服，故爲韎布爲衣而素裳。鄭志兵服以其與皮弁同白舄，故以素裳解之。此言素裳，又與鄭志同。若然，唯變其衣耳。以無正文，故云蓋以疑之也。云殺曰饔生曰餼者，周禮有內饔外饔，皆掌割亨之事，詩云有母之尸饔，故知殺曰饔。生曰餼者，以其對饔是腥飪，故知餼是生。故下云餼二牢，皆活陳之也。

上介請事，賓朝服禮辭。朝服，示不受也。受之當以尊服。疏上介至禮辭。注朝服至尊服。釋曰：鄭知義然者，案下云賓皮弁迎大夫，是受之用皮弁爲尊服，明此著朝服，朝服卑於皮弁，是示不受。言示不受，終受之也。

有司

入陳。入賓所館之廟，陳其積。疏有司入陳。注入賓至其積。釋曰：案上文直云致館及即館，不辨廟與正客館之名。案下記云卿館於大夫，大夫館於士，皆是大夫士之廟。下文又云揖入及廟，鄭據此而言，明陳之於廟也。曾子問孔子云自卿大夫士之家曰私館，即卿大夫士之廟一也。孔子又云公館與公所爲曰公館，鄭注云公館若今縣官宮也。彼是正客館，彼此兩言之者，若朝聘使少則皆於正客館，若使多則有在大夫廟，多少不定，兩言之也。案大行人及掌客積與饔餼各別，此注以饔餼爲陳其積者，對文饔餼與積別，散文揔是委積，故云積也。

饔謂飪與腥。疏饔。注謂飪與腥。釋曰：知者，上揔言饔餼五牢，下陳有三處，據此饔下云飪一牢、腥二牢，下又別云餼二牢，故知饔別飪腥二者也。若然，飪與腥共以饔曰之者，以其同是死，列之以鼎故也。

飪一牢，鼎九，設于西階前，陪鼎當內廉，東面北上，上當碑，南陳。牛、羊、豕、魚、腊、腸胃同鼎，膚、鮮魚、鮮腊，設扃鼏。膷、臐、膮，蓋陪牛羊豕。陪鼎，三牲臛膷臐膮，陪之庶羞，加也。當內廉，辟堂塗也。腸胃次腊，以其出牛羊也。膚，豕肉也。唯燖者有膚。此饌先陳其位，後言其次，重大禮，詳其事也。宮必有碑，所以識日景，引陰陽也。凡碑引物者，宗廟則麗牲焉以取毛血。其材，宮廟以石，窆用木。疏注陪鼎至用木。釋曰：案公食大夫庶羞也，以非正饌，故在正鼎後而言加也。云當內廉辟堂塗也者，正鼎九雖大判繼階而言，其云于階前，則階東稍遠，故陪鼎猶當內廉也。而辟堂塗，堂塗之內也。云腸胃次腊以其出牛羊也，鄭言此者，以其膚是豕肉，腸胃是腹內之物，而在其內前者，以其腸胃出於牛羊，故在膚前列之也。云膚豕肉也唯燖者有膚者，君子不食圂腴，犬豕曰圂。若然，牛羊有腸胃而無膚，豕則有膚而無腸胃也。且豕則有膚，豚則無膚，故士喪禮豚皆無膚，以其皮薄故也。縱豕以四解，亦無膚，故既夕大遣奠少牢無膚，以其豚解故也。云此饌先陳其位後言其次重大禮詳其事也者，先陳其位者，南陳已上是也；後言其次者，牛羊豕已下是也。案設飧時直云飪一牢在西鼎九，羞鼎三，腥一牢在東鼎七，直言西九東七，不言次陳位。飧是小禮輕之故也。云宮必有碑所以識日景引陰陽也者，言宮必有碑者，案諸經云三揖者，鄭注皆云入門將曲揖，既北面揖，當碑揖。若然，士昏及此聘禮是大夫士廟內皆有碑矣。鄉飲酒、鄉射言三揖，則庠序之內亦有碑矣。祭義云君牽牲麗于碑則諸侯廟内有碑明矣天子廟及庠序有碑可知但生人寢内不見有碑雖無文兩君相朝燕在寢豈不三揖乎明亦當有碑矣言所以識日景者周禮匠人云爲規識日出之景與日入之景者自是正東西南北此識日景唯可觀碑景邪正以知日之早晚也又云引陰陽者又觀碑景南北長短十一月日南至景南北最長陰盛也五月日北至景南北最短陽盛也二至之閒景之盈縮陰陽進退可知云凡碑引物者宗廟則麗牲焉以取毛血者云凡碑引物則識日景引陰陽皆是引物則宗廟之中是引物但廟碑又有麗牲繫也案祭義云君牽牲麗于碑以其鸞刀以取血毛毛以告純血以告殺兼爲此事也云其材宫廟以石窆用木者此雖無正文以義言之葬碑取縣繩縴暫時之閒往來運載當用木而已其宫廟之碑取其妙好又須久長用石爲之理勝於木故云宫廟以石窆用木也是以檀弓云公室視豐碑三家視桓楹時魯與大夫皆僭言視桓楹桓楹宫廟兩楹之柱是葬用木之驗也

腥二牢鼎二七無鮮魚鮮腊設于阼階前西面南陳如飪鼎二列有腊者所以優賓也疏腥二至二列○注有腥至賓也○釋曰云優賓者案下文士四人皆饋大牢無腥是不優之也

堂上八豆設于戶西西陳皆二以並東上韭菹其南醓醢屈戶室戶也東上變于親食賓也醓醢汁也屈猶錯也今文並皆爲併疏堂上至醓屈○注戶室至爲併○釋曰云設于戶西西陳皆二以並東上韭菹其南醓醢屈者謂其南東上醓醢醓醢西昌本昌本西麋臡麋臡西菁菹菁菹北鹿臡鹿臡東葵菹葵菹東蝸醢蝸醢東韭菹案周禮天官醢人朝事之豆有入韭菹醓醢昌本麋臡菁菹鹿臡茆菹麋臡饋食之豆葵菹蠃醢此經直云韭菹醓醢屈知此昌本以下八豆者案公食下大夫六豆韭菹醓醢昌本麋臡菁菹鹿臡又云上大夫八豆鄭注云記公食上大夫異於下大夫之數豆加葵菹蝸醢以充入豆若然案朝事入豆菁菹鹿臡下仍有茆菹麇臡不取而取饋食葵菹蝸醢者案少牢正祭用韭菹醓醢葵菹蝸醢朝事饋食之豆兼用之明此賓生大夫亦兼用朝事饋食之豆以充八豆可知云東上者變於親食賓也者案公食大夫公親食賓云宰夫自東房薦豆六設于醬東西上此云東上是變於親食賓也云屈猶錯也者猶下經錯黍此經菹菹不自相當皆交錯陳之故云錯也

八簋繼之黍其南稷錯黍在北疏八簋至稷錯○注黍在北○釋曰云繼者繼八豆以西陳之云八簋者此陳之次第與八豆同故鄭云屈猶錯也八豆言屈八簋言錯者以八豆之實各別直次第屈陳之則得相變故云屈也八簋唯有黍稷二種雖屈陳之則閒雜錯陳之使當行黍稷閒錯不得並陳設亦相變故鄭下注凡饌屈錯要相變是也

六鉶繼之牛以西羊豕豕南牛以東羊豕鉶羹器也疏六鉶至羊豕○注鉶羹器也○釋曰此不言綪屈錯者綪文自具故不言之也案此文上下綪屈錯似各別鄭此注屈猶錯士喪禮陳衣於房中南領西上綪注云綪猶屈又似不別者云綪屈二者下手陳之少異屈者句而屈陳之綪者直屈陳之不爲句陳訖則相似故注士喪禮云綪猶屈言錯者閒雜而陳之與綪屈同或句屈陳而錯此文是也或綪陳如錯公食大夫是也故公食大夫云宰夫設黍稷六簋于俎西二以並東北上黍當牛俎其西稷錯以終南陳是其直綪錯之也

兩簋繼之粱在北簋不次簋者粱稻加也凡饌屈錯要相變疏○注凡饌至相變○釋曰凡豆及簋之數皆耦兩自相對而陳之屈錯不相對者欲使陳設者其要殺各得相變不使相當其六鉶綪者牛及豕二者相變羊豕相當不相變以其大牢牛羊豕不耦故羊豕不得變也

八壺設于西序北上二以並南陳壺酒尊也酒蓋稻酒粱酒不錯者酒不以雜錯爲味疏八壺至南陳○注壺酒至爲味○釋曰鄭云蓋稻酒粱酒也者以下夫人歸禮醙黍清各兩壺此中若有黍不得各二壺若三者各二壺則止有六壺與夫人歸禮同又不得各三壺若三者各三壺則九壺不合八數止有稻粱無正文故云蓋以疑之鄭知不直有稻黍而爲稻粱者稻粱是加相對之物故爲稻粱也此陳饔餼堂上及東西夾簋有二十簋六上文設飧時與此堂上及西夾其對則簋十四簋四案掌客設飧公侯伯子男簋同十二公簋十侯伯簋八子男簋六又皆陳饔餼其死牢加飧之陳如何此中飧之簋數及饔餼之簋數皆多於君若彼是君禮自上下爲差此乃臣禮或多或少自是一法不可以彼相並又此中致饔餼於賓醯醢百甕米百筥周禮上公甕筥百二十侯伯甕筥百子男甕筥八十子男少於此卿大夫禮禮或損之而益此其類也

西夾六豆設于西墉下北上韭菹其東醓醢屈六簋繼之黍其東稷錯四鉶繼

之牛以南羊羊東豕豕以北牛兩簋繼之粱在西皆二以並南陳六壺西上二以並東陳東陳在北墉下統於豆（疏）西夾至東陳○釋曰六豆者先設韭菹其東醓醢又其東昌本南麋臡麋臡西菁菹又西鹿臡此陳還取朝事之豆其六簋四鉶兩簠六壺東陳其次可知義復與前同也

儀禮疏卷第二十一　元缺第四葉第八葉今補

大清嘉慶二十年重刻用文選樓藏本校

江西督糧道王賡言廣豐縣知縣阿應鱗栞

儀禮注疏卷二十一校勘記　阮元撰盧宣旬摘錄

庭實

下云皮右首　毛本首誤作手

兩手相鄉也　閩本鄉誤作卿

彼所執以為贄　要義無彼字

故得用虎豹也　毛本豹下有皮字

公側授宰幣　毛本授誤作受

以不可生服　以陳閩俱作亦

若有言

若有所問也　張氏曰監本無有字

請卯乞師之類是也　要義無卯字

事在僖二十六年也　要義同毛本僖下有公字

服注云無庭實也　也要義作者

擯者入告

卯下文行禮賓也　毛本通解文下有先字

宰夫徹几改筵

加萑席尋　萑陳本注作莞疏作萑閩本注疏俱作莞

使不蒙如也　要義同毛本也作世

諸侯彫几　通解要義同毛本彫作雕

宰夫內拂几三

不欲塵坋尊者　陸氏曰坋或作被

公東南鄉

云中攝之者　毛本作宰夫奉几兩端故公中攝之通解楊氏俱同

擬賓用兩手　楊氏同毛本通解擬上有復字

在公手外取之故也　在陳閩俱作自

北面設几

几賓左几　上几字集釋通解俱作凡張氏曰疏上几作凡從疏

云凡賓左几者　云凡此本誤倒陳本楊氏凡俱作几按張氏曰疏上几作凡則張氏所據本凡字亦在云下

宰夫實觶以醴

不訝授也　授楊氏作受

今又從下升　又陳本作亦

醴尊于東箱　要義同毛本醴作禮○按作醴與記文合下句瓦泰一有豐泰作大是也

賓不降壹拜　壹楊氏作一注同

宰夫薦籩豆脯醢

以其間有事宰夫相　毛本無事字

在中庭矣　在上陳閩通解楊氏俱有則字

降筵北面○尙攕　攕聶氏從木按說文無攕字手部攕理持也又擣刮也士冠禮面葉注云古文葉爲擣然則今文作葉古文作擣或作攕攕擣雖皆說文所有宜以攕爲正凡字之从巤者俗皆从葛如臈蹋猶之類故又爲擣後人以栖从木并攕字亦从木非也少儀曰執箕膺擣箕舌也字亦當作攕弟子職作揲揲即葉耳其字亦從手

公用束帛

賓用束錦儐勞者　儐陳閩監本俱作擯

獨於此言用尊於下者儐勞者及歸饔餼皆是賓敬君之使者自尊之可知　自尊於至者自二十字陳閩俱無

建栖

糟醴不啐　張爾岐曰啐字誤周學健云當作卒上言啐醴則非不啐明矣不卒爵故建栖而奠之他篇疏文引此者亦誤○按此本士冠疏引此作卒集釋此節釋辭已缺尚存不卒解三字戴震云似集釋所見本亦作卒

公壹拜

賓見公一拜止　陳閩通解俱無止字

上介受賓幣

據上士而言也　也要義作之

賓覿

居馬間扣馬也　按疏引注故云下居作在而誤爲居乃疏文居誤爲在也

公揖讓如初

禮不拜至　不陳閩俱作右按記文作至

士受馬者

士受馬者從東方來　要義同毛本馬下無者字陳閩從下俱有者字

使授馬者授訖　要義同毛本授作受

拜也

而賓由拜　由楊敖俱作猶浦鏜云由古通猶

擯者執上幣

對前賓此請上介　毛本賓此作擯出陳閩出俱作者

隨立門中而俟者　門中陳閩俱倒下立于門中可知同

闑東明不得並出也　朱子曰闑東下當有脫字

委皮南面

委皮當門者　當陳閩俱誤作南

執幣者

當上取歸賓幣之文　上取二字陳閩俱倒

下取歸士介幣之文　陳閩俱無取字

介禮辭

嫌擯者一一授之　一一徐本作二張云注曰嫌擯者一一授之監杭本以一一爲二從巾箱嚴本

上介奉幣

故下二人坐舉皮　二人要義作云○按當作故下云二人坐舉皮

公再拜

拜中庭也　拜下敖有於字

介出

不側授　徐本集釋同毛本授作受

擯者辭

一請受而聽之也　楊無受字

公問大夫　毛本問誤作門

賓請有事於大夫

不言問聘　盧文弨云此聘字疑衍

賓即館

小休息也　徐本通解同毛本小作少

君使卿韋弁

自此盡無儐　儐陳閩俱作擯

今時五伯緹衣　五百五伯通用

鄭志解此時注　志通解作注

此爲賓館於大夫士之廟　爲賓陳閩俱作賓而

皆掌割亨之事　毛本亨作烹○按亨與周禮合

上介請事

賓皮弁迎大夫　陳本同毛本賓作實

有司入陳

若今縣官宮也　浦鏜云舍誤宮

列有在大夫廟　有陳閩俱作自

饔

列之以鼎故也　之陳閩俱作子也陳閩俱作出

飪一牢

三牲臛　諸本同釋文集釋毛本臛作膗

唯燖者有膚　陸氏曰燖一本作爓音潛膚嚴本作獻

引陰陽也朱子曰引疑當作別周學健云別字固直截或以縴著碑引之而定方位則引字亦可解敖氏集說改別

凡碑引物者引嚴本作別按上引字可作別此引字不可作別嚴本誤也

而辟堂塗堂塗之內也堂塗陳閩俱不重

縱豕以四解縱上陳閩俱有故字

以其豚解故也要義同毛本其作比○按其字是

豙設殽時直云要義同毛本無時字

旣北面揖要義同通解毛本旣下有曲字

此識日景陳本要義同毛本此作比

是葬用朮之驗也要義同毛本是上有腥字○按毛本非也

腥二牢

有腊者所以優賓也毛本腊作腥徐本作腊張曰注曰有腊者所以優賓按疏腊作腥經曰無鮮魚鮮腊今注作有腊傳寫誤也當從疏

堂上八豆

謂其南東上醯醢毛本無南字

異於下大夫之數豆毛本數豆作豆數○按此本倒

仍有茆菹麕臡有字閩本擠入陳本無茆字

此經菹菹不自相當毛本菹作醢○按菹字不當有此本非也

儀禮注疏卷二十一挍勘記終

奉新余成教挍

儀禮疏卷二十二

唐朝散大夫行大學博士弘文館學士臣賈公彦等撰

饌于東方亦如之東方東夾室西北上亦韭菹其東醓醢也〔疏〕饌于至北上。○釋曰云西北上者則於東壁下南陳西北有韭菹東有醓醢次昌本次南麋臡次西有菁菹次北有鹿臡亦屈錯也上西夾饌六豆直言北上不云西北上此東夾獨云西北上者以其西夾言北上其東醓醢是西北上可知此東夾饌若不言西北上恐東夾饌從東壁南陳以東北爲上其西有醓醢與西夾相對陳之故云西北上見雖東夾其陳亦與西夾同是以鄭云亦韭菹其東醓醢也壺東上西陳亦在北墉下統於豆醯醢百甕夾碑十以爲列醯在東夾碑在鼎之中央也醯在東醯穀陽也醢肉陰也〔疏〕醯醢至在東。○注夾碑至陰也。○釋曰案既夕禮云甕三醯醢屑鄭注云甕瓦器其容亦蓋一觳旊人云簋實一觳又云豆實三而成觳四升曰豆則甕與簋同受斗二升也禮器云五獻之尊門外缶門內壺君尊瓦甒注云壺大一石瓦甒五斗即此壺大一石也云夾碑在鼎之中央也者上陳鼎云西階前陪鼎當內廉東面北上上當碑南陳下腥鼎亦如之此言夾碑自然在鼎之中央可知云醯在東醯穀陽也醢肉陰也者醯是釀穀爲之酒之類在人消散故云陽醢是釀肉爲之在人沈重故云陰也大宗伯云天產作陰德地產作陽德注云天產六牲之屬地產九穀之屬以六牲爲陽九穀爲陰與此醯是穀物爲陽違者物各有所對以六牲動物行蟲也故九穀爲陰郊特牲云鼎俎奇而籩豆偶陰陽之義也又以籩豆醯醢等爲陰鼎俎肉物摠爲陽者亦各有所對以鼎俎之實以骨爲主故爲陽籩豆穀物故爲陰也有司徹注又以庶羞爲陽內羞爲陰者亦羞中自相對內羞雖有糝食是肉物其中有糗餌粉餈食物故爲陰庶羞肉物故爲陽也

餼二牢陳于門西北面東上牛以西羊豕豕西牛羊豕餼生也牛羊右手牽之豕束之寢右亦居其左〔疏〕餼二至羊豕。○注餼生至其左。○釋曰先言饔後言餼者陳者先以孰爲主是以先陳饔饔下即陳孰物繼之故六豆以下相次此餼是生物其下次陳芻薪米禾之等相繼也云牛羊右手牽之者曲禮云效馬效羊者右牽之以不噬齧人用右手便也言右手牽之則人居其左也云豕束之寢右亦居其左者豕束縛其足亦北首寢臥其右亦人居其左案特牲云牲在其西北首東足鄭注云東足者尚右也與此不同者彼祭禮法用右胖故寢左上右士虞記云陳牲于廟門外北首西上寢右鄭注寢右者當升左胖也變吉故與此生人同也米百筥筥半斛設于中庭十以爲列北上黍粱稻皆二行稷四行庭實固當庭中言當中庭者南北之中也東西爲列列當醯醢南亦相變也此言中庭則設碑近如堂深也〔疏〕米百至四行。○注庭實至深也。○釋曰云庭實固當庭中言當中庭者南北之中也者上享時直言庭實入設不言中庭則在東西之中其南北三分庭一在南此更言中庭欲明南北之中也上文公立於中庭宰受幣於中庭皆南北之中也知北上東西爲行者以經云北上黍粱稻皆兩行稷四行若南北一縱陳止得言東西不得言北上何者以黍粱稻及稷當行皆一種無上下故也明橫陳可知黍兩行在北次粱兩行次稻兩行次南稷四行所以不用稻爲上者稻粱是加黍稷是正故黍爲上端稷爲下端以見上下而稻粱居其間亦相變者亦上經屈錯之義云此言中庭則設碑近如堂深也者陳鼎上當其碑南向

陳之醯醢夾碑在鼎中央亦南向陳之今米爲筥在醯醢之南北之中則碑近北可知言堂深者猶若設洗南北以堂深相似若然碑東當洗矣門外米三十車車秉有五籔設于門東爲三列東陳大夫之禮米禾皆視死牢秉籔數名也秉有五籔二十四斛也籔讀若不數之數今文籔或爲逾〔疏〕門外至東陳。○注大夫至爲逾。○釋曰云大夫之禮米禾皆視死牢者上文飪一牢腥二牢是三牢死故米三十車并下禾三十車亦是視死牢也云秉籔數名也秉有五籔二十四斛也者下記云十斗曰斛十六斗曰籔十籔曰秉若然一秉十六斛又有五籔爲八斛揔二十四斛也云籔讀若不數之數者鄭君時以籔爲數名數名有數有不數故云不數之數此從音讀其字仍竹下爲之得爲十六斗爲籔故下記注云今江淮之閒量名有爲籔者是十六斗量器之名禾三十車車三秅設于門西西陳秅數名也三秅千二百秉〔疏〕注秅數至百秉。○釋曰下記云四秉曰筥十筥曰稯十稯曰秅四百秉爲一秅三四十二爲千二百秉也薪芻倍禾倍禾者以其用多也薪從米芻從禾四者之車皆陳北輈凡此所以

厚重禮也聘義曰古之用財不能均如此然而用財如此其厚者言盡之於禮也盡之於禮則內君臣不相陵而外不相役故天子制之而諸侯務焉爾〔疏〕薪芻倍禾○注倍禾至焉爾○釋曰云薪從米芻從禾者以其薪可以炊爨故從米陳之芻可以食馬故從禾陳之鄭言此者以經云倍禾恐並從禾陳之故也云四者之車皆陳北輈者以其向內爲正故也引聘義者欲見主君享禮聘賓外內皆善故引爲證也

賓皮弁迎大夫于外門外再拜大夫不荅拜大夫使者卿也〔疏〕賓皮至荅拜○注大夫使者卿也○釋曰云外門外者謂於主人大門外入大門東行即至廟門也云不荅拜者亦以爲君使不敢當故也云大夫使者卿也者即上卿韋弁者也

揖入及廟門賓揖入賓與使者揖而入使者止執幣賓俟之于門內謙也古者天子適諸侯必舍於大祖廟諸侯行舍于諸公廟大夫行舍于大夫廟〔疏〕揖入至揖入○注賓與至夫廟○釋曰云使者止執幣者下經始云大夫奉束帛入明此賓揖入時使者止執幣可知云賓俟之于門內謙也者聘時主君揖入立于庭尊卑法此賓與使者敵故賓在門內謙也云門內即宁下故下賓問卿云及廟門大夫揖

入鄭注入者省內事也既而俟于宁下是也云古者天子適諸侯必舍于大祖廟者案禮運云天子適諸侯必舍其祖廟下記云卿館於大夫大夫館于士士館于工商鄭注云不館於敵者之廟爲大尊也以此差之諸侯無正文鄭注舍于諸公廟者諸公大國之孤云大夫行舍于大夫廟者謂卿舍于大夫也若無孤之國諸侯舍於卿廟也

大夫奉束帛執其所以將命**入三揖皆行**皆猶並也使者尊不後主人〔疏〕入三揖皆行○注皆猶至主人○釋曰云使者尊不後主人者主人則賓所在若主人也然君與使者行當後君也

至于階讓大夫先升一等讓不言三不成三也凡升者主人讓于客三敵者則客三辭主人乃許升亦道賓之義也使者尊主人三讓則許升矣今使者三讓則是主人四讓也公雖尊亦三讓乃許升不可以不下主人也古文曰三讓〔疏〕至于至一等○注讓不至三讓○釋曰云讓不言三不成三也凡升者主人讓于客三敵者則客三辭主人乃許升者是三讓三辭成也今賓三讓大夫即升無三辭則不成三也云使者尊主人三讓則許升矣者即此經主人讓大夫先升是也云今使者三讓則是主人四讓也者經雖言讓大夫先升大夫之讓不明故鄭君兩言之但使尊終先升若主人三讓使人亦三讓主人又一讓則主人四讓使者乃升故鄭復言此也案周禮司儀云諸公之臣相爲國客大夫郊勞三讓登聽命又云致饔餼如勞之禮即得行三讓之禮此中古文云三讓與彼合鄭不從者周禮統心舉其大率而云三讓此儀禮據屈曲行事觀此經直云讓大夫先升是主人或三讓大夫無三讓故不從古文也云公雖尊亦三讓乃許升不可以不下主人也者此據公爲主人亦有三讓故上行聘時云至於階三讓公升二等賓升亦是公先讓先升故成三讓是以聘義云三讓而後升公尊必三讓者不下賓客主人之義故也

賓從升堂北面聽命北面于階上也**大夫東面致命賓降階西再拜稽首拜餼亦如之**大夫以束帛同致饔餼也賓殊拜之敬也重君之禮也〔疏〕注大夫至禮也○釋曰大夫以束帛同致饔餼五牢及陳豆壺車米之等今賓拜饔三牢及庭實又別拜餼二牢及門外米禾殊拜之者敬主君以重禮故也

大夫辭升成拜尊賓**受幣堂中西北面**趨主君命也堂中西中央之西**大夫降出賓降授**

老幣出迎大夫老家臣也賓出迎欲擯之**大夫禮辭許入揖讓如初賓升一等大夫從升堂**賓先升敵也皆北面〔疏〕大夫至升堂○注賓先至北面○釋曰前大夫奉君命歸饔餼故先升一等今賓私儐使者無君命體敵故賓先升在館如主人之儀故也知皆北面者以其體敵又下始云賓奉幣西面大夫東面明此北面可知

庭實設馬乘乘四馬也**賓降堂受老束錦大夫止**止不降使之餘尊〔疏〕注止不至餘尊○釋曰凡賓主體敵之法主人降賓亦降今賓降使者不降者使之餘尊雖合降而不降

賓奉幣西面大夫東面賓致幣不言致命非君命也**大夫對北面當楣再拜稽首**稽首尊君客也致對有辭也〔疏〕注稽首至辭也○釋曰賓主既行敵體之禮當行頓首今大夫稽首於賓爲拜君之拜尊君客故也致者賓致幣當有辭對者大夫對亦當有辭所以無辭者文不具故也

受幣于楹閒南面退東面俟賓北面授尊君

之。疏受幣至面倂。注賓北至之使。釋曰凡賓儐使者使是體敵之義經云受幣于楹閒南面知賓不南面並授而云賓北面授者凡敵體授之義授由其右受由其左今尊君之使是以大夫南面賓北面故知賓北面授幣賓再拜稽首送幣大夫降執左馬以出出廟門從者亦訝受之疏注出廟至受之。釋曰言亦者上賓受禮時受幣馬云賓降執左馬以出上介受賓幣從者訝受馬此亦從者訝受馬故云亦也賓送于外門外再拜明日賓拜于朝拜饔與餼皆再拜稽首拜謝主君之恩惠於大門外周禮曰凡賓客之治令訝聽之此拜亦皮弁服疏賓送至稽首。注拜謝至弁服。釋曰知拜謝在大門外者以其直言賓拜於朝無入門之文故知在大門外若然諸侯外朝在大門外明矣引周禮者秋官掌訝職云賓客至于國賓入館次于舍門外待事于客及將幣爲前驅至于朝詔其位凡賓客之治令訝訝治之引之者欲見賓客發館至朝來往皆掌訝前驅爲之導知此拜亦皮弁者以其受時皮弁故知此拜亦皮弁也故公食大夫云若不親食使大夫各以其爵朝服以侑幣致

之賓朝服以受明日賓朝服以拜賜于朝彼朝服受還朝服拜則知此皮弁受亦皮弁拜可知上介饔餼三牢餼一牢在西鼎七羞鼎三餼鼎七無鮮魚鮮腊也賓介皆異館疏上介至鼎三。釋曰自此盡兩馬束錦論主君使下大夫歸饔餼於上介之事。注餼鼎至異館。釋曰云餼鼎七無鮮魚鮮腊也者對上賓九鼎有鮮魚鮮腊也云賓介皆異館者案下記云卿館於大夫大夫館於士士館於工商彼云卿即此賓一也彼云大夫即此上介也彼云士即此衆介也故知賓介各異館必異館者所陳饔餼厚無所容故也腥一牢在東鼎七堂上之饌六六者賓西夾之數西夾亦如之筥及甕如上賓凡所不貶者尊介也言如上賓者明此賓客介也疏西夾至上賓。注凡所至介也。釋曰云如上賓者明此賓客介也者案下云賓之公幣私幣皆陳上介公幣陳是上介有與賓同者前經不言如上賓獨此經言如上賓以其此饔餼大禮西夾筥及甕如上賓以其客此上介如上賓之禮也餼一牢門外米禾視死牢牢十車薪芻倍禾

凡其實與陳如上賓凡凡餼以下下大夫韋弁用束帛致之上介韋弁以受如賓禮介不皮弁者以其受大禮似賓不敢純如賓也儐之兩馬束錦疏儐之兩馬束錦。釋曰此下大夫使者受上介之儐禮如卿使者受賓儐禮當庭同不言如上大夫者省文也士介四人皆餼大牢米百筥設于門外牢米不入門畧之也米設當門亦十爲列北上牢在其南西上疏士介至門外。注牢米至西上。釋曰自此至無儐論使宰夫歸餼於衆介之事上文賓與上介米陳碑南餼陳門內此不入門陳於門外者鄭云畧之也云米設當門亦十爲列北上彼亦當門此直云設於門外不云東西明當門北上與賓同云牢在其南西上者以此餼本設於庭在門內由士介賤不得入門且賓與上介門東有米三十車薪六十車門西禾三十車芻六十車皆統門爲上此餼本非門外東西之物制不在門外東西宜當門陳之云牢在其南西上知如此設之者以其賓上介餼在米南門西東上明知此牢亦在米南而西上爲異耳宰夫朝服牽牛

以致之執紲牽之東面致命朝服無束帛亦畧之士介西面拜迎疏宰夫至致之。注執紲至拜迎。釋曰案下記云士館于工商則此致者在工商之館宰夫從外來即爲賓客宜在門西東面此就太牢之中取以致餼云朝服無束帛亦畧之者決上賓與上介皮弁有束帛故以爲畧之也云士介西面拜迎者以其士介爲主人故西面每上賓與上介米禾皆視死牢具有芻薪米禾此士直有生餼無死牢則無芻薪米禾矣士介朝服北面再拜稽首受受於牢東拜自牢後適宰夫右受由前東面授從者疏士介至首受。注受於至從者。釋曰知自牢後適宰夫右受者以其牢東北面拜明在宰夫東南從牢後來適宰夫至宰夫之後受取牛便故也必知在宰夫右受者見前君使士受私覿之馬適其右受知此亦在右受也若然君使士受私覿由前此由牢後與受馬不同者牛畜擾馴與馬有異故得從其後適宰夫右取便也云由前東面授從者於宰夫之後受牛遂由宰夫之前東授從者亦是取便也無儐既受拜送之矣明日衆介亦各如其受之服從賓拜於朝疏無儐。注既受至於朝。釋曰言無儐者決上賓與上介皆有儐士介賤故畧之知明日衆介亦各如其受之服從賓拜

於朝者案下夫人使下大夫韋弁歸禮賓受如受饔之禮儐之乘馬束錦又歸禮於上介上介受之如賓禮儐之兩馬束錦明日賓拜禮於朝鄭注云於是乃言賓拜明介從拜夫人歸禮介尚從拜則君饔餼介皆從拜可知

賓朝服問卿不皮弁別於主君卿每國三人疏賓朝服問卿○注不皮至三人○釋曰自此盡無儐論賓齎聘君之幣問主國卿之事云不皮弁別於主君者對上文行聘享私覿皆皮弁此朝服降一等故鄭注云別於主君云卿每國三人者每國三卿是其常鄭言此者欲見三卿皆以幣問之其主國下大夫嘗使向己國者乃得幣問之與卿異

卿受于祖廟重賓禮也祖王父也疏卿受于祖廟○注重賓至父也○釋曰卿受鄰國君所問之禮不辭讓者以其初君送客之時賓請有事於大夫君禮辭許是以卿不敢更辭故下記云大夫不敢辭云祖王父也者大夫三廟有別子者立大祖廟非別子者并立曾祖廟王父即祖廟也今不受於大祖廟及曾祖廟而受於祖廟者以其天子受於文王廟諸侯受於祖廟大夫下君故受於王父廟

下大夫擯無士擯者既接於君所急見之疏下大夫擯○注無士至見之○釋曰行聘享於主國君時主君擯者三人以上并有士擯賓又設介今宜云大夫擯無士擯者以其設擯介多者不敢質示行事有漸但賓行聘享於主君之時卿以與賓相接故急見之不須士擯

擯者出請事大夫朝服迎于外門外再拜賓不荅拜揖大夫先入每門每曲揖及廟門大夫揖入入者省內事也既而俟于宁也疏擯者至揖入○注入者至宁也○釋曰大夫二門入大門東行即至廟門未及廟門而有每門者大夫三廟每廟兩旁皆南北竪牆牆皆閤門假令王父廟在東則有每門每曲之事云入者省內事也者曲禮云請入為席是也云既而俟于宁者宁門屋宁也知俟于宁者下云賓入三揖皆行鄭注云皆猶並也賓與卿並行以卿俟于宁故得並行與卿三揖不俟于庭者下君也案曲禮云客至於寢門則主人請入為席然後出迎客主人肅容而入此卿既入不重出迎客者彼曲禮平常賓客故重出迎客此聘問之賓與平常賓客異上君揖賓不重出此卿亦不重出與彼同但在庭與在宁不同矣

擯者請命亦從入而出請不几筵辟君也疏注亦從至君也○釋曰亦者亦君受聘時擯者從告而入几筵既設擯者出請此擯者亦從卿而入省內然後出請

庭實設四皮麋鹿皮也賓奉束帛入三揖皆行至于階讓皆猶並也古文曰三讓疏○注古文曰三讓○釋曰不從古文者亦是不戈三故賓先升一等大夫從升故不從三讓也

賓升一等大夫從升堂北面聽命賓先升使者尊賓東面致命致其君命大夫降階西再拜稽首賓辭升成拜受幣堂中西北面於堂中央之西受幣趨聘君之命賓降出大夫降授老幣無擯不擯賓辟君也疏注不擯賓辟君也○釋曰上文賓行聘享訖而君禮賓有束帛乘馬敵者曰擯今卿不擯賓者辟國君也

擯者出請事賓面如覿幣面亦見也其謂之面威儀質也疏擯者至覿幣○注面亦至質也○釋曰自此至授老幣論賓行私面於卿之事賓私面於卿其幣多少與私覿於君同故云如覿幣賓私覿之時用束錦乘馬則此私面於卿亦用束錦乘馬可知也云面亦見也其謂之面威儀質也者覿面並文其面為質若散文面亦為覿故鄭司儀注云私面私覿也又左傳云楚公子棄疾以乘馬八匹私面鄭伯是也

賓奉幣庭實從庭實四馬疏賓奉幣庭實從○注庭實四馬○釋曰以其言如覿幣故知庭實四馬也

入門右大夫辭大夫於賓入自階下辭迎之疏注大夫至迎之○釋曰知階下辭者以其授老幣時降故也知迎者下文揖讓如初明元闕二字迎之可知

賓遂左見私事也雖敵賓猶謙入門右為若降等然曲禮曰客若降等則就主人之階主人與辭於客然後客復就西階疏注見私至西階○釋曰云為若降等者主人是大夫客是士降等法士就東階今此賓與卿覿者就門右若士於大夫降等引曲禮者主人辭賓賓遂左就門右西階復正也

庭實設揖讓如初大夫至庭中旋並行疏庭實至如初○注大夫至並行○釋曰云大夫至庭中旋並行者賓初入門右大夫階下辭賓賓遂門左大夫至庭中迎賓大夫迴旋與賓揖而並行北出言如初者大夫不出門唯有庭中一揖至碑元闕二字又揖再揖而已

大夫升一等賓從之大夫先升道賓大夫西面賓稱面

揖舉也舉相見之辭以相授大夫對北面當楣再拜受幣于楹閒南面退西面立受幣楹閒敵也賓亦振幣進北面授【疏】注受幣至面授○釋曰知賓北面授者以云大夫南面退西面立言退明賓不得南面又見下文賓當楣再拜明北面授因拜可知云受幣楹閒敵也者凡授受之義在於兩楹之閒者皆是體敵故聘禮云授于楹閒南面注云授於楹閒明爲合好其節同也南面並授也謂賓主俱至楹閒南面並而授是以曲禮云鄉與客並然後受注云於堂上則俱南面禮敵者並授此是敵者之常禮也雖是敵者於兩楹之閒或有訝受者皆是相尊敬之法則此云大夫南面賓北面授雖是敵禮是尊大夫故訝受又前致饔餼使者於楹閒賓北面授幣鄭云賓北面授尊君之使自餘不在楹閒別相尊敬是以前云公受玉于中堂與東楹之閒鄭注云東楹之閒亦以君行一臣行二又云公禮賓賓受幣當東楹北面注云亦訝受又賓覿公云振幣進授當東楹北面如此之類不在兩楹之閒者皆非敵法就文解之賓當楣再拜送幣降出大夫降授老幣擯者出請事上介特

面幣如覿介奉幣特面者異於主君士介不從而入也君尊衆介始覿不自別也上賓則衆介皆從之【疏】擯者至奉幣○注特面至從之○釋曰自此盡再拜送幣論上介私面於鄰國卿之事云特面者異於主君者介初覿主君之時不敢自尊別與衆介同執幣而入今私面於鄰國卿不與衆介同而特行禮焉故云特面者異於主君也云士介不從而入者對覿君時衆介從而入故鄭云君尊於衆介始覿不自別也云上賓則衆介皆從之者上介言特面則賓問卿與私面介皆從可知皮二人贊亦儷皮也【疏】皮二人贊○注亦儷皮也○釋曰案經云幣如覿則上介私面亦與私覿於君幣同故云亦儷皮也入門右奠幣再拜降等也【疏】入門至再拜○注降等也○釋曰言降等者主人是卿上介是大夫故入門右不敢自同賓客大夫辭於辭上介則出擯者反幣出還于上介也【疏】擯者反幣○注出還于上介也○釋曰不言反皮出還於上介皮出可知但文不具庭實設介奉幣入大夫揖讓如初大夫亦先升一等今文曰入設【疏】注大夫至入設○釋曰云亦者亦上

賓行私面大夫升一等賓乃升此上介私面亦然故云亦也介升大夫再拜受亦於楹閒南面而受【疏】注亦於至而受○釋曰亦者賓行私面大夫受幣於楹閒南面故云亦得在楹閒爲敵法上介是下大夫與卿小異大同明得行敵法在楹閒可知介降拜大夫降辭介升再拜送幣介既送幣降出也大夫亦授老幣擯者出請衆介面如覿幣入門右奠幣皆再拜大夫辭介逆出擯者執上幣出禮請受賓辭賓亦爲士介辭【疏】擯者至賓辭○注賓亦爲士介辭○釋曰自此至拜辱論士介私面於鄰國卿之事云賓亦爲士介辭者亦者亦士介私覿於主國君時故云亦也大夫荅再拜擯者執上幣立于門中以相拜士介皆辟老受擯者幣于中庭士三人坐取羣幣以從之擯者出請事賓出大夫送于外門

外再拜賓不顧不顧言去擯者退大夫拜辱拜送也下大夫嘗使至者幣及之嘗使至已國則以幣問之也君子不忘舊【疏】下大至及之○注嘗使至忘舊○釋曰自此盡于卿之禮論主國下大夫嘗使至已國者聘君使上介以幣問之事諸侯之國皆有三卿五大夫其三卿不問至已國不至已國皆以幣及之上已論訖其五大夫者或作介或特行至彼國者乃以幣及之畧於三卿故也言君子不忘舊者此大夫嘗與彼國君相接即是故舊也今以幣及之故云君子不忘舊也上介朝服三介問下大夫下大夫如卿受幣之禮上介三介下大夫使之禮也【疏】注上介至禮也○釋曰云上介三介下大夫使之禮也者下經云小聘曰問其禮如爲介三介是下大夫小聘之禮據此篇大聘使卿五介小聘使大夫三介若大國之卿七介小聘使大夫五介小國之卿三介小聘使大夫一介也曲禮云儗人必於其倫故問下大夫還使上介是各於其爵易以相尊敬者也其面如賓面于卿之禮大夫若不見有故也【疏】

大夫若不見。注有故也。○釋曰：自此盡不拜論主國卿大夫有故不得親受聘君之幣之事。言有故者，或有病疾，或有哀慘不得受其問禮。

君使大夫各以其爵爲之受，如主人受幣禮，不拜。各以其爵，主人卿也則使卿，大夫也則使大夫。不拜，代受之耳，不當主人禮也。

疏 君使至不拜○注各以至禮也○釋曰：云「各以其爵，主人卿也則使卿，大夫也則使大夫」者，若然，經云「君使大夫」，大夫中有卿，大夫揔名也。云「各以其爵」，亦是易以相尊敬故也。云「不拜，代受之耳，不當主人禮也」者，案周禮宗伯云「大賓客則攝而載祼」，鄭注云「宗伯代王爲祼」，拜送則王，亦此類。拜是致敬之事，不可代人之拜，故直受之而已，不當主人之禮拜之。

夕，夫人使下大夫韋弁歸禮。夕，問卿之夕也。使下大夫，下君也。君使之云夫人者，以致辭當稱寡小君。

疏 夕夫至歸禮○注夕問至小君○釋曰：自此盡賓拜禮於朝，論主君夫人歸禮於賓與上介之事。云「夕，問卿之夕也」者，案下記云「聘日致饔，明日問大夫，夕夫人歸禮」，是其問卿之夕也。云「使下大夫，下君也」者，歸饔餼使卿，此夫人使下大夫，故云下君也。云「君使之云夫人者，以致辭當稱寡小君」者，案隱二年傳「九月，紀裂繻來逆女」，「何以不稱使？婚禮不稱主人」。又云「紀有母乎？曰有。有則何以不稱母？母不通也」。何休注云「禮，婦人無外事」。明知此使下大夫歸禮者，是君使之可知，而稱夫人使者，以其致辭於賓客時當稱寡小君，故稱夫人使下大夫，其實君使之也。

堂上籩豆六，設于戶東，西上，二以並，東陳。籩豆六者，下君禮也。臣設于戶東，又辟饌位也。其設脯，其南醢，屈，六籩六豆。

疏 堂上至東陳○注籩豆至六豆○釋曰：言籩豆六東陳者，其饌自戶東爲首，二以並東陳，先於北設脯，即於脯南設醢，又於醢東設脯，以次屈而陳之，皆如上也。云「籩豆六者，下君禮也」者，君歸饔餼八豆，此六豆，故云下君也。「設於戶東，又辟君饌位故也」。云「其設脯，其南醢，屈，六籩六豆」者，此約君禮設豆法云「韭菹，其南醢，醢屈」，故知此醢在南屈陳之。又知籩豆各六者，下文上介四豆四籩，降殺以兩，明夫人多二，六豆六籩可知。

壺設于東序，北上，二以並，南陳。醙黍清，皆兩壺。醙，白酒也。凡酒，稻爲上，黍次之，梁次之，皆有清白。以黍閒清白者，互相備，明三酒六壺也。先言醙，白酒尊，先設之。

疏 壺設至兩壺○注醙白至設之○釋曰：其設壺於東序，自北向南而陳，稻黍梁皆二壺並之而陳也，故言醙黍清皆兩壺也。云「以黍閒清白者，互相備」者，醙，白也，上言白，明黍梁皆有白；下言清，明稻黍亦有清故也。於清白中言黍，明醙即是稻，清即是梁也，故言互相備也。三酒既有清白二色，故言六壺。必先言醙者，以白酒尊重，故先設之也。

大夫以束帛致之。致夫人命也。此禮無牢，下朝君也。

疏 大夫至致之○注致夫至君也○釋曰：案周禮掌客云「上公之禮，夫人致禮八籩，膳大牢，致饗大牢」，侯伯以下亦皆有牢，是朝君來時有牢。此卿來聘無牢，故云下朝君也。

賓如受饔之禮，儐之乘馬束錦。上介四豆、四籩、四壺，受之如賓禮。四壺，無稻酒也。不致牢，下於君也。

疏 注四壺無稻酒○釋曰：知者，案上致於賓六壺，稻黍梁皆有清白，今上介四壺，明從上去之，無稻米之酒清白俱去之元缺字，故四壺也。

儐之兩馬束錦。明日，賓拜禮於朝。於是乃言賓拜，明介從拜也。今文禮爲醴。

疏 注於是至爲醴○釋曰：鄭解若於上文賓下言之，則介從拜之事不明，故於上介之下乃云明日賓拜禮於朝，則介從元缺起此賓拜可知。

大夫餼賓大牢，米八筐。其陳於門外，黍梁各二筐，稷四筐，二以並，南陳，無稻。牲陳於後，東上。不饌於堂庭，辟君也。

疏 注其陳至君也○釋曰：自此至牽羊以致之，論主國大夫餼賓及上介之事。云「陳於門外」，知者，經無牢米入門之文，故明是門外可知，與君餼士介同。云「黍梁各二筐，稷四筐，二以並，南陳，無稻」者，案上使卿歸饔餼之時，米百筥設於中庭，十以爲列，北上，稻粱黍各二行，稷四行。此云八筐，黍梁稷亦宜法其行數，故知黍梁各二筐，稷四筐。知二以並南陳者，以其君筥米北上，故知此亦北上南陳。知二以並者，以其陳筥米梁黍稻不雜陳，則知此筐米亦不雜陳，二以並可知。云「無稻」者，見記云「凡餼，大夫黍梁稷，筐五斛」是也。云「牲陳於後，東上」者，此與君餼士介畧同。餼士介時不言門東西，鄭注云「當門」，則知此門外亦當門。君餼賓，米在庭，牲在門西，雖不正當米南，亦得牲在其南，故知此牲陳亦在米南可知。知東上者，君餼賓時陳於門西東上也。云「不饌於堂庭，辟君也」者，案上君致饔餼，籩豆在堂，牲牢米在庭，此在門外，故云辟君也。若然，案掌客鄰國之君來朝，卿皆見以羔，膳大牢，侯伯子男膳特牛，彼又無筐米，此侯伯之臣得用大牢有筐米者，彼爲君禮，此是臣禮，各自爲差降，不得以彼難此。

賓迎，再拜。老牽牛以致

之賓再拜稽首受老退賓再拜送老室老大夫之貴臣疏注老室至貴臣○釋曰案喪服公士大夫之衆臣爲其君布帶繩屨傳曰室老士貴臣其餘皆衆臣也鄭注云室老家相也士邑宰也即此室老貴臣者家相邑宰之屬故爲貴臣也上介亦如之衆介皆少牢米六筐皆士牽羊以致之米六筐者又無粱也士亦大夫之貴臣疏注米六至貴臣○釋曰言又無粱也者上文八筐無稻從上去之明知此亦從上去之無粱其稻粱是加故去之云士亦大夫之貴臣者即是大夫邑宰也以其大夫使之故知大夫之貴臣也公於賓壹食再饗饗謂亨大牢以飲賓也公食大夫禮曰設洗如饗則饗與食互相先後也古文壹皆爲一今文饗皆爲鄉疏注饗謂至爲鄉○釋曰此篇雖據侯伯之卿聘使五等諸侯其臣聘使牢禮皆同無大國次國之別是以掌客五等諸侯相朝其下皆云羣介行人宰史皆有飧饔餼以其爵等爲之牢禮之陳數又云凡諸侯之卿大夫士爲國客則如其介之禮以待之鄭注云尊其君以及其臣也以其爵等爲之牢禮之數陳爵卿也則飧二牢饔餼五牢大夫也則飧大牢饔餼三牢士也則飧少牢饔餼大牢也此降小禮豐大禮也以命數則參差難等畧於臣用爵而已以此言之公侯伯子男大聘使卿主君一食再饗小聘使大夫則主君一食一饗若然案掌客子男一食一饗子男之卿再饗多於君者以其君臣各自相望不得以君決臣也云饗謂亨大牢以飲賓也者以其饗禮與食禮同食禮既亨大牢明饗禮亨大牢可知但以食禮無酒饗禮有酒故以飲賓言之引公食饗與食互相先後者此經先言食後言饗則食在饗前公食言設洗如饗禮則饗在食前饗先後出於主君之意故先後不定也燕與羞俶獻無常數羞謂禽羞鴈鶩之屬成孰煎和也俶始也始獻四時新物聘義所謂時賜無常數由恩意也古文俶作淑疏燕與至常數○注羞謂至作淑○釋曰案周禮掌客上公三燕侯伯再燕子男一燕皆有常數此臣無常數者亦是君臣各爲一不得相決知羞謂禽羞鴈鶩之屬者案下記云禽羞俶獻故知是禽知成孰煎和者以其言羞鼎臑之類故知成孰煎和者也知禽是鴈鶩之屬者案下記云宰夫歸乘禽日如饔餼之數鄭注乘禽乘行之禽也亦云鴈鶩之屬以無正文故以意解之賓介皆明日拜于朝上介壹食壹

饗饗食賓介爲介從饗獻矣復特饗之客之也疏注饗食至之也○釋曰不言從食者公食介雖從入不從食賓食畢介逆出是不得從食矣知從饗者下記云大夫來使無罪饗之過則餼之其介爲介注云饗賓有介者賓尊行敵禮也故知介從饗案襄二十七年宋公兼享晉楚之大夫趙孟爲客子木與之言弗能對使叔向侍言焉子木亦不能對也叔向爲趙孟介而得從饗是其義也云復特饗之即此經是也若不親食使大夫各以其爵朝服致之以侑幣如致饔無儐君不親食謂有疾及他故也必致之不廢其禮也致之必使同班敵者易以相親敬也致禮於卿使卿致禮於大夫使大夫非必命數也無儐以己本宜往古文侑皆作宥疏若不至無儐○注君不至作宥○釋曰案上文云君使卿歸饔餼於賓館賓儐之今君有故不親食使卿生致其牢禮亦於賓館但無儐爲異云謂有疾及他故也者他故之中兼及有哀慘云非必命數也者依典命公侯伯之卿三命大夫再命子男之卿再命大夫一命經云各以其爵故知不依命數云無儐以己本宜往者饔餼之等不宜召賓故君使人致禮賓則儐使者此饗食之禮主君無故合速賓之來就主君入廟賓無儐禮今主君有故生致於賓亦無儐故云本宜往此篇據侯伯之卿來聘是使卿致禮鄭兼云使大夫於大夫者小聘使大夫來使大夫致禮也若然經直言使大夫者大夫中兼有上大夫兼卿也致饗以酬幣亦如之酬幣饗禮酬賓勸酒之幣也所用未聞也禮幣束帛乘馬亦不是過也禮器曰琥璜爵蓋天子酬諸侯疏致饗至如之○注酬幣至諸侯○釋曰云禮幣無文束帛乘馬亦不是過也者鄭以饗之酬幣亦不過是故約上主君禮賓之時用束帛乘馬此饗賓酬幣亦不過是故云亦不是過引禮器者案彼經云有以少爲貴者圭璋特琥璜爵鄭注云圭璋特朝聘以爲瑞無幣帛也琥璜爵者天子酬諸侯諸侯相酬以此玉將幣也彼經不云天子諸侯相酬之幣故此注云蓋言酬諸侯者公侯伯用琥於子男用璜引之者證與此酬卿大夫不同之義大夫於賓壹饗壹食上介若食若饗若不親饗則公作大夫致之以酬幣致食以侑幣作使也大夫有故君必使其同爵者爲之致之列國之賓來榮辱之事君臣同之疏大夫至侑幣○注作使至同之○釋曰此一經論主

國卿大夫饗食聘賓及上介之事此直言饗食不言燕亦有燕是以鄭詩羔裘云知子之來之雜佩以贈之鄭注云與異國賓客燕時雖無此物猶言之以致其厚意其若有之固將行之士大夫以君命出使主君之臣必以燕禮樂之助君之歡是也又昭二年左傳云韓宣子來聘宴于季氏傳無譏文明鄰國大夫有相燕之法又此大夫相禮饗食有常數雖有燕之亦無常數亦無酬幣矣

儀禮疏卷第二十二　元缺第九葉今補

江西督糧道王賡言廣昌縣知縣阿應鱗栞

儀禮注疏卷二十二挍勘記　阮元撰盧宣旬摘録

西北上

則於東壁下南陳　壁陳本通解俱作壁是也下同毛本作壁

次北有鹿臡　通解同毛本鹿作麋○按鹿是

醯醢百甕

陪鼎當內廉東面北上　要義同毛本面作西○按上文是面字

與此醯是穀物爲陽違者　毛本陳本醯誤作醢陳本違誤作遠

又以籩豆醢醯等爲陰　醯閩本作醢

餼二牢

豕東之　張曰注曰豕東之按疏云豕東縛其足亦北首經云牛以西羊豕豕以西牛羊豕則豕在羊西言東非也東字誤作東爾從疏○按嚴徐鍾本俱作東

當升左胖也　通解要義楊氏同毛本升作外○按升是

米百筥

當行皆一種　陳本通解要義同毛本當作每

門外米三十車　三十唐石經作卅下同

秉有五籔　五徐陳閩葛俱作伍

故米三十車　要義同毛本通解米下有禾皆二字○按疏云米三十車并下禾三十車通解刪作一句故其文如比毛本多遵通解而不顧上下文義大率類此

并下禾三十車　禾三陳本作米二閩本禾亦作米○按米字誤

得爲十六斗爲籔也　陳本要義同毛本籔作數○按籔是

量名有爲籔者　有陳閩俱作亦

薪芻倍禾

古之用財　毛本財誤作材

鄭言此者　言陳閩俱作信

以其向內爲正故也　要義同毛本向內作內向○按此本倒

揖入

此賓與使者敵　敵陳本通解俱作幣朱子曰幣疑當作敵

至于階讓

周禮統心舉其大率　要義同毛本統心作則通解無監本作刪

大夫東面致命

又別拜餼二牢　陳本通解同毛本別作引

大夫降出

欲儐之　儐徐本集釋俱作擯

受幣于楹間

是體敵之義　要義同毛本無是字

凡敵體授之義　要義同毛本授下有受字

授由其右受由其左　受陳本要義俱作授要義無上四字

賓送于外門外

令訝訝治之　要義同毛本不重訝字○按周禮秋官掌訝訝字重

彼朝服受　要義同毛本彼作故

上介饔餼三牢

厚無所容故也　陳閩同毛本厚作後

西夾亦如之

明此賓客介也　客集釋作容盧文弨云疏兩客字同亦當作容許宗彥云客不誤明以此介爲賓客耳

是上介有與賓同者　毛本通解有下有不字○按不字當有

士介四人

此不入門陳於門外者　陳閩俱無陳於門外四字

宰夫朝服

士介西面拜迎　士徐本通解俱作上許宗彥云當作士

具有芻薪米禾　通解同毛本具作且○按當作具

無擯　毛本擯作儐唐石經徐陳閩葛集釋通解楊敖俱作擯與述注合李氏曰擯當作儐下經記無擯及注不擯賓同○按篇中言無儐者舊本俱作擯今本俱作儐殆因李說而改

言無擯者　陳本同毛本擯作儐

皆有儐　儐陳本作擯

賓朝服問卿

曾使向已國者　使陳本誤作受向閩本作至陳閩俱無者字

卿受于祖廟

諸侯受於祖廟　要義同毛本通解楊氏於下俱有太字按有是也

下大夫擯　夫唐石經作大誤

無士擯者　士陳本作上

擯者出請事

墻皆閤門　要義同毛本通解閤作閣○按閤是也

此卿既入　陳閩俱無此字

賓降出〇無擯　毛本擯作儐唐石經徐陳閩葛集釋通解楊敖俱作擯注同

注不擯賓辟君也　陳閩同毛本擯作儐下同

賓遂左

主人與辭於客　徐陳通解同毛本與作固

賓遂左就門右西階復正也　陳本遂作迎閩本作賓遂就門左由西階復正也

庭實設

而並行北出　陳監通解同毛本出作面○按出是也

大夫對

鄉與客並　要義通解同毛本鄉誤作卿

就文解之　陳本要義同毛本就上有故字

擯者出請事

君尊於衆介　各本注俱無於字

下大夫嘗使至者

聘君使上介以幣問之事　毛本幣誤作聘

君使大夫

亦是易以相尊敬故也　陳本無敬字閩本無故字

堂上籩豆六

又於醢東設脯　陳閩俱無又於醢三字

公於賓

爲之牢禮之數陳　要義同毛本數陳作陳數○按此本倒

則飧二牢　二陳閩俱作三

賓介皆明日拜于朝

公食介雖從入　陳閩同毛本入作人

若不親食〇無儐　儐敖氏作擯

大夫於賓

其若有之　若陳本作君

儀禮注疏卷二十二挍勘記終

奉新余成教挍

儀禮疏卷第二十三

唐朝散大夫行大學博士弘文館學士臣賈公彦等撰

君使卿皮弁還玉于館玉圭也君子於玉比德焉以之聘重禮也還之者德不可取於人相切厲之義也皮弁者始以此服受之不敢不終也〔疏〕君使至于館○注玉圭至終也○釋曰自此盡賓送不拜論主君使卿詣館還玉及報享之事云玉圭也者舉聘君之圭云君子於玉比德焉以之聘重禮也弁相切厲之義並聘義文案聘義云天子制諸侯比年小聘三年大聘相厲以禮又云已聘而還圭璋此輕財而重禮之義又云失昔者君子比德於玉焉是其義也云還之者德不可取於人相切厲之義也者既以玉比德德在於身不取於人彼既將玉來似將德與己己不可取彼之德故還之不取德也既不得取而將玉往來者相切瑳相磨厲以德而尊天子故用之也云皮弁者始以此服受之不敢不終也者始謂受聘享在廟時今還以皮弁還玉是終之也賓皮弁襲迎于外門外不拜帥大夫以入迎之不拜示將去不純爲主也帥道也今文曰迎于門外古文帥爲率〔疏〕賓皮至以入○注迎之至爲率○釋曰云帥大夫以入者大夫即卿卿亦大夫也云不純爲主也者客在館如主人卿往如賓今不拜迎是不純爲主也決上君使卿歸饔餼時賓拜迎是純爲主人故也大夫升自西階鉤楹鉤楹由楹內將南面致命致命不東面以賓在下也必言鉤楹者賓在下嫌楹外也〔疏〕大夫至鉤楹○注鉤楹至外也○釋曰云不東面以賓在下也者決歸饔餼時賓大夫東面致命行聘時賓亦東面致命也云必言鉤楹者賓在下嫌楹外也若然不在楹外近之者以初行聘時在堂上楹內故今還在楹內也賓自碑內聽命升自西階自左南面受圭退負右房而立聽命於下敬也自左南面右大夫且並受也必並受者若鄉君前耳退爲大夫降逡遁今文或曰出自西階無南面〔疏〕賓自至而立○注聽命至南面○釋曰云聽命於下敬也者此決賓受禮時公用束帛賓西階上聽命歸饔餼時賓阼階上聽命此特於下聽命故云敬也云自左南面右大夫且並受也者以鄉飲酒獻酢之時授者在右受者在左故右大夫也且並受者欲取如向君前然也云若向君前耳者

謂於本國君前受圭璋時北面並受今還南面並受面位受不同並受一邊不異故云若向君前耳云退爲大夫降逡遁者以大夫降爲之逡遁而退因即負右房南面而立大夫士直有東房西室天子諸侯左右房今不在大夫廟於正客館故有右房也大夫降中庭賓降自碑內東面授上介于阼階東大夫降出言中庭者爲賓降節也授於阼階東者欲親見賈人藏之也賓還阼階下西面立〔疏〕大夫至階東○注大夫至面立○釋曰云大夫降出言中庭者爲賓降節也者以其大夫授賓圭訖降自西階將出門至中庭不止今云大夫降出中庭者大夫中庭賓乃降故鄭云爲賓降節也云授於阼階東者欲親見賈人藏之也者賈人是上啓櫝者是掌玉之人此時無事在堂東待此玉故賓向阼階東得見之云賓還阼階下西面立者以其賓在館如主人在階下西面立是其常處立者以待授璋也上介出請賓迎大夫還璋如初入出請請事於外以入告也賓雖將去出入猶東唯升堂由西階凡介之位未有改也〔疏〕注唯升堂至改也○釋曰案上文云賓自碑內聽命升自西階是其升堂由西階也云凡介之位未有改也者以其賓唯升自西階明介猶在東方故上文授上介于阼階東也故言未有改賓裼迎大夫賄用束紡賄予人財之言也紡紡絲爲之今之縳也所以遺聘君可以爲衣服相厚之至〔疏〕賓裼至東紡○注賄予至至也○釋曰此則未知何用之財若是報享之物不應在禮玉之上今言此束紡者以其上圭璋是彼國之物下云禮玉束帛報聘君之享物彼君厚禮於此此亦當厚禮於彼故特加此束紡是以鄭云相厚之至也云賄予人財之言也者案下記云賄在聘于賄又云無行則重賄反幣鄭注周禮云布帛曰賄是賄爲財物是與人財物謂之賄也云紡紡絲爲之者因名此物爲紡云今之縳也者鄭注周禮內司服亦云素紗者今之白縳也則此束紡者素紗也故據漢法況之禮玉束帛乘皮禮禮聘君也所以報享也亦言玉璧可知也今文禮皆作醴〔疏〕禮玉束帛乘皮○注禮禮至作醴○釋曰云禮禮聘君也者此謂報享之物以其彼持享物來禮此主君此主君亦以物禮彼君故云禮禮聘君也云所以報享也者彼以物享此君此君亦以物享彼君曲禮云往而不來非禮也來而不往亦非禮也今以來而往是相享之法故云報享也云亦言玉璧可知也者上文聘賓行享之時束帛加璧束錦加琮今報享

物亦有璧琮致之故云亦言玉璧可知此玉則琮也以其經言玉故以玉言之若然經言束帛兼有束錦矣案下記云賄在聘于賄又云無行則重賄反幣則此禮也

皆如還玉禮大夫出賓送不拜公館賓 爲賓將去親存送之厚殷勤且謝聘君之意也公朝服 疏 公館賓○注爲賓至朝服○釋曰自此盡賓退論明日賓將發主君就館拜謝聘君使臣來禮已國之事云公朝服者以其行聘享在廟之時相尊敬重故著皮弁此拜謝之禮輕故知著朝服

賓辟 不敢受主國君見已於此館也此亦不見言辟者君在廟門敬也凡君有事於諸侯臣之家車造廟門乃下 疏 賓辟○注不敢至乃下○釋曰云此亦不見言辟者君在廟門敬也者此言亦者亦勞賓時故上文賓即館卿大夫勞賓賓不見以其不見故遣上介聽命故知此賓亦不見凡言辟者將見而不見則謂之辟此本不見而言辟者以其君在廟門外雖不見而言辟故鄭云敬也云凡君有事於諸臣之家車造廟門乃下者以其卿館于大夫之廟此館則是諸臣之家案公食記云賓之乘車在大門外又曲禮云客車不入大門以此言之君車入大門矣大夫士有兩門入門東行則是廟門矣既至廟門須與賓行禮故鄭云造廟門乃下也

上介聽命 聽命於廟門中西面如相拜然也擯者每贊君辭則曰敢不承命告于寡君之老 疏 上介聽命○注聽命至之老○釋曰云聽命於廟門中西面如相拜然也者案前受士介幣之時賓固辭公荅再拜擯者出立于門中以相拜注云立門中閾外西面此中賓不見使介聽命明如相拜然取其視外便也必知在門中西面者以其君來如賓禮東面介西面面公可知云擯者每贊君辭則曰敢不承命告于寡君之老者以其君尊不自出辭以是故君之擯者每事贊君出辭則曰敢不承命者謂上介荅君之辭知告賓云告于寡君之老者案玉藻云擯者曰寡君之老注云擯者之辭主於見他國君今上介當擯者之處故知告于賓稱告于寡君之老

聘享夫人之聘享問大夫送賓公皆再拜 拜此四事公東面拜擯者北面 疏 聘享至再拜○注拜此至北面○釋曰云聘享者謂賓聘君以圭享君以璧夫人聘享者謂賓聘夫人以璋享夫人以琮問大夫者問三卿及當聘彼國之下大夫送賓以登路云拜此四事者君禮一夫人禮二大夫禮三送賓禮四四事皆再拜云公東面者公如賓禮門西東面擯者向公向介故知北面爲相而言也

公退賓從請命于朝 賓從者實爲拜主君之館已也言請命者以已不見不敢斥尊者之意 疏 公退至于朝○注賓從至之意○釋曰云言請命者以已不見不敢斥尊者之意者案司儀云君館客客辟介受命遂送客從拜辱于朝此經不言拜辱而言請命凡言請者得不由君君聽則拜此下經直云公辭賓退不見拜文是君不受其謝故云請命者以已不敢斥尊者之意故不言辱而言請

公辭賓退 辭其拜也退還館裝駕爲且將發也周禮曰賓從拜辱于朝明日客拜禮賜遂行之 疏 公辭賓退○注辭其至行之○釋曰云退還館裝駕者以明旦將發故裝束駕乘引周禮者證明日客拜禮賜遂行之事鄭彼注云禮賜者謂乘禽即此下文賓拜乘禽是也

賓三拜乘禽於朝訝聽之 發去乃拜乘禽明已受賜大小無不識 疏 賓三至聽之○注發去至不識○釋曰自此盡送至于竟論賓介發行主國贈送之事云明已受賜大小無不識者以其乘禽是禮以細小尚記識而拜之況饔餼食禮之大者記識可知故云大小無不識

遂行舍于郊 始發且宿近郊自展軨 疏 遂行舍于郊○注始發至展軨○釋曰曲禮云已駕僕展軨鄭注云具視也彼是君車故使僕展之此卿大夫故鄭云自展軨恐不得所故也

公使卿贈如覿幣 贈送也所以好送之也言如覿幣見爲反報也今文公爲君 疏 公使至覿幣○注贈送至爲君○釋曰所以好送之者來而不往非禮以禮來往皆是和好之事故云好送之也云言如覿幣見爲反報也者以其贈之多少一如覿幣故鄭云見爲反報也

受于舍門外如受勞禮無儐 不入無儐明去而宜有已也如受勞禮以贈勞同節 疏 注不入至同節○釋曰言不入無儐對歸饔餼人設而有儐此則不入無儐明賓去禮宜有已云如受勞禮以贈勞同節者賓來勞之去有贈之皆在近郊禮又不別故言同節也

使下大夫贈上介亦如之使士贈衆介如其覿幣大夫親贈如其面幣無儐贈上介亦如之使人贈衆介如其面幣士送至于竟使者歸及郊請反命 郊近郊也告郊人使請反命於君也必請之者以已久在外嫌有罪惡不可以入春秋時鄭伯惡其大夫高克

使之將兵逐而不納此蓋請而不得入【疏】使者至反命。注郊近至得入。釋曰自此盡拜其辱論使者反命之事知郊是近郊者以下文云朝服載旜鄭云行時稅舍於此郊今還至此正其故行服以俟君命敬也者初行云舍於郊斂旜今至此載旜而入故知近郊也云告郊人使請反命於君者以其使者至所聘之國謁關人明此至郊告郊人使請可知引春秋者案閔二年公羊傳云鄭伯惡高克使之將逐而不納棄師之道也何休云使將師救衛隨後逐之彼無大夫文言大夫者鄭君加之也

朝服載旜

行時稅舍于此郊今還至此正其故行服以俟君命敬也古文旜作膳

禳乃入

禳祭名也為行道累歷不祥禳之以除災凶【疏】禳乃入。注禳祭至災凶。釋曰案春官小祝云掌侯禳禱祠之祝號鄭注云禳禳卻凶咎故鄭此云禳是祭名也

乃入陳幣于朝西上上賓之公幣私幣皆陳上介公幣陳他介皆否

皆否者公幣私幣皆不陳此幣使者及介所得於彼國君卿大夫之贈賜也其或陳或不陳詳尊而畧卑也其陳之及卿大夫處者待之如夕幣其禮於君者不陳上賓使者公幣君之賜也私幣卿大夫之

幣也他介士介也言他容衆從者【疏】乃入陳至皆否。注皆否至從者。釋曰云此幣使者及介所得於彼國君卿大夫之贈賜也者於君所得為公幣於卿大夫所為私幣賓之公幣有八郊勞幣一也禮賓幣二也致饔餼三也夫人歸禮幣四也侑食幣五也再饗幣六也夕幣七也贈賄幣八也此八者皆主君禮賜使者皆用束錦故曰公幣賓之私幣略有十九主國三卿五大夫皆一食有侑幣上饗有酬幣皆用束錦則一是十六有三卿郊贈則十九也其上介公幣則有五致饔餼一也夫人致禮幣二也侑食幣三也饗酬幣四也郊贈幣五也降於賓者以其上介無郊贈幣又無禮賓幣又闕一饗幣故賓八上介五也上介私幣有十一主國三卿五大夫或饗或食不備要有其一則其幣八也又三卿皆有郊贈如其面幣通前則十一也主國下大夫嘗使已國者聘亦有幣及之則亦有報幣之事其數不定士介四人直有郊贈報私幣主國卿大夫報士介私面士介私幣數不甚明云禮於君者不陳者謂賄用束紡禮用束帛乘皮不陳之者以經云公幣又云上介公幣他介皆否若禮於君者一統於賓不得云介之幣故知禮於君者不陳必禮於君不陳禮於已始陳者以其禮於君者是其正故不陳之禮於已者以其榮故陳之是以下注云不加於其皮上榮其多是其義也若然聘君以幣問卿而其卿不見報聘君之幣者以其尊卑不敵若報之嫌其敵體故也

束帛各加其庭實皮左

不加於其皮上榮其多也【疏】注不加至多也。釋曰此決初夕幣時束帛皆加于左皮上今不言加於皮上者若加於皮上相掩蔽故不加於皮上榮其多也

公南鄉

亦宰告于君君乃朝服出門左南鄉【疏】公南鄉。注亦宰至南鄉。釋曰此陳幣當如初夕幣之時管人布幕于寢門外使者北面衆介立于其左東上卿大夫在幕東西面北上宰告於君君朝服出門左南鄉是以鄭此注亦依夕幣而言之

卿進使者使者執圭垂繅北面上介執璋屈繅立于其左

此主於反命士介亦隨入並立東上【疏】卿進至其左。注此主至東上。釋曰案上行聘禮之時上介屈繅授賓賓襲受之今此賓執圭垂繅賓則裼變於賓彼國致命時也上介執璋屈繅者變於賓故也必變之者反命致敬少於鄰國致命時故賓於君前得裼見美為敬也云士介亦隨入並立東上者此言亦者亦初行受於朝時君使卿進使者入衆介隨入北面東上此中雖不云士介入明亦隨入可知

反命曰以君命聘于某君某君受幣于某宮某君再拜以享某君某君再拜

君亦揖使者進之乃進反命也某君某國名也某宮若言桓宮僖宮也某君再拜謂再拜受也必言此者明彼君敬君已不辱命【疏】反命至再拜。注君亦至辱命。釋曰云君亦揖使者進之乃進反命也者亦謂亦受命於朝位立定時君揖使者使者乃進受命明反命亦然某君某國名者若云鄭國君齊國君云某宮若言桓宮僖宮者左傳有桓宮之楹宮是廟名其受聘享於廟故以宮言之但受聘享在大祖廟不在親廟四而云桓宮僖宮者畧舉廟名而言也

宰自公左受玉

亦於使者之東同面並受也不右使者由便也【疏】宰自公左受玉。注亦於至便也。釋曰此言亦者亦於出使初受玉時宰自公左授使者圭同面注云北面並授之凡並授者授由其右受由其左此中受由其右者因東藏之便故鄭云不右使者由便也

受上介璋致命亦如之

變反言致者若云非君命也致命曰以君命聘於某君夫人某君再拜以享于某君夫人某君再拜不言受幣于某宮可知畧之【疏】受上至如之。注變反至畧之。釋曰云

變反言致者若云非君命也者君與夫人聘於鄰國君與夫人各有所當聘鄰國君受命於君今使者還反命於君聘於鄰國夫人當受命於夫人使者還反命於夫人但婦人無外事雖聘夫人亦君命之今使還反命不云反命於君變反言致命者若本非君命猶夫人之命然故變反言致也若然夫人旣無外事而承君命聘鄰國夫人者以其夫婦一體共事社稷故下記云君以社稷故在寡小君拜是賓主相對之辭也云致命曰已下聘夫人反命無文此鄭君依記上文反命於君之辭而言之云不言受幣於某宮可知畧之者以其夫人受聘享皆因君聘享同時同宮故畧之也

執賄幣以告曰某君使某子賄授宰某子若言高子國子凡使者所當以告君者上介取以授之賄幣在外也〔疏〕執賄至授宰○注某子至外也○釋曰此賄幣者即上文賄用束紡是也云某子若言高子國子者案閔公二年冬經書齊高子來盟僖三十三年經書齊國歸父來聘左傳曰國子爲政齊猶有禮者是也云凡使者所當以告君者上介取以授之者以上受上介璋是上介授賓明其餘皆上介取以授之云賄幣在外者以其上文云禮於君者不陳此賄幣即是禮於君前明在外也

禮玉亦如之亦執束帛加璧也告曰某君使某子禮宰受之士隨自後左士介受乘皮如初上介出取玉束帛士介從取皮也〔疏〕禮玉亦如之○注亦執至皮也○釋曰此即上云禮玉束帛乘皮鄭注云禮禮聘君也所以報享也云亦執束帛加璧也者言亦亦上文行享時束帛加璧者也云宰受之士隨自後左士介受乘皮者此約初行享之時公側授宰幣士受皮皆自後右客今執享皮幣玉宰受之可知言宰受之士隨宰自後謂自士介後其在東上者不須云自後其餘三人皆後乃得左之必左士介者取向東藏之便故也云上介出取玉束帛士介從取皮也者此亦初享之時賓奉束帛加璧是上介取以授賓明士介從取皮可知

執禮幣以盡言賜禮禮幣主國君初禮賓之幣也以盡言賜禮謂自此至於贈〔疏〕注禮幣至於贈○釋曰云禮幣主國君初禮賓之幣也者謂從郊勞已後至於賄八度禮賓皆有幣是自郊勞爲初也云以盡言賜禮謂自此至於賄者此則郊勞也

公曰然而不善乎善其能使於四方而猶女也

授上介幣再拜稽首公荅再拜授上介幣當拜公言也不授宰者當復陳之〔疏〕授上至再拜○注授上至陳之○釋曰云不授宰者當復陳之者此幣皆先陳之今賓執以告君賓釋辭君曰勤勞使於四方故授上介幣當拜荅君言此幣不授與宰者當復陳之於本處此幣入於己者故不授宰也上賄幣禮君者反命訖皆授宰故以此決之

私幣不告亦畧卑也

君勞之再拜稽首君荅再拜勞之以道路勤苦

若有獻則曰某君之賜也言此物某君之所賜予爲惠者也其所獻雖珍異不言某爲彼君服御物謙也其大夫出反必獻忠孝也〔疏〕若有至賜也○注言此至孝也○釋曰此獻物謂入賓者故下記云既覿賓若私獻奉獻將命注云時有珍異之物或賓奉之猶以君命致之則是賓亦言有私獻於彼君則彼君亦有私獻報賓則此獻者也云大夫出反必獻忠孝也者案下曲禮云大夫私行出疆必請反必有獻彼私行出疆反必有獻此以公聘出疆反亦有獻故云大夫出反必獻此以入己之物獻於君者忠孝也事君言忠事父言孝此獻君忠也而兼言孝者忠臣出孝子之門故連言孝也

君其以賜乎不必其當君也獻不拜者爲君之荅己也〔疏〕君其以賜乎○注不必至己也○釋曰言君其以賜乎者大夫所獻之物謙不必當君所須此物君其以賜臣下乎言乎者或當君意或不當君意故言乎以疑之云不拜者爲君之荅己也者士拜國君國君不拜士賤故也大夫拜國君國君即荅拜大夫尊故也故云不拜者爲君之荅己拜若然自反命以來盡於賜禮之等或拜或不拜無荅己之嫌獨此不拜爲君之荅己者自此以前皆是彼國報君之物賓直告事而已君受之而無言故賓不拜君有言及己者乃拜之拜君言也此獻是彼國君賜於己理須拜送是以玉藻云凡獻於君大夫使宰士親皆再拜稽首送之又郊特牲云大夫有獻弗親不面拜爲君之荅己亦此類故鄭云獻不拜者爲君之荅己若然玉藻不親此親者此因反命故親獻也

上介徒以公賜告如上賓之禮徒謂空手不執其幣

君勞之再拜稽首君荅拜勞士介亦如之士介四人旅荅壹拜又賤也〔疏〕注士介至賤也○釋曰鄭知旅荅士介共一拜者君勞上介上介再拜稽首君荅拜不言再拜則君荅上介一拜矣勞士亦如之不言皆則揔荅一拜矣勞賓君荅再拜勞上介君荅一拜對賓再拜已是賤矣今此士介四人共荅一拜故云又賤也此一拜荅臣下則周禮大祝辨九拜七曰奇拜是也是以彼注云一拜荅臣下也案曲禮云君

於士不荅拜此君荅拜士者以其新行反命君勞苦之故荅拜異於常也**君使宰賜使者幣使者再拜稽首**以所陳幣賜之也禮臣子人賜之而必獻之君父不敢自私服也君父因以予之則拜受之如更受賜也既拜宰以上幣授之疏君使至稽首○注以所至授之○釋曰云禮臣子人賜之而必獻之君父不敢自私服也君父因以予之則拜受之如更受賜也者案內則云婦或賜之衣服則受而獻諸舅姑舅姑受之則喜若反賜之則辭不得命如更受賜臣子於君父亦然言此者證此經君使宰以所獻之物反賜使者使者辭不得命再拜稽首受之如更受賜云既拜宰即以上幣授之者以其上文云執禮幣授上介者是執上幣不執下幣明知宰所執授之者是上幣可知**賜介介皆再拜稽首**士介之幣皆載以造朝不陳之耳與上介同受賜命俱拜既拜宰亦以上幣授上介**乃退**君揖入皆出去疏乃退○注君揖人皆出去○釋曰知君揖入皆出去者初賓將行君前受命訖君揖入揖賓介出故知此君退者亦反命訖賓介出可知**介皆送至于使者之門**將行俟于門反又送于門與尊長出入之禮也疏介皆

至之門○注將行至禮也○釋曰云將行俟於門是出之禮初行之時介皆至賓門俟賓同行今行反又送至于門是入之禮故云與尊長出入之禮**乃退揖**揖別也**使者拜其辱**隨謝之也再拜上介三拜士介疏注再拜上介三拜士介○釋曰上介是大夫與己同類故知再拜士卑與己異類各一拜故言三拜士介**釋幣于門**門大門也主于闑布席于闑西閾外東面設洗于門外東方其餘如初于禰時出于行入于門不兩告告所先見也疏釋幣于門○注門大至見也○釋曰自此盡亦如之論賓上介使還禮門神及與于禰之事知門是大門者以其從外來先至大門即禮門神故知門是大門也案特牲筮時云席於門中闑西閾外故知此亦席于闑西閾外知東面者神居東面為正故也云設洗于門外東方者以其廟在學設洗皆云洗當東榮故在門外亦在東方也云其餘如初于禰時者初出亦釋幣於行不如之者以其初出於廟禮文具設于行其文略故此云如禰時也言如者謂釋幣於祝先入已下埋于西階東是也云出于行入于門不兩告告所以先見也者出時自廟出先見行即告行入時先見門故告門出入皆告一故云不兩告也**乃至于禰筵几于室薦脯醢**告反也薦進也疏乃至至脯醢○注告反也薦進也○釋曰云筵几于室者還以特牲少牢司官設席于奧東面右几但無牲牢進脯醢而已以告祭非常故也**觴酒陳**主人酌進奠一獻也言陳者將復有次也先薦後酌祭禮也行釋幣反釋奠畧出謹入也疏觴酒陳○注主人至入也○釋曰云言陳者將復有次也者但云主人一獻當言奠今不言奠而言陳者以其下仍有室老及士獻以備三獻故言陳陳有次第之言以其三時次第皆列于坐者也云先薦後酌祭禮也者以其特牲少牢皆先薦饌乃後獻奠于鉶南此與彼同故云先薦後酌祭禮也云行釋幣反釋奠畧出謹入也者必畧出謹入者出時以禱祈入時以祠報故不同也**席于阼**為酢主人也酢主人者祝取爵酌不酢於室異於祭疏席于阼○注為酢至於祭○釋曰鄭知祝取爵酌者案特牲少牢尸酢主人祝取爵以酢主人但此無尸為異也不酢於室異於祭者此決特牲少牢皆於室內尸東西面受酢此乃於室外行來告反故在阼不在室知與正祭異也又於正祭時有尸尸飲卒爵以尸爵酢主人此吉祭無尸彝爵兼奠故別取爵以酢主人亦異也**薦脯醢**成酢禮也疏薦脯醢○注成酢禮也○釋曰此與謂若特牲少牢主人受酢

時皆席于戶內有薦俎此雖無俎亦薦脯醢于主人之前以成酢禮也**三獻**室老亞獻士三獻也每獻奠輒取爵酌主人自酢也疏三獻○注室老至酢也○釋曰鄭注喪服云室老家相士邑宰知無主婦而取士者以其自外來主於告反即釋奠於禰廟故知主婦不與而取士備三獻必知有室老與士者以其前大夫致饔餼於賓時使老牽牛以致之鄭注云皆大夫之貴臣故知此亦貴臣為獻也云每獻奠輒取爵酌者此通三獻皆獻奠訖別取爵自酢故云輒取爵酌也別云主人自酢者對正祭有尸三獻皆獻尸訖尸酢主人主婦賓長今此無尸皆自酢獨云主人者主人為首正故舉前以包後**一人舉爵**三獻禮成更起酒也主人奠之未舉也疏一人舉爵○注三獻至舉也○釋曰云三獻禮成者大夫士家祭三獻特牲少牢禮是也云更起酒者此欲獻酬從者不得酌神之尊是以特牲行酬時設尊兩壺於阼階東西方亦如之鄭注云謂酬賓及兄弟則此亦當然故知別取酒也云主人奠之未舉者以其下文云獻從者乃云行酬似鄉飲酒鄉射一人舉觶未舉待獻介衆賓後乃行酬亦然也**獻從者**從者家臣從行者也主人獻之勞之也皆升飲酒於西階上不使人獻之辟國君也疏獻從者○注從

者至君也○釋曰：知升飲於上者，案特牲禮獻賓及兄弟之等皆升飲於西階上，故此獻從者亦於階上可知。云「不使人獻之，避國君」者，若正祭，雖國君亦自獻，故祭統云「尸飲五，君洗玉爵獻卿；尸飲七，君洗瑤爵獻大夫」之等皆然。則告祭非常，今獻從者從燕法。案燕禮使宰夫爲獻主，是國君不親獻。此大夫親獻，故云避國君也。

行酬乃出。主人舉奠酬從者下辯，室老亦與焉也。（疏）注室老亦與○釋曰：知者，案燕禮使者勞者在者亦與，故知此室老亦與。不言士者，文不具，亦與可知。

上介至，亦如之。聘遭喪，入竟則遂也。遭喪，主國君薨也。入竟則遂，國君以國爲體，士既請事，已入竟矣。關人未告則反。（疏）聘遭喪入竟則遂也○注遭喪至則反○釋曰：自此盡「卒殯乃歸」，上陳告行聘之事，此以下論或遭主國君喪，或聘君薨於後，或使者與介身卒，安不忘危，故見此非常之事。從此盡「練冠以受」，論主國君或夫人薨、或世子死行變禮之事。云「以國爲體」者，謂公羊傳宋人執鄭祭仲，使之逐忽而立突，仲以逐忽則國存，不逐則國滅，故逐忽而立突，是以國爲體。但聘君主以聘國，故君雖薨而遂入。「關人未告則反」者，聘使至關，乃謁關人，關人入告君，君知，乃使士請事，已入關，自然入矣。若關人未告君，君不知，使者又未入，聞主國君死，理當反矣。

不郊勞。子未君也。（疏）不郊勞○注子未君也○釋曰：案文公八年「天王崩」，九年「毛伯來求金」，公羊傳曰：「何以不稱使？當喪未君也。踰年矣，何以謂之未君？即位矣，而未稱王也。未稱王，何以知其即位？以諸侯踰年即位，亦知天子之踰年即位也；以天子三年然後稱王，亦知諸侯於其封內三年稱子。」若然，云子未君，公羊傳文，但彼據踰年即位後，此據新遭父喪，引之者，以其同是子未君故也。

不筵几。致命不於廟，就尸柩於殯宮，又不神之。（疏）不筵几○注致命至神之○釋曰：不筵几，致命不於廟，決正聘設几筵也。「就尸柩於殯宮」者，國君雖以國爲體，主聘其國，但聘亦爲兩君相好，今君薨，當就尸柩，故不就祖廟也。云「又不神之」者，以其鬼神所在曰廟，則殯宮亦得爲廟，則設几筵亦可矣，但始死不忍異於生，不神之，故於殯傍無几筵也。曾子問云「君薨，世子生，告殯，殯東有几筵」者，鄭云明繼體也。然則尋常則殯東不設几筵，當在室內矣。

不禮賓。喪降事也。（疏）不禮賓○注喪降事也○釋曰：云不禮者，謂既行聘享訖，不以醴酒禮賓也。

主人畢歸禮。賓所飲食不可廢也。禮謂饔餼饗食。（疏）主人畢歸禮○注賓所至饗食○釋曰：知歸禮中兼有饗食者，主人有故，雖饗食亦有生致法，故主人亦歸之。且下文云「賓唯饔餼之受」，明本并饗食亦歸，賓乃就中受饔餼。若本不歸饗食，空歸饔餼，何頓云饔餼之受？明其時并致饗食也。

賓唯饔餼之受。受正不受加也。（疏）賓唯饔餼之受○注受正不受加也○釋曰：饔餼大禮，是其正；自饗食之等，是其加也。

不賄，不禮玉，不贈。喪殺禮，爲之不備。（疏）不賄不禮玉不贈○注喪殺禮爲之不備○釋曰：云「不賄」者，皆據上文，謂不以束紡；「不禮玉」者，謂不以束帛乘皮以報享；「不贈」者，賓出至郊，不以物贈之也。

遭夫人、世子之喪，君不受，使大夫受于廟，其他如遭君喪。夫人、世子死，君爲喪主，使大夫受聘禮，不以凶接吉也。其他，謂禮所降。（疏）遭夫至君喪○注夫人至所降○釋曰：云「夫人、世子死，君爲喪主」者，案禮記服問云「君所主：夫人、妻、大子、適婦」，鄭注云：「言妻，見大夫以下亦爲此三人爲喪主也。」故云君爲喪主。既爲喪主，是以使大夫受聘禮，不以凶接吉也。云「其他，謂禮所降」者，謂不禮以下不贈以上皆闕之。

遭喪，將命于大夫，主人長衣練冠以受。遭喪，謂主國君薨，夫人、世子死也。此三者皆大夫攝主人。長衣，素純布衣也。去衰易冠，不以純凶接純吉也。吉時在裏爲中衣。中衣、長衣繼皆掩尺，表之曰深衣，純袂寸半耳。君喪不言使大夫受，子未君，無使臣義也。（疏）遭喪至以受○注遭喪至義也○釋曰：此經揔說上三人死，主君不得受命，故使將命於大夫。主人即大夫，故鄭云「此三者皆大夫攝主人」也。云「長衣，素純布衣」者，此長衣則與深衣同布，但袖長素純爲異，故云長衣素純布衣也。此長衣之緣以素爲之，故云素純也。「去衰易冠」者，謂脫去斬衰之服而著長衣，脫去六升、九升之冠而著練冠，故云去衰易冠也。云「不以純凶接純吉」者，聘禮是純吉禮，爲君三升衰裳、六升冠，爲夫人、世子六升衰裳、九升冠，是純凶禮。麻經與屨不易，直去衰易冠而已，故云不以純凶接純吉。云「吉時在裏爲中衣，中衣、長衣繼皆掩尺，表之曰深衣，純袂寸半耳」，鄭言此者，欲廣解長衣、中衣、深衣三者之義。此三者之衣皆用朝服十五升布，六幅分爲十二幅，而連衣裳，袖與純緣則異，故云吉時在裏爲中衣。「中衣與長衣繼皆掩尺」者，案玉藻云「長、中繼掩尺」，鄭注云：「其爲長衣、中衣，則繼袂掩一尺。」此鄭云吉時之服純袂寸半者，純爲衣裳之側，袂爲口緣，皆寸半，表裏共三寸。案深衣目錄云：「深衣連衣裳而純以綵，純素曰長衣，有表則謂之中衣以此言之則長衣中衣皆用素純云君喪不使大夫受子未君無使臣義也者其疏見於上若然臣爲君斬爲夫人世子期輕重不同今受鄰國之聘禮同用長衣練冠者但接鄰國者禮不可以純凶故權制此服咨爲一節耳向來所釋皆是君主始薨假令君薨踰年嗣子即位鄰國朝聘以吉禮受之於廟故成十七年經書邾子貜且卒十八年邾宣公來朝傳云即位而來見踰年可以朝他國他國來朝亦得以吉禮受之於廟矣雖踰年而未葬則不得朝人人來朝已亦使人受之於廟於夫人世子亦然以其本爲死者來故也

聘君若薨于後入竟則遂既接於主國君也【疏】聘君至則遂○注既接於主國君也○釋曰自此盡唯稍受之論聘者遭已君之喪行非常之禮事云接於主國者謂謁關人關人告君君使士請事是接於主國矣故入境則遂也

赴者未至則哭于巷衰于館未至謂赴告主國君者也哭于巷者哭于巷門未可爲位也衰于館未可以凶服出見人其聘享之事自若吉也今文赴作訃【疏】赴者至于館○注未至至作訃○釋曰未至謂赴告主國君者也以其本國遭喪赴者有兩使一使告聘者一使告主國云未可爲位者以其赴主國之使未至是以未可爲位受人弔禮云衰于館未可以凶服出見人者對下經赴者至則衰而出云其聘享之事自若吉者下云受饔餼之禮故知先行聘享乃後受禮以其主國未得赴告故自若吉也

受禮受饔餼也【疏】受禮○注受饔餼也○釋曰上文遭主國之喪賓唯饔餼之受受禮亦饔餼之禮

不受饗食亦不受加【疏】不受饗食○注亦不受加○釋曰上文遭主國之喪云唯饔餼之受注云受正不受加也加即此饗食也故此云亦不受加也

赴者至則衰而出禮爲鄰國闕於是可以凶服將事也【疏】赴者至而出○注禮爲至事也○釋曰云禮爲鄰國闕者案襄二十三年春秋左氏傳云杞孝公卒晉悼夫人喪之平公不徹樂非禮也禮爲鄰國闕服注云鄰國尚爲之闕樂況舅甥之親乎若然赴者至主國君使者衰而出則主國可以闕樂云於是可以凶服將事者謂主人所歸禮則賓可以凶服受之其正行聘享則著吉服矣故雜記云執玉不麻是也

唯稍受之稍稟食也【疏】唯稍受之○注稍稟食也○釋曰禮君行師從卿行旅從從者既多不可闕於稍食案周禮每云稍事皆謂米稟以其稍稍給之故謂米稟爲稍

歸執圭復命于殯升自西階不升堂復命于殯者臣子之於君父存亡同【疏】歸執至升堂○注復命至亡同○釋曰自此盡即位踊論使者喪還執圭還國復命之事云臣子之於君父存亡同者案禮記奔父母之喪升自西階此復命於殯亦升自西階法生時出必告反必面故云臣子於君父存亡同也

子即位不哭將有告請之事宜清淨也不言世子者君薨也諸臣待之亦皆如朝夕哭位【疏】子即位不哭○注將有至哭位○釋曰云不言世子者君薨也者案公羊傳君存稱世子君薨稱子某既葬稱子踰年稱君案上文稱世子此文單稱子是知其君薨故君不稱某而與此既葬同號者以其既不得稱世子畧云子而已故不言某其實正法稱子某是以雜記在殯待鄰國之使皆稱某云諸臣待之亦皆如朝夕哭位者但臣子一列上下文唯言子不言羣臣與子同知如朝夕哭位者案奔喪云奔父之喪在家者待之皆如朝夕哭位故知此亦然

辯復命如聘自陳幣至于上介以公賜告無勞【疏】辯復命如聘○注自陳至無勞○釋曰言辯復命如聘者上文君存時使者復命自陳公幣已下至賜告之等今復命於殯所亦盡陳之故言辯知無勞者勞主君出命今君薨不可代君出命故知無勞也

子臣皆哭使者既復命子與羣臣皆哭【疏】子臣皆哭○注使者至皆哭○釋曰此據子在位哭亦兼羣臣故鄭云子與羣臣皆哭

與介入北鄉哭北鄉哭新至別於朝夕【疏】與介入北鄉哭○注北鄉至朝夕○釋曰使者升階復命訖不見出文而言與介入者以其復命之時介在幣南北面去殯遠復命訖除去幣賓更與介前入近殯北鄉哭鄉內爲入故云與介入北鄉哭也云北鄉哭新至別於朝夕者朝夕哭位在阼階下西面今於殯前北鄉故云別於朝夕也

出袒括髮悲哀變於外臣也【疏】出袒括髮○注悲哀變於外臣也○釋曰案奔喪云至於家入門左升自西階東面哭括髮袒於殯東是於內者子故也此使者出門袒括髮變於外者臣故也

入門右即位踊從臣位自哭至踊如奔喪禮【疏】入門右即位踊○注從臣至喪禮○釋曰案奔喪云袒括髮於西階東即位踊襲絰於序東此門外袒括髮入門右即位踊亦當襲絰於序東故鄭云自哭至踊如奔喪禮也

若有私喪則哭于館衰而居不饗食私喪謂其父母也哭于館衰而居不敢以私喪自聞于主國凶服于君之吉使春秋傳曰大夫以君

命出聞喪徐行而不反【疏】君有至饗食○注私喪至不反○釋曰自此盡從之論使者有父母之喪行變禮之事云不敢以私喪自聞于主國者解哭于館又云凶服于君之吉使者亦取不敢解之言衰而居謂服衰居館行聘享即皮弁吉服故不敢凶服于君之吉使也引春秋傳者案宣八年經書夏六月公子遂如齊至黃乃復公羊傳云其言至黃乃復何有疾也何言乎有疾乃復譏何譏爾大夫以君命出聞喪徐行而不反何氏注聞大喪而不反重君命也徐行者爲君當使人追代之以喪喻疾者喪猶不還而況疾乎是也以此言之使雖未出國境聞父母之喪遂行不敢以私廢王事君使人代之可也以此言之明至彼所使之國雖聞父母之喪不反可知是以哭于館衰而居　**歸使衆介先衰而從之**已有齊斬之服不忍顯然趨於往來其在道路使介居前歸又請反命已猶徐行隨之君納之乃朝服既反命出公門釋服哭而歸其他如奔喪之禮吉時道路深衣【疏】歸使至從之○注已有至深衣○釋曰云已有齊斬之服者以其私喪之內有爲父斬爲母齊衰故齊斬並言之也云不忍顯然趨於往來者解經並使衆介先衰而從之意經云歸據反國時兼云往者鄭意去時聞父母之喪不敢即反亦使衆介先衰而從之故

往來並言云在道路使介居前者謂去向彼國時云歸又請反命已猶徐行隨之者此謂還國至近郊使人請反命君許入猶使介居前徐行於後隨介至國也云君納之乃朝服者以其行聘之時猶不以凶服于君之吉使而服吉服知此反命時亦不以凶服于君之吉使而服朝服如吉時反命矣云出公門釋服哭而歸者案雜記云大夫士將與祭於公既視濯而父母死則猶是與祭也次於異宮既祭釋服出公門外哭而歸亦云其它如奔喪之禮明此亦出公門釋服而歸但彼祭服不可著出故門內釋服此朝服可以著出門乃釋服爲異也云其他如奔喪之禮者案奔喪云至於家入門左升自西階殯東西面坐哭盡哀括髮袒降堂東即位西鄉哭成踊襲絰于序東絞帶反位拜賓成踊送賓反位有賓後至者則拜之成踊送賓皆如初衆主人兄弟皆出門出門哭止闔門相者告就次於又哭括髮袒成踊於三哭猶括髮袒成踊三日成服拜賓送賓皆如初云吉時道路深衣者以其朝服之下唯有深衣庶人之常服既以朝服反命出門去朝服還服吉時深衣三日成服乃去之

儀禮疏卷第二十三　江西督糧道王賡言廣豐縣知縣阿應鱗栞

儀禮注疏卷二十三挍勘記　阮元撰盧宣旬摘錄

君使卿皮弁

似將德與已　毛本與作於

皮弁襲

云不純爲主也者　云下要義有將去二字

大夫升自西階

今還在楹內也　內陳本作外按當作內

賓自碑內聽命

面位受不同　毛本通解無受字

大夫降中庭

賈人是上啟櫝者　毛本是作至

賓裼

今之縳也　縳釋文作𦃇云劉音須一本作縳息絹反案說文白鮮色也居掾反聲類以爲今正絹字戴震曰周禮內司服注素沙者今之白縳也釋文劉音絹聲類以爲今作絹字此獨作𦃇𦃇乃繻之俗體繻因有須音然與周禮音義剌謬以聲類證之音絹是也須乃絹之訛以周禮證之作縳是也釋文訛而爲𦃇○按注宜作縳不宜作繻此說是也劉于此注亦作縳而音絹耳釋文誤讀劉音遂誤改注字監本作縛亦誤

相厚之至　徐陳通解敖氏同集釋楊氏毛本至下俱有也字○按疏有也字

今之白縳也　陳閩通解楊氏同毛本縳作縛魏氏曰溫本作縳○按要義鈔本亦誤作縳

禮玉束帛乘皮皆如還玉禮　下五字徐本通解俱在下節之首與此本標目合集釋楊氏毛本皆同在一節

來禮此主君此主君亦以物禮彼君　要義同毛本此主君三字不重出○

賓辟

不敢受主國君見已於此館也　徐本集釋通解楊氏同毛本無主字

凡君有事於諸侯臣之家　徐本通解同毛本無侯字張曰疏無侯字當從疏

上介聽命

介西面面公可知　上面字陳閩通解俱作面毛本作命下面字毛本作向

聘享

及甞聘彼國之下大夫　毛本甞作常浦鏜云甞誤常

賓三拜乘禽於朝

明已受賜　張曰監本已作巳從諸本○按刻本已巳二字不甚有別大抵皆作巳張所說恐亦未能審諦

是禮以細小　以要義作之

遂行舍于郊

具視也　要義同毛本具作其○按曲禮注云展軨具視也作具是

受于舍門外

明去而宜有已也　張曰注曰明去而宜有已也按疏云賓去禮宜有已已當爲已從疏○按嚴徐鍾本亦俱作已古者辰巳之巳與已然之已同字可無辨也

使者歸

使之將兵　釋文無兵字云一本作使之將兵將則後加字○按當云兵則後加字據公羊本文無兵字陸說是

逐而不納　逐要義作遂云一本遂作逐監本作遂張曰鄭伯于高克不召使歸而已非逐也遂者謂遂其將兵之事而終不召也於義爲得○按何休云隨後遂之則當作逐明矣張說殊迂

使之將　毛本將下有兵字○按無兵字與釋文合

禳乃入

掌侯禳禱祠之祝號　陳本同毛本祠作祝閩本作祀○按作祠與周禮小祝合

乃入陳幣于朝

於卿大夫所爲私幣　要義同毛本所下有得字

夕幣七也　朱子曰主國禮賜無有夕幣疏於上介公幣云無郊贈及無禮賓幣又闕一饗幣故賓入上介五則此夕字當是饗字之誤而其次亦當在再饗之前

又云上介公幣　幣下要義有陳字

卿進使者

變於賓彼國致命時也　毛本通解無賓字

反命曰

某國名也　名集釋敖氏俱作君字按君字是

謂再拜受也　謂再拜三字陳閩監葛通解俱脫

明彼君敬君已不辱命　君已二字閩監葛本集釋俱倒

某君　要義同毛本某上有云字

但受聘享在太祖廟　陳本通解要義同毛本在作於

不在親廟　毛本在作出陳閩通解要義俱作在廟下四字要義有通解毛本無

受上介璋

若本非君命猶夫人之命然　要義無猶夫人之命五字

夫人旣無外事　夫要義作婦

執賄幣以告曰

是上介授賓　陳閩同毛本授作受

禮玉

士介從取皮也　徐本集釋同毛本通解從作後○按通解於疏仍作從則注中後字偶誤耳

士隨自後隨宰在後　毛本後下有者字而無隨宰在後四字

士介從取皮也者　毛本從作後下同通解作從

君其以賜乎

云不拜者　要義同毛本云下有獻字○按獻字當有

君勞之

鄭知旅荅士介共一拜者是也　要義同毛本知作此○按知

君使宰賜使者幣

不敢自私服也　敖氏曰服字恐誤○按服字敖改作之

賜介

士介之幣　士陳本作上

釋幣于門

以其廟在學設洗　要義同毛本通解無在字

不如之者　要義同毛本不作云○按不字是

于行其文略　要義同毛本行作見○按行字是也

告所以先見也者　毛本要義無以字按各本注俱無以字

席于阼

知與正祭異也　正陳本誤作鄭按鄭或是奠字之誤

此吉祭　毛本吉作告○按吉是也

無尸　補案尸下誤空一字

三獻

皆大夫之貴臣　臣下陳閩俱有爲獻二字按前注無爲獻字此涉下文而誤衍也

故知此亦貴臣爲獻也　陳閩俱無故字

獻從者

則告祭非常　告閩本作吉

聘遭喪

乃謁關人關人入告君　要義同陳閩謁誤作請毛本關人二字不重出

不郊勞

亦知天子之踰年卽位也　陳本要義同毛本知作如

不筵几

但聘亦爲兩君相好　要義同毛本亦作則

主人畢歸禮

賓所飲食　所集釋作於

雖饗食亦有生致法　要義同毛本饗作饔○按饗字是

賓唯饔餼之受　要義同毛本唯作雖○按唯字與下文合

何頓云饔餼之受　頓要義作須

遭喪

不以純凶接純吉也　徐陳閩葛集釋通解楊敖同毛本以作必○按以字與疏合

君喪不言使大夫受　按疏無言字

爲夫人世子六升衰裳　自此句子字起至下略爲一節耳句止共二百九十三字此本誤錯喪服傳疏

而純以綵純素曰長衣　陳本以作衣綵純二字倒

聘君若薨于後

云接於主國者　要義同毛本國下有君字○按疏標起訖則注文當有君字

謂謁關人關人告君　要義同毛本關人二字不重出

是接於主國矣　要義同毛本通解國作君

子即位不哭

以其既不得稱世子　監本要義同毛本既作記○按既字是也

但臣子一列　要義同毛本列作例

若有私喪

凶服干君之吉使　于徐陳監本集釋敖氏俱作干嚴鍾閩本通解楊氏毛本俱作于

歸

解經並使衆介先衰而從之意　要義同毛本並作歸

猶不以凶服干君之吉使　于陳本要義俱作干下同閩監毛本俱作于下同

明此亦出公門　此陳閩俱作之

儀禮注疏卷二十三校勘記終　奉新余成教校

儀禮疏卷第二十四

唐朝散大夫行大學博士弘文館學士臣賈公彦等撰

賓入竟而死遂也主人爲之具而殯具謂始死至殯所當用【疏】賓入至而殯。注具謂至當用。釋曰自此盡卒殯乃歸論賓介死之事云賓入境而死遂也者若未入境即反來云主人爲之具而殯者謂從始死至殯所當用者主人皆供之鄭云具謂始死至殯所當用直云至殯所當用明不殯於館取其至殯節主人供喪具以其大斂訖即殯故連言殯故下文歸介復命之時柩止門外明斂於棺而已

介攝其命爲致聘享之禮也初時上介接聞命【疏】介攝其命。注爲致至聞命。釋曰云初時上介接聞命者鄭解介得代賓致命之意以其命出於君初賓受命於君之時賓介同北面上介接聞君命矣以是今賓死得攝其命

君弔介爲主人雖有臣子親因猶不爲主人以介與賓並命於君尊也【疏】君弔介爲主人。注雖有至尊也。釋曰古者賓聘家臣適子皆從行是以延陵季子聘於齊其子死葬於嬴

博之閒故鄭云雖有臣子親因猶不爲主人以其介尊故也

主人歸禮幣必以用當中奠賵諸喪具之用不必如賓禮【疏】主人至以用。注當中至賓禮。釋曰賓既死主人所歸禮與幣必以當喪者之用云當中奠賵者解經中小斂大斂之用云當中奠賵諸喪具之用者具謂襲與小斂大斂解經幣云不必如賓禮者不必如致飧饔之禮束紡皮帛之類不堪喪者之用故也

介受賓禮無辭也介受主國賓已之禮無所辭也以其當陳之以反命也有賓喪嫌其辭之【疏】介受賓禮無辭也。注介受至辭之。釋曰云介受主國賓已之禮者謂公幣私幣之屬故鄭云當陳之以反命也言無辭者雖無三辭以其賓受饔餼之時禮辭受食三辭明介亦有禮辭云無所辭也者以有賓喪嫌介有三辭故云介受賓禮無辭也

不饗食【疏】不饗食。釋曰案上遭君喪受饔餼不受饗食鄭云受正不受加此云不饗食介不就君受饗食明受饔餼正禮也

歸介復命柩止于門外門外大門外也必以柩造朝達其忠心【疏】歸介至門外。注門外至忠心。釋曰知門外是大門外者國君有三門皋應路文有三朝內朝在路寢庭正朝在路門外應門外無朝外朝當在皋門外經直云止於門外無入門之言明知止於大門外外朝之上是以上賓拜賜皆云於門外亦在外朝矣故鄭云必以柩造朝達其忠心也

介卒復命出奉柩送之君弔卒殯卒殯成節乃去【疏】介卒至卒殯。注卒殯成節乃去。釋曰當介復命之時賓之尸柩在外朝上介卒復命謂復命訖出君大門奉賓之柩送至賓之家屍柩入殯於兩楹之閒君往就弔卒殯者謂殯訖是喪之大節故云卒殯成節乃去謂君與大夫盡去

若大夫介卒亦如之不言上介者小聘上介士也【疏】若大至如之。注不言至士也。釋曰云不言上介者小聘上介士也者案經大夫介卒據大聘上介是大夫而言今鄭以經不言上介則大夫介卒中兼有聘使大夫其卒亦如之故鄭云不言上介小聘上介士也欲兼見小聘之法也若小聘上介末介皆士則入下文士介死中以其下文更不見小聘賓介死法故此兼言之也

士介死爲之棺斂之不具他衣物也自以時服也【疏】注不具至服也。釋曰以其士介卑其禮降於賓與上介非直具棺他衣物亦具之此士介直具棺不具他物也其士介從者自用時服斂之

君不弔焉主國君使人弔不親往【疏】君不弔焉。注主國至親往。釋曰云主國君使人弔不親往者對上經賓死君弔介爲主人此士云不弔者明不親弔使人弔之可知也

若賓死未將命則既斂于棺造于朝介將命未將命謂俟閒之後也以柩造朝以已至朝志在達君命【疏】若賓至將命。注未將至君命。釋曰前云賓入境而死謂在路死未至國此經更說賓至朝俟閒之後使大夫致館未行聘享而賓在館死之事故鄭云俟閒之後是以鄭云以柩造朝以其既至朝志在達君命則知上國外死不以柩造朝可知

若介死歸復命唯上介造于朝

若介死雖士介賓既復命往卒殯乃歸往謂送柩

小聘曰問不享有獻不及夫人主人不筵几不禮面不升不郊勞記貶於聘所以爲小也獻私獻也面猶覿也【疏】小聘至郊勞。注記貶至覿也。釋曰自此盡三介論侯伯行小聘之事云不享者謂不以束帛加璧獻國所有云不禮者聘

訖不以齊酒禮賓面不升者謂私覿庭中受之不升堂此對大聘升堂受若然不言私覿而言面者對大聘言覿故辟之而言面也

其禮如爲介三介　如爲介如爲大聘上介

疏 其禮至三介。注如爲至上介。釋曰云其禮如爲介者謂特問使大夫得主國之禮多少如大聘卿此大夫爲上介之時即上文介之禮饔餼及食燕之等三介者大夫降於卿二等故也舉此侯伯之小聘則公之臣子男之臣小聘禮數其義可知也

記　久無事則聘焉　事謂盟會之屬

疏 記久至聘焉。注事謂盟會之屬。釋曰此云久無事則聘焉者則周禮殷聘也是以周禮大行人云凡諸侯之邦交歲相問也殷相聘也世相朝也注云小聘曰問殷中也久無事又於殷朝者及而相聘也云事謂盟會之屬者案春秋有事而會不協而盟是以春秋有會而不盟盟必因會若有盟會相見故云久無事則聘焉

若有故則卒聘束帛加書將命百名以上書於策不及百名書於方　故謂災患及時事相告請也將猶致也名書文也今謂之字策簡也方板也

疏 若有至於方。注故謂至板也。釋曰云故謂災患

及時相告請者此即上經云若有言一也言災患上注引春秋臧孫辰告糴于齊公子遂如楚乞師此云及時事者即上注引春秋晉侯使韓穿來言汶陽之田是也云名書文今謂之字者鄭注論語亦云古者曰名今世曰字許氏說文亦然言此者欲見經云名者即今之文字也云策簡方板也者簡謂據一片而言策是編連之稱是以左傳云南史氏執簡以往是簡者未編之稱此經云百名以上書之於策是其衆簡相連之名鄭作論語序云易詩書禮樂春秋策皆尺二寸孝經謙半之論語八寸策者三分居一又謙焉是其策之長短鄭注尚書三十字一簡之文服虔注左氏云古文篆書一簡八分字是一簡容字多少者云方板者以其百名以下書之於方若今之祝板不假連編之策一板書盡故言方板也

主人使人與客讀諸門外　受其意既聘享賓出而讀之讀之不於內者人稠處嚴不得審悉主人主國君也人內史也書必璽之

疏 主人至門外。注受其至璽之。釋曰云既聘享賓出而讀之者上經云若有言則以束帛如享禮文承聘享之後故知此讀諸門外故云既聘享也鄭知人是內史者案內史職云凡四方之事書內史讀之此云使人與客讀諸門外者亦是四方事書故知人是內史也知書必璽之者案襄二

十九年左傳云公如楚還及方城季武子取卞使公冶問璽書追而與之故知此書亦璽之也

客將歸使大夫以其束帛反命于館　爲書報也

疏 客將至于館。注爲書報也。釋曰此爲書報上有故之事彼以束帛加書將命此亦以束帛加書反命于館

明日君館之　既報館之書問尚疾也

疏 明日君館之。注既報至疾也。釋曰爲昨日爲書報之今日君始就館送客者書問之道尚疾故也必須尚疾者以其所報告請多是密事是以鄭云既報館之書問尚疾也

既受行出遂見宰問幾月之資　資行用也古者君臣謀密草創未知所之遠近問行用當知多少而已古文資作齎

疏 既受至之資。注資行至作齎。釋曰使者受命於君但知出聘不知遠近故云古者君臣謀密草創未知所之遠近故問宰行糧多少即知遠近也故知須問之

使者既受行日朝同位　謂前夕幣之閒同位者使者北面介立于左少退別其處臣也

疏 使者至同位。注謂前至臣也。釋曰云既受行日者謂已受命日夕幣之前使者及介朝君之時皆同位北面東上在朝處臣東方西面北上故

鄭云同位者北面介立于左少退以別處臣也

出祖釋軷祭酒脯乃飲酒于其側　祖始也既受聘享之禮行出國門止陳車騎釋酒脯之奠於軷爲行始也詩傳曰軷道祭也謂祭道路之神春秋傳曰軷涉山川然則軷山行之名也道路以險阻爲難是以委土爲山或伏牲其上使者爲軷祭酒脯祈告也卿大夫處者於是餞之飲酒於其側禮畢乘車轢之而遂行舍於近郊矣其牲犬羊可也古文軷作祓

疏 出祖至其側。注祖始至作祓。釋曰云既受聘享之禮行出國門止陳車騎釋酒脯之奠於軷者凡道路之神有二在國內釋幣於行者謂平適道路之神出國門釋奠於軷者謂山行道路之神是以委土爲山象國中不得軷名國外即得軷稱引詩傳曰者證軷祭道路之神也引春秋傳曰者案襄二十八年左氏傳子大叔云軷涉山川蒙犯霜露引之者證軷是山行之名涉者水行之稱故鄘詩云大夫軷涉我心則憂毛傳云草行曰軷水行曰涉云是以委土爲山者案月令冬祀行鄭注行廟門外之西爲軷壤厚二寸廣五尺輪四尺祀行之禮北面設主於軷上國外祀山行之神爲軷壤大小與之同鄭注夏官大馭云封土爲山象以菩芻棘柏爲神主既祭之以車轢之而去喻無險難也云或伏牲其上者案周禮犬

人云掌犬牲凡祭祀供犬牲用牷物伏瘞亦如之鄭注云伏謂伏犬以王車轢之故知有伏牲其上云使者爲軷祭酒脯祈告也者案周禮大馭掌馭玉路以祀及犯軷王自左馭馭下祝登受轡彼天子禮使馭祭此大夫禮故使者自祭犯軷而去云卿大夫處者於是餞之者案詩云飲餞于禰是處者送行人而飲酒名曰餞也云遂行舍于郊者即上經云舍于近郊是也云其有牲犬羊可者犬人職云伏瘞亦如之是用犬也詩云取羝以軷是用羊也是犬羊各用其一未必並用之言可者人君有牲大夫無牲直用酒脯若然此見出行時祭軷案韓奕詩云韓侯出祖出宿于屠顯父餞之清酒百壺是韓侯入覲天子出京城爲祖道又左氏傳鄭忽逆婦嬀于陳先配而後祖陳鍼子曰是不爲夫婦誣其祖矣鄭志以祖爲祭道神是亦將還而後祖道此聘使還亦宜有祖但文不具**所以朝天子圭與繅皆九寸剡上寸半厚半寸博三寸繅三采六等朱白倉**圭所執以爲瑞節也剡上象天圜地方也雜采曰繅以韋衣木板飾以三色再就所以薦玉重愼也九寸上公之圭也古文繅或作藻今文作璪〈疏〉所以至白倉○注圭所至作璪○釋曰云圭所執以爲瑞節者案周禮大宗伯云以玉作六瑞以等邦國又云王執鎭圭公執桓圭侯執信圭伯執躬圭子執穀璧男執蒲璧是以其圭爲瑞又案周禮掌節有玉節之節即是節與瑞別矣今此云瑞節但連言節者案節不得言瑞瑞亦是節信故連言節也云剡上象天圜地方也者下不剡象地方上剡象天圜案雜記贊大行曰博三寸厚半寸剡上左右各寸半此經直剡上寸半不言左右文不具也凡圭天子鎭圭公桓圭侯信圭皆博三寸厚半寸剡上左右各寸半唯長短依命數不同云雜采曰繅者凡言繅者皆象水草之文天子五采公侯伯三采子男二采皆是雜采也云以韋衣木板飾以三色再就者依漢禮器制度而知也但木板大小一如玉制然後以韋衣之大小一如其板經云三采六等注云三色再就者就即等也是一采爲再就三采即六等也是以鄭注典瑞云一帀爲一就典瑞云侯伯三采三就者以一采雖有再帀併爲一就覲禮注云朱白倉爲六色者亦是一采一帀爲二色三采故六色三采據公侯伯子男則二采故典瑞云子男皆二采再就是也所以薦玉重愼者玉者寶而脆今以繅藉薦之是其重愼也**問諸侯朱綠繅八寸**二采再就降於天子也於天子曰朝於諸侯曰問記之於聘文互相備〈疏〉問諸至八寸○注二

采至相備○釋曰此諸侯使臣聘繅藉之等云二采再就者上云三采六等此二采不云四就者此臣禮與君禮異此二采雖與子男同子男即一采爲一帀二采爲再帀爲四等今臣一采爲一就二采共爲再就是二采當君一采之處是以典瑞云瑑圭璋璧琮繅皆二采一就以規聘亦是臣二采共當君一采一帀之處云降於天子者案典瑞王執鎭圭繅藉五采五就言五就者據一采爲一等若據一采一帀而言即五采十等此二采二等是降於天子也此亦降於諸侯而言降於天子者此鄭君指上文朝天子而言故言聘諸侯降於朝天子也云於天子曰朝者據上文所以朝天子是也則諸侯自相朝亦同圭與繅九寸侯伯以下亦依命數云於諸侯曰問者諸侯遣臣自問若遣臣問天子圭與繅亦八寸是以云記之於聘文互相備案玉人云瑑圭璋八寸璧琮八寸以規聘無所依據則於天子諸侯同言八寸者據上公之臣侯伯之臣則六寸子男之臣則四寸各降其君二等若然經言八寸者據上公之臣也**皆玄纁繫長尺絢組**采成文曰絢繫無事則以繫玉因以爲飾皆用五采組上以玄下以絳爲地今文絢作約〈疏〉皆玄至絢組○注采成至作約○釋曰上文繅藉尊卑不同此之組繫尊卑一等云采成文曰絢鄭注論語文成章曰絢與此語異義同云繫無事則以繫玉因以爲飾者無事謂在櫝之時亦以繫玉因以爲飾此組繫亦名繅藉即上文反命之時使者執圭垂繅上介執璋屈繅又曲禮下云執玉其有藉者則裼無藉者則襲鄭注亦云藉繅也裼襲皆據有繅無繅之時是其因以爲飾云皆用五采組者以其言絢絢是文章之名經又言皆復無尊卑之別故知皆用五采組也云上以玄下以絳爲地者以其皆用五采而經直云玄纁爲地上加五采上下皆據垂之爲上下必知上玄下絳者上玄以法天下絳以法地故也經云纁注云絳者爾雅三入赤汁爲纁絳則赤也故本絳以解纁**問大夫之幣俟于郊爲肆又齎皮馬**肆猶陳列也齎猶付也使者既受命宰夫載問大夫之禮待於郊陳之爲行列至則以付之也使者初行舍于近郊幣云肆馬云齎因其宜亦互文也不於朝付之者辟君禮也必陳列之者不夕也古文肆爲肆〈疏〉問大夫至皮馬○注肆猶至爲肆○釋曰知載大夫幣是宰夫者以其初宰衆官具幣故知載幣於郊付使者亦是宰夫可知云幣云肆馬云齎因其宜亦互文也者以其幣是財賄易可陳列故言肆不言齎亦付使者矣馬是難陳之物故直言齎亦付使者亦陳之是因其宜互文也**辭無常孫**

而說孫順也大夫使受命不受辭辭必順且說【疏】注受命不受辭○釋曰受命謂受君命聘於鄰國不受賓主對荅之辭必不受辭者以其口及則言辭無定準以辭無常故不受之也辭多則史少則不達史謂策祝【疏】注史謂策祝○釋曰案周禮大史內史皆掌策書尚書金縢云史乃策祝是策書祝辭故辭多爲文史辭苟足以達義之至也至極也今文至爲砥辭曰非禮也敢對曰非禮也敢辭○辭不受也對荅問也二者皆卒曰敢言不敢【疏】辭曰至敢辭○注辭不至不敢○釋曰辭謂賓辭主人荅謂賓荅主人介則在旁曰非禮也敢故易旅卦初六云瑣瑣斯其所取災鄭云瑣瑣猶小小爻互體艮艮小石小小之象三爲聘客初與二其介也介當以篤實之人爲之而用小人瑣瑣然客主人爲言不能辭曰非禮不能對曰非禮每者不能以禮行之則其所以得罪是其義也卿館於大夫大夫館於士士館於工商館者必於廟不館於敵者之廟爲大尊也自官師以上有廟有寢工商則寢而已【疏】卿館至工商○注館者至而已○釋曰云

館者必於廟案上歸饔餼云於廟明其禮皆在廟可知云不館於敵者之廟爲大尊也者以其在廟尊則尊矣故就降等而已若又在敵者之廟以上是其大尊云自官師以上有廟有寢者案祭法云適士二廟官師一廟鄭云官師謂中士下士是其官師有廟知廟有寢案周禮隸僕云掌五寢之埽除鄭注云五寢五廟之寢天子七廟唯祧無寢詩云寢廟奕奕相連之貌故左傳云大叔之廟在道南其寢在道北是其前曰廟後曰寢工商則寢而已者案爾雅釋宮云室有東西廂曰廟注云夾室前堂又云無東西廂有室曰寢注云但有大室是其自士以上有廟者必有寢庶人在官者工商之等有寢者則無廟故祭法云庶士庶人無廟祭於寢是也管人爲客三日具沐五日具浴管人掌客館者也客謂使者下及士介也飧不致不以束帛致命草次饌飧具輕【疏】飧不致○注不以至具輕○釋曰君不以束帛致命者對饔餼以束帛致之此不以束帛致草次饌具輕者以其客始至則致之故言草次也對聘曰致饔餼生死俱有禮物又多爲重故以此物爲輕而不致賓不拜以不致命【疏】賓不拜○注以不致命○釋曰云不拜者宰夫朝服設食賓無拜受之文以其不以束帛致故也沐

浴而食之自絜清尊主國君賜也記此重者沐浴可知【疏】沐浴而食之○注自絜至可知○釋曰云記此重者沐浴可知者以其食禮輕尚沐浴而食饔餼食重者沐浴而食可知卿大夫訝大夫士訝士皆有訝卿使者大夫上介也士衆介也訝主國君所使迎待賓者如今使者護客【疏】卿大至有訝○注卿使至護客○釋曰云卿大夫訝者謂大聘使卿主人使大夫迎士訝者小聘使大夫主人使士迎言皆有訝者自介已下皆迎之云卿使者大夫上介士衆介也者據此篇是侯伯之卿大聘而言其實小聘使大夫亦使士迎之所迎者謂初行聘及饗食燕皆迎之故鄭君無所止定賓即館訝將公命使已迎待之命【疏】賓即館訝將公命○注使已迎待之命○釋曰案秋官掌訝職云賓入館次于舍門外待事于客注云次如今宮府門外更衣處待事于客通其所求索彼謂天子有掌訝之官共承客禮此諸侯使無掌訝是以還遣所使大夫士訝將公命有事通傳于君又見之以其摯又復也復以私禮見者訝將舍於賓館之外宜相親也大夫訝者執鴈士訝者執雉【疏】又見之以其摯○注又復至執雉○釋曰云復

以私禮見者訝將舍於賓館之外宜相親也者禮掌訝舍於賓之館門外此大夫士君使爲訝雖非掌訝之官亦爲次舍于賓之館外宜相親故執摯以相見大夫訝者執鴈士訝者執雉案士相見及大宗伯文也賓既將公事復見之以其摯既已也公事聘享問大夫復報也使者及上介執鴈羣介執雉各以見其訝【疏】賓既至其摯○注既已至其訝○釋曰云以公事聘享問大夫者此並行君物享主國君及問大夫故云公事也云復報也者有報訝者以摯私見已今還以摯私報之知使者及上介同執鴈不執羔者見上文主國卿大夫勞賓同執鴈則知此使者及上介同執鴈可知各以見其訝者謂使者見大夫之訝者上介見士之訝者士介亦見士訝者凡四器者唯其所寶以聘可也言國獨以此爲寶也四器謂圭璋璧琮【疏】凡四至可也○注言國至璧琮○釋曰案以公事宗伯云以玉作六瑞王執鎮圭公執桓圭以下人執之曰瑞又云以玉作六器以禮天地四方謂禮神曰器此四者人所執不言瑞而言器者對文執之曰瑞禮神曰器散文則通雖執之亦曰器是以尚書云五器卒乃復與此文皆稱器云言四國獨此以爲寶者案周禮天府職凡邦國之玉

鎭大寶器藏焉注云玉鎭大寶器玉瑞玉器之美者是其玉稱寶云四器謂圭璋璧琮者是據上經圭璋以行聘璧琮以行享而言此據公侯伯之使者用圭璋璧琮若子男使者聘用璧琮享用琥璜宗人授次次以帷少退于君之次主國之門外諸侯及卿大夫之所使者次位皆有常處疏宗人至之次。注主國至常處。釋曰主國門外以其行朝聘陳賓介皆在大門外故次亦在大門外可知云諸侯及卿大夫之使者次位皆有常處者以其上公九十步侯伯七十步子男五十步使其臣聘使大聘小聘又各降二等其次皆依其步數就西方而置之未行禮之時止於次中至將行禮賓乃出次凡爲次君次在前臣次在後故云少退於君之次故云皆有常處上介執圭如重授賓愼之也曲禮曰凡執主器執輕如不克疏上介至授賓。注愼之至不克。釋曰此謂當將聘於主君廟門外上介屈繅以授賓賓襲受之節引曲禮者彼器即此玉欲證執玉如重之義也賓入門皇升堂讓將授志趨皇自莊盛也讓謂舉手平衡也志猶念也念趨謂審行步也孔子之執圭鞠躬如也如不勝上如揖下如授勃如戰色足蹜蹜如有循古

文皇皆作王疏賓入至志趨○注皇自至作王○釋曰賓入門皇謂未至堂時升堂讓謂升堂東面向主君之時將授志趨謂賓執玉向楹將授玉之時念鄉入門在庭時執玉徐趨今亦然若降堂後趨進翼如則疾趨也云讓謂舉手平衡也者謂若曲禮云凡奉者當心下又云執天子之器則上衡注云謂高於心國君則平衡注云謂與心平則此亦執國君器也故引之爲證引孔子之執圭者鄉黨論孔子爲君聘使法彼足蹜蹜如有循謂徐趨據入彼國廟門執玉行步之時以足容重退之在降堂之下與此趨同故爲證也授如爭承下如送君還而后退重失隊也而后猶然後也疏授如至後退○注重失至後也○釋曰授謂就東楹授玉於主君時如與人爭承取物恐失墜云下如送君還而后退者以上文次言之此下如送者止謂聘享每訖君實不送而賓之敬如君送然故云下如送也君迴還賓則退出廟門更行後事非謂賓出大門也下階發氣怡焉再三舉足又趨發氣舍息也再三舉足自安定乃復趨也至此云舉足則志趨卷遯而行也孔子之升堂鞠躬如也屏氣似不息者出降一等逞顏色怡怡如也沒階趨進翼如也疏下階至又趨○

注發氣至如也○釋曰云下階發氣怡焉者即論語云出降一等逞顏色怡怡如也云再三舉足自安定乃復趨也者謂降時再三舉足故又趨進翼如也云發氣舍息者以將授玉屏氣似不息今既授玉降階縱舍其氣怡然和悅也云至此舉足則志趨卷遯而行也者是釋志趨爲徐趨此舉足爲疾趨也及門正焉容色復故此皆心變見於威儀疏及門正焉○注容色至威儀○釋曰此謂聘訖將更有享而出門時云心變見於威儀者以其貌從心起觀威儀省禍福覩貌可以知心故也執圭入門鞠躬焉如恐失之記異說也疏執圭至失之○注記異說也○釋曰亦謂將聘執圭入廟門時云鞠躬焉則鞠躬如也如恐失之者即執輕如不克也云記異說者以上文已記執圭此又記執圭之儀以同記事而言有差異人記事說有不同也及享發氣焉盈容發舍氣也孔子之於享禮有容色疏及享至盈容○注發舍至容色○釋曰云及享發氣焉盈容者即孔子行享禮有容色一也故注引爲證也此發氣即上注云舍息一也衆介北面蹌焉容貌舒揚疏衆介北面蹌焉○注容貌舒揚○釋曰此謂賓行聘衆介從入門左

北面曲禮云大夫濟濟士蹌蹌鄭云皆行容止之貌故此注亦云容貌舒揚也但彼大夫云濟濟諸侯云皇皇上文賓入門皇得與諸侯同者以其執君圭璋志在重玉故行容得與君同若尋常行則大夫濟濟也私覿愉愉焉容貌和敬疏私覿愉愉焉○注容貌和敬○釋曰上文享時盈容對聘時儀貌戰色顏舒緩此私覿對享時又愉愉和敬舒於盈容也出如舒鴈威儀自然而有行列舒鴈鵝疏出如舒鴈○注威儀至鴈鵝○釋曰此出廟門之外行步如鵝又紓緩於愉愉也云舒鴈鵝者爾雅釋鳥文皇且行入門主敬升堂主愼復記執玉異說疏皇且至主愼○注復記執玉異說○釋曰上已二度記執玉行步之法今又云皇且行是別有人更記此執玉行法故云復記執玉異說也凡庭實隨入左先皮馬相間可也隨入不並行也間猶代也士物有宜君子不以所無爲禮畜獸同類可以相代古文間作干疏凡庭至可也○注隨入至作干○釋曰云左先者以皮馬以四爲禮北面以西頭爲上故左先入陳也云君子不以所無爲禮者案禮器云天不生地不養君子不以爲禮言當國有馬

而無虎豹皮則用馬或有虎豹皮并有馬則以皮爲主而用皮也云畜獸同類可以相代者畜謂馬獸謂虎豹爾雅釋云在家曰畜在野曰獸云同類者爾雅又云二足而羽謂之禽四足而毛謂之獸若然則馬畜亦是四足之類故云同類可以相代也

賓之幣唯馬出其餘皆東　馬出當從廄也餘物皆東藏之內府

【疏】賓之至皆東○注馬出至內府○釋曰云馬出當從廄也者若有皮之國用皮則不出亦從餘物東藏也知東藏之內府者案天官內府職云凡四方之幣獻之金玉齒革兵器凡良貨賄入焉注云諸侯朝聘所獻國珍彼天子禮諸侯亦當有內府諸侯自朝聘其貨獻珍異亦人內府故注依之也

多貨則傷于德　貨天地所化生謂玉也君子於玉比德焉朝聘之禮以爲瑞節重禮也多之則是主於貨傷敗其爲德

【疏】多貨則傷于德○注貨天至爲德○釋曰此經主論聘享所用圭璋璧琮不得過多之事也云貨天地所化生謂玉也者鄭注周禮九職亦云金玉曰貨布帛曰賄故此注云貨天地所化生謂玉也下注云幣人所造成幣則布帛曰賄對金玉是自然之物也云君子於玉比德焉者聘義文云重禮也亦聘義文云多之則是主於貨傷敗其爲德者以玉比德故朝聘用之相厲以

德不取重寶珍美之意若多之則是主於貨物不取相厲以德是傷敗其爲德是以圭璧聘享主國君璋琮聘享主國夫人各用一而已也

幣美則沒禮　幣人所造成以自覆幣謂束帛也愛之斯欲衣食之君子之情也是以享用幣所以副忠信美之則是主於幣而禮之本意不見也

【疏】幣美則沒禮○注幣人至見也○釋曰此主論享時用束帛故享君用束帛享夫人用束錦皆不得過美云幣人所造成以自覆幣謂束帛也者案禮記檀弓伯高之喪孔氏之使者未至冉子攝束帛乘馬而將之孔子曰異哉徒使我不誠於伯高鄭注云禮所以副忠信也忠信而無禮何傳乎是知自覆者覆忠信而已若更美則主意於財美而禮不見故沒禮也云愛之斯欲衣食之君子之情也者禮記檀弓云愛之斯錄之矣彼據愛父母而作重此亦微取彼文但此云愛之斯欲衣食之兼言食謂以幣欲之君子之情則忠信

賄在聘于賄　賄財也于讀曰爲言主國禮賓當視賓之聘禮而爲之財也賓客者主人所欲豐也若苟豐之是又傷財也周禮曰凡諸侯之交各稱其邦而爲之幣以其幣爲之禮古文賄皆作悔

【疏】賄在聘于賄○注賄財至作悔○釋曰鄭轉于作爲者欲就司儀之文爲解故也云言主國禮賓者釋經賄是主國禮賓也云當視賓之聘禮者釋經在聘謂在賓聘財多少云而爲之財也者釋經于賄也謂主人視賓多少爲財賄報賓云若苟豐之是又傷財也者凡行禮用財者取不豐不儉取於折中若苟且豐多則傷於貪財引周禮者秋官司儀職文案彼注云幣謂享幣也於大國則豐於小國則殺解經各稱其邦而爲之幣彼又注云主國禮之如其豐殺之禮解經以其幣爲之禮謂賄用束紡禮玉束帛乘皮及贈之屬是也

凡執玉無藉者襲　藉謂繅也繅所以縕藉玉

【疏】凡執玉無藉者襲○注藉謂至藉玉○釋曰凡繅藉有二種若以木爲中幹施五采三采者此繅常有不得云無藉今此云無藉者襲據絢組尺繅藉而言若廟門外賈人啓櫝取玉垂繅以授上介上介裼受上介屈繅以授賓賓即襲受即此執玉無藉者是也此文與曲禮同故曲禮凡執玉其有藉者則裼無藉者則襲是也

禮不拜至　以賓不於是始至今文禮爲醴

【疏】禮不拜至○注以賓至爲醴○釋曰此文承執玉帛之下聘臣事據鄉飲酒賓主升堂主人有拜至之禮此賓昨日初至之時主人請賓行禮賓言俟閒此時賓已至矣故聘時不拜至是以鄭云以賓不於是始至

醴尊于東箱瓦大一有豐　瓦大瓦尊豐承

尊器如豆而卑

薦脯五職祭半職橫之　職脯如版然者或謂之脡皆取直貌焉

【疏】注職脯至貌焉○釋曰此脯禮賓時所用薦脯是也案鄉飲酒禮云薦脯五脡故云或謂之脡皆取直貌

祭醴再扱始扱一祭卒再祭　卒謂後扱

主人之庭實則主人遂以出賓之士訝受之　此謂餘三馬也左馬賓執以出矣士士介從者

【疏】主人至受之○注此謂至從者○釋曰此主人之庭實者謂主人禮賓時設乘馬也經云賓執左馬以出三馬在後主人從者牽之遂從賓以出於門外賓之士介迎受之故鄭云此謂餘三馬也知士是士介從者以其經云從者訝受馬此既云士故知士介從者也

既覿賓若私獻奉獻將命　時有珍異之物或賓奉之所以自序尊敬也猶以君命致之

【疏】既覿至將命○注時有至致之○釋曰云猶以君命致之者以經云將命是以知雖是私獻己物與君物同皆云君命致之臣統於君故

擯者入告出禮辭　辭其獻也

賓東面坐奠獻再拜稽首　送獻不入者奉

物禮輕。疏 注送獻至禮輕○釋曰云奉物禮輕者謂以奉私獻入則是主於貨傷敗於享覿故不入。擯者東面坐取獻舉以入告出禮請受東面坐取獻者以宜並受也其取之由賓南而自後右客也疏 擯者至請受○注東面至客也○釋曰擯者東面坐取獻舉以入告者謂擯者從門東適南方西行於賓北舉幣入告於君及出一請於賓而受之故云出禮請受云東面坐取獻者以宜並受也者獻物在門外擯者出受之擯者與賓敵並受故云宜並受也云其取之由賓南而自後右客也者案上受享之時受皮者自後右客鄭注云自由也從東方來由客後西居其左受皮也此賓門西東面奠獻擯者從東由賓南自客後居賓左取獻物故云自後右客也賓固辭公荅再拜拜受於賓也固亦衍字疏 注固亦衍字○釋曰知固是衍字者以其上擯者禮請受不云固明知賓不固辭故云固衍字云亦者亦士介私覿時賓固辭鄭注云固衍字當如面大夫也擯者立于閾外以相拜賓辟相贊也古文閾爲蹙擯者授宰夫于中庭東藏之既乃介覿若兄弟之

國則問夫人兄弟謂同姓若昏姻甥舅有親者問猶遺也謂獻也不言獻者變於君也非兄弟獻不及夫人疏 注兄弟至夫人○釋曰云兄弟謂同姓者若魯於晉鄭之等同姓也云若昏姻甥舅有親者若魯取齊女以爲舅齊則以魯爲甥是有親者也云非兄弟獻不及夫人者以其經云兄弟之國則問夫人則非兄弟問不及夫人可知若君不見君有疾若他故不見使者疏 若君不見○注君有至使者○釋曰云他故者病之外或新有哀慘也使大夫受受聘享也大夫上卿也疏 使大夫受○注受聘至卿也○釋曰知受聘享者以其在後雖有覿獻之法聘享在前是以據在先者而言云大夫上卿也者以其卿上大夫故以卿爲大夫必知使卿不使下大夫者以其君無故君親受今既有故明使上卿代君受之自下聽命自西階升受負右房而立賓降亦降此儀如還圭然而賓大夫易處耳今文無而疏 注此儀至處耳○釋曰案上使大夫還玉於館大失升自西階鉤楹賓自碑內聽命升自西階自左南面受圭退負右房而立大夫降中庭賓降自碑內東面授上介于阼階東此中與彼還玉皆升自西階

此非易處也但還玉時賓自大夫左受之此中大夫於賓左受之其賓主之位皆易處於還玉時故云易處也不禮辟正主也古文禮作醴。疏 不禮○注辟正主也○釋曰案上聘享及私覿訖主君禮賓此大夫代君不禮故云辟正主也幣之所及皆勞不釋服以與賓接於君所賓又請有事于己不可以不速也所不及者下大夫未嘗使者也不勞者以先是賓請有事於己同類既聞彼爲禮所及則已往有嫌也所以知及不及者賓請有事固曰某子某子疏 幣之至釋服○注以與至某子○釋曰云不可以不速也者釋經不釋服即注云所不及者下大夫未嘗使者以其經云下大夫嘗使至者幣及之故知所不及者是下大夫未嘗使者也云不勞者以先是賓請有事於己同類既聞彼爲禮所及則已往有嫌也者此勞賓在後賓請有事於大夫在聘日云先是賓請有事於己同類同類謂幣所及者故鄭云既聞彼爲禮所及云則已往有嫌者彼國幣及己是以禮加於己今勞賓者是以禮報之若幣不及己若往勞賓則是已有禮於賓是義賓無禮於己之嫌是以不往勞之故云已往有嫌也云所以知及不及者賓請有事固曰某子某子者當賓請事於大夫之時顯此張子李子之等使受禮者預知爾時不道已姓

則知已乃幣所不及賜饔唯羮飪筮一尸若昭若穆羮飪謂飪一牢也肉謂之羮唯是祭其先大禮之盛者也筮尸若昭若穆容父在父在則祭祖父卒則祭禰腥餼不祭則士介不祭也士之初行不釋幣于禰不祭可也古文羮爲羔飪作腍疏 賜饔至若穆○注羮飪至作腍○釋曰古者天子諸侯行載廟木主大夫雖無木主亦以幣帛主其神是以受主國饔餼故筮尸祭然後食之尊神以求福故也昭穆言若者以其昭穆不定故云若也云腥餼不祭則士介不祭也者上致饔餼之時云上介饔餼三牢則飪腥餼三者皆有故云士介四人皆餼大牢無飪可祭故知士介不祭也僕爲祝祝曰孝孫某孝子某薦嘉禮于皇祖某甫皇考某子僕爲祝者大夫之臣攝官也疏 僕爲至某子○注僕爲至官也○釋曰經並云孝孫孝子皇祖皇考以其不定故兩言謂上經若昭若穆亦兩言之云僕爲祝者大夫之臣攝官也者若然諸侯不攝官使祝祝策矣案定四年祝佗云嘉好之事君行師從卿行旅從則臣無事若君到主國祭饔之時得不攝官乎諸侯不使人攝是以覲禮云侯氏裨冕釋幣于禰注云釋幣于禰之禮既則祝藏其

幣歸乃埋之於祧西階之東大夫使僕攝祝則是本無祝官與諸侯異矣其諸侯禮大祝不行知不使小祝行者以其掌客云羣介行人宰史是諸侯從官不言祝明大小祝俱不行矣**如饋食之禮**如少牢饋食之禮不言少牢今以大牢也今文無之疏如饋食之禮○注如少牢至無之○釋曰云如少牢饋食之禮者案少牢禮有尊俎籩豆鼎敦之數陳設之儀陰厭陽厭之禮九飯三獻之法上大夫又有正祭於室儐尸於堂此等皆宜有之至於致爵加爵及獻兄弟弟子等固當畧之矣**假器於大夫**不敢以君之器爲祭器疏假器於大夫○注不敢至祭器○釋曰案曲禮云大夫士去國大夫寓祭器於大夫士寓祭器於士注云與得用者言寄覲己從還若然畢者不得用尊者之器是以此大夫聘使不得將己之祭器而行致饔餼雖是祭器人臣不敢以君之器爲祭器是以聘使是大夫還於主國大夫假祭器而行之**肦肉及廋車**肦猶賦也廋廋人也車巾車也二人掌視車馬之官也賦及之明辯也古文肦作紛疏肦肉及廋車○注肦猶至作紛○釋曰此謂怒訖歸胙在下云廋廋人也車巾車也者案周禮天子夏官有廋人職掌養馬春官有巾車職諸侯雖兼官亦當有廋人巾車是故引

周禮爲證**聘日致饔**急歸大禮**明日問大夫**不以殘日問人崇敬也古文曰問夫人也**夕夫人歸禮**與君異日下之也今文歸作饋**既致饔旬而稍宰夫始歸乘禽日如其饔餼之數**稍稟食也乘禽乘行之禽也謂鴈鶩之屬其歸之以雙爲數其賓與上介也古文既爲餼疏既致至之數○注稍稟至爲餼○釋曰云既致饔旬而稍者以其賓客之道十日爲正行聘禮既訖合歸一旬之後或逢凶變或主人留之不得時反即有稍禮故下文云既將公事賓請歸注云謂已問大夫事畢請歸不敢自專謙也主國留之饗食燕獻無日數盡殷勤也是主人留之是以周禮漿人亦共賓客之稍禮注云稍禮非飧饔之禮留閒王稍所給賓客者漿人所給亦六飲而已諸侯相待亦如之是其留閒致稍者也云乘禽乘行之禽也者別言此者欲見此乘非物四曰乘言如其饔餼之數者一牢當一雙故聘義云乘禽日五雙是此饔餼五牢者也云鴈鶩之屬者案爾雅二足而羽若然上介三牢則三雙也士介一牢則一雙也羽謂之禽故以禽爲鴈鶩之屬云其賓與上介也者以其下文別有士介故也**士中日則一雙**

中猶閒也不一日一雙大寡不敬也**凡獻執一雙委其餘于面**執一雙以將命也面前也其受之也上介受以入告之士舉其餘從之賓不辭拜受于庭上介執之以相拜于門中乃入授人上介受亦如之士介拜受于門外疏凡獻至于面○注執一至門外○釋曰云上介受以入告之士舉其餘從之者此乘禽而云凡獻宜約私獻私獻擯者取獻以入士舉其餘此若上介受入明其餘士舉從入可知云不辭拜受于庭者以其經無辭文又饔餼云禮辭明此禽禮輕無辭受于庭可知上介執之以相拜于門中乃入授人者此亦約私獻私獻之時擯者取獻以入又云擯者立于闑外以相拜賓辟擯者授宰夫是其約也云上介受亦如之者以其受饔餼之時上介受已如賓禮故知受乘禽亦如賓也云士介拜受於門外者以其受餼在門外此受乘禽在門外可知**禽羞俶獻比**比放也其致之禮如乘禽也禽羞謂成孰有齊和者俶獻四時珍美新物也俶始也言其始可獻也聘義謂之時賜疏禽羞俶獻比○注比放至時賜○釋曰云禽羞謂成孰有齊和者以其稱羞謂若庶羞內羞之等故稱禽則以鴈鶩等爲之故以成孰解之聘義謂之時賜者案聘義云燕與時賜無數時賜謂四時珍異以賜諸賓客

與此俶獻是一物故引以爲證**歸大禮之日既受饔餼請觀**聘於是國欲見其宗廟之好百官之富若尤尊大之焉**訝帥之自下門入**帥猶道也從下門外入遊觀非正也**各以其爵朝服**此句似非其次宜在凡致禮下絕爛在此疏各以其爵朝服○注此句至在此○釋曰云宜在凡致禮下者以其各以其爵朝服爲致禮而言故知義然**士無饔無饔者無擯**謂歸餼也疏士無至無擯○注謂歸餼也○釋曰案上經直云宰夫朝服以致之是其無饔宰夫退去士介不儐之是也**大夫不敢辭君初爲之辭矣**此句亦非其次宜在明日問大夫之下疏大夫至辭矣○注此句至之下○釋曰此謂賓問卿之時卿不敢辭者以賓聘享訖出大門請有事於大夫君禮辭許是君初爲之辭故卿不辭也**凡致禮皆用其饗之加籩豆**凡致禮謂君不親饗賓及上介以酬幣致其禮也其其賓與上介也加籩豆謂其實也亦實於罋筐饗禮今亡疏凡致至籩豆○注凡致至今亡○釋曰云其其賓與上介也者案上

經賓壹食壹饗，上介若食若饗，唯士介不言饗，故知其中唯有賓與上介耳。云「加籩豆，謂其實也，亦實于罋」者，案致饔餼醯醢是豆實，實于罋，明此饗之豆實亦實于罋可知也。案昭六年夏，季孫宿如晉，拜莒田也，晉侯享之，以加籩，武子退，使行人告曰：「小國之事大國也，苟免於討，不敢求貺。得貺不過三獻。今豆有加，下臣弗堪，無乃戾也。」此中致饗有加籩豆者，饗使者無加籩豆之正禮，此云加籩豆者，殷勤之義也。云「饗禮今亡」者，以其食禮在，知其豆數；饗禮亡，無文以知之。

無饔者無饗禮。士介無饗禮。〔疏〕無饔者無饗禮○注士介無饗禮○釋曰：無饔者無饗禮，文承饗下，故鄭以無饗禮解之。以其賓與上介饔餼俱有，故有饗；士介唯有餼而已，無饔，故無饗禮也。

凡餼，大夫黍粱稷，筐五斛。謂大夫餼賓上介也。器寡而大，略。〔疏〕凡餼至五斛○注謂大至大略○釋曰：案上經云大夫餼賓大牢，米八筐；衆介米八筐，不辨大小，故此記入辨之。云筐五斛，云「器寡而大略」者，以其君歸饔餼于賓與大夫介，筥米小而多者，是尊者所致，以多器爲榮；今大夫致禮於賓介，器寡而大，是略之於卑者也。

既將公事，賓請歸。謂已問大夫，事畢請歸，不敢自專，謙也。主國留之，饗食燕獻，無日數，盡殷勤也。〔疏〕既將公事賓請歸○注謂已至勤也○釋曰：云「已問大夫」者，請問三卿與下大夫嘗使於彼國，幣所及，皆是君命，及以君物行禮者，皆是公事，事訖，故請歸也。云「主國留之，饗食燕獻，無日數，盡殷勤也」者，亦謂至旬賓乃將歸，主君乃留賓，有此饗食燕獻之等，故燕禮注云「今燕又宜獻焉」是也。云「無日數」者，謂行此饗食之等，相去希數無常日數，盡主人殷勤也。

凡賓拜于朝，訝聽之。拜拜賜也。唯稍不拜。〔疏〕凡賓至聽之○注拜拜至不拜○釋曰：案上經云賓三拜乘禽於朝，訝聽之，遂行，舍于郊。又案司儀云「明日，客拜禮賜，遂行」，是臨行大小禮皆拜賜，則知唯米禾芻薪等不拜也。

燕，則上介爲賓，賓爲苟敬。饗食，君親爲主，尊賓也。燕，私樂之禮，崇恩殺敬也。賓不欲主君復舉禮事，禮已，于是辭爲賓，君聽之，從諸公之席，命爲苟敬。苟敬者，主人所以小敬也。更降迎其介以爲賓。介，大夫也，雖爲賓，猶卑於君，君則不與亢禮也。主人所以致敬者，自敵以上。〔疏〕燕則至苟敬○注饗食至以上○釋曰：云「饗食，君親爲主，尊賓也」者，以其饗食在廟，爲賓，故君親爲主。至後燕禮在寢，又以醉爲度，崇於恩，殺於敬，故賓辭而使介爲賓也。以苟敬爲小敬者，以阼階西近主爲位，諸公坐位，故云小敬。對戶牖南面爲大敬。云「更降迎其介以爲賓」者，介在廟門內西北面，降至庭迎之。云「不與亢禮也」者，案取燕義文，解君不親爲獻主而使宰夫之意也。云「主人所以致敬者，自敵以上」者，謂兩君相見、兩大夫、兩士以上，則主人親獻也。

宰夫獻。爲主人代公獻。

無行，則重賄反幣。無行，謂獨來，復無所之也。必重其賄與反幣者，使者歸，以得禮多爲榮，所以盈聘君之意也。反幣，謂禮玉、束帛、乘皮，所以報聘君之享禮也。昔秦康公使西乞術聘于魯，辭孫而說。襄仲曰：「不有君子，其能國乎？」厚賄之。此謂重賄反幣者也。今文曰賄反幣。〔疏〕無行至反幣○注無行至反幣○釋曰：云「重其賄」，即上「賄在聘于賄」是也。「反幣」，謂上「禮玉束帛乘皮」是也。云「秦康公」者，案文公十二年左氏傳云「秦伯使西乞術來聘」云云是也。此特來，非歷聘。歷聘，則吳公子札聘於上國，聘齊、聘魯是也。

曰：「子以君命在寡君，寡君拜君命之辱。」此贊君拜聘享辭也。在，存也。〔疏〕曰子至之辱○釋曰：此及下三經，即上經云公館賓，賓辟，上介聽命，聘享、夫人之聘享、問大夫、送賓，公皆再拜，注云「拜此四事」。彼見其拜，此見其贊辭也。

「君以社稷故，在寡小君，拜。」此贊拜夫人聘享辭也。言君以社稷故者，夫人與君體敵，不敢當其惠也。其卒亦曰寡君拜命之辱。〔疏〕君以至君拜○注此贊至之辱○釋曰：云「言君以社稷故者，夫人與君體敵，不敢當其惠也」者，釋經云社稷故。以其禮記哀公問孔子云「取夫人爲社稷主」，婦人無外事，天地弁社稷，后夫人雖不與，以夫婦一體，故夫人亦得云社稷主，是其云社稷故者，見夫人與君體敵。今夫人使致禮來，主人不敢當。下文云「君既寡君，延及二三老」，是與君不敵，敢當之也。

「君貺寡君，延及二三老，拜。」此贊拜問大夫之辭。貺，賜也。大夫曰老。

又拜送。拜送賓也。其辭蓋云「子將有行，寡君敢拜送」。自拜聘享至此，亦非其次，宜承上「君館之」下。〔疏〕又拜送○注拜送至之下○釋曰：此即上經「君館之」下，即館拜送賓，故鄭云此宜承上「君館之」下。

賓於館堂楹間，釋四皮束帛。賓不致，主人不拜。賓將遂去是館，留禮以禮主人，所以謝之也。不致不拜，不以將別崇新敬也。〔疏〕注不致至敬也○釋曰：若賓敬主，宜致；主人敬賓，宜拜。皆是崇敬者。致與拜即是崇新敬，故不爲。若鄉飲酒送賓，賓不荅禮，有終相類也。

大夫來使，無罪，饗

之樂與嘉賓爲禮【疏】大夫至饗之。注樂與嘉賓爲禮。釋曰：案鹿鳴序燕羣臣嘉賓，此無罪饗之，亦是樂賓爲禮者也。**過則餼之**餼之腥，致其牢禮也。其致之辭，不云君之有故耳。聘義曰："使者聘而誤，主君不親饗食，所以愧厲之也。"不言罪者，罪將執之。【疏】過則餼之。注餼之至執之。釋曰：云過則餼之，謂禮有失誤，故引聘義使者聘而誤主君。云不言罪者，罪將執之者，春秋之義，聘賓有罪皆執之。若然，上經云無罪饗之，有罪非但不饗，又執之。此過則餼之，雖不饗，猶生致，過輕故也。若然，上云罪，下云過，互見其義也。**其介爲介**饗賓有介者，賓尊行敵禮也。【疏】其介爲介。注饗賓至禮也。釋曰：謂饗賓於廟之時，還以聘之上介爲介。若然，上經上介主人別行饗，則是從賓爲介得介，則饗復別饗也。云賓尊行敵禮也者，若鄉飲酒賓主行敵禮而有介，然也。**有大客後至，則先客不饗食，致之**卑不與尊者齊禮。【疏】有大至致之。注卑不至齊禮。釋曰：此據聘禮而言，則無君朝之事。若然，則前有小國之卿大夫來聘，將行饗食，有大國卿大夫來聘，則廢小國饗食之禮，以其卑不與尊齊禮並行之。**唯大聘有几筵**謂受聘享時也。小聘輕，雖受于廟，不爲神位。【疏】唯大聘有几筵。注謂受至神位。釋曰：案上經云几筵既設，擯者出請命者，行聘享及私覿禮畢，云宰夫徹几改筵，是行聘享爲神位，今小聘不爲神位，屈也。**十斗曰斛，十六斗曰籔，十籔曰秉**秉十六斛。今江淮之閒量名有爲籔者，今文籔爲逾。**二百四十斗**謂一車之米，秉有五籔。**四秉曰筥**此秉謂刈禾盈手之秉也。筥，穧名也。若今萊陽之閒刈稻聚把有名爲筥者。詩云："彼有遺秉。"又云："此有不斂穧。"【疏】四秉曰筥。注此秉至斂穧。釋曰：云此秉爲刈禾盈手之秉也，對上文秉爲量名也。引詩者，證此秉爲盈手，穧即此筥，亦一，即今人謂之一鋪兩鋪也。**十筥曰稯，十稯曰秅，四百秉爲一秅**一車之禾三秅，爲千二百秉，三百筥，三十稯也。古文稯作緵。【疏】注一車至作緵。釋曰：云一車之禾三秅，即經致饔餼時云禾三十車，車三秅也。

儀禮卷第八　經五千三百四　注一萬九百六十二

儀禮疏卷第二十四

儀禮注疏卷二十四挍勘記　阮元撰盧宣旬摘錄

賓入竟而死

謂始死至殯　始，陳本作如。

論賓介死之事　要義同毛本，無論字。

直云至殯所當用明不殯於館取其至殯節　自至殯至取其十二字，陳閩俱無，通解、毛本有。惟殯下多一爲字，要義與此本同。

介攝其命

以是今賓死　要義同毛本，無賓字。

君弔

雖有臣子親因　徐本同，毛本、集釋、通解、楊氏因俱作姻。

猶不爲主人　要義同毛本，無猶字。○按有猶字與注合。

主人歸禮幣

不必如致殯饔之禮　要義無如字。

束紡皮帛之類　類，要義作賵。

介受賓禮

當陳之以反命也　要義同毛本，無命字。○按命字與注合。

以有賓喪　陳閩、要義同毛本，有作其。

歸介復命

外朝當在皐門外　陳閩、通解、要義同毛本，當作應。

士介死爲之棺斂之　爲上，要義有則字。

不具他衣物也　物通解作服

他衣物亦具之　物要義作服○按當作衣物

不具他物也　要義同毛本物上有衣字

若賓死未將命　未唐石經作來誤

謂俟問之後也　徐本集釋通解楊敖同毛本謂作請

以巳至朝　張氏曰監本已作巳從監本

則知上國外死　要義同毛本上下有介字監本介字擠入○按上猶言上文也

小聘曰問不享　陸氏曰享本又作饗

面猶覿也　浦鏜云下脫今文禮作醴五字集釋依正誤盧文弨云此下放有今文禮作醴五字案下記不禮注古文禮作醴敖乃移於此而改古文爲今文今按集釋者亦依敖氏而增此五字非是○按敖氏聘禮正誤不醴一條在醴不拜至之後明係記中之不禮非此經之不禮也不知按者何以皆誤認

此對大聘升堂受　要義同毛本聘下有時字

若有故

方板也　板釋文集釋通解楊氏俱作版陸氏云版音板

及時相告請者　要義同毛本時下有事字按各本注俱有事字

簡謂據一片而言　毛本簡作皆陳閩要義皆上俱有簡字要義無皆字陳閩俱無謂字監本皆謂誤作謂謂

南史氏執簡以往　要義同毛本無氏字

皆尺二寸　按春秋序疏云鄭元注論語序以鉤命決云春秋二尺四寸書之孝經一尺二寸書之故知六經之策皆稱長二尺四寸然則此云尺一寸乃傳寫之誤當作二尺四寸下云孝經謙半之乃一尺二寸也又云論語八寸策者三分居一又謙焉謂論語八寸居六經三分之一比孝經更少四寸故云又謙焉

古文篆書一簡八分字　要義同毛本無分字

主人使人

賓出而讀之讀之不於內者　徐本集釋楊氏同毛本通解不重出讀之二字

主國君也　徐本集釋通解要義楊氏俱無主字敖氏毛本有

客將歸

此爲書報上有故之事　閩本同毛本此爲作爲此

明日

爲昨日爲書報之　要義同毛本通解楊氏俱無上爲字

既受行出

未知所之遠近　遠上陳閩俱有以字

使者既受行日　唐石經無既字按疏有既字

少退別其處　毛本別下有於字徐本集釋通解楊氏俱無張氏曰注曰少退別其處按釋文別于之注云別處同別處謂此也無其字從釋文○按張引注亦無於字又據釋文去其字與疏合惟前經使者北面節疏引此注無於字而有其字

皆同位北面東上　陳閩俱無同字

北面　毛本北上有使者二字○按無使者二字非也

出祖

軷涉山川　張氏曰釋文釋經釋軷之注云注跋涉音同此軷蓋跋字也從釋文

或伏牲其上　毛本無或字徐本集釋通解楊氏俱有與疏合上陳閩葛本俱誤作十

謂平敵道路之神 要義同毛本通解敵作適按適是也

鄭注行廟門外之西 要義同毛本注下有云字行下有在字○按月令注有在字

用牲物 毛本用作命○按作用與周禮秋官犬人合

云其有牲犬羊可者 毛本無有字○按各本注俱無有字

所以朝天子圭朱白倉 雜記疏三采六等以朱白蒼畫之再行也者案聘禮記云朝天子圭與繅皆九寸繅三采六等朱白蒼朱白蒼是也既重云朱白蒼是一采爲二等相間而爲六等也朱子曰記只有朱白蒼三字而雜記疏所引乃重有之不知何時傳寫之誤失此三字蒼唐石經嚴本集釋敖氏俱作倉與單疏標目合通解楊氏毛本俱作蒼

象天圓地方也 徐本通解楊氏同毛本圓作圜

以韋衣木板 板陳本作版

上公之圭也 嚴本集釋通解楊氏敖氏同毛本上作三

子執穀璧男執蒲璧 兩璧字要義俱作圭按圭非

瑞亦是節信 通解要義同毛本是作皆

剡上左右各寸半 通解要義同毛本寸半作半寸○按寸半是也

然後以韋衣之 通解同毛本衣下有包字

問諸侯

子男即一采爲一帀 毛本作但一采爲一帀○按此本是也

繅皆二采一就以覜聘 陳閩通解同毛本覜作頫

繅藉五采五就 毛本五作伍○按五與周禮合

諸侯遣臣自問 要義同毛本問上有相字

皆元纁繫

無事則以繫玉 重修監本玉誤作王

上以元 元下誤有爲天二字

鄭注論語文成章曰絢 要義同毛本文作云○按文成章三字當連讀

此組繫亦名繅藉 陳閩要義同毛本繅作褋

故本降以解纁 毛本本作舉

辭多則史

故辭多爲文史 爲要義作則

辭曰非禮也敢對曰非禮也敢辭 毛本敢下無辭字唐石經徐本俱有與此本標目合集釋通解楊敖俱無要義載經亦無辭字張氏曰經曰辭曰非禮也敢對曰非禮也敢辭按注云辭不受對荅問曰二者皆卒曰敢言不敢又按疏云辭謂賓辭主人荅謂賓荅主人介則在旁曰非禮也敢以注及疏文義攷之下美一辭字審矣又嘗疑注辭不受也之句上更有一辭字傳寫者誤以注文作經文今減經以還注石經考文提要云細繹經文賓辭主人既稱辭則敢下可省文賓對主人亦辭既稱對則敢下當有辭字若省辭字是爲非禮也敢對矣監本以經辭字混入注首而疏中仍作非禮也敢辭即一本中可證今從唐石經宋本儀禮鄭注○按張說是也注以辭爲不受對爲荅爲截然兩事二者皆曰不敢一則不敢不辭一則不敢不對疏引易注其義甚明故朱子敖氏皆從張說疏中非禮也敢辭句此本無辭字毛本於經注既依通解而疏中反增一辭字適滋後人之惑然此本標經文起止仍有辭字蓋自唐石經之後誤讀已久按疏者不知而誤改耳

辭不受也 毛本重辭字徐本不重要義敖氏載注亦不重集釋通解楊氏俱同毛本按經末辭字即因注首辭字而誤衍在經宜刪在注不必重雖魏氏敖氏得之張氏引注無也字

非禮也敢 張氏通解要義同毛本敢下有辭字

頊頊斯其所取災　頊頊上要義有旅字

爻互體艮　要義無體字按王應麟輯周易鄭注亦有體字

管人爲客

管人　管通解作館

飧不致

君不以束帛致命者　按君疑云字之誤

草次饌具輕者　要義同毛本饌作飧

賓不拜

以不致命　命敖氏作也

卿大夫訝大夫

主人使大夫迎士訝者　陳閩通解楊氏俱無迎士者三字

主人使士迎　迎閩本作迓陳本通解俱作訝

及饗食燕皆迎之　通解要義楊氏同毛本無燕字

故鄭君無所止定　要義同毛本通解止作指

賓卽館

如今宮府門外更衣處　通解同毛本要義楊氏宮俱作官要義無門外二字○按毛本不誤否則與周禮注不合

賓既將公事復見之以其摯　之唐石經徐本集釋要義敖氏俱作之通解楊氏俱作訝石經考文提要曰監本作見訝此因儀禮經傳通解之誤通解引此記與上文又見之以其摯不相屬故改爲訝傳寫者不知其意而沿之

此並行君物享主國君　要義同毛本物作聘

有報訝者　要義同毛本有上有向字

凡四器者

云言四國獨此以爲寶者　毛本要義無四字按各本注俱無四字又此以注作以此

是其玉稱寶　要義同毛本其作以

宗人授次

云諸侯及卿大夫之使者　要義同毛本之下有所字○按注有所字

使其臣聘使大聘小聘　通解要義楊氏同毛下使字作侯

止於次中　止要義作至次陳閩通解俱作其

賓乃出次　次陳閩通解俱作也

上介執圭如重

此謂當將聘於主君廟門外　毛本當下有時字

賓入門皇

鞠躬如也　躬釋文作窮云劉音弓本亦作躬集釋亦作窮張氏曰尔疋云鞠究窮也鞠窮蓋複語自論語作鞠躬學者遂不復致思于其間安知非鞠窮若踧踖之謂者乎如是則劉音亦誤矣從釋文盧文弨云廣雅躳躳謹敬也上邱六下邱弓反與此鞠窮字異音義同○按說文躳曲脊也躬卽躳之俗體說文無躬古蓋通用窮字左傳宣十二年有山鞠窮乎此借常語爲物名也二字本雙聲今讀左傳者音鞠爲芎則與窮同音史記魯世家躳躳如畏然徐廣訓與廣雅同殆以二字音本相同故祇重言躳躳又按羣經音辨云鞠窮容謹也音弓鄭康成說孔子之執圭鞠窮如也今本作躬此說當卽本之釋文其曰今本作躬則賈氏時儀禮經注已俱作躬矣

下如授　授陳本作受

今亦然　要義同毛本通解今下有當字

故引之爲證　爲上要義有以字

引孔子之執圭者　要義同毛本無引字

授如爭承

謂就東楹授玉於主君時　陳閩同毛本授作受

如與人爭承取物　毛本通解承作接

下階

至此云舉足　徐本集釋俱無至字通解有按疏有至字無云字

則志趨卷遯而行也　徐本同毛本遯作豚釋文亦然張氏從之

則志趨卷遯而行也者　毛本要義遯作豚

及門

容色復故　容陳本作客

此謂聘訖　要義同毛本訖作畢

執圭入門鞠躬焉　魏氏曰温本作鞠窮焉○按以躬爲窮與釋文合考鞠躬字經注凡三見釋文於前注作音不云下同蓋偶遺之實皆作窮耳

亦謂將聘執圭入廟門時　要義同毛本將作方

及享

發舍氣也　徐本同毛本發下有氣字

私覿愉愉焉　愉愉釋文作俞俞

出如舒鴈

又舒緩於愉愉也　舒陳本作紓

賓之幣

其貨獻珍異　貨陳本作貢

多貨則傷于德

傷敗其爲德　徐本集釋俱無敗字與疏不合通解楊氏毛本俱有

對金玉是自然之物也　要義無是字

幣美則沒禮

忠信而無禮何傳乎　毛本何傳作可傳魏作何傳按檀弓注原文作何傳釋文云傳直專反本亦作傅音附

云愛之　愛要義俱作愛與注合下同毛本作受

此亦微取彼文　毛本取彼作攺

賄在聘于賄

禮玉束帛乘皮　毛本作禮用玉帛乘皮要義作禮用束帛乘皮

凡執玉

據絇組尺繅藉而言　毛本尺字在據字下

醴尊于東箱　毛本箱作廂唐石經徐陳集釋俱作箱○按上經宰夫實觶以醴疏引作箱是正字廂是俗字

既覿

皆云君命致之　云要義作以

擯者東面

於賓北舉幣　毛本北下有坐字陳閩通解坐上俱有東面二字

擯者與賓敵並受　毛本通解楊氏俱無並受二字

故云自後右客也　毛本云作亦無客字

賓固辭公荅再拜　再唐石經作再誤

注固亦衍字　陳本同毛本作注拜受至衍字○按毛本是

若君不見

君有疾　疾陳閩俱誤作宫葛本作病

自下聽命自西階升受　階唐石經作門誤

自左南面受圭　左閩本作下

不禮

辟正圭也古文禮作醴　下五字諸本俱脫嚴本集釋通解敖氏俱有敖氏古誤作今

幣之所及

是下大夫未嘗使者也　陳本無下字閩本擠入

賜饔

故云士介四人　陳監同毛本故作後

僕爲祝

諸侯不使人攝　要義毛本不作亦許宗彥云疏意始終謂諸侯亦攝雖引覲禮而後申之以大小祝俱不行是其意謂覲禮釋幣之祝亦是使人攝之者

聘日致饔　日唐石經作自誤

急歸大禮　此注毛本俱脫徐本集釋通解楊氏俱有補鏜云四字脫從周禮外饔司儀掌客諸疏挍○按前賓迎再拜節亦引此注又按此經通解三見一在歸饔餼章一在問卿章一在夫人歸禮章前一條有注後兩條無注按者止據後兩條遂逆其注

既致饔

乘禽乘行之禽也　嚴本集釋敖氏同毛本上禽字作謂

饔食燕獻無日數　要義同毛本獻作饗○按作獻與下文注與疏並合

王稍所給賓客者　要義同毛本王作主○按周禮槀人注正作王

乘禽日五雙　要義同毛本五作伍○按聘義作五

云鴈鶩之屬者案爾雅二足而羽　十三字盧文弨移置下文則一雙也下刪一羽字按疏意欲以二足釋雙字之義故引尒疋而截出之不必如盧所改要義毛本俱同

凡獻

其受之也上介受以入告之　徐本集釋楊敖同毛本通解也作止下之字敖在以字上

各以其爵朝服

此句似非其次宜在凡致禮下絕爛在此　毛本通解俱脫似非其次絕爛在此八字徐本集釋敖氏俱有與此本標目合

注此句至在此　毛本在此作禮下

士無饔○無擯　擯唐石經徐陳閩葛集釋通解楊敖俱作擯毛本作儐李氏曰當爲儐

大夫不敢辭

此句亦非其次宜在明日問大夫之下　毛本脫亦非其次四字徐本集釋俱有通解作此宜在明日問大夫下

凡致禮

案上經賓壹食壹饗　要義同毛本壹作一

亦賓於篚者　要義同毛本篚下有筐字魏氏曰溫本篚下有筐字○按下文兩言豆實實于篚則無筐是也注內筐字恐係衍文經不言筐實不必有筐字

明此饗之豆實　要義同毛本無饗字○按有饗字是也

晉侯享之以加籩　浦鏜云有誤以

得旣不過三獻　得旣要義作云云小字旁書

今豆有加　要義同毛本豆作臣

無饔者

故鄭以無饗禮解之　以下要義有士介二字

凡餼大夫

衆介米八筐　八聶氏作六○按六字與上經合

凡賓拜於朝

則知唯米禾芻薪等不拜也　通解要義同毛本無等字

燕則上介爲賓

以阼階西近主爲位　階陳本作間

對戶牖南面爲大敬　陳本無牖字閩本牖字擠入

曰子以君命在寡君　曰上集釋通解俱有辭字

又拜送　此節經注唐石經徐本集釋俱在君貺寡君節下敖同毛本

自拜聘享至此亦非其次宜承上君館之下　徐本集釋俱如是毛本脫九字通解祇有下七字

賓於館主人不拜　毛本主誤作王

若賓敬主宜致　賓敬陳本作不拜

大夫來使

此無罪饗之　陳本同毛本饗作享

過則餼之

腥致其牢禮也　徐陳通解楊氏同毛本集釋腥作生

主君　毛本君下有不親饗食所以愧厲之也十字要義有云云二字按旣無下十字則主君下必加云云二字文義方足當從要義

云不言罪者罪將執之者　毛本無者罪二字要義無云字有者罪二字按上旣有云云二字故此句之首不加云字凡疏例述注亦有無云字者

其介爲介

則是從賓爲介得介則饗　毛本無得介則饗四字介下有之外二字通解楊氏同

有大客後至

卑不與尊者齊禮　徐本集釋通解同毛本楊氏無者字

則無君朝之事　要義同毛本則作而

十斗曰斛

今文籔爲逾　徐陳集釋通解敖氏同毛本文作八

四秉曰筥

若今萊陽之間　陽通解楊敖俱作易釋文宋本亦作易今本作易按萊易二地名故云之閒或誤作易遂誤作陽

十筥曰稯

古文稯作緵　緵閩本作稯釋文通解俱作緵

儀禮注疏卷二十四挍勘記終

奉新余成教挍

儀禮疏卷第二十五　儀禮卷第九

唐朝散大夫行大學博士弘文館學士臣賈公彦等撰

公食大夫禮第九

疏 公食大夫禮第九○鄭目録云主國君以禮食小聘大夫之禮於五禮屬嘉禮大戴第十五小戴第十六別録第九○釋曰鄭知是小聘大夫者案下文云宰夫自東方薦豆六於醬東設黍稷六簋又設庶羞十六豆此等皆是下大夫小聘之禮下乃別云上大夫八豆八簋又云上大夫庶羞十六豆是食上大夫之法故知此篇據小聘大夫也若然聘禮據侯伯之大聘此篇據小聘大夫者周公設經互見爲義案篇末云魚腸胃倫膚若九若十有一下大夫則若七若九鄭注云此以命數爲差九謂再命者十一謂三命者七謂一命者九或上或下者再命謂小國之卿次國之大夫也卿則曰上大夫則曰下大國之孤視子男以此言之魚腸胃倫膚皆七者謂子男小聘之大夫此公食序在聘禮之下是因聘而食之不言食賓與上介直云大夫者若云食賓與上介則小聘使下大夫上介乃是士是以直云大夫兼得大夫聘賓與上介亦兼小聘之賓若然聘禮據大聘因見小聘此公食先見小聘後言大聘者欲見大聘小聘或先或後不常之義

儀禮　鄭氏注

公食大夫之禮使大夫戒各以其爵 戒猶告也告之必使同班敵者易以相親敬 疏 公食至其爵○注戒猶至親敬○釋曰自此盡如聘論主君使大夫就館戒聘客使來行食禮之事云各以其爵者此篇雖據子男大夫爲正兼見五等諸侯大聘使卿之事故云各以其爵也

上介出請入告 問所以來事 疏 上介出請入告○注問所以來事○釋曰據大夫就賓館之門外賓使上介出請大夫所爲來之事

三辭 爲既先受賜不敢當 疏 三辭○注爲既至敢當○釋曰既先受賜者謂聘日致饔受賜大禮故今辭食不敢當之但受饔之時禮辭而已至於饗食皆當三辭

賓出拜辱 拜使者屈辱來迎已

大夫不荅拜將命 不荅拜爲人使也將猶致也

賓再拜稽首 受命

大夫還 復於君

賓不拜送遂從之 不拜送者爲從之不終事 疏 賓不至從之○注不拜至終事○釋曰案鄉飲酒主人拜送賓不荅拜云禮有終此賓不拜送爲從之不終事故賓不拜送也若然鄉飲酒鄉射戒賓送從之而云拜辱拜送者以其主人先反不相隨故得拜辱拜送覲禮使者勞賓於門外侯氏再拜遂送之使者既不先反猶拜送者尊天子使故也

賓朝服即位于大門外如聘 於是朝服則初時玄端如聘亦入于次俟 疏 賓朝至如聘○注於是至次俟○釋曰云大門外如聘者則賓主設擯介以相待如聘時云於是朝服則初時玄端者初時謂賓發館時服玄端若鄉射主人朝服乃速賓鄭注云射賓輕也戒時玄端以此言之亦賓在館拜所戒大夫即玄端賓送從大夫至君大門外入次乃去玄端著朝服出次則位也云如聘亦入於次俟者案聘禮賓皮弁聘至于朝賓入于次注云入于次者俟辦則此入次亦俟主人辦也若然聘禮重賓發館即皮弁此食禮輕及大門乃朝服

即位具 主人也擯者俟君於大門外卿大夫士序及宰夫具其饌物皆於廟門之外 疏 即位具○注主人至之外○釋曰云擯者俟君於大門外者解即位之事云卿大夫士序及宰夫具其饌物皆於廟門之外者以其君迎賓入始言卿大夫以下廟內之位則知此具饌物時皆在廟門外也故鄭下文注云自卿大夫至此不先即位從君而入者明助君饗食賓自無事故不在大門內是其義也

羹定 肉謂之羹定猶孰也著之者下以爲節 疏 羹定○注肉謂至爲節○釋曰云肉謂之羹者爾雅文云著之者下以爲節者羹定與下文陳鼎之節爲目也

甸人陳鼎七當門南面西上設扃鼏鼏若束若編 七鼎一大牢也甸人冢宰之屬兼亨人者南面西上以其爲賓統於外也扃鼎扛所以舉之者也凡鼎鼏蓋以茅爲之長則束本短則編其中央今文扃作鉉古文鼏皆作密 疏 甸人至若編○注七鼎至作密○釋曰云七鼎一大牢也者案聘禮致飧與饔餼皆九鼎此亦一大牢而七鼎者此食禮輕無鮮魚鮮腊與聘禮腥一牢鼎七同也云甸人冢宰之屬兼亨人者案天官有甸師氏兼有亨人皆屬冢宰彼天子禮諸侯比天子爲兼官故甸人兼亨人也必使甸人陳鼎者案外亨人職云掌共鼎鑊又案甸師職云掌帥其徒以薪蒸役外內饔之事故使甸人兼亨人陳鼎若然案少牢羹定饔人陳鼎者以其無甸人故饔人陳鼎也既夕士禮云甸人抗重又云甸人築坅坎以士無臣使屬吏攝甸人之事非謂實此官也云凡鼎鼏蓋以茅爲之者諸文多言鼎鼏皆不言所用之物此經雖言若束若編亦不指所用之體故鄭云蓋以疑

之然必知用茅者詩曰白茅苞之尚書孔傳云苴以白茅茅是絜白之物故疑用茅也

設洗如饗必如饗者先饗後食如其近者也饗禮亡燕禮則設洗於阼階東南古文饗或作鄉疏設洗如饗○注必如至作鄉○釋曰云必如饗者先饗後食如其近者也鄭據此文行食禮而云如饗明先饗設洗訖乃後食故鄉前如之是先饗後食也案聘禮云公於賓壹食再饗則食在饗前矣不言如燕禮者饗食在廟燕在寢則是饗食重先行之故二者自相先後是以不得用燕禮決之也引燕禮者欲見設洗之法燕與饗食同故無饗禮引燕禮而言也

小臣具槃匜在東堂下爲公盥也公尊不就洗小臣於小賓客饗食掌正君服位疏小臣至堂下○注爲公至服位○釋曰知此爲公盥者案特牲尸尊不就洗盥用槃匜故知此所設槃匜亦爲公盥不就洗也云小臣於小賓客饗食掌正君位者按夏官小臣職云小祭祀賓客饗食如大僕之法此諸侯之聘客饗食故亦小臣掌之也

宰夫設筵加席几設筵於戶西南面而左几公不賓至授几者親設湆醬可以略此疏宰夫至席几○注設筵至略此○釋曰云設筵於戶西南面而左几者以其賓在戶牖之閒南面又生人左几

異於神右几故也云公不賓至授几者親設湆醬可以略此者決聘禮禮賓時公親授几者以無設湆醬之事故也故下記云不授几鄭云異於醴也

無尊主於食不獻酬

飲酒漿飲俟于東房飲酒清酒也漿飲截漿也其俟奠於豐上也飲酒先言飲明非獻酬之酒也漿飲先言漿別於六飲也疏飲酒至東房○注飲酒至飲也○釋曰云飲酒清酒也者按周禮酒正注先鄭云清酒祭祀之酒後鄭從之則此賓客用之者優賓故也云漿飲截漿也者截之言載以其汁滓相載故云截漢法有此名故也云其俟奠於豐上也者下云飲酒實於觶加于豐是也此云奠即彼加也云飲酒先言飲明非獻酬之酒也者以其鄉飲酒燕禮等獻酬之酒皆不言飲飲之可知此擬酳口故言飲是異於獻酬酒故也是以酒人云共賓客之禮酒飲酒鄭注云禮酒饗燕之酒不言飲食之酒云飲亦是其義也云漿飲先言漿別於六飲也者按漿人云共王六飲水漿醴涼醫酏彼先云六飲後云水漿與此先云漿不同故云先云漿別於六飲必別於六飲者彼六飲爲渴而飲此漿爲酳口不爲渴故異之

凡宰夫之具饌于東房凡非一也飲食之具宰夫所掌也酒漿不在凡中者雖無尊猶嫌在堂疏凡宰至東房○注凡非至在堂○釋曰云酒漿不在凡中者雖無尊猶嫌在堂者以其酒漿常在堂若不特言之則凡中不含之言謂酒漿仍在堂故上特言之

公如賓服迎賓于大門內不出大門降於國君疏公如至門內○注不出至國君○釋曰自此盡階上北面再拜稽首論主君迎賓入拜至之事云不出大門降於國君者按周禮司儀云將幣交擯三辭車逆拜辱賓車進荅拜又云致饔餼饗食皆如將幣之儀是國君來則出迎也

大夫納賓大夫謂上擯也納賓以公命

公入門左公再拜賓辟再拜稽首左西方賓位也辟逡遁不敢當君拜也

公揖入賓從揖入道之

及廟門公揖入廟禰廟也疏及廟門公揖入○注廟禰廟也○釋曰儀禮之內單言廟者皆據禰廟是以昏禮納采云至于廟記云凡行事必用昏昕受諸禰廟以此而言則言廟皆禰廟也若非禰廟則言廟祧若聘禮云不腆先君之祧問卿云受于祖廟之類是也但受聘在祖廟食饗在禰燕輕於食饗又在寢是其差次也

賓入三揖每曲揖及當碑揖相人偶

至于階三讓讓先升疏至于階三讓○釋曰按曲禮云客若降等則就主人之階主人固辭然後客復就西階此亦降等初即就西階者此君與客食禮禮之正彼謂大夫士以小小燕食之禮故與此不同也

公升二等賓升遠下人君疏公升二等賓升○注遠下人君○釋曰言遠下人君者亦取君行一臣行二之義也

大夫立于東夾南西面北上東夾南東西節也取節於夾明東於堂疏大夫至北上○注東夾至於堂○釋曰此謂主國卿大夫立位云取節於夾明東於堂者序巳西爲正堂序東有夾室今大夫立于夾室之南是東于堂也

士立于門東北面西上統於門者非其正位辟賓在此疏士立至西上○注統於至在此○釋曰案燕禮大射士在西方東西北上不統於門又在門東北面宜東統於君今在門東西上統於門者以賓在門西辟賓在此非正位故也

小臣東堂下南面西上宰東夾北西面南上宰宰夫之屬也古文無南上疏小臣至南上○注宰宰至南上○釋曰云宰東夾北西面南上者謂在北堂之南與夾室相當故云夾北也云宰宰夫之

屬也者以經云南上則非止一人但宰官之內有宰夫之等是以下有宰夫之官皆於此立可知故云之屬也若然宰尊官在小臣之下者以其小臣位在北堂南故先見之非謂尊卑先後爲次也

內官之士在宰東北西面南上夫人之官內宰之屬也自卿大夫至此不先即位從君而入者明助君饗食賓自無事

疏內官至南上○注夫人至無事○釋曰云夫人之官內宰之屬也者經云內官按周禮天官內宰下大夫掌王后已下彼天子內官諸侯未必有內宰以其言內官之士以士爲之明當天子內宰故舉內宰況之也云自卿大夫至此不先即位從君而入者明助君饗食賓自無事者按前聘時君迎客于大門內時卿大夫已下入廟即位者受聘享軍非饗食之事故先入廟即位此已下雖有宰及宰夫者皆有事及大夫二牲士庶羞之等皆助君食賓非己之事故後入也

介門西北面西上西上自統於賓也然則承擯以下立於士西少進東上

疏介門至西上○注西上至東上○釋曰云然則承擯以下立于士西少進東上者以其介統於賓而西上則擯統於君而東上可知承擯以下既是有事之人承擯是大夫又尊於士故知少進東上不言上擯者上擯有事其位不定故不言

公當楣北鄉至再拜賓降也公再拜楣謂之梁至再拜者興禮侯賓嘉其來也公再拜賓降矣

疏公當至再拜○注楣謂至降矣○釋曰自此盡稽首論公拜至賓荅拜之事云公再拜賓降矣者釋經賓降在至再拜下公再拜上以其至再拜者公已一拜賓即降下公再拜者賓降後又一拜雖一拜本當再拜故皆以再拜言之猶下侑幣之時公一拜賓降公再拜注云賓不敢俟成拜也若然鄭云公再拜賓降矣者解經至再拜者賓降也

賓西階東北面荅拜西階東少就主君敬也

擯者辭辭拜於下拜也公降一等辭曰寡君從子雖將拜興也賓降再拜公降擯者釋辭矣賓猶降終其再拜稽首興起也

疏賓西至荅拜○釋曰自此盡稽首論賓降荅拜之事此云荅拜下云拜也並據公未降之前賓爲一拜以其賓始一拜之間公降一等故聞在一辭之中是以鄭云賓降再拜釋經北面拜荅及拜也云公降擯者釋辭矣者解經辭曰寡君從子雖將拜興也鄭注云賓猶降終其再拜稽首者按下文賓栗階升不拜升既不拜畧於下雖辭賓猶終降再拜稽首也若然擯者辭拜於下之時其位在下故下記云卿擯由下注云不升堂是也按下文云擯者退負東塾而立注云無事又云擯者進相幣然則擯者有事則進無事則退故負東塾也

賓栗階升不拜自以已拜也栗是栗也不拾級連步趨主國君之命不拾級而下曰辵

疏賓栗階升不拜○注自以至曰辵○釋曰云自以已拜也者於堂下終爲再拜稽首故於堂上不拜也云栗寔栗也者謂疾之意也云不拾級連步者曲禮云拾級聚足連步以上鄭注云拾當爲涉聲之誤也級等也涉等聚足謂前足躡一等後足從之併此涉級也連步鄭云重蹉跌也連步謂足相隨不相過也其連步據足而言涉級據階而說其實一也此等尋常升法此栗階據趨君命而上按燕禮記云凡君所辭皆栗階注云栗蹙也謂越等急趨君命也又曰凡栗階不過二等注云其始升猶聚足連步越二等左右足各一發而升堂是栗階之法也云不拾級而下曰辵者凡升降有四種云辵者君臣急諫諍則越三等爲辵階越一等爲歷階又有連步又有栗階爲四等也義已具於燕禮記疏也

命之成拜階上北面再拜稽首賓降拜主君辭之賓雖終拜於主君之意猶爲不成

疏命之至稽首○注賓降至不成○釋曰按論語孔子云拜下禮也今拜乎上泰也是以上文主君雖辭賓猶終拜於下盡臣之禮爲成拜主君之意猶以爲不成故命之升成拜賓遂主君之意故升更拜也

士舉鼎去冪于外次入陳鼎于碑南面西上右人抽扃坐奠于鼎西南順出自鼎西左人待載入由東出由西明爲賓也今文奠爲委古文待爲持

疏士舉至待載○注入由至爲持○釋曰自此盡逆退復位論鼎入已載之事云去冪於外次入者次入謂序入也故少牢云序入去冪於外者以其入當載於俎故去之也士喪士虞皆入乃去冪者喪禮變于吉故也

雍人以俎入陳于鼎南旅人南面加匕于鼎退旅人雍人之屬旅食者也雍人言入旅人言退文互相備也出入之由亦如舉鼎者匕俎每器一人諸侯官多也

疏雍人至鼎退○注旅人至多也○釋曰云旅人雍人之屬者即燕禮云尊士旅食于門西兩圜壺鄭云士旅食者所謂庶人在官者也引王制解之者是也云雍人言入旅人言退文互相備也者雍人言入亦退旅人言退亦入皆入而退去故云文互相

備也云每器一人諸侯官多也者按少牢云鼎序入雍正執一匕以從雍府執四匕以從司士合執二俎以從司士贊者二人皆合執二俎以相從是大夫官少故每人兼執也若然特牲云贊者執俎及匕從鼎入士虞亦云匕俎從士昏禮亦云匕俎從設彼注云執匕者執俎者從鼎而入設之不言并合者士官彌少并合可知不言者文不具或可士禮又異於大夫執鼎人兼執匕俎故士喪禮小斂大斂奠舉鼎者兼執俎也若依前釋則士喪禮畧威儀故也

大夫長盥洗東南西面北上序進盥退者與進者交于前卒盥序進南面匕長以長幼也序猶更也前洗南 疏 大夫至面匕○注長以至洗南○釋曰云進盥退者與進者交于前鄭云前謂洗南但言前不云北鄉飲酒鄉射賓盥北面則此大夫亦皆北面可知云長以長幼也者若燕禮云命長之類皆據長幼爲長不謂衆中之長者也

載者西面載者左人亦序自鼎東西面於其前大夫匕則載之 疏 ○注載者至載之○釋曰前云左人待載其時鼎東南面今大夫鼎北面南匕之左人當載故序自鼎東西面於其前矣俎正當鼎南則載者在鼎南稍東也

魚腊飪飪孰也食禮宜孰饗有腥者 疏 魚腊飪○注飪孰至宜孰○釋曰上文直云羹定肉謂之羹恐魚腊不在羹定之中故此特著魚腊飪也以食禮尚孰故皆飪也○注饗有腥者○釋曰樂記云大饗而俎腥魚鄭注云以腥魚爲俎實不臑孰之是饗禮有腥也又宣公十六年冬晉侯使士會平王室定王享之原襄公相禮殽烝武子私問其故王聞之召武子曰季氏而弗聞乎王享有體薦宴有折俎公當享卿當宴王室之禮也又國語云禘郊之事則有全烝王公立飫則有房烝親戚宴饗則有殽烝以此觀之明饗有腥以饗禮用體薦體薦則腥矣故禮記云腥其俎謂豚解而腥之豚解者皆腥也

載體進奏體謂牲與腊也奏謂皮膚之理也進其理本在前下大夫體七个 疏 載體進奏○注體謂至七个○釋曰三牲與腊皆載體直言體不辨體形及數以下魚腸胃倫膚皆言七則此亦七體故鄭云下大夫體七个若然七个此不言體形按士虞記云升左肩臂臑肫骼脊脅七體彼喪禮用左又按鄉飲酒鄉射記皆云右胖進腠則此亦用右胖肩臑臂肫骼脊脅可知既用右胖則左胖爲庶羞其庶羞者此下大夫十六豆上大夫二十豆是也若致飧及歸饔餼腥鼎皆無庶羞鄉飲酒鄉射燕禮大射雖同用狗一牲以其亨亨亦皆有庶羞也云奏謂皮膚之理進其理本在前者此謂生人食法故進本本謂近上者若祭祀則進末故少牢云進下鄭云變於食生是也

魚七縮俎寢右右首也寢右進鬐也乾魚近腴多骨鯁 疏 魚七縮俎寢右○注右首至骨鯁○釋曰云縮俎者於人爲橫縮縱也魚在俎爲縱於人亦橫云寢右鄭云右首也寢右進鬐也賓在戶牖之間南面俎則東西陳之魚在俎首在右腹腴鄉南鬐脊也進脊在北鄉賓必以脊鄉賓者鄭云乾魚近腴多骨鯁故不欲以腴鄉賓取脊少骨鯁者鄉賓優賓故也若祭祀則進腴以鬼神尚氣腴者氣之所聚故少牢進腴是也

腸胃七同俎以其同類也不異其牛羊腴賤也此俎實凡二十八 疏 腸胃七同俎○注以其至十八○釋曰云以其同類也者釋經同俎以其牛羊同是畜類也云不異其牛羊腴賤也者以牲體則異俎及此腸胃即同俎以其腹腴賤故畧之同俎也云此俎實二十八者牛羊各有腸胃腸胃各七四七二十八也但此腸胃與牲或同鼎同俎或別鼎別俎何者據此下文七鼎腸胃與牲別鼎別俎是其正法取其鼎俎奇也少牢五俎腸胃與牲同鼎者以其有鮮獸若腸胃別鼎則六不得奇故并腸胃與牲同鼎有司徹亦然此腸胃七者以其與牲體別鼎故取數於牲亦七少牢并腸胃於牲鼎故云腸三胃三取數於脊脅各三也賓尸禮殺於正祭故腸胃各一既夕盛葬奠故腸胃五也

倫膚七倫理也謂精理滑脆者今文倫或作論 疏 倫膚七○釋曰倫膚謂豕之皮革爲之但此公食大夫爲賓用爲美故膚與腸胃皆別鼎俎特牲腥有三鼎魚腊不同鼎故膚從牲同鼎有司徹雖同少牢亦止三鼎而已羊豕魚皆一鼎故膚還從於牲鼎也又此膚與牲體之數亦七而少牢膚九者此食禮故膚從體數少牢大夫之祭膚出下牲故取數於牲之體而九也

腸胃膚皆橫諸俎垂之順其在牲之性也腸胃垂及俎拒 疏 腸胃至垂之○注順其至俎拒○釋曰腸胃得在牲而垂膚亦言順牲之性者從多而言云垂及俎拒者少牢云腸三胃三垂及俎拒是也

大夫既匕匕奠于鼎逆退復位事畢宜由便也士匕載者又待設俎 疏 大夫至復位○注事畢至設俎○釋曰士匕載者又待設俎者以上文云士舉鼎又云左人待載下文云士設俎于豆南是載者又待設俎可知也

公降盥將設醬 疏 公降盥○注將設醬○釋曰自此盡各卻于其西論公與宰夫爲賓設正饌之事云將設醬者下云公設之是以盥手也

賓降公辭辭其從己卒盥公壹揖壹讓公升賓升揖讓皆壹殺於初古文壹皆作一宰夫自東房授醯醬授授公也醯醬以醯和醬疏宰夫至醯醬○注授授至和醬○釋曰按記云蒲筵常長丈六尺於堂上戶牖之閒南面設之乃設正饌於中席已東自中席已西設庶羞也云醯醬以醯和醬者按歸饔餼醯醢醢別知此醯醬不別而以醯和醬者此經所陳物異者皆別器此醯醬下但言醬不別言醯明以醯和醬可知祭祀無此法以生人尚褻味故有之公設之以其爲饌本賓辭北面坐遷而東遷所東遷所奠之東側其故處疏賓辭至遷所○注東遷至故處○釋曰云東遷所者謂以西爲上君設當席中故東遷之辟君設處側近也近其故處公立于序內西鄉不立阼階上示親饌疏公立至西鄉○注不立至親饌○釋曰云不立阼階上示親饌者以其君之行事皆在阼階上今近阼北者以其設饌在戶西近北今君亦近北是亦親監饌故也賓立于階西疑立不立階上以主君離阼也疑正立也自定之貌今文曰西階

宰夫自東房薦豆六設于醬東西上韭菹以東醓醢昌本昌本南麋臡以西菁菹鹿臡醓醢醢有醓昌本昌蒲本菹也醢有骨謂之臡菁蔓菁菹也今文臡皆作麋疏宰夫至鹿臡○注醓醢至作麋○釋曰云醓醢醢有醓者按周禮醢人云朝事之豆韭菹醓醢下依此爲次彼注云醓肉汁也則此醓醢是肉之汁昌本者彼注云昌蒲根又按彼注齏菹之稱菜肉通又云細切爲齏全物若腜爲菹又按彼經爲菹者經言菹不言齏菹者即是齏也彼言昌本亦即齏也此注云菹者齏菹麤細爲異通而言之齏亦得爲菹故云菹也云醢有骨者謂爲臡案爾雅釋器云肉爲之醢有骨者謂之臡又鄭司農云有骨爲臡無骨爲醢也云菁蔓菁菹也者即今之蔓菁也士設俎于豆南西上牛羊豕魚在牛西腊腸胃亞之亞次也不言綪錯俎尊疏士設俎至亞之○注亞次至俎尊○釋曰云不言綪錯俎尊者上設豆綪陳之下設黍稷錯陳之此設俎不綪不錯者俎尊故也膚以爲特直豕與腸胃東也特膚者出下牲賤疏膚以爲特○注直豕至牲賤○釋曰云出下牲賤者以豕在牛羊之下賤膚豕之所出故云出下牲賤特之於俎東也旅人取匕甸人舉鼎順出奠于其所以其空也其所謂當門疏旅人至其所○釋曰前旅人以匕入加於鼎退出今還使之取匕前士舉鼎入今不使士舉鼎出者以其士載訖遂設俎於賓前事未畢故甸人舉鼎而出也宰夫設黍稷六簋于俎西二以並東北上黍當牛俎其西稷錯以終南陳並併也今文曰併古文簋皆作軌大羹湆不和實于鐙宰右執鐙左執蓋由門入升自阼階盡階不升堂授公以蓋降出入反位大羹湆煑肉汁也大古之羹不和無鹽菜瓦豆謂之鐙宰謂大宰宰夫之長也有蓋者饌自外入爲風塵今文湆爲汁又曰入門自阼階無升疏大羹至反位○注大羹至無升○釋曰云以蓋降出入反位者宰位在東夾北西面南上今以蓋降出送於門外乃更入門反

於東夾北位也云大羹湆煑肉汁也大古之羹者謂是大古五帝之羹云不和無鹽菜也大古質故不和以鹽菜對鉶羹調之以鹽菜者也云瓦豆謂之鐙詩云于豆于登毛亦云木曰豆瓦曰登云宰謂大宰宰夫之長者以單言宰諸侯三卿無大宰以司徒兼大宰大宰之下有宰夫故云宰夫之長也公設之于醬西賓辭坐遷之亦東遷所疏公設至遷之○注亦東遷所○釋曰言亦者亦前醬東遷所以醬既東遷所今於醬西遷之明亦東遷所移之故醬處也宰夫設鉶四于豆西東上牛以西羊羊南豕豕以東牛鉶菜和羹之器疏宰夫至東牛○注鉶菜和羹之器○釋曰云鉶菜和羹之器者下記云牛藿羊苦豕薇是菜和羹以鉶盛此羹故云之器也據羹在鉶言之謂之鉶羹據器言之謂之鉶鼎正鼎之後設之謂之陪鼎據入庶羞言之謂之羞鼎其實一也飲酒實于觶加于豐豐所以承觶者也如豆而卑宰夫右執觶左執豐進設于豆東食有酒者優賓也設于豆東不舉也燕禮記曰凡奠者於左疏宰夫至豆

東○注食有至於左○釋曰云食有酒者優賓也者按下文宰夫執觶飲賓興受唯用觶酳口不用酒今主人猶設之是優賓引燕禮者彼據酒主人奠於薦左賓不飲取奠於薦右此酒不用故亦奠於豆東酒義雖異不舉是同故引爲證也按燕禮無此文鄉飲酒鄉射記皆云凡奠者於左舉者於右不同之而引燕禮記者此必轉寫者誤鄭本引鄉飲酒鄉射之等也

宰夫東面坐啓簋會各卻于其西會簋蓋也亦一一合卻之各當其簋之西〔疏〕注會簋至之西○釋曰云亦一一合卻之者卻者仰也簋蓋有六兩兩皆相重而仰之謂之卻合故云一一卻合之各當其簋之西爲兩處亦者亦少牢故少牢云佐食啓會蓋二以重設于敦南也

贊者負東房南面告具于公負東房負房戶而立也南面者欲得鄉公與賓也〔疏〕贊者至于公○注負東至賓也○釋曰自此盡醬湆不祭論賓所祭饌之事經直云負東房鄭知負房戶而立者以公在東序內賓在戶西雖告具于公且欲使賓聞之故知於房近西是以鄭云得鄉公與賓也

公再拜揖食再拜拜賓饌具賓降拜荅公拜公辭賓升再拜稽

首不言成拜降未拜賓升席坐取韭菹以辯擩于醢上豆之閒祭擩猶染也今文無于贊者東面坐取黍實于左手辯又取稷辯反于右手興以授賓賓祭之取授以右手便也賓亦興受坐祭之於豆祭也獨云贊興優賓也少儀曰受立授立不坐〔疏〕贊者東面至祭之○注取授至不坐○釋曰此所授者皆謂遠賓者故菹醢及鉶皆不授以其近賓取之易故不言按曲禮云殽之序辯祭之故知雖不授亦祭可知也經直云祭知祭之於豆祭者按少牢云尸取韭菹辯擩于三豆祭于豆閒故知於豆祭也云獨云贊興優賓者欲見賓坐而不興是優賓其實俱興也引少儀者欲見贊與賓亦興之義以其賓坐贊亦坐故也

三牲之肺不離贊者辯取之壹以授賓肺不離者刌之也不言刌刌則祭肺也此舉肺不離而刌之便賓祭也祭離肺者絕肺祭也壹猶稍也古文壹作一〔疏〕三牲至授賓○注肺不至作一○釋曰云肺不離者刌之也者按少儀云牛羊之肺離而不提心鄭云提猶絕也刌之不絕中

央少者此即爲食而舉肺也少牢云舉肺一長終肺祭肺三皆切之是祭肺切舉肺不切云不言刌刌則祭肺也者是與祭肺同其實舉肺云祭離肺者絕肺祭也者此鄭解舉肺將祭之時絕末而祭之與祭肺異也凡舉肺有二名一名離肺亦名舉肺祭肺亦名刌肺也

賓興受坐祭於是云賓興受坐祭重牲也賓亦每肺興受祭於豆祭

捝手扱上鉶以柶辯擩之上鉶之閒祭扱以柶扱其鉶菜也捝拭也拭以巾〔疏〕捝手至閒祭○注扱以至以巾○釋曰此云上鉶之閒祭者著其異於餘者餘祭於上豆之閒此鉶別自祭鉶閒云捝拭也拭以巾者案內則左佩紛帨帨即佩巾而云捝拭拭手以巾似帨不名巾者本名帨者以拭手爲名其實名巾故鄭舉其實稱也此有四鉶而云扱上鉶辯擩則唯有一柶優賓故用一柶而已少牢二鉶祭神故宜各有柶也

祭飲酒於上豆之閒魚腊醬湆不祭不祭者非食物之盛者〔疏〕祭飲至不祭○注不祭至盛者○釋曰此不祭者以正在饌之內以其有三牲之體魚腊湆醬非盛者故不祭也若入庶羞則祭之故下文云士羞庶羞皆有大又云辯取庶羞之大興一以授賓賓受兼壹

祭之少儀云祭膴膴詁爲大魚肉之臠是亦祭之

宰夫授公飯粱公設之于湆西賓北面辭坐遷之既告具矣而又設此殷勤之加也遷之遷而西之以其東上也〔疏〕宰夫至遷之○注既告至上也○釋曰自此盡降出論設加饌粱與庶羞之事云遷之遷而西之以其東上也知粱東上者下文宰夫膳稻于粱西是以粱在東爲上也

公與賓皆復初位位序內階西〔疏〕公與賓皆復初位○注位序內階西○釋曰按上公設醬時立于序內賓立於階西此云公與賓復初位故知公還在序內賓還在階西也

宰夫膳稻于粱西膳猶進也進稻粱者以簠〔疏〕宰夫至粱西○注膳猶至以簠○釋曰知進稻以簠者下記云簠有蓋冪鄭注云稻粱將食乃設去會於房蓋以冪上云設黍稷訖云卻會此稻粱不云卻會者先於房去之故也

士羞庶羞皆有大蓋執豆如宰羞進也庶衆也進衆珍味可進者也大以肥美者特爲臠所以祭也魚或謂之膴膴大也唯醢醬無大如宰如其進大羹湆右執鐙左執蓋〔疏〕士羞至如宰○注羞進至執蓋○釋

曰云皆有大者中有二物三物之肉兼有魚也云魚或謂之膴膴大也者或有司徹云尸俎五魚侑主人皆一魚皆加膴祭于其上是也少儀云膴祭也云唯醢醬無大者鄭注周禮醓人作醓之法先膊乾其肉乃後莝之雜以粱麴及鹽漬以美酒塗置甀中百日則成矣何大臠之有也醬則醢也亦無大臠也

先者反之由門入

升自西階庶羞多羞人不足則相授於階上復出取也（疏）先者反之○釋曰反之者以其庶羞十六豆羞人不足故先至者反取之下文云先者一人升設於稻南其人不反則此云先者反之謂第二已下爲先者也

先者一人升設于稻南簋西閒容人簋西黍稷西也必言稻南者明庶羞加不與正豆併也閒容人者賓當從閒往來也（疏）注簋西至往來也○釋曰簋西黍稷西也必言稻南者以其黍稷西近北有稻故庶羞設黍稷西南南陳之是稻粱與庶羞俱是加故南北相繼而在黍稷正饌之西是下不與正豆併也云閒容人者賓當從閒往來也者下文賓左擁簋粱右執湆以降公辭升反奠于其所是賓往來也

旁四列西北上不統於正饌者雖加自是一禮是所謂羹胾中別（疏）旁四列西北上○注不統至中別○釋曰云所謂羹胾中別者按曲禮云左殽右胾彼云殽骨體也此肉謂之羹亦一也殽爲正饌胾謂切肉則庶羞云左殽右胾則曰此正饌在東庶羞在西閒容人同故謂所謂羹胾中別也

膷以東臐膮牛炙膷臐膮今時臛也牛曰膷羊曰臐豕曰膮皆香美之名也古文膷作香臐作薰

炙南醢以西牛胾醢牛鮨先設醢絣之以次也內則謂鮨爲膾然則膾用鮨今文鮨作鰭（疏）注先設醢絣之以次也○釋曰此云先設醢絣之次而特牲注云以有醢不得絣也與此設設醢絣之以次違者大凡醢配胾是其正而醢卑于胾今牛羊豕胾皆在醢下者直是絣之次非尊卑之列特牲以一有醢若絣之當醢在胾上不成錯故不得絣少牢四豆羊胾醢故得絣而錯與此同也

鮨南羊炙以東羊胾醢

豕炙炙南醢以西豕胾芥醬魚膾芥醬芥實醬也內則曰膾春用葱秋用芥

衆人騰羞者盡階不升堂授以蓋降出騰當作媵媵送也授授先者一人

贊者負東房告備于公復告庶羞具者以其異饌（疏）贊者至于公○釋曰自此盡兼壹祭之論贊告饌具賓祭之事

贊升賓以公命命賓升席（疏）贊升賓○注以公命命賓升席○釋曰前設饌訖贊者告具于公公再拜揖食此使贊升賓者以其禮殺故也是以上文正饌公先拜賓荅拜此賓先拜公公荅拜爲異也

賓坐席末取粱即稻祭于醬湆閒即就也祭稻粱不於豆祭祭加宜於加（疏）注即就至於加○釋曰云祭稻粱不於豆祭祭加宜於加者按下文云賓三飯以湆醬注云每飯歠湆以肴擩醬食正饌也三飯而止又云不以湆醬注云不復用正饌也則此湆醬是正饌而云加者但湆醬與粱皆是加故公親設之下文爲正饌而此云加者爲湆醬雖是加以在正饌之上得與正饌爲本故名正饌其實是正饌之加故公親設之也

贊者北面坐奠取庶羞之大興一以授賓賓受兼壹祭之壹壹受之而兼一祭之庶羞輕也自祭之於膷臐之閒以異饌也（疏）贊者至祭之○注壹壹至饌也○釋曰壹壹受之而兼一祭之庶羞輕也者決上三牲之胏祭之今此祭庶羞并之故云輕也云自祭之於膷臐之閒以異饌也者不云於豆祭而云於膷臐之閒以祭宜於加故也

賓降拜拜庶羞（疏）賓降拜○注拜庶羞○釋曰自此盡魚腊不與論賓正食受侑幣至於食終之事

公辭賓升再拜稽首公荅再拜賓北面自閒坐左擁簠粱右執湆以降自閒坐由兩饌之閒也擁抱也必取粱者公所設也以之降者堂尊處欲食於階下然也

公辭賓西面坐奠于階西東面對西面坐取之栗階升北面反奠于其所降辭公奠而後對成其意也降辭公敬也必辭公者爲其尊而親臨己食侍食贊者之事（疏）注奠而至之事○釋曰云成其意者謂成其食降階下之意故奠乃對此決下文大夫相食賓執粱與湆之西序端主人辭賓反之而不奠也

公許賓升公揖退于箱箱東夾之前俟事之處（疏）注箱東至之處○釋曰按爾雅有東西廂曰廟其夾皆在序外故也知是俟事之處者正以此文公揖退于廂而俟賓食即待事之處也

擯者退負東塾

而立無事賓坐遂卷加席公不辭贊者以告公公聽之重來優賓【疏】賓坐至不辭。注贊者至優賓。釋曰知云贊者以告公公聽之者公既在序外賓食在戶西若不告公公何以知之明知贊者告公也云重來優賓者若公來則勞賓不來則賓不勞故難重來而不來則優饒賓也

賓三飯以湆醬每飯歠湆以肴擩醬食正饌也三飯而止君子食不求飽不言其肴優賓【疏】賓三飯以湆醬。注每飯至優賓。釋曰云每飯歠湆以殽擩醬者按曲禮三飯主人延客食胾然後辯殽鄭注云先食胾後食殽殽尊此先食殽者彼鄭云大夫士與客燕食之法其禮食宜放公食大夫禮云若然此爲禮食故先食殽大夫士與客燕食則先食胾故不同又按昬禮同牢云贊爾黍授肺脊皆食以湆醬皆祭舉食舉也注云皆食黍也以用也用者謂歠湆咂醬而不食殽者此公食賓禮解體折節明食殽可知彼豚解者皆不食故彼不食殽也是以彼又云三飯卒食注同牢示親不主爲食起三飯而成禮也故不食殽也但湆言啜湆故也醬言擩醎故也云三飯而止君子食不求飽者解三飯而止故下宰夫進漿是不求飽故引論語學者食不求飽爲證也云不言其殽優賓者案特牲少牢尸食時舉殽皆言次第此不言者任賓取之是優賓也

宰夫執觶漿飲與其豐以進此進漱也非爲卒食爲將有事緣賓意欲自絜清賓挩手興受受觶宰夫設其豐于稻西酒在東漿在西是所謂左酒右漿【疏】宰夫至稻西。注酒在至右漿。釋曰云酒在東漿在西者案上飲酒實于觶宰夫設于豆東是酒在東也云漿在西者即此經設於稻西是也云是所謂左酒右漿者按曲禮云酒漿處右鄭云此言若酒若漿耳兩有之則左酒右漿云兩有者據此公食而言左酒右漿也

庭實設乘皮

賓坐祭遂飲奠於豐上飲漱

公受宰夫束帛以侑西鄉立束帛十端帛也侑猶勸也主國君以爲食賓殷勤之意未至復發幣以勸之欲用深安賓也西鄉立序內位也受束帛于序端【疏】公受至鄉立。注束帛至序端。釋曰云西鄉立序內位也者按上文公設醬公立于序內西鄉此經亦云西鄉立故知亦在序內位也云受束帛于序端者按大射禮公凡受於序端故每云公之所受者皆約之受於序端

賓降筵北面以君將有命也北面於階上【疏】賓降筵北面。注以君至階上。釋曰云以君將有命者謂有束帛侑食之命故賓降筵北面於西階上以待主君之命

擯者進相幣爲君釋幣辭於賓

賓降辭幣升聽命降辭幣主國君又命之升聽命釋許辭【疏】賓降至聽命。注降辭至許辭。釋曰云主國君又命之升知者約聘禮禮賓賓降辭幣公降一等辭栗階升聽命是也

降拜當拜受幣公辭賓升再拜稽首受幣當東楹北面主國君南面授之當東楹者欲得君行一臣行二也退西楹西東面立俟主國君送幣也退不負序以將降【疏】退西楹西東面立。注俟主至將降。釋曰按聘禮賓三退負序注云三退三逡遁也不言辟者以執圭將進授之彼皆當楣再拜故賓退負序此亦爲公拜送幣但在楹西耳故賓在階西不負序以將降故也

公壹拜賓降也公再拜賓不敢俟成拜

介逆出以賓事畢

賓北面揖執庭實以出揖執者示親受

公降立俟賓反

上介受賓幣從者訝受皮從者府史之屬訝迎也今文曰梧受【疏】注從者至梧受。釋曰云從者府史之屬知非士介者此子男小聘使大夫士介一人而已介已受賓幣故知訝受者非士介是府史之屬也

賓入門左沒霤北面再拜稽首便退則食禮未卒不退則嫌更入行拜若欲從此退【疏】賓入至稽首。注便退至此退。釋曰云便退則食禮未卒不退則嫌者此鄭探解賓意食禮自有常法三飯之後當受侑幣更入以終食禮故送庭實而後入是以鄭云便退則食禮未卒解經賓入之意云不退則嫌者謂有貪食之嫌解再拜稽首將辭之意是以更入行拜若欲從此退者待公設辭留賓之意也

公辭止其拜使之卒食

揖讓如初升如初入也

賓再拜稽首公荅再拜賓拜拜主國君之厚意賓揖介入復位【疏】注賓揖介入復位。釋曰上文云介逆出下更云介逆出明知中閒介復入可知但復入之節當此賓入之時也

賓降辭公如初將復食

賓升公揖退于箱賓卒食會飯三飲卒已也已食會飯三漱漿也會飯謂黍稷也此食黍稷則初時食稻粱【疏】注卒已也至稻

粱○釋曰知會飯是黍稷者見上文云宰夫東面坐啓簋會各卻於其西此云食會飯故知會飯者是黍稷也前賓三飯不云會以其簠盛稻粱以其稻粱無會故鄭云此食黍稷則初時食稻粱矣

不以醬湆不復用正饌也初時食加飯用正饌此食正飯用庶羞互相成也後言湆者湆或時後用

疏不以醬湆○注不復至後用○釋曰云初時食加飯用正饌此食正飯用庶羞互相成也者按上文賓三飯以湆醬注云每飯歠湆以殽擩醬是正饌稻粱是其加此云卒食會飯三飲不以醬湆鄭意以庶羞黍稷是其正庶羞是其加互相成而已言相成者既非互文直取饌食互相成而已云後言湆者湆或時後用者前文賓三飯以湆醬先言湆後言醬是先用湆此後言湆或容前三飯後用湆也故作文有先後也

挩手興北面坐取粱與醬以降西面坐奠于階西示親徹也不以出者非所當得又以已得侑幣

疏注示親至侑幣○釋曰云不以出者非所當得又以已得侑幣者云不以出者決士昏禮賓取脯出以授從者彼是已所當得此非直已得侑幣下文有司卷三牲之俎歸于賓館是已所當得鄭不言三牲而言侑幣者據已得者而言之

東面再拜稽首卒食拜也不北面者異於辭

疏東面再拜稽首○注卒食至於辭○釋曰云卒食拜也不北面者按上文賓受侑幣出入門左沒霤北面再拜稽首其時辭欲退公留之卒食故決之以其待公留故北面此卒食禮終故東面爲意有異故面位不同是以鄭云不北面者異於辭也

公降再拜荅之也不辭之使升堂明禮有終

介逆出賓出公逆于大門內再拜賓不顧初來揖讓而退不顧退禮畧也示難進易退之義擯者以賓不顧告公公乃還也

疏介逆至不顧○注初來至還也○釋曰云擯者以賓不顧告公公乃還也者知擯者告公者按經公送于大門內公不見賓矣而云賓不顧明知擯者告公公還入宴寢也此擯者告賓不顧即論語云賓退必復命曰賓不顧矣但彼據聘享訖此據食禮訖事雖不同復命云賓不顧矣即不異

有司卷三牲之俎歸于賓館卷猶收也無遺之辭也三牲之俎正饌尤尊盡以歸賓尊之至歸俎者實于篚它時有所釋故

疏有司至賓館○注卷猶至釋故○釋曰云歸俎者實于篚者此食禮無肵俎而言卷三牲之俎不言用俎唯云實于篚按士虞禮亦無肵俎尸舉牲體皆盛於篚吉凶雖不同無肵俎是一故知同用篚也云它時有所釋故者解三牲之俎言卷案特牲及士虞尸卒食取俎歸於尸三个是有所釋此無所釋故稱卷也彼注云釋猶遺也遺者君子不盡人之歡不竭人之忠也

魚腊不與以三牲之俎無所釋故也禮之有餘爲施惠不言腸胃膚者在魚腊下不與可知也古文與作豫

儀禮疏卷第二十五

[illegible]盧氏　宣旬校定

大清嘉慶二十年重　用文選樓藏本校

江西督糧道王賡言廣豐縣知縣阿應鱗栞

儀禮注疏卷二十五挍勘記　阮元撰盧宣旬摘録

公食大夫禮第九

此篇據小聘大夫者　通解楊氏篇下俱有據字毛本無

上介出請入告

問所以來事　毛本以下有爲字嚴本集釋要義俱無爲字張氏曰注曰問所以來事按釋文云以爲于僞反今本于以字下脫一爲字從釋文盧文弨云疏云賓使上介出請大夫所爲來之事無以字釋文或本是所爲誤作以爲也

賓朝服

入于次者俟辦　陳本通解要義同毛本辦作辨下同

甸人陳鼎七〇鼏若束若編　鼏聶氏作冪注同

桼少牢羹定　毛本牢作宰〇按牢字是

甸人築坅坎　陳本同毛本坅作坽〇按坅五錦反宜從陳本

詩云白茅苞之　云陳本作曰苞要義作苞毛本作包〇按作苞是也

設洗如饗

故鄉前如之　毛本鄉誤作饗

公於賓壹食再饗　要義同毛本壹作一按聘禮作壹

凡宰夫之具

言謂酒漿仍在堂　浦鏜云言疑嫌字誤

及廟門

問卿云　陳監通解要義同毛本卿作鄉〇按卿字是

埶輕於食饗　通解要義同毛本輕作禮〇按輕字是

小臣東堂下

宰尊官在小臣之下者　在上陳閩通解俱有反字

內官之士

及大夫二牲　浦鏜云七誤二

公當楣北鄉

賓不敢俟成拜也　通解要義同毛本俟作候〇按作俟與後注文合

解經至再拜者賓降也　陳閩要義同毛本也作矣〇按者字衍文

賓栗階升　唐石經無賓字集釋按云此承上賓西階東北面荅拜不必更言賓當從石經去之〇按上有公降一等揖者釋辭則此賓字不宜刪燕禮公有命節疏引亦有賓字石經非也

栗寔栗也　嚴本通解同毛本寔作實按寔與述注合

士舉鼎去冪於外次　冪唐石經嚴本俱作冪釋文毛本作鼏〇入陳鼎于碑南面西上　南字唐石經嚴本集釋通解敖氏俱不重徐本楊氏毛本俱重敖氏曰碑下脫一南字

論鼎入已載之事　浦鏜云七誤已

云去冪於外次入者　毛本冪作鼏

士喪士虞皆入乃去冪者　士喪士虞陳本作士喪禮禮字下空一字閩本作士喪禮云

雍人以俎入

皆合執二俎以相從　監本通解同毛本從下有入字

或可士禮又異於大夫　監本同毛本可作云

大夫長盥洗東南○南面匕 瞿中溶云石本原刻南面下有西上二字後磨改刪去

魚腊飪

以餐禮用體薦體薦則腥矣 要義同毛本體薦二字不重出

載體進奏

則此亦用右胖肩臑臂肫骼脊脅可知 骼閩本作胳

魚七

乾魚近腴 近陳閩葛本通解楊氏俱誤作進釋文爲近字作音

腸胃七

既夕盛葬奠 通解同毛本葬作陳○按葬是

倫膚七

謂精理滑脃者 脃徐陳閩監葛本集釋通解俱作脆釋文毛本嚴本俱作脃按說文脃从肉从絕省作脆非也

釋曰倫膚 毛本倫誤作論

亦止三鼎而已 陳閩通解要義同毛本亦作一○按亦字是

卒盥

揖讓皆壹 徐本集釋通解楊氏同毛本壹作一

公立于序內

是亦親監饌故也 毛本通解亦作示

宰夫自東房

謂之鞲 毛本之作爲

卽今之蔓菁也 菁陳閩俱作青

士設俎于豆南

不言縪錯 張氏曰釋文云不縪中無言字從釋文○按疏有言字

但尊故也 毛本但作俎

膚以爲特

直豕與腸胃東也 也通解作北

宰夫設鉶四于豆西 鉶釋文作鈃

注鉶芼和羹之器 陳閩監本同毛本芼下有至字無和羹字按毛本亦因欲均齊字數而改

宰夫右執觶

引燕禮者 禮下要義有記字

不同之而引燕禮記者 按同字疑誤或是引字

此必轉寫者誤 通解要義同毛本轉作傳者下有之字張淳作傳無之字

宰夫東面坐

簋葢有六 葢要義作會

謂之卻合 卻合二字要義倒下同

三牲之肺不離

刌之也 徐本集釋通解同毛本刌作切下並同

壹猶稍也古文壹作一 古上今本有一圈不知何故通解亦無按此節經注據士冠疏則經當云一以授賓注當云古文一作壹今本與賈疏不合當由後人妄改然諸本皆然其誤久矣

刲之 毛本通解刲下有離字

絕末而祭之 通解同毛本末作未

祭飲酒于上豆之間

以正在饌之內 正在毛本作在正○此本倒

賓受兼壹祭之 通解同毛本壹作一

士羞庶羞

或有司徹云 毛本通解無或字

先者反之

釋曰反之者 此段疏五十五字今本俱誤作注通解載此疏於下節注下

先者一人升

以其黍稷西近北有稻 閩本通解同毛本近作之○按近字是

是稻粱與庶羞俱是加 毛本通解無粱字

而在黍稷正饌之西 監本同毛本而作俱

是下不與正豆併也 浦鏜云誤衍下字

下文賓左擁簠粱 通解同毛本簠作簋○按簋盛黍稷簠盛稻粱下經簠字舊本俱作簠

旁四列

胾謂切肉 通解同毛本謂作爲

炙南醢

肉則謂䤄爲膾 張氏曰注曰肉則謂䤄爲膾按監本毛本肉作內膾徐陳俱作會張淳通解楊敖俱作膾

然則膾用䤄 膾徐本作鱠誤集釋上句作鱠此句作膾

衆人騰羞者

按先者一人 一人二字監本誤作經在下節首

贊者負東房

復告庶羞具者 復徐本作隨集釋通解楊敖俱作復

自此盡兼壹祭之 毛本壹作一

賓坐席末

祭稻粱不於豆祭 嚴本楊氏同與述注合毛本於作以陳本重以字

祭加宜於加 加宜二字徐本倒陳本無宜字集釋通解楊氏俱同毛本

而此云加者 毛本此云作云此按此本與要義俱倒

贊者北面坐

壹壹受之 集釋壹壹作一一下兼一作兼壹

決上三牲之脯祭之 盧文弨改脯爲肺

賓北面自間坐左擁簠粱 左監本誤作右擁誤作擴毛本簠作簋唐石經嚴本集釋通解敖氏俱作簠與前先者一人升節所引合徐本楊氏俱與毛本同石經考文提要曰曲禮執食興辭注引公食禮正作左擁簠粱

賓三飯以湆醬

以肴擩醬 肴徐陳通解楊氏俱作肴下同毛本作殽按殽者相雜錯也俗借爲肴饌字閩葛於此作殽於下不言其殽又作肴可見其無定也後不悉校

主人延客食胾 客陳閩俱作之食毛本作有通解要義俱作食○按作有與曲禮異

大夫士與客燕食 要義同毛本通解大上有彼字按彼字當有

注云皆食黍也　浦鏜云脱一食字

故下宰夫進漿　毛本漿作醬○按漿是也

賓捝手　捝唐石經初从木後改

宰夫設其豐于稻西

云酒在東醬在西者　要義同毛本通解無漿在西三字按無者非

公受宰夫束帛以侑

按大射禮　大閩本作上○按射亦當作聘

公凡受於序端　盧文弨改作公受凡於序端按公凡受三字當作一逗言公凡有所受必於序端也鄭疏下文自明

賓降筵北面

北面於階上　嚴本敖氏同徐本集釋通解楊氏毛本於下有西字張氏曰疏云西階上從疏

賓降辭幣

栗階升聽命　栗陳閩通解俱作東○按東字非也鄭於彼注云栗階趨君命尚疾不連步

退西楹西

三逡遁也　毛本遁作巡○按聘禮注作遁

賓降

將復食　毛本食誤作人

賓升

已食會飯三漱漿也　也字閩本夾行細書

以其稻粱無會　要義無以其稻粱四字

不以醬湆

言湆者湆　嚴本楊氏同毛本無者湆二字

鄭意以庶羞黍稷是其正　要義同毛本無庶羞二字

云後言湆者湆或時後用者　毛本無者湆二字要義删存云後言湆者五字

捝手興

云不以出者非所當得又以已得侑幣者　下十一字諸本俱脱

東面再拜稽首

入門左沒霤　毛本通解入上有更字

有司卷三牲之俎

它時有所釋故　毛本它作他釋文作它云本又作他

云它時有所釋故者　它要義作它與釋文合毛本作他

儀禮注疏卷二十五校勘記終

奉新余成教校

儀禮疏卷第二十六

唐朝散大夫行大學博士弘文館學士臣賈公彥等撰

明日賓朝服拜賜于朝拜食與侑幣皆再拜稽首 朝謂大門外 疏 明日至稽首○注朝謂大門外○釋曰自此盡訝聽之論賓拜謝主君之事云朝謂大門外者以其經云拜賜于朝無賓入之文又聘禮以柩造朝亦無喪入之故皆言朝云云朝謂大門外也若然案閔二年左氏傳云季友將生使卜楚丘之父卜之曰男也其名曰友在公之右閒於兩社爲公室輔注兩社周社亳社之閒朝廷執政所在但諸侯左宗廟右社稷在大門之內則諸侯外朝不在大門內者但外朝在大門外兩社之閒遥繫外朝而言執政所在又此食禮拜侑幣聘禮歸饔餼直言拜饔與餼不拜束帛者彼使人致之故不拜此食禮君親賜不拜之

訝聽之 受其言入告出報也此下大夫有士訝 疏 訝聽之○注受其至士訝○釋曰云此下大夫有士訝者此篇是子男使下大夫小聘又案周禮掌訝六夫有士訝故云此下大夫有士訝也

上大夫八豆八簋六鉶九俎魚腊皆二俎 記公食上大夫異於下大夫之數豆加葵菹蝸醢四四爲列俎加魚鮮腊三三爲列無特 疏 上大夫至二俎○注記公至無特○釋曰云豆加葵菹蝸醢者案周禮醢人朝事之豆云韭菹醓醢昌本麋臡菁菹鹿臡茆菹麋臡案上文下大夫六豆用鹿臡以下仍有茆菹麋臡在今上大夫八豆不取茆菹麋臡而取饋食之豆葵菹蝸醢者鄭以特牲少牢參之彼二篇俱以饋食爲始皆用周禮饋食之豆特牲兩豆用饋食葵菹蝸醢少牢四豆二豆與特牲同兩豆用朝事之豆韭菹醓醢注云韭菹醓醢朝事之豆也而饋食用之豐大夫禮以此觀之故此公食大夫兼用饋食之豆亦是豐大夫禮也云俎加鮮魚鮮腊者上文下大夫七俎牛羊豕魚腊腸胃與膚此云九俎明加鮮魚鮮腊云無特者陳饌要方上七俎者東西兩行爲六俎一俎在特于俎東此九俎爲三行故無特雖無特膚亦爲下

魚腸胃倫膚若九若十有一下大夫則若七若九 此以命數爲差也九謂再命者也十一謂三命者也七謂一命者也九或上或下者再命謂小國之卿次國之大夫也卿則曰上大夫則曰下大國之孤視子男 疏 魚腸至若九○注此以至子男○釋曰云此以命數爲差也者案周禮典命公侯伯之卿三命大夫再命士一命子男之卿再命大夫一命士不命則諸侯之臣分爲三等三命再命一命不命與一命同此經魚腸胃倫膚亦分爲三等有十一有九有七則十一當三命九當再命七當一命若然唯有上下二文者以公侯伯之大夫與子男之卿同再命卿爵尊爲上大夫爵卑爲下則上言若九者子男之卿也下言若九者公侯伯大夫也故鄭云卿則曰上大夫則曰下云大國之孤視子男者欲見此經唯見三命以下案周禮典命大國之孤四命又大行人云大國之孤執皮帛以繼子男又云其他皆視小國之君若然孤與子男同十三侯伯十五上公十七差次可知

庶羞西東毋過四列 謂上下大夫也古文毋爲無 疏 庶羞至四列○注謂上至爲無○釋曰上文云庶羞旁四列此上大夫饌內言庶羞西東毋過四列則東西橫行上下大夫皆四以爲行下大夫四四十六東西四行南北亦四行上大夫東西四行南北五行矣

上大夫庶羞二十加於下大夫以雉兔鶉鴽 鴽無母 疏 上大至鶉鴽○注鴽無母○釋曰云鴽無母者案爾雅釋鳥云鴽鴾母郭氏曰鴾也青州人呼曰鴾母莊子曰田鼠化爲鶉淮南子云蝦蟆所化也月令曰田鼠化爲鴽然則鴽鶉一物也

若不親食 謂主國君有疾病若它故 疏 若不親食○注謂主至它故○釋曰自此盡聽命論主君不親食使大夫致禮於賓館之事疾病之外別云他故者君有死喪之事故聘禮云主人畢歸禮賓唯饔餼之受謂畢致饔食但賓不受之

使大夫各以其爵朝服以侑幣致之 執幣以將命

豆實實于罋陳于楹外二以並北陳簋實實于筐陳于楹內兩楹閒二以並南陳 陳罋筐於楹閒者象授受於堂中也南北相當以食饌同列耳罋北陳者變於食罋數如豆醢芥醬從焉筐米四今文並作併 疏 豆實至南陳○注陳罋至作併○釋曰云南北相當以食饌同列耳者案上文正食之時黍稷亦南陳今於楹閒陳筐米亦南陳是正食及此饌陳是同列也云罋北陳者變於食者上文正食之時宰夫自東房薦豆六設於醬東西上陳之今於楹閒二以併北陳故云變於食也云罋數如豆者以菹醢各異物不可同罋故罋數如豆上

大夫八豆則八甕下大夫六豆則六甕云醯芥醬從焉者以共三牲不殺生列於門內醯經百日乃成不由不殺故有醯庶羞之醯同是醬類故使之相從但庶羞之醯更無別種宜同一甕芥醬宜亦一甕知有芥醬者以其有生魚故知有也云筐米四者上文上大夫八簋今乃生致之黍稷且各一筐稻粱又二筐故云筐米四

庶羞陳于碑內生魚也魚腊從焉上大夫加鮮魚鮮腊雉兔鶉鴽不陳于堂辟正饌〔疏〕庶羞陳于碑內○注生魚至正饌○釋曰云生魚者上文魚膾是魚之中膾者皆是生魚也案鄭注周禮云燕人膾魚方寸切其腴以啗所貴是也此則全生不膾何者十膾在豆與胾炙俱設今胾炙在牲未殺膾全不破可知若然庶羞之內衆羞俱有鄭獨云生魚者以其胾炙在牲不殺於此無矣雖有乾腊雉兔之等以生魚爲主故云生魚也云魚腊從焉者雖無三牲之肉有乾魚腊可知云上大夫加鮮魚鮮腊雉兔鶉鴽者以其下大夫七鼎無鮮魚鮮腊上大夫九鼎加鮮魚鮮腊可知雉兔鶉鴽亦生致之矣云不陳于堂辟正饌者以其庶羞本在堂上正饌之西今在碑內故云辟正饌也若然不陳於碑南者以其本合在堂今宜近堂故在碑北

庭實陳于碑外執乘皮者也不參分庭一在南者以言歸宜近內〔疏〕庭實陳于碑外○注執乘至近內○釋曰執乘皮者不參分庭一在南者以言歸宜近內者庭實正法皆參分庭一在南而陳之故昏禮記云納徵執皮者參分庭一在南今云碑外繼碑而言近北矣彼參分庭一在南陳之者謂在主人之庭參分庭陳之擬與賓向外故近南此陳於客館擬與賓入內故鄭云以言歸故在內也

牛羊豕陳于門內西方東上爲其踐汙館庭使近外〔疏〕牛羊至東上○注爲其至近外○釋曰案上庶羞與庭實在碑之內近內陳之此牛羊豕陳於門內繼門言之云爲其踐汙館庭使近外也若然致饔餼牛羊豕亦在此此云使近外者以饔餼有腥有熟故畧其生者近門是其常此既不殺牛羊豕宜近內故決之也

賓朝服以受如受饔禮朝服食禮輕也〔疏〕賓朝至饔禮○注朝服食禮輕也○釋曰云朝服食禮輕者以其歸饔餼時卿韋弁賓皮弁受此食禮賓朝服受不皮弁故云食禮輕

無擯以己本宜往〔疏〕無擯○注以己本宜往○釋曰云以己本宜往者明主君無故速賓在廟行食禮而有侑幣賓無儐法主君有故致食禮并有侑幣亦不合有儐故云以己本宜往

明日賓朝服以拜賜于朝訝聽命賜亦謂食侑幣〔疏〕注賜亦謂食侑幣○釋曰云亦者亦上速賓食時拜食與侑幣今亦然故云亦

大夫相食親戒速記異於君者也速召也先就告之歸具既具復自召之〔疏〕大夫至戒速○注記異至召之○釋曰自此盡大夫之禮論主國大夫食賓之禮別於主君之事云記異於君者案下文其他皆如公食大夫之禮故知自此已下皆記異於君注是以此經大夫親戒速決君不親戒速此則異於君也以其下諸文皆異故云記異於君者也云先就告之歸具既具復自召之者以其戒具兩有皆親爲之故爲此解與鄉飲酒鄉射同故彼二文皆云戒賓既歸布筵設尊乃親速賓是也

迎賓于門外拜至皆如饗拜饗大夫相饗之禮也今亡古文饗或作鄉

降盥受醬湆侑幣束錦也皆自阼階降堂受授者升一等皆者謂受醬受湆受幣也侑用束錦大夫文也降堂謂止階上今文無束

賓止也主人三降賓不從〔疏〕賓止也○注主人三降賓不從○釋曰云主人三降者案上文鄭注皆者謂受醬受湆受幣皆自阼階降此鄭云主人三降即上三者不數主人降盥者案鄉飲酒所言降盥者皆爲洗爵故賓從降此降盥不爲洗爵故鄭不數之案聘禮致饔餼賓降堂受老束錦大夫止注云止不降使之餘尊此賓不降者雖賓主敵以主人降堂不至地故賓止不降也

賓執粱與湆之西序端不敢食於尊處〔疏〕賓執至序端○注不敢食於尊處○釋曰此兩大夫敵故之西序端上公食大夫大夫降階下臣卑故也

主人辭賓反之卷加席主人辭賓反之辭幣降一等主人從從辭賓降

受侑幣再拜稽首主人送幣亦然敵也〔疏〕受侑至亦然○注敵也○釋曰案郊特牲云大夫之臣不稽首非尊家臣以辟君也又案左氏傳哀十七年公會齊侯盟于蒙孟武伯相齊侯稽首公拜齊人怒武伯曰非天子寡君無所稽首若然臣於君乃稽首平敵相於當頓首今言敵而稽首者以食禮相尊敬雖敵亦稽首與臣拜君同故也

辭於主人降一等主人從辭謂辭其臨己食

卒食徹于西序端亦親徹

東面再拜

降出拜亦拜卒食其他皆如公食大夫之禮疏其他至之禮○釋曰云其他謂豆數俎體陳設皆不異上陳但禮異者謂親戒速君則不親迎賓公不出此大夫出大門公受醬湆幣不降此大夫則降也公食大夫大夫降食於階下此言西序端上公食卷加席公不辭此則辭之皆是異也若不親食則公作大夫朝服以侑幣致之作使也大夫有故君必使其同爵者爲之致禮列國之賓來榮辱之事君臣同賓受于堂無擯與受君禮同疏賓受于堂無擯○注與受君禮同○釋曰云與受君禮同者聘禮賓受致饔幣云堂中西北面注趨主君之命也堂中西中央之西此雖無儐受幣亦與之同也記不宿戒食禮輕也此所以不宿戒者謂前期三日之戒申戒爲宿謂前期一日疏記不宿戒○注食禮至一日○釋曰祭祀散齊七日爲戒致齊三日爲宿此則與祭祀異此不宿戒者謂不爲三日之戒又不爲一日之宿故鄭云此所以不宿戒者謂前期三日之戒申戒爲宿謂前期一日者若然必知三口之戒一日之宿者大射前期三日宰夫戒宰及司馬又少牢辟人君有前期一日之宿此雖人君禮以食禮輕故知有三日之戒一日之宿既無前日之事宜與鄉飲酒鄉射禮同當日爲之故皆不言日數故下注云食賓之朝宿興戒之賓則從戒而來不復召是也戒不速食賓之朝夙興戒之賓則從戒者而來不復召不授几異於醴也疏不授几○注異於醴也○釋曰決禮賓時公親授几也無阼席公不坐亨于門外東方必於門外者大夫之事也東方者主陽疏亨于門外東方○注必於至主陽○釋曰案上經甸人亨人之等亨人是士官不得言大夫之事言大夫之事者解亨在門外之禮也燕禮注云亨於門外臣所掌也言臣亦是大夫事少牢廩爨饔爨皆在門外亦大夫事特牲云主婦視饎爨于西堂下者以其無廩人主之故在內若然鄉飲酒雖是大夫之事以其取祖陽氣之始故亦於門內司宮具几與蒲筵常緇布純加萑席尋玄帛純皆卷自末司宮大宰之屬掌宮廟者也丈六尺曰常半常曰尋純緣也萑細葦也末經所終有以識之必長筵者以有左右饌也今文萑皆爲莞疏司宮至自末○注司宮至爲莞○釋曰云司宮大宰之屬掌宮廟者案燕禮云司宮尊于東楹之西注司宮天子曰小宰聽酒人之成要者也注雖不同其義一也但燕禮司宮云設尊故以小宰解之此司宮設几席故以大宰之屬解之案大宰之下有宮人掌宮中除汙穢之事即此司宮彼不言設几席者以天子具官別有司几筵又有小宰諸侯兼官故司官兼司几筵及小宰也云丈六尺曰常半常曰尋者此皆無正文案周禮考工記云車有六等之數云軫崇四尺謂之一等又云戈長六尺六寸既建而迆之崇於軫四尺謂之二等人長八尺崇於戈四尺謂之三等殳長尋有四尺崇於人四尺謂之四等車戟常崇于殳四尺謂之五等酋矛常有四尺崇于戟四尺謂之六等自軫至矛皆以四尺爲差以是約之即知常是丈六尺尋是八尺也云萑細葦者以類言之其實全別是以詩云葭菼注云葭蘆菼薍則葦一名蘆一名薍一名萑一名菼此萑又與莞席之莞不同彼莞謂蒲也云有以識之者席無異物爲記但織之自有首尾可爲記識耳云必以長筵者以有左右饌者賓在戶牖之間南面上陳饌之時正饌在左庶羞在右陳饌雖不在席上皆陳於席前當席左右其間容人故謂長筵也宰夫筵出自東房筵本在房宰夫敷之也天子諸侯左右房疏宰夫至東房○注筵本至右房○釋曰上云司宮具几筵具之在房宰夫敷之而已天子諸侯左右房以其言東房對西房若大夫士直有東房而已故直云在房也賓之乘車在大門外西方北面立賓車不入門廣敬也凡賓即朝中道而往將至下行而後車還立于西方賓及位而止北面卿大夫之位當車前凡朝位賓主之間各以命數爲遠近之節也疏賓之至面立○注賓車至節也○釋曰云賓車不入門廣敬也者曲禮云客車不入大門與此同覲禮云偏駕不入王門偏駕謂同姓金路之等乘墨車以朝墨車亦云不入大門與此亦同云凡賓即朝中道而往者內則云男子由右女子由左車從中央故賓乘車中道云而後車還立于西方者案少儀云僕於君子始乘則式君子下行然後還立注云還車而立以俟其去是還立于西方鄉外云賓及位而止北面者案玉藻云賓立不當門彼亦謂聘使也云卿大夫之位當車前者案大行人云上公立當軹侯伯立當前疾子男立當衡又云大國之孤朝位當車前者則卿大夫立亦與孤同一節兼云大夫者小聘曰問使下大夫立與孤卿同當車前故連言也云凡朝位賓主之間各以命數爲遠近之節者案大行人云上公朝位賓主之間九十步侯伯七十步子男五十步注云朝位謂大門外賓下車及王車出迎所立處又云凡諸侯

之卿其禮各下其君二等以下及大夫士皆如之若然如諸侯則依命數臣下其君二等則不得依命數矣而云依命數者依命數據君而言其臣依君命數而降之故鄭揔以命數言之也 鉶芼牛藿羊苦豕薇皆有滑 藿豆葉也苦苦荼也滑堇荁之屬今文苦爲芐 疏 鉶芼至有滑○注藿豆至爲芐○釋曰云滑堇荁之屬者案士虞記云鉶芼用苦若薇有滑夏用葵冬用荁鄭注云荁堇類也乾則滑夏秋用生葵冬春用乾荁此經云皆有滑不言所用之物故取士虞記解之云之屬者其中兼有葵也 贊者盥從俎升 俎其所有事 疏 贊者盥從俎升○注俎其所有事○釋曰直言此者豆亦從下升不言從豆升者贊者不佐祭豆直佐祭俎故云俎其所有事是以上經云三牲之胏不離贊者辯取之壹以授賓若然黍稷亦贊祭不從黍稷升者黍稷設之在後故也黍稷雖後升先祭者以其先食黍稷後食肉故也 簠有蓋冪 稻粱將食乃設去會於房蓋以冪冪巾也今文或作幕 疏 簠有蓋冪○注稻粱至作幕○釋曰簠簋相將簋既有會明簠亦有會可知但黍稷先設故郤會於敦南簠盛稻粱將食乃設故鄭云去會于房蓋以冪冪巾也至於陳設冪亦去之經云有蓋冪者據出房未設而言 凡炙無醬 已有鹹和 疏 凡炙無醬○注已有鹹和○釋曰云凡者欲解儀禮一部之內牛羊豕炙皆無醬配之云已有鹹和者若今人食炙然 上大夫蒲筵加萑席其純皆如下大夫純 謂三命大夫也孤爲賓則莞筵紛純加繅席畫純也 疏 上大至夫純○注謂三至純也○釋曰經云上大夫不辨命數則子男之卿再命其席亦同下大夫鄭言謂三命大夫者欲見公侯伯之卿三命亦與子男下大夫同公之孤四命其席則異鄭據三命而言云孤爲賓則莞筵紛純加繅席畫純者案周禮司几筵云筵國賓于牖前莞筵紛純加繅席畫純云左彤几與此記三命已下席不同故知彼國賓謂筵孤也無正文故云則也 卿擯由下 不升堂也 疏 卿擯由下○注不升堂也○釋曰此謂上擯擯詔賓主升降周還之事故云不升堂 上贊下大夫也 上謂堂上擯贊者事相近以佐上下爲名 疏 上贊下大夫也○注上謂至爲名○釋曰案上經云贊者告具於公而贊賓食故云上贊使下大夫爲之 上大夫庶羞酒飲漿飲庶羞可也 於食庶羞宰夫又設酒漿以之食庶羞可也以優賓 疏 上大夫至可也○注於食至優賓○釋曰案上經云上大夫庶羞二十豆此記人復記之者欲見上大夫食加飯之時得兼食庶羞又食會飯及庶羞之時宰夫更設酒飲漿飲故鄭云於食庶羞宰夫又設酒漿所以食庶羞可也所以然者優賓故也 拜食與侑幣皆再拜稽首 嫌上大夫不稽首

儀禮卷第九 經一千七百六十 注二千七百八十三

儀禮疏卷第二十六上

元通後今分依要義

江西督糧道王賡言廣豐縣知縣阿應鱗栞

儀禮注疏卷二十六上挍勘記　阮元撰盧宣旬摘錄

上大夫

茆菹麋臡　毛本通解要義麋俱作麇○按周禮注作麋是也

仍有茆菹麋臡在　毛本麋作鹿陳閩監本通解要義俱作麇下同

一俎在特于俎東　陳閩同毛本于作干

魚腸胃倫膚

公侯伯大夫也　伯下要義有之字

庶羞西東

古文毋爲無　爲鍾本作作

豆實實于甕○筥實實于筐　筐徐陳閩葛楊氏俱作篚唐石經集釋通解敖氏俱作筐按注及疏內筐字各本皆同則經文亦當作筐

故甕數如豆　陳閩俱無甕

庶羞陳于碑內

於此無矣　陳閩通解要義同毛本此作兔○按此是也

庭實陳于碑外

宜近內　宜徐本作且集釋通解楊氏俱作宜

參分庭陳之　監本要義同毛本庭下有一字

挺與賓八內　通解要義同毛本與作於

無擯　擯唐石經徐本集釋敖氏俱作擯通解楊氏毛本俱作儐說見聘禮

明日賓朝服

亦謂食侑幣　食下敖氏有與字

拜食與侑幣　毛本拜誤作賓

大夫相食

皆記異於君者　者單疏陳監俱作法

賓執粱與湆

上公食大夫大夫降階下　陳閩通解同毛本大夫二字不重出

受侑幣

又案左氏傳哀十七年　哀下陳閩俱有公字

平敵相於　陳本通解要義同毛本於作施

其他

釋曰云其他　此段疏八十六字今本俱誤作注

賓受于堂無擯　擯唐石經集釋敖氏俱從手徐本通解楊氏毛本俱从人

記　亨于門外東方

主婦視饎爨於西堂下者　陳本通解同閩監俱誤饎作饍毛本要義作膳○按特牲饋食作饎不作膳

司宮具几

今文萑皆爲莞　爲釋文作作與疏異

賓在戶牖之間　通解同毛本賓作賔

故謂長筵也　浦鏜云必誤謂

宰夫筵出自東房　毛本房誤作方

賓之乘車

侯伯立當前疾　按大行人疾字詩疏引作侯是唐初人所見本作侯也此疏亦作疾未知賈氏原本如是抑後人誤改歟

鉶芼　鉶釋文作鈃○牛藿　周學健云石經牛字作牛○按石經牛藿字今已刓缺蓋初作牛而後改爲牛也藿徐陳閩葛通解俱作霍集釋作藿徐本注仍作藿

今文苦爲芐　芐徐葛俱誤作苄

上大夫庶羞

所以食庶羞可也　毛本所以作以之

儀禮注疏卷二十六上校勘記終

奉新余成教校

儀禮疏卷第二十六下

儀禮卷第十

覲禮第十

【疏】覲禮第十○鄭目録云覲見也諸侯秋見天子之禮春見曰朝夏見曰宗秋見曰覲冬見曰遇朝宗禮備覲遇禮省是以享獻不見焉三時禮亡唯此存爾覲禮於五禮屬賓大戴第十六小戴十七别録第十○釋曰鄭云春見曰朝等大宗伯文云朝宗禮備覲遇禮省者按曲禮下云天子當扆而立諸侯北面而見天子曰覲天子當宁而立諸公東面諸侯西面曰朝鄭注諸侯春見曰朝受摯於朝受享於廟生氣文也秋見曰覲一受之於廟殺氣質也朝者位於内朝而序進覲者位於廟門外而序入王南面立於扆宁而受焉夏宗依春冬遇依秋春秋時齊侯唁魯昭公以遇禮相見取易畧也覲禮今存朝宗遇禮今亡據此彼而言是朝宗禮備覲遇禮省可知鄭又云是以享獻不見焉者享謂朝覲而行三享獻謂二享後行私覿私覿後即有私獻獻其珍異之物故聘禮記云既覿賓若私獻奉獻將命注云時有珍異之物或賓奉之所以自序尊敬也猶以君命致之臣聘猶有私獻況諸侯朝覲有私獻可知是以周禮大宰職云大朝覲會同贊玉幣玉獻注云幣諸侯享幣玉獻獻國珍異亦執玉以致之大朝覲會同既有私獻者四

時常朝有私獻可知案下文有享亦當有獻而云享獻不見者案周禮大行人云上公冕服九章介九人賓主之間九十步廟中將幣三享侯伯子男亦云鄭云朝先享不言朝者朝正禮不嫌有等彼據春夏朝宗而言不見秋冬者以四時相對朝宗禮備故見之覲遇禮省故畧而不言此下文見享者不對春夏故言之鄭云是以享獻不見者據周禮大行人而說也必知鄭據大行人者以其引周禮四時朝見即云是以享獻不見明鄭據周禮大行人而言也有人解享字上讀以獻不見爲義者苟就此文有享無獻不辭之甚也

儀禮　鄭氏注

覲禮至于郊王使人皮弁用璧勞侯氏亦皮弁迎于帷門之外再拜郊謂近郊去王城五十里小行人職曰凡諸侯入王則逆勞于畿則郊勞者大行人也皮弁者天子之朝朝服也璧無束帛者天子之玉尊也不言諸侯言侯氏者明國殊舍異禮不凡之也郊舍狹寡爲帷宫以受勞掌舍職曰爲帷宫設旌門

【疏】覲禮至再拜○注郊謂至旌門○釋曰自此盡乃出論侯氏至近郊天子使使者勞侯氏之事云郊謂近郊者案聘禮云至於近郊君使卿勞故知此郊者亦近郊也知近郊去王城五十里者成周與王城相去五十里而君陳序云分正東郊成周鄭云今河南洛陽相去則然是近郊五十里也引小行人職者約近郊勞是大行人以其尊者宜逸小行人既勞于畿明近郊使大行人也案夫行人上公三勞侯伯再勞子男一勞此雖不辨勞數案小行人云凡諸侯入王則逆勞于畿不辨尊卑則五等同有畿勞其子男唯有此一勞而已侯伯又加遠郊勞上公又加近郊勞則此云近郊據上公而言若然聘禮使臣聘而云近郊勞者臣禮異於君禮君禮宜先遠臣禮宜先近故也若然書傳畧說云天子之子十八曰孟侯者於四方諸侯來朝迎於郊孝經注亦云天子使世子郊迎者皆異代法非周禮也案玉人職云案十有二寸棗栗十有二列諸侯純九大夫純五夫人以勞諸侯注云夫人謂王后勞諸侯皆九勞大夫皆五此文不見者以其聘禮於聘客主國夫人尚有勞以二竹簋方明后亦有畧言王勞不言后文不具也云皮弁者天子之朝朝服者司服云眡朝則皮弁故知在朝服皮弁至入廟乃裨冕也云璧無束帛者天子之玉尊者此對諸侯玉卑故聘禮云束帛加璧是諸侯臣所執小行人合六幣云璧以帛琮以錦琥以繡璜以黼是諸侯所執以致享皆有束帛配之諸侯玉卑故也此乃行勞所用以享禮況之云不言諸侯言侯氏者明國殊舍異

禮不凡之也者言諸侯則凡之揔稱言侯氏則指一身不凡之也而所勞之處或非一國舍處不同故不揔言諸侯而云侯氏也云郊舍狹寡爲帷宫以受勞者周禮十里有廬三十里有宿五十里有市市有館郊關之所各自有舍或來者多館舍狹寡故不在館舍以帷爲宫以受勞禮也云掌舍職曰爲帷宫設旌門者謂爲帷宫則設旌旗以表四門彼天子所舍平地之事引之者證諸侯行亦有帷宫設旌爲門之事也案聘禮使卿勞賓受於門内司儀諸侯之臣相爲國客亦是受勞於館不爲帷宫者彼臣禮卿行旅從徒衆少故在館此諸侯禮君行師從徒衆多故於帷宫襄二十八年左氏傳云子産相鄭伯以如楚舍不爲壇注云至敵國郊除地封土爲壇以受郊勞又外僕言曰先大夫相先君適四國未嘗不爲壇今子草舍無乃不可乎子産曰大適小則爲壇小適大苟舍而已焉用壇彼亦是諸侯相朝當爲壇以帷爲宫受勞之事也

使者不荅拜遂執玉三揖至于階使者不讓先升侯氏升聽命降再拜稽首遂升受玉不荅拜者爲人使不當其禮也不讓先升奉王命尊也升者升壇使者東面致命侯氏東階上西面聽之

【疏】使者

至受玉○注不荅至聽之○釋曰云升者升壇者以帷宮無堂可升故知升者升壇也云使者東面致命侯氏東階上西面聽之者知面位如此者並約下文就館賜侯氏車服而知也

使者左還而立侯氏還璧使者受侯氏降再拜稽首使者乃出左還還南面示將去也立者見侯氏將有事於己侯之也還玉重禮〔疏〕使者至乃出○注左還至重禮○釋曰直云使者左還不云拜送玉者凡奉命使皆不拜送若卿歸饔餼不拜送幣亦斯類也若身自致者乃拜送下文儐使者及聘禮私覿私面皆拜送幣是也云左還還南面示將去也者以其東面致命而左還明左還者南面也未以而南面示將去故也云立者見侯氏將有事於己侯之者經云而立即云侯氏還璧故知立者見侯氏將有還玉之事於己故侯之不降云還玉重禮者案聘義圭璋還之璧琮加束帛報之所以輕財重禮彼以璧琮不還則爲輕財者以其璧琮加束帛故爲輕財不還此以天子之璧不加束帛尊之與圭璋同故亦還之爲重禮也

侯氏乃止使者使者乃入侯氏與之讓升侯氏先升授几侯氏拜送几使者設几荅拜侯氏先升賓禮統焉几者安賓所以崇優厚也上介出止使者則已布席也〔疏〕侯氏至荅拜○注侯氏至席也○釋曰自此盡遂從之論侯氏儐使者遂從入朝之事云侯氏先升賓禮統焉者行賓禮是賓客之禮是以賓在館爲主人主人先升使者爲賓賓後升故云禮統焉賓統有此堂也云几者安賓所以崇優厚者按大宰云贊玉几注云立而設几優尊也此使者亦不坐而設几故云所以優厚也聘禮卿勞受儐不設几者諸侯之卿卑故不與此同也云上介出止使者則已布席者經不云上介出止使者鄭云上介出止使者案至館皆不敢當皆使上介出請事又見此經云使者乃入始云侯氏與之讓升是侯氏不出故知使上介止使者也云則已布席者以其素不云布席而云設几几不可設於地明有席之所設唯在此時案聘禮受聘云几筵既設是几筵相將故云上介出止使者則已布席也

侯氏用束帛乘馬儐使者使者再拜受侯氏再拜送幣儐使者所以致尊敬也拜者各於其階〔疏〕侯氏至送幣○注儐使至其階○釋曰云儐使者所以致尊敬也者案聘禮使卿用束帛勞賓賓不還束

帛賓儐卿以束錦此使者以玉勞侯氏侯氏還玉仍亦儐使者是致尊敬天子之使故也知拜各於其階者此賓與使行敵禮若鄉飲酒鄉射賓主拜各於其階也

使者降以左驂出侯氏送于門外再拜侯氏遂從之驂馬曰驂左驂設在西者其餘三馬侯氏之士遂以出授使者之從者于外從之者遂隨使者以至朝〔疏〕使者至從之○注驂馬至至朝○釋曰知左驂設在西者陳四馬與人以西爲上案聘禮禮賓時賓執左馬以出此亦以左驂出故知左驂設在西也又知其餘三馬侯氏之士遂以出授使者之從者于外者亦案聘禮禮賓賓執左馬以出云主人之庭實則主人遂以出賓之士訝受之此侯氏在館如主人明三馬亦侯氏之士以出授使者從者可知云從之者遂隨使者以至朝者亦如聘禮云下大夫勞賓使者遂以賓入至於朝其義同故知義然也

天子賜舍以其新至道路勞苦未受其禮且使即安也賜舍猶致館也所使者司空與小行人爲承擯今文賜皆作錫〔疏〕天子賜舍○注以其至作錫○釋曰自此盡乘馬論賜侯氏舍館侯氏儐使之事云賜舍猶致館者猶聘禮賓至於朝君使卿致館此不言致館言賜舍者天子尊極故言賜舍也云所使者司空與者聘禮使卿致館此亦宜使卿知是司空非卿者周禮以天地春夏秋冬六卿無致館之事司空主營城郭宮室館亦宮室之事故知所使者司空也但司空亡無正文故云與以疑之知小行人爲承擯者案聘禮致館賓主人各擯介故知此亦陳擯介必知使小行人爲承擯者案小行人云及郊勞眡館將幣爲承而擯是其義也

曰伯父女順命于王所賜伯父舍此使者致館辭〔疏〕曰伯至父舍○注此使者致館辭○釋曰此及下經皆云伯父者案下文謂同姓大國皐同姓大國則同姓小國及異姓之國禮不殊也

侯氏再拜稽首受館儐之束帛乘馬王使人以命致館無禮猶儐之者尊王使也侯氏受館於外既則儐使者於內〔疏〕儐之束帛乘馬○注王使至於內○釋曰云王使人以命致館無禮猶儐之者尊王使也者決聘禮卿無禮致館賓無束帛儐卿此王使亦無禮致館其賓猶儐使者用束帛乘馬故云尊王使也云侯氏受館於外者案聘禮大夫帥至館卿致館而云賓迎再拜卿退賓送再拜則聘禮致館不在外此不見大夫帥至館即云天子賜舍是侯氏受舍于外可知與聘禮異也知既則儐使者於內者以其既受館則爲己所有

明儐使者在內可知也。

天子使大夫戒曰某日伯父帥乃初事大夫者卿爲訝者也掌訝職曰凡訝者賓客至而往詔相其事戒猶告也其爲告使順循其事也初猶故也古文帥作率

【疏】天子至初事○注大夫至作率○釋曰自此盡再拜稽首論天子使大夫戒侯氏期日使行覲禮之事知大夫是卿爲訝者以其周禮秋官掌訝職云諸侯有卿訝故知大夫即卿爲訝者云其爲告使順循其事也初猶故者以其四時朝覲自是尋常故使恒循故事之常也

侯氏再拜稽首受覲日也

諸侯前朝皆受舍于朝同姓西面北上異姓東面北上言諸侯者明來朝者衆矣顧其入覲不得並耳受舍於朝受次於文王廟門之外聘禮記曰宗人授次次以帷少退于君之次則是次也言舍者尊舍也天子使掌次爲之諸侯上介先朝受焉此覲也言朝者覲遇之禮雖簡其來之心猶若朝也分別同姓異姓受之將有先後也春秋傳曰寡人若朝于薛不敢與諸任齒則周禮先同姓

【疏】諸侯至北上○注言諸至同姓○釋曰此一經論前朝一日諸侯各遣上介受次於朝之事云言諸侯者明來朝者衆矣者上注云言侯氏者明國殊舍異禮不凡之於此言諸侯凡之者以其諸國同時遣上介故言來朝者衆矣若其行禮自有前後故鄭云顧其入覲不得並耳云受舍於朝受次于文王廟門之外者以其春夏受贄於朝無迎法受享於廟有迎禮秋冬受贄受享皆在廟並無迎法是以大門外無位既受覲於廟故在大門外受次知在文王廟門外者案聘禮云不腆先君之祧既拚以俟則諸侯待朝聘之賓皆在大祖之廟以其諸侯者無二祧遷主所藏皆在始祖之廟故以始祖爲祧案天子待覲遇亦當在祧祭法云天子七廟有二祧又案周禮守祧職云掌守先王先公之廟祧鄭注遷主所藏曰祧穆之遷主藏於文王廟昭之遷主藏於武王廟今不在武王廟而在文王廟者父尊而子卑故知在文王廟也若然先公木主藏於后稷廟受覲遇不在后稷廟者后稷生非王故不宜在焉云言舍者尊舍也者此賓以帷爲次非屋舍尊天子之次故以屋舍言之是尊舍也若天子春夏受享諸侯相朝聘迎賓客者皆有外次即聘禮記宗人授次是也有外次於大門外者則無廟門外之內次天子覲遇在廟者有廟門外之內次無大門外之外次此文是也云天子使掌次爲之者案周禮掌次云掌王次舍之法以待張事故知使掌次爲之諸侯兼官無掌次使館人爲之故聘禮云館人布幕于寢門外鄭注云館人掌次舍帷幕者是也云諸侯上介先朝受焉者知使上介者案下文諸侯覲於天子爲宮方三百步上介皆奉其君之旂置于宮明知此亦使上介也云其來之心猶若朝也者案周禮大宗伯云春曰朝秋曰覲鄭注云朝之言朝也欲其來之早覲之言勤欲其勤王事各舉一邊而言其實早來勤王通有也故鄭云其來之心猶若朝故變覲言朝也云分別同姓異姓受之將有先後者案此經同姓西面異姓東面案下曲禮云天子當依而立諸侯北面而見天子曰覲彼此皆是覲禮彼諸侯皆北面不辨同姓異姓與此不同者此謂廟門外爲位時彼謂入見天子時故鄭注云覲者位於廟門外而序人入謂北面見天子時引春秋者案隱十一年經書滕侯薛侯來朝左傳曰爭長薛侯曰我先封滕侯曰我周之卜正也薛庶姓也我不可以後之公使羽父請於薛侯曰君與滕君辱在寡人周諺有之曰山有木工則度之賓有禮主則擇之周之宗盟異姓爲後寡人若朝于薛不敢與諸任齒君若辱貺寡人則願以滕君爲請薛侯許之乃長滕侯也若然彼服注云爭長先登授玉此位在門外引之者以其在先即先登外內同故引以爲證

侯氏裨冕釋幣于禰將覲質明時也裨冕者衣裨衣而冠冕也裨之爲言埤也天子六服大裘爲上其餘爲裨以事尊卑服之而諸侯亦服焉上公衮無升龍侯伯鷩子男毳孤絺卿大夫玄此差司服所掌也禰謂行主遷主矣而云禰親之也釋幣者告將覲也其釋幣如聘大夫將受命釋幣于禰之禮既則祝藏其幣歸乃埋之於祧西階之東今文冕皆作絻

【疏】侯氏至于禰○注將覲至爲絻○釋曰此經明諸侯之在館內將覲於王先釋幣告於行主之禮知將覲質明時者案聘禮賓厭明釋幣于禰故知此亦質明時也云裨之言埤者讀從詩政事一埤益我取裨陪之義云天子六服大裘爲上其餘爲埤者天子吉服有九而言六服者據六冕而言以大裘爲上無埤義衮冕以下皆爲裨故云其餘爲裨云以事尊卑服之者即司服所云王祀昊天上帝則大裘而冕祀五帝亦如之祀先王則衮冕以下至羣小祀則玄冕舉天子而言故云以事尊卑服之云而諸侯亦服焉者亦據司服而言諸侯唯不得有大裘上公則衮冕以下故鄭云此差司服所掌也云上公衮無升龍者案白虎通引禮記曰天子乘龍載大旂象日月升龍傳曰天子升龍諸侯降龍以此言之上得兼下下不得僭上則天子升降俱有諸侯直有降龍而已若然彼升龍文承大旂之下知不施於旂旗而據衣服者案司常云交龍爲旂又云諸侯建旂注云諸侯畫交龍一象其升朝一象其下復則旂旗升降俱有而白

虎通云諸侯降龍者據衣服而言案玉藻諸侯玄冕以祭不得服衮冕以下是以鄭注司服云諸侯自於其家則降若然諸侯自家祭降魯與二王之後皆不得用衮冕鷩冕毳冕則此及孤卿大夫絺冕玄冕者是入君廟及入天子之廟故服也今云諸侯告禰用裨冕者將入天子之廟故服以告禰謂若曾子問云諸侯裨冕以朝鄭注云爲將廟受亦斯之類也云禰謂行主遷主矣者案禮記曾子問云師行必以遷廟主行乎孔子曰天子巡守以遷廟主行載于齊車言必有尊也彼雖據天子其諸侯行亦然以其皆有遷廟木主若然大夫無木主聘禮賓釋幣于禰者大夫雖無木主以幣帛主其神亦爲行主也而云禰親之者以其在外唯有遷主可事故不言遷主而云禰也云其釋幣如聘大夫將受命釋幣于禰之禮者案聘禮將行釋幣于禰此禰無文故約與之同乃受命即出行故云將受命釋幣于禰皆是告將行無祭祀知既則祝藏其幣歸乃埋之於祧西階之東者此無正文案聘禮祝告祝又入取幣降卷幣實于笲埋于西階東此亦與彼同云祧者諸侯遷主藏於始祖之廟諸侯既以始祖之廟爲祧遷主歸還入祧廟故知此幣埋於祧西階之東也

乘墨車載龍旂弧韣乃朝以瑞玉有繅

墨車大夫制也乘之

者入天子之國車服不可盡同也交龍爲旂諸侯之所建弧所以張縿之弓也弓衣曰韣瑞玉謂公桓圭侯信圭伯躬圭子穀璧男蒲璧繅所以藉玉以韋衣木廣袤各如其玉之大小以朱白蒼爲六色今文玉爲圭繅或爲璪

【疏】乘墨至有繅○注墨車至爲璪○釋曰自此盡乃出論諸侯發館至天子廟門之外以次行覲禮之事云墨車大夫制也者案周禮巾車職云孤乘夏篆卿乘夏縵大夫乘墨車士乘棧車庶人乘役車故知乘墨車大夫制也必言墨車大夫制者對玉路金路象路之等天子諸侯之制也云乘之者入天子之國車服不可盡同者巾車云同姓金路異姓象路四衛革路並得與天子同據在本國所乘下記云偏駕不入王門偏駕金路象路等是也既不入王門舍於客館乘此墨車以朝也云交龍爲旂諸侯之所建者司常職文也云弧所以張縿之弓也者爾雅說旌旗正幅爲縿故以此弧弓張縿之兩幅故云張縿之弓也云弓衣曰韣者案月令云后妃帥九嬪御乃禮天子所御帶以弓韣授以弓矢于高禖之前言帶以弓韣韣是弓衣可知云瑞玉謂公桓圭之等皆大宗伯典瑞職文云繅所以藉玉至爲六色其義疏已見於聘禮記

天子設斧依於戶牖之間左右几

依如今綈素屏風也有繡斧文所以示威也斧謂之黼几玉几也左右者優至尊也其席莞席紛純加繅席畫純加次席黼純

【疏】天子至右几○注依如至黼純○釋曰云依如今綈素屏風也者案爾雅牖戶之閒謂之扆以屏風爲斧文置於依地孔安國顧命傳云扆屏風畫爲斧文置戶牖間是也言綈素者綈赤也素白也漢時屏風以綈素爲之象古者白黑斧文故鄭以漢法爲況云有繡斧文所以示威也者案周禮繢人云青與赤謂之文赤與白謂之章白與黑謂之黼黑與青謂之黻五色備謂之繡此白黑斧以比方繡次爲之故云有繡斧文所以示威也云斧謂之黼者據繡次言之白與黑謂之黼即爲此黼字也據文體形質言之刃白而銎黑則爲此斧字故二字不同也云几玉几也者案周禮司几筵云左右玉几故知此几是玉几也注左右有几優至尊也亦與此同又案大宰云贊玉几鄭注云玉几王所依也立而設几優尊者但几唯須其一又几坐時所以馮依今左右及立而設之皆是優至尊也兩注相兼乃具云其席莞席以下亦司几筵文案彼云大朝覲大饗射凡封國命諸侯王位設黼依依前南鄉設莞席紛純等鄭注云紛純者紛如綬有文而狹繅席者削蒲蒻展之編以五采若今合歡矣畫純者謂畫雲氣次席者桃枝席有次列成文此次席即顧命所謂篾席也篾謂竹青據竹而言次謂次列

據文體而說是以顧命云牖間南嚮敷重篾席孔傳云桃枝竹義與鄭同

天子衮冕負斧依

衮衣者裨之上也繢之繡之爲九章其龍天子有升龍有降龍衣此衣而冠冕南鄉而立以俟諸侯見

【疏】天子衮冕負斧依○注衮衣至侯見○釋曰云負斧依者負謂背之南面也云衮衣者裨之上也者但裨衣者自衮冕至玄冕五者皆裨衣故云裨之上也上文云裨衣者揔五等諸侯指其衣有三等不得定其衣號故言揔裨衣此據天子一身故指其衣體言衮冕云繢之繡之爲九章者衣繢而裳繡衣在上爲陽陽主輕浮故對方爲繢次裳在下爲陰陰主沉深故刺之爲繡次是以尚書衣言作繢裳言絺繡爲九章者鄭注司服云冕服九章登龍於山登火於宗彝尊其神明也九章初一曰龍次二曰山次三曰華蟲次四曰火次五曰宗彝皆畫以爲繢次六曰藻次七曰粉米次八曰黼次九曰黻皆絺以爲繡則衮之衣五章裳四章凡九也云南鄉而立者此文及司几筵雖不云立案下曲禮云天子當宁而立又云當扆而立在朝在廟皆云立故知此南面而立以俟諸侯之見也

嗇夫承命告于天子

嗇夫蓋司空之屬也爲末擯承命於侯氏下介傳而上上擯以告于天子天子見公擯者五人見侯伯擯者四

人見子男擯者三人皆宗伯（疏）嗇夫至天子○注嗇夫至爲上擯春秋傳曰嗇夫馳○釋曰云嗇夫蓋司空之屬也者無正文知司空屬者案五官之內無嗇夫之名故知是司空之屬但司空職亡故言蓋以疑之云末擯承命於侯氏下介傳而上上擯以告于天子者案周禮司儀職兩諸侯相朝皆爲交擯則此諸侯見天子交擯可知此所陳擯介當在廟之外門東陳擯從北鄉南門西陳介從南鄉北各自爲上下此經先云嗇夫承命告于天子則命先從侯氏出下文天子得命呼之而入命又從天子下至侯氏即令入故下注云君乃許入若然此覲遇之禮畧唯有此一辭而已無三辭之事司儀云交擯三辭者據諸侯自相見於大門外法其天子春夏受享於廟見於大門外亦可交擯三辭矣云天子見公擯者五人以下並大行人文云皆宗伯爲上擯者案大宗伯職云朝覲會同則爲上相鄭注云相詔王禮也出接賓曰擯入詔禮曰相若四時常朝則小行人爲承擯故小行人職云將幣爲承而擯此文嗇夫爲末擯若子男三擯此則足矣若侯伯四擯別增一士若上公五擯更別增二士若時會殷同則肆師爲承擯故肆師職云大朝覲佐擯鄭注云爲承擯是其義也引春秋傳者案左氏傳昭十七年夏六月朔日有食之叔孫昭子救日食引夏書云辰不集于房瞽奏鼓嗇夫馳庶人走鄭引者欲見嗇夫是卑官得爲末擯之意也

天子曰非他伯父實來予一人嘉之伯父其入予一人將受之言非他者親之辭嘉之者美之辭也上擯又傳此而下至嗇夫侯氏之下介受之傳而上上介以告其君君乃許入今文實作寔嘉作賀（疏）天子至受之○注言非至作賀○釋曰此經直云伯父其入不云迎之禮記郊特牲云覲禮天子不下堂而見諸侯故無迎法若然案夏官齊僕云掌馭金路以賓朝覲宗遇饗食皆乘金路其法儀各以其等爲車送逆之節者覲遇雖無迎法至於饗則與春夏同故連言之

侯氏入門右坐奠圭再拜稽首入門而右執臣道不敢由賓客位也卑者見尊奠摯而不授（疏）侯氏至稽首○注入門至不授○釋曰云卑者見尊奠摯而不授者案士昏禮云壻執鴈升奠鴈又云若不親迎則婦入三月然後壻見主人出門壻入門奠摯再拜出鄭注云奠摯者壻有子道不敢授也又士相見凡臣見於君奠摯再拜與此奠圭皆是卑者不敢授而奠之

擯者謁謁猶告也上擯告以天子前辭欲親受之如賓客也其辭所易者曰伯父其升（疏）擯者謁○注謁猶至其升○釋曰云其辭所易者曰伯父其升者此又不見謁告之辭鄭注云上擯告以天子前辭者謂擯者謁以上辭云天子曰非他伯父實來予一人嘉之伯父其入予一人將受之是擯者於門外傳王辭告之使入此擯者謁告還用彼辭所改易者唯改入字爲升故云伯父其升也以其奠使升堂親受之也

侯氏坐取圭升致命王受之玉侯氏降階東北面再拜稽首擯者延之曰升升成拜乃出擯者請之侯氏坐取圭則遂左降拜稽首送玉也從後詔禮曰延延進也（疏）侯氏至乃出○注擯者至進也○釋曰云侯氏坐取圭則遂左降者以經侯氏得擯者之告坐取圭則言升致命無出門之文明知遂向門左從左堂塗升自西階致命也云從後詔禮曰延延進也者以其賓升堂擯者不升若特牲少牢祝延尸使升尸升祝從升與此文同皆是從後詔禮之事

儀禮疏卷第二十六下

江西督糧道王賡言廣豐縣知縣阿應鱗栞

儀禮注疏卷二十六下挍勘記　阮元撰盧宣旬摘録

覲禮第十

覲禮第十　此本與上同卷

覲禮於五禮屬賓　賓下集釋有禮字

據此彼而言　陳閩俱無彼字要義有盧文弨改彼爲注

是以周禮大宰職云　要義無職字

覲禮〇迎于帷門之外　帷石經補缺誤作惟

小行人職曰　張氏曰注曰小行人職日按監本日作曰從監本〇按嚴徐鍾本俱作日

則逆勞于畿　逆徐本作迎

案玉人職云　毛本玉作王唯陳本作玉不誤

主國夫人　主陳閩俱作王

市有館　有下要義有郊字非

司儀諸侯之臣　侯陳本作公

以帷爲官受勞之事也　要義同帷爲二字毛本倒

侯氏乃止使者

則己布席也　張氏曰注曰上介出止使者則已布席也按杭本己作已從杭本〇按嚴徐鍾本集釋俱作已

遂從入朝之事　陳閩要義同毛本朝作廟

經不云上介出止使者　要義無出字

使者降

其餘三馬　三徐陳閩葛通解楊氏俱作二集釋作三〇按疏作三

天子賜舍

今文賜皆作錫　嚴本集釋同毛本無皆字

但司空亡無正文　陳閩監本要義楊氏同毛本無無字

曰伯父　唐石經無曰字

儐之束帛乘馬

無禮猶儐之者　儐徐陳閩葛俱作擯誤陳閩疏同

天子使大夫戒曰

卿爲訝者也　陸氏曰卿或作鄉非張氏曰監巾箱杭本皆作鄉從釋文嚴本

古文帥作率　嚴本同毛本古作今

諸侯前朝

次以帷　帷徐陳閩本俱作惟誤葛本亦作帷

天子七廟　七陳閩俱作太〇按太字非

掌王次舍之灋　要義無王字〇按周禮作掌王次之灋疏云次者次則舍也此本誤衍舍字

侯氏裨冕　裨閩監俱誤从示注疏竝同

孤絺　陸氏曰絺劉本作希〇按司服註讀希爲絺以希爲字之誤

今文冕皆作絻　注末嚴本有此六字與此本標目合毛本脫徐本亦脫按作標目作爲

其餘爲埤者　毛本要義埤作裨

衮冕以下皆爲裨故云其餘爲裨　毛本下裨字作埤要義裨作埤埤作裨按註云大裘爲上其餘爲裨以裨對上則似當作埤疏內除云裨之外凡裨字疑皆當作埤

諸侯直有降龍而已　直陳本作宜

則此及孤卿大夫絺冕元冕者　毛本要義此下有等字

知既則祝藏其幣　要義同毛本旣作祧○按旣與注合

卷幣實于笲　毛本笲作篚要義作笄○按聘禮作笲

乘墨車

以朱白蒼爲六色　此本聘禮疏引此句蒼作倉

今文玉爲圭　嚴本通解同毛本圭作璧

對玉路金路象路之等　要義同毛本對作封

故以此弧弓張縿之兩幅　陳閩俱無此字縿陳本誤作驂閩空

云弓衣曰韣者　韣誤從韋

云瑞玉　陳閩同毛本玉作王

云繅　云上要義有后字

至爲六色　爲要義作於

天子設斧依于戶牖之間

有繡斧文　繡徐陳閩葛俱作屏集釋通解俱作繡與疏合

置於依地　地要義作也

象古者白黑斧文　陳閩俱脫古字

以比方繡次爲之　毛本比作此

今左右及立而設之　要義同毛本而作兩○按而是也

紛如綬　陳本同毛本綬作授○按周禮注作綬

削蒲蒻展之　浦鏜云蒻誤弱○按蒻弱古字通考工記輪人曰故竑其幅廣以爲之弱注云弱菑也今人謂蒲本在水中者爲弱

桃枝席　毛本席作簫浦鏜云席誤簫

天子衮冕

故言總禪衣　言總要義倒

爲九章者　者陳閩俱作首是也

嗇夫承命

上擯以告于天子　嚴本集釋同毛本無于字

門西陳介　陳本要義同毛本門作行

若時會殷同　同陳閩俱作門

天子曰非他　石經補缺脫曰字

侯氏入門右坐奠圭　圭閩監葛本俱作主

入門而右　嚴本集釋通典楊敖同毛本通解無而字

不敢由賓客位也　張氏曰監本客作之從監本

卑者見尊　張氏曰釋文見侯注云卑見同卑見謂此也中無者字

侯氏坐取圭○乃出　出通解作退

儀禮注疏卷二十六下挍勘記終

奉新余成教挍

儀禮疏卷第二十七

唐朝散大夫行大學博士弘文館學士臣賈公彥等撰

四享皆束帛加璧庭實唯國所有　四當爲三古書作三四或皆積畫此篇又多四字字相似由此誤也大行人職曰諸侯廟中將幣皆三享其禮差又無取於四也初享或用馬或用虎豹之皮其次享三牲魚腊籩豆之實龜也金也丹漆絲纊竹箭也其餘無常貨此地物非一國所能有唯所有分爲三享皆以璧帛致之

【疏】四享至所有○注四當至致之○釋曰自此盡事畢論侯氏行覲禮訖相隨即行三享之事云四當爲三古書作三四或皆積畫此篇又多四字字相似由此誤也者知四當爲三者諸文唯謂三享無四享之事所以誤作四者由古書作三四之字或皆積畫者堯典云帝曰次三岳皐陶云外薄三海泰誓序云作泰誓三篇是古書三四皆積畫也云此篇又多四字者下有四傳擯又云路下四亞之又云束帛四馬四門四尺四字既多積畫三又似三由此故誤爲四字也引大行人者欲證三享爲正文云其禮差又無取於四也者案聘禮小聘曰問不享大聘雖有享不言數明一享而已案大行人五等諸侯皆同三享若然三與一及不享是其禮之差是無取於四之義故從三爲正云初享或用馬或虎豹之皮者案下經先陳馬聘禮特言皮故知初享以此二者爲先言或者聘禮記云皮馬相閒可也又聘禮經夕幣時皮則左首展幣時更云馬則幕南北面此下經亦用馬案郊特牲云虎豹之皮示服猛也是其或用馬或用虎豹之皮爲初享也云其次享三牲魚腊籩豆之實以下皆禮器文是以禮器云大饗其王事與三牲魚腊四海九州之美味也籩豆之薦四時之和氣也內金示和也束帛加璧尊德也龜爲前列先知也金次之見情也丹漆絲纊竹箭與衆共財也其餘無常貨各以其國之所有則致遠物也彼諸侯國王爲祫祭而致之與此因覲致之同以其因覲即助祭因祭即致享物若不當三年祫祭即特致三享也云皆以璧帛致之者案聘禮束帛加璧享君束錦加琮享夫人小行人亦云璧以帛琮以錦是五等諸侯享天子與后此云璧帛致之者據享天子而言若享后即用琮錦但三享在庭分爲三段一度致之據三享而言非謂三度致之爲皆也凡享者貢國所有或因朝而貢或歲之常貢歲之常貢則小行人云春入貢及大宰九貢是也因朝而貢者則大行人云侯服歲一見其貢祀物之等是也皆有璧帛以致之案小行人云合六幣圭以馬璋以皮璧以帛琮以錦琥以繡璜以黼此六物者以和諸侯之好故注云合同也六幣所以享也五等諸侯享天子用璧享后用琮其大各如其瑞皆有庭實以馬若皮皮虎豹之皮用圭璋者二王之後也二王後尊故享用圭璋而特之禮器曰圭璋特義亦通於此其於諸侯亦用璧琮耳子男於諸侯則享用琥璜下其瑞也凡二王後諸侯相享之玉大小各降其瑞一等若如此言鄭知五等享王各如其瑞者見玉人職云璧琮九寸諸侯以享天子言九寸據上公以享后不言者文不具公依命數與瑞等則侯伯子男之享玉亦如其瑞可知又知五等自相享各降其瑞一等者又見玉人職云瑑琮八寸諸侯以享夫人鄭云獻於所朝聘君之夫人兼言聘者欲見聘使亦下君之瑞一寸與君同直言瑑琮享夫人不言瑑璧以享君亦文不具若然侯伯子男自相享各降其瑞一寸可知圭璋據二王後享天子與后者五等諸侯既用璧琮二王後尊明用圭以享天子用璋以享后可知又知二王後自相享亦用璧琮者以五等諸侯降於天子明二王後退用璧琮可知子男自相享用琥璜者以其子男用璧享天子可與瑞同自相享不得與瑞等降用琥璜可知若然子男之臣自相聘亦享用琥璜不得踰君故也又知五等之臣聘享之玉皆降其君一寸者又見玉人云瑑圭璋八寸璧琮八寸以覜聘八寸據上公之臣則侯伯子男臣各降其君一寸可知案孝經緯援神契云二王後稱公大國稱侯則二王之後爲公而前謂公者案典命云上公九命爲伯其國家官室車旗衣服禮儀皆以九爲節鄭注云上公者謂王之三公有德者加命爲二伯二王之後亦爲上公若然典命云王之三公八命有功加一命爲二伯則周公召公是也本國猶稱侯則魯侯燕伯是也

奉束帛匹馬卓上九馬隨之中庭西上奠幣再拜稽首　卓讀如卓王孫之卓卓猶的也以素的一馬以爲上書其國名後當識其何產也馬必十匹者不敢斥王之乘用成數敬也

【疏】奉東至稽首○注卓讀至敬也○釋曰云中庭西上者案昏禮云參分庭一在南又聘禮云庭實皮則攝之注云參分庭一在南又米管設于中庭鄭注云言當中庭者南北之中也則此云中庭亦是南北之中不參分庭一在南者以其三享同陳須入庭深設之故也云卓讀如卓王孫之卓卓猶的也者以音字既同而讀從之卓王孫是司馬相如之妻文君之父也於十馬之內以素的一馬以爲上故訓卓爲的也云書其國名後當識其何產也者謂若晉有鄭之小駟復有屈產之類是也云馬必十匹者不敢斥王之乘

用成數敬也者此爲庭實故用十匹案康王之誥二伯率諸侯而入皆布乘黃朱而陳四匹者彼據二王之後以國所有享新王享物陳於庭用圭以馬致享馬不得上堂亦陳於庭直以圭升堂致命乘馬若乘皮故以四爲禮非所享之物故用四馬與此異也

擯者曰予一人將受之亦言王欲親受之【疏】擯者至受之○注亦言至受之○釋曰云亦言王欲親受之者亦上親受之也

侯氏升致命王撫玉侯氏降自西階東面授宰幣西階前再拜稽首以馬出授人九馬隨之王不受玉撫之而已輕財也以馬出隨侯氏出授王人於外也王不使人受馬者主于享王之尊益君侯氏之卑益臣【疏】侯氏至隨之○注王不至益臣○釋曰云授宰幣王既撫玉不受幣幣即束帛加璧幷玉言幣故小行人合六幣皮馬與玉皆爲幣此單言宰即大宰大宰主幣故周禮大宰職云大朝覲會同贊玉幣玉獻玉几玉爵注云助王受此四者是也云王不受玉撫之而已輕財也者案聘義圭璋還之爲重禮璧琮不還爲輕財是以圭璋親受璧琮初即不受爲輕財故也云以馬出隨侯氏出授

王人於外也者謂侯氏牽馬而出馬隨侯氏之後出授王人於外也云王之尊益君侯氏之卑益臣者春夏受贄於朝雖無迎法王猶在朝至受享又迎之而稱賓主至覲禮受享皆無迎法不下堂而見諸侯已是王尊爲君禮臣卑爲臣禮王猶親受其玉今至于三享貢國所有行供奉之節故使自執其馬王不使人受之於庭者是王之尊益君侯氏之卑益臣故也聘禮享用皮及賓私覿馬皆使人受之者見他國之君不臣人之臣故與此異也若然聘禮享君尚有幣問卿大夫此諸侯覲天子享天子訖亦當有幣問公卿大夫是以隱七年左氏傳云初戎朝于周發幣于公卿而凡伯不賓服注云戎以朝禮及公卿大夫發陳其幣凡伯以諸侯爲王卿士不修賓主之禮敬報於戎是以冬天王使凡伯來聘還戎伐之於楚丘以歸是諸侯朝天子亦有聘及公卿大夫之事也

事畢三享訖

乃右肉袒于廟門之東乃入門右北面立告聽事右肉袒者刑宜施於右也凡以禮事者左袒入更從右者臣益純也告聽事者告王以國所用爲罪之事也易曰折其右肱无咎【疏】乃右至聽事○注右肉至無咎○釋曰自此盡降出論侯氏受刑王免之降出之事刑袒於右者右是用事之便又是陰主刑以不能用事故刑袒於右也云凡以禮事者左袒左袒者無問吉凶禮皆袒左知者士喪禮云主人出南面左袒扱諸面之右檀弓云延陵季子葬其子於嬴博之閒葬訖左袒故云凡以該之引易曰折其右肱无咎者案易豐卦九三云折其右肱无咎凡卦爻二至四三至五兩體交互各成一卦先儒謂之互體故鄭隨其義而注云三艮爻艮爲手互體爲巽巽又爲進退手而便於進退右肱也猶大臣用事於君君能誅之故无咎引之者證刑理宜於右之義云告聽事者告王以國所用爲罪之事也者加得一字解之當云告王以國所用爲者得非罪之事也正是罪之一辭解擬受刑之意又解云告王以己無罪引下文伯父無事解之不辭之甚也

擯者謁諸天子天子辭於侯氏曰伯父無事歸寧乃邦謁告寧安也乃猶女也

侯氏再拜稽首出自屏南適門西遂入門左北面立王勞之再拜稽首擯者延之曰升升成拜降出王辭之不即左者當出隱於屏而襲之也天子外屏勞之勞其道勞也【疏】侯氏

至降出○注王辭至勞也○釋曰云當出隱於屏而襲之也者以屏外不見天子爲隱向者右袒今王辭以無事故宜襲也云天子外屏者據此文出門乃云屏南即是外屏云天子外屏取禮緯之文故禮緯云天子外屏諸侯內屏大夫以簾士以帷是也

天子賜侯氏以車服迎于外門外再拜賜車者同姓以金路異姓以象路服則袞也鷩也毳也古文曰迎于門外也【疏】天子至再拜○注賜車至外也○釋曰自此盡亦如之論王使人賜侯氏車服之事云同姓金路異姓象路案周禮巾車掌五路自玉路至木路玉路以祀尊之不賜諸侯金路云同姓以封象路云異姓以封革路以云以封四衛木路云以封蕃國鄭云同姓謂王子母弟率以功德出封雖爲侯伯其畫服猶如上公賜魯侯鄭伯服則袞冕得乘金路以下與上公同則大公與杞宋雖異姓服袞冕乘金路矣異姓謂舅甥之國與王有親者得乘象路異姓侯伯同姓子男皆乘象路以下四衛謂要服以內庶姓與王無親者自侯伯子男皆乘革路以下蕃國據外爲揔名皆乘木路而已鄭直言金路象路者略之也云服則袞也鷩也毳也據司服而言案司服上陳王之吉服有九下云公之服自袞冕而下如王之服侯伯自鷩冕而下如公之服子男自毳冕

而下如侯伯之服也。路先設西上路下四亞之重賜無數在車南路謂車也凡君所乘車曰路路下四謂乘馬也亞之次車而東也詩云君子來朝何錫予之雖無予之路車乘馬又何予之玄衮及黼重猶善也所加賜善物多少由恩也春秋傳曰重錦三十兩

〔疏〕路先至車南○注路謂至十兩○釋曰云凡君乘車曰路者鄭注周禮云路大也君之居以大為名是以云路寢路門之等引春秋者閔二年左氏傳云狄人伐衛又云及狄人戰于熒澤衛師敗績遂滅衛夜與國人出狄入衛遂從之又敗諸河宋桓公逆諸河宵濟立戴公以廬於曹齊侯使公子無虧帥車三百乘甲士三千人以成曹歸公乘馬祭服五稱牛羊豕雞狗皆三百與門材歸夫人魚軒重錦三十兩鄭引之證重賜無數在車南也

諸公奉篋服加命書于其上升自西階東面大史是右言諸公者王同時分命之而使賜侯氏也右讀如周公右王之右是右者始隨入於升東面乃居其右古文是為氏也

〔疏〕諸公至是右○注言諸至氏也○釋曰云言諸公者王同時分命之而使賜侯氏也者以其言諸非一之義以諸侯來覲者衆各停一館故命諸公分往賜之云右讀如周公右王之右者案襄公二十一年左氏傳晉欒盈出奔楚范宣子殺羊舌虎囚伯華於是祁奚老矣聞之乘馹而見宣子祁奚曰夫謀而鮮過惠訓不倦者叔向有焉社稷之固也猶將十世宥之以勸能者今壹不免其身以棄社稷不亦惑乎鯀殛而禹興伊尹放太甲而相之而卒無怨色管蔡為戮周公右王若之何其以虎也棄社稷鄭引此者證大史是右是佐公而在公右之義也云是右者始隨入於升東面乃居其右者大史早明始時隨公後升訖公東面大史乃居其右故云是右謂於是乃居公右而並東面知並立者以其在公右宣王命故也

侯氏升西面立大史述命讀王命書也侯氏降兩階之間北面再拜稽首受命升成拜大史辭之降也春秋傳曰且有後命以伯舅耋老毋下拜此辭之類

〔疏〕升成拜○注大史至之類○釋曰引春秋者僖九年經夏公會宰周公齊侯宋子衛侯之等于葵丘傳云王使宰孔賜齊侯胙曰天子有事于文武使孔賜伯舅胙齊侯將下拜孔曰且有後命天子使孔曰以伯舅耋老加勞賜一級無下拜對曰天威不違顏咫尺小白余敢貪天子之命無下拜恐隕越于下以遺天子羞敢不

下拜下拜登受鄭引之者證此大史述王辭侯氏下拜亦如此故鄭云此辭之類也但彼以齊侯年老故未降已辭此下拜禮也故降拜乃辭之彼齊侯不升成拜者亦以年老故也

大史加書于服上侯氏受受篋服使者出侯氏送再拜儐使者諸公賜服者束帛四馬儐大史亦如之既云拜送乃言儐使者以勞有成禮畧而遂言

〔疏〕使者至如之○注既云至遂言○釋曰云既云拜送乃言儐使者以勞有成禮畧而遂言者經云侯氏送再拜者事勢宜終故連言之其實儐使者在拜送前必以之儐後畧言者以儐有成禮可依故後畧言案上篇以來每有儐禮皆是成篇之法是成禮也

同姓大國則曰伯父其異姓則曰伯舅同姓小邦則曰叔父其異姓小邦則曰叔舅據此禮云伯父同姓大邦而言

〔疏〕同姓至叔舅○注據此至而言○釋曰案周禮冢宰職云掌建邦之六典以佐王治邦國注云大曰邦小曰國邦之所居亦曰國者彼經或邦國連言或單言國則邦國連言據諸侯單言國據王以邦在國上故云大曰邦小曰國唯王建國是邦之所居亦曰國彼對文則例散文則通故此大國言國小國言邦也鄭云據此禮云伯父同姓大邦而言者鄭欲解稱伯父叔父不要同姓為定之意云據此云伯父者即上文云伯父此文即云同姓大國則曰伯父是以云據此禮云伯父同姓大邦而言若也據文則不要同姓與大國案下曲禮東西二伯不問同姓異姓皆稱伯父州牧而稱叔父鄭云牧尊於大國之君而謂之叔父辟二伯亦以此為尊是也又云同姓大國則曰伯父者唯據此禮而云伯父而言不據他文故鄭此注決為不定之意

饗禮乃歸禮謂食燕也王或不親以其禮幣致之畧言饗禮互文也掌客職曰上公三饗三食三燕侯伯再饗再食再燕子男一饗一食一燕

〔疏〕饗禮乃歸○注禮謂至一燕○釋曰云禮謂食燕也者案聘禮及諸文言饗皆單云饗無云禮鄭所引掌客五等饗食燕三者具有今饗下有禮故以禮為食燕也云王或不親以其禮幣致之鄭言此者欲解經變食燕而言之禮見王有故不親食燕則以禮幣致之故言之禮云畧言饗禮互文者直言饗見王無故親饗之若王有故亦以侑幣之禮致之食燕公之禮見王有故以幣之禮致之亦宜有王無故親食燕故云互文也引掌客者見五

等諸侯饗食燕皆具有證經之禮是食燕之義也以此文爲互則饗食燕皆有酬幣侑幣是以掌客職三饗三食三燕云云即云若弗酌則以幣致之鄭注云若弗酌謂君有故不親饗食燕彼是諸侯自相待法此鄭引之證經天子待諸侯法則天子待諸侯三者皆有幣可知案掌客云王巡守從者三公眡上公之禮卿眡侯伯之禮大夫眡子男之禮則天子使公卿大夫存覜省至諸侯之國諸侯與之饗食燕皆有幣與諸侯同可知也若大國之孤聘於天子及鄰國其饗食燕有侑幣酬幣亦與子男同故大行人云凡大國之孤執皮帛以繼小國之君出入三積不問一勞又云其他皆眡小國之君鄭注云他謂貳車及介牢禮賓主之間擯者將幣祼酢饗食之數故知饗食燕亦有幣也案聘禮云若不親食使大夫各以其爵朝服致之以侑幣如致饔無儐致饗以酬幣亦如之是親饗食之有幣可知又云燕與俶獻無常數又不言致燕以幣則無致燕之禮親燕亦無酬幣鹿鳴序云燕羣臣嘉賓也既訖食之又實幣帛筐篚以將其厚意則飲食據饗食有幣若然發首云燕羣臣嘉賓者文王於羣臣嘉賓恩厚燕之無數故先言其實無幣也若然天子燕已臣及四方卿大夫諸侯燕已臣及四方卿大夫皆無酬幣也

諸侯覲于天子爲宮方三百步四門壇十有二尋深四尺加方明于其上

四時朝覲受之於廟此謂時會殷同也宮謂壝土爲埒以象牆壁也爲宮者於國外春會同則於東方夏會同則於南方秋會同則於西方冬會同則於北方八尺曰尋十有二尋則方九十六尺也深謂高也從上曰深司儀職曰爲壇三成成猶重也三重者自下差之爲三等而上有堂焉堂上方二丈四尺上等中等下等每面十二尺方明者上下四方神明之象也上下四方之神者所謂神明也會同而盟明神監之則謂之天之司盟有象者猶宗廟之有主乎王巡守至于方嶽之下諸侯會之亦爲此宮以見之司儀職曰將會諸侯則命爲壇三成宮旁一門詔王儀南鄉見諸侯也

【疏】諸侯至其上○注四時至侯也○釋曰自此盡四傳儐論會同王爲壇見諸侯之事云四時朝覲受之於廟者案曲禮下經言之春夏朝宗在朝不在廟而言四時朝覲皆在廟者朝宗雖在朝受享則在廟故幷言之云此謂時會殷同也者以司儀職云將合諸侯則令爲壇三成與此爲一事則合者合諸侯也故知此爲壇見諸侯謂時會殷同時也案大宗伯云時見曰會殷見曰同鄭注云時見者言無常期諸侯有不順服者王將有征討之事則既朝覲王爲壇於國外合諸侯而命事焉春秋傳曰有事而會不協而盟是也殷猶衆也十二歲王如不巡守則六服盡朝朝禮既畢王亦爲壇合諸侯以命政焉所命之政如王巡守殷見四方四時分來終歲則遍若如此注則時會殷同亦有朝覲在廟而獨云四時朝覲在廟者以其周禮大行人諸侯依服數來朝時會無常期假令當方諸侯有不順服者皆來朝王其中則有當朝之歲者復有不當朝之歲者若當朝之歲者自於廟朝覲若不當朝之歲者當在壇朝若十二年王不巡守則殷朝亦云既朝乃於壇者六服之內若以當歲者即在廟則依服數十二歲合有侯服者年年朝者在廟朝覲其五服自甸男采衞要五服若以十二歲王巡守揔合朝服不得獨在廟在壇朝故鄭會同皆言既朝覲乃爲壇於國外也朝事儀未在壇朝而先言帥諸侯拜日亦謂帥已朝者諸侯而言也云爲宮者於國外春會同則於東方云云者經直言爲壇鄭知逐四方爲之者案司儀云將合諸侯則令爲壇三成鄭注云合諸侯謂有事而會也爲壇於國外以命事天子春帥諸侯拜日於東郊則爲壇於國東夏禮日於南郊則爲壇於國南秋禮山川丘陵於西郊則爲壇於國西冬禮月與四瀆於北郊則爲壇於國北既拜禮而還加方明於壇上而祀焉鄭引此文下及朝事儀而言故知爲壇皆依方爲之但四方之壇並宜在四郊

之内以其拜日之等於近郊退來就壇明壇在近郊之内但去城不知遠近或四方皆依成數東方八里南方七里西方九里北方六里四方此其定分案職方王會同或出畿在諸侯之國故職方氏令諸侯共待之事則無常數云八尺曰尋者依考工記云殳長尋有四尺從軫差之知尋長八尺云三重者自下差之爲三等而上有堂焉堂上方二丈四尺上等中等下等每面十二尺者此以下基九十六尺上下三等每等兩相各丈二尺共二丈四尺三等揔七丈二尺通堂上二丈四合九丈六尺也云方明者上下四方神明之象也者謂合木爲上下四方故名方此則神明之象故名明此象解得名方明神之義也云所謂明神也者所謂秋官司盟之職云北面詔明神既盟則貳之是也云則謂之天之司盟有象者案春秋襄十一年經書公會晉侯宋公之等伐鄭鄭人懼行成秋七月同盟于亳范宣子曰不慎必失諸侯乃盟載書曰凡我同盟毋蘊年毋壅利毋保姦毋留慝救災患恤禍亂同好惡獎王室或閒茲命司慎司盟名山名川明神殛之注云二司天神司盟司慎不敬者盟司察明者是爲天之司盟也云有象者猶宗廟之有主乎者以其宗廟木主亦上下四方爲之故云猶宗廟之有主無正文約同之故云乎以疑之雖同四方爲之但宗廟主止一神而已此下文以六色爲六神

用六玉禮之有此別但取四方同而已云王巡狩至於方岳之下諸侯會之亦爲此宮以見之者案下文祭天燔柴祭山丘陵升祭川沈祭地瘞鄭注云升沈必就祭者也則是謂王巡守及諸侯之盟祭也者是王巡守在方岳亦爲此宮可知是以司儀注云王巡守殷國而同則其爲宮亦如此與以其與宮同也案司儀云王合諸侯令爲宮據時會而言其巡守據王就方岳殷國此王有故不行諸侯同來此二者其壇文約與時會同故云與以疑之是以鄭注大宗伯云殷同王亦爲壇於國外亦時會有文者也引司儀者彼此同是一事但文有詳畧此文言者取司儀以足之云南鄉見諸侯也者王在堂上公於上等侯伯於中等子男於下等奠玉拜皆升堂授玉乃降也

方明者木也方四尺設六色東方青南方赤西方白北方黑上玄下黃設六玉上圭下璧南方璋西方琥北方璜東方圭

六色象其神六玉以禮之上宜以蒼璧下宜以黃琮而不以者則上下之神非天地之至貴者也設玉者刻其木而著之

〔疏〕方明至方圭○注六色至著之○釋曰云上宜以蒼璧下宜以黃琮者案大宗伯云蒼璧禮天黃琮禮地青圭禮東方赤璋禮南方白琥禮西方玄璜禮北方據彼文上宜用蒼璧下宜用黃琮今於四方還依宗伯唯上不用璧下不用琮故鄭云而不以者則上下之神非天地之至貴者也案宗伯注此禮天以冬至謂天皇大帝在北極者也禮地以夏至謂神在崐崘者也鄭云非天地之貴其天地之貴即昊天崐崘是也既非天地之貴即日月之神故下云祭天燔柴祭地瘞鄭注天地謂日月也若然日月用圭璧者典瑞云圭璧以祀日月故用圭璧也四方用圭璋之等案大宗伯注云禮東方以立春謂蒼精之帝而大昊句芒食焉餘三方皆據天帝人帝人神則此亦非彼神也以其下文有日月四瀆山川丘陵之神迎拜以爲明神故知非天帝人帝之等是以司盟云凡邦國有疑會同則掌其盟約之載及其禮儀北面詔明神鄭注云有疑不協也明神神之明察者謂日月山川也覲禮加方明於壇上所以依之也是鄭解方明之神明日月山川之等非天帝也若然四方禮神還用圭璋琥璜非天神還用禮玉者尊此明神而與天神同故用之也云刻其木而著之者雖無正文以意言之以其非置於坐以禮神於上下猶南北爲順刻木於四方亦順不刻木安於中則不可故知義然也

上介皆奉其君之旂置于宮尚左公侯伯子男皆就其旂而立

置於宮者建之豫爲其君見王之位也諸公中階之前北面東上諸侯東階之東西面北上諸伯西階之西東面北上諸子門東北面東上諸男門西北面東上尚左者建旂公東上侯先伯伯先子子先男而位皆上東方也諸侯入壝門或左或右各就其旂而立王降階南鄉見之三揖土揖庶姓時揖異姓天揖同姓見揖位乃定古文尚作上

〔疏〕上介至而立○注置於至作上○釋曰云上介皆奉其君之旂置于宮尚左者此雖不言前期鄭云豫爲其君見王之位也則亦前期一日可也公侯就旂據臨朝之時也此旂鄭雖不解鄭注夏官中夏辨號名此表朝位之旂與銘旌及在軍徽幟同皆以尺易刃小而爲之也云中階之前已下皆朝事儀明堂位文以朝事儀論會同之事明堂位周公朝諸侯于明堂不在宗廟皆與此同故鄭依之也言上者皆以近王爲上云尚左者建旂公東上侯先伯伯先子子先男而位皆上東方者以其侯伯別階相對子男雖隔門亦相對皆以東爲上故云侯先伯子先男也云諸侯入壝門或左或右各就其旂而立者案下注云諸侯初入門王官之伯帥之則此云諸侯入壝門或左或右者是二伯初帥之各依左右若顧王之誥云大保帥西方諸侯入應門左畢公帥東方諸侯入應門右皆北面此雖無應門亦二伯帥諸侯初入宮門或左或右亦皆北面立定乃始各就其旂而立王乃降南面見之而揖必知王有降揖之事者燕禮大射公降揖羣臣使定位故知王亦然又知王土揖庶姓之等者此是司儀職王在壇揖諸侯之事彼與此同鄭彼注云土揖推手小下之也時揖平推手也天揖推手小舉之以推手曰揖引手曰撎故爲此解也若然覲禮天子不下堂而見諸侯今王降者以在壇會同相見與覲異故也以其覲禮廟門設擯此則堂壇門設擯是以雖繼覲禮之下覲禮無降揖法此與諸侯對面相見故有降揖之事

四傳擯

王既揖五者升壇設擯升諸侯以會同之禮其奠瑞玉及享幣公拜於上等侯伯於中等子男於下等擯者每延之升堂致命王受玉撫玉降一拜於下等及請事勞皆如覲禮是以記之覲云四傳擯者每一位畢擯者以告乃更陳列而升其次公也侯也伯也各一位子男俠門而俱東上亦一位也至庭乃設擯則諸侯初入門王官之伯帥之耳古文傳作傳

〔疏〕四傳擯○注王既至作傳○釋曰知奠瑞玉及享幣公拜於上等侯伯於中等子男於下等擯者每延之升堂致命王受玉撫玉降拜於下等者三等拜禮皆司儀職文擯者延之升堂以下約上覲禮之法云王受玉謂朝時撫

王謂享時，是以司儀三等之下云「其將幣亦如之」，鄭云將幣享也。又云「及請事勞，皆如覲禮」者，請事謂上文侯氏奠圭擯者請，侯氏王欲親受之，勞謂侯氏受刑後王勞之，故云皆如覲禮。云公也侯也伯也各一位者，以其面位同，故各自設擯。云子男俠門而俱東上亦一位也者，以其雖隔門相去近，又同北面東上，故共一位設擯，故有四傳擯。云至庭乃云四，對上覲禮門外設擯。案此上經諸侯各就其旂而立乃設擯者，傳擯則在諸侯之北，故知至庭乃設擯。云則諸侯初入門王官之伯帥之耳者，約顧命而知之。

天子乘龍，載大旂，象日月、升龍、降龍，出拜日於東門之外，反祀方明。此謂會同以春者也。馬八尺以上爲龍。大旂，大常也。王建大常，縿首畫日月，其下及旂交畫升龍降龍。朝事儀曰：「天子冕而執鎮圭，尺有二寸，繅藉尺有二寸，搢大圭，乘大路，建大常，十有二旒，樊纓十有二就，貳車十有二乘，帥諸侯而朝日於東郊，所以教尊尊也。退而朝諸侯。」由此二者言之，已祀方明，乃以會同之禮見諸侯也。凡會同者，不協而盟。司盟職曰：「凡邦國有疑會同，則掌其盟約之載書，及其禮儀，北面詔明神。既盟，則藏之。」言北面詔明神，則明神有象也。象者，其方明乎？及盟時，又加於壇上，乃以載辭告焉。詛祝掌其祝號。

〔疏〕「天子」至「方明」。○注「此謂」至「祝號」。○釋曰：自此盡西門外，論將見諸侯先禮日月山川之事。云「此謂會同以春者也」者，案下文於南門、北門、西門之外禮日月四瀆，會同以夏秋冬，此云拜日於東門之外，故知會同以春者也。云「馬八尺以上爲龍」者，是周禮庾人職文。案彼云馬八尺以上爲龍，七尺以上爲騋，六尺以上爲馬，五尺以上爲駒。云「大旂，大常也」者，案周禮司常云：「日月爲常，交龍爲旂。」則旂與常別，此既象日月，則是大常，而云大旂者，九旂各有定稱，亦有通名，故桓二年臧哀伯云「三辰旂旗」，服氏注云「九旂之摠名」，故大常亦謂之大旂。是以諸侯建交龍爲旂，亦謂之常，大行人云五等諸侯亦曰建常，九旂亦是通稱也。云「王建大常，縿首畫日月，其下及旂交畫升龍降龍」，知義然者，以其先言日月，後言龍，故知縿首畫日月。依爾雅說旌旗云：「正幅爲縿，長尋曰旐。」謂旌旗身也，其下屬旐，乃畫日月交龍。案左傳云「三辰旂旗」，注云：「三辰，謂日月星。」孔君尚書傳亦云畫日月星於衣服旌旗，鄭注司服亦云王者相變，至周而以日月星辰畫於旌旗，所謂三辰旂旗，昭其明也。若然，大常當有星，所以司常及此直云日月不云星者，既言三辰，則日月星俱有，周禮司常不言星者，司常九旂皆以二字爲名，故畧不言星，是以此文亦畧不言星。案文大常之上又有交龍，則諸侯交龍爲旂，無日月，王之大常非直有日月，兼有交龍，司常不言交龍，亦是於文畧。引朝事儀以下至朝諸侯，此亦同法，故引之證此拜日於東門之事。云「天子冕而執鎮圭」者，案玉藻天子玄冕拜日於東門之外，則知此亦玄冕也。「搢大圭」者，則周禮玉人職「大圭長三尺，杼上，終葵首」是也。云「乘大路」者，則周禮玉路也，以周之玉路因殷之大路飾之以玉，故猶以大路爲名。云「樊纓十有二就」者，案巾車鄭注云：「樊，馬大帶。纓，馬鞅。就，成也。以五采罽飾之，一帀爲一成。」樊與纓各飾爲十二帀，十二就也。云「貳車十有二乘」者，案周禮大行人云上公貳車九乘，侯伯七乘，子男五乘，而天子十二以爲節，故十二乘。貳車者，飾皆與正路同，當亦飾之以玉，使人乘之。少儀云「乘貳車則式，佐車則否」是也。云「帥諸侯朝日於東郊」者，朝日即拜日一也，以其朝必有拜。云「所以教尊尊也」者，天子至尊，猶往朝日，是教天下尊敬其所尊者，故云教尊尊也。云「退而朝諸侯」者，朝日於東郊，退就壇，使諸侯朝己。云「由此二者言之，已祀方明，乃以會同之禮見諸侯也」者，言二者，諸侯朝事儀與此覲禮，其朝事儀朝日退乃始朝諸侯，此覲禮加方明於壇上，公侯伯子男就其旂而立，王乃四傳擯見之，是已祀方明乃始見諸侯，二者同，故云由此二者言之。若然，朝事儀直有朝日禮畢退見諸侯，此覲禮祀方明禮畢乃朝諸侯不同者，以其邦國有疑則有盟事，朝日既畢，乃祀方明於壇，祀方明禮畢，退去方明於下，天子乃升壇與諸侯相見，朝禮既畢，乃更加方明於壇，與諸侯行盟誓之禮。若邦國無疑，王帥諸侯朝日而已，無祀方明之事，是以朝事儀直云朝日教尊尊而朝諸侯，不言祀方明之事。鄭云已祀方明者，據此覲禮上下有盟誓而言。此天子乘龍及下文禮日之等，若有盟誓，文當在宮方三百步之上，今退文在下者，欲見盟誓非常，尋常無盟誓之事，直朝日而已故也。云「凡會同者，不協而盟」者，左氏傳云：「有事而會，不協而盟。」引此者，解此經反祀方明之意，反祀方明者，爲不協而盟故也，故引司盟證之。云「既盟，則藏之」者，盟誓既訖，寫此盟辭，須之於六官，司盟之官覆寫一通自藏，擬後覆驗。云「言北面詔明神，則明神有象也。象者，其方明乎」，鄭云此者，司盟云詔明神，不言方明，此文直言方明，不言明神，鄭欲合爲一事，故云言北面詔明神，則明神有一形象可告。以其方明有四方四色，是其象，無正文，以義約爲一事，故言乎以疑之。云「及盟時，又加於壇上，乃以載辭告焉」者，對前祀方明加於壇上，祀訖退而乃朝諸侯，訖又加於壇上，以載辭告之。云「詛祝掌其祝號」者，案春官詛祝職云：「掌盟、詛、類、造、攻、說、禬、禜之祝號。」注云：「八者之辭，皆所以告神明也。盟詛主要誓，大事曰盟，小事曰詛。」又云：「作盟詛之

載辭以敘邦國之信是也

禮日於南門外，禮月與四瀆於北門外，禮山川丘陵於西門外。

此謂會同以夏冬秋者也。變拜言禮者，容祀也。禮月於北郊者，月大陰之精，以爲地神也。盟神必云日月山川焉者，尚著明也。詩曰：謂予不信，有如皦日。春秋傳曰：縱子忘之，山川神祇其忘諸乎。此皆用明神爲信也。

〔疏〕禮日至門外○注此謂至信也○釋曰：知此謂會同夏秋冬者，以經禮日之等各於其門外，上經禮日於東門之外已是春會同，明知此是夏秋冬也。既所禮各於門外爲壇，亦各合於其方，是以司儀云將合諸侯則令爲壇三成宮旁一門，鄭注云天子春率諸侯拜日於東方則爲壇於國東，夏禮日於南郊則爲壇於國南，秋禮山川丘陵於西郊則爲壇於國西，冬禮月四瀆於北郊則爲壇於國北。云變拜言禮者容祀也者，言拜無祀，祀則兼拜。上經云拜日，無盟誓，不加方明於壇，直拜日教尊尊而已。此經三時皆言禮，見有盟誓之事，加方明於壇，則有祀日與四瀆及山川之事，故言禮。是以或言拜或言禮。云禮月於北郊者月大陰之精以爲地神也者，鄭據經三時先北後西，不以次第，以其祭地於北郊，祭月四瀆亦於北郊，與地同。但日者大陽之精，故於東郊南郊於陽方，而禮之以月是地神，四瀆與山陵俱是地神，以山陵出見爲徵陰，故配西方；四瀆爲極陰，故月同配北方。又以月尊，故先言之而又祭於北郊也。云盟神必云日月山川焉者，爲其著明也者，以山川是著見，日月是其明，故同爲盟神也。引詩者，日明，詩人以爲明證。引春秋者，定元年二月，孟懿子會城成周，宋仲幾不受功，即云士彌牟曰：晉之從政者新，子姑受功，歸吾視諸故府。仲幾曰：縱子忘之，山川鬼神其忘諸乎。引之者，山川神爲盟神義也。不言月者，諸文無以月爲盟神之事，故不引據。此覲禮言月，以月明爲盟神可知。

祭天燔柴，祭山丘陵升，祭川沈，祭地瘞。

升沈必就祭者也。就祭則是謂王巡守及諸侯之盟祭也。其盟揭其著明者。燔柴升沈瘞，祭禮終矣備矣。郊特牲曰：郊之祭也，迎長日之至也，大報天而主日也。宗伯職曰：以實柴祀日月星辰。則燔柴祭天，謂祭日也。柴爲祭日，則祭地瘞者，祭月也。日月而云天地，靈之也。王制曰：王巡守至于岱宗，柴。是王巡守之盟，其神主日也。春秋傳曰：晉文公爲踐土之盟，而傳云山川之神，是諸侯之盟，其神主山川也。月者大陰之精，上爲天使，臣道莫貴焉，是王官之伯會諸侯而盟，其神主月與。古文瘞作殪。

〔疏〕祭天至地瘞○注升沈至作殪○釋曰：上論天子在國行會同之禮，於國之四郊拜禮於日月山川之神，以爲盟主，已備於上。今更言祭日月山川者，據天子巡守於四岳，各隨方向祭之，以爲盟主，故重見此文。云升沈必就祭者也者，對上經山川丘陵但於四郊望祭之，故不言升沈之事。此經言升沈，必是就山川丘陵，故言升沈。案爾雅云祭山曰庪縣，祭川曰浮沈。不言升，此山丘陵云升者，升即庪縣也。此祭川直言沈不言浮者，以牲體或沈或浮，不言浮，亦文略也。云就祭則是謂王巡守及諸侯之盟神也者，此經主爲天子春東郊，夏南郊，皆禮日，即此經祭天燔柴也；秋西郊，即此經祭山丘陵升是也；冬北郊，即此經祭川沈、祭地瘞也。以其川即四瀆也。鄭兼言諸侯之盟者，以其諸侯自盟亦祭山川爲神主，故兼言之。此經兼有王官之伯以月爲神主，不言者，無正文，故不言也。云其盟揭於著明者，亦如上釋，以日月爲明，山川爲著也。云燔柴升沈瘞祭禮終矣者，案周禮禋祀實柴燎是歆神始禮，未終而言禮終者，以其祭禮有三始：樂爲下神始，禋之爲歆神始，牲體爲薦饌始。燔柴是樂爲下神之後，是下神之禮終，故云禮終。案爾雅祭天曰燔柴，祭地曰瘞埋，柴與瘞相對，則瘞埋亦是歆神。若然，則升沈在柴瘞之閒，則升沈亦是歆神之節，皆據樂爲下神之後而爲祭禮終矣。或可周禮此三者爲歆神，至祭祀之後更有此柴瘞升沈之事，若今時祭祀訖始有柴瘞之事者也。引郊特牲者，案易緯三王之郊一用夏正，春分以後始日長，於建寅之月郊天，云迎長日之至者，預迎之。又云大報天而主日也者，鄭注云大猶徧，謂郊天之時祭尊可以及卑，日月以下皆祭，以日爲主。又云大宗伯職曰以實柴祀日月星辰者，此所引不取月與星辰之義，直取日而已，與此經燔祭文同。鄭引此諸文者，欲證此經祭天燔柴是祭日，非正祭天神，以其日亦是天神，故以祭天言之。是以鄭云則燔柴祭天謂祭日也。又云柴爲祭日則祭地瘞者祭月也者，以其前文天子在國祀日月，燔祭既是日，祭地是月可知，亦非正地神也。云日月而云天地靈之者，以其尊之，欲爲方明之主，故變日月而云天地，是神靈之也。云王制曰王巡守至於岱宗柴是王巡守之盟其神主日也者，案彼注以爲告至，案祀典歲二月東巡守至於岱宗，柴，注爲考績燔燎柴，此又爲祭日，柴不同者，但巡守至於岱宗之下，注有此三種之柴：告至訖，別有考績，皆正祭之神；別有祭日，以爲方明之主。尚書與王制并此文唯有柴之文，故注不同，互見爲義，明皆有，是以此引王制之柴以爲祭日。引春秋者，僖公二十八年晉文公敗楚於城濮，爲踐土之盟，傳云山川之神，引之證諸侯之盟用山川爲主。此不言宋仲幾者，所引之言皆是諸侯之事。云月者大陰之精，上爲天使，臣道莫貴焉者，鄭注周禮九嬪職引孔子云日者天之明月者地之理陰契制故月上屬爲天使婦從夫放月紀此二處俱是緯文鄭言此者證王官之伯臣中最尊奉王使出與諸侯盟其神主月以其無正文故言與以疑之鄉來所解諸侯以山爲主王官之伯以月爲主案襄十一年左傳云秋七月諸侯同盟於亳云司愼司盟名山名川彼非直有山川兼有二司則此所云日月山川者兼有此二司可知又王官之伯非直奉王使出會諸侯而盟若受弓矢之賜得專征伐亦與諸侯爲盟

記几俟于東箱王即席乃設之也東箱東夾之前相翔待事之處疏記几俟于東箱。注王即至之處。釋曰云王即席乃設之也者案公食大夫記宰夫筵出自東房則此天子禮几筵亦在東房其席先敷其几且俟于東箱待王即席乃設之謂若聘禮賓即席乃授几若然公食大夫宰夫設筵加席几同時預設若公親設湆可以畧几故以几與席同時設之若爲神之几筵亦同時而設故聘禮几筵設擯者出請命云東箱東夾之前者案上文覲在文王廟中案鄭周禮注宗廟路寢制如明堂明堂有正室四堂無箱夾則宗廟亦無箱夾之制此有東夾者此周公制禮據東都乃有明堂此文王廟仍依諸侯之制是以有東夾室若然樂記注云文王廟爲明堂制者彼本無制字直云文王廟爲明堂云相翔待事之處者翔謂翺翔無事故公食賓將食辭於公親臨己食公揖退於箱以俟賓食是相翔待事之處

偏駕不入王門在旁與己同曰偏同姓金路異姓象路四衛革路蕃國木路駕之與王同謂之偏駕不入王門乘墨車以朝是也偏駕之車舍之於館與疏偏駕不入王門。注在旁至館與。釋曰云在旁與己同曰偏者依周禮巾車掌王五路王路以祀不賜諸侯金路以賓同姓以封象路以朝異姓以封革路以即戎以封四衞木路以田以封蕃國此五路者天子所乘爲正四路者諸侯乘之爲偏是據諸侯在旁與王同爲偏云不入王門乘墨路以朝是也者據上文而言云偏駕之車舍之於館與者偏駕既云不入王門又云乘墨車而至門外諸侯各停於館明舍在館無正文故言與以疑之

奠圭于繅上謂釋於地也古文繅作璪疏奠圭于繅上。釋曰此解侯氏入門右奠圭釋於地時當以繅藉承之繅乃釋於地此繅謂韋衣木版朱白蒼與朱綠畫之者非謂絢組尺爲繫者彼所以繫玉固者也

儀禮卷第十　經八百三十九　注二千六百八十一

儀禮疏卷第二十七

大清嘉慶二十乙亥
用宋[illegible][illegible]藏本校

江西督糧道王賡言廣豐縣知縣阿應鱗栞

儀禮注疏卷二十七校勘記　阮元撰盧宣旬摘録

四享

此地物　集釋無地字

惟所有　惟下集釋有國字

欲證三享爲正文　正文陳閩俱作文也

與此因覲致之同　毛本同作與按今本似誤讀上與字爲平聲屬上句故下句亦作與

因祭卽致享物　陳閩俱脱因祭二字

各降其瑞一寸可知　寸陳閩俱作等按降一寸卽降一等至八寸是也此疏上下言降一寸者屢矣何獨於此而作等乎

奉束帛

不敢斥王之乘　之通典作所

侯氏升致命

授王人於外也　王閩葛通解俱作玉

主于享　徐陳閩葛集釋通解同毛本楊氏主作至張氏曰按疏云今至于三享云云詳其義主字當作至

助王受此四者　陳本同毛本王作玉

璧琮不還爲輕財　要義同毛本不下有按字陳閩授俱作受

而凡伯不賓　陳閩俱無而字不俱作弗

乃右肉袒于廟門之東

无告　无通解作無與此本標目合

葬其子於嬴博之間　陳本要義同毛本嬴作羸○按嬴是也

擯者謁諸天子○歸寧乃邦　邦唐石經嚴本通典集釋通解楊敖俱作邦毛本徐本誤作拜

乃猶女也　女葛本作汝

天子賜侯氏以車服

革路云以封四衞木路云以封蕃國　陳閩俱脱以封四衞木路云七字

路先設

次車而東也　毛本東誤作束

又何予之　嚴本集釋楊敖同毛本予作與

云凡君乘車曰路者　閩監同毛本凡作几○按乘上注有所字

諸公奉篋服

乘駟而見宣子　毛本駟作驛○按駟是驛非說詳左傳注疏校勘記

太史乃居其右　毛本乃誤作又

升成拜

亦如此故鄭云此辭之類也　陳閩俱無故鄭云此四字

同姓大國

據此禮云伯父　毛本云誤作曰據字敖在伯父下屬下句

同姓大邦而言若也據文　若要義作者許宗彦云若也據文乃若據他文之訛

亦以此爲尊是也　也要義作此

饗禮乃歸

略言饗禮　饗楊氏作享下竝同

上公三饗　徐陳閩葛集釋通解敖氏同毛本饗作享

欲解經變食燕而言之禮　要義同毛本之作饗〇按之是也下同

見王無故親饗之　陳閩要義同毛本饗作享

至諸侯之國　國陳閩俱作禮

諸侯與之饗食燕皆有幣　陳閩要義同毛本燕作禮

諸侯覲於天子

宮謂壝土爲埒　張氏曰注曰官謂壝土爲埒按諸本官皆作宮從諸本〇按嚴徐鍾本俱作宮

從上曰湙　浦鏜云按秋官司儀職疏引此作從上向下爲深義尤悉〇按通典巡守篇引此亦有向下二字

所謂神明也　神明監本集釋楊氏俱作明神與疏合

則命爲壇　集釋通解楊氏毛本同命字徐本未刻陳閩監本俱作會爲徐本作焉

殷見四方四方四時分來　四方二字陳閩俱不重出

若如此注　要義同毛本無此字

冬禮月與四瀆於北郊也　陳閩同毛本與作於〇按與是

故職方氏令諸侯供待之事　供待陳閩俱作共待

此樂解得名方明神之義也　樂要義作鄭

司盟司慎不敬者盟司察明者　毛本同惟明字作盟要義作司慎司不敬者司盟司察盟者

及諸侯之盟祭也者　陳閩俱無及字

方明者木也

而不以者　以下通典有此字

迎拜以爲明神　拜閩本作帝

故知非天帝人帝之等　陳閩俱無帝人帝三字

北面詔盟神　毛本盟作盟〇按盟字亦非周禮作明鄭注云明神神之明察者

上介皆奉其君之旂

尚左者建旂　毛本者作皆徐本無皆字陳閩葛本集釋通解俱作者與疏合楊氏作皆

土揖庶姓　徐陳集釋通解同毛本土作上閩葛誤作士閩本疏同

以其覲禮廟門設擯　要義同毛本擯作儐下同陳本此作擯下作儐

此與諸侯對面相見　毛本面誤作門

四傳擯

王受玉撫玉　徐閩監葛集釋通解同毛本下玉字作王陳本受玉撫玉俱作王尤誤

王官之伯帥之耳　張氏曰注曰王官之伯帥之耳吉觀國所按監本改王爲曰未知孰據篇末之注有是王官之伯會諸侯而盟從諸本官通解作宮

古文傳作傅　傳重脩監本誤刻作傳

王既至作傳　此本要義傳俱作傳與釋文不合

天子乘龍載大斾　斾唐石經集釋楊敖俱作旆注同與疏合張氏曰載大斾諸本斾作旂從諸本

王建大常　毛本大誤作太按大讀如字大常猶大旂也今人讀他蓋切非是釋文無音

繅藉尺有二寸　藉徐閩葛本俱從竹按藉籍諸本錯出不悉按

既盟則藏之　盧文弨云藏貳校集釋依本文改貳但疏云司盟之官覆寫一通自藏擬後覆驗則注疏本自作藏然藏即是貳兩者俱可通而藏字義較顯〇按前諸侯覲於天子節疏引此句作貳

長尋曰旐　旐監本誤作辰

杅上終葵首　毛本杅誤作抒

以其朝必有拜　陳閩俱重朝字

是教天下尊敬其所尊者　下陳閩俱作子

則有盟事　盟陳閩俱作明

王帥諸侯朝日而已　自此句朝字起至下文而朝諸侯句止凡二十六字陳閩俱脫

爲不協而盟故也　陳閩同毛本爲作會○按爲是

言北面詔明神　明陳閩俱作盟

則明神有象也　自此句起至下文詔明神句止凡二十二字陳閩俱脫

禮日於南門外

此謂會同以夏冬秋者也　按冬秋䟽作秋冬

容祀也　容嚴本集釋通解俱作容與述注合毛本作客通典誤作祭

容祀也者　要義同毛本容作客

上經云拜日　經要義作春

則有祀日與四瀆　與閩本作月

鄭據經三時　時陳閩俱作等

故同爲盟神也　毛本盟作明

引詩者曰明　毛本曰作日

即云　毛本云字重

諸文無以月爲盟神之事　盟陳閩俱作明按盟誓必以明神爲信故稱明神爲盟神篇內盟明二字諸本錯出義既兩通今悉援之以備參攷

祭天燔柴

其盟揭其著明者　揭徐陳通解俱作愒與述注合集釋楊氏毛本从手按釋文音苦葢反是讀爲忨歲愒日之愒明係愒字今本釋文亦誤作揭唯宋本不誤或曰愒當作楬職金注曰今人之書有所表識謂之楬橥下其字䟽作於

月者太陰之精　者通解作乃

是王官之伯　王通解作五

各隨方向祭之　要義無向字浦鏜改向爲而○按此本向誤作西今從毛本

故兼言之　自此句起至下文以月爲主句止凡十七字監本脫

云其盟愒於著明者　毛本愒作揭○按於注作其

是樂爲下神之後　後陳閩俱作神

三王之郊　三閩本要義俱作二

鄭注云大猶偏　注要義作彼陳本作披

燔祭既是日　祭要義作柴

案祀典歲二月東巡守　按段玉裁校本作堯典

諸侯以山爲主　毛本山下有川字

記

几俟于東箱　記徐本要義俱作設按此下三句爲記文無疑石經補缺亦作記徐本作設者殆因注而誤也嚴本與徐本同而張氏不加論辨豈宋時諸本俱誤作設歟俟石經補缺徐陳閩葛俱作侯亦誤集釋通解俱作俟

文王廟爲明堂制者　毛本制誤作注

偏駕不入王門

在旁與已同曰偏　在監本集釋通解楊氏俱作在與䟽標目合毛本作左

謂之偏駕集釋楊氏俱重偏字按重偏字則當讀謂之偏爲句而以偏駕二字屬下句以疏攷之此句宜作謂之偏下句却無偏駕二字

云在旁與已同曰偏者監本要義同毛本在作左

掌王五路路要義俱作路下竝同毛本作輅按陳閩唯四輅者諸侯乘之爲偏句作輅○按路是正字周禮本作路

乘墨路以朝是也者毛本路作車此本作路似誤要義亦作車

乘墨車而至門外至閩本作舍

奠圭于繅上

謂釋於地也古文繅作璪注末五字諸本俱脫嚴本有

此解侯氏入門右毛本右作在

謂韋衣木版毛本謂下有以字

非謂絇組尺爲繫者毛本絇誤作約

彼所以繫玉固者也毛本玉下有使字

儀禮注疏卷二十七校勘記終

奉新余成教校

儀禮疏卷第二十八　儀禮卷第十一

唐朝散大夫行大學博士弘文館學士臣賈公彦等撰

喪服第十一

〔疏〕喪服第十一○案鄭目録云天子以下死而相喪衣服年月親疏隆殺之禮不忍言死而言喪喪者棄亡之辭若全存居於彼焉已亡之耳大戴第十七小戴第九劉向別録第十一○釋曰案禮器云經禮三百曲禮三千鄭云經禮謂周禮也曲猶事也事禮謂今禮也禮篇今亡本數未聞其中事儀三千若然未亡之時有天子諸侯卿大夫士之喪服其篇各別今皆亡唯士喪禮在若然據喪服一篇總包天子以下服制之事故鄭目録云天子以下相喪衣服親疏之禮喪服之制成服之後宜在士喪始死之下今在士喪之上者以喪服揔包尊卑上下不專據士故在士喪之上是以喪服爲第十一喪服所陳其理深大今之所釋且以七章明之第一明黄帝之時朴畧尚質行心喪之禮終身不變第二明唐虞之日淳朴漸虧雖行心喪更以三年爲限第三明三王以降澆僞漸起故制喪服以表哀情第四明既有喪服須明喪服二字第五明喪服章次以精麤爲序第六明作傳之人并爲傳之意第七明鄭玄之注經傳兩解之第一明黄帝之時朴畧尚質行心喪之禮終身不變者案禮運云昔者先王未有宫室食鳥獸之肉衣其羽皮此乃伏羲之時也又云後聖有作治其絲麻以爲布帛養生送死以事鬼神此謂黄帝之時也又案易繫辭云古之葬者厚衣之以薪葬之中野不封不樹喪期無數在黄帝九事章中亦據黄帝之日言喪期無數是其心喪終身者也第二明唐虞之日淳朴漸虧雖行心喪更以三年爲限者案禮記三年問云將由夫患邪淫之人與則彼朝死而夕忘之然而從之則是曾鳥獸之不若也夫焉能相與羣居而不亂乎將由夫脩飾之君子與則三年之喪二十五月而畢若駟之過隙然而遂之則是無窮也故先王焉爲之立中制節壹使足以成文理則釋之矣然則何以至期也曰至親以期斷是何也曰天地則已易矣四時則已變矣其在天地之中者莫不更始焉以是象之也鄭注云法此變易可以期也又云然則何以三年也注云言法此變易可以期何以乃三年爲又云曰加隆焉爾也焉使倍之故再期也注云言於父母加隆其使倍期也據此而言則聖人初欲爲父母期加隆焉故爲父母三年必加隆至三年者孔子荅宰我云子生三年然後免於父母之懷是以子爲之三年報之三年問又云三年之喪人道之至文者也夫是之謂至隆是百王之所同古今之所壹也未有知其所由來者也注云不知其所從來喻此三年之喪前世行之久矣既云喻前世行之久則三年之喪實知其所從來但喻久爾故虞書云二十八載帝乃殂落百姓如喪考妣三載四海遏密八音是心喪三年未有服制之明驗也第三明三王已降澆僞漸起故制喪服以表哀情者案郊特牲云大古冠布齊則緇之鄭注云唐虞已上曰大古又云冠而敝之可也注云此重古而冠之耳三代改制齊冠不復用也以白布冠質以爲喪冠也據此而言則唐虞已上吉凶同服惟有白布衣白布冠而已故鄭注云白布冠爲喪冠又案三王以來以唐虞白布冠爲喪冠又案喪服記云凡衰外削幅裳内削幅注云大古冠布衣布先知爲上外殺其幅以便體也後知爲下内殺其幅稍有飾也後世聖人易之以此爲喪服據此喪服記與郊特牲兩注而言則鄭云後世聖人夏禹也是三王用唐虞白布冠白布衣爲喪服矣第四明既有喪服須明喪服二字者案鄭目録云不忍言死而言喪喪者棄亡之辭若全存於彼焉已棄亡之耳又案曲禮云天子曰崩諸侯曰薨大夫曰卒士曰不禄庶人曰死爾雅曰崩薨卒不禄皆訓死也是士以上爲義稱庶人言死得其揔名鄭注曲禮云死之言澌精神澌盡又案檀弓孔子云喪欲速貧春秋左氏傳魯昭公出居乾侯齊侯唁公於野井公曰喪人其何稱是喪棄亡之辭棄於此存於彼是孝子不忍言父母精神盡澌雖棄於此猶存於彼以此鄭義言之其喪字去聲讀之人或以平聲讀之者雖不與同義亦通也死者既喪生人制服服之者但貌以表心服以表貌故禮記閒傳云斬衰何以服苴苴惡貌也所以苴其内見諸外斬衰貌若苴齊衰貌若泉大功貌若止小功緦麻容貌可也下又云斬衰三升三升半齊衰四升以下是其孝子喪親以衣服表心但吉服所以表德凶服所以表哀德有高下章有升降哀有淺深布有精麤不同者也第五明喪服章次以精麤爲敘者案喪服上下十有一章從斬至緦麻升數有異異者斬有二義不同爲父以三升爲正爲君以三升半爲義其冠同六升三年齊衰惟有正之四升冠七升繼母慈母雖是義以配父故與因母同是以畧爲節有正而已杖期齊衰有正而已父在爲母與爲妻同正服齊衰五升冠八升不杖齊衰期章有正有義二等正則五升冠八升義則六升冠九升齊衰三月章皆義服齊衰六升冠九升曾祖父母計是正服但正服合以小功以尊其祖不服小功而服齊衰非本服故同義服也殤大功有降有義爲夫之昆弟之長子殤是義其餘皆降服也降服衰七升冠十升義服衰九升冠十一升大功章有降有正有義姑姊妹出適之等是降婦人爲夫之族類爲義自

餘皆正衰冠如上釋也總衰唯有義服四升半皆冠七升而已以諸侯大夫爲天子故同義服也殤小功有降有義婦人爲夫之族類是義自餘皆降服降則衰冠同十升義則衰冠同十二升小功亦有降亦有正有義如前釋緦麻亦有降有正有義皆如上陳但衰冠同十五升抽去半而已自斬以下至緦麻皆以升數升數少者在前升數多者在後要不得以此升數爲叙者一則正義及降升數不得同在一章又緦衰四升半在大功之下小功之上鄭下注云在小功之上者欲審若緦之精麤若然喪服章次雖以升數多少爲前後要取縷之精麤爲次第也第六明作傳之人又明作傳之義傳曰者不知是誰人所作人皆云孔子弟子卜商字子夏所爲案公羊傳是公羊高所爲公羊高是子夏弟子今案公羊傳有云者何何以曷爲孰謂之等今此傳亦云者何何以孰謂曷爲等之問師徒相習語勢相遵以弟子却本前師此傳得爲子夏所作是以師師相傳蓋不虛也其傳内更云傳者是子夏引他舊傳以證已義儀禮見在一十七篇餘不爲傳獨爲喪服作傳者但喪服一篇揔包天子已下五服差降六術精麤變除之數既繁出入正殤交互恐讀者不能悉解其義是以特爲傳解第七明鄭玄之注經傳兩解之云鄭氏者北海郡高密縣人姓鄭名玄字康成漢僕射鄭崇八世孫也後漢徵爲大司農而不就年七十四卒於家云注者注義於經傳之下辨其義意若傳不釋經者則注在傳上以釋經若傳義難明者則在傳下以釋傳又在傳下注皆須題云玄謂以別傳若在傳上注者不須題玄義可知或云注或云傳出注述者意耳或有解云前漢以前云傳後漢以後云注若然王弼王肅之等後漢之人云傳此說非也

傳　子夏

儀禮　鄭氏注

喪服斬衰裳苴絰杖絞帶冠繩纓菅屨者

者者明爲下出也凡服上曰衰下曰裳麻在首在要皆曰絰絰之言實也明孝子有忠實之心故爲制此服焉首絰象緇布冠之缺項要絰象大帶又有絞帶象革帶齊衰以下用布

【疏】喪服至屨者○釋曰題此二字於上者與此一篇爲揔目言斬衰裳者謂斬三升布以爲衰裳不言裁割而言斬者取痛甚之意知者案三年問云創鉅者其日久痛甚者其愈遲雜記縣子云三年之喪如斬期之喪如剡謂哀有深淺是斬者痛深之義故云斬也若然斬衰先言斬下疏衰後言齊者以斬衰先斬布後作之故先言斬疏衰先作之後齊之故後云齊斬齊既有先後是以作文有異也云苴絰杖絞帶者以一苴目此三事謂苴麻爲首絰要絰又以苴竹爲杖又以苴麻爲絞帶知此三物皆同苴者以其冠繩纓不得用苴明此三者皆用苴又喪服小記云苴杖竹也記人解此杖是苴竹也又絞帶與要絰象大帶與革帶二者同在要要絰既苴明絞帶與要絰同用苴可知又喪服四制云苴衰不補則衰裳亦同苴矣云冠繩纓者以六升布爲冠又屈一條繩爲武垂下爲纓冠在首退在帶下者以其衰用布三升冠六升冠既加飾故退在帶下又齊衰冠纓用布則知此繩纓不用苴麻用枲麻故退冠在下更見斬義也云菅屨者謂以菅草爲屨詩云白華菅兮白茅束兮鄭云白華已漚名之爲菅濡刃中用則此菅亦是已漚者也已下諸章並見年月唯此斬章不言三年者以其喪之痛極莫甚於斬故不言年月表創鉅而已是以衰設人功之疏絰又言麻之形體至於齊衰已下非直見人功之疏又見絰去麻之狀貌舉齊衰云三年明上斬衰三年可知然此一經爲次若此者以先喪而後服故服在喪下又先斬後乃爲衰裳故斬文在衰裳之上絰杖絞帶俱蒙於苴故苴又在前經中絰有二事仍以首絰爲主故絰文在上杖者各齊其心故在絞帶之前冠纓雖加於首以其不蒙於苴故退文在下屨乃服中之賤最後爲宜聖人作文倫次然○注者者至用布○釋曰云者者明爲下出也者

周公設經上陳其服下列其人此經所陳服者明爲下人所出故服下出者明臣子爲君父等所出也案下諸章皆言者鄭止一解餘皆不釋義皆如此也云凡服上曰衰下曰裳者言凡者鄭欲兼解五服案下記云衰廣四寸長六寸綴之於心揔號爲衰非正當心而已故諸言衰皆與裳相對至於弔服三者亦謂之爲衰也云麻在首在要皆曰絰知一經而兼二者以子夏傳要首二經俱解禮記諸文亦首要並陳故士喪禮云要絰小焉故知一經而兼二文也云絰之言實也明孝子有忠實之心故爲制此服焉檀弓云絰也者實也明孝子有忠實之心故爲制此服焉案問喪云斬衰貌若苴齊衰貌若枲之等皆是心内苴惡貌亦苴惡服亦苴惡是服以象貌貌以象心是孝子有忠實之心若服甚而貌美心不甚惡者是中外不相稱無忠實之心者也云首絰象緇布冠之缺項者案士冠禮緇布冠青組纓屬於缺鄭注云缺讀如有頍者弁之頍緇布冠之無笄者著頍圍髮際結項中隅爲四綴以固冠也此所象無正文但喪服法吉服而爲之吉時有二帶凶時有二絰以要絰象大帶明首絰象頍項可知以彼頍項爲吉時緇布冠無笄故用頍項以固之今喪之首絰與冠繩纓別材而不相綴今言象之者直取經法象頍項而爲之至於喪冠亦無笄直用六升布爲冠一條繩爲纓與此全異

也云要經象大帶者案玉藻云大夫以下大帶用素天子朱裏終裨以玄黃士則練帶裨下末三赤用緇是大帶之制今此要經下傳名爲帶明象吉時大帶也云又有絞帶象革帶者案玉藻韠之形制云肩革帶博二寸吉備二帶大帶申束衣革帶以佩玉佩及事佩之等今於要經之外別有絞帶明絞帶象革帶可知案士喪禮云苴經大鬲要經小焉又云婦人之帶牡麻結本注云婦人亦有首經但言帶者記其異此齊衰婦人斬衰婦人亦有苴經以此而言則婦人吉時雖云女鞶絲以絲爲帶而無頍項今於喪禮哀痛甚亦有二經與絞帶以備喪禮故此經具陳於上男女俱言於下明男女共有此服也云齊衰已下用布者即下齊衰章云削杖布帶是也若然案此經凶服皆依舊名唯衰與經特制別名者案禮記檀弓云有以故興物者鄭云衰經之制以經表孝子忠實之心衰明孝子有哀摧之義故制此二者而異名見其哀痛之甚故也

傳曰斬者何不緝也苴經者麻之有蕡者也苴經大搹左本在下去五分一以爲帶齊衰之經斬衰之帶也去五分一以爲帶大

功之經齊衰之帶也去五分一以爲帶小功之經大功之帶也去五分一以爲帶緦麻之經小功之帶也去五分一以爲帶苴杖竹也削杖桐也杖各齊其心皆下本杖者何爵也無爵而杖者何擔主也非主而杖者何輔病也童子何以不杖不能病也婦人何以不杖亦不能病也絞帶者繩帶也冠繩纓條屬右縫冠六升外畢鍛而勿灰衰三升菅屨者菅菲也外納居倚廬寢苫枕塊哭晝夜無時歠粥朝一溢米夕一溢米寢不說經帶既虞翦屏柱楣寢有席食疏食水飲朝一哭夕一哭而已既練舍外寢始食菜果飯素食哭無時

盈手曰搹搹扼也中人之扼圍九寸以五分一爲殺者象五服之數也爵謂天子諸侯卿大夫士也無爵謂庶人也擔猶假也無爵者假之以杖尊其爲主也非主謂衆子也屬猶著也通屈一條繩爲武垂下爲纓著之冠也布八十縷爲升升字當爲登登成也今之禮皆以登爲升俗誤已行久矣雜記曰喪冠條屬以別吉凶三年之練冠亦條屬右縫小功以下左縫外畢者冠前後屈而出縫於武也二十兩曰溢爲米一升二十四分升之一楣謂之梁柱楣所謂梁闇疏猶麤也舍外寢於中門之外屋下壘墼爲之不塗墍所謂堊室也素猶故也謂復平生時食也斬衰不書受月者天子諸侯卿大夫士虞卒哭異數

【疏】傳曰至無時。釋曰云斬者何問辭以執所不知故云云何云不緝也者荅辭此對下疏衰裳齊齊是緝此則不緝也云苴經者麻之有蕡者也案爾雅釋草云蕡枲實孫氏注云蕡麻子也以色言之謂之苴以實言之謂之蕡下言牡者對蕡爲名言枲者對苴生稱也是以云斬衰貌若苴齊衰貌若枲也若然枲是雄麻蕡是子麻爾雅

云蕡枲實者舉類而言若圓曰簞方曰笥鄭注論語云簞笥亦舉其類也下傳云牡麻者枲麻也不連言經此苴連言經者欲見苴經別於苴杖故下傳別云苴杖後傳牡麻不連言經此苴連言經者彼無他物之嫌獨有經故不須連言經也云苴經大搹左本在下者士喪禮文與此同彼此皆云苴經大搹連言苴者但經連言苴經經中有此二言經大搹先據首經而言也雷氏以搹搤不言寸數則各從其人大小爲搤非鄭義據鄭注無問人之大小皆以九寸圍之爲正若中人之跡尺二寸也云左本在下者本謂麻根案士喪禮鄭注云下本在左重服統於內而本陽也以其父是陽左亦陽言下是內故云重服統於內以言痛從心內發故也此對爲母右本在上輕服統於外而本陰也云去五分一以爲帶者以其首經圍九寸取五寸去一寸得四寸餘四寸寸爲五分揔二十分去四分餘十六分取十五分五分爲寸爲三寸添前四寸爲七寸并一分揔七寸五分寸之一也云齊衰之經斬衰之帶也者以其大小同故疊而同之也云去五分一以爲帶者謂七寸五分寸之一也中五分去一爲齊衰之帶今計之以七寸中取五寸去一寸得四寸餘二寸寸分爲二十五分二寸合爲五十分餘一分者又破爲五分添前爲五十五分亦五分去一揔去一十一分餘四十四分在又二十五分爲

一寸餘十九分在齊衰之帶揔五寸二十五分寸之十九也云大功之經齊衰之帶也去五分一以爲帶者就五寸中去一寸得四寸前二十五分破寸今大功百二十五分破寸則以十九分者各分破爲五分十九分揔破爲九十五與百二十五分破寸相當就九十五分中五分去一去十九餘七十六則大功之經五寸二十五分寸之十九帶則四寸百二十五分寸之七十六又云小功之經大功之帶也去五分一以爲帶者又就四寸百二十五分寸之七十六中五分去一前百二十五分破寸今亦四倍加之以六百二十五分去一然後五分去一爲小功帶又云緦麻之經小功之帶去五分一以爲帶則亦四倍加之前六百二十五分破寸今則三千一百二十五分破寸五分去一取四以爲緦麻之帶經帶之等皆以五分破寸既有成法何假盡言然斬衰有二齊衰有四大功小功成人與殤各有二等緦麻殤與成人章又不別若使經帶各依升數則參差難等是以子夏作傳五服各爲一節計之似周禮掌客云羣介行人宰史各以爵等爲牢禮之數鄭云以命數則參差難等略於臣用爵而已此經亦然也士喪禮云苴經大鬲下本在左要經小焉鄭注云經帶之差自此出焉謂子夏言經帶之差出於士喪之經故鄭指而言之也但斬衰之經圍九寸者首是陽故欲取陽數極於九自

齊衰以下自取降殺之義無所法象也云苴杖竹也削杖桐也者傳意見經唯云苴杖不出杖體所用故言苴杖者竹也下章直云削竹亦不辨木名故因釋之云削竹省桐也若然經言苴杖因釋削杖唯上下二章不通於下是以兼釋之至於經帶五服自明故不兼釋然爲父所以杖竹者父者子之天竹圓亦象天竹又外內有節象子爲父亦有外內之痛又竹能貫四時而不變子之爲父哀痛亦經寒溫而不敗故用竹也爲母杖桐者欲取桐之言同內心同之於父外無節象家無二尊屈於父爲之齊衰經時而有變又案變除削之使方者取母象於地故也此雖不言杖之麤細案喪服小記云經殺五分而去一杖大如經鄭注云如要經也鄭知如要經者以其先云經五分爲殺爲要經其下即云杖大如經明如要經也如要經者以杖從心已下與要經同處故如要經也云杖各齊其心者杖所以扶病病從心起故杖之高下以心爲斷也云皆下本者本根也案士喪禮下本注云順其性也云杖者何爵也者自此已下有五問五荅皆爲杖起文云者何者亦是執所不知以其吉時五十已後乃杖所以扶老今爲父母之喪有杖有不杖不知故執而問之云爵以爵荅之以其有爵之人必有德有德則能爲父母致病深故許其以杖扶病云無爵而杖者何問辭也庶人無爵亦得杖云擔主

也者荅辭也以其雖無爵無德然以適子故假取有爵之杖爲之喪主拜賓送賓成喪主之義也云非主而杖者何問辭也輔病也荅辭也鄭云謂衆子雖非爲主子爲父母致病是同亦爲輔病也云童子何以不杖者案此子夏之問辭有不同或云者何或云何以或云何如或云孰後或云孰謂或云何大夫或云曷爲有此七者荅有義意凡言者何皆請執所不知故隱元年公羊傳云元年者何何休云諸據疑問所不知故曰者何即此問杖者何是也稱何以者皆據彼決此即下云父爲長子何以三年據期章爲衆子期適庶皆子長子獨三年是據彼決此也此即公羊傳云何以不言即位何休云據文公言即位隱不稱即位是也云何如者問比類之辭即下傳云何爲而可爲人後者同宗則可爲人後是其問比類也云孰後者不問比類依不杖章子夏傳云孰後後大宗禮有大宗小宗故問誰爲後云孰謂者亦是問比類但舊君有二等一是待放之臣二是致仕之臣俱爲舊君是以齊衰三月章云舊君傳曰爲舊君者孰謂也仕焉而已者也出其有三等故問比類也即公羊傳云王者孰謂謂文王是也云何大夫者亦是據彼決此即齊衰三月章云大夫爲舊君傳曰何大夫之謂乎言其以道去君而猶未絕也由其大夫有致仕者有待放者不同故舉何大夫之問也言曷爲者亦是

據彼決此故不杖章云大夫曷爲不降命婦也云謂據大夫於姑姊妹出嫁宜降不降女擧曷爲之問也今云童子何以不杖問辭也不能病也荅辭也此庶童子非直不杖以其未冠首加免而已故問喪云免者以何爲也曰不冠者之所服也言何以者據當室童子及成人皆杖唯此庶童子不杖故云何以決之也知當室童子杖者案問喪云禮曰童子不緦唯當室緦緦者其免也當室則免而杖矣謂適子也案雜記云童子哭不偯不踊不杖不菲不廬注云未成人者不能備禮也此獨云不杖餘不言者此上下皆釋杖故言杖不云餘者其實皆無直有衰裳經帶而已又云婦人何以不杖亦不能病也者此亦謂童子婦人若成人婦人正杖知者此喪服上陳其服下陳其人喪服之下男子婦人俱列男子婦人同有苴杖又喪大記云三日子夫人杖五日大夫世婦杖諸經皆有婦人杖文故知成人婦人正杖也明此童子婦人案喪服小記云女子子在室爲父母其主喪者不杖則子一人杖鄭注云女子子在室亦童子也無男昆弟使同姓爲攝主不杖則子一人杖謂長女也許嫁及二十而笄笄爲成人成人正杖也是其童女爲喪主則亦杖矣若然童子得稱婦人者案小功章云爲姪庶孫丈夫婦人之長殤是未成人稱婦人也雷氏以爲此喪服妻爲夫妾爲君女子子在室爲父女子

子嫁及在父之室爲父三年如傳所云婦人者皆不杖喪服小記婦人不爲主而杖者唯著此一條明其餘不爲主者皆不杖此說非何者此四等婦人皆在杖科之内何得不杖又禮記記文說婦人杖者甚衆何言無杖也云絞帶者繩帶也者以絞麻爲繩作帶故云絞帶也王肅以爲絞帶如要絰焉鄭不言當依王義賀氏以爲絞帶在要絰之下言之則要絰五分去一爲帶但首絰象頍項之布又在首要絰象大帶用緇又在要故須五分去一以爲帶今絞帶象革帶與要絰同在要一則無上下之差二則無麤細可象而云去要絰五分一爲絞帶失其義也但絰帶至虞後變麻服葛絞帶虞後雖不言所變案公士衆臣爲君服布帶又齊衰已下亦布帶則絞帶虞後變麻服布於義可也云冠繩纓條屬者喪用繩爲纓屬著也著之冠垂之爲纓也云外畢者前後兩畢之末而向外攝之也云鍛而勿灰者以冠爲首飾布倍衰裳而用六升又加以水濯勿用灰而已冠六升勿灰則七升已上故灰矣故大功章鄭注云大功布者其鍛治之功麤沽之則七升已上皆用灰也云衰三升者不言裳裳與衰同故舉衰以見裳爲君義服衰三升半不言者以縷如三升半成布三升故直言三升舉正以包義也云菅屨者菅菲也外納居倚廬者周公時謂之屨子夏時謂之菲案士喪禮屨外納鄭注云納

收餘也王謂正向外編之居倚廬孝子所居居在門外東壁倚木爲廬故既夕記云居倚廬鄭注云倚木爲廬在中門外東方北戶又喪大記云凡非適子者自未葬以於隱者爲廬注云不欲人屬目蓋廬於東南角若然適子則廬於其北顯處爲之以其適子當應接弔賓故不於隱者若然此下有臣爲君則亦居廬案周禮宮正云大喪授廬舍辨其親疏貴賤之居注云親者貴者居倚廬疏者賤者居堊室又雜記朝廷卿大夫士居廬都邑之士居堊室見諸侯之臣爲其君之禮案喪大記云婦人不居廬若然此經云居倚廬專據男子生文云寢苫枕塊既夕文與此同彼注云苫編藁塊塙也彼又云不說絰帶鄭注云哀戚不在於安若然在中門外者哀親之在外寢苫者哀親之在草故也此之衰三升枕塊據大夫已上若士則大夫適子爲士者得行大夫禮若正士則枕草衰則縷三升半成布三升雜記所云齊晏平仲爲其父麤衰斬枕草是也但平仲謙爲父服士服耳云哭晝夜無時者哭有三無時始死未殯已前哭不絕聲一無時既殯已後卒哭祭巳前阼階之下爲朝夕哭在廬中思憶則哭二無時既練之後無朝夕哭唯有廬中或十日或五日思憶則哭三無時也卒哭之後未練之前唯有朝夕哭是一有時也云歠粥朝一溢米夕一溢米者孝子遺父母之喪當爲父母致病故喪

大記云水漿不入口三日之後乃始食必三日許食者聖人制法不以死傷生恐至滅性故禮許之食雖食猶節之使朝夕各一溢米而已也曾子有母之喪水漿不入於口七日者失禮之法故子思非之云先王制禮過之者俯而就之不至者跂而及之故君子執親之喪水漿不入於口者三日杖而後能起是禮之常法也云寢不說絰帶者案雜記孔子云少連大連善居喪三月不解鄭注云不解倦也又案既夕文與此同鄭注云哀戚不在於安絰帶在衰裳之上而云不說則衰裳在內不說可知此據未葬前故文在虞上既虞後寢有席寢絰說可知也云既虞翦屏柱楣者案王制云天子七月而葬諸侯五月而葬大夫士三月而葬又案士虞禮既葬反日中而虞鄭注士喪三虞云虞安也葬時送形而往迎魂而反反哭之時入廟中上堂不見入室又不見乃至適寢之中替殯之處爲虞祭以安之禮記檀弓云葬日虞不忍一日離也是日也以虞易奠是也依公羊傳云天子九虞諸侯七虞大夫五虞士三虞今傳言既虞謂九虞七虞五虞三虞之後乃改替廬西鄉開戶翦去戶傍兩廂屏之餘草柱楣者前梁謂之楣楣下兩頭豎柱施梁乃夾戶傍之屏也云寢有席者案間傳云既虞卒哭柱楣翦屏苄翦不納鄭云苄今之蒲苹即此寢有席謂蒲席加於苫上也云食疏食水飲者未虞以

前朝一溢米夕一溢米而爲粥今既虞之後用麤疏米爲飯而食之明不止朝一溢夕一溢而已當以足爲度云飲水者未虞以前渴亦飲水而在既虞後與疏食同言水飲者恐虞後飲漿酪之等故云飲水而已也云朝一哭夕一哭而已者此當士虞禮卒哭之後彼云卒哭者謂卒去廬中無時之哭唯有朝夕於阼階下有時之哭喪服之中三無時哭外唯此卒哭之後未練之前一節之間是有時之哭故云而已言其不足之意云既練舍外寢者謂十三月服七升冠男子除首絰而帶獨存婦人除於帶而絰獨存又練布爲冠著繩屨止舍外寢之中不復居廬也云始食菜果飯疏食者案喪大記祥而食肉間傳云大祥有醯醬中月而禫而飲醴酒始飲酒者先飲醴酒始食肉者先食乾肉曲禮云父母之喪有疾飲酒食肉疾止復初皆爲不以死傷生也云哭無時者此三無時哭中謂練後堊室之中或十日或五日思憶則哭大記云祥而外無哭者禫而內無哭者皆在哭無時之限也○注盈手至異數○釋曰云以五分一爲殺者象五服之數也者鄭五服之內外數至多若絰帶象外數降殺參差難等若五服爲一節則降殺易明故鄭云象五服之數也云爵謂天子諸侯卿大夫士也者案白虎通云天子爵號又夏殷之士無爵周之道爵及命士通大夫自然皆爵也是天子以下皆曰

爵也云屬猶著也通屈一條繩爲武垂下爲纓著之冠也者案禮記云喪冠條屬以別吉凶若然吉冠則纓武別材凶冠則纓武同材是以鄭云通屈一條繩爲武謂將一條繩從額上約之至項後交過兩相各至耳於武綴之各垂於頤下結之云著之冠者武纓皆上屬著冠冠六升外畢是也云布八十縷爲升者此無正文師師相傳言之是以今亦云八十縷謂之宗宗即古之升也云今之禮皆以登爲升俗誤已行久矣者案鄭注儀禮之時古今二禮並觀疊古文者則從經今文若疊今文者則從經古文今此注而云今之禮皆以登爲升與諸注不同則今古禮皆作升字俗誤已行久矣也若然論語云新穀既升升亦訓爲成今從登不從升者凡織紝之法皆縷縷相登上乃成繒布登義强於升故從登也引雜記者證條屬是喪冠若吉冠則纓武異材云三年之練冠亦條屬者欲見條屬以至大祥除衰杖大祥除喪之際朝服縞冠當纓武異材從吉法也云右縫小功以下左者案大戴禮云大功已上唯唯小功已下額額然孝子朝夕哭在阼階之下西面弔賓從外入門北面見之大功以上哀重其冠三辟積鄉右爲之從陰陰唯唯然順小功緦麻哀輕其冠亦三辟積鄉左爲之從陽弔賓入門北鄉望之額額然逆鄉賓二者皆條屬但從吉從凶不同也云外畢者冠前後屈而出縫於武

也者冠廣二寸落頂前後兩頭皆在武下鄉外出反屈之縫於武而爲之兩頭縫畢鄉外故云外畢案曲禮云厭冠不入公門鄭注云厭猶伏也喪冠厭伏是五服同名由在武下出反屈之故得厭伏之名檀弓云古者冠縮縫今也衡縫故喪冠之反吉非古也是吉冠則辟積無殺横縫亦兩頭皆在武上鄉內反屈而縫之不得厭伏之名云二十兩曰溢爲米一升二十四分升之一者依筭法百二十斤曰石則是一斛若然則十二斤爲一斗取十斤分之升得一斤餘二斤斤爲十六兩二斤爲三十二兩升取三十兩十升升得三兩添前一斤十六兩爲十九兩餘二兩兩爲二十四銖二兩爲四十八銖取四十銖十升升得四銖餘八銖一銖爲十黍八銖爲八十黍十升升得八黍添前則是一升得十九兩四銖八黍於二十兩仍少十九銖二黍則別取一升破爲十九兩四銖八黍分十兩兩爲二十四銖則爲二百四十銖又分九兩兩爲二十四銖則九兩者二百一十六銖并四銖八黍添前四百六十銖八黍捴爲二十四分直取二百四十銖餘二百二十銖八黍在又取二百一十六銖二十四分分得九銖添前分得十九銖有四銖八黍四銖銖爲十黍捴爲四十黍通入黍爲四十八黍二十四分分得二黍是一升爲二十四分分得十九銖添前四銖爲二十三銖將二黍添前八黍則爲十黍則十參爲一銖以此一銖添前二十三銖則爲二十四銖爲一兩一兩添十九兩捴二十兩曰溢云楣謂之梁所謂梁闇者所謂書傳文案喪服四制云高宗諒闇三年鄭注云諒古作梁楣謂之梁闇讀如鶉鴿之鴿闇謂廬也廬有梁者所謂柱楣也即此柱楣者也云舍外寢於中門之外屋下壘墼爲之不塗塈所謂堊室也者今至練後不居舊廬還於廬處爲屋但天子五門諸侯三門得有中門大夫士唯有大門內門兩門而已無中門而云中門外者案士喪禮及既夕外位唯在寢門外其東壁有廬堊室若然則以門爲中門據內外皆有哭位其門在外內位中故爲中門非謂在外門內門之中爲中門也言屋下壘墼爲之者東壁之所舊本無屋而云屋下爲之者謂兩下爲屋謂之屋下對廬偏加東壁非兩下謂之廬也云不塗塈者謂翦屏而已不泥塗塈飾也云所謂堊室者開傳云父母之喪既虞翦屏期而小祥居堊室彼練後居堊室即此外寢故鄭云所謂堊室也云謂復平生時食也者此食爲飼讀之不得爲食讀之知者天子已下平常之食皆有牲牢魚腊練後始食菜果未得食肉飲酒何得平常時食明專據米飯而言也以其初據一溢米而言既虞飯疏食食亦米飯也此既練後復平生時食食亦據米飯而言以其古者名飯爲食與公食大夫者同音也云斬衰不書受月者

云云凡喪服所以表哀哀有盛時殺時服乃隨哀以降殺故初服麤至葬後練後大祥後漸細加飾是以冠爲受斬衰裳三升冠六升既葬後以其冠爲受衰裳六升冠七升小祥又以其冠爲受衰裳七升冠八升自餘齊衰以下受服之時差降可知然葬後有受服有不受服案下齊衰三月章及殤大功章皆云無受正大功章即云三月受以小功衰即葛九月者今此斬衰章及齊衰章應言受月而不言故鄭君特解之案雜記云天子七月而葬九月而卒哭諸侯五月而葬七月而卒哭大夫三月而葬五月而卒哭士三月而葬是月而卒哭是天子已下虞卒哭異數尊卑皆葬訖反日中而虞天子九虞諸侯七虞大夫五虞虞訖即受服士三虞待卒哭乃受服必然者以其大夫已上卒哭在後月虞在前月日已多是以虞即受服不得至卒哭士葬月卒哭與虞同月故受服待卒哭後也今不言受月者喪服捴包天子以下若言七月唯據天子若言五月唯據諸侯皆不該上下故周公設經沒去受服之文欲見上下俱含故也

儀禮疏卷第二十八

南昌盧宣旬校定

江西督糧道王賡言廣豐縣知縣阿應鱗栞

儀禮注疏卷二十八挍勘記　阮元撰盧宣旬摘錄

喪服第十一 毛本一下有子夏傳三字釋文作喪服經傳第十一無子夏傳三字瞿中溶云石本原刻作喪服經傳第十一後磨改○按隋書經籍志馬融等注喪服其題皆曰喪服經傳則此四字乃舊題也疏云傳曰者不知何人所作人皆云孔子弟子卜商字子夏所爲師師相傳蓋不虛也若題中本有子夏傳三字則賈氏何必云爾此蓋唐石經誤改而後人習焉不察也

案鄭目錄云 要義同毛本無案字案禮記疏引鄭目錄俱有案字儀禮惟此篇有之正與禮記同例今本刪去蓋誤認鄭目錄云云爲注也

若全存居於彼焉已亡之耳 按下文又引此二句無居字已下有棄字

大數未聞 大要義作本按大字不誤

葬之中野 中陳閩俱作於

將由夫脩飾之君子與 要義同毛本飾作飭○按作飾與禮記三年問合

人道之至文者也 陳本要義同毛本文作大○按大是也

是士以上爲義稱 爲上聶氏有各字是也

雖不與同 陳閩俱無與字

生人制服 制上陳閩俱有爲字

斬有二義不同 陳閩要義同毛本二作正通解作斬有二有正有義無不同二字

惟有正之四升 聶氏要義同毛本通解之作服

以配父 父上陳閩俱有其字

爲夫之昆弟之長子殤 長子陳閩通解俱倒

故同義服也 故陳閩俱作皆

小功亦有降亦有正有義 要義同毛本無下亦字

要不得以此升數爲敘者 敘陳閩俱作殺

又明作傳之義 陳閩同毛本義作意

傳曰者 通解無曰字○按此本因題中無傳字故舉篇中傳曰二字釋之黄氏刪曰字蓋未達賈氏之意

語勢相遵 要義同毛本遵作連

以證己義 通解要義楊氏同毛本義作意

六術精麤 陳閩通解楊氏俱無六術二字

若傳義難明者 陳閩俱無義字

又在傳下注皆 此本皆字屬下句毛本皆作者屬此句

出注述者意耳 述下陳閩俱有之字

喪服

者者 上者字鍾本誤作屨

明孝子有忠實之心故爲制此服焉 下六字毛本脫徐本通典聶氏集釋通解俱有與本疏及疏序合惟楊氏無

以一苴目此三事 以一二字陳閩俱倒

謂苴麻爲首絰要絰 苴麻二字陳閩俱倒

濡刃中用 通解要義同毛本刃作軔

是以衰設人功之疏 浦鏜云設誤設從下疏挍○按段玉裁校本作說

屨乃服中之賤 通解同毛本賤下有者字

鄭止一解　陳閩同毛本止作君○按止字是

衰廣四寸　通解要義同毛本衰作縗○按衰字是

非正當心而已　正通解作止按篇中止字多誤作正盧文弨謂唐人書止多作正不必改未知何據俟考

知一經而兼二者　二下要義有文字

亦首要並陳　首要二字要義倒

結項中　結陳閩俱作頍○按士冠禮注作結不作頍疏同

以彼頍項　彼陳閩俱作後

天子朱裏終禫　禫陳閩俱作辟按玉藻作辟

下末三亦用緇　要義同毛本亦作尺

革帶以佩玉佩及事佩之等　玉下要義無佩字

苴絰大鬲　要義同毛本鬲作搹下同

故此絰具陳於上　絰陳閩俱作經

案此經凶服　陳閩俱無案字凶俱作喪

傳曰斬者何　此傳三節徐本釋文集釋要義俱合爲一節注總在傳後與疏合通解楊氏俱與毛本同

左本在下　毛本本誤作右

絞帶者○冠繩纓　繩徐本作纓誤○外畢　畢通典作繹按既夕記作繹

居倚廬寢苫枕塊　釋文云塊本又作凷

盈手曰搹　按篇題疏云在傳下注皆須題云元謂以別傳若在傳上注者不須題元義可知若然傳下之注注首本有元謂二字士喪禮衆婦人戶外北面疏引喪服記傳曰小功以下爲兄弟元謂於此發兄弟傳者云云尤可爲証今本俱無蓋後人所删也又疑鄭氏原本傳注連寫故題元謂以示識別與周禮同例亦猶毛詩之箋云也但詩箋必在傳後故傳首不加傳字此則有於傳上作注者故傳首後加傳曰以別之凡傳與注皆連寫故傳下之注必摠在傳末不得分一傳爲數節

扼也　扼釋文要義俱作搤下同

壘墼爲之　壘集釋作纍

不塗墍　塗釋文作涂

牡麻者枲麻也　陳閩俱無者字○按下傳有者字

又案變除　除下聶氏有云字案隋志有喪服變除一卷葛洪撰

削之使方者　使下聶氏有下字

鄭知如要絰者　要義同毛本知作云聶氏鄭云作必知

以其吉時五十已後乃杖　毛本要義已作以

亦得杖　要義同毛本亦上有何字

爲之喪主　陳閩俱無之字

輔病也　要義同毛本輔上有云字也下有者字

此七者皆有義意　浦鏜云皆當各字之誤

卽此問杖者何是也　陳閩俱無此字

皆據彼決此　決此陳閩俱作所決

俱爲舊君　爲閩本作是

言爲爲者　毛本言作云

緦者其免也　陳閩俱無緦字○按陳閩非也問服有緦

此亦謂童子婦人　此字下陳閩俱有蓋字

笄爲成人成人正杖也　成人二字陳閩俱不重出○按喪服小記重成人二字陳閩非也

王蒭以爲絞帶如要絰馬　馬通解要義俱作馬屬下句毛本作焉屬此句

其鍛治之功麤沽之　通解要義同毛本沽作治○按作沽與大功章注合

菅菲也外納居倚廬者　要義同通解毛本無外納居倚廬五字○按毛本分節既與疏異不得不刪易疏文

孝子所居居在門外東壁　要義同通解楊氏毛本俱不重居字

自未葬以於隱者爲廬　陳本通解要義同毛本以作倚通解以下有前字○按喪大記作以無前字

此之衰三升枕塊　毛本要義之作云

雖食猶節之　猶通解作由

水漿不入於口七日者　毛本者字在七日上

云食疏食水飲者　陳閩通解俱無上食字

婦人除於帶　陳本要義同毛本於作要

中月而禫而飲醴酒　陳閩俱重禫字○按閩傳重禫字

鄭五服之内　浦鏜云鄭下當脫以字

垂下爲纓著之冠也者　陳閩俱無著之冠也四字

兩相各至耳　通解同毛本相作廂

從吉法也　吉陳閩俱作古

小功以下左者　通解要義同毛本左下有縫字○按各本注俱有縫字

大功已上唯唯　唯字陳閩俱不重毛本已作以下同

小功已下額額然　聶氏通解要義同毛本額額作領領下同

弔賓從外入門　聶氏通解要義同毛本入作大

落頂前後　通解要義同毛本頂作項○按項字誤頂字是也

檀弓云古者冠縮縫　檀上陳閩俱有禮字

則辟積無殺橫縫　殺通解作數

一銖爲十絫　絫陳閩監俱作絫下同通解作參下同○按絫累古今字參者絫之誤

并四銖八絫　通解同毛本并作升

復平生時食食　通解要義同毛本不重食字

以其古者名飯爲食　陳閩俱重食字

欲見上下俱舍故也　毛本欲作亦舍作合通解同

儀禮注疏卷二十八校勘記終

奉新余成教校

儀禮疏卷第二十九

唐朝散大夫行大學博士弘文館學士臣賈公彦等撰

父傳曰為父何以斬衰也父至尊也【疏】父○釋曰周公設經上陳其服下列其人即此文父已下是為其人服上之服者也先陳父者此章恩義並設忠臣出孝子之門義由恩出故先言父也又下文諸侯為天子妻為夫妾為君之等皆兼舉著服之人於上乃言所為之人於下若然此父與君直單舉所為之人者餘者若直言天子臣皆為天子故舉諸侯也若直言夫則妾於君體敵亦有夫義妾為君若直言君與前臣為君文不殊已外亦皆嫌疑故兼舉著服之人子為父臣為君二者無嫌疑故單舉所為之人而已云傳曰為父何以斬衰也父至尊也者言何以者問比例以父母恩愛等母則在齊衰父則入於斬比並不例故問何以斬不齊衰荅云父至尊者天無二日家無二尊父是一家之尊尊中至極故為之斬也

諸侯為天子【疏】諸侯為天子○釋曰此文在父下君上者以下文君中雖言天子兼有諸侯及大夫此天子不兼餘君君中最

尊上故特著文於上也

傳曰天子至尊也【疏】傳曰天子至尊也○釋曰下發問而直荅之者義可知故直荅而云天子至尊同於父也

君【疏】君○釋曰臣為之服此君內兼有諸侯及大夫故文在天子下鄭注曲禮云臣無君猶無天則君者臣之天故亦同之於父為至尊但義故還著義服也

傳曰君至尊也天子諸侯及卿大夫有地者皆曰君【疏】注天子至曰君○釋曰卿大夫承天子諸侯則天子諸侯之下卿大夫有地者皆曰君案周禮載師云家邑任稍地小都任縣地大都任畺地是天子卿大夫有地者若魯國季孫氏有費邑叔孫氏有郈邑孟孫氏有郕邑晉國三家亦皆有韓趙魏之邑是諸侯之卿大夫有地者皆曰君以其有地則有臣故也天子不言公與孤諸侯大國亦有孤鄭不言者詩云三事大夫謂三公則大夫中含之也但士無臣雖有地不得君稱故僕隸等為其長弔服加麻不服斬也

父為長子不言適子通上下也亦言立適以長【疏】父為長子○釋曰君父尊外次長子之重故其文在此○注不言至以長○釋曰言長子通上下則適子之號唯據大夫士不通天子諸侯若言大子亦不通上下案服問云君所主夫人妻大子適婦鄭注云言妻見大夫已下亦為此三人為喪主也則大子下及大夫之子不通士若言世子亦不通上下唯據天子諸侯之子是以鄭云不言適子通上下非直長子得通上下冢子亦通上下故內則云冢子則大牢注云冢子猶言長子通於下也是冢子亦通上下也云亦言立適以長者欲見適妻所生皆名適子第一子死也則取適妻所生第二長者立之亦名長子若言適子唯據第一者若云長子通立適以長故也

傳曰何以三年也正體於上又乃將所傳重也庶子不得為長子三年不繼祖也此言為父後者然後為長子三年重其當先祖之正體又以其將代己為宗廟主也庶子者為父後者之弟也言庶者遠別之也小記曰不繼祖與禰此但言祖不言禰容祖禰共廟【疏】傳曰何至祖也○釋曰云何以者亦是問比例以其俱是子不杖章父為衆子期此章長子則為之三年故發何以之傳也不問斬而問三年者斬重而三年輕長子非尊極故舉輕以問之輕者尚問明重者可知故舉輕以明重也云正體於上又乃將所傳重也者此是荅辭也以其父祖適適相承為上已又是適承之於後故云正體於上云又乃將所傳重者為宗廟主是有

此二事乃得三年云庶子不得為長子三年不繼祖也者此明適適相承故須繼祖乃得為長子三年也○注此言至共廟○釋曰云此言為父後者然後為長子三年者經云繼祖即是為祖後乃得為長子三年鄭云為父後者然後為長子三年不同者周之道有適子無適孫適孫猶同庶孫之例要適子死後乃立適孫乃得為長子三年是為父後者然後為長子三年也云重其當先祖之正體者釋經正體於上又云又以其將代己為宗廟主也者釋經傳重也云庶子者為父後者之弟也者謂兄得為父後者是適子其弟則是庶子是為父後者之弟不得為長子三年此鄭據初而言其實繼父祖身三世長子四世乃得三年也云言庶者遠別之也者庶子妾子之號適妻所生第二者是衆子今同名庶子遠別於長子故與妾子同號也云小記曰不繼祖與禰此但言祖不言禰容祖禰共廟者案祭法云適士二廟官師一廟鄭注云官師中下之士祖禰共廟則此容祖禰共廟據官師而言若然小記所云祖禰并言者是適士二廟者也祖禰共廟不言禰直言祖舉尊而言也鄭注小記云言不繼祖禰則長子不必五世者鄭前有馬融之等解為長子五世鄭以義推之已身繼祖與禰通已三世即得為長子斬長子唯四世不待五世也此微破先師馬融之義也以融是先師故不正言而云

不必而已也。若然，雖承重不得三年有四種：一則正體不得傳重，謂適子有廢疾不堪主宗廟也；二則傳重非正體，庶孫爲後是也；三則體而不正，立庶子爲後是也；四則正而不體，立適孫爲後是也。案喪服小記云「適婦不爲舅後者，則姑爲之小功」，鄭注云「謂夫有廢疾他故，若死而無子，不受重者，婦既小功，不大功」，則夫死亦不三年，期可知也。

爲人後者。〔疏〕爲人後者○釋曰：此出後大宗，其情本疏，故設文次在長子之下也。案喪服小記云「繼別爲大宗，繼禰爲小宗」，大宗即下文爲宗子齊衰三月，彼云後大宗者，則此所後亦後大宗者也。

傳曰：何以三年也？受重者必以尊服服之。何如而可爲之後？同宗則可爲之後。何如而可以爲人後？支子可也。爲所後者之祖父母、妻、妻之父母、昆弟、昆弟之子，若子。若子者，爲所爲後之親如親子。〔疏〕傳曰至若子○釋曰：云「何以三年」者，以生己父母三年，彼不生己亦爲之三年，故發問比例之傳也。云「受重者必以尊服服之」者，荅辭也。雷氏云：此文當云爲人後者爲所後之父，闕此五字者，以其所後之父或早卒，今所後其人不定，或後祖父，或後曾高祖，故闕之，見所後不定故也。云「何如而可爲之後」，問辭；「同宗則可爲之後」，荅辭。此問亦問比類，以其取後何人爲之，荅以同宗則可爲之後，以其大宗子當收聚族人，非同宗則不可謂同承別子之後，一宗之內，若別宗同姓亦不可，以其收族故也。又云「何如而可以爲人後」，問辭；云「支子可也」，荅辭。以其他家適子當家自爲小宗，小宗當收斂五服之內，亦不可闕，則適子不得後他，故取支子。支子則第二已下庶子也。不言庶云支子者，若言庶子，妾子之稱，言謂妾子得後人，適妻第二已下子不得後人，是以變庶言支，支者取支條之義，不限妾子而已。若然，適子不得後人，無後亦當有立後之義也。云「爲所後者之祖父母」已下之親，至「若子」，謂如死者之親子，則死者祖父母則當己曾祖父母，齊衰三月也。妻，謂死者之妻，即後人之母也。妻之父母、昆弟、昆弟之子，並據死者妻之父母、妻之昆弟、妻之昆弟之子，於後人爲外祖父母及舅與內兄弟，皆如親子爲之著服也。若然，上經直言爲人後，不言爲父，此經直言爲所後者之祖父母及妻及死者外親之等，不言死者緦麻、小功、大功及期之骨肉親者，子夏作傳舉疏以見親，言外以包內，骨肉親者如親子可知。

妻爲夫。傳曰：夫至尊也。〔疏〕妻爲夫傳曰夫至尊也○釋曰：自此已下論婦人服也。婦人卑於男子，故次之。案曲禮云「天子曰后，諸侯曰夫人，大夫曰孺人，士曰婦人，庶人曰妻」，后以下皆以義稱，士庶人得其揔名。妻者，齊也，婦人無爵，從夫之爵，坐以夫之齒，是言妻之尊卑與夫齊者也。若然，此經云妻爲夫者，上從天子下至庶人，皆同爲夫斬衰也。傳言夫至尊者，雖是體敵齊等，夫者猶是妻之尊敬，以其在家天父，出則天夫，又婦人有三從之義，在家從父，出嫁從夫，夫死從子，是其男尊女卑之義，故云夫至尊，同之於君父也。

妾爲君。傳曰：君至尊也。妾謂夫爲君者，不得體之，加尊之也。雖士亦然。〔疏〕妾爲君傳曰君至尊也○釋曰：妾賤於妻，故次妻後。案內則云「聘則爲妻，奔則爲妾」，鄭注云「妾之言接，聞彼有禮，走而往焉，以得接見於君子」，是名妾之義。但其並后匹適，則國亡家絕之本，故深抑之，別名爲妾也。既名爲妾，故不得名壻爲夫，故加其尊名，名之爲君也。亦得接於夫，又有尊事之稱，故亦服斬衰也。云「君至尊也」者，既名夫爲君，故同於人君之至尊也。○注妾謂至亦然○釋曰：云「不得體之，加尊之也」者，以妻得體之，得名爲夫，妾雖接見於夫，不得體敵，故加尊之，而名夫爲君，是以服斬也。云「雖士亦然」者，案孝經士言爭友，則屬隸不得爲臣，則士身不合名君，至於妾之尊夫，與臣爲異，是以雖士，妾得稱夫爲君，故云雖士亦然也。

女子子在室爲父。女子子者，女子也，別於男子也。言在室者，謂已許嫁。〔疏〕女子子至爲父○注女子至許嫁○釋曰：自此盡爲父三年，論女子子爲父出及在室之事，制服又與男子不同。云「女子子者，女也，別於男子也」者，男子女子各單稱子，是對父母生稱，今於女子別加一字，故雙言二子，以別於男一子者。云「言在室者，關已許嫁」者，鄭意經直云女子子爲父得矣，而別加在室者，關已許嫁。關，通也，通已許嫁。內則「女子十年不出」，又云「十有五年而笄」，女子子十五許嫁而笄，謂女子子年十五笄，四德已備，許嫁與人，即加笄，與丈夫二十而冠同，死而不殤，則同成人矣。身既成人，亦得爲父服斬也。雖許嫁爲成人，及嫁要至二十乃嫁於夫家也。

布總，箭笄，髽，衰，三年。此妻妾女子子喪服之異於男子者。總，束髮，謂之總者，既束其本，又總其末。箭笄，篠竹也。髽，露紒也，猶男子之括髮。斬衰括髮以麻，則髽亦用麻，以麻者自項而前，交於額上，卻繞紒，如著幓頭焉。小記曰：「男子冠而婦人笄，男子免而婦人髽。」凡服，上曰衰，下曰裳。此但言衰不言裳，婦人不殊裳，衰如男子衰，下如深衣，深衣則衰無帶

下又無祔 疏 布總至三年○注此妻至無祔○釋曰上文不言布不言三年至此言之者上以哀極故沒其布名與年月至此須言之故也以其笄既用箭則總不可不言用布又上文經至練有除者此經三者既與男子有殊並終三年乃始除之矣案喪服小記云婦人帶惡笄以終喪彼謂婦人期服者帶與笄終喪此斬衰帶亦練而除笄亦終三年矣故以三年言之云此妻妾女子子喪服之異於男子者鄭據經上下婦人服斬者而言若然周公作經越妻妾而在女子子之下言之者雷氏云服者本爲至情故在女子之下爲文也若然經之體例皆上陳服下陳人此服之異在下言之者欲見與男子同者如前與男子異者如後故設文與常不例也以上陳服下陳人則上服之中亦有女子子今更言女子子是言其異者若然上文列服之中冠繩纓非女子所服此布總笄髽等亦非男子所服是以爲文以易之也云謂之總者既束其本又總其末者鄭解此經云布總者只爲出紒後垂爲飾者而言以其布總六升與男子冠六升相對故知據出見者而言是以鄭云謂之總者既束其本又總其末也云箭笄篠竹也者案尚書禹貢云篠簜既敷孔云篠竹箭是箭篠爲一也又云髽露紒也猶男子之括髮者髽有二種案士喪禮曰婦人髽于室注云始死婦人將斬衰者去笄而纚將

齊衰者骨笄而纚今言髽者亦去笄纚而紒也齊衰以上至笄猶髽髽之異於括髮者既去纚而以髮爲大紒如今婦人露紒其象也其用麻布亦如著幓頭然是婦人髽之制也二種者一是未成服之髽即士喪禮所云者是也將斬衰者用麻將齊衰者用布二者成服之後露紒之髽即此經注是也云斬衰括髮以麻則髽亦用麻者案喪服小記云斬衰括髮以麻免而以布男子髺髮與免用布有文婦人髽用麻布無文鄭以男子髺髮婦人髽同在小斂之節明用物與制度亦應不殊但男子陽以外物爲名名爲括髮婦人陰以內物爲稱稱爲髽爲異耳鄭引漢法幓頭況者古之括髮其髽之狀亦如此故鄭注士喪禮云其用麻布亦如著幓頭也引喪服小記者彼男子冠婦人笄相對有二時一者男子二十而冠婦人許嫁而笄吉時相對也一者成服後男子喪服婦人箭笄喪中相對也今此小記所云參上下文是據喪中冠笄相對而言引之者證經箭笄是與男冠相對之物也云男子免而婦人髽者亦小記之文此免既齊衰以下用布爲免則髽是齊衰以下亦同用布爲髽相對而言也但男子陽多變斬衰名括髮齊衰以下名免耳婦人陰少變故齊斬婦人同名髽案士喪禮鄭注云衆主人免者齊衰將袒以免代冠免之制未聞舊說以爲如冠狀廣一寸亦引小記括髮及漢幓頭

爲說則及髮及免與髽三者雖用麻布不同皆如著幓頭不別若然成服以後斬衰至緦麻皆冠如著幓頭婦人皆露紒而髽也云凡服上曰衰下曰裳此但言衰不言裳婦人不殊裳者以其男子殊衣裳是以衰綴於衣衣統名爲衰故衰裳並見案周禮內司服王后六服皆單言衣不言裳以連衣裳不別見裳則此喪服亦連裳於衣衰亦綴於衣而名衰故直名衰無裳之別稱也云衰如男子衰者婦人衰亦如下記所云凡衰外削幅以下之制如男子衰也云下如深衣者如深衣六幅破爲十二闊頭鄉下狹頭鄉上縫齊倍要也云深衣則衰無帶下者案下記云衣帶下尺注云衣帶下尺者要也廣尺足以掩裳上際也今此裳既縫著衣不見裏衣故不須要以掩裳上際故知無要也云又無衽者又案下記云衽二尺有五寸注云衽所以掩裳際也彼據男子陽多變故衣裳別制裳又前三幅後四幅開兩邊露裏衣是以須衽屬衣兩旁垂之以掩交際之處此既下如深衣縫之以合前後兩邊不開故不須衽以掩之也案深衣云續衽鉤邊注云續猶屬也衽在裳旁者也屬連之不殊裳前後也鉤邊如今曲裾也彼吉服深衣須有曲裾之衽此婦人凶服之衰下連裳雖如深衣不得盡如深衣幷有衽故鄭總云下無衽則非直無喪服之衽亦無吉服深衣之衽也

傳曰總六升長六寸箭笄長尺吉笄尺二寸

總六升者首飾象冠數長六寸謂出紒後所垂爲飾也 疏 傳曰總至二寸○釋曰云箭笄長尺吉笄尺二寸者此斬之笄用箭下記云女子子適人爲父母婦爲舅姑用惡笄鄭以爲榛木爲笄則檀弓南宮縚之妻之姑之喪云蓋榛以爲笄是也吉時大夫士與妻用象天子諸侯之后夫人用玉爲笄今於喪中唯有此箭笄及榛二者若言寸數亦不過此二等以其斬衰尺吉笄尺二寸檀弓南宮縚之妻爲姑榛以爲笄亦云一尺則大功以下不得更容差降鄭注小記云笄所以卷髮既在同卷髮故五服畧爲一節皆用一尺而已是以女子子爲父母既用榛笄卒哭之後折吉笄之首歸於夫家以榛笄之外無可差降故用吉笄也若然總不言吉而笄言吉者以其喪中有用吉笄之法故小記無折笄之法當記文故小記折吉笄之首是也○注總六升至飾也○釋曰云總六升者首飾象冠數也上云男子冠六升此女子子總用布當男子冠用布之處故同六升以同首飾故也十五升首飾尊故吉服之冕三十升亦倍於朝服十五升也云長六寸謂出紒後所垂爲飾也鄭知者若據其束本入所不見何寸數之有乎故鄭以六寸據垂之者此斬衰六寸南宮縚妻爲姑總八寸以下雖無

文大功當與齊同八寸緦麻小功同一尺吉緦當尺二寸與笄同也

子嫁反在父之室

爲父三年

謂遭喪後而出者始服齊衰期出而虞則受以三年之喪受既虞而出則小祥亦如之既除喪而出則已凡女行於大夫以上曰嫁行於士庶人曰適人

〔疏〕「子嫁」至「三年」○釋曰：不言女子子直云子嫁者，上文已云女子子別於男子，此承上，故不須具言，直云子嫁，是女子子可知。直云反爲父足矣，而云反在父之室者，以其出時父已死，初服齊衰，不與在室同，既服齊衰後，反被出，更服斬衰，即與在室同，故須言在室也。言三年者，亦有事須言，以其初死服朞，服死後被出向父家，更服斬衰三年，與上在室者同，故須言三年也。○注「謂遭喪」至「適人」○釋曰：鄭知遭喪後被出者，若父未死被出，自然是在室，與上文同，何須設此經？明是遭喪後被七出者。云「始服齊衰」者，以其遭父喪時未出，即不杖期麻屨章云「女子子嫁爲父母」是也。云「出而虞，則受以三年之喪受」者，若不被出，則虞後以其冠爲受，嫁女在室爲父五升衰裳，八升總，今未虞而出，是出而乃虞，虞後受服與在家兄弟同，受斬衰。斬衰初死三升衰裳，六升冠，既葬以其冠爲受，受衰六升，冠七升。此被出之女亦受衰裳六升，總七升，與在室之女同，故云「受以三年之喪受」也。云「既虞而出，則小祥亦如之」者，未虞已前未被出，至受後受以出嫁之受，以八升衰裳，九升總，今既虞後乃被出，至家又與在室女同，至小祥練祭，在室之女受衰七升，總八升，此被出之女與之同，故云「既虞而出，小祥亦如之」。云「既除喪而出則已」者，此謂既小祥而出者，以其嫁女爲父母朞，至小祥已除矣，除服後乃被出，不復爲父更著服，故云「既除而出則已」也。云「凡女行於大夫已上曰嫁，行於士庶人者曰適人」者，齊衰三月章云「女子子嫁者、未嫁者爲曾祖父母」，傳曰「嫁者，嫁於大夫；未嫁者，成人而未嫁者」，是行於大夫曰嫁。不杖章云「女子子適人者爲其父母、昆弟之爲父後者」，傳雖不解，喪服本文是士，故知行於士庶人曰適人。庶人謂庶人在官者府史胥徒，名曰庶人，至於民庶亦同，行士禮，以禮窮則同之。行大夫以上曰嫁，若天子之女嫁於諸侯，諸侯之女嫁於大夫，出嫁爲夫斬，仍爲父母不降。知者，以其外宗、内宗及與諸侯爲兄弟者爲君皆斬，明知女雖出嫁，反爲君不降。若然，下傳云「婦人不二斬，猶曰不二天」，今君爲夫斬，又爲父斬，則是二天，與傳違者，彼不二天者，以婦人有三從之義，無自專之道，欲使一心於其天，此乃尊君，宜斬，不可以輕服服之，不得以彼決此。若然，外宗、内宗與諸侯爲兄弟服斬者，豈不爲夫服斬乎？明爲君斬，爲夫亦斬矣。

公士大夫之衆臣爲其君布帶繩屨

士卿士也公卿大夫厭於天子諸侯故降其衆臣布帶繩屨貴臣得伸不奪其正

〔疏〕「公士」至「繩屨」○注「士卿」至「其正」○釋曰：云「士，卿士也」者，以其在公之下，大夫之上，尊卑當卿之位，故知是卿士也。不言公卿言士者，欲見公無正職，大夫又承副於卿士之言事，卿有職事之重，故變言士，見斯義也。云「公卿大夫厭於天子諸侯，故降其衆臣布帶繩屨」者，鄭解公卿大夫天子諸侯並言之者，欲見天子諸侯下皆有公卿大夫，公卿大夫下皆有貴臣衆臣。若然，天子諸侯下公卿大夫，周禮典命及大宰具有其文。此諸侯下公卿，典命大國立孤一人是也。以其諸侯無公，故以孤爲公卿。燕禮云「若有諸公，則先卿獻之」，鄭注云「諸公者，大國之孤也」，孤一人言諸者，容牧有三監，是以其孤爲公。言厭於天子諸侯，故除其衆臣布帶繩屨二事，其餘服杖冠絰則如常也。其布帶則與齊衰同，其繩屨則與大功等也。云「貴臣得伸，不奪其正」者，下傳云室老、士，貴臣，故云貴臣得伸。得伸者，依上文絞帶菅屨，故云不奪其正也。

傳曰：公卿大夫室老、士，貴臣，其餘皆衆臣也。君，謂有地者也。衆臣杖，不以即位。近臣，君服斯服矣。繩屨者，繩菲也。

室老家相也士邑宰也近臣閽寺之屬君嗣君也斯此也近臣從君喪服無所降也繩菲今時不借也

〔疏〕「傳曰公」至「菲也」○釋曰：云「室老、士，貴臣，其餘皆衆臣也」者，傳以經直云衆臣，不分別上下貴賤，故云室老、士二者是貴臣，其餘皆衆臣也。云「有地者，衆臣杖，不以即位」，欲見公卿大夫或有地或無地，衆臣爲之皆有杖。但無地公卿大夫，其君卑，衆臣爲之皆得以杖與嗣君同即阼階下朝夕哭位；若有地公卿大夫，其君尊，衆臣雖杖，不得與嗣君同即阼階下朝夕哭位，下君故也。○注「室老」至「借也」○釋曰：云「室老，家相也」者，左氏傳云「臧氏老」，論語云「趙魏老」，是家臣稱老。云家相者，案曲禮云「大夫不名家相長妾」，以大夫稱家，是室老相家事者也。云「士，邑宰也」者，雜記云「大夫居廬，士居堊室」，鄭注云「士居堊室，亦謂邑宰也」，與此同，皆謂邑宰爲士也。若然，孤卿大夫有菜邑者，其邑既有邑宰，又有家相，若魯三卿，公山弗擾爲季氏費宰，子羔爲孟氏之郕宰之類，皆爲邑宰也。陽貨、冉有、子路之等爲季氏家相，亦名家宰。若無地卿大夫，則無邑宰，直有家宰，則孔子爲魯大夫而原思爲之宰，是直有家相者也。此等諸侯之臣而有貴臣衆臣之事。案周禮載師云「家邑任稍地，小都任縣地，大都任畺地」，是天子公卿大夫有菜地者也。案鄭志荅云：「天子之卿，其地見賜乃有，何由諸侯之臣正有此地？」則天子下有無地者也。有菜地者有邑宰，復有家相；無地者直有家相，可知。云「近臣，閽寺之屬」者，周禮天子宮有閽人、寺人，閽人掌守中門之禁，晨夜開閉，墨者使守門者也；寺人掌外內之通令，奄人使守后之宮門者也。是皆近君之小臣，又與衆臣不同，無所降其服，又得與貴臣等，不嫌相逼通也。是以喪服小記云「近臣，君服斯服矣，其餘從而服，不從而稅」，彼亦是近君小臣，與大臣異也。云「君，嗣君也」者，釋傳云君服，但其君以死矣，更有君爲死君之服，故知是嗣君。若然，案王制畿內諸侯不世爵而世祿，彼則天子公卿大夫未爵命得有嗣君者，以世祿，降未得爵，亦得爲嗣君，況其中兼畿外諸侯下卿大夫也。且詩云「維周之士，不顯亦世」，左氏傳云「官有世功，則有官族」，皆是臣有世功，子孫得襲爵，故雖畿內公卿大夫，有嗣君也。云「繩菲，今時不借也」者，周時人謂之屨，子夏時人謂之菲，漢時謂之不借者，此凶荼屨不得從人借，亦不得借人，皆是異時而別名也。

儀禮疏卷第二十九

大清嘉慶二十年重　用文選樓藏本校

江西督糧道王賡言廣豐縣知縣阿應鱗栞

儀禮注疏卷二十九校勘記　阮元撰盧宣旬摘錄

父

已外亦皆嫌疑　毛本皆作有

傳曰爲父

傳曰　毛本傳上有釋曰二字

以父母恩愛等　以要義作於

比竝不例　不陳閩俱作此例要義作同

諸侯爲天子

傳曰君

不兼餘君君中最尊上　君字陳閩俱不重

卿大夫有地者　陳閩俱作有地者卿大夫

大都任畺地　要義同毛本通解畺作疆○按周禮載師作畺

故僕隸等爲其長　長陳閩通解俱作喪要義無

父爲長子

言大子　大陳閩俱作天

則大子下及大夫之子　上大字要義作天

不言適子通上下　適陳閩俱作世

傳曰何以三年也

故發何以之傳也　傳陳閩俱作問

長子非尊極　要義同毛本尊極作極尊

以其父祖適適相承爲上　爲陳閩通解俱作於

已又是適　已上陳閩俱有爲字

即是爲祖後　即陳閩俱作只

官師中下之士　按祭法注作官師中士下士

妾爲君　爲唐石經徐陳閩葛集釋通解要義楊敖俱作爲毛本作謂

與臣爲異　毛本通解爲作無

女子子在室爲父

子女也　子女二字通典倒

別於男子也　於嚴本作然張氏曰監本然作於從監本

闕已許嫁　關徐本作謂通典集釋通解俱作關張氏曰監巾箱杭本謂作關疏云關通也通已許嫁從諸

本及疏

今於女子別加一字　女子二字陳閩俱倒

故雙言二子　陳本要義同毛本子作字按子字是

布總箭笄髽衰三年

篠竹也　徐本集釋楊氏同釋文通典通解敖氏毛本俱無竹字按嚴本有竹字與釋文不合而張氏無說蓋偶遺之耳○按段玉裁云篠上仍當有箭字

以麻者自項而前　徐本集釋楊氏同毛本通解以麻者作蓋以麻

深衣則衰無帶下　衰集釋作衺

云箭笄篠竹也者　要義同毛本無竹字

用布爲免　爲要義作而

傳曰緦六升

大夫士與妻用象　與浦鏜改作之

故小記無折笄之法當記文　周學健云十一字蓋緣下文故小記三字而誤衍

入所不見　入要義作人通解作大

子嫁反在父之室

故須言三年也　陳閩俱無故須二字

鄭知遭喪後被出者　陳閩俱無遭字

仍爲父母不降知者　知要義作之

公士大夫之衆臣

天子諸侯下公卿大夫　公上閩本有有字

傳曰公卿大夫室老士貴臣　臣下通典有也字○君謂有地者也　通典作君有菜地者皆曰君也按通典八十七卷五服成服篇及八十八卷斬縗三年篇兩引皆同

孤卿大夫有菜邑者　通解同毛本菜作采下同要義作采

不嫌相逼通也　陳閩通解俱無通字

但其君以死矣　要義同毛本已作以

兼畿外諸侯下卿大夫也　外陳閩俱作內下毛本作公陳本要義俱作下案以下文考之外字當從陳閩作內以前節疏考之下公二字宜兼有之

儀禮注疏卷二十九校勘記終　奉新余成教校

儀禮疏卷第三十

唐朝散大夫行大學博士弘文館學士臣賈公彦等撰

疏衰裳齊牡麻絰冠布纓削杖布帶疏屨三年者疏猶麤也〔疏〕疏衰至年者○注疏猶麤也○釋曰此齊衰三年章以輕於斬故次斬後疏猶麤也麤衰者案上斬衰章中爲君三升半麤衰鄭注雜記云微細焉則屬於麤則三升正服斬不得麤名三升半成布三升微細則得麤稱麤衰爲在三升斬内以斬爲正故没義服之麤至此四升始見麤也若然爲父哀極直見深痛之斬不没人功之麤至於義服斬衰之等乃見麤稱至於大功小功更見人功之顯緦麻極輕又表細密之事皆爲哀有深淺故作文不同也斬衰先言斬者一則見先斬其布乃作衰裳二則見爲父極哀先表斬之深重此齊衰稍輕直見造衣之法衰裳既就乃始緝之是以斬衰斬在上齊衰齊在下牡麻絰者斬衰絰不言麻此齊衰絰見麻者彼有杖杖亦苴故不得言麻此絰文孤不兼杖故得言麻也云冠布纓者案斬衰冠繩纓退在絞帶下使不蒙苴齊冠布纓無此義故進之使與絰同處此布纓亦如上繩纓以一條爲武垂下爲纓也云削杖布帶者並不取蒙苴之義故在常處但杖實是桐不言桐者以斬衰杖不言竹使蒙苴故闕竹字此既不取蒙苴亦不言桐者欲見母比父削殺之義故亦没桐文也布帶者亦象革帶以七升布爲之此即下章帶緣各視其冠是也齊斬不言布此纓帶言布者以對斬衰纓帶用繩故此須言用布之事也疏屨者疏取用草之義即爾雅云疏不熟之疏若然注云疏猶麤者直釋經疏衰而已不釋疏屨之疏若然斬衰章言菅屨見草體者以其重故見草體舉其惡貌此言疏以其稍輕故舉草之揔稱自此以下各舉差降之宜故不杖章言麻屨齊衰三月與大功同繩屨小功緦麻輕又没其屨號言三年者以其爲母稍輕故表其年月若然父在爲厭降至期今既父卒直申三年之衰猶不申斬者以天無二日家無二尊也是以父雖卒後仍以餘尊所厭直申三年不得申斬也云者者亦如斬衰章文明者爲下出也

傳曰齊者何緝也牡麻者枲麻也牡麻絰右本在上冠者沽功也疏屨者藨蒯之菲也沽猶麤也冠尊加其麤麤功大功也齊衰不書受月者亦天子諸侯卿大夫士虞卒哭異數〔疏〕傳曰至菲也○注沽猶至異數○釋曰緝則今人謂之爲緶也上章傳先云斬者何不緝也此章言齊對斬故亦先言齊者何緝也云牡麻者枲麻也者此枲對上章苴苴是惡色則枲是好色故閒傳云斬衰貌若苴齊衰貌若枲也云牡麻絰右本在上者上章爲父左本在下者陽統於内則此爲母陰統於外故右本在上也云疏屨者藨蒯之菲也者藨是草名案玉藻云屨蒯席則蒯亦草類云冠尊加其麤麤功大功也者此鄭雖據齊衰三年而言冠尊加服皆同是以衰裳升數恒少冠之升數恒多冠在首尊既冠從首尊故加飾而升數恒多也斬冠六升不言功者六升雖是齊之末未得沽稱故不見人功此三年齊冠七升初入大功之境故言沽功始見人功沽麤之義故云麤功見人功麤大不精者也云齊衰不書受月者亦天子諸侯卿大夫士虞卒哭異數者其義説與斬章同故云亦也

父卒則爲母尊得伸也〔疏〕父卒則爲母○注尊得伸也○釋曰此章專爲母三年重於期故在前也○直云父卒爲母足矣而云則者欲見父卒三年之内而母卒仍服期要父服除後而母死乃得伸三年故云則以差其義也必知義如此者案内則云女子十有五而笄二十而嫁有故二十三年而嫁注云故謂父母之喪言二十三而嫁不止一喪而已故鄭并云父母喪也若前遭母喪後遭父喪自然爲母期爲父三年二十三而嫁可知若前遭父服未闋即得爲母三年則是有故二十四而嫁不止二十三也知者假令女年二十二月嫁娶之月將嫁正月而遭父喪并後年正月爲十三月小祥又至後年正月大祥女年二十二欲以二月將嫁又遭母喪至後年正月十三月大祥女年二十三將嫁此是父服將除遭母喪猶不得爲申三年況遭父喪在小祥之前何得即申三年也是父服未除不得爲母三年之驗一也又服問注曰爲母既葬衰八升亦據父卒爲母與父在爲母同五升衰裳八升冠既葬以其冠爲之受衰八升是父卒爲母未得申三年之驗二也閒傳云爲母既虞卒哭衰七升者乃是父服除後乃爲母申三年初死衰四升冠七升既葬以其冠爲之受衰七升與此經同是父服除後爲母乃申三年之驗是三也諸解者全不得思此義妄解則文説義多塗皆爲謬也尊得伸者得伸三年猶未伸斬

繼母如母〔疏〕繼母如母○釋曰繼母本非骨肉故次親母後謂己母早卒或被出之後繼續己母喪之如親母故云如母但父卒之後如母明父在如母可知下期章不言者舉父没後明父在如母可知慈母之義亦然皆省文也故皆舉後以明前也若然直言繼母可知在三年章内自然如母可知而言

如母者欲見生事死事一皆如己母也。傳曰：繼母何以如母？繼母之配父與因母同，故孝子不敢殊也。因猶親也。〔疏〕傳曰至殊也○釋曰：傳發問者，以繼母本是路人，今來配父，輒如己母，故發斯問。荅云繼母配父即是片合之義，既與己母無別，故孝子不敢殊異之也。

慈母如母。〔疏〕慈母如母○釋曰：慈母非父片合，故次後也。云如母者，亦生禮死事皆如己母。

傳曰：慈母者何也？傳曰：妾之無子者，妾子之無母者，父命妾曰：女以為子；命子曰：女以為母。若是，則生養之，終其身如母；死則喪之三年如母，貴父之命也。此主謂大夫士之妾，妾子之無母，父命為母子者。其使養之，不命為母子，則亦服庶母慈己之服可也。大夫之妾子，父在為母大功，則士之妾子為母期矣。父卒則皆得伸也。〔疏〕傳曰至命也○釋曰：傳別舉傳者，是子夏引舊傳證成己義故也。欲見慈母之義，舊己如

此，故須重之如己母也。云妾之無子者，謂舊有子今無者，失子之妾有恩慈深，則能養他子以為己子者也。若未經有子，恩慈淺，則不得立後而養他。不云君命妾曰而云父者，對子而言父，故言父也。必先命母者，容子小未有所識，乃命之，或養子是然，故先命母也。云若是則生養之終其身者，案內則云孝子之身終，終身也者，非終父母之身，終其身也。彼終其身為終孝子之身，此終其身下乃云如母死則喪之三年，則以慈母輕於繼母，言終其身唯據終慈母之身而已，明三年之後不復如是，以小記云慈母不世祭，亦見輕之義也。云如母貴父之命也者，一非骨血之屬，二非配父之尊，但唯貴父之命故也。傳所引唯言妾之子與妾相事者，案喪服小記云為慈母後者，為庶母可也，為祖庶母可也。鄭云緣為慈母後之義，父之妾無子者，亦可命己庶子為後。又云即庶子為後，此皆子也，傳重而已，不先命之與適妻使為母子也。若然，此父命妾之文兼有庶母、祖庶母，但不命女君與妾子為母子而已○注此謂至伸也○釋曰：鄭知此主謂大夫士之妾、妾子之無母父命為母子者，知非天子諸侯之妾與妾子者，案下記云公子為其母練冠麻衣縓緣，既葬除之，父沒乃大功，明天子庶子亦然，何有命為母子為之三年乎？故知主謂大夫士之妾與妾子也。云其使養之不命為母子則亦服庶母慈己之服可也者，小功章云君子子為庶母之慈己者，注云君子子者，大夫及公子之適妻子，彼謂適妻子備三母，有師母、慈母、保母，慈居中服之，則師母、保母服可知，是庶母為慈母服小功。下云其不慈己則緦可也，是大夫之適妻子不命為母子，慈己加服小功。若妾子為父之妾慈己加服小功可知，若不慈己則緦麻矣。士為庶母，緦麻章云士為庶母，傳曰以名服也。故此云不命為母子，則亦服庶母慈己者之服可也。云大夫之妾子父在為其母大功者，大功章云大夫之庶子為其母，是大功也。云士之妾子為其母期矣者，期章云父在為母，不可言士之妾子為其母，鄭知者，推究其理，大夫妾子厭降，為母大功，士無厭降，明如衆人服期也。云父卒則皆得伸也者，士父在已伸矣，但大夫妾子父在大功者，父卒則與士皆得三年也。

母為長子。〔疏〕母為長子○釋曰：長子卑，故在母下。但父為長子在斬章，為母為長子在齊衰，以子為母服齊衰，母為之不得過於子為己，故亦齊衰也。若然，長子與衆子為母，父在期，若夫在為長子，豈亦不得過於子為己服期乎？然者，子為母有降屈之義，父母為長子，本為先祖之正體，無厭降之義，故不得以父在屈至期，明母為長子不問夫之在否也。

傳曰：何以三年也？父之所不

降，母亦不敢降也。不敢降者，不敢以己尊降祖禰之正體。〔疏〕傳曰至降也○釋曰：云何以三年者，此亦問比例。父母為衆子期，等是子，此何以獨三年？云父之所不降母亦不敢降也者，斬章又云何以三年，荅云正體於上，將所傳重，不降，故於母亦云不敢降，故荅云父之所不降，母亦不敢降。若然，夫不敢降，妻亦不敢降，而云父母者，以其父母各自為子，故父母各云何以三年而問之，是以荅各據父母為子而言，不據夫妻也○注不敢至正體○釋曰：云不敢以己尊降祖禰之正體者，上傳於父已荅云正體於上，是以鄭解母不降亦與父同，以夫婦一體，故不降之義亦等。

疏衰裳齊，牡麻絰，冠布纓，削杖，布帶，疏屨，期者。〔疏〕疏衰至期者○釋曰：案下章不言疏衰已下者，還依此經所陳，唯言不杖及麻屨異於上者。此章疏衰已下與前章不殊，唯期一字與前三年有異，今不直言其異而還具列之者，以其此一期與前三年懸絕，恐服制亦多不同，故須重列七服者也。但此章雖止一期，而禫杖具有。案下雜記云期之喪十一月而練，十三月而祥，十五月而禫，注云此謂父在為母，即是此章者也。母之與父恩愛本同，為父所厭屈而至期，是以雖屈猶申禫杖也。

爲妻亦申妻雖義合妻乃天夫爲夫斬衰爲妻報以禫杖但以夫尊妻卑故齊斬有異

傳曰：問者曰：何冠也？曰：齊衰、大功，冠其受也；緦麻、小功，冠其衰也。帶緣各視其冠。問之者見斬衰有二其冠同今齊衰有四章不知其冠之異同爾緣如深衣之緣今文無冠布纓

疏傳曰至其冠○釋曰云問者曰何冠也者此還子夏之問荅而言問者曰者子夏欲起發前人使之開悟故假他問荅己之言也云曰齊衰大功冠其受也者降服齊衰四升冠七升既葬以其冠爲受衰七升冠八升正服齊衰五升冠八升既葬以其冠爲受衰八升冠九升義服齊衰六升冠九升既葬以其冠爲受受服衰九升冠十升降服大功衰七升冠十升既葬以其冠爲受受衰十升冠十一升正服大功衰八升冠十升既葬以其冠爲受受衰十升冠十一升義服大功衰九升冠十一升既葬以其冠爲受受衰十一升冠十二升以其初死冠升皆與既葬衰升數同故云冠其受也大功亦然云緦麻小功冠其衰也者以其降服小功衰十升正服小功衰十一升義服小功衰十二升緦麻十五升抽其半七升半冠皆與衰升數同故云冠其衰也義疏備於下記也云帶緣各視其冠者帶謂布帶象革帶者緣謂喪服之內中衣緣用布緣之二者之布升數多少視猶比也各比擬其冠也然本問齊衰之冠因荅大功與緦麻小功并荅帶緣者子夏欲因問博陳其義是以假問荅異常例也○注問之至布纓○釋曰云問之者見斬衰有二其冠同者下記云斬衰三升三升有半冠六升是其冠同也云今齊衰有四章不知其冠之異同爾者下記云齊衰四升其冠七升既葬以其冠爲受受衰七升冠八升唯見此降服齊衰不見正服義服及三月齊衰一章不見以不知其冠之異同故致此問也云緣加深衣之緣者案深衣目録云深衣連衣裳而純之以采素純曰長衣有表則謂之中衣此既在喪服之內則是中衣矣而云深衣以其中衣與深衣同是連衣裳其制大同故就深衣有篇目者而言之案玉藻云其爲長中繼揜尺注云其爲長衣中衣則繼袂揜一尺若今褎矣深衣則緣而已若然中衣與長衣袂皆手外長一尺案檀弓云練時鹿裘衡長袪注云袪謂褎緣袂口也練而爲裘横廣之又長之又爲袪則先時狹短無袪可知若然此初喪之中衣緣亦狹短不得如玉藻中衣繼袂揜一尺者也但吉時麛裘即凶時鹿裘吉時中衣深衣目録云大夫以上用素士中衣不用布緣皆用采況喪中緣用布明中衣亦用布也其中衣用布雖無明文亦當視冠若然

直言緣視冠不言中衣緣用采故特言緣用布何妨喪時中衣亦用布乎云今文無冠布纓者鄭注儀禮從經今文者注内疊出古文不從古文若從經古文者注内疊出今文不從今文此注既疊出今文明不從今文從經古文有冠布纓爲正也

父在爲母。

疏父在爲母○釋曰斬章直言父即知子爲之可知今此言母亦知子爲之而言父在爲母者欲明父母恩愛等爲母期者由父在厭故爲母屈至期故須言父在爲母也

傳曰：何以期也？屈也。至尊在，不敢伸其私尊也。父必三年然後娶，達子之志也。

疏傳曰至之志也○釋曰上章已論斬衰不同訖故傳直言何以期而不三年決之也屈也者荅辭以家無二尊故於母屈而爲期是以云至尊在不敢伸其私尊也解父在母屈之意也言不敢伸其私尊者其父非直於子爲至尊妻於夫亦至尊母則於子爲尊夫不尊之直據子而言故言私尊也若然夫妻敵體而言屈公子爲母練冠在五服之外不言屈者舉尊以見卑屈可知大夫妾子爲母大功亦斯類也云父必三年然後娶達子之志也者子於母屈而期心喪猶三年故父雖爲妻期而除三年乃娶者通達子之心喪之志故也不云心而言志者心者萬慮之摠喜怒哀樂好惡六情皆是情則爲志母雖一期哀猶未絶是六情之中而哀偏在故云志也不云心也左氏傳晉叔向云一歲王有三年之喪二據太子與穆后天子爲后亦期而云三年喪者據達子之志而言三年也

妻。

傳曰：爲妻何以期也？妻至親也。適子父在則爲妻不杖以父爲之主也服問曰君所主夫人妻大子適婦父在子爲妻以杖即位謂庶子

疏妻傳曰至親也○釋曰妻卑於母故次之夫爲妻年月禫杖亦與母同故同章也以其出嫁天夫爲夫斬故夫爲之亦與父在爲母同傳曰何以期也者傳意以妻擬母母是血屬得期怪妻義合亦期故發此之傳也此問異於常例上問母直云何以期今云爲妻乃云何以期者雷氏云妻卑以擬同於母故問深於常也云妻至親也荅以妻至親故同於母言妻至親者妻既移天齊體與己同奉宗廟爲萬世之主故云至親也○注適子至庶子○釋曰云適子父在則爲妻不杖以父爲之主也者不杖章之文也又引服問者鄭彼注云言妻見大夫已下亦爲此三人爲喪主也若士卑爲此三人爲喪主可知若然至此經爲妻非直是庶子爲妻欲見兼有適子父没爲妻在

其中云父在子爲妻以杖即位謂庶子者案喪服小記云父在子爲妻以杖即位可是也引之者證經云是天子以下至士庶人父皆不爲庶子之妻爲喪主故夫皆爲妻杖得伸也

出妻之子爲母出猶去也疏出妻之子爲母○釋曰此謂母犯七出去謂去夫氏或適他族或之本家子從而爲服者也七出者無子一也淫泆二也不事舅姑三也口舌四也盜竊五也妒忌六也惡疾七也天子諸侯之妻無子不出唯有六出耳雷氏云子無出母之義故繼夫而言出妻之子也

傳曰出妻之子爲母期則爲外祖父母無服傳曰絕族無施服親者屬出妻之子爲父後者則爲出母無服傳曰與尊者爲一體不敢服其私親也在旁而及曰施親者屬母子至親無絕道疏傳曰至私親也○釋曰云出妻之子爲母期則爲外祖父母無服者傳意似言出妻即是絕族故於外祖可以無服恐人疑爲之服故傳明言之也又云傳曰者子夏引他舊傳證成己義云絕族者嫁來承奉宗廟與族相連綴今出則與族絕故云絕族也無施服者傍及爲施以母爲族絕即無傍及之服也云親者屬者舊傳解母被出猶爲之服也云出妻之子爲父後者則爲出母無服者舊傳釋爲父後者謂父沒適子承重不合爲出母服意云傳曰者子夏釋舊傳意云與尊者爲一體者不言與父爲體而言與尊者上斬衰章已有傳云正體於上將所傳重釋相承父祖已上皆是尊者故不言父也但事宗廟祭祀者不欲聞見凶人故雜記云有死於宮中三月不祭況有故可得祭乎是以不敢服其私親也父已與母無親子獨親之故云私親也○注在旁至絕道○釋曰云在旁而及曰施者詩云莫莫葛藟施于條枚蔦與女蘿施于松上皆是在旁而及曰施此以母爲主旁及外祖今母已絕族不復及在旁故云無施服也云親者屬母子至親無絕道者屬猶續也孝經云父母生之續莫大焉故謂母子爲屬對父與母義合有絕道故云母子至親無絕道

父卒繼母嫁從爲之服報傳曰何以期也貴終也嘗爲母子貴終其恩疏父卒繼母嫁從爲之服報○釋曰云父卒繼母嫁者欲見此母爲父已服斬衰三年恩意之極故子爲之一期得伸禫杖但以不生己父卒改嫁故降於己母雖父卒後不伸三年一期而已云從爲之服者亦爲本是路人暫時之與父片合父卒還嫁便是路人子仍著服故生從爲之文也報者喪服上下并記云報者十有二無降殺之差感恩者皆稱報若此子念繼母恩終從而爲服母以子恩不可降殺即生報文餘皆放此

不杖麻屨者此亦齊衰言其異於上疏不杖麻屨者○注此亦至於上○釋曰案上斬章布總箭笄亦是異於上不言者以下文於上鄭不言之至此乃注者彼亦是異於上不言者以下文更有公士大夫之衆臣爲其君布帶繩屨亦是異於上同是斬衰而有二文皆異故不得言異於上直注云此妻妾女子異於男子而已此則雖是別章唯此二事異於上故得言之也此不杖章輕於上禫杖故次之又云此章與上章雖杖與不杖不同其正服齊衰裳皆同五升而冠八升則不異也必知父在爲母不衰四升冠七升與上三年齊衰同者見鄭注雜記云士以臣從君服之齊衰爲其母與兄弟是父在爲母與兄弟同正服五升八升之驗也又鄭注服問云爲母既葬衰八升是初死衰五升冠八升既葬以其冠爲受受衰八升冠九升是亦爲母同正服衰五升之驗也又案此章云不杖麻屨鄭云言其異於上則上章下疏衰之等亦同又是爲母同正服五升之驗也案下記云齊衰四升冠七升及閒傳云爲母既虞受衰七升者唯據上章父卒爲母齊衰三年者也

祖父母疏祖父母○釋曰孫爲之服喪服條例皆親而尊者在先故斬章先父三年齊衰先母此不杖期先祖亦是其次若然此章有降有正有義服之本制若爲父期祖合大功爲父母加隆至三年祖亦加隆至期是以祖在於章首得其宜也

傳曰何以期也至尊也疏傳曰至尊也○釋曰云何以期也至尊也者此據母而問所生之母至親唯期而已祖爲孫止大功孫爲祖既疏何以亦期若云至尊也者祖爲孫降至大功似父母於子降至期祖雖非至親是至尊故期若然不云祖至尊而直云至尊者以是父之至尊非孫之至尊故直云至尊也

世父母叔父母疏世父母叔父母○釋曰世叔既卑於祖故次之伯言世者欲見繼世爲昆弟之子亦期不言報者以昆弟之子猶子若言報爲疏故不言報也

傳曰世父叔父何以期也與尊者一體也然則昆弟之子何以亦期也旁尊也不足以加尊焉故報之也父子一體也夫妻一體也昆弟一體

也故父子首足也夫妻胖合也昆弟四體也故昆弟之義無分然而有分者則辟子之私也子不私其父則不成爲子故有東宮有西宮有南宮有北宮異居而同財有餘則歸之宗不足則資之宗世母叔母何以亦期也以名服也宗者世父爲小宗典宗事者資取也爲姊妹在室亦如之 疏 傳曰至名服也○釋曰傳發何以期問比例者雷氏云非父之所尊嫌服重故問也不直云何以言世父叔父者以經揔言而傳離釋故二文欲別問也云與尊者一體也者雖非至尊既與尊者爲一體故服期不言與父爲一體者直言尊者明父爲一體也爲與一尊故加期也云然則昆弟之子何以亦期也者以世叔父與二尊爲體故加期昆弟之子無此義何以亦期故怪而致問也云旁尊也不足以加尊焉故報之也者凡得降者皆由己尊也故降之世叔非正尊故生報也云父子一體已下云云傳

云此者上既云一體故傳又廣明一體之義凡言體者若人之四體故傳解父子夫妻兄弟還比人四體而言也云父子一體也者謂子與父骨血是同爲體因其父與祖亦爲一體又見世叔與祖亦爲一體也云夫妻一體也者亦見世叔母與世叔父爲一體也云昆弟一體也者又見世叔與父亦爲一體也故馬云言一體者還是至親因父加於世叔故云昆弟一體因世叔加於世叔母故以夫妻一體也因上世叔是旁尊故以下廣明尊有正有旁之義也人身首足爲上下父子亦是尊卑之上下故父子比於首足因父子兼見祖孫故馬云首足者父尊若首加祖在期子卑若足曾孫在緦也云夫婦胖合也者郊特牲云天地合而后萬物與焉是夫婦半合子胖生焉是半合爲一體也云昆弟四體也者四體謂二手二足在身之旁昆弟亦在父之旁故云四體也云故昆弟之義無分者此傳兄弟有合離之義以手足四體本在一身不可分別若昆弟共成父身亦不可分別是昆弟之義不合分也云然而有分者則辟子之私也者昆弟理不合分然而分者則辟子之私也使昆弟之子各自私朝其父故須分也云子不私其父則不成爲子者內則云子事父母雞初鳴咸盥漱櫛縰笄總朝事父母若兄弟同在一宮則尊崇諸父之長者第二已下其子不得私其父不成爲人人之子之法也

云故有東宮有西宮云云案內則云命士以上父子異宮不命之士父子同宮縱同官亦有隔別亦爲四方之宮也云世母叔母何以亦期也以名服也者二母是路人以來配世父則生母名既有母名則當隨世叔而服之故云以名服也○注宗者至如之○釋曰案喪服小記云繼別爲大宗繼禰爲小宗大宗繼別子之後百世不遷之宗在五服之中者族人爲之月筭如邦人如爲齊衰齊衰三月章宗子是也小宗有四皆據五服之內依常著服五世別高祖則別事親者今宗子在期章之內明非大宗子是世父爲小宗典宗事者也云爲姑姊妹在室亦如之者大功章云爲姑嫁大功明未嫁在此期章若然不見姑者雷云不見姑者欲見時早出之義

大夫之適子爲妻 疏 大夫之適子爲妻○釋曰云大夫之適子爲妻在此不杖章則上杖章爲妻者是庶子爲妻父沒後適子亦爲妻杖亦在彼章也

傳曰何以期也父之所不降子亦不敢降也何以不杖也父在則爲妻不杖大夫不以尊降適婦者重適也凡不降者謂如其親服服之降有四品君大夫以尊降公子大夫之子以厭降公之昆弟以旁尊降爲人後者

女子子嫁者以出降 疏 傳曰至不杖○釋曰怪所以期發比例而問者大夫衆子爲妻皆大功今適子爲妻期故發問也云父之所不降子亦不敢降也者大功章有適婦注云適子之妻是父不降適婦也云子亦不敢降者謂不敢降至大功與庶子同也云何以不杖也者既不降怪不杖故發問也父在爲妻不杖者父爲適子之婦爲喪主故適子不敢伸而杖也服問云君所主夫人妻大子適婦是大夫爲適婦爲喪主也故子不杖也若然此適子爲妻通貴賤今不云長子通上下而云適子唯據大夫者以五十始爵爲降服之始嫌降適婦其子亦降其妻故明舉大夫不降天子諸侯雖尊不降可知○注大夫至出降○釋曰云大夫不以尊降適婦者重適也者此解經文所不降適子之婦對大夫爲庶子之婦小功是尊降也云凡不降者謂如其親服服之者謂依五服常法服之云降有四品者鄭因傳有降不降之文遂揔解喪服上下降服之義云君大夫以尊降者天子諸侯爲正統之親后夫人與長子長子之妻等不降餘親則絕天子諸侯絕者大夫降一等即大夫爲衆子大功之等是也云公子大夫之子以厭降者此非身自尊受父之厭屈以降無尊之妻下記云公子爲其母練冠麻麻衣縓緣爲其妻縓冠葛絰帶麻衣父卒乃大功是也大夫之子即小功章云大夫之子

爲從父昆弟在小功皆是也云公之昆弟以旁尊降者此亦非己尊旁及昆弟故亦降其諸親即小功章云公之昆弟爲從父母昆弟是也案大功章云公之庶昆弟爲母妻昆弟傳曰先君餘尊之所厭不得過大功若然公之昆弟有兩義旣以旁尊又爲餘尊厭也云爲人後者女子子嫁者以出降者謂若下文云爲人後者爲其父母報又下文云女子子適人者爲其父母昆弟爲父後者此二者是出也凡大夫之服例在正服後今在昆弟上者以其妻本在杖期直以父爲主故降入不杖章是以進之在昆弟上也

昆弟 昆兄也爲姊妹在室亦如之 疏 昆弟。注昆兄至如之。釋曰昆弟卑於世叔故次之此亦至親以期斷云昆兄也者昆明也以其次長故以明爲稱弟弟也以其小故以次弟爲名云爲姊妹在室亦如之者義同於上姑在室也

爲衆子 衆子者長子之弟及妾子女子子在室亦如之士謂之衆子未能遠別也大夫則謂之庶子降之爲大功天子國君不服之内則曰家子未食而見必執其右手適子庶子已食而見必循其首 疏 爲衆子。注衆子至其首。釋曰衆子卑於昆弟故次之注兼云女子子之義如上姑姊妹但上注鄭云在室此不云在室可知故畧不言也昆弟衆子及下昆弟之子者皆不發傳者以其同是一體故無異問姊妹女子子在室不見者亦如上姑不見雷氏云欲見出當及時又大功章見姑姊妹女子子嫁大功明此在室可知故畧之也云士謂之衆子未能遠別也者經不云士鄭云士者喪服平文是士故言士可知也云大夫則謂之庶子降之爲大功者下文大夫之子皆云庶子降一等故大功云天子國君不服之者以其絶旁親故知不服若然經所云唯據士也引内則者案彼云子生三月之末釋日翦髮爲鬌以見於父若家子生則見於正寢其日夫妻共食具視朔食天子則大牢諸侯則少牢大夫特牲士特豚家子未食而見必執其右手咳而名之執右明授之室事退入夫之燕寢乃食下云其非家子皆降一等云適子庶子已食而見必循其首者不授室事故也而鄭注未食已食急正緩庶之義言家子猶言長子通於下也彼言適子謂適妻所生第二已下庶子謂妾子也引之者證言庶子是別於適長者也

昆弟之子傳曰何以期也報之也 檀弓曰喪服兄弟之子猶子也蓋引而進之 疏 昆弟之子。注檀弓至進之。釋曰昆弟子疏於親子故次之世叔父爲之此兩相爲服不言報者引同己子與親子同故不言報是以檀弓爲證言進者進同己子故也

大夫之庶子爲適昆弟 兩言之者適子或爲兄或爲弟 疏 大人至昆弟。注兩言至爲弟。釋曰此大夫之妾子故言庶若適妻所生第二已下當直云昆弟不言庶也云兩言之者以其適妻所生適子或長於妾子或小於妾子故云兩言之適子或爲兄或爲弟是以經昆弟並言之

傳曰何以期也父之所不降子亦不敢降也 大夫雖尊不敢降其適重之也適子爲庶昆弟庶昆弟相爲亦如大夫爲之 疏 傳曰至降也。釋曰云父之所不降者即斬章父爲長子是也云子亦不敢降者於此服期是也發何以傳者餘兄弟相爲皆大功獨爲適服期故發問比例之傳也。注大夫至爲之。釋曰云大夫雖尊不敢降其適重之也者釋傳父之所不降云適子爲庶昆弟已下鄭廣明大夫與適子所降者以大夫適子得行大夫禮故父子俱降庶庶又自相降也如大夫爲之皆大功也

適孫 疏 適孫。釋曰孫卑於昆弟故次之此謂適子死其適孫承重者祖爲之期

傳曰何以期也不敢降其適也有適子者無適孫孫婦亦如之 周之道適子死則立適孫是適孫將上爲祖後者也長子在則皆爲庶孫耳孫婦亦如之適婦在亦爲庶孫之婦凡父於將爲後者非長子皆期也 疏 傳曰至如之。釋曰傳云何以問比例者亦爲衆孫大功此獨期故發問也云有適子者無適孫者謂適子在不得立適孫爲後也云孫婦亦如之亦謂不立之故云亦如之也。注周之至期也。釋曰云周之道適子死則立適孫是適孫將上爲祖後者也者此釋祖爲孫服重之義言周之道對殷道則不然以其殷道適子死弟乃當先立故言周之道也云長子在則爲庶孫耳者既適子在不得立孫明同庶孫之例云凡父於將爲後者非長子皆期也者案喪服小記云適婦不爲舅後者則姑爲之小功注云謂夫有廢疾他故若死而無子不受重者小功庶婦之服也凡父母於子舅姑於婦將不傳重於適及將傳重者非適服之皆如衆子庶婦也是以鄭云凡父母於子舅姑於婦非長子皆期明非長子婦及於非適孫傳重同於庶孫大功可知也若然長子爲父斬父亦爲斬適孫承重爲祖斬祖爲之期不報之斬者父子一體本有三年之情故特爲祖斬祖爲孫本非一體但以報期故期不得斬也

爲人後者爲其父母報 疏 爲人後者爲其父母報。釋曰此謂其子後人反來爲父母在者欲其厚於所後薄於本親抑之故次在孫後也若然旣

爲本生不降斬至禫杖章者亦是深抑厚於大宗也言報者旣深抑之使同本疏往來相報之法故也

傳曰：何以期也？不貳斬也。何以不貳斬也？持重於大宗者降其小宗也。爲人後者孰後？後大宗也。曷爲後大宗？大宗者，尊之統也。禽獸知母而不知父。野人曰：父母何筭焉？都邑之士則知尊禰矣。大夫及學士則知尊祖矣。諸侯及其大祖。天子及其始祖之所自出。尊者尊統上，卑者尊統下。大宗者，尊之統也。大宗者，收族者也，不可以絶，故族人以支子後大宗也。適子不得後大宗。

都邑之士則知尊禰近政化也大祖始封之君始祖者感神靈而生若稷契也自由也及始祖之所由出謂祭天也上猶遠也下猶近也收族者謂別親疏序昭穆大傳曰繫之以姓而弗別綴之以食而弗殊雖百世昬姻不通者周道然也

【疏】傳曰至大宗○釋曰：問者本生父母應斬及三年今乃不杖期故問比例也云不貳斬者荅辭又不貳斬者持重於大宗者降其小宗此解不貳斬之意也此問荅雖兼母專據父故荅以斬而言案喪服小記云別子爲祖繼別爲大宗謂若魯桓公適夫人文姜生大子名同後爲君次子慶父叔牙季友此三子謂之別子別子者皆以臣道事君無兄弟相宗之法與大子有別又與後世爲始故稱別子也大宗有一小宗有四大宗一者別子之子適者爲諸弟來宗之即謂之大宗自此以下適適相承謂之百世不遷之宗五服之內親者月筭如邦人五服之外皆來宗之爲之齊衰齊衰三月章爲宗子之母妻是也小宗有四者謂大宗之後生者謂別子之弟小記注云別子之世長子兄弟宗之第二已下長者親弟來宗之爲繼禰小宗更一世長者非直親兄弟又從父昆弟亦來宗之爲繼祖小宗更一世長者非直親昆弟從父昆弟又有從祖昆弟來宗之爲繼曾祖小宗更一世長者非直有親昆弟從父昆弟從祖昆弟來宗之又有從曾祖昆弟來宗之爲繼高祖小宗也更一世絶服不復來事以彼自事五服內繼高祖已下者也四者皆是小宗則家家皆有兄弟相事長者之小宗雖家家盡有小宗仍世事繼高祖已下之小宗也是以上傳云有餘則歸之宗亦謂當家之長爲小宗者也云爲人後者孰後後大宗也者此問小宗大宗二者與何者爲後後大宗也案何休云小宗無後當絶與此義同也又云後大宗者降其小宗此則繼爲人後爲父母父母尚降明餘皆降也故大功章云爲人後者爲其昆弟是降小宗之類也云曷爲後大宗大宗者尊之統者此問必後大宗何意也明宗子尊統領是以書傳云宗子燕族人於堂宗婦燕族人於房序之以昭穆既有族食族燕齒序族人之事是以須後下可絶也故云尊之統也云禽獸已下者因之尊宗子遂廣申尊祖宗子之事也云禽獸知母不知父者爾雅云兩足而羽謂之禽四足而毛謂之獸彼對文而言之也若散文言之獸亦名禽禽獸所生唯知隨母不知隨父是知母不知父云野人曰父母何筭焉者野人謂若論語鄭注云野人粗畧與都邑之士相對亦謂國外爲野人野人稍遠政化都邑之士爲近政化周禮云野自六尺之類者不知分別父母尊卑也云都邑之士則知尊禰者士下對野人上對大夫則此士所謂在朝之士幷在城郭士民知義禮者揔謂之爲士也云大夫及學士則知尊祖者此學謂鄉庠序及國之大學小學之學士

文王之世子亦云學士雖未有官爵以其習知四術閑知六藝知祖義父仁之禮故敬父遂尊祖得與大夫之貴同也諸侯及其大祖天子及其始祖皆是爵尊者其德所及遠之義也云大宗收族已下謂論大宗立後之意也云適子不得後大宗者以其自當主家事幷承重祭祀之事故也○注都邑至遠然也○釋曰：都邑之士者對天子諸侯曰國采地大夫曰都邑故周禮載師有家邑小都大都春秋左氏諸侯下大夫采地亦云邑曰築都曰城散文天子已下皆名都邑都邑之內者其民近政化若然天子諸侯施政化民無以遠近爲異但近者易化遠者難感故民近政化者識深則知尊父遠政化者識淺不知父母有尊卑之別也大祖始封之君者案周禮典命云三公八命卿六命大夫四命其爵皆加一等加一等者八命爲上公九命爲牧八命爲侯伯七命爲子男五命此皆爲大祖後世不毀其廟若魯之周公齊之大公衞之康叔鄭之桓公之類皆是大祖者也云始祖感神靈而生若后稷契也自由也及始祖所由出謂祭天者謂祭所感帝還以始祖配之案大傳云王者禘其祖之所自出以其祖配之是后稷感東方青帝靈威仰所生契感北方黑帝汁光紀所生易緯云三王之郊一用夏正郊特牲云兆日於南郊就陽位則王者建寅之月祀所感帝於南郊還以感生祖配祭周

以后稷殷以契配之故鄭云謂祖配祭天也又鄭注大傳云王者之先祖皆感大微五帝之精以生則不止后稷與契而已但后稷感青帝所生即生民詩云履帝武敏歆據鄭義帝嚳後世妃姜原履青帝大人跡而生后稷殷之先母有娀氏之女簡狄吞燕卵而生契此二者文著故鄭據而言之其實帝王皆有所感而生也云上猶遠也下猶近者天子始祖諸侯及大祖並於親廟外祭之是尊統遠大夫三廟適士二廟中下士一廟是卑者尊統近也若然此論大宗子而言天子諸侯大夫士之等者欲見大宗子統領百世而不遷又上祭別祖子大祖而不易亦是尊統遠小宗子唯統五服之內是尊統近故傳言尊統遠近而云大宗者尊之統也又云大宗者收族是大宗統遠之事也引大傳者案彼稱姓謂正姓若殷子周姬之類綴之以食者以食禮相連綴使不祀疏若宗子於族人行族食燕者也云百世婚姻不通周道然者對殷道則不然謂殷家不繫之以正姓但五世絶服以後庶姓別於上而戚單於下下婚姻通也引之者證周之大宗子統領族人序以昭穆百世不亂之事也

女子子適人者爲其父母昆弟之爲父後者（疏）女子子至父後者○釋曰女子子卑於男子故次男子後

傳曰：爲父何以期也？婦人不貳斬也。婦人不貳斬者何也？婦人有三從之義，無專用之道，故未嫁從父，既嫁從夫，夫死從子。故父者子之天也，夫者妻之天也。婦人不貳斬者，猶曰不貳天也，婦人不能貳尊也。爲昆弟之爲父後者何以亦期也？婦人雖在外，必有歸宗，曰小宗，故服期也。從者從其教令歸宗者父雖卒猶自歸宗其爲父後持重者不自絶於其族類也曰小宗者言是乃小宗也小宗明非一也小宗有四丈夫婦人之爲小宗各如其親之服辟大宗（疏）傳曰至服期也○釋曰經兼言父母傳特問父不問母者家無二尊故父在爲母期今出嫁仍期但不杖禫而已未多懸絶故不問女子子在室斬衰三年今出嫁與母同在不杖麻屨懸絶故問云爲父何以期也婦人不貳斬也荅辭云婦人不貳斬者何更問不貳斬之意也云婦人有三從之義已下荅辭前斬章云爲人後不云丈夫不貳斬至此女子子云婦人不貳斬者則丈夫容有貳斬故有爲長子皆斬又喪服四制云門內之治恩揜義門外之治義斷恩至於君父別時而喪仍得爲父申斬則丈夫有二斬至於女子子在家爲父出嫁爲夫唯一無二故特言婦人是異於男子故也若然案雜記云與諸侯爲兄弟者服斬是婦人爲夫并爲君得二斬者然則此婦人不貳斬者在家爲父斬出嫁爲夫斬爲父期此其常事彼爲君不可以輕服服君非常之事不得決此也言婦人有三從之義者欲言不貳斬之意婦人從人所從即爲之斬若然夫死從子不爲子斬者子爲母齊衰母爲子不得過齊衰故亦不斬也云婦人不能二尊者欲見不貳斬之義云曰小宗故服期者欲見大宗子百世不遷婦人所歸雖不歸大宗宗內丈夫婦人爲之齊衰三月小宗宗內兄弟父之適長者爲之婦人之所歸宗者歸此小宗遂之期與大宗別傳恐人疑爲大宗故辨之曰小宗故服期也○注從者至大宗○釋曰歸宗者父雖卒猶自歸宗知義然者若父母在嫁女自當歸寧父母何須歸宗子傳言婦人雖在外必歸宗明是據父母卒者故鄭據父母卒而言若然天子諸侯夫人父母卒不得歸宗以其人君絶宗故許穆夫人衛侯之女父死不得歸賦載馳詩是

也云小宗者言是乃小宗也者鄭解傳意言曰小宗者傳重釋歸宗是乃小宗也云明非一者欲見家家皆有也云小宗有四者已於上釋云丈夫婦人爲小宗各如其親之服者謂各如五服尊卑服之無所加減云辟大宗者大宗則齊衰三月云丈夫婦人五服外皆齊衰三月五服內月筭如邦人亦皆齊衰無大功小功緦麻故云辟大宗也

儀禮疏卷第三十

大清嘉慶二十年重刊宋本用文選樓藏本校定

南昌盧氏宣旬校

江西督糧道王賡言廣豐縣知縣阿應鱗栞

儀禮注疏卷三十挍勘記　阮元撰盧宣旬摘録

疏衰裳齊　三年者　唐石經毎章皆跳行

以輕於斬　陳閩俱作輕於斬衰章

麤衰者　陳閩俱脫麤字

爲君三升半麤衰　陳閩俱無衰字

云冠布纓者案斬衰　下七字陳閩俱脫

疏取用草之義　陳閩俱無疏字

若然注云疏　五字陳閩俱脫

直釋經疏衰而已不釋疏屨之疏　通解同毛本經作經　陳閩俱脫疏衰而已不釋六字

傳曰齊者何

此臬對上章苴　此陳閩俱作以

屨蒯藨　屨陳閩通解要義俱作屨○按玉藻作屨

始見人功沽麤之義　始陳閩俱作姑

父卒則爲母

若前遭父服未闋　服要義作喪通解喪服二字並有

女年二十三將嫁　要義同通解年作是毛本通解將作而○按而字是

爲母乃申三年之驗是三也　要義同毛本通解無是字

全不得思此義　要義無思字

妾解則文說義多塗　通解無義字按此八字當四字爲一句妾解則文者謂妾解經文則字之義也黄氏刪義字則七字作一句讀恐非

傳曰繼母何以如母

即是片合之義　片通解要義俱作片下節疏同毛本作牉魏氏曰片合下經云牉合普半反

傳曰慈母者何也○如母死則喪之三年　如閩葛通解俱作母疏俱屬下讀於文義未順宜俱屬上讀謂生養死喪皆如母也如此則通解以如爲慈之誤不辨自明　慈按傳文兩言如

此主謂大夫士之妾妾子之無母父命爲母子者其使養之不命爲母子則亦服庶母慈已之服可也　徐本通典集釋通解要義敖氏俱如此與疏合毛本脫二十字衍一也字楊氏與毛本同○通典通解敖氏已下俱有者字

父在爲母大功　浦鏜云爲母疏作爲其母下句同

則不得立後而養他　要義同毛本通解他下有子字

一非骨血之屬　陳本要義同毛本通解敖氏血俱作肉

故知主謂大夫士之妾　謂閩本作爲

母爲長子

然者　陳閩通解俱作而母爲長子不問夫之在否皆三年者按此蓋黄氏臆改

疏衰裳齊

故須重列七服者也　七陳閩俱作士

傳曰問者曰

見斬衰有二　徐本集釋通解要義同毛本無見字二作三

正服大功衰八升　八陳閩俱作七

皆與既葬衰升數同　通解要義同毛本無皆字

緦麻十五升抽其半七升半　陳閩俱無七升半三字

見斬衰有二　要義同毛本二作三

又爲袪　袪陳閩俱作袂○按陳本非也檀弓上注作袪

士中衣不用布　陳閩通解要義同毛本無不字○按不字疑衍文

若從經古文者注內疊出今文　陳閩俱無下七字閩本從作然

傳曰何以期也屈也

故父雖爲妻期而除　陳閩俱無而除二字

妻傳曰

怪妻義合亦期　怪妻陳閩通解俱作妻惟

故發此之傳也　此下陳閩俱有何以二字通解有何以二字無此字

父在子爲妻以杖卽位可是也　要義同毛本是作知○按作是是也喪服小記作父在庶子爲妻此脫庶字

出妻之子爲母

此謂母犯七出去　去要義作出

子從而爲服者也　陳閩俱無爲字通解爲下有之字

子無出母之義　陳閩通解俱無子字

傳曰出妻之子爲母朞

傳意似言出妻　似陳閩俱作是

不合爲出母服意　陳閩俱無爲字

已有傳云正體於上　於陳閩俱作與

況有故可得祭乎　要義同毛本通解故作服按故字是

父卒繼母嫁

暫時之與父片合　要義同毛本通解無之字毛本片作胖要義通解俱作片

無降殺之差　差陳閩通解俱作義

從而爲服　陳本通解要義同毛本服作報

不杖麻屨者

彼亦是異於上　彼陳閩俱作從

不衰四升冠七升　七陳閩俱作十

傳曰何以期也

祖爲孫止大功　止陳閩俱作正

傳曰世父叔父

爲姑姊妹在室　徐本集釋俱有姊妹二字與疏合毛本無盧文弨校疏云姊妹二字衍宋本注中已誤金曰追云鄭於下昆弟節注云爲姊妹亦如之疏云義同於上章姑在室也則此之誤衍明矣○許宗彥云姑姊妹連文或姑姊或姑妹通稱姑姊妹左傳以公之姑姊妻之是也應是注脫二字非疏衍也

故加期也　陳閩俱無加字

以世叔父與二尊爲體　要義無父字

與世叔父爲一體也　陳閩俱無父字

故以夫妻一體也　要義同毛本以作云

是夫婦半合　要義同毛本半作胖下同

不成爲人人之子之法也　要義毛本不重人字陳閩通解敖氏人下俱無之字

如爲齊衰齊衰三月章 齊衰二字陳閩俱不重

傳曰何以期也

女子子嫁者以出降 嫁上通典有許字

昆弟

爲姊妹在室 爲下通典有姑字

弟弟也 下弟字要義作弟下同毛本作第通解此作弟下作第按說文無第字古者兄弟之弟與次弟之弟同字後人不達六書之恉妄爲分別遂改此文

爲衆子

女子子在室 徐本集釋敖氏同通解楊氏毛本俱不重子字盧文弨云在室二字疏無

注兼云女子之義 按之疑子字之誤

喪服平文是士 要義同毛本平作本

故知不服 陳閩俱無知字

釋曰剪髮爲鬌 陳閩毛本俱誤釋日爲釋曰要義作日下其曰同毛本鬌作鬌要義作鬌與內則合

昆弟之子

是以檀弓爲證 按要義此下有滕伯文爲孟虎齊衰云八字今疏無此說唯通解於經傳後附載檀弓一條要義蓋本諸此當附注篇末或別記於上方抄本誤與疏文相連耳

傳曰何以期也不敢降其適也〇孫婦亦如之 之石經補缺誤作適

則爲庶孫耳者 要義同毛本則下有皆字按各本注俱有皆字

故期不得斬也 陳閩通解俱無期字

爲人後者爲其父母報

反來爲父母在者 按在下疑脫此字

傳曰何以期也〇持重於大宗者 毛本持作特唐石經徐陳通典集釋通解要義楊氏敖氏俱作持與單疏述傳合〇適子不得後大宗 毛本子作人唐石經徐陳閩通典集釋通解要義楊氏敖氏俱作子

感神靈而生 張氏曰監本感作咸從監本

繫之以姓而弗別 繫徐本通解要義俱作繼通典集釋敖氏俱作繫

持重於大宗者 陳本要義同毛本持作特

非直親兄弟又從父昆弟 直下陳閩通解俱有有字下同

不復來事 通解要義同毛本復作服

明宗子尊統領 要義同毛本通解領下有族人二字

遂廣申尊祖宗子之事也 祖下陳閩通解俱有以及二字

文王之世子 之字衍

閑知六藝 閩通解要義同毛本知作之

謂論大宗立後之意也 謂論二字要義倒按論謂疑當作論爲

亦云邑曰築 要義作亦曰邑邑曰築

八命爲上公九命爲牧八命爲侯伯七命爲子男五命 要義同毛本作三公爲上公九命卿爲牧爲侯伯七命大夫爲子男五命

帝嚳後世妃姜原 毛本原作嫄

履青帝大人跡而生后稷 陳閩同毛本履作屨

又上祭别祖子太祖而不易　陳本要義同毛本子作於按當云又上祭别子爲太祖而不易

謂殷家不繫之以正姓　陳閩俱無殷字

下婚姻通也　陳閩俱無下字

傳曰爲父何以期也○婦人不能貳尊也　毛本貳作二唐石經徐本通典集釋通解要義楊氏敖氏俱作貳按疏作二恐亦是後人所改

其爲父後持重者　持徐本要義俱作特通典集釋俱作持毛本通解作服

各如其親之服　通典服下有服之二字

與毋同在不杖麻屨　要義同毛本屨作屨

遂之期　要義同毛本通解遂下有爲字

儀禮注疏卷三十校勘記終

奉新余成教栞

儀禮疏卷第三十一

唐朝散大夫行大學博士弘文館學士臣賈公彦等撰

繼父同居者 疏 繼父同居者。釋曰繼父本非骨肉故次在女子子之下案郊特牲云夫死不嫁終身不改詩恭姜自誓不許再嫁此得有婦人將子嫁而有繼父者彼不嫁者自是貞女守志而有嫁者雖不如不嫁聖人許之故齊衰三年章有繼母此又有繼父之文也 傳曰何以期也傳曰夫死妻稺子幼子無大功之親與之適人而所適者亦無大功之親所適者以其貨財爲之築宮廟歲時使之祀焉妻不敢與焉若是則繼父之道也同居則服齊衰期異居則服齊衰三月必嘗同居然後爲異居未嘗同居

則不爲異居 妻穉謂年未滿五十子幼謂年十五已下子無大功之親謂同財者也爲之築宮廟於家門之外神不歆非族妻不敢與焉恩雖至親族已絕矣夫不可二此以恩服爾未嘗同居則不服之 疏 傳曰至異居。釋曰何以期也者以本非骨肉故致問也傳曰已下並是引舊傳爲問荅自此至齊衰朞謂子家無大功之內親繼父家亦無大功之內親繼父以財貨爲此子築宮廟使此子四時祭祀不絕三者皆具即爲同居子爲之朞以繼父恩深故也言妻不言母者已適他族與己絕故言妻欲見與他爲妻不合祭己之父故也云異居則服齊衰三月必嘗同居然後爲異居者此一節論異居繼父言異者昔同今異謂上三者若闕一事則爲異居假令前三者仍是具後或繼父有子即是繼父有大功之內親亦爲異居矣如此父死爲之齊衰三月入下文齊衰三月章繼父是也云必嘗同居然後爲異居者欲見前時三者具爲同居後三者一事闕即爲異居之意云未嘗同居則不爲異居謂子初與母往繼父家時或繼父有大功內親或已有大功內親或繼父不爲己築宮廟三者一事闕雖同在繼父家亦名不同居繼父全不服之矣。注妻穉至服之。釋曰鄭知妻穉謂年未滿五十者案內則妾年五十閉房不復御何得更嫁故未滿五十也云子幼謂年十五已下者案論語云可以託六尺之孤鄭亦云十五已下知者見周禮鄉大夫職云國中自七尺以及六十野自六尺以及六十有五皆征之七尺謂年二十六尺謂年十五十五則受征役何得隨母則知子幼十五已下言已下則不通十五以其十五受征明據十四至年一歲已上也云大功之親謂同財者下記云小功已下爲兄弟則小功已下疏故得兄弟之稱則大功之親容同財共活可知云爲之築宮廟於家門之外者以其中門外有己宗廟則知此在大門外築之也必在大門外築之者神不歆非族故也若在門內於鬼神爲非族恐不歆之是以大門外爲之隨母嫁得有廟者非必正廟但是鬼神所居曰廟若祭法云庶人祭於寢也神不歆非族大戴禮文云夫不可二者據傳云妻明據繼父而言以其與繼父爲妻不可更於前夫爲妻而祭故云夫不可二也云此以恩服爾者弁解爲繼父期與三月云未嘗同居則不服之者以其同居與異居有服明未嘗同居不服可知

爲夫之君傳曰何以期也從服也 疏 爲夫之君傳曰至從服也。釋曰此以從服故次繼父下但臣之妻皆稟命於君之夫人不從服小君者欲明夫人命亦由君來故臣妻於夫人無服也不直言夫之君而言爲者以夫之君而言

爲者以夫之君從服輕故特言爲夫之君也傳曰何以期者問比例者怪人疏而同親者故發問云從服也以夫爲君斬故妻從服期也

姑姊妹女子子適人無主者姑姊妹報 疏 姑姊妹至姊妹報。釋曰此等親出適已降在大功雖矜之服期不絕於夫氏故次義服之下女子子閒在上不言報者女子子出適大功反爲父母自然猶期不須言報故不言也姑對姪姊妹對兄弟出適反爲姪與兄弟大功姪與兄弟爲之降至大功今還相爲期故須言報也 傳曰無主者謂其無祭主者也何以期也爲其無祭主故也 無主後者人之所哀憐不忍降之 疏 傳曰至主者也。釋曰云無主者謂其無祭主者無主有二謂喪主祭主傳不言喪主者喪有無後無無主者若當家無喪主或取五服之內親又無五服親則取東西家若無則里尹主之今無主者謂無祭主也故可哀憐而不降也。注無主至降之。釋曰云人之所哀憐者謂行路之人見此無夫復無子而不嫁猶生哀愍況姪與兄弟及父母故不忍降之也若然除此之外餘人爲之服者仍依出降之服而不服加以其餘人恩疏故也不言嫁而云

適人者若言適人即謂士也若言嫁之嫁之乃嫁於大夫於本親又以尊降不得言報故云適人不言嫁爲君之父母妻長子祖父母疏爲君之父母妻長子祖父母○釋曰此亦從服輕於夫之君及姑姊妹女子子無主故次之言爲者亦如爲夫之君也傳曰何以期也從服也父母長子君服斬妻則小君也父卒然後爲祖後者服斬此爲君矣而有父若祖之喪者謂始封之君也若是繼體則其父若祖有廢疾不立父卒者父爲君之孫宜嗣位而早卒今君受國於曾祖疏傳曰至者服斬○釋曰云父母長子君服斬者欲見臣從君服期若然君之母當在齊衰與君父同在斬者以母亦有三年之服故并言之云妻則小君也者欲見臣爲小君期是常非從服之例云父卒然後爲祖後者服斬者傳解經臣爲君之祖父母服期若君在則爲君祖父母從服期○注此爲至尊祖○釋曰云此爲君矣而有父若祖之喪者謂始封之君也者若周禮典命三公八命其卿六命大夫四命出封皆加一等是五等諸侯爲始封之君非繼體容有祖父不爲君而死君爲之斬臣亦從服期也云

若是繼體則其父若祖有癈疾不立者此祖與父合立爲癈疾不立已當立是受國於曾祖若然此二者自是不立今君立不關父祖又云父卒者父爲君之孫宜嗣位而早卒今君受國於曾祖者此解傳之父卒耳鄭意以父祖有癈疾必以今君受國於曾祖不取受國於祖者若今君受國於祖祖薨則羣臣爲之斬何得從服期故鄭以新君受國於曾祖若然曾祖爲君薨羣臣自當服斬若君之祖薨君爲之服斬臣從服期也若然父卒者父爲君之孫宜嗣位而早卒則君之祖亦是癈疾或早死不立是以君之父受國於祖復早卒今君乃受國於曾祖也趙商問已爲諸侯父有癈疾不任國政不任喪事而爲其祖服制度之宜年月之斷云何荅云父卒爲祖後者三年斬何疑趙商又問父卒爲祖後者三年已聞命矣所問者父在爲祖如何欲言三年則父在欲言期復無主斬杖之宜主喪之制未知所定荅曰天子諸侯之喪皆斬衰無期彼志與此注相兼乃具也妾爲女君疏妾爲女君○釋曰妾事女君使與臣事君同故次之也以其妻既與夫體敵妾不得體夫故名妾妾接也接事適妻故妾稱適妻爲女君也傳曰何以期也妾之事女君與婦之事舅姑等女君君適妻也

女君於妾無服報之則重降之則嫌疏傳曰至姑等○釋曰傳意謂妾或是妻之姪娣同事一人恐爲之重服故發問也荅曰妾之事女君與婦之事舅姑等者婦之事舅姑亦期故云等但並后匹適傾覆之階故抑之雖或姪娣使如子之妻與婦事舅姑同也○注女君至則嫌○釋曰云女君於妾無服者諸經傳無女君服妾之文故云無服必無服者鄭解其不服之意是以云報之則重還報以期無尊卑降殺大重也云降之則嫌者若降之大功小功則似舅姑爲適婦庶婦之嫌故使女君爲妾無服也婦爲舅姑疏婦爲舅姑○釋曰次在此者既欲抑妾事女君使如事舅姑故婦事舅姑在下欲使妾情先於婦故婦文在後也傳曰何以期也從服也疏傳曰至從服也○釋曰問之者本是路人與子判合則爲重服服夫之父母故問也云從服也者荅辭既得體其子爲親故重服爲其舅姑也夫之昆弟之子男女皆是疏夫之昆弟之子○注男女皆是○釋曰檀弓云兄弟之子猶子也蓋引而進之進同已子故二母爲之亦如已子服期也云男女皆是者據女在室與出嫁與二母相爲服同期與大功故子中兼男女但以義服情輕同婦事舅姑故次在下也傳

曰何以期也報之也疏傳曰何以期也報之也○釋曰報之者二母與子本是路人爲配二父而有母名爲之服期故二母報子還服期若然上世叔之下不言報至此言之者二父本是父之一體又引同已子不得言報至此本疏故言報也公妾大夫之妾爲其子疏公妾大夫之妾爲其子○釋曰二妾爲其子應降而不降重出此文故次之傳曰何以期也妾不得體君爲其子得遂也此言二妾不得從於女君尊降其子也女君與君一體唯爲長子三年其餘以尊降之與妾子同也疏傳曰至遂也○釋曰傳嫌二妾承尊應降今不降故發問荅云妾不得體君爲其子得遂也者諸侯絕旁期爲衆子無服大夫降一等爲衆子大功其妻體君皆從夫而降之至於二妾賤皆不得體君君不厭妾故自爲其子得伸遂而服期也○注此言至同也○釋曰云爲長子三年更云其餘謂已所生第二已下以尊降與妾子同諸侯夫人無服大夫妻爲之大功也女子子爲祖父母疏女子子爲祖父母○釋曰章首已言爲祖父母兼男女彼女據成人之女此言女子子謂十五許嫁

者亦以重出其文故次在此也傳曰何以期也不敢降其祖也經似在室傳似已嫁明雖有出道猶不降【疏】傳曰至祖也○釋曰祖父母正期也已嫁之女可降旁親祖父母正期故不降也故云不敢降其祖也○注經似至不降○釋曰知經似在室者以其直云女子子無嫁文故云似在室云傳似已嫁者以其言不敢則有敢者敢謂出嫁降旁親是已嫁之文此言不敢是雖嫁而不敢降祖故云傳似已嫁也經傳互言之欲見在室出嫁同不降故鄭云明雖有出道猶不降也云出道者女子子雖十五許嫁始行納采問名納吉納徵四禮即著笄爲成人得降旁親要至二十乃行請期親迎之禮以其笄而未出故云明雖有出道猶不降不直言出而言道者實未出故云出道猶如鄭注論語云雖不得禄亦得禄之道是亦未得禄而云之道亦此類也

大夫之子爲世父母叔父母子昆弟昆弟之子姑姊妹女子子無主者爲大夫命婦者唯子不報

傳曰大夫者其男子之爲大夫者也命婦者其婦人之爲大夫妻者也無主者命婦之無祭主者也何以言唯子不報也女子子適人者爲其父母期故言不報也言其餘皆報也何以期也父之所不降子亦不敢降也大夫曷爲不降命婦也夫尊於朝妻貴於室矣命者加爵服之名自士至上公凡九等君命其夫則后夫人亦命其妻矣此所爲者凡六命夫六命婦無主者命婦之無祭主謂姑姊妹女子子也其有祭主者如衆人唯子不報男女同不報爾傳以爲主謂女子子似失之矣大夫曷爲不降命婦據大夫於姑姊妹女子子既以出降其適士者又以尊降在小功也夫尊於朝與已同妻貴於室從夫爵也【疏】大夫之子至於室矣○釋曰此言大夫之子爲此六大夫六命婦服期不降之事其中雖有子女重出其文其餘並是應降而不降故次在女子爲祖下但大夫尊降旁親一等此男女皆合降至大功爲作大夫與己尊同故不降還服期若姑姊妹女子子若出嫁大功適士又降至小功今嫁大夫雖降至大功爲無祭主哀憐之不忍降還服期也傳云無主者命婦之無祭主者也鄭兼言命婦欲見旣爲命婦不降又無祭主更不降服期之意也傳云何以言唯子不報也鄭云子中兼男女傳唯據女子子鄭不從也云何以期也父之所不降子亦不敢降也者欲見此經云大夫之子得行大夫禮降與不降一與父同故傳據父爲大夫爲本以子亦之也云大夫曷爲不降命婦也已下欲見大夫是尊同大夫妻是婦人非尊同亦不降者傳解妻亦與夫同尊卑之意是以云夫尊於朝妻貴於室以其大夫以上貴士以下賤此中無士與士妻故以貴言之也○注命者至夫爵也○釋曰云命者加爵服之名者見公羊傳云錫者何賜也命者何加我服也又案覲禮諸公奉篋服加命書於其上以命侯氏是命者加爵服之名也云自士至上公凡九等者不據爵皆據命而言故大宗伯云以九儀之命正邦國之位壹命受爵再命受服三命受位四命受器五命賜則六命賜官七命賜國八命作牧九命作伯伯則分陝上公者是九等者也以其典命上公九命侯伯七命子男五命大國孤四命公侯伯卿三命大夫再命士一命子男卿二命大夫一命士不命天子三公八命其卿六命大夫四命上士三命中士二命下士一命此經雖無士

鄭摠解天子諸侯命臣后夫人命妻之事故兼言士也云君命其夫者君中摠天子諸侯云后夫人亦命其妻矣者案禮記云夫人不命於天子自魯昭公始也由昭公娶同姓不告天子天子亦不命明臣妻皆得后夫人命也鄭言此者經云命夫命婦不辨天子諸侯之臣則天子諸侯下但是大夫大夫妻皆是命夫命婦也云此所爲者凡六大夫六命婦者六命夫謂世父一也叔父二也子三也昆四也弟五也昆弟之子六也六命婦者世母一也叔母二也姑三也姊四也妹五也女子子六也云無主者命婦之無祭主謂姑姊妹女子子也鄭言此者經六命婦中有世母叔母故鄭辨之以其世母叔母無主有主皆爲之期故知唯據此四人而言也云其有祭主者如衆人者自爲大功矣云唯子不報男女同不報爾者以其男女俱爲父母三年父母唯爲長子斬其餘降何得言報故知子中兼男女是知傳唯據女子子失之矣云大夫曷爲不降命婦者據大夫於姑姊妹女子子既以出降其適士者又以尊降在小功也者此亦六命婦中有二母故鄭屛之也云夫尊於朝已下鄭亦解姑姊妹女子子之夫貴與已同之義若然案曲禮云四十強而仕五十艾服官政爲大夫何得大夫子又爲大夫又何得爲弟之子爲大夫者五十命爲大夫自是常法大夫之子有德行茂盛者豈待五十乃命

之乎是以殤小功有大夫爲其昆弟之長殤大夫既爲兄弟殤明是幼爲大夫舉此一隅不得以常法相難也

大夫爲祖父母適孫爲士者【疏】大夫至爲士者。釋曰祖與孫爲士卑故次在此也

傳曰何以期也大夫不敢降其祖與適也不敢降其祖與適則可降其旁親也【疏】注不敢至親也。釋曰大夫以尊降其旁親雖有差約不顯著故於此更明之經云不降祖與適明於餘親降可知大夫降旁親明矣

公妾以及士妾爲其父母【疏】公妾至父母。釋曰以出嫁爲其父母亦重出其文故次在此云公謂五等諸侯皆有八妾士謂一妻一妾中間猶有孤猶有卿大夫妻不言之者舉其極尊卑其中有妾爲父母可知

傳曰何以期也妾不得體君得爲其父母遂也然則女君有以尊降其父母者與春秋之義雖爲天王后猶曰吾季姜是言子尊不加於父母此傳似誤矣禮妾從女君而服其黨服是嫌不自服其父母故以明之【疏】傳曰至遂也。釋曰傳曰何以期也問者以公子爲君厭爲己母不

在五服又爲己母黨無服公妾既不得體君君不厭故妾爲父母得伸遂而服期也。注然則至明之。釋曰鄭欲破傳義故據傳云妾不得體君得爲其父母遂也然則女君體君者有以尊降其父母者與言與猶不正執之辭也云春秋之義者案桓九年左傳云紀季姜歸于京師杜云季姜桓王后也季字姜紀姓也書字者伸父母之尊是王后猶不待降父母是子尊不加父母傳何云妾不得體君乎豈可女君降其父母是以云傳似誤矣言似亦是不正執故云似其實誤也云禮妾從女君而服其黨服者雜記文也云是嫌不自服其父母故以明之者鄭既以鄭爲誤故自解之鄭必不從傳者一則以女君不可降父母二則經文兼有卿大夫士何得專據公子以決父母乎是以傳爲誤也

疏衰裳齊牡麻絰無受者無受者服是服而除不以輕服受之不著月數者天子諸侯葬異月也小記曰齊衰三月與大功同者繩屨【疏】疏衰至受者。釋曰此齊衰三月章以其義服日月又少故在不杖章下上皆言冠帶此及下傳大功皆不言冠帶者以其輕故畧之至正大功言冠見其正猶不言帶緦麻又直言緦麻餘又畧之若然禮記云齊衰居堊室者據期故譙周亦云齊衰三月不居堊室。注無受至繩屨。釋曰云無受者服是服而除不以輕服受之者凡變除皆因葬練祥乃行但此服至葬即除無變服之理故云服是服而除若大功已上至葬後以輕服受之若斬衰三升冠六升葬後受衰六升是更以輕服受之也云不著月數者天子諸侯葬異月也者大夫士三月葬此章皆三月葬後除之故以三月爲主三月者法一時天氣變可以除之但此經中有寄公爲所寓又有舊君舊君中兼天子諸侯又有庶人爲國君鄭云天子畿內之民服天子亦如之也但天子七月葬諸侯五月葬爲之齊衰者皆三月藏其服至葬更服之葬後乃除是以不得言少以包多亦不得言多以包少是以不著月數者天子諸侯葬異月故也云小記者彼記人見此喪服齊衰三月與大功皆不言屨故解此二章同繩屨是以鄭還引之證此章著繩屨也

寄公爲所寓寓亦寄也爲所寄之國君服【疏】寄公爲所寓。注寓亦至君服。釋曰此章論義服故以疏者爲首故寄公在前言寓亦寄者詩式微云黎侯寓於衛寓即寄其義同故云寓亦寄也作文之勢不可重言寄公爲所寄故云寓也

傳曰寄公者何也失地之君也何以爲所寓服齊衰三月也言與民同也諸侯五月而葬

而服齊衰三月者三月而藏其服至葬又反服之既葬而除之【疏】傳曰至同也。釋曰傳依上例執所不知稱者何問比例者等月諸侯各有國土而寄在他國故發問也失地之君也荅辭也失地君者謂若禮記射義貢士不得其人數有讓數有讓黜爵削地削地盡君則寄在他國詩式微黎侯寓於衛彼爲狄人所迫逐寄在衛黎之臣子勸以歸是失地之君爲衛侯服齊衰三月藏其服至葬更服葬訖乃除也云言與民同也者以客在主國得主君之恩故報主君與民同則民亦服之三月藏其服至葬又反服之既葬訖乃除也。注諸侯至除之。釋曰上以釋變除要待葬後諸侯五月葬而言三月故知三月藏服至葬更服葬後乃除可知不於章首言之欲就三月之下解之故也

丈夫婦人爲宗子宗子之母妻婦人女子在室及嫁歸宗者也宗子繼別之後百世不遷所謂大宗也【疏】丈夫至母妻。釋曰此與大宗同宗親如寄公爲所寓故次在此言丈夫婦人者謂同宗男子女子皆爲大宗子并宗子母妻齊衰三月也。注婦人至大宗也。釋曰此經爲宗子謂與大宗別高祖之人皆服三月也案斬章女子子在室及女反在父室者又不杖章中歸宗婦人爲當家小宗親者期爲大宗疏者三月也云宗子繼別

之後者案喪服小記及大傳云繼別爲大宗又云有五世則遷之宗小宗有四是也有百世不遷之宗繼別爲大宗是也云所謂大宗也者即上文大宗者尊之統是也

傳曰何以服齊衰三月也尊祖也尊祖故敬宗敬宗者尊祖之義也宗子之母在則不爲宗子之妻服也

疏傳曰至妻服也○釋曰傳以丈夫婦人與宗子服絶而越大功小功與曾祖同怪其大重故問比例何以服齊衰三月云尊祖也至之義也荅辭也祖謂別子爲祖百世不遷之祖當祭之日同宗皆來陪位及助祭故云尊祖也云尊祖故敬宗者是百世不遷之宗大宗者尊之統故同宗敬之云敬宗者尊祖之義也者以宗子奉事別子之祖是尊祖之義也宗子之母在則不爲宗子之妻服也者謂宗子父已卒宗子主其祭王制云八十齊喪之事不與則母七十亦不與今宗子母在未年七十母自與祭母死宗人爲之服宗子母七十已上則宗子妻得與祭宗人乃爲宗子妻服故云然也必爲宗子母妻服者以宗子燕食族人於堂其母妻亦燕食族人之婦於房皆序以昭穆故族爲之服也

爲舊君君之母妻

疏爲舊君君之母妻○釋曰舊君舊蒙恩深以對於父今雖退歸田野不忘舊德故亦在宗子之下也但爲舊君有二一則致仕二則待放未去此則致仕者也不云舊臣而云舊君者若云舊臣言謂舊君爲之非喪服體例故云舊君若斬章云父君者則臣子爲之此不復言臣法如君也

傳曰爲舊君者孰謂也仕焉而已者也何以服齊衰三月也言與民同也君之母妻則小君也仕焉而已者謂老若有廢疾而致仕者也爲小君服者恩深於民

疏傳曰至小君也○釋曰云爲舊君者孰謂也者此經上下臣爲舊君有二故發問云孰謂也云仕焉而已者也者荅辭也傳意以下爲舊君是待放之臣以此爲致仕之臣也云何以服齊衰三月者怪其舊服斬衰今服三月也云言與民同也者以本義合且今義已斷故抑之使與民同也云君之母妻則小君也者雖前後不得同時皆是小君故齊衰三月恩深於人故也○注仕焉至於民○釋曰云仕焉而已者謂老若有廢疾而致仕者也者此解仕焉而已有仕已老者曲禮云大夫七十而致仕云有廢疾者謂未七十而有廢疾亦致仕是致仕

之中有二也云爲小君服者恩深於民也者下文庶人爲國君無小君是恩淺此爲小君是恩深於民也

庶人爲國君不言民而言庶人庶人或有在官者天子畿內之民服天子亦如之

疏庶人爲國君○注不言至如之○釋曰案論語云民可使由之不可使知之注云民者冥也其見人道遠案王制云庶人在官者其祿以是爲差也庶人謂府史胥徒經不言民而言庶人庶人或有在官者據在官者而言之檀弓云君之喪諸達官之長杖謂士大夫爲君杖則庶人不爲君杖斬則下同於民三月也云天子畿內之民亦如之者以其畿外上公五百里侯四百里已下其民皆服君三月則畿內千里是專屬天子故知爲天子亦如諸侯之境內也

大夫在外其妻長子爲舊國君在外待放已去者

疏大夫至國君○注在外待放已去者○釋曰此大夫在外不言爲本君服與不服者案雜記云違諸侯之大夫不反服違大夫之諸侯不反服以其尊卑不敵若然其君尊卑敵乃反服舊君服則此大夫已去他國不言服者是其君尊卑不敵不反服者也是以直言其妻長子爲舊國君注云在外待放已去者知是待放已去者對上下文而知以其上傳以爲仕焉而已下傳云而猶未絶此傳云長子言未去明身是已去他國與本國絶者故鄭云待放已去者也

傳曰何以服齊衰三月也妻言與民同也長子言未去也妻雖從夫而出古者大夫不外娶婦人歸宗往來猶民也春秋傳曰大夫越竟逆女非禮君臣有合離之義長子去可以無服

疏傳曰至未去也○釋曰并服而問者怪其重何者妻本從夫服君今夫已絶妻不合服而服之長子本爲君斬者亦大夫之子得行大夫禮從父而服之今父已絶於君亦當不服矣而皆服衰三月故發問也○注妻雖至無服○釋曰云妻雖從夫而出古者大夫不外娶者鄭欲解傳云妻言與民同之意以古者不外娶是當國娶婦婦是當國之女今身與妻俱出他國大夫雖絶而妻歸宗往來猶是本國之民其歸者則期章云爲昆弟之爲父後者曰小宗者是也云春秋者案春秋公羊傳莊二十七年莒慶來逆叔姬傳曰大夫越竟逆女非禮彼云婦此云女鄭以義言之以其未至夫家故云女引之者證古者大夫不外娶之事云君臣有合離之義者謂諫爭從臣是有義則合三諫不從是無義則離子既隨父故去可以無服矣

繼父不同居者嘗同居今不同

疏繼父不同居者○注嘗同居今不同○釋曰此

則期章云必嘗同居然後爲異居者也但章皆有傳唯庶人爲國君及此繼父不傳者以其庶人已於寄公與上下舊君釋訖繼父已於期章釋了是以皆不言也

曾祖父母傳曰何以齊衰三月也小功者兄弟之服也不敢以兄弟之服服至尊也正言小功者服之數盡於五則高祖宜緦麻曾祖宜小功也據祖期則曾祖宜大功高祖宜小功也。高祖曾祖皆有小功之差則曾孫玄孫爲之服同也重其衰麻尊尊也減其日月恩殺也

疏曾祖父母。釋曰曾高本合小功加至齊衰故次繼父之下此經直云曾祖不言高祖案下緦麻章鄭注云族祖父者亦高祖之孫則高祖有服明矣是以此注亦兼曾高而說也若然此曾祖之內合有高祖可知不言者見其同服故也。傳曰至尊也。釋曰云何以齊衰三月也者問者怪其三月大輕齊衰又重故發問也云小功者兄弟之服也案下記傳云凡小功已下爲兄弟是以云小功者兄弟之服也云不敢以兄弟之服服至尊也者傳釋服齊衰之意也。注正言至恩殺也。釋曰云正言小功者服之數盡於五者自斬至緦是也云則高祖宜緦麻曾祖宜小功也據爲父期而言故三年問云何以至期也曰至親以期斷是何也曰天地則已易矣四時則已變矣其在天地之中莫不更始焉以是象之也彼又云然則何以三年也曰加隆焉爾也焉使倍之故再期也是本爲父母加隆至三年故以父爲本而上殺下殺也是故言爲高祖緦麻者謂爲父期爲祖宜大功曾祖宜小功高祖宜緦麻又云據祖期是爲父加隆三年爲祖宜期曾祖宜大功高祖宜小功故鄭云高祖曾祖皆有小功之差此鄭揔釋傳云小功者兄弟之服其中含有曾高二祖而言之也又云則曾孫玄孫爲之服同也者曾祖中既兼有高祖是以云曾孫玄孫各爲之齊衰三月也云重其衰麻尊尊也者既不以兄弟之服服至尊故云重其衰麻謂以義服六升衰九升冠尊此尊者也云減其日月恩殺也者謂減五月爲三月者以曾高於己非一體恩殺故也

大夫爲宗子

疏大夫爲宗子。釋曰大夫尊降旁親皆一等尊祖故敬宗是以大夫雖尊不降宗子爲之三月宗子既不降母妻不降可知

傳曰何以服齊衰三月也大夫不敢降其宗也

疏傳曰至其宗也。釋曰以大夫於餘親皆降獨不降宗子故并服而問荅云不敢降其宗也者於餘親則降也

舊君大夫待放未去者

疏舊君。注大夫待放未去者。釋曰此舊君以重出故次在此也鄭知此舊君是待放未去之大夫者鄭據傳而言也案上下四經皆爲舊君不言國庶人爲國君言國其妻長子爲舊國君言國此舊君又不言國者據繼在士地而爲之服正如爲舊君止是不敢進同臣例故服之三月非爲土地故不言國庶人本繼土。地故言國也其妻長子本爲繼土地故言國此待放未去本爲君埽其宗廟爲服不繼土地故不言國也

傳曰大夫爲舊君何以服齊衰三月也大夫去君埽其宗廟故服齊衰三月也言與民同也何大夫之謂乎言其以道去君而猶未絕也以道去君爲三諫不從待放於郊未絕者言爵祿尚有列於朝出入有詔於國妻子自若民也

疏傳曰至絕也。釋曰此爲舊君服對前已去不服舊君此雖未去已在境而爲服故怪其重所以并服而問也又餘皆不并人問直云何以齊衰唯此與寄公并人而問者所怪深重者并人而言至如寄公本是體敵一朝重服故并言寄公此待放之臣已在國境可以不服而服之故并言大夫也。注以道至若民也。釋曰云以道去君謂三諫不從待放者此以道去君據三諫不從在境待放得環則還得玦則去如此者謂之以道去君有罪放逐若晉放胥甲父於衞之等爲非道去君云未絕者言爵祿有列於朝出入有詔於國者下曲禮文爵祿有列謂待放大夫舊位乃在出入有詔於國者謂兄弟宗族猶存吉凶之事書信往來相告不絕引之者證大夫去君埽其宗廟詔使宗族祭祀爲此大夫雖去猶爲舊君服若然君不使埽宗廟爵祿已絕則是得玦而去則亦不服矣云妻子自若民也者此鄭還約上大夫在外其妻長子爲舊國君也上下舊君皆不言士者上仕焉者有士可知是以傳亦不言大夫亦云大夫在外言大夫者以其士妻亦歸宗與大夫同其大夫長子父在朝長子得行大夫禮未去爲君服斬若士之長子與衆子同父去子雖未去即無服矣與大夫長子異故特言大夫也此不言士者此主爲待放未絕大夫有此法士雖有三諫不從出國之時案曲禮踰竟素服乘髦馬不蚤鬋不御婦人三月而後即向他國無待放之法是出國即不服舊君矣是以此舊君雖有大夫也若然不言公卿及孤者詩云三事大夫則三公亦號大夫則大夫中揔兼之矣

曾祖父母爲士者如衆人傳曰何以

齊衰三月也大夫不敢降其祖也【疏】曾祖父母爲士者如衆人。傳曰至其祖也。釋曰問者以大夫尊皆降旁親今怪其服故發問經不言大夫傳爲大夫解之者以其言曾祖爲士者故知對大夫下爲之服明知曾孫是大夫

女子子嫁者未嫁者爲曾祖父母【疏】女子子至未嫁。釋曰此亦重出故次在男子曾孫下也但未嫁者同於前故曾祖父母今并言者女子子有嫁逆降之理故因已嫁并言未嫁

傳曰嫁者其嫁於大夫者也未嫁者其成人而未嫁者也何以服齊衰三月不敢降其祖也言嫁於大夫者明雖尊猶不降也成人謂年二十已笄醴者也此著不降明有所降【疏】注言嫁至所降。釋曰云言嫁於大夫者明雖尊猶不降也者以舉尊以見卑欲明適士者以下不降可知也云成人謂年二十已笄醴者也者以其云成人明據二十已笄以醴禮之若十五許嫁亦笄爲成人亦得降與出嫁同但鄭據二十不許嫁者而言之案上章爲祖父母本無降理不須言不敢又女子

子爲祖父母傳亦不敢言降其祖父母傳不言不敢降其祖者至此乃言者謂曾祖輕尚不降況祖父母重者不降可知是舉輕以見重也云此著不降明有所降者案大功章女子子嫁者未嫁者爲世叔父母如此類是有所降也餘者皆不次

大功布衰裳牡麻經無受者大功布者其鍛治之功麤沾之【疏】大功至受者。釋曰章次此者以其本服齊衰斬爲殤死降在大功故在正大功之上義齊衰之下也不云月數者下文有纓經無纓經須言七月九月彼已見月故於此畧之且此經與前不同前期章具文於前杖章下不杖章直言其異者此殤大功章首爲文畧於正具文者欲見殤不成人故前畧後具亦見相參取義云無受者以傳云殤文不縟不以輕服受之。注大功至沾之。釋曰云大功布者其鍛治之功麤沾之者斬麤皆不言布與功以其哀痛極未可言布體與人功至此輕可以見之言大功者斬衰章傳云冠六升不加灰則此七升言鍛治可以加灰矣但麤沾而已若然言大功者用功麤大故沾踈其言小者對大功是用功細小

子女子子之長殤中殤殤者男女未冠笄而死可殤者女子子許嫁不爲殤也【疏】子女子子之長殤中殤。注殤者至殤也。釋曰子女子子在章首者以其父母於子哀痛情深故在前云殤者男女未冠笄者案禮記喪服小記云男子冠而不爲殤女子笄而不爲殤故知男女未冠笄而死可哀殤者女子子許嫁不爲殤者女子子笄與男子冠同明許嫁笄雖未出亦爲成人不爲殤可知兄弟之子亦同此而不别言者以其兄弟之子猶子明同於子故不言且中殤或從上或從下是則殤有三等制服唯有二等者欲使大功下殤有服故也若服亦三等則大功下殤無服故聖人之意然也

傳曰何以大功也未成人也何以無受也喪成人者其文縟喪未成人者其文不縟故殤之經。不樛垂蓋未成人也年十九至十六爲長殤十五至十二爲中殤十一至八歲爲下殤不滿八歲以下皆爲無服之殤無服之殤以日易月以日易月之殤殤而無服故子生三

月則父名之死則哭之未名則不哭也縟猶數也其文數者謂變除之節也不樛垂者不絞其帶之垂者雜記曰大功以上散帶以日易月謂生一月者哭之一日也殤而無服者哭之而已爲昆弟之子女子子亦如之凡言子者可以兼男女又云女子子者殊之以子關適庶也【疏】傳曰至不哭也。釋曰云何以大功也問者以成人皆期今乃大功故發問也云未成人也者荅辭以其未成人故降至大功云何以無受也問者以其成人至葬後皆以輕服受之今喪未成人即無受故發問也云喪成人者其文縟已下荅辭遂因廣解四等之殤年數之別并哭與不哭具列其文但此殤次成人是以從長以及下與無服之殤又三等殤皆以四年爲差取法四時穀物變易故也又以八歲已上爲有服七歲已下爲無服者案家語本命云男子八月生齒八歲齔齒女子七月生齒七歲齔齒今傳據男子而言故八歲已上爲有服之殤也傳必以三月造名始哭之者以其三月一時天氣變有所識眄人所加憐故據名爲限也云未名則不哭也者不止依以日易月而哭初死亦當有哭而已。注縟猶至庶也。釋曰云其文數者謂變除之節也者成人之喪既葬以輕服受之又變麻服葛絰麻者除之至小祥又以輕服受之

男子除於首婦人除於帶是有變除之數也今於殤人喪象物不成則無此變除之節數月滿則除之又云不樛垂者不絞帶之垂者凡喪至小斂皆服未成服之麻麻經麻帶大功以上散帶之垂者至成服乃絞之小功以下初而絞之今殤大功亦於小斂服麻散垂至成服後亦散不絞以示未成人故與成人異亦無受之類故傳云蓋不成也引雜記者證此殤大功有散帶要至成服則與成人異也云以日易月謂生一月者哭之一日也若至七歲有十二月則入十四日哭之此既於子女子子下發傳則唯據父母於子不關餘親云殤而無服哭之而已者此鄭總解無服之殤以日易月哭之事也云昆弟之子女子子亦如之者以其成人同是期與衆子同今經傳不言者以其亦猶子故也云凡言子者可以兼男女者謂若期章云子又云昆弟之子是子中兼男女也又云女子子者殊之以子關適庶關通也爲子中通有長之適若然成人爲之斬衰三年今殤死與衆子同者以其殤不成人與鷇物未熟故同入殤大功也故別言子見斯義也王肅馬融以爲日易月者以哭之日易服之月殤之期親則以旬有三日哭緦麻之親者則以三日爲制若然哭緦麻三月喪與七歲同又此傳承父母子之下而哭緦麻孩子疏失之甚也

叔父之長殤中殤姑

姊妹之長殤中殤昆弟之長殤中殤夫之昆弟之子女子子之長殤中殤適孫之長殤中殤大夫之庶子爲適昆弟之長殤中殤公爲適子之長殤中殤大夫爲適子之長殤中殤

公君也諸侯大夫不降適殤者重適也天子亦如之 疏 叔父至中殤○釋曰自此盡大夫庶子爲適昆弟之長殤中殤皆是成人齊衰朞長殤中殤殤降一等在功故於此揔見之又皆尊卑爲前後文第作文也云公爲適子大夫爲適子皆是正統成人斬衰今爲殤死不得著代故入大功特言適子者天子諸侯於庶子則絕而無服大夫於庶子降一等故於此不言唯言適子也若然二適在下者亦爲而出其文故也○注公君至如之○釋曰云公君也者直言公恐是公士之公及三公與孤皆號公故訓爲君見是五等之君故言諸侯言天子亦如之者以其天子與諸侯同絕宗故也

其長殤皆九月纓經其中殤七月不纓經

經有纓者爲其重也自大功以上經有纓以一條繩爲之小功已下經無纓也 疏 其長殤至纓經○注經有至無纓也○釋曰經之有纓所以固經猶如冠之有纓以固冠亦結於頤下也五服之正無七月之服唯此大功中殤有之故禮記云九月七月之喪三時是也云經有纓者爲其重也者以經云九月纓經七月不纓經故知經有纓爲其情重故也自大功已上經有纓此鄭廣解五服有纓無纓之事但諸文唯有冠纓不見經有纓之文鄭檢此經長殤有纓法則知成人大功已上經有纓明矣鄭知一條繩爲之者見斬衰冠繩纓通屈一條繩屈之武垂下爲故知此經之纓亦通屈一條屬之經垂下爲纓可知小功已下經無纓也者亦以此經中殤七月經無纓明小功五月已下經無纓可知

大功布衰裳牡麻經纓布帶三月受以小功衰即葛九月者

受猶承也

傳曰大功布九升小功布十一升

此受之下也以發傳者明受盡於此也又受麻經以葛經閒傳曰大功之葛與小功之麻同凡天子諸侯卿大夫既虞士卒哭而受服正言三月者天子諸侯無大功主於大夫士也此雖有君爲姑姊妹女子子嫁於國君者非內喪也古文依此禮也 疏 大功至月者○注受猶承也○釋曰此成人大功章輕於前殤章既畧於此具言○傳曰至十一升○注此受之至禮也○釋曰云大功布九升小功布十一升者此章有降有正有義降則衰七升冠十升正則衰八升冠亦十升義則衰九升冠十一升十升者降小功十一升者正小功傳以受服不言降大功與正大功直云義大功之受者鄭云此受之下正據受之下發傳者明受盡於此義服大功以其小功至葬唯有變麻服葛因故衰無受服之法故傳據義大功而言也云又受麻經以葛經者言受衰麻俱受而傳唯發衰不言受麻以葛故鄭解之云又受麻以葛經引閒傳者證經大功既葬其麻經受以小功葛者以其大功既葬變麻爲葛五分去一大小與小功初死同即閒傳云大功之葛小功之麻同一也故引之爲證耳云凡天子諸侯卿大夫既虞士卒哭而受服者以於斬章釋訖言此者欲見天子七月而葬諸侯五月而葬虞而受服若然經正三月者川其天子諸侯絕旁朞無此大功喪以此而言經言三月者主於大夫士三月葬者若然大夫除死月數亦得爲三月也云此雖有君爲姑姊妹女子子嫁於國君者非內喪也者彼國自以五月葬後服此諸侯爲之自以三月受服同於大夫士故云主於大夫士也

姑姊妹女子

子適人者〔疏〕姑姊至人者○釋曰此等並是本朞出降大功故次在此 傳曰何以大功也出也出必降之者蓋有受我而厚之者〔疏〕傳曰至出也○釋曰問之者以本朞今大功故發問也○注出必至之者○釋曰案檀弓云姑姊妹之薄也蓋有受我而厚之者也鄭取以爲說若然女子子出降亦同受我而厚之皆是於彼厚夫自爲之禫杖朞故於此薄爲之大功 從父昆弟世父叔父之子也其姊妹在室亦如之〔疏〕從父昆弟○注世父至如之○釋曰昆弟親爲之朞此從父昆弟降一等故次姑姊妹之下云其姊妹在室亦如之者義當然也謂之從父昆弟世叔父與祖爲一體又與己父爲一體緦親以致服故云從也降於親兄弟一等是其常故不傳問 爲人後者爲其昆弟〔疏〕爲人至昆弟○釋曰在此者以其小宗之後大宗欲使厚於大宗之親故抑之在從父昆弟之下 傳曰何以大功也爲人後者降其昆弟也〔疏〕傳曰至昆弟也○釋曰案下記云爲人後者於兄弟降一等者故大功也若然於本宗餘親皆降一等也 庶子男女皆是下殤小功章曰爲姪庶孫丈夫婦人同〔疏〕庶孫○注男女至婦人同○釋曰卑於昆弟故次之庶孫從父而服祖朞故祖從子而服孫大功降一等亦是其常故傳亦不問也云男女皆是者女孫在室與男孫同其義然也引殤小功者欲見彼殤既男女同證此成人同不異也

儀禮疏卷第三十一

東鄉盧氏宣旬校定

大清嘉慶二十年重　用文選樓藏本校

江西督糧道王賡言廣豐縣知縣阿應鱗栞

儀禮注疏卷三十一挍勘記　阮元撰盧宣旬摘錄

繼父同居者

而有嫁者　通解要義同毛本而作亦

傳曰何以期也○異居則服齊衰三月　月下唐石經有也字

爲之築宮廟於家門之外　家門之外通典作家之門外

夫不可二　徐陳閩葛通典集釋通解楊氏敖氏同毛本夫作天

假令前三者仍是具　要義同毛本通解仍是作皆

後或繼父有子　通解要義同毛本後上有其字

如此父死爲之齊衰三月　通解要義同毛本如作知

爲夫之君

問比例者　陳本要義同毛本比作此

姑姊妹女子子適人無主者

女子子閒在上不言報者　陳閩通解要義同毛本閒作問

傳曰無主者

仍依出降之服而不服加　不服要義作不復

若言嫁之嫁之乃嫁於大夫　要義同毛本通解無之嫁之三字

傳曰何以期也

則其父若祖有廢疾不立　徐本通典集釋通解楊氏敖氏同毛本無祖字

父爲君之孫　孫上通典有子字

必以今君受國於曾祖　以要義作於

不取受國於祖者若今君受國於祖 下八字今本俱脫要義有但無上六字按通解楊氏此處俱經刪潤尚存下七字

傳曰何以期也妾之事女君

故云無服必無服者 毛本無必無服三字

婦爲舅姑

使如事舅姑故婦事舅姑在下 通解同毛本無故婦事舅姑五字

傳曰何以期也

與子判合 陳本通解同毛本判作胖

傳曰何以期也

上世叔之下 叔下要義有父字

大夫之子 徐本集釋俱經傳合爲一節注揔在傳後與標目合通解楊氏俱同毛本

○姑姊妹女子子無主者 女子子下通典有適人二字

凡六命夫 命通典作大按經傳皆以大夫與命婦對言此命字當依通典作大

爲此六大夫六命婦服期不降之事 通解同毛本大字作命字○按大與通典合

壹命受爵 毛本壹作一按周禮作壹

經云命夫命婦 按經不云命夫此命夫亦當作大夫

但是大夫大夫妻 要義同毛本大夫不重出

皆是命夫命婦也 要義同毛本無命夫二字○按疏內惟此命夫不誤盖此乃作疏者解說之詞非述經注也

凡六大夫六命婦者 毛本大作命

六命夫謂世父一也 按上句述注既作大夫則此句命字亦當作大

傳曰大夫者○女子子適人者 張氏曰經曰女女子適人者爲其父母期按前章云女子子適人者爲其父母此經下女字當作子從前章○按唐石經正作女子子張氏不引以爲証盖不見唐石經故也嚴徐鍾本亦皆作女子子

傳以爲主謂女子子 徐本通典集釋通解楊氏同毛本作傳唯據女子子

既以出降 以徐本通典集釋通解俱作以與疏合毛本作已毛本降下有大功二字徐本集釋俱無與述注合通典通解俱有通典大上有在字按以下句考之則此句當依通典

妻貴於室 徐本通典集釋通解同毛本妻作婦

故傳據父爲大夫爲本 毛本據下有其字

此中無士與士妻 毛本下士字作主

故知唯據此四人而言也云其有祭主者如衆人者自爲之大功矣 下十六字毛本脫通解有其有祭主者自爲大功矣十字

既以出降 毛本降下有大功二字

傳曰何以期也

不敢降其祖與適 通典無敢字與疏合

傳曰何以期也妾不得體君

豈可女君降其父母 要義同毛本無可字

疏衰裳齊牡麻絰無受者

又有舊君舊君中兼天子諸侯 毛本通解舊君二字不重出

傳曰寄公者何也

又反服之　徐本通典集釋敖氏同毛本反作更。按疏云至葬更服

等是諸侯　毛本等作尊

黜爵削地削地盡　要義同毛本削地二字不重出

傳曰何以服齊衰三月也　通解無服字　○宗子之母在　子石經補缺誤作祖字

八十齊喪之事不與　要義同毛本喪作衰通解作衰。按王制是喪字

傳曰爲舊君者

且今義已斷　要義楊氏同毛本且作但

恩深於人故也　毛本人作民。按賈疏應諱民字

亦致仕是致仕之中有二也　要義同毛本無是致仕三字

庶人爲國君

天子畿內之民　畿釋文作圻云本又作畿

庶人或有在官者　通典作庶人或有自在官者下有謂工匠之屬也六字

傳曰何以服齊衰三月也妻言與民同也

大夫越竟逆女非禮　女要義作婦。按公羊傳是女字要義非也浚曙云來內辭當作女

故去可以無服矣　陳本通解同毛本矣作也

繼父不同居者

繼父已於期章釋了　毛本通解了作訖楊氏誤作子

傳曰何以齊衰三月也

則曾祖宜大功　徐本通典集釋通解楊氏同毛本無宜字

高祖曾祖　通典作曾祖高祖盧文弨云通典先曾後高與下言曾孫元孫語相貫

其中含有曾高二祖而言之也　要義同毛本通解曾高作高曾。按曾高正與通典所引注合

尊此尊者也　通解要義同毛本尊此作此尊按毛本是

舊君

庶人本繼土地　監本同毛本土作上

本爲君埽其宗廟爲服　要義同毛本埽作歸下節疏並同

傳曰大夫爲舊君○埽其宗廟　毛本埽作歸唐石經徐本通典集釋通解楊氏敖氏俱作埽。嚴杰云檀弓穆公問於子思節疏引亦作埽

爲三諫不從　徐陳通解楊氏同毛本通典集釋爲俱作謂

故并言寄公　毛本無故字

可以不服而服之　陳閩俱無而服二字

是以此舊君　通解同毛本無此字

傳曰嫁者

此著不降　徐陳通典集釋通解楊氏同毛本著作者嚴本作止者恐誤

又女子子爲祖父母　陳閩又作及毛本無母字通解有

傳亦不敢言降其祖父母傳不言不敢降其祖者　毛本無者字。按此二句疑有誤當云傳亦不言不敢降其祖諸本衍九字此本者字亦衍通解祇有傳不言不敢降六字又按前女子子傳明言不敢降其祖也此疏云云亦不可解

云此著不降　通解同毛本著作者

大功布衰裳

欲見殤不成人故前略後具　毛本不重故字

殤文不縟　毛本文作女

未可言布體與人功　毛本通解人作大

子女子子之長殤中殤

可殤者　殤戴按集釋改作傷按疏云可哀殤者亦當爲可哀傷者

欲使大功下殤有服故也　陳本通解同毛本殤作爲

則大功下殤無服故　毛本通解故作矣

傳曰何以大功也未成人也何以無受也　瞿中溶云石本原刻也何作何也

〇其文縟　文石經補缺誤作未〇故殤之經不樛垂　瞿中溶云石本原刻作摎从手傍

〇皆爲無服之殤　毛本爲上無皆字唐石經徐本聶氏集釋要義楊氏敖氏俱有皆字〇則父名之　通解脫則字

有所識眄　要義同毛本眄作盼陳閩監本通解俱作盻按玉篇云眄俗作盻說文眄目偏合也今俗以眄盻盼混爲一字故遂誤爲盻盼宜作眄

至小祥又以輕服受之　要義同毛本又作及按又是也

不絞帶之垂者　要義同毛本通解無者字

皆服未成服之麻麻絰麻帶　要義同毛本無麻絰二字

蓋不成也　要義同毛本作葢未成人也閩本作盖未成人也

又云女子子者　毛本又作及通解無及字亦無又字

叔父之長殤中殤

自此盡大夫庶子　自此盡通解楊氏俱作自叔父至

殤降一等　殤降二字楊氏倒要義無殤字

在功　要義楊氏同毛本通解在下有大字

其長殤

則知成人大功已上經有纓明矣　陳本通解同毛本上作下

通屈一條繩屈之武　通解毛本屈之武作爲武聶氏作屬之於武按此本屈字蓋屬字之誤通解作爲武與前注合

垂下爲纓　此本爲下脫纓字據聶氏通解毛本補入

傳曰大功布九升

凡天子諸侯卿大夫既虞　自此以下五十四字徐本集釋楊氏俱在上節與毛本同盧文弨云金曰追亦謂脫誤在上文弨細審當以在上者爲是宋本不可從〇按此亦可爲傳注連寫之證鄭於經下注云受猶承也卽載傳而釋之曰此受之下也經注與傳注一氣相承以下或釋經或釋傳皆發明受服之義此注之變例不必與他節同也

非内喪也古文依此禮也　毛本脫下六字徐本集釋俱有通解楊氏俱無戴校集釋云古文下當有訛脫

於此具言　通解同毛本具作其

因故衰無受服之法　受陳閩俱作之

不言受麻以葛　要義楊氏同毛本無以字

云凡天子諸侯卿大夫既虞　自此至末共一百五十四字毛本在上節注下

經正三月者　毛本通解楊氏正下有言字

傳曰何以大功也

以本朞　毛本以下有其字

故於此薄爲之大功　通解楊氏同毛本此下有從字功下有也字

從父昆弟

昆弟親爲之朞　昆要義作兄

爲人後者爲其昆弟

故抑之　陳閩監本通解同毛本抑作次

傳曰何以大功也

於兄弟降一等者　要義同毛本通解兄作昆

儀禮注疏卷三十一校勘記終

奉新余成教校

儀禮疏卷第三十二

唐朝散大夫行大學博士弘文館學士臣賈公彦等撰

適婦適婦適子之妻疏○注適婦適子之妻○釋曰疏於孫故次之其婦從夫而服其舅姑期其舅姑從子而服其婦大功降一等者也

傳曰何以大功也不降其適也婦言適者從夫名疏○釋曰此傳問者以其適庶之子其妻等是婦而爲庶婦小功特爲適婦服大功故發問也荅不降其適故也若然父母爲適長三年今爲適婦不降一等服期者長子本爲正體於上故加至三年婦直是適子之妻無正體之義故直加於庶婦一等大功而已

女子子適人者爲衆昆弟父在則同父沒乃爲父後者服期也疏○釋曰前云姑姊妹女子子出適在章首者情重故至此女子子反爲昆弟在此者抑之欲使厚於夫氏故次在此也爲本親降一等是其常故無傳也云父沒乃爲父後者服期也者不杖章所云是也

姪丈夫婦人報爲姪男女服同疏○注爲姪男女服同○釋曰姪卑於昆弟故次之不言男子女子而言丈夫婦人者姑與姪在室出嫁同以姪女言男人見嫁出因此謂姪男爲丈夫亦見長大之稱是以鄭還以男女解之

傳曰姪者何也謂吾姑者吾謂之姪疏○釋曰云謂吾姑者吾謂之姪者名雖對姑生稱若對世叔唯得言昆弟之子不得姪名也

夫之祖父母世父母叔父母疏○釋曰以其義服故次在此記云爲夫之兄弟降一等此皆夫之朞故妻爲之大功也

傳曰何以大功也從服也夫之昆弟何以無服也其夫屬乎父道者妻皆母道也其夫屬乎子道者妻皆婦道也謂弟之妻婦者是嫂亦可謂之母乎故名者人治之大者也可無慎乎道猶行也言婦人棄姓無常秩嫁於父行則爲母行嫁於子行則爲婦行謂弟之妻爲婦者卑遠之故謂之婦嫂者尊嚴之稱是嫂亦可謂之母乎。嫂猶叟也叟老人稱

也是爲序男女之別爾若已以母婦之服服兄弟之妻兄弟之妻以舅子之服服已則是亂昭穆之序也治猶理也父母兄弟夫婦之理人倫之大者可不慎乎大傳曰同姓從宗合族屬異姓主名治際會名著而男女有別疏傳曰至慎乎○釋曰問者怪無骨肉之親而重服大功故致問也荅從服也從夫而服故大功也若然夫之祖父母世父母爲此妻著何服也案下緦麻章云婦爲夫之諸祖父母報鄭注謂夫所服小功者則此夫所服朞不報限王肅以爲父爲衆子朞妻小功爲兄弟之子朞其妻亦小功以其兄弟之子猶子引而進之進同己子明妻同可知夫之昆弟何以無服已下揔論兄弟之妻不爲夫之兄弟服夫之兄弟不爲兄弟妻服之事云其夫屬乎父道者妻皆母道也其夫屬乎子道者妻皆婦道也此二者尊卑之敘並依昭穆相爲服即此經爲夫之世叔父母服是也云謂弟之妻婦者是嫂亦可謂之母乎者此二者欲論不著服之事若著服則相親近于淫亂故不著服推而遠之遠乎淫亂故無服也又云名者人治之大者也可無慎乎者欲明母之與婦本是路人今來嫁于父子之行則生母婦之名既名母婦即有服有服則相尊敬遠于淫亂者也是母婦之名人理之大可不慎乎當慎之若然兄弟之妻本無母婦之名名兄妻爲嫂者尊嚴之稱名弟妻爲婦與子妻同號者推而遠之下同子妻也是兄弟妻既無母婦之名今名爲嫂婦者假作此號使遠于淫亂故不相爲服也○注道猶至有別○釋曰云謂弟之妻爲婦者卑遠之故謂之婦者使下同子妻則本無婦名假與子妻同遠之也云嫂者尊嚴之稱是嫂亦可謂之母乎者此因弟妻名爲婦以致斯問言不可也云嫂猶叟也叟老人稱也者叟有兩號若孔注尚書西蜀叟叟是頑愚之惡稱若左氏傳云趙叟在後叟是老人之善名是以名爲嫂嫂婦人之老稱故云老人之稱云是爲序男女之別爾者謂不名兄妻爲母是次序昭穆之別也云若己以母婦之服服兄弟之妻兄弟之妻以舅子之服服己則是亂昭穆之序也者此解不得之意何者以弟妻爲婦即以兄妻爲母而以母服服兄妻又以婦服服弟妻又使妻以舅服服夫之兄又使兄妻以子服服己夫之弟則兄弟反爲父子亂昭穆之次序故不得以兄妻爲母者也故聖人深塞亂源使兄弟之妻本無母婦之名不相爲服也引大傳者云同姓從宗合族屬者謂大宗子同是正姓姬姜之類屬聚也合聚族人於宗子之家在堂上行食燕之禮即繫之以姓而弗別綴之以食而弗殊是也又云異姓主名治際會者主名謂母與婦之名治正也際接也以母婦正接之會聚則宗子之妻食燕族人之婦於房是也云名著而男女有

別者謂母婦之名明著則男女各有分別而無淫亂也

大夫爲世父母叔父母子昆弟昆弟之子爲士者子謂庶子疏○注子謂庶子○釋曰大夫爲此八者本朞今以爲士故降至大功亦爲重出此文故次在此也云子謂庶子者若長子在斬章故謂庶子也

傳曰何以大功也尊不同也尊同則得服其親服尊同謂亦爲大夫者親服期疏○注尊同至服期○釋曰尊同謂亦爲大夫者經言大夫爲之明尊同是亦爲大夫也云親服期者此八者並見期章是也

公之庶昆弟大夫之庶子爲母妻昆弟公之庶昆弟則父卒也大夫之庶子則父在也其或爲母謂妾子也疏○釋曰云公之庶昆弟大夫之庶子者此二人各自爲母妻爲昆弟服大功此並受厭降卑於自降故次在自降人之下○注公之至子也○釋曰若云公子是父在今繼兄而言昆弟故知父卒也又公子父在爲母妻在五服之外今服大功故知父卒也云大夫之庶子則父在也者以其繼父而言又大夫卒子爲母妻得伸今但大功故知父在也云其或爲母

謂妾子也者以其爲妻昆弟其禮並同又於適妻皆大夫自不降其子皆得伸今在大功明妾子自爲己母也

傳曰何以大功也先君餘尊之所厭不得過大功也大夫之庶子則從乎大夫而降也父之所不降子亦不敢降也言從乎大夫而降則於父卒如國人也昆弟庶昆弟也舊讀昆弟在下其於厭降之義宜蒙此傳也是以上而同之父所不降謂適也疏傳曰至降也○釋曰問者怪此等皆合重服期今大功故發問也荅云先君餘尊之所厭不得過大功也者此直荅公之庶昆弟以其公在爲母妻厭在五服外公卒猶爲餘尊之所厭不得過大功其大夫之子據父在有厭從於大夫降一等大夫若卒則得伸無餘尊之厭也云父之所不降子亦不敢降也者此傳云而降遂言不降者也此傳雖文承大夫下亦兼解公之昆弟未悉公爲何人不降弟公不降子亦不降與大夫同也○注言從至適也○釋曰以大夫尊少身在降一等身沒其庶子則得伸如國人也云昆弟庶昆弟也者若適則在父之所不降之中故知庶昆弟也云舊讀昆弟在下其於厭降之義宜蒙此傳也是以上而同之者言舊讀謂鄭君以前馬融之等以昆弟二字抽之在傳下今皆易之在上鄭檢經義昆弟乃是公之庶昆弟大夫之庶子所爲者父以尊降庶子則庶子亦厭而爲昆弟大功是知宜蒙此傳則昆弟二字當在傳上與母妻宜蒙此傳同爲厭降之文不得如舊讀也云父所不降謂適也者不指不降之人而云謂適者欲見適中非一謂父爲適妻適子之等皆是也

皆爲其從父昆弟之爲大夫者皆者言其互相爲服尊同則不相降其爲士者降在小功適子爲之亦如之疏○注皆者至如之○釋曰此文承上公之庶昆弟大夫之庶子之下則是上二人爲此從父昆弟之爲大夫者以其二人爲父所厭降親今此從父昆弟爲大夫故此二人不降而服大功依本服也言皆者鄭云互相爲服者以彼此相爲同是從父昆弟相爲著服故云皆互相見之義故也云其爲士者降在小功者降亦等故也云適子爲之亦如之者雖適不降同故也

爲夫之昆弟之婦人子適人者婦人子者女子子也不言女子子者因出見恩疏疏○注婦人至恩疏○釋曰此亦重出故次從父昆弟下此謂世叔母爲之服在家期出嫁大功云不言女子子者因出見恩疏者女在家

室之名是親也婦者事人之稱是見疏也今不言女與母而言夫之昆弟與婦人子者是因出見恩疏故也

大夫之妾爲君之庶子下傳曰何以大功也妾爲君之黨服得與女君同指爲此也妾爲君之長子亦三年自爲其子期異於女君也士之妾爲君之衆子亦期疏○注下傳至亦期○釋曰妾爲君之庶子輕於爲夫之昆弟之女故次之引下傳曰何以大功也妾爲君之黨服得與女君同指爲此也者彼傳爲此經而作故云指爲此在下者鄭彼云文爛在下爾故也云妾爲君之長子亦三年者妾從女君服得與女君同故亦同女君三年又云自爲其子期異於女君也者以其女君從夫降其庶子大功夫不厭妾故自服其子期是異於女君也云士之妾爲君之衆子亦期謂亦得與女君期者亦是與己子同故也

女子子嫁者未嫁者爲世父母叔父母姑姊妹舊讀合大夫之妾爲君之庶子女子子嫁者未嫁者言大夫之妾爲此三人之服也疏○注舊讀至服也○釋曰此是女子子逆降旁親又是重出故次之於此知逆降者此經云嫁者爲世父已下出降大功自是常法更言未嫁者亦爲世父已下非未嫁逆降如何云舊讀合大夫之妾爲君

之庶子女子子嫁者未嫁者言大夫之妾爲此三人之服也者此馬融之輩舊讀如此鄭以此爲非故此下注破之也之

傳曰嫁者其嫁於大夫者也未嫁者成人而未嫁者也何以大功也妾爲君之黨服得與女君同下言爲世父母叔父母姑姊妹者謂妾自服其私親也此不辭即實爲妾遂自服其私親當言其以明之齊衰三月章曰女子子嫁者未嫁者爲曾祖父母經與此同足以明之矣傳所云何以大功也妾爲君之黨服得與女君同文爛在下爾女子子成人者有出道降旁親及將出者明當及時也疏○釋曰云嫁者其嫁於大夫者也未嫁者成人而未嫁者也此二者依鄭爲世父已下七人本服皆期未嫁者逆降之服大功也云何以大功也妾爲君之黨服得與女君同者此傳當在上大夫之妾爲君之庶子下爛脱誤在此但下言二字及者謂妾自服其私親也九字總十一字既非子夏自著又非舊讀者自安是誰置之也今以義必是鄭君置之鄭君欲分別舊讀者如此意趣然後以注破之云此不辭者謂此

分別文句不是解義言辭也云即實爲妾遂自服其私親當言其以名之者此鄭欲就舊章讀破之案不杖期章云女子子適人者爲其父母昆弟之爲父後者也又云公妾以及士妾爲其父母自爲其親皆言其以明妾爲私親今此不言其明非妾爲私親一人逆降一人合降不得合云二人是二人爲此七人等逆降者又引齊衰三月章曰女子子嫁者未嫁者爲曾祖父母經與此同足以見之矣者彼二人爲曾祖是正尊雖出嫁亦不降此則爲旁親雖未嫁亦逆降聖人作文是同足以明之明是二人爲此七人不得以嫁者未嫁者上同君之庶子下文爲世父以下爲妾自服私親也云傳所云何以大功也妾爲君之黨服得與女君同文爛在下爾者此傳爲大夫之妾爲君之庶子而發應在女子子之上君之庶子之下以簡札章編爛斷後人錯置於下是以舊讀將爲本在於此是以遂誤也云女子子成人者有出道降旁親者此鄭依經正解之以其嫁者降旁親是其常而云未嫁者成人未嫁亦降旁親者謂女子子十五已後許嫁笄爲成人有出嫁之道是以雖未出即逆降世父已下旁親也云及將出者明當及時也者謂女子子年十九後年二月冠子娶妻之月其女當嫁今年遭此世父已下之喪若依本服期者過後二月不得及時逆降在大功大功之末可以嫁子則於二月得

及時而嫁是以云明當及時也

大夫大夫之妻大夫之子公之昆弟爲姑姊妹女子子嫁於大夫者君爲姑姊妹女子子嫁於國君者疏○釋曰此等姑姊已下應降而不降又兼重出其文故次在此也此大夫大夫妻大夫之子公之昆弟四等人尊卑同皆降旁親姑姊已下一等大功又以出降當小功但嫁於大夫尊同無尊降直有出降故皆大功也但大夫妻爲命婦若夫之姑姊妹在室及嫁皆小功若不爲大夫妻又降在緦麻假令彼姑姊妹亦爲命婦唯小功耳今得在大夫科中者此謂命婦爲本親姑姊妹已之女子子因大夫大夫之子爲姑姊妹女子子寄文於夫與子姑姊妹之中不煩別見也云君爲姑姊妹女子子嫁於國君者國君絶期已下今爲尊同故亦不降依嫁服大功

傳曰何以大功也尊同也尊同則得服其親服諸侯之子稱公子公子不得禰先君公子之子稱公孫公孫不得祖諸

侯此自卑別於尊者也若公子之子孫有封爲國君者則世世祖是人也不祖公子此自尊別於卑者也是故始封之君不臣諸父昆弟封君之子不臣諸父而臣昆弟封君之孫盡臣諸父昆弟故君之所爲服子亦不敢不服也君之所不服子亦不敢服也不得禰不得祖者不得立其廟而祭之也卿大夫以下祭其祖禰則世世祖是人不得祖公子者後世爲君者祖此受封之君不得祀別子也公子若在高祖以下則如其親服後世遷之乃毁其廟爾因國君以尊降其親故終說此義云疏傳曰至不敢服也○釋曰云何以大功也問者以諸侯絶旁服則大夫降一等今此大功故發問也荅曰云尊同也尊同則得服其親服者大夫與諸侯所以亦爲服者各自以爲尊同故服之也若然大夫之下則云命婦大夫之子國君之下不云夫人世子亦同

國君不降可知云諸侯之子稱公子已下因尊同遂廣說尊不同之義也但諸侯之子適適相承象賢而旁支庶已下並爲諸侯所絶不得稱諸侯子變名公子案檀弓注云庶子言公卑遠之是以子與孫皆言公見疏遠之義故也云此自卑別於尊者也者謂適既立廟支庶子孫不立廟是自卑別於尊者也云若公子之子孫有封爲國君者謂若周禮典命云公八命卿六命大夫四命其出封皆加一等是公之子孫或爲天子臣出封爲五等諸侯是公子有封爲國君之事云則世世祖是人也不祖公子此自尊別於卑者也者謂後世將此始封之君世世祖是人也不祖公子謂不復祀別子也云是故始封之君不臣諸父昆弟者以其初升爲君諸父是祖之一體又是父之一體其昆弟既是父之一體又是已之一體故不臣此二者仍爲之著服也云封君之子不臣諸父而臣昆弟者以其諸父尊故未得臣仍爲之服昆弟卑故臣之不爲之服亦既不臣當服本服期其不臣者爲君所服當服斬以其與諸侯爲兄弟者雖在外國猶爲君斬不敢以輕服服至尊明諸父昆弟雖不臣亦不得以輕服服君爲之斬衰可知云封君之孫盡臣諸父昆弟者繼世至孫漸爲貴重故盡臣之不言不降而言不臣君是絶宗之人親疏皆有臣道故雖未臣子孫終是爲臣故以臣言之云故君之所爲服子亦不敢不服也者此欲釋臣與不臣君之子與君同之義云君之所爲服者謂君之所不臣者君爲之服者子亦服之故云子亦不敢不服也云君之所不服子亦不敢服也者然此謂君所臣之者君不爲之服子亦不敢服之以其子從父升降故也○注不得至義云○釋曰云不得禰不得祖者不得立其廟而祭之也者鄭恐人以傳云不得禰不得祖令卑別之不得將爲禰祖故云不得者不得立其廟而祭之名爲不得也以其廟已在適子爲君者立之旁支庶不得並立廟故云不得也云卿大夫以下祭其祖禰鄭言此者欲見公子公孫若立爲卿大夫得立三廟若作上士得立二廟若作中士得立一廟並得祭其祖禰既不祖禰先君當立別子已下以其公子公孫並是別子若魯桓公生世子名同者後爲君慶父叔牙季友等謂之公子公子並爲別子不得禰先君桓公之廟慶父等雖爲卿大夫未有廟至子孫已後乃得立別子爲大祖不毁廟已下二廟祖禰之外次第則遷之也故云卿大夫已下祭其祖禰也雖得祭祖禰但不得禰祖先君也云則世世祖是人不得祖公子者此謂鄭疊傳文也云後世爲君者祖此受封之君不得祀別子也者此鄭解義語以其後世爲君祖此受封君解世世祖是人不得祀別子解不祖公子者也以其別子卑始封君尊是爲自尊別於卑者也云公

子若在高祖以下則如其親服者此解始封君得立五廟五廟者大祖與高祖已下四廟今始封君後世乃不毁其廟爲大祖於此始封君未有大祖廟唯有高祖以下四廟則公子爲別子者得入四廟之限故云公子若在高祖以下則如其親如其親謂自禰已上至高祖以次立四廟云後世遷之乃毁其廟爾者謂始封君死其子立即以父爲禰廟前高祖者爲高祖之父當遷之又至四世之後始封君爲高祖父當遷之時轉爲大祖通四廟爲五廟定制也故云後世遷之乃毁其廟也云因國君以尊降其親故終說此義云者自諸臣之子已下既非經語而傳汎說降與公子之義故云終說也

緦衰裳牡麻絰既葬除之者 疏 ○釋曰此緦衰是諸侯之臣爲天子在大功下小功上者以其天子七月葬既葬除故在大功九月下小功五月上又縷雖如小功升數又少故在小功上也此不言帶屨者以其傳云小功之緦也則帶屨亦同小功可知

傳曰緦衰者何以小功之緦也 治其縷如小功而成布尊四升半細其縷者以恩輕也升數少者以服至也凡布細而疏者謂之緦今南陽有鄧緦 疏 ○注治其至鄧緦○釋曰傳問者正問縷之麤細不問升數多少故荅云小功之緦也若然小功緦知據縷麤細非升數者下記人記出升數而緦衰四升有半鄭彼注云服在小功之上者欲著其縷之精麤也故云注亦云治其縷如小功而成布四升半也云細其縷者以恩輕也者以其諸侯大夫是諸侯臣於天子爲陪臣唯有聘問接見天子天子禮之而已故服此服是恩輕也云升數少者以服至尊也者諸侯爲天子服至尊義服斬縷加三升半陪臣降君改服至尊加一升四升半也云凡布細而疏者謂之緦者此喪服謂之緦由緦而疏若非喪服細而疏亦謂之緦故云凡以搃之云今南陽有鄧緦者謂漢時南陽郡鄧氏造布有名緦言此者證凡布細而疏即是緦之義

諸侯之大夫爲天子 疏 ○釋曰此經直云大夫則大夫中有孤卿以其小聘使下大夫大聘或使孤或使卿也故大行人云諸侯之孤以皮帛繼子男故知大夫中兼孤卿

傳曰何以緦衰也諸侯之大夫以時接見乎天子 接猶會也諸侯之大夫以時會見於天子而服之則其士庶民不服可知 疏 ○注接猶至可知○釋曰傳問者怪其重此既陪臣何意服四升半布七月乃除荅云以時接見乎天子者爲有恩故服之云接猶會也諸侯之大夫以時會見於

天子而服之者案周禮大宗伯有時見曰會彼諸侯聘時見曰會無常期曰時會此鄭云以時會見者直據諸侯大夫時見復會其問覜天子禮此即周禮大宗伯云時聘曰問殷覜曰視鄭注云時聘者亦無常期天子有事乃聘之焉竟外之臣既非朝歲不敢瀆爲小禮是天子有事乃遣大夫來聘彼又注云殷覜謂一服朝之歲以朝者少諸侯乃使卿以大禮衆聘焉一服朝在元年七年十一年此時雖有侯服一服朝故餘五服並使卿來見天子此並是以時會見天子天子待之以禮皆有委積飧饔饗食燕與時賜加恩既深故諸侯大夫報而服之也云則其士庶民不服可知者上文云庶人爲國君注云天子畿内之民服天子亦如之即知畿外之民不服可知今又言之者以畿外内民庶於天子有服無服無明文今因畿外諸侯大夫接見天子者乃有服不聘天子者即無服明民庶不爲天子服可知故重明之若然諸侯之士約大夫不接見天子則無服明士不接見亦無服可知其有士與卿大夫聘時作介者雖亦得禮介本副使不得天子接見亦不服可知

小功布衰裳澡麻帶絰五月者澡者治去莩垢不絶其本也小記曰下殤小功帶澡麻不絶其本屈而反以報之

疏小功至月者○釋曰此殤小功章在此者本齊衰大功之親爲殤降在小功故在成人小功之上也但言小功者對大功是用功麤大則小功是用功細小精密者也自上以來皆帶在絰下今此帶在絰上者以大功已上絰帶有本小功以下斷本此殤小功中有下殤小功帶不絶本與大功同故進帶於絰上倒文以見重故與常例不同也且上文多直見一絰包二此别言帶者亦欲見帶不絶本與絰不同故兩見之也又殤大功直言無受不言月數此直言月不言無受者聖人作經欲互見爲義大功言無受此亦無受此言五月彼則九月七月可知又且下章言即葛此章不言即葛亦是兼見無受之義也又不言布帶與冠文略也不言屨者當與下章同吉屨無絇也○注澡者至報之○釋曰云澡者治去莩垢者謂以枲麻又治去莩垢使之滑淨以其入輕竟故也引小記者欲見下殤小功中有本是齊衰之喪故特言下殤若大功下殤則入緦麻是以特據下殤云屈而反以報之者謂先以一股麻不絶本者爲一條展之爲繩報合也以一頭屈而反鄉上合之乃絞垂必屈而反以合者見其重故也引之者證此帶亦不絶本屈而反以報之也若然此章亦有大功長殤在小功者未知帶得與斬衰下殤小功同不絶本不案服問云小功無變也又云麻之有本者變三年之葛彼云小功無變據成人小功無變三年之葛有本得變之則知大功殤長中在小功者輕帶無本也以此而言經注專據齊斬下殤小功重者而言其中無有大功之殤在小功帶麻絶本者似若斬衰章兼有義服傳直言衰三升冠六升不言義服衰三升半者也若然姑姊妹出適降在小功者以其成人非所哀痛帶與大功之殤同亦無本也

叔父之下殤適孫之下殤昆弟之下殤大夫庶子爲適昆弟之下殤爲姑姊妹女子子之下殤爲人後者爲其昆弟從父昆弟之長殤

疏○釋曰此經自叔父已下至女子子之下殤八人皆是成人期長殤中殤大功已在上殤大功章以此下殤小功故在此章也仍以尊者在前卑者居後云爲人後者爲其昆弟之長殤從父昆弟之長殤此二者以本服大功今長殤中殤小功故在此章從父昆弟情本輕故在出降昆弟後也

傳曰問者曰中殤何以不見也大功之殤中從上小功之殤中從下問者據從父昆弟之下殤在緦麻也大功小功皆謂服其成人也大功之殤中從上則齊衰之殤亦中從上也此主謂丈夫之爲殤者服也凡不見者以此求之也

疏○注問者至求之也○釋曰不在云何以而云問者曰者以其傳總問大功小功所問非一故云問者曰與常例不同鄭云問者據從父昆弟之下殤在緦麻也者以其緦麻章見從父昆弟之下殤此章見從父昆弟之長殤唯中殤不見故致問是以據從父昆弟也云大功小功皆謂服其成人也者以其緦麻章傳云齊衰之長中從上大功之殤中從下據此二傳言之禮無殤在齊衰則下齊衰之殤與大功之殤據成人明此大功與小功之殤據服其成人可知也若然此經大功之殤唯有爲人後者爲昆弟及從父昆弟二者長殤中殤在此小功其成人小功之殤中從下自在緦麻於此言之者欲使小功與大功相對故兼言之也云大功之殤中從上則齊衰之殤亦中從上也者以此傳云大功之殤中從上小功之殤中從下而言則大功重者中從上齊衰重於大功明從上可知故謂舉輕以明重也又云此主謂丈夫之爲殤者服也者鄭以此云大功之殤中從上小功之殤中從下緦麻章云齊衰之殤中從上大功之殤中從下兩文相反故鄭以彼謂婦人爲夫之族類此謂丈夫爲殤者服也鄭必知義然者以其此傳發在從父昆弟丈夫下下文發傳在婦人爲夫之親下故知義然也云凡不見

者以此求之也者周公作經不可具出畧舉以明義故云不見者以此求之也 為夫之叔父之長殤 不見中殤者中從下也 疏 ○注不見至下也○釋曰夫之叔父義服故次在此成人大功故長殤降一等在小功云不見中殤者中從下也者下傳云大功之殤中從下主謂此婦人為夫之黨類故知中從下在緦麻也

昆弟之子女子子夫之昆弟之子女子子之下殤為姪庶孫丈夫婦人之長殤 疏 ○釋曰云昆弟之子女子子夫之昆弟之子女子子之下殤者此皆成人為之齊衰期長中殤在大功故下殤在此小功也云為姪庶孫丈夫婦人之長殤者謂姑為姪成人大功長殤在此小功不言中殤中從上不言男子女子而言丈夫婦人亦是見恩疏之義庶孫者祖為之大功長殤中殤亦在此小功言丈夫婦人亦是見恩疏也

大夫公之昆弟大夫之子為其昆弟庶子姑姊妹女子子之長殤 大夫為昆弟之長殤小功謂為士者若不仕者也以此知為大夫無殤服也公之昆弟不言庶者此

無服無所見也大夫之子不言庶者關適子亦服此殤也云公之昆弟為庶子之長殤則知公之昆弟猶大夫 疏 ○釋曰云大夫公之昆弟大夫之子為其昆弟庶子姑姊妹女子子之長殤者謂此三人為此六種人成人以尊降至大功故長殤小功中亦從上此一經亦尊卑為次序也○注大夫至大夫○釋曰云大夫為昆弟之長殤小功謂為士者若不仕者也者凡為昆弟成人期長殤在大功今大夫為昆弟長殤小功明大夫為昆弟降一等成人大功長殤中殤在小功若昆弟亦為大夫同等則不降今言降在小功明是昆弟為士若不仕者也云以此知為大夫無殤服也者巳為大夫則冠矣丈夫冠而不為殤是以知大夫無殤服矣若然大夫身用士禮巳二十而冠而有兄姊殤者巳與兄姊同十九而兄姊於年終死巳至明年初二十因喪而冠是巳冠成人而有兄姊殤也且五十乃爵命今未二十巳得為大夫者五十乃爵命自是禮之常法或有大夫之子有盛德謂若甘羅十二相秦之等未必要至五十是以得有幼為大夫者也若然曲禮云四十強而仕則四十然後為士今云殤死者為士若不仕則為士而殤死亦是未二十得為士者謂若士冠禮鄭目錄云士之子任士職居士位二十而冠則亦是有德未二十為士至二十乃冠故鄭引管子書四民之業士亦世焉是

也云公之昆弟不言庶者此無服無所見也者經云公之昆弟多兼言庶此特不云公之庶昆弟直云公之昆弟者若為母則兼云庶以其適母適庶之子皆同服妾子為母見厭不申今此經不為母服為昆弟巳下並同長殤故不言庶也云大夫之子不言庶者關適子亦服此殤也者若言大夫庶子為昆弟謂言適子不服之若不言庶子則兼適庶是以鄭云不言庶子者關適子關通也通適子亦服此服也云公之昆弟為庶子之長殤則知公之昆弟猶大夫者舊疑大夫與公之昆弟尊卑異今案此經云公之昆弟與大夫同降昆弟巳下成人大功長殤同小功則知此二人尊卑同故云猶大夫也

大夫之妾為庶子之長殤 君之庶子 疏 ○注君之庶子○釋曰妾為君之庶子成人在大功巳見上章今長殤降一等在此小功云君之庶子者若適長則成人隨女君三年長殤在大功與此異故言君之庶子以別之也

儀禮疏卷第三十二 元缺卷今補依要義分

大清嘉慶二十年重栞 用文選樓藏本校

江西督糧道王賡言廣豐縣知縣阿應鱗栞

儀禮注疏卷三十二挍勘記　阮元撰盧宣旬摘録

夫之祖父母案此本自三十二卷至三十七卷並缺今據要義分

故妻爲之大功也通解要義同毛本無妻字

傳曰何以大功也從服也

道猶行也言婦人棄姓無常秩嫁於父行則爲母行嫁於子行則爲婦行下二十四字毛本脫徐本通典集釋通解俱有楊氏無浦鏜云爾疋疏亦有

是嫂亦可謂之母乎嫂猶叟也上八字毛本脫徐本通典集釋通解俱有與疏合通典乎下更有言不可三字按若無言不可三字則空述傳文殊覺無謂注意言嫂者雖是尊嚴之稱然竟謂之母則不可也不過比之以老人耳賈疏曰云嫂者尊嚴之稱是嫂亦可謂之母乎者此因弟妻名爲婦以致斯問言不可也此首尾述注而中間釋其義疏家每有此例非杜氏取賈氏疏羼入鄭注也宜補入叟釋文作傁

叟老人稱也人下集釋有之字

婦爲夫之諸祖父母報陳本要義同毛本報作服

則此夫所服朞不報限要義同毛本報限作服報

引大傳者云要義同毛本無者字

姬姜之類之陳閩俱作子

大夫爲世父母○子昆弟昆弟之子昆弟二字通典不重

公之庶昆弟

今繼兄而言昆弟要義通解楊氏同毛本無昆字

傳曰何以大功也○不得過大功也瞿中溶云石本原刻無過字

則庶子亦厭而爲昆弟大功要義同毛本無子字

不得如舊讀也陳閩俱脫讀字

爲夫之昆弟之婦人子適人者

婦人子者徐陳通典通解要義楊敖同毛本集釋無子字要義無者字

大夫之妾

妾爲君之長子亦三年徐陳通典集釋通解楊氏同毛本年作等

女子子嫁者未嫁者瞿中溶云石本原刻無女子

傳曰嫁者○妾爲君之黨服爲下通典有女字前經及本傳兩注並同按喪服小記妾從女君而出則不爲女君之子服注云妾爲女君之黨服得與女君同亦有女字○按有女字非是經云君之庶子女子子則是君之黨而非女君之黨也

○下言爲世父母叔父母姑姉妹者謂妾自服其私親也按此二十一字乃鄭所引舊讀之文與下此不辭相連皆爲注文而上節鄭注舊讀以下三十二字當次於傳文女君同之下則一氣相連曰言曰下言文義顯然矣鄭引此舊讀而破之曰此不辭蓋鄭破舊說而欲顛倒傳文也自寫者誤分注爲兩截竄舊讀三十二字於傳曰之前而又誤鄭注下言二十一字爲傳文遂爲學者大疑向使此二十一字爲傳則舊讀甚是鄭若破之是破傳非破舊讀矣鄭不言傳誤而但言舊讀誤是傳必不與舊讀合矣蓋鄭意謂傳何以至君同十六字爲庶子以下之傳文而誤爛在女子子適人者至者也十九字傳文之下唐以前寫校之人膚淺不審因爛下之文遂疑下言二十一字爲傳文而爛在下耳今依舊讀則少其字爲不辭依鄭讀則顛倒傳文未嫁道降更招駁議然不必論此是非但論鄭注古本爲何如必是誤注爲傳也新舊二說是非與此無涉也元於乾隆五十八年校太學石經即立此說刪此二十一字見石經挍勘記中及元督學山東覆校石經者又復增入此外近儒諸說紛歧皆非也

當言其以明之徐本通典集釋敖氏同毛本明作見張氏曰注曰當言其以明之又曰足以明之矣

按釋文見恩注云下以見同下無以見字必是誤作以明也從釋文○按疏述注亦作見

傳曰何以大功也尊同也

不得祖公子者　張氏曰注曰不得祖公子又曰不得祀别子按釋文云不復扶又反復謂此二句得字誤也不得者禁止之辭也公子禰先君公孫祖諸侯于禮爲僭禁之可也其曰不得禰不得祖宜也若公子之子孫有封爲國君者則後世不祖公子人情然也何用禁爲不復云者蓋既祖此則不再祖彼焉爾經于上禰先君祖諸侯皆云不得于下止言不祖義可見矣今改二句之得爲復從釋文○按張説當矣但疏以則世世祖是人不得祖公子者兩句爲疊傳則得字者字宜俱屬衍文下句得字乃當作復爾釋文不云下同明注中止一復字

以其初升爲君　初閩本作祖

又是父之一體　父下陳閩俱有子字

以其與諸侯爲兄弟者　其閩本作昔

漸爲貴重　通解要義同毛本漸作嶄○按漸字是

云卿大夫以下　云陳閩俱作六

不得祖公子者　按得字亦疑衍

此謂鄭發傳文也　謂字疑衍

不得祀别子也者　按此得字亦當作復後人既改注併改疏

此解始封君得立五廟五廟者　要義同毛本五廟二字不重出

大祖　要義同毛本祖下有一廟二字

則如其親如其親謂自禰已上　要義同毛本如其親三字不重出

云因國君以尊降其親　要義同毛本以下有大祖二字

緦衰裳牡麻經

以其傳云　要義通解楊氏同毛本以其作案下

傳曰緦衰者何以小功之緦也　段玉裁云之縷唐石經已譌之緦程瑶田曰据注亦當依段改正之檀弓下云請緦衰而環經注緦衰小功之縷而四升半之衰疏以爲約喪服傳文則此緦字當爲縷字之誤許宗彥云傳解爲小功之緦注解治縷如小功此遞相解若傳文爲縷則可不更注矣蓋緦兼縷及升數兩層也段程皆誤

而成布尊四升半　徐本同毛本無尊字

以服至也　徐本同毛本至下有尊字張氏曰注曰治其縷如小功而成布尊四升半又曰以服至也按疏上句多一尊字下句少一尊字後記緦衰之注云不敢以兄弟之服服至尊也與疏下句之義合並從疏

故云注亦云　上云字疑當作此

傳曰何以緦衰也

何意服四升半布七月乃除　要義同毛本布作而

其有士與卿大夫聘時作介者　要義同毛本通解無有字

小功布衰裳澡麻帶經五月者

爲殤降在小功　聶氏通解要義同毛本在下有外字

自上以來　聶氏要義同毛本上作士

且上文多直見一經包二　包要義作苞是也通解作包

又不言布帶與冠　通解要義敖氏同毛本又作入

吉屨無絇也　吉陳閩通解俱作言

經注專據斬衰下殤小功重者而言　斬衰陳閩監本俱作齊斬通解作齊衰斬

叔父之下殤

八人皆是成人期　陳閩通解楊氏同毛本八作入

長殤中殤大功　通解楊氏同毛本中作下

云爲人後者爲其昆弟之長殤 要義同毛本無之長殤三字按經云爲人後者爲其昆弟李氏以爲昆弟下少之長殤三字盖据疏知之也

今長殤中殤小功 通解要義同毛本無中殤二字

傳曰問者曰

此主謂丈夫之爲殤者服也 丈徐本通典集釋俱作大通解楊敖毛本俱作丈張氏曰疏作丈從疏

在婦人爲服之親下 服通解要義俱作夫

昆弟之子女子子

中從上 上要義作下通解楊氏俱作上

大夫公之昆弟

此無服 通典無下有母字通解無作庶張氏曰注曰公之昆弟不言庶者此無服無所見也按疏云若爲母則兼云庶以其適母適庶之子皆同服妾子爲母見厭不申今此經不爲母服爲昆弟以下長殤並同故不言庶也考疏之義無盖庶字也從疏○按須如通典作此無母服乃與疏合張氏改無爲庶雖云從疏實非疏意

同等則不降 通解要義同毛本則作期

而有兄姊殤者 陳本通解要義同毛本姊作弟○按姊是也

是已冠成人而有兄姊殤也 要義同毛本通典已作以

則四十然後爲士 士要義作仕通解作士

爲昆弟已下並同長殤 下四字張氏識誤引作長殤並同

儀禮注疏卷三十二挍勘記終

奉新余成教挍

儀禮疏卷第三十三

唐朝散大夫行大學博士弘文館學士臣賈公彦等撰

小功布衰裳牡麻絰即葛五月者。即就也小功輕三月變麻因故衰以就葛絰帶而五月也間傳曰小功之葛與緦之麻同舊說小功以下吉屨無絇也疏○注即就至絇也○釋曰此是小功成人章輕於殤小功故次之此章有三等正降義其衰裳之制澡絰等與前同故畧也云即葛五月者以此成人文縟故有變麻從葛故云即葛但以日月為足故不變衰也不列冠屨承上大功文畧小功又輕故亦不言也言日月者成人文縟故具言也云即就也者謂去麻就葛也引閒傳欲見小功有變麻服葛法既葬大小同故變同之也引舊說云小功以下吉屨無絇也者以小功輕非直喪服不見屨諸經亦不見其屨以輕畧之是以引舊說為證絇者案周禮屨人職屨舄皆有絇繶純純者於屨口緣繶者牙底接處縫中有絛絇者屨鼻頭有飾為行戒吉時有行戒故有絇喪中無行戒故無絇以其小功輕故從吉屨為其大飾故無絇也

從祖祖父母從祖父母報祖父之昆弟之親疏○注祖父至之親○釋曰此亦從尊向卑故先言從祖祖父母已上章已先言父次言祖次言曾此從祖祖父母是曾祖之子祖之兄弟○故次之是以鄭言祖父之昆弟之親者云從祖父母者是從祖祖父之子是父之從父昆弟之親故鄭并言祖父之昆弟之親云報者恩輕欲見兩相為服故云報也

從祖昆弟父之從父昆弟之子疏○注父之至之子○釋曰此是從祖父之子故鄭云父之從父昆弟之子已之再從兄弟以上三者為三小功也

從父姊妹父之昆弟之女疏○注父之昆弟之女○釋曰此謂從父姊妹在家大功出適小功不言出適與在室姊妹既逆降宗族亦逆降報之故不辨在室及出嫁也

孫適人者孫者子之子女孫在室亦大功也疏○注孫者至功也○釋曰以女孫在室與男孫同大功故出適小功也

為人後者為其姊妹適人者不言姑者舉其親者而恩輕者降可知疏○注不言至可知○釋曰云不言姑者舉其親者而恩輕者降可知案詩云問我諸姑遂及伯姊注云先姑後姊尊姑也是姑尊而不親姊妹親而不尊故云不言姑舉姊妹親者也

為外祖父母傳曰何以小功也以尊加也疏○釋曰發問者是傳之不得決此以云外親之服不過緦今乃小功故發問云以尊加也者以言祖者祖是尊名故加至小功言為者以其母之所生情重故言為猶若衆子恩愛與長子同退入朞故特言為衆子也

從母丈夫婦人報從母母之姊妹疏○注從母母之姊妹○釋曰母之姊妹與母一體從於己母而有此名故曰從母言丈夫婦人者母之姊妹之男女與從母兩相為服故曰報云丈夫婦人者馬氏云從母報姊妹之子男女也丈夫婦人者異姓無出入降若然是皆成人長大為號

傳曰何以小功也以名加也外親之服皆緦也外親異姓正服不過緦丈夫婦人姊妹之子男女同疏○注外親至女同○釋曰云以名加也者以有母名故加至小功云外親之服皆緦也者以其異姓故云外親以本非骨肉情疏故聖人制禮無過緦也言此者見有親與母名即加服之意耳注云外親異姓者從母與姊妹子舅與外祖父母皆異姓故揔言外親也

夫之姑姊妹娣姒婦報夫之姑姊妹不殊在室及嫁者因恩輕畧從降疏○注大夫至從降○釋曰夫之姑姊妹夫為之期妻降一等出嫁小功因恩疏畧從降故在室及嫁同小功若此釋恐謂未當報然文不為娣姒設以其娣姒婦兩見更相為服自明何言報也既報字不為娣姒其報於娣姒上者以其於夫之兄弟使之遠別故無名使不相為服要娣姒婦相為服亦因夫而有姑娣姒婦下云報使娣姒上蒙夫字以冠之也

傳曰娣姒婦者弟長也何以小功也以為相與居室中則生小功之親焉娣姒婦者兄弟之妻相名也長婦謂稚婦為娣婦娣婦謂長婦為姒婦疏○注娣姒至姒婦○釋曰傳云娣姒婦者弟長也者此二字皆以女為形以弟為聲則據二婦立稱謂年小者為娣故云娣弟是其年幼也年大者為姒故云姒長是其年長假令弟妻年大稱之曰姒兄妻年小謂之曰娣是以左氏傳穆姜是宣公夫人大婦也聲伯之母是宣公弟叔肸之妻小婦也聲伯之母不聘穆姜云吾不以妾為姒是據二婦年大小為娣姒不據夫年為小大之事也

大夫大夫之子公之昆弟為從父昆弟庶孫姑

姊妹女子子適士者從父昆弟及庶孫亦謂爲士者疏。注從父至士者。釋曰從父昆弟庶孫本大功此三等以尊降入小功姑姊妹女子子本期此三等出降入大功若適士又降一等入小功也此等以重出其文姑姊妹又以再降故在此鄭云爲父昆弟及庶孫亦謂爲士者以經女子子下摠云適士鄭恐人疑故鄭別言之以其從父昆弟及庶孫已見於大功章今在此故三等人降親一等故知此文亦謂爲士者也

大夫之妾爲庶子適人者君之庶子女子子也庶女子子在室大功其嫁於大夫亦大疏。注君之至大功。釋曰此云適人者謂士是以本功在室大功出降故小功鄭云嫁於大夫亦大功者直有出降無尊降故也

庶婦夫將不受重者疏。注夫將不受重者。釋曰經云於支庶舅姑爲其婦小功鄭云夫將不受重則若喪服小記注云世子有廢疾不可立而庶子立其舅姑皆爲其婦小功則亦兼此婦也

君母之父母從母君母父之適妻也從母君母之姊妹疏。注君母至姊妹。釋曰此亦謂妾子爲適妻之父母及君母姊妹知適妻子爲之同也

傳曰何以小功也君母在則不敢不從服君母不在則不服不敢不服者恩實輕也凡庶子爲君母如適子疏。注不敢至適子。釋曰何以發問者以既不生已母又非骨肉怪爲小功故發問也荅云不敢不從服者言無情實但畏敬故云不敢不從服也云君母不在者或出或死故直云不在容有數事不在也鄭云不敢不服者恩實輕也者以解不敢意也云如適子者則如適妻之子非正適長而據君母在而云如若君母不在則不如若然君母在既爲君母父母其已母之母或亦兼服之若馬氏義君母不在乃可申矣

君子子爲庶母慈已者君子子者大夫及公子之適妻子疏。注君子至妻子。釋曰鄭云君子子者大夫及公子之適妻子者禮之通例云君子與貴人皆據大夫已上公子尊卑比大夫故鄭據而言焉又國君之子爲慈母無服士又不得稱君子亦復自養子無三母具故知此二人而已必知適妻子者妾子賤亦不合有三母故也

傳曰君子子者貴人之子也爲庶母何以小功也以慈已加也云君子子者則父在也父沒則不服之矣以慈已加則君子子

亦以士禮爲庶母緦也內則曰異爲孺子室於宮中擇於諸母與可者必求其寬裕慈惠溫良恭敬愼而寡言者使爲子師其次爲慈母其次爲保母皆居子室他人無事不往又曰大夫之子有食母庶母慈已者此之謂也其可者賤於諸母謂傅姆之屬也其不慈已則緦可矣不言師保慈母居中服之可知也國君世子生卜士之妻大夫之妾使食子三年而出見於公宮則劬非慈母也士之妻自養其子疏。注云君至其子。釋曰云爲庶母何以小功也發問者以諸侯與士之子皆無此服唯此貴人大夫與公子之子猶有此服故發問也荅云慈已加也故以緦麻上加至小功也云君子子者則父在也者以其言子繼於父故云父在且大夫公子不繼世身死則無餘尊之厭如凡人則無三母慈已之義故知父在也云父沒則不服之矣者以其無餘尊雖不服小功仍服庶母緦麻也如士禮故鄭又云以慈已加則君子子以士禮爲庶母緦也是其本爲庶母緦麻也內則已下至并慈母也皆內則文彼文承國君與大夫士之子生之下鄭彼注云爲君養子之禮今此鄭所引證大夫公子養子之法以其大夫公子適妻亦得立三母故也云異爲孺子室於宮中者鄭注云特埽一處以處之更不別室還於側室生子之處也云擇於諸母與可者諸母謂父之妾即此經庶母者也云可者彼注云可者傅御之屬也謂母之外別有傅母御妾之等有德行者可以充三母也云必求其寬裕慈惠溫良恭敬愼而寡言者寬謂寬弘裕謂容裕慈謂恩慈惠謂惠愛溫謂溫潤良謂良善恭謂恭恪敬謂敬肅愼謂能謹愼寡言謂審詞語有此十行者得爲子師始終與子爲模範故取德行高者爲之也故彼注云子師教示以善道者云其次爲慈母彼注云慈母知其嗜欲者德行稍劣者爲慈母即此經慈母是也又云其次爲保母者德行又劣前者爲保母彼注云保母安其居處者云皆居子室者以皆是子母是以居子之室也云他人無事不往者彼注云爲兒精氣微弱將驚動也又云大夫之子有食母者彼注云選於傅御之中喪服所謂乳母也案下章云乳母注云謂養子者有他故賤者代之慈已者若然大夫三母之內慈母有他故使賤者代慈母養子謂之乳母死則服之三月與慈母服異引之者證三母中又有此母也君與士皆無此事云庶母慈已者此之謂也者謂此經庶母慈已則內則所云之謂也云其可者賤於諸母謂傅姆之屬也者傅姆謂女師鄭注昏禮云姆婦人年五十無子出而不復嫁能以婦道教人者若今時乳母矣鄭注內則云可者傅御之屬與此注不同者無正文故注有異相兼乃具云其不慈已則緦可矣者覆解子爲三母之服謂諸母也傳云

以慈己加若不慈己則不加明本當緦也云不言師保慈母居中服之可知也者周公作經舉中以見上下故知皆服之矣云國君世子生卜士之妻大夫之妾使食子三年而出見於公宮則劬非慈母者引此者彼既揔據國君與卿大夫士養子法向來所引唯據大夫與公子養子法故更見國君養子之禮但國君子之三母具如前說三母之外別有食子者二者之中先取士妻無堪者乃取大夫妾不并取之案彼注謂先有子者以其須乳故也劬勞三年子大出見公宮則勞之以束帛此經慈母以其無服故也知國君子於三母無服者案曾子問孔子曰古者男子外有傅内有慈母君命所使教子也何服之有以此而言則知天子諸侯之子於三母皆無服也云士之妻自養其子者此亦内則文取之者以其君大夫養子已具故因論士之養子法彼注云賤不敢使人也

緦麻三月者

緦麻布衰裳而麻絰帶也不言衰絰畧輕服省文

疏○注緦麻至省文○釋曰此章五服之内輕之極者故以緦如絲者爲衰裳又以澡治莩垢之麻爲絰帶故曰緦麻也三月者凡喪服變除皆法天道故此服之輕者法三月一時天氣變可以除之故三月也云緦麻布衰裳者緦則絲也但古之緦麻字通用故作緦字直云而麻絰帶也案上殤小功章云澡麻絰帶況緦

服輕明亦澡麻可知云不言衰絰畧輕服省文者據上殤小功言絰帶故成人小功與此緦麻有絰帶可知故云畧輕服省文也

傳曰緦者十五升抽其半有事其縷無事其布曰緦

謂之緦者治其縷細如絲也或曰有絲朝服用布何衰用絲乎抽猶去也雜記曰緦冠繰纓

疏○注謂之至繰纓○釋曰云緦者十五升抽其半者以八十縷爲升十五升千二百縷抽其半六百縷縷麤細如朝服數則半之可謂緦而疏服最輕故也云有事其縷無事其布曰緦者案下記云大夫弔於命婦錫衰傳曰錫者十五升抽其半無事其縷有事其布曰錫鄭注云謂之錫者治其布使之滑易也不錫者不治其縷哀在内也緦者不治其布哀在外若然則二衰皆同升數但錫衰重故治布不治縷哀在内故也此緦麻衰治縷不治布哀在外故也云謂之緦者治其縷細如絲也者以其麤細與朝服十五升同故細如絲也云或曰有絲者有人解有用絲爲之故云緦又曰朝服用布何衰用絲乎者此鄭以義破或解朝服謂諸侯朝服緇布衣及天子朝服皮弁服白布衣皆用布至於喪衰何得反絲乎故不可也引雜記緦冠繰纓者以其斬衰纓纓重於冠齊衰已下纓纓與冠等上傳曰齊衰大功冠其受也緦麻小功冠其衰也則此云緦冠者冠與衰同用緦布但繰纓者以灰繰治布爲纓與冠別以其冠與衰皆不治布纓則繰治以其輕故特異於上也

族曾祖父母族祖父母族父母族昆弟

族曾祖父者曾祖昆弟之親也族祖父者亦高祖之孫則高祖有服明矣

疏○注族曾至明矣○釋曰此即禮記大傳云四世而緦服之窮也名爲四緦麻者也云族曾祖父母者己之曾祖親兄弟也云族祖父母者己之祖父從父昆弟也云族父母者己之父從祖昆弟也云族昆弟者己之三從兄弟皆名爲族族屬也骨肉相連屬以其親盡恐相疏故以族言之耳云祖父之從父昆弟之親者欲推出高祖有服之意也以己之祖父與族祖父相與爲從昆弟族祖父與己之祖俱是高祖之孫此四緦麻又與己同出高祖已上至高祖爲四世旁亦四世旁四世既有服於高祖有服明矣鄭言此者舊有人解見齊衰三月章直見曾祖父母不言高祖以爲無服故鄭從下鄉上推之高祖有服可知上章不言者鄭彼注高祖曾祖皆有小功之差服同故舉一以見二也然則又云族祖父者鄭意以族祖父者上連祖父之從父昆弟爲義句也故下亦高祖之孫也明己之祖父即高祖之正孫族祖父高祖之旁孫也

庶孫之婦庶孫之中殤

庶孫者成人大功其殤中從上此當爲下殤言中殤者字之誤爾又諸言中者皆連上下也

疏○注庶孫至下也○釋曰庶孫之婦緦者以其適子之婦大功庶子之婦小功適孫之婦小功庶孫之婦緦是其差也云庶孫之中殤注云庶孫者成人大功其殤中從上者則長中殤皆入小功章中故云此當爲下殤言中殤者字之誤爾又諸言中者皆連上下也者謂大功之殤中從上小功緦麻之殤中從下謂殤之内無單言中殤者此經單言中殤故知誤宜爲下也

從祖姑姊妹適人者報從祖父從祖昆弟之長殤

不見中殤者中從下

疏○注不見至從下○釋曰此一經皆本服小功是以此經或出適或長殤降一等皆緦麻云不見中殤者中從下者以其小功之殤中從下故也其云從祖父長殤謂叔父者也

外孫

女子子之子

疏○注女子子之子○釋曰云外孫者以女出外適而生故云外孫

從父昆弟姪之下殤夫之叔父之中殤下殤

言中殤者明中從下

疏○注言中至從下○釋曰從父昆弟成人大功長中殤在小功故下

殤在此章也姪者爲姑之出降大功長中殤小功故下殤在此也夫之叔父成人大功長殤在小功故中下殤在此以下傳言之婦人爲夫之族類大功之殤中從下故鄭據而言之也

從母之長殤報 【疏】○釋曰從母者母之姊妹成人小功故長殤在此中下之殤則無服故不言云報者以其疏亦兩相爲服也案小功章已見從母報服此殤又云報者以前章見兩俱成人以小功相報此章見從母與姊妹子亦俱在殤死相爲報服故二章並言報也

庶子爲父後者爲其母 【疏】○釋曰此爲無冢適唯有妾子父死庶子承後爲其母緦也

傳曰何以緦也傳曰與尊者爲一體不敢服其私親也然則何以服緦也有死於宮中者則爲之三月不舉祭因是以服緦也 君卒庶子爲母大功大夫卒庶子爲母三年也士雖在庶子爲母皆如衆人 【疏】傳曰至緦也○釋曰傳發問者怪其親重而服輕故問引舊傳者子夏見有成文引以爲證云與尊者爲一體者父子一體如有首足者也云不敢服其私親也者妾母不得體君不得爲正親故言私親也云然則何以服緦也又發此問者前荅既云不敢服其私親即應全不服而又服緦何也荅曰有死於宮中者則爲之三月不舉祭因是以服緦也者云有死宮中者縱是臣僕死於宮中亦三月不舉祭故此庶子因是爲母服緦也有死即廢祭者不欲聞凶人故也○注君卒至衆人○釋曰云君卒庶子爲母大功者大功章云公之庶昆弟爲其母是也以其先君在公子爲母在五服外記所云是也先君卒則是也今君庶昆弟爲其母大功先君餘尊之所厭不得過大功今庶子承重故緦云大夫卒庶子爲母三年也者以其母在大功父卒無餘尊所厭故伸三年士雖在庶子爲母皆如衆人者士卑無厭故也鄭并言大夫士之庶子者欲見不承後者如此服若承後則皆緦故并言之也向來經傳所云者據大夫士之庶子承後法若天子諸侯庶子承後爲其母所服云何案曾子問云古者天子練冠以燕居鄭云謂庶子王爲其母無服案服問云君之母非夫人則羣臣無服唯近臣及僕驂乘從服唯君所服服也注云妾先君所不服也禮庶子爲後爲其母緦言唯君所服申君也春秋之義有以小君服之者時若小君在則益不可據彼二文而言曾子問所云據小君在則練冠五服外服問所云據小君沒後其庶子爲得申故鄭云申君是

以引春秋之義母以子貴若然天子諸侯禮同與大夫士禮有異也

士爲庶母 【疏】○釋曰上下體例平文皆士若非士則顯其名位傳云大夫已上爲庶母無服則爲庶母是士可知而經云士者當云大夫已上不服庶母庶人又無庶母爲庶母服者唯士而已故詭例言士也

傳曰何以緦也以名服也大夫以上爲庶母無服 【疏】○釋曰發問者除士以外皆無服庶母服獨士有服故發問荅云以名服也以有母名故有服云大夫以上爲庶母無服者以其降故無服此傳解特釋士之意也

貴臣貴妾 【疏】貴臣貴妾○釋曰此貴臣貴妾謂公士大夫爲之服緦以等非南面故服之也

傳曰何以緦也以其貴也 此謂公士大夫之君也殊其臣妾貴賤而爲之服貴臣室老士也貴妾姪娣也天子諸侯降其臣妾無服士卑無臣則士妾又賤不足殊有子則爲之緦無子則已 【疏】○釋曰發問者以臣妾言不應服故發問之也荅云以其貴也以非南面故簡貴者服之也○注此謂至則已○釋曰云此謂公士大夫之君也者若士則無臣又不得簡妾貴賤天子諸侯又以此二者無服則知爲此服者是公卿大夫之君得殊其臣妾貴賤而爲之服也云貴臣室老士也者上斬章鄭已注云室老家相也士邑宰也云貴妾姪娣也者案曲禮云大夫不名家相長妾士昏云雖無娣媵先是上姪娣不具卿大夫有姪娣爲長妾可知故以貴妾姪娣也云天子諸侯降其臣妾無服者以其絕朞已下故也云士卑無臣者孝經以諸侯天子大夫皆云爭臣士有爭友是士無臣也云妾又賤不足殊者以大夫已上身貴妾亦有貴士身賤妾亦隨之賤者故云妾又賤不足殊也云有子則爲之緦無子則已者喪服小記文

乳母 謂養子者有他故賤者代之慈已 【疏】○注謂養至慈已○釋曰案內則云大夫之子有食母彼注亦引此云喪服所謂乳母以天子諸侯其子有三母具皆不爲之服士又自養其子若然自外皆無此法唯有大夫之子有此食母爲乳母其子爲之緦也云爲養子者有他故者謂三母之內慈母有疾病或死則使此賤者代之養子故云乳母也

傳曰何以緦也以名服也 【疏】○釋曰怪其餘人之子皆無此乳母獨大夫之子有之故發問也荅以名服有母名即爲之服緦也

從祖昆弟之子 族父母爲之服 【疏】○注族父母爲之服○釋曰云從祖昆弟之子者據已於

彼爲再從兄弟之子云族父母爲之服者據彼來呼已爲族父母爲之服緦也

曾孫孫之子疏○注孫之子○釋曰據曾祖爲之緦不言玄孫者此亦如齊衰三月章直見曾祖不言高祖以其曾孫玄孫爲曾高同曾高亦爲曾孫玄孫同故二章皆畧不言高祖玄孫也

父之姑歸孫爲祖父之姊妹疏○注歸孫至姊妹○釋曰案爾雅云女子謂昆弟之子爲姪謂姪之子爲歸孫是以鄭據而言焉

從母昆弟傳曰何以緦也以名服也疏○釋曰傳問者怪外親輕而有服者荅云以名服者因從母有母名而服其子故云以名服也必知不因兄弟名以其昆弟非尊親之號是以上小功章云爲從母小功云以名加也爲外祖父母以尊加也知此以名者亦因從母之名而服其子爲義

甥姊妹之子疏○注姊妹之子○釋曰云甥者舅爲姊妹之子

傳曰甥者何也謂吾舅者吾謂之甥何以緦也報之也疏○釋曰發問者五服未有此名故問之荅云謂吾舅者吾謂之甥以其父之昆弟有世叔之名母之昆弟不可復謂之世叔故名爲舅舅既得別名故謂姊妹之子爲甥亦爲別稱也云何以緦也報之也者此怪其外親而有服故發問也荅曰報之者甥既服舅以緦舅亦爲甥以緦也

壻女子子之夫也傳曰何以緦報之也疏○釋曰發問之者怪女之父母爲外親女夫服荅云報之者壻既從妻而服妻之父母妻之父母遂報之服前疑姪及甥之名而發問此不疑壻而發問者姪甥本親而疑異稱故發問而壻本是疏人宜有異稱故不疑而問之也

妻之父母傳曰何以緦從服也從於妻而服之疏○注從於妻而服之○釋曰傳發問者亦怪外親而有服荅云從服故有此服若然上言甥不次言舅此言壻次即言妻之父母者舅甥本親不相報故在後別言舅此壻本疏恐不是從服故即言妻之父母也

姑之子外兄弟也傳曰何以緦報之也疏○釋曰云外兄弟者姑是內人以出外而生故曰外兄弟傳發問者亦疑外親而服之故問也荅云報之者姑之子既爲舅之子服舅之子復爲姑之子兩相爲服故云報之也

舅母之昆弟傳曰何以緦從服也從於母而服之疏○注從於母而服之○釋曰傳發問者亦疑於外親而有服荅從服者從於母而服之不言報者既是母之懷抱之親不得言報也

舅之子內兄弟也傳曰何以緦從服也疏○釋曰云內兄弟者對姑之子云舅之子本在內不出故得內名也傳發問者亦以外親服之故問也荅云從服者亦是從於母而服之不言報者爲舅既言從服其子相於亦不得言報也

夫之姑姊妹之長殤夫之諸祖父母報諸祖父者夫之所爲小功從祖祖父母外祖父母或曰曾祖父母曾祖於曾孫之婦無服而云報乎曾祖父母正服小功妻從服緦疏○注諸祖至服緦○釋曰夫之姑姊妹成人婦爲之小功長殤降一等故緦麻也云諸祖父者夫之所爲小功者妻降一等故緦麻者以其本疏兩相爲服則生報名云從祖祖父母外祖父母者此依小功章夫爲之小功者也云或曰曾祖父母者或人解諸祖之中兼有夫之曾祖父母凡言報者兩相爲服曾祖爲曾孫之婦無服何得云報乎鄭破或解也云曾祖父母正服小功妻從服緦者此鄭既破或解更爲或人而言若今本不爲曾祖齊衰三月而依差降服小功其妻降一等得有緦服今既齊衰三月明爲曾孫妻無服

君母之昆弟疏○釋曰前章不云君母姊妹而云從母者以其上連君之父母故也此昆弟單出不得直云舅故云君母之昆弟也

傳曰何以緦從服也從於君母而服之君母在則不敢不從服君母卒則不服也疏○注從於至服也○釋曰傳發問者怪非己母而服之荅云從服者雖本非己親敬君之母故從於君母而服緦也云君母在則不敢不從服君母卒則不服也者君母之昆弟從服與君母之父母故亦同取於上傳解之也皆從從故所從亡則已也

從父昆弟之子之長殤昆弟之孫之長殤

爲夫之從父昆弟之妻疏○釋曰從父昆弟之子之長殤昆弟之孫之長殤此二人本皆小功故長殤在緦麻中殤從下殤無服夫之從父昆弟之妻同堂娣姒降於親娣姒故緦也

傳曰何以緦也以爲相與同室則生緦之親焉長殤中殤降一等下殤降二等齊衰之殤中從上大功之殤中從下同室者不如居室之親也齊衰大功皆服其成人也大功

之殤中從下則小功之殤亦中從下也此主謂妻爲夫之親服也凡不見者以此求之【疏】傳曰至從下○釋曰何以緦發問者以本路人夫又不服之今相爲服故問之荅云以爲相與同室則生緦之親焉者以大功有同室同財之義故云相與同室則生緦之親焉云長殤中殤降一等下殤降二等者即云齊衰之殤中從上乃是婦人爲夫之族著殤法則此一等二等之傳雖文承上与子爲殤之下要此傳爲下婦人著殤服而發之若云長殤中殤降一等者據下齊衰中殤從上在大功也下殤降二等者亦是齊衰下殤在小功者也○注同室至求之○釋曰云同室者不如居室之親也者言同室者直是舍同未必安坐言居者非直舍同又是安坐以上小功章親娣姒婦發傳而云相與居室此從父昆弟之妻相爲即云相與同室是親疏相並同室不如居室中故輕重不等也云齊衰大功皆服其成人也者以其無殤在齊衰之服明據成人齊衰既是成人明大功亦是成人可知也云大功之殤中從下則小功之殤亦中從下者則舉上以明下上殤小功注云大功之殤中從上則齊衰之殤亦中從上彼注舉下以明上皆是省文之義故言一以包二也云此主謂妻爲夫之親服也者此傳又承婦人在夫家相爲著服之下又上文殤小功章已發傳據大功小功不據齊衰以其重

故據男子爲殤服而言此不言小功上取齊衰對大功以其輕故知婦人義服爲夫之親而發也云凡不見者以此求之者以其婦人爲夫之親從夫服而降一等而經傳不見者以此求也事意盡可知前章注爲丈夫而言此章更爲婦人出故兩處並見也

記【疏】○釋曰儀禮諸篇有記者皆是記經不備者也作記之人其疏已在士冠篇

公子爲其母練冠麻麻衣縓緣爲其妻縓冠葛絰帶麻衣縓緣皆既葬除之公子君之庶子也其或爲母謂妾子也麻者緦麻之絰帶也此麻衣者如小功布深衣爲不制衰裳變也詩云麻衣如雪縓淺絳也一染謂之縓練冠而麻衣縓緣三年練之受飾也檀弓曰練練衣黃裏縓緣諸侯之妾子厭於父爲母不得伸權爲制此服不奪其恩也爲妻縓冠葛絰帶妻輕【疏】○注公子至妻輕○釋曰云練冠麻麻衣縓緣者以練布爲冠麻者以麻爲絰帶又云麻衣者謂白布深衣云縓緣者以縉爲縓色與深衣爲領緣爲其妻縓冠者以布爲縓色爲冠葛絰帶者又以葛爲絰帶云麻衣縓緣者與爲母同皆既葬除之者與緦麻所除同也云公子君之庶子也者則君之適夫人第二已下及八妾子皆名庶子云其或爲母謂妾子也者以其適夫人所生第二已下爲母自與正子同故知爲母妾子也云麻者緦麻之絰帶也者以絰有二麻上麻爲首絰腰絰知一麻而合二絰者斬衰云苴絰鄭云麻在首在要皆曰絰故知此經亦然知如緦之麻者以其此言麻緦麻亦云麻又見司服弔服環絰鄭云大如緦之絰則此云子爲母雖在五服外絰亦當如緦之絰故鄭以此麻兼緦言之也云此麻衣者如小功布深衣知者案士之妾子父在爲母朞大夫之妾子父在爲母大功則諸侯妾子父在小功是其差次故知此當小功布也云爲不制衰裳變也者此記不言衰明不制衰裳變者以其爲深衣不與喪服同故云變也詩云麻衣如雪者彼麻衣及禮記檀弓云子游麻衣並閒傳云大祥素縞麻衣注皆云十五升布深衣與此小功布深衣異引之者證麻衣之名同取升數則異禮之通例麻衣與深衣制同但以布緣之則曰麻衣以采緣之則曰深衣以素緣之袖長在外則曰長衣又以采緣袖長在衣內則曰中衣又以此爲異也皆以六幅破爲十二幅連衣裳則同也云縓淺絳也者對三入爲纁爲淺絳云一染謂之縓者爾雅文案彼云一染謂之縓再染謂之赬三染謂之纁也云縓緣三年練之受飾也知者引檀弓云練衣黃裏縓緣注云練中衣以黃爲內縓爲飾爲中衣之飾據重服三年變服後

爲中衣之飾也此公子爲母在五服外輕故將爲人初死深衣之飾輕重有異故不同也云諸侯之妾子厭於父爲母不得申權爲制此服不奪其恩也者諸侯尊絕朞已下無服公子被厭不合爲母服不奪其母子之恩故五服外權爲制此服必服麻衣縓緣者麻衣大祥受服縓緣練之受飾雖被抑猶容有三年之哀故也云爲妻縓冠葛絰帶妻輕者以縓布爲冠對母用練冠以葛是葬後受服而爲絰帶對母用麻皆是爲妻輕故也

傳曰何以不在五服之中也君之所不服子亦不敢服也君之所爲服子亦不敢不服也君之所不服謂妾與庶婦也君之所爲服謂夫人與適婦也諸侯之妾貴者視卿賤者視大夫皆三月而葬【疏】○注君之至而葬○釋曰傳發問者怪親母與妻其服大輕故問之荅云君之所不服者以尊降諸侯絕旁朞已下故不服妾與庶婦也公子以厭降亦不敢私服母與妻又云君之所爲服子亦不敢不服也者謂君之正統者也注云君之所不服謂妾與庶婦也者解傳意還釋上公子爲母與妻者也云君之所爲服謂夫人與適婦也者正統故不降也云諸侯之妾貴者視卿賤者視大夫皆三月而葬

者大戴禮文鄭不於上經葬之下注之至於此傳下乃引之者鄭意注傳云君之所不服謂妾與庶婦也下乃解妾有貴賤葬有早晚故至此引之見此意也云妾貴者謂諸侯一娶九女夫人與左右媵各有姪娣二媵與夫人之娣三人爲貴妾餘五者爲賤妾也鄉大夫三月而葬之王制文

大夫公之昆弟大夫之子於兄弟降一等。兄弟猶言族親也凡不見者以此求之 疏 ○注兄弟至求之○釋曰此三人所以降者大夫以尊降昆弟以旁尊降大夫之子以厭降是以揔云降一等上經當巳言訖今又言之者上雖言之恐猶不盡記人揔結之是以鄭云凡不見者以此求之云兄弟猶言族親也者以下云小功巳下爲兄弟恐此兄弟亦據小功巳下得降故曰猶族親也則此兄弟及下文爲人後者爲兄弟皆非小功巳下猶族親所容廣也

爲人後者於兄弟降一等報於所爲後之兄弟之子若子。言報者嫌其爲宗子不降 疏 ○注言報至不降○釋曰謂支子爲大宗子後反來爲族親兄弟之類降一等云於所爲後之兄弟之子若子者此等服其義巳見於斬章云言報者嫌其爲宗子不降者以

其出降本親又宗子尊重恐本親爲宗子有不敢降服之嫌故云報以明之言報是兩相爲服者也

兄弟皆在他邦加一等不及知父母與兄弟居加一等皆在他邦謂行仕出遊若辟仇不及知父母父母早卒 疏 ○注皆在至早卒○釋曰云在他邦加一等者二人共在他國一死一不死相愍不得辭於親眷故加一等也云不及知父母與兄弟居加一等者謂各有父母或父母有早卒者與兄弟共居而死亦當愍其孤幼相育特加一等云皆在他邦謂行仕者孔子身行七十二國不見仕者以古者有出他國之法故云行仕也又云出遊者謂若孔子弟子朋友同周遊他國兄弟容有死者又云若辟仇者周禮調人云從父兄弟之仇不同國兄弟之仇辟諸千里之外皆有兄弟共行之法也云不及知父母父母早卒者或遺腹子或幼小未有知識而父母早死者也

傳曰何如則可謂之兄弟傳曰小功以下爲兄弟於此發兄弟傳者嫌大功巳上又加也大功以上若皆在他國則親自親矣若不及知父母則固同財矣 疏 ○注於此至財矣○釋曰發問者上經及記巳有兄弟皆是降等唯此兄弟加一等故怪而致問引舊傳者以有成文故引之云小功巳下爲兄弟者以其加一等故也鄭云於此發兄弟傳者嫌大功以上又加也者鄭亦據於此兄弟加一等發傳者嫌大功巳上親則親矣又加之故於小功發傳也云大功以上若皆在他國則親自親矣者不可復加者也云若不及知父母則固同財矣者據經不及知父母與兄弟居既親重則財食是同雖無父母恩自隆重不可復加也

儀禮疏卷第三十三 元缺卷今補依要義分

盧宣旬校

大清嘉慶二十年重
用宋選樓藏本校

江西督糧道王賡言廣豐縣知縣阿應鱗栞

儀禮注疏卷三十三校勘記　阮元撰盧宣旬摘錄

小功布衰裳牡麻絰即葛五月者　唐石經徐陳聶氏集釋通解要義楊敖俱有者字石經考文提要云五服提綱凡十見俱有者字毛本無

因故衰以就葛絰帶　徐陳聶氏集釋通解要義楊敖同毛本故作攺案前後疏內多言故衰並據此注也

但以日月爲足　足聶氏作促

從祖祖父母

祖之兄弟　此句下故次之是以鄭言祖父之昆弟之親者云十六字毛本通解楊氏俱無按上云從尊向卑此云故次之謂次在前也其曰是以鄭言云云乃承上起下之辭注內祖父二字平讀從祖祖父母是祖之昆弟之親從祖父母是父之昆弟之親注一語包經兩句故賈氏下文別釋從祖祖父母以明之聶氏引此疏云從祖祖父母是曾祖之子故知是祖父之昆弟之親也此刪節疏文而失其意

是從祖祖父之子　父下聶氏要義俱有母字

此是從祖父之子　父下聶氏有母字通解楊氏俱無要義父下有祖字似誤

從祖昆弟

以上三者　通解楊氏毛本同聶氏要義以作此

爲外祖父母

不過緦　通解要義楊氏同毛本緦下有麻字

故言爲　此句下毛本無猶若衆子恩愛與長子同退入期故特言爲衆子十九字作故言爲也

傳曰娣姒婦者弟長也　釋文云弟大計反本亦作娣敖氏亦作娣按傳意似以弟訓娣以長訓姒敖氏謂此句釋娣婦之爲長婦也下有脫文此說誤甚娣婦爲長婦未之前聞

以弟爲聲　陳閩俱無以字聶氏作弟似爲聲按當作弟以爲聲似字即以字之誤

則據二婦立稱　要義同毛本立稱作互稱聶氏作立名

謂之曰娣　要義同毛本通解謂作稱

大夫大夫之子

姑姊妹女子子本期　通解要義同毛本不重子字

大夫之妾爲庶子適人者　爲下唐石經初刻及通典俱有君之二字通典庶子下有女子子三字按大功章云大夫之妾爲君之庶子又殤小功章云大夫之妾爲庶子之長殤注云君之庶子此經注云君之庶子女子子也二經皆蒙大功章文省去君之二字注特補之通典以注入經故於注不載首八字

傳曰何以小功也君母在

若君母不在則不如　陳本要義同毛本如作加

傳曰君子子者

此之謂也其可者賤於諸母謂傅姆之屬也　下十三字毛本脫徐本通典集釋俱有與疏合。按釋文重出傅姆二字

則君子子以士禮爲庶母緦也　聶氏要義同毛本不重子字

子師教示以善道者　陳本要義同毛本教作敬按內則注作教

云其次爲慈母　要義同毛本云作至此句下彼注云慈母五字毛本無

其次爲保母者　要義同毛本無次字

則內則所云之謂也云　要義同毛本無之謂也云四字

傳云以慈已加若　傳陳閩要義俱作傳毛本作傅若要義作若毛本作者

別有食子者　食陳閩俱作養

緦麻三月者

況緦服輕明亦澡麻可知　明要義作服通解作明

與此緦麻　通解要義同毛本與作於

傳曰緦者

不錫者不治其縷　聶氏無上不字

哀在内也　陳本聶氏通解要義同毛本哀作衰下兩言在内一言在外三哀字俱放此

謂諸侯朝服緇布衣　要義無上五字通解無朝服二字緇陳閩俱誤作之

族曾祖父母

族祖父者　通典父下有母字又此句上有祖父之從父昆弟父昆弟之親十二字按通典與疏合惟重出父昆弟三字當爲衍文

高祖曾祖皆有小功之差　要義同毛本無曾祖二字

從父昆弟姪之下殤

明中從下　徐本通典集釋敖氏同毛本通解無明字

長中殤在小功　通解要義楊氏同毛本無中字

傳曰何以緦也傳曰與尊者爲一體

怪其親重而服輕　要義同毛本怪作惟

因是以服緦也者　陳閩俱無緦字者字

庶子爲母大功者　要義重子字通解不重閩本無大功者三字

傳曰何以緦也以名服也

以有母名　陳本通解要義同毛本有作其

貴臣貴妾

釋曰此貴臣貴妾　毛本無貴臣二字

傳曰何以緦也以其貴也

此謂公士大夫之君也　此節全注徐本通典集釋俱在傳下通解楊氏毛本俱在傳前

以臣妾言　毛本作以臣與妾

注此謂至則已　此節疏要義在傳疏之後與徐本注合

士昏云　要義同毛本通解昏下有禮字

故以貴妾姪娣也　要義同毛本通解以作日

傳曰何以緦也以名服也

獨大夫之子有之　子要義作法

曾孫

據曾祖爲之緦　據下要義有彼字通解無

父之姑

女子謂舅弟之子爲姪　要義同毛本通解楊氏舅俱作昆

從母昆弟

因從母有母名而服其子　通解要義楊氏同毛本因作用

傳曰甥者何也

故謂姊妹之子爲甥　要義同毛本謂下有之字

傳曰何以緦報之也　唐石經徐本集釋通解要義敖氏同楊氏毛本緦下有也字

爲外親女夫服　要義同毛本女下有之字

妻之父母

不次言舅　要義同毛本不作下

傳曰何以緦報之也

以出外而生故曰　通解要義楊氏同毛本曰作也

舅

母之昆弟　昆徐本集釋通解俱作昆毛本楊氏作兄戴震按集釋云考篇內及爾雅釋親皆不稱兄弟母妻之黨始稱之又爲小功以下通稱不宜溷同

傳曰何以緦　舅之子

對姑之子云舅之子　通解要義同毛本無下之字

其子相於　陳本要義同毛本通解於作施

夫之諸祖父母報　閩葛俱脫報字

諸祖父者　徐陳通解要義同毛本通典集釋父下有母字閩本父母二字擠刻

從祖祖父母　按通典此句下有即祖之兄弟也從祖父母即父之堂兄弟也十七字又注末妻從服緦下有於夫皆有名於已從輕遠故不復條目而總言諸祖也唯曾祖外祖父母不報三十字皆不類鄭注蓋杜氏所增益唯從祖父母四字宜據補

外祖外母　程瑤田曰注及疏外祖字皆當爲從祖之譌前小功章逕言從祖祖父母從祖父母故此疏云云從祖祖父母從祖父母者此依小功章夫爲之小功者也凡服必由近及遠不當舍從祖父母而服從祖祖父母況据傳外親之服皆緦爲外祖父母小功者以尊加也其夫本加服妻亦不當從服緦又檢記文夫之所爲兄弟服妻降一等條下賈疏云妻從夫服其族親即上經夫之諸祖父母見於緦麻章据此族親字則注疏兩外字爲從字之譌無疑矣○按段玉裁挍本云當作外祖父母正服小功妻從服緦此以外祖父母破曾祖父母之譌也外祖父母正服小功見小功章妻從服緦見禮記服問從無服而有服注賈作疏時未能正誤字耳經明言諸祖父母則祖父母三字成文故注於內親舉從祖祖父母於外親舉外祖父母皆見小功章妻從服緦麻而兩祖父母報之或欲以曾祖父母易去外祖父母故鄭復辨之言假令曾祖父母在內則不得云報言外祖父母在內則與本經禮記合舉從祖祖父母可以關從祖父母舉外祖父母可以關從母皆見小功章妻皆從服緦皆報許宗彥云曾祖父母齊衰三月是尊尊之義其正服是小功若外祖父母小功乃是加服其正服當緦此明載上傳鄭氏不誤段說非也

故緦麻也　此句下云諸祖父者夫之所爲小功者妻降一等故緦麻者廿字毛本無通解有十四字

曾祖爲曾孫之婦無服　無下要義有降字通解無

君母之昆弟

以其上連君之父母故也　浦鏜云君下脫母字

傳曰何以緦

從於君母而舅服之也　徐本同而舅服之也集釋通解毛本俱作而服緦也

君母之昆弟　要義無之字

父母故亦同　同字誤在故亦下

取於上傳解之也　要義無於字

皆徙從之　要義無之字

從父昆弟之子之長殤

同堂娣姒　堂要義作室通解作堂

故緦也　要義同毛本緦下有麻字通典作故服緦也通解與毛本同

傳曰何以緦也

皆服其成人也　服徐本通典集釋要義敖氏俱作服與疏合毛本通解作明通典服上有謂字與前小功殤注同

若云長殤中殤降一等者 若下通解有然字

上殤小功注云 小通解要義俱作大

記公子爲其母

云練冠麻麻衣縓緣者 陳閩通解要義同毛本縓作緣按縓是也

君之庶子也者 要義無者字通解者作然

自與正子同 正通解要義俱作出○按正子有誤作出子者無作世子者此本作世子誤也今改從毛本盖長適固多爲世子然左氏云誓於天子則爲世子未誓於天子則爲公子故有世子而非適長者可知適長不得輙稱世子也鄭故以正子言之

麻在首在腰皆曰經 要義同毛本首下無在字按鄭注有在字要義是

以其此言麻緦麻 緦麻下通解要義俱有亦言麻三字要義言作云毛本無此三字

又見司服 要義同毛本司作緦

故知此當小功布也 毛本此作已要義作此

麻衣與深衣制同 要義同毛本無與深衣三字

此服必服麻衣縓衣者 段玉裁挍本下衣字作緣

傳曰何以不在五服之中也

公子以厭降 毛本以誤作亦

餘五者爲賤妾也 按要義於此下云下又引齊王子有其母死云云今疏無此說惟通解於經傳後附載孟子一條與前不杖期章昆弟之子疏引孟皮事同但要義於此云下又引則似疏元有此語尤不可曉

三月而葬之王制文 之字衍

大夫公之昆弟

上雖言之 上通解作以

皆非小功已下 非下通解有專據二字

爲人後者於兄弟降一等 於要義作爲與上節疏合按各本俱作於賀循引亦作於古於爲二字通用前注云曾祖於曾孫之婦無服疏亦作爲○於所爲後之兄弟之子若子 戴震按集釋云古人昆弟不稱兄弟凡稱兄弟皆疏遠者上節注云兄弟猶言族親是也所爲後之子者其女子子也所爲後之兄弟則其族親也舉遠以該近之辭若言兄弟之子則義不可通矣通典載賀循引喪服制曰爲人後者爲兄弟降一等報於所爲後者之子兄弟若子其所見記文未舛誤今據以訂正盧文弨云石經已誤疏亦沿誤此條當附載於後○按援通典以正此節之誤始於金榜而戴震云所爲後之子者其女子子也其解未見的確善乎程瑤田之言曰所爲後之子設言所後者之真子也真子之兄弟小功以下之親也今爲之服如真子一般故云若子兩子字非有二物如是而後此經可定蓋合傳記兩若子而爲人後者之服畢舉矣許宗彦云昆弟之子舉其親兄弟之子舉其疏記文本不誤

反來爲族親兄弟之類降一等 反要義作及通解作又俱誤

有不敢降服之嫌 通解要義同毛本無敢字

兄弟皆在他邦

同周遊他國 要義同毛本無周字

從父兄弟之仇 兄要義作昆

儀禮注疏卷三十三挍勘記終

奉新余成教挍

儀禮疏卷第三十四

唐朝散大夫行大學博士弘文館學士臣賈公彦等撰

朋友皆在他邦袒免歸則已 謂服無親者當爲之主每至袒時則袒袒則去冠代之以免舊說云以爲免象冠廣一寸已猶止也歸有主則止也主若幼少則未止小記曰大功者主人之喪有三年者則必爲之再祭朋友虞祔而已

疏○注謂服至而已○釋曰謂同門曰朋同志曰友或共遊學皆在他國而死者每至可袒之節則爲之袒而免與宗族五世袒免同云歸則已者謂在他國袒免爲死者無主歸至家自有主則止不爲袒免也鄭云謂服無親者當爲之主者以其有親入五服今言朋友故知是義合之輕無親者也既孤在外明爲之作主可知云每至袒時則袒者凡喪至小斂節主人素冠環絰以視斂訖投冠括髮將括髮先袒乃括髮括髮據正主人齊衰已下皆以免代冠以冠不居肉袒之禮故也云舊說云以爲免象冠廣一寸者鄭注士喪禮云免之制未聞舊說以爲如冠狀廣一寸引喪服小記曰齊衰括髮以麻免而以布此用麻布爲之狀如今之著幓頭矣自項中而前反於項上卻繞紒也是著免之義也云歸有主則止也主若幼少則未止者本以在外爲無主與之爲主今至家主若幼少不能爲主則朋友猶爲之主未止○引小記者證主幼少不能主喪朋友爲主之義以雖有子是三年之人小不能爲主大功爲主者爲之再祭謂練祥朋友輕爲之虞祔而已以其又無大功已下之親此朋友自外來及在家朋友皆得爲主虞祔乃去彼鄭注以義推之又云小功緦麻爲之練祭可也是親疏差降之法也

朋友麻 朋友雖無親有同道之恩相爲服緦之絰帶檀弓曰羣居則絰出則否其服弔服也○周禮曰凡弔當事則弁絰服○弁絰者如爵弁而素加環絰也其服有三錫衰也緦衰也疑衰也王爲三公六卿錫衰爲諸侯緦衰爲大夫士疑衰諸侯卿及大夫亦以錫衰爲弔服當事乃弁絰否則皮弁辟天子也士以緦衰爲喪服其弔服則疑衰也舊說以爲士弔服布上素下或曰素委貌冠加朝服論語曰緇衣羔裘又曰羔裘玄冠不以弔何朝服之有乎然則二者皆有似也此實疑衰也其弁絰皮弁之時則如卿大夫然又改其裳以素辟諸侯也朋友之相爲服即士弔服疑衰素裳庶人不爵弁則其弔服素冠委貌

疏○注朋友至委貌○釋曰云朋友麻者上文據在他國加袒免今此在國相爲弔服麻絰帶而已注云朋友雖無親有同道之恩相爲服緦之絰帶者案禮記禮運云人其父生而師教之朋友成之又學記云獨學而無友則孤陋而寡聞論語云以文會友以友輔仁以此而言人須朋友而成也故云朋友雖無親有同道之恩故爲之服知緦之絰帶者以其緦是五服之輕爲朋友之絰帶約與之等故云緦之絰帶也云檀弓曰羣居則絰出則否者彼注羣謂七十二弟子相爲朋友彼亦是朋友相爲之法云居則絰謂在家居止則爲之絰出家行道則否引之者證此亦然也彼又云孔子之喪二三子皆絰而出是爲師出行亦絰也云其服弔服也者以其不在五服五服之外唯有弔服故即引周禮弔服之等也周禮者司服職文彼云凡弔事弁絰服鄭注亦云弁絰者如爵弁而素加環絰也言爵弁者制如冕以木爲中廣八寸長尺六寸前低一寸二分以三升布上玄下纁爵弁之體廣長亦然亦以三升布但染作爵頭色赤多黑少之色置之於版上今則以素爲之又加環絰者一股麻爲骨又以一股麻爲繩纏之如環然謂之環絰加於素弁之上彼注云絰大如緦之絰是弔服之絰但此文云朋友麻鄭引周禮王弔諸臣之絰及三衰證此者以其王於諸臣諸侯於諸臣皆有朋友之義故泰誓武王謂諸侯云我友邦冢君是謂諸侯爲友洛誥周公謂武王云孺子其朋是王以諸臣爲朋諸侯於臣亦有朋友之義可知故引周禮弁絰與三衰證此朋友麻也若然弁絰雖一衰則有三則一弁冠三衰也云其服有三錫衰也緦麻也疑衰也者案彼云王爲三公六卿錫衰爲諸侯緦衰爲大夫士疑衰鄭司農云錫麻之滑易者也十五升去其半有事其布無事其縷緦亦十五升去其半有事其縷無事其布疑衰十四升玄謂無事其縷哀在內無事其布哀在外疑之言擬也擬於吉者也云諸侯及卿大夫亦以錫衰爲弔服當事乃弁絰否則皮弁辟天子也者案禮記服問云公爲卿大夫錫衰以居出亦如之當事則弁絰大夫相爲亦然爲其妻往則服之出則否注云出謂以他事不至喪所是諸侯及卿大夫亦以錫衰爲弔服也天子常弁絰諸侯卿大夫當事大斂小斂及殯時乃弁絰非此時則皮弁是辟天子也云士以緦衰爲喪服者士卑無降服是以緦爲喪服既以緦爲喪服不得復將緦爲弔服故向下取疑衰爲弔服也舊說者以士弔服無文故舊說云以爲士弔服布上素下云或曰素委貌冠加朝服者前有此二種解者故鄭引論語破之云論語曰緇衣羔裘言此者欲解緇衣羔裘與下羔裘玄冠爲一物並是朝服是以云又曰羔裘玄冠不以弔何朝服之有乎此破舊以言朝服不合首加素委貌又布上素下近是天子之朝服又不言首所加故弁之也云然則二者皆有似也者以其未小

斂已前容有著朝服弔法則子游曾子弔是也但非正弔法之服又布上素下近士之弔服素下故云二者皆有似也云此實疑衰也者摠破二者也云弁経皮弁之時則如卿大夫然者以其三衰共有弁経當事著皮弁亦同故知二者如卿大夫然也云又改其裳以素辟諸侯也者諸侯及卿大夫否則皮弁辟天子此諸侯之士不著疑裳而用素又辟諸侯也云朋友之相爲服即士弔服疑衰素裳者是鄭正解士之弔服云庶人不爵弁者則其冠素委貌不言其服則白布深衣以白布深衣庶人之常服又尊卑始死未成服已前服之故庶人得爲弔服也向來所釋皆據鄭君所引而言案司服諸侯如王之服言之鄭則諸侯皆如王亦有三衰服問直云君弔用錫衰未襌緦衰疑衰所施用案文王世子注云君雖不服臣卿大夫死則皮弁錫衰以居往弔當事則弁経於士蓋疑衰同姓則緦衰若然案士喪禮君若有賜焉則視斂注云賜恩惠也斂大斂君視大斂皮弁服襲裘主人成服之後往則錫衰此注又與文王世子違者士喪禮既言有恩惠則君與此士有師友之恩特加與卿大夫同其諸侯卿大夫則有錫衰士唯疑衰其天子卿大夫士既執摯與諸侯之臣同則弔服亦同也天子孤與卿同六命又亦名爲卿諸侯孤雖四命與卿異及其聘之介數與卿降君二等等同則孤弔服皆

與卿同也天子三公與王子母弟得稱諸侯其弔服亦與畿外諸侯同三衰也凡弔服直云素弁環経不言帶或有解云有経無帶但弔服既著衰首有経不可著吉時之大帶吉時之大帶既有采矣麻既不加于采采可得加於凶服明不可也案此經注服緦之経帶則三衰経帶同有可知其以三衰所用皆是朋友故知凡弔皆有帶矣首言環経則其帶未必如環但亦五分去一爲帶糾之矣其弔服除之案雜記云君於卿大夫比葬不食肉比卒哭不舉樂是知未吉則凡弔服亦當依氣節而除並與緦麻同三月除之矣爲士雖比殯不舉樂其服亦當既葬除矣

君之所爲兄弟服室老降一等公士大夫之君疏○注公士至之君○釋曰天子諸侯絕朞今言爲兄弟服明是公士大夫之君於旁親降一等者室老家相降一等不言士士邑宰遠臣不從服若然室老似正君近臣故從君所服也

夫之所爲兄弟服妻降一等

庶子爲後者爲其外祖父母從母舅無服不爲後如邦人疏○釋曰妻從夫服其族親即上經夫之諸祖父母見於緦麻章夫之世叔見於大功章大功之昆弟之子不降嫂叔又無服今言從夫降一等記其不見者當是夫之從母之類乎云庶子爲後者爲其外祖父母從母舅無服者以其與尊者爲一體既不得服所出母是以母黨皆不服之不言兄弟而顯尊親之名者雷氏云爲父後者服其本族若言兄弟恐本族亦無服故汎著其尊親之號以別於族人也

宗子孤爲殤大功衰小功衰皆三月親則月筭如邦人言孤有不孤者不孤則族人不爲殤服服之也不孤謂父有廢疾若年七十而老子代主宗事者也孤爲殤長殤中殤大功衰下殤小功衰皆如殤服而三月謂與宗子絕屬者也親謂在五屬之內等數也月數如邦人者與宗子有期之親者成人服之齊衰期長殤大功衰九月中殤大功衰七月下殤小功衰五月有大功之親者成人服之齊衰三月卒哭受以大功衰九月其長殤中殤大功衰五月下殤小功衰三月有小功之親者成人服之齊衰三月卒哭受以小功衰五月其殤與絕屬者同有緦麻之親者成人及殤皆與絕屬者同疏○注言孤至者同○釋曰宗子謂繼別爲大宗百世不遷收族者也云孤爲殤者謂無父未冠而死者也云大功衰小功衰者以其成人齊衰故長殤中殤皆在大功衰下殤在小功衰也云

皆三月者以其衰雖降月本三月法一時不可更服故還依本三月也云親則月筭如邦人者上三月者是絕屬者若在五屬之內親者月數當依本親爲限故云如邦人也注云言孤有不孤者鄭以記文云孤明對不孤者故曲禮注云是謂宗子不孤彼不孤對此孤也云不孤則族人不爲殤服服之也者以父在猶如周之道有適子無適孫以其父在爲適子則不爲適孫服同於庶孫明此本無服父在亦不爲之服殤可知也云不孤謂父有廢疾者案喪服小記云適婦不爲舅後者則姑爲之小功注云謂夫有廢疾他故若死而無子不受重者是子不孤謂父有廢疾不立其子代父主宗事云若年七十而老子代主宗事者案曲禮云七十曰老而傳注云傳家事任子孫是謂宗子不孤是父年七十子代主宗事者云與宗子有期之親者成人服之齊衰期者謂宗子親昆弟及伯叔昆弟之子姑姊妹在室之等皆是也自大功親以下盡小功親以上成人月數雖依本皆服齊衰者以其絕屬者猶齊衰三月明親者無問大功小功緦麻皆齊衰者也既皆齊衰故三月既葬受服乃始受以大功小功齊衰也至於小功親已下殤與絕屬者同者以其成人小功五月殤即入三月是以與絕屬者同皆大功衰小功衰三月故與絕屬者同也云有緦麻之親者成人及殤皆與絕屬者同者以其絕屬

者爲宗子齊衰三月緦麻親亦三月是以成人及殤死皆與絶屬者同也**改葬緦**謂墳墓以他故崩壞將亡失尸柩也言改葬者明棺物毁敗改設之如葬時也其奠如大斂從廟之廟從墓之墓禮宜同也服緦者臣爲君也子爲父也妻爲夫也必服緦者親見尸柩不可以無服緦三月而除之（疏）○注謂墳至除之○釋曰云謂墳墓以他故崩壞將亡失尸柩者也鄭解改葬之意云他故者謂若遭水潦漂蕩之等墳墓崩壞將亡失尸柩故須別處改葬也云改葬者明棺物毁敗改設之如葬時也者直言棺物毁敗而改設不言依服則所設者唯此棺如葬時也云其奠如大斂者案既夕記朝廟至廟中更設遷祖奠云如大斂奠即此移柩向新葬之處所設之奠亦如大斂之奠士用豚三鼎則大夫已上更加牲牢大夫用特牲諸侯用少牢天子用大牢可知云從廟之廟從墓之墓禮宜同也者即設奠之禮朝廟是也又朝廟載柩之時士用輁軸大夫已上用輴不用蜃車飾以帷荒則此從墓之墓亦與朝廟同可知故云禮宜同也云服緦者臣爲君也子爲父也妻爲夫也知者若更言餘服無妨更及齊衰已下今直言緦之輕服明知唯據極重而言故以三等也不言妾爲君以不得體君差輕故也不言女子子婦人外成在家又非常故亦不言諸侯爲天子諸侯在畿

外差遠改葬不來故亦不言也云必服緦者親見尸柩不可以無服者君親死已多時哀殺已久可以無服但親見君父尸柩暫時之痛不可不制服以表哀故皆服緦也故云三月而除者謂葬時服之及其除也亦法天道一時故亦三月除也若然鄭言三等舉痛極者而言父爲長子子爲母亦與此同也**童子唯當室緦**童子未冠之稱也當室者爲父後承家事者爲家主與族人爲禮於有親者雖恩不至不可以無服也（疏）○注童子至服也○釋曰此云當室者周禮謂之門子與宗室往來故爲族人有緦服云童子未冠之稱者謂十九已下案內則年二十敎行孝弟十九已下未能敎行孝弟非當室則無緦麻以當室故服緦也云當室者爲父後承家事者以其言當室是代父當家事故云爲家主與族人爲禮於有親者則族內四緦麻以來皆是也云雖恩不至不可以無服也者以其童子未能敎行孝弟故云恩不至與族爲禮而爲服故服之也若然不在緦章者若在緦章則外內俱報此當室童子直與族人爲禮有此服不及外親故不在緦章而在此記也**傳曰不當室則無緦服也**（疏）○釋曰記自云唯當室緦自然不當室則無緦服而傳言之者案曲禮云孤子當室冠衣不純采但是孤子皆不純以采曲禮言之者嫌當室與不當室異故言之此傳恐不當室與當室者同故明之也**凡妾爲私兄弟如邦人**嫌厭降之也私兄弟自其族親也然則女君有以尊降其兄弟者謂士之女爲大夫妻大夫之女爲諸侯夫人諸侯之女爲天王后也父卒昆弟之爲父後者宗子亦不敢降也（疏）○注嫌厭至降也○釋曰妾言凡者摠天子以下至士故凡以該之也云嫌厭降之也者解記此之意君與女君不厭妾故云嫌厭之其實不厭故記人明之云私兄弟自其族親也者以其兄弟緦外內之稱若言私兄弟則妾家族親也云然則女君有以尊降其兄弟者以其女君與君體敵故得降其兄弟旁親之等子尊不加父母唯不降父母則可降其兄弟旁親云謂士之女爲大夫妻大夫之女爲諸侯夫人諸侯之女爲天王后者此等皆得降其兄弟旁親也云父卒昆弟之爲父後者宗子亦不敢降也者雖得降其兄弟此爲父後者不得降容有歸宗之義歸於此家故不降**大夫弔於命婦錫衰命婦弔於大夫亦錫衰**弔於命婦命婦死也弔於大夫大夫死也小記曰諸侯弔必皮弁錫衰服問曰公爲卿大夫錫衰以居出亦如之當事則弁經大夫相爲

亦然爲其妻往則服之出則否（疏）○注弔於至則否○釋曰云弔於命婦命婦死也者鄭恐以記云大夫弔於命婦者以爲大夫死其妻受弔於命婦故云命婦死也知不弔命婦爲命婦夫死者以其記人作文宜先弔大夫身然後弔其婦故以命婦死弔其夫解之也引小記者以記人直言身上衰不言首服故引小記也言諸侯弔必皮弁者言諸侯不言君謂諸侯因朝弔異國之臣著皮弁錫衰雖成服後亦不弁經也引服問者有已君弁有卿大夫與命婦相弔法云以居者君在家服之出亦如之出行不至喪所亦服之云當事則弁經者謂當大小斂及殯皆弁經也云大夫相爲亦然者一與君爲卿大夫同爲其妻降于大夫出則否引之者證大夫與命婦相弔服錫衰同也**傳曰錫者何也麻之有錫者也錫者十五升抽其半無事其縷有事其布曰錫**謂之錫者治其布使之滑易也不錫者不治其縷哀在內也緦者不治其布哀在外君及卿大夫弔士雖當事皮弁錫衰而已士之相弔則如朋友服疑衰素裳凡婦人相弔吉笄無首素緫（疏）○注謂之至素緫○釋曰問者先問其名荅云麻之有錫者也荅以名錫之意但言麻者以麻表布

之縷也又云錫者十五升抽其半者以其縷之多少與緦同云無事其縷有事其布者事猶治也謂不治其縷治其布以哀在內故也緦則治縷不治布哀在外以其王爲三公六卿重於畿外諸侯故也鄭云謂之錫者治其布使之滑易以治解事以滑易解錫謂使錫錫然滑易也云君及卿大夫弔士雖當事皮弁錫衰而已者是士輕無服弁絰之禮有事無事皆皮弁衰而已見其不足之意也若然文王世子注諸侯爲異姓之士疑衰同姓之士緦衰今言士與大夫又同錫衰者此言與士喪禮注同亦是君於此士有師友之恩者也云士之相弔則如朋友服矣者朋友麻是朋友服也上注士弔服用疑衰素裳冠首服麻弔亦朋友服也云凡婦人相弔吉笄無首素總者上文命婦弔於大夫錫衰未解首服至此乃解之者婦人弔之首服無文故特傳釋錫衰後下近婦人吉笄無首布總乃解之必知用吉笄無首素總者下文女子子爲父母卒哭折吉笄之首布總此弔服用吉笄無首素總又男子冠婦人笄相對婦人喪服又笄總相對上注男子弔用素冠故知婦人弔亦吉笄無首素總也

女子子適人者爲其父母婦爲舅姑惡笄有首以髽卒哭子折笄首以笄布總言以髽則髽有著笄者明矣

疏○注言以至明矣○釋曰此二者皆期服但婦人以飾事人是以雖居喪內不可頓去脩容故使惡笄而有首至卒哭女子子哀殺歸於夫氏故折吉笄之首而著布總也案斬衰章吉笄尺二寸斬衰以箭笄長尺檀弓齊衰笄亦云尺則齊衰已下皆與斬同一尺不可更變故折吉笄首而已其總斬衰已六升長六寸鄭注總六升象冠數則齊衰總亦象冠數正服齊衰冠八升則正齊衰總亦八升是以總長八寸笄總與斬衰長短爲差但笄不可更變折其首總可更變宜從大功總十升之布總也言以髽者則髽有著笄明矣鄭言此者舊有人解喪服小記云男子免而婦人髽免而無笄則髽亦無笄矣但免髽自相對不得以婦人與男子有笄無笄相對故鄭以經云惡笄有首以髽髽笄連言則髽有著笄明矣

傳曰笄有首者惡笄之有首也惡笄者櫛笄也折笄首者折吉笄之首也吉笄者象笄也何以言子折笄首而不言婦終之也櫛笄者以櫛之木爲笄或曰榛笄有首者若今時刻鏤摘頭矣卒哭而喪之大事畢女子子可以歸於夫家而著吉笄吉笄尊變其尊者婦人之義也折其首者爲其大飾也據在夫家宜言婦終之者終子道於父母之恩

疏○注櫛笄至之恩○釋曰案記自云惡笄之有首也即惡笄自有首明矣而傳更云笄有首重言之者但惡者直木理麤惡非木之名若然斬衰笄用箭齊衰用櫛俱是惡傳恐名通於箭故重疊言之名不通於箭直謂此齊衰櫛木爲惡木也又云惡笄者櫛笄也者既疊不通箭乃釋木名故云櫛木之笄也云折笄首者折吉笄之首也者以記折笄首文承惡笄之下恐折惡笄之首故傳辨之以折首去飾不可以初喪重時有首至卒哭哀殺之後乃更去首應輕更重於義不可故傳以爲初死惡笄有首至卒哭更著吉笄嫌其大飾乃折去首而著之也又云吉笄者象笄也者傳明吉時之笄以象骨爲之據大夫士而言案弁師天子諸侯笄皆玉也鄭云櫛笄者以櫛之木爲笄者此櫛亦非木名案玉藻云沐櫛用樿櫛髮晞用象櫛鄭云樿白理木爲櫛櫛即梳也以白理木爲梳櫛也彼樿木與象櫛相對此櫛笄與象笄相對故鄭云櫛笄者以櫛之木爲笄云或曰榛笄者案檀弓云南宮縚之妻之姑之喪夫子誨之髽曰爾毋從從爾爾毋扈扈爾蓋榛以爲笄長尺而總八寸彼爲姑用榛木爲笄此亦婦人爲姑與彼同但此用樿木彼用櫛木不同耳蓋二木俱用故鄭兩存之也云笄有首者若今刻鏤摘頭矣鄭時摘頭之物刻鏤爲之此笄亦在頭而去首爲大飾明首亦刻鏤之故舉漢法況之也云卒哭而喪之大事畢女子子可以歸於夫家者但以出適女子與在家婦俱著惡笄婦不言卒哭折吉笄首女子子即言折吉笄之首明女子子有所爲故獨折笄首耳所爲者以女子外成既以哀殺事人可以加容故著吉笄仍爲大飾折去其首故以歸於夫家解之若然喪大記云女子子既練而歸與此注違者彼小祥歸是其正法此歸者容有故許之歸故云可以權許之耳云吉笄尊變其尊者婦人之義也婦人之事人人不可頓凶居喪不可盡飾故著吉笄又折笄首是婦人事人之義異於男子也若然案服問云男子重首婦人重要此云笄尊者彼男女相對故云婦人重要若婦人不同對男子然亦是上體尊於下體故云笄尊也云據在夫家宜言婦者傳解記文女子適人猶云子折笄首云終之者終子道於父母之恩者子對父母生稱父對舅姑立名出適應稱婦故雖出適猶稱子終初未出適之恩也

妾爲女君君之長子惡笄有首布總

疏○釋曰妾爲女君之服得與女君同爲長子亦三年但爲情輕故與上文婦事舅姑齊衰同惡笄有首布總也

凡衰

外削幅裳内削幅幅三袧削猶殺也大古冠布衣布先知爲上外殺其幅以便體也後知爲下内殺其幅稍有飾也後世聖人易之以此爲喪服袧者謂辟兩側空中央也祭服朝服辟積無數凡裳前三幅後四幅也疏○注削猶至幅也○釋曰自此巳下盡袪尺二寸記人記衰裳之制用布多少尺寸之數也云凡者總五服而言故云凡以該之云衰外削幅者謂縫之邊幅向外裳内削幅者亦謂縫之邊幅向内云幅三袧者據裳而言爲裳之法前三幅後四幅幅皆三辟攝之以其七幅布幅二尺二寸幅皆兩畔各去一寸爲削幅則二七十四尺若不辟積其要中則束身不得就故須辟積其要中也要中廣狹在人麤細故袧之辟攝亦不言寸數多少但幅別以三爲限耳鄭云大古冠布衣布者案禮記郊特牲云大古冠布齊則緇之鄭注云唐虞以上曰大古也是大古冠布衣布也云先知爲上外殺其幅以便體也後知爲下内殺其幅稍有飾也者此亦唐虞巳上黄帝巳下故禮運云未有麻絲衣其羽皮謂黄帝巳前下文云後聖有作治其絲麻以爲布帛後聖謂黄帝是黄帝始有布帛是時先知爲上後知爲下便體者邊幅向外於體便有飾者邊幅向内觀之美也云後世聖人易之以此爲喪服者又案郊特牲云緇布冠冠而敝之

可也注此重古而冠之耳三代改制齊冠不復用也以白布冠質以爲喪冠也以此言之唐虞以下冠衣皆白布吉凶同齊則緇之鬼神尚幽闇三代改制者更制牟追章甫委貌爲行道朝服之冠緇布冠三代將爲始冠之冠白布冠質三代爲喪冠也若然此後世聖人指夏禹身也以其三代最先故也云袧者謂辟兩側空中央也者案曲禮以脯脩置者左朐右末鄭云屈中云朐則此言袧者亦是屈中之稱一幅凡三處出之辟兩邊相著自然中央空矣幅別皆然也云祭服朝服辟積無數者朝服謂諸侯與其臣以玄冠服爲朝服天子與其臣以皮弁服爲朝服祭服者六冕與爵弁爲祭服不云玄端亦是士家祭服中兼之凡服唯深衣長衣之等六幅破爲十二幅狹頭向上不須辟積其實要閒巳外皆辟積無數似喪冠三辟積吉冠辟積無數也然凡裳前三幅後四幅者前爲陽後爲陰故前三後四各象陰陽也唯深衣之等連衣裳十二幅以象十二月也若齊裳内衰外齊緝也凡五服之衰一斬四緝緝裳者内展之緝衰者外展之疏○注齊緝至展之○釋曰據上齊斬五章有一斬四齊此據四齊而言不一斬者上文巳論五服衰裳縫之外内斬衰裳亦在其中此據衰裳之下緝之用針功者斬衰不齊無針功故不言也若言者不定辭以其上有斬

不齊故云若也言裳内衰外者上言衰外削幅此齊還向外展之上言裳内削幅此齊還向内展之並順上外内而緝之此先言裳者凡齊據下裳而緝之裳在下故先言裳順上下也鄭云齊緝也者據上傳而言之也云凡五服之衰一斬四緝者謂齊衰至緦麻並齊齊既有針功緦之名則沒去齊名亦齊可知也言展之者若今亦先展訖乃行針功者也負廣出於適寸負在背上者也適辟領也負出於辟領外旁一寸疏○注負在至一寸○釋曰以一方布置於背上上畔縫著領下畔垂放之以在背上故得負名適辟領即下文適也出於辟領外旁一寸揔尺八寸也適博四寸出於衰博廣也辟領廣四寸則與闊中八寸也兩之爲尺六寸也出於衰者旁出衰外不著寸數者可知也疏○注博廣至知也○釋曰此辟領廣四寸據兩相而言云出於衰者謂比胷前衰而言出也云博廣也者若言博博是寬狹之稱上下兩旁俱名爲博若言廣則唯據橫闊而言今此適四寸據橫故博爲廣見此義焉云辟領廣四寸者據項之兩相向外各廣四寸云則與闊中八寸也者謂兩身當縫中央揔闊八寸一邊有四寸并辟領四寸爲八寸云兩之爲尺六寸也者一相闊與辟領八寸故兩之揔一尺六寸云出於衰者旁

出衰外者以兩旁辟領向前望衰之外也云不著寸數者可知也者以衰廣四寸辟領橫廣揔尺六寸除中央四寸當衰衰外兩旁各出衰六寸故云不著寸數可知也衰長六寸博四寸廣袤四寸也前有衰後有負板左右有辟領孝子哀戚無所不在疏○注廣袤至不在○釋曰袤長也據上下而言也綴於外衿之上故得廣長當心云前有衰後有負板者謂負廣出於適寸及衰長六寸博四寸云左右有辟領者謂左右各四寸云孝子哀戚無所不在者以衰之言摧孝子有哀摧之志負在背上者荷負其悲哀在背也云適者以哀戚之情指適緣於父母不兼念餘事是其四處皆有悲痛是無所不在也衣帶下尺衣帶下尺者要也廣尺足以掩裳上際也疏○注衣帶至際也○釋曰謂衣要也云衣者即衰也但衰是當心廣四寸者取其哀摧在於偏體故衣一名爲衰今此云據在上曰衣舉其實稱云帶者此謂帶衣之帶非大帶革帶者也云衣帶下尺者據上下闊一尺若橫而言之不著尺寸者人有麤細取足爲限也云足以掩裳上際也者若無要則衣與裳之交際之閒露見表衣有要則不露見故云掩裳上際也言上際者對兩旁有衽掩旁兩廂下際也衽二尺有五寸衽所以掩裳際

也二尺五寸與有司紳齊也上正一尺燕尾二尺五寸凡用布三尺五寸疏○注衽所至五寸○釋曰云掩裳際也者對上要而言此掩裳兩廂下際不合處也云二尺五寸與有司紳齊也者玉藻文案彼士已上大帶垂之皆三尺又云有司二尺有五寸謂府史紳即大帶也紳重也屈而重故曰紳此但垂之二尺五寸故曰與有司紳齊也云上正一尺者取布三尺五寸廣一幅留上一尺爲正正者正方不破之言也一尺之下從一畔旁入六寸乃向下邪向下一畔一尺五寸去下畔亦六寸橫斷之留下一尺爲正如是則用布三尺五寸得兩條衽衽各二尺五寸兩條共用布三尺五寸也然後兩旁皆綴於衣垂之向下掩裳際此謂男子之服婦人則無以其婦人之服連衣裳故鄭上斬章注云婦人之服如深衣則衰無帶下又無衽是也

袂屬幅

屬猶連也連幅謂不削疏○注屬猶至不削○釋曰屬幅者謂整幅二尺二寸凡用布爲衣物及射侯皆去邊幅一寸爲縫殺今此屬連其幅則不削去其邊幅取整幅爲袂必不削幅者欲取與下文衣二尺二寸同縱橫皆二尺二寸正方者也故深衣云袂中可以運肘二尺二寸亦足以運肘也

衣二尺有二寸

此謂袂中也言衣者明與身參齊二尺二寸其袖足以容中人之肱也衣自領

至要二尺二寸倍之四尺四寸加辟領八寸而又倍之凡衣用布一丈四寸疏○注此謂至四寸○釋曰云此謂袂中也者上云袂據從身向袪而言此衣據從上向掖下而言云言衣者明與身參齊者袂所以連衣爲之衣即身也兩旁袂與中央身揔三事下與畔皆等故變袂言衣欲見袂與衣齊參也故云與身參齊云二尺二寸其袖足以容中人之肱也者案深衣云袂中可以運肘鄭注云肘不能不出入彼云肘此云肱也凡手足之度鄭皆據中人爲法故云中人也云衣自領已下云云者鄭欲計衣之用布多少之數自領至要皆二尺二寸者衣身有前後今且據一相而言故云衣二尺二寸倍之爲四尺四寸揔前後計之故云倍之爲四尺四寸也云加闊中八寸者闊中謂闊去中央安項處當縫兩相揔闊去八寸若去一相正去四寸若前後據長而言則一相各長八寸通前兩身四尺四寸揔五尺二寸也云而又倍之者更以一相五尺二寸并計之故云又倍之云凡衣用布一丈四寸者此唯計身不計袂與袪及負衽之等者彼當丈尺寸自見又有不全幅者故皆不言也

袪尺二寸

袪袖口也尺二寸足以容中人之併兩手也吉時拱尚左手喪時拱尚右手疏○注袪袖至右手○釋曰云袪袖口也者則袂末接袪者也云尺二寸者據複攝而言圍之則二尺四寸與深衣之袪同故云尺二寸足以容中人之併兩手也吉時拱尚左手喪時拱尚右手者案檀弓云孔子與門人立拱而尚右二三子亦皆尚右孔子曰我則有姊之喪故也二三子皆尚左鄭云復正也喪尚右右陰也吉尚左左陽也是其吉時拱尚左喪時拱尚右也以袪橫既與深衣尺二寸既據橫而言不言緣之深淺尺寸者同故緣口深淺亦與深衣同寸半可知故記人畧不言也

衰三升三升有半其冠六升以其冠爲受受冠七升

衰斬衰也或曰三升半者義服也其冠六升齊衰之下也斬衰正服變而受之此服也三升三升半其受冠皆同以服至尊宜少差也疏○注衰斬至差也○釋曰自此至篇末皆論衰冠升數多少也以其正經言斬與齊衰及大功小功緦麻之等並不言布之升數多少故記之也云衰三升三升有半其冠六升者衰異冠同者以其三升半謂縷如三升半成布還三升故其冠同六升也云以其冠爲受受冠七升者據至虞變麻服葛時更以初死之冠六升布爲衰更以七升布爲冠以其葬後哀殺衰冠亦隨而變輕故也云衰斬衰也者揔二衰皆在斬衰章也云或曰三升半者義服也者以其斬章有正義子爲父父爲長子妻爲

夫之等是正斬云諸侯爲天子臣爲君之等是義斬此三升半實是義服但無正文故引或人所解爲證也上章子夏傳亦直云衰三升冠六升亦據正斬而言不言義服者欲見義服成布同三升故也云六升齊衰之下也者齊衰之降服四升正服五升義服六升以其六升是義服故云下也云斬衰正服變而受之此服也者下注云重者輕之故也云三升三升半其受冠者同以服至尊宜少差也者以父與君尊等恩情則別故恩深者三升恩淺者三升半成布還三升故云少差也

齊衰四升其冠七升以其冠爲受受冠八升

言受以大功之上也此謂爲母服也齊衰正服五升其冠八升義服六升其冠九升亦以其冠爲受凡不著之者服之首主於父母疏○注言受至父母○釋曰此據父卒爲母齊衰三年而言也云言受以大功之上也者以其降服大功衰七升正服大功衰八升故云大功之上云此謂爲母服也者據父卒爲母而言若父在爲母在正服齊衰前已解訖云齊衰正服五升其冠八升義服六升其冠九升亦以其冠爲受凡不著之者服之首主於父母者上斬言三升主於父此言四升主於母正服以下輕故不言從可知也

緦衰四升有半其冠

八升此謂諸侯之大夫爲天子繐衰也服在小功之上者欲著其縷之精麤也升數在齊衰之中者不敢以兄弟之服服至尊也

【疏】○注此謂至尊也○釋曰云諸侯之大夫爲天子繐衰也者是正經文也云服在小功之上者欲著其縷之精麤也者據升數合在杖期上以其升數雖少以縷精麤與小功同不得在杖期上故在小功之上也云升數在齊衰之中者不敢以兄弟之服服至尊也者據縷如小功小功已下乃是兄弟故云不敢以兄弟之服服至尊至尊則天子是也

大功八升若九升小功十升若十一升此以小功受大功之差也不言七升者主於受服欲其文相值言服降而在大功者衰七升正服衰八升其冠皆十升義服九升其冠十一升亦皆以其冠爲受也斬衰受之以下大功受之以正者重者輕之輕者從禮聖人之意然也其降而在小功者衰十升正服衰十一升義服衰十二升皆以即葛及緦麻無受也此大功不言受者其章既著之

【疏】○注此以至著之○釋曰云此以小功受大功之差也者以其小功大功俱有三等此雖各言二等故云此以小功受大功之差也以此二小功衰受二大功之冠爲衰二大功初死冠還用二小功之衰故轉相受也云不言七升

者主於受服欲其文相值者以其七升乃是殤大功殤大功章云無受此主於受故不言七升者也云欲其文相值值者當也以其正大功衰八升冠十升與降服小功衰十升同既葬受衰十升冠十一升義服大功衰九升其冠十一升與正服小功衰同既葬以其冠爲受受衰十一升冠十二升初死冠皆與小功衰相當故云文相值也是冠衰之文相值云言服降而在大功者衰七升正服衰八升其冠皆十升義服九升其冠十一升亦皆以其冠爲受也鄭言此者既解爲文相值又覆解文相值之事若然降服既無受而亦覆言之者欲見大功正服與降服冠升數同之意必冠同者以其自一斬及四齊衰與降大功冠皆校衰三等及至正大功衰八升冠十升冠與降大功同上校二等者若不進正大功冠與降同則冠宜十一升義大功衰九升者冠宜十二升則小功緦麻冠衰同則降小功衰冠當十二升正服小功冠衰同十三升義服小功當冠衰十四升緦麻冠衰當十五升即與朝服十五升同與吉無別故聖人之意進正大功冠與降大功同則緦麻不至十五升若然正服大功不進之使義服小功至十四升緦麻十五升抽其半豈不得爲緦乎然者若使義服小功十四升則與疑衰同非五服之差故也又云斬衰受之以下大功受之以正者重者輕之輕者從禮聖人之意然也者聖人之意重者恐至滅性故抑之受之以輕服義服齊衰六升是也輕者從禮者正大功八升冠十升既葬衰十升受以降服小功義服大功衰九升冠十一升既葬衰十一升受以正服小功二等大功皆不受以義服小功是從禮也是聖人有此抑揚之義也云其降而在小功者衰十升正服衰十一升義服衰十二升皆以即葛及緦麻無受者此鄭云皆以即葛及無受文出小功緦麻章以其小功因故衰雖變麻服葛爲異也其降服小功已下升數文出閒傳故彼云斬衰三升齊衰四升五升六升大功七升八升九升小功十升十一升十二升緦麻十五升去其半有事其縷無事其布曰緦此哀之發於衣服者也鄭注云此齊衰多二等大功小功多一等服主於受是極列衣服之差也鄭彼注顧此文校多少而言云服主於受據此文不言降服大功小功緦麻之受以其無受又不言正服義服齊衰者二者雖有受齊斬之受主於父母故亦不言若然此言十升十一升小功者爲大功之受而言非小功有受彼注云是極列衣服之差者據彼經揔言是極盡陳列於服之差降故其言之與此異也

儀禮卷第十一　經四千四百二十八　注五千九百七十八

儀禮疏卷第三十四

元缺卷今補依要義分

大清嘉慶二十年書
用宋殘槧藏本校

江西督糧道王賡言廣豐縣知縣阿應鱗栞

儀禮注疏卷三十四校勘記

阮元撰盧宣旬摘錄

朋友皆在他邦

舊說云　集釋要義敖氏俱無云字盧文弨云疏亦當刪

主若幼少　少要義作小

主人素冠環絰以視斂訖　毛本重斂字陳閩斂斂二字俱誤作見

主若幼少則未止者　少要義亦作小下證主幼少仍作少陳本惟證主幼少作小餘俱作少

主若幼少不能爲主　要義無少字

是三年之人小　陳閩要義同毛本三作二○按三是也

以其又無大功已下之親　要義同毛本又作有

朋友麻

則弁絰服　自服字起至下文環絰也止凡十三字陳閩監葛俱脫

緦衰也　徐本集釋同毛本衰作麻

當事乃弁絰　乃徐本集釋俱作乃與疏合毛本作則

緇衣羔裘又曰　六字陳閩監葛俱脫

疑衰素裳　此句下集釋有冠則皮弁加絰六字浦鏜云下按周禮司服疏引此注有冠則皮弁之絰六字

則其弔服素冠委貌　陳閩監葛俱作則其冠素委貌與疏合

以三升布上元下纁　三上浦鏜云脫十字

亦以三升布　亦字陳閩俱在升下

一股麻爲骨又以一股麻爲繩　毛本上一字上有以字陳閩俱無兩一字

故泰誓武王謂諸侯云　陳本要義同毛本泰誤作秦謂作告

緦麻也　麻要義作衰與徐本注合

元謂無事其縷　要義同毛本元下有盖字

無事其布哀在外　要義同毛本無作有

及殯時乃弁絰　毛本乃作及浦鏜亦作乃段玉裁校本作則

非此時則皮弁　要義同毛本無時字

故向下取疑衰爲弔服也　要義同毛本無向字

近是天子之朝服　要義同毛本近是作是近

其服則白布深衣　要義無其服二字毛本深衣下無以白布深衣五字

未辨緦衰疑衰所施用　疑衰二字陳閩俱重出

則君與此士有師友之恩　要義同毛本恩作惠

有絰無帶　要義同毛本無作有

但弔服既著衰　要義同毛本但作袒

其以三衰所用　按其以疑當作以其

皆是朋友　要義同毛本是作于

則其帶未必如環　其陳閩俱作有

君之所爲兄弟服

室老似正君近臣　通解要義同毛本臣作止○按止疑是字之誤

故從君所服也　故陳閩俱作敬

夫之所爲兄弟服

是以毋黨皆不服之　通解要義同毛本無之字

宗子孤爲殤

以其父在爲適子　通解要義同毛本爲作無

五月殤卽八三月　通解要義楊氏同毛本五月作至下陳本誤作王小

改葬緦

將亡失尸柩也　尸釋文作屍毛本聶氏柩下有者字徐本集解要義敖氏俱無

言改葬者　徐本集釋同毛本無言字

其奠如大斂　奠要義作斂按釋文云大斂力驗反宋本釋文大作其張氏從之改奠爲斂與疏不合

卽設奠之禮朝廟是也又朝廟載柩之時　陳閩俱無朝廟是也又五字

飾以帷荒　陳閩同毛本荒作㡛

童子唯當室緦　按此節及下凡妾爲私兄弟如邦人要義併作一條其注亦併爲一未知何義

案內則年二十敦行孝弟　毛本敦作故浦鏜改故爲敦

傳曰不當室

此傳恐不當室與當室者同　通解不字在與字下

凡妾爲私兄弟

自其族親也　自徐本集釋要義敖氏俱作自與疏不合毛本作目

然則女君有以尊降其兄弟者　徐本集釋要義同毛本無然則二字

大夫之女　徐本集釋要義同毛本大上有與字

爲天王后也　徐本集釋同毛本也作者要義無

大夫弔於命婦錫衰

知不弔命婦　不字陳閩俱在婦字下

傳曰錫者何也麻之有錫者也　敖氏曰有錫疑當作滑易蓋二字各有似以傳寫而誤也鄭司農注司服職云錫麻之滑易者也其據此記未誤之文與○按錫者滑易也有錫者治其布使之滑易也有卽有事其布之有若但云麻之滑易則麻自滑易不見有事其布之意敖言先鄭作滑易殊屬傳會恐後人併據以改後鄭之本故附論之

不錫者不治其縷　徐本楊氏同毛本錫上無不字按前緦麻三月者疏引此注惟聶氏無不字各本俱有

士雖當事　雖徐陳集釋俱作雖與疏合毛本作唯重脩監本誤作准

皮錫衰而已　毛本皮下有弁字徐本無張氏曰監本云皮弁錫衰從監本

皆皮弁衰而已　衰要義作言

亦是君於此士　士上要義有公字

上注士弔服　弔服要義作喪禮

又笄緦相對　對要義作㕑

女子子適人者

故使惡笄而有首　陳閩俱脫有字

則齊衰已下　通解要義同毛本無則字

鄭注緦六升象冠數　此句下通解要義俱有則齊衰緦亦象冠數八字毛本無

傳曰笄有首者○吉笄者象笄也　毛本吉誤作言

卒哭而喪之大事畢　喪閩監葛本俱誤作笄

吉笄尊變其尊者婦人之義也　十二字徐本集釋俱在折其首者上毛本在下通解無許宗彥云變者以吉笄易惡笄也注先解吉笄爲婦人之義後乃解折首爲其太飾語勢相承徐本是也

若然斬衰笄用箭　若陳閩俱誤作笄無用箭二字

齊衰用櫛　陳閩俱無齊衰二字

乃折去首而著之也　首要義作笄

彼櫛木與象櫛相對　此句下通解要義俱有此櫛笄與象笄相對八字毛本無

但此用櫛木彼用櫛本　按櫛疑當作榛

妾爲女君

妾爲女君之服　程瑶田曰妾爲女君見不杖麻屨章爲君之長子經不見其服故賈疏曰妾爲君之黨服得與女君同爲長子亦三年也今疏作妾爲女君之服蓋君之黨三字轉寫譌作女君之三字也今

據經傳服例參考改正○按大功章大夫之妾爲君之庶子疏云妾爲君之長子亦三年者妾從女君服得與女君同故亦同女君三年此疏與彼正同然則此句但須改爲字作從若據小記注妾爲女君之黨服得與女君何則可於之下加黨字

凡衰外削幅

裳內削幅者　通解要義楊氏同毛本無裳字

則二七十四尺　要義同毛本通解楊氏四下有丈四二字案要義是

故須辟積其要中也　通解要義同毛本無其字

在人麤細　要義同毛本通解敖氏在作任

治其絲麻　按禮運當作麻絲

覩之美也　毛本聶氏同通解要義俱作覩之善也

唐虞以下　毛本以作已聶氏下作上

六冕與爵弁爲祭服　陳本通解要義同毛本六作衮

其實要閒已外　實通解作它毛本作餘

似喪冠三辟積吉冠辟積無數也　陳本要義同毛本上冠字作服無吉冠辟積四字通解有

若齊裳內衰外

而言不一斬者　陳閩通解要義同毛本言不作不言○按而言二字屬上此據四齊爲句一字疑亦當作

以其上有斬　上陳閩俱作止

不齊　通解要義同毛本不上有下字陳本作不不齊

亦齊可知也　陳閩通解要義同毛本亦作而

適博四寸

則與闊　寸也　李氏曰濶中或作闕中謂闕去中央以安項也

旁出衰外　徐陳集釋通解楊敖俱有外字與疏合毛本無

博是寬狹之稱　是通解作見

衰長六寸

負在背上者　通解要義同毛本無上字

衣帶下尺

取足爲限也　陳閩通解要義敖氏同毛本足作定

露見表衣　表陳閩俱誤作喪通解作裏

衽二尺有五寸

燕尾二尺五寸　二敖氏作一按敖氏是也用布三尺五寸兩端各留正一尺中閒一尺五寸邪裁之爲燕尾也但諸本皆誤惟敖氏不誤豈以意改之與抑別有所據與

乃向下　通解楊敖俱無向下二字要義有

袂屬幅

謂整幅二尺二寸　聶氏要義楊氏同毛本上二字作三通解誤作一

衣二尺有二寸

加辟領八寸　徐本集釋通解楊氏同毛本辟領作闕中李氏曰賈氏作闕中

此衣據從上向掖下而言　通解無此字

欲見袂與衣齊參也　要義同毛本通解參作三

云加闕中八寸者　闕聶氏通解要義俱作闕是也下同毛本作闕按盧文弨校引李云闕賈氏作闕跡內皆作闕中

袪尺二寸

既與深衣尺二寸既據橫而言　通解無兩既字按此處疑有錯簡當云以袪橫據橫而言既與深衣尺二寸同許宗彥云當作不言緣之深淺尺寸者以袪據橫而言既與深衣尺二寸同故緣云云

不言緣之深淺尺寸者　者下要義有同故二字毛本無按同字當在上文既與深衣尺二寸下故卽疏末故記人之故要義節去末句遂升故字於緣口之上耳

衰三升

此三升半　半閩本作并陳本初作并後改半

實是義服　要義同毛本實是作是實

齊衰之降服四升　毛本衰作服通解要義俱作衰

總衰四升有半

此謂諸侯之大夫　徐本集釋通解要義敖氏同毛本無諸字

大功八升若九升

以此二小功衰衰　功下陳閩俱有大功二字毛本不重衰字

受衰十一升　衰陳閩俱作冠

此衰之發於衣服者也　衰通解作哀是也毛本作衰

儀禮注疏卷三十四校勘記終

奉新余成教校

儀禮疏卷第三十五　儀禮卷第十二

唐朝散大夫行大學博士弘文館學士臣賈公彦等撰

士喪禮第十二

疏 士喪禮第十二○鄭目録云士喪其父母自始死至於既殯之禮喪於五禮屬凶。大戴第四，小戴第八，別録第十三○釋曰鄭云自始死至於既殯之禮者自從也既已也謂從始死巳殯之後未葬之前皆録之是巳下殯後論朔奠筮宅井槨卜葬日之事也又云喪於五禮屬凶者案周禮大宗伯掌五禮吉凶賓軍嘉此於五禮屬凶若然天子諸侯之下皆有士此當諸侯之士知者下云君若有賜不言王又喪大記云君沐粱大夫沐稷士沐粱鄭云上喪禮沐稻此云士沐粱蓋天子之士也又大斂陳衣與喪大記不同鄭亦云彼天子之士此諸侯之士以此言之此篇諸侯之士可知但公侯伯之士一命子男之士不命一命與不命皆分爲三等各有上中下及行喪禮其節同但銘旌有異故下云爲銘各以其物亡則以緇長半幅物謂公侯伯之士一命已上生時得建旌旗亡謂子男之士生時無旌旗之物者唯此爲異又鄭直云士喪父母不言妻與長子二者亦依士禮故下記云赴曰君之臣某死赴

母妻長子則曰君之臣某之某死是禮同故得同附於儀君之臣記不云父者以其經主於父死故記不言也

禮　鄭氏注

士喪禮死于適室幠用斂衾 適室正寢之室也疾者齊故于正寢焉疾時處北墉下死而遷之當牖下有牀衽幠覆也斂衾大斂所并用之衾衾被也小斂之衾當陳喪大記曰始死遷尸于牀幠用斂衾去死衣 疏 ○注適室至死衣○釋曰自此盡帷堂論始死招魂綴足設奠帷堂之事云適室正寢之室也者若對天子諸侯謂之路寢卿大夫士謂之適室亦謂之適寢故下記云士處適寢總而言之皆謂之正寢是以莊三十二年秋八月公薨于路寢公羊傳云路寢者何正寢也穀梁傳亦云路寢正寢也言正寢者對燕寢與側室非正案喪大記云君夫人卒於路寢大夫世婦卒於適寢内子未命則死于下室遷尸于寢士士之妻皆死于寢鄭注云言死者必皆於正處也以此言之妻皆與夫同處若然天子崩亦於路寢是以顧命成王崩延康王於翼室翼室則路寢也若非正寢則失其所是以僖三十三年冬十二月公薨於小寢左氏傳云即安也是譏不得其正云疾者齊故於正寢焉疾時處北墉下死而遷之當牖下有牀衽者此並取下記文但文有詳畧文次不與本同云疾者齊故于正寢焉以其齊須在適寢是以故在正寢鄭彼注云正情性也衽是臥席故彼云下莞上簟設枕焉云幠覆也斂衾大斂所并用之衾者經直云衾不辯大小鄭知非小斂衾是大斂衾者鄭云小斂之衾當陳者不用小斂衾以其大斂未至故且覆尸是以小斂訖大斂之衾當陳則用夷衾覆尸是其次也此所覆尸尸襲後將小斂乃去之是以下襲訖亦云幠用衾鄭注云始死時斂衾必覆之者爲其形褻言大斂所用之衾者案喪大記君大夫士皆小斂一衾大斂二衾今始死用大斂一衾以覆尸及至大斂之時兩衾俱用一衾承薦於下一衾以覆尸故云大斂所并用之衾引喪大記者欲見加斂衾以覆尸以去死衣鄭彼注云去死衣病時所加新衣及復衣也去之以俟沐浴是也

復者一人以爵弁服簪裳于衣左何之扱領于帶 復者有司招魂復魄也天子則夏采祭僕之屬諸侯則小臣爲之爵弁服純衣纁裳也禮以冠名服簪連也 疏 ○注復者至連也○釋曰言復者一人者諸侯之士一命與不命並皆一人案雜記云復西上者鄭注云北面而西上陽長左也復者多少各如其命之數若

然案典命諸侯卿大夫三命再命一命天子三公八命其卿六命大夫四命上士三命中士再命下士一命上公九命侯伯七命子男五命皆依命數九人以下則天子宜十二爲節當十有二人也云復者有司者案喪大記復者小臣則士家不得同僚爲之則有司府史之等也不言所著衣服者案喪大記小臣朝服下記亦云復者朝服則尊卑皆朝服可知必著朝服者鄭注喪大記云朝服而復所以事君之衣也復者庶其生氣復既不蘇方始爲死事耳愚謂朝服平生所服冀精神識之而來反衣以其事死如事生故復者皆朝服也若然天子崩復者皮弁服也云招魂復魄也者出入之氣謂之魂耳目聰明謂之魄死者魂神去離於魄今欲招取魂來復歸于魄故云招魂復魄也云天子則夏采祭僕之屬者案周禮天官夏采職云大喪以冕服復於大祖以乘車建綏復於四郊鄭注云求之王平生常所有事之處乘車玉路於大廟以冕服不出宮也又夏官祭僕職云大喪復於小廟鄭注云小廟高祖以下也始祖曰大廟又隷僕云大喪復於小寢鄭注云小寢高祖以下廟之寢也始祖曰大寢此不言隷僕以其隷僕與祭僕同僕官之屬中兼之案檀弓君復於小寢大寢小祖大祖庫門四郊鄭注云尊者求之備也亦他日所嘗有事是諸侯復法言庫門據魯作說若凡平諸侯則皐門學

外門而言三門俱復則天子五門及四郊皆復不言者文不具卿大夫以下復自門以内廟及寢而已婦人無外事自王后以下所復處亦自門以内廟及寢而已云諸侯則小臣爲之者喪大記文也云爵弁服純衣纁裳也者案士冠禮云陳服於房中西墉下東領北上爵弁服纁裳純衣是也士用爵弁者案雜記云士弁而祭於公冠而祭於已是士服爵弁助祭於君玄冠自祭於家廟士復用助祭之服則諸侯以下皆用助祭之服可知故雜記云復諸侯以褎衣冕服爵弁服鄭注云復招魂復魄也冕服者上公五侯伯四子男三褎衣亦始命爲諸侯及朝覲見加賜之衣也褎猶進也則衮冕之類若然冕服者有六除大裘有衮冕驚冕毳冕絺冕玄冕上公衮冕而下侯伯驚冕而下子男毳冕而下皆爵弁若然孤自絺冕而下卿大夫玄冕爵弁士爵弁而已天子孤卿大夫士其衣亦與之同三公執璧與子男同其服亦同若然大裘是祭天地之服又與四郊建綏而復不用大裘而冕則門及廟寢等用衮冕以下與上公同但復者依命數衣服不足覆取上服重用之以充其數王后以下案雜記云復衣夫人稅衣揄狄鄭鞠衣展衣褖衣至揄狄是侯伯夫人案周禮内司服掌王后六服褘衣揄狄闕狄鞠衣展衣褖衣王后及上公夫人二王後及魯之夫人皆用褘衣下至褖衣侯伯夫人與王

之三夫人同揄翟以下至褖衣子男夫人與三公夫人自闕狄以下至褖衣孤之妻與九嬪鞠衣展衣褖衣卿大夫妻與王之世婦展衣褖衣士妻與女御褖衣而已云禮以冠名服者案士冠禮皮弁爵弁並列於階下執之而空陳服於房云皮弁服爵弁服是以冠名服鄭言此者欲見復時唯用緇衣纁裳不用爵弁而經言爵弁服是禮以冠名服也云簪連也者若凡常衣服衣裳各別今此招魂取其便故連裳於衣

升自前東榮中屋北面

招以衣曰皐某復三降衣于前

北面招求諸幽之義也皐長聲也某死者之名也復反也降衣下之也喪大記曰凡復男子稱名婦人稱字

疏○注北面至稱字○釋曰案喪大記復有林麓則虞人設階無林麓則狄人設階鄭云階所乘以外屋者虞人主林麓之官也狄人樂吏之賤者階梯也簨虡之類有林麓謂君與夫人有國有采地者無林麓謂大夫士無采地者則此外屋之時使狄人設梯復聲必三者禮成於三北面招求諸幽之義也者禮記檀弓文以其死者必歸幽暗之方故北面招之求諸幽之義引喪大記者證經復時所呼名字云男子稱名者據大夫以下若天子崩則云皐天子復若諸侯薨則稱皐某甫復若婦人稱字則尊卑同此經含有男子婦人之喪故言男子稱名婦人稱字案喪服小記云男子稱名婦人書姓與伯仲是也

受用篋

升自阼階以衣尸

受者受之於庭也復者其一人招則受衣亦一人也人君則司服受之衣尸者覆之若得魂反之

疏○注受者至反之○釋曰鄭知受之於庭者以其降衣簷前受而升自阼階明知受之於堂下在庭可知云復者其一人招則受衣亦一人也者以其服唯一領明知各一人也自再命以上受者亦各依命數云人君則司服受之者案喪大記云北面三號捲衣投于前司服受之以其大夫士無司服之官明據君也云衣尸者覆之若得魂反之者此服衣浴而去之不用襲斂故喪大記云始死遷尸于牀幠用斂衾去死衣鄭注云死衣病時所加新衣及復衣也彼又云復衣不以衣尸不以斂鄭注云不以衣尸謂不以襲也斂謂小斂大斂而云覆之直取魂魄反而已

復者降自後西榮

不由前降不以虛反也降因徹西北厞若云此室凶不可居然也自是行死事

疏○注不由至死事○釋曰云不由前降不以虛反也者凡復者緣孝子之心望得魂氣復反復而不蘇則是虛反今降自後是不欲虛反也云降因徹西北厞者案此文及喪大記皆言降自西北榮皆不言徹厞

鄭云徹厞者案喪大記將沐甸人爲垼于西牆下陶人出重鬲管人受沐乃煮之甸人取所徹廟之西北厞薪而爨之諸文更不見徹厞薪之文故知復者降時徹之故鄭云降因徹西北厞也西北名爲厞者案特牲尸謖之後改饌於西北隅以爲陽厭而云厞用筵鄭云厞隱也故以西北隅爲厞也必徹毀之者鄭云若云此室凶不可居然也自是行死事者復而不蘇下文楔齒綴足之等皆是行死事也

楔齒用角柶

爲將含恐其口閉急也

疏○注爲將至急也○釋曰案記云楔貌如軛上兩末鄭云事便也此角柶其形與扱醴角柶制別故屈之如軛中央入口兩末向上取事便也以其兩末向上出入易故也

綴足用燕几

綴猶拘也爲將屨恐其辟戾也今文綴爲對

疏○注綴猶至爲對○釋曰案記云綴足用燕几校在南御者坐持之鄭注云校脛也尸南首几脛在南以拘足則不得辟戾矣以此言之几之兩頭皆有兩足今豎用之一頭以夾兩足恐几傾倒故使御者坐持之案喪大記小臣楔齒用角柶綴足用燕几君大夫士一也又案周禮天官玉府大喪共含玉復衣裳角枕角柶則自天子以下至於士其禮同言燕几者燕安也當在燕寢之內常馮之以安體也

奠脯醢醴酒升

自阼階奠于尸東鬼神無象設奠以馮依之疏○注鬼神至依之。○釋曰案檀弓曾子云始死之奠其餘閣也與鄭注云不容改新也則此奠是閣之餘食爲之案下小斂一豆一籩大斂兩豆兩籩此始死俱言亦無過一豆一籩而已下記云若醴若酒鄭注云或卒無醴用新酒此醴酒雖俱言亦科用其一不並用以其小斂酒醴具有此則未具是其差帷堂事小訖也疏○注事小訖也。○釋曰云事小訖也者以其未襲斂必帷之者鬼神尚幽闇故也乃赴于君主人西階東南面命赴者拜送赴告也臣君之股肱耳目死當有恩疏○注赴告至有恩。○釋曰此及下經論使人告君之事云臣君之股肱耳目者案虞書云帝曰臣作朕股肱耳目注云大體若身云死當有恩是以下有弔及贈襚之事也案檀弓云父兄命赴者鄭注云謂大夫以上也士主人親命之是尊卑禮異也有賓則拜之賓僚友羣士也其位猶朝夕哭矣疏○注賓僚至哭矣。○釋曰此謂因命赴者有賓則拜之若不因命赴者則不出是以下云唯君命出鄭云始喪之日哀戚甚在室故不出是也云賓僚友羣士也者同官爲僚同志爲友

羣士即僚友也以其始死雖赴君此僚友未蒙赴及即來是先知疾重故未赴即來明是僚友之士非大夫及疏遠者若有大夫則經辨之而稱大夫是以下文因君襚即云有大夫則特拜之是也云其位猶朝夕哭矣者謂賓弔位猶如賓朝夕哭位其主人之位則異於朝夕而在西階東南面拜之拜訖西階下東面下經所云拜大夫之位是也入坐于牀東衆主人在其後西面婦人俠牀東面衆主人庶昆弟也婦人謂妻妾子姓也亦適妻在前疏○注衆主至在前。○釋曰自此盡北面論主人以下哭位之事云入坐者謂上文主人拜賓訖入坐于牀東是其衆主人直言在其後不言坐則立可知婦人雖不言坐案喪大記婦人皆坐無立法言俠牀者男子牀東婦人牀西以近而言也案喪大記士之喪主人父兄子姓皆坐于東方主婦姑姊妹子姓皆坐于西方此義恐錯此經有不命士喪大記無不命士又與大記文不同釋亦不合子姓皆坐于西方注云士賤同宗尊卑皆坐此除主人之外不坐者此據命士彼據不命之士知者案喪大記云大夫之喪主人坐于東方主婦坐于西方其有命夫命婦則坐無則皆立是大夫喪尊者坐卑者立是知此非主人皆立據命士大記云尊卑皆坐據不命

之士云婦人謂妻妾子姓者下云親者在室其中有姑姊故此注直言妻妾子姓也喪大記兼言姑姊妹者彼無別文見親者在室故注總言之也言亦適妻在前者亦主人在衆主人前也親者在室謂大功以上父兄姑姊妹子姓在此者疏○注謂大至此者。○釋曰知親者謂大功以上者以大功以上有同財之義相親暱之理下有衆婦人戶外據小功以下疏者故知此爲大功以上也云父兄姑姊妹在此者上注據死者妻妾子姓也此注據主人之兄弟姑姊妹子姓而言若然父謂諸父兄謂諸兄從父昆弟姑謂主人之姑姊妹謂從父姊妹子姓謂主人之孫於死者謂曾孫玄孫曾孫爲曾祖高祖齊衰三月當在大功親之內故云子姓在此者衆婦人戶外北面衆兄弟堂下北面衆婦人衆兄弟小功以下疏○注衆婦人至以下。○釋曰案喪服記云兄弟皆在他邦加一等傳曰小功以下爲兄弟玄謂於此發兄弟傳者嫌大功以上又加也大功以上若皆在他國則親自親矣是大功以上爲親者則上文是也是以知此婦人在戶外是小功以下可知若然同是小功以下而男子在堂下者以其婦人有事自堂及房不合在下故男子在堂下婦人戶外堂上耳君使人弔

徹帷主人迎于寢門外見賓不哭先入門右北面使人士也禮使人必以其爵使者至使人入將命乃出迎之寢門內門也徹帷扆之事畢則下之疏○注使人士至下之。○釋曰自此盡不辭入論君使人弔襚之事鄭知禮使人必以其爵者案聘禮使人歸饔餼及致禮皆各以其爵此君使人弔朝士明亦以其爵使士可知此儀禮見諸侯弔法若天子則不以其爵各以其官是以周禮大僕職云掌三公孤卿之弔勞鄭云王使往又小臣職云掌士大夫之弔勞又御僕職掌羣使之弔勞又案宰夫職云凡邦之弔事掌其戒令與幣器注弔事弔諸侯是其皆以官不以爵也云使者至使人入將命乃出迎之者將命謂傳賓主人之言擯者也案下小斂後云有襚者則將命擯者出請入告注云喪禮畧於威儀既小斂擯者乃用辭若然則此雖有擯者未用辭故此下經不云主人出迎經不云擯者鄭探其意使者使人入將命所使之人入將命即包主人擯者也云寢門內門也者以其大夫士唯有兩門有寢門者外門者以其下云主人拜送于外門外故知此寢門內門也云徹帷扆之者謂褰帷而上非謂全徹去知事畢則下之者案下君使人襚徹帷明此事畢下之可知弔者入升

自西階東面主人進中庭弔者致命主人不升賤也致命曰君聞子之喪使某如何不淑疏○注主人至不淑○釋曰上云主人迎于寢門外此云弔者入謂入寢門以其死在適寢云主人不升賤也者對大夫之喪其子得升堂受命知者案喪大記云大夫於君命迎于寢門外使者升堂致命主人拜于下言拜于下明受命之時得升堂必知大夫之子得升堂受命者案喪大記云大夫之喪將大斂君至主人迎先入門右君即位于序端主人房外南面卒斂宰告主人降北面於堂下君撫之主人拜稽顙鄭注云大夫之子尊得升視斂下文又云士之喪將大斂君不在其餘禮猶大夫也以君常視士殯故言君不在若有恩賜君視大斂則不得如大夫言君不在者謂士之子不升堂在君側以此言之士受君命不得升堂以其賤明大夫之子得升受命乃降拜可知是以大戴禮云大夫於君命升聽命降拜是也云致命曰以下鄭知有此辭者案雜記諸侯使人弔鄰國之君喪而云弔者入升自西階東面致命曰寡君聞君之喪寡君使某如何不淑彼據鄰國之君故稱寡此使士弔已國之士故直云君不言寡也主人哭拜稽顙成踊稽顙頭觸地成踊三者三疏○注稽顙至者三○釋曰云稽顙頭觸地者案禮記檀弓曰稽顙而后拜頎乎其致也為稽首之拜但觸地無容即名稽顙云成踊三者三案曾子問君薨世子生三日告殯云衆主人卿大夫士哭踊三者三凡九踊也。賓出主人拜送于外門外君使人襚徹帷主人如初襚者左執領右執要入升致命襚之言遺也衣被曰襚致命曰君使某襚疏○注襚之至某襚　釋曰云主人如初者如上弔時迎于寢門外以下之事也云襚之言遺也者謂君有命以衣服遺與主人云衣被曰襚者案左傳隱元年秋七月天王使宰咺來歸惠公仲子之賵穀梁傳曰乘馬曰賵衣衾曰襚貝玉曰含錢財曰賻是也云致命曰君使某襚者亦約雜記文此君襚雖在襲前主人襲與小斂俱不得用君襚大斂乃用之知者案喪大記云君無襚大夫士畢主人之祭服親戚之衣受之不以即陳注云無襚者不陳不以斂謂不用之為小斂至大斂乃用之故下文大斂之節云君襚不倒注云至此乃用君襚主人先自盡是也主人拜如初襚者入衣尸出主人拜送如初唯君命

出升降自西階遂拜賓有大夫則特拜之即位于西階下東面不踊大夫雖不辭入也唯君命出以明大夫以下時來弔襚不出也始喪之日哀戚甚在室故不出拜賓也大夫則特拜別於士旅拜也即位西階下未忍在主人位也不踊但哭拜而已不辭而主人升入明本不為賓出不成禮也疏○注唯君至禮也○釋曰云主人拜如初者亦如上主人進中庭哭拜稽顙成踊云襚者入衣尸出者案既夕記襚者委衣于牀不坐衆襚者委于牀上不坐則此襚者左執領右執要以衣尸亦不坐云唯君命出者欲見孤卿大夫士雖有弔襚來皆不出故云唯著異也云遂拜賓者因事曰遂以因有君命故拜賓若無君命則不出戶云大夫雖不辭入也者謂主人小斂後賓致辭云如何不淑乃復位踊今以初死大夫雖不辭主人升入室云以明大夫以下時來弔襚不出也者言唯君命出明大夫已下時來弔襚不出可知經云拜大夫者以因君命出見故也云未忍在主人位也者至小斂後始就東階下西南面主人位也云明本不為賓出不成禮也者揔解不為之踊及雖不辭而入二事親者襚不將命以即陳大功以上有同財之義也不將命不使人將之致於主人也即陳陳在房中疏○注大功至房中○釋曰自此盡適房論大功兄弟及朋友弔襚之事云大功以上謂并異門齊衰故云以上云即陳陳在房中者下云如襚以適房故知此陳陳在房中也庶兄弟襚使人以將命于室庶兄弟即衆兄弟也變衆言庶容同姓耳將命曰某使某襚拜于位室中位也疏○注庶兄至位也○釋曰知庶兄弟即衆兄弟者見上文云親者在室又云衆兄弟堂下北面注云是小功以下又云親者襚此云庶兄弟襚以文次而言故知庶兄弟即衆兄弟也云變衆言庶容同姓耳者以同姓絕服者有襚法鄭必知變衆言庶即容同姓者見喪服不杖麻屨章士言衆子大夫言庶子鄭云士謂之衆子未能遠別也是庶者疏遠之稱故知言庶容同姓云將命曰某使某襚者某謂庶兄弟名使某襚者名但庶兄弟是小功緦麻之親在堂下使有司歸家取服致命於主人若同姓容不在始來弔襚也云拜于位室中位也者以其非君命不出故知拜于室中位也朋友襚親以進主人拜委衣如

初退哭不踊親以進親之恩也退下堂反賓位也主人徒哭不踊別於君襚也疏○注親以至襚也○釋曰云別於君襚也者上文君襚之時主人哭拜稽顙成踊此朋友襚主人徒哭不踊故云別於君襚

徹衣者執衣如襚以適房凡於襚者出有司徹衣疏○注凡於至徹衣○釋曰云執衣如襚者上文君襚之時襚者左執領右執要此徹衣者亦左執領右執要故云如襚也云凡於襚者出有司徹衣者案此徹衣之文在諸襚者之下言之故雜記諸侯使人弔含襚賵訖乃云主人有司故云凡於襚者出有司徹衣

為銘各以其物亡則以緇長半幅赬末長終幅廣三寸書銘于末曰某氏某之柩銘明旌也雜帛為物大夫之所建也以死者為不可別故以其旗識識之愛之斯錄之矣亡無也無旌不命之士也半幅一尺終幅二尺在棺為柩今文銘皆為名末為旆也疏○注銘明至旆也○釋曰自此至西階上論書死者銘旌之事此士喪禮記公侯伯之士一命亦記子男之士不命故此銘旌揔見之也云為銘各以其物者案周禮司常大夫士同建

雜帛為物今云各以其物而不同者雜帛之物雖同其旌旗之杠長短則異故禮緯云天子之旗九刃諸侯七刃大夫五刃士三刃但死以尺易刃故下云竹杠長三尺長短不同故言各以別之此據侯伯之士一命者也云銘明旌也者檀弓文雜帛為物大夫之所建也者此司常文也言雜帛者為旗旌之縿以絳帛為之以白色之帛裨緣之鄭彼注云大夫士雜帛言以先王正道佐職是也云以死者至錄之矣者檀弓文案彼自銘明旌至錄之矣引之者事恰盡重與奠自為下事之別不得以周禮小祝之職杜子春解熬為重鄭不從其義故以證破子春又鄭注檀弓云謂重與奠此引證銘旌者鄭君兩解之以彼兼有重與奠亦是錄死者之義此銘旌是錄死者之名故兩注不同案周禮小祝云設熬置銘杜子春引檀弓曰銘明旌也以死者為不可別故以其旗識之愛之斯錄之矣子春亦為此解云無旌不命之士也者謂子男之士也云半幅一尺終幅二尺者經直云長半幅不言廣則亦三寸云赬末長終幅廣三寸則廣三寸揔結之但布幅二尺二寸今云二尺者鄭君計侯與深衣皆除邊幅一寸此亦兩邊除二寸而言之凡書銘之法案喪服小記云復與書銘自天子達於士其辭一也男子稱名婦人書姓與伯仲鄭注云此謂殷禮也殷質不重名復則臣得名君周之禮天子崩復曰臯天子復諸侯薨復曰臯某甫復其餘及書銘則同以此而言除天子諸侯之外其復男子皆稱姓名是以此云某氏某之柩云在棺為柩者下曲禮文以其銘旌表柩不表尸故據柩而言

竹杠長三尺置于宇西階上杠銘橦也宇梠也疏○注杠銘至梠也○釋曰此始造銘訖且置於宇下西階上待為重訖以此銘置於重又下文卒塗始置於肂若然此時未用權置於此及於重也云宇梠也者案爾雅釋宮云檐謂之樀郭云屋梠謂當檐下故特牲記云饎爨在西壁鄭注云西壁堂之西墻下舊說云南北直屋梠稷在南是也

甸人掘坎于階閒少西為垼于西墻下東鄉甸人有司主田野者垼塊竈西墻中庭之西今文鄉為面疏○注甸人至為面○釋曰自此盡西階下論掘坎為垼饌陳沐浴之具此坎不論淺深及所盛之物案既夕記云掘坎南順廣尺輪二尺深三尺南其壤下文沐浴餘潘及巾柶等棄埋之於此坎也云甸人有司主田野者士無臣所行事皆是有司屬吏之等言主田野者案周禮甸師其徒三百人掌帥其屬而耕耨王藉是掌田野士雖無此官亦有掌田野之人謂之甸人云垼塊竈者案既夕記云垼用塊是以塊

為竈名為垼用之以煑沐浴者之潘水知在中庭之西者經直云于西墻下不繼階字明近南中庭之西也

新盆槃瓶廢敦重鬲皆濯造于西階下新此瓦器五種者重死事盆以盛水槃承渜濯瓶以汲水也廢敦敦無足者所以盛米也重鬲鬲將縣重者也濯滌溉也造至也猶饌也以造言之喪事遽疏○注新此至事遽○釋曰云盆以盛水者案下文祝淅米時所用槃以盛渜濯者謂置於尸牀下時餘潘水名為渜濯知以此槃盛者下文別云士有冰用夷槃彼是寒尸之槃故知此承渜濯云瓶以汲水也者下文管人汲用此瓶也知廢敦敦無足者若有足直名敦故下文徹朔奠云敦啓會面足注云面足執之令足閒鄉前也是其有足直名敦凡物無足稱廢是以士虞禮云主人洗廢爵主婦洗足爵廢爵注云爵無足是也云所以盛米也者以下文而知云重鬲鬲將縣重者也下文鬻餘飯乃縣於重此時先用煑沐潘故云將縣重者也以其事未至故言將也云以造言之喪事遽者以其不言饌造者造是造次故以造言之喪事遽也

陳襲事于房中西領南上不綪襲事謂衣服也綪讀為縏縏屈也襲事少上陳而下不屈江沔之閒謂縈收繩索為縏古

文繡皆爲精。【疏】○注襲事至爲繂。○釋曰：自此至繼陳不用，論陳襲所用之事。云襲事謂衣服也者，此先陳之，至下文商祝襲時乃用之，但用者三稱而已，其中庶襚之等雖不用，亦陳之，以多爲貴。案下小斂、大斂，先陳先用，後陳後用，依次第而陳。此襲事以其初死，先成先陳，後成後陳，喪事遽備之而已，故不依次也。云襲事少，上陳而下不屈者，所陳之法，房戶之內，於戶東西領南上，以衣裳少，從南至北則盡，不須繂屈。知戶東陳之者，取之便故也。云江沔之間者，案禹貢云：嶓冢導漾，東流爲漢。孔傳云：泉始出山爲漾，水南東流爲沔水，至漢中東行爲漢水。南有江水，北有沔水，故云江沔之閒。以縈收繩索爲繂，引之證取繂爲屈義也。

明衣裳用布。所以親身爲圭絜也。【疏】○注所以至絜也。○釋曰：案下記云明衣裳用幕布，注云幕布帷幕之布，則此布用帷幕之布，但升數未聞。知親身者，下浴訖先設明衣，故知親身也。云爲圭絜也者，以其言明，明者絜淨之義，故知取圭絜者也。

鬠笄用桑，長四寸，纋中。桑之爲言喪也。用爲笄，取其名也。長四寸，不冠故也。纋，笄之中央以安髮。【疏】○注桑之至安髮。○釋曰：以髺爲鬠，義取以髮會聚之意。云桑之爲言喪也者，爲喪所用，故用桑，以聲名之，是以云取其名也。

云長四寸不冠故也者，凡笄有二種：一是安髮之笄，男子婦人俱有，即此笄是也；一是爲冠笄，皮弁笄、爵弁笄，唯男子有而婦人無也。此二笄皆長，不唯四寸而已。今此笄四寸者，僅取入髻而已，以其男子不冠，冠則笄長矣。此注及下注知死者不冠者，下記云其母之喪，鬠無笄，注云無笄猶丈夫之不冠也。以此言之，生時男子冠，婦人笄，今死婦人不笄，則知男子亦不冠也。家語云孔子之喪襲而冠者，家語王肅之增改，不可依用也。云纋笄之中央以安髮者，兩頭闊，中央狹，則於髮安，故云以安髮也。

布巾，環幅，不鑿。環幅，廣袤等也。不鑿者，士之子親含，反其巾而已。大夫以上賓爲之含，當口鑿之，嫌有惡。古文環作還。【疏】○注環幅至作還。○釋曰：此爲飯含而設，所以覆死者。而云廣袤等也者，布幅二尺二寸，鄭計布廣狹，側除邊幅二寸，以二尺爲率，則此廣袤等亦二尺也。云不鑿者，士之子親含，反其巾而已者，下經云主人左扱米，實于右，三實一貝，左中亦如之，是士之子親含。此經云不鑿，明反其巾而已也。又知大夫以上賓爲之含，當口鑿之，嫌有惡者，案雜記云鑿巾以飯，公羊賈爲之也。鄭云記士失禮所由始也。士親飯，必發其巾。大夫以上賓爲飯焉，則有鑿巾。以此經云不鑿，則大夫以上鑿，謂若士月半不殷奠，則大夫以上月半殷奠可知。以其大夫以上有臣，臣爲賓，賓飯含，嫌有惡，故鑿之也。

掩，練帛，廣終幅，長五尺，析其末。掩，裹首也。析其末，爲將結於頤下，又還結於項中。【疏】○注掩裹至項中。○釋曰：掩若今人幞頭，但死者以後二脚於頤下結之，與生人爲異也。此陳之耳，若設之，案下經云商祝掩瑱設幎目，注云掩者先結頤下，既瑱幎目，乃還結項是也。

瑱用白纊。瑱，充耳。纊，新綿。【疏】○注瑱充耳纊新綿。○釋曰：案下記云瑱塞耳。詩云充耳，充耳即塞也。生時人君用玉，臣用象。又著詩云充耳以素，充耳以黃之等，注云所以懸瑱，則生時以黃以素，又以玉象等爲之，示不聽讒。今死者直用纊塞耳而已，異於生也。云纊新綿者，案禹貢豫州貢絲纊，故知纊新綿，對縕是舊絮也。

幎目，用緇，方尺二寸，䞓裏，著，組繫。幎目，覆面者也。幎讀若詩云葛藟縈之縈。䞓，赤也。著，充之以絮也。組繫，爲可結也。古文幎爲涓。【疏】○注幎目至結也。○釋曰：鄭讀從葛藟縈之縈者，以其葛藟縈于樹木，此面衣亦縈於面目，故讀從之也。云組繫爲可結也者，以四角有繫，於後結之，故有組繫也。

握手，用玄纁裏，長尺二寸，廣五寸，牢中旁寸，著，組繫。

牢讀爲樓，樓謂削約握之中央以安手也。今文樓爲纋，旁爲方。【疏】○注牢讀至爲方。○釋曰：名此衣爲握，以其在手，故言握手，不謂以手握之爲握手。云牢讀爲樓，樓謂削約握之中央以安手也者，經云廣五寸，牢中旁寸者，則中央廣三寸，廣三寸中央又容四指而已，四指指一寸，則四寸，四寸之外仍有八寸，皆廣五寸也。讀從樓者，義取樓斂挾少之意。云削約者，謂削之使約少也。

決，用正王棘若檡棘，組繫，纊極二。決猶闓也，挾弓以橫執弦。詩云：決拾既次。正，善也。王棘與檡棘善理堅刃者，皆可以爲決。極猶放弦也，以沓指放弦，令不挈也。生者以朱韋爲之而三，死用纊又二，明不用也。古文王爲玉，今文檡爲也。世俗謂王棘矺鼠。【疏】○注決猶至矺鼠。○釋曰：云挾弓以橫執弦者，方持弓矢曰挾，未射時已然，至射時還依此法，以闓弦，故云挾弓以橫執弦也。引詩者，證決是闓弦之物。云王棘與檡棘者，科用其一皆得，不謂兼用二者。云以沓指放弦令不挈也者，謂以此二者與決爲藉，令弦不決挈傷指耳。云生者以朱韋爲之而三者，大射所云朱極三者是也。彼但爲君設文，引證此士禮，則尊卑生時俱三，皆用朱韋；死者尊卑同二，用纊也。

冒，緇質，長與

手齊經殺掩足 冒韜尸者制如直囊上曰質下曰殺質正也其用之先以殺韜足而上後以質韜首而下齊手上玄下纁象天地也喪大記曰君錦冒黼殺綴旁七大夫玄冒黼殺綴旁五士緇冒赬殺綴旁三凡冒質長與手齊殺三寸 疏 ○注冒韜至三尺○釋曰云制如直囊者下經云設冒櫜之故云如直囊云上曰質下曰殺質正也者案此經以冒爲揔目下別云質與殺自相對則知上曰質質正者以其在上故以正爲名引喪大記君與大夫士皆以冒對殺不云質則冒既揔名亦得對殺爲在上之稱皆云綴旁者以其冒無帶又無鈕一定不動故知旁綴質與殺相接之處使相連尊卑降殺而已云其用之先以殺韜足而上後以質韜首而下齊手者凡人著服先下後上又質長與手齊殺長三尺人有短者質下覆殺故後韜質也

爵弁服純衣 謂生時爵弁之服也純衣者纁裳古者以冠名服死者不冠 疏 ○注謂生至不冠○釋曰云謂生時爵弁之服也者凡襲斂之服無問尊卑皆先盡上服生時服即士之常服以助祭者也云纁裳者士冠禮文云古者以冠名服死者不冠者以死者不冠而經云爵弁皮弁此直取以冠名服不用其冠故云此也

皮弁服 皮弁所衣之服也其服白布衣素裳也

疏 ○注皮弁至裳也○釋曰云皮弁所衣之服也者亦見死者不冠不用皮弁今直取以冠名服是皮弁所衣著之服也知其服白布衣素裳者士冠禮注衣與冠同色裳與屨同色以皮弁白而白屨故士冠禮云素積白屨是也雜記云朝服十五升則皮弁天子朝服與諸侯朝服同十五升布也

褖衣 黑衣裳赤緣謂之褖褖之言緣也所以表袍者也喪大記曰衣必有裳袍必有表不禪謂之一稱古文褖爲緣 疏 ○注黑衣至爲緣○釋曰知此褖衣是黑衣裳者此褖衣則玄端知者以其士冠禮陳三服玄端皮弁爵弁有玄端無褖衣此士喪襲亦陳三服與彼同此無玄端有褖衣故知此褖衣則玄端者也玄端有三等裳此喪禮質畧同玄裳而已但此玄端連衣裳與婦人褖衣同故變名褖衣也若然連衣裳者以其用之以表袍袍連衣裳故也是以雜記云子羔之襲也繭衣裳與稅衣纁袡曾子曰不襲婦服彼曾子譏用纁袡不譏其稅衣是稅衣以表袍故連衣裳而名褖衣引喪大記者欲見褖衣以表袍之意若然雜記云繭衣大記云袍不同者玉藻云纊爲繭縕爲袍鄭云衣有著之異名也其實連衣裳一也云赤緣謂之褖者爾雅文彼釋婦人嫁時褖衣此引之者證此褖衣雖不赤緣褖衣之名同故引爲證也

緇帶 黑繒之帶 疏 ○注黑繒之帶○釋曰上雖陳三服同用一帶者以其士唯有此一帶而已案玉藻云士練帶緇辟是黑繒之帶據禪者而言也但生時著服不重各設帶此襲時三服俱著共一帶爲異也

韎韐 一命縕韍 疏 ○注一命縕韍○釋曰韎韐者據色而言以韎草染之取其赤韐者合韋而爲之故名韎韐也云一命縕韍者玉藻文但祭服謂之韍他服謂之韠士一命名爲韎韐亦名縕韍不得直名韍也但士冠禮玄端爵韠皮弁素韠爵弁服韎韐今亦三服共設韎韐者以其重服亦如帶矣

竹笏 笏所以書思對命者玉藻曰笏天子以球玉諸侯以象大夫以魚須文竹士以竹本象可也又曰笏度二尺有六寸其中博三寸其殺六分而去一又曰天子搢珽方正於天下也諸侯荼前詘後直讓於天子也大夫前詘後詘無所不讓今文笏作忽 疏 ○注笏所至作忽○釋曰云笏所以書思對命者亦玉藻文引玉藻者證天子以下笏之所用物不同及長短廣狹有異言公侯不言伯子男亦與公侯同案彼鄭云謂之珽珽之言挺然無所屈也或謂之大圭長三尺或者或玉人職文鄭又云荼讀爲舒遲之舒舒懦者所畏在前也詘謂圜殺其首不爲椎頭諸侯唯天子詘焉是以謂笏爲荼大夫前詘後詘無所不讓也鄭注云大夫奉君命出入者也上有天子下有己君又殺其下

而圜前後皆詘故云無所不讓彼雖不言士士與大夫同

夏葛屨冬白屨皆繶緇絇純組綦繫于踵 冬皮屨變言白者明夏時用葛亦白也比皮弁之屨士冠禮曰素積白屨以魁柎之緇絇繶純純博寸綦屨係也所以拘止屨也綦讀如馬絆綦之綦 疏 ○注冬皮至之綦○釋曰云變言白者明夏時用葛亦白也者案士冠禮云屨夏用葛冬用皮今此變言白者欲互見其義以夏言葛冬當用皮冬言白明夏亦用白又士冠禮云爵弁纁屨素積白屨玄端黑屨以三服各自用屨屨從裳色其色自明今死者重用其服屨唯一故須見色若然三服相參帶用玄端屨用皮弁韎韐用爵弁各用其一以當三服而已云此皮弁之屨者以其色白即所引士冠禮曰素積白屨者爲證是也引緇絇繶純者欲解士冠禮繶絇純同用緇此經繶雖在緇上明亦用緇可知繶謂條在牙底相接之縫中絇在屨鼻純謂緣口皆以條爲之但舄則對方爲繢次屨則比方爲繡次爲異耳云綦屨係也者經云繫于踵則綦當屬于跟後以兩端向前與絇相連于脚跗踵足之上合結之名爲繫于踵也云讀如馬絆綦之綦者此無正文蓋俗讀馬有絆名爲綦拘止馬使不得浪去此屨綦亦拘止屨使不縱誕也

庶襚繼

陳不用庶衆也不用不用襲也多陳之爲榮少納之爲貴疏○注庶衆至爲貴○釋曰直云庶繸即上經親者繸庶兄弟繸朋友繸皆是故云庶繸云繼陳謂繼襲衣之下陳之云不用不用襲也者以其繼襲衣而言不用明不用襲至小斂則陳而用之唯君繸至大斂乃用也云多陳之爲榮者庶繸皆陳之是也少納之爲貴者襲時唯用三陳是也

貝三實于笄貝水物古者以爲貨江水出焉笄竹器名疏○注貝水至器名○釋曰自此盡夷槃可也論陳飯含沐浴器物之事此云貝三下云稻米則士飯含用米貝古檀弓云飯用米貝亦據士禮也案喪大記云君沐粱大夫沐稷士沐粱鄭云士喪禮沐稻此云士沐粱蓋天子之士也飯與沐米同則天子之士飯用粱大夫用稷諸侯用粱鄭又云以差率而上之天子沐黍與則飯亦用黍可知但士飯用米不言兼有珠玉大夫以上飯時兼用珠玉也雜記云天子飯九貝諸侯七大夫五士三鄭注云此蓋夏時禮也周禮天子飯含用玉案典瑞云大喪共飯玉含玉雜記云含者執璧彼據諸侯而用璧唯大夫含無文哀十一年左氏傳云公會吳子伐齊陳子行命其徒具含玉示必死者春秋時非正法若趙簡子云不設屬椑之類文五年王使榮叔歸含且賵何休云天子以珠諸侯以玉大夫

以璧士以貝春秋之制也禮緯稽命徵云天子飯以珠含竟未釋周大夫所用以玉蓋亦異代法云貝水物者按書傳云紂囚文王散宜生等於江淮之間取大貝如車渠以獻于紂遂放文王是貝水物出江水也又云古者以爲貨者漢書食貨志云五貝爲朋又云有大貝壯貝之等以爲貨用是古者以爲貨也知笄是竹器名者以其字從竹又聘禮云夫人使下大夫勞以二竹簋方其實棗蒸栗婚禮婦見舅姑執笄以盛棗栗此雖盛貝不盛棗栗其笄並竹器也

稻米一豆實於筐豆四升疏○注豆四升○釋曰昭公三年晏子辭

沐巾一浴巾二皆用綌於笄巾所以拭汙垢浴巾二者上體下體異也綌麤葛疏○注巾所至麤葛○釋曰云浴巾二者上體下體異此士禮上下同用綌按玉藻云浴用二巾上絺下綌彼據大夫以上分別上下爲貴賤故上用細下用麤也

櫛於簞簞葦笥疏○注簞葦笥○釋曰案曲禮云凡以弓劍苞苴簞笥問人者注云圓曰簞方曰笥則是簞笥別此注簞葦笥者舉其類按論語云顏回一簞食注云簞笥也亦舉其類謂若蕡麻與枲麻雌雄異而鄭注云蕡麻枲麻也亦舉其類也

浴衣於篋浴衣已浴所衣之衣以布爲之其制如今通裁疏○注浴衣至通裁○釋曰知浴衣已浴所衣之衣者下經云浴用巾挋用浴衣是旣浴所著之衣用之以晞身明以布爲之云如今通裁者以其無殺即布單衣漢時名爲通裁故舉漢法爲況

皆饌于西序下南上皆者皆具○以下東西牆謂之序中以南謂之堂疏○注皆者至之堂○釋曰謂從序半以北陳之云東西牆謂之序者爾雅釋宮文云中以南謂之堂者諸於序中半以南乃得堂稱以其堂上行事非專一所若近戶即言戶東戶西若近房即言房外之東房外之西若近楹即言東楹西楹若近序即言東序下西序下若近階即言東階西階若自半以南無所繼屬者即以堂言之即下文淅米于堂是也其實戶外房外皆是堂故論語云由也升堂矣未入于室是室外皆名堂也

儀禮疏卷第三十五元缺卷今補依要義分

大清嘉慶[illegible]乙亥
用文選樓藏本校

江西督糧道王賡言廣豐縣知縣阿應鱗栞

儀禮注疏卷三十五挍勘記

阮元撰盧宣旬摘錄

士喪禮第十二

喪於五禮屬凶　凶下集釋有禮字

亡則以緇長半幅　毛本半誤作百

士喪禮

疾時處北墉下　毛本墉作牖釋文集釋俱作牖陸氏曰本又作墉徐本通典通解敖氏俱作墉

死而遷之當牖下　徐陳釋文通典集釋通解楊敖同毛本當作南○按室制南有牖而北無牖或亦有之謂之向毛詩傳及説文皆云向北出牖也故既夕記作北墉下喪大記作北牖下若作北牖則近室之牖宜稱南以別之若作北墉則不必言南牖也據疏內稱南牖北牖者非一似可兩通

大斂所并用之衾　通典無并字

必皆於正處也　皆通解作歸○按喪大記作皆不作歸

疾時處北墉下死而遷之當牖下　毛本墉作牖當作南要義牖作墉南作當並與徐本注合

復者一人

當十有二人也　十有二字誤倒

識之而來反　反下衍衣字

故復者皆朝服也　監本要義同毛本無朝字

鄭㘅衣展衣褖衣至褕狄　許宗彥云當作鄭注云用稅衣上至褕狄

孤之妻與九嬪　毛本嬪作殯盧文弨改殯爲嬪

若凡常衣服　要義同毛本常下有時字

受用篋　篋唐石經徐本通解楊敖俱作篋釋文集釋毛本俱作篚陸氏曰本或作篋石經考文提要定作篋云喪大記注司服以篋待衣于堂前可證

復者降自後西榮

降因徹西北扉　釋文云扉扶未反本或作屝音非

而欑之　通解要義楊氏俱同毛本而作用○按喪大記作用毛本是也

楔齒用角柶

爲將含　釋文曰含本亦作唅後放此

恐其口閉急也　急楊氏作結

綴足用燕几

爲將屨　徐陳通典集釋通解楊氏同毛本屨作屦

又按周禮天官玉府　禮要義作官

奠脯醢醴酒　此節疏內此始死俱言之下脫脯醢二字

奠脯至尸東　要義有此五字按此本殘缺每節標目皆無可考要義偶有此五字故錄之

乃赴于君

赴告也　告上敖氏有走字鍾本告作古誤按敖氏蓋据既夕注增入

入坐于牀東　毛本牀誤作堂

是其衆主人直言在其後　要義無是其二字

親者在室

父兄姑姊妹子姓在此者　在上楊氏有之字

謂大功以上　此句下要義有者以大功以上六字毛本無

君使人弔

掌三公孤卿之弔勞　此句下要義有鄭云王使往五字毛本無○按五字當有

有寢門者外門者　要義無外門者三字毛本有○案似當作知寢門非外門者

主人哭拜稽顙成踊

凡九踊也　此句下要義有喪服小記爲父母長子稽顙大夫弔之雖緦必稽顙者三廿二字葢從他書錄入非疏文

君使人襚

按左傳隱元年　要義同毛本隱下有公字

主人拜如初○升降自西階　自下徐本有階字○即位于西階下　于唐石經徐陳集釋通解楊敖俱作于毛本作如

親者襚

論大功兄弟　陳本無弟字閩本弟字擠入

庶兄弟襚○委衣于尸東牀上　尸閩葛俱誤作戸

即衆兄弟也　即通典作則

朋友襚

親之恩也　通典重親字

爲銘

大夫之所建也　夫下通典集釋敖氏俱有士字○按據周禮司常注則士字當有

無旌　徐本通典集釋通解楊氏同毛本旌作旗

今文銘皆爲名末爲旆也　毛本末作未徐本集釋未作末通解末爲二字未刻餘與徐本同案未乃末字之誤

此引證銘旌者　要義同毛本證銘作銘證

云無旌　旌要義作旌與徐本注合毛本作旗

下曲禮文　要義同毛本無下字

竹杠長三尺置于宇西階上　敖氏曰宇屋檐也不宜與西階上連文宇字葢因于字而衍也周官小祝職鄭司農注引此無宇字浦鏜云記檀弓設披節疏引此亦無宇字敖言是也○按先鄭本或與後鄭異檀弓疏所引自據小祝注爾

甸人掘坎于階閒

皆是有司屬吏之等　毛本無是字要義有

新盆槃瓶廢敦重鬲　盆通典作瓫注及下同

槃承渜濯　張氏曰監本渜誤作湮案釋文渜奴亂反從釋文及諸本

鬲將縣重者也　徐本敖氏同通典集釋楊氏毛本縣下有於字張氏曰釋文前重字注云於重同則此重字上有於字從釋文

此時先用煮沐潘　要義同毛本沐潘作潘沐

陳襲事于房中

讀爲縪縪屈也　徐本集釋通解楊氏同毛本敖氏不重縪字

江沔之閒　釋文云沔音緬水名也一本作沱大何反江別爲沱

於戸東西領南上　戸閩本誤作尸南上要義作西鄉

鬠笄用桑

皮弁笄爵弁笄　要義同毛本無上笄字

布巾環幅不鑿

及其巾而已　徐本同集釋通解毛本及俱作反張氏曰注曰及其巾而已案疏及作反從疏○按通典亦作反

掩練帛廣終幅　毛本廣誤作纊○長五尺　五陳閩葛本俱誤作伍

掩裹首也　也通典作者

爲將結於頤下　於徐本作放

又還結於項巾　張氏曰注曰又還結于項巾按監杭本毛本巾作中從監杭本

瑱用白纊

對縕是舊絮也　要義同毛本絮作綿

幎目用緇

讀若詩云葛藟縈之縈　云徐本聶氏集釋通解楊氏俱作云毛本作曰之字徐本通解俱不重聶氏集釋楊敖毛本俱重

爲可結也古文幎爲涓　下五字毛本脫徐本集釋通解俱有○按釋文出爲涓二字

鄭讀從葛藟縈之縈者　之字要義不重與徐本注合毛本重

握手用元纁裏

牢讀爲樓　案尒疋釋詁摟聚也釋文云摟从手本或作樓非然則此注樓字亦當从手說文手部摟曳聚也又毛詩角弓式居婁驕箋云婁斂也婁與摟古字通

樓謂削約握之中央　毛本謂作爲徐本通典聶氏集釋通解楊敖俱作謂與疏合

今文樓爲緌　樓集釋作牢按鄭既讀牢爲樓因曰今文樓爲緌少牢上佐食以綏祭注云綏或爲挼挼讀爲墮古文墮爲肵與此同例

義取樓斂挾少之意　毛本樓誤作縷挾浦鏜改約盧文弨改狹

決用正王棘

決拾既次　徐本同集釋通解楊氏毛本次俱作佽

極猶放弦也　通典聶氏俱無弦字金曰追云大射儀朱極三注極猶放也無弦字則有者誤衍也

令不擘也　釋文曰擘苦結反劉本作掣苦計反案徐本擘下無指字與疏合釋文通典聶氏毛本俱有

古文王爲玉　玉徐本集釋俱作玉通解毛本作三

今文檡爲也　檡爲也徐本作澤爲也毛本集釋通解俱作檡爲澤張氏曰注曰今文澤爲也案杭本云檡爲澤從杭本○按也疑宅字之誤

云王棘與檡棘者　毛本檡誤作擇

冒緇質

君錦冒黼殺　徐陳集釋通解楊敖同毛本錦作綿○按喪大記作錦徐本是

大夫元冒黼殺　黼楊氏作黻張氏曰監杭本黼作黻巾箱嚴本之爲黼其以禮記喪大記之文乎禮器曰君黼大夫黻喪大記之本蓋誤也從監杭本

綴旁三　三敖氏作二

爵弁服純衣

謂生時爵弁之服也　毛本弁下有所衣二字徐本通典集釋俱無與疏合通解楊氏俱有○按釋文所衣注云下所衣同是爲此節作音也

褖衣

黑衣裳赤緣謂之褖　徐本通典同毛本謂之作之謂集釋通解楊氏之謂下俱復有之字張氏曰注曰黑衣裳赤緣謂之褖案釋文云緣之則緣下有之字從釋文○按張氏但言緣下有之字不言謂下無之字

黄楊二家俱得之今本誤會張意遂刪去下之字

不禪　徐本集釋通解楊氏同毛本禪作禫

以其士冠禪陳三服　要義楊氏同毛本士下有是字

竹笏

天子以球玉　球徐本楊氏俱作球釋文集釋通解毛本俱作璆盧文弨云玉藻文本作球下搢珽依玉藻此璆亦當作球

天子搢珽　珽釋文作珵云本又作珽同張氏曰監本作珵○按說文有珽無珵

舒懦者　陳本通解同毛本懦作儒

夏葛屨○皆繶緇約純　張氏曰釋文云緇純中無約字鄭氏注周禮屨人全引此文亦無約字鄭氏又云言繶必有約純言約亦有繶純今之有約字後人加之也從釋文○按疏有約字

明夏時用葛亦白也　集釋重葛字無也字

比皮弁之屨　徐本楊氏同集釋通解敖氏毛本比俱作此張氏曰監杭本作此從監杭本

貝三實于笲

但士飯用米　要義同毛本米作稻

哀十一年左氏傳云　毛本哀下有公字要義無下文文公同

沐巾一

巾所以拭汙垢　汙徐陳葛本通典集釋楊氏俱作汚

櫛於簞　於唐石經徐陳閩葛釋文通典集釋通解要義楊敖俱作於毛本作用

簞葦笥　葦徐陳釋文通典集釋通解楊氏俱從艸毛本從竹

皆饌于西序下

皆具以下　徐陳集釋通解楊氏同毛本具作貝張氏曰上文云貝三盎自貝三以下皆饌于西序傳寫者誤以貝爲具後經云受具按諸本亦作貝

儀禮注疏卷三十五校勘記終

奉新余成教校

儀禮疏卷第三十六

唐朝散大夫行大學博士弘文館學士臣賈公彦等撰

管人汲不說繘屈之管人有司主館舍者不說繘將以就祝濯米屈縈也疏。注管人至縈也。釋曰自此盡明衣裳論沐浴及寒尸之事云不說繘屈之者以其喪事遽則知吉尚安舒汲宜說之矣云管人有司主館舍者士既無臣所行事者是府史故知管人是有司也聘禮記云管人爲客三日具沐五日具浴此爲死者故亦使之汲水也云不說繘將以就祝濯米者以下經云祝淅米明此管人將以就堂授祝濯米可知

祝淅米于堂南面用盆祝夏祝也淅汏也疏。注祝夏至汏也。釋曰知是夏祝者見下記云夏祝淅米差盛之是也

管人盡階不升堂受潘煮于垼用重鬲盡階三等之上喪大記曰管人受沐乃煮之甸人取所徹廟之西北厞薪用爨之疏。注盡階至爨之。釋曰云盡階者三階上也云用重鬲者以其先煮潘後煮米爲鬻懸于重故煮潘用重鬲也云取所徹廟之西北厞薪用爨之者此薪即復人降自西北榮所徹者也

祝盛米于敦奠于貝北復於筐處疏。注復於筐處。釋曰敦即上廢敦也云復於筐處者向未淅實于筐今淅訖盛于敦所置之處還於筐所以擬飯之所用也

士有冰用夷槃可也謂夏月而君加賜冰也夷槃承尸之槃喪大記曰君設大槃造冰焉大夫設夷槃造冰焉士併瓦槃無冰設牀襢第有枕疏。注謂夏至有枕。釋曰謂夏月者以周禮凌人職云夏頒冰據臣而言月令二月出冰據君爲說云而君加賜冰也者喪大記云士無冰用水此云有冰明據士得賜者也云夷槃承尸之槃者案喪大記注禮自仲春之後尸既襲既小斂先內冰槃中乃設牀於其上不施席而遷尸焉秋涼而止是也引喪大記已下欲證士有賜乃有冰又取用冰之法案彼注造猶內夷槃小焉第爲簀謂無席如浴時牀也特欲通冰之寒氣若然凌人云大喪共夷槃冰則天子有夷槃鄭注凌人云漢禮器制度大槃廣八尺長丈二尺深三尺漆赤中諸侯稱大槃辟天子其大夫言夷槃此士喪又用夷槃卑不嫌但小耳故鄭云夷槃小焉

外御受沐入外御小臣侍從者沐管人所煮潘也疏。注外御至潘也。釋曰此云外御者對內御爲名故下記云其母之喪則內御者浴則此外御是士之侍御僕從者故尚書冏命云令予命汝作大正正于羣僕侍御之臣此雖無臣亦有侍御僕從者也知沐管人所煮潘也者以其上文管人煮潘此外御受沐入明所受之於管人也

主人皆出戶外北面象平生沐浴倮裎子孫不在旁主人出而襢第疏。注象平至襢第。釋曰云象平生沐浴裸裎者裸謂赤體裎猶袒也將浴尸裸袒無衣故子孫不在旁主人出也下記云御者四人抗衾而浴鄭云抗衾爲其倮裎蔽之也以浴尸時袒露無衣故抗衾以蔽之也云而襢第者又下記云襢第鄭云襢袒也袒簀去席盝水便是也

乃沐櫛挋用巾挋晞也清也古文挋皆作振疏。注挋晞至作振。釋曰挋謂拭也而云晞也清也者以其櫛訖又以巾拭髮乾又使清淨無潘櫛拭訖仍未作紒下文待蚤揃訖乃鬠用組是其次也

浴用巾挋用浴衣用巾用拭之也喪大記曰御者二人浴浴水用盆沃水用枓疏。注用巾至用枓。釋曰枓酌水器受五升方有柄今用大鉋不方用挹盆中水以沃尸又案喪大記浴水用盆沃水用枓沐用瓦盆明沐浴俱有盤及枓此沐浴盤枓亦皆有也引喪大記者證人之數及浴之器物也

渜濯棄于坎沐浴餘潘水巾櫛浴衣亦并棄之古文渜作緣荆沔之閒語疏。注沐浴至閒語。釋曰潘水既經溫煑名之爲渜已將沐浴謂之爲濯已沐浴訖餘潘水棄于坎知巾櫛浴衣亦棄之者以其已經尸用恐人褻之若棄杖者棄于隱者故知亦棄于坎云古文渜作緣荆沔之閒語者禹貢云荆河惟豫州則鄭見豫州人語渜爲緣是以古文誤作緣也

蚤揃如他日蚤讀爲爪斷爪揃鬚也人君則小臣爲之他日平生時疏。注蚤讀至生時。釋曰鄭讀蚤從爪者此蚤乃是詩云其蚤獻羔祭韭古早字鄭讀從手爪之爪知人君則小臣爲之者喪大記云小臣爪足注云爪足斷足爪是也

鬠用組乃笄設明衣裳用組組束髮也古文鬠皆爲括疏。注用組至爲括。釋曰鬠紒乃可設明衣以蔽體是其次也

主人入即位已設明衣可以入也疏。釋曰自此盡反位論布襲衣裳并飯含之事

商祝襲祭服褖衣次商祝祝習商禮者商人教之以敬於接神宜襲布衣牀上祭服爵弁服皮弁服皆從君助祭之服大蜡有皮弁素服而祭送終之禮襲衣於牀牀次

含牀之東衽如初也喪大記曰含一牀襲一牀遷尸於堂又一牀疏○注商祝至一牀○釋曰云商祝祝習商禮者雖同是周祝仰習夏禮則曰夏祝仰習商禮則曰商祝也云商人教之以敬於接神宜者案表記云殷人尊神率民以事神尊而不親言尊敬故知殷人教以敬是以使之襲於接神宜若然此篇及既夕以夏人教忠從小斂奠大斂奠及朔半薦新祖奠大遣奠皆是夏祝爲之其閒雖不言祝名亦夏祝可知其徹之者皆不言祝名則周祝徹之也殷人教以敬但是接神皆商祝爲之其閒行事若祝取銘之類不言祝名者亦周祝可知唯既夕開殯時以周祝徹饌而堂下二事不可並使周祝故夏祝取銘置于重案周禮有大祝小祝喪祝詛祝甸祝此篇及既夕言夏祝商祝周禮以喪祝行事皆當喪祝者也天子以下喪禮云亦當喪祝行事也云襲布衣牀上者喪大記云襲一牀故知襲時布衣牀上也此雖布衣未襲待飯含訖乃襲下經爲次是也云祭服爵弁服皮弁服皆從君助祭之服者以其爵弁從君助祭宗廟之服雜記云士弁而祭於公是也皮弁從君聽朔之服玉藻云皮弁以聽朔於大廟是也云大蜡有皮弁素服而祭送終之禮也者郊特牲文引之者證皮弁之服有二種一者皮弁時自布衣積素爲裳是天子朝服亦是諸侯及臣聽朔之服二者皮弁時衣裳皆素葛帶榛杖大蜡時送終之禮凶服也此士之襲及士冠所用聽朔者不用此素服引者欲見郊特牲皮弁素服是大蜡送終之服非此襲時所用者也知襲衣於牀牀次含牀之東者以其死于北墉下遷尸于當牖下沐浴而飯含引大記云含一牀襲一牀遷尸于堂又一牀者喪事所以即遠故知襲牀次含牀之東云衽如初也者衽臥席下莞上簟彼一牀之下又云皆有枕席君大夫士一也故知衽如初含時也

主人出南面左袒扱諸面之右盥于盆上洗貝執以入宰洗柶建于米執以從

俱入戶西鄉也今文宰不言執疏○注俱入至言執○釋曰云扱諸面之右者面前也謂袒左袖扱於左腋之下帶之內取便也云洗貝執以入者洗訖還於笲內執以入云宰洗柶建于米者亦於廢敦之內建之鄭知俱入戶西鄉者以下經始云主人與宰牀西東面故知此時西鄉也

商祝執巾從入當牖北面徹枕設巾徹楔受貝奠于尸西

當牖北面值尸南也設巾覆面爲飯之遺落米也如商祝之事位則尸南首明矣疏○注當牖至明矣○釋曰云受貝者就尸東主人邊受取笲貝從尸南過奠尸西牀上以待主人親含也鄭云當牖北面值尸南也者知尸當牖者見既夕記設牀第當牖衽下莞上簟遷尸於上是尸當牖今言當牖北面故知值尸南可知云設巾覆面爲飯之遺落米也者但士之子親含發其巾不嫌穢惡今設巾覆面者爲飯時恐有遺落米在面上故覆之也云如商祝之事位則尸南首明矣者舊有解云遷尸於南牖時北首若北首則祝當在北頭而南鄉以其爲徹枕設巾要須在尸首便也今商祝事位以北面則尸南首明矣若然未葬已前不異於生皆南首檀弓云葬于北方北首者從鬼神尚幽闇鬼道事之故也唯有喪朝廟時北首順死者之孝心故北首也

主人由足西牀上坐東面

不敢從首前也祝受貝米奠之口實不由足也疏○注不敢至足也○釋曰云祝受貝米奠之口實不由足也者前文祝入當牖北面是由尸首故受主人貝奠之弁受米奠于尸西故主人空手由足過以其口實不可由足恐褻之故也

祝又受米奠于貝北宰從立于牀西在右

米在貝北便扱者也宰立牀西在主人之右當佐飯事疏○注米在至飯事○釋曰云米在貝北便扱者以其祝先奠貝于尸西祝又受米從首西過奠于貝南便矣今不於貝南奠之而奠于貝北故云便主人之扱也云宰立牀西在主人之右當佐飯事者此不敢取詔辭自右之義直以米在主人之右故宰亦在右故云當佐飯事也

主人左扱米實于右三實一貝左中亦如之又實米唯盈

于右尸口之右唯盈取滿而已疏○注于右至而已○釋曰云于右尸口之右者尸南首云右謂口東邊也云唯盈取滿而已者以經左右及中各三扱米更云實米唯盈則九扱恐不滿是以重云唯盈也

主人襲反位

襲復衣也位在尸東疏○注襲復至尸東○釋曰云襲復衣也者以其鄉袒則露形今云襲是復著衣故云復衣知位在尸東者以其鄉者在尸西今還尸東西面位也

商祝掩瑱設幎目乃屨綦結于跗連絇

掩者先結頤下既瑱幎目乃還結項也跗足上也絇屨飾如刀衣鼻在屨頭上以餘組連之止足坼也疏○注掩者至坼也○釋曰自此盡于坎論襲尸之事云掩者先結頤下既瑱幎目乃還結項也者經先言掩後言瑱與幎目鄭知後結項者以其掩有四腳後二腳

先結頤下無所妨故先結之若即以前二脚向後結于項則掩於耳及面兩邊瑱與幎目無所施故先結頤下待設瑱塞耳并施幎目乃結項後也云跗足上也者謂足背也云絇屨飾如刀衣鼻在屨頭上者以漢時刀衣鼻況絇在屨頭上以其皆有孔得穿繫于中而過者也若無絇則謂之鞮屨是以鄭注周禮鞮鞻氏云鞮屨者無絇之屝云以餘組連之者以綦屨繫既結有餘組穿連兩屨之絇使兩足不相恃離故云止足坼也**乃襲三稱**遷尸於襲上而衣之凡衣死者左衽不紐襲不言設牀又不言遷尸於襲上以其俱當牖無大異疏。注遷□至大異。釋曰云遷尸於襲上而衣之者以其上文巳布衣於含東牀上而未襲今巳飯含訖乃遷尸以衣著於尸故云遷尸於襲上而衣之也云凡衣死者左衽不紐者案喪大記云小斂大斂祭服不倒皆左衽結絞不紐注云左衽衽鄉左反生時也云襲不言設牀又不言遷尸於襲上以其俱當牖無大異者此對大斂小斂布衣訖皆言遷尸於斂上以其小斂于戶內大斂于阼階其處有異故也此襲牀與含牀並在南牖下小別而巳無大異故不言設牀與遷尸也若然疾者於北墉下廢牀始死遷尸於南牖即有牀故上文主人入坐於牀東主婦牀西以其夏即寒尸置冰於尸牀之下雖不言設牀有牀可知

故將飯含祝以米貝致於牀西也大記唯言含一牀襲一牀大斂不言牀者以大小斂衣裳多陳於地故不言牀襲衣裳少含時須濡水又須寒尸故並須牀也此士襲三稱小斂十九稱大斂三十稱案雜記注云士襲三稱子羔襲五稱今公襲九稱則尊卑襲數不同矣諸侯七稱天子十二稱與以無正文故云與以疑之喪大記云小斂十有九稱尊卑同大斂君百稱五等同大夫五十稱以下文士三十稱天子諸侯卿大夫士命數雖殊稱數亦等三公宜與諸侯同**明衣不在筭**筭數也不在數明衣褌衣不成稱也疏。注筭數至稱也。釋曰云不在數明衣褌衣不成稱也者喪大記云袍必有表不褌衣必有裳謂之一稱其褖衣雖褌以袍爲表故云稱明衣褌而無裹不成稱故不數也**設韐帶搢笏**韐帶韎韐緇帶不言韎緇者省文亦欲見韐自有帶韐帶用革搢插也插衣帶之右旁古文韐爲合也疏。注韐帶至合也。釋曰云韐帶韎韐緇帶者案上陳服之時有韎韐有緇帶故云是韎韐緇帶也云不言韎緇者省文亦欲見韐自有帶者本正言韎韐帶亦同得爲省文今言韎韐者用革帶也以其生時緇帶以束衣革帶以佩韍王之等生時有二帶死亦備此二帶是以雜記云朱綠帶申加大帶於上注云朱綠帶

者襲衣之帶飾之雜以朱綠異於生也此帶亦以素爲之申重也重於革帶也革帶以佩韍必言重加大帶者明雖有變必備此二帶是也案玉藻云雜帶君朱綠大夫玄華士緇辟又案雜記云率帶諸侯大夫皆五采士二采注云此謂襲尸之大帶也以此而言生時君大夫二色今死則加以五采士生時一色死更加二色是異於生若然又雜記朱綠帶注云朱綠帶者襲衣之帶飾之雜以朱綠異於生也此帶亦以素爲之彼是帶衣之帶非大帶諸侯禮則士大夫亦宜有之此不言文不具也但人君衣帶用朱綠與大帶同此則大夫士飾與大帶同也云搢插也插於帶之右旁者以右手取之便故也**設決麗于擘自飯持之設握乃連擘**麗施也擘手後節中也飯大擘指本也決以韋爲之藉有彄彄內端爲紐外端有橫帶設之以紐擐大擘本也因沓其彄以橫帶貫紐結於擘之表也設握者以綦繫鉤中指由手表與決帶之餘連結之此謂右手也古文麗亦爲連擘作捭疏。注麗施至作捭。釋曰云決以韋爲之藉有彄彄內端爲紐外端有橫帶者以下當大擘本鄉掌爲內端屬紐子鄉手表爲外端屬橫帶也云設之以紐擐大擘本也因沓其彄以橫帶貫紐結於擘之表也者以鄭言之大指短其著之先以紐擐

大擘本然後因沓其彄於指乃以橫帶繞手一二貫紐反向手表結之鄭雖云結于擘之表且內於帶閒未即結此橫帶即上紐繫是也云設握者以綦繫鉤中指由手表與決帶之餘連結之者案上文握手長尺二寸裹手一端繞於手表必重宜於上掩者屬一繫於下角乃以繫繞手一帀當手表中指向上鉤中指又反而上繞取繫鄉下與決之帶餘連結之云此謂右手也者以其右手有決今言與決同結明是右手也下記所云設握者此謂左手鄭云手無決者也**設冒櫜之幠用衾**櫜韜盛物者取事名焉衾者始死時斂衾今文櫜爲櫜疏。注櫜韜至爲櫜。釋曰云取事名焉者此本名冒而云櫜櫜是韜盛之名今以此冒櫜盛尸故名爲櫜是取盛物之事名焉云衾者始死時斂衾者篇首始死云幠用斂衾注云大斂之衾今雖襲訖乃用大斂衾以其襲時無衾小斂之衾陳之與前未襲同不言斂衾單言衾是斂衾可知故不言也**巾柶鬠蚤埋于坎**坎至此築之也將襲辟奠既則反之疏。注坎至至反之。釋曰云坎至此築之也者上文直云瀝濯棄于坎不言埋以其未築故也至此言埋者事訖當築之故也必至此乃築之者以其斂事遽無暇即埋又慮更有須埋者故至此覆尸訖乃埋之前爲

坎者是甸人也則此埋之亦甸人也云將襲辟奠既則反之者言此者以初死脯醢醴酒之奠爾來不言恐不知所安之處但始死設于尸東方襲事必當辟之襲訖反之於尸東以其不可空無所依故也案下記云小斂辟奠不出室彼還是襲奠辟小斂則此辟襲奠亦不出室仍不言處大斂時辟小斂奠于序西南則此宜室西南隅至大斂辟小斂奠則言于序西南有文可知也若然此奠襲後因名襲奠故下鄭注云將小斂則遷襲奠

重木刊鑿之甸人置重于中庭參分庭一在南 木也縣物焉曰重刊斲治鑿之爲縣簪孔也士重木長三尺 疏 ○注木也至三尺○釋曰自此至于重論設重之事云木也縣物焉曰重者解名木爲重之意以其木有物縣於下相重累故得重名云鑿之爲縣簪孔也者下云繫用軨用軨內此孔中云簪者若冠之笄謂之簪使冠連屬於紒此簪亦相連屬於木之名也云士重木長三尺者鄭言士重木長三尺則大夫以上各有等當約銘旌之杠士三尺大夫五尺諸侯七尺天子九尺據竪之者橫者宜半之鄭不言大夫以上無正文故也

夏祝鬻餘飯用二鬲于西牆下 夏祝祝習夏禮者也夏人教以忠其於養宜鬻餘飯以飯尸餘米爲鬻也重主道也士二鬲則大夫四諸侯六天子八與簋同差 疏 ○注夏祝至同差○釋曰云于西牆下者西牆下有竈即上文甸人爲垼是也云夏人教以忠其於養宜者案禮記表記云夏道尊命敬神而遠之近人而忠焉書傳畧說亦云夏后氏主教以忠是夏人教以忠也曲禮云君子不盡人之歡不竭人之忠鄭云歡謂飲食忠謂衣服若忠不對歡忠亦飲食故此飲食使夏祝忠者養宜也前爾祝與米飯米夏祝徹之今乃鬻之而盛於鬲是以下記云夏祝徹餘飯注云徹去鬻是也云重主道也者檀弓文彼注云始死未作主以重主其神也即是虞祭之後以木主替重處故云重主道也引之者證此重是木主之道也云士二鬲則大夫四諸侯六天子八與簋同差者亦無正文鄭言之者以其同盛黍稷故知同差也案特牲用二敦少牢用四敦同姓之大夫士用簋故皆以簋言之明堂位云周之八簋詩云陳饋八簋皆天子禮自上降殺以兩明諸侯六祭統諸侯禮而云四簋黍見其脩於廟中也二簋留陽厭不用餕故不言也

冪用疏布久之繫用軨縣于重冪用葦席北面左衽帶用軨賀之結于後 久讀爲灸謂以蓋塞鬲口也軨竹䈝也以席覆重辟屈而反兩端交於後左衽西端在上賀加也今文冪皆作密 疏 ○注久讀至作密○釋曰云冪用疏布久之者鄭久讀爲灸灸塞義謂直用麤布蓋鬲口爲塞也云軨竹䈝也者案顧命云牖閒南嚮敷重篾席即此軨䈝一也謂竹之青可以爲繫者云以席覆重辟屈而反兩端交於後左衽西端在上者據人北面以席先於重北面南掩之然後以東端爲下向西西端爲上向東是爲辟屈而反兩端交於後爲左衽右衽然後以䈝加束之結於後也

祝取銘置于重 祝習周禮者也 疏 ○釋曰以銘未用待殯訖乃置於肂今且置於重必且置于重者重與主皆是録神之物故也

厥明陳衣于房南領西上綪絞橫三縮一廣終幅析其末 綪屈也絞所以收束衣服爲堅急者也以布爲之縮從也橫者三幅從者一幅析其末者令可結也喪大記曰絞一幅爲三 疏 ○注綪屈至爲三○釋曰自此盡東柄論陳小斂衣物之事云厥明者對昨日始死之日爲厥明此陳衣將陳并取以斂皆用篋是以喪大記云凡陳衣者實之篋取衣者亦以篋升降者自西階是也云絞所以收束衣服爲堅急者此揔解大小斂之絞若細而分之則別故鄭注喪大記云小斂之絞也廣終幅析其末以爲堅之強也大斂之絞一幅三析用之以爲堅之急也云以布爲之知者下記云凡絞紟用布倫如朝服注云倫比也此絞直言從橫幅數不言長短者人有短長不定取足而已引喪大記證絞爲三析之事

緇衾赬裏無紞 紞被識也斂衣或倒被無別於前後可也凡衾制同皆五幅也 疏 ○注紞被至幅也○釋曰云斂衣或倒者案下文云祭服不倒則餘服有倒者皆有領可記也云被無別於前後可也者被本無首尾生時有紞爲記識前後恐於後互換死者一定不須別其前後可也云凡衾制同皆五幅也者此無正文喪大記云紟五幅無紞衾是紟之類故知亦五幅

祭服次 爵弁服皮弁服 疏 ○注爵弁至服次○釋曰凡陳斂衣先陳絞紟於上次陳祭服於下故云祭服次至大斂陳衣亦先陳絞紟衾次陳君襚祭服所以然者以絞紟爲裏束衣故皆絞紟爲先但小斂美者在內大斂美者在外故小斂先布散衣後布祭服大斂則先布祭服後布散衣是小斂美者在內大斂美者在外也襲時美者在外是三者相變也

散衣次 褖衣以下袍繭之屬 疏 ○注褖衣至之屬○釋曰袍繭有著之異名同入散衣之屬也

凡十有九稱

祭服與散衣【疏】○釋曰士之服雅有爵弁皮弁褖衣而已去十九稱當重之使充十九必十九者案喪大記小歛衣十有九稱君陳衣于序東大夫士陳衣于房中注云衣十有九稱法天地之終數也則天子以下皆同十九稱言法天地之終數者天地之初數天一地二終數則云天九地十人在天地之閒而終故取終數爲歛衣稱數尊卑共爲一節也

陳衣繼之庶襚【疏】○注庶襚○釋曰知庶襚者以其襲時陳衣訖乃云庶襚繼陳不用此亦陳衣訖乃云陳衣繼之明亦是庶襚

不必盡用取稱而已不務多【疏】○釋曰襲時言庶襚繼陳則全不用此陳衣繼之下云不必盡用則兼用之不必盡而已以其小歛用衣多主人自盡不足故容用之也云取稱而已不務多者衣服雖多不得過十九耳

饌于東堂下脯醢醴酒冪奠用功布實于簞在饌東功布鍛濯灰治之布也凡在東西堂下者南齊坫古文奠爲尊【疏】○注功布至爲尊○釋曰知功布鍛濯灰治之布者案喪服傳云冠六升鍛而勿灰七升已下鍛濯灰治之是以殤大功章云大功布衰裳注云大功布者其鍛治之功麤治之則此云功布者大功之布故云鍛濯灰治之也云凡在東西堂下者南齊坫知者既夕記云設棜于東堂下南順齊于坫饌于其上兩甒醴酒若然則凡設物於東西堂下者皆南與坫齊北陳之堂隅有坫以土爲之或謂堂隅爲坫也

設盆盥于饌東有巾爲奠設盥也喪事略故無洗也【疏】○注爲奠至洗也○釋曰云爲奠設盥也者謂爲設奠人設盥洗及巾云喪事略故無洗也直以盆爲盥器也下云夏祝及執事盥執醴先酒即是於此盥也但諸文設洗篚者皆不言巾至於設洗篚不言巾者以其設洗篚篚內有巾可知故不言凡不就洗篚皆言巾者既不就洗篚恐揮之不用故言巾是以特牲少牢尸尊不就洗篚及此喪事略不設洗篚皆見巾是也

苴絰大鬲下本在左要絰小焉散帶垂長三尺牡麻絰右本在上亦散帶垂皆饌于東方苴絰斬衰之絰也苴麻者其貌苴以爲絰服重者尙麤惡絰之言實也鬲搤也中人之手搤圍九寸絰帶之差自此出焉下本在左重服統於內而本陽也要絰小焉五分去一牡麻絰者齊衰以下之絰也牡麻絰者其貌易服輕者宜差好也右本在上輕服本於陰而統於外散帶之垂者男子之道文多變也饌于東方東坫之南苴絰爲上【疏】○注苴絰至爲上○釋曰此陳絰帶者以其小歛訖當服未成服之麻故也云亦散帶垂者不言尺寸亦與苴絰同垂三尺云苴絰斬衰之絰也者案喪服斬衰章云喪服斬衰裳苴絰杖故知此苴絰斬衰之絰云苴麻者其貌苴以爲絰者案禮記閒傳云斬衰貌若苴彼據人之形貌若苴麻明麻之形貌亦苴可知故此指麻之貌苴者以爲絰云服重者尙麤惡者對齊衰已下服輕不尙麤惡故閒傳云齊衰貌若枲大功貌若止是不尙麤惡也云絰之言實也者檀弓云絰也者實也鄭注喪服云明孝子有忠實之心是明孝子之心與服相稱不虛服此服也云鬲搤也中人之手搤圍九寸者此無正文喪服及此皆言苴絰大鬲鬲是搤物之稱故據中人一搤而言大者據大拇指與大巨指搤之故言大也云絰帶之差自此出焉者案喪服傳云苴絰大搹左本在下去五分一以爲帶齊衰之絰斬衰之帶也自此斬衰之帶差至緦麻之帶故云絰帶之差自此出焉云下本在左重服統於內而本陽也者謂斬衰統於內以解本在下而本陽以解在左對齊衰之絰右本在上輕服本於陰而統外案雜記云親喪外除鄭云日月已竟而哀未忘兄弟之喪內除注云日月未竟而哀已殺此言統內統外者亦哀在內外而言本陽本陰者

亦據父者子之天爲陽母者子之地爲陰而言也云要絰小焉五分去一者亦據喪服傳而言首絰圍九寸五分之五寸正去一寸得四寸餘四寸每寸爲五分四寸爲二十分去四分得十六分取十五分爲三寸餘一分在揔得七寸五分寸之一彼傳因即分之至緦麻云齊衰之絰斬衰之帶也以其俱七寸五分寸之一又去五分一以爲帶七寸取五寸去一寸得四寸彼二寸一寸爲二十五分二寸爲五十分一分爲五分添前爲五十五分揔去十一分餘有四十四分二十五分爲一寸添前四寸爲五寸仍有十九分在是齊衰之帶揔有五寸二十五分寸之十九彼又云大功之絰齊衰之帶以其俱五寸二十五分寸之十九又去五分一以爲帶五寸去一寸得四寸餘二十五分寸之十九者一分爲五分十分爲五十分又九分者爲四十五分添前五十揔爲九十五分去一者五十去十四十五去九揔得七十六據整寸破之而言此四寸百二十五分寸之七十六以爲小功之絰大功之帶以下仍有小功之帶但小功之帶以小功之絰又五分去一下至緦麻之帶皆以五倍破寸計之可知耳云牡麻絰者齊衰以下之絰也者案喪服齊衰大功皆言牡麻絰小功又言澡麻則齊衰以下皆牡麻絰傳曰牡麻者枲麻也對苴絰爲麻之有蕡色如苴黎則此雄麻色好者故閒傳云齊衰貌若

衾是以鄭云牡麻絰者其貌易服輕者宜差好也云散帶之垂者男子之道文多變也者此小斂絰有散麻帶垂之至三日成服絞之對婦人陰質初而絞之與小功以下男子同知饌于東方東坫之南苴絰爲上者以其對下牀第夷衾之等在西坫南故此亦在東坫南也若然經直言東方知不在東堂下東方者以其小斂陳饌皆在東堂下若此亦在東堂下當言陳于饌東饌北何須言東方乎明此非東堂下也知苴絰爲上者以其經先言苴絰明依此爲首南陳之也

婦人之帶牡麻結本在房婦人亦有苴絰但言帶者記其異此齊衰婦人斬衰婦人亦苴絰也（疏）。注婦人至絰也。釋曰知婦人亦有苴絰者喪服首云苴絰杖下經男子婦人俱陳則婦人亦有苴絰禮記服問之等每云婦人麻絰之事故知婦人亦有絰今此經不言婦人苴絰者記其異謂男子帶有散麻婦人則結本無異者且男子小功緦麻小斂有帶則絞之亦結本婦人帶結本可以兼之矣云此齊衰婦人者以其牡麻宜言齊衰以下至緦麻皆同牡麻也云斬衰婦人亦苴絰也者此亦據帶而言以其帶亦名絰則喪服云苴絰杖鄭云麻在首在要皆曰絰彼絰既兼男女則婦人有苴麻爲帶絰可知絰不言者以義可知故省文也此帶牡麻兼男子小功以下陳之則別處以其男子陳之于坫南此經云在房明知異處也

牀第夷衾饌于西坫南第簀也夷衾覆尸之衾喪大記曰自小斂以往用夷衾夷衾質殺之裁猶冒也（疏）。注第簀至冒也。釋曰云夷衾覆尸之衾者小斂訖奉尸夷于堂幠用夷衾矣故陳之於西坫南案曲禮云在牀曰尸在棺曰柩此夷衾小斂以往用之覆尸柩今直言覆尸者鄭據此小斂未入棺而言云喪大記曰自小斂以往用夷衾者對小斂已前用大斂之衾今小斂以往大斂之衾當陳之故用夷衾證小斂不用之兼明夷衾之制鄭言小斂以往則此夷衾本爲覆尸覆柩不用入棺矣是以將葬啓殯覆棺亦用之矣云夷衾質殺之裁猶冒也者案上文冒之材云冒緇質長與手齊赬殺掩足注云上曰質下曰殺此作夷衾亦如此上以緇下以赬連之乃用也其冒則韜下韜上訖乃爲綴旁使相續此色與形制大同而連與不連則異也

西方盥如東方爲舉者設盥也如東方者亦用盆布巾饌於西堂下（疏）。注爲舉至堂下。釋曰云爲舉者謂將舉尸者則下經士盥二人是也云西堂下知者以其東方盥在東堂下則知此西方亦在西堂下可知

陳一鼎于寢門外當東塾少南西面其實特豚四鬄去蹄兩胉脊肺設扃鼏鼏西末素俎在鼎西西順覆匕東柄鬄解也四解之殊肩髀而已喪事畧去蹄去其甲爲不絜清也胉脅也素俎喪尚質既饌將小斂則辟襲奠今文鬄爲剔胉爲迫古文鼏爲密（疏）。注鬄解至爲密。釋曰此亦爲小斂奠陳之鼏用茅爲編言西末則茅本在東方四解之殊肩髀而已喪事畧者凡牲體之法有二一者四解而已此經直云四鬄即云去蹄明知殊肩髀爲四段案士冠禮云若殺則特豚載合升注云合左右胖此下文大斂亦云豚合升則吉凶之禮豚皆合升而鄭云喪事畧者但喪中之奠雖用成牲亦四解故既夕葬奠云其實羊左胖家亦如之是以鄭揔釋喪中四解之事故云喪事畧若禘郊大祭雖吉祭亦先有豚解後爲體解是以禮運云腥其俎孰其殽鄭云腥其俎謂豚解而腥之孰其殽謂體解而爓之國語亦云禘郊之事則有全脀王公立飫則有房俎親戚燕飲則有殽脀者若然禘郊雖先有全脀後有體解豚解禮運所云者是也若然此經云四鬄并兩胉脅與脊揔爲七體若豚解皆然也云既饌將小斂則辟襲奠者既始死之奠襲後改爲襲奠以恐妨斂事故知辟襲奠前襲時已辟之今將小斂亦辟之亦當於室之西南隅如將大斂辟小斂奠於序西南也凡奠在室外經宿者皆辟之於序西南是以小斂奠與祖奠等皆辟之於序西南朝廟遷祖之奠不設於序西南以其以再設爲褻是以遷之即設新之也

士盥二人以並東面立于西階下立俟舉尸也今文並爲併（疏）。注立俟舉尸也。釋曰舉尸謂小斂從襲牀爲遷尸於戶內服上即下文士舉遷尸反位是也

布席于戶內下莞上簟有司布斂席也

商祝布絞衾散衣祭服祭服不倒美者在中斂者趨方或顛倒衣裳祭服尊不倒之也美善也善衣後布於斂則在中也既後布祭服而又言善者在中明每服非十稱也（疏）。注斂者至稱也。釋曰云斂者趨方或顛倒衣裳者以其襲時衣裳少不倒小斂十九稱衣裳多取其要方除祭服之外或倒或否云祭服尊不倒者士之助祭服則爵弁服皮弁服并家祭服玄端亦不倒也云善衣後布於斂則在中也者以其斂衣半在尸下半在尸上今於先布者在下則後布者在中可知也云既後布祭服而又言善者在中明每服非一稱也者欲見祭服文在散衣之下即是後布祭

服祭服則是善者復云善者在中則祭服之中更有善者可知故云毋服非一稱以其摠十九稱之中善者非一稱也

士舉遷尸反位遷尸於服上設牀第于兩楹之閒衽如初有枕衽寢臥之席也亦下莞上簟疏○注衽寢至上簟○釋曰曲禮云請席何鄉請衽何趾鄭云坐問鄉臥問趾因於陰陽是衽爲臥席云亦下莞上簟者詩斯干宣王寢席而言下莞上簟是尋常寢席無問貴賤者下莞上簟卒斂徹帷尸已飾主人西面馮尸踊無筭主婦東面馮亦如之馮服膺之主人髻髮袒衆主人免于房始死將斬衰者雞斯將齊衰者素冠今至小斂變又將初喪服也髻髮者去笄纚而紒衆主人免者齊衰將袒以免代冠冠服之尤尊不以袒也免之制未聞舊說以爲如冠狀廣一寸喪服小記曰斬衰髻髮以麻免而以布此用麻布爲之狀如今之著幓頭矣自項中而前交於額上卻繞紒也于房于室釋髻髮宜於隱者今文免皆作絻古文髻作括疏○注始死至作括○釋曰知始死將斬衰者雞斯者案禮記問喪云親始死雞斯徒跣鄭注云雞斯當爲笄纚以成服乃斬衰是始死未斬衰故云始死將斬衰者雞斯也云將齊衰者素冠者喪服小記云男子冠而婦人笄冠笄相對問喪親始死男子云笄纚明齊衰男子素冠可知云今至小斂變者謂服麻之節故云變也云又將初喪服也髻髮者去笄纚而紒者此即喪服小記云斬衰髻髮以麻爲母髻髮以麻免而以布是母雖齊衰初亦髻髮與斬衰同故云去笄纚而紒紒上著髻髮也云衆主人免者齊衰將袒以免代冠者此亦小斂節與斬衰髻髮同時此皆據男子若婦人斬衰婦人以麻爲髽齊衰婦人以布爲髽髽與髻髮皆以麻布自項而向前交於額上卻繞紒如著幓頭焉免亦然但以布廣一寸爲異也云于房于室釋髻髮宜於隱者并下文婦人髽于室兼言之也婦人髽于室始死婦人將斬衰者去笄而纚將齊衰者骨笄而纚今言髽者亦去笄纚而紒也齊衰以上至笄猶髽髽之異於髻髮者既去纚而以髮爲大紒如今婦人露紒其象也檀弓曰南宮縚之妻之姑之喪夫子誨之髽曰爾毋縱縱爾爾毋扈扈爾其用麻布亦如著幓頭然疏○注始死至頭然○釋曰知婦人將斬衰者去笄而纚者喪服小記云男子冠而婦人笄冠笄相對將斬衰男子既去冠而著笄纚則婦人將斬衰亦去笄而纚可知又知將齊衰者骨笄而纚者上引男子齊衰始死素冠則知婦人將齊衰骨笄而纚也云今言髽者亦去笄纚而紒也者謂今至小斂節亦如上將斬衰男子去笄纚而髻髮則此將斬衰婦人亦去笄纚而麻髽齊衰婦人去骨笄與纚而布髽矣鄭不云斬衰婦人去纚而云去笄纚者專據齊衰婦人而言文略故也鄭所以云而紒紒即髽也故喪服注亦云髽露紒也云齊衰以上至笄猶髽者謂從小斂著未成服之髽至成服之笄猶髽不改至大斂殯後乃著成服之髽代之也云髽之異於髻髮者既去纚而以髮爲大紒如今婦人露紒其象也者古者男子婦人吉時皆有笄纚有喪至小斂則男子去笄纚著髻髮婦人去纚而著髽髽形先以髮爲大紒紒上斬衰婦人以麻齊衰婦人以布其著之如男子髻髮與免故鄭依檀弓縱縱扈扈之後乃云其用麻布亦如著幓頭然既髻髮與髽皆如著幓頭而異爲名者以男子陽外物爲名而謂之髻髮婦人陰內物爲稱而謂之髽也但經云婦人髽于室者男子髻髮與免在東房若相對婦人宜髽于西房大夫士無西房故於室內戶西皆於隱處爲之也

士舉男女奉尸俠于堂幠用夷衾男女如室位踊無筭俠之言尸也夷衾覆尸柩之衾也堂謂楹閒牀第上也今文俠作夷疏○注俠之至作夷○釋曰云俠之言尸也者尸之衾曰夷衾尸之牀曰夷牀并此經俠尸不作移字皆作俠者俠人旁作之故鄭注喪大記皆是依尸爲言也云幠用夷衾者初死幠用大斂之衾以小斂之衾當陳今小斂後大斂之衾當擬大斂故用覆棺之夷衾以覆尸也主人出于足降自西階衆主人東即位婦人阼階上西面主人拜賓大夫特拜士旅之即位踊襲絰于序東復位拜賓鄉賓位拜之也即位踊東方位襲絰于序東。東夾前疏○注拜賓至夾前○釋曰云衆主人東即位者雖無降階之文當從主人降自西階主人就拜賓之時衆主人遂東即位於阼階以主人位南西面也於時阼階空故婦人得向阼階上西面也云復位者復阼階下西面位云拜賓鄉賓位拜之也者經云主人降自西階即云主人拜賓明不即位而先拜賓是主人鄉賓位拜賓可知云即位踊東方位者謂主人拜賓訖即鄉東方阼階下即西面位踊踊訖襲絰也云襲絰于序東東夾前者經云主人降自西階更無升降之文而云序東東夾前者主人即位踊訖而去襲絰于序東謂鄉堂東東西當序牆之東又當東夾之前非謂就堂上東夾前也云復位者復阼階下西面位乃奠祝與執事爲之舉者盥右執匕卻之左執俎橫攝之入阼階前西面錯錯俎北面舉者盥出門舉鼎者右人以右手執匕左人以左手執俎因其便也攝持也西面錯錯鼎於此宜西面錯俎北面俎宜西順之疏○注舉者至順之○釋曰右執匕左執俎者謂鄉北入內東方爲右人西方爲左人故鄭云右人以右手執匕左人以左手執俎各用內手舉鼎外手執匕俎故云便也云錯鼎於此宜西面者對在門外時北面陳鼎鄉內爲宜也右人左執匕抽扃予左手兼執之取鼏委于鼎北加扃不坐抽扃取鼏加扃於鼏上皆右手今文扃爲鉉古文予爲與鼏爲密疏○注抽扃至爲密○釋曰云抽扃取鼏加扃於鼏上皆右手者以其經云左執匕即云抽扃予左手兼執之不言用右手故鄭明之以其右人用左手執匕即知抽扃已下用右手似若左執爵用右手祭脯祭薦取便也乃朼載載。兩髀于兩端兩肩亞兩胉亞脊肺在於中皆覆進柢執而俟乃朼以朼次出牲體右人也載受而載於俎左人也亞次也凡七體皆覆爲塵柢本也進本者未異於生也骨有本末古文朼爲匕髀爲脾今文胉爲迫柢皆爲胝疏○注乃朼至爲胝○釋曰凡七體者前左右肩臂臑屬焉後左右髀肫胳屬焉并左右脅通脊爲七體也案下文大斂豚合升言合升則髀亦升之矣凡言合升多言皆并髀升非獨喪禮若體解升者皆髀不升鄭云近竅賤也云皆覆爲塵者諸進體皆不言覆此言覆者由無尸而不食故覆之也云進本者未異於生也者公食大夫亦進本是生人法今以始死故未異於生也夏祝及執事盥執醴先酒脯醢俎從升自阼階丈夫踊甸人徹鼎巾待于阼階下執事者諸執奠事者巾功布也執者不升已不設祝既錯醴將受之疏○注執事至受之○釋曰云甸人徹鼎巾者以其空無事故徹案公食大夫云甸人舉鼎順出奠于其所謂當門也或云徹鼏者誤何者前陳饌于東堂下脯醢醴酒冪奠用功布實于簞何徹之有也云執者不升已不設祝既錯醴將受之者

此執者不升唯據執巾者故鄭云祝既錯醴將受之當以覆酒醴故下云祝受巾是也奠于尸東執醴酒北面西上執醴酒者先升尊也立而俟後錯要成也豆錯俎錯于豆東立于俎北西上醴酒錯于豆南祝受巾巾之由足降自西階婦人踊奠者由重南東丈夫踊巾之爲塵也東反其位疏○注東反其位○釋曰云由足降自西階婦人踊者主人位在阼階下婦人位在上故奠者升丈夫踊奠者降婦人踊各以所見先後爲踊之節也云奠者由重南東丈夫踊者此奠者訖主人見之更與主人爲踊之節也奠者降反位必由重南東者以其重主道神所馮依不知神之所爲故由重南而過是以主人又踊也注云東反其位者其位蓋在盆盥之東南上賓出主人拜送于門外廟門外也疏○注廟門外也○釋曰廟門者士死于適室以鬼神所在則曰廟故名適寢爲廟也乃代哭不以官代更也孝子始有親喪悲哀憔悴禮防其以死傷生使之更哭不絕聲而已人君以官尊卑士賤以親疏爲之三日之後哭無時周禮挈壺氏凡喪縣壺以代哭疏○注代更至代哭○釋曰此經論君及大夫士於小斂之後隨尊卑代哭之事注云人君以官尊卑士賤以親疏爲之者案喪大記云君喪縣壺乃官代哭大夫官代哭不縣壺士代哭不以官注云自以親疏哭也此注不言大夫舉人君與士其大夫有大記可參以官可知故不言也云三日之後哭無時者禮有三無時之哭始死未殯哭不絕聲一無時殯後葬前朝夕入於廟阼階下哭又於廬中思憶則哭是二無時既練之後在堊室之中或十日或五日一哭是三無時練則葬後有朝夕在阼階下哭唯此有時無無時之哭也引挈壺氏者證人君有縣壺爲漏尅分更代哭法大夫士則無縣壺之義也有襚者則將命擯者出請入告主人待于位喪禮畧於威儀既小斂擯者乃用辭出請之辭曰孤某使某請事疏○注喪禮至請事○釋曰云喪禮畧於威儀既小斂擯者乃用辭者案上文始死云有賓則拜之君使人弔皆不云擯者出請入告之事至此乃云擯者出請入告是喪禮畧於威儀既小斂擯者乃用辭也云出請之辭曰孤某使某請事者此約雜記諸侯使人弔鄰國諸侯之喪嗣君在阼

階之下使擯者出請云孤某使某請事此亦宜然故引爲證也擯者出告須以賓入須亦待也出告之辭曰孤某須矣疏○注須亦至須矣○釋曰云出告之辭曰孤某須矣者此約雜記辭爲證也賓入中庭北面致命主人拜稽顙賓升自西階出于足西面委衣如於室禮降出主人出拜送朋友親襚如初儀西階東北面哭踊三降主人不踊朋友既委衣又還哭於西階上不背主人疏○注朋友至主人○釋曰云朋友親襚如初儀者謂初死時庶兄弟襚使人以將命于室朋友襚親以進親之恩是也云西階東北面哭踊三降主人不踊者案前初死朋友襚親以進退哭不踊注云主人徒哭不踊以爲朋友不哭主人徒哭此朋友堂上北面哭據朋友哭知上文退哭非朋友哭者前文朋友君命俱來君之使者不哭朋友亦不哭故退哭據主人此朋友特來無君命故哭與彼異不可相決襚者以褶則必有裳執衣如初徹衣

者亦如之升降自西階以東帛爲褶無絮雖複與禪同有裳乃成稱不用表也以東藏以待事也古文褶爲襲疏○注帛爲至爲襲○釋曰案喪大記云小斂君大夫複衣複衾大斂君褶衣褶衾大夫士猶小斂也若然則士小斂大斂皆同用複而襚者用褶者褶者所以襚主人未必用之襚耳云帛爲複無絮雖複與禪同有裳乃成稱不用表也者此決雜記云子羔之襲也繭衣裳與稅衣乃爲一稱以其絮褻故須表此雖有表裏爲褶衣裳別則裳又無絮非褻故有裳乃成稱不須表也言雖複與禪同者案喪大記君大夫士褶衣與複衣相對有著爲複無著爲褶散文褶亦爲複也案喪大記有衣必有裳乃成稱據禪衣祭服之等而言此褶雖複與禪同亦得裳乃成稱也云不用表也者見異於袍繭也云藏以待事也者以待大斂事而陳之也宵爲燎于中庭宵夜也燎火燋疏○注宵夜也燎火燋○釋曰案少儀云主人執燭抱燋注云未爇曰燋古者以荆燋爲燭故云燎火燋也或解庭燎與手執爲燭别故郊特牲云庭燎之百由齊桓公始也注云僭天子也庭燎之差公蓋五十侯伯子男皆三十大夫士無文大燭或云以布纏葦以蜡灌之謂之庭燎則此云庭燎亦如之云大者對手執者爲大也

儀禮疏卷第三十六元缺卷今補依要義分

大清嘉慶二十年重刊
用文選樓藏本校

江西督糧道王賡言廣豐縣知縣阿應鱗栞

儀禮注疏卷三十六挍勘記　阮元撰盧宣旬摘錄

管人汲

則知吉僞安舒　則要義作明

祝淅米于堂

祝夏祝也淅汏也　此注閩本誤作小字於淅西麻反下作圖隔之不標注字葛本因之竟鈌此注汏徐本釋文集釋俱作汏通解毛本作汱○按釋文音徒賴反則作汏是也

管人盡階不升堂

甸人取所徹廟之西北厞薪用爨之　廟毛本誤作朝無用字徐陳釋文集釋通解楊敖俱有用字與疏合○按喪大記原文用字○此節疏內三階上也階乃等字之訛

士有冰

尸既襲既小斂　陳閩俱無既襲二字○按喪大記注有既襲二字

主人皆出戶外北面

象平生沐浴倮程　倮徐本釋文通解楊氏俱作倮集釋毛本作裸程徐本通解楊氏俱作程鍾本釋文集釋毛本俱作程張氏曰注曰象平生沐浴倮程案監本及釋文程作程既夕禮謂其倮程案監本亦作程並從監本及釋文○按鍾本既夕注亦作程

下記云　毛本下作大下又下記云同

爲其倮程　爲陳閩監本要義俱作爲毛本作謂案上條張氏引既夕注亦作謂字倮要義作倮與徐本注合毛本作裸

乃沐

又以巾拭髮乾　要義同毛乾作訖○按此句釋晞字之義晞乾也

渜濯棄于坎

古文渜作緣　緣釋文集釋俱作湪

棄于隱者　毛本隱作坎陳閩通解要義俱作隱按隱字是

蚤揃如他日

斷爪揃鬚也　釋文云鬚本亦作須案須鬚古今字

鄭讀從手爪之爪　要義無之爪二字

鬠用組

古文鬠皆爲括　浦鏜云周禮弁師注括引作檜檜栝字異義同疑括乃栝字之誤

商祝襲祭服

以其死於北墉下　毛本墉作牖段玉裁挍本牖作墉

商祝執巾從

不言穢惡　言陳閩俱作嫌

從鬼神尚幽闇　從楊氏作於

主人左扱米○又實米唯盈　盧文弨云又楊倞注荀子禮論引作凡

以經左右及中　毛本經誤作今

商祝掩瑱

後二腳先結頤下　二要義作三誤通解楊氏毛本俱作二

無絇之屝　毛本屝作屨陳本作屝要義作屝○按屝字是

以其綦繫既結　要義同毛本綦作屨

使兩足不相恃離　毛本無恃字要義有

乃襲三稱

以其俱當牖　俱徐陳閩葛集釋通解楊氏俱作俱按作俱與疏合毛本作居

明衣不在算

不在數　張氏曰注曰不在數明衣案釋文云不數中無在字從釋文盧文弨云疏亦無在字○按張從釋文無在字故讀不數明衣爲句疏雖有故不數也之語其述注仍有在字

以袍爲表　陳本要義同毛本表作裏○按表是也

設韐帶搢笏

不成稱　陳本無成字閩本無稱字

搢插也　插釋文集釋俱作揷下同

設決麗于掔　掔唐石經嚴徐集釋俱作掔下及注同鍾本誤作擥通解毛本作擥按擥掔二字形近易訛卽說文掔字注中已誤作擥矣

決以韋爲之籍　釋文通典通解俱無之字

結於掔之表也　毛本掔作擥集釋作擘

乃以橫帶繞手一二　二楊氏作帀

巾柶鬊蚤埋于坎

方襲事　盧文弨改事爲時案安知方字非妨字之譌古書有疑則闕之勿遽改

重木刋鑿之○參分庭一　參唐石經徐本集釋通解要義楊敖俱作參通典聶氏毛本俱作三

許宗彥云下節夏祝注重主道也四字及疏五十三字皆屬此節之文傳寫者誤入下節經文注疏之內宜改正

夏祝鬻餘飯　陸氏曰鬻本又作粥

二簋留陽厭不用餕　陽監本誤作之

冪用疏布　陸氏曰冪本又作鼏

今文冪皆作密　徐本集釋通解同毛本今作古作作用○按通部皆古文作密此不當作今

祝取銘置于重

以銘未用　銘要義作重

厥明陳衣于房

從者一幅　從楊氏作縮

倫如朝服　陳閩通解要義同毛本如作之○按下記正作如陳本是也

緇衾赬裏無紞

紞被也　徐本同釋文通典集釋通解楊敖毛本被下有識字張氏曰紞被之識也所以識前後也無識字則句不成文

被無別於前後可也　徐本通典集釋楊敖同毛本通解無可字按有可字與疏合

散衣次

袍繭之屬　繭釋文集釋要義俱作䌛

饌于東堂下○冪奠用功布　奠通典作尊　○在饌東　東通典作北下節同

古文奠爲尊　案釋文出爲奠二字則陸本葢作古文尊爲奠與通典相應

設盆盥于饌東

爲奠設盥也　奠下敖氏有者字

至於設洗篚不言巾者　陳本要義同毛本至於作凡

凡不就洗篚皆言巾者　陳本要義同毛本凡作至於

苴絰大鬲　鬲敖氏作搹陸氏曰鬲又作搹同○按敖據喪服傳定作搹然喪服傳疏內搹字此本要義皆作鬲

服重者尚麤惡　惡通解作焉○按疏作惡

中人之手搤圍九寸　陸氏曰搤本又作扼

牡麻絰者　楊氏無絰字下同敖氏此有下無

輕服本於陰而統於外　徐本集解通解同毛本輕服作服輕○按作輕服不誤

輕服本於陰而統外　毛本輕作經金曰追改作輕服云若作服輕與上注重服統於內本陽不一例

又去五分一以爲帶　毛本去誤作云

彼二寸　按彼疑破字之誤

婦人之帶

婦人亦有苴絰　苴敖氏作首周學健云與帶對言自宜爲首絰但疏似作苴今仍監本

亦苴絰也　亦下監本衍有字

且男子小功緦麻　陳閩俱無且字

宜言齊衰以下至緦麻　陳監要義同毛本宜作直

陳一鼎于寢門外○覆匕東柄　柄敖氏作枋

辟小斂奠於序西南也　案後經其餘取先設者節疏云將設後奠則徹先奠於西序南毛本西序誤作序西此句序西疑亦當作西序諸本皆誤

商祝布絞衾○祭服不倒　倒唐石經作到顧炎武張爾岐並云石經誤石經攷文提要云釋文傎倒乃發注文音則經文非倒字明矣

或傎倒衣裳　陸氏曰傎本又作顛

既後布祭服　布祭二字誤倒

牛在尸下牛在尸上　要義同毛本無牛在尸下四字

主人髻髮袒　髻鍾本誤作髺注及後並同

又將初喪服也　喪楊氏作變通典集釋通解俱作喪張氏曰監本喪作變從監本

云又將初喪服也　喪要義作變

主人出于足

襲絰於序東東夾前　兩東字之間通解有一圖疏亦然案圖處疑有當字當東夾前明在堂下

即位於阼階以主人位南西面也　以閩本通解敖氏俱作下是也

踊訖襲絰也　陳閩俱無踊字

更無升降之文　升陳閩俱誤作外浦鏜云降字疑階字之誤

主人即位踊訖　陳閩俱重踊字

而去襲絰于序東　浦鏜改去爲云

東西當序牆之東　陳閩俱無西字案西字衍文

舉者盥

錯鼎於此宜西面　錯下要義有七故二字此楊氏作北

右人左執匕

古文予爲與　徐本要義同毛本與作于通解誤作午集釋作于

即云抽扃予左手兼執之　浦鏜云予監本誤于毛本誤於○按陳閩俱作于

乃朼載載兩髀于兩端　載通解不重

凡七體皆覆爲塵　徐監通典集釋通解七俱作七與疏合毛本楊氏作匕

今文胉胉爲迫　嚴本重胉字徐本爲上空一字鍾本爲上有皆字集釋通解毛本胉字不重張氏曰

注曰今文朒胐爲迫按監本無一胐字從監本

夏祝及執事盥〇甸人徹鼎 鼎或誤作鼏見疏 〇巾待於阼階下 待監本誤作侍

巳不設 巳通典作朼

云甸人徹鼎巾者 閩本無巾字

或云徹鼎者誤 鼎閩本作鼏按此及上條皆當從閩本鼏爲句賈氏讀甸人徹鼎爲句因或本誤鼎爲鼏故特辨之下云鼏奠用功布實于簞何徹之有正辨鼏字之誤也後人誤斷經句併改疏文失之遠矣一說上條巾字當移補此句鼎字下亦通

豆錯俎錯于豆東

主人位在阼階下 陳閩俱無阼字

乃代哭不以官

禮防其以死傷生 防釋文作坊云本亦作防瞿中溶云說文防或从土作堕坊即堕之省文

有朝夕在阼階下哭 要義同毛本在作有案在字是

賓入中庭北面致命 毛本中誤作出

襚者以褶〇徹衣者亦如之 敖氏無者字

雖複與禪同 複通典敖氏俱作復

宵爲燎于中庭

燎火燋 火監本釋文集釋俱作大陸氏曰燋本作爝案大字是

注宵夜也燎火燋 火監本要義俱作大下同

古者以荆燋爲燭 者要義作人

以螭灌之 陳閩監本螭俱作[illegible]毛本作蠋

儀禮注疏卷三十六校勘記終

奉新余成教挍

儀禮疏卷第三十七

唐朝散大夫行大學博士弘文館學士臣賈公彥等撰

厥明滅燎陳衣于房南領西上綪絞給衾二君襚祭服散衣庶襚凡三十稱紟不在筭不必盡用紟單被也衾二者始死斂衾今又復制也小斂衣數自天子達大斂則異矣喪大記曰大斂布絞縮者三橫者三

疏○注紟單至者三○釋曰云君襚祭服散衣者士祭服有助祭爵弁服自家祭玄端服散衣非祭服朝服之等云庶襚者謂朋友兄弟之等來襚者也云紟不在筭者案喪大記紟五幅無紞鄭云今之單被也以其不成稱故不在數內云不必盡用者案周禮守祧職云其遺衣服藏焉鄭云遺衣服大斂之餘也即此不盡用者也云衾二者始死斂衾今又復制者此大斂之衾二始死幠用斂衾以小斂之衾當陳之故用大斂衾小斂已後用夷衾覆尸故知更制一衾乃得二也云小斂衣數自天子達者案喪大記君大夫小斂已下同云十九稱則天子亦十九稱注云十九稱法天地之終數也案易繫辭生成之數從天一地二天三地四天五地六天七地八天九地十是十九爲天地之終數云大斂則異矣者案此文士喪大斂三十稱喪大記士三十稱大夫五十稱君百稱不依命數是亦喪數畧則上下之大夫及五等諸侯各同一節則天子宜百二十稱此鄭雖不言襲之衣數案雜記注云士襲三稱大夫五稱公九稱諸侯七稱天子十二稱與以其無文推約爲義故云與以疑之

東方之饌兩瓦甒其實醴酒角觶木柶毼豆兩其實葵菹芋蠃醢兩籩無縢布巾其實栗不擇脯四脡此饌但言東方則亦在東堂下也毼白也齊人或名全菹爲芋縢緣也詩云竹柲緄縢布巾籩巾也籩豆具而有巾盛之也特牲饋食禮有籩巾今文蠃爲蝸古文縢爲句

疏○注此饌至爲句○釋曰云此饌但言東方則亦在東堂下也者案上小斂之饌云于東堂下此直言東方則亦東堂下鄭云亦者亦上小斂也云齊人或名全菹爲芋者案鄭於周禮醢人注云細切爲韲全物若牒爲菹若然凡菹者全物不得芋名此云齊人名全菹爲芋者菹法舊短四寸者全之若長於四寸者亦切之則葵長者自然切乃爲菹但喪中之菹葵雖長而不切取齊人全菹爲芋之解也引詩者欲見縢爲緣義云籩豆具而有巾盛之也者使小斂一豆一籩籩豆不具故無巾若然籩有巾豆無巾者以豆盛菹醢濕物不嫌無巾故不言其實有巾矣案此注引特牲記籩巾鄭彼注云籩有巾者果實之物多皮核優尊者此言盛之不同引之者以其彼爲尸尸食故云優尊者此爲神神不食故云盛之引之直取證有巾覆之同

奠席在饌北斂席在其東大斂奠而有席彌神之

疏○注大斂至神之○釋曰云彌神之者以其小斂奠無巾大斂奠有巾已是神之今於大斂奠又有席是彌神之也

掘肂見衽肂埋棺之坎者也掘之於西階上衽小要也喪大記曰君殯用輴欑至于上畢塗屋大夫殯以幬欑置于西序塗不暨于棺士殯見衽塗上帷之又曰君蓋用漆三衽三束大夫蓋用漆二衽二束士蓋不用漆二衽二束

疏○注肂埋至二束○釋曰云肂埋棺之坎者肂訓爲陳謂陳尸於坎鄭即以肂爲埋棺之坎也知於西階上者檀弓孔子云夏后氏殯於東階殷人殯於兩楹之閒周人殯於西階之上故知士亦殯于西階之上此殯時雖不言南首南首可知鄭注上文云如商祝之事位則尸南首以檀弓又云葬於北方北首三代之達禮也禮運云故死者北首生者南鄉亦據葬後而言則未葬已前不忍異於生皆南首唯朝廟時北首故既夕云正柩于兩楹閒用夷牀注云是時柩北首必北首者朝事當不背父母以首鄉之故也引喪大記者云畢塗屋者畢盡也四面及上盡塗之如屋然云大夫殯以幬欑置于西序者大夫不得如人君於西階離序而四面欑之大夫但通西序以木幬覆棺營欑置於西序云塗不暨于棺者彼注云欑中狹小裁取容棺暨及也但欑木不及棺而已云士殯見衽塗上者即此經掘肂而見其小要於上塗之而已云帷之者鬼神尚幽闇君大夫士皆同也云又曰君蓋用漆三衽三束者古者棺不釘彼鄭注云用漆者塗合牡牡之中也衽小要也棺蓋每一縫爲三道小要每道爲一條皮束之故云君蓋用漆三衽三束大夫士降于君故二衽二束大夫有漆士無漆也引之者證經肂與衽之義也

棺入主人不哭升棺用軸蓋在下軸輁軸也輁狀如牀軸其輪輓而行

疏○注軸輁至而行○釋曰云輁狀如牀軸其輪者此注文畧案既夕云遷于祖用軸注云軸輁軸也軸狀如轉轔刻兩頭爲軹輁狀如長牀穿桯前後著金而關軸焉大夫諸侯以上有四周謂之輴天子畫之以龍是也

熬

黍稷各二筐，有魚腊，饌于西坫南。熬所以惑蚍蜉令不至棺旁也爲舉者設盆盥於西〔疏〕。注熬所至於西。釋曰喪大記云熬君四種八筐大夫三種六筐士二種四筐君魚腊焉注云熬者煎穀也將塗設於棺旁所以惑蚍蜉使不至棺也引此士喪禮曰熬黍稷各二筐又云設熬旁一筐大夫三種加以粱君四種加以稻四筐則首足皆一其餘設於左右若然則此士二筐首足各一筐其餘設於左右可知也云爲舉者設盆盥於西者以小斂既云設盆盥饌于東方明大斂用西方之盆盥矣以其先陳盥後陳鼎故於鼎上言之也

陳三鼎于門外，北上。豚合升，魚鱄鮒九，腊左胖，髀不升，其他皆如初。合升合左右體升於鼎其他皆如初謂豚體及匕俎之陳如小斂時合升四鬄亦相互耳〔疏〕。注合升至互耳。釋曰云其他皆如初謂豚體及匕俎之陳如小斂時者謂豚七體之等一依前斂時也云合升四鬄亦相互耳者小斂云四鬄四解爲七體亦左右體合升今升左右體亦四解可知也故云相互也

燭俟于饌東。燭燋也饌東方之饌有燭者堂雖明室猶闇火在地曰燎執之曰燭〔疏〕。注堂雖至曰燭。釋曰云堂雖明室猶闇者前小斂陳衣于房無燭者近戶得明故無燭此大斂於室之奧故有燭以待之云在地曰燎者謂若郊特牲云庭燎之百又詩云庭燎之光如此之類皆在地曰燎此云執之曰燭及少儀云主人執燭抱燋此之類皆是人之手執燭也庭燎且燕禮亦謂之大燭也司烜氏亦謂之墳燭也

祝徹盥于門外，入升自阼階，丈夫踊。祝徹祝與有司當徹小斂之奠小斂設盥于饌東有巾大斂設盥于門外彌有威儀〔疏〕。注祝徹至威儀。釋曰此直云祝徹盥于門外者不知何時設此案上小斂陳饌訖即言設盥則陳大斂饌訖亦設盥於門外也

祝徹巾，授執事者以待。授執巾者於尸東使先待於阼階下爲大斂奠又將巾之祝還徹醴也〔疏〕。注授執至醴也。釋曰云授執巾者於尸東使先待於阼階下者此巾前爲小斂奠巾之今祝徹巾還爲大斂奠巾之前小斂奠升自阼階設于尸東祝受巾於阼階下而升今大斂奠亦升自阼階設于奧亦宜受巾於阼階下而升故知祝授巾於執巾者使先待於阼階下也又知祝還徹醴者下文徹饌先取醴故也

徹饌，先取醴酒，北面。北面立相待俱降**其餘取先設者，出于足，降自西階。婦人踊。設于序西南，當西榮，如設于堂。**爲求神於庭孝子不忍使其親須臾無所馮依也堂謂尸東也凡奠設于序西南者畢事而去之〔疏〕。注爲求至去之。釋曰云堂謂尸東也者謂如尸東堂上陳設之次第故云尸東也云凡奠設于序西南者畢事而去之者言凡奠謂小斂奠大斂奠遷柩奠祖奠但將設後奠則徹先奠於西序南待後奠事畢則去之故小斂奠設之於此不巾以不久設故也

醴酒位如初，執事豆北，南面東上。如初者如其醴酒北面西上也執醴尊不爲便事變位〔疏〕。注如初至變位。釋曰前設小斂奠于尸東時醴酒先升北面西上執豆俎者立於俎北西上至此執豆俎者豆北東上爲便事事訖向東爲便故東上變位以執醴者尊仍西上是不得爲便事變位也

乃適饌。東方之新饌〔疏〕。注東方之新饌。釋曰以其將設大斂新饌於室故知是新饌也

帷堂。徹事畢

婦人尸西，東面。主人及親者升自西階，出于足，西面袒。袒大斂變也不言髽免髺髮小斂以來自若矣〔疏〕◎注袒大至若矣。釋曰知袒爲大斂變者前將小斂袒今言袒下文即行大斂事故知爲大斂變也云不言髽免髺髮小斂以來自若矣者決前小斂袒男有髺髮婦人有髽今大斂袒不言者自小斂以來有此至成服乃改若如也自如常有故不言之也

士盥位如初。亦既盥並立西階下〔疏〕。注亦既至階下。釋曰言亦者亦如小斂時士盥二人並立于西階下以待遷尸也

布席如初。亦下莞上簟鋪於阼階上於楹閒爲少南〔疏〕。注亦下至少南。釋曰布席如初初謂小斂時下莞上簟云鋪於阼階上者案喪大記云小斂於戶內大斂於阼是也云於楹閒爲少南者取南北節以其言阼階上故知於楹閒爲少南近阼階也

商祝布絞紟衾衣，美者在外，君襚不倒。至此乃用君襚主人先自盡〔疏〕。注至此至自盡。釋曰云至此乃用君襚主人先自盡者喪大記君無襚大夫士注云不陳不以斂彼無襚大夫士止謂不陳爲小斂用之故云無襚大夫士以其上文士喪始死君使人襚何得云君全無襚大夫士也故以不陳

不以斂解之至大斂乃用君襚於小斂所用主人先自盡也有大夫則告後來者則告以方斂非斂時則當降拜之【疏】○注後來至拜之○釋曰案檀弓大夫弔當事而至則辭焉注云辭猶告也擯者以主人有事告也主人無事則爲大夫出喪大記云士之喪於大夫不當斂則出注父母始死悲哀非所尊不出也上文有君命則出迎于門外是始死唯君命出若小斂後則爲大夫出故雜記云當袒大夫至雖當踊絕踊而拜之反改成踊若士來即成踊乃拜之也士舉遷尸復位主人踊無筭卒斂徹帷主人馮如初主婦亦如之主人奉尸斂于棺踊如初乃蓋棺在肂中斂尸焉所謂殯也檀弓曰殯於客位【疏】○釋曰士舉遷尸謂從戶外夷牀上遷尸於斂上下云奉尸斂于棺謂從阼階斂上遷尸鄉西階斂於棺中乃加蓋於棺上也○注棺在至客位○釋曰云棺在肂中斂尸焉者欲見先以棺入肂中乃奉尸入棺中云所謂殯也者即所引檀弓殯於客位者是也以尸入棺名斂亦名殯也主人降拜大夫之後至者北面

視肂北面於西階東【疏】○注北面於西階東○釋曰小斂後主人阼階下今殯後拜大夫後至者殯訖不忍即阼階因拜大夫即於西階東北面視肂而哭也衆主人復位婦人東復位阼階上下之位【疏】○注阼階上下之位○釋曰衆主人與婦人於賓無事故殯後即鄉東阼階上下之位也設熬旁。一筐乃塗踊無筭以木覆棺上而塗之爲火備卒塗祝取銘置于肂主人復位踊襲爲銘設柎樹之肂東【疏】○注爲銘至肂東○釋曰上文始死則作銘訖置于重今殯訖取置于肂上銘所以表柩故也云肂東者以不使當肂於東可知乃奠燭升自阼階祝執巾席從設于奧東面執燭者先升堂照室自是不復奠于尸祝執巾與執席者從入爲安神位室中西南隅謂之奧執燭南面巾委於席右【疏】○注執燭至席右○釋曰云執燭者先升堂照室者以其設席于奧當先照之爲明也云自是不復奠于尸者鄭欲解自始死已來襲奠小斂奠皆在尸旁今大斂奠不在西階上就柩所故於室內設之則自此已下朝夕奠朔月奠新奠皆不於尸所摠解之知執燭南面者以其燭先入室南面照之便故也云巾委於席右者以巾爲神故知委於席右也祝反降及執事執饌東方之饌士盥舉鼎入西面北上如初載魚左首進鬐三列腊進柢如初如小斂舉鼎執匕俎扃鼏朼載之儀魚左首設而在南鬐脊也左首進鬐亦未異於生也凡未異於生者不致死也古文首爲手鬐爲耆【疏】○注如初至爲耆○釋曰云左首進鬐亦未異於生也者案公食右首進鬐此云左首則與生異而云亦未異於生者下文注載者統於執設者統於席彼公食言右首據席而言此左首據載者統於執若設於席前則亦右首也云不致死也者檀弓云之死而致死之不仁而不可爲也今進魚不異於生則亦是之死不致死之故引爲證也祝執醴如初酒豆籩俎從升自阼階丈夫踊甸人徹鼎如初祝先升【疏】○注如初祝先升○釋曰以其小斂祝執醴醴在先此云如初故知祝先升也奠由楹內入于室醴酒北面

亦如初【疏】○注亦如初○釋曰以其小斂之醴酒先升北面西上此經亦言北面明與小斂同故云亦如初謂如初小斂經不言如初文畧也設豆右菹菹南栗栗東脯豚當豆魚次腊特于俎北醴酒在籩南巾如初右菹菹在醢南也此左右異於魚者載者統於執設者統於席醴當栗南酒當脯南【疏】○注右菹至脯南○釋曰云設豆右菹者凡設醢菹常在右今特言之者此從北鄉南而陳嫌先設者在北故言右言右菹則醢自然在左是以鄭云右菹菹在醢南也注云此左右異於魚者載者統於執設者統於席者鄭以上文魚言左首據載者統於執故云左首及設則右首此言設豆右菹據設者統於席前若執來即左菹也云醴當栗南酒當脯南者以其陳饌要成尊者後設故先設栗脯於北乃於南設醴酒酒在東故醴在栗南酒在脯南也既錯者出立于戶西西上祝後闔戶先由楹西降自西階婦人踊奠者由重南東丈夫踊爲神馮依之也【疏】○注爲神至之也○釋曰鄭解

丈夫見賓者至重即踊者重主道爲神焉依之故丈夫取以爲踊節也賓出婦人踊主人拜送于門外人及兄弟北面哭殯兄弟出主人拜送于門外小功以下至此可以歸異門大功亦存焉疏○注小功至存焉○釋曰云北面哭殯者案喪大記云大夫士哭殯則杖哭柩則輯杖注云哭殯謂旣塗也哭柩謂啓後也此哭不言杖者文畧也云小功以下至此可以歸者案喪服記云小功以下爲兄弟則此兄弟可以兼男女也云異門大功亦存焉者大功容有同門有同財故喪服以小功以下爲兄弟但大功亦容不同門不同財之義以異門疏至此亦可以歸故云亦存焉謂存在家之注也旣殯雖歸至朝夕朔奠之日近者亦人哭限也若至葬時皆就柩所故旣夕反哭云兄弟出主人拜送注云兄弟小功以下也異門大功亦可以歸是也衆主人出門哭止皆西面于東方闔門主人揖就次次謂斬衰倚廬齊衰堊室也大功有帷帳小功緦麻有牀第可也疏○注次謂至可也○釋曰凡言次者廬堊室以下揔名是賓客所在亦名次也故引禮記間傳爲證案間傳云父母之喪居倚廬寢苫枕凷不說絰帶齊衰居堊室芐翦不納大功寢有席小功緦麻牀可也齊衰旣居堊室故大功以下有帷帳也君若有賜焉則視斂既布衣君至賜恩惠也斂大斂君視大斂皮弁服襲裘主人成服之後往則錫衰疏○注賜恩至錫衰○釋曰案雜記云公視大斂公升商祝鋪席乃斂注引喪大記曰大夫之喪將大斂旣鋪絞紟衾君至此君升乃鋪席則君至爲之改始新之此經上下不言改新者文不具也云斂大斂者案喪大記云君於士旣殯而往爲之賜大斂焉此經云若有賜明君於士視大斂也云君視大斂皮弁服襲裘者案喪服小記云諸侯弔必皮弁錫衰言諸侯不言君者以其彼是弔異國之臣法案服問云公爲卿大夫錫衰以居出亦如之當事則弁絰不見君弔士服案文王世子注君爲同姓之士緦衰異姓之士疑衰並據成服後今大斂未成服服緣弔異國之臣有服皮弁之法則君弔士未成服之前可服皮弁襲裘襲裘之文出檀弓子游弔小斂後襲裘帶絰而入此小斂後亦冝然也云成服之後往則錫衰者亦約服問君弔卿大夫之法若然文王世子注同姓之士緦衰異姓之士疑衰不同者彼謂凡平之士此士於君有師友之恩特賜與大夫同也

主人出迎于外門外見馬首不哭還入門右北面及衆主人袒不哭厭於君不敢伸其私恩疏○注不哭至私恩○釋曰案喪大記云男子出寢門見人不哭平常出門時此迎君宜哭巫止于廟門外祝代之小臣二人執戈先二人後巫掌招弭以除疾病小臣掌正君之法儀者周禮男巫王弔則與祝前檀弓曰君臨臣喪以巫祝桃茢執戈以惡之所以異於生也皆天子之禮諸侯臨臣之喪則使祝代巫執茢居前下天子也小臣君行則在前後君升則俠阼階北面凡宫有鬼神曰廟疏○注巫掌至曰廟○釋曰云巫掌招彌以除疾病者周禮春官男巫職文彼注云招招福也彌讀爲敉敉安也謂安凶禍也云小臣掌正君之法儀者夏官小臣職文云男巫王弔則與祝前者亦男巫職文云祝者則周禮春官喪祝職云王弔則與巫前是也引之者證經巫祝小臣之事也引檀弓者證彼與此經異故云皆天子之禮也以其巫祝桃茢具故爲天子禮也云諸侯臨臣之喪則使祝代巫執茢居前下天子也者此據喪大記而言案彼云大夫旣殯而君往焉巫止于門外祝代之先君釋菜于門內祝先升自阼階負墉南面君即位于阼小臣二人執戈立于前二人立于後文與此經同文有詳畧耳云小臣君行則在前後者并直爲弔喪則凡平行皆有此小臣從以其與君爲儀衛者云君升則俠阼階案顧命云二人雀弁夾階是其類也云凡宫有鬼神曰廟者以經云廟謂適寢爲廟故云有鬼神曰廟君釋采入門主人辟釋采者祝爲君禮門神也必禮門神者明君無故不來也禮運曰諸侯非問疾弔喪而入諸臣之家是謂君臣爲謔疏○注釋采至爲謔○釋曰引禮運者證君無故而入臣家故將入必禮門神也彼注引陳靈公與孔甯儀行父數如夏氏以取弑焉是君臣相謔致禍之事也君升自阼階西鄉祝負墉南面主人中庭祝南面房中東鄉君牆謂之墉主人中庭進益北疏○注祝南至益北○釋曰祝必負墉南面鄉君者案喪大記云君稱言視祝而踊鄭注視祝而踊祝相君之禮當節之也故須鄉君也云主人中庭進益北者前主人先入門右中庭之南今云中庭明益北至庭也君哭主人哭拜稽顙成踊出出不敢必君之卒斂事君命反行事

主人復位大斂事君升主人主人西楹東北面命主人使之升升公卿大夫繼主人東上乃斂公大國之孤四命也春秋傳曰鄭伯有耆酒爲窟室而夜飲酒擊鍾焉朝至未已朝者曰公焉在其人曰吾公在壑谷伯有者公子子良之孫良霄疏○注公大至壑谷○釋曰案典命云公之孤四命故云大國之孤四命也引春秋者襄三十年左氏傳文鄭爲伯爵不合立孤但良霄鄭之公族大夫貴重之極以比大國之孤故臣子尊其君亦號爲公引之者證經公是公之孤也以其天子有三孤副貳三公大國無公唯有孤亦號爲公是以燕禮亦謂之爲公也卒公卿大夫逆降復位主人降出逆降者後升者先降位如朝夕哭弔之位疏○注逆降至之位○釋曰卒者謂卒斂也云主人降出者亦是不敢久留君先出下文君反主人主人反鄉中庭君乃撫尸主人乃拜稽顙踊出出謂主人出鄉門外立君反主人主人中庭君坐撫當心主人拜稽顙成踊出撫手案之凡馮尸興必踊今文無成疏○注撫手至無成○釋曰云凡馮尸興必踊者喪大記文此經直云君坐撫當心主人直踊又不言馮尸而鄭云凡馮尸興必踊者欲見撫即馮之類興亦踊故得與主人拾踊也是以喪大記君於臣撫之父母於子執之子於父母馮之婦於舅姑奉之舅如於婦撫之馮尸不當君所又云凡馮尸興必踊是馮爲摠名故君撫之亦踊也君反之復初位衆主人辟于東壁南面以君將降也南面則當坫之東疏○注以君至之東○釋曰云君反之復初位初位即中庭位知者以其文承中庭位故也云以君將降也南面則當坫之東者下文君降西鄉命主人馮尸則君降當在阼階下西面命之故衆主人辟君東壁南面南面則西頭爲首者當堂角之坫故云當坫之東也君降西鄉命主人馮尸主人升自西階由足西面馮尸不當君所踊主婦東面馮亦如之君必降者欲孝子盡其情奉尸斂于棺乃蓋主人降出君反之入門左視塗肂在西階上入門左由便趨疾不敢久留

君君升即位衆主人復位卒塗主人出君命之反奠入門右亦復中庭位疏○注亦復中庭位○釋曰經云入門右注復中庭位謂在門右南北當中庭也乃奠升自西階以君在阼疏○注以君在阼○釋曰以其凡奠皆升自阼階是爲君在阼故辟之而升西階也君要節而踊主人從踊節謂執奠始升階及既奠由重南東時也疏○注節謂至時也○釋曰云節謂執奠始升階及既奠由重南東時也者案上文大斂奠升時丈夫踊降時婦人踊由重南而東丈夫踊此注不云降時踊者以經直有君與主人丈夫踊節故不言降時踊節也卒奠主人出哭者止以君將出不敢讙譟聒尊者也君出門廟中哭主人不哭辟君式之辟逡遁辟位也古者立乘式謂小俛以禮主人也曲禮曰立視五巂式視馬尾疏○注辟逡至馬尾○釋曰君入臣家至廟門乃下車則貳車本不入大門下云貳車畢乘主人哭拜送者明出大門矣云辟逡遁辟位也者案曲禮云君出就車左右攘辟則此云辟亦是主人攘辟故云逡遁辟位也云古者立乘者以其坐乘則不得式而小俛故云古者立乘也知式是禮主人者曲禮云式宗廟曾子問卿大夫見君之尸皆下之尸必式是凡式皆是禮前物爲式引曲禮者欲見式小俛彼注巂猶規也車輪轉之一帀爲一規案周禮冬官輪崇六尺六寸圍三徑一三六十八一帀則一丈九尺八寸五規則五箇一丈九尺八寸摠爲九丈九尺六尺爲一步摠十六步半凡平立視前十六步半若小俛爲式則低頭視馬尾故連引曲禮云式視馬尾也貳車畢乘主人哭拜送貳車副車也其數各視其命之等君出使異姓之士乘之在後君弔蓋乘象路曲禮曰乘君之乘車不敢曠左左必式疏○注貳車至必式○釋曰云其數各視其命之等者案周禮大行人云上公貳車九乘侯伯貳車七乘子男貳車五乘故知視命數也云君出使異姓之士乘之在後者禮記坊記云君不與同姓同車與異姓同車彼謂與君同在一車爲御與車右者也此經云貳車畢乘明亦使異姓之上乘之在後可知云君弔蓋乘象路者案周禮巾車職王有五路玉金象革木諸侯則同姓金路巳下異姓象路巳下四衛革路巳下蕃國唯有木路若然唯王與同姓異姓得弔乘象路今云蓋乘象路者以諸侯言之唯據上公與侯

伯於王有親者得用象路弔臨其臣以巾車又云象路以朝釋曰王以朝及燕出入雖不言弔臨然弔臨亦是出入之事故云蓋以疑之若四衛諸侯侯伯巳下與王無親者亦各乘已所賜之車革路木路之等今鄭於貳車之下言所乘車者以其言貳車其飾皆與正車同故於貳車以下言君之所乘車也引曲禮者乘君之乘車則貳車是也以其與君爲副貳即是君之乘車也彼注云君存惡空其位則此乘車亦居左以其人君皆左載無御者在中鄭注周禮亦有車右也云左必式者不敢立椐視猶常爲式耳襲入即位衆主人襲拜大夫之至後者成踊後至布衣而後來者疏○注後至至來者○釋曰知布衣而後來者若未布衣時來即入前卿大夫從君之內今承上君大夫之下別君拜大夫之後至者明布衣後來不得與前卿大夫同時從君入者故鄭以布衣之後解之賓出主人拜送自賓出以下如君不在之儀疏○注自賓至之儀○釋曰上經君在之時卿大夫士從君者不得與主人爲禮君出後有賓來即乃得別與主人爲禮故云自賓出以下如君不在之儀也

三日成服杖拜君命及衆賓不拜棺中之賜既殯之明日全三日始歠粥矣禮尊者加惠明日必往拜謝之棺中之賜不施已也曲禮曰生與來日疏○注既殯至來日○釋曰云既殯之明日全三日始歠粥矣者謂三日者上厭明滅燎者是三日之朝行大斂之事今別言三日成服則除上三日更加一日是四日矣而言三日者謂除死日數之爲三日也云全三日始歠粥矣者謂成服日乃食粥除此日已前是未全三日不食至四日乃食也案喪大記云三日不食謂通死日不數成服日故云三日不食孝經三日而食者是除死日數故云三日而食也云禮尊者加惠明日必往拜謝之者案既夕記云主人乘惡車注云拜君命是也引曲禮者彼注云與猶數也生數來日謂成服杖以死明日數也死數往日謂殯斂以死日數也此士禮貶於大夫者大夫以上皆以來日數引之以證此士喪禮與大夫巳上異也朝夕哭不辟子卯既殯之後朝夕及哀至乃哭不代哭也子卯桀紂亡日凶事不辟吉事闕焉疏○注既殯至闕焉○釋曰云既殯之後朝夕及哀至乃哭者此據殯後阼階下朝夕哭廬中思憶則哭云不代哭也者決未殯以前大夫以上以官代哭士以親疏代哭不絕聲云子卯桀紂亡日者詩云韋顧既伐昆吾夏桀左傳云乙卯昆吾稔之日昆吾與夏桀

同時誅則桀以乙卯亡案尚書牧誓序云時甲子昧爽武王伐紂之日是紂以甲子日死王者以爲忌日云凶事不辟者即此經是也云吉事闕焉者檀弓云子卯不樂是吉事闕也婦人即位于堂南上哭丈夫即位于門外西面北上外兄弟在其南南上賓繼之北上門東北面西上門西北面東上西方東面北上主人即位辟門外兄弟異姓有服者也辟開也凡廟門有事則開無事則閉疏○注外兄至則閉○釋曰喪大記云祥而外無哭者則此外位皆有哭今直云婦人哭則丈夫亦哭矣但文不備也案下注云兄弟齊衰大功者主人哭則哭小功緦麻亦即位乃哭是也云外兄弟異姓有服者謂若舅之子姑姊妹從母之子等皆是有服者也云凡廟門有事則開無事則閉者有事謂朝夕哭及設奠之時無此事等則閉之鬼神尚幽闇故也婦人拊心不哭方有事止讙囂疏○注方有事止讙囂○釋曰云方有事者謂下經徹大斂奠設朝奠之事也

主人拜賓旁三右還入門哭婦人踊先西面拜乃南面拜東面拜也疏○注先西至拜也○釋曰知先西面後東面者以經云旁三右還入門故知先西面後乃東遂北面入門以一面故云旁主人堂下直東序西面兄弟皆即位如外位卿大夫在主人之南諸公門東少進他國之異爵者門西少進敵則先拜他國之賓凡異爵者拜諸其位賓皆即此位乃哭盡哀止主人乃右還拜之如外位矣兄弟齊衰大功者主人哭則哭小功緦麻亦即位乃哭上言賓此言卿大夫明其亦賓爾少進前於列異爵卿大夫也他國卿大夫亦前於列尊之拜諸其位就其位特拜疏○注賓皆至特拜○釋曰既云如外位又案外位主人之南有外兄弟其南乃有賓此內位主人之南即有卿大夫不言兄弟者以外兄弟雖在主人之南以少退故卿大夫繼主人而言也云諸公門東少進謂門東有士故云少進少進於士此所陳位不言士之屬吏者案大夫家臣位在門右則士之屬吏亦在門右又在賓之

後也。云賓皆即此位乃哭盡哀止主人乃右還拜之如外位矣者，以其云外位明拜之亦右還如外位也。云兄弟齊衰大功者主人哭則哭者，以其大功已上親無門外內位，但主人哭則亦哭矣。小功緦麻䟽，故入即進前於士之列也。云異爵卿大夫也者，以主人是士，明異爵是卿大夫也。云他國卿大夫亦前於列者，以經云他國之異爵者門西少進，亦當前於士之位也。云拜諸其位就其位特拜者，以其異爵則亦卿大夫，故知特拜一一拜諸其位也。

徹者盥于門外，燭先入，升自阼階，丈夫踊。徹者，徹大斂之宿奠。祝取醴，北面；取酒，立于其東；取豆籩俎，南面西上。祝先出，酒豆籩俎序從，降自西階。婦人踊。序，次也。疏○注序次也○釋曰：序次者，次第人使相當。此經所言先後，則祝執醴在先，次酒，次豆籩，次俎，爲次第也。設于序西南，直西榮。醴酒北面西上。豆西面錯，立于豆北，南面。籩俎既錯，立于執豆之西，東上。酒錯，復位。醴錯于西，遂先，由主人之北適饌。遂先者，明祝不復位也。適饌，適新饌，將復奠。疏○注遂先至復奠○釋曰：云遂先者明祝不復位也者，以其云遂先，先即祝不得復位，遂適東相新饌也。乃奠醴酒脯醢升，丈夫踊。入，如初設，不巾。入，入於室也。如初設者，豆先，次籩，次酒，次醴也。不巾，無菹無栗也。菹栗具則有俎，有俎乃巾之。疏○注入入至巾之○釋曰：注云入入於室也者，以其設奠在室中故也。云如初設者豆先次籩次酒次醴也者，以其大斂有俎籩豆又多，今言如初設，直豆籩酒醴見用者先後次第耳。云不巾無菹無栗也者，以大斂奠兼有菹栗則巾之，是以檀弓云喪不剝奠也與，祭肉也與，其大斂皆有俎有祭肉故巾之也。若然，朝廟之奠亦是宿奠，無菹栗有巾者，爲在堂而久設塵埃故也。錯者出，立于戶西，西上。滅燭，出。祝闔戶，先降自西階，婦人踊。奠者由重南東，丈夫踊。賓出，婦人踊。主人拜送。哭止乃奠，奠則禮畢矣。今文無拜。疏○注哭止至無拜○釋曰：云祝闔戶先降者，以其出戶時祝闔戶在後，故須云祝先降也。云哭止乃奠者，謂朝夕哭止拜賓乃奠，奠則禮畢矣，是以檀弓云朝奠日出是也。

衆主人出，婦人踊。出門，哭止。皆復位。闔門。主人卒拜送賓，揖衆主人，乃就次。朔月，奠用特豚魚腊，陳三鼎如初。東方之饌亦如之。朔月，月朔日也。自大夫以上月半又奠。如初者，謂大斂時。疏○注朔月至斂時○釋曰：知大夫以上月半又奠者，下經云月半不殷奠，士不者，大夫以上則有之，謂若下文云不述命大夫已上則有之，又若特牲云士不諏日，大夫已上則諏，諸士言不者，大夫已上則皆有之，故知大夫以上又有月半奠也。云如初者謂大斂時者，以其上陳大斂事，此言如初，故知如大斂時也。無籩，有黍稷，用瓦敦，有蓋，當籩位。黍稷併於甒北也。於是始有黍稷。死者之於朔月月半，猶平常之朝夕。大祥之後，則四時祭焉。疏○注黍稷至祭焉○釋曰：云於是始有黍稷者，始死以來奠不言黍稷，至此乃言之，故云於是始有黍稷也。云死者之於朔月月半猶平常之朝夕者，謂猶生時朝夕之常食也。案既夕記云燕養饋羞湯沐之饌如他日，注云燕養，平常所用供養也；饋，朝夕食也；羞，四時之珍異。若然，彼謂下室中不異於生時，殯宮中則無黍稷，今至朔月月半乃有之。若朔月月半殯宮中有黍稷，下室則無，故既夕記云朔月若薦新則不饋于下室，注云以其殷奠有黍稷也。下室如今之內堂是也，是以云猶平常朝夕決之也。云大祥之後則四時祭焉者，士虞禮禫月吉祭猶未配，是大祥之後得四時祭，若虞祭之後卒哭之等，雖不四時，亦有黍稷，是其常也。

主人拜賓，如朝夕哭，卒徹。徹宿奠也。舉鼎入，升，皆如初奠之儀。卒杝，釋匕于鼎，俎行。杝者逆出，甸人徹鼎。其序，醴酒、菹醢、黍稷、俎。俎行者，俎後執，執俎者行，鼎可以出。其序，升入之次。疏○注俎行至之次○釋曰：云俎行者俎後執執俎者行鼎可以出者，案下文設時豆錯，俎錯，黍稷設，則俎宜在黍稷前，今在黍稷後而言俎行者，欲見俎雖在黍稷前設，以執之在後，欲與鼎匕出爲節故云俎行即匕鼎出也云其序外入其設于室豆錯俎錯腊特黍稷當籩位敦啓會卻諸其南醴酒位如初常籩位俎南黍黍東稷會蓋也今文無敦【疏】○注當籩至無敦○釋曰知當籩位俎南黍黍東稷者依特牲所設爲之也祝與執豆者巾乃出共爲之也主人要節而踊皆如朝夕哭之儀月半不殷奠殷盛也士月半不復如朔盛奠下尊者【疏】○注殷盛至尊者○釋曰云下尊者以下大夫以上有月半奠故也有薦新如朔奠薦五穀若時果物新出者【疏】○注薦五至出者○釋曰案月令仲春開冰先薦寢廟季春云薦鮪于寢廟孟夏云以彘嘗麥先薦寢廟仲夏云羞以含桃先薦寢廟皆是薦新如朔奠者牲牢籩豆一如上朔奠也徹朔奠先取醴酒其餘取先設者敦啓會面足序出如入啓會徹時不復蓋也面足執之令足閒鄉前也敦有足則敦之形如今酒敦【疏】○注啓會至蓋也○釋曰以前設時即不蓋至徹亦不蓋今經云敦啓會嫌先蓋至徹重啓之故云不復蓋也其設于外如於室外序西南筮宅冢人營之宅葬居也冢人有司掌墓地兆域者營猶度也詩云經之營之【疏】○注宅葬至營之○釋曰案周禮有冢人掌公墓之地辨其兆域此士亦有冢人掌墓地兆域故云冢人營之也掘四隅外其壤掘中南其壤爲葬將北首故也【疏】○注爲葬至故也○釋曰云爲葬將北首者解掘中南其壤爲葬時北首故壤在足處案檀弓云葬於北方北首三代之達禮也是葬時北首也既朝哭主人皆往兆南北面免經兆域也所營之處免經者求吉不敢純凶【疏】○注兆域至純凶○釋曰案雜記云大夫卜宅與葬日有司麻衣布衰布帶因喪屨緇布冠不蕤占者皮弁下又云如筮則史練冠長衣以筮占者朝服彼有司與占者之服不純吉亦不純凶此乃主人之服不純吉免經亦不純凶也命筮者在主人之右命尊者宜由右出也少儀曰贊幣自左詔辭自右【疏】○注命尊者自右○釋曰

儀疏三十七○喪　十七

云命尊者宜由右出也者對贊幣卑者在左故引少儀爲證也筮者東面抽上韇兼執之南面受命韇藏筴之器也兼與筴執之今文無兼【疏】○注韇藏至無兼○釋曰云抽上韇者則下韇未抽待用筮時乃并抽也命曰哀子某爲其父某甫筮宅度茲幽宅兆基無有後艱某甫且字也若言山甫孔甫矣宅居也度謀也茲此也基始也言爲其父筮葬居今謀此以爲幽冥居兆域之始得無後將有艱難乎艱難謂有非常若崩壞也孝經曰卜其宅兆而安厝之古文無兆基作期【疏】○注某甫至作期○釋曰云某甫且字也者謂二十加冠時且字云若言山甫孔甫矣者此亦二十加冠所稱故士冠禮云伯某甫仲叔季唯其所當鄭亦以孔甫之字解某甫則孔甫之等是實字以某甫擬之是且字也是以諸侯薨復者亦言某甫鄭云某甫且字是爲之造字也引孝經卜其宅兆者證宅爲葬居又見上大夫以上卜而不筮故雜記云大夫卜宅與葬日下文云如筮則史練冠鄭注云謂下大夫若士也則卜者謂上大夫上大夫卜則天子諸侯亦卜可知但此注兆爲域彼注兆爲吉兆不同者以其周禮大卜掌三兆有玉兆瓦兆原兆孝經注亦云兆塋域此文主人皆往兆南北面兆爲塋域之處義得兩全故鄭注兩解俱得合義筮人許諾不述命右還北面指中封而筮卦者在左述循也既受命而申言之曰述不述者士禮畧凡筮因會命筮爲述命中封中央壤也卦者識爻卦畫地者古文述皆作術【疏】○注述循至作術○釋曰云不述者士禮畧者但士禮命筮辭有一命龜辭有二大夫已上命筮辭有二命龜辭有三士命筮辭有一者即上經是直有命筮無述命又無即席西面命筮辭是命筮辭唯有一也下文卜日有族長涖卜爲事命龜直云哀子某以下又有即席西面一命龜注云不述命亦士禮畧是士命龜辭有二又知大夫以上命筮辭有二命龜辭有三者案少牢是大夫筮禮彼上文云主人曰孝孫某來日丁亥以下是爲一事命筮下又云遂述命曰假爾大筮有常是直云孝孫某來日丁亥已下將即西面命筮冠於述命之上共爲一辭通前爲事命筮有二若卜則有爲事命龜通述命又有鄉當席西面命爲三知大夫龜亦有述命士云不者士喪禮士之卜筮皆云不述命士云不者大夫已上皆有謂若士月半不殷奠大夫則殷奠之類知大夫命龜不將述命與即西面命龜共爲

儀疏三十七○喪　十八

一命龜亦只有二者案此士喪注述命命龜異龜重威儀多也對少牢述命與命龜爲二通前命龜爲三若然則天子諸侯亦命筮辭有二命龜辭有三可知也知士不述命非爲喪禮畧者特牲之古禮亦云不述命故知士吉凶皆不述命非爲喪禮畧也

卒筮執卦以示命筮者命筮者受視反之東面旅占卒進告于命筮者與主人占之曰從卒筮卦者寫卦示主人乃受而執之旅衆也反與其屬共占之謂掌連山歸藏周易者從猶吉也

疏〇注卒筮至吉也〇釋曰經云卒筮執卦以示命筮者直云命筮者以命筮人於卦吉凶審故據而言之是以下覆告命筮與主人二人并告明與前不異也云與其屬共占之謂掌連山歸藏周易者案洪範卜筮云三人占則從二人之言注云卜筮各三人大卜掌三兆三易以其龜有三兆玉兆瓦兆原兆筮有三易連山歸藏周易連山者夏家易以純艮爲首艮爲山象山之出雲連連不絶故易名連山歸藏者殷之易以純坤爲首坤爲地萬物歸藏於地故易名歸藏周以十一月爲正月一陽爻生爲天統故以乾爲首乾爲天天能

周帀於四時故易名周易也

主人經哭不踊若不從筮擇如初儀更擇地而筮之歸殯前北面哭不踊易位而哭明非常

疏〇注易位至非常〇釋曰朝夕哭當在阼階下西面今筮宅來北面哭者是易位非常故也

既井椁主人西面拜工左還椁反位哭不踊婦人哭于堂既已也匠人爲椁刊治其材以井構於殯門外也反位拜位也既哭之則往施之竁中矣主人還椁亦以既朝哭矣

疏〇注既已至哭矣〇釋曰自此盡亦如之論將葬須觀知椁材與明器之材善惡之事案禮記檀弓云既殯旬而布材與明器注云木工宜乾腊則此云井椁及明器之材布之已久故云既已也又須作之豈今始獻材也但至此時將用故主人親看視是以云既哭之則往施之竁中也云匠人爲椁刊治其材者此解經主人拜工之事所云者拜匠人以冬官主百工百工之內匠人主木工之事以其爲椁刊治其材有功故主人拜之也云以井構於殯門外也者以下文獻材於殯門外則此亦在殯門外此不言下言者以明器之材多并有獻素獻成之事故具言處所也反位拜位者謂反西面拜位知既哭施之竁中者以其文承筮宅以下見其即人壙故也知主人還椁亦以既朝哭矣者以其筮宅與卜日皆在朝哭訖明還椁亦既朝哭言亦者亦彼二事也

獻材于殯門外西面北上綪主人徧視之如哭椁獻素獻成亦如之材明器之材視之亦拜工左還形法定爲素飾治畢爲成

疏〇注材明至爲成〇釋曰上經已言椁此經言材故鄭言明器之材也檀弓云既殯旬而布材與明器明器與材別言故彼言材爲椁材也又此下別言素與成則此明器之材未斲治先獻之驗其堪否也云形法定爲素飾治畢爲成知義然者以其言素素是未加飾名又經言獻材是斲治明素是形法定斲治訖可知又言成成是就之名明知飾治畢也此明器須好故有三時獻法上椁材既多故不須獻直還觀之而已

卜日既朝哭皆復外位卜人先奠龜于西塾上南首有席楚焞置于燋在龜東楚荆也荆焞所以鑽灼龜者燋炬也所以然火者也周禮菙氏掌共燋契以待卜事凡卜以明火爇燋遂灼其焌契以授卜師遂以役之

疏〇注楚荆至役之〇釋曰云楚荆也者荆本是草之名以其與荆州之荆名同楚又是荆州之國故或言荆也荆焞所以鑽灼龜者古法鑽龜用荆謂之荆焞也云燋炬也者謂存火者爲炬亦用荆爲之故鄭云所以然火者也周禮菙氏掌共燋契以待卜事者案彼下注杜子春云明火以陽燧取火於日玄謂焌讀如戈鐏之鐏謂以契柱燋火而吹之也契既然以授卜師用作龜也役之使助之是楚焞與契爲一皆謂鑽龜之荆讀爲戈鐏之鐏者取其鋭頭爲之灼龜也

族長涖卜及宗人吉服立于門西東面南上占者三人在其南北上卜人及執燋席者在塾西族長有司掌族人親疏者也涖臨也吉服服玄端也占者三人掌玉兆瓦兆原兆者也在塾西者南面東上

疏〇注族長至東上〇釋曰云族長有司掌族人親疏者也者以其言族長故知掌族人親疏也云吉服服玄端也者案雜記云大夫卜宅與葬日有司麻衣又云如筮則史練冠長衣此宗人直云吉服不言服名則士之吉服祭服爲吉服士之祭服爲玄端而已宗人掌禮之官非卜筮者著玄端則筮史亦服練冠長衣雜記所云是

求吉故筮者不純凶也云占者三人掌玉兆瓦兆原兆者案周禮大卜掌三兆之法注云兆者灼龜發於火其形可占者其象似玉瓦原之璺罅是用名之焉上古以來作其法可用者有三原原田也杜子春云玉兆帝顓頊之兆瓦兆帝堯之兆原兆有周之兆此三兆者當代之別名及占之又有體色墨坼之等故占人云君占體大夫占色史占墨卜人占坼注云體兆象也色兆氣也墨兆廣也坼兆璺也體有凶吉色有善惡墨有大小坼有微明尊者視兆象而已卑者以次詳其餘也周公卜武王占之曰體王其無害凡卜體吉色善墨大坼明則逢吉是其卜專據此三兆也云在塾西者南面東上者以其取堂南行事明不得背之北面故知南面取近爲尊故知東上也

闔東扉主婦立于其內扉門扉也席于闑西閾外爲卜者也古文闑作槷閾作蹙宗人告事具主人北面免絰左擁之涖卜即位于門東西面涖卜族長也更西面當代主人命卜疏○注涖卜至命卜○釋曰云涖卜族長也者上文所云是也以其改鄉西面下文受龜受視受命訖即云命曰哀子某則族長非直視高兼行命龜之事也故云當

代主人命卜也周禮天子卜法則與士異假使大事則大宗伯涖卜小宗伯陳龜貞龜命龜大卜眡高作龜次事小事以下各有差降也

卜人抱龜燋先奠龜西首燋在北既奠燋又執龜以待之疏○注既奠至待之○釋曰云卜人抱龜燋者謂從塾上抱鄉闑外待也先奠龜於席上乃復奠燋在龜北云既奠燋又執龜以待之者鄉時先奠龜次奠燋既奠燋又取龜執之以待待者下經授與宗人宗人受之是也

宗人受卜人龜示高以龜腹甲高起所當灼處示涖卜也疏○注以龜至上也○釋曰凡卜法案禮記云禎祥見乎龜之四體鄭注云春占後左夏占前左秋占前右冬占後右今云腹甲高者謂就龜之四體腹下之甲高者部之處鑽之以示涖卜也

涖卜受視反之宗人還少退受命受涖卜命授龜宜近受命宜卻也命曰哀子某來日某卜葬其父某甫考降無有近悔考登也降下也言卜此日葬魂神上下得無近於咎悔者乎疏○注考登至者乎○釋曰云某甫者亦上孔甫之類且字也云魂神上下者揔指一切神無所偏指也云咎悔者亦謂冢墓有所崩壞也

許諾不述命還即席西面坐命龜興授卜人龜負東扉宗人不述命亦士禮畧凡卜述命命龜異龜重威儀多也負東扉俟龜之兆也疏○注宗人至兆也○釋曰云宗人不述命亦士禮畧者以少牢述命此云不述命故云士禮畧云凡卜述命命龜異龜重威儀多也者言凡非一則大夫已上皆有述命述命與命龜異故知此不述而有即席西面命龜若大夫以上有述命者自然與西面命龜異可知言凡卜述命命龜異龜重威儀多對筮時述命命筮同筮輕威儀少云俟龜之兆也者下文告于主婦主婦哭是也

卜人坐作龜興作猶灼也周禮卜人凡卜事示高揚火以作龜致其墨與起也疏○注作猶至起也○釋曰周禮卜師凡卜揚火以作龜致其墨者此據小事故不使大卜眡高作龜

宗人受龜示涖卜涖卜受視反之宗人退東面乃旅占卒不釋龜告于涖卜與主人占曰某日從不釋龜復執之也古文曰爲日

疏○注不釋至爲日○釋曰云不釋龜者似元執不釋注云復執之也者似釋後重執之二疑之閒謂宗人退東面旅占之時授人傳占占訖授宗人宗人復執之與本不釋相似故經云不釋龜也

授卜人龜告于主婦主婦哭不執龜者下主人也告于異爵者使人告于衆賓衆賓僚友不來者也疏○釋曰上云既朝哭皆復外位外位中有異爵卿大夫等故就位告之云使人告于衆賓者既言使人告明不在此故鄭云不來者也

卜人徹龜宗人告事畢主人絰入哭如筮宅賓出拜送若不從卜宅如初儀

儀禮卷第十二經三千三百九十六　注五千四百五十九

儀禮疏卷第三十七

元缺卷今補依要義分

江西督糧道王賡言廣豐縣知縣阿應鱗栞

儀禮注疏卷三十七挍勘記　阮元撰盧宣旬摘錄

厥明滅燎

横者三　案喪大記作横者五

自家祭元端服　陳閩俱無祭字通解自下元上止有一字未刻

東方之饌○甒豆兩　豆通解誤作鬲

竹柲緄縢　柲通典作閟案詩作閟陸於彼釋云本亦作䡐

盛之也　段玉裁挍本作神之也云下文注云禰神之正蒙此疏同

鄭云亦者亦上小歛也　要義無亦者二字

掘肂見衽

肂埋棺之坎者也　徐本通解俱有者字與疏不合毛本集釋敖氏俱無楊氏坎下空一字

君殯用輴　輴宋本釋文从木張氏曰此必後人因禮記之文改從車爾既夕禮注謂之槆同

欑至于上　毛本欑誤从手下及疏同陸氏曰劉本作攢音同

欑置于西序　徐陳閩監葛本集釋同與疏合毛本置作至案大記攢至于西序宋本及日本古本足利本皆作置見山井鼎七經孟子考文與孔疏合

塗不暨于棺　陸氏曰暨其器反劉本作塈古概反

以檀弓又云　要義同毛本無以字

不忍異於生　陳閩俱無忍字

營欑置於西序　陳閩通解俱無營字

但欑木不及棺而已　已下要義有也字○按通解欑作塗是也

棺入主人不哭

軸輁軸也　上軸字嚴本作輴張氏曰監杭本輴作軸從監杭本○按既夕禮遷于祖用軸疏引此注亦作軸

輓而行　陸氏曰輓本又作挽

穿桯前後著金　桯毛本誤作程案既夕注桯字諸本亦有作程者

陳三鼎于門外

合左右體升於鼎　體通典作胖

謂豚體及七俎之陳　七徐本作上通典集釋俱作七張氏曰監杭本上作七從監杭本

謂豚七體之等　七監本誤作七

燭俟于饌東

又詩曰　曰要義作云下曰燭同

皆在地曰燎　閩監通解要義同毛本曰作爲

祝徹盥于門外○丈夫踊　丈石經補缺誤作大

其餘取先設者○南當西榮　毛本當作堂榮誤從水

則徹先奠於西序南　西序二字誤倒

待後奠事畢　要義無事畢二字

乃適饌　毛本適誤作設

主人奉尸斂于棺

釋曰云　要義此節疏與上節疏合爲一條此云字上有下字

旁一筐　金曰追云敖繼公曰旁一筐喪大記引作旁各一筐各謂各黍稷也

乃奠

朔月奠新奠　毛本上奠字作荐陳閩監本通解俱作薦要義作奠案奠字當在薦字上

祝反降　毛本祝誤作燭

設豆右菹

菹在醢南也　醢徐本集釋俱作醓通解敖氏俱作醢

嫌先設者在北　毛本北作左陳本作此要義作北

言右菹則醢自然在左　毛本菹作俎陳閩要義俱作菹案菹字是

菹在醢南也　醢要義作醓與徐本注合

此言設豆右菹　陳閩監本通解要義同毛本菹作俎○案菹字是下同

即左菹也　陳閩通解要義同毛本菹作俎

賓出婦人踊

但大功亦容不同門不同財之義　毛本容作有陳閩監本俱作容要義容下有有字

異門大功亦可以歸　毛本門下有者字要義無與既夕注合○按通解亦無者字

君若有賜焉則視斂　斂嚴徐俱作劒鍾本集釋通解俱作斂張氏曰監本劒作斂注云斂大斂從注及監本

○君至　二字鍾本在下節之首

此士於君有師友之恩　陳本要義同毛本於作與

巫止于廟門外

巫掌招弭以除疾病　弭徐陳集釋楊氏俱作弭釋文毛本作彌云又作弭通解脫此句盧文弨云彌亦通用○按說文有弭無彌周禮亦作弭

小臣掌正君之法儀者　小上徐本通典集釋楊氏俱有周禮二字通解無

周禮男巫　周禮通典作春官按以上三句皆見周禮首句亦男巫疏文下既別引男巫故首句不加周禮字小臣男巫皆周之職官故稱周禮然小臣上既有周禮字則下句不宜疊出依通典作春官取文相變亦可

喪祝王弔則與巫前　此八字此本徐本通典集釋楊氏俱無通解毛本有金日追云是誤以疏爲注也

彌讀爲敉敉安也　要義同毛本不重敉字

君釋采　采釋文通典俱作菜案敖氏曰采讀爲菜蓋從釋文也

升公卿大夫

春秋傳曰鄭伯有耆酒爲窟室而夜飲酒擊鍾焉朝至未已朝者曰公焉在其人曰吾公在壑谷伯有者公子子良之孫良霄　毛本脫三十九字徐本集釋俱有通解楊氏俱與毛本同浦鏜云疏不引全文知注已見也○按釋文有耆酒窟室朝至公焉四條

貴重之極　要義無重字

證經公是公之孤也　要義無上公字

副貳三公　毛本貳誤作二

大國無公　大要義作公誤

卒公卿大夫逆降復位　逆石經補缺誤作送

君反主人○君坐撫當心　君石經補缺誤作坐

君要節而踊

由重南東時也　由楊氏作猶

由重南面東　重毛本誤作二面陳本通解俱作而

君出門

則貳車本不入大門　毛本貳誤作二下同

卿大夫見君之尸皆下之尸必式　陳閩俱無皆下之尸四字

凡平立視視前十六步半　要義同毛本不重視字

貳車畢乘　毛本貳誤作二注疏並同

爲御與車右者也　要義同毛本與作於

以巾車又云　要義以字下有其字無巾車又云四字

釋曰王以朝　五字要義無

雖不言弔臨然弔臨亦是出入之事　要義無上六字案周禮司常云道車載旐注云道車象路也王以朝夕燕出入巾車疏備引其文賈氏此疏亦兼引巾車及司常注其中似有後人增竄之詞當悉從要義

不敢立相視儁常爲式耳　浦鏜云衍相字儁字陳閩通解俱誤作舊

三日成服

謂殯斂以死日數也　謂上要義有此字案陳本於上句日字作昰乃誤合日此二字爲一耳

朝夕哭

朝夕及哀至乃哭　乃楊氏作則

婦人卽位于堂

辟開也　開要義楊氏俱作門誤

皆是有服者也　要義同毛本皆是作是皆

主人堂下直東序西面

就其位特拜　位毛本誤作拜特敖氏作而

亦當前於士之位也　要義同毛本無之字

徹者盥于門外燭先入　毛本燭誤作獨

朔月奠　月鍾本誤作日注中月字仍不誤

月半又奠　又通解作有

又有月半奠也　毛本有作用要義作有案有是

舉鼎入升○卒杝　毛本卒誤作執

其設于室

常邍位　嚴本同毛本常作當張氏曰監本常作當從監本

俎南黍　俎敖氏作葅

黍東稷　黍陳本誤作稷疏同

有薦新

以毓嘗麥先薦寢廟仲夏云　要義無下七字似誤

筮宅

注宅葬至營之　此段疏陳閩俱無通解亦不載

旣朝哭

所營之處　徐本集釋敖氏同毛本通解所作新○按所字是

命曰哀子某

某甫且字也　且徐鍾陳閩葛本楊氏俱作其嚴監通典集釋敖氏俱作且通解作某○按且字是其某

並誤

謂二十加冠時且字　加上毛本誤衍五字案疏內唯此且字也二且字諸本皆同其餘唯監本要義作且他本並作其

孝經注亦去兆坐域　陳閩俱脫孝字注字按陳閩固誤然上文云此注兆爲域後注兆爲吉兆彼注者謂孝經注也豈鄭解孝經兆字有二說歟唐御注孝經曰兆坐域也邢疏以爲依孔傳則似非鄭義

兆爲營域之處　營通解作坐

筮人許諾○右還北面　毛本右誤作左

又有卽席西面一命龜　陳監要義同毛本一作坐○案作一是也下有共爲一命龜之語

是爲一事命筮　陳本要義同毛本一作因

遂前爲事命筮有二　事陳本要義俱作士按爲事命筮卽上文所謂因事命筮也

知大夫命龜　知陳閩俱誤作如

亦只有二者　毛本只作知要義作只似誤

遂前命龜爲三　陳閩俱脫前命龜爲四字

特牲之吉禮　吉陳閩俱作士

卒筮

則從二人之吉　吉要義作言

艮爲山　要義同毛本無此三字

旣井椁

則往施之竁中矣　毛本施誤作於

又須作之　陳閩要義同毛本又作久

以其爲椁刊治其材有功　要義同毛本材下有者字

謂反西面拜位　毛本西誤作四

獻材于殯門外

形法定爲素　形葛本作刑與毛本疏誤同

明素是形法定　毛本形誤作刑

又言成成是就之名　要義同毛本成是作是成

卜日既朝哭○卜人先奠龜于西塾上　毛本塾作塾唐石經徐陳閩葛俱作塾

○楚焞置于燋　燋石經補缺誤作醮

荊焞所以鑽灼龜者　集釋無灼字陸氏曰鑽一本作灼○按沈彤云按釋文是鑽灼二字當衍其一本疏有鑽龜之文集釋又無灼字則所衍必灼字也

掌共燋契　徐本集釋楊敖同毛本契作挈釋文作挈云本又作挈○按周禮作契

遂灼其焌契以授卜師　毛本遂誤作燧灼集釋作歛

役之使助之　下之字陳閩俱作人

皆謂鑽龜之荊　要義同毛本荊作焌

族長涖卜

其象似玉瓦原之璺罅　毛本瓦誤作兆

及占之　毛本及誤作今

坼有微明　毛本坼誤作圻下同

是其卜專據此三兆也毛本卜下有不字金曰追云今本脱不字與上文義不貫依通解補

闑東扉

扉門扉也上扉字毛本誤作扉下扉字楊氏作扇

席于闑西閾外

爲卜者也也通典作席

古文闑作槷毛本古誤作故槷作槷徐本集釋俱作槷通解作槷○按徐本是

宗人告事具

下文受龜受視受命訖要義同毛本下文作宗人陳本作辛文

若事小事以下下要義作上誤

卜人抱龜燋

又取龜執之以待待者陳閩同毛本下待字作之字

宗人受卜人龜

高者部之處要義同毛本作高起之處○按高當作部起之處

命曰哀子某來日日下唐石經徐本通典楊敖俱有某字集釋通解俱無石經考文提要云某者某甲子○按聶氏三禮圖引此句日字上下甚稀益本有某字校者據今本刪之耳○卜葬其父某甫其通解楊氏俱作某

亦上孔甫之類毛本亦誤作以

許諾不述命還即席毛本還誤作送

下文告于主婦主婦哭是也主婦二字陳閩俱不重出

卜人坐作龜興

周禮卜人人集釋敖氏俱作師是也與疏合

卜宅如初儀宅唐石經徐本通解俱作宅集釋楊敖毛本俱作擇張氏曰上文有云筮擇如初儀此卜日爾非卜宅也擇宅音同故誤顧炎武云擇當依石經作宅張爾岐云擇石本誤作宅

儀禮注疏卷三十七校勘記終

奉新余成教校

儀禮疏卷第三十八　儀禮卷第十三

唐朝散大夫行大學博士弘文館學士臣賈公彥等撰

既夕禮第十三

疏 既夕第十三。鄭目録云士喪禮之下篇也既已也謂先葬二日已夕哭時與葬間一日凡朝廟日請啓期必容焉此諸侯之下士一廟其上士二廟則既夕哭先葬前三日大戴第十五小戴第十四別録名士喪禮下篇第十三。釋曰鄭目録云士喪禮下篇者依別録而言以其記下士之始死乃記葬時而揔記之故名士喪禮下篇也鄭又云先葬二日與葬間一日者驗經云既夕哭請啓期告于賓明旦夙興開殯即遷于祖一日又厥明即葬故知是葬前二日與葬間一日也云必容者請啓期在葬前二日中間容朝廟一日故云必容焉鄭又云此諸侯下士一廟其上士二廟則既夕哭先葬前三日者以其一廟則一日朝二廟則二日朝故葬前三日中間容二日故三日若然大夫三廟者葬前四日諸侯五廟者葬前六日天子七廟者葬前八日差次可知

儀禮　鄭氏注

既夕哭 既已也謂出門哭止復外位時 疏 既夕哭。注既已至位時。釋曰此經論既夕哭請啓期之事夕哭者是主人朝夕哭在殯宮阼階之下禮將請啓殯之時主人於夕哭訖出寢門復外位故鄭云謂出門哭止復外位時者鄭知復外位請者見上篇卜日禮云既朝哭皆復外位朝夕之哭其禮並同明知此請啓期亦在復外位時若然上篇卜日禮云既朝哭皆復外位此不於既朝哭而待既夕哭者請明日之朝始啓殯又不可隔夕哭故於既夕請也但復外位之時必有弔賓來亦在外位故請期因告賓也

請啓期告于賓 將葬當遷柩于祖有司於是乃請啓肂之期於主人以告賓賓宜知其時也今文啓為開 疏 請啓期告于賓。注將葬至為開。釋曰云將葬當遷柩于祖有司於是乃請啓肂之期於主人以告賓者鄭解時未至而豫前二日夕哭之後出於門外位請期者明旦須啓肂以柩朝于祖故有司於此時請啓肂之期告賓使知而來赴弔之事也

夙興設盥于祖廟門外 祖王父也下士祖禰共廟 疏 夙興至門外。注祖王至共廟。釋曰自此盡階間論豫於祖廟陳饌之事言夙興者謂夕哭請期訖明旦早起豫設盆盥於祖廟門外擬舉鼎之人盥手案小斂設盆盥在東堂下大斂設盥於門外雖不言東方約小斂盥在東堂下則大斂盥亦門外東方此下陳鼎如大斂奠則此設盥亦在門外東方如大斂也云祖王父也者案祭法云曰考廟曰王考廟此云王父王父之言出於彼云下士祖禰共廟者又祭法云適士二廟官師一廟鄭注云官師中士下士案下記云其二廟則饌于禰則此經所朝據一廟者而言設盥于祖是下士一廟祖禰共廟據尊者而言也

陳鼎皆如殯東方之饌亦如之 皆皆三鼎也如殯如大斂既殯之奠 疏 陳鼎至如之。注皆皆至之奠。釋曰案上文殯後大斂之陳三鼎有豚魚腊在廟門外西面北上此陳鼎亦如之云東方之饌亦如之者彼大斂時云東方之饌兩瓦甒其實醴酒觶豆兩其實葵菹芋蠃醢兩籩無縢布巾其實栗不擇脯四脡故今云東方之饌亦如之云皆皆三鼎也者以其言皆明非一鼎皆三鼎可知又不言外內即門外及陳於阼階下亦西面北上外內同云如殯如大斂既殯之奠者以其大斂於阼階即移于棺而殯之殯訖乃于室中設大斂之奠即大斂奠在殯後恐於殯時別有奠故明之云如殯如大斂既殯之奠也。

夷牀饌于階間 夷之言尸也朝正柩用此牀 疏 夷牀饌于階間。注夷之至此牀。釋曰云夷之言尸也者遷尸於堂亦言夷尸盤衾皆依尸而言故云夷之言尸也云朝正柩用此牀者謂柩至祖廟兩楹之間尸北首之時乃用此牀故名夷牀也

二燭俟于殯門外 早闇以為明也燭用烝 疏 二燭至門外。注早闇至用烝。釋曰自此盡夷衾論啓殯及變服之事二燭者以其發殯宮二者下云燭入注云炤徹與啓肂者故於此豫備之云燭用蒸者案周禮甸師氏云以薪蒸役外內饔注云大曰薪小曰蒸又案少儀云主者執燭抱燋鄭云未爇曰燋燋即蒸故云燭用蒸也

丈夫髽散帶垂即位如初 為將啓變也此互文以相見耳髽婦人之變喪服小記曰男子免而婦人髽男子冠而婦人笄如初朝夕哭門外位 疏 丈夫至如初。注為將至外位。釋曰云為將啓變也者凡男子免與括髮散帶垂婦人髽皆當小斂之節今於啓殯時亦見尸柩故變同小斂之時故云為將啓變也云此互文以相見耳髽婦人之變者髽既是婦人之變則免是男子之變今丈夫見其人不見免則丈夫當免矣婦人見其髽不見人則婦人當髽矣故云互文以相見耳引喪服小記者證見未成服已前男子免而婦人髽既成服以後男子冠婦人笄若然小斂之時斬衰男子括髮齊衰

以下男子免不言男子括髮者欲見啓殯之後雖斬衰亦免而無括髮知者案喪服小記云緦小功虞卒哭則免注云棺柩已藏嫌恩輕可以不免也言則免者則既殯先啓之間雖有事不免以此而言先啓不免則啓當免矣又喪服小記云君弔雖不當免時也主人必免不散麻雖異國之君免也親者皆免注云不散麻者自若絞垂爲人君變貶於大斂之前既啓之後也親者大功以上也注直言不散麻貶於既啓之後則主人著免不貶矣以此言之啓後主人著免可知若啓後著免亦是貶矣若然後至卒哭其服同矣以其反哭之時更無變服之文故知同也云婦人髽及婦人笄者若未成服之時婦人髽無笄故空云髽成服之後婦人髽即有笄故喪服斬衰婦人云箭笄檀弓云南宮縚之妻之姑之喪夫子誨之髽蓋榛以爲笄是成服有笄明矣是以婦人成服云笄也云散帶垂者小斂節大功已上男子皆然若小功已下及婦人無問輕重皆初而絞之云如初朝夕哭門外位者但經直云即位如初知如門外位者以下經始云主人拜賓入即位袒明知此未入門在門外如朝夕哭位也

婦人不哭主人拜賓入即位袒 此不象如初者以男子入門不哭也不哭者將有事止讙囂

疏 婦人至位袒○注此不至讙囂○釋曰云此不蒙如初者以男子入門不哭者案上篇朝夕哭云主人即位辟門婦人撫心不哭主人拜賓旁三右還入門哭婦人踊此主人入門不哭婦人不哭不踊故不得蒙如初也云將有事者謂將有啓殯之事也

商祝免袒執功布入升自西階盡階不升堂聲三啓三命哭 功布灰治之布也執之以接神爲有所拂扐也聲三三有聲存神也啓三三言啓告神也舊說以爲聲噫興也今文免作絻

疏 商祝至命哭○注功布至作絻○釋曰云功布灰治之布也者亦謂七升以下之布也云執之以接神爲有所拂扐也者拂扐猶言拂拭下經云商祝拂柩用功布是拂拭去塵也此始告神而用功布拂扐者謂拂扐去凶邪之氣也云三有聲存神也者案曾子問亦云祝聲三鄭云警神也即此存神也云舊說以爲聲噫興者鄭注曾子問云聲噫歆不云舊說亦是舊說也

燭入 炤徹與啓肂者

疏 燭入○注炤徹與啓肂者○釋曰上云二燭此鄭云炤徹與啓肂則一燭於室中炤徹奠一燭於堂照開殯肂也

祝降與夏祝交于階下取銘置于重 祝降者祝徹宿奠降也與下祝交事相接也夏祝取銘置于重爲啓肂遷之吉事交相左凶事交相右今文銘皆作名

疏 祝降至于重○注祝降至作名○釋曰此祝不言商夏則周祝也燭既入室周祝從而入室徹宿奠降時夏祝自下升取銘降置于重爲妨啓殯故也云祝降者祝徹宿奠降也者謂昨暮所設夕奠經宿故謂之宿奠也此宿奠擬朝廟所用即下云重先奠從者是也此奠所徹所置之處雖不言案上篇大斂遷小斂奠于序西南此亦序西南可也云吉事交相左者則鄉射大射皆云降與射者交於階下相左是也云凶事交相右者此凶事不言交相左者以凶事反於吉明交相右可知交相右者周祝降階時當近東夏祝升階當近西是交相右也云今文銘皆作名者此銘及下陳明器云取銘置于茵二者皆名但銘書作名亦通一塗也

踊無筭 主人也

疏 踊無筭○注主人也○釋曰下文云商祝拂柩則踊無筭當知開棺柩之時以其踊爲哀號之已甚故知主人也

商祝拂柩用功布幠用夷衾 拂去塵也幠覆之爲其形露

疏 商祝至夷衾○注拂去至形露○釋曰開柩已出時是棺南首夷衾本擬覆柩故斂時不用今得覆棺於後朝廟及入壙雖不言用夷衾又無徹文以覆棺言之當隨柩入壙矣

遷于祖用軸 遷徙也徙於祖朝祖廟也檀弓曰殷朝而殯於祖周朝而遂葬蓋象平生將出必辭尊者軸輁軸也軸狀如轉轔刻兩頭爲軹輁狀如長牀穿桯前後著金而關軹焉大夫諸侯以上有四周謂之輴天子畫之以龍

疏 遷于祖用軸○注遷徙至以龍○釋曰自此盡由足西面論以柩朝廟之事云遷于祖用軸者謂朝廟之時從殯宮遷移于祖廟朝肬用輁軸載之案士喪禮將殯云棺入主人不哭升棺用軸則遷于祖時亦升輁軸於階上載之挽柩而下若然未升饌陳之當在堂下是以下記云夷牀輁軸饌于西階東注云明階閒者位近西夷牀饌于祖廟輁軸饌于殯宮而言階閒明在堂下也云檀弓曰殷朝而殯于祖者殷人將殯之時先朝廟訖乃殯至葬時不復朝也云周朝而遂葬者周人殯于路寢至葬將乃朝朝訖而遂葬引之者證經將葬朝祖之事云蓋象平生將出必辭尊者曲禮云出必告反必面是也案聘禮大夫將出聘告于禰乃行介無告禰之事故不得象之云軸輁軸也者下記云夷牀輁軸是也云軸狀如轉轔者此以漢法況之漢時名轉軸爲轉轔轔輪也故士喪禮云升棺用軸注云軸輁軸也輁狀如牀軸其輪輓而行是以輪爲轔也云刻兩頭爲軹者以軸頭爲軹刻軸使兩頭細穿入輁之兩髀前後二者皆然云輁狀如長牀穿桯前後著金而關

軸爲者此輁既云長如牀則有先後兩畔之木狀如牀髀厚大爲之兩畔爲孔著金釧於中前後兩畔皆然然後關軸於其中言桯者以其厚大可以容軸故名此木爲桯也云大夫諸侯以上有四周謂之輴者大夫殯葬雖不用輴士朝廟用輁軸則大夫朝廟當用輴諸侯天子殯葬朝廟皆用輴但天子畫轅爲龍謂之龍輴檀弓諸侯云輴天子云菆塗龍輴是也此輴皆有四周爲輴故名爲輴也 **重先奠從燭從柩從燭從主人從** 行之序也主人從者丈夫由右婦人由左以服之親疏爲先後各從其昭穆男賓在前女賓在後〔疏〕重先至人從○注行之至在後○釋曰此論發殯宮鄉祖廟之次序柩之前後皆有燭者以其柩車爲闇恐闇故各有燭以炤道若至廟燭在前者升炤正柩在後者在階下炤升柩故下記云燭先入者升堂東楹之南西面後入者西階東北面在下是也云主人從者丈夫由右婦人由左以服之親疏爲先後者經直云主人從者以主人爲首者而言故鄭揔舉男子婦人并五服而言知男子由右婦人由左者以内則云道路男子由右女子由左鄭云地道尊右彼謂吉時此雖凶禮亦依之也云親疏爲先後各從其昭穆者假令昭親則在先昭疏則在後就同昭穆之中又以年之大小爲先後男從

主人後女從主婦後云男賓在前女賓在後者謂無服者亦各從五服男子婦人之後爲序也 **升自西階** 柩也猶用子道不由阼也〔疏〕升自西階○注柩也至阼也○釋曰云猶用子道不由阼也者案曲禮云爲人子者升降不由阼階今以柩朝祖故用子道不由阼也 **奠俟于下東面北上** 俟正柩也〔疏〕奠俟至北上○注俟正柩也○釋曰既升階當正柩之於夷牀之上北首既正乃設奠故云俟正柩也 **主人從升婦人升東面衆人東即位** 東方之位〔疏〕主人至即位○注東方之位○釋曰主人主婦從柩而升言婦人升東面不言主人西面舉主婦東面主人西面可知故下文云主人西面也云衆人東即位者唯主人主婦升自衆主人以下從柩至西階下遂鄉東階下即西面位 **正柩于兩楹閒用夷牀** 兩楹閒象鄉戶牖也是時柩北首〔疏〕正柩至夷牀○注兩楹至北首○釋曰云兩楹閒象鄉戶牖也者以其戶牖之閒賓客之位亦是人君受臣子朝事之處父母神之所在故於兩楹之閒北面鄉之若言鄉戶牖則在兩楹閒而近西矣故下記云夷牀輁軸饌于西階東饌夷牀俟正柩而言西

階東則正柩于楹閒近西可知矣云是時柩北首者既言朝祖不可以足鄉之又自上以來設奠皆升自阼階今此下文設奠升降皆自西階下鄭注云奠升不由阼階柩北首辟其足以此而言此時柩北首明矣 **主人柩東西面置重如初** 如殯宮時也〔疏〕主人至如初○注如殯宮時也○釋曰主人主婦從柩升即當西面東面鄉柩主婦上文即言東面至此乃言主人西面者以其主婦東面位不改故從柩升因言東面男子在柩東西面既改西面位故待正柩訖乃言西面也其重依上文序從之時重先不先置者以其上待正柩訖乃置之云如初者亦如上篇三分庭一在南二在北而置之故鄭云如殯宮時也 **席升設于柩西奠設如初巾之升降自西階** 席設于柩之西直柩之西當西階也從奠設如初東面也不統於柩神不西面也不設柩東東非神位也巾之者爲禦當風塵〔疏〕席升至西階○注席設至風塵○釋曰此論設宿奠於柩西云席設于柩之西直柩之西當西階也者知當西階以其柩當戶牖之南席北鋪之自然當西階之上云從奠設如初東面也者如初謂如殯宮朝夕設奠于室中者從柩而來此還是彼朝夕奠脯醢醴

酒據神東面設之於席前也云不統於柩神不西面也者謂不近柩設奠若近柩則統於柩爲神不西面故不近東統於柩知神不西面者特牲少牢皆設席于奧東面則天子諸侯亦不西面可知云不設柩東東非神位也者此亦據神位在奧不在東而言也若然小斂奠設于尸東者以其始死未忍異於生大斂以後奠皆設于室中亦不統於柩此奠不設于室者室中神所在非奠死者之處故也云巾之者爲禦當風塵者案禮記檀弓云喪不剥奠也與祭肉也與據小斂大斂之等也有牲肉故不倮露故巾之以此宿奠脯醢醴酒無祭肉巾之者以朝夕奠在室不巾此雖無祭肉爲在堂風塵故巾之異於朝夕在室者也 **主人踊無筭降拜賓即位踊襲主婦及親者由足西面** 設奠時婦人皆室戶西南面奠畢乃得東面親者西面堂上迫疏者可以居房中〔疏〕主人至西面○注設奠至房中○釋曰云降拜賓即位踊襲者賓謂在殯宮者主人開殯朝祖之賓襲者從殯宮中拜賓入即位袒至此乃襲襲者先即位踊踊訖乃襲經于序東云設奠時婦人皆室戶西南面奠畢乃得東面者知婦人戶西南面者案下記云將載柩祝及執事舉奠戶西南面東上則知此設之時婦人辟之亦戶

西南面待設奠訖乃由柩足向柩東西面不即鄉柩東西面者以主人在柩東待設奠訖主人降拜賓婦人乃得東也若然云親者西面則大功以上相隨同西面也又云堂上迫疏者可以居房中者以其言親者西面明疏者小功以下不得堂上西面為堂上迫狹自然在房中西面矣

薦車直東榮北輈

薦進也進車者象生時將行陳駕也今時謂之魂車輈轅也車當東榮東陳西上於中庭

疏 薦車至北輈○注薦進至中庭○釋曰自此盡還出論薦車馬設遷祖奠之事薦車者以明旦將行故豫陳車云進車者象生時將行陳駕也者案曲禮云君車將駕則僕執策立於馬前已駕僕展軨是生時將行陳駕今死者將葬亦陳車象之也云今時謂之魂車者鄭舉漢法況之以其神靈在焉故謂之魂車也云輈轅也者周禮考工記有輈人為輈輈亦謂之轅故云輈轅也云車當東榮東陳西上於中庭者此車既非載柩之車即下記云薦乘車道車槀車以次言之則先陳乘車次陳道車次陳槀車知東陳西上者下云陳明器于乘車之西明器繼乘車而西明乘車在上已東有道車槀車故知三者西上也乘車既當東榮則三者不當中庭而云中庭者據南北之中庭不據東西為中庭也何者以下經云薦馬入門三分庭一在南馬右還出薦馬者當車南在庭近南明車近北當中庭矣

質明滅燭

質正也

疏 質明滅燭○釋曰自啓殯至此時在殯宮在道及祖廟皆有二燭為明以尚早故也今至正明故滅燭也

徹者升自阼階降自西階

徹者辟新奠不設序西南已再設為褻

疏 徹者至西階○注徹者至為褻○釋曰云新奠者謂遷祖之奠將設新故徹去從奠以辟新奠也云不設序西南已再設為褻者為徹從奠不設于序西南為再設褻瀆故不設也其再設者未啓殯前夕時一設至此朝廟又設是再設也

乃奠如初升降自西階

為遷祖奠也奠升不由阼階柩北首辟其足

疏 乃奠至西階○注為遷至其足○釋曰云為遷祖奠也者謂遷柩朝祖之奠也云如初者亦於柩西當階之上東面席前為之則同其饌則異以其上三鼎及東方之饌皆大斂之奠是也云奠升不由阼階柩北首辟其足者以前大斂小斂及朝夕奠皆升自阼階降自西階今此遷祖奠升不由阼階故云辟足辟足者以其來往不可由首又飲食之事不可褻之由足故升自西階也若然徹時所以由足者奠畢去之由足無嫌也

主人要節而踊

節升降

疏 主人要節而踊○注節升降○釋曰云節升降者奠升時主人踊降時婦人踊由重南主人踊此不言婦人文不具也

薦馬纓三就入門北面交轡圉人夾牽之

駕車之馬每車二匹纓今馬鞅也就成也諸侯之臣飾纓以三色而三成此三色者蓋條絲也其著之如罽然天子之臣如其命數王之革路條纓圉人養馬者在左右曰夾既奠乃薦馬者為其踐汙庿中也凡入門參分庭一在南

疏 薦馬至牽之○注駕車至在南○釋曰薦馬并薦纓者纓為馬設故與馬同時薦之案下記云薦乘車又云纓轡貝勒縣于衡又云道車載朝服槀車載蓑笠注云道車槀車之纓轡及勒亦縣于衡也若然薦車之時纓縣于衡此薦馬得有纓者以薦車時縣于衡至此薦馬時又取而用之故兩見之也云駕車之馬者即上文薦車之馬也云每車二匹者下經云公贈兩馬注云兩馬士制也故知此車有三乘馬則六匹矣云纓今馬鞅也者古者謂之纓漢時謂之鞅故舉漢法為況也云諸侯之臣飾纓以三色而三成者以此下士薦馬纓三就則不依命數則大夫亦同三色知者案巾車上公纓九就侯伯纓七就子男纓五就諸侯之臣不得與子男同五就故知與士同三就此三色則如聘禮記三色朱白蒼也云此三色者蓋條絲也者謂以絲為條無正

文故云蓋以疑之云其著之如罽然者鄭注巾車云玉路之樊及纓皆以五采罽飾之十二就其下金路九就象路七就注皆云五色罽飾之此則三采絲為條飾之但著之則同故云其著之如罽然也云天子之臣如其命數者案典命云三公八命其卿六命大夫四命出封皆加一等命數雖卑於諸侯以王人雖微猶序諸侯之上故得與同依命數就依命數其色則無過五采罽以其金路以下與諸侯其飾與王同諸侯之臣既同三色明天子大夫以上亦五采罽與諸侯同但天子之士三命以下不得依命少於諸侯之臣當同色與諸侯之臣同矣若然公之孤四命以降於天子大夫宜與三卿同三色也云王之革路條纓者至革路木路不用罽而用條絲為纓與此纓三色者同故引為證也云圉人養馬者案周禮校人職云乘馬一師四圉是圉人以養馬以其養馬故使之薦也云在左右曰夾者以車三乘馬則六匹每馬二人交轡牽之故云在左右曰夾云既奠乃薦馬者為其踐汙廟中者車馬相將之物前薦車在奠上今此薦馬在奠後者欲其既薦即出恐踐汙廟中故後薦之也云凡入門參分庭一在南者大斂陳事在庭分為三分一分在北則繼堂而言一分在南則繼門而言此既繼門故云三分庭一在南又不言門左門右則當門之北矣

御者執策立

于馬後哭成踊右還出主人於是乃哭踊者薦車之禮成於薦馬疏御者至還出○注主人至薦馬○釋曰云主人於是乃哭踊者薦車之禮成於薦馬者以其車得馬而成故前薦車時主人不哭踊至薦馬乃哭是由車成於薦馬故也主人哭踊訖馬則右還而出右者亦取便故也

賓出主人送于門外有司請祖期亦因在外位請之當以告賓每事畢輒出將行而飲酒曰祖祖始也疏賓出至祖期○注亦因至始也○釋曰自此盡屬引論祖時飾柩車之事此賓即上來弔主人啓殯者朝廟事畢而出主人送之云亦因在外位請之者上既夕哭訖因外位請啓期故云亦也此經不言告賓知告賓者若不告賓時至則設何須請期故知擬告賓故云當以告賓也云每事畢輒出者有司請期之禮每事皆待事畢因主人出在外位乃請之言每事者篇首云請期此云請祖期下文請葬期皆因出在外請之故云每事也云將行而飲酒曰祖祖始也者案詩有韓侯出祖出宿于屠顯父餞之清酒百壺又云出宿于泲飲餞于禰皆是將行飲酒曰祖此死者將行亦曰祖爲始行故曰祖也

曰日側側昳也謂將過中之時疏曰日側○注側昳至之時○釋曰此主人辭以上文有司請主人祖期主人荅之曰日側者昃是傍側亦爲特義轉爲昃者取差跌之義故從昃也云過中之時者則尚書無逸云文王至于日中昃昃即側也

主人入袒乃載踊無筭卒束襲袒爲載變也乃舉柩卻下而載之束束棺於柩車賓出遂匠納車于階間謂此車疏主人至束襲○注袒爲至此車○釋曰云袒爲載變也者將載主人先袒乃載故云爲載變也云乃舉柩卻下而載之者卻猶却也鄉柩在堂北首今卻下以足鄉前下堂載於車故謂之爲卻也云束束棺於柩車者案禮記喪大記云君蓋用漆三衽三束檀弓曰棺束縮二橫三彼是棺束此經先云載下乃云卒束則束非棺束是載柩訖乃以物束棺使與柩車相持不動也云賓出遂匠納車于階閒謂此車者案下記云既正柩賓出遂匠納車于階閒此經不辨納車時節故鄭明之

降奠當前束下遷祖之奠也當前束猶當尸腢也亦在柩車西束有前後也疏降奠當前束○注下遷至後也○釋曰束卒乃云降奠則未束以前其奠使人執之待束訖乃降奠之當束也云當前束猶當尸腢也者下記云即牀而奠當腢彼在尸東此在柩車西當前束亦當腢故取當腢而言也云束有前後也者以經既言前束則有後束可知故云有前後也

商祝飾柩一池紐前䞓後緇齊三采無貝飾柩爲設牆柳也巾奠乃牆謂此也牆有布帷柳有布荒池者象宮室之承霤以竹爲之狀如小車笭衣以青布一池縣於柳前士不揄絞紐所以聯帷荒前赤後黑因以爲飾左右面各有前後齊居柳之中央若今小車蓋上蕤矣以三采繒爲之上朱中白下蒼著以絮元士以上有貝疏商祝至無貝○注飾柩至有貝○釋曰此並飾車之事其柩車即周禮蜃車也四輪迫地其輦亦一狀如長牀兩畔豎軨子以帷繞之上以荒一池縣於前面荒之爪端荒上於中央加齊云飾柩爲設牆柳也者即加帷荒是也云巾奠乃牆者下記文鄭引之者以此經直云飾柩不言設牆時節故記人辨之以巾覆奠乃牆謂此飾柩者也云牆有布帷柳有布荒者案喪大記云飾棺君龍帷黼荒大夫畫帷畫荒士布帷布荒鄭注云布帷布荒者白布也君大夫加文章焉此注牆柳別案喪大記注又云在旁曰帷在上曰荒皆所以衣柳也則帷荒揔名爲柳者案縫人云衣翣柳之材鄭注必先纏衣其木乃以張飾也柳之言聚諸飾之所聚若然對則帷爲牆象宮室有牆壁荒爲柳以其荒有黼黻及齊三采諸色所聚故得柳名揔而言之皆得爲牆巾奠乃牆及檀弓云周人牆置翣皆牆中兼有柳縫人衣翣柳之材柳中兼牆矣鄭注喪大記云荒蒙也取蒙覆之義云池者象宮室之承霤以竹爲之者生人宮室以木爲承霤仰之以承霤水死者無水可承故用竹而覆之直取象平生有而已云狀如小車笭衣以青布者此鄭依漢禮而言云一池縣於柳前者案喪大記君三池大夫二池士一池君三池三面而有大夫二池縣於兩相士一池縣於柳前面而已云士不揄絞者案雜記云大夫不揄絞屬於池下揄者依爾雅釋鳥云江淮而南青質五采皆備成章曰鷂絞者蒼黃之色則人君於蒼黃色繒上又畫鷂雉之形縣於池下大夫則闕之故云大夫則不揄絞屬於池下揄絞一名振容故喪大記云大夫不振容振容者車行振動以爲容儀但大夫不振容池下仍有銅魚縣之士不但不揄絞又無銅魚故喪大記大夫有魚躍拂池士則無鄭注云士則去魚云左右面各有前後者柩車左右以有帷分兩相各爲前後故云前䞓後緇云齊居柳之中央者雖無正文以其言齊若人之齊亦居身之中央也云若今小車蓋上蕤矣者漢時小車蓋上有蕤在蓋之中央故舉以爲說云以三采繒爲之上朱中白下蒼者案聘禮記云三采朱白蒼彼據繅藉用三采先朱次白下蒼此爲齊用三采亦當然故取以爲義也云著以絮者既云齊當人

所覩見故知以絜著之使高知元士以上有貝者案喪大記云君齊五采五貝大夫齊三采三貝士齊三采一貝鄭注云齊象車蓋蕤縫合雜采爲之形如瓜分然綴貝落其上及旁見彼士爲天子元士元士已上皆有貝也此諸侯之士故云無貝也

設披　披輅柳棺上貫結於戴人居旁牽之以備傾虧喪大記曰士戴前纁後緇二披用纁今文披皆爲藩

【疏】設披◎注披輅至爲藩◎釋曰云披輅柳棺上貫結於戴者案喪大記注云戴之言值也所以連繫棺束與柳材使相值因而結前後披也此注云披柳棺上貫結於戴以此而言則戴兩頭皆結于柳材又以披在棺上輅過然後貫穿戴之連繫棺束者乃結于戴餘披出之於外使人持之一畔有二爲前後披故下記云執披者旁四人注云前後左右各二人是也人君則三披各三人持之備傾虧也引喪大記者證披連戴而施之也云二披用纁者與戴所用異大夫與人君則戴與披用物同故喪大記云君纁戴六纁披六大夫戴前纁後玄披亦如之是其用物同也云今文披皆爲藩者言皆者此文披及下文商祝御柩執披幷下記執披者三字皆爲藩今不從之也

屬引　屬猶著也引所以引柩車在軸輴曰綍古者人引柩春秋傳曰坐引而哭之三

【疏】屬引◎注屬猶至之三◎釋曰引謂紼繩屬著於柩車云在軸輴曰綍者士朝廟時用軸大夫已上用輴故幷言之言綍見繩體言引見用力故鄭注周禮亦云在車曰綍行道曰引云古者人引柩者雜記乘人專道而行又云諸侯五百大夫三百皆是引人也言古者人引對漢以來不使人引也引春秋者案定公九年左氏傳云齊侯伐晉夷儀敝無存死之齊侯與之犀軒而先歸之坐引者以師哭之親推之三注云坐而飲食之此鄭畧引之云坐引者亦謂飲食之而哭之亦以師哭之三者亦謂公親推之三也引之者證古者人引也

陳明器於乘車之西　明器藏器也檀弓曰其曰明器神明之也言神明者異於生器竹不成用瓦不成味木不成斲琴瑟張而不平竽笙備而不和有鍾磬而無筍虡陳器於乘車之西則重北也

【疏】陳明至之西◎注明器至北也◎釋曰云明器藏器也者自筲以下皆是藏器故下云器西南上綪又云茵注云茵在抗木上陳器次而北也則自包筲以下揔曰藏器以其俱入壙也引檀弓者案彼注成猶善也竹不可善用謂邊無縢味當作沬沬靧也又云琴瑟張而不平竽笙備而不和無宮商之調又云有鍾磬而無簨虡注云不縣之也橫曰簨植曰虡云陳器乘車之西則重北者無正文上薦車云直東榮繼廟屋而言上注云中庭不得云近北明重近不在

重今東陳於乘車之西明重北可知

折橫覆之　折猶庪也方鑿連木爲之蓋如牀而縮者三橫者五無簀窆事畢加之壙上以承抗席橫陳之者爲苞筲以下綍於其北便也覆之見善面也

【疏】折橫覆之◎注折猶至面也◎釋曰云折橫覆之者鄭云蓋如牀則加於壙上時南北長東西短今經云橫明知其長者東西陳之言覆者謂善面則折加於壙時擬鄉上看之爲面故善者鄉下今陳之取鄉下看之故反覆善面鄉上也云折猶庪也者以其窆畢加之於壙上所以承抗席若庪藏物然故云折猶庪也云方鑿連木爲之蓋如牀而縮者三橫者五無簀者此無正文以經云橫覆之明有縱對之既爲縱橫即知有長短廣狹以承抗席故爲如牀解之又知縮者三橫者五亦約茵與抗木但於壙口承抗席宜大於茵與抗木故知縮三橫五也知無簀者以其縮三橫五以當簀處故無簀也知窆事畢加之壙上以承抗席者下葬時窆事畢云加折卻之加抗席覆之是折窆事畢加之壙上承抗席者也云橫陳之者爲苞筲以下綍于其北便也者鄭解折不縮者南北順陳而橫陳之意爲折橫陳則東西廣是以苞筲陳之於北便也

抗木橫三縮二　抗禦也所以禦止土者其橫與縮各足掩壙

【疏】抗木橫三縮二◎注抗禦至掩壙◎釋曰云所以禦止土者以其在抗席之上故知以禦土也其橫與縮各足掩者以其壙口大小雖無文但明器之等皆由羨道入諸侯已上又有輴車亦由羨道入壙口唯以下棺則壙口大小容棺而已今抗木亦足掩壙口也

加抗席三　席所以禦塵

【疏】加抗席三◎注席所以禦塵◎釋曰既陳抗木於折北又加此抗席三領於抗木之上知抗木不在折上者以抗木直言橫三縮二不言加明別陳於折北抗木之下而此云加加於抗木之上不知抗席之下而云加茵明又加於抗席之上此三者以後陳者先用故先陳抗木於下次陳抗席而後陳茵先用取後陳於上者便故也是以下文及葬時茵先入壙窆事訖加折壙上則先用抗席後用抗木是其次也若然折於抗席前用而不加於抗席之上者以長大故別陳於南用之仍在茵後其茵用之在明器前入而陳之於明器上者以其同葬具故與抗木同陳於上也但抗席茵相重陳者以其入壙時相當又皆是縱橫重累之物故重加陳之也云席所以禦塵者上云抗木所以禦土此抗席云禦塵者以此二者但壙口以承土承塵但抗木在上故云禦土抗席在下隔抗木慮有塵鄉下故云禦塵是以釋之有異也

加茵用疏布緇翦有幅亦縮二

橫三茵所以藉棺者。翦，淺也。幅，緣之。亦者，亦抗木也。及其用之，木三在上，茵二在下，象天三合地二，人藏其中焉。今文翦作淺。〔疏〕加茵至橫三。注茵所至作淺。○釋曰：云加茵者，謂以茵加於抗席之上，此說陳器之時。云用疏布者，謂用大功疏麤之布。云緇翦者，緇則七入黑汁爲緇，翦，淺也，謂染爲淺緇之色。言有幅者，案下記云茵著用荼，實綏澤焉，此鄭注云有幅緣之者，則用一幅布爲之，縫合兩邊幅爲袋，不去邊幅，用之以盛著也，故云有幅也。云茵所以藉棺者，下葬時茵先屬引，乃窆，則茵與棺爲藉，故先入在棺之下也。鄭云幅緣之者，蓋縫合既訖，乃更以物緣此兩邊幅縫合之處，使之牢固不坼壞，因爲飾也。云亦者亦抗木也者，抗木云縮二橫三，此亦縮二橫三，故知亦者亦抗木也。云及其用之木三在上茵二在下者，上抗木先云橫三，後云縮二，此茵先云縮二，後云橫三，並據此陳列之時，鄭據人壙而言，故云其用之也木三在上茵二在下，各舉一邊而言，其實皆有二三。云象天三合地二者，渾天言之，則地之上下內外周帀皆有天。若然，云木二則在下，及其用之，則茵三在下，茵二在上，以此而言，木與茵皆有天三合地二也。云人藏其中焉者，亦謂渾天而言，上下俱有天地，人尸柩藏其中，故說卦云參天兩地，又云立天之道，立地之道，立人之道，爲三材也。器

西南上綪器，目言之也。陳明器，以西行南端爲上。綪，屈也。不容則屈而反之。〔疏〕器西南上綪。○注器目至反之。○釋曰：云器目言之也者，器與下爲目，即下文苞以下是也。茵茵在抗木上，陳器次而北也。〔疏〕茵。○注茵在至北也。○釋曰：茵非明器而言之者，陳器從此茵鄉北爲次第，故言之。故鄭云茵在抗木上，陳器次而北是也。苞二所以裹奠羊豕之肉。〔疏〕苞二。○注所以至之肉。○釋曰：下文既設遣奠而云苞牲取下體，故知苞二所以裹奠羊豕之肉也。筲三黍稷麥筲，畚種類也。其容蓋與簋同一觳也。〔疏〕筲三黍稷麥。○注筲畚至觳也。○釋曰：案下記云菅筲三，則筲以菅草爲之。筲三各盛一種黍稷麥也。云筲畚種類也者，舊說云畚器所以盛種，此筲與畚盛種同類，故舉以爲況也。云其容蓋與簋同一觳也者，案考工記旊人爲簋，實一觳，又云豆實三而成觳，案昭三年晏子云四升曰豆，豆實三而成觳，則觳受斗二升。此筲與簋同盛黍稷，知受一觳斗二升，約同之，無正文，故云蓋以疑之也。甕三醯醢屑冪用疏布甕，瓦器，其容亦蓋一觳。屑，薑桂之屑也。內則曰屑桂與薑。冪，覆也。今文冪皆作密。〔疏〕甕三至疏布。○注甕瓦至作密。○釋曰：云甕瓦器者，以甕與甒等字從缶瓦，故知是瓦器。云其容亦蓋一觳者，聘禮記致饔餼云甕斗二升，則此甕約同之，故云蓋以疑之也。知屑是薑桂者，以其與內則屑桂與薑同云屑，故引內則爲證也。甒二醴酒冪用功布甒亦瓦器也。古文甒皆作廡。〔疏〕○甒二至功布。○注甒亦至作廡。○釋曰：謂二者所盛，須繼甕三而陳之，言亦瓦器，亦上甕三也。皆木桁久之桁所以庪苞屑甕甒也。久當爲炙，炙謂以蓋案塞其口。每器異桁。〔疏〕皆木桁久之。○注桁所至異桁。○釋曰：云皆木桁久之者，則自苞屑以下皆塞之，置於木桁也。若然，既皆久塞，而甕甒獨云冪者，以其苞筲之等爲物，宜苞塞之而無冪，甕甒濕物，非直久塞其口，又加冪覆之。云久當爲炙，炙謂以蓋案塞其口者，此亦如上設重鬲亦與之同，故讀從炙也。云每器異桁者，以其言皆木桁，故知每器別桁也。用器弓矢耒耜兩敦兩杅槃匜匜實于槃中南流此皆常用之器也。杅，盛湯漿。槃匜，盥器也。流，匜口也。今文杅爲桙。〔疏〕用器至南流。○注此皆至爲桙。○釋曰：謂常用之器，弓矢兵器，耒耜農器，敦杅食器，槃匜洗浴之器，皆象生時而藏之也。無祭器士禮

略也。大夫以上兼用鬼器人器也。〔疏〕無祭器。○注士禮至器也。○釋曰：知大夫以上兼用鬼器人器也者，案檀弓云宋襄公葬其夫人，醯醢百甕，曾子曰：既曰明器矣，而又實之。注云：言名之爲明器，而與祭器皆實之，是亂鬼器與人器。以此而言，則明器鬼器也，祭器人器也。士禮略，無祭器，空有明器而實之；大夫以上尊者備，故兩有，若兩有則實祭器，不實明器。宋襄公既兩有而并實之，故曾子非之。有燕樂器可也與賓客燕飲用樂之器也。〔疏〕有燕樂器可也。○注與賓至器也。○釋曰：言可者，許其得用，故云可也。云與賓客燕飲用樂之器也者，則外歌有琴瑟，庭中有特縣縣磬也。役器甲冑干笮此皆師役之器。甲，鎧。冑，兜鍪。干，楯。笮，矢箙。〔疏〕役器甲冑干笮。○注此皆至矢箙。○釋曰：此役器中有干笮，無弓矢，示不用，故不具。上用器是常用之器，故具陳之也。云甲鎧冑兜鍪者，古者用皮，故名甲冑，後代用金，故名鎧兜鍪，隨世爲名故也。但上下役用之器皆麤沽爲之，故下記云弓矢之新沽功，注云設之宜新，沽示不用。弓矢云沽，餘雖不言，皆沽可知也。但此笮是送死之具，下記云薦乘車鹿淺幦干笮革靾者，是魂車所載象生者，與此別也。燕器杖笠翣燕居安體之器也。笠，竹箬蓋也。

翣疏燕器杖笠翣○注燕居至翣扇○釋曰云燕居安體扇之器也者以杖者所以扶身笠者所以禦暑翣者所以招涼而在燕居用之故云燕居安體之器也云笠竹篛蓋也者篛竹青之皮以竹青皮爲之

徹奠巾席俟于西方主人要節而踊 巾席俟於西方祖奠將用焉要節者來象升丈夫踊去象降婦人踊徹者由明器北西面既徹由重南東不設於序西南者非宿奠也宿奠必設者爲神馮依之久也疏徹奠至而踊○注巾席至久也○釋曰自此盡入復位論還車爲祖奠之事此徹遷祖奠者爲將還遷車更設祖奠云巾席俟於西方祖奠將用焉者以下經云祖還車還車訖布席設祖奠則布此巾席也故巾席俟祖奠在西方也云節者來象升丈夫踊去象降婦人踊者案上篇徹小斂大斂奠時皆升自阼階丈夫踊降自西階婦人踊今奠在庭無升降之事直有來往經云要節而踊明來象升丈夫踊去象降婦人踊但此經直云主人要節知有婦人亦踊者以下經徹祖奠時云徹者入丈夫踊設于西北婦人踊注云猶阼階升時也徹設於柩車西北亦猶序西南是男子婦人並有踊文則知此要節踊內亦兼婦人也云徹者由明器北西面既徹由重南東者凡奠於堂室者皆升自阼階降自西階

奠於庭者亦由重北東方來陳由重北而西徹訖由重南而東象升自阼階降自西階也但設奠於柩車西而東面則徹者由奠東而西面徹之也云不設于序西南者非宿奠也者以其大斂小斂奠及夕奠乃皆經宿故皆設之于序西南爲神馮依此遷祖奠旦始設之今日側徹之未經宿即徹故不設于序西南也

袒 爲將祖變疏袒○注爲將祖變○釋曰下經商祝御柩乃祖是將祖故此主人袒袒即變也

商祝御柩 亦執功布居前爲還柩車爲節疏商祝御柩○注亦執至爲節○釋曰云商祝御柩者謂居柩車之前却行詔傾虧使執披人知其節度云亦執功布者下經商祝執功布以御柩執披故此亦如之故執布

乃祖 還柩鄉外爲行始疏乃祖○注還柩至行始○釋曰商祝既執功布爲御乃還柩車使輴鄉外也祖者始也爲行始去載處而已也

踊襲少南當前東 主人也柩還則當前東南疏踊襲至前東○注主人至東南○釋曰前袒爲祖變今既祖訖故踊而襲云主人也者前袒是主人則此襲亦主人也經云少南鄭云則當前東南者以其車未還之時當前東近北今還車亦當前東少南

婦人降即位于階間 爲柩將去有時也位東上疏婦人至階間○注爲柩至東上○釋曰婦人降者以柩還鄉外階間空故婦人從堂上降在階間云爲柩將去有時者去有時即明旦遣而行之是時也今此爲行始也云位東上者以堂上時婦人在阼階西面統於堂下男子今柩車南還男子亦在車東故婦人降亦東上統于男子也婦人不鄉車西者以車西有祖奠故辟之在車後

祖還車不還器 祖有行漸車亦宜鄉外也器之陳自已南上疏祖還車不還器○注祖有至南上○釋曰祖還車者爲載時鄉北今爲行始故須還鄉南故鄭云祖有行漸車亦宜鄉外也不還器者鄭云器之陳自已南上南上者即上文茵下注云茵在抗木上陳器次而北是也

祝取銘置于茵 重不藏故於此移銘加於茵上疏祝取銘置于茵○注重不至茵上○釋曰初死爲銘置于重啓殯祝取銘置于重祖廟又置于重今將行置于茵者重不藏擬埋于廟門左茵是入壙之物銘亦入壙之物故置于茵也是以鄭云重不藏故於此移銘加於茵上也士無旜旌唯有乘車所建攝盛之旃并此銘旌而已大夫以上有旜旌通此二旌則皆備三旌也

二人還重還左 重與車馬還相反由便也疏二人還重左還○注重與至便也○釋曰云重

與車馬還相反由便也者以車馬至中庭之東以右還鄉門爲便重在門內面鄉北人在其南以左還鄉門爲便是以二者雖相反各由其便

布席乃奠如初主人要節而踊 車已祖可以爲之奠也是之謂祖奠疏布席至而踊○注車已至祖奠○釋曰云主人要節而踊者祖奠既與遷祖奠同車西又皆從車而來則此要節而踊一與遷祖奠同云車已祖可以爲之奠也者奠本爲柩設其柩未安不得設奠今車已還名之爲祖尸柩已定可以爲奠也云是之謂祖奠者下記云祝饌祖奠于主人之南是謂彼祖奠

薦馬如初 柩動車還宜新之也疏薦馬如初○注柩動至之也○釋曰上已薦馬今又薦馬者以柩車動而鄉南爲行始宜新之故薦馬如初也

賓出主人送有司請葬期 亦因在外位將疏賓出至葬期○注亦因在外位時○釋曰云亦因在外位時者亦上啓期祖期事畢在外位故此亦因事畢出外在外位時請葬期也

入復位 主人也自死至於殯自啓至於葬主人及兄弟恒在內位疏入復位○注主人至內位○釋曰云主人者以其送賓據主人入今送賓訖入復位明主人也云自死至於殯自啓至於葬主人及

兄弟常在內位者自死至於殯在內位在殯宮中自啟至於葬在內位據在祖廟中處雖不同在內不異故揔言之云在內位者始死未小斂已前位在尸東小斂後位在阼階下若自啟之後在廟位亦在阼階下也

儀禮疏卷第三十八

大清嘉慶二十年重用文選樓藏本校

江西督糧道王賡言廣豐縣知縣阿應鱗栞

儀禮注疏卷三十八校勘記

阮元撰盧宣旬摘錄

既夕禮第十三　夕下唐石經徐本釋文楊敖俱有禮字集釋毛本無案既夕摘取篇首二字爲題與有司徹同例似不必有禮字舊本俱有惟單疏標題獨無明刻注疏因之

大戴第十五　毛本作大戴第五刪○案大戴第十五乃公食大夫此當作第五也刪字似後人校語誤入正文○按卷一疏云大戴既夕爲第五

乃記葬時而揔記之　通解要義同毛本記作計

開殯卽遷於祖　陳本通解要義同毛本卽作既

既夕哭

鄭知復外位請者　通解要義同毛本請作時

請啓期告于賓

明旦須啓殯　陳閩監本要義同毛本旦作日

夷牀饌于階間　夷唐石經徐本通典要義楊敖俱作夷釋文集釋通解毛本俱作侇陸氏曰侇音夷本亦作夷○按今本經文及注疏夷侇錯出

朝正柩用此牀　釋文無正字通典有與疏合

二燭俟于殯門外

燭用烝　徐本同毛本烝作蒸張氏曰注曰燭用烝案釋文云烝之承反薪也從釋文案今本釋文亦作蒸又嚴本與徐本同而張氏所引作蒸亦不可解○按說文云蒸或省火作蒸

案周禮甸師氏云　要義無氏字○按要義是也

丈夫髽

主者執燭抱燋　毛本執誤作報

啓後主人著免可知　通解要義同毛本無著字

婦人不哭

此不象如初者　徐本同毛本象作蒙集釋通解楊敖俱作蒙張氏曰疏作蒙從疏

商祝免袒

爲有所拂扐也　毛本扐作仿徐本聶氏集釋敖氏俱作扐與此本述注合釋文亦作扐云拂扐本又作仿佛上芳味反下芳丈反楊氏拂仿作彷佛通典仿作柩通解與毛本同金曰追云釋文正作拂扐注云本又作佛仿今上字既作拂則下字自當作扐且疏云猶言拂拭亦於佛仿義遠案楊氏作彷佛義或與此異○按釋文注仿佛二字金引作佛仿亦知何據疏別見後

爲有所拂扐也者　聶氏要義同毛本通解扐作仿下同

不云舊說　毛本通解無此句

燭入

則一燭於室中炤徹　通解楊敖同毛本於作入

燭既入室　要義同毛本通解室下有時字

即下云重先奠從者是也　奠從下要義有燭從二字○按有則與下文合要義是也

祝降

此銘及下陳明器云　毛本明誤作銘

二者皆名　毛本二誤作已名作銘

商祝拂柩用功布

幠覆之　徐本通典集釋通解要義楊敖同毛本無幠字

雖不言用夷衾　陳閩俱無雖字

遷于祖用軸

蓋象平生將出必辭尊者　毛本集釋生下有時字徐本楊氏俱無與疏合

穿程前後　徐葛通典通解楊氏同毛本聶氏集釋俱作桯案疏內桯字單疏及識誤所引俱與毛本同

著金而關軹焉　關通典作閞軹徐本集釋俱作軹通典毛本聶氏通解楊氏俱作軸張氏曰疏軹作軸監本亦作軸從疏及監本○按敖氏於士喪禮載此注亦作軹

亦升輁軸於階上　亦陳閩俱作以

夷牀輁軸饌于西階東　要義同毛本無饌字○按下記有饌字

云周朝而遂葬者　陳閩通解要義同毛本遂作隨非也

云軸輁軸也者　下軸字陳本無閩本擠入

漢時名轉軸爲轉轔　毛本時作法案玉海引作漢時不誤

主人從升○衆人東即位　人上唐石經有主字敖氏曰東即位者乃衆主人也脫一主字耳以記攷之可見顧炎武曰當依石經盧文弨曰疏疊注亦無主字下云自衆主人以下云以下則不專指衆主人

主人柩東西面

故待正柩訖　毛本待誤作特

席升設于柩西

席設于柩之西　毛本席誤作序

云從奠設如初東面也者　此句下如初二字毛本通解無要義有

據神東面　毛本神作室中通解要義俱作神楊氏作神位陳本無室字閩本室字擠入

主人踊無算

乃得東面　面閩葛通解俱作也案疏云乃由柩足鄉柩東正釋注東字之義又云主人降拜賓婦人乃得

東也據此則注面字當依通解作也爲是

襲者從殯宫中拜賓　要義同毛本者下有主人二字中下有降字通解有主人二字無襲者二字

乃得東面者　面通解作也

祝及執事舉奠　毛本祝誤作祈

相隨同西面也　毛本通解同作向

薦車直東榮

君車將駕　要義同毛本通解君作君案若字非也

質明滅燭

今王正明　陳閩通解同毛本今作令

徹者升自阼階

未啓殯前夕時一設　要義同毛本無未字

乃奠如初

亦於柩西當階之上　陳閩通解要義同毛本於作爲

及朝夕奠　通解要義同毛本無夕字

薦馬纓三就

其著之如罽然　著通典作飾

王之革路條纓　徐本通典集釋通解楊敖俱作條纓與疏合毛本作絲條

注云兩馬士制也　通解要義同毛本無注云兩馬四字案毛本非也

故云蓋以疑之　通解同毛本疑作擬○案疑是也

云其著之如罽然者　通解同毛本無其字○案其字當有

至革路木路不用罽　毛本通解楊氏至俱作王

車馬相將之物　通解同毛本相將作將祖

有司請祖期

何須請期　要義同毛本期作啓

皆因出在外請之　毛本通解外下有位字

顯父餞之　通解同毛本餞作薦○按餞是也

曰日側

側昳也　案段玉裁云當作側讀爲昃昃昳也漢人用昳不用昳

謂將過中之時　敖氏無將字似與疏合過陳本誤作滿

主人入祖　祖石經補缺誤作袓

乃舉柩卻下而載之　徐本通典集釋楊敖俱有乃字與疏合通解毛本無

降奠當前束

下遷祖之奠也　祖通典作柩

此在柩車西當前　毛本通解前作束

故取當隅而言也　毛本無當隅二字

商祝飾柩

衣以青布　毛本布誤作白

其舉亦一狀如長牀　要義同毛本無一字陳閩俱有刪字案刪字亦後人校語誤入正文

縣於前面荒之爪端　要義同毛本爪作瓜

荒上於中央加齊　要義楊氏同毛本無於字陳本有於無中

謂此飾柩者也　謂監本誤作於此各本誤比

若然對　要義同毛本通解對下有而言之三字

象宮室之承霤　陳本通解要義同毛本象作兼

縣於柳前面而已　陳閩俱無前字

云士不褕絞者　褕要義作褕下竝同毛本通解竝作揄○按褕正字揄假借字

絞者倉黃之色　通解要義同毛本無絞字○按絞字當有

則人君於倉黃色繒上　毛本繒誤作繪下同

故云大夫則不褕絞屬於池下池下　毛本池下二字不重出此本要義俱重出是也

若人之齊　齊楊氏作臍案封禪書天主祠天齊索隱曰言如天之腹齊也齊臍古蓋通用

上朱中白下倉者　倉要義俱作倉毛本作蒼通解載下朱白蒼句亦作倉案各本注俱作蒼

見彼士爲天子元士　要義同毛本見作是

設披

披輅柳棺上貫結於戴　輅通典集釋俱作絡案輅絡古字通

以備傾虧　徐陳通典集釋通解楊敖俱有虧字與疏合毛本無

屬引

坐引而哭之三　引下通典有者字案者字似不可省疏亦似有者字

釋曰　毛本曰下有云引所以引柩車者八字通解要義俱無

屬著於柩車　陳閩俱無著字

亦謂飲食之而哭之　通解食下無之字要義無而字此句下毛本無亦以師哭之五字通解要義有

陳明器於乘車之西

有鐘磬而無筍虡　筍集釋作簨虡毛本作簴下同徐本集釋俱作虡與此本疏文合案說文虡字在虍部不从竹

則重之北也　徐本通典集釋通解俱無之字與此本述注合楊氏有

自筲以下　自字下要義有包字

謂籩無縢　毛本籩作邊金曰追邊改籩

折橫覆之

言覆者謂善面　毛本通解者謂作之見

故善者鄉下　下陳閩俱作人

亦約茵與抗木　陳閩通解同毛本與作爲

抗木橫三縮二

其橫與縮各足掩者　要義同毛本通解掩下有壙字

加抗席三

以承土承壓　毛本作以上承塵

加茵用疏布

縫合兩邊幅爲帒　通解要義同毛本帒作袋

下葬時茵先　要義同毛本通解先下有入字

使之牢固不坼壞　坼閩本作拆毛本通解作折

爲三材也　毛本材作才

筲三

則筲以菅草爲之　陳閩通解同毛本菅作管○案菅字是

罋三　罋釋文聶氏俱作甕按疏云罋與甒等字從缶瓦蓋罋字從缶甒字從瓦也聶氏既作甕遂改疏云甕甒二字皆從瓦

○冪用疏布　冪通典作鼏注及下同釋文作冪云本又作鼏

罋斗二升　陳本通解要義同毛本斗作十

皆木桁久之

謂以蓋案塞其口　毛本同通解無案字○按疏有案字

而罋甒獨云冪者以其苞筲之等燥物　者以其陳閩俱誤作覆之云案下文有覆之云三字相連此因彼而誤

用器○兩杅　杅監本誤作杆注同陸氏曰杅音于本又作芋音同

今文杅爲桙　爲要義作作

役器

矢箙　箙楊氏作服陸氏曰箙本又作服○按經傳多假服爲箙

燕器杖笠翣　張氏曰案釋文云箑所甲反扇也此非牆翣之翣故從竹從釋文○按說文有翣無箑翣亦翣扇字也牆翣之翣本取象於扇今本釋文作翣張說恐非

笠竹箬蓋也　錢大昕曰釋文箬字無音賈疏釋箬爲竹青皮則箬當爲篛字之譌陸所見本亦必作篛篛字禮記屢見故不更加音爾說文無箬字五經文字亦不收惟集韻始收之蓋此注之譌始於北宋矣○按箬與篛形聲俱不相近不知何以致誤

徹奠

直有來往　來往毛本作往來此本通解要義俱倒

由重南東者　南東毛本作東南此本通解要義俱倒

由重北而西徹訖　要義重徹字

袒

爲將袒變　徐本通解同集釋要義楊敖毛本袒俱作祖張氏曰疏作袒從疏

商祝御柩

故執布　毛本通解作而執功布

乃袒　袒通解誤作祖

婦人降

卽明旦遣而行之　通解要義同毛本而作奠

今柩車南遷　要義同毛本通解遷作還

布席乃奠如初

又皆從車而來　陳本通解要義同毛本又作人

今車已還　通解同毛本已作既

是謂彼祖奠　陳本要義同毛本彼作之

入復位

云主人者　陳本同毛本人下有也字

以其送賓據主人入　陳本要義同毛本無入字按無入字者是以疏但釋注主人也況疏義方明送賓出在外亦不當遽用入字

儀禮注疏卷三十八校勘記終　奉新余成教校

儀禮疏卷第三十九

唐朝散大夫行大學博士弘文館學士臣賈公彦等撰

公賵玄纁束馬兩公國君也賵所以助主人送葬也兩馬士制也春秋傳曰宋景曹卒魯季康子使冉求賵之以馬曰其可以稱旌繁乎

疏公賵至馬兩○注公國至繁乎○釋曰自此盡入復位杖論國君賵法之事云公國君也者公及大夫皆有臣臣皆尊其君呼之曰公故左氏傳伯有之臣曰吾公在壑谷今此云公則國君非大夫君也以下云主人釋杖迎于廟門外與喪大記如此迎送者皆據國君也云賵所以助主人送葬也者案兩小傳皆云車馬曰賵施于生及送死者故云助主人送葬者也是以下注云賵奠於死生兩施是也云兩馬士制也者謂士在家常乘之法若出使及征伐則乘駟馬其大夫以上則常乘駟馬故鄭駮異義云天子駕駟尚書康王之誥康王始即位云諸侯皆布乘黃朱詩云駟驖彭彭武王所乘魯頌云六轡耳耳僖公所乘小雅云駟牡騑騑大夫所乘是大夫以上駕駟之文也引春秋者左氏傳哀公二十三年春宋景曹卒注云景曹宋元公夫人小邾女季桓子外祖母又云

季康子使冉有弔且送葬曰敝邑有社稷之事使肥與有職競焉是以不得助執紼使求從輿人注云輿衆也又云曰以肥之得備彌甥也注云彌遠也康子父之舅氏故稱彌甥又云有不腆先人之産馬使求薦諸夫人之宰其可以稱旌繁乎注云稱舉也繁馬飾繁纓也引之者證公有賵馬助人之事

擯者出請入告主人

釋杖迎于廟門外不哭先入門右北面及衆

主人袒尊君命也衆主人自若西面

疏擯者至人袒○注尊君至西面○釋曰云尊君命也者謂釋杖迎入是尊君命也故下文賓賵擯者出告須注云不迎則此經皆是尊君命故鄭無所指斥君命故鄭解經不哭又前文袒襲皆據主人此則衆主人亦袒亦是尊君命云衆主人○自若西面者以其主人一人迎賓入門東而右其餘衆主人不迎賓明自若常位柩東西面可知也

馬入設設於庭在重南

疏馬入設○注設於庭在重南○釋曰以馬是庭實故云設於庭知在重南者以庭實法皆參分庭一在南設之又重北陳明器不得設馬故知在重南也

賓奉幣由馬西當前輅北面致命賓使者幣玄纁也輅轅縛所以屬引由馬西則亦當前輅之西於是北面致命得鄉柩與奠柩車在階間少前參分庭之北輅有前後

疏賓奉至致命○注賓使至前後○釋曰云賓使者案此使者即士也知者士喪禮君使人弔注使人士也禮使人各以其爵故知是士也云輅轅縛所以屬引者謂以木縛於柩車轅上以屬引於上而挽之故名轅縛也云由馬西則亦當前輅之西者以經直云當前輅不言輅之東西及前後鄭以義言之以其馬在重南當門柩車在階間少南亦當門賓由馬西北行當前輅致命明在輅西可知云於是北面致命得鄉柩與奠者以賓當輅西經云北面致命明當奠柩之南北面是得鄉柩與奠也云柩車在階間少前參分庭之北者案下記云遂匠納車于階間是柩車在階間也云少前者上經祖還車訖云婦人降即位于階間明柩車少南是少前也云參分庭之北者以其中庭陳明器不得在中庭故知在參分庭之北謂參分庭在北分之北此解賓致命之處云輅有前後者以經云前輅明有後以對前故知輅有前後也

主人哭拜稽顙成踊賓奠幣于棧左服出棧謂柩車也凡士車制無漆飾左服象授人授其右也服車箱今文棧作轏

疏主人至服出○注棧謂至作轏○釋曰主人哭拜者仍於門右北面以賓致命訖遂哭拜也云成踊者三者三凡九踊云棧謂柩車也凡士車制無漆飾者此棧車即柩車以其賓由輅西而致命云奠幣於棧者明此棧車柩車即蜃車四輪迫地無漆飾故言棧也云左服象授人授其右也者案聘禮宰授使者圭時云同面使者在左宰在右而授其右也此車南鄉以東爲左尸在車上以東爲右故授左服容授尸之右也

宰由主人之北舉幣以東柩東主人位以東藏之

疏宰由至以東○注柩東至藏之○釋曰云柩東主人位者解經由主人之北以幣在車東主人在車東故宰由主人位北而鄉左服上取幣以東藏之於內也但此時主人仍在門東北面此位雖無主人既有定位故宰由位北而取幣不得履主人之位故由主人之北也

士受馬以出此士謂胥徒之長也有勇力者受馬聘禮曰皮馬相間可也

疏士受馬以出○注此士至可也○釋曰云此士謂胥徒之長也有勇力者受馬不得爲屬士以其受幣者宜尊受馬者宜卑故知受馬是胥徒之長以其受馬故知有勇力者也若然婚禮記云士受皮注云士謂中士下士不爲胥徒者彼主人親受幣明受皮非胥徒是正士也引聘禮者欲見此用皮亦可也

主人

送于外門外拜襲入復位杖【疏】主人至位杖○釋曰主人既送賓還入廟門車東復位杖也 賓賵者將命 賓卿大夫士也【疏】○注賓卿大夫士也○釋曰自此盡知生者賻論賓及兄弟賻奠之事云賓卿大夫士也者以其上云君下有兄弟則此賓是國中三卿五大夫二十七士可知言將命者身不來遣使者將命告主人 擯者出請入告出告須 不迎告曰孤某須【疏】注不迎至某須○釋曰案雜記諸侯使卿弔鄰國諸侯主人使擯者告賓云孤某須矣故引之爲義 馬入設賓奉幣擯者先入賓從致命如初 初公使者 主人拜于位不踊 柩車東位也既啓之後與在室同【疏】注柩車至室同○釋曰云既啓之後與在室同者案上篇始死時云庶兄弟襚使人以將命于室主人拜于位此主人亦拜于位俱是不爲賓出故云與在室同至于有君命亦出迎也 賓奠幣如初舉幣受馬如初擯者出請 賓出在外請之爲其復有事【疏】注賓出至有事○釋曰云賓出在外請之爲其復有事者以其賓既行賵訖出更請之爲其復有事若無事賓報事畢送去也 若奠 賓致可以奠也【疏】若奠○注賓致可以奠也○釋曰謂賓不辭此釋所致之物或可堪爲元缺奠於祭祀者也 入告出以賓入將命如初士受羊如受馬又請 士亦謂胥徒之長又復也【疏】注士亦至復也○釋曰以其受羊與馬同是畜類故知亦胥徒之類但受羊不須勇力故鄭不言也 若賻 賻之言補也助也貨財曰賻【疏】若賻○注賻之至曰賻○釋曰云貨財曰賻者公羊傳文也 入告主人出門左西面賓東面將命 主人出者賻主施於主人【疏】注主人至主人○釋曰鄭知施於主人者以下經云知生者賻是施於主人也案春秋文五年春王使榮叔歸含且賵傳譏一人兼二事此賓所以兼事者彼譏一人獨行不與介各行故譏若雜記云上客弔即其介各行含襚賵則不譏則卿大夫士禮一人行數事可也 主人拜賓坐委之宰由主人之北東面舉之反位 坐委之明主人哀戚志不在受人物反位反主人之後位【疏】注坐委至後位○釋曰鄭知反位反主人之後位者以主人在門東西面而云宰由主人之北鄉賓奠幣之處舉幣明宰位在主人之後故得由主人之北西行是以宰位在主人之後也 若無器則捂受之 謂對相授不委地【疏】若無至受之○注謂對至委地○釋曰以堂上授有並受法以其在門外若有器盛之則坐委於地若無器則對面相授受故云捂受之捂即逆也對面相逢受也 又請賓告事畢拜送入賵者將命 賵送 擯者出請納賓如初 如其入告出告須【疏】注如其至告須○釋曰謂如上賓賵時擯者出請入告出告須也 賓奠幣如初 亦於棧左服 若就器則坐奠于陳 就猶善也贈無常唯玩好所有陳明器之陳【疏】若就至于陳○注就猶至之陳○釋曰知贈無常者案下記云凡贈幣無常注云賓之贈也玩好曰贈在所有言玩好者謂生時玩好之具與死者相知皆可以贈死者故此經云若就器則坐奠于陳者就器則是玩好之器也云陳明器之陳者以其廟中所陳者唯明器即陳于車之西以外或言薦或言設無言陳者故指明器而言也 凡將禮必請而后拜送 雖知事畢猶請君子不必人意【疏】凡將至拜送○注雖知至人意○釋曰云君子不必人意者義取孔子云無必無固之言也 兄弟賵奠可也 兄弟有服親者可且賵且奠許其厚也賵奠於死生兩施【疏】兄弟賵奠可也○注兄弟至兩施○釋曰知兄弟有服親者喪服傳云凡小功以下爲兄弟既言兄弟明有服親者也知非大功以上者以大功以上有同財之義無致賵奠之法云可且賵且奠許其厚也者若然此所知許其賵不許其奠兄弟許其貳賵兼奠而上經亦賓而有賵有奠一有賻三者彼亦不使並行俱見之見三禮之中有則任行其一故揔見之云賵奠於死生兩施者以下經云知死者贈知生者賻注云各主於所知此賵奠不偏言所主明於生死兩施也 所知則賵而不奠 所知通問相知也降於兄弟奠施於死者爲多故不奠【疏】所知至不奠○注所知至不奠○釋曰云所知通問相知也者言所知明是朋友通問相知言降於兄弟者許賵不許奠也云奠施於死者爲多故不奠者但賵與奠皆生死兩施其奠雖兩施施於死者爲多知者以其言奠爲死者而行故知元缺所知爲疏不許行

之也。

知死者贈，知生者賻。各主於所知。〔疏〕知死至爲賻○注各主於所知○釋曰：云各主於所知者，以其贈是玩好施於死者，故知死者行之；賻是補主人不足施於生者，故知生者行之，是各施於所知也。

書賵於方，若九，若七，若五。方，板也。書賵奠賻贈之人名與其物於板，每板若九行，若七行，若五行。〔疏〕書賵至若五○注方版至五行○釋曰：以賓客所致有賻有賵有贈有奠，直云書賵者，舉首而言，但所送有多少，故行數不同。

書遣於策。策，簡也。遣猶送也。謂所當藏物茵以下。〔疏〕書遣於策○注策簡至以下○釋曰：云策簡者，編連爲策，不編爲簡，故春秋左氏傳云「南史氏執簡以往」。上書賵云方，此言書遣於策，不同者，聘禮記云「百名以上書於策，不及百名書於方」。以賓客贈物名字少，故書於方，則盡遣送死者明器之等，并贈死者玩好之物，名字多，故書之於策。策書明器之物，應在上文，而於此言之者，遣中并有贈物，故在賓客贈賻與賵之下特書也。

乃代哭，如初。棺柩有時將去，不忍絶聲也。初，謂既小斂時。〔疏〕乃代哭如初○注棺柩至斂時○釋曰：案喪大記，大夫以上官代哭，士無官，以親疏代哭。云初謂既小斂時者，案喪大記，小斂之後乃代哭，初死直主人哭不絶聲，士二日小斂，小斂主人解息，容更代而哭也。

宵爲燎于門內之右。爲哭者爲明。〔疏〕宵爲至之右○注爲哭者爲明○釋曰：燎，大燭。必於門內之右，門東者，奠於柩車西，鬼神尚幽闇，不須明；柩車東有主人，階間有婦人，故於門右照之，爲明而哭也。

厥明，陳鼎五于門外，如初。鼎五，羊、豕、魚、腊、鮮獸各一鼎也。士禮特牲三鼎，盛葬奠，加一等，用少牢也。如初，如大斂奠時。〔疏〕厥明至如初○注鼎五至奠時○釋曰：自此盡主人要節而踊，論葬日之明，陳大遣奠於廟門外之事。知五鼎是羊、豕、魚、腊、鮮獸各一鼎者，以下經云羊左胖，豕亦如之，魚、腊、鮮獸皆如初，與少牢禮同，故知也。云士禮特牲三鼎者，特牲饋食禮陳三鼎，故知也。云盛葬奠，加一等，用少牢也者，以其常祭用特牲，今大遣奠與大夫常祭用少牢同，是盛此葬奠，故加一等用少牢也。云如初如大斂奠時者，以其上遷祖奠時云如殯，謂如大斂，明此云如初，亦如大斂在廟門外及東方之饌也。雖如大斂，鼎數仍不同，以其大斂三鼎，此則五鼎。然大小斂時無黍稷，朔月則有黍稷，此葬奠又無黍稷者，大斂前無黍稷者，以其初死至朔月乃有之，故鄭注云「至此乃有黍稷」。今葬奠更無黍稷者，以其始死至殯，自啓至葬，其禮同，故無黍稷亦同也。凡牢鼎數，或多或少不同：若用特豚者，或一鼎，或三鼎。若士冠禮醮子，及婚禮盥饋，并小斂之奠與朔禰之奠，皆一鼎也。三鼎者，婚禮同牢，士喪大斂、朔月、遷祖及祖奠，皆三鼎，而以魚腊配之是也。其用少牢者，或三鼎，或五鼎。三鼎者，則有司徹云「陳三鼎如初」，以其繹祭殺之於正祭，故用少牢而鼎三也。五鼎者，少牢五鼎，大夫之常事；此葬奠，士攝之奠，用少牢亦五鼎；聘禮致飧，衆介皆少牢亦五鼎；玉藻諸侯朔月少牢亦五鼎。其用大牢者，或七，或九，或十，或十二。其云七鼎九鼎者，公食大夫，下大夫大牢鼎七，上大夫鼎九是也。鼎十與十二者，聘禮致飧於賓，飪一牢鼎九，羞鼎三，是十二也；又云上介飪一牢鼎七，羞鼎三，是其十。若然，案郊特牲云「鼎俎奇而籩豆偶，以象陰陽」，鼎有十與十二者，以其正鼎與陪鼎各別數，則爲奇數也。

其實羊左胖，反吉祭也。言左胖者，體不殊骨也。〔疏〕其實羊左胖○注反吉至骨也○釋曰：云反吉祭也者，以其特牲、少牢吉祭皆升右胖，此云左胖，故云反吉祭也。云言左胖者體不殊骨也者，既言左胖，則左邊共爲一段，故云體不殊骨。雖然，下云髀不升，則除髀以下，膞胳仍升之，則與上肩脅脊別升，則左胖仍爲三段矣。而云體不殊骨，據脊脅以上、膞胳已下共爲一，亦得爲體不殊骨也。

髀不升，周貴肩賤髀。古文髀作脾。〔疏〕髀不升○注周貴肩賤髀○釋曰：云髀不升者，則膞已上去之，取膞胳已下。云周貴肩賤髀者，案祭統云「殷人貴髀，周人貴肩」，故云髀不升。

腸五，胃五，亦盛之也。〔疏〕腸五胃五○注亦盛之也○釋曰：亦盛之者，以其不用特牲而用少牢，是盛葬奠。案少牢用腸三胃三，今加至五，亦是盛此奠也。

離肺，離，擡。〔疏〕離肺○注離擡○釋曰：此非直升腸胃，又升離肺者。案少儀云「牛羊之肺，離而不提心」，注云「提猶絶也，刲離之，不絶中央少者，使易絶以祭耳」。此爲食而舉，亦名舉肺也。

豕亦如之，豚解，無腸胃。如之，如羊左胖，髀不升，離肺也。豚解，解之如解豚，亦前肩、後肫、脊、脅而已。無腸胃者，君子不食溷腴。〔疏〕豕亦至腸胃○注如之至溷腴○釋曰：云亦如之，鄭云如之，如羊左胖，髀不升，離肺也者，謂豕與羊同者，左胖雖同，仍與羊異，以其羊則體不殊骨，上下共爲二段，此豕之左胖則爲四段矣，故別云豚解。豚解總有七段，今取左胖仍爲四段矣。云亦前肩、後肫、脊、脅而已者，鄭欲爲四段與羊異也。云君子不食溷腴者，禮記少儀文。彼鄭注云「謂犬豕之屬，食米穀者也。腴有似人穢」。引之者，證不取腸胃之義也。

魚、腊、鮮

獸皆如初鮮新殺者士腊用兔加鮮獸而無膚者豕既豚解畧之〔疏〕魚腊至如初○注鮮新至畧之○釋曰云士腊用兔者謂此腊是其乾者云鮮新殺者二者皆用兔必知士腊用兔者雖無正文案少牢禮大夫腊用麋鄭云大夫用麋士用兔與以無正文故云與以疑之此亦云士腊用兔雖不云與亦同疑可知但士腊宜小故疑用兔也云加鮮獸而無膚者豕既豚解畧之者以葬奠用少牢攝盛則當有膚與少牢同以豕既豚解四段喪事畧則無膚者亦畧之而加鮮獸也

東方之饌四豆脾析蜱醢葵菹蠃醢脾讀為雞脾肶之脾脾析百葉也蜱蜯也今文蠃為蝸〔疏〕東方至蠃醢○注脾讀至為蝸○釋曰陳鼎既訖又陳東方之饌于主人之南前輅之東其豆有四脾析一蜱醢二葵菹三蠃醢四案周禮鄭注醢人云細切為韲全物若牒為菹又云韲菹之稱菜肉通又經不云菹者類皆是韲則此經云脾析者即韲也云脾讀為雞脾肶之脾者鄭讀之欲見此脾雖與脾腎之脾同正謂百葉名為脾析故讀音從雞脾肶之脾時俗有此語故讀從之也案醢人注云脾析牛百葉也此不云牛者彼天子禮容有牛此用少牢無牛當是羊百葉故不云牛也云蜱蜯也者即蛤也知蜱即

蛤者以周禮醢人云廱醢注云廱蛤也此注云蜱蜯也以蜱廱是一物故知蜱蜯即廱蛤也

四籩棗糗栗脯糗以豆糗粉餌〔疏〕四籩棗糗栗脯○注糗以豆糗粉餌○釋曰云糗以豆糗粉餌者案籩人云羞籩之實糗餌粉餈鄭云此二物皆粉稻米黍米所為也合蒸曰餌餅之曰餈糗者擣粉熬大豆為餌餈之粘著以粉之耳餌言糗餈言粉互相足者此本一物餌言糗謂熬之亦粉之餈言粉擣之亦糗之不言互文而云互相足者凡言互文者是二物各舉一邊而省文故云互文此糗與粉唯一物分為二文皆語不足故云互相足也又案籩人羞有二籩糗餌及粉餈此經直言糗則舉糗以見餌而無餈故鄭云糗以豆糗粉餌也

醴酒此東方之饌與祖奠同在主人之南當前輅北上巾之〔疏〕醴酒○注此東至巾之○釋曰鄭知義然者案下記云祝饌祖奠于主人之南當前輅北上巾之注云既祖祝乃饌以此言之祝饌祖奠即是還柩鄉外乃饌之于主人之南自還柩車至此饌葬奠柩車未動則此葬奠東方之饌亦饌于主人之南當與前同處故注云與祖奠同在主人之南但祖奠與大斂奠同二豆二籩此葬奠四豆四籩籩豆雖不同而同處耳云北上者蓋兩甒在北次南饌四豆豆南饌四籩也

陳器明器也夜斂藏之〔疏〕陳器○注明器至藏之○釋曰陳饌已訖又陳明器也本作夜斂適似寫誤云適斂者以其上朝祖之日已陳明器此復陳之者由朝祖至夜斂藏之至此厥明更陳之也

滅燎執燭俠輅北面炤徹與葬奠也〔疏〕滅燎至北面○注炤徹與葬奠也○釋曰昨日朝祖日至夕云宵為燎于門內之右至此滅燎既滅二人執燭俠輅北面一人在輅東一人在輅西輅西者炤祖奠輅東者炤葬奠之饌故注云炤徹與葬奠也

賓入者拜之明自啓至此主人無出禮〔疏〕賓入者拜之○注明自至出禮○釋曰此時有弔葬之賓主人皆不出迎但在位拜之所以不出迎者既啓之後既覩尸柩不可離位以迎賓唯有君命乃出故注云明自啓至此主人無出禮也

徹者入丈夫踊設于西北婦人踊猶阼階升時也亦既盥乃入入由重東而主人踊猶其升也自重北西面而徹設於柩車西北亦由序西南〔疏〕徹者至人踊○注猶阼至西南○釋曰云徹者入者謂將設葬奠先徹祖奠故云徹者入入謂祝與執事徹祖奠者亦既盥乃入由重東而主人踊至徹訖設柩車西北則婦人踊也云猶阼階升者謂徹小斂奠者門外盥訖入

升自阼階丈夫踊今徹者亦門外盥訖入由重東主人踊故云猶其升也云自重北西面而徹設於柩車西北亦猶序西南者此徹祖奠設於柩車西北亦猶小斂大斂朔月奠設于序西南也

徹者東由柩車北東適葬奠之饌〔疏〕徹者東○注由柩至之饌○釋曰以其徹訖當設葬奠故徹者由柩車北東適葬奠之饌取而設于柩車西也知由柩車北而東者以其徹者設于柩車西北而云徹者東若柩車南不得云徹者東故知在柩車北東行也

鼎入舉入陳之也陳之蓋於重東北西面北上如初〔疏〕鼎入○注舉入至如初○釋曰以其徹者既祖當設葬奠故五鼎皆入陳也云陳之也蓋於重東北西面北上如初者以其上篇小斂奠舉鼎入阼階前西面錯大斂奠云舉鼎入西面北上又朔月奠云鼎入皆如初其遷祖奠云陳鼎皆如殯則皆在阼階下西面北上今此但云鼎入不言如初無正文故云蓋以疑之既疑而知在東北西面北上者以其奠祭在室掌設者皆陳鼎於阼階下西面如大小斂故知也

乃奠豆西上綪籩蠃醢南北上綪籩蠃醢南辟醴酒也〔疏〕乃奠至上綪○注籩蠃至酒也○釋曰云籩蠃醢南辟醴酒也者如上所饌則先饌脾析於西南次北脾醢次

東葵菹次南嬴醢陳設要方則四籩。宜亦設於脾析巳南結之爲次今不於脾析巳南爲次而發嬴醢巳南爲次故知辟醴酒醴酒當設在脾析之南可知也

俎二以成南上不精特鮮獸成猶併也不精者魚在羊東腊在豕東古文特爲俎疏俎二至鮮獸○注成猶至爲俎○釋曰知俎二以併不精者若精則宜先設羊於西南次北設豕次東設魚次南設腊今於西南設羊次北豕以魚設于羊東設腊于魚北還從南爲始是不精也其鮮獸在北北無偶故云特也是以鄭云不精者魚在羊東腊在豕東也

醴酒在籩西北上統於豆也疏醴酒至北上○注統於豆也○釋曰云統於豆者豆即脾析也以其云北上上謂二甒醴酒繼豆言北上故云統於豆也

奠者出主人要節而踊亦以往來爲節奠由重北西既奠由重南東疏奠者至而踊○注亦以至南東○釋曰自上已來堂下設奠徹奠皆云主人要節而踊注皆云往來爲節此主人要節而踊亦以往來爲節奠來時由重北而西既奠由重南而東此奠饌在輅之東言由重北者亦是由車前明器之北鄉柩車西設之設訖由柩車南而來者禮之常也

甸人抗重出自道道左倚之還重不言甸人抗重言之者重既虞將埋之言其官使守視之抗舉也出自道出從門中央也不由闑東西者重不反變於恒出入道左主人位今時有死者鑿木置食其中樹於道側由此疏甸人至倚之○注還重至由此○釋曰自此盡徹者出踊如初論將葬重及車馬之等以次出之事云道左倚之者當倚於門東北壁云還重不言甸人者上云二人還重不言甸人至此乃言甸人也云重既虞將埋之者雜記文彼注云就所倚處埋之但天子九虞諸侯七虞大夫五虞士三虞未虞以前以重主其神虞所以安神雖未作主初虞其神即安於寢不假重爲神主又士大夫無木主明亦初虞即埋之也云不由闑東西者重不反變於恒出入者恒出入則闑東闑西也云道左主人位者檀弓云重主道注云始死未作主以重主其神也則重主死者故於主人之位埋之也鄭云今時以下者引漢法證重倚道左之事也

薦馬馬出自道車各從其馬駕于門外西面而俟南上南上便其行也行者乘車在前道稾序從疏薦馬至南上○注南上至序從○釋曰云南上者謂於門外之時南上云便其行也者以其葬於國北在路則南上上者常在前故云便其行也云行者乘車在前道稾序從者案下記云乘車載旜道車載朝服稾車載簑笠是序從也

徹者入踊如初徹巾苞牲取下體苞者象既饗而歸賓俎者也取下體者脛骨象行又俎實之終始也士苞三个前脛折取臂臑後脛折取骼亦得俎釋三个雜記曰父母而賓客之所以爲哀疏徹者至下體○注苞者至爲哀○釋曰云苞者象既饗而歸賓俎者也案雜記文而言之云取下體者脛骨象行者以父母將行鄉壙故取前脛後脛下體行者以送之故云象行也云又俎實之終始也者此盛葬奠用少牢其載牲體亦當與少牢同案少牢載俎云肩臂臑膊骼在兩端又云肩在上以此言之則肩臂臑在俎上端爲俎實之始膊骼在俎下端爲俎實之終今取此兩端脛骨以歸父母直取脛骨爲象行又兩端爲俎實之終始也云士包三个者自上之差案檀弓云國君七个遣車七乘大夫五个遣車五乘注云人臣賜車馬者乃得有遣車遣車之差大夫五諸侯七則天子九諸侯不以命數喪數畧也个謂所包遣奠牲體之數也雜記曰遣車視牢具彼注云言車多少各如所包遣奠牲體之數也然則遣車載所包遣奠而藏之者與遣奠天子大牢包九个諸侯亦大牢包七个大夫亦大牢包五个士少牢包

三个大夫以上乃有遣車以此而言士無遣車則所包者不載于車直持之而已士有一包而云包三个鄭又云个謂所包遣奠則士一包之中有三个牲體故云前脛折取臂臑後脛折取骼者若然大夫云遣車五乘包五个則一包之中有五个五五二十五一大牢而爲二十五體則亦取下體前脛取臂臑後脛取骼三牲有九體又就九體折分爲二十五个五包包各五个諸侯亦大牢而包七个天子亦一大牢又加以馬牲牲別有三體則十二體而就十二體中細分爲八十一个九包包各九个大夫以上皆不得全體若少儀云大牢則以牛左肩臂臑折九个之類亦爲不全體也云亦得俎釋三个者羊俎上注云體不殊骨也其脾又不升則骼別爲一段在俎今前脛折取臂臑其肩仍著胖爲一段後脛折取骼仍有肫一節在俎則羊俎仍有兩段在俎豕則左胖豚解爲四段在俎今前脛折取臂臑後脛折取骼仍有四段在俎若然羊俎有二段豕俎有四段相通則二俎俎有三段在故得爲俎釋三个案特牲俎釋三个注云爲改饌於西北隅遺之則此奠雖不改爲饌西北隅留之亦爲分禱五祀也引雜記者案彼云曾子謂或人曰吾子不見大饗乎夫大饗既饗卷三牲之俎歸于賓館父母而賓客之所以爲哀也注云既饗歸賓俎所以厚之也言父母家之主今賓客之是孝子哀親

之去也取此者以證此包牲體父母亦是賓客父母之事也

不以魚腊非正牲也〔疏〕不以魚腊○注非正牲也○釋曰云非正牲也者正牲謂上三牲魚腊非正牲故不以魚腊載之故云非正牲

行器目葬行明器在道之次〔疏〕行器○注目葬至之次○釋曰包牲訖明器當行鄉壙故云行器云目葬行明器者即下云茵包已下是也故云目葬行也

茵苞器序從如其陳之先後〔疏〕茵包器序從○注如其陳之先後○釋曰此直云序從者序從即上文器西南上茵包已下是也故此亦言茵包以其爲首故也

車從次器〔疏〕車從○注次器○釋曰上陳明器訖次列車以從明器故云次器也

徹者出踊如初於是廟中當行者唯柩車〔疏〕徹者出踊如初○注於是至柩車○釋曰徹者謂包牲訖當徹去所釋者出廟門分禱五祀者徹者出時主人踊云於是廟中當行者唯柩車者以其上文明器及車馬鄉壙者皆出唯有柩車在廟未出故云於是廟中當行者唯柩車也

主人之史請讀賵執筭從柩東當前東西面不命毋哭哭者相止也

唯主人主婦哭燭在右南面史北面請既而與執筭西面於主人之前讀書釋筭燭在右南面炤書便也古文筭皆爲筴〔疏〕主人至南面○注史北至爲筴○釋曰自此盡滅燭出論讀賵讀遣之事經直云史請讀賵鄭知史北面請者以其主人於車東北面所請者請於主人明史北面問之故知史北面也又知在主人之前讀之對面當柩故知在主人之前西鄉柩也請訖乃西面請時及入時書在前筭在後則史西面之時筭在史南西面今燭在史北近史炤書爲便若在左則隔筭不便也

讀書釋筭則坐必釋筭者榮其多〔疏〕讀書釋筭則坐○注必釋至其多○釋曰讀書者立讀之敬也釋筭者坐爲釋之便也云必釋筭者榮其多者以其所賵之物言之亦得今必釋筭顯其數者榮其多故也

卒命哭滅燭書與筭執之以逆出卒已〔疏〕卒命至逆出○釋曰言逆出則入時長在前出時長在後燭言滅不言出者以其燭已滅不得言燭出其人亦出可知

公史自西方東面命毋哭主人主婦皆不哭讀遣卒命哭滅燭出公史君之典禮書者遣者入壙之物君使史來讀之成其得禮之正以終也燭俠輅〔疏〕公史至燭出○注公史至俠輅○釋曰知公史是君之典禮書者以其言公史故知君史案周禮大史小史皆掌禮則諸侯史亦掌典禮可知云成其得禮之正以終者以其死葬之以禮是死者得禮之終事故以君史讀而成之也知燭俠輅者上陳設葬具云執燭夾輅北面故知也

商祝執功布以御柩執披居柩車之前若道有低仰傾虧則以布爲抑揚左右之節使引者執披者知之士執披八人今文無以〔疏〕商祝至執披○注居柩至無以○釋曰自此盡杖乃行論柩車在道發行之事云執功布者謂執大功之布麤者也云以御柩執披者葬時乘人故有柩車前引柩者及在傍執披者皆御治之故云御柩執披也云柩車之前若道有低仰傾虧則以布爲抑揚左右之節者道有低謂下坂時道有仰謂上坂時傾虧謂道之兩邊在車左右轍有高下云以布爲抑揚左右之節者道有低則抑下其布使知下坂道有仰則揚舉其布使知上坂云左右者謂道傾虧高下則左右其布使知道之有傾虧也若東轍下則下其布向東西邊執披者持之西轍下則下其布向西東邊執披者持之若然鄭云使引者執披者知之者執披者知其左右引者知其上下也知士執披八人者案下記云執披者旁四人注云前後左右各二人是士執披者八人也

主人袒乃行踊無筭袒爲行變也乃行謂柩車行也凡從柩者先後左右如遷于祖之序〔疏〕主人至無筭○注袒爲至之序○釋曰云乃行謂柩車行者經云乃行文承主人袒下嫌主人行故云乃行謂柩車行以行處據柩爲主柩車行主人行可知故舉柩車行也云凡從柩者先後左右如遷于祖之序者上遷于祖時注云主人從者丈夫由右婦人由左以服之親疏爲先後各從其昭穆男賓在前女賓在後此從柩向壙之序一如遷于祖之序故如之也

出宮踊襲哀次〔疏〕出宮踊襲○注哀次○釋曰云哀次者以經云出宮踊襲以出宮有此踊襲以出宮有此踊者止爲出宮大門外有賓客次舍之處父母生時接賓之所故主人至此感而哀此次是以有踊踊訖即襲襲訖而行也故檀弓云哀次亦如之注云次他日賓客所受大門外舍也孝子至此而哀是也

至于邦門公使宰夫贈玄纁束邦門城門也贈送也〔疏〕至于至纁束○注邦門至送也○釋曰云邦門者案檀弓云葬于北方北首三代之達禮也此邦門者國城北門也贈用

玄纁束帛者即是至壙窆訖主人贈死者用玄纁束帛也以其君物所重故用之送終也　主人去杖不哭由左聽命賓由右致命柩車前輅之左右也當時止柩車

疏　主人至致命。注柩車至柩車。釋曰此謂宰夫將致命主人乃去杖不哭由柩車前輅之左右若然在廟柩車南鄉左則在東此出國北門柩車鄉北左則在前輅之西也賓由右致命則在柩車之東矣經直云左右鄭必知據前輅左右者矣柩車在廟門時賓在柩車右主人在柩車左故知此亦當前輅左右也云當時止柩車者下記云唯君命止柩于堩其餘則否注云不敢留神明此宰夫致命時柩車止也　主人哭拜稽顙賓升實幣于蓋降主人拜送復位杖乃行升柩車之前實其幣於棺蓋之柳中若親受之然復位反柩車後

疏　主人至乃行。注升柩至車後。釋曰賓既致公贈命訖主人乃哭拜稽顙賓乃升車實幣于棺之蓋中載以之壙上文在廟所贈之幣皆奠於左服此實于蓋中者彼贈幣生死兩施故奠左服此贈專爲死者故實于蓋中若親授之然云復位反柩車後者上在廟位在柩車東此行道故在柩車後也

儀禮疏卷第三十九

盧氏宣旬校

大清嘉慶二十一年　用文選樓藏本校

江西督糧道王賡言廣豐縣知縣阿應鱗栞

儀禮注疏卷三十九挍勘記　阮元撰盧宣旬摘錄

公贈元纁束馬兩

故云助主人送葬者也是以下注云　陳閩俱作故下注云脫中間十字通解併刪故字

擯者出請入告

云衆主人自若西面者　人下陳閩俱有不迎賓明四字案毛本亦無此四字陳閩非

馬入設

皆參分庭一在南設之　要義同毛本通解參作三

賓奉幣

參分庭之北　徐本集釋楊敖同毛本通典通解參俱作三下並同北徐本作此通典集釋通解楊敖俱作北張氏曰注曰參分庭之此案監杭本此作北從監杭本

柩車在階間少南　陳本通解同毛本柩作輅

上經祖還車訖云　毛本通解云下有少南二字

故知輅有前後也　知陳閩俱作此

主人哭拜

容授尸之右也　容陳閩通解俱作客

士受馬以出

有勇力者受馬　有通解作言

擯者出請入告　唐石經徐陳通典集釋通解楊氏同毛本敖氏無出字

馬入設○賓從致命　致通解作將

主人拜于位

與在室同　毛本在誤作左

若奠

或可堪爲奠於祭祀者也　爲下此本空一字毛本祀作祝陳閩通解俱作祀

入告主人出門左

王使榮叔歸含且賵　賵要義作賻○按春秋文五年作賵

若無器則捂受之　捂釋文作啎

謂對相授　授下集釋敖氏俱有受字與疏合案張氏士昏禮引此注無受字

捂卽遻也　要義同毛本遻作逆下同

又請　又鍾本作三金日追謂上已有又請此當作三請爲正

所知

許賵不許奠也　通解要義同毛本賵作贈

故知　此本知下元缺一字陳本知下有多字毛本楊氏知下有於死者爲多五字通解於上更有施字

所知爲疏　閩本無此四字

書賵於方

有賻有賵　聶氏敖氏俱作有賵有賻

書遣於策

故在賓客贈賄與賵之下特書也　毛本通解作贈賻與賵要義與此本同

宵爲燎于門內之右

階間有婦人　通解同毛本階作皆○案階字是

其實羊左胖

髀不殊骨也　徐陳集釋通解楊氏同毛本髀作禮

則與上肩脅脊別升　通解要義同毛本與作於

離肺

刲離之　楊氏同毛本刲作㨔○按少儀注作刲

不絕中央少者　通解同毛本者作許案者是也

豕亦如之

君子不食溷腴　溷集釋作圂

上下共爲二段　陳本通解同毛本二作一盧文弨云據下疏羊俎有二段則作二爲是

魚腊鮮獸皆如初

豕既豚解略之者　毛本豕誤作鄭

東方之饌

讀爲雞脾肶之脾　肶徐本作肶釋文通典集釋通解俱作肶案說文膍牛百葉也从肉𣬉聲或从比徐鍇曰周禮謂之脾析借脾字據此則脾肶實一字此注脾肶連文疑有誤說文膍字下注云一曰鳥膍胵疑脾肶當作膍胵徐本作肶或此至聲近相借耶

葵菹之稱菜肉通　毛本菜誤作术

彼天子禮容有牛　毛本容誤作云

云蜱蜯也者　陳閩通解同毛本蜱作螷按蜱是也

醯酒

乃饌之于主人之南　通解同毛本乃作仍

陳器

夜斂藏之　周學健云疏云本作夜斂適似寫誤據此則改適斂爲夜斂反與疏語不符

滅燎

炤徹與葬奠也　炤徐本集釋俱作炤與此本標目合後同毛本通解作照

二人執燭俠輅北面　陳閩通解同毛本二作一

輅西者炤徂奠　通解同毛本楊氏炤下有徹字○按徹字當有此本誤脱

炤徹與葬奠也　毛本葬誤作徂

徹者入

亦由序西南　由閩監葛本通典集釋楊氏俱作猶陳本通解俱作曰案由猶古字通用曰卽由字之誤

亦猶小斂大斂朔月奠　陳閩通解同毛本月作日

徹者東

東適葬奠之饌　毛本適誤作設

故知在柩車北東行也　在閩本作由

鼎入

則皆在阼階下西面北上　通解要義同毛本皆作此閩本上誤作士

既疑而知在東北　要義同毛本通解在下有重字

故知也　通解要義同毛本故下有可字

乃奠

次北脾臨　盧文弨改脾爲蜱是也

則四籩　毛本通解籩下有豆字

宜亦設於脾析已南　宜亦毛本作亦宜此本倒

俎二以成

腊在豕東　徐陳閩葛集釋通解楊敖同毛本腊作蜡監本誤作醋

奠者出

由柩車南而來者　陳本通解同毛本來作東

徹者入踊如初

包以歸父母　包要義俱作包下同毛本作苞

个謂所苞遣奠　个要義作包

天子亦一太牢　通解同毛本無一字按通解是也

就十二體中　毛本十誤作于

則羊俎仍有兩段在俎　通解同毛本在下無俎字

不以魚腊

故云非正牲　毛本牲誤作也

主人之史○柩東當前束西面　毛本東誤作車

論讀賵讀遣之事　要義同毛本賵下無讀字

鄭知史北面請者　史陳閩通解要義俱作史是也毛本作使監本誤作始

明史北面問之　問閩本作同

故知在主人之前西鄉柩也　陳本通解同毛本西作面

卒命哭

不得言燭出　陳本通解同毛本得作待

商祝執功布

葬時乘人　通解要義同毛本人作車

出宮踊襲

以出宮有此踊襲　襲陳閩俱作者此句下要義毛本無以出宮有此踊者七字

主人去杖不哭

次柩車在廟門時　毛本通解次作以

不敢留神明　案下記注明作也

主人哭拜稽顙

若親受之然　徐陳通解楊氏同通典集釋敖氏毛本受俱作授

實幣于棺之蓋中載以之壙　自載字起至下此實於蓋中者中字止凡二十二字陳閩俱脫

儀禮注疏卷三十九挍勘記終

奉新余成教挍

儀禮疏卷第四十

唐朝散大夫行大學博士弘文館學士臣賈公彦等撰

至于壙陳器于道東西北上統於壙疏至于至北上○注統于壙○釋曰自此盡拜送論至壙陳器及下棺訖送賓之事云統于壙者對廟中南上此則北上故云統于壙也

茵先入當藉柩也元士則葬用輁軸加茵焉疏茵先入○注當藉至茵焉○釋曰云當藉柩也者解茵先入之意以其茵入乃後屬引下棺於其上以須藉柩故茵先入云元士則葬用輁軸加茵焉者元士謂天子之士葬時先以輁軸由羨道入乃加茵於其上乃下棺於中知元士葬用輁軸者檀弓云孺子䵣之喪哀公欲設撥注云撥可撥引輴車所謂紼問於有若有若曰其可也君之三臣猶設之顏柳曰天子龍輴而槨幬諸侯輴而設幬爲榆沈故設撥三臣者廢輴而設撥竊禮之不中者也以此言之天子諸侯殯葬皆用輴朝廟用輴可知大夫雖殯葬不用輴朝廟亦用輴以其士殯葬不用輁軸朝廟得用之明大夫朝廟得用輴故上注云大夫諸侯以上有四周謂之輴以其大夫諸侯以上有四周謂之輴以其大夫朝廟得用輴故言之也諸侯之大夫有三命再命一命殯葬不得用輴天子之元士亦三命再命一命葬得用輁軸者春秋之義王人雖微猶在諸侯之上明天子之士尊謂之爲元元者善之長故得用輁軸不與諸侯大夫同也

屬引於是說載除飾更屬引於緘耳古文屬爲燭疏屬引○注於是至爲燭○釋曰云於是說載者謂柩車至壙解說去載與披及引之等除飾者解去帷荒池紐之等然後下棺云更屬引於緘耳者案喪大記云君窆以衡大夫士以咸鄭注云衡平也人君之喪又以木横貫緘耳居旁持而平之今齊人謂棺束爲緘以此而言則棺束君三衽三束大夫士二衽二束束有前後於東末皆爲緘耳以紼貫結之而下棺人君又於横木之上以屬紼也

主人袒衆主人西面北上婦人東面皆不哭俠羨道爲位疏主人至不哭○注俠羨道爲位○釋曰主人袒者爲下棺變婦人不言北上亦如男子北上可知不哭者爲下棺宜靜云俠羨道爲位者羨道謂入壙道上無負土爲羨道天子曰隧塗上有負上爲隧僖二十五年晉文公請隧弗許是也

乃窆主人哭踊無筭窆下棺也今文窆爲封疏乃窆至無筭○注窆下棺也○釋曰主人哭踊不言處還於壙東西面也云窆下棺者春秋謂之塴皆是下棺之名也

襲贈用制幣玄纁束拜稽顙踊如初丈八尺曰制二制合之束十制五合疏襲贈至如初○注丈八至五合○釋曰云丈八尺曰制者朝貢禮及巡狩禮皆有此文以丈八尺名爲制昏禮幣用二丈取成數凡禮幣皆用制者取以儉爲節聘禮云釋幣制玄纁束注云凡物十曰束玄纁之率玄居三纁居二此注云二制合之束十制五合者則每一端丈八尺二端爲一匹五匹合爲十制也

卒袒拜賓主婦亦拜賓即位拾踊三襲主婦拜賓拜女賓也即位反位疏卒袒至三襲○注主婦至反位○釋曰卒謂贈卒更袒拜賓云反位者各反羨道東西位其男賓在衆主人之南女賓在衆婦之南

賓出則拜送相問之賓也凡弔賓有五去皆拜之此舉中焉疏賓出則拜送○注相問至中焉○釋曰鄭知賓是相問之賓也凡弔賓有五此舉中者案雜記云相趨也出宮而退相揖也哀次而退相問也既封而退相見也反哭而退朋友虞祔而退注云此弔者恩薄厚去遲速之節也相趨謂相聞姓名來會喪事也相揖嘗會於他也相問嘗相惠遺也相見嘗執贄相見也以此而言此經既葬而退是相見問遺之賓舉中以見上下五者去即皆拜送可知

藏器於旁加見器用器役器也見棺飾也更謂之見者加此則棺柩不復見矣先言藏器乃云加見者器在見內也內之者明君子之於事終不自逸也檀弓曰有虞氏之瓦棺夏后氏塈周殷人棺椁周人牆置翣疏藏器於旁加見○注器用至置翣○釋曰云器用器役器也者用器即上弓矢耒耜之等役器即上甲冑干笮之屬此器中亦有樂器不言者省文知有用器役器者以下別云包筲之等則所藏者是此器也云見棺飾也者飾則帷荒以其與棺爲飾是以喪大記云飾棺君龍帷黼荒大夫畫帷畫荒士布帷布荒注云飾棺者以華道路及壙中不欲衆惡其心也此柩入壙還以帷荒加於柩故鄭注云及壙中也云更謂之見者加此則棺柩不復見矣者以其唯見此帷荒故名帷荒爲見是棺柩不復見也云先言藏器乃云加見者器在見內也云內之者明君子之於事終不自逸也者以用器役器近身陳之是不自逸也引檀弓者見帷荒在柩外周人名爲牆若牆屋然其外又置翣爲飾也

藏苞筲於旁於旁者在見外也不言甕甒饌相次可知四者兩兩而居

喪大記曰棺椁之閒君容柷大夫容壺士容甒【疏】藏包筲於旁。注於旁至容甒。釋曰云於旁者在見外也者以其加見乃云藏包筲故知見外也云不言甕甒饌相次可知者以其陳器之法後陳者先用甕甒後用包筲包筲藏明甕甒先藏可知故云相次可知云四者兩兩而居者謂包筲居一旁甕甒居一旁故云兩兩而居也引喪大記者欲見椁內棺外所容寬狹得容器物之意也

加折卻之加抗席覆之加抗木宜次也【疏】加折至抗木。注宜次也。釋曰云宜次也者宜謂折上陳之美面鄉上今用即美面鄉下抗席又覆之又折宜承席席宜承木皆是其宜也次者木則先陳後用席則後陳先用是其次也

實土三主人拜鄉人謝其勤勞【疏】實土至鄉人。注謝其勤勞。釋曰案雜記云鄉人五十者從反哭四十者待盈坎注云非鄉人則少長皆反以此而言於時主人未反哭鄉人並在故今至實土三徧主人拜謝之謝其勤勞勤勞者謂在道助執紼在壙助下棺及實土也

即位踊襲如初哀親之在斯【疏】即位踊襲如初。注哀親之在斯。釋曰謂既拜鄉人乃於羨道東即位踊無筭如初也云哀親之在斯者以親之在斯

故哀號甚踊無筭

乃反哭入升自西階東面衆主人堂下東面北上西階東面反諸其所作也反哭者於其祖廟不於阼階西面西方神位【疏】乃反至北上。注西階至神位。釋曰自此盡門外拜稽顙論主人反哭賓弔之事反哭者拜鄉人訖反還家哭於廟入升西階東面哭云西階東面反諸其所作也者案檀弓云反哭升堂反諸其所作也注云親所行禮之處是也云反哭者於其祖廟者謂下士祖禰共廟故下經賓出主人送于門外遂適于殯宮適士二廟者自殯宮先朝禰後朝祖今反哭則先於祖後于禰遂適殯宮也案春秋僖八年經書用致夫人左氏云凡夫人不殯於廟者春秋之世多行殷法不與禮合也云不於阼階西面西方神位者以特牲少牢主人行事升降皆由阼階今不於阼階故決之以西方神位知者特牲少牢皆布席于奥殯又在西階是西方神位主人非行事直哭而已故就神位

婦人入大夫踊升自阼階辟主人也【疏】婦人至阼階。注辟主人也。釋曰反哭之禮主人男子等先入主婦婦人等後入故婦人入丈夫在位者皆踊婦人不升西階者由主人在西階故鄭云辟主人

主婦入于室踊出即位及丈夫拾踊三入于室反諸其所養也出即位堂上西面也拾更也【疏】主婦至踊三。注入于至更也。釋曰案檀弓云主婦入于室反諸其所養也鄭注云親所饋食之處但主人既在西階親所行禮之處以婦人無外事故於饋食之處哭也云出即位堂上西面也者自小斂奉尸夷于堂已後主婦等位皆在阼階上西面是以知出即位者阼階上西面也云拾更也者凡成踊而拾皆主人踊主婦人踊賓乃踊故云更也

賓弔者升自西階曰如之何主人拜稽顙賓弔者衆賓之長也反而亡焉失之矣於是爲甚故弔之弔者北面主人拜於位不北面拜賓東者以其亦主人位也今文無曰【疏】賓弔至稽顙。注賓弔至無曰。釋曰知賓弔是衆賓之長者以其弔賓皆在堂下今升堂釋詞故知賓中爲首者賓之長也云反而亡焉失之矣於是爲甚者亦檀弓文引之證周人反哭而弔哀之甚也云弔者北面者以經云賓弔者升自西階即云曰如之何不見弔者改面之文明升堂北面可知云主人拜于位者拜于西階上東面位知者以其上經主人升自西階東面故知仍東面位也云不北面拜賓東者以其亦主人位也者鄉飲酒

鄉射主人酬賓皆於賓東主人位特牲少牢助祭之賓主人皆拜送于西階東面故於東面不移以其亦主人位故也

賓降出主人送于門外拜稽顙賓降至稽顙。釋曰此於雜記五賓當相見之賓故鄉上注云舉中焉明五賓皆依節而弔也

遂適殯宮皆如啓位拾踊三啓位婦人入升堂丈夫即中庭之位【疏】遂適至踊三。注啓位至即位。釋曰案上喪禮朝夕哭位云婦人即位于堂南上主人堂下直東序西面啓殯時云主人位如初又云主人入即位則此主啓位婦人亦即位于堂東面主人即位于堂下直東序西面直東序西面即中庭位也

兄弟出主人拜送兄弟小功以下也異門大功亦可以歸【疏】兄弟至拜送。注兄弟至以歸。釋曰丈夫婦人在殯宮拾踊既訖兄弟入門者出主人拜而送之知兄弟小功以下也者此兄弟等始死之時皆來臨喪殯訖各歸其家朝夕哭則就殯所至葬開殯而來喪所至此反哭亦各歸其家至虞卒祭還來預焉故喪服小記云緦小功虞卒哭則皆免是也云異門大功亦可以歸者大功以上有同財之義爲異門則恩輕故可歸也

衆主人出門哭止

闈門主人揖衆主人乃就次次倚廬也疏衆主至就次。注次倚廬也。釋曰云衆主人出門者則主人拜送兄弟因在門外云闈門者鬼神尚幽闇云次倚廬也者以未虞以前仍依於初東壁下倚木爲廬齊衰居堊室大功張幃喪服傳云既虞柱楣前屏此直云倚廬據主人斬衰者而言

猶朝夕哭不奠是日也以虞易奠疏猶朝夕哭不奠。注是日至易奠。釋曰自啓殯已來常奠今反哭至殯宮猶朝夕哭如前不奠耳檀弓云葬日虞弗忍一日離也是日也以虞易奠故不奠也

三虞虞喪祭名虞安也骨肉歸於土精氣無所不之孝子爲其彷徨三祭以安之朝葬日中而虞不忍一日離疏三虞。注虞喪至日離。釋曰云虞喪祭名日中而虞不忍一日離皆檀弓文案彼云葬日虞弗忍一日離也又云卒哭曰成事是日也以吉祭易喪祭喪祭則三虞也云虞安也者主人孝子葬之時送形而往迎魂而返恐魂神不安故設三虞以安之云骨肉歸于土精氣無所不之者案檀弓云延陵季子葬其長子於嬴博之閒既窆左袒右還其封云骨肉歸復于土命也若魂氣則無不之。是其骨肉歸于土精氣無所不之之事言此者欲見迎魂而返以虞祭安之是以鄭云孝子爲其彷徨三祭以安之云朝葬日中而虞即檀弓所云葬日虞弗忍一日離又下士虞記亦云日中而行事是也

卒哭卒哭三虞之後祭名始朝夕之閒哀至則哭至此祭止也朝夕哭而已疏卒哭。注卒哭至而已。釋曰云卒哭三虞之後祭名者三虞者再虞用柔日後虞改用剛日又隔柔日卒哭用剛日故云卒哭三虞之後祭名也云始朝夕之閒哀至則哭至此祭止也者始死主人哭不絶聲小斂之後以親代哭亦不絶聲至殯後主人在廬廬中思憶則哭又有朝夕於阼階下哭至此爲卒哭祭唯有朝夕哭而已言其哀殺也然則喪有三無時哭者始死至殯哭不絶聲一無時既殯廬中思憶則哭二無時卒哭祭後唯有朝夕哭爲有時至練祭之後又止朝夕哭唯有堊室之中或十日或五日一哭通前爲三無時之哭也是以檀弓云哭無時使必知其反也是據練後哭無時也

明日以其班祔班次也祔卒哭之明日祭名祔猶屬也祭昭穆之次而屬之今文班爲胖疏明日以其班祔。注班次至爲胖。釋曰云班次也者謂昭穆之次第云祔卒哭之明日祭名者以卒哭用剛日祔用柔日是以下士虞記云卒哭祭即云明日以其班祔故云卒哭之明日祭名云祔猶屬也祭昭穆之次而屬之者以其孫祔於祖孫與祖昭穆同故以孫連屬於祖而就祖而祭之也

記疏記。釋曰凡記者皆是經不具記之使充經文理備足也

士處適寢寢東首于北墉下將有疾乃寢於適室今文處爲居于爲於疏士處至墉下。注將有至爲於。釋曰云將有疾乃寢於適室者以士喪篇首云士死于適室此記云適寢者適室一也故互見其文若不疾則在燕寢將有疾乃寢臥于適室故變室爲寢也云東首者鄉生氣之所云墉下者墉謂之牆喪大記謂之北牖下必在北墉下亦取十一月一陽生於北生氣之始故也士喪禮論其死事故不云疾此記人記其不備凡人死皆因疾故記其疾之所在也

有疾疾者齊正情性也適寢者不齊不居其室疏有疾疾者齊。注正情至其室。釋曰云有疾者既有疾當齊戒正情性故也云適寢者不齊不居其室者案鄉黨孔子齊居必遷坐又祭義云致齊於內散齊於外皆在適寢但散齊得鄉外故云於外耳是其齊居適寢也

養者皆齊憂也疏養者皆齊。注憂也。釋曰案曲禮云父母有疾冠者不櫛行不翔笑不至矧怒不至詈不飲酒食肉疾止復故男女養疾皆齊戒正情性也

徹琴瑟去樂疏徹琴瑟。注去樂。釋曰君子無大故琴瑟不離其側今以父母有疾憂不在于樂故去之案喪大記云疾病內外皆埽君大夫徹縣士去琴瑟注云凡樂器天子宮縣諸侯軒縣大夫判縣士特縣去琴瑟者不命之士亦謂子男之士不命者也

疾病外內皆埽爲有賓客來問也疾甚曰病疏疾病外內皆埽。注爲有至曰病。釋曰云疾甚曰病者則外內皆埽爲賓客來問疾自絜清也

徹褻衣加新衣故衣垢汙爲來人穢惡之疏徹褻衣加新衣。注故衣至惡之。釋曰此文承疾病者及養病者則徹褻衣據死者而言則生者亦去故衣服新衣矣徹褻衣謂故玄端已有垢汙故來人穢惡是以徹去之加新衣者謂更加新朝服喪大記亦云徹褻衣加新衣鄭注云徹褻衣則所加者新朝服矣互言之也加朝服者明其終於正也互者褻衣是玄端新衣是朝服朝服言新則褻衣是故玄端言褻朝服是絜不褻矣各舉一邊而言明皆有兼也必知褻衣是玄端新衣是朝服者案司服士之齊戒服玄端則疾者與養疾者皆齊明服玄端矣檀弓云始死羔裘玄冠者易之而已羔裘玄冠即朝服故知臨死所著新衣則朝服也故鄭云終於正也

御者四人皆坐持體爲不能自轉側御者今時侍從之人疏

御者至持體○注爲不至之人○釋曰案喪大記云體一人注云爲其不能自伸屈也若然四體各一人亦爲不能自轉側詩云輾轉反側據身云不能自屈伸據手足二文相兼乃具云御者今時侍從之人者士雖無臣亦有侍御僕從之人終於其手也屬纊以俟絕氣有其氣微難節也纊新絮【疏】屬纊以俟絕氣○注有其至新絮○釋曰案喪大記注云纊今之新緜易動搖置口鼻之上以爲候亦二注相兼乃具云纊新絮即新緜禹貢豫州貢纖纊明纊新緜也男子不絕於婦人之手婦人不絕於男子之手備褻【疏】男子至之手○注備褻○釋曰案喪大記注云君子重終爲其相褻若然疾時使御者持體并死于其手若婦人則內御者持體還死于其手故喪大記云其母之喪則內御者抗衾而浴僖三十三年冬公薨于小寢左氏傳曰即安服注云小寢夫人寢也禮男子不絕于婦人之手今僖公薨于小寢譏其近女室是男子不絕于婦人之手備褻也乃行禱于五祀盡孝子之情五祀博言之士二祀曰門曰行【疏】乃行禱于五祀○注盡孝至曰行○釋曰云盡孝子之情者死期已至必不可求生但盡孝子之情故乃行禱

五祀望祐助病者使之不死也云五祀博言之士二祀曰門曰行者祭法文今禱五祀是廣博言之望助之者衆其言五祀則與諸侯五祀同則祭法云諸侯五祀是也乃卒卒終也【疏】乃卒○注卒終也○釋曰自此盡遷尸論上篇始死遷尸於南牖之事曲禮與爾雅皆云大夫曰卒士曰不祿今士不言不祿而云卒者義取君子曰終小人曰死故鄭云卒終也美言之使與大夫同稱也主人啼兄弟哭哀有甚有否於是始去笄纚服深衣檀弓曰始死羔裘玄冠者易之【疏】主人啼兄弟哭○注哀有至易之○釋曰云哀有甚有否者啼即泣也檀弓云高柴泣血三年注云言泣無聲如血出則啼是哀之甚發聲則氣竭而息之聲不委曲若往而不反對齊衰以下直哭無啼是其否也知於是始去笄纚服深衣者禮記問喪云親始死雞斯徒跣扱上衽注云雞斯當爲笄纚上衽深衣之裳前是其親始死笄纚服深衣也引檀弓者證服深衣易去朝服之事也設牀第當牖衽下莞上簟設枕病卒之間廢牀至是設之事相變衽臥席古文第爲茨【疏】設牀至設枕○注病卒至爲茨○釋曰經直云士死于適室幠用斂衾不云此等之事故記人言之也云病卒之間廢牀至是設之

者喪大記云疾病寢東首於北牖下廢牀是其始死亦因在地無牀復而不蘇乃設牀於南牖下有枕席是病卒之間廢牀於是設之云事相變者謂疾病時去牀既死設牀是生死事相變也衽臥席者曲禮云請席何鄉請衽何趾鄭云坐問鄉臥問趾因於陰陽是衽爲臥席昏禮注云衽臥席也遷尸徙於牖下也於是幠用斂衾【疏】遷尸○注徙於至斂衾○釋曰云徙於牖下者即上文牀第當牖者也於是幠用斂衾者釋士喪禮幠用斂衾之時節也復者朝服左執領右執要招而左衣朝服服未可以變【疏】復者至而左○注衣朝至以變○釋曰云招而左者以左手執領還以左手以領招之必用左者招魂所以求生左陽陽主生故用左也復者士之有司著朝服左執領謂爵弁服也云衣朝服服未可以變者謂始死未可以變之服凶服以其復所以求生故也喪大記小臣復復者朝服彼言小臣據君則上下尊卑復者皆朝服也楔貌如軛上兩末事便也今文軛作厄【疏】楔貌至兩末○注事便至作厄○釋曰云如軛者軛謂馬鞅軛馬領亦上兩末令以屈處入口取出時易故鄭云事便也此用柶異於吉時所用也綴足用燕几校

在南御者坐持之校脛也尸南首几脛在南以拘足則不得辟戾矣古文校爲枝【疏】綴足至持之○注校脛至爲枝○釋曰云几脛在南以拘足則不得辟戾矣者古者凡兩頭各施兩足今以夾則豎用之尸南首足鄉北故以几脚鄉南以夾足恐几歆側故使生存侍御者一人坐持夾之使足不辟戾可以著屨也即牀而奠當腢用吉器若醴若酒無巾柶腢肩頭也用吉器器未變也或卒無醴用新酒【疏】即牀至巾柶○注腢肩至新酒○釋曰即就也謂就尸牀而設之尸南首則在牀東當尸肩頭也此即檀弓云始死之奠其餘閣也與云用吉器器未變也者謂未忍異於生故未變至小斂奠則變豉豆之等爲變矣云或卒無醴用新酒者釋經若醴若酒科有其一不得並有之事以其始死卒未有醴則用新酒若然醴酒俱有容有醴則用之不更用酒以其始死不備故也若小斂以後則酒醴具設甒二醴酒是也赴曰君之臣某死赴母妻長子則曰君之臣某之某死赴走告也今文赴作訃【疏】赴曰至某死○注赴走至作訃○釋曰云母妻長子則曰君之

臣某之某死者上某是士名下某是母妻長子假令長子則云長子某甲母妻則婦人不以名行直云母與妻也云赴走告也者言赴取急疾之意故云赴走告也云今文赴作訃者雜記作訃者義取以言語相通亦一塗也

室中唯主人主婦坐兄弟有命夫命婦在焉亦坐

別尊卑也【疏】室中至亦坐○注別尊卑也○釋曰云兄弟有命夫命婦在焉亦坐者若無命夫命婦則皆立可知此士喪禮故鄭云別尊卑也尊謂命夫命婦案大記君之喪主人主婦坐以外皆立若大夫喪主人主婦命夫命婦皆坐以外皆立也士之喪主人父兄主婦姑姊妹皆坐鄭云士賤同宗尊卑皆坐此命夫命婦之外立而不坐者此謂有命夫命婦來兄弟爲士者則立若命夫命婦則同宗皆坐也

尸在室有君命衆主人不出

不二主【疏】尸在至不出○注不二主○釋曰經直云主人唯君命出不言衆主人故記人辨之云衆主人不出在尸東耳云不二主者曾子問云喪有二孤廟有二主爲非禮不云不二孤而云不二主者彼廟主與喪孤相對此孤不對廟主孤亦是喪主故以主言之也

襚者委衣于牀不坐

牀高由便【疏】襚者至不坐○注牀高由便○釋曰云牀高由便者曲禮云授立不跪授坐不立此委衣於牀者不坐委之以牀高亦如授立不坐之義故云由便也

其襚于室戶西北面致命

始死時也【疏】其襚至致命○注始死時也○釋曰云始死時者謂未小斂之前尸在室中戶西故北面致命若小斂之後奉尸夷於堂則中庭北面致命

夏祝淅米差盛之

差擇之【疏】夏祝至盛之○注差擇之○釋曰經直云祝淅米于堂南面用盆不言夏與盛之故記人言之

御者四人抗衾而浴襢第

抗衾爲其倮裎蔽之也襢袒也袒簀去席盝水便

其母之喪則內御者浴鬠無笄

內御女御也無笄猶丈夫之不冠也【疏】注內御至冠也○釋曰云內御女御者以婦人稱內故以女御爲內御婦人不死男子之手故知內御女御也天子八十一御妻亦曰女御與此別也云無笄猶丈夫之不冠也者喪服小記云男子冠而婦人笄士喪禮男子免不冠此云婦人不笄與男子不冠同故云猶丈夫不冠也

設明衣婦人則設中帶

中帶若今之褌襂【疏】設明至中帶○注中帶至褌襂○釋曰經直云設明衣不辨男子與婦人故此記人云設明衣者男子其婦人則設中帶鄭云中帶若今褌襂者鄭舉目驗而言但男子明衣之狀鄭不明言亦當與中帶相類有不同之處故別雖名中帶亦號明衣取其圭絜也

卒洗貝反于笄實貝柱右䪼左䪼

象齒堅【疏】卒洗至左䪼○注象齒堅○釋曰經直云實貝於尸左右及中不言遠近故記人辨之云右䪼左䪼謂牙兩畔最長者象生時齒堅也

夏祝徹餘飯

徹去鬻【疏】夏祝徹餘飯○釋曰經不言夏祝徹故記人記之

瑱塞耳

塞充窒【疏】瑱塞耳○釋曰經直云瑱用白纊用掩之不云塞耳恐同生人縣于耳旁故記人言之也

掘坎南順廣尺輪二尺深三尺南其壤

南順統於堂輪從也今文掘爲坅也【疏】掘坎至其壤○釋曰經直云甸人掘坎于階閒不辨大小故記人明之

垼用塊

塊堛也古文垼爲役【疏】注塊堛也○釋曰云塊堛者爾雅釋言文孫氏云堛土塊也

明衣裳用幕布袂屬幅長下膝

幕布帷幕之布升數未聞也屬幅不削幅也長下膝又有裳於蔽下體深也【疏】明衣至下膝○注幕布至深也○釋曰云明衣裳用幕布則衣裳同用幕布云袂屬幅長下膝者唯據衣而言以其下別云裳故也云幕布帷幕之布者周禮幕人云掌帷幕幄帟綬鄭云帷幕皆以布爲之幄帟皆以繒爲之以其帷幕所以張之於外恐不相勝舉故須用布鄭亦取此文用幕布爲義也故此云帷幕之布云升數未聞者以其不云疏布直云幕布故云未聞也云屬幅不削幅者布幅二尺二寸凡用布皆削去邊幅旁一寸爲二寸計之則此不削幅謂繚使相著還以袂二尺二寸云長下膝者謂爲此衣長至膝下云又有裳於蔽下體深者凡平爲衣以其有裳故不至膝下此又有裳而言膝下故云於蔽下體深也蔽下體解此經衣至膝下也

有前後裳不辟長及轂

不辟襞也轂足跗也凡他服短無見膚長無被土【疏】有前至及轂○注不辟至被土○釋曰云不辟襞也者以其凡男子裳不連衣故皆前三幅後四幅辟積其要閒示文今此亦前三後四不辟積者以其一服不動不假上狹下寬也云凡他服短無見膚長無被土者他服謂深衣深衣云短毋見膚注云衣取蔽形又云長無被土注云爲汙辱是也此裳及轂至足跗亦是不被土故引爲證也

縓

綼緆一染謂之縓今紅也飾裳在幅曰綼在下曰緆疏縓綼緆〇注一染至曰緆〇釋曰云一染謂之縓者爾雅文謂一入赤汁染之即漢時紅故舉以爲況也云飾裳在幅曰綼者案深衣云純袂緣純邊注云純謂緣之也緣邊衣裳之側廣各寸半則表裏共三寸矣此在幅亦衣裳之側緣法如彼也緇純七入爲緇緇黑也飾衣曰純謂領與袂衣以緇裳以縓象天地也設握裏親膚繫鉤中指結于掔掔掌後節中也手無決者以握繫一端繞掔還從上自貫反與其一端結之疏設握注于掔〇注掔掌至結之〇釋曰手無決者以其經已云設握麗于掔與決運結據右手有決者不言左手無決者故記之云以握繫一端繞掔還從上自貫反與其一端結之者案上文握手用玄纁裏長尺二寸今裏親膚據從手內置之長尺二寸十掩之手纔相對也兩端各有繫先以一端繞掔一帀還從上自貫又以一端鄉上鉤中指反與繞掔者結於掌後節中甸人築坅坎築實土其中堅之穿坎之名一曰坅疏甸人築坅坎〇注築實至曰坅〇釋曰經直云甸人掘坎不云還使甸人築故記人明之還使甸人築之也隸人涅廁隸人罪人也今之徒役作者也涅塞也爲人復往褻之又亦鬼神不用疏隸人涅廁〇注隸人至不用〇釋曰知隸人罪人者案周禮司厲職云其奴男子入於罪隸則中國罪人對夷隸蠻隸貉隸之等是征四夷所得也故鄭舉漢法今之徒役作者也云爲人復往褻之又亦鬼神不用者若然古者非直不共偪浴亦不共廁故得云死者不用也既襲宵爲燎于中庭宵夜疏既襲至中庭〇釋曰士之喪死日而襲經不云中庭設燎故記明之也厥明滅燎陳衣記節疏厥明滅燎陳衣〇注記節〇釋曰云記節者爲小斂陳衣當襲之明旦滅燎之時故記節正經不云故記人以明之也凡絞紟用布倫如朝服凡凡小斂大斂也倫比也今文無紟古文倫爲輪疏凡絞至朝服〇注凡凡至爲輪〇釋曰言凡非一之言以其唯小斂至大斂有絞大斂又有紟故知凡中有大小斂也言類如朝服者雜記云朝服十五升是也

儀禮疏卷第四十

儀禮注疏卷四十挍勘記

阮元撰盧宣旬摘錄

茵先入

大夫諸侯以上有四周謂之輴以其　十四字此本要義俱複出案疏文冗蔓多類此似非刊本誤衍

屬引

大夫士以咸〇　陳閩監本通解要義同毛本楊氏咸作緘〇按喪大記經文作咸

襲贈用制幣

以丈八尺名爲制　要義同毛本通解無名字

卒祖拜賓

反位　毛本位下有也字徐本楊敖俱無與疏合集釋有案注末楊敖俱有拾更也三字浦鏜說見後

賓出則拜送

謂相聞姓名　通解要義同毛本聞作問〇按雜記下作聞

藏器於旁

檀弓曰有虞氏之瓦棺夏后氏堲周殷人棺椁周人牆置翣　徐本集釋敖氏俱如是通解刪有虞至棺椁十五字毛本因之盧文弨云陸氏爲堲周作音則有者是

其外又置翣爲飾也　陳本通解要義同毛本又作反按又是也

藏苞筲於旁　苞監本誤從竹

君咎祝　徐本要義楊氏同毛本釋文通典集釋通解敖氏祝俱作祝

後陳者先用罋甒　楊氏同毛本通解要義俱重出先用二字

引喪大記者　通解要義同毛本云作引

乃反哭入　盧文弨云士虞禮注引下有門字

入升西階　毛本升下有自字

反哭升堂　通解要義同毛本升作於○按檀弓下作升

今不於阼階　陳閩監本通解同毛本於作由要義作以

殯又在西階　陳閩俱無西字

婦人入大夫踊　徐本同毛本集釋通解楊敖大俱作丈張氏曰監本大作丈當從監本

主婦入于室

拾更也　浦鏜云三字儀禮圖集說皆在前卒祖拜賓節下今案釋文次第當在此

親所饋食之處　要義同毛本通解處下有哭也二字○按通解以意增檀弓注無哭也二字

主婦人踊　毛本通解無人字

賓弔者

今文無曰　徐本集釋同毛本通解作古文無曰字

以其上經　通解要義同毛本經下有云字

故知仍東面位也　陳本通解要義同毛本仍作乃

遂適殯宮

則此主啓位　要義同毛本通解主作如

婦人亦即位于堂東面　陳本通解要義同毛本東下有西字閩本西字擠入

兄弟出

至虞卒祭　要義同毛本通解楊氏卒下有哭字

衆主人出門哭止

因在門外　陳本通解要義同毛本在作依○案在是

既虞柱楣前屏　浦鏜云翦誤前

三虞

若魂氣則無不之　毛本之下有也字

明日以其班祔

而屬之今文班爲胖　下五字毛本俱脱徐本集釋俱有與單疏標目合

記　士處適寢

必在北墉下　必閩本重脩監本俱作此墉要義作牖

生氣之始故也　毛本氣誤作器無故字通解要義俱有

養者皆齊

憂也　通解無此注

疾病外內皆埽　毛本外內作內外唐石經徐陳閩葛集釋通解要義楊敖俱倒與單疏標目合石經考文提要云疏作外內與禮記喪大記文同

徹褻衣

新衣是朝服朝服言新　朝服二字毛本不重出

羔裘元冠即朝服　即通解要義俱作則

御者四人

今時侍從之人　侍徐陳閩葛集釋通解楊敖俱作侍與單疏述注合毛本作待

男女改服　此節經注唐石經及徐本集釋敖氏俱無通解楊氏毛本俱有石經攷文提要云此因通解而誤蓋通解於士喪禮雜附本經記及喪大記之文此節乃喪大記誤入儀禮又此記五節與喪大記同鄭兩注各異獨此節注

不異明係移彼注此又因與士喪禮不合妄改庶人爲主人又彼注上文有新朝服故曰亦朝服此上文無朝服字何以云亦足證彝入盧文弨云通解庶字尚未改○按改庶人爲主人自楊氏始

屬纊以俟絶氣

有其氣微難節也　嚴本同毛本有作爲

男子不絶於婦人之手

若婦人則內御者持體還死於其手　陳閩俱無此十四字

卽安服注云　毛本服作也通解也服二字竝有金曰追云首句雖與杜注不殊而禮男子以下二十二字全非杜注則其爲服氏注無疑

乃行禱于五祀　五陳閩葛本俱作伍

乃卒

士曰不祿　通解同毛本無曰字案有曰字與曲禮合

主人啼　張氏曰釋文云諦大兮反從釋文○按今本釋文仍作啼玩大兮之音乃讀諦爲啼也若本是啼不須作音

於是始去笄纚　徐本與單疏述注合集釋通解楊氏毛本去下有冠而二字

知於是始去笄纚　毛本去下有冠而二字

笄纚服深衣也　通解同毛本笄作雞

設牀第

寢東首於北牖下　陳閩同毛本通解牖作墉

楔貌如軶

軶謂馬鞅軶馬領　毛本通解謂下有如字

此用柶　陳本同毛本用作角

綴足用燕几

今以夾則監用之　毛本通解以作則則作以

赴曰君之臣某死

上某是士名　陳閩通解同毛本士作書○按士是也

則云長子某甲母妻　甲陳本通解俱作甲屬上句是也毛本作若

室中唯主人主婦坐

此士喪禮　毛本喪作之陳閩監本通解要義俱作喪案喪字是

若命夫命婦也　要義同毛本通解若下有無字按毛本是

其襚

奉尸夷於堂則　陳本通解同毛本夷作侇則作前○按當作則屬下句

御者四人

爲其倮裎　徐本通解俱作倮裎集釋敖氏毛本俱作祼裎張氏士喪禮識誤云既夕禮謂其倮裎監本亦作裎○按張氏以爲爲謂

盝音祿　此本徐本集釋俱無此三字毛本有葛本通解俱於盝上加圈

其母之喪

周禮九嬪注云　此本無此六字毛本在女御女之下

設明衣

中帶若今之褌襂　若通解作者褌徐本作禈與單疏標目合釋文集釋通解敖氏毛本俱作褌陸氏曰褌音昆

注中帶至禪袗　毛本禪作褌下同通解要義載下疏亦作禪案通解於注作褌於疏作禪蓋宋時注疏別行黃氏各據本文未暇畫一

明衣裳用幕布

謂縓使相著　謂縓聶氏作但縓之

還以袂二尺二寸　陳閩以俱作一聶氏作爲二尺二寸

凡平爲衣　毛本通解無平字

有前後裳

不辟質也　質徐本通典通解楊氏俱作質與單疏述注合集釋毛本作積下同

短無見膚長無被土　兩無字釋文俱作不集釋上作不下作無

云不辟質也者　毛本質作積

縓綼緆

純袂緣純邊　毛本通解無緣字○按通解非也深衣有緣字

緣法如彼也　通解同毛本法作注案毛本凡注字俱从言此獨從水明爲法字之誤也監本作註則益誤矣

緇純

緇黑也　徐本集釋同毛本通解楊氏黑下俱有色字

設握裏親膚　裏唐石經徐本集釋通解要義楊氏俱作裹敖氏毛本作裹　結于掔　毛本掔作掔唐石經嚴本集釋俱作掔注同說詳士喪禮

設握麗于掔　毛本掔作掔下並同

按上文握手用元纁裏　裏閩本通解要義俱作裹是也下同毛本作裹

先以一端繞掔一匝　要義同毛本掔作繫

隸人涅廁

又亦鬼神不用　盧文弨云亦一作以

按周禮司厲職云　毛本通解厲作隸○按毛本誤

其奴男子入於罪隸　毛本通解隸下有者字○按不當有者字

既襲

故記明之也　毛本明誤作名閩本之誤作文

儀禮注疏卷四十校勘記終

奉新余成教校

儀禮疏卷第四十一

唐朝散大夫行大學博士弘文館學士臣賈公彥等撰

設棜于東堂下，南順，齊于坫，饌于其上兩甒醴酒，酒在南，篚在東，南順，實角觶四、木柶二、素勺二，豆在甒北，二以並，籩亦如之。棜今之轝也。各觶四、木柶二、素勺。為少進醴酒兼饌之也。勺二，醴酒各一也。豆籩二以併，則是大斂饌也。記於此者，明其他與小斂同陳。古文角觶為角柶。

【疏】設棜至如之○注棜今至角柶○釋曰：自此盡出室，論陳大小斂奠，記經不備之事。云「角觶四，木柶二，為夕進醴酒兼饌之也」者，以其大小斂之奠皆有醴酒，醴一觶，又用一柶，酒用一觶，計醴酒但用二觶一柶矣，而觶有四、柶有二者，朝夕酒醴及器別設，不同器，朝夕二奠各饌其器也。云「豆籩二以併，則是大斂饌」者，以其小斂一豆一籩，大斂乃有二豆二籩，故知二為大斂饌。云「記於此者，明其他與小斂同陳」者，鄭意大斂饌不在大斂節內陳之，而在小斂節陳之者，以其陳此籩豆之外，皆與小斂同，故就小斂節內陳之，取省文之義也。云「同陳」者，謂多少同陳，不謂大斂饌陳之亦在小斂節內也。

凡籩豆實具設，皆巾之。籩豆偶而為具，具則於饌巾之，巾之加飾也。明小斂一豆一籩不巾。

【疏】凡籩至巾之○注籩豆至不巾○釋曰：云「實具設皆巾之」者，謂於東堂實之，於奠設之，二處皆巾，故云皆巾之。云「籩豆偶而為具，具則於饌巾之，巾之加飾也」者，此鄭指解大斂之實饌於堂東之時巾之加飾，對小斂之實於堂東不巾不加飾。云「明不斂一豆一籩不巾」者，以其云籩豆具，據大斂奠二豆二籩，實與奠二處皆巾，明小斂奠一豆一籩，堂東饌時不巾。若然，小斂奠設于牀東巾之，為在堂經久，設塵埃加，故雖一豆一籩亦巾之，即禮記檀弓云「喪不剝奠也與，祭肉也與」，以其有牲肉故也。

觶俟時而酌，柶覆加之，面枋，及錯建之。時，朝夕也。檀弓曰：「朝奠日出，夕奠逮日。」

【疏】觶俟至建之○注時朝至逮日○釋曰：言此者，記人恐饌時已酌於觶，故記云俟時而酌也。引檀弓者，謂時是朝夕之時，必朝奠待日出，夕奠須日未沒者，欲得父母之神隨陽而來故也。

小斂辟奠不出室。未忍神遠之也。辟襲奠以辟斂，既斂則不出於室，設于序西南，畢事而去之。

【疏】小斂辟奠不出室○注未忍至去之○釋曰：云「未忍神遠之也」者，釋奠不出室之義。始死猶生事之，不忍即為鬼神事之，故奠不出室。云「辟襲奠以辟斂」者，以經云小斂辟奠，故知辟襲奠只為辟斂也。云「既斂則不出於室，設於序西南」者，又解襲奠不出室，若將大斂，則辟小斂奠於序西南。此將小斂辟奠於室，至於既小斂，則亦不出於室，設于序西南，故言不出室。若然，奠不出室，為既斂而言也。云「事畢而去之」者，斂事畢，奉尸夷于堂，乃去之，而設小斂奠于尸東。

無踊節。其哀未可節也。

【疏】○無踊節○注其哀未可節也○釋曰：自死至此，為節賓主拾踊有三者三，有踊節而云無踊節者，除三者三之外，其間踊皆無節，即上文踊無筭是也。云「其哀未可節也」，亦謂三者三之外無踊節而言也。

既馮尸，主人袒，髻髮，絞帶；衆主人布帶。衆主人，齊衰以下。

【疏】既馮至布帶○注衆主至以下○釋曰：小斂于戶內訖，主人袒，髻髮，散帶垂，經不云絞帶及齊衰以下布帶事，故記者言之。案喪服苴絰之外更有絞帶，鄭注云「絰象大帶，又有絞帶象革帶。齊衰以下用布」，齊衰無等，皆是布帶也。知衆主人非衆子者，以其衆子皆斬衰絞帶，故知衆主人齊衰以下至緦麻首皆免也。

大斂于阼。未忍便離主人位也。主人奉尸斂于棺，則西階上賓之。

【疏】大斂于阼○注未忍至賓之○釋曰：經大斂時直云布席如初，不言其處，故記云大斂于阼。阼是主人位，故鄭云「未忍便離主人位也」。云「主人奉尸斂于棺，則西階上賓之」者，喪事所以即遠，斂訖即奉尸斂于棺，賓客之，故檀弓云「周人殯于西階，則猶賓之」是也。

大夫升自西階，階東，北面東上。視斂。

【疏】大夫至東上○注視斂○釋曰：知視斂者，以其文承大斂下，故知大夫升為視斂也。

既馮尸，大夫逆降，復位。中庭西面位。

【疏】既馮至復位○注中庭西面位○釋曰：知大夫位在中庭西面者，上篇朝夕哭云「主人入，堂下直東序西面，卿大夫在其南」，卿大夫與主人同西面向殯，故知大夫位在中庭西面也。

巾奠，執燭者滅燭，出，降自阼階，由主人之北東。巾奠而室事已。

【疏】巾奠至北東○注巾奠而室事已○釋曰：上篇大斂奠時直云乃奠，燭升自阼階，無執燭降由主人之北，故記人言之。云由主人之北東也。云「巾奠而室事已」者，既巾訖，是室事已。

故執燭者出也。既殯主人說髦既殯置銘于肂復位時也今文說皆作稅兒生三月鬋髮爲鬌男角女羈否則男左女右長大猶爲飾存之謂之髦所以順父母幼小之心至此尸柩不見喪無飾可以去之髦之形象未聞【疏】既殯主人說髦○注既殯至夫聞○釋曰自此盡乘車論孝子衣服飲食乘車等之事云既殯置銘于肂復位時也者案上篇云主人奉尸斂于棺乃蓋主人降拜大夫之後至者北面視肂卒塗祝取銘置于肂主人復位云復位者從西階下復阼階下位也凡說髦尊卑同皆三日知者喪大記云小斂主人即位于戶內乃斂卒斂主人馮之主人袒說髦髻髮以麻注云士既殯說髦此云小斂蓋諸侯禮也士之既殯諸侯之小斂於死者俱三日也是尊卑同三日也必三日說髦者案禮記問喪云三日而不生亦不生矣以髦是子事父母之飾父母既不生故去之云今文說皆作稅者此說及下經不說絰帶二字皆作稅凡釋今古之文皆在注後此在注中者以其釋經義盡者於注末言之以文更有義者釋今古字說乃更汎說即此注已解今古字說更釋髦義是也云兒生三月鬋髮爲鬌男角女羈否則男左女右者內則文彼注云夾囟曰角午達曰羈引之者證髦象幼時鬌之義故云長大猶爲飾存之謂之髦所以順父母幼少之心是

以舜年五十不失孺子之心者也云髦之形象未聞者案詩云髧彼兩髦鄭云髦者髮至眉子事父母之飾以其云髧髧者垂之貌又云兩髦故以髮至眉解之其狀則未聞三日絞垂成服日絞要絰之散垂者【疏】三日絞垂○注成服至垂者○釋曰以經小斂曰要絰大功以上散帶垂不言成服之時絞之故記人言之云成服日者士禮生與來日則除死三日則經云三日成服此云三日絞垂之日也小功緦麻初而絞之不待三日也冠六升外縪纓條屬厭縪謂縫著於武也外之者外其餘也纓條屬者通屈一條繩爲武垂下爲纓屬之冠厭伏也【疏】冠六至屬厭○注縪謂至伏也○釋曰云冠六升者據斬衰者而言齊衰以下冠衰各有差降云縪謂縫著於武者古者冠吉凶皆冠武別材武謂冠卷以冠前後皆縫著於武若吉冠則從武上鄉內縫之縪餘在內謂之內縪若凶冠從武下鄉外縫之謂之外縪故去外之者外其餘也云纓條屬者通屈一條繩爲武垂下爲纓屬之冠者吉冠則纓武別材凶冠則纓武同材以一繩從前額上以兩頭鄉項後交通垂耳各綴之於武使鄉下纓結之云屬之冠者先爲纓武訖乃後以冠屬著武故云屬也云厭伏也者以其冠在武下過鄉上反縫著冠冠在武下故云

厭也五服之冠皆厭但此文上下據斬衰而言也衰三升衣與裳也【疏】衰三升○注衣與裳也○釋曰經直云衰鄭兼言裳者以其衰裳升數同故經舉衰而通裳但首對身首爲尊故冠六升衰三升衰裳同三升也是以吉時朝服十五升至於麻冕鄭亦爲三十升布與服一倍而解之屨外納納收餘也【疏】屨外納○注納收餘也○釋曰案喪服斬衰而言此則菅屨也云外納者謂收餘末鄉外爲之取醜惡不事飾故也杖下本竹桐一也順其性也【疏】杖下至一也○注順其性也○釋曰案喪服爲父斬衰以苴杖竹爲母齊衰以削杖桐桐竹皆下本本謂根本鄭云順其性者謂下其根本順木之性但爲父杖竹者義取父者子之天竹性自然圓象天父子自然至孝爲母杖桐者義取桐者同也同之於父言至孝同之於父故喪服既於父非自然之意也居倚廬倚木爲廬在中門外東方北戶【疏】居倚廬○注倚木至北戶○釋曰知在中門外東方北戶者一釋案喪服傳云居倚廬既虞翦屏既練舍外寢鄭彼注云舍外寢於中門之外屋下壘墼爲之不塗墍所謂堊室鄭以子夏傳以既練居堊屋而言外外爲中門外則初死居倚廬倚廬亦中門外可知也東方者以中門內殯宮之哭

位在阼階下西面鄉殯明廬在中門外亦東方鄉殯是以主人及兄弟鄉大夫外位皆西面云北戶者以倚東壁爲廬一頭至地明北戶鄉陰至既虞之後柱楣翦屏乃西鄉開戶也寢苫枕塊苫編藁塊堛也【疏】寢苫枕塊○注苫編藁塊堛也○釋曰孝子寢臥之時寢於苫以塊枕頭必寢苫者哀親之在草枕塊者哀親之在土云苫編藁者案爾雅白蓋謂之苫郭云白茅苫也與此不同者彼取絜白之義此不取絜白故鄭因時人用藁爲苫而言編藁云塊堛也者亦爾雅文也不說絰帶哀戚不在於安【疏】不說絰帶○注哀戚不在於安○釋曰云不說絰帶者冠衰自然不說以其絰帶在冠衰之上故周公設經舉絰帶而言也哭晝夜無時哀至則哭非必朝夕【疏】哭晝夜無時○注哀至至朝夕○釋曰此謂殯後在廬中除朝夕入哭於廬中思憶則哭無時節故鄭云哀至則哭非必朝夕也非喪事不言不忘所以爲親【疏】非喪事不言○注不忘所以爲親○釋曰喪服四制云不言而事行者扶而起言而后事行者杖而起庶人面垢而已則天子諸侯有臣不言而喪事得行者喪事亦不言大夫士是臣降於君言而事行若然此士禮亦言而事行故於喪非喪事不

言也孝經云言不文亦據大夫士也云不忘所以爲親者則喪事也是以曲禮云居喪未葬讀喪禮既葬讀祭禮喪復常讀樂章喪事而言亦兼此也

歠粥朝一溢米夕一溢米不食菜果不在於飽與滋味粥糜也二十兩曰溢爲米一升二十四分升之一實在木曰果在地曰蓏

【疏】歠粥至菜果○注不在至曰蓏○釋曰云不在於飽者案周禮廩人中歲人食三鬴注云六斗四升曰鬴三鬴爲米一斛九斗二升三十日之食則日食米六升四合今日食米二溢二升有餘是不在於飽又案檀弓云必有草木之滋焉以爲薑桂之謂也彼薑桂爲滋味此鄭以菜果爲滋味則薑桂之外菜果亦爲滋味也云粥糜也者案爾雅饘糜謂粥之稀者故鄭舉其類謂性不能食粥者糜亦一溢米同也云二十兩曰溢爲米一升二十四分升之一者依筭法百二十斤曰石則是一斛若然則十二斤爲一斗取十二斤分之一升得一斤餘二斤斤爲十六兩二斤爲三十二兩取三十兩十升升得三兩添前一斤十六兩爲十九兩餘二兩兩二十四銖二兩爲四十八銖取四十銖十升升得四銖餘八銖銖爲十絫十升升得八銖則是一升得十九兩四銖八絫於二十兩仍小十九銖二絫則別取一升破爲十九兩四銖八絫分十兩兩爲二十四銖則爲二百四十銖又分九兩兩爲二十四銖則爲二百一十六銖并四銖八絫添前得四百六十銖八絫揔分爲二十四分且取二百四十銖分得十銖餘二百二十銖八絫在又取二百一十六銖二十四分分得九銖添前分得十九銖餘有四銖八絫四銖銖爲十絫揔爲四十絫通八絫二十四分得二絫是一升爲二十四分分得十九銖二絫將十九銖添前四銖爲二十三銖將二絫添前八絫則爲十絫爲一銖以此一銖添前二十三銖則爲二十四銖爲一兩以一兩添十九兩揔二十兩曰溢云實在木曰果在地曰蓏者案周禮九職云二曰園圃毓草木鄭云樹果蓏曰圃案食貨志臣瓚以爲在地曰蓏在樹曰果張晏又云有核曰果無核曰蓏則此云在木曰果在地曰蓏用臣瓚之義在木曰果櫜栗之屬在地曰蓏瓜瓠之屬

主人乘惡車拜君命拜衆賓及有故行所乘也雜記曰端衰喪車皆無等然則此惡車王喪之木車也古文惡作堊

【疏】主人乘惡車○注拜君至作堊○釋曰云拜君命拜衆賓及有故行所乘也者以其主人在喪恒居廬哭泣非有此事則不行知義然也也引雜記者證喪事上下同無別義以其貴賤雖異於親一也故孝經五孝不同及其喪親唯有一章而已亦斯義也云然則此惡車王喪之木車者案巾車云王之

喪車五乘發首云木車蒲蔽是王始喪所乘木車無飾與此惡車同故引之見尊卑同也

白狗幦未成豪狗幦覆笭也以狗皮爲之取其臑也白於喪飾宜古文幦爲冪

【疏】白狗幦○注未成至爲冪○釋曰案玉藻云士齊車鹿幦此喪車無飾故用白狗幦以覆笭云未成豪狗者爾雅釋畜文也

蒲蔽蔽藩

【疏】蒲蔽○注蔽藩○釋曰藩謂車兩邊禦風爲藩蔽以蒲草亦無飾也

御以蒲菆不在於驅馳蒲菆牡蒲莖古文菆作騶

【疏】御以蒲菆○注不在至作騶○釋曰御謂御車者士乘惡車之時御車用蒲菆以策馬喪中示不在於驅馳云蒲菆牡蒲莖者案宣十二年楚雄負羈囚知罃知莊子以其族反之廚武子御每射抽矢菆納諸廚武子之房服注云菆好箭又云廚子怒曰非子之求而蒲之愛注云蒲楊柳可以爲箭以此而言蒲非直得策馬亦爲矢幹也

犬服笭閒兵服以犬皮爲之取堅也亦白今文犬爲大

【疏】犬服○注笭閒至爲大○釋曰云笭閒兵服者凡兵器建之於車上笭閒喪家乘車亦有兵器自衞以白犬皮爲服故云以犬皮爲之取其堅固也云亦白者幦用白狗皮明此亦用白犬皮也

木錧取少聲今文錧爲鎋

【疏】木錧○注取少至爲鎋○釋曰其車錧常用金喪用木是取少聲也

約綏約轡約繩綏所以引升車

【疏】約綏約轡○注約繩至升車○釋曰知約是繩者案哀十一年左傳云人尋約吳髮短杜注云約繩也故知此約亦謂繩也平常吉時綏轡用索爲之今喪中取其無飾故皆用繩爲之也

木鑣亦取少聲古文鑣爲苞

【疏】木鑣○注亦取至爲苞○釋曰平常用馬鑣以金爲之今用木故知亦取少聲也

馬不齊髦齊翦也今文髦爲毛主人之惡車如王之木車則齊衰以下其乘素車繅車駹車漆車與

【疏】馬不齊髦○注齊翦至車與○釋曰此注解文不於末者亦以釋不齊髦訖別記釋車義故也云齊衰以下其乘素車繅車駹車漆車與案巾車王之喪車五乘木車始死所乘素車卒哭所乘繅車既練所乘駹車大祥所乘漆車既禫所乘此士之喪車亦當五乘主人乘惡車齊衰乘素車與卒哭同大功乘繅車與既練同小功乘駹車與大祥同緦麻乘漆車與既禫同主人至卒哭已後哀殺故齊衰以下節級約與主人同故鄭爲此義也若然士尋常乘棧車不革輓而漆之今既禫亦與王以下同乘漆車者禮窮則同故也

主婦之車亦如之疏布裧裧者車裳幃於蓋弓垂之

【疏】主婦至布裧○注裧者至

垂之。釋曰：疏布裧在亦如之之下，見不與男子同。云裧者車裳幃者，案衛詩云「漸車幃裳」，注云：「幃裳，童容。」又案巾車后之翟車有容蓋，容則童容也。若然，則裧與幃裳及容一也。故注者互相曉也。云於蓋弓垂之者，案巾車云皆有容蓋，容蓋相將，其蓋有弓，明於蓋弓垂之也。

貳車白狗攝服。貳，副也。攝，猶緣也。狗皮緣服，差飾。

〔疏〕貳車白狗攝服。注貳副至差飾。釋曰：依正禮，大夫以上有貳車，士卑無貳車，但以在喪可有副貳之車，非常法，則有兵服，服又加白狗皮緣之，謂之攝服。云狗皮緣服差飾者，對主人服無緣，此則有緣，是差也。

其他皆如乘車。如所乘惡車。

〔疏〕其他皆如乘車。注如所乘惡車。釋曰：云其他者，唯白狗攝服爲異，其他謂惡車、白狗幦以下、齊髽以上，皆同主人惡車也。

朔月，童子執帚，卻之，左手奉之。童子，隸子弟若內豎寺人之屬。執用左手，卻之，示未用。

〔疏〕朔月至奉之。注童子至未用。釋曰：此盡下室論饋奠埽絜之事。案曲禮埽地者箕帚俱執，此直執帚不執箕者，下文埽室聚諸宎，故不用箕也。云童子隸子弟者，案桓二年左傳云「士有隸子弟」，服注云：「士卑，自其子弟爲僕隸，祿不足以及宗。」是其有隸子弟也。

知有內豎及寺人者，士雖無臣，亦有內外之言。寺人，奄者，以通宮中之命也。云右手用者，用之則用右手也。

從徹者而入。童子不專禮事。

〔疏〕從徹者而入。注童子不專禮事。釋曰：案論語憲問云童子將命，先生並行，注引玉藻「無事則立主人之南，北面」，皆不專以禮事，故從徹者而入也。

比奠，舉席，埽室，聚諸宎，布席如初。卒奠，埽者執帚，垂末內鬣，從執燭者而東。比，猶先也。室東南隅謂之宎。

〔疏〕比奠至而東。注比猶至之宎。釋曰：案上文童子從徹者入，及此經則從執燭者出者，以其入則燭在先，徹者在後，出則徹者在先，執燭者在後，童子常在成人之後，故出入所從不同也。云室中東南隅謂之宎者，爾雅釋宮文。

燕養、饋、羞、湯沐之饌，如他日。燕養，平常所用供養也。饋，朝夕食也。羞，四時之珍異。湯沐，所以洗去汙垢。內則曰：「三日具沐，五日具浴。」孝子不忍一日廢其事親之禮，於下室日設之，如生存也。進徹之時，如其頃。

〔疏〕燕養至他日。注燕養至其頃。釋曰：云燕養者，謂在燕寢之中平生時所有共養之事，則饋、羞、湯沐之饌是也。如他日者，今死不忍異於生平之日也。云饋朝夕食也者，鄭注鄉黨云「不時，非朝夕日中時」，一日之中三時食，今注云朝夕，不言日中者，或鄭畧言，亦有日中也；或以死後畧去日中，直有朝夕食也。知羞四時之珍異者，聘禮有禽羞俶獻，聘義云時賜，鄭云「時賜，四時珍異」，故知此羞亦四時珍異也。引內則者，證經進湯沐亦依內則之日數。知下室日設之者，言其燕養在燕寢，又下經云朔月不饋食於下室，明非朔月在下室設之也。以其燕養在燕寢中設之可知。云進進徹之時如其頃者，一如其平生子進食於父母，故雖死象生時，若一食之頃也。

朔月若薦新，則不饋于下室。以其殷奠有黍稷也。下室，如今之內堂，正寢聽朝事。

〔疏〕朔月至下室。注以其至朝事。釋曰：云以其殷奠有黍稷也者，大小斂奠、朝夕奠等，皆無黍稷，故上篇朔月有黍稷，鄭注云「於是始有黍稷」，唯有下室若生有黍稷。今此殷奠，大奠也，自有黍稷，故不復饋食於下室也。若然，大夫已上又有月半奠，有黍稷，亦不饋食於下室可知。云下室如今之內堂者，下室既爲燕寢，故鄭舉漢法內堂況之。云正寢聽朝事者，矢子諸侯路寢以聽政，燕寢以燕息。案玉藻云朝玄端，夕深，鄭注云謂大夫士也，則亦在正寢也。

筮宅，冢人物土。物，猶相也。相其地可葬者，乃營之。

〔疏〕筮宅冢人物土。注物猶至營之。釋曰：自此盡不哭，論筮宅、卜日之事。正經筮宅之事不物土，故記人言之。云相其地可葬者乃營之者，凡葬皆先相，乃筮之，筮吉乃掘坎。今直云營之，不言筮宅者，營之中兼筮，故經云筮宅，冢人物土，是使冢人物土乃筮者也。

卜日吉，告從于主婦，主婦哭，婦人皆哭。主婦升堂，哭者皆止。事畢。

〔疏〕卜日至皆止。注事畢。釋曰：正經直云闔東扉，主人哭，不云主婦升堂哭者皆止之事，故記明之。云卜曰吉，宗人告從于主婦，主婦哭時，堂上婦人皆哭；主婦升堂，堂上婦人皆止不哭。

啓之昕，外內不哭。將有事，爲其讙囂。既啓，命哭。古文啓爲開。

〔疏〕啓之至不哭。注將有至爲開。釋曰：自上皆記士喪上篇事，自此以下皆記此篇。葬首將啓殯，唯言婦人不哭，不云男子，故記以明之。云內外男女不哭，止讙囂故也。

夷牀、輁軸，饌于西階東。明階間者，位近西也。夷牀饌於祖廟，輁軸饌於殯宮，其二廟者，於禰亦饌輁軸焉。古文輁或作拱。

〔疏〕夷牀至階東。注明階至作拱。釋曰：其夷牀在祖廟，輁軸在殯宮，以其西階東是同，故并言之鄭云明階間者位近西也者以正經直云階間恐正當兩階之間故記人明之是以鄭云明階間者位近西以其柩當殯質位之處故夷牀在西遷當牖輁軸以候載柩故近西皆在西階東云其二廟者於禰亦饌輁軸焉者以其先朝禰故至禰廟一移柩升堂明旦乃移柩於輁軸上載以朝祖廟朝祖廟時下柩訖明日用蜃車輁軸不復更用不饌之故云二廟者於禰亦饌輁軸焉

其二廟則饌于禰廟如小斂奠乃啓祖尊禰卑也士事祖禰上士異廟下士共廟

疏其二至乃啓。注祖尊至共廟。釋曰自此盡主人踊如初論上士二廟先朝禰奠設及位次之事云其二廟則饌于禰廟者以先朝禰後朝祖故先於禰廟饌至朝設之故也云如小斂奠者則亦門外特豚一鼎東上兩甒醴酒一豆一籩之等也云祖尊禰卑也者欲見上文朝祖時如大斂奠此朝禰如小斂奠多少不同之意也云士事祖禰者揔上士及中下之士而言云上士異廟據此經而言下士共廟據經而言中士亦共廟而唯言下士者畧之其實中士亦共廟故祭法云適士二廟官師一廟鄭云官師中下之士是也

朝于禰廟重止于門外之西東面柩入升自西階正柩于兩楹間奠止于西階之下東面北上主人升柩東西面衆主人東即位婦人從升東面奠升設于柩西升降自西階主人要節而踊重不入者主於朝祖而行若過之矣門西東面待之便也

疏朝于至而踊。注重不至便也。釋曰此是上士二廟先朝禰之事雖言正柩于兩楹間奠位在戶牖之間則此于兩楹間稍近西乃得當奠位亦如輁軸饌于階間而近西然也云衆主人東即位者柩未升之時在西階下東面北上柩升主人從升衆主人已下乃即阼階下西面位云婦人從升不云主婦者以其婦人皆升故揔言之云主人要節而踊者奠升主人踊降時婦人踊也云門西東面待之便也者以其祖廟在東柩入禰廟明旦出門東鄉朝祖時其重於柩車先東鄉祖廟便也若先在門東西面及柩入乃迴鄉東則不便故云東面待之便也

燭先入者升堂東楹之南西面後入者西階東北面在下炤在柩者先先柩者後後柩者適祖時燭亦然互記於此

疏燭先至在下。注炤在至於此。釋曰此燭本是殯宮中炤開殯者在道時一在柩前一在柩後今又一升堂一在堂下故鄭云先先柩者後後柩者適祖時燭亦然互記於此者上適祖時直有朝廟在道柩前後之燭至廟直云質明滅燭不見燭之升堂不升堂此文見至廟燭升與不升不見在道燭故云適祖時燭亦然互記於此以其皆有在道及至廟燭升與不升之事也

主人降即位徹乃奠升降自西階主人踊如初如其降拜賓至於要節而踊不薦車不從此行

疏主人至如初。注如其至此行。釋曰云如其降拜賓至於要節而踊者案上經朝祖時既正柩設從奠訖主人降拜賓至於要節而踊故此如之也云不薦車不從此行者案上祖禰共廟者朝廟日即薦車此二廟明日於祖廟薦車馬以其從祖廟行故薦今此禰廟不從此行故不薦也

祝及執事舉奠巾席從而降柩從序從如初適祖此謂朝禰明日舉奠適祖之序也此祝執醴先酒脯醢俎從之巾席爲後既正柩席升設設奠如初祝受巾巾之凡喪自卒至殯自啓至葬主人之禮其變同則此日數亦同矣序從主人以下今文無從

疏祝及至適祖。注此謂至無從。釋曰自此盡不煎論至祖廟陳設及賵之事云此謂朝禰明日者以其下文朝祖之時序從如初中有燭若同日則朝祖之時已自明矣何須更有燭也以此言之則此朝祖與朝禰別日可知故鄭云舉奠適祖之序也云此祝執醴先酒脯醢俎從之巾席爲後者此禰奠與小斂奠同小斂奠時云夏祝及執事盥執醴先酒脯醢俎從此經亦祝及執事舉奠明此亦執醴先酒脯醢俎從之此經所云巾席爲後云既正柩席升設設奠如初祝受巾巾之者上正經朝祖時正柩于兩楹間訖席升設於柩西奠設如初巾之以經直云巾之無祝受巾知受巾巾之者以上篇設小斂奠訖祝受巾巾之此與小斂奠同明設奠訖祝受巾巾之可知云凡喪自卒至殯自啓至葬主人之禮其變同者主人常在喪位不出唯君命乃出迎及送其變同則此日數亦同以其此二篇薦者啓日朝禰又明日朝祖又明日乃葬與始死日襲明日小斂又明日大斂而殯亦同日主人主婦變服亦同以其小斂主人散帶主婦髽自啓至葬主人主婦亦同於未殯也云序從主人以下者案上注云主人與男子居右婦人居左以服與昭穆爲位是也

薦乘車鹿淺幦干笮革靾載旜載皮

弁服纓轡貝勒縣于衡。士乘棧車鹿淺鹿夏毛也幦覆笭玉藻曰士齊車鹿幦豹犆干盾也笮矢箙也韅韁也旜旌旗之屬通帛爲旜孤卿之所建亦攝焉皮弁服者視朝之服貝勒貝飾勒有干無兵有箙無弓矢明不用古文韅爲殺旜爲膳

【疏】薦乘至于衡○注士乘至爲膳○釋曰此并下車三乘謂葬之魂車云士乘棧車者巾車之文云鹿淺幦爲車前式豎者笭子以鹿夏皮淺毛者爲幦以覆式是以詩韓奕云鞹鞃淺幭傳云鞹革也鞃軾中也淺虎皮淺毛也幭覆軾也引玉藻者彼注云犆謂緣也士之齊車與朝車同引之欲證此鹿幦亦以豹皮爲緣飾云旜旌旗之屬云云者案司常云孤卿建旜大夫士建物此士而用旜故云亦攝焉云皮弁服者視朝之服者案玉藻云諸侯皮弁以聽朔於大廟鄉黨孔子云素衣麑裘亦是視朔之服君臣同服是以此士亦載皮弁視朔之服也云貝勒貝飾勒者貝水物故以貝飾勒云有干無兵有箙無弓矢明不用者以其干與戈戟兵器及箙與弓矢皆相須乃用今有干無兵有箙無弓矢明死者不用故闕之也

道車載朝服。道車朝夕及燕出入之車朝服日視朝之服也玄衣素裳

【疏】道車載朝服○注道車至素裳○釋曰知道車朝夕及燕出入之車者但士乘棧車更無別車而上云乘車下云槀車此云道車雖有一車所用各異故有乘車道車槀車之名知道車朝夕者案玉藻云朝玄端夕深衣鄭注云謂大夫士也私朝之服春秋左氏傳云朝而不夕據朝君於是有朝無夕若然云朝夕者士家朝朝暮夕當家私朝之車又云及燕出入者謂士家游燕出入之車案周禮夏官有道右道僕皆據象路而言道又案司常云道車載旞鄭注云王以朝夕燕出入與此道車同則士乘棧車與王乘象路同名道云朝服日視朝之服者案鄉黨云緇衣羔裘是孔子所服鄭注云諸侯視朝之服是君臣同服故玉藻云諸侯朝服以日視朝士之道車而用朝君之服不用私朝玄端服者乘車既載孤卿之旜故道車亦載朝君之服攝盛也云玄衣素裳者士冠禮云主人玄冠朝服緇帶素韠注云不云衣衣象冠色則不云裳裳象韠色可知故云玄衣素裳也

槀車載蓑笠。槀猶散也散車以田以鄙之車蓑笠備雨服今文槀爲潦凡道車槀車之纓轡及勒亦縣于衡也

【疏】槀車載蓑笠○注槀猶至衡也○釋曰云槀猶散也者案上乘車道車皆據人之乘用爲名不取車上生稱則此散車亦據人乘爲號知散車以田以鄙之車者案司常云斿車載旌注云斿車木路也王以出以鄙謂王行小小田獵巡行縣鄙此散車與彼斿車同是游

散所乘故與斿車同解若然士亦與王同有以田以鄙者亦謂從王以田以鄙也若正田獵自用冠弁服乘棧車也云蓑笠備雨服者案無羊詩云爾牧來思何蓑何笠彼注云蓑所以備雨笠所以御暑而此并云備雨者非直蓑以御雨笠亦以備雨故都人士詩注云笠所以御雨喪事不辟暑是以并云備雨之服云今文槀爲潦者案周禮輪人爲蓋鄭云禮所謂潦車謂蓋車與若然彼注此文則爲潦車者義亦通矣凡道車槀車之纓轡及勒亦縣于衡者以車三乘皆當有馬有馬則有此三者但記人舉上以明下乘車云纓轡貝勒縣於衡即此三者亦縣於衡可知

將載祝及執事舉奠戶西南面東上卒東前而降奠席于柩西。將於柩西當前東設之

【疏】將載至柩西●注將於至設之○釋曰經載柩時不云去奠設席之事故記人明之云將於柩西當前東設之者經雖先云舉奠後云降席要須設席乃設奠故云將於柩西當前東設之正經云降奠當前東是也

巾奠乃牆。牆飾柩也

【疏】巾奠乃牆○注牆飾柩也○釋曰正經直云降奠當前東商祝飾棺不云巾奠故記人辨之巾奠訖商祝乃飾棺牆即帷荒與棺爲飾故變飾棺云牆也

抗木刊。剝削之古文刊爲竿

【疏】抗木刊○注剝削之○釋曰刊削也而云剝者木無皮者直削之有皮者剝乃削之故兼言剝

茵著用荼實綏澤焉。荼茅秀也綏廉薑也澤澤蘭也皆取其香且御濕

【疏】茵著至澤焉○注荼茅至御濕○釋曰茵內非直用茅秀兼實綏澤取其香知且御濕者以其在棺下須御濕之物故與荼皆所以御濕

葦苞長三尺一編。用便易也

【疏】葦苞長三尺一編○注用便易也○釋曰言便易者葦草即長截取三尺一道編之用便易故也

菅筲三其實皆淪。米麥皆湛之湯未知神之所享不用食道所以爲敬

【疏】菅筲三其實皆淪○注米麥至爲敬○釋曰經直云筲三黍稷麥不辨苞之所用及黍稷生熟故記人明之是以云筲三用菅草黍稷皆淹而漬之云未知神之所享者以其鬼神幽暗生者不見故淹而不熟以其不知神之所享故也云不用食道所以爲敬者案檀弓云飯用米貝不以食道食道褻則不敬故云不用食道所以爲敬也

祖還車不易位。爲鄉外耳未行

【疏】祖還車不易位○注爲鄉外耳未行○釋曰案正經乃祖還乘車道車槀車不辨還之遠近故記人明之雖還

車不易本位爲鄉外耳還車未行者皆不易位上經未還奉車在階閒婦人在堂上還車去階閒婦人降堂下若然則是還車易位而云不易位者以其三分其庭爲三位車雖去階閒猶不離三分其庭一在北之位據大判而言不易位也

執披者旁四人前後左右各二人【疏】執披者旁四人。注前後左右各二人。釋曰前後左右各二人者謂前之左右後之左右則一旁四人兩旁則八人上經鄭注云備傾虧也

凡贈幣無常賓之贈也玩好曰贈在所有【疏】凡贈幣無常。注賓之至所有。釋曰正經云公賵用玄纁束帛是贈有常矣上又云賓賵奠幣如初直云奠幣如初不云物色與多少故記人明之以其賓客非一故云凡贈幣無常鄭云賓之贈也云玩好曰贈在所有者詩云知子之來之雜佩以贈之是贈在所有也

凡糗不煎以膏煎之則褻非敬【疏】凡糗不煎。注以膏至非敬。釋曰正經葬奠直云四籩棗糗栗脯不云糗之煎不故記人明之凡糗直空糗而已不用脂膏煎和之是以鄭云以膏煎之則褻非敬故云不煎此篇唯葬奠有糗而云凡者記人通記大夫以上

唯君命止柩于堩其餘則否不敢留神也堩道也曾子問曰葬既引至於堩【疏】唯君至則否。注不敢至於堩。釋曰正經直云柩至邦門君使宰夫贈不云止柩之事故記人明之引曾子問者彼爲日食此爲君命雖不同止柩是同故引之證止柩之事

車至道左北面立東上道左墓道東先至者在東【疏】車至東上。注道左至在東。釋曰正經直云陳器于道東西北上統于壙以其入壙故也不云三等之車面位之事故記人明之以其不入壙故東上不統於壙也云道左墓道東者據墓南面爲正故知道左是墓道東也當是陳器之南云先至者在東者以乘車道車稾車三者次第爲先後先至謂乘車也必知此車是乘車之等者以其下有柩車故知此是三等者也

柩至于壙斂服載之柩車至壙祝說載除飾乃斂乘車道車稾車之服載之不空之以歸送形而往迎精而反亦禮之宜【疏】柩至至載之。注柩車至之宜。釋曰正經直云柩至于壙屬引乃窆不云柩車斂服載之故記人明之云柩車至壙祝說載除飾乃斂乘道稾車服載之不空之以歸者此解說載謂下棺於地除飾謂除去帷荒柩車既空乃斂乘車皮弁服道車朝服稾車蓑笠三者之服載之於柩車示不空之以歸者也云送形而往迎精而反者禮記問

喪文引之證此不空歸之義云亦禮之宜者形往則送之主人隨柩路是也精反則迎之主人隨精而反是亦禮之宜然也故云禮之宜也

卒窆而歸不驅孝子往如慕反如疑爲親之在彼【疏】卒窆而歸不驅。注孝子至在彼。釋曰此文解上斂服載之下棺說實土三孝子從蜃車而歸不驅馳而疾者疑父母之神不歸云孝子往如慕反如疑者亦禮記問喪文云孝子往如慕者如嬰兒隨母而啼慕反如疑者孝子不見其親不知精魂歸否故疑之云爲親之在彼者謂疑精魂在彼不歸言此者解經不驅之事

君視斂若不待奠加蓋而出不視斂則加蓋而至卒事爲有他故及辟忌也【疏】君視至卒事。注爲有至忌也。釋曰君於士既殯而往有恩則與大斂既布衣君至奠訖乃出不辟不得終視斂之事故記人明之是以經二事皆見於禮而言云君視斂若不待奠加蓋而出者一爲君有急事他故是以不得待奠云不視斂則加蓋而至卒事者亦是君有辟忌不用見尸柩是以加蓋乃來云卒事者待大斂訖乃出

既正柩賓出遂匠納車于階閒遂匠遂人匠人也遂人主引徒役匠人主載柩窆職相左右也車載柩車周禮謂之蜃車雜記謂之團或作輇或作摶聲讀皆相附耳未聞孰正其車之轝狀如牀中央有轅前後出設前後輅轝上有四周下則前後有軸以輇爲輪許叔重說有輻曰輪無輻曰輇【疏】既正至階閒。注遂匠至曰輇。釋曰正經不云納柩車時節故記人明之既朝正柩於兩楹之閒當此之時遂匠納柩車於階閒云遂人匠人也者以其周禮有遂人匠人天子之官士雖無臣亦有遂人匠人主其葬事云遂人主引徒役匠人主載柩窆職相左右也者案周禮遂人職云大喪帥六遂之役而致之掌其政令及葬帥而屬六綍及窆陳役注云致役致於司徒給墓上事陳役者主陳列之耳是遂人主引徒也又鄉師職云及葬執纛以與匠師御匶而治役謂監督其事又此遂人與匠人同納車于階閒即匠人主載窆與遂人職相左右也云車載柩車者以其此云納車于階閒正謂載柩若乘車道車之等則當東榮不在階閒故知此是柩車也云周禮謂之蜃車者案遂師職云大喪使帥其屬以幄帟先及蜃車之役注云蜃車柩路四輪迫地而行有似於蜃因取名焉是也云雜記謂之團或作輇或作摶聲讀皆相附耳未聞孰正者言或作輇或作摶者皆或禮記別本故云皆相附耳但未知孰正也云其車之轝狀如牀中央有轅前後出者觀鄭此注

其轝與輴車同亦一轅爲之云設前後輅者正經唯云前輅言前以對後明知亦有後輅云轝上有四周者此亦與輴車同云下則前後有軸以輇爲輪者此則與輴異以其輴無輪直有轉轔此有輇輪引許叔重說者案許氏說文云有輪無幅曰輇證此輇無輻也

祝饌祖奠于主人之南當前輅北上巾之　言饌於主人之南當前輅則既祖祝乃饌

疏　祝饌至巾之○注言饌至乃饌○釋曰正經直云祖還車及還重訖乃奠如初不云饌處故記人明之祝饌祖奠於主人之南當前輅云則既祖祝乃饌者以其未祖以前柩車鄉北輅在主人之北今云饌于主人之南明知既祖還乃鄉饌之

弓矢之新沽功　設之宜新沽示不用今文沽作古

疏　弓矢之新沽功○注設之至作古○釋曰自此盡篇末論死者用器弓矢䴥惡之事以其正經直云用器弓矢不辨弓矢善惡及弓矢之名故記人明之設之宜新者爲死者宜用新物云沽示不用者沽謂䴥爲之

有弭飾焉　弓無緣者謂之弭弭以骨角爲飾

疏　有弭飾焉○注弓無至爲飾○釋曰案爾雅云弓有緣謂之弓無緣謂之弭孫氏云緣繫約而漆之無緣不以繫約骨飾兩頭是此弭也詩云象弭魚服是用象骨弓隈既用角明兩頭亦得用故鄭揔云骨角爲飾

亦張可也　亦使可張

疏　亦張可也○注亦使可張○釋曰生時之弓有張弛此死者之弓雖不射而沽畧亦使可張故曰亦也

有柲　柲弓檠弛則縛之於弓裏備損傷以竹爲之詩云竹柲緄縢古文柲作柴

疏　有柲○注柲弓至作柴○釋曰柲弓檠者案冬官弓人造弓之時弓成納之檠中以定往來體此弓檠謂凡平弛弓之時以竹狀如弓縛之於弓裏亦名之爲柲者以若馬柲然馬柲所以制馬弓柲所以制弓使不頓傷故謂之柲引詩云竹柲緄縢者緄繩也縢約也謂以竹爲柲以繩約之此經之柲雖䴥畧用亦如此故引之爲證

設依撻焉　依纏絃也撻弣側矢道也皆以韋爲之今文撻爲銛

疏　設依撻焉○注依纏至爲銛○釋曰言依者謂以韋依纏其弦即今時弓彄是也云撻弣側矢道者所以撻矢令出謂生時以骨爲之弣側今死者用韋云皆以韋爲之者謂依與撻皆以韋爲之異於生者也

有韣　韣弓衣也以緇布爲之

疏　有韣○注韣弓至爲之○釋曰知韣弓矢者案月令云帶以弓韣故知韣弓衣也鄭知用緇布爲之者此無正文鄭驗當時弓衣用緇布而言也

翭矢一乘骨鏃短衞　翭猶候也候物而射之矢也四矢曰乘骨鏃短衞亦示不用也生時翭矢金鏃凡爲矢五分笴長而羽其一

疏　翭矢至短衞○注翭猶至其一○釋曰言候物而射之者案司弓矢鄭注云可以司候射敵之近者及禽獸鄭君兩注語異義同云骨鏃短衞亦示不用也者案上文沽功鄭云示不用故此亦之云生時翭矢金鏃者此亦爾雅釋器文案彼云金鏃翦羽謂之翭是也此言短羽即翦羽也云凡爲矢五分笴長而羽其一者案周禮矢人上陳五矢下乃云五分其長而羽其一故云凡以廣之也案鄭彼注云矢笴長三尺五分羽一則六寸也謂之羽者指體而言謂之衞者以其無羽則不平正羽所以防衞其矢不使不調故名羽爲衞

志矢一乘軒輖中亦短衞　志猶擬也習射之矢書云若射之有志輖摯也無鏃短衞亦示不用生時志矢骨鏃凡爲矢前重後輕也

疏　志矢至短衞○注志猶至輕也○釋曰云志猶擬也者凡射志意有所準擬故云志猶擬也云習射之矢者案司弓矢鄭注云恒矢之屬軒輖中所謂志以此言之則此恒矢也在八矢之下知是習射矢者以其矢中特輕於習射宜也案六弓唐弓大弓亦授習射者則此矢配唐大也引尚書盤庚者證志爲準擬之事輖摯者鄭讀輖從摯以其車傍周非是軒摯之摯故讀從執下至云無鏃短衞亦示不用者知此矢無鏃者上經翭矢言骨鏃此經不云鏃故知無鏃示不用也若然翭矢生時用金鏃死用骨鏃志矢生時用骨鏃死則令去之云生時志矢骨鏃者亦爾雅釋器文案彼云骨鏃不翦羽謂之志此志矢是也云凡爲矢前重後輕也者案司弓矢鄭注云凡枉矢之制枉矢之屬五分二在前三在後殺矢之屬參分一在前二在後矰矢之屬七分三在前四在後恒矢之屬軒輖中若然前重後輕者據殺矢翭矢枉矢絜矢矰矢茀矢而言引之者證此志是恒矢庳矢無前重後輕之義但周禮有八矢唯用此二矢者以其八矢之內翭矢居前最重恒矢居後最輕既不盡用故取其首尾者也

儀禮疏卷第四十一

江西督糧道王賡言廣豐縣知縣阿應鱗栞

儀禮注疏卷四十一挍勘記　阮元撰盧宣旬摘錄

設楸于東堂下

素勺徐本同毛本勺下有二字楊氏無此句與疏合集釋通解俱與毛本同

為少進醴酒徐本同集釋通解楊氏毛本少俱作夕張氏曰疏少作夕從疏

云豆籩二以併豆籩二字毛本倒

凡籩豆實具設

故雖一豆一籩通解要義同毛本豆籩二字俱倒

小斂辟奠不出室

至於既小斂於陳閩俱作此

為既斂而言也為閩本作以言下陳閩俱有者字

既馮尸

更有絞帶要義同毛本通解更作又

鄭注云經象大帶經上陳閩通解俱有要字依喪服注增

巾奠

升自阼階阼要義作西

既殯

髺髮為髺毛本髺作翦陳閩監本集釋敖氏俱作髺疏放此

三日絞垂

以經小斂日經要義作垂毛本通解作經日毛本陳本通解俱作曰○按作日非也經誤垂

冠六升

外之者徐本集釋俱無之字通解楊氏毛本俱有○按疏有

垂下為纓垂下二字毛本誤倒

但此文上下陳閩通解要義同毛本文作冠

屨外納

此則菅屨也毛本無則字菅誤作菅

杖下本

桐竹皆下本本謂根本通解同毛本不重本字

居倚廬

一釋按喪服傳云要義同毛本無一釋二字

以既練居堊屋而言外陳閩俱無居字毛本屋作室陳本作屋

則初死居倚廬倚廬亦中門外可知也倚廬二字要義不重出亦下毛本有知字要義無

寢苫枕塊

一頭至地通解要義同毛本地作北

苫編藁藁釋文从禾無艸監本亦從禾案從禾是無艸非

不說經帶說監本誤作設

故周公說經陳閩通解俱無周公說經四○按設譌說

歠粥

今日食米二溢二監本誤作一

云二十兩曰溢毛本十下有四字要義無與注合

銖爲十絫　絫要義作參下同

則爲二百一十六銖　要義同毛本一作二按一是也

主人乘惡車

非有此事則不行　行陳閩俱作出

白狗幦

覆笭也　陸氏曰笭本或作軨

古文幦爲冪　冪釋文作幕云音莫集釋亦作幕

此喪車無飾　陳閩俱無喪字

御以蒲菆

蔖雄負鷊因知笭　要義同毛本雄作熊

服注云　通解要義同毛本服作杜

犬服

亦白今文犬爲大　下五字毛本脫徐本集釋俱有與此本標目合通解未刻

凡兵器　陳本通解要義同毛本凡作用按凡是也

故云以犬皮爲之　犬皮二字毛本誤倒

取其堅固也　通解要義同毛本固作故○案注無固字

云亦白者　要義同毛本云作幦○按要義是

幦用白狗皮　通解要義同毛本狗作犬

馬不齊髦

此士之喪車　毛本此上有按字

亦與王以下同乘漆車者　陳閩俱無同字

貳車

可有副貳之車　陳閩通解要義楊氏同毛本有作以

其他皆如乘車

謂惡車白狗幦以下　通解同毛本謂作爲案謂是也

皆同主人惡車也　皆同主人毛本誤作主人皆同

從徹者而入

無事則立主人之南北面　浦鏜云北南字誤倒

比奠○聚諸窔　毛本窔作宎徐陳釋文集釋通解俱作窔注同陸氏曰本又作窔○埽者執

帚垂末　末徐本作未唐石經集釋通解要義楊敖俱作末張氏曰監巾箱杭本末作未從諸本

室東南隅謂之窔　室下集釋有中字張氏曰疏室下有中字○按少牢注亦有中字

按上文童子從徹者入　毛本童誤作男

及此經則從執燭者出者　出者陳閩俱作在後

燕養饋羞湯沐之饌

所以洗去汙垢　陸氏曰洗悉禮反劉本作滓七對反

謂在燕寢之中　陳閩俱無寢字

平生時所有共養之事　陳閩俱無平字毛本共作供

或鄭略言　陳閩監本通解要義同毛本言作云盧文弨云疑是之字○按草書言云俱似之字

云進進徹之時　毛本通解不重進字

若一食之頃也　通解楊氏同毛本食作時○按食是也

朔月若薦新

則亦在正寢也　要義同毛本通解則下有聽私朝三字

筮宅

吉乃掘　陳閩俱無乃字

冢人物土是　許宗彥云物土乃營之之訛此引經文非引記文

卜日吉　毛本日作曰通解敖氏俱作日與此本標目合周學健云敖氏注云日人質反盖恐人誤讀耳○按唐石經作日

主人哭　人陳閩通解俱作婦

啓之昕外內不哭　外內要義倒與疏合

夷牀輁軸

古文輁或作拱　張氏云監本云爲拱從監本○按張說與此本標目合

明且乃移柩於輁軸上　毛本移下無柩字

共二廟

先朝禰奠設　禰陳閩俱作祖

朝于禰廟

雖言正柩于兩楹間　雖閩本作畢

主人從升衆主人以下　要義同毛本無衆字通解有衆無升

燭先入者升堂

一在柩前　陳本無此四字

互記於此者　互要義作且下同

主人降卽位○升降自西階　唐石經徐本通典集釋楊敖俱有降字通解毛本無石經考文提要云監本沿通解之誤

按上經　毛本通解經下有云字

故此如之也　毛本通解此下有記所云三字

祝及執事舉奠

酒脯醢俎從之　俎通典作菹

則此日數亦同矣　亦通解作應

論至祖廟陳設及贈之事　要義同毛本及作旣

此禰奠與小斂奠同　毛本禰作彌盧文弨改彌作禰

知受巾巾之者　知下陳閩通解俱有祝字

云序從主人以下者　毛本序誤作庸

薦乘車○干笮　干石經補缺誤作于

鹿幦　徐本通典集釋通解要義楊敖俱作幦毛本作辟按釋文辟字無音是亦作幦

靾轠也　陸氏曰轠劉本作韇

有箙無弓矢　要義無弓字

此并下車三乘　陳閩通解要義同毛本并作拜○按并是也

云鹿淺幦爲車前式覆者　鹿淺幦陳本通解要義俱作幦覆笭閩本作幦覆笭者楊氏與毛本同爲作謂

鞃軾中也　毛本軾作式○案詩傳式作軾下同

淺虎皮淺毛也　毛陳閩通解俱作色案陳閩通解非也

道車載朝服

日視朝之服也 集釋通解毛本同之服二字徐本倒

謂大夫士也私朝之服 要義同毛本通解無也字服監本誤作朝

槀車載蓑笠 槀嚴鍾通解要義楊敖俱从木唐石經徐本聶氏集釋毛本俱从禾注文同蓑唐石經徐本釋文聶氏集釋通解要義楊敖俱从艸注同毛本從簑○按檀弓上孔子之喪節疏引作蓑

槀車載蓑笠 槀字蓑字下竝放此要義與此本同

謂王行小小田獵巡行縣鄙 陳閩通解要義楊氏俱重小字毛本不重○按小字當重周禮司常疏云今以小小田獵及巡行縣鄙正與此文同

同是游散所乘 要義同毛本通解楊氏游作斿

笠所以御暑 陳閩通解要義同毛本御作

茵著用荼 案著單疏標目從竹

茅秀也 浦鏜云秀釋文作莠○按茅莠見釋文注中非摘鄭注

且御溼 陸氏曰御魚呂反劉本作衙音禦

葦苞

葦草卽長 浦鏜改卽作既

菅筲三

黍稷皆淹而漬之 陳本通解要義同毛本漬作清○按作漬不誤

飯用米貝 貝要義作具閩本米貝作茅具○按要義閩本竝誤

祖還車

上經未還奉車在階閒 奉浦鏜改作車

凡贈幣無常

玩好曰贈 徐本同毛本曰作日

凡糗不煎

不云糗之煎不 煎不二字毛本誤倒

柩至于壙

不空之以歸者 要義空作窆下柩車既窆示不空之竝同通解與毛本同作空○案要義盡誤合空之兩字爲窆耳下兩空字遂亦作窆浦鏜挍謂柩車既空空字應作窆

卒窆而歸

云孝子往如慕 陳閩要義同毛本如作而○按如是也

既正柩

或作摶 徐陳通解同毛本摶作搏集釋作槫

及葬執翿 通解要義同毛本及作既○按周禮作及葬執纛

正謂載柩 謂通解要義俱作爲

蜃車柩路 通解要義同毛本路下有也柩車載柳五字案周禮注有此五字柩車作柩路

其蜃與輴車同 監本通解要義同毛本輴作輶○案輴字是

弓矢之新

爲死者宜用新物 陳閩俱無宜字

有弭飾焉

弓隈既用角 隈閩本通解俱作服角通解作骨

亦張可也 唐石經徐本集釋楊敖同毛本通解張可作可張石經考文提要云監本沿通解之誤○按也字唐

石經初刻作以後改

古文柲作柴 作集釋作爲柴字毛本通解作柴徐本集釋俱作柴與單疏標目合釋文作柴金日追云尚書費誓古文作柴○按集韻柴兵媚切地名疑卽柴之別字

使不頓傷 陳閩監本通解同毛本頓作損

翭矢一乘 張氏曰釋文翭字上更有一矢字從釋文盧文弨云翭上有矢字當是爲翭矢志矢之目○按今本釋文出翭矢二字張氏所見當作矢翭也

亦示不用也 徐本集釋楊敖同毛本通解示作云

可以司候射敵之近者 陳本同毛本通解司作伺○按周禮注作司

云生時翭矢金鏃者 毛本翭誤作鏃金誤作今案監本金作今蓋欲改今爲金而未全也

志矢一乘

輖摯也 摯徐本敖氏俱作摯釋文集釋通解楊氏毛本俱作墊陸氏云本又作贄○按贄卽俗摯字因借而誤

非是軒輊之輊 陳監通解要義同毛本兩輊字作輕閩本作輕案輕形似輕故毛本誤作輕下文云故讀從軒下至則此句不當作墊疏意從車之輊與從執之墊二字不同故特分別言之

志矢生時用骨鏃 骨陳閩俱作金

凡枉矢之制 陳閩通解俱無枉字

殺矢之屬參分 要義同毛本通解參作三

但周禮有八矢 通解要義同毛本但作按

翭矢居前 陳閩俱無矢字

儀禮注疏卷四十一校勘記終

奉新余成教校

儀禮疏卷第四十二　儀禮卷第十四

唐朝散大夫行大學博士弘文館學士臣賈公彦等撰

士虞禮第十四〔疏〕士虞禮第十四○鄭目録云虞安也士既葬父母迎精而反日中祭之於殯宮以安之虞於五禮屬凶大戴第六小戴第十五別録第十四○釋曰案此經云側亨于廟門外之右又記云陳牲于廟門外皆云廟目録云祭之殯宮者廟則殯宮也故鄭注士喪禮凡宮有鬼神曰廟以其虞卒哭在寢祔乃在廟是以鄭注喪服小記云虞於寢祔於祖廟是也

儀禮　鄭氏注

士虞禮特豕饋食　饋猶歸也〔疏〕士虞禮特豕饋食○注饋猶歸也○釋曰自此盡南順論陳鼎鑊祭器几筵等之事案左氏傳云卜日曰牲是以特牲云牲大夫已上稱牲亦稱牢故云少牢此虞爲喪祭又葬日虞因其吉日故畧無卜牲之禮故指豕體而言不云牲大夫以上亦當然雜記云大夫之虞也犆牲又此下記云陳牲於廟門外檀弓云與有司視虞牲皆言牲者記人之言不依常例故也然少牢云司馬刲羊士擊豕不言牲者據

殺特須指事而言亦非常例也云饋猶歸者謂以物與神及人皆言饋是以此虞及特牲少牢皆言饋坊記云父母在饋獻不及車馬是生死皆言饋又案周禮玉府云掌凡王之獻金玉兵器注謂百工爲王所作可以獻遺諸侯古者致物於人尊之則曰獻通行曰饋以此而言獻雖主於尊其春秋齊侯來獻魯戎捷尊魯也其云饋者上下通稱故祭祀於神而言饋陽貨饋孔子豚而言饋鄉黨云朋友之饋是上下通言饋膳夫云凡王之饋食用六穀注云進物於尊曰饋此饋之盛者王舉之饌也彼鄭據當文是進于王故云進物于尊其實通也

側亨于廟門外之右東面　側亨亨一胖也亨於爨用鑊不於門東未可以吉也是日也以虞易奠祔而以吉祭易喪祭鬼神所在則曰廟尊言之〔疏〕側亨至東面○注側亨至言之○釋曰云側亨一胖也知者案吉禮皆全左右胖皆亨不云側此云側亨明亨一胖而已必亨一胖者以其虞不致爵自獻賔已後則無主人主婦及賔已下之俎故唯亨一胖也若然特牲亦云側殺者彼雖亨左右胖少牢二特牲一故以一牲爲側各有所對故也云亨於爨用鑊者亦案少牢有羊鑊故亨在鑊云不於門東未可以吉也者以虞爲喪祭不於門東對特牲吉禮鼎鑊皆在門東此云門外之右是門之西未可以吉也云是日也至喪祭皆檀弓文云是日謂葬日日中而虞易去奠以死事之故立尸而祭之云祔而以吉祭易喪祭者案下記云三虞卒哭他用剛日亦如初曰哀薦成事鄭注引檀弓文葬日中而虞不忍一日離也是日也以虞易奠卒哭曰成事是日也以吉祭易喪祭如是則卒哭即是吉祭而鄭此注云祔爲吉祭者卒哭對虞爲吉祭卒哭比祔爲喪祭故下記云卒哭祭乃餞云尊兩甒於廟門外之右少南。洗在尊東南水在洗東篚在西注云在門之左又少南則鼎鑊亦在門左。又云明日以其班祔。沐浴又云其他如饋食是祔乃與特牲吉祭同以祔爲吉祭是以云祔而以吉祭易喪祭也云鬼神所在則曰廟尊言之者對時廟與寢別今雖葬既以其迎魂而反神還在寢故以寢爲廟虞於中祭之也

魚腊爨亞之北上　爨竈〔疏〕魚腊至北上○注爨竈○釋曰上豕爨在門右東面此魚腊各別鑊言北上則次在豕鼎之北而云爨竈者周公經爲爨至孔子時爲竈故王孫賈問。孔子曰與其媚於奥寧媚於竈是前後異名故鄭擧後決前也

饎爨在東壁西面　炊黍稷曰饎饎北上上齊於屋宇於虞有亨饎之爨彌吉〔疏〕饎爨至西面○注炊黍至彌吉○釋曰以二鑊在西方反吉案特牲云主婦視

饎爨于西堂下宗婦主之在西方今在東亦反吉也少牢廩爨在饔爨之北在門外者是大夫主之廩人掌男子之事故與牲爨同在門外東方也知炊黍稷曰饎者案周禮饎人云掌凡祭祀共盛齊盛即黍稷故知也云北上上齊于屋宇者此案特牲記云饎爨在西壁鄭注云西壁堂之西墻下舊說云南北直屋梠稷在南彼此東西皆言壁彼云屋梠此云屋宇故知此亦齊屋也云於虞有亨饎之爨彌吉者以其小斂大斂未有黍稷朔月薦新之等始有黍稷向吉仍未有爨至此始有亨饎之爨故云彌吉

設洗于西階西南水在洗西篚在東　反吉也亦當西榮南北以堂深〔疏〕設洗至在東○注反吉至堂深○釋曰如其上文設爨反吉此亦反吉又上下篇吉時設洗皆當東榮南北以堂深今在西階西南亦當西榮南北以堂深可知也

尊于堂中北墉下當戸兩甒醴酒酒在東無禁冪用絺布加勺南枋　酒在東上醴也絺布葛屬〔疏〕尊于至南枋○注酒在至葛屬○釋曰云酒在東上醴也者醴法上古酒是人所常飲故在東吉禮玄酒在酒上今以喪祭禮無玄酒則醴代玄酒在上故云上醴

也云絺布葛屬者絺綌以葛爲之布則以麻爲之今絺布並言則此麻葛雜故有兩號是以鄭云葛屬也**素几葦席在西序下**有几始鬼神也〔疏〕素几至席下。注有几始鬼神也。釋曰經几席具有注唯云几者以其大斂奠時已有席至此虞祭乃有几故也然案檀弓云虞而立尸有几筵筵則席虞祭始有者以几筵相將故連言筵其虞有几若天子諸侯始死則几席具故周禮司几筵云每敦一几據始殯及葬時是始死即几席具也**苴刌茅長五寸束之實于篚饌于西坫上**苴猶藉也〔疏〕苴刌至坫上。注苴猶藉也。釋曰此苴而云藉祭故易云藉用白茅無咎**饌兩豆菹醢于西楹之東醢在西一鉶亞之**醢在西南面取之得左取菹右取醢便其設之〔疏〕饌兩至亞之。注醢在至設之。釋曰此饌繼西楹言之則以西楹爲主向東陳之云一鉶亞之者菹以東也云醢在西南面取之得左取菹右取醢便其設之者以其尸在奧東面設者西面設於尸前菹在南醢在北今於西楹東饌之菹在東醢在西是南面取之得左取菹右取醢至尸前西面又左菹右醢故云便也**從**

獻豆兩亞之四籩亞之北上豆從主人獻祝籩從主婦獻尸祝北上菹與棗不東陳別於正〔疏〕從獻至北上。注豆從至於正。釋曰此從獻豆籩雖文承一鉶之下而云亞之下別云北上是不從鉶東爲次宜於鉶東北以北爲上向南陳之若然文承一鉶下而云亞之者以其次在鉶以東去楹漸遠故云亞不謂亞鉶以東也據此陳之次然則東北菹爲首次南醢醢東栗栗北棗棗東棗棗南栗此以東面取之而入北面設之祝前得右菹左醢其籩亦然先陳者先設後陳者後設棗在左亦得其設故鄭云北上菹與棗也云豆從主人獻祝者以其尸前正豆已設訖以爲陰厭不名爲從此二豆主人先獻祝酒後乃薦豆故言從云籩從主婦獻尸祝者以其四籩二籩從主婦獻尸二籩從主婦獻祝亦是從也云不東陳別於正者以二豆與鉶在尸爲獻前爲正此皆在獻後爲非正故東北別也**饌黍稷二敦于階間西上藉用葦席**藉猶薦也古文藉爲席〔疏〕饌黍至葦席。注藉猶至爲席。釋曰云藉猶薦也者謂先陳席乃陳黍稷於上是所陳席藉薦黍稷也**匜水錯于槃中南流在西階之南簞巾在其東**流匜吐水口也**陳三鼎于門外之右北面北上設扃鼏**門外之右門西也今文扃爲鉉〔疏〕陳三至扃鼏。注門外至爲鉉。釋曰此扃雖先云設其設扃在後知者案士喪禮小斂云右人左執匕抽扃予左手兼執之取鼏委於鼎北加扃則扃在鼏上故先抽扃後去鼏則鼏先設可知扃鼏雖在三鼎之下揔言其實陳一鼎訖即設之知者案下記云皆設扃鼏注云嫌既陳乃設扃鼏是也**匕俎在西塾之西**不饌於塾上統於鼎也塾有西者是室南鄉〔疏〕匕俎在西塾之西。注不饌至南鄉。釋曰云不饌於塾上統於鼎也者決下文羞燔俎在內西塾上而在塾上又云賓降反俎于西塾至於主婦亞獻訖直云賓燔從如初明尸受燔訖賓亦反俎于西塾上是互見義也**羞燔俎在內西塾上南順**南順於南面取縮執之便也肝俎在燔東**主人及兄弟如葬服賓執事者如弔服皆即位于門外如朝夕臨位婦人及內兄弟服即位于堂亦如**

之葬服者既夕曰丈夫髽散帶垂也賓執事者賓客來執事也〔疏〕主人至如之。注葬服至事也。釋曰自此盡北面論將虞祭於位及衣服之事云葬服者既夕日丈夫髽散帶垂也者此唯謂葬日反日中而虞及三虞時其後卒哭即服其故服是以既夕記注云自卒至殯自啓至葬主人之禮其變同則始虞與葬服同三虞皆同至卒哭卒去無時之哭則依其喪服乃變麻服葛也云賓執事者賓客來執事也者以其虞爲喪祭主人未執事故云賓客來執事也案下注云士之屬官爲其長弔服加麻則此經賓執事者弔服是也若然此士屬官中有命于其君者是以特牲記賓中有公有司鄭注云公有司亦士之屬命于其君者也案曾子問士則朋友奠不足取於大功以下又云士祭不足則取於兄弟大功以下者鄭云祭謂虞卒哭時以此而言彼朋友則公有司與此執事一物以僚友言之雖屬官亦爲朋友也**祝免澡葛絰帶布席于室中東面右几降出及宗人即位于門西東面南上**祝亦執事免者祭祀之禮祝所親也澡治也治葛以爲首絰及帶接神宜變也然則士之屬官爲其長弔服加麻矣至於既卒哭主人變服則除右几於席近

南〔疏〕祝免至南上。注祝亦至南也。釋曰云祝亦執事
也者謂亦上執事也云免者祭祀之禮祝所親也者案
禮記喪服小記云緦麻小功虞卒哭則免注云卒哭緦麻以
上至斬衰皆免今祝是執事屬吏之等皆無免法今與緦以
上同著免嫌其大重故云祭祀
之禮祝所親而可以受服也　宗人告有司具遂請
拜賓如臨入門哭婦人哭臨朝夕哭〔疏〕宗人至人哭。注臨朝夕
哭。釋曰朝夕哭祭時門外送賓訖入門男子婦人共哭也　主人即位于堂衆主
人及兄弟賓即位于西方如反哭位既夕曰乃反哭入門
升自西階東面衆主人堂下東面北上此則異於朝夕〔疏〕主人至哭位。注既夕至朝夕。釋曰此明賓將與
祭主人及兄弟等即位之事云如反哭位鄭引既夕者證主人等面位之事也　祝入門左北面
不與執事同位接神尊也〔疏〕祝入門左北面。注不與至尊也。釋曰云不與執事同位接神尊也者執事即上
兄弟賓即位于西方如反哭位皆是執事故曾子問喪祭不足則取兄弟故云不與執事同位接神尊也　宗人

西階前北面當詔主人及賓之事〔疏〕宗人至北面。注當詔至之事。釋曰此宗人在堂
下是主人在堂時若主人在室宗人即升堂是以下記云主人在室則宗人升戶外北面注云當詔主人室事是也　祝
盥升取苴降洗之升入設于几東席上東縮
降洗觶升止哭縮從也古文縮爲蹙〔疏〕祝盥至止哭。注縮從也。釋曰自此盡哭出
復位論設饌於神杖不入於門之事也案此文陰厭時主人倚杖入祝從在左西面下記云尸入祝從尸注云祝在主人
前也嫌如初時主人倚杖入祝從之初時主人之心尚若親存宜自親之今既接神祝當詔侑尸也主人前自西入向東
在階下未得倚杖于序今主人在西階將入室故倚杖于西序　主人倚杖入祝從在
左西面主人北旋倚杖西序乃入喪服小記曰虞杖不入於室祔杖不升於堂然則練杖不入於門明矣
贊薦菹醢醢在北主婦不薦衰斬之服不執事也曾子問曰士祭不足則取於兄弟大
功以下者〔疏〕贊薦至在北。注主婦至下者。釋曰案特牲主婦盥于房中薦兩豆此主婦不薦故決之既引曾

子問士祭不足則取於兄弟大功以下者彼文承奠下故引
之下卒哭既取大功以下則齊衰不執事可知此齊衰不執
事唯爲今時至于尸入之後亦執事兩籩棗栗設於會南至
於祔祭雖陰厭亦主婦薦主人自執事也知者下記云其他
如饋食案特牲云主人在右及佐食舉牲鼎是也若大夫已
上尊不執事故少牢云主人出迎鼎注云道之也是不執事
也　佐食及執事盥出舉長在左舉舉鼎也長在左西方位也凡事宗
人詔之　鼎入設于西階前東面北上匕俎從設
左人抽扃鼏匕佐食及右人載載載於俎佐食載則亦在右矣今文
扃爲鉉古文鼏爲密　卒朼者逆退復位復賓位也　俎入設于豆
東魚亞之腊特亞次也今文無之　贊設二敦于俎南黍
其東稷簋實尊黍也〔疏〕贊設至東稷。注簋實尊黍也。釋曰云簋實尊黍也者以經西黍東稷
西上故云尊黍也經云敦注言簋者案特牲云佐食分簋鉶注云分簋者分敦黍於會爲有對也敦有虞氏之器也周制
士用之變敦言簋容同姓之士得從周制耳然則此注變敦言簋者亦謂同姓之士得用簋故也　設一鉶

于豆南鉶菜羹也〔疏〕注鉶菜羹也。釋曰此對泰是涪羹　佐食出立于戶
西饌已也今文無于戶西〔疏〕佐食至戶西。注饌已至戶西。釋曰佐食出者以無事不可以空立故
出立于戶西不從今文無于戶西三字者若無此文不知立之所在故不從也　贊者徹鼎反于門外
祝酌醴命佐食啓會佐食許諾啓會卻于敦
南復位會合也謂敦蓋也復位出立于戶西今文啓爲開〔疏〕祝酌至復位。注會合至爲開。釋
曰特牲少牢直言酌奠不言酌醴者以彼直有酒故不言酒是酒可知此酒醴兩有今所奠者醴故須言醴也若然彼單
酒此兩有者以其同小斂大斂朔月遷祖祖奠大遣奠等皆酒醴並有故此虞之喪祭亦兩有異於吉祭也　祝
奠觶于鉶南復位主人再拜稽首復位復主人之左
〔疏〕祝奠至稽首。注復位至之左。釋曰云復主人之左者上主人倚杖入祝從在左不見祝更有位故復主人

左也

祝饗命佐食祭饗告神饗此祭祭於苴也饗神辭記所謂哀子某哀顯相夙興夜處不寧下至適爾皇祖某甫尚饗是也〔疏〕祝饗命佐食祭○注饗告至是也○釋曰下云祝祝卒注云祝祝者釋孝子祭辭又下文迎尸後尸墮祭云祝祝主人拜如初此等三者皆有辭此文饗神引記者是陰厭饗神辭下文迎尸上釋孝子辭者經記無文案少牢迎尸祝孝子辭云孝孫某敢用柔毛剛鬣嘉薦普淖用薦歲事于皇祖伯某以某妃配某氏尚饗此是釋孝子辭此迎尸上釋孝子辭宜與彼同但稱哀爲異其迎尸後祝辭者即下記饗辭云哀子某圭爲而哀薦之饗鄭注云饗辭勸強尸之辭也凡吉祭饗尸曰孝子是以特牲迎尸後云祝饗注云饗勸強之也其辭取於士虞記則宜云孝孫某圭爲孝薦之饗是也下二虞卒哭記皆有辭至彼別釋

佐食許諾鉤袒取黍稷祭于苴三取膚祭祭如初祝取奠觶祭亦如之不盡益反奠之主人再拜稽首鉤袒如今擐衣也苴所以藉祭也孝子始將納尸以事其親爲神疑於其位設苴以定之耳或曰苴主道也則特牲少牢當有主象而無乎

〔疏〕佐食至稽首○注鉤袒至何乎○釋曰云鉤袒如今擐衣也者經云鉤袒若漢時人擐衣以露臂故云如今擐衣也云孝子始將納尸以事其親爲神疑於其位設苴以定之耳者案上文祝取苴降洗設於几東者至此乃祭于苴下文乃延尸是孝子迎尸之前用苴以將納尸以事其親爲神疑於其位故設苴以定之解預設苴之意也云或曰主道也則特牲少牢當有主象而無何乎者解舊有人云主道似苴爲主道然故鄭破之云若是苴爲主道特牲少牢吉祭亦當有主象亦宜設苴今而無苴何乎是鄭以苴爲藉祭非主道也若然此據文有尸而言將納尸有苴案下記文無尸者亦有苴又特牲少牢吉祭無苴案司巫祭祀則供匰主及蒩館常祀亦有苴者以天子諸侯尊者禮備故吉祭亦有苴凶祭有苴可知

祝祝卒主人拜如初哭出復位祝祝者釋孝子祭辭

祝迎尸一人衰絰奉篚哭從尸尸主也孝子之祭不見親之形象心無所繫立尸而主意焉一人主人兄弟檀弓曰既封主人贈而祝宿虞尸〔疏〕祝迎至從尸○注尸主至虞尸○釋曰自此盡如初設論迎尸入九飯之事鄭知一人衰絰是主人兄弟者以主人哭出復位無從尸之理又云衰絰且非疏遠故知一人衰絰是主人兄弟也引檀弓者證祝隨主人葬先反宿虞尸故得有祝迎尸之事云既封者封當爲窆窆下棺也

尸入門丈夫踊婦人踊踊不同文者有先後也尸入主人不降者喪事主哀不主敬〔疏〕尸入至人踊○注踊不至主敬○釋曰云踊不同文者有先後也者主人在西序東面衆兄弟西階下亦東面婦人堂上當東序西面故主人與兄弟見尸先踊婦人後見尸故後踊是有先後云尸入主人不降者喪事主哀不主敬者決特牲少牢尸入主人皆降立于阼階東敬尸故此不降爲主哀

淳尸盥宗人授巾淳沃也沃尸盥者賓執事者也〔疏〕淳尸至授巾○注淳沃至者也○釋曰此直言盥不言面位案特牲云尸入門左北面盥宗人授巾上陳器時匜水之等在西階之東合在門左則以器就特牲注云侍盥者執其器就之若然特牲設尸盥在門內之右注云尸尊不就洗門內之右象洗在東此虞禮及吉祭故在西階東少牢禮異於士禮故尸盥在西階東與此虞禮同也云沃尸盥者賓執事者也案上文賓與主人皆在執事之中既宗人授巾明沃盥亦賓執事也

尸及階祝延尸延進也告之以升〔疏〕尸及階祝延尸○注延進至以升○釋曰

案特牲云祝延尸注云延進也在後詔侑曰延又案少牢注云由後詔相之曰延然則延者皆在後也若然記云尸謖祝前鄉尸又曰降階還及門如出戶注云降階如升時以此言之降在尸前云如升者直取與尸升同不取後同故禮器詔侑無方是也

尸升宗人詔踊如初言詔踊如初則凡踊宗人詔之〔疏〕尸升至如初○注言詔至詔之○釋曰云言詔踊如初則凡踊宗人詔之者以其上無宗人詔踊之事以此宗人詔踊云如初明前踊并明下文踊皆宗人詔之故鄭云凡也

尸入戶踊如初哭止哭止尊尸

婦人入于房辟執事者〔疏〕婦人入于房○注辟執事者○釋曰以其婦人在堂上執事者由堂東故辟之入房也

主人及祝拜妥尸尸拜遂坐妥安坐也〔疏〕主人至遂坐○釋曰案郊特牲注云尸即至尊之坐或時不自安則以拜安之此亦然妥安坐也爾雅文

從者錯篚于尸左席上立于其北北席北也〔疏〕從者至其北○注北席北也○釋曰此虞禮篚象特牲肵俎肵俎置于席北明此篚亦在席北以擬盛尸之饌也

尸取奠

左執之，取菹擩于醢，祭于豆閒。祝命佐食墮祭。下祭曰墮。墮之猶言墮下也。周禮曰：「既祭則藏其墮。」謂此也。今文墮爲綏。特牲、少牢或爲羞，失古正矣。齊魯之閒謂祭爲墮。〔疏〕尸取至墮祭○注下祭至爲墮○釋曰：云尸取奠左執之者，以右手將墮故也。云下祭曰墮者，以其凡祭皆手舉之向下祭之，故云下祭曰墮。云墮之猶言墮下者，案左傳云子路將墮三都，以三都大高，故墮下之。取墮爲下祭之義，故讀從之。引周禮守祧職云既祭藏其墮，謂此也者，謂此墮祭一也，引之者，證守祧同之耳。云今文墮爲綏，又云特牲、少牢或爲羞，失古正矣者，此二字皆非墮下之義，故云失古正也。云齊魯之閒謂祭爲墮者，齊南魯北謂祭爲墮者，由墮下而祭，因即謂祭爲墮，是鄭從墮不從綏與羞之意也。案特牲云祝命挼祭，注云：士虞禮古文曰祝命佐食墮祭，周禮曰既祭則藏其墮，墮與挼讀同耳，今文改挼皆爲綏，古文此皆爲擩祭也。又少牢尸將酢主人時，上佐食以綏祭，鄭注云綏讀爲墮。此三處經中墮皆不同者，此五字或爲墮，或爲挼，或爲羞，或爲綏，或爲擩，此五者，鄭既以挼、綏及羞三者已從墮，復云古文作擩，以其特牲及此士虞皆有擩祭，故亦兼擩解。佐食取黍稷肺祭授尸，尸祭之，祭奠。祝祝，主人拜如初。尸嘗醴，奠之。如初，亦祝祝卒，乃再拜稽首。〔疏〕佐食至奠之○注如初至稽首○釋曰：云如初亦祝祝卒，乃再拜稽首者，亦如上文迎尸前祝祝卒也。佐食舉肺脊授尸，尸受，振祭，嚌之，左手執之。右手將有事也。尸食之時，亦奠肺脊于豆。〔疏〕佐食至執之○注右手至于豆○釋曰：案特牲祝命爾敦，佐食爾黍稷于席上，舉肺脊以授尸，尸受，振祭，嚌之。彼舉肺脊在爾敦後，此舉肺脊在爾敦前者，彼吉祭，吉凶相變故也。云右手將有事也者，爲下文祭鉶、嘗鉶是也。云尸食之時，亦奠肺脊於豆者，解經無奠文，知不執以食卒者，案下文云尸卒食，佐食受肺脊實于篚，在尸手當云受肺脊，又知在豆者，特牲云尸實舉於菹豆是也。案特牲尸乃食，食舉，注云：舉言食者，明凡解體皆連肉。少牢云食舉，注云：舉，牢肺正脊也，先飯啗之，以爲道也。此喪祭不言食舉，亦食舉可知。是以特牲注云：肺，氣之主也；脊，正體之貴者，先食啗之，所以道食通氣也。案下文注云尸不受魚腊，以喪不備味，則亦不食庶羞矣。祝命佐食邇敦。佐食舉黍，錯

于席上。邇，近也。尸祭鉶，嘗鉶。右手也。少牢曰：「以柶祭羊鉶，遂以祭豕鉶，嘗羊鉶。」〔疏〕尸祭鉶嘗鉶○注右手至羊鉶○釋曰：知以右手者，上經云佐食舉肺脊授尸，尸受，振祭，嚌之，左手執之，鄭云右手將有事，指此嘗鉶用右手也。引少牢者，證此經嘗祭之時亦用柶，案下記云鉶芼用苦若薇，有滑，夏用葵，冬用荁，有柶，是用柶祭之義。泰羹湆自門入，設于鉶南；胾四豆，設于左。博異味也。湆，肉汁也。胾，切肉也。〔疏〕泰羹至于左○注博異至肉也○釋曰：云設于鉶南者，以泰羹湆未設，故繼鉶而言之，其實鉶北留空處以待泰羹。云胾四豆設于左者，案特牲四豆設于左，南上。云左者，正豆之左。又少牢云上佐食羞胾兩瓦豆，有醢，設于薦豆之北，注云：設於薦豆之北，以其加也。言北，亦是左也。云博異味者，以其有湆有胾故也。尸飯，播餘于篚。不反餘也。古者飯用手，吉時播餘于會。古文播爲半。〔疏〕尸飯播餘于篚○注不反至爲半○釋曰：云古者飯用手者，案曲禮云無摶飯，又云無放飯，飯黍毋以箸，故知古者飯用手。言此者，證播飯去手爲放飯。云吉時播餘于會者，可知，故決之。三飯。佐食舉幹，尸受，振祭，嚌之，實于篚。飯閒啗肉，安食氣。〔疏〕三飯至于篚○注飯閒至食氣○釋曰：云飯閒啗肉安食氣者，以其胳、脊、骨體連肉，又在三飯之閒，故云飯閒啗肉安食氣。又三飯，舉胳祭如初。佐食舉魚腊，實于篚。尸不受魚腊，以喪不備味。〔疏〕又三至于篚○注尸不至備味○釋曰：云尸不受魚腊者，案經佐食舉魚腊，不云尸受嚌之，明尸不受魚腊可知。云以喪不備味者，案特牲三舉魚腊，尸皆振祭嚌之。此佐食舉魚腊實於篚，尸不嚌，故云喪不備味。又三飯，舉肩祭如初。後舉肩者，貴要成也。〔疏〕又三至如初○注後舉至成也○釋曰：云後舉肩者，貴要成也者，案禮記祭統云周人貴肩，故云貴者要成也。要成者，據後食即飽也。舉魚腊俎，俎釋三个。釋猶遺也。遺之者，君子不盡人之歡，不竭人之忠。个猶枚也。今俗或名枚曰個，音相近。此腊亦七體，如其牲也。〔疏〕舉魚至三个○注釋猶至牲也○釋曰：此經直舉魚腊俎盛於篚，俎釋三个，不言盛牲體者，案下記云羹飪，升左肩、臂、臑、肫、胳、脊、脅，七體。此上經佐食初舉脊，次舉幹，又舉胳，終舉肩，摠舉四體，唯有臂、臑、肫三者，佐食即當

俎釋三个不復盛牲體故直舉魚腊而已云遺之者君子不盡人之歡不竭人之忠此上曲禮文案彼注歡謂飲食竭謂衣服於此引之併據飲食者彼注對文此注散文則歡與忠通故揔證牲體也又案特牲釋三个注云謂改饌於西北隅遺之與此注不同者此注亦有改饌之義又兼有此不盡歡忠之禮云今俗或名枚曰個音相近者經中个人下豎牽俗語名枚曰個者人傍著固字雖不同音聲相近同是一个之義云此腊亦七體如其牲也者案下記牲有七體此腊亦不過特牲體故云如其牲言此以對彼案彼特牲吉祭十一體是以特牲記云腊如牲骨乃有十一體與此不同吉禮異故也

尸卒食佐食受肺脊實于篚反黍如初設九飯而已士禮也篚猶吉祭之有肵俎

疏尸卒至初設○注九飯至肵俎○釋曰云反黍如初設者案上設黍稷在俎南西黍東稷次上文佐食舉黍錯于席上此尸卒食故反黍于本處如初設云九飯而已士禮也者少牢十一飯諸侯十三飯天子十五飯故云九飯士禮也云篚猶吉祭之有肵俎者案特牲少牢尸舉牲體振祭嚌之皆加於肵俎此尸舉牲體振祭嚌之皆實於篚故云篚猶吉祭之有肵俎

主人洗廢爵酌酒酳尸尸拜受爵主人北面荅拜尸祭酒嘗之爵無足曰廢爵酳安食也主人北面以酳酢變吉也凡異者皆變吉古文酳作酌

疏主人至嘗之○注爵無至作酌○釋曰自此盡外堂復位論主人初獻尸并獻祝及獻佐食之事云爵無足曰廢爵者案下文主婦洗足爵鄭云爵有足輕者飾也則主人喪重爵無足可知凡諸言廢者皆是無足廢敦之類是也云主人北面以酳酢變吉也者案特牲少牢尸拜受主人西面拜送與此面相反故云變吉也案特牲直有主人送拜雖不見主人面位約與少牢同皆西面也云凡異者皆變吉者案特牲云主人拜送此云主人荅拜特牲云尸卒角祝受尸角曰送爵此不云送爵特牲濟肝訖加於菹豆此齊肝訖加於俎皆是異於吉時故云凡異者皆變吉

賓長以肝從實于俎縮右鹽縮從也從實肝炙於俎也喪祭進柢右鹽於俎近北便尸取之也縮執俎言右鹽則肝鹽併也

疏賓長至右鹽○注縮從至併也○釋曰云縮從也從實肝炙於俎也喪祭進柢者案下記云載猶進柢柢本也謂肝之本頭進之向尸云右鹽於俎近北便尸取之也者從執俎一頭向尸據執俎之人左畔有肝右畔有鹽西面向尸尸東面以右手取肝於俎右畔擩鹽於左畔是以鹽於俎之近北便尸取之云縮執俎言右鹽則肝鹽併也者謂俎既縮執則狹肝鹽不容相遠是執俎人右畔有鹽左畔有肝故云併也

尸左執爵右取肝擩鹽振祭嚌之加于俎賓降反俎于西塾復位取肝右手也加于俎從其牲體也以喪不志於味

疏尸左至復位○注取肝至於味○釋曰復位者謂賓長也尸既振肝訖復西階前衆兄弟之南東面位云以喪不志於味者決特牲少牢尸嚌肝訖加菹豆以近身此虞禮尸嚌肝訖不加于菹豆而遠加於俎以同牲體者以喪志不在於味故遠身加俎也若然特牲少牢祝不敢與尸同加於菹豆嚌肝訖加于俎與此尸同者祝無不在位之嫌禮窮則同故也

尸卒爵祝受不相爵主人拜尸荅拜不相爵喪祭於禮畧相爵者特牲曰送爵皇尸卒爵祝酌授尸尸以醋主人主人拜受爵尸荅拜醋報主人坐祭卒爵拜尸荅拜筵祝南面祝接神尊也筵用萑席

疏筵祝南面○注祝接至萑席○釋曰上文尸用葦席其祝席經記雖不言以尸用在喪故不用萑今祝冝與平常同故用萑也云祝接神尊也者解先得獻之事

主人獻祝祝拜坐受爵主人荅拜獻祝因反西面位

疏主人至荅拜○注獻祝至面位○釋曰云獻祝因反西面位者以少牢云主人受酢時主人拜受爵尸荅拜主人西面奠爵特牲云主人拜受角雖不言西面彼注云退者進受爵反位則西面也是吉祭時主人西面故上注云北面以酳酢變吉也今至酳酢及獻祝訖明因反西面位可知也

薦菹醢設俎祝左執爵祭薦奠爵興取肺坐祭嚌之興加于俎祭酒嘗之肝從祝取肝擩鹽振祭嚌之加于俎卒爵拜主人荅拜今文無擩鹽

疏薦菹至荅拜○釋曰此直言薦菹醢設俎者不見薦徹之人案下文云祝薦席徹入于房注云徹薦席者執事者則此設者亦執事可知

祝坐受主人主人酌獻佐食佐食北面拜

坐受爵主人荅拜佐食祭酒卒爵拜主人荅拜受爵出實于篚升堂復位篚在庭不復入事已也亦因取杖乃東面立〔疏〕注篚在至面立○釋曰云篚在庭者此雖無文約同薦車設遷奠之等也云不復入事已也亦因取杖乃東西面立者上文哭時主人升堂西序東面又上文云主人倚杖入今升堂復位不復入室以其事已因得取杖復東面位也

主婦洗足爵于房中酌亞獻尸如主人儀爵有足輕者飾也昏禮曰內洗在北堂直室東隅〔疏〕主婦至人儀○注爵有至東隅○釋曰自此盡入于房論主婦獻尸并獻祝及佐食之事云如主人儀者即上主人酳尸尸拜受爵主人北面荅拜之等今主婦亞獻亦然故云如主人儀也云爵有足輕者飾也者主婦主人之婦爲舅姑齊衰是輕於主人故爵有足爲飾也引昏禮者證經洗爵于房中不言設洗處宜與昏禮同也

自反兩籩棗栗設于會南棗在西尚棗棗美〔疏〕自反至在西○注尚棗棗美○釋曰案特牲宗婦執兩籩主婦受設于敦南此主婦自反兩籩不使宗婦者以喪尚纓縫反吉故然上主人獻使贊薦菹醢注云齊斬之服不執事者彼爲主人獻故不使主婦薦此亞獻已所有事故自薦可知

尸祭籩祭酒如初賓以燔從如初尸祭燔卒爵如初酳獻祝籩燔從獻佐食皆如初以虛爵入于房初主人儀〔疏〕尸祭至于房○注初主人儀○釋曰此尸祭籩已下至籩燔從獻佐食皆舉主人獻尸賓長以肝從至佐食祭酒卒爵拜主人荅拜受爵出實于篚並如主人儀故皆云如初也

賓長洗繶爵三獻燔從如初儀繶爵口足之閒有篆文彌飾〔疏〕賓長至初儀○注繶爵至彌飾○釋曰此一節論賓長終三獻之事云繶爵口足之閒有篆文彌飾者案屨人繶是屨之牙底之閒縫中之飾則此爵云繶者亦是爵口足之閒有飾可知云文彌飾以其主婦有足已是有飾今口足之閒又加飾也

婦人復位復堂上西面位事已尸將出當哭踊〔疏〕婦人復位○注復堂至哭踊○釋曰自此盡拜稽顙論祭訖送尸及改饌爲陽厭之事云復堂上西面位者上云主人即位於門外如朝夕臨位婦人及內兄弟服即位於堂亦如之以下更不見別有婦人位明復位者還此位可知又案士喪禮凡臨位婦人即位于堂南上即面位也云尸將出當哭踊者以哭送此喪祭故踊特牲吉祭不哭踊故亦無此復位之事也

祝出戶西面告利成主人哭西面告告主人也利猶養也成畢也言養禮畢也不言養禮畢於尸閒嫌〔疏〕祝出至人哭○注西面至閒嫌○釋曰云西面告告主人也者以處主人東面故祝西面對而告之云不言養禮畢於尸閒嫌者若言養禮畢即於尸中閒有嫌諷去之或本閒作閑音以養尸事畢而尸空閑嫌諷去之

皆哭丈夫婦人於主人哭斯哭矣〔疏〕皆哭○注丈夫至哭矣○釋曰言上云主人哭則主人之外緦麻以上在位者皆哭故鄭揔丈夫婦人於主人哭斯哭矣

祝入尸謖謖起也祝入而無事尸則知起矣不告尸者無遺尊者之道也古文謖或爲休〔疏〕祝入尸謖○注謖起至爲休○釋曰云祝入而無事尸則知起矣者雖不告尸無事尸亦知無事禮畢而起矣云不告尸者無遺尊者之道也者謂不告尸以禮畢者尸尊若告之則如發遣尊者故云不告尸者無遺尊者之道也

從者奉篚哭如初初哭從尸

祝前尸出戶踊如初降堂踊如初出門亦如之前道也如初者出如入降如升三者之節悲哀同〔疏〕祝前至如之○注前道至哀同○釋曰案上文尸入門丈夫踊婦人踊尸及階祝延尸尸升宗人詔踊如初尸入戶踊如初故此鄭云出如入降如升三者之節悲哀同是以如之得有三者也

祝反入徹設于西北隅如其設也几在南厞用席改設饌者不知鬼神之節改設之庶幾歆饗所以爲厭飫也几在南變古文明東面不南面漸也厞隱也于厞隱之處從其幽闇〔疏〕祝反至用席○注改設至幽闇○釋曰祝反入謂送尸出門而反入徹神前之饌故設於西北隅也云如其設也者謂設于西北隅亦第一如奧中東面設云几在南變古文者上文陰厭時設几席于室中東面右几今云几在南明其同必變文者案少牢大夫禮陽厭時南亦几在右此言右几嫌與大夫同南面而右几故變文云几在南與前在奧同故云明東面也又以特牲云祝筵几于室中東面至於改饌云佐食徹尸薦俎敦設于西北隅几在南是與此同也云不南面漸也者以特牲東面右几今虞爲喪祭是向吉有漸

故設几與吉祭同厞隱也于厞隱之處從其幽闇者謂以席爲障使之隱故云厞隱從其幽闇也

祝薦席徹入于房祝自執其俎出徹薦席者執事者祝薦席則初自房來

疏祝薦至俎出。注徹薦至房來。釋曰云徹薦席者執事者但祝之薦席設與徹不言其人知使執事者以其主人之士不言官者皆爲之故也云祝薦席則初自房來者以其上文神席在西序下此祝經記俱不言今知自房來者見公食大夫記云筵出自房昏禮與士冠席皆亦自房來者在于房故比祝席亦自房來今還于房可知也

贊闔牖戶鬼神尚居幽闇或者遠人乎贊佐食者

疏贊闔牖戶。注鬼神至食者。釋曰云或者遠人者乎禮記郊特牲文此鄭玄之義并直取鬼神居幽闇或取遠人之意故也知是生人之意云贊佐食者自上以來行事唯有祝與佐食以其云祝自執其俎出故知闔牖戶者是佐食也

主人降賓出宗人詔主人降賓則出廟門

主人出門哭止皆復位門外未入位

疏注門外未入位。釋曰知是門外位者以經云出門乃更云皆復位明門外未入位可知

宗人告事畢賓出主人送拜稽顙送拜者明于大門外也賓執事者皆去即徹室中之饌者兄弟也

疏宗人至稽顙。注送拜至弟也。釋曰云送拜者明于大門外也者以其上文云復位是殯門外未出大門此云送拜是大門外送拜可知知徹室中之饌者兄弟也者賓即執事而云賓出則室中無執事之人唯有兄弟故徹室中之饌者兄弟可知也

記虞沐浴不櫛沐浴者將祭自絜清不櫛未在於飾也唯三年之喪不櫛期以下櫛可也今文曰沐浴

疏記虞沐浴不櫛。注沐浴至沐浴。釋曰云唯三年之喪不櫛期以下櫛可也者經云不據三年爲主案下文班祔而明期以下虞而沐浴櫛可也

陳牲于廟門外北首西上寢右言牲腊在其中西上變吉寢右者當升左胖也腊用棜檀弓曰既反哭主人與有司視虞牲

疏陳牲至寢右。注言牲至虞牲。釋曰知腊在牲中者士虞唯有一豕而云西上明知兼免腊得云西上也云西上變吉者案少牢二牲東上是吉祭東上今此西上是變吉也云寢右者當升左胖也者若然特牲腊在東置於棜東首牲在西尚右今虞禮反吉故寢右升左胖知腊用棜者案特牲陳鼎於門外北面北上棜在南南順實獸于其上東首是也引檀弓者證虞時有牲之事

日中而行事朝葬日中而虞君子舉事必用辰正也再虞三虞皆質明

疏日中而行事。注朝葬至質明。釋曰云辰正者謂朝夕日中也以朝有葬事故至日中而行虞事也云再虞三虞皆質明者以朝無葬事故皆質明而行虞事是用朝之辰正也

殺于廟門西主人不視豚解主人視牲不視殺凡爲喪事畧也豚解解前後脛脊脅而已孰乃體解升於鼎也今文無廟

疏殺于至豚解。注主人至無廟。釋曰云主人視牲不視殺凡爲喪事畧也者案特牲饋食禮宗人告濯具賓出主人出皆復外位鄭云爲視牲也又曰告事畢賓出主人拜送與主人服如初立于門外東方南面視側殺然則特牲吉祭故主人視牲又視殺今虞爲喪事故主人視牲不視殺是其畧也凡者衆辭但此經與特牲饋食不同者皆爲喪事畧故云凡以廣之豚解解前後脛脊脅而已孰乃體解升於鼎也者體解下文七體是也

羹飪升左肩臂臑肫骼脊脅離肺膚祭三取諸左膉上肺祭一實于上鼎肉謂之羹飪孰也脊脅正脊正脅也喪祭畧七體耳離肺舉肺也少牢饋食禮曰舉肺一長終肺祭肺三皆刌膉脰肉也古文曰左股上此字從肉殳殳矛之殳聲

疏羹飪至上鼎。注肉謂至殳聲。釋曰肉謂之羹爾雅釋器文飪孰釋言文云脊脅正脊正脅也者案特牲注云不貶正脊不奪正也然則此爲喪祭體數雖畧亦不奪正故知脊脅正脊正脅也云喪祭畧七體耳者案特牲尸俎右肩臂臑肫胳正脊二骨橫脊長脅二骨短脅注云士之正祭禮九體貶於大夫有併骨二亦得十一之名合少牢之體數此所謂放而不致者然則此所升唯七體故云喪祭畧七體耳云離肺舉肺也者案特牲注云離猶捘也小而長午割之亦不提心謂之舉肺是也引少牢饋食禮者證離肺舉肺之異也云膉脰肉也者案少牢云雍人倫膚九實于一鼎注云倫擇也膚脅革肉擇之取美者案下注今以脰肉貶於純吉則此用膉爲貶於純吉之事也云古文曰左股上此字從肉殳殳矛之殳聲者鄭注儀禮疊古文從經今文又說古文解之者鄭欲兩從故也但字從肉義可知而以殳與股不是形人之類其理未審

升魚鱄鮒九實于中鼎差減之

疏升魚至中鼎。注差減之。釋曰差減之者案特牲魚十有五今爲喪祭畧而用九故云差減之也

升腊左胖髀不升實

于下鼎腊七亦體牲之類〔疏〕升腊至下鼎○注腊七亦體牲之類○釋曰云腊亦七體牲之類者牲上文升左肩臂臑肫胳脊脅是牲之七體今升腊左胖亦然特牲記云腊如牲骨是也皆設扃鼏陳之嫌既陳乃設扃鼏也今文扃作鉉古文鼏作密〔疏〕皆設扃鼏陳之○注嫌既至作密○釋曰云嫌既陳乃設扃鼏也者經云陳三鼎後言設扃鼏有嫌故記人辨之皆先扃鼏後陳之也載猶進柢魚進鬐猶猶士喪既夕言未可以吉也柢本也鬐脊也今文柢爲胝古文鬐爲耆〔疏〕載猶至進鬐○注猶猶至爲耆○釋曰鬐柢二者皆變於吉是以少牢云下利升豕其載如羊皆進下注云變於食也又曰腊一純而俎亦進下又曰魚用鮒十有五而俎縮載右首進腴注云亦變於食生也是皆與此反矣是變於吉也云猶猶士喪既夕言未可以吉也者云與吉反則明與生人同士喪禮小斂云皆覆進柢注云柢本也進本者未異於生也至大斂載魚左首進鬐腊進柢鄭注云亦未異於生也又葬奠云如初皆未異於生故記人以猶之是以鄉飲酒鄉射記皆云右體進腠是也祝俎髀脰脊脅離肺陳于階間敦東不升於鼎賤也

統於敦明神惠也祭以離肺下尸〔疏〕祝俎至敦東○注不升至下尸○釋曰云不升於鼎賤也者祝對上尸俎羹飪升於鼎爲貴者也云統於敦明神惠也者案上文饌黍稷二敦於階間西上是神之黍稷今陳祝饌于神饌之東統于神物明惠由神也云祭以離肺下尸者以共尸祭用刌肺祝不用刌肺用離肺故云下尸也淳尸盥執槃西面執匜東面執巾在其北東面宗人授巾南面槃以盛棄水爲淺汙人也執巾不授巾卑也〔疏〕淳尸至南面○注槃以至卑也○釋曰上經直云淳尸盥宗人授巾不云執槃與執匜執巾及宗人授巾等面位故記人明之主人在室則宗人升戶外北面當詔主人室事〔疏〕主人至北面○注當詔主人室事○釋曰上經唯言宗人告有司具及詔主人踊皆堂下之事今主人入室宗人當升戶外詔主人室中之事故升堂也佐食無事則出戶負依南面室中尊不空立戶牖之閒謂之依〔疏〕佐食至南面○注室中至之依○釋曰云戶牖之閒謂之扆此爾雅文謂戶西南面也鉶芼用

苦若薇有滑夏用葵冬用荁有枏苦苦荼也荁堇類也乾則滑夏秋用生葵冬春用乾荁古文苦爲枯今文或作芐〔疏〕鉶芼至有枏○注苦苦至作芐○釋曰案公食記三牲具則牛藿羊苦豕薇各用其一若一牲者容兼用其二是以及特牲一豕皆云鉶芼苦薇是科用其一也知荁堇類者以內則云堇荁枌榆同爲滑物故知荁堇類也云乾則滑者以其冬用之故知乾則滑于堇也云夏秋用生葵冬春用乾荁者以其秋與夏同有生葵春初未生者故春約與冬同是以經直云冬明舉夏以兼秋舉冬以兼春也豆實葵菹菹以西嬴醢籩棗烝栗擇棗烝栗擇則菹刌也棗烝栗擇則豆不揭籩有籐也〔疏〕豆實至栗擇○注棗烝至籐也○釋曰云棗烝栗擇則菹刌也棗烝栗擇則豆不揭籩有籐也者此雖無正文案士喪禮大斂云毼豆兩其實葵菹芋嬴醢兩籩無籐布巾其實栗不擇脯四脡自大斂後皆云如初則葬奠四豆脾析葵菹亦長矣四籩棗糗栗脯亦不擇也至此乃云棗烝栗擇則菹亦切矣豆籩有飾可知尸入祝從尸祝在主人前也嫌如初時主人倚杖入祝從之初時主人之心尚若親存宜自親之今既接神祝當

詔侑尸也〔疏〕尸入祝從尸○注祝在至尸也○釋曰上經陰厭時主人先祝入戶至此迎尸祝在主人前先後有異故記人明之是以鄭云祝在主人前也嫌如初時主人倚杖入祝從之也云今既接神祝當詔侑尸也者尸神象是以云既接神祝當詔侑尸即上祝命佐食爾敦舉黍稷及祝酌授尸及祝出告利成祝入尸謖之等是也尸坐不說屨侍神不敢燕惰也今文說爲稅〔疏〕尸坐不說屨○注侍神至爲稅○釋曰案鄉飲酒燕禮之等凡坐降說屨乃升坐今尸雖坐不說屨者爲侍神不敢燕惰故也

儀禮疏卷第四十二

大清嘉慶二十年重刊
用文選樓藏本校定

盧宣旬校

江西督糧道王賡言廣豐縣知縣阿應麟栞

儀禮注疏卷四十二校勘記　阮元撰盧宣旬摘録

士虞禮第十四

虞安也 安上集釋楊氏俱有猶字按釋文有猶字李楊自據釋文勿以改疏

士既葬父母 通解要義同毛本楊氏葬下有其字○按此其字與下句而字亦俱見釋文

日中祭 要義楊氏同毛本通解中下有而字

小戴第十五 當作第八第十五乃聘禮

士虞禮

其云饋者 者陳閩俱作也

側亨于廟門外之右

云側亨亨一胖也 毛本胖誤作判

云是日也至喪祭 毛本作云是日也以虞易奠祔而以吉祭易喪祭通解與毛本同

尊兩甒於廟門外之右少南 南下陳閩通解俱有水尊在酒西五字

則鼎鑊亦在門左 要義同毛本此下更有以此知卒哭對虞爲吉祭也十一字通解同

明日以其班祔沐浴又云 要義同毛本無沐浴又云西字有用專膚爲折俎取諸脰膉十字通解同

魚腊爨亞之

故王孫賈問孔子曰 問下要義有於字

素几葦席

毋巋一几 陳閩通解要義同毛本巋作敦○按周禮司几筵作每敦一几鄭注敦讀曰燾即改爲燾字此正義例也

饌兩豆菹醢于西楹之東

又左菹右醢 陳閩通解同毛本菹作俎按菹是也

匜水錯于槃中○簞巾在其東 巾唐石經徐本釋文集釋楊敖俱作巾通解毛本作布石經考文提要云特牲少牢皆有簞巾

陳三鼎于門外之右

今文扃爲鉉 爲釋文要義俱作作

匕俎在西塾之西

在内西塾上 此句下而在塾上四字毛本通解無

主人及兄弟如葬服○皆即位于門外 外下通典有之左二字

卒去無時之哭 陳本通解要義同毛本去作云

則依其喪服 陳本通解要義同毛本依作作

即此經賓執事者弔服是也 要義同毛本是作士

取於大功以下 要義同毛本通解取上有則○按此本誤脱曾子問有則字

祝免澡葛絰帶

祝所親也 祝閩監葛本俱誤作祀

然則士之屬官 浦鏜云吏誤官從雜記疏按盧文弨云疏作吏○按上節疏引此注作官

宗人告有司具

朝夕哭祭時 毛本通解無祭字

主人即位于堂

乃反哭入門升自西階 徐本集釋通解楊敖同毛本門作則浦鏜云既夕經無此字

此則異於朝夕　徐本楊敖同毛本通解無此則二字

贊薦菹醢

衰斬之服　徐本集釋通解同通典要義楊氏毛本衰俱作齊按疏作齊

佐食及執事盥出

西方位也　徐本集釋楊敖同毛本通解西上有在字

主人再拜稽首

復位復主人之左　此注徐本通典集釋楊敖俱在稽首下與單疏標目合通解與毛本同按通解截經文復位以上爲設饌節主人再拜以下爲饗神節遂移此注于復位下

祝從在左　毛本左下有右字通解誤作左屬下句

祝饗

告神饗　徐本集釋楊氏同通解毛本饗下有也字

下至適爾皇祖某甫尚饗　徐本集釋楊氏同毛本通解無尚字

佐食許諾

如今擐衣也　擐釋文作揎云音宣手發衣曰揎又作擐音患古患反要義載注及疏亦俱作揎

當有主象而無何乎　徐本集釋要義楊氏同毛本通解作可

按上文祝取苴降洗設于几東者　要義同毛本洗作席按洗是也

祝迎尸一人衰絰奉篚　陸氏曰篚本亦作匪

心無所繫　徐本集釋通解楊敖同毛本心作公○按儀禮圖亦作心

無從尸之理　陳閩通解要義同毛本理作禮

尸及階

如出戶　毛本戶誤作尸

云如升者　毛本通解如作以

從者錯篚于尸左

象特牲肵俎肵俎置于席北　肵俎二字毛本通解不重出

尸取奠左執之

隋之猶言墮下也　猶言二字集釋倒張氏曰按釋文云猶墮則言字當在猶字上墮下之隋當作隳今本以隋解隋其誤不待辨從釋文識誤按云隋古通用隋周禮守祧之文可證即儀禮中亦皆作隋故注以隋解之若隳乃隋之俗體耳注文當作隋之言猶隋張氏不知上隋字與經竝應爲隋而改下隋字以從俗疏矣○按儀禮內隋祭之隋或作隨或作隋諸本不能畫一說文隋裂肉也唐韻徒果切此字惟周禮有之他經罕見自隋以來借爲隨字而本音本義亡矣此注以隋下釋隋祭世遂以隨代隋間有作隋者據周禮正之也

既祭藏其隋　通解要義同毛本祭下有則字按周禮有則字

謂此隋祭一也　此要義作比

不從綏與羞之意也　通解同毛本意作義

隋與挼讀同耳也　陳本通解要義同毛本挼作綏按挼是也

佐食舉肺脊授尸

祝命爾敦　楊氏同毛本通解爾作邇下同

尸祭鉶嘗鉶

冬用苴　閩監同毛本陳本通解苴俱作苴○按記文是苴字

尸飯播餘于篚

飯黍毋以箸　陳本通解要義同毛本箸作著○按說文有箸無著

證播飯去手爲放飯　通解要義同毛本播作搏

三飯

飯門唱肉安食氣　毛本門作間張氏曰監巾箱杭本間作門從諸本

主人洗廢爵

古文酳作酌　錢大昕曰說文無酳字說文酌少少飲也音與酳同學者多聞酌少聞酌故注文譌爲酌釋文於酌無音蓋陸所見本已譌爲酌矣

與此面相反　毛本通解此作北

賓長以肝從

從實肝炙於俎也　從通解敖氏俱作縮

喪祭進柢　柢嚴本敖氏俱从手似誤

尸左執爵

祝不敢與尸同加於菹豆　毛本菹誤作俎

加于俎　通解同毛本于作與

祝酌授尸尸以醋主人　陸氏曰醋本亦作酢

主人坐祭

解先得獻之事　毛本通解先得作得先

主人獻祝

獻祝因反西面位　面徐本集釋楊氏俱作面與此本標目合通解毛本作南周學健云上主人倚杖入西面是其西面位也

主人拜受角　毛本通解角下有尸拜送主人退六字此本無

主人酌獻佐食

約同薦車設遷奠之等也　通解同毛本遷奠作薦奠閩本誤作薦尊

乃東西面立者　毛本通解無西字

主婦洗足爵于房中

尸拜受爵　尸陳閩俱作及

自反兩籩棗栗

設于敦南此　此通解楊氏俱作北屬下句毛本作北

賓長洗繶爵

口足之間有篆　篆下通典有文字是也

婦人復位

卽面位也　要義同毛本通解卽下有西字

祝出戶

以處主人東面　以字下陳閩通解俱有其字面陳閩俱無

故祝西面對而告之　西閩本作南

祝入尸謖

謖起也祝入而無事　上三字毛本俱脫徐本通典集釋楊氏俱有與單疏標目合通解無按通解載釋文於注前已有此三字遂刪注首

祝前尸出戶

尸入戶踊如初　陳閩通解要義同毛本戶作尸○按戶是也

祝反入

庶幾歆饗　毛本饗作響徐陳閩葛集釋通解俱作饗

變古文明東面　古通典集釋俱作右張氏曰疏云上文設几席于室中東面右几今云几在南明其同必變文者少牢大夫禮亦几在南此言右几嫌與大夫同予以爲鄭氏稱作經者變上右几之文而已未必及大夫也然古必作右從疏盧文弨按引方云古乃吉之譌文乃叉之譌○按張說與通典合方說恐非

變古文者　古要義作右按右字是

今云几在南　要義楊氏同毛本通解云作文按識誤引疏亦作云

陽厭時南　要義同通解楊氏毛本南下有面字

祝薦席徹

以其主人之士　毛本通解士作事

今還于房可知也　毛本通解于作與

贊闔牖戶

鬼神尚居幽闇　通典無居字

或者遠人乎　張氏曰疏者作諸特牲饋食禮注亦曰或諸遠人乎從疏

云或者遠人者乎　上者字要義作諸與識誤合毛本者乎作乎者

知是生人之意　要義同通解毛本無

主人出門哭止　止上通典有者字

宗人告事畢

未出大門　陳閩通解楊氏同毛本大作入監本作人俱誤

記　虞沐浴不櫛　敖氏無沐字云本云沐浴而鄭注乃云今文曰沐浴則是鄭氏但從古文元無沐字也毛本記與注首皆云沐浴蓋傳寫者誤衍之盧文弨云沐浴當倒爲浴沐疏云期以下虞而浴沐櫛可證蓋浴而沐沐而櫛櫛而搔翦其次弟如是後人見經書多言沐浴遂誤易之耳○許宗彥云今文曰沐浴蓋無不櫛二字異于古文耳觀後經文沐浴櫛蚤揃注曰今文曰沐浴蚤揃對勘自明矣盖後注言今文無櫛字此注言今文無不櫛二字以後證前褱無可疑諸校者皆誤

虞而沐浴櫛可也　陳本要義同毛沐浴作浴沐

陳牲于廟門外

證虞時有牲之事　陳閩要義同毛本有作右

日中而行事

再虞三虞皆質明　毛本質誤作執疏同

故至日中而行虞事也　要義同毛本通解至作云

羹飪

此字從肉殳殳矛之殳聲　徐本集釋字上俱有此字與疏合肉下俱無從字與單疏述注合毛本通解無此字肉下有從字○按此句當云此字從肉殳聲復於殳下加殳矛之殳四字乃注中之注也後人連讀更衍一從字則聲字如贅旒然

擇之取美者　通解同毛本美作羹○按美字是也

貶於純吉　毛本純作肫浦鏜云純誤肫

此字從肉殳　毛本肉下有從字

不是形人之類　是閩本誤作足人一本改作聲按說文股從肉殳聲與鄭注合賈氏於偏傍之學甚疏

升腊左胖

牲上文升左肩臂臑肫胳脊脅　要義同毛本無牲字

截猶進柢

今文柢爲胝 徐本釋文集釋同毛本胝作眂通解作眂亦誤

下利升豕 通解同毛本升作生○按少牢是升字生字誤

變於食也 毛本通解食下有生字按當有生字

是皆與此反矣 通解同毛本與作於

皆覆進柢 通解要義同毛本覆作復

祝俎髀脰脊脅離肺 脰唐石經初刻作豆後加月

鉶芼○冬用荁 荁徐本作苴誤注同

古文苦爲枯 陸氏曰劉本作枯○按劉本疑作姑姑枯古通用易大過枯楊鄭以爲無姑山榆

今文或作芐 作釋文作爲芐嚴本毛本作芐徐本釋文並作苄閩葛俱作笇

豆實葵菹

則豆不揭 毛本揭作䩭嚴陳監本釋文集釋通解俱作楬與單疏述注合徐本楊氏俱作揭閩葛俱作䩭

陸氏曰楬本又作䩭

籩有籐也 籐嚴本集釋俱作籐與單疏述注合毛本作縢徐陳閩葛監本通解俱作藤楊氏作藤俱誤

則豆不楬 陳閩監本俱作楬毛本作䩭

籩有籐也 籐陳閩監本作籐毛本作縢下同

䩭豆兩 陳閩監本通解同毛本䩭作楬○按士喪禮作䩭

尸入祝從尸 瞿中溶云祝唐石經原刻作執

尸坐不說屨

侍神不敢燕惰也今文說爲稅 下六字徐本集釋通解俱有與單疏標目合楊氏無

按毛本脫也字以今文說爲稅五字誤爲釋文

儀禮注疏卷四十二挍勘記終

奉新余成敎挍

儀禮疏卷第四十三

唐朝散大夫行大學博士弘文館學士臣賈公彥等撰

尸謖祝前鄉尸前道也祝道尸必先鄉之爲之節〈疏〉尸謖祝前鄉尸。注前道至之節。釋曰此記尸謖之時祝前尸之儀也云必先鄉之爲之節者言必先面鄉尸者爲之節度也

還出戶又鄉尸還過主人又鄉尸還降階又鄉尸過主人則西階上不言及階明主人見尸有踧踖之敬〈疏〉還出至鄉尸。注過主至之敬。釋曰過主人則西階上不言及階明主人見尸有踧踖之敬者以其經出戶降階及門皆指物而言主人者欲見階上不言西階而言主人者欲見主人見尸有踧踖之敬故沒去階名而云主人也

降階還及門如出戶及至也言還至門明其閒無節也降階如升時將出門如出戶時皆還鄉尸也每將還必有辟退之容凡前尸之禮儀在此〈疏〉降階至出戶。注及至至在此。釋曰言還至門明其閒無節也者以經自階已前皆不言及從階到門言及者以其自階到門其中道遠故特言及以殊之是以鄭云言還至門明其閒無節謂無還鄉尸之節也云降階如升時將出門如出戶時皆還鄉尸也經直云及門如出戶雖不言降階如升時以將出門如出戶明降階如升時故鄭約出門以明降階也云皆還鄉尸者欲見經還者皆還鄉尸也謂鄉尸乃前道也云每將還必有辟退之容者辟退即逡巡謙讓之容貌也云凡前尸之禮儀在此者以儀禮一部所云前尸之禮儀在此經爲具悉者

尸出祝反入門左北面復位然後宗人詔降〈疏〉尸出至詔降。釋曰尸出祝反入門左北面復位者謂祝既送尸出反入門復位復上文祝入門左北面位故云復位也云然後宗人詔降者謂祝復位宗人乃詔告主人降以其無事故也

尸服卒者之上服上服者如特牲士玄端也不以爵弁服爲上者祭於君之服非所以自配鬼神士之妻則宵衣耳〈疏〉尸服卒者之上服。注上服至衣耳。釋曰上經直見主人服不見尸服故記人明之云主服對深衣在下玄端者案特牲經筮日云主人冠玄端至祭日夙興主人服如初是士之正祭服玄端即是卒者生時所著之祭服故尸還服之云不以爵弁服爲上者祭於君之服

非所以自配鬼神者案曾子問孔子曰尸弁冕而出卿大夫士皆下之注云爲君尸或弁者先祖或有爲大夫士者彼君之先祖爲士尸服爵弁不服玄端者子孫爲諸侯先祖尸在中故先祖爲士者尸還服助祭於君之服也云士之妻則宵衣耳者以其經直云尸不辨男女士虞既男女別尸明經云尸可以兼男女故鄭併云士之妻也案特牲正祭主婦著纚笄宵衣明女尸亦宵衣可知

男男尸女女尸必使異姓不使賤者異姓婦也賤者謂庶孫之妾也尸配尊者必使適也〈疏〉男男至賤者。注異姓至適也。釋曰虞卒哭之祭男女別尸故男女別言之也云異姓婦也者以男無異姓之禮故也知經云必使異姓者據與婦爲尸者也不使同姓與婦爲尸者尸須得孫列者孫與祖爲尸孫婦還與夫之祖姑爲尸故不得使同姓女爲尸也云賤者謂庶孫之妾也尸配尊者必使適也者男尸先使適孫無適孫乃使庶孫女尸先使適孫妻無適孫妻使適孫妾又無妾乃使庶孫妻即不得使庶孫妾以庶孫之妾是賤之極者若然庶孫妻亦容用之而鄭云必使適也者據經不使賤有適孫妻則先用適而言其實容用庶孫妻法也必知無容用庶孫者以曾子問孔子曰祭成喪者必有尸尸必以孫孫幼使人抱之無孫則取於同姓可也彼不言適是容無適而用庶此經男女別尸據虞祭而言至卒哭已後自禫已前喪中之祭皆男女別尸知者案司几筵云每敦一几鄭注云雖合葬及同時在殯皆異几體實不同祭於廟同几精氣合少牢吉祭云某妃配是男女共尸篇末云是月也吉祭猶未配注云是月是禫月也當四時之祭月則祭猶未以某妃配某氏哀未忘也則引少牢吉祭妃配之事爲證明禫月不當四時祭月則不云某妃配配則共尸可知

無尸則禮及薦饌皆如初無尸謂無孫列可使者也殤亦是也禮謂衣服即位升降〈疏〉無尸至如初。注無尸至升降。釋曰自此盡詔降如初論喪祭無尸之事云無尸謂無孫列可使者知謂無孫列者禮記云無孫則取同姓之適則大夫士祭先取孫無孫取同姓之適是有孫列可使復無同姓之適是無孫列可使者也云殤亦是也者禮記曾子問云祭成喪者必有尸明殤死無尸可知曾子問又云宗子直有陰厭庶殤直有陽厭是無尸也云禮謂衣服即位升降者雖無尸主人亦如葬所服即位於西序及升降與有尸相似

既饗祭于苴〈疏〉既饗祭于苴。釋曰云既饗者正謂祝釋饗神辭告之使令祔之安之釋饗訖佐食取黍稷祭于苴

祝祝卒

記異者之節。〔疏〕祝祝卒。注記異者之節。釋曰云記異者謂記無尸者異於有尸何者有尸祝釋孝子辭釋辭訖爲祝祝卒別有迎尸已後之事今無尸者祝祝卒饗神訖無迎尸已後之事故下文云不綏祭之等是記異者之節也

不綏祭無泰羹湆胾從獻不綏言獻記終始也事尸之禮始於綏祭終於從獻綏當爲墮〔疏〕不綏至從獻。注不綏至爲墮。釋曰此四事皆爲尸是以上文有尸者云迎尸而入祝命佐食綏祭又泰羹湆自門入設于鉶南胾四豆設于左又尸食之後主人獻之後賓長以肝從主婦亞獻賓長以燔從賓長獻後亦如之無尸闕此四事自羹巳下三事皆蒙無字解之也云不綏言獻記終始也者以見經無尸具陳四事凡祭禮以獻爲終畢終以見始亦得爲義今不但言獻記其終始具言四事者欲明始於綏祭終於從獻故鄭即云事尸之禮始於綏祭終於從獻者故具言之云綏當爲墮者周禮守祧職云既祭藏其墮字爲正取減爲義

主人哭出復位於祝祝卒〔疏〕主人哭出復位。注於祝祝卒。釋曰謂祝祝卒無尸可迎既無上四事主人逡即哭出復戶外東面位也

祝闔牖戶降復位于門西門西北面位也

〔疏〕祝闔至門西。注門西北面位也。釋曰鄭此及下注皆云復位者門西北面位者據上文尸出祝反入門左北面復位也

男女拾踊三拾更也三更踊〔疏〕男女拾踊三。注拾更也三更踊。釋曰凡言更踊者主人踊主婦踊賓乃踊三者三爲拾也

如食閒隱之如尸一食九飯之頃也〔疏〕如食閒。注隱之至頃也。釋曰隱之者謂闔牖戶也九飯之頃時節也

祝升止哭聲三啓戶聲者噫歆也將啓戶警覺神也今文啓爲開〔疏〕祝升至啓戶。注聲者至爲開。釋曰云聲者噫歆也者若曲禮云將上堂聲必揚故云將啓戶警覺神也

主人入親之〔疏〕主人入。注親之。釋曰云親之者啓牖鄉是親之事主人無事而入者是主人親至神所恭敬之事也

祝從啓牖鄉如初牖先闔後啓扇在內也鄉牖一名也如初者主人入祝從在左〔疏〕注牖先至在左。釋曰云牖先闔後啓扇在內也者見上文闔牖戶闔時牖先言此經上云主人入祝從乃言啓牖是戶先開乃啓牖故須解之扇在內也云鄉牖一名也者案詩云塞鄉墐戶注云鄉北出牖也與此注不同者語異義同北牖名鄉鄉亦是牖故云牖一名也云如初者主人入祝從入在左者鄭以經如初之文在牖鄉之下恐人以爲啓牖鄉如初上既無啓牖鄉之事明據主人與祝位如初也

主人哭出復位堂上位也〔疏〕主人哭出復位。注堂上位也。釋曰案下文云宗人詔降如初注云詔主人降之降堂明此復位者復堂上東面位也

乃卒徹祝佐食降復。位祝復門西北面位佐食復西方位不復設西北隅者重閉牖戶褻也〔疏〕注祝復至褻也。釋曰鄭知祝與佐食位如此者見上經云主人即位于堂衆主人及兄弟賓即位于西方佐食即賓也故知佐食言復位復西方可知知祝復位復門西北面位者上經祝入門左北面注不與執事同位接神尊也明此祝復位復門西北面位可知云不復設西北隅者重閉牖戶褻也者上經有尸者有陰厭有陽厭無闔牖戶之事今無尸者陰厭時闔牖戶今更設饌於西北隅復更闔牖戶爲褻瀆故不爲也

宗人詔降如初初贊闔牖戶宗人詔主人降之〔疏〕宗人詔降如初。注初贊至降之。釋曰此降謂禮畢降堂也上經云贊闔牖戶主人降賓出注云宗人詔主人降彼謂降堂故鄭知此云如初亦如上經詔降也

始虞用柔日葬之日日中虞欲安之柔日陰

陰取其靜〔疏〕始虞用柔日。注葬之至其靜。釋曰自此下盡哀薦成事論初虞二虞三虞卒哭明三者之祭饗神辭及用日不同之事云葬之日日中者上文云日中行事是也葬用丁亥是柔日葬始虞用日中故云始虞用柔日也

曰哀子某哀顯相夙興夜處不寧曰辭也祝祝之辭也喪祭稱哀顯相助祭者也顯明也相助也詩云於穆清廟肅雝顯相不寧悲思不安

敢用絜牲剛鬣敢昧冒之辭豕曰剛鬣〔疏〕注敢昧至剛鬣。釋曰敢昧冒之辭者凡言敢者皆是以卑觸尊不自明之意故云昧冒之辭云豕曰剛鬣者下曲禮文

香合黍也大夫士於黍稷之號合言普淖而已此言香合蓋記者誤耳辭次黍又不得在薦上〔疏〕香合。注黍也至薦上。釋曰案下曲禮云黍曰香合粱曰香萁稷曰明粢是也云大夫士於黍稷之號合言普淖而已此言香合蓋記者誤耳者曲禮所云黍稷別號者是人君法特牲少牢黍稷合言普淖此別號黍爲香合下特號稷爲普淖故知記誤也云辭次黍又不得在薦上者依設薦法先設菹醢次設俎後設黍稷今黍在嘉薦之上此亦記者之誤故鄭非之也若然俎在後今絜牲在黍上者祭以牲爲主故先言非設時在前也

嘉

薦普淖嘉薦菹醢也普淖黍稷也普大也淖和也德能大和乃有黍稷故以爲號云〔疏〕嘉薦普淖○注嘉薦至號云○釋曰言故以爲號云以疑之者鄭以意解之無正文故言云以疑之明齊溲酒明齊新水也言以新水溲釀此酒也郊特牲曰明水涚齊貴新也或曰當爲明視爲兔腊也今文曰明粢粢稷也皆非其次今文溲爲酸〔疏〕明齊溲酒○注明齊至爲酸○釋曰云言以新水溲釀此酒也者鄭以溲水邊爲之與縮字義異謂以新水漬麴乃溲釀此酒又引郊特牲明水涚齊貴新也者彼注云涚猶清也五齊濁泲之使清謂之涚齊及取明水皆貴新也據彼注明水則周禮司烜氏所取月中之水與此明齊新水別鄭引之者彼此雖異引之直取新義是同故引爲證非謂爲一物也云或曰當爲明視謂兔腊也者士祭有兔腊是故或有人作如此說云今文曰明粢粢稷也皆非其次者若以明齊當爲明視作兔腊解者應在上與牲爲次何因退在下今文又爲稷解者上已云普淖兼黍稷何用又見稷也故知二者皆非其次也若然特牲少牢無腊號以小物畧之哀薦祫事始虞謂之祫事者主欲其祫先祖也以與先祖合爲安今文曰古事〔疏〕哀薦祫事○注始虞至古事○釋曰云虞謂之祫事者主欲其祫先祖也者案公羊傳文二年云大祫者何合祭也合先君之主於大廟故此鄭亦以祫爲合而言但三虞卒哭後乃有祔祭始合先祖始虞而已言祫者鄭云以與先祖合爲安故下文云適爾皇祖某甫是始虞預言祫之意也適爾皇祖某甫爾女也女死者告之以適皇祖所以安之也皇君也某甫皇祖字也若言尼甫饗勸強之也再虞皆如初曰哀薦虞事丁日葬則己日再虞其祝辭異者一言耳〔疏〕注丁日至言耳○釋曰己日再虞者以其後虞用剛日初虞再虞皆用柔日始虞用丁日隔戊日故知再虞用己日云祝辭異者一言耳者一言或有一句爲一言若論語云一言以蔽之曰思無邪是也今此一言則一字爲一言謂數一虞云祫再虞云虞三虞云成是也三虞卒哭他用剛日亦如初曰哀薦成事當祔於祖廟爲神安於此後虞改用剛日剛日陽也陽取其動也士則庚日三虞壬日卒哭其祝辭異者亦一言耳他謂不及時而葬者喪服小記曰報葬者報虞三月而後卒哭然則虞卒哭之閒有祭事者亦用剛日其祭無名謂之他者假設言之文不在卒哭上者以其非常也今正者自相亞也檀弓曰葬日中而

虞弗忍一日離也是日也以虞易奠卒哭曰成事是日也以吉祭易喪祭明日祔於祖父如是虞爲喪祭卒哭爲吉祭今文他爲它〔疏〕三虞至成事○注當祔至爲它○釋曰鄭云當祔於祖廟爲神安於此者卻解初虞再虞稱祫稱虞之意今三虞改用剛日將祔於祖取其動義故也云士則庚日三虞壬日卒哭者以其己日爲再虞後改用剛日故次取庚日爲三虞也卒哭亦用剛日故庚日後降辛日取壬日爲卒哭云祝辭異者亦一言耳者改虞爲成是一言也云他謂不及時而葬者謂有故及家貧不及三月因三日殯日即葬於國北引喪服小記者彼鄭注云報讀爲赴疾之赴謂不待三月因殯日虞所以安神以送形而往迎魂而反須安之故疾虞三月而後卒哭者謂卒去無時之哭鄭云卒哭待哀殺故至三月待尋常葬後乃爲卒哭祭云然則虞卒哭之閒有祭事者亦用剛日者以虞卒哭已是剛日他祭在後故亦用剛日也云其祭無名謂之他者謂虞卒哭祔祥皆有名此則無名故謂之他云文不在卒哭上者此他祭在卒哭上今退在卒哭下者以其非常又非祭故也引檀弓者證卒哭辭稱成事之義但卒哭爲吉祭者喪中自相對若據二十八月後吉祭而言禫祭已前摠爲喪祭也若然此經云三虞與卒哭哀薦成事明文而鄭注檀弓云卒哭而祭其辭蓋曰哀薦成事言蓋疑之者以鄭君以前有人解云三虞與卒哭同爲一事解之者鄭故疑卒哭之辭而云蓋也是以雜記云上大夫之虞也少牢卒哭成事祔皆大牢鄭注云卒哭成事祔言皆則卒哭成事祔與虞異矣是微破前人三虞與卒哭同解者也獻畢未徹乃餞卒哭之祭既三獻也餞送行者之酒詩云出宿于濟飲餞于禰尸旦將始祔于皇祖是以餞送之古文餞爲踐〔疏〕獻畢未徹乃餞○注卒哭至爲踐○釋曰自此盡不脫帶論卒哭之祭未徹餞尸於寢門外之事鄭云卒哭之祭者案上文直云獻畢未徹乃餞不言卒哭鄭知是卒哭之祭者以其三虞無餞尸之事明旦祔於祖入廟乃有餞尸之禮故鄭據卒哭而言若然三虞不餞尸者以其三虞與卒哭同在寢祔則在廟以明旦當入廟以其易處鄉尊所故特有餞送尸之禮也引詩者彼生人餞行人之禮爲行始此祭祀餞尸之禮亦鄉祖廟爲行始事雖異餞送飲酒是同故引爲證也知旦將始祔於皇祖者下云明日以其班祔鄭云卒哭之明日也是明日之旦也尊兩甒于廟門外之右少南水尊在酒西勺北枋少南將有事於北有玄酒即吉也此在西尚凶也言水者喪質無鬴不久陳古文甒爲廡

也疏注少南至廡也○釋曰云少南將有事於北者正謂下文云尸出門右南面已下是也云有玄酒即吉也者以其虞祭用醴酒無玄酒至卒哭云如初則與虞祭同今至餞尸用玄酒酒則尋常祭祀之酒非醴酒故云即吉也云此在西尚凶也者以其吉祭祭在房戶之閒至於虞祭尊在室是凶今卒哭餞尸尊在門西不在門東是尚凶故變於吉也洗在尊東南水在洗東篚在西在門之左又少南饌籩豆脯四脡酒宜脯也古文脡爲挺有乾肉折俎二尹縮祭半尹在西塾乾肉牲體之脯也如今涼州烏翅矣折以爲俎實優尸也尹正也雖其折之必使正縮從也古文縮爲蹙疏注乾肉至爲蹙○釋曰云涼州烏翅者經云乾肉折俎則漢時乾脯似之故鄭以今曉古也尸出執几從席從祝入亦告利成入前尸尸乃出几席素几葦席也以几席從執事也疏尸出至席從○注祝入至事也○釋曰云祝入亦告利成入前尸尸乃出者雖餞行飲酒尸將起之時祝亦如虞祭告云利成尸乃興以前尸也知几席素几葦席也者上經初虞云素几葦席在西席至及再虞

三虞及卒哭皆如初不見更設几席之文明同初虞用素几葦席今卒哭祭末餞尸於門外明是卒哭之几席故知是素几葦席也尸出門右南面俟設席也疏尸出門右南面○注俟設席也○釋曰知俟設席者尸在門右南面在坐北立下即云設席之事明俟設席也席設于尊西北東面几在南賓出復位將入臨之位士喪禮賓繼兄弟北上門東北面西上門西北面東上西方東面北上主人出即位于門東少南婦人出即位于主人之北皆西面哭不止婦人出者重餞尸疏注婦人出者重餞尸○釋曰婦人有事自堂及房而已今出寢門之外故云重餞尸也尸即席坐唯主人不哭洗廢爵酌獻尸尸拜受主人拜送哭復位薦脯醢設俎于薦東胊在南胊脯及乾肉之屈也屈者在南變於吉疏尸即至在南○注胊脯至於吉○釋曰云主人拜送者案上祭云主人其拜特牲亦云拜送則拜送吉凶同也云屈者在南變於吉者案曲禮云以脯脩置者左胊右末鄭云屈中曰胊則吉時屈者在左今尸東面而云胊在南則是凶禮屈者在右末頭在左故云變於吉也尸左執爵取脯擩醢祭之佐食授嚌授乾肉之祭尸受振祭嚌反之祭酒卒爵奠于南方反之反於佐食佐食反之於俎尸奠爵禮有終疏注反之至有終○釋曰鄭知反之反於佐食者經云佐食授嚌尸受振祭嚌訖而云反之明反與佐食佐食乃反於俎可知也云尸奠爵禮有終者上經云三獻尸皆有酢今餞尸三獻皆不酢而奠之是爲禮有終謂若主人拜送賓不荅拜亦是禮有終也主人及兄弟踊婦人亦如之主婦洗足爵亞獻如主人儀婦人踊如初賓長洗繶爵三獻如亞獻踊如初佐食取俎實于篚尸謖從者奉篚哭從之祝前哭者皆從及大門內踊如初

男女從尸男由左女由右及至也從尸不出大門者由廟門外無事尸之禮也古文謖作休疏注男女至作休○釋曰鄭知男女從尸男由左女由右者約上文男子在南婦人在北南爲左北爲右因從此位便故知男子由左婦人由右也云從尸不出大門者由廟門外無事尸之禮也者在廟以廟爲限在寢門外以大門爲限正祭在廟廟門外無事尸之禮今餞尸在寢門外則大門外無事尸之禮故鄭舉正祭況之從尸不出大門外取正祭比之故注云由廟門外無事尸之禮也尸出門哭者止以餞於外大門猶廟門疏尸出門哭者止○注以餞至廟門○釋曰鄭意所以尸出大門哭者便止者正以餞於寢門以大門爲限似事尸在廟門爲限故鄭云大門猶廟門也賓出主人送拜稽顙送賓拜於大門外疏賓出至稽顙○注送賓至門外○釋曰上從尸不出大門者有事尸限故不出大門送之送賓於大門外自是常禮故云送賓拜于大門外但禮有終賓無荅拜之禮也主婦亦拜賓女賓也不言出不言送拜之於闈門之內闈門如今東西掖門疏主婦亦拜賓○注女賓至掖門○釋曰上主人送男賓故知此主婦拜女賓也云不言出送拜之於闈門之內

者決上文男主拜男賓言出送，此明主婦送女賓于門之內，以其婦人送迎不出門，見兄弟不踰閾故也。云「闈門如今東西掖門」者，案爾雅釋宮云「宮中之門謂之闈」，則闈門在宮內。漢時宮中掖門在東西，若人左右掖，故舉以爲況也。

丈夫說經帶于廟門外。既卒哭當變麻受之以葛也。夕日則服葛者爲祔期。今文說爲稅。

疏「丈夫至門外」。注「既卒至爲稅」。釋曰：云「既卒哭當變麻受之以葛也」者，喪服鄭注云「大夫以上虞而受服，士卒哭而受服」，士亦約此文而言也。云「夕日則服葛者爲祔期」者，今日爲卒哭祭，明旦爲祔，前日之夕爲祔祭之期。變麻服葛是變重從輕，明旦亦得變，不要夕期之時變之。夕時言變麻服葛者，鄭云爲祔期，亦因祔期即變之，使賓知變節故也。

入徹主人不與。入徹者兄弟大功以下。言主人不與，則知丈夫婦人在其中。古文與爲豫。

疏「入徹主人不與」。注「入徹至爲豫」。釋曰：鄭知入徹是大功以下者，見曾子問云「士祭不足，則取於兄弟大功以下者」。經云入徹主人不與，明取大功小功緦麻之等入徹也。云「言主人不與，則知丈夫婦人在其中」者，上文直言丈夫說經，不辨親疏；下文婦人脫首經，不辨齊衰。婦人此云入徹，據大功以下，則此文入徹主人不與之中，丈夫婦人兼有可知。以其平常祭時，諸宰君婦廢徹不遲，則凶祭丈夫婦人亦在，但齊斬不與徹耳。

婦人說首經，不說帶。不說帶，齊斬婦人帶不變也。婦人少變而重帶，帶下體之上也。大功小功者葛帶，時亦不說者，未可以輕文變於主婦之質，至祔葛帶以即位。檀弓曰「婦人不葛帶」。

疏「婦人至說帶」。注「不說至葛帶」。釋曰：知齊斬婦人帶不變也者，案喪服小記云「齊衰帶惡笄以終喪」，鄭云「有除無變」。舉齊衰則斬衰帶不變可知。齊斬帶不變，則大功以下變可知。云「婦人少變」者，以其男子既葬首經要帶俱變，男子陽多變，婦人既葬直變首經，不變帶，故云少變也。云「而重帶，帶下體之上也」者，對男子陽重首在上體，婦人陰重要，要是下體，以重下體，故帶不變也。云「大功小功者葛帶」者，案大功章云「布衰裳，牡麻經纓，布帶，三月受以小功衰，即葛，九月」者；又案小功章云「布衰裳，澡麻帶經，五月」者。二者章內皆男女俱陳，明大功小功婦人皆葛帶可知。云「時亦不說者，未可以輕文變於主婦之質」者，變是文，不變是質，不可以大功以下輕服之文變主婦之質，故經直見主婦，不見大功以下也。云「至祔葛帶以即位」者，此鄭解大功以下雖夕時未變麻服葛，至祔日亦當葛帶即位也。知大功以下夕時未變麻服葛者，以其與主婦同在廟門外，主婦不變，大功以下亦不變。若然，夕時不變，夕後入室可以變，故至祔旦以葛帶即位也。引檀弓者，亦證齊衰婦人不葛帶之事。

無尸，則不餕，猶出几席，設如初，拾踊三。以餕尸者本爲送神也。丈夫婦人亦從几席而出。古文席爲筵。

疏「無尸至踊三」。注「以餕至爲筵」。釋曰：自此至賓出，論卒哭祭無尸可餕之事。云「几席設如初」者，雖無尸，送神不異，故云如初。故鄭云「餕尸者本爲送神也」。云「丈夫婦人亦從几席而出」者，以其云出几席設如初，即云拾踊三，明在門外有尸行禮之處。即如丈夫婦人從几席出可知。言亦者，亦餕尸之時也。

哭止，告事畢，賓出。死三日而殯，三月而葬，遂卒哭。謂士也。雜記曰「大夫三月而葬，五月而卒哭；諸侯五月而葬，七月而卒哭」。此記更從死起，異人之閒，其義或殊。

疏「死三至卒哭」。注「謂士至或殊」。釋曰：自此盡他辭一也，論記人所記其義或殊，是以更有此文也。云「遂卒哭」不言三虞者，是記人畧言之。注云「謂士也」者，以其此篇是士虞，故知三日三月據士而說。引雜記者，見大夫已上與士異者，以其王制大夫士同有三日而殯、三月而葬之文，雜記云大夫亦同三月而葬，卒哭則士云三月，大夫五月，卒哭之月

不同者，曲禮云「生與來日，死與往日」，鄭云「與猶數也。生數來日，謂成服杖以死來日數也；死數往日，謂殯斂以死日數也」。大夫以上皆以來日數。若然，士云三日殯、三月葬，皆通死日死月數；大夫以上殯葬皆除死日死月，是以士之卒哭得葬之三月內，大夫三月葬除死月，通死月則四月，大夫有五虞，卒哭在五月，諸侯已上以義可知。云「此記更從死起，異人之閒，其義或殊」者，上已論虞卒哭，此記更從始死記之，明非上記人，是異人之閒，其辭或殊，更見記之事，其實義亦不異前記也。

將旦而祔，則薦。薦謂卒哭之祭。

疏「將旦而祔則薦」。注「薦謂卒哭之祭」。釋曰：謂卒哭之祭日，將旦而祔則薦，薦謂卒哭之祭。云祔則薦者，記人見卒哭之祭爲祔而設，故連文云將旦而祔則爲此卒哭而祭也。

卒辭曰：「哀子某，來日某，隮祔爾于爾皇祖某甫。尚饗！」卒辭，卒哭之祝辭。隮，升也。尚，庶幾也。不稱饌，明主爲告祔也。今文隮爲齊。

疏「卒辭至尚饗」。注「卒辭至爲齊」。釋曰：云「卒辭，卒哭之祝辭」者，謂迎尸之前，祝釋孝子辭云爾。云「不稱饌，明主爲告祔也」者，但卒哭之祭實有牲餼而不稱者，以其卒哭祭主爲告神將附於祖而設，牲餼故不言也。

女子曰

皇祖妣某氏女孫附於祖母〔疏〕女子至某氏。注女孫祔於祖母。釋曰此女子謂女未嫁而死或出而歸或未廟見而死歸葬女氏之家既葬祔于祖母也婦曰孫婦于皇祖姑某氏不言爾曰孫婦婦差疏也今文無某氏〔疏〕注不言至某氏。釋曰此對上文孫祔于祖而云祔于爾皇祖某甫此則不曰爾而變曰孫婦婦差疏故不云爾也若然上女子亦不云爾者文承孫下云爾可知直言其皇祖妣異者耳其他辭一也來日某隮祔尚饗〔疏〕其他辭一也。注來日至尚饗。釋曰他辭一者正謂來日某隮祔尚饗女子及孫婦皆有此辭故云其他辭一也其祔女子云來日某隮祔爾于爾皇祖妣某氏尚饗其孫婦云來日某隮祔孫婦於皇祖姑某氏尚饗饗辭曰哀子某圭為而哀薦之饗饗辭勸強尸之辭也圭絜也詩曰吉圭為饎凡吉祭饗尸曰孝子〔疏〕饗辭至之饗。注饗辭至孝子。釋曰饗辭勸強尸之辭也者案特牲禮迎尸入室尸即席坐主人拜妥尸尸荅拜執奠祝饗鄭云勸強之也其辭引此士虞記則宜云孝孫某圭為孝薦之饗當此時為之凡吉祭饗尸曰孝子者此一辭說三

虞卒哭勸尸辭若祔及練祥吉祭其辭亦用此但改哀為孝耳故鄭云凡以該之也明日以其班祔卒哭之明日也班次也喪服小記曰祔必以其昭穆亡則中一以上凡祔已復于寢如既祫主反其廟練而後遷廟古文班或為辨辨氏姓或然今文為胖〔疏〕明日以其班祔。注卒哭至為胖。釋曰引喪服小記者彼解中猶間也一以上祖又祖孫祔祖為正若無祖則祔于高祖以其祔必以昭穆孫與祖昭穆同故間一以上取昭穆相當者若婦則祔于夫之所祔之妃無亦間一以上若妾祔亦祔于夫之所祔之妾無則易牲祔女君也云凡祔已復于寢如既祫主反其廟者案文二年公羊云大事者何大祫也大祫者何合祭也毀廟之主陳于大祖未毀廟之主皆升合食于大祖又案曾子問云天子諸侯既祫祭主各反其廟今祔于廟祔已復于寢若大夫士無木主以幣主其神天子諸侯有木主者以主祔祭訖主反于寢如祫祭訖主反廟相似故引為證也云練而後遷廟者案文二年經云丁丑作僖公主穀梁傳云作僖公主譏其後也作主壞廟有時日於練焉壞廟壞廟之道易檐可也改塗可也是練而遷廟引之者證練乃遷廟祔遷于寢案左氏僖公三十三年傳云凡君薨卒哭而祔祔而作主特祀於主烝嘗禘於廟服注云特祀于主謂在

寢烝嘗禘於廟者三年喪畢遭烝嘗則行祭皆於廟言遭烝嘗乃於廟則自三年已前未得遷於廟而禘祭此賈服之義不與鄭同案春官鬯人職云廟用卣鄭注云廟用卣者謂始禘時自饋食始以此言之鄭義若於三年後四時當祭在廟用彝盛鬱必用卣中尊獻象等以盛鬯酒而已故鄭取穀梁練而遷廟特祀新死者於廟故用卣也若然唯祔祭與練祭祭在廟祭訖主反於寢其大祥與禫祭其主自然在寢祭之案下文禫月逢四時吉祭之月即得在廟祭旦未配而已又玄鳥詩鄭注云君喪三年既畢禘於其廟而後祫祭于大祖明年春禘于羣廟若如此言則三年喪畢更有特禘者鄭意除練時特禘三年喪畢更有此特禘之禮也沐浴櫛搔翦彌自飾也搔當為爪今文曰沐浴搔翦或為蚤揃揃或為鬋〔疏〕沐浴櫛搔翦。注彌自至為鬋。釋曰云彌自飾也者上文虞沐浴不櫛注云自絜清不櫛未在於飾鄭雖不言不在於飾沐浴少飾今祔時櫛是彌自飾也用專膚為折且取諸脰膉專猶厚也折俎謂主婦以下俎也體盡人多折骨以為之今以脰膉貶於純吉今文字為折俎而說以為肵俎亦已誣矣古文脰膉為頭嗌也〔疏〕用專至脰膉。注專猶至嗌也。釋曰云折俎謂主婦以

下俎者鄭知折俎是主婦以下俎者特牲記云主俎觳折佐食俎觳折少牢云主婦俎臑折是也其他如饋食如特牲饋食之事或云以左胖虞右胖祔今此如饋食則尸俎肵俎皆有肩臂豈復用虞臂乎其不然明矣〔疏〕其他如饋食。注如特至明矣。釋曰云如特牲饋食之事者知不如士虞饋食禮者虞不致爵則夫婦無俎矣上文有俎則祔時夫婦致爵以祔時變麻服葛其辭稱孝夫婦致爵與特牲同故云如特牲饋食之事也或云以左胖虞右胖祔者當鄭君時有人解者云虞祭與祔祭共用一牲各用一胖以左胖為虞祭右胖為祔祭不是故鄭破之云今此經云如饋食謂如特牲饋食之禮尸俎用右胖解之主人俎左臂左胖之臂以為虞祭主人豈得復取虞時左胖之臂而用之乎明不然矣用嗣尸虞祔尚質未暇筮尸〔疏〕用嗣尸。注虞祔至筮尸。釋曰言用嗣尸則從虞以至祔祭唯用一尸而已云虞祔尚質未暇筮尸者以其哀未殺故云尚質未暇筮尸若然練祥則筮尸矣故喪服小記云練筮日筮尸大祥筮尸可知是以鄭上文注云餞尸且將始祔于皇祖是用一尸也曰孝子某孝顯相夙興夜處小心畏忌不惰其身不

寧稱孝者吉祭〔疏〕注稱孝者吉祭○釋曰對虞時稱哀案檀弓虞爲喪祭卒哭爲吉祭卒哭旣爲吉祭祔在卒哭後亦是吉祭故鄭以吉祭言之也

用尹祭尹祭脯也大夫士祭無云脯者今不言牲號而云尹祭亦記者誤矣〔疏〕用尹祭○注尹祭至誤矣○釋曰鄭知尹祭是脯者下曲禮云脯曰尹祭故知也但曲禮所云是天子諸侯禮用脯號案特牲少牢無云用脯者故云大夫士祭無云脯者唯上餕尸有脯此非餕尸今不言牲號而云尹祭亦記者誤也以其上文初虞云敢用絜牲剛鬣今不言牲號而云尹祭是記人誤云亦者亦上香合也

嘉薦普淖普薦溲酒普薦鉶羹不稱牲記其異者今文溲爲醙〔疏〕注普薦至爲醙○釋曰知普薦是鉶羹者案上文虞禮及特牲皆云祝酌奠于鉶南則鉶在酒前而設此亦普薦在酒上故知也但虞禮一鉶此云饋食則與特牲同二鉶故云普薦也云不稱牲記其異者對與初虞之等稱牲但記其異雖不說牲之號有號可知也若然云記其異者所以嘉薦普淖普薦溲酒與前不異記之以其普薦與前異將言設薦在普淖後溲酒前故并言其次耳

適爾皇祖某甫以隮祔爾孫某甫尚饗欲其祔合兩告之曾子問曰天子崩國君薨則祝取羣廟之主而藏諸祖廟禮也卒哭成事而後主各反其廟然則士之皇祖於卒哭亦反其廟無主則反廟之禮未聞以其幣告之乎〔疏〕適爾至尚饗○注欲其至之乎○釋曰云欲其祔合兩告之者欲使死者祔於皇祖又使皇祖與死者合食故須兩告之是以告死者曰適爾皇祖某甫謂皇祖曰隮祔爾孫某甫二者俱饗是其兩告也引曾子問者案彼鄭注象有凶事者聚也云卒哭成事而後主各反其廟者至祔須得祖之木主以孫祔祭故也天子諸侯有木主可言聚與反廟之事大夫無木主聚而反之故云無主則反廟之禮未聞云以其幣告之乎者曾子問云無遷主將行以幣帛爲主命此大夫士或用幣以依神而告使聚之無正文故云乎以疑之

朞而小祥小祥祭名祥吉也檀弓曰歸祥肉古文朞皆作基〔疏〕朞而小祥○注小祥至作基○釋曰自祔以後至十三月小祥故云朞而小祥引檀弓者彼謂顏回之喪饋祥肉於孔子而言彼云饋今云歸者饋即歸也故變文言之引之者證小祥是祭故有肉也

曰薦此常事祝辭之異者言常者朞而祭禮也古文常爲祥〔疏〕曰薦此常事○注祝辭之異者謂小祥辭與虞祔之辭有異異者以虞祔之祭非常一期天氣變易孝子思之而祭是其常事故祝辭異也云朞而祭禮也者喪服小記文案彼云期而祭禮也期而除喪道也祭不爲除喪也注云此謂練祭也禮正月存親親亡至今而期期則宜祭期天道一變哀惻之情益衰衰則宜除不相爲也以是謂小祥祭謂常事也

又朞而大祥曰薦此祥事又復也〔疏〕又朞至祥事○注又復也○釋曰此謂二十五月大祥祭故云復朞也變言祥事亦是常事也

中月而禫中猶閒也禫祭名也與大祥閒一月自喪至此凡二十七月禫之言澹澹然平安意也古文禫或爲導〔疏〕中月而禫○注中猶至爲導○釋曰知與大祥閒一月二十七月禫從月樂二十八月復平常正作樂也云禫之言澹澹然平安意也者禫月得無所不佩又於禫月將鄕吉祭又得樂縣故云平安意也但至後月乃是即吉之正也

是月也吉祭猶未配是月是禫月也當四時之祭月則祭猶未以某妃配某氏哀未忘也少牢饋食禮祝祝曰孝孫某敢用柔毛剛鬣嘉薦普淖用薦歲事于皇祖伯某以某妃配某氏尚饗〔疏〕是月至未配○注是月至尚饗○釋曰謂是禫月禫祭仍在寢此月當四時吉祭之月則于廟行四時之祭於羣廟而猶未得以某妃配哀未忘若喪中然也言猶者如祥祭以前不以妃配也案禮記云吉事先近日喪事先遠日則大祥之祭仍從喪事先用遠日下旬爲之故檀弓云孔子旣祥五日彈琴而不成聲十日而成笙歌注踰月且異旬也祥亦凶事先遠日案此禫言澹然平安得行四時之祭則可從吉事先近日用上旬爲之若然二十七月上旬行禫祭於寢當祭月即從四時祭於廟亦用上旬爲之引少牢禮者證禫月吉祭未配後月吉如少牢配可知也

儀禮卷第十四　經二千七十九　注三千四百四十三

儀禮疏卷第四十三

大清嘉慶二十年重刊　用文選樓藏本校

南昌盧氏宣旬校字

江西督糧道王賡言廣豐縣知縣阿應鱗栞

儀禮注疏卷四十三校勘記　阮元撰盧宣旬摘錄

尸服卒者之上服

不服元端若　若陳閩通解俱作若爲下句毛本若作者

先祖尸在中故先祖爲士者　要義同毛本通解無先祖尸在中故六字

男男尸

不使同姓與婦爲尸者　要義同毛本通解姓下有孫字○按通解刪下尸須得孫列者孫與祖爲尸二句故此句加孫字今注疏本既不刪下二句仍依通解加孫字則贅矣

必知無容用庶孫者　此本無下空一字要義無下有容字通解毛本無無字按要義似得之必知無三字畧逗

自禫已前　陳本通解要義同毛本禫作禪下並同○按禫是也

祭於廟同几　通解要義楊氏同毛本几作凡○按几是也

旣饗祭于苴

釋曰云旣饗者正謂祝釋饗神辭告之使令祔之安之釋饗訖佐食取黍稷祭於苴　疏凡三十二字注疏本毛本俱脫通解要義有

祝祝卒

記異者之節　嚴本毛本同監巾箱杭本記作旣

不綏祭○哉從獻　陸氏曰哉莊吏反劉本作載酢再反

又泰羹湆自門入　通解要義同毛本又作有

主人獻之後　陳閩通解俱無之後二字

以見經無尸也　陳本通解要義同毛本經作綏○按經是

主人哭

出復戶外東面位也　陳本通解要義同毛本戶作尸○按戶字是

祝升止哭

警覺神也　警通典通解楊氏俱作驚疏同

主人入

啓牖鄉是親之事　毛本鄉作嚮顧廣圻云當作祝之事宋本已誤

祝從

鄉牖一名也　徐本無一字集釋通解俱有與疏合

故須解之　解陳閩俱作辭

在牖鄉之下　毛本鄉作饗

卒徹祝佐食降復位　毛本無復字唐石經徐本通典集釋通解要義楊敖俱有石經考文提要云鄭注祝復門西北面位佐食復西方位明有復字

始虞用柔日

柔日陰陰取其靜　徐本通典楊氏同集釋通解毛本俱不重陰字

敢用絜牲剛鬣

敢昧目之辭　昧目二字通典倒

香合　香通典作薌陸氏曰香本又作薌音同

蓋記者誤耳　徐本通解楊敖同毛本集釋耳作爾○案徐本非耳作而已解爾作如此解二字絕不同

粱曰香萁　萁要義从艸通解毛本從竹○按萁是也曲禮從艸不從竹

祭以牲爲主　通解要義同毛本牲作生○按牲不誤

嘉薦普淖
言故以爲號云者　陳閩要義同毛本以作言
明齊溲酒
謂以新水漬麴　要義同毛本麴作麯
直取新義是同　要義同毛本通解無是字
應在上與牲爲次　毛本與誤作特
哀薦祫事
主欲其祫先祖也　徐本通典集釋通解楊敖同與疏合毛本無其字其祫通典作合於
今文曰古事　古集釋作合周學健云祫之言合也作合字文義方協
合先君之主於大廟　君要義作祖

始虞而已言祫者　要義同毛本始上有今字通解有今無已
饗　唐石經徐陳閩葛俱作饗毛本作響
再虞皆如初曰哀薦虞事　日唐石經作曰下同毛本作日
三虞卒哭
報葬者報虞者　徐本同通典集釋通解楊氏毛本無下者字
謂之他者　徐陳葛本通典集釋通解楊氏俱作他與疏合毛本作也
令正者自相亞也　令徐陳楊氏俱作今釋文集釋俱作令張氏曰監本令誤作今從諸本
卒哭曰成事　日徐本作日集釋通解楊氏毛本俱作曰張氏曰注曰卒哭曰成事按檀弓曰作日此引檀弓文也從檀弓
却解初虞再虞稱祫稱虞之意　通解要義同毛本却作郎

故次取庚日爲三虞也　陳本通解要義同毛本三作二○按三是也
降辛日取壬日爲卒哭也　通解同毛本降作隔○按降是
謂不待三月　通解要義同毛本月下有喪字
三月而後卒哭者　陳本通解要義同毛本月作日○按月字不誤
乃爲卒哭祭　要義同通解毛本祭下有也字
以鄭君以前　陳閩要義同毛本君誤作若
獻畢
出宿于濟　宿徐本通典集釋通解楊敖俱作宿是也毛本誤作縮濟徐本釋文通典敖氏俱作濟集釋通解楊氏毛本俱作泲
飲餞于禰　陸氏曰禰乃禮反劉本作泥音同

尸且將始祔于皇祖　且徐本作且集釋通解楊氏俱作旦張氏曰疏且作旦其辭曰是明日之日也從疏
彼生人餞行人之禮　生陳閩俱作行
尊兩甒于廟門外之右
無鼏不久陳　徐陳閩葛集釋通解楊氏同毛本鼏作鼎
酒則尋常祭祀之酒　通解要義同毛本無上酒字
祭尊在房戶之閒　毛本戶誤作尸
饌籩豆
古文脡爲挺　毛本挺誤作梃
有乾肉折俎

如今涼州烏翅矣　徐本集釋通解要義楊氏同釋文毛本烏作鳥下同盧文弨云李與周禮合○按釋文作烏恐亦刊本之誤

尸出

今卒哭祭末餞尸於門外　卒哭二字毛本誤倒浦鏜云末誤未○按疑末下脫徹字

卽席坐唯主人不哭　唯唐石經徐本通典楊敖俱作唯陳本集釋通解俱作惟毛本作帷按惟帷相似故誤作帷

主人其拜　毛本通解其作荅

尸受振祭嚌　受唐石經徐本集釋通解楊敖俱作受與疏合毛本作授石經考文提要云上句乃佐食授嚌授受相承

經云佐食授嚌　通解同毛本授作受

明反與佐食　通解同毛本與作於

主人及兄弟踊

由廟門外無事尸之禮也　由集釋敖氏俱作猶疏同盧文弨云疏云鄭舉正祭況之則固當作猶猶由通

古文謏作休　休陳閩監葛集釋通解俱作休按前經注云古文謏作休則此亦當作休字鍾本誤作古文作爲沐毛本休亦誤作沐

婦人在北　婦人要義作女子

南爲左　毛本南誤作男

在廟以廟爲限　爲上要義有門字

取正祭比之　陳閩通解同毛本比作北

尸出門哭者止　者通典作則按疏云尸出大門哭者便止則作則亦有理

以餞於外　毛本餞誤作薦

主婦亦拜賓

云不言出送拜之於闈門之內者　送拜二字要義倒

丈夫說經帶于廟門外

使賓知變節故也　通解要義楊氏同毛本節作卽○按節字是

婦人說首經

帶不變也　變徐本通典集釋楊氏俱作變與疏合通解毛本作說

未可以輕文變於主婦之質　未閩本誤作末文徐本通典集解通解楊氏俱作文與疏合毛本作又

知齊斬婦人帶不變也者　毛本婦誤作衰

齊衰帶惡笄以終喪　陳閩俱無帶字○按陳閩據今喪服小記刪非也喪服布總箭笄疏云喪服小記云婦人帶惡笄以終喪

重首在上體　通解要義同毛本楊氏首字重出

雖夕時未變麻服葛　毛本夕誤作久

無尸則不餞猶出几席設如初　几監本誤作凡

本爲送神也　通解要義同毛本本作不

哭止告事畢賓出死三日而殯　上七字毛本脫徐本通典集釋通解楊敖俱有張爾岐云唐石經剝蝕尚有賓出二字脚可辨補字缺或亦承監本之誤

是以更有此文也　要義同毛本是作事

死與往日鄭云　自鄭字起至下死數往日句止凡二十四字陳閩俱脫

皆除死日死月數　通解同毛本除作殊

卒辭曰

以其卒哭祭　卒哭二字毛本誤倒

女子曰

歸葬女氏之家　陳閩俱無葬字

婦曰

曰孫婦婦差疏也　徐本通典集釋通解俱重婦字與疏合毛本不重

今文無某氏　此五字毛本脫徐本集釋俱有與單疏標目合通解無

其他辭一也

皆有此辭　通解同毛本無此字

隮祔爾于爾皇祖妣某氏　陳閩通解要義同毛本于作王○按于字是

饗辭曰

勸強尸之辭也者　要義同毛本尸作神浦鏜云尸誤神

執奠祝饗　陳閩通解要義同毛本祝作祀○按特牲饋食作祝

明日以其班祔

孫與祖昭穆同　通解要義同毛本同字在昭字上

云凡祔已復于寢　毛本復誤作夫

易檐可也　要義楊氏同毛本檐作擔○按穀梁文二年傳作檐

按左氏僖公三十三年傳云　傳字要義在氏字下

則行祭皆於廟言　言要義作言焉下句毛本作焉

用彝盛鬱必用卣　要義同毛本鬱作鬯必下陳閩俱衍日字

禘於其廟　要義同毛本禘作歸

沐浴櫛搔翦　搔監本誤從木翦釋文作揃張氏曰經曰沐浴櫛搔鬋按釋文云揃子淺反注鬋同既曰注鬋同則鬋非經文也又上云揃或爲鬋此揃必指經也從釋文○按經文翦字張氏作鬋考嚴徐鍾諸本俱作翦與張氏不合未詳其故注云搔翦或爲蚤揃如釋文及張氏說則翦揃宜互倒乃與經相應戴校集釋删注中翦揃二字但云搔或爲蚤以爲据釋文不知翦字習見揃鬋難識故但爲揃鬋作音非必注中無翦字也

當爲爪　徐本集釋通解要義楊敖同毛本爲作音

未在於飾　陳本通解要義同毛本未作末○按上文注作未

用專膚爲折俎

古文脰膉爲頭嗌也　嗌監葛俱誤作益集釋作膉亦誤

注專猶至嗌也　毛本嗌誤作益

鄭知折俎是主婦以下俎者　通解要義同毛本無折字

用嗣尸

餞尸旦將始祔于皇祖　旦陳閩俱作且

用尹祭

今不言牲號　陳本要義同毛本今作故

嘉薦普淖

故并言其次耳　要義同毛本通解耳作矣

適爾皇祖某甫

而後主各反其廟者　主陳閩監本俱誤作王

聚而反之　通解要義同毛本聚作祭

朞而小祥

祥吉也　吉通解作祭誤

曰爲此常事

注祝辭之異者　毛本注下有祝辭至爲祥釋曰七字按要義亦直云注祝辭之異者不載釋曰二字

禮正月存親　通解要義同毛本存作有○按存是也喪服小記作存

期則宜祭　要義同毛本宜下有用字○按喪服小記無用字

以是謂小祥祭謂常事也　以是毛本作是以下謂字要義作爲

中月而禫

自喪至此　徐陳閩葛通典集釋通解楊氏同毛本此作中

古文禫或爲導　張氏曰釋文前道之注云爲道同此導當爲道從釋文○按說文谷部㐁字注云讀若三年導服之導與此注合不必從釋文作道

徙月樂　通解要義同毛本徙作後○按檀弓作徙

二十八月復平常正作樂也　通解要義同毛本復平常正作後月平常主

又於禫月將鄉吉祭　毛本鄉誤作卽

是月也

謂是禫月禫祭　通解要義同毛本月下有得字

儀禮注疏卷四十三校勘記終

奉新余成教校

儀禮疏卷第四十四　　儀禮卷第十五

唐朝散大夫行大學博士弘文館學士臣賈公彥等撰

特牲饋食禮第十五

〔疏〕特牲饋食禮第十五○鄭目録云特牲饋食之禮謂諸侯之士祭祖禰非天子之士而於五禮屬吉禮○釋曰鄭知非天子之士而云諸侯之士者案曲禮云大夫以索牛士以羊豕彼天子大夫士此儀禮特牲少牢故知是諸侯大夫士也且經直云適其皇祖某子不云考鄭云祖禰者祭法云適士二廟官師一廟官師謂中下之士祖禰共廟亦兼祭祖故經舉祖兼有禰者鄭達經意祖禰俱言也若祭無問一廟二廟皆先祭祖後祭禰是以文二年左傳云文武不先不窋子不先父是也若祭無問尊卑廟數多少皆同日而祭畢以此及少牢唯筮一日明不別日祭也

儀禮　鄭氏注

特牲饋食之禮不諏日祭祀自孰始曰饋食饋食者食道也諏謀也士賤職褻時至事暇可以祭則筮其日矣不如少牢大夫先與有司於廟門諏丁巳之日今文諏皆爲詛〔疏〕特牲饋食之禮不諏日○注祭祀至爲詛○釋曰自此至事畢論士將筮日之事云祭祀自孰始曰饋食饋食者食道也者案檀弓云飯用米貝弗忍虛也不用食道用美焉爾鄭注云食道褻米貝美若然食道是生人飲食之道孝子於親雖死事之若生故用生人食道饋之也此釋經不言祭祀而言饋食之意耳云祭祀自孰始者欲見天子諸侯饋食已前仍有灌鬯朝踐饋獻之事但饋食見進黍稷云饋孰見牲體而言天子諸侯堂上朝踐饋獻後迎尸於堂亦進黍稷牲體其犬豕牛羊亦孰之同節也云士賤職褻時至事暇可以祭則筮其日矣者此解經不諏日謂不如大夫以上預前十日與臣諏日而筮之是以鄭云不如少牢大夫先與有司於廟門諏丁巳之日也凡士言不者對大夫以上爲之此士言不諏日少牢大夫諏日士喪禮月半不殷奠則大夫已上殷奠如此之類皆是也鄭云時至事暇可以祭者若祭時至有事不得暇則不可以私廢公故也若大夫已上尊時至唯有喪故不祭自餘吉事皆不廢祭若有公事及病使人攝祭故論語孔子云吾不與祭如不祭注云孔子或出或病使人攝祭不自親祭使攝者爲之不致肅敬於心與不祭同又祭統云是故君子之祭也必身親進之有故則使人可也雖使人也君不失其義者君明其義故也是君大夫有病故皆得使人攝祭若諸侯有朝會之事則不得使人攝故王制云諸侯礿則不禘禘則不嘗嘗則不烝烝則不礿鄭注云虞夏之制諸侯歲朝廢一時祭又明堂位云是故夏礿秋嘗冬烝鄭注云不言春祠魯在東方王東巡守以春或闕之是諸侯朝會不得攝以諸侯禮大故也案桓八年經書正月已卯烝公羊傳云烝者何冬祭也春曰祠夏曰礿秋曰嘗冬曰烝常事不書此何以書譏何譏爾譏亟也亟則黷黷則不敬君子之祭也敬而不黷疏則怠怠則忘士不及茲四者則冬不裘夏不葛何休云禮本下爲士制四者士有公事不得及茲四時祭者則不敢美其衣服若然則士不暇不得祭又不得使人攝大夫已上有公事乃有攝可知

及筮日主人冠端玄即位于門外西面冠端玄玄冠玄端下言玄者玄冠有不玄端者門謂廟門〔疏〕及筮至西面○注冠端至廟門○釋曰云冠端玄玄冠玄端下言玄者玄冠有不玄端者不玄端則朝服下記云助祭者朝服不著玄端故也若然玄端一冠冠兩服也對文則玄端有纁裳玄裳黃裳雜裳若朝服緇布衣而素裳但六入爲玄七入爲緇大判言之緇衣亦名玄是以散文言之朝服亦名玄端故論語云端章甫鄭云端玄端也諸侯日視朝之服以端是正幅非直服稱端六冕亦有端稱故禮記魏文侯曰吾端冕而聽古樂則唯恐臥是冕服正幅亦名端也云門謂廟門知者士冠禮云筮於廟門爲冠禮筮尚在廟門此爲祭廟筮在廟門可知若然士冠言廟非祭恐不在廟故言廟此不言廟者爲祭廟筮可知不須言廟也

子姓兄弟如主人之服立于主人之南西面北上所祭者之子孫言子姓者子之所生小宗祭而兄弟皆來與焉宗子祭則族人皆侍〔疏〕子姓至北上○注所祭至皆侍○釋曰云子姓者子之所生者案鄭注喪大記云姓之言生也云子之所生則孫是也云小宗祭而兄弟皆來與焉者案喪服小記云繼別爲宗繼禰者爲小宗注云小宗有四或繼高祖或繼曾祖或繼祖或繼禰者皆至五世則遷若然繼禰者長者爲小宗親弟等雖異宮皆來祭繼祖者從父昆弟皆來祭繼曾祖者從祖昆弟皆來祭繼高祖者族祖昆弟皆來祭是皆據小宗而言也云宗子祭則族人皆侍者此鄭據書傳而言案書傳康誥云天子有事諸侯皆侍尊卑之義注云事謂祭祀又云宗室有事族人皆侍終日大宗已侍於賓奠然後燕私注云謂卿大夫以下宗室大宗之家引禮記別子爲祖繼別爲大宗繼禰爲小宗賓寮友助祭者若然大宗子祭一族之內皆來助祭引之者證經子姓兄弟若據小宗有服者若據

大宗兼有絶服者也有司羣執事如兄弟服東面北上士之屬吏也（疏）有司至北上○注士之屬吏也○釋曰云如兄弟服者如主人冠端玄左傳云士有隸子弟謂此言爲屬吏而已席于門中闑西閾外爲筮人設之也古文闑作槷閾作蹷（疏）席于至閾外○注爲筮人設之也○釋曰案士冠禮云筮與席所卦者具饌于西塾乃言布席于門中筮人執筴抽上韇兼執之此不言具饌于西塾而經但言席于門中取筮于西塾又不云抽上韇者皆是互見省文之義筮人取筮于西塾執之東面受命于主人筮人官名也筮問也取其所用問神明者謂蓍也（疏）注筮人至蓍也○釋曰案周禮春官有卜人筮人此士禮亦云筮人故云官名也云筮問也取其所用問神明者謂蓍也者案周禮天府職云季冬陳玉以貞來歲之美惡注云問事之正曰貞凡卜筮實問於鬼神謂卜用龜龜知生數一二三四五之神筮用蓍蓍知成數七八九六之神則此鄭云神明者也若然神既爲生成之神鄭云謂蓍者則蓍亦有神易繫辭有蓍之德圓而神非直筮有成數之神亦有蓍之神也宰自主

人之左贊命命曰孝孫某筮來日某諏此某事適其皇祖某子尚饗宰羣吏之長自由也贊佐也達也贊命由左者爲神求變也士祭曰歲事此言某事又不言妃者容大祥之後禫月之吉祭皇君也言君祖者尊之也某子者祖字也伯子仲子也尚庶幾也（疏）宰自至尚饗○注宰羣至庶幾也○釋曰云宰羣吏之長者贊命之事非長不爲又天子諸侯宰皆尊官故并羣吏之長也云贊命由左者爲神求變也者決士冠禮宰自右少退贊命鄭注云宰有司主政教者自由也贊佐也命告也佐主人告所以筮也少儀曰贊幣自左詔辭自右此祭祀故宰自左贊命爲神求吉故變於常禮也云士祭曰歲事此言某事又不言妃者容大祥之後禫月之吉祭者案下宿賓云薦歲事據吉祭而言又少牢吉祭云以某妃配即與士虞記云中月而禫是月也吉祭猶未配此與彼文同故知是禫月吉祭也云言君祖者尊之也者天子諸侯名曾祖爲皇考此士亦云皇祖故云尊之也云某子者祖字也伯子仲子者以其某在子上爲男子美稱故以某爲伯仲叔季五十字下篇云皇祖伯某鄭注云伯某且字也不爲五十字者以某在伯下故爲且字解之與此異也筮者

許諾還即席西面坐卦者在左卒筮寫卦筮者執以示主人士之筮者坐蓍短由便卦者主畫地識爻爻備以方寫之（疏）注士之至寫之○釋曰云士之筮者坐蓍短由便者決下少牢云史曰若遂述命既乃釋韇立筮鄭注云卿大夫之蓍長五尺立筮由便與士不同知蓍有長短者案三正記云天子蓍長九尺諸侯七尺大夫五尺士三尺是也云卦者主畫地識爻爻備以方寫之者案士冠禮云筮人許諾右還即席坐西面卦者在左卒筮書卦執以示主人鄭云卒已也書卦者筮人以方寫所得之卦彼云書卦即云執以示主人則筮者書寫以示主人也此經云卒筮寫卦乃云筮者執以示主人則寫卦者非筮人故此鄭云卦者主畫地識爻爻備以方寫之也主人受視反之反還筮者還東面長占卒告于主人占曰吉長占以其屬之長幼旅占之（疏）注長占至占之○釋曰經直云長占知非長者一人而云長幼旅占之者士冠禮云筮人還東面旅占明此亦是長幼旅占經直云長者見從長者爲始也若不吉則筮遠日如初

儀遠日旬之外日（疏）若不至初儀○注遠日旬之外日○釋曰案曲禮云吉事先近日喪事先遠日此尊卑禮同也又云旬之內曰近某日旬之外曰遠某日此尊卑有異云旬之內曰近某日據士禮吉事先近日謂祭祀假令孟月先於孟月上旬內筮筮不吉乃用中旬之內更筮中旬又不吉更於下旬內筮筮不吉即止大夫已上假令孟月祭於前月下旬筮來月之上旬不吉又於孟月之上旬筮中旬中旬不吉又於中旬筮下旬下旬又不吉即止不祭今云遠日旬之外日者謂上旬不吉更於上旬外筮中旬爲旬之外日非謂如大夫已上旬之外謂旬前爲旬外也宗人告事畢前期三日之朝筮尸如求日之儀命筮曰孝孫某諏此某事適其皇祖某子筮某之某爲尸尚饗三日者容宿賓視濯也某之某者字尸父而名尸連言其親庶幾其馮依之也大夫士以孫之倫爲尸（疏）前期至尚饗○注三日至爲尸○釋曰自此盡主人退論祭前筮尸宿尸之事云三日者容宿賓視濯也者謂前期二日宿賓一日視濯是以下云厥明夕陳鼎于門外下至夙興皆祭前一日視濯之事以

其夙興上事是祭前一日也宿賓又是厥明夕爲期上則宿賓與視濯別日又知宿賓是祭前二日此經乃祭前三日筮尸故鄭云容宿賓視濯言容者爲筮尸之後祭日之前有二日容此二事也若然筮尸在祭前三日宿尸云乃乃是緩辭則與筮尸別日矣以此而言則宿尸與宿賓中無厥明之文則二者同日矣二者既同日鄭直言容宿賓視濯不言容宿尸者以其宿賓在厥明之上故不嫌宿尸與宿賓別日也云某之某者字尸父而名尸者經直云某之某鄭知字尸父而名尸者曲禮云爲人子者祭祀不爲尸鄭彼注云尊者之處爲其失子道然則尸卜筮無父者又云卒哭乃諱諱則不稱名故知尸父云某是字尸既對父故某爲名云連言其親庶幾其馮依之也者尸父前世與所祭之父同時同時必相識知今又筮其子爲尸尸又與所祭之子相識父子皆同類故連言其親庶幾其神馮依之也云大夫士以孫之倫爲尸者案祭統云夫祭之道孫爲王父尸所使爲尸者於祭者子行也父北面而事之所以明子事父之道也注云祭祖則用孫列皆取於同姓之適孫也天子諸侯之祭朝事延尸於戶外是以有北面事尸之禮如是則天子諸侯宗廟之祭亦用孫之倫爲尸而云大夫士者但天子諸侯雖用孫之倫取卿大夫有爵者爲之故鳧鷖詩祭尸之等皆言公尸又曾子問云

卿大夫將爲尸於公若大夫士祭尸皆取無爵者無問成人與幼皆得爲之故曾子問孔子曰祭成喪者必有尸尸必以孫孫幼則使人抱之是也

乃宿尸宿讀爲肅肅進也進之者使知祭日當來古文宿皆作羞凡宿或作速記作肅周禮亦作宿

【疏】乃宿尸○注宿讀至作宿○釋曰云古文宿皆作羞疊之不從古文云凡宿或作速謂一部之內或作速者若公食大夫速賓之類是也云記作肅者曲禮云主人肅客而入是也又云周禮亦作宿者大宗伯文宿眡滌濯是也是以鄭汎云或也

主人立于尸外門外子姓兄弟立于主人之後北面東上不東面者來不爲賓客子姓立于主人之後上當其後

【疏】主人至東上○注不東至其後○釋曰云不東面者來不爲賓客者爲尸者父象也主人有子道故主人北面不爲賓客不敢當尊故不東面此決冠禮宿賓主人東面此中北面不同也云上當其後者子姓兄弟北面陪主人後東頭爲上者不得過主人故爲上者當主人之後也

尸如主人服出門左西面不敢南面當尊

【疏】尸如至西面○注不敢南面當尊○釋曰此決少牢云主人即位於廟門之東方南面以其大夫尊於恩有君道故南面當尊此士之孫倫爲尸雖被宿猶不敢當尊也

主人辟皆東面北上順尸主人再拜尸荅拜主人先拜尊尸

【疏】注主人先拜尊尸○釋曰此決下文宿賓賓先拜主人乃荅拜故云尊尸是以主人先拜也案少牢云吉則遂宿尸祝擯主人再拜稽首祝告曰孝孫某云云尸拜許諾祝先釋辭訖尸乃拜許此尸荅拜後宗人乃擯辭者士尸卑主人拜尸即荅拜不得擯辭訖大夫之尸尊尊得釋辭訖乃拜

宗人擯辭如初卒曰筮子爲某尸占曰吉敢宿宗人擯者釋主人之辭如初者如宰贊命筮尸之辭卒曰者著其辭所易也今文無敢

【疏】宗人至敢宿○注宗人至無敢○釋曰云如初者如宰贊命筮尸之辭者案筮尸時雖不見宰贊命以其云筮尸如求日之儀筮日時有宰贊命則筮尸時亦有宰贊命可知故此得如之也云卒曰者著其辭所易也者前筮尸辭云筮某之某爲尸尚饗易已上之辭也

祝許諾致命受宗人辭許之傳命於尸始宗人祝北面至於傳命皆西面受命東面釋之

【疏】祝許諾致命○注受宗至釋之○釋曰云始宗

人祝北面至於傳命皆西面受命東面釋之者以其上文始時主人與子姓兄弟立于尸門外北面重行則宗人與祝相隨亦皆北面故云始宗人祝北面至於尸出門左西面主人避之門西東面定位訖宗人進主人之前西面鄉之受命受命訖尸既西面明宗人旋鄉東面釋之可知

尸許諾主人再拜稽首其許亦宗人受於祝而告主人

【疏】尸許至稽首○注其許至主人○釋曰云其許亦宗人受於祝而告主人者謂祝受尸許諾辭旋西面告宗人宗人告主人尸許諾主人乃再拜稽首

尸入主人退相揖而去尸不拜送尸尊

【疏】注相揖至尸尊○釋曰鄭知有相揖而去者約下篇少牢云主人退尸送揖不拜是也但彼有送文此經尸入後乃言主人退則尸不送可知此尸不送者士卑故尸被宿之後不送也大夫尊故尸雖受宿猶送大夫也

宿賓賓如主人服出門左西面再拜主人東面荅再拜宗人擯曰某薦歲事吾子將涖之敢宿薦進也涖臨也言吾子將臨之知賓在有司中今特肅之尊賓耳

【疏】宿賓至敢宿○注薦進至賓耳○釋

曰自此盡賓拜送論士將祭宿屬吏內一人爲備三獻賓之事也云言吾子將臨之知賓在有司中者以其云將臨之明前筮尸在其中可知以上無戒文今宿之云吾子將涖之明知賓在有司內可知案前文有司羣執事如兄弟服東面北上鄭云士之屬吏此云賓在有司內則賓是士之屬吏可知下記云公有司門西北面東上獻次衆賓私臣門東北面西上獻次兄弟賓及衆賓行事在西階之下復似賓不在有司中者但賓是士之屬吏內言私臣據已自辟除者言公有司者亦是士之屬吏命於其君者言賓在有司中者諸士此獻者之中選以爲賓又選爲衆賓以下若在門外時同在門西東面北上及其入爲賓及衆賓者適西階以俟行事公有司不選爲賓者門西北面私臣不選爲賓門東北面門外不列者以其未有事入門而列者爲將行事公有司門西私臣門東二者皆無事故經不見記人乃辨之見其與於獻也云今特肅之尊賓耳者賓有司之內不嫌不助祭今特宿之者將使爲賓也**賓曰某敢不敬**

從主人再拜賓荅拜主人退賓拜送厥明夕陳鼎于門外北面北上有鼏厥其也宿賓之明日夕門外北面當門也古文鼏爲密〔疏〕注厥其至爲密○釋曰自此盡主人拜送論祭前一日之夕視濯與視牲之事云門外北面當門也者以其經直云門外不言門之東西故知當門下篇少牢陳鼎在門東此當門者士卑避大夫故也**棜在其南南順獸于其上東首**順猶從也棜之制如今大木轝矣上有四周下無足獸腊也〔疏〕棜在至東首○注順猶至腊也○釋曰下篇云少牢牲北首東上司馬刲羊司士擊豕宗人告備乃退不言獸少牢五鼎明有獸可知不言之者已有二牲畧其小者故不言之也案士虞記陳牲于廟門外北首西上鄭注云言牲腊在其中西上變吉此亦其西北首東足與彼文同彼云變吉者彼牲云北首西上明腊亦北首可知此實獸棜上東首不與牲相統故云變吉云棜之制如今大木轝矣上有四周下無足者鄭舉漢法以曉古諸禮記及此儀禮而言棜者以無足解之云獸腊也者特牲鼎有豕魚腊案周禮腊人鄭注云小物全乾爲腊故知豕云牲魚水物云獸是腊可知**牲在其西北首東足**其西棜西也東足者尚右也牲不用棜以其生〔疏〕注其西至其生○釋曰豕不可牽之縛其足陳於門外首北出棜東其足寢其左以其周人尚右將祭故也云

牲不用棜以其生者對腊死用棜而言之**設洗于阼階東南壺禁在西序豆籩鉶在東房南上几席兩敦在西堂**房房中之東當夾北西堂西夾室之前近南耳〔疏〕注東房至南耳○釋曰大夫士直有東房西室若言房則東房矣故士冠禮陳服于房中西墉下東領北上不言東又昏禮側尊甒醴于房中亦不言東如此之類皆不言東以其直有一房不嫌非東房故不言東今此經特言東房明房內近東籩故云東房也夾室半以南爲之以壁外相望則當夾北也又與少牢籩豆所陳相反少牢近於西方此經則房中之東也言當夾北者以其夾室在房近南東故云房中之東當夾北也云西堂西夾之前近南耳者案爾雅注夾室前堂謂之相此在西堂在西相故云西夾之前近南也**主人及子姓兄弟即位于門東如初**初筮位也**賓及衆賓即位于門西東面北上**不象如初者以宰在而宗人祝不在〔疏〕注不象至不在○釋曰云不象如初者此決上經主人及子姓兄弟即位于門東如初筮位今賓及衆賓者即是前者有司羣吏執事當言如初不言者以宰前筮時在門東贊主人辭今宰在門西同行又宗人祝離位賓西北東面南上異於筮位時故不言如初也**宗人祝立于賓西北東面南上**事彌至位彌異宗人祝於祭宜近廟〔疏〕注事彌至位彌異○釋曰云事彌至者謂祭事彌至位彌異者謂宗人祝近門離本位故云位彌異**主人再拜賓荅再拜三拜衆賓衆賓荅再拜**衆賓再拜者士賤旅之得備禮也〔疏〕注衆賓至禮也○釋曰云旅之得備禮者謂衆賓無問多少揔三拜之旅衆也衆賓共得三拜故云旅之也衆賓再拜者士賤衆賓得備禮案有司徹主人降南面拜衆賓于門東三拜衆賓門東北面皆荅一拜注云言三拜者衆賓賤旅之也衆賓一拜賤也卿大夫尊賓賤純臣也經云皆荅一拜明人人從上至下皆一一獨荅拜以其純臣故也所以不再拜者避國公故也此士賓莫問多少皆得一時再拜者以其士賤衆賓得備禮故也**主人揖入兄弟從賓及衆賓從即位于堂下如外位**爲視濯也**宗人升自西階視壺濯**

及豆籩反降東北面告濯具濯溉也不言敦鉶者省文也東北面告緑賓意欲聞也言濯具不言絜以有几席〈疏〉主人至濯具○注濯溉至几席○釋曰云不言敦鉶者省文也者決上文初饌時云豆籩鉶在東方明敦及鉶亦視可知文不言者省文故也上陳時經有几席鄭注所以不并言几席省文者經言告濯具几席不在濯內故不得云几席爲省文也云東北面告緑賓意欲聞也者經云即位于堂下如外位則主人在東階之下宗人降自西階宜東面告濯具以賓在西亦欲聞之故也所以不正面告者爲主人告故也云言濯具不言絜以有几席者凡洗濯當告絜不洗者告具而已几席不在洗內故直告濯具不言絜嫌通几席亦在洗濯之限此決下經門外舉鼎鼏云告絜

賓出主人出皆復外位爲視牲也今文復爲反

宗人視牲告充雍正作豕充猶肥也雍正官名也北面以策動作豕視聲氣〈疏〉注充猶至聲氣○釋曰云北面以策動作豕者此無正文經云作是動作之言故知以策動作豕云視聲氣者案禮記內則周禮庖人唯云豕望視而交睫腥不云豕之聲氣而鄭云視聲氣者但祭祀之牲當充盛肥若聲氣不和即是疾病不

堪祭祀故云視聲氣也

宗人舉獸尾告備舉鼎鼏告絜備具

請期曰羹飪肉謂之羹飪孰也謂明日質明時而曰肉孰重豫勞賓宗人既得期西北面告賓有司〈疏〉請期曰羹飪○注肉謂至有司○釋曰案少牢云宗人曰旦明行事此不云旦明行事而云羹飪者彼大夫尊有君道可以豫勞賓故云時節此士卑無君道故不云旦明而云羹飪是以鄭云重豫勞賓羹飪乃來也云宗人既得期西北面告賓有司者此案少牢云主人門東南面宗人朝服北面曰請祭期主人曰比於子宗人曰旦明行事上文門外賓位在門西東面今既得期鄉西在賓南北面告賓與有司使知祭日當來也

告事畢賓出

主人拜送夙興主人服如初立于門外東方○

南面視側殺夙早也興起也主人服如初則其餘有不玄端者側殺殺一牲也〈疏〉夙興至側殺○注夙早至牲也○釋曰自此盡於中庭論祭日夙興主人主婦陳設及行位之事云主人服如初則其餘有不玄端者案下記云特牲饋食其服皆朝服玄冠緇帶緇韠注云於祭服此也皆者謂賓及兄弟筮日筮尸視濯亦玄端至祭而朝服朝服者諸侯之臣與其君日視朝之服大夫以祭今賓兄弟緣孝子欲得嘉賓尊客以事其祖禰故服之緇韠者下大夫之臣夙興主人服如初則固玄端是也鄭云其餘有不玄端者明亦有著玄端者是以下記人辨之云唯尸祝佐食玄端玄裳黃裳雜裳可也皆爵韠鄭注云與主人同服是有同服者有著朝服者故鄭云其餘有不玄端者也云側殺殺一牲也者案少牢主人即位於廟門之外司馬封羊司士擊豕皆主人不視殺案楚語云諸侯宗廟之事必自射其牲封羊擊豕又司弓矢云凡祭祀共射牲之弓矢注云射牲示親殺也殺牲非尊者所親唯射爲可又國語云禘郊之事天子必自射其牲玉藻云凡有血氣之類君子弗身踐也者據凡常非祭祀天子尊於郊射牲諸侯降天子故宗廟亦親殺大夫士不敢與君同故視之而不親殺之側殺殺一牲者案冠禮云側尊一甒醴在服北鄭注云側猶特也無偶曰側以其無玄酒是以少牢云司馬封羊司士擊豕以其二牲不云側也

主婦視饎爨于西堂下炊黍稷曰饎宗婦爲之爨竈也西堂下者堂之西下也近西壁南齊于坫古文饎作糦周禮作饎〈疏〉注炊黍至作饎○釋曰知宗婦爲之者以經言主婦視饎爨明主婦自爲也是以下記云宗婦贊薦者執以坐于戶外授

主婦尸卒食而祭饎爨鄭以祭饎爨用黍而已是宗婦爲之可知也云爨竈也者周公制禮之時謂之爨至孔子時則謂之竈故論語王孫賈云與其媚於奧寧媚於竈是孔子時爲竈也云西堂下者堂之西下也者以其爲爨不可正在堂下當逼西壁爲之故云堂之西下近西壁也又知南齊于坫者案既夕記云設棜于東堂下南順齊于坫明在東西堂下皆齊於坫可知又鄭下注引舊說云南北直屋梠稷在南是也案少牢云雍人概鼎匕俎于雍爨雍爨在門東南北上廩人概甑甗匕與敦於廩爨廩爨在雍爨之北廩爨既在門外不見主婦有視文主婦未知視之以否主婦視饎爨猶主人視殺牲故易歸妹上六云女承筐無實士刲羊無血鄭注宗廟之禮主婦奉筐米如饎之時兼視之可知云周禮作饎者所謂故書者或作饎也

亨于門外東方西面北上亨煑也煑豕魚腊以鑊各一爨詩云誰能亨魚溉之釜鬵〈疏〉注亨煑至釜鬵○釋曰知用鑊者下少牢云羹定雍人陳鼎五三鼎在羊鑊之西二鼎在豕鑊之西故用鑊也

羹飪實鼎陳于門外如初初視濯也

尊于戶東玄酒在西戶東室戶東玄酒在西尚之凡尊酌者在左〈疏〉注戶東至

在左。釋曰知戶東是室戶東者若據房戶東西則舉東房而言今直云戶東故知室戶東也云玄酒在西尚之凡尊酌者在左者左爲上尊今云玄酒在西故云尚之是以鄉飲酒鄉射皆玄酒在西事酒在東若燕禮大射唯君面尊不從此義也

實豆籩鉶陳于房中如初　如初者取而實之既而反之

〔疏〕注如初至反之。釋曰經云實豆籩者取豆籩實之又言陳于房中如初者明既而反之可知也

執事之俎陳于階間二列北上　執事謂有司及兄弟二列者因其位在東西祝主人主婦之俎亦存焉不升鼎者異於神

〔疏〕執事至北上。注執事至於神。釋曰鄭知經執事之俎祝主人主婦亦存焉者見士虞記祝俎陳於階間敦東彼虞不致爵故見主人主婦俎明此吉祭有致爵主人主婦陳於階間可知以主婦亦是執事之人也若然少牢主人主婦無俎者以三獻禮成別爲儐尸正祭無致爵故主人主婦無俎儐尸行三獻致爵乃有俎下大夫不儐尸者亦於三獻尸爵止行致爵乃有俎也云不升鼎者異於神者前俎升鼎而入設於階前此鼎在門外不入而言陳於階閒二列故知不升鼎

盛兩敦陳于西堂藉用萑。几席陳于西堂如初　盛黍稷者宗婦也萑細葦古文用爲于

〔疏〕注盛黍稷者宗婦也。釋曰知盛黍稷是宗婦者以其黍稷是宗婦所主故知也

尸盥匜水實于槃中簞巾在門內之右　設盥水及巾尸尊不就洗又不揮門內之右象洗在東統于門東西上凡鄉內以入爲左右鄉外以出爲左右

〔疏〕尸盥至之右。注設盥至左右。釋曰云不揮者揮振去水使手乾今有巾故不揮也是以僖二十三年左氏傳云公子重耳在秦秦伯納女五人懷嬴與焉奉匜沃盥既而揮之懷嬴怒是也云門內之右象洗在東者東謂門東據向內爲右故鄭云統於門東西上云凡鄉內以入爲左右鄉外以出爲左右者欲明門內據鄉內以入爲右者也

祝筵几于室中東面　爲神敷席也至此使祝接神

〔疏〕注爲神至接神。釋曰案上視濯時云宗人祝立於賓西北東面南上鄭注云事彌至位彌異宗人祝於祭宜近廟至人廟時宗人獨外視濯及出門外視牲告充未有使祝之文至此臨祭使祝敷神席故鄭云至此使祝接神故也

主婦纚笄宵衣立于房中南面　主婦主人之妻雖姑存猶使之主祭祀纚笄首服宵綺屬也此衣染之以黑其繒本名曰宵詩有素衣朱宵記有玄宵衣凡婦人助祭者同服也內則曰舅沒則姑老冢婦所祭祀賓客每事必請於姑

〔疏〕主婦至南面。注主婦至於姑。釋曰云雖姑存猶使之主祭祀者謂姑老不堪祭祀故姑存猶使之主祭祀也云纚者謂若士冠禮廣終幅長六尺笄安髮之笄非冠冕之笄冠冕之笄男子有婦人無若安髮之笄男子婦人俱有婦人笄對男子冠故內則云男女未冠笄又喪服小記云男子冠而婦人笄是也云宵綺屬也此衣染之以黑其繒本名曰宵者謂此宵衣是綾綺之屬鄭注內司服云男子之褖衣黑則是亦黑也以其士喪禮有褖衣與士冠玄端爲一玄端黑是男子褖衣亦黑則此婦人宵衣亦黑可知其玄則黑之類也故鄭引玉藻君子狐青裘。玄宵衣以裼之證婦人玄宵衣亦黑也云其繒本名宵者此字據形聲爲綃從絲省聲但詩及禮記儀禮皆作宵字故鄭云其繒本名曰宵故引詩及禮記爲證引詩者直取字爲證引記謂禮記玉藻非直取證字爲宵亦以證婦人宵衣爲玄也云凡婦人助祭者同服也者經及記不見主婦及宗婦異服之文故知同服對男子助祭祝佐食等與主人服異也少牢云主婦贊者一人亦髮鬄衣移袂與主婦同其餘雖不移袂同亦宵衣可知依內司服天子諸侯王后以下助祭皆不同者人君尊卑差等大夫士卑服窮則同也引內則者彼舅沒時年七十以上姑雖存年六十已上而當傳之家事故子之妻代姑祭雖代姑每事必請於姑引之者證經主婦而含。姑未老自爲主婦姑老則子妻爲主婦也

主人及賓兄弟羣執事即位于門外如初

宗人告有司具　具猶辦也

主人拜賓如初揖入即位如初　初視濯也

佐食北面立于中庭　佐食賓佐尸食者立于宗人之西

〔疏〕佐食至中庭。注佐食至之西。釋曰案下記云佐食當事則戶外南面無事則中庭北面據此而言則此經謂無事時也云立于宗人之西者案士虞禮云主人及兄弟賓即位于西方如反哭位注引既夕禮云反哭入門升自西階東面經又云宗人西階前北面注云當詔主人此特牲吉禮主人行事由阼階宗人亦在阼階階南擯主人佐食北面於中庭明在宗人之西可知

儀禮疏卷第四十四

儀禮注疏卷四十四挍勘記　阮元撰盧宣旬摘錄

特牲饋食禮第十五

諸侯之士祭祖禰非天子之士而於五禮屬吉禮 集釋按云此條有脫誤釋文引鄭云諸侯之士以歲時祭其祖廟之禮又疏云鄭知非天子之士而云諸侯之士者似釋文所引乃鄭目錄本文此云非天子之士及而字皆疏內字訛入注文于五禮屬吉禮下又脫大戴第七小戴第十三別錄第十五凡十四字。按釋文廟字誤當從疏作禰

特牲饋食之禮

於廟門諏丁巳之日今文諏皆爲詛 下六字毛本脫徐本集釋俱有與此本標目合通解無按釋文摘爲詛二字

食道是生人飲食之道 通解要義同毛本無生字

耳云祭祀自孰始者 毛本耳作且要義作耳屬上句

欲見天子諸侯饋食已前 食要義作孰

吾不與祭如不祭 要義同毛本無如不祭三字

諸侯礿則不禘 要義同毛本礿作禴。按王制作礿

常事不書 要義同毛本常作嘗。按公羊作常

及筮日

諸侯日視朝之服 毛本日作曰浦鏜云日誤曰

云門謂廟門 陳閩同毛本謂作爲

士冠禮云 陳閩同毛本士作是。按士字是

爲冠禮筮 毛本爲作而。按此本是

席于門中

古文闑作槷 文徐陳集釋通解俱作文毛本作人槷徐本釋文集釋通解俱作槷毛本作槷

筮人取筮于西塾

神既爲生成之神 通解同毛本下神字作人

圓而神非是也 通解同毛本非字在神上。按非字屬下句

宰自主人之左贊命

祖字也 浦鏜改祖爲且非是說見下

贊命之事 通解同毛本事作辭陳本誤作辛

決士冠禮 毛本決作法

據吉祭而言 通解要義同毛本無祭字。按通解是也

此與彼文同 毛本彼誤作本

伯某且字也 要義無伯字且此本要義俱作且下同毛本且作祖陳本此句誤作但下句亦作且段玉裁云特牲祖字少牢且字皆不誤且之言薦也薦其字也賈疏分別此稱祖字少牢稱且字之指而刻本疏內誤且爲祖致學者不能讀浦鏜之說二篇互訛。按凡言且字者皆謂二十字非謂五十字也少牢疏言之甚明少牢云伯某某在伯下是二十字也此云某子某字上是五十字也故少牢爲且字此爲祖字

筮者許諾

與士不同 通解同毛本與作於。按與字是

筮者還

以其屬之長幼 徐本同集釋通解楊氏毛本屬俱作年

若不吉

又云旬之內曰近某日 曰字毛本作日下同通解此句作日下兩句仍誤作日

前期三日之朝

上則宿賓與視濯別日 上陳閩俱作士

宿尸云乃乃是緩辭 毛本不重乃字

二者既同日 毛本無既字

今又筮其子爲尸 陳閩通解要義同毛本又作有

朝事延尸於戶外 要義同毛本延作筵

乃宿尸

古文宿皆作羞凡宿或作速 上六字毛本脫徐本集釋俱有與疏合通解無

疊之不從古文 要義同毛本疊作壘

謂一部之內 通解要義同毛本部作布

主人肅客而入 毛本肅譌作速

是以鄭汎云或也 通解要義同毛本汎作況○按汎字是

主人立于戶外門外

此中北面 要義同毛本通解監本無中字

尸如主人服

以其大夫尊於恩有君道 要義同毛本通解無於恩二字

主人再拜

故云尊尸 要義同毛本通解故云作今此

尸乃拜許 要義同毛本通解無許字 不得擯辭訖 得當作待

宗人擯辭如初

著其辭所易也今文無敢 下四字毛本脫徐本集釋俱有與此本標目合通解倂無也字

宿賓

諸士此獻者之中 士要義作在通解作士刪下五字

記人乃辨之 人陳本通解要義俱作人毛本作久辨通解要義俱作辨毛本作辦

厥明夕

下篇少牢陳鼎在門東 鼎陳本通解要義俱作鼎是也毛本誤作鼏

扵在其南

如今大木轝矣 轝宋本釋文作輿

下篇云少牢 要義同毛本通解無云字

少牢五鼎 鼎陳本通解要義俱作鼎是也毛本作鼏

特牲鼎 要義同毛本通解牲下有三字

有豕魚腊 有通解作言

設洗于阼階東南

西夾室之前近南耳 張氏曰疏無室字此篇末注云東堂東夾之前聘禮經曰西夾亦如之公食大夫立于東夾南注曰箱東夾之前覲禮注曰東箱東夾之前士喪禮注曰襲絰于序東東夾前亦不帶室字從疏○按夾室古祇稱夾　命云東夾西夾無室字至雜記釁廟始稱夾室

當夾北也 通解要義同毛本北作之○按北字是

夾室前堂謂之相 通解要義同毛本堂作當相作廂下同○按堂是也

賓及衆賓

不象如初者　象集釋楊氏俱作蒙張氏曰疏象字于既夕禮作蒙從既夕禮

以宰在　徐本集釋楊氏同通解毛本宰作賓

注不象至不在　按此象字當作蒙下同

主人再拜賓荅再拜　唐石經徐陳閩葛集釋通解要義楊敖同毛本荅再二字倒

以其純臣故也　通解要義同毛本無臣字

衆賓得備禮故也　要義同毛本備作致○按備是也

宗人升自西階

決上文初饌時云　陳本通解同毛本上誤作下

文不言者　毛本文作經監本同通解無○按經是也

凡洗濯當告絜　通解同毛本無凡字

故直告濯具　陳閩通解同毛本告作言

亦在洗濯之限　通解同毛本無在字

賓出

爲視牲也今文復爲反　下五字毛本脫徐本集釋俱有通解無

宗人視牲告充

周禮庖人唯云　毛本唯作職○按唯字是

而鄭云　毛本鄭誤作正

請期

而日肉熟　徐本同集釋通解毛本監本日俱作曰按曰是也

告賓與有司　通解同毛本重賓字

夙興○立于門外東方南面　方唐石經徐本集釋通解要義楊敖俱作方毛本作房

緇韠者　毛本韠誤作之

是以下記人辨之　陳本通解要義同毛本辨作辯

司士繫豕　繫要義作擊下同按疏內繫字凡三見通解祇載最後一條亦作擊○按少牢作司士繫豕

君子弗身翦也者　毛本翦作踐○按玉藻注云踐當爲翦聲之誤故賈氏即改作翦○按翦是也

主婦視饎爨于西堂下

南齊于坫　釋文楊氏俱無于字按疏有

又知南齊于坫者　要義同毛本無者字通解自者字起至皆齊于坫並删

廩人摡甑甗匕與敦於廩爨　要義同毛本甑作甑○按作甑與少牢文合

兼視之可知　要義同毛本視作事

亨于門外東方

溉之釜鬵　張氏曰釋文溉作摡古愛反從釋文○按今本釋文仍作溉

尊于戶東

若據房戶東西　毛本戶誤作中

事酒在東　毛本事誤作尊

唯君面尊　毛本通解面作西

實豆籩鉶

經云實豆籩者　者下此本空一字按空處疑是明字

執事之俎

故見主人主婦俎　要義同毛本通解故下有不字

以三獻禮成　三獻二字通解要義同毛本作獻三

盛兩敦陳于西堂藉用萑　萑唐石經初刻作雚

尸盥匜水

東謂門東　通解同毛本謂作爲

欲明門內據鄉內以入爲右者也　閩本同毛本右者作左右

祝筵几于室中東面

爲神敷席也　陸氏曰敷音孚本又作鋪普禾反後同

至此使祝接神　徐葛集釋通解楊氏同毛本祝作親

東面南上　通解同毛本面作西

至此使祝接神故也　毛本無故字

主婦纚笄宵衣〇南面　毛本南誤作東

此衣染之以黑　此徐本作比集釋通解楊氏俱作此張氏曰諸本比作此從諸本

狐青裘　通解要義同毛本裘下有豹褎二字

從絲省　省當作肖

亦髲鬄衣移袂　髲通解作髮要義毛本誤作髮移毛本作侈通解要義俱作移下同〇按少牢作衣侈釋文云侈本又作移疑移乃移之誤

天子諸侯王后以下助祭　通解要義同毛本無下字

謂經主婦而含姑　要義同毛本含作舍

未老自爲主婦　毛本未作夫要義作未〇按疏意經言主婦兼姑與子妻言之故曰謂經主婦而含姑也曲禮云七十曰老而傳謂傳家事也祭祀猶自主之是舅未沒則姑未老含爲主人姑爲主婦舅沒則姑老子爲主人子妻爲主婦

佐食北面立于中庭

即位于西方　陳閩俱無方字

升自西階東面　要義同毛本升作外〇按既夕作升

主人行事由阼階　要義同毛本無由字通解由誤作面

宗人亦在阼階階南擯　要義同毛本通解階字不重

儀禮注疏卷四十四挍勘記

奉新余成教挍

儀禮疏卷第四十五

唐朝散大夫行大學博士弘文館學士臣賈公彦等撰

主人及祝升祝先入主人從西面于戶內祝先入接神宜在前也少牢饋食禮曰祝盥于洗升自西階主人盥升自阼階祝先入南面〔疏〕主人至戶內。注祝先至南面。釋曰自此盡稽首論主人主婦及祝佐食陳設陰厭之事云主人從西面于戶內注引少牢者證主人戶內西面其時祝北墉下南面之事以其未有祝行事之法直監納祭而已下文乃云祝在左爲孝子釋辭乃有事也

主婦盥于房中薦兩豆葵菹蝸醢醢在北主婦盥盥於內洗昏禮婦洗在北堂直室東隅

宗人遣佐食及執事盥出命之盥出當助主人及賓舉鼎

主人降及賓盥出主人在右及佐食舉牲鼎賓長在右及執事舉魚腊鼎除鼏

及與也主人在右統於東主人與佐食者賓尊不載少牢饋食禮魚用鮒腊用麋士腊用兔〔疏〕注及與至用兔。釋曰鼎在門外北上東爲右人西爲左人右人尊入時在鼎前左人卑入時在鼎後又盡載牲體於俎又設俎于神坐之前主人升乃以東爲主今在堂下主人在右故云統於東也云主人與佐食者賓尊不載者以賓主當相對爲左右以賓尊不載牲體故使佐食對主人使賓爲右人而使執事在左而載也

宗人執畢先入當阼階南面畢狀如叉蓋爲其似畢星取名焉主人親舉宗人則執畢導之既錯叉以畢臨匕載備失脫也雜記曰枇用桑長三尺畢用桑三尺刊其本與末枇畢同材明矣今此枇用棘心則畢亦用棘心舊說云畢以御他神物神物惡桑叉則少牢饋食及虞無叉何哉此無叉者乃主人不親舉耳少牢大夫祭不親舉虞喪祭也主人未執事祔練祥執事用桑叉自此純吉用棘心叉〔疏〕宗人至南面。注畢狀至心叉。釋曰云畢狀如叉者下引舊說有他神物惡桑叉之言故以叉而言云蓋爲其似畢星取名焉者案詩云有捄天畢載施之行無正文故云蓋以疑之也云主人親舉宗人則執畢導之既錯叉以畢臨匕載備失脫也知義然者以經言宗人執畢先入是導之也又知既錯叉以畢臨匕載備失脫也者以經云當阼階南面明鄉主人執事臨匕備失脫可知也云今此枇用棘心則畢亦用棘心者案下記云棘心匕刻是也知畢亦棘心者以雜記匕畢同用桑據喪祭今吉祭匕用棘心則畢亦棘心也云舊說云畢以御他神物神物惡桑叉舊說如此又引少牢士虞已下破舊說之意也云此無叉者乃主人不親舉耳者揔解士虞少牢二禮云少牢大夫祭不親舉者大夫尊主人不親舉云虞喪祭也主人未執事者對吉祭主人執事有畢彼無也云祔練祥執事用桑叉者以其虞時主人不執事則祔已執事執事用桑叉則雜記所云是也云自此純吉用棘心叉者除祥後則禫月及吉祭用棘心也案易震卦彖辭云震來虩虩笑言啞啞震驚百里不喪匕鬯鄭注云雷發聲於百里古者諸侯象諸侯出教令能警戒國內則守其宗廟社稷爲之祭主不亡其匕鬯人君於祭匕牲體薦鬯而已其餘不親爲也若然諸侯親匕牲體大夫不親者辟人君士卑不嫌得與人君同親匕也

鼎西面錯右人抽扃委于鼎北右人謂主人及二賓既錯皆西面俟也

贊者錯俎加匕贊者執俎及匕從鼎入者其錯俎東縮加匕東柄既則退而左人北面也〔疏〕注贊者至北面。釋曰云

其錯俎東縮加匕東柄者少牢云俎皆設于鼎西西肆又云匕皆加于鼎東枋則此加匕於鼎東柄可知云既則退而左人北面也知者以其俎從於鼎西其人當北面於其南載之便是以昏禮亦云北面載執而俟是也

乃朼右人也尊者於事指使可也左人載之

佐食升肵俎鼏之設于阼階西肵謂心舌之俎也郊特牲曰肵之爲言敬也言主人之所以敬尸之俎古文鼏皆作密〔疏〕注肵謂至作密。釋曰知肵謂心舌者下記云肵俎心舌皆去本末午割之實於牲鼎載心立舌縮俎是也引郊特牲者見敬有肵俎送于尸前

卒載加匕于鼎卒已也已載畢亦加焉〔疏〕注卒已至加焉。釋曰主人匕牲體宗人以畢助之主人匕事訖加之於鼎則宗人既事亦加於鼎可知

主人升入復位

俎入設于豆東魚次腊特于俎北入設俎載者腊特饌要方也凡饌必方者明食味人之性所以正〔疏〕注入設至以正。釋曰知載入設俎者以其經卒載下即云入設不見別人明是載者設之可知云腊特饌要方也者案經豆在神坐之前豕俎入設於豆東魚俎又次其東若腊俎復在東

則餱不得方故腊俎特于俎北取其方故也

主婦設兩敦黍稷于俎南西上及兩鉶芼設于豆南南陳宗婦不贊敦鉶者以其少可親之芼菜也【疏】注宗婦至菜也。釋曰案少牢主婦設金敦宗婦贊三敦以其多故使宗婦贊此士祭祀二敦少故不使宗婦贊主婦可親之也若然案少牢佐食贊鉶宗婦不贊鉶此不以佐食決之而并云宗婦者此決有司徹故有司徹云主婦洗于房中出實爵尊南西面拜獻尸尸拜于筵上受主婦西面于主人之席北拜送爵入于房取一羊鉶坐奠于韭菹西主婦贊者執豕鉶以從主婦不興受設于羊鉶之西又下至主婦致爵于主人主婦設二鉶與糗脩如尸禮皆是也

祝洗酌奠奠于鉶南遂命佐食啓會佐食啓會卻于敦南出立于戸西南面酌奠奠其爵觶也少牢饋食禮啓會乃奠【疏】注酌奠至奠之。釋曰引少牢者案少牢祝酌奠之遂命佐食佐食啓會乃奠者彼大夫禮與此士禮相變是以與此奠乃啓會異也

主人再拜稽首祝在左稽首服之甚者祝在左當爲主人釋辭於神也祝祝曰孝孫某敢用剛鬣嘉薦普淖用薦某事於皇祖某子尚饗【疏】注稽首至尚饗。釋曰引少牢祝祝已下者欲見迎尸之前釋孝子之辭也

卒祝主人再拜稽首祝迎尸于門外尸自外來代主人接之就其次而請不拜不敢與尊者爲禮周禮掌次凡祭祀張尸次【疏】祝迎尸于門外。注尸自至尸次。釋曰自此盡反黍稷于其所論陰厭後迎尸于正祭之事云尸自外來代主人接之者下注云主人不迎尸成尸尊故也云就其次而請不拜不敢與尊者爲禮者凡平賓客皆在門西主人出門左西面拜今此經直云迎尸於門外不言祝拜尸荅拜是祝出就次尸乃出次迎之而入門是不敢與尊者爲禮引周禮者證門外張尸次之事也

主人降立于阼階東主人不迎尸成尸尊尸所祭者之孫也祖之尸則主人乃宗子禰之尸則主人乃父道事神之禮廟中而已出迎則爲厭【疏】注主人至爲厭。釋曰云主人不迎尸成尸尊者案祭統云君迎牲而不迎尸別嫌也尸在廟門外則疑於臣在廟中則全於君君在廟門外則疑於君入廟門則全於臣全於子鄭云不迎尸者欲全其尊也尸神象也鬼神之尊在廟中人君之尊出廟門則伸此士

禮雖無君道亦尊尸主人不迎迎之尊不成不迎之則成尸之道尊也云尸所祭者之孫也者禮記云孫爲王父尸是也云祖之尸則主人乃宗子者以其祭祖兄弟來助祭故知宗子小宗大宗五宗皆然書傳云宗子將有事族人皆入侍也云禰之尸則主人乃父道者禮記祭統云夫祭之道孫爲王父尸所使爲尸者於祭者子行也父北面而事之所以明子事父之道也此父子之倫也注云祭祖則用孫列皆取於同姓之適孫是其禰之尸則主人乃父道也云事神之禮廟中而已出迎則爲厭有出廟門主人有君是是厭臣之義故不迎也

尸入門左北面盥宗人授巾侍盥者執其器就之執簞者不授巾賤也宗人授巾庭長尊少牢饋食禮曰祝先入門右尸入門左【疏】注侍盥至門左。釋曰引少牢者見上經陳盥在門右今尸入門左尸尊不就盥案匜巾等鄉門右就尸之義也

尸至于階祝延尸尸升入祝先主人從延進在後詔侑曰延禮器所謂詔侑武方者也少牢饋食禮曰尸升自西階入祝從主人升自阼階祝先入主人從【疏】尸至至人從。注延進至人從。釋曰云在後詔侑曰延者案士虞禮尸謖祝前鄉尸鄭注云前道也祝道尸必先鄉之爲之節彼祝居尸前道之此則在尸後詔之故云延也云禮器所謂詔侑武方者彼注武無也祝詔侑尸無常謂若檀弓子事父母左右就養無方今祝延尸道尸尸亦無常也引少牢者見祝從尸主人又從祝入之事

尸即席坐主人拜妥尸妥安坐也尸荅拜執奠祝饗主人拜如初饗勸強之也其辭取于士虞記則宜云孝孫某圭爲孝薦之饗舊說云明薦之【疏】尸荅至如初。注饗勸至薦之。釋曰云其辭取于士虞記則宜云孝孫某圭爲孝薦之饗者但喪祭稱哀吉祭稱孝故士虞記卒哭饗尸辭曰哀子某圭爲哀薦之饗此既吉祭宜云孝孫某圭爲孝薦之饗以其改哀云孝故曰宜云也引舊說者證圭爲絜明之義也

祝命挼祭尸左執觶右取菹擩于醢祭于豆閒命詔尸也挼祭祭神食也士虞禮古文曰祝命佐食墮祭周禮曰既祭則藏其墮墮與挼讀同耳今文改挼皆爲綏古文此皆爲挼祭也擩醢者染於醢【疏】祝命至豆閒。注命詔至於醢。釋曰云挼祭祭神食也者鄉者設饌未迎尸陰厭厭飫神今尸來升席而挼祭祭訖當食神餘引周禮而云墮與挼讀同則二字

通用云今文挼皆爲綏不從今文引古文者欲見挼下有祭無醢故疊之而不從也云挼醢者染於醢從經爲正也

佐食取黍稷肺祭授尸尸祭之祭酒啐酒告旨主人拜尸奠觶荅拜肺祭刌肺也旨美也祭酒穀味之芬芬者齊敬共之唯恐不美告之美達其心明神享之〔疏〕注肺祭至享之。釋曰知肺祭是刌肺也者下記刌肺三鄭注爲尸主人主婦祭明是刌肺非舉肺也

祭鉶嘗之告旨主人拜尸荅拜鉶肉味之有菜和者曲禮曰客絜羹主人辭不能亨〔疏〕注鉶肉至能亨。釋曰云鉶肉味之有菜和者此即公食大夫牛藿羊苦豕薇之等是也以其盛之鉶器因號羹爲鉶故云肉味有菜和者引曲禮者證鉶羹有五味調和不合絜調之義故告旨若大羹不調以鹽菜無絜調之理也

祝命爾敦佐食爾黍稷于席上爾近也近之便尸之食也

設大羹湆于醢北大羹湆煑肉汁也不和貴其質設之所以敬尸也不祭不嚌大羹不爲神非盛者也士虞禮曰大羹湆自門入今文湆皆爲汁〔疏〕設大羹湆于醢北。注大羹至爲汁。釋曰云醢北者爲薦左案公食大夫昏禮大羹湆皆在薦右此在左者神禮變於生人士虞禮大夫羹湆設于鉶南在右與生人同有不忍異於生故也云不和貴其質者案桓二年左氏傳云大羹不和以鹽菜是貴其質也云不爲神者陰厭時未設尸來始設爲尸故士虞記云無尸則禮及薦饌皆如初不授祭無大羹湆胾從獻有尸即有大羹湆從獻縱有亦不祭不嚌是不爲神爲尸非盛者也引士虞禮曰大羹湆自門入者證迎尸後乃從獻來也

舉肺脊以授尸尸受振祭嚌之左執之肺氣之主也脊正體之貴者先食啗之所以導食通氣

乃食食舉舉言食者明凡解體皆連肉〔疏〕乃食食舉。注舉言至連肉。釋曰乃食謂食肺云食舉謂骨體正脊從俎舉鄉口因名體爲舉凡牲體或七或二十七皆據骨節而言今言食不可空食骨以體皆連肉也

主人羞肵俎于腊北肵俎主於尸主人親羞敬也神俎不親設者貴得賓客以神事其先〔疏〕注肵俎至其先。釋曰云肵俎主於尸者以其入後乃設之故知主於尸主人親進者敬尸故也前神俎使載者設之者欲得尊賓客以事其先故也

尸三飯告飽祝侑主人拜三飯告飽禮一成也侑勸也或曰又勸之使又食少牢饋食禮侑辭曰皇尸未實侑也

佐食舉幹尸受振祭嚌之佐食受加于肵俎舉獸幹魚一亦如之幹長脅也獸腊其體數與牲同〔疏〕注幹長至牲同。釋曰云長脅文出下記也云獸腊其體數與牲同知者亦見下記云腊如牲骨是也

尸實舉于菹豆爲將食庶舉謂肺脊

佐食羞庶羞四豆設于左南上有醢庶衆也衆羞以豕肉所以爲異味四豆者膮炙胾醢南上者以膮炙爲上以有醢不得綪也〔疏〕注庶衆至綪也。釋曰案公食大夫云旁四列西北上膷以東臐膮牛炙炙南醢以西牛胾醢注云先設醢綪之次也此四豆有醢則不得先設非綪之次故也又復一醢不得與胾炙相對相對之法炙在南醢在北胾在北醢南如此見得綪故少牢云韭菹醓醢葵菹蠃醢韭菹在南葵菹在北注云葵菹在北綪又云羞胾兩瓦豆有醢亦用瓦豆設于薦豆之北注云四豆亦綪羊胾在南豕胾在北此皆有醢亦得綪者以其四豆胾醢具相對故鄭皆云綪也

尸又三飯告飽祝侑之如初禮再成也

舉骼及獸魚如初尸又三飯告飽祝侑之如初禮三成獸魚如初者獸骼魚一也

舉肩及獸魚如初不復飯者三三者士之禮大成也舉先正脊後肩自上而卻下綪而前終始之次也〔疏〕注不復至次也。釋曰云舉先正脊後肩自上而卻下綪而前終始之次也者先舉正脊自上也次舉脅即卻也後舉骼即下綪也終舉肩即前也前者牲體之始後者牲體之終故云終始之次也

佐食盛肵俎俎釋三个佐食取牲魚腊之餘盛於肵俎將以歸尸俎釋三个爲改饌於西北隅遺之所釋者牲腊則正脊一骨長脅一骨及臑也魚則三頭而已个猶枚也今俗言物數有云若干個者此讀然〔疏〕注佐食至讀然。釋曰云俎釋三个爲改饌於西北隅遺之所釋者牲腊則正脊一骨長脅一骨及臑也知者案下記云尸俎右肩臂臑肫骼正脊二骨橫脊長脅二骨短脅今以舉正脊一骨長脅一骨及骼脊脅各。一骨在前脚三節後脚二節各舉其一訖前脚舉肩訖宜次盛臂後脚舉骼訖宜次盛肫前後各一節以歸脡脊以其次正脊故也前脚

唯有臑在并脊脅各一骨爲三也舉肺脊加于肵俎反黍稷于其所尸授佐食佐食受而加之反之也肺脊初在俎豆【疏】注尸授至俎豆○釋曰經直云肺脊加於肵俎鄭知尸不自加而授與佐食佐食受而加之者約少牢云上佐食受尸牢肺正脊加于肵鄭注云受者尸授之也是云肺脊初在菹豆者上文云尸賓舉于菹豆是也主人洗角升酌酳尸酳猶衍也是獻尸也謂之酳者尸既卒食又欲頤衍養樂之不用爵者下大夫也因父子之道質而用角角加人事畧者今文酳皆爲酌【疏】主人至酳尸○注酳猶至爲酌○釋曰自此盡入復位論主人獻尸及祝佐食之事知是獻尸者下有主婦洗爵獻尸并賓長獻尸故知此是主人酳尸也云不用爵者下大夫也者此決少牢云主人降洗爵酌酒乃酳尸用爵不用角也云因父子之道質而用角角加人事畧者既辟大夫不用爵次當用觚而用角者因無臣助祭父子相養之道而用角者父子是質角加人事畧得用功少故也尸拜受主人拜送尸祭酒啐酒賓長以肝從肝肝炙也今文曰啐之古文無長【疏】尸拜至肝從○注肝

肝至無長○釋曰此直言肝從亦當如少牢賓長羞牢肝用俎縮執俎肝亦縮進末鹽在右此亦不言者文不具也尸左執角右取肝擩于鹽振祭嚌之加于菹豆卒角祝受尸角曰送爵皇尸卒爵主人拜尸荅拜曰送爵者節主人拜祝酌授尸尸以醋主人醋報也祝酌不洗尸不親酌尊尸也尸親醋相報之義古文醋作酢【疏】注醋報至作酢○釋曰云祝酌不洗者尸當酢主人宜親洗爵酌酒不親洗酌尸尊故也授代酌由祝代酌故不洗也主人拜受角尸拜送主人退佐食授挼祭退者進受爵反位妥亦當爲挼尸將嘏主人佐食授之挼祭亦使祭尸食也其授祭亦取黍稷肺祭今文或皆改妥作挼【疏】注退者至作挼○釋曰云挼祭亦使祭尸食也者前祝命尸挼祭祭神食今命主人祭尸食亦如尸祭神食故云亦也云其授祭亦取黍稷肺祭者亦如上佐食取黍稷肺祭授尸尸祭之相似故云亦也主人坐左執角受祭祭之祭酒啐

酒進聽嘏聽猶待也受福曰嘏嘏長也大也待尸授之以長大之福佐食摶黍授祝祝授尸尸受以菹豆執以親嘏主人獨用黍者食之主其辭則少牢饋食禮有焉【疏】佐食至主人○注獨用至有焉○釋曰案少牢云祝與二佐食皆出盥于洗入二佐食各取黍於一敦上佐食兼受摶之以授尸尸執以命祝卒命祝祝受以東北面于戸西以嘏于主人但少牢不親嘏者大夫尸尊又大夫禮文此親嘏者士尸卑禮質故也云其辭則少牢饋食禮有焉者案少牢云祝以嘏于主人曰皇尸命工祝承致多福無疆于女孝孫來女孝孫使女受祿于天宜稼于田眉壽萬年勿替引之是也云獨用黍者食之主者案上文云爾黍于席上不云爾稷者以稷雖五穀之長不如黍之美故云食之主是以喪大記云君沐粱大夫沐稷士沐粱士喪禮士沐稻諸侯之士鄭注云差率而上天子沐黍是黍爲穀之貴也主人左執角再拜稽首受復位詩懷之實于左袂挂于季指卒角拜尸荅拜詩猶承也謂奉納之懷中季小也實于左袂挂袪以小指者便

卒角也少牢饋食禮曰興受黍坐振祭嚌之古文挂作卦【疏】注詩猶至作卦○釋曰云挂袪以小指者便卒角也但右手執角左手挂袪以小指不于左手言便卒角者飲酒之時恐其遺落故挂以小指故云便卒角也主人出寫嗇于房祝以籩受變黍言嗇因事託戒欲其重稼嗇嗇者農力之成功【疏】主人至籩受○注變黍至成功○釋曰案少牢云主人出宰夫以籩受嗇黍主人嘗之納諸內此大夫尊不似有入房直見大夫出宰夫以籩受此主人寫嗇于房祝以籩受以其士賤故也云變黍言嗇因事託戒欲其重稼嗇者以黍者五穀之名非農力成功之稱故以黍爲嗇欲其重稼嗇故少牢鄭注云收斂曰嗇是用農力之言也筵祝南面主人自房還時主人酌獻祝祝拜受角主人拜送設菹醢俎行神惠也先獻祝以接神尊之菹醢皆主婦設之佐食設俎【疏】注行神至設俎○釋曰此汝佐食以佐食接尸故後獻之祝接神先獻之云菹醢皆主婦設之佐食設俎知者前獻尸時菹醢主婦設之亞獻及致爵於主人籩豆亦皆主婦設之則此設菹醢亦主婦可知又知佐食設俎約少牢主人獻祝佐食設俎故

此亦佐食設俎可知祝左執角祭豆興取肺坐祭嚌之興加于俎坐祭酒啐酒以肝從祝左執角右取肝擩于鹽振祭嚌之加于俎卒角拜主人荅拜受角酌獻佐食佐食北面拜受角主人拜送佐食坐祭卒角拜主人荅拜受角降反于篚升入復位〔疏〕祝左至復位○釋曰云主人荅拜受角酌獻佐食者案上獻祝有俎此獻佐食不言俎者上經云執事之俎陳於階間二列北上鄭注云執事謂有司以佐食亦在有司内者下記云佐食俎觳折脊脅也又下經賓長獻節鄭注云凡獻佐食皆無從其薦俎獻兄弟以齒設之若少牢獻佐食俎即設于兩階之間西上大夫將賓尸故即設佐食俎至於賓尸時佐食無俎也主婦洗爵于房酌亞獻尸亞次也次猶貳主婦貳獻不夾拜者士妻儀簡耳〔疏〕注亞次至簡耳○釋曰自此盡以爵入于房論

主婦獻尸祝及佐食之事云主婦貳獻不夾拜者士妻儀簡耳者此決少牢主婦亞獻尸時夾拜此士妻下之故云儀簡耳尸拜受主婦北面拜送北面拜者辟内子也大夫之妻拜於主人北西面〔疏〕注北面至西面○釋曰案少牢云主婦洗于房中出酌入戶西面拜獻尸鄭注云入戶西面拜由便也不北面者辟人君夫人也拜而後獻者當夾拜也又云尸拜受主婦主人之北西面拜送爵是也若大夫妻貴辟人君夫人士妻賤不嫌得與人君夫人同也宗婦執兩籩戶外坐主婦受設于敦南兩籩棗栗棗在西〔疏〕注兩籩至在西○釋曰知者案下記云籩巾以綌也纁裏棗烝栗擇是也知棗在西者依士虞禮云主婦亞獻尸時云自反兩籩棗栗設于會南棗在西鄭云尚棗棗美故知也祝贊籩祭尸受祭之祭酒啐酒籩祭棗栗之祭也其祭之亦於豆祭〔疏〕注其祭之亦於豆祭○釋曰知者見上經尸挼祭時云右取菹擩于醢祭于豆閒又佐食取黍稷肺祭授尸尸祭之不言其處明亦祭於豆閒今此祝贊籩祭之亦不言其處亦祭於豆閒可知又案有司徹云尸取韭菹擩于豆祭于豆閒又尸取麷蕡宰夫贊者取白黑以授尸尸受兼祭于豆祭是籩豆同祭於豆閒也兄弟長以燔從尸受振祭嚌之反之燔炙肉也〔疏〕注燔炙肉也○釋曰云反之者謂反燔于長兄弟羞燔者受加于肵出出者俟後事也〔疏〕注出者俟後事也○釋曰云俟後事者謂俟主婦獻祝之時更當羞燔于祝知者約上文主人獻尸云賓長以肝從至獻祝時但云以肝從不言其人明亦賓長可知此下文主婦獻祝籩燔從如初儀明獻祝時亦長兄弟羞燔可知故鄭注云俟後事也尸卒爵祝受爵命送如初送者送卒爵酢如主人儀尸酢主婦如主人儀者自祝酌至尸拜送如酢主人也不易爵辟内子〔疏〕注尸酢至内子○釋曰云尸酢主婦如主人儀者自祝酌至尸拜送如酢主人也者言此上則如之其異者不並取也謂主人受佐食挼自祭之此佐食錯挼于地主婦撫之而已是也云不易爵辟内子者以經云酢如主人儀上尸酢主人時不易爵故此主婦受酢亦不易爵可知男女不相襲爵所以今襲爵者辟内子是以少牢云祝受尸爵尸荅拜易爵洗酌授尸主婦拜受爵尸荅拜

是其易爵也主婦適房南面佐食挼祭主婦左執爵右撫祭祭酒啐酒入卒爵如主人儀撫挼祭示親祭佐食不挼而祭於地亦儀簡也入室卒爵於尊者前成禮明受惠也〔疏〕注撫挼至惠也○釋曰云佐食不挼而祭於地亦儀簡也者少牢大夫妻云上佐食挼祭主婦西面於主人之北受祭祭之此佐食祭於地主婦撫之而已故云亦儀簡云亦者亦前不夾拜也獻祝籩燔從如初儀及佐食如初卒以爵入于房及佐食如初如其獻佐食則拜主人之北西面也〔疏〕注及佐至面也○釋曰此無正文以佐食北面拜受主婦不宜與佐食同面拜送又言如初明與主人同西面拜故鄭云拜主人之北西面與内子同賓三獻如初燔從如初爵止初亞獻也尸止爵者三獻禮成欲神惠之均於室中是以奠而待之〔疏〕賓三至爵止○注初亞至待之○釋曰自此盡卒復位論賓長獻尸及佐食并主人主婦致爵之事此一科之内乃有十一爵賓獻尸一也主婦致爵于主人二也主人酢主婦三也主人致

爵于主婦四也主婦酢主人五也尸舉奠爵酢賓長六也賓長獻祝七也又獻佐食八也賓又致爵于主人九也又致爵于主婦十也賓獻主人酢十一也云初亞獻也者知不初獻者以主婦亞獻承初獻後賓長又承亞獻後故知如亞獻不得如初獻也又面位及燔從皆如亞獻也云三獻禮成欲神惠之均於室中是以奠而待之者謂尸得三獻而禮成言其賓飲三爵祝與佐食亦得三獻主人主婦各得一酢而已未得獻是神惠未均奠而待之者待主人主婦致爵乃均也案下文衆賓長爲加爵如初爵止鄭注云尸止爵者欲神惠之均于在庭止得一獻亦言均則不以爵數爲均直據得一獻則爲均也

席于戶內爲主人鋪之西面席自房來

主婦洗爵酌致爵于主人主人拜受爵主婦拜送爵主婦拜拜於北面也今文曰主婦洗酌爵〔疏〕注主婦至酌爵。釋曰云主婦拜拜於北面也者約有司饋尸於堂主婦致爵于主人主人致爵于主婦北面于阼階上荅拜是也

宗婦贊豆如初主婦受設兩豆兩籩初贊亞獻也主婦薦兩豆籩東面也〔疏〕注初贊至面也。釋曰上主婦亞獻時但云宗婦執兩籩又云祝贊籩祭無豆此云贊豆如初明贊豆之時與贊籩同故得言如初知東面者以主人西面故知也

俎入設佐食設之〔疏〕俎入設。注佐食設之。釋曰知佐食設之者見有司下大夫不儐尸者主婦致爵於主人時佐食設俎彼室內行事與士禮畧同故鄭約之知佐食設之也

主人左執爵祭薦宗人贊祭奠爵興取肺坐絕祭嚌之興加于俎坐挩手祭酒啐酒絕肺祭之者以離肺長也少儀曰牛羊之肺離而不提心豕亦然挩拭也挩手者爲絕肺染汗也刌肺不挩手古文挩皆作說〔疏〕注絕肺至作說。釋曰引少儀者彼注云提猶絕也不絕中央少許者引之證離肺長而不絕故須絕之云忖肺不挩手者以已斷絕取祭之不須以手絕之故不挩手也

肝從左執爵取肝擩于鹽坐振祭嚌之宗人受加于俎燔亦如之興席末坐卒爵拜於席末坐卒爵敬也一酌而備再從而次之示均〔疏〕注於席至示均。釋曰此決上主人獻尸賓長以肝從主

婦獻尸兄弟以燔從今一酌而肝燔從則與尸等故云亦均亦者亦上酒均於堂內

主婦荅拜受爵酌醋左執爵拜主人荅拜坐祭立飲卒爵拜主人荅拜主婦出反于房主人降洗酌致爵于主婦席于房中南面主婦拜受爵主人西面荅拜宗婦薦豆俎從獻皆如主人主人更爵酌醋卒爵降實爵于篚入復位主人更爵自酢男子不承婦人爵也祭統曰夫婦相授受不相襲處酢不易爵明夫婦之別古文更爲受〔疏〕注主人至爲受。釋曰云主人更爵自酢男子不承婦人爵也者案上主婦獻尸尸酢主婦不易爵鄭注云辟內子致爵于主人則易爵也若然案下記設洗篚在洗西賓二爵鄭注云二爵者爲賓獻爵止主婦當致也此賓長所獻爵尸奠之未舉其篚唯有一爵得云易者上主婦亞獻洗爵洗爵于房中則房中有爵又主婦獻祝及佐食訖以爵入于房後主婦致爵于主人還是房內爵後主人致爵于主婦者是下篚之爵主婦飲訖實于房中之篚主人更取房內之爵以酌酢酢訖奠于下篚云主人更爵者謂酌酢爵與房內爵相更鄭注下記云主婦當致者謂主人致爵於主婦則用下篚內爵也

三獻作止爵賓也謂三獻者以事命之作起也舊說云賓入戶北面曰皇尸請舉爵

尸卒爵酢酌獻祝及佐食洗爵酌致于主人主婦燔從皆如初更爵酢于主人卒復位洗乃致爵爲異事新之燔從皆如初者如亞獻及主人主婦致爵也凡獻佐食皆無從其薦俎獻兄弟以齒設之賓更爵自酢亦不承婦人爵今文曰洗致古文更爲受〔疏〕注洗乃至爲受。釋曰此決上文賓獻尸獻祝及佐食皆不洗今致于主人洗故決之也案下篇不儐尸洗爵致于主人注云以承佐食賤新之此云爲異事新之注不同者但爲異事異事則是承賤承賤後則事異言雖不同理則一也云燔從皆如初者如亞獻及主人主婦致爵者謂如上主婦亞獻尸及祝皆燔從此言皆燔從如初故云如亞獻及主人主婦致爵雖云如初則無肝從故經釋云燔從皆如初云凡獻佐食皆無從者謂主人主婦及賓長獻佐

食皆無從故云凡鄭言此者以經獻祝及佐食洗爵致于主人主婦燔從皆如初在獻佐食下嫌獻佐食亦然有燔從故鄭辨之若然佐食得獻與祝得獻同亦得如初但無從爲異云其薦俎獻兄弟以齒設之者以上佐食得獻時不見有設薦俎之文下記云佐食於旅也齒於兄弟故佐食薦俎亦與兄弟同時設之也

主人降阼階西面拜賓如初洗拜賓而洗爵爲將獻之如初如視濯時主人再拜賓荅拜三拜衆賓衆賓荅再拜者〔疏〕主人至初洗○注拜賓至拜者○釋曰自此盡賓爵于篚論獻賓及衆賓之事也

賓辭洗卒洗揖讓升酌西階上獻賓賓北面拜受爵主人在右荅拜就賓拜者此禮不主於尊也賓卑則不專階主人在右統於其位今文無洗〔疏〕賓辭至荅拜○注就賓至其位○釋曰云就賓拜者此禮不主於尊也者案鄉飲酒鄉射賓主獻酢各於其階至酬乃同階此因祭如初賓非爲尊之所尊者謂尸也又賓是士家有司卑不得專階故就之使不得專階也對鄉飲酒鄉射得專階也云主人在右統於其位者以其賓得在西階上北面以東爲右主人位在阼階故云統於其位鄭言此者

主人就西階異於飲酒主人在右則與飲酒禮同以言主人常居右也

薦脯醢設折俎凡節解者皆曰折俎不言其體畧云折俎非貴體也上賓骼衆賓儀公有司設之〔疏〕薦脯醢設折俎○注凡節至設之○釋曰案下記云賓骼鄭云骼左骼也賓俎全體尊賓也折骨而曰折俎明凡節解牲體皆曰折升于俎故名折俎與臑折同名其折義則異彼折骨云不言其體畧云折俎非貴體也者案下記云賓骼骼是牲體此經云折俎者亦用骼非貴體也故畧云折俎若然經尸俎祝佐食及主人主婦俎體皆不言之而鄭注獨云賓俎不言體者尸祝等經不言牲體亦不言折以其體貴故也此賓俎不言牲體而言折明非貴體也云上賓骼衆賓儀者案下記唯云賓骼其衆賓已下皆殽脅不言儀者鄭見有司徹主人獻賓儀司士設俎羊骼一又云衆賓長拜受爵其脅體儀也注云儀者尊體盡儀度餘骨可用而用之尊者用尊體卑者用卑體而已是也云公有司設之者此即有司徹云司士設俎羊骼一衆賓脅體儀是也此下文云公有司在門西則此設俎者也

賓左執爵祭豆奠爵興取肺坐絕祭嚌之興加于俎坐捝手祭酒卒爵

拜主人荅拜受爵酌酢奠爵拜賓荅拜主人酌自酢者賓不敢敵主人主人達其意〔疏〕注主人至其意○釋曰云賓不敢敵主人主人達其意者以其賓是士之有司之中以卑不敢與主人爲敵酢之是以主人酌以自酢達賓意故也若鄉飲酒鄉射賓皆親酢主人以其賓尊行敵禮故也

主人坐祭卒爵拜賓荅拜揖執祭以降西面奠于其位位如初薦俎從設位如初復其位東面少牢饋食禮宰夫執薦以從設于祭東司士執俎以從設于薦東是則皆公有司爲之與〔疏〕注位如至之與○釋曰以賓位在西階下東面今受獻於西階上經云執祭以降西面奠于其位又言位如初明復西階下東面位可知也

衆賓升拜受爵坐祭立飲薦俎設于其位辯主人備荅拜焉降實爵于篚衆賓立飲賤不備禮鄉飲酒記曰立卒爵者不拜既爵備盡盡人之荅拜

尊兩壺于阼階東加勺南枋西方亦

如之爲酬賓及兄弟行神惠不酌上尊卑異之就其位尊之兩壺皆酒優之先尊東方示惠由近禮運曰澄酒在下〔疏〕尊兩至如之○注爲酬至在下○釋曰自此盡揖復位論堂下設尊酬賓之事云行神惠不酌上尊卑異之者決上文獻賓及兄弟皆酌上尊者獻是嚴正故得與神靈共尊至此旅酬禮褻故不敢酌上尊案司尊彝職四時之祭云皆有罍諸臣之所酢少牢上下大夫堂下皆無尊者士卑得與人君同大夫尊辟人君故也云兩壺皆酒優之者設尊之法皆有玄酒今兩壺皆酒無玄酒優之也案玉藻云唯饗野人皆酒鄭云飲賤者不備禮與此注無玄酒爲優之異者此士之祭禮欲得尊賓嘉客以事其先非賤者故以皆酒爲優之彼饗野人野人是賤者故以不備禮解之也云先尊東方示惠由近者東方主人位西方賓位今先設東方乃設西方者見酒由主人來故云示惠由近爲始也引禮運者彼注澄爲沈齊酒是三酒酒所以飲諸臣證此壺尊亦飲在下者也

主人洗觶酌于西方之尊西階前北面酬賓賓在左先酌西方者尊賓之義

主人奠觶拜賓荅拜主人坐祭卒觶拜賓荅

拜主人洗觶賓辭主人對卒洗酌西面賓北面拜西面者鄉賓位立於西階之前賓所荅拜之東北（疏）注西面至東北○釋曰以經云主人對卒洗酌西面賓北面拜主人西面授賓北面荅拜明主人之得南過於賓故鄭以義言之云立於西階之前賓所荅拜之東北也主人奠觶于薦北奠酬於薦左非爲其不舉行神惠不可同於飲酒（疏）注奠酬至飲酒○釋曰以其神惠右不舉生人飲酒左不舉今行神惠不可同於飲酒故奠於左與生人相變故有司徹云二人舉觶酬尸侑侑奠觶于右鄭注云奠于右者不舉也神惠右不舉變於飲酒是也此酬奠於薦左下文賓舉爲旅酬以其神惠故也言不可同飲酒者謂不可同於鄉飲酒故鄉飲酒記云將舉者於右奠者於左其義與此別此下文奠觶於薦南明將舉以初在北飲酒將舉奠於薦南便其復舉賓坐取觶還東面拜主人荅拜賓奠觶于薦南揖復位還東面就其位爲西奠觶薦南明將舉（疏）賓坐至復位○注還東至將舉○釋曰云揖復位者則初奠時少南於位可知云還東面者則

初賓坐取觶薦東西面可知故鄭注云還東面就其位薦西也主人洗爵獻長兄弟于阼階上如賓儀酬賓乃獻長兄弟者獻之禮成於酬先成賓禮此主人之義亦有薦脀設于位私人爲之與（疏）主人至賓儀○注酬賓至之與○釋曰自此盡如衆賓儀論主人獻長兄弟及衆兄弟之事云酬賓乃獻長兄弟者獻之禮成於酬者以其獻賓之禮以酬酬之乃禮成故冠禮云乃禮賓以一獻之禮鄭注云獻酢酬賓主人各兩爵而禮成又鄉飲酒獻及酬賓訖乃獻介又此文獻賓即酬賓乃獻兄弟故鄭注獻之禮成於酬也云亦有薦脀設于位者以經云獻長兄弟于阼階上如賓儀則長兄弟初受獻于阼階上時亦薦脯醢設折俎於阼階上祭訖乃執以降設于下位皆當如賓儀鄭下注云設薦俎於其位者據執祭以降及其位而言也言亦者亦賓鄭必知有薦俎者見於下記云長兄弟及宗人折是也云私人爲之與者私人者即私臣下記云私臣門東北面西上是也以賓薦公有司設之則兄弟薦俎私人可知以無正文故言與以疑之也洗獻衆兄弟如衆賓儀獻卑而必爲之洗者顯神惠此言如衆賓儀則如獻衆賓洗明矣（疏）注獻卑至明矣○釋曰云

此言如衆賓儀則如獻衆賓洗明矣者以其上獻衆賓時雖不言洗此云洗獻衆兄弟如衆賓儀明獻衆賓洗可知不言之者舉下以明上省文之義故也洗獻內兄弟于房中如獻衆兄弟之儀內兄弟內賓宗婦也如衆兄弟如其拜受坐祭立飲設薦俎於其位而立內賓其位在房中之尊北不殊其長畧婦人者也有司徹曰主人洗獻內賓於房中南面拜受爵（疏）洗獻至之儀○注內兄至受爵○釋曰自此盡入復位論主人獻姑姊妹及宗婦之事云內賓宗婦也者此揔云內兄弟下記云內賓宗婦案彼注云內賓姑姊妹宗婦族人之婦若然兄弟者服名故號婦人爲兄弟也云其位在房中之尊北者案下記云尊兩壺于房中西墉下南上內賓立于其北東面南上宗婦北堂東面北上是也云不殊其長畧婦人者決上文獻賓於西階上獻兄弟於阼階上皆殊其長此不殊故云畧之引有司徹者欲見此內賓受獻時亦南面拜受爵故下注云內賓之長亦南面荅拜言亦者亦前受獻時前雖無文約有司徹內賓之長亦南面荅拜主人西面荅拜更爵酢卒爵降實爵于篚入復位爵辨乃自酢以初不殊其

長也內賓之長亦南面荅拜（疏）注爵辨至荅拜○釋曰三以初不殊其長也者對上賓與長兄弟不得獻衆賓衆兄弟偏主人先自酢也云內賓之長亦南面荅拜者獻時不殊其長酢時猶如賓及兄弟殊其長與男子同男子婦人衆賓以下皆無酢也長兄弟洗觚爲加爵如初儀不及佐食洗致如初無從大夫士三獻而禮成多之爲加也不及佐食無從殺也致致於主人主婦（疏）長兄至無從○注大夫至主婦○釋曰此一經論士三獻之外爲加獻尸之事云如初儀者如賓長三獻之儀但賓長獻十一爵此兄弟之長加獻則降唯有六爵以其闕主人主婦致爵并酢四爵及獻佐食五唯有六在者洗觚爲加獻一也尸酢長兄弟二也獻祝三也致爵於主人四也致爵於主婦五也受主人酢六也云大夫士三獻而禮成者天子大祫十有二獻四時與禘唯有九獻上公亦九獻侯伯七獻子男五獻卿大夫士畧同三獻而祭禮成也是以多之者爲加若主人飲酒禮卿大夫三獻士唯一獻而已祭禮士與大夫同者攝盛彝奠亦與[illegible]大夫同少牢五鼎又乘車建旜亦與卿大夫同也衆賓長爲加爵如初爵止尸爵止者

欲神惠之均於在庭【疏】衆賓至爵止○注尸爵至在庭○釋曰庭賓及兄弟雖得一獻未得旅酬其已得三獻又別受加爵故停之使庭行旅酬是以云尸爵止者欲神惠之均於在庭也

儀禮疏卷第四十五 元缺第六葉今補

大清嘉慶二十年重栞宋本用宋[illegible]藏本校

江西督糧道王賡言廣豐縣知縣阿應鱗栞

儀禮注疏卷四十五挍勘記　阮元撰盧宣旬摘錄

宗人執畢先入

宗人則執畢導之　導釋文作道云音導

乂以畢臨匕載　乂徐本作乂與述注合集釋通解楊氏毛本俱作叉匕釋文作朼張氏曰監本匕誤作上從諸本○按上字因匕而誤疏亦作匕唯釋文作朼張氏恪遵釋文而此不從朼何耶

三尺刊其本與末　徐本集釋通解楊敖同毛本三上有長字

畢以御他神物　以徐葛集釋俱作以與述注合毛本以作似

虞喪祭祭也　徐本同與述注合葛本集釋楊敖俱作虞喪祭也毛本作虞者祭也

主人未執事　張氏曰監本未誤作求從諸本

有捄天畢　捄陳閩監本俱作求天閩監俱誤作夫

乂以畢臨　要義同通解毛本乂作叉下同

以經言宗人執畢先入　陳閩通解同毛本畢作事

備失脱也者　通解同毛本無失字

棘心上刻是也　通解同毛本匕作已○按作匕與記文合

畢以御他神物也　陳閩要義同毛本以作似閩本他誤作

舊說如此　要義同毛本如作知

破舊說之意也　要義同毛本破作彼○按破是也

云虞喪祭祭也　要義同毛本不重祭字

則祔已執事執事用桑乂　要義同毛本已作以執事二字不重

則雜記所云是也　要義同毛本是作事○按是是也

贊者錯俎加匕

東柄 柄釋文集釋楊氏俱作枋敖氏作柄陸氏曰枋本亦作柄

佐食升肵俎

肵謂心舌之俎也 肵下集釋敖氏俱有俎字

實於牲鼎 通解要義同與記文合毛本無於字

卒載加匕于鼎 毛本于誤作去

主人升入復位

知載人設俎者 陳閩通解同毛本人作入

豕俎入設於豆東 通解要義同毛本無俎字

主婦設兩敦黍稷于俎南○及兩鉶芼 唐石經重鉶字張氏曰監本云及兩鉶鉶芼多一鉶字從諸本

主婦洗于房中 要義同毛本洗下有爵字

拜獻尸 要義同毛本拜作升○按有司徹是拜字

主婦設二鉶與糗脩 毛本與誤作于

祝洗酌奠○立于戶西南面 唐石經徐本集釋通解要義楊敖同毛本無戶字

遂命佐食佐食啓會乃奠者 通解要義同毛本佐食二字不重出

主人再拜稽首

當爲主人釋辭於神也 陳閩監葛通解俱脫人字又神誤作主

祝迎尸于門外

凡平賓客 毛本平誤作來

主人降

疑於君 通解要義同毛本疑上有則字○按祭統有則字

皆取於同姓之適孫 通解要義同毛本無於字○按祭統注有於字

有出廟門 要義同通解毛本無有字○按有字疑當作者屬上句

主人有君是是厭臣之義 通解毛本無是是二字要義是是作是君○按當云主人是君是有厭臣之義

尸入門左北面盥

見上經陳盥在門右 通解同毛本上作士

尸至于階

祝從主人升自阼階 毛本阼誤作祚

尸荅拜

孝孫某圭爲孝薦之饗 毛本圭作主嚴本作主張氏曰監本主作圭從監本○按少牢疏引此注爲下有而字

以其改哀云孝 陳閩通解要義同毛本云作爲

祝命挼祭○右取菹擩于醢 釋文無于字與注合按公食大夫擩于醢注云今文無于此經不疊今文古文是今古俱無于也又公食有于字故注但釋擩義云擩猶染也此經無于字故注補之云擩醢者染於醢

士虞禮古文曰 徐本集釋通解楊氏同毛本士作古

祝命佐食墮祭 墮集釋作隋下同張氏曰注曰士虞禮古文曰祝命佐食墮祭周禮曰既祭則藏其墮按釋文釋挼祭云音墮後隋祭挼祭皆放此後少牢饋食禮經曰墮祭爾敦按釋文亦作隋許規反下同注又曰挼讀爲墮按釋文音綏字注云隋亦放此有司注曰挼讀爲藏其墮之墮按釋文音綏字注云并注挼及墮皆許恚

反後放此然則三篇之墮皆隋字也與周禮守祧之文合至于士虞禮之墮祭與舉周禮之文釋文于彼自作墮竝從釋文○按墮祭當集作隋祭釋文字例雜糅張氏曲從之非是

隋與挼讀同耳今文改挼皆爲綏古文此皆爲挼祭也 下十五字毛本脫徐本集釋楊氏俱有通解無周學健云士虞禮尸取奠節疏引此注有○按士虞疏引此注挼祭作擩祭故有五字不同之說

云今文改挼皆爲綏 要義同毛本綏作餒

欲見挭下有祭無醢 要義同毛本挭作挼○按挭即擩之俗字挼祭挭醢本屬兩事疏恐人誤溷故特辨之說文云擩染也周禮六曰擩祭然則挼祭之挼與挭醢之挭本俱作擩此節經文挭醢注中挼祭宜皆改作擩

故疊之而不從也 要義同毛本疊作曡

云挭醢者染於醢 毛本挭誤作挼於誤作欲按疏意擩祭之擩當爲挼擩醢之擩則爲擩未知果鄭意否

佐食取黍稷肺祭授尸

祭酒穀味之芬芬者 集釋楊氏毛本同張氏曰注曰祭酒穀味之芳芳者按監本作芬芬從監本○按徐鍾亦俱作芬芬張氏所據之嚴本獨作芳芳

告之美 美上楊氏有以字

主人主婦祭 通解毛本婦下祭上有此經云肺四字

祭鉶嘗之

不合絮調之義 通解毛本作絮者調和之義

不調以鹽菜 毛本通解不上有則字

祝命爾敦佐食爾黍稷于席上 黍唐石經初刻作稷

設大羹湆于醢北

士虞禮大夫羹湆 陳閩通解俱無夫字要義有

佐食舉幹

云長脅 陳閩監本同毛本通解云下有幹字

文出下記也云 毛本也作下通解無

佐食羞庶羞四豆

膷以東 毛本通解膷誤作脚

臐膮牛炙 通解同毛本臐作纁○按公食大夫禮作臐

醢南 毛本通解醢下有在字

葵菹在北 毛本通解北下有綪字

故鄭皆云綪也 鄭下衍云字通解併無皆字

舉骼及獸魚如初 毛本骼誤作胳

佐食盛肵俎 肵徐本作所誤

有云若干個者 徐本集釋俱有云字通解毛本無集釋無者字

牲腊 牲閩本誤作特

今尸舉正脊一骨 陳閩通解同毛本尸作以○按尸是也

及骼脊脅各一骨在 陳閩通解骼下俱有肩則二字各下俱有有字

舉肺脊

肺脊初在俎豆 徐本同集釋通解楊氏毛本俎俱作菹張氏曰注曰肺脊初在俎豆按疏作菹豆經

上文云尸實舉于菹豆注云舉謂肺脊今自菹豆加于肵俎也從疏○按此本述注作菹標目仍作俎毛本則與此相反要以菹爲正

挼之也是 當作授之是也

云肺脊初在菹豆者 毛本菹作俎通解作菹下菹豆同按菹是也

主人洗角

謂之酳者 徐本集釋楊氏同通解謂之作云

又欲頤衍養樂之 徐陳集釋通解楊氏同毛本欲作却

今文酳皆爲酌 錢大昕曰少牢士虞注並云古文酳爲酌特牲注今文亦當爲古文之譌

故知此是主人酳尸也 浦鏜云酳當獻字誤

加人事略者 此本通解加上俱重角字毛本不重

尸拜受

今文曰啐之古文無長 上五字毛本脫徐本集釋俱有案古文徐本誤作古又嚴鍾俱不誤

通解此節無注

肝亦縮進末 陳本通解同毛本末作米

祝酌授尸

尊尸也尸親醋相報之義 下七字毛本脫徐本集釋楊氏俱有通解無

主人拜受角○佐食授挼祭 張氏曰注云妥亦當爲挼又云今文或皆改妥作挼則經文挼蓋妥字也從注○按士虞疏所舉五字獨不及妥大抵挼擩綏妥四字古今文既參差不一今本又復淆譌不可致詰

進受爵反位妥亦當爲挼 下五字毛本脫徐本集釋俱有楊氏作受亦當爲授通解無

佐食授之挼祭 授徐本作受集釋通解楊氏俱作授

今文或皆改妥作挼 毛本作古文挼作綏徐本集釋俱作今文或皆改妥作挼與此本標目合通解無

亦如上佐食取黍稷肺祭授尸 陳本通解同毛本授作挼

佐食摶黍授祝

宜稼于田 通解同毛本稼誤作嫁○按少牢作稼是也

天子沐黍 要義同毛本無沐字○按有沐字與喪大記注合

主人左執角

季小也 小釋文作少云詩召反下同○按要義載注亦作少載疏仍作小

嚌之古文挂作卦 下五字毛本脫徐毛集釋要義俱有與此本標目合通解無

但右手執角左手挂祛以小指 陳閩要義同毛本右左互倒監本俱作左

不干左手 干陳閩監本通解俱作于

主人出

此大夫尊 毛本尊誤作爭

不似有入房 當作不自入房

收斂曰嗇 毛本收作秋○按少牢注作收

主人酌獻祝

此汝佐食 毛本汝作女○按此句疑有譌脫浦鏜改女爲先亦未是

祝左執角

佐食俎觳折脊脅也 觳陳閩俱作獻○按獻字非也下記文作觳

主婦洗爵于房酌亞獻尸 毛本酌誤作祝

祝贊籩祭

若平取菹㨍于醢浦鏜云右手誤若平經無手字

酢如主人儀

自祝酌至尸拜送酌要義作獻

云不易爵辟內子者爵辟　毛本誤倒

賓三獻如初

三獻禮成集釋無此四字

席於戶內

爲主人鋪之按前經祝筵几於室中注云爲神敷席也陸氏曰本又作鋪後同然則此鋪釋文亦作敷

俎入設

時佐食設俎毛本時作待陳本通解俱作時屬上句

主人左執爵祭薦

抈肺不捝手集釋同毛本抈作忖

云忖肺不捝手者毛本捝作挩陳閩通解俱作挩按捝字是

以已斷絶毛本以下有其先二字通解同毛本

肵從

示均示徐本楊氏俱作示與此本標目合集釋通解毛本俱作亦盧文弨云示非疏甚明

主婦出反于房

古文更爲受徐本集釋同毛本古文更作今文授

上主婦亞獻洗爵洗爵于房中要義同毛本通解洗爵二字不重出

則用下篚內爵也內下陳閩通解俱有之字

三獻作止爵

賓入戶北面曰徐陳集釋楊敖同毛本通解戶作尸

尸卒爵酢酌獻洗及佐食徐本同集釋通解楊敖毛本洗俱作祝張氏曰經曰獻洗及佐食巾箱杭本洗作況監本作祝從監本〇復位毛本復誤作二

亦不承婦人爵今文曰洗致古文更爲受下十字毛本脫徐本集釋俱有與此本標目合通解無

尸及祝皆燔從此言皆燔從如初毛本無此言皆燔從五字

主人降阼階

如初如視濯時徐本集釋楊敖同毛本通解無下如字

賓辭洗

統於其位今文無洗下四字毛本脫徐本集釋俱有通解無按疏標目無

薦脯醢

公有司在門西通解同毛本無公字

賓左執爵祭豆左唐石經作佐誤

以其賓尊行敵禮故也毛本敵禮誤作二千

主人坐祭卒爵拜

今受獻於西階上通解同毛本今作令

尊兩壺於阼階東

皆有元酒通解要義同毛本元作大

故云示惠由近爲始也　毛本爲誤作二

主人奠觶拜

明主人之得南過於賓　毛本通解之作不

主人奠觶于薦北

生人飲酒左不舉　毛本生作主陳本通解要義俱作生下同

侑奠觶於右　奠上通解要義俱重侑字毛本不重○按依有司徹奠上當有侑字

主人洗爵

論主人獻長兄弟及衆兄弟之事　毛本衆誤作長

洗獻衆兄弟　毛本無衆字唐石經徐本集釋通解楊敖俱有石經考文提要云疏述經明有衆字

此言如衆賓儀　儀徐陳集釋通解楊氏俱作儀與疏合毛本作獻

則如獻衆賓洗明矣　如集釋作知按作知是也觀疏自明疏述注亦誤作如字通解無獻字

以其上獻衆賓時　通解同毛本上作士

洗獻內兄弟于房中

其位在房中之尊北　徐本集釋楊敖同通解毛本無其字

尊兩壺于房中西墉下　毛本墉作牖陳本通解要義俱作墉○按當作墉

長兄弟洗觚爲加爵

并酢四爵　酢要義作酬

天子大祫十有二獻　要義同毛本通解二作三

祭禮士與大夫同者　與通解要義俱作與下同毛本作於

衆賓長爲加爵

欽神惠之均於在庭也　陳閩通解要義同毛本於在二字倒

儀禮注疏卷四十五挍勘記終

奉新余成教挍

儀禮疏卷第四十六

唐朝散大夫行大學博士弘文館學士臣賈公彦等撰

嗣舉奠盥入北面再拜稽首嗣主人將爲後者舉猶飲也使嗣子飲奠者將傳重累之者大夫之嗣子不舉奠辟諸侯

【疏】○嗣舉至稽首○注嗣主至諸侯○釋曰自此盡出復位論嗣子飲奠酌獻之事云嗣主人將爲後者不言適而言將爲後者欲見無長適立庶子及同宗爲後皆是故汎言將爲後也云舉猶飲也者非謂訓舉爲飲直是嗣子舉而飲之耳云將傳重累之者謂將使爲嗣牽累崇敬承重祭祀之事是以使飲之而獻也云大夫之嗣子不舉奠辟諸侯者案文王世子云其登餕獻受爵則以上嗣注云上嗣君之適長子以特牲饋食禮言之受爵謂上嗣舉奠也獻謂舉奠洗爵酌入也餕謂宗人遣舉奠盥祝命之餕也大夫之嗣無此禮辟君也今案少牢無嗣子舉奠之事故此注云辟諸侯士卑不嫌得與人君同故有嗣子舉奠之事也奠者即上文祝酌奠奠於鉶南是也鄭特牲云舉斝角詔妥尸鄭注云始入舉奠斝若奠角將祭之祝則詔主人拜安之使之坐尸即至尊之坐或時不自安則以拜安之天子奠斝諸侯奠角彼鄭注意亦引此特牲祝酌奠于鉶南也

尸執奠進受復位祭酒啐酒尸舉肝舉奠左執觶再拜稽首進受肝復位坐食肝卒觶拜尸備答拜焉食肝受尊者賜不敢餘也備猶盡也每拜荅之以尊者與卑者爲禮畧其文耳古文備爲復

【疏】尸執至拜焉○注食肝至爲復○釋曰直言受肝明有鹽是以下記云嗣舉奠佐食設豆鹽是也云食肝受尊者賜不敢餘也者食之當盡以其食若不盡直云嚌之而已此經云食肝明不敢餘也

舉奠洗酌入尸拜受舉奠荅拜尸祭酒啐酒奠之舉奠出復位啐之者荅其欲酢已也奠之者復神之奠觶嗣齒於子姓凡非主人升降自西階

【疏】舉奠至復位○注啐之至西階○釋曰云啐之者荅其欲酢已也者鄉飲酒鄉射主人獻賓賓皆啐酒洗爵即酢主人此嗣子獻賓賓啐之亦欲酢已故啐之其實無酢也云嗣齒於子姓者姓之言生子之所生謂孫行者今嗣亦孫之流故齒之也云凡非主人升降自西階者案曲禮云爲人子者升降不由阼階是以雖嗣子亦宜升降自西階適子孫不升降階故於此揔言凡也

兄弟弟子洗酌于東方之尊阼階前北面舉觶于長兄弟如主人酬賓儀弟子後生也

【疏】兄弟至賓儀○注弟子後生○釋曰自此盡乃羞論弟子舉觶將行旅酬之事云如主人酬賓儀者謂如上文主人酬賓就其階同北面並拜乃飲卒爵拜洗酌乃西面賓北面拜位故言如此亦然弟子洗觶酌於東方之尊阼階前東面獻長兄弟長兄弟北面拜受弟子奠于薦南長兄弟坐取觶還西面拜弟子北面荅拜長兄弟奠于薦北揖復位若有司徹云兄弟之後生者舉觶於其長長在左弟子自飲訖升酌降長拜受於其位舉爵者東面荅拜鄭注云拜受荅拜不北面者儐尸禮殺此不儐尸則拜送皆北面可知也弟子後生者此即有司徹云兄弟之後生者是也

宗人告祭脀脀俎也所告者衆賓衆兄弟內賓也獻時設薦俎于其位至此禮又殺告之祭使成禮也其祭皆離肺不言祭豆可知

【疏】注脀俎至可知○釋曰云告祭脀者謂告衆賓之等知無長賓者以其初得獻時即祭肺於階上此獻時乃設薦俎于其位故此無長賓也上文下長兄弟如賓儀則亦獻時祭可知故云宗人所告告衆賓衆兄弟內賓也云獻時設薦俎於其位者得獻時乃薦于堂下及房內之位云至此禮又殺告之祭使成禮也者案上文加爵致爵不及佐食無從殺也此告之祭使成禮也是再殺故云又殺也云其祭皆離肺者已於記文解之也云不言祭豆可知者以衆賓言薦俎從設言薦即豆也故云不言祭豆可知

乃羞羞庶羞也下尸胾醢豆而已此所羞者自祝主人至於內賓無內羞

【疏】乃羞○注羞庶至內羞○釋曰知羞非薦羞者上文受獻時皆設薦俎於其位故知此羞乃是庶羞非薦也云下尸胾醢豆而已者上爲尸佐食羞庶羞四豆設於左鄭注四豆膮炙胾醢此祝以下薦羞降于尸當去膮炙故云胾醢豆而已云此所羞者自祝主人至於內賓者言自祝下及內賓及衆賓兄弟皆在可知又下記云公有司獻次衆賓私臣獻次兄弟則內賓亦及之是以少牢下篇云乃羞庶羞于賓兄弟內賓及私人不儐尸亦云乃羞于賓兄弟內賓及私人辯是也若然少牢與有司徹儐尸與不儐尸庶羞與房中羞皆與尸佐食及祝主人主婦皆同時羞之者彼上下大夫禮尊故得與尸同時羞此士禮卑故不得與尸同也云內羞者以其尸尊尚無內羞況祝卑故無內羞也

賓坐取觶阼階

前北面酬長兄弟長兄弟在右薦南奠觶疏賓坐至在右。注薦南奠觶。釋曰自此盡實觶于篚論行旅酬之閒作止爵之事但此特牲之禮堂下行旅酬無筭爵並在室中者不與旅酬之事上大夫儐尸與旅酬不與無筭爵之事故別使二人舉觶於尸有尸侑得舉爲旅酬徧及堂下尸與旅酬者以其儐尸在堂禮殺故也若下大夫不儐尸者堂下無旅酬直行無筭爵於堂下而已尸則不與之所以下大夫無旅酬直有無筭爵者以其禮尸於室中辟國君堂下不設尊故無旅酬直行無筭爵而已以其堂上與神靈共尊不得與尸行旅酬故屈之此特牲堂下得旅酬無筭爵並行者以其堂下與神靈別尊故爲加爵禮尸於室中酌上尊堂下旅酬行神惠酌下尊故上大夫及士之祭禮旅酬行無筭爵或行或不皆參差不等也賓酬長兄弟長兄弟在右下文長兄弟酬衆賓長自左受旅如初是賓主相酬主人常在東其同在賓中則受酬者在左若鄉飲酒賓酬主人主人立於賓東主人酬介介立於主人之西其衆賓受介酬者自介右鄭注云尊介使不失故位衆受酬者受自左異其義也賓主相酬各守其位不以尊卑變同類之中受者于左尊右也

賓奠觶拜長兄弟荅拜賓立卒觶酌于其尊東面立長兄弟拜受觶賓北面荅拜揖復位其尊長兄弟尊也此受酬者拜亦北面疏注其尊至北面。釋曰以其旅酬無筭爵以飲者酌已尊酬人之時酌彼尊是各自其酒故無筭爵賓弟子及兄弟弟子舉觶於其長各酌于其尊也云此受酬者拜亦北面者以經長兄弟拜受觶不言面位故鄭云受酌者拜亦北面言亦者亦賓北面也

長兄弟西階前北面衆賓長自左受旅如初旅行也受行酬也初賓酬長兄弟長兄弟卒觶酌于其尊西面立受旅者拜受長兄弟北面荅拜揖復位衆賓及衆兄弟交錯以辯皆如初儀交錯猶言東西爲加爵者作止爵如長兄弟之儀於旅酬之閒言作止爵明禮殺並作疏爲加至之儀。注於旅至並作。釋曰前衆賓之長爲加爵如初爵止今還使爲加爵者作止爵也故云如長兄弟之儀云於旅酬之閒言作止爵明禮殺並作者此決上文賓三獻爵止鄭注云三獻禮成欲神惠之均于室中是以奠而待之故有室中主人主婦致爵訖乃三獻作止爵此衆賓長爲加爵如初爵止鄭注云尸爵止者欲神惠之均于在庭而堂下庭中行旅酬未訖爲加爵者作止爵故鄭注云禮殺並作也

長兄弟酬賓如賓酬兄弟之儀以辯卒受者實觶于篚長兄弟酬賓亦坐取其奠觶此不言交錯以辯賓之酬不言卒受者實觶于篚明其相報禮終於此其文省疏注長兄至文省。釋曰云長兄弟酬賓亦坐取其奠觶者亦謂亦上賓坐取薦南奠觶此長兄弟所舉奠觶者即上弟子舉觶於其長是也云明其相報禮終於此其文省者以其賓舉奠觶於長兄弟行旅酬盡皆徧長兄弟舉觶於賓行旅酬亦皆徧故云相報禮終言明者嫌其不終所以嫌者嫌其不終所以嫌者賓之酬不言卒受者此不言交錯以辯嫌其不卒不辯其實賓之酬亦卒受者實觶于篚此亦交錯以辯故鄭云文省

賓弟子及兄弟弟子洗各酌于其尊中庭北面西上舉觶於其長奠觶

拜長皆荅拜舉觶者祭卒觶拜長皆荅拜舉觶者洗各酌于其尊復初位長皆拜舉觶者皆奠觶于薦右奠觶進奠之于薦右非神惠也今文曰奠于薦右疏賓弟至薦右。注奠觶至薦右。釋曰自此盡爵無筭論二觶並行無筭爵之事云奠觶進奠之於薦右非神惠也者案上尊兩壺於阼階東加勺南柄西方亦如之鄭注云爲酬賓及兄弟行神惠至此云非神惠者彼三獻止爵欲得神惠均于室中衆賓長爲加爵止爵者欲神惠均于在庭故止爵行旅酬雖以尸而奠爵待之亦得爲神惠至此別爲無筭爵在下自相勸故得爲非神惠故奠於薦右同於生人飲酒舉者奠於薦右也長皆執以興舉觶者皆復位荅拜長皆奠觶于其所皆揖其弟子弟子皆復其位復其位者東西面位弟子舉觶於其長所以序長幼教孝弟凡堂下拜亦皆北面疏長皆至其位。注復其至北面。釋曰云復其位者東西面位者上既言皆復位荅拜此復重云復位則上文

復位。復在庭初舉北面位。此重言復位者，當復東西面位。可知云凡堂下拜亦皆北面者，前主人酬賓，弟子舉於其長，行旅酬及無筭爵，兄弟弟子、賓弟子舉觶，皆北面，則知凡堂下雖不見面位者，皆北面拜可知。云凡賓以下至於私人，拜受送皆北面，故云凡也。

爵皆無筭。筭數也。賓取觶酬兄弟之黨，長兄弟取觶酬賓之黨，唯己所欲，亦交錯以辯，　次第之數。因今接會，使之交恩定好，優勸之。

利洗散，獻于尸，酢及祝，如初儀。降，實散于篚。利，佐食也。言利，以今進酒也。更言獻者，以利待尸禮將終，宜一進酒，嫌於加酒，亦當三也。不致爵，禮又殺也。【疏】○利洗至于篚。○注利佐至殺也。○釋曰：自此盡西序下，論佐食獻尸祭祀畢之事。云利，佐食也，言利，以今進酒也者，利與佐食乃有二名者，以上文設俎、啓會、爾敦之時，以黍稷爲食，故名佐食；今進以酒，酒所以供養，故名利，利即養也，故鄭云以今進酒也。若然，少牢名佐食，上利執羊俎，下利執豕俎者，大夫禮文，故即兩見其名。云更言獻者，以利待尸禮將終，宜一進酒，嫌於加酒，亦當三也者，此決兄弟長及衆賓長爲加爵於尸，不言獻，今進酒更言獻，不言加爵，故鄭君解其義意，以利事尸禮將終，宜一進酒，不似長兄弟助宗子祭祀爲加爵、衆賓之長助主人祭祀設爲加爵，嫌此佐食同彼二者爲加爵，故變言獻，是以鄭云嫌亦當三也。亦者，亦上主人獻、主婦獻、賓長爲三獻也。長兄弟爲加爵，衆賓長爲加爵，通洗散獻尸亦三，都并尸飲六，士祭事尸禮畢也。云不致爵，禮又殺也者，上文云長兄弟洗觚爲加爵，如初儀，不及佐食，洗致如初，無從，注云不及佐食，無從，殺也。此又不致，故云又殺也。

主人出，立于戶外，西南。事尸禮畢。祝東面告利成。利猶養也。供養之禮成，不言禮畢，於尸閒之嫌。【疏】祝東面告利成。○注利猶至之嫌。○釋曰：少牢云主人出立于阼階上，南面，祝出立于西階上，東面，祝告曰利成。此戶外告利成，彼階上告利成，以尊者稍遠於尸。若天子諸侯，禮畢於堂下告利成，故詩楚茨云：禮儀既備，鍾鼓既戒，孝孫徂位，工祝致告。鄭注云：鍾鼓既戒，戒諸在廟中者，以祭禮畢，孝孫往位堂下西面位也。祝於是致孝孫之意，告尸以利成，是尊者告利成遠於尸也。云不言禮畢，於尸閒之嫌者，閒暇無事，若然，禮畢則於尸閒暇無事，有發遣尸之嫌，故直言利成而已也。

尸謖，祝前，主人降。謖，起也。前猶導也。少牢饋食禮曰：祝入，尸謖，主人降立于阼階東，西面。祝先，尸從，遂出于廟門。前尸之義，士虞禮備矣。【疏】尸謖至人降。○注謖起至備矣。○釋曰：引少牢者，證大夫禮主人立位與士不同，又證前尸出廟之事。云前尸之儀士虞禮備矣者，彼有室中出尸，降階，出廟，前尸之事，故云備矣。

祝反，及主人入，復位。命佐食徹尸俎，俎出于廟門。俎所以載肵俎。少牢饋食禮曰：有司受，歸之。【疏】注俎所至歸之。○釋曰：引少牢者，是少牢下篇有司徹下大夫不賓尸之禮，彼云佐食徹尸俎，佐食乃出尸俎于廟門外，有司受，歸之。此士禮不賓尸，與下大夫同，故引以相證也。

徹庶羞，設于西序下。爲將餕，去之。庶羞主爲尸，非神饌也。尚書傳曰：宗室有事，族人皆侍終日，大宗已侍於賓奠，然後燕私。燕私者何也？已而與族人飲也。此徹庶羞置西序下者，爲將以燕飲與？然則自尸祝至於兄弟之庶羞，宗子以與族人燕飲于堂，內賓宗婦之庶羞，主婦以燕飲於房。【疏】徹庶至序下。○注爲將至于房。○釋曰：知非神饌而云爲尸者，以其尸三飯後始薦庶羞，故徹之乃餕也。凡餕者，尸餕鬼神之餘，祭者餕尸之餘，義取鬼神之惠徧廟中，庶羞非鬼神惠，故不用也。引尚書傳已下者，是彼康誥傳文。大宗已侍於賓奠者，或有作養，或有作碁者，皆誤，以奠爲正也。引之者，證徹庶羞不入于房，而設於西序下，以擬燕故也。必知祭有燕者，案楚茨詩云鼓鍾送尸，下云備言燕私，鄭注云：祭祀畢，歸賓客之俎，同姓則留與之燕，所以尊賓客、親骨肉也。其上大夫當日儐，安有燕，故有司徹上大夫云主人退，注云反於寢也，是無燕私。若下大夫不儐尸，與此士禮同，亦當有燕也。云與者，以經直言設于序下，不言燕，疑之，引書傳爲證有燕，故言與以疑之也。云然則自尸祝以下知義如此者，以兄弟受獻於堂上，主婦內賓受獻於房中，尸出之後，堂房無事，故知燕時男子在堂，婦人在房可也。

筵對席，佐食分簋鉶。爲將餕，分之也。分簋者，分敦黍於會，爲有對也。敦有虞氏之器也。周制士用之，變敦言簋，容同姓之士得從周制耳。祭統曰：餕者，祭之末也，不可不知也。是故古之人有言曰：善終者如始，餕其是已。是故古之君子曰：尸亦餕鬼神之餘也，惠術也，可以觀政矣。【疏】筵對至簋鉶。○注爲將至政矣。○釋曰：自此盡戶外西面，論嗣子共長兄弟對餕之事。云敦有虞氏之器者，禮記明堂位云有虞氏之兩敦。上文黍稷之敦，是周制士用之。云言簋容同姓之士得從周制耳者，大夫異姓既用異代之器，故少牢、特牲皆用敦，則同姓之士當同周制用簋，故經言分簋。是以文王世子鄭注亦云同姓之士總衰，異姓之士疑衰，亦同姓與異姓別也。引祭統者證餕是鬼神之惠徧廟中若國君之惠徧境内是可以觀政之事也宗人遣舉奠及長兄弟盥立于西階下東面北上祝命嘗食餕者舉奠許諾升入東面長兄弟對之皆坐佐食授舉各一膚命告也士使嗣子及兄弟餕其惠不過族親也古文餕皆作餕〔疏〕注命告至作餕○釋曰此決下篇少牢二佐食及二賓長餕明惠大及異姓不止族親而已主人西面再拜祝曰餕有以也兩餕奠舉于俎許諾皆荅拜以讀如何其久也必有以也之以祝告餕釋辭以戒之言女餕于此當有所以也以先祖有德而享于此祭其坐餕其餘亦當以之也少牢饋食禮不戒者非親昵也舊說曰主人拜下餕席南〔疏〕注以讀至席南○釋曰云以讀如何其久也必有以也之以者此辭在詩邶風旄丘篇必有以從之者以此經云有以也者以先祖有功德子孫當嗣之而廟食先祖有德亦合享此祭故讀從之也是以彼注亦云我君何以久留於二佐必以衞有功德故也云其坐餕其餘亦當以之也者亦謂亦似其先祖已上皆爲以爲似者誤也云少牢饋食禮不戒者非親昵也者謂二佐食與二賓長是非親昵也引舊說者以經直言主人西面拜不見其處故引舊說以明下餕席南面若是者三丁寧戒之皆取舉祭食祭舉乃食祭鉶食舉食乃祭鉶禮殺〔疏〕注食乃祭鉶禮殺○釋曰前正祭之時尸祭鉶嘗之告旨訖佐食爾黍於席上尸始食今餕食乃祭鉶故決之云禮殺故也卒食主人降洗爵宰贊一爵主人升酌酳上餕上餕拜受爵主人荅拜酳下餕亦如之少牢饋食禮曰贊者洗三爵酌主人受于戶內以授次餕舊說云主人北面授下餕爵〔疏〕注少牢至餕爵○釋曰引少牢者欲見此禮主人亦受于戶內以授次餕引舊說以此經云酳下餕主人面位無文當北面也主人拜祝曰酳有與也如初儀主人復拜爲戒也與讀如諸侯以禮相與之與言女酳此當有所與也與者與兄弟也既知似先祖之德亦當與女兄弟謂教化之〔疏〕注主人至

化之○釋曰云讀如諸侯以禮相與之與者案禮運云諸侯以禮相與者諸侯會同聘問一德以尊天子言此者戒嗣子與長兄弟及衆兄弟相教化相與以尊先祖之德也兩餕執爵拜荅主人也祭酒卒爵拜主人荅拜兩餕皆降實爵于篚上餕洗爵升酌酢主人主人拜受爵下餕復兄弟位不復升也上餕即位坐荅拜既授爵戶內乃就坐〔疏〕注既授至就坐○釋曰以其主人位在戶內下餕席南西面故知上餕授爵於戶內乃就坐主人坐祭卒爵拜上餕荅拜受爵降實于篚主人出立于戶外西面事餕者禮畢祝命徹阼俎豆籩設于東序下命命佐食阼俎主人之俎宗婦不徹豆籩徹禮略各有爲而已設于東序下亦將燕也〔疏〕祝命至序下○注命至燕也○釋曰自此盡畢出論徹薦俎改設饌於西北隅爲陽厭之事云祝命徹阼俎者是佐食徹之當徹阼俎之時堂下賓兄弟俎畢出故下文云佐食徹阼俎堂下俎畢出是也者然祝命徹阼俎時堂下俎畢出又退在下者欲見先徹室內俎乃徹堂下是以祝命佐食徹阼俎及豆籩又祝自執俎以出又宗婦徹祝豆籩入於房即佐食改饌西北隅是以作經并說室內行事乃到本云上佐食徹阼俎時堂下俎畢出也云命命佐食者此命命使徹阼俎下文云佐食徹俎故知祝命者命佐食也云宗婦不徹豆籩徹禮略各有爲而已者以豆籩宗婦贊設之佐食設俎理應佐食還自徹俎宗婦徹豆籩以徹禮略各自有爲而已故宗婦豆籩今佐食并徹之故云徹禮略也各有爲而已者謂宗婦徹祝俎豆籩佐食徹阼俎豆籩是各自有爲何必依前所設之時也祝執其俎以出東面于戶西俟告利成少牢下篇曰祝告利成乃執俎以出〔疏〕注俟告至以出○釋曰案有司徹下大夫不儐尸改饌于西北隅訖主人出立于阼階上西面祝執其俎以出立于西階上東面司宮闔牖戶祝告利成乃執俎以出于廟門外有司受歸之彼不儐尸之禮亦與此特牲禮同故引爲證也宗婦徹祝豆籩入于房徹主婦薦俎宗婦既並徹徹其卑者士虞禮曰祝薦席徹入于房〔疏〕宗婦至薦俎○注宗婦至于房○釋曰宗婦不

徹主人豆籩而徹祝豆籩入房者爲主婦將用之爲燕祝兩豆籩而主婦用之者祝擯神尸之類主婦燕姑姊妹及宗女宜行神惠故主人以薦羞并及祝庶羞燕宗人於堂主婦以祝籩豆用之燕内賓於房是其事也云宗婦既並徹徹其畀者以宗婦不徹主人籩豆而徹祝與主婦是徹其畀者故得並徹引士虞禮者以經自有入房之文注更引士虞禮者有嫌也嫌者以主婦薦俎先在房嫌經入房又爲徹

佐食徹尸薦俎敦設于西北隅凡在南厞用筵納一尊佐食闔牖戶降厞隱也不知神之所在或諸遠人乎尸謖而改饌爲幽闇庶其饗之所以爲厭飫少牢饋食禮曰南面而饋之設此所謂當室之白陽厭也則尸未入之前爲陰厭矣曾子問曰殤不備祭何謂陰厭陽厭也

疏注厞隱至厭也○釋曰云不知神之所在或諸遠人乎禮記郊特牲之文彼論正祭與繹祭之事此爲陽厭引之者欲見孝子求神非一處故先爲陰厭後爲陽厭之事也引少牢者見彼大夫禮陽厭南面此士禮東面雖面位不同當室之白則同案曾子問庶殤爲陽厭之事故彼云凡殤與無後者祭於宗子之家當室之白尊於東房是謂陽厭鄭注云當室之白謂西北隅得

戶之明者也凡言厭者謂無尸直厭飫神故鄭云則尸未入之前爲陰厭矣謂祭于奧中不得戶明故名陰厭對尸謖之後改饌於西北隅爲陽厭以向戶明故爲陽厭也引曾子問云殤不備祭何謂陰厭陽厭也彼上文孔子曰有陰厭有陽厭謂宗子有陰厭無陽厭凡殤有陽厭無陰厭曾子言謂殤死陰厭陽厭並有故問孔子孔子引宗子一有陰厭凡殤一有陽厭引之證成人陰厭陽厭並有之義也

祝告利成降出主人降即位宗入告事畢賓出主人送于門外再拜拜送賓也凡去者不荅拜

疏注拜送至荅拜○釋曰云凡去者不荅拜者云凡揔解諸文主人拜送賓皆不荅拜鄭注鄉飲酒云禮有終是也若賓更荅拜是更崇新敬禮故不荅也

佐食徹阼俎堂下俎畢出記俎出節兄弟及衆賓自徹而出唯賓俎有司徹歸之尊賓者

疏注記俎至賓者○釋曰云唯賓俎有司徹歸尸侑之俎不儐尸歸尸俎皆不見歸賓俎鄭所以知歸賓俎者正見賓出主人送於門外再拜明賓不自徹俎主人使歸之若助君祭必自徹其俎鄭注曲禮大夫以下或使人歸之是以孔子世家云魯郊不致燔俎于大夫孔子不稅冕而行士大夫家尊賓則使歸之自餘亦自徹而去也

記特牲饋食其服皆朝服玄冠緇帶緇韠於祭服此也皆者謂賓及兄弟筮日筮尸視濯亦玄端至祭而朝服朝服者諸侯之臣與其君日視朝之服大夫以祭今賓兄弟緣孝子欲得嘉賓尊客以事其祖禰故服之緇韠者下大夫之臣夙興主人服如初則固玄端

疏記特牲至緇韠○注於祭至玄端○釋曰此退玄冠在朝服下者欲令近緇帶士冠在朝服上從而正也云皆者謂賓及兄弟筮日筮尸視濯亦玄端者見上經云筮日主人冠玄端子姓兄弟如主人之服有司羣執事如兄弟服筮尸云如求日之儀至於視濯又不見異服故知皆玄端至祭日夙興云主人服如初初即玄端明其餘不如初是朝服可知是以此注云皆者謂賓及兄弟也云朝服者諸侯之臣與其君日視朝之服大夫以祭者案玉藻云諸侯朝服以日視朝下少牢云主人朝服是也緇韠者下大夫之臣者士冠禮云主人玄冠朝服緇帶素韠韠與裳同色此朝服緇韠大夫之臣朝服素韠此緇韠故云下大夫之臣云夙興主人服如初則固玄端引上經者直言皆朝服恐主人亦在其中故引證主人服玄端與兄弟異也

唯尸祝佐食玄端玄裳黃裳雜裳可也皆爵韠與主人同服周禮士之齊服有玄端素端然則玄裳上士也黃裳中士雜裳下士

疏注與主至下士○釋曰周禮士之齊服有玄端素端司服文引之者欲見士之齊服有一玄端而裳則異故鄭云然則玄裳以下見玄端一而裳有三也彼注云素端者亦謂札荒有所禱請服之於此經無所當而連引之耳若然士冠亦有玄端三等裳而引司服者以此特牲祭祀時彼據齊時四命已上齊祭異冠大夫齊祭同冠故就此祭祀引齊時冠服爲證也

設洗南北以堂深東西當東榮榮屋翼也**水在洗東**祖天地之左海**篚在洗西南順實二爵二觚四觶一角一散**順從也言南從統於堂也二爵者爲賓獻爵止主婦當致也二觚長兄弟酬衆賓長爲加爵二人班同宜接並也四觶一酌奠其三長兄弟酬賓卒受者與賓弟子兄弟弟子舉觶於其長禮殺事相接禮器曰貴者獻以爵賤者獻以散尊者舉觶卑者舉角舊說云爵一升觚二升觶三升角四升散五升

疏注順從至五升○釋曰云二爵者爲賓獻爵止主婦當致也者以一爵獻

尸尸爵之未舉又一爵主婦當致者案經主婦致爵於主人婦人不見就堂下洗當於內洗則主婦致爵於主人時不取堂下爵而云主婦當致者謂主婦當受致之時用此爵也云四觶一酌奠其三長兄弟酬賓卒受者與賓弟子兄弟弟子舉觶於其長禮殺事相接者酌奠于鉶南是嗣子雖飲還復神之奠觶也餘有三在主人洗一觶酬賓奠於薦北賓舉奠於薦南此未舉也下篚有二觶在又長兄弟洗觶爲加爵衆賓長（兄弟此元缺）爲加爵如初爵止此亦未舉也下篚仍有一觶在尸羞之後賓始舉奠觶行旅酬辨卒受者以虛觶奠於下篚還有二觶至爲加爵者作止爵長兄弟亦坐舉其奠觶酬賓如賓酬兄弟之儀以辨卒受者未實觶于篚時賓弟子兄弟弟子洗觶各酌舉觶於其長即用其篚二觶卒受者未奠之故三觶並用也故注云卒受者與賓弟子兄弟弟子舉觶於其長也云禮器曰貴者獻以爵者謂賓長獻尸主人致爵於主婦是也賤者獻以散上利洗散是也尊者舉觶謂若酌奠之及長兄弟酬賓之等是也卑者舉角謂主人獻用角鄭云不用爵者下大夫也則大夫尊用爵士卑用角是也引舊說者爵觚已下升數無正文韓詩雖有升數亦非正經故引舊說爲證也

壺棜禁饌于東序南順覆兩壺焉蓋在南明日卒奠冪用綌即位而徹之加勺（覆壺者盝瀝水且爲其不宜塵冪用綌以其堅絜禁言棜者祭尚厭飫得與大夫同器不爲神戒也）【疏】注覆壺至戒也○釋曰未奠不設冪卒奠乃設之故曰卒奠冪用綌云禁言棜者祭尚厭飫得與大夫同器不爲神戒也者器本無名人與作號棜之與禁因物立名是以大夫尊以厭飫爲名士卑以禁戒爲稱復以有足無足立名故禮記注云無足有似於棜或因名云耳但經已有棜字注云世人因名者誤當無世人字也士曰禁由有足以士虞禮云尊于室中兩甒醴酒無禁禁由足生名禮記云大夫用棜士用禁及鄉飲酒鄉射皆非祭禮是以雖大夫去足猶存禁名至祭則去足名爲棜禁不爲神戒也

籩巾以綌也纁裏棗烝栗擇（籩有巾者果實之物多皮核優尊者可烝裹之也烝擇互文舊說云纁裹者皆玄被）【疏】注籩有至玄被○釋曰言多皮核者栗多皮棗多核

鉶芼用苦若薇皆有滑夏葵冬荁（苦苦荼也荁堇屬乾之冬滑於葵詩云周原膴膴堇荼如飴今文苦爲芐芐乃地黃非也）【疏】注苦苦至非也○釋曰云乾之冬滑於葵者以其冬乾用之不用葵而用荁明知冬則滑於葵也引詩證之詩言堇荼即經荁苦之類也云今文苦爲芐芐乃地黃非也者爾雅釋草云芐地黃非者以其與薇葵等菜爲不類故知非也

棘心匕刻（刻若今龍頭）

牲爨在廟門外東南魚腊爨在其南皆西面饎爨在西壁（饎炊也西壁堂之西牆下舊說云南北直屋梠稷在南）【疏】注饎炊至在南○釋曰云西壁堂之西牆下者案上經云主婦視饎爨于西堂下逼西壁爲之故以舊說辨之也舊說者案爾雅釋宮曰檐謂之樀孫氏云謂室梠廇人謂之梠齊人謂之檐謂承檐行材士喪禮銘置于宇西階上鄭注云宇梠是也

肵俎心舌皆去本末午割之實于牲鼎載心立舌縮俎（午割從横割之亦勿沒立縮順其牲心舌知食味者欲尸之饗此祭是以進之）【疏】注午割至進之○釋曰云載心立舌縮俎者少牢云舌皆切本末亦午割勿沒其載于肵横之此言縮俎者彼言横據俎上云爲横此言縮據鄉人爲縮是以少牢云皆進下是也云亦勿沒者亦少牢文謂四面皆鄉中央割之不絕中央少許謂之勿沒也

賓與長兄弟之薦自東房其餘在東堂（東堂東夾之前近南）【疏】注東堂至近南○釋曰其餘謂衆賓兄弟之薦也

沃尸盥者一人奉槃者東面執匜者西面淳沃執巾者在匜北（匜北執匜之北亦西面每事各一人淳沃稍注之今文淳作激）宗人東面取巾振之三南面授尸卒執巾者受（宗人代授巾庭長尊）尸入主人及賓皆避位出亦如之（避位逡遁）嗣舉奠佐食設豆鹽（肝宜鹽也）佐食當事則戶外南面無事則中庭北面（當事將有事而未至）凡祝呼佐食許諾（呼猶命也）宗人獻與旅齒於衆賓（尊庭長齒從其齒幼之次）佐食於旅齒於兄弟尊兩壺于房中西墉下南上（爲婦人旅也其尊之節亞

西方（疏）注為婦至西方。○釋曰：先尊東方者，亦惡由之也。西方雖是賓，以其男子，故在前設尊。此處為房內婦人設尊，故知亞次西方。又經云「尊兩壺于阼階東」，又云「西方亦如之」，明其相亞次。此房內婦人之尊，上文不見者，異之於婦人。

內賓立于其北，東面，南上。宗婦北堂東面北上。二者所謂內兄弟。內賓，姑姊妹也。宗婦，族人之婦。其夫屬于所祭為子孫，或南上，或北上。宗婦宜統於主婦，主婦南面。北堂，中房而北。（疏）注二者至而北。○釋曰：言「所謂」者，上經云「主人洗，獻內兄弟于房中，如獻眾兄弟之儀」是也。云「其夫屬于所祭為子孫」者，以其在父行則謂之為母，今言宗婦，則其夫屬於所祭死者之子孫之妻皆稱婦也。云「或南上，或北上」云「內賓，姑姊妹，賓客之類，南上」，自取曲禮云「東鄉西鄉以南方為上」；宗婦雖東鄉，取統于主婦，故北上，主婦南面故也。云「北堂，中房而北」者，謂房中半已北為北堂也。

主婦及內賓、宗婦亦旅，西面。西面者，異於獻也。男子獻於堂上，旅於堂下；婦人獻於南面，旅於西面。內賓象眾賓，宗婦象兄弟，其節與其儀依男子也。主婦酬內賓之長，酌奠於薦左，內賓之長坐取奠於右；宗婦之娣婦舉觶於其姒婦，亦如之；內賓之長坐取奠觶酬宗婦之姒，交錯以辯；宗婦之姒亦取奠觶酬內賓之長，交錯以辯；內賓之少者、宗婦之娣婦各舉奠於其長，並行交錯無算。其拜及飲者皆西面，主婦之東南。（疏）注西面至東南。○釋曰：云「西面者，異於獻也」者，以受獻時南面也。云「男子獻於堂上，旅於堂下」者，見上經云。「婦人獻於南面，旅於西面」者，見於有司徹。云「其節與其儀依男子也」者，謂依上經旅酬及無算爵早晚行事之節，皆依男子也。云「主婦酬內賓之長，酌奠於薦左，內賓之長坐取奠于右」者，此約上經「主人洗觶，酌于西方之尊，西階前酬賓」時，主人奠觶于薦北，賓坐取觶，奠觶于薦南是也。云「宗婦之娣婦舉觶於其姒婦，亦如之」者，此亦約上經「兄弟弟子洗，酌于東方之尊，阼階前北面舉觶于長兄弟，如主人酬賓儀」是也。云「內賓之長坐取奠觶酬宗婦之姒，交錯以辯」者，此亦上經正行旅酬節，「賓坐取觶，阼階前北面酬長兄弟」，云「交錯以辯，皆如初儀」是也。云「宗婦之姒亦取奠觶酬內賓之長，交錯以辯」者，此亦約旅酬節云「長兄弟酬賓，如賓酬兄弟之儀，以辯，卒受者實觶于篚」是也。云「內賓之少者、宗婦之娣婦各舉觶於其長」者，此亦約上經正行無算爵時，云「賓弟子及兄弟弟子各酌于其尊，舉觶於其長」，下云「爵皆無算」是也。云「其拜及飲者皆西面，主婦之東南」者，此經云「亦旅西面」，故知其拜受及

拜受飲皆西面。又亦旅酬之法，飲皆西面。知在主婦之東南者，以其不背主婦，又得邪角相向也。

宗婦贊薦者執以坐于戶外，授主婦。尸卒食，而祭饎爨、雍爨。雍，孰肉。以尸享祭，竈有功也。舊說云：宗婦祭饎爨，亨者祭雍爨，用黍肉而已，無籩豆俎。禮器曰：「燔燎於爨。夫爨者，老婦之祭，盛於盆，尊於瓶。」（疏）注雍孰至於瓶。○釋曰：云「亨者」，則周禮亨人之官，其職主實鑊水爨亨之事，以供外內饔，故使之祭饔爨也。云「用黍肉而已，無籩豆俎」者，亦約禮器云「盆瓶」知之。引禮器者，案彼云：「孔子曰：臧文仲焉知禮？燔柴於奧。」鄭注云：「奧當為爨，字之誤也。或作竈。禮，尸卒食而祭饎爨、雍爨也。時人以為祭火神，乃燔柴。」又云：「夫爨者，老婦之祭也。盛於盆，尊於瓶。」注云：「老婦，先炊者也。盆、瓶，炊器也。」明此祭先炊，非祭火神，燔柴似失之。引之者，證祭（元缺此此）爨之事也。

賓從尸，俎出廟門，乃反位。賓從尸，送尸也。士之助祭，終其事也。俎，尸俎也。賓既送尸，復入反位者，宜與主人為禮乃去之。（疏）注賓從至去之。○釋曰：云「士之助祭，終其事也」者，謂送尸為終其事。既送尸為終其事，則更無儐尸之禮。若上大夫有儐尸者，尸出，賓不送，以其事終於儐尸故也。

尸俎：右肩、臂、臑、肫、胳，正脊二骨，橫脊，長脅二骨，短脅。尸俎，神俎也。士之正祭禮九體，貶於大夫，有併骨二，亦得十一之名，合少牢之體數，此所謂放而不致者。凡俎實之數奇。脊無中，脅無前，貶於尊者。不貶正脊，不奪正也。正脊二骨、長脅二骨者，將舉於尸，尸食未飽，不欲空神俎。（疏）注尸俎至神俎。○釋曰：云「亦得十一之名，合少牢之體數」者，謂少牢正體之數十一，若牢並骨并數，則十七。鄭云「此所謂放而不致」者，「致，至也」，所謂禮器，彼鄭注云：「謂若諸侯自山龍以下，皆有放象。諸侯山龍以下至日月星辰，卿大夫又不山龍。」此士併骨二數，乃得十一，除此唯九而已，亦是放而不至也。云「凡俎實之數奇」者，有九，有七，有五，是奇數，以其鼎俎奇，故實數亦奇而相稱也。云「脊無中，脅無前，貶於尊者，不貶正脊，不奪正也」者，以少牢大夫禮三脊脅具有，此但有二體，貶於大夫，大夫即尊者也。等貶牲體，不貶正脊者，不奪其正。長脅亦不貶者，義與正脊同。云「正脊二骨、長脅二骨者，將舉於尸，尸食未飽，不欲空神俎」者，此脊與脅二骨本為餕厭飫所設也，又次尸既舉脊脅，而猶有脊脅在，既不空神俎，義得兩施。

膚三，為養用二，厭飫一也。離肺一，離，猶挃也。小而長，午割之，亦不提心，謂之舉肺。

【疏】離肺一○注離猶至舉肺○釋曰云亦不提心者言亦謂亦少儀云牛羊之肺離而不提心鄭注云提猶絕也捘離之不絕中央少許者是也抍肺三爲尸主人主婦祭今文抍爲切魚十有五魚水物以頭枚數陰中之物取數於月十有五日而盈少牢饋食禮亦云十有五而俎尊卑同此所謂經而等也【疏】注魚水至等也○釋曰云魚水物以頭枚數者對三牲與腊以體數也云取數於月十有五日而盈者案禮運云月三五而盈三五而闕文出於彼也云此所謂經而等者亦所謂禮器彼鄭注云謂若天子以下至士庶人爲父母三年是也引之者謂魚數亦尊卑同也腊如牲骨不但言體以有一骨二骨者【疏】注不但至骨者○釋曰云不但言體以有一骨二骨者若但言體體有九有十一則不兼二骨者若言牲骨則一骨二骨兼在其中故直言如牲骨也祝俎髀脡脊二骨脅二骨凡接於神及尸者俎不過牲三體以特牲約加其可併者二亦得奇名少牢饋食禮羊豕各三體【疏】祝俎至二骨○注凡接至三體○釋曰云祝俎直云脅二骨謂代脅也知者以尸俎無脡脊祝則有之尸俎無代脅祝俎有代脅可知云凡接於神及尸者俎不過牲三

體以特牲約加其可併者二亦得奇名者言凡者凡祝佐食賓長長兄弟宗人之等是也接神者謂祝與佐食佐食尸未入爲神設俎御酳祝酌奠於鉶南故曰接神也接尸者賓爲三獻長兄弟爲加爵尸盥宗人授巾皆是與尸相接也知皆三體者下佐食俎觳折脊脅也賓骼長兄弟及宗人折其餘如佐食俎故知皆三體也衆賓之長亦有加爵接於尸亦應三體下文但言兄弟及宗人而衆賓長亦在焉可知故下文直云衆賓及衆兄弟皆殽脅注云不備三者賤也則衆賓長爲加爵不在賤限以特牲約加其可併者二骨者是尊祝也佐食也已下卑無加故下注云三體卑者從正是也云少牢饋食禮羊豕各三體者以少牢二牲故祝俎無加者直三體引之以證此特牲約三體之外加其併骨也若然俎實奇數二牲各三體共六體不奇者通腊髀爲七則亦奇數也以其腊既兩髀屬于尻不殊故爲一體也膚一離肺一阼俎臂正脊二骨橫脊長脅二骨短脅主人尊欲其體得祝之加數五體又加其可併者二亦得奇名臂左體臂【疏】膚一至短脅○注主人至體臂○釋曰云臂左體臂者以其尸用右不云折明全升主人又云臂明左臂可知脅骨多不嫌得與尸同用右體猶脊然也膚

一離肺一主婦俎觳折觳後足折分後右足以爲佐食俎不分左臑折辟大夫妻古文觳皆作穀【疏】注觳後至作穀○釋曰云觳後足者案既夕記云明衣裳長及觳鄭注云觳足跗也是觳後足也云分後右足以爲佐食俎者經不云後右足鄭知者以少牢主婦用左臑此士妻辟之不用左臑用後右足不用後左足左足大卑故知用後右足故知用後右足故鄭云辟大夫妻也其餘如阼俎餘謂脊脅膚肺佐食俎觳折脊脅三體卑者從正【疏】佐食至脊脅○注三體卑者從正○釋曰直云脊脅不定體名欲見得便用之少牢佐食俎設于兩階之閒其俎折一膚鄭注云折者擇取牢正體餘骨折分用之有脅而無薦亦遠下尸是無定體也膚一離肺一賓骼長兄弟及宗人折其餘如佐食俎骼左骼也賓俎全體尊賓不用尊體爲其已甚卑而全之其宜可也長兄弟及宗人折不言所分畧之【疏】注骼左至畧之○釋曰知骼是左骼者以其尸用右骼故知賓所用骼是左骼可知也云長兄弟及宗人折不言所分畧之者此決上文主婦俎觳折佐食俎亦名觳折此不言所分故知畧

之也衆賓及衆兄弟內賓宗婦若有公有司私臣皆殽脅又畧此所折骨直破折餘體可殽者升之俎一而已不備三者賤祭禮接神者貴凡骨有肉曰殽祭統曰凡爲俎者以骨爲主貴者取貴骨賤者取賤骨貴者不重賤者不虛示均也俎者所以明惠之必均也善爲政者如此故曰見政事之均焉公有司亦士之屬命於君者也私臣自己所辟除者【疏】注又畧至除者○釋曰云又畧者上文長兄弟及宗人直言折不言所折骨體已是畧此又不言折而言殽脅是又畧也言此所折骨值有餘體即破之可也云祭禮接神者貴者謂長兄弟及宗人已上俎皆三皆有嚌肺以接神及尸貴故三體不止接神尸神象所接尸者亦貴可知自衆賓已下折體而已不接尸神賤無獻故也宗人雖不獻執巾以授尸亦名接尸也引祭統者見貴賤皆有骨示均之義云己所辟除者則府史之等不命於君者也膚一離肺一公有司門西北面東上獻次衆賓私臣門東北面西上獻次兄弟升受降飲獻在後者賤也祭祀有上事者貴之亦皆與旅

疏注獻在至與旅○釋曰公有司獻在衆賓後私臣獻在兄弟後故云獻在後者賤也云祭祀有上事者貴之者謂衆賓兄弟次賓之卑得獻衆賓擇取公有司可執事者謂前舉鼎匕載羞從獻衆賓擇取公有司酬爵之屬如此者門外在有司羣執事中入門列在東面爲衆賓餘者在門西位也兄弟雖無上事亦皆在西面位旅親故也私臣獻在兄弟後者職賤公有司在衆賓後不執事賤於執事者故曰有上事者貴之宗人獻與旅齒於衆賓則公有司爲之佐食於旅齒於兄弟則私臣之中擇爲賓使爲佐食也是以前文佐食北面立于中庭注云佐食賓佐尸食者是也案前賓得獻薦脯醢設折俎注云公有司設之及獻兄弟薦脀注云私人爲之與二者皆使執事云非執事者以受獻者不得自設俎暫使二者設之非本執事之人然則公有司私臣薦俎皆使從隷爲之與云皆與旅者上宗人獻旅云齒於衆賓佐食旅齒於兄弟是但言獻次不言旅以宗人佐食約之與旅者亦此二人也若天子諸侯祭祀其位無文此公有司在門西北面東上私臣在門東北面西上天子諸侯祭祀可依此位矣同姓無爵者在阼階前西面北上卿西階前東面北上大夫在門東北面士門西北面旅食在其後少牢下篇云衆賓位在門東北面既獻在西階西南衆賓繼上賓而南天子諸侯之

賓其位或依此與案祭統云凡賜爵昭爲一穆爲一昭與昭齒穆與穆齒凡羣有司皆以齒此之謂長幼有序此不見昭穆位者主人衆兄弟非昭穆乎故彼注昭穆猶特牲少牢饋食之禮主人之衆兄弟也羣有司猶衆賓下及執事者君賜之爵謂若酬之是也若其有爵者則以爵序之何故然也案文王世子其在外朝則以官其在宗廟之中則如外朝之位宗人授事以爵以官是不以姓其獻之亦以官故祭統云尸飲五君洗玉爵獻卿尸飲七以瑤爵獻大夫尸飲九以散爵獻士及羣有司皆以齒明尊卑之等是也其酬蓋因此位而昭穆得獻蓋依少牢下篇主人洗升酌獻兄弟阼階上注云兄弟長幼立飲賤不別大夫之賓尊於兄弟又曰辯受爵其位在洗東西面北上升受爵其薦脀設于其位注云先著其位於上乃後云薦脀設于其位明位初在是也此中皆無爵者以此二者差之知無爵者從昭穆有爵者則以官矣鄉釋執事者貴即衆賓無事者公有司私臣注祭統云羣有司猶衆賓下及執事者似衆賓不執事言下及殊卑者指謂公有司私臣是亦得名爲執事言衆賓據尊言謂之不執事者或衆賓中容有不執事者也

儀禮卷第十五　經三千三百卌五　注五千五百一十七

儀禮疏卷第四十六

元缺第八葉第九葉今補

江西督糧道王賡言廣豐縣知縣阿應鱗栞

儀禮注疏卷四十六挍勘記　阮元撰盧宣旬摘錄

嗣舉奠盥入

舉猶飲也　猶飲陳閩監葛俱誤作飲酒

欲見無長適　通解要義同毛本長適二字倒

獻謂舉奠洗爵酌入也　通解要義同毛本謂作爲

舉奠洗酌入○尸祭酒啐酒　唐石經徐本通解楊敖同集釋毛本無尸字按集釋無者疑近刻譌脫

此嗣子獻賓賓啐之　兩賓字通解並作尸毛本賓下有皆字通解要義俱無

亦欲酢已　要義同通解毛本酢作酌

故於此總言凡也　通解要義同毛本無 字

宗人告祭脀

衆賓衆兄弟內賓也　徐本集釋楊敖同毛本通解兄上無衆字

上又下長兄弟如賓儀　毛本又作文

乃羞

自祝主人至於內賓　毛本祝誤作酌

言自祝下及內賓及衆賓兄弟　通解要義同毛本內賓下無及字

乃羞庶羞于賓兄弟　毛本乃誤作薦

不儐尸　陳本通解要義同毛本儐作殯

云內羞者　毛本通解要義云下有無字

賓坐取觶○長兄弟在右　上三字陳閩葛本俱脫

禮殺故也　陳本通解要義同毛本禮下有後改二字

以其堂上與神靈共尊　通解要義毛本上俱作下與通解要義俱作與毛本作於

禮尸於室中　通解要義同毛本於作與

賓酬長兄弟　毛本酬誤作旅

同類之中　毛本類誤作上

賓奠觶拜○賓立卒觶　毛本卒作于唐石經徐本集釋通解要義楊敖俱作卒○按卒字是

長兄弟西階前北面衆賓長自左受旅　唐石經徐本集釋楊敖同毛本通解無自字

長兄弟酬賓

此長兄弟所舉奠觶者　通解同毛本無弟字

所以嫌者　此句下此本誤複嫌其不終所以嫌者八字通解毛本無

賓弟子及兄弟弟子洗○長皆荅拜舉觶者祭卒觶拜長皆荅拜　下十一字毛本脫唐石經徐本集釋通解楊敖俱有○各酌于其尊　唐石經徐陳閩葛集釋通解楊敖同毛本尊作奠

同於生人飲酒　陳本通解要義同毛本生作主

長皆執以興

亦皆北面　徐本集釋通解楊敖同毛本皆下有作字

行旅酬及無算爵　通解要義同毛本及作又

爵皆無算

亦交錯以辯　毛本錯誤作醋

利洗散

以利待尸禮將終　待集釋作侍按疏作事

衆賓長爲加爵　通解同毛本無爲字

通洗散獻尸亦三　陳本通解同毛本三作二

主人出立于戸外西南　南集釋敖氏俱作面張氏曰下文有云上養荅拜受爵降實于篚主人出立于戸外西面此南字亦當爲面從下文○按唐石經亦作南張氏以意改爲面而李氏敖氏從之

祝東面告利成

立于阼階上南面　浦鏜云西誤面

此尸外告利成　毛本利誤作禮

孝孫往位堂下西面位也　通解要義同毛本往作徂

徹庶羞

大宗已侍於賓奠　張氏曰監本已誤作己字陸氏曰奠本或作暮或作養○按賈疏請暮養皆誤以奠爲正

已而與族人飲也　已上集釋有祭字

以其尸三飯後　毛本三誤作及飯要義作飯通解毛本作飲

其上大夫當日償尸　通解要義同毛本日作曰

是無燕私者　通解要義同毛本若作者屬此句

以兄弟受獻于堂上　通解要義同毛本上作下

筵對席

周制士用之　徐本集釋通解楊氏同毛本之作虞

可以觀政矣　徐陳閩葛集釋通解楊氏同毛本觀作勸

當同周制用簋　周制二字要義重出

主人西面再拜

祝告養　告徐本集釋俱作曰通解楊氏毛本作告

言女養于此　徐本楊氏同集釋于作乎通解毛本無于字

亦當以之也　疏云亦謂亦似其先祖已上皆爲以爲似者誤也盧文弨云字作以其義爲似陸於經文云以依注音似疏釋此句云謂亦似其先祖下注似先祖之德皆作似字乃復云似誤殊所不解○按必有以也毛詩作以不作似鄭注禮時未見毛詩此注引詩必作似後人妄據毛詩改之陸釋經有以云以依注音似或如字固已爲騎墻之解矣至賈疏當云已上皆爲似爲以者誤也今本互易二字遂不可通然疏引詩箋爲解亦不合蓋不知鄭氏注禮與箋詩不同而欲强同之轉覺牽涸

我君何以久留於二佐　浦鏜據原文改二佐爲此乎

已上皆爲以爲似者誤也　説見上陳閩以俱作已尤誤

不見其處　通解同毛本處作惠

以明下養席南面　毛本通解無面字

卒食

贊者洗三爵酌　徐本集釋通解楊敖同毛本無酌字

主人北面授下養爵　集釋楊氏同徐本通解下作于

主人坐祭卒爵拜○立于戸外西面　唐石經徐本集釋通解楊敖同毛本外作内

事餕者禮畢　毛本餕誤作人

祝命徹阼俎豆籩

者然祝命徹阼俎時　要義者作若毛本無者字

今佐食并徹之　通解同毛本今作命

祝執其俎以出

乃執俎以出于廟門外　通解同毛本無外字

佐食徹尸薦俎敦

南面而饋之設　徐本要義同集釋通解楊氏毛本而俱作如按古書假借通用後人多改從本字間有一二存者宜仍其舊

當室之白則同　陳閩通解要義同毛本當作堂○按當字是

陰厭陽厭並有　毛本無竝字要義並字作具字

孔子引宗子一有陰厭　引陳閩俱作别毛本一作死要義作一下同

祝告利成

拜送賓也　徐本集釋通解要義楊氏同毛本拜作荅

若賓更荅拜　要義無更字

佐食徹阼俎

唯賓俎　徐本同集釋通解楊氏毛本賓俱作賓張氏曰監本賓作賓從監本

孔子不稅冕而行　陳本要義同毛本通解稅作脫

記特牲饋食

今賓兄弟　徐本集釋楊氏同通解毛本今作命

士冠在朝服上　要義同毛本服上二字倒陳閩俱脫上字

明其餘不如初　不要義作亦

此緇韠　通解同毛本韠作帶○按韠是也

唯尸祝佐食

然則元裳以下見元端一而裳有三也　陳閩俱無下見二字三陳閩通解俱作三毛本作二

亦謂札荒有所禱請服之　毛本札作禮○按作札與鄭注司服注合後人疑札爲礼之譌遂改爲禮

設洗○東西當東榮　毛本榮誤作營

水在洗東

祖天地之左海　左陳閩監葛通解俱作右集釋作左按右非也

篚在洗西

長兄弟酬衆賓長爲加爵　酬徐本要義楊氏俱作酬集釋作及通解毛本作酌周學健云及監本作酌楊氏儀禮圖作酬竝譌推尋文義應作及字爲是

宜接竝也　徐本集釋要義楊氏同通解毛本宜作迎

其三長兄弟酬賓卒受者　毛本酬作酌

又長兄弟洗觶爲加爵　通解同毛本又作及

在尸羞之後　尸陳閩通解俱作乃

畢者舉角　通解要義同毛本角作爵

壺棜禁饌于東序○冪用綌　張氏曰經曰冪用綌按注作冪從注○按冪冪之溷已久毛本注亦作冪其不足憑明矣

且爲其不宜塵　且徐本釋文集釋通解楊敖俱作且是也陳閩監葛俱誤作宜毛本作盍

鼏用綌 徐本通解同集釋楊氏毛本鼏俱作冪

簜巾以綌也纁裏 唐石經徐陳集釋通解楊敖同毛本裏作裹按作裏因注文黍裹字而誤

可黍裹之也 裹徐本作裹下同釋文集釋通解楊氏毛本俱作裹按當作裹

鉶芼〇夏葵冬荁 荁徐本作荁誤注同

云今文苦爲芐 毛本今誤作經

牲爨在廟門外東南〇饎爨在西壁 壁釋文作辟云步歷反又音壁

稷在南 徐陳集釋通解同毛本稷作稷

肵俎

是以進之 毛本進誤作祭

沃尸

今文淳作激 陸氏曰激一本作浮劉本作潵音敷〇按浮與淳形相似而誤潵者又專之誤故其字音敷也

尊兩壺于房中西墉下 徐陳集釋通解楊敖同石經補缺閩監葛本俱誤作墉毛本作牖

內賓立于其北東面西上 徐本同集釋通解要義楊敖毛本西俱作南張氏曰監巾箱杭本西作南從諸本

如獻衆兄弟之儀 如陳閩監本要義俱作知

主婦及內賓宗婦

宗婦之娣婦 娣釋文作弟云大計反或作娣下弟同

舉觶於其娰婦 陸氏曰娰音似本或作似

各舉奠於其長 奠集釋作觶與疏合

皆西面主婦之東南 面下集釋敖氏俱有于字按疏亦脫于字

皆西面主婦之東南者 南陳本作南面與注合毛本作面

尸卒食而祭饎爨雍爨

亨者祭雍爨 亨徐本楊氏俱作享集釋通解要義俱作亨

尸俎右肩臂臑肫胳

凡俎實之數奇 實徐陳集釋通解楊氏俱作實與此本述注合毛本作食下同

貶於尊者 徐陳集釋通解楊氏同毛本尊作奠按疏是尊字

三脊脅具有 通解同毛本具作俱

魚十有五

謂魚數亦尊卑同也 毛本通解謂作諸

祝俎髀脡脊二骨 髀唐石經徐本集釋通解楊敖俱作髀毛本作脾脡閩監葛本俱誤作脡

祝俎直云脊二骨謂代脅也知者以尸俎無脡脊祝則有之尸俎無代脅祝俎有代脅可知 自也知至代脅十八字毛本脫此本有通解無知者二字尸俎無代脅下有祝俎有代脅五字餘與此本同按就此本言之但移祝俎有代脅五字置於尸俎無代脅下而以也字屬上謂代脅爲句則文勢自順通解增刪未當

言凡者 陳閩同毛本言作亦

下佐食俎觳折脊脅也 觳陳閩俱作轂

約三體之外 毛本約下有有字

胙俎

又加其可併者二 徐本集釋楊氏同毛本加作於通解加字在於字下

主人又云臂　通解同毛本又作右

主婦俎觳折

折分後右足以爲佐食俎　分下要義有也字按疏述注無折字疑此注折下脫分也二字

辟大夫妻古文觳皆作穀　張氏曰監本辟誤作臂字下六字毛本脫徐本集釋俱有與此本標目合

注觳後至作穀　作穀毛本作夫妻非也

左足大胛故知用後右足故知用後右足故鄭云辟大夫妻也　毛本作左足大胛故也脫中間十八字按複句疑衍故知二字

衆賓及衆兄弟

所以明惠之必均也　徐本集釋通解要義同毛本無明字

私臣自己所辟除者　按段玉裁云自當是目字此與喪服注私兄弟目其親族也同

執巾以授尸　巾閩本誤作申授毛本作接通解要義俱作授

公有司門西北面東上

祭祀有上事者貴之　此句下集釋有非執事者四字按注上云獻在後者賤也故此句釋之有事爲貴則無事者賤矣下云亦皆與旅卽承　者言古人文簡似不必如集釋所增

謂前舉鼎匕載羞從獻衆賓擇取公有司酬爵之屬　匕通解要義俱作匕是也毛本誤作已屬毛本作事陳閩通解要義俱作屬按此句疑有誤一本改作謂執前舉鼎匕載肵從燔從加爵之事

及獻兄弟薦脀　毛本及誤作乃

及羣有司皆以齒　毛本羣誤作於

鄉釋執事者貴　鄉釋毛本作鄉擇陳本作鄉擇○按鄉讀曰嚮鄉釋猶言舊解也

儀禮注疏卷四十六挍勘記終

奉新余成戡挍

儀禮疏卷第四十七　儀禮卷第十六

唐朝散大夫行大學博士弘文館學士臣賈公彦等撰

少牢饋食禮第十六

〔疏〕少牢饋食禮第十六○鄭目録云諸侯之卿大夫祭其祖禰於廟之禮羊豕曰少牢少牢於五禮屬吉禮大戴第八小戴第十一别録第十六○釋曰鄭知諸侯之卿大夫者曲禮下云大夫以索牛用大牢是天子卿大夫明此用少牢爲諸侯之卿大夫可知賓尸是卿不賓尸爲下大夫爲異也

儀禮　鄭氏注

少牢饋食之禮 禮將祭祀必先擇牲繫于牢而芻之羊豕曰少牢諸侯之卿大夫祭宗廟之牲〔疏〕少牢饋食之禮○注禮將至之牲○釋曰自此盡如初儀論卿大夫祭前十日先筮日之事云禮將祭祀必先擇牲繫于牢而芻之者案周禮地官充人職云掌繫祭祀之牲牷祀五帝則繫于牢芻之三月享先王亦如之注云牢閑也必有閑者防禽獸觸齧養牛羊曰芻三月一時節氣成案楚語諸侯卿大夫等雖不得三月亦皆有養牲之法故鄭據焉言芻之唯據羊若豕則曰豢故地官槀人職云掌豢祭祀之犬樂記亦云豢豕作酒非以爲禍不言豕曰豢文畧也云羊豕曰少牢者對三牲具爲大牢若然豕亦有牢稱故詩公劉云執豕於牢下經云上利升牢心舌注云牢羊豕也是豕亦稱牢也但非一牲即得牢稱一牲即不得牢名故郊特牲與士特牲皆不言牢也

日用丁己 內事用柔日必丁己者取其令名自丁寧自變改皆爲謹敬必先諏此日明日乃筮〔疏〕日用丁己○注內事至乃筮○釋曰云內事用柔日曲禮文彼云外事以剛日內事以柔日內事謂冠昏祭祀出郊爲外事謂征伐巡守之等若然甲丙戊庚壬爲剛日乙丁己辛癸爲柔日今直言丁己者鄭云取其令名自丁寧自變改皆爲謹敬之義故也云必先諏此日明日乃筮者以其舉事尚朝且不可令日謀日即筮是以此文云日用丁己乃云筮旬有一日是别於後日乃筮也

筮旬有一日 旬十日也以先月下旬之己筮來月上旬之己〔疏〕筮旬有一日○注旬十至之己○釋曰知旬十日者此云旬有一日以先月下旬之己筮來月上旬之己者除後己之前通前己爲十日十日爲齊後己日則祭若然筮日即齊乃可故下文筮一日即云乃戒官不云厥明也鄭直云下旬己上旬己據用己一日而言若用丁言先月下旬丁筮來月上旬丁若丁己之外辛乙之等皆然鄭必言來月上旬不用中旬下旬者吉事先近日故也

筮於廟門之外主人朝服西面于門東史朝服左執筮右抽上韇兼與筮執之東面受命于主人 史家臣主筮事者〔疏〕筮於至主人○注史家至事者○釋曰云主人朝服西面于門東者此爲將筮故西面案下文爲期于廟門外主人門東南面注云主人不西面者大夫尊於諸臣有君道也者彼不爲卜筮之事故主人南面也又主人朝服者爲祭而筮還服祭服是以上篇特牲筮亦服祭服玄端以此而言天子諸侯爲祭卜筮亦服祭服案司服云享先王則袞冕祭義云易抱龜南面天子袞冕北面雖有明知之心必進斷其志焉是爲祭而卜還服祭服則諸侯爲祭卜筮服祭服可知若爲他事卜筮則異於此孝經注云卜筮冠皮弁衣素積百王同之不改易士冠主人朝服注云尊蓍龜之道是也云史家臣主筮事者案雜記大夫士筮亦云史練冠長衣是史主筮事也

主人曰孝孫某來日丁亥用薦歲事于皇祖伯某以某妃配某氏尚饗 丁未必亥也直舉一日以言之耳禘于大廟禮曰日用丁亥不得丁亥則己亥辛亥亦用之無則苟有亥焉可也薦進也進歲時之祭事也皇君也伯某且字也大夫或因字爲謚春秋傳曰魯無駭卒請謚與族公命之以字爲展氏是也某仲叔季亦曰仲某叔某季某某妃某妻也合食曰配某氏若言姜氏子氏也尚庶幾饗歆也〔疏〕主人至尚饗○注丁未至歆也○釋曰云丁未必亥也直舉一日以言之耳者以日有十辰有十二以五剛日配六陽辰以五柔日配六陰辰若云甲子乙丑之等以日配辰以丁日不定故云丁未必亥經云丁亥者不能具載直舉一日以丁當亥而言餘或以己當亥或以丁當丑此等皆得用之也云禘于大廟禮曰日用丁亥者大戴禮文引之證祭用丁亥之義也云不得丁亥則己亥辛亥亦用之者鄭云此吉事先近日唯用上旬若上旬之內或不得丁己以配亥或上旬之內無亥以配日則餘陰辰亦用之故春秋宣八年經書辛巳有事於大廟文二年經書八月丁卯大事于大廟昭十五年經書二月癸酉有事于武宮桓十四年乙亥嘗此等皆不獨用丁己之日與亥辰也云無則苟有亥焉可也者此即乙亥是也必須亥者案月令云乃擇元辰天子乃耕注云元辰蓋郊後之吉亥也陰陽式

法亥爲天倉祭祀所以求福宜稼于田故先取亥上旬無亥乃用餘辰也云伯某且字也者以某在伯下若其在子上者某是伯仲叔季以某且字不得在子上故也云大夫或因字爲謚者謂因二十冠而字爲謚知者以某且字者觀德明功若五十字人人皆有非功德之事故知取二十字爲謚也春秋者案隱八年左氏傳云無駭卒羽父請謚與族公問族於衆仲衆仲對曰天子建德因生以賜姓胙之土而命之氏諸侯以字爲謚因以爲族公命以字爲展氏彼無駭之祖公子展以展爲謚在春秋前其孫無駭取以爲族故公命爲展氏若然無駭賜族不賜謚引之者大夫有因字爲謚證伯某某或且字有謚者即某爲謚也此經云伯某是正祭之稱也若時有告請而非常祭祀則去伯直云且字言某甫則聘禮賜饔唯羹飪筮一尸若昭若穆僕爲祝祝曰孝孫某薦嘉禮于皇祖某甫是也若卿大夫無謚正祭與非常祭一皆言五十字在子上與士正祭禮同則云某子故聘禮記云皇考某子是也特牲士禮無謚正祭稱皇考某子若士告請之祭則稱且字故士虞記云適爾皇祖某甫是也

史曰諾西面于門西抽下韇左執筮右兼執韇以擊筮將問吉凶焉故擊之以動其神易曰蓍之德圓

而神［疏］史曰至擊筮。注將問至而神。釋曰云史曰諾西面于門西者謂既云諾乃之於門西闑外西面述命乃筮也云左執筮及下云擊筮筮者皆是蓍以其用蓍爲筮因名蓍爲筮云兼執韇者上文已用右手抽上韇此經又用右手抽下韇是二韇兼執之也云易曰蓍之德圓而神者鄭彼注云蓍形圓而可以立變化之數故謂之神也引之者證蓍有神故擊而動之也

遂述命曰假爾大筮有常孝孫某來日丁亥用薦歲事于皇祖伯某以某妃配某氏尚饗述循也重以主人辭告筮也假借也言因蓍之靈以問之常吉凶之占繇［疏］遂述至尚饗。注述循至占繇。釋曰云遂述命者史既受主人命乃右還向闑外西面遂述上主人之辭謂之述命述命訖乃還言曰假爾大筮有常此是即席西面命筮與述命同爲一辭者對士喪禮卜葬曰云不述命若述命即與即席西面命龜異異者鄭注云述命命龜異龜重威儀多也對此大夫少牢述命命筮同筮輕威儀少爲文也云常吉凶之占繇者謂應凶告吉應吉告凶則不常此吉凶之占依龜之繇辭繇辭則占龜之長若易之爻辭以占筮也

乃釋韇立筮卿大夫之蓍長五尺立筮由便［疏］乃釋韇立筮。注卿大至由便。釋曰云卿大夫之蓍長五尺者大戴禮三正記皆有此文立筮由便以其蓍長立筮爲便對士之蓍三尺坐筮爲便若然諸侯蓍七尺天子蓍九尺立筮可知

卦者在左坐卦以木卒筮乃書卦于木示主人乃退占卦者史之屬也卦以木者每一爻畫地以識之六爻備書於版史受以示主人退占東面旅占之［疏］卦者至退占。注卦者至占之。釋曰云卦者史之屬也者以其筮是史故知卦者是史之屬也云書於版者釋經書卦于木木即版也云史受以示主人者以經書卦是書卦者恐是卦者以示於主人以卦者卑宜還使筮史受以示主人也

吉則史韇筮史兼執筮與卦以告于主人占曰從從者求吉得吉之言［疏］注從者至之言。釋曰以主人之祭本以求吉今以疑而問筮筮而得吉是從主人本心故曰從者是求吉得吉之言也

乃官戒宗人命滌宰命爲酒乃退官戒戒諸官也當共祭祀事者使之具其物且齊也滌溉濯祭

器埽除宗廟［疏］乃官至乃退。注官戒至宗廟。釋曰云官戒戒諸官也當共祭祀事者使之具其物且齊也滌溉濯祭器埽除宗廟者此其筮祭日得吉當以祟祭事故知官戒戒諸官有此數事此等皆事見於下文故鄭總而言也

若不吉則及遠日又筮日如初及至也遠日後丁若後巳［疏］若不至如初。注及至至後巳。釋曰云遠日後丁若後巳者案上曲禮云喪事先遠日吉事先近日近日即上旬丁巳是也若上旬丁巳不吉則至上旬又筮中旬丁巳不吉至中旬又筮下旬丁巳不吉則止不祭以其卜筮不過三也是以鄭云後丁若後巳也

宿宿讀爲肅肅進也大夫尊儀益多筮日既戒諸官以齊戒矣至前祭一日又戒以進之使知祭日當來古文宿皆作羞［疏］宿。注宿讀至作羞。釋曰自此盡改筮尸論筮尸宿尸及宿諸官之事云大夫尊儀益多者其大夫宿戒兩有士有宿而無戒是儀畧故云大夫儀多也此直是儀多而云益多者據士尸一宿下文大夫尸再宿是儀益多益多猶云彌多也此云前祭一日又戒以進之使知祭日當來并下文明日朝服筮尸並是前祭一日唯下文前宿一日宿戒尸者是前祭二日以言前宿一日明祭前二日可知也

前宿一

日宿戒尸皆肅諸官之日又先肅尸者重所用爲尸者又爲將筮〔疏〕注皆肅至將筮○釋日云皆肅諸官之日者解經宿是肅諸官之日云又先肅尸者揔解經前宿一日宿戒尸謂是肅諸官之日前又先肅尸校一日當祭前二日也云重所用爲尸者肅諸官唯一肅尸有再肅是重所用爲尸者故也云又爲將筮者亦是肅之使知祭日當來故也若然宿與戒前後名不同今合言之者以前有十日之戒後有一日之宿若單言戒嫌同十日若單言宿嫌同一日故宿戒並言明其別也或可此是初戒尸云宿戒尸者故加宿字於戒上也明日朝筮尸如筮日之禮命曰孝孫某來日丁亥用薦歲事于皇祖伯某以某妃配某氏以某之某爲尸尚饗筮卦占如初某之某者字尸父而名尸也字尸父尊鬼神也不前期三日筮尸者大夫下人君祭之朝乃視濯與士異〔疏〕明日至如初○注某之至士異○釋曰云某之某者字尸父而名尸也者案曲禮云父在不爲尸注云爲其失子道然則尸卜筮無父者若然凡爲人尸者父皆死矣死者當諱其名今對尸故知不稱尸父之名故上某是尸之父字下某爲尸名是生者可稱名是以云字尸父而名尸也云字尸父尊鬼神也者以不稱名是尊鬼神也云不前期三日筮尸者大夫下人君者決上篇特牲士禮云前期三日筮尸此祭前一日筮尸吉遂宿尸不同之事但天子諸侯前期十日卜得吉則戒諸官散齊至前祭三日卜尸得吉又戒宿諸官使之致齊士卑不嫌故得與人君同三日筮尸但下人君不得散齊七日耳大夫尊不敢與人君同直散齊九日前祭一日筮尸并宿諸官致齊也云祭之朝乃視濯與士異者亦是士卑得與人君同祭前一日視濯大夫尊不敢與人君同故與士異也云與士異亦是下人君下人君亦是與士異互換省文爲義也吉則乃遂宿尸祝擯筮吉又遂肅尸重尸也既肅尸乃肅諸官及執事者祝爲擯者尸神象〔疏〕吉則至祝擯○注筮吉至神象○釋日云筮吉又遂肅尸重尸也者以其諸官一肅其尸再已宿訖今筮吉又肅再肅者是重尸者也云既肅尸乃肅諸官及執事者此重解上文宿是此宿尸後事置於上文者彼爲前宿一日宿戒尸之事故云也其實當在此重肅尸之後也云祝爲擯者尸神象者決前筮尸時皆主人出命至此使祝擯以尸是神象故使祝擯也案特牲使宗人擯主人辭又有祝共傳命者士卑不嫌兩有與人君同此大夫尊下人君故闕之唯有祝擯而已又此尸不言出門面位案特牲主人宿尸時尸如主人服出門左西面鄭注云不敢南面當尊則大夫之尸尊尸出門徑南面故主人與尸皆不在門東門西也主人再拜稽首祝告曰孝孫某來日丁亥用薦歲事于皇祖伯某以某妃配某氏敢宿尸以主人爲此事來肅尸拜許諾主人又再拜稽首主人退尸送揖不拜尸不拜者尸尊〔疏〕注尸不拜者尸尊○釋曰凡賓主之禮賓去主人皆拜送今云尸送揖不拜者以大夫尸尊故也若不吉則遂改筮尸不及遠日即改筮之〔疏〕注即改至遠日○釋曰此決上文筮日不吉筮遠日者以日爲祭祀之本須取丁巳之類故須取遠日後旬丁此筮尸不吉不須退至後旬故筮不待遠日也既宿尸反爲期于廟門之外爲期肅諸官而皆至定祭早晏之期爲期亦夕時也言既肅尸反爲期明大夫尊肅尸而已其爲賓及執事者使人肅之〔疏〕既肅至之外○注爲期至肅之○釋曰自此盡曰諾乃退論宗人請祭期之事云爲期肅諸官而皆至者此即上文宿同時之事以其後宿尸及宿諸官與爲期皆於祭前之日也知爲期亦夕時也者案特牲云厥明夕陳鼎于門外又下文同日夕時而云請期曰羹飪是夕時則此大夫禮爲期亦夕時可知也知大夫尊直肅尸餘使人肅之者以經云宿尸反即云爲期明大夫不自肅賓以下可知故云使人肅之也主人門東南面宗人朝服北面曰請祭期主人曰比於子比次早晏在於子也主人不西面者大夫尊於諸官有君道也爲期亦唯尸不來也〔疏〕注比次至來也○釋曰言比次早晏者一日一夜辰有十二冬日夏夜長短不同是以推量比次日辰之早晏也云主人不西面者大夫尊於諸官有君道也者決特牲主人門外西面士卑於屬吏無君道故也云爲期亦唯尸不來也者言亦特牲爲期時賓及衆賓即位于門西時無尸此大夫禮餘賓之等並來亦唯尸不來是以主人南面亦爲無尸也宗人曰旦明行事主人曰諾乃退旦明旦日質明明日主人朝服

即位于廟門之外東方南面宰宗人西面北上牲北首東上司馬刲羊司士擊豕宗人告備乃退刲擊皆謂殺之此實既省告備乃殺之文互者省也尚書傳曰羊屬火豕屬水（疏）明日至乃退○注刲擊至屬水○釋曰自此盡東榮論視殺視濯之事案特牲視牲與視殺別日今少牢不言視牲直言刲擊告備乃退者省此大夫禮視牲告充即刲擊殺之下人君士卑不嫌故異日矣必知人君視殺別日者大宰職云及執事眂滌濯及納亨贊王牲事注云納亨納牲將告殺謂鄉祭之晨既殺以授亨人又云及祀之日贊玉幣爵之事注云日旦明也是其視牲與殺別日案祭義云君牽牲穆荅君卿大夫序從既入廟門麗于碑卿大夫袒而毛牛尚耳諸侯禮殺于門內此大夫與特牲士皆殺于門外者辟人君云刲擊皆謂殺之者豕言擊動之使鳴是視牲也羊言刲謂殺之是視殺也大夫視牲視殺同日故互見皆有故鄭云刲擊皆謂殺之又云此實既省告備乃殺之文互者省也者亦是視牲訖即視殺如鄉所解下言告備欲見兼有也云尚書傳曰羊屬火不屬水者此尚書大傳文引之者解司馬刲羊以其司馬火官還使

刲羊羊屬火故也案周禮鄭注司空奉豕司士乃司馬之屬官今不使司空者諸侯猶兼官大夫又職職相兼況士無官僕隸爲司馬司士兼其職可知故司士擊豕也

雍人概鼎匕俎于雍爨雍爨在門東南北上雍人掌割亨之事者爨竈也在門東南統於主人北上羊豕魚腊皆有竈竈西有鑊凡概者皆陳之而後告絜（疏）注雍人至告絜○釋曰云雍人掌割亨之事者周禮饔人職文云凡概者皆陳之而後告絜者案特牲視濯時皆陳之視訖告絜此亦當然

廩人概甑甗匕與敦于廩爨廩爨在雍爨之北廩人掌米入之藏者甗如甑一孔匕所以匕黍稷者也古文甑爲烝（疏）注廩人至爲烝○釋曰云廩人掌米入之藏者周禮地官廩人職文以其穀入倉人米入廩人故也云甗如甑一孔者案冬官陶人職云甗實二鬴厚半寸脣寸甑實二鬴厚半寸脣寸七穿鄭司農云甗無底甑以其無底故以一孔解之云匕所以匕黍稷者也者上雍人云匕者所以匕肉此廩人所掌米故云匕黍稷也

司宮概豆籩勺爵觚觶几洗篚于東堂下勺爵觚觶實于篚卒概饌豆籩與篚于房中放于西方設洗于阼階東南當東榮放猶依也大夫攝官司宮兼掌祭器也（疏）司宮至東榮○注放猶至器也○釋曰案特牲云宗人升自西階視壺濯及豆籩反降東北面告濯具鄭注云不言絜以有几席若然彼几席不概則凡洗篚三者亦不概而并言之者以其同降于東堂下故總觚觶連言之其實不概也云大夫攝官司宮兼掌祭器者下文司宮筵神席於奧此又掌豆籩之等故鄭云攝官案內則鄭注云諸侯兼官者彼對天子天子六卿諸侯三卿兼六卿此則大夫對諸侯諸侯具官大夫攝官也

羹定雍人陳鼎五三鼎在羊鑊之西二鼎在豕鑊之西魚腊從羊膚從豕統於牲（疏）羹定至之西○注魚腊至於牲○釋曰自此盡簞巾于西階東論鼎及豆籩盤匜等之事云魚腊從羊膚從豕統於牲者案公食大夫云甸人陳鼎鄭注云甸人冢宰之屬兼亨人者此大夫雍人陳鼎者周禮甸人掌供薪烝與亨爨聯職相通是以諸侯無亨人故甸人陳鼎此大夫又無甸人故使雍人與亨人聯職

故亨人云職外內饔之爨亨故使饔人也云魚腊從羊膚從豕者上文概鼎時鄭云羊豕魚腊皆有竈今陳鼎宜各當其鑊此三鼎在羊鑊之西二鼎在豕鑊之西故云魚腊從羊膚從豕也其實羊豕魚腊各有鑊也此直有羊豕言皆有鑊前注何知魚腊皆有竈案士虞禮云側亨於廟門外之右東面魚腊爨在廟門外東南魚腊爨在其南士之魚腊皆有爨則大夫魚腊皆有鑊可知故羊豕魚腊皆有竈也

司馬升羊右胖髀不升肩臂臑膊骼正脊一脡脊一橫脊一短脅一正脅一代脅一皆二骨以並腸三胃三舉肺一祭肺三實于一鼎升猶上也上右胖周所貴也髀不升近竅賤也肩臂臑肱骨也膞骼股骨脊從前爲正脅旁中爲正脊先前脅先後屈而反猶器之綪也並併也脊脅骨多六體各取二骨併之以多爲貴舉肺一尸食所先舉也祭肺三爲尸主人主婦古文胖皆作辯髀皆作脾今文並皆爲併（疏）司馬至一鼎○注升猶至爲併○釋曰上十一體言一者見其體也下言皆二骨以並見一體皆有二骨也云脊從前爲正脅旁中爲正脊先

前脅先後屈而反猶器之綼也云先前者正脊是也先後者即短脅是也故特牲記云尸俎正脊二骨橫脊長脅二骨短脅鄭注云脊無中脅無前貶也明代脅最在前也脊先前脅先後者取綼屈之義若然脊以前爲正其次名脡卻後名橫者取脡脡然直後言橫者取關於脡凡名骨皆隨形名之唯言正者以義取稱焉此言綼者指解脊不取肩胳也若尸舉牲體則脅肩胳爲綼故鄭注特牲云舉先正脊後肩自上而卻下綼而前終始之次也故尸舉牲體如綼也案下注云升之以尊卑此注云猶器之綼也若綼則不得見尊卑若以尊卑升後不得見綼兩注似乖者凡牲體四支爲貴故先序肩臂臑膞胳爲上是尊然後序脊脅於下是卑次應先言正脊而先言短者又取綼之義也但所序骨體各有宜不可準定也若然既以尊卑升之而祭肺貴序在下者腸胃及肺在內不得與外體爲尊卑之次當以腸肉自爲先後之次也云脊脅骨多六體各取二骨併之以多爲貴者此經肩臂已下皆言一至十一體之下揔言皆二骨知二骨據脊脅骨多六體各取二骨者案特牲記肩臂臑肫胳不言二骨至序脊脅即言二骨以並故知此言皆二骨亦據脊脅可知也

司士升豕右胖髀不升肩臂臑膞骼正脊一脡脊一橫脊一短脅一正脅一代脅一皆二骨以並舉肺一祭肺三實于一鼎豕無腸胃君子不食溷腴〔疏〕注豕無至溷腴○釋曰云君子不食溷腴禮記少儀文彼注云腴有似於人穢故樂記注去以穀食犬豕曰豢是似人也

雍人倫膚九實于一鼎倫擇也膚脅革肉擇之取美者〔疏〕注倫擇至美者○釋曰知脅革肉者下文云膚九而俎亦橫載革順故知膚者是脅革肉也

司士又升魚腊魚十有五而鼎腊一純而鼎腊用麋司士又升副倅者合升左右胖曰純純猶全也〔疏〕司士至用麋○注司士至全也○釋曰云司士又升副倅者謂是第三俎其司士與前文司士升豕者別知者以下經云司士三人升魚腊膚則此豕魚腊宜各一人又此升鼎宜俱時明是副倅者非升豕者可知云倅者案諸子職云掌國子之倅鄭云是公卿大夫之副貳則此云倅亦副之別名以其副牲鼎故云副倅也

卒脀皆設扃鼏乃舉陳鼎于廟門之外東方

北面北上北面北上鄉內相隨古文鼏皆爲密

司宮尊兩甒于房戶之間同棜皆有冪甒有玄酒房戶之間房西室戶東也棜無足禁者酒戒也大夫去足改名優尊者若不爲之戒然古文甒皆作廡今文鼏作冪〔疏〕司宮至玄酒○注房戶至作冪○釋曰云棜無足禁者酒戒也大夫去足改名優尊者若不爲之戒然者此決特牲用棜仍云禁此改名曰棜是優尊者若不爲神戒然鄉飲酒雖是大夫禮猶名斯禁者尋常飲酒異於祭祀也

司宮設罍水于洗東有枓設篚于洗西南肆枓剩水器也凡設水用罍沃盥用枓禮在此也〔疏〕司宮至南肆○注枓剩至此也○釋曰云凡設水用罍沃盥用枓禮在此也者言凡揔儀禮一部內用水者皆須罍盛之沃盥水者皆用枓爲之鄭言禮在此者以士冠禮直言水在洗東士昏禮亦直言水在洗東鄉飲酒特牲記亦云然皆不言罍器亦不云有枓其燕禮大射雖云罍水又不言有枓故鄭注揔云凡此等設水用罍沃盥用枓其禮具在此故餘文不具省文之義也

改饌豆籩于房中南面如饋之設實豆籩之實改更也爲實之更之威儀多也如饋之設如其陳之左右也饋設東面〔疏〕改饌至之實○注改更至東面○釋曰前司宮概豆籩乃饌豆籩放於西方今欲實之乃更設豆籩於房中南面如饋之禮東面設然者此大夫禮威儀多決特牲士禮視濯時豆籩鉶在東房至實豆籩時直云豆籩鉶陳於房中如初鄭云如初者取而實之既而反之是其不改豆籩之處因而實之是士禮威儀略也

小祝設槃匜與簞巾于西階東爲尸將盥〔疏〕小祝至階東○注爲尸將盥○釋曰案特牲直云尸盥匜水實于槃中簞巾在門內之右不言其人未聞也知非祝者彼下文始言祝筵几于室中注云至此使祝接神明前非祝也

主人朝服即位于阼階東西面爲將祭也〔疏〕主人至西面○注爲將祭也○釋曰自此盡革順論祭時將至布設舉鼎匕載之事

司宮筵于奧祝設几于筵上右之布陳神坐也室中西南隅謂之奧席東面近南爲右〔疏〕司宮至右之○注布陳至爲右○釋曰案特牲云祝筵几鄭云使祝接神此使司宮者此大夫禮異於士

故司官設席祝設几大夫官多故使兩官若共其事亦是接神故祝設几也主人出迎鼎除鼏士盥舉鼎主人先入道之也主人不盥不舉【疏】注道之至不舉○釋曰此洗特牲主人降及賓盥士禮自舉鼎此大夫尊不舉故不盥也司宮取二勺于篚洗之兼執以升乃啓二尊之蓋冪奠于棜上加二勺于二尊覆之南柄二尊兩甒也今文啓爲開古文柄皆爲枋【疏】司官至南柄○注二尊至爲枋○釋曰云二尊兩甒者即上司宮尊兩甒于房戶之閒是也知二勺兩尊用之者玄酒雖有不酌重古如酌者然也鼎序入雍正執一匕以從雍府執四匕以從司士合執二俎以從司士贊者二人皆合執二俎以相從入相助陳鼎于東方當序南于洗西皆西面北上膚爲下匕皆加于

鼎東枋膚爲下以其加也南于洗西陳於洗西南【疏】陳鼎至東枋○注膚爲至西南○釋曰此云膚爲下門外陳鼎時不言至此言之者以膚者豕之實前陳鼎在門外時未有俎據鼎所陳則膚在魚上今將載於俎設之最在後故須分別之也云膚爲下以其加者以羊無別俎而豕有膚俎故謂之加以加爲下也云南于洗西陳于洗西南者洗當東榮近東也其陳鼎鼎當東序則近西也而言南于洗西則鼎陳于洗西稍近南東西不得與洗相當也俎皆設于鼎西西肆肵俎在羊俎之北亦西肆肵俎在北將先載也異其設文不當鼎【疏】俎皆至西肆○注肵俎至當鼎○釋曰云異其設文不當鼎者羊俎在羊鼎西今云肵俎在羊俎北不繼鼎明不當鼎也若繼鼎言者即在鼎西也宗人遣賓就主人皆盥于洗長枇長枇者長賓先次賓後也主人不枇言就主人者明親臨之古文枇作七佐食上利升牢心舌載于肵俎心皆安下切上午割勿沒其載于肵俎末在上舌皆切

本末亦午割勿沒其載于肵橫之皆如初爲之于爨也牢羊豕也安平也平割其下於載便也凡割本末食必正也午割使可絕也勿沒爲其分散也肵之爲言敬也所以敬尸也周禮祭尚肺事尸尚心舌心舌知滋味今文切皆爲刌【疏】佐食至爨也○注牢羊至爲刌○釋曰言皆如初爲之于爨也者經言此者以前膚鼎時不見心舌嫌不在爨故明之云皆如初爲之于爨皆者皆羊豕羊豕皆有心舌也案特牲記云肵俎心舌皆去本末午割之實于牲鼎載心立舌縮俎即是未入鼎時則制此心舌然也既未入鼎時先制之是以雖出爨亦得爲皆如初爨也云凡割本末食必正也者鄉黨孔子云割不正不食故割本末爲食正也云肵之爲言敬也者郊特牲文彼云肵之爲言敬也言所以敬尸也云周禮祭尚肺者禮記明堂位云有虞氏祭首夏后氏祭心殷祭肝周祭肺是周之禮法祭肺而此肵俎不取肺而用心者以其事尸尚心舌心舌知滋味者故特牲記鄭注亦云心舌知食味者欲尸之饗此祭是以進之若然舌之所嘗五味乃是心之所知酸苦也故心舌併言之佐食遷肵俎于阼階西西縮乃反佐食二

人上利升羊載右胖髀不升肩臂臑膊骼正脊一脡脊一橫脊一短脅一正脅一代脅一皆二骨以並腸三胃三長皆及俎拒舉肺一長終肺祭肺三皆切肩臂臑膊骼在兩端脊脅肺肩在上升之以尊卑載之以體次各有宜也拒讀爲介距之距俎距脛中當橫節也凡牲體之數及載備於此【疏】佐食至在上○注升之至於此○釋曰升羊載右胖者準例實鼎曰升實俎曰載今實俎而言升者以其升者上也是以載俎升載兩言之也但此經所載牲體多少一依上文升鼎不異而重序之者以其載俎之時恐與入鼎時多少有異故重序之舉肺祭肺上已言今又言之者以其上升鼎時直言舉肺一祭肺三不言長短上所以不言長短者以其入鼎時二者未制故不辯長短至此載俎乃制長短及切之故具辯之也若然上升鼎時不制者若升鼎制之恐二肺雜亂是以升俎乃制之若然心舌未升鼎時已午割勿沒不言至載俎乃言午割者彼二者其體殊

異不雜亂故俎乃一辯之而已云肩臂臑膊胳在兩端脊脅肺肩在上者此是在俎之次俎有上下猶牲體有前後故肩臑在上端膊胳在下端脊脅肺在中其載之次序肩臂臑正脊脡脊横脊代脅長脅短脅肺胃腸膊胳也云升之以尊卑者即上文上利升羊以下序其在鼎也云載之以體次者俎法四體尊於脊脅即經四體在兩端脊脅肺在中者故云各有宜也云拒讀爲介距之距者案左氏傳昭二十五年云季郈之雞鬬季氏介其雞服氏云擣芥子播其雞羽鄭氏云介甲爲雞著甲又云郈氏爲之金距注云金距以金踏距今鄭君合取季氏之介又取郈氏之距而云介距之距也引之者彼距在雞足爲距此俎距在俎爲横也是以云俎距脛中當横節也案明堂位云俎有虞氏以梡夏后氏以嶡殷以椇周以房俎注云梡斷木爲四足而已嶡之言蹷也謂中足爲横距之象周禮謂之距彼注云周禮謂之距即指此俎距而言是距爲俎足中央横者也此言俎距脛中當横節者案明堂位夏后氏以嶡謂中足之横下仍有殷之椇謂横下仍有曲橈之足下又有周之房俎謂四足下更有跗鄭云上下兩間有似於堂房是横下更有二事故言脛中當横節也云凡牲體之數及載備於此者案此經即折前體肩臂臑兩相爲六後體膊胳兩相爲四短脅正脅代脅兩相爲六脊有三摠爲十九體唯不數觳二通之爲二十一體二觳正祭不薦於神尸故不言是牲體之數備於此言及載備於此者上經云升於鼎此經載於俎是其及載於此也

下利升豕其載如羊無腸胃體其載于俎皆進下進下變於食生也所以交於神明不敢以食道敬之至也鄉飲酒禮進腠羊次其體豕言進下互相見

〔疏〕下利至進下○注進下至相見○釋曰云進下變於食生也者決公食大夫鄉飲酒牲體皆進腠腠是本是食生人之法此言進末末爲終謂骨之終食鬼神法故云變於食生也云所以交於神明元缺起此至卷末者郊特牲文云不敢以食道檀弓文云羊次其體豕言進下互相見者羊次其體即上終上利升羊以下是次其體言互相見者羊言體亦進下豕言進下亦次其體也

司士二人升魚腊膚魚用鮒十有五而俎縮載右首進腴右首進腴亦變於食生也有司載魚横之少儀曰羞濡魚者進尾

〔疏〕注右首至進尾○釋曰云右首進腴亦變於食生也者凡載魚爲生人首皆向右進鰭其祭祀亦首皆在右進腴生人死人皆右首陳設在地地道尊右故也鬼神進腴者腴是氣之所聚故祭祀進腴也生人進鰭者鰭是脊生人尚味故公食大夫云魚七縮俎寢右鄭注云右首也寢右進鰭也乾魚近腴多骨鯁是也云有司載魚横之少儀曰羞濡魚者進尾引之者欲見正祭與儐尸載魚禮異又與生人食禮不同以其尸之禮上大夫載魚横之於人爲縮於俎爲横既見乾魚則進首可知復取少儀者濡魚進尾見與乾魚異有司徹進首是上大夫繹祭儐尸之禮有乾魚横於俎宜進其首則少儀羞濡魚者是天子諸侯繹祭可知以其天子諸侯繹祭乾濕皆有乾魚則進首鮮魚則進尾必知是天子諸侯繹祭者以其大夫儐尸云加膴祭少儀云祭膴又與儐尸加膴祭於上同故知義然也

腊一純而俎亦進下肩在上如羊豕凡腊之體載禮在此

〔疏〕注如羊至在此○釋曰以其諸經唯有腊文無升載之事唯有此經所載之法故云載禮在此也

膚九而俎亦横載革順列載於俎令其皮相順亦者亦其骨體

〔疏〕注列載至骨體○釋曰云列載於俎令其皮相順者解經革順也載革順謂以此膚之體相次而作行列以膚革相順而載也云亦者亦其骨體者上牲體横載文不明故舉膚亦横載以明之此膚言横則上羊豕骨體亦横載可知也

儀禮疏卷第四十七　元缺第十葉今補

盧宣旬校

大清嘉慶二十一年
用文選樓藏本校

江西督糧道王賡言廣豐縣知縣阿應鱗校

儀禮注疏卷四十七挍勘記　　阮元撰盧宣旬摘錄

少牢饋食禮第十六

少牢饋食之禮

唯據羊若豕則曰豢 豕上要義有犬字按疏下引槀人職明犬得稱豢也

故地官槀人職云 通解要義槀作槁○按槀乃稾之誤槁與稾同宋本周禮釋文作槁人不誤

非以爲禍 通解要義同毛本禍作禮○按樂記是禍字

故郊特牲與士特牲 通解要義俱作與士特牲毛本作特牲與士

日用丁巳 魏氏曰巳音紀陎音祀○按今本釋文祀亦誤作紀

謂冠昏祭祀 通解要義同毛本謂作爲

筮旬有一日

知旬十日者 要義同毛本通解旬下有爲字

吉事先近日故也 通解要義同毛本吉事作言是

主人曰孝孫某

某仲叔季 某集釋敖氏俱作其

桓十四年乙亥嘗 通解要義同毛本乙誤作巳○按春秋桓十四年作乙

陰陽式法 式陳閩俱作武非也

若其在子上者 通解要義毛本其作某

若五十字 要義同通解毛本字下有以伯仲三字

故知取二十字爲謚也 要義同通解毛本十下有冠而二字

因生以賜姓 毛本生誤作主陳閩俱脫以字

胙之土而命之氏 通解要義同毛本氏誤作事○按左傳作氏

證伯某某或且字 證陳閩要義俱作證毛本誤作謚

而非常祭祀 而通解要義俱作及按而字誤

史曰諾

蓍之德圓而神 徐本釋文集釋通解楊氏同毛本圓作圜

云易曰蓍之德圓而神者 魏氏曰圓本作圜

謂之述命述命詑 通解要義同毛本述命二字不重出

遂述命曰

卽與卽席西面命龜異 此句下異者二字通解毛本無要義有

繇辭則占龜之長 毛本占誤作古

乃釋韇立筮

以其蓍長立筮爲便 通解同毛本無立字非也

若然諸侯蓍七尺 通解同毛本無然字

卦者在左○乃書卦于木示主人 李氏曰示主人石本上有以字

六爻備書於版 毛本版作板張氏曰疏作版從疏

受以示主人也 毛本無受字

乃官戒

滌溉濯祭器 許宗彥云疏有濯字蓋陸本作溉祭器一本作濯祭器賈本則作溉濯祭器耳盧文弨云濯字衍者非

若不吉

近日卽上旬丁巳　此句下是也若上旬丁巳七字毛本無要義有

宿

使知祭日當來　來陳閩俱作求

以言前宿一日　言前二字毛本誤倒

前宿一日

總解經前宿一日宿戒尸肅　陳閩監本通解同毛本宿作肅

明日朝　按張爾岐謂朝下有服字石本監本並脱今考各本俱無服字

筮尸如筮日之禮　禮唐石經徐本集釋通解敖氏俱作禮是也楊氏毛本作儀

用薦歲事於皇祖伯某　唐石經徐本集釋楊敖同通解毛本薦作爲

前祭一日筮尸　通解同毛本筮下有宿字

吉則乃遂宿尸

以其諸官一肅　陳閩監本通解要義同毛本肅作宿下肅尸同

其尸已宿訖　尸下此本空一字通解作上巳宿尸訖按此本所空疑是上字

主人再拜稽首

告尸以主人爲此事來肅　徐本集釋要義楊氏同敖氏肅作宿通解毛本無肅字

既宿尸反

言既肅尸　徐陳閩葛集釋通解楊敖同毛本既作及○按及非也

明日主人朝服

省也　通解毛本省下有文字徐本釋文集釋楊敖俱無與疏合

直言刲擊告備乃退者省　要義同通解毛本省下有文字

必知人君視殺別日者　毛本知誤作如別作引要義亦作別

謂鄉祭之晨　陳本要義同毛本鄉作卿○按作鄉與周禮注合

及祀之日　陳本要義同毛本祀作禮非也

辟人君云　毛本君下有一字通解一作也

文互者省也者　毛本互者作元云○按毛本非也

如鄉所解　陳本同毛本鄉作卿

還使刲羊羊屬火故也　要義同毛本不重羊字

大夫又職職相兼　要義同毛本無又字

廩人概甑甗匕與敦于廩爨

甗實二鬴　監本通解要義敖氏同毛本二作一○按考工記作二

七穿　七通解監本俱作七陳本要義敖氏俱作匕閩本誤作士○按戴震考工記補注云一穿爲甗七穿爲甑作匕非也

司宮概豆籩勺爵觚觶几洗篚于東堂下　几唐石經徐陳通解俱作凡誤集釋楊敖俱作几與疏合

羹定

故使饔人也　要義同毛本無人字○按毛本非也

二鼎在豕鑊之西　監本通解要義同毛本二作三陳閩俱誤作

前注何知魚腊皆有鼏　通解要義同毛本何作可

馬升羊

上十一體　十上陳閩俱有有字

者取脡脡然直　毛本通解者上有脡字

次應先言正脊　陳本通解同毛本正作三

按特牲記有臂臑肫胳　陳本通解同毛本胳作格○按格字誤

司士升豕

君子不食溷腴　溷集釋作圂按少儀作圂俗作溷

卒脀皆設扃鼏　鼏唐石經徐本集釋楊敖俱作鼏注同通解毛本作冪

司宮尊兩甒于房戶之間○皆有冪　張氏曰經曰同棜皆有冪按注云今文鼏作冪鼏指經也經字必鼏後乃啟二尊之蓋鼏同從注

棜無足　毛本棜誤作於

今文鼏作冪　徐本張氏同與此本標目合毛本通解集釋鼏冪二字俱倒○按鼏冪尊冪在今文則皆作冪在古文則皆作密後人妄爲分別而刊本又復淆譌不可致詰此注當有誤字張氏据注以改經固非李黃据經以改注亦未爲得蓋以冪爲古鼏爲今儀禮中無此例

司宮設罍水於洗東

枓斞水器也　斞徐陳閩葛集釋通解楊敖俱作㪺疏同毛本作斞

故鄭注揔云　通解要義同毛本無注揔二字

主人朝服

布設舉鼎匕載之事　要義同毛本匕作上非也

司宮筵於奧

席東面近南爲右　徐本集釋同通解楊氏毛本面俱作西○按當作面

故司宮設席　通解要義同毛本席下有神字

故使兩官若共其事　毛本通解無若字

司宮取二勺於篚○加二勺於二尊　徐陳通解俱無下二字唐石經集釋楊敖俱有與注合

今文啓爲開古文柄皆爲枋　徐本集釋俱如是枋與此本標目合毛本脫六字又誤枋爲方按釋文有作枋二字

佐食上利升牢心舌

言皆如初爲之于爨也者　毛本無于字

云皆如初爲之于爨皆者　陳閩監本通解要義同毛本皆作也

皆羊豕羊豕皆有心舌也　要義同通解毛本無皆羊豕三字

佐食遷斯俎于阼階西

故俎乃一辯之而已　毛本通解無之字

代脅長脅短脅　通解同毛本上脅字作脊○按脅是也

是以云　以要義作以是也通解毛本作距

周禮謂之距　通解同毛本謂作爲下同要義誤脫

是距爲俎足中央橫者也　央陳本通解要義俱作央是也毛本誤作決

謂四足下更有跗　陳本通解要義同毛本跗作距非也

按此經卽折前體肩臂臑兩相爲六　毛本卽折作節新陳本作節析通解作節折○按卽折是也

上經云升於鼎此經云載於俎　陳本通解同毛本兩云字並作文

司士三人升魚腊膚

右首進腴　毛本腴誤作魚

凡載魚爲生人　生閩本誤作主下生人死人放此

故祭祀進腴也　陳本通解要義同毛本祀作初○按祀是也

儀禮注疏卷四十七挍勘記終

奉新余成教挍

儀禮疏卷第四十八

唐朝散大夫行大學博士弘文館學士臣賈公彦等撰

卒脀祝盥于洗升自西階主人盥升自阼階祝先入南面主人從戶內西面將納祭也〔疏〕卒脀至戶內西面。注將納祭也。釋曰自此盡主人又再拜稽首論先設置爲陰厭之事也

主婦被錫衣移袂薦自東房韭菹醓醢坐奠于筵前主婦贊者一人亦被錫衣移袂執葵菹蠃醢以授主婦主婦不興遂受陪設于東韭菹在南葵菹在北主婦興入于房被錫讀爲髲鬄古者或剔賤者刑者之髮以被婦人之紒爲飾因名髲鬄焉此周禮所謂次也不纚笄者大夫妻尊亦衣綃衣而侈其袂耳侈者蓋半士妻之袂以益之衣三尺三寸袪尺八寸韭菹醓醢朝事之豆也而饋食用之豐大夫禮葵菹在綍今文錫爲緆蠃爲蝸〔疏〕主婦被錫衣至入于房。注被錫至爲蝸。釋曰云主婦贊者一人亦被錫者此被錫移袂與主婦同既一人與主婦同則其餘不得如主婦當與士妻同纚笄綃衣若士妻與婦人助祭一皆纚笄綃衣以綃衣下更無服服窮則同故特牲云凡婦人助祭者同服是也云被錫讀爲髲鬄者欲見鬄取人髮爲之之義也云古者或剔賤者刑者之髮以被婦人紒爲飾因名髲鬄焉者此解名髲鬄之意案哀公十七年左傳說衛莊公登城望戎州見巳氏之妻髮美使髡之以爲呂姜髢是其取賤者髮爲鬄之事也云此周禮所謂次也者案周禮追師云掌王后以下副編次三翟者首服副鞠衣襢衣首服編褖衣首服次鄭彼注副首飾若今步搖編編列髮爲之若今假紒次次第髮長短爲之所謂髲鬄鄭云所謂髲鬄鄭云所謂髲鬄者指此文也是彼此相曉也云不纚笄者大夫妻尊者此決特牲主婦纚笄士妻卑故也云亦衣綃衣者亦如特牲士妻主婦綃衣也綃衣者六服外之下者云而侈其袂耳侈者蓋半士妻之袂以益之衣三尺三寸袂尺八寸者士妻之袂二尺二寸袪尺二寸三分益一故三尺三寸袂尺八寸也故內司服注亦爲此解也或云衣三尺三寸或云袂俱合義是以喪服記云

亦名袂爲衣也云韭菹醓醢朝事之豆也者案周禮醢人職朝事之豆韭菹醓醢昌本麋臡菁菹鹿臡茆菹麋臡彼天子八豆今大夫取二豆爲饋食用之豐大夫禮故也若然葵菹蠃醢亦天子饋食之豆今大夫用之鄭不言者彼饋食當其節天子八豆此大夫取二而已故不須言之云葵菹在綍者以其韭菹在南醓醢在北今於次東葵菹在北蠃醢在南是其綍次之也

佐食上利執羊俎下利執豕俎司士三人執魚腊膚俎序升自西階相從入設俎羊在豆東豕亞其北魚在羊東腊在豕東特膚當俎北端相助也主婦自東房執一金敦黍有蓋坐設于羊俎之南婦贊者執敦稷以授主婦主婦興受坐設于魚俎南又興受贊者敦黍坐設于稷南又興受贊者敦稷坐設于黍南敦皆南首主婦興入于房敦有首者尊者器飾也飾蓋象龜周之禮飾器各以其類龜有上下甲今文曰主婦入于房〔疏〕注婦至于房。注敦有至于房。釋曰敦有首者尊者器飾也飾蓋象龜知有此義者以其經曰敦南首明象龜蟲獸之形故云首知象龜者以其蓋形龜象故也云周之禮飾器各以其類者案周禮梓人云外骨內骨以脰鳴者以胷鳴者之類鄭云刻畫祭器博庶物也又周禮司尊彝有雞彝之等是周之禮飾器各以其類也云龜有上下甲者欲言此敦蓋取象之意以龜有上下甲故敦蓋象之是亦取其類也敦蓋旣象龜明簋亦象龜爲之故禮器云管仲鏤簋朱紘注云謂刻而飾之大夫刻爲龜耳諸侯飾以象天子飾以玉言以玉飾之還依大夫象形爲飾也天子則簋敦兼有九嬪職云凡祭祀贊玉齍注云玉齍玉敦受黍稷器是天子八簋之外兼用敦也特牲云佐食分簋鉶注云爲將餕敦有虞氏之器也周制士用之變敦言簋容同姓之士得從周制耳則同姓大夫亦用簋特牲少牢用敦者異姓大夫士也明堂位云有虞氏之兩敦夏后氏之四璉殷之六瑚周之八簋鄭注云皆黍稷器制之異同未聞案周禮舍人注圓曰簋孝經注直云外方曰簋者據而言若然云未聞者簋殷已上未聞周之

簋則簋矣故易損卦云二簋可用享注云離爲日日圓巽爲本木器象是其周器有簋也孝經緯鉤命決云敦規首上下圓相連簠簋上圓下方法陰陽是有蓋而鄭云未聞者鄭不信之故也

祝酌奠，遂命佐食啓會。佐食啓會蓋，二以重，設于敦南。酌奠酌酒爲神奠之後酌者酒尊要成也特牲饋食禮曰祝洗酌奠奠于鉶南重累之疏注酌奠至累之○釋曰酌奠酌酒爲神奠之者以其迎尸之前將爲陰厭爲神不爲尸故云爲神奠之也云後酌者酒尊要成也者上經先設餘饌此經乃酌者酒尊要由尊者成故後設之也引特牲者酌奠之處當在鉶南此經不言故引爲證也云重累之者以黍稷各二二者各自當重累於敦南御合之也

主人西面，祝在左，主人再拜稽首。祝曰：孝孫某敢用柔毛、剛鬣、嘉薦、普淖，用薦歲事于皇祖伯某，以某妃配某氏。尚饗。主人又再拜稽首。羊曰柔毛豕曰剛鬣嘉薦菹醢也普淖黍稷也普大也淖

和也德能大和乃有黍稷春秋傳曰奉粢以告曰絜粢豐盛謂其三時不害而民和年豐也疏注羊曰至豐也○釋曰云羊曰柔毛豕曰剛鬣下曲禮文羊肥則毛柔濡豕肥則鬣剛也彼注云號牲物者異於人用也引春秋者證黍稷大和之義案彼左氏桓六年傳文楚武王侵隨使薳章求成焉軍於瑕以待之隨人使少師入楚軍董成楚以羸師而納少師少師還請追楚師季梁止之曰天方授楚楚之羸其誘我也臣聞小之能敵大也小道大淫所謂道忠於民而信於神也上思利民忠也祝史正辭信也今民餒而君逞欲祝史矯舉以祭臣不知其可也公曰吾牲牷肥腯粢盛豐備何則不信對曰夫民神之主也是以聖王先成民而後致力於神故奉牲以告曰博碩肥腯謂民力之普存也奉盛以告曰絜粢豐盛謂其三時不害而民和年豐也則此之所言隨季梁辭也

祝出，迎尸于廟門之外。主人降，立于阼階東，西面。祝先入門右，尸入門左。主人不出迎尸伸尊也特牲饋食禮曰尸入主人及賓皆辟位出亦如之祝入門右者辟尸盥也既則後尸疏注主人至後尸○釋曰自此盡牢肺正脊加于斯論尸入正祭之事云主人不出迎尸伸尊也者禮記云君迎牲而不迎尸別嫌也尸在廟門外則疑於臣在廟中則全於君故主人皆不出迎尸尸在廟門外爲臣道故主人不出迎尸伸尊也引特牲者尸出入時主人與賓西位上皆逡巡辟位敬尸也云既則後尸者下經云祝延尸尸升自西階入祝從注云由後詔相之曰延是後尸者也

宗人奉槃，東面于庭南；一宗人奉匜水，西面于槃東；一宗人奉簞巾，南面于槃北。乃沃尸，盥于槃上。卒盥，坐奠簞，取巾，興，振之三，以授尸。坐取簞，興，以受尸巾。庭南沒霤疏注庭南沒霤○釋曰庭南者於庭近南是沒盡門屋霤近門而盥也是以特牲亦云尸入門北面盥繼門而言即亦此沒霤者也

祝延尸，尸升自西階，入，祝從。由後詔相之曰延延進也周禮曰大祝相尸禮祝從從尸升自西階疏祝延至祝從○注由後至西階○釋曰周禮曰大祝相尸禮者案職云相尸禮注云延其出入詔其坐作是也

主人升自阼階，祝先入，主人從。祝接神先入宜也

尸升筵，祝、主人西面立于戶內，祝在左。主人由祝後而居右尊也祝從尸尸即席乃卻居主人左疏注主人至人左○釋曰祝先入至主人入而居祝之右者以祝從尸後詔侑之故在尸後主人前及尸即筵主人與祝西面則主人尊故也云祝從尸尸即席乃卻居主人左者解祝在先居左之意也

祝、主人皆拜妥尸。尸不言，尸荅拜，遂坐。拜妥尸拜之使安坐也尸自此荅拜遂坐而卒食其閒有不嚌奠不嘗鉶不告旨大夫之禮尸彌尊也不告旨者爲初亦不饗所謂曲而殺疏祝主至遂坐○注拜妥至而殺○釋曰案爾雅妥安坐也故云拜妥尸拜之使安坐也案特牲云尸嚌酒告旨主人拜尸荅拜祭鉶嘗之告旨不得遂坐此經云荅拜遂坐故鄭解其遂坐而卒食之意以其閒有不嚌奠不嘗鉶不告旨也大夫之禮尸彌尊故無拜事特牲所云嘗鉶謂嘗羊鉶此不嘗鉶謂不嘗豕鉶也知非不嘗羊鉶者案下云嘗羊鉶故知不嘗豕鉶也不告旨者既不嚌奠故無告也言彌尊者既不嚌奠一尊又不嘗鉶不告者是彌尊也云不告旨者爲初亦不饗者案特牲迎尸即席坐主人拜

妥尸，尸答拜，執奠，祝饗，主人拜如初。注云：「饗，勸强之也。其辭取於士虞記，則宜云孝孫某圭爲而孝薦之饗。」是士賤不嫌得與人君同。大夫尊，嫌與人君同，故初不饗，後亦不告言，故云不告言者，爲初亦不饗也。云「所謂曲而殺」者，禮器文，彼注云謂若父在爲母期，不得申，大夫不得者亦不得申，故引爲證。若然，曲而殺，爲初不饗而言也。**祝反南面。**未有事也。墮祭爾敦，官各肅其職，不命。【疏】注未有至不命○釋曰：云「未有事也」者，釋祝反南面也。云「墮祭爾敦」，文在下經。「官各肅其職不命」者，言祝無事之義，案宿諸官各肅其事，不須命，故祝得反南面。**尸取韭菹辯擩于三豆，祭于豆閒。上佐食取黍稷于四敦，下佐食取牢一切肺于俎以授上佐食，上佐食兼與黍以授尸，尸受，同祭于豆祭。**牢，羊豕也。同，合也。合祭於俎豆之祭也。黍稷之祭爲墮祭，將食神餘，尊之而祭之。今文辯爲徧。【疏】注牢羊至爲徧○釋曰：云「黍稷之祭爲墮祭」者，肺與黍稷俱得爲墮，故周禮守祧職「既祭則藏其墮」，墮中豈不能兼肺？肺與黍稷俱祭于菹上，上既藏之，明肺與黍稷器不動，人就器減取之，故特得墮名。舉肺則全取，因上絶之，不得墮稱，及其藏之，并有墮名也。云「將食神餘，尊之而祭之」者，謂陰厭是神食，後尸來即席食，尸餕鬼神之餘，故尸亦尊神而祭之。以其凡祭者皆不是盛主人之饌，故以祭之爲尊也。**上佐食舉尸牢肺正脊以授尸。上佐食爾上敦黍于筵上，右之。**爾，近也，或曰移也。右之，便尸食也。重言上佐食，明更起，不相因。【疏】上佐至右之○注爾近至相因○釋曰：曲禮云「飯黍無以箸」，是古者飯食不用匙箸。若然，器即不動，器中取之，故移之於席上，便尸食也。云「重言上佐食，明更起，不相因」者，前舉尸牢肺時，坐而取之，與以授尸，不因此坐取肺即爾敦黍，明更坐爾黍而起，不因前坐也。案特牲云黍稷，此及虞皆不云稷者，此後皆黍稷連言，明并黍稷食之，不虛陳而不食。不言爾之者，文不具，其實亦爾之也。**主人羞肵俎，升自阼階，置于膚北。**羞，進也。肵，敬也。親進之，主人敬尸之加。【疏】主人至膚北○注羞進至之加○釋曰：郊特牲訓肵爲敬，今此主人親進之，故鄭云敬尸之加，以其爲尸特加，故云加也。若然，特牲二俎，膚從豕俎，故肵

在腊北；此五俎有膚俎，故肵在膚北。**上佐食羞兩鉶，取一羊鉶于房中，坐設于韭菹之南。下佐食又取一豕鉶于房中以從，上佐食受，坐設于羊鉶之南。皆芼，皆有柶。尸扱以柶祭羊鉶，遂以祭豕鉶，嘗羊鉶。**芼，菜也。羊用苦，豕用薇，皆有滑。【疏】上佐至羊鉶○注芼菜至有滑○釋曰：芼菜者，菜是地之芼。知羊用苦、豕用薇，皆有滑者，案公食大夫記云「鉶芼，牛藿，羊苦，豕薇，皆有滑」是也。**食舉。**舉，牢肺正脊也。先飲啗之，以爲道也。【疏】食舉○注舉牢至道也○釋曰：此食舉在羞肵之下，特牲食舉在羞肵之上，不同者，彼特牲食舉下乃云羞肵俎者，是其正，以食舉後尸即嚌幹之屬，即加於肵俎，故食舉後即進肵，是正也。此食舉不在羞肵之上，上佐食羞鉶羹，尸祭鉶訖乃得食舉，故退食舉在祭鉶之下，又不退羞肵在食舉下者，由主人敬尸，故不退在下也。特牲爾敦下設大羹，此不云者，大羹不爲神，直是爲尸者，故此不言，儐尸乃有也。云「舉，牢肺正脊也」者，上文云「上佐食舉尸牢肺正脊以授尸，尸受祭肺」，明今食先云食舉，是上牢肺正脊也。云「先食啗之，以爲道也」者，案特牲「舉肺脊以授尸，尸受，振祭，嚌之，左執之」，注「肺，氣之主也。脊，體之貴者。先食啗之，所以道食通氣」是也。**三飯。**食以黍。【疏】三飯○注食以黍○釋曰：知先食黍者，以前文先言爾黍，故知先食黍也。**上佐食舉尸牢幹，尸受，振祭，嚌之。佐食受，加于肵。**幹，正脅也。古文幹爲肝。【疏】注幹正脅也○釋曰：上文序體先言短脅，次言正脅，則正脅在中，上食舉是正脊，故知此食幹亦先取正脅也。特牲云食幹，鄭注爲長脅也，彼記序九體有長脅，無代脅者，案鄭注云「脊無中，脅無前，貶於尊者」，故與此異也。**上佐食羞胾兩瓦豆，有醢，亦用瓦豆，設于薦豆之北。**設于薦豆之北，以其加也。四豆亦綒，羊胾在南，豕胾在北。無臐膮者，尚牲不尚味。【疏】上佐至之北○注設于至尚味○釋曰：特牲羞於少牢，故有豕膮；此少牢二牲，故不尚味而無臐膮也。**尸又食，食胾。上佐食舉尸一魚，尸受，振祭，嚌之。佐食受，加于**

肵橫之又復也或言食或言飯食大名小數曰飯魚橫之者異於肉疏尸又至橫之○注又復至於肉○釋曰云食大名者以其論語文多言食故云食大名也云小數曰飯者此少牢特牲言三飯五飯九飯之等據一口謂之一飯五口謂之五飯之等據小數而言故云小數曰飯也云魚橫之者異於肉者魚在俎縮肉在俎則橫其同在肵俎仍橫之魚本縮今則橫矣與牲體異故云魚橫異於肉也必知肉在肵仍橫者但言加于肵不云縮則與本俎同橫可知也大夫不儐尸者於此時亦當設大羹此主爲大夫不儐尸者大羹之文也又食上佐食舉尸腊肩尸受振祭嚌之上佐食受加于肵腊魚皆一舉者少牢二牲畧之腊必舉肩以肩爲終也別舉魚腊崇威儀疏注腊魚至威儀○釋曰云腊魚皆一舉者少牢二牲畧之者以特牲三舉獸魚以其牲少故也此少牢二牲畧之者體足可舉故腊魚一舉以畧之云腊必舉肩以肩爲終也者以腊如牲骨但舉一肩肩尊以爲終取其成義牲體舉肩爲終云別舉魚腊崇威儀者特牲云尸三飯佐食舉獸幹魚一亦如之尸又三飯舉骼及獸魚如初尸又三飯舉肩及獸魚如初獸魚常一時同舉而此獸魚別舉

大夫之禮故云崇威儀案特牲先舉腊後魚此少牢後舉腊者彼特牲三俎腊皆三舉故後舉魚此少牢腊魚皆一舉故使腊在後肩取其終義故也又食上佐食舉尸牢骼如初如舉幹也又食不舉者卿大夫之禮不過五舉須侑尸疏注不舉至侑尸○釋曰云五舉者舉牢肺一也又舉牢幹二也又舉一魚三也又舉腊肩四也又舉牢骼五也是卿大夫之禮五舉也尸告飽祝西面于主人之南獨侑不拜侑曰皇尸未實侑侑勸也祝獨勸者更則尸飽實猶飽也祝既侑復反南面疏注侑勸至南面○釋曰云侑勸也祝獨勸者更則尸飽者此決特牲九飯三侑皆祝主人共侑不更以侑者欲使尸飽若其重侑則嫌相褻特牲重侑不更者以士禮九飯纔更亦不飽故不更此大夫禮十一飯更則飽故有更是以使祝獨侑與主人更之義云祝既侑復反南面者戶內主人及祝有事之位尸席北祝無事之位今侑訖亦復尸北南面位也此與特牲皆有尸飯法天子諸侯亦當有之故大祝九拜之下云以享侑祭祀注云侑勸尸食而拜若然士三飯即告飽而侑大夫七飯告飽而侑諸侯九飯告飽而侑天子十一

飯而侑也尸又食上佐食舉尸牢肩尸受振祭嚌之佐食受加于肵四舉牢體始於正脊終於肩尊於終始疏注四舉至終始○釋曰正脊及肩此體之貴者故先舉正脊爲食之始後舉肩者爲食之終故云尊於終始尸不飯告飽祝西面于主人之南祝當贊主人辭疏注祝當贊主人辭○釋曰以其西面是祝之有事之位故從南向西面位也主人不言拜侑祝言而不拜主人不言而拜親疏之宜疏注祝言至之宜○釋曰云親疏之者云祝言而不拜者疏也云主人不言而拜者親也事相成故云親疏之宜也尸又三飯爲祝一飯爲主人三飯尊卑之差凡十一飯下人君也上佐食受尸牢肺正脊加于肵言受者尸授之也尸授牢幹而實舉于俎豆食畢操以授佐食焉疏注言受至食焉○釋曰此案上文初食舉謂正脊與牢肺不言置舉之所下文即言三飯上佐食舉尸牢幹尸受振祭嚌之佐食受加于肵至此尸十一飯後乃言上佐食受尸牢肺正脊加于肵者是却本

初食約特牲舉肺脊其時尸實舉于菹豆今尸食畢尸乃於菹豆上取而授上佐食上佐食受而加于肵故言受尸牢肺正脊加于肵也主人降洗爵升北面酌酒乃酳尸尸拜受主人拜送酳猶羨也既食之而又飲之所以樂之古文酳作酌疏注酳猶至作酌○釋曰自此盡折一膚謂主人酳尸之事云酳猶羨也者取饒羨之義故以爲樂之也尸祭酒啐酒賓長羞牢肝用俎縮執俎肝亦縮進末鹽在右羞進也縮從也鹽在肝右便尸擩之古文縮爲蹙疏注羞進至爲蹙○釋曰云鹽在肝右便尸擩之者鹽在肝右據賓長西面手執而言尸東面若至尸前鹽在尸之左尸以右手取肝鄉左擩之是其便也尸左執爵右兼取肝擩于俎鹽振祭嚌之加于菹豆卒爵主人拜受尸爵尸荅拜兼兼羊豕祝酌受尸尸醋主人主人拜受爵尸荅拜主人

西面奠爵又拜主人受酢酒俠爵拜彌尊尸疏注主人至尊尸。釋曰云彌尊尸者此少牢與特牲尸酢主人使祝代尸酌者已是尊尸今主人拜受訖又拜爲俠拜是彌尊尸也上佐食取四敦黍稷下佐食取牢一切肺以授上佐食上佐食以綏祭綏或作挼挼讀爲墮將受嘏亦尊尸餘而祭之古文墮爲肵疏注綏或至爲肵。釋曰經中綏是車綏或有禮本作挼者故亦讀從周禮守祧既葬則藏其墮取墮減之義也云將受嘏者下文主人受嘏之時先墮祭是以佐食授黍稷與主人爲墮禮主人佐執爵右受佐食坐祭之又祭酒不興遂啐酒右受佐食右手受墮於佐食也至此言坐祭之者明尸與主人爲禮也尸恒坐有事則起主人恒立有事則坐疏注右手至則坐。釋曰云尸常坐有事則起主人常立有事則坐者案禮器云周坐尸曲禮云立如齊鄭云齊謂祭祀時則是尸常坐主人祭時則常立經云坐祭之謂墮祭尸餘是尸與主人爲禮是主人有事乃坐也尸荅主人拜乃立是尸有事則起也祝

與二佐食皆出盥于洗入二佐食各取黍于一敦上佐食兼受摶之以授尸尸執以命祝命祝以嘏辭疏注命祝以嘏辭。釋曰謂命祝使出嘏辭以嘏於主人下文是也卒命祝祝受以東北面于戶西以嘏于主人曰皇尸命工祝承致多福無疆于女孝孫來女孝孫使女受祿于天宜稼于田眉壽萬年勿替引之嘏大也予主人以大福工官也承猶傳也來讀曰釐釐賜也耕種曰稼勿猶無也替廢也引長也言無廢止時長如是也古文嘏爲格祿爲福眉爲徵替爲袂袂或爲載載替聲相近疏卒命至引之。注嘏大至相近。釋曰云嘏大也者郊特牲云嘏長也大也故鄭云予主人以大福案特牲尸親嘏主人此尸使祝嘏主人者大夫尸尊故不親嘏特牲無嘏文不具也主人坐奠爵興再拜稽首興受黍坐振祭嚌之詩懷之實于左袂挂于季指執爵以興坐卒爵執爵以興坐奠爵拜尸荅拜執爵以興出宰夫以籩受嗇黍主人嘗之納諸內詩猶承也實於左袂便右手也季猶小也出出戶也宰夫掌飲食之事者收斂曰嗇明豐年乃有黍稷也復嘗之者重之至也納猶入也古文挂作卦疏。主人至諸內。注詩猶至作卦。釋曰云出出戶也者以主人位在戶內西面今云出故知是出戶也此宰夫以籩受嗇大夫之禮特牲主人出寫嗇于房祝以籩受彼士禮與大夫異也案春官鬱人云大祭祀與量人受舉斝之卒爵而飲之鄭云斝受福之嘏聲之誤也王酳尸尸嘏王此其卒爵也少牢饋食禮主人受嘏詩懷之卒爵執爵以興出宰夫以籩受嗇黍主人嘗之乃還獻祝此鬱人受王之卒爵亦王出房時也是王受嘏與大夫同也案楚茨詩既齊既稷既匡既勑注云嘏之禮祝徧取黍稷牢肉魚擩於醢以授尸孝孫前就尸受之天子使宰夫受之以筐祝則釋嘏辭以勑之天子嘏辭與大夫同也云復嘗之者重之至也者前已嚌之是已嘗今復

言嘗是重受福之至也特牲不言復嘗者文不具也主人獻祝設席南面祝拜于席上坐受室中迫狹疏主人至坐受。注室中迫狹。釋曰言迫狹大夫士廟室也皆兩下五架正中曰棟棟南兩架北亦兩架棟南一架名曰楣前承簷以前名曰庪棟北一架爲室南壁而開戶即是一架之開廣爲室故云迫狹也必知棟北一架後乃爲室者昏禮主人筵賓升自西階當阿東面致命鄭云阿棟也入堂深明不入室是棟北乃有室也主人西面荅拜不言拜送下尸疏主人西面荅拜。注不言拜送下尸。釋曰上主人酳尸尸拜受主人拜送今主人獻祝祝拜受主人荅拜拜送禮重荅拜禮輕今言荅拜故云不言拜送下尸也薦兩豆菹醢葵菹蠃醢疏薦兩豆菹醢。注葵菹蠃醢。釋曰知者上云韭菹醓醢鄭云朝事之豆也而饋食用之豐大夫禮上亦云葵菹蠃醢是饋食之豆當饋食之節是其常事故不言豐大夫之禮今祝用之亦其常事故知用葵菹蠃醢也佐食設俎牢髀橫脊一短脅一腸一胃一膚三魚一橫之腊兩髀屬

于尸皆升下體祝賤也魚橫者四物共俎殊之也腊兩髀屬于尸尤賤不殊【疏】注皆升至不殊○釋曰言升下體者髀與短脅橫脊皆羊豕之下體屬于尸又腊之下體爲祝賤故也云魚橫者四物共俎殊之也者以其魚猶在俎縮載今橫者爲四物共俎橫而殊之也縮其七物而云四物者據羊豕魚腊故云四物也云尤賤者羊豕體不屬於尻以腊用左右胖故有兩髀言髀屬于尻尻在中謂髀與尻相連屬不殊是尤賤也周祝賤常連之也祝取菹擩于醢祭于豆閒祝祭俎大夫祝俎無肺祭用膚遠下尸不嚌之膚不盛【疏】祝取至祭俎○注大夫主不盛○釋曰云大夫祝俎無肺祭用膚遠下尸者案特牲尸俎有祭肺離肺祝俎有離肺無祭肺是下尸今大夫尸俎亦皆有祝則離肺祭肺俱無是遠下尸也云不嚌之膚不盛者決離肺祭訖嚌之加于俎今以無肺祭不盛故也凡膚皆不齊獨於此言之者以其以膚替肺肺則嚌此則不嚌故須言之也祭酒啐酒肝牢從祝取肝擩于鹽振祭嚌之不興加于俎卒爵興亦如佐食授爵乃興不拜既爵大夫祝賤也【疏】注亦如至賤也○釋曰亦如佐食授爵乃興者此經直云卒爵興不云授爵故特明之案下文主婦獻祝祝卒爵坐授主婦爵主婦又獻二佐食二佐食坐授主婦爵主婦獻祝與獻二佐食同明主人獻祝祝授主人爵亦與二佐食同可知云不拜既爵大夫祝賤也者此決特牲祝卒角拜主人荅拜以士卑故祝不賤此大夫尊故祝賤不拜既爵也主人酌獻上佐食上佐食戶內牖東北面拜坐受爵主人西面荅拜佐食祭酒卒爵拜坐授爵興不啐而卒爵者大夫之佐食賤禮畧【疏】注不啐至禮畧○釋曰特牲士之佐食亦啐大夫佐食賤禮畧天子諸侯禮雖亡或可對天子諸侯佐食啐乃卒爵貴故也俎設于兩階之閒其俎折一膚佐食不得成禮於室中折者擇取牢正體餘骨折分用之有脀而無薦亦遠下尸【疏】俎設至一膚○注佐食至下尸○釋曰云有脀而無薦亦遠下尸者有脀即經俎實是也無薦謂無菹醢也既無肺已是下尸又無薦是遠下尸也主人又獻下佐食亦如之其脀亦設

于階閒西上亦折一膚上佐食既獻則出就其俎特牲記曰佐食無事則中庭北面謂此時有司贊者取爵于篚以升授主婦贊者于房戶男女不相因特牲饋食禮曰佐食卒角主受角降反于篚【疏】有司至房戶○注男女至于篚○釋曰云自此盡入于房論主婦亞獻祝獻尸與佐食之事此直云有司授婦贊者于房案禮記內則云非祭非喪不相授器其相授則女受以篚其無篚則皆坐奠之而后取之此經雖不言受以篚及奠於地之事亦當然也云男女不相因者案特牲佐食卒角主人受角降反于篚升入復位訖主婦乃洗爵于房酌亞獻尸是不相因爵也引特牲者證男女不相因爵主婦不取此爵也婦贊者受以授主婦主婦洗于房中出酌入戶西面拜獻尸入戶西面拜由便也不北面者辟人君夫人也拜而後獻者當俠拜也昏禮曰婦洗在北堂直室東隅【疏】注入戶至東隅○釋曰云入戶西面拜由便也者下注云此拜於北則上拜於南矣由便也云不北面者辟人君夫人也者案特牲主婦北面拜注云北面拜者辟內子也則是士妻卑不嫌得北面與人君夫人同也尸拜受主婦主人之北西面拜送爵拜於主人之北西面婦人位在內此於北則上拜於南矣由便也尸祭酒卒爵主婦拜祝受尸爵尸荅拜易爵洗酌授尸祝出易爵男女不同爵主婦拜受爵尸荅拜上佐食綏祭主婦西面于主人之北受祭祭之其綏祭如主人之禮不嘏卒爵拜尸荅拜不嘏夫婦一體綏亦當作挼古文爲肵主婦以爵出贊者受易爵于篚以授主婦于房中贊者有司贊者也易爵亦以授婦贊者婦贊者受房戶外入授主婦【疏】注贊者至主婦○釋曰知贊者有司贊者也者上文云有司贊者取爵於篚此還是上有司贊者也主婦洗酌獻祝祝拜坐受爵主婦荅拜于主人之北

卒爵不興坐授主婦不俠拜下尸也今文曰祝拜受主婦受酌獻上佐食于戶內佐食北面拜坐受爵主婦西面荅拜祭酒卒爵坐授主婦主婦獻下佐食亦如之主婦受爵以入于房不言拜於主人之北可知也爵奠於內篚賓長洗爵獻于尸尸拜受爵賓戶西北面拜送爵尸祭酒卒爵賓拜祝受尸爵尸荅拜祝酌授尸賓拜受爵尸拜送爵賓坐奠爵遂拜執爵以興坐祭遂飲卒爵執爵以興坐奠爵拜尸荅拜賓酌獻祝祝拜坐受爵賓北面荅拜祝祭酒啐酒奠爵于其筵前啐酒而不卒爵祭事畢示醉也不獻佐食將儐尸禮殺

疏賓長至筵前○釋曰云尸祭酒卒爵者案特牲賓長獻爵止注云欲神惠之均於室中待夫婦致爵此大夫禮或有賓尸者致爵在儐尸之上故不致爵爵不止也若然有司徹尸作止爵三獻致爵於主人主人不酢主婦又不致爵于主婦下大夫不儐尸賓獻尸止爵主婦致爵于主人酢主婦主人不致於主婦特牲主人與主婦交相致爵參差不同者此以尊卑爲差降之數故有異也上大夫得儐尸故致爵上辟人君下大夫不儐尸故增酢主婦而已士卑不嫌與君同故致爵具也○注啐酒至禮殺○釋曰云不獻佐食將儐尸禮殺者以其祝與佐食俱是事神及尸是以獻尸并及之故主人主婦獻祝與佐食今賓獻祝不及佐食者但爲待賓尸故於賓長獻是祭末禮殺故不及佐食闕之也主人出立于阼階上西面祝出立于西階上東面祝告曰利成利猶養也成畢也孝子之養禮畢祝入尸謖主人降立于阼階東西面謖起也謖或作休祝先尸從遂出于廟門事尸之禮訖於廟門疏主人至廟門○釋曰自此盡廟門論祭祀畢尸出廟之事注事尸之禮訖於廟門者上祝迎尸於廟門今禮畢又送尸於廟門案禮記尸在廟門外則疑於臣是以據廟門爲斷祝反復位于室中主人亦入于室復位祝命佐食徹肵俎降設于堂下阼階南徹肵俎不出門將儐尸也肵俎而以儐尸者其本爲不反魚肉耳不云尸俎未歸尸疏祝反至階南○注徹肵至歸尸○釋曰自此盡篇末論徹肵俎行餕之事云徹肵俎不出門將儐尸也者決特牲佐食徹尸俎出廟門者送尸者也云肵俎而以儐尸者其本爲不反魚肉耳者案曲禮云毋反魚肉謂食時魚肉不反俎故尸食亦加肵俎本爲尸不反魚肉今賓尸將更食魚肉當加於肵俎未得即送尸家故云本爲不反魚肉也故儐尸訖并後加者得歸之也司宮設對席乃四人餕大夫禮四人餕明惠大也疏注大夫至大也○釋曰案祭統云凡餕之道而與施惠之象也是故上有大澤則惠必及下是以特牲二人餕惠之小者大夫四人餕明惠之大者也上佐食盥升下佐食對之賓長二人備備四

人餕也三餕亦盥升疏上佐至人備○注備四至盥升○釋曰下佐食對之者不謂東西相當直取上佐食東面下佐食西面爲對以其下佐食西面近北故不得東西相當也云賓長二人備者亦不東西相當以其一賓長在上佐食之北一賓長在下佐食之南是亦不東西相當也故云備不言對也司士進一敦黍于上佐食又進一敦黍于下佐食皆右之于席上右之者東面在南西面在北疏注右之至在北○釋曰東面在南據上佐食西面在北據下佐食右之者飯用手右之便故也資黍于羊俎兩端兩下是餕資猶減也減置於羊俎兩端則一賓長在上佐食之北一賓長在下佐食之南今文資作齊疏注餕猶至作齊○釋曰云兩下是餕者據二賓長以二佐食爲下故云一賓長在上佐食之北一賓長在下佐食之南以地道尊右故二賓長於俎一端取黍也必知然羊俎兩閒南北面置之故二佐食皆在右若上佐食東面近南下佐食西面近北者以其尸東面近南今尸起上佐食居尸坐處明知位次如此司士乃辯舉膚者皆祭黍祭

舉舉膚今文辯爲徧〈疏〉司士至祭舉○注舉舉至爲徧○釋曰知舉是舉膚者以其尸舉肺餕者下尸明不舉肺嘗舉膚是以特牲云佐食授餕者各一膚明此大夫禮亦舉膚也主人西面三拜餕者餕者奠舉于俎皆荅拜皆反取舉三拜旅之示徧也言反者拜時或去其席在東面席者東面拜在西面席者皆南面拜〈疏〉主人至取舉○注三拜至面拜○釋曰知面位如此者以主人在戶內西面三拜餕者餕者在東面而荅主人拜可知在西面位者以主人在南西面不得與主人同面而拜明迴身南面向主人而拜故鄭以義解之如此也司士進一鉶于上餕又進一鉶于次餕又進二豆湆于兩下乃皆食食舉湆肉汁也〈疏〉司士至食舉○釋曰云又進二豆湆于兩下者以其神坐之上止有羊豕二鉶一進與上佐食一進與下佐食故更羞二豆湆于兩下湆者從門外鑊中來以兩下無鉶故進湆也卒食主人洗一爵外酌以授上餕贊者洗三爵酌主人受于戶內以授次餕若是以辯皆不拜受爵主人西面三拜餕者餕者奠爵皆荅拜皆祭酒卒爵奠爵皆拜主人荅壹拜不拜受爵者大夫餕者賤也荅壹拜畧也古文一爲壹也〈疏〉注不拜至壹也○釋曰云不拜受爵者大夫餕者賤也者決特牲使嗣子與兄弟餕爲貴故拜受爵也云荅壹拜畧也者特牲亦無再拜法此云畧者以其四餕皆拜主人揔荅一拜故云畧也餕者三人興出出降實爵于篚反賓位上餕止主人受上餕爵酌以酢于戶內西面坐奠爵拜上餕荅拜坐祭酒啐酒主人自酢者上餕獨止當尸位尊不酢也〈疏〉注主人至酢也○釋曰特牲上餕親自酌酢主人此上餕不酌者上餕將嘏主人故在尸位不可親酌特牲上餕酌者以上餕不嘏主人亦卒爵三餕俱出上餕酢主人少牢禮備又嘏主人故不酌也上餕親嘏曰主人受祭之福胡壽保建家室親嘏不使祝授之亦以黍〈疏〉注親嘏至以黍○釋曰言亦者亦上皇尸命工祝嘏主人以黍此亦以黍上文司士進敦乃分黍于羊俎兩端下不言稷故知亦黍也主人興坐奠爵拜執爵以興坐卒爵拜上餕荅拜上餕興出主人送乃退送佐食不拜賤〈疏〉注送佐食不拜賤○釋曰賓主之禮賓出主人皆拜送此佐食送之而不拜故云賤也

儀禮卷第十六經二千九百七十九注二千七百八十七

儀禮疏卷第四十八

元缺第五葉今補

南昌盧宣旬校定

大清嘉慶二十一年用文選樓藏本校

江西督糧道王賡言廣豐縣知縣阿應鱗栞

儀禮注疏卷四十八挍勘記　阮元撰盧宣旬摘錄

卒脀祝盥於洗

注將納祭也　要義同毛本誤脫

主婦被錫衣移袂　移唐石經嚴本要義楊氏俱作移與疏文合徐本釋文集釋通解敖氏毛本俱作侈下同陸氏曰侈本又作移本又作移魏氏曰移本又作侈段玉裁云釋文當云移袂本又作侈後人倒之耳張忠甫依釋文改移爲侈非也作移者自是相傳古本羣經音辨曰移廣也音侈禮主婦人衣移袂此賈昌朝本作移也葉抄釋文移從衣旁非也臧庸云移字當作移說文移衣張也○按移乃正字移即移之假借字作侈誤也葉本釋文移从禾蓋因禾而誤通志堂本從木又因木而誤段謂釋文當云移袂本又作侈正與要義合追師注引此經亦作移表記衣服以移之注云移讀如水泛移之移移猶廣大也此古本作移之証

讀爲髮鬄　段玉裁挍本鬄作鬀下同

以被婦人之紒爲飾　段玉裁挍本被作髲

衣三尺三寸　徐陳集釋通解楊氏同毛本三作二

葵菹在綼今文錫爲緆贏爲蝸　今文二字陳閩監葛俱誤在葵字上在下集釋有比字按特牲疏引此注今本有北字單疏本則有北字而無綼字也毛本無鬄爲緆三字徐本通解俱有嚴本集釋俱與徐本同惟鬄字作錫釋文有爲緆二字云音羊○按緆字不當從易疑陸誤

此被錫移袂與主婦同　要義同毛本通解移作侈

因名髮鬄焉者　陳閩通解同要義毛本髮作髲

是其取賤者髮爲鬄之事也　髮爲鬄陳本通解俱作髲爲鬄要義作髮爲髲按當作髲爲鬄

鄭云所謂髲鬄者　上六字此本重出通解毛本無按疏意蓋謂此注云周禮所謂次者指追師文追師注云所謂髲鬄者卽指此文也傳寫錯誤複衍六字

六服外之下者　外之下毛本誤作下之外

故三尺三寸　通解毛本故下有衣字

昌本麋臡　陳本通解同毛本昌作菖○按周禮作昌

茆菹麋臡　浦鏜云麋作麇

云葵菹在綼者　按在下亦當有北字或北誤爲綼

今於次東　毛本今誤作二

主婦自東房執一金敦黍○又興受贊者敦稷　毛本興誤作十

明象龜蟲獸之形　通解要義同毛本無蟲字聶氏有蟲字無龜字

外骨內骨　內閩本通解俱作肉誤

管仲鏤簋朱紘　通解要義同毛本紘作紭○按當作紘字今本禮器亦有作弦者非也

據而言　據下要義空一字一本增外字

祝酌奠

設饌要由尊者成　陳閩通解要義同毛本饌作譔

卻合之也　陳閩通解同毛本卻作欲

主人西面

羊肥則毛柔濡　要義同毛本通解無濡字

證黍稷大和之義　大陳閩監本要義俱作大是也通解毛本作太

宗人奉槃○振之三以授尸坐取簞興以受尸巾　自以至興七字毛本脫唐石經徐本集釋楊敖俱有通解無

卽亦此沒霤者也　通解同毛本無此字

祝延尸　延唐石經鍾本俱作筵誤

祝主人皆拜妥尸　拜上要義有再字

故鄭解其遂坐而卒食之意　通解要義同毛本無故字按毛本非也

故無拜事　拜乃王字之訛

知非不嘗羊鉶者　非要義作非是也毛本作此

故知不嘗豕鉶也　要義同毛本無不字

旣不啐奠　通解要義同毛本旣作卽

云不告旨者　通解要義俱有不字與注合毛本無

祝反南面

墮祭爾敦　墮釋文作隋下同

尸取韭菹〇尸受同祭于豆祭　唐石經徐本集釋要義楊敖同通解毛本受同二字倒

合祭於俎豆之祭也　李氏曰俎豆當作菹豆張氏說見後

今文辯爲徧　爲釋文作作與疏標目異

俱祭于菹上上　浦鏜云菹誤菹要義重上字屬下句通解毛本上字不重

謂陰厭是神食後　神食三字要義重出

上佐食舉尸牢肺正脊以授尸　李氏曰授尸下賈氏有尸受祭肺四字

按特牲云黍稷　毛本無云字

主人羞肵俎〇置于膚北　置于釋文作直於云音値下注直室同

食舉

先飯啗之　飯釋文集釋楊氏俱作食陸氏曰作飯飯者皆非〇按疏亦作食

上佐食羞鉶羹　陳閩俱無上字羞下有於字

上佐食舉尸牢幹

故知此食幹　通解同毛本知此二字倒

尸又食食胾

此少牢特牲言三飯五飯九飯之等　通解要義同毛本無牲字

五口謂之五飯之等　要義同毛本無之字

今則橫矣　通解同毛本橫下有之字

則與本俎同橫可知也　毛本與誤作於

此主爲大夫不償尸者大羹之文也　浦鏜云不當衍字者上當脫故無設三字

又食

卿大夫之禮　徐陳集釋通解楊氏同毛本卿作鄉

尸告飽

祝獨勸者　毛本獨誤作南

亦當有之　通解要義同亦當二字毛本倒

諸侯九飯告飽而侑　毛本飽誤作飯

尸又三飯

凡十一飯　徐本集釋通解楊敖同毛本凡作尸

上佐食受尸牢肺正脊

而實舉于俎豆　俎集釋楊氏俱作菹與疏合張氏曰疏于特牲之脯脊初在俎豆既作菹于此又作菹則此篇之上文注合祭于俎豆之祭也之俎亦必菹字並從疏

尸祭酒啐酒○肝亦縮進末　末陳閩俱誤作未葛本作末

祝酌受尸　受集釋要義楊敖俱作授張氏曰經曰祝酌受尸按經上文祝受尸爵今酌以授尸作受非也從經○按唐石經作受

俠爵拜彌尊尸　徐本集釋通解楊氏同毛本拜下有爵字

上佐食取四敦黍稷

古文墮爲肵　張氏曰經云上佐食以綏祭墮當爲綏後注有云綏亦當爲挼古文爲肵此綏爲肵之證也從經○按注似非誤說詳士喪禮今文挼爲綏下

則藏其隋取隋減之義也　通解要義同毛本無取隋二字

下文主人受嘏之時　毛本受誤作守

是以佐食授黍稷　通解要義同毛本授作受

主人佐執爵　徐本同毛本佐作左張氏曰經前後文執爵皆左此佐當爲左從經前後文

齊謂祭祀時　通解要義同毛本祀作禮○按曲禮注作祀

祝與二佐食○摶之以授尸　摶唐石經陳本集釋通解楊氏俱作摶徐本毛本誤作搏

卒命祝

嘏大也　此句上要義有命祝以嘏辭五字

來讀曰釐　曰要義作爲

言無廢止時　徐本集釋要義楊敖同通解毛本止作上

替爲袂袂或爲𢧵　袂徐本並从木與宋本釋文合集釋通解要義毛本俱並从衣段玉裁云釋文袂音決今本乃作袂音決袂不當有決音此葉鈔本之可貴也儀禮嘉靖本鍾人傑本皆作袂錢大昕曰袂當爲秩字形相涉而譌也說文𢧵爲𢧵詩秩秩大猷說文引作𢧵𢧵大猷是秩與𢧵通

主人坐奠爵興○主人嘗之　張氏曰巾箱杭本嘗誤作當從監嚴本

云出出戶也者　通解重出字毛本不重

特牲主人出寫嗇于房　通解同毛本寫作爲

祝徧取黍稷牢肉魚擩於醢　擩陳本通解要義俱作擩是也閩本誤作儒毛本作臑

佐食設俎

縮其七物　陳閩通解同毛本其作有

祭酒啐酒肝牢從

主婦獻祝與獻二佐食同　通解要義同毛本與作興

以士卑故祝不賤　卑要義作賤

主人酌獻上佐食○坐授爵興　李氏曰授石本作受

不啐而卒爵者　張氏曰監本啐誤作卒從諸本

有司贊者○授主婦贊者于房戶　毛本戶誤作中

論主婦亞獻祝獻尸與佐食之事　毛本論誤作中尸要義作祝按要義固非然獻尸宜在獻祝前諸本亦有誤

其相授則女受以篚　其陳本通解要義楊氏俱作其毛本作且受此本通解要義楊氏俱作受毛本作授

尸拜受

拜於主人之北　徐本集釋通解楊氏同毛本無人字

此拜於北　徐本集釋敖氏俱作此拜於北與上節疏合通解作右拜於北毛本北作此楊氏作也拜於北

尸祭酒卒爵○酌授尸　周學健云授石經作受字按唐石經作授

賓長洗爵獻于尸○賓戶西北面拜送爵　戶唐石經徐本集釋楊敖俱作戶通解要義毛本俱作尸

啐酒而不卒爵　卒徐本集釋楊氏俱作啐通解毛本作卒李氏曰啐爵當作卒爵○按飲酒之法或啐酒而不卒爵或不啐而卒爵各有所宜鄭注甚明舊本多誤此注卒爵嚴徐諸本以卒爲啐前主人獻佐食注不啐宋監本以啐爲卒聘禮注禮醴不卒本或多作不啐其誤並同

但爲待賓尸　陳本通解同毛本但作俱待作拜賓作儐

祝入○主人降　降唐石經徐陳閩葛集釋通解楊氏俱作降監本誤作祭毛本作出

謖或作休　按士虞注云古文謖或爲休此注謖上疑脫古文二字

祝先尸從

訖於廟門　毛本門下有外字徐本無與疏合集釋通解俱有楊氏有外無廟

主人至廟門　按主人者指前節主人出立于阼階上句也凡儀禮皆以一疏配一注此獨總三節爲一疏亦變例也然標目既云主人至廟門而疏乃云自此盡廟門論祭祀畢尸出廟之事殊不可解一本移自此句置前注孝子之養禮畢下則標目當改云主人至利成

上祝迎尸於廟門今禮畢　通解要義同毛本無今禮二字

祝反復位于室中

決特牲佐食徹尸俎出廟門者　通解要義同毛本佐作饋

謂食時魚肉不反俎　時要義作時是也毛本作將

今賓尸將更食魚肉　毛本通解賓作儐

司官設對席

大夫禮四人餕　徐本集釋通解同楊氏毛本餕作養

上佐食盥升

不謂東西相當　陳閩通解楊氏同毛本當作對

賓黍于羊俎兩端兩下是餕　李氏曰餕當如上下文作養

據二賓長以二佐食爲下　毛本通解以作於

卒食主人洗一爵升○主人荅壹拜　壹唐石經徐本集釋俱作壹注同楊氏經作壹注作一通解敖氏毛本俱作一

大夫餕者賤也　毛本大誤作夫

古文一爲壹也　毛本作壹爲一徐本通解俱作一爲壹與此本標目合集釋與毛本同按經有兩一字一拜徐本作壹拜則所謂古文一爲壹者自指一爵言李氏誤認爲指壹拜言故倒注文耳至毛本經注不相應其誤更不待辨矣

上養親嘏曰

亦上皇尸命工祝嘏主人以黍　亦通解作亦毛本誤作以工陳本通解俱作工毛本誤作二

儀禮注疏卷四十八挍勘記終

奉新余成教挍

儀禮疏卷第四十九　儀禮卷第十七

唐朝散大夫行大學博士弘文館學士臣賈公彦等撰

有司第十七〔疏〕有司徹第十七。釋曰鄭目錄云少牢之下篇也大夫既祭儐尸於堂之禮祭畢禮尸於室中天子諸侯之祭明日而繹有司徹於五禮屬吉大戴第九小戴第十二別錄少牢下篇第十七。釋曰言大夫既祭儐尸於堂之禮者謂上大夫室內事尸行三獻禮畢別行儐尸於堂之禮又云祭畢禮尸於室中者據下大夫室內事尸行三獻無別行儐尸於堂之事即於室內為加爵禮尸即下文云若不儐尸以下是也

儀禮　鄭氏注

有司徹徹室中之饋及祝佐食之俎卿大夫既祭而賓尸禮崇也賓尸則不設饌西北隅以此薦俎之陳有祭象而亦足以厭飫神天子諸侯明日祭於祊而繹春秋傳曰辛巳有事于大廟仲遂卒于垂壬午猶繹是也爾雅曰繹又祭也〔疏〕有司徹。注徹室至祭也。釋曰自此盡如初論徹室內之饋并更整設及溫尸俎之事云徹室中之饋及祝佐食之俎者室內之饋主於尸饌薦俎黍稷皆名饋下大夫不儐尸餕訖云有司官徹饋饌於室中西北隅彼鄭注云官徹饋者司馬司士舉俎宰夫取敦及豆則此饋內兼數物唯無脈俎脈俎上篇佐食徹之先設於堂下也又言及祝佐食之俎者殊其尊卑為文祝亦有薦在室內北墉下佐食之俎在兩楹之間無薦此等見於上篇今徹祝與佐食并為文者賤者省文之義其實祝薦俎在室內佐食俎在階間此直云有司不言官下大夫不儐尸云官徹者彼為更饌西北隅為陽厭故見官也脈俎亦用儐尸不使有司同時徹者脈俎本為尸故設之徹之皆不與正俎同時而後設先徹案楚茨詩云諸宰君婦廢徹不遲此不言者彼人君禮故不同也云卿大夫既祭而儐尸禮崇也者此對下大夫不儐尸禮不崇也云以此薦俎之陳有祭象而亦足以厭飫神者對下大夫尸出之後改饌西北隅為厭飫神今儐尸者雖不設饌西北隅以此薦俎之陳有祭象亦足以厭飫神亦下大夫也云天子諸侯明日祭於祊而繹者欲見天子諸侯尊別日為之與卿大夫禮異但祊與繹二者俱時為之故郊特牲云繹之於庫門內祊之於東方失之矣鄭注云祊之禮宜於廟門外之西室繹又於其堂神位在西此二者同時而大名曰繹其祭禮簡而事尸禮大引春秋傳者此宣八年左氏傳辛巳有事于大廟仲遂卒于垂卿佐卒輕于正祭不合廢但繹祭禮輕宜廢而不廢故譏之云壬午猶繹引之者證人君別日為繹又見二者雖同時而大名繹故孔子書繹不書祊引爾雅者爾雅釋天文彼云周曰繹商曰肜夏曰復胙復胙者復胙日之胙祭殷曰肜者義取肜肜祭不絕周曰繹者取尋繹前祭之事但祊者禮器云為祊乎外注祊祭明日之繹祭也謂之祊者於廟門之旁因名焉其祭之禮既設祭於室而事尸於堂孝子求神非一處是也此祊是明日又祭故於廟門外若然正祭祊即於廟門內故楚茨詩云祝祭于祊祀事孔明毛傳云祊門內也鄭云孝子不知神之所在故使祝博求之于廟門內之旁待賓客之處祀禮於是甚明是正祭祊在門內也郊特牲云索祭祝于祊不知神之所在於彼乎於此乎或諸遠人乎祭于祊尚曰求諸遠者與亦是祭之明日祊故云求諸遠者但此大夫儐尸同日正祭之牲天子諸侯禮大別日又別牲故牛人云享牛求牛鄭云享獻也獻神之牛謂所以祭者也求終也終事之牛謂所以繹者也是其別牲也

埽堂為賓尸新之少儀曰汎埽曰埽埽席前曰拚〔疏〕埽堂。注為賓至曰拚。釋曰為賓尸新之者正祭於室之時堂亦埽訖今將儐尸又埽之故云為儐尸新之引少儀者若直埽席前止可云拚今云埽不云拚明于堂廟汎埽引之見汎埽為義也

司宮攝酒更洗益整頓之今文攝為聶〔疏〕司宮攝酒。注更洗至為聶。釋曰鄭云更洗益整頓之者案士冠禮再醮攝酒注云攝猶整也整酒謂撓之此更添益整頓則此洗當作撓此謂賓尸唯徹室中之饋亦因前正祭之酒更撓攪添益整新之也

乃爇尸俎爇溫也溫尸俎於爨脈亦溫焉獨言溫尸俎則祝與佐食不與賓尸之禮古文爇皆作焫記或作焫春秋傳曰若可焫也亦可寒也〔疏〕乃爇尸俎。注爇溫至寒也。釋曰知溫尸俎於爨者見下文云卒爇乃升羊豕魚三鼎故知先溫於爨之鑊乃後升之於鼎也脈亦溫焉知者案下文載俎所舉在脈肩胳脊脅皆在載於俎明亦溫可知又云獨言溫尸俎則祝與佐食不與賓尸之禮者但正祭時尸祝及佐食皆有俎今獨言溫尸俎欲見賓尸時祝與佐食不與而別立脩也云古文爇皆作焫者論語及左傳與此古文皆作焫論語不破至此疊古文不從者彼不破者或古文通用至此見有今作爇有火義故從今文也云記或作焫者案郊特牲云有虞氏之祭也尚用氣血腥爓祭用氣也注云爓或為焫今此義指彼記或讀之故云記或作焫也引春秋傳者案哀公十二年左傳夏公會吳于橐皋吳子使大宰嚭請尋盟公不欲使子貢對

曰盟所以周信也故心以制之玉帛以奉之言以結之明神以要之寡君以爲苟有盟焉弗可改也已若猶可改日盟何益今吾子曰必尋盟若可尋也亦可寒也服注云尋之言重也溫也寒歇也亦可寒而歇之[illegible]鄭引之者證燅尸俎是重溫之義

卒燅乃升羊豕魚三鼎無腊與膚乃設扃鼏陳鼎于門外如初腊爲庶羞膚從豕去其鼎者賓尸之禮殺於初如初者如廟門之外東方北面北上今文扃爲鉉古文鼏爲密

疏卒燅至如初○注腊爲至爲密○釋曰云腊爲庶羞者鄭解不燅腊之義案上燅尸俎則皆在其內今升鼎言無腊下載又不見腊體明從庶羞可知云膚從豕去其鼎知者下載體時膚猶在豕鼎不爲庶羞可知但正祭時五鼎今二者皆去其鼎故云賓尸之禮殺於初也

乃議侑于賓以異姓議猶擇也擇賓之賢者可以侑尸必用異姓廣敬也是時主人及賓有司已復內位古文侑皆作宥

疏乃議至異姓○注議猶至作宥○釋曰自此盡侑荅拜論選侑并迎尸及侑之事云是時主人及賓有司已復內位者下文侑出俟于廟門之外又云主人出迎尸侑言侑即賓之賢者明賓有司主人皆復內位矣若

然知賓主不先在內必知出復內位者上篇云四餕者二佐食二賓長餕記皆出未見入主人送上餕言退皆有出事今議侑在內故云是時賓主人已復內位也

宗人戒侑戒猶告也南面告於其位戒曰請子爲侑

疏宗人戒侑○注戒猶至爲侑○釋曰知南面告於其位者以賓位在門東北面請以爲侑明面鄉其位可知知賓位在門東北面者下文將獻賓時云主人降南面拜衆賓門東三拜衆賓門東北面皆荅壹拜是也云戒曰請子爲侑者案燕禮公曰命某爲賓射人傳公命當云請子爲賓此處命侑當先云主人曰命某爲侑宗人傳主人辭戒曰請子爲侑鄭以互文約之故云然也

侑出俟于廟門之外俟待也待於次當與尸更入主人興禮事尸極敬心也

疏侑出至之外○注俟待至心也○釋曰云主人興禮事尸極敬心也者正謂立侑以輔尸使出便迎之是極其敬心也

司宮筵于戶西南面爲尸席也又筵于西序東面爲侑席也尸與侑北面于廟門之外西上言與殊尊卑北面者賓尸而尸益卑西上統於賓客

疏注言與至賓客○釋曰云尸益卑者以儐尸之禮以尸爲賓客當在門西東面北上今執臣道門外北面故云益卑也

主人出迎尸宗人擯賓客尸而迎之主人益尊擯贊

疏主人至人擯○注賓客至擯贊○釋曰案少牢宿尸祝擯此宗人擯者以祝不與儐尸故使宗人爲擯也云賓客尸而迎之主人益尊者上篇正祭時主人不迎尸以申尸之尊至此賓客尸而迎之以尸同賓客是主人益尊故也

主人拜尸尸荅拜主人又拜侑侑荅拜主人揖先入門右道尸尸入門左侑從亦左揖乃讓沒霤相揖至階又讓

疏注沒霤至又讓○釋曰經直云揖乃讓鄭知沒霤相揖至階又讓者案上篇鄉飲酒之等入門三揖至階又讓故知也

主人先升自阼階尸侑升自西階西楹西北面東上東上統於其席

疏注東上統於其席○釋曰尸在門外北面西上統於賓客至此升堂亦應西上故決之云東上統於其席以其賓席以東爲上故也

主人東楹東北面拜至尸荅拜主人

又拜侑侑荅拜拜至喜之乃舉舉舉鼎也舉者不盥殺也

疏乃舉○注舉舉至殺也○釋曰自此盡西枋論門外舉鼎匕俎入陳于廟門之事云舉者不盥殺也者決正祭時皆盥訖乃舉鼎此儐尸禮殺舉者不盥故云殺也

司馬舉羊鼎司士舉豕鼎舉魚鼎以入陳鼎如初如初如阼階下西面北上

疏注如初至北上○釋曰云如初者此如上經正祭時陳鼎之事也

雍正執一匕以從雍府執二匕以從司士合執二俎以從司士贊者亦合執二俎以從匕皆加于鼎東枋二俎設于羊鼎西西縮二俎皆設于二鼎西亦西縮雍正羣吏掌辨體名肉物者府其屬凡三匕鼎一匕四俎爲尸侑主人主婦其二俎設于豕鼎魚鼎之西陳之宜具也古文縮皆爲蹙

疏注雍正至爲蹙○釋曰云雍正羣吏掌辨體名肉物者案周禮內饔職云掌割亨煎和之事辨體名肉物注云體名脊脅

肩臂臑之屬肉物胾燔之屬此士之雍正所掌亦依之也知四俎據尸侑主人主婦者據下文四者皆有俎知之也云陳之宜具者此四俎當俱陳于鼎之西分二俎陳豕鼎魚鼎之西者欲使三鼎之西並有俎故云陳之宜具也雍人合執二俎陳于羊俎西並皆西縮覆二疏匕于其上皆縮俎西枋並并也其南俎司馬以羞羊匕湆羊肉湆其北俎司士以羞豕匕湆豕肉湆豕脀湆魚疏匕匕柄有刻飾者古文並皆作併〈疏〉注並并至作併○釋曰云其南俎司馬以羞羊匕湆羊肉湆者者湆謂無肉直汁以其在匕湆也即下文司馬在羊鼎之東二手執桃匕枋以挹湆注于疏匕是也云肉湆者直是肉從湆中來實無汁下文云羊肉湆臑折正脊一正脅一腸一胃一是也案下文云賓羞羊匕湆者司馬羞羊肉湆此注并云司馬不云次賓者案上經正祭時云司馬刲羊據此正文復次賓不言其實羞羊匕湆者是次賓也又云其北俎司士以羞豕匕湆豕肉湆豕脀湆魚者此經陳二俎以爲益送之俎南俎已是司馬所用於羊湆之等則此北俎是司士羞豕湆之等若然案下文亦次賓羞豕匕湆司士羞豕脀此并云司士者亦據上經正文司士擊豕而言實次

賓羞豕匕湆也云疏匕匕柄有刻飾者以其言疏是疏通刻飾之名若禮記云疏屏之類故知柄有刻飾亦通柄刻雲氣以飾也主人降受宰几尸侑降主人辭尸對几所以坐安體周禮大宰賓贊玉几玉爵〈疏〉注几所至玉爵○釋曰引大宰者證宰授主人几之義宰授几主人受二手橫執几揖尸獨揖尸几禮主於尸主人升尸侑升復位位阼階賓階上位〈疏〉注位阼至上位○釋曰鄭言此者主人位常在阼階上其賓位在戶西及在西階上今恐尸復位在戶西以其未得在戶西故言賓階上位也主人西面左手執几縮之以右袂推拂几三二手橫執几進授尸于筵前衣袖謂之袂推拂去塵示新尸進二手受于手閒受從手閒謙也主人退尸還几縮之右手執外廉北面奠于筵上左之南縮不坐左之者異於鬼神生人陽長左鬼神陰長右不坐奠之者几輕〈疏〉主人至不坐○注左之至几輕○釋曰云主人退尸還几縮之者以主人橫執几進授尸時尸二手受於主人手閒時亦橫受之將欲縱設於席故還之使縮以右手執几外廉故鄉北面縮設于席也云左之者異於鬼神者謂若上篇以來設神几皆在右爲生人皆左几之等是其生人陽故尚左鬼神陰故尚右也云不坐奠之者几輕者此決下文啐酒坐奠之不言坐是重之此言坐執之故也主人東楹東北面拜拜送几也尸復位尸與侑皆北面荅拜侑拜者從於尸〈疏〉注侑拜者從於尸○釋曰以主人授几止爲尸故主人拜送其尸獨荅拜今侑亦拜故云從於尸以其立侑以輔尸故侑從尸拜也主人降洗尸侑降尸辭洗主人對卒洗揖主人升尸侑升尸西楹西北面拜洗主人東楹東北面奠爵荅拜降盥尸侑降主人辭尸對卒盥主人揖升尸侑升主人坐取

爵酌獻尸尸北面拜受爵主人東楹東北面拜送爵降盥者爲上汙手不可酌〈疏〉主人至送爵○釋曰自此盡興退論主人主婦獻於尸之事云主人降洗尸侑降尸辭洗者案鄉飲酒主人降洗賓降主人辭降賓對此中亦應主人降洗賓降主人辭降主婦自東房薦韭菹醢坐奠于筵前菹在西方婦贊者執昌菹醢以授主婦主婦不興受陪設于南昌在東方興取籩于房麷蕡坐設于豆西當外列麷在東方婦贊者執白黑以授主婦主婦不興受設于初籩之南白在西方興退昌昌本也韭菹醓醢昌本麋臡麷熬麥也蕡熬枲實也白熬稻黑熬黍此皆朝事之豆籩大夫無朝事而用之賓尸亦豐大夫之禮主婦取籩興者以饌異親之當外列辟鉶也退退入房也〈疏〉主婦至興退○注昌昌至

房也。○釋曰：案此上下經主人先獻主婦乃後薦者，若正祭則先薦後獻，若繹祭則先獻後薦，故祭義云「君獻尸，夫人薦豆」，鄭注云「謂繹日也」，則此儐尸禮與天子諸侯繹祭同，故亦先獻後薦也。云「昌本已下等物，至此皆朝事豆籩，麷蕡白黑形鹽膴鮑魚鱐」，醢人云「朝事之豆，韭菹醓醢，昌本麋臡，菁菹鹿臡，茆菹麇臡」，故鄭注此皆據彼而言。又案彼注「昌本，昌蒲根，有骨爲臡，無骨爲醢」。云「蕡，熬枲實也」者，案喪服傳云「苴者麻之有蕡者也，牡麻者枲麻也」，若然，蕡麻有實，枲麻無實。鄭云「蕡，枲實」者，舉其類耳。其實枲是雄麻，無實，若竹器圓曰簞，方曰笥，鄭注論語亦云「簞笥」，亦是舉其類也。「白，黑之等」無正文，鄭以形色而言之。云「大夫無朝事而用之儐尸，亦豐大夫之禮」者，案禮記「坐尸於堂，子北面而事之」，注云「天子諸侯之祭，朝事延尸於戶外，是以有北面事尸之禮」。是特牲少牢正祭無朝事於堂，直有室中之事。若然，大夫雖用天子諸侯朝事之籩豆，以其禮殺，故八籩八豆之中，各取其四耳。其韭菹醓醢者，則無骨之醢，昌菹醢者，即周禮麋臡，臡散文亦名醢。又案周禮鄭注云「韲菹之稱，菜肉通，全物若牒爲菹，細切爲韲」。彼昌本不言菹，是細切爲韲，此云昌菹，則大夫以昌本爲菹，異於天子諸侯所用也。云「主婦取籩興者，以饌異，親之」者，鄭意以籩豆俱時設，而籩不使婦贊者取籩以授主婦者，以籩

與豆不同所，實又別，故主婦宜親就房親取之也。

乃升。升牲體於俎也。

疏「乃升」。○釋曰：自乃升盡于其上，論司馬載俎，因歷說十一俎之事。

司馬杙羊，亦司馬載。載右體：肩、臂、肫、骼、臑，正脊一，脡脊一，橫脊一，短脅一，正脅一，代脅一，腸一，胃一，祭肺一，載于一俎。言燅尸俎復序體者，明所舉肩骼存焉，亦著脊脅皆一骨也。臑在下者，折分之，以爲肉湆朓也。一俎，謂司士所設羊鼎西第一俎。

疏注「言燅」至「一俎」。○釋曰：云「言燅尸俎復序體者，明所舉肩骼存焉」者，上篇少牢載牲體十一，脊脅皆加並骨二。尸食特舉脊、肩骼，在於肵俎。上文直言燅尸俎，嫌所舉在肵者不在，故復序其體，所舉肩骼則存焉。所舉未知此正俎爲在下羊肉湆，以本脊脅皆二骨以並，今皆一骨，故鄭云明所舉肩骼存焉。以肩骼一骨前尸所舉，今復序之，明在可知。脊脅雖舉，以其二以並，今脊脅載一骨在正俎，一骨在湆俎，故鄭云亦著脊脅皆一骨也。以其前所舉者未知在何俎，故直注云著脊脅皆一骨，不云存耳。云「一俎，謂司士所設羊鼎西第一俎」者，此俎在脩俎之南，故下文注脩俎云「羊鼎西之北俎也」。鄭君知尸俎在南，見羊肉湆俎在豕俎之南，羊尊豕卑，明尸俎在脩俎之南。或解云言第一者，最在北，故脩俎下注云「司士所設羊鼎西之北俎也」，明北俎在俎之南。已下所注俎之次第，皆據司士雍人所陳爲次，義可知也。

羊肉湆：臑折，正脊一，正脅一，腸一，胃一，嚌肺一，載于南俎。肉湆，肉在汁中者。以增俎實，爲尸加也。必爲臑折，上所折分者。嚌肺，離肺也。南俎，雍人所設在南者。此以下十一俎，俟時而載於此，歷說之爾。今文湆爲汁。

疏「羊肉」至「南俎」。○注「肉湆」至「爲汁」。○釋曰：云「肉湆，肉在汁中者，以增俎實，爲尸加也」者，以決正祭之鼎直升牲體無湆者，以正祭之俎非加，今儐尸增俎實爲尸加，故有湆也。凡牲體皆出汁，不言湆，又下豕脅亦出于汁，皆不言湆，此特得湆名者，特牲少牢正祭升牲體於鼎時，皆無匕湆，故直云升體於俎，設於尸前，鼎內亦無匕湆升文。今此升牲體於尸前，匕湆亦升焉，故得湆名。以其俎實無汁，故進羊肉湆必先進羊匕湆，然後進羊肉湆，見此湆爲肉而有，故在羊肉湆前進之，使尸嘗之，故鄭下注云「嚌湆者，明脀肉加耳，嘗之以其汁尚味」是也。若然，豕亦有匕湆，不名肉湆而名豕脀者，互見爲文，言脀者見在俎無汁，言肉湆者見在鼎內時有

汁也。若然，羊豕互見爲文，魚何以不言魚湆而云湆魚者，羊先言肉，後言湆，使肉前進，匕湆明是湆從肉來可知；魚前無進匕湆，故先言湆以明魚在湆可知。魚無匕湆者，鄭下注云「不羞魚匕湆，略小味也」。羊有正俎，羞上湆肉湆；豕無正俎；魚無匕湆，隆汙之殺。云「必爲臑折，上所折分」者，上經退臑在下者，以折分，故退之，今此經云臑折，即上經所退臑在下者也。左右體之臑，而必取右體之臑折分用之，貴神俎故也。若然，脊脅二骨亦分一骨爲肉湆者，亦是貴神俎故也。云「此以下十有一俎，俟時而載於此，歷說之爾」者，案下文卒升，賓長設羊俎於豆南，賓降，尸升筵，唯設此一俎，餘十一俎皆未。又主人主婦升席時乃設之，是其俟時而載，今於此已下雖未載，因前俎遂歷陳說之耳。十一俎者，即尸之羊肉湆一也，豕脅俎二也，脩之羊俎三也，豕俎四也，主人羊俎五也，羊肉湆俎六也，豕脅七也，主婦羊俎八也，尸脩主人三者皆有魚俎，是其十一。通尸羊正俎爲十二俎。其四俎，尸脩主人主婦載羊體俎，皆爲正俎，其餘八俎雍人所執二俎益送往還，故有八，其實止二俎也。

司士杙豕，亦司士載，亦右體：肩、臂、肫、骼、臑，正脊一，脡脊一，橫脊一，短脅一，正脅一，代

脅一膚五嚌肺一載于一俎臑在下者順羊也俎謂雍人所設在北者〔疏〕司士至一俎○注臑在至北者○釋曰云臑在下者順羊也者以其豕脀不折臑亦在下順上文羊臑在下由折分此雖不折順羊故亦在下也豕肉湆所以不折者由豕無正俎皆是肉湆故不順所折也侑俎羊左肩左肫正脊一脅一腸一胃一切肺一載于一俎侑俎豕左肩折正脊一脅一膚三切肺一載于一俎侑俎用左體侑賤其羊俎過三體有肫尊之加也豕左肩折折分爲長兄弟俎也切肺亦祭肺互言之爾無羊湆下尸也豕又祭肺不嚌肺不備禮俎司士所設羊鼎西之北俎也豕俎與尸同〔疏〕侑俎至一俎○注侑俎至尸同○釋曰侑俎用左體者案少牢載尸俎皆右體脊脅皆二骨舉肺一切肺三尸主人主婦盡用腸三胃三尸正俎用一湆俎用一唯有一在此是以自侑已下及主人主婦皆用左體脊脅若然載尸俎時左體亦同升於鼎上不云者文不具是以前陳俎時皆設于鼎西若不同升鼎則侑主人主婦俎如特牲執事之俎陳

在階間不應在鼎側也若然特牲執事與主人主婦之俎亦不升鼎彼爲自異於神少牢祝與佐食俎亦不升鼎亦自異於神此自侑已下悉與尸同鼎者以儐尸禮益卑唯尸尊禮詳侑已下禮畧故也云其羊俎過三體有肫尊之加也者鼎俎數奇今體數四故云加若禮緯云禮六十已上籩豆有加是以少牢祝羊豕體各三又下文主人羊肉湆俎體亦三今儐尸之有侑猶正祭之有祝侑四體必知以肫爲加者侑豕俎無肫主人羊肉湆俎亦無肫故知有肫爲加以立侑以輔尸尊之故以肫爲加體也云豕左肩折折分爲長兄弟俎也者以下文設薦俎而注云衆兄弟儀禮文薦脅皆不云折唯兄弟云先生之脅折鄭云先生長兄弟折豕左肩之折是以知義然也云無羊湆下尸也者直云無羊湆不云肉者以匕湆肉湆皆無故直云無羊湆以包二者皆無此二湆尸皆有侑皆無故云下尸也云豕又祭肺不嚌肺不備禮者上尸羊俎有祭肺豕俎有嚌肺是備禮侑羊俎豕俎皆切肺故曰不備禮也阼俎羊肺一祭肺一載于一俎羊肉湆臂一脊一脅一腸一胃一嚌肺一載于一俎豕脀臂一脊一脅一膚三嚌肺一載于一俎阼俎主人俎無體遠下尸也以肺代之肺尊也加羊肉湆而有體崇尸惠亦尊主人臂左臂也侑用肩主人用臂下之也不言左臂者大夫尊空其文也降於侑羊體一而增豕膚三有所屈有所申亦所謂順而摭也阼俎司士所設豕鼎西俎也其湆俎與尸俎同豕俎又與尸豕俎同〔疏〕阼俎至一俎○注阼俎至俎同○釋曰無體遠下尸者尸用右體主人用左體是其相下之義今主人正俎全無牲體故云遠下尸也云以肺代之肺尊也者尸侑一肺今主人一俎有兩肺故知以肺代體肺者氣之主食所先祭尊於腸胃故以肺代體云加羊肉湆而有體崇尸惠亦尊主人者以俎物雖與尸不同者肉湆與尸同至尸酢主人而設之故曰崇尸惠正俎所以不崇尸惠者遠下尸故無正俎遠下則無肉湆者近下尸故侑無羊肉湆注但云下此非直崇尸惠亦見尊主人者侑無羊匕湆無豕匕湆而主人盡有是其尊主人所有者尊見下文受酢致爵時云不言左臂者大夫尊空其文者牲右體貴左體賤侑用左體皆言左肩左肫今主人用左臂直云臂不云左者大夫尊故空其文似若得用右體然必知是左臂者以右臂在尸俎故也云降於侑羊體一而增豕膚三有所屈有所申亦所謂順而摭也者案禮器注云謂若君沐粱大

夫沐稷士沐粱大夫不沐粱屈於君士則申與君同是亦屈申之義故引爲證也云其湆俎與尸俎同豕俎又與尸豕俎同者以其共用益送之俎故知同也主婦俎羊左臑脊一脅一腸一胃一膚一嚌羊肺一載于一俎無豕體而有膚以主人無羊體不敢備也無祭肺有嚌肺亦下侑也祭肺尊言嚌羊肺者文承膚下嫌也膚在羊肺上則羊豕之體名同相亞也其俎司士所設在魚鼎西者〔疏〕主婦至一俎○注無豕至西者○釋曰云無豕體而有膚以主人無羊體不敢備也者以主人俎無羊體故主婦俎亦無豕體以主人遠下尸主婦亦遠下尸也云無祭肺有嚌肺亦下侑也祭肺尊者言亦者亦主人下侑也侑用肩主人用臂祭肺尊嚌肺卑侑俎皆祭肺主婦皆嚌肺故云下侑也云嚌羊肺者文承膚下嫌也者肺文承膚下有豕肺之嫌故須辨之云嚌羊肺者以別之也云膚在羊肺上則羊豕之體名同相亞也者羊豕雖異脊脅之等體名則同今豕雖直言膚不言體以豕膚在羊肺之上使𤔡羊之體故云相亞若然下文主人獻賓之時司士設俎羊骼一腸一胃一切肺一膚一所以膚又在肺下者彼取用之先後故退膚在下司士朼魚亦司

士載尸俎五魚橫載之侑主人皆一魚亦橫載之皆加膴祭于其上橫載之者異於牲體彌變於神膴讀如殷冔之冔刳魚時割其腹以爲大臠也可用祭也其俎又與尸豕俎同疏司士至其上。注橫載至俎同。釋曰案上歷說十一俎尸侑主人之下皆次言豕俎魚俎亦是歷說十一俎獨不陳魚俎於豕俎之下而陳幷於此者欲見魚水物別於正牲又欲見魚獨副賓長獻三故幷於此序之云橫載之者異於牲體彌變於神者以其牲體皆橫載於俎於人爲縮鬼進下生人進腠上篇少牢正祭升體時云下利升豕其載如羊無腸胃體其載于俎皆進下鄭注進下變於食生也所以交於神明不敢以食道敬之至也引鄉飲酒禮進腠羊次其體豕言進下互相見明正祭之時牲體皆橫載進下可知至此儐尸事神禮簡儐尸禮隆以尸爲賓客故從生人禮牲體皆進腠橫載於俎異於載魚於正祭之時縮載故少牢云司士升魚十有五而俎縮載右首進腴於俎爲縮於尸爲橫首向右腹腴向尸鄭注云右首進腴亦變於食生也若生人則亦縮載於人爲橫首亦向右進鰭脊向人腹腴向外今儐尸之禮載魚宜亦同生人縮載進鰭今橫載於人爲縮不與正祭同又

與生人異欲見儐尸之禮異於正祭又不得全與生人同鄭云彌變於神者牲體既進腠是已變於神至於魚載又橫於俎是彌變於神也云膴讀如殷冔之冔者讀從士冠禮鄭注牲周弁殷冔冔覆也可以覆首此亦取魚腹反覆於上以擬祭云其俎又與尸豕俎同者謂上司士所設於豕鼎之西者也卒升卒已也已載尸羊俎疏卒升。注卒已至羊俎。釋曰自此盡立于筵末論薦獻於尸之事云卒升者案上有主人酬獻尸主婦薦籩豆又升羊俎進於尸前因歷說十一俎之事今言卒升還計上升羊俎故云卒是以鄭亦云已載尸羊俎而言之此事從上文獻尸下盡乃卒爵有五節五節者從主人獻酒於尸幷主婦設籩豆是其一也賓長設俎二也次賓羞羊燔尸乃卒爵五也賓長設羊俎于豆南賓降尸升筵自西方坐左執爵右取韭菹擩于三豆祭于豆間尸取籩贊宰夫贊者取白黑以授尸尸受兼祭于豆祭賓長上賓疏賓長至豆祭。注賓長上賓。釋曰上文載羊俎退卒升於十一俎下者欲就此賓長設羊俎之事故此言賓長設羊俎于豆南賓乃降注云賓長上賓者案下三獻時云上賓洗爵注云上賓賓長也是以鄭上下交相曉爲一人者也雍人授次賓疏匕與俎受于鼎西左手執俎左廉縮之郤右手執匕枋縮于俎上以東面受于羊鼎之西司馬在羊鼎之東二手執桃匕枋以挹湆注于疏匕若是者三桃謂之歃讀如或舂或抌之抌字或作桃者秦人語也此二匕者皆有淺升狀如飯橾桃長枋可以抒物於器中者注猶寫也今文桃作抌挹皆爲扱疏注桃謂至爲扱。釋曰云讀如或舂或抌之抌者讀從詩或舂或抌彼注抌抒臼也云此二匕者皆有淺升狀如飯橾此以漢法況之言淺升一无欲字對尋常勺升深此淺耳尸興左執爵右取肺坐祭之祭酒興左執爵肺羊祭肺疏注肺羊祭肺。釋曰知羊祭肺者見上載尸羊正俎而云祭肺一故知此羊俎上祭肺其羊肉湆雖有嚌肺一此下經乃升此時未升故知非

嚌肺也。次賓縮執匕俎以升若是以授尸尸郤手授匕枋坐祭嚌之興覆手以授賓賓亦覆手以受縮匕于俎上以降嚌湆者明湆肉加耳嘗之以其汁尚味疏次賓至以降。注嚌湆至尚味。釋曰云嚌湆者明湆肉加耳嘗之以其汁尚味者此匕湆似大羹案特牲大羹不祭不嚌以不爲神非盛此嚌之者明湆肉加先進其汁而嘗之尚味故也以湆肉加在鼎有汁在俎無汁故以匕進汁是以上注云肉湆肉在汁中者以增俎實爲尸加是也特牲大羹自門入本不在鼎不調之此肉湆在鼎已調之故云尚味也尸席末坐啐酒興坐奠爵拜告旨執爵以興主人北面于東楹東荅拜旨美也拜告酒美荅主人意古文曰東楹之東疏尸席至荅拜。注旨美至之東。釋曰案上篇少牢尸不啐奠不告旨大夫之禮尸彌尊至於儐尸啐酒告旨者異於神奠具尸禮彌儐故也司馬羞羊肉湆縮執俎尸坐

奠爵興取肺坐絶祭嚌之興反加于俎司馬縮奠俎于羊湇俎南乃載于羊俎卒載俎縮執俎以降絶祭絶肺末以祭周禮曰絶祭湇使次賓肉使司馬大夫禮多崇敬也（疏）司馬至以降。注絶祭至敬也。釋曰引周禮者案大祝職辨九祭七曰絶祭注云絶末以祭引之證絶祭與此同也云湇使次賓肉使司馬大夫禮多示敬也者司馬火官羊又火畜則羊湇與肉皆當司馬載之案上文次賓載湇此經司馬羞肉者以大夫官多各所載其一是以云大夫禮多崇敬也尸坐執爵以興次賓羞羊燔縮執俎縮一燔于俎上鹽在右尸左執爵受燔抆于鹽坐振祭嚌之興加于羊俎賓縮執俎以降燔炙（疏）注燔炙。釋曰案詩云載燔載烈注云傳火曰燔貫之加于火曰烈烈則炙也彼以燔炙相對則異此云燔炙者燔之傳火亦是炙類故曰燔炙尸降筵北面于西楹西坐卒爵執爵以興坐奠爵拜執爵以興主人北面于東楹東荅拜主人受爵尸升筵立于筵末主人酌獻侑侑西楹西北面拜受爵主人在其右北面荅拜不洗者俱獻閒無事也主人就右者賤不專階（疏）主人至荅拜。注不洗至專階。釋曰自此盡主人荅拜論主人獻侑并薦俎從獻之事也此節內從獻有三事主人獻時主婦薦籩豆一也司馬羞羊俎二也次賓羞羊燔三也侑降於尸二等無羊匕湇又無肉湇云不洗者俱獻閒無事也者此則以其獻尸訖即獻侑中閒無別酢酬之事故不洗凡爵行爵從尊者來向卑者俱獻閒無事則不洗爵從卑者來向尊雖獻閒無事亦洗是以此文獻尸訖俱獻侑不洗是爵從尊者來故特牲賓致爵於主人洗爵者鄭云洗乃致爵爲異事新之以其承佐食賤雖就獻閒以其爵從卑者來故洗之故不儐尸鄭注云洗致爵者以承佐食賤新之是爵從卑者來故洗也云主人就右者賤不專階者對主人不就尸階者尸尊得專階故也主婦薦

韭菹醓坐奠于筵前醓在南方婦贊者執二籩麷蕡以授主婦主婦不興受之奠麷于醓南蕡在麷東主婦入于房醓在南方者立侑爲尸使正饌統焉（疏）注醓在至統焉。釋曰凡設菹常在右便其抆今菹在醓北者以其立侑以輔尸故菹在北統於尸也侑升筵自北方司馬橫執羊俎以升設于豆東侑坐左執爵右取菹抆于醓祭于豆閒又取麷蕡同祭于豆祭興左執爵右取肺坐祭之祭酒興左執爵次賓羞羊燔如尸禮侑降筵自北方北面于西楹西坐卒爵執爵以興坐奠爵拜主人荅拜荅拜拜於侑之右（疏）注荅拜至之右。釋曰知拜於侑之右者以其前拜爵時尸在侑之右元鑑尸受侑爵降洗侑降立于西階西東面主人降自阼階辭洗尸坐奠爵于篚興對卒洗主人升尸升自西階主人拜洗尸北面于西楹西坐奠爵荅拜降盥主人降尸辭主人對卒盥主人升尸升坐取爵酌酌者將酢主人（疏）尸受至爵酌。注酌者將酢主人。釋曰自此盡就筵論主人受尸酢并薦籩豆及俎之事就此事中亦有五節行事尊主人故與尸同者尸酢主人時主婦亦設籩豆一也賓長設羊俎二次賓羞羊匕湇三司馬羞肉湇四也次賓羞羊燔主人乃卒爵五也但特牲少牢主人獻尸尸即酢主人主人乃獻祝及佐食此尸待主人獻侑乃酢主人不同者此尸卑達主人之意欲得先進酒於侑乃自飲彼尸尊不達主人欲自達已意故先酢主人乃使主人獻祝與佐食故不同是以下文賓長獻尸致爵主人尸乃酢之遂賓意亦此類也司宮設席于東序西

面主人東楹東北面拜受爵尸西楹西北面荅拜主婦薦韭菹醢坐奠于筵前菹在北方婦贊者執二籩麷蕡主婦不興受設麷于菹西北蕡在麷西主人升筵自北方主婦入于房設籩于菹西北亦辟鉶今文無二籩〔疏〕司宮至于房。注設籩至二籩。釋曰此乃陳主人受酢設席之位案特牲爲士案少牢下大夫皆致爵乃設席此儐尸受酢即設席者以其儐尸尸益卑主人益尊故明一等受酢即設席案上設尸籩云與取籩於房麷蕡注云以饌異親之與此婦贊者執二籩麷蕡主婦不與受文不同者凡執籩豆之法皆兩雙執之此侑與主人皆二籩故主婦與婦贊者各執其二於事便故主婦不與受設之上尸籩豆各四故主婦與取籩豆于房亦見異饌親之義也云設籩于菹西北亦辟鉶者上設侑籩正當豆此在西北明辟鉶云亦亦尸籩當豆西外列以辟鉶故也長賓設羊俎于豆西主人坐左執爵

祭豆籩如侑之祭興左執爵右取肺坐祭之祭酒興次賓羞匕湆如尸禮席末坐啐酒執爵以興司馬羞羊肉湆縮執俎主人坐奠爵于左興受肺坐絕祭嚌之興反加于湆俎司馬縮奠湆俎于羊俎西乃載之卒載縮執虛俎以降奠爵于左者神惠變於常也言受肺者明有授言虛俎者羊湆俎訖於此虛不復用〔疏〕注奠爵至復用。釋曰云言虛俎者羊湆俎訖於此虛不復用者此俎雍人所執陳鼎於羊俎西在南者自此賓羞匕湆司馬羞羊肉湆於尸次賓又羞匕湆於主人同用此俎三降皆不言虛欲見後將更用至於此言虛俎明其不復用此俎又見下次賓羞羊燔於主人則北之豕俎用北之豕俎而得羞羊燔者以其禮殺故也主人坐取爵以興次賓羞燔主人受如尸禮主人降筵自

北方北面于阼階上坐卒爵執爵以興坐奠爵拜執爵以興尸西楹西荅拜主人坐奠爵于東序南不降奠爵於篚急崇酒〔疏〕主人至序南。注不降至崇酒。釋曰直云次賓羞燔者燔即羊燔知者以其主人與尸侑皆用羊體鄉主婦獻尸以後悉用豕體賓長獻尸後悉用魚從是以知主人之燔羊燔也云不降奠爵于篚急崇酒者此下唯有崇酒之文更無餘事故云急崇酒案鄉飲酒介荅拜主人卒爵坐奠於西楹南介右再拜崇酒注云奠爵西楹南以當獻衆賓與此不同者彼賓有獻衆賓之事故云當獻衆賓亦得見急崇酒兩見之也侑升尸侑皆北面于西楹西見主人不反位知將與己爲禮主人北面于東楹東再拜崇酒崇充也拜謝尸侑以酒薄充滿尸侑皆荅再拜主人及尸侑皆升就筵司宮取爵于篚以授婦贊者于房東以授主婦房東

房戶外之東〔疏〕司宮至主婦。注房東至之東。釋曰自此盡主婦荅拜論主婦亞獻尸幷見從獻之事上文主人獻節凡有三爵有主人獻尸獻侑幷受酢此主婦獻內凡有四爵即分爲四節解之四者主婦獻尸一也獻侑二也致爵於主人三也受尸酢四也下文賓長爲三獻爵止故與主婦亞獻同此主婦亞獻尸一節之內從獻有五五者主婦亞獻主婦設兩鉶一也主婦又設糗與脩二也次賓羞豕匕湆三也司士羞豕脀四也次賓羞豕燔尸乃卒爵五也主婦洗于房中出實爵尊南西面拜獻尸尸拜于筵上受尊南西面拜由便也〔疏〕尸拜于筵上受。注尊南至便也。釋曰賓主獻酢無在筵上受法今尸於筵上受者以婦人所獻故尸不與行賓主之禮故不得各就其階若然少牢主人祝拜於席上坐受者注云室內迫狹故拜筵上與此禮異云尊南西面拜由便也者此決下文西面於主人之北拜送爵今酌尊因在尊南西面拜獻尸者便也言便者便其西面授尸故不退主人之北主婦西面于主人之席北拜送爵入于房取一羊鉶坐奠于韭菹

西主婦贊者執豕鉶以從主婦不興受設于羊鉶之西興入于房取糗與腶脩執以出坐設之糗在蕢西脩在白西興立于主人席北西面飲酒而有鉶者祭之餘鉶無黍稷殺也糗糗餌也腶脩擣肉之脯今文腶爲斷〔疏〕注飲酒至爲斷○釋曰云無黍稷殺也者決正祭時有黍稷故也尸坐左執爵祭糗脩同祭于豆祭以羊鉶之柶挹羊鉶遂以挹豕鉶祭于豆祭祭酒次賓羞豕匕湆如羊匕湆之禮尸坐啐酒左執爵嘗上鉶執爵以興坐奠爵拜主婦荅拜執爵以興司士羞豕脀尸坐奠爵興受如羊肉湆之禮坐取爵興次賓羞

豕燔尸左執爵受燔如羊燔之禮坐卒爵拜主婦荅拜受爵酌獻侑侑拜受爵主婦主人之北西面荅拜酌獻者主婦今文無西面〔疏〕酌獻至荅拜○注酌獻至西面○釋曰同有三等降於尸二等無鉶羹與豕匕湆云三等者主婦酌獻侑主婦羞糗脩一也司士羞豕脀二也次賓羞燔侑乃卒爵三也主婦羞糗脩坐奠糗于麷南脩在蕢南侑坐左執爵取糗脩兼祭于豆祭司士縮執豕脀以升侑興取肺坐祭之司士縮奠豕脀于羊俎之東載于羊俎卒乃縮執俎以降侑興豕脀無湆於侑禮殺〔疏〕主婦至侑興○注豕脀至禮殺○釋曰案上下文尸與侑及主人主婦但是正俎皆橫執俎以升又橫設於席前若益送之俎皆縮執之又縮於席前今司士所羞豕脀是益送之俎縮執是其常而言縮執者以其文承上主人獻侑時無羊肉湆故主婦獻侑司士羞豕脀不得相如是以經特著縮執俎見異於正俎諸文特云橫執縮執者皆此類次賓羞豕燔侑受如尸禮坐卒爵拜主婦荅拜受爵酌以致于主人主人筵上拜受爵主婦北面于阼階上荅拜主婦易位拜于阼階上辟併敬〔疏〕受爵至荅拜○注主婦至併敬○釋曰自此盡荅拜受爵論主婦致爵於主人之事此科亦有五節行事主婦致爵于主人時主婦設二鉶一也又設糗脩二也豕匕湆三也豕脀四也豕燔主人卒爵五也云主婦易位拜於阼階上辟併敬者前主婦獻尸侑拜送於主人北今致爵於主人拜於阼階上者辟併敬主人與尸侑故易位也若然案特牲三獻爵止乃致爵此未三獻已致爵者以上篇已有獻於尸故此不待三獻又見儐尸禮殺故早致主婦設二鉶與糗脩如尸禮主人其祭糗脩祭鉶祭酒受豕匕湆拜啐酒皆如尸禮嘗鉶不拜主人如尸禮尊

也其異者不告旨〔疏〕主婦至不拜○注主人至告旨○釋曰云主人拜啐酒嘗鉶不拜若然則啐酒有拜嘗鉶無拜案前主婦獻尸尸坐啐酒左執爵嘗上鉶執爵以興坐奠爵拜拜在嘗鉶之下則嘗鉶有拜坐啐酒不拜與此違者彼拜雖在嘗鉶下其拜仍爲啐酒拜在嘗鉶下者以因坐啐酒不興即嘗鉶嘗鉶訖執爵與坐奠爵拜拜仍爲啐酒是以特牲少牢尸嘗鉶皆不拜或此經啐酒之上無拜文有者衍字也其受豕脀受豕燔亦如尸禮坐卒爵拜主婦北面荅拜受爵尸降筵受主婦爵以降將酢主婦〔疏〕尸降至以降○注將酢主婦○釋曰自此盡皆就筵論尸酢主婦之事此科內從酢有三三者主婦受酢之時婦贊者設豆籩一也司馬設羊俎二也次賓羞羊燔主婦卒爵三也以其主婦受從與侑同三主人受從與尸同五尊卑差也主人降侑降主婦入于房主人立于洗東北西面侑東面于西階西南俟尸洗尸易爵于篚盥洗爵易爵者男女不相襲

爵主人揖尸侑將升主人升尸升自西階侑從主人北面立于東楹東侑西楹西北面立俟尸酌尸酌主婦出于房西面拜受爵尸北面于侑東荅拜主婦入于房司宮設席于房中南面主婦立于西席設席者主婦尊今文曰南面立于席西疏注設席者主婦尊○釋曰以賓長以下皆無設席之文唯主婦與主人同設席故云主婦尊特牲及下大夫主婦設席亦是主婦尊婦贊者薦韭菹醓坐奠于筵前菹在西方婦人贊者執麷蕡以授婦贊者婦贊者不興受設麷于菹西蕡在麷南婦人贊者宗婦之少者疏注婦人至少者○釋曰案特牲記云宗婦北堂東面北上注云宗婦族人之婦其夫屬于所祭爲子孫者是也彼直云宗婦是特牲宗婦一人而已

不言贊或少未可定此大夫禮隆贊非一人而稱贊贊主婦及長婦故云宗婦之少者主婦升筵司馬設羊俎于豆南主婦坐左執爵右取菹擩于醓祭于豆閒又取麷蕡兼祭于豆祭主婦奠爵興取肺坐絕祭嚌之興加于俎坐捝手祭酒啐酒捝手者于帨帨佩巾內則曰婦人亦左佩紛帨右文帨作說次賓羞羊燔主婦興受燔如主人之禮主婦執爵以出于房西面于主人席北立卒爵執爵拜尸西楹西北面荅拜主婦入立于房尸主人及侑皆就筵出房立卒爵宜鄉尊不坐者變於主人也執爵拜變於男子也疏注出房至子也○釋曰云不坐者變於主人也者上主人受酢坐卒爵故云變於主人也執爵拜變於男子者上下經凡男子拜卒爵皆奠爵乃拜故云變於男子也上賓洗爵以升酌獻尸尸拜受爵賓西楹西北面拜送爵尸奠爵于薦左賓降上賓賓長也謂之上賓以將獻異之或謂之長賓奠爵爵止也疏上賓至賓降○注上賓至止也○釋曰此一經論賓長備三獻獻尸其尸奠於薦左未舉之事尸不舉者以三獻訖正禮終欲使神惠均於庭徧得獻乃舉之故下文主人獻及衆賓以下訖乃作止爵若然特牲及下大夫尸在室內始行三獻未行致爵尸奠爵欲得神惠均於室此儐尸之禮室內已行三獻至此儐尸夫婦又已行致爵訖儐尸又在堂故爵止者欲得神惠均於庭與正祭者異云上賓賓長者上文云賓長設羊俎是此與上文長賓互見爲一人云謂之上賓以將獻異之者言長賓賓中長尊稱輕若言上賓賓中上尊稱重故以將獻變言上賓云或謂之長賓者或少牢文案彼云長賓洗爵獻于尸此異之稱長上者少牢尸有父尊爲之故但云長賓耳若然不儐尸亦云長賓特牲云賓三獻如初又不言長賓者士賓卑又闕之云奠爵爵止者特牲云賓三獻如初燔從如初爵止不儐尸者亦然是其爵止之事案下經爵止者多非爲均神惠之事故此特解之

主人降洗觶尸侑降主人奠爵于篚辭尸對卒洗揖尸升侑不升侑不升尸禮益殺不從疏主人至不升○注侑不至不從○釋曰自此盡皆左之論主人酬尸設羞之事云侑不升尸禮益殺者儐尸之禮殺於初今侑不升又殺故云益殺也主人實觶。酬尸東楹東北面坐奠爵拜尸西楹西北面荅拜坐祭遂飲卒爵拜尸荅拜降洗尸降辭主人奠爵于篚對卒洗主人升尸升主人實觶。尸拜受爵主人反位荅拜尸北面坐奠爵于薦左降洗者主人疏尸北至薦左○注降洗者主人○釋曰此主人酬尸尸奠於薦左者不舉案下經不舉二人舉爵于尸侑侑奠爵于右注云奠於右者不舉也神惠右不舉變於飲酒與此不同者特牲及下不儐尸皆無酬尸之事此特有之也儐尸如與賓客飲酒無故有酬異於神惠神惠右不舉侑奠於右是也侑一名加者少牢無侑尸此乃有故無加爵是以主人酬賓賓奠於左亦是神惠故即舉之特牲及不儐尸皆有酬賓同是神惠故皆奠於左也尸侑主人皆升筵乃羞宰夫羞房中之羞于尸侑主人主婦皆右之司士羞庶羞于尸侑主人主婦皆左之二羞所以盡歡心房中之羞其籩則糗餌粉餈其豆則酏食糝食庶羞羊臐豕膮皆有胾醢房中之羞內羞也內羞在右陰也庶羞在左陽也

疏注二羞至陽也○釋曰以二羞是內羞房中之羞以儐尸用之故云盡歡心云房中之羞其籩是周禮籩人職云羞籩之實案彼鄭注云此二物皆粉稻米黍米所爲也合蒸曰餌餅之曰餈糗者擣粉熬大豆爲餌餈之粘著以粉之耳餌言糗餈言粉互相足是也云其豆則酏食糝食者周禮醢人職羞豆之實案彼鄭云酏餈也內則曰取稻米舉糔溲之小切狼臅膏以與稻米爲餈又曰糝取牛羊豕之肉三如一小切之與稻米稻米二肉一合以爲餌煎之是也若然案王制云庶羞不踰牲注云祭以羊則不以牛肉爲羞依內則羞用三牲者據得用大牢者若大夫已下不用大牢者則無牛矣而此引之者舉其成文以曉人耳云庶羞羊臐豕膮皆有胾知者案公食大夫牲皆臛及炙胾今此鄭直云臐胾不言炙者此儐尸飲酒之禮故主人獻尸皆羊燔從當主婦獻皆豕燔從公食大夫是食禮故庶羞並陳此飲酒之禮故先以膴從酬賓之後乃言司士羞庶羞則知止有羊臐豕膮羊胾豕胾以其燔炙前已從獻訖故知止有臐胾而已云房中之羞內羞也者案下大夫不儐尸云乃羞宰夫羞房中之羞司士羞庶羞于尸祝主人主婦內羞在右庶羞在左是也云內羞在右陰也者以其是穀物故云陰也云庶羞在左陽也者以其是牲物故云陽大宗伯亦云天產作陰德地產作陽德鄭亦云天產六牲之屬地產九穀之屬是其穀物陰牲物陽者也

儀禮疏卷第四十九

大清嘉慶二十年重
用文選樓藏本校

江西督糧道王賡言廣豐縣知縣阿應鱗栞

儀禮注疏卷四十九挍勘記　阮元撰盧宣旬摘錄

有司徹第十七　唐石經徐本釋文俱無徹字集釋通解俱有陸氏曰本或作有司徹○按此本卷四十九起篇題有徹字他篇注疏引此篇亦多有徹字

釋曰鄭目錄云　按此獨有釋曰二字下文又重出釋曰正與考工記篇題疏同例明鄭目錄乃作疏者所引非鄭氏自引也

大夫既祭　通解要義楊氏同毛本大上有上字按疏下云言大夫既祭儐尸于堂之禮者則無上字明矣釋文引鄭目録亦無上字此大夫兼上下言之儐尸于堂上大夫也禮尸于室中下大夫也

若下大夫　此本通解要義楊氏俱無此四字集釋毛本有在之禮二字下○按毛本上句既加上字則此句不得不增此四字

無別行儐尸于堂之事　此本要義通解楊氏俱無此句毛本集釋有按此乃賈氏語誤入

有司徹于五禮屬吉　吉下集釋有禮字

謂上大夫室內事尸　通解要義同毛本內作中

有司徹

卿大夫既祭而賓尸　徐本同毛本賓作儐○按通篇儐尸之儐或作賓或作儐諸本錯互今不恐挍据經文作儐則當以儐爲正賓儐或古字通用其作擯者誤

在室內北墉下　通解要義同毛本墉作牖

賤者省文之義　通解要義同毛本義作事

繹之于庫門內　通解要義同毛本庫作廟○按郊特牲是庫字

又于其堂神位在西此二者同時　要義同毛本通解此作北

傅求之于廟門內之旁　于廟陳本要義俱作平生與楚茨箋合通解作乎廟按平字似乎因改爲乎并改生爲廟

祀禮于是甚明　陳閩通解同毛本祀作祝

同日正祭之牲　日通解要義俱作用

埽堂

汎埽曰埽　張氏曰釋文云氾芳劒反與禮記同從釋文○按毛本釋文作氾亦誤

司宮攝酒

更洗益整頓之　按疏謂此洗當作撓

整酒謂撓之　毛本撓作橈通解要義楊氏俱從手○按士冠禮注作撓毛本誤

亦因前正祭之酒　通解要義同毛本無亦字

更撓攪添益整新之也　通解要義同毛本攪作擾

乃燅尸俎

乃後升之於鼎也　通解要義同毛本乃作及

而別立侑也　通解要義同毛本立作豆

彼不破者或古文通用　要義同毛本不破者或作尋者論語

至此見有今作燅　要義同毛本今作人

案哀公十二年左傳　通解要義同毛本無公字

卒燅

今文扃爲鉉　徐本集釋同通解始誤鉉作錢毛本亦誤從通解

乃議侑于賓

言侑卽賓之賢者明賓有司主人皆復內位矣若然知賓主不先在內必知出復內位者　下二十七字毛本脫通解要義俱有

主人送上餞言退　通解要義同毛本無上字

宗人戒侑

戒曰　張氏曰注日戒日請子爲侑按疏日作曰從疏○按徐本作曰

知賓位在門東北面者　通解要義同毛本無知字

皆荅壹拜　要義同毛本通解壹作一

侑出

待於次　次徐本楊敖俱作次是也集釋通解毛本俱作外

尸與侑

以賓尸之禮　毛本通解無以字

以尸爲賓客　通解同毛本客誤作各

乃舉

自此盡西枋　陳本要義同毛本枋作柿

雍正執一匕以從○司士合執二俎以從　毛本士誤作事○匕皆加于鼎　匕鍾本誤作從

羣吏掌辨體名肉物者　辨徐本作辯集釋通解楊氏俱作辨

雍人合執二俎　二聶氏作貳下二疏同○西枋　枋閩監葛本俱誤作柿

並幷也　毛本並作竝徐本釋文集釋通解要義楊氏幷俱作併按併幷今多溷用此注下云古文並皆作併此云並併也是以古文解今文也不得岐出故辨之

主人降受宰几

證宰授主人几之義 通解同毛本證作正

主人升尸侑升

其賓位在戸西 毛本戸作尸下同通解唯未得在尸西作尸徐亦竝作戸

主人退尸還几縮之

尸二手 毛本二作一陳本通解要義俱作二

若上篇 通解要義同毛本上下有一字

不言坐是重之此言坐執之 許宗彥云上句衍不字下句脫不字執乃輕字之譌

主人降洗

爲上汚手不可酌 上徐陳集釋通解楊氏毛本俱誤作士

主婦自東房薦韭菹醢 菹石經補缺誤作苴

韭菹醓醢 毛本醓誤作醢

昌本麋臡 麋徐本作麇釋文集釋通解楊敖俱作麋與醢人合案徐本臡下空一字

蕡熬枲實也 釋文無實字

案此上下經 要義同毛本無下字

至此皆朝事豆籩 毛本事下有之字通解有之字無豆字

茆菹麋臡 浦鏜云麇誤麋○按汪道昆翻刻岳板周禮亦作麋

苴者蔍之有蕡者也 毛本苴誤作菹

細切爲韲 通解要義同毛本韲作齏

司馬朼羊○載右體肩臂肫骼臑 骼釋文敖氏俱作胳陸氏曰本亦作骼

折分之以爲肉湆貶也 徐本集釋同通解楊氏毛本貶俱作俎

皆二骨以並 毛本二作上浦鏜云二骨誤上骨

今皆二骨 毛本二作一

今復序之 陳本通解同毛本復作後

羊肉湆臑折

以增俎實爲尸加也 通解要義同毛本無實字

必先進羊匕湆 通解要義同毛本湆下有焉字

豕無正俎魚無匕湆 通解要義同毛本無魚字

云必爲臑折 毛本爲作有

上經退臑在下者 通解同毛本臑作縮

司士朼豕○亦右體肩臂肫骼臑 亦監本作載

豕肉湆所以不折者 湆所二字毛本倒

侑俎○膚三 三楊氏作一周學健云下阼俎注云降于侑羊體一而增豕膚三謂膚三爲增於侑俎似侑俎無膚三也然諸本皆同無可取正存疑於此○按楊氏獨作膚一不知何據

唯有一在此 唯陳閩俱誤作雖

是以少牢祝羊豕體各三 毛本豕誤作尸下侑豕俎無肫豕俎有嚌肺二句並同

阼俎

阼俎主人俎 毛本上俎字誤作階

亦所謂順而撫也 毛本撫作橅徐陳釋文集釋通解楊氏俱作撫按从才是也

故知以肺代體 通解要義同毛本故知以誤作故以已

以俎物雖與尸不同者　通解同毛本與作有

至尸酢主人而設之　通解同毛本酢作阼

此非直崇尸惠　通解同毛本直作値

見下文受酢致爵時云　通解同毛本無時字

似若得用右體　通解同毛本右作左

以右脅在尸俎故也　通解同毛本在作左

主婦俎

有嚌肺亦下脀也　通解同毛本重肺字○按通解與注合

云嚌羊肺者　嚌通解作嚌與注合毛本作祭

司士枇魚

皆交亡豕俎魚俎　陳本通解要義同毛本魚作多○按魚是也

而陳并於此者　陳并二字要義倒

生人進腠　毛本生誤作主

所以交於神明　通解要義同毛本交作變○按交是也

生體皆進腠　通解要義同毛本皆下有自字

謂上司士所設於豕鼎之西者也　通解同毛本者作首

卒升

賓長設俎二也　此句下通解毛本有次賓羞羊匕湆三也司馬羞肉湆四也十五字此本與要義俱無

賓長設羊俎于豆南

上賓長也　浦鏜云脫一賓字

雍人授次賓疏匕與俎○互手執桃匕枋以挹湆　桃唐石經徐陳通解要義楊氏俱作挑注同釋文集釋敖氏毛本俱作桃盧文弨云注云字或作挑則經文本作桃明矣○按經文自當以桃爲正諸本經文作桃者注中四挑字亦俱作桃注云字或作挑蓋對今文作挑言之盧說未是

讀如或舂或抌之抌　抌集釋通解敖氏並從手下同楊氏作揄注疏本抌誤枕

字或作桃者　毛本桃作挑宋本釋文作桃云本或作抌○按釋文於經作挑於注中此句作桃與盧說相反若依或本作抌則或字指今文言似亦有理

狀如飯槮　槮集釋敖氏俱作摻要義作橾疏同宋本釋文作橾今本釋文作摻楊氏誤作槮魏氏曰橾當如此槮七消反周學健云操摻經史互譌橾槮等字亦然蓋習聞時避諱所改其實音義迴別○按方言卷五云臿燕之東北朝鮮洌水之間謂之斛趙魏之間謂之喿然則㪷桃橾猶臿斛喿也此橾字當從喿之證也操摻俱从手

橾槮俱从木今本作槮从木此橾字當从木之證也

可以抒物於器中者　徐本釋文集釋通解同毛本楊氏抒作杼盧文弨云杼亦非誤

注猶寫也　徐本聶氏集釋通解楊氏同毛本寫作瀉

今文桃作抌　毛本桃作挑抌作枕監本唯此桃作桃嚴本唯此抌作抌

彼注抌抒臼也　抌毛本作枕抒要義作杼

尸與左執爵

故知非嚌肺也　通解同毛本肺作味

次賓縮執匕俎以升○尸卻手授匕枋　授楊敖俱作受張氏曰按經文次第次賓執俎授尸尸卻手受以祭復覆手授賓賓亦覆手受以降諸本誤以受爲授周學健云石經亦作授而刊其旁知受字是也○覆手以授賓　授嚴本作受按如張說則嚴本誤也張氏於此此無辨何也　○賓亦覆

手以受 受唐石經徐本集釋通解楊敖俱作受毛本作授

此嚌之者明濟肉加 陳本通解同毛本濟肉二字倒

司馬羞羊肉湆○卒載俎縮執俎以降 周學健云石經載下無俎字○按今本石經載縮二字已壞補缺誤補俎字遂脫縮字周所据猶未壞本也又戴校集釋謂唐石經執下無俎字亦不然

絕肺末以祭 末徐作未張氏曰諸本未作末從諸本

七曰絕祭 通解同毛本曰作日

尸坐執爵以興○賓縮執俎以降 毛本降誤作爵

傳火曰燔 毛本傳作傳通解作傳是也下同

彼以燔炙相對則異 通解同毛本無炙字

尸受侑爵

主婦亦設籩豆 毛本婦誤作人

乃自飲 要義同通解毛本乃作廼

司宮設席于東序

亦辟鉶今文無二籩 下五字毛本脫徐本集釋俱有通解無

此儐尸受酢即設席者 陳本通解要義同毛本酢作酌

長賓設羊俎于豆西○席末坐啐酒 毛本末作未唐石經徐陳閩葛集釋通解楊敖俱作末

次賓羞匕湆於主人 毛本又作及浦鏜云又誤及

則北之豕俎 毛本作則用此之豕俎通解有用字此作北此句上俱有北之豕俎四字楊氏與毛本無

主人坐取爵以興

此下唯有崇酒之文 下陳閩通解俱作不

與此不同者 毛本此上無與字

司宮取爵于篚

房戶外之東 毛本戶誤作屋

凡有四爵 通解要義同毛本爵作節

主婦設兩鉶 主通解要義俱作主是也毛本誤作三

主婦洗於房中 唐石經徐本集釋通解敖氏同要義楊氏毛本洗下有爵字○按嚴杰云特牲饋食主婦設兩敦節疏引無爵字與石經合

此決下文 通解同毛本決作法

主婦西面于主人之席北○取糗與腶脩 陸氏曰腶本又作段音同

西面 唐石經徐本集釋通解楊敖同毛本作面西

擣肉之脯 陸氏曰擣劉本作搗同

主婦羞糗脩

但是正俎 陳本通解要義同毛本但作俱

以其文承上主人獻侑時 通解要義同毛本時作尸

不得相如 陳監通解要義同毛本相作湆

受爵酌以致于主人

故早致 毛本早誤作畢

主婦設二鉶與糗脩○主人其祭糗脩 其唐石經徐本楊敖俱作其集釋通解毛

本俱作共張氏曰經曰主人其祭糗脩竊疑其者其字之譌上文尸兼祭于豆祭脩祭于豆祭下文主婦兼祭于豆祭彼得以言兼言同此不得以言共乎今改其爲共從上下文兼同之義金曰追云其今誤共依唐石經改正按下經云其受豕脀受豕燔亦如尸禮又後經云其綏祭其嘏亦如賓其獻祝與二佐食其位其薦脀皆如賓主婦其洗獻于尸亦如賓並可証此經用其字之例然則其改作共是識誤始集解從之非也⊙拜啐酒云從疏之所謂或本者○按疏云或此經啐酒之上無拜文有者衍字也或者疑而不定之辭敖氏以爲或本非也經文拜疑當作坐

尸降筵　尸字唐石經在上句爵字上顧炎武張爾岐皆云石經誤

此科內從酢有三　此句下要義俱有三者二字通解毛本無

尸酌主婦出于房

南面主於席西　徐本集釋通解同毛本立作尸

主婦升筵

古文帨作說　帨集釋作挩

上賓洗爵以升

此與上文長賓互見爲一人　要義同毛本長賓二字倒

非爲均神惠之事　毛本均作賓○按均是也

主人降洗觶　觶唐石經徐本集釋要義敖氏俱作觶通解楊氏毛本俱作爵石經考文提要云正德嘉靖舊監本尙作觶下同

主人實觶酬尸　觶唐石經徐本集釋敖氏俱作觶通解楊氏毛本俱作爵下賓爵同

按下經不舉二人舉觶於尸侑　通解毛本無不舉二字

尸侑主人皆升筵

其籩　要義楊氏同通解毛本籩下有則糗餌粉餈者六字

皆粉稻米黍米所爲也　皆此本作特似誤通解毛本作皆今從之

庶羞不踰牲　通解要義同毛本牲作特○按作牲與王制合

公食大夫是食禮故庶羞並陳　此十二字毛本在皆豕燔從前此下此飲酒之禮故先以燔從十字通解毛本俱無

當主婦獻皆豕燔從　要義同毛本無當字

故云陰也　陰陳閩俱誤作陽

大宗伯亦云　毛本大誤作太

儀禮注疏卷四十九校勘記終

奉新余成教校

儀禮疏卷第五十

唐朝散大夫行大學博士弘文館學士臣賈公彥等撰

主人降南面拜衆賓于門東三拜衆賓門東北面皆荅壹拜拜于門東明少南就之也言三拜者衆賓賤旅之也衆賓一拜賤也卿大夫尊賓賤純臣也位在門東古文壹爲一〔疏〕主人至壹拜○注拜于至爲一○釋曰自此盡賓降論主人獻長賓已下并主人受酬之事云拜于門東明少南就之也者以其繼門言之明少南就之云言三拜者衆賓賤旅之也者案周禮司士職孤卿特揖大夫以其等旅揖注云特揖一一揖之旅衆也大夫爵同者衆揖之此云旅之者旅衆也衆人共得一拜也云衆賓一拜賤也者以賤不得備禮故云賤也云純臣也位在門東者此對特牲記云公有司門西北面東上獻次衆賓私臣門東北面西上獻次兄弟此賓皆在門東故云純臣者指北面時也得獻訖在西階下亦不純臣故下經云獻私人于阼階上注云私人家臣已所自謁除也大夫言私人明不純臣也若然

大夫云私人見不純臣士言私臣不言人者大夫尊近君若言私臣則臣與君不異故名私人士卑無辟君臣之名不嫌故名私臣主人洗爵長賓辭主人奠爵于篚興對卒洗升酌獻賓于西階上長賓升拜受爵主人在其右北面荅拜宰夫自東房薦脯醢醢在西司士設俎于豆北羊骼一腸一胃一切肺一膚一羊骼羊左骼上賓一體賤也薦與設俎者既則俟于西序端右文骼爲胳〔疏〕注羊骼至爲胳○釋曰云設俎者既則俟于西序端者案鄉飲酒司正升相旅受酬者降席司正退立于序端然則先事既設後事未至其退立之位當在於序端知此不降者下文賓執祭以降宰夫執薦以從司士執俎以從無升文明此不降退立於序端可知賓坐左執爵右取肺擩于醢祭之執爵興取肺坐祭之祭酒遂飲卒爵執以興坐奠

爵拜執爵以興主人荅拜受爵賓坐取祭以降西面坐委于西階西南成祭於上尊賓也取祭以降反下位也反下位而在西階西南已獻尊之祭脯肺〔疏〕注成祭至脯肺○釋曰云取祭以降反下位也反下位而在西階西南已獻尊之者凡言反位者或反初位或上下位異亦爲反此則初位在門東今得獻反在西階南與主人相對已獻尊之故也若燕禮士得獻位于東方亦是尊之者也云祭脯肺者案經云取脯取肺祭之明祭是脯肺宰夫執薦以從設于祭東司士執俎以從設于薦東衆賓長升拜受爵主人荅拜坐祭立飲卒爵不拜既爵既盡也長賓升者以次第升受獻言衆賓長拜則其餘不拜〔疏〕注既盡至不拜○釋曰云長賓升者以次第升受獻者知不直次上賓後一人爲衆賓長時受獻必以長幼次第受獻者以其下文云宰夫贊主人酌若是以辯鄭云每獻一人奠空爵于棜宰夫酌授於尊南是奠爵故以長幼次第受獻也宰夫

贊主人酌若是以辯主人每獻一人奠空爵于棜宰夫酌授於尊南今文若爲如辯皆爲徧辯受爵其薦脯醢與脀設于其位其位繼上賓而南皆東面其脀體儀也徧獻乃薦畧之亦宰夫薦司士脀用儀者尊體盡儀度餘骨可用而用之尊者用尊體卑者用卑體而已亦有切肺膚今文儀皆作騰或爲議〔疏〕辯受至儀也○注徧獻至爲議○釋曰即薦謂若燕禮三卿已上得獻即薦大夫徧獻乃薦亦其類云亦宰夫薦司士脀者此約上賓此衆賓亦同此二人爲之云儀者尊體盡儀度餘骨可用而用之尊者用尊體卑者用卑體而已者以其言儀取尊卑得其儀但尊體既盡就卑體之中度尊卑之儀而用之不可辯其尊體故鄭以意解之尊者用尊體卑者用卑體而已也云亦有切肺膚者案特牲用離肺知此衆賓用切肺膚者以其侑用切肺不敢殊於尸明衆賓亦不敢殊於侑若然不儐尸者亦用切肺者亦是不敢變於儐尸禮也乃升長賓主人酌酢于長賓西階上北面賓在左主人酌自酢序賓意賓卑不敢酢〔疏〕

乃升至在左。注主人至敢酢。釋曰特牲主人獻長賓訖即酢此辯獻乃酢者主人益尊先自達其意特牲主人獻內賓辯乃自酢注云爵辯乃自酢以初不殊其長也則此大夫尊初則殊其長故也主人坐奠爵拜執爵以興賓荅拜坐祭遂飲卒爵執爵以興坐奠爵拜賓荅拜賓降降反位宰夫洗觶以升主人受酌降酬長賓于西階南北面賓在左主人坐奠爵拜賓荅拜坐祭遂飲卒爵拜賓荅拜宰夫授主人觶則受其虛爵奠于篚右文酌爲爵〔疏〕宰夫至荅拜。注宰夫至爲爵。釋曰自此盡于薦左論主人酬長賓於堂下之事也云宰夫授主人觶則受其虛爵奠于篚者謂上主人受賓之酢爵今宰夫既授觶訖因受取酢之虛爵降奠於篚也知然者上文主人受爵訖賓降主人無降文即云宰夫授觶主人受之明主人手中虛爵宰夫受之奠于篚可知若然知不待酬賓虛觶受之奠於篚者以其下文賓之虛觶奠於薦左故知非賓虛

觶其賓奠觶薦左者後舉之以爲無筭爵也主人洗賓辭主人坐奠爵于篚對卒洗升酌降復位賓拜受爵主人拜送爵賓西西坐奠爵于薦左主人洗升酌獻兄弟于阼階上兄弟之長升拜受爵主人在其右荅拜坐祭立飲不拜既爵皆若是以辯兄弟長幼立飲賤不別大夫之賓尊於兄弟宰夫不贊酌者兄弟以親昵來不以官待之〔疏〕主人至以辯。注兄弟至待之。釋曰自此盡其衆儀也論主人獻兄弟於阼階之事云兄弟長幼立飲賤不別者案特牲云獻長兄弟于阼階上如賓儀者士卑長兄弟爲貴殊貴賤故云如賓儀長賓坐飲也此大夫禮長賓坐飲衆賓立飲至於大夫貴兄弟賤兄弟長幼皆立飲不得如賓儀故立飲賤不別也云大夫之賓尊於兄弟宰夫不贊酌者兄弟以親昵來不以官待之者決上文大夫賓貴使宰夫贊酌今兄弟酌不使宰夫贊酌者爲兄弟是親昵不以官待之故兄弟雖賤於賓不得使人贊酌而

親之也辯受爵其位在洗東西面北上升受爵其薦脀設于其位亦辯獻乃薦既云辯矣復言升受爵者爲衆兄弟言也衆兄弟升不拜受爵先著其位於上乃後云薦脀設於其位明位初在是也位不繼於主人而云洗東卑不統於尊此薦脀皆使私人〔疏〕辯受至其位。注亦辯至私人。釋曰云既云辯矣復言升受爵者爲衆兄弟言也者以上經云兄弟之長升拜受爵嫌衆兄弟亦升拜受爵是以此更云升受爵直爲衆兄弟不拜受爵而言鄭即云衆兄弟升不拜受爵也若然上賓拜受爵又拜既爵衆賓拜受爵不拜既爵長兄弟得與衆賓同衆兄弟又不拜受爵是其差也云先著其位於上乃後云薦脀設於其位明位初在是者初位謂經云其位在洗東西面北上是先著其位於上乃云升受爵者謂發此位升堂受爵又云薦脀設於其位者謂受爵時設薦脀於其東西面位是先著其位於上乃後云薦脀設於其位明位初在是也故先云洗東位以此而言則衆賓亦先有位在門東北面繼上賓後獻訖亦薦脀於位皆是先有位不繼於門東而在西階西南者彼謂已獻薦之故也云位不繼於主人而云洗東卑不統於尊者案特牲主人卑故兄弟助祭之位得繼主人

於阼階下南陳又得辟夫人不敢自尊也此以大夫尊故兄弟之位在洗東不繼主人卑不統於尊故也云此薦脀皆使私人者上獻賓長及衆賓使宰夫設薦司士設俎又使宰夫贊酌至於此獻兄弟爲親昵不以官待之主人親酌明亦不以官使私人薦脀可知其先生之脀折脅一膚一先生長兄弟折豕左肩之折〔疏〕注先生至之折。釋曰知先生是長兄弟者以其文承長兄弟之下故知先生非老人教學者知折是豕左肩之折者以上初亨牲體明侑俎豕左肩折注云折分爲長兄弟俎是也其衆儀也主人洗獻內賓于房中南面拜受爵主人南面于其右荅拜內賓姑姊妹及宗婦獻于主婦之席東主人不西面尊不與爲賓主禮也南面於其右主人之位恒左人〔疏〕主人至荅拜。注內賓至左人。釋曰自此盡亦有薦脀論主人獻姑姊妹之等於房中之事知內賓是姑姊妹及宗婦者約特牲記而知也云獻於主婦之席東主人不西面尊不與爲賓主禮也者案特牲獻內兄弟於房中如獻衆兄弟之儀主人西面荅拜此大夫禮主人南面拜故決之不與爲賓主之禮也云南面於其右主人

之位恒左人者謂人在主人左若鄉飲酒鄉射之等於西階上北面主人在東賓在西此南面則主在西賓在東故云恒左人也坐祭立飲不拜既爵若是以辯亦有薦脀亦設薦脀於其位特牲饋食禮記曰內賓立于房中西墉下東面南上宗婦北堂東面北上【疏】坐祭至薦脀○注亦設至北上○釋曰云亦設薦脀於其位者言亦者亦上先生之等引特牲記者欲見內賓設薦之位處

主人降洗升獻私人于阼階上拜于下升受主人荅其長拜乃降坐祭立飲不拜既爵若是以辯宰夫贊主人酌主人於其羣私人不荅拜其位繼兄弟之南亦北上亦有薦脀私人家臣已所自謁除也大夫言私人明不純臣也士言私臣明有君之道北上不敢專其位亦有薦脀初亦北面在衆賓之後爾言繼者以爵既獻爲文凡獻位定【疏】主人至薦脀○注私人至位定○釋曰自此盡主人就筵論主人獻私人之事云私人家臣已所自謁除也者此對公士得君所命者此乃大夫自謁請於君除其課役以補任爲之云大夫言私人明不純臣也者大夫尊近於君故屈已之臣名爲私人云士言私臣明有君之道者士卑不嫌近君故得名屬吏爲私臣也云北上不敢專其位者以其兄弟北上今繼兄弟之南亦北上與兄弟位同故云不敢專其位云兄弟位定者與上衆兄弟云其位在洗東西面北上升受爵其薦脀設于其位注云先著其位於上明位初在是此不先著位於上俱言繼凡獻者是據獻位爲言則未獻時在衆賓後矣案特牲記云私臣位在門東北面是衆賓後也云凡獻位定則是凡獻以前非定位也

主人就筵古文曰升就筵尸作三獻之爵上賓所獻爵不言三獻作之者賓尸而尸益卑可以自舉【疏】尸作三獻之爵○注上賓至自舉○釋曰自此盡降實于篚論舉三獻之爵賓長又獻侑并致爵之事云上賓所獻爵者若然三獻是上賓不言上賓而言三獻者以其主人主婦并此賓長備三獻因號上賓爲三獻是以事名官者也云不言三獻作之者對特牲云三獻作止爵故決之下大夫不儐尸自作爵者順上大夫爲文作其爵者以神惠均於庭訖欲使尸飲此酒但此一節之內有四爵行事四者尸作三獻之爵一也獻侑二也致爵於主人三也受尸酢四也

司士羞湆魚縮執俎以升尸取膴祭祭之祭酒卒爵不羞魚匕湆略小味也羊有正俎羞匕湆肉湆豕無正俎魚無上湆隆汙之殺【疏】注不羞至之殺○釋曰云不羞魚匕湆略小味也者對羊豕牲之大有匕湆之等魚無以魚爲小味故略之也云隆汙之殺者以有者爲隆盛無者爲殺少也

司士縮奠俎于羊俎南橫載于羊俎卒乃縮執俎以降尸奠爵拜三獻北面荅拜受爵酌獻侑侑拜受三獻北面荅拜司馬羞湆魚一如尸禮卒爵拜三獻荅拜受爵司馬羞湆魚變於尸【疏】注司馬至於尸○釋曰上文尸使司士羞魚此侑使司馬羞魚故云變於尸也

酌致主人主人拜受爵三獻東楹東北面荅拜賓拜於東楹東以主人拜受於席就之【疏】注賓拜至就之○釋曰就之者賓於禮當在西階上今在東楹之東以主人席在於阼階是以賓拜於東楹東就之也

司士羞一湆魚如尸禮卒爵拜三獻荅拜受爵尸降筵受三獻爵酌以酢之既致主人尸乃酢之遂賓意【疏】注既致至賓意○釋曰遂賓意者賓雖不言其意欲得與主人抗獻酢之禮今尸見致爵於主人訖即酌以酢賓是遂達賓之意

三獻西楹西北面拜受爵尸在其右以授之尸升筵南面荅拜坐祭遂飲卒爵拜尸荅拜執爵以降實于篚二人洗觶升實爵西楹西北面東上坐奠爵拜執爵以興尸侑荅拜坐祭遂飲卒爵執爵以興坐奠爵拜尸侑荅拜皆降三獻而禮小成使二人舉爵序殷勤於尸侑【疏】二人至皆降○注三獻至尸侑○釋曰自此盡及私

人論旅酬從尸及上下無不徧之事云三獻而禮小成者以此獻爲正後仍有舉奠加爵之等終備乃是禮之大成故云小成也云使二人舉爵序殷勤於尸侑者飲酒之禮酬與無筭爵乃盡歡心故以旅酬及無筭乃爲殷勤於尸侑也案鄉飲酒及鄉射特牲等皆一人舉觶爲旅酬始二人舉觶爲無筭爵始今儐尸乃以二人爲旅酬始者此儐尸別一禮與彼不同以其初時主人酬尸尸奠之侑未得酬故使二人舉觶侑乃得奠而不舉即與亦奠一爵一爵遂酬於下是以須二人舉觶兄弟之後生者舉觶於其長爲無筭爵者以其賓長所舉奠酬亦爲無筭爵以此二觶者皆在堂下故爲無筭爵尸不與無筭爵故舉堂下觶爲無筭爵其爲旅酬皆從上發尸爲首故特牲等使一人舉觶爲旅酬與賓長所舉薦右之觶此賓不舉旅酬皆從尸舉故所鄭者爲無筭一爵亦是異於特牲

洗升酌反位尸侑皆拜受爵舉觶者皆拜送侑奠觶于右奠于右者不舉也神惠右不舉變於飲酒

尸遂執觶以興北面于阼階上酬主人主人在右尸拜於阼階上酬禮殺〔疏〕注尸拜至禮殺○釋曰決上文尸酢主人主人東楹東北面拜受爵尸西楹西北面荅拜是各各於其階今尸酬主人同于阼階故云禮殺也

坐奠爵拜主人荅拜不祭立飲卒爵不拜既爵酬就于阼階上酬主人言就者主人立待之〔疏〕注言就至待之○釋曰言立待之者以其不言適阼階上酢主人明主人不去立待之可知

主人拜受爵尸拜送酬不奠者急酬侑也〔疏〕注酬不至侑也○釋曰此決上主人酬賓奠之也

尸就筵主人以酬侑于西楹西侑在左坐奠爵拜執爵興侑荅拜不祭立飲卒爵不拜既爵酌復位侑拜受主人拜送言酌復位明受於西階上

主人復筵乃升長賓侑酬之如主人之禮遂旅也言升長賓則有贊呼之〔疏〕注遂旅至呼之○釋曰知者若不贊呼之則當如上文衆賓長升兄弟之長升拜受爵故知有贊呼之也

至于

衆賓遂及兄弟亦如之皆飲于上上西階上

遂及私人拜受者升受下飲私人之長拜於下升受兄弟之爵下飲之〔疏〕注私人至飲之○釋曰私人位在兄弟之南今言下飲之則私人之長一人在西階下飲之其餘私人皆飲於其位故下經云卒爵升酌以之其位相酬辯是也

卒爵升酌以之其位相酬辯其位兄弟南位亦拜受拜送升酌由西階

卒飲者實爵于篚末受酬者雖無所旅猶飲〔疏〕卒飲至于篚○注末受至猶飲○釋曰凡旅酬之法皆執觶酒以酬前人前人領受其意乃始自飲此私人末受酬者後雖無人可旅猶自飲之訖乃實爵於篚以其酒是前人所酬不可不飲故也

乃羞庶羞于賓兄弟內賓及私人無房中之羞賤也此羞同時羞則酌房中亦旅其始主婦舉酬於內賓遂及宗婦〔疏〕乃羞至私人○注無房至宗婦○釋曰此經論無筭爵時羞庶羞於賓及兄弟之等事云此羞同時羞則酌房中亦旅者旅酬之下云乃羞庶羞內賓羞在私人之上私人得旅酬則房中內賓亦旅可知

兄弟之後生者舉觶于其長後生年少也古文觶皆爲爵延熹中設校書定作觶〔疏〕兄弟至其長○注後生至作觶○釋曰自此盡爵止論後生舉觶於長兄弟主人酬兄弟之事

洗升酌降北面立于阼階南長在左坐奠爵拜執爵以興長荅拜長在左辟主人〔疏〕注長在左辟主人○釋曰凡獻酬之法主人常左人若北面則主人在東今長兄弟北面云長在左則在西故辟主人

坐祭遂飲卒爵執爵以興坐奠爵拜執爵以興長荅拜洗升酌降長拜受于其位舉爵者東面荅拜爵止拜受荅拜不北面者儐尸禮殺長賓言奠兄弟言止互相發明相待也〔疏〕注拜受至待也○釋曰云儐尸禮殺者案特牲兄弟之後生舉觶於其長爲旅酬又兄弟弟子舉觶於其長爲無筭爵拜送皆北面此云東面決上儐尸禮殺也云長賓言奠兄弟言止互相發明者上文主人酬賓奠爵于薦左是長賓言奠此言爵止是兄弟言止長賓言奠明止

而未行此言止明亦奠薦左故云互相發明也云相待也者酬賓雖在前及其行之相待俱時舉行故下文云賓及兄弟交錯其酬皆遂及私人爵無筭是也若二人舉觶于尸侑奠于右不舉尸即酬主人主人酬侑侑酬長賓至于衆賓遂及兄弟遂及私人依次第行徧不交錯所謂旅酬也

賓長獻于尸如初無湆爵不止如初如其獻侑酢致主人受尸酢也無湆爵不止別不如初者不使兄弟不稱加爵大夫尊也不用觚大夫尊者也〔疏〕賓長至不止○注如初至者也○釋曰此一經論衆賓長加爲爵數多與上賓異何者上賓獻侑致爵於主人時皆有湆魚從今無湆魚從故經云無湆也云爵不止者上賓獻尸時亦止爵待獻堂下畢乃舉觶今尸不止爵即飲故云爵不止云賓長者賓之長次上賓者非即上賓者以其上賓將獻異之言上賓此不異其文明非上文上賓爲賓長者故以爲次上賓者也經云無湆爵不止文在如初之下不蒙如初之文則知與上異故文在如初下也云不使兄弟不稱加爵大夫尊也者此決特牲云長兄弟爲加爵又衆賓長爲加爵不言獻此言獻者尊大夫若三獻之外更容其獻故云大夫尊也云不用觚大夫尊者此亦決特牲云長兄弟洗觚爲加爵此用爵爵尊於觚故云大夫尊者也

賓一人舉爵于尸如初亦遂之於下一人次賓長者如初如二人洗觶之爲也遂之於下者遂及賓兄弟下至于私人是言亦遂之于下言上無湆爵不止互相發明〔疏〕賓一至於下○注一人至發明○釋曰此一經論次賓舉觚于尸更爲旅酬如上旅酬之事但前二人舉觶於尸侑尸舉旅酬從上至下皆徧飲今亦從上至下故云亦遂之於下云上言無湆爵不止互相發明者上經云爵止與上賓奠爵云互相發明今此又與上文無湆爵不止相發明是以二文皆在如初之下

賓及兄弟交錯其酬皆遂及私人爵無筭筭數也長賓取觶酬兄弟之黨長兄弟取觶酬賓之黨唯已所欲無有次第之數也〔疏〕賓及至無筭○注筭數至數也○釋曰自此盡有司徹論堂下行無筭爵禮終尸侑出主人送於廟門外之事云長賓取觶者是主人酬賓觶云長兄弟取觶者是兄弟之後生者舉觶于其長之觶也

尸出侑從主人送于廟門之外拜尸不顧拜送之〔疏〕尸出至不顧○注拜送之○釋曰儐尸之禮尸侑賓也故孔子亦云賓不顧矣

拜侑與長賓亦如之衆賓從從者不拜送也

司士歸尸侑之俎尸侑尊送其家主人退反於寢也有司徹徹堂上下之薦俎也外賓尸雖堂上婦人不徹〔疏〕有司徹○注徹堂至不徹○釋曰云徹堂上下之薦俎也者案上文堂上有尸侑之薦俎堂下有賓及兄弟之薦俎皆徹之也云外賓尸雖堂上婦人不徹者案特牲云宗婦徹祝豆籩入于房徹主婦薦俎此篇首云有司徹鄭注云徹室中之饋及祝佐食之俎爲將儐尸故使有司徹之下大夫不儐尸改饋饌于西北隅云有司官徹饋饌於室中西北隅至篇末禮終云婦人乃徹注云徹祝之薦及房中薦俎不使有司者下上大夫之禮然則此篇首云有司徹別無婦人也下大夫有司陽厭婦人徹之篇末云徹室中之饌注云有司饌之婦人徹之外內相兼禮殺此戶外儐尸亦禮殺嫌婦人亦徹之故云雖堂上婦人不徹婦人必不徹者異於下大夫也堂上儐尸猶如堂內之陽厭故鄭注篇首云賓尸則不設饌西北隅以此薦俎之陳有祭象而亦足以厭飫神是也

若不賓尸不儐尸謂下大夫也其牲物則同不得備其禮耳舊說云謂大夫有疾病攝昆弟祭曾子問曰攝主不厭祭不旅不假不綏祭不配布奠于賓賓奠而不舉而此備有似失之矣〔疏〕若不賓尸○注不賓至之矣○釋曰自此盡牢舉如賓論下大夫不賓尸之事云不賓尸謂下大夫者從尸飲七已前皆與上大夫賓尸者同已後則以此祝侑續之是儐尸之禮故云不賓尸謂下大夫也云其牲物則同不得備其禮耳者謂不備儐尸禮也引曾子問者破舊說案彼上云若宗子有罪居于他國庶子爲大夫其祭也祝曰孝子某使介子某執其常事攝主不厭祭不旅不假不綏祭不配注云皆辟正主厭厭飫神也厭有陰有陽迎尸之前祝酌奠奠之且饗是陰厭也尸謖之後徹薦俎敦設于西北隅是陽厭也此不厭者不陽厭也不旅不旅酬也假讀爲嘏不嘏不嘏主人也不綏祭謂今主人也又云布奠於賓賓奠而不舉是也云而此備有似失之矣者謂此不儐尸者不厭已下皆有則非如舊說使昆弟攝者故云似失之矣

則祝侑亦如之謂尸七飯時〔疏〕則祝侑亦如之○注謂尸七飯時○釋曰案上篇尸食七飯告飽祝西面于主人之南獨侑不拜侑曰皇尸未實侑尸也

尸食八飯〔疏〕尸食○注八飯○釋曰上已七飯故知此當八飯也

乃盛俎臑臂肫脡脊橫脊短脅代脅皆牢盛者盛於斯俎也此七體

羊豕其脊脅皆取一骨也與所舉正脊幹骼凡十矣肩未舉既舉而俎猶有六體焉疏乃盛至皆牢○注盛者至體焉○釋曰案特牲尸食訖乃盛今八飯即盛者大夫禮與士相變若然此先言臑者見從下起不言盛肩肩未舉乃盛不言骼骼已舉先在俎有司徹不盛俎者更無所用全以歸尸故也云盛者盛於所俎也者以特牲云盛所俎俎釋三个故知盛於所以歸尸故也云此七體羊豕者一以其五鼎下有魚腊膚又不升故唯羊豕也云其脊脅皆取一骨也與所舉正脊幹骼凡十矣者案上篇載時皆二骨以並今但盛一骨不云正脊長脅者先舉一骨故不序也凡骨體之數左右合為二十一體案少牢注云肩臂臑肱骨也脾骼股骨鄉飲酒注前脛骨三肩臂臑也後脛骨二膊骼也又後有髀觳折特牲記云主婦俎觳折注云觳後足也昏禮不數者凡體前貴於後觳賤於臑故數臑不數觳是以不升於鼎又以髀在肫上以竅賤正俎不用又脊有三分一分以為正脊次中為脡脊後分為橫脊脅亦為三分前分為代脅次中為中脅後分為短脅是其二十一體也云而俎猶有六體焉者謂三脊三脅皆取一骨盛於所各有一骨體在俎不取以備陽厭也故云而俎猶有六體焉也

魚七盛半也魚十有五而俎其一已舉必盛半者魚無足翼於牲象脊脅而已疏魚七○注盛半至而已○釋曰云魚十有五而俎者案少牢載魚鮒云十有五而俎云其一已舉者謂尸食時已舉其一唯有十四在云必盛半者魚無足翼於牲象脊脅而已者案中候云魚者水精隨流出入得申脈意鄭注引春秋緯璇璣樞曰魚無足翼紂如魚乃討之是也紂雖有臣無益於股肱若魚雖有翼不能飛若然此注云魚無翼者亦從彼文魚雖有翼不能飛云象脊脅者六體十二骨盛六是半魚無足象牲脊脅亦盛半盛半相似數則不同以其牲之脊脅則六魚之半則七也

腊辯無髀亦盛半也所盛者右體也脊屬焉言無髀者云一純而俎嫌有之古文髀作脾疏腊辯無髀○注亦盛至作脾○釋曰云亦盛半者謂除尸舉其餘兩半亦似魚十四盛七為半必知盛半者者以其此腊在魚下明盛半與魚同此腊亦盛右體知者以其牲用右故此亦盛右體知脊屬焉者案上篇少牢云腊一純而俎脊不折直為一段代脅長脅短脅各一骨左右三脅脅骨合為六體并脊為七通肩臂等十為十七體與牲體同如腊肩尸食既舉而俎唯有十六在言盛半明脊屬又且凡牲載體者脊皆屬焉下經云乃摭于魚腊俎俎釋三个其餘皆取之明不盡盛可知若然案士虞禮升腊左胖髀不升實于下鼎注云腊亦七體牲之類又特牲記云腊如牲骨鄭注云不但言體以有一骨二骨者以此言之腊與牲體設骨多少盡同而云腊脊脅皆一骨者以其左右盡升欲使祝及主婦已下俱取於此腊體故下云祝主人之魚腊取于是注云祝主人主婦俎之魚腊取於此者大夫之禮文待神餘也三者各取一魚其腊主人臂主婦臑祝則骼也今若復分一骨二骨則數多於特牲祝以下俎無腊體不升腊右胖故云腊如牲骨與右胖同皆祝俎所不用上篇少牢雖祝俎有腊兩髀屬竅上大夫禮又異於此士虞禮祝以下亦無腊體故鄭注士虞禮腊亦七體牲之類鄭注云凡腊用純者據上下大夫以上祭祀及士之嘉禮士祭禮則腊不用純辟大夫云言無髀者云一純而俎嫌有之者案上篇少牢載腊云一純而俎不云髀不升故此明之而云腊辯無髀也案上篇少牢祝俎云腊兩髀在祝俎不升於鼎不在神俎已自明矣今此更明之者以少牢陳鼎上下大夫皆同今此下大夫不儐尸其祝俎腊骼不云無髀何以明之

卒盛乃舉牢肩尸受振祭嚌之

佐食受加于所卒已**佐食取一俎于堂下以入奠于羊俎東**不言魚俎東主於尊疏注不言至於尊○釋曰案少牢云設俎羊在豆東豕亞其北魚在羊東腊在豕東特膚當俎北端今摭魚腊宜在魚俎東而繼羊俎言之以羊尊為主也

乃摭于魚腊俎俎釋三个其餘皆取之實于一俎以出个猶枚也魚摭四枚腊摭五枚其所釋者腊則短脅正脅代脅魚三枚而已古文摭為捕疏乃摭至以出○注个猶至為捕○釋曰知魚摭四枚腊摭五枚者以魚盛半其俎猶有七个在故摭去四枚釋三个腊盛半而俎猶有八體在摭去五枚釋三个皆為改饌西北隅也云腊則短脅正脅代脅魚三枚而已者以腊右體已盛脊又屬焉唯有左在下文云主人腊臂主婦腊臑祝則骼所釋者故知脅又牲體所釋者是脅脊此腊脊已在盛半限故知所釋唯有三脅耳

祝主人之魚腊取于是祝主人主婦俎之魚腊取於此者大夫之禮文待神餘也三者各取一魚其腊主人臂主婦臑祝則骼也與此皆於鼎側更載焉不言主婦未聞疏祝主至于是○注祝主至未聞○釋曰案特牲士禮不待神餘故主人主婦祝皆無腊上大夫之祝當有腊俎至於儐尸腊為庶羞又不載於俎與此異此下大夫待神餘故祝主人主婦皆有腊體也云其腊主人臂主婦臑祝則骼也與者主人用臂主

婦用膴見於下經祝無文而知用骼者其骼無正文故云與以疑之也云此皆於鼎側更載焉者上摭時共在一俎以出及下設時主人主婦及祝各異俎又不同時故知更載俎云鼎側則不復升鼎也云不言主婦未聞者下有主婦俎腊膴則主婦用腊可知此經直云祝主人不云主婦未聞其義或轉寫者脫耳尸不飯告飽主人拜侑不言尸又三飯凡十一飯士九飯大夫十一飯其餘有十三飯十五飯

疏尸不至三飯○注凡十至五飯○釋曰上篇士禮九飯少牢上下大夫同十一飯士大夫旣不分命數爲尊卑則五等諸侯同十三飯天子十五飯可知佐食受牢舉如儐舉肺脊主人洗酌酳尸賓羞肝皆如儐禮卒爵主人拜祝受尸爵尸荅拜祝酌授尸尸以醋主人亦如儐其綏祭其嘏亦如儐肝牢肝也綏皆當作挼挼讀爲藏其墮之墮古文爲挼

疏主人至如儐○釋曰自此盡薦脅皆如賓禮論主人獻尸祝及佐食之事此主人獻有五節主人獻尸一也酢

主人二也獻祝三也獻上佐食四也獻下佐食五也○注肝牢至爲挼○釋曰云綏皆當作挼者案經唯有一綏而云皆者鄭并下佐食綏揔破之故云皆也云讀爲藏其墮之墮者讀從周禮守祧職云旣祭則藏其隋必讀從之者義取墮減之事也其獻祝與二佐食其位其薦脅皆如儐主婦其洗獻于尸亦如儐自尸侑不飯告飽至此與賓同者在上篇

疏主婦至如儐○注自尸至上篇○釋曰自此盡入于房論主婦亞獻尸及祝并獻二佐食之事此一節之內獻數與主人同唯不受嘏爲異云與儐同者經旣云如儐而注復云與儐同者爲事在上篇而發也主婦反取籩于房中執棗糗坐設之棗在稷南糗在棗南婦贊者執栗脯主婦不興受設之栗在糗東脯在棗東主婦興反位棗饋食之籩糗羞籩之實雜用之下賓尸也栗脯加　之實也反位反主人之北拜送爵位

疏主婦至反位○釋曰此設籩實繼在少牢室內西南隅陰厭神饌也○注棗饋至爵位○釋曰案周禮籩人職云饋食之籩棗㮚桃乾䕩榛實羞籩之實糗餌粉餈又加籩之實蔆芡㮚脯是鄭據籩人職而言也云雜用之下儐尸也者案上儐尸者麷蕡白黑糗餌之等朝事之籩羞籩之實各用之而不雜也案上賓尸主婦亞獻尸設籩直有脯脩二籩下大夫之禮主婦亞獻有四籩者賓尸之禮主人獻尸主婦設四籩麷蕡白黑故至主婦獻時直設糗餌與脯脩二籩通前四籩六籩此主人初獻如上篇無籩從故至主婦亞獻設四籩猶自少於賓尸兩籩尸左執爵取棗糗祝取栗脯以授尸尸兼祭于豆祭祭酒啐酒次賓羞牢燔用俎鹽在右尸兼取燔擩于鹽振祭嚌之祝受加于肵卒爵主婦拜祝受尸爵尸荅拜自主婦反籩至受加于肵此異于賓

疏注自主至于賓○釋曰上篇主婦但有獻而已無籩燔從之事此篇首儐尸主婦亞獻尸乃有籩餌之事其物又異唯糗同耳故云此異于儐也上注云自尸侑不飯告飽至此與儐同者在上篇此注云此異于儐者

上注云至此與儐同者皆與儐禮同在上篇故注云至此也此自卒爵下至荅拜與儐同在上篇自祝受加于肵以上至主婦反籩儐尸異所得相決鄭所以不在卒爵上注而在尸荅拜下注者取終一事故也祝易爵洗酌授尸尸以醋主婦主婦主人之北拜受爵尸荅拜主婦反位又拜上佐食綏祭如儐卒爵拜尸荅拜主婦夾爵拜爲不賓尸降崇敬今文酢曰酌

疏注主婦至曰酌○釋曰案特牲主婦獻尸不夾爵拜上篇上大夫賓尸主婦獻尸夾爵拜此下大夫旣不賓尸主婦宜與士妻同今夾爵拜者爲拜賓尸降崇敬故夾爵拜與上大夫同言降謂降賓尸之禮也主婦獻祝其酌如儐拜坐受爵主婦主人之北荅拜自尸卒爵至此亦與賓同者亦在上篇

疏注自尸至上篇○釋曰經無尸卒爵之文鄭注云尸者以經有卒爵之文多故言尸以別之也宰夫薦棗糗坐設棗于菹西糗在棗南祝左執

爵取棗糗祭于豆祭酒啐酒次賓羞燔如尸禮卒爵內子不薦籩祝賤使官可也自宰夫薦至賓羞燔亦異于賓〈疏〉注內子至于賓○釋曰案特牲主婦設籩者士妻卑也案上尸與主人籩皆主婦設之至此祝不使主婦而使宰夫設籩故云祝賤使官可也案禮記注內子卿妻引春秋趙姬請逆叔隗以爲內子證卿妻爲內子今此下大夫妻得稱內子者欲見此下大夫妻於祝不薦籩兼見上大夫妻亦不薦籩故變言內子也或可散文下大夫妻亦得爲內子也云自宰夫薦至賓羞燔亦異于賓者少牢主婦獻祝亦無籩燔從一事此有籩燔從者亦異于賓也主人受爵酌獻二佐食亦如儐主婦受爵以入于房賓長洗爵獻于尸尸拜受賓戶西北面荅拜爵止尸止爵者以三獻禮成欲神惠之均於室中是以奠而待之〈疏〉賓長至爵止○注尸止至待之○釋曰自此盡庶羞在左論賓長獻尸祝佐食并致爵之事此一節之內凡有十爵獻尸一也主婦致爵於主人二也主人酢主婦三也尸作止爵飲訖酢賓長四也賓獻長五也又獻上佐食六也又獻下佐食七也賓致爵於主人八也又致爵于主婦九也賓受主人酢十也云賓戶西北面荅拜者案上少牢正祭賓獻與此篇首賓長獻皆云拜送此特言荅拜者下大夫故也言拜送者禮重云荅拜者禮輕主婦洗于房中酌致于主人主人拜受主婦戶西北面拜送爵司宮設席拜受乃設席變於士也〈疏〉主婦至設席○注拜受至士也○釋曰此下大夫夫婦致爵之禮祭統云夫祭有十倫之義七曰見夫婦之別焉又曰尸酢夫人執柄夫人受尸執足夫婦相授受不相襲處酢必易爵彼據夫婦致爵而言又詩既醉序云醉酒飽德謂見十倫之義志意充滿是天子諸侯皆有夫婦致爵之事但少牢上大夫受致不酢下大夫受致又酢不致士受致自致是上大夫尊辟君受致不酢下大夫與士卑不嫌得與人君同夫婦致爵也云拜受乃設席變於士也者案特牲禮未致爵已設席故云異於士其上大夫正祭未致爵至賓尸尸酢主人設席以有尸賓故設席在前也案周禮司几筵云祀先王胙席亦如之鄭注云謂祭祀及王受酢之席彼受酢時已設席與大夫禮異也鄭注周禮司几筵又云后諸臣致爵乃設席與此禮同者士卑不嫌多與君同故也主婦薦韭菹醢坐設于席前菹在北方婦贊者執棗糗以從主婦不興受設棗于菹北糗在棗西佐食設俎臂脊脅肺皆牢膚三魚一腊臂臂左臂也特牲五體此三者以其牢與腊臂而七牢腊俱臂亦所謂腊如牲體〈疏〉注臂左至牲體○釋曰知是左臂者右臂尸所用故知左臂也云特牲五體此三者以其牢與腊臂而七者以經云臂脊脅皆牢牢謂羊豕也既羊豕臂脊脅俱有是六也通腊臂而七是以牲體唯有三也云牢腊俱臂亦所謂腊如牲體者腊如牲體特牲記文案彼云腊如牲骨骨即體也故以體言之以其上腊摭五枚左肩臂臑肫骼今主人不用肩而用臂者以其羊豕皆用臂故腊亦用臂是以鄭云腊如牲體但此腊臂直一骨無並故須云腊如牲體也主人左執爵右取菹擩于醢祭于豆閒遂祭籩奠爵興取牢肺坐絕祭嚌之興加于俎坐挩手祭酒執爵以興坐卒爵拜無從者變於士也亦所謂順而撫也〈疏〉主人至爵拜○注無從至撫也○釋曰云無從者變於士也者案特牲主婦致爵於主人肝燔竝從此無肝燔從故云變於士也主婦荅拜受爵酌以醋戶內北面拜自酢不更爵殺〈疏〉注自酢不更爵殺○釋曰此決上主婦受酢時祝易爵洗酌授尸尸以醋主婦今自酢又不更爵故云殺也主人荅拜卒爵拜主人荅拜主婦以爵入于房尸作止爵祭酒卒爵賓拜祝受爵尸荅拜作止爵乃祭酒亦變於士自爵止至作止爵亦異於賓〈疏〉注作止至於賓○釋曰云作止爵乃祭酒亦變於士者特牲賓三獻如初燔從如初爵止無祭酒之文至三獻作止爵尸卒爵亦無祭酒之文知特牲祭酒訖乃止爵者以經云燔從如初乃云爵止鄭注云初亞獻也亞獻時祭酒訖乃始燔從則三獻燔從如初始云爵止明是祭酒既訖乃始止爵今大夫作止爵乃祭酒故云變於士云自爵止至作止爵亦異於

賓者此篇首賓尸禮賓長獻尸與爵又云尸作三獻之爵不解以爲與賓同云異者賓尸止爵在致爵後其作之在獻私人後欲神惠之均於庭此止爵在主婦致爵前作之在致爵後欲神惠均於室中與特牲婚從如初爵止同少牢上篇所以不致爵者爲賓尸賓尸止爵者欲室中神惠均於庭故止爵也特牲再止爵者一止爵欲神惠均於室中一止爵者順上大夫之禮也祝酌授尸賓拜受爵尸拜送坐祭遂飲卒爵拜尸荅拜獻祝及二佐食洗致爵于主人洗致爵者以承佐食賤新之主人席上拜受爵賓北面荅拜坐祭遂飲卒爵拜賓荅拜受爵酌致爵于主婦主婦北堂司宮設席東面北堂中房以北東面者變於士妻賓尸不變者賓尸禮異矣內子東面則宗婦南面西上內賓自若東面南上【疏】注北堂至南上○釋曰云東面者變於士妻者案特牲記宗婦北堂東面北上注云宗婦宜統於主婦主婦南面此東面故云變於士妻云內子東面則宗婦

南面西上者此無正文鄭以意解之何者宗婦位繼於主婦今主婦準特牲在宗婦位易處則宗婦位亦易處在主婦位南面西上可知云內賓自若東面南上者亦約特牲記文主婦席北東面拜受爵賓西面荅拜席北東面者北爲下【疏】注席北至爲下○釋曰案特牲宗婦東面北上今主婦在宗婦之位東面鄭以北爲下者若宗婦之衆則北爲上今主婦特位立則依曲禮席東鄉西鄉以南方爲上因於陰陽故北爲下婦贊者薦韭菹醢菹在南方婦人贊者執棗糗授婦贊者婦贊者不興受設棗于菹南糗在棗東婦人贊者宗婦之弟婦也今文曰也贊者執棗糗授婦贊者不興受佐食設俎于豆東羊臑豕折羊脊脅祭肺一膚一魚一腊臑豕折豕折骨也不言所折畧之特牲主婦轂折豕無脊脅下主人羊豕四體與腊臑而五【疏】注豕折至而五○釋曰云豕折骨也者謂不全體就體骨中折之故云折骨云不言所折畧之者謂不言所折

骨名是畧之引特牲主婦轂折者證畧而不言骨名其折是轂折也云豕無脊脅下主人者主人於上文有脊脅也云羊豕四體與腊臑而五者上主人牢與腊臂而七此五是其畧也主婦升筵坐左執爵右取菹擩于醢祭之祭籩奠爵興取肺坐絕祭嚌之興加于俎坐挩手祭酒執爵興筵北東面立卒爵拜立飲拜既爵者變於大夫賓荅拜賓受爵易爵于篚洗酌醋于主人戶西北面拜主人荅拜卒爵拜主人荅拜賓以爵降奠于篚自賓及二佐食至此亦異於賓【疏】注自賓至於賓○釋曰異者謂賓獻及二佐食以下至此奠于篚異於少牢賓長獻直及祝不及佐食故鄭彼注云不獻佐食將儐尸禮殺是也乃羞宰夫羞房中之羞司士羞庶羞于尸祝主人主婦內羞在右庶

羞在左主人降拜衆賓洗獻衆賓其薦脀其位其酬醋皆如儐禮主人洗獻兄弟與內賓與私人皆如儐禮其位其薦脀皆如儐禮卒乃羞于賓兄弟內賓及私人辯自乃羞至私人之薦脀此亦與儐同者在此篇不儐尸則祝猶侑耳卒已也乃羞者羞庶羞【疏】主人降至人辯○注自乃至庶羞○釋曰此一經論主人獻堂下衆賓兄弟下及私人并房中內賓皆與上大夫禮同之事賓長獻于尸尸醋獻祝致醋賓以爵降實于篚致謂致爵于主人主婦不言如初者爵不止又不及佐食【疏】賓長至于篚○注致謂至佐食○釋曰此經論次賓長獻尸已下之事以其上賓長上已獻尸訖明此是次賓長爲加爵也云不言如初者爵不止又不及佐食者謂不言同上文云賓長獻于尸如初無湆爵不止注云如初如其獻侑酢致主人受尸酢也無湆爵不止別不如初者此文不與彼同者爲經不可如一故鄭注彼此各

申經意賓兄弟交錯其酬無筭爵此亦與賓同者在此篇〔疏〕賓兄至筭爵○注此亦至此篇○釋曰此一經論堂下賓及兄弟行無筭爵之事此堂下兄弟及賓行無筭爵似上大夫無旅酬故鄭云此亦與賓同者在此篇若此經兼有旅酬鄭不得言與賓同案特牲尸在室內亦不與旅酬之事而堂下賓及兄弟行旅酬又使弟子二人舉觶爲無筭爵者下大夫雖無儐尸之禮堂下亦與神靈共尊不敢與人君之禮同旣與神靈共尊故闕旅酬直行無筭爵而已特牲堂下得獻之後與神別尊故旅酬無筭爵並皆行之事賤不嫌與君同故得禮備也利洗爵獻于尸尸酢獻祝祝受祭酒啐酒奠之利獻不及主人殺也此亦異於賓〔疏〕利洗至奠之○注利獻至於賓○釋曰此一經論佐食事尸禮將畢爲加爵獻尸及祝之事云利獻不及主人殺也者此對上文賓長爲加爵及主人此不及主人是殺也又云此亦異於賓者案上少牢無利獻賓三獻尸即止此篇有儐尸之禮佐食又不與故無佐食獻故云異也主人出立于阼階上西面祝出立于西階上東

面祝告于主人曰利成祝入主人降立于阼階東西面尸謖祝前尸從遂出于廟門祝反復位于室中祝命佐食徹尸俎佐食乃出尸俎于廟門外有司受歸之徹阼薦俎自主人出至此與賓雜者也先養徹主人薦俎者變于士特牲饋食禮曰徹阼俎豆籩設于東序下〔疏〕釋曰云自主人出至此與賓雜者也者謂有同者不同故上少牢直云祝告曰利成此云祝告于主人曰利成上少牢云祝入尸謖主人降立于阼階東西面此云祝入主人降立于阼階東西面尸謖彼云祝先此云祝前彼云祝命佐食徹肵俎降設于堂下此云祝反復位于室中祝命佐食徹尸俎佐食乃出尸俎于廟門外有司受歸之故云雜云先養徹主人薦俎者變於士者特牲旣餕祝命佐食徹阼俎此餕前徹阼薦俎故云變於士引特牲者證徹阼薦俎所置之處也乃養如儐謂上篇自司宮設對席至上餕與出也古文養作餕卒養有司官徹饋饌于室中西北隅南面如饋之設右几厞用席官徹饋者司馬司士舉俎宰夫取敦及豆此於尸謖改饌當室之白孝子不知神之所在庶其饗之於此所以爲厭飫不令婦人改徹饌敦豆變於始也尚使官也佐食不舉羊豕俎親餕尊也厞隱也古文右作侑厞作茀〔疏〕卒養至用席○注官徹至作茀○釋曰自此下盡篇末論餕訖改饌於西北隅爲陽厭之事云官徹饋者司馬司士舉俎者經云官徹則司馬主羊司士主豕明還遣此二人舉俎可知即上經云司馬刲羊司士擊豕是也云宰夫取敦及豆者以其宰夫多主主婦之事此敦及豆本主婦設之今云官徹明非婦人知是宰夫爲之也是以上文云宰夫羞房中之羞又上主婦獻祝宰夫薦鄭注云內子不薦籩祝賤使官可也以此言之則宰夫代主婦設籩豆及敦可知云當室之白孝子不知神之所在庶其饗之於此所以爲厭飫者此言雜取曾子問郊特牲祭義之文案曾子問說陽厭之事云當室之白尊于東房鄭云得戶明者也郊特牲云索祭祝于祊不知神之所在於彼乎於此乎尚曰求諸遠者與祭義云勿勿乎其欲饗之是鄭所取陽厭及祊祭求神之事云不令婦人改饌敦豆變於始也尚使官也者此決少牢初設饌主婦薦兩豆宗婦一人贊兩豆主婦

設一敦宗婦贊三敦是其始時婦人設之今使宰夫徹豆敦者尚使官故也納一尊于室中陽厭殺無玄酒司宮埽祭埽豆閒之祭舊說云埋之西階東〔疏〕注埽豆至階東○釋曰引舊說者案曾子問凡幣帛皮圭爲主命埋之階閒此豆閒之祭案舊說埋之兩階東以神位在西故近西階是以鄭亦依用也主人出立于阼階上西面祝執其俎以出立于西階上東面司宮闔牖戶閉牖與戶爲鬼神或者欲幽闇祝告利成乃執俎以出于廟門外有司受歸之衆賓出主人拜送于廟門外乃反拜送賓者亦拜送其長不言長賓者下大夫無尊賓也〔疏〕注拜送至賓也○釋曰此決賓尸時尸出侑從主人送於廟門之外拜尸不顧拜侑於長賓亦如之衆賓從鄭注云從者不拜送也言從者不拜送則此云拜送者拜送長可知不言長者下大夫賤無尊賓故不別其長也婦人乃徹徹祝之薦及房中薦俎不使有司者下上大夫之禮〔疏〕

注徹祝至之禮○釋曰云不使有司者下上大夫之禮者決上大夫祭畢將儐尸有司徹賓尸禮終亦有司徹今婦人徹故云下上大夫之禮也

徹室中之饌有司饌之婦人徹之外內相兼禮殺〈疏〉注有司至禮殺○釋曰云有司饌之婦人徹之外內相兼禮殺者此徹室中之饌者於上經有司徹饋饌於室中西北隅者今使婦人徹之故云外內相兼外者謂有司官改饌西北隅內者謂今婦人[illegible]徹饋故云相兼也

儀禮卷第十七○經四千七百九十六注三千四百五十六○經共五萬六千一百十五注共七萬九千八百一十

儀禮疏卷第五十計肆拾柒萬伍阡捌伯肆拾捌字○推忠協謀翊戴佐理功臣特進守司空兼門下侍郎同中書門下平章事昭文館大學士上柱國東平郡國公食邑五千七百戶臣呂蒙正○推忠協謀佐理功臣光祿大夫尚書右僕射兼門下侍郎同中書門下平章事監脩國史上柱國隴西郡開國公食邑三千八百戶臣李沆○朝散大夫守尚書刑部侍郎參知政事柱國瑯琊郡開國侯食邑一千戶食實封四伯戶賜紫金魚袋臣王旦○朝散大夫給事中參知政事柱國大原縣開國伯食邑八百戶食實封貳伯戶賜紫金魚袋臣王欽若○大宋景德元年六月[illegible]日○翰林侍講學士大中大夫守尚書工部侍郎兼國子監祭酒權同句當官院事柱國河間郡開國侯食邑一千戶食實封四伯戶賜紫金魚袋臣邢昺都校○朝奉郎守國子博士騎都尉臣李慕清再校○南宮[illegible]朝請郎中守大理寺丞臣[illegible]文再校○朝請大夫尚書虞部郎中崇文院檢討[illegible]護軍臣杜鎬校定○朝散大夫行尚書職方員外郎祕閣校理上柱國臣舒雅校定○承奉郎守尚書屯田員外郎直集賢院騎都尉臣李維校定○諸王府侍講承奉郎守尚書屯田員外兼國子監直講賜金魚袋臣孫奭校定○通直郎守太子洗馬國子監直講騎都尉杭州監彫印版臣王煥校定○宣德郎守大理寺丞國子監直講賜緋魚袋臣崔偓佺校定

儀禮疏卷第五十

[illegible][illegible]盧氏宣旬校定

江西督糧道王賡言廣豐縣知縣阿應鱗栞

儀禮注疏卷五十挍勘記

阮元撰盧宣旬摘錄

主人降

衆賓一拜　一集釋作壹按經文雖作壹注自從省作一不必與經同也諸本俱作一集釋恐係臆改

古文壹爲一　徐本集釋同毛本古作今按全部注內壹爲一竝云古文

亦不純臣　要義同毛本亦作卽

故下經云獻私人于阼階上注云私人家臣已所自謁云獻私人于阼階上注云私人家臣已所自謁除也　自云獻至自謁十八字此本要義俱誤複當從毛本

主人洗爵

司正升相旅　毛本通解旅作依

下文賓執祭以降　陳本通解同毛本賓作實

賓坐左執爵右取肺　肺集釋楊敖俱作脯張氏曰注云祭脯肺疏曰按經云取脯取肺祭之明祭是脯肺今諸本右取脯作肺從注疏石經考文提要云監本作取肺沿唐石經之誤

○卒爵執以興　執下唐石經有爵字敖氏曰執以興似脫一爵字○按敖氏蓋未見唐石經

宰夫執薦以從　唐石經徐本集釋楊敖同毛本通解薦作爵

衆賓長升

是奠爵故以長幼次第受獻也　通解毛本無奠爵故三字

宰夫贊主人酌

辯皆爲徧　徐本集釋通解同毛本爲作作

辯受爵

用儀者尊體盡　徐本楊敖同集釋通解毛本無用字按疏亦無

今文儀皆作騰　毛本作騰作為曦徐本釋文集釋敖氏俱作作騰通解作為騰按五經文字九經字樣俱無騰字○按葉抄釋文作騰集韻騰曾羈切度牲體骨也曦字非也

若然不儐尸者　下句亦用切肺者五字毛本無

乃升長賓

主人酌自酢　此句上集釋敖氏俱有言升長賓則有贊者為之十字按各本俱無未知二家復何所据下旅酬章主人復筵節注云言升長賓則有贊呼之敖氏引注往往彼此移易此或敖氏所增按集釋者轉据敖氏補入非李氏之舊矣敖氏增此刪彼李則於後重出因襲之迹顯然

宰夫洗觶以升主人受酌降　酌要義作爵

奠于篚古文酌為爵　下五字毛本脫徐本集釋通解俱有與此本標目合

今宰夫既授觶訖　陳本要義同通解毛本授作受

故知非賓虛觶　通解要義同毛本非作升

以為無筭爵也　毛本脫以字

主人洗升

士舉　陳監通解要義同毛本士作十閩本誤作上

長兄弟為貴　貴要義作賓誤

辯受爵

設薦脀於其東　通解毛本其作洗

而在西階西南者　而陳閩俱作面

上獻賓長及衆賓　陳本通解要義同毛本衆作求○按衆是也

其先生之脀　唐石經徐本集釋通解要義楊敖同毛本無其字

故知先生非老人教學者　非字通解要義俱在先生上

知折是豕左肩之折者　通解要義同毛本無知字○按知字當有

以上初亨牲體　陳監要義同通解毛本亨作享

坐祭立飲

東面南上　毛本面誤作西

主人降洗升獻私人于阼階上　阼石經補缺誤作降

云兄弟位定者　通解毛本兄弟作凡獻

俱言繼凡獻者　通解毛本凡獻作兄弟

是衆賓後也　通解同毛本無後字○按後字當有

尸作三獻之爵

注上賓至自舉　毛本作注上賓所獻爵至可以自舉陳閩監本俱作注上賓至自舉按此因監本司士縮奠俎節有衍文十四字毛本刪去乃於各節標目增多字數以就之自此至乃羞庶羞於賓凡增字者七節陳閩監本俱依常例

論舉三獻之爵　要義同毛本三作主

并致爵之事　毛本并誤作升致陳閩俱作取

司士縮奠俎于羊俎南○侑拜受三獻北面荅拜　此下陳閩監葛通解俱誤復受爵酌獻侑侑拜受三獻北面荅拜十四字石經考文提要云崇正重補監本已刪此十四字○按康熙重修監本仍有

司士羞一湆魚○受三獻爵酌以酢之　唐石經徐本集釋楊敖同通解毛本無爵

字石經考文提要云正德舊監本尙有爵字案酢唐石經作醋

今尸見致爵於主人訖 通解毛本尸作乃

是遂達賓之意 賓陳閩通解俱作之

二人洗觶

乃爲殷勤於尸侑也 乃要義作爵

故特牲等使一人舉觶 要義同通解毛本一作二

與賓長所舉薦右之觶 要義同通解毛本右作君

尸遂執觶以興

是各各於其階 通解要義同毛本不重各字

主人拜受爵 唐石經無爵字

卒飲者

未受酬者 未集釋敖氏俱作末與單疏疏文合

此私人末受酬者 要義同通解毛本末作未

後雖無人可旅 後通解要義俱作後是也毛本作彼

乃羞庶羞于賓兄弟

其始主婦舉酬於內賓 徐本通解要義同毛本集釋楊氏酬俱作觶

羞庶羞於賓 通解要義同毛本庶下無羞字

兄弟之後生者舉觶于其長 觶張氏從古文作爵按注旣云今文作觶張氏識誤務存鄭舊而此條顯與鄭背殊不可解今刪其說而存其異字以備參攷

後生年少也 生下楊氏有者字

古文觶皆爲爵 爲要義作作

延熹中 熹徐本釋文集釋要義俱作熹通解毛本作景盧文弨云延熹漢桓帝年號然此實熹平之誤○今按延熹校書熹平刊石似屬兩事

洗升酌

主人常左人 陳本通解要義同毛本左人作在左

坐祭遂飲卒爵○爵止 止徐本作上誤

此言止明亦奠薦左 左陳閩通解俱作右

賓長獻于尸

賓長者賓之長次上賓者非卽上賓也 此本徐本楊氏俱無此十五字集釋通解毛本俱有按疏內述注有之李氏蓋據疏補入唯非卽上賓句乃賈氏語非注也通解引疏刪非卽上賓者五字蓋亦知爲賈氏語故可刪

上賓獻尸時亦止爵 要義同毛本止作於陳本通解俱誤作並

賓一人舉爵于尸如初 此下陳閩俱有無字葛本有無湑二字皆誤

是言亦遂之于下 徐本集釋楊氏同通解毛本是作故下下有也字

上言無湑爵不止 毛本楊氏同上言二字徐本倒與疏不合通解誤作止言

有司徹

宗婦徹祝豆籩入于房 通解要義同毛本豆籩二字倒○按特牲作豆籩

改饌饌于西北隅 通解要義同毛本于下有空中二字

若不賓尸 賓唐石經作儐石經考文提要云此以下注疏中儐賓雜出然經文儐凡十三見皆作儐不應此獨作賓

不綏祭　陸氏曰綏本亦作隋同

猒厭飫神也　陳本通解要義同毛本上厭字作猒〇按曾子問注作厭不作猒

乃盛俎

此七體羊豕　七閩監葛本俱誤作士疏同

更無所用　通解毛本更上有賓尸之禮四字此本與楊氏無

魚七

得申胅意　監本同毛本胅作候

乃討之　通解同毛本討作紂

腊辯無髀

士虞禮祝以下　毛本以作與

不云無髀　通解同毛本髀作脾陳閩作骼

卒盛乃舉牢肩

卒已　徐本集釋通解同毛本楊氏卒已作舉七

乃撫于魚腊俎

古文撫爲摕　古徐本集釋通解俱作古毛本作今摕徐本作摕毛本作楪葛本集釋俱作揲按宋本釋文亦作摕今本作揲五經文字手部有摕字云之石反見禮經

祝主人之魚腊

主婦用臑　毛本婦誤作八

尸不飯告飽

凡十一飯　一陳閩監葛俱誤作三

士九飯　徐陳集釋通解楊氏同毛本飯作飲

佐食受牢舉如儐　儐石經補缺作賓

主人洗酌酳尸　酳石經補缺閩監葛本俱誤作醑

授讀爲藏其墮之墮　墮徐本楊氏並作隋與述注合陳本釋文集釋並作隋通解上作隨下作隋毛本作惰按當以釋文爲正

古文爲挼　徐陳集釋通解同毛本挼作捼

云讀爲藏其墮之墮者　墮毛本並作惰陳本通解並作隋安義並作隋按唐人書隋字多從心後遂誤爲惰

既祭則藏其隋　陳本通解要義同毛本隋作惰

義取墮減之事也　墮減毛本作惰藏要義作隋減陳本通解俱作隋藏

其獻祝與二佐食

論主婦亞獻尸及祝　及要義作并

主婦反取籩于房中

反主人之北拜送爵位　送陳閩監葛通解俱作還

尸左執爵

至受加于所　徐本同集釋通解毛本至下有祝字

至此與儐同者　毛本無同字

儐尸異　通解毛本儐上有與字此句下無所得相決四字

祝易爵洗酌授尸　授唐石經徐本集釋通解楊敖俱作授鍾本毛本作受

今文酢曰酌　徐陳通解同酢曰酌集釋作醋曰酌閩監葛本俱作酌曰酌按曰酌二字諸本俱與疏標

目台毛本作醋曰酢

宰夫薦棗糗

引春秋趙姬請逆叔隗以爲內子　通解要義同毛本逆作送

於祝不薦籩　不陳閩俱作至

主人受爵酌獻二佐食　人陳閩葛本集釋通解楊敖俱作婦石經考文提要云監本沿唐石經之誤此節乃主婦亞獻其獻二佐食與少牢饋食主婦獻二佐食同非主人也

賓長洗爵獻于尸〇賓戶西北面荅拜　毛本戶作尸唐石經徐陳集釋通解要義楊敖俱作戶疏同

主婦洗于房中

上大夫受致不酢下大夫受致又酢　陳閩俱脫不酢下大夫受致七字

祀先王胙席亦如之　胙此本通解俱作昨要義毛本作胙今從要義

鄭注云　通解毛本云下有胙讀如酢四字此本要義無

主婦薦韭菹醓

以其牢與腊臂而七　徐本集釋通解楊氏同毛本臂作脅

以其上腊摭五枚　毛本枚作牧浦鏜云枚誤牧

主婦荅拜受爵

尸以醋主婦　通解同毛本醋作酢

酌致爵於主婦

在主婦位南面西上可知　通解同毛本在作則

婦贊者薦韭菹醓

宗婦之弟婦也今文曰婦也贊者執棗糗授婦贊者不與受　下十七字毛本脫徐本集釋俱有通解無今文曰婦也五字棗誤作景餘與徐本同

佐食設俎于豆東〇祭肺一　唐石經無祭字敖氏曰此肺嚌羊肺也曰祭者誤衍爾〇按此亦敖氏未見唐石經之證

證略而不言骨名　毛本證作鄭〇按證是也

主婦升筵坐

變於大夫　周學健云一本作丈夫此謂主婦故對丈夫而言丈夫則兼尸賓非專指大夫也

易爵于篚

自賓及二佐食至此　徐本楊氏同集釋毛本賓下有獻字通解有獻無自

賓長獻于尸

以其上賓長上已獻尸訖　要義通解同毛本楊氏無下上字

賓兄弟交錯其酬　錯陳閩監葛俱誤作醋

似上大夫無旅酬　上通解要義俱作下

案特牲尸在室內　通解要義同毛本尺作只〇按尸不誤

士賤不嫌與君同　士陳閩俱誤作事

主人出立于阼階上〇尸謖祝前　祝徐本作祀誤

祝命佐食徹阼俎　通解同毛本俎下有者字

乃養如儐

至上餕與出也　徐本集釋敖氏同通解楊氏毛本上俱作此

卒養

司士擊豕是之　之要義作也

云當室之白　毛本室誤作設

司宮埽祭

凡幣帛皮圭爲主命　毛本圭作王浦鏜云圭誤王

祝告利成○衆賓出　毛本出誤作及

拜侑於長賓　陳閩同毛本於誤作與

拜送長可知　通解楊氏毛本送下有其字

婦人乃徹

下上大夫之禮者　毛本者作有

儀禮注疏卷五十挍勘記終

奉新余成教挍